T0389735

Philodem, Geschichte der Akademie

Papyri Graecae Herculanenses

Edited by

Graziano Ranocchia (*University of Pisa*)

Editorial Board

VOLUME 1

The titles published in this series are listed at *brill.com/pgh*

Philodem
Geschichte der Akademie

Einführung, Ausgabe, Kommentar

von

Kilian Fleischer

BRILL

LEIDEN | BOSTON

Publication funding from ERC Advanced Grant 885222-GreekSchools: *The Greek philosophical schools according to Europe's earliest 'History of Philosophy': Towards a new pioneering critical edition of Philodemus' Arrangement of the Philosophers* (European Commission, Horizon 2020, Excellent Science), https://greekschools.eu/

The Library of Congress Cataloging-in-Publication Data is available online at https://catalog.loc.gov
LC record available at https://lccn.loc.gov/2023013463

Typeface for the Latin, Greek, and Cyrillic scripts: "Brill". See and download: brill.com/brill-typeface.

ISSN 2949-690X
ISBN 978-90-04-54653-0 (hardback)
ISBN 978-90-04-54654-7 (e-book)

Inhaltsverzeichnis

Tafeln

Praefatio

Erat quidam Philodemus, qui cum Pisone socero Caesaris vixit, homo humanus et non solum philosophia, sed etiam ceteris studiis, quae fere ceteros Epicureos neglegere dicunt, perpolitus, ut Cicero testatur. Gadaris patria relicta primum Alexandriam, deinde Athenas ad hortum celebratissimum voluptatis pervenit, cui tum Zeno Sidonius, senex acriculus, praeerat. Ibi se studiis diligentissime dedit, priusquam doctrinam Epicuri per Italiam divulgaret. Constat illum philosophum, cui et epigrammata scribere haud displicuit, prope sinum Neapolitanum diu habitavisse. Eius bibliothecam famosa eruptione Vesevi obrutam et post multa saecula sub saxis rupibusque ustis in villa luxuriosa a Pisone fortasse erecta repertam esse tam notum est, ut de hac re vix plura dicenda sint. Solum mentionem circiter mille voluminum papyraceorum faciam, quae, quamvis miserabiliter deformata, perniciem igneam fugerunt, ut nobis cognitionem meliorem sectae Epicureae scriptorumque eius praebeant.

Ex illis papyris eminet liber singularis et auro pretiosior, recensionem priorem historiae Academiae a Platone ad Antiochum Ascalonium a Philodemo conscriptae continens atque nonnullas res non ab aliis fontibus traditas conservans. Liber, more communi Index Academicorum nominatus, a studiosis nostrae aetatis magni aestimatur, quod vitae praeclarorum Academicorum et partes philosophiae eorum ex eo restitui possunt. Novis imaginibus a machinis genitis nisus (illae mirabiles machinae litteras oculis hominis invisibiles, pro di immortales, visibiles reddere queunt!) editionem maiorem commentariis instructam operis laudati in lucem proferre nunc audeo.

Consuetudinem probatam retinens in hac praefatione Latina non singula de Philodemo, Platone, Academia, editione, translatione, machinis, imaginibus, philosophia philologiaque persequar, sed solum amicis ceterisve viris mulieribusque doctis, familiae, aliisque hominibus quoquo modo de hac editione bene merentibus gratiam referam, qui mihi Indici Academicorum paene decem annos insudanti faverunt.

Decet primum professorem Pisanum et papyrologum excellentem Graziano Ranocchia, editorem huius seriei, memorare. Cum mihi iuveni studenti verus sodalis Mentorque factus esset et consilia utilia frequenter dedisset, postea dissertatione confecta me invitavit, ut Neapoli suavi, ab alienis officiis vacuus, sponsore communione Europea novam transcriptionem Indicis Academicorum biennio pararem (Marie-Sklodowska-Curie-Fellowship 703798-AcadHist: „Groundwork Index Academicorum", 2016–2018). Innumerabilibus diebus magno cum sudore mentisque intentione atram papyrum legere, comprehendere, supplere emendareque conati sumus, ne memorabilia dicta et facta Aca-

demicorum propter superficiem cinere obscuratam atque attritam papyri obli-
vione exstinguerentur.

Licet Ranocchia non pauca supplementa invenerit et aliquas columnas pru-
denter interpretatus sit, nemo tam multa ad difficillimam papyrum legendam
et redintegrandam attulit quam Enzo Puglia, peritissimus voluminum Herculanensium et mihi familiaris, vir praeditus humanitate insuperabili, mente acuta,
modestia nobili; qui, antequam mihi editionem maiorem paranti perpetua
industria et coniecturis felicibus adesset, cupiditate lacunarum supplendarum
et historiae Academiae illuminandae incensus iam quaedam fragmenta tracta-
verat.

His duobus viris in Italia natis merito laudibus elatis magistri meae Almae
matris Iuliae Herbipolensis venerabilis non praetereundi sunt, praesertim cum
benevolentia mirabili et acie mentis meis propositis suppeditaverint. Supervi-
sore professore Graecarum litterarum insigni Jan Stenger mea studia in habi-
litionem redegi societate Germanica studiorum stipendium porrigente (Habi-
litation 2023; DFG-Projekt „Philodems Geschichte der Akademie", 2019–2023).
Item professori Michael Erler, patri meae dissertationis, valde gratus sum, quia
mihi adulescenti cum philosophiam Epicuri et Platonis explicavit tum funda-
menta indagandi Herculanensem historiam Academiae iecit. Puderet quidem
conticere professores Latinitatis Thomas Baier et Christian Tornau in colloquiis
de textu disceptare permittentes et varia sapienter suadentes. Holger Essler,
cuius mensurae papyri multum mihi profuerunt, commemoratione mea non
minus dignus est quam Ludwig Braun, professor nunc emeritus, nec minor
gratia debetur viris doctis Jan Heßler et Tobias Dänzer, quorum opiniones iden-
tidem libenter accepi.

Praeterea Tobias Reinhardt, qui nuper novam recensionem criticam Cicero-
nis Academicorum librorum paravit, egregius doctus universitatis Oxoniensis,
huic meo libro profuit aeque ac Nigel Wilson, amicus benignus et coryphaeus
honorabilis, eodem loco vivens. Ibidem Dirk Obbink me ad papyrologiam olim
instigavit, quem hic damnationi memoriae non tradam. Subsidio quoque pro-
fessorum splendidorum Gretchen Reydam-Schils et John Fitzgerald in universitate Dominae Nostrae a Lacu (Notre Dame/US) docentium et papyrologi
sagacis Coloniensis Jürgen Hammerstaedt gavisus sum. His laudatis alii viri
et feminae docti vel disputantes vel, quocumque modo potuerunt, adiuvantes
animo grato enumerentur ordine fortuito: Carlo Lucarini, Ben Henry, Mauro
Tulli, Rudolf Kassel (quem mortuum lugemus), Harold Tarrant, Stefan Schorn,
Franco Ferrari, Rene Pfeilschifter, Marzia D'Angelo, Michael McOsker, Mauro
Bonazzi, Glenn Most, Francesca Longo Auricchio, Richard Janko, Gianluca Del
Mastro, David Sedley, David Blank, Jaap Mansfeld, Irmgard Männlein-Robert,
Michele Alessandrelli, Daniel Delattre, Bob Fowler (unus scilicet ex editoribus

seriei Sozomena, in qua versus Apollodori annotationibus auctos edidi), duo
studentes auxiliarii Herbipolenses seduli Marcel Moser atque Laurina Plett-
ner, postremo Giulia Moriconi et Noralyne Alabdullah-Maranus, typographae
bibliopolae Brill.

Etiam professor Christoph Markschies theologus ingeniosus Berolinensis
mihi maximo auxilio fuit. Ille cum professore Katharina Bracht me ad compo-
nendum libellum compendiarium de bibliotheca Herculanensi in honorem viri
doctissimi Hans Lietzmann de bibliotheca Herculanensi praeterito anno edi-
tum adhortatus est. Facile reprehenderer, si praestantium collegarum Christian
Vassallo et Tiziano Dorandi obliviscerer. Alter Praesocraticorum magnopere
gnarus diversis modis mihi consuluit, alter prior editor Indicis Academicorum
saepe magnanimitate sapientiaque subvenit. Postremo dis manibus illorum
doctorum libationem debeo, qui ante nos ingenio pertinacia vero amore Plato-
nico dulciore Epicureis libidinibus voluptatibusve papyrum restituere et anna-
les Academiae rescribere temptaverunt. Nam illi mortui immortalibus fructi-
bus mentium suarum hanc editionem tamquam praesentes mecum perfece-
runt.

Prooemio absoluto restat unum, ut caris parentibus me ab ovo caritate,
qua nulla maior sit, nutrientibus educantibus et ad persequendum pulchrum
verum bonum incitantibus gratias agam. Nunc redii Neapolim, ut auspicio col-
legii specialis duce Ranocchia coacti (ERC-Advanced Grant 885222: „Greek-
Schools") historiam philosophiae secundum Philodemum in aliis papyris expo-
sitam scrutari pergam. Cui hoc opus meum dedico? Familiae, amico, amicae,
collegae, patriae? Potius dedicatio sit universae Academiae, scilicet omnibus
Academicis hodiernis nomine eo dignis. Agedum, non iam moremur, sed iam
lingua Germanorum quaestionem ingentem aggrediamur.

Kilian J. Fleischer
Dabam Neapoli
Mense Maio MMXXIII

TEIL I

Einführung – Werk, Papyrus, Neuerungen, Methode

∵

KAPITEL 1

Einleitung

Platons Akademie darf vielleicht als die berühmteste und wirkmächtigste Philosophenschule der Antike und aller Zeiten überhaupt gelten. Der Einfluss ihres Gründers und seiner Nachfolger auf die Geschichte der Philosophie und das Geistesleben Europas wurde oft gewürdigt und selten überschätzt. Es ist eine bemerkenswerte Fußnote zu Platon und seiner Schule, dass wir die älteste erhaltene Geschichte der Akademie fremder Feder und einem glücklichen Unglück verdanken. Als der Vesuv im Jahre 79 n. Chr. ausbrach und die schmucke Kleinstadt Herkulaneum unter einer meterhohen Schicht aus Geröll und Asche begrub, wurde auch die griechische Privatbibliothek einer am Stadtrand gelegenen Villa für über anderthalb Jahrtausende in den Vulkanauswürfen versiegelt. Wider alle Wahrscheinlichkeit hat die Eruption hunderte Papyrusrollen nicht vernichtet, sondern karbonisiert und somit für die Nachwelt konserviert. Die Papyri Herkulaneums repräsentieren die einzig erhaltene Bibliothek der Antike und gewähren uns, an den üblichen Wegen der spätantiken und mittelalterlichen Überlieferung vorbei, einen unverhofften und einzigartigen Einblick in schon für immer verloren geglaubte Literatur. Bisweilen reicht ihr Gegenstand erfreulicherweise auch über den Epikureismus hinaus. So wurde in der Bibliothek ein Papyrus gefunden, der zwar an vielen Stellen zerstört oder beschädigt ist, aber vergleichsweise viel Text bewahrt hat, der sogenannte *Index Academicorum*. In ihm ist die Entwicklung der Akademie von den Zeiten Platons bis zu Antiochos von Askalon nachgezeichnet. Man liest etliche glaubwürdige und exklusive Nachrichten über diverse Akademiker und Platon selbst. Ein Vergleich mit der einzig anderen erhaltenen antiken Philosophiegeschichte des Diogenes Laertius verdeutlicht die Güte der Schrift. Der *Index Academicorum* wurde nicht von einem Akademiker, sondern von dem Epikureer Philodem von Gadara als Band eines großangelegten Werkes zur Geschichte der Philosophie um 60 v. Chr. verfasst. Kaum eine moderne philosophiegeschichtliche Studie zur Akademie oder Platon beruft sich nicht an irgendeiner Stelle auf diese älteste erhaltene Geschichte der Akademie und zieht aus ihr Nutzen.

Der Papyrus mit dem *Index Academicorum* wurde vor über 250 Jahren ausgegraben und vor über 200 Jahren entrollt; die Erstausgabe wurde vor über 150 Jahren und die letzte Ausgabe erst im Jahre 1991 besorgt. Viele illustre Gelehrte haben an der textuellen Wiederherstellung und Exegese der für die Biographien Platons und seiner Schulgenossen wichtigen Schrift gearbeitet. Folglich

© KILIAN FLEISCHER, 2023 | DOI:10.1163/9789004546547_002

ist die Frage naheliegend: Was ist von einer neuen Ausgabe und Monographie abgesehen von Detailverbesserungen, exegetischen Akzentuierungen und Überflüssigem noch zu erwarten? Die hier vorgelegte Neuausgabe des *Index Academicorum* weist einen um 30 % veränderten oder verbesserten Text mit neuen Wörtern im vierstelligen Bereich auf. Dieser dramatische Zuwachs geht bei der hohen Informationsdichte des Papyrus mit zahllosen neuen harten Fakten zur Geschichte der Akademie und darüber hinaus einher. Für viele Forschungsfragen eröffnen sich völlig neue Perspektiven. Von einer gewissen philologischen Intuition ausgehend dürften die meisten Wissenschaftler einen solchen Textzuwachs bei einem so zentralen und schon oft editierten Werk eigentlich für unmöglich erachten und substantielle Neuerkenntnisse zur Faktengeschichte der Akademie für kaum mehr seriös erzielbar halten. So bieten Neueditionen handschriftlich überlieferter Texte oder ägyptischer Papyri in der Regel nur sporadisch Änderungen im Text oder Apparat. Wenn der neue Text des *Index Academicorum* und die damit verbundenen Einsichten nicht phantasievoller, editorischer Willkür entspringen, wie ist es dann möglich, dass Philodems Geschichte der Akademie in Teilen neu geschrieben wurde?

Der Fortschritt mit dem Papyrus basiert auf zwei Voraussetzungen: Neue digital-technische Methoden und neue papyrologisch-philologische Methoden. Beides überrascht im ersten Moment und bedarf einer kurzen Erläuterung. Durch den Karbonisationsprozess beim Vesuvausbruch wurden die Herkulanischen Papyri derart geschwärzt und beschädigt, dass die Tinte oft nicht klar vom Hintergrund unterschieden werden kann und die wellige Oberflächenstruktur der Papyrusfasern oft zu trügerischen Reflexionen des Lichtes führt. Um das Jahr 2000 und somit nach der letzten Ausgabe des *Index Academicorum* wurden sogenannte Multispektralbilder der Herkulanischen Sammlung gemacht. Diese umfassen Licht jenseits der Wellenlängen, welche das menschliche Auge verarbeiten kann. Dies bedeutet, dass auf ihnen Tinte sichtbar ist, welche man am Original mit dem bloßen Auge nicht erkennen kann. Da der *Index Academicorum* ein dunkler und schwer lesbarer Papyrus ist, hatten diese Bilder einen großen Effekt auf die Textherstellung. Im Jahre 2018 wurden im Zuge meiner Arbeiten am Papyrus erstmals Hyperspektralbilder gemacht, welche nochmals einen besseren Kontrast aufweisen und Buchstaben ans Licht brachten, die weder mit dem Auge noch auf den früheren Bildern zu erkennen waren. Die digitalen Bilder erlauben es auch, moderne Bildbearbeitungsprogramme anzuwenden und den Papyrus von anderen Orten als Neapel aus zu studieren. Jedoch bleibt aufgrund der komplexen dreidimensionalen Struktur Herkulanischer Papyri und deren teils unzulänglicher Wiedergabe auf den Bildern eine Autopsie in Neapel weiterhin essentiell, welche nun auch mit neuen Generationen von Mikroskopen durchgeführt werden kann. Auf philologisch-

papyrologischer Seite sind zunächst neue bibliometrische Verfahren zu nennen, welche erst nach der letzten Ausgabe des Textes entwickelt, systematisiert
oder ausgefeilt wurden. Ihre Relevanz hängt mit der speziellen Natur Herkulanischer Papyri und deren Aufrollung zusammen. Die Verfahren sind etwa für
die Rückversetzung falscher Lagen und zur Ermittlung verlorener Teile wichtig.
Für die eigentliche Edition des Textes musste ein neuer Weg gefunden werden,
divergierende frühere Abzeichnungen des Papyrus (signifikante Deterioration
in der Folgezeit) unter Berücksichtigung ihres nicht-textuellen Charakters auf
systematische und transparente Weise zu integrieren. Ferner galt es den Apparat und das Diplomatische Transkript so zu gestalten, dass der neue Text für
den Nutzer gut zugänglich und doch jederzeit „objektiv" verifizierbar ist. Hierfür wurden jüngere Ansätze modifiziert und weiterentwickelt. Auch waren für
die *restitutio textus* computergestützte Suchen hilfreich, welche frühere Herausgeber in dieser Form noch nicht tätigen konnten. Da manche Konjekturen
teils auch erst durch Parallelen plausibel oder wahrscheinlich gemacht werden
können, spielten auch die zunehmende Digitalisierung von Material, Volltext-
datenbanken und diverse digitale tools eine gewisse Rolle. Jedoch führen diese
Hilfsmittel und auch die neuen Bilder nicht gleichsam wie von selbst zu einem
neuen Text. Für dessen Wiederherstellung ist „klassisch-philologische" Denk-
und Kombinationsarbeit mit einem Hauch *divinatio* weiterhin unabdingbar.

Der erhaltene Teil des Papyrus umfasst in einer Art lose strukturiertem
Sukzessionsschema die Biographien führender Akademiker, insbesondere der
Schulleiter nach Platon (Scholarchen). Neben zentralen Lebensstationen finden sich Schülerlisten und vor allem viele Daten (Zahlen und Archonten).
Platon, Speusipp, Xenokrates, Herakleides Pontikos, Polemon, Krantor, Krates, Arkesilaos, Lakydes, Karneades, Kleitomachos, Philio (sic!) von Larissa und
Antiochos von Askalon begegnen uns neben vielen kleineren Akademikern
in ungefähr chronologischer Reihung. Einige Angaben sind eher belanglos
und philosophiegeschichtlich vernachlässigbar, während andere so instruktiv und aufschlussreich sind, dass die Aufmerksamkeit, welche Wissenschaftler dem Papyrus seit seiner Entdeckung schenkten, nicht verwundert. Für die
Geschichte der Skeptischen (Neuen) Akademie im 2. Jh. v. Chr. ist der *Index
Academicorum* oft unsere einzige Quelle. Zahlreiche Angaben zu akademischen Philosophen in heutigen Lexika gehen direkt auf den Papyrus zurück –
und müssen im Zuge der Neuedition nicht selten revidiert werden. Philodems namentlich identifizierbare Quellen sind Dikaiarch, Philochoros, Neanthes von Kyzikos (Augenzeugenbefragung), Speusipp, Diodor (Schüler Speusipps), Timaios von Tauromenion, Demochares, Hermipp (mit Berufung auf
Dikaiarch, Hypereides, Phainias), Antigonos von Karystos und Apollodor von
Athen, aus dessen *Chronica* sich ein längeres wörtliches Exzerpt in iambischen

Trimetern erhalten hat. Am Ende seines Werkes tritt Philodem mit mehreren Eigenbezügen als Zeitzeuge zur Geschichte der Akademie in Erscheinung. Nicht nur für Philosophiehistoriker, Papyrologen und Klassische Philologen, sondern auf für Althistoriker, Epigraphiker und Archäologen ist diese Rolle eine wahrhafte Fundgrube.

Schließlich kommt noch eine buchgeschichtliche Besonderheit des *Index Academicorum* hinzu, welche die Ausgabe des Textes nicht nur in der Vergangenheit erschwerte. Wenn wir vom „*Index Academicorum*" reden, ist eigentlich immer Philodems Entwurfsfassung der Schrift gemeint, sein Arbeitsmanuskript oder Konzeptpapier, welches unter den Inventarnummern *PHerc.* 1691/1021 erhalten ist. Viele Verweise, Einfügungen, Randbemerkungen, Tilgungszeichen, Transpositionszeichen, Dubletten, offensichtlich redundante Passagen, Überarbeitungen und auf der Rückseite der Papyrusrolle geschriebene oder nachgetragene Kolumnen (Opisthograph), die in den vorläufigen Text der Vorderseite eingeordnet werden sollten, bieten einen seltenen, unverfälschten Einblick in die Arbeitsweise eines antiken Autors und den Entstehungsprozess eines antiken Buches. Ein solches Arbeitsmanuskript ist singulär unter den (Herkulanischen) Papyri. Folglich ist der *Index Academicorum* allein buchgeschichtlich schon eine Ausnahmeerscheinung, die jenseits des eigentlichen Inhalts große Beachtung verdient. Auch bezüglich dieses Aspekts bietet die vorliegende Edition, welche den Charakter des Konzeptpapiers nach Möglichkeit in der Darstellung berücksichtigte, fundamental neue Erkenntnisse. Von der Endfassung des *Index Academicorum* sind nur wenige, kleinere Fragmente unter der Inventarnummer *PHerc.* 164 erhalten, welche teils mit der Entwurfsversion überlappen. Da somit weit über 95 % des Textes nur in der Entwurfsversion vorliegen, wird sowohl in dieser Monographie als auch generell in der Forschung die pauschale Bezeichnung „*Index Academicorum*" für die Entwurfsversion (*PHerc.* 1691/1021) genutzt. Für einige Schlussfolgerungen und Hypothesen gilt es sich aber immer vor Augen zu halten, dass wir es im wahrsten Wortsinne mit einem „work in progress" zu tun haben.

Da der *Index Academicorum* über die Herkulanischen Papyrologie hinaus von interdisziplinärer Relevanz auf dem Gebiet der Altertumswissenschaften ist, war es meines Erachtens geboten, die kritische Edition und Würdigung des Werkes auf eine Weise zu präsentieren, welche einen leichten und intuitiven Zugang ermöglicht – bei gleichzeitiger philologischer und papyrologischer Tiefe. Die Papyrologie als Grundlage für die Neuerkenntnisse sollte dabei nicht marginalisiert werden, aber so unaufdringlich in die Edition und das Buch integriert sein, dass der Blick auf das Wesentliche, nämlich die mit dem neuen Text einhergehenden neuen Fakten und Erkenntnisse, nicht vernebelt oder überstrahlt wird. Auch die papyrologischen Ausführungen wurden so aufgebaut

und eingeleitet, dass Nicht-Spezialisten sie nachvollziehen können. Selbiges gilt auch für die philosophiehistorischen, quellenkritischen, historischen oder philologischen Analysen des Textes, welche zwar niemals in Banalitäten abgleiten, aber auch Leser, welche nicht vertieft an gewissen Fragen geforscht haben, kompakt und gezielt an die jeweilige Thematik heranführen. Das Buch ist in fünf Teile gegliedert (jeweils römische Zahlen: I,II,III,IV,V).

Im ersten Teil „Einführung – Werk, Papyrus, Neuerungen, Methode" wird sowohl inhaltlich als auch materiell in den Papyrus eingeführt, der *Index Academicorum* in einen größeren Zusammenhang gestellt und anhand zahlreicher Illustrationen Aufbau und Struktur der Rolle analysiert sowie die Grundlagen und Methoden der Textedition erläutert. Dieser Teil besteht aus 8 Kapiteln (arabische Zahlen, immer mit Teil angegeben). Nach dem ersten Kapitel, dieser kurzen Einleitung, wird in Kapitel 2 der *Index Academicorum* zunächst in den Kontext antiker Philosophiegeschichten gerückt, in Philodems Cύνταξις τῶν φιλοϲόφων eingeordnet und mit Diogenes Laertius verglichen. Im dritten Kapitel wird auf die Bedeutung einiger Neulesungen für Philodems Biographie eingegangen. Im vierten Kapitel wird ein inhaltlicher Überblick über den *Index Academicorum* und dessen Quellen sowie eine Zusammenstellung der wichtigsten Neulesungen gegeben. Die folgenden Kapitel sind der Papyrusrolle an sich gewidmet. So wird in Kapitel 5 eine umfängliche Rekonstruktion der Rolle mit mehreren Begleitangaben geboten, welche den Ausfall von Text an mehreren Stellen zeigt. Im sechsten Kapitel wird die Rolle als vorläufige Arbeitsfassung Philodems und Opisthograph näher beleuchtet und die Arbeitsschritte beim Schreiben des Werkes werden anhand der Beobachtungen im Papyrus extrapoliert. Das siebte Kapitel befasst sich mit den Ergänzungen, verschiedenen Händen im Papyrus und den Resten der Endfassung des Werkes. Im achten Kapitel werden neben formalen Aspekten des Papyrus die materiellen Grundlagen und die papyrologisch-philologischen Methoden und Annotation für die Transkription und Edition thematisiert.

Der zweite Teil „Ausgabe von Philodems *Index Academicorum* mit Übersetzung" besteht alleinig aus der Neuausgabe des *Index Academicorum* samt Übersetzung, Kurznotizen und Apparat. Wie schon angesprochen, ergibt sich über weite Strecken ein völlig neuer Text. Aus später noch näher zu erläuternden Gründen wird der *Index Academicorum* nach Fassung (Entwurfsversion und Endversion) sowie Seite (Rekto und Verso) unterteilt in Kolumnenform präsentiert, wobei die Nachträge Philodems sowie Überlappungen mit der Endversion harmonisch in die Kolumnen eingebettet wurden. Die deutsche Übersetzung ahmt die schlichte Prosa weitgehend nach und erscheint neben dem griechischen Text. Da die Kolumnen des Papyrus sehr hoch sind, wurde jede Kolumne auf zwei Seiten aufgeteilt.

Der dritte Teil „Einordnung, Quellen, Kommentar" ist entsprechend der Überschrift in drei Kapitel untergliedert. Schon rein quantitativ stellt dieser Teil neben der eigentlichen Edition das Herzstück der vorliegenden Monographie dar. Teils sind Neulesungen – ohne dass Zirkularität gegeben wäre – erst durch exegetische Arbeit ermöglicht oder plausibilisiert worden. Ich habe versucht, die Passagen im *Index Academicorum* unter möglichst vielen Gesichtspunkten zu interpretieren und zu beleuchten. Die zahlreichen Neulesungen haben oftmals eine Neubewertung von Passagen notwendig gemacht. Auch wurden mehrere Probleme bisher noch nicht angesprochen oder nur am Rande gestreift. Es war zweckdienlich, den Papyrus in thematisch relativ geschlossene Abschnitte zu gliedern und zunächst im ersten Kapitel „Einordnung" die Passagen unter übergeordneten, inhaltlichen Aspekten zu analysieren, wozu insbesondere Parallelen, historischer und philosophischer Kontext sowie die Bewertung neuer Informationen zählen. Im weniger umfangreichen zweiten Kapitel „Quellen" werden Philodems Gewährsmänner und Schriften für einzelne Abschnitte besprochen. Der „Kommentar" im dritten Kapitel bietet einerseits die im engeren Sinne philologisch-papyrologische Diskussion, ist also primär paläographischen und syntaktisch-sprachlichen Fragen gewidmet, aber ergänzt die Einordnung auch inhaltlich. So wurde eine Überfrachtung des ersten Kapitels durch die Behandlung von Nebenfragen verhindert. Alle drei Kapitel sind jeweils „durchlaufend" gestaltet.

Der vierte und fünfte Teil haben die Funktion einer Appendix. Zunächst umfasst Teil IV „Diplomatisches Transkript" alleinig das Diplomatische Transkript samt ausführlicher Spurenbeschreibung, was Ausgangspunkt für die Textrestitution war. In Teil V „Varia und Fallstudien" ist das erste Kapitel formalen und bibliometrischen Aspekten gewidmet und wartet mit einer Zusammenstellung paratextueller Zeichen sowie mit Tabellen/Daten zum Papyrus auf. In Kapitel 2 folgt die Edition eines sehr fragmentarischen Papyrus von derselben Hand wie der *Index Academicorum* (*PHerc.* 796), bevor im dritten Kapitel eine Synopse der erwähnten Akademiker mit Lebensdaten folgt. In Kapitel 4 verdeutlichen zwei Fallstudien welche Überlegungen und Methoden der Textherstellung zugrunde liegen. Die Monographie schließt mit der Bibliographie, dem *Index locorum* und *Index verborum*. Am Ende des Buches finden sich noch 85 Tafeln mit verschiedenen Bildern des Papyrus.

Schon bisher hielt der *Index Academicorum* für Forscher unterschiedlichster Gebiete interessante Informationen bereit – mit der Neuausgabe kommen nun zahlreiche mehr hinzu. Ich hoffe, mit dieser Ausgabe, Einführung und Einordnung eine solide Grundlage für die Beschäftigung mit diesem für die Geschichte der Akademie so zentralen Text gelegt zu haben, auf dass er von vielen modernen Akademikern fruchtbringend genutzt und weiter erschlossen werden möge.

KAPITEL 2

Philodems Philosophiegeschichte, der *Index Academicorum* und Diogenes Laertius

2.1 Antike Philosophiegeschichten – Diogenes und Philodem zwischen διαδοχαί und περὶ αἱρέcεων

Von den zahlreichen antiken Werken zur Philosophiegeschichte ist bedauerlicherweise nur dasjenige des Diogenes Laertius mehr oder weniger vollständig erhalten. Es ist kaum im allgemeinen Bewusstsein der Forschung verankert, dass die Herkulanischen Papyri mit Philodems *Cύνταξιc τῶν φιλοcόφων* nach Diogenes Laertius die bei weitem erklecklichsten Überreste einer antiken Philosophiegeschichte bewahrt haben.[1] Auch wenn im engeren Sinne philosophiegeschichtliche Einlassungen bis auf Aristoteles und den Peripatos zurückreichen und viele Einzelbiographien schon zu jener Zeit entstanden sind,[2] hat sich das eigentliche Genre „Allgemeine Philosophiegeschichte" in Form der διαδοχαί (τῶν φιλοcόφων) erst im 2. Jh. v. Chr. herauskristallisiert. Man kann die διαδοχαί als Unterkategorie der antiken Biographie ansehen,[3] derweil auch Bezüge zur Chronographie und Doxographie bestehen. Philosophen verschiedener Richtungen werden in den διαδοχαί über teils rekonstruierte Schülerverhältnisse miteinander verbunden und systematisiert, wobei man über diverse Daten und biographische Details sowie den Stammbaum der Schulen samt Verzweigungen unterrichtet wird. Die eigentliche Philosophie oder Geistesgeschichte spielt eine untergeordnete Rolle. Eher doxographisch-philosophisch orientiert waren Werke mit dem Titel περὶ αἱρέcεων, welche unterschiedlich ausgeprägte Überschneidungen mit den διαδοχαί aufweisen.[4] Daneben kursierten sowohl philosophisch als auch biographisch angelegte Einzeldarstellungen zu Philosophenschulen. Vermutlich nahm die Mischform, die Bio-Doxographie, ihren

---

1 Für die verschiedenen Subtypen antiker Philosophiegeschichte und ihr Verhältnis zu Diogenes Laertius siehe Mejer (1978), besonders S. 60–95 und Mansfeld (1999), besonders S. 23–25 ('successions'). Überblick bei Schorn (2014).

2 Schorn (2014).

3 Schorn (2014), S. 721 spricht von Sammelbiographien.

4 Mejer (1978), S. 75–81. Überblick zur διαδοχαί-Literatur und verwandten Genres bei Zaccaria (2021), S. 459–464. Schorn (2018), S. 301–337 hat gezeigt, dass die Übergänge zwischen Biographie und Doxographie oft fließend waren.

© KILIAN FLEISCHER, 2023 | DOI:10.1163/9789004546547_003

Ursprung nicht erst mit Diogenes Laertius.[5] Unter dem Titel διαδοχαί (oder ähnlich) sind als Vorgängerwerke des Diogenes Laertius diejenigen des Sotion von Alexandria (200–175), Herakleides Lembos (175–150),[6] Sosikrates von Rhodos (Mitte 2. Jh. v. Chr.),[7] Alexander Polyhistor (110–40), Iason von Nysa (geb. ca. 90 v. Chr.), Nikias von Nikaia (1 Jh.?) und Antisthenes (von Rhodos) hervorzuheben.[8] Die Φιλοσόφων ἀναγραφή des Hippobotos (wohl erste Hälfte 2. Jh. v. Chr.) war wie das Werk des Diogenes eher bio-doxographisch angelegt.[9] Die Ἐπιδρομὴ τῶν φιλοσόφων des Diokles von Magnesia (1. Jh. v. Chr./ 1. Jh. n. Chr. – unsicher) hat Berührungen mit Diogenes Laertius und den διαδοχαί, aber ihr Fokus lag auf der Doxographie.[10] Favorinus' philosophiegeschichtliche Ἀπομνημονεύματα in fünf Bänden rückten wiederum die Biographien der Philosophen in den Mittelpunkt (2. Jh. n. Chr.).[11]

Von all diesen Autoren antiker Philosophiegeschichten sind nur wenige Fragmente überliefert, größtenteils bei Diogenes Laertius, welcher (über Zwischenquellen) aus ihnen schöpfte. Ein aussagekräftiger Vergleich zwischen Diogenes und seinen Vorgängern hinsichtlich Gliederung und Organisation des Materials ist ob der Überlieferungslage nur sehr bedingt möglich.[12] Das Werk des Diogenes scheint in Form und Aufbau recht eigenwillig zu sein und ist kaum ein Glanzstück oder repräsentativer Vertreter dieser Gattung. Man denke nur an die wenig geistreichen Epigramme des Diogenes, die vielen Widersprüche und Dubletten, mangelnde Kritik an seinen Quellen, unverständliche oder nicht überarbeitete Passagen. Da wir aber nur diese antike Philosophiegeschichte in toto besitzen, urteilte Friedrich Nietzsche trotz Kritik an der „schläfrigen Gewohnheit seiner Abschreiberei"[13] über Diogenes: „Er ist der Nacht-

---

5   Schorn (2013).
6   Kürzung des Sotion von 13 auf 6 Bücher; zu Herakleides siehe Schorn (2004), S. 7–8, 18–21.
7   Mejer (1978), S. 63.
8   Siehe Schorn (2003), S. 55–57.
9   Engels (2007).
10   Goulet (1994). Es ist ganz ungewiss, dass Meleager von Gadara diesem Diokles seinen „Kranz" widmete. Für Alexander Polyhistor, Diokles, Iason und Nikias siehe ausführlich Zaccaria (2021), für die Werke des Hippobotos und Diokles insbesondere S. 457f. Die βίοι τῶν φιλοσόφων des Diokles waren biographisch orientiert. Diokles wird 19-mal von Diogenes zitiert. Er schrieb wohl zwei Werke zur Philosophiegeschichte: ἐπιδρομὴ (τῶν φιλοσόφων) – mindestens 3 Bücher – und βίοι (τῶν) φιλοσόφων, vgl. Gaiser (1988), S. 111.
11   Mejer (1978), S. 62–75.
12   Mejer (1978), S. 70 vergleicht die Bucheinteilung von Sotion, Diogenes, Herakleides Lembos, Sosikrates und Philodem, wobei der Vergleich zwischen Sotion und Diogenes noch am ergiebigsten ist. Allerdings ist die Rekonstruktion von Sotions Werk mit vielen Unsicherheiten behaftet, vgl. Panzerbieter (1837).
13   Nietzsche (1870), S. 1.

wächter der griechischen Philosophiegeschichte, man kann nicht in sie hinein, ohne dass einem nicht von ihm der Schlüssel gegeben wird."[14] Nietzsches Aussage ist zu erweitern: Der Vesuv hat uns mit Philodems *Cύνταξιc τῶν φιλοcόφων* unverhofft Auszüge aus einer viel früher als Diogenes datierenden Abhandlung beschert, welche uns einen weitaus brauchbareren Schlüssel zu Teilen der antiken Philosophiegeschichte in die Hand gibt, insbesondere zur Akademie nach Platon.

2.2   Zum Titel von Philodems Cύνταξιc τῶν φιλοcόφων

Philodems *Cύνταξιc τῶν φιλοcόφων* war bis zum Fund der Herkulanischen Papyri nur aus einer Erwähnung des Diogenes bekannt. Dieser schreibt im zehnten, Epikur und seiner Schule gewidmeten Buch (D.L. 10,3): cυνεφιλοcόφουν δ᾽ αὐτῷ προτρεψαμένῳ καὶ οἱ ἀδελφοὶ τρεῖc, ὄντεc Νεοκλῆc Χαιρέδημοc Ἀριστόβουλοc, καθά φηcι Φιλόδημοc ὁ Ἐπικούρειοc ἐν τῷ δεκάτῳ τῆc τῶν φιλοcόφων cυντάξεωc. Wenig später bezieht sich Diogenes noch einmal auf Philodem (D.L. 10,24): Ἦν καὶ Πολύαινοc Ἀθηνοδώρου Λαμψακηνόc, ἐπιεικὴc καὶ φιλικόc, ὡc οἱ περὶ Φιλόδημόν φαcι. Der Ausdruck οἱ περὶ Φιλόδημόν ist etwas nebulös. Ein Schülerkreis um Philodem, der sich über den 200 Jahre zuvor lebenden Polyainos äußert und dann in dieser Weise zitiert wird, wäre unerwartet. Von Schülern Philodems ist auch nichts bekannt. Wahrscheinlich ist somit nur eine von Philodem bezeugte Tradition gemeint und der Ausdruck steht periphrastisch für Philodem selbst als Quelle.[15] Desungeachtet ist nicht unwahrscheinlich, dass auch die Notiz zu Polyainos dem zehnten Buch der *Cύνταξιc τῶν φιλοcόφων* entnommen ist. Einige philosophiegeschichtliche Papyri aus Herkulaneum sind diesem Werk entweder sicher oder mit variierender Wahrscheinlichkeit zuzuordnen (siehe I 2.4), wobei sich eine klar lesbare *subscriptio* mit Titel in keinem Papyrus erhalten hat.

Ranocchia (2019) hat erstmals die *subscriptio* am Ende von *PHerc.* 327 lokalisieren und teilweise lesen können.[16] Der sehr fragmentarische Papyrus wird auch *Index Eleaticorum et Abderitarum* genannt und könnte zur *Cύνταξιc τῶν φιλοcόφων* gehören, aber die Zuweisung ist unsicher, um nicht zu sagen höchst

---

14   F. Nietzsche, Nachgelassene Fragmente, Herbst 1868 – Frühjahr 1869. *in*: Historisch-Kritische Gesamtausgabe (Hg. H. Mette), Band 5, München, 1940, S. 126. Zu Nietzsche und Diogenes siehe Most (2018).

15   Für οἱ περὶ + Name als Umschreibung für den bloßen Namen bei Philodem und anderen philosophischen Autoren siehe etwa Janko (2010), S. 220 f.

16   Ranocchia (2019).

spekulativ. Wie gewöhnlich bei einer *subscriptio* liest man den Autorennamen im Genitiv, bevor in der nächsten Zeile oder den nächsten Zeilen der Werktitel folgt und gegebenenfalls die Buchzahl in einer weiteren Zeile erscheint.[17] Was auch immer in der ersten Titelzeile von *PHerc.* 327 stand:[18] Die Spuren sind nicht mit dem Wort ϲύνταξιϲ kompatibel. In der zweiten Titelzeile ist fast nichts lesbar. Das Wort φιλοϲόφω]ν (mit τῷ[ν am Ende der vorherigen Zeile) ist vielleicht möglich, aber etliche andere Wörter ebenso. Folglich ergeben sich drei Möglichkeiten:[19]

- *PHerc.* 327 gehört nicht zur *Ϲύνταξιϲ τῶν φιλοϲόφων*. Die wenigen Fragmente sind nur bedingt aussagekräftig und ein philosophiegeschichtlicher Inhalt ist nicht gesichert.[20] Cavallo verweist zwar auf paläographische Ähnlichkeiten mit anderen der *Ϲύνταξιϲ τῶν φιλοϲόφων* zugewiesenen Papyri (*PHerc.* 495, 558, 1508, 1780),[21] aber diese sind kaum ein zwingendes oder sehr gewichtiges Argument. Somit könnte man die abweichende *subscriptio* sogar als Argument für eine Nichtzuweisung von *PHerc.* 327 zur *Ϲύνταξιϲ τῶν φιλοϲόφων* anführen.

- Die *Ϲύνταξιϲ τῶν φιλοϲόφων* hatte ursprünglich einen anderen Titel (vielleicht tatsächlich mit τῶν φιλοϲόφων als zweitem Element) und Diogenes Laertius gab nur einen Nebentitel oder einen genretypischen Titel an. Zwar ist ϲύνταξιϲ keine naheliegende allgemeine Genrebezeichnung, aber als Umschreibung für ein solches Werk gewiss im Bereich des Möglichen.

- Die Angabe in D.L. 10,3 bezieht sich auf ein anderes philosophiegeschichtliches Werk als jenes, welches in den Herkulanischen Rollen erhalten ist (oder die Papyri stammen von zwei verschiedenen philosophiegeschichtlichen Werken). Dies ist sehr unwahrscheinlich, da die *Ϲύνταξιϲ τῶν φιλοϲόφων* mindestens 10 Bücher umfasste und Philodem kaum zwei umfangreiche allgemein-philosophiegeschichtliche Schriften verfasste.

PHerc. 327 gehört somit entweder nicht zur *Ϲύνταξιϲ τῶν φιλοϲόφων* – mit der Konsequenz, dass *Ϲύνταξιϲ τῶν φιλοϲόφων* dann wahrscheinlich der korrekte Titel von Philodems großem philosophiegeschichtlichem Werk ist – oder aber *Ϲύνταξιϲ τῶν φιλοϲόφων* ist nicht der ursprüngliche Titel und Diogenes überliefert nur einen alternativen oder sinngemäßen Titel. Jedenfalls sprechen bei dem

---

17   Zu *subscriptiones* siehe Del Mastro (2014).
18   Ranocchia (2019), S. 454 f. erwägt insbesondere das sehr seltene Wort ἐξεταϲμόϲ, was aber für ein philosophiegeschichtliches Werk ungewöhnlich wäre und meines Erachtens kaum sinnverwandt mit ϲύνταξιϲ ist.
19   Für die zweite Möglichkeit siehe ähnlich Ranocchia (2019), S. 455 f.
20   Cavalieri (2002).
21   Cavallo (1983), S. 31–32, 50, 61–62.

jetzigen status quo keine zwingenden Gründe dagegen, in der vorliegenden Monographie weiterhin den Titel *Cύνταξιc τῶν φιλοcόφων* zu nutzen. Angesichts der Überlieferungslage und der sinnigen Bedeutung wiegt es nicht allzu schwer, dass sich für den Titel kein direktes Pendant unter philosophiehistorischen Werken findet.

2.3 Das neue Ende des *Index Academicorum* – eine Vorschau auf Megariker und Kyniker

Die frühere Forschung nahm, teils unausgesprochen, an, dass die fragmenta-rischen Zeilen am Ende des *Index Academicorum* eine Art Inhaltsangabe des Papyrus enthalten, aber schenkte ihnen nicht viel Aufmerksamkeit. Jedoch ver-wunderte die Erwähnung des nirgends im *Index Academicorum* erscheinen-den Euklid (von Megara). Erst Gaiser (1988) sprach das Problem direkt an und mutmaßte, es läge weniger eine Zusammenfassung als ein Ausblick auf das übrige Werk vor: „Einen Ausblick auf das gesamte Werk gibt Philodem offenbar am Schluss der Academica, wo von weiteren philosophischen Richtungen die Rede ist."[22] Dorandi (1991) übernahm Gaisers Hypothese:[23] „... Gaiser pensa, in maniera soddisfacente, a Euclide di Megara. Con τῶν ἀπὸ Πλάτωνος (αἱρέςεων) Filodemo indica non i discepoli e i successori di Platone in senso stretto, ma anche le scuole che da Platone si erano distaccate, per esempio, Peripato e la scuola di Menedemo di Eretria ...." Sedley (2003) hingegen sah in den Zeilen wieder eine Rekapitulation des Buches, welches folglich neben Platon auch die Megariker eingeschlossen hätte.[24] Eine gemeinsame Behandlung Platons und der Megariker wäre aber nicht minder seltsam als ein Ausblick auf das Rest-werk am Ende eines Buches zu Akademie[25] – zumal man sich fragt, warum Philodem dann die Epikureer (10. Buch) verschwiegen haben sollte.

In Fleischer (2019a) habe ich erstmals eine Neurekonstruktion der letzten Zeilen des *Index Academicorum* vorgelegt, welche neben vier Haken die Namen

---

22   Gaiser (1988), S. 24 bietet eine recht obskure Rekonstruktion: „Wann immer man aber die Darstellung über Eukleides (von Megara) und über die von Platon ausgegangen, ferner auch über die anderen noch hinzugekommenen Schulrichtungen und Philoso-phenfolgen durchgeht, sieht man, was sich daran anschließt." Er erläutert: „Mit τῶν ἀπὸ Πλάτωνος (αἱρέςεων) sind hier, wie ich meine, der aristotelische Peripatos und die Schule des Menedemos von Pyrrha gemeint ...." Seine Interpretation wurde schon von Dorandi (1986), S. 117 Fn. 36 erwähnt.

23   Dorandi (1986), S. 117 Fn. 36; Dorandi (1991), S. 253.

24   Sedley (2003), S. 31 (Text unter I 2.5).

25   Vgl. Fleischer (2019a), S. 687–688.

des Phaidon und Antisthenes zum Vorschein brachte. Platons Name steht nicht im Papyrus – er wurde anstelle des korrekten Phaidon bisher falsch ergänzt.

Phld. Ind. Acad. Kol. 36, 14–20 (Dorandi 1991)	Phld. Ind. Acad. Kol. 36, 14–20 (Fleischer)
14 ‚αν[. .]νε[. . . . .]νο[.]ε[. . . . 15 ποτ[.]δε.α. . . .Εὐκλεί[δου] καὶ τῶν ἀ[πὸ] Πλάτωνος, ἔτι δὲ τῶν [ἄλλω]ν [τῶ]ν ἐ[πι- γεγο[ν]υιῶν α[ἱρέ]ϲεών τ[ε κα[ὶ δι]αδοχῶν ϲυνα[γωγή 20 - - -]ορ[	14 αᵣνᵔ[. .]νε[. . . .].[]νᵣοᵔ[.]ᵣεᵔ.[15 ποτ[ἐ] δὲ τῷ[ν ἀπ᾽] ᵣΕᵔὐκλεί[δου καὶ τῶν ἀ[πὸ Φ]α̣ίδωνος, ἔτι δὲ τῶν [ἀ]π᾽ [Ἀ]ν[τ]ιϲθᵣέᵔνου̣[ϲ γεγο[ν]υιῶν α[ἱρ]έ̣ϲεών τε̣ κα[ὶ] δ̣ι̣αδοχῶν ϲυναπτ. . 20 .].. . . .[.].. [. .].[.].. . .[
Ende des Buches	Ende des Buches

14–15 ὁ]|πότ[ε] Gaiser   15 Mekler/Gaiser: εὐ-κλεί[αι Bücheler   16 ἀ[πὸ] Πλάτωνος Dorandi: ἀ[πὸ Πλά]τωγοϲ Bücheler   17 [ἄλλω]ν [τῶ]ν Gaiser: τοὐντεῦθ]εν Mekler ἐ[πι Bücheler   18 Mekler   19 ϲυνα[γωγή Mekler: ϲυνα[γωγάϲ Gaiser   20 τόνδ᾽ ἐχέ]τ[ω μοι τὸν] ὄρ[ον Bücheler: [διέρχη]ι, [τὰ ἐπόμενα] ὀρ[ᾶιϲ Gaiser

14 parentheses/ornamenta disp. et suppl. KF et Ranocchia   15 ποτ[ἐ] δὲ τῷ[ν ἀπ᾽] KF   16 Φ]α̣ίδωνος KF: Πλάτωνος perperam Bücheler*   17 ἀ]π᾽ [Ἀ]ν[τ]ιϲθᵣέᵔνου̣[ϲ KF: ἀ]πὸ̣ [Δ]ι̣ογᵣέᵔ-νου̣[ϲ (non ad vestigia aptum vid.) conieci fin. ἐ[πι- Bücheler   18 Bücheler   19 ϲυναπτέρ[ν vel ϲυνάπτει̣ν conieci   19–20 parentheses/ornamenta disp. et suppl. KF et Ranocchia   20 τόνδ᾽ ἐχέ]τ[ω μοι τὸν] ὄρ[ον Bücheler: [διέρχη]ι, [τὰ ἐπόμενα] ὀρ[ᾶιϲ Gaiser   21 sub linea 20 fort. alia linea (l. 21) vel signa

„Dei discepoli di Euclide e di quelli di Platone e ancora delle altre scuole e successioni che ci sono state (ho approntato) una raccolta …“

„… einmal ist hinzufügen (die Darstellung) der Philosophierichtungen und Schultraditionen, welche von Euklid und von Phaidon, ferner von Antisthenes ausgingen …“

Ganz offensichtlich handelt es sich bei den Zeilen nicht um eine Zusammenfassung des *Index Academicorum*, sondern um eine Vorschau. Diese bezieht sich nur schwerlich auf das übrige Werk, sondern auf das nächste Buch (ggf. die nächsten beiden Bücher), welches den Megarikern und Kynikern gewidmet war. Solche Vorschauen begegnen auch bei Diogenes Laertius am Ende von vier Büchern.

D.L. 2,144: Καὶ οὗτοι μὲν οἱ Σωκρατικοὶ καὶ οἱ ἀπ᾽ αὐτῶν, μετιτέον δὲ ἐπὶ Πλάτωνα τὸν τῆς Ἀκαδημείας κατάρξαντα, καὶ τοὺς ἀπ᾽ αὐτοῦ, ὁπόσοι γεγόνασιν ἐλλόγιμοι. – Ende von Buch 2 (Vorschau zu Buch 3+4)

D.L. 4,67: Ἡμεῖς δὲ τοὺς Ἀκαδημαϊκοὺς τοὺς ἀπὸ Πλάτωνος διεληλυθότες ἔλθωμεν ἐπὶ τοὺς ἀπὸ Πλάτωνος Περιπατητικούς, ὧν ἦρξεν Ἀριστοτέλης. – Ende von Buch 4 (Vorschau zu Buch 5)

D.L. 6,105: Καὶ οὗτοι μὲν οἱ κυνικοί· μετιτέον δ᾽ ἐπὶ τοὺς Στωικούς, ὧν ἦρξε Ζήνων, μαθητὴς γενόμενος Κράτητος. – Ende von Buch 6 (Vorschau zu Buch 7)

D.L. 8,91: Ἐπειδὴ δὲ περὶ τῶν ἐλλογίμων Πυθαγορικῶν διεληλύθαμεν, νῦν ἤδη περὶ τῶν σποράδην, ὥς φασι, διαλεχθῶμεν. λεκτέον δὲ πρῶτον περὶ Ἡρακλείτου. – Ende von Buch 8 (Vorschau zu Buch 9)

Auch innerhalb des 2. und 6. Buches finden sich ähnliche Vorschauen, welche mitunter der Anordnung des Materials bei Diogenes widersprechen und eine spätere Revision nahelegen.[26]

D.L. 2,47: Τῶν δὲ διαδεξαμένων αὐτὸν τῶν λεγομένων Σωκρατικῶν οἱ κορυφαιότατοι μὲν Πλάτων, Ξενοφῶν, Ἀντισθένης· τῶν δὲ φερομένων δέκα οἱ διασημότατοι τέσσαρες, Αἰσχίνης, Φαίδων, Εὐκλείδης, Ἀρίστιππος. λεκτέον δὴ πρῶτον περὶ Ξενοφῶντος, εἶτα περὶ Ἀντισθένους ἐν τοῖς κυνικοῖς, ἔπειτα περὶ τῶν Σωκρατικῶν, εἶθ᾽ οὕτω περὶ Πλάτωνος, ἐπεὶ κατάρχει τῶν δέκα αἱρέσεων καὶ τὴν πρώτην Ἀκαδήμειαν αὐτὸς συνεστήσατο. ἡ μὲν οὖν ἀκολουθία τοῦτον ἐχέτω τὸν τρόπον.

D.L. 2,85: Ἡμεῖς δ᾽ ἐπειδὴ τὸν βίον ἀνεγράψαμεν αὐτοῦ, φέρε νῦν διέλθωμεν τοὺς ἀπ᾽ αὐτοῦ Κυρηναϊκούς, οἵ τινες ἑαυτοὺς οἱ μὲν Ἡγησιακούς, οἱ δὲ Ἀννικερείους, οἱ δὲ Θεοδωρείους προσωνόμαζον. οὐ μὴν ἀλλὰ καὶ τοὺς ἀπὸ Φαίδωνος, ὧν τοὺς κορυφαιοτάτους Ἐρετρικούς.

D.L. 6.19: Ἐπειδὴ δὲ τοὺς ἀπ᾽ Ἀριστίππου διεληλύθαμεν καὶ Φαίδωνος, νῦν ἑλκύσωμεν τοὺς ἀπ᾽ Ἀντισθένους κυνικούς τε καὶ Στωικούς. καὶ ἐχέτω ὧδε.

Da sowohl Platon als auch Euklid, Phaidon und Antisthenes Sokratiker im engeren Sinne sind, also Sokrates-Schüler, welche ihrerseits Schultraditionen begründeten, liegt der Schluss nahe, dass Philodem die Sokratiker en bloc abhandelte. Nach dem Buch zu Platon und der Akademie folgten entweder die „Logik-affinen" Megariker und Eleer in einem gemeinsamen Buch und schließlich in einem separaten Buch die Kyniker oder aber alle drei Schulen wurden gemeinsam in dem auf den *Index Academicorum* folgenden Buch behandelt, was tendenziell wahrscheinlicher sein dürfte.[27] Diogenes widmet Phaidon und

---

26   Vgl. Fleischer (2019a), S. 691.
27   Vgl. Fleischer (2019a), S. 693–694.

Euklid (einschließlich Nachfolgern) im zweiten Buch mehr als 30 Kapitel. Die anderen kleinen Sokratiker (Aristipp, Xenophon, Aischines) könnten vor dem *Index Academicorum* oder nach den Megarikern/Kynikern besprochen worden sein.

2.4   Bücher und Struktur der Cύνταξιc τῶν φιλοcόφων

Folgende Papyri werden der *Syntaxis* mit divergierender Wahrscheinlichkeit zugewiesen:[28]

Index Academicorum	Entwurf: *PHerc.* 1691/1021 Endversion: *PHerc.* 164	Zuweisung sicher	Entwurf: Sehr viel Text Endversion: nur wenige Fragmente erhalten
Index Stoicorum	*PHerc.* 1018	Zuweisung sicher	Viel Text erhalten
Index Epicureorum	*PHerc.* 1780	Zuweisung möglich	Wenige Fragmente erhalten
"Vita Socratis"	Entwurf (?): *PHerc.* 495 Endversion: *PHerc.* 558	Zuweisung möglich bis wahrscheinlich	Entwurf und Endversion (oder zwei Endversionen): Wenige Fragmente erhalten
Index Pythagoreorum	*PHerc.* 1508	Zuweisung sehr unsicher	Sehr wenige Fragmente erhalten
Index Eleaticorum et Abderitarum	*PHerc.* 327	Zuweisung sehr unsicher	Sehr wenige Fragmente erhalten
Index Megaricorum et Cynicorum	Erwähnt in *PHerc.* 1021 *Vielleicht zwei separate Bücher: Index Megaricorum und Index Cynicorum*	Zuweisung sicher	Nichts erhalten (nur Vorschau)
"Index incertus"	*PHerc.* 796 – gleiche Hand wie *PHerc.* 1691/1021, aber anderes Werk	Zuweisung wahrscheinlich	Sehr wenige Fragmente erhalten

---

28   Vgl. Erler (1994), S. 297–301 und Ranocchia (2020), S. 9–17. Für die Zuweisung der *Vita Socratis* siehe Giuliano (2001), S. 43–46, für die Beurteilung der Wahrscheinlichkeit siehe insbesondere Fleischer (2019a), S. 694–695.

Unter den erhaltenen Papyri ist die Zuweisung nur im Falle des *Index Academicorum* und *Index Stoicorum* völlig sicher. Bei dem *Index Epicureorum* muss als „caveat" gelten, dass Philodem auch andere philosophiehistorische Bücher zu Epikureern schrieb, etwa *De mentionibus in Epicuro* (früher zu Unrecht πραγματεῖαι genannt) und *De Epicuro* (Περὶ Ἐπικούρου).[29] Bei der *Vita Socratis* könnte es sich theoretisch um eine Einzelschrift zu Sokrates gehandelt haben. Die Zuweisung von *PHerc.* 327 und 1508 ist möglich, aber (sehr) spekulativ.

Bei keinem der oben genannten Papyri ist eine klar lesbare *subscriptio* erhalten. Die modernen Bezeichnungen basieren auf ihrem Inhalt. Wegen der vielen Namen von Philosophen und des Referenzwerkcharakters hat sich die Bezeichnung „Index" eingebürgert, welche schon der *editor princeps* des *Index Academicorum* Bücheler (1869) prägte. Es ist zumindest denkbar, dass die einzelnen Bücher nicht nur mit Cύνταξιc τῶν φιλοσόφων und Buchnummer versehen waren, sondern auch inhaltsbezogene Untertitel hatten, im Falle des *Index Academicorum* etwa Περὶ τῶν Ἀκαδημαϊκῶν.[30]

Da in D.L. 10,3 das zehnte Buch der Cύνταξιc τῶν φιλοσόφων für Epikur bemüht wird, muss die Schrift mindestens 10 Bücher umfasst haben. Theoretisch könnte der Epikureer Philodem dem Meister ein separates Buch gewidmet haben und die Nachfolger in einem elften Buch besprochen haben, aber es scheint wahrscheinlicher, dass alle Epikureer im zehnten Buch behandelt wurden, zumal D.L. 10,24 (Polyainos) wahrscheinlich auch diesem Buch entnommen ist. Folglich wären in *PHerc.* 1780 die Reste des 10. Buches zu sehen. Es ist ferner nicht unwahrscheinlich, dass Philodems Cύνταξιc τῶν φιλοσόφων ebenso wie das Werk des Diogenes mit den Epikureern endete, mithin aus 10 Büchern bestand. Ich hege keinerlei Zweifel daran, dass alle (zehn) Bände in den Regalen der Herkulanischen Bibliothek zu finden waren. Da wir mit dem *Index Academicorum* (*PHerc.* 1691/1021) eine gesicherte Entwurfsfassung und mit der *Vita Socratis* (*PHerc.* 495) unter Umständen eine weitere Entwurfsfassung haben, könnten überdies auch die Entwürfe aller oder mehrerer Bände der Cύνταξιc τῶν φιλοσόφων in der Bibliothek verwahrt gewesen sein.

Der *Index Academicorum* kann nicht das 9. oder 10. Buch gewesen sein (D.L. 10,3 und *Index Megaricorum et Cynicorum*). Da die Erörterung des Sokra-

---

29   Zum korrekten Titel des Werkes siehe Puglia (2016) und Fleischer (2019b). Jedenfalls spricht alles für einen Dativ πραγματείαι im Titel. Letzte Ausgabe von *PHerc.* 1418: Militello (1997). Ausgabe von *De Epicuro* (*PHerc.* 1232,1289): Guerra (1994). Neuausgabe in Vorbereitung von Gaia Barbieri. Ferner wäre noch die *Vita Philonidis* zu nennen.

30   So lautet beispielsweise die *subscriptio* von *PHerc.* 1471 (Philodem, de libertate dicendi): Φιλοδήμου | τῶν κατ' ἐπιτομὴν ἐξειρ|γασμένων Περὶ ἠθῶν καὶ βί|ων ἐκ Ζήνωνο[c cχ]ολῶν | [‾] | ὅ ἐcτι Περὶ παρρηcίαc (nach Del Mastro (2014), S. 420).

tes gewiss derjenigen über die Akademie voranging, kann der *Index Academico-rum* auch nicht das 1. Buch gewesen sein, was zur Folge hat, dass die Megariker und Kyniker bei Philodem nicht vor dem 3. Buch erschienen.

2.5   Philodems *Syntaxis* und Diogenes Laertius – ein Vergleich der Werkstrukturen

Die Tatsache, dass sowohl Diogenes Laertius als auch Philodem Epikur im 10. Buch besprechen, hat zu weitreichenden Vermutungen über eine gemeinsame Struktur der beiden Werke geführt. Gigante (1995) vermerkt: „It is widely thought that Diogenes Laertius directly used an edition of the book of Philodemus' *Syntaxis* that dealt with Epicurus and the Epicureans for the structure of his *Life of Epicurus* (book 10 of his *Lives of Philosophers*). The *syntaxis* of Philodemus and the Lives of Diogenes Laertius each cover ten books. We are led to ask whether Philodemus, who evidently was still read in the third century A.D., did not at least provide Diogenes with a model of writing and structure."[31] Auch Sedley (2003) hielt fest: „... the book's ending indicates – at least as I understand it – that the book has covered not just Plato's school, the Academy, but also, prior to that, the school founded by Euclides, that is, the Megarics. Such a sequence is of great interest because it is identical to the sequence of *diadochai* found in Diogenes Laertius books II–III, which once again encourages the supposition of a historical link between the two works."[32] Sedleys Kernargument ist nun durch die Neulesungen am Ende des *Index Academicorum* hinfällig (siehe I 2.3), aber in der Tat erlaubt die Neurekonstruktion einen erweiterten Strukturvergleich der beiden Werke. Rufen wir uns zunächst die Anordnung von Diogenes Laertius in Erinnerung (nach Büchern):

1   Sieben Weise
2   Anaximander, Anaximenes, Anaxagoras, Archelaos, Sokrates (18–47), Xenophon, Aischines, Aristipp, Theodor, Phaidon (105), Euklid von Megara (106–108), Schüler und Nachfolger Euklids (113–120), andere Sokratiker, Menedemos (125–144)
3   Platon
4   Akademie
5   Peripatos

---

31   Gigante (1995), S. 21 (Übersetzung von Gigante (1990), S. 26). In der Tat ist es wahrscheinlich, dass beide Werke 10 Bücher umfassten (siehe I 2.4).
32   Sedley (2003), S. 32.

6   Kyniker (Antisthenes, Diogenes, etc.)
7   Stoa (Ende verloren)
8   Pythagoreer und Empedokles
9   Heraklit, Eleaten, frühe Atomisten, Protagoras, Pyrrhon und Timon
10   Epikureer

Unterschiede zwischen Philodem und Diogenes:[33]
–   Philodem behandelt Platon und seine Nachfolger in einem Buch (*Index Academicorum*).
    Diogenes behandelt Platon und seine Nachfolger in zwei separaten Büchern (Bücher 3+4).
–   Philodem behandelt die Megariker/Eleer (evtl. mit Kynikern) nach der Akademie und Aristoteles nicht direkt nach den Akademikern.
    Diogenes behandelt die Megariker/Eleer am Ende von Buch 2, welches auch andere Philosophen (aber nicht Kyniker) enthält, vor der Akademie und Aristoteles direkt nach der Akademie (Bücher 4+5).
–   Philodem behandelt Sokrates und die Megariker/Eleer in verschiedenen Büchern.
    Diogenes behandelt Sokrates und die Megariker/Eleer im selben Buch (Buch 2).
–   Philodem nennt Euklid vor Phaidon in der Vorschau am Ende des *Index Academicorum*.
    Diogenes nennt Phaidon vor Euklid in Buch 2.
–   Philodem behandelt Platon zwischen Sokrates und Megarikern/Eleern.
    Diogenes behandelt die Megariker/Eleer zwischen Sokrates und Platon.
–   Philodem behandelt die Kyniker unmittelbar nach den Megarikern/Eleern.
    Diogenes behandelt die Kyniker erst vier Bücher nach den Megarikern/Eleern (Bücher 2+6)

Die Gemeinsamkeiten zwischen beiden Autoren beschränken sich auf das Erscheinen Epikurs im 10. Buch und die Behandlung der Kyniker nach Platon. Ansonsten ähneln sich Diogenes und Philodem nur in trivialen, zu erwartenden Punkten, etwa darin, dass Platons Nachfolger erst nach Platon angeführt werden, den Stoikern ein eigenes Buch gewidmet ist oder Vorschauen integriert sind.[34] Der Aufbau beider Werke unterscheidet sich aber erheblich, wo Gestaltungsspielraum für die Anordnung der Schulen und deren Aufteilung auf

---

33   Einige der Punkte sind „logisch" nicht unabhängig, d.h., folgen aus anderen Punkten (mit Wahrscheinlichkeit), siehe auch Fleischer (2019a), S. 696 Fn. 48.
34   Vgl. Fleischer (2019a), S. 697 f.

Bücher gegeben ist,[35] nicht nur hinsichtlich der relativen Behandlung, sondern auch der „absoluten" Verteilung auf die Bücher. So führt der *Index Academicorum* Platon und seine Nachfolger in einem Buch zusammen, während Diogenes Platon und die Akademie (seine Nachfolger) in zwei unterschiedlichen Büchern (3+4) bespricht.

Philodems Reihenfolge
(Sokrates) – Platon – Akademiker – Megariker – Eleer – Kyniker – (Peripatetiker?) – Epikureer

Diogenes' Reihenfolge
Sokrates – Eleer – Megariker – Platon – Akademiker – Peripatetiker – Kyniker – Epikureer

Letztlich ist die einzige nicht-triviale, zweifelsohne interessante Gemeinsamkeit zwischen Diogenes und Philodem, dass Epikur(eer) jeweils im zehnten Buch, vermutlich auch jeweils als Abschluss des Werkes, besprochen wurde(n). Diese Koinzidenz rechtfertigte frühere Vermutungen über eine ähnliche Struktur der beiden Werke und über einen direkten oder indirekten Einfluss Philodems auf Diogenes, aber nicht zuletzt das neugelesene Ende des *Index Academicorum* hat deutliche Unterschiede bezüglich Buchaufteilung und Abfolge der Philosophen zu Tage gefördert. Es scheint folglich (sehr) unwahrscheinlich, dass Philodem eine Vorlage oder Inspiration für die Strukturierung des Materials durch Diogenes Laertius war. Die These von einem Einfluss Philodems auf Diogenes kann kaum aufrechterhalten werden, da in Summe die substantiellen Ähnlichkeiten offenbar weniger ausgeprägt sind als die substantiellen Unterschiede. Wem auch immer Diogenes folgte, falls er überhaupt die „eine" Vorlage hatte, es war schwerlich Philodems Σύνταξιϲ τῶν φιλοϲόφων.[36] Diese Folgerung erfährt auch eine Stütze durch den Umstand, dass Philodem von Diogenes insgesamt nur zweimal (D.L. 10,3 und 24) zitiert wird, während Diogenes etwa Favorin, Hermipp, Apollodor, Demetrius von Magnesia, Sotion und Diokles von Magnesia, Hippobotos und Sosikrates jeweils mehr als 15-mal bemüht.[37] Vielleicht hatte Diogenes immerhin das 10. Buch der Σύνταξιϲ τῶν φιλοϲόφων im Original vorliegen – ein Epikureer, der in einer Philosophiegeschichte über

---

35   Beispielsweise ist zu erwarten, dass Sokrates vor Platon und der Akademie besprochen wird, so dass diese relative Folge keine echte Gemeinsamkeit, zu der es eine Alternative gäbe, darstellt.
36   Vgl. Fleischer (2019a), S. 698f.
37   Mejer (1978), S. 29–44.

Epikur schreibt, wäre eine willkommene Quelle gewesen –, aber selbst dies kann nicht als sicher oder sehr wahrscheinlich gelten, da die beiden Philodem-Referenzen auch aus zweiter Hand stammen könnten. Sollte Diogenes wirklich Zugang zur gesamten Cύνταξιϲ τῶν φιλοϲόφων gehabt haben, ist eigentlich unerklärlich, warum er Philodem nicht öfters zitierte. Auch bestehen so gravierende Unterschiede zwischen Diogenes' Darstellung der Akademie und dem *Index Academicorum* (siehe I 2.6), dass er zumindest dieses Buch nicht als direkte Vorlage hatte – und somit auch nur schwerlich das Gesamtwerk konsultierte. Die Philosophiegeschichte des Diogenes ist offenbar sehr speziell und auch im äußeren Aufbau von Philodem verschieden, wobei sich genrebedingt natürlich gewisse Konvergenzen hinsichtlich Form und Reihenfolge ergeben.

2.6   Inhaltlicher Vergleich des *Index Academicorum* mit Diogenes Laertius (Bücher 3+4)

Der Beginn des *Index Academicorum* mit der Vita Platons ist verloren (siehe I 5.6 für eine Quantifizierung des Ausfalls). Es gibt keinerlei Hinweise, dass Philodem hier über die Biographie Platons hinaus in nennenswerter Weise auf dessen Lehre eingegangen ist,[38] mithin wie Diogenes im 3. Buch einen großen doxographischen Teil einbaute. Die Quellen am Ende der Platon-Vita im *Index Academicorum* werden teils auch von Diogenes bemüht (Dikaiarch und Neanthes), aber für andere Informationen.

Die Biographien des Speusipp und Xenokrates beider Autoren weisen einige Parallelen auf, wobei viele Angaben entweder nur bei Philodem oder nur bei Diogenes erhalten sind (Kol. 6–8* und D.L. 4,1–15). Im *Index Academicorum* fehlen anders als bei Diogenes durchweg Werklisten und Homonymen-Listen. Dafür finden sich dort für Xenokrates, Arkesilaos und Karneades (umfangreiche) Schülerlisten, welche bei Diogenes nicht vorhanden sind (Kol. 8*; 20; 22–24).

Philodem behandelt Herakleides Pontikos zutreffend als Akademiker, während er von Diogenes im 5. Buch unter die Peripatetiker eingeordnet wird (Kol. 9–10 und D.L. 5,86–94). In diesem Zusammenhang ist bemerkenswert, dass die Kolumnen zu Herakleides im *Index Academicorum* in eine ursprüngliche Fas-

---

38   Sedley (2003), S. 31 nahm für den verlorenen Anfangsteil des *Index Academicorum* und *Index Stoicorum* eine doxographische Darstellung an. Dagegen hat Ranocchia (2020), S. 24–26 überzeugend argumentiert, dass die zu Beginn des *Index Stoicorum* verlorenen 27 Kolumnen gänzlich zur eigentlichen Biographie des Zenon gehört haben dürften und nicht notwendig einen doxographischen Teil implizieren.

sung der Rolle eingeklebt scheinen (siehe I 6.2). Hatte Philodems Grundquelle zur Akademie womöglich Herakleides nicht aufgenommen? Besteht ein Bezug zu Diogenes und beruhen beide auf einer gemeinsamen Tradition, welche Herakleides nicht als Akademiker ansah? Diogenes integriert kurioserweise den Kyniker Bion von Borysthenes in sein Buch zur Akademie (D.L. 4,46–58), welcher von Philodem verständlicherweise nicht aufgenommen wird. Dafür nimmt Philodem korrekt die abseitige Person des Chairon von Pellene auf (Kol. 11–12 – ebenfalls später eingeklebt), über den man bei Diogenes kein Wort liest. Die Darstellungen zu Polemon, Krantor, Krates und Arkesilaos sind bei beiden Autoren über weite Passagen ähnlich, da sie beide (indirekt) aus Antigonos von Karystos schöpfen, wobei Diogenes noch diverse andere Quellen integrierte (Kol. 8*,13–19 und D.L. 4,16–45). Die Sektionen zu Lakydes und Karneades sind wieder recht verschieden gestaltet (Kol. 21–22 und D.L. 4,59–66). Für die neue Akademie zwischen Lakydes und Karneades bietet Philodem zahlreiche Informationen und Namen mit Daten, welche bei Diogenes gänzlich fehlen (Kol. 27–28;M;N;O). Für die folgende Zeit liest man bei Diogenes nichts über die Nachfolger oder Schüler des Karneades namens Polemarch von Nikomedien, Krates von Tarsos, Charmadas von Alexandria, Melanthios von Rhodos, Metrodor von Stratonikeia, Aischines von Neapolis und deren Schüler, denen Philodem fast zehn Kolumnen widmet (Kol. 24–26; 29–32; 35–36).

Besonders auffällig ist, dass Diogenes sein Buch zur Akademie mit Kleitomachos enden lässt (D.L. 4,67) und Philio von Larissa – zu dieser Namensform siehe die vorliegende Edition mit Einordnung und Kommentar – sowie Antiochos von Askalon nicht mehr erwähnt. Vor dem Hintergrund diverser antiker Schemata zur Entwicklung der Akademie und der Existenz der „Alten Akademie" verwundert dieses frühe Ende bei Diogenes. Es wurde bisher noch nicht recht für die Frage nach seinen Quellen gewürdigt. Man könnte nämlich überlegen, ob das Unterschlagen des Philio und Antiochos bei Diogenes dem Umstand geschuldet ist, dass seine Vorlage letztlich auf eine frühe philosophiehistorische Schrift des späten 2. Jh. v. Chr. zurückgeht, welche rein chronologisch Philio und Antiochos noch nicht thematisieren konnte. Die Begriffe „Mittlere Akademie" und „Neue Akademie" (D.L. 4,28 und 59) sprechen nicht gegen eine frühe Quelle, da sie im Laufe der späteren Überlieferung eingefügt scheinen. Alternativ könnten die „Viten" des Philio und Antiochos „auf dem Weg zu Diogenes" verlorengegangen sein. Erstaunlicherweise führt Diogenes in D.L. 1,14 Platon als Gründer der „Alten Akademie", Arkesilaos als den der „Mittleren Akademie" und Lakydes als den der „Neuen Akademie" ein. Mit Kleitomachos endet seine Aufzählung. Dieselbe ungewöhnliche Kategorisierung hinsichtlich „Mittlerer Akademie" und „Neuer Akademie" findet sich auch im *Index Academicorum* (Kol. 21,35–41). Sind diese Einteilungen vielleicht schon

vor der dogmatischen Wende des Antiochos entstanden und gehen sowohl
Philodem als auch Diogenes auf dieselbe Tradition des 2. Jh. v. Chr. zurück?
Jedenfalls setzt Philodem den *Index Academicorum* über Kleitomachos hinaus
bis in seine Gegenwart (Schüler des Antiochos) fort (Kol. 33–36).

2.7 „Qualitativer" Vergleich des *Index Academicorum* mit Diogenes Laertius (Bücher 3+4)

Philodem nutzt für seine Geschichte der Akademie sehr frühe, meist mehr oder
weniger zeitgenössische Quellen hoher Güte, welche er gewissenhaft zitiert
oder exzerpiert. An dieser Tatsache ändert auch der Umstand nichts, dass
ihm einige Werke nur durch Zwischenquellen zugänglich waren (Übersicht
in I 4.1). Insbesondere für die Neue Akademie nach Lakydes ist er für zahlreiche Fakten unser einziger Zeuge und bietet eine viel umfangreichere Schilderung als Diogenes, der nur auf die Scholarchen abstellt. Anekdotische oder
unglaubhafte Elemente sind bei Philodem auf ein Minimum beschränkt und
teils als solche erkannt und bewertet (etwa Demochares über Herakleides –
Kol.10,30–33), während Diogenes allerlei Klatsch verwertet, diesen eher pseu-
dokritisch nebeneinanderstellt und Kunde aus frühen Quellen bei ihm nur
gefiltert und teils durch sein Exzerpieren im Sinn bis zur Unkenntlichkeit ent-
stellt ankommt. Beispielhaft seien die Darstellungen zu Tod und Bestattungsort
des Akademikers Krantor von Soloi bei Diogenes und Philodem verglichen,
welche jeweils auf Antigonos von Karystos zurückgehen. In D.L. 4,25 erfährt
man: καὶ ἐρωτηθέντα (sc. Krantor) πρὸς αὐτοῦ (sc. Arkesilaos) ποῦ βούλεται ταφῆναι, εἰπεῖν· ἐν γῆς φίλης ὄχθοισι κρυφθῆναι καλόν (TGrF *Adesp.* 281). λέγεται δὲ καὶ
ποιήματα γράψαι .... Der Antwortvers des Krantor wirkt, als wollte er in seiner
Heimatstadt Soloi bestattet werden und die folgende Überleitung zu einem
anderen Thema suggeriert die Erfüllung des Wunsches. In der Tat geht aus Kol.
S,1–9 des *Index Academicorum* hervor, dass dieser Vers im Sinne eines Wunsches, in Soloi bestattet zu werden, zu verstehen war – aber die Episode hatte
eine Fortsetzung: Polemon überredete Krantor daraufhin erfolgreich, sich doch
in Athen in einem gemeinsamen Grab bestatten zu lassen. Ohne Philodem
würde man aus Diogenes hingegen billigerweise schließen, Krantor hätte in
Soloi seine letzte Ruhestätte gefunden.

Aus dem Autorenmanuskript *PHerc.* 1691/1021 ist ersichtlich, dass Philodem in einen ersten Entwurf neue Passagen eingefügt hat, die er bei weiterer
Recherche fand. Diese trug er entweder auf dem Verso (längere Partien) nach
oder in kleiner Schrift oberhalb, unterhalb und auf der Seite der Kolumnen
des Rekto (siehe I 6.1 und I 7.1). Man kann nachvollziehen oder erahnen, wie

er versucht die Stücke chronologisch korrekt einzubauen oder zu transponie-
ren und inhaltlich sinnvoll in Vorhandenes einzubetten. Philodem denkt bei
der Strukturierung seines Werkes mit und arbeitet offenbar mit einer gewissen Systematik. An einer Stelle erklärt er „methodologisch", warum er Dion
von Syrakus nicht eigens besprechen will und die Behandlung Chairons nicht
störend ist (Kol. 10,33–11,7). Ansonsten hat Philodem auch Übergangspassagen
zwischen Exzerpten wie auch die Exzerpte selbst teils frei formuliert und nicht
nur wörtlich abgeschrieben. Er hat verschiedene Quellen chronologisch zu
strukturieren versucht, wobei er bisweilen zugunsten der Kohärenz etwas von
der Chronologie abweicht. Prinzipiell gewinnt man den Eindruck als hätte Philodem jederzeit den Überblick über sein Material behalten, auch wenn er eine
Vielzahl von Philosophen anordnen musste. Somit verdient sein Werk in der
Tat den Titel „Syntaxis". Wenngleich Philodem eine Art „akademische Grundquelle" gehabt haben dürfte (siehe III 2), scheint er aus dieser eher gezielt
exzerpiert als abgeschrieben zu haben – gelegentlich erkennt man Philodems
Stil. Für die Endphase der Skeptischen Akademie ab Philio und für die Alte
Akademie konnte Philodem als Augenzeuge in Erscheinung treten und somit
Informationen aus erster Hand beisteuern, was ihn auch von Diogenes abhebt.
Wir haben von der Endfassung des *Index Academicorum* (*PHerc.* 164) leider so
wenige Überreste (ab der Behandlung Polemons keine mehr), dass wir nicht
sicher sagen können, welche Nachträge Eingang fanden und welche Passagen
Philodem schließlich herauskürzte. Dennoch erwecken die Nachträge auf dem
Verso in einigen Fällen (etwa die Dublette in Kol. O,22–24 = O,29–31) und auch
die „Wiederholung" von Polemarch und Krates in Kol. 24–25 den Eindruck, als
habe auch Philodem nicht immer (im Entwurf) sorgfältig gearbeitet – aber
hier mag der Eindruck täuschen und manch scheinbare Unzulänglichkeit dem
Entwurfscharakter geschuldet sein. Philodem zitiert teils exquisite Primärquellen, wie etwa die Originalverse aus Apollodors *Chronica* (Kol. 26–32), während
Diogenes etwa 250 Jahre später viel mehr Anekdotisches, schlicht Unwahres
und Ungenaues durch fehlenden Kontext in „irgendwelchen" Quellen vorfand,
was er zudem auch nicht willens oder fähig war auszuscheiden. Desungeachtet
sind bei Diogenes Laertius auch zuverlässig erscheinende Angaben zu Akademikern angekommen, welche bei Philodem nicht zu finden sind. Auch im
direkten Vergleich der Antigonos-Exzerpte könnte Diogenes an einigen, wenigen Stellen noch näher am Text des Antigonos von Karystos sein als Philodem
(siehe Quellen Kol. 8*,23–14,3), der aber insgesamt viel enger an Antigonos
angelehnt scheint. Philodem musste noch mehr als Diogenes „Primärquellen"
in Handarbeit suchen und Informationen aufstöbern,[39] da er zu seiner Zeit

---

39   Gewiss könnte Philodem auch mehrere ältere Philosophiegeschichten synthetisiert haben,
      welche diese Primärquellen zitierten.

noch auf keine so reichhaltige philosophiegeschichtliche Tradition wie Diogenes zurückgreifen konnte – ein Glücksfall für die Güte des *Index Academicorum*
und gewiss auch der anderen Bücher der *Syntaxis*. Aufgrund von Philodems
Datierung ins 1. Jh. v. Chr. und seines Zugriffs auf frühe, wertvolle und später
verlorene oder vergessene Schriften sowie aufgrund seiner Übersicht und Kritik am Material darf man etwas griffig formulieren: Philodem ist der bessere
Diogenes Laertius.

Der *Index Academicorum* und Philodems Biographie – Alexandria und akademische Freunde

Philodem (etwa 110–40/30 v. Chr.)[1] stammte aus der hellenistisch geprägten Stadt Gadara in der Dekapolis (heutiges Jordanien), welche sich einiger bedeutender Söhne rühmen kann, etwa des Meleager und Menippos.[2] Im Athener κῆπος ging Philodem bei dem epikureischen Schuloberhaupt Zenon von Sidon (160–75)[3] philosophischen Studien nach. Offenbar nach Zenons Tod verließ Philodem etwa um 75 v. Chr. Athen und ließ sich in Italien nieder, vielleicht zunächst in Sizilien. Zu dieser Zeit oder etwas früher muss er seinen späteren Patron Lucius Calpurnius Piso Caesoninus (Konsul 58 v. Chr.) getroffen haben. Vermutlich begleitete Philodem den Schwiegervater Cäsars auf Reisen und lebte sowohl in Rom als auch am Golf von Neapel in dessen Umfeld. Er adressiert Piso in einem seiner Epigramme[4] und widmet ihm auch sein Werk *De bono rege secundum Homerum* (*PHerc.* 1507). Dass Philodem im eher fortgeschrittenen Alter in der „Villa dei papiri" („Villa dei Pisoni") in Herkulaneum lebte, wo seine Bibliothek gefunden wurde, ist zwar möglich, aber keineswegs sicher.[5] Cicero charakterisiert Philodem in seiner Rede *In Pisonem* (55 v. Chr.) bei aller Polemik doch als kultivierten Epikureer[6] und bringt ihm auch in *De finibus* Wertschätzung entgegen.[7] Auch Horaz erwähnt Philodem,[8] welcher mit anderen Schulmitgliedern maßgeblich die epikureische Philosophie in Rom und Italien einbürgerte.[9] Er stand mit dem Epikureer Siro sowie den „Augusteern" Vergil, Plotius Tucca, Quintilius Varo und Varius Rufus in freundschaftlichem Kontakt. Alle fünf sind in Herkulanischen Papyri erwähnt. Den vier

---

1 Für Philodems Biographie siehe Puglia (2004), Fleischer (2018a), Longo Auricchio (2019), Blank (2019), Kapitel: „life"; Armstrong/McOsker (2020), S. 1–10. Angeli (2019), S. 55–57 datiert die Geburt Philodems auf 120 v. Chr.
2 Sider (1997), S. 4.
3 Für seine Lebensdaten siehe Fleischer (2019c). Weiterhin für 150 v. Chr. als Geburtsdatum Angeli (2021), S. 349 f.
4 Phld. Epigramm 27 (Sider) = AP 11,44.
5 Diskussion auf Basis neuer archäologischer Erkenntnisse bei Angeli (2019).
6 Cic. Pis. 68–72; 74 (= T 2 Sider).
7 Cic. fin. 2,119 (= T 1 Sider … *familiares vestros, credo, Sironem dicis et Philodemum, cum optimos viros tum homines doctissimos*).
8 Hor. sat. 1,2,119–122. (= T 4 Sider).
9 Sedley (2003).

© KILIAN FLEISCHER, 2023 | DOI:10.1163/9789004546547_004

Dichtern widmete Philodem gemeinsam mindestens zwei Werke[10] und dürfte deren Talent und epikurische Neigungen beeinflusst und kultiviert haben.[11] Über eine direkte Beziehung Philodems zu Horaz und Lukrez wird diskutiert. Die in der Herkulanischen Bibliothek gefundenen Werke lassen eine Vorliebe Philodems für Ethik erkennen, was seinem eher praktisch orientierten römischen Umfeld geschuldet sein könnte. Seine Qualitäten als Autor werden heute zusehends positiver bewertet, derweil er gewiss nicht immer schön zu lesen ist. Neben biographischen oder exegetisch-historischen Werken zur epikureischen Schulgeschichte ist allen voran die *Syntaxis* Ausdruck einer ausgeprägten philosophiegeschichtlichen (nicht im modernen Sinne) Neugierde Philodems. Bis zur Entdeckung der Herkulanischen Papyri war Philodem als Autor nur durch rund 35 Epigramme in der *Anthologia Palatina* greifbar.

Höchst aufschlussreich sind nun mehrere Selbstbezüge Philodems am Ende des *Index Academicorum* (Kol. 34–35), welche teils erst nach der letzten Edition von Dorandi (1991) als solche erkannt wurden oder durch Neulesungen zum Vorschein kamen. Sie bereichern die Biographie Philodems um eine neue Station und erhellen die Beziehungen zwischen Philodem und akademischen Philosophen. Wir erfahren in besagten Kolumnen, dass Philodem zunächst in Alexandria weilte, bevor er etwa 85 v. Chr. nach Athen segelte. Auch entnimmt man ihnen, dass Philodem mit diversen Vertretern der „Alten Akademie", darunter Antiochos von Askalon, befreundet war.

In Erlers Gesamtdarstellung (1994) fehlt dem Stande der damaligen Forschung entsprechend noch ein Hinweis auf einen Aufenthalt Philodems in Alexandria.[12] Sider (1997) hat, inspiriert durch einige Passagen in Philodems Werken, vorgeschlagen, dass dieser beispielsweise auch in Alexandria geweilt haben könnte.[13] Bald darauf hat Puglia (1998) erstmals einen Selbstbezug Philodems im *Index Academicorum* in Kol. 34,3–6 erkannt und gefolgert, dass Philodem für eine gewisse Zeit in Alexandria lebte. Die Stelle liest sich mit nach-

---

10   Siro in *PHerc.* 312, Kol. 14 (= T 15 Sider), die genannten Augusteer in *PHerc.* Paris. 2, *PHerc.* 253 und *PHerc.* 1082. Zu Philodem und den Augusteern Armstrong et al. (2004).

11   Vgl. Janko (2020), S. 162–166.

12   Dorandi (1991), S. 80 ging bei ἡ[[ν]]`μῶν´ von einer Gruppe aus, die von Athen nach Alexandria gefahren sei, und erwähnt die Unklarheit der Stelle.

13   Sider (1997), S. 10. Er schlägt neben Rom und Rhodos auch Alexandria vor, von dem Philodem schreibt, dass es Philosophen anzieht (Phld. rh. II, S. 145, frg. 3 (Sudh.): ἐνί|ουϲ δὲ (sc.φιλοϲόφουϲ) καὶ δυναϲτευτι|καὶ πόλειϲ καὶ χῶραι κα|τέϲχον ὥϲπερ Ἀλεξάν|δρεια καὶ Ῥώμη, τοῦτο| μὲν ἀνάγκαιϲ τοῦτο δὲ| μεγάλαιϲ ἑαυτῶν τε καὶ| πατρίδων χρείαιϲ. Auch verweist Sider auf Phld. de morte IV 117,7–11 und P. Oxy. 3724, wo das Epigramm-Incipit Πρωτῆοϲ Φάρε (Πρωτέοϲ Φάρε im Papyrus, dazu Sider (1997), S. 217) erhalten ist, was nach Sider in Alexandria geschrieben worden sein könnte. Zu P. Oxy. 3724 siehe Sider (1997), S. 203–225 und Maltomini (2003).

folgenden Verbesserungen wie folgt (Kol. 34,2–6): καὶ τὴν cχολὴ[ν] | αὐτοῦ Π . . .
[ ]οc, ο[ἶ]μαι, Κῖοc ἐ|φ᾽ ἡ[[ν]]ˋμῶνˊ Ἀθήνηc⌜ι̣ˋν πα[ρ]αβαλόν|των ἐξ Ἀ[λ]εξανδρείαc
| ἤδη διακατεῖχεν. Puglia hat seine These im Jahre 2000 bekräftigt und ausgear-
beitet.[14] Ich habe die Bedeutung von ἐ|φ᾽ ἡ[[ν]]ˋμῶνˊ Ἀθήνηc⌜ι̣ˋν πα[ρ]αβαλόν|των
ἐξ Ἀ[λ]εξανδρείαc ausgiebig in Fleischer (2016a) erörtert und komme wie Puglia
zu dem Schluss, dass ein Selbstbezug vorliegt: „... als ich (Philodem) mit dem
Schiff von Alexandria in Athen ankam."[15] Philodem betrat folglich erstmalig
Athen, als der akademische Scholarch Philio die Stadt bereits verlassen hatte
(88 v. Chr.) und ein relativ bedeutungsloser Nachfolger die Leitung der Athener
Akademie übernommen hatte. Dass Philio (gest. 84/83) bei Philodems Ankunft
schon verstorben war, ist möglich, aber nicht notwendigerweise in der Formulierung impliziert, da der genannte Nachfolger schon zu Philios Lebzeiten
die Schule übernommen haben könnte, sollte dieser entschieden haben, nicht
mehr von Rom nach Athen zurückzukehren.[16] Die Fahrt von Alexandria nach
Athen markiert offenbar einen Fixpunkt in Philodems Leben, so dass er in Alexandria sicherlich für eine längere Zeit weilte – mehrere Monate bis wenige
Jahre. Der Mithridatische Krieg und Sullas Belagerung Athens erlaubten es Philodem kaum vor Mitte 86 nach Athen zu gehen. Wahrscheinlich traf er dort
auch nicht viel später ein,[17] was bedeutet, dass er sich irgendwann in dem
Zeitraum 90–86/85 in Alexandria aufhielt. Philodem könnte seine Heimatstadt
Gadara um 90 v. Chr. oder etwas später verlassen haben und sich zunächst Richtung Alexandria begeben haben.[18] Es finden sich in Philodems Oeuvre einige
Stellen, welche man als Reminiszenzen dieses Aufenthalts in Alexandria lesen
kann.[19]

---

14   Puglia (1998), Puglia (2000).
15   Fleischer (2016a), S. 81–104. Selbstbezüge Philodems in Verbindung mit Orten in Phld. *De
     Stoicis* (*PHerc.* 155/339) 21,9–10: Καμπανοὺc ἡμᾶc (Dorandi (1982)) und *PHerc.* 312 (Gigante
     (1984), S. 75–77); vgl. auch Puglia (1998), S. 136.
16   Fleischer (2017), S. 80; Fleischer (2018), S. 123. Auch Armstrong/McOsker (2020), S. 3 wol-
     len die Frage nicht entscheiden und votieren für eine Ankunft kurz vor oder kurz nach
     dem Tod des Philio (85 oder 83 v. Chr.) mit Tendenz zu ersterem. Angeli (2019), S. 54 geht
     vom Tod des Philio aus und datiert die Ankunft folglich zwischen 84/83 und 81 v. Chr.
17   Da Philodem Zenon', welcher um 75. v. Chr. starb, für eine lange Zeit gehört haben muss,
     kann er kaum sehr lange nach 86 v. Chr. in Athen angekommen sein, vgl. Fleischer (2018a),
     S. 123–125. Freilich ist die etwas spätere Datierung von Angeli (2019), S. 54 (siehe Fn. 16)
     nicht völlig ausgeschlossen.
18   Ein Grund für Philodem Gadara zu verlassen, könnten kriegerische Unruhen gewesen sein
     (ab etwa 100 v. Chr.). Vielleicht wurde Gadara um 90 v. Chr. ein zweites Mal erobert (Fitz-
     gerald (2004), S. 360–363. Er greift damit eine Hypothese von Hoffmann (2002), S. 104–105
     auf; für weitere Gedanken siehe Fleischer (2016a), S. 98 f.).
19   Neben den in Fn. 13 genannten Stellen ist insbesondere Phld. de signis III 2,3–18 ein-

Gigante (2001) missfiel die Vorstellung von Philodem in Alexandria, was den Epikureer angeblich zu einem rastlosen Touristen machen würde. Er wollte in obiger Stelle einen mechanisch kopierten Selbstbezug sehen.[20] Puglia (2004) und Blank (2007) wiesen seine Vorbehalte überzeugend zurück. Blanks Neulesungen zeigen ferner, dass Philodem ein Vertrauter des Antiochos von Askalon war und beide sich mit gegenseitigem Respekt oder Zuneigung begegneten (Kol. 34,44–35,2: ἠγα|πημέ[ν]ος ὑπὸ πολλῶν κἀ||μοῦ καὶ αὐτὸς ἡμᾶς ἀπο|δεδεγμέ-νος). Ebenso zählt Philodem die Antiochos-Schüler Ariston von Alexandria, Dion von Alexandria und Kratippos von Pergamon zu seinen Freunden (Kol. 35,7–10 – ϲυνήθεις ἡ|μῶν) und bezieht sich ein weiteres Mal auf sich selbst, wenn er über Dion spricht (Kol. 35,16 ff.). Mit Dion von Alexandria, der zur Abfassungszeit des *Index Academicorum* in Alexandria zu verorten ist, hielt Philodem offenbar weiterhin Kontakt. Folglich ist auch bei der Alexandria-Stelle (Kol. 34,3–6) ein Selbstbezug naheliegend, wenn nicht gar zwingend. Die These von „Philodem in Alexandria" auf Grundlage besagter Stelle im *Index Academicorum* wird heute in der Forschung allenthalben gebilligt.[21]

Es regt die Phantasie an, dass Philodem vermutlich zu jener Zeit in Alexandria war, als sich dort auch einige Repräsentanten der Alten Akademie aufhielten (ab 88/87) und gewisse philosophische Aktivitäten entfalteten. Die bekannte Stelle in Ciceros *Lucullus* lautet (Cic. Luc. 11–12): *Cum Alexandriae pro quaestore, inquit, essem, fuit Antiochus mecum, et erat iam antea Alexandriae familiaris Antiochi Heraclitus Tyrius, ... itaque conplures dies adhibito Heraclito doctisque conpluribus et in is Antiochi fratre Aristo et praeterea Aristone et Dione, quibus ille secundum fratrem plurumum tribuebat, multum temporis in ista una disputatione consumpsimus.* Eine Rückkehr nach Athen war für die Akademiker frühestens nach Sullas Eroberung (März 86) möglich. Drei der fünf genannten Philosophen werden von Philodem im *Index Academicorum* als seine Freunde

schlägig: Καὶ cπάνια δ᾽ ἔ|cτιν παρ᾽ ἡμῖν ἔνια, καθάπερ ὁ γε|[5]νόμενος ἡμίπηχυς ἄνθρωπος | ἐν Ἀλεξανδρείᾳ κεφαλὴν δὲ | κολοccίαν ἔχων ἐφ᾽ ἧς ἐcφυροκό|πουν, ἐνεπεδείκνυον οἱ ταρει|χευταί, [κ]αὶ ὁ γαμηθεὶς ὡc παρ|[10]θένοc [ἐν] Ἐπιδαύρῳ κἄπειτα | γενόμ[εν]οc ἀνήρ, καὶ ὁ γενόμε|νος ἐν [Κρή]τῃ πηχῶν ὀκτὼ καὶ | τεττ[αρά]κοντα τοῖc ἐκ τῶν εὐ|ρεθέν[των] ὀcτῶν cημειουμέ|[15]νοιc, ἔτ[ι δ᾽ οὔ]c ἐν Ἀκώρει πυγμα|ίουc δ[εικνύ]ουcιν, ἀμέλει δ᾽ ἀν|α[λ]όγο[υc τοῖc οὖc] Ἀντώνιος νῦν | ἐξυραίᾳ[c ἐκο]μίc[ατο ... (De Lacy/De Lacy (1978) – Neulesungen von R. Wittwer in J. Carruesco (2010)). Zur Stelle Puglia (1998), S. 137,138 und Fleischer (2016a), S.87 f. Siehe auch Phld. Epigramm 34 (Sider) und das Incipit Πῖθι Μαρει(ωτήν) in P. Oxy. 3724, vgl. Puglia (1998), S. 138–141.

20 Gigante (2001), S. 26,28.
21 Sedley (2009), S. 32; Delattre (2007), S. XIV f.; Indelli/Longo Auricchio/Del Mastro (2012); Hatzimichali (2011), S. 51–52; Longo Auricchio (2019), S. 32; Armstrong/McOsker (2020), S. 2–4; Capasso (2020).

oder Bekannte bezeichnet: Antiochos, Ariston, Dion. Es ist keineswegs abwegig zu vermuten, dass Philodem mit wenigstens einem dieser drei Philosophen bereits in Alexandria in Kontakt kam und etwa zur gleichen Zeit wie diese nach Athen ging. Haben diese „Exilanten" Philodem bewegt von Alexandria nach Athen überzusiedeln, was ursprünglich vielleicht gar nicht seine Intention war? Waren auch geflüchtete oder verbannte Mitglieder der epikureischen Schule zu dieser Zeit in Alexandria anzutreffen? Wir wissen, dass Philodems späterer Lehrer Zenon von Sidon um 88 v. Chr. ebenso wie Philio und Antiochos Athen verließ – wohin ist nicht bekannt.[22] Begab sich Philodem schon mit epikureischer Vorprägung von Gadara nach Alexandria? Möglicherweise wurde seine Begeisterung für Epikur erst durch (exilierte) Epikureer in Alexandria nachhaltig geweckt und er segelte mit ihnen nach Sullas Eroberung Richtung Athen, um im Kepos die Lehren Epikurs intensiver zu studieren. Puglia (2014) vermutete, dass Philodem anfangs der Alten Akademie zugeneigt gewesen sein könnte, aber für diese These fehlen harte Belege oder Indizien im Werk Philodems.[23] In diesem Zusammenhang sei auch erwähnt, dass Philodem am Ende des *Index Stoicorum* einen gewissen Apollonios von Ptolemais als Freund bezeichnet.[24] Der Geburtsort macht für diesen Stoiker ein Verweilen in Alexandria nicht unwahrscheinlich.[25] Schrieb Philodem in Alexandria Epigramme oder widmete sich im Umfeld des Museions grammatisch-philologischen Studien? Seine genauen Aktivitäten in Alexandria sind kaum festzustellen, aber die Angabe im *Index Academicorum* (Kol. 34,4–7) zeigt immerhin, dass Philodem sich im Alter von Anfang 20 für einige Zeit in Alexandria aufhielt und um 85 v. Chr. oder etwas später nach Athen segelte.[26] Vielleicht knüpfte er in Alexandria schon erste Kontakte ins Athener Philosophen-Milieu, insbesondere zu Akademikern. Einige seiner Neigungen könnten in Alexandria erst begründet worden sein und die Metropole dürfte Spuren in Philodems Denken und Werk hinterlassen haben, aber diese sind kaum seriös zu isolieren und wurden von

---

22   Zenon von Sidon F 3 (Angeli/Colaizzo): [. .] κατὰ τὴν ἅλωσιν τῶν | [Ἀθην]ῶν ἐκ[π]επτωκὼς καὶ | [ἀν]επίγραφον ἐπιστο[λὴν cυ]νήθεσιν διὰ[πέμ|π]ων Δημ[άρ]ατον. Es ist unwahrscheinlich, dass Zenon nach Rom ging, da Cicero zwar den Epikureer Phaidros und den Akademiker Philio in Rom kennenlernte, aber nichts von Zenon sagt. Diesem scheint er erst 79/78 bei seinem Aufenthalt in Athen begegnet zu sein. Vermutlich musste Zenon auf Druck des epikureischen „Tyrannen" Aristion die Stadt verlassen, vgl. Capasso (2020), S. 380. Zur Lage der Athener Philosophen in jenen Jahren siehe Haake (2007), S. 271–273.

23   Puglia (2014), S.79–83.

24   Phld. Ind. Stoic. Kol. 78,2–3: Ἀπολλώνιος Πτο|λεμαιεὺς φίλος ἡμῶν, vgl. Puglia (1998), S. 136–137.

25   Wahrscheinlich ist mit Ptolemais die große Stadt in der Kyrenaika gemeint.

26   Für das Alter siehe Fleischer (2018), S. 125–126.

den späteren Einflüssen Athens gewiss überlagert.[27] Die *Cύνταξιc τῶν φιλοcόφων*, welcher der *Index Academicorum* zuzuordnen ist, kann als Manifestation eines über den Tellerrand der eigenen Philosophierichtung hinausgehenden Interesses angesehen werden, dessen Wurzeln nicht nur in Athen, sondern auch in Alexandria liegen könnten.

Cicero nahm 79/78 während seines Studienaufenthaltes in Athen nicht nur am Unterricht des Antiochos von Askalon im Ptolemaion teil, sondern auch am Unterricht des Zenon von Sidon im *Kepos*[28] – zu einer Zeit, da auch Philodem ebendort Zenon hörte. Fiel Cicero der Epikureer Philodem bereits in Athen auf? Interessanterweise sind zwei der drei mit Philodem befreundeten Antiochos-Schüler, nämlich Ariston von Alexandria und Kratippos von Pergamon, später Peripatetiker geworden (Kol. 35,10–15), so dass Philodem vielleicht über sie einen Einblick in aktuelle peripatetische Diskussionen hatte.[29] Kratippos von Pergamon wurde übrigens ab etwa 50 v. Chr. von Cicero protegiert und erlangte schließlich das römische Bürgerrecht. Er nannte sich Marcus Tullius Cratippus.[30] Im Jahre 44 hörte Ciceros Sohn in Athen Kratippos und auch einen gewissen Bruttius,[31] welcher mit einem Gaius Bruttius identisch sein könnte, der kürzlich als Adressat eines Werkes Philodems erkannt wurde (Neulesung).[32] Über Dion von Alexandria könnte Philodem vielleicht zu anderen Freunden aus seiner alexandrinischen Phase Kontakt gehalten haben. Philodem tritt am Ende des *Index Academicorum* selbst als Zeitzeuge für die Geschichte der Akademie in Erscheinung, wobei seine Freundschaft zu Akademikern den Informationen eine besondere Note verleiht.

In Kol. 34,10 wird ein Menekrates aus Mytilene genannt, dessen Begleitinformation vor dem Hintergrund von Philodems Biographie aufhorchen lässt: Er habe sich in Sizilien aufgehalten bzw. dort gelehrt (Kol. 34,8–11). Die Angabe in Kol. 34,10 dürfte vermutlich dahingehend zu ergänzen sein, dass Menekra-

---

27 Vgl. Puglia (1998), S. 142: „ma è difficile sottrarsi alla suggestione di un proficuo incontro fra un pensatore dai mille interessi e l' effervescente ambiente culturale alessandrino. La permanenza nella grande capitale dell' Egitto ellenizzato, crocevia di antiche culture e di idee innovatrici, non poté non lasciare un segno profondo sul nostro Filodemo."

28 Zenon von Sidon F 5–9 (Angeli/Colaizzo).

29 Vgl. Armstrong/McOsker (2020), S. 4.

30 Dorandi (1994b), Kupreeva (2018).

31 Cic. fam. 16,21,3–5. Wahrscheinlich ist der genannte Lehrer nicht mit dem in Cic. fam. 13,38 genannten jugendlichen eques Bruttius identisch (Shackleton Bailey (1977), S. 23). Die Beschreibung des Bruttius in Cic. fam. 16,21,4–5 könnte auf einen Epikureer hindeuten, vgl. D' Angelo (2021), S. 61.

32 *PHerc.* 89/1301/1383 – Reste eines theologischen Werkes. Der Name Gaius Bruttius wurde erstmals von D'Angelo (2021) identifiziert.

tes sich bis vor kurzem im Sizilien aufhielt oder zu einer Zeit in Sizilien war, als Philodem auch dort weilte (vielleicht ein Selbstbezug Philodems). Die Stelle beweist nicht den von der Suda nahegelegten Aufenthalt Philodems in Himera (Sizilien), macht ihn aber tendenziell etwas wahrscheinlicher.[33] Unter Einbezug der Stellen im *Index Academicorum* ergibt sich folgendes Bild von Philodems Werdegang und Aufenthaltsorten:[34]

Philodems Vita

110 ± 3	Geburt in Gadara (Dekapolis)
ca. 90–86/85	Aufenthalt in Alexandria (Kol. 34,4–7); dort vielleicht Kontakt zu aus Athen geflohenen Akademikern (Kol. 34,34 ff.) und/oder Epikureern
ca. 86/85–75	Epikureische Studien bei Zenon von Sidon in Athen für etwa 10 Jahre (± 2)
ca. 75 ± 2	Gang nach Italien (vielleicht erst Sizilien – Kol. 34,10), dann Kampanien und Begegnung mit Piso – wahrscheinlich noch in den 70er Jahren
75–40/30	Leben unter der Patronage Pisos in Rom und am Golf von Neapel, evtl. Begleitung Pisos in Provinzen. Freundschaft mit dem Epikureer Siro und den Augusteern Vergil, Plotius Tucca, Quintilius Varus, Lucius Varius Rufus – Philodem als ihr epikureischer *spiritus rector*? Vielleicht Bekanntschaft mit Horaz und Lukrez. Neben Piso und den vier Augusteern dediziert er auch den Römern Gaius Vibius Pansa Caetronianus und Gaius Bruttius Werke. Philodem ist Cicero bekannt. Vielleicht verbrachte er seinen Lebensabend in der Villa dei papiri (Villa dei Pisoni) in Herkulaneum, wo seine Bibliothek gefunden wurde

---

33 Vgl. Fleischer (2017a), S. 77–79 und Einordnung/Kommentar zur Stelle.

34 Vgl. Fleischer (2018a), S. 127. Diskussion bei Angeli (2019), S. 55–57, die etwas abweichende Daten annimmt. Angeli (2021), S. 345 f. weist insbesondere darauf hin, dass die Villa nach neueren archäologischen Erkenntnissen wohl zwischen 50–25 v. Chr. erbaut wurde und somit Lucius Calpurnius Piso Caesoninus als Bauherr und Philodems Aufenthalt zur Diskussion stehen. Zur Geburtsstadt siehe Dorandi (1987), Fitzgerald (2004).

KAPITEL 4

Index Academicorum: Übersicht zu Inhalt, Quellen und den wichtigsten Neuerungen

Ein Charakteristikum von Philodems *Index Academicorum* ist die sachliche Darstellung der Geschichte der Akademie. Man gewinnt nicht den Eindruck, dass ein Epikureer tendenziös seine Weltsicht einfließen lässt. Nicht einmal Sticheleien oder Seitenhiebe „im Kleingedruckten" sind zu verzeichnen. Vermutlich wollte Philodem mit diesem Werk für sich und andere Epikureer eine enzyklopädische Grundlage für die philosophische Diskussion mit anderen Schulen schaffen und eine faktenbasierte Orientierung im „who is who" der Philosophie geben. Philodem steht zeitlich am Ende der hellenistischen Philosophenschulen, einer Ära von Schul-Diadochen, was ihm vielleicht selbst nicht völlig bewusst war. Zu jener Zeit wusste man auch in gebildet-philosophischen Kreisen nicht mehr wie selbstverständlich, welcher Akademiker (oder Philosoph) wann gelebt hatte, wessen Zeitgenosse, Schüler oder Lehrer er war und welche Sichtweisen er vertreten hatte.[1] Auch dürften selbst zu bekannteren Philosophen die biographischen Kerninformationen nicht mehr allenthalben im Bewusstsein verankert gewesen sein, so dass eine Zusammenstellung wie die *Syntaxis* nicht nur chronologische Orientierung bot, sondern auch behilflich war, historische Anspielungen oder Anekdoten zu verstehen. Es ist möglich, dass Philodem den Akademikern besondere Aufmerksamkeit schenkte, da er mit mehreren exponierten Vertretern der Alten Akademie befreundet war und einige womöglich schon vor seiner Ankunft in Athen während seines Aufenthalts in Alexandria getroffen hatte (siehe I 3). Auch sind die Referenzen auf Platon in Philodems übrigem Oeuvre bar jeder Polemik.

Nicht zuletzt eine eingehendere Analyse der materiellen Eigenschaften der Rolle (siehe I 5–7) hat bestätigt, dass Philodem im Wesentlichen Exzerpte älterer Autoren mit eigenen Übergangspassagen aneinanderreihte. Dabei scheint er durchaus bedacht vorgegangen zu sein und das Material nach gewissen Gesichtspunkten arrangiert zu haben. Einige Passagen dürfte er auch bewusst in eigene Prosa umformuliert zu haben. Letztlich sollten wir sehr dankbar sein, dass Philodem viele Werke wörtlich oder eng am Wortlaut in seinem *Index Aca-*

---

1 Für diese Merkmale des *Index Academicorum* vgl. Gigante (1990), S. 28 f.

demicorum anführt, da wir so einen (relativ) unverfälschten Einblick in frühe Autoren erhalten, die oft zuverlässige und exklusive Informationen bieten.

Für die Einordnung und Darstellung in dieser Monographie habe ich den *Index Academicorum* in thematische Abschnitte unterteilt, auf deren Basis auch die kurze Inhaltsangabe (I 4.2), die ausführliche Einordnung (III 1) und die Besprechung der Quellen (III 2) vorgenommen werden. Der Kommentar (III 3) ist durchlaufend gestaltet.

In der folgenden Übersichtstabelle sind wie in der Edition die Kolumnen des Rekto und Verso sukzessive angeführt. Für das Rekto sind die verlorenen Kolumnen (siehe I 5.5) grau markiert. Die Kolumnen des Verso sind nach ihrer Erscheinung auf dem Rekto angeordnet und folgen auf dem Verso nicht immer direkt aufeinander (siehe I 5). Sie sind in I 6 blau markiert. Die Kolumnen-Spalte ist fortlaufend gestaltet.

4.1   Übersicht zum *Index Academicorum* (Tabelle)

Rekto

Akademiker (Scholarchat)	Inhalt	Kolumne	Quelle
Platon (387–348/47)	*Einleitung, diverse Informationen zu Platon*	*ca. 10–25 Kol. verloren*	*Wohl verschiedene Quellen*
	Verhältnis zu früheren Philosophen/Bucherwerb und unterschiedliche Charaktere	a,1–c,43	Wahrscheinlich Dikaiarch, *Περὶ βίων* (1. Buch)
	Diverse Informationen zu Platon	*5 Kol. verloren*	*Wahrscheinlich Dikaiarch, Περὶ βίων (1. Buch)*
	Adaption, Innovation, zwiespältiger Einfluss und Menschenliebe	1*,1–2,5	Dikaiarch, *Περὶ βίων* (1. Buch)
	Büsten, Peripatos, Garten, Museion – Demos, Alter, Todesjahr	2,6–38	Philochoros, *Atthis* (6. Buch)
	Name und Verkauf in Sklaverei	2,38–3,Mitte	Neanthes von Kyzikos Berufung auf Philiskos von Ägina
	Der Chaldäer, Fieber, die Thrakerin und Todesnacht	3,Mitte–5,43	Neanthes von Kyzikos Berufung auf Philipp von Opus

(*fortges.*)

Akademiker (Scholarchat)	Inhalt	Kolumne	Quelle
	Schülerliste	5,44–6,27	unbekannt, teils Speusipp, *Πλάτωνος περίδειπνον*
Speusipp (348/47–340/39)	Nachfolger Platons, Weihegeschenk, Krankheit, Tod (6,28–40)	6,28–40	Philochoros, *Atthis* (6. Buch)
Xenokrates (340/39–314/13)	Wahl zu Speusipps Nachfolger und Reaktionen	6,41–7,18	Philochoros, *Atthis* (6. Buch) – wahrscheinlich
	Gesandtschaft zu Antipatros und demokratische Gesinnung	7,19–8,21	Philochoros oder unbekannt
	Sieg im Trinkwettbewerb	8,22–8*,7	Timaios von Tauromenion, *Historien*
	Schülerliste und Tod	8*,7–23	Schülerliste: Unbekannt Tod: Philochoros, *Atthis* (7. Buch)
Herakleides Pontikos	*Herkunft des Herakleides, andere Informationen*	*3 Kol. verloren*	*Unbekannt, teils Demochares, Κατὰ τῶν φιλοσόφων*
	Orakelbetrug und Tod	9,1–10,33	Demochares, *Κατὰ τῶν φιλοσόφων*
Dion von Syrakus	Philodem erklärt seine Nichtbehandlung	10,33–40	Philodem
Chairon von Pellene	Akademiker, Ringer, Krieger und Tyrann	10,40–12,39	Hermipp, *Περὶ τῶν ἀπὸ φιλοσοφίας εἰς στρατηγίας καὶ δυναστείας μεθεστηκότων* Berufung auf – Dikaiarch – Hypereides, *Πρὸς τοὺς Ἀντιπάτρου πρέσβεις* – Phainias von Eresos (*Τυράννων ἀναίρεσις ἐκ τιμωρίας ?*)
Polemon (314/13–ca. 275/70)	Herkunft, Jugend, Konversion, Charakter	8*,23–14,3	Antigonos von Karystos
	Ethik, zurückgezogenes Leben, Arkesilaos' Urteil, Liebhaber des Krates	14,3–15,46	Antigonos von Karystos
Krantor	Leben, Werk, Tod	16,1–45	Antigonos von Karystos

(*fortges.*)

Akademiker (Scholarchat)	Inhalt	Kolumne	Quelle
Arkesilaos (268/64–241/40)	*Herkunft, andere Angaben (anderer Philosoph?)*	*3 Kol. verloren*	*Vornehmlich oder komplett Antigonos von Karystos*
	Studium, Scholarchat, Skeptizismus	17,1–19,9	Antigonos von Karystos
	Gesamturteil, philosophische Vorbilder und Argumentation	19,9–19,41 (20,3)	Antigonos von Karystos
	Weitere Angaben	*5 Kol. verloren*	*Vornehmlich oder komplett Antigonos von Karystos*
	Schülerliste	20,3–44	Unbekannt
Lakydes (241/0–216/06)	*Schülerliste – Lakydes: Jugend, Herkunft (?)*	*1 Kol. verloren*	*Schülerliste: Unbekannt Lakydes: Antigonos von Karystos?*
	Leben, Mittlere und Neue Akademie	21,1–41	Vielleicht teils Antigonos von Karystos, unbekannt
Karneades (≈160–137/36 gest. 129/28)	Keine Werke, Chrysipp, Diogenes, Philosophengesandtschaft	22,1–37	Unbekannt
	Schülerliste	22,37–24,43	Unbekannt, Apollodor, *Chronica* (4. Buch)
Kleitomachos (129/28–110/09 o. 107/06)	Werdegang, Tod, Schüler	25,1–36	Apollodor, *Chronica* (4. Buch), unbekannt
Polemarch, Krates, Metrodor von Stratonikeia	Polemarch, Krates, Metrodor von Stratonikeia	25,36–26,Mitte	Apollodor, *Chronica* (4. Buch), unbekannt
Lakydes-Schüler	Tod des Lakydes, Telekles, Euander, weitere Akademiker	26,Mitte–28,40	Apollodor, *Chronica* (3. Buch)
Boethos, Polemarch, Krates, Kleitomachos	Boethos, Polemarch, Krates, Kleitomachos	28,40–31,3	Apollodor, *Chronica* (4. Buch)
Melanthios, Charmadas, andere Schüler des Karneades	Melanthios, Charmadas, andere Schüler des Karneades	31,3–32,45	Apollodor, *Chronica* (4. Buch)
Philio von Larissa (110/09–84/83)	Werdegang, Philosophie, Tod, Nachfolger	33,1–34,6	Apollodor *Chronica* (4. Buch), unbekannt, Philodem
	Schülerliste	34,6–18	Unbekannt, Philodem

(*fortges.*)

Akademiker (Scholarchat)	Inhalt	Kolumne	Quelle
Antiochos von Askalon	Werdegang und Tod	34,18–35,2	Unbekannt, Philodem
	Schülerliste	35,2–22	Philodem
Melanthios und Aischines von Neapolis	Schülerliste	35,22–37	Unbekannt
Charmadas und Metrodor	Schülerlisten	35,37–36,14	Unbekannt
Schluss	Philodems Vorschau auf das nächste Buch	36,15–36,20	Philodem

Verso

Akademiker (Scholarchat)	Inhalt	Kolumne	Quelle
Platon (387–348/47)	Episode mit Dion	Z	Unbekannt
	Impulsgeber für mathematische Wissenschaften	Y	Dikaiarch (?)
	Reisen nach Sizilien und Italien, Verkauf in Sklaverei, Dion	X	Philodem (?)
	Einige Schüler gehen nach Platons Tod zu Hermias	V	Unbekannt
Speusipp (348/47–340/39)	Universales Interesse und Wissen	T	Diodor, Ἀπομνημονεύματα
Krantor	Tod und Schüler	S	Antigonos von Karystos (bis mind. S,9), dann unbekannt
Krates oder Adeimantos (?)	Akademiker mit Bezug zu Ätolien	R	Vielleicht Antigonos von Karystos
Krates (ca. 275/70–268/64)	Nachfolger des Polemon	Q	Unbekannt, Antigonos von Karystos (ab Q,5)
Karneades (?) (≈160–137/36 gest. 129/28)	Eigenschaften und Ablehnung zu schreiben	P	Unbekannt
Lakydes (241/0–216/06)	Schüler, Todesdaten, weitere Angaben	M,N,O	Apollodors *Chronica* (3. Buch), unbekannt

4.2   Kurze Zusammenfassung des *Index Academicorum*

Es ist angebracht, an dieser Stelle einen Kurzüberblick über den Inhalt des *Index Academicorum* zu geben. Gemäß den Tabellen in I 4.1, deren Gliederung auch für „Einordnung" (III 1) und „Quellen" (III 2) Anwendung findet, wird der Inhalt der Abschnitte kompakt zusammengefasst.

Rekto

Platon: Verhältnis zu früheren Philosophen/Bucherwerb und unterschiedliche Charaktere (Kol. a–c)

Vielleicht wurde in Kol. a auf den öffentlichen Charakter seiner Lehre eingegangen. Im Folgenden ist es zwar möglich, dass sich die zusammenhängenden Zeilen zu Beginn von Kol. b auf den Erwerb pythagoreischer Literatur durch Platon beziehen, aber vielleicht wahrscheinlicher, dass Platons Werk im Verhältnis zu früheren Philosophen charakterisiert wird. Am Ende der Kolumne wird wohl eher eine Verbindung zu Sophron von Syrakus bei der Zeichnung von Dialogcharakteren gezogen als Platons Verhalten gegenüber bestimmten Menschen aufgrund seiner Besonnenheit angesprochen. Kol. c ist nichts Substantielles zu entnehmen. Womöglich enthielt sie eine Bemerkung zu Platons *Phaidros*.

Platon: Adaption, Innovation, zwiespältiger Einfluss und Menschenliebe (Kol. 1–2,5)*

Es bleibt ungewiss, welcher Aspekt von Platons Leben und Wirken in der fast vollständig verlorenen Kol. 1* behandelt wurde. In Kol. 1 wird zunächst gesagt, dass Platon seine Dialoge in ansprechende Prosaform brachte. Er steuerte auch selbst innovative Elemente bei und war zugleich Förderer, aber auch Zerstörer der Philosophie, insofern er viele Menschen zum recht oberflächlichen Studium der Philosophie verleitete, welche sich trotz ihrer Ignoranz als wahre Philosophen gebärdeten. Zuletzt zitiert Dikaiarch wahrscheinlich eine nicht näher bestimmbare Person, die sich über Platons Menschenliebe äußerte.

Platon: Büsten, Peripatos, Garten, Museion – Demos, Alter, Todesjahr (Kol. 2,6–38)

Dem Exzerpt aus Philochoros' *Atthis* verdanken wir exklusive Informationen zur Topographie und skulpturalen Ausstattung der Akademie. Insbesondere werden eine bronzene Büste des Sokrates und wahrscheinlich eine bronzene Büste Platons genauer beschrieben. Die Sokrates von Platon gewidmete Büste

stand wohl im Peripatos der Akademie. Sie diente vermutlich als Vorbild für
die Typ-A-Büsten des Sokrates, wenn sie nicht sogar mit ihnen identisch ist.
Schließlich erfahren wir noch, dass Platon nahe des Museions begraben war,
bevor sein Demos Kollytos sowie sein Tod im Alter von 82 Jahren unter Theo-
philus (348/47 v. Chr.) erwähnt werden.

Platon: Name und Verkauf in Sklaverei (Kol. 2,38–3,Mitte)

Platon soll wegen einer breiten Stirn zu seinem Namen gekommen sein. Die
bekannte Geschichte vom Verkauf Platons in die Sklaverei wird in einer eigen-
tümlichen Version erzählt. Neanthes von Kyzikos führt Philiskos von Ägina als
unseren ältesten Zeugen für die Passage an, welcher eine (oder die) ursprüngliche Variante der später zunehmend durch Fabelei entstellten Episode bewahrt
haben könnte. Dionysios I. von Syrakus oder die Sizilienreise sind im Erhaltenen nicht erwähnt, aber die Furcht vor etwas „Makedonischem" im Zusammenhang mit Archelaos. Der Makedonenkönig starb im Jahre 399 v. Chr. Wurde
Platon vielleicht um 405/04 oder 399 v. Chr. im Zuge des Peloponnesischen
Krieges bzw. bald nach der Hinrichtung des Sokrates in die Sklaverei verkauft –
und nicht erst nach seiner ersten Sizilienreise 387 v. Chr. wie allgemein angenommen?

Platon: Der Chaldäer, Fieber, die Thrakerin und Todesnacht
(Kol. 3,Mitte–5,43)

Neanthes beruft sich höchstwahrscheinlich auf Philipp von Opus als (mittelba-
ren) Augenzeugen für eine nur hier überlieferte Begebenheit am Lebensende
Platons. Ein chaldäischer Gastfreund war zu Besuch, als Platon Fieber bekam.
Einer thrakischen Musikerin wird durch Klopfen der Takt vorgegeben. Platon
ist offenbar im Fieberdelirium, konstatiert aber treffend fehlendes Rhythmusgefühl bei Barbaren und ihre Unfähigkeit, Rhythmus aus Erfahrung zu lernen,
was als gutes Zeichen für seinen Zustand gewertet wird. Bei einem nächtlichen
Fieberschub bricht der Papyrus ab.

Platon: Schülerliste (Kol. 5,44–6,27)

Die Liste der Platonschüler umfasst 19 Namen, fast alle mit Ethnikon, mehrere
mit kurzer Zusatzinformation. Philodem hatte offenbar einer ursprünglichen
Liste von 15 Namen vier weitere hinzugefügt, auf die er im Laufe seiner Recher-
chen in anderen Quellen stieß. Am Ende der Liste sind auch Frauen in Männerkleidern als Schülerinnen erwähnt, wobei zuvor vielleicht noch eine andere
Angabe zu Platons Schülern gemacht wurde. Die meisten Namen erscheinen
auch in den beiden anderen überlieferten Listen (Diogenes Laertios und die
arabische Liste von Ibn al-Qiftî).

Speusipp: Nachfolger Platons, Weihegeschenk, Krankheit, Tod
(Kol. 6,28–40)

Auf dem Rekto des Papyrus ist Speusipp vergleichsweise wenig Raum gewidmet. Der Neffe und Nachfolger Platons weihte Statuen von Chariten im Museion der Akademie, deren Weiheepigramm nur hier überliefert ist. Vor der knappen Information zu Tod und Amtsdauer hat Philodem offenbar noch eine kurze Angabe zu Speusipps Erkrankung (im Alter) in seine Ursprungsversion eingeschoben.

Xenokrates: Wahl zu Speusipps Nachfolger und Reaktionen
(Kol. 6,41–7,18)

Nach dem Tode des Speusipp wählten die jüngeren Mitglieder der Akademie Xenokrates zum Nachfolger, da sein selbstbeherrschter Charakter angenehm mit den störenden Lastern Speusipps kontrastierte. Die beiden Gegenkandidaten Herakleides Pontikos und Menedemos von Pyrrha unterlagen in Abwesenheit des Aristoteles knapp, woraufhin ersterer in seine Heimat zurückkehrte, letzterer im Akademieareal eine eigene Unterrichtsstätte eröffnete.

Xenokrates: Gesandtschaft zu Antipatros und demokratische
Gesinnung (Kol. 7,19–8,21)

Xenokrates war nach dem Lamischen Krieg an einer Friedensgesandtschaft zu Antipatros beteiligt, welcher in Theben (auf der Kadmeia) weilte. Der Makedone ignorierte oder brüskierte Xenokrates, da er, offenbar anders als seine Mitgesandten, eine oligarchische Verfassung vehement ablehnte. Die Friedensbedingungen beurteilte Xenokrates gegenüber Antipatros als für freie Menschen hart. Er bewies seine demokratische und patriotische Gesinnung auch durch Auslassen des Musenopfers beim Einzug der makedonischen Garnison in Athen sowie durch Ablehnung des ihm später von Demades angetragenen athenischen Bürgerrechts. Angeblich war er als Gesandter so unerfahren, dass er in Gegenwart der anderen Partei deplatzierte philosophische Klassifikationen (dihaireseis) vornahm.

Xenokrates: Sieg im Trinkwettbewerb (Kol. 8,22–8*,7)

Während Platons dritter Sizilienreise (361/360) nimmt Xenokrates an einem von Dionysios II. veranstalteten Trinkerwettkampf teil. Er siegt und lässt zur allgemeinen Bewunderung den wertvollen Preis, einen großen, goldenen Kranz, wie einen gewöhnlichen Blumenkranz an einer Herme zurück.

Xenokrates: Schülerliste und Tod (Kol. 8*,7–23)

Eine Schülerliste des Xenokrates umfasst nur wenige Namen, teils mit kurzen Zusatzinformationen. Im Anschluss an die Liste werden die Lebensdauer des Xenokrates, wohl das Todesjahr und vielleicht nähere Todesumstände genannt.

Herakleides Pontikos: Orakelbetrug und Tod (Kol. 9,1–10,33)

Der erste Teil der Biographie des Herakleides ist verloren. Er war offenbar Schullehrer. Als die Herakleoten wegen einer Hungersnot das Orakel in Delphi befragten, manipulierte Herakleides den Orakelspruch dahingehend, dass ihm ein Kranz verliehen werden sollte. Bei der Verleihungszeremonie brach er im Theater tot zusammen. Unmittelbar darauf stürzte der in den Komplott verwickelte Orakelbefrager tödlich, während die Pythia durch einen Schlangenbiss ums Leben kam. Es folgen weitere, fragmentarische Informationen, offenbar auch zur Dickleibigkeit des Herakleides. Philodem macht abschließend eine Angabe zur Glaubwürdigkeit seiner Quelle (Demochares).

Dion von Syrakus: Philodem erklärt seine Nichtbehandlung (Kol. 10,33–40)

Philodem führt aus, dass Dions Taten von vielen Autoren thematisiert wurden und er ihn wegen mangelnder philosophischer Bedeutung nicht in seinem Werk behandeln will.

Chairon von Pellene: Akademiker, Ringer, Krieger und Tyrann (Kol. 10,40–12,39)

Chairon soll bei Platon und Xenokrates in der Akademie studiert haben. Nach Siegen im Ringen zeichnete er sich auch im Krieg aus. Er schwang sich schließlich zum hochmütigen Tyrannen seiner Heimatstadt Pellene auf und beging Missetaten. Sogar als Stadtgründer soll er sich versucht haben.

Polemon: Herkunft, Jugend, Konversion, Charakter (Kol. 8*,23–14,3)

Xenokrates' Nachfolger Polemon stammte aus einer angesehenen Familie Athens. In seiner Jugend führte er ein ausschweifendes und lasterhaftes Leben, ehe er sich nach der Begegnung mit Xenokrates radikal änderte und durch Mimik, Gestik und Stimme eine selbstbeherrschte, edelmütige und würdige Haltung in allen Situationen an den Tag legte.

Polemon: Ethik, zurückgezogenes Leben, Arkesilaos' Urteil, Liebhaber des Krates (Kol. 14,3–15,46)

Polemon missbilligte eine zum Selbstzweck gewordene Dialektik und forderte, sich im praktischen Handeln zu üben. Er sprach in Disputationen ungekünstelt und mied die Öffentlichkeit sowie Versammlungen. In Athen war er für seine Haltung und Tugend angesehen und führte ein zurückgezogenes Leben. So trat er nach Möglichkeit nicht vor Gericht in Erscheinung und lebte die meiste Zeit außerhalb der Stadt im Akademieareal. Er bewunderte und imitierte seinen Lehrer Xenokrates, ferner schätzte er den Tragiker Sophokles. Arkesilaos assoziierte Polemon und dessen Kreis mit dem „Goldenen Geschlecht". Polemon kämpfte erfolgreich um die Gunst des von ihm geliebten Akademikers Krates.

Krantor: Leben, Werk, Tod (Kol. 16,1–45)

Krantor von Soloi war in seiner Heimat angesehen. In Athen besuchte er zunächst den Unterricht bei Xenokrates, anschließend bei Polemon. Sein Werk soll 30.000 Zeilen umfasst haben, wobei einiges auch Arkesilaos zugeschrieben wurde. Diesem hinterließ er auch sein Vermögen. Als Krantor im Sterben lag, fragte ihn Arkesilaos nach seinem bevorzugten Bestattungsort.

Arkesilaos: Studium, Scholarchat, Skeptizismus (Kol. 17,1–19,9)

Arkesilaos stand in seiner Jugend unter der Vormundschaft eines seiner vier Halbbrüder. Mit Hilfe eines anderen Halbbruders gelangte er nach Athen, wo er seinen philosophischen Neigungen nachgehen konnte. Er hatte verschiedene Lehrer (Mathematiker Autolykos, Musiker Xanthos, Theophrast), bis er sich schließlich durch Krantor der Akademie anschloss. Nach dem Tod des Polemon und des Krates sowie Rückzug eines Sokratides wurde Arkesilaos Scholarch. Nach einiger Zeit verfolgte er andere philosophische Pfade als seine Vorgänger. Er soll Schriften Krantors modifiziert haben oder eigene Werke verbrannt haben. Er vertrat keine philosophischen Dogmen, was zu unterschiedlichen Haltungen seiner Schüler führte, welche ebenfalls keine (positiven) Meinungen vertraten.

Arkesilaos: Gesamturteil, philosophische Vorbilder und Argumentation (Kol. 19,9–20,3)

Antigonos mutmaßt, dass Arkesilaos wohl mehr als andere Platon gefallen hätte. Arkesilaos besaß Platons Bücher und bewunderte ihn. Ebenso hegte er Sympathien für Pyrrhon und Diodoros Kronos, was in einem bekannten Spottvers eine Manifestation findet. Womöglich sind Arkesilaos' erkenntnistheoretische Ansichten angesprochen, bevor gesagt wird, dass er seine Widersacher in Diskussionen anhand deren eigener Aussagen widerlegte. Anschließend sind

fünf Kolumnen ausgefallen, ehe nochmals kurz die Philosophie des Arkesilaos als skeptisch und rein destruktiv charakterisiert wird.

Arkesilaos: Schülerliste (Kol. 20,3–44)
Die meisten der etwa zehn identifizierbaren Philosophennamen in der Schülerliste des Arkesilaos sind anderweitig unbekannt. Zu einigen werden ergänzende Kurzangaben gemacht. Die Liste endete in der folgenden, verlorenen Kolumne, wo auch der Abschnitt zu Lakydes begann.

Lakydes: Leben, Mittlere und Neue Akademie (Kol. 21,1–41)
Lakydes war anfangs sehr arm, was an Beispielen genauer ausgeführt wird. Durch Verstand und Fleiß arbeitete er sich aber aus seiner Misere heraus. Er soll die unstete „Mittlere Akademie" stabilisiert und durch Mischung der Lehre eine „Neuere Akademie" etabliert haben.

Karneades: Keine Werke, Chrysipp, Diogenes, Philosophengesandtschaft (Kol. 22,1–37)
Karneades begründet seinen Verzicht auf schriftstellerische Tätigkeit damit, dass er nicht vom Unterricht seiner Schüler abgehalten werden wolle und dass ohnehin schon alles von den Alten gesagt worden sei. Seine Schüler schrieben die Vorlesungen mit. Er setzte sich vertieft mit Chrysipps Ansichten auseinander. Es wird von einem an Karneades gerichteten philosophisch-epistemologischen Wortspiel des Stoikers Diogenes berichtet, auf welches der Akademiker seinerseits gewitzt reagiert zu haben scheint. Schließlich wird die Teilnahme des Karneades an der erfolgreichen Philosophengesandtschaft nach Rom erwähnt.

Karneades: Schülerliste (Kol. 22,37–24,43)
Von einer Schülerliste des Karneades sind etwa 40 Namen erhalten. Ein Großteil der Akademiker, zu denen teils kurze Zusatzangaben gemacht sind, ist anderweitig unbekannt. Am Ende der Liste werden Metrodor von Stratonikeia sowie Karneades' zwei Nachfolger zu dessen Lebenszeiten und die Übernahme der Akademie durch Kleitomachos erwähnt.

Kleitomachos: Werdegang, Tod, Schüler (Kol. 25,1–36)
Eine kurze Biographie des Kleitomachos mit mehreren Zahlen und Namen von Archonten beinhaltet folgende Stationen: Ankunft in Athen, Unterricht bei Karneades, Schulgründung im Palladion, Übernahme der Akademieleitung, Tod. Nach weiteren Angaben folgt eine kurze Liste mit Schülern des Kleitomachos.

Polemarch, Krates, Metrodor von Stratonikeia
(Kol. 25,36–26,Mitte)

Polemarch von Nikomedien, versiert in Dialektik, stand der Akademie noch zu Karneades' Lebzeiten für sechs Jahre vor. Ihm folgte Krates von Tarsos nach, der für vier Jahre die Leitung innehatte. Metrodor von Stratonikeia war ein trefflicher Akademiker, aber wenig umgänglich. Er behauptete, alle hätten Karneades missverstanden, insofern dieser nicht die Ansicht vertreten habe, alles sei unerfassbar.

Lakydes-Schüler: Tod des Lakydes, Telekles, Euander, weitere
Akademiker (Kol. 26,Mitte–28,40)

Lakydes zog sich zehn Jahre vor seinem Tod krankheitsbedingt von der Schulleitung zurück und übergab sie seinen begnadetsten Schülern Telekles und Euander. Es werden weitere berühmte Schüler mit anzunehmender Führungsfunktion in der Akademie aufgezählt, bevor deren Todesdaten samt kleineren Zusatzangaben folgen. Telekles starb vor Euander. Die Todesdaten zweier Telekles-Schüler sind genannt und ein unbekannter Akademiker wird ausführlicher beschrieben.

Boethos, Polemarch, Krates, Kleitomachos (Kol. 28,40–31,3)

Leben und Tugenden des Boethos von Marathon, ein anderweitig unbekannter Zeitgenosse des Karneades, werden erstaunlich detailliert beschrieben. Polemarch von Nikomedien übernahm die Leitung der Akademie vom altersschwachen Scholarchen Karneades und starb nach sechs Jahren noch zu dessen Lebzeiten. Ihm folgte Krates von Tarsos, welcher nach nur zwei Jahren Leitung von Kleitomachos, der zuvor im Palladion unterrichtete, verdrängt wurde.

Melanthios, Charmadas, andere Schüler des Karneades
(Kol. 31,3–32,45)

Melanthios war ein erfolgreicher Tragödiendichter und Schüler Aristarchs in Alexandria, bevor er in Athen Karneades hörte. Charmadas genoss offenbar schon in seiner Heimat Alexandria hohes Ansehen. Er war für etwa sieben Jahre Schüler des Karneades, reüssierte dann in Kleinasien und kehrte wieder nach Athen zurück. Rhetorisch und literarisch versiert, erhielt er das athenische Bürgerrecht und unterrichtete im Ptolemaion. Antipatros und Zenodor lehrten dagegen außerhalb Athens, offensichtlich beide in Alexandria, wobei Zenodor zuvor in Karthago geweilt haben dürfte. Nach einem anderen Akademiker folgen Teile einer Schülerliste des Karneades (Dublette).

Philio von Larissa: Werdegang, Philosophie, Tod, Nachfolger (Kol. 33,1–34,6)

Philio studierte in seiner Heimatstadt acht Jahre bei Kallikles, anschließend in Athen vierzehn Jahre bei Kleitomachos, zwei Jahre bei dem Grammatiker Apollodor und sieben Jahre bei dem Stoiker Mnesarch, bevor er 110/09 Nachfolger des Kleitomachos wurde. Er nahm mehrere Änderungen in der Lehre vor und starb 84/83 in Italien während einer Influenzawelle. Die Leitung der Schule in Athen übernahm ein Akademiker, dessen Name verloren ist.

Philio von Larissa: Schülerliste (Kol. 34,6–18)

Sieben Schüler des Philio von Larissa werden teils mit kurzen Begleitinformationen aufgezählt.

Antiochos von Askalon: Werdegang und Tod (Kol. 34,18–35,2)

Antiochos hörte im Anschluss an Philio den Stoiker Mnesarch. Er war häufig als Gesandter Athens auf Reisen und starb in Mesopotamien, wohin er seinen Patron Lucullus begleitet hatte. Philodem und Antiochos kannten und schätzten sich gegenseitig.

Antiochos von Askalon: Schülerliste (Kol. 35,2–22)

Antiochos' Bruder und Schüler Aristos übernahm dessen Schule. Von den Schülern des Antiochos werden ansonsten namentlich nur Philodems Freunde Ariston und Dion von Alexandria sowie Kratippos von Pergamon aufgezählt. Während Ariston und Kratippos später Peripatetiker wurden, blieb Dion (in Alexandria) der Alten Akademie treu.

Melanthios und Aischines von Neapolis: Schülerliste (Kol. 35,22–37)

Aischines von Neapolis wird als Schüler des Melanthios mit Begleitangaben genannt. Es folgt eine Liste mit Schülern, entweder des Aischines oder des Melanthios.

Charmadas und Metrodor: Schülerlisten (Kol. 35,37–36,14)

Eine Schülerliste des Charmadas umfasst fünf Namen, vier mit Begleitangaben. Als Schüler des Metrodor von Stratonikeia wird namentlich nur Metrodor von Kyzikos erwähnt.

Schluss: Philodems Vorschau auf das nächste Buch (Kol. 36,15–20)

Am Ende des *Index Academicorum* (Entwurfsversion) findet sich eine kurze Vorschau auf das nächste Buch oder die nächsten zwei Bücher über die Schulen

und Sukzessionen des Phaidon von Elis, Euklid von Megara und Antisthenes von Athen.

Verso

Platon: Episode mit Dion (Kol. Z)

Der Inhalt der sehr zerstörten Kolumne ist nicht sicher feststellbar. Dions Erwähnung und die eines Festes könnten auf Dions Zusammentreffen mit Platon in Olympia hindeuten.

Platon: Impulsgeber für mathematische Wissenschaften (Kol. Y)

Platon soll mathematische Probleme konstruiert und so die Mathematik seiner Zeit vorangetrieben haben, darunter die Metrologie, Geometrie, Analysis und Axiomatik.

Platon: Reisen nach Italien und Sizilien, Verkauf in Sklaverei, Dion (Kol. X)

Nach Sokrates' Tod soll Platon im Alter von 27 Jahren nach Sizilien und Italien zu den Pythagoreern gereist sein, bevor er mit Dionysios dem Älteren zusammentraf, welcher ihn wegen seiner Freimütigkeit in die Sklaverei verkaufte. Platon trifft später Dionysios den Jüngeren und wird von Dion gebeten, abermals nach Syrakus zu fahren, wo er der Konspiration gegen Dionysios bezichtigt wird.

Platon: Einige Schüler gehen nach Platons Tod zu Hermias (Kol. V)

Nach Platons Tod begaben sich einige Philosophen nach Assos zu Hermias, der sie unterstützte und offenbar auch philosophische Ansätze in seine Herrschaft integrieren wollte.

Speusipp: Universales Interesse und Wissen (Kol. T)

Philodem zitiert einen Schüler Speusipps namens Diodor für den denkwürdigen Arbeitsfleiß und das universale Wissen des Scholarchen.

Krantor: Tod und Schüler (Kol. S)

Vor die Wahl gestellt, entscheidet sich Krantor mit einem Tragödienvers für ein Begräbnis in seiner Heimatstadt Soloi. Polemon überredet ihn aber erfolgreich, sich in einem gemeinsamen Grab in Athen bestatten zu lassen. Krantor stand niemals der Akademie vor. Einige Schüler werden genannt.

Krates oder Adeimantos (?): Akademiker mit Bezug zu Ätolien (Kol. R)

Es wird ein Akademiker genannt, der bei seinem Lehrer, den Athenern und Ätoliern in hohem Ansehen stand und auch rhetorisch versiert war.

Krates: Nachfolger des Polemon (Kol. Q)

Das Todesjahr eines Akademikers (entweder Krantor oder Polemon, ferner Krates) unter dem Archon Philokrates wird genannt. Krates übernahm die Schulleitung und war ein würdiger Nachfolger Polemons.

Karneades (?): Eigenschaften und Ablehnung zu schreiben (Kol. P)

Es werden Angaben zu einem akademischen Philosophen gemacht; insbesondere wird seine Ablehnung des Verfassens von Büchern erwähnt. Wahrscheinlich gelten die Informationen Karneades und nicht Arkesilaos. Der erste Teil der Kolumne könnte noch Lakydes, einem seiner Schüler oder Hegesinus gewidmet sein.

Lakydes: Schüler, Todesdaten, weitere Angaben (Kol. M,N,O)

Womöglich ist in den Verso-Kolumnen M–N–O eine einzige, zusammenhängende Passage zu sehen. Gegenstand sind die Schüler des Lakydes im weitesten Sinne. Zunächst werden diverse Akademiker als Nachfolger des Lakydes genannt. Vermutlich Telekles übergab seine Schüler weder an Euander noch an einen anderen. Im Folgenden werden wahrscheinlich Schüler des Telekles aufgezählt, von denen einer in Alexandria gewirkt haben könnte. Nach einigen nicht näher bestimmbaren Zwischeninformationen und Erwähnung pergamenischer Könige – wahrscheinlich als Schüler eines Akademikers – liest man die Todesdaten und Namen weiterer Schüler des Lakydes und Telekles.

4.3 What's New? Die wichtigsten Neuerungen im Vergleich zu Dorandi (1991)

Die Neuedition geht mit über 1000 neuen oder anders gelesenen Wörtern im Vergleich zum Text von Dorandi (1991) einher, was etwa 30 % mehr oder verbessertem Text entspricht. Teils wurden frühere Ergänzungen ersetzt, teils bisher fragmentarische Stellen ergänzt oder neugelesen. Der überwiegende Teil der neuen Lesungen oder Ergänzungen geht auf mich zurück, während sich der Rest auf viele verschiedene Gelehrte verteilt (teils auch frühere Vorschläge wieder in Text aufgenommen). Der Textzuwachs würde etwa dem Fund von 10 ägyptischen Papyrusfragmenten „durchschnittlicher Größe" zur Geschichte

der Akademie entsprechen. Eine Neuedition stellt gewiss mehr als die Summe der neugelesenen Wörter dar und die Änderungen entfalten ganz verschiedentlichen Einfluss auf unser Wissen über die Geschichte der Akademie, aber die etwas plakativen Zahlen sollen verdeutlichen, dass wir es bei der Neuedition über weite Strecken mit einem völlig veränderten Text zu tun haben. Die Neulesungen ziehen oftmals neue, harte Fakten zur Akademie, zur hellenistischen Literatur, zu Philodem sowie auch zur Historie allgemein nach sich. Etliche Lexika-Einträge sind ohne Diskussion zu modifizieren. Es scheint daher angebracht und sinnvoll, eine kurze Übersicht der wichtigsten Neuerungen zu präsentieren. In dieser Übersicht sind viele „kleinere" Einzelverbesserungen unterschlagen und sozusagen nur die für die Philosophiegeschichte, Klassische Philologie und Altertumswissenschaften relevantesten „Highlights" zusammengestellt. Eine ausführliche Diskussion folgt in den Sektionen Einordnung, Quellen und Kommentar (Teil III). Referenzpunkt für die Übersicht der wichtigsten Neuerungen ist die letzte Ausgabe von Dorandi.[2]

Kol. a–c: Diese Kolumnen (*PHerc.* 1691) wurden erst 2012 in der Herkulanischen Sammlung gefunden und gehören zur Platon-Vita (Stellung Platons in Philosophie oder Bucherwerb sowie Vergleich mit Sophron hinsichtlich der Darstellung von Charakteren).

Kol. 2: Platons Menschenliebe gegenüber einer Person wird erwähnt. Philochoros berichtet von zwei Büsten (Sokrates und Platon) und einem Peripatos im Akademieareal. Ferner wird der exakte Bestattungsort Platons genannt.

Kol. 3: Die Erwähnung des 399 v. Chr. gestorbenen Makedonenkönigs Archelaos könnte verbunden mit Kol. X eine Umdatierung von Platons Verkauf in die Sklaverei geboten machen. Womöglich wurde eine tatsächlich historische Begebenheit erst später auf 387 v. Chr. datiert und mit Dionysios verbunden.

Kol. 5: Die Episode von Platons letzter Nacht und dem Besuch des Chaldäers wurde grundlegend überarbeitet.

Kol. 6: Ein Weiheepigramm Speusipps wurde verbessert.

---

2   Wenige Verbesserungen gehen nicht auf mich, sondern auf andere Gelehrte zurück, was später ausführlich gewürdigt wird. In dieser kompakten Zusammenstellung wird nicht auf die Urheber eingegangen.

Kol. 7: Menedemos von Pyrrha errichtete eine Schule innerhalb des Akademieareals. Die Erzählung von Xenokrates' Teilnahme an der Gesandtschaft zu Antipatros ist nun um einige Details reicher.

Kol. 8: Xenokrates soll auf der Gesandtschaft unpassend philosophische Einteilungen vorgenommen haben, was auch andere Quellen berichten. Timaios ist als Quelle für den Trinkerwettkampf genannt, dessen Einzelheiten nun klarer sind.

Kol 8* (olim 4): Das exakte Ende der Xenokrates-Vita konnte ermittelt und ein neues Philochoros-Fragment (FGrH 328) identifiziert werden: Nach der Schülerliste folgten noch die Todesdaten des Xenokrates.

Kol. 9–10: Diverse Neulesungen geben ein neues Bild von den Umständen der Orakelbestechung durch Herakleides. Am Ende von Kol. 10 zeigen Neulesungen, dass Philodem rechtfertigt, warum er Dion in seinem Werk übergeht.

Kol. 11–12: Diese Kolumnen hielten unerwartet etliche Überraschungen bereit. Der Titel eines Werks von Hermipp (FGrH 1026) konnte erstmals überzeugend komplett restauriert werden. Ferner konnten mittels einer Dublette eine neue, bisher unbekannte Hypereidesrede „Gegen die Gesandten des Antipatros" sowie der Name eines Krieges aus Klassischer Zeit („Hyperasische Krieg"), in den Pellene involviert war, identifiziert werden. Darüber hinaus liefern uns zahlreiche Neulesungen ein vollständigeres Bild von Wirken und Leben des Platon-Schülers Chairon von Pellene und von Hermipps Arbeitsweise.

Kol. 13–15: Diverse Neulesungen erlauben einen besseren Vergleich mit dem Antigonos-Exzerpt des Diogenes und gewähren uns aufschlussreiche Details zum Leben des Polemon.

Kol. 16: Die vielen Änderungen in der Krantor-Vita erlauben einen besseren Vergleich mit Diogenes Laertius' Verarbeitung des Antigonos (Erwähnung des Vermächtnisses; Alternativorte der Bestattung).

Kol. 17–19: Viele Neulesungen zeigen eine stärkere Ähnlichkeit der Darstellung mit Diogenes (etwa die Spottverse des Ariston von Chios) als bisher vermutet und sind, ebenso wie die erstmalige Entdeckung des Ausfalls von fünf Kolumnen hinter Kol. 19, hilfreich für die Abgrenzung des Antigonos-Materials in Diogenes. Das Leben des Arkesilaos wurde von Philodem offenbar ähnlich breit geschildert wie von Diogenes. Antigonos orakelt, dass Arkesilaos Platon am

meisten gefallen hätte. Auch erfahren wir Neues zur Argumentationsweise des Arkesilaos.

Kol. 21: Der Beginn der Lakydes-Vita wurde erstmals hergestellt und zeigt, dass näher auf die ärmlichen Verhältnisse des Lakydes eingegangen wird.

Kol. 22: Etwa 15 bisher faktisch ungelesene Zeilen liefern neue Informationen zu Karneades. Er gibt Gründe für sein Nicht-Schreiben an und wir hören inter alia von einem philosophisch-geistreichen Wortwechsel mit dem Stoiker Diogenes von Babylon. Auch die Philosophengesandtschaft nach Rom ist erwähnt.

Kol. 22–24: Die Schülerliste des Karneades wurde grundlegend revidiert und bestätigt die Herkunft des Charmadas aus Alexandria (andere Neulesung in Kol. 31) sowie die Herkunft des Polemarch aus Nikomedien (Karneades' Nachfolger). Ferner erfahren wir die Väternamen von Melanthios und Metrodor.

Kol. 25: Neben einem alternativen Todesdatum für Kleitomachos sind in einer Schülerliste die Namen des Antiochos und Philio zu lesen. Der Nachfolger des Karneades nach dessen Rückzug hieß nicht Karneades, Sohn des Polemarch (Karneades der Jüngere), sondern Polemarch von Nikomedien. Einen zweiten Karneades (den Jüngeren) hat es nie gegeben.

Kol. 26: Einige neugelesene Zeilen haben Relevanz für den philosophischen Standpunkt des Metrodor von Stratonikeia.

Kol. 27–28: Der Zeitpunkt von Rückzug und Übergabe von Lakydes' Scholarchat wurde neu bestimmt sowie mehrere neue Informationen zu seinen Schülern gewonnen. Neulesungen im Leben des Boethos von Marathon und eines anderen Akademikers (Karneades?).

Kol. 29–30: Klarheit über Karneades' Rückzug und seine Nachfolger.

Kol. 31–32: Verbesserungen in der Passage zu Melanthios von Rhodos, aber insbesondere in der Biographie des Charmadas, dessen Heimat nun bekannt ist (Alexandria). Er war literarisch und rhetorisch versiert und erhielt eine Schule im Ptolemaion. Zenodor von Tyros (nicht Metrodor von Stratonikeia) unterrichtete in Alexandria (und Karthago), ebenso Antipatros.

Kol 33–34: Der Name des Philo von Larissa lautet in Wahrheit Philio (mit einem zweiten Iota), was zweimal im Papyrus steht und diverse bis dato von der For-

schung ignorierte Lesungen in Papyri und Handschriften bestätigt. Er war für zwei Jahre Schüler des Grammatikers Apollodor von Athen und für sieben Jahre Schüler des Stoikers Mnesarch. Er arbeitete zunächst die Lehren des Kleitomachos aus, bevor er philosophische Richtungsänderungen vornahm. Philio starb in Italien im Zuge einer Influenza-Pandemie. Sein Lebensalter ist zweimal (falsch) mit 63 Jahren angegeben. Als Philodem von Alexandria aus in Athen ankam, war bereits ein Vertreter oder Nachfolger Philios Leiter der Akademie (ca. 85 v. Chr.). Die Schülerliste des Philio (nicht des Antiochos) folgt, welche mehr oder weniger komplett wiederhergestellt wurde.

Kol. 34–35: Antiochos war Schüler des Mnesarch und geschätzter Freund des Philodem. Sein Schüler Dion von Alexandria blieb Anhänger der Akademie und berichtet Philodem von mit Alexandria verbundenen stoischen Aktivitäten. Bisher ging man davon aus, dass auch Dion zum Peripatos wechselte. Sein Wirken in Alexandria muss auf beträchtliche Resonanz gestoßen sein und er mag eine Art Ahnherr des dort aufkommenden Mittelplatonismus gewesen sein – vermutlich ist 57 v. Chr. als *terminus ante quem* für die Abfassung des *Index Academicorum* impliziert.

Kol. 35–36: Erstmals konnten die Namen des Aischines und Melanthios identifiziert werden. Auch die Schülerliste des Charmadas hat zahlreiche Verbesserungen erfahren. Der *Index Academicorum* schließt nicht, wie bisher angenommen, mit einem Rückblick, sondern mit einer Vorschau auf das kommende Buch (Bücher) zu Megarikern und Kynikern.

Die zwölf Verso-Kolumnen Z bis M haben auch mehrere, eher kleinere philologische Änderungen erfahren – hier war der Zuwachs naturgemäß bescheidener, da sie nur in den *Oxforder Disegno* erhalten sind. Jedoch haben mehrere Neulesungen Einfluss auf Datierungen und Quellenfragen. Für die vielleicht ebenso wichtigen und weitreichenden neuen „materiellen" Erkenntnisse, d.h. für die Arbeitsweise Philodems sowie Gestalt und Genese des „Arbeitsmanuskripts" *Index Academicorum*, siehe die folgenden Kapitel (I 5–7).

KAPITEL 5

Rekonstruktion der Rolle: Bilder, Disegni, verlorene Kolumnen, Umfang, Anordnung

In Abb. 1 ist der *Index Academicorum* mit ausgefallenen Kolumnen visualisiert.

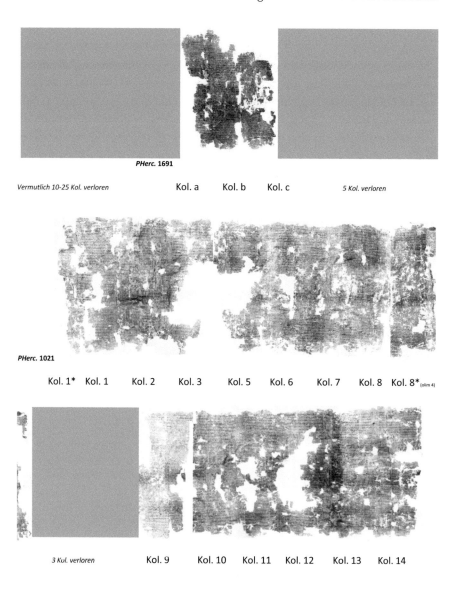

PHerc. 1691

Vermutlich 10-25 Kol. verloren   Kol. a   Kol. b   Kol. c   *5 Kol. verloren*

PHerc. 1021

Kol. 1*   Kol. 1   Kol. 2   Kol. 3   Kol. 5   Kol. 6   Kol. 7   Kol. 8   Kol. 8*(olim 4)

3 Kol. verloren   Kol. 9   Kol. 10   Kol. 11   Kol. 12   Kol. 13   Kol. 14

© KILIAN FLEISCHER, 2023 | DOI:10.1163/9789004546547_006

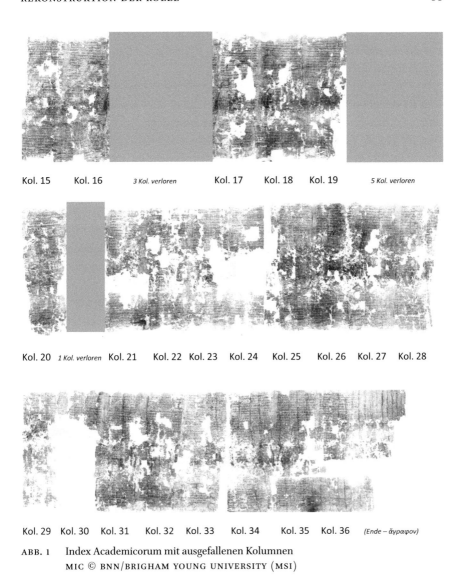

Kol. 15   Kol. 16   *3 Kol. verloren*   Kol. 17   Kol. 18   Kol. 19   *5 Kol. verloren*

Kol. 20   *1 Kol. verloren*   Kol. 21   Kol. 22   Kol. 23   Kol. 24   Kol. 25   Kol. 26   Kol. 27   Kol. 28

Kol. 29   Kol. 30   Kol. 31   Kol. 32   Kol. 33   Kol. 34   Kol. 35   Kol. 36   *(Ende – ἄγραφον)*

ABB. 1   Index Academicorum mit ausgefallenen Kolumnen
MIC © BNN/BRIGHAM YOUNG UNIVERSITY (MSI)

5.1 Die Aufwicklung des *Index Academicorum* (*PHerc.* 1691/1021 – Entwurfsversion)

Die Fragmente unter den heutigen Inventarnummern *PHerc.* 1691 und 1021 gehören zu ein und derselben Papyrusrolle, dem *Index Academicorum* (genauer: der Entwurfsversion des *Index Academicorum*). In dem ältesten überlieferten Inventar der Herkulanischen Papyri von 1782, als die meisten Papyri noch

nicht entrollt waren, lesen wir zu *PHerc.* 1021 die folgende Angabe:[1] *„Altro papiro compresso per lungo, ridotto quasi in forma di tavola, scorzato in alcune parti, di lunghezza once 9. 3/5 di larghezza once 2. 3/5.“*[2] Unter der letzten Zahlenangabe hat eine andere Hand ergänzt: *„Equivocato nel diametro.“* Zur Nummer 1691 ist vermerkt: *„Altra tavoletta con frammenti di altro papiro parimenti incominciato, ed indi tralasciato.“* Heute finden sich auf der *cornice* mit der Nummer 1691 (*PHerc.* 1691) Fragmente von vier verschiedenen Papyri. Del Mastro (2012) erkannte darunter erstmals Teile des *Index Academicorum* und hat gezeigt, dass nach 1782 die Resultate erster, testweiser Aufrollversuche von vier Papyrusrollen unter dieser Nummer rubriziert wurden.[3] Del Mastro fügt hinzu, dass man bei etwaigen vor 1782 zu datierenden Aufrollversuchen von *PHerc.* 1021 (des *Index Academicorum*) in obiger Inventarangabe „incominciato“ erwarten würde.[4] Das heute unter *PHerc.* 1691 firmierende, zusammenhängende Stück des *Index Academicorum* stellt keine „abgekratzte“, äußere *Scorza* dar, sondern ist mit Goldschlägerhaut unterlegt und somit das Resultat eines echten Aufwicklungsversuchs mit der *macchina di Piaggio.* Die Angabe *„scorzato in alcune parti“* für *PHerc.* 1021 kann sich daher kaum auf diesen ersten, echten Entrollversuch, also auf *PHerc.* 1691, beziehen. Folglich muss der *Index Academicorum* zwischen 1782 und 1795 zunächst versuchsweise aufgerollt worden sein (*PHerc.* 1691). Gleichwohl dürfte *„scorzato in alcune parti“* implizieren, dass an der Rolle des *Index Academicorum* bereits vor 1782 gewerkelt wurde.[5] Aus der Angabe folgt nicht zwangsläufig, dass der Umfang der Gesamtrolle oder der Durchmesser überhaupt oder erheblich vor der Messung von 1782 reduziert wurde, wenngleich dies auch nicht völlig ausgeschlossen ist. Einem Katalog von 1807 entnimmt man für die Nummer 1021 den Eintrag: *„Dato per isvolgersi a' Giu-*

---

1   Blank/Longo Auricchio (2004), S. 82.

2   Das alte italienische (neapolitanische) Längenmaß „once“ entspricht 2,205 cm, vgl. Knight/ Jorio (1980), S. 59 Fn. 16, S. 61 Fn. 1 und S. 65; ein ähnlicher Wert (2,19725 cm) wird schon bei La Colla (1938), S. 841 genannt, vgl. Essler (2008), S. 297 Fn. 86.

3   Die Inventarbeschreibung von 1782 hat prinzipiell keinen Bezug mehr zur späteren Nummer 1691, wobei heutige Teile von *PHerc.* 335 (?) auf dieser *cornice* zu dem im Inventar beschriebenen Papyrus gehören könnten. Die vier Papyri auf der *cornice* von *PHerc.* 1691 sind: Womöglich *PHerc.* 335 (pezzo 1), Philodems *Index Academicorum* (pezzo 2), Epikurs *De natura* II (pezzi 3–4), Philodems *De dis* (pezzi 5–6), vgl. Del Mastro (2012), S. 281.

4   Del Mastro (2012), S. 279 Fn. 19.

5   Der Begriff *scorzato* meint das Abkratzen von Schichten, ein *terminus technicus* der Herkulanischen Papyrologie, was laut Inventar zumindest in einigen Bereichen der Rolle geschah. Zu den im Inventar gebrauchten Begriffen für diverse Eingriffe in die Rolle siehe Blank/Longo Auricchio (2004), S. 40.

gno 1795. Svolto del tutto.[6] Die Rolle mit dem *Index Academicorum* (*PHerc.* 1021) wurde somit im Juni 1795 zum Entrollen herausgegeben und in der Folge komplett aufgerollt. Die Prozedur dürfte sich wie bei anderen Papyri über mehrere Monate hingezogen haben. Dem Deckblatt der *Oxforder Disegni* (siehe I 5.3) entnimmt man, dass Gennaro Casanova für das Entrollen zuständig war. Der Papyrus wurde in der Folge auf 8 Rahmen (*cornici*) geklebt, auf denen heute die Kolumnen mit 1–36 fortlaufend durchnummeriert sind.[7] Die Schnitte für die Anordnung auf den *cornici* erfolgten mehr oder weniger immer in den Interkolumnia des Papyrus. Von 1862 bis 1906 hingen die *cornici* im Zuge einer Ausstellung an der Wand im *Museo Nazionale di Napoli*, was keine adäquate Lagerung darstellte und auch zu kleineren Zerstörungen geführt haben könnte.[8] Für die Ausstellung wurde der Untergrund (die Pappe), auf den der Papyrus nach der Entwicklung geklebt wurde, erneuert.[9]

5.2 *PHerc.* 796: Gleiche Hand, aber nicht gleiche Rolle wie der *Index Academicorum*

Del Mastro (2018) hat später auf *PHerc.* 796 (cr. 1) einige Fragmente von derselben Hand wie *PHerc.* 1691/1021 identifiziert. Inhaltlich sind die Namen „Asklepiades" und „Sokrates" bedeutungstragend. Folglich wies er die Fragmente dem *Index Academicorum* zu, wobei die Zeitangabe zur Aufrollung diese Zuordnung nicht stützt.[10] Esslers (2019) bibliometrische Untersuchung der Stücke ergab Volutenlängen, welche mit dem Erhaltenen des *Index Academicorum* kollidieren, so dass *PHerc.* 796 einer anderen Rolle zugeordnet werden muss.[11] Desungeachtet dürfte der Gegenstand von *PHerc.* 796 aber philosophiegeschichtlich

---

6   A.O.P. Bᵃ XVII 7, vgl. Blank/Longo Auricchio (2004), S. 144.

7   *cornice* 1 (Kol. 1–4, Kol. 1* ist nicht gekennzeichnet: 30,5×20,8 cm); *cornice* 2 (Kol. 5–9: 36,9×20,6 cm); *cornice* 3 (Kol. 10–14: 36,3×20,9 cm); *cornice* 4 (Kol. 15–19: 36,9×21 cm); *cornice* 5 (Kol. 20–24: 36,1×20,1 cm); *cornice* 6 (Kol. 25–28: 29,5×20,3 cm); *cornice* 7 (Kol. 29–33: 34,9×20,4 cm); *cornice* 8 (Kol. 34–36: 31,1×20,5 cm). Die Zahlen gibt mit kleineren Abweichungen auch Gigante (1979), S. 231. Man beachte, dass die Maße fiktiv von einem Stück pro *cornice* ausgehen, aber auf *cornici* 1,2,4,5 befinden sich mehrere Teilstücke (siehe I 5.5). *PHerc.* 1691 (Kol. a–c) misst 16,2×20,7 cm.

8   Essler (2006), S. 132. Am ehesten dürften die *cornici* im Jahre 1906 abgehängt worden sein, aber auch 1901 oder 1907 sind mögliche Zeitpunkte, vgl. Essler (2006), S. 108,126,127.

9   Essler (2019), S. 5. Er rechnet in diesem Zusammenhang mit Umstellungen, aber die *Oxforder Disegni* und *Neapolitanischen Disegni* legen dies nicht nahe (siehe I 5.7).

10   Del Mastro (2018), S. 162.

11   Essler (2019), S. 15.

gewesen sein. Dies ist höchst bemerkenswert, da die Hand des *Index Academicorum* sehr informell ist und kaum für kalligraphische Endfassungen von
Papyri bestimmt war (siehe I 8.1). Folglich könnte mit *PHerc.* 796 die Entwurfsfassung eines anderen Buches der *Syntaxis* vorliegen oder sogar Teile einer
anderen Entwurfsversion des *Index Academicorum*, welche entweder einen
Zwischenschritt zwischen Entwurfsfassung (*PHerc.* 1691/1021) und Endfassung
(*PHerc.* 164) oder einen Frühentwurf, der zeitlich noch vor der erhaltenen Entwurfsfassung anzusetzen ist, darstellt. Die Fragmente von *PHerc.* 796 sind in V 2
reproduziert.

5.3   Disegni, MSI (NIR) und HSI

Von den meisten Herkulanischen Papyri wurden nach dem Entrollen zwei
Serien von Abzeichnungen (Disegni) angefertigt, welche heute als *Oxforder
Disegni* (O) und *Neapolitanische Disegni* (N) bezeichnet werden. Die früher entstandenen *Oxforder Disegni* sind in den meisten Passagen von hochwertigerer
Qualität als die *Neapolitanischen Disegni*, da die Papyri in der Folgezeit oft Zerstörungen erlitten, ausblassten und die Arbeit an den *Oxforder Disegni* wohl
auch strikter kontrolliert wurde.[12] Die Abzeichner (*disegnatori*) waren des Griechischen nicht mächtig, was unbewusste philologische Korrekturen verhindern sollte. Die Disegni wurden vor der Publikation von philologisch kundigen

---

12   Die Bezeichnung *Oxforder Disegni* und *Neapolitanische Disegni* leitet sich von ihren heutigen Aufbewahrungsorten ab. Sämtliche Disegni wurden von Italienern in Neapel (Portici)
angefertigt. Der geschichtliche Hintergrund stellt sich wie folgt dar: Im Jahre 1799 wurde
in Neapel die kurzlebige Republik *Partenopea* proklamiert. Die Bourbonen waren kurz
zuvor mit den Papyri nach Palermo geflohen. Sowohl die Königsfamilie als auch die Papyri
kehrten 1802 nach Neapel (Portici) zurück, vgl. Longo Auricchio et al. (2020), S. 82–86.
Zwischen 1802 und 1806 wirkte der englische Reverend und Hofkaplan John Hayter (1756–
1818) im Auftrag des Prinzen von Wales, des späteren Königs Georg IV., in Portici. Er ließ
mehrere Exemplare der Piaggio-Maschine bauen, organisierte die Arbeitsprozesse neu
und wickelte über 200 Rollen auf (Sider (2005), S. 52–55; Angeli (1994)). Als die bourbonische Königsfamilie 1806 zum zweiten Mal nach Palermo fliehen musste, verblieben die
Papyri in Neapel, aber Hayter nahm alle bis zu diesem Zeitpunkt angefertigten Disegni
der Papyri mit, welche auf Betreiben von William Drummond 1809 nach England verschifft wurden und 1811 von Prinz Georg der Universität Oxford geschenkt wurden. Dort
befinden sie sich noch heute (zu Hayters Wirken in der *Officina dei Papiri* siehe Longo
Auricchio (1980)). In Neapel mussten also erneut Abzeichnungen von den aufgerollten
Papyri angefertigt werden. Diese Disegni (und auch die Abzeichnungen später entrollter
Papyri) nennt man *Neapolitanische Disegni*, da sie heute in Neapel verwahrt werden, vgl.
Fleischer (2022a), S. 35–37.

Gelehrten (oberflächlich) überprüft. Obwohl die *disegnatori* wegen der Dunkelheit der Papyri und der trügerischen Reflexion des Lichtes oft unabsichtlich Buchstaben oder Buchstabenreste falsch wiedergaben oder übersahen, sind ihre *Disegni* auch bei Erhalt des Originalpapyrus noch heute von großem Wert, da sie teils Text haben, der heute im Original (bzw. auf den digitalen Bildern) entweder verloren oder nicht mehr lesbar ist. Die *disegni* dienten als Grundlage für den späteren Druck mittels Kupferstichen (*Collectio prior* und *Collectio altera*).[13]

Die *Oxforder Disegni* (O) des *Index Academicorum* umfassen insgesamt 44 Disegni und sind bald nach dem Entrollen zwischen (Ende) 1795 und 1798 angefertigt worden. Zwölf mit Buchstaben nummerierte Kolumnen stammen vom Verso (Z bis M), während die ersten 32 Kolumnen des Rekto abgezeichnet wurden. Auf dem Deckblatt der *Oxforder Disegni* liest man: „*N(umero) 1021. 32 colonne: svolto e disegnato da D. Genn(aro) Casanova. Senza titolo, ma scritto dentro e fuori. 44 disegni.*"[14] Gennaro Casanova hat den Papyrus folglich entrollt und abgezeichnet. Auch in der Zusammenstellung von 1803 mit der Überschrift „*Stato delle porzioni de' volumi di papiro svolti sino a tutto il 1798*" liest man zu PHerc. 1021: „*Porzione di papiro mancante del titolo scritto dentro e fuori*" mit der Spezifikation der Disegni („*copiate*") „*fuori 12*" und „*dentro 32*". Unter „*Numero delle colonnette in circa non compresi titoli*" sind für das Verso zwölf Kolumnen und für das Rekto 36 Kolumnen angegeben.[15] Das Fehlen der letzten vier Kolumnen (Kol. 33–36) unter den *Oxforder Disegni* ist merkwürdig und vielleicht mit den Revolutionswirren 1798 zu erklären, in deren Verlauf die Herkulanischen Papyri samt *Index Academicorum* nach Palermo verschifft wurden.[16] PHerc. 1021 wurde womöglich gerade zu dieser Zeit abgezeichnet und die Arbeiten mussten unterbrochen werden.[17] Als die Papyri 1802 wieder nach Neapel (Portici) gelangten, hatte man mit den Jahren vielleicht (zunächst) vergessen, dass noch vier Kolumnen abzuzeichnen waren. Bücheler (1869) wusste noch nichts von den *Oxforder Disegni*, als er die *editio princeps* des *Index Academicorum* publizierte. Sie wurden der Gelehrtenwelt erst durch Gomperz (1870) bekannt, welcher sie aufspürte und private Abzeichnungen anfertigen ließ (siehe I 8.2).[18] 1890 wurden Photographien dieser und anderer

---

13 Nähere Angaben bei Fleischer (2022a), S. 38–40.
14 Inventarnummer: Ms. Gr. Class. C. 4 717.
15 A.O.P. Bᵃ XVII 5, vgl. Blank/Longo Auricchio (2004), S. 126.
16 Siehe Fn. 12.
17 These von Gallo (1983), S. 76 Fn. 22. Jedoch könnten auch ein Versehen oder andere Gründe zum Auslassen der letzten vier Kolumnen geführt haben.
18 Gomperz (1870).

Oxforder Disegni an einige europäische Bibliotheken verschickt.[19] Gaiser (1988) hat alle *Oxforder Disegni* des Papyrus in seiner Ausgabe abgedruckt. Die zwölf *Oxforder Disegni* des Verso sind auch auf den Tafeln 74–85 reproduziert. Heute sind die *Oxforder Disegni* online zugänglich. Die Kolumnen 2, 9, 16 wurden aus unerfindlichen Gründen nur teilweise abgezeichnet.[20] Am Rande einiger Kolumnen sind kleine, isolierte Fragmente zu finden, welche heute alle verloren sind. Diese waren wohl entweder abgetrennte Fragmente oder (öfters) *Sovrapposti*, die später entfernt wurden.[21]

Die *Neapolitanischen Disegni* (N) wurden von Giuseppe Casanova zwischen 1807 und 1811 angefertigt, wobei Carlo Malesci 1840 einige offenbar vergessene Kolumnen nachtrug (Kol. 9, 10, 12).[22] Wie aus dem Diplomatischen Transkript (**IV**) hervorgeht, sind diese Disegni, wie bei anderen Herkulanischen Papyri, für die *restitutio textus* weitaus weniger ergiebig als die *Oxforder Disegni*, wenngleich sie hier und da bessere Lesungen bieten. Bei einem Vergleich der beiden Disegni-Serien erkennt man, dass an mehreren Stellen zwischen 1798 (O) und 1807/1811 (N) Passagen im Papyrus „physisch" verschwunden sind. Dies kann nicht (in allen Fällen) auf natürlichen Zerfall durch Zerbröseln oder Abbrechen von Teilen zurückgeführt werden, vielmehr muss dafür starke physische Einwirkung angenommen werden. Ich vermute, dass der *Index Academicorum* im Zuge des Transports von Portici nach Palermo und zurück sowie während der Zwischenlagerung größeren Schaden nahm (1798 bis 1802), wohingegen für die letzten 200 Jahre von den *Neapolitanischen Disegni* her zu urteilen lediglich kleinere Verschlechterungen durch Zerfall und Verblassen zu konstatieren sind. 1862 erschienen die *Nepolitanischen Disegni* im ersten Band der *Collectio altera* (I 162–197), welche heute auch online zugänglich ist. Die „Druckfahnen" der Kupferstiche (incisiones: Abkürzung I) sind heute in der *Officina dei Papiri* in Neapel aufbewahrt und wurden von mir eingesehen. Sie sind für die Texther-

---

19   Die Photographien wurden im Auftrag der *Oxford Philological Society* gemacht, vgl. Gaiser (1983), S. 29 und Crönert (1903), S. 383.

20   Dies beobachtet man öfters bei Disegni. In Kolumne 2 wurde das obere Drittel fast nicht abgezeichnet, während von Kolumnen 9 und 16 nur der obere Teil abgezeichnet wurde.

21   Die Fragmente befinden sich am Rand der entsprechenden Kolumnen (Disegni) fast immer exakt auf der Höhe, wo sie tatsächlich einzusetzen sind. Ihr Erscheinen im Einzelnen: Am rechten Rand von Kol. 3 (zweimal), wobei das oberste Fragment den Hinweis „Fram. della col. 4" gibt (eigentlich Kol. 5, siehe I 5.7), am rechten Rand von Kol. 17, am rechten Rand von Kol. 18, am rechten Rand von Kol. 21, am linken Rand von Kol. 24, am rechten Rand von Kol. 24 (zweimal, jeweils mit korrektem Verweis „25"), am rechten Rand von Kol. 27 (zweimal). Das gleiche Phänomen ist auch in PHerc. 1008 zu beobachten, dazu Ranocchia (2007), S. 239.

22   Dorandi (1991), S. 108.

stellung nicht relevant.[23] Die *Neapolitanischen Disegni* und die *Collectio altera*
sind textuell in weit über 99 % der Fälle identisch.

Ein großer Teil des textuellen Fortschritts meiner Neuausgabe des *Index Academicorum* beruht auf den sogenannten Multispektralbildern (MSI = Multi-
spectral Images), welche zwischen 1999 und 2002 durch ein Team der Brigham
Young University (Utah/USA) von der kompletten Herkulanischen Sammlung
gemacht wurden. Der gebräuchliche Name MSI ist etwas irreführend, da im
Falle des *Index Academicorum* und der meisten anderen Papyri aus zeitöko-
nomischen Gründen tatsächlich nur Bilder im Nahinfrarotbereich mit einer
Wellenlänge (950nm) gemacht wurden, weshalb die MSI bisweilen auch als
NIR-Bilder bezeichnet werden.[24] In diesem Bereich ist der Kontrast zwischen
Papyrus und Tinte besonders ausgeprägt und es sind mitunter Buchstaben
sichtbar, welche im Original mit bloßem Auge nicht oder kaum erkennbar
sind. Jedoch sind die MSI unter keinen Umständen als detailgetreue Kopien
des Originals zu betrachten, da die komplexe dreidimensionale Stratigraphie
der Papyri nicht selten irreführend wiedergegeben ist. So erscheinen beispielsweise Löcher oder der Schatten aufgewellter Teile trügerisch als Tinte. Daher
war eine sorgfältige Autopsie des *Index Academicorum* unabdingbar, welche
ich über einige Jahre hinweg während diverser Aufenthalte in Neapel vornahm,
hauptsächlich zwischen 2016 und 2018. Die MSI erlauben auch die Bearbeitung mit Computerprogrammen und eine bessere Visualisierung verschiedener materieller und formaler Aspekte.[25]

Im Februar 2018 war ein internationales Team (CNR/CNRS/Musée national d'Histoire naturelle, Paris) für eine Woche in der *Officina dei Papiri*, um
Hyperspektralbilder (HSI = Hyperspectral images) des *Index Academicorum* zu
machen. Diese Technik (Shortwave Infrared Hyperspectral Imaging, abgekürzt:
SWIR-HSI) wurde erstmals an einem Herkulanischen Papyrus erprobt. Die
gewonnen Rohdaten wurden aufbereitet und die Resultate 2019 publiziert.[26]

---

23   Letztlich wurden auf den Druckfahnen meist nur die Abweichungen zwischen Disegno
      und vorläufiger Druckfahne korrigiert oder Korrekturen der Disegni eingetragen.
24   Booras/Seely (1999); Antoni et al. (2007); Bay et al. (2010); Bay et al. (2011). Für die eigent-
      lich korrekte Bezeichnung NIR-Bild (und nicht MSI) siehe etwa Tournie et al. (2019) und
      Ranocchia (2020), S. 9, 80. Die unter den Tafeln 13–24 abgedruckten 1000 nm-Bilder wur-
      den erst 2022 gemacht, sind aber im Wesentlichen mit den herkömmlichen „MSI" (950
      nm) identisch.
25   Vgl. Janko (2016), S. 124–126 und Fleischer (2022a), S. 53–55.
26   Andraud et al. (2019). Für die Experimente wurde insbesondere auf das Programm der
      MOLAB platform (mobile Laboratorien) zurückgegriffen (IPERION CH grant agreement
      no. 654028). Das Projekt *THertzHyperPHerc* wurde von Graziano Ranocchia koordiniert
      und geleitet.

ABB. 2
HSI-Experimente
FABRIZIO DIOZZI. MIC © BNN

ABB. 3
Original
(SICHTBARES LICHT) MIC © BNN

Hauptziel der von mir mitinitiierten Experimente war es, das Verso lesbar zu
machen, was teilweise gelang (siehe I 6.1). Jedoch war ein eher unerwartetes
Nebenergebnis von viel größerer Tragweite: Die HSI zeigten auf dem Rekto
einen wesentlich besseren Kontrast als die MSI (NIR) und führten zu nochmals 5–10 % Textzuwachs. Sie zeigen Buchstaben an Stellen, die weder mit dem
bloßen Auge noch auf den sogenannten MSI lesbar sind. Jedoch sind die HSI
aufgrund von „stitched images (scans)" und Auflösung nicht pauschal in jeder
Passage den MSI überlegen oder substituieren diese vollumfänglich. Vielmehr
wurden HSI und MSI neben Autopsie und *Disegni* in gegenseitigem Abgleich
für die Neuedition genutzt. Mit 1000–2500 Nanometern decken die HSI einen
wesentlich größeren Wellenlängenbereich als echte MSI oder die auf 950 nm
bzw. 1000 nm beschränkten Nahinfrarotbilder ab. Die Rohdaten wurden mittels einer Hauptkomponentenanalyse (PCA) anhand der PC1 und PC3-Achse
statistisch aufbereitet, was zu dem guten Kontrast führte.[27] Andere Experimente mit High-resolution TeraHertz Imaging am *Index Academicorum* im Mai
2018 erbrachten keine nennenswerten Ergebnisse.

　　Im Rahmen des ERC-Projekts „GreekSchools" mit einem Ziel einer Neuausgabe der kompletten *Syntaxis* sollen innerhalb der nächsten Jahre durch
mobile Laboratorien der *European Research Infrastructure for Heritage Science*
nochmals in modifizierter Weise Shortwave-Infrared Hyperspectral Imaging
und High-resolution TeraHertz Imaging sowie High-resolution X-Ray Fluore-

27　　Für jede *cornice* des *Index Academicorum* wurden vier Durchgänge von jeweils ca. 20–30
　　　Minuten benötigt, so dass die HSI „gestitched" sind. Zur Rezeption der Experimente in
　　　diversen Medien siehe I 8.2

ABB. 4
MSI
MIC © BNN/BYU

ABB. 5
HSI
MIC © BNN/CONSIGLIO NAZIONALE DELLE RICER-
CHE, ISTITUTO DI SCIENZE DEL PATRIMONIO
CULTURALE

scence Mapping[28] am Index *Academicorum* (und anderen Papyri) erprobt werden. Daneben werden Oberflächen-Profilometrie mittels hochauflösenden 3D-
Mikroskopen sowie Tiefen-Profilometrie mittels Kernspinresonanz-Relaxome-
trie (NMR-relaxometry) und Optische Kohärenztomographie für das Durch-
leuten von *Sovrapposti* und *Sottoposti* getestet.[29]

5.4 Bibliometrische Analyse – Grundlagen

Die Arbeit an Neueditionen Herkulanischer Papyri schließt seit einigen Jahren
standardmäßig eine „bibliometrische" oder „bibliologische" Analyse der Rolle
ein. Für den *Index Academicorum* hat diese Anaylse zu gänzlich unerwarteten
und folgenreichen Ergebnissen geführt, welche nicht nur inhaltliche Relevanz
haben, sondern auch Philodems Arbeitsprozess besser verstehen lassen.

Essler (2008) hat in einem grundlegenden Artikel zur mathematischen Rekonstruktion von Herkulanischen Rollen frühere Erkenntnisse zusammengefasst, modifiziert und systematische Berechnungsansätze formuliert.[30] Ein
Schlüsselelement der bibliometrischen Analyse konstituieren die Wicklungen (Voluten) der Rolle, welche oftmals am aufgerollten Originalpapyrus gut

---

28   High-resolution X-Ray Fluorescence Mapping wurde für die Oberfläche bereits von Brun
     et al. (2016) angewandt, jedoch mit anderen Geräten. ERC Advanced Grant 885222-Greek-
     Schools (Principal Investigator: Graziano Ranocchia).

29   Vgl. Fleischer (2022a), S. 60–61.

30   Essler (2008). Unter den früheren Arbeiten ist etwa Nardelli (1973) mit Entdeckung des
     Prinzips der „sezioni" zu erwähnen.

ABB. 6
Papyrusrolle als archimedische Spirale
© HOLGER ESSLER 2008

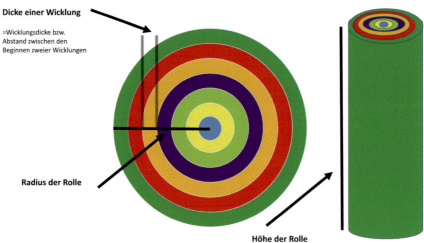

Dicke einer Wicklung

=Wicklungsdicke bzw.
Abstand zwischen den
Beginnen zweier Wicklungen

Radius der Rolle

Höhe der Rolle

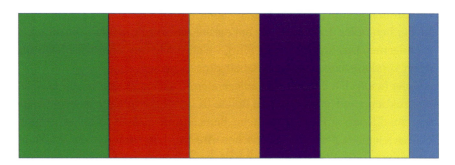

Aufgewickelte Rolle –
Die Wicklungsbreite (=Umfang der einzelnen Kreise) nimmt von links nach rechts (=von außen
nach innen) konstant ab (um 2π * Wicklungsdicke)

ABB. 7   Geschlossene Rolle im Längs- und Querschnitt sowie aufgewickelte Rolle (eigene
             Graphik)

erkannt und abgemessen werden können, aber teils auch auf den MSI/HSI des *Index Academicorum* sichtbar sind. Wiederkehrende Strukturen, die sich zuweilen als Streifen („Sektionen") durch weite Teile des Papyrus ziehen, sind für die Volutenbestimmung bedeutsam.[31] Die verschiedenen Wicklungen einer Papyrusrolle (des Querschnitts), welche einer archimedischen Spirale gleicht, können approximativ als konzentrische Kreise um den Mittelpunkt der Rolle herum angesehen werden. Sie sind je nach „Festigkeit" der Wicklung bzw. Dicke des Papyrus zwischen 0,1 und 0,25 mm voneinander entfernt. Daraus folgt, dass die Breite der Wicklungen im aufgewickelten Zustand der Papyri in der Regel um etwa 1–2 mm pro Wicklung abnimmt (von links nach rechts).[32]

Die Kenntnis des genauen Wicklungsumfangs (= Wicklungsbreite im aufgerollten Zustand) für eine gegebene Stelle ist für das millimetergenaue Platzieren von beim Aufrollprozess falsch hängengebliebenen Lagen (*Sovrapposti* und *Sottoposti*) essentiell.[33] Meist haben *Sovrapposti* oder *Sottoposti* nur eine Fläche, die weniger als 1 cm² (ein Daumennagel) misst, und enthalten nur einzelne Buchstaben oder Buchstabenteile. Sie sind in der Hügellandschaft des *Index Academicorum* nicht einfach zu isolieren, da oft nicht ersichtlich ist, ob Risse oder Verwerfungen innerhalb derselben Ebene oder doch verschiedene Ebenen vorliegen. Ferner erlauben die Volutenmessungen eine Aussage, ob oder wieviel Text zwischen einzelnen Kolumnen oder Fragmenten des *Index Academicorum* ausgefallen ist. Hier sind wichtige Variablen: Wicklungsbreite, zählbare Kolumnen, ursprünglicher Rollendurchmesser und Breite der Kollemata.[34] Frühere Editoren des *Index Academicorum* widmeten der Bibliometrie sowie der Identifizierung von *Sovrapposti* und *Sottoposti* nicht immer die nötige Geduld und Sorgfalt und platzierten diese ungenau, was mitunter zu einem Phantasietext führte. Ihnen war es auch noch nicht vergönnt, auf neuere mathematisch-bibliometrische Methoden zurückzugreifen und moderne Mikroskope oder digitale tools zum virtuellen Ausschneiden und Rückversetzen der Lagen am Computer zu nutzen.[35]

---

31 Wickelt man ein Blatt Papier (DIN A4) zu einer Rolle fest zusammen und entwickelt diese nach einiger Zeit wieder, erkennt man schwache Streifen auf dem Papier, die im Abstand von einer Wicklung (Volute) teils auch Halbwicklung (Semi-Volute) zueinander liegen. Ähnliches ist bei den Papyri zu beobachten.

32 Dazu Essler (2008), S. 286. Die Abnahme ergibt sich durch Multiplikation mit 2π (also rund 1 mm Abnahme bei ca. 0,15 mm Abstand).

33 Die Breite der Wicklungen im aufgerollten Papyrus entspricht dem Umfang im unaufgerollten Papyrus. Teils kann auch durch die lexikalisch gedeckte Platzierung solcher Lagen auf die (unbekannte) Wicklungsbreite geschlossen werden.

34 Für den Abschnitt siehe Fleischer (2022a), S. 87.

35 Die Anforderungen an eine Software zur Platzierung der Lagen wurden von D'Angelo (2020) und D'Angelo/Nicolardi (2021) skizziert.

5.5   Bibliometrische Analyse des Index *Academicorum*: Bisher unentdeckter Ausfall etlicher Kolumnen

Die skizzierten Methoden wurden erstmals auf den *Index Academicorum* systematisch angewandt, wobei Essler (2019) das Verdienst zu kommt, wesentliche bibliometrische Begebenheiten erkannt zu haben, insbesondere „Sekundärklebungen", d.h. von Philodem im Entwurf eingeklebte oder zusammengeklebte Bögen. Seine Tabelle mit den Volutenlängen und anderen Angaben findet sich unter V 1.2, ergänzt um meine Messung von *PHerc.* 1691.

Bis einschließlich zur Ausgabe von Dorandi (1991) hat niemand in Zweifel gezogen, dass die 36 auf acht *cornici* durchnummerierten Kolumnen des Rekto von *PHerc.* 1021 jeweils ohne Lücken im Papyrus aufeinanderfolgen und somit auch die relative Reihenfolge der Kolumnen nicht zu beanstanden ist. Nun zeigt sich ein ganz anderes Bild. Zahlreiche ausgefallene Kolumnen an diversen Stellen haben erhebliche Bedeutung für die *restitutio textus*, Philodems Quellen und den Umfang mehrerer Philosophenbiographien.[36] Bisher merkwürdige Abbrüche von Sätzen hatte man mit schlechter Zettelwirtschaft und dem Charakter einer Entwurfsversion zu rechtfertigen versucht. Zwar existieren ob des Entwurfscharakters von *PHerc.* 1691/1021 tatsächlich auch weiterhin solche Brüche, aber viele Stellen sind nun schlichtweg mit dem Verlust von Kolumnen in der Moderne beim Aufwickeln des Papyrus erklärbar.

Für die folgenden Ausführungen ist es hilfreich, bisweilen Abb. 1 zur Visualisierung heranzuziehen. Hinter den Resten von *PHerc.* 1691 sind vermutlich vor Kol. 1* fünf Kolumnen ausgefallen (siehe V 1.2). Bei etwaiger alternativer Volutenmessung von 11,5 cm statt 11,8 cm auf *PHerc.* 1691 und Annahme des direkten Anschlusses von Kol. 1* und Kol. c könnten teils verbundene *Bisovrapposti* und *Sovrapposti* von *PHerc.* 1691 nicht platziert werden. *PHerc.* 1021 beginnt mit einer sehr fragmentarischen Teilkolumne, der sogenannten Kol. 1*. Diese findet sich in keiner der beiden Disegni-Serien, welche beide mit Kol. 1 beginnen. Wie in I 5.7 gezeigt wird, folgt Kol. 5 direkt auf Kol. 3. Zwischen Kol. 8* (olim Kol. 4 – siehe I 5.7) und Kol. 9 sind drei Kolumnen ausgefallen, was aus inhaltlichen Gründen nicht unerwartet ist. Die Zeilenbeginne der

---

36   Annahme von einem zusammenhängenden Fragment pro *cornice*, vgl. Gigante (1979), S. 231. Gaiser (1988), S. 32–33 schreibt: „.... als zwar manche Beschädigungen eingetreten und kleinere Teile verlorengegangen sind – was zu Lücken im Text führt –, aber keine Kolumne ganz fehlt .... Nach dem Ergebnis meiner Untersuchung ... ein durchgehender Zusammenhang von einer Kolumne zur anderen feststellbar ist." Ähnliche Folgen hatte die bibliometrische Neukonstruktion des *Index Stoicorum* durch Ranocchia (2020), S. 24–39.

ersten ausgefallenen Kolumne nach Kol. 8* sind teilweise erhalten und bestätigen somit die Validität der bibliometrischen Rekonstruktion.[37] Auch Kol. 17
folgt nicht direkt auf Kol. 16. Vielmehr wurde hier aus praktisch-ästhetischen
Gründen in der Moderne auf täuschende Weise ein Papyrusstück mit den Kol.
17–19 an das Stück mit den Kol. 15–16 herangeschoben bzw. daraufgeschoben
(ähnlich wie Kol. 4 und Kol. 9 an andere Stücke herangeschoben wurden –
siehe I 5.7).[38] Die Bibliometrie führt auf einen Ausfall von drei Kolumnen
vor Kol. 17, was inhaltlich gut möglich ist. Anschließend sind zwischen Kol.
19 und 20 fünf Kolumnen ausgefallen.[39] Allerdings wurde hier nichts „umge-
schoben". Die Kolumnen markieren nämlich das Ende von cr. 4, respektive den
Beginn von cr. 5. Vielleicht sind auch vor der ersten Zeile von Kol. 20 Spuren vom Ende der vorangehenden verlorenen Kolumne erhalten. Die Spuren
können sicherlich nicht zu Kol. 19 gehören.[40] Auch hinter Kol. 20 scheint eine
Kolumne ausgefallen zu sein.[41] Von Kol. 21 an ist der Text durchgehend bis
zum Ende erhalten. Für die inhaltlichen Konsequenzen dieser Ausfälle siehe
jeweils die entsprechenden Abschnitte in „Einordnung" und „Quellen" (III 1
und 2).

Trotz der Verformung der Rolle (siehe I 5.6) sollten wir den bibliometrischen
Befunden Esslers (2019), welche sich im Wesentlichen mit meinen eigenen
decken, vertrauen. Jedoch ist unbedingt eine Merkwürdigkeit anzusprechen,
auf welche Essler nicht einging. Zwischen den ermittelten Ausfällen sind fast
ausnahmslos vollständige Kolumnen erhalten. Dies ist gerade in Anbetracht
der Teilerhaltung von Kol. 1* schwer nachvollziehbar. Man würde, sollte es beim
Aufrollen Probleme gegeben haben, zumindest erwarten, dass am Beginn bzw.
Ende einiger ausgefallener Kolumnen Reste der folgenden bzw. vorangehenden Kolumnen erhalten sind, also z. B. Teile der auf Kol. 20 folgenden Kolumne.
Entweder wurden diese Reste aus ästhetischen Gründen weggeschnitten und
entsorgt – was ich mir bei der generellen Sorgfalt und Akribie des Aufrollprozesses kaum vorzustellen vermag – oder diese heute verlorenen Fragmente mit
vollständigen Kolumnen wurden wie die erhaltenen Stücke entrollt, sind aber
vor dem Prozess des Abzeichnens durch irgendein Unglück oder Missgeschick

---

37 Diese Zeilenanfänge können aus lexikalisch-inhaltlichen und papyrologischen Gründen
    nicht im unteren Bereich von Kol. 9 platziert werden.

38 Essler (2006), S. 132 hat bereits auf diesen Umstand hingewiesen.

39 Erstmals vermerkt in Fleischer (2017), S. 38.

40 Essler (2019), S. 5,19.

41 Hier ist aufgrund des ungefähren Zusammenfalls von Kolumnenbreite und Volutenbreite
    sowie nicht eindeutiger Aussagekraft der Kollema-Breiten keine letzte Sicherheit gege-
    ben, aber ein Ausfall ist wegen Unterbrechung der Faserkontinuität des Papyrus und aus
    inhaltlichen Gründen wohl wahrscheinlicher als gegenteilige Annahme.

verlorengegangen (vernichtet worden). Dass alle oder einige dieser vier ausgefallenen Stücke (mit drei Kolumnen, drei Kolumnen, fünf Kolumnen und einer
Kolumne) noch unter anderen Inventarnummern in der Sammlung liegen, ist
sehr unwahrscheinlich.[42] Ich frage mich, ob der Ausfall zumindest einiger dieser Kolumnen in irgendeiner Beziehung zu den Verso-Kolumnen des Papyrus
stehen könnte, da etwa der Text von Kol. S (Verso) den Text von Kol. 16 (Rekto)
fortsetzt und auf den HSI keine Spuren der sieben Verso-Kolumnen M bis S
zu sehen sind (siehe I 6.1). Prinzipiell wäre zu überlegen, ob die drei Kolumnen S–R–Q (in dieser Reihenfolge) nicht die ausgefallenen Rekto-Kolumnen
zwischen Kol. 16 und Kol. 17 repräsentieren. In diesem Fall hätte der Disegnatore aber einen sehr kuriosen Fehler begangen.[43] Nimmt man nicht an, dass
die Bibliometrie durch seltsame Begebenheiten in der Rolle verzerrt wurde,
stellt die Tatsache, dass die Schnitte entlang der Lücken immer (fast) exakt[44]
durchs Interkolumnium gehen, ein ungelöstes Rätsel dar. Sowohl die Vernich-
tung wertvollen Textes aus ästhetischen Gründen[45] als auch der „unglückliche"
Verlust dieser Kolumnen vor dem Abzeichnen ohne Hinweise in den Archivdo-
kumenten sind in meinen Augen keine völlig befriedigenden Erklärungen.

5.6   Ursprüngliche Rollenlänge und Kolumnenzahl des *Index Academicorum*

Bei den meisten Herkulanischen Papyri fehlen zu Beginn mehrere (viele) Kolumnen. Die Rollen waren meist durch den Karbonisationsprozess an der Au-
ßenseite so porös oder verformt, dass die „amorphe" äußere Schale erst bis zu
einem Punkt abgeschält bzw. entfernt werden musste, ab dem man die Win-
dungen gleichmäßig und ergiebig abwickeln konnte (*midollo*). Da im *Index*

---

42   Del Mastro (2014) hat für seine Monographie und auch für den online-Katalog *char-
      tes* faktisch alle *cornici* (Rahmen) der Sammlung inspiziert und im Zuge dessen auch
      die Kolumnen von *PHerc.* 1691 (und *PHerc.* 796) gefunden. Ihm oder anderen Gelehr-
      ten wären solch große Textportionen vom *Index Academicorum* gewiss ins Auge gefal-
      len.

43   Da auch möglich scheint, dass Kol. 21 von Kol. M und Kol. P von Kol. 22 fortgesetzt wird,
      hätten wir hier Parallelen zum „Springen" zwischen Rekto und Verso, was dagegenspricht,
      dass Kol. S–R–Q ursprünglich Rekto-Kolumnen waren.

44   Bei Kol. 8* wurden offenbar im unteren Bereich noch Reste der Folgekolumne „mitge-
      nommen". Vielleicht steht auch oben vor Kol. 20 das Zeilenende einer Kolumne (siehe
      Haupttext).

45   Theoretisch möglich, aber doch unwahrscheinlich, ist, dass die Fetzen dieser Restkolum-
      nen unter einer anderen Inventarnummer archiviert sind (*PHerc.* 796 kommt aus biblio-
      metrischen Gründen nicht in Betracht, siehe I 5.2).

Academicorum keine stichometrischen Angaben nachweisbar sind, welche im Falle manch anderer Papyri eine recht genaue und einfache Ermittlung der ursprünglichen Rollenlänge bzw. Kolumnenzahl ermöglichen, erscheint eine Antwort auf die Frage, wie viele Kolumnen am Beginn des Werkes verloren sind, auf den ersten Blick unmöglich. Jedoch benötigt man für eine Extrapolation der (verlorenen) Länge letztlich nur den ursprünglichen Durchmesser (Radius oder Umfang) der Rolle, mittels dessen man bei gegebenem, für alle Herkulanischen Rollen ähnlichen Abstand der Wicklungen (Dicke des Papyrus) die ursprüngliche Rollenlänge errechnen kann.[46] Aus methodischen Gründen empfiehlt sich eine Rückberechnung von Kol. 1 (*PHerc.* 1021) aus, an deren ungefährem Beginn sich praktischerweise die letzte vollständig erhaltene Volute (Wicklung) mit einer gesicherten Länge von 11,1 cm befindet. Der weiter vorne liegende Rollenteil (*PHerc.* 1691) mit den Kolumnen a–c hat vermutlich eine Volute von etwa 11,8 cm (Ende am rechten Teil des Fragments), aber diese Messung ist nicht völlig sicher.

Problematisch und etwas konfus ist die Angabe zu *PHerc.* 1021 „*Equivocato nel diametro*" (siehe I 5.1), welche später von einer unbekannten Person im Inventar von 1782 hinzugefügt wurde. Diese Person hat auch zu einigen anderen Nummern Ergänzungen oder Korrekturen vorgenommen und meistens falsche Zahlen (Messungen) korrigiert. Die ergänzende Angabe „*Equivocato nel diametro*" findet sich im Inventar sonst nur zu *PHerc.* 1227.[47] Es wäre denkbar, dass der „Kontrolleur" erst nach dem ersten Aufrollversuch (*PHerc.* 1691) zwischen 1782 und 1795 die Rolle überprüfte, welche nun einen geringeren Durchmesser hatte. Allerdings wäre dann zu erwarten, dass er auch die Beschreibung der Rolle geändert hätte. Da dies nicht der Fall ist, scheint mir die Angabe in Verbindung mit der Verformung der Rolle zu stehen. In welcher Beziehung und in welchem Maße sich der ursprüngliche Vermesser irrte und warum der „Kontrolleur" den Fehler (die Zahl) nicht korrigierte, muss offenbleiben. Womöglich wollte er mit der Angabe verdeutlichen, dass die Bestimmung des Durchmessers aufgrund der Verformung der Rolle problematisch und die ursprüngliche Angabe somit ambivalent oder unzulänglich ist. Als Ausgangsbasis für die Berechnung des ursprünglichen Durchmessers haben wir nur die im Inventar von 1782 genannte Zahl von 2,6 once (= 5,73 cm), welche aber aufgrund der Zusatzangabe und Rollenform als nicht unproblematisch gelten muss.

---

46   Essler (2008), S. 286 f. (vgl. I 5.4).

47   Siehe Blank/Longo Auricchio (2004), S. 45–120. Zu *PHerc.* 1227: „Porzione di papiro compresso come l' antecedente, ed impastato, lungo once 8, largo once 3." Die Ergänzung der zweiten Hand: „equivocate nel diametro".

ABB. 8   a) Kreisform, nicht gestaucht, „echter Zylinder" (U=3,14 × d). Maximaler Umfang (U) bei gegebe-
nem Durchmesser (d); b) Gestauchte Papyrusrolle, Ellipse 3:2 (U ≈ 2,59 × d); c) Stark gestauchte
Papyrusrolle, Ellipse 2:1 (U ≈ 2,37 × d). Umfang tendiert bei weiterer Stauchung gegen doppelten
Durchmesser (U ≈ 2 × d)

ABB. 9   Drei verschiedentlich verformte Papyrusrollen (PHerc. 804, 632, 893)
MIC © BNN

Für die Form der Rolle und die Bestimmung des Umfangs sind obige Abbildungen von Querschnitten gleichen Durchmessers (d) hilfreich (Abb. 8).

Nicht alle Papyrusrollen entsprechen im Querschnitt einem (relativ) idea-
len Kreis wie in Abb. 8a. Auch im Längsschnitt sind bei den vielen heute noch
nicht aufgerollten Rollen der Sammlung nur selten schöne Zylinderformen auszumachen (Abb. 9).

Während die linke Rolle (*PHerc.* 804) trotz Verformung einen ungefähr kon-
stanten Durchmesser („Kreis") im Querschnitt hat und einem Zylinder ähnelt,
ist die rechte Rolle (*PHerc.* 893) sichtlich gestaucht. Ihr Querschnitt ähnelt
einer Ellipse. Bei der mittleren (Teil)Rolle (*PHerc.* 632) ist die Stauchung (elliptische Form) noch deutlicher ausgeprägt.

Welche Form hatte nun die Rolle des *Index Academicorum* vor dem Aufwickeln, als sie 1782 im Inventar beschrieben wurde? Die Angabe „*compresso per lungo, ridotto quasi in forma di tavola*" lässt keinen Zweifel, dass die Rolle offenbar nicht nur eine ähnlich gestauchte Form wie der mittlere Papyrus in Abb. 9 (*PHerc.* 632) hatte, sondern sogar noch deutlicher gestaucht war. Die Breite (der Durchmesser d = 5,73 cm) wäre also nicht mit dem Durchmesser eines Kreises, sondern eher mit der Querachse einer in Richtung Viereck tendierenden Ellipse gleichzusetzen. Der Beschreibung im Inventar nach könnte die Form von *PHerc.* 1021 also etwa zwischen Ellipsen, deren Achsen im Verhältnis 3:2 bzw. 2:1 stehen, gelegen haben (Abb. 8b und 8c).

Die bibliometrische Analyse des erhaltenen Papyrus zeigt (siehe V 1.2), dass die Volutenlängen zu Beginn des erhaltenen Papyrus tendenziell um weniger als 2 mm von Volute zu Volute abnehmen (meist zwischen 1 und 1,5 mm). Da prinzipiell mit einer eher lockeren Wicklung zu Beginn von Papyrusrollen zu rechnen ist,[48] sollte ein Wert um 1,5 mm ein geeigneter Durchschnittswert für die unbekannte Zunahme der Volutenlänge im verlorenen Teil sein. Die Stellschraube „Volutenzunahme" übt einen großen Hebel aus: Bei 1 mm statt 2 mm ergibt sich beispielsweise die doppelte Anzahl an verlorenen Kolumnen. Der durchschnittliche „interkolumnare Raum"[49] ist zu Beginn des erhaltenen Papyrus etwa 7 cm lang, so dass dieser Wert im Folgenden genutzt wird. Meine Berechnung geht vom äußersten Umfang („längste Volute") der ursprünglichen Rolle aus. Von diesem wird die Länge der letzten vollständig erhaltenen Volute abgezogen. Dieser Wert wird dann durch die Volutenzunahme dividiert um die Anzahl der ausgefallenen Voluten zu ermitteln. Für die verlorene Länge wird die Anzahl der verlorenen Voluten mit der gemittelten Länge der verlorenen Voluten multipliziert. Diese ergibt sich als Mittelwert des Umfangs der ursprünglichen Rolle und der letzten erhaltenen Volutenlänge.
In Formelschreibweise:

a) Verlorene Voluten (vor Kol. 1) =

$$\frac{\text{Umfang der Rolle} - \text{längste erhaltene Volute}}{\textit{Volutenzunahme}}$$

b) Verlorene Papyruslänge (vor Kol. 1) =

$$\big((\text{Umfang der Rolle} - \text{längste erhaltene Volute}) * 0{,}5 + \text{längste erhaltene Volute}\big)$$
$$* \text{Verlorene Voluten}$$

---

48 Essler (2008), S. 286 f.
49 Abstand (Länge) von Beginn einer Kolumne zum Beginn der folgenden Kolumne (ergo: Interkolumnarer Raum = genuine Kolumnenbreite+ rechter Rand/Interkolumnium).

c)   Verlorene Kolumnen (vor Kol. 1) =

$$\frac{\text{Verlorene Papyruslänge}}{\text{interkolumnarer Raum}}$$

Rollenform (Querschnitt)	Faktor	Umfang der Rolle (Faktor*d)	Verlorene Voluten/Länge (in m)/Kolumnen vor Kol. 1 bei Volutenzunahme von		
			1 mm	1,5 mm	2 mm
Kreis in Reinform (1:1)	3,14 (π)	18 cm	69 /10 /143	46/6,7/96	34/5/72
Leicht gestauchte Ellipse (3:2)	2,59	15,2 cm	41/5,4/77	27/3,6/51	20/2,7/39
Stark gestauchte Ellipse (2:1)	2,34	13,9 cm	28/3,5/50	19/2,3/33	14/1,8/25

Bei allen Berechnungen handelt es sich um Näherungen, insbesondere da wir von einer elliptischen Form ausgehen müssen.[50] Für die Berechnung des Rollenumfangs bei elliptischer Form habe ich auf die *Näherungsformel von Ramanujan* zurückgegriffen, welche obige Faktoren ergibt.[51] Es ist unmittelbar ersichtlich, wie entscheidend die Beachtung der elliptischen (gestauchten) Form für die Berechnung ist. Bei 1,5 mm Volutenzunahme dürften bei ausgeprägter elliptischer Form rund 50 Kolumnen ausgefallen sein, bei noch deutlicherer Ellipsenform (wie für *PHerc.* 1691/1021 anzunehmen) etwa 30 Kolumnen.[52] Dementsprechend sind vor Kolumne a (*PHerc.* 1691) vermutlich etwa 20 Kolumnen ausgefallen. Jedoch impliziert die Unsicherheit verschiedener Variablen, insbesondere der Querschnittsform bei Messung des „Durchmessers" und der wahren Volutenzunahme im vorderen Rollenteil, eine nicht geringe Varianz des Ergebnisses. Darüber hinaus steht die Durchmesserangabe im Archiv selbst zur Debatte. Nichtsdestotrotz ist wohl die vorsichtige Aussage gerechtfertigt, dass vor Kolumne a die Zahl verlorener Kolumnen irgendwo im niedri-

---

50   Anstelle von konzentrischen Kreisen wäre nun von konzentrischen Ellipsen, zumindest in dem von uns betrachteten Teil, unter gewissen Annahmen auszugehen, was im Rahmen der anvisierten Genauigkeit akzeptabel ist.

51    $U = (a + b) * \pi * (1 + \frac{3*\vartheta^2}{10+\sqrt{4-3\vartheta^2}})$ *mit* $\vartheta = \frac{a-b}{a+b}$ *a = Hälfte der Hauptachse* (2,87 cm) *b = Hälfte der Querachse* (1,91 cm bzw. 1,43 cm).

52   Auf diesen Wert käme man etwa bei Annahme von 1,5 mm Volutenzunahme und einer Form (Stauchung) zwischen den beiden exemplarisch angeführten Ellipsenformen oder alternativ bei Annahme einer starken Stauchung und näher an 1 mm liegender Volutenzunahme.

gen zweistelligen Bereich lag, wobei die wahrscheinlichste Schwankung um 20
Kolumnen herum – vielleicht eher nach unten als nach oben – zu erwarten ist.
Bei Annahme von ca. 20 fehlenden Kolumnen vor Kolumne a hätte das Leben
Platons etwas über ein Drittel des Papyrus (genauer: des Rekto) ausgefüllt.
Dies ist nicht unmöglich, wenn man Platons Bedeutung und seine Behandlung
durch Diogenes Laertius in einem separaten Buch bedenkt. Es ist aber auch
vorstellbar, dass aufgrund der Unsicherheit der Variablen und der besonders
ausgeprägten Stauchung (*quasi in forma di tavola*) vor Kolumne a nicht viel
mehr als 10 Kolumnen (oder gar weniger) verloren gegangen sind. Wie viele
Kolumnen auf dem Verso im verlorenen Teil standen, ist unmöglich zu sagen.
Auch der Umfang der Ergänzungen (siehe I 7.1) im verlorenen Teil des Rekto
ist eine große Unbekannte.[53] Immerhin bestätigt die bibliometrische Analyse
trotz aller Unsicherheiten, dass die Behandlung Platons – wenig verwunderlich – einen beträchtlichen Teil des *Index Academicorum* ausgemacht haben
dürfte, vermutlich mindestens ein Viertel. Die Länge des erhaltenen Papyrus
inkl. verlorener Kolumnen ab Kol. 1 liegt bei etwa 3,50 m.[54] Zuvor wären bei
Annahme von 35 verlorenen Kolumnen etwa 2,5 Meter anzusetzen, was eine
Gesamtlänge von 6 Metern für die Entwurfsversion des *Index Academicorum*
ergäbe.[55]

5.7   Die „moderne" Fehlplatzierung von Kolumne 8* (olim 4)

Wie schon ausgeführt, hatte niemand daran gezweifelt, dass die relative Reihenfolge der Kolumnen auf den *cornici* korrekt war.[56] So legten die Disegni und
die ältesten Inventaraufzeichnungen des Papyrus nichts Gegenteiliges nahe.

---

53   Vielleicht fanden sich die Nachträge auf dem Verso zu Platon größtenteils am Ende sei-
      ner Biographie, da der erhaltene Teil des Rekto fast durchgehend (Kolumnen Z, Y, X) auf
      dem Verso beschrieben ist. Jedoch ist eine seriöse Aussage über die Anzahl der Verso-
      Kolumnen im verlorenen Teil auf dieser Basis nicht zu treffen. Es ist nicht unwahrschein-
      lich, dass auf dem Rekto vor dem Leben Platons eine (kleine) Einleitung zum *Index Aca-
      demicorum* stand.

54   36 Kolumnen + 12 verlorene Kolumnen + unbeschriebener Raum am Endes des Papyrus
      ergibt etwa 50 Kolumnen. Bei knapp 7 cm durchschnittlicher Kolumnenbreite (inkl. Inter-
      kolumnium) ergeben sich rund 3,50 Meter.

55   Mit den Kolumnen des Verso und den Ergänzungen ergeben sich wohl mindestens 7
      Meter. Die Entwurfsversion des *Index Academicorum* ist ungewöhnlich hoch (viele Zei-
      len), so dass sich im normalen Rollenformat (*PHerc.* 164) wohl mindestens 10 Meter erge-
      ben, was im Bereich der Länge anderer Herkulanischer Rollen liegt, vgl. Cavallo (1983),
      S. 15–17 und Janko (2020), S. 129.

56   Annahme von einem zusammenhängenden Fragment pro *cornice*, vgl. Gigante (1979),

Für einige Verwunderung sorgte bisher die Position von Kol. 4. Aufgrund des generellen Entwurfscharakters ging Gaiser davon aus, dass zwischen Kol. 3 und 5 (Kol. 5 setzt den Text von Kol. 3 fort) bereits von „Philodem" ein einzelnes Blatt falsch eingeklebt oder übertragen wurde („Blattversetzung").[57] Kol. 4 wiederum setzt direkt den Text von Kol. 8 fort, während der Text von Kol. 4 von Kol. 13 fortgesetzt wird. Letzterer Umstand erklärt sich daher, dass die Kolumnen zu Herakleides Pontikos und Chairon nachträglich in den Papyrus eingeklebt wurden (erhaltene Kol. 9–12 – siehe I 6.2), als die „Rolle" oder erste Bögen schon beschrieben waren. Die normativ-psychologische Kraft der neuzeitlichen durchgehenden Nummerierung der Disegni und Kolumnen auf den *cornici* in Verbindung mit der Ansicht, dass in einem solchen Arbeitsmanuskript Unordnung und Fehlplatzierungen zu erwarten sind, war außerordentlich hoch und ließ Herausgeber nicht an einer antik-philodemeischen „Blattversetzung" zweifeln.[58] Erst Essler hat durch Messungen der Voluten und Kollemata sowie Vergleich mit der Arbeitspraxis (Aufklebepraxis auf den *cornici*) bei anderen Herkulanischen Papyri das Rätsel um die Position von Kol. 4 überzeugend auf einen modernen Fehler zurückführen können.[59] Die letzte Kolumne von cr. 1 (Kol. 4) ist nicht physisch-kontinuierlich mit Kol. 3 verbunden, sondern nur (in der Neuzeit) an diese herangeschoben worden. Ebenfalls wurde die letzte Kolumne auf cr. 2 (Kol. 9) nur an Kol. 8 herangeschoben (siehe Abb. 10–12). Kol. 9 folgte also in der antiken Papyrusrolle nicht auf Kol. 8, Kol. 4 nicht auf Kol. 3 (siehe Abb. 1). Die heutige, irreführende Anordnung bzw. Zählung ist erst im Zuge des Aufwickelns des Papyrus versehentlich vorgenommen worden. Kol. 4 lässt sich aufgrund der Voluten, einiger „Randmuster" und wohl auch aufgrund zweier durchgehender Ergänzungen über und unterhalb der Kolumne (Ergänzungen 6 und 7) hervorragend hinter Kol. 8 einfügen oder um noch kla-

---

S. 231. Ein Ausfall von etwa fünf Kolumnen zwischen Kol. 19 und 20 wurde bereits in Fleischer (2017), S. 38 vermerkt.

57   Gaiser (1988), S. 80–82. Er baut auf dieser „Blattversetzung" von Kol. 4 (nun Kol. 8*) weitreichende Folgerungen zur Arbeitsweise Philodems auf: „Dafür, dass der aus dem Zusammenhang gelöste Text der col. 4 gerade zwischen col. 3 und col. 5 geriet, gibt es keine rationale Erklärung ... Aus dem geschilderten Prozeß, der zur falschen Einordnung einer ganzen Kolumne geführt hat, läßt sich ersehen, was sonst nur allgemein zu vermuten, aber nicht zu beweisen wäre: daß nämlich Exzerpte ... zum Teil in der Form ... von Einzelblättern vorlagen. Nur unter dieser Voraussetzung ist der Irrweg von col. 4 erklärlich." Dorandi (2007), S. 16 folgt Gaisers Ansatz im Wesentlichen und zog aus der „Blattversetzung" weitere Schlüsse für den Arbeitsprozess antiker Autoren, welcher im ersten Stadium auf Einzelblättern basiert haben soll.

58   So übernahm auch ich Gaisers These der (antiken) „Blattversetzung" – allerdings ohne wirkliche inhaltliche Relevanz für den Beitrag – in Fleischer (2018b), S. 25.

59   Essler (2019), S. 4–7.

ABB. 10 Foto (sichtbares Licht) von cornice 1 des Papyrus (nummeriert Kol. 1 bis 4)

ABB. 11 Foto (sichtbares Licht) von cornice 2 des Papyrus (nummeriert Kol. 5 bis 9)

ABB. 12   Foto (sichtbares Licht) von cornice 1 des Papyrus (Detail von Kol. 3 und 4)
           ABB. 10–12: MIC © BNN/CNR-ISPC

rer zu sein: Kol. 4 stand ursprünglich in Philodems Manuskript hinter Kol. 8 (sie
setzt ja auch den Text von Kol. 8 fort!). Konsequenterweise wird die frühere
Kol. 4 in meiner Ausgabe Kol. 8* genannt, die einzige „Kolumnennummer-
Änderung" im Vergleich zu Dorandis Ausgabe (siehe I 8.8). Die Umbenennung
war unvermeidlich, um die ursprüngliche, antike Position der Kolumne zu verdeutlichen, welche eben nicht zwischen Kol. 3 und 5 lag. Verbunden mit bibliometrischen Erwägungen zeigen die Spuren am Zeilenanfang rechts von Kol. 8*
(olim 4) sowohl im oberen als auch unteren Bereich (auf cr. 1 erhalten!), dass
Kol. 9 nicht direkt auf Kol. 8* folgte, sondern 3 Kolumnen verlorengingen.[60]

---

60   Für die Spuren siehe Essler (2019), S. 7. Er vermerkt: „Zur endgültigen Entscheidung dieser
      Frage ist freilich eine neue Textherstellung auf der Grundlage vollständiger Untersuchung
      des Originals nötig." Die Frage ist nun durch meine Textausgabe endgültig entschieden.
      Die Reste des Kolumnenanfangs der Kolumne hinter Kol. 8* sind nicht mit dem Beginn
      von Kol. 9 (unterer Bereich) kompatibel, was letztgültig einen Ausfall beweist. Leider ist
      die Abbildung 3 in Essler (2019), S. 7 ein wenig unglücklich, da diese – im Gegensatz zu

Man erkennt auf den Normalfotos (natürliches Licht) des Papyrus besser als auf den MSI oder HSI, dass Kol. 4 und 9 jeweils nicht mit den vorherigen Kolumnen physisch verbunden sind, sondern nur herangeschoben wurden. Hinsichtlich der Ergebnisse von Esser (2019) gilt es noch zwei Fragen zu klären, die etwas miteinander verwoben sind, aber der Übersichtlichkeit wegen einzeln beantwortet werden.

1. Wie konnte es zur Fehlplatzierung von Kol. 4 kommen?
2. Wann kam es zur Fehlplatzierung?

Zu Frage 1: Da Kol. 3 und 5 vergleichsweise stark zerstört sind, ist möglich, dass man zunächst nur dreieinhalb Kolumnen (Kol. 1*–1–2–3) zusammenhängend mit der *Macchina di Piaggio* aufwickelte und im Interkolumnium hinter Kol. 3 einen ersten Schnitt machte. Vermutlich wollte man nun ein etwa gleich langes Stück gewinnen und wickelte am Stück die Kolumnen 5–6–7–8 auf. Mit etwa vier Kolumnen war dieses Stück nur etwas größer als das vorangehende. Nun begann mit Kol. 8* (olim 4) das dritte Stück. Hinter diesem sind aber drei Kolumnen verloren bzw. zerstört, bevor Kol. 9 wiederum erhalten ist (siehe I 5.5). Der Aufwickler (*svolgitore*) Gennaro Casanova konnte natürlich nicht vorausahnen, dass hinter Kol. 8* schon wieder „abgebrochen" und ein Schnitt gesetzt werden musste. Er vermutete oder hoffte wahrscheinlich, wieder ein zusammenhängendes Stück mit ca. 4 Kolumnen gewinnen zu können. Jedoch verhinderte offenbar die physische Innenbeschaffenheit des Papyrus nach Kol. 8* dieses Vorhaben. Er konnte zunächst nur ein Stück mit etwa einer Kolumne und Resten einer zweiten Kolumne im unteren Bereich (und wenigen im oberen Bereich) gewinnen, nämlich Kol. 8*. Diese Einzelkolumne bzw. dieses Einzelstück legte er dann zunächst beiseite. Nun könnte es nach den drei verlorenen Kolumnen theoretisch auch zu einigen Schwierigkeiten mit Kol. 9 gekommen sein, so dass nur diese eine Kolumne entwickelt wurde. Allerdings sprechen ihr Erhaltungszustand und derjenige der folgenden Kolumnen tendenziell gegen solche Schwierigkeiten. Vielleicht wurden die Kolumnen 9 bis 14 zunächst in einem Stück aufgewickelt und aus praktischen Gründen Kol. 9 erst später separiert. Jedenfalls lag nun Kol. 8* (olim 4) als „Einzelstück" frei herum – vielleicht einige Wochen oder Monate. Vermutlich wusste man irgendwann nicht mehr, dass diese Kol. 8* (olim 4) hinter das zusammenhängende Stück mit den Kolumnen 5–6–7–8 gehörte und schob sie fälschlicherweise rechts an das Stück mit den Kolumnen 1*–1–2–3 heran, was auch aus Gründen der Raumaufteilung auf die *cornici* gelegen kam. An das Stück Kol. 5–6–7–8

---

den Ausführungen im Text – eine Kontinuität von Kol. 8–8*–9–10 suggeriert, ohne Ausfall von drei Kolumnen zwischen Kol. 8* und 9.

wurde irgendwann noch die Kolumne 9 rechts herangeschoben. Freilich ist eine andere, komplexere Fehlergenese nicht ausgeschlossen und meine Erklärung nur eine Hypothese.[61]

Zu Frage 2: Da unmittelbar nach Aufwickeln des Papyrus auf den zwischen 1795 und 1798 angefertigten *Oxforder Disegni* die Kolumnen bereits so durchnummeriert waren, wie sie heute auf den *cornici* platziert und nummeriert sind, und ferner auch die *Neapolitanischen Disegni* (1807–1811) diese Nummerierung aufweisen, ist der Schluss naheliegend, dass Kol. 8* (olim 4) bereits unmittelbar nach dem Aufrollen falsch platziert wurde, d. h., fälschlicherweise zu Kol. 4 gemacht wurde. Essler (2019) bezweifelt ein frühes Versehen und verweist unter anderem darauf, dass der Papyrus (die *cornici*) ab 1862 bei einer Ausstellung in Neapel an der Wand hing (siehe I 5.1). Er glaubt, dass die Stücke erst später falsch arrangiert wurden und dass die Nummerierung der *Oxforder Disegni* nachträglich (in England) geändert wurde und ursprünglich die korrekte Reihenfolge der Kolumnen wiedergab, also Kol. 4 noch korrekterweise hinter Kol. 8 stand (und als Kol. 8 gekennzeichnet war, Kol. 8 wäre dann Kol. 7 gewesen, usw.).[62] Seine interessante These scheint mir kaum haltbar. Die Randangaben in den *Oxforder Disegni* zu abgelösten *Sovrapposti* zeigen, dass zu dieser Zeit die Kolumnen bereits durchnummeriert waren.[63] Auch bei den *Neapolitanischen Disegni* dürften die Angaben der Kolumnennummern schon auf Gennaro Casanova (1807–1811) bzw. Carlo Malesci (1840) zurückgehen und wurden kaum erst im Zuge der Anfertigung der Kupferstiche zwischen 1837–1840 hinzugefügt. In jedem Fall müssen sie sich an einer schon vorher feststehenden, natürlichen Nummerierung orientiert haben. Kol. 8* ist in den *Neapolitanischen Disegni* bereits falsch als Kol. 4 angeordnet. Essler hat nun im *Oxforder Disegno* von Kol. 5 in der Überschrift eine ausradierte „Vier" ausgemacht, was in der Tat wahrscheinlich erscheint. Indes ist seine Folgerung, dass hier jemand beim Erstellen der Photographien der *Oxforder Disegni* um 1890 nachträglich in deren Nummerierung eingegriffen hat und sie den *Neapoli-*

---

61 So könnte man beispielsweise mutmaßen, dass Kol. 5–6–7–8–8* zunächst zusammenhingen und dann Kol. 8* aus unbekannten Gründen abgeschnitten und später falsch platziert wurde.

62 Essler (2019), S. 6: „Zwar entspricht die Nummerierung der Oxforder Abzeichnungen der aktuellen Zählung in Neapel, doch gibt es Anzeichen, dass sie nachträglich angepasst wurde, wahrscheinlich als die Seiten zu Beginn der 1890er Jahre photographiert wurden."

63 So lesen wir neben dem *Oxforder Disegno* von Kol. 3 zu einem Fragment „Fram. della Col: 4" und in Kol. 24 zu zwei Fragmenten: „25". Die Angabe in Kol. 3 zeigt, dass es sich um keine spätere Hinzufügung handelt, sondern um eine Angabe, die unmittelbar nach dem Ablösen des *Sovrapposto* gemacht worden sein muss (auch die Hand in Kol. 24 scheint diejenige Casanovas zu sein).

tanischen Disegni (bzw. Bücheler (1869)) angeglichen hat, meines Erachtens unwahrscheinlich. Die Handschrift sämtlicher Zahlen (Kolumnenangaben) in den *Oxforder Disegni* stammt zweifelsohne von ein und derselben Person, die auch auf Italienisch den Zusatz in Kol. 3 und wohl auch das Deckblatt formuliert hat, nämlich vom *disegnatore* und *svolgitore* des Papyrus, Gennaro Casanova. In die *Oxforder Disegni* kann von Casanova aber allerspätestens nach 1809 (1806) nicht mehr eingegriffen worden sein.[64] Ferner wären bei späterer Hinzufügung/Korrektur auch Radierspuren für Kol. 6 und 7 sowie 8 und 4 zu erwarten (Korrektur von 5 bzw. 6 bzw. 7 bzw. 8), wenn anfangs Kol. 8* richtig platziert war. Bei Kol. 8 könnte dies der Fall sein.[65] Bei den anderen Kolumnen ist eine Korrektur der Zahlen zwar nicht völlig ausgeschlossen, aber Spuren sind nicht vorhanden. Es ist daher denkbar, dass Casanova nach dem Abzeichnen der heutigen Kol. 8 plötzlich noch die Einzelkolumne 8* (olim 4) fand und vermutete, dass diese hinter Kol. 3 gehörte. Folglich musste er seine bisherigen Kolumnen 4–7 alle um eine Nummer nach oben korrigieren.[66] Vielleicht ist auch die „vier" des *Oxforder Disegno* von einer ursprünglichen „Acht" zu einer „Vier" korrigiert worden,[67] d.h., Casanova kam erst auf die Idee, diese Kolumne hinter Kol. 3 anzuordnen, als er sie schon abgezeichnet hatte und zunächst mit „acht" beschriftet hatte. Seltsamerweise ist von Kol. 9 nur der obere Teil abgezeichnet. Man fragt sich, ob ein Zusammenhang mit der möglichen Konfusion bzw. Fehlplatzierung von Kol. 8* (olim 4) besteht.[68] Da nur die ausradierte „Vier" von Kol. 5 sicher ist, könnte Casanova schon nach dieser Kolumne die isolierte Kol. 8* entdeckt haben und sie als Kol. 4 arrangiert haben.[69] Jeden-

---

64 Hayter kehrte 1809 mit den Disegni nach England zurück; jedoch dürfte Casanova schon nach dessen Gang Richtung Palermo nichts mehr an den Disegni verändert haben können. Es versteht sich, dass Casanova 1890 schon lange verstorben war und weder zu dieser Zeit noch früher in England weilte. Da die letzten vier Kolumnen des Papyrus in den *Oxforder Disegni* fehlen, dürfte Casanova schon nach 1798 kaum mehr in die Disegni eingegriffen haben.

65 Es finden sich zwei (nicht ein) Punkte hinter der Zahl und vielleicht auch Spuren der Horizontalen einer „Sieben" im oberen Bereich.

66 Bei der heutigen Kol. 6 sind im oberen Bogen der Zahl Spuren vorhanden, die auf eine Korrektur hindeuten könnten. Bei Kol. 7 fällt es schwer, etwas zu erkennen.

67 Bei der „Vier" findet sich ein Punkt über der Horizontalen, der unerwartet ist und von einer Korrektur stammen könnte.

68 Jedoch wurden auch Kol. 2 und 16 nur teilweise ausgeführt (siehe I 5.3), so dass auch die Teilausführung von Kol. 9 andere Gründe gehabt haben könnte.

69 Die Zuordnung des *Sovrapposto* (isolierten Fragments) im *Oxforder Disegno* von Kol. 3 zu „Kol. 4" (es gehört zu Kol. 5) wurde in jedem Fall nach der Umstellung nicht korrigiert bzw. Casanova glaubte, dass diese Angabe weiterhin valide wäre, da er ein *Sovrapposto* – soweit möglich – immer der nächsten Kolumne zuordnete; zumindest legen die Disegni nichts anderes nahe.

falls deutet alles darauf hin, dass die „moderne" Kolumnenreihenfolge mit der falsch platzierten Kol. 4 (nun Kol. 8*) schon sehr bald, gewissermaßen mit den Abzeichnungen Casanovas (1795–1798), zementiert wurde und nicht in Folge späteren Aufklebens oder Umklebens auf andere Kartons (*cornici*) entstand. In die Nummerierung der 1798 beendeten *Oxforder Disegni* scheint jedenfalls später (in England) nicht mehr eingegriffen worden zu sein.

KAPITEL 6

Der *Index Academicorum* als Arbeitsmanuskript Philodems – „Work in Progress"

In Abb. 13 ist der *Index Academicorum* mit Verso-Kolumnen, Klebungen und Dubletten visualisiert.

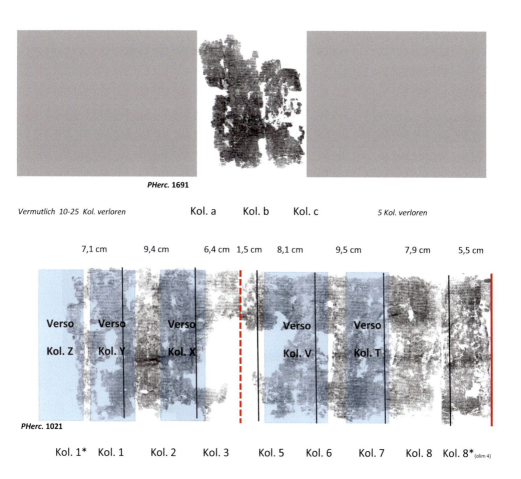

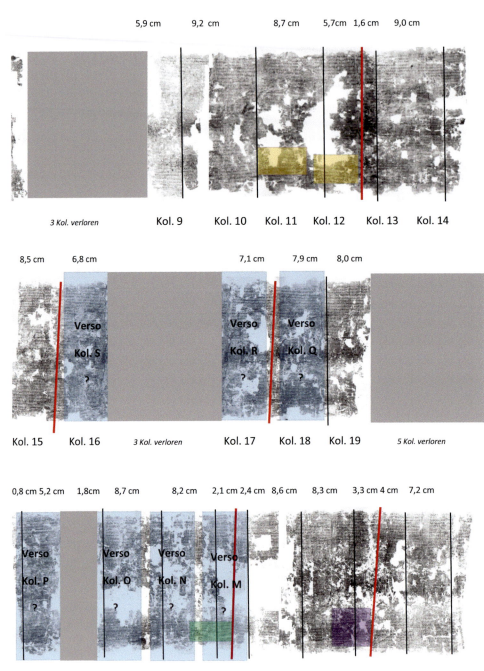

5,9 cm   9,2 cm   8,7 cm   5,7cm 1,6 cm   9,0 cm

3 Kol. verloren   Kol. 9   Kol. 10   Kol. 11   Kol. 12   Kol. 13   Kol. 14

8,5 cm   6,8 cm   7,1 cm   7,9 cm   8,0 cm

Verso

Kol. S

?

Verso

Kol. R

?

Verso

Kol. Q

?

Kol. 15   Kol. 16   *3 Kol. verloren*   Kol. 17   Kol. 18   Kol. 19   *5 Kol. verloren*

0,8 cm 5,2 cm 1,8cm 8,7 cm   8,2 cm 2,1 cm 2,4 cm 8,6 cm 8,3 cm 3,3 cm 4 cm 7,2 cm

Verso

Kol. P

?

Verso

Kol. O

?

Verso

Kol. N

?

Verso

Kol. M

?

Kol. 20 *1 Kol. verloren* Kol. 21   Kol. 22 Kol. 23   Kol. 24   Kol. 25   Kol. 26   Kol. 27   Kol. 28

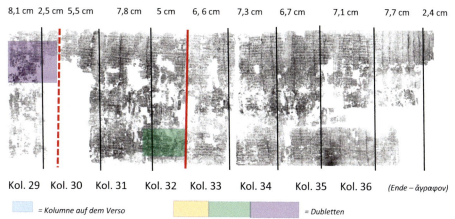

8,1 cm   2,5 cm   5,5 cm   7,8 cm   5 cm   6, 6 cm   7,3 cm   6,7 cm   7,1 cm   7,7 cm   2,4 cm

Kol. 29   Kol. 30   Kol. 31   Kol. 32   Kol. 33   Kol. 34   Kol. 35   Kol. 36   *(Ende – ἄγραφον)*

■ = *Kolumne auf dem Verso*   ■■■ = *Dubletten*

Rote Vertikalen = *Klebestelle zwischen zwei größeren Teilstücken (gestrichelt: unsicher)*
Schwarze Vertikalen = *reguläre Klebestellen zwischen Blättern (Kollemata)*

ABB. 13   Index Academicorum mit Verso-Kolumnen, Klebungen und Dubletten

6.1   Der *Index Academicorum* als Opisthograph – die Verso-Kolumnen und ihre Lokalisierung

Ein gewisses Faszinosum geht von den auf der Rückseite (Verso) des *Index Academicorum* geschriebenen Kolumnen aus, welche heute nicht mehr sichtbar sind, da der Papyrus auf Pappe geklebt wurde, die innerhalb von Rahmen (*cornici*) befestigt ist. Der *Index Academicorum* (*PHerc.* 1691/1021) ist der einzig erhaltene Opisthograph nennenswerten Umfangs unter den Herkulanischen Papyri.[1] Nachdem Philodem (sein Schreiber) auf der Vorderseite (Rekto) eine vorläufige Version des Textes niedergeschrieben hatte, trug er später nicht nur an den Rändern des Rekto (siehe I 7.1), sondern auch auf dem Verso vergessene Passagen oder Exzerpte nach, die er im Laufe weiterer Recherche ausfindig machte. Auf dem Rekto wird zweimal mit dem Vermerk ὀπίϲω direkt auf Kolumnen des Verso verwiesen (Kol. 2,38 und 6,27), welche an diesen Stellen eingefügt werden sollten. Der Papyrus ist wegen seines Charakters als Entwurfsskizze gleichsam ein „unechter" Opisthograph, da die Kolumnen des Verso weder die Fortsetzung des Rekto-Textes noch ein unabhängiger Text sind, sondern es „ergänzen".

---

1   *PHerc.* 9, 227, 972, 1506, 1670 dürften auch Text auf dem Verso gehabt haben, während *PHerc.* 339, 1491, 1670 und eine unbekannte *Scorza* Teile von Anfangstiteln auf dem Verso enthalten, vgl. Capasso (1996) und Capasso (2000).

Die zwölf in den *Oxforder Disegni* erhaltenen, mit Großbuchstaben gekennzeichneten Kolumnen stellten die Forschung lange vor ein Rätsel, da man
zunächst nicht erkannte, dass sie vom Verso des Papyrus stammten. Mekler
(1902) ordnete mehrere Kolumnen recht eigenwillig um, ohne eine genauere
materialbasierte Begründung zu geben. Crönert (1903) entwickelte eine aus-
geklügelte Theorie, was mit den zwölf Kolumnen geschehen sei und wie die
Unordnung im Papyrus zu erklären sei. Er postulierte einen *glutinator* (Kleber) und vermutete, dass die Papyrusrolle aus einzelnen Bögen zusammengesetzt war, die zuvor beschrieben und dann falsch zusammengeklebt worden
seien. Ferner hätten auch Schreiber und Autor zur Unordnung beigetragen.[2]
Der Papyrus sei 1808 in Palermo, wohin der bourbonische Königshof 1806 von
Neapel aus geflohen war, geöffnet worden und die zwölf Kolumnen, welche
angeblich auf drei *cornici* verteilt waren, seien bald darauf verlorengegangen.[3]
Seine These ist unhaltbar, da der Papyrus vor 1798 vollständig entrollt wurde
(siehe I 5.1) und bei der zweiten Flucht der bourbonischen Familie die Papyri
in Neapel zurückgelassen wurden.[4] Crönert scheint sich der bedingten Unzulänglichkeit seiner Erklärung aus anderen Gründen durchaus bewusst gewesen
zu sein, wenngleich er sie später (1906) nochmals bekräftigte.[5] In einem anderen Artikel (1907) erwog er in einer Fußnote erstmals, ob der Papyrus nicht ein
Opisthograph sei.[6]

Turner (1983), noch in Unkenntnis des opisthographischen Charakters, verwarf Crönerts Annahme eines *glutinator*, der beschriebene Einzelblätter zusammengeklebt hätte. Er verwies auf seine Beobachtungen bei ägyptischen
Papyri:[7] Rollen würden nicht hergestellt, indem zunächst einzelne Blätter
beschrieben und dann zu einer Rolle zusammengeklebt werden, sondern vielmehr würden bereits zusammengeklebte Rollen beschrieben, was anhand von
etlichen Papyri belegbar sei. Jedoch hatte Turner Crönert im entscheidenden
Punkt missverstanden. Dieser sprach nicht über das Zusammenkleben von
Einzelblättern (Kollemata), sondern von aus mehreren Kollemata bestehenden
Bögen (*scapi*).[8] Turners eigener Erklärungsversuch, dass der Papyrus auseinandergebrochen und von einem *glutinator* Teile wieder falsch zusammenge-

---

2 Crönert (1903), S. 366–370.
3 Crönert (1903), S. 358–359.
4 Siehe Fn. 12 in I 5.3.
5 Crönert (1903), S. 398; Crönert (1906), S. 183.
6 Crönert (1907), S. 625 Fn. 1.
7 Turner (1983), besonders S. 10–14.
8 Vgl. Essler (2019), S. 2–4.

klebt worden seien, wurde von Dorandi (1991) als unwahrscheinlich erachtet,[9] der ebenfalls Crönerts *glutinator*-These missverstand.

Ein Durchbruch bezüglich der zwölf Kolumnen gelang Gallo (1983) gleichzeitig mit Turners Beitrag. Anhand von Archivunterlagen der *Officina dei Papiri* zeigte er, dass es sich bei *PHerc*. 1021 um einen Opisthograph handeln muss und besagte Kolumnen auf dem Verso zu finden waren. In der schon erwähnten Zusammenstellung von 1803 liest man die Notiz „*scritto dentro e fuori*" mit der Spezifikation, dass 12 Kolumnen „hinten" geschrieben waren (I 5.3). In einem weiteren Vermerk aus diesem Jahr zum Papyrus liest man: „*Finito dentro e fuori; colonne esteriori n. 12; colonne interiori mancano di essere trascritte colonne 5.*"[10] Diese Dokumente identifizieren den Papyrus zweifelsfrei als Opisthograph.[11] Heute könnte man noch das Deckblatt der *Oxforder Disegni* („*ma scritto dentro e fuori*"), welches Gallo nicht kannte, als weiteren Beleg anführen (I 5.3). Gallo lässt offen, in welchem Stadium des Aufrollens die Kolumnen des Verso abgezeichnet wurden.[12] Gaiser (1985) erklärte die alphabetisch rückläufige Bezeichnung der Kolumnen überzeugend damit, dass beim Aufwickeln mit der *Macchina di Piaggio* zunächst von einem gewöhnlichen Opisthograph ausgegangen werden musste und die zuerst auf dem Verso gesehene Kolumne die logisch letzte Kolumne sein musste und daher mit Z bezeichnet wurde.[13] Er vermutete die Verso-Kolumnen Kol. Z, Y, X, V direkt hinter den Rekto-Kolumnen 1*, 1, 2, 3 auf der ersten *cornice*, was Basis für seine Rekonstruktion der intendierten Reihenfolge in diesem Teil des Papyrus ist. Gaiser berücksichtigte heute als hinfällig zu erachtende angebliche Überlappungen mit *PHerc*. 164 und somit bedingt „materielle" Gesichtspunkte, aber letztlich lokalisierte er die Kolumnen des Verso nicht exakt. Er betonte zu Recht, dass die Unordnung im Papyrus

---

9   Turner (1983), S. 14; dagegen Dorandi (1991), S. 111 Fn. 51.

10   Gallo (1983), S. 76 (Busta II).

11   Vgl. Gallo (1983), S. 77. Bereits Bassi (1913), S. 451 schreibt mit Verweis auf oben zuerst genannte Notiz in einer Fußnote „12 colonne opistografe", ohne weitere Schlussfolgerungen zu ziehen.

12   Gallo (1983), S. 78.

13   Gaiser (1985), S. 85. Die Buchstaben U und W wurden offenbar wegen Verwechselungsgefahr mit V bzw. Nichtexistenz im (echt) Italienischen ausgelassen. Gaisers These setzt natürlich voraus, dass die vertikale Ausrichtung der Schrift auf Vorder- und Rückseite identisch ist und der Papyrus beim Einfügen dieser Kolumnen um die Vertikalachse und nicht die Horizontalachse gedreht wurde, vgl. Gaiser (1988), S. 79. Wenn auch nur bedingt vergleichbar, drehen wir heute ein DIN A4 Blatt in aller Regel auch horizontal um die Vertikalachse, wenn wir die Rückseite beschreiben, so dass die Schrift gegenläufig, aber in gleicher vertikaler Ausrichtung auf beiden Seiten des Blattes erscheint, vgl. Fleischer (2017b), S. 28–29.

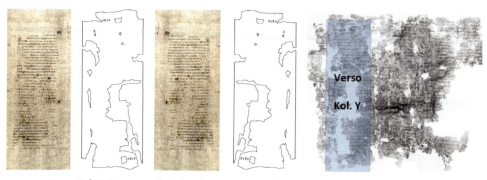

offenbar weniger ausgeprägt sei, als man früher glaubte. Dorandi (1991) weicht
ein wenig von Gaisers Anordnung der Kolumnen des Verso ab, aber aus inhaltlichen, nicht materiellen Erwägungen heraus.[14]

Gallo sinnierte auch über einen eleganten, optisch-haptischen Weg, wie
man die Verso-Kolumnen relativ zum Rekto lokalisieren könnte. Sein Ansatz
geriet in der Folgezeit leider in Vergessenheit. Da der erhaltene Originalpapyrus viele markante Löcher und Ränder aufweist, welche auch in den Disegni
(etwas verzerrt) wiedergeben sind, sollte es möglich sein durch einen Vergleich
der Verso-Disegni mit dem Original-Rekto die Verso-Kolumnen auf dem Rekto
zu „verorten".[15] Ich habe Gallos angedachte Lokalisierungsmethode erstmals in
Fleischer (2017b) systematisch für alle Disegni durchgeführt. Zu diesem Zweck
wurden die Disegni horizontal um die Vertikalachse gespiegelt und anschließend auf dem Rekto die analogen Löcher identifiziert, also beide Seiten des
Papyrus abgeglichen bzw. zur Deckung gebracht. Das Vorgehen sei am Beispiel
von Kol. Y demonstriert (Abb. 14).

Man erkennt anhand der Löcher, dass sich Kolumne Y des Verso ungefähr
hinter Kol. 1 des Rekto befindet.[16] Obgleich manche Strukturen in den Disegni
etwas ungenau wiedergegeben sind, ist oft evident und indisputabel, hinter
welchen Teilen des Rekto sich die Verso-Kolumnen befinden, gerade vor dem
Hintergrund der durch die Buchstabenkennzeichnung feststehenden relativen Reihenfolge (siehe Abb. 13). Für die ersten fünf Kolumnen (Z, Y, X, V, T)
sind die Löcher so zahlreich und aussagekräftig, dass an der Lokalisierung keinerlei Zweifel bestehen. Im Gegensatz dazu sind charakteristische Strukturen
für die letzten sieben Kolumnen (S, R, Q, P, O, N, M) nur wenig ausgeprägt

14   Dorandi (1991), S. 26–29.
15   Gallo (1983), S. 77–78.
16   Für eine Visualisierung aller Verso-Kolumnen wie Kol. Y siehe Fleischer (2017b), S. 31–34.

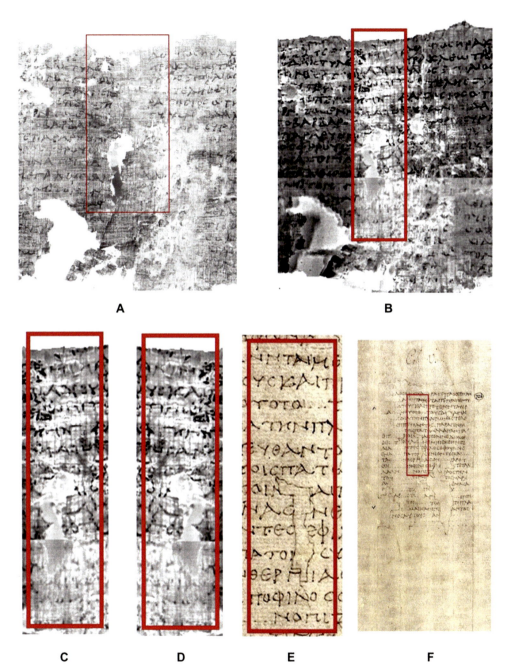

ABB. 15   A) Interkolumnium zwischen Kol. 5 und 6 des Rekto (MSI/Original – nichts sichtbar) B) Interkolumnium zwischen Kol. 5 und 6 des Rekto (HSI – Teile von Verso-Kolumne V sichtbar) C) Auszug
D) gespiegelter Auszug E) Auszug Oxforder Disegno F) Stelle in Verso-Kolumne V (Oxforder Disegno)

und die Verortung bisweilen sehr unsicher, so dass diese Verso-Kolumnen in Abb. 13 mit Fragezeichen versehen sind und ihre tatsächlichen Positionen vielleicht abweichen. Man beachte, dass die Verso-Kolumnen natürlich meist nicht exakt hinter einer einzigen Rekto-Kolumne liegen, sondern hinter Teilen von zwei Rekto-Kolumnen und dem entsprechenden Interkolumnium.

Meine auf Basis des „Lochabgleichs" erfolgte Lokalisierung erhielt wenig später unverhofft eine optische Bestätigung durch die Hyperspektralbilder (siehe Abb. 15), welche teils durch die Vorderseite „hindurchröntgen" konnten. So erkennt man auf ihnen Buchstaben oder Wortteile der ersten fünf Kolumnen des Verso (Z, Y, X, V, T) in mehreren Interkolumnia zwischen Kol. 1* und Kol. 7 des Rekto, wo ich sie anhand der Disegni bereits 2017 lokalisiert hatte.[17] Auch fand sich zwischen Kol. 6 und 7 im unteren Bereich des Papyrus auf dem Verso Text, wo das Disegno von Kol. T keinen nahelegt.[18] Erstaunlicherweise sind von den übrigen sieben Kolumnen des Verso (S, R, Q, P, O, N, M), welche nur unsicher platziert wurden, überhaupt keine Spuren auf den HSI auszumachen. Dies könnte mit der zunehmenden Dicke der Rolle nach innen hin (im Zuge der Karbonisation) zusammenhängen, welche eine Penetration des Hyperspektrallichts verhindert. Jedoch ist diese These spekulativ.[19] Durch den nun festgestellten Ausfall etlicher Kolumnen (siehe I 5.5) im Umfeld der vermuteten Positionen der Verso-Kolumnen S, R, Q, P, O, N, M ist denkbar, dass – sollten diese Kolumnen noch in der *Macchina di Piaggio* hängend direkt von der Rolle abgezeichnet worden sein (siehe unten) – sich zumindest Teile dieser Verso-Kolumnen hinter heute verlorenen Rekto-Kolumnen befanden. Darüber hinaus fragt man sich, ob nicht zumindest Kol. S, welche direkt den Text von Kol. 16 auf dem Rekto fortsetzt, eine heute verlorene Rekto-Kolumne war. Die Kolumnen M, N, O sind vielleicht erst einige Kolumnen später „auf dem Rekto" anzuordnen.

Für die Frage, in welchem Stadium des Entrollens die Kolumnen des Verso abgezeichnet wurden, ergeben sich prinzipiell drei Möglichkeiten:[20]

1. Das Verso des Papyrus wurde „direkt von der Rolle" abgezeichnet, als diese noch unten in der *Macchina di Piaggio* auf der Ablage lag.

---

17   Siehe Tournié et al. (2019), S. 3.
18   Siehe Tournié et al. (2019), S. 3.
19   Tournié et al. (2019), S. 7.
20   Vgl. Fleischer (2017b), S. 37–38. Andere Möglichkeiten sind logisch nahezu ausgeschlossen. Jedoch könnte man gewiss an Modifikationen der beschriebenen Möglichkeiten denken, etwa daran, dass der Kleber zunächst nur partiell aufgetragen wurde, um das Verso abzuzeichnen, oder ähnlich.

ABB. 16   ABB. 17
Macchina di Piaggio   Papyrus während des Entrollvorgangs
FABRIZIO DIOZZI. MIC © BNN

2. Die Kolumnen des Verso wurden abgezeichnet, als das Verso des Papyrus
    bereits mit Goldschlägerhaut präpariert war und in der Maschine hing.
3. Der Papyrus wurde außerhalb der Maschine, bevor er auf die Pappe
    geklebt wurde, „umgedreht" und die Kolumnen dann/zuvor abgezeich-
    net.[21]

Das Abzeichnen noch direkt von der Rolle (Möglichkeit 1) wurde mir von Holger Essler vorgeschlagen, der ebenso wie Gallo (1983) die Transparenz der Goldschlägerhaut anzweifelt,[22] was praktisch nur noch diese Option offen ließe.
In diesem Fall wäre es schwierig gewesen, jede Lücke, ganz zu schweigen von
den Rändern, auf der Oberfläche – auch perspektivisch durch die Rundung
der Rolle – zu erfassen, gerade bei kleinerem Umfang der Restrolle. In diesem

---

21 Bei dieser Variante ist möglich, dass der Papyrus entweder einmal (entspricht „zuvor" –
    bevor das Rekto erstmalig „oben" lag) oder zweimal umgedreht wurde (entspricht „dann" –
    der Papyrus wurde zunächst umgedreht, so dass das Verso „oben" lag, und nach dem
    Abzeichnen des Verso nochmals, so dass wieder das Rekto „oben" lag).
22 Gallo (1983), S. 78.

Zusammenhang sei erwähnt, dass ein Disegno eines anderen Opisthographs (*PHerc.* 1670) eine nicht aufgewickelte Rolle zeigt und daneben die Transkription einer Textportion, bevor die Verso-Kolumnen folgen. Diese Zeichnung könnte man als Indiz werten, dass die Verso-Kolumnen direkt von der noch nicht aufgewickelten Rolle abgezeichnet wurden. Möglichkeiten 2 und 3 setzen die Transparenz der Goldschlägerhaut voraus, welche meines Erachtens kurz nach deren Leimen an den Papyrus noch gegeben war.[23] Das Drehen (Möglichkeit 3) von nicht auf Pappe geklebten Papyrusteilen ist ebenfalls denkbar. Der Vorgang könnte zwar kleinere Zerstörungen nach sich gezogen haben, ist aber wohl doch die praktikabelste Methode, so dass der *disegnatore* bzw. *svolgitore* vielleicht den Papyrus einfach umdrehten, bevor sie ihn endgültig auf die Pappe klebten.[24] Ein Abzeichnen ohne Drehen des Gesamtpapyrus (Möglichkeit 2) in der *Macchina di Piaggio* hätte den Vorteil gehabt, dass man so gewiss jede Zerstörung vermied, wobei es gewiss einige „Verrenkungen" erfordert hätte. Es muss wohl vorerst unbeantwortet bleiben, in welchem Stadium des Entrollens die Disegni des Verso angefertigt wurden. Ich tendiere aus praktischen Gründen zur Annahme, dass der Papyrus nach dem Entrollen gedreht wurde. Die Zerstörungen dürfen sich in Grenzen gehalten haben.[25]

---

23   Ich habe versucht an mehreren Stellen, wo der Papyrus (und andere Papyri) bzw. die Goldschlägerhaut nach außen gewölbt ist, zu prüfen, ob man durch die Haut hindurchsehen kann. Heute ist dies schwierig, aber ein mir von Graziano Ranocchia vorgeschlagenes und durchgeführtes Experiment macht wahrscheinlich, dass dies unmittelbar nach Aufkleben noch möglich war: Die organische Goldschlägerhaut – sogar in rauerer Qualität als die damals zum Entwickeln herangezogene – wird heute etwa zum Verpacken von Salami genutzt. Zieht man diese Haut ab, säubert sie etwas und legt sie vor eine (dunkle) Schrift, ist diese auch noch nach einiger Zeit lesbar und Transparenz der Haut gegeben. Die Goldschlägerhaut wurde wohl mit den Jahren dunkler und verlor größtenteils ihre Transparenz.

24   Skeptischer noch in Fleischer (2017b), S. 37–38. Allerdings ist die bei Z beginnende Nummerierung, sollte das Verso des ganzen Papyrus erst nach der kompletten Entwicklung abgezeichnet worden sein, nicht unbedingt naheliegend. Man hätte die Kolumnen des Verso zählen können und bei einem anderen Buchstaben beginnen können bzw. ein anderes System anwenden können. Vielleicht wurden aber einige Disegni schon angefertigt, als der Papyrus noch nicht gänzlich entrollt war.

25   Mit etwas anderer Akzentuierung in Fleischer (2017b), S. 37–38. Bei Möglichkeit 1 könnte die nicht mehr so ausgeprägte Koinzidenz von Strukturen der sieben Verso-Disegni S, R, Q, P, O, N, M und Original durch den geringeren Umfang der Rolle in diesem Teil des Papyrus und den eher schlechten Erhaltungszustand erklärt werden. Allerdings würde man bei dieser Möglichkeit auch das Absetzen und Wiederansetzen des Zeicheninstrumentes des *disegnatore* bei größeren Lücken und bedingt bei den Rändern erwarten, was zumindest nicht deutlich nachweisbar ist. Auch wären die Ränder bei dieser Methode sehr schematisch bzw. willkürlich gezeichnet worden (was freilich auch bei den „normalen" Rekto-Disegni nachweislich häufiger geschah).

6.2   Copy and Paste – Philodems Arbeitsweise zwischen Kleben, Markierungen und Dubletten

In Abb. 13 markieren die schwarzen Vertikalen die Ränder der Einzelblätter (Kollemata). Eine „normale" Papyrusrolle würde nur aus solchen hinterein-ander zusammengeklebten Einzelblättern bestehen, welche in unserem Fall etwa 8 cm breit sind (meist zwischen 7 und 9 cm). Bei der Produktion von Papyrusrollen wurden solche Kollemata gewonnen, welche später zu „Grund-Rollen" (scapi) im Umfang von 20–70 Kollemata zusammengeklebt wurden.[26] Solche unbeschriebenen Papyrusrollen konnten anschließend wiederum nach Bedarf zusammengeklebt oder auch in Stücke auseinandergeschnitten wer-den, welche „Bögen" mit verschiedener Anzahl von Kollemata enthielten. Beim Schneiden entstanden natürlich am Anfang und Ende der Stücke auch Teil-Kollemata, wenn der Schnitt nicht zufällig exakt zwischen zwei Kollemata fiel. Essler (2019) hat gezeigt, dass der *Index Academicorum* aus Bögen unterschied-licher Länge, d. h. Bögen mit unterschiedlicher Anzahl von Kollemata bzw. Teil-Kollemata, erstellt wurde, was die *glutinator*-These Crönerts im Kern stützt.

Im *Index Academicorum* (PHerc. 1021) verlaufen auch einige größere und rauere Klebestellen im Interkolumnium, was bedeutet, dass dort zwei Teil-rollen (Bögen) miteinander verbunden (verklebt) wurden. Diese „Sekundär-klebungen" sind in Abb. 13 mit roten Vertikalen gekennzeichnet. Oft sind in deren Umfeld Teil-Kollemata zu verzeichnen, deren Breite deutlich von der Normbreite der Kollemeta abweicht. Der Text des Papyrus läuft meist über die schwarzen Vertikalen (über die Klebestellen der Kollemata = Kolleseis) hinweg, da sich die Schreiber nicht um die Klebestellen der Einzelblätter kümmerten. Diese sind kaum wahrnehmbar und beeinträchtigen den Schreibfluss nicht negativ.[27]

Ich teile die zentralen Folgerungen Esslers, komme aber in einigen Details zu einer anderen Auslegung der Beobachtungen. Zunächst müssen an den von Essler postulierten Sekundärklebungen zwischen Kol. 3 und 5 sowie Kol. 29 und 30 einige Zweifel artikuliert werden, weshalb die roten Linien in Abb. 13 gestri-chelt sind. Rein inhaltlich bieten beide Stellen einen durchgehenden Text. Dies spräche aber nicht zwangsläufig gegen eine Sekundärklebung, da dies offen-bar auch zwischen Kol. 17 und 18 sowie Kol. 23 und 24 der Fall ist. Gravierender ist, dass die materielle Basis für eine Identifikation in diesen Bereichen dürf-

---

26   Turner (1977), S. 44. Für eine Papyrusrolle mit literarischen Werken mussten folglich in der Regel einige dieser Bögen zusammengeklebt werden.

27   Bereits Dorandi (1981) hatte einige Klebestellen erkannt, über die hinweg geschrieben wurde.

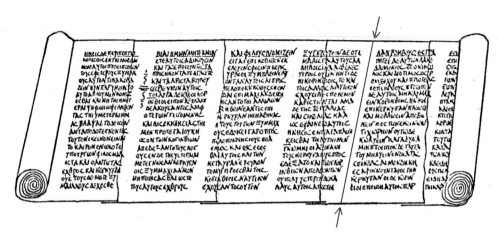

ABB. 18   Die Klebungen (Kolleseis) der verschiedenen Blätter (Kollemata) verlaufen vertikal zur Rolle und
          schneiden somit fast immer den Text, da die Kolumnen von oben nach unten „nach links wan-
          dern", d. h., um 4–5 Grad von der Senkrechten abweichen (das sogenannte „Gesetz von Maas").
          Die Pfeile in der Abbildung zeigen die Sekundärklebung zwischen zwei Bögen (Rollenteilen) an,
          welche natürlicherweise im Interkolumnium verlaufen muss und nicht vertikal ist.
          Anmerkung: Für Details und Graphik siehe Essler (2019), S. 8–9. Beim Zusammenkleben der Kol-
          lemata wurden an einem Kollema die vertikal verlaufenden Papyrusfasern entfernt, so dass an
          der Klebestelle nur drei Papyrusschichten aufeinanderlagen, vgl. Puglia (1997), S. 95–96.
          © HOLGER ESSLER 2008

tig ist und ohne Annahme von Sekundärklebungen die Kollemata 7,9 cm bzw.
7,7 cm messen, was im Rahmen der erwarteten Kollemata-Breite ist. Ferner ist
zumindest zwischen Kol. 23 und 24 eine variierende Schriftgröße (siehe unten)
zu beobachten, also das Einpassen von Text, was bei Kol. 3/5 und 29/30 nicht
erkennbar ist.

     Widmen wir uns der ersten gesicherten Einklebung mehrerer Kolumnen
zwischen Kol. 8* und 13, welche bereits Gaiser als solche erkannt hatte.[28] Auf
Xenokrates (bis Mitte Kol. 8*) folgt der Abschnitt zu Polemon, welcher sich
heute in der zweiten Hälfte von Kol. 8* und Kol. 13(!) bis 15 befindet. Kol. 13
setzt nahtlos den Text von Kol. 8* fort, was die Sekundärklebungen nach Kol.
8* und nach Kol. 12 bestätigt: Ursprünglich folgten die heutigen Kolumnen 8*
und 13 direkt aufeinander, bis Philodem das Exzerpt zu Herakleides und Chairon zwischen Xenokrates und Polemon in den Papyrus einklebte. Nun musste
Philodem für die Endfassung des *Index Academicorum* noch kenntlich machen,
dass der Beginn der Polemon-Vita aus Kol. 8* hinter Kol. 12 (Chairon) zu trans-
ponieren war. Auf Basis von Neulesungen und insbesondere der Entdeckung

---

28   Gaiser (1988), S. 81; Essler 2019, S. 16–17 konnte die genauen Umstände erhellen.

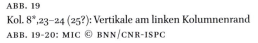

ABB. 19
Kol. 8*,23–24 (25?): Vertikale am linken Kolumnenrand
ABB. 19-20: MIC © BNN/CNR-ISPC

ABB. 20
Z. 45–46 Haken am linken Kolumnenrand

einer Vertikalen als Markierungszeichen konnte ich in Fleischer (2021a) erstmals ermitteln, wo genau in Kol. 8* der Übergang von Xenokrates zu Polemon
erfolgte.[29]

Mit der Vertikalen und dem Haken am linken, unteren Rand der Kolumne
wollte Philodem signalisieren, dass aufgrund der nachträglich eingeklebten
Kolumnen dieser Teil von Kol. 8* (der Beginn der Polemon-Vita) hinter Kol.
12 zu transferieren ist. Vielleicht hatten die Markierungen Pendants im heute
teils zerstörten rechten Kolumnenrand und Philodem hatte noch zusätzlich
irgendwo vermerkt, was genau zu tun sei. Nun hat es ein glücklicher Zufall
gefügt, dass sich auf einem Fragment der Endversion des *Index Academicorum* (*PHerc.* 164) mit Grundschicht und *Sottoposto* jeweils Text befindet, der
mit Kol. 8* und 13 überlappt und somit diese (intendierte) Transposition Philodems bestätigt.[30]

Fand Philodem die Passagen zu Herakleides und Chairon erst später nach
weiterer Quellensuche? Diese Annahme ist zwar möglich bis wahrscheinlich,
aber vielleicht entstanden beide Bögen etwa gleichzeitig und die Kolumnen zu
Herakleides und Chairon sollten ursprünglich nach Polemon erscheinen, bis
Philodem seinen „chronologischen Fehler" bemerkte. Womöglich waren die
Kolumnen zu Herakleides und Chairon sogar zunächst nach Polemon in die
Rolle eingeklebt bzw. geschrieben, was eine Erklärung für die Sekundärklebung
nach Kol. 15 geben könnte.

Die Sekundärklebung hinter Kol. 15 ist zugleich unerwartet und erwartet.
Die Polemon-Vita endet in der letzten Zeilen von Kol. 15 und mit der ersten

---

29 Essler (2019), S. 16–17 vermochte die genaue Stelle des Übergangs noch nicht zu ermitteln.
30 *PHerc.* 164, frg. 28 und 29 (= frg. 26 und 27 Dorandi). Die Fragmente finden sich als ver-
    schiedene Lagen auf einem Stück des Papyrus (frg. 13 in der Beschriftung von *PHerc.* 164).

Zeilen von Kol. 16 beginnt die Krantor-Vita. Jedoch gehen beide Darstellungen auf dieselbe (Ur)Quelle, Antigonos von Karystos, zurück. Vermutlich hat Philodem also Antigonos oder eine diesen schon exzerpierende Grundquelle zunächst gesondert nach Philosophen durchsucht und die Philosophen einzeln auf Bögen exzerpiert. Jedoch ist problematisch, dass Kol. S des Verso direkt Kol. 16 fortsetzt. Vielleicht unterlief Philodem ein Fehler oder er hatte Wachstäfelchen (*pugillares*) im etwa gleichem Format wie die Kolumnen als Vorlage und zunächst ein Täfelchen übersehen. Auch erstaunt, wie exakt die recht umfangreiche Beschreibung von Polemons Leben, welches direkt an Xenokrates anschließt, in die Kolumne(n) eingepasst wurde.

Verwunderlicher ist die Lage der Sekundärklebung hinter Kol. 17, da in Kol. 18 unmittelbar der Text der vorherigen Kolumne (Arkesilaos-Vita) fortgesetzt wird. Wieder erweckt die keine Sekundärklebung implizierende Kollema-Breite Zweifel, aber die materielle Lage im Papyrus spricht tatsächlich für eine solche Klebung, weshalb die rote Vertikale in Abb. 13 nicht gestrichelt ist. Zwei Erklärungen liegen nahe: a) Der Abschnitt wurde 1:1 von *pugillares* kopiert, so dass eine Aufteilung der Arkesilaos-Vita auf zwei Bögen unproblematisch ist. b) Es handelt sich um keine „echte" Sekundärklebung in dem Sinne, dass schon beschriebene Bögen zusammengeklebt wurden: Philodem (sein Schreiber) klebte lediglich an den ersten schon beschriebenen Bogen einen leeren Bogen an, als der Raum auf dem ersten Bogen nicht ausreichte, und schrieb dann weiter. Essler verweist auf einen angeblich höheren Zeilenansatz von Kol. 19 und größere Zwischenräume am Anfang von Kol. 18, was ihn vermuten lässt, dass hier Freiraum als Puffer gelassen wurde.[31] Jedoch sind beide Beobachtungen meines Erachtens nicht sehr ausgeprägt und liegen innerhalb der zu erwartenden Varianz in diesem Papyrus. Da der Text von Kol. 17 bis 19 durchgehend ist, wäre auch unklar, warum etwas (bzw. welche Sektion) in Kol. 18 zu Beginn hätte eingepasst werden sollen.

In Kol. 23 verwundert die Sekundärklebung innerhalb der Liste der Karneades-Schüler zunächst, muss aber mit der Dublette in Kol. 32 und einem Quellenwechsel in Zusammenhang stehen. Im Papyrus sind drei größere Dubletten identifizierbar, welche jeweils vor Sekundärklebungen erscheinen (Kol. 11,28–36 = Kol. 12,32–39; Kol. 23,40–24,1 = Kol. 32,34–44; Kol. 26,33–45 = Kol. 29,4–18). Die zueinander gehörigen Dubletten wurden in Abb. 13 jeweils mit gleicher Farbe markiert. Der Text am Ende von Kol. 23 scheint in die Kolumne hineingequetscht worden zu sein, da Kol. 24 vermutlich schon geschrieben war. Die Buchstaben bzw. Zeilen am Ende von Kol. 23 sind erheblich niedriger als

---

31   Essler (2019), S. 20,23.

in anderen Zeilen, so dass die Kolumne mit 47 Zeilen deutlich mehr Zeilen zählt als andere Kolumnen.[32] Der zuvor kopierte Listenteil bis Kol. 23,38 weist eine normale Zeilenhöhe auf. Kol. 24 hört wieder präzise mit den Karneades-Schülern auf, bevor in Kol. 25,1 die Kleitomachos-Vita beginnt. Offenbar wurde wieder ein Abschnitt genau in Kol. 24 eingepasst, was abermals möglich erscheinen lässt, das die Kolumne bereits in diesem Format vorlag, evtl. auf einem Wachstäfelchen. Wie erklärt sich nun, dass die Dubletten in Kol. 23 und 32 in gleicher Position in den Kolumnen erscheinen und fast mit dem gleichen Philosophennamen enden? Wahrscheinlich befanden sich Kolumnen 24 bis 26 zunächst hinter Kol. 32, so dass nach dem Apollodor-Exzerpt noch weitere Karneades-Schüler erschienen und Philodem zugleich schon Passagen des Apollodor-Exzerpts in Prosa umformuliert hatte. Irgendwann entschloss er sich, den gesamten Block an Karneades anzuschließen und vor das Apollodor-Exzerpt zu verschieben, wobei das Apollodor-Exzerpt zumindest in dieser Form aufgrund der Redundanz mit Passagen des Rekto und Verso sicherlich nicht für die Endfassung bestimmt war. Folglich musste Philodem (sein Schreiber) das Ende von Kol. 32 in Kol. 23 hineinquetschen. Dazu müsste man annehmen, dass in Kol. 24,1 ursprünglich aufgrund von Dittographie πα überflüssig stand und später korrekt zum Ethnikon ergänzt wurde, welches als letztes Wort in Kol. 32 steht. Für diese ursprüngliche Position von Kol. 24 hinter 32 spricht auch die sich dann ergebende, erwartete Kollema-Breite von etwas mehr als 7,4 cm.[33] Die These ist jedoch nicht bar jeden Zweifels und die Dublette könnte eine heute nicht mehr nachvollziehbare komplexere Genese haben.

Die Sekundärklebungen hinter Kol. 27 und 32 sind wiederum leicht erklärbar: Das Apollodor-Exzerpt ist in den Papyrus eingeklebt. Der Umstand, dass Kol. 27,1 mitten in einem Vers beginnt, könnte andeuten, dass ursprünglich auf einem großen Bogen noch mehrere vorangehende Verse der *Chronica* exzerpiert waren, wenn nicht inhaltliche Gründe für den unvermittelten Beginn verantwortlich sind (siehe III 1: Einordnung Kol. 26,Mitte–28,40). Die Angaben zu Lakydes und seinen Schülern waren in dieser Position nach Karneades und in dieser Form kaum für die finale Version vorgesehen, wie die Prosaversionen auf dem Verso vermuten lassen. Sollte nach Kol. 29 wirklich eine Sekundärklebung vorliegen, dürfte dies wohl eine „unechte" Sekundärklebung sein (siehe oben). Die identischen Teile eines Satzes in Kol. 32,34 und 33,1 verbunden mit einem Zeichen in 33,1 sind am ehesten so zu interpretieren, dass nach dem letzten

---

32   Vgl. Essler (2019), S. 21 und V 1.3.
33   Ähnlich Essler (2019), S. 21.

Vers aus dem Apollodor-Exzerpt die Philio-Vita anschließen sollte. Vermutlich war die Dublette in Kol. 32 wie in Kol. 12 und 26 mit einem heute verlorenen Tilgungszeichen markiert.

Die Dublette auf kleinstem Raum in Kol. 11 und 12 ist merkwürdig. Ich habe sie mit dem Willen zum Auffüllen aus ästhetischen Gründen zu erklären versucht, bin aber von dieser Deutung selbst nicht völlig überzeugt.[34] Vielleicht liegt eher ein Fehler des Kopisten beim Übertragen (der Wachstäfelchen) vor. Jedenfalls zeigt in Kol. 12 ein Haken wie in Kol. 26 an, dass diese Dublette zu tilgen war und nicht in der Endversion erscheinen sollte. Die intendierte Tilgung erfährt auch eine Bestätigung durch die Fragmente von *PHerc.* 164 (siehe III 3: Kommentar Kol. 12,30–39).

Seltsam an der Dublette in Kol. 26 ist, dass sie nicht die gesamte Vita des Akademikers Boethos wie in Kol. 28/29 umfasst zu haben scheint, deren Ende aber wieder genau in Kol. 26 eingepasst ist. Die Zeichen (Haken) am Ende von Kol. 26 dürften wie in Kol. 12 Tilgungsfunktion haben, wobei man die Biographie eigentlich an dieser Stelle mit gleicher Wahrscheinlichkeit wie später erwarten könnte.

Auch ist wichtig festzuhalten, dass die Sektionen zu Krantor, Kleitomachos und Philio jeweils am Anfang einer Kolumne (mit dem ersten Wort) beginnen.[35] Dies kann kaum ein Zufall sein und muss mit der Anordnung des Materials auf Bögen oder Täfelchen in Verbindung stehen. Für Krantor und Philio ist die Anordnung leicht mit einem separaten Bogen zu erklären, aber vor der Kleitomachos-Vita (Kol. 25) scheint keine Sekundärklebung vorzuliegen.[36] Dieser Umstand sowie die vergessene Kol. S könnten Hinweise sein, dass in einer Frühphase des Entstehungsprozesses Wachstäfelchen in ähnlichem Format wie die Rolle genutzt wurden. Zumindest finden sich Zwischenpassagen Philodems in Kol. 10 und 11, welche er diktiert haben muss, bevor die umge-

---

34   Fleischer (2018b), S. 26.

35   Ich vermute, dass die Krantor-Sektion mit Kol. S endete und auch die Arkesilaos-Vita in der ersten Zeile einer Kolumne begann. Zur Philio-Vita ist zu vermerken, dass diese wohl erst nach dem Apollodor-Exzerpt bzw. nach dem Umkleben von Kol. 24 geschrieben wurde und somit die ersten Wörter von Kol. 33,1 nur den Anschluss an Kol. 32,34 markieren. Essler (2019), S. 22 hat auch die Viten des Polemarch und Antiochos in Kol. 30 und 34/35 in diese Betrachtung miteinbezogen, aber hier liegen die Anfänge nicht genau in der jeweils ersten Zeile der Kolumne, welche anders als bei Krantor, Kleitomachos und Philio den Text der vorherigen Kolumnen fortsetzen.

36   Ich folge Essler, verweise aber darauf, dass zwischen Kol. 24 und 25 ein moderner Schnitt stattfand (Wechsel von cr. 5 auf cr. 6), so dass die materielle Ausgangsbasis für den definitiven Ausschluss einer Sekundärklebung nicht ideal ist. Cavallo (1983), S. 62 geht nach der Entwurfsversion (*PHerc.* 1691/1021) nur noch von einer nicht erhaltenen Endversion aus, welche nach Philodems Tod nochmals kopiert wurde (PHerc. *164*).

benden Exzerpte kopiert wurden. Auch muss er Kolumnen 33–36 aufgrund der Selbstbezüge und Vorschau zumindest teilweise diktiert haben, wobei die Mini-Dublette zum Lebensalter in Kol. 33 zeigt, dass er nicht den gesamten Text en bloc diktiert hatte – dies spricht für *pugillares* zu irgendeinem Zeitpunkt des Arbeitsprozesses.

Leider wissen wir nicht, wie viele Konzeptpapiere bzw. Entwurfsversionen des *Index Academicorum* existierten, bis die finale Fassung stand, wenn man diese überhaupt trennscharf unterscheiden kann (siehe I 6.3).

6.3   Philodems Arbeitsschritte und das Werden des *Index Academicorum*

Letztlich lässt sich auf Basis der Beobachtungen im Papyrus und antiker Angaben zur Buchherstellung folgender Arbeitsprozess plausibel machen:[37]

1. Lektüre von Quellen durch Philodem (oder im Auftrag durch *lector*) und Markierung interessanter Stellen für Exzerpte (*adnotatio*).[38]
2. Diese Stellen werden vom Sekretär (*librarius*) oder *notarius* auf *pugillares* (≈ γραμματεῖα, δέλτοι) oder auch direkt auf Papyrusbögen exzerpiert, teils vielleicht diktiert.
3. Philodem bringt die Exzerpte in eine Reihenfolge (auch nach Punkt 4).
4. Philodem formuliert Textverbindungen zwischen den Exzerpten und eigene Abschnitte (wie etwa die Vorschau oder die Stellen mit den Eigenbezügen).
5. Sein Sekretär erstellt einen ersten Entwurf, indem er Einzelbögen (einzelne Exzerpte) nach „Themen" zusammenklebt oder auch umklebt. Dieser Schritt ist in *PHerc.* 1691/1021 *auf dem Rekto in der Haupthand* nur in seinem „letzten Stadium" erhalten. Die Rolle war vorher wohl kleiner und es dürften Teilrollen oder Bögen existiert haben, die mitunter anders angeordnet waren. Der *diorthotes* korrigiert den Entwurf orthographisch (evtl. nach 6).
6. Philodem korrigiert diesen Entwurf, nimmt Streichungen, Transpositionen und nach weiterer Recherche Hinzufügungen vor (die „Ergänzungen" auf dem Rekto unterhalb und oberhalb der Kolumnen sowie die Kolumnen des Verso).

---

37 Das Schema folgt Dorandi (1991), S. 112 f. und Dorandi (2007), S. 41, jedoch ergänzt um Schritt 3 nach Essler (2019), S. 22 f. und um einen weiteren Zwischenschritt (sowie im Detail modifiziert).

38 Plin. epist. 3,5,17: *liber legebatur, adnotabat, excerpebat.*

7. Das revidierte Manuskript, wie es heute vorliegt (*PHerc.* 1691/1021), wird
    vom *librarius* zu einer vorläufigen Endfassung transformiert. Vermutlich
    stand zwischen der finalen Endversion (*PHerc.* 164)[39] und dem revidier-
    ten Manuskript (*PHerc.* 1691/1021) diese „vorläufige Endfassung", welche
    noch geringfügig überarbeitet und ergänzt wurde.[40]

Aufgrund der festgestellten Klebungen geht Essler nur von bescheidenem Gebrauch von *pugillares* aus und postuliert aus arbeitsökonomischen Motiven
ein unmittelbares Kopieren der Exzerpte auf Papyri, die in Anbetracht der
Textgestalt schon auf die künftige Verwendung hin formuliert worden seien.[41]
In der Tat ist ein direktes Kopieren auf Papyrus in einigen Fällen denkbar
(etwa Apollodor-Exzerpt), aber die in I 6.2 angesprochenen Zwischenpassagen und Dubletten sprechen zumindest teilweise für das Nutzen von *pugillares* oder das Vorhandensein von Zwischenschritten. Meines Erachtens kann
man das beobachtete „copy-paste" auch nicht dahingehend auslegen, dass eine
Ur-Rolle für die jetzige Form von *PHerc.* 1691/1021 lediglich auseinandergeschnitten und neu zusammengesetzt wurde. Vielmehr dürften einige „Bögen"
auch nachträglich angefertigt worden sein und die heute vorliegende Rolle ist
eher aus kleineren Teilrollen (großen Bögen) zusammengesetzt als ausschließ-
liches Resultat des Kannibalisierens einer umfassenden Ur-Rolle, in welcher
ungeordnet Exzerpte gesammelt waren.[42] Die τόμοι cυγκολλήcιμοι sind im doku-
mentarischen Bereich Beispiele für das Zusammenkleben von Papyrusstücken,
aber mit dem Entwurf des *Index Academicorum* nur sehr bedingt vergleichbar.[43] Bei wenigen literarischen Papyri finden sich Klebungen zu Reparatur-
zwecken.[44]
    In der Tat erlaubt die identifizierte Klebetechnik einen besseren Einblick
in die Arbeitsweise Philodems. Auch einige allgemeine Folgerungen für den

---

39 Für unsere Zwecke ist es unerheblich, dass *PHerc.* 164 vielleicht eine spätere Kopie dieser
    Endversion ist (siehe I 8.1).

40 Dorandi (1991), S. 113 nimmt einen solchen Zwischenschritt nicht an, aber mir scheint
    nicht sehr wahrscheinlich, dass *PHerc.* 1691/1021 direkt zur Endfassung transformiert
    wurde.

41 Essler (2019), S. 23 f. Dies würde aber letztlich bedeuten, dass Philodem die umfangreichen
    Exzerpte direkt seinem Schreiber in den Papyrus diktierte (er hätte die Übergänge kaum
    selbst formulieren dürfen) und eigentlich kaum noch etwas markieren musste.

42 Die systematische Rechtsneigung spricht nicht gegen solche separaten Bögen, da das For-
    mat und die Rechtsneigung vom Schreiber beibehalten worden sein dürften.

43 Siehe Clarysse (2003), S. 353.

44 Turner (1983), S. 8–10 mit Verweis auf P. Lit. Lond. 27 und PSI Od. 5. Im Falle von *PHerc.*
    176 und *PHerc.* 1056 wurden wohl beschädigte Teile der Papyri durch neue Abschriften
    ersetzt, dazu Dorandi (1990b), S. 71.

Arbeitsprozess antiker Autoren sind statthaft. So könnte etwa die Umstellung größerer Abschnitte bei anderen Autoren leichter durch solches Umkleben erklärt werden.[45] Jedoch ist immer das literarische Genre zu berücksichtigen. Während Philodem für seine *Syntaxis* und den *Index Academicorum* gewiss viel mit Exzerpten bzw. wörtlichen Übernahmen aus anderen Autoren arbeitete, welche er „nur" anordnen musste, ist für das Verfassen seiner philosophischen Werke eine andere Arbeitsweise anzunehmen. Wir können durch den *Index Academicorum* Philodem zwar beim Werden seines Buches über die Schulter schauen und erhaschen aufgrund des einmaligen Charakters des Papyrus gleichsam einen „dynamischen" Blick in den Entstehungsprozess eines antiken Buches,[46] aber umfassende Gewissheit über Philodems Intention oder Vorgehen ist aufgrund möglicher simultaner oder komplexer Arbeitsschritte und der Ambiguität einzelner Angaben und Beobachtungen im Papyrus nicht zu erlangen. Manche Grundaussage oder Erklärung von Beobachtungen ist wahrscheinlich und gerechtfertigt, aber es ist aus dem Erhaltenen nicht bis ins letzte Detail extrapolierbar, wie das Arbeitsmanuskript des *Index Academicorum* die heute vorliegende Form annahm, welche Absicht gewissen Phänomenen zugrunde liegt und wie genau die Endfassung aussehen sollte.

Die vermuteten Arbeitsprozesse und die entsprechenden Versionen bzw. materiellen Mittel seien in einer Tabelle schematisch dargestellt.

Arbeitsschritt	Material/Version	
Philodem liest Bücher, markiert zu exzerpierende Passagen, ggf. mit kurzen (thematischen) Vermerken	Exzerpte auf *pugillares* und teils auf Papyrusbögen	↓
Philodem ordnet die Exzerpte, diktiert Übergangspassagen und fügt einige Bögen und Rollenteile zusammen	*Pugillares*, „Ur-Rolle" oder Klein-Rollen bzw. Bögen	↓
Philodem bzw. sein Sekretär erstellen den ersten Entwurf	Das (ursprüngliche) Rekto von *PHerc.* 1691/1021 (Haupthand)	↓

---

45 Essler (2019), S. 24.
46 So der Titel eines Aufsatzes von Dorandi (1991b).

(*fortges.*)

Arbeitsschritt	Material/Version	
Bei der Durchsicht ordnet Philodem einige Passagen anders an (Umkleben und Einkleben) und ergänzt weitere Literatur oberhalb und unterhalb der Kolumnen des Rekto sowie auf dem Verso	Ergänzungen, Verso-Kolumnen, „Sekundärklebungen", Rekto in heutiger Form von *PHerc.* 1691/1021	↓
Der Sekretär erstellt auf Basis der Entwurfsversion einen weiteren Entwurf, welcher der Endfassung schon sehr nahekommt	Die Rolle dieses von mir vermuteten Zwischenschritts ist nicht erhalten und würde zwischen *PHerc.* 1691/1021 und der Endfassung bzw. *PHerc.* 164 stehen	↓
Es entsteht die Endfassung („die Druckplatte"), welche als Basis für die erste(n) kalligraphischen Kopien dient	Die „erste" Endfassung war womöglich nicht kalligraphisch und ist daher nicht notwendigerweise mit einer kalligraphischen Endfasssung bzw. *PHerc.* 164 zu identifizieren (*PHerc.* 796?)	↓
Endfassung in kalligraphischer Kopie	*PHerc.* 164 – als Philodem sein Manuskript vervielfältigen ließ, erhielt er diese (oder eine identische, frühere) kalligraphische Version – im Zuge dessen könnte er die „Druckplatte" zurückerhalten oder weggegeben haben	

Anders als Dorandi vermute ich für die Endversion zunächst eine Art „Druckplatte", welche noch nicht notwendigerweise kalligraphisch war und als Basis für die kalligraphische Vervielfältigung des Werkes diente. Eine solche „Druckplatte" (das echte, finale Manuskript des Autors) wäre in dem Arbeitsprozess bzw. Publikationsprozess von Büchern ein logischer und notwendiger Schritt. Gewiss ist auch möglich, dass Philodem für diese „Druckplatte" schon einen kalligraphischen Schreiber (also nicht die Hand von *PHerc.* 1691/1021) beauftragte. Die Mehrfach-Kopien von Schriften Epikurs in der Herkulanischen Bibliothek könnten auf ein philologisches Interesse Philodems hindeuten und er dürfte, wenn irgend möglich, sein Manuskript („Druckplatte") behalten haben (zurückerhalten haben) – wenn er sogar schon einen Entwurf wie

den *Index Academicorum* in seiner Bibliothek verwahrte und nicht entsorgte. Je nach Datierung der Hand von *PHerc.* 164 könnte die Endversion des *Index Academicorum* einige Jahrzehnte später nach Philodems Tod nochmals kopiert worden sein (siehe **I 8.1**).

Es verbleibt noch, die Rolle von *lector, notarius, librarius, glutinator* und *diorthotes* anzusprechen. Ich halte es für nicht unwahrscheinlich, dass im Falle des *Index Academicorum* der *lector*, der *notarius*, der *librarius* und der *glutinator* ein und dieselbe Person waren. Zunächst ist unsicher, ob Philodem für das Buch überhaupt einen *lector* engagierte, also jemanden mit dem unabhängigen Lesen, Markieren und ggf. Exzerpieren beauftragte. Eigentlich ist das markierende Lesen Autorenarbeit, wie für Plinius den Älteren belegt,[47] wobei freilich möglich ist, dass Philodem bei einer solchen Materialsammlung zu irgendeinem Zeitpunkt auch einmal eine Person mit mehr oder weniger spezifischem Auftrag zum Lesen und Aufspüren von Literatur an irgendwelche Orte geschickt hat. Sollten für den *Index Academicorum* viele Exzerpte schon anfangs direkt auf Papyri kopiert worden sein, muss der *notarius* wegen der gleichen Hand wohl auch der *librarius* sein. Auch andernfalls spricht nichts gegen Identität. Für den sogenannten *glutinator* kann nur auf wenige Testimonien in der Literatur zurückgegriffen werden – eigentlich ist allein Cic. Att. 4,4a aussagekräftig. Mit dem Substantiv wurde zu einer bestimmten Zeit ein „Papyrusrestaurator" kalligraphischer Rollen bezeichnet.[48] Man kann annehmen, dass der *librarius* für eine solche Entwurfsfassung die wenig anspruchsvolle Aufgabe des Zusammenklebens von Papyrusteilen übernahm, da es dazu keiner besonderen Fähigkeiten bedurfte.[49] Er war somit der *glutinator* in dem Sinne, dass er auch ein wenig zu kleben hatte, aber er war kein professioneller Restaurator. Zwar hat der *librarius* (Schreiber), wenn er einen Fehler sofort erkannte, an einigen Stellen offenbar auch selbst Korrekturen vorgenommen, aber ein Großteil der „normalen" Korrekturen im Papyrus stammt von einer anderen Hand, der des *diorthotes* (Hand 3). Daneben sind einer weiteren Person (Hand 2) die meisten oder alle Ergänzungen auf dem Rekto oberhalb, unterhalb und neben den Kolumnen zuzuweisen (siehe **I 7.2**). Die Haupthand des Rekto dürfte auch Kolumnen M–V auf dem Verso geschrieben haben. Vielleicht hat Philodem irgendwann für die Ergänzungen des Rekto auf eine andere Person zurückgegriffen, wenn er diese nicht sogar selbst schrieb. Da *PHerc.* 796 von der gleichen Hand stammt und wahrscheinlich ebenfalls der *Syntaxis*

---

47   Vgl. Dorandi (2007), S. 30–36.
48   In Verbindung mit Cic. Att. 4,5,4 und 4,8,2, vgl. Dorandi (1983).
49   Vgl. Essler (2019), S. 24.

zuzuweisen ist (siehe I 5.2), könnte Philodem für sein philosophiegeschichtliches, mehrbändiges Großprojekt *Syntaxis* dieselbe Person engagiert haben, die
als Philodems „Sekretär" in Personalunion einige der oben genannten Funktionen innehatte.

KAPITEL 7

Ergänzungen Philodems, Hände im Papyrus und Endfassung

In Abb. 21 ist der *Index Academicorum* mit Verso-Kolumnen, Rekto-Ergänzungen und Überlappungen visualisiert.

PHerc. 1691

Vermutlich 10-25 Kol. verloren   Kol. a   Kol. b   Kol. c   5 Kol. verloren

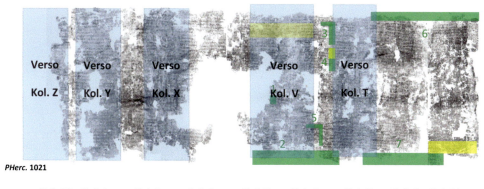

PHerc. 1021

Kol. 1*   Kol. 1   Kol. 2   Kol. 3   Kol. 5   Kol. 6   Kol. 7   Kol. 8   Kol. 8*(olim 4)

© KILIAN FLEISCHER, 2023 | DOI:10.1163/9789004546547_008

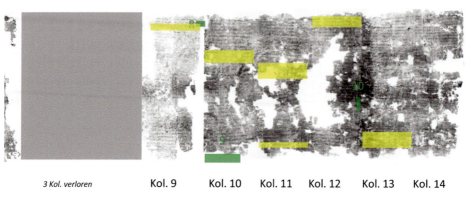

3 Kol. verloren   Kol. 9   Kol. 10   Kol. 11   Kol. 12   Kol. 13   Kol. 14

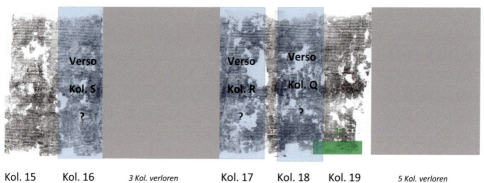

Kol. 15   Kol. 16   3 Kol. verloren   Kol. 17   Kol. 18   Kol. 19   5 Kol. verloren

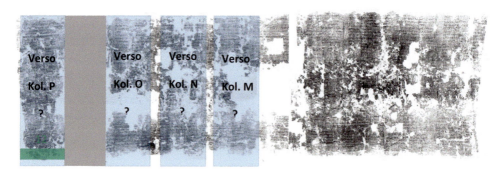

Kol. 20   1 Kol. verloren   Kol. 21   Kol. 22   Kol. 23   Kol. 24   Kol. 25   Kol. 26   Kol. 27   Kol. 28

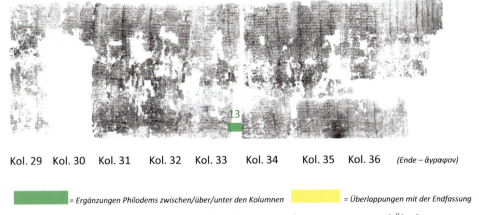

Kol. 29   Kol. 30   Kol. 31   Kol. 32   Kol. 33   Kol. 34   Kol. 35   Kol. 36   *(Ende – ἄγραφον)*

▬ = *Ergänzungen Philodems zwischen/über/unter den Kolumnen*   ▬ = *Überlappungen mit der Endfassung*

ABB. 21   Der Index Academicorum mit Verso-Kolumnen, Rekto-Ergänzungen und Überlappungen

7.1   Die Ergänzungen auf dem Rekto – oberhalb, unterhalb und zwischen den Kolumnen

Philodem hat oberhalb, unterhalb und zwischen den Kolumnen Ergänzungen angebracht, von denen einige erstmals erkannt wurden oder in ihrer Ausdehnung näher bestimmt werden konnten. Die Ergänzungen sind in Abb. 21 grün markiert und entsprechend der Edition mit 1–13 durchnummeriert. Sie repräsentieren keine Korrekturen von zuvor vergessenen Satzteilen, sondern echte Nachträge bzw. Einfügungen, welche in der Endversion erscheinen sollten.[1] Aus Platzgründen beschränken sich die zwischen den Kolumnen notierten Ergänzungen auf wenige Wörter bzw. ein bis zwei Sätze. Diese Ergänzungen beginnen teils innerhalb der Zeilen (im interlinearen Raum), erstrecken sich ins Interkolumnium und werden dort Zeile für Zeile fortgeführt. Größere Ergänzungen sind oberhalb und unterhalb der Kolumnen vorgenommen. In Kol. 10,40 und Kol. 20,3 ist von derselben Hand, welche wohl auch die Ergänzung 9 und 12 vornahm, κάτω im Haupttext als Hinweise auf die Ergänzung eingefügt. Im letzten Fall sollte also vor der Schülerliste des Arkesilaos noch der Nachtrag, welcher unter der Kolumne stand (Ergänzung 12), erscheinen. Es ist davon auszugehen, dass in den verlorenen Teilen einiger Kolumnen auch solche Verweise auf Ergänzungen gemacht wurden.[2] Die Ergänzungen unterhalb und oberhalb der Kolumnen erstrecken sich teilweise über mehr als eine

---

1   Bei den sehr schlecht erhaltenen Ergänzungen 1 und 13 könnte es sich vielleicht nur um „normale" Korrekturen (Ergänzung zuvor vergessener Wörter) handeln.
2   Man könnte an ἄνω als Verweis auf Nachträge oberhalb der Kolumnen denken.

Kolumne und sind in sehr kleinen Buchstaben geschrieben (Hand 2), welche
ungefähr halb so groß wie die Buchstaben der Haupthand (Hand 1) sind. Die
Ergänzungen bestehen aus mehreren Zeilen, wobei aufgrund des Teilverlusts
der oberen und unteren Kolumnenränder oft keine eindeutige Aussage zum
Zeilenumfang möglich ist. Vermutlich zählten sie zwischen fünf und zehn Zeilen. Somit umfassen die Nachträge in der Regel deutlich weniger Wörter als
eine komplette Kolumne des Verso oder Rekto. Offensichtlich wurden eher kürzere Nachträge auf dem Rekto direkt vorgenommen, während längere auf dem
Verso Platz fanden. Jedoch sind hier auch die verschiedenen Hände zu beachten (siehe I 7.2), welche nahelegen, dass die neun Kolumnen V bis M schon
auf dem Verso geschrieben waren, bevor die Ergänzungen des Rekto eingefügt
wurden. In den verlorenen Teilen des Papyrus sind prinzipiell noch weitere
Ergänzungen zu erwarten. Jedoch gewinnt man den Eindruck, dass Philodem
seine Entwurfsfassung zur Skeptischen Akademie nach Arkesilaos schon ausgearbeitet hatte bzw. keine Quellen mehr fand, die er nachträglich auf dem
Rekto einfügen konnte. Die Ergänzungen häufen sich tendenziell zwischen Kol.
5 und Kol. 8*. Leider ist in keinem Fall der genaue Inhalt einer Ergänzung oder
eine Quelle auszumachen. Bisherige Spekulationen sind durch Neulesungen
hinfällig. In Ergänzung 6 liest man die Zahl „25", welche die Länge von Xenokrates' Scholarchat angeben dürfte. Es wäre zu überlegen, ob einige Ergänzungen
Apollodors *Chronica* entnommen sind oder auf sie zurückgehen.[3] Einige lediglich interlineare Einfügungen (Kol. 9,1; 23,4; 23,45) dürften wohl auch „echte
Ergänzungen" und keine Korrekturen vergessener Satzteile darstellen, wurden
aber ob ihrer Position „innerhalb" der Zeilen methodologisch nur wie gewöhnliche Korrekturen (Einfügungen) behandelt.

7.2   Die verschiedenen Hände im Papyrus – manus Philodemi?

Wenn man die *Oxforder Disegni* der Verso-Kolumnen Z, Y, X mit den anderen
Oxforder Disegni des Verso (Kol. V–M) und den *Oxforder Disegni* (und Original) des Rekto vergleicht, fällt sofort ins Auge, dass diese eine andere Hand
wiedergeben, zumal der *disegnatore* ein und dieselbe Person war (Gennaro
Casanova).[4] Diese für den Nachvollzug des Arbeitsprozesses außerordentlich

---

3   In Ergänzung 2 dürfte aber das wahrscheinliche Supplement des Eigennamens Speusipp
    einen Trimeter unmöglich machen, so dass allenfalls von Umformulierungen in Prosa aus-
    zugehen wäre.

4   Für die Frage, inwieweit Disegni die Hand eines Papyrus originalgetreu wiedergeben, siehe
    Essler (2018). Esslers Beitrag nimmt eine Mittelstellung zwischen Cavallo (1983), S. 8–13

ABB. 22   Ergänzung 2 (wohl zusammenhängend) unter Kol. 5–7 – HSI

ABB. 23   Beginn von Ergänzung 2 (der Papyrus erscheint hier aufgrund „digitaler Bearbeitung"
          nicht verkohlt, sondern etwa in den Farben, in welchen ihn Philodem vor über 2000
          Jahren sah) – HSI
          ABB. 22–23: MIC © BNN/CNR-ISPC

bzw. Capasso (2013), welche die Disegni als für paläographische Aussagen ungeeignet erachten, und Janko (2008) ein, welcher die Disegni für paläographische Aussagen ohne größere Bedenken nutzt. Das „Schleifen-χ" (siehe Haupttext) von Kol. Z, Y, X ist so eigenartig, dass es ein *disegnatore* niemals erfunden hätte (ein χ in dieser Form unbewusst geschrieben hätte).

aufschlussreiche Tatsache wurde bisher erstaunlicherweise noch nicht registriert. Die ersten drei Verso-Kolumnen wurden von einer anderen Hand als die übrigen Verso-Kolumnen geschrieben, die ganz offenbar von derselben Hand wie der Haupttext des Rekto stammen.

Im Vergleich von Kol. Z, Y, X mit der Haupthand des Rekto (und den anderen Verso-Kolumnen) sind insbesondere folgende Unterschiede zwischen den Buchstaben augenfällig:

Rekto (Haupthand – Hand 1)	Kol. Z, Y, X (Verso – Hand 2)
κ hat niemals eine Schleife am unteren Ende der Vertikalen; die Schrägen sind oft gebogen, breit ausladend und liegen auseinander	κ hat meist eine Schleife am unteren Ende der Vertikalen und/oder die zwei Schrägen beginnen in einigem Abstand von der Vertikalen, sind kurz und liegen eng beieinander
ε steht relativ gerade in der Zeile	ε hat meist eine deutliche Rechtsneigung und liegt im unteren Bereich schräg in der Zeile
π hat einen ziemlich vertikalen rechten Fuß und die Horizontale reicht oft deutlich darüber hinaus	π hat einen nach rechts gebogenen rechten Fuß, über den die Horizontale meist nicht hinausreicht
Die steigende Schräge des λ schneidet die fallende Schräge im oberen Teil, aber nicht am Scheitel	λ ist fast ein fast perfektes Dreieck
ο ist größer	ο ist sehr klein und oben in der Zeile
δ hängt nie oben in der Zeile	δ ist teils klein und oben in der Zeile
Auch bei anderen Buchstaben fallen Unterschiede in der Ausführung auf	

Interessanterweise sind nun auch alle oder mehrere Ergänzungen auf dem Rekto ganz offenbar von derselben Hand wie die drei Verso-Kolumnen Z, Y, X geschrieben. Mit Sicherheit liegt dieselbe Hand bei den Ergänzungen 2, 3, 6, 7, 8, 11 vor. Aufgrund des Erhaltungszustandes ist für Ergänzungen 1, 4, 5, 9, 10, 12, 13 keine letztgültige Aussage möglich, aber nichts spricht zwingend dagegen (und je nach Ergänzung einiges dafür), dass sie auch von dieser Hand geschrieben wurden.

Rekto (Haupthand – Hand 1)	Kol. Z, Y, X (Hand 2)	Ergänzungen auf dem Rekto
κ, ε, π, λ vom Rekto (= Kol. M–V Verso)	κ, ε, π, λ von Kol. Y (= Z,X)	κ (Erg. 6 und 8), ξε,νε, ε (Erg. 2 und 6), π (Erg. 3), λ (Erg. 4 und 8)

Diese „Hand 2" kann nur schwerlich die „Schnell-Hand" des Rekto-Schreibers sein, zu welcher er womöglich bei passender Gelegenheit wechselte. Gerade die Schleife bei κ und das liegende/schräge ε vermitteln einen etwas informellen und Richtung Kursive gehenden Charakter der Hand, welche daher vielleicht nicht die Hand eines kalligraphisch versierten, professionellen Schreibers war.[5] Ich habe in der Einordnung (III 1) der seltsamen Ergänzung 8 neben Kol. 9 dargelegt, dass eine solche Bemerkung vielleicht auf Philodem selbst zurückgehen könnte, der sie *ipsa manu* in den Papyrus eingetragen haben mag. Auch in Kol. X,1–5 (und evtl. Kol. Y,1) nimmt jemand in der ersten Person auf sich selbst Bezug und die Passage könnte unter Umständen sogar eine redaktionelle, nicht für den Text der Endfassung bestimmte Angabe enthalten. Hat Philodem diese drei Verso-Kolumnen und die Rekto-Ergänzungen selbst in den Papyrus geschrieben? Immerhin sind all diese Angaben zeitlich erst dann

---

5 In Kol. S,4 scheint unter zahlreichen normalen κ ein isoliertes „Schleifen-κ" zu stehen (in Kol. S,7 unsicher), welches wohl durch ein „normales" unten geschwungenes κ in Verbindung mit vermeintlicher Tinte irrtümlich zu Stande kam. Die Buchstabenformen in der Kolumne legen keine andere Hand als die des Rekto nahe (zumal durch Kol. S der Text von Kol. 16 des Rekto fortgesetzt wird).

entstanden, als der Entwurf des Rekto durch einen professionellen Schreiber/Sekretär schon geschrieben war. Viele Gelehrte wollten Philodems Hand gänzlich aus diesem Manuskript verbannt wissen, taten sie als romantische Träumerei ab und können sich kaum vorstellen, dass antike Autoren selbst zum *stilus* griffen.[6] Waren antike Autoren somit „Analphabeten" in dem Sinne, dass sie selbst überhaupt nicht schrieben und ausschließlich diktierten? Zahlreiche Stellen in der antiken Literatur, nicht zuletzt in der Dichtung, implizieren, dass Autoren zumindest gelegentlich auch selbst die „unwürdige" Arbeit des Schreibens verrichteten. Insbesondere sind für Philodem Vorlesungsmitschriften bezeugt, die er im Unterricht Zenons anfertigte und später ausarbeitete.[7] Saß im Unterricht des Epikureers Zenon in Athen neben jedem Schüler ein Sekretär, welcher die Vorlesungen mitschrieb? Diktierte Philodem sie nachträglich einem Sekretär? Antike Autoren dürften meines Erachtens trotz des „Outsourcing" von Schreib-und Exzerpierarbeit, die sich gerade bei einem solchen philosophiehistorischen Werk anbot, zumindest gelegentlich selbst den *stilus* in die Hand genommen haben – etwa um letzte Hand anzulegen und Kleinigkeiten in einen Entwurf einzutragen. Ich vermute, dass einige Zeichen und Verweise in dem Konzeptpapier (*PHerc.* 1691/1021) direkt von Philodems Hand stammen, etwa die Tilgungsklammer in Kol. 33,17–19. Wenn ein Sekretär verfügbar war, dürfte Philodem zweifelsohne längere Nachträge an ihn delegiert oder ihm diktiert haben. Das Aufschreiben längerer Passagen war gewiss Aufgabe des Schreibers/Sekretärs und wurde nicht vom Autor selbst erledigt. Was aber, wenn Philodem die Bibliothek eines Freundes zur weiteren Recherche aufsuchte? Er könnte die vorläufige Rekto-Rolle des *Index Academicorum* für Recherche-Besuche mitgenommen haben und teils selbst Nachträge direkt eingefügt haben. Es wäre gewiss zu umständlich gewesen, immer einen Sekretär in seinem unmittelbaren Umfeld zu haben oder einen solchen für kleinere Nachträge zu rufen. Ich will nicht insistieren, dass „Hand 2" die *manus Philodemi* ist, aber aufgrund des kursiven Einschlags der Hand, des Charakters von Ergänzung 8, ferner der Einleitung von Kol. X (ggf. Kol. Y) sowie der Tatsache, dass in

---

6 Crönert (1903), S. 368 f., 400 f. spekulierte erstmals, ob die Randbemerkungen auf dem Rekto (in Kol. 6) nicht von Philodem selbst stammen könnten, war sich aber noch über den genauen Charakter des Papyrus im Unklaren. In Crönert (1906), S. 184 nahm er hingegen die Hand des Autors an. Turner (1983), S. 11 f. wies die These – ebenfalls in Unkenntnis des Charakters des Papyrus – zurück. Überblick bei Gaiser (1988), S. 40 f., der paläographischen Experten folgen will (besonders Cavallo (1983), S. 26 f.), welche glauben, dass die Randbemerkungen nicht von Philodem sein können. Jedoch basieren viele frühere Überlegungen noch auf unzureichender Kenntnis des Entwurfscharakters des Papyrus. Auch Dorandi (1991), S. 110 f. lehnt die Annahme der *manus Philodemi* ab.

7 Werke mit dem Zusatz ἐκ τῶν Ζήνωνος σχολῶν (*PHerc.* 1003,1389,1471).

einem solchen Entwurf eigenhändige Vermerke und Ergänzungen des Autors nicht völlig unerwartet wären, scheint es mir zumindest etwas zu selbstgewiss, die These von Philodems eigener Hand in Bausch und Bogen zu verdammen.[8] Wenn nicht in einem solchen Entwurf, wo sollte man sonst die Hand eines Autors erwarten können? Sollte Hand 2 nicht diejenige Philodems sein, hätte er für alle Ergänzungen des Rekto und für die drei Verso-Kolumnen einen anderen Schreiber/Sekretär als den der Haupthand engagiert, der ihm immer zur Verfügung stand, da die Ergänzungen und Verso-Kolumnen kaum alle zur gleichen Zeit verfasst wurden.

Eine dritte Hand ist diejenige des *diorthotes*, welcher entweder vor den Ergänzungen von „Hand 2" oder abschließend die Haupthand des Rekto korrigierte.[9] Etwa die Korrektur in Kol. 34,4 stammt offenbar von einer anderen Hand als Hand 1. Insgesamt finden sich recht wenige Fehler im Papyrus. Einige Korrekturen könnten auch schon direkt vom Schreiber vorgenommen worden sein. Gerade bei kleineren Einzelbuchstaben ist dies nicht immer paläographisch sicher zu entscheiden.

Hand 1: Haupthand – Kolumnen des Rekto und Verso-Kolumnen V–M
Hand 2: Verso-Kolumnen Z, Y, X und mehrere (womöglich alle) Ergänzungen
    auf dem Rekto (manus Philodemi?)[10]
Hand 3: *diorthotes* – Korrektur des Haupttextes

7.3   Aufwickeln, Layout und Zustand der Endversion des *Index Academicorum* (*PHerc.* 164)

Der Papyrus mit der Endfassung des *Index Academicorum* (*PHerc.* 164) wurde zwischen dem 18. Januar und dem 9. Februar 1805 von Luigi Catalano aufgewickelt.[11] Die Angabe „*restituto (a' 9. Febbraio detto anno)*", verbunden mit der relativ kurzen Zeitspanne, bedeutet, dass der Papyrus nur teilweise entrollt

---

8   Auch der längere Nachtrag von Kol. Y spricht nicht unbedingt gegen Philodems Hand.

9   Für eine Korrektur des Rekto vor Anbringen der Ergänzungen kann man anführen, dass sich in den Ergänzungen keine Korrekturen finden. Gewiss bleibt möglich, dass der *diorthotes* nur den Haupttext korrigiert hat.

10   Die Korrekturen bzw. Einfügungen in Kol. 23,4; 23,45; 24,5 könnten auch von Hand 2 stammen, aber auch der *diorthotes* oder eine andere, vierte Hand kommen in Betracht. Letztlich handelt es sich bei diesen Einschüben um kleine Ergänzungen (siehe I 7.1).

11   Blank/Longo Auricchio (2004), S. 140 und Deckblatt zu Disegni. Für diesen und den folgenden Abschnitt vgl. Fleischer (2018b), S. 66–68.

wurde. Die Fragmente stammen vom oberen und unteren Teil der Rolle und umfassen jeweils nur wenige Zeilen (mit Kolumnenrand), die niemals in voller Länge erhalten und auf zwei *cornici* angeordnet sind.

Die erste „Disegni-Serie" wurde vor 1835 von Francesco Casanova erstellt.[12] Sie umfasst nur 6 Fragmente, von denen die letzten drei (frg. 4–6) heute keine Entsprechung mehr im Original haben. Sie müssen schon vor Verfertigung der zweiten Disegni-Serie durch Carlo Orazi junior (1879) verlorengegangen sein.[13] Auf dem älteren Deckblatt (*camice*) der *Neapolitanischen Disegni* liest man: *„Papiro N° 164 Disegnato da D. Francesco Casanova, in fram(menti): 6. disegni 3 – Gli originali si conservano nello stipo X tavoletta 526."*[14] Im Jahr 1879 wurde der Papyrus, wie er noch heute mehr oder weniger erhalten ist, von Carlo Orazi junior vollständig abgezeichnet. Von den zwei *cornici* kopierte er 16 Fragmente, die so auch direkt auf den *cornici* bezeichnet und mit einigen Anmerkungen versehen sind. Casanovas Fragmente 5 und 6 wurden von Orazi später mit 2 und 3 nummeriert. Wenn Orazi hierfür einen guten Grund gehabt haben sollte, wären sie somit ziemlich am Anfang des Papyrus zu verorten.[15] Auch die Ausdehnung und Lage dieser Fragmente 2 und 3 (nach Orazi) innerhalb der Kolumne legen nahe, dass sie womöglich vor dem Beginn des Erhaltenen stan-

---

12 Notiz auf dem neuen „Deckblatt" der Disegni (*foglio di guardia*): „Francesco Casanova prima del 1835."

13 Crönert (1898) entlarvte Francesco Casanova als Scharlatan (Fälscher) beim Verfertigen mancher Disegni und vermutete, dass zumindest zwei dieser angeblichen Fragmente Fälschungen seien (Crönert (1903), S. 370). Jedoch ist die Fälschung umfangreicherer Fragmente durch Casanova nicht belegt. Die Buchstabenfolgen in *PHerc.* 164, frg. 1 und 2 sind zwar bisweilen recht kryptisch, aber Griechisches identifizierbar oder mit kleinen Korrekturen zu gewinnen und zwar in einer Qualität, welche doch ausschließt, dass ein des Griechischen unkundiger Abzeichner wie Casanova die Passage fälschte, vgl. Fleischer (2018b), S. 66. Zu Casanovas „Fälschungen" siehe De Gianni/Napolitano (2016).

14 Eine andere Hand hat nach „*disegni 3*" die Information „*3 Rami*" ergänzt sowie „*nello stipo X tavoletta 526*" durchgestrichen und stattdessen „*in due cornici con lastre nello stipo X 2a tavoletta 509 a 510 –*" geschrieben. Darunter steht wieder in der ersten Hand „*Non inciso*", wobei das „*non*" von der anderen Hand durchgestrichen und „*Rami 3*" darunter notiert wurde. In der Tat existieren die Druckfahnen (Kupferplatten) von drei Disegni. Mit Bleistift vermerkte eine dritte Hand zu Casanova: „*ma non svolto | quel svol. e dis significa svolgitore in genere*" (die Angabe bezieht sich auf Casanovas Disegni, welche mit „*F(rances)co Casanova svol(gitore) e dis(egnatore)*" unterschrieben sind) und weiter unten: „*Sia dato al Professore Barnabei per rifarsi i disegni.*"

15 Die Einordnung von frg. 4 Casanova = frg. 15 Orazi könnte dafür sprechen, dass Orazi hier in der Tat nicht völlig willkürlich umstellte. Crönert (1903), S. 371 vermutet für dieses Fragment ein später abgehobenes *Sovrapposto*.

den, weshalb sie in meiner Edition als frg. 1 und 2 erscheinen (siehe unten). Der Verlust solcher Anfangsfragmente wäre nicht ohne Parallele.[16] Die Abzeichnungen des Papyrus wurden trotz der Existenz dreier Druckfahnen im 19. Jh. niemals publiziert. Eine Druckfassung der Disegni von Casanova und Orazi findet sich erst bei Gaiser (1988).

Crönert spürte die Fragmente im Jahre 1899 auf und wies sie dem *Index Academicorum* zu. Die *editio princeps* der Fragmente besorgte Mekler (1902) in seiner Gesamtausgabe.[17] Nachträge und Verbesserungen trug Crönert bei.[18] Dorandi (1985/1991) arrangierte die Fragmente für seine Ausgabe neu und auch Gaiser (1988) konnte einige Probleme klären.[19]

Die Rolle mit der Endfassung des *Index Academicorum* (*PHerc.* 164) war schwierig zu entrollen und ist wahrscheinlich in einen unteren und oberen Teil auseinandergefallen. Der Papyrus wurde faktisch eher zerrupft als entrollt. Auf zwei *cornici* befinden sich 16 kleinere Fragmente, die im Zuge der (zweiten) Abzeichnung des Papyrus durch Orazi (fiktiv) durchnummeriert wurden. Dorandi arrangierte auf Basis unterschiedlicher Lagen und Teile den Text von *PHerc.* 164 auf 33 Fragmente. Ich habe einige dieser Fragmente in Untergruppen unterteilt und sie geringfügig abweichend angeordnet, wobei materielle und inhaltliche Erwägungen sowie die Platzierung auf den *cornici* ausschlaggebende Kriterien waren. Die relative Reihenfolge der jeweils nur wenige Wörter umfassenden Fragmente kann auf Basis ihrer Anordnung auf den *cornici* und Überlappungen mit der Entwurfsfassung im Rahmen einiger Unschärfe ermittelt werden. Die Fragmente stammen in der Regel vom oberen oder unteren Teil der Kolumne. Während die relative Reihenfolge einiger Fragmente eindeutig ist, konnten wieder andere nur mit divergierender Wahrscheinlichkeit

---

16   Die teils unsinnigen Buchstabenfolgen könnten mitunter der starken Stratifizierung dieser ersten Fragmente geschuldet sein, welche Casanova wie bei anderen Fragmenten ignorierte. Dennoch ist die unterschiedliche relative Einordnung bei Orazi und Casanova nicht unproblematisch. Sollten die drei Fragmente wider Erwarten nicht zu *PHerc.* 164 gehören (zumindest für *PHerc.* 164, frg. 31 aufgrund von διατριβὴ höchst unwahrscheinlich), ist jedenfalls nicht mit einer Fälschung, sondern eher mit einer Konfusion von Fragmenten eines anderen Papyrus zu rechnen.

17   Vgl. Crönert (1903), S. 370 f. und Mekler (1902), S. XV–XXII. Comparetti (1880), S. 176 erkannte erstmals philosophiehistorischen Inhalt für *PHerc.* 164.

18   Crönert (1903), S. 370–374.

19   Dorandi (1985). Gaiser (1988) glaubte jedoch noch diverse andere Überlappungen ausgemacht zu haben, die von Dorandi (1991) zu Recht in der Mehrzahl verworfen wurden.

relativ eingeordnet werden. Somit mag eine höhere Nummer nicht in jedem Fall korrekt implizieren, dass das Fragment Text enthält, der später im Werk erschien.[20]

Fragmente mit oberem Rand (cr. 1)

Unsichere relative Platzierung

(wahrscheinlichste Schätzung)   frg. 1   frg. 10a   frg. 11,16,17

Platzierung relativ zu den anderen Fragmenten im Kasten sicher	frg. 3	frg. 5 (Mittte)	frg. 7 (= Kol. 6,10–12 und Erg. 4)	frg. 12 (Speusipp oder Xenokrates?)
Fragmente mit unterem Rand (cr. 1) Platzierung relativ zu den anderen Fragmenten im Kasten sicher	frg. 4 (= Kol. V,4–9)			

Unsichere Platzierung

(wahrscheinlichste Schätzung)   frg. 2   frg. 6   frg. 8   frg. 9   frg. 10b frg. 10c   frg. 13–15

Fragmente mit oberem Rand (cr. 2)

Unsichere relative Platzierung

(wahrscheinlichste Schätzung)   frg. 19–20   frg. 31–33

Platzierung relativ zu den anderen Fragmenten im Kasten sicher	frg. 18 (= Kol. 9,4–5)	frg. 23a (= Kol. 10,10–14) frg. 23b–e (Mitte)	frg. 25 (= Kol. 11,16–21) frg. 26 (= Kol. 11,39–12,3)	frg. 27	frg. 28 (= Kol. 8*,42–47)	frg. 29 (= Kol. 13,43–46)
Fragmente mit unterem Rand (cr. 2) Platzierung relativ zu den anderen Fragmenten im Kasten sicher						

Unsichere relative Platzierung

(wahrscheinlichste Schätzung)   frg. 21,22   frg. 24   frg. 30a–c

---

20   Leider ist die relative Reihenfolge des Aufklebens der Fragmente auf den *cornici*, zumal sie von zwei disparaten Teilen der Rolle kommen, nicht immer ein sicherer Indikator für

Acht der 33 Fragmente haben gesicherte textuelle Überschneidungen mit
PHerc. 1021, die in Abb. 21 mit der Farbe Gelb visualisiert wurden.[21] Die ersten
erhaltenen Fragmente der Endversion (*PHerc.* 164) fallen etwa mit dem Ende
der Platon-Vita in der Entwurfsfassung (*PHerc.* 1021) zusammen (Kol. 6),[22] während die „letzte" textuelle Überschneidung mit der Polemon-Vita besteht (Kol.
13,46).[23] Insbesondere geht aus den beiden Papyrusrollen gemeinsamen Passagen hervor, dass der Nachtrag am rechten Rand von Kol. 6 (Ergänzung 4)
in der finalen Version im Haupttext erschien (wie zu erwarten) und dass der
zweite Teil von Kol. 8* wirklich hinter Kol. 12 zu transferieren ist. Ferner zeigen
die Fragmente auch, dass die Dublette am Ende von Kol. 12 für die Endfassung
getilgt wurde (und wirklich eine Dublette vorliegt!).

Zwischen den ersten Zeilen der mit *PHerc.* 1021 überlappenden Fragmente
PHerc. 164 frg. 28 und frg. 29 liegen ca. 46–47 Zeilen von *PHerc.* 1021, was deutlich zu viele Zeilen pro Kolumne für eine kalligraphische Rolle sind. Da diese
Fragmente etwa in der Mitte des *Index Academicorum* liegen, ist mit dem Ausfall von zwei Kolumnen (einer Volute – *PHerc.* 164 frg. 28 ist ein *Sottoposto*) zu
rechnen. Eine Kolumne von *PHerc.* 164 entspricht folglich etwa 23–24 Zeilen in

---

die tatsächliche relative Reihenfolge, aber ein Orientierungspunkt. Sofern Überlappungen mit dem Rekto bestehen und die Textfolge nicht zu bezweifeln ist, hat man einen
Wegweiser für die relative Einordnung. Fragmente anderer Lagen, die mit diesen Textportionen zusammenhängen, können entsprechend platziert werden. Auch spielen weitere
materielle Gesichtspunkte, wie etwa teils zusammenhängende Goldschlägerhaut auf cr.
2, bei der Einordnung eine Rolle. Vereinzelte Buchstaben oder Buchstabenreste in stark
stratifizierten Bereichen wurden nicht transkribiert. Die „(Pseudo)Kolumnen" in den beiden Kästen folgen nicht direkt aufeinander, aber die relative Reihenfolge zu den anderen
Fragmenten in den Kästen ist hier sicher, während die Fragmente oberhalb und unterhalb
der Kästen approximativ (Annäherung auf Basis oben genannter Kriterien) relativ angeordnet wurden. Fragmente 1 und 2 sind nur in den Disegni erhalten und es ist möglich,
dass sie nicht zum *Index Academicorum* (*PHerc.* 164) gehören. Auch frg. 31 ist nur im Disegno erhalten, aber aus lexikalischen Gründen fast mit Sicherheit *PHerc.* 164 zuzuordnen.
Die Position wurde aufgrund der Nummerierung in den Disegni geschätzt.

21   Auf dem Rekto finden sich sechs Überschneidungen (Gelb): *PHerc.* 164 frg. 7 = *PHerc.* 1021,
Kol. 6,12–20 (Ergänzung 4); *PHerc.* 164 frg. 18 = *PHerc.* 1021, Kol. 9,3–4; *PHerc.* 164 frg. 23a =
PHerc. 1021, Kol. 10,10–14; *PHerc.* 164 frg. 25 = *PHerc.* 1021, Kol. 11,17–21; *PHerc.* 164 frg. 26 =
PHerc. 1021, Kol. 11,39–12,3; *PHerc.* 164 frg. 28 = *PHerc.* 1021, Kol. 8*,41–46; *PHerc.* 164 frg. 29
= *PHerc.* 1021, Kol. 13,43–14,1. Mit dem Verso existierte eine Überlappung: *PHerc.* 164 frg. 5 =
PHerc. 1021, Kol. V, 4–8.

22   *PHerc.* 164 frg. 7. Möglicherweise ist frg. 4 (= *PHerc.* 1021, Kol. V,4–8) je nach intendierter
Anordnung früher anzusetzen.

23   Die darauffolgenden Fragmente von *PHerc.* 164 und ihre Anordnung auf der zweiten *cornice* leisten der Hypothese Vorschub, dass die „Entsprechung" wahrscheinlich etwa mit
Beginn der Arkesilaos-Vita endete.

PHerc. 1021. Die Zeilen in *PHerc.* 164 haben durchschnittlich etwa 15 Buchstaben, also ca. 25 % (5 Buchstaben) weniger als *PHerc.* 1021. Folglich ergeben sich bei Multiplikation der 23–24 Zeilen mit dem Kehrwert (4/3) etwa 30 Zeilen pro Kolumne für *PHerc.* 164. Herkulanische Papyri weisen meist zwischen 25 und 40 Zeilen pro Kolumne auf.[24] Die Kontrolle für die Rechnung kann man etwa anhand von *PHerc.* 164 frg. 25 und 26 durchführen, Anfang und Ende derselben Kolumne von *PHerc.* 164. Sie entsprechen etwa 26 Zeilen in *PHerc.* 1021, was im Rahmen der Fehlertoleranz ist. Zwischen *PHerc.* 164 frg. 26 und frg. 28 liegen aufgrund des Schnittes in Kol. 8* (Kol. 12,1–39 und Kol. 8*,24–41) etwa 57 Zeilen von *PHerc.* 1021, was zu viel für zwei Kolumnen wäre. Jedoch sind die etwa 10 Zeilen der Dublette in Kol. 12 in Abzug zu bringen, was dann ebenfalls auf die schon oben ermittelten 47 Zeilen von *PHerc.* 1021 für zwei Kolumnen von *PHerc.* 164 (bzw. etwa 23–24 Zeilen für eine Kolumne) führt.[25]

7.4 Hoffnung auf neuen Text zur Akademie – *cornice* 3 und der noch ungeöffnete Teil von *PHerc.* 164

Einem neueren Datenblatt (1911), welches die *Neapolitanischen Disegni* von *PHerc.* 164 als eine Art Schutzhülle (*foglio di guardia*) umschließt, entnimmt man, dass der Papyrus von Alfonso Cozzi 1903 weiter entrollt wurde.[26] Das enttäuschende Resultat dieses Unterfangens ist eine *cornice* 3, auf der einige größere Fragmente aufgeklebt sind, welche praktisch unlesbar sind.[27] Dieser Versuch war offenbar von Meklers kurz zuvor erschienener Ausgabe des *Index Academicorum* inspiriert. Initiator war Richard Hesky, wie eine Sichtung von Archivunterlagen ergab.[28] Der Wiener Gelehrte weilte im Sommer 1903 in Neapel. Im Juni bat er schriftlich um die Weiteraufwicklung von *PHerc.* 164, was bewilligt wurde. Cozzi begann daraufhin im Juli 1903 mit dem Weiterentrollen des Papyrus, welches sogleich auf Geheiß Heskys wieder eingestellt wurde,

---

24 Cavallo (1983), S. 18.

25 Die Berechnungen von Crönert (1903), S. 371–376 fußten auf einem vergleichbaren Ansatz und kommen zu einem ähnlichen Ergebnis, wobei seine Teilrechnungen teils auf (heute) falschen Voraussetzungen beruhen. Die neue Rechnung ist auch durch die Verbindung von frg. 18 mit frg. 25 gedeckt, siehe den Kommentar zu Kol. 9,3–4.

26 Das Deckblatt informiert: „*svolto nel 1805 da Luigi Catalano e nel 1903 da Alfonso Cozzi.*"

27 Gigante (1978), S. 92 vermerkt die Existenz dieser dritten *cornice* und quantifiziert: „cr. 3: pz I (29,2 l, 6,1 h)." Weiter schreibt er nur: „cr. 3 illegibile, cattivo."

28 Die Dokumente habe ich im Archiv des *Museo Archeologico Nazionale di Napoli* (*MANN*) in Neapel identifiziert. Crönert stand Cozzis neuen Aufrollversuchen kritisch gegenüber, vgl. Capasso (1980), S. 264, 287. Zu Heskys Aufenthalt siehe Capasso (1985), S. 171.

ABB. 24   Oben Auszüge PHerc. 164 cornice 3, unten PHerc. 164 cornice 1 und 2 (verschiedene
Hände/Papyri) – MSI
MIC © BNN/BYU

da die Resultate wenig ergiebig waren.[29] Dorandi (1991) nimmt den Papyrus
faktisch in seine Ausgabe auf, wenn auch ohne Transkription, und schreibt:
„la parte superstite, trattata da A. Cozzi nel 1903, risultò improduttiva." Gaiser
(1988) konstatierte: „Ein dritter Rahmen enthält einige unleserliche Fragmente;
sie stammen von einem weiteren, erfolglosen Versuch des Jahres 1903, auch
noch den inneren Kern der Rolle („midollo") zu öffnen."[30]

Auf cr. 3 von *PHerc.* 164 sieht man mit dem bloßen Auge nur wenig und auch
die digitalen Bilder bieten nicht viel, aber immerhin sind einige auch am Original teilweise verifizierbare Buchstaben und Buchstabenreste zu erkennen.

---

29   Hesky notiert in einem Bericht: „... *Sign(or) Cozzi ne cominciò lo svolgimento nei primi di
Iuglio. Ma siccome il lavoro era senza frutto, perché i pezzetti svolti davano soltanto poche
lettere di nessun significato, il sottoscritto (Hesky) credette opportuno pregare il Signor di
desistere dal lavoro intrapreso ..."* (AMNN Busta IV, C, 10,19). Einer Übersicht über Cozzis
Aufwicklungen zwischen 1901 und 1903 entnehmen wir, dass der Papyrus zwischen dem
6. und 8. Juli 1903 aufgewickelt wurde, nur einige Buchstaben zu erkennen waren und das
Fragment aus sechs Teilbereichen besteht (AMNN Busta IV, C, 10,19). Im Archiv der *Officina dei Papiri* konnte ich noch zwei zu diesem Vorgang gehörige Dokumente finden: Die
Bitte Heskys um Erlaubnis zum Weiteraufwickeln (*AOP 1903 fasc. I doc. I* – ... „Sia dato
l'ordine all'ufficio rispettivo di svolgere interamente il papiro n° 164" ...) und eine spätere
Bezugnahme auf diese Bitte (AOP 1904 fasc. I doc. 1, Bericht an Martini vom 9.11.1904).

30   Dorandi (1991), S. 103 und Gaiser (1988), S. 42.

Ich habe in Fleischer (2018b) erstmals gezeigt, dass cr. 3 paläographisch nicht mit den Fragmenten von cr. 1 und 2 kompatibel ist. Folglich stammen die Fragmente von cr. 3 von einer anderen Rolle.[31] Der Papyrus, welcher 1903 weiter entrollt wurde, war in Wirklichkeit nicht *PHerc.* 164 (Philodems Endfassung), sondern irgendeine andere Rolle. Solche Missverständnisse oder Irrtümer beim Weiterentrollen von Papyri bzw. Nummerieren von Rollen(teilen) sind nicht unüblich. Es ist auffällig, dass in den beiden anderen *cornici* meistens nur Teile vom oberen oder unteren Rand der Kolumnen erhalten sind, während sich auf cr. 3 ein Stück größeren Ausmaßes befindet.[32] Insbesondere sind auch die Farben der Fragmente verschieden. Während die ersten zwei *cornici* von *PHerc.* 164 „kohlschwarz" sind, weisen die Stücke auf cr. 3 ein helleres Schwarz mit braunrötlichen Elementen auf.

Was geschah nun mit dem (Rollen)Teil von *PHerc.* 164, welcher etwa *PHerc.* 1021, Kol. 17–36 (inkl. einiger Verso-Kolumnen) entspricht? Wurde er während des offenbar schwierigen Aufrollprozesses gänzlich vernichtet oder schlummert er vielleicht noch irgendwo in der Herkulanischen Sammlung? Dieser Teil von *PHerc.* 164 würde es erlauben, Philodems finale Anordnung des Stoffes und Arbeitsweise noch besser zu verstehen und allem voran mehr Text und somit Informationen zur Skeptischen Akademie von Arkesilaos bis Philio und zu Antiochos von Askalon zu gewinnen.

In der Tat liegt noch eine teilaufgewickelte Rolle mit der Nummer 164 in der Sammlung. Gaiser und Dorandi ignorierten diesen noch nicht aufgerollten Rollenteil in ihren Ausgaben und gingen offenbar implizit davon aus, dass mit Cozzis erfolglosem Aufrollversuch von 1903 (cr. 3) der Papyrus vernichtet bzw. vollständig entrollt worden war.

Ich habe diesen Rollenteil mit der Nummer 164 in dem betreffenden Schrank bzw. der genannten „cassetto" (eine Art Schublade) inspiziert, wo er mit

---

31   Das α in cr. 1 und 2 hat normalerweise einen horizontalen, eher unten bis mittig gelegenen Mittelstrich und ist recht symmetrisch. Der Mittelstrich des α ist in cr. 3 (frg. 1 und 4) sehr schräg und der Buchstabe nicht symmetrisch. Auch das λ ist in cr. 1 und 2 sehr symmetrisch, nicht so in cr. 3 (frg. 1). π hat in cr. 1 und 2 keine deutlich links überstehende Vertikale, anders in cr. 3 (frg. 1). Das ο ist in cr. 1 und 2 eher breit, nicht in cr. 3 (frg. 1). Die Buchstaben x und μ von cr. 3 (frg. 3 und 4) haben nur wenig Ähnlichkeit mit den entsprechenden Buchstaben in cr. 1 und 2. Andere Buchstabenreste scheinen auch von anderer Hand zu sein. Generell scheinen die Buchstaben in anderem Duktus und auch anderem Zeilenabstand geschrieben.

32   Auf den MSI ist im Gegensatz zum Original nicht sichtbar, dass die Fragmente alle durch eine durchgehende Klebeschicht (Goldschlägerhaut) miteinander verbunden sind. Bei dem Argument der Farbe ist jedoch aufgrund der Zeit zwischen dem Entwickeln der einzelnen *cornici* und möglicherweise unterschiedlichen Fertigkeiten der *svolgitori* Vorsicht geboten.

ABB. 25   Schublade mit einem Rollenteil der Nummer 164 (cassetto 15)
MIC © BNN

weiteren ungeöffneten bzw. teilgeöffneten Rollen bzw. Rollenstücken liegt (Abb. 25).[33] Er stammt vom oberen oder unteren Teil einer bereits teilweise aufgewickelten Rolle. Die Höhe von bis zu 6 cm passt zur Höhe des Fragments auf cr. 3 (aber auch etwa zur Höhe der meisten Fragmente von cr. 1 und 2). Vor dem Papyrus befindet sich ein Schild mit der Nummer 164. Der Papyrus ist in einem porösen, aber insgesamt noch relativ „stabilen" Zustand.[34]

Crönert (1903) wusste von dieser Restrolle und schrieb: „Jedoch habe ich die schwierigste und verantwortungsvollste, aber auch die schönste Aufgabe, wel-

---

33   Die Papyri in der Kiste tragen die Nummern (von links nach rechts) 162, 164, 165, 166, 170.

34   Zu diesem Rollenteil macht Travaglione (2008), S. 42 folgende Angabe: „Nel Cass. 15 è contrassegnata dal n.° 164 la parte residua di un papiro non intero (h 6 ca., d 4,8, g 20) non del tutto corrispondente alla descrizione degli inventari (non intero; h 10, d 4,1 g 20)." Diese Angabe ist auch bei Martini (1883), S. 102 und Litta (1977), S. 145 zu finden. Sie passt zu der Angabe auf dem Deckblatt (1911) der Disegni von *PHerc.* 164, welches schon von Cozzis Aufrollversuch von 1903 und der dritten *cornice* berichtet („Una parte provata del papiro si trova nell' Armadio I, tavoletta XV"). Crönert (1903), S. 373: „Wie die Neapler Liste besagt, hat das noch geschlossene Stück der Rolle einen Durchmesser von 4.1 cm, ziemlich denselben Durchmesser haben darum auch die Umrollungen gehabt ...."

che an der Überlieferung der Philodemischen Schrift (*Index Academicorum*) zu lösen ist, noch nicht erwähnt. Es ist die Aufrollung des geschlossenen Theiles des Papyrus 164. Oft geschah es, dass man bei Rollen, die sich schlecht lösen liessen, die Arbeit unterbrach und den geschlossenen Rest wieder in die Abtheilung der papiri non svolti zurückstellte."[35] Prinzipiell ergeben sich vor dem Hintergrund der von den anderen *cornici* abweichenden Hand von cr. 3 nun zwei Möglichkeiten. Als erste Möglichkeit kommt in Betracht, dass Cozzi den Papyrus, der heute unter der Nummer 164 in der cassetto liegt, im Jahre 1903 weiter aufrollte. Dafür spricht, dass teils dieselbe rot-bräunliche Farbe an der Rolle zu identifizieren ist wie im Fragment auf cr. 3 und die Höhe ebenfalls identisch ist. Ferner passen die Voluten des Fragments etwa zum Umfang der Restrolle. Der Papyrus war dann bereits zu Cozzis Zeiten mit 164 nummeriert, was auch genau den Eintragungen im alten Inventar (1883) entspricht, nur dass dort die Höhe (vielleicht eine Rundung) mit 10 cm zu hoch angegeben ist. In diesem Fall würde die andersartige Hand von cr. 3 beweisen, dass der Papyrus 164 in der cassetto nicht identisch mit der Endfassung des *Index Academicorum* (*PHerc.* 164) ist und dort eine ganz andere Rolle liegt. Die zweite Möglichkeit ist, dass Cozzi im Jahre 1903 irrtümlich nicht Nummer 164, sondern eine andere Rolle (Nummer) aufgerollt hat, aber glaubte *PHerc.* 164 (teils) entrollt zu haben (cr. 3). Dann wäre es möglich, dass der teilaufgerollte Papyrus mit der heutigen Nummer 164 in cassetto 15 tatsächlich noch Teile des zweiten Teils von Philodems Endversion des *Index Academicorum* (*PHerc.* 164) enthält. In diesem Fall wäre entweder der obere oder untere Teil der Rolle verlorengegangen (oder einer der Teile liegt heute unter einer anderen Nummer). Der Durchmesser von 4,8 cm der heute in der cassetto liegenden Rolle könnte angesichts diverser Variablen gerade zu einem vermuteten zweiten Teil von *PHerc.* 164 passen und folglich Teile von Philodems Endversion des *Index Academicorum* enthalten. Angesichts der Anatomie und auch Nummerierung der Restrolle erscheint die erste Möglichkeit weitaus wahrscheinlicher, also dass die heute mit der Nummer 164 versehene Rolle von Cozzi im Jahre 1903 weiter aufgerollt wurde und schon (lange) zuvor ein Fehler bei der Nummerierung unterlief, sprich diese Restrolle 164, anders als von Crönert und Hesky erhofft, nicht die Endversion des *Index Academicorum* enthält.

Was ist nun aber mit den Resten der Endversion des *Index Academicorum*? Zwar ist theoretisch möglich, dass die Rolle beim Aufrollen 1805 völlig zerstört wurde, aber tendenziell wohl wahrscheinlicher, dass die Rolle mit dem übrigen Teil der Endversion des *Index Academicorum* heute in irgendeiner Schublade

---

35   Crönert (1903), S. 392.

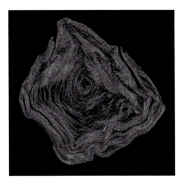

ABB. 26   ABB. 27

Scan einer Rolle (Querschnitt- *X-ray phase-contrast tomography*) und Rolle im Laserlicht
ABB. 26: © EDUCELAB/UNIVERSITY OF KENTUCKY ABB. 27: © STEVE BAILEY/EDUCE-
LAB/UNIVERSITY OF KENTUCKY

der Sammlung unter anderer Nummer liegt oder vielleicht sogar in cassetto
15.[36] Ich konnte in den Archivunterlagen aber keinen Hinweis auf den genauen
Verbleib finden. Besteht nun die Möglichkeit, dass entweder der Papyrus aus
cassetto 15 mit der Nummer 164 oder der „echte" Restpapyrus von *PHerc.* 164
in nicht allzu ferner Zukunft entrollt werden? Crönert (1903) führte den oben
zitierten Gedanken prophetisch und enthusiastisch fort: „Dass man an den
schwierigen Stücken die Arbeit nicht bis zur vollständigen Zerbröckelung fortsetzte, geschah zum Vorteil der Wissenschaft. Denn nun bleibt immer noch die
Hoffnung, dass es eines Tages gelingen werde, den Inhalt besser zu erschliessen
.... Es war höchste Zeit, dass die alte Arbeitsweise aufhörte. Hätte man sie fortgesetzt, so wäre heute von den geschlossenen Theilen vielleicht gar nichts mehr
übrig ... und wir hätten keine Hoffnung mehr auf glückliche Funde. Diese aber
haben wir heute noch. Denn es muss sich doch einmal ein Mittel entdecken
lassen, den verkohlten Stoff der Papyri biegsamer zu machen und ihn von den
benachbarten Lagen zu trennen ... Hier hat der Chemiker das erste Wort ...."[37]
Das „Mittel" zum Aufrollen, welches Crönert vor so langer Zeit ersehnte, ist nun
greifbar nahe. Ich habe in meiner Monographie „Die Papyri Herkulaneums im
Digitalen Zeitalter. Neue Texte durch neue Techniken – Eine Kurzeinführung"
(2022) ausführlich geschildert, wie seit geraumer Zeit Bemühungen mit immer
vielversprechenderen Zwischenergebnissen im Gange sind, die noch über 600
geschlossenen Rollen(teile) der Herkulanischen Sammlung virtuell aufzuwi-

---

36   Den Fragmenten von *PHerc.* 164 (cr. 1 und 2) nach zu urteilen dürfte die Rolle in einen obe-
      ren und unteren Teil auseinandergefallen sein. Gerade die Angabe „restituto" im Inventar
      (siehe I 7.3) spricht dafür, dass der Papyrus nicht vollständig entrollt wurde.

37   Crönert (1903), S. 392 f.

ckeln (X-ray phase-contrast tomography und virtual/non invasive unrolling)
und benachbarte Papyruslagen so gleichsam virtuell zu trennen und zu lesen,
ohne den Papyrus physisch zu entrollen.[38] Nicht Chemiker, wie Crönert (1903)
glaubte, sondern Physiker/Informatiker könnten uns somit „wider Sternenlauf
und Schicksal" in nicht allzu ferner Zukunft noch einmal weitere Einsichten in
die Geschichte von Platons Akademie ermöglichen. Im Übrigen könnte unter
den noch nicht aufgerollten Papyri auch noch die etwaige fortgeschrittene Entwurfsversion oder ggf. die erste kalligraphische Version sein (siehe I 6.3). Wir
dürfen hoffen.

---

38   Fleischer (2022a), S. 62–79.

KAPITEL 8

Layout, Formalia, Forschungsgeschichte, Grundlagen und Methoden der Neuedition

8.1   Mise en page, Zeichen, Orthographie, Schrift und Stil

Was das Layout des *Index Academicorum* (*PHerc.* 1691/1021) betrifft, ist nicht zuletzt aufgrund der Klebungen eine gewisse Varianz in den Maßen zu verzeichnen. Zunächst seien folgende Daten schematisch gegeben:

Höhe des Papyrus: ca. 21–22 cm
Beschriebene Fläche (Kolumnenhöhe): 17–18 cm
Oberer Rand: 1–2 cm
Unterer Rand: 2–3 cm
Interkolumnarer Raum (zwischen den Beginnen zweier Kolumnen): 6,2–7,3 cm
Interkolumnium (freier Bereich zwischen Ende und Beginn der nächsten Kolumne): 0,5–1,5 cm
Maximale Zeilenzahl auf dem Rekto: 47 (Kol. 8* und 23)
Minimale Zeilenzahl auf dem Rekto: 39 (Kol. 11 und 12)
Maximale Zeilenzahl auf dem Verso: 46 (Kol. T – unsicher), 45 (Kol. X)
Minimale Zeilenzahl auf dem Verso: 14 (Kol. R – vielleicht unvollständig)
Durchschnittliche Zeilenzahl (Rekto): 43,15

Die gelegentlich stark abweichende Anzahl von Zeilen pro Kolumne erklärt sich durch den Entwurfscharakter. So ist auffällig, dass der später in die Rolle eingeklebte Bogen mit den Kolumnen 9, 10, 11, 12 nur etwa 40 Zeilen pro Kolumne umfasst (40, 40, 39, 39), während die umgebenden Kolumnen etwa 46 Zeilen zählen. Auch scheint der obere Rand je nach Zeilenzahl, wie bei literarischen Papyri allgemein, etwas niedriger als der untere Rand zu sein. Mitunter wurden Zeilen in vorhandenen Freiraum hineingequetscht oder teils „großzügiger" geschrieben (siehe I 6.2). Gewöhnliche, d. h. kalligraphisch-finale Papyri aus Herkulaneum, haben meist zwischen 25 und 40 Zeilen pro Kolumne, so dass der *Index Academicorum* zu denjenigen Rollen mit den meisten Zeilen pro Kolumne gehört.[1] Das Gros der Kolumnen des *Index Academicorum* umfasst 43 bis 45 Zeilen (siehe V 1.3).

---

1   Cavallo (1983), S. 18.

© KILIAN FLEISCHER, 2023 | DOI:10.1163/9789004546547_009

Das sogenannte „Gesetz von Maas", welches die Linksneigung von Kolumnen besagt (die letzte Zeile einer Kolumne beginnt etwa 1–2 cm weiter links als die erste Zeile), ist bei vielen Kolumnen des *Index Academicorum* deutlich erkennbar.[2]

Hinsichtlich Interpunktion und diakritischen Zeichen ist festzuhalten, dass erstmals an zehn (!) Stellen des Papyrus Hochpunkte ((ἄνω) cτιγμαί)[3] identifiziert werden konnten, welche sporadisch zur Verdeutlichung von Worttrennung bzw. Syntax gesetzt wurden und teils die Funktion eines *spatium* erfüllen.[4] Ansonsten sind nur *paragraphoi* (47 mal) und *diplai obelismenai* (3 mal) als paratextuelle Gliederungszeichen genutzt, welche in der Regel immer mit einem *spatium* kombiniert sind (siehe die Tabelle in V 1.1).[5] Zu diesen genuinen, auch in anderen Herkulanischen Papyri vorkommenden paratextuellen Zeichen treten noch „redaktionelle" Angaben in Form von Haken oder Vertikalen, welche Transpositionen oder Tilgungen (von Dubletten) für die Endversion anzeigen sollten.[6] Auch wird einige Male auf die unter oder über den Kolumnen einzufügenden Ergänzungen oder das Verso verwiesen (siehe die Tabelle in V 1.1).[7] An drei Stellen ist die Tilgung mehrerer Zeilen mit einer Klammer am rechten Rand angezeigt, wobei kleinere Klammern innerhalb der Zeilen die genaue Stelle markieren.[8] Stichometrische Zeichen sind nicht vorhanden, was bei einer Entwurfsversion auch nicht sonderlich verwundert.[9] Ferner fehlt mit hoher Wahrscheinlichkeit eine *subscriptio* in PHerc. 1691/1021.

Es sind nur sehr wenige nicht korrigierte Fehler (inkl. ausgelassene Wörter oder Wortteile) im Papyrus zu konstatieren, was angesichts des Entwurfscharakters beinahe etwas erstaunt.[10] Der *diorthotes* (professioneller Korrektor, Hand 3) hat durchschnittlich nur etwa zwei Berichtigungen pro Kolumne vor-

---

2   Das Gesetz ist bei mehreren Herkulanischen Papyri zu beobachten, vgl. Janko (2000), S. 72 und Ranoccchia (2007), S. 230.

3   Für ihre Funktion, Perioden zu gliedern, siehe Turner (1987), S. 9–10.

4   Kol. 8*,43; 8*,45; 9,10; 12,2; 13,10; 13,42; 16,9; 17,39; 19,17; N,21.

5   Die gewisse Konzentration der wenigen *diplai obelismenai* (Kol. 22,37; 25,36; 26,4) könnte sich durch Übernahme aus einer Vorlage erklären.

6   Kol. 8*,24–25; 8*,45–46; 12,39; 15,46; 26,44–45 (2×); 36,15 und 20 (Überblick in V 1.1). Auch auf dem Verso könnten einige Zeichen solche redaktionellen Angaben repräsentieren. Darüber hinaus sei auf die Angabe β links von Kol. 23,7–10 hingewiesen.

7   Gesicherte Verweise finden sich in Kol. 2,38; 6,27; 10,40; 20,3.

8   Kol. 20,38–40; 22,21–23; 33,17–19.

9   Das Zeichen rechts von Kol. 16,40 könnte ein stichometrisches Zeichen darstellen, aber alternative Erklärungen sind denkbar.

10   Kol. 6,2; 6,11 (unsicher); 8,46 (unsicher); 10,13 (unsicher); 13,45; 25,3; 25,15; 26,40 (unsicher); 32,4; Y,15; X,9; (unsicher); N,16 (zweimal).

nehmen müssen.[11] Dazu strich er meist den falschen Text mit mehreren Strichen recht unästhetisch aus – es handelt sich ja nur um den Entwurf – und fügte den korrekten Text interlinear über oder hinter der Ausstreichung beginnend ein. Manchmal musste er auch ohne Tilgung nur fehlende Buchstaben ergänzen.[12] In wenigen Fällen ist der korrekte Buchstabe über den falschen Buchstaben in die Hauptzeile hinweggeschrieben – vielleicht gehen diese Korrekturen nicht auf den *diorthotes*, sondern den Schreiber (oder eine andere Hand) direkt zurück.

Das *Iota mutum* ist als *Iota adscriptum* im Papyrus meist geschrieben und fehlt nur selten.[13] Jedoch steht es 7-mal überflüssig bzw. fälschlicherweise.[14] Das ν-ἐφελκυϲτικόν steht wie in anderen Philodem-Papyri auch öfters überflüssig vor Konsonanten.[15] Phonetische Abweichungen vom Klassischen Griechisch bzw. Koine-Griechisch sind äußerst selten.[16] In Kol. 36 könnte das bei zwei Ethnika vergessene zweite λ auf Diktat zu irgendeinem Zeitpunkt hindeuten.[17] Einmal ist γ γ für μ γ, einmal μ π für ν π zwischen zwei Wörtern und viermal γλ für κλ innerhalb eines Wortes geschrieben, einmal νκ für γκ.[18] Mindestens viermal findet sich ποέω anstelle von ποιέω.[19]

Die Schrift der Haupthand des Rekto von *PHerc.* 1021 (Hand 1) zeichnet sich durch eine sehr schnelle, informelle und unregelmäßige Ausführung mit Tendenz zur Rechtsneigung aus. Cavallo ordnet die Hand in seiner umfassenden paläographischen Studie Herkulanischer Papyri der Gruppe F zu.[20] Auch

11   Im Papyrus (Rekto und Verso) sind etwa 80 „Tilgungen" identifizierbar. Hinzu kommen noch einige vergessene Wörter bzw. Buchstaben. Es ist möglich, dass der *diorthotes* nicht alle Kolumnen des Verso (oder auch keine) korrigierte. Auch ist in den fragmentarischen Zeilen mit einigen nicht identifizierten Korrekturen zu rechnen, so dass sich auf den (teil)erhaltenen 40 Rekto-Kolumnen und 12 Verso-Kolumnen etwa 100 Korrekturen befunden haben dürften.

12   In Kol. 14,8 fällt beim Vergleich des *Oxforder Disegno* mit dem erhaltenen Papyrus eine Merkwürdigkeit auf. Im Papyrus ist das erste ν klar in der Hauptzeile geschrieben, aber im *Oxforder Disegno* interlinear ergänzt. Offenbar hatte der *disegnatore* den Buchstaben zunächst vergessen und später ergänzt, so dass das Disegno nun fälschlicherweise eine Ergänzung im Originalpapyrus selbst suggeriert. Folglich ist zumindest bei einigen nicht verifizierbaren, nur im Disegno erhaltenen Ergänzungen oder auch Korrekturen denkbar, dass sie lediglich Ergänzungen des *disegnatore* darstellen.

13   Kol. 28,40; 30,11 (zweimal); N,6; N,9; N,10; N,18.

14   Kol. 8,7; 21,38; 23,6; Y,13; V,2; T,8; P,27.

15   Kol. 7,15; 21,41.

16   Kol. 15,45 (nicht verbessert); X,9. In Kol. 17,1 liest man δυεῖν.

17   Kol. 36,2–3.

18   Kol. 1,12; 12,3; 16,42; 18,1; 30,4; Q,5; 21,6.

19   Kol. 2,16; 8,15; 21,41; V,8.

20   Cavallo (1983), S. 33.

Hand 2 (Ergänzungen und Verso-Kolumnen Z, Y, X) weist kursive Elemente auf (etwa der Bogen bei κ), die sogar noch stärker ausgeprägt sind. Jedoch sind beide Hände, wenn die Zeilen unzerstört sind, gut lesbar und als literarische Hände zu bezeichnen. Ligaturen oder Abkürzungen fehlen und die Buchstaben berühren einander nur selten, obwohl es sich um eine Entwurfsversion handelt.[21] Jedoch sind die Buchstaben jeweils sehr unterschiedlich ausgeführt und variieren hinsichtlich der Größe bei gegebener Zeilenposition erheblich (teils doppelte Größe desselben Buchstabens), was die Ergänzung des Textes und die Interpretation von Spuren erschwert. Cavallo datiert die (Haupt)Hand des Rekto auf 75–50 v. Chr., was mit dem aus internen Kriterien ableitbaren Zeitraum 68–57 v. Chr. kompatibel ist (siehe III 1: Einordnung Kol. 35,2–22).

Die Hand der Endversion (*PHerc.* 164) ist äußerst elegant, teils mit Serifen, ausgeführt und wird von Cavallo Gruppe K zugeordnet.[22] Er will sie auf das Ende des 1. Jh. v. Chr. oder sogar später datieren, ebenso den *Index Stoicorum*.[23] Dies würde implizieren, dass der *Index Academicorum* oder sogar die gesamte *Syntaxis* nach Philodems Tod ein zweites Mal kopiert wurde. Ich will einen „Nachdruck" des *Index Academicorum* nach Philodems Tod nicht völlig ausschließen, gebe aber für diesen Zeitraum eher wenig sicher datierbares paläographisches Vergleichsmaterial und generelle Unschärfen bei der Datierung solcher Hände zu bedenken. Mir erscheint es gut möglich, dass die Hand von *PHerc.* 164 auch einige Dekaden früher, also auf die Abfassungszeit des *Index Academicorum*, datieren könnte, und *PHerc.* 164 somit keine spätere „Neuauflage" darstellt.[24] Indes, ich will mich in dieser Frage nicht letztgültig entscheiden. Ihr kommt auch keine alllzu große Bedeutung zu – für die Textherstellung praktisch keine und auch für das Nachleben des *Index Academicorum* wohl nur eine geringe.

Auf sprachlicher Ebene zeichnet sich der *Index Academicorum* trotz seiner Natur als Amalgam diverser, zuweilen wörtlich kopierter Exzerpte durch einen schlichten und gefälligen Koine-Prosastil aus, wobei Philodems idosynkratische Schreibweise nur selten, meist bei Übergangspassagen, durchschimmert. Selbst die Verse aus Apollodors *Chronica* fügen sich prosaisch anmutend in das

---

21   Teils berührt die Horizontale von π den nächsten Buchstaben oder Teile anderer Buchstaben fallen vor gewissen Kombinationen ausladend aus, aber es ist keine Systematik erkennbar.

22   Cavallo (1983), S. 37.

23   Cavallo (1983), S. 62. Die Ansicht wird auch von Dorandi (1991), S. 111 geteilt, mit Verweis auf Dorandi (1988a).

24   So schreibt etwa Parsons (1989) gegen Cavallo (1983), dass keine Hand eines griechischen Papyrus aus Herkulaneum mit Sicherheit (hoher Wahrscheinlichkeit) nach Philodems Tod datiert werden kann.

Werk ein – in der Endfassung dürften sie zumindest teilweise in Prosa erschienen sein –, so dass „Stilbrüche" trotz der verschiedenen Quellen nicht unangenehm ins Auge fallen. Einige seltene Wörter oder *hapax legomena* wirken in der Regel nicht sonderlich störend. Je nach zugrunde liegender Quelle sind deren sprachliche Besonderheiten aber mitunter trotz Umformulierung noch erkennbar (etwa Hiat). Das Vokabular ist dem Genre „Philosophiegeschichte" geschuldet und Philodems in anderen philosophischen Werken genutzten, teils etwas befremdlichen Formulierungen begegnet man im *Index Academicorum* kaum.

8.2   Bisherige Editionen und Forschung

Nach dem Aufwickeln des Papyrus im Jahre 1795 dauerte es fast 70 Jahre, bis der Papyrus der Gelehrtenwelt durch die Abbildungen (*Neapolitanische Disegni*) in dem ersten Band der sogenannten *collectio altera* (1862) bekannt wurde.[25]

Ludwig Spengel (1863) besprach diesen Band und widmete dem *Index Academicorum* besondere Aufmerksamkeit, wobei er einige Stellen transkribierte und restituierte. Er resümiert, dass mit diesem Papyrus die wichtigste Schrift des Bandes vorliegt, und hält fest: „Das traurigste aber sind die Lücken. Es sind Scherben einer Vase, zu wenig um das Gefäß zusammenzusetzen, aber doch selbst zerbrochen nicht ohne Wert; denn sie lassen, wie das Ganze gewesen ist, deutlich erkennen. Es ist aber damit zugleich auch der erfreuliche Beweis geliefert, dass in jener herkulanischen Bibliothek außer epikureischen Diatriben auch noch anderes zu finden ist."[26] Philodems Autorschaft erkannte er noch nicht.

Die *editio princeps* wurde 1869 von Franz Bücheler auf Basis der *collectio altera* besorgt. Allerdings transkribierte er in ihr nur auszugsweise Passagen, die er der Besprechung für würdig hielt. Vieles verlagerte er in den Apparat, der nicht nur hilfreiche Parallelstellen bereithält, sondern auch manch ingeniöse Konjektur, welche bis heute im Text ist oder nun wieder in diesen aufgenommen wurde.[27] Bücheler hat mit seiner Pionierarbeit späteren Herausgebern

---

25   Herculanensium voluminum collectio altera I, S. 162–197 (= VH² – Kupferstiche der 36 *Neapolitanischen Disegni*). Da eine *subscriptio* fehlt, wurde der Papyrus in der *collectio altera* mit „incerti auctoris liber" beschrieben.

26   Spengel (1863), S. 535–545 (zum *Index Academicorum*), Zitat S. 545. Im Folgenden vermutet Spengel noch weitere philosophiehistorische Rollen zu anderen Schulen und ein Gesamtwerk wie das des Diogenes. Dies sollte sich in den folgenden Dekaden tatsächlich als wahr herausstellen.

27   Etwa die „63 Jahre" in Kol. 33,17–18.

den Weg gebahnt und eine rege Forschungsarbeit am *Index Academicorum* evoziert. Er war aufgrund einer missverstandenen Stelle skeptisch, was Philodems
Autorschaft betraf.[28] Sein Rezensent Röper (1870) erkannte erstmals die Originalverse aus Apollodors *Chronica* (siehe Quellen Kol.26,Mitte–28,40). Man
beachte, dass Bücheler für seine Ausgabe weder das Original konsultierte noch
die *Oxforder Disegni* zur Verfügung hatte (siehe I 5.3).

Für die folgenden Jahre ist der Wiener Gelehrte Theodor Gomperz zu nennen, welcher zahlreiche formidable Einzelbeiträge veröffentlichte und sich private Abzeichnungen der *Oxforder Disegni* besorgte.[29] Viele Konjekturen sind in
die Ausgabe Meklers eingeflossen, dem Gomperz auch seine über viele Jahre
entstandenen Aufzeichnungen überließ.[30] Ulrich von Wilamowitz-Moellendorff hat dem *Index Academicorum* in seinem berühmten „Antigonos von
Karystos" (1881) ebenfalls gebührenden Platz eingeräumt und schrieb später zu
einer Stelle aus Apollodors *Chronica* eine Miszelle (1894).[31] Er kam unabhängig
von Gomperz zu dem Schluss, dass mehrere Passagen im *Index Academicorum* und bei Diogenes Laertius auf Antigonos von Karystos zurückgehen (siehe
Quellen Kol. 8*,23–14,3).[32]

Mekler (1902) verdanken wir die erste Gesamtausgabe des *Index Academicorum* im modernen Sinne, welche sowohl papyrologisch-philologisch als auch
in der Art der Präsentation Maßstäbe setzte. Mekler weilte selbst für einige
Wochen in Neapel und konnte auch auf Crönerts Transkription zurückgreifen,
der kurz zuvor Teile der Endversion (*PHerc.* 164) in der *Officina dei Papiri* aufgestöbert hatte. Auch verarbeitete Mekler erstmals die *Oxforder Disegni*, erkannte
aber noch nicht, dass die mit Buchstaben gekennzeichneten Kolumnen vom
Verso stammen (siehe I 6.1). Er druckte ein Diplomatisches Transkript neben
dem artikulierten Text in Kolumnenform. Für seine Ausgabe konnte er sich
großer Unterstützung durch Gomperz, Wilamowitz, von Arnim, Bücheler und
Crönert erfreuen. Jacoby konnte Meklers Ausgabe schon für sein Apollodor-
Buch nutzen (1902).[33] Neben vielen unter dem Text gesammelten Parallelstellen ist besonders die chronologische Übersicht (*fasti Academici*) positiv
hervorzuheben. Die Ausgabe machte den *Index Academicorum* in der Wis-
senschaftswelt noch bekannter, wenngleich der Text in vielen Passagen eher

---

28   Bücheler (1869), S. 3. Er fasste einen Vers aus Apollodors *Chronica* als Hinweis auf einen
      athenischen Autor auf (Kol. 26,43–44 = Kol. 29,15–16).

29   Darunter etwa Gomperz (1875); Gomperz (1882); Gomperz (1887); Gomperz (1898).

30   Vgl. Mekler (1902), S. xxxii–xxxiii.

31   Wilamowitz (1881), S. 62–69; Wilamowitz (1894).

32   Gomperz (1870), S. 41 und Gomperz (1887), S. 142 Fn. 1.

33   Jacoby (1902), Vorwort.

exempli gratia rekonstruiert war und ein gewisses Verbesserungspotential nicht zu übersehen war. Unter den Rezensionen ist zunächst diejenige von Prächter (1902) hervorzuheben, welcher Gomperz' Beitrag für die Edition betont, allzu kühne Ergänzungen Meklers kritisiert und etliche textuelle und exegetische Vorschläge macht. Trefflich schreibt er: „Aber es wäre zu wünschen, dass auch vorher schon eine lebhaftere Beteiligung der philologischen Welt, als sie erfahrungsgemäß noch immer den nur mühsam zu lesenden Texten der auf Papyri erhaltenen Autoren zuteilwird, zur Lösung mancher Schwierigkeit führen möge. Der *Index Academicorum* kann vielen auch sehr verschiedenartig interessierten Forschern etwas bieten, aber auch von vielen etwas empfangen."[34] Auch Apelt (1902) und Schenkl (1903) warfen konstruktive Gedanken in ihren Rezensionen auf. Letzterer schreibt: „So erlesener Mitarbeiterschaft, so nachdrücklicher Unterstützung, wie sie Herrn Mekler zuteil geworden ist, dürfen sich in der Tat nur wenige Editoren neuerer Zeit rühmen ... insofern seine eigene Arbeit nunmehr den Vergleich mit den Leistungen unbezweifelter Koryphäen unserer Wissenschaft auszuhalten hat ... Oft ist es, als ob ein tückischer Kobold sich den Spaß gemacht hätte, mitten in einem leidlich zusammenhängenden Stücke gerade Eigennamen und andere Angaben, die sich am schwersten ergänzen lassen, auszuscheiden."[35]

Crönert (1903) legte in einem langen Beitrag mit Rezensionscharakter „Die Überlieferung des Index Academicorum" erstmals dar, dass der Papyrus (*PHerc.* 1021) ein „Arbeitsmanuskript" Philodems ist und konnte so diverse Eigentümlichkeiten erklären (siehe I 6.2). Auch in seinem „Kolotes und Menedemos" (1906) rekonstruierte er mehrere Passagen neu und rekurrier auf die Schrift in weiteren Artikeln.[36] Die letzte „größere" Abhandlung zum *Index Academicorum* steuerte Wilamowitz (1910) im Rahmen von „Lesefrüchten" bei. Dort mahnte er größere Zurückhaltung beim Ergänzen an: „Die ars nesciendi ist im Philodem nur zu sehr außer Übung gekommen."[37] Die vielen Archonten-Namen im *Index Academicorum* waren für das Füllen mancher Lücke in der Liste der Athenischen Archonten hilfreich, so dass der Papyrus auch von Epigraphikern bzw. Althistorikern rezipiert wurde. Jacoby machte in FGrH 244 (Apollodor-1929) nochmals einige neue Textvorschläge.[38]

---

34   Prächter (1902), S. 972.
35   Schenkl (1903), S. 114,147.
36   Etwa Crönert (1907); Crönert (1930), S. 143 Fn. 2.
37   Wilamowitz (1910), S. 406–414, hier: S. 412 Fn. 2.
38   Seine handschriftlichen Notizen in Meklers Ausgabe konnte ich 2018 in Oxford (Christ Church College) einsehen. Sie gehen inhaltlich nicht über die 1929 abgedruckten Konjekturen hinaus.

Letztlich ist aber nach dem Aufsatz von Wilamowitz (1910) für rund 70 Jahre keine nennenswerte Arbeit mehr am *Index Academicorum* zu verzeichnen. Die Ausgabe von Mekler wurde in Verkennung der Natur Herkulanischer Papyri offenbar weithin als kaum noch verbesserungsbedürftig angesehen und man scheute wohl auch die mit einer Neuausgabe verbundenen Risiken und praktischen Unwägbarkeiten. Noch Sedley klagte (1979): „... the earliest extant life of Plato ... survives in a papyrus which has not been examined since 1902 ... Until somebody undertakes a new edition, no truly definitive work on Platonic biography can be written."[39]

Zu Beginn der 1980er-Jahre kam es im Zuge des allgemeinen Wiederauflebens Herkulanischer Papyrologie wieder zu vertiefter Forschung am *Index Academicorum*.[40] Während Eric Turner (1981) noch Crönerts materielle Beobachtungen in Frage stellte (siehe I 6.1), erkannte Italo Gallo erstmals den opisthographischen Charakter des Papyrus (ausführlich I 6.1). Dieser Umstand rückte die Arbeitsweise Philodems nochmals in ein neues Licht, welche von Dorandi und Gaiser in diversen Beiträgen und Vorarbeiten zu ihren Editionen untersucht und erhellt wurde.[41] Dorandi verfasste auch ein Büchlein zu den im Papyrus überlieferten Versen aus Apollodors *Chronica* (1982). Lasserre (1983 und 1987) versuchte wenig überzeugend Hermodor (und Philipp von Opus) als Quelle für Platons Leben zu erweisen und arbeitete auch für seine Fragmentsammlung an dem Text, wenngleich mit veralteten Ansätzen.[42] Ebenso waren die paläographischen Untersuchungen von Cavallo (1983) für die Einordnung der Papyrus-Versionen ergiebig. Mette brachte für seine Fragmentsammlungen von Akademikern (1985–1987) neue Konjekturen in die Diskussion ein.

Im Jahre 1988 legte Konrad Gaiser eine beinahe monumentale Ausgabe des ersten Teils des *Index Academicorum* (Kol. 1–18, inkl. entsprechender Verso-Kolumnen) mit dem Titel „Philodems Academica" vor. Er hatte mit Dorandi eine Arbeitsteilung vereinbart, welcher Lesungen kontrollierte. Man muss Gaisers Teilausgabe eine gewisse Ambivalenz attestieren. Seine materiell-papyrologische Rekonstruktion der Rolle hat sich im Wesentlichen als falsch herausgestellt (Platzierung von Lagen und angebliche Einordnung von *PHerc*. 164).[43] Noch problematischer ist, dass er oft sehr willkürlich in das Disegno oder den Text eingriff und fast völlig zerstörte Passagen auf freie, unwahrscheinliche und

---

39   Sedley (1979).
40   Vgl. Fleischer (2022a), S. 42–43. Gigante (1977) hatte bereits zuvor für die Polemon-Kolumnen einige neue Textvorschläge gemacht.
41   Für einen Überblick siehe die Bibliographie in diesem Buch und in Dorandi (1991), S. 14.
42   Vgl. Gaiser (1988), S. 15 f.
43   Vgl. Dorandi (1991), S. 116 f.

teils phantastische Weise konstruierte – und nicht selten weitreichende Folgerungen darauf aufbaute. Er suggeriert oft eine nicht gegebene papyrologische Sicherheit oder Wahrscheinlichkeit, was nicht wenige Forscher, die seinem schöner zu lesenden – da im Gegensatz zu Dorandi weniger zerlöcherten – Text vertrauten, auf falsche Bahnen lenkte. Auch auf papyrologisch-methodischer Ebene ist vieles kritikwürdig und die oft sehr gewagte oder schlichtweg unhaltbare Textherstellung kaum zu goutieren. Obgleich diese Defizite hier in aller Deutlichkeit mit lauterer Intention deutlich angesprochen werden mussten,[44] sind auch die unbestrittenen Verdienste Gaisers um Erschließung und Restitution des Textes zu würdigen: An einigen Stellen bietet er durch wahrscheinlichere Änderungen oder Lesung der Disegni einen im Vergleich zu Mekler (objektiv) verbesserten Text, verwöhnt den Leser mit einem Fundus von Parallelen sowie Sekundärliteratur und bietet auch eine profunde Analyse der Quellen, wenngleich viele Details heute obsolet sind. Zwar schießt Gaiser nicht selten über das Ziel hinaus, aber viele Ausführungen sind höchst gelehrt, instruktiv und innovativ, so dass sie selbst bei Hinfälligkeit des Hauptgedankens nützlich bleiben. Durch die Analyse der Eigenart des Papyrus als Konzeptpapier sowie der Einbettung der Passagen in einen größeren philosophischen oder philosophiehistorischen Kontext hat Gaiser viel zum besseren Verständnis des *Index Academicorum* beigetragen. Er stellte den Text in Kolumnenform dar und druckte auch sämtliche Disegni in seiner Ausgabe. Gaiser verstarb vor seiner Zeit, kurz nach Erscheinen der Ausgabe.

Tiziano Dorandi (1991) besorgte fast 90 Jahre nach Mekler die letzte Gesamtausgabe des Papyrus für die „Scuola di Epicuro", welche von da an als maßgebliche Edition galt. Entsprechend den Vorgaben der Reihe ist der Text nicht in Kolumnenform, sondern als Fließtext gegeben, was gerade bei den Besonderheiten des Papyrus nicht ideal ist. Auch die römische Nummerierung (statt arabisch) der Rekto-Kolumnen führte zur Konfusion mit den Buchstaben V und X der Verso-Kolumnen.[45] Er hat den Papyrus mit Hilfe eines Mikroskops transkribiert, was bei diesem dunklen Papyrus an vielen Stellen ohne eine „Orientierung" durch die später gemachten MSI schwierig ist. Dorandis Verdienst im ersten Teil des Papyrus besteht wesentlich darin, dass er Gaisers Text um

---

44   Auch die Rezensionen zu Gaiser (1988) gehen in ihrer Kritik in diese Richtung, etwa Dorandi (1988b); Baltes (1989); Barnes (1989b); Krämer (1989); Tarrant (1990).

45   Vgl. Rezension Burkert (1993), S. 89. Ein Beispiel für Fehler durch eine solche Nummerierung ist Dillon (2010), S. 286: „…. admiral Pollis to be sold in slavery. This bizzare story … is traceable back to … Philodemus' History of the Academy (10.16–24), ….." Die Verkaufsepisode erscheint aber auf dem Verso in Kolumne X (Buchstabe), nicht in Kolumne 10, wie Dillon das „X" interpretierte.

die vielen kühnen und unwahrscheinlichen Ergänzungen bereinigte und so eine objektivere Edition vorlegte. Im zweiten Teil (Kol. 18–36, einige Verso-Kolumnen) machte er einige eigene textuelle Vorschläge, folgte aber (zu) oft Meklers Text. Sein Apparat ist ausführlich, aber enthält nicht immer alle früheren Konjekturen.[46] Dorandi analysiert insbesondere den Entstehungsprozess des *Index Academicorum*, also die einzelnen Arbeitsschritte, und nimmt eine umfangreiche Bewertung samt Inhaltsangabe und Quellenkritik vor. Der papyrologisch-philologische Kommentar ist eher bescheiden und basiert im ersten Teil vornehmlich auf Gaiser. Dorandis chronologische Untersuchungen haben auch in den „*fasti Academici*" am Ende seines Buches einen Niederschlag gefunden. Insgesamt folgt Dorandi den papyrologischen Standards seiner Zeit, was auch bedeutet, dass er die Disegni ohne nähere Angaben wie das Original behandelt, wenn dieses verloren ist.[47] Ebenso wie frühere Herausgeber versucht er die Verso-Kolumnen nach (mutmaßlich) intendierter Reihenfolge Philodems in das Rekto zu integrieren. Dorandi hat lobenswerterweise einen eher konservativen Text erstellt, belässt aber bisweilen auch seltsame Wörter, unerwartete Formulierungen oder moderne Eingriffe im Umfeld von Lücken im Text. In fragmentarischen Passagen macht er im Vergleich zu Mekler wenige „konstruktive" Vorschläge und beschränkt sich auf das Herausnehmen zu gewagter Rekonstruktionen – dieser Fokus auf den „pars destruens" ist prinzipiell nicht zu tadeln. Dorandis Edition wurde von der Fachwelt zu Recht positiv aufgenommen. Auch wenn in philologisch-editorischen Maßstäben etwa 30 Jahre keinen langen Zeitraum konstituieren, ist Dorandis Ausgabe von 1991 doch vor dem „Digitalen Zeitalter" entstanden, was bei den Herkulanischen Papyri impliziert, dass Dorandi den Papyrus noch nicht „bei jeder Gelegenheit" am Computer lesen konnte (MSI – siehe I 5.3), seine Autopsie somit nicht „digital begleiten" oder optimieren konnte und komplexere, computergestützte Wortsuchen im TLG nicht durchführen konnte. Folglich musste er noch viel mit den Disegni arbeiten und die Annotation des Textes sowie aufschlussreiche Visualisierungen gestalteten sich noch schwierig (Bilder oder Graphiken fehlen in Dorandis Edition gänzlich).

Bereits in den 1990er Jahren zeichnete sich ab, dass Dorandis respektable Ausgabe in vielen Passagen noch nicht das letzte Wort sein konnte und Verbesserungen über Details hinaus möglich waren. So wagte sich Enzo Puglia in diversen kleinen Beträgen erneut an den *Index Academicorum* heran, später auch unter Zuhilfenahme der MSI, und konnte punktuelle Neulesungen

---

46   In Kol. 22 gibt Dorandi etwa nicht Meklers Lesungen zur Philosophengesandtschaft an, obwohl er diese in seiner Analyse voraussetzt (Dorandi (1991), S. 69).

47   Dorandi (1991), S. 116.

machen, was bei der engen Informationsdichte des Papyrus meist neue Fakten zur Akademie nach sich zog.[48] Gerade die letzten, nur im Original und den *Neapolitanischen Disegni* erhaltenen Kolumnen 33–36 hatten noch großes Verbesserungspotential, wie etwa auch Blank (2007) zeigte. Speyer (2001) und Longo Auricchio (2008) arbeiteten an Kolumne 2. Schließlich entdeckte Del Mastro (2012) recht überraschend unter einer anderen Inventarnummer ein größeres Fragment des *Index Academicorum* (*PHerc.* 1691, Kol. a–c – siehe I **5.1**).[49]

Während meiner Promotion stieß ich 2012 eher zufällig im Kontext von Philodems Biographie (I **3**) auf den *Index Academicorum* und stellte zu meinem Erstaunen fest, dass die MSI offenbar in mehreren Passagen zu textuellen Fortschritten in einem Umfang führen können, den die meisten Philologen wohl intuitiv für nicht mehr möglich halten würden. Folglich beschloss ich dem *Index Academicorum* zunächst meinen geteilten und später im Rahmen zweier Projekte bzw. Fellowships meinen ungeteilten Arbeitseifer zu widmen (Marie-Curie-Individual-Fellowship 2016–2018 in Neapel; 2019–2023-DFG-Projekt in Würzburg). Zwischen 2014 und 2022 publizierte ich in einem breiten Spektrum von Zeitschriften etwa 30 Artikel zu ausgewählten Passagen oder Fragen. Auch wurden erstmals Hyperspektralbilder (HSI) des Papyrus gemacht (I **5.3**). Ich referierte auf zahlreichen Konferenzen oder Workshops über den *Index Academicorum* und organisierte ein mehrtägiges Textseminar in Amalfi (2017).[50] Es zeichnete sich mit jedem Jahr deutlicher ab, dass der Papyrus in fast allen Passagen noch erhebliches Potential hatte und eine systematische Gesamtausgabe mit einem neuen, kohärenten papyrologischen Ansatz geboten war.

In der letzten Dekade erschienen auch drei Beiträge von Verhasselt (2013, 2015, 2017) im Kontext seiner Dikaiarch-Ausgabe (FGrH 1400) und zwei Artikel von De Sanctis (2019, 2022).[51] Essler (2019) verfasste auf meine Anregung hin eine wichtige Studie zu Materialaspekten des Arbeitsmanuskripts *Index Academicorum* (I **6.2**). Paul Kalligas und Voula Tsouna haben 2020 die erste englische Übersetzung des gesamten Textes (auf Basis von Dorandi) vorgelegt, wobei Myrto Hatzimichali einen knappen Kommentar zum Text verfasste.[52]

---

48   Puglia (2000); Puglia (2004); Puglia (2005); Puglia (2006); Puglia (2014).

49   Del Mastro (2012). Ein Kurzüberblick über die „deutsch-italienische" Forschungsgeschichte am Papyrus in Fleischer (2021a), S.17.

50   International Workshop: Philodemus' History of the Academy: Towards a New Edition of *PHerc.* 1691/1021 and 164, Amalfi (Italien), 13.–16. September 2017 (Mitorganisator: G. Ranocchia). Teilnehmer waren: M. Alessandrelli, M. Bonazzi, F. Ferrari, M. Hatzimichali, B. Henry, G. Most, E. Puglia, T. Reinhardt, D. Sedley, H. Tarrant, C. Vassallo, G. Verhasselt.

51   Verhasselt (2013); Verhasselt (2015); Verhasselt (2017); De Sanctis (2019); De Sanctis (2022).

52   Kalligas/Tsouna/Hatzimichali (2020).

Im Jahre 2020 erschien mit meiner Monographie „The Original Verses of Apollodorus Chronica. Edition, Translation and Commentary on the First Iambic Didactic Poem in the Light of New Evidence" eine in einen breiteren Zusammenhang eingebettete Ausgabe der Verse aus Apollodors *Chronica* (Kol. 26–32). Im Jahre 2022 nutzte ich in dem Buch „Die Papyri Herkulaneums im Digitalen Zeitalter – Neue Texte durch neue Techniken. Eine Kurzeinführung" den *Index Academicorum* öfters zur Illustration für Neueditionen Herkulanischer Papyri mittels neuer Bildgebungstechniken und Methoden. Nicht zuletzt aufgrund der technischen Aspekte und Experimente wurde der *Index Academicorum* auch in größeren deutschen und internationalen Medien wiederholt in Interviews und Reportagen thematisiert und erlangte so über den Fachkreis hinaus Bekanntheit.[53]

8.3   Verfügbare Quellen und Dependenz

Die Neuausgabe des *Index Academicorum* beruht maßgeblich auf folgenden fünf Quellen:

1. Originalpapyrus – Autopsie und Transkription des Papyrus in Neapel
2. MSI – Multispektralbilder (NIR)
3. HSI – Hyperspektralbilder (SWIR-HSI)
4. Oxforder Disegni
5. Neapolitanische Disegni[54]

Zu Quelle 1: Ich habe über zwei Jahre hinweg (2016–2018) den Papyrus vor Ort in der *Officina dei Papiri Ercolanesi* – eine Sektion der *Biblioteca Nazionale „Vittorio Emanuele III" di Napoli*, welche im *Palazzo Reale* in Neapel beheimatet ist – mit modernsten Mikroskopen gelesen und Abzeichnungen im *pezzi*-Format erstellt (*piece mapping*).[55] Auch in den vorangehenden und folgenden Jahren

---

53   Exemplarisch sind etwa größere Beiträge in National Public Radio (US – 2019), Corriere della Sera (2021), FAZ (2021), Berliner Zeitung (2021), scinexx (2021), Spiegel (2022), P.M. (2022) und Spiegel Geschichte (2022) zu nennen.

54   Unter *Neapolitanische Disegni* sind auch die *collectio altera* (VH²) und die „Druckfahnen" der Kupferstiche (Abkürzung I) subsummiert. Diese Druckfahnen wurden in der *Officina dei Papiri* in Neapel eingesehen, sind aber für die Textherstellung an keiner Stelle relevant. Die VH² entspricht zu weit über 99 % den korrigierten *Neapolitanischen Disegni* bzw. den Druckfahnen (siehe kompakt Fleischer (2022a), S. 39–40 zur *collectio altera*) und ist für die Textherstellung ebenfalls nicht relevant. *PHerc.* 164 wurde in keinem Band der *collectio altera* abgedruckt, wobei Druckfahnen, die aber für die Textherstellung nicht weiter relevant sind, ebenfalls vorhanden sind.

55   Zur *Officina dei Papiri* siehe Fleischer (2022a), S. 45, zum Konzept des von Ranocchia entwickelten *piece mapping* siehe Fleischer (2022a), S. 80–81.

habe ich einzelne Passagen des Papyrus immer wieder vor Ort kontrolliert und
abgezeichnet sowie für viele Passagen einen zweiten Blick von Kollegen einge-
holt. Durch die lange Arbeit am Original erhält man ein Gefühl für die Eigenheiten der Hand sowie die Unterscheidung von Tinte, dunklen Fasern und
Hintergrund, das man bei Teileditionen, wenn man den Papyrus nur wenige
Tage oder Wochen liest, nicht bekommen kann. Fehlende Vertrautheit mit der
Hand und Natur des Papyrus haben auch in jüngerer Vergangenheit mitunter
zu irrigen Transkriptionen und Fehlrekonstruktionen geführt. Das systematische Abzeichnen des gesamten Papyrus disziplinierte, auch vermeintlich uner-
giebige oder sichere Stellen gewissenhaft zu kontrollieren, was manche neue
Lesung direkt beim Abzeichnen des Papyrus zu Tage förderte.[56] Eine Autopsie ist auch trotz der digitalen Bilder unabdingbar, um fehlplatzierte Schichten
(*Sovrapposti* und *Sottoposti*) oder Aufwellungen zu erkennen und zu isolieren.
Die dreidimensionale Oberflächenstruktur der Herkulanischen Papyri erfordert es, „um die Ecke zu schauen" und „in Schluchten hineinzublicken".[57] Teils
sind auf den MSI/HSI Löcher falsch als Tinte wiedergegeben oder aufgewellte
Teile werfen Schatten und verzerren das Bild. Ein weiterer nützlicher Neben-
effekt der Autopsie ist, dass man durch das Abzeichnen des Papyrus gleichsam selbst zum *disegnatore* wird und ein besseres Verständnis für die Fehler
bekommt, welche den Zeichnern der Disegni unterliefen (ähnliche Buchstaben
vertauscht, trügerische Reflexionen, Springen mit dem Auge in andere Zeile,
falsche Abpassung von Lücken, Schichten, etc.). So können die Disegni für die
Edition zielgerichteter und bewusster bewertet und ggf. geändert werden. Die
Rückplatzierung falscher Lagen, welche an diversen Stellen erstmals erkannt
wurden, erfolgte am Computer oder an einem physischen Rollenmodell, welches ich anhand der MSI im Maßstab 1:1 erstellte.

   Zu Quelle 2: Auf den MSI ist für das Auge teils unsichtbare Tinte zu erkennen. Sie ermöglichen es auch am Computer eine bessere Linierung und Bestimmung von Kolumnenrändern und Zeilen mittels üblicher Bildbearbeitungsprogramme durchzuführen, was für die Wiederherstellung etlicher Passagen von
großem Nutzen war (für die MSI siehe auch I 5.3).

   Zu Quelle 3: Die HSI wurden 2018/2019 mittels einer großen Menge an Daten
erzeugt (I 5.3). Die HSI sind entlang der sogenannten PC1-Achse und PC3-
Achse statistisch aufbereitet und „gestitched" sowie hinsichtlich der Schärfe
optimiert. Teils ist auf ihnen das Verso zu erkennen (I 6.1).

---

56   Für die Tendenz von Editoren, nur problematische Stellen eingehender zu kontrollieren,
      siehe Blank (2007), S. 93.
57   So schon Mekler (1902), S. IV.

Zu Quelle 4: Für die *Oxforder Disegni* (Kol. 1–32 Rekto und Z bis M des Verso) siehe I 5.3.

Zu Quelle 5: Für die *Neapolitanischen Disegni* (Kol. 1–36 des Rekto und *PHerc.* 164) siehe I 5.3 und I 7.3.

Die gelesenen Buchstaben aus den Quellen 1–3 ergänzen sich in gegenseitiger Überprüfung und werden summarisch als „P" (Originalpapyrus) bezeichnet. Wenn im erhaltenen Originalpapyrus etwas mit dem bloßen Auge/Mikroskop nicht lesbar ist, auf den MSI oder HSI aber ohne jeden Zweifel Tinte oder Buchstaben zu identifizieren sind und diese Spuren auch einer Überprüfung am Original standhalten, also sich die Tinte auf den Bildern nicht als Riss oder Schatten im Papyrus herausstellt, werden die Tinte oder die Buchstaben behandelt als wären sie im Original lesbar. Oftmals geben unzweideutige Buchstaben auf den MSI/HSI auch erst die Stelle an, wo man im Original Tintenspuren suchen sollte. Diese sind dann teilweise in gewissem Maße verifizierbar, wären aber ohne Zuhilfenahme der MSI/HSI im Original ex ante mit dem bloßen Auge niemals „objektiv" zu identifizieren. Im Kommentar wird bisweilen darauf hingewiesen, was nur auf den MSI/HSI erkennbar ist, aber prinzipiell ist eine Unterscheidung im Transkript nicht praktikabel und unnötig. Meine Transkription erfasst also auch Buchstaben, welche nicht auf den MSI/HSI, aber im Original zweifelsohne erkennbar sind – etwa, wenn sich etwas verdreht hat oder in einer Schlucht steht. Ferner sei vermerkt, dass der Raum zwischen Buchstaben auf den MSI/HSI manchmal irreführend wiedergegeben ist.

Die *Disegni* können nicht als Quellen/Handschriften mit abweichenden Lesungen aufgefasst werden, aus denen der Urtext stemmatisch zu deduzieren ist, sondern bedürfen ob ihres Charakters als unvollkommene, genuine Abzeichnungen (und eben nicht als Textkopien von des Griechischen mächtigen Schreibern) in den Fällen, wo das Original (MSI/HSI) nicht mehr lesbar ist, einer speziellen Bewertung und editorischen Verarbeitung. Die Bewertung wiederum fußt bis zu einem gewissen Grad auf meinen eigenen Erfahrungen beim Lesen und Abzeichnen des Originalpapyrus. Das Transkript bzw. der Text Herkulanischer Papyri und des *Index Academicorum* muss somit durch auf eigentümliche Weise interdependente Quellen zusammengepuzzelt werden.[58]

---

58   Vgl. Fleischer (2022a), S. 101.

8.4   Papyrologisch-philologische Methode für die Textrekonstruktion

Wie schon in I 1 angesprochen, erfordern die vielen textuellen Änderungen im Vergleich zur Vorgängeredition eine Erläuterung. Ist der rekonstruierte Text halbwegs objektiv und wahrscheinlich oder kommt der Zuwachs nur durch willkürliche – oft wird der Euphemismus „ingeniös" gebraucht – Ergänzungen zustande? Welche materiell-philologische Ratio liegt der neuen Ausgabe zugrunde? Zunächst seien zwei Schwierigkeiten hervorgehoben. Zum einen ist die Tinte oft schwer vom schwarzen Hintergrund zu unterscheiden und zum anderen sind die Buchstaben hinsichtlich Größe und Form sehr unregelmäßig ausgeführt, was bei der Teilzerstörung von Buchstaben die Rekonstruktion signifikant erschwert. Aufgrund des mitunter schlechten Kontrastes und Erhaltungszustandes wurden auch die Abzeichner der *Oxforder* und *Neapolitanischen Disegni* oft getäuscht, was bei der Bewertung zu berücksichtigen ist.

Die etwa 30 % Textzuwachs im *Index Acacdemicorum* bedeuten über tausend neue Wörter, was etwa 10 (teilerhaltenen) Kolumnen entspricht, und kommen nicht dadurch zustande, dass im Vergleich zu früheren Editionen auf den HSI bzw. MSI nun bis zu 30 % neuer bzw. anderer Text bequem ablesbar ist – leider nicht. Vermutlich sind nur 1–5 % mehr Text (Tinte) zu erkennen, aber wenige Buchstaben lösen in fragmentarischen Teilen verbunden mit Denkarbeit nicht selten einen Dominoeffekt aus. Für Einzelheiten, wie ein solcher Effekt aussehen und „erarbeitet" werden kann, sei auf die Fallstudien in V 4 verwiesen. Die Rekonstruktion weniger Zeilen des *Index Academicorum* samt deren „objektiver" Transkription kann mehrere Tage bis Wochen in Anspruch nehmen, da man in komplex-fragmentarischen Kontexten verschiedene Pfade für die interdependente Syntax und Lexik testen muss, was durch das Fehlen von Worttrennung (*scriptio continua*), Akzenten und Satzzeichen erschwert wird (vergleichbar einem Schachspiel oder Kreuzworträtsel). Crönert sprach im Zusammenhang mit der Autopsie und Textwiederherstellung vom Ringen um den Buchstaben, bei dem um die Meisterschaft gestritten werden müsse.[59] Wer lange an solchen Papyri gearbeitet und sie hunderte Male vorsichtig aus der Horizontalen gedreht hat, um zu sehen, ob bei anderem Lichteinfall eine Vertikale zum Vorschein kommt, wird den beinahe physischen Schmerz für Augen und Kopf nachfühlen können. Dieses beharrliche Ringen beim Lesen des Originals ist elementar, da nicht selten mikro-papyrologische Beobachtungen (etwa eine Vertikale) und kleine Fortschritte bei der Transkription verbunden mit philologischer Denkarbeit eine lawinenartige Kettenreak-

---

59   Crönert (1930), S. 143 Fn. 2.

tion bei der Textherstellung in Gang setzen, an deren Ende substantielle neue Informationen stehen können.[60] Bei dieser Art von Textwiederherstellung, welche einen Großteil meiner Arbeitszeit am *Index Academicorum* in Anspruch nahm, sind (kombinierte) Computersuchen im *TLG* (*DCLP, Greek Inscriptions*, etc.)[61] und einfache n-Gramm-Modelle nützlich, welche aber mitdenkend, fallbezogen und gezielt angewendet werden müssen, um brauchbare Resultate zu erhalten. Die Suchen liefern durch Trefferangaben bedingt eine „stochastische" Einordnung von Ergebnissen, allerdings meist nur auf Wortbasis. Eine Art von „Auto-Vervollständigung" größerer Lücken durch Künstliche Intelligenz (deep learning auf Basis neuronaler Netze), wie sie etwa für Inschriften mittels *Pythia* oder *Ithaca* mit einigem Erfolg erprobt wurde,[62] ist bei diesem Typ von literarischen Texten auf Dauer nicht zu erwarten. Gerade im Falle des *Index Academicorum* existieren oft inhaltliche Parallelen bei anderen Autoren und der inhaltlich-historische-philosophische Kontext spielt eine erhebliche Rolle für die Ergänzung. Die KI kann diesen „geistig-kreativen Kontext" im Gegensatz zum Menschen nicht wirklich verarbeiten.[63] Problematisch ist auch, dass die Länge der Lücken im Papyrus oft nicht exakt bestimmbar ist und teils unklar ist, welche Tintenspuren zu welchen und wie vielen Buchstaben gehören. Da letztlich jede fragmentarische Passage einen komplexen Einzelfall darstellt, kann hier keine allgemeine Beschreibung gegeben werden, wie bei den Suchen jeweils vorgegangen wurde und welche philologisch-syntaktischen Überlegungen wegweisend waren. Manches ist im Kommentar angedeutet.

Folgende übergeordnete Leitlinien habe ich für Ergänzungen in fragmentarischen Kontexten erarbeitet und angewandt:

– Die Ergänzung muss unbedingt im Einklang mit den Spuren im Papyrus bzw. den Spuren auf den MSI/HSI sein. Dieser trivial erscheinenden Forderung wurde in der Vergangenheit oft nicht nachgekommen, da teils auf Basis der Disegni gearbeitet wurde. Spuren im Papyrus wurden im Hinblick auf die gewünschte Lesung mit vermeintlich guten Gründen „hingebogen" oder „zurechtgelesen". Gerade bei den verkohlten Herkulanischen Papyri kommt

---

60   Dafür, wie nur ein zusätzlicher Buchstabe zur Wiederherstellung eines kompletten Satzes führen kann, siehe die Fallstudie in V 4.1.

61   Vgl. Fleischer (2022a), S. 90–92.

62   Assael et al. (2022).

63   Ferner sind Inschriften „idiomatischer" und die „Ground truth" ist für solche KI-Anwendungen „kohärenter". Gerade im *Index Academicorum* finden sich Ausschnitte von oft nur sehr fragmentarisch erhaltenen Autoren, was eine pauschale Anwendung des TLG als Ground truth nicht optimal erscheinen lässt.

es schnell zu Scheinlesungen und der Editor/Leser bildet sich ein, Tinte zu lesen, wo keine vorhanden ist, und keine Tinte zu sehen, wo diese vorhanden ist, indem er die Schwarzschattierungen fehldeutet.

– Seltene oder poetische Wörter, welche in frühere Editionen Eingang fanden, haben sich fast durchweg als unhaltbar erwiesen. Das Vokabular sollte im Kontext von Philosophiegeschichte/Biographien zu erwarten sein. Der Papyrus weist fast keine orthographischen Fehler auf, die nicht später vom *diorthotes* korrigiert wurden. Folglich sollten, wenn nicht völlig evident, keine Eingriffe in den Text vorgenommen werden. Ein Großteil der modernen Eingriffe früherer Herausgeber hat sich als falsch oder fragwürdig herausgestellt. Auch die Eingriffe in die Disegni (besonders in das *Oxforder Disegno*) wurden weitestgehend minimiert. Allein durch das Festhalten an der Überlieferung konnte der Text an vielen Stellen verbessert werden.

– Interjektionen, Füllsel, Parenthesen, seltsame Metaphern, Kurzdialoge, allzu unerwartete Partikel etc. haben sich in fragmentarischen Kontexten fast immer als Fehlrekonstruktionen erwiesen. Ein fiktives Beispiel möge dies verdeutlichen. Nehmen wir an, der Satz im Papyrus lautet korrekt: „Platon hatte mehrere Schüler, von denen einige Tyrannenmörder waren." Die bisherige Rekonstruktion lautete: „Platon hatte – man sagt es sich – diverse Eleven geschult, von denen einige tyrannisch sagten: Wir werden Mörder!" Gewiss, der letzte Satz macht Sinn, ist grammatikalisch korrektes Deutsch und man kann sich irgendeinen Kontext denken, aber er mutet doch merkwürdig und sehr „unnatürlich" an. Das Sprachgefühl lässt an der Rekonstruktion zweifeln. Der erste Satz hingegen ist „gutes und flüssiges" Deutsch und hat eine inhaltliche Bestätigung in dem, was wir über Platons Schüler wissen. Oft liegt der Fall nicht so eindeutig wie in diesem Beispiel, aber in lückenhaften Passagen sollten selbst kleinste Abweichungen von „gutem und flüssigem" Griechisch, eine unerwartete Akzentuierung im Gedanken oder kleinste inhaltlich-logische Unstimmigkeiten zur Vorsicht gemahnen und die Rekonstruktion überdenken lassen.

– Mitunter lautet die Devise in fragmentarischen Passagen „ganz oder gar nicht", was die Rekonstruktion von Syntax oder einzelnen Wörtern betrifft. Diese bisweilen gebotene „Totalität" (siehe V 4.1) soll verhindern, dass durch (falsche) Teilrekonstruktionen faktisch jede sinnvolle Rekonstruktion des Umliegenden unmöglich wird. Wenn eine Teilrekonstruktion dazu führt, dass die Buchstaben im Umfeld nicht mehr sinnvoll ergänzt werden können, ist diese Teilrekonstruktion vermutlich falsch und sollte nicht getätigt werden. Andererseits ist Offensichtliches unbedingt zu ergänzen, da man durch die Nicht-Rekonstruktion sonst in den umliegenden Zeilen die Möglichkeit zu falschen Rekonstruktionen eröffnet.

– Wenn der Kontext zu fragmentarisch ist, findet sich zwar manchmal eine
  plausible Lösung, aber diese stellt nur eine von vielen möglichen (Schein)
  Lösungen dar und verdient daher vielleicht nicht einmal im Apparat zu
  erscheinen (siehe V 4.1).

– Generell ist Schweigen Gold, wenn die Lücken zu groß sind und man auch
  nach langem Nachdenken entweder keine oder aber mehrere (widerspre-
  chende) Ergänzungen findet. Dieses *prima facie* destruktiv erscheinende
  Schweigen fällt einem Editor besonders schwer, wenn er Tage oder Wochen
  nach einer Lösung suchte. Jedoch darf man keinen Text „erzwingen". Das
  Präsentieren einer als Lösung verbrämten „Scheinlösung" aus Überdruss am
  Suchen oder Frustration ist philologisch-ethisch völlig inakzeptabel, da der
  Gelehrtenwelt dann ein „Phantasietext" kredenzt wird, der unglücklicher-
  weise nicht immer auf Anhieb als solcher erkenntlich ist. Frühere Editoren
  waren teilweise der Ansicht, Ergänzungen seien gerechtfertigt, wenn der
  ungefähre Inhalt der Passage wohl feststünde. Der angeblich feststehende
  Inhalt hat sich aber in etlichen Fällen als Trugschluss erwiesen. Ferner will
  man als Philologe auch wissen, auf welche Weise genau etwas im Text formuliert war, zumal wenn der Inhalt der Zeilen (angeblich) ohnehin schon
  feststeht. Bereits Wilamowitz postulierte im Zusammenhang mit dem *Index
  Academicorum* die *ars nesciendi* (I 8.2) – ich will diese *ars nesciendi* als
  Schweigen des Editors nach langem Sinnieren über eine Passage definieren, wenn er keine sichere oder hinreichend wahrscheinliche („exklusive")
  Rekonstruktion bieten kann.

– In meiner Ausgabe wurden ein Wort oder Wörter nur ergänzt, wenn sie mit
  sehr hoher Wahrscheinlichkeit im Papyrus standen. Wenn etwa gleich wahrscheinliche Synonyme oder Varianten möglich sind, habe ich diese nur im
  Apparat angegeben.[64] Bezüglich der Güte der Ergänzungen ist immer zu
  beachten, dass längere, fragmentarische Perioden oft „im Cluster" ergänzt
  sind und theoretisch Fehler zu Folgefehlern führen können.

– Auch in Passagen, wo ich schließlich nichts ergänzt habe oder frühere Vorschläge verwarf, wurde viel Zeit investiert, so dass in der Edition auch viel
  „destruktive" oder stille Arbeit verborgen ist. Gewiss schließt dieses „silentium laboris" nicht aus, dass diese Passagen durch die Findigkeit von Kollegen noch verbessert oder anders ergänzt werden können.

Letztlich gilt für die Ausgabe des *Index Academicorum* wie für die aller Herkulanischer Papyri ein treffendes Diktum Crönerts (1930): „Schärfste, geübteste

---

64   Lediglich in vertretbaren Fällen (bspw. λέγει oder φηϲι) habe ich mich wegen der Lesbar-
      keit teils für das Abdrucken einer Variante im Text entschieden.

Sehkraft, sicheres Sprachgefühl, wachsame Sachkunde, diese drei Erschließungsmittel müssen immer wieder einander ablösen, ergänzen und bestätigen." In der Einordnung und im Kommentar (III 1 und III 3) wird deutlich, wie Ergänzungen oft erst durch den allgemeinen Kontext oder Parallelen ermöglicht werden. Man beachte auch, dass die „Lesung" unsicherer Wörter, etwa Φιˊλˈόχορρο[ϲ in Kol. 6,32 (siehe V 4.2 mit Detailbild), teilweise faktisch eher Ergänzungen sind und die Zuordnung von Tintenresten zu Buchstaben kognitiv oft herausfordernder ist als die Ergänzung echter Lücken, da es hier gleichsam gilt, allen papyrologisch-paläographischen Restriktionen Genüge zu tun. Somit sind Wörter mit (vielen) Unterpunkten manchmal de facto eher Konjekturen unterschiedlicher Güte, was dem Leser bewusst sein sollte.

8.5   Struktur der Edition: Rekto, Verso, Ergänzungen, Endversion

In der vorliegenden Ausgabe werden zunächst die Kolumnen des Rekto und anschließend des Verso präsentiert, also letztlich der Papyrus „wie er steht und liegt". Die Verso-Kolumnen sind in der Reihenfolge angeordnet, wie sie „auf dem Rekto" erscheinen (siehe Abb. 13). Bisherige Editoren waren ambitioniert, alle Nachträge des Verso in den Text des Rekto nach mutmaßlicher Intention Philodems zu integrieren. Dieses Unterfangen ist aus mehreren Gründen problematisch. Zum einen kann in den meisten Fällen nicht sicher bestimmt werden, wo genau die Verso-Kolumnen „auf dem Rekto" eingefügt werden sollten. Die neuen Erkenntnisse über die Position der Kolumnen auf dem Verso (siehe I 6.1) haben hier manch frühere Positionierung unwahrscheinlich gemacht.[65] Ferner ist auch unklar, ob alle Nachträge des Verso in dieser Form in der Endversion neben entsprechenden Kolumnen des Rekto erscheinen sollten und ob nicht etwa die Kolumnen M–N–O zumindest teilweise die *Chronica*-Verse des Rekto (oder vice versa) ersetzen sollten. Abgesehen von einer gewissen Willkür oder Unschärfe der Einordnung bei einigen Kolumnen würde auch eine korrekte Einordnung nicht zu einem guten Eindruck von der Endversion führen, da auf dem Rekto viele (teils sehr umfangreiche) nachträgliche Ergänzungen zwischen, oberhalb und unterhalb der Kolumnen notiert sind, welche dann

---

65   Natürlich ist etwa unstrittig, dass die „Platon-Kolumnen" des Verso irgendwo im Leben Platons und halbwegs in der Nähe ihrer „Rekto-Position" einzufügen sind (und nicht etwa am Ende der Rolle bei Antiochos von Askalon), oder dass die Verso-Kolumnen mit den Schülern des Lakydes chronologisch mehr oder weniger passend zu integrieren sind.

konsequenterweise auch in den Haupttext des Rekto zu integrieren wären.[66]
Ihre genaue Position ist aber nicht immer bestimmbar. In Folge der teils sugges-
tiven Ermittlung von Philodems intendierter Einordnung der Verso-Kolumnen
durch frühere Herausgeber wurden bezüglich Inhalt und Quellen Schlüsse
gezogen, welche sich als zweifelhaft oder falsch entpuppt haben. Durch die
getrennte Darstellung von Rekto und Verso in der Edition erhält man auch ein
authentischeres Bild vom Entwurfscharakter des *Index Academicorum* (*PHerc.*
1691/1021) und von Philodems Arbeitsweise.

Somit hat die Edition folgende Struktur:
- Entwurfsversion – Rekto mit Ergänzungen (*PHerc.* 1691, Kol. a–c, *PHerc.* 1021,
  Kol. 1*–36)
- Entwurfsversion – Verso (*PHerc.* 1021, Kol. Z–M)
- Endversion (*PHerc.* 164, 33 kleine Fragmente)

Aufgrund der großen Anzahl von Zeilen pro Kolumne ist jede Kolumne auf
zwei Buchseiten aufgeteilt. Der Kritische Apparat steht jeweils unter den entsprechenden Zeilen auf beiden Seiten.

Unter dem Apparat auf der rechten (zweiten) Seite finden sich die drei Kate-
gorien
- Parallelen
- Quellen/Fragmente
- Anmerkung

Unter der ersten Kategorie sind die engen Parallelen zu der jeweiligen Passage
im *Index Academicorum* angegeben (etwa Diogenes Laertius). In der zweiten
Kategorie ist Philodems jeweilige Quelle für den Abschnitt angegeben (bspw.
Apollodor, *Chronica* IV) und alle Fragmentsammlungen, welche diese Passagen
enthalten (etwa FGrH 244 F 54 und 54). Die dritte Kategorie ist sehr wichtig:
Hier finden sich insbesondere die Platzierungen der Verso-Kolumnen und der
etwaige Ausfall von Kolumnen (nach der jeweiligen Kolumne). Aufgrund der
Illustrationen (Abb. 1, 13, 21) und der Übersicht halber sind die ausgefallenen
Kolumnen in der Edition nicht mit leeren Seiten visualisiert, aber ihr Fehlen
unter „Anmerkungen" sowie zu Beginn der dem Verlust folgenden Kolumne
angezeigt.

Die 13 identifizierten Ergänzungen auf dem Rekto (I 7.1) sind optisch-intuitiv
in separaten Blöcken „an Ort und Stelle" in die Präsentation der jeweiligen
Kolumnen eingebaut. Auch die wenigen Überschneidungen von *PHerc.* 1021

---

66   Ferner ist immer zu beachten, dass zwischen der Entwurfsversion (*PHerc.* 1691/1021) und
      der Endversion (*PHerc.* 164) noch ein weiterer Zwischenschritt (mit weiteren Nachträgen)
      liegen könnte (siehe I 6.3).

mit der Endversion *PHerc.* 164 sind übersichtlich neben den entsprechenden Text der Entwurfsversion gestellt (und vice versa). So konnte auch auf untere eckige Klammern als papyrologische Zeichen von Parallelversionen und somit noch mehr papyrologisch-diakritische Zeichen verzichtet werden, deren Anwendung aufgrund des prinzipiell verschiedenen Charakters von Entwurfsversion und Endversion ohnehin nicht optimal bzw. methodisch fraglich gewesen wäre.

Die Übersetzung steht rechts neben dem Text und ahmt den eher prosaisch-nüchternen, wenig eleganten Stil des *Index Academicorum* nach. Kursive Angaben in Klammern bedeuten, dass diese nicht im griechischen Text stehen (etwa Jahreszahlen bei Archonten oder erläuternde Namen). Die Übersetzung steht immer ungefähr auf Höhe des griechischen Textes. Selten sind alternative Übersetzungen angegeben (in Klammern).

Die hergebrachte Nummerierung der Kolumnen früherer Ausgaben wurde im Wesentlichen beibehalten, um den Lesern das lästige Bemühen einer Konkordanz zu ersparen.[67] Auch hätte eine neue Nummerierung der Kolumnen angesichts der Ergänzungen auf dem Rekto sowie der Verso-Kolumnen keinen wirklichen Mehrwert. Jedoch sind im zerstörten Mittelteil der meisten Kolumnen die Zeilen der Kolumnen anders als von Dorandi bzw. seinen Vorgängern gezählt, so dass bisherige Zeilenangaben zu Mitte/Ende der Kolumnen teils um eine oder mehr Zeilen von meiner Zählung abweichen.

8.6   Disegni-Integration in den Text

Für den neuen Text stellte sich die Herausforderung, die Informationen von P (Originalpapyrus/MSI/HSI) mit den Informationen der Disegni auf eine Art und Weise systematisch, kohärent, erkennbar und papyrologisch-philologisch objektiv zu verbinden, um einerseits alle Informationen für die Textherstellung umfassend auszuschöpfen und andererseits dem Leser zu verdeutlichen, auf welche Informationen zurückgegriffen wurde und als wie wahrscheinlich die Textherstellung folglich gelten kann. Diese systematische Integration und Anzeige der Disegni ist notwendig, weil in den Disegni etliche Buchstaben falsch abgezeichnet wurden, so dass es einen erheblichen Unterschied macht, ob Buchstaben im Original oder nur im potentiell falschen Disegno erhalten sind. Ferner sollten die Eingriffe in das Disegno seitens des modernen Herausgebers auch im Text klar erkennbar und von unsicher gelesenen Buchstaben

---

67   Lediglich die bisherige Kol. 4 musste zu Kol. 8* geändert werden (**I** 5.7).

des Originals unterscheidbar sein.[68] Die *Oxforder Disegni* spielen für das Verso eine sehr wichtige Rolle, da dessen Text fast ausschließlich in ihnen erhalten ist (nur wenige Wörter auf HSI lesbar).

Für die Disegni-Integration habe ich ein von Ranocchia und Essler entwickeltes System adaptiert und modifiziert. Das Grundprinzip sieht vor, dass ein Buchstabe (Buchstabenteil) des Disegno nur übernommen wird, wenn es mehr Informationen als das Original bietet und zugleich von diesem nicht ausgeschlossen wird. Fehlt heute also ein Buchstabe im Papyrus und ist im Disegno noch vorhanden, wird er übernommen. Sind, alternativ, die heute erhaltenen Spuren im Original beispielsweise mit α,δ,λ kompatibel und hat das Disegno α, erscheint dieses α im Text des Diplomatischen Transkripts und auch des Literarischen Transkripts (ggf. durch Asteriskos geändert – siehe unten). In der Spurenbeschreibung des Diplomatischen Transkripts erscheinen auch die drei Möglichkeiten des Originals. Wenn nun die heute erhaltenen Spuren im Original etwa mit α,δ,λ kompatibel sind und das Disegno ε hat, wird dieses ε nicht in das Transkript oder den Text gesetzt, da es ja auf keinen Fall richtig sein kann. Es wird aber in der Spurenbeschreibung an zweiter Stelle angegeben, da seine Form vielleicht hilfreich sein könnte, den richtigen Buchstaben des Originals zu rekonstruieren. Bei abweichenden Buchstaben der beiden Disegni-Serien (selten) wird der vollständigere oder ggf. der wahrscheinlichere Buchstabe im Text angegeben, wobei in letzterem Fall der alternative Buchstabe in der Spurenbeschreibung erscheint. Das System ist rigide, hat sich aber bei der Textherstellung als äußerst effektiv erwiesen, da so keine relevanten Buchstaben der Disegni übergangen werden. Jedoch kann es nicht die genaue Ausführung von Buchstaben im Disegno und die „Fehlerlogik" der Disegni bei Sequenzen von Buchstaben verarbeiten, welche teils auf eine wahrscheinliche Korrektur hinweisen. Die systematische Einbettung führt auch dazu, dass im Text – wo die Disegni immer kenntlich sind – teils sinnlose Buchstabenkombinationen erscheinen, da nicht evident ist, in welche Buchstaben genau das Disegno zu ändern ist.[69]

8.7   Diplomatisches Transkript mit Spurenbeschreibung und Bildern

Grundlage der Neuedition ist die systematische Diplomatische Transkription samt Spurenbeschreibung, welche in dieser Weise erstmals für eine umfangrei-

---

68   Dorandi (1991) machte Eingriffe ins Disegno nicht eigens kenntlich und behandelte diese wie unsichere Buchstaben (Unterpunkt, kein Asteriskos).

69   Manchmal finden sich in den *Oxforder Disegni* Zeichnungen losgelöster, heute verlorener Fragmente, die in die jeweiligen Kolumnen zu integrieren sind.

che Gesamtausgabe eines Herkulanischen Papyrus vorgenommen wurde. Erst die zeitaufwendige und pedantisch-minutiöse Beschreibung der Spuren hat viele Neulesungen hervorgebracht. Die Spurenbeschreibung und das Diplomatische Transkript haben den Zweck, die Edition für andere Gelehrte zu objektivieren und ihnen eigene Textvorschläge zu ermöglichen oder zu erleichtern.

Im Diplomatischen Transkript steht nur „diplomatisch", was im Papyrus lesbar ist. Folgende Konventionen finden Anwendung:

– Jeder stärker zerstörte Buchstabe, der aber klar identifizierbar ist und theoretisch nicht mit einem anderen verwechselt werden kann, wird unterpunktet. Diese Punkte verschwinden im Literarischen Transkript (Textausgabe) und haben letztlich „papyrologische Gewissensgründe". Sie könnten als Ausweis winzigster Restzweifel interpretiert werden, da gerade bei Herkulanischen Papyri vermeintlich (relativ) objektive-sichere Lesungen bisweilen täuschen können.

– Jeder reine Punkt im Diplomatischen Transkript repräsentiert einen unsicheren Buchstaben (mindestens zwei Buchstaben möglich), welcher in der Spurenbeschreibung maximal „zurückhaltend" beschrieben wurde. So findet sich öfters nur der Eintrag „Ti." (= Tinte). Die Tinte mag zwar etwa bei einer Vermutung in Verbindung mit den Bildern oder dem Original als distinkter Teil eines Buchstabens plausibel zu machen sein, aber ist ohne konkrete Vermutung auf Grundlage der Schwarzschattierungen des Papyrus nicht näher zu beschreiben.

– Jeder Buchstabe, der im Disegno besser (siehe I 8.6) oder alleinig erhalten ist, erscheint zwischen oberen rechteckigen Klammern ⌈ ⌉. Jeder aus dem Disegno (Disegni) genommene Buchstabe wird in der Spurenbeschreibung verarbeitet. Hier können Clusterbeschreibungen erfolgen, wenn die Informationen der verschiedenen Quellen „homogen" sind. Die Zeilen der Kolumnen des Verso sind (abgesehen von den wenigen Fällen, in denen etwas auf dem HSI sichtbar ist) aus methodischen Gründen komplett von oberen rechteckigen Klammern umschlossen.

– Am Ende oder zu Beginn der Zeilen bedeuten die großen rechteckigen Klammern, dass entweder kein, ein oder auch zwei (oder mehr) Buchstaben fehlen. Innerhalb der Zeilen zeigt [] den Ausfall eines kleinen Buchstabens bzw. einen kleinen Raum an.

– Für das Anzeigen von halben Buchstaben (kleinen Buchstaben) in Lücken von mehr als einem Buchstaben wurde der letzte Punkt mit kleinen Klammern versehen, also ₍.₎ geschrieben.

– Die *paragraphoi* sind schematisch immer durch eine Linie unter den ersten zwei Buchstaben der Zeile gekennzeichnet, auch wenn ihre Länge im Papyrus variiert und sie ins Interkolumnium hineinreichen. Die drei *diplai*

obelismenai sind zusätzlich mit > gekennzeichnet. Nur bei klar identifizierbarem *spatium* wurden verlorene *paragraphoi* ergänzt (etwa Kol. 35,37).

- Echte Satzzeichen im Papyrus, etwa Hochpunkte, sind nur im Diplomatischen Transkript wiedergegeben. Die Markierungen und Transpositionszeichen mit redaktionellem Charakter wurden hingegen auch im Literarischen Transkript wiedergegeben, um einen unmittelbaren Eindruck vom Arbeitsprozess Philodems zu vermitteln.
- Die 13 (größeren) Ergänzungen bzw. Einfügungen auf dem Rekto sind im Diplomatischen Transkript aus Übersichtsgründen separat behandelt.
- Gerade in sehr fragmentarischen Bereichen ist es oft schwierig oder unmöglich zu entscheiden, ob die Tintenreste zu einem oder mehreren Buchstaben gehören (und welche Reste zu welchem Buchstaben), so dass hier die Zuordnung teils nur nach Wahrscheinlichkeit vorgenommen werden konnte.
- Die umfassende bibliometrische Analyse des Papyrus (V 1.3) hat eine chirurgisch präzise Rückversetzung von fehlplatzierten Lagen ermöglicht, welche bei der Aufrollung des Papyrus an falschen Stellen der Rolle hängengeblieben sind (*Sovrapposti* und *Sottoposti*). Sie müssen um eine Volute nach rechts bzw. links versetzt werden und sind im Diplomatischen Transkript fettgedruckt an der richtigen Stelle eingesetzt. *Sovrapposti* sind mit $^{+1}$ und *Sottoposti* mit $^{-1}$ (ggf. bei Doppellagen $^{+2}$ oder $^{-2}$) in der Spurenbeschreibung spezifiziert. Teils setzt sich ein einzelner Buchstabe auch aus mehreren Lagen zusammen.

Während das Diplomatische Transkript mit Spurenbeschreibung in Teil **IV** steht, finden sich die dazugehörigen Abbildungen der Kolumnen (MSI) – für das Verso die *Oxforder Disegni* – unter Tafeln 34–85.[70]

8.8   Literarisches Transkript (Textausgabe)

Im Literarischen Transkript (Textausgabe) erscheinen alle Buchstaben, welche auch im Diplomatischen Transkript zu lesen sind – mit Worttrennung, Akzenten und moderner Interpunktion. Alle im Diplomatischen Transkript punktierten Buchstaben erscheinen in der Textausgabe ohne Unterpunkt. Die unsicheren Buchstaben im Diplomatischen Transkript (reine Punkte) werden, wenn sie für die Ausgabe ergänzt werden konnten, unterpunktet. Auch im Lite-

---

70   Aufgrund der Linksneigung der Kolumnen (Gesetz von Maas) sind jeweils auch Beginn
     und Ende der benachbarten Kolumnen auf den Bildern erkennbar (innerhalb von *cornici*). Die MSI waren aufgrund ihrer höheren Auflösung trotz des bisweilen geringeren
     Kontrastes für die Visualisierung geeigneter als die HSI.

rarischen Transkript werden alle Disegni-Buchstaben wie im Diplomatischen Transkript mit zwei eckigen, oberen Klammern gekennzeichnet. Wenn der Buchstabe des Disegno durch den Editor für die Textausgabe geändert wurde, steht ein Asteriskos unter dem Buchstaben (etwa ⌐Π⌐λάτ⌐ω⌐ν). In diesem Fall liegen weder eine Korrektur des Papyrus noch ein Eingriff im engeren Sinne vor, da der Fehler lediglich beim *disegnatore* vermutet wird.

8.9   Kritischer Apparat

Im Kritischen Apparat sind keine unmöglichen Lesungen oder Konjekturen mehr verzeichnet. Ein historischer Apparat ergäbe bei der Editionsgeschichte des Papyrus wenig Sinn, da die frühen Herausgeber bis einschließlich Mekler hauptsächlich mit den Disegni arbeiteten und somit auch viele Konjekturen oder Lesungen vorschlugen, die durch das Original schlichtweg ausgeschlossen sind.[71] Gaiser und Dorandi hatten noch nicht die MSI/HSI zur Verfügung und boten somit in einigen Fällen auch unmögliche Lesungen, die nun nicht mehr im Apparat vermerkt sind. Ferner werden auch solche Konjekturen im Apparat nicht mehr berücksichtigt, welche zwar paläographisch noch möglich wären, aber aufgrund von (unzweifelhaften) Neulesungen im Umfeld grammatikalisch oder inhaltlich keinen Sinn mehr ergeben (und mit Kenntnis der Neulesungen niemals getätigt worden wären). Jedoch habe ich mich entschieden, in einigen Fällen, wo bisherige Falschlesungen in der letzten Ausgabe von Dorandi weitreichende Konsequenzen hatten, zu verdeutlichen, dass diese objektiv unhaltbar sind, indem ich ein *perperam* vor die alte Lesung schrieb. Dieselbe Funktion erfüllt auch die Angabe „spat. long." (*spatio longius* – die Ergänzung ist zu breit für den Raum) oder „spat. brev." (*spatio brevius* – die Ergänzung ist zu kurz für den Raum). Die Urheber vollends banaler Ergänzungen von Einzelbuchstaben sind auch nicht im Apparat vermerkt. So wäre etwa der Name des Urhebers der Ergänzung des μ in Ἀκαδή[μ]εια nicht im Apparat genannt. Ich habe versucht frühere Konjekturen, soweit es möglich war, meinem Transkript anzugleichen. Etwa 80 bis 90 Prozent der im Vergleich zu Dorandis Ausgabe neugelesenen oder veränderten Wörter sind meine eigenen Lesungen oder Konjekturen (Kürzel: KF). Meine Vorschläge, die nicht

---

71   Man beachte auch, dass frühere Editoren teils Wörter noch findig ergänzen mussten, welche heute im Original oder auf den Bildern leicht und ohne Lücken ablesbar sind. Auch in solchen Fällen ist der Urheber der früheren Konjektur nicht mehr angegeben. Nur wenn im Vergleich zu Dorandis Ausgabe neue Wörter auch ohne Lücken ablesbar sind, ist dies angegeben.

im Text und nur im Apparat erscheinen, sind hingegen mit „conieci" versehen. Ansonsten stehen die Namen der jeweiligen Gelehrten hinter den Lesungen/Supplementen. Eine Neuausgabe Herkulanischer Papyri ist weitaus mehr als die Summe der neugelesenen Wörter. Ein wesentlicher Aspekt ist etwa auch das Herausnehmen falscher Lesungen aus dem Text und das Verschieben unsicherer Vorschläge in den Apparat. Oftmals konnte durch einzelne Buchstaben auch die Syntax geklärt werden und erst die Analyse des Textes eröffnete neue Perspektiven für das Verständnis.

8.10   Beispiel: Diplomatisches Transkript vs. Literarisches Transkript (Textausgabe)

Ein Beispiel soll die Systematik des Diplomatischen Transkripts und der Spurenbeschreibung sowie deren Transformation in das Literarische Transkript (Textausgabe) samt Apparat verdeutlichen.

Kol. 6,30–34 (Diplomatisches Transkript und Spurenbeschreibung)

30   τριβη⌐ν⌐ [. . . .]⌐cι⌐π⌐τ⌐ος δ̅⌐ . ⌐[. .
　　　.ι δ̣.[. . .].[. . .]⌐τ⌐ου .[. . . . . .
　　　. . .[. . . .]φης⌐ι⌐φι⌐λ⌐ . . . . .[. .
　　　. . . .⌐χο⌐[. . . .]τομουcει . .
　　　εφα[.].ε[. . .].⌐γρα⌐.ται⌐τ.⌐[.

30 ν O: μ oder ν P || c O: Rund. P || ι O || τ O: π oder τ P || Rund. oben O: Ti. oben (α,δ,λ wahrs.) P
31 Ti. unten/oben (blas. φ wahrs.) || Ti. || Ti. || τ O: γ oder τ P || Ti. oben   32 Ti. (Rund.?) oben ||
Vert. || π oder τ || φης⁻¹ || ι O: Ti. (Vert.?) P || λ O: α,δ,λ P || Rund. || Schräge mit Verbi. mittig || Ti.
mittig || Vert. unten || Rund.   33 Ti. (ν?) || ε,θ,c || ε oder θ || η oder κ || χο O: κ (wahrs.er) oder χ, ε
(wahrs.er) oder o P || Ti. (Rund.?) || Ti.   34 Ti. || ε oder θ || γρα ON || zwei Vert. unten und Ti.
oben (π wahrs.): ν O || τ O: Teil von Horiz. oben P || Schräge unten O

In Z. 30 sind die ersten fünf Buchstaben etwas beschädigt, aber eindeutig. Für den sechsten Buchstaben kann man im Original nicht zwischen μ und ν unterscheiden, weshalb man das ν des *Oxforder Disegno* (mehr Information) nimmt. In der Spurenbeschreibung wird der Buchstabe des Disegno mit der Angabe O (*Oxforder Disegno*) notiert und auch die Spuren bzw. Möglichkeiten des Originals (P) angegeben. Zumindest theoretisch wäre es möglich, dass das ν des Disegno nicht korrekt ist und das vom Original her mögliche μ zu lesen wäre (was hier aber aus lexikalischen Gründen nicht in Frage kommt). Nach einer Lücke im Papyrus (und im Disegno) liest man im *Oxforder Disegno* ein c, wäh-

rend das Original nur eine (teilerhaltene) Rundung hat, welche ein c nicht ausschließt. Wieder kommt der Buchstabe des Disegno in das Transkript – mit
entsprechender Information in der Spurenangabe. Nun folgt im Disegno ein
ι, während im Original nichts erhalten ist. Somit liest man in der Spurenbeschreibung nur die Angabe ι O. Das *Neapolitanische Disegno* (N) hat übrigens
für Z. 30–33 überhaupt keinen Text. Am Ende von Z. 30 ist im *Oxforder Disegno*
mit einer Rundung mehr Information als im Original erhalten, weshalb es eingesetzt ist. Das Original schließt eine Kurve zwar nicht völlig aus – und somit
kann das Disegno eingesetzt werden –, aber die Tinte deutet eher auf α,δ,λ
(und somit keine Rundung) hin. Zu Beginn von Z. 31–33 hat keines der beiden
Disegni Text, aber im Original (inkl. MSI/HSI) ist Tinte erkennbar. Der Buchstabe zu Beginn von Z. 31 ist so beschädigt, dass er nicht sicher zu ermitteln ist.
Jedoch deuten die Tintenreste auf ein φ hin, wie man der Spurenbeschreibung
entnimmt. Die beiden nächsten Buchstaben ι und δ sind beschädigt, aber eindeutig. Für den folgenden Buchstaben ist nur Tinte im Papyrus auszumachen,
die aber nicht aussagekräftig beschrieben werden kann. Auch die Spuren nach
der Lücke sind nicht eindeutig zu charakterisieren. Wieder nach der Lücke ist
auf Basis der Originals π oder τ möglich; das *Oxforder Disegno* hat hier Text,
nämlich ein τ, weshalb der Buchstabe in das Diplomatische Transkript kommt.
Die beiden nächsten Buchstaben ου sind auch im *Oxforder Disegno* erhalten,
was aber unerheblich ist und nicht vermerkt wird, da sie im Original erhalten sind (und das Disegno natürlich niemals besser als das Original sein kann,
wenn das Original noch erhalten ist). Anschließend findet sich Tinte im oberen
Bereich – das *Oxforder Disegno* hat hier keinen Text mehr. In Z. 32 wurde ein
kleines, deplatziertes Fragment (*Sottoposto*), welches sich heute etwa in Kol. 7
befindet, „virtuell" um eine Volute (welche in diesem Teil des Papyrus 10,7 cm
breit ist) nach links zurückversetzt (siehe V 4.2). Das platzierte *Sottoposto* ist
sowohl im Diplomatischen Transkript als auch in der Spurenbeschreibung fettgedruckt. Die Angabe ⁻¹ zeigt, dass es sich um ein *Sottoposto* handelt. In Z. 34
klafft in der Mitte der Zeile eine Lücke im Papyrus (Verblassen/Abrieb während
der letzten 200 Jahre), für welche aber beide Disegni jeweils die Buchstabensequenz γρα überliefert haben.

Schauen wir, wie dieses Diplomatische Transkript durch philologische
Denkarbeit in die Textausgabe (Literarisches Transkript) überführt wurde:

Kol. 6,30–34 (Text-Edition und Apparat)

30 τριβή⌐ν⌐. [Cπεύ]⌐cι⌐π⌐π⌐ιος δ' ⌐ἀ⌐[δελ-
     φιδ ϙ[ῦc ὦ]ν̣ [αὐ]⌐τ⌐οῦ .[.... Χά-
     ρ ι̣τ[ας, ὥc] φηc⌐ι⌐ Φι⌐λ⌐όχο ϙ ϙ[c, ἀ-

νέθη⌐χϛ⌐[ν εἰc] τὸ μουcεῖον,
ἐφ᾽ α[ἷ]c ἐ[πιγ]έ⌐γρα⌐πται· ⌐τά⌐[c-

30 [Cπεύ]⌐cιππ⌐οc KF   30–31 ⌐ά⌐[δελ]|φιθο[ῦc KF   31 ὤ]ν KF   [αὐ]⌐τ⌐οῦ Gaiser   χ[αὶ τὰc conieci
31–32 Χά]|ριτ[αc KF   32 ὥc KF   φηc⌐ι⌐ Mekler   Φι⌐λ⌐όχορο[c Bücheler*   32–33 ά]|νέθη⌐χϛ⌐[ν KF:
χατέ⌐χο⌐[ντα (perperam) Jacoby   33 εἰc KF   34–35 Bücheler*

Wir sehen zunächst, dass alle im Diplomatischen Transkript unterpunkteten
Buchstaben ihre Punkte verloren haben – an ihnen bestehen ja keine ernsten
Zweifel. Die aus dem Disegno genommenen Buchstaben wurden auch mit den
oberen rechteckigen Klammern in den Text übertragen. In Z. 30 sieht man, dass
das τ des *Oxforder Disegno* in das ähnlich aussehende π verändert wurde (Asteriskos unter dem Buchstaben). Die Spurenbeschreibung erlaubt dies, da das
Original entweder π oder τ zulässt (das τ des Disegno dürfte also bspw. nicht
in ein α geändert werden, da das Original dies ausschließt). Am Ende von Z.
30 ist nach dem δ aus lexikalischen Gründen ein α zu erwarten und die Spuren
des Originals machen dies wahrscheinlich. Der kleine Bogen des *Oxforder Disegno* ist also zu ändern. Hier wird kein ganzer Buchstabe geändert, aber es muss
dennoch wie bei dem τ ein Asteriskos gesetzt werden, da die Spuren des Disegno nicht im Einklang mit α sind. In Z. 32 ist das *Sottoposto* nun nicht mehr
fettgedruckt, sondern wie ein normaler Teil des Textes behandelt – da es ja
auch ursprünglich im Papyrus an dieser Stelle war und nur durch den modernen Aufrollprozess heute an falscher Stelle im Papyrus zu finden ist. Später in
Z. 32 ist die Ergänzung des Namens Φι⌐λ⌐όχορο[c (Bücheler* = Bücheler in der
Edition von Mekler 1902) an mein Annotationssystem angeglichen. Die Angabe
zu Z. 34–35 bedeutet, dass Bücheler alle Ergänzungen oder Lesungen in diesen
Zeilen getätigt hat (Z. 35 ist hier nicht abgedruckt). Für eine ausführliche und
anschauliche Genese der Rekonstruktion dieser Stelle und sich daraus ergebende philologisch-methodische Folgerungen siehe die Fallstudie in V 4.2.

Da die neue Ausgabe des *Index Academicorum* Wissenschaftlern diverser
Disziplinen einen bequemen und fruchtbaren Zugang bieten will, ist das Diplo-
matische Transkript samt Spurenbeschreibung als Appendix im vierten Teil der
Monographie abgedruckt (IV). So werden die Lesbarkeit und Übersicht der
Ausgabe gefördert und doch kann bei Bedarf leicht auf die papyrologischen
Details zugegriffen werden.

TEIL II

Ausgabe von Philodems Index Academicorum mit Übersetzung

∵

Philodemi
Index Academicorum

(Liber incertus Philodemi Syntaxis philosophorum)

PHerc. 1691/1021

(Recensio prior – Recto et Verso)

PHerc. 164

(Recensio ultima)

recognovit

Kilian J. Fleischer

Conspectus siglorum

P	*PHerc.* 1691/1021
O	apographum Oxoniense *PHerc.* 1021 (Kol. 1–32, M–Z)
N	apographum Neapolitanum *PHerc.* 1021 (Kol.1–36)
I	incisionum plagulae (VH²) *PHerc.* 1021 (Kol. 1–36)
VH²	Herculanensium voluminum quae supersunt, Neapoli, 1862, I 162–197

cr.	Italice 'cornice'
pz.	Italice 'pezzo'

Conspectus signorum

αβγ̣	litterae incompletae, quae non aliter legi possunt (in transcriptione diplomatica)
	litterae dubiae quae aliter legi possunt (in transcriptione litteraria)
⌐αβγ⌐	litterae alterutrius vel utriusque apographi
⟦αβγ⟧	litterae a librario deletae
ˋαβγˊ	litterae a librario additae
{αβγ}	litterae ab editore deletae
‹αβγ›	litterae ab editore additae
[αβγ]	litterae ab editore suppletae
αβγ	litterae suppositae vel suprapositae ab editore recognitae et loco suo collocatae (in transcriptione diplomatica)
α̣β̣γ̣	litterae apographi ab editore mutatae
[. . .]	litterae deperditae
[.(.)]	una et dimidia littera deperditae
[]	nulla vel una littera deperdita
[	nulla vel una vel etiam duae litterae deperditae (in fine lineae)
—	paragraphus
⸖	diple obelismene
⊤	spatium vacuum
|	finis vel initium lineae (in apparatu)
||	finis vel initium columnae (in apparatu)

Docti in apparatu

KF	editor (Kilian Fleischer – lectio vel supplementum in textu)
conieci	editor (Kilian Fleischer – coniectura in apparatu)
Bücheler	editio princeps 1869
Mekler	editio 1902
Gaiser	editio 1988 (editio partialis – col. 1*–18,Z–Q)
Dorandi	editio 1991
Alessandrelli	privatim
Angiò	apud Puglia 2006
Anonym. rev.	Anonymer Gutachter Fleischer (2019)
Apelt	Philologische Wochenschrift 22 (1902)
Battegazzore	Elenchos 10 (1989)
Blank	ZPE 162 (2007)
Blank per litt.	privatim
Bravo	Bravo 2009
Bücheler 1881	Bücheler apud Wilamowitz 1881
Bücheler*	Bücheler apud Mekler
Crönert	Crönert apud Mekler
Crönert 1903	Hermes 38 (1903)
Crönert 1906	Crönert 1906
De Sanctis 2019	CErc 49 (2019)
De Sanctis 2022	Proceedings (2022)
Del Mastro	CErc 42 (2012)
Delattre	Delattre apud Del Mastro
Diels	Diels/Schubart 1904
Essler	privatim
Fowler	privatim
Gaiser 1963	Gaiser 1963
Gaiser 1983	CErc 13 (1983)
Giannattasio Andria	CErc 13 (1983)
Gigante	Gigante 1977
Gigante 1988	Gigante apud Gaiser
Gomperz	Gomperz apud Mekler
Gomperz 1887	Festschrift Zeller (1887)
Gomperz 1882	Wiener Studien 4 (1882)
Gomperz 1891	SBWienAk 123 (1891)
Gomperz 1898	Festschrift Benndorf (1898)
Hammerstaedt	Hammerstaedt apud Del Mastro

Hatzimichali	privatim
Heiberg	Heiberg apud Mekler
Henry	privatim
Jacoby	Jacoby 1929 (FGrHist II B)
Janko	Janko apud Del Mastro
Kalligas	apud Kalligas et al. 2020
Lasserre	Lasserre 1987
Lasserre 1966	Lasserre 1966
Leone	Leone apud Del Mastro
Longo Auricchio	Anthropine Sophia 2008
Luppe	CErc 38 (2008)
McOsker	privatim
Mette	Lustrum 27 (1985)
Most	privatim
Praechter	GGA 164 (1902)
Puglia	privatim
Puglia 2000	ZPE 130 (2000)
Puglia 2005	SEP 2 (2005)
Puglia 2006	SEP 3 (2006)
Puglia 2018	Studi Mario Capasso 2018
Ranocchia	privatim
Sauppe	apud Mekler
Schenkl	Wochenzeitschrift Klass. Phil. 20 (1903)
Schoene	Schoene apud Mekler
Schröder	privatim
Sedley	privatim
Sedley 1988	Sedley apud Gaiser
Spengel	Philologus Supplementband 2 (1863)
Speyer	CErc 31 (2001)
Tarrant	privatim
Tsouna	apud Kalligas et al. 2020
Vassallo	privatim
Verhasselt	Verhasselt 2018
Verhasselt 2013	CErc 43 (2013)
Verhasselt 2015	CErc 45 (2015)
Verhasselt 2017	CErc 47 (2017)
von Arnim	apud Mekler
Voutiras	Voutiras apud Dorandi
Wilamowitz	apud Mekler
Wilamowitz 1910	Hermes 45 (1910)
Wilson	privatim

Recensio prior – Recto (*PHerc.* 1691/1021)

PHerc. 1691: Kol. a–c (Recto)
PHerc. 1021: Kol. 1*–36 (Recto)

∵

Desunt fere 10–25 columnae

Kol. a . . . .]. . . . ἀπερ ον
. . . . . .].[.]. τῆc δ[ι]ατριβῆc   ... Philosophenschule/Studium ...
. . .]. . . .[. . . . .].[. .]πα. .[
. . . .]. . ωι κοινῶι [.]. . α. []ε.   ... gemeinsam/öffentlich ... jedem be-
5   . . .]. . ω[.]τε τῶι βοψλομέ-   liebigen
νωι]. . . . . . .[.].[. . . . .
. . . . ο]ψντ[.]cˋ.xου. .ˊ, ἀλλα   ... aber ...
. . . .]. .[.].τουτο
. . . .]. . .αλλ. .[. . . .]. .ν[
10   . . . .].[.]ρε.[. .]. .λον
. . . .]α. .π.[. . . .]εγι-
. . . . . .]. . μετα. .[. .].
τῆc δια]τριβῆc ε.[]τ.[. . .]εc   ... Philosophenschule/Studium ...
. . . . . .] ἀγωνιζομε[ν.].   ... wettkämpfen/prozessieren ...
15   . . . . . .].εγ.[.]. .ν.[. . . .
. . . . . .] ψποθέcει[]τ. .[. .   ... Hypothese(n) ...
. . . . . .].ντ. . .α[. .].β.[
. . . .]. .οπ. . . .[. .]ν
. . . .].[. .].[
20   . . . .]τη
. . . .]. . .[. .]. . . .ω[
. . . .]. .[. . .]. . .

1–2 Del Mastro   4 KF   5 ὥ[c]τε conieci   5–6 KF   7 ˋἤxουεψˊ conieci   12 μετασχ[.]ψ conieci
13 KF   14 Del Mastro   16 KF

Kol. a . . . .].[.].η
. . . .].[. . . .]υ
25   . . . .].α. . . .[. .
. . . .].ο. .αγ.[. .
[. . . . .]
. . . .]. . . .[. . .
. . . .]. .[]η[. [
30   . . . .]. . .[. . .
. . . .].[. .]α.[. . .
. . . .]. . . .ε.[. .
. . . .].δε[. . .
. . . .].ο. .[.
35   . . . .]. .[. . .].
. . . .]. . . . . .
. . . .]γενομε-
ν. . . . .]. . . .ν[
. . . .].νεϲ.[. .
40   . . . .]. οὐκ ωγ[… nicht …
. . . .]. .ου.[
. . . .].αν
. . . .].[
[. . . . .]
45   . . . .].[

37–38 KF   40 KF

Parallelen: –
Quellen/Fragmente: Dikaiarch, Περὶ βίων (wahrscheinlich)
Anmerkung: Vor *PHerc.* 1691, Kol. a sind schätzungsweise 10–25 Kolumnen vom Beginn des Wer-
    kes verloren.

Kol. b [................]
      [................]
      [................]
      ......] πρω[τ........
5   .[....]εϲ..[.......
    ..[.....].ν κ.[.......
    χα[....].κα.[.....]..[
    χοντα πολ[......]..[τῶ]ν̣
    γὰρ ἔμπροϲ[θεν φι]λ̣οϲόφ[ων
10 οἱ μὲν ἀ̣ρχα[ῖοι] ϲφόδρα οὐ-
    δὲ κατέλε[ιπον] οὐδ' ἐξε-
    τίθεϲαν ὑπομνήματα [ὡ]ϲ
    ο̣ὗτο[[ν]]⸌ϛ´· τῶν δὲ ̣ ̣τ' ἐκεί-
    νου[ϲ ἔ]τι περὶ φύϲ[ε]ω[ϲ] κ̣α̣[ὶ
15 τῶν̣ [π]ερὶ .[.]..[...].ν
    ωϲ[.(.)]οπ...α[.....]..[
    κα...νο.[.]..[...]..[.].[
    ϲυνα[....]ομο.[...]...[
    .[....]νεγρα[..].ιδ[..
20 .[].....[....].ι̣...ο.[
    προϲ[.........].[...
    παρα..[.....]..[.....

Von den früheren Philosophen hinterließen nämlich die sehr alten keine
Schriften und schon gar nicht gaben sie
irgendwelche heraus wie dieser (*es tat*).
Die ... jenen ferner über die Natur und
über ...

---

6 init. Δι̣ο̣[νύϲι]ο̣ν dubit. Del Mastro   7–8 κατ' ἄρ]|χοντα Πολ[ύζηλον Del Mastro   fin. ταῦτα
Delattre   8 τῶ]ν̣ Puglia   9 ἔμπροϲ[θεν KF: ἐκ̣δ̣ί̣δοϲ[θαι perperam Del Mastro   φι]λ̣οϲόφ[ων
Puglia   10 Del Mastro   11 κατέλε[ιπον] KF   12 fin. [ὡ]ϲ KF   13 ο̣ὗτο[[ν]]⸌ϛ´ KF: αὐτο[[ν]]⸌υ̣´
Del Mastro   13–14 κ̣α̣τ' vel μετ' conieci   ἐκεί|νου[ϲ KF: ἐκ]εί|νου Janko   14 ἔ]τι KF, cetera Del
Mastro   15 π[ο]λ̣ι̣[τικ]ῶν Del Mastro   19 Τ̣[ίμαιο]ν conieci   20 init. ἀλλὰ̣ Del Mastro   fin.
α̣υ̣[τ]ο conieci: ἀδιαφ[ορ]ο spat. long. Del Mastro

Kol. b   ν . . . . ε[.].[. . . .].. [-
λιας εν[. . . . .]..[.
25   ν.[.].[. . .]. . .[. . . . . .
επ..[.]δ[.]. . .[. . . . .-
γων κα[. . . . .
κρ. . .ν[. . . . .
μα.[.].[. . .]η[.].[. . . . . . .
30   []α.[.]..α[..]..[. . . . .]..[.
τες.[. . . . . . .]..[. . . . . .
[].τ.[. . . . . . .]..[..]..[
κ.γ.[. . . .].ωc δε.[.]χ[..
ε. . .[. . . . . . .]καθα[.].[].ν[
35   . . . . . .[. . . .]αγ[. . .].c
καλου.[.]. . .[.]. Cώφρων,
οὕτω καὶ Πλάτων ἐ[ν]ο-
χλ[ο]ῦντάς τε καὶ δ[ιαφε]ρο –
μένους ἀλλήλοιc ἀ[νθρώ-
40   πους τινὰc ἀεὶ κα[τεcκ]ε[ύ-
αζεν ἡλικίαι . . εδ.[. . .(.)]ους
καὶ τρόποιc καὶ προαιρ[έcεcι
βίων καὶ τούτων ε.χ.[
44   ἀπο. . . . .ους π. . .[

... Sophron (besonnen), auf diese Weise präsentierte auch Platon immer Menschen, die sich zur Last fallen und miteinander im Streit liegen wegen des Alters(unterschiedes) ... die durch Charaktereigenschaften und Lebensentwürfe ...

---

36 καλούμ[ε]νος Ranocchia   Cώφρων KF: cώφρων Leone   37–39 Del Mastro   40–
41 κα[τεcκ]ε[ύ]|αζεν KF: κα[τεχλ]ε[ύ]|αζεν conieci   ‹ἐν› ἡλικίαι conieci   41 δὲ Hammerstaedt:
ὅτ᾽ ἔδο[ξε vel ὅτε δ᾽ ε[ἰc conieci   τ]ους conieci   42 Del Mastro   43 εἰκό[τωc conieci
44 ἀποcχομένους conieci

Parallelen: (vielleicht: D.L. 3,9; 8,15; 8,84; 8,85; Iambl. vita Pyth. 199; Aul. Gel. 3,17) – D.L. 3,18 (?)
Quellen/Fragmente: Dikaiarch, *Περὶ βίων* (wahrscheinlich)

Kol. c
[................]
[................]
[................]
[................]
5   [................]
[................]
[................]
[................]
[................]
10 [................]
καὶ φορτι[χ]ο.[......   ... plump ...
.της ἀνα.[..........
.ϙτερ.[.].[........
..χα.[.]ον.[......]ον
15 .].[]..[..]....[.......
..].ον και.[........
.].[...]νουδε[.......
..]..[.]αχαι[........
..].[..............
20 ..].[..............
[................]
....]...[........

11 Verhasselt 2018   12 τῆς ἀναγ[ραφῆϲ Verhasselt 2018

Kol. c

```
        ....].[..]..[........
        .[...].[.]ωγ.[........
25      ....].[..]..[.........
        ......]..τ.[.......
        ....]π.[..]..[.......
        ....].[...........
        [................]
30      ...[..............
        ...].αυμαφ[........
        .........]ντα[.....
        ..[........]..[...].υ[
        ..........]...[.....
35      ...........]κε.[....
        .......]οπ.[.......
        .......].αρε.[.].[...
        .[.......]....[.....
        .........].τε[.....
40      .....]....ε.[.....
        ......].[....]..ρο[..
        ...]τ...[...]..[.....
43      .].[..]...ν...[.].[....
```

---

31 θαῦμα conieci

Quellen/Fragmente: Dikaiarch, *Περὶ βίων* (wahrscheinlich)

Anmerkung: Zwischen *PHerc.* 1691, Kol. c und *PHerc.* 1021, Kol. 1* sind vermutlich fünf Kolumnen verloren.

Desunt columnae fere 5   **Prima columna deperdita**

Sovrapposti von PHerc. 1691   Etwa auf Höhe von Z. 8–9 zu Beginn

...]δ[............
..]νρ[............

Etwa auf Höhe von Z. 34–35 zu Beginn

.].ν.[............
].α...[...........

Etwa auf Höhe von Z. 37–42 am Ende

............].....[
...........]κα.κε.[
...........]χοντος[
...........]αυτα ου[
...........]επραττ[.
...........].ρ.[.

Secunda columna deperdita

Etwa auf Höhe von Z. 23–34 am Ende

. . . .] . προϲχ . [.
. . . . φι]λοϲοφ[. .

Tertia columna deperdita

Etwa auf Höhe von Z. 34–36 zu Beginn

. . .]πε . [. . . . .
. .] . αν[. . . . .
. . .]ταμε[. . . . .

Quarta columna deperdita
deest

Quinta columna deperdita
deest

Secunda columna deperdita: 24 KF

Quellen/Fragmente: Dikaiarch, *Περὶ βίων* (wahrscheinlich)

Kol. 1* [.................]
   [.................]
   ....]η.[].[
   ....].τ.
5 ....]καθα[
   ....]...[.]εν
   ....].ον
   ....].[.]..
   ....].ην δια
10 ....]αχα[
   ....]και
   ....].μελειαν
   ....]κελευομε-
ν........]c[..].ταις πο.
15 ....].[..c]κευαζε[
   ....]ν[..].αδ.αι.[
   ....]..νο.[.]..θετ[.
   ....].ο..[..]..[..].ο.[
   ....]ντεc.[..].[....
20 ....].[]α.[...].[....
   ....].[.].ε.
   ....]ου.

---

5 καθά Mekler 12 ἐπ]ιμέλειαν conieci

Kol. 1*   ....]..[....
         [.................]
25   [.................]
         ....].οc
         ....].
         ....]...
         ....].τα
30   ....].
         [...............]
         ....].
         [..............]
         [..............]
35   [..............]
         [..............]
         [...............]
         [...............]
         [..............]
40   [..............]
         [................].
         ....].ον
         [...............]
44   [...............]

---

44 [ὅτε δὲ Πλάτων, καθ᾽ ὅcον] conieci

Quellen/Fragmente: Dikaiarch, *Περὶ βίων* (FGrH 1400 F 63b)
Anmerkung: Etwa hinter dieser Kolumne befindet sich Kol. Z auf dem Verso.

Kol. 1 ⌐ἐνδεʼχόμενον [ἦ]⌐ν⌐, ἐπα{⌐ι⌐}-
νεκαίν⌐ιϲε πʼάλιν ἄπ⌐αϲαν⌐
⌐τὴʼγ τ⌐έʼ[χν]η[ν .]⌐υϲʼ[.(.)]⌐.ατουγʼ
⌐ἐν τοῖʼ[ϲ λ]⌐όγʼοιϲ ⌐εʼὐρυθ⌐μίανʼ
5 προϲέ⌐λαʼβεν· ⌐αὐτὸϲ δὲ πολ⌐-
λ⌐ὰ ἐʼπειϲην⌐έγʼκ⌐ατο ἴʼδια, [δι'] ὧν
– εἴ γε διὰ παρ⌐ρηϲʼ[ία]ϲ [δ]ε[ῖ τὰ φ]αι-
νόμενα λέ⌐γʼει⌐ν – μά'[λιϲτα
δὴ τῶν πάντων [ἀνθρ]ώ-
10 πων οὗτοϲ εὔξηϲέ [τε φ]⌐ιλοʼ-
⌐ϲοφʼίαν καὶ κατ⌐έλʼυϲ[εν]. ⌐προʼ-
ε]⌐τʼρέψατο μὲγ γὰʼρʼ ἄπ[α]⌐γτʼαʼ[ϲ
ὥ⌐ϲ ε ʼἰπεῖν ἐπʼ αὐτὴν διὰ
τῆ⌐ϲʼ ἀναγραφῆϲ τῶν ⌐λʼ[ό-
15 γων. ἐπιπολαίωϲ δὲ κα⌐ίʼ
τ[ι]ναϲ ἐπο[ίηϲ]ε φιλο⌐ϲοʼφε⌐ῖʼγ
φανε⌐ρʼὰν ἐκ⌐τρέʼ[πων] ⌐εἰʼ[ϲ
τριβ[ήν]. ⌐φʼηϲὶ δʼ ὅτι [.....]..
......] καὶ π.[....]⌐οʼνα⌐ϲʼ.[
20 ...].[τ]⌐οῦ φιλʼ[οϲ]⌐οφʼε⌐ῖνʼ ἐνδ⌐όʼ-
ϲιμον ἔδω[κεν], ὥϲτε μὴ μ⌐εʼ-
μαθηκότα[ϲ ...].μάτωγ [

es möglich war, wieder die ganze Me-
thode/Technik ... erneuerte ... gab er
den Dialogen eine stilistisch ansprechende Form. Selbst aber steuerte er
viele eigene Elemente bei, durch welche dieser – wenn es denn geboten
ist in aller Freimütigkeit meine Meinung zu äußern – am meisten von
allen Menschen die Philosophie förderte und zerstörte. Er trieb nämlich
sozusagen alle durch die Niederschrift
der Dialoge zu ihr. Jedoch bewirkte er
auch, dass einige oberflächlich philoso-
phierten, da er sie zu einem offenkun-
digen Zeitvertreib verleitete. Er (*Dikaiarch*) sagt aber, dass ...

den Impuls zum Philosophieren gab, so
dass solche, die nicht ... gelernt haben

---

1 ⌐ἐνδεʼχόμενον von Arnim   [ἦ]⌐ν⌐ KF   3 ⌐τὴ⌐γ τ⌐έʼ[χνη]ν Verhasselt 2017: τὴν τ᾽ Mekler: τ⌐έʼ[ρψι]ν
conieci   το]⌐ῦ C⌐ωκʼράτουϲ⌐ (fort. spat. long.) Tarrant: φ]⌐ύϲʼ[ει] ⌐γὰρ οὖγʼ conieci: κ]⌐αὶ χ⌐αʼτὰ
τοῦτ⌐⌐ Verhasselt 2017: μεʼτὰ τοῦτ⌐⌐ Most: δ⌐ιὰ τοῦτ⌐⌐ Mekler   4 τοῖʼ[ϲ λ]⌐όγʼοιϲ Mekler   5 δὲ
Mekler: τε conieci   6 ἴʼδια, [δι'] ὧν Gaiser: ἰδ[ιάζω]ν Lasserre   7 παρ⌐ρηϲʼ[ία]ϲ [δ]ε[ῖ Mekler
7–8 τὰ φ]αι|νόμενα Mekler   8 μά'[λιϲτα KF: πλ⌐'[εῖϲτον Praechter: πρʼ[ῶτοϲ Gomperz   8–
9 [ἐπει|]δὴ Bücheler*   9–10 Bücheler   10 εὔξηϲε [τε KF: εὔξηϲε[ν Crönert 1903: εὔξηϲε [τὴν (spat.
long. vid.) Puglia   11 κατ⌐έλʼυϲ[εν] Verhasselt: κατ⌐έλʼυϲ[ε] Mekler   11–12 ⌐προʼ|[ε]⌐τʼρέψατο
Wilamowitz   12 ἄπ[α]⌐γτʼαʼ[ϲ Verhasselt 2013: ἀπ⌐είρʼο[υϲ Gaiser 1983: ἀπ[ρ]⌐επʼʼεῖϲ conieci
14–15 ⌐λʼ[ό]/γων Gaiser   16 τ[ι]ναϲ Gaiser   ἐπο[ίηϲ]ε Wilamowitz   17 ἐκ⌐τρέʼ[πων] ⌐εἰʼ[ϲ
Gaiser: ἐκ⌐μεʼ[λετῶν] conieci   18 τριβ[ήν] Prächter: τρίβ[ον] Gaiser   20 Mekler   τ]ὸ Verhasselt
21 ἔδω[κεν] Bücheler*: ἔδω[χαν] Mekler   21–22 μ⌐εʼ|μαθηκότα[ϲ Mekler: μ⌐εʼ|μαθηκότα Bücheler*
22 μαθ]ημάτων Verhasselt 2013

Kol. 1 τε ⌜μ⌝ηδὲν μ[. . .]. βο[υ]λομέ-   ... keine ... lernen wollen, sich nicht nur

      νουc μαθε[ῖν οὐ] μόνον ⌜ε⌝ὶç   zur Menge der Philosophen rechneten,

25   ⌜τὸ⌝ τῶν φι⌜λ⌝[ocόφων αὐ]τοὺc   sondern auch ...

      καταρ⌜ι⌝θ[μ]ε[ῖν πλῆθοc, ἀ]λλὰ

      κα⌜ὶ μ⌝[. . . . .].φα

      .].. [. . . . .].[. . . . . . .]...

      ὑποθ[ε]cε.[. . . . . .].τουτο[Hypothese/n ...

30   . . . . ξεc[. . . . . .].ανδρα

      .].[. . .]μ[. . . . .].[.].[

      [. . . .]ντου.[. . . . .

      ⌜α⌝.[]⌜π⌝ε[.(.)]θε⌜c⌝[..]..[].[]⌜κειc⌝

      ἐκειν.[. . . .]⌜.να⌝...⌜όμ⌝ε-

35   νοί ⌜τι⌝γ[εc] ⌜ἱκ⌝ανὸν ἔχειν   ... manche glauben eine geeignete Ent-

      π⌜ρό⌝βλη[μ]α τῆc ἰδίαc ⌜ἀμα⌝θί-   schuldigung für ihre eigene Unwissen-

      αc νομ[ίζο]υcιν, μᾶλλον δ' ἐ-   heit zu haben, vielmehr ... allein den

      ⌜αυ⌝[τ . . . . . .]⌜ει⌝ν μ⌜ό⌝νο⌜ι⌝ τ⌜ὴν⌝   Unterricht des Besten und Weisesten

      ⌜το⌝ῦ ⌜ἀ⌝ρ[ίcτο]⌜υ⌝ καὶ c⌜ο⌝φωτά-   verstehend ...

40   ⌜του⌝ δια⌜τ⌝[ριβὴ]⌜γ⌝ καταν⌜οοῦ⌝ν-

      ⌜τ⌝εc [].⌜.⌝[. . . . .]⌜.⌝ με⌜γ⌝απε-

      .].. [..].[. . . . .]⌜τ⌝ου ⌜κα⌝τα

      ...].[. . . . .]. . . . . .[

44   . . . .].. [

---

23 μ[έρο]ç Ranocchia: μ[ἄλλο]ν (spat. long. vid.) conieci: μ[εῖζον Mekler: μ[ικρὸ]ν Lasserre   23–24 βο[υ]λομέ|νουc KF: ἑλομέ|νουc Gaiser   24 Mekler   25 φι⌜λ⌝[οcόφων Mekler   αὐ]τοὺc Gaiser 1983: αὐ]τοὺc Mekler: ἑαυ]τοὺc Lasserre   26 καταρ⌜ι⌝θ[μ]ε[ῖν Gaiser 1983: καταρ⌜ι⌝θ[μ]ε[ῖcθαι Mekler: καταρ⌜ι⌝θ[μ]ε[ῖται Crönert: καταρ⌜ι⌝θ[μ]ε[ῖ Gaiser, cetera Mekler   29 ὑποθ[ε]cε Verhasselt 2017   30 KF   33 θέ⌜c⌝[ειc] vel πε[ί]θε⌜c⌝[θαι] (lacuna incerta) conieci   ἐπ[ι]ε[ι]⌜κεῖc⌝ Ranocchia: ⍛ὐ⌜κ εἰc⌝ conieci   35–37 Mekler   37–38 δ' ἑ|⌜αυ⌝[τ- KF   39 ⌜ἀ⌝ρ[ίcτο]⌜υ⌝ Puglia: ⌜μ⌝ε[γίcτο]⌜υ⌝ conieci: γ⌜ε[νναίο]⌜υ⌝ Prächter: ⌜ἡ⌝δ[ίcτο]⌜υ⌝ Lasserre   40 δια⌜τ⌝[ριβὴ]⌜γ⌝ Verhasselt 2017: δια⌜δ⌝[όχου ο]⌜υ⌝ Lasserre   41 μέ⌜γ⌝ Gaiser   43–44 nomen familiaris Platonis conieci (fin. 44 Δί]ωγ conieci)

Parallelen: Them. or. 26,318c–319a; D.L. 3,38; Cic. Tusc. 4,71
Quellen/Fragmente: Dikaiarch, *Περὶ βίων* (FGrH 1400 F 63b)
Anmerkung: Etwa hinter dieser Kolumne befindet sich Kol. Y auf dem Verso.

Kol. 2 δ⌐ε¬ [. . . . .] . . . [π]ο̣⌐λλοῖϲ¬ [τὴν

ἀ⌐π¬[ὸ] Πλάτων[οϲ] φιλαν⌐θ¬ρω-

πίαν [γ]ενομέγην πρὸϲ αὐ-

τὸ[ν διη]γήϲατο. [τ]αῦτα ⌐γ¬ε⌐γρα¬-

5 φότ[οϲ Δ]ικαιάρχο⌐υ¬ Φιλόχο-

ρο⌐ϲ¬ ἐ⌐γ¬ τῶι τῆϲ Ἀθ[ί]δ̣[οϲ] ἕ〚. .〛 –

`κ´τωι 〚.〛 παρέγραψεν ἐπ⌐ιτο¬[

.[. τ]αῦτα· „κ.[.] .⌐α¬..[..

. π]αραξύων. . . .⌐αμ¬..

10 .(.) λαμ]βά⌐νω¬ν [. .] .ε.αν. . .[

. . . .]ε[].ω.[. .] .[. .].[..

. . . .] .ερον ⌐ἐ¬[ν] τῶ⌐ι¬ πε[ρι-

π]άτω⌐ι¬ κ⌐αὶ ἀ¬νέθηκεν εἰκ[ό-

ν]α ϲ̣[ω]κράτουϲ π[ρόϲω]πο⌐γ¬

15 χαλ]κο̣ῦ⌐ν¬, ἐφ᾽ ὧι ἐπ[ιγέγρα]π⌐τ¬αι·

. . .(.)]⌐ουτ¬ηϲ ἐπ⌐ό¬η[ϲ]ε. .[]κω-

. . . . .]⌐υϲ¬ ἐπι⌐γέ¬⌐γ¬ρα⌐[ππ]⌐αι¬

.].. [. . . .].[]α ϲυ⌐χ¬γ[..].[..

. . . . .]αγωγα ⌐το¬[.].[. . .

20 . . . . .]αυτ[ο]ν α.κ[. . . .

. . . .].[. .]. . . . .[. . .]ει

. . . . .]..[. . .].ο..γρα⌐ν¬[..]ειϲ

... erzählte (vielen) von der Menschenliebe Platons ihm gegenüber." Während
Dikaiarch dieses schrieb, ergänzte Philochoros im 6. Buch seiner *Atthis* ... Folgendes:

„... glättend ...

in dem Peripatos und errichtete ein
Abbild, eine bronzene Büste, des Sokrates, auf welcher geschrieben steht: ` ...
machte sie.´

Auf ihr waren geschrieben ... viele ...

---

1 [π]ο̣⌐λλοῖϲ¬ e. g. Verhasselt 2013: ἄ]λλοιϲ Dorandi   [τὴν KF   2 ἀ⌐π¬[ὸ] fort. spat. brev. KF: α τ¬[οῦ] vel α τ¬[ὴν] conieci   Πλάτων[οϲ] KF (Πλάτω[ν τὴν] spat. long. Puglia 2018)   3 [γ]ενομέγην Verhasselt   3–4 πρὸϲ α[ὐ]|τὸ[ν Puglia 2018: α[ὐ]|το[ὐϲ Ranocchia   4 διη]γήϲατο Puglia 2018 (γήϲατο iam Verhasselt 2013)   [τ]αῦτα Verhasselt 2013   5 Mekler   6 Crönert   7 παρέγραψεν Verhasselt 2013   7–8 ἐπιτό|μ[ωϲ] fort. spat. long. Puglia 2018: ἐπ⌐ιτό¬[μωϲ | κ[αὶ conieci   8 KF   τ]αῦτα Puglia 2018 (ταῦτ᾽ iam Gaiser)   9 πά̣ρ̣τ̣⌐α conieci   12–13 πε[ρι|π]άτω⌐ι¬ Puglia 2018: πέ[μπ]|τωι perperam Mekler   13 ἀ⌐νέθηκεν Longo Auricchio   13–14 εἰκ[ό|ν]α Mekler   14 Σ[ω]κράτουϲ Bücheler: Ἰϲ[ο]κράτουϲ perperam Crönert   π[ρόϲω]πο⌐γ¬ Speyer   15 χαλ]κο̣ῦ⌐ν¬ KF (χαλ|κοῦ⌐ν¬ iam Speyer): χρυ]ϲ̣[οῦ]⌐ν¬ conieci, cetera Mekler   16 nomen finiens -⌐ω¬ϲηϲ vel -⌐γ¬ϲηϲ conieci: [B]⌐ού¬ϲηϲ Mekler: [C]⌐ῶ¬ϲηϲ Speyer   16–17 εν Κ̣ί̣κω|νοϲ conieci   17 Bücheler*   19 KF (e. g. τετρ]άγωνα vel αγωνια)

Kol. 2 .].....[..]....υ[...]. α⌐υτω⌝[..

δηλι[.......].⌐κα⌝.[..

25 ....]..[.]...[.]⌐ω⌝[..

.........].[.] ἀνέθες[αν

οἱ μαθητ[αὶ] τὴ[ν εἰ]κόνα πρό-

cωπ[ο]ν χαλκοῦ[ν], ἧι ἐπιγέ-

γραπ[τ]⌐αι⌝· τ..[.] .[]⌐τ⌝ ἀ⌐ν⌝[.]θη-

30 ..] ⌐περιλυ⌝[....]⌐τενα⌝..α.[

....]..[........ ἐτάφη

δ]ὲ κα⌐ὶ̣ Π⌝λ⌐άτ⌝ων ἐν τῶι χ[ή-

πωι ⌐παρ⌝[ὰ] τὸ μ[ο]υcεῖον, ἀλ-

λ]⌐ὰ Κολυτε⌝ὺc ἦ⌐ν⌝ τῶν δή-

35 μ⌐ω̣ν⌝.″ τ⌐ε⌝τελευτηκέν⌐αι⌝ δ' ἐ-

πὶ] Θεοφ⌐ί̣⌝λου φ⌐η⌝cὶν αὐ⌐τ⌝ὸν

βι]ώcαντ' ἔτ⌐η⌝ δύο καὶ ὀγδο-

ή⌐κο⌝ν⌐τα⌝.τ ὀπίcω β̅ Νεά⌐ν⌝θης δὲ ⌐Φ⌝ιλίc-

κ⌐ου⌝ φηcὶν ἀ⌐κη⌝κ⌐ο⌝ένai⌝ τ[οῦ

40 Α[ἰ]⌐γινή⌝του, διότι „Πλ⌐άτ⌝[ων

ὑ⌐π⌝ὸ⌝ τῶν προcηκόν⌐τ⌝ων [ἐ-

κ]λ⌐ή⌝θη διὰ μέ⌐τ̣ω⌝π[ο]ν̣ π[λα-

τύ]″, καὶ διότι „⌐Cπαρτιατ⌝ῶ̣ν

44 ..].ω[] τὴν Α̣ἴ̣γι̣ν⌐αν⌝ α⌝[...

... errichteten die Schüler das Abbild, eine bronzene Büste, auf welchem geschrieben steht: ` ... weihte/Weihegeschenk ...´. ... Auch ist Platon in dem Garten nahe des Museions begraben. Er kam aber aus dem Demos Kollytos." Er (*Philochoros*) sagt, dass er (*Platon*) im Alter von 82 Jahren unter (*dem Archon*) Theophilos (*348/47*) starb.[(Siehe) hinten 2] Neanthes aber sagt, dass er von Philiskos von Ägina Folgendes gehört habe: „Platon wurde er von seinen Verwandten wegen der breiten Stirn genannt." Und weiter: „Als Spartaner ... Ägina ...

---

26 ἀνέθες[αν (fort. ἀνέθεςα[ν) KF: θεο[ῦ (vel sim.) conieci   27 οἱ μαθητ[αὶ] τὴ[ν KF   εἰ]κόνα Dorandi   27–28 πρό|cωπ[ο]ν Speyer   28 χαλκοῦ[ν] Gaiser   ἧι Ranocchia: [ῶι] Gaiser   29 Gaiser   29–30 ἀ⌐ν⌝[έ]θη|[κε] vel ἀ⌐ν⌝[ά]θη|[μα]   30 ⌐περιλυ⌝[π- vel ⌐περὶ αὐ⌝[τ- conieci   31 ἐτάφη KF: ᾤκει vel διέτριψε conieci   32 δ]ὲ κα⌐ὶ̣ Π⌝λ⌐άτ⌝ων ἐν τῶι KF   32–33 χ[ή]||πωι KF: ο[ἴ]|κωι Puglia   33 ⌐παρ⌝[ὰ Speyer   τὸ μ[ο]υcεῖον Gaiser   33–34 ἀλ|[λ]ὰ Mekler   34–35 δή|μ⌐ω⌝ν⌝ Gaiser   36–40 Mekler   41 ὑ⌐π⌝ὸ⌝ Bücheler*, cetera Gaiser   42–43 μέ⌐τ̣ω⌝π[ο]ν̣ π[λα|τύ] KF: μετώπο[υ] π[λά|τος] Schoene   44 πλο[ίω[ι] vel τι]γῶ[ν] vel ὀπί]cω conieci   τὴν Α̣ἴ̣γι̣ν⌐αν⌝ KF   ἀ⌝[φιγ]||μένων vel ἀ⌝[νηγ]||μένων vel ἀ⌝[φει]||μένων conieci

Parallelen: Aristot. vita Marc. 56 (Todesjahr); D.L. 3,4 (Stirn); viele Parallelen für Ägina-Episode
Quellen/Fragmente: Bis Z. 4 Dikaiarch, *Περὶ βίων* (FGrH 1400 F 63b); ab Z. 7 Philochoros, *Atthis* VI (FGrH 328 F 223); ab Z. 40 Neanthes von Kyzikos, *Περὶ ἐνδόξων ἀνδρῶν* (FGrH 84 F 21b) (Philiskos von Ägina)
Anmerkung: Etwa hinter dieser Kolumne befindet sich eine Hälfte von Kol. X auf dem Verso.

Kol. 3 μένων ⌜κ⌝αὶ πωλούν[των
το⌜ὺ⌝c Ἀ⌜θ⌝ηναί⌝ουc ἐπράθη
⌜Π⌝λάτων ἄδηλοc ὤν, ὅ[cτιc
ἐcτ⌜ί⌝ν, ἀνδρὶ λ⌜ί⌝αν πέν[ητι.

5 ⌜μ⌝[α]θ[ό]⌜ντῳ⌝ν δὲ τῶν Λα-
⌜κώ⌝ν⌜ω⌝ν, ὅ⌜τι⌝ cυνεά⌜λ⌝ω⌜χε⌝,
cπευδ⌜όντων λα⌝βεῖν ἐν
νῶι θέμ[ενο]⌜ς c⌝[κέ]π⌜τε⌝ται·
καί τι δ⌜ή⌝ [Μα]⌜κ⌝εδο⌜νικ⌝[ὸ]ν δε-
10 δι[[δ]]ὼc τῶ[ν] πρὸc Ἀρ⌜χ⌝έλα-
ον ἐμήν[υ]⌜ς⌝ε [[..]] ⌜πρ⌝ὸc τὸν ἑ-
ωνη⌜μέγ⌝ον ἑαυτὸν καὶ
cώcαντ[[α]]⌝ι̣⌜ χάριν ἀ⌜ποτείσ⌝ειν
ὑπιcχνεῖ⌜τ⌝[ο ..]..⌜η⌝ [τ]⌜οὗτο⌝ μ⌝ὲν
15 ἐκπλαγέν⌜τα⌝[....]⌜απ⌝[....].
⌜θέγτο⌝c κ⌜αὶ⌝ μ.[..]⌜.αν⌝[...].ον
..]επ[.].εμ[...]⌜ερα⌝[...
....]⌜τε⌝.[....]⌜τοc⌝[....
.ε[..]ε..χ.⌜ρ⌝[........
20 ...[..............-
⌜θάνεcθ⌝[αι........
⌜ων⌝[.]⌜ου⌝[..].[..........

und die Athener verkauften, wurde Platon, von dem unbekannt war, wer er war, an einen sehr armen Mann verkauft. Als die Lakonier aber erfuhren, dass er (*zusammen mit den anderen Athenern*) mitgefangen worden war, und sich bemühten ihn zu ergreifen, vergegenwärtigte er sich seine Lage und wog sie ab. Und weil er also etwas Makedonisches dieser, die zu Archelaos ..., fürchtete, gab er sich seinem Käufer zu erkennen und versprach ihm, wenn er ihn retten würde, die Gunst zu vergelten ... erstaunt/erschrocken ... und ...

1 Gomperz 1887   3 ὅ[cτιc fort. spat. long. Gomperz 1891: ο[ῖοc Gaiser: ὅ[c vel ὅ[τι conieci   Mekler   5 ⌜μ⌝[α]θ[ό]⌜ντῳ⌝ν KF: ⌜γ⌝γ[ό]ντων Puglia, cetera Bücheler   6 cυνεά⌜λ⌝ω⌜χε⌝ KF: cυνεά⌜λ⌝ω{⌜ν⌝} Gaiser: cυνεά⌜λ⌝ω⌜γ⌝ Dorandi   8 θέμ[ενο]⌜ς⌝ Mekler   c⌝[κέ]π⌜τε⌝τα⌜ι⌝ Gaiser: χ⌝[ρύ]π⌜τε⌝τα⌜ι⌝ Sedley 1988   9 [Μα]⌜κ⌝εδο⌜νικ⌝[ὸ]ν Luppe: [μα]⌜κ⌝εδο⌜νίζ⌝[ει]ν spat. long. Puglia 2006   10 τῶ[ν] KF   10–11 Ἀρ⌜χ⌝έλα|ον   11 ἐμήν[υ]⌜ς⌝ε Bücheler   [[..]] KF: δὲ Gaiser   13 ἀ⌜ποτείσ⌝ειν Bücheler   14 ὑπιcχνεῖ⌜τ⌝[ο Gaiser: ὑπιcχνεῖ⌜τ⌝[αι Mekler   πο]λλ⌝ή⌝ν (fort. spat. long. Gaiser): δι]ὰ̣ δ⌝ή⌝ conieci   [τ]⌜οὗτο KF   μ⌝ὲν Gaiser   16 ⌜θέγτο⌝c Puglia 2006   μα[θόν]τα fort. spat. long. Puglia 2006   19 ετο χρ⌜ε⌝ conieci   20–21 ἐπιλαν]|⌜θάνεcθ⌝[αι conieci: πυν]|⌜θάνεcθ⌝[αι vel αἰc]|⌜θάνεcθ⌝[αι Ranocchia

Kol. 3 .α.[].ϲ..[...........
 ..].[.]..[..........
25 .].ν[.............
 ⌜Πλ⌝άτω⌜γ⌝[..........
 .].⌜ομα⌝[...........
 ]⌜.⌝νϰ[.............
 .]ετ.[.............
30 ..]ν.[.............
 ..].. .[...........
 ..].. .[...........
 .].ν.[............
 [.................]
35 δ[...............
 ]⌜α⌝τ[..........].[..
 ⌜λε⌝.[..........]⌜.⌝[...
 ⌜ε⌝⌜ξ⌝[]. ἀϲ⌜τ⌝ρόλογοϲ [ἐ]ξη⌜γ⌝ε⌜ῖ⌝-
 ⌜τ⌝⌝ α⌜ὐ⌝τῶι γεγονὼ⌜ϲ⌝ ἀ⌜ν⌝α⌜γρα⌝-
40 ⌜φεὺ⌝ϲ τοῦ Πλάτωνο⌜ϲ⌝ ϰαὶ ⌜ἀ⌝-
 ⌜ϰ⌝ουϲτήϲ, ὅτι „γεγη⌜ραχ⌝⌜ὼ⌝ϲ⌝
 ⌜ἤ⌝δη ⌜Πλ⌝άτων ⌜ξ⌝έν[ον] ὑπε-
 δέ⌜ξ⌝[ατ]ο ⌜Χαλδα⌝[ῖον. μ]ε⌜τ⌝[ὰ
44 δ' ἡμέρας] ⌜⌝]τινὰϲ´ ἐπύρεξε⌝[ν. ....

... Platon ...

(*Philipp von Opus*) ...

..., welcher Astronom sowie Sekretär
und Schüler Platons war, erzählte ihm
(*Neanthes*): „Als Platon schon sehr alt
war, empfing er einen chaldäischen
Gastfreund. Nach einigen Tagen bekam
er Fieber.

35–37 usquam Φίλιππος conieci   38 ἐξ conieci   42 Mekler   43 δέ⌜ξ⌝[ατ]ο ⌜Χαλδα⌝[ῖον Mekler
μ]ε⌜τ⌝[ὰ KF: ἐ⌜π⌝[εὶ conieci   44 δ᾽ KF   ἡμέρας Puglia   ἐϰεῖ]‖νοϲ Gaiser: αὐλούμε]‖νοϲ fort.
spat. long. conieci (αὐλού]‖μενοϲ iam Lasserre)

Parallelen: Viele Parallelen für Ägina-Episode; Sen. epist. 58,31 (Magier in Athen)
Quellen/Fragmente: Neanthes von Kyzikos, *Περὶ ἐνδόξων ἀνδρῶν* (FGrH 84 F 21b) (ab Z. 41 Philip-
    pos von Opus F 14a Lasserre)
Anmerkung: Kol. 3 wird von Kol. 5 fortgesetzt. Kol. 4 (nun Kol. 8*) wurde in der Neuzeit falsch
    zwischen beiden angeordnet. Etwa hinter dieser Kolumne befindet sich eine Hälfte von Kol.
    X auf dem Verso.

Kol. 5 ν[ο]ϲ δὲ ὑˋπὸ Θˈράˈιττˈηϲ ἐˈγγˈεγ[οῦϲ

2 μˈε⟦.τ⟧ˋγάλωϲˊ ἐˈχˈρότηϲεˈ ˋ⟧…[ˊ

2 δακτυλˈι̣ˈ⟦..⟧ˋχ[ὸ]γˊ

ἐνˈδιδοˈ⟦..⟧ˋὑ̣ˈcˊ ⟦…⟧ˋρυθˊˈμόν. αὐτˈὸˈ⟦θ.⟧ˋγˊ

ˈδˈˈ ὡϲ πα[ρ]αˈφρονοˈ[ῦ]γτ⟦ε⟧ˋαˊ φˈωˈνεῖ⟦.⟧ˋγˊ

5 ˈτὸˋν Πλάτˈωνα καὶˈ ἐπερωτή-

c]ˈαι. τοῦ δˈˈ εˈἰπˈ⟦ε⟧ό⟦ς⟧ντοϲ· ˌἐννο-

εˈῖτ̣ˈ[ε], ˈὡϲ πˈά⟦ρι⟧ˋγˊτηˋιˊ ˈτˈὸ βάρβαροˈνˈ

ἀˈμαˈ[θ]ˈέϲ, ὅˈτε γε παράρυθμον

οὖ[ϲ τι] ˈἡ βˈάρβαροϲ φέρουϲˈαˈ

10 ˈτοῦˋτοˈ[ν]ˊ ἐ̣[κ π]είˋρˊαϲ ἀδυνατεῖ μα-

θεῖν]ˈ ˈἡϛθῆˈναι μεγάλωϲ ˈκˈαὶ

ˈἐνˈ ε[ὐ̣]ˈδίˈαι μεγάληι τὸν ˈἄˈν-

δρα γˈοˈμˈ[ˈζεˈιν, ἐπˈ[εἰ κ]αὶ ταυ-

τˈ ἐπὶ ˈνοῦˋν ἤρχετˈ [α]ˈὑ̣τ̣ῶˈ!.ˈ κα[ὶ

15 πˈροˈάγˈειˈ· „διαθερμαγˈθέγˈ-

ˈτοϲ δὲ μᾶλˈλον ἔκ ˈτˈ[ι]ˈνοϲ ἐˈ-

γέρϲεˈωϲ νύˈκτωˈρ ἀˈ[κ]ˈαιρˈό-

τερον [γε]ˈνομένˈ[ηϲ] ˈἐπειˈ.[

c]κυθρωπ[..]…[…].[.

20 ……..].[……..]..[.

………].ωγ..c[..

………]…[……

………]τιν[……

1 ἐˈγγˈεγ[οῦϲ (fort. spat. long.) KF: ἐˈγγˈειο̣[υ Puglia 2005: ἐˈγγˈείο̣[υ conieci: ἔˈγ γˈε Gaiser: ἔˈγ γˈε Lasserre   2 μˈε⟦.τ⟧ˋγάλωϲˊ ἐˈχˈρότηϲεˈ KF: μέλοϲ (Wilamowitz) ἥρμοττε Mekler: μέλ[ει] ἔκρουϲε Lasserre   δακτυλˈι̣ˈ⟦..⟧ˋχ[ὸ]γˊ Lasserre: δάκτυλ⟦ωι⟧ˈον Dorandi: δακτύλ⟦..⟧ˋο̣[ι]ϲˊ conieci   3 ἐνˈδιδοˈ⟦..⟧ˋὑ̣ˈcˊ ⟦…⟧ ˋρυθˊˈμόν Mekler   αὐτˈὸˈ⟦θ.⟧ˋγˊ KF: αὐτόθι Mekler   4 πα[ρ]αˈφρονοˈ[ῦ]γτ⟦ε⟧ˋαˊ Puglia 2005: πα[ρ]αˈφρονοˈ[ί]η τε perperam Mekler   6–7 ἐννο|ˈεῖτˈ[ε] Most: ἐννο|εˈῖϛˈ ˈ[δˈ] Mekler   8 ὅˈτε KF: ἄˈτε Mekler παράρυθμον Gaiser: παρὰ ῥυθμόν Mekler   9 οὖ[ϲ Gaiser: οὐ[δὲν conieci: οὔ[τωϲ Lasserre   τι] ˈἡ KF: γυν]ˈἡ (fort. spat. long.) conieci: γˈ ˈἡ Gaiser: δˈ ˈἡ Puglia 2018   10 ˈτοῦˋτο̣ˈ[ν]ˊ (scil. ῥυθμόν) KF: ˈτοῦˋτο̣γˈ conieci   ἐ̣[κ π]είˋρˊαϲ KF (τ[ι ἐκ π]είˋρˊαϲ iam Angiò): χ]εῖˋρˊαϲ Puglia 2005   13 γˈοˈμˈ[ˈζεˈιν KF, cetera Mekler   13–14 ταῦ|τˈ conieci: ταῦ|τˈ Mekler   14 Mekler   interpunctio Puglia 2005   15–18 Gaiser   18 ἐπεὶˈ Crönert 1903   19 KF

Kol. 5   ....]c[]ω[.......   **Ergänzung 1**
25   ....].[.].[....]..   etwa rechts von Kol. 5,28–30
        ....]..[....]..
        ....].ωc[....]..   ].o..
        ....].τ[]αιε.[...   ]...o
        ......].ε.β[.......   3]...
30   ....]..[.......
        [................]
        ....].[
        [...............]..
        ......].[.......]..[.
35   ....].ι.[...]ουμ.[... Speusipp von Athen, Xenokrates von Chalkedon,
        ....]..[.].......
        ....].[...].[.....   **Ergänzung 2**
        ....]..[..].[...   etwa unterhalb von Kol. 5 bis Kol. 7
        ....]ε..[
40   ......]α[....]ε....   1]ηβουλ[.].[.].νε....[...]ε[....]...[.]..[....
        ....].ν[.]..[...   ....]co[....].[.].[.]γκ[.]ι.[.].τ........
        ....].[....]α.[].ω   2 Cπευcίππ]ωι δὲ τἀδελφιδῶι ξε.[..].[.....
        ....].[.].[[.....]]ˋ.[..]..´   ....]ε[.].ε[......]......δι..[.]....
44   -]ˋ....ꞏ.[.] παραδ.|....[´   3].o....[.].....[.....................]
44   ...... Cπε]ὐϲιππος Ἀ-   ..[.].[......]..........του.[.].
45   θηναῖος, Ξενοκράτης Χα]λκη-   4]......[.................
        ....]..[.].[.......]..[.]....[.].........
        5]......[...............
        ....].[...[........]......[..]......[.].
        6].[....................
        ....].[.]..ρδ..o.

... dem Neffen Speusipp ...

---

44 KF (lineamentum et supplementum dubia)   44–45 Ἀ|θηναῖος KF   45 Ξενοκράτης Χα]λκη-
Gaiser   supplementum 2 (Crönert primum disp.): 1 ἠβούλ[ο]γ[τ]ο conieci: ἠβούλετο Νεάνθης
dubit. Mekler (seq. transcriptionem Crönerti)   2 Cπευcίππ]ωι δὲ τἀδελφιδῶι KF: οἳ δ᾽ ἔτ᾽ ἀδελ-
φιδῶ Mekler   Ξεγ[οκ]ρ[άτης vel ξέγ[ος] conieci

Parallelen: D.L. 3,46; Ibn al-Qifti 24,2–8 (Lippert 1903)
Quellen/Fragmente: Neanthes von Kyzikos, *Περὶ ἐνδόξων ἀνδρῶν* (FGrH 84 F 21b) (Philippos von
    Opus F 14a). Ab Z. 44 Schülerliste (unbekannt); Speusipp F 1; Xenokrates F 1
Anmerkung: Hinter dieser Kolumne befindet sich etwa eine Hälfte von Kol. V auf dem Verso.

Kol. 6

δόνιος, Ἡρακλείδης ˋχα̣[ὶ]ˊ Ἀμύντα⌐c⌐

Ἡρακλεῶτ⟦ης⟧ˋαι̣ˊ, ⌐Μˊε{λ}‹ν›έ⌐δˊημος Π⌐υˊρ-

ραῖος, Ἑ⌐cτιˊαῖος ⌐Πˊερίν⌐θιˊος, Ἀρισ-

τοτέλης Cταˋγειˊρίτης, ⌐Δίˊων Cυ-

5 ρακόcιος ὁ τὴν˄ Διο⌐νυˊc⌐ίου˄

τυραν⌐νίˊδα καθελών, ⌐Ἑρˊ-

⌐μˊ[όδ]ωρο⌐cˊ Cυρακόcιος ⌐όˊ καὶ ⌐πˊε-

ρ⌐ὶ αˊ[ὐτ]⌐οῦ γˊράψας καὶ τοὺς λ⌐όˊ-

⌐γους εἰcˊ Cικελίαν δ̣[ι]⌐αˊφ⌐έˊ-

10 ⌐ρˊ[ω]⌐νˊ, Ἔρα⌐cτˊος ˋ⟦. . . .⟧[ˊ ⌐καὶ Ἀˊ[cκλ]⌐ηˊ⌐πιˊ-

αδ⌐ηˊc⌐ [οἱ ἀπ]⌐ομˊνη⌐μονˊ[εύ]‹μα›⌐ταˊ

⌐γράψαˊ[ντ]ε⌐cˊ αὐ⌐τοˊῦ, Ἀ[ρ]⌐χύˊτας

⌐Ταˊ[ραντῖ]⌐νοcˊ, Χίων ⌐όˊ⟦⌐υˊ⟧ τὸν

ἐ⌐ˊνˊ [Ἡρ]α̣[κ]⌐λˊείαι τύρα⌐νˊνον

15 ⌐ἀνˊελώ[ν], Πύθων καὶ ⌐Ἡˊρα-

⌐κλˊε[ί]δη⌐cˊ [οἱ] ⌐Ḳˊότυν ἀπο⌐κτεḭˊ-

⌐ναντεˊ[c κ]α̣ὶ διὰ τοῦθ᾽ ὑπ᾽ [Ἀ-

θη⌐ναίˊῳν πολιτογραφη-

θέ]ντε[c καὶ] χρυc⌐ῶˊι cτ[ε]φά-

20 ν]ῳι τιμ̣ηθ[έντε]ς, Αἴνιοι. ⌐φέˊ-

ρ]ει ⌐δˊε̣ .[. . . . .]⌐ˊ.⌐ε

νεα̣.[. . . . . .].[. . . . .

Herakleides und Amyntas, beide aus Herakleia, Menedemos von Pyrrha, Hestiaios von Perinth, Aristoteles von Stagiros, Chairon von Pellene, der ..., Dion von Syrakus, der die Tyrannis des Dionysios stürzte, Hermodor von Syrakus, der auch über ihn schrieb und seine Dialoge in Sizilien verbreitete, Erastos und Asklepiades, welche auch „Erinnerungen" an ihn schrieben, Timolaos von Kyzikos, Kalligenes, Timolaos von Athen, welche Speusipp in seinem *Leichenschmaus Platons* nennt, Archytas von Tarent, Chion, der den Tyrannen in Herakleia tötete, Python und Herakleides, welche Kotys töteten und deshalb von den Athenern das Bürgerrecht erhielten und mit einem goldenen Kranz geehrt wurden, beide aus Ainos. ...

Ergänzung 3 beginnt in Kol. 6,4 nach Cταˋγειˊρίτης

Χ⌐αˊίρων Πελλη-
⌐νεˊὺc
[. . . . .]
].[.].[
5]ο. . . [
[. . . . .]
.[. . . .-
μενος
9 . . . . .
. . .

Ergänzung 4 rechts von Kol. 6,12–20, beginnt nach/über αὐτοῦ in Kol. 6,12

ὁ Κ]υ̣[ζι]χ̣⌐ηγὸς Τˊιˊμό⌐λˊα̣ˊ-
ος, Καλ-
λι]γε-
νής,
5 Ἀθη-
ναῖο⌐cˊ
Τιμό-
⌐λαˊ‹ο›ς, οὓ̣ς
ἐ⌐ˊνˊ τῶι
10 Περι-
δ]⌐εˊίπ̣ν̣ῳˊ[ι
Πλά]⌐τˊων̣ˊ-
ο]c [ίcτ]ο̣-
[ρεῖ Cπεύ]-
15 [cιππος]

PHerc. 164 frg. 7

Τιμό]λαο[c], Καλλιγένης, Ἀθ]ηναῖος Τ̣ι̣μό⌐λˊαος, οὗ]c ἐν τῶι Π[ερι]δείπνωι Πλάτωνος ἱc⌐τˊορεῖ Cπεύ-
5 cιππος, Ἀρχύ]τας Ταραν-
6 τῖνος, Χίων ὁ] τὸν ἐ̣ν Ἡ-
. . .

---

1 ˋχα̣[ὶ]ˊ KF (certa vest. non supersunt)   supplementum 3: 3–9 legit KF   7 Spengel   8 Sauppe   9–10 δ[ι]⌐αˊφ⌐έˊ|⌐ρˊ[ω]ν Henry   10 Gomperz   11 Gomperz (fort. ἀπ]⌐ομˊνη⌐μονˊ[εύ]⌐μαˊ[τα): ἀπ]⌐ομˊνη⌐μονˊ[εύ]ˋμα⌐ˊταˊ vel ε]⌐ˊὐμˊνη⌐μόνˊ[ευ]⌐ταˊ conieci   12 Gomperz   supplementum 4: 1 ὁ Κ]υ̣[ζι]χ̣⌐ηγὸς Gomperz   1–2 Τˊιˊμό⌐λˊα̣ˊ | ος Spengel   2–7 Gaiser   8–11 Mekler   12–15 Gaiser   13 ⌐όˊ⟦⌐υˊ⟧ Mekler   14–15 Bücheler*   16–18 Mekler   19 καὶ] Bücheler*, cetera Gomperz   20 Gomperz   20–21 φέ|[ρ]ει ⌐δˊε̣ Gaiser   χ[αὶ Gaiser   22 Νεάγ[θ- conieci

Kol. 6 ⸢ες⸢⸢ῡϲτ⸣[ερ]ο̣[ν] ⸢τα⸣[......

.].⸢α⸣.[...]⸢ν⸣[.......]⸢υ⸣

25 .].⸢την⸣[.....]ει⸣.[.....]⸢υ⸣

...].⸝⸣⸢.ευϲ⸎ [γυν]⸢αῖκεϲ⸣ [ϲυνεϲ]⸢χό⸣-
λαϲα]⸣ν ἐ⸣[ν] ⸢ἀνδρ⸣είᾳ⸢ι⸣[ϲ ἐϲθῆϲι. δ´πίϲ⸍ω⸜

⸢Ϲπε⸣[ύ]ϲ̣ι̣ππος] ⸢μὲν οὖν πα⸣[ρ᾽ α]ὐ-
29 τοῦ ⸌Πλ⸢άτων⸣[οϲ λ]α̣⸢βὼν⸍
διεδέ⸣[ξ]⸢ατο τὴ⸣ν δ̣[ια]-

30 τριβή⸣ν. [Ϲπεύ]⸢ϲι⸣⸢π⸣⸢π⸣ος δ᾽ ⸢ἀ̣⸣[δελ-
φιδο[ῦϲ ὢ]ν [αὐ]⸢τ⸣οῦ .[.... Χά-
ριτ̣[αϲ, ὥϲ] φηϲ⸢τ⸣ι⸣ Φι⸢λ⸣όχορο̣[ϲ, ἀ-
νέθη⸢χ̣ε̣⸣[ν εἰϲ] τὸ μουϲεῖο̣ν,
ἐφ᾽ α[ἷ]ς ἐ[πιγ]έ⸢γρα⸣πται· ⸢τά⸣[ς-

35 δε θε̣αῖϲι θεὰϲ Χάριταϲ Μ[ού-
ϲαιϲ [ἀ]νέθ⸜ηκ´ε⸢ν⸣ Ϲπεύϲιππος
δώ[ρ]⸢ων⸣ [εἵ]γεκα δῶρα τε-
λῶν." ⸢κ⸣α̣[ὶ] ἔ[τ]ι̣ γράφει δ᾽ιό⸣τι·
"κατ[έ]ϲτ⸢ρ⸣εψέν τ᾽ ἔτη καταϲ-

40 χὼ⸢ν⸣ ὀκτ⸢ὼ ⸢τὸν⸣ περίπατον.
οἱ δ[ὲ] ⸢ν⸣εανίϲ⸢κοι⸣ ψηφοφορή-
ϲαν⸢τε⸣ϲ, ὅϲτ⸢ι⸣ϲ αὐτῶν ἡγή{ϲ}-
ϲεται], Ξενο⸢κ⸣ράτην ε⸢ἵ̣⸣λον⸢το̣⸣

44 ⸢τὸν⸣ [Κ]α⸢λχη⸣δόνιον, Ἀρι⸢ϲτο-

---

später …

Frauen in Männerkleidern besuchten seinen Unterricht. Speusipp erhielt nun von Platon selbst die Schule als Nachfolger. Speusipp war sein Neffe und stellte, wie Philochoros sagt, … Chariten im Museion als Weihegeschenk auf. Die Inschrift zu ihnen lautet: „Diese göttlichen Chariten weihte Speusipp göttlichen Musen als Geschenke ob ihrer Geschenke." (Ergänzung 5: … dass er gelähmt …) Und ferner schreibt er: „Nach-

Ergänzung 5
beginnt wahrscheinlich nach λῶν in Kol. 6,38

]...[.].[..].δ᾽ ⸢α⸣ὐτὸ⸣ν ω⸣ μὲν ⸢πα⸣⸢ραλυ⸢θέ⸣ντα
.....
]...[
].[.].[
5 ..[..
...[]ε
.[].[].υ
.[]α..ϲ
ε....
10 .ο..[
11 .ο.[
. .

dem er acht Jahre den Peripatos (*in der Akademie*) innegehabt hatte, starb er. Die jüngeren Mitglieder stimmten darüber ab, wer sie künftig führen sollte, und wählten Xenokrates aus Kalchedon. Aristoteles war damals

---

23 ⸢ῡϲτ⸣[ερ]ο[ν] Mekler   26–28 Mekler   27 ⸢ἀνδρ⸣είᾳ⸢ι⸣[ϲ ἐϲθῆϲι. KF: ⸢ἀνδρ⸣είᾳ⸢ι [ἐϲθῆτι Mekler fin. δ´πίϲ⸍ω⸜ Mekler   29 ⸌Πλάτων[οϲ λ]αβὼν Bücheler*: ν]ο̣ϲῶν Gaiser   29–30 τὴ⸣ν δ[ια]|τριβή⸣ν⸣ Mekler   30 [Ϲπεύ]⸢ϲιππ⸣᾽ος KF   30–31 ⸢ἀ̣⸣[δελ]|φιδο[ῦϲ KF   31 ὢ]ν KF   [αὐ]⸢τ⸣οῦ Gaiser   κ̣[αὶ τὰϲ conieci   31–32 Χά]|ριτ̣[αϲ KF   32 ὥϲ KF   φηϲ⸢τ⸣ι⸣ Mekler   Φι⸢λ⸣όχορο̣[ϲ Bücheler*   32–33 ἀ̣]|νέθη⸢χ̣ε̣⸣[ν KF: χατέ⸢χο⸣[ντα (perperam) Jacoby   33 εἰϲ KF   34–35 Bücheler   36 [ἀ]νέθ⸜ηκ´ε⸢ν⸣ (fort. ἀ)νέ<θη>κεν) Gomperz   37 δώ[ρ]⸢ων⸣ KF: λο[γί]ων perperam Gomperz, cetera Bücheler*   38 ⸢κ⸣α̣[ὶ] Bücheler*   ἔ[τ]ι̣ Gaiser supplementum 5: extensionem (ll. 2–11) primum agnovit KF   1 δ᾽ ⸢α⸣ὐτὸ⸣ν KF τὰ̣᾽ (μέ⸢λη) Mekler: το̣᾽ vel ὡϲ᾽ conieci   μὲν KF   ⸢πα⸣⸢ραλυ⸢θέ⸣ντα Gaiser: δ⸣ιαλυ⸢θέ⸣ντα Mekler   2 φαϲί(ν) conieci   42 Mekler   44 Gomperz

---

Parallelen: D.L. 3,46; Ibn al-Qifti 24,2–8 (Schülerliste) – D.L. 4,1–3 (Speusipp); Ps.-Gal. hist. phil. 3; D.L. 5,2; andere (Wahl des Nachfolgers)

Quellen/Fragmente: Hermodor (FGrH 1008 T 1); Philochoros, *Atthis* VI (FGrH 328 F 224); Speusipp F 1; Xenokrates F 1

Anmerkung: Hinter dieser Kolumne befindet sich etwa eine Hälfte von Kol. V auf dem Verso

Kol. 7

τέλου⌐c μ⌐ὲν ⌐ἀ⌐ποδεδημη-
κότος εἰς Μα⌐χ⌐ε̣δον⌐ία⌐ν, Με-
γεδήμου δὲ ⌐το⌐ῦ ⌐Πυ⌐ρ⌐ρ⌐αίου
κ⌐αὶ⌐ Ἡ⌐ρ⌐ακλείδ⌐ου τοῦ⌐ Ἡρακλε-
5   ⌐ώ⌐του ⌐π⌐αρ⌐ ὀλ⌐ί⌐[γ]⌐α⌐c ⌐ψ⌐ή⌐φο⌐υc ἡτ-
τη⌐θ⌐έ⌐ν⌐των. [ὁ] ⌐μ⌐ὲν ⌐ο⌐ὖ⌐ν⌐ Ἡρακλείδης ἀπ⌐ῆ⌐[ρ]⌐ε⌐ν ⌐ε⌐[ἰc τ]ὸν
Πόντον, ⌐ὁ⌐ δ⌐ὲ⌐ [Μ]ε[νέ]δ̣[ημ]ος ἕ-
τερον περίπ⌐α⌐τον καὶ ⌐δ⌐[ι]⌐α⌐-
10 τριβὴν κατε[c]χ⌐εὐάςα⌐τ⌐ο⌐ ἐ̣ν̣
Ἀκαδημεία⌐ι. λέγο⌐ν⌐τα⌐[ι δ]⌐ἐ̣⌐
προκρῖνα⌐ι̣ τ⌐[ὸ]ν̣ Ξεν⌐ο⌐κρ[ά]την
ἀγαςθέντε[c] ⌐α⌐ὐ⌐τ⌐ο⌐ῦ τ⌐[ὴ]⌐ν⌐
cωφρο⌐cύ⌐νην. ⌐ὁ γ⌐ὰρ ⌐Ϲπ⌐ε[ύcι]⌐π⌐-
15 πος [..] εἶχε τὴ⌐ν ἡ⌐[γ]ε⌐μον⌐ί[α]⌐ν⌐
ἀ⌐κρα⌐τέcτερ[οc θυμ]⌐ὸν κα⌐ὶ̣ [
τῶν ἡδονῷ[ν.].[..] ....[-
νος ἐλύπει τ̣ο[ὺc] μ⌐αθητ⌐[άc.
⌐δ⌐ιὰ δὲ τὴ̣ν̣ [ἀ]ρε[τὴ]ν̣ ⌐ἐ̣⌐πέ⌐μ⌐[φθη
20 c̣ὺ̣ν̣ [ἄλ]λ̣ο̣ι[c] Ἀ̣[θη]ν̣⌐αίοιc⌐ πρεσ[
...] ε̣[ἰ]ς τὴν Κ⌐[α]⌐δ̣μ⌐[εί]αν.
ἐνταῦθα γὰρ ἦν Ἀ⌐ν⌐[τίπα-
τρος· τοὺc μὲν ἄλλο[υc μ]⌐ε̣τ̣⌐

Ergänzung 6
etwa über Kol. 7 bis 8*

1 > 60 litt.]...[
   > 55 litt.]...[.].[.]..[
   > 55 litt.].κ...[.]...[
   > 45 litt.] ..ο...[.]...[...]
   .φιλ.[.].[.]....[....]...[
5].......[........].ων....[ca. 18 litt.]
   τα.[...].ε......ονο[.....]..η..[...]...αν.[
6].[..εἴ]κοcιν καὶ ⌐π⌐[έντ⌐] ἔτη
6 []..[...]ε....τ........[ca. 15 litt.]
6 ..ται........ο...[....]..ιc.[..].εν..[.].[

nach Makedonien verreist. Menedemos von Pyrrha und Herakleides von Herakleia unterlagen um wenige Stimmen. In der Folge kehrte Herakleides zum Pontos zurück, während Menedemos einen anderen Peripatos und Lehrbetrieb im Akademiebezirk etablierte. Sie sollen Xenokrates aus Bewunderung für seine Selbstbeherrschung gewählt haben. Speusipp hatte die Führung nämlich mit recht unbeherrschtem Gemüte verrichtet und hatte, ... Lüsten, unter den Schülern für Unmut gesorgt. Wegen seiner Tugend wurde er zusammen mit anderen Athenern ... zur Kadmeia gesandt. Dort weilte nämlich Antipatros. Die anderen ...

6–7 Spengel   8 Gomperz   10 κατε[c]χ⌐εὐάςα⌐το Bücheler   ἐ̣ν̣ KF: ἐπ᾽ conieci (κατε[c]χ⌐εὐ-άςα⌐τ⌐ ⌐ἐ̣⌐ν̣ (⌐ἐ̣⌐π⌐) conieci): ο̣[ὶ δ᾽ ἐν Bücheler*   11 interpunctionem KF   λέγο⌐ν⌐τα⌐[ι Gomperz   δ]⌐ἐ̣⌐ KF: τ]ό̣[τε Gomperz   12 προκρῖνα⌐ι̣ τ⌐[ὸ]ν̣ Gomperz: προκρίνα⌐cθ⌐[α]ι̣ Gaiser   14 Gomperz   15 [ὅτ᾽] vel [τι] conieci   εἶχε Puglia: [ἔλ]αχε Henry: [ἐν]εἶχε Gaiser   τὴ⌐ν ἡ⌐[γ]ε⌐μονί[α]⌐ν⌐ Puglia   16 ἀ⌐κρα⌐τέcτερ[οc Gomperz: ἀ⌐κρα⌐τέcτερ[ον Gaiser   θυμ]⌐ὸν Gaiser: θυμ]⌐οῦ conieci   κα⌐ὶ̣ [δὴ Gaiser   ἤ]τ̣[τω]ν̣ Gomperz   18 ἐλύπει τ̣ο[ὺc] μα⌐θητ⌐[άc Puglia: ἐλύθ[η τὰ ἄρθρ]α Gaiser   19 ⌐δ⌐ιὰ Gaiser   δὲ τὴν [ἀ]ρε[τὴ]ν Gaiser: [cυ]ν̣[θήκ]η⌐ν⌐ (fort. spat. long.) conieci   ⌐ἐ̣⌐πέ⌐μ⌐[φθη KF: πε⌐ρ⌐[ὶ Gaiser: ⌐ὑ̣⌐πέ⌐ρ⌐ conieci   19–20 εἰρή]⌐νης Gaiser   20 c̣ὺ̣ν̣ KF: τοῖς Gaiser   [ἄλ]λ̣ο̣ι[c] Puglia   Ἀ̣[θη]ν̣⌐αίοιc⌐ Gaiser   20–21 πρέσ[βε]cιν (fort. spat. long. Puglia): πρές⌐[βυ   vel πρέσ⌐[βεc‹ιν› conieci   21 ε̣[ἰ]ς τὴν Κ⌐[α]⌐δ̣μ⌐[εί]αν Puglia   22 Bücheler*   23 μ]⌐ε̣τ̣⌐ dubit.   Gaiser (fort. μ]⌐ε̣τ̣⌐ά̣): τ]ό̣τ̣⌐ Gaiser: π]⌐οτ⌐ conieci: πρ]⌐όc⌐ Mekler

Kol. 7 αὐˈτˈοῦ [. . .]ˈγανˈεˌ[. .]ˈˌηˈ-
25 ˈcαˈˌ[ˌἀ]ριϲτοˈκρατίαˈ[ˌ] ˈτὸνˈ   ... Aristokratie ...
   ˌ]ˈνˈ…[ˌ]ˌ[ˌ]ˌ[ˌ]ˌ[ˌ…ˌ]ˈπονˈ-
   ˈˌcˈαˈˌ ˈ[ˌ]ˌυˈνcαˈ[ˌ]δ[ˌ…ˌ] δˈημοˈ-   ... Demokratie ...
   ˈκρᾳˈ[τ]ίαι χˌ[. . .]ˌˌˈαˈ…ον.
   κˈαὶ γὰˈρ οὖν τιˌνˈέϲ φˈαˈcˈιν ˈτὸˈγ
30 ˈˈΑνˈτˈ{ˈˈπατ[ρον] ˈτοὺc ἄˈ[λλ]ουc
   ἀˈcˈπ[α]ζόμεˌ[νον] πρέϲβειϲ [Und folglich, sagen manche, habe Anti-
   ˈαὐˈ[τˌ]ˌˌ[ˌ]ˌ[ˌ…ˌ]ˌοϲαˌ…ˌ[patros die übrigen Gesandten begrüßt,
   ˈcαˈˌ…ˌ[ˌ…ˌ]ˌ…ˌ[ˌ]ˌον.   ihn aber ... Dieser sagte, dass Antipa-
   ˈτˈοῦˈτονˈ δˈ ε[ἰ]πε[ῖ]ν, [ὡc] Ἀντί-   tros gesagt habe, was er tun wolle, und
35 πατροc ἔφη, ὃ [μ]έλ[λ]ει π[ράτ-   die Antwort nach „Vätersitte" gegeben
   τειν, ˈκˈαˈˌˈ παˈτˈ[ρί]ˈωcˈ ἔˈδˈ[ωκ]ε   habe. Auf dessen Frage, was er von den
   ˈτὴνˈ ἀˈπόˈκρ[ιcιν]· ˈπυνθˈανˈˌϱˈ-   Vertragsbedingungen halte, antwortete
   μένου τί δοκˈεˌ͂ˈ τὰ ˈδιαˈγεγραˈμˈ-   er: „Milde aus der Sicht von Sklaven,
   μένα, αὐτὸˈνˈ ἀποˈκˈρίναcˈθˈαι·   schmerzlich aus der von Freien." Xeno-
40 „μέˈτˈρια μὲν ὡc οˈἰˈκέταιc   krates soll von solchem Wohlwollen
   πικρὰ ˈδˈὲ ὡc ἐλευθέροˈιc." οὔˈ-   gegenüber dem Volk gewesen sein, dass
   τω δὲ λέγεται διˈακˈεˈ{ˈϲˈθαι   er damals beim Einzug der Garnison
   τῆˈι ε⁝ὐνοίαι τῆι πρˈὸˈc ˈτὸν δῆ-   keine Opfergaben für die Musen dar-
   μον ὁ Ξενοκράτηˈcˈ, ὥcˋτˊ οὔ-   brachte.
45 τε τὰ μουcεῖα θῦcαˈι τόˈτε κα-

24 μὴ ἄ]ˈγανˈ conieci: οὐκ ἄ]ˈγανˈ Ranocchia: ἀ]ˈγαμˈέν[ουc Puglia   ἐρ[ευ]ˈγῆˈ|cαι conieci:
κι]ˈγῆˈcαι Puglia   25 ἀ]ριϲτοˈκρατίαˈ[ˌ] KF: δηϳμοˈκρατίαˈ Puglia   26 δ]ˈξˈ vel Ἀˈνˈτίπ[ατ]ρο[ν
conieci   26–27 ˈπον|ηˈϲˈαˈιˈ conieci   27–28 δˈημο|κρᾳˈ[τ]ίαι KF   29 οὖγ KF: τιˌνˈέϲ Mekler
φˈαˈcˈιν Mekler   τὸˈγ Puglia 2018: τόˈτˈ Gaiser   30 ˈˈΑνˈτˈ{ˈˈπατ[ρον] Puglia 2018   ἄˈ[λλ]ουc
KF   31 ἀˈcˈπ[α]ζόμεˌ[νον] Puglia   πρέϲβειϲ KF   34 δˈ ε[ἰ]πε[ῖ]ν, [ὡc] KF   35 ἔφη Puglia: ἐφˈ
ῷˌι conieci   ὃ KF: τ[ί] spat. long. vid. Puglia   μέλ[λ]ει KF   35–36 π[ράτ]|τειν KF   36 ˈκˈαˈˌˈ
KF   παˈτˈ[ρί]ˈωcˈ Puglia: παˈγˈ[τ]ˈωcˈ conieci   ἔˈδˈ[ωκ]ε dubit. Gaiser (ἔˈδˈ[ωκ]ε[ν conieci):
ἐδ[έξατο Gomperz 1882: ἐδ[ήλου Gaiser   37 ἀˈπόˈκρ[ιcιν] Gomperz   37–38 δοκˈεˌ͂ˈ Mekler:
δοκˈοˌ͂ˈ Gomperz 1882   38 ⟨δὲ⟩ τί conieci   44 ὥcˋτˊ KF

Parallelen: D.L. 5,2 (Aristoteles); D.L. 4,9; Plut. Phoc. 27–29
Quellen/Fragmente: Philochoros, *Atthis* VI (FGrH 328 F 224); Speusipp F 1; Xenokrates F 1
Anmerkung: Etwa hinter dieser Kolumne befindet sich Kol. T auf dem Verso

Kol. 8

τὰ τὴν τῆϲ φρ⌐ο⌐υρ⌐ᾶϲ εἴϲοδ⌐[ον,
ὕϲτερόν τε Δημ⌐άδ⌐ουϲ α⌐ὺ⌐-
τόν, ὅτε τὸ ⌐πολ⌐ί⌐τευμα c⌐υ-
νέϲτηϲεν, Ἀθηναῖο̣ν ⌐εἶναι⌐
5   γράψαντο⌐c οὐ το⌐λ⌐μῆ⌐ϲ[αι
γραφῆναι, λέγον⌐θ⌐ ὡc⌐ [αἰc-
χρὸν ⌐εἴ⌐η{ι} ταύτηϲ τῆϲ π⌐ολ⌐[ι-
τείαϲ ⌐χ⌐οινωνῆϲαι, κα⌐θ⌐⌐ ἧ⌐c⌐,
ὅ⌐πωϲ μ⌐ὴ γένηται, πρεϲβε[υ-
10   τ⌐ὴ⌐ν αὐ̣⌐τὸ⌐ν ὁ δῆμοϲ ἐχε⌐ιρ⌐ο-
τόν⌐ηϲ̣⌐[εν ᵀ]. ⌐ἔ⌐νιοι δ᾿ ἀπ⌐ει⌐[ρ]⌐ότ⌐ε-
ρό⌐γ⌐ φαϲ[ιν] ἀναϲτραφῆν⌐α⌐ι
τ⌐ὸ⌐ν Ξε⌐γ⌐[ο]⌐κ⌐ράτην κατὰ τὴν
πρεϲβεία[ν], ⌐ὥ⌐ϲτε κα[ὶ] φ[ιλοϲό-
15   φουc π⌐οεῖϲθ⌐αι διαιρ[έϲ]ε̣ι̣[ϲ ἐπὶ
τῶι ⌐π⌐λή⌐θ⌐ε̣ι [τῶ]ν Ἀ⌐ν⌐[τιπά-
τρου ϲυμμάχων. ⌐τιγ⌐[ἐϲ δ]ὲ̣
τοῦτον ε…εγ..[….
.].⌐αικε⌐[..]..[…….
20   .]⌐τ⌐.των⌐αιγ⌐αc[……].[.
…..]..[..]…….[.].
…]⌐γραφ⌐ [..]κάτω [ᵀ] λέγ⌐ει⌐ δ⌐ὲ Τί⌐μ[αι]οϲ
π]ερ[ὶ α]ὐτοῦ ⌐δ̣ι⌐ότι· ⌐υ⌐..[..

Auch wollte er, als Demades später
den Staatskörper konstituierte und
ihn als Athener in die Bürgerliste ein-
trug, die Eintragung nicht akzeptie-
ren – mit der Begründung, dass es
schändlich wäre an dieser Verfassung
zu partizipieren, gegen deren Zustan-
dekommen ihn das Volk zum Gesandten erwählt hatte. Einige aber sagen,
dass sich Xenokrates auf der Gesandtschaft so unerfahren verhalten habe,
dass er sogar philosophische Unterteilungen in Gegenwart der Menge
der Verbündeten des Antipatros vornahm. Einige …

… unten Timaios aber sagt über ihn: „…

---

5 Gomperz   6 Bücheler   7 Mekler   8–11 Bücheler   11–12 ἀπ⌐ει⌐[ρ]⌐ότ⌐ε|ρον Gomperz:
ἀπ⌐ρα̣χ̣τ⌐ό[τε]|ρον Bücheler   14 κα[ὶ Mekler: κα[τ]ὰ conieci   τ[ὰϲ conieci: δ[ιὰ Gaiser   14–
15 φ[ιλοϲό]|φουϲ KF: ψή]|φουϲ Gaiser: ἐγγρά]|φουϲ Bücheler   15 διαιρ[έϲ]ε̣ι̣[ϲ ἐπὶ (fort. deest ἐπὶ)
Essler   16 ⌐π⌐λή⌐θ⌐ε̣ι Mekler   τῶ]ν KF: τὸ]ν Mekler   17 ϲυμμάχων KF: ϲύμμαχον Gomperz
⌐τιγ⌐[ἐϲ KF: Τίμ[αιοϲ Mekler   18 ἐξήλεγξα[ν Puglia: ἐξελέγξα[ι conieci   20 ⌐ἀπ⌐αϲ[- conieci
22 ⌐γραφ⌐ [..]κάτω [ᵀ] λέγ⌐ει⌐ δ⌐ὲ Τί⌐μ[αι]οϲ KF: ⌐γρ⌐άφ[ο]υ⌐ϲι⌐ δ⌐έ τι⌐ν[εϲ Bücheler: γράφ[ον]τι δὲ
Τι[μαίωι dubit. Mekler   23 π]ερ[ὶ α]ὐτοῦ Mekler   ⌐δ̣ι⌐ότι Mekler   ⌐ὕ⌐ϲτ[ερον vel ⌐ὕ⌐ϲτ[ερ|ο]ν vel
⌐ὕ⌐μν[conieci

Kol. 8 .].[...]ᷓτ᷉εν[.]νην....[..
25   .]ᷓυᷓ.[...]ᷓεᷓ, καᷓιᷓ διότι· ᷓπαᷓ[....
      λι]ᷓγέωνᷓ ὔμ[ν]ο[ι]ς ὠι[δῶ]ν [πυ]θ[ο-
      μέᷓνᷓου Διον[ύς]ᷓιονᷓ [.]..[..].
      ἔ]φᷓη γᷓενέςθαι ᷓκᷓαθᷓ.ᷓ[.(.)]...[
      τ]ᷓὴνᷓ αὔριον ..[.].[....]..[.
30   .[.]ᷓ.ᷓαν. ἀκοῦςαᷓιᷓ δᷓ οὖᷓ[ν(.)]....[.
      .].[.].α περὶ τὴν ᷓέᷓορᷓτᷓ[ὴ]ν.[..
      ᷓτᷓ[...]ᷓαᷓcᷓcᷓ.[..]..ᷓocᷓ.ᷓ.ᷓ[.]..[-
      ᷓτωι. διαᷓιτῆᷓ[cαι γ]ᷓάρᷓ τᷓοᷓ[ι] ᷓμὴᷓ
      α[ὺ]ᷓτὴνᷓ ἄγᷓρᷓοᷓγταᷓ[[ᷓcᷓ]] [τοὺ]ᷓc ἐπιᷓ-
35   ᷓδᷓηᷓμᷓοῦντας. ἑκατὸᷓνᷓ δὲᷓ [γε-
      ᷓγομᷓέᷓνᷓων τῶν ᷓπᷓιγ[όν]ᷓτωνᷓ
      ἐκ]ατὸν χόᷓαᷓc εᷓἰcᷓε[ν]εᷓρᷓχ{c}θῆᷓ-
      ᷓγαιᷓ χρυςοᷓῦcᷓ ὑπὸ τῶᷓνᷓ .ᷓτᷓ..
      ᷓπᷓαίδων· καᷓὶᷓ πᷓαρατεᷓθᷓέντος
40   ἑνὸς ἑκάᷓcᷓτᷓωι πᷓλήᷓρᷓοᷓυᷓ[c] ᷓοᷓἴνου
      ᷒καὶᷗ χρυςοῦ ςτεφάᷓνᷓ[ου] μεᷓγάλᷓου
      [[τε]] καὶ καλοῦ τεθέντος εἰς
      τὸ μέςον ἐπὶ ᷓτριποδίᷓου τᷓῶιᷓ
      πρώτωι πιόγτᷓιᷓ τοᷓῦᷓτοᷓνᷓ ᷓα[να-
45   δώᷓcᷓεᷓιᷓν ἔφη. ᷓκαὶ νικήςας Ξᷓ[ε-
46   νᷓοκρᷓάτᷓηᷓc ᷓἔλαβεν αὐᷓ[τὸν κὰ-

..."", und ferner (*sagt Timaios*): „Als er Dionysios nach den ... schrillen Hymnensängern fragte, sagte dieser, dass ... morgen ... sein würde .... Er hör(t)e ferner ... im Rahmen des Festes .... Er (*Dionysios*) sei nämlich, selbst nicht mitfeiernd, Schiedsrichter für die Gäste. Für die hundert Teilnehmer des Trinkerwettkampfes wurden hundert goldene Krüge von den ... Dienern herangebracht. Nachdem jedem ein Krug voll mit Wein zur Seite gestellt war und ein großer, schöner goldener Kranz allenthalben sichtbar auf einem Dreifuß platziert wurde, verkündete er, diesen als Preis demjenigen zu verleihen, welcher als erster austränke. Der siegreiche Xenokrates erhielt ihn und

Ergänzung 7
etwa unter Kol. 8 bis 8*

      ]δ.[.....].ᷓπυcυθᷓοᷓρητηᷓ[....]ᷓκᷓαᷓτᷓ[...].
      [..........].[..]....[
2   ].[.......]ᷓηᷓ...[..]..[......]
      ..[....]..[............].[..]...[
3   >10 litt.]...[..].[............]..
      [..........]........[

24]ᷓτᷓεν[ω]ν ἦν conieci   25 καᷓὶᷓ διότι KF   ᷓπαᷓ[ρόντος vel ᷓπαᷓ[ρόδου vel ᷓπαᷓ[ροίνων vel ᷓπαᷓ[ν-conieci   26 λι]ᷓγέωνᷓ KF   ὔμ[ν]ο[ι]ς KF: ὔμ[ν]ογ conieci   ὠι[δῶ]ν KF   26–27 [πυ]θ[ο]ᷓμέᷓνᷓου KF   27 Διον[ύς]ᷓιονᷓ KF   [έ]ορ[τὴ]ν conieci   28 ἔ]φᷓη KF   ᷓκᷓαθᷓ ᷓἠᷓ[μ]έραᷓ[ν Gaiser   28–29 τ]ᷓὴνᷓ Gaiser   30 οὖᷓ[ν KF   31 περὶ τὴν ᷓέᷓορᷓτᷓ[ὴ]ν Mekler   32–33 αὐ]ᷓτῶιᷓ conieci   33 διαᷓιτῆᷓ[cαι γ]ᷓάρᷓ τᷓοᷓ[ι] ᷓμὴᷓ KF: fin. κ]ᷓαᷓ[ᷓτᷓοᷓ[ι conieci   34 α[ὺ]ᷓτὴνᷓ ἄγᷓρᷓοᷓγταᷓ[[ᷓcᷓ]] [τοὺ]ᷓc KF   34–35 ἐπιᷓ·ᷓ[ᷓδᷓηᷓμᷓοῦντας Gomperz   35–36 [γε]ᷓ[γομᷓέᷓνᷓων KF ([γε]ᷓνομέ‹ν›ων iam Mekler)   36 ᷓπᷓιγ[όν]ᷓτωνᷓ Gomperz 1887   37–38 χόᷓαᷓc εᷓἰcᷓε[ν]εᷓρᷓχθῆᷓ|ναι᷆ χρυςοᷓῦcᷓ ὑπὸ τῶν KF   πᷓρᷓόᷓτοᷓ[υ vel ἴᷓcᷓωγ conieci   40 Gomperz   41 Bücheler*   44 πιόγτᷓιᷓ Bücheler*   τοᷓῦᷓτοᷓνᷓ KF   44–45 αᷓ[να]ᷓδώᷓcᷓεᷓιᷓν KF   46 Gomperz 1887 (καὶ ἐ- conieci)

Parallelen: D.L. 4,9; Plut. Phoc. 27–29; Phld. rh. II, S. 173, frg. 12 (Sudhaus); Phld. rh. II, S. 350,10–16 (Sudhaus); Phld. rh. (*PHerc.* 250) frg. 4; Athen. X 437b; Ael. VH 2,41 (Trinkwettbewerb)
Quellen/Fragmente: Timaios von Tauromenion (FGrH 566 F 158b); Xenokrates F 1
Anmerkung: Diese Kolumne wird durch Kol. 8* (olim 4) fortgesetzt, die in der Neuzeit falsch platziert/nummeriert wurde

Kol. 8* πὶ τὸν Ἑρμῆν ⌜ἀπ̲έ̲θ̲ετο κα⌝-
(*olim 4*) θάπερ εἰώθε⌜ι τ⌝οὺς [ἀ]⌜νθι⌝-
νούς· δ⌜ι⌝αδοθείςης δὲ [τ]⌜ῆς⌝
πράξεως ἐθαυμάς⌜θ⌝[η] ⌜μᾶλ⌝-
5 λον ⌜ὁ τ⌝ὸ χρύ̣ciον ὑπ[ερι]⌜⟦τ⟧δὼν⌝
τοῦ τοcοῦτο παρεcκ[ε]⌜υακ⌝[ό-
τοc α⌜ὐθ⌝ημε⌜ρ⌝όν.⟍⌝ο⌝[..]⌜c⌝[⌜⌜μ⌝αθ[η]⌝⌜τα⌝ι̣ δ' α̣ὐ⌝-
8 τ⌜ο⌝ῦ ⟍]....[.........]⌜επο.⌝[⌜*
8 φέρον⌜τ⌝α⌝ι γε⌝γο[ν]⌜ έναι Ξε⌝-
νοκρά⌜τη⌝c [τε ὁ] ⌜cυ⌝γγ[ενὴc ..
10 μήτρων⟍..[.]...δ[-⌜κα⌝[ι̣.] ..ι...[. Ἀ-
δ⌜ ε̣ίμ̣α̣ντ⌝[οc ..].[....]..[..
⌜καὶ⌝ Κ⌜ρά̣τ⌝ηc Ἀ[θ]ηνα[ῖ]ο̣c ⟍ο[-⌜χ [....
⌜μεc⌝η......[καὶ Ἀcκλη-
⌜πιάδ⌝ηc [..].α̣.οc κ[αὶ Πολέ-
15 μων Ἀ[θη]ναῖοc, [ὃc] δι[εδέ-
ξ⌜α⌝τ⌜ρ τὴ⌝[ν δια]τρ[ιβήν....
.α̣λλ..[....].....[...] Φ[ιλό-
χοροc [...].[.........].[.
..].[..]..[.....]...[.].[.
20 ...[.].....[.].[....] .[..
.α̣ν..[.......].... [ὀγδο-
ήκοντ[α] κ̣α̣ὶ [..τ]ὸν β[ίον τ]ε̣[λευ-
|ταῖον.[......]..[..... δὲ

legte ihn dann auf einer Herme ab, wie er es mit Blumenkränzen zu tun pflegte. Als sich diese Handlung herumsprach, wurde er für seine Verachtung des Goldes mehr bewundert als derjenige (*Dionysios*), welcher am selben Tag so viel aufgeboten hatte." Als seine Schüler werden überliefert: Xenokrates, sein Verwandter ... und ... Adeimantos ... und Krates von Athen ... und Asklepiades von ... und Polemon von Athen, der die Schule übernahm ... andere ... Philochoros ...

... 80+x Jahre ... das Leben ...

---

1 Bücheler   2–6 Gomperz 1887   7 fort. post α⌜ὐθ⌝ημε⌜ρ⌝όν ⟍α̣[ν]ω̣⌝   7–8 correctiones in O dubiae (addendum in fine lineae?)   7 init. paragraphum KF   ⌜μ⌝αθ[η]⌝⌜τα̣ι̣ Mekler:
⌜μ⌝αθ[η]⌝⌜τὰ⟦ι̣⟧c Gaiser: 8 φέρον⌜τ⌝α⌝ι γε⌝γο[ν]⌜έναι Mekler: φέρο⟦ν⌜τ⌝α⌝ι γε⌝γο[νέν]⌜αι̣⟧⟍υ̣ς̣ι̣ν̣
(postea ἐν οἶ[c]) Gaiser   9 [τε ὁ] KF: [ὦν] conieci: [ἄμα] Mekler   ⌜cυ⌝γγ[ενὴc Mekler   ὦν
Mekler: καὶ conieci   10 μήτρων Gaiser: Μήτρων dubit. Gomperz 1887   ⌜κα⌝[ι̣] Mekler   ὁ
Αἰτωλ[όc Gaiser: Αἰτωλ[όc] ἀν[ὴρ conieci vel Αἰτωλ[- conieci   12 Ἀ[θ]ηνα[ῖ]ο̣c conieci ⟍ό [c⌝χ [ὧν
τὴν conieci   13 ⌜μέc⌝η̣ .Ἀκαδημεια̣. (spat. long. vid.) conieci   Μεcή[νιοc Gaiser (pluralem iam
Mekler)   13–14 Ἀcκλη]⌝⌜πιάδ⌝ηc KF: Ὀλυμ⟦πιάδηc Mekler   14 Θη]βαῖοc conieci   15 Ἀ[θη]ναῖοc
Mekler, cetera Gaiser   16 δια]τρ[ιβήν Gaiser   16–17 καὶ ἔ|τ' ἄλλοι conieci   17 init. para-
phum KF   17–18 Φ[ιλό]|χοροc KF   20–21 ἀ[πέ]||θαν̣ε(ν) vel ἀ[πο]||θαν̣εῖν conieci   21 [αὐτὸν
ἐ]τῶν conieci   21–22 [ὀγδο]|ήκοντ[α] KF   22 κ̣α̣ὶ KF   ἕν conieci vel δύο (fort. spat. long.)
conieci   τ]ὸν β[ίον KF   22–23 τ]ε̣[λευ|ταῖον (fort. spat. long.) KF: β[ιώc]α̣[ν]|τα (interpunctio?)
τὸν vel βιοὺ]c [κα]||τὰ τὸν Ν[ικόδωρ]ον conieci   23 Π[ολέμων(α) vel [τὸν vel [φηcὶ conieci   δὲ KF
23–24(25) verticalem sinistr. marg. KF

Kol. 8* | ⸌[ι]α̣δεξα̣ . . [. . . . . .]ρα[. . . .   folgte nach ...

25 | .] . . . α̣ . ον . . [. . . .] . . . [. . . .
. . . .c . . . . cυ[ ] . ϰ[.] . . [. . .
. [. . .]ε . Π[ο]λέμωνα . . . [. . .   Polemon ...
. [. .] . ν . . ονε . [.] . . . . [. . .
. . ιαc . . . . [.] . . [. . . . . bewundert

30 τητοc δ . . ν . . . . . [.] . . [. . .   ... und das Haareschneiden ...
. . . νου[. . . .] . . [. . . . . . .   weil er aus dem Demos Oia
. . . . . [. . . . . .] . [. . . . . . .   kam, wie Antigonos sagt ... Er
. . . .] . . [. . . . .   war Sohn des Philostratos, eines
. . . .] . ν . . [.] . . [.] . [. . . . . .   der führenden Männer Athens

35 . .] . . . . ε . [. . . .] . . [. . . .   – er soll zu denen gehört haben,
.] . . ε . . [ ]γ αὐτ . . . . [. . . .   die für eine gewisse Zeit einen
.] . . . . α . . . . επ[. . .] . [ ]⸌ερα⸍   Rennstall unterhielten. Es wird
περ[ι]βλε[.] . . . ⸌ν⸍η̣ . [. . . .] . ⸌τα⸍   gesagt, dass er zunächst ein zü-
⸌ϰ⸍α̣⸌ι⸍ ϰο⸌υρ⸍ὰν . . [.] . [. . . .]⸌ων⸍   gelloser junger Mann war,

40 ⸌ἄτ⸍⸍ ἐξ Ο⸌ἴ⸍ου τῶ[ν δήμω]⸌ν, ὥc⸍
φηc⸌ι⸍ν Ἀντ⸌ι⸍γ[ονοc]·⸌﹨⸍-]χαιγα[-⸌ϟ⸍ [υἱὸ]⸌c δὲ Φι⸍-   **PHerc. 164 frg. 28**
⸌λ⸍οc⸌τρ⸍ά⸌τ⸍ου τῶν πρώ⸌των⸍   τω[ν Ἀθηναίων· ἐλέ-
Ἀθηνα⸌ί⸍ω⸌ν· ἐ⸍λ̣⸌έ⸍γ⸌ε⸍τ⸌ο δ' εἶ⸍ναι⸍   γετο δ' ε[ἶναι τῶν ἐπί
τῶν ἐ⸌πί⸍ τιν⸌α⸍ χρόνον ἀ⸌ρμα⸍-   τινα χρ[όνον ἀρματο-

45 τοτροφ⸌ηc⸍άν⸌τ⸍ων. ἱc̣τ̣ο⸌ρεῖ⸍-   τροφη[c]άντων. ἱcτο-
ται δὲ ⸌κα⸍[ὶ] νεανί‹c›ϰοc ⸌ἀϰ⸍[όλαc-   5 ρεῖται δ̣[ὲ καὶ νεανίc-

47 ⸌τϙ⸍c γε[νέcθ]⸌αι τ⸍ὴ̣⸌ν πρ⸍ώ[την,   6 ϰ]ος ἀ[ϰόλαcτος γε-

· · · ·

---

24 ⸌[ι]αδεξάμε[νοc vel -ον Ranocchia: ⸌[ι]αδέξα[c]θα̣[ι conieci   (ὁ) Κ]ρά[τητα   25 Ἀ]θηναῖον
conieci   28 μνημονευ[- Gaiser   29–30 Κρά]|τητοc conieci   36 KF   38 KF   40 τῶ⸌[ν
δήμω]⸌ν KF: τῶ[ν δήμων ὤ]ν spat. long. Mekler (‹ὤν› vel ῾ὤν́ conieci)   41 Ἀντ⸌ι⸍γ[ονοc] Mekler
⸌χαὶ γὰρ [ἦν]⸍ Gaiser: ⸌-]χαὶ ἦν⸍ vel ⸌-]ϰάτω⸍ vel ⸌ὁ] Καρύc[τιοc⸍ conieci   [υἱὸ]⸌c Mekler {δὲ} conieci   45 Gomperz   46 νεανί‹c›ϰοc KF (νεανίcϰ[οc iam Gaiser): νεανιϰῶc Gomperz
47 Gomperz

Parallelen: D.L. 4,8; 4,14 (Alter); Athen. X 437b; Ael.VH 2,41 – D.L. 4,16 (Polemon)
Quellen/Fragmente: Timaios von Tauromenion (FGrH 566 F 158 b); Philochoros, *Atthis* VII (Tod);
   Antigonos von Karystos, *Bíoi* (Antigonos F 9a); Xenokrates F 1; Polemon F 10 und 13
Anmerkung: Nach dieser Kolumne sind drei Kolumnen verloren. Der Text dieser Kolumne wird
   von Kol. 13 fortgesetzt. In der Endversion sollte Kol. 8*, 23 ff. nach Kol. 12, (ca. 30) erscheinen.
   Es sind einige Buchstaben der auf Kol. 8* folgenden Kolumne erhalten

Desunt columnae 3

Kol. 9 `[.]ⁱⁱcτ`ε`μαικ`[.]..[.]�`. .`ọc `ἦν`✓

1   ν`όν` τιν`ων`, ὡς `ἦ`ν γραμμα-
τοδιδάϲκα`λ`[ο]c Ἡράκλει[[δη]]`το`c.
ἔϲτιν δὲ τ`αὐτὰ τῆι δυνά-
με`ι διότι`· „τῆϲ χώραϲ τῶν Ἡ-

5   ρα[κλεω]`τ`ῶ`ν` δι`ά τ`ιναϲ αὐ-
χμοὺϲ ϲυνεχε`ῖϲ χαὶ` ἐ`π`ομ-
βρίαϲ ἀκαίρọυ`ϲ ϲχιϲθείϲηϲ`
c]υνέβη λι[μὸν] ἐν τ`ῆ`[ι] `πọ`λει
`γ`ενέϲθαι `. `[. . .].[. .πόλ]`λ`` ἔ-

10   `τ`η. ψηφιϲαμέ[ν]ω[ν δὲ τῶ]ν
Ἡ]ρακλε`ωτῷ`[ν ἐκπέμ]`πε`[ιν
εἰϲ] Δελφοὺ`ϲ` [θ]εωρọ[ὺc.]. . .[
.(.)]ϲọμεγουϲ . . . .[. . .]. . .[
.(.) τ]ọ`ῦ`τ[ο] π`ά`ϲχọụϲ[ι] `χαὶ` το[

15   ..].. ον.[. . . .].[.].`μ`[.]`οντ`.
..]`οc`..[. . . . .].`α`.α
. . .]`γε`[. . . .]`ο`ν[. .]`υ`ετα[
. . .].. [. . . . .].ε`ντοα`.[.
. . .]. . .[. .]`ε`[.]γ.α[. . .].[

20   δ[.] τὴν προφῆτ[ι]γ. . . . . .[

Ergänzung 8
rechts von Kol. 9,2–3 hinter Ἡράκλει[[δη]]`το`c

[[ἢ νὴ Δί᾽]] Ἡρά-
2 κλειτο`c`
[[getilgt: oder beim Zeus]] Heraklit

PHerc. 164 frg. 18

].. [
ταὺ]τạ̣ [τ]ῆι δυν[άμει
3 διότι· τ]ῆc χ[ώραϲ τῶν
. . .

... einige, dass Heraklit Schullehrer war. Zu dieser
Fähigkeit passend wird berichtet: „Da das Land
der Herakleoten aufgrund fortwährender Dür-
ren und unzeitiger Platzregen rissig geworden
war, kam es zu einer Hungersnot in der Stadt ...
viele Jahre. Als die Herakleoten beschlossen hatten, Gesandte zur Orakelbefragung nach Delphi
zu schicken, welche ... sollten, ... sie dies erleiden
und ... Prophetin (*Pythia*)

1 ✓`ῷϲτ`ε conieci   τιν`ων` KF: τινεϲ δ᾽ Mekler   `ἦ`ν KF: `χαὶ` Mekler (N)   2 Puglia (P)
supplementum 8: ἢ (ἢ conieci) νὴ Δί᾽ Ἡράκλειτο`c` Mekler (von Arnim): δι(ορθωτέον) vel δι(ώρθω-
ται) De Sanctis 2022   3 `τ`αὐτὰ Mekler: `τ`αῦτα conieci   5–6 Bücheler*   7 ἀκαίρọυ`ϲ
Mekler   ϲχιϲθείϲηϲ` KF: `πιεϲθείϲηϲ` conieci: `ϲτειρωθείϲηϲ` Mekler   8 λι[μὸν] Bücheler*
ἐν τ`ῆ`[ι] `πọ`λει KF   9 `τ`[ότε] Ranocchia: π[αρὰ πάμπολ]λ᾽ Gaiser: καὶ ἀνὰ πόλ]λ᾽ Mekler
10–11 ψηφιϲαμέ[ν]ω[ν δὲ τῶν ' Ἡ]ρακλε`ωτῷ`[ν Bücheler*: ψηφιϲαμ[ένοιϲ δὲ τοῖϲ' Ἡ][ρ]ακλεώτ[αιϲ
Mekler   11 ἐκπέμ]πε[ιν Puglia (fort. πέμ]πε[ιν)   12 εἰϲ] Δελφοὺ`ϲ` KF   [θ]εωρọ[ὺc Puglia fin.
τ]ọὺϲ conieci   12–13 ἐ|ρη]ϲọμέγουϲ e.g. Puglia   13 τὸν χ[ρηc]μọν conieci   13–14 διạ̀ | [τί] Puglia
14 τ]ọ`ῦ`τ[ο] Puglia: τοϲ]αὐτ[α] Gaiser, cetera KF   20 δ[ὲ] conieci   τὴν προφῆτ[ι]γ Puglia 2018

Kol. 9 ρ . .τα.α[. . .] .η[.].ντ⌐ο⌐.⌐ο⌐[
ο[.]ωι.[].[..].⌐ε⌐.⌐τα⌐.x[..]..[
.....[....] Ἡρακλεώ[τ..
τὸν [Ἡρακλείδην] ἑαυτ.[..   ... Herakleoten den Herakleides ...

25 ...].[......].νταμε.[..
...].[.....]διογ[......
...].ου....ν[...].[....
.........εφ]⌐ερετο.⌐[
...].[.........]..[..

30 ...].[.].[..].[..].[......
...].να[...].[....]..[...
...]εω...[.....]..ηc[.
....θη[.].[.....]ν⌐τ⌐.[]⌐υ⌐c[.].[
.⌐ν⌐[.(.)]των καθηκόν⌐τ⌐ων ⌐ἐ⌐-   ... gehörigen/kamen ... wollten sie

35 cτ]εφάγ⌐ο⌐υν τ⌐ὸ⌐ν [Ἡρ]ακλεί-   Herakleides bekränzen, der neben dem
δη]ν παρ⌐ε⌐cτηκότα τ⌐ῷ⌐ι κή-   Herold stand. Während der Proklama-
ρυκ]ι. γινομένης δὲ τ[ῆ]c ἀνα-   tion fiel er in Folge eines Schlagan-
γο]ρεύcεωc πεcὼν κα[ὶ] πα⌐ρα⌐-   falls um und wurde tot hinausgetra-
λ]υθεὶc νεκρὸc ἐξην[έ]χθη·   gen. Noch während er hinausgetragen

40 μ]⌐ετ⌐[α]ξ[ὺ] δ᾽ ἐκφερομέν[ο]υ καὶ   wurde, kam auch der Orakelbefrager
41 ὁ θ]ξεω⌐ρὸc⌐ κατατρέχ[ων] ἀπὸ   von seinem Zuschauerblock hinunter-
                                        laufend

---

23 Ἡρακλεώ[τ- KF: Ἡρακλεί[δ- Dorandi   24 τὸν [Ἡρακλείδην] (τὸν δ᾽ Ἡρ.) Mekler   ἑαυτο[ῦ
Dorandi   32 θ]εωρὸϲ conieci   34–37 leg. et suppl. KF (34–35 [[.]] | cτ]εφαγ⌐ο⌐ὸν conieci)   37–
38 ἀνα||[γο]ρεύϲεωϲ KF: ἀνα||[γνώ]ϲεωϲ Mekler   38 κα[ὶ] De Sanctis 2022   38–39 πα⌐ρα⌐|[λ]υθεὶϲ
KF   νεκρὸϲ ἐξην[έ]χθη De Sanctis 2022   40–41 leg. et suppl. KF

Parallelen: D.L. 5,91

Quellen/Fragmente: Demochares, *Κατὰ τῶν φιλοσόφων*; Herakleides F 12

Kol. 10 τῆc κερκ[ί]δοc cφάλλετα[ι] καὶ
φερόμενοc ἕωc εἰc μέcον
τὸ θέατρον καὶ ⌐ὑπ⌐ὸ βάθ⌐ρ⌐ου
πληγεὶc cυνετρίβη τὴν
5 κεφαλήν, ὥcτε μετ᾽ ⌐ὀ⌐λίγον
τοῦ διαφθείροντοc ἐκπνεῦ-
cαι. cυνέβη δὲ καὶ τὴν ⌐π⌐ρο-
φῆτιν εἰc τὸν νεὼν νύκ[τ]ωρ
πορευομένην ἐπ[ι]βῆνα[ι
10 δρά]⌐χ⌐ο̣ν⌐τι καὶ δηχ[θ]εῖcαν
⌐ἀ⌐ποθ⌐α⌐νεῖν. ⌐Τ λ⌐έ⌐[γει] ⌐δ᾽⌐ ἄν-
θρωποc καὶ βελτίογ[α] μαθητήν τε καὶ πο⌐λ⌐ί̣τ[η]⌐ν⌐ γεγ⌐ο̣⌐-
ν[έν]α̣[ι ο]⌐ὐδέγ⌐[α.]⌐τ⌐ο⌐c⌐ [..] .
15 ⌐ντειδ⌐[.(.)]‖⌐δεπ⌐[...]⌐ρητο⌐...[.
⌐τετ⌐α....[.]⌐λε⌐[.] ⌐περι⌐[.].⌐η⌐
⌐τρε⌐χη[.].[..]αν[.....]⌐ενω⌐
⌐κα⌐[]ε[.....]..[..].⌐τ⌐ων
ἐ]πιβουλε[υ..]...[......
20 .ιουτο⌐υ..κ.⌐.[.......].[

zu Fall und zerschmetterte sich auf dem
Weg zur Mitte des Theaters den Kopf
durch Anschlagen auf einer Stufe, so dass
er nur kurz nach dem, der bestochen
hatte, den Geist aufgab. Es geschah aber
auch, dass die Prophetin auf ihrem nächtlichen Weg in den Tempel auf eine
Schlange trat und durch deren Biss starb.
Der Mann sagt aber, dass auch niemand
ein besserer Schüler und Bürger war ...

PHerc. 164 frg. 23a

δρ]ά̣[κοντ]⌐τι⌐ καὶ δηχθεῖ-
cαν] ⌐ἀ⌐ποθανεῖν.⌐Τ λέ-
γει δ᾽ ἄ]νθρωποc καὶ
βελτίο]να μαθητήν
5 τε καὶ] ⌐π⌐ολ⌐ί⌐την γεγο-
6 νέναι οὐδένα .]⌐δο⌐c

· · ·

... nachstellen/Nachstellung

---

8 νύκ[τ]ωρ KF   9 Bücheler   10 Spengel   11–13 Mekler   14 ο]⌐ὐδέγ⌐[α Mekler   14–
15 [Ἡρ]α̣|⌐χ⌐λειδ⌐- conieci   15 ⌐λέγει⌐   15–16 ⌐ρητο⌐ριχ[ώ]‖⌐τα̣τ⌐α conieci   16–17 ἐ⌐γ⌐|⌐τρε⌐χη
conieci   19 Mekler

Kol. 10

```
     ..]νον μ.[..]...[...]..[.
     ..].οτ⌐ω⌐[........]δ.[.εν-
     η]⌐νεγμε⌐[........]..[...
     καλουμ.[.....].[..].[..
25   λόφου[.]⌐.⌐εντ[....].[...
     .]⌐α⌐ν⌐ε⌐..[.]⌐ωι⌐[.].[......].⌐ο⌐
     .]ν ὑπὸ το⌐ύ⌐το̣υ̣ [........
     ..]να⌐ι τ⌐αῦτα .[........] ἐ-
     ⌐πα`ρ´κ⌐εῖ [..]. κατ⌐ε⌐φρο[νη..].[
30   ⌐ἔν⌐εκε⌐ν⌐ τ⌐οῦ π⌐ρησμο̣[ῦ, εἴ]περ
     παρὰ τοῖς ρη⌐τ⌐[ο]ρ⌐ιχω⌐τά̣τ[οις
     ἀληθῆ λ[έ]γει ⌐κ⌐[ατ]⌐ὰ⌐ τ[ῶ]ν̣ [φιλ]ο̣-
     cόφ⌐ω⌐ν. [ἦι]πε⌐ρ κ⌐[αὶ] ⌐Δ⌐ίωνὸς γ[ε
     τ̣⌐ο⌐ῦ Cυ⌐ρα⌐κουcίου π⌐ολ⌐λῶ[ν] τὰς
35   πράξεις ἀνη`ν´γελκ[ό]τω[ν] ο̣[ὐκ
     ἐμὸν ἐν τοῖς νῦν προκει-
     μέν̣ο̣⌐ι⌐c ἐπ⌐ιcυ⌐νάγειν καὶ τα⌐ῦ⌐-
     τ⌐ οὐ⌐δ⌐᾽᾽ ἐπί̣c̣⌐ημόν τ⌐ι πεποι[η]κέ̣-
     να̣[ι] κατὰ ⌐φιλοcοφίαν⌐ [ἠγ]γελ-
40   μένου. ⌐τ⌐ ᾽κ⌐ά᾽[τ]ω´ ⌐π᾽⌐ερ⌐ὶ μ⌐έντ⌐ο᾽⌐[ι τ]ο̣ῦ Π[ελ-
```

ist ausreichend ..., dass ... wegen des aufgequollenen Bauches verachtet, wenn er bei den in Rhetorik sehr kundigen Leuten Wahres gegen die Philosophen sagt. Haben auch viele die Taten des Dion von Syrakus berichtet, ist es in der nun vorliegenden Schilderung nicht meine Absicht ihn mitanzuführen, zumal er auch nicht im Rufe steht, etwas Bemerkenswertes auf dem Gebiet der Philosophie vollbracht zu haben. unten Über den Pellener

Ergänzung 9

unter Kol. 10

```
1  ].επερ..[..]...[
       . . .
```

25 -λο‹ϲό›φου conieci   27–28 Mekler   28–29 ἐ̣|⌐πα`ρ´κ⌐εῖ Gaiser: ἐ̣|⌐πα`ρ´κ⌐εῖν Bücheler   29 ὅτ]ι̣ conieci   30 KF   31 ρη⌐τ⌐[ο]ρ⌐ιχω⌐τά̣τ[οιϲ KF   32 Bücheler   33 [ἦι]⌐περ KF: [ὥϲ]⌐περ (spat. long. vid.) Gaiser   κ⌐[αὶ] Gaiser   ⌐Δ⌐ίωνὸς Bücheler*   γ[ε Gaiser: [δὲ] Mekler   35 ἀνη`ν´γελκ[ό]τω[ν] KF: ἀπη`ν´γελκ[ό]τω[ν] Mekler   ο̣[ὐκ Gaiser   36 ἐμὸν Gaiser   38 τ᾽ οὐ⌐δ⌐᾽᾽ KF   ἐπί̣c̣⌐ημόν Vassallo   τ⌐ι Henry: τ⌐ί Bücheler   πεποι[η]κέ̣|να̣[ι] Sedley (fort. πεποηκέ̣|να̣[ι])   39–40 [ἠγ]γελ|μένου KF   40 ᾽κ⌐ά᾽[τ]ω´ Gaiser   supplementum 9: agnovit KF   ⌐π᾽⌐ερ⌐ὶ Verhasselt 2015   μ⌐έντ⌐ο᾽⌐ι Gaiser   τ]ο̣ῦ KF (μ᾽ἐν τ⌐ο᾽⌐[ῦ] dubit. Verhasselt 2015)

Parallelen: D.L. 5,91

Quellen/Fragmente: Demochares, Κατὰ τῶν φιλοϲόφων; Herakleides F 12; Philodem (Überleitung)

Kol. 11 ⟦τω⌐ν¬ .. ⌐υ¬⟧⌐λην⌐έως¬∕ X⌐αί¬ρωνος, ἐπε⌐ι¬-
δήπερ οὐ⌐δ¬᾽ ἐμ⌐ποδών ἐc-
τι, παραθετέον, ἃ κα⌐τεχ¬ώ-
ρισεν Ἕρμιππος ἐν τῶ⌐ι Π¬ε-
5 ρὶ τῶν ἀπὸ φι⌐λο¬cοφίας ⌐εἰς¬
cτρατηγίας καὶ δυναcτε⌐ί¬-
ας με[θ]εcτηκ⌐ό¬των. ᵀ Χαίρων δ᾽ ὁ ⌐Πε¬λλ[η]⌐ν¬εὺς ἐν Ἀ-
καδημεία⌐ι¬ μὲ[ν] ⌐π¬αρὰ Πλά-
10 ⌐τ¬ωνι κ⌐αὶ¬ Ξε⌐ν¬οκράτει
ἔ⌐μ¬α[θ]ε⌐ν¬, ἀ⌐λλ¬ὰ γε⌐νι¬κ⌐η¬κὼς
γε πά⌐λ¬ην ἄνδ[ρ]ας ἀπτὼς
...] τρὶς Ἰσθμ[ια], ⌐τ¬ε⌐τ¬‹ρ›ά-
κις δὲ Πύ⌐θ¬[ι]α .[.....]η[.]..
15 κατὰ τὸν ⌐γεν¬[όμε]γ[ον τ]⌐ο¬ῖc
⌐π¬ολι⌐τ¬[αις] αὐτοῦ π[ό]λ[ε]⌐μο¬ν
τ]ὸν Ὑ[περας]⌐ιακ¬όγ, ὧ⌐c Δι-
καίαρχός] φ[η]ς[ι]⌐ν¬, κ[λ]⌐ηθ¬έ[ντα.
ἄλλα τε ἀ]π⌐ο¬δ⌐ει¬ξά⌐μ¬[ενος
20 διὰ τῆς τόλ]μη⌐c ἔργ¬α κα-

Chairon jedoch ist – weil es ja auch
nicht störend ist – hinzufügen, was
Hermippus in seinem Werk *Über diejenigen, welche von der Philosophie
zu Militär und Macht wechselten* nie-
derschrieb: „Der Pellener Chairon
war Schüler in der Akademie bei
Platon und Xenokrates. Nachdem er
aber im Ringkampf der Männer ...
dreimal bei den Isthmischen Spielen und viermal bei den Pythischen
Spielen – niemals auf den Boden
geworfen – gewonnen hatte, ... er
laut Dikaiarch im sogenannten Hyperasischen Krieg, welcher damals
über seine Mitbürger gekommen war.
Und nachdem er andere treffliche
Taten durch seinen Wagemut vollbracht

PHerc. 164 frg. 25

ταις] αὐτοῦ πό[λεμον
τὸν] Ὑπερασιακόν, ὧ[c
Δικ]αίαρχος φηcιν,
κλη]θέντα.ᵀ ἄλλα τε
5 ἀπο]δ⌐ε¬[ι]ξάμενος διὰ
τῆς] τόλμης ἔργα κα[
7 ....]⌐c¬⌐ε¬⌐η¬[..

. . .

2 οὐ⌐δ¬᾽ ἐμ⌐ποδών KF: οὐ⌐δ¬ὲν ‹ἐμ›ποδών Verhasselt 2015: οὐ⌐θ¬‹ἐν› ἐν⌐ποδών Gomperz   6 cτρατηγίας
KF (⌐c¬τρατηγίας privatim Dorandi): ἀριcτείας perperam Mekler   7 Mekler   11 ἔ⌐μ¬α[θ]ε⌐ν¬ KF:
ἔ⌐μ¬ε[ν]ε⌐ν¬ Gaiser: ἔ⌐μ¬ε[ιν]ε⌐ν¬ Mekler   12 γε KF: τὴ]γ spat. long. Gaiser: δι]c Mekler   13 μὲν
conieci: δὶc ἤ Gaiser: εἰc Puglia   Ἰσθμ[ια] KF: Ἰσθμ[οῖ] Puglia   13–14 ⌐τετ¬‹ρ›ά|κις KF (fort.
⌐τετ¬ρά|κις)   14 Πύ⌐θ¬[ι]α KF: Πυθίοιc Mekler: Πυθοῖ dubit. Verhasselt 2015   ἐ[cτρατ]ή[γ]ει
conieci   15 ⌐γεν¬[όμε]γ[ον τ]⌐ο¬ῖc KF: γεν[να]ῖο[ν ἄ]ριc|τογ Gaiser: τὸν γεγ[ναίοιc ἄθλ]οιc Mekler
16–18 leg. et suppl. KF   19 ἄλλα τε KF: ἀλλ᾽ ἄτε Gaiser   20 Gaiser   20–21 κα|λ[ά Gaiser:
κα|χ[ήθουc dubit. Mekler: κα|χ[ά conieci

Kol. 11 λ[ἀ.........]...[.].[..]ᵛατωνᵛ
πολεμί[ων..]..[..]ᵛνᵛος ζω-
η. ϗαὶ ε.[....]ει¹ς τὸ¹ ϲτρα-
τόπ[ε]δον ϗατ᾽ α¹ὑτῶν¹

25 τ..[....]τα ἀλλ¹ατ¹.[...
.........]τ¹αφρο¹νουγ-
τ........].[(.) ϲ]φόδ[ρ]α περι
............]...τ[ύρ]ᵛα¹ν-
γ[ος τῆς π]ατρίδος [κ]ατέϲ-

30 τ]η. [φηϲὶ γὰ]ρ [α]ὐ¹τὸν Ὑπ¹εᵛρ¹-
είδη[ϲ μὲ]ᵛν¹ ἐν τῶι ¹πρὸϲ¹
το[ὺϲ τοῦ] Ἀντιπάτρ¹ου π¹[ρέ]ϲ-
βεις λ[όγ]ωι διὰ Κορρά¹γο¹[υ
ϗα[ὶ] τ[ῶν] με¹τ¹ὰ τούτου¹ ¹χι¹-

35 λίων ἐν Πελοποννήϲωι
ϲτρατιωτῶν ϗαταϲχ¹όγ¹-
τα ¹τ¹ὴν πατρίδα τοὺϲ ¹μὲ¹ν
πο¹λί¹ταϲ ἐγβαλεῖν, ¹το¹[ῖϲ] δού-

39 λοι]ϲ δὲ [τὰ] ϗτήματα τ[ῶν

hatte ... Feinde ... Leben und ...

Heer gegen sie ...

sehr ... etablierte sich als Tyrann seiner Heimatstadt. Hypereides sagt nämlich in seiner Rede *Gegen die Gesandten des Antipatros*, dass er (*Chairon*)
mit Unterstützung von Korrhagos und
den tausend mit ihm auf der Peloponnes befindlichen Soldaten in seiner
Heimatstadt die Macht übernahm, die
Bürger vertrieb, sowie den Sklaven den
Besitz

22 πολεμί[ων KF   22–23 ζω|[ήν Gaiser   23–24 τὸ¹ ϲτρα|τόπ[ε]δον KF   24 ϗατ᾽ α¹ὑτῶν¹ KF
26 ϗα]τ¹αφρο¹νουγ- Mekler:]τ¹α φρο¹νουγ- e.g. Verhasselt 2015   27 Gaiser   29–30 τ[ύρ]¹α¹ν|γ[ος
... ϗ]ατέϲ|[τ]η KF: τ[ύρ]¹α¹ν|γ[ον ... ϗ]ατέϲ|[τηϲε] Gaiser   τῆϲ π]ατρίδος Gaiser   30 φηϲὶ γὰ]ρ
KF   α]ὐ¹τὸν Ranocchia   30–31 Ὑπ¹εᵛρ¹|είδη[ϲ μὲ]¹ν¹ KF   ἐ¹ν τῶι ¹πρὸϲ¹ Mekler   32 το[ὺϲ
τοῦ] KF   32–33 π¹[ρέ]ϲ|βεις λ[όγ]ωι KF: π[ρεϲ|βεύϲα[ϲι]ν perperam Gaiser   34–35 ¹χι¹|λίων KF:
ϗα|λῶν Gaiser   38–39 Mekler   39 τ[ῶν Verhasselt 2015: [τε Mekler

Parallelen: Phld. Ind. Stoic. 16,2–6; Athen. XI 509a–b; Paus. 7,27,7; Ps.-Dem. or. 17,10; (Dublette:
    Kol. 11,28–36 = Kol. 12,30–39).
Quellen/Fragmente: Hermipp, Περὶ τῶν ἀπὸ φιλοσοφίας εἰς ϲτρατηγίας καὶ δυναϲτείας μεθεϲτηκότων
    (FGrH 1026 F 39); Dikaiarch (FGrH 1400 F 64); Hypereides, Πρὸς τοὺς Ἀντιπάτρου πρέϲβεις; Phai-
    nias von Eresos, Τυράννων ἀναίρεϲις ἐκ τιμωρίας (FGrH 1012 F 6); Xenokrates F 1

Kol. 12 δεϲποτῶν καὶ τὰς ⸢γυν⸣⸢αῖκας
δοῦν⸢α⸣ι. Φαινίας ⸢δ⸣⸢⸣ αὐτὸν [λ]έ-
⸢γ⸣ει φιλότιμον ἐμ πλε⸢ρ⸣[ν]ε-
ξίαι γενόμενον καὶ τῇ[ϲ Ὀ-
5 λυμπικῆϲ νίκηϲ ἔτι κατ᾽ ἀξ⸢ί⸣-
αν τύραννον ἀ[ν]αφανῆ⸢γ⸣αι
νεανικόν. ἐπ[ι]χειρῆϲαι δ[έ
⸢τι⸣νεϲ αὐτὸν λέγουϲι [[⸢γ⸣]] κα[ὶ
πόλιν κτίϲ⸢α⸣[ι Χαι]ρώ[ν]ειαν
10 ἐγγ[ὺ]ϲ ⸢τ⸣ῶ[ν κα]λουμένων
Μεγαρικ[ῶν δυοῖν ϲ]κε⸢λ⸣[-
ῶν. τ⸢ελ⸣[ευτῆϲαι δ᾽] αὐτὸν
⸢λ⸣έγ⸢ε⸣[ι . . . .] ⸢ἐπ⸣ιθ[ε-
⸢μ⸣έ⸢νω⸣[. . . .].[.].[]ωι π.[.
15 ⸢βο⸣[. . . . . . .].[. .]⸢κ⸣αρ..[..
⸢τη⸣[. . . . .]. . . . . ⸢την⸣[. .
. . . .]. . . . ⸢μ⸣ε⸢ν⸣[.
. . .]⸢κο⸣ο⸢τ⸣. . . .[. .].ϲδω.[
. . . .]τα [.]ων⸢ϲ⸣.[.]ε⸢ν⸣[].⸢τ⸣[
20 . . . .]⸢τ⸣ω⸢ϲα⸣.οντας

PHerc. 164 frg. 26

. . .

τὰ κτ]ήματα τῷ[ν] δεϲ-
πο]τῶν καὶ τὰϲ γυγ[αῖ-
κας] δ[ο]ῦναι. ⸀ Φαινίαϲ
4 δ᾽ αὐ]τὸν λέγ[ει] φιλό[τι-

ihrer Herren und deren Frauen gab.
Phainias aber sagt, dass er ruhmverliebt sowie anmaßend war und sich ferner auch, entsprechend dem Nimbus
eines olympischen Sieges, als übermü-
tiger Tyrann gebärdete. Einige sagen,
dass er auch versuchte eine Stadt namens Chaironeia nahe der sogenannten zwei „Megarischen Schenkel" zu
gründen. Er sagt, dass er starb ...

---

1 Mekler   4 τῇ[ϲ Ὀ- Mekler: τῇ[ϲ γ᾽ Ὀ- Gaiser   5–8 Gaiser   9–11 Mekler   11 δυοῖν
(δυεῖν conieci) KF: μακρῶν spat. long. Schenkl   11–12 ϲ]κε⸢λ⸣|ῶν Schenkl (fort. ϲ]κε⸢λ⸣[{ε}]|ῶν)
vel ϲ]κε⸢λ⸣[[ε]]|ῶν   12 τ⸢ελ⸣[ευτῆϲαι δ᾽] KF   13 ⸢λ⸣έγ⸢ε⸣[ι KF: ⸢λ⸣έγ⸢ε⸣[ται Gaiser   14–15 ἐ[ν] τῶι
πο[λέ]|⸢μῳ⸣[ι Puglia

Kol. 12 ....]⌐ν⌐. ὁ δ' εἰρημένος

τὴν Ξεν]οκρά⌐τ⌐ους σχολή⌐ν⌐   Der Genannte ... den Unterricht des

........].... ε⌐μο⌐〚.〛.⌐τα⌐   Xenokrates ...

..........].. ⌐λη⌐ως   **Ergänzung 10**

25   ....].. ουκαιτ[.   *rechts von Kol. 12,25–28*

........].....το⌐υ⌐.[.

..........].[..].[....   . . .

.............].ω[..   ....

.............].α[].π[.τὰγ-

30   ....].[...].δε   δρὸς

...............]..   [....]

τ[ύραννος τῆς πατ]ρἰδ̣[ος   5 [....]

κ]α[τέστη. φης]ὶ̣ γὰ[ρ] αὐτὸν   [....]

Ὑ⌐π̣ε⌐[ρε]ἰδ̣[η]ς ⌐μ⌐ὲν ἐν ⌐τῷ⌐[ι   7 ..]..

35   π]ρὸς τοὺς Ἀντ⌐ι̣⌐πάτ[ρο]υ   . . .

πρέσβεις λόγω⌐ι⌐ διὰ Κ[ο]ρ-

ράγου καὶ τῶν μετὰ   〚 *zu tilgen:* ... etablierte sich als Tyrann

⌐τ⌐ούτο⌐υ⌐ χιλίων ἐν Πελ[ο-   seiner Heimatstadt. Hypereides sagt

39   π[ο]ννήσωι σ̣τ̣ρα[τιωτῶν   nämlich in seiner Rede *Gegen die Ge-*

                                      sandten des Antipatros, dass er (*Chai-*

                                      ron) mit Unterstützung von Korrhagos

                                      und den tausend mit ihm auf der Pelo-

                                      ponnes befindlichen Soldaten 〛

---

22 τὴν (τοῦ conieci) Ξεν]οκράτ[ο]υς Gomperz: Ξεν]οκρά⌐τ⌐ης Gaiser   25 ωι οὐκ αἰτ[ι- conieci
supplementum 10: 2–3 τὰγ|δρὸς KF   32–34 legit et supplevit KF (αὐτὸν iam Gaiser)   35 Gaiser
36 λόγω⌐ι⌐ KF: α[ὐ]τῶι perperam Mekler

Parallelen: Athen. XI 509a–b; Paus. 7,27,7; Ps.-Dem. or. 17,10; (Dublette: Kol. 12,30–39 = Kol. 11,28–
36).
Quellen/Fragmente: Hermipp, *Περὶ τῶν ἀπὸ φιλοσοφίας εἰς στρατηγίαν καὶ δυναστείαν μεθεστηκότων*
(FGrH 1026 F 39); Hypereides, *Πρὸς τοὺς Ἀντιπάτρου πρέσβεις*; Phainias von Eresos, *Τυράννων*
ἀναίρεσις ἐκ τιμωρίας (FGrH 1012 F 6); Xenokrates F 1
Anmerkung: Der Text von Kol. 8*,23ff. schließt an Kol. 12,30 an, bevor Kol. 13 folgt

Kol. 13 ὥϲτε κα⌐ὶ¬ δ⌐ι¬ὰ τοῦ Κεραμει-
κῷ ποτε με⌐θύο¬ντα κω
μάϲ⌐αι με¬θ᾽ ἡ᾽μέ᾽ραν· φυγεῖν
δὲ] ꞌκαὶ ⌐δ[ί¬κην αἰϲχρὰν κακῶϲ-

5 ε⌐ωϲ ὑπ᾽ὸ τῆϲ γυναικόϲ· εἶναι
γὰρ φιλόπαιδα καὶ φιλομει-
ράκιον· ὅ⌐c¬ γε περιέφερε νό-
μιϲ⌐μ¬α παντο⌐δ᾽¬απόν, ἵνα τῶι
ϲυναντή[c]αντ[ι δ]ιδ⌐όꞌγναι π᾽ρο-

10 χείρωϲ ἔχηι· θη⌐ρα¬θεὶϲ᾽ δ᾽ ὑ-
⌐π¬ὸ Ξ᾽ενοκράτουϲ καὶ ⌐c᾽υϲτα-
θε]⌐ιc᾽ αὐτῶι τοϲοῦτο μετήλλαξε κα⌐τ᾽¬ὰ τὸν βίον, ὥϲτε
μηδέποτε ꞌμήτε᾽ τὴν τοῦ προϲώ-

15 που φαντ⌐α᾽cίαν δι⌐α᾽[λῦ]cαι
καὶ ϲχεῖ⌐γ ἀ᾽λ᾽λ᾽οι⌐ρτ᾽[έραν] ⌐μ᾽ή-
⌐τε᾽ τὸν τ̣[ό]νον τ[ῆ]⌐c᾽ φ⌐ω᾽[νῆϲ,
ἀλλὰ ταὐτὰ ⌐δια᾽[φ]υλ⌐ά᾽ττε[ιν
χὰν δυc⌐κ᾽[ο]λώτερ⌐ο᾽ꞌν [.].[..

20 ....[..]..⌐c φι᾽λα⌐π᾽εχθ..[
.]....[]...λ⌐α᾽c δεδίη[ι]...[..
κ[ύ]γα ⌐τ᾽ῶν λυτ⌐τώ᾽[ντ]ων
ἐπενεχ⌐θῆ᾽να[ι καὶ τ]ὴν ἰ-

so dass er auch einmal bei Tag betrunken durch den Kerameikos zog; er
musste sich auch einem schändlichen
von seiner Frau initiierten Gerichtsver-
fahren wegen Mißhandlung stellen –
er war nämlich ein Liebhaber von Kin-
dern und Jünglingen. Jedenfalls trug er
allerlei Geld mit sich herum, um es
schnell einem geben zu können, damit
er mit ihm verkehrte. Nachdem er aber
in den Bann des Xenokrates gezogen
worden war und bei ihm vorstellig wurde, änderte er sein Leben so tiefgrei-
fend, dass er weder die Gesichtszüge
noch die Stimmhöhe jemals lockerte
oder änderte, sondern dieselben beibe-
hielt, auch wenn er ... mürrisch ...

gehässig ...
fürchtete. ... dass ein tollwütiger Hund
sich ihm näherte und

---

4 Gomperz 1887   9 ϲυναντή[c]αντ[ι Bücheler*   δ]ιδ⌐όꞌγναι KF: χ]ρῆ[c]⌐ꞌθαι Bücheler*   12–15 Gomperz 1887   16 ϲχεῖ⌐γ KF: ϲχέϲιγ Mekler   ἀ᾽λ᾽λ᾽οι⌐ρτ᾽[έραν] KF: ἀ᾽λ᾽λ᾽οι⌐ρτ᾽[ερον] conieci: ἀλλοιῶϲ[αι] Gomperz 1887   17–18 Gomperz 1887   19 δυc⌐κ᾽[ο]λώτερ⌐ο᾽ꞌν Gigante   [ὅ]γ[τα Bücheler: [ἔ]χ[ηι vel [c]χ[ῆι dubit. Gaiser   20 φι᾽λα⌐π᾽εχθ- KF: φυλάττεϲθα[ι (perperam) Mekler   21 δ[ι]αβολ⌐ά᾽c conieci   δεδίη[ι] Mekler   interpunctio KF   χα]ὶ vel φηϲ[ὶ δὲ conieci   22 Gomperz 1887   23 Bücheler

Kol. 13 γνῦαν αὐτοῦῠ⸍ δ[ιασπά]ϲα̣ι· τ̣ⸯο̣υ̣⸍ϲ
25 μὲν ῝ο̣⸍ῳ̣̣ῠ̣⸍ν̣ ἄλλουϲ τ̣ⸯιυξ̣.[]ν̣⸍ ἐω̣[ρα-
κότας ὡρα̣ⸯκ̣⸍ι[ᾶϲαι καὶ τ]ρα̣-
πῆναι, ⸢τ̣⸍ὸν δ̣.[...]ⸯη̣⸍.[..
.[.]ⸯν οὔτε τ̣ο̣⸍.[...]..α̣..[..
.....νο.[....]ϲοφ.[..
30 ⸢αλλο̣⸍[..]..[.....]...[..
νομ̣ⸯ.⸍[...].[...].[.....-
⸢.⸍ .⸍εινκ[α]θ̣ⸯη̣⸍[.].[...]..[.
⸢την⸍ οὗτος.[.......].
.]ⸯαι πα̣⸍ρεκάλε̣ι..[....-
35 μ]ⸯενο̣⸍ν ε...[...].φ..[...
....].[.]........[.,εἴ-
τε ⸢τ̣ο̣⸍υ̣⸢ς̣⸍[..]ⸯ.ου̣⸍.[..εἴ]τε τρ̣ὺ[ς
⸢ὑπ̣εν̣⸍α̣⸍ν̣⸍τίους ὁρ̣⸍ω̣ι̣⸍η̣⸍ς̣⸍ κρατοῦν-
τ]α̣ⸯς̣· ἔ̣⸍ν τε τοῖς θεάτρ̣ο̣⸍ιϲ ἀπα-
40 θ̣ⸯῆ κα̣θ̣ῆ̣⸍ϲθαι τῶν ἄλλων
⸢δύϲθετα̣⸍ φερομένω̣ⸯν̣⸍ τοῖς
⸢λ̣εγομένοις. φαίν̣⸍εται δὲ καὶ
⸢τῆι φύ̣ς̣ε̣[ι] γε̣ν̣⸍έϲθα̣̣ⸯι μ̣ὴ̣⸍ ὑπό-
⸢βραδυ̣⸍ϲ μέν, ἔχω̣⸍ν δ̣ὲ̣⸍ γενναῖ-
45 ⸢ο̣̣⸍ν ⟨τι⟩ ⸢κα̣⸍ὶ {⸢τα̣[[..]]⸍⸍}˅ⸯταῖς˄
α̣ὐθαδία̣⸍ν καὶ ⸢ξη̣⸍-
46 ρότητα γραφα̣ⸯι̣̂⸍ς ἐμφαινομ̣ύ-

seinen Oberschenkel zerriss. Die anderen, die ... sahen, erblassten also und
wandten sich ab, dieser aber ...

... dieser ... forderte dazu auf ..., sei
es dass man die ... sei es dass man
die Gegner siegen sieht. Und in Thea-
tern saß er leidenschaftslos da, während die anderen durch das Gesagte
unbeherrschte Emotionen zeigten. Er
scheint aber auch von Natur aus nicht
allzu behäbig gewesen zu sein und hatte eine edelmütige Art, welche Gemälden, die Souveränität und Herbe ausstrahlen,

PHerc. 164 frg. 29

....].[.].[........
γε]νέϲθ[αι μὴ ὑπόβρα-
δ]υϲ μέν, ἔ[χων δὲ γεν-
5 θ]α̣δίαν κα̣[ὶ ξηρότη-
τ]α γραφα̣[ῖϲ ἐμφαι-
7 νούϲ]αιϲ [........
· · ·

---

24 Mekler   25 τ̣ῷ ζῷ̣⸍⟨ι⟩[ο]ν̣⸍ Puglia: τⸯρ̣ῦτ̣ο̣ ἐ̣ν̣⸍ἐω[ρα- conieci: τ̣⸍υχὸν̣⸍ Mekler   26 Mekler
26–27 τ]ρα̣|πῆναι Gomperz 1887: διατρα]|πῆναι (fort. spat. long.) Gigante: ἢ ἀνατρα]|πῆναι Mekler
27–28 [δεδ]ⸯη̣⸍γ[μέ]|ν[ο]ⸯν Mekler   28 οὔτε Gaiser   28–29 ἄτρ[επ]|τρν conieci   33 οὗτος
Gaiser   34 πα̣⸍ρεκάλε̣ι Gaiser: πα̣⸍ρεκαλεῖτο Mekler   36–37 εἴ]τε ... εἴ]τε Mekler   40 Mekler   41 ⸢δύϲθετα̣⸍ φερομένω̣ⸯν̣⸍ KF: ἀγ{ς}θυποφερομένων Gomperz 1887   43 ⸢τῆι φύ̣ς̣ε̣[ι] KF: τὴν
ἰδέαν Gomperz 1887   γε̣ν̣⸍έϲθα̣̣ⸯι Gaiser: λείπ⸍εϲθα̣̣ⸯι conieci   μὴ̣⸍ KF   43–44 ὑπό|⸢βραδυ̣⸍ϲ KF:
ὑπό|⸢βραχυ̣⸍ϲ Gomperz 1887: ἀπὸ | ⸢κράτρυ̣⸍ϲ conieci   45 ⟨τι⟩ Gaiser (fort. ˅τ̣[ι]˄)   ταῖς Mekler:
⸢τα̣[[..]]⸍˅[χε]ⸯίαιϲ˄ conieci

Parallelen: D.L. 4,16–18;24
Quellen/Fragmente: Antigonos von Karystos, *Bíoi* (Antigonos F 9a); Polemon F 13,107,109,98;
    Xenokrates F 1
Anmerkung: Diese Kolumne setzt den Text von Kol. 8* fort

Kol. 14 ϲαιϲ [ἐ]ο[ι]κ̣[ὸ]ς ᷉ε[ἰκ]ότωϲ˒
1　　[κ]α̣ὶ ὁλοϲχερεῖ κα̣ὶ̣
　　　πολιτικῇ[ι ϲ]⸢εμ᷈νότητι κεκοϲ-
　　　⸢μ᷈ημ⸢έ᷈νο[[ϲ]]⸜ν̇˒. [ἐ]⸢δυϲχέ᷈ραινε δὲ κα̣ὶ̣
　　　⸢τ᷈ο⸢ῖ᷈ϲ ⸢εἰ̣ϲ᷈ [..(.)]⸢μην᷈ ἀνάγου-
5　　ϲι τὰϲ ἐρω⸢τ᷈ή⸢ϲειϲ᷈, ἀ᷈⸢ξιῶν᷈
　　　ἐν τοῖϲ πράγμα⸢ϲιν γυ᷈μνά-
　　　ζεϲθαι. διὸ καὶ κατὰ τ⸢ή᷈᷈ν ἐπι-
　　　χείρ⸢η᷈ϲιν ἀϲόλοικοϲ ἦν καὶ παγ-
　　　⸢τ᷈ὸϲ [ἔ]⸢ξ᷈ω πε⸢π᷈τωκὼϲ ἀϲ-
10　⸢τ᷈εἴ[ϲμ]ο̣ῦ ⸢καὶ Πι᷈νδάρειοϲ ο-
　　　…[..(.)] ἁ̣⸢ρμο᷈νίαϲ, ὡϲ ἄ᷈⸢ν᷈
　　　εἴπο⸢ι᷈ [τιϲ], ⸢κ᷈αὶ ⸢πε᷈φευγὼϲ ⸢τὸ᷈
　　　κ̣⸢ο᷈ινὸ̣[ν κ]⸢αὶ᷈ πρ[ὸ]⸢ϲ πα̣᷈ϲ⸢αν᷈ ὄ-
　　　χλ̣⸢ο᷈υ ϲ[υν]αγωγὴν ⸢η᷈[.(.)]．⸢ϲ᷈-
15　μένο[ϲ κ]⸢αὶ᷈ λειπόμ[ενο]ϲ
　　　κατὰ το[…]⸢ε᷈．⸢．ατου᷈[…]⸢καὶ᷈
　　　⸢π̣ατα．᷈[……]⸢.καὶ ἐ᷈[νερ-
　　　⸢γ᷈ὸϲ καὶ [….]⸢ο᷈[…..
　　　[[．⸢．πρα᷈]][……]⸢κ᷈[..ἐν-
20　τρεχ⸢ὴϲ᷈．[.].[….]⸢κ᷈[..ἀ-
　　　ρ]⸢ετ᷈ὴ᷈⸢ν᷈ κ̣᷈αὶ θαυμ᷈[αϲ]τ̣ὸ̣[ϲ] ἀ̣ε̣ὶ
　　　⸢δι᷈α⸢φ᷈όρο⸢υ π᷈α⸢ντ᷈[ὸ] ⸢ϲ ἐ᷈πάνω
　　　ϲ]⸢χ᷈[ὼν] ἐν [οὐ]⸢δεμ᷈[ιᾶ]⸢ι κριθ᷈είϲ⸢ηι᷈

natürlicherweise ähnelt; auch besaß er eine vollendete und bürgerliche Würde. Er war aber auch ungehalten über diejenigen, welche das Fragen zu … betrieben und forderte, sich in praktischen Taten zu üben. Deshalb sprach er in dialektischen Diskussionen auch natürlich elegant, jeder spöttelnden Ironie abhold, und war, so könnte man sagen, ein pindarischer … der Harmonie; auch mied er die Öffentlichkeit und … gegenüber jeder Massenversammlung und blieb zurück … und … und war tüchtig und …

gewandt … Sittlichkeit und, bewundert und immer über jeden Zwist erhaben, hatte er, zu keiner gerecht zugesprochenen Strafe verurteilt,

1 [ἐ]ο[ι]κ̣[ὸ]ς Mekler　᷉ε[ἰκ]ότωϲ˒ KF　　[κ]α̣ὶ KF: [τ]ῆι conieci　ὁλοϲχερεῖ κα̣ὶ̣ KF
2 Mekler　　3 Gomperz 1887　　4 ⸢εἰ̣ϲ᷈ Mekler: ἐπ᷈⸢[ὶ Gomperz 1887　　[τ]ιμὴν (fort. spat.
brev.) Gomperz 1887: [ἀ]κ⸢μὴν᷈ vel [μν]ή⸢μην᷈ vel [τέχ]⸢γην᷈ vel [ἠδ]ο⸢ϲ᷈γὴν᷈ conieci: [ἀδ]ύ̣⸢γατ᷈᷈ Wil-
amowitz　　10 Bücheler　　10–11 ὄ|ζοϲ [τῆϲ] vel ὀ|ξωτ[ὸϲ conieci: ὀ[ρ]|γ̣[ια]ϲτὴ[ϲ] Gomperz
1887　　12–13 Gomperz 1887　　14 ϲ[υν]αγωγὴν Gomperz 1887　　14–15 ἡ[ιδ]εϲ|μένο[ϲ Bücheler
16 το[ὺϲ π]⸢ε᷈ρι̣⸢πάτου[ϲ τε] καὶ Mekler: το[ὺϲ] (spat. brev. vid.) ⸢ἐ᷈ϲ⸢χάτου᷈[ϲ Ranocchia　　17–
18 ἐ⸢[νερ]᷈⸢γ᷈ὸϲ KF　　19–20 ἐν|]τρεχ⸢ὴϲ᷈ Mekler　　20–21 ἀ̣|[ρ]⸢ετ᷈ὴ᷈⸢ν᷈ KF　　21 θαυμ᷈[αϲ]τ̣ὸ̣[ϲ]
ἀ̣ε̣ὶ KF: θαυμ᷈[άτ]ω[ν] Mekler　　22 Gomperz 1887　　23 ϲ]⸢χ᷈[ὼν] KF: ἔ]⸢χ᷈[ων] conieci　ἐν
[οὐ]⸢δεμ᷈[ιᾶ]⸢ι KF

Kol. 14 τι⌐μωρί⌐αι κα⌐λ᾿ῷ[c ἀρ]⌐έc᾿κου[ϲαν

25   c]⌐χέϲιν᾿ τῆι πόλει· [κ]αὶ ⌐δ᾿ι⌐ετ᾿[έ-
        λει θα⌐υμ᾿αζό[μεν]οc κα[ὶ] ⌐ἐπ᾿[ι-
        ⌐βρώμενοc ἐπὶ᾿ [τῆι] ⌐χο᾿c[μιό-
        τητι καὶ cωφρο[cύ]⌐ν᾿ηι᾿..[.]..[
        πάc⌐η᾿c ἔξω κακ[ο]⌐πρ᾿α[γμο-
30   cύν]ηc ⌐α᾿[ὐτὸ]ν ⌐εχ᾿[..] ἤκ[ι]c[τ]α
        κοινῶc ζ⌐ῆν᾿ οὐ⌐δ᾿ ἀλ᾿όν...
        ..[.]ον ε⌐χ᾿[.].. δικ⌐α᾿[c]τήρ[ι]ον
        ἤⱯ[ι]Ɑ κοινὸ⌐ν ἀ᾿[ρ]χεῖον, [ε]⌐ἰ μὴ᾿ [ἐ]ξ [ἀ-
        νάγκηc πα[ρ]⌐ἀ᾿cτα⌐cι᾿[c κατα-
35   ⌐λάβο᾿ι· τὸ δὲ ⌐πολ᾿ὺ κ⌐αὶ δ᾿[ιαμέ-
        ⌐ν᾿ειν ἔξω [φαι]⌐νό᾿[μ]⌐εν᾿ο᾿ν᾿, [ὥc-
        ⌐τε᾿ καὶ τ⌐ῶ᾿[ν γ]⌐νω᾿ρίμ[ων
        ⌐πο᾿λλοὺc οἰκ[οδο]μ⌐η᾿cαμέ⌐ν᾿[ουc
        ἐν τῶι κήπω[ι] χαλύβια μέ-
40   νειν αὐτ⌐οῦ᾿ κ⌐ατ᾿ὰ τὸ ⌐π᾿λεῖc-
        ⌐το᾿ν. ⌐δ᾿ο᾿κεῖ᾿ [δ]⌐ἐ᾿ κα⌐ὶ᾿ ν᾿εανι᾿{c}-
        ⌐κῶc ἐκθαυμ᾿[άc]⌐αι᾿ Ξενοκρά᾿τη⌐ν᾿,
        ⌐ἐξ ὧν αὐ᾿[τὸ]ν ὕμ⌐νει᾿ καὶ ἐ-
        ⌐μιμεῖτο᾿ τ⌐ὰ᾿ [ῥ]η⌐θέντα᾿ περ⌐ὶ᾿
45   α⌐ὐτοῦ. λέ᾿γε[τ]⌐αι δὲ᾿ κα⌐ὶ᾿ φι᾿λο-
46   c⌐ο᾿φ᾿οκλῆ᾿c γεν⌐έcθα᾿ι κα⌐ὶ᾿ μά᾿-

eine der Stadt gefallende Haltung. Auch wurde er fortwährend für seinen Anstand und seine Selbstbeherrschung bewundert und gelobt. ... dass er fern von jedem bösen Tun ... in keiner Weise in der Öffentlichkeit lebte und, keines Unrechts überführt, ... Gericht oder öffentliches Amtsgebäude ..., wenn seine Anwesenheit nicht notwendigerweise geboten war. Meistens scheint er auch außerhalb (der Stadt) geblieben zu sein, so dass viele Schüler im Garten (der Akademie) kleine Hütten errichteten und auch die meiste Zeit dort blieben. Er scheint auch Xenokrates enthusiastisch bewundert zu haben, was daraus ersichtlich ist, dass er ihn immer pries und das über ihn Gesagte nachahmte. Er soll auch ein Verehrer von Sophokles gewesen sein und

---

24 τι⌐μωρί᾿αι KF: φι⌐λοϲοφί᾿αι conieci   κα⌐λ᾿ῷc ἀρ]⌐έc᾿κου[ϲαν Gomperz   25 init. fort. paragraphus c]⌐χέϲιν᾿ Mekler   25–26 ⌐δ᾿ι⌐ετ᾿[έ]|λει Bücheler*   26–27 ⌐ἐπ᾿[ι]||⌐βρώμενοc KF: ⌐ἐπ᾿[αι]||⌐γρώμενοc Mekler   27–28 [τῆι] KF   ⌐χο᾿c[μιό]||τητι KF: ⌐πι᾿c[τό]|τητι Gaiser   28 cωφρο[cύ]⌐ν᾿ηι Bücheler*   κα[ὶ] φη[ϲι conieci   30 ⌐α᾿[ὐτὸ]ν KF   ⌐ἐξ᾿[εϲτ]⌐η᾿κό[τ]α vel ἤκ[ι]c[τ]α KF   κοινῶc ζ⌐ῆν᾿ οὐ⌐δ᾿ KF: ζ⌐ῶν᾿ Gomperz 1887   ἀλ᾿όνθ᾿ vel ἀλ᾿όντ᾿ conieci   31–32 ἱέ[με[ν]ον conieci   ε⌐ἴc᾿ τ[ι] vel ἐ⌐ξ᾿[ὸ]ν conieci, cetera Gomperz 1887   33 ἀ᾿[ρ]χεῖον, [ε]⌐ἰ μὴ᾿ Gomperz 1887   [ἐ]ξ KF, cetera Bücheler*   34 πα[ρ]⌐ἀ᾿cτα⌐cι᾿[c κατα- Gomperz 1887   35 ⌐πολ᾿ὺ (iam Gomperz) κ⌐αὶ KF: ⌐πόλ᾿[εωc] Mekler, cetera Mekler   36 [φαι]⌐νό᾿[μ]⌐εν᾿ο᾿ν᾿ Sedley: [κρι]⌐νό᾿[μ]⌐εν᾿ο᾿ν᾿ conieci, cetera Gomperz 1887   37–43 Gomperz 1887   44 τ⌐ὰ᾿ [ῥ]η⌐θέντα᾿ KF: [λεχ]θέντα᾿ (spat. long. vid.) Gomperz 1887   45–46 Gomperz 1887

Parallelen: D.L. 4,18–20; Plut. de exilio 603b–c
Quellen/Fragmente: Antigonos von Karystos, *Βίοι* (Antigonos F 9a); Polemon F 98,100,52,44,41, 115; Xenokrates F 1

Kol. 15 λιϲτα τʳὸ πˈαραθαρϲὲϲ αὐτ[ο]ῦ
τῆϲ φωνῆϲ καὶ παρα[.].[..]ν
ʳἀˈποδέχεϲθαι. ἔφη δ᾽ Ἀʳρκˈεϲί-
λαοϲ, ὅτι αὐτῶι παρὰ Θε[ο]ʳφˈράϲ-
5   του μετελθόντι φανʳείˈη-
ϲαν οἱ περὶ τὸν Πολέμωνα
θεοί τινεϲ ἢ λ[εί]ψανα τῶν
ἀρχαίων ἐκε[ίν]ʳωˈν καὶ τῶν
ἐκ τοῦ χρυϲοʳῦˈ γέʳγˈουϲ δʳιˈαπε-
10   πλαϲμένων ἀ[ν]ʳθρˈώʳπˈων,
ʳὃˈ κʳαὶ Ὀˈλυμ[πί]ʳοιϲˈ [ϲυνε]φʳέρεθˈˈ·
ʳοὕˈτω[....]ικὴ[ν καὶ τ]ʳηλιˈ-
καʳύˈτʳηνˈ [..].[......]ʳ. φύˈ-
ϲ]ιν ʳἐξˈεʳιˈ[.....].ιεʳαˈ[.].ο
15   ʳλέγˈονται .[....]ʳθοιϲˈ[.(.)] μά-
ʳλιˈϲτα Πλάτων. ʳϹπεˈύʳϲˈ[ι]ʳπˈ-
πʳοˈν δὲ καὶ Ξενοκράτ[ην
ʳεἰϲ τελικὴˈ[ν.].[..].[.]..[.].[...]η.
...]ʳϲεπ.ˈ[.].[.].υτοϲʳουουˈ[...]ε[
20   ..]ʳνηγˈ[..]. ἔφη δὲ ʳπˈάϲα̣[ϲ.].
.].....[..]ειν παρεʳνˈ..[...
.].[...ἐ]ξηγήϲειϲ .ʳνˈ[...].
.].[...].[..].[..]το̣.ϲ..του.[

schätzte besonders das Muthafte und
... dessen Sprache. Arkesilaos sagte,
dass ihm, als er von Theophrast hin-
überwechselte, die Leute um Polemon
wie irgendwelche Götter oder Überbleibsel jener alten, aus dem goldenen Geschlecht geformten Menschen
erschienen, welches auch mit den
Olympiern verkehrte. So sollen sie eine
... und so große ... Natur ...

besonders Platon. Speusipp und Xenokrates zu ...

Er sagte, dass alle ... Ausführungen ...

1 πˈαραθαρϲὲϲ αὐτ̣[ο]ῦ KF   2 παρα[ι]ν̣[οῦ]ν̣ Puglia: παρά[β]ο̣[λο]ν̣ Bücheler: παρά[φ]ω̣[νο]ν̣ Gaiser   4–10 Bücheler* (8 τῶν del. Wilamowitz 1881)   11 Ὀˈλυμ[πί]ʳοιϲˈ KF   [ϲυνε]φʳέρεθˈˈ
Bücheler: ἐπε]φʳέρεθˈˈ Mekler   12 φιλ]ικὴ[ν Mekler: βαϲιλ]ικὴ[ν Gaiser   καὶ] Mekler   12–
13 τ]ʳηλιˈ|καʳύˈτʳηνˈ Gomperz   14 ʳἐξˈεʳιˈ[κάϲαι vel ʳἔξˈεʳιˈ conieci   κ]α̣ὶ ἐʳαˈ[υ]τ̣ὸ conieci
15 λέγονται̣ Mekler: λέγοντεϲ Gaiser   τ[οῖϲ conieci   θ]εοῖϲ Schenkl   [ὡϲ] conieci   16 Πλάτων.
ʳϹπεˈύʳϲˈ[ι]ʳπˈ- Schenkl: Πλάτωνοϲ. Ϲ̣πεύ[ϲι]π- spat. long. Gaiser   17 Gomperz   18 ʳεἰϲ τελικὴˈ[ν
Gomperz: ʳεἰϲ τὸν̣ κῆ̣ˈ[πο]ν̣ conieci   20 ἔφη δὲ Bücheler*   ʳπˈάϲα̣[ϲ KF   22 ἐ]ξηγήϲειϲ KF

Kol. 15 ....].[..]..[..].ελειας,
25   ἔτι δε.[..].[...]ʼτοʼληϲ. ʼκαʼ[ὶ
      δὴ κα̣τʼὰ πάνʼ[τʼ] ἐδόκει ζʼη̣ʼ-
27   λ]ωτὴϲ [εἶ]ν̣α̣ι ʼ]Ξ̣[ενο]κράτουʼϲ διγω̣ʼ[ʹ
      [καὶ] τ̣ὰνδ[ρ.
28   .]...[..]......ʼοʼ[]ʼιϲειʼ πρὸ̣[ϲ
      τ̣ὰ̣ μειράκια ϲεμ⟍όν τε καὶ
30   φιλ[ί]α̣ϲ ἄ̣ʼξʼιον. μετὰ ταῦτ̣α [
      .]..[.].[.]....ε̣ν Κράτητοϲ
      .....].[.]....[]ʼ.ʼ διατεθεὶϲ
      .[....].κ[.].[.]ωϲε[.].ηϲα[
      .].[.]........τη, ὤ[ϲ]τε̣.ε
35   ..ω..[.].... ʼϲʼ τῶν ἀφηγου-
      μένων τῆϲ Ἀκαδημείαʼϲʼ, [ὃ]ϲ
      ἐδόκει καὶ τῶι ϲώματʼι βʼέλ-
      τʼ]ʼι̣ʼϲʼτ̣ʼα διακʼεῖϲʼθαι τῶν ἐγδυ-
      ομένων καὶ τῶν ἱκανῶϲ
40   βεʼβιωʼκότων εἶναι, πε̣[ρι]ϲπῶν-
      τοϲ τὸ μειράκιον, μήτʼ εἶξαι
      μήτε καταπλαγῆναι, μʼέʼχρι
      δὲ τούτου πολεμῆϲαι καὶ δϊ-
      αντᾶιϲαι πρὸϲ αὐτόν, ἔʼω̣ϲʼ
45   ἐξηργάϲατο καὶ μετʼήʼγαγε
46   τὸʼ ̣ν Κʼράτητα πρὸϲ ἑαʼυʼ[τό]ν.

..., ferner .... Auch schien er in allen
Dingen ein Nacheiferer des Xenokrates
zu sein und ...

... gegenüber den jungen Männern ehr-
würdig und der Freundschaft wert. Später aber ... ... Krates ... eingestellt ...

so dass er (*Polemon*) ..., der in der Akademie Leitungsfunktion hatte, auch
von bester körperlicher Verfassung
schien unter denen, die sich mit nack-
tem Körper betätigen, und schon ein
gewisses Alter erreicht hatte, den jungen Mann (*Krates*) an sich zog, weder
zurückwich noch sich einschüchtern
ließ, sondern solange kämpfte und
Gegenwerbung gegen diesen betrieb,
bis er Erfolg hatte und Krates für sich
gewann.

25 ἔτι δε Ranocchia   τ[ῆϲ] δ[ιαϲ]ʼτοʼλῆϲ conieci   ʼκαʼ[ὶ Mekler   26 δὴ KF   κα̣τʼὰ πάνʼ[τʼ] KF:
ʼἄπανʼ[τʼ] Mekler   26–27 ζʼη̣ʼ[λ]ωτὴϲ Ranocchia: ζʼη̣ʼ[λω]|τὸϲ Gaiser   27 [εἶ]ν̣α̣ι KF   (διὰ δὲ)
Ξ̣[ενο]κράτουʼϲ (λιπῷ[ν) Gaiser   [καὶ] KF: τὰνδ[ρὸϲ conieci: τὰνδ[ρί Gaiser   29 μειράκια Gaiser
30 φιλ[ί]α̣ϲ ἄ̣ʼξʼιον Puglia   34 -εϲτη conieci   ὤ[ϲ]τε̣ Mekler   35 τ̣ι̣ν̣οʼϲʼ Puglia   36 Gaiser
38 Gomperz 1887   40–41 πε̣[ρι]ϲπῶν|τοϲ Bücheler*: πα̣[ρα]ϲπῶν|τοϲ Gigante   43–44 δϊ|αντᾶιϲαι
Gaiser (P): δϊ|αντᾶι{ϲ}⟨ρ⟩αι Wilamowitz: δϊ|αντ{αι}⟨ιά⟩ϲαι Gomperz 1887   46 Bücheler*

Parallelen: D.L. 4,16;4,19–20;4,22
Quellen/Fragmente: Antigonos von Karystos, *Bíoi* (Antigonos F 9a); Polemon F 115,61,50,59; Speusipp F 1; Arkes. F 31; Xenokrates F 1

Kol. 16 Κράγτωρ δὲ Cολεὺc ⌜μ⌝ὲν ἦν,
φηcι. θαυ⌜μ⌝αζόμενοc δ᾽ ⌜ἐχ⌝ε[ῖ
κατέλιπε τ⌜ἡ⌝ν εὐημε⌜ρ⌝[ί]α[ν
καὶ π⌜α⌝ραγενόμενοc Ἀ⌜θ⌝[ήνα-
5 ζε πρῶτον μὲν Ξενοκρά-
τουc ἤκουεν, ὕcτερον δὲ
μετὰ Πολέμωνοc ἐcχόλα-
ζεν, ⌜κ⌝αίτ⌜οι π⌝ολὺ διαφέρω[ν
ἐν οἷc επα.[.]⌜ν⌝· ἦν δ⌜ἐ⌝ χαὶ φι-
10 λόπονοc ⌜ἰ⌝cͅ[χ]υ⌜ρ⌝[ῶc] γ[ρα]μμα-
τικόc. ο[ὐ]κ ἐλάττω γ[ὰρ π]ε-
ριέπεcεν ⌜ε⌝ἰc ἐ⌜π⌝ῷν λό[γο]ν
εἶναι τρ[ι]ῷν μυριάδω[ν,
ὧν ἕν⌜ι⌝α χαὶ [Ἀρ]κεcί⌜λ⌝αι τ[ινὲc
15 ἀνετίθεcͅ⌜αν⌝. οὕτω[]..[..
⌜μ⌝....[..].......[...
.].... [..].......[...
.ε.[..].....[.]λ[....].[..].[.
..].[.]τα...[..].ου[....
20 ...].[.]..[.]...[]τ.[....
χω.[.].αυτο[.......]δ.[
δια.[....].[......]...

Krantor war aus Soloi, sagt er (*Antigonos*). Dort war er angesehen, gab seine angenehmen Lebensumstände aber auf und ging nach Athen, wo er zunächst Xenokrates hörte und später mit Polemon Studienzeit verbrachte. Dennoch unterschied er sich viel in diesen Dingen, welche ... Er war auch ein sehr arbeitsamer Literat. Er kam nämlich auf eine Gesamtzahl von Zeilen, die bei nicht weniger als 30.000 liegt; einen Teil dieser schrieben manche auch dem Arkesilaos zu. So ...

---

1 Cολεὺc ⌜μ⌝ὲν ἦν Bücheler*   fin. [ῶc (spat. long.) conieci   2 δ᾽ ⌜ἐχ⌝ε[ῖ Crönert: δέξ[ο]ν Gaiser   3–4 Bücheler*   9 ε[ἴ]παμ[ε]⌜ν⌝ vel ἐπα[ιcε]ν vel ἐπαι[δε]⌜ψ⌝θη conieci: ἔ[παιζε]ν Gaiser: ἔπα[ιξε]ν Gigante   ἦν δ⌜ἐ⌝ KF: ἔτι δ⌜ἐ⌝ conieci   χαὶ Gaiser   10 ⌜ἰ⌝cͅ[χ]υ⌜ρ⌝[ῶc] γ[ρα]μμα- KF: ἦ[ν β]υ⌜β⌝[λίοιc καὶ ποιη-] Gaiser   11 interpunctio KF   ο[ὐ]κ Gaiser   ἐλάττω γ[ὰρ KF: ἐλάττω γ[οῦν vel ἐλαττογ[ων] vel ἐλάττων [ὧν vel ἔλ[α]ττον conieci: δ᾽ [ἔπη] Tarrant   12 ⌜ε⌝ἰc Gaiser   ⌜ε⌝ἰc ‹τὸ› Ranocchia   ἐ⌜π⌝ῷν λό[γο]ν De Sanctis 2019   13 τρ[ι]ῷν μυριάδω[ν KF   14 Gaiser   14–15 ἀνετίθεcͅ⌜αν⌝ Mette   οὕτω[c] ἦν Gaiser: οὐ τῶι Κρ[άν]||⌜τ⌝ορι Mekler

Kol. 16 ...[.....]..[......].
    .ε.[.].[......].τ[....]α[
25 .[.].[...]...[.....].[..
    ....]..[........]τε[.].
    ....].ε.[..........
    ......].[...]..[..].χ.
    ......]χ.[].α[..]..[].ος
30 .[....].α.τω[......
    ...[..............
    ς[.......]ο[.].....επ.
    ..[..].[.]ερ[.].[..].[.....].ν
    εν.[..].οιπ.[]ε[......].
35 τω[.].[.]..[..........
    ρ!..[.....].`[]α.´..[...]..[..]ν
    βίον [...]α ϰαὶ τ.[.....].
    τὴν [ο]ὐςίαν ϰατέλ[ι]πεν
    οὐϰ ἐλαττόνων [ο]ῦϲα[ν] ἀ-
40 x ξίαν ἢ ⌜ϑ⌝ώδεϰα ⌜τ⌝α[λ]ά[ντω]ν.
    φαϲὶ δ᾿ αὐτοῦ ϰατ᾿ ὀλ[ί]γον
    ἐγλε⌜ί⌝π[οντο]ς ⌜ἤ⌝δη πυνθά-
    νεϲθαι τὸν Ἀ[ρ]ϰ[ε]ϲίλαν, πότε-
    ρον αὐτὸν ἐν ταῖς Ἀθ[ήναις
45 θά⌜ψ⌝ωϲ[ι]ν ἢ ϰαύϲαντ[ες ἐν

... Leben ... und ... vermachte er seinen Besitz, der nicht weniger als zwölf Talente wert war. Als er schon zusehends auf den Tod zuging, soll Arkesilaos ihn gefragt haben, ob sie ihn in Athen bestatten sollen oder nach der Verbrennung in

---

25 init. Cπευϲίππ[ο]υ Dorandi   37 [ἀλλ]ὰ conieci   ϰαὶ KF   38 [ο]ὐϲίαν KF: [ϰ]τῆϲιν conieci
ϰατέλ[ι]πεν KF   39 Mekler   40 signum/littera ante initium lineae   ἢ ⌜ϑ⌝ώδεϰα ⌜τ⌝α[λ]ά[ντω]ν
KF: ἤλω διατα[ξάμενος (perperam) Mekler   41 leg. et suppl. KF   42–43 Gaiser   44 Ἀθ[ήναις KF
45 θά⌜ψ⌝ωϲ[ι]ν Mekler   ϰαύϲαντ[ες ἐν KF

Parallelen: D.L. 4,24–27
Quellen/Fragmente: Antigonos von Karystos, *Bíoi* (Antigonos F 11a); Krantor T 1b; Xenokrates F 1;
    Arkes. F 32; Polemon F 63
Anmerkung: Nach dieser Kolumne sind drei Kolumnen verloren. Der Text dieser Kolumne wird
    von Kol. S fortgesetzt, welche sich etwa hinter dieser Kolumne auf dem Verso befindet

Desunt columnae 3

Kol. 17 ⸤μ⸠ετ⸠ὰ δυεῖν ˅⸤μὲν˂ ὁμομη⸠τρ⸠ίω⸠ν
κα[ὶ ὁ]μοπατ⸠ρ⸠ίω⸠ν⸠, ὁμ⸠ο⸠πα-
τρ⸠ί⸠ο⸠[υ] ⸤δ⸥ὲ Μοιρέου τ[ο]ῦ καὶ ἐπι-
τροπεύσαντ⸠ο⸠ͅc αὐτόν· τῶι

5   δ᾽ εἴδει γενόμενος ἀστεῖος
εὐσχημόνως κεχρῆσθαι
λέ⸠γ⸠[ε]⸠τ⸠αι καὶ πάσης ἀ⸠γ⸠ωγῆς
τυ[χ]ὼν ε⸠ὐ̣θ⸠ὺ̣ς ἐξ ἐ⸠φ⸠ή⸠β⸠ων
ἐπ[ὶ φι]⸠λοc⸠ο⸠φί⸠[α]⸠ν⸠ ὁρμῆ⸠cαι· κ⸠αί-

10   το⸠ͅι τ⸠οῦ Μοιρέο⸠υ δι⸠ὰ̣ τὸ ῥ⸠η⸠το-
ρικῆς ἀγωγῆ[c] ⸠ὑπε⸠⸣[ρέ]χ̣ο̣ν
ἀντιπρά[ττ]οντο[c, cυ]⸠νερ⸠ͅ-
⸠γὸ⸠ν λαβ⸠ὼ⸠ͅν [τ]ῶν ὁμ̣[ομ]⸠η⸠[τ]⸠ρ⸠ί-
⸠ων⸠ τὸν πρεc⸠βύτ⸠α⸠το⸠[ν …

15   ⸠τη⸠δ⸠η.⸠.[.] πρότε⸠ρ⸠ον []⸠εcτο⸠[…].[
⸠κcτι⸠ χ⸠ρον⸠.[….]⸠εντα⸠[..]ε[
⸠υθη.⸠[..]⸠ͅ.cc⸠[., ἀπ]ῆρεν δ᾽ Ἀ⸠[θή]ναζε.
⸠πρ⸠ῶτ⸠ον δ᾽ ἀκ⸠[ουc]⸠τὴ⸠ͅ[c ἐγέν]ε-
τ᾽] Αὐτολύκ̣[ου τοῦ] ⸠μαθ⸠[ημ]α-

20   τι]⸠χ̣⸠ο⸠ῦ⸠…..[…]⸠υτου⸠[..(.)].
]ρ⸠α τοῦ μ⸠ου⸠ͅc⸠ιχ̣[οῦ Ξάνθου
⸠πα⸠[..]⸠νιc⸠.[.].[…]ο.[….

---

mit zwei (*Brüdern*) mütterlicherseits
und väterlicherseits, wobei der Bruder
von Vaterseite Moireas auch sein Vormund war. Seine ansehnliche Erscheinung soll er (*Arkesilaos*) mit Anstand
genutzt haben und, nachdem er jeg-
liche Erziehung genossen hatte, vom
Ephebenalter an geradewegs zur Philosophie geeilt sein. Als sich Moireas
diesem dennoch wegen des Vorzugs
rhetorischer Bildung widersetzte,
nahm er den älteren der Brüder von
Mutterseite als Unterstützer ...

früher ..., segelte er nach Athen weg.
Zuerst war er Hörer des Mathemati-
kers Autolykos

... Musiker Xanthos ...

---

2 Spengel   3 Gomperz   7 Bücheler*   8 Gomperz   9 Mekler   10–11 Gaiser   13–
14 Bücheler*   14–15 ἐπι]|⸠τή⸠δ⸠ειο⸠ͅς Puglia: ἐπι]|⸠τή⸠δ⸠ειο⸠ͅν Ranocchia: Πυ]|⸠λά⸠δ⸠ην⸠ Bücheler*
15–16 ο]ὐ|⸠κέτι⸠ conieci   16 χ⸠ρόν⸠ο[ν conieci   17 ἀπ]ῆρεν δ᾽ Ἀ⸠[θή]ναζε Gomperz   18 ⸠πρ⸠ῶτ⸠ον
δ᾽ ἀκ⸠[ουc]⸠τὴ⸠ͅ[c KF   18–19 ἐγέν]ε|[τ᾽] Puglia   19 init. ἦν] conieci Αὐτολύκ̣[ου τοῦ] KF   19–
20 ⸠μαθ⸠[ημ]α|[τι]⸠χ̣⸠ο⸠ῦ⸠ KF   20–21 π]α|⸠ρὰ Gomperz   21 τοῦ μ⸠ου⸠ͅc⸠ιχ̣[οῦ Ξάνθου Gomperz

Kol. 17 ⌜τον⌝δε⌜γε⌝[..].[....]..[.]⌜νγα⌝
　　　　..].απον[..]..ε⌜τουτ⌝.⌜ν⌝
25　　.].[...]ο ⌜κ⌝α⌜τ⌝⌝ ἐν⌜ιαυ⌝τὸν　　　　　　　... ein Jahr ...
　　　　..]π..[..]⌜δε⌝...⌜θρια⌝[.]α⌜ρα⌝
　　　　.....]⌜τ⌝[.]⌜πατατο⌝[....]ευc[
　　　　.......].ε[..]⌜δε.⌝[...]...[
　　　　...].[...]⌜φηοc⌝[......].[
30　　.].[.....].[.]..ν[]⌜το⌝....[
　　　　...]⌜α⌝κα..⌜χρι⌝ονε[.].[.].[
　　　.]⌜α⌝[...]⌜κ⌝ε.[...]cειν.[.] μετ{⌜ια⌝}-
　　　ηλ]⌜θεν⌝ ε[ἰc]⌜τ⌝[ὴ]ν [Ἀκαδήμ]ειαν　　　... er wechselte zur Akademie, von
　　　.(.)]⌜ηυμη⌝[.]θεὶc [ὑπὸ Κράν]τορο[c　　　Krantor ...
35　　ἀ]⌜ρ⌝χαι[.].⌜ε⌝ν[......]νι cυγ[γ]ε-　　　... zusammenkamen ...
　　　⌜γο⌝νότων [.].⌜α.⌝[.]..[......]⌜Γ.⌝αυ-
　　　τ[.]⌜νε⌝.[...].κ⌜ω⌝.[.] Θεοφρα⌜c⌝-　　　Theophrast ...
　　　τ.(.)]⌜ελε.⌝[...].η πρότερον ἀ⌜ν⌝έ-
　　　τ]⌜ρε⌝πε [...(.)]ῳc ἔχων. ⌐ τελευ-　　　früher   widerlegte   ...
40　　τή]ċα[ν]⌜το⌝ς δὲ Πολέμ⌜ω⌝νος　　　　Nachdem Polemon gestorben war, gab
41　　ὁ] Κρά[τ]η[c] ⌜μ̣⌝ἐ̣⌜γ⌝ ἦ̣⌜ν⌝, εἶτα ὃ̣⌝ αὐ̣[τοῦ　es noch Krates; dann aber, als er

24 ⌜τοῦτ⌝ο̣⌜γ⌝ Ranocchia　27 [ἠ]⌜πατᾶτο⌝ Mekler　32 εἶνα̣[ι] conieci　32–33 μετ{⌜ια⌝}|[ηλ]⌜θεν⌝
KF: ἀ⌝|[c]⌜θεν⌝έ[c]⌜τ⌝[ε]ρ[οc Mekler　33 ε[ἰc] ⌜τ⌝[ὴ]ν̣ [Ἀκαδήμ]ειαν Bücheler*　34 ὑμν̣⌝[η]θεὶc
Mekler　ὑπὸ KF ([δ᾽ ὑπὸ iam Gaiser), cetera Bücheler*　35 Πολέμω]νι Mekler　35–
36 cυγ[γ]ε̣|⌜γο⌝νότων Mekler　38 ⌜ἔλει⌝[πεν Tsouna: ⌜ἔλεγ⌝[ε conieci: δ]⌜ἐ λέγ⌝[ει Mekler: δ]⌜ἐ
λεί⌝[πων Gaiser　ἢ vel μ]ἠ vel ἤ]δη conieci　39 ἀ⌜ν⌝έ|[τ]⌜ρε⌝πε KF: ἀ⌜ν⌝έ|[β]⌜λε⌝πε⌝[Mekler
ἠδέ]ῳc conieci: [καλ]ῶc Gaiser: [πρ]οcέχων fort. spat. brev. Gigante 1988　40 Gaiser　41 ὁ] KF:
ἔτι] vel καὶ] conieci　Κρά[τ]η[c] KF　⌜μ̣ἐ̣γ⌝ KF　ἦ̣ν Gaiser: ⌜μ̣ε̣τῆ̣⌝ν conieci　εἶτα Gaiser　ὃ᾽
αὐ̣[τοῦ KF (εἶτ᾽ αὐτ̣[οῦ conieci)

Parallelen: D.L. 4,28–29;4,32;4,43
Quellen/Fragmente: Antigonos von Karystos, Βίοι (Antigonos F 17a und 18a); Arkes. F 33
Anmerkung: Etwa hinter dieser Kolumne könnte Kol. R auf dem Verso gestanden haben (unsicher)

Kol. 18 τὸν βίον ἐγλιπόντος αⸯὐⸯ[τὸ]ς
καθ᾽ αὑτόν, ἐχχωρήςανⸯτοⸯ[ς
αὐτῶι τῆς διατριβῆς Cω-
κρατίδου τινός, ὃν διὰ τὸ πρες-
5 βύτατον εἶναι προεστήςαν-
θ᾽ ἑαυτῶν οἱ νεανίςκοι ςυν-
ελθόντες. ⸯ καὶ τὸ μὲν πρῶτον εἰⸯπⸯὼγ θέςιν ἐπεχείρει
κατὰ τὴν ἀπὸ Πλ[ά]ⸯτⸯωⸯνός τⸯεⸯ
10 καὶ Cπευςίππου [δια]μείνα-
ςαν ἕως Πολέⸯμⸯ[ωνο]ς αἵρε-
ςιν· ε[ῖ]ⸯτⸯ⸰α μέγ[τοι] ⸯπλⸯ[εῖ]ςτον
παρ[εξ]έβη τὸ [τ]ⸯῆς Ἀχⸯαδημεï-
κῆς ἀγωγῆς [..]ⸯ.ονⸯ[.]ⸯ.ⸯ ἢ ςχῆ-
15 μα. τῆι ⸯγⸯε δὴ φ.....].[]. καὶ τ[.
διαλῦςⸯαιⸯ.[.........]ⸯ.ὀν [
ἐλθεῖν [..]επ[....]ατα.[.].[.]..
ερⸯ.ⸯ[....]..[..]...[....]κ.[.
...].....να...αρ[....]ει.
20 ..]ⸯβαⸯ[..]ⸯγⸯ..εδ[...]η[...].[..
ⸯπⸯροⸯςτⸯιθεμεν......[..].

aus dem Leben schied, war er (*Arkesilaos*) ganz allein (*als Scholarch*), nachdem ein gewisser Sokratides sich zu seinen Gunsten vom Schulbetrieb zurückgezogen hatte – diesen hatten die jungen Schüler in einer Versammlung zu ihrem Vorsteher auserkoren, weil er der Älteste war. Zunächst erörterte auch er (*Arkesilaos*) eine aufgestellte These gemäß der von Platon und Speusipp bis Polemon tradierten philosophischen Methode. Dann allerdings verließ er größtenteils die ... oder Form der akademischen Lehre ... und ... auflösen ... kommen ...

... hinzufügen/hinzugefügt ...

---

1 Gaiser   8 Gaiser: εἰⸯπⸯεῖγ Spengel   10 Gomperz   11 Bücheler*   12 ε[ῖ]ⸯτⸯ⸰α Gaiser   μέν[τοι] Gomperz   ⸯπλⸯ[εῖ]ςτον KF   13 Gomperz   14 εὔ]ⸯτονⸯ[ο]ⸯγⸯ conieci: [ἢ] ⸯγένⸯ[ο]ς ἢ ςχη- spat. brev. Gaiser   15 φ[ρονήςει] vel φ[ύςει vel φ[ιλοςοφ]ίαι conieci: φ[άς]ει spat. brev. Gaiser   fin. τ[ῶι vel τ[ὸ conieci: τ[ῆι Gaiser   16 διαλῦςⸯαιⸯ KF: διαλύςⸯειⸯ Gaiser   17 ἐλθεῖν Gaiser   18 ἐρⸯιⸯ[ςτιχ- Ranocchia   21 ⸯπⸯροⸯςτⸯιθεμεν Dorandi: ⸯπⸯροⸯτⸯιθεμεν conieci

Kol. 18 ⌜φ⌝έρ⌜ω⌝ν ἐ. . ⌜β⌝ρα . [.].[. . . .]ο[. .   ... gemäß so beschaffener ...
⌜κ⌝α̣⌜τ⌝ά γε τὸ τοιο[ῦτο]ν̣ [. . .
χρωμε⌜ν⌝. . ⌜α⌝[.]. . .[. . . .
25   . .]⌜.ρα⌝. . .[.]. . .β.[. . . . .
. .]. . .[. . .].λ[. .]τα . . . .α[
.[. . .]. .ε.[.]. . . .[.].[. . . . .
.[. .].[.]. [. . .]. .[. . . . . . .
.[.].ε.[.].[. . . . . .]. . .[. .
30   ⌜τ⌝[.].λ̣[.].[. . . . . .].[. . .] .[. . .
⌜ε⌝ .[.]c[.].[. . ἀ]⌜μ⌝φιδεξιο̣.[. . .].   ... zweideutig/gleichgültig ...
. . . . .[. . .]. .⌜τικης⌝ απ[. . .].[
.]. . .[.]⌜ιτοcτ⌝ων ἦν, τῶι
δὲ κα̣[τ]α̣[λ]ε̣⌜ιφ⌝[θέ]ν⌜τα ὑ⌜π⌝ὸ⌝ Κράν-   ... war; weil er von Krantor für ihn
35   το⌜ρο⌝ς ὑπομ⌜ν⌝ήματ᾽ αὐτῷ⌜ι⌝   zurückgelassene Aufzeichnungen in
διὰ χειρ⌜ὸ⌝ς ἔχειν καὶ μετα-   seinen Händen hatte und modifizierte,
τιθέναι τινὲς αὐτὸν ἔφα-   sagten einige, dass er sie selbst ge-
⌜c⌝α⌜ν⌝ αὐτὰ γεγραφέναι, τινὲ[c   schrieben habe, andere wiederum, dass
⌜δ⌝, ἃ ϛ⌜υνέγραψε, κατακεκαυ-   er alles, was er niedergeschrieben hatte,
40   κέναι. δόγμα δ᾽ οὐδὲν οὐδ᾽ αἵ-   verbrannt habe. Er vertrat öffentlich
41   ρεc[ι]ν [ἐ]ξετίθει. δι⌜ὸ⌝ καὶ τῶν   keine Lehrmeinung und keine philosophische Ansicht. Deshalb

---

23 Mekler   25 τ]οῖς βυ[βλίοις conieci   31 KF   32 δ̣[ιαλ]ε̣κ̣⌜τική⌝ Gomperz   33 ἦν KF   τῶι
Bücheler*   34 ⌜δ᾽ἐ⌝ KF   κα̣[τ]α̣[λ]ε̣⌜ιφ⌝[θέ]ν⌜τα Bücheler*   35 ὑπομ⌜ν⌝ήματ᾽ KF (ὑπομ⌜ν⌝ήματα
iam Wilamowitz)   αὐτῷ⌜ι⌝ KF: φης⌜ι⌝ Mekler: φας⌜ι⌝ Mette   37 interpunctio ante τινὲc editores,
delevit KF   ⟨μὲν⟩ post τινὲc McOsker   38 Spengel   41 [ἐ]ξετίθει KF

Parallelen: D.L. 4,32
Quellen/Fragmente: Antigonos von Karystos, *Bíoi* (Antigonos F 18a und 19a); Arkes. F 33; Speusipp F 1
Anmerkung: Etwa hinter dieser Kolumne könnte Kol. Q auf dem Verso gestanden haben (unsicher)

Kol. 19 προσιόντων διίσταντο κα-
⌐τ⌐ὰ τὰ ἤθη καὶ τὰς αἱρές[ε]ις ἀλλήλων, ὀλίγοι μὲν ἐπὶ τὸ κα-
τεσταλμένον καὶ μέτρι-
5 ον, οἱ πολλοὶ δ' ἐπὶ τὸ θρασύ-
τερον καὶ δεσποτικώτερ[ον
τραπέντες· οὗτοι μὲν οὖν
παντοδαπὰς ἔς⌐χ⌐ον αἱρέ-
σεις τε καὶ γνώμας. ⌐τ⌐ τὴν
10 δ' αὐτοῦ κρίσιν [ἐ]ργῶδες μὲν
ἐκθέσθαι. κατα⌐μ⌐α⌐ν⌐τεύσα[ι-
το δ' ἄν τις, ⌐φ⌐ησίν, ⌐ε⌐ὐα⌐ρεστεῖ⌐[ν
αὐτὸν μά⌐λ⌐ιστα τῶν προ-
γεγον[ό]⌐των Πλάτω⌐νι⌐· καὶ γὰρ
15 ἐκέκτητ' ἐ⌐ .⌐ι ⌐.ε⌐..[.] ⌐τ⌐ὰ βυβ[λί '
αὐτοῦ καὶ ⌐ὅμοι⌐ος ἦν θαυ[μά-
ζοντι· κ⌐α⌐[ἰ..]⌐c⌐c Πυ[ρ]ρω[ν ...
δε..[.].ω.[...]τα[.].[.]τρ.[..
...[.....].⌐δε⌐κα.[.]..[..
20 τῶν Ἐρετρι.[...]....[..
⌐.ω⌐γ εἶναι. ⌐δ⌐[ι]ὸ κ[αὶ] α[ὐτὸν ἐ-

unterschieden sich auch diejenigen, welche ihn aufsuchten, hinsichtlich Charakterzügen und philosophischer Ansichten voneinander. Wenige wandten sich einer besonnenen und maßvollen Haltung zu, die Mehrzahl einer ziemlich kecken und herrischen. Diese hatten also mannigfaltigste philosophische Ansichten und Meinungen. Es ist schwierig, ein Urteil über ihn zu fällen. Man könnte orakeln, sagt er (*Antigonos*), dass er Platon am meisten von den Früheren gefallen hätte. Er besaß nämlich ... seine Bücher und war einem Bewunderer ähnlich. Und ... Pyrrhon ...

der Eretriker ... zu sein. Deshalb

---

10 Bücheler*   11–12 κατα⌐μ⌐α⌐ν⌐τεύσα[ι]|το KF: κατὰ πᾶν τοῦ|το perperam Bücheler*   12 ⌐φ⌐ησίν KF: φής‹ε›ι‹ε›ν Bücheler   ⌐ε⌐ὐα⌐ρεςτεῖ⌐[ν Mekler   13–14 προ|γεγον[ό]⌐των Gaiser (apud Dorandi): προ[ς]|γεγον[ό]των conieci   Πλάτω⌐νι⌐' KF: Πλάτω⌐ν‹ο›ς⌐' Mekler   15 ἔ⌐τ⌐ι ⌐νέ⌐ος [ὦν] fort. spat. long. Mekler: ἐ⌐π⌐ὶ ⌐μέ⌐ρο[υς vel ἐ⌐π⌐ι⌐με⌐λῶ[ς conieci, cetera Mekler   16 ⌐ὅμοι⌐ος KF: ⌐ο⌐'[ἰ]⌐κει⌐'ος Ranocchia   ἦν KF   16–17 θαυ[μά]||ζοντι KF   17 interpunctio Tarrant   κ⌐α⌐[ἰ KF   Πυ[ρ]ρω[ν KF: πρ]⌐ὸ⌐ς Πύ[ρ]ρω[α conieci: Πυ[ρ]ρων[ικὰ Tarrant   19 ⌐δὲ⌐ καὶ Ranocchia   20 τῶν Ἐρετριχ[ῶν Ranocchia: Ἐρετρια[κῶν conieci   δ]οκεῖ(ν) conieci   20–21 [λό]||⌐γω⌐'ν conieci   21 ⌐δ⌐[ι]ὸ Ranocchia   χ[αὶ] KF   α[ὐτὸν Puglia: Ἀ[ρίςτωνος (fort. spat. long.) Ranocchia

Kol. 19 πέϲκωπτον ὧδε· „π[ρόϲθε
Πλάτ⌐ων’, ὄ⌐π̣ι̣θ[εν Πύρρων,
μέ⌐ϲϲ’[ο]ϲ Διόδωρ[οϲ.“ . . . . .

25   δ’ αὐ⌐τ’.[. .]εν[. .].[. .].[. .
⌐τα’υ⌐τ’α̣.[. . . . .] κατέ̣[λα-
⌐βε τη’[. .].[. .].[. . . . . . .
⌐τ’.[]⌐ϲ’. .[. . .].[. . . . . . οι-
⌐κείαϲ ἀκ’[α]τ̣[αλη. . . . . .,

30   ⌐ἀλλὰ κ’[α]τ̣[αληπτι]κ̣[. . φαν-
⌐ταϲια̣.’ [. . . . .]⌐μου’[. ἀξι-
ωματ[. . . . .-
νην ⌐ωκ’.[. . . . .]τ̣[ι-
⌐κο̣’ϲ οὐδὲ . .[.] .ε. .μενοϲ,

35   ⌐ἀ’λλ’ εὐ’ήκ’οοϲ [.].[. .]⌐α’[. .]. .[.
.[.]ταϲ ἀφ’ ἑα[υ]⌐τῶ’ν τὰ λε-
γ]⌐όμ’ενα, ὥϲτε ⌐το’ὺ⌐ϲ π’ολ⌐λοὺ’[ϲ
α⌐ὐ’τ⌐οῖϲ το’ύ⌐το̣ι’ϲ οἷον δου –
λο⌐υ’μένουϲ εἴκειν ⌐τ’ε καὶ

40   ἥ⌐ττ’ᾶϲθαι κατὰ τὴν ἀνά-
41   κριϲ⌐ιν· ἦν γ’άρ τι̣’ναϲ ὁρᾶ’ν’

---

verspotteten sie ihn auch auf folgende Weise: „Vorne
Platon, hinten Pyrrhon, in der Mitte Diodor.“

… erkannte/traf …

keine Erkenntnis vermittelnd …, aber eine Erkenntnis vermittelnde Erscheinung … und nicht …, aber
genau hinhörend auf die … von sich aus das Gesagte
…, so dass die meisten gleichsam ihren eigenen Worten Untertan gemacht in der philosophischen Untersuchung klein beigaben und unterlagen. Man konnte
nämlich einige sehen

Ergänzung 11
unter Kol. 19

τ. . .[. . . . .]. . . . . .ωι. .[
θ[.] ϲι.[. . . .]. . .[. . . . . .].το. . . .[.]. . . . .[
. .]εν[.] . .[. . . . .].[. .].ϲε. . . .ε. . .παρ. .[
.[.]. . .ω[. .].[. . . . .]. .[. . . . .].αν.γ. . . . .[
5 . . .η[. . . . .]. . . .[. . . . .].[. . . . .].ν. . .[. .]ο.[
. .]. .[. . . . .] .ν. . . . .α.[. . . . .].[. . . . .].[
7 .[. . . . . . .]. . . .[. . . . .]. . . .[

21–22 ἐ]|πέϲκωπτον KF: γ’ ἔϲκωπτον Puglia: γε ϲκώπτον̣το̣ϲ conieci   ὧδε Ranocchia   π[ρόϲθε
Ranocchia   23–24 leg. et suppl. Ranocchia (fort. ὄ⌐π̣ι̣θ[εν {δὲ} Πύρρων)   26–27 κατέ̣[λα]|⌐βε
Tarrant   28–29 οἰ|⌐κείαϲ Mekler: ἀνοι|⌐κείαϲ Alessandrelli   29 ἀκ’[α]τ̣[αλήπτωι dubit. Mek-
ler: ἀκ’[α]τ̣[αληψίαϲ vel Ἀκ’[α]δ̣[ημ- conieci   30 κ’[α]τ̣[αληπτι]κ̣[ῆι vel κ’[α]ὶ dubit. Mekler
30–31 φαν]||⌐ταϲίαι’ Mekler   31–32 ἀξι]||ωματ[ικώτατοϲ conieci: ἀξι]|ώματ[α Mekler   33–
34 διαϲτα]τ̣[ι]|⌐κο̣’ ς conieci   34 πρ[ο]ϲεχόμενοϲ Ranocchia: ἑλόμενοϲ conieci   36 ἑα[υ]⌐τῶ’ν
KF (ἑα[υ]⌐τ̣’[ο]ῦ iam Mette)   38 οἷον KF: οἰον[εὶ Mekler   38–39 δου|λο⌐υ’μένουϲ KF
Mekler: καὶ Dorandi

Parallelen: D.L. 4,32–33; S.Emp. P. H. 1,234
Quellen/Fragmente: Antigonos von Karystos, *Βίοι* (Antigonos F 20a); Arkes. F 33
Anmerkung: Nach dieser Kolumne sind 5 Kolumnen verloren

Desunt columnae 5

Kol. 20 ⸢ποφαινό⸣μενος α[ὐτὸ]⸢ς οὐ⸣-
⸢δὲ ἓ⸣ν, μ⸢ό⸣ν⸢ο⸣ν δὲ τὰς ἄ⸢λλας⸣
⸢ἐλ⸣⸢έγ⸣χ⸢ων αἱρέσεις. ˟ᾰᵗʷ ᵀ πολ-
⸢λῶ⸣ν ⸢\τοίνυν⸍{θ} α⸣ὐτοῦ μαθ[η]τῶν
5   ⸢γε⸣νομένων τῆι ⸢μν⸣ή⸢μηι⸣
⸢π⸣αρ⸢ε⸣δόθ⸢η⸣σαν Ἀριδεί⸢κας⸣
〚⸢τ⸣ε〛 Ῥόδιος, 〚καὶ〛 Δωρόθεος Τε⸢λ⸣-
⸢φ⸣ούσιος, 〚καὶ〛 Δ⸢ιο⸣νύσι⸢ο⸣ς καὶ
⸢Ζ⸣ώπυρος Κο⸢λο⸣φώνιοι, 〚καὶ〛
10   ⸢Ξεν⸣[ο]κλῆς [Με]ταποντῖ-
νο[ς ὁ κα]ὶ Πολέμωνος ἀ-
κη[κοὼς] πρ[ό]τερον, 〚κ[α]ὶ〛
....]⸢ρ⸣ος Μι[λ]⸢ή⸣σιος, 〚κα[ὶ]〛 [.].
....] .εφε.[...]⸢ο⸣υς με[
15   ....]⸢σο⸣υμ[...]τας α⸢ε⸣[..
....]..ου[...]⸢οκρα⸣.[...
......]του..λ.[]τησα[.
....].[.]..ν.[.......
............]κ.[.....
20   ....].[]η[.......
..........]ρω[.].[....
....[....] Ϛωκρα[τ.].

... selbst auch nicht eine einzige Aussage treffend, nur andere Ansichten widerlegend. ᵁⁿᵗᵉⁿ Ferner sind von seinen vielen Schülern folgende der Nachwelt überliefert: Arideikas von Rhodos, Dorotheos von Telphusa, Dionysios und Zopyros, beide aus Kolophon, Xenokles von Metapont, der früher auch Polemon gehört hatte, ... von Milet ...

... Sokrates ...

1 Mekler   4 {⸢θ⸣} KF (fort. 〚⸢.⸣〛)   7–13 omnes deletiones primum agnovit KF   10 ⸢Ξεν⸣[o]κλῆς KF: ⸢Τελ⸣[ε]κλῆς Mekler: ⸢Τηλ⸣[ε]κλῆς Gomperz   11 Gomperz   11–12 ἀ|κη[κοὼς] KF   13 Μι[λ]⸢ή⸣σιος Dorandi   14 ς Ἐφές[ιος], ⸢ο⸣ὖς conieci   15 Ε̣⸢ὑμ̣[έν- conieci: μ[αθη]τὰς Gomperz   16 ⸢ο Κρά⸣γ[τωρ vel ⸢ο Κρά⸣τ[ης conieci: τοῦ [Ξεν]⸢οκρά⸣τ[ους Gomperz   22 Ϛωκρα[τ-
Ranocchia

Kol. 20 ....]....[..]...

    ...].[..]ιδˢ ης᾿ μετα[...

25 ..]..[....].[.]..[.....

  ..]..[......].....[..

  ....]..[..].....[..

  ....]...ν [ὑπ]ομνήματ[α   ... Schriften ...

  ....].....[.

30 ....]δ. [.]..[..

  ....].λ[.]...[.

  ...].[....]κα[].ο[.]νη[.

  ....].[.].. ς Ἀλεξα[ν-   ... von Alexandria, ... von Neapolis ... von

δρε]ὺς, [..]..ος Νεοπολίτη[ς,   Korinth ... von Epidamnos, Apollodor und

35 ....].. ᷉ορς᾿ Κορ᷉ί᷉᾿ν᷉θ᷉ιο[ς], [[᷉↘κ[αὶ᷉]↗]] Α[.].   Demosthenes von Megalopolis [[zu tilgen:

  .....]. [᷉Ἐ]πιδάμνιος, ↘[[καὶ]]↗ Ἀπολ-   welcher überlief und die Lust als Ziel pro-

λόδ]ωρος καὶ Δ᷉η᷉μοσθένης   pagierte]], Dorotheos von ..., Lakydes von

Με]γαλοπολῖται [[ὃς μετα-   Kyrene, Pythodor, der auch Vorlesungen

θέμ]᷉ενο᷉ς τὴν ἡδονὴν   aufschrieb ...

40 εἶπ]᷉ε᷉ν᷉᾿ τέλος]], Δωρόθεος Ἀ-

  ...]᷉νο᷉᾿ς, [[καὶ]] Λακύδ᷉η᷉᾿ς Κυ-   **Ergänzung 12**

ρηναῖ]ος, [[καὶ]] Πυθόδω᷉ρο᷉᾿[ς   *Unter Kol. 20*

ὁ καὶ ς]χολὰς ἀναγράψας

44 ....]....ε...[   ]..[.]...[.]....[...]..αρ..ιλ[

                                    ]...[.]...[.]...[.]κ[....].[

                                    ]..[..].......[..]κι.[..].[

                                    ]..[.].....[

                               5]...[

---

28 KF   33–34 leg. et suppl. KF 34 [[↘κ[αὶ᷉]↗]] vel [[[καὶ]]] conieci   35 init. [↘κ[αὶ᷉]↗]] vel [[καὶ]]
conieci   Κορ᷉ί᷉᾿ν᷉θ᷉ιο[ς] KF   [᷉↘κ[αὶ᷉]↗] KF (↘κ[αὶ᷉ pariter probabile)   36 ↘[[καὶ]]↗ KF: ↘καὶ↗
Dorandi   36–37 Ἀπολ|[λόδ]ωρος KF: Ἀπολλώ|[νι]ος spat. brev. Gomperz   38–39 Gomperz (sed
alia divisione linearum)   40 εἶπ]᷉ε᷉ν᷉᾿ KF   40–41 Ἀ|[μιςη]᷉νό᷉᾿ς Mekler: Ἀ|[θην]᷉αῖ᷉ο᷉᾿ς Ranocchia
41–43 Bücheler (sed alia divisione linearum), deletiones agnovit KF   44 init. αὐτοῦ conieci

Quellen/Fragmente: Bis Z. 3 Antigonos von Karystos, *Βίοι* (?); Arkes. F 33

Anmerkung: Nach dieser Kolumne ist eine Kolumne verloren. Etwa hinter dieser Kolumne
    könnte Kol. P auf dem Verso gestanden haben (unsicher)

Deest columna una

Kol. 21

ας προειδώς.ᵀ φ⌐αϛ⌐[ὶ] δ[έ] ⌐τινε⌐[ϲ
τὸ πρῶτον οὕτω⌐ϲ⌐ α[ὐ]τὸν
ἀπόρως διάγειν, ὥ⌐ϛτ⌐[ε] ⌐ϛύ⌐-
κοιϲ χρῆϲ[θ]α[ι] κα⌐το..⌐[..]μέ-
5 νοιϲ.....ϛ [θ]έμιϲ.[....].[
διὰ δειϲι⌐δ⌐αιμονίαν ϲυνκαμ-
πτόμενον ἀ⌐πὸ⌐ ψύχουϲ τοῖϲ
⌐γυ⌐μναϲίο[ιϲ] ἑαυτὸν ἀνα-
θ⌐ά⌐λ⌐πε⌐ιν· ἀλλ⌐ὰ τ⌐οϲοῦτ[ο] ⌐ϛ⌐υ-
10 νέϲει κα⌐ὶ⌐ [φι]λοπ⌐ο⌐νί⌐αι⌐ προ-
έκοψε⌐γ⌐, [ὥϲτ]ε βα⌐ρ⌐ύ⌐τατ⌐..[
αὐτ⌐ω⌐[.....]...[...]⌐τε⌐ι⌐ν⌐
πολε⌐ν⌐..[.(.)].ρε⌐τ⌐[..]αι διὰ
τὴν [...]⌐ε⌐πα[.....]ω⌐ο⌐υϲ
15 ἀπὸ τῶν το.[.].[.....]ιϲ-
⌐μένουϲ⌐ [....]..[.....]..
..]⌐ϲκα⌐[..].[.]..[...]δ.
..]...[........].[...
με..[.]..[.........
20 .[...]πειν..[......].ε
........ν...[.]..[.....

... zuvor wissend. Einige sagen, dass er zunächst ein so ärmliches Dasein fristete, dass Feigen ... nutzte, ... Brauch ... wegen der Götterverehrung gekrümmt von Kälte sich mit Übungen wieder aufwärmte. Jedoch kam er durch seinen Verstand und seinen Arbeitseifer so sehr voran, dass er ... gewichtigste ...

wegen ...

---

1 προειδώς KF   2 Mekler   3 διάγειν KF   ὥ⌐ϛτ⌐[ε] Mekler   3–4 ⌐ϛύ⌐|κοιϲ Puglia: ⌐ϛη⌐|κοῖϲ Most   4 χρῆϲ[θ]α[ι] KF   4–5 κα⌐τοπ⌐[τω]μέ|νοιϲ Puglia: κα⌐τοιχ⌐[ου]μέ|νοιϲ conieci   5 κα̣ί, ἤ γε conieci   [θ]έμιϲ Puglia: [μ]έμιϲθ[- conieci   ε[ὔδει]ν (δ᾽ εὔδειν iam Puglia) vel ἐ[ϲτι conieci   6–11 leg. et suppl. KF   11 [ὥϲτ]ε Ranocchia   βα⌐ρ⌐ύ⌐τατ⌐α Ranocchia   13 Πολέ⌐μ⌐ων conieci   15 τοι[ο]ύ[των Ranocchia

Kol. 21 .].[.....[.....]..[...].
      ν...[..].[.........]α
      .].. [.........]ω.[...
25   ..]`ρτ`[.............
      ..]`ων`[.............
      ..]`ηc`[.............
      ...]`τ`[.............
      ...]`ν`[.............
30   ...]`αc`[.............
      ..]κειν ομ.[.........
      .].[.]`ν`ιλιαδο[......]ρα[.]..
      .[.]ταιc δυc[.......].[.].ν
      .]`ε`τωι τῶν ..[........

35   `⟦.⟧.κει⟧`ˋ`]`π`[.]`o`cεν⸍δὲ ἀγριω[τ]ἐρ[αν οὐc]`α`ν

      `τὴ`ν μέcην Ἀ`κ`[α]ϑή[με]ι`αγ`
      καὶ πλανῆτιν οὐδὲν ἧτ-
      τον τῆc Cκυθικῆc ζω{ι}ῆc
      cτῆcαι τὴν ἀγωγὴ`ν ἐ`ξ ἀμ-
40   φοῖν κεράcαντα κα`ὶ` ν`ε`ωτέ-
41   ρα[ν] `π`οῆcαι καλεῖcθαι καὶ

... brachte die recht unbän-
dige „Mittlere Akademie", die
nicht weniger unstet war als
die skythische Lebensweise,
zum Stehen, indem er die
Lehre aus beiden (*Akade-
mien*) mischte, und bewirkte,
dass sie „Neuere" genannt
wurde und

32 `ν`Ἰλιάδο[c vel `χ`ίλια δο vel `φ`ιλία δο vel [ὁ]`μ`ιλία δο conieci   33–34 c]υν|[θ]`ἐ`τωι Ranocchia
35 ⟦δ⟧ǫκεῖ⟧` conieci   ἀγριωτ]ἐρ[αν Gomperz   οὐc]`α`ν KF   36 Bücheler*   40 κεράcα{ντα}⟨c⟩
conieci

Parallelen: D.L. 4,59
Quellen/Fragmente: unbekannt, vielleicht Antigonos von Karystos, *Bíoi* (erster Teil der Lakydes-
    Vita); Lakydes T 2b
Anmerkung: Etwa hinter dieser Kolumne könnte Kol. O auf dem Verso gestanden haben (unsi-
    cher)

Kol. 22 .ον ⌐κα⌐ .⌐[...].[.]εν.[.].[....].

...[.].[....⟨.⟩] προ⌐βαλ⌐[λό]με-
νον τ⌐ὸ⌐ [ἀποc]παcθήc⌐ε⌐cθα⌐ι⌐
cυντατ⌐τ⌐[όμε]νον ἀπ⌐ὸ⌐ τῆc

5   ⌐τῷ⌐γ νεωτ[ά]των π⌐αι⌐δεί-
α⌐ς⌐, ἔ⌐ν ᾧι⌐ δ⌐ο⌐[κ]ο[ί]⌐η⌐, καὶ τ⌐ὸ πάν-
⌐τ⌐ εἰ⌐ρῆcθαι τοῖc [ἀ]⌐ρ⌐χα⌐ί⌐οιc· ⌐τ⌐οὺc δὲ
γ⌐ν⌐ωρίμο[[ι]]⌐υς⌐ μὲν ∂⌐ἢ⌐ τὰc cχολὰc
ἀν[[⌐ε⌐]]⌐α⌐⌐γρ⌐άψα⌐ι⌐{ν} αὐ[τοῦ]· δι[[ε]]⌐α⌐τελεῖ⌐ν⌐

10 δὲ καὶ Χρυcίππω[ι] πρ[ο]cμαχό-
μ]⌐ενογ⌐. [μ]υθολογεῖ[ται δ][[..]].[
ὑπὸ] ⌐Δι⌐ογένουc μ[ε]τάγον⌐τ⌐ο[c
⌐ε⌐[ἰc α]⌐ὐτ⌐ὸν εἰcελθ[εῖν ο]ὒ ⌐χελ⌐ε⌐υ⌐-
⌐cθῆν⌐[αι], ἀλλὰ χατα[λα]⌐βεῖ⌐ν,

15 ⌐οἱ δὲ⌐ [κε]ράνν[υcθαι. ὁ] ⌐δ⌐ὲ πυ-
⌐θόμεγ⌐[ο]c .[.]..[.....].[.]⌐ερ⌐ο⌐ν⌐
εἶ⌐πε⌐ν ο.[...........
λα...ε[.]ν[.].[.....].[.
.].[.....]αρ[.....].[.].
20 .].[......].κτ[......
.]..ιc[[θα[..]τ[.......]α.[
δε...α[...].cε[....]⌐το⌐

2–3 προ⌐βαλ⌐[λό]με|νον KF (βαλ⌐[λό]με|νον iam Ranocchia)　3 Bücheler　4 cυντατ⌐τ⌐[όμε]νον
Hatzimichali　5 ⌐τῷ⌐[ν] νεωτ[ά]των KF (νεωτ[έ]ρων fort. spat. brev. conieci)　5–6 π⌐αι⌐δε[ί]|αc
Bücheler　6 ἔ⌐ν ᾧι Bücheler　δ⌐ο⌐[κ]ο[ί]⌐η⌐, KF　6–7 τ⌐ὸ πάν|⌐τ⌐ εἰ⌐ρῆcθαι τοῖc KF
8 γ⌐ν⌐ωρίμο[[ι]]⌐υς μὲν ∂⌐ἢ KF　9 ἀν[[⌐ε⌐]]⌐α⌐⌐γρ⌐άψα⌐ι⌐{ν} (fort. ἀν⌐{ε}⌐‹α›γρ⌐άψα{ν}‹ι›) αὐ[τοῦ]
KF　δι[[ε]]⌐α⌐τελεῖ⌐ν⌐ KF　10 Χρυcίππω[ι] Mekler　10–11 πρ[ο]cμαχό|[μ]⌐ενογ⌐ KF:
πρ[ο]cμαχό|[μ]⌐ενο[[c]]⌐ν⌐ vel πρ[ο]cμαχό|[μ]⌐ενο{c}‹ν›⌐ conieci　11–14 legit et supplevit KF (11–
12 [[...]] | vel δ⌐ ὐ][[..]]π[ὸ | τοῦ] conieci)　15 [κε]ράνν[υcθαι Sedley　ὁ ⌐δ⌐ὲ KF　15–16 ⌐δ⌐ὲ
πυ|⌐θόμεγ⌐[ο]c KF　16 ε[ἰ] χα[ὶ εἰc ἐκ]ά̀[τ]⌐ερ⌐ο⌐ν⌐ conieci　17 εἶ⌐πε⌐ν KF　ὀμ[οίωc ἔπαιcεν vel
ὀμ[ιλ- vel ὅτ[ι conieci　17–18 ἀλ]|λὰ χαὶ conieci

... führte als Begründung an,
dass er durch schriftstellerische Tätigkeit von der Erziehung der Jüngsten weggezo-
gen würde, während es gut
erschien, und dass schon alles von den Alten gesagt worden sei. Seine Schüler aber
schrieben seine Vorlesungen
nieder. Auch setzte er sich
fortwährend mit Chrysipp
auseinander. Man erzählt
sich, dass er von Diogenes,
der ihn abwerben wollte,
nicht aufgefordert wurde zu
ihm zu kommen, sondern ihn
„zu treffen" („zu erfassen"),
nach anderer Version „sich
mit ihm zu vermischen". Dieser aber fragte/erfuhr ... sagte
...

Kol. 22 ⌜τ⌝[.]...[..........]⌜α⌝⟧
        .π.[..]......[...].ϲ..
25   .]..[...]...[..].[....].α
        ⌜δ⌝ι.[..].ον π[.].[.....]ξ⌜ω⌝
        .]⌜γ⌝.[.]κο[......]⌜ηϲπα⌝[
        ⌜κα⌝.[.]⌜.ουϲ⌝[.......]..λα[
        ⌜κ⌝ᵒ⌜ν⌝[.].[.]⌜ου⌝...ε[....]...
30   .]ε[....]⌜.ηϲα⌝[........
        .]⌜οιϲ α⌝[..]⌜μ⌝.[.....]πραξα[
        μετ[ὰ] τῶν [ϲυμπρεϲ]βε[υ-   mit seinen Mitgesandten nach Rom ...
        τῶν ⌜εἰ⌝ϲ ⌜Ῥ⌝ώ̣[μην.......
        .τ᾽ ἐξ ⌜ἐρ⌝⌜ή⌝⌜μ⌝ᵒυ̣ [....]⌜π⌝⌜ε⌝ριθέντων   wegen Nichterscheinen ... Oropern ...
35   Ὠ]⌜ρωπίοι⌝ϲ ε..[.. τάλα]ντα   500 Talente ...
        ⌜πε⌝⌜ν⌝⌜τ⌝ακ[όϲι]α̣..[.]..α[..(.)] εἰϲ   auf 100 Talente. Als seine Schüler wer-
        ̣ἑ̣⌜κ⌝ατόν. ⸆ μαθ⌜ητα⌝ὶ δ᾽ αὐτοῦ   den überliefert: Zenon von Alexandria,
        π⌜αρ⌝αδέδονται γε⌜γ⌝ᵒνέναι   der auch seine Vorlesungen aufschrieb
        Ζήνων Ἀλεξανδρ⌜ε̣⌝ὺϲ   und vor ihm starb – als dessen Werke
40   ὁ καὶ ϲχολὰϲ ἀναγράψ⌜α⌝ϲ αὐ-   vorgelesen wurden, soll Karneades sei-
        τοῦ καὶ προ⌜μ⌝ε̣ταλλάξαϲ – τ⟦..⟧`ού´- nen Unmut lautstark und
        τ⌜ου̣ δ᾽ὲ καὶ τῶν ὑ⌜π⌝ομνη-
        ⌜μάτ⌝ω⌜ν⌝ ἀνα[γ]⌜ι⌝νωϲκομένων
44   ἐ[κβ]ο̣ῆ̣ϲαι φαϲ[ὶ] ⌜Κ̣αρ⌝ν̣ε̣⌜ά̣δην⌝

32 μετ[ὰ] τῶν KF   [ϲυμπρεϲ]βε[υ]|τῶν Puglia [ϲυμπρέϲ]βε[ων] conieci   33 τῶν ⌜εἰ⌝ϲ ⌜Ῥ⌝ώ[μην
KF   fin. Ϲικυωνίων Puglia   33–34 ἐπορεύ]|ετ᾽ Puglia   34 .τ᾽ ἐξ ⌜ἐρ⌝⌜ή⌝⌜μ⌝ᵒυ KF   [δίκηϲ]
Puglia   ⌜π⌝⌜ε⌝ριθέντων KF   35 Ὠ]⌜ρωπίοι⌝ϲ Mekler   τάλα]ντα KF   36 Mekler   37 Bücheler
41 προ⌜μ⌝ε̣ταλλάξαϲ KF   41–42 τ⟦..⟧`ού´| τ⌜ου̣ KF: τ⟦..⟧`ού´|τ⌝ον Mekler   44 ἐ[κβ]ο̣ῆ̣ϲαι KF:
ἐ[λέ]γξ̣αι perperam Mekler   φαϲ[ὶ] Mekler   ⌜Κ̣αρ⌝ν̣ε̣⌜ά̣δην⌝ Gomperz

Parallelen: D.L. 4,62; Cic. Luc. 98; Plut. Cato mai. 22; Paus. 7,11,5
Quellen/Fragmente: –
Anmerkung: Etwa hinter dieser Kolumne könnte Kol. N auf dem Verso gestanden haben (unsi-
    cher)

Kol. 23 ἐπὶ τῶγ ἄλλων ⌐ὀξ⌐ύ[τα-
⌐τα⌐ –, Ζηνό⌐δ⌐ωρος Τύ⌐ριος κα⌐τ⌐
⌐Ἀλεξ⌐άνδρει⌐α⌐ν ἤγη⌐ςά⌐με[νος,

4 ‵ὄ[ς πολλ]αῖς χ⌐ά⌐ρισι κέχρη⌐τ⌐αι λ[έγ]ῳ⌐ν⌐,‵
4 ῎Α⌐γν⌐ων Ταρςεὺς ὁ καὶ αὐ⌐τὸς⌐
5 ἀν]αγράψας ἐκ τῶν ςχολῶν
πλείω{ι} καὶ ἐπαινούμενος,
Ἀγα⌐θοκ⌐λῆς Τύριος, οὖ ⌐δοκεῖ⌐
πολλ⌐ὰ⌐ μεμιμῆςθαι Χ⌐αρ⌐μ⌐ά⌐- ‵Χα⌐ρμά⌐-‵

β {⟦}δ⌐α⌐ς{⟧}, ‵δας [καὶ]‵ [Ἀ]ντίπατρος Ἀλε⌐ξαν⌐-
10 δρε⌐ῖ⌐ς, [῎Ι]ππαρχος [Ἰ]λ‵ι‵εύς, ⌐῎Ιππ⌐αρ-
χος Πάφιος, Ὀλύ[μ]πιος ⟦.⟧‵Γ‵αζαῖ-
ος, Ἀρ[ις]τά⌐ν⌐αξ Cⱶα⌐[λ]αμί[νι]ος,
Βίτων, Ἰάςω⌐ν⌐ [Κυρ]⌐η⌐ν⌐α[ῖ]ος, ⟦Ἰ⟧
‵Ἰ‵άςω[ν] Πάριο[ς, Με]λάν⌐θι⌐ος
15 Ἀρι[ςτέ]ως Ῥό⌐δ⌐[ιος, Μ]ητρ⌐ὀ⌐δω-
ρο[ς] Εὐϑή⌐μ⌐ου Cⱶτ⌐ρατονικεύς,
μα[....]κα⌐.⌐[.........].
⌐τις⌐[...............
......].[...........
20 .....]..[...........
.....]...[.........
.[.]πη[..].ν[........
..[.].[..]ον[........

sehr scharf geäußert haben –
Zenodor von Tyros, der in Alexandria die Leitung hatte und
beim Reden viel Anmut zeigte,
Hagnon von Tarsos, der auch
selbst mehrere Vorlesungen aufschrieb und dafür gelobt wurde,
Agathokles von Tyros, von dem
Charmadas vieles nachgeahmt
zu haben scheint, Charmadas
und Antipatros von Alexandria,
Hipparch von Ilion, Hipparch
von Paphos, Olympios von Gaza,
Aristanax von Salamis, Biton, Iason von Kyrene, Iason von Paros,
Melanthios, Sohn des Aristeus,
von Rhodos, Metrodor, Sohn des
Eudemos, von Stratonikeia, ...

---

1 Gomperz 1898   2 fort. κα⌐τ[ὰ   3 Mekler   4 insertionem KF (fort. λ[έγ]⟦.⟧‵⟧ω‵⌐ν⌐ vel λ[έ]⟦⟧.
⟦‵γ‵[ων vel λ[έγ]ει⌐ν⌐)   αὐ⌐τὸς⌐ KF: ⌐εὐνό‹ω›ς⌐ (perperam) Mette   7 Mekler   8–9 X⌐αρ⌐μ⌐ά⌐-
‵Χα⌐ρμά⌐‵|{⟦}δας{⟧}, ‵δας [καὶ]‵ KF   9–10 Ἀλε⌐ξαν⌐|δρε⌐ῖ⌐ς KF: Ἀλε⌐ξαν⌐|δρεὺς Mekler   10 Mek-
ler   11 Ὀλύ[μ]πιος KF: Ὀλυ[μ]πιχὸ[ς Mekler   12 Mekler   13 [Κυρ]⌐η⌐ν⌐α[ῖ]ος KF: [Ἀθ]⌐η⌐ν⌐α[ῖ]ος
Mekler   14 Mekler   15 Ἀρι[ςτέ]ως Ῥό⌐δ⌐[ιος KF   16 Εὐϑή⌐μ⌐ου Cⱶτ⌐ρατονικεύς KF   17 μα[θητ-
conieci

Kol. 23 .[.].[..............

25 ..]ητο.[...........

..]κ..[...].[.......

[................]

..η[.......]ο[.......

⸉δ⸊[.....].[.....]⸉λ⸊[....

30 ⸉κ⸊[...........].[....

⸉ε.⸊[...............].

τ[.............].[....

γα.α[......]⸉τευ⸊[....

τη⸉c⸊[........]⸉ν⸊[.......

35 cτωικ⸉αιρ⸊[.........]αι

τ⸉ω⸊[.]⸉τωτ⸊[......]νε⸉.⸊[....

⸉κα⸊..⸉c⸊[....]⸉ετο⸊[..]...[.]⸉ωι⸊

.⸉ρ⸊[..].....[.]..... ει. ⸆ E⸉ὐ⸊κλεί-

δης καὶ ⸉Ϛ⸊αραπίων καὶ Δι⸉ογ⸊έ-

40 νη⸉c κ⸊αὶ Ἡρόδοτος καὶ Cτρά-

τι⸉π⸊ποc Νικομηδεῖc, Βατά-

κης Ν⸉ι⸊κα⸉ιεύ⸊[c], ⸉Διοπ⸊είθηc

Πάφιοc, Κρ[ι]τόλαοc Ἀμιcη-

νός, Διο⸉μ⸊[έ]δ[ω]ν ⸉Τ⸊αρcεύc, Πάμ-

45 φ⸉ι⸊λοc ˋ ὁ ....[......]...αc⸉γειο⸊[.ˊ

45 ἀπὸ Μ[αι]άνδρου ⸉Μά{ιαc}⸊-

⸉γνηc⸊, Ἀπολλ⸉ών⸊ιοc Βαρ⸉κ⸊αῖοc,

47 Νικ⸉ός⸊τρα⸉τ⸊ιοc ⸉Ἀλεξα⸉γ⸊[δ]ρεύc, Βόηθοc

Euklid und Sarapion und Diogenes und Herodot und Stratippos (alle) aus Nikomedien, Batakes von Nikaia, Diopeithes von Paphos, Kritolaos von Amisos, Diomedon von Tarsos, Pamphilos, der ..., aus Magnesia am Mäander, Apollonios von Barke, Nikostratos von Alexandria, Boethos

---

35 Cτωϊκ⸉αῖc⸊ [δὲ Mekler   38 spatium KF   42 ⸉Διοπ⸊είθηc KF: ⸉Εὐπ⸊είθηc Gomperz   43–
47 Gomperz 1898

Parallelen: (Dublette: Kol. 23, 38–47 = Kol. 32, 34–44)
Quellen/Fragmente: –
Anmerkung: Etwa hinter dieser Kolumne könnte Kol. M auf dem Verso gestanden haben (unsicher)

Kol. 24 ⌐Πά⌐˅[ρι]ọς´, ⌐Ṃ⌐ἔ⌐γτωρ Νι⌐καιεύς, Βίτω⌐ν⌐　　　　von Paros, Mentor von Nikaia,
Cολεύς, ⌐Δη⌐μήτ⌐ριο⌐ς Θυατ⌐ει⌐-　　　　　　　　　　Biton von Soloi, Demetrios von
ρηνὸ⌐ς⌐ καὶ ἕτερος Δημή-　　　　　　　　　　　　　Thyateira und ein anderer Deme-
τριος ˅Αλε⌐ξạụ⌐δρεύς´, ⌐Διοπ⌐είθης ⌐Ἰλ˅ι˂εύς, Ἀc-　trios aus Alexandria, Diopeithes
5　κλη⌐πι̣⌐άδης Ἀπαμεύς ἐκ Cυ-　　　　　　　　　　von Ilion, Asklepiades aus Apa-
ρίας, Δ⌐ί⌐ων καὶ Ὀλυ⌐μπι̣⌐όδω-　　　　　　　　　meia in Syrien, Dion und Olym-
ρος Γαζαῖοι, Ἵππαρχος Cολεύς,　　　　　　　　　piodor (beide) aus Gaza, Hip-
Cωcικρά⌐τ⌐ης Ἀλ⌐εξ⌐[α]νδρεύς,　　　　　　　　　parch von Soloi, Sosikrates von
Ζην⌐ọ⌐δ[..]⌐ος Κύπρι⌐[ο]⌐ς⌐, Μητρό-　　　　　　Alexandria, Zeno-... von Zypern,
10　δωρος C⌐τρατογι⌐[κεύ]c ὁ καὶ　　　　　　　　　Metrodor von Stratonikeia, der
π⌐ρ⌐ότερον .[........]ων ⌐ἀ⌐-　　　　　　　　　　früher auch ... und Apollodor ge-
κọ[ύ]ς[ας] .[.......].ουc καὶ　　　　　　　　　hört hatte; nachdem er wegen
Ἀπ[ολλ]⌐ο⌐δ⌐ώ⌐ρου· παραιτη-　　　　　　　　　der Ablehnung seitens Apollo-
θε⌐ὶ̣⌐[c] δ᾽ ὑπ᾽ Ἀπολλοδώρου δ⌐ιὰ⌐　　　　　　dors Schüler des Karneades ge-
15　τọ[ῦτο] Κα⌐ρ⌐ν[ε]άδει παρα⌐βα⌐-　　　　　　　worden war ...
λὼν .].[....]⌐cεν⌐[......
[.................]
.[..]..[............
[.................]
20　[.................]
[.................]

---

9 Ζην⌐ọ⌐δ[οτ]ος vel Ζην⌐ọ⌐δ[ωρ]ος Gomperz　11–12 ἄλλων τι]γῶν ... ᾧ[c Διογέ]γους Gomperz (fort. ἀ|κη[κ]ọ[ὼc]): Ἐ[πικουρεί]ων ... ᾧ[c Βαcιλεί]δους (non ad vest. apt. vid.) Crönert 1906　15 τọ[ῦτο] Gomperz: τọ [τῶι conieci　15–16 παρα⌐βα⌐|[λὼν Gomperz: παρα⌐βα⌐|[λεῖν conieci　16 ἐ]ṣ[χόλα]⌐cεν⌐ [μετ᾽ αὐτοῦ Gomperz

Kol. 24   ....]⌜τ⌝ατ[...........

      .....]⌜ιαει⌝[........

25   ....]⌜.ελc⌝[........

    ....]⌜χ⌝α⌜ρ⌝[..........

    ....]ηc[...........

    ....]⌜ξ⌝α[...........

    [................]

30   [................]

    ....]⌜δ⌝

    ...Πολέμα]ρχος [Ν]⌜ικο⌝-

    μ]ηδε[ὺc ....]θε β[ίω]⌜cαc⌝

    δ]ὲ.[...] ἓξ [ἔτη] ⌜χα⌝τ⌜έcτρ⌝ε-

35   ψε[ν ἐπ' Ἐπικλέουc], ⌜μ⌝εθ' ὃν

    ⌜Κρ⌝ά[τ]η[c ὁ Τ]α[ρcε]ὺ⌝c δύ̣ο μόνον⌝

    ἡγ[η]c̣άμεν[ο]c [ἐ]τ̣ελεύτη-

    c̣εν· ἐφ' ὧι Κλ⌜ε⌝[ιτόμα]χοc εἰc

    Ἀκαδήμει[αν] ἐπέβαλεν

40   μετὰ πολλ⌜ῶν⌝ γνωρίμων

    - πρότερον γὰ[ρ] ἐcχόλαζ⌜εν⌝

    ⌜ἐπὶ⌝ Πα⌜λλ⌝αδ[ίωι] – μετὰ ⌜τ⌝ὴν

43   Καρν[εά]⌜δο⌝υ ⌜τελευτ⌝ήν.

... Polemarch von Nikomedien ... Er lebte ... sechs Jahre und starb unter (*dem Archon*) Epikles (*131/30*). Nach diesem starb Krates von Tarsos, nachdem er nur zwei Jahre die Leitung innegehabt hatte. Infolge dessen begab sich Kleitomachos nach dem Tod des Karneades mit vielen Schülern in die Akademie – zuvor hatte er nämlich im Palladion Vorlesungen gehalten.

---

26 ⌜Χ⌝αρ[μάδ- conieci   32 Πολέμα]ρχος KF   32–33 [Ν]⌜ικο⌝|[μ]ηδε[ὺc KF   33 εἰcῆλ]θε (fort. εἰcῆλ]θεν vel sim.) conieci   β[ίω]⌜cαc⌝ Mekler   34 δ]ὲ KF   λ[οῖφ⌝'] conieci   ἓξ [ἔτη] KF   34–35 Κ̣[αρνεάδης κ]ατ⌜έcτρ⌝ε|ψε[ν ὁ τοῦ Πολεμάρχου] Gomperz   35 ἐπ' Ἐπικλέουc KF   36–37 Gomperz   38 ἐφ' Gomperz: ἐγ Dorandi   41–42 distinxit Mette   41 ἐcχόλαζ⌜ον⌝ Mekler (N)   42 Spengel   43 Bücheler*

Parallelen: Kol. 29,40–30,12

Quellen/Fragmente: Ab etwa Z. 30 Prosaversion von Apollodor, *Chronica* IV (vermutlich)

Kol. 25 ο̣ὖ[τ]ος ἐπεκαλεῖτο μ⌐ἐν¬ Ἀσ-
⌐δρο¬ύβας, ἦλθε δ᾽ εἰς ᾽Ἀθήνας
⌐ἔτ¬ων τετ⌐τ¬άρων πρὸς ‹τοῖς›
⌐εἴχο¬ϲι γεγ⌐ο¬νώς, μετὰ δὲ

5   ⌐τέτ¬ταρα ϲχολάζειν ἤρξα-
τ⌐ο¬ Καρνεάδε[ι] καὶ ϲυνγενό-
μ⌐ε¬νοϲ ἐνν⌐έ`α᾽ κ¬αὶ δέκ᾽ αὐτῶι
ϲχ[ολ]ὴν ἰδίαν ἐπὶ Παλλαδί-
⌐ω¬[ι] ⌐ϲ¬υνε⌐ϲτ¬ήϲατο ἄρχον-

10 τ[ο]ϲ ᾽Α⌐γ¬νο⌐θ¬έου καὶ ϲυνέϲχεν
δι᾽] ⌐ἔ¬νδεκα. τὴν ⌐δὲ¬ Καρνεά-
⌐δου¬ δ[ι]ε̣δέξα⌐τ¬[ο] ἐπὶ Λυκίϲ-
⌐κου¬ π᾽αρὰ Κράτητ⌐ο¬ϲ τοῦ τε̣[τ-
⌐ταρ¬᾽α [μ]έ⌐ν¬· ἡγηϲάμεν[οϲ] ⧵δ᾽⁄ ἐν-

15 ⌐νέ᾽α κα[ὶ] δέ{χ}‹κ᾽› ἔτη κατέϲτρε-
⌐ψεγ¬ ἐ⌐π¬[ὶ] Πο̣λ[υ]κ⌐λείτ¬ου, τιν⌐ὲ¬ϲ
⌐δ᾽ ἐπ᾽ ᾽Α¬ρι̣⌐ϲτ᾽άρχο̣[υ] ⌐φα¬[ϲί]⌐ν, ἔτη¬
βιώ]ϲαϲ ἐγγ[έ]α̣ π[ρ]ὸ[ϲ] τοῖϲ ἑβδ̣ο-
μήκο]ν̣τ[...].[.]η[......

20 ......]. ⌐ϲδ᾽[..].[......
γε.[..].πο̣λυγ[ρ]άφοϲ [...
π.[....]Χ⌐αρμάδαϲ¬ [...

Dieser wurde mit Beinamen Hasdrubal genannt. Er kam im Alter von 24
Jahren nach Athen. Nach vier Jahren
fing er an den Unterricht bei Karneades zu besuchen und gründete, nachdem er 19 Jahre sein Schüler war, eine
eigene Schule im Palladion unter dem
Archon Hagnotheos (*140/39*). Er unterhielt sie 11 Jahre hindurch. Die (*Schule*)
des Karneades übernahm er unter (*dem*
Archon) Lykiskos (*129/28*) von Krates,
der sie vier Jahre (geleitet hatte). Nachdem er sie 19 Jahre lang geleitet hatte,
starb er unter (*dem Archon*) Polyklei-
tos (*110/09*), einige sagen unter (*dem*
Archon) Aristarch (*107/06*), im Alter
von 79 Jahren ...

Vielschreiber ... Charmadas ...

1 Bücheler*   3 ‹τοῖϲ› Wilamowitz   4 Bücheler*   8 Mekler   9 Spengel   11 δι᾽] KF: ὡϲ] (fort. spat. long.) conieci   ⌐ἔ¬νδεκα dub. Jacoby 1902: μ]⌐ἐ¬ν δέκα (Gomperz/Bücheler*) 13 π᾽αρὰ Κράτητο⌐ϲ¬ τοῦ Gomperz   13–14 τε̣[τ]⌐ταρ¬᾽α [μ]έ⌐ν¬ KF: Τ̣α[ρ]⌐ϲο̣θ¬᾽ε⌐ν¬ perperam Gomperz   14 ‹ἡγηϲαμένου›. ἡγηϲάμεν[οϲ] conieci: ἡγηϲάμεν[οϲ] ⧵δ᾽⁄ ἐν – Gomperz   15–16 Gomperz 17 ⌐δ᾽ ἐπ᾽ ᾽Α¬ρι̣⌐ϲτ᾽άρχο̣[υ] KF, cetera Mekler   18 βιώ]ϲαϲ ἐγγ[έ]α̣ KF (ἑπτὰ conieci), cetera Mekler 20–21 ἐ̣]|γέγ[ετ]ο̣ Puglia   21 KF

Kol. 25 μ.[..]..⌐ν¹ω⌐νιτ¹ης[....
.......]⌐οϲτ κα[ὶ] δυ¹.[....
25 ....].⌐νηγροι¹[.].α.[
.........]οϲ[.]⌐φαι¹ν.[....
............]μ[....
..........]..α.[...
......]..[..].⌐ρψ¹[...
30 ....].[.....].[....
............]..[..
⌐ευ¹ [..... Ἀ]ντιοχ[..].ε   ... Antiochos ... Askalon ...
⌐κα¹[.......]. Ἀϲκαλω-
⌐γ¹ίτ[....][.... ⌐ν δ¹]] Ἡρ¹άκλε[ι-   Heraklit, ... später auch Philio hörte(n).
35 τοϲ, ο. καὶ] Φιλίω⌐νοϲ´ [[⌐θ¹]] ὕϲτερον   Polemarch von Nikomedien, der geübt
_ϑ¹ι[ή]κο[υ]ϲ[..].⌐T¹ Πολέμαρ-   war, eine These sowohl zu destruieren
⌐χο¹[ϲ] ϑὲ Νικ⌐ομηϑε¹ὐ⌐ϲ¹ κα[ὶ] πα-   als auch zu verteidigen, wurde Nach-
⌐ράγ¹[ε]ι⌐γ¹ κα[ὶ ϲ]ώιζειν θ⌐έ¹[ϲ]⌐ιν¹   folger des Karneades, als dieser noch
⌐με¹[μ]⌐ελε¹τηκώϲ, ζῶντα   lebte, und war sechs Jahre als Leiter
40 δ᾽ ⌐ξ¹τι ⌐Κα¹ρνεάδ⌐η¹ν διαδε-   tätig. Er starb unter dem Archon Epik-
ξάμ⌐εν¹οϲ ἡγή⌐ϲαθ¹¹ ξ¹ξ¹ ἔτη,   les (131/30). Er hinterließ
κατ⌐έϲτρ¹ειψε ⌐δ᾽ ἐ⌐π¹´ Ἐπικλ¹έουϲ
43 ἄρχο⌐ντ¹[ο]ϲ· κ⌐ατέλ¹ιπεν δὲ

Kol. 26 διάδο⌐χ⌐ον τὸν ⲥⲩⲥ⌐χο⌐λαϲ-
τὴ⌐ν⌐ Κράτητα Ταρϲ⌐έ⌐α 〚⌐τ⌐〛\τ′ὸ 〚⌐ϲ⌐〛
γέν⌐οϲ, ἡ⌐γήϲατο δ' ⌐ οῦ̣⌐τ[ο]ϲ ἔτ⌐η⌐
τέττα⌐ρ⌐α. ᵀ Μητρόδ⌐ω⌐ροϲ

5   δὲ ὁ Ϲτρατονικεὺϲ μέγαϲ
κα⻌ βίωι καὶ λόγωι γε⌐γ⌐ονὼϲ
οὐκ ⌐ἀ⌐ναλογούϲαϲ ἐδ⌐όκ⌐ει
χάριτα⌐ϲ⌐ ἔχειν, ὃϲ ἔφη ⌐Κ⌐αρ-
νεά⌐δ⌐ου παρακηκ⌐οένα⌐ι

10   πάνταϲ· οὐ γὰρ ἀκατ[άλη-
π⌐τα⌐ ν[ε]νομ⌐ι⌐κέν⌐αι π⌐άγ[τα
πα[.].[..]νοϲ τε κα[..]⌐εν⌐[..
....]ετο καὶ ⌐. ⌐[..]⌐τιζ⌐[.
....]⌐απ⌐αντων ⌐ομ⌐[...

15   ⌐τ⌐[.]κα[.]⌐ο⌐νοιϲ ὑπε..[...
Ἀχα[δημ]⌐αϊ⌐κοῖϲ εἰϲ ἑ⌐κά⌐τε-
ρ[ον ἐ]π[ι]χειρεῖ⌐ν⌐ ὡϲ κ⌐α⌐.⌐[..
..[.]..[.]..[.].⌐.αγα⌐[..
..].[...].[.]ρ[.]..[.....

20   .....]..[...........
...]...[...........
]ε..[.].η.....[....

als Nachfolger seinen Schulkameraden
Krates, von Herkunft Tarser. Dieser war
für vier Jahre Leiter. Metrodor von Stratonikeia war im Leben und in der Lehre
ein großer Mann, schien aber nicht entsprechende Liebenswürdigkeit besessen zu haben. Er sagte, dass alle Karneades falsch verstanden hätten. ... nämlich nicht alles für unerfassbar gehalten
zu haben ...

Akademikern für jede Seite zu sprechen ...

---

2 Dorandi   3 ⌐οῦ̣⌐τ[ο]ϲ Bücheler: ⌐αὐ⌐τ[ὸ]ϲ conieci   10–11 Bücheler   11 Mekler   12 τε
κα[ὶ conieci   13 ἐλέγ]ετο   14–15 ⌐ὁμ⌐[οίωϲ]‖ ⌐τ⌐[ε] conieci   15 κα[ὶ μ]⌐ὁ⌐νοιϲ Mekler
16 Ἀχα[δημ]⌐αϊ⌐κοῖϲ dubit. Mekler: Ϲτ]⌐ωι⌐κοῖϲ Sedley   16–17 ἑ⌐κά⌐τε|ρ[ον Ranocchia (ἑ⌐κά⌐τε|ρ[α
iam Mekler)

Kol. 26 . ⌜κα⌝[τ]⌜α{ι}⌝⌜λιπεῖν⌟ .. [......
        ..].[.].ν Κ⌜αργ⌝ε⌜ά⌝δε[ι ...
25   .[.]... ⌜τ⌝ω⌜ν⌝ καὶ προ[.].[...
        .....].κ.[..]πα.α[.]..
        .....].κα[..].απ[.].[....
        .....]...[.]⌜ω⌝[......
        ......].. α⌜ρ⌝[..........
30   ....]εχ[.]...[......
        ....].[....]..[........
        .].[.]..[...].⌜υαν⌝τι[.....
        .. | τοῦ τ⌝] Ἐφεсί[ο]υ [βρ]αχ[ύν
        τιν⌝ [Ε]⌜υ⌝⌜β⌝ούλ⌜[ο]υ [χ]ρόν⌜ον⌝, | ⌜τοῖ⌝[с
35   τ⌝ Ἀὐτολυκεί⌜οι⌝с τῶι τ⌝ Ἀ⌜μ⌝ύγ-
        τ⌜ηι⌝ [πολ]λάκι⌜с | ἤ⌝δη προβε[βη-
        κ⌜ὼ⌝с καὶ схολῆс ἡγούμε-
        νο⌜с⌝ | Διονυ⌜çί⌝ωι ⌜τ⌝ οὐ .⌝[...] ⌜.⌝⌜των
        ⟦ν..⟧ [πόλ]λ⌝ [ἐ]χ⌜τ⌝ιθ⌜ε⌝[ὶс] | ⌜τ⌝ῆι
40   ⟨τ⟩⌝ ἀγχινοία[ι] ⌜τ⌝ἀ⌜ν⌝δρ⌜ὸ⌝с [ἅμα] κα⌜ὶ⌝
        τῶι λόγωι. | ⌜δ⌝εκάτωι δὲ [τ]ῆс
        τοῦ Καρνεάδο⌜υ⌝ μεταλλα-
        γῆс | ὕστερον ἐ⌜π⌝ ἄ⌝ρχοντοс
        ⌜π⌝αρ⌝ ἡμῖν Εὐμά⌜χ⌝ου | Θαρ⌜γη⌝-
45   λιῶνοс μηνὸс ⌜ἐξέ⌝λιπεν

... hinterlassen ... Karneades ...

⟦*zu tilgen:* ... und für eine kurze Zeit Eubulos von Ephesos; mit Hilfe der Autolykeier und des Amyntes war er schon oft in einer führenden Rolle und leitete die Schule und ... Dionysios ... erklärte er vieles durch dessen Scharfsinn und Redegabe. Im zehnten Jahr nach dem Tod des Karneades starb er, als Eumachos (*120/19*) bei uns Archon war, im Monat Thargelion.⟧

---

23 ⌜κα⌝[τ]⌜α{ι}⌝⌜λιπεῖν Ranocchia   24 KF   30 fort. ἔχ[ων   32–33 KF   34–37 Mekler   38 ⌜τ⌝ οὐ ç⌝[χὼν] ⌜ἐ⌝⌜τῶν vel ⌜τ⌝ οὐ⌝χ (Wilamowitz) [αἰρ]⌜ε⌝⌜τῶν vel ⌜τ⌝ οὐ⌝χ (Wilamowitz) [ὼс] ⌜ἐ⌝⌜τῶν conieci: ⌜τ⌝ οὐ çχ⌝[ημ]⌜ἁ⌝⌜των Puglia   39 ⟦ν..⟧ [πόλ]λ⌝ [ἐ]χ⌜τ⌝ιθ⌜ε⌝[ὶс] KF (fort. ⟦ν....⟧): [ἐ]πι⌜τ⌝ιθ⌜ε⌝[ὶс] conieci

---

Parallelen: (Dublette: Kol. 26,34–45 = Kol. 29,5–18)
Quellen/Fragmente: Teils Prosaversion von Apollodor, *Chronica* IV (vermutlich); ab Z. 34 Apollodor, *Chronica* IV; FGrH 244 F 53; ApollVers 59–66
Anmerkung: Die Vertikalen im Text markieren Anfang/Ende der Trimeter von Apollodors *Chronica*. Sie wurden zur Orientierung in die Edition gesetzt und finden sich nicht im Original
    (P)

Kol. 27 χεν ὀκτὼ ⌜καὶ δέ⌝κα. | τοςαῦ⌜τα⌝
δ᾽ ⌜ἕ⌝τερα προςλαβὼν τὴν τοῦ
βίου | μεταλλαγὴν ἐποιήςα-
⌜τ᾽ ἐ⌝πὶ ⌜Κ᾽αλλιςτράτου· | ἐπὶ Πα[ν-
5   τι⌜ά᾽δου δ᾽ ἕτεροι λέγουςιν,
ὧν δέκα | ἔτη δ⌜ι᾽αλιπεῖν
τὰ⌜ʳπ᾽ὶ πᾶ⌜ʳc᾽ι ⌜δ᾽ιὰ νόcον. | ἐγένον-
το δ᾽ αὐτοῦ Παcέας τε καὶ Θρά-
c⌜ʳγ᾽c, | τρίτος δ᾽ Ἀρίcτ⌜ιπ᾽ποc cυνή-
10   θει⌜ʳc᾽, καὶ δύο | ⌜ἐπ᾽ιϲ⌜ημ᾽ότ⌜α᾽τοι μά-
λ[ι]⌜ϲτα᾽ Τηλε⌜ʳκλῆ᾽[c] ⌜τ᾽ε καὶ | Εὔαν-
δ[ρο]c. ἐπεχ⌜ʳε᾽[ίρ]ηcε δ᾽ α[ὐ]τ⌜ʳοῖc᾽
ζ⌜ʳῶ᾽ν ἔτι | ἀ[ρχ..]..[..] .⌜ζ᾽ειν.
⌜τ᾽[ὸ]⌜ʳν᾽ βίον δ᾽ ⌜α᾽[ὐτῶν δο]χεῖ | πρό-
15   τ⌜ʳερ᾽οc ὁ Τηλ[εκλῆ]ς̣ [με]τηλλα-
χέναι νό[cωι. | ..] .[..] .⌜ʳυc᾽ δ᾽ Εὔ-
ανδροc .[....]⌜ʳουc᾽.[.]..α.
...]. ⌜αγ᾽[....]ϰ..⌜.᾽ας.[..]..
...]....[.].[...].[.....]..
20   ...].....[........]..
..].[.].. [............
...].[..........]...[

18 (*Jahre*). Ebenso viele (*Jahre*) später beschloss er sein Leben unter (*dem
Archon*) Kallistratos (*207/06*), andere
sagen unter (*dem Archon*) Pantiades
(*206/05*). Von diesen (*18 Jahren*) zog er
sich die letzten 10 Jahre wegen Krankheit (*aus der Leitung*) zurück. Seine eng
vertrauten Schüler waren Paseas und
Thrasys, als Dritter Aristippos und die
zwei besonders herausragenden Telekles und Euander. Er unternahm es
ihnen noch zu Lebzeiten ... Von ihnen
scheint Telekles als erster durch Krankheit aus dem Leben geschieden zu sein.
Euander ...

---

1 ante lineam 1: Λακύδης ἔτη τὴν διατριβὴν κατές]χεν Mekler   4–5 Crönert   6 init. ὡ{ν}‹c›
Wilamowitz   10–11 Mekler   12 ἐπεχ⌜ʳε᾽[ίρ]ηcε Mekler   δ᾽ α[ὐ]τ⌜ʳοῖc᾽ KF   13 ζ⌜ʳῶ᾽ν ἔτι KF
ἀ(ρχὴν) Henry   πα[ρα]ϲ⌜χ᾽εῖν Puglia: ἄ[μα c]χο[λα]ρ⌜χ᾽εῖν conieci   14 ⌜τ᾽[ὸ]⌜ʳν᾽ Mekler   δ᾽
⌜α᾽[ὐτῶν δο]χεῖ KF   14–15 πρό/τ⌜ʳερ᾽οc dub. Wilamowitz   15 Τηλ[εκλῆ]ς̣ Wilamowitz   15–
16 [με]τηλλα|χέναι KF   16 ὁ Φ]ω̣[κα]ε⌜ʳὺc conieci

Kol. 27 ......]..⌐ε⌐.⌐αιτ⌐[.....].
    ....]τορικ⌐ούς ει⌐[...]...[
25   ..[..]⌐κα⌐[.]⌐ταλ⌐[.....]ε.[.].[
    ....]θ.
    ....].ε.
   ..]τα[.............].[
   ..λα.[..].[....]..[...]λε[
30   ...]..[.].[.......].[...
    ......].[.].[...].[.....
    ......]..[.......].[...
   .].ε⌐κ⌐α⌐..αν⌐[.....].[..
   .(.)]⌐ησπαμ⌐α.ε.[.....].[.]η[
35   ..⌐ϲ⌐[.]αιδαμ..[.]...[.] | ὦν
   ⌐τρα⌐[χ]ύϲ· Ἀγαμήϲ⌐τ⌐[ωρ . ἐ-
   ⌐π*⌐[ί]⌐δηλ⌐οϲ ⌐ἦ⌐ν ἔ⌐τ⌐ι | ὁμῶϲ [δ]ύ⌐ Ε̣[ὔ-
   ⌐β⌐ουλοί τε πρὸϲ τούτο⌐ιϲ. (|) α⌐ὐ-
   ⌐τ⌐ῶν | ⌐ὁ Μοϲ⌐χίων μὲν δώ[δ]⌐ε⌐-
40   ⌐χ⌐ ἐπι⌐λ⌐αβ⌐ὼν ἔτη | ἐπ' Εὐπ⌐ο-
   ⌐λέμου⌐ τὸ ⌐ζ⌐ῆν με⌐τήλ⌐-
   λαξεν νόϲω⌐ι. | [μ]ετὰ ταῦ-
   τα δ' οὑ⌐ρυ⌐θρα⌐ῖ⌐οϲ Εὔβουλος
   πατρὸϲ | Ἀντ⌐ή⌐νορος γεγο-
45   νὼϲ Ἀλεξά⌐ν⌐δ⌐ρ⌐ου τότε |

... war schroff. Agamestor war ferner trefflich und neben diesen ebenso die beiden Eubuloi. Von ihnen schied 12 Jahre später Moschion durch Krankheit unter (*dem Archon*) Eupolemos (*185/84*) aus dem Leben. Danach (*starb*) Eubulos von Erythria, sein Vater war Antenor, unter dem damaligen Archon Alexander (*174/73*).

---

24 ῥη]τορικ⌐ούϲ conieci   35 ⌐ρ⌐ (fort. ⌐ε⌐) [κ]αὶ Δάμων [φ]ύϲε[ι] vel δ' ἅμα conieci   ὦν KF   36 ⌐τρα⌐[χ]ύϲ· KF   Ἀγαμήϲ⌐τ⌐[ωρ Gomperz   δ' Crönert 1906: τ' Wilamowitz   36–37 ἐ|⌐π[ί]δηλ⌐οϲ Crönert 1906   37 ὁμῶϲ [δ]ύ⌐ Crönert 1906, cetera Gomperz   38 τούτο⌐ιϲ. Dorandi   39–40 δώ[δ]⌐ε|χ⌐ ἐπι⌐λ⌐αβ⌐ὼν KF

Parallelen: Kol. M und Kol. O

Quellen/Fragmente: Apollodor, *Chronica* III; FGrH 244 F 47; ApollVers 21–38; Lakydes T 2a; Telekles T 2; Euandros T 2

Anmerkung: Die Vertikalen im Text markieren Anfang/Ende der Trimeter von Apollodors *Chronica*. Sie wurden zur Orientierung in die Edition gesetzt und finden sich nicht im Original (P)

Kol. 28 ἄρχο⌐ν⌐τοϲ· ἐπὶ ⌐τ⌐α[ὐτο]ῦ δὲ
μετ⌐α⌐ μ⌐ῆνάϲ τ⌐ιγ⌐αϲ | ⌐ό⌐ Καλ-
λικράτουϲ Εὔβο⌐υ⌐λοϲ, ὢν
δὲ τῶι γέ⌐ν⌐ει | Ἐφ[έϲ]⌐ιο⌐ϲ· Ἀγα-
5   μήϲτωρ δὲ μετ[ὰ] τὴν Περ-
κέωϲ | ἄ⌐λωϲ⌐ιν, Ἀ⌐ρκ⌐άϲ, υἱὸϲ
ὢν Πολυξέ⌐νου, | ἐ̣⌐πὶ Ξενο-
κλέουϲ τὴν ἀπ⌐όλ⌐υϲιν τοῦ
βίου | ἐπ⌐ρ⌐ιήϲατ᾿, ἐπ[ὶ] Νικο[ϲ]θέ-
10   νουϲ δ᾿ ὁ Τη⌐λ̣⌐εχ[λῆϲ]· | ⌐ἐ⌐πὶ πᾶ[ϲι
δ᾿ Ἀπολλώ[ν]ι̣ο̣ϲ κ̣α̣θ᾿ ὅ⌐ν⌐ [χρ]ό̣-
νον | ⌐Ἐ⌐π[αίν]ε̣τ̣⌐ο⌐ϲ ἦρχε[ν],
Τη⌐λ̣⌐[εκλέ]ο̣υ̣⌐ϲ⌐ ἀκ⌐η⌐κοὼϲ· |
μετ⌐α⌐ [τὸ]ν Θε̣α̣ίτη⌐το⌐ν δὲ
15   ⌐τοῦ⌐ νεωτέρ[ο]⌐υ⌐ | ἐ̣.[].α̣.[
γεν[ο]μ̣⌐έ⌐ν⌐ου⌐ [. . . . .]⌐ο⌐υ νό-
ϲωι | ἐχ̣⌐λιπ⌐όγ[τοϲ Εὐβο]ὐλο̣υ̣
ϲ̣υ̣ν . . . ε̣.⌐α⌐[. . . . . .] . . [
.[. . .] . . [. . . . .
20   .[. . .] . . . [. . . . .
] . ν . [.]τ̣ο[.] . [. . . . .].
ελ[. .] . ου[.] . . [. . . .]δε . .

Unter demselben (*Archon starb*) nach
einigen Monaten Eubulos, Sohn des
Kallikrates, Ephesier von Abstammung.
Agamestor, Arkader und Sohn des Poly-
xenos, vollzog die Trennung vom Leben
nach der Gefangennahme des Perseus
unter (*dem Archon*) Xenokles (*168/67*);
unter Nikosthenes (*167/66*) (*starb*) Telekles; schließlich (*starb*) Apollonios, der
Telekles gehört hatte, zu der Zeit, da
Epainetos Archon war (*144/43*). Als
nach Theaitet Eubulos durch Krankheit
starb, der jünger ... war ...

---

1 Mekler   10 Τη⌐λ̣⌐εχ[λῆϲ] Mekler, cetera Wilamowitz   11 Ἀπολλώ[ν]ι̣ο̣ϲ Wilamowitz, cetera
Crönert 1906   12 Crönert 1906   13 Jacoby   14 δὲ Mekler: δ᾿ ὁ Crönert 1906   15 ἐπ[ὶ] βραχ[ὺ vel
ἔτ[ι] – conieci   16 γεν[ο]μ̣⌐έ⌐ν⌐ου⌐ KF: γεν[ο]μ̣⌐έ⌐ν⌐οϲ⌐ Mekler   [Κυρηναί]⌐ο⌐υ fort. spat. long. vel
-βί[⌐ο⌐υ conieci   17 ἐχ̣⌐λιπ⌐όγ[τοϲ Εὐβο]ὐλο̣υ̣ KF   18–19 α̣]δ̣ε̣[λ]|φ[ου conieci

Kol. 28 ⌜χεμ⌝..τουϲ[.].[.]ϲ[..].[..]αδ.[
        ⌜τεν⌝οϲ........[..]φιϰ..[
   25   ⌜ϰινυ⌝ϲτε[.].[.]η.[...]..ϲ[.].
        .]...ν.[..]..[..]νϰα.[.].
        ..[...]..[..].[.].ϰουϲ.[
        ..[.].[..]..[..].[..]..[..
        δ[..]..[..].[......].[.
   30   χ.[............].[.
        ..[...].[...........
        ⌜ταιο⌝..[..]....[......-
        τ⌜ρ⌝.ν φᾳ[.].[..]....[..].ν..[,
        ὑπ⌜ὲρ ἧϛ⌝..[.].ᾳ π[ολ]⌜ὺ⌝ μᾶλ-
   35   ⌜λ⌝ον π⌜ονῶ⌝ι̣ν | ἦν, ⌜ὥϲτε δ⌝ιὰ
        τούτω⌜ν⌝ τ᾽ ἔ⌜πε⌝[ιϲ]⌜ε⌝ ϰαὶ ⌜μιᾶ⌝ι |
        ἕξει τὰ τῶν ⌜ἄλ⌝λων πα-
        ραλαβὼν ε⌜ἰϰ⌝ό⌜τ⌝ωϲ | δόξᾳν
        τε ϰαὶ ⌜παρ⌝ρηϲ⌜ίᾳν⌝ πλείϲτ⌜η⌝ι̣ν
   40   ἔχει. ᵀ | τ̣⌜ῷ⌝ι Καρνεᾲδη‹ι› δὲ
        ϰατὰ τὸν αὐτὸν ἦν ⌜χρόν⌝[ο]ν |
        Β⌜ό⌝ηθοϲ ⌜υ⌝ἱὸϲ Ἑρμαγόρο⌜υ Μ̣α⌝-
   43   ρα⌜θ⌝ώνιοϲ· | τὸ πάλα⌜ι̣ δ᾽ ἔτ᾽ ἦ⌝ι̣ν [ἱ-

... für welches er sich ... viel mehr abmühte, so dass er durch diese Dinge sowohl überzeugte und, indem er in einer einzigen Position die der anderen übernahm, hatte er natürlicherweise Ruhm und sehr viel Freimütigkeit. Zur gleichen Zeit wie Karneades lebte Boethos, Sohn des Hermagoras, aus Marathon. Schon lange war er

---

32–33 Ἀντίπα]τ⌜ρ⌝ο̣ν conieci   33 KF   34 ὑπ⌜ὲρ ἧϛ⌝ KF   τᾳ̣[λ]λα KF: τ᾽ ἄ[λ]λα Fowler   34–35 π[ολ]⌜ὺ⌝ μᾶλ|⌜λ⌝ον KF   35 π⌜ονῶ⌝ι̣ν Ranocchia: π⌜όνω⌝ι̣ vel π⌜όνω⌝ι̣ conieci   ἦν, ⌜ὥϲτε δ⌝ιὰ KF   36 τ᾽ ἔ⌜πε⌝[ιϲ]⌜ε⌝ KF: τ᾽ ἔ⌜πε⌝[ιθ]⌜ε⌝ conieci   37 ἕξει KF   38 ε⌜ἰϰ⌝ό⌜τ⌝ωϲ δόξᾳν KF   39 ⌜παρ⌝ρηϲ⌜ίᾳν⌝ πλείϲτ⌜η⌝ι̣ν KF   43 τὸ πάλα⌜ι̣ δ᾽ ἔτ᾽ ἦ⌝ι̣ν [ἱ- KF

Parallelen: Kol. O
Quellen/Fragmente: Apollodor, *Chronica* III; Apollodor, *Chronica* IV (ab Z. 40); FGrH 244 F 47,52, 53; ApollVers 39–56; Lakydes T 2a; Telekles T 2; Karneades T 3a
Anmerkung: Die Vertikalen im Text markieren Anfang/Ende der Trimeter von Apollodors *Chronica*. Sie wurden zur Orientierung in die Edition gesetzt und finden sich nicht im Original (P)

Kol. 29 χ⌐α⌐νὸϲ β[ί]ου τ⌐άξ⌐ιν τ[ι]⌐ν⌐ά |
ἔχων φ[ι]λόϲοφ⌐ον, τ⌐[ῶ]⌐ι λό⌐-
⌐γω⌐ι δ' ἀπ⌐α⌐λώτε⌐ροϲ. | οὗ⌐τοϲ
⌐δ⌐' ᾿Αρίϲτω⌐ν⌐ο⌐ϲ μ⌐ὲν ἦν ἀκη-
5   ⌐κο⌐ὼϲ | το[ῦ] τ⌐' ᾿Εφεϲίου βρ⌐α⌐χύν
⌐τ⌐ιν' Εὐβο[ύ]⌐λο⌐υ χρόνον | τοῖϲ
⌐τ⌐' ᾿Α⌐ὐ⌐τολ⌐υ⌐κ⌐ε⌐ίο⌐ι⌐ϲ τῶι ⌐τ⌐' ᾿Αμύν-
⌐τ⌐ηι πολλάκιϲ | ἤδη προβε-
βη⌐κ⌐ὼϲ κ[αὶ] ⌐ϲ⌐χολῆϲ ἡγ⌐ο⌐[ύ]μ⌐ε⌐-
10 ⌐γ⌐ο⌐ϲ⌐ | Δ⌐ι⌐ο[νυ]⌐ϲ⌐ίωι τ' οὐ ⌐ϲ⌐χ[..των
πό[λ]λ' [ἐκ]τ[ι]θεὶϲ | τῆι ʼτʼ ἀ⌐γ⌐[χι-
νοίαι [τ]ἀ⌐ν⌐δρὸϲ ἅ[μα καὶ τῶι
λόγ]ωι. | δεκάτ[ω]ι [δὲ τῆϲ
τοῦ Κ]αρνεάδο[υ μεταλλα-
15 γῆ]ϲ | ⌐ὕ⌐ϲτε⌐ρ⌐ον ἐ[π' ἄρχον-
τοϲ [π]αρ' [ἡ]μ[ῖν Εὐμάχου |
Θαρ[γηλι]ῶ[νοϲ μηνὸϲ ἐξέ-
λι⌐π⌐ε[ν.].[...]|. [.....
...].[..............
20 ..].[..............
.].[.....] Καρνε[άδ....
...α[.]..[...]. [].[.].[....

ein fähiger Mann und hatte eine philosophische Lebensweise, aber war recht
sanft im Reden. Dieser hörte Ariston
und für eine kurze Zeit Eubulos von
Ephesos; mit Hilfe der Autolykeier und
des Amyntes war er schon oft in einer
führenden Rolle und leitete die Schule
und ... Dionysios ... erklärte er vieles
durch dessen Scharfsinn und
Redegabe. Im zehnten Jahr nach dem
Tod des Karneades starb er, als Eumachos (120/19) bei uns Archon war, im
Monat Thargelion

... Karneades ...

1 KF   2 Gomperz   9 Spengel   10 τ' οὐ ⌐ϲ⌐χ[ὼν ἐτῶν vel οὐ[[⌐ϲ⌐]]χ (Wilamowitz) [αἱρετῶν
vel οὐ[[⌐ϲ⌐]]χ (Wilamowitz) ὡϲ ἐτῶν conieci: οὐ ⌐ϲ⌐χ[ημάτων Puglia   11 πό[λ]λ' [ἐκ]τ[ι]θεὶϲ KF:
[ἐπι]τ[ι]θεὶϲ conieci   12–17 Mekler   18 ν]ό[ϲωι conieci: β]ί[ον Mekler   21 KF

Kol. 29 .]ν..[....]..ι.[......
　　　　　[].[.]ο[..].[....].ρ[......
25　　　..].[....]τ..[........
　　　　　....].[..].[........
　　　　　[].[..]..[.]...ω[.].[.......
　　　　　...]α.[...].[..].[......
　　　　　.]...[.......].[........
30　　　ν..[....].[.].[........
　　　　　.]..[....].[....].[.....
　　　　　..].[......].α[]..[.]..[..
　　　　　....].[.....].ọ.α.[....
　　　　　.ω[.].[.....]τερọν[.....
35　　　....].ε[....].οϲεϲχε[..
　　　　　.αμ[.....].⌜δ⌝ϲχων [...
　　　　　.].[..].[...]...[..]⌜ων⌝
　　　　　.]...[. | τ]ὴ[ν δ' οὐ]κ ἔχ[οντ]⌜οϲ⌝
　　　　　ἔτ'] Ἀ[κα]δήμε[ια]ν τότε | [τ]⌜οῦ⌝
40　　　Καργε⌜ά⌝δοụ [διὰ] γῆρας ⌜ἤδη⌝
　　　　　τ⌜ὴν ἐκεῖ | πρ⌜ῶτος παρ⌜έλα⌝-
　　　　　βε⌜ν ἐ⌝ξ⌜έδραν⌝ τε ⌜καὶ ϲχο⌝-
43　　　⌜λ⌝ὴ⌜ν | η⌝...[...]τε[.......

Als Karneades wegen des Alters damals
die Akademie schon nicht mehr leiten
konnte, übernahm er (*Polemarch*) als
erster die dortige Exedra und die Schule
...

34–38 KF   36 με]τ⌜ạ⌝ϲχὼν vel π]ρ⌜ọ⌝ϲχὼν conieci   39 ἔτ'] Ἀ[κα]δήμε[ια]ν τότε KF (init. τὴν
fort. spat. long. conieci)   [τ]⌜οῦ Gomperz   40 [διὰ] Gomperz   41 τ⌜ὴν ἐκεῖ | πρ⌜ῶτος KF
43 ἡ⌜γηϲạ[- vel ἢ⌝ν κạ[ὶ τό]τ̣' (πο]τ̣') ἔ[ρις vel ἢ⌝ν γἀ̣[ρ κρά]τε[ρος conieci   [.. ἡγήϲατο conieci

---

Parallelen: Kol. 25,36–43 (Dublette: Kol. 29,5–18 = Kol. 26,34–45)
Quellen/Fragmente: Apollodor, *Chronica* IV; FGrH 244 F 53 und 54; ApollVers 56–70; Karneades
　　T 3a
Anmerkung: Die Vertikalen im Text markieren Anfang/Ende der Trimeter von Apollodors *Chro-*
　　nica. Sie wurden zur Orientierung in die Edition gesetzt und finden sich nicht im Original
　　(P)

Kol. 30 ⌐δ̓⌐ ὅμως ἕ⌐ξ ⌐ἔτη⌐. | πρὸ ⌐Κ⌐αρ-
νεάδου δὲ τοῦ Πολεμάρ-
⌐χ⌐ου τὸν βίο⌐ν⌐ | ἐπ᾽ Ἐπικλέους
⌐ἄρ⌐χ⌐ο⌐ντο⌐c⌐ ἐγλελοι⌐π⌐ότοc |
5   Κ]⌐ρ⌐άτης ὁ Τ⌐α⌐ρcεὺc τ⌐ὴ⌐ν
⌐c⌐χο[[δ]]⌐λ´ὴν δ⌐ι⌐εδέξατο. | ⌐τ⌐ού-
του δὲ δύ᾽ ἔτ⌐η⌐ διακατασχόν-
τοc μόνον | Κλειτόμα-
χοc ἐν τῷ[ι] ⌐Π⌐αλλ⌐αδί⌐ωι
10   c]χο⌐λ⌐ὴν ἔ[χ]ωγ | ⌐ε⌐ὶc τὴν Ἀ-
κ⌐αδήμ⌐ε[ιαν] ⌐μ⌐ε⌐τ⌐ῆλθε γνω-
ρίμ.. | ....].... ⌐ο⌐υ
...........].μεν..υ
.... λ]αμπρ⌐ο⌐-
15   τ.................].
[.................,......]
[.................]
[.................]
[.................]
20   [.................]
[.................]
[.................]

... für sechs Jahre. Als Polemarch vor
Karneades unter (*dem Archon*) Epik-
les (*131/30*) starb, übernahm Krates von
Tarsos die Schule. Als dieser die Leitung
nur zwei Jahre innegehabt hatte, ging
Kleitomachos, der im Palladion eine
Schule hatte, zur Akademie ... Schüler
...

---

1 ⌐δ̓⌐ ὅμως Mette: ⌐δ̓⌐ ὁμῶc anonym. rev.   πρὸ KF: παρὰ perperam Gomperz 1891   6–7 Mekler
9–11 Bücheler   11–12 γνω|[ρίμων πολλῶν μέτα Gomperz 1891   14–15 KF

Kol. 30 [.................]
[.................]
25 [.................]
[.................]
[.................]
[.................]
[.................]
30 [.................]
[.................]
[.................]
[.................]
[.................]
35 [.................]
[.................]
[.................]
[.................]
[.................]
40 [.................]
[.................]
[.................]
44 [.................]

Parallelen: Kol. 24,35–43; Kol. 25,35–26,4

Quellen/Fragmente: Apollodor, *Chronica* IV; FGrH 244 F 54 und 55; ApollVers 70–76; Karneades T 3a; Krates von Tarsos T 1; Kleitomachos T 4a

Anmerkung: Die Vertikalen im Text markieren Anfang/Ende der Trimeter von Apollodors *Chronica*. Sie wurden zur Orientierung in die Edition gesetzt und finden sich nicht im Original (P)

Kol. 31　δὲ πρεσβεύcαc ποτὲ | ⌐ἒ⌐πλευ-
　　　　cᵀε⌐ν εἰc Ῥώμην παρῆν τ᾽ ἐ-
　　　　π[ι]τυγχάνων. ᵀ | καὶ μὴν
　　　　Mᵀε⌐λάνθιόν γε ⌐γι⌐νώcκᵀειc⌐,
5　　　ὅᵀτ⌐ι | τραγωιδίαι μὲν ⌐[[μὲν]]↘{ζ}ῆν⌐ π↙ᵀοτ⌐⌐
　　　　ἐcτεφανωμένο[c] | ἱκανὸᵀν⌐
　　　　τ᾽ Ἀριcτάρχωι cυνεcχᵀολᾳ⌐-
　　　　κὼc χρόνον | πολύ τ᾽ [[ᵀ...]]↘{oc} ἐν↙
　　　　Ἀθήναιc μᾶλλον ὤᵀc⌐ ...
10　　cχ.ᵀ.⌐ηc, | ἄλλωc ὑ[[.ᵀν]]↘πↀά⌐[ρχων
　　　　ἐν μεγάλη‹ι› περιουcίᾳ‹ι›. | τοῦ
　　　　Καρνεάδου δ᾽ ἐᵀγέ ̣γετ⌐.[...
　　　　.....ᵀυτ|.τ⌐οᵀμ⌐.ᵀχητ⌐[..
　　　　........]τοc.ᵀ.ντρω⌐[
15　　..].αι|..αι πρὸc αᵀὺ⌐τὸν τ[..
　　　　Ἀκ[α]δημείαι cχολὴν | υᵀc⌐[..
　　　　ᵀcα⌐....[.]νουᵀc⌐αναᵀ.⌐εαᵀι.⌐[
　　　　...].[.]cαᵀτ⌐.[].⌐χω[]cυγγ⌐ρα[
　　　　.].[..].[..].cε[.]ᵀ.oμ⌐εᵀν⌐[..
20　　..].[.....] ἀ[λ]λοτριᵀο⌐[..
　　　　........]..[....].α.
　　　　....].[...]νο[...]..[.].[

einmal segelte er als Gesandter nach
Rom und war dort erfolgreich. Und
gewiss weißt du, dass Melanthios
einst im Tragödienwettbewerb bekränzt wurde und längere Zeit mit
Studien bei Aristarch verbrachte und
in Athen viel lieber ... war in großem
Überfluß. Er wurde ... des Karneades
...

zu ihm ... Akademie ... Unterricht

3–4 Gomperz 1891　5 Gomperz 1891: τ↙ᵀότ⌐⌐ conieci　6–8 Gomperz 1891　8 fort. sine correc-
tione (πολύ τ᾽ ἐν)　9 ὤᵀγ⌐ Jacoby　ἐπὶ conieci: ἄνε[υ Jacoby　9–10 cχοᵀλ⌐ῆc Mekler: ὀλο|cχεᵀρ⌐ῆc
conieci, cetera Mekler　10 ἄλλωc Bücheler: ἀλλ᾽ ὡc Essler　11 περιουcίᾳ‹ι› KF　12 ἐᵀγέ ̣γετ⌐ KF
13 ἀπᵀὸ ᵀμ⌐ηᵀχαν⌐[ῆc vel ἀπᵀὸ ᵀμ⌐ηᵀδεν⌐[ὸc conieci　14 fin. χᵀέντρω⌐[ι conieci　15 τε] καὶ βίαι vel
α ἰδίαι conieci　πρὸc αᵀὺ⌐τὸν KF　fin. τ[ὴν vel τ᾽ [ἐν conieci　16 Ἀκ[α]δημείαι dubit. Mekler,
cetera KF　16–17 ὕᵀc⌐[τε|ᵀρο⌐ ̣γ conieci　17–20 KF

Kol. 31 ζην[.].[..]..[...].ʳενˈ[..
     ʳτιˈ.[....]ʹνέcˈχε ʳτˈ[οὺc ἀ]κρο-   ... die Schüler. Sittliche Vollkommen-
25 ωμέγουc· | ʳκαλˈοκ[αγα]θ[ί]αν   heit ... eher ... mit Einfachheit (im)
     δ[ὲ] μᾶλλοʳγ ἐπιειχηˈ[.].....| Leben. ...
     η.[..]μετ᾽ ἀφελείαc [....
     ...ωι βίωι. | [ᵀ.]..[.......
     ..].α.ν[.]..[.]χ.[....].
30 .[..].[.......]..[...].
     .].[.].[......]νιμ.[.....
     .[...].χη[.].[.].αμ.[....
     .[...].α[..]..[..]ω[......
     .[...].[.]...ʳοˈcων[.....
35 ʳπˈ.[....] | χαʳτὰˈ τὴν ʳΑλˈεξάν-   ... in Alexandria hochangesehen. Unter
     δρειαν [ἐ]λλογιμώτατ..·| (dem Archon) Aristophantos (146/45)
     ἐπ᾽ Ἀριcτοφάντου πρῶ-   segelte er im Alter von 22 Jahren nach
     τον εʳἰˈc ʳτὴˈν Ἀ[τ]τικʳὴˈν | κατέ-   Attika. Nachdem er Karneades etwa
     πλευc{ε} ʳἐˈτῶν ὢν εἴκοcίν   sieben Jahre gehört hatte, segelte er
40 τʳεˈ καὶ [δ]ύο. | τ[ο]ʳῦˈ Καρνεάδου   nach Asien. Dort war er erfolgreich und
     δ᾽ ὡc ἑʳπτˈὰ διακοʳύcˈαc ἔτη | offenbar der Redegewandteste (Pro-
     εἰc τὴν ʳΑˈcίαν ἀπῆρ᾽· ἐκεῖ δ᾽ εὐ-   duktivste) unter seinen Zeitgenossen.
     ʳηˈμερῶν | καὶ τῶν καθ᾽ αὐ-   Er kehrte nach Athen
     ʳτˈὸν φαʳιˈνόμενος ʳπολˈυχούc-
45 τ[α]τοc | ε[ἰ]c τὰc Ἀθήναʳc ἦˈλ-

---

23 ζῆν conieci   24–25 ʳτˈ[οὺc ἀ]κρο|ωμέγουc· KF   25 ʳκαλˈοκ[αγα]θ[ί]αν KF   26 δ[ὲ] μᾶλλοʳγ
KF   ἐπιειχηˈ[vel ἐπιειχηˈ[c Ranocchia: ἐπιείχ⟦η⟧ˋεˊˈ[ι]αν conieci   27 ἢ τ[ὴν] conieci   μετ᾽
ἀφελείαc KF   28 paragraphum KF   ἐν τῶι conieci   βίωι KF   35–36 χαʳτὰˈ τὴν ʳΑλˈεξάν|δρειαν
KF   36 [ἐ]λλογιμώτατος conieci: [ἐ]λλογιμώτατοι Mekler   45 ε[ἰ]c τὰc KF

Quellen/Fragmente: Apollodor, Chronica IV; FGrH 244 F 57,58,59; ApollVers 77–94; Melanthios
(TGrF 131) T 5; Karneades T 3a

Anmerkung: Die Vertikalen im Text markieren Anfang/Ende der Trimeter von Apollodors Chronica. Sie wurden zur Orientierung in die Edition gesetzt und finden sich nicht im Original
(P)

Kol. 32 ⌜θ⌝ε κἂν ταύταις ἔτη | ἄγει
δυ⌜γά⌝μενος ποικ[ί]λως πεί-
θειν ὄχλους | καὶ γραμμά-
των ἔμπειρος ἱκανῶ{ν}‹ς› ⌜κα⌝[ὶ
5 φύσει | μνήμων. ἀ⌜γεγ⌝γ⌜ω⌝-
κὼς δὲ π⌜ο⌝λλ⌜ά⌝ ῥα⌜ιδίως⌝ | ἔ⟦ . ⟧ ⌜τ⌝⌜γ⌝-
χε πολιτείας τε κἀνδόξου
σχολ⟦α⟧⌜ῆ⌝[ς] | ἐν τῶι Π⌜τ⌝ολεμαί-
ωι τῶ[ν] ἀλειφομένων.
10 ἐκεῖ | ἀπ[έ]λαβ⌜εν⌝ ἐξέδραν
ἅ⌜μ⌝α [καὶ σχολα]⌜ρχ⌝ίαν. | τοῦ
⌜Κ⌝α⌜ρ⌝[ν]εά[δο]⌜υ δ⌝⌝ [ἐγέν]οντ' ἀκρο-
⌜τ⌝αὶ [......]⌉ | ⌜ . . ⌝[.(.)]⟧ οὐκ ἐν
ἄστ[ει] τὰ[ς] ⌜σχ⌝ολὰς πεποι-
15 ⌜η⌝μέ[νοι], | ⌜Ἀ⌝ντ[ί]πατρος, ἔτι
δὲ Ζ[ηνό]δωρ[ο]ς, ὧν ὁ ⌜μέν⌝ |
.......Ἀ]λεξάνδρ⌜ε⌝[ια]⌜γ⌝
........] . [. .]ν[.]⌜τη⌝ . . ε
........]ε[. . . .] . . .
20 α[. . . . . . .]⌜ν⌝ . [. . .] . [. .
τερ . [. . Κα]⌜ρχηδ⌝ο[ν . .]⌜κ⌝ε .
⌜ταθ⌝ε⌜ ⌝[.] . [. .]⌜υσε⌝ ⌜[. . .] . [.]α[ς

zurück und verbringt dort seine Jahre,
imstande, Massen auf verschiedenste
Art zu überzeugen, hinreichend erfahren in Literatur und von Natur aus mit
einem guten Gedächtnis. Da er über
viele Dinge Bescheid wusste, erhielt er
leicht das Bürgerrecht und die berühmte Schule im Ptolemaion, einem Gymnasium. Dort erhielt er eine Exedra und
zugleich die Schulleitung. Es gab auch
... Schüler des Karneades, die ihren
Unterricht nicht in der Stadt (*Athen*)
hielten, Antipatros, ferner Zenodor,
von denen der eine ... Alexandria ...

... Karthago ...

---

1 κἂν Bravo   ἔτη ἄγει KF   2 δυ⌜γά⌝μενος KF   2–3 πεί|θειν KF   3–4 γραμμά|των KF
4 ἱκανῶ{ν}‹ς› Wilamowitz   7 κἀνδόξου KF: κἂν[ῶ]ιξε perperam Wilamowitz   8 σχολ⟦α⟧⌜ῆ⌝[ς]
KF: σχολὰ[ς perperam Bücheler   10 ἀπ[έ]λαβ⌜εν⌝ KF: ἀρ᾿ [ἔχει] τ⌜ιν⌝᾿ conieci   11 ἅ⌜μ⌝α [καὶ
σχολα]⌜ρχ⌝ίαν KF   12 KF   13 [δύ᾿ ἕτεροι] conieci   ⌜τό⌝[τ᾿] vel ⌜πρ⌝[τ᾿] conieci: ο[ἱ δ᾿ οὐκ
Mekler   16 Ζ[ηνό]δωρ[ο]ς KF   17 init. εἰς (vel κατὰ) τὴν conieci   Ἀ]λεξάνδρ⌜ε⌝[ια]⌜γ⌝ KF   20–
21 [πρό]|τερο[ν conieci   21 Κα]⌜ρχηδ⌝ο[ν- Jacoby: [ἐν Κα]⌜ρχηδ⌝ό[νι conieci   fin. ἐ]⌜κ⌝εῖ conieci
22 fin. [ἀπ]ά̣[ρ]α[ς conieci

Kol. 32 ⌐δ⌐ ὕς⌐τ⌐[ε]ρ[ον] | εἰ[c τ]ὴν ⌐Ἀ⌐[λε]⌐ξά⌐[ν-
⌐δ⌐ρ⌐ε⌐ιαν ἐξέλ[ι]⌐πε⌐[ν] νό[c]ωι. |

25 ⌐ςυγ⌐..[....].[.]⌐.α⌐[λ]λο [δύ]να-
⌐μιc ω⌐.... | [..] . Cωκρά[τε]ι
........[...]⌐ι⌐cθα....[|
με..[.]ε.[.....].εξ.[....
...].ν[..].[.....]δ..[...
30 .ρ.[....]ν[....]..ανδρο[.
.].[.].[.].[..].[...]...τ[
..]..[...] δυ.[....]..τωι
λ]όγωι | ἔχ..[.......].[.(.)]ν
τ]ῶι λόγω[ι καὶ τὸν] βίον. | [⌐⊤ Εὐ-
35 κλείδης [κ]α[ὶ] ⌐Ϛ⌐[αρα]πί[ων
καὶ Διογένης κα[ὶ] Ἡρόδο-
τος καὶ Cτράτιππος Νικο-
μ⌐η⌐δ[[⌐ιc⌐]]εῖc, Βατ⌐ά⌐κης Νι⌐κα⌐ι[εύc,
⌐Δι⌐οπ⌐είθ⌐ης Π⌐ά⌐φ⌐ιο⌐c, ⌐Κριτ⌐[ό]⌐λα⌐-
40 ⌐ος Ἀ⌐μισηνόc, Δι⌐ο⌐μέδ⌐ω⌐ν
Ταρc⌐ε⌐ύc, Πάμφιλος ἀπὸ Μ[αι-
άνδρου Μά⌐γν⌐ης, Ἀπολλ⌐ώ⌐-
νι⌐ο⌐c Βα⌐ρκ⌐αῖοc, Νικό⌐cτρ⌐α⌐το⌐[c
44 ⌐Ἀλεξα⌐νδρεύc, Β⌐όη⌐θος Πά⌐ρ⌐[ιος

... später nach Alexandria und starb durch Krankheit. ... Fähigkeit ... Sokrates ...

Lehre/Rede ... der Lehre auch das Leben. Euklid und Sarapion und Diogenes und Herodot und Stratippos (alle) aus Nikomedien, Batakes von Nikaia, Diopeithes von Paphos, Kritolaos von Amisos, Diomedon von Tarsos, Pamphilos aus Magnesia am Mäander, Apollonios von Barke, Nikostratos von Alexandria, Boethos von Paros

---

23 ⌐δ⌐ ὕς⌐τ⌐[ε]ρ[ον] εἰ[c KF   23–24 τὴν ⌐Ἀ⌐[λε]⌐ξά⌐[ν]|⌐δ⌐ρ⌐ε⌐ιαν KF (dub. iam Mekler): τῆ⌐ι⌐
Ἀ⌐[λε]⌐ξα⌐[ν]|⌐δ⌐ρ⌐ε⌐ία[ι Gomperz   24 ἐξέλ[ι]⌐πε⌐[ν] νό[c]ωι KF   25 init. τ᾽ ἦν vel τῆι conieci
25–26 [δύ]γνα|μιc KF   26 Cωκρά[τε]ι KF (nomen iam Mekler)   27 init. δοκεῖ conieci   30 KF
33–34 KF   39 ⌐Δι⌐οπ⌐είθ⌐ης KF: ⌐Εὐ⌐πείθηc Gomperz

Parallelen: (Dublette: Kol. 32,34–44 = Kol. 23,38–47)
Quellen/Fragmente: Apollodor, Chronica IV; FGrH 244 F 59 und 60; ApollVers 94–107
Anmerkung: Die Vertikalen im Text markieren Anfang/Ende der Trimeter von Apollodors *Chronica*. Sie wurden zur Orientierung in die Edition gesetzt und finden sich nicht im Original
(P)

Kol. 33 λόγωι κα⌐ὶ᾿ τὸν βί⌐ον᾿. [ᵀ] Φι⌐λίω᾿ν
δὲ δι⌐α᾿δεξάμενο⌐ς᾿ Κλ⌐ει᾿[τ]ό-
μαχο[ν] ἐγε⌐ν᾿νήθη ⌐μὲ᾿ν ἐπ᾿ Ἀ-
ριcταίχμο⌐υ᾿, παρε⌐γ᾿ένετο
5   δ᾿ εἰc Ἀ[θ]ήναc π[ε]ρὶ ⌐τέ᾿τ⌐τα᾿[ρα
καὶ εἴκ⌐ο᾿cιν ὑ[π]ά⌐ρ᾿χων ἔ᾿[τη
κατὰ ⌐Ν᾿ικόμαχον ἐcχολα-
κὼc ἐν τῆι πατρί⌐δ᾿ι Καλλι-
κλεῖ τῶι Καρ[ν]εάδου γ[ν]ω-
10   ρίμωι περὶ ὀκτ[ὼ c]χ⌐ε᾿δὸν ἔ-
τη, Κλειτομά[χω]ι δὲ δέκα
καὶ τέτταρ[α, τῶι] γραμμα-
τικῶι δ᾿ Ἀπ[ολλο]δώρωι {δ᾿} ἔ-
τ]η δύο, Μνη[cάρχω]ι δ᾿ ἑπτὰ
15   τῶι Cτωϊκῶι .[...ηρ]ξατο
⌐δ᾿᾿ ἡγεῖcθαι τῆ[c] cχ[ο]λῆc ἐπ⌐ὶ᾿
Πολυκλεί[τ]ου. ⟦βιώ[c]αc δ᾿ [ἑ-
ξήκοντ᾿ ἔτ⌐η᾿ καὶ [τ]ρία κα-
τέcτρεψεν ἐπὶ Ν[ική]του⟧ [.
20   ...]⌐ε᾿τ.αρα .[....]...[
...]...[.....]....[....
. [...]...[]λ..`.λο....´.κα..[.]..

---

der Lehre auch das Leben. Philio, der
Kleitomachos nachfolgte, wurde unter
(*dem Archon*) Aristaichmos (*159/58*) geboren. Er kam im Alter von etwa 24 Jahren unter (*dem Archon*) Nikomachos
(*134/33*) nach Athen, nachdem er in seiner Heimat ungefähr acht Jahre den
Unterricht bei Kallikles, Schüler des
Karneades, besucht hatte – (*in Athen*)
bei Kleitomachos 14 Jahre, bei dem
Grammatiker Apollodor zwei Jahre, bei
dem Stoiker Mnesarch sieben Jahre ....
Er fing an die Schule unter (*dem Archon*) Polykleit (*110/109*) zu leiten. ⟦*zu
tilgen:* Er starb im Alter von 63 Jahren
unter (*dem Archon*) Niketes (*84/83*) ⟧ ...

---

1 Φι⌐λίω᾿ν KF: Φί⌐λω᾿ν (perperam) Bücheler: Φ⟨ὶ⟩⌐λ᾿ων (perperam) Dorandi   2–5 Bücheler*
6 ὑ[π]ά⌐ρ᾿χων Crönert   ἔ᾿[τη Bücheler*: ἔ᾿των Mekler   10 Bücheler*   12–13 τῶι] γραμμα|τικῶι
KF   13 Ἀπ[ολλο]δώρωι Mekler   fin. {δ᾿} KF   13–14 ἔ|[τ]η dub. Dorandi: ἔ|[τ]ι Bücheler*
14 Μνη[cάρχω]ι (fort. spat. long.) Puglia 2000   15 χ[ατήρ]ξατο (ἤρ]ξατο iam Bücheler) vel c[υνὴν.
ἤρ]ξατο (fort. spat. long.) conieci   17–19 deletiones leg. KF   17–18 βιώ[c]αc δ᾿ [ἑ]|ξήκοντ᾿
ἔτ⌐η᾿ [χ]αὶ [τ]ρία Bücheler*: [βιώc]αc δ᾿ [ἑβ]δ[ο|μή]κοντ᾿ ἔτη [καὶ τέ]τ[ταρ]α perperam Dorandi
19 Dorandi   20 τ]⌐έ᾿ττάρα dubit. Bücheler*: ⌐ἔ᾿τι παρα conieci

Kol. 33 ..[...]..x⌐ν⌐... [π]αιδείαν [.(.)
....]⌐μ⌐ετα⌐γ⌐[]α...ο.εται.[.].
25 .[...]...............ιε
τ[....]..α[.]......[....]..
....]...[.]..η.....
τη[...].ς..τ.ν κα.[]..[
......].....[.]ν....
30 .....]..ροc.ν.[..].. ενα[
....].[.]δημε[...].[.....
τα[....]..[].ηϰ[..].δ[....
...]..[.].ϰρατ.[..]....[.(.)
...].οc[.].ταδε.[.]..⌐κα⌐
35 .[.]...ο[.]ϰει.[......].
....].αλλα..[]αϰο[...].
....].ο.[....]ϰο..ε.[....
.]. α..ο.[...]⌐c⌐. ἐξε⌐ρ⌐[γα]ς⌐άμ⌐ε-
νο]ς δὲ καὶ πϙ⌐λ⌐λ[ὰ κα]ὶ καλ-
40 λιλογήσας τὸ δό[ξαν] οὐ-
κ εὐλ[όγ]ει, ποιϰ[ί]λαc δ' ἐπϙ[ι]εῖτο
τὰ[c μετα]πτώσεις. ┬ βιώcα[c] [[δὲ
Φιλίων]] \ δ' ´ ἑξήκοντ' ἔτη `καὶ τρία´ ϰατέ-
c]τρεψεν ἐπὶ Νικήτου περὶ
45 τὴ]ν [᾽Ι]ταλίαν ἐν τῶι τὴν οἰ-

... Bildung ...

Nachdem er vieles ausgearbeitet und
ansprechend ausformuliert hatte, hieß
er seine frühere Meinung nicht (mehr)
gut und nahm mannigfaltige Änderungen vor. Er [[Philio]] starb im Alter von
63 Jahren unter (*dem Archon*) Niketes
(*84/83*) in Italien im Zuge

Ergänzung 13

rechts von Kol. 33,44–45; beginnt evtl.
schon nach Νικήτου in Z. 44

δε.[.].
...[..
⌐πρ.⌐.[.] .
4 ...[.].ν

---

23 τὴ[ν ἐγ]ϰύϰ⌐λ⌐ιον conieci   [π]αιδείαν KF   31 ᾽Α]ϰ[α]δημε[ια conieci   33 C]ωϰράτϙ[υς conieci
36 ϰα[ὶ] conieci   37 τοῖ[c Cτωι]ϰοῖς conieci   38–39 ἐξε⌐ρ⌐[γα]ς⌐άμ⌐ε|[νο]ς Mekler   39 δὲ KF
πϙ⌐λ⌐λ[ὰ κα]ὶ KF   39–40 καλ|λιλογήσας KF   40 τὸ δό[ξαν] KF: δο[ϰεῖν vel δό[ξαι] conieci   40–
41 οὐ|κ KF   41 εὐλ[όγ]ει KF   ποιϰ[ί]λαc Dorandi   δ' Puglia   ἐπϙ[ι]εῖτο KF   42 τὰ[c
μετα]πτώσεις KF: τὰ[c ἀπο]πτώσεις conieci   βιώcα[c] Bücheler*   [[δὲ KF   43 Φιλίων]] \ δ' ´ KF
`καὶ τρία´ KF   43–44 ϰατέ||[c]τρεψεν Gomperz   44–45 περὶ | [τὴ]ν KF   45 [᾽Ι]ταλίαν Puglia
2000   τὴν οἰ- KF   supplementum 13 agnovit KF

Quellen/Fragmente: Bis Z. 17 Prosafassung von Apollodor, *Chronica* IV (wahrscheinlich); Philo
T 1
Anmerkung: Eine größere Tilgungsklammer am Rand von Z. 17–19 zeigt die Dublette (Z. 42–44)
an

Kol. 34 ϰουμένην ἐπιδραμόγτ[ι
      ϰα]τάρρωι. ϰαὶ τὴν σχολὴ[ν
      αὐτοῦ Π...[]ος, ο[ἶ]μαι, Κῖος ἐ-
      φ' ἡ⟦ν⟧⸌μῶν⸍ Ἀθήνηςʳἰν πα[ρ]αβαλόν-
5   των ἐξ Ἀ[λ]εξανδρείας
      ἤδη διακατεῖχεν. ἦσαν
      δ' αὐτοῦ μαθ[η]ταὶ ϰαὶ Ἰόλα⟦ι⟧-
      ος Cαρδιανὸ[ς] ϰαὶ Μενεϰρά-
      της Μιτυληναῖος ὁ ϰαὶ ϰα-
10   τὰ Cιϰελίαν [ἕ]ως πρ.[]ην
      διατρίβων ϰαὶ Μνα[c]έας
      Τύριος ϰʳἀ[ι̣.]ω...c Ἀϰρα-
      γαντῖν[ος ϰ]α[ὶ] Μελάνθιος
      ὁ Αἰσχίνου ϰα[ὶ] Λυσίμαχος
15   ὁ πρότερον ἀσ[τρ]ολογήσας
      ϰ]αὶ Ἡραϰ[λε]ίτου μετασχὼν
      ϰα[ὶ] Παυcανίας, ὃς ϰαὶ αὐτ[ο]ῦ
      Λ[υci]μ[ά]χου δ[ι]ήϰουcεν.
      ....δ' [Ἀντ]ίοχος..
20   .]....ν[..........].......
      ....].[...]...[]..
      .....]...[.....]...ο.α

einer die ganze Welt heimsuchenden
Katarrh-Welle. Und seine Schule hielt
schon ..., ich glaube, von Keos, als ich
von Alexandria kommend in Athen ein-
traf. Schüler von ihm waren auch: Iolaos von Sardes und Menekrates von Mytilene, der sich auch ... in Sizilien aufhielt, und Mnaseas von Tyros und ...
von Akragas und Melanthios, Sohn des
Aischines, und Lysimachos, der früher
Astrologie betrieb und am Unterricht
des Heraklit teilnahm, und Pausanias,
der auch Lysimachos selbst hörte. Antiochos ...

1 KF   2 ϰα]τάρρωι KF, cetera Bücheler   3 ο[ἶ]μαι, Κῖος dubit. Puglia 2000: Μαίϰιος Dorandi
4 ἡ⟦ν⟧⸌μῶν⸍ KF (ἡ⟦α⟧⸌μῶν⸍ iam Bücheler)   Ἀθήνηςʳἰν Puglia 2000: Ἀθήνηθʳεʾν Bücheler*   4–
5 πα[ρ]αβαλόντων Bücheler*: προ[c]βαλόντων dubit. Blank   6 ἤδη KF: ϰα[ὶ] perperam Bücheler*
7–8 Ἰόλα⟦ι⟧‖ος KF   8–9 Bücheler*   10 [ἕ]ως Dorandi: spatium (KF) ὡς Essler   προ[c]ήν Blank
per litt.: πρώην conieci (πρῴην iam Dorandi)   13 Mekler   14 Mette   15 ἀσ[τρ]ολογήσας Blank
per litt.   16 Ἡραϰ[λε]ίτου KF: Ἡράϰλ[ε]ιτος dub. Mekler   μετασχὼν Puglia 2000   17–19 leg. et
suppl. KF

Kol. 34 …]……[..]..ạ Μνη-
c]ạ́[ρχ]ωι δ[ὲ] τῷ[ι Cτω]ϊκῶι
25   πα[ρ]αβαλὼν [..].[..]….
      …].. κατα[..].[..].αθε[
      ….].φ[.]..[……].ωc[
      .η.[……] δ[….].[..]..
      .]..[..].[….].[…].[
30   ………………].
      ………].[…].α..[
      ………].[…].ν.[
      …]………[….].α.[
      …]….κ…..[…].αι
35   ·…].[.]η…..[….].αι
      ….].. ατ.. διεγ[έ]γετο
      .[..].. τὸ πλεῖcτ[ον] τοῦ
      βί[ου] πρεcβεύων Ἀ[θή]νη-
      θεν [ε]ΐc τε Ῥώμη[ν κ]αὶ πρὸc
40   τοὺc [ἐ]ν ταῖc ἐπαρχε[ίαι]c cτρα-
      τηγ[ού]c, καὶ τ[ὸ] πέραc ἐν
      τῆι [Με]cοποταμίαι Λευκίωι
      Λευκ[ό]λλωι προcκα Ͱρʹτε-
      ρῶν ἐτελεύτηcεν ἠγα-
45   πημέ[ν]ος ὑπὸ πολλῶν κἀ-

… nachdem er aber den Unterricht bei
dem Stoiker Mnesarch besucht hatte …

Er verbrachte … einen Großteil seines
Lebens als Gesandter Athens in Rom
und bei den Statthaltern/Feldherren in
den Provinzen und starb schließlich in
Mesopotamien als treuer Begleiter des
Lucius Lucullus. Er wurde von vielen,
auch mir, sehr gemocht

23–25 leg. et suppl. KF   36 διεγ[έ]γετο Puglia 2000: διεδ[έξ]ατο perperam Dorandi   37 init. δ[ὲ
κ]αὶ conieci, cetera Puglia   38 Puglia   40–41 Blank   44–45 ἠγα|πημέ[νο]c Blank   45 κἀ‖μοῦ
Blank

Parallelen: Aug. c. Acad. 3,41; Eus. PE 14,9,3 (für Mnesarch)
Quellen/Fragmente: Philodem (mündlich, eigene Erfahrung); Iollas T 1; Menekrates T 1; Mnaseas
    T 1; Melanthios T 1; Herakleitos T 1; Lysimachos T 1; Antiochus T 3

Kol. 35 μοῦ καὶ αὐτὸς ἡμᾶς ἀπο-
δεδεγμένος. ᵀ τὴν δὲ δι-
ατριβὴν αὐτοῦ διεδέξατο
ἀδελφὸς ὢν καὶ μαθητὴς
5 Ἄριστος. ἀκουςτὰς δὲ καίπερ
ἀσχολούμενος ἔσχε πλεί-
ους καὶ δὴ καὶ ςυνήθεις ἡ-
μῶν Ἀρίςτωνά τε καὶ Δίω-
να Ἀλεξανδρεῖς καὶ Κρά-
10 τιππον Περγαμηνόν, ὦ[ν
Ἀρίςτων μὲν καὶ Κράτ[ιπ-
πος ε.[.].....να.... δι[.-
κουςα.τ.. ζῆλον ἔχ.[...
ἐγένοντο Περιπατη[τι-
15 κοί, Δ[ί]ων δὲ τῆς ἀρχαία[ς] Ἀ-
καδημείας, ἀφ᾽ οὗ καὶ πο[λ-
λούς τιν᾽α᾽ς Ϲτω[ϊ]κ᾽ο᾽ὺς ἀκού-
ω νεώτατ᾽ εἰ᾽c᾽ Ἀλεξά[νδ]ρει-
α]ν........[.].....[...
20 ...[....]..[.]...[.....
...cυ.[....]......[..
.[]α.λο......c δὲ Μ[ε-

und wertschätzte mich seinerseits.
Seine Schule übernahm sein Bruder
und Schüler Aristos. Obgleich er (*Antiochos*) vielbeschäftigt war, hatte er
mehrere Schüler, darunter insbesondere meine Vertrauten Ariston und
Dion, beide aus Alexandria, und Kratippos aus Pergamon. Von ihnen wurden
Ariston und Kratippos ...
gehört hatten ...

Eifer ...
Peripatetiker, während Dion Anhänger
der Alten Akademie (*blieb*). Von ihm
höre ich, dass jüngst auch viele Stoiker
nach Alexandria ...

---

1 Blank   12 ἐπ[εὶ] Puglia 2000: ἔτ[ι] καὶ conieci   αὐτοῦ vel Ξενάρχου Puglia   12–
13 δι[α]‖κούςαγτες Puglia: δι[α]‖κοῦcαι τὸν vel τῷ conieci   ζῆλον Puglia   ἔχο[ντες Puglia: ἔχε[ιν
conieci   15–16 Blank   17–18 Ϲτω[ϊ]κ᾽ο᾽ὺς ἀκού|ω νεώτατ᾽ KF   18–19 εἰ᾽c᾽ Ἀλεξά[νδ]ρει|[α]ν
dubit. Mekler: ἐ᾽ξ᾽ Ἀλεξα[νδ]ρεῖ‖[α]ς conieci   22 ἄλλους [ᵀ.] αὐτὸς conieci   22–23 Μ[ε]‖λα[νθ]ίου
KF

Kol. 35 λα[νθ]ίου Νεοπολίτη[c Αἰc-
χί[νης] ἐχ.γ[..]..c.[..
25 ..ω...α..[..].[......
..κατ....ρ[.]..[......
ραχ[..].οσ...[....].τ[..
χ[.].[..]. καὶ ξ..[...]ε...
π.[....]ο....[......].ε[
30 .[.].[.].ε... [..].[.].[..]...
..α.[..].ν[.]..[......].[..
.....].[.]..........
.[.].[.].θιο[.]..[.......].
..]...κατ.....[.] καὶ Μη-
35 τρ]όδωρον Πιταναῖον,
ὅ]ς [κ]αὶ τοῦ Cτρατ[ο]νικέως
δι]ήκουσε. ᵀ Χαρμάδου δ᾽ ἐγ
Ἀ]σ[ί]αι τῶν πλανωμέ-
νω]ν πολλοί τι[νες] ἔφα-
40 σ[αν] ἀκουσταὶ γε[γο]νέναι·
Διόδωρος δὲ ὁ Ἀδραμυτˋτˊη –
νὸς ἐν ὀνόματι κατὰ Μι-
θρ[ι]δάτην οὐκ εὔφημα δια-
πεπρᾶχθαι δοκῶ[ν] καὶ Ἀ-
45 π[ο]λλ[ό]δωρος Τ⟦ˋρˋ⟧αρ[cεὺ]c ˋ ὅ ˋ

Melanthios ... Aischines von Neapolis
...

... und Metrodor von Pitane, der auch den Stratonikeer (*Metrodor*) hörte. Viele von den Wanderphilosophen sagten, in Asien Schüler des Charmadas gewesen zu sein: Diodor von Adramyttion, der berüchtigt zu sein scheint, zur Zeit des Mithridates Unsägliches getan zu haben, und Apollodor von Tarsos, der

23–24 leg. et suppl. KF   28 KF   33 Μ[ε]λ[α]γθιο[conieci   34 KF   35–36 Bücheler   37 δι]ήκουσε Bücheler   ἐγ Puglia   38 Ἀ]σ[ί]αι Puglia   39–40 τι[νες] Puglia   ἔφα|σ[αν] KF: ἔφασ|χ[ον] conieci   40 γε[γο]νέναι Bücheler   41 δὲ KF: τε Mekler (fort. {δ}‹τ›ε)   41–42 Ἀδραμυτˋτˊη|νὸς ἐν ὀνόματι KF (fort. Ἀδραμυττη|νὸς vel Ἀδραμυτ‹τ›η|νὸς)   42–43 Μι|θρ[ι]δάτην KF (fort. iam Bücheler): Μι|θρ[α]δάτην spat. long. Mekler   44 δοκῶ[ν] καὶ Ἀ-KF   45 Τ⟦ˋρˋ⟧αρ[cεὺ]c ˋ ὅ ˋ KF

Parallelen: D.L. 2,64 (Aischines); Strabo 13,1,66 (Diodor).
Quellen/Fragmente: Philodem (mündlich, eigene Erfahrung); Antiochus T 3; Aristos T 1; Dion T 1;
Ariston T 1; Kratippos T 1

Kol. 36 Γρύτων ἐπικληθεὶς καὶ
Ἡλιόδωρος Μαλ∖λ´ώτης καὶ
Φανόστρατο[ς] Τραλ∖λ´ιανὸς
εὖ πρὸς ὄχλων ψυχαγωγί-
5 αν ἠ‵ρ‵μοςμένος· ἐλέγετο
δὲ καὶ Ἀπολλώνι[ος] τοῦ Καρνεάδου βραχύν τινα χρό-
νον μετεςχηκέναι. ᵀ Μητρο-
δώρου δὲ τοῦ Στρατονικέ-
10 ως μετ᾽ ἄλλων καὶ ὁ Κυζι-
κη‵ν‵ὸς ἐγένετ[ο] Μητρόδω-
ρος μαθητὴς .[.]...[..
.ι.[..]....[].[.].[..].[.].[
α‵ν‵[..]νε[....].[]ν‵ο‵[.]‵ε‵.[
15 ┌─────────────────────────┐
  │ ποτ[ὲ] δὲ τῷ[ν ἀπ᾽] ‵Ε‵ὐκλεί[δ̣ου
  │ καὶ τῶν ἀ[πὸ Φ]αίδωνος,
  │ ἔτι δὲ τῶν [ἀ]π᾽ [Ἀ]ν[τ]ις̣θ‵ρ‵έ‵νου[ς
  │ γεγο[ν]υιῶν α[ἱρ]έςεών τε
  │ κα[ὶ] δ̣ι̣αδοχῶν ςυναπτ..
20 └ .].....[.]..[.].[.]...[──┘

mit Beinamen Gryton hieß, und Heliodor von Mallos und Phanostratos von
Tralleis, der trefflich zur Psychagogie
von Massen veranlagt war. Auch Apollonios, Schüler des Karneades, soll für
eine kurze Zeit an seinem Unterricht
teilgenommen haben. Schüler des Metrodor von Stratonikeia war mit anderen auch der Kyzikener Metrodor ...

... einmal ist hinzufügen ... der Philosophierichtungen und Schultraditionen,
welche von Euklid und von Phaidon,
ferner von Antisthenes ausgingen ...

Hic explicit recensio prior
Philodemi Indicis Academicorum

Ende des Entwurfs
von Philodems Index Academicorum

---

1 Γρύτων KF   3 Τραλ∖λ´ιανὸς KF   4 ὄχλων KF   5 ἠ‵ρ‵μοςμένος conieci: ἠ‵ρ‵τιςμένος fort.
spat. brev. Henry: ἠ‵ρ‵ε[θ]ιςμένος Wilson   7–10 Bücheler*   11 ἐγένετ[ο] Dorandi   14 paren-
theses/ornamenta disp. et suppl. KF et Ranocchia   15 ποτ[ὲ] δὲ τῷ[ν ἀπ᾽] KF   16 Φ]αίδωνος
KF: Πλάτωνος perperam Bücheler*   17 ἀ]π᾽ [Ἀ]ν[τ]ις̣θ‵ρ‵έ‵νου[ς KF: ἀ]πὸ [Δ]ι̣ο̣γ‵ρ‵έ‵νου[ς (non ad
vestigia aptum vid.) conieci   fin. ἐπι- Bücheler   18 Bücheler   19 ςυναπτέρο[ν vel ςυνάπτειν
conieci   19–20 parentheses/ornamenta disp. et suppl. KF et Ranocchia   20 τόνδ᾽ ἐχέ]τ[ω μοι
τὸν] ὄρ[ον Bücheler: [διέρχη]ι, [τὰ ἑπόμενα] ὁρ[ᾶις Gaiser   21 sub linea 20 fort. alia linea (l. 21) vel
signa

Quellen/Fragmente: Philodem (ab Z. 15)
Anmerkung: Der Rest der Kolumne ist nicht beschrieben. Am Ende des Papyrus ist Raum im
Umfang von etwa 1–2 Kolumnen nicht beschrieben („ἄγραφον")

Recensio prior – Verso (*PHerc.* 1021)

PHerc. 1021: Kol. Z, Y, X,
V, T, S, R, Q, P, O, N, M (Verso)

∵

Kol. Z ⌐..[.........]εμειντοδιαγε[....¬
⌐τιν επα[.....Ἀκ]ᾳδήμειαν αὐτ[...¬   Akademie ...
⌐θομεν.[.....ἐρ]ωτῆϲαι λέγετ[αι.¬   soll gefragt haben ...
⌐την.[.......]ατων. τὸν δε[....¬

5 ⌐αὐτὸν [.......]ν, ἐφ᾽ ὃ πάρεϲτιν.[...¬   für was er anwesend ist ... Liebe zum
⌐γεγρα[.....φι]λολογίαν διαλε[...¬   Disputieren (zur Bildung/Literatur) ...
⌐λουμ[.........]εν τὸν λόγο[ν..¬
⌐δε.[.............]ε[.......¬
⌐τοτε[....................-¬

10 ⌐ρουντι παραβᾳν[............¬   Volksfest ...
⌐.]η τῆϲ πανηγύρε[ωϲ..........¬
⌐.]πρὸϲ Δί[[.]]꜒ω´να καὶ του[.........¬   zu Dion und ... Zusammentreffen ...
⌐ἔ]ντευξιν [πα]ραβ.[.........¬
⌐..]υπερ[....].γαρ[.........¬

15 ⌐............]ενιδ[.......¬
⌐............]αυμ.[.......¬
⌐............].λλω.[.......¬
⌐............]ϲουϲ..[.......¬
⌐........]ν.οτρ[..].ϛ[.........¬

20 ⌐....πε]ρὶ ϲοφίαν [..........¬   hinsichtlich Weisheit ...
⌐π[......].ακαι[..]ολ.[.......¬
⌐γε.[.....]ηϲ ἀκρα[..........¬

23 ⌐[.....................]¬

1–8 fines linearum in separato fragmento, quod fort. non huic columnae/loco adiungendum est
2 Ἀκ]ᾳδήμειαν Gomperz: ἀπ]ᾳδημ{ε}ίαν Gaiser   2–3 πυ]‖θόμενο[ϲ conieci   4 Πλ]άτων Gomperz   6 φι]λολογίαν KF: ἀ]πολογίαν Wilamowitz: ὁ]μολογίαν Gaiser   9–10 θεω]‖ρουντι Gomperz
10 παραβᾳλ[ὼν Mekler   11 Mekler   12 τοὺ[ϲ φίλουϲ Prächter   13 [πα]ράβρ[λον Mekler   14 ὑπὲρ
τῆϲ ὀλ]ιγαρ[χίαϲ Gaiser   21 ἀλ]λὰ καὶ Mekler

Parallelen: Plat. ep. 7 350b; D.L. 3,25
Anmerkung: Diese Kolumne befindet sich etwa hinter Kol. 1* des Rekto. Es ist nicht ausgeschlossen, dass sie den Text von Kol. X oder Kol. Y fortführt

Kol. Y ⌜.....]ε δὲ cυνα[...]ε παρέ⌐γρα⌐[ψ.·
⌜κα[τε]ɣενόητο δξ, φη[c]ί, καὶ τῶν⌐ μα-
⌜θημάτων ἐπίδοcιc πολλὴ κατ⌐⌐ ἐκεῖ-
⌜νο[ν] τὸν χρόνον, ἀρχιτεκτον⌐οῦ⌐ντο[c⌐

5 ⌜μ[ὲ]ν καὶ προβλήματ[α] διδόντ⌐οc ⌜τοῦ⌐
⌜Π[λ]άτωνοc, ζητούντων δὲ μετὰ cπου-⌐
⌜δῆ]c αὐτὰ τῶν μαθηματικῶν. τοιγὰρ⌐
⌜...]τη [..] περὶ μετρο[[ν]]⌐λ´οɣίαν ἦλθεν⌐
⌜εἰc...]φὴν τότε πρῶτον καὶ τὰ περὶ⌐

10 ⌜τοὺc τ]όμουc προβλήματα τῶν περὶ⌐
⌜Ε[ὔδο]ξον μεταcτηcάντων τὸν ἀ[φ᾽ Ἱπ-⌐
⌜πο[κρά]τουc ἀρχαϊcμόν. ἔλαβε [δὲ καὶ⌐
⌜ἡ ɣε[ωμ]ετρία{ι} πολλὴν ἐπίδοcιν. ἐ⌐ɣε-⌐
⌜νήθ[η] ɣὰρ καὶ ἡ ἀνάλυcιc καὶ τὸ περὶ⌐

15 ⌜διοριcμοὺc λῆμ‹μ›[α] καὶ ὅλω[c] τὰ π[ερὶ⌐
⌜τ]ὴν ɣεωμετρίαν ἐπὶ πολὺ ν[.]η.⌐
⌜.....]δεν τε [ὀπ]τ[ικ]ὴ καὶ μη[χ]αɣικ[ὴ⌐
⌜.....].[.]μ[.]μιc τὴν αιτα[....]ο[.⌐
⌜...(.)]ɣɣην τῶν το[ιού]τω[ν........⌐

20 ⌜χρ]ήcιμα cυχνοί [τῶν cπε]ρμολόɣων⌐

... fügte hinzu: „Ein großer Fortschritt war zu jener Zeit auch in den mathematischen Wissenschaften wahrnehmbar, wobei Platon der Architekt war und Probleme vorgab, welche die Mathematiker mit Eifer zu lösen suchten. ... um die Proportionenlehre wurde damals zum ersten Mal ... und auch die Probleme zu Schnitten, nachdem die Gruppe um Eudoxos die alte Methode des Hippokrates modifiziert hatte. Auch die Geometrie machte großen Fortschritt. So wurden die Analysis und die Hilfsannahme von Möglichkeitsbestimmungen entwickelt und überhaupt die geometrischen ... viel ... Optik und Mechanik ... so beschaffener ... viele Krähen (Schmarotzer) Nützliches ...

---

1 ἐνθάδ]ε conieci: Εὔδημο]ç vel Φίλιππο]ç dub. Verhasselt 2013   cυνά[ɣω]ν Lasserre: cυνά[ψα]ç Gaiser   παρέ⌐γρα[ψα Lasserre: παρέ⌐γρα[ψε Mekler   2 κα[τε]ɣενόητο Gaiser   7 τὸ{ι} ɣὰρ Puglia 8 ἡ ζῆ]τη[cιc Puglia: cύc]τη[μα conieci: ταύ]τη‹ι› [τὰ] von Arnim μετ‹εω›ρο[[ν]]⌐λ´οɣίαν dub. Gaiser 1963   9 εἰc Mekler   ɣρα]φὴν Heiberg: κορυ]φὴν Mekler: μορ]φὴν Apelt   10 τ]όμουc dub. Gaiser: ὁρι]cμοὺc Gaiser: ἀρι]θμοὺc von Arnim   11 Ε[ὔδο]ξον Gomperz   11–12 ἀ[φ᾽ Ἱπ]|πο[κρά]τουc dub. Mekler   12 δὲ καὶ Mekler   13–14 ἐɣε|νήθ[η] Mekler: ἐ⌐ɣε[ν]|νήθ[η] Lasserre 1966   15 διοριcμοὺc Mekler   λῆμ‹μ›[α] Mekler: ἀλλ[ὰ] Crönert 1903: ῥῆμα conieci   τὰ π[ερὶ Bücheler*   16 ν[ίκ]ην Bücheler*: -ηλ|[λάɣη conieci   17 οὐ]δὲν Mekler ἔν τε Mekler [ὀπ]τ[ικ]ὴ Gaiser: [ὀπ]τ[ικ]ή‹ι›Mekler: [ἦτ]τ[ο]ν Puglia μη[χ]αɣικ[ὴ Gaiser: μη[χ]αɣικ[ἡ‹ι› von Arnim   18 εἰc Mekler: ὃ[ύ]ɣ[α]μιc Puglia   19 το[ιού]τω[ν dub. Mekler   20 χρ]ήcιμα KF: ὃν]ήcιμα Mekler, cetera Mekler

Kol. Y ⌐.(.)⌐ αυτων ενε[. . . . .] . ν cχεδὸν π[⌐
⌐.(.)⌐ην.ο.τιπω.[. . . .] ἄλλο καὶ τῶ[ν ⌐   anders und der Freien ... nahmen
⌐ἐλε]υθέρων τοι.[. . . . .]ανέλαβον⌐   ... anders ...
⌐.].μετα[. . . . .]γμ..⌐

25   ⌐..]βην καὶ [. . . . .].ι⌐
⌐.].ουγοντ[. . . . .]λ[]βο⌐
⌐...]πρ[....]δ.[. . . . .] ἄλλο⌐
⌐...] ἀνθρώπω[ν . . . .]ληθ[.⌐   Menschen ...
⌐..(.)].cυνουετα[. . . . .]⌐

30   ⌐α[.(.)]με.βαων καὶ [. . . . .]ομι⌐   trennten sich vom Notwendigen.
⌐τα[].ηε.[..]και[..]οc τουτο[. . . . . . .]⌐   Welche nämlich über das Nützli-
⌐.[..] ἀπήρτηcαν τῶν ἀναγ[και]ῳν.⌐   che sinnieren, scheinen mit
⌐οῐ γ[ὰ]ρ περὶ τῶν [χρ]ηcίμων [νο]ο[ῦcι], δικαί-⌐ Recht Sklaven zu sein. Platon
⌐ωc ε[ῖ]ναι δοκοῦcιν οἰκότριβεc. [...γρα-⌐   nutzte die Schriftstellerei und

35   ⌐φικ[ῆι] χρώμενοc ὁ Πλάτων πολλ[ῶν ..c-⌐   sagte viele zu ... auch die, welche
⌐θαι [εῖ]πε καὶ τῶν ἀπόντῳν το[ῖc ἰ]δίοι[c⌐,   von den eigenen (Lehren) ent-
⌐ἰδίωc ἀφ[ε]ιδούντων, ἀπο̣ληρού[ν]των⌐.   fernt sind, besonders rücksichts-
⌐ἤ τε [Ἀξι]οθέ⟦τ⟧`α´..παρεγέν[ετ...c]οφὴ⌐   los leben und töricht schwatzen.
⌐γου[..]νανδροc ἐπα[.]τ.[. . . . . .].[⌐   Und Axiothea kam ... klug ...

40   ⌐ν[....].α καὶ γνο̣ῦcα καὶ βηκειν[.]η[.].[⌐   Mann ... erkannte und ... nahm ...
41   ⌐ . . . . .]λαβὼν ε[.]νευαιγ[. . . . .]γοιτ[⌐

... ungefähr ...

---

21 αὐτῶν ἔνε[κ᾽ Mekler   22 φοιτητῶ̣ν Mekler   23 ⌐ἐλε]υθέρων KF: θερῶν Gaiser   31 καὶ [πρ]ὸc τοῦτο Mekler   32 ἀναγ[καί]ῳν (fort. spat. long.) Gomperz   33 οῐ γ[ὰ]ρ Mekler: οἴπ[ε]ρ conieci   [χρ]ηcίμων Gomperz: ὀν]ηcίμων Mekler   [νο]ο[ῦcι] Gaiser   34–35 δικαί|ωc Mekler: ε̣ικαί|ωc Verhasselt: καὶ | ὡc conieci   34 ε[ῖ]ναι Mekler   τῆι δὲ Gaiser   34–35 γρα]|φικ[ῆι] Gaiser   35 χρώμενοc KF: δ]υνάμενοc Gaiser   πολλ[ῶν KF: πολλ[οὺc Bücheler*   36 -θαι [εῖ]πε KF: (ἐ)θάρ[c]υ̣νε Bücheler*   ἀπόντῳν Mekler   το[ῖc ἰ]δίοι[c Bücheler*   37 ἰδίωc Mekler   ἀφ[ε]ιδούντων Bücheler*: ἀτυχούντων conieci   ἀπο̣ληρού[ν]των dub. Gaiser: ἀπο̣χληρού[ν]των: Bücheler*: ἀπο̣χρου[όν]των conieci   38 οὐ̣ dub. Verhasselt   διὸ conieci: καὶ Gaiser   c]οφὴ Gaiser   39 γοῦ[ν vel γ᾽ οὖc᾽ conieci   ἐν (vel ἦ]ν) ἀνδρὸc vel ἄ]νανδροc conieci   ἐπ᾽ ἀ[ρε]τῆ[ι Gaiser   40 γνο̣ῦcα Gaiser   41 λαβὼν dub. Verhasselt

Parallelen: Procl. in Eucl. 66,4–6
Quellen/Fragmente: Dikaiarch, Περὶ βίων (vermutlich); FGrH 1400 63c
Anmerkung: Diese Kolumne befindet sich etwa hinter Kol. 1 des Rekto

Kol. X ⌐.........]⌐ᾰ⌐απε.[......]⌐

  ⌐τ⌐ελλ⌐οδ[...]c ἄλλοιc υν[..]ν ἐ[πι-⌐
  ⌐τρέπω τὰ γεγραμμένᾳ [π]ερὶ Π[λ]ᾳ-⌐
  ⌐των⌐οc ἄπ⌐[α]νθ᾽ ὑπογράψαc ἔχον-⌐
5 ⌐θ᾽ οὕτ[ωc· Π]λάτων Cωκράτουc γεγο-⌐
  ⌐ν[..μαθ]⌐ητὴ⌐c ἀπ⌐[λ]ειφθεὶc.εcο[..⌐
  ⌐δ[..ἐ]τῶν [εἰ]κοcιεπτὰ ἀπῆρεν εἰc [Cι-⌐
  ⌐κελίᾳν κᾳὶ Ἰταλίαν εἰc τοὺc Πυθα-⌐
  ⌐γ[ορ]{η}‹εἰ›ουc, οἷc ϲυνγενόμε[ν]όc τινα⌐
10 ⌐χρόνον cυνέμειξ[ε τῶι Διο]νυcί-⌐
  ⌐ωι τῶι πρεcβυτέρωι [λεγομέ]νωι.
  ⌐καὶ τρύτου cκαιότερ[ον] αὐτοῦ τὴν⌐
  ⌐παρρηcία[ν] ἐνέγκα[ντ]ρc, ὅτι ἐρω-⌐
  τηθ⌐εἰc⌐, τίc αὐτ⌐ῶ[ι δο]κ[εῖ] φα[ν]ῆναι⌐
15 εὐδαιμονέc⌐τερ[οc], οὐ[κ] εἶπεν αὐτ[⌐
  ὤ⌐c [.ἐc]τιν ⌐ε⌐[..]φ[..]ν[]δυcχερα[⌐
  ⌐[.].ν[.].εμένωι. κ[αὶ π]αραδοθείc τ[ι-⌐
  ⌐cιν] ἐχθροῖc ἀπ[ὸ Λα]κεδαίμονο[c ⌐
  ⌐.........ἐπρ]άθη. [καὶ] ἀποι-⌐
20 ⌐κεῖν ὄκγ[οc ἦ]ν ἐν Αἰγινίηι αι[.]θυ⌐
  ⌐.]ουηνατων ἐν Αἰγ[ίν]η[ι.].ηκ[.⌐
  ⌐......ἐ]κπεπ[τ]ωκότων [τοῦ Πε-⌐

... ich überlasse anderen ... und skizziere alles, was über Platon geschrieben wurde, auf folgende Weise: Platon war Schüler des Sokrates. Als er ... im Alter von 27 Jahren verlor, segelte er nach Sizilien und Italien zu den Pythagoreern. Nachdem er mit ihnen eine Zeit lang zusammen war, hatte er mit Dionysios dem Älteren Umgang. Und als dieser seine Freimütigkeit recht übelwollend aufnahm, weil er auf die Frage, wer ihm glücklicher zu sein scheine, nicht sagte, ... verärgert ...

Und er wurde irgendwelchen Feinden aus Sparta übergeben ...

verkauft. Und er hatte Furcht auf Ägina zu wohnen ... auf Ägina ... welche vertrieben wurde im

---

1 τὰ Cικελι]⌐ᾰ⌐ὰ Gaiser 1–2 ἐπι]|τεμᾳ̣ώ[γ (perperam) Mekler: -τ⌐ελλ⌐όμ[ενο]c conieci οἶ]c Mekler: ὥ]c Gaiser ἄλλοιc KF: ἄλλοι Mekler: cυν[ῆιδο]ν Mekler: cυν[ῆγο]ν Gaiser 2–3 ἐ[πι]|τρέπω KF: ἐ[πι]|τρέχω Mekler, cetera Bücheler* 4 ἄπ⌐[α]νθ᾽ Bücheler*: ἀπ⌐[ό]νθ᾽ conieci ὑπογράψαc Crönert: ὑπογραφὰc Mekler 4–5 ἔχον|θ᾽ Gaiser: ἔχων | τούτων Bücheler* οὕτ[ωc Crönert 5–6 γεγο|ν[ὼc Bücheler*: γέγο|ν[εν conieci 6 μαθ]⌐ητὴ⌐c Mekler ἀπρ[λ]ειφθεὶc Lasserre 6–7 νεῳ̣[τερος Gigante: νέρc [ἔθ᾽] | ᾰ[τ᾽ ὢν Praechter: δὲ ὢν Lasserre: νέρc [ἔ]|τ᾽ ὢν conieci 7 Mekler 7–8 Cι]κελίᾳν Mekler: Cι]κελί{η}‹α›ν conieci, cetera von Arnim 9 Mekler 10 cυνέμειξ[ε τῶι (vel καὶ) KF: cυνέμειξ[εν Διο] Gomperz 11 πρεcβυτέρωι Gomperz [λεγομέ]νωι Mekler: [τυράν]νωι dub. Mekler 14 δο]κ[εῖ] Gomperz: φα[ν]ῆναι Gaiser: ε̣ῖ̣ναι conieci αὐτ[ῶι Prächter: αὐτ[ὸν Gaiser 15 οὐ[κ] Gaiser 16 [οὐκ (spat. long. vid.) Mekler [γ᾽: conieci ἔ[μ]φρων Lasserre 17 κ[αὶ KF, cetera Gomperz 17–18 τ[ί]|cιν Gomperz 18 ἐχθροῖc KF: ἐ[μπό]ροιc Bücheler*, cetera Bücheler* 19 ἐπρ]άθη KF: εἰc] Ἀθή[νας Lasserre [καὶ] KF ἀποι]κεῖν Mekler 20 ὄκγ[οc ἦ]ν KF 21 ἀπ᾽ ὢν Gaiser: ἀπῶν vel -ῆμα τῶν conieci, cetera Mekler 22 ἐ]κπεπ[τ]ωκότων Mekler [τοῦ Gaiser

Kol. X ⌐λ[οπο]ν[νης]ιαχ[ο]ῦ πολέμ[ο]υ α[....]⌐   Peloponnesischen Krieg ...
        ⌐.[.........] ἀπελύθη ι.[...]⌐   losgekauft ...
25   ⌐.ιαι[......]ιαυτcω[..(.)]α[.(.)]c⌐
        ⌐..(.)]ωcα[..(.)]αc. Δίω[ν.....]τηι⌐   Dion ...
        ⌐κα[.].θε[.....].α.[.]ατρ[.......]⌐
        ⌐.Διον]υcι[..τ..] νεωτ[ερ.......]⌐   Dionysios der Jüngere ...
        ⌐..]αρ ἑαυ[......]υνην[........]⌐
30   ⌐..........].απ.[..........]⌐
        ⌐....]γητ.[...]λακαι[.........]⌐
        ⌐....] Πλάτ[ω]ν[..............]⌐   Platon ...
        ⌐..........]οτ.του.[.]νομα[..]⌐
        ⌐...........].οc[..(.)]ν[.].ε προ⌐
35   ⌐........]ν πάλιν οἴκαδε. καί τιν[α⌐   wieder nach Hause. Und nachdem
        ⌐χρόνον.].τοῖc ἑαυτοῦ [c]υνήθεcιν⌐   er einige Zeit mit seinen Schülern
        ⌐......] ὑπὸ Δίων[ο]c παρακληθεὶc⌐   (Bekannten) ... ging er, von Dion gebe-
        ⌐ἦλθε πρὸc Διονύcιον· κἀκεῖ δια-⌐   ten, (nochmals) zu Dionysios. Und
        ⌐βληθείc, ὡc cυνεργ[εῖ] θέλων⌐   dort wurde er verdächtigt, dass er wil-
40   ⌐Δίωνι τ[ῶ]ι τὴν ἀρ[χὴ]ν ἀγ[αι]ροῦντι.⌐   lentlich mit Dion kollaboriere, wel-
        ⌐καὶ ἀπώλ[ε]το μόνο[ν] ὁ Δί[ων].θε[..⌐   cher versuchte die Herrschaft zu stür-
        ⌐καὶ οὐ δι[ὰ το]ῦ ἀδυνα[τ]ῆc[αι.....]ν⌐   zen. Und nur Dion kam ums Leben ...
        ⌐αcε.[...(.)]θαι[......]οτην[..]ἦλθε⌐   und nicht wegen des Unvermögens ...
        ⌐λια[................]χε⌐   ging
45   ⌐γ.[...................]⌐

22–23 Πε]|λ[οπο]ν[νης]ιαχ[ο]ῦ Mekler   πολέμ[ο]υ Gomperz   24 Mekler   27 [δι]ατρ[ι- vel
[π]ατρ[ίδ- conieci   28 Gomperz   29 c]υνήν Mekler   31 ἀλ]λὰ καὶ Mekler   35 Mekler
36 χρόνον (χρόνο]ν fort. spat. brev.) Gomperz   ὦ]ν conieci   36–37 [ὁ]|μιλήcαc Mekler   37 ὁμι-
λῶν] conieci   38 κἀκεῖ Crönert 1903   39 cυνεργ[εῖ] dub. Gaiser: cυνεργ[εῖν] Mekler   θέλων
Mekler: θέλ{λ}ων conieci   40 τ[ῶ]ι τὴν ἀρ[χὴ]ν KF: τ[ὴ]ν τυρα̣γγ[ίδα Gomperz: τ[ὸ]ν τυ̣ραγν[ον
Gaiser   ἀγ[αι]ροῦντι Bücheler*   41 καὶ KF: κἂν von Arnim*   ὁ Δί[ων] KF (Δί[ωνο]ς conieci):
δ]ὲ δι[ὰ τῶν θε]ῶν Mekler   φθε[ρῶν conieci   42 Mekler   43 ἀcεβ[εῖν Mekler   εἰc δεcπ]ότην
conieci   fin. [ἀπ]ῆλθε Gaiser: ἔ]λαθε Mekler

Parallelen: Viele
Quellen/Fragmente: Philodem (andere Autoren zusammenfassend)
Anmerkung: Diese Kolumne befindet sich etwa hinter Kol. 2 und 3 des Rekto. Es ist nicht ausge-
schlossen, dass ihr Text von Kol. Z fortgesetzt wird

Kol. V

⌜καὶ φι]λοσόφω⌝ν ⌜ἀ[πῆ]ραν πρὸς Ἑρμ[ί]⌜α⌝ν⌝
⌜τινὲς πλ]ανῆται μεταπεμψα{ι}μένου⌝
⌜μὲν α]ὐτ⌝οὺς καὶ ⌜πρότερον τοῦ Ἑρ-⌝
⌜μί]α [..]νο.οτο[..], τότε δὲ.χαὶ μᾶλ-⌝
5 ⌜λόν τ]ι διὰ τ⌝ὴν ⌜Πλάτωνος τελε[υ-⌝
⌜τὴν ἐ]πιϲπεύ⌜ϲαν⌝τοc.ᵀ παραγενομ[έ-⌝
⌜νοιc δ' αὐ]τοῖ⌜c ⌜τά τε ἄλλα πάντα⌝
⌜ἐπ[όηϲε] κ⌝ο⌜ιν[ὰ κ]αὶ πόλιν ἔδωκεν⌝
⌜οἰκ[εῖ]ν {[.]ο} ˋτὴˊ ⌝ν Ἀ⌜c[có]ν, ἐν ἧι ἐκεῖνοί τε⌝
10 ⌜δια[τρίβο]ν⌝τεc []⌜ἐφιλοϲόφουν εἰc⌝
⌜ἕνα [περί]πατον ϲυνιόντεc καὶ [..⌝
⌜τα[....]νθ' Ἑρμίαc οη[...]γαρετ[-⌝
⌜θη[....ὑ]πὸ⌝ φι⌜λοϲοφ[ί]α[c ..] μεταλ-⌝
⌜λαγη[ν..]ν⌝ομ⌜ιζ[..]πρὸς τὴν⌝
15 ⌜τοῦ [....]τιμε[....] μοναρχ⌝[ί-⌝
⌜αν [............]εναϲα⌝
⌜μ[....]τ.[..]π.[....]κ[....⌝
⌜...]αρ[.]cτ.[.]α.[......]ερον⌝
⌜......]το.[....]τω[....]το Πλά⌝-
20 ⌜των ..].[.]μαινα.ημ.[..]αντοc⌝
⌜..]νοc αὐτοὺc [..]αν[........⌝
⌜[.....................]⌝
23 ⌜......]γ[..................⌝

Und von den Philosophen gingen einige
auf Wanderschaft und segelten zu Hermias, nachdem Hermias sie auch schon

PHerc. 164 frg. 4

. . .

τότε δὲ κ]αὶ μ[ᾶλλόν τι διὰ
τ]ὴν Πλάτ[ω]νο[c τελευτὴν
ἐ]π[ι]cπεύcαν[τοc.ᵀ παρα-
γε]νομέ[νοιc δ' αὐτοῖc τά
5 τε ἄ]λλα πάντα [ἐπόηcε
6 κοινὰ κ]αὶ πό[λιν ἔδωκεν

. . .

früher ... eingeladen hatte, sich damals
aber wegen Platons Tod noch nachdrücklicher um sie bemühte. Als sie angekommen waren, machte er alle übrigen Dinge mit ihnen gemein und gab
ihnen Assos als Stadt zum Wohnen, wo
jene in einem Peripatos gemeinsam philosophischen Studien nachgingen und
Hermias ... von der Philosophie ... Änderung (geändert werden) ... glaubte(n) ...
zur Monarchie ... Platon ...

---

1 καὶ Gaiser   φι]λοσόφω⌝ν Gomperz: φι]λοσοφῶ⌝ν Puglia 2018   ἀ[πῆ]ραν Puglia 2018:
ἄ[cτ]ρα γε Gaiser: ἄ[νδ]ρα Battegazzore: δ' (conieci) [ἔγ]ραψε Gomperz   2 τινὲς Puglia 2018
πλ]ανῆται KF: πλ]ανητά{ι} Gaiser: πεπλ]άνηται dub. Gaiser (περιπεπλ]άνηται Tsouna): μ]αθηταὶ
Puglia 2018   μεταπεμψα{ι}μένου Gomperz   3 Gomperz   3–4 Ἑρ[μί]α Mekler: Ἑρ|[μί]ο[υ
Gaiser   4 εὐ]νούϲτα[τα Mekler   δὲ.χαὶ Gomperz   4–5 μᾶλ|[λόν τ]ι Gaiser   6 Gomperz
6–7 παραγενομ[έ|νοιc Gaiser   7 δ' αὐ]τοῖc Bücheler*   8 ἐπ[όηϲε] Gaiser: ἐπ[οίηϲε] Gomperz
κ]ο[ιν[ὰ κ]αὶ πόλιν ἔδωκεν Gomperz   9 ⌜οἰκ[εῖ]ν {[.]ο}⌝ ˋτὴˊ ⌝ν Mekler   Ἀ⌜c[có]ν Crönert 1903:
Ἀ⌜c[có]ν Mekler   ἐκεῖνοί τε⌝ Diels: ἐξέ{η}νιζε Gomperz   10 δια[τρίβο]ν⌝τεc Gomperz   [δ']
Gomperz: [γ'] Gaiser   11 Gomperz   11–12 [πάν]|τα Bücheler*   12 τὰ δέο]νθ' Bücheler*
δή[που Gaiser: αὐ[τοῖc Diels   12–13 παρετ[ε]|θή[κει Gaiser: παρετ[έ]|θη conieci: παρετ[ί]|θη Wil-
amowitz   ὑ]πὸ Wilamowitz   δὲ] Gaiser   13–14 μεταλ|λαγῆ[ναι Gaiser: μεταλ|λαγῆ]ν conieci
14 ἐ]ν⌜όμ⌜ιζ[ον Gaiser: ν⌜ομ⌜ίζ[ων Wilamowitz: ἐ]ν⌜όμ⌜ιζ[εν conieci   15–16 μοναρχ[ί]|αν Gaiser
19- 20 τὸ Πλά|[τωνος] ῥ[ῆ]μα (dub.) Mekler   20 ἵνα γῆ μ[ία Gaiser

---

Parallelen: Strabo 13,1,57; Did. in Dem. 5,51–63; Plat. ep. 6 322e.
Anmerkung: Diese Kolumne befindet sich etwa hinter Kol. 5 und 6 des Rekto

Kol. T

⌜|γράφει δ᾽ ὑπ[ὲ]ρ αὐτοῦ τ⟦ο⟧`α´ῦτᾳ⌝
⌜|Διόδωρος ω[.].ο.ῳν κατὰ⌝
⌜Θεόφραστον γε̣γον..α̣⌝-
⌜πὸ Cπευcίππου· φύcιν δὲ⌝
5 ⌜καὶ φιλοπονίαν ἀξ⟦α⟧ίαν⌝
⌜ἔcχε μνήμηc· [ο]ὐ γὰρ μό⌝-
⌜νον περὶ τῶν ἐνδεχο⌝-
⌜μ]ένων ἐπ[ρ]αγματεύθη{ι}⌝
⌜καὶ περὶ πάντων δ᾽ ἱκα⌝-
10 ⌜νά] τι̣ν᾽ ε̣ἴρη[κ]εν, ὥcτε δο⌝-
⌜κε]ῖν, εἰ μὴ τὴν διατρι̣⌝-
⌜βὴ]ν ἐποιήcατ[ο ἐ]κτόπου⌝
⌜.....]εραν τ[....].α⌝
⌜......]μιμο[.....]ε⌝
15 ⌜.....]τοιcπ[......⌝
[..................]
[..................]
[..................]
[..................]
20 [..................]
[..................]
[..................]
[..................]

Diodor aber, der zur Zeit des Theophrast ... und ein Schüler Speusipps war, schreibt Folgendes über ihn (*zugunsten von ihm*): „Er hatte eine erinnerungswürdige Anlage und Arbeitskraft. Er beschäftigte sich nämlich nicht nur mit allen möglichen Dingen und traf über alles passende Äußerungen, so dass es schien, wenn er nicht den Unterricht ... gemacht hätte ...

1 ὑπ[ὲ]ρ Mekler   2 ο̣μ̣[ο]λογῶν vel θε̣ο]λογῶν vel ο̣ ε[ὐ]λογῶν conieci: ο̣ς [ἱc]το̣ρῶν Gaiser: ω[c] τὸ μὲν Mekler   3 γεγονὼ̣ς conieci: γέγονε̣ν Crönert 1903   9–10 δ᾽ ἱκα|νά] Mekler: δικα||[- vel δικα[ι|- conieci   10 τι̣ν᾽ ε̣ἴρη[κ]εν Gaiser: ἐ]πεχε̣ίρη[c]εν Mekler (ν᾽ ἐ]πεχε̣ίρη[c]εν conieci)   10–11 δο|[κε]ῖν Mekler   11–12 διατρι̣|[βὴ]ν Gomperz   12 ἐ]κτόπου KF (fort. ἐ]κ τόπου): ἐ]κ τού̣του conieci   12–13 εἰς τὸ μου|[cεῖον Bücheler*   13 π]έραν Gaiser: εἰc ἑcπ]έραν vel καθ᾽ ἡμ̣]έραν conieci   13–14 ἀλ]λὰ |[καὶ] conieci   14 μιμο[υμεν- (μιμο[ύμενοc iam dub. Mekler) vel νο]μιμο[conieci   15 τοιc π vel τοι Cπ[ευcιππ- conieci

Kol. T [.................]
25 [.................]
[..................]
[...................]
[...................]
[...................]
30 [...................]
[...................]
.........].[.......
.......]...νδ[.....
............]...[....
35 ....] .υτρ.[..
............]..ε.[...
............]....[...
............]παντ..[
[..................]
40 [..................]
[...................]
[...................]
[...................]
....].πε..α....[.......
45 ....]......ιον.[
46 ..].τ.ν[...]..[..]..[....

Parallelen: D.L. 4,2

Quellen/Fragmente: Diodor, Ἀπομνημονεύματα; Speusipp F 1

Anmerkung: Diese Kolumne befindet sich etwa hinter Kol. 6 und 7 des Rekto

Kol. S ⌜[Cόλοιc. αὐτὸν δ᾿ εἰπεῖν· „ἐν]⌝
⌜γῆc φίληc ὄχθοι]cι κρυφθῇ-⌝
⌜ναι χ[αλόν. . . . . .]μένου⌝
⌜δὲ τοῦ Πο[λ]έμων[ο]c καὶ νο-⌝
5 ⌜μίζοντοc αὐτὸν δεῖν, ἐ-⌝
⌜ν αἷc αὐτοὶ μέλλουcιν, τε-⌝
⌜θῆναι θήκαιc, εἰπεῖν, ὡc οὔ-⌝
⌜τε πρότερον ἀντεῖ[πε]ν α[ὐ-⌝
⌜τῶι πώποτε οὔτ[ε] νῦ[ν . .⌝
10 ⌜οὐκ ἀφηγηcάμε[νοc . . . . -⌝
⌜λοc ἐγ[έ]νετο τοῖc κο.[. . . .⌝
⌜κατὰ τὴν [. .]ανεν[. . . .⌝
⌜καὶ πα[. . . .]εν[. . . . . .⌝
⌜. .]α[. . . .]ετα[. . . . .⌝
15 ⌜εμ[. . . . .⌝
⌜πιμ[. . . . .⌝
⌜καὶ γε[. . . . .⌝
⌜.]κτω[. . . . .⌝
⌜γραφ[. . . . .⌝
20 ⌜.ηcα[. . . . .⌝

Soloi. Er aber sagte: „Schön ist es, in den Gefilden der lieben Heimaterde bestattet zu werden." Als Polemon ... und die Meinung vertrat, dass er auch in den Gräbern beigesetzt werden müsse, in welchen sie selbst einst beigesetzt werden, sagte er, dass er ihm weder früher jemals widersprochen habe noch jetzt. Er leitete nicht ... war

... und ...

... und ...

---

1 Cόλοιc. αὐτὸν δ᾿ εἰπεῖν (e.g.) KF: Cόλοιc. τὸν δ᾿ εἰπεῖν conieci: Cόλοιc. ἀποκρίναcθαι δ᾿ Schröder 1–3 „ἐν | γῆc φίληc ὄχθοι]cι κρυφθῇ|ναι χ[αλόν." KF: „ἐν γῆc φίληc ὄχ[θοιcι καλόν", ἔφ]η, „κρυφθῇ|ναι." Mekler   3 πυθο]μένου vel αἰcθο]μένου conieci: λυπου]μένου Schröder: δ[ιαβεβαιου]μένου Mekler   7 εἰπεῖν KF: εἶπεν Mekler   8 ἀντεῖ[πε]ν KF: ἀντ[έ]τ[ει]ν᾿ Gomperz: ἀντ[ι]τ[εί]να[ι von Arnim: ἀντ[έcτη Bücheler*   9 νῦ[ν. Gomperz   fin. καὶ Gaiser: δή Gomperz   10 ἀφηγηcάμε[νοc Gaiser: ἀφηγηcαμέ[νωι Mekler   11 κοι[νοῖc Gaiser   12 βί]αν Gaiser   18 ἐ]κ τῶ[ν Gaiser: ὁ]κτὼ Mekler

Kol. S

⌐τομο[. . . . . -⌐
⌐αζει[. . . . . ⌐
⌐ .]ηνθ[. . . . . ⌐
⌐πολλ[. . . . . ⌐

25 ⌐ .]ωνο[. . . . . ⌐
⌐ .(.)]cεκτ[. . . . . ⌐
⌐εἶναι φα[. . . . . ⌐
⌐των τοῖ[c . . . . μɛ-⌐
⌐ταχειρισθεῖcιν[. . . . . ⌐

30 ⌐ _.(.)]φέρουcι τι .[. . . . Βίω-⌐   ... behandelten ...
⌐να Β]ορυcθενί[την καὶ τὸν Ἀ-⌐   ... Bion von Borysthenes und Eumenes
⌐cπ]ένδι[ο]ν Εὐμέν[ην, οὗ τὰ⌐   von Aspendos, von dem auch die Trak-
⌐περὶ κωμωιδίαc εἶναι, καὶ [τὸν⌐   tate über die Komödie sind, und Eury-
⌐Κῶ[ιο]ν Εὐρύπυλον καὶ τὸν⌐   pylos von Kos und Krates von Athen

35 ⌐ Ἀ[θ]ηναῖον Κράτητα καὶ [τὸ]ν⌐   und Arkesilaos von Pitane ...
⌐Πι]ταναῖον Ἀρ[κ]εcίλα[ον . .⌐

37 ⌐ ..]τὸν Κιπ[. . . . . ⌐

---

21 τὸ μο[υcεῖον Mekler   24–25 Πολέ|[μ]ωνο[c Mekler   28 τοῖ[c Gaiser   28–29 Gomperz
30 δια]φέρουcι conieci   τιγ[ὲc Mekler: τιμ[ίουc Gaiser: τινῶν conieci   30–31 Βίωνα | τὸν Gomperz
31–34 Gomperz   35 Ἀ[θ]ηναῖον (Ἀ|θηναῖον) dub. Wilamowitz: Χηναῖον Mekler   36 Gomperz
36–37 καὶ | ἔτι conieci   37 Κύπ[ριον Gomperz

Parallelen: D.L. 4,25
Quellen/Fragmente: Bis mind. Z. 10 Antigonos von Karystos, Βίοι (Antigonos F 11a); Krantor T 1b;
   Polemon F 68; Adespota (TGrF) F 281
Anmerkung: Diese Kolumne setzt den Text von Kol. 16 fort und befindet sich etwa hinter Kol. 16
   des Rekto

Kol. R ⌜[....................]⌝
⌜[....................]⌝
⌜πα[.₍.₎]ταποιcιν οὐ μόνον⌝
⌜παρ᾽ αὐτῶ[ι] περιενεχθῆναι⌝
5 ⌜cυν[έcει] κ[αὶ] θαυμαc[θ]ῆναι⌝
⌜τοῖc Ἀ[θη]να[ί]οιc, ἀλλὰ καὶ⌝
⌜παρὰ [τ]οῖc Αἰτωλοῖc ἀποδε-⌝
⌜ξαμ[έγ]ων καὶ τὸν ἄνδρα⌝
⌜τῶν ὄχλων καὶ τὴν τοῦ⌝
10 ⌜λόγου τά[ξιν] ̣περ ἀντι⌝
⌜...........]διουτου⌝
⌜.............]νδυ⌝
⌜.............]ακαι⌝
14 ⌜.............]cδ[..⌝

... nicht nur bei ihm wegen seines
Scharfsinns bekannt war und von den
Athenern bewundert wurde, sondern
auch von den Ätolern, wobei auch die
Volksversammlungen (Leute) sowohl
ihn selbst als auch die Ordnung der
Rede wertschätzten ...

1–2 [Ἀδείμαντος δ᾽ ὁ Ξενοκρά|τουc μαθητὴc λεγέται] Gaiser   3 πα[ν]τάπαcιν Mekler   οὐ μόνον
Mekler: -ουμενον conieci   4 αὐτῶ[ι] Gigante 1977: αὐτρῖ[c] von Arnim   5 cυν[έcει] Bücheler*:
ξὺν[οίαι] von Arnim   κ[αὶ] von Arnim   6 Gomperz   8 Mekler   10 τά[ξιν] Gaiser   10 [ἤ]γπερ
vel ὑπὲρ conieci: ὥcπερ Gaiser   10–11 Ἀντί|[γονοc Gaiser

Quellen/Fragmente: Vielleicht Antigonos von Karystos, *Bíoi* (Antigonos F 16)
Anmerkung: Die Position der Kolumne ist unsicher, vielleicht etwa hinter Kol. 17 des Rekto

Kol. Q ⌐[..................]¬
　　　⌐[..................]¬
　　　⌐ται[........]τεν[.......¬
　　　⌐το[...(.)]ον[....] κατὰ Φιλοκρά-¬　　　... starb zur Zeit des (*Archons*) Philok-
5　　⌐την ἐγλιπε[ῖν] τὸν βίον.┬ Ἀν-¬　　　rates (*276/75*). Antigonos schreibt also:
　　　⌐τίγονος δὴ γρ[ά]φει διότι· Π[ο-¬　　　„Als Polemon starb, übernahm Krates
　　　⌐λέμωνος τε[λ]ευτήσαντος¬　　　die Schule und wurde als der Leitung
　　　⌐ὁ Κ[ρά]της διαϙεξάμενός [τε¬　　　würdig beurteilt ...
　　　⌐τ[ὴν δι]ατριβ[ὴ]ν καὶ κριθε[ὶς ἄ-¬
10　⌐ξιος εἶ]ναι τ[ῆ]ς ἡγεμονία[ς¬
　　　⌐......]ρων [..]ν αὐτὸν [..¬
　　　⌐..........]την[.....¬
　　　⌐δη[...............¬
　　　⌐δενιαις[..........¬
15　⌐..]καις[............¬
　　　⌐........]νδι[.......¬
17　⌐και[...............¬

2–3 λεγέ]|ται Mekler　　3–4 πρὸ]| το[ῦ Π]ολέ[μωνος Dorandi: τὸ[ν Π]ολέ[μωνα Mekler, cetera Gomperz　　6 δὴ KF: δὲ Gomperz 1887　　7–9 Gomperz 1887 (8 τε Mekler)　　9–10 ἄ|ξιος εἶ]ναι Gomperz 1887　　11 τῶν ἑταί]ρων Gomperz 1887　　μὲ]ν Gomperz 1887: τὸ]ν Gaiser　　12–13 Ἀκα]|δη[μείας Gaiser

Parallelen: –
Quellen/Fragmente: Ab Z. 5 Antigonos von Karystos, *Βίοι* (Antigonos F 13); Polemon F 54
Anmerkung: Die Position der Kolumne ist unsicher, vielleicht etwa hinter Kol. 18 des Rekto

Kol. P ⌜. . . . .]αι⌝
　　　⌜. . . . .]της μὲν τὴν⌝
　　　⌜. . . . . . . .ο]ιϲ πάθεϲι[⌝　　　… Leid/Empfindungen …
　　　⌜. . . .τι]ναϲ χρόνουϲ ε[. .⌝　　… Zeiten …
5　　　⌜. . . . .]αιτωϲ⌝
　　　⌜[. . . . .]⌝
　　　⌜α[. . . . .⌝
　　　⌜μετὰ τοῦ π[. . . . .⌝　　… mit …
　　　⌜καϲτηϲ εὐφ[. . . . .⌝
10　　⌜καιϲ.[. . . .]ωϲ[. . . . . .⌝
　　　⌜νοιλλ[. . . .]πριτ[. . . . .⌝
　　　⌜παιει[. . .]ει[. . . . .⌝
　　　⌜αι[.]ϲϲι[. . .]ειϲ[. . . . .Ἀκα-⌝　　… Akademie … über …
　　　⌜δήμει[α]γ τ[. . . . . .πε-⌝
15　　⌜ρὶ τῆϲ.[. . .]δ[. . . . .⌝
　　　⌜ωϲε[. . . . .]ˋαϲˊτρ[. . . . .⌝
　　　⌜τινε[.]γροφ[. . . . .⌝
　　　⌜τωνεν[]υικ[. . . . . .φι-⌝
　　　⌜λοϲοφαιν.ο[. . . . .-⌝
20　　⌜νε καὶ παρ' ἑα[υτ. . . . .ἐ-⌝　　… und …

---

1 Καρνεάδηϲ conieci　2 Κρά]τηϲ vel ἐπιϲτά]τηϲ vel ἀκουϲ]τὴϲ conieci　3 init. ϲχολὴν (vel sim.)
conieci　3–4 Mekler　13 αἵ[ρ]ϝϲι[ν Mekler　13–15 Mekler　17 τινε[ϲ] Mekler　γράφ[ουϲι
conieci　18–19 φι]|λοϲοφεῖν Mekler: φι]|λοϲόφων conieci　20 ἑα[υτῶι Mekler: ἑα[υτοῦ conieci
τιναϲ Mekler

Kol. P ⌐cωματοποίε[ι . . . . . cυ-⌐
        ⌐νειπεῖν χαλεπ[ὸc . . . . . .-⌐
        ⌐τῆcαι καὶ πικρὸc [ἦ]ν τ[ὸ cκῶμ-⌐
        ⌐μα χάριτι μειγνύc, [. δο-⌐
25   ⌐κ]εῖ cπάνιον εἶναι. κ[. . . ⌐
        ⌐μὲν αὐτὸc τῆc cυγγρα[φῆc⌐
        ⌐ἀπέcτη{ι} τὴν ἐcομένην⌐
        ⌐ .]ωραν τ[[α]] ⸌ῆ´c⸍ ἀλλοτριολογί[αc⌐
        ⌐[. . . . .]⌐
30   ⌐ . . . .]με[. . . ⌐
31   ⌐ . . . .]και[. . . . . ⌐

... stärkte ... barsch im Reden ... und war scharfzüngig, wobei er Spott mit Anmut mischte, (was) selten der Fall sein dürfte. Und ferner entsagte er selbst dem Schreiben ... sein wird für „Andersreden" ...

20–21 ἐ]|cωματοποίε[ι Mekler   21–22 Mekler   22 χαλεπ[ὸc Mekler   καὶ conieci: τὸ δ(ὲ) Mekler   22–23 ἐρω]|τῆcαι Mekler: ζη]|τῆcαι conieci   23–24 [ἦ]ν τ[ὸ cκῶμ]|μα Mekler   24 ἄ]μα conieci   χάριτι Mekler   ὃ δὲ Mekler: ὡc vel ὃ conieci   24–25 δο|κ]εῖ (fort. | δοκ]εῖ) Mekler   κ[αὶ ἔτι conieci   26 τῆc cυγγρα[φῆc⌐ Mekler: τῷ cυγγρά[φειν⌐ von Arnim   28 χ]ώραν Kalligas: φ]ωρὰν Mekler (von Arnim)   ἀλλοτριολογί[αc⌐ Mekler

Anmerkung: Die Position der Kolumne ist unsicher, vielleicht etwa hinter Kol. 20 des Rekto. Vielleicht führt der Text von Kol. P den von Kol. O fort (unsicher)

Kol. O

ᵣ[....................]ꞌ
ᵣ[....................]ꞌ
ᵣ[....................]ꞌ
ᵣ....]ρεδιc[..]τ[...]ε[....ꞌ
5   ᵣ....]τηc κ[.....]λλω[..ꞌ
ᵣ....]κουλων[........ꞌ
ᵣ....]δηκειc[.........ꞌ
ᵣ....] ἀκ϶υ[...........[ꞌ
ᵣ.....]δεχ[...........ꞌ
10   ᵣ.....]υδ[..].η[.......ꞌ
ᵣ......]υκ[..]δα.[.....ꞌ
ᵣ....]του μετ϶π[.......ꞌ
ᵣ...].γ ῎Ατ϶αλοc [.......ꞌ   ... Attalos ...
ᵣ....].αιδοιαc [.......ꞌ
15   ᵣγ϶[..]cανεν[.........ꞌ
ᵣδ[..γν]ωρίμω[ν Εὐμένηc ꞌ   Schüler ... Eumenes und Attalos ... Kö-
ᵣτε κα[ὶ] ῎Ατταλοc [...] Ἀc[ίαc.. ꞌ nige von Asien. Apollonios starb unter
ᵣβ]αc϶λεῖc. ἐτελεύ[τηcε δ'] Ἀπ[ολ-ꞌ (dem Archon) Epainetos (166/65),
ᵣλώ϶[ι]οc μὲν ϗατὰ [Ἐπαίνε·ꞌ

---

6 Εὐ]βούλων vel οὐ]κ ὄχλων conieci: ϸούλων Bücheler*   7 δὴ κεῖc[θαι Mekler   10 Λακ]ύδ[-
Mekler   12 μετ϶π[έμψατο Mekler   13 Mekler   14 παιδϸίαc conieci: αἰδοίαc Mekler   15 γ϶[ρ
ἦ]cαν ἐν[conieci   ἐμ[φανέcτατοι Crönert   16 γν]ωρίμω[ν Gomperz   Εὐμένηϲ Mekler   17 [τῆϲ]
Dorandi: οἱ (spat. brev. vid.) Mekler: οἱ γ' vel οἷ γ' conieci   fin. οἱ (spat. brev.) vel τότε vel ἦcαν
conieci   18 ἐτελεύ[τηcε δ'] KF: ἐτελεύ[τηcαν δ'] (spat. long.) Mekler   19 ϗατὰ [Ἐπαίνε- (fort.
κατ' Ἐ[παίνε-) KF: κατ' ἄ[ρχοντ' Ἐπαίνε- spat. long. Crönert

Kol. O   ⌜τ⌝ον, ᾧ δ᾽ ἀδελφὸς Εὔβουλ[ος] ἐ⌝-
     ⌜π᾽ Ἀρις[τ]οφῶντος τοῦ [μετὰ⌝
     ⌜Θεαίτητον, ὁ δ̠᾽ [᾽Ε]φέσιος Εὔβου-⌝
     ⌜λος καὶ ὁ Ἐρυθραῖος ἐ[π᾽] Ἀ[λ]ε-⌝
     ⌜ξάνδ[ρ]ου. ϲυονϲδη[. . . . . ⌝
25   ⌜κα{ι}τὰ τὸ μ[. . ⸌.⸍]ημένον⌝
     ⌜τέτταρες Ἀρίϲτων[εϲ, ὧν ὁ⌝
     ⌜μὲν Ἐφέϲιος, ὁ δὲ Μαλλώ[της,⌝
     ⌜ὁ δὲ Καρχηδόνιος, ⸌ὁ⸍ δε[. . . ⌝
     ⌜οϲ.⌐ ϲυνέβ[η δὲ] καὶ τοὺς [δύο⌝
30   ⌜Εὐβρύλου[ϲ ⸌.⸍⸌.⸍)] τελευτῆϲ[αι⌝
     ⌜κατ᾽ ἄρχοντ᾽ Ἀλέξανδρ[ον.
     ⌜Ἀπολλώνιος δ᾽ ὁ Τηλε[κλέ-⌝
     ⌜ους μαθητὴς [ὁ] ἀναγ[εγρα-⌝
     ⌜φὼς ὑπο[μν]ήμ[ατ᾽ ἐκ τῶν⌝
35   ⌜ϲχολ[ῶν αὐ]τοῦ [. . . . . ⌝
     ⌜πλας[. . . . .]ν[. . . . . ⌝
37   ⌜.]εχε[. . . . . ⌝

sein Bruder Eubulos unter (*dem Archon*) Aristophon (*143/42*), der nach (*dem Archon*) Theaitet (*144/43*) amtierte; der Ephesier und der Erythraier Eubulos unter (*dem Archon*) Alexander (*174/73*). ... gemäß ... vier Aristones, von denen einer aus Ephesus, ein anderer aus Mallos, ein weiterer aus Karthago, wieder ein anderer aus ... (stammte). Es ereignete sich auch, dass die zwei Euboloi unter dem Archon Alexander starben (*174/73*). Apollonios, der Schüler des Telekles, welcher Kommentare zu dessen Vorlesungen schrieb ...

---

22 Θεαίτητον von Arnim   24 ϲὺγ ο̣ἷϲ δ᾽ ἦ̣[ϲαν καὶ conieci: ϲυϲχο̣λα̣[ϲταὶ δ᾽ ἦϲαν Mekler: ϲυγῆϲα̣γ Crönert   25 κα{ι}τὰ Mekler: καὶ ⸌κα⸍τὰ conieci   μ[εμη]γ̣υμένον Mekler: μ[εμν]η{ι}μένον⌝ Mette (correctionem KF)   26 ὧν ὁ Gomperz: ἦν δ᾽ ὁ conieci   27 Mekler   29 ϲυνέβ[η Mekler: ϲὺν ο̣ἷϲ [εἶναι von Arnim   δὲ] Crönert: δὴ] Mekler   [δύο Gomperz: [δύ᾽ dub. Dorandi   30 γε conieci   τελευτῆϲ[αι Mekler   33 Mekler   34 ὑπο[μν]ήμ[ατ᾽ Crönert: ὑπο[μν]ήμ[ατα Mekler   34–35 ἐκ τῶν‖ ϲχολ[ῶν αὐ]τοῦ Mekler: καὶ τὴν‖ ϲχολ[ὴν αὐ]τοῦ conieci   36 Πλάτ̣[ωνος conieci   36–37 με|τ]εχε[ίριϲε vel ἐ|π]εχε[ίρηϲε conieci

---

Parallelen: Kol. 27,42–28,18
Quellen/Fragmente: Teils vielleicht Prosaversion von Apollodor, *Chronica* III
Anmerkung: Vielleicht bildeten Kol. M–N–O einen zusammenhängenden Text, so dass diese
     Kolumne den Text von Kol. N fortsetzt. Die Position der Kolumne ist unsicher, vielleicht etwa
     hinter Kol. 21 des Rekto

Kol. N

```
    ⌐[....................]¬
    ⌐[..............διάδο-¬
    ⌐χον αὐτο[.............-¬
    ⌐καζεν κατ[..] Εὔα[νδρ]ος¬
5   ⌐αὐτοῦ τῶν αἰτ[ημ]άτων¬
    ⌐περ[ι]έ‵c‵πασεν. διὸ τούτω‹ι› μὲν¬
    ⌐οὐ κ[ατέ]λιπε τελευ[τ]ῶν¬
    ⌐τὴ[ν] διατριβήν, ἀλλ᾽ ο[ὐ]ὃ᾽ ἄ[λ-¬
    ⌐λ]ω‹ι› χρεῖον {ο}[οὐ]κ ἔχων [....¬
10  ⌐ciν[.].ω‹ι› τῆc τ[..]τ.ν[....¬
    ⌐τω[.]αιπερι[...]ημενο[...¬
    ⌐ων[.....μ]αθητὰc ἔλ[ιπε¬
    ⌐καὶ Ἀπολλώνιον Κυ[ρηναῖ-¬
    ⌐ον καὶ Κλεόκριτον κα[ὶ] Ἀρίc-¬
15  ⌐τωνα καὶ Ἀρισταγόραν Cαλα-¬
    ⌐μ‹ί›γιον καὶ Θῆριν ἐ{κ}‹ξ› Ἀλεξαν-¬
    ⌐δρείαc, οὗ μα[θ]ητὴc ἐγένετο¬
    ⌐Δίων ὁ Θρᾶ‹ι›ξ, [ο]ῦ Διονυcόδ[ω-¬
    ⌐ροc Ζμυρνα[ῖοc, Λε]όντιχο[c¬
20  ⌐Κυρηναῖοc, [C]ωκράτ[η]ς αυ¬
```

... Nachfolger ...

Euander brachte ihn von seinen Bitten ab. Deshalb hinterließ er bei seinem Tod diesem nicht seine Schule (Schülergruppe), aber auch keinem anderen, da er keinen Nutzen hatte ...

als Schüler ließ er zurück: Apollonios von Kyrene und Kleokritos und Ariston und Aristagoras von Salamis und Theris von Alexandria, dessen Schüler Dion der Thraker war, dessen Schüler Dionysodor von Smyrna, Leontichos von Kyrene, Sokrates von ...

2–3 διάδο|χον dub. Mekler   3–4 ἐδί]|καζεν vel ἠνάγ]|καζεν conieci: περί]|πατον Gomperz 4 κατ[ιών] vel κα[τ[οι ὁ conieci   Εὔα[νδρ]ος KF: κατ[αcκ]ευά[cαc Mekler   5 αὐτὸν conieci αἰτ[ημ]άτων᾽ KF: ἀχ[ρο]ατῶν von Arnim   7 Gomperz   8 Bücheler*   9 χρείαν vel χρεί{ο}‹α›ν conieci   {ο}[οὐ]κ KF (fort. solum [οὐ]κ): ὃ᾽ [οὐ]κ conieci   9–10 ὥc φα]|ciν Bücheler*   10 ἐ]ν ὧ‹ι› conieci   τ[ού]των conieci   11 κ]αίπερ Bücheler*   12 ἔλ[ιπε᾽ Gomperz: ἐγ[ίουc conieci   13–14 Κυ[ρηναῖ]|ον (hanc divisionem) Crönert   15–16 Cαλα|μ‹ί›γιον (vel sim.) Mekler (fort. correxit scriptor)   18 Gomperz   20 Gomperz

Kol. N ⌜δαῖϲ· ὑπο̣[μν]ημ̣ατ[. . . . . ⌝   … Schriften/Aufzeichnungen …
⌜ν.ιϲ πολλ[. .]ενι̣[. . . . . . ⌝
γράψαϲ α.[. . .]εντ[. . . Εὐ-⌝   schrieb … Euander …
⌜ανδρωι .[. . . . . ⌝
25 ⌜δεαυτον[. . . . . -⌝
⌜χ̲εν αυ[. . . . . ⌝
⌜το δε[. . . . . ⌝
⌜[. . . . .]⌝
29 ⌜[. . . . .]⌝

20–21 Ἀϑη|γαῖϲ vel Δυ|μαῖϲ conieci   21 ὑπο̣[μν]ήμ̣ατ[α Bücheler*   21–22 Ἡγηϲί]|νο̣υ̣ϲ conieci: Τηλε]|χ̣λῆϲ Crönert   22–23 ἀνα]|γράψαϲ conieci   23–24 Εὐ]|ἀνδρωι Gomperz   25 δὲ αὐτὸν Mekler: δ᾽ ἑαυτὸν conieci

---

Anmerkung: Vielleicht bildeten Kol. M–N–O einen zusammenhängenden Text, so dass diese Kolumne den Text von Kol. M fortsetzt und vielleicht von Kol. O fortgesetzt wird. Die Position der Kolumne ist unsicher, vielleicht etwa hinter Kol. 22 des Rekto

Kol. M ꜛ[....................]ꜛ
ꜛ[....................]ꜛ
ꜛ[....................]ꜛ
ꜛ...............]ταυ[ꜛ

5 ꜛΠλά[των......]οс δια꜒   ... Platon ...
ꜛ..............].ηκα[ꜛ
ꜛ..............].αω.[ꜛ
ꜛ[....................]ꜛ
ꜛ..............]μέ[νο]υс꜒·

10 ꜛδιαδόχους δὲ τούτους κατ[α꜒-   Nachdem er aber als Nachfolger durch
ꜛλιπὼν ἐνθ[έ]cει Λεοντέα καὶ꜒   Einsetzen (Hinzufügung) diese hinter-
ꜛΔήμωνα Κυρηναῖον καὶ Δη꜒-   lassen hatte: Leonteus und Demon von
ꜛμήτριον [πο]λίτην Φωκα꜒-   Kyrene und Demetrios, der später Bür-
ꜛἐ[[.]]῾ῳῳ ὕс῀τερῳῳ κ[αὶ δύ᾽] Εὐβούλους,꜒ ger Phokaias wurde und zwei Eubu-
15 ꜛὧν ὁ μὲν Ἀντήν῾ῳρος῀ [υἱὸς] ἦν Ἐ꜒-   loi, von denen der eine Sohn des Ante-
ꜛρυθραῖος, ὁ δὲ Καλ[......]с꜒   nor und aus Erythrai, der andere Sohn
ꜛΕφέсιος, καὶ Μοсχ[ίωνα Μαλ꜒-   des Kal-... und aus Ephesus war, und
ꜛλώτην καὶ Ἀγαμής[τορα꜒   Moschion von Mallos und Agamestor
ꜛκ[α]ὶ Εὔα[νδρον........]꜒   und Euander ... und Telekles
20 ꜛκαὶ Τηλ[εκλέα........]꜒

5–7 Πλά[τωνος ὄγδο]ος (fort. spat. brev.) διά|[δοχος Mekler   7 αω) conieci (signum deletionis)
9 Εὐ]μέ[νο]υς conieci   10 δὲ Mekler   10–11 κατ[α]|λιπὼν Gomperz   11 ἐνθ[έ]сει KF: ἐν θ[έ]сει
conieci: θνή[c]χει (non ad vest. et spatium aptum vid.) Mekler   13 [πο]λίτην KF: καὶ Πο]λίτην
(spat. long.) Mekler   13–14 Φωκα|έ[[.]]῾ῳῳ KF: Φωκα|έα Crönert: Φωκα|έ῾ῳс Mekler   14 ὕс῀τερῳῳ
Crönert   δύ᾽ Gomperz: δύο Wilamowitz (1910)   15 Ἀντήν[ο]ρ῾ος῀ [υἱὸς] Dorandi: [[...]] conieci
ἦν Mekler   16 Καλ[λικράτου]с (spat. long.) Mekler (fort. correctio nominis)   18 Ἀγαμής[τορα
Mekler   19 κ[α]ὶ Εὔα[νδρον Gomperz   fin. Φωκέα conieci: ἀμφοτέρους Mekler   20 Τηλ[εκλέα
Mekler

Kol. M ⌐ωνα[...............⌐

         ⌐του και[.............⌐

         ⌐ὀλίγον ο.[...........⌐

         ⌐...]διο[..............⌐

25   ⌐....]ει[..............⌐

         ⌐...]ουϲ μετα̣[.........⌐

         ⌐...]δε[..............⌐

         ⌐τον[.]ομου καταν[......⌐

         ⌐δην[..]νουϲ ου[........⌐

30   ⌐κατα[..]τω[..........⌐

         ⌐ποι[.....].τη[........⌐

         ⌐τηϲ [....]ου δια[.......⌐

         ⌐.].λ[....]ατων[........⌐

         ⌐.]ϲν[....].ϲτην[........⌐

35   ⌐.]η̣ϲι[....]δουδ[........⌐

         ⌐.......]τηϲ[........⌐

         ⌐[.................]⌐

         ⌐[.................]⌐

         ⌐[.................]⌐

40   ⌐[.................]⌐

20–21 καὶ Εὐφορί]|ωνα Mekler   28 [ν]όμου conieci: ὁμοῦ Mekler   29 Ἡγη[ϲί]νουϲ dub. Mekler
32 τῆϲ [Λακύδ]ου (fort. spat. long.) δια[τριβῆϲ Mekler   34–35 Ἡ|γ]η̣ϲί[νουϲ conieci (['Ηγ]η̣ϲί[νου
in l. 35 iam Mekler)

Parallelen: Suda π 1707
Quellen/Fragmente: Telekles T 3; Euandros T 3
Anmerkung: Vielleicht bildeten Kol. M–N–O einen zusammenhängenden Text, so dass diese
    Kolumne von Kol. N fortgesetzt wird. Die Position der Kolumne ist unsicher, vielleicht etwa
    hinter Kol. 23 des Rekto

Recensio ultima (*PHerc.* 164)

33 fragmenta

∵

frg. 1   . . . .]꜒και του꜓
          . . . .]꜒τους παι꜓-
          . . . .]꜒ταν ὑπω꜓
          . . .]꜒ν꜓[. . .]꜒νασεν꜓[. .
5   .]꜒κεαδ꜓[. . .]꜒σκοκ꜓[. . .
          . . .]꜒να꜓[.]꜒αφ꜓[.]꜒κον꜓[. . .
          .]꜒αυ ἐκγω꜓[.]꜒ω꜓[.]꜒ηντα꜓[. .
          .]꜒επιγδ꜓[. . .]꜒ερω꜓[]꜒αιτε꜓[
          . .]꜒ινατι꜓[. .]꜒κευειν꜓ [
10   ꜒αγειρε꜓[.]꜒αυ.꜓[]꜒εργειαν꜓[
          .]꜒προσχρ꜓[. .]꜒γων꜓[.]꜒νειταυ꜓-
12   . .]꜒ς δεο꜓[.(.)]꜒προς꜓[. .]꜒απε꜓
                    .   .   .

frg. 2   .   .   .
          ]꜒ην꜓[. . .]꜒αλ꜓[.]εντα꜓[
          ]꜒τας ο꜓[. . . .]꜒φ . . ε꜓[
              ]꜒να꜓[. .]꜒ςουμ꜓[
          ]꜒τονεοιεγωσε.꜓[
5   ]꜒παρςα꜓[.]꜒ινουδα꜓[
          ]꜒δινεια꜓[.]꜒υδετερα꜓[
          ]꜒ιν꜓[. . .]꜒ντ꜓[.]꜒.δετερ꜓[
8   ]꜒ελλ꜓[.]꜒φαι꜓[.]꜒δαλα꜓[

frg. 3   ].ς.[
             ]..[
             ].τω[
             ]τοις βỿ[βλί-
5   ].αρε.[
6   ].[
             .   .   .

frg. 1   2–3 ꜒παι꜓|[δείας Gaiser   9 ꜒χϙ꜓[λα]꜒κεύειν꜓ Gaiser   10 ξ[ὐ]έργειαν Gaiser   frg. 2   4 νέοι, ἐγώ ςε Gaiser   6 [ο]꜒ὐδετέρα꜓[ν Gaiser: ꜒υ δ᾽ ἕτερα꜓[conieci   7 [ο]ὐδετέρ[ας Gaiser: δ᾽ ἕτερ꜓[conieci

frg. 4 . . .

τότε δὲ κ]αὶ μ[ᾶλλόν τι διὰ
τ]ὴν Πλάτ[ω]νο[ϲ τελευτὴν
ἐ]π[ι]ϲπεύϲαν[τοϲ. παρα-
γε]νομέ[νοιϲ δ᾽ αὐτοῖϲ τά
5 τε ἄ]λλα πάντα [ἐπόηϲε
6 κοινὰ κ]αὶ πό[λιν ἔδωκεν

 . . .

= *PHerc.* 1021, Kol. V,4–8

... sich damals aber wegen Platons Tod
noch nachdrücklicher um sie bemühte.
Als sie angekommen waren, machte er
alle übrigen Dinge mit ihnen gemein
und gab ihnen als Stadt ...

frg. 5 . . .

 ]νῳ.[
2]νεϲ...[

 . . .

frg. 6 . . .

..........]ηϲ ⌐ν⌐ον.
.........]⌐δ⌐οναι πο-
.........]...εν Cπιν-
4 θαρ.......]⌐χ⌐αιϲ τὸν

... Spinthar ...

frg. 7 Τιμό]λαο[ϲ], Καλλιγένηϲ,
Ἀθ]ηναῖοϲ Τιμό⌐λ⌐αοϲ,
οὗ]ϲ ἐν τῶι Π[ερι]δείπνωι
Πλάτωνοϲ ἱϲ]⌐τ⌐ορεῖ Cπεύ-
5 ϲιππποϲ, Ἀρχύ]ταϲ Ταραν-
6 τῖνοϲ, Χίων ὁ] τὸν ἐν Ἡ-

 . . .

= *PHerc.* 1021, Ergänzung 4 und Kol.
6,12–14

... Timolaos von Kyzikos, Kalligenes,
Timolaos von Athen, welche Speusipp
in seinem *Leichenschmaus Platons*
nennt, Archytas von Tarent, Chion, der
den ...

frg. 8 . . .

 ]ρι[
2]λε[

 . . .

---

frg. 4 1 Gaiser (alia divisione linearum) 2 Crönert 3–6 Gaiser frg. 6 2 δι]⌐δ⌐όναι vel
ἡ]⌐δ⌐οναί conieci 3–4 Crönert frg. 7 1 Crönert 1906 2 Ἀθ]ηναῖοϲ Gaiser, et Ἀθ]ηναῖοϲ
(nomen) dubit. Gaiser 3 οὗ]ϲ KF: ὡ]ϲ Giannattasio Andria 4 Gaiser 5–6 Crönert

frg. 9

. . .
]....[.]τη[
2   ]καϲτ[
. . .

frg. 10a   ]ε‸‸ω[
]πο[.]ου[
]ϲιν ὑϲτε̣[ρ
]ϲθαι μη[
5   ].ιν[
. . .

frg. 10b   . . .
]..[
]ε[]�ᵗτᵗα.[
3   ]ωι ᵣδᵗα[
. . .

frg. 10c   . . .
..]...[..........
2   κλε.[..........

frg. 11   [..............]
]ᵣαᵗμα δᵣηᵗ[
]ᵣϲου λεᵗγ[
]πᵣcᵗ[
5   ]ᵣεᵗ[
. . .

frg. 12   ]ον δὲ Δίων[οϲ] ἐ-
πιθε]μένου τῆι τ[υρρ]α̣-
νίδι] καὶ Διονύϲιον μὲν
ἐκᵣβᵗαλόντοϲ, αὐτὸν [δὲ
5   μετὰ̣ π[ο]λὺν χρόνον [
6   ].ε̣ν...[
. . .

... Dion griff die Tyrannis an und vertrieb Dionysios, ihn ... nach langer Zeit
...

---

frg. 12   1 δὲ Δίων[οϲ] Mekler   2–4 KF   5 μετὰ̣ KF: π[ο]λὺν Mekler

frg. 13a   . . .

        ] . ειϲ. [

        ] Ἀθήναϲ [... Athen ...

        ]ντοϲ ᵀ α[

        ].ετο χρε[

5   ] .λωϲε. [

frg. 14   . . .

1   ]..εδ..[

frg. 15   . . .

1   ]ε.[

        ] .ω.[

3   [..............]

frg. 16   [..............]

        ]δ.c[

        ]δακο[

4   ]...[

        . . .

frg. 17   ].[

        ]ϲ[.].κι.[

        ].⌐ρ⌐ο⌐φ⌐[

        ]ε.ε.[

5   ]εδε[...]βη⌐c⌐[

        . . .

frg. 18   ]..[= *PHerc.* 1021, Kol. 9,3–4

        ταὐ]τὰ̣ [τ]ῆι δυγ[άμει   Zu dieser Fähigkeit passend wird be-

3   διότι· τ]ῆϲ χ[ώραϲ τῶν   richtet: „Da das Land der ...

        . . .

---

frg. 16   3 δ' ἀϰο- conieci   frg. 17   3 π⌐ρ⌐ο⌐φ⌐[ῆτιν Gaiser   frg. 18   legit et agnovit KF

frg. 19 [. . . . .]
        [. . . . .]
           ] .εαλ[
           ] . . . . [
5   ] .εθαι[
6   ] .⌐κ⌐ρι[
          . . .

frg. 20   ⌐π⌐αρ . [. . . . .
         το[. . . . .
         φο⌐γα⌐[. . . . .
         τω[. . . . . Ἡρα-   ... Herakleides ...
5   κλ⌐ειδ[. . . . . ἐ-
         πιτηδ[ε. . . . .
7   .]τ.[. . . . .
         . . .

frg. 21   . . .
          ].. [
          ]. . . [
         ]με. [
         ]α[]. [
5   ]. [. . . . .]ακ. [
         ]ωι δ[
        ] .c.[. . . . .]ω. [
8   ] .ινεc[. . . . .] . .ν[

frg. 22   . . .
          ] .μενα[
         ]ει. . . . [
         ] .δ.ι κα[
         ]θου μετα[
5   ]αcεωc [
         ]τε Ἀθην[... Athen ... Xenokrates ...
         Ξεν]οκράτ⌐η⌐[
8   ] .ι.[. . .]ε.*[

---

frg. 20   4–6 Mekler   frg. 22   5 ἕωc Gaiser   7 dubit. Dorandi 1985:]ο Κράτ⌐η⌐[- Mekler

frg. 23a δρ]ά[κοντ]⌐ι⌐ καὶ δηχθεῖ-
cαν] ⌐ἀ⌐ποθανεῖν. ⊤ λέ-
γει δ' ἄ]νθρωπος καὶ
βελτίο]να μαθητήν
5 τε καὶ] ⌐π⌐ολ⌐ί⌐την γεγο-
6 νέναι οὐδένα . .]⌐δο⌐c

   . . .

= *PHerc.* 1021, Kol. 10,10–14

... Schlange trat und durch deren Biss
starb. Der Mann sagt aber, dass auch
niemand ein besserer Schüler und Bürger war ...

frg. 23b   . . .
1   ]ανον[
       . . .

frg. 23c   . . .
1   ].γρα[
       . . .

frg. 23d   . . .
1   ]...c⌐ε⌐[
       . . .

frg. 23e   . . .
1   ]α⌐c⌐[
       . . .

frg. 24   . . .
      ].[
2   ]δι[
       . . .

---

frg. 23a   1–6 Mekler

frg. 25 ταις] αὐτοῦ πό[λεμον
τὸν] Ὑπερασιακόν, ὡ[ς
Δικ]αίαρχός φησιν,
κλη]θέντα.ᵀ ἄλλα τε
5   ἀπο]δˊεˈ[ι]ξάμενος διὰ
τῆς] τόλμης ἔργα κα[
7   ....]ˈcˈεˈηˈ[..
     . . .

frg. 26   . . .
τὰ κτ]ήματα τῷ[ν] δες-
πο]τῶν καὶ τὰς γυγ[αῖ-
κας] δ[ο]ῦναι. ᵀ Φαινίας
4   δ' αὐ]τὸν λέγ[ει] φιλό[τι-

frg. 27]..[....]αυ[
     ].ον[....]εν[.].[
3   ]..ε[
     . . .

frg. 28 τω[ν Ἀθηναίων, ἐλέγετο δ' ε[ἶναι τῶν ἐπί
τινα χρ[όνον ἁρματο-
τροφη[σάντων. ἱστο-
5   ρεῖται δ[ὲ καὶ νεανίς-
6   κ]ος ἀ[κόλαστος γε-
     . . .

= *PHerc.* 1021, Kol. 11,16–21

... er laut Dikaiarch im sogenannten Hyperasischen Krieg. Nachdem er andere treffliche Taten durch seinen Wagemut vollbracht hatte ...

= *PHerc.* 1021, Kol. 11,39–12,3

... den Besitz ihrer Herren und deren Frauen gab. Phainias aber sagt, dass er ruhmverliebt ...

= *PHerc.* 1021, Kol. 8* (olim 4),42–47

... eines der führenden Männer Athens – er soll zu denen gehört haben, die für eine gewisse Zeit einen Rennstall unterhielten. Es wird gesagt, dass er zunächst ein zügelloser junger Mann war, ...

---

frg. 25   1 KF   2 τὸν] Ὑπερασιακόν KF   ὡ[ς Verhasselt 2015   4 κλη]θέντα. ᵀ KF   ἀλλ᾽ ἄτε Gaiser: ἀλλά τε Dorandi   6–7 κα]|[λά Gaiser   frg. 28   1–4 Mekler   5–6 νεανίς|κ]ος KF (νεανί‹c›|κ]ος conieci): νεανι|κ]ῷς Dorandi

frg. 29   ....].[.].[........

         γε]νέϲθ[αι μὴ ὑπόβρα-

         δ]υϲ μέν, ἔ[χων δὲ γεν-

         ν]αῖόν τι κ[αὶ ταῖϲ αὐ-

5   θ]αδίαν κα[ὶ ξηρότη-

         τ]α γραφα[ῖϲ ἐμφαι-

7   νούϲ]αιϲ [........

           . . .

= *PHerc.* 1021, Kol. 13,43–46

... nicht allzu behäbig gewesen zu sein und hatte eine edelmütige Art, welche Gemälden, die Souveränität und Herbe ausstrahlen, ...

frg. 30a   . . .

         .].[............

         ...[............

         δ̣ιω[............

         ϲον ν[...........

5   κ[.].[............

6   .].ο.[...........

frg. 30b   . . .

         ]τ.[

         ]..[

         ]εν..[

         ]..[

5   ].τ[

6   ]ομ.[

frg. 30c   . . .

         ].ροιϲ[

         ].α̣.ο.[

3   ]..[

           . . .

---

frg. 29   2 Gaiser   3 KF   4–7 Dorandi

frg. 31]⌐καὶ πολλοὶ μὲν⌐[... viele ...
         ]⌐τανοιομου δε⌐[
         ]⌐ριοαυτον οντοι⌐[
         ] ⌐διατριβὴν τελει⌐[... Unterricht/Schule ...
5   ]⌐τ⌐[..]⌐cειλα⌐[.(.)]⌐με⌐[

                 . . .

frg. 32 ....]..
         ....]λου
         ....].ν
4   ....]φω

                 . . .

frg. 33 γράφειν [........-   ... schreiben ... Lehre ... weniger sein ...
         ρον τῆc ἀ⌐γ⌐ω[γῆc...
         τοδε⌐ι⌐.ναι.⌐ε⌐[....
         ἧττον εἶνα[ι.....
5   .[..]δοκει[......

                 . . .

---

frg. 31   1 Gaiser   3 πε]⌐ρὶ ἑαυτὸν⌐ Ranocchia   frg. 33   2 ἀ⌐γ⌐ω[γῆc KF

TEIL III

Einordnung, Quellen, Kommentar

∵

Rekto

Akademiker (Scholarchat)	Inhalt	Kolumne	Quelle
Platon (387–348/47)	*Einleitung, diverse Informationen zu Platon*	*ca. 10–25 Kol. verloren*	*Wohl verschiedene Quellen*
	Verhältnis zu früheren Philosophen/Bucherwerb und unterschiedliche Charaktere	a,1–c,43	Wahrscheinlich Dikaiarch, Περὶ βίων (1. Buch)
	Diverse Informationen zu Platon	*5 Kol. verloren*	*Wahrscheinlich Dikaiarch, Περὶ βίων (1. Buch)*
	Adaption, Innovation, zwiespältiger Einfluss und Menschenliebe	1*,1–2,5	Dikaiarch, Περὶ βίων (1. Buch)
	Büsten, Peripatos, Garten, Museion – Demos, Alter, Todesjahr	2,6–38	Philochoros, *Atthis* (6. Buch)
	Name und Verkauf in Sklaverei	2,38–3,Mitte	Neanthes von Kyzikos Berufung auf Philiskos von Ägina
	Der Chaldäer, Fieber, die Thrakerin und Todesnacht	3,Mitte–5,43	Neanthes von Kyzikos Berufung auf Philipp von Opus
	Schülerliste	5,44–6,27	unbekannt, teils Speusipp, Πλάτωνος περίδειπνον
Speusipp (348/47–340/39)	Nachfolger Platons, Weihegeschenk, Krankheit, Tod (6,28–40)	6,28–40	Philochoros, *Atthis* (6. Buch)
Xenokrates (340/39–314/13)	Wahl zu Speusipps Nachfolger und Reaktionen	6,41–7,18	Philochoros, *Atthis* (6. Buch) – wahrscheinlich
	Gesandtschaft zu Antipatros und demokratische Gesinnung	7,19–8,21	Philochoros oder unbekannt
	Sieg im Trinkwettbewerb	8,22–8*,7	Timaios von Tauromenion, *Historien*
	Schülerliste und Tod	8*,7–23	Schülerliste: Unbekannt Tod: Philochoros, *Atthis* (7. Buch)

(*fortges.*)

Akademiker (Scholarchat)	Inhalt	Kolumne	Quelle
Herakleides Pontikos	*Herkunft des Herakleides, andere Informationen*	*3 Kol. verloren*	*Unbekannt, teils Demochares, Κατὰ τῶν φιλοϲόφων*
	Orakelbetrug und Tod	9,1–10,33	Demochares, Κατὰ τῶν φιλοϲόφων
Dion von Syrakus	Philodem erklärt seine Nichtbehandlung	10,33–40	Philodem
Chairon von Pellene	Akademiker, Ringer, Krieger und Tyrann	10,40–12,39	Hermipp, Περὶ τῶν ἀπὸ φιλοϲοφίαϲ εἰϲ ϲτρατηγίαϲ καὶ δυναϲτείαϲ μεθεϲτηκότων Berufung auf – Dikaiarch – Hypereides, Πρὸϲ τοὺϲ Ἀντιπάτρου πρέϲβειϲ – Phainias von Eresos (*Τυράννων ἀναίρεϲιϲ ἐκ τιμωρίαϲ ?*)
Polemon (314/13–ca. 275/70)	Herkunft, Jugend, Konversion, Charakter	8*,23–14,3	Antigonos von Karystos
	Ethik, zurückgezogenes Leben, Arkesilaos' Urteil, Liebhaber des Krates	14,3–15,46	Antigonos von Karystos
Krantor	Leben, Werk, Tod	16,1–45	Antigonos von Karystos
Arkesilaos (268/64–241/40)	*Herkunft, andere Angaben (anderer Philosoph?)*	*3 Kol. verloren*	*Vornehmlich oder komplett Antigonos von Karystos*
	Studium, Scholarchat, Skeptizismus	17,1–19,9	Antigonos von Karystos
	Gesamturteil, philosophische Vorbilder und Argumentation	19,9–19,41 (20,3)	Antigonos von Karystos
	Weitere Angaben	*5 Kol. verloren*	*Vornehmlich oder komplett Antigonos von Karystos*
	Schülerliste	20,3–44	Unbekannt
Lakydes (241/0–216/06)	*Schülerliste – Lakydes: Jugend, Herkunft (?)*	*1 Kol. verloren*	*Schülerliste: Unbekannt Lakydes: Antigonos von Karystos?*
	Leben, Mittlere und Neue Akademie	21,1–41	Vielleicht teils Antigonos von Karystos, unbekannt

(*fortges.*)

Akademiker (Scholarchat)	Inhalt	Kolumne	Quelle
Karneades (≈160–137/36 gest. 129/28)	Keine Werke, Chrysipp, Diogenes, Philosophengesandtschaft	22,1–37	Unbekannt
	Schülerliste	22,37–24,43	Unbekannt, Apollodor, *Chronica* (4. Buch)
Kleitomachos (129/28–110/09 o. 107/06)	Werdegang, Tod, Schüler	25,1–36	Apollodor, *Chronica* (4. Buch), unbekannt
Polemarch, Krates, Metrodor von Stratonikeia	Polemarch, Krates, Metrodor von Stratonikeia	25,36–26,Mitte	Apollodor, *Chronica* (4. Buch), unbekannt
Lakydes-Schüler	Tod des Lakydes, Telekles, Euander, weitere Akademiker	26,Mitte–28,40	Apollodor, *Chronica* (3. Buch)
Boethos, Polemarch, Krates, Kleitomachos	Boethos, Polemarch, Krates, Kleitomachos	28,40–31,3	Apollodor, *Chronica* (4. Buch)
Melanthios, Charmadas, andere Schüler des Karneades	Melanthios, Charmadas, andere Schüler des Karneades	31,3–32,45	Apollodor, *Chronica* (4. Buch)
Philio von Larissa (110/09–84/83)	Werdegang, Philosophie, Tod, Nachfolger	33,1–34,6	Apollodor *Chronica* (4. Buch), unbekannt, Philodem
	Schülerliste	34,6–18	Unbekannt, Philodem
Antiochos von Askalon	Werdegang und Tod	34,18–35,2	Unbekannt, Philodem
	Schülerliste	35,2–22	Philodem
Melanthios und Aischines von Neapolis	Schülerliste	35,22–37	Unbekannt
Charmadas und Metrodor	Schülerlisten	35,37–36,14	Unbekannt
Schluss	Philodems Vorschau auf das nächste Buch	36,15–36,20	Philodem

Verso

Akademiker (Scholarchat)	Inhalt	Kolumne	Quelle
Platon (387–348/47)	Episode mit Dion	Z	Unbekannt
	Impulsgeber für mathematische Wissenschaften	Y	Dikaiarch (?)
	Reisen nach Sizilien und Italien, Verkauf in Sklaverei, Dion	X	Philodem (?)
	Einige Schüler gehen nach Platons Tod zu Hermias	V	Unbekannt
Speusipp (348/47–340/39)	Universales Interesse und Wissen	T	Diodor, Ἀπομνημονεύματα
Krantor	Tod und Schüler	S	Antigonos von Karystos (bis mind. S,9), dann unbekannt
Krates oder Adeimantos (?)	Akademiker mit Bezug zu Ätolien	R	Vielleicht Antigonos von Karystos
Krates (ca. 275/70–268/64)	Nachfolger des Polemon	Q	Unbekannt, Antigonos von Karystos (ab Q,5)
Karneades (?) (≈160–137/36 gest. 129/28)	Eigenschaften und Ablehnung zu schreiben	P	Unbekannt
Lakydes (241/0–216/06)	Schüler, Todesdaten, weitere Angaben	M, N, O	Apollodors Chronica (3. Buch), unbekannt

KAPITEL 1

Einordnung

Rekto

Platon: Verhältnis zu früheren Philosophen/Bucherwerb und unterschiedliche Charaktere (Kol. a–c)

In Kol. a könnte allgemein auf einen Aspekt von Platons Lehre (öffentlich?) eingegangen worden sein. Vermutlich wurde bis mindestens Kol. a,16 die Art des Philosophierens erörtert.

Dorandi schlug für Del Mastros *editio princeps* (2012) der Kolumnen erstmals den Erwerb pythagoreischer Literatur als Gegenstand vor.[1] Dazu habe ich in Fleischer (2019a) einige Vorüberlegungen angestellt. Diese Auslegung der Stelle ist zwar im Bereich des Möglichen, aber die Neulesung einiger Wörter deutet eher in die Richtung, dass Platons Verhältnis und Unterschiede zu früheren Philosophen angesprochen wurden.

Wenden wir uns zunächst der „Philolaos-Hypothese" zu. Sollte Dikaiarch die Quelle sein (wie im Folgenden vorausgesetzt wird), haben wir hier den *ältesten Bericht* über diesen Erwerb, der anderweitig von antiken Autoren in abweichenden Versionen überliefert wird:[2]

- D.L. 3,9: Λέγουσι δέ τινες, ὧν ἐστι καὶ Cάτυρος (F 10 Schorn), ὅτι Δίωνι ἐπέστειλεν εἰς Cικελίαν ὠνήcαcθαι τρία βιβλία Πυθαγορικὰ παρὰ Φιλολάου μνῶν ἑκατόν. καὶ γὰρ ἐν εὐπορίᾳ, φαcίν, ἦν παρὰ Διονυcίου λαβὼν ὑπὲρ τὰ ὀγδοήκοντα τάλαντα, ὡc καὶ Ὀνήτωρ φηcὶν ἐν τῷ ἐπιγραφομένῳ Εἰ χρηματιεῖται ὁ cοφόc.
- D.L. 8,6: γέγραπται δὲ τῷ Πυθαγόρᾳ cυγγράμματα τρία, Παιδευτικόν, Πολιτικόν, Φυcικόν·
- D.L. 8,15: Μέχρι δὲ Φιλολάου οὐκ ἦν τι γνῶναι Πυθαγόρειον δόγμα· οὗτος δὲ μόνος ἐξήνεγκε τὰ διαβόητα τρία βιβλία, ἃ Πλάτων ἐπέστειλεν ἑκατὸν μνῶν ὠνηθῆναι.
- D.L. 8,84–85: (84) Φιλόλαος Κροτωνιάτης Πυθαγορικός. παρὰ τούτου Πλάτων ὠνήcαcθαι τὰ βιβλία τὰ Πυθαγορικὰ Δίωνι γράφει .... (85) Γέγραφε δὲ βιβλίον ἕν, ὅ φηcιν Ἕρμιππος (FGrH 1026 F 69) λέγειν τινά τῶν cυγγραφέων Πλάτωνα

---

1 Del Mastro (2012), S. 287, Fn. 75.
2 Für die Auswahl der Stellen siehe Riginos (1976), anec. 127, wobei noch D.L. 8,6 des Kontexts wegen hinzugefügt ist. Weitere bei Riginos aufgezählte Stellen, die von den genannten Quellen abhängen oder nichts Wesentliches zum Bild beitragen, sind Cic. rep. 1,10; Procl. Tim. 1,1 und 3: Iambl. theol. arith. 105,10–17; Anony. proleg in Plat. phil. 5,27–31; Schol. Plat. Tim. 20a; Tzetz. chil. 10,797–805; 10,999–11,8; 11,40–41. Ibn al Qifti Tabaqat al-hukama 61 (S. 11 Roeper).

τὸν φιλόσοφον παραγενόμενον εἰς Cικελίαν πρὸς Διονύcιον ὠνήcαcθαι παρὰ τῶν cυγγενῶν τοῦ Φιλολάου ἀργυρίου Ἀλεξανδρινῶν μνῶν τετταράκοντα καὶ ἐντεῦθεν μεταγεγραφέναι τὸν Τίμαιον. ἕτεροι δὲ λέγουcι τὸν Πλάτωνα λαβεῖν αὐτὰ παρὰ Διονυcίου παραιτηcάμενον ἐκ τῆc φυλακῆc νεανίcκον ἀπηγμένον τῶν τοῦ Φιλολάου μαθητῶν. Τοῦτόν φηcι Δημήτριοc ἐν Ὁμωνύμοιc πρῶτον ἐκδοῦναι τῶν Πυθαγορικῶν ⟨τὰ⟩ (Dorandi) Περὶ φύcεωc, ὧν ἀρχὴ ἥδε (DK 44 B 1)· „ἁ φύcιc δ᾽ ἐν τῷ κόcμῳ ἁρμόχθη ἐξ ἀπείρων τε καὶ περαινόντων καὶ ὅλοc ⟨ὁ⟩ κόcμοc καὶ τὰ ἐν αὐτῷ πάντα."

– Aul. Gel. 3,17,1–2 und 4: *Memoriae mandatum est Platonem philosophum tenui admodum pecunia familiari fuisse atque eum tamen tris Philolai Pythagorici libros decem milibus denarium mercatum. Id ei pretium donasse quidam scripserunt amicum eius Dionem Syracosium …. (4) Tίμων amarulentus librum maledicentissimum conscripsit, qui Cίλλος inscribitur. In eo libro Platonem philosophum contumeliose appellat, quod inpenso pretio librum Pythagoricae disciplinae emisset exque eo Timaeum, nobilem illum dialogum, concinnasset. Versus super ea re Τίμωνος sunt: καὶ cύ, Πλάτων, καὶ γάρ cε μαθητείηc πόθος ἔcχεν, πολλῶν δ᾽ ἀργυρίων ὀλίγην ἠλλάξαο βίβλον, ἔνθεν ἀπαρχόμενος τιμαιογραφεῖν ἐδιδάχθηc.* (Holford-Strevens)

– Iambl. vita Pyth. 199: θαυμάζεται δὲ καὶ ἡ τῆc φυλακῆc ἀκρίβεια· ἐν γὰρ τοcαύταιc γενεαῖc ἐτῶν οὐδεὶc οὐδενὶ φαίνεται τῶν Πυθαγορείων ὑπομνημάτων περιτετευχὼc πρὸ τῆc Φιλολάου ἡλικίαc, ἀλλ᾽ οὗτοc πρῶτοc ἐξήνεγκε τὰ θρυλλούμενα ταῦτα τρία βιβλία, ἃ λέγεται Δίων ὁ Cυρακούcιοc ἑκατὸν μνῶν πρίαcθαι Πλάτωνοc κελεύcαντος, εἰc πενίαν τινὰ μεγάλην τε καὶ ἰcχυρὰν ἀφικομένου τοῦ Φιλολάου, ἐπειδὴ καὶ αὐτὸc ἦν ἀπὸ τῆc cυγγενείαc τῶν Πυθαγορείων καὶ διὰ τοῦτο μετέλαβε τῶν βιβλίων.

In den meisten Parallelstellen wird von drei Büchern ausgegangen, die angeblich von Pythagoras selbst verfasst wurden (Παιδευτικόν, Πολιτικόν, Φυcικόν, das sogenannte *tripartitum*).[3] Dabei handelt es sich um im 3. Jh. v. Chr. entstandene pseudo-epigraphische Werke,[4] denen die Erwerbsgeschichte wohl Authentizität verleihen soll. Aufschlussreich sind nun die Angaben des Hermipp von Smyrna und des Timon von Phlius, die ins 3. Jh. v. Chr. datieren und offenbar eine ältere Version der Geschichte reflektieren.[5] Beide Autoren scheinen nur von einem einzigen Buch zu wissen, welches pythagoreischen Inhalts war und von Platon erworben wurde.[6] Hermipp beruft sich auf eine

---

3 Dazu etwa Burkert (1962), S. 223–225.
4 Vgl. Burkert (1962) S. 208–212; Huffman (1993), S. 12–16; Zhmud (2013), S. 421f.; Fleischer (2019d), S. 150.
5 Vgl. Schorn (2004), S. 359–360.
6 Jedoch scheint in den *Silloi* des Timon ein poetisches Verständnis von „wenig Buch" für ὀλίγην

anonyme ältere Autorität. Es wäre zu erwägen, ob Dikaiarch gemeint ist, den Hermipp etwa in seinem *Über diejenigen, welche von der Philosophie zu Militär und Macht wechselten* als Quelle nutzt (Kol. 11,17–18).[7] Jedoch ist das Verschweigen des konkreten Namens bei Hermipp merkwürdig und vom Erhaltenen her zu urteilen, ist seine Information mit der in Kol. b überlieferten Passage wohl eher nicht identisch. Entscheidend ist, dass Hermipp den Kauf nicht über Philolaos direkt oder Dion als Vermittler geschehen lässt, sondern über Verwandte (παρὰ τῶν συγγενῶν). Auch die Alternative in D.L. 8,85 muss nicht bedeuten, dass Philolaos Platon zum Dank das Buch (die Bücher)[8] schenkte. Ebenjener Schüler oder dessen Freunde könnten es Platon aus Dankbarkeit geschenkt haben. Der Erwerb durch Verwandte des Philolaos beseitigt ein chronologisches Problem und könnte auch die Formulierung in Kol. b erhellen.[9] Gemeinhin sieht man in Philolaos mehr oder weniger einen Zeitgenossen des Sokrates.[10] Es ist wohl auszuschließen, dass der Pythagoreer zur Zeit der zweiten Sizilienreise Platons (367 v. Chr.) noch am Leben war; auch für die erste Sizilienreise (387 v. Chr.) ist dies unsicher. Der Ankauf über Verwandte oder Freunde, die posthum die Schrift des Philolaos herausgaben, ist somit aus chronologischen Gründen für die Glaubwürdigkeit geboten.[11] Leider sind im Papyrus keine Eigennamen

---

... βίβλον, d.h. die Indikation mehrerer Bücher durch den Ausdruck, nicht völlig ausgeschlossen. Andererseits versteht Aulus Gellius hier – gewiss das natürlichste Verständnis – nur ein Buch (librum Pythagoricae disciplinae).

7   Schorn (2004), S. 359, Fn. 917 vermerkt, dass Timon als Quelle nicht in Frage komme, da mit συγγραφεύς nur Prosaautoren bezeichnet werden (so schon Burkert (1962), S. 211, Fn. 44). Für weitere Gedanken zum Autor siehe Bollansée (1999a), S. 492.

8   Mit αὐτὰ scheint Diogenes gedanklich wieder zur tripartitum-Alternative gesprungen zu sein. Es ist auffällig, dass in D.L. 8,85 und in Iamblich Pyth. 199 die ähnlichen Formulierungen παρὰ τῶν συγγενῶν/ἀπὸ τῆς συγγενείας τῶν Πυθαγορείων bzw. ἡ τῆς φυλακῆς ἀκρίβεια/ἐκ τῆς φυλακῆς zu finden sind, was vielleicht auf eine gemeinsame Tradition hindeutet, dazu Fleischer (2019d), S. 151.

9   Die chronologische Problematik wird von Schorn (2004), S. 360 mit Fn. 920 in etwas anderem Kontext angesprochen.

10   Zhmud (2013), S. 421.

11   Bollansée (1999a), S. 493 meint, dass die Nennung der Verwandten chronologischen Erwägungen geschuldet ist, da es sonst keinen ersichtlichen Grund für diese Angabe gäbe. Im scheinbaren Kontrast dazu steht die chronologisch natürlich unmögliche Währungsangabe von 40 Alexandrinischen Minen (Alexandria wurde natürlich erst nach Platons Tod gegründet), vgl. Bollansée (1999a), S. 493 f. und Schorn (2004), S. 359 f. Ich gehe wie Burkert (1962), S. 226, Fn. 37 und Dörrie (1990), S. 255 von einer Umrechnung einer ursprünglichen Einheit aus, komme aber anders als Dörrie, der auf Basis von nicht näher erläuterten Einheiten 40 Alexandrinische Minen als ungefähren Wert für 100 Attische Minen postuliert, durch die Definition der Alexandrinischen Mine bei Hultsch (1864), S. 111–113 (*De mina Alexandrina*) auf 40 Alexandrinische Minen = 50 Attische Minen (eine Alexandrinische Mine = 1,25 Attische Minen). Ob in Hermipp oder seiner Quelle noch zusätzlich

zu lesen, aber die Formulierung ἀρχα[ῖοι] ϲφόδρα scheint nicht phraseologisch und lässt möglich erscheinen, dass es aus Sicht des Autors (oder der Platons) drei Arten von Pythagoreern gab:

– sehr alte Pythagoreer (die Generationen vor Philolaos)
– alte Pythagoreer (die Generation des Philolaos)
– zeitgenössische Pythagoreer (entweder aus der Sicht Platons oder Dikaiarchs)

Die Neulesungen in Kol. b,8–9 lassen es weiterhin denkbar erscheinen, dass (exklusiv) von pythagoreischen Philosophen die Rede war. Der Ausdruck [ὡ]ϲ | ϱὖτο[[ν]]`ϲ´ bezieht sich wahrscheinlich auf Philolaos („wie dieser es tat"), weniger auf Pythagoras. Es muss aber offenbleiben, von wem oder durch wen Platon welches pythagoreische Buch (Bücher)[12] zu welchem Preis erwarb. Jedoch steht zu vermuten, dass zumindest Philolaos[13] und wohl auch Pythagoras oder mit Philolaos in Verbindung stehende Pythagoreer in den verlorenen Zeilen und ggf. auch schon in Kolumne a genannt wurden. In Kol. b,13–15 könnten nach der neuen Rekonstruktion weniger ein oder mehrere Buchtitel als vielmehr Themenfelder des von Platon erworbenen Buches zu sehen sein. Dass Dikaiarch schon ein Plagiat insinuierte oder überhaupt eine Verbindung zum *Timaios* zog, geht aus dem Erhaltenen nicht hervor, wenngleich man Kol. b,19 dahingehend auslegen bzw. ergänzen könnte.[14] Schon Aristoteles konstatiert wertneutral pythagoreische Elemente bei Platon[15] und Dikaiarch analysiert, Platon habe Sokrates mit Pythagoras gemischt.[16] Die Bucherwerbsepi-

---

die ursprüngliche, alte Währungsangabe neben den Alexandrinischen Minen stand, muss offenbleiben, vgl. Bollansée (1999a), S. 494, Fn. 184. Jedenfalls scheint „alexandrinisch" hier eine Recheneinheit, keine Währung im Sinne von „Alexandergeld" (contra Knoepfler (1987) und Knoepfler (1989), S. 224–230). Die anderweitig genannten 100 Minen könnten eine Vereinfachung oder Übertreibung sein, was aber nicht bedeutet, dass die 40 Alexandrinischen Minen valide sind (sie könnten nur „pseudo-exakt" sein), vgl. Fleischer (2019d), S. 152.

12 Der Plural ὑπομνήματα ist dem Plural des Subjekts geschuldet und kein Hinweis auf mehrere von Philolaos verfasste Bücher.

13 Wenn sich ϱὖτο[[ν]]`ϲ´ in Kol. b,13 auf Philolaos bezieht, steht dies außer Frage.

14 Für literarischen Diebstahl und Platon als Nachfolger des Pythagoras siehe Dörrie (1990), BS 38–39.

15 Aristot. metaph. A 987a–b, vgl. Schorn (2004), S. 358. Zu Pythagoreischem bei Platon siehe knapp Erler (2007), S. 345f. und ausführlich Horky (2016).

16 FGrH 1400 F 59 (Plut. qu. conv. 719a–b): Ἀλλ᾽ ὅρα μή τί ϲοι (sc. Τυνδάρει) προϲῆκον ὁ Πλάτων καὶ οἰκεῖον αἰνιττόμενος λέληθεν, ἅτε δὴ τῷ Ϲωκράτει τὸν Λυκοῦργον ἀναμιγνὺϲ οὐχ ἧττον ἢ τὸν Πυθαγόραν ⟨ὡϲ⟩ ᾤετο Δικαίαρχος. Für die in der Antike schon allenthalben ausgemachten pythagoreischen Einflüsse auf Platon siehe etwa Cic. rep. 1,10,16; D.L. 3,8; Aug. civ. 8,4; Aug. c. Acad. 3,37; Procl. Tim. 1,7; Them. or. 26,318d; Anony. vita Pythagorac (Phot. bibl. 439a), Verhasselt (2018), ad F 59, vgl. auch Dörrie (1990), BS 39.

sode ist nicht notwendigerweise eine nachträgliche Konstruktion zur Erklärung pythagoreischer Ansichten bei Platon und der historische Kern könnte darin zu sehen sein, dass Platon tatsächlich aus dem pythagoreischen Umfeld ein erstmals zirkulierendes Werk mit einer fundierten Darstellung pythagoreischer (Natur)Lehren – wahrscheinlich von Philolaos geschrieben – erwarb und einige Ausführungen rezipierte. Bei Dikaiarchs Interesse für Pythagoras wäre es nicht verwunderlich, dass er bei der Behandlung Platons auch dezidiert auf dessen Verbindungen zum Pythagoreismus einging und womöglich Informationen aus gleichsam erster (peripatetischer) Hand über den Erwerb hatte.

Jedoch ist im Papyrus nicht explizit von Pythagoreern, sondern nur von „frühen Philosophen" die Rede. Ferner sind auch weder Philolaos noch mit der Episode verbundene Personen oder Handlungen eindeutig zu identifizieren. Puglia las den Genitiv in Kol. b,8–9 neu und folgert meines Erachtens zu Recht, dass die bisherige „Philolaos-Hypothese" damit nachhaltig zur Disposition steht und die Zeilen vielleicht eher so zu verstehen sind, dass Platon als Philosoph und Schriftsteller mit früheren Philosophen verglichen wurde. Die erste Generation der Philosophen habe dann nicht (in dem Ausmaß?) wie dieser Werke publiziert ([ὡ]ς | ọὖτο[[ν]]˙ς́ bezöge sich auf Platon). Im Folgenden könnten mit περὶ φύσεως Themengebiete dieser ersten (oder der folgenden) Philosophengeneration gemeint sein, welche zu Platon in Beziehung gesetzt werden. Im Falle der Präposition μεṭ' in Kol. b,13 könnte dort zur Gruppe der frühen (aber nicht sehr alten) Philosophen übergeleitet sein, welche sich schriftlich nur zur Natur äußerten, während Platon auch andere Gebiete behandelte.

Del Mastro hat in den Zeilen am Ende von Kol. b vorsichtig eine Darstellung Platons als „Vermittler" vermutet.[17] Jedoch steht dieser Interpretation nun vielleicht die Neulesung des Verbs in Kol. b,40–41 entgegen. Es scheint möglich, dass in Kol. b,36 anstelle des Adjektivs cώφρων der Eigenname Cώφρων zu transkribieren ist.[18] Platon war bekanntlich ein großer Verehrer des Mimographen Sophron von Syrakus und soll nach Diogenes Laertius auch dessen Ethopoiie in seinen Dialogen adaptiert haben (D.L. 3,18: Δοκεῖ δὲ Πλάτων καὶ τὰ Cώφρονος τοῦ μιμογράφου βιβλία ἠμελημένα πρῶτος εἰς Ἀθήνας διακομίσαι καὶ ἠθοποιῆσαι πρὸς αὐτόν).[19] Das καὶ in Kol. b,37 könnte eine andere Person im Vorangehenden

---

17   Del Mastro (2012), S. 288 („capacità mediatrice di Platone").

18   Ohne aus dem Eigennamen einen anderen Inhalt der Zeilen zu folgern, erwähnt Del Mastro (2012), S. 290 die mögliche Lesung des Eigennamens.

19   Für die Fragmente siehe Riginos (1976), anec. 128. Für die Gemeinsamkeiten von Sophrons Mimen und Platons Dialogen siehe Erler (2007), S. 68 f. Ferner ist noch P. Oxy. 3219 frg. 1 (Aristot. de poetis F 44c Janko) zu vergleichen.

implizieren und auf Platons (literarische) Zeichnung von Dialogcharakteren im Geiste des Sophron hindeuten. Ein Plagiatsvorwurf muss nicht intendiert sein. Bereits Aristoteles bringt in seiner *Poetik* die Mimen des Sophron in losen Zusammenhang mit den Cωκρατικοὶ λόγοι,[20] was vielleicht auf eine frühe peripatetische Platon-Sophron-Assoziation hinweist, die auch Dikaiarch aufnahm. Jedoch ist eine Charakterisierung Platons als cώφρων nicht völlig ausgeschlossen.

In Kol. c könnte aufgrund einer lexikalischen Überlappung mit einem Dikaiarch-Fragment in Diogenes' Platon-Vita (D.L. 3,38 und Kol. c,11) auf Platons *Phaidros* eingegangen worden sein. Im Folgenden sind vor Kol. 1* fünf Kolumnen ausgefallen, von denen substantiell nichts erhalten ist.

Platon: Adaption, Innovation, zwiespältiger Einfluss und Menschenliebe (Kol. 1*–2,5)

Der Passage kommt eine nicht geringe Bedeutung zu, weil viele Aussagen, insbesondere Dikaiarchs Bewertung der platonischen Dialoge, ohne direkte Parallelen sind. Dikaiarchs Sicht auf Platons Philosophie dürfte *mutatis mutandis* exemplarisch für die vieler Peripatetiker der ersten Generation stehen. Platon wird zwar nicht boshaft oder despektierlich angefeindet, aber seine literarisch-philosophischen Leistungen werden durch die Relativierungen in kein gutes Licht gerückt. Die kritischen Äußerungen überwiegen, während sein Charakter offenbar wohlwollend bewertet wird.

Zunächst ist die Ergänzung des Eigennamens „Sokrates" in Kol. 1,3 attraktiv, aber aus Raum- und Spurengründen problematisch. Die Syntax der ersten Zeilen ist nicht mit Gewissheit zu klären. Vielleicht erschien Platon nicht als Erneuerer der Philosophie im Allgemeinen, sondern als ein Philosoph, der die gesamte τέχνη des Sokrates wieder hat aufleben lassen (Erneuerung des Genres Cωκρατικοὶ λόγοι). Mit τέχνη könnte dann die spezifische Art von Sokrates' dialektischem Philosophieren gemeint sein, aber bei anderer Ergänzung ist auch ein Bezug des Substantivs auf die Rhetorik oder den Stil Platons möglich. Jedenfalls legte Platon Wert auf eine rhythmisch–literarische Ausarbeitung der Dialoge (Kol. 1,4–5). Das Lob von Platons erhabenem und gefälligem Prosastil könnte im Hinblick auf die später monierte Oberflächlichkeit jedoch etwas vergiftet sein. Dikaiarch würdigt auch originelle (philosophische) Elemente bei Platon, so dass er in ihm doch mehr als nur einen „Sokrates in Kunstprosa"

---

20   Aristot. poet. 1447b: οὐδὲν γὰρ ἂν ἔχοιμεν ὀνομάcαι κοινὸν τοὺς Cώφρονος καὶ Ξενάρχου μίμους καὶ τοὺς Cωκρατικοὺς λόγους οὐδὲ εἴ τιc διὰ τριμέτρων ἢ ἐλεγείων ἢ τῶν ἄλλων τινῶν τῶν τοιούτων ποιοῖτο τὴν μίμηcιν.

sah. Leider bleibt im Vagen, worin genau Dikaiarch diese Eigenbeiträge sah (Kol. 1,5–6), vielleicht *inter alia* in der „Ideenlehre". Platons Einfluss ist für den Peripatetiker ambivalent, Fluch und Segen für die Philosophie (Kol. 1,7–11). Die folgenden Zeilen sind ein schönes Zeugnis für die Breitenwirkung Platons zu seinen Lebzeiten bzw. kurz nach seinem Tod. Vielsagend ist, dass dezidiert die Niederschrift der Dialoge als Ursache dieser Entwicklung ausgemacht wird und nicht etwa Platons Philosophie an sich. Wenn nicht rein phraseologisch, könnte hier ein Hinweis vorliegen, dass sich die Diskussionen in der Akademie auf anderem (höherem) Niveau als die Dialoge bewegten, welche nach Dikaiarch nicht notwendigerweise die Quintessenz platonischen Denkens repräsentieren. Jedoch sollte man in diese Formulierung für die Frage nach der ungeschriebenen Lehre Platons vielleicht nicht zu viel hineininterpretieren.

Die Grundaussage der folgenden Zeilen (Kol. 1,18–43) ist offenbar, dass Platons Philosophie oder konkreter: seine Dialoge letztlich einer verflachten „Vulgärphilosophie" den Weg ebneten und zu einem Absinken des Niveaus führten. Leute ohne Kenntnisse in μαθήματα – was für den Peripatos selbstverständlich essentiell war – fühlten sich nun zur Philosophie berufen und rechneten sich der Menge der Philosophen zu. Diese „Pseudophilosophen" haben womöglich den aporetischen Charakter der Dialoge als Vorwand genommen, nicht nach Definitionen oder allgemeinen Wahrheiten zu suchen, sondern sich selbstgefällig und dümmlich im sokratischen „Ich weiß, dass ich nichts weiß" zu suhlen und jeglichem mühsamerem oder tiefgehendem Nachdenken zu entsagen. Letztlich ignorant, glaubten sie, die einzig wahre philosophische Lehre in den Dialogen gefunden und verstanden zu haben. Dikaiarch schwebt natürlich der peripatetische Philosophieansatz als Gegenmodell vor.

Am Ende des Exzerpts erwähnt Dikaiarch eine Person, vielleicht von Philodem (zunächst) als versöhnlicher Abschluss gedacht, die sich zur φιλανθρωπία Platons äußerte (Kol. 1,44–2,4). Auch wenn andere Akademiker oder Peripatetiker nicht ausgeschlossen sind, kommen doch am ehesten Dion oder Aristoteles für die Aussage in Betracht. Allerdings sind die Spuren in Kol. 1,44 mit dem Namen Aristoteles nicht gut in Einklang zu bringen, so dass er schon zuvor genannt worden sein müsste. Wir haben etwa Aristoteles' berühmte Elegie an Eudemos als Beleg für seine persönliche Wertschätzung Platons, aber auch Dion hätte gewiss Gründe genug gehabt, Platons φιλανθρωπία zu rühmen.

Platon: Büsten, Peripatos, Garten, Museion – Demos, Alter, Todesjahr (Kol. 2,6–38)

Zahlreiche Neulesungen eröffnen ein besseres Verständnis für Struktur und Grundaussagen der Passage.[21] Es ist zweckdienlich, das Exzerpt aus Philochoros unter drei Gesichtspunkten zu analysieren:

a) Bronzene Büsten von Sokrates (Typ A?) und wahrscheinlich Platon mit Inschriften

b) Die topographischen Angaben (Peripatos, Museion, Garten, Grabmal Platons) in ihrem Verhältnis zu anderen Quellen

c) Demos, Alter, Tod Platons in ihrem Verhältnis zu anderen Quellen

a) Gleich zweimal wird im Papyrus eine Plastik idiosynkratisch als εἰκὼν πρόσωπον bezeichnet. So wollte Philochoros – vielleicht einer Systematik in seiner *Atthis* und anderen Schriften folgend – vermutlich verdeutlichen, dass es sich nur um einen Kopf (Büste/Herme) und keine Ganzkörperstatue handelt, was bei bloßem εἰκών im Vagen geblieben wäre.[22] Wahrscheinlich stand die erste Büste in dem „Peripatos", womit am ehesten ein Säulengang des platonischen Gartens gemeint sein dürfte. Selbst wenn ein weiterer Peripatos außerhalb dieses Gartens existierte,[23] wäre eine solche Büste wahrscheinlich im privaten Umfeld von Platons philosophischer Wirkungsstätte aufgestellt worden, gleichsam als *genius loci*. Auf dem Sockel der Büste stand der Name des Bildhauers, der in Kol. 2,16 begonnen haben dürfte, so dass frühere Ergänzungen (Butes und Sotes) kaum mehr haltbar sind. Das zweite ἐπι˹γέˈγˈραˈ[πτ]ˈαιˈ dürfte sich auf eine Eigenart der Büste oder die Widmung beziehen, welche vielleicht neben dem zu erwartenden und daher vielleicht bewusst nicht angegebenen „Πλάτων ἀνέθηκεν" einen Beweggrund, eine Liste von mit Sokrates verbundenen Menschen, eine allgemeine epigrammatische Aussage oder philosophische Ansichten enthielt. Vielleicht führte Philochoros die Beschreibung der Inschrift oder Büste noch einige Zeilen weiter fort.

---

21 Die Passage hat beinahe eine eigene „jüngere" Forschungsgeschichte. Nach Dorandis Ausgabe (1991) wurden die Passage bzw. Teile der Passage von Voutiras (1994), Speyer (2001), Longo Auricchio (2008) und Puglia (2018) neu ediert. Ferner wurde das Exzerpt im Zusammenhang mit den Örtlichkeiten der Akademie verschiedentlich in der Literatur erwähnt.

22 Vgl. Speyer (2001), S. 92,94.

23 Für archäologische Ausgrabungen in der Gegend der Akademie siehe Lygouri-Tolia (2020). Ein etwa 250 Meter nordöstlich des Gymnasiums gelegenes quadratisches Peristyl ist nicht mit dem Peripatos (des Gartens) gleichzusetzen, da es aus hellenistischer Zeit stammen dürfte (S. 58). Jedoch könnte dieser Peripatos oder der Platons die Darstellung auf dem berühmten „Philosophenmosaik von Pompeii" inspiriert haben (Neapel, Mus. Arch. Naz. Inv. 124545, siehe Abb. 31). Für einen zweiten Peripatos außerhalb des eigentlichen Gartens siehe Döring (2008), S. 261f. mit Verweis auf Ael. VH 3,19.

Unter Archäologen und Kunsthistorikern herrscht seit langem die *opinio communis* vor, dass die Büste (Statue), welche als Modell für den Typ-A-Sokrates diente (Abb. 28), nicht lange nach Gründung der Akademie von Platon aufgestellt wurde.[24] Diese Hypothese wurde prinzipiell unabhängig bzw. in Unkenntnis unserer Textstelle formuliert.[25] Büsten des Typs A zeigen einen „silenenhaften", eigentlich sämtliche griechischen Vorstellungen von Schönheit konterkarierenden Kopf, während die hässlichen Züge bei Typ B weniger ausgeprägt sind.[26] Voutiras (1994) vermutet, dass die Büste bzw. Statue (vor der Neulesung der Junktur εἰκὼν πρόϲωπον) des Sokrates im Museion der Akademie ihren Platz hatte und diese von Platon errichtete Statue das Vorbild für Typ B war.[27] Hinsichtlich des Aufstellungsortes legt die Neulesung „Peripatos" in Kol. 2,12–13 nahe, dass die Büste ebendort und nicht im Museion zu sehen war – wenn das Museion nicht irgendwo „im" Peripatos lag. Diogenes Laertius berichtet von einer Statue des Sokrates, welche die reumütigen Athener im *Pompeion* errichteten.[28] Der Bildhauer der bronzenen Statue war angeblich Lysipp (Mitte/2. Hälfte des 4. Jh. v. Chr.). Zwar dürften diverse Details der Geschichte eine hellenistische Konstruktion sein, aber die Nachricht über eine (zweite) Statue des Sokrates – vielleicht tatsächlich von Lysipp gefertigt – ist an sich nicht unglaubwürdig.[29] Diese Statue mag Typ B inspiriert haben oder mit ihm identisch sein. Bisher glaubten Archäologen, dass der Typ A-Kopf zu einer von (Platon gestifteten) Statue des Sokrates gehörte. Interessanterweise sind aber von Typ A keine Ganzkörperstatuen erhalten, sondern nur Büsten.[30] Ist

---

24   Scheibler (1989), S. 20 f.; vgl. Voutiras (1994), S. 156.

25   Etwa Richter (1965), S. 112 („I am inclined to put it ... around 380–360 B.C."). Voutiras (1994), S. 146 („... einige Forscher veranlasst hat, ein ziemlich früh errichtetes Standbild des Sokrates zu postulieren .... Dabei wurde seltsamerweise übersehen, dass eine solche Statue tatsächlich überliefert ist. Die Nachricht, die aus einer zuverlässigen Quelle, dem Atthidographen Philochoros, stammt, steht im sog. *Index Academicorum Herculanensis* ...") und S. 156 zur Datierung („in den späteren 80er oder in den 70er Jahren des 4. Jh. v. Chr. entstanden sein").

26   Für eine genaue Analyse siehe Zanker (1995), S. 38–46 (Typ A) und S. 62–66 (Typ B).

27   Voutiras (1994), S. 156–160.

28   D.L. 2,43: Ὁ μὲν οὖν ἐξ ἀνθρώπων ἦν· Ἀθηναῖοι δ᾽ εὐθὺς μετέγνωϲαν, ὥϲτε κλεῖϲαι καὶ παλαίϲτρας καὶ γυμνάϲια. καὶ τοὺς μὲν ἐφυγάδευϲαν, Μελήτου δὲ θάνατον κατέγνωϲαν. Ϲωκράτην δὲ χαλκῇ εἰκόνι ἐτίμηϲαν, ἣν ἔθεϲαν ἐν τῷ Πομπείῳ, Λυϲίππου ταύτην ἐργαϲαμένου.

29   Voutiras (1994), S. 137–156 geht in seiner Quellenkritik sehr weit und verwirft eine lysippeische Statue des Sokrates gänzlich (S. 160).

30   Richter (1965), S. 110–112 (S. 112: „For the reconstruction of the original statue of this type A, there is no clue."). Zanker (1995), S. 42 sinniert zu Typ A: „Was für ein Körper kann mit einem solchen Kopf verbunden gewesen sein? Der Verlust ist angesichts der komplexen Aussage des Kopfes besonders bedauerlich. Einen in jeder Hinsicht schönen und normgerechten Körper, wie er für die spätere Sokratesstatue überliefert ist, kann man sich

ABB. 28
Sokrates – Typ A
Anmerkung: Neapel, Mus. Arch. Naz.,
Inv. 6129 (vgl. Richter (1965), Bd. 2, S. 111
Nr. 4).

dies vielleicht dem Umstand geschuldet, dass die Typ A-Büsten nicht „von einer Statue zu Büsten" gemacht wurden, sondern Kopien der im Papyrus explizit genannten Büste (εἰκὼν πρόϲωπον) sind? Es dürfte kaum letztgültig zu beweisen sein, dass die im Papyrus beschriebene Büste das Urbild für Typ A (ggf. Typ B) ist, aber eine solche These ist an sich plausibel, wenn nicht wahrscheinlich. Jedenfalls lesen wir im Papyrus nichts von einer Ganzkörperstatue des Sokrates, welche freilich später (von Lysipp), in welchem Kontext auch immer, geschaffen worden sein mag.

---

jedenfalls kaum mit diesem Kopf verbunden vorstellen." Sollte Typ A mit der im Papyrus genannten Büste identisch sein, existierte niemals eine mit diesem Kopf verbundene (Ur)Statue.

ABB. 29
Sokrates – Typ B
Anmerkung: Rom, Mus. Naz. delle
Terme, Inv. 1236.

Neulesungen zeigen, dass noch eine zweite Büste (εἰκὼν πρόcωπον) von Schülern irgendwo (in der Akademie) errichtet wurde (Kol. 2,26–27). Die folgenden auf Platon fokussierenden Zeilen sprechen für ihn als Geehrten, dem seine Schüler eine Büste widmeten (im Alter oder posthum).[31] Die Annahme, dass die (anderen) Schüler des Sokrates zusätzlich zu Platon dem Sokrates eine zweite Büste widmeten und in der Akademie aufstellten, ist wesentlich unwahrscheinlicher. Vielleicht gehen die Büsten Platons (Abb. 30), welche alle von einem einzigen Originaltyp abstammen,[32] nicht auf eine vom Perser Mithradates gestiftete und von Silanion gefertigte Statue zurück,[33] sondern auf die im Papyrus genannte bronzene Büste in der Akademie, die von Platons Schülern gestiftet wurde.[34] Die Widmungsinschrift stand in Kol. 2,29–31.

---

31   Für einen Überblick zu Bildnissen Platons siehe Richter (1965), Bd. 2, S. 164–170, ferner Erler (2007), S. 38–40.

32   Richter (1965), Bd. 2, S. 169.

33   D.L. 3,25: ἐν δὲ τῷ πρώτῳ τῶν Ἀπομνημονευμάτων Φαβωρίνου (Favorinus F 43 Amato) φέρεται ὅτι Μιθριδάτης ὁ Πέρcης ἀνδριάντα Πλάτωνος ἀνέθετο εἰς τὴν Ἀκαδήμειαν καὶ ἐπέγραψε· „Μιθραδάτης Ῥοδοβάτου Πέρcης Μούcαιc εἰκόνα ἀνέθηκε Πλάτωνος, ἣν Cιλανίων ἐποίηcε.“

34   Richter (1965), Bd. 2, S. 170: „Since, therefore, one cannot rely with certainty on Silanion

ABB. 30
Platon
Anmerkung: München, Glyptothek, Inv.
548 (Richter (1965), Bd. 2, Nr. 18).

b) Platons „Akademie" war im topographischen Sinne vornehmlich ein von ihm auf dem Areal des Akademie-Bezirks erworbener Garten, wenngleich er sich bisweilen auch im nahen Gymnasium (und ggf. einem angrenzenden „äußeren" Peripatos) aufhielt. Dieser von Platon nicht in seinem Testament erwähnte Garten war womöglich Eigentum der Schulgemeinschaft.[35] Aelian berichtet, dass Platon von Aristoteles zeitweise aus einem äußeren Peripatos (außerhalb des Gartens), wo er (auch) zu philosophieren pflegte, vertrieben wurde.[36]

---

and much less on a specific Mithradates for supplying a date for our portrait of Plato, we must turn elsewhere, that is, to the style. ... it should belong to the middle of the fourth century B.C."

35 Zu Platons Garten siehe Döring (2008), S. 256–263. Einige besonders relevante Stellen sind D.L. 3,5: Ἐφιλοσόφει δὲ τὴν ἀρχὴν ἐν Ἀκαδημείᾳ, εἶτα ἐν τῷ κήπῳ τῷ παρὰ τὸν Κολωνόν, ὥς φησιν Ἀλέξανδρος ἐν Διαδοχαῖς (FGrH 273 F 89); D.L. 3,20: ... ἀλλὰ καὶ κηπίδιον αὐτῷ τὸ ἐν Ἀκαδημείᾳ πρίασθαι. Plut. de exilio 603b: ἡ δ᾿ Ἀκαδήμεια, τρισχιλίων δραχμῶν χωρίδιον ἐωνημένον, οἰκητήριον ἦν Πλάτωνος καὶ Ξενοκράτους καὶ Πολέμωνος αὐτόθι σχολαζόντων καὶ καταβιούντων τὸν ἅπαντα χρόνον πλὴν μίαν ἡμέραν.

36 Ael. VH 3,19: καὶ διὰ ταῦτα ἀποστὰς ὁ Πλάτων τοῦ ἔξω περιπάτου, ἔνδον ἐβάδιζε σὺν τοῖς ἑταίροις. τριῶν δὲ μηνῶν διαγενομένων ὁ Ξενοκράτης ἀφίκετο ἐκ τῆς ἀποδημίας, καὶ καταλαμβάνει τὸν Ἀριστοτέλη βαδίζοντα οὗ κατέλιπε τὸν Πλάτωνα. ὁρῶν δὲ αὐτὸν μετὰ τῶν γνωρίμων οὐ πρὸς Πλάτωνα ἀναχωροῦντα ἐκ τοῦ περιπάτου, ἀλλὰ καθ᾿ ἑαυτὸν ἀπιόντα ἐς τὴν πόλιν, ἤρετό τινα

Döring (2008) schreibt in diesem Kontext: „... dann darf man daraus im übrigen vielleicht schließen, dass sich auch dort (sc. im Garten) ein – vermutlich bescheidenerer – περίπατος befand. Auch hier mag wieder ein Verweis auf das Testament Theophrasts von Nutzen sein (D.L. 5,52): In ihm ist von einem περίπατος die Rede, der sich auf dem privaten Grundstück befand, das Theophrast für die von Aristoteles gegründete Schule erworben hatte ....“ Nun liegt es nahe, den neugelesenen Peripatos in Kol. 2,12–13 mit diesem von Döring vermuteten „inneren Peripatos“ zu identifizieren, wo die Büste des Sokrates aufgestellt war, derweil sie gewiss auch öffentlichkeitswirksam im „äußeren Peripatos“ platziert worden sein könnte. Das etwas nebulöse Partizip π]αραξύων in Kol. 2,9 scheint mir auf eine bauliche Maßnahme (Glättung einer Fläche?) hinzudeuten.[37] Vielleicht errichtete Platon neben der Büste noch etwas anderes in dem Peripatos (Kol. 2,9–12). Für einen „inneren Peripatos“ spricht auch die Verwendung von Peripatos als Synonym für Platons Schule in Kol. 6,40: Speusipp starb, nachdem er den „Peripatos“ acht Jahre innehatte. Ferner geht aus Kol. 7,8–9 hervor, dass mehrere περίπατοι auf dem Gelände oder im Umkreis der Akademie existierten. Einen Eindruck, wie der (innere) Peripatos in der Akademie ausgesehen haben könnte, vermittelt das berühmte *Philosophenmosaik von Neapel*, in welchem Gaiser (1980) und andere Gelehrte eine Darstellung der Akademie erkennen wollten (Abb. 31). Jedoch werden auch andere Personenkreise, etwa die Sieben Weisen, und alternative Szenerien vorgeschlagen.[38]

Auch die Neulesungen in Kol. 2,32–33 sind topographisch aufschlussreich. Platon ließ bekanntlich ein Museion in der Akademie erbauen.[39] Der Papyrus muss vermutlich eher zu κήπωι als zu οἴκωι ergänzt werden. Das Supplement κήπωι ließe offen, ob etwas *neben dem Museion in dem Garten* zu lokalisieren ist oder etwas *in dem Garten, der neben dem Museion liegt*, wobei im letzteren Falle eher mit einer anderen Wortstellung zu rechnen wäre. Daher bevorzuge ich die erste Interpretation, welche auch definitiv bezeugen würde, dass das Museion

---

τῶν ἐν τῇ περιπάτῳ ὅπου ποτὲ εἴη ὁ Πλάτων· ὑπώπτευε γὰρ αὐτὸν μαλακίζεϲθαι. ὃ δὲ ἀπεκρίνατο ʼἐκεῖνοϲ μὲν οὐ νοεῖ, ἐνοχλῶν δὲ αὐτὸν Ἀριϲτοτέληϲ παραχωρῆϲαι πεποίηκε τοῦ περιπάτου, καὶ ἀναχωρήϲαϲ ἐν τῷ κήπῳ τῷ ἑαυτοῦ φιλοϲοφεῖ.ʼ

37 Es ist naheliegend, an das Museion zu denken, aber dieses stand nicht unbedingt „im Peripatos“.

38 Gaiser (1980). Für einen Überblick siehe etwa Massa-Pairault (2020), S. 31–43, welche die Personen im Mosaik mit Mitgliedern des Museions in Alexandria identifiziert. Zuletzt hat Sedley (2021) die Szenerie ausführlich besprochen und neue Identifikationen der Personen vorgeschlagen.

39 D.L. 4,1; 4,19; Kol. 6,33ff. Zum Museion siehe Dillon (2003), S. 2 f., 6 f. und Döring (2008), S. 266–269.

ABB. 31   Philosophenmosaik von Neapel (vielleicht eine Darstellung der Akademie)
          Anmerkung: Neapel, Mus. Arch. Naz., Inv. 124545 (gefunden in Pompeji).

im Garten lag und nicht in den öffentlichen Bereichen des Akademieareals.[40]
Für die Bestimmung dieses „etwas" ist es entscheidend, ob man ἀλλά „streng
adversativ" auffasst oder von einem eher freieren Gebrauch ausgeht. Der logische Gegensatz zur Demos-Zugehörigkeit wäre, dass Platon dort nicht wohnte,
da die meisten Athener auch in ihrem Demos wohnten. Die Akademie lag fern

---

40   D.L. 4,19 lässt die Frage wohl auch offen (οὐ μὴν ἀλλὰ καὶ ἐκπεπατηκὼς ἦν διατρίβων ἐν τῷ
     κήπῳ, παρ᾽ ὃν οἱ μαθηταὶ μικρὰ καλύβια ποιησάμενοι κατῴκουν πλησίον τοῦ μουσείου καὶ τῆς
     ἐξέδρας).

des Innenstadt-Demos Kollytos, nahe den Demen Kolonus und Kerameis.[41] Es ist fraglich, ob aus einigen Textstellen gefolgert werden darf, dass Platon und seine Nachfolger permanent in einem kleinen Häuschen im Gartenareal lebten, zumal Platon ein Grundstück in der Nähe der Akademie besaß.[42] Nimmt man an, dass Platon im Garten wohnte, und ergänzt „lebte/wohnte/lehrte" im Papyrus, würde sich daraus der logisch strenge Gegensatz zur Herkunft ergeben („lebte in diesem Demos (der Akademie), kam aber aus Kollytos"). Jedoch wäre die Formulierung „lebte in dem Garten neben dem Museion" vielleicht etwas schief und „lehrte" gefälliger. Sollte οἴκωι zu ergänzen sein, wäre die Frage natürlich entschieden. Wenn die adversative Strenge des ἀλλά weniger ausgeprägt ist, wäre die Ergänzung „Platon wurde in dem Garten nahe des Museion bestattet, stammte aber aus dem Demos Kollytos" denkbar. In diesem Fall wäre der Bestattungsort dem Ort der Herkunft (Demos) gegenübergestellt, wobei die adversative Strenge dahingehend abgeschwächt wäre, dass natürlich nicht jeder Athener in seinem Demos bestattet wurde (die meisten Gräber befanden sich im Kerameikos-Bezirk). Pausanias und Diogenes Laertius berichten, dass Platons Grabmal in der Akademie bzw. nicht fern der Akademie lag.[43] Beide Angaben sind etwas unscharf, implizieren aber nach Döring (2008), dass Platon im Garten der Akademie bestattet wurde – auch Theophrast wünschte in seinem Testament, im Garten des Lykeions bestattet zu werden.[44] Da im nächsten Satz der Tod Platons (Kol. 2,35–38) angesprochen wird, ist gut denkbar, dass Philochoros zuvor (Kol. 2,31–33) das Grabmal Platons genauer lokalisierte. Da wir durch Diogenes und Pausanias sicher wissen, dass Platon im Akademie-Areal (im weitesten Sinne) bestattet wurde, habe ich mich in Kol. 2,31 für ἐτάφη (mit κῆπος in Kol. 2,32–33) entschieden. Mit der Formulierung „im Garten nahe des Museions" wäre dann weniger Platons Wohn- oder Lehrstätte als vielmehr seine letzte Ruhestätte bezeichnet. Dass Platon in der Nähe des von ihm gestifteten Musenheiligtums seine Grablege hatte, wäre kaum unerwartet. Da schon zuvor eine Platon *vielleicht posthum* dedizierte Büste erwähnt ist (Kol. 2,25–31), bestünde somit sogar eine gewisse gedankliche Nähe zu diesen Zeilen. Der *Index Academicorum* gibt uns zum ersten Mal die exakte Lokalisation von Platons letzter Ruhestätte im Akademieareal preis.

---

41 Platon hatte ferner Besitz in den Demen Iphistiadai und Eiresidai.

42 Vgl. Döring (2008), S. 263–265. (Demos Eireisidai). Die Stellen: D.L. 4,6–7; 4,19; Plut. de exilio 603b; Kol. 14,35–41. Döring (2008), S. 265 betont, dass eigentlich Plutarch sagt, Platon habe in dem Haus im Garten gewohnt.

43 D.L. 3,41: καὶ ἐτάφη ἐν τῇ Ἀκαδημείᾳ, ἔνθα τὸν πλεῖστον χρόνον διετέλεσε φιλοσοφῶν. Paus. 1,30,3: Ἀκαδημίας δὲ οὐ πόρρω Πλάτωνος μνῆμά ἐστιν, ᾧ προεσήμαινεν ὁ θεὸς ἄριστον τὰ ἐς φιλοσοφίαν ἔσεσθαι.

44 Döring (2008), S. 263 (D.L. 5,53).

c) An dem Demos Kollytos sollte kein Zweifel bestehen, auch wenn er sonst nur von Diogenes Laertius (Antileon) bezeugt ist.[45] Das Todesjahr unter Theophilos wird auch von diversen anderen Autoren, darunter Diogenes Laertius (Apollodors *Chronica* und Hermipp zitierend), Dionysios von Halikarnassos, Athenaios und P.Oxy. 12 genannt.[46] Alle hängen womöglich letztlich von Philochoros ab.[47] Philochoros selbst scheint das Datum in einem anderen Fragment bei der Diskussion von Aristoteles' Schuleröffnung zu bestätigen.[48] Beim Lebensalter Platons herrscht unter den antiken Autoren hingegen weniger Einigkeit. Neben Philochoros geben noch Athenaios, Valerius Maximus und Suda „82 Jahre" an.[49] Normalerweise wird Platons Alter mit 81 Jahren angegeben, seltener mit 80 Jahren.[50] Neanthes von Kyzikos lässt ihn stolze 84 Jahre alt werden.[51] Kurioserweise legt das andere Philochoros-Fragment zu Platons Alter nahe, dass er dessen Geburt auf 428/27 v. Chr. (Archon Diotimos) datierte. Wie er mit diesem Geburtsarchon dennoch auf 82 Jahre kommt (selbst bei inklusiver Zählung nur 81 Jahre), ist nicht ersichtlich.

Platon: Name und Verkauf in Sklaverei (Kol. 2,38–3,Mitte)
a) Deutung von Platons Namen (Kol. 2,40–43)
Im Wesentlichen kursierten in der Antike drei „Aitien" für Platons Namen:
- Platons breite Brust bzw. gute körperliche Verfassung allgemein.[52]
- Die Breite von Platons Stil.[53]
- Die Breite von Platons Stirn.[54]

Nach mehreren Quellen soll Platon ursprünglich nach seinem Großvater Aristokles geheißen haben und/oder erst später Platon genannt worden sein.[55]

---

45   D.L. 3,3: ἦν δὲ τῶν δήμων Κολλυτεύς, ὥς φησιν Ἀντιλέων ἐν δευτέρῳ Περὶ χρόνων (FGrH 247 F 1).

46   D.L. 3,2 (FGrH 1026 F 70); 5,9 (FGrH 244 F 38a), Dion. Hal. Amm. 5; Athen. V 217b; P. Oxy. 12 Kol. 2,20–24.

47   Vgl. Gaiser (1988), S. 379; Erler (2007), S. 57 mit weiteren Parallelen.

48   FGrH 328 F 223 (Anony. vita Aristot. (cod. Marcianus 257), S. 428) – siehe den Kommentar bei Jones (2016).

49   Val. Max. 8,7, ext. 3 und Suda π 1707 (Platon).

50   Vgl. Baltes/Dörrie (1990), BS 60 mit Kommentar (81 Jahre bei D.L. 3,2 (FGrH 1026 F 70); Sen. epist. 58,31; Anony. proleg. in Plat. phil. 6,1–7 (Westerink); Lukian macr. 21, und anderen; 80 Jahre bei Cic. Cato 13; Cens. de die natali 15,1; Hier. epist. 52,3,5).

51   D.L. 3,3 (FGrH 84 F 20). Ein Schreib- oder Rechenfehler ist denkbar (vgl. Baltes/Dörrie (1990), S. 419). Zu dieser singulären Angabe siehe auch Schorn (2018), S. 9.

52   Apul. Plat. 1,1; D.L. 3,4 (FGrH 273 F 88); Tzetz. chil. 11,854–859; Sen. epist. 58,30; Olymp. in Plat. Alc. II 35–43; Anony. proleg. in Plat. phil. 1,14–19; Serv. Aen. 6,668; Suda π 1707.

53   D.L. 3,4; Olymp. In Plat. Alc. II 35–43; Anony. proleg. in Plat. phil. 1,14–19; Suda π 1707.

54   Neben Neanthes nennen die Stirn als Grund auch Olymp. in Plat. Alc. II 35–43; Anony. proleg. in Plat. phil. 1,14–19.

55   Überblick bei Riginos (1976), S. 35–38 (anec. 11 = Kapitel 3 – Plato's name) und Gaiser (1988), S. 408 f.

Repräsentativ sei Diogenes Laertius angeführt, der alle Varianten aufzählt (D.L.
3,4): ἐγυμνάσατο δὲ παρὰ Ἀρίστωνι τῷ Ἀργείῳ παλαιστῇ· ἀφ᾽ οὗ καὶ Πλάτων διὰ τὴν
εὐεξίαν μετωνομάσθη, πρότερον Ἀριστοκλῆς ἀπὸ τοῦ πάππου καλούμενος [ὄνομα],
καθά φησιν Ἀλέξανδρος ἐν Διαδοχαῖς (FGrH 273 F 88). ἔνιοι δὲ διὰ τὴν πλατύτητα
τῆς ἑρμηνείας οὕτως ὀνομασθῆναι· ἢ ὅτι πλατὺς ἦν τὸ μέτωπον, ὥς φησι Νεάνθης
(FGrH 84 F 21a). Diogenes Laertius bezieht sich gewiss auf dieselbe Neanthes-
Stelle wie Philodem, aber unterschlägt Philiskos als Quelle des Neanthes.

Gaiser (1988) hat treffend festgestellt, dass bei Neanthes offenbar die am
wenigsten fiktive und auch älteste Version der „Etymologie" vorliegt. Ferner ist
bei Neanthes nicht von einer späteren Umbenennung von Aristokles zu Platon
die Rede,[56] aber vielleicht eine Spontanänderung bei Geburt und Anblick des
Säuglings impliziert.[57] Desungeachtet dürfte Neanthes wahrscheinlich ein rei-
nes etymologisches Phantasieprodukt wiedergeben – Platon war ein geläufiger
Name in Athen und Griechenland.[58] Aufschlussreich ist nun die Berufung auf
Philiskos von Ägina. Neanthes muss offenbar wie andere Quellen davon ausgegangen sein, dass Platon auf Ägina geboren wurde.[59] Warum hätte er sonst
gerade einen Ägineten für die Information zu Platons Namen, den ihm seine
Verwandten offenbar bei der Geburt gaben, bemüht? Für die Ägina-Sklaven-
Episode war Philiskos als Äginete naheliegend, aber für den Namen, wenn
Platon nicht auf Ägina geboren war, keineswegs. Auch wenn das Aition an
sich wenig Glaubwürdigkeit verdient, könnte Philiskos als Zeuge, der hier eine
äginetische Lokaltradition weitergab, immerhin ein Indiz sein, dass Platon tatsächlich auf Ägina geboren wurde.[60] Dieser Geburtsort ist nicht unbedingt
unwahrscheinlich. Die Insel war von 431 bis 405 athenische Kolonie bzw. Kleru-
chie und Platons Vater mag als Kleruche dorthin gekommen sein oder zumindest eine Zeit dort gelebt haben.[61] Wann Platon im Falle der Geburt auf Ägina
nach Athen übersiedelte, ist ungewiss. Sein Vater Ariston starb 424 v. Chr. Viel-

---

56 Gaiser (1988), S. 409.
57 So könnte vorschweben, dass die Eltern Platon vielleicht erst nach seinem Großvater „Aris-
    tokles" benennen wollten, sich aber wegen der breiten Stirn spontan anders entschieden.
58 Notopoulos (1939), S. 141 f.
59 Anony. proleg. in Plat. phil. 2,8–10; Suda π 1707; D.L. 3,3; dazu Erler (2007), S. 44.
60 Gaiser (1988), S. 408 vermerkt: „Die Überlieferung von Platons Geburt auf Ägina unterliegt
    dem Verdacht der Fiktion, doch ist ein Grund für die Erfindung nicht zu erkennen, und in
    Neanthes/Philiskos haben wir, wie es scheint, ein recht frühes Zeugnis für diese Version."
    Riginos (1976), S. 33 f. vermutet in der Verortung der Geburt Platons auf Ägina eine anti-
    athenische Tradition, aber dies ist kaum zwingend. Diskussion bei Schorn (2018), S. 11,
    besonders mit Fn. 59, der auch vermutet, dass das etwas spöttische Namens-Aition von
    dem Kyniker Philiskos erfunden worden sein könnte.
61 Siehe D.L. 3,4. Für den genauen juristisch-politischen Status von Ägina und der Siedler zu
    jener Zeit (wohl Kleruchie) siehe Igelbrink (2015), S. 331–339.

leicht zog die Familie im Zuge der Wiederheirat seiner Mutter Periktione mit Pyrilambes (zurück) nach Athen. Platons Zugehörigkeit zum Demos Kollytos ist übrigens von einer Geburt auf Ägina unbenommen.[62]

Der *Index Academicorum* bewahrt somit nicht nur die älteste „etymologische" Erklärung von Platons Namen, sondern der Bezug auf Philiskos als Ägineten lässt auch vermuten, dass er der älteste (und vielleicht zuverlässige) Zeuge für eine Geburt Platons auf Ägina ist.

b) Die älteste Version vom Verkauf Platons in die Sklaverei mit Erwähnung des Makedonenkönigs Archelaos (gest. 399 v. Chr.)

Diese Zeilen sind vielleicht die rätselhaftesten des gesamten Papyrus. Neanthes/Philiskos berichtet eine Geschichte vom Verkauf Platons in die Sklaverei, welche in zentralen Punkten von den etlichen, zeitlich viel jüngeren Parallelversionen abweicht und einige Konvergenzen mit der Darstellung in Kol. X aufweist. Die Erwähnung des Archelaos, verbunden mit der Datierung der Episode in Kol. X auf 399 v. Chr., lässt darüber nachdenken, ob Platons Verkauf in die Sklaverei auf 405/04 v. Chr. oder 399 v. Chr und damit nicht auf ca. 387 v. Chr. – wie bisher unisono angenommen – zu datieren ist.

Vorab sind einige Bemerkungen zu den Parallelquellen instruktiv. Fast alle Autoren gehen davon aus, dass Platon auf Betreiben des Dionysios I. (um ein Haar) in die Sklaverei verkauft wurde. Der Tyrann soll, durch eine Konversation mit Platon erzürnt, den Philosophen dem Spartaner Pollis ausgehändigt haben, welcher ihn auf Ägina verkaufen wollte. Der Libyer (Kyrener) Annikeris habe ihn dann losgekauft und gerettet. Bei Apuleius und in der anonymen *Vita Platonis* fehlt diese Episode, ebenso in Platons *Siebtem Brief*. Eine Übersicht aller Quellen sei gegeben (ungefähr chronologisch):[63]

1. Diodorus Siculus – *Verkauf auf Sizilien auf Betreiben des Dionysios, Loskauf durch Freunde*[64]

2. Cornelius Nepos – *Dionysios habe Verkauf befohlen*[65]

---

62 Dazu Gaiser (1988), S. 408. Athenische Kleruchen behielten ihre ursprüngliche Phylen- und Demenzugehörigkeit, dazu Gschnitzer (1958), S. 101f.

63 Überblick bei Riginos (1976), S. 86–92 (anec. 33–36) und Gaiser (1983) sowie Gaiser (1988), S. 410–413.

64 Diod. 15,7,1: παραπλήσιον δὲ cυνέβη καὶ περὶ Πλάτωνα τὸν φιλόcοφον γενέcθαι. μεταπεμψάμενος γὰρ τὸν ἄνδρα τοῦτον τὸ μὲν πρῶτον ἀποδοχῆc ἠξίου τῆc μεγίcτηc, ὁρῶν αὐτὸν παρρηcίαν ἔχοντα ἀξίαν τῆc φιλοcοφίαc· ὕcτερον δ᾽ ἔκ τινων λόγων προcκόψαc αὐτῷ παντελῶc ἀπηλλοτριώθη, καὶ προαγαγὼν εἰc τὸ πρατήριον ὡc ἀνδράποδον ἀπέδοτο μνῶν εἴκοcι. ἀλλὰ τοῦτον μὲν οἱ φίλοι cυνελθόντεc ἐξηγόραcαν καὶ ἐξαπέcτειλαν εἰc τὴν Ἑλλάδα, φιλικὴν νουθεcίαν ἐπιφθεγξάμενοι, διότι δεῖ τὸν cοφὸν τοῖc τυράννοιc ἢ ὡc ἥκιcτα ἢ ὡc ἥδιcτα ὁμιλεῖν.

65 Nep. Dion 2,3: *quem Dion adeo admiratus est atque adamavit, ut se ei totum traderet. neque*

3. Heraklit (Quaest. Hom) – *Tyrannei, Verkauf, Pollis und der „Libyer"*[66]
4. Plutarch, Dion – *Zorn des Dionysios nach philosophischer Antwort, Übergabe an Pollis (durch Freunde), Verkauf auf Ägina, Anti-Athener-Gesetz auf Ägina*[67]
5. Aelius Aristides – *Dionysius, Pollis, Anti-Athener-Gesetz auf Ägina, Annikeris*[68]
6. Diogenes Laertius – *Zorn des Dionysios nach philosophischer Antwort, Pollis, Anti-Athener-Gesetz auf Ägina (nach Favorinus), andere Anekdoten zu Behandlung auf Ägina, Annikeris, Anekdoten zu Lösegeld.*[69] *Diogenes*

---

vero minus ipse Plato delectatus est Dione. itaque cum a Dionysio crudeliter violatus esset, quippe qui eum venumdari iussisset, tamen eodem rediit eiusdem Dionis precibus adductus.

66 Herakleit. all. 78,6–7: πολλάκις ἐπὶ τὰς τυραννικὰς ἐφθείρετο θύρας, ἐν ἐλευθέρῳ δὲ σώματι δουλικὴν τύχην ἠνέσχετο καὶ μέχρι πράσεως· οὐδὲ εἷς γὰρ ἀγνοεῖ τὸν Σπαρτιάτην Πόλλιν, [ᾧ] οὐδ' ὡς Λιβυκοῦ χάριν ἐλέου σέσωσται, καὶ μνῶν εἴκοσι καθάπερ ἀνδράποδον εὐτελὲς ἐτιμήθη.

67 Plut. Dion 5: γενομένης δὲ τῆς συνουσίας αὐτοῖς τὸ μὲν ὅλον περὶ [ἀνδρὸς] ἀρετῆς, πλείστων δὲ περὶ ἀνδρείας διαπορηθέντων, ὡς πάντα μᾶλλον ὁ Πλάτων ἢ τοὺς τυράννους ἀπέφαινεν ἀνδρείους, ἐκ δὲ τούτου τραπόμενος περὶ δικαιοσύνης ἐδίδασκεν, ὡς μακάριος μὲν ὁ τῶν δικαίων, ἄθλιος δ' ὁ τῶν ἀδίκων βίος, οὔτε τοὺς λόγους ἔφερεν ὁ τύραννος, ὥσπερ ἐξελεγχόμενος, ἤχθετό τε τοῖς παροῦσι θαυμαστῶς ἀποδεχομένοις τὸν ἄνδρα καὶ κηλουμένοις ὑπὸ τῶν λεγομένων. τέλος δὲ θυμωθεὶς καὶ παροξυνθείς, ἠρώτησεν αὐτόν, ὅ τι δὴ βουλόμενος εἰς Σικελίαν παραγένοιτο. τοῦ δὲ φήσαντος ἀγαθὸν ἄνδρα ζητεῖν, ὑπολαβὼν ἐκεῖνος "ἀλλὰ νὴ τοὺς θεοὺς" εἶπε "καὶ φαίνῃ μήπω τοιοῦτον εὑρηκώς." οἱ μὲν οὖν περὶ τὸν Δίωνα τοῦτ' ⟨οὔπω⟩ τέλος ᾤοντο τῆς ὀργῆς γεγονέναι, καὶ τὸν Πλάτωνα σπεύδοντες συνεξέπεμπον ἐπὶ τριήρους, ἣ Πόλλιν ἐκόμιζεν εἰς τὴν Ἑλλάδα τὸν Σπαρτιάτην. ὁ δὲ Διονύσιος κρύφα τοῦ Πόλλιδος ἐποιήσατο δέησιν, μάλιστα μὲν ἀποκτεῖναι τὸν ἄνδρα κατὰ πλοῦν, εἰ δὲ μή, πάντως ἀποδόσθαι· βλαβήσεσθαι γὰρ οὐδέν, ἀλλ' εὐδαιμονήσειν ὁμοίως δίκαιον ὄντα, κἂν δοῦλος γένηται. διὸ καὶ λέγεται Πόλλις εἰς Αἴγιναν φέρων ἀποδόσθαι Πλάτωνα, πολέμου πρὸς Ἀθηναίους ὄντος αὐτοῖς καὶ ψηφίσματος ὅπως ὁ ληφθεὶς Ἀθηναίων ἐν Αἰγίνῃ πιπράσκηται. Siehe ferner Plut. de tranq. anim. 471e: Διονύσιος ὁ πρεσβύτερος οὐκ ἠγάπα μέγιστος ὢν τῶν τότε τυράννων, ἀλλ' ὅτι Φιλοξένου τοῦ ποιητοῦ μὴ βέλτιον ᾖδε μηδὲ περιῆν ἐν τῷ διαλέγεσθαι Πλάτωνος, ὀργισθεὶς καὶ παροξυνθεὶς τὸν μὲν εἰς τὰς λατομίας ἐνέβαλε τὸν δ' ἀπέδοτο πέμψας εἰς Αἴγιναν.

68 Ael. Arist. or. 46,232: καὶ παραδίδωσι δή σε μετὰ ταῦθ' ὁ φίλτατος ἀνδρὶ Σπαρτιάτῃ Πόλλιδι, καὶ οὐδ' ἐνταῦθ' ἔστη τῆς ὕβρεως, ἀλλ' ἀποδόσθαι προσέταξεν, ἀποδόσθαι τὸν ἄριστον οἴμοι τῶν Ἑλλήνων, ὥσπερ ἀνδράποδον τῶν ἐπ' ἐξαγωγῇ. ... 233 ... εἰς Αἴγιναν, ἐν ᾗ θάνατος προείρητο εἴ τις Ἀθηναίων ἐπιβαίνων ληφθείη, ἐνταῦθα ἐκβιβάζει σε. ... 234 καὶ πωλοῦντος Πόλλιδος Ἑλλήνων μὲν οὐδεὶς ὠνεῖτό σε – οὕτω πάντες κατείχοντο ὑπὸ τῶν σῶν λόγων – Λίβυς δ' ἄνθρωπος Ἀννίκερις ὄνομα, ὃν οὐδ' ἠπίστατο ἀνθρώπων οὐδείς, εἰ μὴ ταῖς σαῖς συμφοραῖς ἀπεχρήσατο. νῦν δ' οὐ Πλάτωνα ἐπρίατο, ἀλλὰ δόξαν αὑτῷ καὶ τὸ γιγνώσκεσθαι. καὶ τότε ἤδη Δίων τὰ θαυμαστὰ ἐφιλανθρωπεύετο πέμπων τὰ λύτρα τῷ Λίβυϊ. ἀλλ' οὐδ' ἐκεῖνός γ' ἡττήθη τοῦ Δίωνος, ἀλλ' ἀφῆκέ σε προῖκα, ὁ μηδεπώποτ' ἰδὼν πρότερον μηδ' ὁμιλήσας μηδαμοῦ μήτε νήσου μήτ' ἠπείρου.

69 D.L. 3,18–20: ... πρῶτον μὲν κατὰ θέαν τῆς νήσου καὶ τῶν κρατήρων, ὅτε καὶ Διονύσιος ὁ Ἑρμοκράτους τύραννος ὢν ἠνάγκασεν ὥστε συμμῖξαι αὐτῷ. ὁ δὲ διαλεγόμενος περὶ τυραννίδος καὶ φάσκων ὡς οὐκ ἔστι τοῦτο κρεῖττον ὃ συμφέρει αὐτῷ μόνον εἰ μὴ καὶ ἀρετῇ διαφέροι, προσέκρουσεν αὐτῷ. ὀργισθεὶς γὰρ "οἱ λόγοι σου," φησί, "γεροντιῶσι," καὶ ὅς· "σοῦ δέ γε τυραννιῶσιν." 19 ἐντεῦθεν ἀγανακτήσας ὁ τύραννος πρῶτον μὲν ἀνελεῖν ὥρμησεν αὐτόν· εἶτα παρακληθεὶς ὑπὸ Δίωνος καὶ

Laertius identifiziert den Philosophen Annikeris mit dem Käufer[70]
7. Laktanz (Seneca) – *Annikeris*[71]
8. Gregor von Nazianz – *Verkauf, Libyer, (Dionysios)*[72]
9. Hieronymus – *Platon von Piraten gefangen, dann kam er zu einem Tyrannen*[73]
10. Olympiodor – *Zorn des Dionysios nach philosophischer Antwort, Übergabe an Pollis (nach einer Version zur Rettung durch Dion), Verkauf auf Ägina, Annikeris kauft Platon (auf Weg nach Olympia)*[74]

Ἀριστομένους τοῦτο μὲν οὐκ ἐποίησε, παρέδωκε δὲ αὐτὸν Πόλλιδι τῷ Λακεδαιμονίῳ κατὰ καιρὸν διὰ πρεσβείαν ἀφιγμένῳ ὥστε ἀποδόσθαι. κἀκεῖνος ἀγαγὼν αὐτὸν εἰς Αἴγιναν ἐπίπρασκεν· ὅτε καὶ Χάρμανδρος Χαρμανδρίδου ἐγράψατο αὐτῷ δίκην θανάτου κατὰ τὸν παρ' αὐτοῖς τεθέντα νόμον, τὸν ἐπιβάντα Ἀθηναίων τῇ νήσῳ ἄκριτον ἀποθνῄσκειν. ἦν δ' αὐτὸς ὁ θεὶς τὸν νόμον, καθά φησι Φαβωρῖνος ἐν Παντοδαπῇ ἱστορίᾳ (Favorinus F 70 Amato). εἰπόντος δέ τινος, ἀλλὰ κατὰ παιδιάν, φιλόσοφον εἶναι τὸν ἐπιβάντα, ἀπέλυσαν. ἔνιοι δέ φασι παραχθῆναι αὐτὸν εἰς τὴν ἐκκλησίαν καὶ τηρούμενον μηδ' ὁτιοῦν φθέγξασθαι, ἑτοίμως δὲ ἐκδέξασθαι τὸ συμβαῖνον· οἱ δὲ ἀποκτεῖναι μὲν αὐτὸν οὐ διέγνωσαν, πωλεῖν δὲ ἔκριναν τῷ τρόπῳ τῶν αἰχμαλώτων. 20 λυτροῦται δὴ αὐτὸν κατὰ τύχην παρὼν Ἀννίκερις ὁ Κυρηναῖος εἴκοσι μνῶν – οἱ δὲ τριάκοντα – καὶ ἀναπέμπει Ἀθήναζε πρὸς τοὺς ἑταίρους. οἱ δ' εὐθὺς τἀργύριον ἐξέπεμψαν· ὅπερ οὐ προσήκατο εἰπὼν μὴ μόνους ἐκείνους ἀξίους εἶναι Πλάτωνος κήδεσθαι. ἔνιοι δὲ καὶ Δίωνα ἀποστεῖλαί φασι τὸ ἀργύριον καὶ τὸν μὴ προσέσθαι, ἀλλὰ καὶ κηπίδιον αὐτῷ τὸ ἐν Ἀκαδημείᾳ πρίασθαι. τὸν μέντοι Πόλλιν λόγος ὑπό τε Χαβρίου ἡττηθῆναι καὶ μετὰ ταῦτα ἐν Ἑλίκῃ καταποντωθῆναι τοῦ δαιμονίου μηνίσαντος διὰ τὸν φιλόσοφον, ὡς καὶ Φαβωρῖνός φησιν ἐν πρώτῳ τῶν Ἀπομνημονευμάτων (Favorinus F 42 Amato). οὐ μὴν ἡσύχαζεν ὁ Διονύσιος· μαθὼν δὲ ἐπέστειλε Πλάτωνι μὴ κακῶς ἀγορεύειν αὐτόν. καὶ ὃς ἀντεπέστειλε μὴ τοσαύτην αὐτῷ σχολὴν εἶναι ὥστε Διονυσίου μεμνῆσθαι.

70   D.L. 2,86: ... Παραιβάτης, οὗ Ἡγησίας ὁ πεισιθάνατος καὶ Ἀννίκερις ὁ Πλάτωνα λυτρωσάμενος.

71   Lact. inst. III,25,16 (Sen. F 23): *enumerant etiam Platonem ac Diogenem, qui tamen non servi fuerunt, sed his servitus evenerat: sunt enim capti. Platonem quidem redemisse Anniceris quidam traditur sestertis octo. itaque insectatus est conviciis hunc ipsum redemptorem Seneca, quod Platonem parvo aestimaverit.*

72   Greg. Naz. contra Iulianum imp. I 72 (PG 35 596): ... τῆς Πλάτωνος λιχνείας τῆς Σικελικῆς, δι' ἣν καὶ πιπράσκεται, καὶ οὐδ' ὑπό τινος ἐξωνεῖται τῶν αὐτοῦ μαθητῶν, ... Greg. Naz. carm. (PG 37 703): τὸ δὲ τραπέζας προσκυνεῖν τυραννικὰς | Πλάτωνα· φεῦ λόγων τε καὶ σεμνῶν πόνων! | ἐῶ λέγειν πρᾶσίν τε καὶ οὐχὶ πρᾶσιν, | εἰ μὴ Πλάτωνί τις Λίβυς τῆς Ἑλλάδος | ὤφθη γ' ἀμείνων, καὶ μικροῦ τιμήματος | δόξαν τε καὶ Πλάτωνος ὠνεῖται λόγος.

73   Hier. epist. 53,3: ... *captus a piratis et venundatus etiam tyranno crudelissimo paruit; captivus, vinctus et servus, tamen, quia philosophus, maior emente se fuit.*

74   Olymp. in Gorg. 41,7–8: εἶτα ἐρωτᾷ ὁ Διονύσιος τὸν Πλάτωνα ὅτι 'τίς γέγονεν εὐδαίμων ἀνθρώπων;' νομίζων ὅτι ἔχει εἰπεῖν ὁ Πλάτων ὅτι 'σύ', ὁ δὲ ἔφη ὅτι 'Σωκράτης'. εἶτα ἐπειδὴ φήμην εἶχεν ὡς καλῶς δικάζων, λέγει αὐτῷ ὁ Διονύσιος ὅτι 'μέγιστον ἀγαθὸν τὸ δικάζειν', ὁ δὲ Πλάτων ἔφη ὅτι 'οὔ· ἔοικε γὰρ τὸ δικάζειν ταῖς ἀκεστρίαις γυναιξίν, ὅ ἐστι ταῖς ῥαπτούσαις· ὥσπερ γὰρ ἐκεῖναι ὑγιῆ μὲν καὶ σῶα τὰ ἱμάτια οὐ ποιοῦσιν, ἐπανορθοῦνται δὲ τὰ διερρωγότα, οὕτως καὶ ὁ δικάζων ἀναμαρτήτους μὲν οὐ ποιεῖ, ἐπανορθοῦται δὲ ἁμαρτάνοντας'. καὶ πάλιν ἠρώτησεν αὐτὸν ὅτι 'ὁ Ἡρακλῆς οὐ φαίνεταί σοι γεγονὼς εὐδαίμων;' ὁ δὲ Πλάτων φησὶν ὅτι 'εἰ τοιοῦτος γέγονεν οἷον οἱ αὐτὸν οἱ μῦθοι λέγουσιν, οὐδὲ ὅλως ἦν εὐδαίμων· εἰ δὲ σὺν ἀρετῇ ἔζησεν, κατὰ ἀλήθειαν τότε ἦν εὐδαίμων'. ἐπεὶ τοίνυν οὐκ ἐφείδετο αὐτοῦ ἀλλὰ τὰ κάλλιστα συνεβούλευεν αὐτῷ, ὠργίζετο καὶ ἐφλέγμαινεν· καί

11. Johannes Philoponus – *Ägina, Olympiateilnahme (des Käufers)*[75]
12. Pseudo-Nonnus – *Scholia mythologica* (siehe Aelius Aristides)[76]
13. Gregor Syncellus – *Zorn des Dionysios nach philosophischer Antwort, Annikeris, Pollis, feindselige Einstellung der Ägineten gegenüber Athenern*[77]
14. Suda – *Dionysios, Verkauf, Annikeris*[78]
15. Ibn al-Qifti, Tarih al-hukamá (arabisch) – *Zorn des Dionysios nach philosophischer Antwort, Annikeris, Pollis, Anekdoten zu Lösegeld*[79]

τινὲς μέν φασιν ὅτι ὁ Δίων εὐλαβηθεὶς μή πως ἐπιβουλεύσῃ αὐτῷ ὡς μιαρὸς ὁ Διονύσιος, ᾔτησεν Πόλλητά τινα στρατηγὸν Λακεδαιμονίων νύκτωρ ἐκπορίσαι αὐτὸν ἐπὶ τὰς Ἀθήνας, ἵνα λάθῃ· ἄλλοι δέ φασιν ὅτι αὐτὸς ὁ Διονύσιος εἶπεν τῷ Πόλλητι λάθρᾳ ἵνα αὐτὸν ἐκβάλῃ. καὶ δὴ ἐξεβλήθη καὶ ἤγαγεν αὐτὸν εἰς Αἴγιναν· εἶτα γνοὺς ὁ Πόλλης ὅτι πολῖται αὐτοῦ Λακεδαιμόνιοι αἰχμάλωτοί εἰσι παρὰ Ἀθηναίοις φησὶν ὅτι 'εἰ μὴ ἀπολύσωσιν αὐτούς, οὐκ ἀπολύω σε'. κατ' ἐκεῖνον τοίνυν τὸν χρόνον Ἀννίκερίς τις παρῆλθεν ἐπὶ τὰ Ὀλύμπια ἀπιὼν ἀγωνισόμενος, ἰδὼν δὲ τὸν Πλάτωνα καὶ μαθὼν δίδωσιν κ´ μνᾶς καὶ λαμβάνει αὐτὸν ἀπὸ τῶν δεσμῶν μετὰ πολλῆς τιμῆς· ὕστερον δὲ ἠθέλησεν ὁ Πλάτων δοῦναι αὐτῷ τὰς κ´ μνᾶς καὶ οὐκ ἠθέλησεν λαβεῖν λέγων ὅτι 'μείζονα εὔκλειαν ἡγησάμην λύσας σε τῆς ἐκ τοῦ Ὀλυμπιάσι γινομένης μοι ἀγῶνος'. Olymp. in Plat. Alc. II 121–126: κρατηθεὶς ὑπ' αὐτοῦ παρεδόθη Πόλλιδι τῷ Αἰγινήτῃ ἐμπορευομένῳ εἰς Σικελίαν πρὸς πρᾶσιν. ὁ δὲ ἀγαγὼν αὐτὸν εἰς Αἴγιναν εὗρεν Ἀννίκεριν ἐκεῖ τὸν Λίβυν μέλλοντα πλεῖν ἐπὶ τὴν Ἦλιν ἐφ' ᾧ τεθρίππῳ ἀγωνίσασθαι. περιτυχὼν οὖν τῷ Πόλλιδι ὠνεῖται παρ' αὐτοῦ τὸν Πλάτωνα, κρείττω τὴν δόξαν ταύτην πάσης ἐν τεθρίππῳ νίκης ἀγωνισάμενος· περὶ οὗ καὶ Ἀριστείδης φησὶν ὅτι οὐδεὶς ἐγίνωσκεν Ἀννίκεριν, εἰ μὴ Πλάτωνα ἐπρίατο.

75 Philop. in Arist. phys. 199b20: ⟨Λέγομεν ὅτι ἀπὸ τύχης ἦλθεν ὁ ξένος καὶ λουσάμενος ἀπῆλθεν.⟩ Γράφεται καὶ ⟨λουσάμενος⟩ ἀντὶ τοῦ λυτρωσάμενος. οἷον εἴ τις ἐν πόλει ἐλθὼν εὕροι τινὰ δέσμιον, εἶτα λυτρώσηται τοῦτον· λέγομεν γὰρ ἐν τοῖς τοιούτοις, ὅτι ἦλθεν ἵνα λυτρώσηται αὐτόν. καίτοι οὐ τούτου ἕνεκεν ἦλθεν, ἀλλὰ τὸ ἐκβὰν οὕτω γέγονεν ὡς ἂν εἰ τούτου ἕνεκεν ἦλθεν, ὅπερ πεποίηκεν· ἀπερχόμενος γὰρ ἀγωνίσασθαι Ὀλύμπια καὶ εὑρὼν ἐν Αἰγίνῃ Πλάτωνα δεδεμένον, ἀγοράσας ἐλυτρώσατο εἰπὼν ὅτι οὐκ ἂν πολλὰς νίκας ἐν Ὀλυμπίᾳ ἀντηλλάξατο τῆς πράξεως ταύτης.

76 Ps.-Nonnus Scholia mythologica or. 4, hist. 23, l. 8 (nach Aelius Aristides – siehe Fn. 68).

77 Synk. Chronograph. 312: Πρὸς ταῦτα, φασὶν οἱ Πλατωνικοὶ Πλάτωνος ὑπεραπολογούμενοι τοῦ διδασκάλου ἐν τοῖς κατὰ τοῦ Ἀριστείδου, Διονύσιος ὁ Σικελίας τύραννος χαλεπήνας ἐπὶ τῷ φιλοσόφῳ μηδ' ὅλως αὐτὸν κολακεύσαντι ἀπεφήνατο Πλάτωνα Συρακουσῶν αἵρεσθαι ἡλίου ὑπὲρ γῆν ὄντος, καὶ ἐπρίατο αὐτὸν Ἀννίκερίς τις ἐξ Αἰγίνης, οὗ χάριν ὁ λόγος παρὰ τοῖς Πλατωνικοῖς μέχρι νῦν ἐπεκράτησε· καὶ οὐδεὶς Ἀννίκεριν ἔγνωκεν, εἰ μὴ Πλάτωνα ἐπρίατο. ἕτεροι δὲ ἱστοροῦσιν ὅτι Πόλλιδί τινι πρὸς πρᾶσιν παραπλέοντι τὴν Σικελίαν παραδοὺς ὁ τύραννος ἐκβάλλει τῆς νήσου, ὃς τὸν φιλόσοφον παραλαβὼν Αἰγινήταις πρὸς Ἀθηναίους οὐκ εἰρηνεύουσι προσορμίσας ἀποδέδωκε τὸν Πλάτωνα, τοῦτο κελεύσαντος αὐτῷ λάθρα τοῦ Διονυσίου. αὐτὸς δὲ Πλάτων τοῦ πριαμένου μεταθέντος αὐτὸν εἰς Ἀθήνας διαπλεῖ.

78 Suda π 1707: ... τρὶς δὲ ἐν Σικελίᾳ Πλάτων ἦλθε πρὸς τοὺς τυράννους Διονυσίους· καὶ ἐπράθη ὑπὸ τοῦ τυράννου. ἐπρίατο δὲ αὐτὸν Ἀννίκερίς τις Λίβυς καὶ ἀφῆκε.

79 Ibn al-Qifti, Tarih al-hukamá (Lippert (1903), S. 7–22); Übersetzung von J. van Ess und D. Gutas in Gaiser (1988), S. 411 f. – Klammern bedeuten, dass die Wörter in der arabischen Überlieferung hinzugefügt wurden: „… (Dionysios) ließ ihn an Pollis, einen Spartaner, ausliefern, der als Gesandter zu diesem Tyrannen gekommen war, um über einen Waffenstillstand für sein Land mit ihm zu verhandeln. Der Tyrann befahl ihm, Platon zu töten; und Pollis nahm ihn und brachte ihn nach Aigina {seiner Heimatstadt}; er ließ ihn aber am Leben und tötete ihn nicht, sondern verkaufte ihn an einen Mann aus Kyrene mit

16.   Johannes von Salisbury – *Platon von Piraten gefangen und verkauft*[80]

Die frühesten Quellen für die Verkaufs-Episode datieren auf das 1. Jh. v. Chr. und nichts deutet mit Notwendigkeit auf eine (viel) frühere Entstehung hin, wenngleich dies möglich ist. Die Namen bzw. Einzelheiten (Pollis, Libyer) erscheinen nicht vor dem 1. Jh. n. Chr; Annikeris wird nicht vor Aelius Aristides im 2. Jh. n. Chr. namentlich genannt. Gaiser (1983) hat die Quellen und ihre Abhängigkeit profund diskutiert und untersucht, während Kahrstedt (1947) einen Fokus auf die Historizität der Episode legte und die Details, auch Kauf und Verkauf, für erdichtet hält. Eine gemeinsame Quelle von Diogenes Laertius und der arabischen Version ist evident.[81] Bemerkenswert ist, dass Plutarch, Aelius Aristides und Diogenes Laertius (ferner Gregor Syncellus) die Episode in den Kontext eines äginetisch-athenischen Spannungsverhältnisses stellen. Viele Versionen zeigen Einsprengsel von Wanderanekdoten, wobei der Topos „Furchtloser Philosoph vor grausamem Tyrann" hervorsticht.[82] Von der obigen Liste habe ich eine Stelle bei Aristoteles ausgenommen, welche Gaiser und einige andere Gelehrte auf Platons Versklavung beziehen wollen.[83] Kahrstedt hat überzeugend dargelegt, dass die Stelle ihrer Art nach völlig unspezifisch ist und nicht mit irgendeiner Notwendigkeit oder auch nur Wahrscheinlichkeit auf Platon hindeutet.[84]

Namen Annikeris. Dieser Mann liebte Platon und nahm ihn sich zum moralischen Vorbild, obgleich er ihn nie zuvor gesehen, sondern nur die Berichte über ihn gehört hatte, die ihn erreichten. Der Preis, um den er ihn kaufte, waren dreißig Minen Silber. Nun hatte der Tyrann Dionysios einen angeheirateten Verwandten namens Dion, der auf Sizilien die Lehrvorträge Platons besucht und seiner Rede gelauscht hatte; er neigte ihm von ganzem Herzen zu. Als er hörte, was Platon zugestoßen war, tat es ihm sehr leid, aber er konnte sich dem Tyrannen nicht offen entgegenstellen, darum schickte er heimlich den Preis für Platon {also dreißig Minen} an den Mann aus Kyrene {seinen Käufer} mit der Bitte, ihn ihm zu verkaufen. Der Mann aus Kyrene tat dies aber nicht und sagte:»Das ist ein Philosoph; er läßt sich selbst frei (= er ist innerlich, seinem Wesen nach frei?). Ich habe das Geld ausgewogen (bezahlt), nur um ihn aus der Gefangenschaft zu erretten. Er wird wohlbehalten und heil in sein Land zurückkehren.« Als Dion {der Verwandte des Tyrannen} dies hörte, forderte er den Kaufpreis zurück und schickte ihn der Akademie; er kaufte dort damit Gärten und schenkte sie Platon. Dieser bezog daraus zeit seines Lebens seinen Unterhalt."

80   Ioann. Salesb. Polycratius 2,16: ... *Plato litterarum, quas persequebatur, causa proficiscens in Aegyptum, se a piratis capi inter eundum et venundari vidit.*

81   Vgl. Gaiser (1983), S. 113.

82   Vgl. Erler (2007), S. 50. Exemplarisch sei die Begegnung von Solon und Kroisos bei Herodot genannt.

83   Aristot. phys. B 199b20. Zu nennen sind etwa Diels (1882), S. 23; Natorp (1950), S. 226o; Gaiser (1983), S. 111.

84   Kahrstedt (1947), S. 299 f.; ebenso ablehnend Riginos (1976), S. 87. Aristot. phys. B 199b20: Λέγομεν ὅτι ἀπὸ τύχης ἦλθεν ὁ ξένος καὶ λουσάμενος ἀπῆλθεν. Alle Aristoteles-Codices haben

Kommen wir zur Version in Kol. 3 des *Index Academicorum*. Zunächst stellt sich die Frage, ob Philodem Neanthes zusammenhängend zitiert – Neanthes selbst mag den Augenzeugen Philiskos schon so zitiert haben – oder einen längeren Augenzeugenbericht gekürzt hat. Eine Verbindung des Philiskos-Referats mit Sizilien oder Dionysios geht aus dem Erhaltenen nicht hervor. Dionysios könnte zwar schon zuvor genannt worden sein und die Spartaner Platon in Sizilien aufgegriffen haben, aber der Bezug auf Archelaos In Kol. 3,10–11 lässt dies eher unwahrscheinlich erscheinen. In Kol. 2,44 dürfte auf Basis der Parallelen und der Herkunft des Philiskos mit einiger Wahrscheinlichkeit „Ägina" ergänzen zu sein. Da offenbar keine Präposition vor „Ägina" stand und zu erwartende *verba movendi* in Kol. 2,44–3,1 eigentlich ausnahmslos eine Präposition hinzunehmen, besteht die Möglichkeit, die Zeilen dahingehend zu restaurieren, dass die Spartaner Ägina befreit bzw. besetzt hatten. In Verbindung mit dem Verkauf von Athenern (Kol. 3,1–2) wäre dann an 405/04 v. Chr. und die Vertreibung der Athener zu denken.

Der Plural „Spartaner" in Kol. 2,43 ist auffällig, da in allen Parallelen nur von einer Einzelperson (Pollis) die Rede ist,[85] welche Platon nach Ägina gebracht und dort verkauft haben soll. Allein in der anderen Passage im *Index Academicorum* (Kol. X,17–18) wird Platon ebenfalls an mehrere Personen übergeben. Der Plural „die Athener" in Kol. 3,2 in Verbindung mit dem Kompositum (cuναλίcκομαι) in Kol. 3,6 ist bisher ebenso wie der Plural „Spartaner" von der Forschung nicht angemessen gewürdigt worden, obwohl er der Philiskos-Variante ein weiteres einzigartiges Element verleiht: Nur hier wird Platon *zusammen mit anderen Athenern* verkauft, während die Parallelen auf ihn persönlich zugeschnitten sind. Nun ist es auch möglich, dass die Athener mit Platon direkt auf Ägina gefangen wurden, als Lysander die Insel 405/04 ein-

---

im Haupttext gegen die Lesung des Philoponos λουcάμενος, was nicht notwendigerweise falsch sein muss (der Gastfreund könnte sich vor der Weiterreise gewaschen haben), aber nach Diels (1882), S. 23 f. nicht die korrekte Lesung ist. Der Kontext der Stelle und die allgemeine Formulierung legen selbst bei Annahme von λυcάμενος nicht nahe, dass hier an Platon gedacht ist. Die Verkaufs-Episode mag in der Ära des Philoponos zwar weithin bekannt gewesen sein, aber es existieren keine Hinweise, dass die Geschichte zu Aristoteles' Zeiten kursierte oder so bekannt war, dass er auf sie so kryptisch-unspezifisch angespielt haben könnte. Auch die von Gaiser (1983), S. 111 bemühte Stelle Aristot. metaph. Δ 1025a (cuνέβη τῷ εἰς Αἴγιναν ἐλθεῖν, εἰ μὴ διὰ τοῦτο ἀφίκετο ὅπως ἐκεῖ ἔλθῃ, ἀλλ᾽ ὑπὸ χειμῶνος ἐξωcθεὶς ἢ ὑπὸ λῃcτῶν ληφθείc) hat keinen Bezug zur Episode. Abgesehen davon, dass Räuber/Piraten (für Hieronymus und Johannes von Salisbury siehe oben) in der Kernversion nicht erscheinen, waren Ägina und Umgebung schlechterdings für Piraterie berüchtigt (dazu etwa Figueira (1981), S. 202 f.).

85   Die „Piraten" bei Hieronymus und Johannes von Salisbury sind zu vernachlässigen, da offenbar eine Übertragung anderer Anekdoten vorliegt (etwa über Diogenes von Sinope).

nahm und sie den „übriggebliebenen" Ägineten zurückgab (und folglich die Athener vertrieb).[86] Diogenes Laertius berichtet, dass Platons Vater im Zuge der Einnahme von Ägina vertrieben wurde[87] – in Frage kommt genaugenommen nur der Stiefvater Pyrilampes, von dem aber unsicher ist, ob er zu dieser Zeit noch lebte. Die Spartaner installierten dauerhaft einen Harmosten auf der Insel und stationierten offenbar auch kleinere Militärkontingente.[88] Nicht erst seit 431 bestand ein gegenseitiger, tiefsitzender Hass zwischen Ägineten und Athenern.[89] Platon wird dem Papyrus nach von den Spartanern also anscheinend nur zufällig *inter alios* irgendwo gefangengenommen und verkauft. Dies spricht gegen eine Involvierung des Dionysios in einem etwaigen ausgelassenen Teil der von Philodem überlieferten Neanthes/Philiskos-Version, da alle anderen Quellen berichten, dass Platon allein verkauft wurde – es ist nicht ersichtlich, weshalb Dionysios I. dem Pollis bzw. Spartanern gleich mehrere Athener übergeben haben sollte.

Platon wurde inkognito an einen sehr armen Mann verkauft (Kol. 3,3–4). Dieser ist sicherlich nicht Annikeris (von Kyrene), welcher in den Parallelen als wohlhabender Mann erscheint. Die Betonung der Armut gibt der Philiskos-Version etwas Anekdotenhaftes, aber die Erwähnung dieses Faktums könnte erklären, warum Platon ihm versprach (Kol. 3,13–14), seine Freilassung oder Rettung gebührend zu vergelten. Kooperationsbereitschaft konnte bei diesem armen Zeitgenossen vielleicht nicht so selbstverständlich vorausgesetzt werden wie bei einem reichen Mann, der viele Sklaven besaß. Platons „unerkannter Verkauf" ist nun für die Vorgeschichte und Datierung der Episode relevant. Die Spartaner wussten nicht, wen sie gefangen hatten (Kol. 3,5–6). Hätte Dionysios Platon irgendeinem Spartaner übergeben, hätten sie eigentlich wissen müssen, mit wem sie es zu tun hatten. Platon wurde mit anderen Athenern „gefangen", was auf kriegerische Auseinandersetzungen hinweisen könnte. Ferner muss Platon in der Logik der Erzählung schon eine gewisse Bekanntheit genossen haben. Erst als die Spartaner erfahren, dass Platon unbekannterweise mitverkauft wurde, beginnen sie – kaum mit guten Absichten – gezielt nach ihm zu

---

86   Xen. Hell. 2,2,9.

87   D.L. 3,3: καὶ ἐγεννήθη κατά τινας ἐν Αἰγίνῃ – ἐν τῇ Φειδιάδου οἰκίᾳ τοῦ Θάλητος, ὥς φησι Φαβωρῖνος ἐν Παντοδαπῇ ἱστορίᾳ (Favorinus F 69 Amato) – τοῦ πατρὸς αὐτοῦ μετὰ καὶ ἄλλων πεμφθέντος κληρούχου καὶ ἐπανελθόντος εἰς Ἀθήνας, ὁπόθ᾽ ὑπὸ Λακεδαιμονίων ἐξεβλήθησαν βοηθούντων Αἰγινήταις.

88   Figueira (1990), S. 27 f. Dass der Verkauf eines Atheners auf Ägina nur von Spätsommer 389 bis Frühjahr 387 im Zuge von Kampfhandlungen im Saronischen Golf (Xen. Hell. 5,1–24) möglich gewesen sein soll (so etwa Gaiser (1988), S. 420), scheint mir nicht selbstverständlich.

89   Siehe insbesondere Figueira (2016) und Powell/Meidani (2016).

suchen (Kol. 3,7). Vielleicht hofften sie, für Platon einen höheren Preis zu erzielen, da er kein „Durchschnittsgefangener" war. Alternativ, aber weniger wahrscheinlich, hatten sie mit Platon „eine Rechnung offen". Platons Bekanntheit deutet eher auf ein späteres Datum hin, aber Platon, aus erlauchtem Hause, dürfte schon beim Tode des Sokrates mit fast 30 Jahren (und vielleicht früher) eine gewisse Reputation oder Bekanntheit gehabt haben. Platon ist sich seiner prekären Lage bewusst und erwägt Handlungsoptionen (Kol. 3,7–8).

Nun liest man gänzlich unerwartet „Makedonisches" und den Namen Archelaos im Papyrus (Kol. 3,9–11), womit eigentlich nur der makedonische König Archelaos (413–399 v. Chr.) gemeint sein kann. Platon fürchtet etwas Makedonisches – und nun muss der Genitiv doch auf das Adjektiv bezogen werden. Sollte die Präposition πρός „zu, nach" meinen, sind am ehesten spartanische Händler gemeint, die Richtung Archelaos aufbrechen wollen. Sollte die Präposition „gegen" im feindlichen Sinne meinen, dürfte an spartanische Soldaten allgemein gedacht sein, die dann Krieg gegen Archelaos führten oder zu führen beabsichtigten. Ein Verständnis von „etwas Makedonisches dieser Dinge, welche man Archelaos nachsagt" wäre in diesem Kontext unerwartet und bis zu einem gewissen Grade auch unverständlich.

Im Falle von πρός als „gegen" käme nur das Jahr 399 v. Chr. in Betracht, als es in Thessalien (beinahe) zu einem Zusammenstoß von Spartanern und Makedonen gekommen sein könnte. Der geschichtliche Hintergrund stellt sich wie folgt dar: Die Adelsfamilie der Aleuaden wurde während des Thessalischen Bürgerkrieges (404 v. Chr.) durch Parteigänger des Lykophron von Pherai aus Larissa vertrieben und rief Archelaos zur Hilfe, welcher ihre Wiedereinsetzung betrieb (frühestens 401).[90] In einer fälschlicherweise unter dem Namen des Herodes Atticus überlieferten Rede Περὶ πολιτείας, welche wohl auf 400/399 zu datieren ist, wirbt der Redner für ein Bündnis mit den Spartanern, welche den Makedonen angeblich wegen ihrer Neutralität im Peloponnesischen Krieg zürnten[91] und Larissa gegen Archelaos, der angeblich hegemoniale Absichten in Thessalien hegte, unterstützen sollten. Manche Forscher glauben, dass es tatsächlich (oder beinahe) zu einem Zusammenstoß zwischen Spartanern und Makedonen im Jahre 399 kam, der aber nicht zu größeren Verwicklungen führte[92], vielleicht auch weil Archelaos 399 starb, sei es bei einem Jagdunfall

---

90   Dies ergibt sich aus der Rede Περὶ πολιτείας, vgl. Niebergall (2006) und Müller (2016),
      S. 184 f.
91   Archelaos hatte sich im Peloponnesischen Krieg weitestgehend neutral verhalten, aber
      Handel mit den Athenern getrieben, vgl. Niebergall (2006), S. 28,35 f. Zur Rede und mög-
      lichen Autoren siehe Müller (2016), S. 184.
92   Vgl. Niebergall (2006), S. 53–61; Figueira (1981), S. 164; Roisman (2010), S. 155.

oder durch ein Attentat.[93] Eine exakte Datierung des Todes, insbesondere ob Archelaos nach Sokrates starb, der im letzten Drittel des Jahres hingerichtet wurde, ist nicht möglich. Vielleicht fürchtete (δεδιώς) Platon, dass er ergriffen und in Makedonien an Archelaos verkauft würde, aber andererseits ist unwahrscheinlich, dass die Spartaner Platon an ihren Kriegsgegner verkaufen würden. Folglich mag man πρός eher im Sinne von „zu, nach" auffassen. Die Spartaner (spartanische Kaufleute) wären also auf dem Weg zu Archelaos gewesen oder hätten sich zwecks Platons Verkauf eigens zu ihm begeben. Möglich ist vielleicht auch, den Genitiv dahingehend zu interpretieren, dass Platon die makedonischen Erfahrungsberichte jener Athener kannte, die an Archelaos' Hof weilten, und sich deshalb fürchtete, an ihn verkauft zu werden. Archelaos genießt in der Forschung den Ruf eines Philhellenen, der seinem Reich und Hof durch die Anwesenheit namhafter Literaten und Künstler (Euripides, Agathon, Zeuxis (alle Athen), Timotheos von Milet, Choirilos von Samos) zu kultureller Blüte verhalf.[94] Interessanterweise hoffte er, auch Platons Lehrer Sokrates an den Hof zu locken, welcher aber – an sich mit freundlicher (gewiss ironischer) Antwort – ablehnte.[95] Archelaos dürfte also Kontakte zum Kreis um Sokrates gehabt haben, vielleicht über Agathon. Platon zeichnet im *Gorgias* ein sehr negatives Bild von Archelaos als skrupellosem Tyrannen und es fällt schwer zu glauben, dass er dem König gegenüber in Wirklichkeit wohlwollend eingestellt war und die abwertende Charakterisierung des Archelaos durch Polos lediglich dialogisch-literarisch motiviert war.[96] Die Spartaner hätten für den Philosophen Platon gewiss einen hohen Preis bei Archelaos verlangen können. Vielleicht hatte Platon schlechte Dinge von Archelaos gehört (der *Gorgias* legt dies nahe) und fürchtete, dass, selbst wenn Archelaos ihn „freikaufen" sollte, er aus Dank für einige Zeit am Hofe des Königs bleiben müsste. In die Richtung „Furcht vor Archelaos" könnte auch die nebulöse Angabe in D.L. 2,106 deuten: Platon sei im Jahre 399 nach dem Tod des Sokrates nach Megara zu Euklid gegangen, weil er die „Grausamkeit der Tyrannen" fürchtete.[97]

---

93   Zu Archelaos' Todesumständen siehe Griffith/Hammond (1979), S. 167 f. Zum Datum siehe Diod. 14,37,6.

94   Dazu Müller (2016), S. 173–181 und Hecht (2017), S. 5–37.

95   Sokrates hielt es für Unrecht, Wohltaten zu erfahren, die er nicht vergelten könne (Aristot. rhet. B 1398a24–26; Sen. benef. 5,6,2; M. Aurel. 11,25; Plut. adv. Col. 1117e; Dion Chrys. 13,30; Ioh. Chrys. oppugn. II,5 (PG 47, 338)). Ausführliche Begründung des Sokrates in Socrat. epist. 1.

96   Plat. Gorg. 470c–479e (besonders 471a–d und 479e).

97   D.L. 2,106: πρὸς τοῦτόν (sc. Euklid von Megara) φησιν ὁ Ἑρμόδωρος ἀφικέσθαι Πλάτωνα καὶ τοὺς λοιποὺς φιλοσόφους μετὰ τὴν Σωκράτους τελευτήν, δείσαντες τὴν ὠμότητα τῶν τυράννων. Es ist unklar, wer mit „Tyrannen" gemeint sein soll. Ein metaphorischer Gebrauch ist denkbar.

Desweiteren ist bemerkenswert, dass auch in Kol. X auf dem Verso der Verkauf auf Ägina mit dem Jahr 399 verbunden ist und in Kol. X,22–23 explizit auf den Peloponnesischen Krieg Bezug genommen wird, entweder mit Vertreibung der Athener oder Ägineten. Diogenes Laertius berichtet von einem „Anti-Athener-Gesetz" auf Ägina (siehe Nr. 6 oben), ebenso Plutarch und Aelius Aristides (Nr. 4 und 5), wobei ersterer auch von Kriegshandlungen zwischen Athen und Ägina zur Zeit des Verkaufs von Platon weiß.

Prinzipiell ist denkbar, dass Platon im Jahre 399 schon ein so bekannter Schüler des Sokrates war, dass Archelaos an ihm Interesse gehabt haben könnte – wenn er schon nicht Sokrates an seinen Hof holen konnte. Selbst um 405/04 könnte Platon schon hinreichend bekannt gewesen sein. Immerhin wurde Platon 404 aufgefordert, die *Herrschaft der 30* zu unterstützen.[98] Im Jahre 399 führten Spartaner und Athener keinen Krieg mehr. Wenn Platon also mit anderen Athenern 399 v. Chr. von Spartanern gefangen wurde (Kol. 3,6) müssen paramilitärische Einheiten (Piraten) bzw. Händler gemeint sein. Nimmt man das Verb wörtlich als „Kriegsgefangene", kommt neben 405/04 nur noch 389–387 in Betracht, was mit der klassischen Chronologie der Dionysios-Episode (nicht jedoch mit Kol. 3 und Kol. X) kompatibel wäre. Die Art der beiläufigen Erwähnung von Archelaos und der eher glaubwürdige Kontext der Passage sprechen nicht gerade dafür, dass Philiskos hier irgendetwas aus dem *Gorgias* „herausgesponnen" und konstruiert hat.[99] Angenommen, dass Archelaos hier chronologisch korrekt erscheint, sind letztlich zwei Datierungen für den Verkauf plausibel:

– 405/04 v. Chr. (nach Einnahme Äginas durch Sparta)
– 399 v. Chr. (nach dem Tod des Sokrates)

Als Argumente für 405/04 v. Chr. können geltend gemacht werden:

– Kol. X,22–23 erwähnt in Zusammenhang mit dem Verkauf den Peloponnesischen Krieg.
– Auch Plut. Dion 5 weiß von Kriegshandlungen zwischen Ägina und Athen.
– Platons Vater wurde nach D.L. 3,3 um 405/04 von Ägina vertrieben. Dies könnte implizieren, dass auch Platon um 405/04 auf Ägina weilte.
– Insbesondere sprechen der Plural in Kol. 3,2 und die „Mitgefangenschaft" (Kol. 3,6) eher für die Befreiung Äginas 405/04.

---

98 Plat. ep. 7 324d–325a. In diesem Kontext wäre auch zu bedenken, dass Neanthes Platon 84 Jahre alt werden lässt und offenbar von einer früheren Geburt ausgeht (FGrH 84 F 20 = D.L. 3,3).

99 Auch eine Verwechselung mit Aeropos II. (gest. 393 v. Chr.), der auch Archelaos II. genannt wurde und für einige Jahre nach dem Tod des Archelaos (I.) Makedonien regierte, ist ganz unwahrscheinlich.

Als Argumente für 399 v. Chr. können geltend gemacht werden:
- Kol. X bringt den Verkauf mit 399 (Tod des Sokrates) in Verbindung (Alter: 27 Jahre).
- Hermodor (D.L. 2,106) sagt, dass Platon (Alter: 28 Jahre) nach dem Tod des Sokrates zu Euklid ging, weil er die Grausamkeit der Tyrannen fürchtete (Reflex auf Archelaos?).
- Platon verließ laut diversen Quellen nach dem Tod des Sokrates Athen für einige Zeit. Er mag auf dieser Reise gefangengenommen worden sein.

Als Argumente für 405/04 oder 399 und damit gegen 388/87 können geltend gemacht werden:[100]
- Im *Siebten Brief* (324a) ist zu lesen, dass Platon im Alter von 40 Jahren erstmals nach Syrakus kam – eine Versklavung bei der Rückfahrt oder ein Konflikt mit Dionysios I. werden nirgends angedeutet.[101]
- Sämtliche oben angeführten Quellen für die Episode um 387 datieren sehr spät und haben ausgeprägt anekdotische Züge, die immer weiter ausgewuchert sind.[102] Insbesondere besteht eine gedankliche Nähe der angeblich verhängnisvollen Konversation zwischen Platon und Dionysios I. mit den Ausführungen in Plat. Gorg. 470a–479e – interessanterweise ist hier Archelaos der Ausgangspunkt. Annikeris von Kyrene ist auch der Name eines kyrenäischen Philosophen des 4./3. Jh. v. Chr., welcher einen nach ihm benannten Zweig der aristippischen Philosophie begründete (D.L. 2,96–97) und von Diogenes Laertius (anachronistisch) mit Platons Annikeris identifiziert wird (D.L. 2,86).[103]
- Das „Anti-Athener-Gesetz" (Plutarch, Aelius Aristides, Diogenes Laertius) auf Ägina mag noch eine Verbindung mit dem Peloponnesischen Krieg oder der Zeit unmittelbar danach reflektieren. Pollis scheint erst später in die Geschichte gekommen zu sein (in Kol. X fehlt er), vielleicht weil dieser spartanische Nauarch ungefähr zur Chronologie der Episode passte und ursprünglich „Spartaner" in der Geschichte vorkamen (Philodem kennt offenbar nur Spartaner in Kol. X, aber keine Namen).

Bei Neanthes/Philiskos scheint eine ursprüngliche Fassung vorzuliegen, in welcher *en passant* Archelaos „an Stelle von" Dionysios I. genannt wird. Da der

---

100 Nicht aufgenommen ist Athen. XI 506e, wo man liest: οὗτος δ᾽ ἐςτὶ Πλάτων, ὃν Cπεύcιππός φηcι φίλτατον ὄντα [Ἀρχελάῳ] Φιλίππῳ τῆc βαcιλείαc αἴτιον γενέcθαι. Der Kontext legt nahe, dass die Emendation nötig ist und keine „tieferen Ursachen" hat.

101 Anders als etwa Riginos (1976), S. 86 f. sehe ich es nicht als offenkundig an, dass Platon (bzw. der Verfasser des *Siebten Briefes*) einen Verkauf als Sklave auf Ägina und insbesondere eine von Dionysios eingefädelte Versklavung verschwiegen hätte.

102 Kahrstedt (1947).

103 Zu Annikeris von Kyrene (Philosoph) siehe Döring (1998), S. 259–261.

Kontext kaum eine Auslegung dahingehend zulässt, dass auf Archelaos als einen schon Verstorbenen Bezug genommen ist,[104] hätten wir mit dem Tod des Archelaos einen *terminus ante quem* für die Versklavung Platons in dieser Fassung. Vielleicht wurden schon von Philiskos die Eroberung Äginas 405/04 durch Sparta und ein möglicherweise etwas späterer Verkauf von Platon (399) durcheinandergeworfen. Da unsicher ist, ob Archelaos den Sokrates überhaupt überlebte und „die" Athener (Kol. 3,2) neben Platon verkauft werden, könnte die Philiskos-Version (fiktiv) 405/04 zu datieren sein, das Jahr, in welchem Platons Vater nach D.L. 3,3 von Ägina vertrieben wurde. Noch mehr als bei 399 ergibt sich hier aber die Schwierigkeit, dass die Passage im Papyrus eine gewisse Bekanntheit Platons voraussetzt. In Verbindung mit der Angabe in Kol. X geriet Platon womöglich mit anderen Athenern irgendwo um 399 nach seinem Verlassen Athens in Gefangenschaft. Jedenfalls scheint in meinen Augen die „Archelaos-Angabe" kaum in eine ältere, schon existierende Dionysios/ Ägina-Geschichte von Philiskos hineinkonstruiert worden zu sein. Umgekehrt spricht manches dafür, dass eine ursprüngliche Ägina-Geschichte des Neanthes/Philiskos, in der auch Archelaos erwähnt wurde, später auf Dionysios und Sizilien übertragen wurde. Das Werk Περὶ ἐνδόξων ἀνδρῶν des Neanthes war offenbar für Informationen zu Platon eine willkommene Anlaufstelle. Die darin konservierte Geschichte könnte von hellenistisch-alexandrinischen Biographen oder Buntschriftstellern in die Zeit um 387 transponiert worden sein, um Dion und Dionysios bzw. Sizilien in die Geschichte integrieren zu können. Sie wurde dann offenbar immer weiter ausgeschmückt und mit anderen Geschichten oder Versatzstücken interpoliert. Die Stadien dieser Genese können in den oben von mir zusammengestellten 16 Quellen bis zu einem gewissen Grad nachvollzogen werden. Als Grundelement und wohl historischer Kern blieb der Verkauf Platons auf Ägina, den Philiskos vielleicht wahrheitsgemäß berichtete und korrekt in die Zeit des Peloponnesischen Krieges oder unmittelbar nach den Tod des Sokrates datierte.

Gewisse Zweifel an der Historizität erwecken die Verbindung der impliziten Archelaos-Datierung mit der offenbaren Prominenz Platons, sowie die prinzipiell historische Kompatibilität einiger Daten der anderen Versionen mit 387, aber hier mag teils chronologische Konstruktion vorliegen. Es steht ferner zu vermuten, dass Platons Furcht vor Archelaos bzw. Makedonien irgendei-

---

104 Gaiser (1988), S. 415,417 f. ging, durch zahlreiche Falschlesungen verleitet, von einem Ausspruch des Archelaos aus. Auch eine Übersetzung „Makedonische Methoden der Art, wie sie von (dem verstorbenen) Archelaos berichtet werden", ist kaum gangbar, da wir nicht wissen, für welche Methoden Archelaos so bekannt gewesen sein soll und warum Platon deren Anwendung durch die Spartaner befürchtete.

nen komplexeren, biographisch-historischen Hintergrund hatte, den wir aber
ob der Überlieferungslage nicht mehr seriös rekonstruieren können. Wäre die
Dionysios-Geschichte zur Zeit des Neanthes von Kyzikos bereits populär und
allgemein durch Freunde Platons verbreitet gewesen, fragt man sich, warum
er eine solch alternative, abseitige Version des Philiskos berichtet haben sollte
bzw. Philiskos eine solche erfunden haben sollte, aus der im Erhaltenen keine
eindeutige „ideologische Intention" herauszulesen ist. Archelaos hatte Sokrates an seinen Hof eingeladen und protegierte Agathon, der ganz offenbar ein
Bekannter Platons war, so dass eine oberflächliche „Beziehung", wenn auch
keine persönliche, zwischen Platon und Archelaos bestanden haben könnte.
Wenn in Kol. 2,44 tatsächlich die Einnahme Äginas durch Sparta zu ergänzen ist, hätten wir sogar gleichsam eine doppelte chronologische Angabe für
405/04. Archelaos könnte von Philiskos als Beweggrund Platons auch chronologisch korrekt, aber zugleich historisch falsch angeführt worden sein.

Zusammenfassend tendiere ich dazu, der alten Neanthes/Philiskos-Version
trotz möglicher historischer Defizite im Detail vor dem Hintergrund der offenbaren Fiktionalität vieler oder aller späterer Quellen in wesentlichen Punkten eine gewisse Glaubwürdigkeit und Plausibilität zuzugestehen. Die Verbindung mit Archelaos und zugleich die offenbar auf anderen Quellen basierende
Datierung der Episode auf 399 mit Erwähnung des Peloponnesischen Krieges
auf dem Verso des Papyrus (Kol. X) deuten auf 405/04 oder 399 für Platons Verkauf auf Ägina hin, der durchaus historisch sein könnte.

Die weitreichendste Konsequenz der durch den *Index Academicorum* nahegelegten Frühdatierung der Episode wäre die völlige Entkopplung von der ersten Sizilienreise 387 und damit von Dionysios I. und Dion. Der Verkauf war
offenbar nur ein „Episödchen" aus Platons jungen Jahren ohne einen spektakulären Streit auf Sizilien. Vielleicht hat am Ende die Erwähnung der Furcht
vor Archelaos bei Neanthes gar irgendwie das Eindringen des Dionysios mit
konsequenter Umdatierung auf 387 bedingt. Platon war von Dionysios I. zwar
nicht angetan, aber es kam vermutlich zu keinem größeren Zerwürfnis mit
Verkauf in die Sklaverei. Platon dürfte Dionysios I. zwar enttäuscht verlassen
haben, aber nicht verjagt oder misshandelt. Der *Siebte Brief* und Kol. 3 sind
sich darin einig, dass Dionysios I. Platon offenbar nichts Böses wollte und das
Verhältnis beider schwerlich völlig zerrüttet war.[105] Philodem fand offenbar

---

105   So schreibt schon Trampedach (1994), S. 106 f.: „In den Briefen findet sich bezeichnender-
      weise (vor allem angesichts der apologetischen Tendenz) kein Hinweis auf einen Zusam-
      menstoß Platons mit Dionysios. Im Gegenteil überrascht die durchaus ambivalente Beur-
      teilung des Tyrannen … läuft im Briefzusammenhang auf eine indirekte Entlastung des

später (Verso des Papyrus) noch eine (oder mehrere?) frühe Dionysios-Version der Episode und verarbeitete diese in Kol. X – augenscheinlich recht schlampig oder er versuchte divergierende Berichte zu harmonisieren. Das Verhalten des Dionysios II. bei Platons zweiter und dritter Reise nach Sizilien könnte auf Dionysios I. rückprojiziert worden sein und dieser nachträglich in die Ägina-Geschichte integriert worden sein, was dann auch mit einer Datierung auf 387 einherging.

Die hier auf Basis der Ausführungen im *Index Academicorum* erstmals vorgetragene Hypothese einer früheren Datierung von Platons Verkauf auf Ägina, der nichts mit Dionysios I. zu tun hat, mag nicht über alle Zweifel erhaben sein und Philiskos könnte dem Neanthes eklatant falsche Informationen geliefert haben, aber man sollte auch bedenken, dass Philodem unsere älteste Quelle ist und zugleich Quellen zitiert, die gleichsam Zeitgenossen Platons waren, wenngleich nicht der beschriebenen Ereignisse. Gleich zwei Stellen in Philodem (Kol. 3 und Kol. X) sprechen letztlich gegen 387 v. Chr. Die Erwähnung von etwas Makedonischem und Archelaos in Kol. 3,9–11 ist meines Erachtens nicht „posthum" zu deuten, da für ein Sprichwort oder berüchtigte Praktiken des Archelaos in diesem Kontext zumindest Belege in der Literatur fehlen. Folglich wäre der Tod des Königs 399 als *terminus ante quem* aufzufassen. Jedenfalls eröffnen die Neulesungen und die Neuinterpretation bisher ungeahnte Perspektiven für die Frage nach Historizität und Datierung der Ägina-Episode.

Platon: Der Chaldäer, Fieber, die Thrakerin und Todesnacht (Kol. 3,Mitte–5,43)

Die Stelle ist ohne echte Parallele. Allein bei Seneca lesen wir in einem zahlenmystischen Kontext, dass um die Zeit von Platons Tod Magier (magi) zufällig in Athen anwesend gewesen wären und dem Verstorbenen geopfert hätten.[106] Dies könnte einen Reflex auf die Anwesenheit des Chaldäers, wie sie im *Index Academicorum* nach Neanthes überliefert ist, darstellen.[107] In der anonymen *Vita Platonis* wird berichtet, dass Magier zu Platon kamen, um bei ihm

---

Dionysios hinaus." Auch betont er, dass es in der Folgezeit zu keinerlei Konflikten zwischen dem „Platoniker" Dion und Dionysios I. gekommen ist.

106 Sen. epist. 58,31: *Nam hoc scis, puto, Platoni diligentiae suae beneficio contigisse quod natali suo decessit et annum unum atque octogensimum implevit sine ulla deductione. Ideo magi, qui forte Athenis erant, immolaverunt defuncto, amplioris fuisse sortis quam humanae rati, quia consummasset perfectissimum numerum, quem novem novies multiplicata componunt.*

107 Aus Sen. epist. 58,31 könnte man vielleicht schließen, dass der im *Index Academicorum* erwähnte Chaldäer mit einer Gruppe von Chaldäern in Athen weilte und im Zuge dessen auch seinen Gastfreund Platon besuchte.

Philosophie zu studieren.[108] Darüber hinaus wird Platon immer wieder mit der Weisheit des Ostens in Verbindung gebracht und soll auch Reisen ebendahin geplant haben.[109] Erler (2007) konstatiert zur Biographie Platons: „Als sehr wahrscheinlich legendenhaft darf man Nachrichten über Platons Verbindung zum Orient ansehen."[110] Wenngleich viele Nachrichten selbstredend ins Reich der Legende zu verweisen sind, sollte man die Passage im *Index Academicorum* doch als starkes Indiz ansehen, dass Platon tatsächlich eine Verbindung in den Orient (zumindest zu einem Chaldäer) hatte, was vielleicht auch durch D.L. 3,25 gestützt wird.[111] Im Papyrus scheint weniger eine philosophische und gezielte Konstruktion des Philipp/Neanthes als die nüchterne, faktische Feststellung von der Präsenz eines chaldäischen Gastfreundes bei Platons Tod vorzuliegen. Es ist kein Motiv ersichtlich, warum Platons Sekretär Philipp eine solche Anwesenheit, die doch leicht zu falsifizieren gewesen wäre, entgegen den Tatsachen gegenüber Neanthes hätte erfinden sollen. Verdächtig wären etwa die Anwesenheit gewisser Schüler und bedeutungsvolle „letzte Worte" Platons in verklärendem Kontext, aber von alle dem liest man nichts. Warum hätte Philipp ausgerechnet einen Fremden, dessen genauen Namen (da vielleicht ausländisch und „unaussprechlich" oder einfach unerheblich, da der Gast keine Hauptrolle in der Erzählung spielte) er dem Neanthes vielleicht nicht einmal nannte, in Platons letzte Nacht kontrafaktisch hineinkonstruieren sollen? Der Chaldäer muss als Gastfreund Platons eine gewisse Vertrautheit genossen haben und mag Platon schon früher besucht haben (Platon nicht notwendigerweise ihn!), wenn er zum hochbetagten Platon in dessen letzten Tagen oder gar Stunden Zutritt hatte. Aus der Episode folgt wahrscheinlich, dass Platon den Chaldäer im Gegensatz zur Thrakerin nicht als Barbaren ansah. Wie eng Platons Beziehungen zu dem Chaldäer und in den Orient allgemein waren – geschweige denn, welchen Einfluss sie auf gewisse Passagen in seinem Oeuvre hatten –, lässt sich aus der Stelle natürlich nicht deduzieren, aber der *Index Academicorum* mit seinem Augenzeugen Philipp von Opus dürfte doch zeigen, dass tatsächlich Verbindungen Platons in den Orient bestanden (zumindest zu einem einzelnen Chaldäer).

---

108 Anony. proleg. in Plat. phil. 6,20–22: οἱ δὲ μάγοι διὰ τὸν Πλάτωνα Ἀθήναζε παρεγένοντο τῆς ἐξ αὐτοῦ μετασχεῖν φιλοσοφίας γλιχόμενοι. Auch Sokrates soll schon von einem Magier aus Syrien aufgesucht worden sein (D.L. 2,45).

109 Vgl. Baltes (1999); Quellen: Baltes/Dörrie (1990), BS 62–71 („Platon und die Weisheit des Ostens").

110 Erler (2007), S. 48.

111 So auch Baltes (1999), S. 127 f.: „Daß Platons Schule Beziehungen zum Orient hatte, ist sicher."

In dem Adjektiv „Chaldäer" ist kein eigentliches Ethnikon (Landschaftsbe-
schreibung bzw. babylonisch) zu sehen, sondern eine schon früh in der griechischen Literatur bezeugte Bezeichnung für in Fragen der Astronomie und
des Kalenders bewanderte orientalische Wissenschaftler, oftmals Perser oder
Meder, welche auch religiöse Funktionen ausübten. In der Gegend von Babylon waren sie letztlich Priester. Die Chaldäer galten als „Weise des Orients".
Diogenes Laertius betrachtet sie als Urphilosophen im Gebiet der Assyrer und
Babylonier.[112] Ein Interesse Platons und insbesondere des Astrologen Philipp
an ihren Vorstellungen und Kenntnissen ist nicht verwunderlich. Im Neuplato-
nismus erfreuten sich die theologisch-religiösen Vorstellungen und Riten der
Chaldäer großer Beliebtheit („Chaldäische Orakel").[113]
    Gaiser (1988) griff eine Idee von Bides (1945) auf, nämlich dass der Chaldäer
mit dem Perser Mithridates zu identifizieren sei, der nach Diogenes Laertius
eine Statue Platons in der Akademie geweiht habe.[114] Er argumentiert, dass die
Angaben „Perser" und „Chaldäer" vereinbar seien, insofern Ethnikon und „Profession" gemeint sind. Die von Seneca erwähnten Opfer der Magier bei Platons
Tod könnten mit dem Stiften der Statue durch Mithridates in Verbindung stehen, d.h., die Opfer eine literarische „Modifikation" der Stiftung darstellen.[115]
Es ist gut vorstellbar, dass die Mithridates-Statue unmittelbar nach dem Tode
Platons gestiftet wurde, als der mit ihm befreundete Chaldäer/Mithridates
gerade in Athen weilte.[116] Andererseits bleibt die Identifizierung des Chaldäers mit dem Perser doch recht spekulativ: Die Statue könnte von Mithridates
zu Platons Lebzeiten oder lange nach dessen Tod geweiht worden sein – ohne
dass Mithridates Platon persönlich kannte und ohne dass eine Beziehung zum
Chaldäer im Papyrus besteht. In jedem Fall ist diese Statue nicht mit der in Kol.
2,26 ff. genannten Büste gleichzusetzen.[117]
    Für das Verständnis der Stelle ist zu klären: Wer spricht wann und wer ant-
wortet? Wer hat Fieber und wer gibt den Takt vor? Wann ist Platon gemeint,
wann der Chaldäer? Ist gar Philipp in die Interaktion involviert? Zahlreiche

---

112 D.L. 1,1: Τὸ τῆς φιλοσοφίας ἔργον ἔνιοί φασιν ἀπὸ βαρβάρων ἄρξαι. γεγενῆσθαι γὰρ παρὰ μὲν
     Πέρσαις Μάγους, παρὰ δὲ Βαβυλωνίοις ἢ Ἀσσυρίοις Χαλδαίους, ...
113 Für einen Überblick siehe etwa Ferrari (2018), S. 1202–1217.
114 Gaiser (1988), S. 434–436. Bidez (1945), S. 3. D.L. 3,25: ἐν δὲ τῷ πρώτῳ τῶν Ἀπομνημονευμά-
     των Φαβωρίνου (F 43 Amato) φέρεται ὅτι Μιθριδάτης ὁ Πέρσης ἀνδριάντα Πλάτωνος ἀνέθετο
     εἰς τὴν Ἀκαδήμειαν καὶ ἐπέγραψε· "Μιθραδάτης Ὀροντοβάτου Πέρσης Μούσαις εἰκόνα ἀνέθηκε
     Πλάτωνος, ἣν Σιλανίων ἐποίησε".
115 Siehe Fn. 106.
116 Vgl. Gaiser (1988), S. 435 f., jedoch durch Neulesungen im Detail überholt.
117 Die Widmungen sind ganz offensichtlich verschieden und in Kol. 2,24 sind mehrere Dedi-
     zierende genannt.

Neulesungen gehen mit einer Neuauslegung von Struktur und Sinn der Episode einher, der von bisherigen Herausgebern anders erfasst wurde.[118] Ich erachte folgende Auslegung als die wahrscheinlichste: Platon empfängt den chaldäischen Gastfreund, welcher gewiss mehrere Tage bei ihm weilte, und bekommt nach einigen Tagen Fieber.[119] Nun spielt (tanzt?) eine thrakische Sklavin (Musikerin) vor Platon, sei es zu Heilungszwecken mit religiösem Hintergrund[120] oder zur bloßen Aufmunterung. Der Chaldäer gibt ihr einen Rhythmus vor (alternativ wäre denkbar, dass Platon den Takt selbst vorgibt) und spricht den durch das Fieber scheinbar schon geistig weggetretenen Platon an. Als dieser eine treffende Bemerkung zur Barbarin und ihrer rhythmischen Unfähigkeit macht, die auch dem Chaldäer in den Sinn kam, glaubt dieser, dass Platon sich (trotz des Fiebers) in einem recht guten Zustand befindet.

In Kol. 5,3–4 verwundert der Wechsel der Konstruktion und man fragt sich, ob Platon, der Chaldäer oder Philipp Subjekt des Satzes (AcI) sind. Zwar wäre bei αὐτόθεν oder αὐτόθι (was vor der Korrektur im Text gestanden haben könnte) Platon als Subjekt theoretisch denkbar,[121] aber dann wäre er wohl auch das Subjekt ab Kol. 5,11 (und das Zitat würde nicht von ihm stammen). Der in Kol. 5,12 genannte „Zustand" meint aber doch am ehesten die Gesundheit Platons.[122] Im Hinblick auf die Seneca-Parallele (Magier) ist in diesem Abschnitt mit zum Tode führendem Fieber Platons und seinen letzten Stunden zu rechnen, in denen der Chaldäer anwesend war. Die Korrekturen im Papyrus deuten an, dass Platon bei Philodem und auch Neanthes als Akkusativobjekt gedacht war, da im Original (bei Neanthes) ἐφώνει (vielleicht mit vorausgehendem αὐτόθεν oder αὐτόθι) stand. Nun muss ein *verbum dicendi* ausgefallen sein,

---

118   Nach Gaiser (1988) und Dorandi (1991) hat zuletzt Puglia (2005) und Puglia (2018) die Passage neu herausgegeben.

119   Es ist recht unwahrscheinlich, dass der Gastfreund Fieber hatte, da er dann auch in Kol. 5,4 gemeint sein müsste. Man fragt sich, warum ein Historiker das Fieber eines Gastfreundes so breit thematisiert haben sollte, wo es doch prinzipiell um Platons Biographie geht. Denkbar, aber nicht unbedingt wahrscheinlich, wäre allerdings eine Rekonstruktion von Kol. 3,43–44 dahingehend, dass Platon den Gast empfing, *weil* er Fieber hatte und sich von ihm Hilfe versprach.

120   Ein religiöser Hintergrund ist bei dem Chaldäer naheliegend. Für die in der Antike der Musik zugeschriebene heilende Wirkung siehe Gaiser (1988), S. 432–434, jedoch mit überholtem Verständnis der Stelle. Philodem äußert sich im Erhaltenen seines Werkes *De musica* nicht zur gesundheitlich-therapeutischen Wirkung der Musik, lehnt aber eine ethische Dimension ab, vgl. Delattre (2007), S. 91–112.

121   Die Verben wären in diesem Fall intransitiv, ohne Akkusativ, zu denken. Platon hätte dann wie von Sinnen gesprochen und „wirres Zeug gefragt".

122   Andernfalls müsste man das Partizip in Kol. 5,4 als Akkusativobjekt der Periode mit Platon als Subjekt auffassen, also annehmen, dass der Chaldäer Fieber hatte.

dessen Subjekt Neanthes oder Philipp war, womöglich deshalb, weil Philodem eine Konstruktion des Neanthes umformuliert hat und sich etwas verhedderte, wie die Korrekturen zeigen. Gleich, ob αὐτόν korrekt ist oder nicht, könnte man sogar vermuten, dass Philipp selbst in Gegenwart des Chaldäers Platon ansprach. In jedem Fall scheinen die Infinitive in der Kolumne von dem übergeordneten finiten Verb in Kol. 3,38–39 abzuhängen und ein Wechsel von der direkten Rede weg stattgefunden zu haben (vielleicht nur durch Philodem). Der Plural in Kol. 5,6–7 deutet auf die Anwesenheit Philipps hin. Allerdings käme dem Chaldäer dann eher eine Nebenrolle zu und es ist wahrscheinlicher, dass Platon und der chaldäische Taktgeber kommunizierten. Dieser spricht Platon an und freut sich über die „Gedankenübertragung", d. h. die scharfsinnige und passende Aussage Platons.[123] Ungeachtet der Sprecherfrage ist festzuhalten, dass die Antwort vermutlich nicht mit einem wörtlichen Dichterzitat oder Versen erfolgt, aber vielleicht eine Anlehnung an solche ist. Platons Reaktion wird als gutes Zeichen für seinen mentalen Zustand gedeutet.

Eine gewisse geistes- oder kulturgeschichtliche Dimension kommt unserer Stelle ebenfalls zu.[124] Platon hält die Griechen den Barbaren für weit überlegen, gerade hinsichtlich des Rhythmus, welcher hier auch für ästhetisches Empfinden allgemein stehen dürfte. Bisherige Rekonstruktionen gewannen dem Zitat meist noch Erbauliches hinsichtlich der Barbarin ab. Jedoch scheint Platon zu konstatieren, dass die Barbarin von Natur aus unfähig ist und auch durch Erfahrung nichts zu lernen mag, was sie letztlich vollends abwertet. Während er bei der Thrakerin somit Barbarei in Reinform diagnostiziert, scheint er den Chaldäer allenfalls als „Semi-Barbaren" oder sogar als Hellenen im Geiste anzusehen. Alles andere würde wohl auch einem Affront gegenüber dem Gastfreund gleichkommen. Plutarch überliefert uns einen womöglich auf Grundlage dieser Neanthes-Erzählung sekundär auf Platon übertragenen Ausspruch kurz vor seinem Tod (Plut. Mar. 46): Πλάτων μὲν οὖν, ἤδη πρὸς τῷ τελευτᾶν γενόμενος, ὕμνει τὸν αὑτοῦ δαίμονα καὶ τὴν τύχην, ὅτι πρῶτον μὲν ἄνθρωπος, οὐκ ἄλογον τῇ φύσει θηρίον, εἶθ᾽ Ἕλλην, οὐ βάρβαρος γένοιτο, πρὸς δὲ τούτοις ὅτι τοῖς Σωκρά-

---

123   Der Umstand, dass der mit Platon Kommunizierende den gleichen Gedanken hatte, muss nicht auf Philipp hindeuten. Dieser kann leicht den Gedanken des Chaldäers, zumal er wohl anwesend war und der Chaldäer seine Gefühle geäußert haben dürfte, erfahren und dessen Freude erfasst haben.

124   Sollte das Zitat wider Erwarten dem Chaldäer zuzuschreiben sein, nimmt es Platon zumindest freudig auf und dachte dasselbe, so dass es auch von ihm hätte stammen können.

τουc χρόνοιc ἀπήντηcεν ἡ γένεcιc αὐτοῦ.[125] Platon scheint sich nach dem *Index Academicorum* kurz vor seinem Tode noch einmal aufgrund einer unrhythmischen Darbietung der Thrakerin das glückliche Schicksal vergegenwärtigt zu haben, als „rhythmischer" Grieche und nicht grobschlächtiger, zu echtem Wissenserwerb unfähiger Barbar geboren worden zu sein – ironischerweise in Gegenwart eines Mannes, der offenbar kein Hellene war. Dies zeigt Platons ambivalente Einstellung zu „Barbaren", deren Errungenschaften auf vielen Gebieten er doch anerkannte und gerne rezipierte (immerhin nahm er kurz vor seinem Tod einen chaldäischen Gast auf!), wenn er sie auch nicht den Griechen ebenbürtig schätzte. Er differenzierte offenbar zwischen „Barbaren", in diesem Fall zwischen einem gebildeten Chaldäer und einer echt barbarischen Thrakerin. Der Bericht des Philipp/Neanthes wirkt authentisch, weil er nicht heroisiert, dramatisiert, polemisiert, transzendiert, sondern einen zwar interessanten, aber kaum allzu tiefgründigen Ausspruch in einem auch nicht allzu spektakulären Kontext bietet. Dies mag „historisch" nur zeigen, dass Platon fast bis zu seinem letzten Atemzug geistig präsent war und nicht über einen längeren Zeitraum ohne Verstand dahinsiechte. Der Ausspruch ist beinahe etwas banal und der durch das Fieber schon allmählich phantasierende Platon (παραφρονοῦντα) mag sich schlichtweg über die banausenhafte Darbietung der Thrakerin geärgert und ihre Inkompetenz so barsch und doch treffend kommentiert haben. Bei dem Zitat mögen Berührungen mit früheren, unvernebelten (philosophischen) Gedankengängen Platons bestehen, aber letztlich könnte es sich auch nur um eine nicht allzu philosophisch aufgeladene Bemerkung zu mangelndem Rhythmusgefühl handeln. Platons „Taktgefühl bis in den Tod" macht die Geschichte nicht notwendigerweise der Fiktion verdächtig.

Neanthes (Philipp) fährt nun mit dem Bericht eines plötzlichen, nächtlichen Fieberschubs und einer finsteren (ernsten) Miene fort, bevor der Papyrus ab Z. 20 fast vollständig verloren ist. War im Verlorenen eine *ultima vox* Platons zu lesen, vielleicht eine Bemerkung, die der von Plutarch überlieferten ähnelt? Wie entschlief Platon? Geschah noch etwas Bemerkenswertes?[126]

---

125   Da dieser Ausspruch auch Thales und Sokrates zugeschrieben wird, ist er wohl sekundär auf Platon übertragen worden, wahrscheinlich wegen des Zitats im Papyrus, vgl. Gaiser (1988), S. 431.

126   Für die eigentlich recht spärlichen Berichte zum Tode Platons siehe Riginos (1976), S. 194–198 (anec. 143–146). Hermipps Nachricht, Platon sei bei einem Hochzeitsbankett gestorben (D.L. 3,2 = FGrH 1026 F 70), ist wohl boshafte Tradition, könnte aber auch von der (musizierenden) Thrakerin inspiriert sein. Ob der friedliche Tod im Schlaf bei Tert. anim. 52,3 und in Suda π 1707 (Riginos (1976), anec. 145) Berührungen mit der Version im Papyrus

Das *silentium* anderer antiker Quellen spricht tendenziell dagegen. Immerhin wissen wir exklusiv durch Philodem/Neanthes/Philipp, dass Platon an oder mit Fieber starb und ein Chaldäer bei oder kurz vor seinem Tod anwesend war.[127]

Leider versagt uns die klaffende Lücke im Papyrus wohl für immer, was Philodem noch vergönnt war, nämlich eine Schilderung der letzten Stunden Platons zu lesen, welcher seinerseits im *Phaidon* die letzten Stunden seines geliebten Lehrers im festen Glauben an die Unsterblichkeit der Seele für alle Zeiten unsterblich schilderte.

Platon: Schülerliste (Kol. 5,44–6,27)

Ergiebig ist eine tabellarische Gegenüberstellung der Liste im *Index Acade-micorum*, der Liste des Diogenes und der arabischen Liste, die wohl auf die verlorene Platon-Vita des Theon von Smyrna zurückgeht.[128] In der Spalte des *Index Academicorum* sind diejenigen Namen fettgedruckt, welche in keiner der beiden anderen Listen erscheinen, und die Namen mit Kapitälchen hervorge-hoben, welche in nur einer der beiden anderen Listen zu finden sind.

---

hat, sei dahingestellt. Der Fieberschub im Papyrus kommt eigentlich nicht sehr friedlich daher. Den Testimonien wäre noch Dion. Hal. comp. 25,210–215 hinzuzufügen, wonach man nach Platons Tod ein Wachstäfelchen mit einer Überarbeitung der *Politeia* in seinem Bett fand, welche er offenbar noch kurz vor seinem Tod vornahm.

127   Die Forschung geht mit gutem Grund davon aus, dass hier Platons Tod geschildert ist. Eine Genesung erscheint unwahrscheinlich, auch weil am Ende der Kolumne die Schülerliste unmittelbar anschließt.

128   Vgl. Lippert (1894), Strohmaier (2002), S. 188 f. und Gelder/Savage-Smith/Swain (2020) (Ibn Abī Uṣaybiʿah, The Best Accounts of the Classes of Physicians, Kap. 4.5, Fn. 1).

Index Academicorum	D.L. 3,46	Ibn al-Qifti (13. Jh.) – arabisch
Speusipp von Athen	Speusipp von Athen	Speusipp von Athen *(Zusatzinformation)*[129]
Xenokrates von Chalkedon	Xenokrates von Chalkedon	Xenokrates von Chalkedon
Herakleides von Herakleia	Aristoteles von Stagiros	Aristoteles von Stagiros
Amyntas von Herakleia	Philipp von Opus	Philipp von Opus[130]
MENEDEMOS VON PYRRHA	Hestiaios von Perinth	Hestiaios von Perinth
Hestiaios von Perinth	Dion von Syrakus	Archytas von Tarent
Aristoteles von Stagiros	Amyklos von Herakleia	Dion von Syrakus
Chairon von Pellene *(von Philodem mit Zusatzinformation hinzugefügt)*	Erastos von Skepsis	Amyklas von ...[131]
Dion von Syrakus *(Zusatzinformation)*	Koriskos von Skepsis	Koriskos von Skepsis
Hermodor von Syrakus *(Zusatzinformation)*	Timolaos von Kyzikos	Timolaos von Kyzikos
Erastos *(Zusatzinformation)*	Euaion von Lampsakus	Euaion von Lampsakus
Asklepiades *(Zusatzinformation)*	Python von Ainos	Menedemos von Eretria (Pyrrha)[132]

---

129 Zusatzinformation: „Sohn von Platons Schwester".

130 Ich bin Nigel Wilson (Oxford) zu Dank verpflichtet, welcher die arabische Liste auf Basis der Ausgabe von Lippert (Lippert (1903), S. 24) prüfte und als vierten Namen „Proclus of Nits" las. Wie Müller (1873), S. 41 Fn. 2, jedoch mit leicht abweichender Erklärung (Müller verglich das Wiener Ms. Q), geht auch er davon aus, dass dies auf einen ursprünglichen „Philippos von Opus" hindeutet und Herakleides wahrscheinlich in der arabischen Tradition kein Teil der Liste war. Da die Ähnlichkeit mit der Liste des Diogenes sehr eng ist, könnten beide Listen auf eine Quelle zurückgehen, welche Herakleides ausgelassen hat. Dementgegen hat D. Gutas (brieflich bei Gaiser (1988), S. 439) „4. Herakleides ⟨vom Pontos⟩, 5. ⟨Philippos⟩ von Opus" aus dem arabischen Text ergänzt bzw. gelesen, was unwahrscheinlicher sein dürfte. Casiri (1760), S. 301 f. hat „Proclus Nithiensis, Philippus Opuntius".

131 Das Ethnikon scheint korrupt (vgl. Lasserre (1987), S. 34, Apparat). Gutas bei Gaiser (1988), S. 439 lässt das Ethnikon offen. Nigel Wilson (siehe vorherige Fußnote) vermutet in „Astnads" die Stadt Aspendos, was mit „Herakleia" bei Philodem und Diogenes aber nicht vereinbar wäre.

132 Emendation zu „Pyrrha" von Röper (Apparat Lasserre (1987), S. 34 – im arabischen Original stand „Eretria", was vielleicht schon in der griechischen Quelle zu finden war, da der Platonschüler Menedemos von Pyrrha und der Dialektiker Menedemos von Eretria oft verwechselt wurden, etwa auch in P. Oxy. 3656 Kol. 2,6–7).

(*fortges.*)

Index Academicorum	D.L. 3,46	Ibn al-Qifti (13. Jh.) – arabisch
Timolaos von Kyzikos (*von Philodem hinzugefügt*)	Herakleides von Ainos	Herakleides von Ainos
Kalligenes (*von Philodem hinzugefügt*)	Hippothales von Athen	Hippothales von Athen
Timolaos von Athen (*von Philodem hinzugefügt*)	Kallippos von Athen	Kallippos von Athen
ARCHYTAS VON TARENT	Demetrios von Amphipolis	Demetrios von Amphipolis
Chion von Herakleia (*Zusatzinformation*)	Herakleidas von Herakleia (Pontikos)	„und viele andere".
PYTHON VON AINOS (*Zusatzinformation*)	„viele andere, darunter ..."	(*kurz vor Schülerliste: Platon habe Lastheneia aus Arkadien und Axiothea aus Phlius gehei-ratet*)[133]
Herakleides von Ainos (*Zusatzinformation*)	Zwei Frauen: Lastheneia von Mantinea und Axiothea von Phlius	
evtl. weitere Personen(gruppe)	Theophrast	
zwei Frauen (*vielleicht keine namentliche Spezifizierung*)	Hypereides, Lykurg, Demosthenes	

Die arabische Liste und Diogenes müssen auf dieselbe Urquelle zurückgehen, da Diogenes lediglich Python anstelle von Menedemos hat[134] und Archytas zusätzlich in der arabischen Quelle erscheint. Vermutlich unterschlug schon die Vorlage beider den doch recht bekannten Herakleides, weshalb Diogenes ihn am Ende hinzufügte.[135] Dort vermerkte er wohl noch weitere, eher unsichere Schülerschaften wie die der Frauen, des Theophrast und einiger Redner. Philodem hatte in seiner Liste vor Hinzufügung der vier Namen in Ergänzung

---

133 In der Wiener Handschrift Q (dazu Müller (1873), S. 41 Fn. 1).

134 Das Fehlen von Pythons Namen in der arabischen Liste wurde mir von Nigel Wilson bestätigt (im Einklang mit der lateinischen Übersetzung von Casiri bei Lasserre (1987), S. 34, contra Gutas bei Gaiser (1988), S. 439).

135 Es bestehen aber Restzweifel, ob Herakleides in der arabischen Überlieferung wirklich fehlte (siehe Fn. 130). Müller (1873), S. 41 Fn. 2 vermutet ein Auslassen in der arabischen Quelle wegen des homonymen Herakleides von Ainos.

4 nur die zwei Zusatznamen Hermodor von Syrakus und Chion von Herakleia, wobei er Menedemos von Pyrrha (Eretria) und Archytas von Tarent mit der arabischen Quelle gemein hat. Die Namensform Amyntas an Stelle von Amyklos/Amyklas ist wohl korrekt. Die von Philodem hinzugefügten Akademiker Chairon von Pellene, Kalligenes und Timolaos von Athen erscheinen nur in der Liste des *Index Academicorum*, wobei die beiden letztgenannten anderweitig unbekannt sind. Kalligenes und der Athener Kallippos könnten identisch sein, falls Philodem den Namen falsch kopierte.[136] Von den Hinzugefügten erscheint nur Timolaos von Kyzikos auch in den beiden anderen Listen. Das Fehlen des vergleichsweise prominenten Philipp von Opus bei Philodem erstaunt und könnte seiner Erwähnung kurz zuvor (Kol. 3 und 5) geschuldet sein – die Schülerliste schließt wohl direkt an den auf Philipp zurückgehenden Bericht über Platons Tod an. Auch die Position des berühmten Aristoteles in Philodems Liste sei kurz angesprochen. Er könnte von einem „strikt akademischen" Standpunkt aus durchaus passend an dieser Stelle eingeordnet sein, da er bei Platons Tod ja noch vergleichsweise jung war. In den anderen Listen mag er aufgrund seiner generellen Bedeutung und späterer Berühmtheit an dritter Stelle genannt sein, was aber nicht unbedingt seiner „akademischen" Bedeutung unter Platons Schülern entsprochen haben mochte. Herakleides an dritter Stelle überrascht in Anbetracht seiner Bedeutung nicht, auch wenn die ihn thematisierenden Kolumnen wohl erst später in Philodems Schrift eingefügt wurden. Menedemos von Pyrrha ist mit eigener Schule in Kol. 7,8–11 genannt.

Es fällt auf, dass gleich drei bzw. vier Schüler als Tyrannenmörder charakterisiert werden: Dion, Chion von Herakleia, Python und Herakleides. Gewiss waren sie vornehmlich als solche und nicht als bedeutende Philosophen bekannt, aber es ist bemerkenswert, dass eigentlich keine der „Zusatzinformationen" der Liste etwas mit Philosophie im engeren Sinne zu tun hat. Andererseits war es vielleicht auch gerade die Intention der Zusatzangaben, nichtphilosophische Aktivitäten hervorzuheben. Die Liste des *Index Academicorum* geht wahrscheinlich auf eine frühe „Nebentradition" zurück – zumindest kann sie die beiden anderen Listen kaum direkt beeinflusst haben.

Es ist möglich, dass in Kol. 6,24–28 die Namen der Frauen, Lastheneia und Axiothea, nicht explizit genannt wurden. Von der Männerverkleidung berichten auch Diogenes und Olympiodor, ersterer interessanterweise mit Verweis auf Dikaiarch.[137] Themistios erwähnt die Verbergung des Geschlechts ohne

---

136 Zum Athener Kallippos, der Dion tötete, siehe etwa Sanders (2002).

137 D.L. 3,46: ... Ἡρακλείδης Ποντικὸς καὶ ἄλλοι πλείους, σὺν οἷς καὶ γυναῖκες δύο Λασθένεια Μαντινικὴ καὶ Ἀξιοθέα Φλειασία, ἣ καὶ ἀνδρεῖα ἠμπίσχετο, ὥς φησι Δικαίαρχος (FGrH 1400 F 62). Wahrscheinlich bezieht sich die Angabe „Dikaiarch" aber nur auf die Frauen, nicht die

weitere Details.[138] Somit könnte die „Verkleidungsnachricht" bei Philodem schon auf Dikaiarch zurückzuführen sein. Allerdings bezeugen Diogenes und Themistios die Verkleidung nur für Axiothea, während im *Index Academicorum* und bei Olympiodor alle (beide) Frauen Männerkleider zu tragen scheinen. In der arabischen Quelle liest man kurz vor der Schülerliste die Nachricht, Platon habe zwei Frauen geheiratet, deren Namen unschwer als Lastheneia aus Arkadien und Axiothea aus Phlius wiederherzustellen sind.[139] Dies untermauert die Ähnlichkeit zwischen Diogenes und der arabischen Quelle, deren gemeinsame Vorlage Theon von Smyrna (2. Jh.) gewesen sein mag – wenn Diogenes' Quelle aus diesem schöpfte – oder eine frühere Quelle, aus der Theon und Diogenes' Quelle schöpften, was bedeutet: Diese frühe Quelle könnte, wie Philodems Quelle, hellenistisch gewesen sein. In Philodems Arbeitsexemplar des *Index Academicorum* können wir unmittelbar nachverfolgen, wie solche Listen durch Hinzufügen von Namen aus anderen Quellen „gewachsen" sind. Die „Frauen" scheinen schon früh fester Bestandteil der Liste (als Anhängsel am Schluss) gewesen zu sein. Das antike Interesse an ihnen wird auch durch einen Papyrus aus Oxyrhynchus (P.Oxy. 3656 = FGrH 1136) bezeugt, in welchem mit Verweis auf hellenistische Quellen eine Schülerin Platons thematisiert wird.[140] Axiothea wird ebenfalls in Kol. Y,38 genannt – vielleicht mit Dikaiarch als Vorlage. Auch wenn uns die Zeilen in Kol. 6,20–25 etwas Spiel lassen, sprechen die Spuren eher dagegen, dass Philodem wie Diogenes attische Redner namentlich als Schüler Platons anführte.[141]

Speusipp: Nachfolger Platons, Weihegeschenk, Krankheit, Tod (Kol. 6,28–40)

Zwar wirkt die Formulierung, dass Speusipp die Schulleitung von Platon persönlich übernahm, etwas redundant, aber sie könnte als bewusster Kontrast

---

gesamte Schülerliste, dazu Verhasselt (2018), S. 525f. Olymp. in Plat. Alc. II 147–150: πολλοὺς δὲ πάνυ πρὸς μάθησιν ἐφείλκετο καὶ ἄνδρας καὶ γυναῖκας ἀνδρείῳ σχήματι παρασκευάζων ἀκροᾶσθαι αὐτοῦ καὶ κρείττονα πάσης φιλοπονίας τὴν ἑαυτοῦ φιλοσοφίαν ἐπιδεικνύς.

138 Them. or. 23,295c–d. Für Lastheneia, die außer bei Diogenes allgemeiner als „Arkadierin" bezeichnet wird, und Axiothea von Phlius siehe ferner D.L. 4,2; Athen. VII 279e (= Speusipp F 7 Isnardi Parente); XII 546d.; Apul. Plat. 1,4; Clem. Alex. strom. 4,19,122; Anony. proleg. in Plat. phil. 4,25–26.

139 Müller (1873), S. 40f. Fn. 1. Dieses Faktum wurde von Gaiser (1988) übersehen, aber von Verhasselt (2018), S. 527 erwähnt.

140 Umfassender Kommentar von Meccariello (2019). Es werden Hippobotos (F 6a Gigante), Hieronymos von Rhodos und ein Peripatetiker Aristophanes (wohl korrupt) als Quellen angeführt.

141 D.L. 3,46–47: ἔνιοι δὲ καὶ Θεόφραστον ἀκοῦσαί φασιν αὐτοῦ· καὶ Ὑπερίδην τὸν ῥήτορα Χαμαιλέων φησὶ καὶ Λυκοῦργον. ὁμοίως Πολέμων ἱστορεῖ. (47) καὶ Δημοσθένην Σαβῖνος λέγει Μνησίστρατον Θάσιον παρατιθέμενος ἐν δ' Μελετητικῆς ὕλης.

zur demokratischen Wahl des Xenokrates gedacht sein (Kol. 6,41 ff.). Die Wiederholung von Speusipps Namen in Z. 30 mag einem recht wörtlichen Exzerpieren aus Philochoros geschuldet sein.[142] Eine Neulesung hat gezeigt, dass Speusipp, wie von anderen philosophiehistorischen Autoren auch, als Neffe Platons näher beschrieben wird. Von der Chariten-Weihung im Museion hören wir sonst nur bei Diogenes Laertius, ebenfalls als erste Information nach der allgemeinen Einleitung zu Speusipp (D.L. 4,1): διεδέξατο δ᾽ αὐτὸν Cπεύcιππος Εὐρυμέδοντος Ἀθηναῖος, τῶν μὲν δήμων Μυρρινούcιος, υἱὸς δὲ τῆς ἀδελφῆς αὐτοῦ Πωτώνης. καὶ ἐcχολάρχηcεν ἔτη ὀκτώ, ἀρξάμενος ἀπὸ τῆς ὀγδόης καὶ ἑκατοcτῆς Ὀλυμπιάδος (FGrH 244 F 344)· Χαρίτων τ᾽ ἀγάλματ᾽ ἀνέθηκεν ἐν τῷ μουcείῳ τῷ ὑπὸ Πλάτωνος ἐν Ἀκαδημείᾳ ἱδρυθέντι. Allein Philodem/Philochoros hat das zugehörige Epigramm überliefert, welches durch die Neulesung von ϼώ[ρ]ˈων¹ und das damit einhergehende doppelte Polyptoton nun mehr poetische Eleganz und Raffinesse erhält. Speusipp bedankt sich für die Geschenke der göttlichen Musen mit einem göttlichen Gegengeschenk.[143] Das Epigramm ist die einzige Kostprobe von Speusipps dichterischem Talent. Es ist kaum zu entscheiden, zu welcher Zeit Speusipp die Chariten weihte. Jedoch könnte Platons Aufforderung an den griesgrämigen Xenokrates, den Chariten zu opfern, ein Indiz sein, dass die Weihung noch zu Lebzeiten Platons stattfand.[144] Im Folgenden wurde von Philodem nachträglich noch ein Satz hinter dem Epigramm interlinear und interkolumnar eingefügt (Ergänzung 5). Vielleicht sollte auch der Nachtrag des Verso (Kol. T) hinter dem Epigramm folgen. Speusipp war mehreren Quellen zufolge (zumindest im Alter) krank oder aufgezehrt,[145] vielleicht in Konsequenz seines angeblich ausschweifenden Lebensstils. In der Hinzufügung wird er als ⌜πα⌝ραλυˈθέˈ¹ντα beschrieben, also gelähmt bzw. mit einem Körper, der sich schon in Auflösung befindet. Das Verb hat eine Parallele in D.L. 4,3: Ἤδη δὲ ὑπὸ παραλύcεως καὶ τὸ cῶμα διέφθαρτο, καὶ πρὸς Ξενοκράτην διεπέμπετο παρακαλῶν αὐτὸν ἐλθεῖν καὶ τὴν cχολὴν διαδέξαcθαι. φαcὶ δὲ αὐτὸν ἐπ᾽ ἀμαξίου φερόμενον εἰς τὴν Ἀκαδήμειαν cυναντῆcαι Διογένει καὶ Χαῖρε εἰπεῖν· τὸν δὲ φάναι, "ἀλλὰ μὴ cύ γε, ὅcτις ὑπομένεις ζῆν τοιοῦτος ὤν." καὶ τέλος ὑπὸ ἀθυμίας ἑκὼν τὸν βίον μετήλλαξε γηραιὸς ὤν. Die Wahl in Kol. 6,41 ff. spricht dagegen, dass in Ergänzung 5 wie bei Diogenes eine Berufung des Xenokrates durch Speusipp

---

142 So Gaiser (1988), S. 459. Alternativ könnte die erneute Nennung auch zur Vermeidung von Konfusion angesichts der „Neffen-Information" vorgenommen worden sein.

143 Zur Verbesserung des Epigramms siehe Fleischer (2019e), S. 370 f. mit weiteren Gedanken.

144 D.L. 4,6: cεμνὸς δὲ τά τ᾽ ἄλλα Ξενοκράτης καὶ cκυθρωπὸς ἀεί, ὥcτε αὐτῷ λέγειν cυνεχὲς τὸν Πλάτωνα, „Ξενόκρατες, θῦε ταῖς Χάριcι".

145 Neben dem im Haupttext zitierten D.L. 4,3–4 ist die Krankheit auch bei Plat. ep. 2 314e; Ael. VH 3,19; Ps.-Gal. hist. phil. 3; Stob. 4,52,19 (= Speusipp T 9,9a,19,21 Isnardi Parente) und Socrat. epist. 30–32 erwähnt.

erwähnt war. Desungeachtet mag Speusipp vor der formalen Wahl Xenokrates als Wunschnachfolger auserkoren haben. Auch ein Selbstmord ist im Hinblick auf Kol. 6,39, wo nur von „sterben" die Rede ist, kein naheliegender Gegenstand für Ergänzung 5. Philochoros spricht von einer achtjährigen Dauer des Scholarchats. Diese Angabe adaptierte Apollodor von Athen in seinen *Chronica*, welche Diogenes (D.L. 4,1 – siehe oben) paraphrasiert.[146] Wahrscheinlich war Speusipp über große Teile seines Scholarchats (und schon zuvor) ernsthaft erkrankt. Interessant ist auch, was wir nicht im Erhaltenen des *Index Academicorum* lesen, nämlich das Anekdotische in D.L. 4,2–3. Speusipps launenhaft-hedonistischer Charakter wird erst in Kol. 7,14–18 bei der Gegenüberstellung mit Xenokrates thematisiert.

Xenokrates: Wahl zu Speusipps Nachfolger und Reaktionen (Kol. 6,41–7,18)

Die Angabe von 8 Jahren (Kol. 6,40) ist entweder etwas ungenau oder es kam zu einer kurzen Vakanz im Zuge der Wahl(vorbereitungen). Jedenfalls überliefert Diogenes Laertius (Apollodor von Athen) explizit 339/38 als Beginn von Xenokrates' Scholarchat.[147] Die Informationen ab Kol. 6,41 sind nur im *Index Academicorum* zu finden und ohne direkte Parallele. Zwar mag Speusipp Xenokrates zu Lebzeiten als Nachfolger ins Auge gefasst haben (D.L. 4,3), aber die Wahl zeigt, dass dies für die „Angehörigen der Akademie" nicht verbindlich war. Zunächst fragt man sich, wer mit νεανίσκοι bezeichnet ist und weshalb die älteren Angehörigen kein Wahlrecht gehabt haben sollten. Es ist möglich, dass diese auch mitwählen durften, aber das Gros der Akademiker aus jüngeren Schülern bestand, welche nicht geduldet hätten, dass die wenigen älteren Mitglieder die Schulleitung unter sich „auskungelten" und nach Platons einseitiger Nominierung von Speusipp zum zweiten Male ein Oberhaupt „undemokratisch" bestimmt wurde,[148] zumal die Schulleitung vornehmlich das Halten von Vorlesungen bedeutete und mehrere Kandidaten für die Leitung geeignet waren. Die Jüngeren entschieden wohl qua ihrer Überzahl faktisch über die Leitung. Ferner hat Speusipp angeblich Schulgeld eingeführt[149] und die Jüngeren mochten der Ansicht gewesen sein: „Wer zahlt, darf auch den

---

146 FGrH 244 F 344 (= Jacoby 1902 F 53).

147 D.L. 4,14 (FGrH 244 F 345).

148 Die Existenz von forschenden und lehrenden πρεσβύτεροι wollte man aus Parallelen im aristotelischen Peripatos erschließen (besonders D.L. 5,53 und 71, dazu Krämer (2004), S. 4), aber eine Übertragbarkeit ist nicht sicher.

149 Die in D.L. 4,2 erwähnte Einführung von Schulgeld wird von Gaiser (1988), S. 364 als (kaiserzeitliche) Erfindung erachtet.

Schulleiter wählen." Die Erwähnung des Aristoteles zeigt, dass er bei Anwesenheit ein aussichtsreicher Kandidat gewesen wäre und somit zu diesem Zeitpunkt noch als „Vollmitglied" der Akademie galt. Wahrscheinlich konnte man in Abwesenheit nicht gewählt werden.[150] Hinsichtlich der „Mitgliedschaft" in der Akademie sollte man weniger von Listen oder einem formal-juristischen Status ausgehen als vielmehr von Zugehörigkeit durch die normative Kraft des Faktischen: Wer als Schüler (konstant) am Unterricht teilnahm und mit den älteren Mitgliedern vor Ort philosophierte, war (wahlberechtigtes) Mitglied der Akademie.[151] Jedenfalls steht die demokratische Wahl im Gegensatz zum „Nepotismus", durch welchen Speusipp die Leitung erlangte (Kol. 6,28–30). Sollte es zu keiner Stichwahl gekommen sein, könnte das knappe Ergebnis (Kol. 7,5) etwa einer prozentualen 40:30:30-Aufteilung entsprochen haben und Xenokrates müsste nicht einmal die einfache Mehrheit der Stimmen erhalten haben.

Es verwundert wenig, dass Herakleides Pontikos, der bereits Platon während dessen dritter Sizilienreise vertrat,[152] als aussichtsreicher Kandidat antrat. Der Umstand, dass aber auch Menedemos von Pyrrha knapp das Scholarchat verfehlte, ist in Anbetracht der Überlieferung weniger naheliegend. Wir besitzen nur wenige Quellen zu Menedemos. Erst die fast erfolgreiche Bewerbung um die Leitung der Akademie sowie die (nur im *Index Academicorum* erwähnte) eigene Schule verdeutlichen, wie bedeutend er als Akademiker gewesen sein muss.[153] Die Reaktionen von Herakleides und Menedemos auf ihre Niederlage könnten nicht nur philosophisch motiviert gewesen sein, sondern auch in persönlicher Enttäuschung oder verletztem Stolz gründen. Herakleides kehrte in seine Heimat zurück. Über sein weiteres Schicksal dort erfahren wir Einzelheiten in Kol. 9,4ff. Dass er in seiner Heimat eine Schule gründete oder öffentlich lehrte, ist gut vorstellbar, da er zu diesem Zeitpunkt noch nicht zu alt war (Anfang 50).[154] Nun hat die Neulesung von Kol. 7,10–11 gezeigt, dass Menedemos von Pyrrha keine neue Schule in seiner Heimat eröffnete, sondern in Athen verblieb und im Akademiegelände selbst an einem anderen Ort (anderer Peripatos) Unterricht hielt, also eine Konkurrenzinstitution zu Xeno-

---

150 Vgl. Flashar (2004), S. 217 und Flashar (2013), S. 53.

151 Unter Berufung auf angebliche Parallelen im Peripatos vermutet Krämer (2004), S. 4 hingegen solche Listen.

152 Suda η 461: Πλάτωνος γνώριμος· ἐκδημήσαντος δὲ Πλάτωνος εἰς Cικελίαν, προεστάναι τῆϲ ϲχολῆϲ κατελείφθη ὑπ' αὐτοῦ.

153 Quellen bei Lassere (1987), S. 93–96 (§ 8). Für seine Bedeutung spricht außer dem *Index Academicorum* wohl insbesondere die zeitgenössische Erwähnung bei dem Komiker Epikrates (PCG Epicrates F 10 = Athen. II 59d).

154 Schütrumpf (2001), S. 3.

krates in unmittelbarer Nähe etablierte. Das anderweitige Silentium zu dieser Schule impliziert wohl, dass der „akademischen Alternative" des Menedemos kein großer Erfolg beschieden war und seine Schule vermutlich schon bald unterging. Ob Menedemos seine akademischen Lehren (völlig) anders als Xenokrates akzentuierte, ist nicht zu ermitteln. Sollte die Gründung dieser Schule auch aus Frustration über die Nichtwahl zum Scholarchen erfolgt sein, ist nicht unbedingt mit großen philosophischen Differenzen zu rechnen. Wahrscheinlich rekrutierten sich Menedemos' Schüler (anfangs) besonders aus seinen enttäuschten „Wählern". Interessant ist auch, was nicht im Papyrus steht. So hören wir nichts von einer direkten „Trotzreaktion" des Aristoteles in Form der Gründung des Peripatos. Nur im *Index Academicorum* ist uns die angebliche Motivation für die Wahl des Xenokrates erhalten, nämlich seine auch in diversen anderen Quellen gepriesene cωφροcύνη (Kol. 7,11–14). Diese wird der Zügellosigkeit oder Lasterhaftigkeit Speusipps gegenübergestellt, welche die Schüler betrübt haben soll (Kol. 7,14–18 – Neulesungen). Offenbar waren die Schüler der Eskapaden und Launen des (alten) Speusipp überdrüssig, welche letztlich auch seinen Unterricht negativ beeinträchtigt haben könnten. Mit Xenokrates wurde laut Philochoros bewusst ein Antipode zu Speusipp gewählt. Sein Wesen und Habitus dürften ihm also den entscheidenden Vorteil gegenüber den beiden anderen Bewerbern verschafft haben.

Xenokrates: Gesandtschaft zu Antipatros und demokratische Gesinnung (Kol. 7,19–8,21)

Die Gesandtschafts-Episode hat eine Parallele in Plut. Phoc. 26–29. Allerdings weichen beide Versionen im Detail voneinander ab. Der Kontext bei Plutarch ist aufschlussreich und einige Zusatzinformationen sind vielleicht keine reine Ausschmückung. Ob direkte oder indirekte Abhängigkeit des Plutarch von Philochoros besteht, bleibt ungewiss. Vielleicht war die unbekannte Quelle des Philochoros (über Zwischenstufen) die Vorlage für Plutarch. Es ist sinnvoll, sich die relevanten Stellen aus Plutarchs Phokion-Vita zu vergegenwärtigen.[155]

Plut. Phoc. 26–29 (mit Auslassungen) 26 (5) οὕτω δὲ τοῦ ψηφίσματος ἐπικυρωθέντος, ἀπεστάλη πρὸς Ἀντίπατρον, ἐν τῇ Καδμείᾳ στρατοπεδεύοντα καὶ παρασκευαζόμενον εὐθὺς εἰς τὴν Ἀττικὴν βαδίζειν, καὶ τοῦτο πρῶτον ᾐτεῖτο, μένοντα κατὰ χώραν ποιήσασθαι τὰς διαλύσεις. ... 27 (1) Ὡς οὖν ἐπανῆλθεν ὁ Φωκίων εἰς τὸ ἄστυ καὶ τοῖς Ἀθηναίοις ταῦτ᾽ ἔδοξεν ὑπ᾽ ἀνάγκης, αὖθις εἰς Θήβας ἐβάδιζε μετὰ τῶν ἄλλων πρέσβεων, Ξενοκράτην τὸν φιλόσοφον τῶν Ἀθηναίων προσελομένων. (2) τοσοῦτον γὰρ

---

155 Gaiser (1988), S. 469 übergeht Phoc. 26,5. Die Stelle hätte womöglich die Lesung „Kadmeia" in Kol. 7,21 mit allen sich daraus ergebenden Konsequenzen für Syntax und andere Ergänzungen begünstigt.

ἦν ἀξίωμα τῆς ἀρετῆς τοῦ Ξενοκράτους καὶ δόξα καὶ λόγος παρὰ πᾶσιν, ὥστ᾽ οἴεσθαι μήθ᾽ ὕβριν εἶναι μήτ᾽ ὠμότητα μήτε θυμὸν ἐν ἀνθρωπίνῃ ψυχῇ φυόμενον, ᾧ Ξενοκράτους μόνον ὀφθέντος οὐκ ἂν αἰδοῦς τι καὶ τιμῆς ἐγγένοιτο πρὸς αὐτόν. (3) ἀπέβη δὲ τοὐναντίον ἀγνωμοσύνῃ τινὶ καὶ μισαγαθίᾳ τοῦ Ἀντιπάτρου. πρῶτον μὲν γὰρ οὐκ ἠσπάσατο τὸν Ξενοκράτην, τοὺς ἄλλους δεξιωσάμενος· ἐφ᾽ ᾧ φασιν εἰπεῖν ἐκεῖνον, ὡς Ἀντίπατρος καλῶς ποιεῖ μόνον αὐτὸν αἰσχυνόμενος ἐφ᾽ οἷς ἀγνωμονεῖν μέλλει πρὸς τὴν πόλιν· (4) ἔπειτα λέγειν ἀρξάμενον οὐχ ὑπομένων, ἀλλ᾽ ἀντικρούων καὶ δυσκολαίνων, ἐποίησεν ἀποσιωπῆσαι. (5) Τῶν δὲ περὶ τὸν Φωκίωνα διαλεχθέντων, ἀπεκρίνατο φιλίαν ἔσεσθαι τοῖς Ἀθηναίοις καὶ συμμαχίαν, ἐκδοῦσι μὲν τοὺς περὶ Δημοσθένην καὶ Ὑπερείδην, πολιτευομένοις δὲ τὴν πάτριον ἀπὸ τιμήματος πολιτείαν, δεξαμένοις δὲ φρουρὰν εἰς τὴν Μουνυχίαν, ἔτι δὲ χρήματα τοῦ πολέμου καὶ ζημίαν προσεκτείσασιν. (6) οἱ μὲν οὖν ἄλλοι πρέσβεις ἠγάπησαν ὡς φιλανθρώπους τὰς διαλύσεις, πλὴν τοῦ Ξενοκράτους· ἔφη γὰρ ὡς μὲν δούλοις μετρίως κεχρῆσθαι τὸν Ἀντίπατρον, ὡς δ᾽ ἐλευθέροις βαρέως. (7) τοῦ δὲ Φωκίωνος παραιτουμένου τὴν φρουρὰν καὶ δεομένου, λέγεται τὸν Ἀντίπατρον εἰπεῖν· „ὦ Φωκίων, ἡμεῖς πάντα σοι χαρίζεσθαι βουλόμεθα πλὴν τῶν καὶ σὲ ἀπολούντων καὶ ἡμᾶς." (8) οἱ δ᾽ οὐχ οὕτως φασίν, ἀλλ᾽ ἐρωτῆσαι τὸν Ἀντίπατρον, εἰ τὴν φρουρὰν ἀνέντος αὐτοῦ τοῖς Ἀθηναίοις ὁ Φωκίων ἐγγυᾶται τὴν πόλιν ἐμμενεῖν τῇ εἰρήνῃ καὶ μηθὲν πολυπραγμονήσειν· (9) σιωπῶντος δ᾽ ἐκείνου καὶ διαμέλλοντος, ἀναπηδήσαντα Καλλιμέδοντα τὸν Κάραβον, ἄνδρα θρασὺν καὶ μισόδημον, εἰπεῖν· „ἐὰν δ᾽ οὗτος ὦ Ἀντίπατρε φλυαρῇ, σὺ πιστεύσεις καὶ οὐ πράξεις ἃ διέγνωκας;" 28 (1) Οὕτω μὲν ἐδέξαντο φρουρὰν Μακεδόνων Ἀθηναῖοι καὶ Μένυλλον ἡγεμόνα, τῶν ἐπιεικῶν τινα καὶ τοῦ Φωκίωνος ἐπιτηδείων. ἐφάνη δ᾽ ὑπερήφανον τὸ πρόσταγμα καὶ μᾶλλον ἐξουσίας ὕβρει χρωμένης ἐπίδειξις ἢ πραγμάτων ἕνεκα γιγνομένη κατάληψις. (2) οὐ μικρὸν δὲ τῷ πάθει προσέθηκεν ὁ καιρός. εἰκάδι γὰρ ἡ φρουρὰ Βοηδρομιῶνος εἰσήχθη μυστηρίων ὄντων, ᾗ τὸν Ἴακχον ἐξ ἄστεος Ἐλευσινάδε πέμπουσιν, ὥστε τῆς τελετῆς συγχυθείσης ἀναλογίζεσθαι τοὺς πολλοὺς καὶ τὰ πρεσβύτερα τῶν θείων καὶ τὰ πρόσφατα. (3) ... (7) Ἡ μὲν οὖν φρουρὰ διὰ Μένυλλον οὐδὲν ἠνίασε τοὺς ἀνθρώπους· τῶν δ᾽ ἀποψηφισθέντων τοῦ πολιτεύματος διὰ πενίαν, ὑπὲρ μυρίους καὶ δισχιλίους γενομένων, οἵ τε μένοντες ἐδόκουν σχέτλια καὶ ἄτιμα πάσχειν, οἵ τε διὰ τοῦτο τὴν πόλιν ἐκλιπόντες καὶ μεταστάντες εἰς Θρᾴκην, Ἀντιπάτρου γῆν καὶ πόλιν αὐτοῖς παρασχόντος, ἐκπεπολιορκημένοις ἐῴκεσαν ... 29 (6) ὁρῶν δὲ τὸν Ξενοκράτην τελοῦντα τὸ μετοίκιον, ἐβούλετο γράψαι πολίτην· ὁ δ᾽ ἀπεῖπε, φήσας οὐκ ἂν μετασχεῖν ταύτης τῆς πολιτείας περὶ ἧς ἐπρέσβευεν ἵνα μὴ γένηται.

Die Struktur der Passage im *Index Academicorum* wurde durch Neulesungen erhellt und die Hauptaussagen kristallisieren sich nun besser heraus. Manches wurde bis dato zu sehr im Hinblick auf Plutarch und somit ungenau oder falsch wiederhergestellt, obgleich Plutarch natürlich ein wichtiger Referenzpunkt für die Rekonstruktion ist. Insbesondere in Kol. 7,24–37 scheinen die Kausalität, Logik und Einzelheiten etwas von Plutarch abzuweichen, unbenommen der Tatsache, dass eine vollständige Wiederherstellung der Zeilen oftmals nicht

möglich war. Jedoch haben etliche Neulesungn in Kol. 7,34–37 eine gewisse Ähnlichkeit mit Plut. Phoc. 27,3 ergeben.

Zunächst ist in Kol. 7,19 die Tugend des Xenokrates als Grund für seine Teilnahme an der Gesandtschaft über die Friedensbedingungen angeführt (vgl. Plut. Phoc. 27,2). Offenbar geht Philochoros davon aus, dass im Kontext klar ist (wird), welche Friedensverhandlungen gemeint sind. Das vermutete „Theben" passt papyrologisch nirgends und Puglias „Kadmeia" wird auch durch Plut. Phoc. 26,5 bestätigt. Theben fiel 335 v. Chr. einem vernichtenden Strafgericht Alexanders anheim. Auch um 322 war es noch nicht wieder vollständig aufgebaut. Die Kadmeia bzw. ihre weitere Umgebung war ein geeigneter Ort für das Heerlager des Antipatros.[156] Laut dem *Index Academicum* wurde Xenokrates „mit den Athenern" (Kol. 7,20) dorthin gesandt. Man hat gemutmaßt, dass Xenokrates als Metöke eine Sonderrolle innerhalb der Gesandtschaft zukam und er kein gleichberechtigter Gesandter war.[157] Sowohl Philodems als auch Plutarchs Text lassen diese Möglichkeit offen, wobei Kol. 8,9–11 eher für Xenokrates als vollwertigen Gesandten sprechen.[158] Auch die Düpierung und die fehlende Begrüßung durch Antipatros sind offenbar der demokratischen Haltung des Xenokrates und nicht dessen Bürgerstatus geschuldet. Andererseits könnte in Kol. 7,20 vielleicht bewusst ausgedrückt sein, dass er als Metöke mit *den Athenern* zur Kadmeia ging. Neben Xenokrates sind von den Teilnehmern namentlich Phokion, der schon im Vorfeld Fühlung zu Antipatros aufnahm (Plut. Phoc. 26,5), und Demades (Diod. 18,18,3) bekannt.

Durch die Neulesung der Substantive „Aristokratie" und „Demokratie" ist die Kernaussage von Kol. 7,23–28 mit relativer Sicherheit im Unterschied zwischen den für eine oligarchische Verfassung offenen Mitgesandten und Xenokrates' fundamental-demokratischer Haltung zu sehen. Indes lässt der lückenhafte Zustand keine Entscheidung zu, ob hier eine „Szene" schon vor Antipatros spielt (eher unwahrscheinlich), Xenokrates seine Mitgesandten kritisiert bzw. zum Eintreten für die Demokratie ermuntert oder nur allgemein die Haltung der Gruppen festgestellt wird. Als Folge (Z. 29) dieser divergierenden Positionen soll Antipatros die anderen Gesandten begrüßt haben, den Philosophen aber ignoriert und/oder seine Fragen im Keim erstickt haben (Z. 30–33).[159] In Kol. 7,34–37 konnte die Syntax erstmalig überzeugend wiederhergestellt werden. Xenokrates sagt, dass Antipatros' Verhalten ihm gegenüber zeige, was er

---

156 Zum Lamischen Krieg siehe Schmitt (1992), besonders S. 147–157 zum Friedensvertrag und den Folgen.
157 Vgl. Dörrie (1967), S. 1513 und Whitehead (1981), S. 240 f.
158 Isnardi Parente (1982), S. 296 denkt eher an eine Sonderrolle im Rahmen der Wahl.
159 Sinngemäße Ergänzung auf Basis von Plut. Phoc. 27,3–4.

tun wolle und er eine „väterliche" Antwort gegeben habe. Damit ist ganz offenbar auf die πάτριος πολιτεία angespielt, eine in Richtung Oligarchie tendierende Verfassung, welche sich die Athener nach dem Lamischen Krieg auf Druck des Antipatros gaben. Die Episode in Plutarch ist bei oberflächlichen lexikalischen Parallelen sinngemäß ähnlich (Plut. Phoc. 27,3: ἐφ᾽ ᾧ φασιν εἰπεῖν ἐκεῖνον, ὡς Ἀντίπατρος καλῶς ποιεῖ μόνον αὐτὸν αἰσχυνόμενος ἐφ᾽ οἷς ἀγνωμονεῖν μέλλει πρὸς τὴν πόλιν), aber im *Index Academicorum* etwas pointierter (Antwort durch „Nicht-Sprechen" zu Xenokrates).

Offenbar nach Abschluss der Verhandlungen bricht Antipatros sein Schweigen. Da die Würfel nun gefallen sind und Xenokrates nicht mehr unliebsam interferieren kann, fragt Antipatros ihn, was er von dem Vertrag halte, ersichtlich Anerkennung für seine Milde erwartend. Xenokrates beweist aber weiterhin schillerschen „Männerstolz vor Königsthronen" und antwortet gewitzt mit einem antithetischen Parallelismus: (die Bedingungen seien) für Sklaven erträglich, für Freie hart (Kol. 7,37–41). Zwar bewerten einige moderne Historiker die Bedingungen als nicht zu scharf,[160] aber Xenokrates hielt das Abkommen doch für eine Demütigung Athens – was es bis zu einem gewissen Grade sicherlich auch war. Man könnte Xenokrates mangelndes realpolitisches Gespür und Verkennung der Lage vorwerfen, aber vielleicht doch auch anerkennen, dass er seinen freiheitlich-demokratischen Prinzipien treu blieb und auch die (versteckte) Härte des Friedensvertrags erkannte. Die oligarchische Verfassung bedeutete für viele (bürgerlich entrechtete) Athener unschöne Folgen und/oder den Wegzug aus Athen.[161] Philochoros wird im entsprechenden Jahr der *Atthis* (322 v. Chr.) ähnlich wie Plutarch und Diodor näher auf die Bedingungen eingegangen sein.

Nun wird Xenokrates' wohlwollende Einstellung gegenüber dem Volk (der Demokratie) anhand von zwei Verhaltensweisen im Nachgang des Friedensvertrags demonstriert. Zunächst verzichtete er beim Einzug der Garnison – der genaue Ort, Munychia, ist nicht genannt – τὰ μουσεῖα zu opfern (Kol. 7,44– 8,1). Am ehesten sind mit dem Substantiv täglich oder zu bestimmten Zeiten (im Rahmen von Festen) dargebrachte Opfergaben im Museion der Akademie gemeint, von denen wir aber nur hier hören. Ein weiteres Mal wird die Bedeutung des Musenkultes in der Akademie durch eine Angabe des Philochoros deutlich. Xenokrates verdeutlicht mit dem Opferverzicht symbolisch,

---

160   Vgl. Etwa Will (1983), S. 132 Fn. 226. Die Bedingungen waren die Auslieferung antimakedonischer Politiker (allen voran Demosthenes und Hypereides), eine oligarchische Verfassung, Garnison auf Munychia und Strafzahlungen/Reparationen (vgl. Plut. Phoc. 27,5 und Diod. 18,18,3–5).

161   Vgl. Plut. Phoc. 28,7 und Diod. 18,18,5, vgl. auch Schmitt (1992), S. 153.

dass er die Garnison als „gottlose" Schmach und frevelhafte Unterdrückung demokratischer Freiheit empfindet.[162] Ferner lehnt Xenokrates das ihm von Demades unter den Auspizien der oligarchischen Verfassung angetragene Bürgerrecht ab. Der Metöke Xenokrates erweist sich durch die Ablehnung des athenischen Bürgerrechts als glühendster athenischer Patriot und Demokrat – welch eine Pointe![163] Im fortgeschrittenen Alter von 74 Jahren will er nicht in die Bürgerliste eingetragen werden, mit der Begründung, dass es schändlich wäre, nun von dieser Verfassung zu profitieren, gegen deren Etablierung er von den Athenern als Gesandter zu Antipatros geschickt worden war. Bei Plutarch (Phoc. 29,2) ist es Phokion, der ihm das Bürgerrecht als Reaktion auf die Metökensteuer anträgt. Philochoros bringt gewiss zu Recht das Angebot des Bürgerrechts nicht mit der Metökensteuer in Verbindung. Plutarch (Phoc. 29,6) scheint eine Anekdote zur Metökensteuer mit diesem Vorgang vermischt zu haben.[164] Dem bei Philodem/Philochoros genannten Demades dürfte der Vorzug vor Phokion als tatsächlichem Unterbreiter des Angebots gebühren.

Ferner berichten einige, dass Xenokrates so wenig mit dem üblichen Verhalten auf Gesandtschaften vertraut gewesen sein soll, dass er vor den Verbündeten des Antipatros komplexe philosophische Unterteilungen (διαιρέcειc) vornahm. Zwar hielt etwa auch Karneades später während der berühmten Philosophengesandtschaft in Rom „epideiktische" Vorträge zu philosophischen Themen, aber in allgemein verständlicher Weise. Gewiss war es die Intention der Athener, dass Ansehen und philosophische Bildung des Xenokrates ihrem Anliegen dienten (vgl. Plut. Phoc. 27,2), aber der Philosoph ging offenbar in fast peinlicher Weise weit über allgemein verständliche philosophische Plauderei hinaus. Er begann sogar (καὶ in Kol. 8,14) auf Basis der dihairetischen Methode (Platons) tiefenphilosophisch zu argumentieren oder zu reden – vor der Menge der Verbündeten des Antipatros, also womöglich vor großen Teilen seines Heeres oder seiner Offiziere. Diese Leute dürften bei aller potentiellen Offenheit für populär-philosophische Gedanken kaum in der Lage gewesen sein, Xenokrates' Argumentation nachzuvollziehen. Mehr noch, seine Ausfüh-

---

162 Zur Verärgerung der Athener über die Garnison siehe Schmitt (1992), S. 155.

163 Vgl. auch Dillon (2003), S. 92. Scholz (1998), S. 199 äußert Zweifel an Xenokrates' demokratischer Haltung, was aber in Anbetracht der Quellen wenig überzeugend ist.

164 In Ps.-Plut. X orat. 842a wird berichtet, das Lykurg die Steuer für Xenokrates gezahlt haben soll, in D.L. 4,4, dass Demetrius von Phaleron sie zahlte und ihn damit sogar vor dem Verkauf in die Sklaverei rettete. Die erste Variante ergibt 325/24 (Tod des Lykurg) als *terminus ante quem*, die zweite 318 (Demetrius' Herrschaftsbeginn) als *terminus post quem*. Somit sind beide Daten nicht mit 322 kompatibel. Die Geschichte ist angesichts der doch gewiss vorhandenen Geldressourcen im akademischen Umfeld des Xenokrates an sich unwahrscheinlich, vgl. dazu auch Dillon (2003), S. 93 Fn. 11.

rungen mögen ihnen lächerlich oder oberlehrerhaft vorgekommen sein. Die „Dihairesis" war das (ein) Markenzeichen platonischer Philosophie,[165] so dass Philochoros (oder eine andere Quelle) den Begriff hier problemlos verwenden konnte. Die komplette Rekonstruktion dieser Zeilen erfährt nun eine Bestätigung durch eine (mehrere) Stelle in Philodems *Rhetorik*, wo man liest, dass Xenokrates auf der Gesandtschaft ähnlich wie in philosophischen Diskussionen sprach.

Phld. rh. (*PHerc.* 224) frg. 12 (Sudhaus II, S. 173):

```
      . . . . ]ν κεχειροτονημένους
      . . . . . . ]ρισασθαι λέγειν αὐτὸν
      . . . . . ]τοις καὶ διὰ τὴν ἡλι-
      κίαν καὶ] διὰ τὴν περὶ τοὺς λό-
 5    γους ἄσκ]ησιν· τὸν δὲ Ξενο-
      κράτην], [ὡς] εἰώθει διαπε-
      ραίνεσθαι] πρὸς θέσιν ἐν Ἀ-
      καδημίαι], τὸν αὐτὸν τρό-
      πον. . . . . . ]τεσθαι καὶ τὸ [σι-
 10   ωπᾶν καὶ λέγει]ν Ἀντιπα-
      τρ - - - ]ξαμε-
      - - - ]τως λε-
      - - - ]ωψες
      - - - ]εφε-
 15   - - - ]αδε
      - - - ]ασι καὶ
      - - - ]οντα
      - - - ]εσεν
```

... wegen seines Alters und seiner Erfahrung im Reden. Xenokrates aber ..., wie er es in der Akademie gewohnt war, zu einer philosophischen These (dihairetisch) Position zu beziehen, ... auf dieselbe Weise ... Antipatros.[166]

Z. 3–5 haben ein Echo in Plut. Phoc. 27,2 und Kol. 7,19. Auch wenn einige Ergänzungen in Z. 5–10 (etwa „Akademie" in Z. 7–8 und die Infinitive in Z. 10) unsi-

---

165   Zur Methode siehe etwa Schramm (2007). Für die zeitgenössische Wahrnehmung dieser Methode siehe etwa Epikrates (Epicrates PCG 10 = Athen. II 54d).
166   Vgl. Scholz (1998), S. 197f., der aber auf Basis einer gewagteren Rekonstruktion Crönerts übersetzt (Crönert (1906), S. 96).

cher sind, bestehen doch kaum Zweifel an der Grundaussage, nämlich dass
Xenokrates in gewohnt philosophisch-dihairetischer Manier vor Antipatros
bzw. seinem Umfeld sprach. Philodem bezieht sich auch in zwei anderen Stellen seiner *Rhetorica* auf Xenokrates' Auftreten während der Gesandtschaft.[167]
Offenbar analysierte Demetrius von Phaleron (F 131) die Episode unter rhetorischen Gesichtspunkten. In beiden Stellen ist von einem Rat/Ratsversammlung
(cυνέδριον) bzw. Ratsmitgliedern/Ratgebern die Rede (cύνεδροι). Wahrscheinlich sind diese mit den cύμμαχοι aus Kol. 8,17 identisch. Prinzipiell könnten
die Angaben „misslungener Vortrag" und „(Nicht)konversation mit Antipatros"
sogar harmonisiert werden, insofern sie etwa zeitlich versetzt stattgefunden
haben oder sogar irgendwie miteinander verbunden waren. Die sehr fragmentarischen Zeilen in Kol. 8,17–22 könnten auch noch der Gesandtschaft gegolten
haben und auf Philochoros zurückgehen, aber ihr genauer Gegenstand ist nicht
zu ermitteln.

Xenokrates soll nach D.L. 4,8–9 auch noch an zwei anderen Gesandtschaften teilgenommen haben, einer zu Philipp und einer zu Antipatros zwecks
Auslösung von Gefangenen direkt nach dem Lamischen Krieg. Gegenüber Philipp soll er sich im Gegensatz zu seinen Mitgesandten als nicht korrumpier-
bar erwiesen haben. Die beiden Gesandtschaften sind offenbar Erfindungen
auf Grundlage historischer Gesandtschaften.[168] Die angebliche Gesandtschaft
zu Philipp dürfte von der tatsächlichen (bei Philochoros und Plutarch überlieferten) Gesandtschaft zu Antipatros die unbeirrbare Standfestigkeit bzw.
Unbestechlichkeit (im Kontrast zu den willfährigen Mitgesandten) als Motiv
übernommen haben.[169] Auch ist ganz unwahrscheinlich, dass Xenokrates kurz
vor dem Gang gen Kadmeia schon einmal mit Antipatros über Kriegsgefangene verhandelte (D.L. 4,9), zumal Sextus Empiricus eine solche Verhandlung
mit Philipp nach der Schlacht von Chaironeia inklusive identischen Odyssee-

---

167 Analyse und Vergleich der Stellen bei Crönert (1906), S. 67–69 und insbesondere Dorandi
(2000b), S. 382. Phld. rh. II (*PHerc.* 1004), S. 350,10–16 (Sudhaus): ... τῶι | Ξενοκράτην οὕτως
| [ἐ]π᾽ Ἀντιπά[τ]ρου καὶ τῶν | cυνέδρων διαλεχθῆ|να[ι], [καθά]π[ερ ὁ] Φαληρεὺc | [ἱcτόρη-
κεν ἐν τ]ῶι πε|ρὶ τῆc ῥητορικῆc]; ἄλλον (*PHerc.* 250) frg. 4 ... Ξενοκράτηc | δ᾽, εἴπερ ἀληθεύει
Δημή|τριοc, καὶ διὰ τὸ μὴ ῥή|[τ]ωρ εἶναι καὶ Θεοφράc|[του γν]ώριμοc . . λτε|ψεύδετ᾽ αὐτοῦ
φ[ανερ]όν, | ἐ[π]ί τε τοῦ παρ᾽ Ἀντιπά|[τρωι cυνε]δρίου κατη[γο]] (= Demetr. Phaleron F 131a–
c).

168 Vgl. Isnardi Parente (1982), S. 277f.

169 Philipp soll Xenokrates wegen dessen integrer Haltung nicht empfangen haben (D.L. 4,9:
οὔτε γὰρ ὁ Φίλιπποc αὐτὸν προcίετο διὰ τοῦτο), ein ähnliches Motiv wie die unterlassene
Begrüßung des Xenokrates durch Antipatros (Kol. 7,29ff.). Ferner wird auch von Unbestechlichkeit gegenüber Alexander berichtet (unter anderem Xenokrates F 23–29 Isnardi
Parente), der Xenokrates eine beträchtliche Summe Geld geschickt haben soll.

Versen dem Demades zuschreibt.[170] Diogenes Laertius berichtet nicht von der (historischen) Philochoros/Plutarch-Gesandtschaft, da diese bei ihm nur in zwei umgedichteten Fassungen ankam oder er solche der historischen Version vorzog. Der „Bestechungsversuch" durch Antipatros (wie auch durch Alexander) in D.L. 4,8 könnte indes durchaus einen historischen Kern haben, ebenso das distanzierte Verhalten des Xenokrates gegenüber Antipatros während eines Besuchs in Athen.[171] Antipatros könnte Xenokrates ob seiner demokratischen Haltung schon beargwöhnt haben, bevor dieser als Gesandter zu ihm kam, und sich auch deshalb despektierlich verhalten haben.

Xenokrates ist der erste akademische Philosoph, der von den Athenern auf eine Gesandtschaft geschickt wurde.[172] Die Wahl von Philosophen und insbesondere Akademikern zu Gesandten wurde bald Usus in Athen. Auch Karneades, Kleitomachos und Antiochos werden im *Index Academicorum* als Teilnehmer von Gesandtschaften genannt.[173] Die Verleihung des athenischen Bürgerrechts an verdiente Akademiker – wenn auch von Xenokrates ausgeschlagen – wurde ebenfalls gängige Praxis: Agamestor,[174] Karneades, Kleitomachos und Charmadas wurde im 2. Jh. v. Chr. das athenische Bürgerrecht verliehen. Es ist anzunehmen, dass auch noch andere Akademiker athenische Bürger wurden.

Die Bedeutung des Philochoros-Exzerpts ist darin zu sehen, dass es keinen allzu anekdotischen Charakter aufweist und die Einzelheiten glaubhaft sind, mithin im Großen und Ganzen Historizität gegeben sein könnte. Manche Darstellung bzw. Details des Diogenes und Plutarch zum Komplex „Gesandtschaft zu Antipatros" werden durch den *Index Academicorum* ergänzt oder auch widerlegt. Gomperz (1881) demonstrierte nicht zuletzt anhand dieser Passage, dass ein „Philmakedonismus" der Akademie zumindest in dieser Zeit nicht festzustellen ist, ja eher Gegenteiliges der Fall scheint. Auf philosophischer Ebene dürfte Xenokrates übrigens, wie ein Alexander gewidmetes Werk über die Königsherrschaft in vier Büchern zeigt,[175] die Monarchie nicht prinzipiell verworfen haben, wohl aber die Herrschaft und Forderungen des Antipatros. Das angeblich unbeholfene Verhalten (Kol. 8,11–17) wird auch in Philodems *Rhetorik* (Demetrius von Phaleron) erwähnt und mag die anderen Informationen ergänzen, wenn es am Ende nicht sogar allein der historischen Wahrheit

---

170 S.Emp. adv. math. 1,295. Die Geschichte könnte wegen einer tatsächlichen „Beziehung" des Demades zu Xenokrates (Kol. 8,2) fälschlicherweise auf ihn übertragen worden sein.
171 D.L. 4,11. Vgl. Dillon (2003), S. 94 Fn. 13.
172 Haake (2007), S. 26–28.
173 Kol. 22,17 ff.; 31,1–3 (?); 34,37–41.
174 Dazu Fleischer (2020b), S. 64.
175 D.L. 4,14, vgl. auch die Testimonien Xenokrates F 23–29 Isnardi Parente.

entspricht und der demokratisch-standhafte Xenokrates nur eine Erfindung oder Idealisierung ist.[176]

Schließlich ist festzuhalten, dass in Kol. 8,22 erstmals Spuren eines interlinearen Einschubs identifiziert wurden. Wahrscheinlich wird mit κάτω auf den Nachtrag unterhalb der Kolumne verwiesen (Ergänzung 7), der folglich zwischen den Exzerpten aus Philochoros und Timaios eingefügt werden sollte. Leider lassen die wenig lesbaren Buchstaben keine belastbare Hypothese zu Inhalt oder Autor zu.

Xenokrates: Sieg im Trinkwettbewerb (Kol. 8,22–8*,7)

Vergegenwärtigen wir uns die drei Parallelstellen. Ebenfalls unter Berufung auf Timaios liest sich die Episode bei Athenaios wie folgt:

– Athen. X 437b: Τίμαιος δέ φησιν (FGrH 566 F 158a) ὡς ʼΔιονύσιος ὁ τύραννος τῇ τῶν Χοῶν ἑορτῇ τῷ πρώτῳ ἐκπιόντι χοᾶ ἆθλον ἔθηκε στέφανον χρυσοῦν· καὶ ὅτι πρῶτος ἐξέπιε Ξενοκράτης ὁ φιλόσοφος καὶ λαβὼν τὸν χρυσοῦν στέφανον καὶ ἀναλύων τῷ Ἑρμῇ τῷ ἱδρυμένῳ ἐπὶ τῆς αὐλῆς ἐπέθηκεν, ᾧπερ εἰώθει καὶ τοὺς ἀνθινοὺς ἑκάστοτε ἐπιτιθέναι στεφάνους ἑσπέρας ἀπαλλασσόμενος ὡς αὑτόν. καὶ ἐπὶ τούτῳ ἐθαυμάσθη.ʼ

Wahrscheinlich eher (indirekt) von Timaios als dessen Quelle abhängig sind folgende Passagen bei Diogenes Laertius und Aelian:

– D.L. 4,8: ... καὶ χρυσῷ στεφάνῳ τιμηθέντα ἐπάθλῳ πολυποσίας τοῖς Χουσὶ παρὰ Διονυσίῳ ἐξιόντα θεῖναι πρὸς τὸν ἱδρυμένον Ἑρμῆν, ἔνθαπερ τιθέναι καὶ τοὺς ἀνθινοὺς εἰώθει.

– Ael. VH 2,41: καὶ ἐκ Διονυσίου δὲ τῇ τῶν Χοῶν ἑορτῇ προύκειτο ἆθλον τῷ πιόντι πλεῖστον στέφανος χρυσοῦς. καὶ ἐνίκησε Ξενοκράτης ὁ Χαλκηδόνιος, καὶ τὸν στέφανον λαβών, ὅτε ἐπανήει μετὰ τὸ δεῖπνον, τῷ Ἑρμῇ τῷ πρὸ τῶν θυρῶν ἑστῶτι ἐπέθηκεν αὐτὸν κατὰ τὸ ἔθος τῶν ἔμπροσθεν ἡμερῶν· καὶ γὰρ καὶ τοὺς ἀνθινοὺς καὶ τοὺς ἐκ τῆς μυρρίνης καὶ τὸν ἐκ τοῦ κιττοῦ καὶ τὸν ἐκ τῆς δάφνης ἐνταῦθα ἀνέπαυσε καὶ κατέλιπε.

Da Xenokrates Platon auf dessen dritter Sizilienreise (Frühjahr 361 bis Mitte 360) begleitete – für die zweite Sizilienreise ist dies unsicher –,[177] sollte man die Episode mit dieser Reise verbinden. Als Ort ist natürlicherweise von Syrakus auszugehen. Timaios dürfte dieselbe Begebenheit kaum zweimal mit ähnlichen Worten berichtet haben. Folglich zitiert Athenaios den Timaios nicht

---

176 Ich halte diese von Scholz (1998), S. 199 vertretene Ansicht für nicht sehr wahrscheinlich (siehe Fn. 163). Philodem hat offenbar einige Vorbehalte gegen die Darstellung des Demetrius (*PHerc.* 250 frg. 4, 10–11: εἴπερ ἀληθεύει Δημή|τριος, siehe Fn. 167).

177 Vgl. Krämer (2004), S. 33 und Erler (2007), S. 56. Dillon (2003), S. 90 nimmt die zweite Sizilienreise an.

(fast) wörtlich, was man *a priori* hätte vermuten können, sondern paraphrasiert die Passage lediglich, wobei er einiges zusammenkürzt. Die Ursprungsversion bzw. der ungefähre Wortlaut des Timaios ist im *Index Academicorum* zu sehen. Auch Diogenes und Aelian dürften wohl über Zwischenstufen von Timaios abhängen, wobei einige gemeinsame sprachliche Versatzstücke noch zu erkennen sind. Aelian hat die Handlung des Xenokrates zusätzlich erläutert.

Es ist zu klären, ob das attische Fest der *Choen*, welches eigentlich kein selbstständiges Fest war, sondern nur den zweiten Tag der *Anthesteria* markierte,[178] überhaupt außerhalb von Athen und des ionischen Kulturkreises, also auch im dorischen Syrakus, gefeiert wurde.[179] Außer obigen Textstellen existieren keine sicheren Belege. Verweist die nur im *Index Academicorum* erhaltene Einleitungsszene zum Wettkampf (Kol. 8,23–35) wirklich eindeutig auf die *Choen*? Nach meiner Rekonstruktion erkundigt sich Xenokrates bei Dionysios zunächst über Gesänge (Kol. 8,25–27). Dieser verweist offenbar auf ein Fest, das am nächsten Tag stattfindet oder ein damit verbundenes Ereignis (Kol. 8,27–30). Nun könnten die nächsten, fragmentarischen Zeilen aussagen, dass auch ein Trinkwettbewerb Teil dieses Festes (am Vortag?) war, zu dem Dionysios Xenokrates einlädt (Kol. 8,30–33). Er selbst sei Schiedsrichter und feiere nicht mit (Kol. 8,33–35).[180] Für den Wettkampf wurden 100 goldene Choen (Krüge), angefüllt mit Wein, für 100 Teilnehmer herangeschafft und neben den Teilnehmern platziert (Kol. 8,35–40). Vielleicht erlauben die Lücken der Zeilen 23–32 eine Ergänzung von „*Choen*", aber es ist keineswegs sicher, dass das im Papyrus erwähnte Fest als „Fest der Choen" charakterisiert war bzw. eine Verbindung zu den athenischen/ionischen *Choen* bestand. Ein Trinkwettbewerb als gemeinsames Element rechtfertigt kaum eine Identifikation. Da wir nichts von Platons Teilnahme wissen und das Erhaltene im *Index Academicorum* eher gegen ein speziell für die Gäste ausgerichtetes Fest spricht, sollte man an ein traditionell oder zu einem bestimmten, nicht mit den Akademikern verbundenen Anlass

---

178 Zu den weinseligen und karnevalartigen *Anthesterien* (*Choen*) in Athen siehe etwa Deubner (1932), S. 93–123. Zu den *Choen* siehe insbesondere Hamilton (1992), mit Testimoniensammlung zu den *Choen* ab S. 149 (zur Xenokrates-Episode S. 23).

179 Gaertringen (1894), S. 2371 erwähnt außer obigen Stellen (Syrakus) nur eine auf den Stoiker Dionysios von Herakleia Bezug nehmende Stelle (Athen. X 437e), bei der aber Athen vorschweben dürfte. Für archäologische Zeugnisse siehe Hoorn (1951), S. 50–53. Hamilton (1992), S. 23: „The non-Athenian provenience of a Choes festival is unusual."

180 Dies war für den jüngeren Dionysios unüblich, der während eines 90-tägigen Trinkgelages ständig betrunken gewesen sein soll (Athen. X 435d–e und Plut. Dion 7 (Aristot. F 588 Rose)) und auch sonst dem Wein nicht abgeneigt war (Aristot. pol. E 1312a6 und Ael. VH 6,12= FGrH 115 F 259b).

ausgerichtetes Fest denken.[181] Es scheint, als hätte Xenokrates eher zufällig an dem Fest teilgenommen. Will man keine syrakusanischen *Choen* annehmen,[182] sei folgende Hypothese erwogen: Spätere Autoren (bzw. ein späterer Autor, von dem Diogenes und Aelian abhängen) haben die Passage des Timaios flüchtig gelesen und aufgrund der Trinkgemäße in Kol. 8,37 (χόας) und des gesamten Ambientes jenen syrakusanischen Trinkwettbewerb mit den berühmten athenischen *Choen* gleichgesetzt.

Die Schilderung in Kol. 8,35–45 vermittelt einen Eindruck von der Atmosphäre des Wettkampfs, welcher dem Hof des Dionysios alle Ehre gemacht haben dürfte. Das Hereintragen von 100 goldenen (!) Choen durch Diener, deren Präsentieren und Aufstellen neben den „Pokulanten" sowie die Zurschaustellung eines goldenen Kranzes, der womöglich größer als übliche Kränze war (Kol. 8,41), auf einem Dreifuß und dessen Auslobung an den Sieger durch Dionysios selbst, der den Part des Schiedsrichters übernahm (Kol. 8,33), lassen die Szene sehr lebendig wirken. Ohne allzu viel Phantasie ergibt sich das Panoramabild eines pompösen und ausgelassenen „Zecherwettstreits".[183]

Die Pointe besteht nun einerseits darin, dass der für seine cωφροcύνη (etwa Kol. 7,14) geschätzte Xenokrates über 99 Mitbewerber siegte (Kol. 8,45), und andererseits darin, dass er den goldenen Kranz wie einen gewöhnlichen Blumenkranz behandelte und nach dem Gelage einer Statue des Hermes (einer Herme) aufsetzte (Kol. 8*,1–3).[184] Die Kunde von seinem Verhalten verbreitete sich und Xenokrates wurde für seine Verachtung des Goldes mehr bewundert als Dionysios für die Bereitstellung einer solchen Menge an Gold bzw. für die Organisation eines solchen Festes (Kol. 8,3–7). Die Gleichgültigkeit des Philosophen gegenüber Reichtum ist beinahe ein Topos. Xenokrates wird auch anderweitig als durch irdische Güter nicht bestechlich charakterisiert.[185] Er mag mit der Bekränzung des Hermes (der Herme) zum Ausdruck gebracht

---

181 Bremmer (1983), S. 120 Fn. 135 mutmaßt: „it is tempting to think that this Sicilian drinking bout was organized for, or perhaps by, Plato during his stay at Dionysius' court."

182 Man hat auch in mehreren Orten Süditaliens Choen gefunden, was möglicherweise auf eine Verbreitung des Choen-Festes ebendort hindeuten könnte, vgl. Hoorn (1951), S. 50 f.

183 Gomperz (1887), S. 143 formuliert: „Wettstreit der Zechgenossen bei Dionysios." Man vergleiche für das Treiben und die Atmosphäre die einschlägigen Passagen zum Athener Choenfest bei Aristophanes (Aristoph. Achar. 959–1230 (T 7 Hamilton)).

184 In Ael. VH 2,41 ist diese alte Sitte noch etwas näher erläutert. Zu den verschiedenen Arten von (Blumen)Kränzen siehe Blech (1982), besonders S. 63–75.

185 Vgl. Einordnung Kol. 7,19–8,21 mit Fn. 169. Vielleicht wollte der Akademiker auch vermeiden, in der Schuld des Dionysios zu stehen, zumal, bei Historizität, der Wettbewerb am Ende vielleicht zugunsten des Gastes Xenokrates manipuliert war. So könnte sein Gemäß weniger Wein enthalten haben, etwa durch eine spezielle Ausarbeitung im Inneren.

haben, dass er einen solch wertvollen Preis für schnelles Trinken als unangemessen und dekadent erachtete. Jedenfalls stiehlt Xenokrates dem Tyrannen
durch das gleichgültige Ablegen des Siegespreises ein wenig „die Show", da dies
alle noch mehr beeindruckte als das Fest und das viele Gold.

In Athen trank man bei den Trinkwettbewerben der *Choen* wohl tatsächlich
aus (großen) Choen mit ca. 3,24 Litern Fassungsvermögen (Abb. 32).[186] Freilich mussten die Gemäße ein gewisses Volumen haben, wenn man einen Sieger unter 100 (bzw. vielen) Teilnehmern ermitteln wollte.[187] Das Volumen entspricht etwa vier modernen Weinflaschen, womit man bei starkem Wein (bis
zu 20 % Alkohol – ergo etwa sechs moderne Weinflaschen) schon im Bereich
der letalen Dosis ist.[188] Folglich ist fast mit Sicherheit davon auszugehen, dass
der Wein vorab auf (deutlich) unter 10 % Alkohol verdünnt wurde.[189] Das Leeren einer solchen Menge (mit und ohne Speien) in kurzer Zeit bleibt indes
schwierig. Es war eine Besonderheit der athenischen *Choen*, dass jeder Bürger seinen eigenen Krug mitbrachte (also kein Mischkrug) und aus diesem den
Wein trank.[190] Xenokrates war bei dem Wetttrinken rund 35 Jahre alt, was einen
solchen Sieg zumindest aus Sicht der Physis noch erlaubt. Allerdings erweckt
der Umstand, dass ausgerechnet der besonnene Xenokrates unter 100 (!) Teilnehmern gewann, doch Zweifel grundlegender Natur an der Geschichte. Hat
Timaios am Ende gutgläubig eine gänzlich fingierte Klatschgeschichte übernommen? Auch kommt einem sofort Sokrates in den Sinn, der ja bekanntlich
nach Platons Schilderung im *Symposion* ähnlich selbstbeherrscht wie Xenokrates nach durchzechter Nacht nicht schlief und den nächsten Tag durch-
wachte.[191] Ergo ist auch der Topos „Philosoph selbstbeherrscht unter Alkohol-
einfluss" in der Anekdote auszumachen. Zwar ist die Erzählung nicht per se
unglaubwürdig, aber gewisse Verdachtsmomente müssen artikuliert werden,
so dass fraglich ist, ob Xenokrates in Syrakus wirklich mit einem goldenen
Kranz zum „König der Zecher" gekrönt wurde – mit anschließender Nieder-
legung der Krone.

---

186 Hoorn (1951), S. 31f.
187 Je kleiner die Gemäße, desto höher die Wahrscheinlichkeit eines „pari", also Unentscheid-
      barkeit des Sieges, da bei kleinen Volumina mehrere Teilnehmer recht schnell etwa zur
      gleichen Zeit austrinken würden.
188 Im Übrigen wird vor der Choen-Passage in Athenaios von etlichen Todesfällen in Folge
      eines Wetttrinkens berichtet (Athen. X 437a–b).
189 Vgl. Deubner (1932), S. 98.
190 Deubner (1932), S. 98.
191 Plat. symp. 223d.

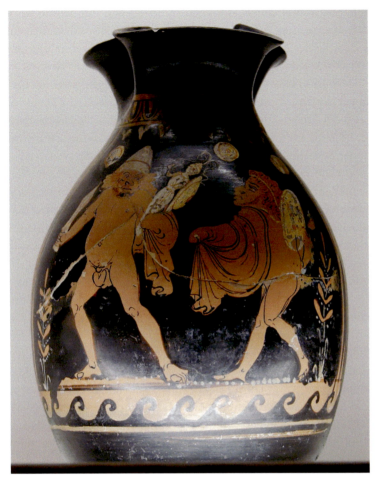

ABB. 32 Dieser rotfigurige χοῦς (ca. 3,24 Liter) aus Apulien (Felton-Maler) wird
auf 370–360 v. Chr. datiert, also in den Zeitraum, in welchem Xenokrates mit einem solchen Gefäß (allerdings in Gold) den Trinkwettbewerb
in Syrakus gewonnen haben soll.
Anmerkung: British Museum GR 1884.4–9.9 – Cat. Vases F 366

Xenokrates: Schülerliste und Tod (Kol. 8*,7–23)

Die Schülerliste beginnt mit dem homonymen Verwandten des Scholarchen
(Kol. 8*,8–9). Diogenes Laertius vermerkt (D.L. 4,15): γεγόναϲι δὲ καὶ ἄλλοι Ξενο-
κράτειϲ πέντε· ... ὁ ϲυγγενὴϲ ἅμα καὶ πολίτηϲ τῷ προειρημένῳ φιλοϲόφῳ. Bei Diogenes ist die Schülerschaft von Xenokrates' anderweitig unbekanntem Verwandten Xenokrates allenfalls implizit vermerkt. In Z. 10 haben wir entweder den
Eigennamen Metron oder eine Spezifizierung des Verwandtschaftsverhältnisses. Sollten die Spuren im Papyrus zu einer Form von „Ätolien" zu ergänzen sein,

könnte Adeimantos von ebendort stammen (Z. 10–11) und ihm würde dann wahrscheinlich ein Nachtrag auf dem Verso gelten (Kol. R). Er war sicherlich ein bedeutender Schüler des Xenokrates. Sollte er mit Ätolien in Verbindung stehen, dürfte er nur schwerlich mit dem Großneffen (Neffen) Platons zu identifizieren sein.[192] Nun ist Krates von Athen (Z. 12–13) als Nachfolger Polemons und Nach-Nachfolger des Xenokrates erwähnt. Ihm ist vornehmlich Kol. Q gewidmet. In Z. 13 regt die Buchstabenkombination ⌐μεϲ⌐η zu Phantasien an, insofern sie über einen Verweis auf die Mittlere Akademie nachdenken lässt. Zwar wird Arkesilaos in der Regel als Ahnherr der Mittleren Akademie oder Neuen Akademie genannt, aber die Quellenlage und das offenbar nur kurze Scholarchat des Krates schließen nicht völlig aus, dass schon mit Krates eine Entwicklung begann, als deren Initiator sich (später) Arkesilaos in der Überlieferung etablierte.[193] Jedoch erlaubt der zerstörte Zustand der Zeilen keine gesicherte Aussage. Asklepiades (nicht Olympiades) könnte mit dem Platonschüler aus Kol. 6,10–11 identisch sein (Kol. 8*,13–14). Die Liste schließt mit Xenokrates' Nachfolger Polemon und vemutlich dem Hinweis, dass Xenokrates auch noch (viele) andere Schüler hatte. Bemerkenswerterweise hinterließen einige der Genannten (der homonyme Xenokrates, evtl. Metron, Adeimantos, Asklepiades) bei Diogenes und auch in der übrigen Literatur fast keine Spuren. Dies ist auch für andere Schülerlisten im *Index Academicorum* zu konstatieren, deren Namen oft schattenhaft und/oder nur aus dem Papyrus bekannt sind. Als Philodem auf das Hermipp-Exzerpt zu Chairon von Pellene stieß (Kol. 11 und 12), hat er dessen Namen in der Liste der Platonschüler nachträglich ergänzt (Kol. 6,4). Vielleicht war sein Name, da auch Schüler des Xenokrates (Kol. 11,10), konsequenterweise ebenfalls irgendwo in Kol. 8*,9–17 nachgetragen. Der Raum im Papyrus lässt Krantor von Soloi in Kol. 8*,11 eher unwahrscheinlich erscheinen. Er wird in Kol. 16,6–7 zwar als Schüler des Xenokrates genannt, war aber offenbar primär Schüler Polemons, was sein mögliches Fehlen in der Liste erklären könnte.

Für die Struktur der Kolumne bzw. der Biographie des Xenokrates ist die Neulesung „Philochoros" in Kol. 8*,17–18 aufschlussreich. Polemon war als Nachfolger des Xenokrates das letzte Glied der Liste, welcher noch Angaben zum Tod des Xenokrates folgten. Die Neulesung ὀγδο|ήκοντ[α] κα̣ὶ und andere

---

192   Er wird in D.L. 3,41 genannt. Platon hatte einen gleichnamigen Bruder, vgl. Erler (2007), S. 42,52.

193   So ist in Kol. 18,11 interessanterweise die „Alte Akademie" durch Polemon und nicht Krates zeitlich abgegrenzt. Diese Kolumne geht auf Antigonos von Karystos zurück, welcher auch für Informationen zum Scholarchat des Krates in Kol. Q,5–6 zitiert wird, so dass der Nennnung des Polemon anstelle von Krates in Kol. 18,11 sogar eine Bedeutung zukommen könnte und nicht lediglich eine Vereinfachung vorliegen muss.

Wortreste deuten auf das Sterbejahr (Datum) hin (Kol. 8*,21–23). Eine solche Information ist prinzipiell bei Philochoros zu erwarten, auf den ja auch das Todesjahr und Alter in der Platon-Vita zurückgeht (Kol. 2,35–38).[194] Bei Diogenes Laertius lesen wir (D.L. 4,14–15): ἐτελεύτα δὲ νυκτὸς λεκάνη προσπταίσας, ἔτος ἤδη γεγονὼς δεύτερον καὶ ὀγδοηκοστόν (FGrH 244 F 345). (15) φαμὲν δὲ καὶ εἰς τοῦτον οὑτωσί· χαλκῇ προσκόψας λεκάνη ποτὲ καὶ τὸ μέτωπον | πλήξας ἴαχεν ᾧ σύντονον, εἶτ᾽ ἔθανεν, | ὁ πάντα πάντη Ξενοκράτης ἀνὴρ γεγώς. Der Erhaltungszustand des Papyrus lässt die Möglichkeit offen, dass der Unfall (nach dem Xenokrates noch einige Zeit gelebt haben mag) auf irgendeine Weise schon bei Philochoros vermerkt oder impliziert war. Ebenso ist die Erwähnung des Archons (wohl Nikodoros 314/13) in den fragmentarischen Zeilen prinzipiell nicht unerwartet. Xenokrates könnte sich in Folge des Unfalls das Leben genommen haben.

Da die Einerzahl wahrscheinlich in Kol. 8*,22 hinter der Zehnerzahl stand, macht der Raum im Papyrus die Ergänzung von ἕν wahrscheinlicher als die von δύο. Wäre die Angabe ἕν mit Diogenes kompatibel? Zwar wird die Formulierung ἔτος ἤδη γεγονὼς δεύτερον καὶ ὀγδοηκοστόν des Diogenes von Gelehrten allenthalben mit „im Alter von 82 Jahren" übersetzt, aber mir scheint es angebracht, einige Bedenken anzumelden. Anders als im Lateinischen mag hier wirklich „im 82. Lebensjahr = 81 Jahre" gemeint sein. So sind Ordinalzahlen bei Angaben des Lebensalters im Vergleich zu Kardinalzahlen relativ selten, zumal in dieser Formulierung (normalerweise βιώσας (γεγονὼς/ὢν) + Kardinalzahl + ἔτη /ἐτῶν). Drei Parallelen sind für unsere Zwecke interessant.

– D.L. 4,44 (FGrH 1026 F 72): (Arkesilaos) Ἐτελεύτησε δέ, ὥς φησιν Ἕρμιππος, ἄκρατον ἐμφορηθεὶς πολὺν καὶ παρακόψας, ἤδη γεγονὼς ἔτος πέμπτον καὶ ἑβδομηκοστόν, ἀποδεχθεὶς πρὸς Ἀθηναίων ὡς οὐδείς.
– D.L. 5,68 (FGrH 244 F 350): (Lykon) ἐτελεύτησε δὲ γεγονὼς ἔτος τέταρτον καὶ ἑβδομηκοστόν, νόσῳ ποδαγρικῇ καταπονηθείς.
– Plut. Cic. 48,6: ἐσφάγη δὲ τὸν τράχηλον ἐκ τοῦ φορείου προτείνας, ἔτος ἐκεῖνο γεγονὼς ἑξηκοστὸν καὶ τέταρτον.

Plutarch nutzt eine zu D.L. 4,14 äquivalente Formulierung. Folgt man den modernen „Diogenes-Übersetzern", starb Cicero also im Alter von 64 Jahren. Jedoch wissen wir aus zuverlässigen Quellen, dass Cicero im Alter von 63 Jahren (im 64. Lebensjahr) starb. Zwar könnte Plutarch theoretisch eine lateinische Quelle falsch übersetzt haben, aber auf Basis dieser Parallele wäre die Diogenes-Stelle für Xenokrates eigentlich mit „im 82. Lebensjahr = 81 Jahre" zu übersetzen. Leider sind die anderen oben angeführten Stellen und auch andere Passagen für die Frage nach der korrekten Übersetzung der Ordinalzahl keine

---

194 Siehe Einordnung Kol. 2,6–38.

große Hilfe, da – anders als bei Cicero – nirgends das wahre Alter unabhängig verifizierbar ist. Die beiden anderen Diogenes-Stellen sind genannt, da hier einmal (nach Jacoby wahrscheinlich) Apollodor zugrunde liegt und meines Erachtens auch bei dem Hermippzitat ein Bezug zu Apollodors *Chronik* vorliegen könnte (etwa andere Abgrenzung). Sollten die Ordinalzahlen wirklich aus Apollodor gewissenhaft übernommen sein, deutet dies womöglich in die Richtung, dass bei dem akribischen Chronographen das 82. Lebensjahr wirklich 81 Jahre bedeutete (und nicht 82 Jahre). Somit könnte Philochoros „81 Jahre" (χαὶ [ἐν) in seiner *Atthis* genannt haben und es bestünde kein Widerspruch zu Diogenes.[195] Allerdings nutzt Apollodor in den erhaltenen Originalversen[196] für Lebensalterangaben keine Ordinalzahlen und ich will – auch aus paläographischen Gründen – nicht insistieren, dass Xenokrates tatsächlich ein Jahr später als bisher angenommen geboren wurde (das Todesjahr steht indirekt fest).[197]

Für die Arbeitsweise und Strukturierung Philodems und seiner Grundquelle ist das erneute Zitat (Paraphrase) aus Philochoros aufschlussreich. Chronologisch passend ist nach Philochoros (Gesandtschaft) zunächst Timaios in den Strang der Hauptinformationen (eigentliche Biographie) aufgenommen, dann eine Schülerliste angeführt, bevor die Todesdaten erscheinen – wieder aus Philochoros. In der Platon-Vita ist die Reihenfolge umgekehrt: Zunächst sind die Todesdaten und später die Schülerliste angeführt. Dies geschah gewiss auch deshalb, weil die Todesdaten zu Platon bei Philochoros mit den anderen gegebenen Informationen gekoppelt waren, während die Informationen zu Xenokrates im Zuge von Speusipps Tod erschienen (unter dem Archon von 339/38) und sein Tod offensichtlich unter dem Archon von (etwa) 314/13 in der *Atthis* berichtet wurde.

---

195   So ist zumindest bei der Ordinalzahl „im zehnten Jahr nach Karneades' Tod" (Kol. 26,41–45=29,13–18) unabhängig überprüfbar, dass nicht „zehn Jahre nach Karneades' Tod", sondern „neun Jahre nach Karneades' Tod" gemeint ist. Gewiss folgt daraus nicht unbedingt Übertragbarkeit auf Lebenszeiten. Es sei darauf hingewiesen, dass dieses Problem prinzipiell unabhängig von der Frage exklusiver und inklusiver Zählung bei Kardinalzahlen im Zusammenhang mit Lebenszeiten ist. Gewiss mögen einige (lateinisch beeinflusste) Autoren Ordinal- und Kardinalzahlen für solche Angaben gedankenlos vermengt bzw. sinngleich verwendet haben, aber es könnte durch die Abhängigkeit des Diogenes von Apollodor eine erhöhte Wahrscheinlichkeit bestehen, dass die Ordinalzahl hier mit Bedacht gewählt wurde, sprich das 82. Jahr und somit ein Alter von 81 Jahren meint, was eigentlich dem natürlichen Sprachempfinden und etwa auch der Zählweise der Regierungszeit von Königen entspricht.

196   Vgl. Fleischer (2020a), ApollVers 21–106.

197   Von 339/38 an hatte Xenokrates 25 Jahre lang die Schulleitung inne (vgl. D.L. 4,14), was auf 314/13 führt. Allerdings ist bei den 25 Jahren „inklusive" Zählung nicht ausgeschlossen, ergo nur 24 Jahre Scholarchat.

Herakleides Pontikos: Orakelbetrug und Tod (Kol. *9,1–10,33*)

a)   Zu Leben und Philosophie des Herakleides Pontikos

Herakleides Pontikos (ca. 390–320 v. Chr.) wäre als einer der herausragenden Schüler Platons beinahe zum Scholarchen der Akademie gewählt geworden (Kol. 7,4–6).[198] Er hatte Platon bei dessen dritter Sizilienreise 361/60 v. Chr. als Leiter der Akademie schon zeitweise vertreten.[199] Bei Diogenes Laertius erscheint Herakleides am Ende des 5. Buches (D.L. 5,86–94) und wird unzutreffenderweise den Peripatetikern zugerechnet. Nichtsdestotrotz dürfte eine gewisse Affinität seines Denkens zum Peripatos und auch zum Pythagoreismus bestanden haben. Wir kennen die Titel zahlreicher, verschiedensten Themen gewidmeter Werke, von denen nur wenige Fragmente auf uns gekommen sind. Im epikureisch-philodemeischen Kontext des *Index Academicorum* sei insbesondere auf Herakleides' nur schemenhaft rekonstruierbare Theorie der ἄναρμοι ὄγκοι samt θραύσματα (Bruchstückchen) und Poren verwiesen, welche Asklepiades von Bithynien maßgeblich inspirierte.[200] Im erhaltenen Papyrus wird die Theorie nicht angesprochen. Wahrscheinlich wurde sie auch in den verlorenen Kolumnen nicht thematisiert, da im *Index Academicorum* selten philosophische Details erörtert werden.[201] Philodem beruft sich in dreien seiner Werke auf Herakleides.[202]

b)   Zu den drei verlorenen Kolumnen, γραμματοδιδάσκαλος und „Heraklit"
(Kol. 9,1–4)

---

198   Zu Herakleides grundlegend Schütrumpf (2008) (Fragmentsammlung mit kurzer Einleitung und Kommentar); Fortenbaugh/Pender (2009); Dillon (2003), S. 204–216; Krämer (2004), S. 67–80; Wehrli (1969); Gottschalk (1980).

199   Herakleides F 3 Schütrumpf. Folglich kann Herakleides zu dieser Zeit kaum ein sehr junger Schüler gewesen sein. Auch bei seiner Kandidatur für das Scholarchat im Jahre 339/38 muss er bereits ein gewisses Alter erreicht haben. Somit ergeben sich obige Lebensdaten mit einigem Spielraum. Jedenfalls ist 322 als *terminus post quem* für den Tod hinfällig (das Jahr noch bei Krämer (2004), S. 67, aber siehe Schütrumpf (2008), comment. ad F 125).

200   Siehe zu dieser Thematik Sharpies (2009), ferner Gottschalk (1980), S. 37–57 und Dillon (2003), S. 210 f. Die Theorie ist von Platons *Timaios* abhängig, dazu Krämer (2004), S. 72 f. Für den Einfluss auf Asklepiades und für die doxographisch-atomistische Einordnung ist besonders Eus. PE 14,23,4 (= Herakleides F 59 Schütrumpf – geht auf Dionysios von Alexandrias *De natura* zurück) relevant, dazu Fleischer (2016), S. 297 f. Zum Verhältnis von Asklepiades und Epikur siehe Polito (2006).

201   Jedoch scheint Herakleides unter Epikureern zumindest eine gewisse (kritische) Rezeption erfahren zu haben, siehe dazu Herakleides F 1; 14; 15 Schütrumpf.

202   Phld. de musica IV 49,1–20 und 137,27–138,9 (Herakleides F 115a–b Schütrumpf); de lib. dic. frg. 20 (Herakleides F 14 Schütrumpf); de poematis II 99,17 (Janko – Herakleides F 116a Schütrumpf); de poematis V 3,11–6,5 (Mangoni). Zu diesen Stellen und anderen papyrologischen Herakleides-Testimonien siehe Dorandi (2009).

Die ausführliche Behandlung bei Diogenes zeigt, dass zu Herakleides genügend „Stoff" vorhanden war, um die vor Kol. 9 verlorenen drei Kolumnen zu füllen. Es ist zwar nicht ausgeschlossen, dass zunächst noch ein anderer Akademiker ab der Kol. 8* folgenden Kolumne besprochen wurde, aber wahrscheinlicher ist, dass alle verlorenen Kolumnen Herakleides gewidmet waren. Jedoch ist nicht unbedingt mit Demochares als Quelle für alle (etwa) fünf Kolumnen zu Herakleides (drei verlorene Kolumnen und Kol. 9,1–10,33) zu rechnen. Vermutlich vermerkte Philodem zunächst einiges zur Herkunft des Herakleides, dann zu seinem Gang nach Athen, zu seiner Schülerschaft bei Platon (Speusipp) und zu der vertretungsweisen Schulleitung, vielleicht auch zu seiner schriftstellerischen Tätigkeit und anderem. Die Angaben bei Diogenes (und in der Suda) können als Blaupause für das Verlorene herhalten, wobei der *Index Academicorum* auch manch Exklusives enthalten haben mag.

Herakleides entstammte einer wohlhabenden Familie. Über einen „Beruf" zu irgendeiner Zeit erfahren wir nichts. Nun deutet Kol. 9,1–2, ungeachtet der genauen Interpretation und Rekonstruktion der beiden Zeilen, in die Richtung, dass Herakleides hier (implizit) als γραμματοδιδάσκαλος bezeichnet wird, scheinbar mit einem Verweis auf Heraklit (von Ephesus). Bei Demochares als Quelle ist die Unterstellung der Ausübung eines zwielichtigen Berufes zu irgendeiner Zeit nicht unerwartet.[203] Die Korrektur des Namens Herakleides zu Heraklit sowie die Randbemerkung „Heraklit" sind irritierend, da man hier eher den Namen des Herakleides lesen möchte. Dennoch leistet die Situation im Papyrus tendenziell der Annahme Vorschub, dass tatsächlich Heraklit stehen sollte. Die Ergänzung 8 am Rand von Kol. 9 ist von Hand 2 (I 7.2) geschrieben, vielleicht die Hand Philodems. Die Überleitung in Kol. 9,3–4 verknüpft offenbar den Gehalt der folgenden Anekdote mit den durchtriebenen und windig-gaunerhaften Eigenschaften (τῆι δυνά|μεʳι) eines solchen Schullehrers.[204] Die folgenden Begebenheiten passen zu einem zweifelhaften Talent, wie es angeblich ein Schullehrer aufweist.

---

203 Wir hören sonst nirgends von Lehraktivitäten des Herakleides, aber es ist auf D.L. 5,93 (= Herakleides F 1 Schütrumpf) zu verweisen: Ἡρακλείδης γράμματα οὐκ ἐπίσταται οὐδ᾽ ᾐσχύνθη. Der Kontext gibt aber nicht unbedingt einen Hinweis auf Schulmeisteraktivitäten – D.L. 5,92–93: ἀλλὰ καὶ Ἀντίδωρος ⟨ὁ⟩ Ἐπικούρειος ἐπιτιμᾷ αὐτῷ, τοῖς Περὶ δικαιοσύνης ἀντιλέγων. ἔτι καὶ Διονύσιος ὁ Μεταθέμενος (ἢ Σπίνθαρος, ὥς ἔνιοι) γράψας τὸν Παρθενοπαῖον ἐπέγραψε Σοφοκλέους. ὁ δὲ πιστεύσας εἴς τι τῶν ἰδίων συγγραμμάτων ἐχρῆτο μαρτυρίοις ὡς Σοφοκλέους. αἰσθόμενος δ᾽ ὁ Διονύσιος ἐμήνυσεν αὐτῷ τὸ γεγονός· τοῦ δ᾽ ἀρνουμένου καὶ ἀπιστοῦντος ἐπέστειλεν ἰδεῖν τὴν παραστιχίδα· καὶ εἶχε Πάγκαλος. οὗτος δ᾽ ἦν ἐρώμενος Διονυσίου· ὡς δ᾽ ἔτι ἀπιστῶν ἔλεγε κατὰ τύχην ἐνδέχεσθαι οὕτως ἔχειν, πάλιν ἀντεπέστειλεν ὁ Διονύσιος ὅτι „καὶ ταῦτα εὑρήσεις· {A.} γέρων πίθηκος οὐχ ἁλίσκεται πάγῃ· {B.} ἁλίσκεται μέν, μετὰ χρόνον δ᾽ ἁλίσκεται." καὶ πρὸς τούτοις· Ἡρακλείδης γράμματα οὐκ ἐπίσταται οὐδ᾽ ᾐσχύνθη.

204 Vgl. Gaiser (1988), S. 485.

c) Die Parallele bei Hermipp/Diogenes zum Orakelbetrug und Tod (Kol. 9,4–10,11)

Für die folgende Geschichte über den Orakalbetrug, der für alle Involvierten tödlich endete, haben wir eine aufschlussreiche Parallele in Diogenes Laertius, der aus Hermipp schöpft (D.L. 5,91): Ἕρμιππος (FGrH 1026 F 71) δὲ λιμοῦ κατασχόντος τὴν χώραν φησὶν αἰτεῖν τοὺς Ἡρακλεώτας τὴν Πυθίαν λύσιν. τὸν δὲ Ἡρακλείδην διαφθεῖραι χρήμασι τούς τε θεωροὺς καὶ τὴν προειρημένην, ὥστ' ἀνειπεῖν ἀπαλλαγήσεσθαι τοῦ κακοῦ, εἰ ζῶν μὲν Ἡρακλείδης ὁ Εὐθύφρονος χρυσῷ στεφάνῳ στεφανωθείη πρὸς αὐτῶν, ἀποθανὼν δὲ ὡς ἥρως τιμῷτο. ἐκομίσθη ὁ δῆθεν χρησμὸς καὶ οὐδὲν ὤναντο οἱ πλάσαντες αὐτόν. αὐτίκα γὰρ ἐν τῷ θεάτρῳ στεφανούμενος ὁ Ἡρακλείδης ἀπόπληκτος ἐγένετο, οἵ τε θεωροὶ καταλευσθέντες διεφθάρησαν. ἀλλὰ καὶ ἡ Πυθία τὴν αὐτὴν ὥραν κατιοῦσα ἐς τὸ ἄδυτον καὶ ἐπιστᾶσα ἑνὶ τῶν δρακόντων δηχθεῖσα παραχρῆμα ἀπέπνευσε. καὶ τὰ μὲν περὶ τὸν θάνατον αὐτοῦ τοσαῦτα.

Sollte Hermipp hier auf Demochares zurückgehen, was wahrscheinlich ist (siehe Quellen Kol. 9,1–10,33), hätte er aus einem einzigen bestochenen θεωρός (Kol. 9,40–10,7) mehrere gemacht und den Todessturz (auf Stein) dieses θεωρός zur Steinigung aller Orakelbefrager geändert.[205] Zwar ist die Episode phantastisch und per se unglaubwürdig, aber Philodem/Demochares ist insofern (pseudo)realistischer, als Herakleides die Pythia wahrscheinlich über einen θεωρός als Mittelsmann bestechen musste. Herakleides war offenbar kein Mitglied der Gesandtschaft nach Delphi und dürfte kaum parallel zum Orakel gereist sein, um die Pythia zu bestechen. Ob auch im *Index Academicorum* eine posthume Ehrung angesprochen war, ist ungewiss.[206] Ansonsten ähneln sich die Berichte bei Diogenes/Hermipp und Philodem/Demochares sehr, was durch Neulesungen nochmals deutlicher wurde. So liest man in Kol. 9,10–14 nicht mehr den Eigennamen eines einzigen θεωρός, sondern ebenfalls von der Entsendung mehrerer θεωροί. Herakleides stirbt nun wie bei Diogenes zeitlich vor dem θεωρός und ebenfalls an einem Schlaganfall (Kol. 9,37–10,7). Diogenes' Auszug aus Hermipp, der offenbar Demochares zusammengekürzt hat, könnte schon durch eine oder mehrere Zwischenstufen gegangen sein, so dass die Bestechung und Steinigung aller Gesandter auch eine nach-hermippeische Modifikation sein könnte, wobei Hermipp selbst vielleicht noch näher an Demochares war. Andererseits ist vorstellbar, dass Hermipp die Erzählung des Demochares teilweise bewusst „rationalisiert" hat, also konkret den Theatersturz des einen zur Steinigung aller Gesandter transformiert hat. Demochares bietet mehr Details und die lebhaftere Erzählung, was wohl Glaubwür-

---

205 Die Aufstellung von Gaiser (1988), S. 121 ist nun durch Neulesungen obsolet, aber er zog „zufällig" die richtige Schlussfolgerung.

206 Eine solche Erwähnung wäre am ehesten in Kol. 9,21–27 zu erwarten.

digkeit suggerieren sollte. Hermipp könnte theoretisch auch nicht direkt aus Demochares, sondern einer Zwischenquelle, die von Demochares abhing, geschöpft haben. Eine gemeinsame ältere Quelle, von der beide abhängen, ist aufgrund des Todesdatums des Herakleides um 320 eher unwahrscheinlich und der Vergleich der Texte legt doch den Schluss nahe, dass Hermipp den Demochares gekürzt und leicht modifiziert hat (bzw. Diogenes oder eine Zwischenquelle den Hermipp etwas modifizierten).

Erwähnenswert ist die komplette Neurekonstruktion von Kol. 9,34–41. De Sanctis (2022) konnte Sinn und Struktur der Periode nocht nicht klären und kaum neue Wörter lesen. Die bisher falsch oder überhaupt nicht wiederhergestellten Zeilen verleihen der Theaterszene eine etwas andere Akzentuierung: Der θεωρός wird in Z. 41 genannt, nachdem zuvor der plötzliche Tod des Herakleides während der Verleihung des Kranzes geschildert wurde (ἀπόπληκτος bei Diogenes hat nun eine enge Parallele in Kol. 9,38–39: πεςὼν κạ[ὶ] πạʳρα'|[λ]υθεὶς).

Es existiert noch eine ähnlich abenteuerliche Variante zum Tod des Herakleides (D.L. 5,89–90): Δοκεῖ δὲ καὶ τὴν πατρίδα τυραννουμένην ἐλευθερῶςαι, τὸν μόναρχον κτεῖνας, ὥς φηςι Δημήτριος ὁ Μάγνης ἐν Ὁμωνύμοις (FGrH 1038 F 6). ὃς καὶ τοιόνδε ἱςτορεῖ περὶ αὐτοῦ· "θρέψαι αὐτὸν δράκοντα ἐκ νέου καὶ αὐξηθέντα, ἐπειδὴ τελευτᾶν ἔμελλε, κελεῦςαί τινι τῶν πιςτῶν αὐτοῦ τὸ ςῶμα κατακρύψαι, τὸν δὲ δράκοντα ἐπὶ τῆς κλίνης θεῖναι, ἵνα δόξειεν εἰς θεοὺς μεταβεβηκέναι. (90) ἐγένετο δὲ πάντα. καὶ μεταξὺ παραπεμπόντων τὸν Ἡρακλείδην τῶν πολιτῶν καὶ εὐφημούντων, ὁ δράκων ἀκούςας τῆς ἐπιβοῆς ἐξέδυ τῶν ἱματίων καὶ διετάραξε τοὺς πλείςτους. ὕςτερον μέντοι ἐξεκαλύφθη πάντα καὶ ὤφθη Ἡρακλείδης οὐχ οἷος ἐδόκει, ἀλλ' οἷος ἦν." Καὶ ἔςτιν ἡμῶν εἰς αὐτὸν οὕτως ἔχον· / ἤθελες ἀνθρώποιςι λιπεῖν φάτιν, Ἡρακλείδη,/ ὥς ῥα θανὼν ἐγένου ζωὸς ἅπαςι δράκων. / ἀλλὰ διεψεύςθης, ςεςοφιςμένε· δὴ γὰρ ὁ μὲν θὴρ /ἧε δράκων, cὺ δὲ θήρ, οὐ ςοφὸς ὤν, ἑάλως. ταῦτα δέ φηςι καὶ Ἱππόβοτος.

Auch die Suda berichtet im Wesentlichen eine Version der Geschichte,[207] welche, so zeigt der Verweis auf Hippobotos, wohl allerspätestens ab etwa 200 v. Chr. kursierte.[208] Vielleicht handelt es sich hierbei zumindest in Teilen um eine Fortentwicklung der Urversion des Demochares (Gemeinsame Motive: Schlange, anmaßende und frevelhafte Ruhmsucht sowie Aufdeckung – bei

---

207   Suda η 461 (Herakleides F 13 Schütrumpf): ... οὗτος καὶ δράκοντα ἔθρεψε καὶ ἡμέρωςε καὶ εἶχε cυνδιαιτώμενον αὐτῷ καὶ cυγκαθεύδοντα· ὃς καὶ μόνος ἐπὶ τῆς κλίνης εὑρέθη, τοῦ Ἡρακλείδου κατακλιθέντος μὲν ὑγιοῦς, οὐχ εὑρεθέντος δέ. καὶ ἄλλοι μὲν αὐτὸν ἀπηθανατείςθαι ἐνόμιcαν, ἄλλοι δὲ ἐν φρέατι αὐτὸν ἐμβεβληκέναι, ὡς ἂν δόξῃ τοῖς ἀνθρώποις ἀπηθανατείςθαι. ἔγραψε πολλά.

208   Zur φιλοcόφων ἀναγραφή des Hippobotos und seinen Lebensdaten siehe Engels (2007), besonders S. 174–176 zu den nicht völlig sicheren Lebensdaten (Wirken im späten 3.Jh./frühen 2. Jh. v. Chr.), ferner I 2.1. Fragmentsammlung von Gigante (1983). Philodem zitiert Hippobotos in Phld. de Stoicis (PHerc. 155+339) 12,20–13,12 (Hippobotos F 5 Gigante).

Demochares impliziert), wenn sie nicht unabhängig entstand. Die Alternative zeigt, dass zum Tod des Herakleides wilde Erzählungen kursierten, welche auch von seinen eigenen Schriften inspiriert worden sein mögen. Die Details und auch das Gerüst beider Versionen scheinen gleichermaßen ersponnen. Ganz vorsichtig wäre zu überlegen, ob tatsächlich eine gewisse Ruhmsucht des Herakleides bei seinem Tod eine Rolle gespielt hat und/oder die Begleitumstände seines Todes wirklich ungewöhnlich waren. Gaiser vermutet, dass Demochares sich nicht völliger Unglaubwürdigkeit aussetzen durfte und folglich einige Erzählelemente einen wahren Kern haben könnten. Diesen sieht er darin, dass es tatsächlich einen Orakelspruch zur Ehrung des Herakleides gab, der bald darauf starb.[209] Jedenfalls sollte außer Frage stehen, dass der Tod Herakleides in seiner Heimat Herakleia ereilte. Man könnte auch in Erwägung ziehen, dass tatsächlich eine Hungersnot nach der Rückkehr des Herakleides in seiner Heimatstadt auftrat. Leider ist kaum zu klären, in welchen der Angaben ein Fünkchen historischer Wahrheit steckt. Es sei vermerkt, dass auch der Tyrann Klearch von Herakleia im Jahre 353/52 im Theater starb, von einer Gruppe um Chion von Herakleia (Kol. 6,13–15) ermordet – vielleicht wurde dieser Tod im Theater auf Herakleides übertragen.[210] Im Übrigen verfasste Herakleides ein Werk περὶ χρησμῶν.[211]

d) Weitere Bemerkungen des Demochares und Philodems Quellenkritik (Kol. 10,11–33)

Neulesungen haben Intention und Struktur der teils sehr fragmentarischen Zeilen erhellen können. Philodem scheint nach dem Abschnitt zum Orakelbetrug in die indirekte Rede zu wechseln. Kol. 10,12–14 legt eine ironischzynische Bemerkung zu Herakleides nahe (niemand sei ein besserer Schüler und Bürger gewesen), aber der fragmentarische Zustand von Kol. 10,14–15 erlaubt keine letzte Gewissheit. Der Name des Herakleides scheint in Z. 14–15 gestanden zu haben. In Z. 15 könnten Wortreste auf rhetorische Fähigkeiten hindeuten; in Z. 19 scheint sich ἐ]πιβουλε[υ- eher auf Herakleides als Demochares zu beziehen. In Kol. 10,27–29 sagte Philodem vermutlich, dass er sich damit begnügt, etwas wiederzugeben bzw. etwas zu glauben. Nun wurde in Kol. 10,30 ⌐ἔν⌐εχε⌐ν⌐ τ⌐οὖ π⌐ρησμο[ῦ, εἴ]περ neugelesen bzw. konjiziert. Offenbar wird auf die auch in D.L. 5,86 vermerkte Fettleibigkeit des Herakleides abgehoben, welche Philodem als historisch wahr anerkennen will. Nun folgt eine

---

209 Gaiser (1988), S. 490.

210 Diod. 16,36,3: Κλέαρχος δ' ὁ Ἡρακλείας τύραννος Διονυσίων ὄντων ἐπὶ θέαν βαδίζων ἀνῃρέθη, ...

211 Herakleides F 119,121,122,123 Schütrumpf (teils als περὶ χρηστηρίων zitiert).

aufschlussreiche relativierende Bemerkung Philodems (Kol. 10,30–33). Ungeachtet der gewissen Verständnisproblematik von Kol. 10,31 konstatiert er wohl,
dass in diesem rhetorisch-polemischen Kontext nicht einmal gesichert ist, dass
Demochares überhaupt irgendwelche wahren Begebenheiten in seiner bös-
artigen Rede gegen die Philosophen berichtet. Philodem erweist sich hier als
umsichtiger Kritiker seiner Quellen, der versucht historisch Wahres in der Rede
des Demochares zu isolieren, die vor Verleumdungen nur so gestrotzt haben
muss.

Dion von Syrakus: Philodem erklärt seine Nichtbehandlung (Kol. 10,33–40)

Der Name Dions erschien im Zusammenhang mit Platon zuvor bereits öfter im
Papyrus.[212] Der Fokus lag dort aber nicht im engeren Sinne auf Dion, sondern
auf Platon. Gaiser interpretierte und rekonstruierte Kol. 10,33–40 dahingehend,
dass noch ein engerer Bezug zur Demochares-Rede gegeben war.[213] Die Neurekonstruktion der Zeilen ergab eine andere Syntax, die keine Anhaltspunkte
mehr für einen Bezug zu Demochares liefert, zumal die *paragraphos* in Z. 33
wahrscheinlich einen neuen Gedanken bzw. Abschnitt anzeigen dürfte. Philodem wollte zwischen Herakleides und Chairon die Nichtbehandlung eines relativ prominenten Platonschülers erklären. Seine Begründung mit mangelnder
philosophischer Relevanz Dions (Kol. 10,37–40) ist zwar prinzipiell nicht abwegig,[214] überrascht aber etwas vor dem Hintergrund, dass im Folgenden Chairon von Pellene der Behandlung für würdig erachtet wurde. Gewiss war Herakleides philosophisch bedeutsamer als Dion, aber war auch Chairon bedeutsamer als Dion? Hier kommt nun der erste Teil der Begründung ins Spiel
(Kol. 10,33–35). Wahrscheinlich existierten über die Taten Chairons vergleichsweise wenige Berichte (Kol. 11 und 12 kreisen ja nicht um seine Philosophie,
sondern um seine Handlungen), so dass Philodem einiges anmerken wollte,
was den meisten Lesern völlig unbekannt gewesen sein dürfte. Für eine ange-
messene Schilderung von Dions Leben hätte Philodem weit ausholen müssen
und ihm im Verhältnis zu seiner philosophischen Bedeutung unangemessen

---

212   Kol. X,26,37,40;Z,12; 6,4, ferner *PHerc.* 164 frg. 12.
213   Gaiser (1988), S. 216,492.
214   Letztlich wird dieses Urteil auch von modernen Gelehrten geteilt. Dillon (2003) und Krä-
      mer (2004) etwa ignorieren Dion gänzlich in ihren Darstellungen, da es über ihn phi-
      losophisch kaum etwas zu sagen gibt. Er war ein Anhänger Platons und dessen Lehre
      ohne eigenständiges philosophisches Profil. Inwieweit seine Taten philosophisch moti-
      viert waren und als Versuch der Verwirklichung platonischer Ideale gelten können, ist
      Gegenstand lebhafter Diskussionen unter Wissenschaftlern. Für unsere Zwecke sei etwa
      auf die kompakte Darstellung bei Trampedach (1994), S. 111–122 verwiesen.

viel Platz einräumen müssen. Ferner hätte er sich angesichts schon zahlreich vorhandener Dion-Literatur dem Vorwurf mangelnder Vollständigkeit ausgesetzt.[215] Somit überlässt er Dions Leben mit dieser Passage gleichsam den vielen Geschichtsschreibern (und anderen Autoren), die Dions πράξεις bereits adäquat dargestellt haben. Man wüsste zu gerne, ob Philodem den *Siebten Brief* Platons gelesen hatte, aber das Erhaltene der Platon-Vita deutet nicht in diese Richtung (Kol. X). Der supralineare Verweis κ⌐ά⌐[τ]ῳ auf Ergänzung 9 unterhalb der Kolumne in Kol. 10,40 sei nicht unerwähnt. Hatte Philodem seine ursprüngliche Intention der Nichtbehandlung Dions aufgegeben, nachdem er in einer Quelle nachträglich gewisse Informationen zu ihm gefunden hatte? Dies erscheint unwahrscheinlich, da er sonst wohl diese Übergangspassage getilgt hätte.[216] Eher ist zu vermuten, dass – wenn er nicht doch eine kleine „philosophische" Notiz zu Dion einfügte, welche den Einschub nicht tangierte – Ergänzung 9 einem anderen „kleinen" Platonschüler galt. Die Übergangspassage (Kol. 10,33–40) ist aufschlussreich, da Philodem hier gleichsam eine methodische Bemerkung macht und seine Auswahl der behandelten Akademiker begründet.

Chairon von Pellene: Akademiker, Ringer, Krieger und Tyrann (Kol. 10,40–12,39)

Diese beiden Chairon-Kolumnen 11–12 sind von früheren Herausgebern noch völlig anders (falsch) rekonstruiert worden – mit weitreichenden Konsequenzen für die inhaltliche Bewertung und Quellenfrage.[217] Auf zweifelsohne unhaltbare Ergänzungen früherer Herausgeber soll hier nicht weiter eingegangen werden. Der textuelle Fortschritt beruht einerseits auf der systematischen Transkription und Disegni-Einbettung sowie erneuter Autopsie und den HSI, aber insbesondere auf einer zentralen Entdeckung: In den Kolumnen finden sich zwei identische Passagen, ergo eine Dublette (Kol. 11,28–36 = Kol. 12,32–

---

215 Zu dieser Literatur gehören etwa Plutarchs Primärquellen für die Dion-Vita, also Ephoros, Theopomp und Timaios (Biedenweg (1885), S. 1–24), aber der Stoff war populär und wurde nicht nur in Geschichtswerken, sondern auch in Pseudoepigrapha rezipiert. Bereits Aristoteles geht auf Dions Taten ein.

216 Ferner sprechen die Fragmente von *PHerc.* 164 zumindest nicht für einen größeren Nachtrag zwischen Herakleides und Chairon.

217 Frühere Forscher interpretierten die Kolumnen dahingehend, dass Chairon zu den Gesandten des Antipatros sprach. Tatsächlich sprach aber Hypereides in einer seiner Reden zu den Gesandten des Antipatros und verwies dabei auf Chairon, weswegen die Rede von Hermipp zitiert wurde. Noch Verhasselt (2015) rekonstruierte die Passage im oben genannten Sinne. Jedoch konnte er wesentliche Elemente meiner Neurekonstruktion schon für FGrH 1400 F 64 nutzen (Verhasselt (2018), S. 174 f.).

39) – und nicht zwei ähnliche Passagen. Diese Dublette ermöglichte die „reziproke" Ergänzung der Zeilen und die Identifikation des Namens Hypereides samt Redentitel, was bei isolierter Rekonstruktion jeder Passage unmöglich gewesen wäre. Auch wurde *PHerc.* 164 frg. 25 konsequent mit Kol. 11,16–20 verbunden, was die Entdeckung eines neuen Krieges und letztlich die Gesamtrekonstruktion der Syntax von Kol. 11,11–19 ermöglichte. Das neue Titelelement στρατηγίας des hermippeischen Werkes erfährt durch diese Zeilen und auch die Neulesungen in Kol. 11,21–24 eine Bestätigung. Letztlich galt es vielmehr noch als in anderen Passagen des Papyrus in einer Art großem Puzzle das Original (hier war einiges verschoben), die MSI, HSI, das *Oxforder Disegno* und *Neapolitanische Disegno* sowie *PHerc.* 164 für eine philologische Rekonstruktion „zusammenzubasteln" und zu harmonisieren. Hätte man nur auf einige Buchstabenreste (bzw. deren Erhaltung im Disegno) weniger zurückgreifen können, wäre der neue Krieg oder die neue Hypereidesrede wohl für immer dem Vergessen anheimgefallen (für solche Dominoeffekte siehe die Fallstudie in V 4.1).[218]

a)   Chairon von Pellene – Akademiker, Ringer, Krieger, Tyrann
Abgesehen von dem wertvollen Exzerpt im *Index Academicorum* berichten nur drei andere Quellen über Chairon von Pellene.[219]
–   Ps.-Dem. or. 17,10 (*Περὶ τῶν πρὸς Ἀλέξανδρον συνθηκῶν* – 334–331 v. Chr.):[220]
σκέψασθε δ᾽, ὦ ἄνδρες Ἀθηναῖοι, ὅτι Ἀχαιοὶ μὲν οἱ ἐν Πελοποννήσῳ ἐδημοκρατοῦντο, τούτων δ᾽ ἐν Πελλήνῃ νῦν καταλέλυκε τὸν δῆμον ὁ Μακεδὼν ἐκβαλὼν τῶν πολιτῶν τοὺς πλείστους, τὰ δ᾽ ἐκείνων τοῖς οἰκέταις δέδωκε, Χαίρωνα δὲ τὸν παλαιστὴν τύραννον ἐγκατέστησεν.
–   Paus. 7,27,7: Πελληνεῖς δ᾽ οὖν Πρόμαχον τὰ μάλιστα ἄγουσιν ἐν τιμῇ. Χαίρωνα δὲ δύο ἀνελόμενον πάλης νίκας ⟨Ἰσθμικὰς⟩ καὶ ἐν Ὀλυμπίᾳ τέσσαρας οὐδὲ ἀρχὴν ἐθέ-

---

218   Für die Einordnung der Dublette und eine genauere papyrologische Beschreibung der Rekonstruktion siehe Fleischer (2018f), S. 26–30.

219   Zu Chairon siehe Wörle (1981), S. 105–111; Bollansée (2002). Manche seiner Ergebnisse werden leider durch Folgerungen, die auf falschen Lesungen oder hanebüchenen Ergänzungen Gaisers (1988) beruhen, konterkariert. Ohne guten Grund zog Bollansée hier wie auch in Bollansée (1999a) Gaisers Text der vorsichtigeren Edition von Dorandi vor.

220   Für Ps.–Demosthenes or. 17 (*terminus ante quem* für die Etablierung der Tyrannis Chairons) wurden alle Jahre zwischen 336 v. Chr. und 331 v. Chr vorgeschlagen, wobei 334–331 v. Chr. am wahrscheinlichsten ist (vgl. Will (1983), S. 68 Fn. 117). Will (1983), S. 70 datiert nicht später als Herbst 333 v. Chr., während Trevett (2011), S. 286–300 (17. On the Agreement with Alexander), hier: S. 288 die Rede nicht früher als 332 v. Chr. ansetzt. Da vermutlich ein enger zeitlicher Bezug zwischen den Aktivitäten des Korrhagos auf der Peloponnes (Niederlage 331 v. Chr.) und seiner Unterstützung des Chairon besteht, ist ein Datum nahe an 331 v. Chr. vorzuziehen.

λουcιν ὀνομάζειν, ὅτι κατέλυcε πολιτείαν ἐμοὶ δοκεῖν τὴν ἐν Πελλήνῃ, δῶρον τὸ ἐπιφθονώτατον παρὰ Ἀλεξάνδρου τοῦ Φιλίππου λαβών, τύραννοc πατρίδοc τῆc αὐτοῦ καταcτῆναι.

– Athen. XI 509a–b (Demochares, *κατὰ τῶν φιλοcόφων* – 306 v. Chr.): τοιοῦτοι δ' εἰcὶ καὶ νῦν τῶν Ἀκαδημαικῶν τινεc, ἀνοcίωc καὶ ἀδόξωc βιοῦντεc. χρημάτων γὰρ ἐξ ἀcεβείαc καὶ παρὰ φύcιν κυριεύcαντεc διὰ γοητείαν νῦν εἰcιν περίβλεπτοι· ὥcπερ καὶ Χαίρων ὁ Πελληνεύc, ὃc οὐ μόνῳ Πλάτωνι ἐcχόλακεν, ἀλλὰ καὶ Ξενοκράτει. καὶ οὗτοc οὖν τῆc πατρίδοc πικρῶc τυραννήcαc οὐ μόνον τοὺc ἀρίcτουc τῶν πολιτῶν ἐξήλαcεν, ἀλλὰ καὶ τοῖc τούτων δούλοιc τὰ χρήματα τῶν δεcποτῶν χαριcάμενοc καὶ τὰc ἐκείνων γυναῖκαc cυνῴκιcεν πρὸc γάμου κοινωνίαν, ταῦτ' ὠφεληθεὶc ἐκ τῆc καλῆc Πολιτείαc καὶ τῶν παρανόμων Νόμων.

Aus den Zeugnissen ergibt sich folgendes Gesamtbild: Chairon von Pellene war Schüler von Platon und Xenokrates in der Akademie (Kol. 11,7–11 und Kol. 12,20 ff.; Demochares). Parallel oder anschließend trat er als erfolgreicher Ringkämpfer in Erscheinung (Kol. 11,11–14; Ps.-Demosthenes; Pausanias). Im *Hyperasischen Krieg* und womöglich anderen militärischen Unternehmungen zeichnete er sich aus (Kol. 11,15–25). Etwa um 332/31 v. Chr. schwang er sich mit Hilfe der Makedonen zum Tyrannen von Pellene auf und beging dabei offenbar Gräueltaten, die noch lange Zeit später berüchtigt waren (Kol. 11,25–12,7; Ps.-Demosthenes, Pausanias, Demochares). Insbesondere vertrieb er viele Bürger und verteilte deren Besitz (Kol. 11,37–12,2; Ps.-Demosthenes; Demochares) und angeblich sogar deren Frauen an die Sklaven (Kol. 12,1–2; Demochares). Die genauen Umstände von Chairons Machtergreifung liegen im Dunkeln, aber im *Index Academicorum* erfahren wir durch Hypereides (Kol. 11,33–37 =12,26–39) immerhin, dass er dabei von 1000 auf der Peloponnes stationierten Soldaten des Korrhagos unterstützt wurde. Auch soll Chairon versucht haben eine Stadt seines Namens zu gründen (Kol. 12,7–12). Von den Todesumständen wird wohl in Kol. 12,15–20 berichtet; vermutlich starb er eines gewaltsamen Todes.[221] Sein Todesjahr mag mit dem des Alexander oder Antipatros (323 bzw. 319) zusammenfallen, aber ein früherer Zeitpunkt (und damit einhergehend eine relativ kurze Dauer der Tyrannis) sind ebenfalls denkbar, freilich auch ein etwas späterer Tod.[222] Zum historischen Hintergrund der Tyrannis siehe c). Bemerkenswerterweise stammen drei unserer vier Zeugnisse über Chairon aus Reden des ausgehenden 4. Jh. v. Chr. (Ps.-Demosthenes or. 17; Hypereides, *Gegen die Gesandten des Antipatros* (am ehesten 331 v. Chr. – siehe c)); Demochares,

---

221 Vgl. Quellen Kol. 10,40–12,39 d).
222 Marasco (1985), S. 116 vermutet, dass die Tyrannis des Chairon schon nach der Schlacht von Gaugamela um 330 v. Chr. beseitigt worden sein könnte (Verweis aus Plut. Alex. 34,2).

Gegen die Philosophen). Die Berichte haben somit trotz aller Polemik einen gewissen „historischen" Wert und sind kaum völlig frei erfunden.

b)   Die akademischen Jahre des Chairon

Nur bei Demochares und Philodem/Hermipp (wohl auf Dikaiarch zurückgehend) erfahren wir von Chairons philosophischen Aktivitäten, wenngleich nichts Aufschlussreiches. Als gesichert sollte immerhin gelten, dass er als Schüler in der Akademie Unterricht bei Xenokrates und wohl auch Platon genoss und zwar über eine längeren Zeitraum hinweg, d. h. nicht nur einige Tage oder Wochen. Demochares versucht in *Gegen die Philosophen* Handlungen Chairons auf Platons Philosophie zurückzuführen. Sporadische Bezugnahmen Chairons auf seine Schülerzeit in der Akademie könnten seine Erwähnung in der Polemik des Demochares *Gegen die Philosophen* mitbedingt haben.[223] Unter Umständen hat Chairon während seiner Tyrannis gelegentlich mit seinen akademischen Studien kokettiert und sich bisweilen als „Philosophenherrscher" stilisiert, wobei er – anders als vielleicht Dion – kaum ernsthaft die Absicht verfolgt haben dürfte, in Pellene einen Philosophenstaat im Geiste Platons zu verwirklichen.[224]

Nun verwundert das Lehrerpaar Platon/Xenokrates, welches auch bei Demochares erscheint.[225] Platon starb 348/47; sein Nachfolger wurde Speusipp (348/47–339/38). Erst im Anschluss amtierte Xenokrates als Scholarch (bis ca. 314). Chairon wurde spätestens 331 Tyrann in Pellene (siehe d)).[226] Wenn man keine fast 10-jährige Unterbrechung und Wiederaufnahme von Chairons akademischen Studien oder eine Studiendauer von mehr als einer Dekade annehmen will, verbleiben nur zwei Möglichkeiten, das Lehrerpaar zu erklären. Entweder hörte Chairon den hochbetagten Platon und anschließend (nach dessen Tod) Xenokrates – auch wenn dieser (noch) kein Scholarch war – oder er hörte Xenokrates als Scholarch nur für einige Jahre um die Mitte der 330er-Jahre, nicht lange vor dem Beginn seiner Tyrannis, wobei der Name Platons dann eine spätere Projektion sein könnte („die Schule Platons"). Die Auslassung

---

223   Demochares verweist für Chairon explizit auf Werke Platons als angebliche Handlungs-
        anleitung (Athen. XI 509a–b: ... καὶ τὰς ἐκείνων γυναῖκας συνῴκισεν πρὸς γάμου κοινωνίαν,
        ταῦτ' ὠφεληθεὶς ἐκ τῆς καλῆς Πολιτείας καὶ τῶν παρανόμων Νόμων).

224   Auch ein Einfluss der Akademie (des Xenokrates) bei der Errichtung der Tyrannis des
        Chairon ist recht abwegig, vgl. Marasco (1985), S. 115.

225   Vgl. Fleischer (2020c), S. 8f. Gaiser (1988), S. 495,501 sieht in der Verbindung mit Platon
        offenbar keine Schwierigkeit und vermerkt nur: „Chairon besuchte auch noch unter dem
        Scholarchat des Xenokrates (ab 339) die platonische Schule ... Chairon war noch unter
        Xenokrates, also nach 339 in der Akademie ...."

226   Vgl. Gaiser (1988), S. 501.

von Chairons Namen in der ursprünglichen Schülerliste und seine spätere Einfügung in Kol. 6,4 (Ergänzung 3) könnten zwar gegen eine Schülerschaft bei Platon sprechen, aber Chairon mag dort nur wegen seiner relativen Bedeutungslosigkeit zunächst übergangen worden sein. Für eine tatsächliche Schülerschaft unter dem späten Platon könnte man anführen, dass Chairon (wahrscheinlich) vor seiner Tyrannis mindestens 12 Jahre sportlich aktiv war (Kol. 11,13–14), die meisten Männer philosophischen Studien eher in jüngeren Jahren nachgingen und in Kol. 11,7 ff. eine gewisse Chronologie impliziert sein könnte (erst Philosophie, dann – teils gewiss parallel – sportliche Erfolge). Entfernter wäre auch in Betracht zu ziehen, dass Xenokrates in Platons späten Jahren ebenfalls schon Unterricht gab, welchen Chairon vornehmlich besuchte. Xenokrates bzw. sein Unterricht (und nicht der Platons!) werden auch in Kol. 12,20 ff. genannt, was für Xenokrates als primären Lehrer Chairons spricht, sei es noch zu Platons Lebzeiten oder in den folgenden Jahren.

c)   Der Hyperasische Krieg
Durch die Neulesungen in Kol. 11,15–18 hören wir erstmals von einem bis dato unbekannten Krieg aus Klassischer Zeit, dem sogenannten *Hyperasischen Krieg*. Die wesentlichen Ausführungen zu diesem Krieg in Fleischer (2020c) seien hier rekapituliert.[227] Zunächst ist für das *hapax legomen* Ὑπερασιακός und dessen Deutung auf eine einschlägige Stelle bei Apollonios Rhodios zu verweisen (Apoll. Rhod. 1,176–178): Ἀστέριος δὲ καὶ Ἀμφίων Ὑπερασίου υἷες Πελλήνης ἄφ᾽ ἵκανον Ἀχαιΐδος, ἥν ποτε Πέλλης πατροπάτωρ ἐπόλιccεν ἐπ᾽ ὀφρύcιν Αἰγιαλοῖο. In einem Scholion zur Stelle liest man (Scholia vetera Apoll. Rhod. 1,176):[228] ἀπὸ δὲ τοῦ Ὑπερασίου βαcιλέωc τῆc Ἀχαίαc πόλιc Ὑπερασία. Der Name der Stadt Hyperasia wird einige Male bei Grammatikern oder Lexikographen und auch bei Pausanias (Ὑπερηcία) erwähnt.[229] Es ist der alte Name der Stadt Aigeira, eine der zwölf traditionellen Städte des *Achäischen Bundes*. Schon Homer kennt die Stadt (Ὑπερηcίη), welche ihren alten Namen wohl bis mindestens ins 7. Jh v. Chr. trug.[230]

   Es kann kein Zufall sein, dass unsere einzige Quelle zu der Person Hyperasios, nämlich Apollonius Rhodios, diesen mit Pellene in Verbindung bringt

---

227 Der Abschnitt ist mit wenigen Änderungen aus Fleischer (2020c), S. 15 f. übernommen.
228 Wendel (1935), S. 22, Z. 20 f.
229 Insbesondere ist Steph. Byz. υ 39 (Billerbeck) zu nennen, der etwa Theopomp (FGrH 115 F 379) und Hesiod (F 26,7 Merkelbach/West = F 23,7 Most) zitiert.
230 Hom. Il. 2,573; Od. 15,254. Zu Aigeira (Hyperasia) siehe Hansen/Nielsen (2004), S. 479 f. (Nr. 230 Aigeira).

(Heimatstadt) *und zugleich* Chairon von Pellene an einem Krieg teilnahm, welcher unter dem Namen *Hyperasischer Krieg* in die Geschichte einging. Das einzige Zeugnis zu Hyperasios bestätigt gleichsam die Richtigkeit der Lesung des Adjektivs in Kol. 11,17 und den Namen des Krieges. Vertraut man dem oben zitierten Scholion, steht zu vermuten, dass dieser Hyperasios so etwas wie der Gründungsvater von Hyperasia war. Womöglich verließ er Pellene zu irgendeinem Zeitpunkt und verbrachte den Rest seines Lebens in dem von ihm gegründeten Hyperasia; alternativ könnte es sich um eine Tochterstadt (Kolonie) handeln, die Hyperasios von Pellene aus gründete. Freilich sind verwickeltere Erklärungen (Mythen) denkbar, wie die Stadt zu dem Namen des Hyperasios kam. Als Vater zweier Teilnehmer des Argonautenzuges war Hyperasios wahrscheinlich ein lokaler Heros in Pellene, vielleicht gar ein Halbgott im engeren Sinne, wobei sein Fehlen in einschlägigen Göttergenealogien oder mythographischen Darstellungen letzterer Annahme eher entgegensteht.

Vielleicht wurden Hyperasios als Pellener auch noch im 4. Jh. v. Chr. gewisse kultische Ehren zuteil und er besaß in Pellene oder in der Nähe ein Heiligtum.[231] Warum der Krieg *Hyperasischer Krieg* genannt wurde und was der konkrete Anlass war, ist schwer auszumachen. Die Teilnahme Pellenes dürfte immerhin implizieren, dass der Krieg (auch) wegen Hyperasios von Pellene den Namen „Hyperasisch" erhielt. Der Name könnte ferner auf eine Teilnahme Aigeiras, des früheren Hyperasias, hinweisen. Womöglich handelte es sich sogar um einen Krieg zwischen Pellene und Aigeira, zumal Aigeira und Pellene geographisch nahe beieinander liegen und beide Städte (und nach unseren Quellen auch nur diese Städte) mit Hyperasios verbunden sind. Gewiss ist auch die Teilnahme weiterer oder anderer Städte Achaias am *Hyperasischen Krieg* möglich. Als vage Assoziation könnten einem die „Heiligen Kriege" kommen. Vielleicht existierte eine Art kleinere Amphiktyonie um ein Hyperasios-Heiligtum und der Name des Krieges resultierte irgendwie daher. Die schiere Existenz eines distinkten Namens für den Krieg ist immerhin Indiz, dass es sich dabei nicht nur um ein kleineres Scharmützel zwischen Pellene und einer anderen Polis handelte. Der Umstand, dass der Krieg nach einem von der Überlieferung fast völlig vergessenen „Argonautenvater" (und Namensstifter einer Stadt) bezeichnet wurde, spricht für eine gewisse Bedeutung des Hyperasios noch im 4. Jh. v. Chr. im Bereich von Pellene (und womöglich im Bereich von Hyperasia = Aigeira sowie darüber hinaus).

---

231   Paus. 7,26,1–9 erwähnt aber kein solches Heiligtum.

d) Der historische Hintergrund des *Hyperasischen Krieges* und die Tyrannis
des Chairon

Vielleicht machte sich Chairon in dem *Hyperasischen Krieg* durch Heldenta-
ten einen Namen und ebnete so den Weg für seine spätere Tyrannis. Auch in
Kol. 11,20–25 lesen wir nun vom militärischen Agieren des Chairon, was aber
nicht mit dem *Hyperasischen Krieg* verbunden sein muss und sich auf andere
militärische Aktionen im Vorfeld der Tyrannis beziehen könnte. Konkret kam
Chairon mit Hilfe der 1000 auf der Peloponnes stationierten Soldaten des Korrhagos an die Macht (Kol. 11,33–37 = Kol. 12,36–39). Jener war ein Unterfeldherr
oder General des Antipatros, welcher von Agis III. im Jahre 331 auf der Peloponnes vernichtend geschlagen wurde und dabei womöglich fiel.[232] Folglich
dürfte sich Chairon um 332/31 zum Tyrannen aufgeschwungen haben, nimmt
man nicht an, dass Korrhagos schon ein wenig früher auf der Peloponnes ope-
rierte. Die erwähnte Unterstützung des Korrhagos spricht vielleicht doch eher
dagegen, dass der *Hyperasische Krieg* in direktem zeitlichem Zusammenhang
mit der Tyrannis und Korrhagos steht. Der Krieg fand wohl wenige Jahre oder
Monate vor der Etablierung der Tyrannis statt, etwa um die Mitte der 330er
Jahre.[233]

Nächstfolgend seien einige Ausführungen zur historischen Einordnung des
Krieges und der Tyrannis gemacht.[234] Pellene war eine der zwölf Gründungs-
städte des *Achäischen Bundes*, der im 4. Jh. v. Chr. als klassische Mittelmacht
gelten konnte.[235] Für den Zustand des Bundes zu dieser Zeit und innere Streitigkeiten ist Polyb. 2,41 ergiebig: λοιπὸν ἤδη τοὺς ἑξῆς χρόνους μέχρι τῆς Ἀλεξάνδρου καὶ Φιλίππου δυναστείας ἄλλοτε μὲν ἄλλως ἐχώρει τὰ πράγματ’ αὐτοῖς κατὰ
τὰς περιστάσεις, τό γε μὴν κοινὸν πολίτευμα, καθάπερ εἰρήκαμεν, ἐν δημοκρατίᾳ
συνέχειν ἐπειρῶντο ... κατὰ δὲ τοὺς ὑστέρους μὲν τῶν κατ’ Ἀλέξανδρον καιρῶν, προ-
τέρους δὲ τῆς ἄρτι ῥηθείσης ὀλυμπιάδος (284–281 v. Chr.), εἰς τοιαύτην διαφορὰν καὶ
καχεξίαν ἐνέπεσον, καὶ μάλιστα διὰ τῶν ἐκ Μακεδονίας βασιλέων, ἐν ᾗ συνέβη πάσας
τὰς πόλεις χωρισθείσας ἀφ’ αὐτῶν ἐναντίως τὸ συμφέρον ἄγειν ἀλλήλαις. Offenbar
vermochten es die Achaier bis in die Zeiten Alexanders und Philipps – die Wortstellung verwundert – ihre demokratische Bundesverfassung mehr oder weni-

---

232 Aesch. Ctes. 165: Λακεδαιμόνιοι μὲν καὶ τὸ ξενικὸν ἐπέτυχον μάχῃ, καὶ διέφθειραν τοὺς περὶ Κόρ-
ραγον στρατιώτας, Ἠλεῖοι δ’ αὐτοῖς συμμετεβάλοντο καὶ Ἀχαιοὶ πάντες πλὴν Πελληνέων, καὶ
Ἀρκαδία πᾶσα πλὴν Μεγάλης πόλεως, αὕτη δὲ ἐπολιορκεῖτο καὶ καθ’ ἑκάστην ἡμέραν ἐπίδοξος
ἦν ἁλῶναι, ...

233 Vgl. Fleischer (2020c), S. 16 f.

234 Für den folgenden Abschnitt vgl. Fleischer (2020c), S. 17.

235 Zur Entwicklung und geographischen Ausbreitung des *Achäischen Bundes* siehe Wittke
et al. (2012), S. 102 f. Für das 4. Jh. v. Chr. haben wir nur sehr wenige Informationen über
den Bund.

ger zu erhalten; erst nach Alexander hätten die Makedonenkönige Konflikte in den Bund hineingetragen.[236] Vielleicht hat Polybios komplexere Vorgänge vereinfacht und die Makedonen haben sich schon zu Alexanders (Antipatros') Lebzeiten in Angelegenheiten des Bundes eingemischt, dessen Haltung für Makedonien gewiss nicht ohne Bedeutung war. Jedenfalls fiel Pellene bei der Erhebung des Agis III. („Mäusekrieg") eine Sonderrolle zu.[237] Im Jahre 331 war Antipatros noch in Thrakien gebunden, als Agis III. mit seinem Heer auf der Peloponnes landete und die Eleer, Arkader und Achaier zum Abfall vom *Korinthischen Bund* bewegte. Einen ersten Erfolg erzielte er mit dem Sieg über das Truppenkontingent des Korrhagos (Mitte 331). Der Redner Aischines hielt 330 v. Chr. fest, dass alle Städte Achaias mit der Ausnahme von Pellene am Aufstand teilnahmen (Ἀχαιοὶ πάντες πλὴν Πελληνέων).[238] Folglich dominierten die „Anti-Makedonen" in Achaia oder waren zumindest einflussreich. Alexander oder konkret Antipatros befürworteten gewiss für etwaige Eventualitäten mit Chairon einen Verbündeten bzw. Ansprechpartner im Bund oder der Region zu haben, der ggf. im Sinne Makedoniens Einfluss nahm. Chairon dürfte sich bewusst gewesen sein, dass er seine Stellung in Pellene den Makedonen (Korrhagos) verdankte, welches er offenbar als Gegenleistung vom Anschluss an Agis abhielt. Das Ende der Tyrannis Chairons könnte mehr oder weniger mit dem Tode Alexanders bzw. des Antipatros zusammengefallen sein (Kol. 12,12–20).

Hinsichtlich des *Hyperasischen Krieges* könnte Makedonien entweder bereits bestehende Konflikte innerhalb der Städte des *Achäischen Bundes*, konkret zwischen Pellene und anderen, im eigenen Machtinteresse ausgenutzt haben oder versucht haben Konflikte aktiv zu schüren und einen Spaltpilz in den Bund hineinzutreiben.

e)   Die neue Hypereidesrede „*Gegen die Gesandten des Antipatros*" (Πρὸς τοὺς Ἀντιπάτρου πρέσβεις)

Ich habe die neuentdeckte Hypereidesrede ausführlich in Fleischer (2018f) besprochen. Die wichtigsten Erkenntnisse seien hier rekapituliert.

---

236   Kommentar zur Stelle bei Walbank (1957), S. 231, der die unerwartete Stellung des Philipp nach Alexander mit Hiatvermeidung erklärt und auch schon makedonische Einflussnahme zu dieser Zeit annimmt („... the existence of the tyrant Chaeron at Pellene, supported by Alexander, ... is indicative of the pressure exercised from Macedonia.").

237   Für die Geschichte Pellenes (mit Sammlung der Inschriften) siehe Rizakis (2008), S. 255–267 (Kapitel 12 „La cite de Pellène en Achaïc orientale"), für das 4. Jh. v. Chr. siehe S. 257 f.; vgl. ferner Hansen/Nielsen (2004), S. 484 f. (Nr. 240 Pellene).

238   Für das Zitat des Aischines siehe Fn. 232.

ABB. 33   Hypereides
          Anmerkung: Römische Kopie des 1. Jh. nach einem grie-
          chischen Original des 3. Jh. v. Chr. (Höhe: 27 cm. Inv. 1967,
          Kopenhagen, Ny Carlsberg Glyptotek).

– Hypereides und seine Überlieferung
Hypereides (ca. 390–322) wird bekanntlich den zehn attischen Rednern zugerechnet und stand unter den Rhetoren seiner Zeit im Ansehen allenfalls dem
Demosthenes nach. Wie dieser verfocht er eine vehement antimakedonische
Politik und wie dieser bezahlte er seine Haltung 322 v. Chr. mit dem Leben. Antipatros soll nach einer auf Hermipp zurückgehenden antiken Überlieferung
befohlen haben, seinem „Erzfeind" Hypereides vor der Hinrichtung noch die
Zunge herauszuschneiden und ihn so symbolisch endgültig zum Verstummen
zu bringen.[239] Hypereides galt als Redner von schlichter, pointierter Eleganz

---

239   Ps.-Plut. X orat. 849c = FGrH 1026 F 47. Das „dramatische Element" des Herausschneidens

ABB. 34   Hypereides entkleidet Phryne (Jean Léon Gérôme, 1861)

und freiheitsliebender Patriot, aber auch als Frauenheld und Lebemann. Beinahe legendär ist seine Verteidigung der Hetäre Phryne, die zu guter Letzt die
Richter mit nackten Tatsachen überzeugen konnte.[240]

Trotz des politischen Einflusses und rednerischen Ruhms hat es die Überlieferung nicht gut mit Hypereides gemeint. Abgesehen von kleineren Fragmenten sind keine Reden oder größeren Exzerpte in handschriftlicher Überlieferung auf uns gekommen. Erst im 19. Jh. wurden ägyptische Papyri mit
großen Teilen von fünf Reden sowie eine vollständig erhaltene Rede gefunden.[241] Entgegen früheren Vermutungen[242] existierte auch eine byzantinisch-
handschriftliche Überlieferung des Hypereides: Vor etwa 20 Jahren wurde das
sogenannte „Archimedes-Palimpsest" entdeckt, welches auch die Reste zweier
Reden des Hypereides enthält und das Hypereides-Corpus um rund 20 % ver-

---

der Zunge gebietet gewiss Vorsicht hinsichtlich der Historizität, dazu Bollansée (1999a),
S. 394.

240   Für einen Überblick zu Hypereides siehe etwa Alexiou (2014a) und Alexiou (2020); ausführliche Einordnung bei Engels (1993). Referenzausgabe: Jensen (1917) (Teubner). Teils
auch noch genutzte Edition: Kenyon (1906) (OCT). Für die Biographie des Hypereides
sind insbesondere die Einlassungen in Ps.-Plut. X orat. 848d–850b, Phot. bibl. 495b–496a
und einige Testimonien bei Athenaios wichtig.

241   *Epitaphios, Gegen Demosthenes, Für Euxenippus, Für Lykophron, Gegen Philippides, Gegen
Athenogenes* (komplett).

242   Whitehead (2000), S. 2; Wilson (1975), S. 99 f.

mehrt.[243] Vor meiner Entdeckung der Hypereidesrede im *Index Academicorum* war die Präsenz des Redners in den Herkulanischen Papyri auf zwei beiläufige Erwähnungen seines Namens in Philodems *De rhetorica* beschränkt.[244]

– Titel und Datierung der Rede

Hermipp hat für seine Darstellung des Chairon in Kol. 11,30–12,2 auf die Rede des Hypereides *Gegen die Gesandten des Antipatros* (πρὸς τοὺς (τοῦ) Ἀντιπάτρου πρέϲβειϲ) zurückgegriffen. Es ist wenig wahrscheinlich, dass neutraler und vorsichtiger anstatt *Gegen die Gesandten des Antipatros* etwa *Zu den Gesandten (Rede zum Ansinnen/Vorschlag der Gesandten) des Antipatros* zu übersetzen ist.[245] Zwar ist der Titel der Rede anderweitig nicht überliefert,[246] aber man liest in Ps.-Plutarch von Gesandten des Antipatros, zu denen Hypereides sprach (Ps.-Plut. X orat. 850a – Vita Hyperidis): ἐπρέϲβευϲε δὲ καὶ πρὸϲ Ῥοδίουϲ (Hyp. F 161 Jensen). ἡκόντων δὲ καὶ παρ᾽ Ἀντιπάτρου πρέϲβεων, ἐπαινούντων τὸν Ἀντίπατρον ὡϲ χρηϲτόν, ἀπαντήϲαϲ αὐτοῖϲ εἶπεν ᾽οἶδα μὲν ὅτι χρηϲτὸϲ ὑπάρχει, ἀλλ᾽ ἡμεῖϲ γ᾽ οὐ δεόμεθα χρηϲτοῦ δεϲπότου᾽.[247]

Ist diese Stelle nun mit *Πρὸϲ τοὺϲ Ἀντιπάτρου πρέϲβειϲ* in Verbindung zu bringen, ja gleichsam eine Bestätigung für den Titel der Rede?[248] Fragment 161

---

243 Dieser „Neue Hypereides" liegt seit 2014 in einer Monographie vor: Horváth (2014a). Frühere Erörterungen/Ausgaben der neuen Reden *Gegen Timandros* und *Gegen Diondas* durch Tchernetska (2005); Carey et al. (2008).

244 Der Name erscheint in Verbindung mit anderen Rednern in Phld. rh. II, S. 233,33 und 274,2 (Sudhaus).

245 Die Präposition πρὸϲ hat in Titeln von Gerichtsreden normalerweise konträren Charakter. Auch wenn hier ganz offensichtlich das γένοϲ ϲυμβουλευτικόν vorliegt, scheint die Rede gegen das Ansinnen der Gesandten des Antipatros gerichtet gewesen zu sein. Folglich sprach er nicht nur „zu" dieser Gesandtschaft, sondern im engeren Sinne „gegen" diese.

246 Dieser Umstand sollte die Rekonstruktion des Papyrus nicht in Zweifel ziehen, da viele Hypereidesreden nur einmal (etwa in Lexika) mit Titel zitiert sind und wir diese nicht kennen würden, wenn nicht zufällig ein Wort in der Rede die Aufmerksamkeit von Grammatikern auf sich gezogen hätte.

247 Phot. bibl. 496a hängt von Ps.-Plutarch bzw. einer gemeinsamen Quelle ab: Ἡκόντων δὲ καὶ παρὰ Ἀντιπάτρου πρέϲβεων, καὶ δι᾽ ἐπαίνου τὸν Ἀντίπατρον ποιουμένων καὶ πολλὴν ἐπιμαρτυρομένων χρηϲτότητα· ᾽Οἶδα μέν, εἶπεν, ὡϲ χρηϲτὸϲ ὁ Ἀντίπατροϲ, ἀλλ᾽ ἡμεῖϲ γε οὐ δεόμεθα χρηϲτοῦ δεϲπότου.᾽

248 Die Begegnung mit den Gesandten und die Antwort des Antipatros wurden von der bisherigen Forschung gleichsam als Anekdote, als „ἄγραφον dictum", behandelt und nicht mit einer Rede des Hypereides in Verbindung gebracht. Eine ähnliche dem Hippokrates gegenüber Xerxes zugeschriebene Formulierung spricht nicht notwendigerweise gegen die Authentizität des angeblichen Hypereides-Zitats (Stob. 3,13,52: Ἱπποκράτουϲ. Ἱπποκράτην ἔπειθέ τιϲ πρὸϲ Ξέρξην ἀπαίρειν χρηϲτὸν εἶναι φάϲκων βαϲιλέα, ὃ δέ ᾽οὐ δέομαι᾽ ἔφη ᾽χρηϲτοῦ δεϲπότου᾽.) Den Hinweis auf die Stelle verdanke ich Gertjan Verhasselt, der auch die Möglichkeit einer Wanderlegende erwägt. In der Tat ist dies in Anbetracht der Ähnlichkeit

Jensen bezieht sich auf einen Eintrag in dem *Antiatticista*, wo es nur lapidar „προπεσεῖν: προπετῶς τι ποιῆσαι" mit Verweis auf Ὑπερείδης Ῥοδιακῷ heißt.[249] Die obige Angabe in Ps.-Plut. X orat. 850a, dass Hypereides auch Gesandter nach Rhodos war, wird gemeinhin mit dieser Rede (Ῥοδιακός) in Verbindung gebracht. Wir wissen anderweitig nichts über eine Beziehung des Hypereides nach Rhodos.[250] Diese Gesandtschaft nach Rhodos wird heute von der Forschung eher auf werbende Aktivitäten Athens vor dem Lamischen Krieg (323 v. Chr.) und nicht mehr auf Werbung für den Hellenenbund im Jahre 341 v. Chr. bezogen.[251] Jedoch existieren für beide Daten bzw. für diese rhodische Gesandtschaft keine anderen Zeugnisse. Die Angabe ab ἡκόντων δὲ καὶ παρ' wird von einem Großteil der Gelehrten mit dem vorherigen Satz „zusammengelesen", was letztlich auch 341 v. Chr. ausschließen würde.[252] Es kamen neben Hypereides bzw. athenischen Gesandten auch Gesandte des Antipatros gleichzeitig in Rhodos an. Ein Zusammenlesen der beiden Sätze in Ps.-Plut. X orat. 850a vorausgesetzt, würde positiv für eine Identifikation der Rede in *PHerc.* 1021 mit der Ῥοδιακός sprechen, dass die Passage in Ps.-Plutarch das einzige sicher verbürgte Zusammentreffen von Hypereides mit Gesandten des Antipatros ist. Ferner erschiene dann möglich, dass Hypereides' Bemerkung gegen Antipatros bei Ps.-Plutarch dieser Rede entnommen ist.[253] Ist die im *Index Academicorum* zitierte Rede nun mit der womöglich 323 v. Chr. gehaltenen Ῥοδιακός identisch? Dagegen kann man zunächst die unterschiedlichen Titel

---

nicht völlig von der Hand zu weisen, aber ebenfalls vorstellbar, dass Hypereides hier eine markante, gängige (ältere) Formulierung in pointiert-modifizierter Weise adaptierte und seine Aussage mehr oder weniger authentisch ist.

249   Die alte Ausgabe des *Antiatticista* (Lexikon des 2.Jh.) von Bekker (1814), S. 112 wurde ersetzt durch Valente (2015), S. 228. Im Apparat zur Stelle: Ph. π 1217 („Antiatt.?" Theodoridis in marg.; vd. Proll. p. 28) προέπεσον· προπετῶς ἐποίησαν. Ὑπερίδης (fr. l.) | cf. Erot. π 1 (p. 68.15); Hsch. π 3628.

250   Es bleibt gewiss theoretisch möglich, dass die rhodische Gesandtschaft in Ps.-Plut. und die Rede in keinem direkten Verhältnis stehen, wenn man annimmt, dass Hypereides zweimal auf Rhodos war.

251   Engels (1993), S. 210 Fn. 429 und Jehne (1994), S. 235. Zur Diskussion siehe etwa Wiemer (2003), S. 67 besonders mit Fn. 8 und 9. Horváth (2014a), S. 129 nimmt 341 v. Chr. für die Gesandtschaft nach Rhodos an.

252   Siehe etwa Wiemer (2003), S. 67. Dass die Rede auf Rhodos im Jahre 341 v. Chr. gehalten wurde, ist ob des Bezugs zu Antipatros (eher wäre dann Philipp zu erwarten) wohl weniger wahrscheinlich, dagegen aber Horváth (2019), S. 225–227.

253   Auch der Grundton des *Index Academicorum* (Installieren eines Tyrannen/Despoten von Antipatros' Gnaden) und der von Ps.-Plut. X orat. 850a (evtl. Ῥοδιακός – „Auch ein guter Despot bleibt ein Despot") klingt sehr ähnlich und könnte auf die Identität beider Reden hindeuten. Jedoch ist hier Vorsicht geboten, da Hypereides das Motiv „Alexander/Antipatros/Makedonien als Tyrann" in mehreren Reden durchdekliniert haben dürfte.

anführen. Indes, es wäre zu überlegen, ob hier bei einem der Titel nicht ein Untertitel bzw. Nebentitel vorliegt, welcher womöglich erst im Zuge alexandrinischer Ausgaben des Hypereides in der Zeit nach Hermipp aufkam. Wir haben durch die Neulesung nun eine der ältesten Referenzen auf einen Titel einer Rede des Hypereides (2. Hälfte des 3 Jh. v. Chr.), als vielleicht noch keine kanonische Ausgabe mit festen Titeln vorlag. Die sehr detaillierte Bezugnahme auf die Umstände der Machtergreifung Chairons verweist tendenziell auf eine Abfassungszeit näher an den Ereignissen um die Etablierung der Tyrannis und nicht erst 323 v. Chr.

Auch scheint mir das „Zusammenlesen" keineswegs über alle Zweifel erhaben. Mit ἡκόντων δὲ καὶ παρ᾽ könnte eine von der Gesandtschaft nach Rhodos unabhängige Information beginnen. Im Satz unmittelbar zuvor ist von einer „Gesandtschaft" nach Delos die Rede, so dass ἐπρέσβευσε δὲ καὶ πρὸς Ῥοδίους nur das Vorherige ergänzen könnte und mit ἡκόντων δὲ καὶ παρ᾽ ein neuer Sinnabschnitt beginnt. Es werden nämlich auffällig viele Passagen, welche isolierte Informationen wiedergeben, am Ende der Hypereides-Vita mit δὲ καὶ eingeleitet.[254] Auch taugt ἡμεῖς γ᾽ οὐ δεόμεθα vielleicht eher als Anrede an die Bürger Athens[255] und der Tenor der Kurzanekdote ist ähnlich anti-tyrannisch wie die implizite Anklage gegen Korrhagos/Antipatros in *Gegen die Gesandten des Antipatros*. Womöglich sprach Hypereides die Gesandten auch nur fiktiv (in Abwesenheit) bei der Beratung in der Volksversammlung an.[256] Jedoch spricht der Lesefluss eher dafür, dass hier auf ein Zusammentreffen mit den Gesandten in Rhodos und nicht in Athen abgestellt ist. Sollten die Sätze aber tatsächlich getrennt zu lesen sein, wäre nicht unwahrscheinlich, dass die Aussage der Rede *Πρὸς τοὺς Ἀντιπάτρου πρέσβεις* zuzurechnen ist.[257]

---

254 Ps.-Plut. X orat. 849d: ἐγένετο δὲ καὶ πρὸς τὰ ἀφροδίσια ... 849f: ἐψηφίσατο δὲ καὶ τιμὰς Ἰόλᾳ τῷ δο⟨κοῦ⟩ντι Ἀλεξάνδρῳ τὸ φάρμακον δοῦναι. ἐκοινώνησε δὲ καὶ Λεωσθένει τοῦ Λαμιακοῦ πολέμου, ... 850a: ἐπρέσβευσε δὲ καὶ πρὸς Ῥοδίους (Hyp. F 161 Jensen). ἡκόντων δὲ καὶ παρ᾽ Ἀντιπάτρου ... 850b: ἐπέμφθη δὲ καὶ πρὸς Ἠλείους ἀπολογησόμενος ὑπὲρ Καλλίππου τοῦ ἀθλητοῦ, ἔχοντος αἰτίαν φθεῖραι τὸν ἀγῶνα, καὶ ἐνίκησε. γραψάμενος δὲ καὶ τὴν Φωκίωνος δωρεάν, ...

255 Dagegen siehe die relativierenden Argumente von Horváth (2019), S. 225.

256 Zwar durften die Gesandten vor der Volksversammlung sprechen, aber es ist doch wahrscheinlicher, dass sie bei der Beratung über ihr Anliegen nicht anwesend waren. Hypereides mag also nicht im engeren Sinne gegen die Gesandten in deren Anwesenheit gesprochen haben. Siehe jedoch Horvath (2021) S. 176 für das Auftreten konkurrierender Gesandtschaften vor der Volksversammlung (mit Verweis auf Dem. or. 18,211–214).

257 Man müsste in diesem Fall ein einziges Zusammentreffen von Hypereides und Gesandten des Antipatros annehmen. Der anderslautende Titel der Ῥοδιακός spräche dann dafür, dass *Gegen die Gesandten des Antipatros* mit einer anderen Rede zu identifizieren ist, die zu einem anderen Zeitpunkt und an einem anderen Ort (Athen) gehalten wurde.

Gleich ob man nun annimmt, dass *Gegen die Gesandten des Antipatros* unabhängig von Ps.-Plut. X orat. 850a ist (also Antipatros zweimal gegen Gesandte des Antipatros sprach) oder die Rhodos-Angabe nicht mit mit ἡκόντων δὲ καὶ παρ' verbunden ist und dieser zweite Teil mit *Gegen die Gesandten des Antipatros* zu verbinden ist, spricht vieles für eine Datierung der Rede auf etwa Anfang 331 v. Chr. im Rahmen einer möglichen von Antipatros nach Athen entsandten Delegation, welche Athens Nichtteilnahme an der Erhebung Agis' III. sichern sollte (siehe d)). Eine solche Gesandtschaft wird von der Forschung als historisch gut möglich angesehen, aber ein endgültiger Beleg für ihre Existenz ist nicht zu erbringen.[258] Die in a) auszugsweise zitierte Rede Ps.-Demosthenes or. 17, welche etwa zwischen 334 und 331 v. Chr. datiert, rekurriert auch auf die (kürzlich etablierte) Tyrannis des Chairon, die offenbar in Athen – vielleicht durch Vertriebene – noch sehr präsent war und bringt sie, wohl historisch eher ungenau und der Absicht der Rede geschuldet, mit Alexander direkt in Verbindung. Für eine Datierung von *Gegen die Gesandten des Antipatros* in die Zeit um 331 v. Chr. spricht, dass in ihr ebenfalls wie in Ps.-Demosthenes auf Chairon womöglich sehr „aktuell" Bezug genommen wird und die Schilderung – Korrhagos und seine tausend Soldaten auf der Peloponnes – so klingt, als wäre deren Präsenz entweder noch gegeben oder aber in bester Erinnerung. Ein anderweitig fehlender sicherer Beleg für die Gesandtschaft von 331 v. Chr. gemahnt zur Vorsicht, aber es ist gut denkbar, dass Hypereides zweimal in seinem Leben gegen Gesandte des Antipatros sprach. Eine gewisse „Permutation" von Annahmen und Lösungsansätzen hinsichtlich der Beziehung von Ps.-Plut. X orat. 850a und *Gegen die Gesandten des Antipatros* ist möglich.

Horváth (2019+2021) hat meinen Beitrag zur neuen Hypereidesrede (2018f) gleichsam einer eingehenden Rezension unterzogen.[259] Er hat die MSI sowie Disegni des Papyrus geprüft und billigt meine Rekonstruktion der Passage.[260] Hinsichtlich des Datums der Rede plädiert auch er für die Zeit um 331 v. Chr,[261] wobei er die Rede Ῥοδιακός mit ἐπρέσβευσε δὲ καὶ πρὸς Ῥοδίους verbindet und

---

258 Will (1983), S. 73 gibt die Gesandtschaft als Faktum mit Verweis auf Ps.-Plut. X orat. 850a, während Jehne (1994), S. 235, besonders Fn. 263 zu Recht vermerkt, dass eine solche Gesandtschaft Anfang 331 historisch möglich bzw. wahrscheinlich ist, aber ohne Beleg.

259 Horváth (2019) und Horváth (2021)

260 Horváth (2019), S. 218.

261 Horváth (2019), S. 227 f. führt noch zwei Passagen aus Reden mit ähnlichem Zungenschlag aus den 330er Jahren als Argument für dieses Jahr an (Hyp. Diondas 21 (334 v. Chr.) und Hyp. Ath. 31). Ferner stellt er auf S. 223 klar, dass die von mir (Fleischer (2018f), S. 33 Fn. 51) monierte fehlende Interpunktion zwischen ἐπρέσβευσε δὲ καὶ πρὸς Ῥοδίους und ἡκόντων δὲ καὶ παρ' Ἀντιπάτρου πρέσβεων einem typographischen Versehen geschuldet ist. Siehe auch Horváth (2021), S. 178–180.

das folgende ἡκόντων δὲ καὶ παρ᾽ auch mich überzeugend „zusammenliest", also zwei Treffen des Hypereides mit Gesandten des Antipatros annimmt, einmal auf Rhodos 341 v. Chr. – das Datum bekräftigt er gegen 323 v. Chr.[262] – und dann um 331 v. Chr in Athen für *Gegen die Gesandten des Antipatros*. Beim „Zusammenlesen" von Ps.-Plut. X orat. 850a ist die Annahme zweier Treffen fast unvermeidlich.

– Charakter der neuen Rede und Bezug zu anderen Reden
Hypereides dürfte in *Gegen die Gesandten des Antipatros* argumentiert haben, dass ein gutmütiges Vertrauen auf Antipatros die Athener schon bald in einer Tyrannei ähnlich der des Chairon aufwachen lässt. Hypereides führt seinen Zuhörern drastisch, aber nicht unbedingt unhistorisch, vor Augen (Vertreibung, Verteilung von Besitz und Ehefrauen an Sklaven), was geschehen kann, wenn man sich von den politischen Sirenenrufen eines Antipatros bzw. seiner Gesandten betören lässt. Dann hätte Hypereides 331 v. Chr. wohl zumindest eine gewisse Unterstützung des Agis III. gutgeheißen, aber seine Haltung in dieser Frage mag komplexer gewesen sein.

Die historische Güte der bei Hypereides überlieferten Informationen zu Chairon ist trotz rhetorischer Intention als prinzipiell hochwertig einzustufen. Der Redner hätte hier kaum Dinge frei erfinden oder zu sehr ausschmücken können. Wir wissen nur durch Hypereides, dass es konkret Korrhagos war, welcher Chairon zur Macht verhalf, und dass das Kontingent des Korrhagos, welches von Agis III. vernichtet wurde, wohl tausend Mann stark war.

Bereits vor meiner Hypereides-Entdeckung im *Index Academicorum* postulierte Bollansée (1999) hinsichtlich einer gemeinsamen Quelle von Demochares (bei Athenaios) und Philodem/Hermipp: „... for all we know, the verbal similarities which nevertheless exist between the accounts of Demochares/Athenaios and Hermippos may be explained by assuming that the former go back to the same source as the latter (this, in turn, could indicate that Hermippos' source was active close in time to the events which he wrote about)." Etwa 20 Jahre später wurde diese gemeinsame, nahe an den Ereignissen schreibende Quelle des Demochares und Hermipp durch die Neulesungen identifiziert: Es ist die Rede *Gegen die Gesandten des Antipatros* des Hypereides. Die ähnlichen bis parallelen Formulierungen in Kol. 11–12 und bei Demochares (siehe a)) lassen vermuten, dass Demochares *Gegen die Gesandten des Antipatros* gekannt und genutzt hat. Man könnte weiter fragen, ob in der Hypereidesrede womöglich auch schon ein Bezug auf Platon und Xenokrates vorlag, aber dieser mag erst von Demochares für den Zweck seiner Invektive hergestellt worden sein.

---

262   Horváth (2019), S. 225–227, ebenso in Horváth (2014a), S. 129.

Die Formulierung von Ps.-Demosthenes or. 17 (ὁ Μακεδὼν ἐκβαλὼν τῶν πολιτῶν τοὺς πλείστους, τὰ δ᾽ ἐκείνων τοῖς οἰκέταις δέδωκε) und die relative Reihenfolge der Informationen sowie bedingt das Vokabular lassen es ebenfalls möglich erscheinen, dass auch eine Verbindung dieser Rede zu *Gegen die Gesandten
des Antipatros* besteht, wobei die „Richtung" der Beziehung hier offen ist. Ps.-
Demosthenes or. 17 (*Περὶ τῶν πρὸς Ἀλέξανδρον συνθηκῶν*) ist sehr wahrscheinlich
historisch und der Verfasser ein unbekannter anti-makedonischer Politiker.
Libanios schrieb die Rede übrigens Hypereides zu, was aber von den meisten Wissenschaftlern als unwahrscheinlich erachtet wird.[263] Es hat jedenfalls
den Anschein, dass die Chairon-Episode im anti-makedonischen Lager gerne
aufgegriffen wurde und verschiedentlich angebracht wurde. Selbst die Formulierung des Chairon-Testimoniums bei Pausanias „δῶρον τὸ ἐπιφθονώτατον
παρὰ Ἀλεξάνδρου τοῦ Φιλίππου λαβών" (siehe a)) könnte noch einen Reflex auf
irgendeine anti-makedonische Polemik einer Rede mit Bezug zu Chairon darstellen.

Hypereides tritt uns in dem herkulanischen Redeauszug wieder einmal als
unerbittlicher Makedonenfeind entgegen. Trotz fehlenden genauen Kontextes
scheint doch wahrscheinlich bis sicher, dass er in dem bei Hermipp/Philodem
überlieferten Redeauszug Chairon mit Antipatros gleichsetzt und vom Charakter und Verhalten des Günstlings auf den wahren Charakter des Makedonen
oder der Makedonen allgemein schließt. Die Chairon-Episode mag als abschre-
ckendes und warnendes Exempel gegen das Umwerben seitens der Gesandten
des Antipatros ins Feld geführt worden sein (egal ob in Athen oder Rhodos).
So schimmert auch in diesen wenigen, aber doch wertvollen Zeilen im *Index
Academicorum* die aufrichtig freiheitsliebende und patriotische Haltung des
Hypereides durch. Er warnte eindringlich vor den Gefahren einer Bindung
an Makedonien und an Antipatros im Hinblick auf die Freiheit der Athener
(ggf. auch: Rhodier) und sah in Antipatros einen „Tyrannen im Schafspelz".
Vielleicht prophezeite Hypereides den Angeredeten ein ähnliches Schicksal
wie den Pellenern, sollte man mit Antipatros kooperieren (vielleicht konkret:

---

263 Lib. arg. D. 17: ὁ δὲ λόγος ψευδεπίγραφος εἶναι δοκεῖ. οὐ γὰρ ἔοικε κατὰ τὴν ἰδέαν τοῖς ἄλλοις τοῖς
     τοῦ Δημοσθένους, ἀλλὰ τῷ Ὑπερίδου χαρακτῆρι μᾶλλον προσχωρεῖ τά τε ἄλλα καὶ λέξεις τινὰς
     ἔχει κατ᾽ ἐκεῖνον μᾶλλον εἰρημένας ἢ τὸν Δημοσθένην, οἷον ⟨νεόπλουτοι⟩ καὶ ⟨βδελυρεύεσθαι⟩.
     Jedoch nennen andere antike Kritiker abweichende Namen. Bosworth (1993), S. 190 billigt
     etwa die Zuweisung an Hypereides, doch ist diese Sichtweise eher eine Einzelmeinung.
     Zur Verfasserfrage siehe Horváth (2014b). Selbst in diesem Fall wäre Ps.-Demosthenes or.
     17 nicht mit der Rede im *Index Academicorum* identisch, da die Stelle im Papyrus nicht
     mit der Rede überlappt. Ob das durch den *Index Academicorum* nun auch für Hyperei-
     des bestätigte „Chairon-Motiv" ein (starkes) Argument für Hypereides als Verfasser von
     Ps.-Demosthenes or. 17 sein kann, wage ich zu bezweifeln.

nicht die Erhebung des Agis III. unterstützen).[264] Wir sollten uns ob der Kürze des Ausschnitts vor zu weitreichenden Folgerungen hüten, aber ein gewisses Pathos und eine gewisse Eindringlichkeit sind in dem Verweis auf Chairon doch herauszulesen. Während bisweilen auch in gewöhnlichen Prozessreden der politische Standpunkt des Hypereides hervortritt,[265] haben wir mit der neuen Rede im *Index Academicorum* ein Beispiel für eine direkte Konfrontation mit dem Mann oder genauer: den Gesandten des Mannes, gegen den Hypereides über weite Strecken seines Lebens opponierte. Das wenige, was wir lesen, ist sinnbildlich.

f)   Struktur und Gegenstand des Hermipp-Exzerpts

Bollansée hat gezeigt, dass Hermipp, gerade in Relation zur erhaltenen Menge an Fragmenten, auffällig oft explizit auf andere Autoren (und deren Werke) verweist.[266] Er mache in typisch kallimacheischer Manier kaum eine Angabe ohne Quellenverweis in seinen Schriften (ἀμάρτυρον οὐδὲν ἀείδω).[267] Das Exzerpt bei Philodem ist paradigmatisch für dieses Vorgehen. Chairon war schwerlich eine der Hauptfiguren in Hermipps Werk, in dem neben Persaios (siehe Quellen Kol. 10,40–12,39 a)) noch zahlreiche andere prominente Politiker oder Strategen mit philosophischem Hintergrund, etwa Dion, angeführt worden sein müssen. Dions möglicherweise ausführliche Besprechung durch Hermipp hat Philodem vielleicht bewusst nicht übernommen (Kol. 10,33–40). Es spricht für die Belesenheit Hermipps, dass er selbst den eher unbedeutenden Philosophen Chairon in sein Werk integrierte und Nachrichten über ihn bei verschiedenen Autoren zusammensuchte. Für die akademische Ausbildung und Siege im Ringen sowie die militärischen Erfolge schöpft er zunächst aus Dikaiarch. Wahrscheinlich fand er bei Dikaiarch nur die Information, dass Chairon Tyrann wurde und erinnerte sich, dass Hypereides in einer Rede weitere Details genannt hatte. Hermipp muss ein solides Wissen über Hypereides gehabt haben, auch weil er ihn in Buch 3 seiner Schrift *Über die Schüler des Isokrates* eingehender besprach.[268] Angesichts dessen überrascht das neue Hypereidesexzerpt eigent-

---

264   Alternativ mag Hypereides ein konkretes Ansinnen der Gesandten bzw. ein Lob auf die Person des Antipatros/Alexander (gerade wenn man das Diktum aus Ps.-Plut. X orat. 850a miteinbezieht) mit diesem Verweis auf Chairon widerlegt haben. Für Ähnlichkeiten des Hypereidesauszugs mit anderen Reden der Zeit siehe Horváth (2021), S. 181–183.

265   Bernhardt (2012).

266   Bollansée (1999b), S. 155.

267   Kallim. F 612 Pfeiffer. Bollansée (1999b), S. 161–163 und Bollansée (2002), S. 40 f.

268   FGrH 1026 F 46,47. Vgl. Bollansée (1999b), S. 87 f.,209–211. Einige Fragmente sind erhalten und Hermipp hat gewiss auch Reden des Hypereides im Original gelesen, was bei der Phryne-Rede sogar gesichert ist (FGrH 1026 F 46.) Zur Rede siehe etwa Horváth (2018).

lich nicht allzu sehr und man darf spekulieren, auf welche Art von Edition des Hypereides Hermipp hier (schon) zurückgreifen konnte. Unwahrscheinlich ist, dass Dikaiarch irgendwie diese Rede des Hypereides zitierte. Nach Hypereides wird nun auch noch Phainias als Zeuge angeführt.

Hermipp nennt somit auf recht engem Raum (Kol. 11,7 – Kol. 12,20 (ggf.12,30)) mindestens drei Autoren explizit als seine Quellen (Dikaiarch, Hypereides, Phainias). Zwar könnten im Verlorenen sogar noch mehr Autoren erwähnt worden sein, aber dies ist nicht unbedingt wahrscheinlich.[269] Eine „Hauptquelle" für Hermipp muss nun als gänzlich unwahrscheinlich gelten.[270] Es waren vielmehr (mindestens) drei relativ frühe Einzelquellen, aus denen Hermipp seine Chairon-Biographie kompilierte. Vielleicht war die anderweitig nicht erhaltene Hypereides-Rede zu Zeiten des Hermipp schon eine Art Rarität und der Autor konnte durch das Wissen um die Chairon-Referenz in dieser Rede, welche ja keine „selbstverständliche" Vorlage für sein Werk war, glänzen.

Dank der vielen Neulesungen erscheint Philodems Exzerpt nun beinahe als ein Spiegelbild des hermippischen Werktitels *Περὶ τῶν ἀπὸ φιλοσοφίας εἰς στρατηγίας καὶ δυναστείας μεθεστηκότων*.[271] Nach Studien bei Platon und Xenokrates (Kol. 11,7–10 – Titelelement: ἀπὸ φιλοσοφίας), wendet sich Chairon immer mehr sportlichen Interessen (Kol. 11,11–15) und schließlich militärischen Aktivitäten (Kol. 11,15–25 – Titelelement: εἰς στρατηγίας) zu, bevor er zum skrupellosen und übermütigen Machtpolitiker bzw. Tyrannen wird (Kol. 11,26–12,12 – Titelelement: δυναστείας). Es ist in dem Auszug eine Metamorphose oder eher Degeneration (Titelelement: μεθεστηκότων) nachgezeichnet, ein Verlassen des philosophischen Pfades zugunsten militärisch-machtpolitischer Ambitionen.

g)   Philodems Motivation zur Behandlung Chairons und der Wert des Hermipp-Exzerpts

Warum nahm Philodem nun den recht unbedeutenden Philosophen Chairon, der nicht einmal in einschlägigen Schülerlisten Platons erschien (Kol. 6, Ergänzung 3), in den *Index Academicorum* auf? Wir wissen durch den Auszug bei Athenaios (siehe a)), dass Demochares in *Gegen die Philosophen* offenbar auch (kurz) Chairon ansprach, vielleicht nicht lange nach der Behandlung des Herakleides, für den Philodem ja gerade erst auf diese Rede des Demochares zurückgegriffen hatte (verlorener Teil und Kol. 9,1–10,33). Vielleicht wollte er nach der Erwähnung diverser Platonschüler, die Tyrannenmörder waren

---

269   Siehe Quellen Kol. 10,40–12,39 e).
270   So schreibt noch Bollansée (2002), S. 43: „I subscribe to the view that the Callimachean has used a reliable historical writer for the Chairon-episode, who shall remain nameless."
271   Vgl. Fleischer (2020f), S. 19.

(Kol. 6), der Vollständigkeit halber hinzufügen, dass manche Schüler Platons auch einen weniger ruhmvollen Weg einschlugen. Die Behandlung Chairons könnte sogar einen subtilen „epikureischen Seitenhieb" gegen die Akademie darstellen. Jedoch erscheint mir wahrscheinlicher, dass Philodem durch die Erwähnung des ihm unbekannten Chairon bei Demochares lediglich neugierig wurde, aber nicht abermals den knappen und polemischen Redner heranziehen wollte. Er fand Informationen über ihn in Hermipps Περὶ τῶν ἀπὸ φιλοσοφίας εἰς στρατηγίας καὶ δυναστείας μεθεστηκότων, das er neben dem *Index Academicorum* mindestens auch für den *Index Stoicorum* nutzte – wahrscheinlich aber für noch mehrere Bücher seiner *syntaxis*. Er sah (oder erinnerte sich), dass in Hermipps Werk auch Chairon behandelt wurde und fügte diesen nun in den „eingeklebten" Kolumnen hinter Herakleides chronologisch passend ein. Dadurch hat Philodem der Nachwelt nicht nur manch zusätzliches Detail über Chairon bewahrt, sondern auch den vollständigen Titel eines hermippeischen Werkes, den anderweitig unbekannten Namen eines Krieges aus Klassischer Zeit, einen Auszug aus einer bis dato unbekannten Hypereidesrede, welche mit einiger Wahrscheinlichkeit datiert werden kann und Bezüge zu anderen Zeugnissen aufweist, einen Eindruck von der Zitierweise und Strukturierung Hermipps sowie Fragmente von Dikaiarch und Phainias. Fast all diese Informationen ließ sich der Papyrus erst über 250 Jahre nach seiner Entdeckung und 150 Jahre nach seiner Erstedition abtrotzen – habent sua fata papyri Herculanenses.

Polemon: Herkunft, Jugend, Konversion, Charakter (Kol. 8,23–14,3)*

a)   Zur Biographie Polemons

Die meisten Nachrichten zu Polemon finden sich bei Diogenes Laertius und Philodem (*Index Academicorum*), welche im Wesentlichen oder exklusiv aus Antigonos schöpfen. Andere Autoren tragen nur vereinzelte Angaben bei.[272] Polemon entstammte einer wohlhabenden Familie und frönte in seiner Jugend einem ausschweifenden und zügellosen Lebensstil. Er änderte seinen Charakter und Habitus mit der „Konversion" zur Philosophie grundlegend. Die Geschichte seiner Umkehr, die an andere philosophische Bekehrungsgeschichten erinnert,[273] war bei antiken Autoren – von Horaz bis Augustinus, von Valerius Maximus über Lukian bis Origenes – sehr beliebt und könnte in ihrer

---

272   D.L. 4,16–20 und Kol. 8*,23–15,46. Eine Fragmentsammlung wurde von Gigante (1977) besorgt. Einige Stellen wurden von ihm aber übersehen, dazu Jakobi (2011). Überblick zu Leben und Philosophie Polemons bei Dillon (2003), S. 156–159 und Krämer (2004), S. 115,122 sowie Kupreeva (2012).

273   Überblick bei Gigon (1946) (für Polemon S. 19 f.).

ursprünglichen (philodemisch-antigonischen) Form weniger spektakulär gewesen sein.[274] Polemons betrunkenes Hereinplatzen in eine Vorlesung des Xenokrates über cωφροcύνη, der unbeirrt weiter dozierte und Polemon so zur Philosophie bekehrte, scheint eine spätere Erfindung bzw. Ausschmückung zu sein.[275] Da Polemon 314/13 die Schulleitung von Xenokrates übernahm, muss er zuvor schon einige Jahre dessen Schüler gewesen sein und sollte im Verlauf der 320er Jahre den Weg zur Akademie gefunden haben. Da er damals bereits verheiratet war, dürfte er zu Beginn seiner philosophischen Studien nicht mehr allzu jung, wohl mindestens Mitte bis Ende 20, gewesen sein, woraus eine Geburt um 350 v. Chr. folgt. Sollte er unter dem Archon Philokrates (siehe Einordnung Kol. Q) gestorben sein, ergibt sich 276/75 als Todesdatum; andernfalls könnte eine der in den Handschriften von Eusebs *Chronica* überlieferten Jahreszahlen zwischen 274/73 und 268/67 v. Chr. korrekt sein.[276] Polemon leitete die Akademie etwa 40 Jahre – länger als jeder andere akademische Scholarch (vielleicht ausgenommen Platon). Polemon lebte zurückgezogen in der Akademie und mied weitestgehend die Öffentlichkeit. Er war Liebhaber des Krates und hatte mit diesem eine Wohngemeinschaft nahe der Akademie.[277]

b)   Zur Philosophie Polemons

Da wir über Krates nur wenig wissen, ist Polemon der letzte in Grundzügen greifbare Vertreter der „Alten Akademie". Er war offenbar ein Akademiker von altem Schrot und Korn, eine beinahe transzendierend-ideale Persönlichkeit in der Tradition Platons, was in Arkesilaos' Bemerkung, Polemon bzw. sein Kreis seien ihm wie Überbleibsel aus dem Goldenen Zeitalter der Menschen erschienen, mitschwingen könnte.[278] Eine viel diskutierte Frage ist, inwieweit die Ethik Polemons, sprich seine Tugend/Eudaimonie-Lehre und seine Auffassung vom naturgemäßen Leben, Ansichten der Stoa vorwegnahm oder inspirierte und welche Unterschiede genau zur Stoa bestehen. Polemon ging von ver-

---

274   Polemon F 15–33 und Nachtrag in Gigante (1978), S. 395. Siehe ferner die Fragmente bei Jakobi (2011).

275   Dillon (2020), S. 191 sieht auffällige Parallelen zwischen Antigonos' Darstellung des Polemon und Alkibiades' Auftreten in Platons *Symposion*. Jedoch ist er (wie seine Ausführungen suggerieren) nicht der erste, der diese Assoziation hatte: Bereits Wilamowitz-Moellendorff (1881), S. 56 verweist auf das *Symposion*.

276   Jacoby (1902), S. 344.

277   Das Haus des Lysikles, in welchem er mit Krates (nur zeitweise?) lebte, muss sich in unmittelbarer Umgebung des Gartens der Akademie befunden haben, vgl. Dillon (2003), S. 159.

278   D.L. 4,22 und Kol. 15,3–16 (durch Neulesungen tritt der Sinn der Aussage nun klarer hervor). Einen ironischen Unterton erwägen etwa Krämer (2004), S. 115 und Dillon (2020), S. 192.

schiedenen Erfüllungsgraden der Eudaimonie aus; die Tugendautarkie war bei ihm weniger rigide als bei Zenon ausgeprägt, insbesondere erachtete er auch „indifferente" Güter als naturgemäß und zum Glück beitragend.[279] Die Frage nach einem eigenen naturphilosophischen, womöglich materialistisch angehauchten Standpunkt Polemons ist schwer zu beantworten.[280] Die Nuancen von Polemons Ethik, die sich auch bis zu einem gewissen Grad weiterentwickelt haben mögen, sind aufgrund der Quellenlage nicht immer mit Gewissheit zu eruieren.[281] Jedenfalls beruft sich Antiochos von Askalon für seine „Alte Akademie" auf Polemon, wobei er manch eigene philosophische bzw. philosophiehistorische Sichtweise fälschlich oder ungenau Polemon zugeschrieben haben könnte. Antiochos sieht Zenons Stoa als Ausfluss akademisch-polemonischer Philosophie und folglich aufs Engste mit der Akademie verbunden.[282] Hinsichtlich Ethik und Philosophie Polemons ist erwähnenswert, dass er eine zum Selbstzweck gewordene Dialektik ablehnte und stattdessen großen Wert auf das richtige Verhalten in der Praxis legte,[283] mithin die Einheit von philosophischer Lehre und praktischem Handeln propagierte.[284] Polemon soll zahlreiche Schriften verfasst haben, von denen nur wenige Fragmente erhalten sind; mit *Περὶ τοῦ κατὰ φύςιν βίου* ist uns lediglich ein einziger Titel überliefert.[285]

c)   Polemons Jugend, Konversion und Charakter im *Index Academicorum*

Dass die Polemon-Vita in der Endfassung des *Index Academicorum* erst nach der Chairon-Vita erscheinen sollte, bestätigt eindeutig die relative Position von *PHerc.* 164 frg. 26 und 28 (I 6.2). Offenbar formulierte Philodem zunächst einen überleitenden Satz, der sinngemäß die Information enthielt, dass Polemon dem Xenokrates in der Leitung nachfolgte. Erst ab Kol. 8*,30 oder etwas später scheint Philodem Antigonos zu nutzen, der erstmals am Ende einer längeren Periode in Kol. 8*,40–41 explizit als Quelle genannt wird. Der Gegenstand der vorherigen Zeilen, die offenbar in Diogenes Laertius kein Pendant haben, ist schwer zu ermitteln, aber die Demenangabe scheint als Begründung zu folgen.

---

279   Vgl. Krämer (2004), S. 118–121.
280   Dillon (2020), S. 196–198. Aufschlussreich ist ein Fragment, nach welchem Polemon den Kosmos als Gott definiert habe (Polemon F 121 = Stob. 1,1,29), vgl. Dillon (2003), S. 196 f.
281   Dillon (2003), S. 159.
282   Vgl. Krämer (2004), S. 121 f., der annimmt, dass die Berufung des Antiochos auf Polemon historisch kaum gerechtfertigt ist. Dillon (2020), S. 193–196 kommt hingegen zu dem Schluss: „That Polemo should have had a distinctive ethical theory, then, largely anticipating that of the Stoics, may be accepted as reasonable."
283   Krämer (2004), S. 117.
284   Dillon (2003), S. 159; Krämer (2004), S. 116.
285   Krämer (2004), S. 116.

ABB. 35   The Conversion of Polemon, James Barry (1778) – Antigonos stellte Polemons Bekehrung zur Philosophie womöglich weniger dramatisch dar – ohne betrunkenes Stören von Xenokrates' Vorlesung wie in diesem Bild

Polemons Vater Philostratos konnte sich das Unterhalten eines Reitstalls leisten, was einen überdurchschnittlichen Wohlstand der Familie impliziert (Kol. 8*,41–45). Polemon soll in seiner Jugend unbeherrscht und zügellos gewesen sein, was durch Trunkenheit in der Öffentlichkeit bei Tag (Kol. 13,1–3) und durch eine Anklage seiner Frau (Kol. 13,4–5) beispielhaft aufgezeigt wird. Die Klage wurde wegen seiner sexuellen Eskapaden mit Knaben und Jugendlichen eingebracht, für deren Dienste er immer Geld parat hatte (Kol. 13,5–10). Nun ist interessanterweise die breit rezipierte Bekehrung Polemons zur Philosophie bei Philodem nicht direkt mit dem betrunkenen Schwärmen und dem Stören von Xenokrates' Vorlesung über ϲωφροϲύνη verknüpft. Sollte Philodem hier nicht wider Erwarten eine „gute Geschichte" rationalisierend auseinandergesponnen haben, dürfte die Anekdote vom Stören der Vorlesung und dem Bekehrungserlebnis erst später erdichtet worden sein. In jedem Fall führte die „Begegnung" mit Xenokrates zu einem tiefgreifenden Lebenswandel bei Polemon (Kol. 13,10–13), was sich auch in seiner äußeren Erscheinung und seinem Auftreten manifestierte (Kol. 13,14–21).

     Nach der Hundeanekdote (Kol. 13,21–ca. 30) folgte eine Ausführung zu Polemons Wahrheitsliebe oder seinem ausgeglichenen Verhalten in bestimmten

Situationen (Kol. 13,ca.30–39). Polemon ließ auch bei Theatervorführungen keine Emotionen erkennen (Kol. 13,39–42). In Kol. 13,43–44 dürfte (Neulesung) gesagt sein, dass Polemon von Natur aus einen wachen Geist hatte. Dennoch hatte er etwas „Aristokratisches" an sich, welches an Bilder von herb-arroganter Ausstrahlung erinnert; auch wird ihm in diesem Zusammenhang vollendete bürgerliche Würde attestiert (Kol. 14,44–15,3). Aufschlussreich ist der Vergleich von Philodem und Diogenes. Generell bietet Philodem eine lebhaftere Schilderung und offenbar einen weniger „kontaminierten" Wortlaut als Diogenes, so dass bei ihm die ursprüngliche Charakterzeichnung und Darstellung des Antigonos eher greifbar sind. Nach meiner Rekonstruktion hat Philodem die Melanthios-Referenz (D.L. 4,18), welche doch originär antigonisch sein dürfte, umgeformt und den Maler nicht namentlich genannt (Kol. 14,44–15,3). Das Konversions-Motiv hat etwas Toposhaftes, aber die Episode muss deshalb nicht unwahr sein. In der Tat dürfte Polemon unter dem Eindruck des Xenokrates und der akademischen Philosophie seinen Lebensstil von Grund auf geändert haben. Es scheint, dass Antigonos in seinen *Bíoi* diese Konversion für die Nachwelt erstmals literarisch festgehalten hat. Jedoch lässt die Trennung von Kol. 13,1–3 und Kol. 13,10–13 es nicht unwahrscheinlich erscheinen, dass Antigonos im Gegensatz zu späteren Autoren die Konversion (noch) nicht so blumig oder dramatisch ausmalte.[286]

– Vergleich Diogenes-Philodem (Polemon-Vita, erster Teil)

Vita Polemonis: 4,16: Πολέμων Φιλοστράτου μὲν ἦν υἱός, Ἀθηναῖος τῶν δήμων Οἴηθεν.	8*,39–41
νέος δ᾽ ὢν ἀκόλαστός τε καὶ διακεχυμένος ἦν οὕτως,	8*,45–47
ὥστε καὶ περιφέρειν ἀργύριον πρὸς τὰς ἑτοίμους λύσεις τῶν ἐπιθυμιῶν·	13,7–10
ἀλλὰ καὶ ἐν τοῖς στενωποῖς διέκρυπτεν. καὶ ἐν Ἀκαδημίᾳ πρὸς κίονί τινι τριώβολον	–
εὑρέθη προσπεπλασμένον αὐτοῦ διὰ τὴν ὁμοίαν τῇ προειρημένῃ πρόφασιν.	
καί ποτε συνθέμενος τοῖς νέοις μεθύων καὶ ἐστεφανωμένος εἰς τὴν Ξενοκράτους ᾖξε	13,1–3
σχολήν·	
ὁ δὲ οὐδὲν διατραπεὶς εἶρε τὸν λόγον ὁμοίως· ἦν δὲ περὶ σωφροσύνης. ἀκούων δὴ τὸ μει-	13,10–13
ράκιον κατ᾽ ὀλίγον ἐθηράθη καὶ οὕτως ἐγένετο φιλόπονος ὡς ὑπερβάλεσθαι τοὺς ἄλλους	
καὶ αὐτὸν διαδέξασθαι τὴν σχολήν, ἀρξάμενον ἀπὸ τῆς ἕκτης καὶ δεκάτης καὶ ἑκατοστῆς	
Ὀλυμπιάδος.	
4,17: Φησὶ δὲ Ἀντίγονος ὁ Καρύστιος ἐν τοῖς Βίοις (Antigonos F 9B) τὸν πατέρα αὐτοῦ	8*,41–45
πρῶτόν τε εἶναι τῶν πολιτῶν καὶ ἁρματοτροφῆσαι.	
φυγεῖν δὲ τὸν Πολέμωνα καὶ δίκην κακώσεως ὑπὸ τῆς γυναικός, ὡς μειρακίοις συνόντα.	13,3–7

---

286   Vgl. Kommentar Kol. 13,1–3.

τοσοῦτον δὲ ἐπιτεῖναι τὸ ἦθος ἀρξάμενον φιλοσοφεῖν, ὥστε ἐπὶ ταὐτοῦ cχήματος τῆς   13,10–21
μορφῆς πάντοτε μένειν. ἀλλὰ καὶ τὴν φωνὴν ἀναλλοίωτος ἦν·
διὸ καὶ θηραθῆναι Κράντορα ὑπ᾽ αὐτοῦ.   –
κυνὸς γοῦν λυττῶντος τὴν ἰγνύαν {τινὸς} διαcπάcαντος μόνον μὴ ὠχριᾶcαι· καὶ ταραχῆς   13,21–ca. 30
γενομένης ἐπὶ τῆς πόλεως πυθόμενων τὸ γενόμενον ἄτρεπτον μεῖναι.
ἔν τε τοῖc θεάτροιc ἀcυμπαθέcτατος ἦν. 4,18: Νικοcτράτου γοῦν ποτε τοῦ ἐπικαλουμένου   13,39 (30?)–42
Κλυταιμνήcτρα ἀναγινώcκοντόc τι τοῦ ποιητοῦ αὐτῷ τε καὶ Κράτητι, τὸν μὲν cυνδια-
τίθεcθαι, τὸν δ᾽ ἴcα καὶ μὴ ἀκοῦcαι.
καὶ ὅλως ἦν τοιοῦτος οἷόν φηcι Μελάνθιος ὁ ζωγράφος ἐν τοῖc Περὶ ζωγραφικῆc· φηcὶ   13,42–14,3
γὰρ δεῖν αὐθάδειάν τινα καὶ ξηρότητα τοῖc ἔργοιc ἐπιτρέχειν, ὁμοίως δὲ κἀν τοῖc ἤθεcιν.
4,24 (Vita Crantoris): φαcὶ δὲ αὐτὸν ἐρωτηθέντα τίνι θηραθείη ὑπὸ Πολέμωνος, εἰπεῖν   (13,13–22)
τῷ μήτ᾽ ὀξύτερον μήτε βαρύτερον ἀκοῦcαι φθεγγομένου.

Polemon: Ethik, zurückgezogenes Leben, Arkesilaos' Urteil, Liebhaber des Krates (Kol. 14,3–15,46)

Eine recht philosophische Aussage in der ansonsten auf den Charakter fokussierenden Polemon-Vita des Antigonos findet sich in Kol. 14,3–7: Polemon
lehnte gewisse Entartungserscheinungen oder Auswüchse der dialektischen
Methode ab und forderte, philosophische Ethik im Alltag zu praktizieren (Kol.
14,3–8). Die Beweggründe treten in der Parallele bei D.L. 4,18 deutlicher hervor,
die näher an Antigonos war. Philodem hat Antigonos mindestens um einen
Vergleich gekürzt. Es verwundert vor dem Hintergrund dieser Aussage Polemons wenig, dass der „große Ethiker" Krantor sein Schüler war (Kol. 16 und
Kol. S). Diese Haltung Polemons kommt aber kaum einer prinzipiellen Ableh-
nung der dialektisch-platonischen Methode gleich.[287] Der Scholarch war in
Diskussionen nicht unnatürlich polemisch oder ironisch und gleichsam ein
Verfechter von Harmonie im Geiste Pindars (Kol. 14,7–12) – der genaue Sinn
des Vergleichs könnte sich durch D.L. 4,19 erschließen (siehe Kommentar). Die
Zitate bei Diogenes dürfte Philodem herausgekürzt haben. Auch könnte aus
Philodem hervorgehen, dass Diogenes mit dem Adjektiv ἀcτεῖος (D.L. 4,18) –
sollte die Stelle nicht korrupt sein – Antigonos verfälscht (über seine Zwischenquelle) wiedergibt. Polemon mied die Öffentlichkeit und Ansammlungen (Kol.
14,12–15). Für diese Haltung und für andere Eigenschaften (Kol. 14,15–22) wurde
er von der Stadt bewundert (Neulesungen). Bei Philodem erfahren wir exklusiv

---

287   Krämer (2004), S. 117 f. sieht lediglich einen Appell für den Einklang von Philosophie und
      praktischem Leben. In eine ähnliche Richtung, aber weniger entschieden, geht Dillon
      (2020), S. 188.

(Neulesungen), dass er niemals zu einer Strafe verurteilt wurde (Kol. 14,23–24). Auch wurde er für seine Mäßigung und Schicklichkeit gefeiert (Kol. 14,25–28). Philodems Darstellung zeigt, dass Diogenes viele Details zu Polemon in D.L. 4,19 gekürzt oder ausgelassen hat. Die folgende Passage (Kol. 14,28–35) wurde neu rekonstruiert und der Inhalt ist trotz einiger Lücken unzweifelhaft. Polemon war integer und gesetzestreu; er führte ein Leben fern der Öffentlichkeit und erschien, wenn nicht absolut notwendig, niemals vor Behörden oder Gerichten. Einige zuvor genannte Punkte (Kol. 14,12–14 und 23–24) werden hier elaboriert. Man fühlt sich bei Polemon an die Maxime „λάθε βιώcαc" des ungefähr zeitgenössischen Epikur (341–271 v. Chr.) erinnert, der in seinem Garten – ebenfalls außerhalb der Stadtmauern, nur unweit der Akademie – in Zurückgezogenheit wirkte.

Anschließend (Kol. 14,35–41) führt Philodem wie Diogenes aus, dass die Schüler das zurückgezogene Leben ihres Lehrers zum Anlass nahmen, Hütten (καλύβια) im Garten (des Akademieareals) zu errichten. Entweder hat die Nachricht eine schwerwiegende logische Schwäche, die bisher noch nicht vermerkt wurde, oder sie impliziert eine unerwartete Lokalisierung des Lehrens akademischer Philosophen. Wenn gesagt ist, dass Polemon meistens „außerhalb" (Kol. 14,36) lebte, muss dies, auch vor dem Hintergrund der vorangehenden Zeilen, bedeuten, dass er selten innerhalb der Stadtmauern Athens weilte – die Akademie lag bekanntermaßen außerhalb. Das Problem ist, dass man eigentlich davon ausgehen sollte, dass alle akademischen Philosophen vor und nach Polemon im Wesentlichen im Areal der Akademie lehrten und die Studenten morgens dorthin kamen und irgendwann wieder in die Stadt zurückkehrten. All unsere Nachrichten zur Akademie deuten in die Richtung, dass im Areal der Akademie (im weitesten Sinne) auch unterrichtet wurde. Weshalb hätten die Studenten dann aber wegen Polemons Zurückgezogenheit im Garten der Akademie Hütten bauen sollen? Sie mussten doch auch für andere akademische Scholarchen aus der Stadt in die Akademie (oder ggf. den Garten) kommen. Die Aussage wäre eigentlich nur logisch, wenn andere Scholarchen außerhalb der Akademie, und zwar in der Stadt, gelehrt hätten. Fand in der Akademie vielleicht nur der fortgeschrittene philosophische Lehrbetrieb statt und die jungen Studenten wurden in der Stadt unterrichtet? Unsere Quellen implizieren letztlich alle, dass Philosophieren und Unterricht in der Akademie zu lokalisieren sind. Auch wenn „außerhalb" meinen sollte, dass Polemon nicht wie andere Scholarchen im Gymnasium der Akademie, sondern nur im Garten lehrte (siehe D.L. 4,19: οὐ μὴν ἀλλὰ καὶ ἐκπεπατηκὼς ἦν διατρίβων ἐν τῷ κήπῳ), wäre der Hüttenbau keine logische Konsequenz, da die Schüler in diesem Fall eben von der Stadt in den Garten und nicht zum Gymnasium der Akademie gegangen wären. Folglich kann der Hüttenbau eigentlich nicht

logisch-kausal mit Polemons zurückgezogener Lebensweise in Verbindung stehen. Die genaue Lokalisierung der Hütten nahe des Museions und der Exedra (Diogenes) – Cicero erwähnt eine *sessio* des Polemon –[288] spricht dafür, dass Antigonos tendenziell wahrheitsgemäß von Hütten im Garten der Akademie berichtet, die er selbst gesehen haben mag. Jedoch sehe ich keinen Weg, deren Bau als eine Folge von Polemons Leben außerhalb der Stadt zu erklären, da alle Akademiker hauptsächlich außerhalb der Stadt gewirkt haben dürften. Diesen nur pseudo-logischen Nexus hat Antigonos somit erfunden, sollte er nicht auf eine uns unergründliche Begebenheit zurückzuführen sein. Meines Erachtens kann man diese καλύβια als die ersten „Studentenwohnheime" der Geschichte ansehen, eine Mischung aus mittelalterlichen Bursen, Oxforder Colleges, „Butzen" und deutschen Studentenverbindungshäusern.[289] Vielleicht wohnten die Studenten nur temporär (χ⸢ατ⸣ὰ τὸ ⸢π̣⸣λεῖc|⸢το⸣ν) in den milden und sommerlichen Monaten des Jahres in diesen gewiss eher provisorisch zusammengezimmerten Behausungen.

Polemon bewunderte und imitierte Xenokrates enthusiastisch auf allen Ebenen (Kol. 14,41–45); an Sophokles schätzte er (Neulesung) die starke Ausdruckskraft und Wucht der Sprache (Kol. 14,45–15,3), was in der Parallele bei Diogenes durch zwei Komödienzitate veranschaulicht wird. Interessanterweise erscheint der Sophokles-Homer-Vergleich des Diogenes nirgends im Erhaltenen des *Index Academicorum* und wohl auch nicht in den fragmentarischen Passagen.

Arkesilaos verglich Polemon (und seine Mitphilosophen) mit Göttern oder Überbleibseln des „Goldenen Geschlechts" (Kol. 15,3–16 bzw. 20). Neulesungen zeigen, dass Antigonos/Philodem die Verbindung und Natur der Menschen des Goldenen Zeitalters mit den Göttern ausführlicher erklärte und wohl auch Polemon in die Nähe von Platons (göttlichem) Wesen rückte. Es ist unklar, inwieweit die Ausführungen auf Arkesilaos selbst zurückgehen oder erläuternde Ausschmückung des Antigonos sind. Auch Speusipp und Xenokrates könnten noch in diesem Kontext erwähnt worden sein (Kol. 15,16–20). Anders als viele Gelehrte erkenne ich in den Zeilen keine versteckte Ironie oder einen Seitenhieb des Arkesilaos auf Polemon,[290] viel eher einen Ausdruck echter Bewunderung für Auftreten und Aura des Kreises um Polemon, der dem Arkesilaos im positiven Sinne göttlich-entrückt und wie eine Art Wiedergänger Pla-

---

288   Cic. fin. 5,2.

289   Für wahrscheinliche Lebens- und Wohngemeinschaften in der Studenten-Community mag man als Vorbild die Wohngemeinschaft von Polemon/Krates und Krantor/Arkesilaos ansehen (D.L. 4,22–23).

290   Etwa Krämer (2004), S. 115 und Dillon (2020), S. 192.

tons erschien, was maßgeblich zur Arkesilaos' Abkehr von Theophrast geführt haben dürfte. Bei Diogenes wird die Bemerkung des Arkesilaos nicht in der Polemon-Vita, sondern etwas später in der Krates-Vita (D.L. 4,22) recht knapp wiedergegeben. Anschließend könnte Arkesilaos sich noch zu Auftreten und Dozieren Polemons geäußert haben (Kol. 15,20–25).

Im Folgenden wird nochmals auf Polemons Bewunderung und Nacheiferung des Xenokrates rekurriert, welche auch dazu führte, dass Polemon gegenüber jungen Männern, anders als früher, eine anständige und der Freundschaft werte Haltung an den Tag legte (Kol. 15,25–30 als Kontrast zu Kol. 13,6–7). Dennoch wurde Polemon später von Krates so sehr (erotisch) angezogen, dass er um dessen Gunst gegen einen ernsten Konkurrenten aus der Akademie beharrlich kämpfte, bis er Krates schlussendlich für sich gewann (Kol. 15,30–46). Diese Geschichte von Polemons Liebeswerbung überliefert nur Philodem. Der Haken am Ende der Kolumne könnte bedeuten, dass vor dem Beginn der Krantor-Vita noch etwas eingefügt werden sollte (vielleicht die Krates-Vita – siehe Einordnung Kol. Q).

– Vergleich Diogenes-Philodem (Polemon-Vita, zweiter Teil)

Vita Polemonis: 4,18 ... ἔφασκε δὴ ὁ Πολέμων δεῖν ἐν τοῖς πράγμασι γυμνάζεσθαι καὶ   14,3–7
μὴ ἐν τοῖς διαλεκτικοῖς θεωρήμασι, καθάπερ ἁρμονικόν τι τέχνιον καταπιόντα καὶ ⟨μὴ⟩
μελετήσαντα, ὡς κατὰ μὲν τὴν ἐρώτησιν θαυμάζεσθαι, κατὰ δὲ τὴν διάθεσιν ἑαυτοῖς
μάχεσθαι.

Ἦν οὖν ἀστεῖός τις καὶ γενναῖος, παρητημένος ἅ φησιν Ἀριστοφάνης περὶ Εὐριπίδου,   14,7–12
„ὀξωτὰ καὶ σιλφιωτά·" 4,19: ἅπερ, ὡς αὐτός φησι, „καταπυγοσύνη ταῦτ᾽ ἐστὶ πρὸς κρέας   (13,44–45?)
μέγα."

ἀλλὰ μὴν οὐδὲ καθίζων ἔλεγε πρὸς τὰς θέσεις, φασί, περιπατῶν δὲ ἐπεχείρει.   –

διὰ δὴ οὖν τὸ φιλογενναῖον ἐτιμᾶτο ἐν τῇ πόλει.   14, (ca.) 20–35

οὐ μὴν ἀλλὰ καὶ ἐκπεπατηκὼς ἦν διατρίβων ἐν τῷ κήπῳ, παρ᾽ ὃν οἱ μαθηταὶ μικρὰ καλύ-   14,35–41
βια ποιησάμενοι κατῴκουν πλησίον τοῦ μουσείου καὶ τῆς ἐξέδρας.

{ὡς} ἑῴκει δὴ ὁ Πολέμων κατὰ πάντα ἐζηλωκέναι τὸν Ξενοκράτην·   14,41–45 und
  15,25–28

καὶ ἐρασθῆναι φησιν αὐτοῦ Ἀρίστιππος ἐν τῷ τετάρτῳ Περὶ παλαιᾶς τρυφῆς   –

ἀεὶ γοῦν ἐμέμνητο ὁ Πολέμων αὐτοῦ, τήν τε ἀκακίαν καὶ τὸν αὐχμὸν ἐνεδέδυτο τἀνδρὸς   15,27–28 (?)
καὶ τὸ βάρος οἱονεὶ Δώριός τις ἁρμονία.

4,20: ἦν δὲ καὶ φιλοσοφοκλῆς, καὶ μάλιστα ἐν ἐκείνοις ὅπου κατὰ τὸν κωμικὸν τὰ ποιή-   14,45–15,3
ματα αὐτῷ „κύων τις ἐδόκει συμποιεῖν Μολοττικός", καὶ ἔνθα ἦν κατὰ τὸν Φρύνιχον „οὐ
γλύξις οὐδ᾽ ὑπόχυτος, ἀλλὰ Πράμνιος."

ἔλεγεν οὖν τὸν μὲν Ὅμηρον ἐπικὸν εἶναι Σοφοκλέα, ⟨τὸν⟩ δὲ Σοφοκλέα Ὅμηρον τρα-   –
γικόν.

Ἐτελεύτηϲε δὲ γηραιὸϲ ἤδη ὑπὸ φθίϲεωϲ, ἱκανὰ ϲυγγράμματα καταλιπών.   –
καὶ ἔϲτιν ἡμῶν εἰϲ αὐτόν· οὐκ ἀΐειϲ; Πολέμωνα κεκεύθαμεν, ὃν θέτο τῇδε/ἀρρωϲτίη, τὸ –
δεινὸν ἀνθρώποιϲ πάθοϲ./ οὐ μᾶλλον Πολέμωνα, τὸ ϲῶμα δέ· τοῦτο γὰρ αὐτὸϲ / βαίνων
ἐϲ ἄϲτρα διάβορον θῆκεν χαμαί.

Vita Cratetis: 4,21: Κράτηϲ πατρὸϲ μὲν ἦν Ἀντιγένουϲ ⟨Ἀθηναῖοϲ⟩, Θριάϲιοϲ δὲ τῶν –
δήμων,

καὶ ἀκροατὴϲ ἅμα καὶ ἐρώμενοϲ Πολέμωνοϲ·   (15,30–46)
ἀλλὰ καὶ διεδέξατο τὴν ϲχολὴν αὐτοῦ.   Q,7–9
καὶ οὕτωϲ ἀλλήλω ἐφιλείτην ὥϲτε καὶ ζῶντε οὐ μόνον τῶν αὐτῶν ἤϲτην ἐπιτηδευμάτων,   (15,30–46)
ἀλλὰ καὶ μέχρι ϲχεδὸν ἀναπνοῆϲ ἐξωμοιώϲθην ἀλλήλοιν καὶ θανόντε τῆϲ αὐτῆϲ ταφῆϲ –
ἐκοινωνείτην. ὅθεν Ἀνταγόραϲ εἰϲ ἄμφω τοῦτον ἐποίηϲε τὸν τρόπον „μνήματι τῷδε Κράτητα θεουδέα καὶ Πολέμωνα / ἔννεπε κρύπτεϲθαι, ξεῖνε, παρερχόμενοϲ, / ἄνδραϲ ὁμο-
φροϲύνῃ μεγαλήτοραϲ, ὧν ἄπο μῦθοϲ / ἱερὸϲ ἤιϲϲεν δαιμονίου ϲτόματοϲ, / καὶ βίοτοϲ
καθαρὸϲ ϲοφίαϲ ἐπὶ θεῖον ἐκόϲμει / αἰῶν' ἀϲτρέπτοιϲ δόγμαϲι πειθόμενοϲ.“

4,22: ἔνθεν καὶ Ἀρκεϲίλαον μετελθόντα παρὰ Θεοφράϲτου πρὸϲ αὐτοὺϲ λέγειν ὡϲ εἶεν   15,3–16
θεοί τινεϲ ἢ λείψανα τῶν ἐκ τοῦ χρυϲοῦ γένουϲ.

καὶ γὰρ ἤϲτην οὐ φιλοδημώδεε· ἀλλ' οἶον Διονυϲόδωρόν ποτέ φαϲι τὸν αὐλητὴν εἰπεῖν,   (14,12–15 und
ϲεμνυνόμενον ἐπὶ τῷ μηδένα τῶν κρουμάτων αὐτοῦ μήτ' ἐπὶ τριήρουϲ μήτ' ἐπὶ κρήνηϲ   35–46)
ἀκηκοέναι, καθάπερ Ἰϲμηνίου.

Krantor: Leben, Werk, Tod (Kol. 16,1–45)

Krantor von Soloi war einer der letzten bedeutenden Philosophen der „Alten
Akademie", wenngleich er der Schule niemals vorstand und kein hohes Alter
erreichte. Es ist nicht gesichert, dass es sein Todesdatum ist, das in Kol. R unter
dem Archon Philokrates (276/75) genannt wird.[291] Krantor galt als großer Ethiker und war für sein περὶ πένθουϲ berühmt, einen Klassiker der Konsolationsliteratur.[292] Er akzeptierte Trauer als natürliche Empfindung und hatte zu dem
Komplex insgesamt eine „menschlichere" Haltung als die rigoristische Stoa.
Ferner verfasste Krantor auch den ersten Kommentar zu Platons Timaios. Informationen zu seinem Leben sind fast ausschließlich bei Diogenes und Philodem
erhalten.

---

291   Für Krantor siehe Vassallo/De Simone/Fleischer (2023) und Krämer (2004), S. 113,115,122–
125. Fragmentsammlung von Mette (1984), S. 1–40.

292   Für Krantors Ruf als Ethiker siehe etwa Hor. ep. 1,2,4 (Krantor T 7 Mette). Für die Bedeutung des Werkes in der Konsolationsliteratur siehe Kassel (1958), S. 49–98.

Die ersten Zeilen (Kol. 16,1–5) fallen inhaltlich mit dem Beginn der Krantor-Vita des Diogenes zusammen (D.L. 4,24–27). Man hat versucht, den Ruhm in der Heimat (Kol. 16,2–3) mit den dichterischen Tätigkeiten aus D.L. 4,25 in Verbindung zu bringen.[293] Jedenfalls deutet das Ansehen auf einen gewissen Reichtum hin, was eine Manifestation in Krantors stattlichem Vermögen von 12 Talenten hätte (Kol. 16,38–40). Er muss vor 314 v. Chr. in Athen angekommen sein, da er noch Xenokrates hörte, und ist folglich kaum viel später als 340 v. Chr. geboren. Nun ist die Formulierung μετὰ Πολέμωνος ἐϲχόλαζεν (Kol. 16,7–8) etwas eigen, aber aufgrund des ὕϲτερον wahrscheinlich so zu verstehen, dass Polemon nach dem Tod des Xenokrates der zweite Lehrer Krantors war. Jedenfalls impliziert Diogenes mit Πολέμωνι ϲυϲχολάζων fälschlicherweise eine Altersgenossenschaft bzw. gleichzeitige Schülerschaft von Krantor und Polemon. In Kol. 16,9–10 ist offenbar auf einen großen Unterschied zwischen Krantor und seinen beiden Lehrern (oder nur Polemon) abgehoben, aber worauf sich dieser bezieht oder worin er besteht, ist unklar.

Die exakte Rekonstruktion von Kol. 16,9–11 ist problematisch. Vermutlich wird Krantor als sehr fleißiger Schriftsteller und Gelehrter beschrieben, wenn nicht ein Grammatiker als Quelle zitiert ist. Unstrittig ist, dass in Kol. 16,11–15 die Zeilenzahl von Krantors Gesamtwerk angegeben wurde. Offenbar wurde die Urheberschaft mancher Werke diskutiert. Einiges wurde Arkesilaos zugeschrieben, was auch in Kol. 18,34–37 einen Widerhall hat. Der Gegenstand der höchst fragmentarischen Zeilen von Kol. 16,15–38 ist nicht zu ermitteln und Diogenes kein Modell für die relative Reihenfolge, da er auch in der Polemon-Vita im Vergleich zu Philodem manches umstellte. Jedoch zeigen die Neulesungen in Kol. 16,38–40, dass Philodem die an Arkesilaos vermachten zwölf Talente, lexikalisch sehr ähnlich, erwähnte und diese Information wie bei Diogenes unmittelbar vor der „Bestattungsort-Anekdote" erschien. Der erste Teil dieser Anekdote (Kol. 16,40–45) wurde durch diverse Neulesungen entscheidend verbessert. Arkesilaos erkundigte sich bei dem dahinscheidenden Krantor, ob er lieber in Athen oder nach Einäscherung in der Heimat bestattet werden wollte. Kol. 16,45 wird offensichtlich von Kol. S,1 fortgesetzt.

– Vergleich Diogenes-Philodem (Krantor-Vita, erster Teil)

Vita Crantoris: 4,24: Κράντωρ Cολεὺϲ θαυμαζόμενοϲ ἐν τῇ ἑαυτοῦ πατρίδι ἀπῆρεν εἰϲ   16,1–9
Ἀθήναϲ καὶ Ξενοκράτουϲ διήκουϲε Πολέμωνι ϲυϲχολάζων.
καὶ κατέλιπεν ὑπομνήματα εἰϲ μυριάδαϲ ϲτίχων τρεῖϲ, ὧν τινά τινεϲ Ἀρκεϲιλάῳ προϲάπ-   16,9–15
τουϲι.

---

293   Gaiser (1988), S. 525.

φαcὶ δὲ αὐτὸν ἐρωτηθέντα τίνι θηραθείη ὑπὸ Πολέμωνοc, εἰπεῖν τῷ μήτ' ὀξύτερον μήτε βαρύ-   (13,13–22)
τερον ἀκοῦcαι φθεγγομένου.

οὗτοc νοήcαc εἰc τὸ Ἀcκληπιεῖον ἀνεχώρηcε κἀκεῖ περιεπάτει· οἱ δὲ πανταχόθεν προcῄεcαν   –
αὐτῷ, νομίζοντεc οὐ διὰ νόcον, ἀλλὰ βούλεcθαι αὐτόθι cχολὴν cυcτήcαcθαι. ὧν ἦν καὶ Ἀρκεcίλαοc θέλων ὑπ' αὐτοῦ cυcτῆναι Πολέμωνι, καίπερ ἐρῶντοc, ὡc ἐν τῷ περὶ Ἀρκεcιλάου λέξομεν. 4,25: ἀλλὰ καὶ αὐτὸν ὑγιάναντα διακούειν Πολέμωνοc, ἐφ' ᾧ καὶ μάλιcτα θαυμαcθῆναι.

λέγεται δὲ καὶ τὴν οὐcίαν καταλιπεῖν Ἀρκεcιλάῳ, ταλάντων οὖcαν δυοκαίδεκα   16,37–40
καὶ ἐρωτηθέντα πρὸc αὐτοῦ ποῦ βούλεται ταφῆναι, εἰπεῖν· 'ἐν γῆc φίληc ὄχθοιcι κρυφθῆναι   16,41–S,9
καλόν.'

Arkesilaos: Studium, Scholarchat, Skeptizismus (Kol. 17,1–19,9)

a)   Zu Arkesilaos und der Skeptischen Akademie

Mit Arkesilaos von Pitane (ca. 315–241/40) wird gemeinhin eine tiefgreifende
Umwälzung in der Geschichte der Akademie verbunden.[294] Er soll Platons
Schule in eine eristisch-skeptische Richtung gelenkt haben und die bis dato
praktizierte Weise des Philosophierens verändert haben. Jedenfalls empfanden
Antiochos von Askalon und offenbar in seinem Fahrwasser antike Philosophie-
historiker die Ära des Arkesilaos als Zäsur. Auch im *Index Academicorum* wird
vermerkt, dass Arkesilaos die von Platon bis Polemon beschrittenen Pfade ver-
ließ und die Lehre modifizierte oder zumindest deutlich anders akzentuierte.
Teils wird Arkesilaos' Akademie als „Mittlere Akademie" bezeichnet (und die
Akademie ab Lakydes oder Karneades als „Neue Akademie"), teils nur zwischen
„Alter Akademie" und „Neuer Akademie" (ab Arkesilaos) unterschieden (etwa
Cicero). Arkesilaos wird von dem zeitgenössischen Stoiker Ariston von Chios
scherzhaft mit folgendem Hexameter beschrieben: πρόcθε Πλάτων, ὄπιθεν Πύρρων, μέccοc Διόδωροc.[295] Der Vers erscheint nun auch neugelesen (ohne Quellenangabe) im *Index Academicorum* (Kol. 19,22–24) und wurde offenbar schon von
Antigonos von Karystos zitiert. Der Vers verdeutlicht, dass in Arkesilaos' Philosophie auch megarisch-eretrische und pyrrhonische Elemente spürbar einflossen. Anders als die Stoa negierte Arkesilaos, dass es eine erkenntnisvermit-
telnde, zuverlässige Vorstellung (καταληπτικὴ φανταcία) geben könne, woraus
seine Forderung nach konsequenter ἐποχή resultierte, da man andernfalls nur
eines Weisen unwürdige δόξαι vertrete. Mit dieser Ansicht verbunden ist auch
die Widerlegung von Scheinwissen mittels des εἰc ἑκάτερον ἐπιχειρεῖν, wobei

---

294   Zu Arkesilaos siehe die versierte Überblicksdarstellung bei Görler (1994). Fragmentsamm-
       lung und Analyse bei Vezzoli (2016); ältere Fragmentsammlung von Mette (1984).
295   D.L. 4,33 = SVF 1 343 (Abwandlung von Hom. Il. 6,181 zur Chimära).

letztlich verschiedene Argumente als gleich stark erwiesen werden (ἰσοσθένεια).
Arkesilaos verwarf alle positiv-dogmatischen Aussagen und beschränkte sich
auf die Widerlegung anderer Ansichten. In einigen Quellen erwähnte „dogmatische Geheimlehren" gehen wohl auf Missverständnisse oder Phantasie
zurück.[296] Für das praktische Handeln im Alltag nutzte Arkesilaos das Kriterium des εὔλογον, eine Art von wohlbegründet-intuitiver Entscheidung nach
dem gesunden Menschenverstand. Trotz eines doch weithin empfundenen
Bruchs mit der Tradition blieb Arkesilaos Platoniker und Akademiker, aber mit
einer Überbetonung und Verabsolutierung der destruktiv-aporetischen und
sokratisch-dialektischen Aspekte, die ihn in die Nähe des rigiden Skeptizismus
rücken, dem das Suchen und Finden von Wahrheit(en) als Endziel fremd ist.
Antigonos von Karystos ist als frühe, „außenstehende" Quelle für die Wahrnehmung des Arkesilaos in seiner Zeit und somit auch dessen Neuerungen nicht
ohne Wert. Die Neulesung in Kol. 19,11–14 dürfte philosophisch betrachtet am
weitreichendsten sein: Antigonos mutmaßt, dass Arkesilaos dem Platon von
allen Akademikern am meisten gefallen hätte. Er konstatiert zwar deutliche
Veränderungen in der akademischen Lehrweise durch Arkesilaos (Kol. 18,7–15),
erkennt aber offenbar keinen Bruch oder Verrat an Platon und der Akademie.

b) Arkesilaos' Werdegang im *Index Academicorum*

In Kol. 17,1–39 wird zunächst die Jugend und philosophische Ausbildung des
Arkesilaos bei verschiedenen Lehrern geschildert. Die Neurekonstruktion von
Kol. 17,15–21 zeigt die Nähe zu D.L. 4,28, wobei manches in anderer Anordnung
oder etwas abweichend dargestellt wurde. In der verlorenen Kolumne vor Kol.
17 wurden gewiss Herkunft und Heimat des Arkesilaos genannt, bevor man im
Erhaltenen von seinen vier Halbbrüdern liest. Ob alle drei verlorenen Kolumnen Arkesilaos galten bzw. auf Antigonos zurückgehen, ist ungewiss (siehe
Quellen Kol. 17,1–19,9). Ein gewisses literarisches Moment hat die Ausgestaltung „Guter Bruder versus böser Bruder" und die damit verbundene „dramatische Flucht" zur Philosophie. Dennoch dürfte der Bericht des Antigonos einen
wahren Kern haben und die Situation könnte sich tatsächlich ähnlich zugetra-
gen haben. Arkesilaos nahm vor seinem Vormund und Halbbruder Moireas mit
Hilfe des Pylades reißaus und segelte nach Athen. In der Heimat Pitane hörte er
zuvor bereits den berühmten Mathematiker Autolykos von Pitane (Kol. 17,18–
20).[297] Die gemeinsame Reise nach Sardes dürfte, anders als bei Diogenes, nicht
angesprochen worden sein, während der Unterricht beim Musiker Xanthos (in

---

296   Tarrant (2020), S. 208 sieht in diesen Nachrichten Hinweise auf interne Organisations-
      praktiken.
297   Zu Autolykos siehe Heath (1921), S. 348–353.

Athen) im Papyrus Erwähnung fand (Kol. 17,20–22 ff.). In Kol. 17,22–32 wurde vermutlich schon der Unterricht beim nächsten Lehrer Theophrast thematisiert, ehe von Arkesilaos' Wechsel zur Akademie unter dem Einfluss Krantors ab etwa Kol. 17,32 berichtet wurde. Theophrast bedauerte nach D.L. 4,30 den Verlust des talentierten Arkesilaos, was in Kol. 17,37–39 vermerkt worden sein könnte. Arkesilaos studierte wohl zwischen 300 und 295 v. Chr. bei Autolykos, anschließend um 295 bei Xanthos und Theophrast in Athen, bevor er etwa zwischen 295 und 290 zur Akademie kam. Für den Eindruck, den die nahezu göttlichen Akademiker auf Arkesilaos machten, sei auf das Zitat in Kol. 15,3 ff. verwiesen.

Eine *paragraphos* in Kol. 17,39 zeigt den Übergang von dem Abschnitt „Jugend/Ausbildung/Studium" zum Abschnitt „Scholarchat und Philosophie" an. Nach dem Tod des Polemon und Krates sowie dem Rückzug eines gewissen Sokratides war Arkesilaos alleinig in der Verantwortung für die Akademie (Kol. 17,39–18,7). Wir erfahren nur bei Philodem, dass Sokratides von den jüngeren Schulmitgliedern wegen seines Alters gewählt wurde. Eine demokratische Wahl ist sonst nur explizit für Xenokrates (Kol. 6,39 ff.) bezeugt, ebenfalls durch die jungen Schulmitglieder. Gaiser vermutet, dass Arkesilaos bei der Wahl die zweitmeisten Stimmen erhalten haben könnte.[298] Wahrscheinlich war Sokratides nur kurze Zeit (wenige Wochen oder Monate) im Amt und übertrug das Scholarchat aus Alters- oder Gesundheitsgründen an Arkesilaos.

Nun folgt eine philosophische Aussage im engeren Sinne (Kol. 18,7–15): Arkesilaos habe zunächst traditionell-dialektisch nach der philosophischen Methode, die von Platon bis Polemon üblich war, Thesen diskutiert und geprüft (εἰ⌐π⌐ὼν θέcιν ἐπεχείρει). Schließlich sei er aber spürbar von der akademischen Lehre bzw. Unterrichtsweise abgewichen (ε[ἶ]⌐τ⌐'α μέγ[τοι] ⌐πλ⌐[εῖ]cτον παρ[εξ] ἔβη τὸ [τ]⌐ῆc Ἀχ⌐αδημεϊ|κῆc ἀγωγῆc [..]⌐.ον⌐[.]⌐.⌐ ἢ cχῆμα). Offenbar empfanden schon Antigonos bzw. seine Zeitgenossen Arkesilaos' Innovationen oder Modifikationen als einschneidend. Trotz der Verbindung mit der Übernahme des Scholarchats bleibt möglich, dass Arkesilaos schon zuvor in diese neue Richtung tendierte. In den fragmentarischen Zeilen Kol. 18,18–33 waren zumindest noch teilweise die Methode und Philosophie des Arkesilaos beschrieben. Antigonos scheint hier nichts philosophiehistorisch zu konstruieren – er war Biograph und schrieb zu einer Zeit, da die Einteilung der Akademie in Phasen von antiken Philosophiehistorikern noch nicht vorgenommen war.[299] Wenn

---

298 Gaiser (1988), S. 542.
299 Die Phasen wurden erst im 2./1. Jh. v. Chr. konstruiert. Wilamowitz-Moellendorff (1881),
       S. 59 f. stellte jedoch die antigonische Autorschaft der Zeilen in Frage und wollte sie einer

man aus seiner Schilderung Anzeichen eines gewissen philosophischen Ein-
schnitts erkennt, ist dies ein relativ unverdächtiges und objektives Zeugnis,
dass es mit Arkesilaos tatsächlich zu nicht banalen Veränderungen in der Akademie kam.

Arkesilaos hat bekanntlich keine Schriften hinterlassen, zumindest sind
keine philosophischen Werke erhalten.[300] Nun haben Neulesungen und eine
andere Interpunktion ergeben, dass Arkesilaos Werke verfasste, indem er Aufzeichnungen Krantors überarbeitete und vielleicht ausschrieb (Kol. 18,33–37);
womöglich wurden die überarbeiteten Werke Krantors Arkesilaos zugeschrieben. Die Angabe ergänzt gewissermaßen Kol. 16,14–15, wo man liest, dass einige
Schriften Krantors Arkesilaos zugeschrieben wurden. Nach anderer Tradition
soll Arkesilaos seine Schriften verbrannt haben (Kol. 18,38–39).[301] Diogenes hat
Antigonos ähnlich, aber doch etwas abweichend, zusammengekürzt: οἱ δέ, ὅτι
ἐφωράθη τινὰ διορθῶν, ἅ φασιν οἱ μὲν ἐκδοῦναι, οἱ δὲ κατακαῦσαι. Es wirkt bei Diogenes zunächst so, als wäre Arkesilaos bei der Verbesserung mit der unlauteren
Absicht des Plagiierens „ertappt" worden.

Schließlich sagt Antigonos (Philodem), dass Arkesilaos keine philosophisch-
dogmatische Position vertrat (Kol. 18,40–41). Das neugelesene Verb [ἐ]ξετίθει
umfasst insbesondere die schriftliche Publikation, aber bedeutet im Kontext
des Folgenden auch, dass Arkesilaos sich generell jeder positiven Meinung enthielt (auch mündlich). Nach Antigonos ist hierin die Ursache für die divergierenden Charaktere und Ansichten seiner Schüler zu sehen, wobei die meisten
eine arrogante und aufbrausende Art, nur wenige eine maßvolle Haltung an
den Tag legten (Kol. 18,41–19,9). Diese heterogene Schülerschaft des Arkesilaos
als Folge seiner undogmatischen Haltung hat auch ein Echo in Kol. 21,35–41, wo
davon die Rede ist, dass Lakydes die unstete „Mittlere Akademie" des Arkesilaos
stabilisierte und mit der „Neuen (Neueren) Akademie" in eine andere, festere
Form brachte. Antigonos zeigt hier als Biograph Interesse am Charakter der
Schüler. Die Zeilen implizieren, dass Arkesilaos' Innovationen zu einiger Diskussion und Orientierungslosigkeit führten, so dass schon von Zeitgenossen
das Scholarchat mit einer gewissen Zäsur verbunden wurde. Auch scheinen
aufgrund der Erzählstruktur und der Erwähnung des Antigonos in Kol. 19,12
Philodems Grundquelle bzw. Philodem selbst hier kaum etwas aus späterer
philosophiehistorischer Warte „interpoliert" zu haben.

---

späteren Quelle zuschreiben. Mir scheint das Fehlen einschlägiger Begriffe („Neue Akademie") gegen eine Formulierung durch Philodems Grundquelle zu sprechen.

300   Jedoch ist diese Aussage etwas zu relativieren, vgl. Görler (1994), S. 786, der auf die bei
Diogenes Laertius erwähnten Epigramme und andere Angaben zu Schriften hinweist.

301   Es wird auch von Bion berichtet, dass er rhetorische Bücher verbrannte (D.L. 4,47).

– Vergleich Diogenes-Philodem (Arkesilaos-Vita, erster Teil)

Vita Arcesilai: 4,28: Ἀρκεσίλαος Cεύθου (ἢ Cκύθου, ὡς Ἀπολλόδωρος ἐν τῷ τρίτῳ Χρο-νικῶν (FGrH 244 F 15)), Πιταναῖος τῆς Αἰολίδος. οὗτός ἐστιν ὁ τῆς μέςης Ἀκαδημείας κατάρξας, πρῶτος ἐπιςχὼν τὰς ἀποφάςεις διὰ τὰς ἐναντιότητας τῶν λόγων. πρῶτος δὲ καὶ ἐς ἑκάτερον ἐπεχείρηςε, καὶ πρῶτος τὸν λόγον ἐκίνηςε τὸν ὑπὸ Πλάτωνος παραδεδομένον καὶ ἐποίηςε δι᾽ ἐρωτήςεως καὶ ἀποκρίςεως ἐριστικώτερον. παρέβαλε δὲ Κράντορι τοῦτον τὸν τρόπον.	(18,9–22)
τέταρτος ἀδελφὸς ἦν, ὧν εἶχε δύο μὲν ὁμοπατρίους, δύο δὲ ὁμομητρίους· καὶ τῶν μὲν ὁμομητρίων πρεσβύτερον Πυλάδην, τῶν δὲ ὁμοπατρίων Μοιρέαν, ὃς ἦν αὐτῷ ἐπίτροπος. 4,29: ἤκουςε δὲ κατ᾽ ἀρχὰς μὲν Αὐτολύκου τοῦ μαθηματικοῦ πολίτου τυγχάνοντος, πρὶν ἀπαίρειν εἰς Ἀθήνας, μεθ᾽ οὗ καὶ εἰς Cάρδεις ἀπεδήμηςεν· ἔπειτα Ξάνθου τοῦ Ἀθηναίου μουςικοῦ· μεθ᾽ ὃν Θεοφράστου διήκουςεν. ἔπειτα μετῆλθεν εἰς Ἀκαδήμειαν πρὸς Κράντορα· Μοιρέας μὲν γὰρ ὁ προειρημένος ἀδελφὸς ἦγεν αὐτὸν ἐπὶ ῥητορικήν· ὁ δὲ φιλοσοφίας ἦρα.	17,1–37
καὶ αὐτοῦ Κράντωρ ἐρωτικῶς διατεθεὶς ἐπύθετο τὰ ἐξ Ἀνδρομέδας Εὐριπίδου προενεγκά-μενος· „ὦ παρθέν᾽, εἰ ςώςαιμί ς᾽, εἴςῃ μοι χάριν;“ καὶ ὃς τὰ ἐχόμενα· „ἄγου με, ὦ ξένε, εἴτε δμωῒδ᾽ ἐθέλεις εἴτ᾽ ἄλοχον.“ 4,30: ἐκ τούτου συνέςτην ἀλλήλοιν·	–
ἵνα καὶ τὸν Θεόφραστον κνιζόμενόν φαςιν εἰπεῖν ὡς εὐφυὴς καὶ εὐεπιχείρητος ἀπεληλυθὼς τῆς διατριβῆς εἴη νεανίςκος.	17,37–39 (?)
ἐκ τούτου συνέςτην ἀλλήλοιν· ἵνα καὶ τὸν Θεόφραστον κνιζόμενόν φαςιν εἰπεῖν ὡς εὐφυὴς καὶ εὐεπιχείρητος ἀπεληλυθὼς τῆς διατριβῆς εἴη νεανίςκος. καὶ γὰρ ἐν τοῖς λόγοις ἐμβρι-θέςτατος καὶ φιλογράμματος ἱκανῶς γεγόμενος ἥπτετο καὶ ποιητικῆς. καὶ αὐτοῦ φέρεται ἐπίγραμμα εἰς Ἄτταλον ἔχον οὕτω· ᾽πολλάκις αὐδᾶται Πῖςαν ἀνὰ ζαθέην. εἰ δὲ τὸν ἐκ Διόθεν θεμιτὸν θνατῷ νόον εἰπεῖν, ἔςςεται εἰς αὖθις πολλὸν ἀοιδοτέρη.᾽ ἀλλὰ καὶ εἰς Μηνό-δωρον τὸν Εὐδάμου ἑνὸς τῶν ςυςχολαςτῶν ἐρώμενον· 4,31: „τηλοῦ μὲν Φρυγίη, τηλοῦ δ᾽ ἱερὴ Θυάτειρα· ὦ Μηνόδωρε, ςὴ πατρίς, Καδαυάδη. ἀλλὰ γὰρ εἰς Ἀχέροντα τὸν οὐ φατὸν ἶςα κέλευθα, ὡς αἶνος ἀνδρῶν, πάντοθεν μετρεύμενα. ςῆμα δέ τοι τόδ᾽ ἔρεξεν ἀριφραδὲς Εὔδαμος, ᾧ ςὺ πολλῶν πενεςτέων ἦςθα προςφιλέςτερος.“ ἀπεδέχετο δὲ πάντων μᾶλλον Ὅμηρον, οὗ καὶ εἰς ὕπνον ἰὼν πάντως τι ἀνεγίνωςκεν, ἀλλὰ καὶ ὄρθρου λέγων ἐπὶ τὸν ἐρώμενον ἀπιέναι ὁπότε βούλοιτο ἀναγνῶναι. τόν τε Πίνδαρον ἔφαςκε δεινὸν εἶναι φωνῆς ἐμπλῆςαι καὶ ὀνομάτων καὶ ῥημάτων εὐπορίαν παραςχεῖν. Ἴωνα δὲ καὶ ἐχαρακτήριζε νέος ὤν. 4,32: Διήκουςε δὲ καὶ Ἱππονίκου τοῦ γεωμέτρου· ὃν καὶ ἔςκωψε τὰ μὲν ἄλλα νωθρὸν ὄντα καὶ χαςμώδη, ἐν δὲ τῇ τέχνῃ τεθεωρημένον, εἰπὼν τὴν γεωμετρίαν αὐτοῦ χάςκοντος εἰς τὸ ςτόμα ἐμπτῆναι. τοῦτον καὶ παρακόψαντα ἀναλαβὼν οἴκοι ἐς τοςοῦτον ἐθεράπευςεν, ἐς ὅςον ἀποκαταςτῆςαι.	–
Κράτητος δὲ ἐκλιπόντος κατέςχε τὴν ςχολήν, ἐκχωρήςαντος αὐτῷ Cωκρατίδου τινός.	17,41–18,7
διὰ δὲ τὸ περὶ πάντων ἐπέχειν οὐδὲ βιβλίον, φαςί, ςυνέγραψεν·	18,40–41 (18,30–33?)
οἱ δέ, ὅτι ἐφωράθη τινὰ διορθῶν, ἅ φαςιν οἱ μὲν ἐκδοῦναι, οἱ δὲ κατακαῦςαι.	18,33 (?)–40

Arkesilaos: Gesamturteil, philosophische Vorbilder und Argumentation (Kol. 19,9–20,3)

Aus der Neurekonstruktion von Kol. 19,11–12 folgt, dass im Papyrus eine Hypothese des Antigonos wiedergegeben ist. Dieser hält es zwar für schwierig, ein (philosophisches) Urteil über Arkesilaos zu fällen (Kol. 19,9–11), glaubt aber, dass er Platon am meisten von allen (früheren) Akademikern gefallen hätte (Kol. 19,11–14). Antigonos begründet dies mit Arkesilaos' Erwerb von Platons Büchern und der Bewunderung für ihn. Tarrant (2020) vermutet, dass hier Platons Bücher im engeren Sinne, also seine in der Akademie verwahrten Schriften, gemeint sind. Arkesilaos habe als „possessor of the books" eine Sonderrolle innegehabt.[302] Ich halte es (mit anderen) für wahrscheinlicher, dass Arkesilaos lediglich Platons veröffentlichte/kopierte Bücher „auf dem Markt" gekauft hatte. Vielleicht besuchten Schüler in der Akademie zwar den Unterricht bei akademischen Lehrern, aber lasen oder kauften nicht unbedingt immer Platons Bücher. Sollte ἔⸯτⸯι ⸤νέⸯ⸰ος [ὦν] in Kol. 19,15 zu ergänzen sein, hätte sich die Diskussion ohnehin erledigt und die Stelle würde nur bedeuten, dass Arkesilaos schon von Jugend an Platon bewundert und gelesen hat. Mit Kol. 19,17 beginnt ein neuer gedanklicher Abschnitt. Bisher vermochte man Kol. 19,17–24 nicht zu rekonstruieren und übersah mehrere markante Buchstabenkombinationen. Die Passage ist exakt analog zu Diogenes gestaltet. Zunächst werden pyrrhonische und eretrische Einschläge oder Sympathien bei Arkesilaos erwähnt, bevor wie in Diogenes der bekannte Spottvers des Ariston von Chios über Arkesilaos zitiert wird (Kol. 19,22–24): π[ρόϲθε] | Πλάτⸯωⸯ¹, ὄⸯπιθ[εν Πύρ-ρων], | μέⸯϲϲⸯ¹[ο]ϲ Διόδωρ[ος. Der Vers wird hier anonym überliefert, was vermutlich eine Vereinfachung durch Philodem ist. Abweichend von Diogenes lassen die wenigen Reste in Kol. 19,24–32 vermuten, dass der epistemologische Standpunkt des Arkesilaos angesprochen wurde. Vielleicht handelt es sich um eine Ergänzung Philodems oder seiner Grundquelle, die durch das Zitat evoziert wurde, aber der Gebrauch einiger philosophischer Grundbegriffe ist auch Antigonos zuzutrauen.

In Kol. 19,35–41 konnten Neulesungen die Passage erhellen. Es wird auf die dialektische Methode des Arkesilaos abgestellt. Arkesilaos hörte sich die Argumente der anderen Seite erst genau an und nutzte dann das Gesagte für seine Entgegnung. Viele Diskussionspartner wurden von ihrer eigenen Argumentation versklavt (Neulesung: δουⸯλοⸯυⸯ¹μένους), d.h., durch diese in Widersprüche verwickelt und mussten nach der Prüfung letztlich ihre Haltung auf-

---

302 Tarrant (2020), S. 208–216. Insbesondere bringt er die Stelle mit D.L. 3,66 (Antigonos F 39) in Verbindung: τὰ μὲν ϲημεῖα ταῦτα καὶ τὰ βιβλία τοϲαῦτα· ἅπερ (Ἀντίγονόϲ φηϲιν ὁ Καρύϲτιοϲ ἐν τῷ Περὶ Ζήνωνοϲ) νεωϲτὶ ἐκδοθέντα εἴ τιϲ ἤθελε διαναγνῶναι, μιϲθὸν ἐτέλει τοῖϲ κεκτημένοιϲ.

geben (εἴκειν ⌜τ⌝ε καὶ | ἥ⌜ττ⌝ᾶϲθαι κατὰ τὴν ἀνά|κρι⌜ϲι⌝ν). Im Kern ist hier die
sokratisch-dialektische Methode beschrieben, wobei der „dialektische Part" im
Sinne eines Frage-Antwort-Wechsels bei Arkesilaos offenbar einer zusammenhängenden Argumentation wich, wie aus anderen Quellen hervorgeht.[303]
Nach Kol. 19 sind fünf Kolumnen ausgefallen. Für den Inhalt, der wohl hauptsächlich oder gänzlich auf Antigonos zurückgeht und (große) Überlappungen
mit Diogenes gehabt haben muss, siehe Quellen Kol. 19,9–20,3. Unter Kol. 19
findet sich Ergänzung 11, deren Autor und intendierte Platzierung im Haupttext nicht zu ermitteln sind. In Kol. 20,1–3 ist nochmals gesagt, dass Arkesilaos
selbst nicht auch nur eine einzige positive Aussage traf und sich auf die Widerlegung anderer Ansichten beschränkte. In Kol. 20,3 befindet sich ein Hinweis
auf den Nachtrag unterhalb der Kolumne (Ergänzung 12), der vor der Schülerliste in der Endfassung erscheinen sollte.

– Vergleich Diogenes-Philodem (Arkesilaos-Vita, zweiter Teil)

4,32: ἐῴκει δὴ θαυμάζειν καὶ τὸν Πλάτωνα καὶ τὰ βιβλία ἐκέκτητο αὐτοῦ. 4,33: ἀλλὰ	19,9–24
καὶ τὸν Πύρρωνα κατά τιναϲ ἐζηλώκει καὶ τῆϲ διαλεκτικῆϲ εἴχετο καὶ τῶν Ἐρετρικῶν	
ἥπτετο λόγων, ὅθεν καὶ ἐλέγετο ἐπ᾽ αὐτοῦ ὑπ᾽ Ἀρίϲτωνοϲ· „πρόϲθε Πλάτων, ὄπιθεν	
{δὲ} Πύρρων, μέϲϲοϲ Διόδωροϲ."	
καὶ ὁ Τίμων ἐπ᾽ αὐτοῦ φηϲιν οὕτωϲ· „τῇ γὰρ ἔχων Μενεδήμου ὑπὸ ϲτέρνοιϲι μόλυβδον	
θεύϲεται ἢ Πύρρωνα τὸ πᾶν κρέαϲ ἢ Διόδωρον." καὶ διαλιπὼν αὐτὸν ποιεῖ λέγοντα·	
„νήξομαι εἰϲ Πύρρωνα καὶ εἰϲ ϲκολιὸν Διόδωρον."	
Ἦν δὲ καὶ ἀξιωματικώτατοϲ καὶ ϲυνηγμένοϲ καὶ ἐν τῇ λαλιᾷ διαϲτατικὸϲ τῶν ὀνομά-	19,25–41(?)
των ἐπικόπτηϲ θ᾽ ἱκανῶϲ καὶ παρρηϲιαϲτής·	
4,34: διὸ καὶ πάλιν ὁ Τίμων οὑτωϲὶ περὶ αὐτοῦ· „†καὶ νέον μηλήϲειϲ† ἐπιπλήξειν	Überlappun-
ἐγκαταμιγνύϲ." ὅθεν καὶ πρὸϲ τὸν θραϲύτερον διαλεγόμενον νεανίϲκον, „οὐ λήψεταί	gen mit den
τιϲ,᾽ ἔφη, ᾽τοῦτον ἀϲτραγάλῳ;᾽ πρὸϲ δὲ τὸν αἰτίαν ἔχοντα περαίνεϲθαι, ὡϲ ἀνήνεγκεν	fünf verlore-
αὐτῷ ὅτι οὐ δοκεῖ ἕτερον ἑτέρου μεῖζον εἶναι, ἠρώτηϲεν εἰ οὐδὲ τὸ δεκαδάκτυλον τοῦ	nen Kolumnen
ἑξαδακτύλου. Ἥμονοϲ δέ τινοϲ Χίου ἀειδοῦϲ ὄντοϲ καὶ ὑπολαμβάνοντοϲ εἶναι καλοῦ	zwischen Kol.
καὶ ἐν χλανίϲιν ἀεὶ ἀναϲτρεφομένου εἰπόντοϲ ὅτι οὐ δοκεῖ αὐτῷ ὁ ϲοφὸϲ ἐραϲθήϲεϲθαι,	19 und Kol. 20
ἔφη, ᾽πότερον οὐδ᾽ ἐὰν οὕτω καλὸϲ ᾖ τιϲ ὥϲπερ ϲὺ οὐδ᾽ ἐὰν οὕτω καλὰ ἱμάτια ἔχῃ;᾽	wahrscheinlich
ἐπεὶ δὲ καὶ παρακίναιδοϲ ὢν ὡϲ εἰϲ βαρὺν τὸν Ἀρκεϲίλαον ἔφη· 4,35: „ἔξεϲτ᾽ ἐρωτᾶν	
πότνιά ϲ᾽ ἢ ϲιγὴν ἔχω;" ὑπολαβὼν ἔφη· „γύναι, τί μοι τραχεῖα κοὐκ εἰθιϲμένωϲ λαλεῖϲ;"	
ϲτωμύλου δὲ ἀγεννοῦϲ πράγματα αὐτῷ παρέχοντοϲ ἔφη· „ἀκόλαϲθ᾽ ὁμιλεῖν γίγνεται	
δούλων τέκνα." ἄλλου δὲ πολλὰ φλυαροῦντοϲ οὐδὲ τίτθηϲ αὐτὸν χαλεπῆϲ τετυχηκέναι	
ἔφη· τιϲὶ δὲ οὐδὲ ἀπεκρίνετο.	

303   Vgl. Vezzoli (2016), S. 19 f. mit Verweis auf Arkes. F 35,47,107 Vezzoli.

πρὸς δὲ τὸν δανειστικὸν καὶ φιλόλογον εἰπόντα τι ἀγνοεῖν, ἔφη· „λήθουσι γάρ τοι κἀνέμων διέξοδοι θήλειαν ὄρνιν, πλὴν ὅταν τόκος παρῇ." ἔστι δὲ ταῦτα ἐκ τοῦ Οἰνομάου τοῦ Σοφοκλέους. 4,36: Πρὸς Ἀλεξίνειόν τινα διαλεκτικὸν μὴ δυνάμενον κατ' ἀξίαν τῶν Ἀλεξίνου τι διηγήσασθαι τὸ Φιλοξένῳ πρὸς τοὺς πλινθιακοὺς πραχθὲν εἶπεν· ἐκεῖνος γὰρ τὰ αὑτοῦ κακῶς ᾄδοντας τούτους καταλαβὼν αὐτὸς τὰς πλίνθους αὐτῶν συνεπάτησεν, εἰπών, "ὡς ὑμεῖς τὰ ἐμὰ διαφθείρετε, κἀγὼ τὰ ὑμέτερα." ἤχθετο οὖν δὴ τοῖς μὴ καθ' ὥραν τὰ μαθήματα ἀνειληφόσι. φυσικῶς δέ πως ἐν τῷ διαλέγεσθαι ἐχρῆτο τῷ Φήμ' ἐγώ, καί, Οὐ συγκαταθήσεται τούτοις ὁ δεῖνα, εἰπὼν τοὔνομα· ὃ καὶ πολλοὶ τῶν μαθητῶν ἐζήλουν καὶ τὴν ῥητορείαν καὶ πᾶν τὸ σχῆμα. 4,37: Ἦν δὲ καὶ εὑρεσιλογώτατος ἀπαντῆσαι εὐστόχως καὶ ἐπὶ τὸ προκείμενον ἀνενεγκεῖν τὴν περίοδον τῶν λόγων καὶ ἅπαντι συναρμόσασθαι καιρῷ. πειστικός τε ὑπὲρ ἅπανθ' ὁντινοῦν· παρ' ὃ καὶ πλείους πρὸς αὐτὸν ἀπήντων εἰς τὴν σχολὴν καίπερ ὑπ' ὀξύτητος αὐτοῦ ἐπιπληττόμενοι. ἀλλ' ἔφερον ἡδέως· καὶ γὰρ ἦν ἀγαθὸς σφόδρα καὶ ἐλπίδων ὑποπιμπλὰς τοὺς ἀκούοντας. ἀγαθὸς σφόδρα καὶ ἐλπίδων ὑποπιμπλὰς τοὺς ἀκούοντας. ἔν τε τῷ βίῳ κοινωνικώτατος ἐγένετο καὶ εὐεργετῆσαι πρόχειρος ἦν καὶ λαθεῖν τὴν χάριν ἀτυφότατος. εἰσελθὼν γοῦν ποτε πρὸς Κτησίβιον νοσοῦντα καὶ ἰδὼν ἀπορίᾳ θλιβόμενον, κρύφα βαλάντιον ὑπέθηκε τῷ προσκεφαλαίῳ· καὶ ὃς εὑρών, "Ἀρκεσιλάου," φησί, "τὸ παίγνιον." ἀλλὰ καὶ ἄλλοτε χιλίας ἀπέστειλεν. 4,38: Ἀρχίαν τε τὸν Ἀρκάδα Εὐμένει συστήσας πολλῆς ἐποίησε τυχεῖν τῆς ἀξίας. ἐλευθέριός τε ὢν καὶ ἀφιλαργυρώτατος εἰς τὰς ἀργυρικὰς δείξεις ἀπήντα πρῶτος, καὶ ἐπὶ τὴν Ἀρχεκράτους καὶ Καλλικράτους τὰς χρυσιαίας παντὸς ἔσπευδε μᾶλλον. συχνοῖς τε ἐπήρκει καὶ συνηράνιζε· καί ποτέ τινος ἀργυρώματα λαβόντος εἰς ὑποδοχὴν φίλων καὶ ἀποστεροῦντος οὐκ ἀπήτησεν οὐδὲ προσεποιήθη. οἱ δέ φασιν ἐπίτηδες χρῆσαι καὶ ἀποδιδόντος, ἐπεὶ πένης ἦν, χαρίσασθαι. ἦν μὲν οὖν αὐτῷ καὶ ἐν Πιτάνῃ περιουσία, ἀφ' ἧς ἀπέστειλεν αὐτῷ Πυλάδης ὁ ἀδελφός. ἀλλὰ καὶ ἐχορήγει αὐτῷ πολλὰ Εὐμένης ὁ τοῦ Φιλεταίρου· διὸ καὶ τούτῳ μόνῳ τῶν ἄλλων βασιλέων προσεφώνει. 4,39: πολλῶν δὲ καὶ τὸν Ἀντίγονον θεραπευόντων καὶ ὁπότε ἥκοι ἀπαντώντων αὐτὸς ἡσύχαζε, μὴ βουλόμενος προεμπίπτειν εἰς γνῶσιν. φίλος τε ἦν μάλιστα Ἱεροκλεῖ τῷ τὴν Μουνιχίαν ἔχοντι καὶ τὸν Πειραιᾶ· ἔν τε ταῖς ἑορταῖς κατῄει πρὸς αὐτὸν ἑκάστοτε. καὶ δὴ καὶ πολλὰ ἐκείνου συμπείθοντος ὥστ' ἀσπάσασθαι τὸν Ἀντίγονον, οὐκ ἐπείσθη, ἀλλ' ἕως πυλῶν ἐλθὼν ἀνέστρεψε. μετά τε τὴν Ἀντιγόνου ναυμαχίαν πολλῶν προσιόντων καὶ ἐπιστόλια παρακλητικὰ γραφόντων αὐτὸς ἐσιώπησεν. ἀλλ' οὖν ὅμως ὑπὲρ τῆς πατρίδος ἐπρέσβευσεν εἰς Δημητριάδα πρὸς Ἀντίγονον καὶ οὐκ ἐπέτυχε. τὸ πᾶν δὴ διέτριβεν ἐν τῇ Ἀκαδημείᾳ τὸν πολιτισμὸν ἐκτοπίζων. 4,40: καί ποτε δὴ καὶ {Ἀθήνησιν} ἐν τῷ Πειραιεῖ πρὸς τὰς θέσεις λέγων ἐχρόνισεν, οἰκείως ἔχων πρὸς Ἱεροκλέα· ἐφ' ᾧ καὶ πρός τινων διεβάλλετο. πολυτελής τε ἄγαν ὢν καὶ (τί γὰρ ἄλλο ἢ ἕτερος Ἀρίστιππος;) ἐπὶ τὰ δεῖπνα πρὸς τοὺς ὁμοιοτρόπους μέν, πλὴν ἀλλ' ἀπήντα. καὶ Θεοδότῃ τε καὶ Φίλᾳ ταῖς Ἠλείαις ἑταίραις συνῴκει φανερῶς καὶ πρὸς τοὺς διασύροντας προεφέρετο τὰς Ἀριστίππου χρείας. φιλομειράκιός τε ἦν καὶ καταφερής· ὅθεν οἱ περὶ

Überlappungen mit den fünf verlorenen Kolumnen zwischen Kol. 19 und Kol. 20 wahrscheinlich

Ἀρίστωνα τὸν Χῖον στωικοὶ ἐπεκάλουν αὐτῷ, φθορέα τῶν νέων καὶ κιναιδολόγον καὶ θρασὺν ἀποκαλοῦντες. 4,41: καὶ γὰρ καὶ Δημητρίου τοῦ πλεύσαντος εἰς Κυρήνην ἐπὶ πλέον ἐρασθῆναι λέγεται, καὶ Κλεοχάρους τοῦ Μυρλεανοῦ· ἐφ᾽ ᾧ καὶ πρὸς τοὺς κωμάσαντας εἰπεῖν αὐτὸς μὲν θέλειν ἀνοῖξαι, ἐκεῖνον δὲ διακωλύειν. τούτου δὲ ἤρων καὶ Δημοχάρης ὁ Λάχητος καὶ Πυθοκλῆς ὁ {τούς} τοῦ Βουσέλου· οὓς καταλαβὼν ὑπ᾽ ἀνεξικακίας παραχωρεῖν ἔφη. διὰ ταῦτα δὴ οὖν ἔδακνόν τε αὐτὸν οἱ προειρη- μένοι καὶ ἐπέσκωπτον ὡς φίλοχλον καὶ φιλόδοξον· μάλιστα δὲ ἐπετίθεντο αὐτῷ οἱ περὶ Ἱερώνυμον τὸν Περιπατητικόν, ὁπότε συνάγοι τοὺς φίλους εἰς τὴν Ἀλκυονέως τοῦ Ἀντιγόνου υἱοῦ ἡμέραν, εἰς ἣν ἱκανὰ χρήματα ἀπέστελλεν Ἀντίγονος πρὸς ἀπό- λαυσιν. 4,42: ἔνθα καὶ παραιτούμενος ἑκάστοτε τὰς ἐπικυλικείους ἐξηγήσεις πρὸς Ἀρίδηλον προτείνοντά τι θεώρημα καὶ ἀξιοῦντα εἰς αὐτὸ λέγειν εἶπεν, "ἀλλ᾽ αὐτὸ τοῦτο μάλιστα φιλοσοφίας ἴδιον, τὸ καιρὸν ἑκάστων ἐπίστασθαι." εἰς δὲ τὸ διαβαλ- λόμενον αὐτοῦ φίλοχλον καὶ Τίμων τά τ᾽ ἄλλα φησίν, ἀτὰρ δὴ τοῦτον τὸν τρόπον· ὡς εἰπὼν ὄχλοιο περίστασιν εἰσκατέδυνεν. / ὁ δέ μιν ἠΰτε γλαῦκα πέρι σπίζαι τερα- τοῦντο / ἠλέματον δεικνύντες, ὁθούνεκενόχλοάρεσκος. / οὐ μέγα πρῆγμα, τάλας· τί πλατύνεαι ἠλίθιος ὥς; οὐ μὴν ἀλλ᾽ οὕτως ἄτυφος ἦν ὥστε τοῖς μαθηταῖς παρῄει καὶ ἄλλων ἀκούειν. καί τινος Χίου νεανίσκου μὴ εὐαρεστουμένου τῇ διατριβῇ αὐτοῦ ἀλλ᾽ Ἱερωνύμου τοῦ προειρημένου, αὐτὸς ἀπαγαγὼν συνέστησε τῷ φιλοσόφῳ, παραινέσας εὐτακτεῖν. 4,43: χάριεν δ᾽ αὐτοῦ φέρεται κἀκεῖνο· πρὸς τὸν πυθόμενον διὰ τί ἐκ μὲν τῶν ἄλλων μεταβαίνουσιν εἰς τὴν Ἐπικούρειον, ἐκ δὲ τῶν Ἐπικουρείων οὐδέποτε, ἔφη, "ἐκ μὲν γὰρ ἀνδρῶν γάλλοι γίνονται, ἐκ δὲ γάλλων ἄνδρες οὐ γίνονται." λοιπὸν δὲ πρὸς τῷ τέλει γινόμενος ἅπαντα κατέλιπε Πυλάδῃ τῷ ἀδελφῷ τὰ αὑτοῦ, ἀνθ᾽ ὧν ἐς Χῖον αὐτὸν προήγαγε τὸν Μοιρέαν λανθάνων, κἀκεῖθεν εἰς Ἀθήνας ἀπήγαγε. περιὼν δὲ οὔτε γύναιον εἰσηγάγετο οὔτ᾽ ἐπαιδοποιήσατο. τρεῖς τε διαθήκας ποιησάμενος ἔθετο τὴν μὲν ἐν Ἐρετρίᾳ πρὸς Ἀμφίκριτον, τὴν δ᾽ Ἀθήνησι παρά τινας τῶν φίλων, τὴν δὲ τρίτην ἀπέστειλεν εἰς οἶκον πρὸς Θαυμασίαν ἕνα τινὰ ἀναγκαίων, ἀξιώσας διατηρῆσαι· πρὸς ὃν καὶ γράφει ταυτί· "Ἀρκεσίλαος Θαυμασίᾳ χαίρειν. 4,44: δέδωκα Διογένει δια- θήκας ἐμαυτοῦ κομίσαι πρὸς σέ· διὰ γὰρ τὸ πολλάκις ἀρρωστεῖν καὶ τὸ σῶμα ἀσθενῶς ἔχειν ἔδοξέ μοι διαθέσθαι, ἵν᾽ εἴ τι γένοιτο ἀλλοῖον, μήτι σὲ ἠδικηκὼς ἀπίω τὸν εἰς ἐμὲ ἐκτενῶς οὕτω πεφιλοτιμημένον. ἀξιοπιστότατος δ᾽ εἶ τῶν ἐνθάδε σύ μοι τηρῶν αὐτὰς διά τε τὴν ἡλικίαν καὶ τὴν πρὸς ἡμᾶς οἰκειότητα. πειρῶ οὖν, μεμνημένος διότι σοι πίστιν τὴν ἀναγκαιοτάτην παρακατατέθειμαι, δίκαιος ἡμῖν εἶναι, ὅπως ὅσον ἐπὶ σοὶ τὰ κατ᾽ ἐμὲ εὐσχημόνως ᾖ μοι διῳκημένα. κεῖνται δὲ Ἀθήνησιν αὗται παρά τισι τῶν γνω- ρίμων καὶ ἐν Ἐρετρίᾳ παρ᾽ Ἀμφικρίτῳ." Ἐτελεύτησε δέ, ὥς φησιν Ἕρμιππος, ἄκρατον ἐμφορηθεὶς πολὺν καὶ παρακόψας, ἤδη γεγονὼς ἔτος πέμπτον καὶ ἑβδομηκοστόν, ἀποδεχθεὶς πρὸς Ἀθηναίων ὡς οὐδείς. 4,45: Ἔστι καὶ εἰς τοῦτον ἡμῶν· „Ἀρκεσίλαε, τί μοι, τί τοσοῦτον ἄκρητον ἀφειδῶς/ ἔσπασας, ὥστε φρενῶν ἐκτὸς ὄλισθες ὄχθεν;/ οἰκτείρω σ᾽ οὐ τόσσον ἐπεὶ θάνες, ἀλλ᾽ ὅτι Μούσας/ ὕβρισας οὐ μετρίῃ χρησάμενος κύλικι." Γεγόνασι δὲ καὶ ἄλλοι τρεῖς Ἀρκεσίλαοι· ποιητὴς ἀρχαίας κωμῳδίας, ἄλλος ἐλεγείας,

Überlappun- gen mit den fünf verlore- nen Kolumnen zwischen Kol. 19 und Kol. 20 wahrscheinlich

ἕτερος ἀγαλματοποιός· εἰς ὃν καὶ Cιμωνίδης ἐποίησεν ἐπίγραμμα τουτί· „Ἀρτέμιδος
τόδ᾽ ἄγαλμα, διηκόσιαι δ᾽ ἄρ᾽ ὁ μισθός/ δραχμαὶ ταὶ Πάριαι, τῶν ἐπίσημα τράγος./
ἀσκητὸς δ᾽ ἐποίησεν Ἀθηναίης παλάμησιν/ ἄξιος Ἀρκεσίλας υἱὸς Ἀριστοδίκου." Ὁ δὲ
προειρημένος φιλόσοφος, καθά φησιν Ἀπολλόδωρος ἐν Χρονικοῖς (FGrH 244 F 16),
ἤκμαζε περὶ τὴν 〈... καὶ〉 εἰκοστὴν καὶ ἑκατοστὴν Ὀλυμπιάδα.

Arkesilaos: Schülerliste (Kol. 20,3–44)

Der Formulierung in Kol. 20,3–6 nach hatte Arkesilaos noch weitere Schüler –
nur die bedeutendsten dürften hier genannt worden sein. Diogenes Laertius
überliefert keine Schülerliste am Ende seiner Arkesilaos-Vita. Die wohl interes-
santeste Erkenntnis der Neuedition ist, dass Philodem sämtliche Kopulae (καί)
zwischen den Eigennamen getilgt hat (nur bei gleichen Ethnika genutzt) und
somit Einheitlichkeit mit der Schülerliste des Karneades (Kol. 22,37–24,Mitte)
und des Platon (Kol. 5,44–6,20) hergestellt hat, während in den Schülerlisten
des Philio, Antiochos und Charmadas (Kol. 34–36) und wohl auch des Xenokrates (Kol. 8*,7–17) Polysyndeta zu konstatieren sind. Vermutlich empfand
Philodem solche καί bei sehr langen Listen als störend. Die vielen Schülerlisten im *Index Stoicorum* sind durchweg asyndetisch.

Der zuerst genannte Arideikas von Rhodos ist aus mindestens einer Erwähnung bei Athenaios (mit abweichender Namensendung) als Akademiker
bekannt und sein Grabepigramm sehr wahrscheinlich auf einer rhodischen
Inschrift erhalten. Womöglich ist der Akademiker auch bei einigen anderen
Autoren gemeint.[304] Die Kolophoner Dionysios und Zopyros sind durch Diogenes Laertius als Autoren von Büchern bekannt, welche sie unter dem Namen
des Menippos von Gadara in Umlauf brachten.[305] Der an zweiter Stelle
genannte Dorotheos von Telphusa ist ebenso wie der frühere Polemon-Schüler
Xenokles von Metapont nur hier erwähnt. Die Namen eines Milesiers, Alexan-
driners, Neapolitaners (Neulesungen in Kol. 20,33–34), eines Korinthers und
eines Epidamniers konnten nicht wiederhergestellt werden. Apollodor und
Demosthenes aus Megalopolis sind anderweitig unbekannt. Ob ein anderer
Dorotheos wirklich, wie bisher vermutet, aus Amisos stammte, ist unsicher.
Nun erscheint Arkesilaos' Nachfolger Lakydes von Kyrene erstaunlicherweise
nicht als letztes Glied der Liste, sondern es folgte mindestens noch ein weiterer
Akademiker. Man liest den Namen eines Pythodor, der auch Vorlesungsmit-
schriften (ὁ καὶ c]χολὰς ἀναγράψας) anfertigte.[306] Sein Ethnikon war entweder

---

304   Übersicht bei Görler (1994), S. 836 f. und Haake (2007), S. 195–197. Für Einzelheiten siehe
      den Kommentar.
305   D.L. 6,100.
306   Die exakt wortgleiche Zusatzinformation findet sich in Kol. 22,40 und ähnlich in Kol. 23,4–
      6.

im Folgenden genannt oder vergessen. Vermutlich reichte die Liste noch einige Zeilen in die verlorene Kolumne nach Kol. 20 hinein, bevor die Lakydes-Vita begann. Mindestens vier Zusatzinformationen zu Namen sind in der Liste zu verzeichnen,[307] wobei eine fehlplatzierte Angabe (wohl zu Dionysios Metathemenos) hervorsticht, die Philodem mittels Klammern tilgte.

Lakydes: Leben, Mittlere und Neue Akademie (Kol. 21,1–41)

Lakydes von Kyrene wurde 241/40 Nachfolger des Arkesilaos und setzte die „Skeptische Wende" seines Vorgängers mit einigen Akzentverschiebungen fort. Er ist der Nachwelt kaum in Erinnerung geblieben, da seine illustren Vorgänger und spätere Akademiker wie etwa Karneades ihn überstrahlten.[308] Diogenes Laertius widmet Lakydes immerhin drei Kapitel (D.L. 4,59–61). Insgesamt haben wir vergleichsweise wenige Testimonien zu Lakydes' Leben und Philosophie.[309] Attalos I. stiftete im Areal der Akademie einen nach dem Scholarchen benannten Garten, das sogenannte „Lakydeion".

Der erstmals entdeckte Ausfall einer Kolumne zwischen Kol. 20 und 21 lässt den Schluss zu, dass die Lakydes-Vita in ebendieser Kolumne nach dem Ende der Schülerliste anschloss. Bisher konnte aus Kol. 21,4–10 nichts Substantielles gewonnen werden. Frühere Editoren verließen sich offenbar für den ersten Teil von Kol. 21 primär auf das ungewöhnlich sorglos bzw. fehlerhaft angefertigte Oxforder Disegno. Das Original wie auch die MSI/HSI bieten aber an vielen Stellen (anderen) Text und erlauben eine Gesamtrekonstruktion, die erstmals einen Eindruck von Lakydes' Armut in jungen Jahren vermittelt. Für den Beginn der Vita in der verlorenen Kolumne vor Kol. 21 und den Inhalt von Kol. 21 selbst ist D.L. 4,59 zu vergleichen: Λακύδης Ἀλεξάνδρου Κυρηναῖος. οὗτός ἐστιν ὁ τῆς νέας Ἀκαδημείας κατάρξας καὶ Ἀρκεσίλαον διαδεξάμενος, ἀνὴρ σεμνότατος καὶ οὐκ ὀλίγους ἐσχηκὼς ζηλωτάς· φιλόπονός τε ἐκ νέου καὶ πένης μέν, εὔχαρις δ᾽ ἄλλως καὶ εὐόμιλος.

Zunächst berichten einige (vielleicht phraseologisch zu verstehen: „es wird berichtet") über die Armut des jungen Lakydes (Kol. 21,1–3). Die ersten neun Zeilen von Kol. 21 sind bei Diogenes zu (ἐκ νέου) καὶ πένης μέν kondensiert. Das adverbielle τὸ πρῶτον in Z. 2 entspricht ἐκ νέου aus Diogenes. Es ist unklar, ob die Armutsepisode noch in der Heimat des Lakydes in Kyrene (wahrscheinlicher) oder schon in Athen anzusiedeln ist. Die Ankunft in Athen müsste in ersterem Fall (implizit) ab etwa Kol. 21,15 oder schon in der verlorenen Kolumne ver-

---

307   Kol. 20,11–12 und 28 und 38–40 und 43.

308   Zu Lakydes siehe Görler (1994), S. 829–848; Dorandi (2005b). Zu seiner Philosophie und der „Neuen Akademie" siehe Lévy (2005), S. 51–60.

309   Fragmentsammlung bei Mette (1985), S. 39–51.

merkt worden sein, so dass Z. 1–9 ein Rückblick wäre. Während die Rekonstruktion von Kol. 21,6–9 gesichert ist, hängt in Z. 3 viel vom Disegno ab. Vermutlich wird die Armut des Lakydes mit dem Verzehr von Feigen verbunden, sollte das Disegno nicht in ⌜ϲη⌝|κοῖϲ ... κα⌜τοιϰ⌝[ου]μέ|νοιϲ zu ändern sein.[310] In diesem Fall wären Tempelbezirke bzw. heilige Stätten gemeint, wo man teils im Freien oder in kalten Räumen zu religiös-kultischen Zwecken (Traumorakel/Heilung) schlafen konnte.[311] Jedenfalls scheint im Folgenden beschrieben, wie Lakydes unter der Kälte litt und sich halbtotgefroren durch Übungen wieder aufwärmte (Kol. 21,6–9). Womöglich wurde er mit betenden Menschen, welche eine kauernde Haltung einnahmen, verglichen. Im Folgenden liest man, dass er sich durch Intelligenz und Fleiß aus seiner Lage herausarbeitete (Kol. 21,9–11).

Der Mittelteil der Kolumne ist verloren. Am Ende (Kol. 21,35–38) wird die „Mittlere Akademie", mit welcher im Papyrus die Akademie des Arkesilaos gemeint ist, als recht wild und unstet beschrieben sowie mit dem skythischen Wanderleben verglichen (ἀγριω[τ]έρ[αν ... πλανῆτιν οὐδὲν ἧτ|τον τῆϲ Ϲκυθικῆϲ ζω{ι}ῆϲ). Orientierungslosigkeit und (barbarische) Willkür sind durch den Vergleich impliziert. Lakydes gelang es, die Akademie zu domestizieren und wieder in einen geordneten Zustand zu bringen (ϲτῆϲαι). Dazu habe er die Lehre „aus beidem" gemischt (τὴν ἀγωγὴ⌜ν ἐ⌝ξ ἀμφοῖν κεράϲαντα) und so bewirkt, dass seine Akademie „Neuere" genannt wird (Kol. 21,39–41). Diese Passage ist aus vielen Gründen aufschlussreich. Zunächst ist sie eine Art Manifestation der gewissen Orientierungslosigkeit der Arkesilaos-Schüler (Kol. 18,41–19,9), die offenbar in Ermangelung einer straffen Führung bzw. einer philosophischen Richtschnur „experimentierten", den Skeptizismus des Arkesilaos verschieden deuteten und gleichsam wie heimatlose Nomaden im philosophischen „Freigehege" der Akademie umherirrten. Interessanterweise ist dieser unstete Charakter der Arkesilaos-Akademie wahrscheinlich auch noch in einer Laktanz-Passage reflektiert:[312] *quod Arcesilas veritate non cognita facere conatus introduxit genus philosophiae asystatum, quod Latine instabile vel inconstans possumus dicere.* Vielleicht hat Laktanz eine Aussage bei Cicero nicht korrekt verstanden,[313] aber „asystatum" scheint doch eine gute Umschreibung

---

310 Puglia schlägt den Verzehr von gebratenen Feigen als „Arme-Leute-Essen" vor, was plausibel, aber in der Literatur nicht belegt ist. Problematisch ist die Erwähnung von δειϲιδαι-μονία, welche mit Z. 6 f. syntaktisch sinnvoll verbunden werden muss. Ferner könnte das Aufwärmen von der Kälte (Z. 6–9) eine Verbindung zum Schlaf in der Kälte verlangen.

311 Der Tempelschlaf (ἐγκοίμηϲιϲ), besonders in weiträumigen Asklepios-Heiligtümern, war in der Antike sehr beliebt. Siehe Renberg (2017), S. 308 f. für Asklepios(Iatros)-Heiligtümer in Kyrene.

312 Lact. inst. III,6 (Arkes. F 128 Vezzoli).

313 Görler (1994), S. 780.

für ἀγριω[τ]έρ[αν ... πλανῆτιν οὐδὲν ἧτ|τον τῆς Cκυθικῆς ζω{ι}ῆς, also für eine aufgrund fehlender Dogmen „unbeständige" Art akademischen Philosophierens.[314] Mit anderer Interpunktion beziehe ich τὴν ἀγωγὴ⸌ν ἐ᾽ξ ἀμφοῖν κεράcαντα noch auf den vorherigen Teil als Begründung der Stabilisierung der Akademie. Mit ἀμφοῖν sind im Kontext meines Erachtens „Alte Akademie" und „Mittlere Akademie" gemeint.[315] Die „Neuere Akademie" des Lakydes – man beachte den einmaligen Gebrauch des Komparativs[316] – ist somit eine Mischung (nicht notwendigerweise vollständiger Ausgleich) zwischen den radikal-skeptischen Auswüchsen des Arkesilaos und den Lehren der „Alten Akademie" (Platon bis Polemon/Krates). Man fragt sich, inwieweit diese philosophiehistorische Aussage im *Index Academicorum* der Realität entspricht. In der Tat mag Lakydes allein durch seine „Schriftlichkeit" manches zur Klarheit beigetragen haben und könnte einen näheren Anschluss an die Philosophie von Arkesilaos' Vorgängern gesucht haben, indem er die Lehren des Arkesilaos schon als bei ihnen vorgezeichnet zu erweisen suchte und zugleich Aussagen der „Alten Akademiker" mit der neuen Richtung harmonisierte.[317] Lakydes könnte nach der Umbruchsphase unter Arkesilaos die Rolle eines Mediators zugefallen sein, wobei er den Skeptischen Weg im Wesentlichen nicht verließ, ja für die nächsten 150 Jahre zementierte, aber zugleich gewisse Irrwege, Planlosigkeiten oder Radikalismen korrigierte und laut der Mischungsaussage in Kol. 21,39–40 auch die Lehre der früheren Akademiker integrierte und somit (vermeintliche) „akademische Kontinuität" wiederherstellte.

An dieser Stelle sind einige Bemerkungen zur antiken Phaseneinteilung der Akademie angebracht. Cicero geht bekanntlich nur von einer Zweiteilung der Akademie aus, welche er wohl in seinen Handbüchern vorfand.[318] Der *Index Academicorum* ist der früheste Zeuge für eine Dreiteilung der Akademie und der früheste Zeuge,[319] in welchem Lakydes die Gründung der „Neuen Akade-

---

314 Eine Verbindung der Aussage mit Cic. fam. 13,25,3, welche erstmals Lévy (2005), S. 55 vorschlug, besteht zumindest nicht im engerem Sinne: *est enim is quoque Antiochius. o Academiam volaticam et sui similem!* Der unstete Charakter ist hier auf die „Alte Akademie" (des Antiochos) bezogen. Natürlich könnte er eine Reminiszenz auf die Beschreibung der Akademie als unstet in anderem Kontext sein.

315 So auch Lévy (2005), S. 56 f.

316 Im Lateinischen nutzt Cicero auch einige Male den Komparativ ohne tiefere Bedeutung.

317 Vgl. Long (1986), S. 444 und Hatzimichali (2020), S. 269.

318 Vgl. Görler (1994), S. 779–781.

319 Ansonsten liegt in S.Emp. P.H. 1,220 Dreiteilung vor, die aber gleich um eine alternative „Fünfteilung" erweitert wird: Ἀκαδημίαι δὲ γεγόναcιν, ὡς φαcί⟨ν οἱ⟩ πλείους [ἤ], τρεῖς, μία μὲν καὶ ἀρχαιοτάτη ἡ τῶν περὶ Πλάτωνα, δευτέρα δὲ καὶ μέcη ἡ τῶν περὶ Ἀρκεcίλαον τὸν ἀκουcτὴν Πολέμωνος, τρίτη δὲ καὶ νέα ἡ τῶν περὶ Καρνεάδην καὶ Κλειτόμαχον· ἔνιοι δὲ καὶ τετάρτην προcτιθέαcι τὴν περὶ Φίλωνα καὶ Χαρμίδαν, τινὲς δὲ καὶ πέμπτην καταλέγουcι τὴν περὶ [τὸν]

mie" zugeschrieben wird.[320] Ansonsten wird Karneades meist als Ahnherr der
„Neuen Akademie" genannt (und Lakydes mit keiner Gründung bedacht).[321]
In der Tat dürfte die Kategorisierung im *Index Academicorum* nicht auf Philodem zurückgehen, sondern auf seine Grundquelle. Sie schrieb vermutlich in
den 70er Jahren (siehe die Einleitung zu III 2). Ihre Einteilung ist einzigartig,
insofern sie bei Dreiteilung Lakydes als Gründer der Neuen Akademie anführt.
Gluckers (1978) These,[322] dass der Irrtum eines Doxographen vorliegt, der von
dem „neuen" Lakydeion auf eine „neue" Akademie schloss, ist unwahrscheinlich und insbesondere sollte die Passage im *Index Academicorum* mit ihrer
„Mischungserklärung" beweisen, dass hier eine eigene Tradition vorliegt. Von
dieser Tradition oder der Grundquelle des *Index Academicorum* könnte auch
Diogenes abhängen, der Lakydes als Gründer der „Neuen Akademie" kennt.
Vermutlich wurde die Passage zu Lakydes in Kol. M (und nicht Kol. 22) fortgesetzt.

Karneades: Keine Werke, Chrysipp, Diogenes, Philosophengesandtschaft (Kol. 22,1–37)

Karneades von Kyrene (214/13–129/28) ist eine der schillerndsten Persönlichkeiten der Skeptischen Akademie, die er mit seiner Art des dialektischen Dis-
putierens um die Mitte des 2. Jh. v. Chr. zu einer erstaunlichen Blüte führte.[323]
Öfters wird er, und nicht Lakydes (siehe Einordnung Kol. 21,1–41), als Gründer

---

Ἀντίοχον. Dreiteilung bzw. Vierteilung bei Numenios (Numenios F 26 und 28 des Places =
Eus. PE 14,7,15 und 14,9,3): Μεθ᾽ οὓς Καρνεάδης ὑποδεξάμενος τὴν διατριβὴν τρίτην συνεστήσατο
Ἀκαδημίαν, ... Φίλωνος δὲ γίγνεται ἀκουστὴς Ἀντίοχος, ἑτέρας ἄρξας Ἀκαδημίας. Drei bzw.
Fünftteilung in Ps.-Gal. hist. phil. 3: ⟨Πλάτων⟩ ... τῆς ἀρχαίας λεγομένης ἀκαδημίας κατῆρξε
... ⟨Ἀρκεσίλαος⟩, ὃς τὴν μέσην ἀκαδημίαν ἐπινενόηκεν ... τούτου δὲ ⟨Καρνεάδης⟩ κατέστη διάδοχος, ⟨ὃς⟩ τῆς νέας ἀκαδημίας τὰς ἀρχὰς συνεώρακεν· ... εἰσὶ δὲ πρὸς ταύταις πάσαις ἀκαδημίαι
δύο νεώτεραι, ὧν τῆς μὲν προτέρας ⟨Φίλων⟩, ⟨Ἀντίοχος⟩ δὲ τῆς ἐφεξῆς. (Implizite) Dreiteilung mit Karneades in Clem. Alex. strom. 1,14,64: Κράντωρ, εἰς οὓς ἡ ἀπὸ Πλάτωνος κατέληξεν
ἀρχαία Ἀκαδημία. Κράντορος δὲ μετέσχεν Ἀρκεσίλαος, ἀφ᾽ οὗ μέχρι Ἡγησίνου ἤνθησεν Ἀκαδημία
ἡ μέση. εἶτα Καρνεάδης διαδέχεται Ἡγησίνουν καὶ οἱ ἐφεξῆς.

320 D.L. 1,14; 1,19; 4,59. Suda λ 72: ⟨Λακύδης,⟩ Ἀλεξάνδρου Κυρηναίου, φιλόσοφος, ὃς τῆς νέας Ἀκα-
     δημίας κατῆρξεν.
321 Siehe Fn. 319.
322 Glucker (1978), S. 234f. Dagegen schon Lévy (2005), S. 54.
323 Für Karneades siehe Görler (1994), Dorandi/Queyrel (1994), Schofield (2005). Fragment-
     sammlung bei Mette (1985). Einige von Mette übersehene Fragmente bei Neuhausen
     (2003/2004). Was Papyri betrifft, so ist Karneades außerhalb des *Index Academicorum* nur
     in einer defizitär gestalteten Liste von Scholarchen diverser Schulen (*Corpus dei papiri filo-
     sofici greci e latini* (= *CPF*) 27 1T (= Teil von *CPF* 1) = P. Duke Inv. G 178, Kol. 2,6–7: Καρνεάδης
     [Κυρηναῖος] | Ἀκαδημ[ίας μέσης] (vel δευτέρας, Willis)) und in der *Vita Philonidis* (PHerc.
     1044, frg. 27,24–25 Gallo) genannt, offenbar als Lehrer des Philonides für eine kurze Zeit.

ABB. 36   Karneades (München, Glyptothek, Inv. DV 65)

der „Neuen Akademie" (bei schematischer Dreiteilung) genannt. Karneades
blieb dem erkenntniskritischen Skeptizismus des Arkesilaos im Wesentlichen
treu, ja verstetigte ihn auf seine eigene Weise und feilte Details aus. Als Hand-
lungskriterium für die Praxis führte er das πιθανόν ein und begründete somit
eine Wahrscheinlichkeitslehre. Diese war offenbar eine Reaktion auf stoische
oder auch innerakademische Einwände, tangierte aber nicht die Erkenntnis-
kritik an sich.[324] Karneades brillierte durch seine beachtlichen rhetorischen
Fähigkeiten. Die Teilnahme und das Auftreten während der Philosophenge-

---

324   Vgl. etwa Allen (1994).

sandtschaft nach Rom (155 v. Chr.) sind beinahe legendär. Er soll beim Stoiker Diogenes von Seleukia (Babylon) Dialektik erlernt haben[325] und hinterließ wie Arkesilaos keinerlei Schriften. Dennoch vermitteln uns seine zahlreichen, teils sehr berühmten Schüler sowie spätere Skeptische Akademiker durch ihre Bücher ein recht umfassendes Bild von der Philosophie des Karneades. Desungeachtet kam es schon in der Antike (siehe Kol. 26,4 ff.) zu Diskussionen, ob Karneades denn tatsächlich ein überzeugter Skeptiker war oder nicht die skeptischen Argumente lediglich „ad hominem" gegen die Stoa nutzte. Auch unter modernen Gelehrten wird diese dialektische Leseweise von Karneades' Philosophie zuweilen vertreten.[326] Die Auseinandersetzung mit der Epistemologie der Stoa, welche bisweilen in bizarre Subtilitäten oder Diskussionen abglitt, erreichte mit Karneades ihren Höhepunkt. Der Skeptizismus der Akademie scheint erst unter ihm in allen Facetten voll zur Entfaltung gekommen zu sein.

Bis dato mussten Forscher konstatieren, dass abgesehen von einer umfangreichen Schülerliste und Todesdaten keinerlei nennenswerte Informationen zu Karneades im *Index Academicorum* bewahrt seien.[327] Insbesondere konnten Herausgeber in Kol. 22 außer zusammenhanglosen Wörtern oder Satzfetzen kaum etwas lesen.[328] Durch eine der papyrologisch und philologisch herausforderndsten „Puzzlearbeiten" dieser Neuausgabe (korrekte Platzierung eines abgetrennten Fragments, Kombination von HSI, *Sottoposto*, Korrektur des Disegno, etc.) konnten 15 zusammenhängende Zeilen zu Beginn von Kol. 22 rekonstruiert werden. Sie enthalten mehrere substantielle Aussagen zu Karneades. Außerdem konnte die Gesandtschaftsepisode im mittleren/unteren Teil der Kolumne validiert und verbessert werden. Die Rekonstruktion dieser Passagen und ihre philosophische Bedeutung wurden ausführlich in Fleischer (2020e) besprochen.

Auch unter der sehr unwahrscheinlichen Annahme, dass am Ende von Kol. 21 Karneades mit dem Gründer der Neuen Akademie gemeint sein könnte,[329]

---

325 Cic. Luc. 98 = Mette F 5,87–91; für die Teilnahme des Diogenes an der Gesandtschaft siehe *SVF* iii. 6–10.

326 Etwa Striker (1981), dagegen Görler (1994), S. 859; vgl. ferner Fleischer (2020e), S. 283.

327 Etwa Görler (1994), S. 850 oder Kalligas/Tsouna/Hatzimichali (2020), S. 345: „The Life of Carneades must have begun in this column, but its very poor state of preservation robs us of any biographical details."

328 Kol. 22,1–16 nach Dorandi (1991): . . . .]και[- - - | . . . .]βα. [- - - |νοντο [ἀπος]πασθήϲεϲθαι | ϲυνταϲ[ϲόμε]νον ἀπὸ τῆϲ |τοϲ[. . . . .]ιϑ[- - - |αϲενωιζο[. . .]καὶ τὸ πᾶν | . . ῐρητο[. .]τ[. . |ἀ]ρχαίοιϲ, `τ´οὺϲ δὲ | . . ωρ[. . . . .]ν[. .] τὰϲ ϲχολὰϲ | ανεγν[. . . . . . .] διετέλει{ι} | δὲ καὶ χ[. . . . .]μαχο[- - - | - - - | - - -] .ονι[- - - | - - -]κελευ[- - - | - - -]βειν[- - - | ε[- - -]δεπυ[- - - | λα[- - -] . ρ .ν[- - -

329 In diesem Fall müsste die Passage zu Karneades schon in Kol. 21,Mitte begonnen haben und es wäre kaum Raum für Lakydes, der auch rund 70 Jahre vor Karneades wirkte.

kann man Kol. 21 und Kol. 22 syntaktisch-logisch kaum sinnvoll verbinden, ergo keine textuelle Kontinuität herstellen. Ich vermute, dass der Beginn der Karneades-Vita in Kol. P erhalten sein könnte, wo in Z. 27–28 auch auf den Verzicht schriftlicher Betätigung Bezug genommen ist (siehe Einordnung Kol. P). Dieser Verzicht muss in Anbetracht von Kol. 22,3–7 bereits angesprochen worden sein, wofür die ersten zwei Zeilen von Kol. 22 kaum ausreichen.

Zu Beginn der Kolumne (Kol. 22,2–7) werden wir exklusiv über Karneades' Motivation, keine Schriften zu verfassen, aufgeklärt. Offenbar äußerte sich Karneades explizit zu dieser Thematik. Der erste Grund lässt Karneades durch und durch als akademischen Lehrer und Schulmann erscheinen, als Philanthropen, der vorrangig um das Wohl seiner Schüler besorgt ist und ihnen seine ungeteilte Aufmerksamkeit schenken möchte. Er will durch das Schreiben von Büchern nicht vom Unterricht der „Jüngsten" weggezogen werden (τ⌐ὸ̣⌐ [ἀπος]πασθῇς⌐ε⌐ςθα⌐ι⌐ | ϲυντατ⌐τ̣⌐[όμε]νον ἀπ⌐ὸ⌐ τῆϲ | ⌐τῷ⌐γ νεωτ[ά]των π⌐αι⌐δεί|α⌐ϲ⌐). Demnach hätte er für eigene Bücher unter Umständen noch auf Debatten mit älteren Akademikern/Stoikern verzichtet, aber nicht auf die Lehre vor Studenten. Die zahlreichen in Kol. 22,37–24,Mitte genannten Schüler sind eine Bestätigung für Karneades' leidenschaftliche Lehrtätigkeit, welche vom Auditorium begeistert aufgenommen wurde.[330] Wie Sokrates empfand er eine ethische Verpflichtung oder einen inneren Antrieb, sich um die Jugend zu kümmern.[331]

Der zweite Grund ist nun aus philosophischer Sicht interessanter: Karneades ist der Meinung, dass bereits alles von „den Alten" (τοῖϲ [ἀ]⌐ρ⌐χα⌐ί⌐οιϲ) gesagt wurde, was in diesem Kontext natürlich meint, dass alles bereits niedergeschrieben wurde. Ergo bestand keine Notwendigkeit mehr, Schriften zu verfassen, da alles bereits irgendwo von irgendwem gesagt wurde. Was sind der tiefere Sinn und die Implikation der Aussage? Zunächst ist zu klären, wer „die Alten" sind. Primär ist an die Werke Skeptischer Akademiker zu denken, in welchen die Grundzüge und Kernaussagen der (Skeptischen) Akademie entfaltet waren. Zugleich dürfte aber bei οἱ ἀρχαῖοι an sämtliche Akademiker ab Platon gedacht sein, insofern Karneades einen schematisch-institutionellen Bruch mit früheren Akademikern nicht sah, geschweige denn, dass er sich selbst als Gründer

---

330 Vgl. für Karneades' Wirkung etwa Plut. Cato mai. 22,2–3 (= Karneades T 7a1 Mette): μάλιϲτα δ' ἡ Καρνεάδου χάρις, ἧς δύναμίς τ' ⟨ἦν⟩ πλείϲτη καὶ δόξα τῆς δυνάμεως οὐκ ἀποδέουϲα, μεγάλων ἐπιλαμβανομένη καὶ φιλανθρώπων ἀκροατηρίων ὡς πνεῦμα τὴν πόλιν ἠχῆς ἐνέπληϲε, καὶ λόγος κατεῖχεν, ὡς ἀνὴρ Ἕλλην εἰς ἔκπληξιν ὑπερφυὴς πάντα κηλῶν καὶ χειρούμενος ἔρωτα δεινὸν ἐμβέβληκε τοῖς νέοις, ὑφ' οὗ τῶν ἄλλων ἡδονῶν καὶ διατριβῶν ἐκπεϲόντες ἐνθουϲιῶϲι περὶ φιλοϲοφίαν, ….

331 Für die zentrale Rolle der jungen Akademiemitglieder siehe auch Kol. 6,41 ff. und Kol. 18,4–7. Ihnen oblag es den Scholarch zu wählen.

einer „Neuen Akademie" wähnte. Dies sind erst spätere Einteilungen bzw. Projektionen in Folge der Antiochos-Philio-Kontroverse (siehe Einordnung Kol. 21,1–41). Ferner wäre zu überlegen, ob οἱ ἀρχαῖοι nicht (auch) die Vorsokratiker einschließt, auf welche sich die akademischen Skeptiker gerne beriefen.[332] Schließlich könnten sogar alle philosophischen Autoren unter die Bezeichnung fallen, welche alle möglichen philosophischen Standpunkte bereits vertreten haben, die Karneades im Sinne des *in utramque partem disserere* bzw. *contra omnia disserere zu* widerlegen suchte. Am wahrscheinlichsten erscheint mir, dass mit οἱ ἀρχαῖοι die akademisch-philosophische Tradition gemeint ist, in welcher sich Karneades sah. Er hat es somit als seine ureigene Aufgabe angesehen, die hergebrachte skeptisch-akademische Philosophie nur anhand neuer, dialektisch-ausgefeilter Beispiele oder Diskurse auszulegen und zu verteidigen, da nach ihm der Kern der akademischen Philosophie bereits hinreichend in Schriften behandelt worden war. Konsequenterweise wollte er keine Zeit mit Bücherschreiben vergeuden und sich darauf beschränken, den bewährten akademischen Standpunkt in Schuldebatten – gewiss mit innovativen, dialektischen Methoden – zu vertreten. Karneades sah sich in der akademischen (radikal-skeptischen) Tradition seiner Vorgänger,[333] als Gralshüter einer bereits ausgiebig schriftlich fixierten und durchdiskutierten Lehre, die er nur mündlich propagieren und in alltäglichen, lebhaften Schuldebatten dialektisch behaupten wollte, aber nicht prinzipiell verändern wollte – warum also Bücher schreiben, wenn doch schon alles gesagt ist![334] Karneades könnte mit seiner Begründung auch auf Kritiker geantwortet haben, welche ihn bezichtigt haben mögen, durch das Unterlassen von Schreiben seine Meinung willkürlich ändern zu können und vieles im Argen zu lassen.[335] Wie Arkesilaos und Sokrates äußerte sich Karneades also nicht schriftlich, aber die Passage im *Index Academicorum* zeigt, dass er offenbar Schriftlichkeit nicht per se aus tieferen „skeptisch-philosophischen" Erwägungen heraus, sondern aus „praktischen" Gründen ablehnte. Durch die Mündlichkeit mag er sich auch eine gewisse Flexibilität und Reaktionsfähigkeit gesichert haben, welche Missverständnissen vorbeugen konnte, die im Bereich der „toten" Schriftlichkeit leicht

---

332 Brittain/Palmer (2001).

333 Zu dem Begriff „radical scepticism" als Bezeichnung für Karneades' Philosophie siehe Brittain (2000), S. xxv–xxvii.

334 Eine meines Erachtens weniger wahrscheinliche „dialektische" Interpretation der Aussage wäre, dass alle möglichen dogmatischen Aussagen bisher schon getätigt wurden und nur noch deren Untersuchung aussteht. Jedoch gibt die Verbindung mit den Schülern der Aussage eine eher „akademische" Perspektive, vgl. Fleischer (2020e), S. 285.

335 Vgl. Fleischer (2020e), S. 279.

auftreten können.[336] Dennoch war es ironischerweise wohl gerade diese Nicht-Schriftlichkeit, welche verschiedenen Interpretationen seiner Ansichten unter den Schülern Vorschub leistete. Philosophiehistorisch betrachtet sind Karneades – bei aller Ambiguität der Quellen – gewisse Innovationen doch kaum abzusprechen, wenngleich er sich nach dem Selbstzeugnis im *Index Academicorum* nicht als Innovator sah, sondern als Akademiker, der eine lange, alte Tradition vertrat – so alt und bewährt, dass laut ihm alles schon einmal gesagt (geschrieben) worden war.[337]

Zwar könnte Kol. 22,7–11 noch von Karneades' Aussage abhängen, aber die Korrekturen im Papyrus und die fehlende Substantivierung der Infinitive sind Indizien, dass hier unabhängige Aussagen vorliegen. Die Schüler des Karneades schrieben seine Vorlesungen mit und veröffentlichten sie, was ein weiterer Grund gewesen sein mag, dass er selbst nicht als Autor tätig wurde. In der Schülerliste sind für Zenon von Alexandria (Kol. 22,39–41) und Hagnon von Tarsos (Kol. 23,4–6) ausdrücklich (publizierte) Vorlesungsmitschriften bezeugt. Zuvörderst war es aber Kleitomachos, welcher in unzähligen Werken die Lehren des Karneades schriftlich fixierte. Die Information aus Kol. 22,7–9 gibt Diogenes folgendermaßen wieder (D.L. 4,65): τὰ δὲ λοιπὰ αὐτοῦ οἱ μαθηταὶ συνέγραψαν· αὐτὸς δὲ κατέλιπεν οὐδέν. Auch Karneades' permanentes Abarbeiten an seinem stoischen Lieblingsgegner Chrysipp ist erwähnt (Kol. 22,9–11), was bei Diogenes mit dem berühmten Zitat „εἰ μὴ γὰρ ἦν Χρύσιππος, οὐκ ἂν ἦν ἐγώ" (D.L. 4,62) verbunden ist.[338]

In Kol. 22,11–17 hat die Neurekonstruktion einen gewitzten Austausch zwischen dem Stoiker Diogenes von Seleukia und Karneades mit epistemologisch-physikalischem Hintergrund ans Licht gebracht. Philodem scheint der Authentizität der Anekdote bzw. des Wortspiels selbst kaum zu trauen, wenn er es mit [μ]υθολογεῖ[ται einleitet: Die Begebenheit ist fast zu gut, um wahr zu sein. Diogenes soll Karneades bei einem (fiktiven) philosophischen Anwerberversuch nicht aufgefordert haben, zu ihm hinzugehen (εἰcελθ[εῖν), sondern ihn zu treffen/erfassen (χατα[λα]ˈβεῖˈν). Das Verb kann im natürlichen Sprachgebrauch „(an)treffen/ankommen" meinen und ist somit ein Synonym für das erste Verb, aber zugleich ist es auch ein stoischer bzw. akademischer *terminus technicus* mit der Bedeutung „sicher erfassen/wahrnehmen". Bekanntlich

---

336   Vgl. Fleischer (2020e), S. 280 f. Man vergleiche auch Platons Kritik der Schriftlichkeit in Plat. Phdr. 274c–278d und Plat. ep. 7 341b–342a.

337   Vgl. Fleischer (2020e), S. 285 f.

338   Der Trimeter ist die Parodie auf einen zu Chrysipps Ehren geprägten Vers (D.L. 7,183: εἰ μὴ γὰρ ἦν Χρύσιππος, οὐκ ἂν ἦν cτοά). Selbstverständlich hat Karneades Chrysipp (gest. 208/04) nicht mehr persönlich gekannt bzw. mit ihm disputiert.

drehte sich die Diskussion zwischen Akademikern und Stoikern vor allem um die Möglichkeit gesicherter Erkenntnis (κατάληψις) und letztlich um die Existenz von καταληπτικαί φαντασίαι. In dem Moment, wo Karneades zur Stoa und Diogenes hinüberwechseln würde, müsste er die κατάληψις als Wahrheitskriterium anerkennen und würde Diogenes sowohl „antreffen" als auch ihn (und alles andere) „erfassen". Als Variante zu κατα[λα]ᵣβεῖᵗν wird noch [κε]ράνν[υϲθαι hinzugefügt, was ein eher entfernteres Synonym für εἰϲελθ[εῖν ist („sich mit ihm vereinigen/unter die Seinigen mischen"). Mit dem Wort wird auf eine kontroverse physikalische Ansicht der Stoa angespielt, die Durchmischung bzw. Durchdringung verschiedener Körper (κρᾶϲιϲ).³³⁹ Karneades müsste für seine „Vereinigung" mit der Stoa auch dieses Konzept anerkennen. Letztlich handelt es sich bei beiden Verben um philosophische Fachausdrücke und zugleich Synonyme für εἰϲελθ[εῖν. Es scheint, dass Karneades dem Diogenes eine ebenso pfiffige Antwort gab, in welche er das akademische εἰϲ ἑκάτερον λέγειν einbaute.³⁴⁰ Die dialektische Methode wäre dann die Antwort auf die „stoische Einladung" gewesen, was auch die dialektischen Fähigkeiten des Diogenes aufgenommen hätte.

Ob Diogenes wirklich versuchte Karneades anzuwerben, sei dahingestellt. Vermutlich benötigte das Wortspiel lediglich einen passenden Plot, um den Witz zu entfalten.³⁴¹ Abgesehen von der gemeinsamen Teilnahme an der Philosophengesandtschaft 155 v. Chr.³⁴² wusste man bisher nur durch ein einziges Testimonium von einer Interaktion zwischen den beiden Philosophen: Karneades soll bei Diogenes Dialektik studiert haben.³⁴³ Die neu gelesenen Zeilen zeigen, dass in gebildeten Kreisen offenbar nicht nur die interschulischen Diskussionen zur Epistemologie, sondern auch zur Physik im 2./1. Jh. v. Chr. so präsent waren, dass solche Bonmots problemlos verstanden werden konnten. Gerade die Anspielung auf die von Chrysipp entwickelte κρᾶϲιϲ-Lehre ist bemerkenswert, insoweit sie doch impliziert, dass diese Theorie im 2. Jh. v. Chr. prominenter diskutiert wurde, als unsere sonstigen Quellen nahelegen.³⁴⁴ Zwar ist ein solcher verbaler Austausch den zwei redegewandten und scharfsin-

---

339 Dazu Sedley (2005), S. 390–394.

340 Vgl. Kol. 26,15–17.

341 Allenfalls wäre an die Zeit zu denken, da Karneades noch kein Scholarch war und bei Diogenes Dialektik erlernte (siehe Haupttext).

342 Karneades T 7a–k Mette = *SVF* iii. 7–10, S. 210 f.

343 Cic. Luc. 98 (= Karneades F 5 Mette = *SVF* iii. 13, S. 212): *cum aliquid huius modi inciderat, sic ludere Carneades solebat: 'si recte conclusi, teneo; sin vitiose, minam Diogenes reddet'. ab eo enim Stoico dialecticam didicerat; haec autem merces erat dialecticorum.* Die Episode datiert vermutlich auf 185/180 v. Chr. (vgl. Fleischer (2020e), S. 288).

344 Vgl. Fleischer (2020e), S. 291 f.

nigen Philosophen zuzutrauen, aber er mag (wie die Alternative in der Anekdote zeigt) auch nur eine Erfindung von Schülern oder Zeitgenossen sein. Mit Kol. 22,17 begann ein neuer Abschnitt. Ob dieser gänzlich der Philosophengesandtschaft gewidmet war, welche ab spätestens Kol. 22,30 thematisiert ist, sei dahingestellt. Vielleicht folgten zunächst noch andere Angaben zu Karneades. In Kol. 22,31–37 liest man, dass Karneades mit anderen Mitgesandten nach Rom kam und die Strafsumme den Athenern größtenteils erlassen wurde. Diverse Neulesungen sind für Parallelen bei anderen Autoren aufschlussreich. Vermutlich wurde in den fragmentarischen Zeilen in der Mitte der Kolumne nicht auf Karneades' zwei angebliche Reden zur Gerechtigkeit in Rom eingegangen, so dass Ciceros Aussagen keine Bestätigung erfahren.[345] Zumindest deutet das Auslassen im frühen *Index Academicorum* an, dass Karneades' Auftreten in Rom nicht als besonders spektakulär empfunden wurde und Philodem (seine Quelle) nur der Erfolg (Reduktion der Strafe) in Erinnerung blieb.

Philodem selbst könnte an Karneades ein gewisses Interesse gehabt haben, weil sein epikureischer Lehrer Zenon von Sidon (160–75) den Akademiker in seiner Jugend noch hörte[346] und Karneades auch Metrodor von Stratonikeia den Epikureern abspenstig machte – angeblich der einzige Epikureer, der jemals den κῆπος verließ.[347] Vielleicht hatte Philodem in seinen Studienjahren (etwa 85–75 v. Chr.)[348] von seinem Lehrer Zenon noch das eine oder andere Anekdötchen über den „alten Karneades" gehört.

Karneades: Schülerliste (Kol. 22,37–24,43)

Die Liste ist ein beeindruckendes Zeugnis für die Strahlkraft und das Ansehen, welches die Akademie unter Karneades in der οἰκουμένη genoss. Zunächst ist es erstaunlich, dass wir von den beiden zuerst genannten Akademikern Zenon von Alexandria und Zenodor von Tyros außerhalb des *Index Academicorum* nichts hören (Kol. 22,39–23,4). Zenon starb offenbar vor Karneades. Zenodor leitete in Alexandria eine Schule, welche ein (nicht institutionalisierter) de facto-Ableger der Akademie gewesen sein mag. Er hatte offenbar (beim Reden?) eine gewisse Anmut.[349] Man fragt sich, ob die Aktivitäten Zenodors

---

345 Cic. rep. 3,9–31. Powell (2013) bezweifelt etwa die Authentizität.
346 Cic. ac. 1 46: *Carneades autem nullius philosophiae partis ignarus et, ut cognovi ex is qui illum audierant maximeque ex Epicureo Zenone, qui cum ab eo plurimum dissentiret unum tamen praeter ceteros mirabatur, incredibili quadam fuit facultate ....* Aus den nur im *Index Academicorum* erhaltenen Rückzugsdaten des Karneades (137/36 v. Chr.) ergibt sich implizit das Geburtsdatum Zenons von Sidon, dazu Fleischer (2019c).
347 Vgl. Kol. 24,9ff. und D.L. 10,9.
348 Vgl. Fleischer (2018a), S. 127 und I 3.
349 Die These einer akademischen Schule in Alexandria (Crönert (1906), S. 76 Fn. 364 – dage-

um 150 v. Chr. (oder etwas später) einen Fernbezug zum Antiochos-Kreis in Alexandria haben. Bei Cicero lesen wir, dass Heraklit von Tyros (man beachte die gleiche Herkunft wie Zenodor) schon in Alexandria war, als Antiochos dort ankam (Cic. Luc. 11). Heraklit könnte nach seiner Zeit bei Kleitomachos und Philio in der Tradition Zenodors bzw. dessen Nachfolgers ab etwa 105/100 v. Chr. in Alexandria akademischen Unterricht angeboten haben. Charmadas hat vielleicht schon in Alexandria Zenodor gehört. Über Hagnon von Tarsos haben wir immerhin aus anderen Quellen einige wenige Nachrichten (Kol. 23,4–6).[350] Der Nicht-Schreiber Karneades nahm also durchaus Notiz von (ausgearbeiteten) Vorlesungsmitschriften seiner Schüler und kommentierte diese auch. Er kritisierte Zenon scharf, während er Hagnons Arbeiten goutierte. Zenon scheint zumindest manche Aussagen des Karneades missverstanden zu haben. Man kann spekulieren, ob dies etwa ironisch-dialektische Teile waren und Zenon mitunter das wahre Wesen von Karneades' Skeptizismus verkannte. Charmadas wurde von mir als integraler Bestandteil der Liste identifiziert – seine Herkunft aus Alexandria ist auch vermerkt (Neulesung).[351] Sein Name sollte zweimal im Papyrus erscheinen. Er lehnte sich in Bezug auf etwas (am ehesten die Philosophie) eng an Agathokles von Tyros an (Kol. 23,7–8). Antipatros von Alexandria wird nochmals in Kol. 32,15 ff. mit einer Zusatzangabe genannt. Die folgenden Schüler Hipparch von Ilion, Hipparch von Paphos, Olympios von Gaza, Aristanax von Salamis, Biton, Iason von Kyrene sowie Iason von Paros sind anderweitig unbekannt (Kol. 23,10–14). Neulesungen haben die Vaternamen des Melanthios von Rhodos und Metrodor von Stratonikeia zu Tage gefördert.[352] Ersterer stammte von einem Aristeus ab, letzterer von einem Eudemos (Kol. 23,14–16). Die Nennung der nur hier belegten Vaternamen unterstreicht, dass Melanthios und Metrodor relativ prominente Akademiker waren, da bei den vorangehenden und folgenden Philosophen eine solche Abstammungsangabe fehlt.[353]

---

gen Glucker (1978), S. 95) erscheint mir nicht abwegig, besonders vor dem Hintergrund der Neulesungen in Kol. 32,12 ff. (Zenodor), vgl. auch Hatzimichali (2011), S. 26 f. und Lévy (2012), S. 291.

350 Vgl. Görler (1994), S. 909. Er wird in Cic. Luc. 16 zusammen mit Kleitomachos genannt und ebenfalls in Quint. inst. 2,17,15 (evtl. auch Plut. soll. an. 968d; Athen. XIII 602d–e und Schol. Hom. Il. 4,101).

351 Fleischer (2019g), vgl. die Neulesung in Kol. 31,35–36.

352 Ausführliche Diskussion in Fleischer (2019h).

353 Zu Metrodor siehe Görler (1994), S. 905 f. und Lévy (2005), S. 70 ff. Zu Melanthios siehe Görler (1994), S. 909 und Dorandi (2005c). Metrodor wird von Philodem nochmals ausführlicher in Kol. 24,9 ff. und Kol. 26,4 –ca.20 behandelt, Melanthios in Kol. 31,3–28.

In den folgenden fragmentarischen Zeilen (Kol. 23,17–38) wurden womöglich Zusatzangaben zu Melanthios, Metrodor oder aber zu anderen Philosophen gemacht. Zumindest folgt aus den Wortresten in den Zeilen vor Kol. 23,38, dass nicht lediglich Namen aufgezählt wurden. Mit der *paragraphos* in Kol. 23,38 wird vermutlich ein Quellenwechsel angezeigt (siehe Quellen Kol. 22,37–24,43). In Kol. 23,38–24,9 liest man die Namen von 21 (sic!) Akademikern, die allesamt nur hier belegt sind (evtl. mit Ausnahme des Mentor von Nikaia). In Kol. 24,9 wird als vielleicht letztes Glied der Liste wieder Metrodor von Stratonikeia erwähnt, diesmal ohne Vaternamen, aber mit einer längeren Begleitinformation (mindestens Kol. 24,11–16). Metrodor hörte zunächst andere Philosophen (Epikureer), darunter den epikureischen Scholarch Apollodor Kepotyrannos. Dieser lehnte ihn offenbar als Schüler ab, wenn παραιτηθεˋι̣ˈ[c] richtig aufgefasst wurde, so dass Metrodor sich zu Karneades in den Unterricht begab. Der Papyrus bricht ab und die Fortsetzung liest man in D.L. 10,9: οἵ τε γνώριμοι πάντες ταῖς δογματικαῖς αὐτοῦ ceιρῆcι προcκαταcχεθέντεc, πλὴν Μητροδώρου τοῦ Cτρατονικέωc πρὸc Καρνεάδην ἀποχωρήcαντοc, τάχα βαρυνθέντοc ταῖc ἀνυπερβλήτοιc αὐτοῦ χρηcτότηcιν. Metrodor soll der einzige Epikureer gewesen sein, der jemals dem κῆποc untreu wurde. Im *Index Academicorum* könnte der Epikureer Philodem die Episode etwas „epikureisch-apologetisch" formuliert haben. Nach seiner Darstellung ging Metrodor keineswegs aus freien Stücken zu Karneades, sondern weil er vom epikureischen Scholarchen abgelehnt wurde (eher als „gebeten, auch Karneades zu hören"). Somit würde es sich um keine echte Konversion Metrodors, sondern eine aus der Not geborene Entscheidung handeln. Andererseits war Philodem über die Episode vielleicht gut informiert und schildert die Begebenheit am Ende historisch korrekt. In den folgenden, beinahe gänzlich verlorenen Zeilen (Kol. 24,16–30) könnten noch Angaben zu einem anderen Akademiker gemacht worden sein, bevor die Lebenszeit-Nachfolger des Karneades, Polemarch von Nikomedien (137/36–131/30) und Krates von Tarsos (131/30–129/28 oder 127/26) genannt sind (Kol. 24,30–38). Für den neuen Namen „Polemarch von Nikomedien" (und nicht wie bisher angenommen „Karneades, Sohn des Polemarch" alias „Karneades der Jüngere") siehe die eingehende Untersuchung in Fleischer (2019f) und die Einordnung Kol. 25,36–26,Mitte. Zuletzt wird die Übernahme der Schulleitung durch Kleitomachos nach dem Tod von Karneades (Krates) angesprochen (Kol. 24,38–43). In der Tat könnte die Formulierung auf Spannungen hindeuten (εἰc | Ἀκαδήμει[αν] ἐπέβαλεν | μετὰ πολλˋῶνˈ γνωρίμων), aber das Verb μετῆλθε in Apollodors Original (Kol. 30,11) klingt weniger bedrohlich. Man sollte kaum von Schlägereien oder echten Gewalttätigkeiten ausgehen, was doch recht „unakademisch" wäre. Vermutlich hat Kleitomachos die Gunst der Stunde – den Tod des Karneades – genutzt und ist mit seinen Schülern in die Akademie umgezo-

gen. Somit wurden Fakten geschaffen, wobei denkbar ist, dass wirklich gewisse Animositäten zwischen Kleitomachos und Karneades/Krates bestanden. Kleitomachos' Schuleröffnung im Palladion (140/39) fällt jedenfalls in eine Zeit, da Karneades noch als Scholarch amtierte und Kleitomachos somit nicht übergangen wurde, so dass die Schulgründung keine gegen Karneades gerichtete Reaktion gewesen sein muss.[354] Was die Angabe betrifft, dass Krates von Tarsos nach zwei Jahren der Leitung starb (Kol. 24,36–38), hat Philodem unter Umständen die ursprüngliche Formulierung Apollodors falsch verstanden, der nicht explizit vom Tode des Krates sprach (Kol. 30,7–9). Vor dem Hintergrund der Angabe „vier Jahre" in Kol. 25,13–14 und Kol. 26,4 hat Dorandi die plausible Vermutung geäußert, dass Karneades und Krates die Schule für einen Übergang von zwei Jahren gemeinsam leiteten (129/28–127/26), mithin Krates nicht im Jahre 129/28 verstarb.[355] Vielleicht hat ihn Kleitomachos wirklich schlussendlich verdrängt oder überstrahlt. Das Jahr von Karneades' Tod wird am Ende der Kolumne – wenn es nicht in den fragmentarischen Zeilen zuvor erschien – nur indirekt angegeben.[356] Philodem lässt die Karneades-Vita ebenso wie die Xenokrates-Vita mit einer Schülerliste und anschließender Todesangabe enden (μετὰ ⌈τ⌉ὴν Καρν[εά]⌈δο⌉υ ⌈τελευτ⌉ήν).

Kleitomachos: Werdegang, Tod, Schüler (Kol. 25,1–36)

Kleitomachos von Karthago (187/86–110/09 oder 107/06) wurde 129/28 Nachfolger des Karneades in der Leitung der Akademie.[357] Er ist der letzte von Diogenes Laertius berücksichtigte Akademiker und wird von ihm nur kurz besprochen.[358] Über 400 Schriften soll Kleitomachos hinterlassen haben, von

---

354   Mit etwas anderer Akzentuierung Görler (1994), S. 900: „Die Motive für diesen Schritt (Kleitomachos' Schulgründung) lassen sich nur vermuten. Es ist denkbar, dass sich Kleitomachos durch die Autorität des hochangesehenen Scholarchen zunehmend in seiner eigenen Entfaltung behindert fühlte ... Die Schulgründung dürfte auch dazu geführt haben, dass Kleitomachos drei Jahre später (137/36 v. Chr.) bei der Bestellung eines Nachfolgers übergangen wurde. ... Selbst die teilweise verschleiernde Sprache lässt keinen Zweifel daran, dass es sich um eine gewaltsame Besetzung handelte. Ein Zusammenhang mit dem Tod des 'älteren' Karneades ist so gut wie sicher. ... Offenbar sah sich Kleitomachos nun durch keine Rücksichtnahme mehr gehindert, das Amt für sich einzufordern, das er längst als das seine betrachtete. Ob es bei dem 'Einfall' zu Gewalttätigkeiten gekommen ist, wissen wir nicht."

355   Dorandi (1991), S. 74 und Dorandi (2000c), S. 49.

356   In D.L. 4,65 wird mit Verweis auf Apollodor das Jahr 129/28 explizit genannt (FGrH 244 F 51), was durch die Angaben im *Index Academicorum* bestätigt wird.

357   Für Kleitomachos siehe etwa Görler (1994), S. 899–906 und Erler (2014). Fragmentsammlung bei Mette (1985), S. 142–144. Für das neue alternative Todesdatum siehe Kol. 25,17.

358   D.L. 4,67.

denen nur wenige Fragmente erhalten sind. Sein Verdienst ist es, der Nachwelt
die Philosophie des Karneades, der selbst nichts schriftlich fixierte, vermittelt
und ausgelegt zu haben. Gleichwohl kam es unter den Schülern des Karneades
nach dessen Tod zu Diskussionen, welche Auffassungen er tatsächlich vertreten habe. Schon zu seinen Lebzeiten hat man Karneades offenbar teils missverstanden (siehe die Kritik an den Aufzeichnungen des Zenon in Kol. 22,40–
23,2).[359] Demnach ist Kleitomachos' Karneades-Interpretation notgedrungen
kaum in jedem Punkt „objektiv", was er selbst eingesteht: ... *numquam se intel-
legere potuisse, quid Carneadi probaretur.*[360] Nach Brittain (2001) vertrat Kleitomachos einen strikt „orthodoxen" Skeptizismus im Geiste des Karneades.[361]
Cicero hat Kleitomachos' Schriften öfters genutzt. Angeblich soll Kleitomachos
anfangs des Griechischen nicht mächtig gewesen sein. Karneades habe sich
seiner in Athen umsorgend angenommen und ihm Elementares beigebracht.
Kleitomachos erhielt auch das athenische Bürgerrecht und unterhielt Beziehungen zu Römern, denen er Schriften widmete. Aus Anlass der Zerstörung
seiner Heimatstadt Karthago 146 v. Chr. verfasste er eine Kondolenzschrift für
seine Mitbürger.[362] Die Leitung einer eigenen Schule im Palladion (140/39) vor
Übernahme der Akademie und die Begleitumstände (Kol. 24,38–43;30,6–13)
könnten auf Differenzen zwischen ihm und Karneades hindeuten, aber harte
Belege für ein Zerwürfnis fehlen.

Beinahe alle Daten zu Kleitomachos verdanken wir ausschließlich dem
Index Academicorum. Sein Beiname Hasdrubal (Kol. 25,1–2) erscheint auch
in anderen Quellen. Dieser diente Philodem offenbar als implizite Herkunftsangabe, sollte das Ethnikon nicht im Verlorenen von Kol. 23 oder 24 gestanden haben. Im Alter von 24 Jahren kam Kleitomachos nach Athen (Kol. 23,2–
4). Diogenes schreibt (D.L. 4,67): Κλειτόμαχος Καρχηδόνιος. οὗτος ἐκαλεῖτο μὲν
Ἀσδρούβας καὶ τῇ ἰδίᾳ φωνῇ κατὰ τὴν πατρίδα ἐφιλοσόφει. ἐλθὼν δ᾽ εἰς Ἀθήνας
ἤδη τετταράκοντ᾽ ἔτη γεγονὼς ἤκουσε Καρνεάδου· κἀκεῖνος ἀποδεξάμενος αὐτοῦ
τὸ φιλόπονον γράμματά τ᾽ ἐποίησε μαθεῖν καὶ συνῄκει τὸν ἄνδρα. Dorandi lässt
τετταράκοντ᾽ zu Recht im Text des Diogenes, da ἤδη vorausgeht. Offenbar war
die Zahl „24" in Diogenes' Quellen bereits zu „40" korrumpiert. Von philosophischen Tätigkeiten des Kleitomachos in Karthago auf Punisch lesen wir bei
Philodem nichts, aber in diesem Kontext ist erwähnenswert, dass Zenodor
von Tyros offenbar auch einige Zeit in Karthago lehrte (Kol. 32,20–22), wenn
auch kaum vor der Ankunft des Kleitomachos in Athen um 163/62 v. Chr. Die

---

359   Vgl. Görler (1994), S. 903.
360   Cic. Luc. 139.
361   Brittain (2000), S. XXV–XXVII spricht von „radical scepticism".
362   Cic. Tusc. 3,54 – Diskussion bei Ioppolo (1980).

vier Jahre Leerlauf zwischen 163/62 und 159/58 im *Index Academicorum* (Kol. 25,4–6) sind merkwürdig und müssen in einer ursprünglichen Quelle erläutert worden sein. Prinzipiell könnte Kleitomachos in diesen Jahren tatsächlich griechische Bildung nachgeholt haben oder sogar die Sprache erst (richtig) erlernt haben. Plutarch und Stephanus berichten wie Diogenes, dass Karneades dem Kleitomachos elementare Erkenntnisse vermittelt habe.[363] Die „28 Jahre" bei Stephanus sind offenbar die Addition der im *Index Academicorum* genannten „24" und „4" Jahre. Hält man die Berichte über den von Karneades hingebungsvoll „hellenisierten" Kleitomachos für romantische Anekdoten, könnte Kleitomachos in diesen Jahren entweder andere Akademiker – vielleicht amtierte Karneades 163/62 noch nicht als Scholarch – oder, mit Blick auf Diogenes, andere Philosophen gehört haben (ἀνὴρ ἐν ταῖς τρισὶν αἱρέσεσι διατρίψας, ἔν τε τῇ Ἀκαδημαϊκῇ καὶ περιπατητικῇ καὶ Στωικῇ). Nach 19 Jahren Schülerschaft bei Karneades eröffnete Kleitomachos 140/39 die schon angesprochene eigene Schule im Palladion (Kol. 25,6–9), was nur im *Index Academicorum* überliefert ist. Ich habe mich in Kol. 25,11 für die Zahl „11" entschieden, da offenbar bei kleineren Zahlen „exklusiv" gerechnet wird. Kleitomachos übernahm 129/28 die Akademie von Krates, der sie vier Jahre lang leitete (Neulesung in Kol. 25,13–14), eine Zeitangabe, die auch in Kol. 26,4 erscheint und sogar auf Apollodor zurückgehen könnte. Dorandi hat die plausible These aufgestellt, dass Kleitomachos und Krates für eine Übergangszeit die Schule gemeinsam leiteten.[364] Jedenfalls harmoniert die Angabe von 19 Jahren mit dem Zeitraum zwischen den Archonten Lykiskos und Polykleit (129/28–110/09). Nun konnte ich erstmals die alternative Archon-Angabe „Aristarch" (107/06) in Kol. 25,16–17 restituieren, bei der ein Bezug zu den „vier Jahren" Leitung des Krates gegeben sein könnte, insofern unter Umständen „19 Jahre Leitung" vom möglichen Rücktritt des Krates 127/26 zu Aristarch heruntergerechnet wurden. Auch das Lebensalter in Kol. 25,18–19 könnte mit der Alternative „Aristarch" in Verbindung stehen. Die „79 Jahre", welche paläographisch am ehesten im Papyrus standen, sind trotz etwaiger inklusiver Zählung für das Lebensalter nicht exakt mit den vorherigen Angaben, welche 187/86 und somit „77 Jahre" ergeben, kompatibel, so dass der Archon Aristarch eine spätere Harmonisierungsbemühung sein könnte. Entfernter könnten die divergierenden Daten auch ein Indiz sein, dass Kleito-

---

363   Plut. de Alex. fort. 328d: θαυμάζομεν τὴν Καρνεάδου δύναμιν, εἰ Κλειτόμαχον, Ἀσδρούβαν καλούμενον πρότερον καὶ Καρχηδόνιον τὸ γένος, ἑλληνίζειν ἐποίησε, ...; Steph. Byz. κ 104: ... ⟨Καρχηδών,⟩ "Κλειτόμαχος, ὁ Διογνήτου, ὃς ἐκαλεῖτο Ἀσδρούβας, φιλόσοφος ἀκαδημαϊκός, διάδοχος Καρνεάδου τῆς Κυρηναίου σχολῆς, ὃς κη' ἐτῶν ἐλθὼν Ἀθήναζε ἄμοιρος ἦν τῶν πρώτων στοιχείων καὶ ταῦτα μανθάνων ἠκροάσατο Καρνεάδου".

364   Dorandi (1991), S. 74.

machos sich (wie Lakydes und Karneades) die letzten Jahre seines Lebens von der Schulleitung zurückgezogen hatte, so dass Tod und Ende des Scholarchats nicht zusammenfielen.

Das neugelesene Adjektiv in Kol. 25,21 πολυγ[ρ]άφος hat eine Entsprechung in Diogenes (ὁ δὲ ἐς τοσοῦτον ἤλασεν ἐπιμελείας, ὥστε ὑπὲρ τὰ τετρακόσια βιβλία ϲυνέγραψε). Im Folgenden liest man den Namen des Charmadas, aber es erscheint eher unwahrscheinlich, dass hier zur (Haupt)Darstellung des ausführlich in Kol. 31,28–32,11 besprochenen Charmadas gewechselt wurde und anschließend wieder über eine Schülerliste auf Kleitomachos Bezug genommen ist. Der mögliche Name „Hagnon" in Z. 23 könnte auf eine Verbindung zur Angabe in Cic. Luc. 16 hindeuten.[365] Alternativ mag ausgesagt worden sein, dass zur Zeit des Kleitomachos auch Charmadas und Hagnon in der Akademie lehrten oder prominente Philosophen waren.

Mehrere Neulesungen in Kol. 25,32–36 lassen das Ende einer Schülerliste des Klcitomachos erkennen. Nur Philio von Larissa und Heraklit von Tyros sind als seine Schüler aus anderen Quellen bekannt.[366] Die Wortstellung in Cic. Luc. 11 (*Heraclitus Tyrius, qui et Clitomachum multos annos et Philonem audierat*) impliziert,[367] dass Kleitomachos viele Jahre Heraklits Lehrer war, wohingegen Philio später und nur über einen kürzeren Zeitraum dessen Lehrer war. Das Adverb ὕϲτερον in Kol. 25,35 reflektiert die Aussage im *Lucullus* und ist ein starkes Indiz, dass Heraklit als letztes Glied einer Schülerliste des Kleitomachos erschien. Die Erwähnung des Antiochos von Askalon (Kol. 25,32–34) verwundert an dieser Stelle im Papyrus. Antiochos soll Philio länger als alle anderen Schüler gehört haben,[368] so dass er bald nach Philios Übernahme der Schulleitung 110/09 dessen Schüler geworden sein muss.[369] Daher ist nicht ausgeschlossen, dass Antiochos auch Kleitomachos nicht lange vor dessen Tod noch eine kurze Zeit gehört hatte und dieses Schülerverhältnis anderweitig unterschlagen wurde. Jedoch ist auch die Möglichkeit in Betracht zu ziehen, dass Antiochos nur als Begleitinformation zu einem anderen Schüler des Kleitomachos

---

365 Cic. Luc. 16: *e quibus industriae plurimum in Clitomacho fuit* (*declarat multitudo librorum*), *ingenii non minus in Hagnone, in Charmada eloquentiae, in Melanthio Rhodio suavitatis; bene autem nosse Carneaden Stratoniceus Metrodorus putabatur.* Die Codices haben *hac nonne* oder *hoc quam*, was die Konjektur *Hagnone* wahrscheinlich macht, vgl. Fleischer (2022c), S. 455.

366 Görler (1994), S. 904. Heraklit ist auch in Kol. 34,16 erwähnt, dazu Fleischer (2017a), S. 80–82.

367 Für die Stelle im Kontext siehe Einordnung Kol. 34,6–18.

368 Cic. Luc. 69.

369 Dies gilt insbesondere, wenn man annimmt, dass sein Abfall von Philio schon in die 90er-Jahre zu datieren ist.

erscheint, ähnlich wie Philio von Larissa im Relativsatz (Kol. 25,35–36) lediglich als Begleitinformation zu Heraklit (und ggf. Antiochos) dient.[370] Für eine „Begleitinformation Antiochos" kommt wohl nur Philio von Larissa in Frage, dessen berühmtester Schüler Antiochos im Kontext des Philio erwähnt worden sein könnte. Die Passage lautete entweder: „Kleitomachos' Schüler waren … Philio von Larissa, den Antiochos von Askalon hörte (oder sogar: welchem Antiochos nachfolgte), und Heraklit, der später auch Philio hörte", oder aber: „Kleitomachos' Schüler waren … Philio von Larissa, Antiochos von Askalon und Heraklit, der (welche) später auch Philio hörte(n)."

Es ergibt sich folgende Struktur der Kleitomachos-Biographie im *Index Academicorum*:

– Daten-Zahlen-Biographie (Kol. 25,1–19)
– allgemeine Angaben zu Charakter, Wesen, Werk, Beziehung zu anderen (Kol. 25,20–ca.30)
– Schülerliste (Kol. 25,ca.30–36)

Polemarch, Krates, Metrodor von Stratonikeia (Kol. 25,36–26,Mitte)

Seit der *editio princeps* von Bücheler (1869) hatte bis noch vor wenigen Jahren niemand daran gezweifelt, dass aus den drei Passagen Kol. 24,32–35/Kol. 25,34–36/Kol. 31,1–4 eindeutig hervorgeht, dass Karneades' Nachfolger zwischen 137/36 und 131/30 ein Namensvetter und Sohn eines gewissen Polemarch war. Folglich unterschied man in moderner Forschungsliteratur öfters zwischen „Karneades dem Jüngeren (Sohn des Polemarch)" und dem berühmten „Karneades dem Älteren (von Kyrene)".[371] Man spekulierte über Verwandtschaft der beiden und der Verdacht von Nepotismus bei der Nachfolgeregelung stand unausgesprochen im Raum.[372] Ich habe 2019 erstmals durch eine synoptische Neurekonstruktion aller drei Stellen gezeigt, dass die Existenz eines zweiten Karneades auf Fehlrekonstruktionen und Falschlesungen beruhte.[373] Vielmehr war der Nachfolger des Karneades ein gewisser Polemarch aus Nikomedien und nicht „Karneades, Sohn des Polemarch". Auch fünf andere Schüler des Karneades (Euklid, Sarapion, Diogenes, Herodot, Stratippos) stammten aus

---

370 Vgl. Fleischer (2022c), S. 458.

371 Siehe von Arnim (1919), S. 1985; Dorandi (1994a), S. 227; Görler (1994), S. 898 f.; Stanzel (1999), S. 288. Testimonien in Mette (1985), S. 142.

372 Von Arnim (1919), S. 1985 („wahrscheinlich auch Verwandter") und Görler (1994), S. 898 („seinem jüngeren (?) Namensvetter und Verwandten (?) Karneades, Sohn des Polemarchus"); Fleischer (2019f), S. 123. Die Annahme eines Verwandtschaftsverhältnisses war nicht ungerechtfertigt, da Karneades laut LGPN ein vergleichsweise seltener Name ist und hauptsächlich für die Kyrenaika belegt ist.

373 Fleischer (2019f). Dort habe ich die Stellen auch paläographisch im Detail diskutiert.

dieser Stadt.[374] Vielleicht war Polemarch von Nikomedien ein etwas jüngerer Zeitgenosse des Karneades und kein Schüler. Wie Karneades könnte er die Generation der Lakydes-Schüler gehört haben. Polemarch soll ausgeprägte dialektische Fähigkeiten besessen haben (Neulesungen – Kol. 25,37–39) und starb sechs Jahre nach Karneades' Rückzug von der Akademieleitung noch zu dessen Lebzeiten unter dem Archon Epikles im Jahre 131/30 (Kol. 25,39–42).

Nächstfolgend wird abermals Krates von Tarsos genannt, den Polemarch als Nachfolger „hinterlassen" (κ⸌ατέλ⸍ιπεν) haben soll (Kol. 25,43–26,4). Das Verb könnte, wenn keine ungenaue Formulierung vorliegt, bedeuten, dass Karneades seinen zweiten Nachfolger nicht mehr selbst berufen hat, wenngleich er als Grandseigneur der Akademie die Entscheidung abgesegnet haben mag. Vielleicht stehen etwaige Spannungen zwischen Kleitomachos und Krates mit dem Nachfolgevorgang in Verbindung. Nun folgt die auch in Kol. 25,13–14 wiederhergestellte Angabe von vier Jahren. Entweder leitete Krates die Akademie von 133/32 bis 131/30 mit Polemarch gemeinsam[375] oder aber (wahrscheinlicher) er leitete sie zwei Jahre zusammen mit Kleitomachos (129/28–127/26), bevor er starb oder sich zurückzog.

Es ist bemerkenswert, dass Polemarch und Krates als Nachfolger des Karneades zu dessen Lebenszeiten allein im *Index Academicorum* – dort immerhin in drei Passagen – erwähnt werden, während sie von anderen antiken Autoren übergangen werden. Karneades stand also während seiner letzten acht Lebensjahre nicht mehr an vorderster Front in der Akademie und scheint sich vom aktiven Lehren aus Gründen des Alters bzw. der Gesundheit weitestgehend zurückgezogen zu haben. Er hatte offenbar nicht Kleitomachos als seinen Nachfolger auserkoren, wie die übrige Überlieferung suggeriert. Dieser wartete für seine Rückkehr in die Akademie den Tod des Karneades ab. Vielleicht standen private oder detailphilosophische Quisquilien im Hintergrund, vielleicht hat der ganze Vorgang aber auch eine eher banale Erklärung und Polemarch sowie Krates wurden nur aus Respekt vor ihrem vermutlich höheren Alter Kleitomachos (zunächst) vorgezogen.

Nun folgt eine philosophische und nicht lediglich historiographisch-biographische Aussage zu Metrodor von Stratonikeia, welche erhebliche Relevanz für die virulente Frage nach dem Wesen von Karneades' Skeptizismus und der philosophischen Haltung Metrodors hat. Metrodor von Stratonikeia, der mit Vaternamen in der Schülerliste des Karneades erschien und zu dessen Schülerschaft bei Karneades (Wechsel vom Epikureer Apollodor) weitere

---

374   Kol. 23,38–41 = Kol. 32,34–38.

375   Gegen diese Annahme könnte die dezidierte Aussage von nur zwei Jahren der Leitung bis zur Übernahme durch Kleitomachos stehen (Kol. 30,5–8; ferner Kol. 24,35–38).

Angaben folgten, wird, losgelöst von Karneades, nochmals als berühmter Akademiker eigens näher beschrieben. Er war in Lehre und Lebensweise ein großer Mann, aber nicht sehr umgänglich oder charmant (Kol. 26,4–8). Er habe behauptet, alle hätten Karneades missverstanden, insofern der akademische Scholarch nicht erklärt habe, dass alle Dinge unerfassbar (ἀκατάληπτα) seien (Kol. 26,8–11). Es folgen drei fragmentarische Zeilen, bevor man in Z. 14–17 liest: κα[.]ˊoˊνοιϲ ὑπε..[...]‖ Ἀϰα[δημ]ˊαϊˊϰοῖϲ εἰϲ ἑˊϰάˊτεˌ|ρ[ον ἐ]π[ι]χειρεῖˊγ ὡϲ ϰˊαˊ.ˊ[..|. Auch die folgenden Zeilen könnten noch der speziellen Karneades-Interpretation des Metrodor gewidmet sein (ca. Z. 18–30). Es steht zu vermuten, dass die Aussage im *Index Academicorum* und insbesondere Kol. 26,14–17 einen engen Bezug zu Aug. c. Acad. 3,41 haben: *Quippe Antiochus ... coeperat, et ad Platonis auctoritatem Academiam legesque revocare; quamquam et Metrodorus id antea facere tentaverat, qui primus dicitur esse confessus, non decreto*[376] *placuisse Academicis nihil posse comprehendi, sed necessario contra Stoicos huiusmodi eos arma sumpsisse.* Der gemeinsame Dativ Pl. „Akademiker" bei Philodem und Augustinus ist auffällig.[377] Augustinus hängt hier sehr wahrscheinlich von einer verlorenen Passage in Ciceros *Academica posteriora* ab.[378] Nach Metrodor habe Karneades seinen Skeptizismus bzw. die ἀκαταληψία also nur in dialektischer Absicht (*ad hominem* bzw. gegen die Stoiker) vertreten. Diese Aussage muss nicht unbedingt im Widerspruch zu Cic. Luc. 78 stehen.[379]

Brittain (2001) hat für die Entwicklung von Philios philosophischem Standpunkt eine Phase des „philonisch-metrodorischen Skeptizismus" (100/95–88 v. Chr.) angenommen, welche er folgendermaßen definiert: „... advocated *acatalepsia*, but rejected (universal) *epoche* ...".[380] Glucker (2004) hat Brittains Rekonstruktion von Philios philosophischer Entwicklung in den wesentlichen Punkten zurückgewiesen und moniert, dass Brittain die Angaben im *Index Academicorum* und in Augustinus für die Herausarbeitung von Metrodors Standpunkt nicht gebührend berücksichtigt. Aus ihnen gewinnt man in der Tat den Eindruck, dass Metrodor gerade kein Verfechter von vollständiger ἀκαταληψία

---

376 Überlieferung: decreto ST: derecto HMPR: directo Knöll. Für das Verständnis der Stelle ist das korrekte Wort von untergeordneter Bedeutung, vgl. Glucker (2004), S. 124 Fn. 35.

377 Wir erwarten hier keine allgemeine Aussage Philodems zu Akademikern. Offenbar äußerte sich Metrodor zu einer (angeblichen) Haltung oder Position der Akademiker, was eine Verbindung mit der Augustinus-Stelle nahelegt, zumal wir anderweitig kaum Nachrichten über Metrodor haben.

378 Zu den Quellen von *Contra Academicos* siehe Fuhrer (1997), S. 37–44, besonders S. 37–39, Glucker (2004), S. 124.

379 Glucker (2004), S. 125–127, ferner Lévy (2005), S. 74–76.

380 Brittain (2001), S. 11,73.

war.[381] Durch die neue Rekonstruktion von Wörtern in Z. 12–17 bzw. durch die
Bestätigung von Meklers Ergänzung, welche Dorandi ohne Begründung aus seiner Ausgabe nahm und auch nicht mehr im Apparat vermerkte, ist es recht
wahrscheinlich geworden, dass Augustinus' Aussage schon eine indirekte Vorlage in der frühen, vor Ciceros *Academica* datierenden Quelle *Index Academicorum* hat. Trotz möglicher Unschärfen dürfte die Aussage Metrodors in *Contra
Academicos* in ihrem Kern doch korrekt wiedergegeben sein – und stand wahrscheinlich in Ciceros *Academica*. Der *Index Academicorum* und *Contra Academicos* legen nahe, dass Metrodor insbesondere für diese spezielle Karneades-
Interpretation bekannt war. Es wäre beinahe abwegig, die Stelle dahingehend
auszulegen, dass Metrodor zwar glaubte, dass Karneades diese Auffassung
vertrat, aber er selbst sie sich nicht zu eigen machte.[382] Metrodor hatte mit
dieser Interpretation, deren Subtilitäten und genaue Konsequenzen uns verborgen bleiben müssen, eine Sonderposition unter den Karneades-Schülern
inne. Auch die Aussage, Metrodor habe Karneades besonders gut gekannt (Cic.
Luc. 17: *bene autem nosse Carneaden Stratoniceus Metrodorus putabatur*), ist
vielleicht mit dieser Karneades-Auslegung Metrodors in Verbindung zu bringen. Hat Metrodor seinen Lehrer Karneades wirklich als einziger namhafter
Schüler richtig verstanden? Große Teile der Forschung gehen nicht von einer
Karneades-Interpretation im Sinne Metrodors aus, wobei es auch moderne
Verfechter einer dialektischen Lesung der Karneades-Fragmente gibt,[383] welche die beiden einschlägigen Metrodor-Testimonien als Kronzeugen anführen
dürften. Jedenfalls verstand eine Mehrheit der Karneades-Schüler, darunter
sein Nachfolger Kleitomachos, diesen ganz offensichtlich anders als Metrodor. Der Stratonikeer hatte auch eigene Schüler (Kol. 35,34–37;36,8–14), was
auf Lehrveranstaltungen in Konkurrenz zu Kleitomachos und auf eine eigene
Gruppe (vielleicht innerhalb der Akademie) hindeuten könnte. Allerdings ist
in Kol. 32,16 nicht „Metrodor" (Neulesung: „Zenodor") zu ergänzen und in der
Stelle somit kein Beleg mehr für Lehren Metrodors außerhalb der Akademie
aufgrund unorthodoxer Ansichten zu sehen.[384] Seine Lehren waren gewiss
noch innerhalb des akademisch vertretbaren Spektrums zu verorten und könnten auch einen Einfluss auf Philios Abrücken von einem allzu rigiden Skeptizismus gehabt haben, aber kaum entlang der von Brittain beschriebenen Ent-
wicklungslinien.

---

381   Lévy (2005), S. 70–76 äußert sich ähnlich, was die Position Metrodors betrifft.
382   Ähnlich Glucker (2004), S. 123.
383   Etwa Striker (1981).
384   So etwa Görler (1994), S. 905 f.

Lakydes-Schüler: Tod des Lakydes, Telekles, Euander, weitere Akademiker (Kol. 26,Mitte–28,40)

Einen regelrechten Schatz repräsentieren die in den Kolumnen 26 bis 32 kopierten rund 165 (155 verschiedene) Verse aus Apollodors *Chronica*, von denen 80–90 (verschiedene) komplett oder größtenteils erhalten sind.[385] Das Exzerpt wurde zwischen Kol. 26 und 33 eingeklebt (siehe I 6.2). Die Verse sind nicht „pro Zeile", sondern im Prosaformat kopiert und somit beim ersten Blick auf den Papyrus nicht als solche erkenntlich. Ich habe diese und die übrigen etwa 20 bei anderen Autoren erhaltenen originalen *Chronica*-Verse ausführlich in einer gesonderten Monographie „The Original Verses of Apollodorus' Chronica" (2020) besprochen, welche ein unabhängiges Supplement zu der hier präsentierten Gesamtedition des *Index Academicorum* und zu FGrH/BNJ 244 (Apollodor – Jacoby (1929) und Williams (2018)) darstellt. Alle den *Index Academicorum* betreffenden philosophischen und papyrologischen Ausführungen finden selbstverständlich mit zusätzlichen Angaben[386] auch in die hier vorliegende *editio maior* Eingang, wobei der Fokus auf dem philosophischen Gehalt und weniger auf den literarisch-dichterischen Aspekten liegt. Das Apollodor-Exzerpt ist philosophiegeschichtlich so wertvoll, weil es fast durchgehend exklusive, aufschlussreiche Nachrichten zur Neuen Akademie im 2. Jh. v. Chr. enthält.[387] Die elf im Exzerpt genannten Archonten waren für die Restitution der betreffenden Teile der Athenischen Archontenliste bisweilen unverzichtbar.[388] Es scheint, dass die Verse zu den Lakydes-Schülern, zumindest deren Todesdaten, auf dem Verso in Prosa umformuliert wurden (Kol. O). Diese Verse und vielleicht auch die redundanten Verse zu Polemarch und Krates sollten möglicherweise nicht in der Endfassung erscheinen, aber es fehlen eindeutige papyrologische Angaben im Papyrus, während die Viten des Melanthios und Charmadas wohl in dieser Form für die finale Version (*PHerc.* 164) bestimmt waren. Ohne die „Unterstützung" des Metrums wären zahlreiche Stellen nicht zu rekonstruieren gewesen.

Zunächst verwundert es, dass das Leben des Boethos von Marathon in Kol. 26 (teils) wiedergegeben ist und offenbar exakt in die Kolumne eingepasst

---

385 Zwischen Mitte Kol. 26 und 32,34 stehen etwa 270 Zeilen. Ein Trimeter umfasst in der Regel zwischen 1,5 und 2 Zeilen (geschätzter Durchschnitt etwas mehr als 1,6 Zeilen), so dass man auf etwa 165 Verse kommt (155 unterschiedliche Verse wegen der Dublette). Dorandi (1982) kalkulierte ohne die Dublette nur 132 Verse. Jedenfalls sind im *Index Academicorum* mehr Verse als in jedem anderen Herkulanischen Papyrus bewahrt.

386 So habe ich in Fleischer (2020a) nur komplette oder gut lesbare Verse aufgenommen.

387 Vgl. Wilamowitz-Moellendorff (1910), S. 406.

388 Kolbe (1908); Dinsmoor (1931); Dinsmoor (1939); Meritt (1977); Habicht (1988a). Für die Archonten in den Herkulanischen Papyri siehe Dorandi (1990a).

war, da diese mit seinem Tod schließt. Die stratigraphische Lage im Mittelteil von Kol. 26 ist schwierig, aber es scheint, als wäre die Boethos-Vita nicht in Gänze kopiert worden, was seltsam ist. Andernfalls könnte man vermuten, dass die Vita in einer Prosafassung (Grundquelle) nach Metrodor erschien und Philodem durch sie inspiriert wurde, nach dem Original Apollodors zu suchen. Jedenfalls sind die Zeilen am Ende der Kolumne zusammengedrängt geschrieben, d. h., ihre Höhe ist geringer als gewöhnlich, um das Leben des Boethos unterzubringen. Jedoch zeigen die Haken am Ende der Kolumne an, dass die Boethos-Passage hier getilgt werden sollte und in der Endfassung offenbar innerhalb des Exzerpts (Kol. 28/29) erscheinen sollte. Die Boethos-Vita wird erst im Rahmen ihres zweiten (vollständigen) Erscheinens in Kol. 28,40–29,18 näher analysiert.

Philodems Exzerpt(e) aus den *Chronica* lässt sich grob in zwei Teile gliedern:
– Referenzperson Lakydes (27,1–28,40 = Buch 3)
– Referenzperson Karneades (28,41–32,34 = Buch 4).
Den Lakydes-Teil kann man wiederum in vier Teile untergliedern:[389]
a) Rückzug und Tod des Lakydes (27,1–7)
b) Schüler des Lakydes mit Fokus auf Telekles und Euander (27,7–38)
c) Todesdaten der Schüler des Lakydes (27,38–28,10)
d) Todesdaten der Schüler des Telekles und Informationen zu einem unbekannten Akademiker (28,10–40)

a)   Rückzug und Tod des Lakydes (27,1–7)
In Kol. 27 beginnt unvermittelt mitten in einem Vers bzw. sogar mitten in einem Wort das Lakydes-Exzerpt aus Apollodors *Chronica* zu Tod und den letzten Lebensjahren des Scholarchen, was die Frage aufwirft, ob hier etwas abgeschnitten wurde oder ein Kopist stumpfsinnig aus einer Vorlage eine markierte Zeile abschrieb.[390] Das Erscheinen der genauen Daten zu Lakydes' Rückzug und Tod im Exzerpt könnte bedeuten, dass diese in Kol. 21 bzw. zu Beginn von Kol. M fehlten und daher in Kol. 27 kopiert wurden.

Ich habe die Konsequenzen diverser Neulesungen in Kol. 27,1–16 für das Scholarchat und die Vita des Lakydes ausführlich in Fleischer (2021b) besprochen. Instruktiv ist die Parallele D.L. 4,60–61: Ὁ γοῦν Λακύδης ἐσχόλαζεν ἐν Ἀκαδημείᾳ ἐν τῷ κατασκευασθέντι κήπῳ ὑπὸ Ἀττάλου τοῦ βασιλέως, καὶ Λακύδειον ἀπ' αὐτοῦ προσηγορεύετο. καὶ μόνος τῶν ἀπ' αἰῶνος ζῶν παρέδωκε τὴν σχολὴν Τηλεκλεῖ καὶ Εὐάνδρῳ τοῖς Φωκαεῦσι. παρὰ δ' Εὐάνδρου διεδέξατο Ἡγησίνους Περγαμηνός,

---

389   Ähnlich Fleischer (2020a), S. 162.
390   In diesem Fall wären die Trimeter schon vor Philodem von seiner Zwischenquelle in Prosaform überführt worden.

ἀφ᾽ οὗ Καρνεάδης. ... 61 Ἐτελεύτησε δὲ σχολαρχεῖν ἀρξάμενος τῷ τετάρτῳ ἔτει τῆς τετάρτης καὶ τριακοστῆς καὶ ἑκατοστῆς Ὀλυμπιάδος (241/40 v. Chr.), τῆς σχολῆς ἀφηγησάμενος ἓξ πρὸς τοῖς εἴκοσιν ἔτη· ἡ τελευτὴ δὲ αὐτῷ παράλυσις ἐκ πολυποσίας. Bisher vermutete man, dass es schon im Jahre 224/23 zu einer Teilübergabe der Schule an Telekles und Euander kam und sich Lakydes anschließend um 217 vollständig von der Leitung zurückzog.[391] Die Neulesungen legen nun aber nahe, dass die Übergabe der Schule an Telekles und Euander erstmalig in Kol. 27,12–16 angesprochen wurde und zudem die Namen beider Philosophen noch nicht vor Kol. 27,11–12 erschienen. Außerdem müssten bei einer Teilübergabe um 224/23 Telekles und Euander jeweils mindestens 90 Jahre alt geworden sein, was nicht unbedingt wahrscheinlich ist.[392] Insbesondere geht Diogenes, der offenbar von Apollodor abhängt, auch von (2×18)−10=26 Jahren der Leitung durch Lakydes aus. Des Weiteren hat das Verb in Kol. 27,1 wegen der Neulesung eines Buchstabens keine enge Parallele mehr in Diogenes' Formulierung μόνος τῶν ἀπ᾽ αἰῶνος ζῶν παρέδωκε, welche vielmehr in Kol. 27,12–13 ein Pendant haben dürfte. Folglich muss um 224/23 ein anderes Ereignis im Leben des Lakydes oder in der Geschichte der Akademie stattgefunden haben[393] und die Schulübergabe erst um 216 erfolgt sein.

Somit ergibt sich folgende neue Chronologie für Lakydes, welche im Rahmen zu erwartender kleinerer Unschärfen sowohl im Einklang mit den Angaben im *Index Academicorum* als auch denen in Diogenes Laertius ist, da letztlich beide auf Apollodor zurückgehen:[394]

---

391 Görler (1994), S. 830 f. postuliert die (teilweise) Übergabe der Schule „nach 18 Jahren" und das Auftreten einer Krankheit, die Lakydes 10 Jahre lang an der Amtsführung hinderte. Lakydes, sagt Görler, könnte bei der (Teil)übergabe 224/23 noch bei voller Gesundheit gewesen sein. Nur „von den letzten 18 Jahren" hätte er 10 Jahre krankheitsbedingt aussetzen müssen. Dorandi (2000c), S. 32 und Williams (2018), Kommentar zu F 47 folgen Görler.

392 Dieses chronologische Problem wurde bisher übersehen. In der Regel begannen (auswärtige) Studenten ihre philosophischen Lehrjahre in Athen im Alter von etwas über 20 Jahren, wie der *Index Academicorum* selbst zeigt (Kol. 25,2–6; 31,39–40; 33,4–6, dazu Fleischer (2018a), S. 125) und Lakydes wird kaum unerfahrene Erstsemester mit der Leitung der Schule beauftragt haben. Telekles und Euander dürften also bei der Übergabe mindestens 30 Jahre alt gewesen sein. Euander und Telekles wären in diesem Fall bei etwaiger Schulübergabe um 224/23 v. Chr. kaum später als 255 v. Chr. geboren. Telekles starb 167/66 v. Chr. (Kol. 28,9–10), Euander zu einem unbekannten Zeitpunkt ein wenig später (Kol. 27,14–16). Beide wären also bei Schulübergabe um 224/23 v. Chr mindestens 90-jährig gestorben, vgl. Fleischer (2021b), S. 316 f.

393 Vgl. Fleischer (2020a), S. 165.

394 Vgl. Fleischer (2021b), S. 319. Die Formulierung des Diogenes ist etwas irreführend. Zwar starb Lakydes tatsächlich, „nachdem" er im Jahr 241/40 Scholarch wurde und die Akademie 26 Jahre geführt hatte, aber *nicht direkt im Anschluss* an diese 26 Jahre, sondern

241/40	Beginn des Scholarchats von Lakydes.
ca. 224/23	Unbekanntes Ereignis im Leben des Lakydes (in der Geschichte der Akademie) etwa 17 Jahre nach Beginn des Scholarchats (Stiftung des Lakydeion?).
ca. 216	Lakydes zieht sich für die letzten 10 Lebensjahre krankheitsbedingt von der Leitung zurück und übergibt somit noch zu Lebzeiten die Schule an Telekles und Euander. Er amtierte rund 25 Jahre als aktiver Scholarch.
ca. 206	Lakydes stirbt unter dem Archon Kallistratos (207/06) oder Pantiades (206/05) nach 10-jähriger Krankheit und 10 Jahre nach Übergabe des Scholarchats an Telekles und Euander. Womöglich gab er später noch weiteren Schülern Anteil an Leitungsfunktionen. Sein Tod datiert etwa 17–18 Jahre nach dem unbekannten Ereignis von 224/23 und etwa 35 Jahre nach Antritt des Scholarchats.

b)   Schüler des Lakydes mit Fokus auf Telekles und Euander (27,7–38)
Die zuerst aufgezählten Lakydes-Schüler Paseas und Thrasys sind anderweitig unbekannt. Der dritte Schüler, Aristipp, ist mit einem auch in zwei oder drei anderen Passagen belegten Akademiker (aus Kyrene) identisch (Kol. 27,7–10). Die nun durch Neulesungen nochmals unterstrichene Führungsposition des Telekles und Euander in dem gemeinhin nach Lakydes vermuteten Leitungsgremium der Akademie spiegelt sich auch in den spärlichen anderen Zeugnissen außerhalb des *Index Academicorum* wider. Insbesondere wird Euander als Vorgänger des Hegesinus genannt.[395] Aus den Quellen hatte man erschlossen, dass Euander den Telekles vermutlich überlebt hat, was nun durch die Neurekonstruktion in Kol. 27,14–16 explizit bestätigt wird.[396] Ferner zeigen Neu-

---

erst nach weiteren 10 Jahren Krankheit, was bei Diogenes Laertius nur implizit durch die Angabe, dass er noch zu Lebzeiten die Schule übergab, bewahrt ist. Jacoby (1902) nahm die Apollodorstelle unter Nummer 69 auf, während sie nicht Eingang in Jacoby (1929) fand, offenbar wegen der – wie sich nun herausstellte nur vermeintlichen – Inkompatibilität mit Philodem.

395   Vgl. Görler (1994), S. 834 f. Testimonien bei Mette (1985), Euandros von Phokis, S. 52 (Cic. Luc. 16: ... *audivit enim Hegesinum, qui Euandrum audierat Lacydi discipulum*).

396   Etwa Görler (1994), S. 835: „Unmittelbar nach der Mitteilung über die Übergabe der Schule durch Lakydes fährt er (sc. Diogenes Laertius) jedoch fort: „Von Euandros übernahm sie Hegesinus aus Pergamon, von diesem Karneades". Das kann nur bedeuten, dass Telekles vor Euandros gestorben ist. Die Annahme findet darin eine Bestätigung, dass auch in den oben ausgeschriebenen Zeugnissen aus Cicero, Numenios und aus der Suda Euandros als derjenige erscheint, der die Leitung der Schule an Hegesinus weitergab." Siehe auch Dorandi (2000c).

lesungen, dass in Kol. 27,12–13 ganz offenbar *zum ersten Mal* die Übergabe
der Schulleitung an Telekles und Euander zu Lebzeiten des Lakydes angesprochen wird, wobei Aussage und bedingt auch Lexik bei Diogenes ähnlich sind
(D.L. 4,60: καὶ μόνος τῶν ἀπ᾽ αἰῶνος ζῶν παρέδωκε τὴν σχολὴν Τηλεκλεῖ καὶ Εὐάνδρῳ
τοῖς Φωκαεῦσι). Es ist eine naheliegende Vermutung, dass in den fragmentarischen Zeilen ab Kol. 27,16 noch näher auf Euander und anschließend auch auf
Moschion von Mallos eingegangen wurde, da sich alle anderen Todesdaten auf
schon vorher genannte Schüler des Lakydes beziehen. Somit würde die Schülerliste des Lakydes in den *Chronica* neun Philosophen umfassen. Sie endet mit
Agamestor und den beiden Akademikern namens Eubulos. In Kol. M werden
noch andere Philosophen als Mitglieder des mutmaßlichen Leitungsgremiums
nach Lakydes' Scholarchat genannt.[397] Diogenes weiß nur von einer Übergabe
an Telekles und Euander, ebenso offenbar Apollodor.

c)   Todesdaten von Schülern des Lakydes (27,38–28,10)
Vor Kol. 27,38 scheint eine *Chronica*-Passage (innerhalb des 3. Buches) in Philodems Exzerpt ausgelassen worden zu sein (siehe Quellen Kol. 26,Mitte–28,40).
Die Liste der chronologisch angeordneten Todesjahre der Schüler des Lakydes beginnt mit Moschion von Mallos, dessen Verse erstmals zufriedenstellend
geheilt werden konnten (Kol. 27,38–42).[398] Offensichtlich wird auf ein Ereignis 12 Jahre vor seinem Tod, also um 197/96 v. Chr., Bezug genommen. Das
Datum kann nicht mit einem uns bekannten Ereignis aus der Geschichte der
Akademie verbunden werden. Jedoch starb Attalos I., welcher bekanntermaßen als Gönner der Akademie in Erscheinung trat, in jenem Jahr. Da er oder
seine Kinder in Kol. O kurz vor der Prosaversion der Todesdaten genannt sind
und eine (annähernd) parallele Struktur von Kol. O und Kol. 27–28 möglich
scheint, könnte Apollodor im Zuge von Attalos' Tod und Patronage der Akademie auf Moschion und die anderen Akademiker zurückgekommen sein.[399]
Jedoch ist auch ein Bezug der zwölf Jahre auf ein anderes Ereignis vorstellbar. Die beiden Akademiker mit Namen Eubulos starben innerhalb desselben Jahres, was wahrscheinlich als kuriose Koinzidenz empfunden wurde und
die Überlieferung dieser Tatsache begünstigte. Zusammen mit dem Todesjahr (174/73) erfährt man auch Abstammung und Herkunft der Namensvettern (Kol. 27,42–28,4). Der Todesarchon des Agamestor ist mit der Gefangennahme des makedonischen Königs Perseus verknüpft, was dem Leser eine

---

397   Siehe Suda π 1707 (Platons Nachfolger): ... Λακύδης, Εὔανδρος Φωκαεύς, Δάμων, Λεοντεύς,
        Μοσχίων, Εὔανδρος Ἀθηναῖος, Ἡγησίνους, ... und Kol. M,10 ff.
398   Fleischer (2018g).
399   Fleischer (2020a), S. 54 f.

gute Orientierung zur Einordnung des Archons und damit des Todeszeitpunkts gibt (168/67). Ich konnte erstmals mit hoher Wahrscheinlichkeit die Grabinschrift des Agamestor auf einer attischen Inschrift identifizieren (SEG 25, 237).[400] Ursprünglich stammte er aus Arkadien (Kol. 28,4–9). Schließlich wird noch der Tod des Telekles 167/66 erwähnt (Kol. 28,9–10), wodurch die relative Todesdatierung des Euander in Kol. 27,14–17 eingeordnet werden kann. Das Grabepigramm des Telekles ist übrigens erhalten (IG II² 12764). Vielleicht hatte Apollodor die Informationen über diese nur wenige Jahrzehnte vor der Erstausgabe seiner *Chronica* wirkenden Akademiker aus mündlichen Quellen.

d)   Todesdaten von Schülern des Telekles und Informationen zu einem unbekannten Akademiker (28,10–40)

Apollonios könnte mit dem in Kol. N,13 genannten Philosophen identisch sein. Vielleicht wurde er schon zuvor von Apollodor erwähnt. Er überlebte seinen Lehrer Telekles nur um ein Jahr. Aus der Parallele in Kol. O,18–22 ergibt sich die Grundaussage der nächsten Zeilen. Der Tod von Apollonios' Bruder Eubulos (nicht zu verwechseln mit den beiden zuvor gestorbenen Akademikern) markiert wohl das letzte akademische Datum im 3. Buch der *Chronica* (siehe Quellen Kol. 26,Mitte–28,40). Im Folgenden wurde entweder auf die Akademie allgemein oder auf einen Akademiker nach dem Tod des Eubulos Bezug genommen. Vielleicht wird schon ab etwa Kol. 28,20 derjenige Akademiker behandelt, dem auch die substantiell neu bzw. erstmalig rekonstruierten vier Verse in Kol. 28,34–40 gelten. Dieser war überzeugend, adaptierte Argumente oder Eigenschaften anderer, genoss großen Ruhm und sprach freimütig. Die Eigenschaften erinnern an Karneades, der in Kol. 28,40 als Bezugspunkt dient. Jedoch fand dort sehr wahrscheinlich ein Sprung zum 4. Buch der *Chronica* statt (siehe Quellen Kol. 26,Mitte–28,40), weshalb die Referenz kaum als harter Beleg für eine Identifizierung mit Karneades dienen kann. Dennoch ist der Kyrener, der bei Erscheinen des 3. Buches der *Chronica* um 143 v. Chr. Scholarch der Akademie war und auf dem Zenit seines Wirkens stand, ein möglicher Kandidat, zumal er auch auf dem Verso in relativ gleicher Reihenfolge (Ende Kol. O bzw. Kol. P) nach den Lakydes-Schülern erschienen sein dürfte und in der Erstfassung der *Chronica* gewiss behandelt wurde.[401] Wenn in Kol. 28,40 kein historisches Präsens vorliegt, lebte der unbekannte Philosoph um 143 v. Chr. noch. Prinzipiell ist die Beschreibung aber mit jedem anderen skeptischen

---

400   Fleischer (2019h).

401   Dies folgt u. a. implizit daraus, dass die Philosophengesandtschaft von 155 v. Chr. offensichtlich in den *Chronica* besprochen wurde (Cic. Att. 12,23,2 – FGrH 244 T 8).

Akademiker dieser Zeit kompatibel. Im Hinblick auf die Parallele in Kol. O wäre vielleicht an den Ariston aus Kol. 29,4 (Lehrer des Boethos von Marathon) zu denken.

Boethos, Polemarch, Krates, Kleitomachos (Kol. 28,40–31,3)

Wir verdanken Philodem bzw. diesen Abschnitten aus Apollodors *Chronica* (zumal die Prosafassungen im *Index Academicorum* von ihnen weitgehend abhängen) durchweg exklusive Informationen. Ohne diese *Chronica*-Passage wären Boethos, Polemarch, Krates und die genauen Umstände von Kleitomachos' Übernahme der Akademie dem Vergessen anheimgefallen.

a)   Boethos von Marathon (28,40–29,18)

Nach den Schülern des Lakydes werden nun Altersgenossen und Schüler des Karneades aufgezählt. Boethos von Marathon, Sohn des Hermagoras, ist mit Karneades synchronisiert (Kol. 28,40–43) und dürfte etwa 200 v. Chr. geboren sein.[402] Karneades muss folglich schon vorher in den *Chronica* genannt worden sein, aber nicht notwendigerweise in Philodems Exzerpt. Neulesungen zeigen, dass Boethos ein fähiger Mann von strenger philosophischer Lebensführung war, aber sanftmütig im Umgang oder im Reden (Kol. 29,1–3). Er hörte einen Ariston und Eubulos von Ephesus. Durch die Autolykeier und einen Amyntes hatte er öfters den Unterricht geleitet oder Fortschritte gemacht; mit Hilfe eines Dionysios hatte er dank dessen Scharfsinns und seiner Redegewandtheit Ansichten erläutert oder publiziert (Kol. 29,3–13). Boethos muss eine führende Stellung innerhalb der Akademie gehabt haben. Mit den nur hier belegten „Autolykeiern" ist vielleicht eine Schule oder (mathematische?) Untergruppe der Akademie beschrieben, die ihren Namen Autolykos von Pitane, dem berühmten Mathematiker und Lehrer des Arkesilaos, verdanken könnte. Jedoch bleibt dies ganz unsicher. Auch Dionysios und Amyntes sind nicht weiter bekannt, wobei eine Verbindung aller zur Akademie naheliegend ist. Der Tod des Boethos unter dem Archon Eumachos (120/19) im Monat Thargelion wird wieder mit Karneades verbunden (Kol. 29,13–18). Die Dublette in Kol. 26,Mitte–45 lässt vermuten, dass Apollodors Ausführungen zu Boethos mit dessen Tod endeten. Die vielen Einzelheiten zu dem ansonsten unbekannten Akademiker verwundern. Gomperz schloss daraus, dass Boethos mit Apollodor befreundet war.[403] Vielleicht behandelte Apollodor in dem *Chronica*-Supplement (4. Buch) auch schlichtweg unbedeutendere Philosophen Athens

---

402   Zu Boethos siehe Gomperz (1875); v. Arnim (1897); Jacoby (1902), S. 383–385; Dorandi (1994a), S. 123; Görler (1994), S. 910; Fleischer (2015c), S. 27–30; Fleischer (2020a), S. 185–191.
403   Gomperz (1875), S. 604.

eingehender, als es ihrer Bedeutung entsprach. Der Tod des Boethos ist das letzte zweifelsfrei gesicherte Datum der *Chronica*, wenngleich die *Chronica* sehr wahrscheinlich die Zeit bis mindestens 110/09 einschlossen (vgl. Quellen Kol. 26,Mitte–28,40).

b)   Polemarch von Nikomedien (29,18–30,4)

In Kol. 29,21 könnte Karneades im Zusammenhang mit Polemarch von Nikomedien erwähnt worden sein, der wahrscheinlich direkt im Anschluss an Boethos behandelt wurde. Gegebenenfalls könnten auch erst noch allgemeine Angaben zu Karneades oder zur Akademie eingeschoben worden sein. Der Eigenname „Polemarch" ist vor Kol. 29,37 zu erwarten und die Spuren im Papyrus lassen den Namen eher in der Mitte der Kolumne vermuten. Die *Chronica*-Verse zu Polemarch könnten in Kol. 25,37–39 einen kondensierten Widerhall haben. Sowohl Polemarch als auch Krates mögen eher Altersgenossen als Schüler des Karneades gewesen sein, worauf auch Polemarchs Tod noch zu Lebzeiten des Karneades hindeutet. Andernfalls waren sie ältere Schüler. Zahlreiche Neulesungen in Kol. 29,38–43 konnten Syntax und genauen Inhalt der Verse zur Übernahme der Akademie durch Polemarch klären. Eine Exedra des Polemon wird bereits von Antigonos von Karystos für Polemon erwähnt.[404] Es dürfte sich um dieselbe handeln, die Cicero in *De finibus* mit Karneades assoziiert.[405] Vermutlich war diese Exedra ein separates Gebäude im Garten der Akademie, weniger ein Nischenraum des Gymnasiums, und könnte als zentrale Lehrstätte fungiert haben.[406]

In Kol. 30,1 hatte die Neulesung der Präposition πρό anstelle von παρά – maßgeblich durch die HSI ermöglicht und bar jeden Zweifels – entscheidende Bedeutung für die Wiederherstellung des korrekten Namens von Karneades' erstem Nachfolger, den man über 150 Jahre hinweg (seit der editio princeps von Bücheler 1869) „Karneades, Sohn des Polemarch" alias „Karneades den Jüngeren" nannte. Siehe dazu Einordnung Kol. 25,36–26,Mitte und die zwei Parallelstellen Kol. 24,32–35 und Kol. 25,36–37. Die Erwähnung des Karneades in Kol. 30,1–2 ist kein echter Synchronismus, sondern soll den Umstand betonen, dass Karneades' erster Nachfolger Polemarch noch zu dessen Lebzeiten unter dem Archon Epikles (131/30) verstarb.

---

404   D.L. 4,19: οὐ μὴν ἀλλὰ καὶ ἐκπεπατηκὼς ἦν διατρίβων ἐν τῷ κήπῳ, παρ' ὃν οἱ μαθηταὶ μικρὰ
        καλύβια ποιησάμενοι κατῴκουν πλησίον τοῦ μουσείου καὶ τῆς ἐξέδρας (Antigonos F 9b).
405   Cic. fin. 5,4: *hoc autem tempore, etsi multa in omni parte Athenarum sunt in ipsis locis indi-*
        cia summorum virorum, tamen ego illa moveor exhedra. modo enim fuit Carneadis, quem
        videre videor – est enim nota imago –, a sedeque ipsa tanta ingenii magnitudine orbata desi-
        derari illam vocem puto.
406   Döring (2008), S. 268.

c)   Krates von Tarsos (30,5–8) und Kleitomachos (30,9–31,3?)

Anschließend übernahm Krates von Tarsos die Schule (Kol. 30,5–6). Nun stellt das Wort διακατασχόν|τος in Kol. 30,7–8 im direkten Vergleich mit der Prosaversion in Kol. 24,35–38 wohl richtig, dass Kleitomachos, der zuvor eine Schule im Palladion hatte, mit seinen Schülern nicht aus Anlass des Todes des Krates, sondern wegen Karneades' Verscheiden (129/28) in die Akademie „umzog" und Tatsachen schaffte.

Für die Quellenfrage der Kleitomachos-Vita in Kol. 25 ist die Frage bedeutsam, ob in dem komplett verlorenen Rest von Kol. 30 (Kol. 30,16–40) das Leben des Kleitomachos mehr oder weniger parallel zu Kol. 25,1–18 wiedergegeben war oder die Zeilen den Tod des Karneades bzw. Informationen zu einem anderen Philosophen enthielten. Da in den folgenden Kolumnen diverse Karneades-Schüler besprochen werden, wäre „natürlicherweise" Kleitomachos als prominentester Schüler und Nachfolger des Karneades (Krates) zu erwarten. Der Tod des Karneades könnte in diesem Zusammenhang nur kurz in Kol. 30,15–20 angesprochen worden sein, da ihm bereits im 3. Buch der *Chronica* einige Verse gewidmet waren[407] bzw. sein Tod schon zuvor vermerkt war. Letztlich gilt es zu entscheiden, ob eine erwähnte erfolgreiche Gesandtschaft nach Rom (Kol. 31,1–3) auf Karneades oder Kleitomachos zu beziehen ist. Im ersten Moment denkt man an die berühmte Philosophengesandtschaft von 155 v. Chr., aber diese war anscheinend ausführlicher in den *Chronica* (im 3. Buch) erwähnt.[408] Ferner ist Karneades' Teilnahme an der Gesandtschaft auch in Kol. 22,18–37 (von einer anderen Quelle) erwähnt und eine solche banale Angabe wie in Kol. 31,1–3 für diese von Apollodor anderweitig im Detail behandelte Gesandtschaft wäre seltsam. Für einen Bezug der Zeilen auf Kleitomachos kann man anführen, dass (akademische) Philosophen öfters als Gesandte von Athen nach Rom geschickt wurden,[409] Kleitomachos auch das athenische Bürgerrecht erhielt[410] und zwei Schriften Römern widmete (dem Satiriker C. Lucilius und dem Konsul L. Marcius Censorinus).[411] Die Teilnahme des Kleitomachos an einer Gesandtschaft nach Rom ist somit gut vorstellbar. Er könnte unter Umständen sogar schon 155 v. Chr. Karneades begleitet haben. Vielleicht stand analog zu Kol. 25,1–18 zunächst die Daten-Zahlen-Vita ungefähr in Kol.

---

407   Auch die Bezugnahme auf Karneades' Tod in Kol. 29,13–15 ist Indiz, dass dieser schon zuvor in den *Chronica* erwähnt war.

408   Cic. Att. 12,23,2.

409   Etwa Antiochos von Askalon (Kol. 34,38–39).

410   Symmachus epist. 10,5,2 (Kleitomachos T 1b Mette).

411   In dieser Zeit widmeten auch die Stoiker Panaitios und Hekaton mehrere Werke Q. Aelius Tubero, vgl. Görler (1994), S. 901f.

30,20–40, bevor zwei bis drei „allgemeine" Anmerkungen zu Kleitomachos folgten, etwa dass er viele Schriften verfasste (vgl. Kol. 25,21) und auch einmal als
Gesandter nach Rom kam (Kol. 31,1–3). Schließlich spricht auch die Struktur
der Prosafassung in Kol. 24–25 (Polemarch – Krates – Übernahme der Schulleitung durch Kleitomachos – Vita des Kleitomachos) sowie ihre offensichtliche
Abhängigkeit von den *Chronica* (Polemarch-Krates-Übernahme der Schulleitung durch Kleitomachos) dafür, dass die Kleitomachos-Vita im Verlorenen von
Kol. 30 stand und in Kol. 31,1–3 ihr Ende zu sehen ist.

Melanthios, Charmadas, andere Schüler des Karneades
(Kol. 31,3–32,45)
a)   Melanthios von Rhodos (31,3–28)
Der Akademiker Melanthios von Rhodos (ca. 180–120/110) trat auch als Tragödiendichter in Erscheinung.[412] Wilamowitz (1894) hat erstmals auf Basis der
Chronica-Verse im *Index Academicorum* die Gleichsetzung des Philosophen
Melanthios mit dem Dichter vorgenommen, was bis heute gebilligt wird.[413]
Cicero zählt Melanthios zu den bedeutendsten Schülern des Karneades, unter
denen die Akademie im 2. Jh. v. Chr. in voller Blüte stand, und stellt dessen
suavitas – wohl den angenehmen Stil – heraus.[414] Melanthios besaß ein Gar-
tengrundstück unweit der Akademie, in welchem sich auch die Grabmäler
der Lykurg-Familie befanden.[415] Vielleicht unterrichtete er dort auch Schüler. Bei Diogenes Laertius und in Kol. 35,23–24 ist Aischines von Neapolis

---

412   Zu Melanthios siehe Capelle (1931); Dorandi (1991), S. 74 f.; Görler (1994), S. 909; Dorandi
        (2005c); Fleischer (2018e), Fleischer (2020a), S. 199 f. Zu den Lebensdaten siehe Fleischer
        (2020f), S. 33.

413   Wilamowitz-Moellendorff (1894) = Wilamowitz-Moellendorff (1941), S. 90–94. Ein ande-
        rer Tragiker Melanthios lebte zur Zeit des Aristophanes, der wahrscheinlich von einem
        Elegiker zur Zeit Kimons zu unterscheiden ist, vgl. Dihle (1976), S. 144–148.

414   Cic. *Luc.* 16: … *in Melanthio Rhodio suavitatis.* Zur Übersetzung von *suavitas* siehe Görler
        (1994), S. 909.

415   Ps.-Plut. X orat. 842e: ἐτάφη (sc. Lykurg) δ᾽ αὐτὸς καὶ τῶν ἐκγόνων τινὲς δημοσίᾳ· καὶ ἔστιν
        αὐτῶν τὰ μνήματα ἄντικρυς τῆς Παιωνίας Ἀθηνᾶς ἐν τῷ Μελανθίου τοῦ φιλοσόφου κήπῳ, τρά-
        πεζαι πεποιημέναι, αὐτοῦ τε τοῦ Λυκούργου καὶ τῶν παίδων αὐτοῦ ἐπιγεγραμμέναι καὶ εἰς ἡμᾶς
        ἔτι σῳζόμεναι. Keil (1895), S. 200,207 hat die Beschreibung auf Heliodor zurückgeführt.
        Das Gartengrundstück muss jedenfalls von gewisser Größe und Bedeutung gewesen sein.
        Wenn ἐν τῷ Μελανθίου τοῦ φιλοσόφου κήπῳ, wie Capelle (1931), S. 431 annimmt, ein spä-
        terer Zusatz wäre, spräche noch mehr für die Bekanntheit des Gartens über den Tod des
        Melanthios hinaus. Offenbar handelte es sich dabei um eine mit dem Akademie-Areal ver-
        gleichbare Parkanlage, die vielleicht an die Akademie angrenzte. Zur Lage siehe Ruggeri
        (2013), S. 113. Für solche Gärten im philosophischen Kontext allgemein siehe etwa Carroll-
        Spillecke (1989), S. 28–31,38,56; vgl. Fleischer (2018e), S. 22 f. mit weiteren Anmerkungen.

als sein Schüler überliefert.[416] Womöglich werden in Kol. 35,24 ff. noch weitere Schüler des Melanthios genannt. Der einzig erhaltene Vers seines poetischen Oeuvres ist mehrfach überliefert: (sc. θυμὸc) τὰ δεινὰ πράττει τὰc φρέναc μετοικίcαc.[417]

Zunächst ist die Formulierung in Kol. 31,3–4 kaum anders zu verstehen, als dass Apollodor hier den Adressaten des 4. Buches der *Chronica* anspricht und dessen (zumindest oberflächliche) Vertrautheit oder Bekanntschaft mit Melanthios voraussetzt (siehe Quellen Kol. 26,Mitte–28,40). Die erwähnte Auszeichnung im Tragödienwettbewerb – wohl in Rhodos oder Athen[418] – hat oben angesprochene Identifikation ermöglicht (Kol. 31,5–6). Die Schülerzeit oder Assistenz (cυνεcχ⸢ολα⸀ι⸣|κὼc) bei Aristarch von Samothrake für eine beträchtliche Zeit impliziert zum einen, dass Melanthios für einige Jahre irgendwann vor 144 v. Chr. (Tod/Weggang Aristarchs) in Alexandria weilte, zum anderen, dass er mehr oder weniger zur selben Zeit wie der Verfasser dieser Verse, Apollodor von Athen, bei Aristarch studierte. Apollodor konnte somit einige Angaben zu dem Akademiker gleichsam als Augenzeuge machen. In den folgenden Zeilen ist wohl gesagt, dass Melanthios viel lieber in Athen Studien nachging (Kol. 31,7–10), wobei er entweder wohlhabend war oder aber das dortige reichhaltige philosophische Angebot schätzte (Kol. 31,10–11).[419] Im Folgenden wird seine Schülerschaft bei Karneades angesprochen (Kol. 31,11–13), bevor den fragmentarischen Zeilen nur noch einzelne Wörter zu entnehmen sind. Sie könnten auf Unterricht in der Akademie hindeuten und/oder aber auch auf eigene Vorlesungen des Melanthios (ggf. außerhalb der Akademie im „Garten des Melanthios"). Neulesungen in Kol. 31,24 zeigen eine Erwähnung von Schülern, wozu die etwaige Liste in Kol. 35,24 ff. und der „Garten des Melanthios" als mutmaßliche Unterrichtsstätte hervorragend passen würden. Das Substantiv ⸢καλ⸀ο⸣κ[αγα]θ[ί]αν sowie der Stamm ἐπιεικ- und μετ᾽ ἀφελείαc (Neulesungen, Kol. 31,26–28) dürften implizieren, dass sich βίωι in Kol. 31,28 auf den Charakter und nicht den Tod des Melanthios bezieht.[420] Die Neulesung einer *paragraphos* in Kol. 31,28 zeigt, dass die Melanthios-Vita hier endete. Der Tod des Melanthios könnte schon in den vorherigen Zeilen vermerkt worden sein,

---

416   D.L. 2,64.

417   Melanthios (TGrF 131) F 1 – Plut. de cohib. ira 453e; de sera numinis vindicta 551; Iul. epist. 60,9; Socrat. Hist. eccl. 3,3; Schol. Hes. op. 336. Wilamowitz-Moellendorff (1894) sieht die Überlieferung des Verses vor dem Hintergrund stoisch-akademischer Diskussionen über Affekte.

418   Vgl. Wilamowitz-Moellendorff (1894), S. 150.

419   Vgl. Fleischer (2018e), S. 21 f. und Fleischer (2020a), S. 202 f.

420   Vgl. Kol. 26,4 oder ferner Kol. 32,34 (= 33,1).

da man in Kol. 31,23 die Sequenz ζην liest. Melanthios war Altersgenosse Apollodors, so dass unsicher ist, ob er bei Publikation des 4. Buches der *Chronica* wirklich schon verblichen war. Für einen Tod vor Publikation des 4. Buches der *Chronica* könnte sprechen, dass in Cic. de orat. 1,45 Aischines von Neapolis – und nicht sein Lehrer Melanthios – neben Kleitomachos, Charmadas und Metrodor von Stratonikeia genannt ist (110 v. Chr.).[421]

b)   Charmadas von Alexandria (31,28–32,11)
Über Charmadas besitzen wir einige wenige Nachrichten durch Cicero und andere Schriftsteller.[422] Er war für sein Gedächtnis und seine Redegabe berühmt. Die *Chronica*-Verse im *Index Academicorum* vermitteln ein Bild von seinem Leben und seinen Fähigkeiten (Kol. 31,28–32,11),[423] welches durch zahlreiche Neulesungen präzisiert oder erweitert wurde.

Der exakte Beginn der Charmadas-Vita steht nun durch die erstmalig identifizierte *paragraphos* in Kol. 31,28 fest. Eine Neulesung in Kol. 31,35–36 (in der Folge bestätigt durch Kol. 23,8–10) führt auf Alexandria als Herkunftsort des Akademikers. Geboren um 168 v. Chr., verließ Charmadas die Metropole 146/45 im Alter von 22 Jahren Richtung Athen. Offenbar war er schon in Alexandria angesehen und könnte dort Aristarch oder Akademiker gehört haben, zumal Antipatros und Zenodor beide um die Mitte bzw. in der 2. Hälfte des 2. Jh. v. Chr. in Alexandria wirkten (Kol. 23,2–3 und 32,11 ff.). Ich vermute, dass der Zeitpunkt von Charmadas' Weggang aus Alexandria mit der Intellektuellenverfolgung des Ptolemaios VIII. Euergetes II. (Physkon) um das Jahr 145 v. Chr. in Zusammenhang steht. Der Ptolemäer vertrieb zahlreiche Gelehrte aus Alexandria, weil sie bei den Thronstreitigkeiten (angeblich) auf der Seite des Ptolemaios VI. standen. Es scheint zu einem regelrechten intellektuellen Aderlass gekommen zu sein.[424] Im Zuge der Verfolgungen musste auch Aristarch die Stadt verlassen.

---

421   Vgl. Fleischer (2020a), S. 33.

422   Plin. NH 7,89; Cic. Tusc. 1,59; de orat. 2,360; Quint. inst. 11,2,26. Cic. Luc. 16; orat. 51; S.Emp. adv. math. 2,20–47; S.Emp. P. H. 1,235; Eus. PE 14,4,16.

423   Zu Charmadas siehe Tarrant (1985), S. 34–40; Görler (1994), S. 906–908; Brittain (2001), S. 312–328; Lévy (2005), S. 60–70. Für die Neulesungen in den *Chronica* des Apollodor siehe Fleischer (2014a) und Fleischer (2020a), S. 205–222.

424   Athen. IV 184b–c: ... ἐγένετο οὖν ἀνανέωσις πάλιν παιδείας ἁπάσης κατὰ τὸν ἕβδομον βασιλεύσαντα Αἰγύπτου Πτολεμαῖον, τὸν κυρίως ὑπὸ τῶν Ἀλεξανδρέων καλούμενον Κακεργέτην. οὗτος γὰρ πολλοὺς τῶν Ἀλεξανδρέων ἀποσφάξας, οὐκ ὀλίγους δὲ καὶ φυγαδεύσας τῶν κατὰ τὸν ἀδελφὸν αὐτοῦ ἐφηβησάντων ἐποίησε πλήρεις τάς τε νήσους καὶ πόλεις ἀνδρῶν γραμματικῶν, φιλοσόφων, γεωμετρῶν, μουσικῶν, ζωγράφων, παιδοτριβῶν τε καὶ ἰατρῶν καὶ ἄλλων πολλῶν τεχνιτῶν· οἳ διὰ τὸ πένεσθαι διδάσκοντες ἃ ἠπίσταντο πολλοὺς κατεσκεύασαν ἄνδρας ἐλλογίμους. Siehe ferner Polyb. 34,14. Für weitere Quellen Fraser (1972), II, S. 216–217. Zur Verfolgung siehe Hatzimichali (2011), S. 27–29. Für weitere Gedanken siehe Fleischer (2014a), S. 67.

Charmadas könnte im Hinblick auf die Angabe in Kol. 32,3–6 bei Aristarch Grammatikunterricht besucht haben und folglich auch dem Melanthios und insbesondere Apollodor aus seiner Zeit in Alexandria bekannt gewesen sein. Vielleicht hörten alle drei Männer Anfang der 140er Jahre Aristarch für eine gewisse Zeit gemeinsam und verließen die Stadt im Jahre 145 v. Chr. Charmadas könnte von der Verfolgung nicht direkt betroffen gewesen sein, aber indirekt durch Flucht oder Tod seiner Lehrer. Er war in Athen für etwa sieben Jahre Schüler des Karneades, bevor er nach Kleinasien ging, dort reüssierte und sehr redegewandt oder produktiv war (Kol. 32,40–45). Anschließend kehrte er nach Athen zurück. Er wirkte sehr überzeugend auf sein Publikum, war in Literatur bewandert (nicht in Politik erfahren, wie bisher angenommen) und von Natur aus mit einem guten Gedächtnis beschenkt, was auch in anderen Quellen überliefert ist.

Sein breites Wissen begünstigte den Erhalt des athenischen Bürgerrechts und der angesehenen Schule im Ptolemaion (Kol. 32,1–9: Neulesung κἀνδόξου statt κἀν[ῶ]ιξε). Die Formulierung lässt offen, ob er dort eine eigene Schule gründete und berühmt machte oder aber eine Art (halb)institutionalisierten Lehrstuhl übernahm, welcher vor allem mit der Ephebenausbildung betraut war.[425] Mehrere Quellen bringen das Ptolemaion nämlich mit der Ephebie in Verbindung, in dem auch die erste öffentliche Bibliothek Athens untergebracht war. Man sollte in Charmadas' Lehrtätigkeit keine Konkurrenzeinrichtung zur Akademie sehen, in die er später reumütig zurückkehren musste. In der Akademie hörten Lucius Licinius Crassus und Marcus Antonius Orator den Charmadas um 110 bzw. 103 v. Chr.[426] Vermutlich hielt sich Charmadas trotz seiner Tätigkeit im Ptolemaion auch weiterhin in der Akademie auf und stand mit den dortigen Philosophen in regem Austausch. Brittain (2001) vermutete, dass die Schule im Ptolemaion den Charakter einer Rhetorikschule hatte, aber Charmadas' Bezüge zur Rhetorik taugen kaum als starke Indizien für eine solche These.[427] Interessanterweise unterrichtete auch Antiochos von Askalon im Ptolemaion, wo ihn Cicero 79 v. Chr. hörte. Vielleicht etablierte Charmadas eine „akademische Tradition" im Ptolemaion, wobei Antiochos natürlich nicht sein Nachfolger in einem engeren Sinne war. Charmadas war kaum ein untreuer oder „unorthodoxer" Akademiker und scheint mit dem Skeptizismus des Karneades oder Kleitomachos nicht grundlegend gebrochen zu haben, derweil seine gemeinsame Nennung mit Philo als Gründer einer „Vierten Akade-

---

425 Vgl. Fleischer (2014a), S. 70 f. und Fleischer (2020a), S. 213–216.
426 Cic. de orat. 1,45–47 und 84–93.
427 Vgl. Fleischer (2014a). Es scheint, dass Charmadas zwar sehr redegewandt war, aber Rhetorik nicht zum (primären) Gegenstand seiner Lehre machte.

mie" auf Akzentverschiebungen (Richtung Dogmatismus) und unterschiedliche Auslegungen des Karneades hindeuten könnte.[428] Im Ptolemaion nutzte Charmadas eine Exedra (Nischenraum innerhalb des Gymnasiums) und er hatte auch die Schulleitung inne (Kol. 32,9–11) – sei es die Leitung der „Ephebenschule" oder die seiner eigenen, akademischen Schule. Das Präsens in Kol. 32,1 ist vielleicht nicht historisch zu verstehen, da Charmadas bei Publikation des 4. Buches der *Chronica* noch am Leben war. Sein Tod fällt in den Zeitraum 103–91 v. Chr.[429] Die Verse geben ein lebendiges Zeugnis vom Lebensweg eines Akademikers in jener Zeit und veranschaulichen die Vitalität und Ausdifferenziertheit akademischer Philosophie in der Generation der Karneades-Schüler.

c)   Antipatros von Alexandria und Zenodor von Tyros (32,11–24)
Im Folgenden haben diverse Neulesungen die Aktivitäten der außerhalb Athens wirkenden Schüler des Karneades erhellt, wobei nun auch das genaue Ende der Charmadas-Vita feststeht (Kol. 32,11–24). Neben Antipatros wird Zenodor von Tyros und nicht Metrodor von Stratonikeia (bisherige Falschlesung) erwähnt. Der aus Alexandria stammende Antipatros (Kol. 23,9–10) scheint ebendort auch gelehrt haben, während dies für Zenodor explizit ausgesagt ist (bestätigt in Kol. 23,2–3). Zenodor scheint zunächst in Karthago gelehrt zu haben (Kol. 32,21), bevor er wohl im Zuge der Zerstörung der Stadt um 146 v. Chr. nach Alexandria ging. Vielleicht löste Zenodor den Antipatros (ggf. vice versa) ab oder beide lehrten zugleich akademische Philosophie in der Ptolemäer-Hauptstadt. Zenodors Tod durch Krankheit (Kol. 32,23–24) muss vor 110/105 datieren (Publikation des 4. Buchs der *Chronica*). Durch die Neulesungen wissen wir nun von zwei Akademikern, deren Lehrtätigkeit in Alexandria Apollodor mehrerer Verse für würdig befand. Levy (2012) stützt im Kern Crönerts (1906) These eines alexandrinisch-akademischen Ablegers der Akademie gegen Fraser (1972) und Glucker (1978).[430] Die Neulesung der Verse lässt in der Tat nennenswerte aka-

---

428   S.Emp. P.H. 1,220; Eus. PE 14,4,16. Brittain (2001), S. 312 f. meint, dass Charmadas' innovativer Beitrag auf dem Gebiet der Rhetorik gelegen habe.

429   Vgl. Görler (1994), S. 907.

430   Lévy (2012), S. 291: „Although the information is difficult to interpret, it is safe to assume that a network, bringing Alexandrian students to Athens, had been established at least since the time of Carneades, and it is highly unlikely that these students would sever all contact with their native city." Crönert (1906), S. 76 Fn. 364; Fraser (1972), S. 703 Fn. 67, S. 707 Fn. 92; Glucker (1978), S. 95. Einige Argumente sind nun durch andere Neulesungen hinfällig. Hatzimichali (2020), S. 265 spricht von „internalisation of Academic teaching towards the Egyptian capital", aber ist skeptisch hinsichtlich eines offiziellen akademischen Ablegers in Alexandria (Hatzimichali (2011), S. 26 f. mit Bezug auf Kol. 23,2–3: „as a reference to a group of personal pupils that Zenodorus 'led' … rather than to an official Academic annexe").

demische Aktivitäten über einen längeren Zeitraum in der 2. Hälfte des 2. Jh. v.
Chr. in Alexandria vermuten, so dass das Wirken des Antiochos von Askalon,
des Heraklit von Tyros und des Dion von Alexandria im Kontext einer ununterbrochenen Schultradition in Alexandria stehen könnte, wobei man nicht an
eine formal institutionalisierte Tochterschule unter Weisungshoheit der athenischen Akademie denken darf.[431]

d) Ende des Apollodor-Exzerpts (32,25–34) und Dublette (32,34–44)

In Kol. 32,25–34 ist wahrscheinlich ein weiterer, nicht genau identifizierbarer
Akademiker namens Sokrates angeführt, wenn nicht jemand mit dem berühmten Sokrates verglichen wurde. Es wäre etwa an Sokrates, Urenkelschüler des
Telekles (eher als des Euander), zu denken (Kol. N,20–21), dessen Lehrer Dion
der Thraker ebenso wie Theris von Alexandria womöglich in Alexandria zu
verorten ist, so dass die vorherige Erwähnung der Stadt (Kol. 32,23–24) bzw.
die der Lehraktivitäten zweier Akademiker ebendort Anlass für einige Zeilen
zu diesem Sokrates gewesen sein könnte. Jedoch ist hier keine Sicherheit zu
gewinnen.

Neulesungen im letzten Vers des Apollodor-Exzerpts in Kol. 32,34 zeigen,
dass dieselben letzten Wörter (λόγωι καὶ τὸν βίον) mit einem Zeichen versehen
„kontextlos" auch in Kol. 33,1 erscheinen. Wahrscheinlich sollte auf diese Weise
signalisiert werden, dass die Philio-Vita direkt an Kol. 32,34 (das Apollodor-
Exzerpt) anzuschließen ist und die Dublette in Kol. 32,34–44 herausfallen
sollte. Zu der Dublette der Karneades-Schüler ist zu vermerken, dass diese
kaum zufällig an relativ gleicher Position in der Kolumne steht wie in Kol.
23,38–47 und fast mit dem gleichen Namen (Ethnikon) endet. Die Ursache hierfür ist indes nicht mit Gewissheit zu eruieren (siehe I 6.2).

Philio von Larissa: Werdegang, Philosophie, Tod, Nachfolger (Kol. 33,1–34,6)

Philio von Larissa ist der letzte bekannte Scholarch der „Skeptischen Akademie".[432] Das Zerwürfnis mit seinem Schüler Antiochos von Askalon, welcher
Platons Schule mit der „Alten Akademie" zum Dogmatismus zurückführte, ist
durch die literarische Verewigung im *Lucullus* beinahe zum einem legendären

---

431 Für Heraklit siehe Fleischer (2017d), S. 81f., für eine Diskussion akademischer Lehrtätigkeit in Alexandria und deren Fernwirkung siehe Fleischer (2016b), S. 467. Zu Akademikern in Alexandria siehe auch Lévy (2012), S. 291f.

432 Zu Philio siehe von Fritz (1938); Glucker (1978), S. 13–91,391–420; Görler (1994); Brittain (2001); Goulet (2012); Brittain/Osorio (2021). Testimoniensammlung bei Brittain (2001), S. 345–370, ältere bei Mette (1986/87) (Philo S. 9–24).

„akademischen Skandal" geworden. Bleibenden philosophischen und literarischen Einfluss übte Philio vor allem indirekt über einen zu seiner Zeit gewiss
eher unscheinbaren, jugendlichen Studenten in Rom aus. Ab etwa 88 v. Chr.
hörte Cicero den vor dem Mithridatischen Krieg aus Athen geflohenen Philio,[433] der auch Rhetorik zum Gegenstand seines Unterrichts machte.[434] Jedoch
war es eher Philios akademisch-skeptische Grundhaltung, welche Ciceros Denken nachhaltig prägen sollte.[435] Wir wissen von Philio gerade so viel und doch
so wenig, dass wir für die Information im *Index Academicorum* außerordentlich dankbar sind, da durch sie andere Stellen kontextualisiert werden und
manche Hypothese validiert oder erst ermöglicht wird. Eine virulente Frage
ist die Entwicklung von Philios philosophischem Standpunkt im Laufe seines
Lebens. Unsere Quellen legen nahe, dass er zunächst die orthodox-skeptischen
Ansichten des Kleitomachos vertrat, diese dann aber zusehends aufweichte.
Diese zweite oder mittlere Phase wurde von Brittain (2001) als „philonisch-
metrodorische Phase" bezeichnet, was von Glucker (2004) mit guten Argumenten zurückgewiesen wurde.[436] Brittain (2021) spricht für diese Phase nun
von „mitigated Scepticism". Da Philio zusammen mit Charmadas als Gründer
einer „Vierten Akademie" genannt wird, scheint er die Philosophie des Kar-
neades/Kleitomachos tatsächlich in nicht-trivialer Weise weiterentwickelt zu
haben, wobei er anders als Antiochos den „skeptischen Grundrahmen" nicht
verließ. Mit den *Römischen Büchern* könnte eine neue Phase von Philios Denken oder eine besondere Interpretation der Geschichte der Akademie einher-
gegangen sein.[437] Andere Forscher nehmen weitere Phasen an oder definieren
diese abweichend.[438] Puglia (2000) und meine Beiträge haben in der Folge zu
einer sehr substantiellen Änderung der Philio-Vita im Vergleich zu Dorandi
(1991) geführt, was nicht ohne Konsequenzen für die Bewertung von Philios
Werdegang ist. Vor der eigentlichen Analyse ist eine auf zahlreichen Neulesungen basierende Übersicht zu Philios Leben im *Index Academicorum* nützlich:
- Geboren in Larissa (159/58)
- 8 Jahre Unterricht bei dem Karneades-Schüler Kallikles in Larissa (ca. 142–
  134/33)

---

433   Kurze Übersicht der geschichtlichen Hintergründe bei Brittain (2001), S. 58–64, ausführ-
      lich Habicht (1994), S. 297–313.
434   Zur Rhetorik der „Vierten Akademie" siehe Reinhardt (2000); Lévy (2010).
435   Cic. Brut. 306 (Philo T 2 Brittain); ac. 1,13 (Philo T 30 Brittain); nat. 1,6 (Philo T 33 Brittain);
      Tusc. 2,9 (Philo T 35 Brittain).
436   Brittain (2001), S. 73–128; Glucker (2004).
437   Für eine Diskussion siehe etwa Brittain (2001), S. 129–168.
438   Siehe etwa Görler (1994), S. 920–927, Tarrant (2018), besonders S. 83f. Brittain/Osorio
      (2021), Kapitel 2.

– Ankunft in Athen im Alter von etwa 24 Jahren (134/33)
– 14 Jahre Unterricht bei Kleitomachos in Athen (134/33–ca. 120)
– 2 Jahre Unterricht bei dem Grammatiker Apollodor in Athen (ca. 120–118)
– 7 Jahre Unterricht bei dem Stoiker Mnesarch in Athen (ca. 118–110)
– Leitung der Akademie (ab 110/09)
– Nach einiger Zeit diverse Änderungen in der Lehre
  (*Flucht nach Rom und Unterricht ebendort (88–84/83)*)
– Tod in Italien im Zuge einer Influenzawelle im Alter von etwa 75 Jahren
  (84/83)

a)   Philio und nicht Philo – zum Namen des Scholarchen (33,1)

Gleich die erste Zeile von Kol. 33 wartet mit einer überraschenden Änderung in der Prosopographie der Akademie auf: Der Name des Philo von Larissa, der noch niemals in der Geschichte der Klassischen Philologie angezweifelt wurde und vermeintlich durch etliche unabhängige Autoren und Manuskripte zementiert war, lautet ganz offensichtlich Philio – mit einem zusätzlichen Iota. Die in Fleischer (2022b) vorgebrachten Argumente für die Namensänderung seien kurz rekapituliert.

Zunächst ist in Kol. 33,1 entgegen früheren Autoren objektiv Φι⸌λίω⸍ν zu transkribieren. Auch in Kol. 25,35 sind die Neulesung Φιλίω⸌νος⸍ und die Identifikation der Person über alle Zweifel erhaben. Offenbar ist der Name des Scholarchen in Kol. 33,43 getilgt und war dort wahrscheinlich auch mit Iota geschrieben.[439] Folglich wird der Akademiker zweimal (bzw. dreimal) gesichert in Philodems *Index Academicorum* als „Philio" bezeichnet und niemals als „Philo". Da im Papyrus kaum Fehler bei Eigennamen, die später nicht korrigiert wurden, zu bemängeln sind, scheint Philodem davon ausgegangen zu sein, dass der korrekte Name des Philosophen Philio war. Philodem kam erstmals in Athen an, als Philio die Stadt gerade verlassen hatte (Kol. 34,3–7). Der (korrekte!) Name des Philosophen dürfte damals auch in epikureischen Kreisen noch in aller Munde gewesen sein und gerade dem akademisch vernetzten Antiochos-Vertrauten Philodem (siehe I 3) bekannt gewesen sein. Da Kol. 33,1 sehr wahrscheinlich und Kol. 25,35 womöglich auf die *Chronica* zurückgehen, dürfte auch Apollodor diese Namensform verwandt haben, der als Lehrer des Philio (Kol. 33,12–13) den Namen seines Schülers freilich richtig wiedergab.

An dieser Stelle ist es zentral festzuhalten, dass „Philio" keine genuine Verschreibung oder Schreibvariante, sondern ein „echter" Name ist, der 73-mal in

---

439   Diese Stelle habe ich in Fleischer (2022b) ob der kümmerlichen Spurenlage nicht berücksichtigt.

LGPN belegt ist, während „Philo" über 1000 Einträge hat.[440] Somit ist „Philio"
zwar ein eher seltener, aber keineswegs völlig exotischer Name.

Die Neulesungen der Namensform im *Index Academicorum* haben nun mehrere in Vergessenheit versunkene Philio-Varianten in ein neues Licht gerückt.
Zunächst erscheint der Name Philio am Ende eines anderen Herkulanischen
Papyrus (Demetrius Laco, *quaestiones exegeticae* – *PHerc.* 1012) in einem epistemologischen Kontext.[441] Bisher konnte man den Namen nicht zuordnen und
hat einige wenig plausible Korrekturen erwogen,[442] aber in Anbetracht der
Neulesungen im *Index Academicorum* spricht alles dafür, dass Demetrius auf
den Akademiker Philio, vermutlich als dieser Scholarch war (110/09–88 bzw.
84/83), am Ende seines Werkes Bezug nahm.[443] Der *Index Academicorum* ist
von diesem Werk des Demetrius und somit der Namensform völlig unabhängig. Folglich kennen zwei (fast) zeitgenössische philosophisch gut informierte
Autoren des 1. Jh. v. Chr. (überliefert in noch erhaltenen, karbonisierten Papyri
des 1. Jh. v. Chr.!) den Akademiker unter dem Namen Philio – ohne Anzeichen
von Zweifel.

Die Lesung „Philio" erfährt interessanterweise auch durch die *Praeparatio
Evangelica* des Eusebius eine Bestätigung, wo im Rahmen eines Auszugs aus
Numenios Περὶ τῆς Ἀκαδημαϊκῶν πρὸς Πλάτωνα διαστάσεως fünfmal von „Philio"
die Rede ist,[444] wobei der Name in anderen Passagen der Eusebius-Manu-
skripte, wenn Philo von Alexandria erwähnt wird, immer korrekt ohne Iota
geschrieben ist. Eusebius wusste nur schwerlich Details über Philios Leben und
Philosophie, da er ihn nur einmal anderweitig erwähnt (wohl auch aus Numenios schöpfend).[445] Daher ist davon auszugehen, dass der bezüglich Namen
eigentlich stets zuverlässige Numenios (2. Jh.) den Akademiker als Philio

---

440   Unter Philio findet sich kein einziger RE-Eintrag.

441   Demetr. Laco quaest. exeg. (*PHerc.* 1012) 72,7–9: καθὼς γὰρ | ἔλεγεν ὁ Φιλίων, οὐδεὶς αἴσθη
       [– – –]`αυ´ [– – –| (Puglia (1988)). Eine Überprüfung der Stelle ergab, dass der Name
       sicher ist.

442   Bisherige Identifizierungsvorschläge bei Polito (2004); Crönert (1906), S. 119. Gigante (1981),
       S. 170–175 konjizierte Philinos von Kos, während De Falco (1923), S. 52 den Schüler Pyr-
       rhons namens Philo (D.L. 9,69) ins Spiel brachte. Puglia (1988), S. 312 schlug einen ander-
       weitig unbekannten Epikureer vor.

443   Vgl. Fleischer (2022b), S. 227–228.

444   Eus. PE 14,8,15–9,3 (Numen. F 28 des Places = Philo T 6 und 23 Brittain): Ταῦτα καὶ περὶ
       Καρνεάδου λέγεται. διάδοχος δ᾽ αὐτοῦ τῆς διατριβῆς καθίσταται Κλειτόμαχος, μεθ᾽ ὃν Φιλ{ι}ων,
       οὗ πέρι ὁ Νουμήνιος μνημονεύει ταῦτα· θ᾽. ΠΕΡΙ ΦΙΛ{Ι}ΩΝΟΣ Ὁ δὲ Φίλ{ι}ων ἄρα οὗτος ἄρτι
       μὲν ἐκδεξάμενος τὴν διατριβὴν ... Φίλ{ι}ωνος δὲ γίνεται ἀκουστὴς Ἀντίοχος, ἑτέρας ἄρξας Ἀκα-
       δημίας. Μνησάρχῳ γοῦν τῷ Στωϊκῷ σχολάσας ἐναντία Φίλ{ι}ωνι τῷ καθηγητῇ ἐφρόνησε μυρία
       τε ξένα προσῆψε τῇ Ἀκαδημίᾳ. Die Überschriften scheinen schon von Eusebius eingefügt
       worden zu sein (Mras (1954)).

445   Eus. PE 14,4. Auch hier haben die Handschriften „Philio".

kannte und Eusebius dieser Schreibung folgte.[446] Auch ein Papyrus aus dem Archiv des Ammonius „Scholasticus" von Panopolis (etwa 350 n. Chr.) mit einer Liste akademischer Scholarchen hat die Namensform „Philio".[447]

Aufschlussreich ist, dass für die Namensform „Philio" auch etliche Belege in den Cicero-Handschriften existieren, welche bisher ob des fehlenden Verdachtsmoments nicht weiter beachtet wurden. Im *Lucullus* erscheint der Name des Scholarchen 18-mal. Bei 12 dieser Erwähnungen findet sich die Namensform „Philio" (teils korrigiert) in Handschriften.[448] Auch für eine Passage in den *epistulae ad familiares* ist die Form Philio bezeugt, ebenso zweimal in *De natura deorum*.[449] Insgesamt erscheint der Name 32-mal bei Cicero, wobei für 15 Stellen die Variante „Philio" in mindestens einer Handschrift bezeugt ist.[450] In diesem Kontext ist auch interessant, dass bei 3 von 4 Erwähnungen des Namens in *Contra Academicos* des Augustinus – der von Cicero abhängt – Handschriften die Namensform „Philio" überliefern. Ansonsten erscheint der Name des Philo ohne Spuren eines „Philio" nur vereinzelt bei Autoren. Von den lateinischen Schriftstellern erwähnt ihn nur Tacitus einmal, auf griechischer Seite erscheint sein Name in Plutarch (viermal), Sextus Empiricus (zweimal), Galen (einmal), Stobaios (dreimal) und Johannes Italos (einmal).[451]

---

446 Vgl. Fleischer (2022b), S. 227.

447 P. Duke Inv. G 178 = P. Ammon 1, Kol. 2,1–16, hier: Z. 12 = CPF 1.1.* 1 (Dorandi/Willis (1989)): Φιλίων ἐ[κ Λαρίσσης. Die Namen aller Akademiker sind im Papyrus korrekt geschrieben. Ausgabe bei Maresch/Willis (1997). Dorandi/Willis (1989) vermerken: „The form Φιλίων which also occurs in the MSS of Eusebius PE XIV 8.15; 9.1 3 is noteworthy. Given the education of Ammonius, one may hypothesize that it is not a mistake, but the form he believed to be correct." Ähnlich Maresch/Willis (1997), S. 17. Dorandi scheint aber nicht davon auszugehen, dass die Form „objektiv" korrekt ist. Zumindest thematisiert er sie nicht in späteren Publikationen, insbesondere nicht in Dorandi (1991).

448 Cic. Luc. 11 (5-mal): phil*onem [i] A ~li̯~ V filonem B | phil*onis [i] A | phil*one [i] AB philonem̨ V | phil*onis [i] A f~ B | fil*one [i] AN philione V Cic. Luc. 12 (zweimal): philioni AVB sed media i erasa AB; insiticium esse temere ei r | phil*onem [i] AB phil̨ionem V Cic. Luc. 17 (zweimal): phil*o [i] B | philione sed posterior i paene erasa B Luc. 69: ph̨ilone ex phol~ A phil*one [i] B Cic. Luc. 78: phil̨ioni V fil*oni [i] B Cic. Luc. 111: philione B, pr A. Keine Spuren der Namensform „Philio" in Cic. Luc. 4;11;18 (dreimal); 69.

449 Cic. fam. 9,8,1 (Philo T 24 Brittain): philonis H philionis MVD. Cic. nat. 1,17 (Philo T 19 Brittain): pililo ANOB^marg.; Cic. nat. 1,59 (Philo T 22 Brittain): filio A¹B¹.

450 Es ist verständlich, dass die Variante „Philio" in den isolierten Stellen bei Cicero in der Regel nicht überlebte, während durch die Häufung des Namens im *Lucullus* der seltene Name bessere Überlebenschancen hatte, da die Schreiber hier den richtigen Namen oft lasen und daher nicht immer „verbessern" konnten. Die Philo-Stellen: Cic. Tusc. 2,9; 2,26; 5,107 (Philo T 3,35,36 Brittain); Cic. fam. 13,1,2 (Philo T 17 Brittain); Cic. nat. 1,6; 1,113 (Philo T 18,33 Brittain); Cic. de orat. 3,110 (Philo T 34 Brittain); Cic. Brut. 306 (Philo T 2 Brittain); Cic. ac. 1 13 (Philo T 30 Brittain).

451 Für die Stellen siehe Fleischer (2022b), S. 230–231. Es ist möglich, dass moderne Editoren teilweise etwaige Iota-Varianten mitunter nicht im Apparat angegeben haben.

Auch wenn das Konzept der „lectio difficilior" bei Eigennamen in Manuskripten mit Vorsicht zu genießen ist, dürfte der weltverbreitete Name „Philo" doch eher den Namen „Philio" verdrängt haben als vice versa. Auch könnten bereits einige der griechischen „Philo-Autoren" versehentlich die Namensform ohne Iota verwendet haben, da dem Akademiker ab der Kaiserzeit keine nennenswerte Rezeption mehr widerfuhr und Philio ein vergleichsweise seltenerer Name als Philo war. Darüber hinaus wäre auch zu überlegen, ob Philio, zumal in seiner Zeit in Rom, nicht auch teilweise den geläufigeren Namen „Philo" als eine Art alternativen Spitznamen nutzte, etwa wie wenn sich im Deutschen eine „Helene" als „Helen" ansprechen lässt und die Kurzform den tatsächlichen Namen faktisch verdrängt.[452] Jedoch scheint Cicero in seinen Werken den korrekten Namen seines Lehrers (mit Iota) genutzt zu haben.

Letztlich haben wir mit Philodems *Index Academicorum* (zweimal bzw. dreimal) und Demetrius Laco zwei karbonisierte, zeitgenössische „Kronzeugen" für die Namensform Philio. Ferner sind auch Numenios (über Eusebius – sechsmal), der Duke-Papyrus (4. Jh.) sowie insbesondere die etlichen „Philio"-Varianten in den Cicero-Handschriften (und in Augustinus) erstklassige Zeugen für diesen Namen, denen gegenüber der Zeugenwert der übrigen „Philo"-Autoren meines Erachtens als deutlich geringer einzustufen ist. In der Gesamtschau drängt sich die Schlussfolgerung auf, dass der letzte Scholarch der Skeptischen Akademie Philio und nicht Philo hieß. Zumindest erscheint die Namensform Philio wesentlich wahrscheinlicher und der bisher gebräuchliche Name Philo ist objektiv nur noch schwer zu rechtfertigen. Moderne Akademiker sollten folglich um ein Iota von ihrem bisherigen Usus abrücken und im Zusammenhang mit dem Scholarchen von Philio reden – und nicht mehr von Philo.

Es bereitet Stirnrunzeln, dass ungeachtet aller Unsicherheit über Wesen und Entwicklung von Philios Skeptizismus neuzeitliche Gelehrte zumindest eines unverbrüchlich zu wissen glaubten, nämlich dass Philio Philo hieß. Nun stellt sich heraus, dass selbst diese Gewissheit nur ein falsches Scheinwissen war. Jener Akademiker, der im Endeffekt propagierte, dass kein menschliches Wissen so sicher ist, dass es sich nicht doch als falsch herausstellen könnte, hieß tatsächlich Philio – ein Treppenwitz der Philosophiegeschichte und Klassischen Philologie. Ohne den *Index Academicorum* wäre wohl niemals ein Anfangsverdacht aufgekommen und das fehlende Iota im Namen des letzten großen Skeptikers der Akademie wohl für immer unterschlagen worden – habet sua fata littera.[453]

---

452   Vgl. Fleischer (2022b), S. 231.
453   Vgl. Fleischer (2022b), S. 232.

b) Philios Werdegang – Schüler des Grammatikers Apollodor und Stoikers
   Mnesarch (33,1–17)

Philio wurde unter dem Archon Aristaichmos geboren (Kol. 33,3–4). In Fleischer (2017d) ist ausführlich erläutert, dass die bisherige Datierung des Aristaichmos auf 159/58 für sehr wahrscheinlich zu halten ist.[454] Insbesondere ist
es schwierig, die folgenden Zeilen (Kol. 33,4–7) nicht so zu verstehen, dass
Nikomachos 24 Jahre nach Aristaichmos Archon war. Um die Geburt Philios
mit einem Tod im Alter von 63 Jahren zu harmonisieren, müsste man Aristaichmos um 147 v. Chr. datieren und annehmen, dass Philio Apollodor und Mnesarch parallel zu Kleitomachos hörte und sich die Angabe „Nikomachos" auf den
Beginn der Studien bei Kallikles bezöge.[455] Dafür müsste man dem Text und
auch der bisher etablierten Chronologie der Archonten einige „Gewalt antun",
so dass im Lebensalter „63 Jahre" der Fehler zu sehen ist. Es dürfte falsch zurück-
berechnet worden sein, zumal die Zahl nicht vom selben Autor (Apollodor) wie
der Geburtsarchon stammt. Von Philios erstem Lehrer Kallikles, den er immerhin acht Jahre in seiner Heimat (Larissa) hörte, haben wir keine anderweitige
Kunde (Kol. 33,7–11). Sein Name erscheint nicht im Erhaltenen der Schülerliste
des Karneades (Kol. 22,37 ff.). Offenbar konnte man im 2. Jh. v. Chr. fast überall
in der οἰκουμένη akademische Philosophie studieren. Das Alter Philios von 24
Jahren bei seiner Ankunft in Athen (Kol. 33,4–7) ist mit dem von Charmadas
(22 Jahre) und Kleitomachos (24 Jahre) vergleichbar. Da Philio um 134 v. Chr.
Kleitomachos' Schüler wurde, muss er ihn die ersten Jahre im Palladion gehört
haben und dann 129/28 mit ihm in die Akademie „umgezogen" sein. Dies ist
ein Indiz, dass die Vorlesungen bei Polemarch von Nikomedien (137/36–131/30)
und Krates von Tarsos (131/30–129/28) nicht sehr nachgefragt waren und man
akademische Philosophie besser außerhalb der Akademie und innerhalb der
Stadtmauern bei Kleitomachos studierte.

Die Neulesung τῶι] γραμμα|τικῶι in Kol. 33,12–13 zeigt, dass jener Apollo-
dor, welcher Philio etwa 120–118 unterrichtete, kein geringerer als der berühmte
Grammatiker und Autor der *Chronica* war, auf den der Beginn der Philio-Vita
im *Index Academicorum* zurückgehen dürfte.[456] Die vielen Zahlen und Einzelheiten deuten auf ein vertrautes Verhältnis Apollodors zu Philio hin. Wahrscheinlich wollte Philio nach 22 (8+14) Jahren Unterrichts bei Akademikern
seinen Horizont auf dem Gebiet der Literatur/Grammatik erweitern. Die Stelle
ist der einzige Beleg für Lehrtätigkeiten Apollodors, der selbst in Athen den
Stoiker Diogenes gehört hatte (siehe Quellen Kol. 26,Mitte–28,40). Vielleicht

---

454 Fleischer (2017d), S. 351–358.
455 Fleischer (2017d), S. 358–361.
456 Vgl. Fleischer (2020a), S. 16–21. Bereits erwogen in Fleischer (2017d), S. 363 Fn. 74.

führte sein unter Umständen stoisch angehauchter Grammatikunterricht (für Fortgeschrittene) Philio sogar zu dem Stoiker Mnesarch, was wiederum Philios Schüler Antiochos zu Studien bei Mnesarch bewogen haben könnte, so dass Apollodor am Ende als der fernwirkende, unbewusste Urheber von Antiochos' dogmatischer Wende gelten könnte.[457] Der Name des Mnesarch wurde erstmals von Puglia gelesen und unabhängig von Brittain erwogen.[458] Die ersten beiden Buchstaben sind kaum anzuzweifeln, so dass trotz des engen Raumes (ggf. Verschreibung) der Name nahezu sicher ist. Demnach studierten Philio und sein Schüler Antiochos (Kol. 34,23–25) beide bei dem Stoiker Mnesarch, wobei der Unterricht nur bei Antiochos eine tiefgreifende Wende im Denken hin zur Epistemologie der Stoiker auslöste.

Brittain (2001) ist kaum zu Unrecht über die Lehrzeit von fast 10 Jahren bei nicht-akademischen Lehrern direkt vor Übernahme des Scholarchats verwundert.[459] Ich vermute, dass Philio auch in dieser Zeit weiterhin in der Akademie verkehrte, aber seine „akademische Ausbildung" vorerst abgeschlossen war und er anderweitig Inspirationen suchte. Sein Fehlen in der Akademie bei dem Besuch von Lucius Licinius Crassus 110 v. Chr. überrascht etwas.[460] Tatsächlich könnte eine Aussage des Numenios in die Richtung zu verstehen sein, dass Philio a pirori nicht unbedingt als der erste Nachfolgekandidat für Kleitomachos gehandelt wurde.[461] Indes, die Quellenlage lässt keine definitive Entscheidung in dieser Frage zu. Ebenso bleibt offen, ob Philio von Kleitomachos ernannt oder demokratisch gewählt wurde. Es ist die entfernte Möglichkeit zu bedenken, dass Philio die Schule unter Polykleit (110/09) zu einer Zeit übernahm (Kol.

---

457 Fleischer (2020a), S. 20.

458 Brittain (2001), S. 49 Fn. 35; Puglia (2000), S. 18 f.

459 Brittain (2001), S. 49 f.: „Philo's activity in the ten-year interval between his study with Clitomachus and his election to the scholarchate (120/19–110/09) presents something like a puzzle ... Philos's lengthy period of study with a Stoic in the years immediately preceding his election is remarkable. It is not unusual to find that a Hellenistic Philosopher attended the lectures of another school before adopting the philosophical orientation of his maturity ... There is, however, no precedent for such attendance subsequent to fourteen years' 'confirmation' as an Academic, and at the age of 40."

460 Cic. de orat. 1,45.

461 Eus. PE 14,9,1 (Numen. F 28 des Places – Philo T 23 Brittain): Ὁ δὲ Φίλων ἄρα οὗτος ἄρτι μὲν ἐκδεξάμενος τὴν διατριβὴν ὑπὸ χαρμονῆς ἐξεπέπληκτο καὶ χάριν ἀποδιδοὺς ἐθεράπευε καὶ τὰ δεδογμένα τῷ Κλειτομάχῳ ηὖξε καὶ τοῖς Στωϊκοῖς ἐκορύσσετο νώροπι χαλκῷ. Dazu Glucker (1978), S. 75, der die relative Unbekanntheit des Philio mit Verweis auf Cic. de orat. 1,45 hervorhebt, dagegen Brittain (2001), S. 51–53. In der Tat könnte das relativ junge Alter des Philio (49 Jahre) ein Grund für seine Wahl gewesen sein. Charmadas, Metrodor und Melanthios, sofern noch am Leben, waren wohl zu alt, während Aischines von Neapolis vielleicht kein genuiner „Kleitomacheer" war.

33,15–17), als Kleitomachos noch am Leben war und sich wie Karneades nur zurückgezogen hatte, wofür der alternative Archon in Kol. 25,17 vielleicht ein Indiz ist. Erstmals konnte ich, wo man bisher zwei alternative Lebenszeiten des Philio lesen wollte (Kol. 33,17–19 und 42–44), eine Dublette identifizieren. Die angeblichen Lebenszeitvarianten (74 vs. 60+x Jahre) führten zu zahlreichen Spekulationen, insbesondere hinsichtlich der Quellen, die nun alle als obsolet zu betrachten sind.[462] Die erste Angabe (Kol. 33,17–19) ist mittels einer schönen, geschweiften Klammer am rechten Rand getilgt. Der Tod samt Altersangabe sollte in der Endfassung erst nach weiteren Informationen zu Philio (Z. 20–40) in einer um Ort und Umstände erweiterten Version erscheinen.

c)   Philios Innovationen in der akademischen Lehre (33,20–42)

Nun folgen nach der Zahlen-Daten-Biographie wohl wie im Falle des Kleitomachos (Kol. 25) vor der Todesangabe und Schülerliste noch einige allgemeine Angaben zu Philosophie und Charakter des Philio. In Z. 20 könnte Büchelers Vorschlag τ]ˈέˈτταρα auf die Dauer des Aufenthalts in Rom zu beziehen sein, aber die Lesung ist unsicher. Ich konnte erstmals in Z. 23 [π]αιδείαν ergänzen. In Z. 31 ist eine Form von „Akademie" nicht unwahrscheinlich. Von höchstem Wert ist nun die erstmalige Neulesung einer kompletten Periode in Z. 38–42. Zweifelsohne ist im zweiten Teilsatz (ποικ[ί]λας δ᾽ ἐπο[ι]εῖτο τὰ[ς μετα]πτώσεις) ausgesagt, dass Philio viele Modifikationen vornahm, was insbesondere einen Widerhall in einigen Testimonien (Numen. F 28; Cic. Luc. 78; Aug. c. Acad. 3,41) und der angeblichen Phase einer „Vierten Akademie" hat.[463] Die Neulesungen bestätigen als unsere früheste Quelle verschiedene Phasen bzw. die zweite Phase im Scholarchat des Philio. Der erste Teilsatz ist ebenso instruktiv, aber etwas schwierig zu interpretieren. Die Partizipien sind vermutlich vorzeitig zu verstehen und auf die „kleitomachische Phase" zu beziehen. Nachdem Philio zunächst die Lehren des Kleitomachos ausgearbeitet, verfeinert und mehrere Probleme schöner bzw. verständlicher formuliert hatte (Kol. 33,38–40), also ohne wesentliche inhaltliche Abweichungen die Lehren des Karneades/Kleitomachos entfaltete, scheint die neu rekonstruierte Aussage in Z. 40–41 τὸ δό[ξαν] οὐκ εὐλ[όγ]ει zu bedeuten, dass er irgendwann das, was ihm (und Kleitomachos) einst gut erschien, d.h. den orthodoxen Skeptizismus, nicht mehr billigte und signifikante Neuerungen in mehreren Bereichen vornahm. Ich nehme an, dass sich dieser Satz nicht (exklusiv) auf die Zeit nach den *Römischen Büchern*

---

462 Dorandi (1991), S. 20. Brittain (2001), S. 40,42 f. ging von mindestens zwei, sollte die Lesung „74" nicht korrekt sein, sogar von drei verschiedenen Quellen Philodems für Philios Tod aus.

463 Für den Text von August. c. Acad. 3,41 siehe Einordnung Kol. 25,36–26,Mitte.

bezieht, sondern Philios Änderungen oder Innovationen über einen längeren Zeitraum zusammenfasst, welche seinen späteren Ruf als Urheber (mit Charmadas) einer „Vierten Akademie" begründeten.[464] Die Neulesungen dieser Zeilen im *Index Academicorum* unterstreichen, dass es sich bei Philios Änderungen kaum um belanglose Akzentverschiebungen in Einzelfragen handelte, sondern um bedeutsame Korrekturen, wenngleich um keine „revolutionäre" Neuerung wie die des Antiochos.

d)   Philios Tod durch Influenza in Italien und die „falsche" Lebensalterdublette (33,42–34,2)

Die Zeilen wurden im Wesentlichen neugelesen und enthüllen erstmals die genauen Todesumstände Philios. Bis dato ging man von einer alternativen Lebenszeit von 60+x Jahren in Kol. 33,43 aus. Die auf den MSI/HSI klar lesbare interlineare Ergänzung `καὶ τρία´ offenbart eine Dublette (Kol. 33,42–44 = Kol. 33,17–19) und bestätigt die dortige Tilgungsfunktion der Klammer. Wie in b) schon erläutert, sind die „63 Jahre" höchstwahrscheinlich eine falsche Angabe, da sie mit der internen Chronologie und der Datierung der Archonten unvereinbar ist. Die Zahl wurde vermutlich von Philodems Grundquelle errechnet. Wie genau es zu der deutlichen Differenz von 12 Jahren (Philio starb mit etwa 75 Jahren) kam, ist unklar.[465] Es ist nicht unwahrscheinlich, dass Philodem die Todesangabe „Lebensjahr+Datum" selbstständig um die Zeilen Kol. 33,44–34,2 erweitert hat. Zumindest erscheinen diese Informationen noch nicht im Anschluss an die erstmalige Todesangabe in Z. 17–19. Puglia (2000) hat erstmals in Z. 45 ['Ι]ταλίαν gelesen, womit sich bisherige Spekulationen, dass Philio irgendwann von Rom nach Athen zurückgekehrt sein mochte, endgültig erledigt haben.[466] Diese Erkenntnis hat einige Relevanz für ein etwaiges Fortleben der „Skeptischen Akademie" in Athen über Philio hinaus. Den letzten Teil von Z. 45 und das Folgende vermochte Puglia noch nicht zu rekonstruieren.

Die Zeilen sind in Fleischer (2017c) publiziert. Entscheidend waren die erstmalige Identifikation eines interkolumnaren Einschubs (Ergänzung 13) und damit einhergehend die Zuordnung von Tintenspuren der vemeintlichen Hauptzeile zum Einschub sowie die lexikalisch gebotene Ergänzung der selte-

---

464   Charmadas starb spätestens 91 v. Chr., hat also die *Römischen Bücher* nicht mehr erlebt.

465   Interessanterweise dürfte Antiochos von Askalon etwa in diesem Lebensalter gestorben sein.

466   So schreibt Brittain (2001), S. 67–68 noch: „It has been assumed that he did not return to Athens, although without strong grounds ... We do not know whether Philo returned. ... If Philo chose to return to Athens, and if there was anyone there to teach, he could have lectured in the Academy until his death."

nen Buchstabenkombination αρρωι zu κα]τάρρωι.[467] Damit klärt sich auch die syntaktische Struktur, welche durch weitere Neulesungen gedeckt wird: ἐν τῶι τὴν οἱ‖κο̣υ̣μένην ἐπιδραμόν̣τ̣[ι] | [κα]τάρρωι.

Der Katarrh war in der Antike eine häufige Krankheit und der Ausdruck im Singular meint eine Katarrh-Welle (wie im Deutschen der Singular „Influenza" oder „Grippe"). Das Krankheitsbild des κατάρρους (lat. destillatio) und der potentiell epidemische oder pandemische Charakter werden in einer Philostrat-Stelle deutlich (Philostr. v. Apoll. 4,44): ἐμπεσόντος δὲ ἐν Ῥώμῃ νοσήματος, ὃ κατάρρουν οἱ ἰατροὶ ὀνομάζουσιν, ἀνίστανται δὲ ἄρα ὑπ' αὐτοῦ βῆχες καὶ ἡ φωνὴ τοῖς λαλοῦσι πονήρως ἔχει, τὰ μὲν ἱερὰ πλέα ἦν ἱκετευόντων τοὺς θεούς, ἐπεὶ διῳδήκει τὴν φάρυγγα Νέρων καὶ μελαίνῃ τῇ φωνῇ ἐχρῆτο. Der Begriff κατάρρους umfasste verschiedene Symptome oder Krankheiten, ähnlich einer heutigen Grippe, Influenza oder dem Coronavirus.[468] Offenbar suchte ein Virus mehr oder weniger die ganze antike Welt heim (τὴν οἰκουμένην ἐπιδραμόντι). Wie bei heutigen Wellen dürften viele Tote zu beklagen gewesen sein, wobei vermutlich ein Großteil der Infizierten die Krankheit überlebte. Die Welle grassierte vielleicht mehrere Jahre über dem Mittelmeerraum. Die detaillierte Todesangabe könnte auf Philodem zurückgehen, der vielleicht selbst den Ausbruch der Krankheit (in Athen) miterlebte und über ihr Auftreten in anderen Städten informiert war. Die Pandemie war gravierend genug, um im Gedächtnis der Nachwelt noch für einige Jahre als Bezugspunkt dienen zu können, aber gewiss nicht im Entferntesten mit den großen, pestartigen Seuchen der Antike vergleichbar. Das anderweitige Schweigen unserer Quellen zu dieser Pandemie ist kaum allzu bemerkenswert, da Seuchen oder „Krankheitswellen" in der Antike nicht ungewöhnlich waren und etwa auch die obige Katarrhwelle zu Neros Zeiten, wie viele andere Seuchen, nur einmal belegt ist. Vielleicht besteht eine Verbindung des Ausbruchs zu Sullas Militärkampagnen. Philio starb also nicht an Altersschwäche, sondern fiel einer Influenzawelle zum Opfer. Philodem bzw. Apollodor berichten für mehrere Akademiker von der Todesursache „Krankheit" (νόσος), so dass diese Art von Angabe bei der Erwähnung von Philios Tod nicht unerwartet ist. Der *Index Academicorum* liefert unverhofft eine

---

467 Diese Neulesung und die damit verbundene Neuentdeckung von Philios Todesart (Katarrh) wurden übrigens im Rahmen der COVID-19-Pandemie von der Presse aufgegriffen, etwa Rauchhaupt (2021), S. 54 und Franz (2022), S. 57.

468 Cordruwisch/Sobottka (2014), S. 109: „In unserem heutigen medizinischen Verständnis scheint es sich bei der beschriebenen Krankheit um eine einfache Infektion der oberen Atemwege zu handeln, die sich endemisch ausbreitete, da viele Menschen zur gleichen Zeit oder dicht aufeinander folgend erkrankten. Es ist von einer infektiösen Krankheit auszugehen. Vor allem Viren, wie z.B. das Influenza-Virus, könnten hierfür verantwortlich gewesen sein." Die Autoren datieren die Influenzawelle auf 59 n. Chr. (S. 110).

neue Fußnote für die antike Medizingeschichte: Eine Influenzawelle suchte etwa 84/83 v. Chr. den gesamten Mittelmeerraum heim. Zwei lose Assoziationen seien noch notiert: Lukrez könnte diese Influenzawelle als Jugendlicher in Italien miterlebt haben.[469] Philodem soll aus Himera in Sizilien vertrieben worden sein, weil er eine Epidemie verursacht habe.[470]

e)   Philios Nachfolger und Philodem in Alexandria (34,2–7)

Die Bedeutung der Zeilen für die Geschichte der Akademie liegt primär in der Information, dass Philio einen Nachfolger in Athen hatte und Antiochos von Askalon sicherlich nicht sein direkter Nachfolger in einem institutionellen Sinne war. Das Verb (δια)κατεῖχεν meint im *Index Academicorum* die Leitung einer Schule.[471] Vielleicht war der in Kol. 34,3 genannte Philosoph, dessen Name ich nicht restituieren konnte, eher eine Art „permanenter Platzhalter" für Philio, weil dieser entschieden hatte, für immer in Rom zu bleiben. Er könnte die Leitung schon bald nach Philios Weggang 88 v. Chr. übernommen haben – unter Umständen aber auch erst nach dessen Tod 84/83 v. Chr. Die Gebäude der Akademie könnten während der Belagerung Sullas Schaden genommen haben.[472] Der Name des Philosophen begann mit π und er stammte, sollte die Auflösung ο[ῖ]μαι, Κῖος korrekt sein, von der Insel Keos. Das Verb ο[ῖ]μαι zeigt, dass Philodem hier ganz aus eigener Erfahrung spricht. Offenbar war der Nachfolger des Philio so unbedeutend, dass Philodem nicht einmal mit Sicherheit dessen Herkunft wiedergeben konnte.[473] Es scheint, dass die Skeptische Akademie mit Philio faktisch unterging und Antiochos der letzte verbliebene Akademiker von Rang und Namen in Athen war, wenngleich einige „skeptische Überbleibsel" weiterhin auf dem Areal der Akademie gewirkt haben mögen und jemand auch offiziell als Nachfolger des Philio firmierte. Für Philodems Aufenthalt in Alexandria (Kol. 34,4–6) siehe ausführlich I 3.

---

469   Ich erwähne dies vor dem Hintergrund von Lucr. 6,1138–1286, aber weitreichende Folgerungen oder das Ziehen eines Kausalzusammenhangs zwischen dem möglichen Erleben dieser Influenzawelle und der Schilderung der Pest in Athen sind kaum statthaft.

470   Suda ι 346 ⟨Ἱμεραία⟩: γραῦς τις. καὶ πόλις· ἐκ δὴ τούτων νόσοι καὶ τροφῶν ἀπορίαι τὴν Ἱμεραίαν κατέσχον. Suda ς 1330 ⟨Συκοφαντεῖν⟩: ... Αἰλιανός· ὁ δὲ ἐσυκοφάντει τὸν θεὸν ὀλιγωρίας. ἐκ δὴ τούτων νόσοι καὶ τροφῶν ἀπορίαι τὴν Ἱμεραίων κατέσχον. Suda τ 634 ⟨Τιμῶνται⟩: ζημιοῦσι, καταδικάζουσιν. οἵγε μὴν Ἱμεραῖοι τὸν Φιλόδημον τιμῶνται πρὸς τῇ δημεύσει καὶ φυγῆς {ζημία}. (getilgt von Holford-Strevens als Glosse, vgl. Sider (1997), S. 213. Zur Episode auf Sizilien siehe Sider (1997), S. 9).

471   Vgl. Glucker (1978), S. 99 Fn. 8.

472   Erler (2007), S. 524. Jedoch berichten unsere Quellen nur von einer Rodung der Akademie-Haine durch Sullas Soldaten, um Belagerungsmaschinen zu bauen (Plut. Sulla 12; Appian Mithr. 30, vgl. Brittain (2001), S. 68).

473   Vgl. Fleischer (2017a), S. 79 f.

Philio von Larissa: Schülerliste (Kol. 34,6–18)

Puglia (2000) hat erstmals überzeugend demonstriert, dass in Kol. 34,6–18 Schüler des Philio von Larissa und nicht des Antiochos von Askalon aufgezählt sind.[474] Etliche Neulesungen in der Folgezeit haben diese These untermauert. Ich habe die Liste ausführlich in Fleischer (2017a) analysiert. Fast alle Schüler sind anderweitig unbekannt. Puglias Zuordnung der Liste wurde in einigen jüngeren Publikationen teils ohne guten Grund ignoriert, so auch noch von Lakman (2017), welche ihre Sammlung zu den kleineren Mittelplatonikern mit den in diesen Zeilen genannten angeblichen Schülern des Antiochos beginnt, welche aber tatsächlich Schüler des Philio sind.[475]

Der zuerst genannte Iolaos von Sardis (Kol. 34,7–8) könnte in einer Inschrift (I. Sardis 27) erwähnt sein, aber dies muss unsicher bleiben. Als nächstes ist der anderweitig unbekannte Menekrates aus Mytilene genannt, dessen Begleitinformation vor dem Hintergrund von Philodems Biographie pikant ist (Kol. 34,8–11). Für Kol. 34,10 sind etwa zwei gleich wahrscheinliche Ergänzungen möglich. Entweder hielt sich Menekrates bis vor kurzem in Sizilien auf ([ἕ]ως πρῴην – so Dorandi) oder es liegt mit [ἕ]ως προ[ς]ῆν (ein Vorschlag von Blank – „als ich dort war") ein weiter Selbstbezug Philodems vor. Drei Passagen in der Suda legen nahe, dass Philodem einige Zeit in Sizilien, genauer: in Himera weilte und die Stadt verlassen musste, als er bezichtigt wurde, eine Seuche verursacht zu haben.[476] Ein Weilen Philodems in Himera auf Basis der Suda-Angaben wird in weiten Kreisen der Forschung als möglich bis wahrscheinlich erachtet.[477] Sollte wirklich [ἕ]ως προ[ς]ῆν zu ergänzen sein, würde dies die Frage letztgültig klären. Aber auch die Lesung [ἕ]ως πρῴην könnte als Hinweis aufgefasst werden, dass Philodem über aktuelle Geschehnisse in Sizilien gut unterrichtet war, weil er durch einen früheren Aufenthalt noch gute Kontakte dorthin unterhielt. Natürlich könnte er auch aus anderen Gründen über derartige Informationen zu Menekrates verfügt haben. Da Philodem keine konkrete Stadt nennt, wirkte Menekrates in Sizilien vielleicht als Wanderphilosoph und unterrichtete in verschiedenen Städten. Die Lesung [ἕ]ως πρῴην könnte auch implizieren, dass er erst kürzlich gestorben war. Philodems etwaiger Aufenthalt in Sizilien dürfte am ehesten in seine ersten Jahre in Italien fallen, also noch in die 70er Jahre (siehe I 3), wo er den Philio-Schüler Menekrates kurz

---

474 Puglia (2000), S. 24.
475 Lakman (2017), S. 19,27. Da die meisten Schüler des Philio „Akademische Skeptiker" gewesen bzw. geblieben sein dürften, ist eine Kategorisierung als „Mittelplatoniker" und Aufnahme in die Fragmentsammlung somit kaum gerechtfertigt.
476 Siehe Einordnung Kol. 33,1–34,6 e).
477 Vgl. Fleischer (2017a), S. 77 Fn. 25.

getroffen oder von seinen Aktivitäten gehört haben könnte. Mnaseas von Tyros und ein Akademiker aus Akragas, dessen Name verloren ist, sind anderweitig unbekannt (Kol. 34,11–13). Bei Melanthios, Sohn des Aischines (Kol. 34,13–14), stellt sich auch wegen der fehlenden Ethnika die Frage, ob mit Aischines der bekannte Schüler des Melanthios von Rhodos, Aischines von Neapolis (Kol. 35,22 ff.), gemeint sein könnte. Er mag seinen Sohn nach dem Lehrer und Liebhaber benannt haben und eine akademische Familientradition begründet haben. Allerdings sind Aischines und Melanthios keine seltenen Namen. Neulesungen zeigen, dass ein gewisser Lysimachos früher Astrologie studiert und Heraklit gehört hatte (Kol. 34,14–16). Mit Heraklit kann im Kontext nur der schon in Kol. 25,34–35 erwähnte Akademiker Heraklit aus Tyros gemeint sein, welcher nicht im Nominativ (wie bisher angenommen) und somit nicht als eigentliches Glied der Liste erscheint. In Kol. 25 ist er als Schüler des Kleitomachos genannt, der Philio erst später hörte. Die frühere Erwähnung erklärt womöglich, warum er nicht abermals in der Liste der Philio-Schüler genannt wurde. Heraklit war offenbar etwas älter als Antiochos von Askalon und scheint Skeptischer Akademiker geblieben zu sein.[478] Wir lesen im *Lucullus* (Cic. Luc. 11): *At ille 'Cum Alexandriae pro quaestore' inquit 'essem, fuit Antiochus mecum, et erat iam antea Alexandriae familiaris Antiochi Heraclitus Tyrius, qui et Clitomachum multos annos et Philonem audierat, homo sane in ista philosophia, quae nunc prope dimissa revocatur, probatus et nobilis.* Die Bemerkung *erat iam antea Alexandriae* bezieht sich vielleicht nicht auf eine Flucht bzw. die Zeit unmittelbar vor der Ankunft des Antiochos in Alexandria 87/86 v. Chr., sondern meint, dass Heraklit in Alexandria schon längere Zeit gelebt hatte, als Antiochos/Lucullus dort ankam. Vielleicht leitete er dort „in der Tradition" des Antipatros von Alexandria und Zenodor von Tyros (Kol. 23,2–4 und Kol. 32,12–14) eine akademische Schule. Lysimachos könnte Heraklit in Alexandria gehört haben, wozu tendenziell auch das Interesse an Astrologie passt. Indes ist bei der Vitalität akademischen Lebens jener Jahre in Athen auch möglich, dass Heraklit dort neben Philio in irgendeinem Kontext Lehrer des Lysimachos war. Lysimachos scheint später selbst unterrichtet zu haben, da der letzte Schüler der Liste, Pausanias, auch Lysimachos selbst gehört haben soll (Kol. 34,17–18). Vielleicht unterrichtete Lysimachos Astrologie (in Alexandria?). Fehlt bei Lysimachos und Pausanias vielleicht das Ethnikon, da Heraklit für Philodem oder seine Quelle wie selbstverständlich mit Alexandria zu assoziieren war? Antiochos von Askalon ist offenbar kein integrales Glied der Liste mehr und seine Schülerschaft bei Philio wurde in den folgenden Zeilen im Kontext seiner Biographie vermerkt. Somit finden sich im *Index Academicorum* unter Berücksich-

---

478   Vgl. Fleischer (2017a), S. 80–82.

tigung des unbekannten Nachfolgers von Philio (Kol. 34,3), des Heraklit (Kol. 25,34–35) und des Antiochos insgesamt die Namen von zehn griechischen Schülern des Philio.[479]

Antiochos von Askalon: Werdegang und Tod (Kol. 34,18–35,2)

Antiochos von Askalon (135/130–68 v. Chr.) hat mit seiner „Alten Akademie" die Abkehr vom Skeptizismus vollzogen, welcher von Arkesilaos bis Philio mit verschiedener Akzentuierung unangefochten das Denken der Akademiker beherrschte.[480] Der Bruch mit Philio dürfte schon in die 90er Jahre fallen, war aber wohl endgültig erst mit dem um 86 publizierten *Sosus*, Antiochos' Antwort auf die *Römischen Bücher* des Philio, besiegelt. Antiochos etablierte eine Konkurrenz-Akademie und wurde offenbar niemals in einem institutionellen Sinne Nachfolger des Philio. Er wurde spätestens ab 87/86 Chr. von Lucius Licinius Lucullus protegiert, den er in diesem Jahr nach Alexandria und später auch nach Syrien/Mesopotamien begleitete. Die philosophiegeschichtliche Bedeutung der „dogmatischen Wende" des Antiochos ist weitreichend. Sie könnte dem aufkommenden Mittelplatonismus den Weg geebnet haben.[481] Antiochos orientierte sich aus seiner Sicht wieder an den „Alten", insbesondere an Platon, ferner an Speusipp, Xenokrates, Polemon und Krantor, aber auch an Aristoteles und der frühen Stoa, deren philosophisches Erbe er bei den akademischen Skeptikern nicht mehr bewahrt sah. Seine Epistemologie hatte engste Berührungen mit der Stoa, insofern er anders als die Skeptischen Akademiker nicht die Existenz einer erkenntnisvermittelnden Vorstellung (καταληπτική φαντασία) ablehnte. Auch in der Ethik folgte er in vielen Punkten der stoischen Güterlehre, maß aber auch äußeren Gütern wie Reichtum oder Gesundheit einen Wert für das glückliche (glücklichste) Leben bei. Seine Philosophie ist vor allem durch die akademischen Schriften Ciceros überliefert, der Antiochos im Jahre 79 v. Chr. in Athen für einige Monate hörte. Dem *Index Academicorum* verdanken wir viele exklusive Angaben zur Biographie des Antiochos.

---

479 Aus anderen Quellen sind nur römische (Kurzzeit)Studenten bekannt, etwa C. Aurelius Cotta (90. v. Chr. in Athen) und für die Jahre in Rom (88–84 v. Chr.) M. Tullius Cicero, P. Selius, C. Selius, Tetrilius Rogus, Q. Lutatius Catulus, Q. Lutatius Catulus (iunior), vgl. etwa Görler (1994), S. 917 f. Darüber hinaus könnten auch Ainesidemus und L. Aelius Tubero die Lesungen Philios besucht haben (Görler (1994), S. 983 f.).

480 Zu Antiochos siehe grundlegend den Sammelband von Sedley (2012), ferner Glucker (1978), Barnes (1989a); Görler (1994), S. 938–980. Fragment- und Testimoniensammlung für Antiochos bei Mette (1986/87), S. 25–63. Die Mette-Fragmente sind bei Sedley (2012), S. 334–346 zusammengetragen und übersetzt. Zur Biographie des Antiochos siehe grundlegend Hatzimichali (2012).

481 Diskussion etwa bei Bonazzi (2012).

Die Antiochos-Vita begann in Kol. 34,19, wo der Name des Philosophen gelesen wurde. Vermutlich war zunächst ausgesagt, dass er Schüler des Philio war. Vielleicht wurde er auch schon als Gründer der „Alten Akademie" bezeichnet (Kol. 34,20–23). Nun konnte ich in den von Dorandi noch als „vacant" transkribierten Zeilen Kol. 34,23–25 die Wörter Μνη‖[ϲ]ᾳ̣[ρχ]ωι ϕ̣[ὲ] τῷ[ι Ϲτω]ϊκῶι | πα[ρ]αβαλὼν wiederherstellen. In Fleischer (2015a) ist ausgeführt, dass durch die Neulesung letzte Restzweifel ausgeräumt werden, bei Numenios und Augustinus könnte eine doxographische Konstruktion des Schülerverhältnisses vorliegen:[482] Der Stoiker Mnesarch war Lehrer des Antiochos von Askalon – Philodem war mit Antiochos befreundet, bestens informiert und hat sicherlich nichts konstruiert. Mnesarch dürfte Antiochos entscheidend zur Abkehr vom Skeptizismus bewegt haben, indem er ihn von wesentlichen Aussagen der stoischen Epistemologie überzeugte. Cicero fragt folglich polemisch, warum Antiochos nicht Stoiker geworden sei.[483] Vor diesem Hintergrund ist bemerkenswert, dass auch Philio (Kol. 33,14–15) den Stoiker Mnesarch sieben Jahre lang hörte. Er könnte Antiochos gar zum Unterrichtsbesuch bei Mnesarch ermuntert haben und wäre dann ungewollt selbst der Auslöser des Zerwürfnisses mit seinem Schüler geworden. Während die Lehrjahre bei Mnesarch den späteren Scholarchen Philio nicht prinzipiell am Skeptizismus und der Erkenntnislehre zweifeln ließen, führten sie bei Antiochos offenbar zu einem tiefgreifenden Umdenken. In den folgenden Zeilen dürften die Abkehr von Philio und die Gründung der „Alten Akademie" vermerkt worden sein, womöglich mit überleitenden Informationen und kurzer philosophischer Bewertung (Kol. 34,26–36). Der Abschnitt ab Kol. 34,19 könnte sinngemäß gelautet haben: „Auch Antiochos war (zunächst) Schüler des Philio (Zeitspanne und/oder Integration anderer Informationen). Nachdem er aber den Unterricht bei dem Stoi-

---

482   Eus. PE 14,9,3 (= Antiochus T1 Mette = Numen. F 28 des Places): Φίλωνος δὲ γίνεται ἀκουϲτὴς Ἀντίοχος, ἑτέρας ἄρξας Ἀκαδημίας. Μνηϲάρχῳ γοῦν τῷ Ϲτωϊκῷ ϲχολάϲας ἐναντία Φίλωνι τῷ καθηγητῇ ἐφρόνηϲε μυρία τε ξένα προϲῆψε τῇ Ἀκαδημίᾳ. Aug. c. Acad. 3,41 (Antiochus F 8a Mette) ... igitur Antiochus, ..., auditis Philone Academico et Mnesarcho Stoico, in Academiam veterem, ..., velut adiutor et civis irrepserat, nescio quid inferens mali de Stoicorum cineribus, quod Platonis adyta violaret .... Zweifel etwa bei v. Fritz (1932): „... Daß Antiochos von Askalon ein direkter Schüler des M. gewesen sein soll, wie Numenios bei Euseb. Praep. Ev. XIV 9, 3 (vgl. auch Augustin. C. Acad. III, 18, 41) behauptet, ist wohl eine Konstruktion aus seiner eklektischen Lehre, vielleicht auch aus Cic. Lucull. II, 22, 69, welche Stelle dem, richtig verstanden, aber eher widerspricht ..." und auch noch Hatzimichali (2012), S. 10: „... he was pupil of Philo of Larissa and probably also of the Stoic Mnesarchus." Zur Relevanz der Neulesung siehe auch Fleischer (2015a), S. 422.

483   Cic. Luc. 69: ... Quid excogitavit? eadem dicit quae Stoici. paenituit illa sensisse? cur non se transtulit ad alios, et maxime ad Stoicos? eorum enim erat propria ista dissensio. quid eum Mnesarchi paenitebat, quid Dardani; qui erant Athenis tum principes Stoicorum ....

ker Mnesarch besucht hatte, schlug er andere Wege ein (verließ Philio/gründete eine eigene Schule – vielleicht Skizzierung der philosophischen Neuerungen)."[484]

Nun ist es essentiell, dass in Kol. 34,36 Dorandis διεδ[έξ]ατο zugunsten von Puglias διεγ[έ]γετο aufgegeben werden muss. Antiochos ist folglich im Erhaltenen des *Index Academicorum* (und wohl auch im Verlorenen) nicht als (institutioneller) Nachfolger des Philio in der Leitung der Akademie genannt, was angesichts seiner Gründung der „Alten Akademie" und Lehre im Ptolemaion[485] auch verwundert hätte. Dennoch dürfte er der „faktische" Nachfolger in dem Sinne gewesen sein, dass er der letzte (wenn auch dogmatische) Akademiker von Bedeutung und Charisma war, der in Athen nach dem Tode des Philio Unterricht anbot.[486] Wir hören nur in Kol. 34,36–41, dass Antiochos im Auftrag Athens einen großen Teil seines Lebens als Gesandter nach Rom und zu den Feldherren in den Provinzen verbrachte. Damit dürfte entweder die Zeitspanne nach der Eroberung Athens durch Sulla (86 v. Chr.) gemeint sein oder schon diejenige ab Gründung der „Alten Akademie" (vermutlich Mitte/Ende der 90er Jahre). Seine Gesandtschaftsaktivitäten implizieren wohl den Erhalt des athenischen Bürgerrechts, welches im 2. Jh. v. Chr. an zahlreiche Akademiker verliehen wurde. Antiochos war somit (siehe auch Kol. 35,6) nicht nur Philosoph, sondern auch eine Art politischer Berater und Diplomat Athens. Seine Tätigkeit fiel in die Zeit des Wiederaufbaus nach der Eroberung und Plünderung durch Sulla, als Beziehungen zu römischen *nobiles* wichtiger waren als zu den hellenistischen Monarchien. Athen war zu dieser Zeit zumindest noch formal selbstständig.[487] Titus Pomponius Atticus weilte übrigens in diesen Jahren in Athen.

Nur in Kol. 34,41–44 ist überliefert, dass Antiochos in Mesopotamien starb. Im Oktober 69 muss Antiochos noch am Leben gewesen sein, da er über die Schlacht von Tigranocerta schrieb, wohin er Lucullus begleitete.[488] In der Folge hielt sich Lucullus in Gordyene (Mesopotamien) auf, so dass Antiochos um 68 v. Chr. gestorben sein muss.[489]

Neulesungen von Blank (2007) haben erstmals zwei weitere Selbstbezüge Philodems zum Vorschein gebracht (Kol. 34,44–35,2). Philodem sagt, dass

---

484 Ähnlich Fleischer (2015a), S. 418.
485 Cic. fin. 5,1.
486 Vgl. Fleischer (2017c), S. 79.
487 Siehe Habicht (1994), S. 314–334.
488 Plut. Luc. 28,8 (Antiochus T7 Mette).
489 In Cic. Luc. 61 sagt Lucullus, dass Antiochos kurz vor dessen Tod mit ihm in Syrien war, vgl. Hatzimichali (2012), S. 28.

Antiochos von vielen und auch von ihm selbst bewundert bzw. geschätzt wurde
und Antiochos Philodem seinerseits Zuneigung schenkte. Eine direkte, freund-
schaftliche Verbindung zwischen beiden Philosophen war bis dato nicht
bekannt. Beide mögen sich schon in Alexandria und nicht erst in Athen kennengelernt haben. Auch die Freundschaften Philodems mit mehreren Alt-
Akademikern (Kol. 35,7–11) deuten auf vertiefte Beziehungen zur Alten Akademie allgemein hin (siehe I 3). Antiochos besaß offenbar gute Kontakte zur
römischen Oberschicht – hat er vielleicht sogar Piso auf seinen Bekannten Philodem aufmerksam gemacht? Jedenfalls könnte er Philodem bei dessen erster
Tuchfühlung mit römischen Aristokraten behilflich gewesen sein.

Antiochos von Askalon: Schülerliste (Kol. 35,2–22)

Aristos übernahm die Schule seines Bruders und Lehrers Antiochos wahrscheinlich nach dessen Tod 68 v.Chr. (Kol. 34,2–5). Er war Freund und Lehrer
des Cäsar-Mörders Marcus Iunius Brutus und auch mit Cicero eng verbunden.[490] Sein Tod ist recht exakt auf 46/45 v. Chr. datierbar und konnte folglich
nicht mehr in den *Index Academicorum* Eingang finden (zur Abfassungszeit
siehe weiter unten). Er blieb der Lehre seines Bruders Antiochos treu, war
aber philosophisch weniger begabt. Die „Alte Akademie" könnte mit Aristos
ihr Ende gefunden haben. Puglia (2000) hat gezeigt, dass die Liste ab Kol.
35,5 ff. nicht Schüler des Aristos, sondern des Antiochos enthält. Der gesamte
Abschnitt ist von Antiochos aus gedacht und die Genannten sind auch anderweitig als seine Schüler überliefert, wobei die Betriebsamkeit des Antiochos
(Kol. 35,5–7) ein Echo in Kol. 34,36 ff. hat. Philodem nennt als Schüler des Antiochos exemplarisch seine drei Freunde Ariston und Dion von Alexandria sowie
Kratippos aus Pergamon (Kol. 35,7–10). Diese drei Philosophen dürften auch
die bekanntesten Schüler des Antiochos gewesen sein. Ariston und Dion waren
wie Aristos gemeinsam mit Antiochos 87/86 in Alexandria anwesend.[491] Ariston und Kratippos wechselten von der Alten Akademie zum Peripatos (Kol.
35,7–15), wohingegen Dion, wie eine Neulesung zeigt, Anhänger der Alten Akademie blieb (Kol. 35,16–17).

Aus den wenigen anderen Quellen zu Dion geht hervor, dass er offenbar
(wieder) nach Alexandria zurückkehrte und dort auch lehrte.[492] Vielleicht verließ er Antiochos und Athen schon in den 80er Jahren. Dion widerfuhr ein
trauriges Schicksal, welches einen handfesten Skandal in Rom auslöste. Nach-

---

490   Fragmentsammlung und Überblick bei Lakmann (2017), S. 74–76,380–385. Siehe ferner
      Dorandi (1989a) und Görler (1994), S. 967 f.

491   Cic. Luc. 12.

492   Zu Dion siehe Hatzimichali (2011), S. 47–49.

dem Ptolemaios XII. Auletes 58 v. Chr. unfreiwillig sein Reich verlassen und den Thron räumen musste, floh er nach Rom und betrieb dort seine Wiedereinsetzung, insbesondere über Pompeius. Die Alexandriner wollten eine Rückkehr aber nicht hinnehmen und schickten (wohl im Frühjahr) 57 v. Chr. eine Gesandtschaft von 100 Mitgliedern zum Senat nach Rom, an deren Spitze Dion von Alexandria stand. Häscher des Königs töteten einen Großteil der Gesandten und bestachen andere. Dion konnte zunächst entkommen, wurde aber schließlich 57 v. Chr. im Hause des Titus Coponius ermordet. Die Angelegenheit schlug hohe Wellen und Cicero kommt auf die Vorfälle in *Pro Caelio* (56 v. Chr.) zu sprechen.[493] Noch im Jahre 44 v. Chr. scheint die Ermordung Dions und seiner Mitgesandten im kollektiven Gedächtnis der Römer verhaftet gewesen zu sein, wie eine Bezugnahme in einem Brief Ciceros zeigt.[494]

Die folgenden Zeilen (Kol. 35,16–19) sind erstmals zusammenhängend rekonstruiert und in Fleischer (2016b) eingehend diskutiert worden. Philodem bezieht sich abermals auf sich selbst und macht eine Angabe von potentiell philosophiegeschichtlicher Tragweite: Er habe jüngst von Dion gehört, dass auch viele Stoiker nach Alexandria (ἀφ᾽ οὗ καὶ πο[λ]|λούς τιν⌈α⌉ς Cτω[ϊ]χ⌈ο⌉ὺc ἀκού|ω νεώτατ᾽ εἰ⌈c⌉ Ἀλεξά[νδ]ρει|[α]ν) – das Verb ist nicht erhalten, aber ein *verbum movendi* wahrscheinlich. Im philosophiehistorischen Kontext des *Index Academicorum* muss die Aussage einen Bezug zu Dion und dessen altakademischen Aktivitäten aufweisen, da Philodem sie sonst kaum getätigt hätte. Am ehesten steht zu vermuten, dass einige Stoiker bei Dion, der ein angesehenerer Philosoph als Aristos von Askalon gewesen sein muss,[495] in Alexandria Unterricht besucht haben. Die Nähe der Alten Akademie zur Epistemologie und Ethik der Stoa könnte einige Stoiker bewogen haben, bei Dion zu studieren, der vielleicht nur wegen „Nepotismus" oder wegen seiner etwaigen Präferenz für Alexandria nicht Nachfolger des Antiochos wurde. Die Neulesungen im Papyrus lassen ausgeprägte alt-akademische Aktivitäten zu dieser Zeit (nach 68 v. Chr.) in Alexandria erahnen, welche vornehmlich mit Dion verbunden waren.[496] Dion könnte eine Art Verbindungsglied zwischen Antiochos,

---

493 Für die Episode siehe Strabo 17,1,11; Cass. Dio 39,12–14; Cic. Cael. 23–25; 51. Überblick zum historischen Hintergrund bei Huß (2001), S. 686–688.

494 Cic. Att. 15,10: *quae est alia Dionis legatio aut quod munus in re publica sordidius?* Zur Identifikation Dions siehe Bringmann (2003).

495 Plut. Brut. 2,3 beurteilt die intellektuell-philosophischen Qualitäten des Aristos eher negativ (φίλον δὲ καὶ cυμβιωτὴν τὸν ἀδελφὸν αὐτοῦ πεποιημένος Ἄριστον, ἄνδρα τῇ μὲν ἐν λόγοις ἕξει πολλῶν φιλοσόφων λειπόμενον, εὐταξίᾳ δὲ καὶ πρᾳότητι τοῖς πρώτοις ἐνάμιλλον), dazu Sedley (2003), S. 34,41.

496 Schon Lévy (2012), S. 290–292 vermutete die Existenz eincs akademischen Netzwerks zwischen Alexandria und Athen im 2 Jh. v. Chr. Die etlichen Neulesungen im *Index Acade-*

der ihn sehr schätzte,[497] und dem um die Mitte des 1. Jh. v. Chr. in Alexandria aufkommenden Mittelplatonismus gewesen sein, der mit den Alexandrinern Eudoros, Potamon und Arius Didymus verknüpft ist.[498] Als Philodem schrieb, waren all diese Philosophen noch recht jung oder kaum geboren, so dass sie natürlich noch nicht seine Aufmerksamkeit erregen konnten. Die neugelesene Passage im *Index Academicorum* könnte eine Art „missing link" zwischen der Alten Akademie und dem Mittelplatonismus sein, insofern Dion der Alten Akademie treu blieb und offenbar bis zu seinem Tod 57 v. Chr. im Geiste des Antiochos in Alexandria unterrichtete und auch Schüler (Stoiker) anzog.

Darüber hinaus hat die Formulierung ἀχούω νεώτατ᾽ in Kol. 35,17–18 meines Erachtens noch eine weitere bemerkenswerte Implikation. Wenn Philodem sagt, dass er jüngst diese Information von Dion gehört habe, war sein Freund (Kol. 35,7–8) Dion zu diesem Zeitpunkt höchstwahrscheinlich noch am Leben. Somit haben wir mit der Ermordung Dions 57 v. Chr. einen *terminus ante quem* für den *Index Academicorum*, während der Tod des Antiochos 68 v. Chr. einen *terminus post quem* liefert. Da es sich bei *PHerc.* 1021 um eine später nicht vervielfältigte Entwurfsversion, mithin ein echtes Autorenmanuskript, handelt, ist nicht nur der *Index Academicorum* als Werk, sondern die konkrete, vor uns liegende Rolle zwischen 68 und 57 v. Chr. geschrieben. Kein anderer Papyrus der Herkulanischen Sammlung ist als Objekt (nicht als Werk) so exakt datierbar. Hat Dion seinen alten Freund Philodem im Zuge seiner Gesandtschaft im Jahre 57 v. Chr. in Rom oder Umgebung vielleicht kurz persönlich getroffen und ihn nicht lange vor seiner Ermordung über die in Kol. 35,16 ff. berichtete Begebenheit in Kenntnis gesetzt? Kurioserweise liest man bei Cicero (*Pro Caelio* 23): *itaque illam partem causae facile patior graviter et ornate a M. Crasso peroratam de seditionibus Neapolitanis, de Alexandrinorum pulsatione Puteolana, de bonis Pallae. Vellem dictum esset ab eodem etiam de Dione ....* Es ist völlig ungewiss, was mit *seditionibus Neapolitanis* gemeint ist. Besteht eine Beziehung zu Dion? Offenbar ging er in Puteoli, unweit von Herkulaneum und Neapel, an Land. Wir wissen nicht genau, wo (in Italien) Philodem 57 v. Chr. zu verorten

---

micorum stützen diese These. Die „Alte Akademie" mag in Alexandria übrigens durchaus auf schon vorhandene Strukturen Skeptischer Akademiker zurückgegriffen haben.

497 Cic. Luc. 12: ... *et in is Antiochi fratre Aristo et praeterea Aristone et Dione, quibus ille secundum fratrem plurumum tribuebat,* ....

498 Fraser (1972), S. 484–490 sieht Antiochos' Alte Akademie als Ursprung des späteren Mittelplatonismus in Alexandria, dagegen Glucker (1978), S. 90–98. Überblick zum Geistesleben in Alexandria, einschließlich Alte Akademie, bei Hatzimichali (2011), S. 25–66. Zwar lebte ein Akademiker Potamon im 1. Jh. v. Chr. in Alexandria, aber Dorandi (2016) hat gezeigt, dass dieser nicht mit dem Eklektiker identisch ist. Zu Eudor siehe etwa kompakt Männlein-Robert (2019).

ist. Jedenfalls war im Jahr zuvor sein Patron Lucius Calpurnius Piso Caesoninus Konsul, der zu dieser Zeit schon in Makedonien als Prokonsul weilte. Vielleicht wurde Dion auch deshalb als Gesandtschaftsführer nach Rom geschickt, weil er Kontakte zu Römern hatte. Cicero erwähnt explizit Gaius und Titus Coponius sowie Lucius Lucceius. Somit könnte Dion auch schon zuvor (zwischen 68 und 57) einmal in Italien gewesen sein und bei dieser Gelegenheit Philodem (wieder) getroffen haben. Gewiss ist auch denkbar, dass Philodem brieflich mit Dion Kontakt hielt und so über die im *Index Academicorum* erwähnten, auf Alexandria bezogenen Aktivitäten informiert wurde.

Melanthios und Aischines von Neapolis: Schülerliste (*Kol. 35,22–37*)

Der Abschnitt zu Aischines von Neapolis und dessen Schülern (oder zu Melanthios und dessen Schülern) erstreckte sich offenbar von Kol. 35,22 bis Kol. 35,37. Diese und die folgenden Listen sind, leicht aus der Chronologie fallend, am Ende des *Index Academicorum* nachgetragen worden, da Philodem den Philio-Block vermutlich direkt mit dessen Schüler Antiochos verbinden wollte. Den Gegenstand der sehr fragmentarischen Zeilen konnte ich erstmals in Fleischer (2020d) klären. Lange Zeit ging man davon aus, dass Schüler des Aristos (oder Antiochos) aufgezählt wurden.[499] Die Neulesung Μ[ε]‖λα[νθ]ίου Νεοπολίτη[ς Αἰc]‖χί[νηc] in den bisher als „vacant" transkribierten Zeilen (Kol. 35,22–24) zeigt, dass zunächst Aischines von Neapolis als Schüler des Melanthios erwähnt wird, dessen einzig bekannter Schüler und Geliebter er war.[500] Aischines wirkte wohl vornehmlich gegen Ende des 2. Jh. v. Chr. und vielleicht noch etwas darüber hinaus.[501] Analog zur Abfolge der Besprechung von Melanthios und Charmadas in Kol. 31/32 könnte zunächst eine Schülerliste des Melanthios vor derjenigen des Charmadas (ab Kol. 35,37) gestanden haben. Sollte αὐτὸc in Kol. 35,22 zu ergänzen sein, ergeben sich jedoch syntaktisch-inhaltliche Schwierigkeiten. Daher sind womöglich nach einer Kurzcharakterisierung des Aischines dessen Schüler aufgezählt. Der Name des Melanthios könnte nochmals in Kol. 35,33 erscheinen. Nur Metrodor von Pitane ist als letzter Name der Liste lesbar, welcher auch Metrodor von Stratonikeia gehört hatte

---

499　Eigene Vorschläge in Fleischer (2015b), S. 50 Fn. 10. Dorandi (1991), S. 82 liebäugelt mit Aristos als Lehrer des Metrodor von Pitane. Er nahm noch an, dass ab Kol. 35,7 Schüler des Aristos, nicht des Antiochos, aufgezählt sind. Kalligas/Tsouna/Hatzimichali (2020), ad locum schreiben: „There appear to be three main teachers whose pupils and associates are discussed: one whose name is lost in the substantial gap (XXXV 18–32); Metrodorus of Stratonicea (on whom see above on XXIV 9–16); and Charmadas (on whom see above on XXXI 34 – XXXII 10)."

500　D.L. 2,64.

501　Zu Aischines von Neapolis siehe Goulet (1989); Görler (1994), S. 910.

(Kol. 35,35−37). Eine Schülerschaft bei Metrodor von Stratonikeia ist chronologisch sowohl mit Aischines als auch mit Melanthios kompatibel. Der Akkusativ
in Kol. 35,35 spricht eher gegen eine Schülerliste des Melanthios, da Aischines
in Kol. 35,23−24 im Nominativ erscheint. Die Zeilen könnten kurz Aischines
einführen und ungefähr gelautet haben: „(Selbst) war Aischines von Neapolis
ein Schüler des Melanthios ... hatte aber die eigenen Schüler ... und Metrodor
von Pitane, der auch den Stratonikeer gehört hatte." Sinngemäße Alternativen
sind denkbar, etwa dass Aischines die Schule oder Schüler des Melanthios übernommen hat. Aischines galt dem Cicero um 110 v. Chr. neben Kleitomachos,
Charmadas und Metrodor als einer der führenden Männer in der Akademie.[502]

Mit der Neulesung des Ethnikons Νεοπολίτη[c (Kol. 35,23) begegnet uns
zum ersten Mal seit Entdeckung der Herkulanischen Rollen vor über 250 Jahren, welche heute in Neapel in *der Biblioteca Nazionale* aufbewahrt sind, ein
„Neapolitaner" in einem Papyrus.[503] Aus welchem „Neapolis" stammte Aischines? Dieses Neapolis muss jedenfalls schon vor der Geburt des Aischines um
160 v. Chr. gegründet worden sein, was immerhin einige jüngere Städte dieses
Namens ausschließt. Neben dem kampanischen Neapel kommt insbesondere
Neapolis in Thrakien (gegenüber Thasos) in Betracht;[504] ferner wäre vielleicht
an Neapolis in Sardinien und Neapolis auf der Pallene-Halbinsel zu denken.[505]
Wenn Philodem einen Philosophen als Ἀλεξανδρεύc bezeichnet, ist immer das
berühmte Alexandria in Ägypten gemeint, obwohl zahlreiche andere „Alexandrias" existierten. Schwebte ihm oder seiner Quelle bei dem Ethnikon Νεοπο-
λίτηc eine bestimmte Stadt namens Neapolis bzw. konkret das heutige Neapel

---

502   Cic. de orat. 1,45: *Tum ille* (sc. *Lucius Licinus Crassus*) *'non sum' inquit 'nescius, Scaevola,*
      ista inter Graecos dici et disceptari solere; audivi enim summos homines, cum quaestor ex
      Macedonia venissem Athenas (110 v. Chr.), *florente Academia, ut temporibus illis ferebatur,*
      cum eam Charmadas et Clitomachus et Aeschines obtinebant; erat etiam Metrodorus, qui
      cum illis una ipsum illum Carneadem diligentius audierat, ... Der Nebensatz *qui cum illis*
      una ipsum illum Carneadem diligentius audierat scheint übrigens zu bestätigen, dass Ais-
      chines den Karneades tatsächlich noch im hohen Alter gehört hat (Plut. an seni gerenda
      res publica 791a−b). Da Karneades 137/36 v. Chr. als Scholarch zurücktrat, dürfte Aischi-
      nes um 160 v. Chr. geboren sein. Aischines wäre somit ein Altersgenosse des Philio (geb.
      159/58) und um 110 v. Chr. etwa 50 Jahre alt gewesen.

503   Dieser Abschnitt ist eng an Fleischer (2020d), S. 33 f. angelehnt. Bisher war lediglich ein-
      mal der Stadtname „Neapel" (Kampanien) in *PHerc.* 312 (ergänzt) zu finden (Gigante,
      zitiert nach Sider (1997), S. 234 T 15: ... ἐδ]όκει δ᾽ ἐπ[α|νελθεῖν] μεθ᾽ ἡμῶν εἰc | [τὴν Νεά]πολιν
      πρὸc τὸν | [φίλτατο]ν Cίρωνα [κ]αὶ κτλ.). Jedoch ist das Ethnikon nun auch in Kol. 20,34
      neugelesen, aber der zugehörige Name unbekannt.

504   Hiller (1935) und (sic!) Oberhummer (1935); Hansen/Nielsen (2004), S. 862−864 (Nr. 634).
      An diesem Ort betrat der Apostel Paulus erstmals europäischen Boden (Apg. 16,11−12).

505   Für die Stadt auf der Pallene siehe Hansen/Nielsen (2004), S. 833 (Nr. 586).

vor? In Kol. 23,44–46 (= Kol. 32,41–42) und Kol. 24,5–6 sind die Präzisierungen (Πάμφιλος ἀπὸ Μαιάνδρου Μάγνης und Ἀσκληπιάδης Ἀπαμεύς ἐκ Cυρίας) notwendig, da sonst unklar wäre, welche Stadt gemeint ist. Weshalb war Neapolis nicht spezifiziert? Konnte es Philodem oder seine Quelle nicht genauer sagen oder war für ihn (oder seine Quelle) unzweideutig, welches Neapolis gemeint ist? Wir könnten uns schließlich fragen, wie wahrscheinlich es ist, dass um das 160 v. Chr. in Neapel (Kampanien) ein Junge den griechischen Eigennamen Aischines erhielt, dessen intellektuelles Umfeld ihn dazu brachte, in Athen akademische Philosophie zu studieren. Neapel war bekanntlich bis in die Kaiserzeit hinein eine griechisch geprägte und auch größtenteils griechischsprachige Stadt und der Name Aischines wäre für einen „indigenen" Neapolitaner durchaus denkbar.[506] In Neapel könnte im 2. Jh. v. Chr. ein kulturelles Umfeld geherrscht haben, welches Aischines' Interesse an Philosophie weckte. Jedenfalls verwundert die Selbstverständlichkeit, mit welcher Philodem, der zur Abfassungszeit des *Index Academicorum* schon lange in Italien weilte, das Ethnikon nutzt. Sollte Philodem vielleicht noch aus mündlichen Quellen bzw. über seine alt-akademischen Bekannten genau gewusst haben, dass Aischines im kampanischen Neapolis geboren war? Philodem lebte bekanntlich längere Zeit am Golf von Neapel (siehe I 3): Hat er, mit dem kampanischen Neapel vielleicht im wahrsten Wortsinne vor Augen, das Ethnikon natürlicherweise nur auf das kampanische Neapel beziehen können? Immerhin war Neapel zu Philodems und der unmittelbar vorausgehenden Zeit eine in Griechenland und in der ganzen *Oikoumene* bekannte, größere Stadt. Das thrakische Neapolis wird öfters mit diversen geographischen Zusätzen versehen, nicht so das kampanische Neapel.[507] Die Wahrscheinlichkeit, dass Aischines ein „echter Neapolitaner" war, ist somit nicht gering.

Charmadas und Metrodor: Schülerlisten (Kol. 35,37–36,14)

Die Schülerliste des Charmadas wurde erstmals in Fleischer (2015b) fast vollständig rekonstruiert. Sie umfasst fünf Namen, fast alle mit Zusatzangaben (Kol. 35,37–36,9). Viele Wanderphilosophen (τῶν πλανωμέ|[νω]ν) konnten behaupten, Schüler des Charmadas gewesen zu sein. Entweder bezieht sich Puglias findiger Vorschlag ἐγ | [Ἀ]ς[ί]αι in Kol. 35,37–38 auf die Tätigkeit des Charmadas ebendort (Kol. 31,42–45) oder auf die Wirkungsstätte der Schüler. Zu Beginn wird Diodor von Adramyttion, der für seine Missetaten zur Zeit

---

506   Vgl. etwa Philipp (1935), S. 2119.
507   Siehe Hansen/Nielsen 2004, S. 862 (Nr. 634): „… often accompanied by geographical specifications … the city-ethnic is Νεοπολίτης … or Νεαπολίτης … and is often geographically specified: Νεοπολίται παρ᾽ Ἀντιςάραν … or Νεοπολίται οἱ ἀπὸ Θράκης."

des Mithridates berühmt-berüchtigt war, genannt (Kol. 35,41–44). Von Strabo erfahren wir Details: Diodor habe den Rat seiner Heimatstadt abschlachten lassen und sich nach dem Rückzug des Mithridates 84 v. Chr. aus Scham zu Tode gehungert.[508] Vermutlich stand die Ermordung in einem Zusammenhang mit der „Vesper von Ephesus" (88 v. Chr.). Strabo sagt auch, dass Diodor sich als Akademiker und Rhetor aufgespielt habe. Apollodor aus Tarsos, der mit Spitznamen wohl Gryton hieß, kann nicht mit einer uns bekannten Person in Verbindung gebracht werden (Kol. 35,45–36,1). Auch von Heliodor aus Mallos haben wir keinerlei Kunde (Kol. 36,1–2). Phanostratos von Tralleis konnte durch seine Redegabe großen Eindruck auf das Publikum machen (Kol. 36,3–5). Dies erinnert an Charmadas, der auch rhetorisch brillierte. Ein gewisser Karneades-Schüler Apollonios habe Charmadas nur kurz gehört (Kol. 36,5–8). Vielleicht gehört er nicht zur Gruppe der „Wanderphilosophen" und hörte Charmadas in Athen (im Ptolemaion), wogegen aber chronologisch die Schülerschaft bei Karneades spricht, der 137/36 offenbar aufhörte zu unterrichten.

Es scheint, dass von den Schülern des Metrodor von Stratonikeia nur der homonyme Metrodor von Kyzikos namentlich erwähnt ist. Er war gemeinsam mit anderen ein Schüler des Stratonikeers (Kol. 36,8–12). Vermutlich wurde zu dem anderweitig unbekannten Kyzikener in den folgenden Zeilen noch eine Angabe gemacht (Kol. 36, 12–14). Somit trugen die beiden (Kol. 35,34–37) einzig bekannten Schüler des Metrodor von Stratonikeia denselben Namen wie ihr Lehrer.

Schluss: Philodems Vorschau auf das nächste Buch (Kol. 36,15–20)

Die Neurekonstruktion der letzten Zeilen des *Index Academicorum* (Kol. 36,15–20) geht mit einer handfesten Überraschung einher, welche nun einen aussagekräftigeren strukturellen Vergleich der Philosophiegeschichten des Diogenes Laertius und des Philodem erlaubt (siehe ausführlich I 2.5). Das Werk schließt nicht mit einer Rekapitulation des *Index Academicorum* und Erwähnung von Platon und Euklid von Megara, sondern mit der Nennung Phaidons, Euklids und des Antisthenes, deren Schulen und Sukzessionen (γεγο[ν]υιῶν α[ἱρ]έϲεών τε | κα[ὶ] δ̣ι̣αδοχῶν) Philodem nun seiner *Cύνταξιϲ τῶν φιλοϲόφων* hinzufügen will

---

508 Strabo 13,1,66: Πόλειϲ δ᾿ εἰϲὶν ἀξιόλογοι Ἄϲϲοϲ τε καὶ Ἀδραμύττιον. ἠτύχηϲε δὲ τὸ Ἀδραμύττιον ἐν τῷ Μιθριδατικῷ πολέμῳ· τὴν γὰρ βουλὴν ἀπέϲφαξε τῶν πολιτῶν Διόδωροϲ ϲτρατηγὸϲ χαριζόμενοϲ τῷ βαϲιλεῖ, προϲποιούμενοϲ δ᾿ ἅμα τῶν τε ἐξ Ἀκαδημίαϲ φιλοϲόφων εἶναι καὶ δίκαϲ λέγειν καὶ ϲοφιϲτεύειν τὰ ῥητορικά· καὶ δὴ καὶ ϲυναπῆρεν εἰϲ τὸν Πόντον τῷ βαϲιλεῖ· καταλυθέντοϲ δὲ τοῦ βαϲιλέωϲ ἔτιϲε δίκαϲ τοῖϲ ἀδικηθεῖϲιν· ἐγκλημάτων γὰρ ἐπενεχθέντων ἅμα πολλῶν, ἀπεκαρτέρηϲεν αἰϲχρῶϲ οὐ φέρων τὴν δυϲφημίαν ἐν τῇ ἡμετέρᾳ πόλει. Für die Datierung siehe Leaf (1923), S. 324; Dorandi (1991), S. 82 Fn. 309.

(ϲυναπτ..). Zweifelsohne liegt hier wie am Ende einiger Bücher des Diogenes Laertius eine Vorschau auf das nächste Buch oder vielleicht auch auf die nächsten zwei Bücher vor (I 2.3). Platons Name wurde bisher anstatt des korrekten Φ]αίδωνος in Kol. 36,16 gelesen und der des Antisthenes in der folgenden Zeile verkannt. Die Konsequenzen habe ich in Fleischer (2019a) ausführlich besprochen. Die Endsektion ist mit vier rechtwinkligen Haken markiert. Offenbar sollte das Buch über die eleisch-megarische Schule(n) und die Kyniker an den *Index Academicorum* anschließen, wobei möglich ist, dass die Kyniker in einem separaten Buch behandelt wurden. Eine Rückblende oder andere Interpretation der Schlusspassage ist nahezu ausgeschlossen. Unter der eleischen Schule Phaidons war gewiss die eretrische Schule des Menedemos subsummiert. Auch Diogenes Laertius verbindet Euklid mit Phaidon, aber in umgekehrter Reihenfolge, bevor er deren Schüler aufzählt (D.L. 2,105–144).[509] Für die moderne Kontroverse, ob Megariker und Dialektiker verschiedene Schulen repräsentierten,[510] würde das im *Index Academicorum* angekündigte Buch gewiss die Entscheidung bringen. Zwar finden sich unter den geöffneten Papyri der Herkulanischen Sammlung keine Reste des *Index Megaricorum* (*et Cynicorum*), aber das Buch könnte noch unversehrt in einer der etlichen geschlossenen Rollen erhalten sein. Im Falle des Phaidon und Euklid könnten die Sukzessionen des Diogenes teils konstruiert sein und tatsächlich oftmals eher institutionell unabhängige Philosophengruppen mit ähnlichen Vorlieben existiert haben.

Am Ende des *Index Stoicorum* liest man: οἱ μὲν οὖν ἀπὸ Ζ[ή]νω|νοϲ Ϲτωικοὶ διά[δοχοι | π]άντ[εϲ αἱ θ᾽ αἱρ]έϲε[ιϲ| (Phld. Ind. Stoic. 79,5–7).[511] Im Anschluss ist eine unbekannte Anzahl von Zeilen verloren. Vielleicht erfolgte auch im *Index Stoicorum* nach der Zusammenfassung des Buches eine Vorschau auf das nächste Buch. Unter der letzten lesbaren Zeile des *Index Academicorum* (Kol. 36,20) finden sich einige Tintenreste und eine Lücke weiter unten lässt möglich erscheinen, dass hier eine provisorische *subscriptio* oder stichometrische bzw. redaktionelle Angaben standen.

---

509   Phaidon und Euklid (D.L. 2,105–108). Schüler des Euklid: Eubulides, Alexinos, Euphantos, Apollonios Kronos, Diodoros Kronos, Ichthyas, Kleinomachos, Stilpo (D.L. 2,108–120): Schüler des Phaidon: Menedemos von Eretria, Gründer der Eretrischen Schule, Asklepiades von Phlius (D.L. 2,125–144). In D.L. 2,120–125 sind andere Sokratiker erwähnt: Kriton, Simon, Glaukon, Simmias, Kebes.

510   Sedley (1977), S. 74–78 sprach sich für zwei verschiedene Schulen aus, dagegen Döring (1989). Für Sedleys These plädieren etwa Ebert (1991), S. 24–26; Ebert (2008); Denyer (2002).

511   Nach Dorandi (1994a).

Verso

Platon: Treffen mit Dion in Olympia (Kol. Z)

Die Platzierung des abgetrennten Fragments am Ende von Kol. Z,1–8 erfolgte aus methodologischen Gründen und ist nicht gesichert. Die offenbar identische Hand (Hand 2) könnte zwar Indiz sein, dass das Fragment in diese Kolumne gehörte, da aber Kol. Z, Y, X von Hand 2 in Reihe geschrieben wurden, könnte auf dem Verso auch eine weitere Kolumne dieser Hand vorangegangen sein (vom Rekto aus gesehen). Selbst wenn das Fragment zu Kol. Z gehört, könnte es etwas weiter rechts/links bzw. oben/unten in der Kolumne einzuordnen sein. Jedenfalls ist der entsprechende Rekto-Teil dieses Fragments heute verloren, wie die virtuelle Rekonstruktion in I 6.1 zeigt. Die übrigen Zeilen der Kolumne decken sich in etwa mit Kol. 1*. Die Zeilenbeginne der Kernkolumne und die Zeilenenden des separaten Fragments scheinen nur schwerlich zu einem kohärenten Text verbunden werden zu können, aber völlig ausgeschlossen ist es nicht.

In Kol. Z,2 wird wahrscheinlich die Akademie genannt und die nächste Zeile impliziert eine Frage. In Kol. Z,6 liest man φιλολογία, was in diesem Kontext wohl „Liebe zum Disputieren" oder „Liebe zur Literatur/Gelehrsamkeit" meint.[512] Daraufhin ist vermutlich von Dialektik oder Unterhaltung die Rede. Zu Beginn derselben Zeile könnte γεγρα auf eine Quelle oder Erläuterung Philodems hindeuten (vgl. Kol. X,1–5).

Inhaltstragend sind die Worte in Kol. Z,11–13 τῆϲ πανηγύρε[ωϲ sowie πρὸϲ Δί[[.]]`ω´να und ἔ]ντευξιν. Sie lassen eine Schilderung vermuten, wie Platon mit Dion auf der Heimkehr von seiner dritten Sizilienreise in Olympia im Jahre 360 zusammentraf.

Vor dem Hintergrund der wenigen lesbaren Wörter im ersten Teil der Kolumne lohnt vielleicht ein Blick auf die Abfolge in D.L. 3,24–25, wo ähnliche Wörter (Stämme/Synonyme) vor der Olympia-Episode erscheinen: Οὗτοϲ πρῶτοϲ ἐν ἐρωτήϲει λόγον παρήνεγκεν, ὥϲ φηϲι Φαβωρῖνοϲ ἐν ὀγδόῃ Παντοδαπῆϲ ἱϲτορίαϲ (Favorinus F 62 Amato). καὶ πρῶτοϲ τὸν κατὰ τὴν ἀνάλυϲιν τῆϲ ζητήϲεωϲ τρόπον εἰϲηγήϲατο Λεωδάμαντι τῷ Θαϲίῳ. καὶ πρῶτοϲ ἐν φιλοϲοφίᾳ ἀντίποδα ὠνόμαϲε καὶ ϲτοιχεῖον καὶ διαλεκτικὴν καὶ … 25 … καὶ πρῶτοϲ ἐθεώρηϲε τῆϲ γραμματικῆϲ τὴν δύναμιν. … τούτου φηϲὶ Νεάνθηϲ ὁ Κυζικηνὸϲ (FGrH 84 F 22) εἰϲ Ὀλύμπια ἀνιόντοϲ τοὺϲ Ἕλληναϲ ἅπανταϲ ἐπιϲτραφῆναι εἰϲ αὐτόν· ὅτε καὶ Δίωνι ϲυνέμιξε

---

512   Es mag heutige Akademiker und Klassische Philologen amüsieren, dass die beiden ersten inhaltstragenden Worte auf dem erhaltenen Verso des philologisch anspruchsvollen Papyrus über die Geschichte der Akademie ausgerechnet „Akademie" und „Philologie" lauten.

μέλλοντι ϲτρατεύειν ἐπὶ Διονύϲιον. Jedoch müssen die oberflächlichen lexikalisch-inhaltlichen Berührungspunkte kein Indiz für eine ähnliche Darstellung sein. Chronologisch liegt eine Verbindung der Olympia-Episode mit Kol. X nahe, welche offenbar mit der dritten Sizilienreise mehr oder weniger endet. Allerdings wird in Kol. X,41 bereits der Tod Dions angesprochen. Das Gespräch Platons mit Dion in Olympia könnte auch unabhängig und in anderem Kontext von Philodem berichtet worden sein, wenn nicht wider Erwarten ein anderes Fest gemeint ist. Bisherige Herausgeber nahmen die Fortsetzung von Kol. X durch Kol. Z an, was Gaiser mit der im Papyrus angeblich schon zuvor geschriebenen Kol. Y zu erklären versuchte.[513] Ich will diese findige Hypothese nicht für haltlos erklären, aber die angeführten Argumente sind kaum zwingend oder gewichtig. In Kol. X,20 wird in unklarem Zusammenhang ϲοφία erwähnt.

Platon: Impulsgeber für mathematische Wissenschaften (Kol. Y)

Der erste Teil von Kolumne Y (Kol. Y,2–18) ist ein wertvolles Zeugnis für die Rolle Platons und der Akademie in der Geschichte der Mathematik und Geometrie. Ein Großteil der modernen Forschung billigt Platon und seinen Zeitgenossen in der Akademie einen wesentlichen Anteil an der Systematisierung und Axiomatisierung der Mathematik zu, welche im 5. Jh. v. Chr. noch eher problemlösungsorientiert war und Beweise oder Theoreme oft partiell auf Basis alternativer Voraussetzungen formulierte.[514] Es scheint, dass Platons Dialektik und auch Ideenlehre entscheidende Impulse für einige Entwicklungen gaben.[515] Wenn wir Kol. Y,4–7 glauben dürfen, hat Platon Probleme und Forschungsrichtungen aufgezeigt. Kalligas (2020) nennt Platon vor dem Hintergrund dieser Passage einen Direktor/Architekten der mathematischen Studien in der Akademie,[516] welche jedoch vertieft von anderen betrieben wurden, insbesondere von Eudoxos und dessen Kreis (Kol. Y,10–11). Daneben standen noch viele andere Mathematiker mit Platon und der Akademie unterschiedlich eng in Kontakt: Leodamas von Thasos, Archytas von Tarent, Theaitet von Athen, Neokleides, Leon, Amyklas von Herakleia, Menaichmos, Dinostratos, Theudios von Magnesia, Athenaios von Kyzikos, Hermotios von Kolophon, Philipp von Opus (Medma).[517] Die lexikalischen Ähnlichkeiten zwischen einer Passage des

---

513   Gaiser (1988), S. 78–80.

514   Zur Mathematik in Platons Schriften siehe insbesondere Waschkies (2000) und Waschkies (2001).

515   So etwa jüngst Karasmanis (2020). Skeptischer gegenüber einem (signifikanten) Einfluss Platons auf die Mathematik Knorr (1982), S. 112–114; Zhmud (1998), S. 235.

516   Karasmanis (2020), S. 108,140.

517   Für den Bezug der Angabe bei Procl. in Eucl. 67,19–20 siehe die Diskussion bei Karasmanis (2020), S. 113–115.

„Mathematiker-Katalogs" des Proklus und Kol. Y sind vielleicht bis wahrscheinlich nicht auf Zufall zurückzuführen.

Procl. in Eucl. 66,4–68,4 (Eudemos F 133 Wehrli): ἐφ' οἷς ⟨Ἱπποκράτης⟩ ὁ
Χῖος ὁ τὸν τοῦ μηνίσκου τετραγωνισμὸν εὑρών, καὶ ⟨Θεόδωρος⟩ ὁ Κυρηναῖος ἐγένοντο
περὶ γεωμετρίαν ἐπιφανεῖς. πρῶτος γὰρ ὁ Ἱπποκράτης τῶν μνημονευομένων καὶ στοιχεῖα συνέγραψεν. ⟨Πλάτων⟩ δ' ἐπὶ τούτοις γενόμενος μεγίστην ἐποίησεν ἐπίδοσιν τά
τε ἄλλα μαθήματα καὶ τὴν γεωμετρίαν λαβεῖν διὰ τὴν περὶ αὐτὰ σπουδήν, ὅς που
δῆλός ἐστι καὶ τὰ συγγράμματα τοῖς μαθηματικοῖς λόγοις καταπυκνώσας καὶ παν-
ταχοῦ τὸ περὶ αὐτὰ θαῦμα τῶν φιλοσοφίας ἀντεχομένων ἐπεγείρων. ἐν δὲ τούτῳ τῷ
χρόνῳ καὶ ⟨Λεωδάμας⟩ ὁ Θάσιος ἦν καὶ ⟨Ἀρχύτας⟩ ὁ Ταραντῖνος καὶ ⟨Θεαίτητος⟩
ὁ Ἀθηναῖος, παρ' ὧν ἐπηυξήθη τὰ θεωρήματα καὶ προῆλθεν εἰς ἐπιστημονικωτέραν
σύστασιν. Λεωδάμαντος δὲ νεώτερος ὁ ⟨Νεοκλείδης⟩ καὶ ὁ τούτου μαθητὴς ⟨Λέων⟩,
οἳ πολλὰ προσευπόρησαν τοῖς πρὸ αὐτῶν, ὥστε τὸν Λέοντα καὶ τὰ στοιχεῖα συνθεῖ-
ναι τῷ τε πλήθει καὶ τῇ χρείᾳ τῶν δεικνυμένων ἐπιμελέστερον, καὶ διορισμοὺς εὑρεῖν,
πότε δυνατόν ἐστι τὸ ζητούμενον πρόβλημα καὶ πότε ἀδύνατον. ⟨Εὔδοξος⟩ δὲ ὁ Κνί-
διος, Λέοντος μὲν ὀλίγῳ νεώτερος, ἑταῖρος δὲ τῶν περὶ Πλάτωνα γενόμενος, πρῶτος
τῶν καθόλου καλουμένων θεωρημάτων τὸ πλῆθος ηὔξησεν καὶ ταῖς τρισὶν ἀναλο-
γίαις ἄλλας τρεῖς προσέθηκεν καὶ τὰ περὶ τὴν τομὴν ἀρχὴν λαβόντα παρὰ Πλάτωνος
εἰς πλῆθος προήγαγεν καὶ ταῖς ἀναλύσεσιν ἐπ' αὐτῶν χρησάμενος. ⟨Ἀμύκλας⟩ δὲ ὁ
Ἡρακλεώτης, εἷς τῶν Πλάτωνος ἑταίρων καὶ ⟨Μέναιχμος⟩ ἀκροατὴς ὢν Εὐδόξου
καὶ Πλάτωνι δὲ συγγεγονὼς καὶ ὁ ἀδελφὸς αὐτοῦ ⟨Δεινόστρατος⟩ ἔτι τελεωτέραν
ἐποίησαν τὴν ὅλην γεωμετρίαν. ⟨Θεύδιος⟩ δὲ ὁ Μάγνης ἔν τε τοῖς μαθήμασιν ἔδοξεν
εἶναι διαφέρων καὶ κατὰ τὴν ἄλλην φιλοσοφίαν· καὶ γὰρ τὰ στοιχεῖα καλῶς συνέταξεν
καὶ πολλὰ τῶν ὁρικῶν καθολικώτερα ἐποίησεν. καὶ μέντοι καὶ ὁ Κυζικηνὸς ⟨Ἀθηναῖος⟩
κατὰ τοὺς αὐτοὺς γεγονὼς χρόνους καὶ ἐν τοῖς ἄλλοις μὲν μαθήμασι, μάλιστα δὲ κατὰ
γεωμετρίαν ἐπιφανὴς ἐγένετο. διῆγον οὖν οὗτοι μετ' ἀλλήλων ἐν Ἀκαδημίᾳ κοινὰς
ποιούμενοι τὰς ζητήσεις. ⟨Ἑρμότιμος⟩ δὲ ὁ Κολοφώνιος τὰ ὑπ' Εὐδόξου προηυπορη-
μένα καὶ Θεαιτήτου προήγαγεν ἐπὶ πλέον καὶ τῶν στοιχείων πολλὰ ἀνεῦρε καὶ τῶν
τόπων τινὰ συνέγραψεν. ⟨Φίλιππος⟩ δὲ ὁ Μενδαῖος, Πλάτωνος ὢν μαθητὴς καὶ ὑπ'
ἐκείνου προτραπεὶς εἰς τὰ μαθήματα, καὶ τὰς ζητήσεις ἐποιεῖτο κατὰ τὰς Πλάτωνος
ὑφηγήσεις καὶ ταῦτα προύβαλλεν ἑαυτῷ, ὅσα ᾤετο τῇ Πλάτωνος φιλοσοφίᾳ συντε-
λεῖν. οἱ μὲν οὖν τὰς ἱστορίας ἀναγράψαντες μέχρι τούτου προάγουσι τὴν τῆς ἐπιστήμης
ταύτης τελείωσιν.

Der spürbare Fortschritt in allen mathematischen Wissenschaften wird mit
der schöpferischen Leitung und Aufsicht (ἀρχιτεκτονοῦντο[ς]) Platons selbst verknüpft (Kol. Y,2–7). Die Tatsache, dass vermutlich eine peripatetische und frühe
Quelle diesen Zeilen zugrunde liegt, verleiht der Aussage ein gewisses Gewicht.
Insbesondere wird Platon gleichsam als *spiritus rector* dieser neuen mathematischen Epoche charakterisiert, so dass sein Beitrag und derjenige der frühen
Akademie zur Entwicklung der Mathematik doch in mehr als nur einem „Inter-

esse" und einer zu vernachlässigenden Nebenrolle bestanden haben muss. Auch die Passage in Proklus ist letztlich auf Platon zugeschnitten. Die berühmte angebliche Inschrift über der Akademie „ἀγεωμέτρητος μηδεὶς εἰςίτω"[518] dürfte durchaus programmatisch für Platon gewesen sein, dessen Bedeutung für die Mathematik auch von anderen Quellen gewürdigt wird.[519] Euklids *Elemente* könnten von dieser platonischen Tradition beeinflusst sein, aber eine direkte Verbindung zur Akademie ist sehr fraglich.[520]

Zunächst werden konkret die Fortschritte in der Proportionenlehre (μετρο-λογία), welche offenbar Arithmetik, Geometrie und Musik umfasste, sowie vermutlich Weiterentwicklungen bei „Schnitten" angesprochen (Kol. Y,7–9), welche explizit mit Eudoxos von Knidos (ca. 390–338) und seinen mathematischen Mitstreitern assoziiert werden. Sie hätten die alte Herangehensweise oder Methodik des Hippokrates von Chios (5. Jh. v. Chr.) – nicht zu verwechseln mit dem berühmten Arzt von Kos – ersetzt oder verändert (Kol. Y,9–11).[521] Damit könnte Hippokrates' Unvermögen, inkommensurable Größen zu erfassen, gemeint sein. Hippokrates soll das Problem der Würfelverdoppelung (Delisches Problem) und die Quadratur des Kreises diskutiert haben,[522] für welches auch Platon den akademischen Mathematikern einen Weg wies.[523] Auch Eudoxos bearbeitete ein von Platon formuliertes Problem zur Rettung der sichtbaren (Himmels)Phänomene.[524]

Anschließend rückt die Weiterentwicklung der Geometrie unter Platon in den Fokus, namentlich die Analysis und die Dihorismos-Methode (Kol. Y,13–15). Das Analysis-Verfahren wurde nicht erst von Platon erfunden, aber von ihm systematisch angewandt und perfektioniert. Dabei wird ein komplexer Sachverhalt auf möglichst einfache Voraussetzungen zurückgeführt (Bedingungen, Ursachen, Axiome) und dann wieder aus ihnen abgeleitet bzw. konstruiert (Synthesis).[525] Platon soll dieses Verfahren Leodamas von Thasos vermittelt haben.[526] Mit διορισμοί (Fallunterscheidung, Abgrenzung) werden die entschei-

---

518 Ps.-Gal. de part. philosoph. 2. Jedoch reduziert die Stelle die Geometrie auf eine reine Vorübung zur Philosophie. Die Inschrift wird auch von mehreren anderen Autoren zitiert.

519 Aristot. metaph. A 992a31; Heron def. 136,1.

520 Vgl. Sialaros (2020).

521 Zu Eudoxos siehe etwa Krämer (2004), S. 56–66,146–149; Schneider (2000). Zu Hippokrates siehe Fuentes González (2000).

522 Verhasselt (2018), S. 553.

523 Plut. de gen. 579c; Ascl. Nicom. 2,17.

524 Simplic. in Arist. cael. 488 (Eudemos F 148 Wehrli und Eudoxos F 121 Lasserre): ... Πλά-τωνος, ὥς φηςι Cωςιγένης, πρόβλημα τοῦτο ποιηςαμένου τοῖς περὶ ταῦτα ἐςπουδακόςι .... Die Formulierung ähnelt Kol. Y,5–7, vgl. Verhasselt (2018), S. 551.

525 Vgl. Gaiser (1988), S. 350; Verhasselt (2018), S. 353.

526 Procl. in Eucl. 211,18–23; D.L. 3,24 (Favorinus F 62 Amato).

denden Bedingungen für die (Un)Möglichkeit eines mathematischen Sachver-
haltes und der Problemlösung bezeichnet, wobei λῆμμα die zugrunde liegende
(Hilfs)Annahme meinen dürfte. Ein Beispiel findet sich etwa in Platons *Menon*
(86e–87b), wo diskutiert wird, ob eine bestimmte Fläche als Dreieck in einen
Kreis eingezeichnet werden kann.[527] Auch die geometrischen Wissenschaften
im Allgemeinen werden als Profiteure der platonischen Ära genannt, wobei
Optik und Mechanik hervorgehoben sind (Kol. Y,15–18).

Vermutlich ab Kol. Y,19 wird nach dem eher deskriptiven Teil zu einer Bewertung oder *digressio* (Dikaiarchs) übergegangen, deren Gegenstand im Rahmen einiger Unschärfe in den fragmentarischen Zeilen zu erkennen ist (Kol.
Y,19–34): Viele eher praktisch orientierte Wissenschaftler oder Personen hätten
gleichsam die Samen von Platons theoretischer Arbeit wie Krähen oder Schmarotzer eingesammelt (cπερμολόγοι) und ohne tiefere philosophische Betrachtung die Erkenntnisse utilitaristisch ausgeschlachtet. Es bleibt offen, ob hier
monetär-materielle Zwecke vorschweben oder „theoretische" Arbeit, welche
rein problemlösungsorientiert war und die Methoden „praktisch" für konkrete
Probleme (Einzelfälle) nutzte. Jedenfalls werden diese Personen mit im Haus
geborenen Sklaven (οἰκότριβες) verglichen. Der Abschnitt erinnert an die ambivalente Bewertung von Platons schriftstellerischer Tätigkeit in Kol. 1,6 ff. Jedoch
scheint Platon hier keine Kritik zu treffen, vielmehr die „Schmarotzer" seiner
Arbeit, welche Erkenntnis nicht um ihrer selbst willen erstreben und nicht
zweckfrei die Wahrheit suchen, sondern nur am praktischen Nutzen von Wissen interessiert sind. Ein solches Werturteil ist durchaus mit dem peripatetischen Hintergrund Dikaiarchs vereinbar.[528]

Platon soll nach eigener Aussage seine Schriftstellerei genutzt haben, um
diverse Personengruppen zu erreichen, auch solche, die entfernt sind, keinem
philosophischen Leben nachgehen und allerlei Unsinn reden (Kol. Y,34–37).
Zum Abschluss der Kolumne ist Platons Schülerin Axiothea in einem neuen
Gedankengang erwähnt, wobei auch ihr Tragen von Männerkleidung vermerkt
worden sein dürfte (Kol. Y,38–41).

Platon: Reisen nach Italien und Sizilien, Verkauf in Sklaverei, Dion (Kol. X)

In den ersten Zeilen der Kolumne erklärt Philodem allem Anschein nach, dass
er seine Darstellung zu Platon (in Sizilien) auf die nun folgenden Angaben
beschränken will (Kol. X,1–5). Mit dem Partizip ὑπογράψας ist entweder ein

---

527   Gaiser (1988), S. 350.
528   Verhasselt (2018), S. 547.

zusammenfassendes Skizzieren gemeint oder ausgesagt, dass Philodem diese Angaben „unter" etwas (als Abrundung?) schreiben wollte, vielleicht hinter Kol. 2,38. In den ersten Zeilen ist vermutlich keine „interne", redaktionelle Angabe zu sehen, sondern eine für die Endfassung bestimmte Überleitung, in der Philodem seine Auswahl des Materials bzw. dessen Strukturierung begründet – ähnlich wie in Kol. 10,33–40, wo er Dions Übergehen erklärt. Vielleicht ist die Reduzierung auf einige Kernpunkte der Sizilienreisen auch einer schon anekdotisch blühenden Literatur zu dem Thema geschuldet, welcher Philodem größtenteils skeptisch gegenüberstand.

Für die Reisen Platons und seine Begegnung mit Dionysios dem Älteren sind insbesondere folgende Parallelen zu vergleichen (ungefähr chronologisch):

1. Plat. ep. 7 324a (eine Begegnung mit Dionysios dem Älteren wird nicht erwähnt, auch kein Verkauf in die Sklaverei), 327d (zweite Reise auf Initiative Dions)[529]

2. Diod. 15,7,1 (Freimütigkeit und Verkauf in Sklaverei)[530]

3. Cic. rep. 1, 10,16 (nach Sokrates' Tod Reisen nach Ägypten, Italien und Sizilien)[531]

4. Strabo 17,1,29 (Ägypten)[532]

5. Plut. Dion 5 (Gespräch mit Dionysios dem Älteren, Verkauf)[533]

6. Apul. Plat. 1,3 (Pythagoreer, Theodor, Ägypten)[534]

7. D.L. 3,6 (28 Jahre, Megara, Kyrene, Italien, Ägypten) und D.L. 3,18–20 (drei Reisen nach Sizilien; Gespräch mit Dionysios dem Älteren; Verkauf in Sklaverei, Gesetz auf Ägina; erfolglose Rückkehr bei dritter Reise)[535]

---

529 Plat. ep. 7 324a: ὅτε γὰρ κατ' ἀρχὰς εἰς Cυρακούcαc ἐγὼ ἀφικόμην, cχεδὸν ἔτη τετταράκοντα γεγονώc; 327d: ταῦτα Δίων ὀρθῶc διανοηθεὶc ἔπειcε μεταπέμπεcθαι Διονύcιον ἐμέ, καὶ αὐτὸc ἐδεῖτο πέμπων ἥκειν ὅτι τάχιcτα ἐκ παντὸc τρόπου, πρίν τιναc ἄλλουc ἐντυχόνταc Διονυcίῳ ἐπ' ἄλλον βίον αὐτὸν τοῦ βελτίcτου παρατρέψαι. λέγων δὲ τάδε ἐδεῖτο, εἰ καὶ μακρότερα εἰπεῖν.

530 Diod. 15,7,1 (Text in Fn. 64).

531 Cic. rep. 1,10,16: sed audisse te credo, Tubero, Platonem Socrate mortuo primum in Aegyptum discendi causa, post in Italiam et in Siciliam contendisse, ut Pythagorae inventa perdisceret. Ähnlich Cic. fin. 5,87; Val. Max. 8,7 ext. 3; Quint. inst. 1,12,15; Aug. civ. 8,4.

532 Strabo 17,1,29: (Heliupolis) ἐκεῖ δ' οὖν ἐδείκνυντο οἵ τε τῶν ἱερέων οἶκοι καὶ Πλάτωνοc καὶ Εὐδόξου διατριβαί.

533 Plut. Dion 5,7 (Text in Fn. 67).

534 Apul. Plat. 1,3: Sed posteaquam Socrates homines reliquit, quaesiuit unde proficeret et ad Pythagorae disciplinam se contulit; quam etsi ratione diligenti et magnifica instructam uidebat, rerum tamen continentiam et castitatem magis cupiebat imitari; et, quod Pythagoreorum ingenium adiutum disciplinis aliis sentiebat, ad Theodorum Cyrenas, ut geometriam disceret, est profectus et astrologiam adusque Aegyptum iuit petitum, ut inde prophetarum etiam ritus addisceret.

535 D.L. 3,6; τοὐντεῦθεν δὴ γεγονώc, φαcίν, εἴκοcιν ἔτη διήκουcε Cωκράτουc· ἐκείνου δ' ἀπελθόντοc

8. Olymp. in Gorg. 2 (nach Sokrates' Tod Reisen nach Italien/Pythagoreer
    und Sizilien, Gespräch mit Dionysios dem Älteren/Vertreibung, Verkauf
    auf zweiter Reise)[536] und in Gorg. 41 (nach Sokrates' Tod Reise zu Pytha-
    goreern in Sizilien, dann Kyrene, Ägypten, wieder Sizilien, Treffen mit
    Dionysios dem Älteren, Verkauf in Sklaverei)[537]

προσεῖχε Κρατύλῳ τε τῷ Ἡρακλειτείῳ καὶ Ἑρμογένει τῷ τὰ Παρμενίδου φιλοσοφοῦντι. εἶτα
γενόμενος ὀκτὼ καὶ εἴκοσιν ἐτῶν, καθά φησιν Ἑρμόδωρος, εἰς Μέγαρα πρὸς Εὐκλείδην σὺν καὶ
ἄλλοις τισὶ Cωκρατικοῖς ὑπεχώρησεν. ἔπειτα εἰς Κυρήνην ἀπῆλθε πρὸς Θεόδωρον τὸν μαθηματι-
κόν· κἀκεῖθεν εἰς Ἰταλίαν πρὸς τοὺς Πυθαγορικοὺς Φιλόλαον καὶ Εὔρυτον. ἔνθεν τε εἰς Αἴγυπτον
παρὰ τοὺς προφήτας· ... 3,18 (Text in Fn. 69) ... 3,20. Δεύτερον πρὸς τὸν νεώτερον ἧκε Διονύσιον
αἰτῶν γῆν καὶ ἀνθρώπους τοὺς κατὰ τὴν πολιτείαν αὐτοῦ ζησομένους· ὁ δὲ καίπερ ὑποσχόμενος
οὐκ ἐποίησεν. ἔνιοι δέ φασι καὶ κινδυνεῦσαι αὐτὸν ὡς ἀναπείθοντα Δίωνα καὶ Θεοδόταν ἐπὶ τῇ
τῆς νήσου ἐλευθερίᾳ· ὅτε καὶ Ἀρχύτας αὐτὸν ὁ Πυθαγορικὸς γράψας ἐπιστολὴν πρὸς Διονύσιον
παρῃτήσατο καὶ διεσώσατο εἰς Ἀθήνας. ... Τρίτον ἦλθε διαλλάξων Δίωνα Διονυσίῳ· οὐ τυχὼν δὲ
ἄπρακτος ἐπανῆλθεν εἰς τὴν πατρίδα. ἔνθα πολιτείας μὲν οὐχ ἥψατο, καίτοι πολιτικὸς ὢν ἐξ ὧν
γέγραφεν ...

536   Olymp. in Gorg. 2,87–132: μετὰ δὲ τὴν τελευτὴν Cωκράτους διδασκάλῳ πάλιν ἐχρήσατο Κρα-
      τύλῳ τῷ Ἡρακλειτείῳ, εἰς ὃν καὶ διάλογον ὁμώνυμον ἐποίησεν, ἐπιγράψας ⟨'Κρατύλος ἢ περὶ
      ὀρθότητος ὀνομάτων'.⟩ μετὰ τοῦτον δὲ πάλιν στέλλεται εἰς Ἰταλίαν καὶ διδασκαλεῖον εὑρὼν
      ἐκεῖ τῶν Πυθαγορείων συνιστάμενον Ἀρχύταν πάλιν ἔσχε διδάσκαλον τὸν Πυθαγόρειον· φέρε-
      ται δὲ αὐτοῦ καὶ διάλογος ὁ Φίληβος Πυθαγορείου τινὸς ὁμώνυμος, ἔνθα καὶ Ἀρχύτου μέμνηται.
      Ἐπειδὴ δὲ δεῖ τὸν φιλόσοφον φιλοθεάμονα εἶναι τῶν τῆς φύσεως ἔργων, στέλλεται καὶ εἰς Cικε-
      λίαν θεασόμενος τοὺς κρατῆρας τοῦ πυρὸς τοὺς ἐν τῇ Αἴτνῃ, καὶ οὐ ⟨Cικελικῆς τραπέζης⟩ χάριν,
      ὦ γενναῖε Ἀριστείδη, ὡς σὺ φής. γενόμενος δὲ ἐν Cυρακούσαις πρὸς Διονύσιον τὸν μέγαν τύραννον
      ὄντα ἐπειρᾶτο εἰς ἀριστοκρατίαν μεταβάλλειν τὴν τυραννίδα, διὸ καὶ πρὸς αὐτὸν ἀφίκετο. καὶ τοῦ
      Διονυσίου ἐρομένου αὐτὸν 'τίνα νομίζεις ἐν ἀνθρώποις εὐδαίμονα εἶναι;' ὡς δὴ νομίζων ὅτι περὶ
      αὐτοῦ φήσει ὁ φιλόσοφος κολακεύων αὐτόν, ὁ δὲ ἀπεκρίνατο ὅτι 'Cωκράτην'. πάλιν ἐπανήρετο
      αὐτὸν ... ἐπὶ τούτοις οὖν ὁ Διονύσιος ἀγανακτήσας προεῖπεν αὐτῷ ἡλίου ὄντος ὑπὲρ γῆς ἐκ τῶν
      Cυρακουσῶν ἀπαλλάττεσθαι. καὶ οὕτως ἀτίμως ὁ Πλάτων ἀπὸ τῶν Cυρακουσῶν ἐδιώχθη. Τῆς δὲ
      δευτέρας ὁδοῦ τῆς εἰς Cικελίαν αἰτία αὕτη. μετὰ τὸν θάνατον Διονυσίου τοῦ μεγάλου διαδέχεται
      τὴν τυραννίδα Διονύσιος ὁ Διονυσίου, μητρὸς ἀδελφὸν ἔχων τὸν Δίωνα, ὃς ἐκ τῆς πρώτης ὁδοῦ ὁμι-
      λητὴς ἐγένετο Πλάτωνος. γράφει οὖν αὐτῷ ὁ Δίων ὅτι 'ἐὰν παραγένῃ νῦν ἐλπίς ἐστι μεταβαλεῖν
      τὴν τυραννίδα εἰς ἀριστοκρατίαν.' διὰ τοῦτο τοίνυν τὴν δευτέραν ὁδὸν ποιησάμενος καὶ διαβληθεὶς
      ὑπὸ τῶν δορυφόρων τοῦ Διονυσίου πρὸς αὐτόν, ὡς βουλεύεται τὴν ἀρχὴν περιποιῆσαι τῷ Δίωνι καὶ
      καταλῦσαι τὸν Διονύσιον, κρατηθεὶς ὑπ' αὐτοῦ παρεδόθη Πόλλιδι τῷ Αἰγινήτῃ ἐμπορευομένῳ εἰς
      Cικελίαν πρὸς πρᾶσιν. ὁ δὲ ἀγαγὼν αὐτὸν εἰς Αἴγιναν εὗρεν Ἀννίκεριν ἐκεῖ τὸν Λίβυν μέλλοντα
      πλεῖν ἐπὶ τὴν Ἦλιν ἐφ' ᾧ τεθρίππῳ ἀγωνίσασθαι. περιτυχὼν οὖν τῷ Πόλλιδι ὠνεῖται παρ' αὐτοῦ
      τὸν Πλάτωνα, κρείττω τὴν δόξαν ταύτην πάσης ἐν τεθρίππῳ νίκης ἀγωνισάμενος· περὶ οὗ καὶ
      Ἀριστείδης φησιν ὅτι οὐδεὶς ἔγνωκεν Ἀννίκεριν, εἰ μὴ Πλάτωνα ἐπρίατο. Τῆς δὲ τρίτης ὁδοῦ
      πάλιν ἀφορμὴ γέγονεν τῆς εἰς Cικελίαν αὕτη. δημευθεὶς ὁ Δίων ὑπὸ τοῦ Διονυσίου καὶ ἀφαιρεθεὶς
      τῶν ὄντων ἐν δεσμωτηρίῳ ἐβλήθη. γράφει οὖν τῷ Πλάτωνι ὅτι ὑπέσχετο Διονύσιος ἀφεῖναι αὐτόν,
      εἰ Πλάτων αὖθις ἀφίξεται πρὸς αὐτόν· ὁ δὲ τῷ ἑταίρῳ ὀνηθεὶς ἑτοίμως ὑπέστη καὶ τὴν τρίτην
      ὁδόν. καὶ ταῦτα μὲν περὶ τῆς ἀποδημίας τοῦ φιλοσόφου τῆς εἰς Cικελίαν.

537   Olymp. in Gorg. 41,6–8: καὶ ἀκούσας ἐν Cικελίᾳ Πυθαγορείους εἶναι ἀπῆλθεν ὠφεληθησόμενος.
      παρὰ γὰρ Cωκράτους τὰ ἠθικὰ ὠφέλητο μόνον, ἃ διὰ θεμελίους εἴληφει· νέος γὰρ ἦν ἔτι Cωκρά-

9. Anonymus, de philosophia Platonica 4 (Pythagoreer, Ägypten, Orient, Sizilien, Treffen mit Dionysios)[538]

Die Altersangabe „27 Jahre" (Kol. X,7) würde auf das Jahr 427/26 für Platons Geburt führen. So spät lässt ihn kein anderer Autor geboren sein (siehe Einordnung Kol. 2,38–3,Mitte). Der Grammatiker Apollodor ermittelte 428/27 als Geburtsjahr, Neanthes 429/28. Auch die Lebensaltersangaben für Platons Tod verbunden mit dem Todesjahr führen in keinem Fall auf 427/26. Somit ist die Angabe im *Index Academicorum* sehr wahrscheinlich nicht korrekt bzw. ungenau, wenn nicht entgegen der Wahrscheinlichkeit eine valide, exklusive Tradition vorliegen sollte, welche bei späteren Berechnungen des Lebensalters gegenüber anderen Angaben in Vergessenheit geriet. Prächter (1902) spekuliert, dass sich die Altersangabe vielleicht nur auf das Datum der Verurteilung des Sokrates bezieht und folglich mit den „28 Jahren" in D.L. 3,6 kompatibel sein könnte, aber eine solche Annahme hat kaum eine Basis im Text.[539] Da Platon nach dem Tod des Sokrates und seiner ersten Reise noch Kratylos (und Hermogenes) gehört haben soll (D.L. 3,6), könnten die Altersangaben „27" bei Philodem und „28" bei Hermodor tatsächlich in irgendeinem direkten Zusammenhang stehen. Die nicht unbedingt geläufige Ausdrucksweise ἀπολείπω für den Tod in Kol. X,6 hat einen Widerhall in Apuleius (*Sed posteaquam Socrates homines reliquit*) und vielleicht auch in Diogenes (ἐκείνου δ᾽ ἀπελθόντος). Wahrscheinlich wurde in Kol. X,6–7 das junge Alter Platons zum Zeitpunkt von Sokrates' Tod angesprochen, was eine Parallele bei Olympiodor hätte (νέος γὰρ ἦν ἔτι Cωκράτους ἀποθανόντος).

τους ἀποθανόντος καὶ οὐδέπω ἦν ἁψάμενος τῶν βαθυτέρων τοῦ Cωκράτους λόγων. ... ἀπῆλθεν οὖν εἰς Cικελίαν καὶ εὗρεν τοὺς Πυθαγορείους ἀκούοντας εἰς ἄκρον τὰ μαθήματα, γεωμετρίαν καὶ ἀστρονομίαν, καὶ ὑπέστρεψεν ὀφείλων καὶ αὐτὸς κατορθῶσαι· εἶτα ἦλθεν εἰς τὴν Λιβύην καὶ ἐν Κυρήνῃ παρὰ Θεοδώρῳ ἐπαιδεύθη τὴν γεωμετρίαν· ἐκεῖθεν ἐλθὼν εἰς Αἴγυπτον καὶ ἀστρονομίαν κατώρθωσεν. καὶ ὅπως ἐτιμήθη παιδευόμενος, οὐ δεῖ λέγειν. κατορθώσας τοίνυν ὑπέστρεψεν ἐπὶ Cικελίαν βουλόμενός τε ἱστορῆσαι τοὺς πυρίνους κρατῆρας τῆς Αἴτνης καὶ ἐντυχεῖν τοῖς Πυθαγορείοις· ἐλθὼν τοίνυν εἰς Cικελίαν εὗρεν τὸν Δίωνα γνήσιον ἐραστὴν τῆς φιλοσοφίας, καὶ ἐτίμησε τὸν Πλάτωνα διὰ τὸ θεῖον ἦθος. ... λέγει τοίνυν ὁ Δίων τῷ Πλάτωνι ὅτι ῾ἔντυχε τῷ Διονυσίῳ, εἰκὸς πείσεις αὐτὸν τοῖς λόγοις σωφρόνως πολιτεύσασθαι καὶ σώζεις ὅλας πόλεις· ὁ δὲ εἴξας τῇ φιλίᾳ ἐντυγχάνει αὐτῷ ... (Text in Fn. 74). ... ἀπῆλθε τοίνυν· καὶ ἀκούσας Διονύσιος ὁ νεώτερος ὅτι παραγίνεται, τὰ εὐαγγέλια θυσίας καὶ πανηγύρεις ἐποίησεν.

538   Anony. proleg. in Plat. phil. 4,1–13: μετὰ οὖν τὴν πρὸς Cωκράτη φοίτησιν ἀπῆλθεν πρὸς τοὺς Πυθαγορείους ... μεμαθηκὼς δὲ ὡς τὴν ἀρχὴν ἔσχον οἱ Πυθαγόρειοι τῆς φιλοσοφίας ἀπὸ Αἰγύπτου ἦλθε εἰς Αἴγυπτον· εἶτα ἐλθὼν εἰς Φοινίκην περιέτυχεν ἐκεῖσε Πέρσαις καὶ ἔμαθεν παρ᾽ αὐτῶν τὴν Ζωροάστρου παιδείαν. εἶτα ἐκεῖθεν ἐπὶ Cικελίαν ἀφίκετο, τοὺς ἐν Αἴτνῃ κρατῆρας ἱστορῆσαι βουλόμενος· ὅτε καὶ τὴν πρὸς Διονύσιον ἔντευξιν ἐποιήσατο. Den Dialog mit Dionysios dem Älteren und der Antwort „Sokrates" überliefert ähnlich Georg. Kedr. Comp. histori. 146a–b (S. 256 Bekker) und Georg. Synkellos Chronogr. 258d–259a (S. 492 Dindorf).

539   Praechter (1902), S. 957f.

Schließlich ist aufschlussreich, was wir nicht im Papyrus lesen. Reisen nach Megara zu Euklid, nach Kyrene zu Theodor und nach Ägypten werden nicht erwähnt (Megara in D.L. 3,6 – vielleicht komplett auf Hermodor zurückgehend –, Cicero erwähnt Ägypten, Apuleius und Olympiodor Kyrene und Ägypten – letzterer im Anschluss an Sizilien 399). Prächter wollte in der Kolumne einen Beweis sehen, dass die Reise nach Ägypten nur eine später entstandene Legende sei, die der auf frühe Berichte zurückgreifende Philodem noch nicht kannte. Gaiser hingegen gibt zu bedenken, dass das Hauptaugenmerk in dieser Kolumne nur auf Sizilien/Italien liegt und dem Verschweigen Ägyptens folglich keine allzu große Aussagekraft zukommt.[540] Eine Reise Platons nach Ägypten bleibt zwar möglich, ist aber aufgrund der Überlieferung aus diversen Gründen fraglich und könnte letztlich nur aus Platons Werk herausgesponnen worden sein.[541]

Aus Kol. X,6–11 geht hervor, dass Philodem Platons ersten Aufenthalt in Sizilien bei Dionysios dem Älteren ins Jahr 399 setzt. Denselben Eindruck gewinnt man auch aus den beiden Passagen des Olympiodor. Diese Datierung widerspricht anderen Quellen und insbesondere dem *Siebten Brief*, demzufolge Platon im Alter von etwa 40 Jahren erstmals nach Sizilien kam. Vielleicht wurde eine tatsächliche, frühere Reise nach Italien (nicht Sizilien) oder zu anderen Orten im Jahre 399 von Philodem fälschlicherweise auf Dionysios übertragen.[542] Es ist unklar, ob Platon sowohl in Sizilien als auch in Unteritalien Pythagoreer getroffen hat oder sich die Angabe „Sizilien" nur auf Dionysios bezieht. Im Hinblick auf Cicero und die Formulierung in Kol. X,7–10 wäre an ein Zusammentreffen mit Pythagoreern an beiden Orten zu denken, während Olymp. in Gorg. 2 nur Unteritalien und Olymp. in Gorg. 41 nur Sizilien nennt. Jedenfalls impliziert der Relativsatz in Kol. X,9–11, dass Platon Dionysios in eher geringem zeitlichen Abstand im Zuge dieser Reise von 399 traf (und nicht 12 Jahre später). Instruktiv in diesem Zusammenhang ist, dass die Ägina-Episode also wie in Kol. 2,43ff. mit dem Jahre 399 verbunden scheint (dort auch 405/04 möglich). Dies lässt darüber nachdenken, ob ein etwaiger historischer Verkauf auf Ägina im Jahre 399 oder 405/04 (in anderem Kontext) zu dieser Datierung der Episode in Kol. X geführt hat (siehe Einordnung Kol. 2,43–3,Mitte).

Für den unerfreulichen Ausgang der Begegnung mit Dionysios dem Älteren ist der *Index Academicorum* unser frühester Zeuge. Platons παρρησία (Kol.

---

540   Praechter (1902), S. 959–962; Gaiser (1988), S. 397.
541   Erler (2007), S. 46f.
542   Zu den frühen Reisen siehe Erler (2007), S. 46–49. Sowohl die Chronologie als auch die tatsächlichen Stationen sind kaum eindeutig zu ermitteln, aber es ist anzunehmen, dass Platon Athen nach Sokrates' Tod tatsächlich für einige Zeit verließ.

X,13) gegenüber dem Tyrannen gedenkt auch Diodorus Siculus (ὁρῶν αὐτὸν παρρησίαν ἔχοντα ἀξίαν τῆς φιλοσοφίας) – das Wort παρρησία kommt im Zusammenhang mit der Episode nur im etwa mit Philodem zeitgenössischen Diodor vor. Die Unterhaltung (Kol. X,12–17) ist letztlich ein Topos bzw. eine Wanderanekdote („furchtloser/freimütiger Philosoph vor überheblichem Tyrannen") und erinnert an das Gespräch zwischen Solon und Kroisos (Hdt. 1,30–33).[543] Nicht zuletzt aufgrund fehlender Reflexe im *Siebten Brief* ist sehr zweifelhaft, ob es wirklich zu einem dramatischen Zerwürfnis zwischen Dionysios dem Älteren und Platon kam. Das angebliche Gespräch zwischen beiden wurde später immer mehr ausgeschmückt und mit anderen Versatzstücken bzw. Teildialogen angereichert. Die Zeilen im Papyrus scheinen eine recht schlichte und frühe Version der Episode zu enthalten. Platon erregte mit seiner Antwort auf die Frage des Dionysios, wer ihm glücklicher („von ihnen" oder „als Dionysios") bzw. der glücklichste Mensch überhaupt zu sein schien, solchen Unmut, dass Dionysios ihn in die Sklaverei verkaufen ließ. Die Frage ist in leicht abweichender Form auch als erste Frage bei Olympiodor (in Gorg. 2 und in Gorg. 41) gestellt, wo „Sokrates" die Antwort ist, dessen Name im *Index Academicorum* aber sicherlich nicht im Kontext der Episode erschien.[544]

Die Erzählung vom Verkauf auf Ägina schließt offenbar syntaktisch und auch inhaltlich direkt an die Unterredung mit Dionysios an (Kol. X,17–24 oder sogar Kol. X,17–27). Die bisherige Lesung ἐ[μπό]ροις in Kol. X,18 ist paläographisch unwahrscheinlicher als ἐχθροῖς, so dass Platon wohl an spartanische Feinde (Athens) übergeben wurde. Die Übergabe an Feinde scheint auch ein Echo in Olymp. in Gorg. 41 zu haben (εἶτα γνοὺς ὁ Πόλλης ὅτι πολῖται αὐτοῦ Λακεδαιμόνιοι αἰχμάλωτοί εἰσι παρὰ Ἀθηναίοις φησίν). Jedoch sind für 399 keine direkten Kampfhandlungen zwischen Sparta und Athen bezeugt, während zwischen 389 und 387 Spartaner auf Ägina stationiert waren und es gelegentlich zu Kampfhandlungen im Saronischen Golf kam.[545] Für 405/04 sind natürlich auch kriegerische Auseinandersetzungen zu verzeichnen bzw. die Eroberung Äginas durch Sparta. Wesentlich ist, dass nur im *Index Academicorum*, nämlich in Kol. X,18–19 und in Kol. 2,43ff., von mehreren, anonymen Spartanern die Rede ist und nicht von einer Einzelperson. Von einem Spartaner namens

---

543 Vgl. Riginos (1976), S. 74–79; Erler (2007), S. 50.

544 Spätere Erweiterungen scheinen von Platons *Gorgias* inspiriert (vgl. Gigon (1986), S. 160f. und Gaiser (1988), S. 398).

545 Sanders (1979) stellt Platons Gefangennahme in diesen Kontext und macht für die Verknüpfung mit Dionysios Spannungen zwischen Syrakus und Athen aus, während Trampedach (1994), S. 106 die Gefangennahme für historisch hält, aber nicht den Bezug zu Dionysios. Für die Kämpfe siehe Xen. Hell. 5,1–24.

Pollis scheint Philodem nichts zu wissen. In Kol. X,19 ist im Kontext weniger „Athen" als das Verb ἐπρ]άθη zu erwarten. Platon wurde also auf Ägina verkauft. Die Grundaussage der folgenden Zeilen (Kol. X,19–23) dürfte sein, dass Platon Furcht hatte, auf Ägina zu weilen, da ihm offenbar aufgrund der Vertreibung der Athener in Folge des Peloponnesischen Krieges (weniger der Ägineten, siehe Einordnung Kol. 2,43-Mitte,3 für Einzelheiten) Gefahr oder der Tod drohte (vgl. D.L. 3,19). Vermutlich existierte ein Gesetz, das früheren Ägineten – Platon soll dort laut einigen Quellen geboren sein – oder Athenern generell bei Todesstrafe verbot, sich auf der Insel niederzulassen oder sie zu betreten. Wie schon gesagt, rückt die Erwähnung des Peloponnesischen Krieges die Ägina-Episode tendenziell an das Jahr 399 heran. Diese Datierung sowie die Episode könnten historisch sein und wurden vielleicht erst später mit Dionysios verknüpft, was im *Index Academicorum* noch Spuren in Form der Datierung der ersten Sizilienreise auf 399 hinterlassen haben könnte. Es ist unklar, ob der Freikauf Platons (Kol. X,24) mit Dion oder einer anderen Person(en) verbunden war. Dion wird erstmalig in Kol. X,26 genannt. Dort könnte auch nur gesagt sein, dass Platon Dion (während der ersten Reise) traf.

In Kol. X,28 liest man den Namen von Dionysios dem Jüngeren. Die nächsten fragmentarischen Zeilen (Kol. X,29–36) müssen Platons zweiter Reise nach Sizilien gegolten haben, welche der Philosoph 367/66 oder 366/65 unternahm.[546] Dion sah nach dem Tode von Dionysios dem Älteren die Gelegenheit, Reformen durchzusetzen, und organisierte eine Einladung Platons an den Hof von Dionysios dem Jüngeren, der Platon eher pflichtbewusst als enthusiastisch nachkam.[547] Platons Versuche, den jungen Tyrannen philosophisch zu beeinflussen oder zu formen, scheiterten. Die Tyrannis-freundliche Partei um Philistos hatte die Oberhand am Hof gewonnen und Dionysios nahm Unruhen in Sizilien zum Anlass, Dion zu verbannen bzw. auf eine Zwangsreise zu schicken, wobei ihm die Rückkehr offenstehen sollte. Dion, mit dem sich Platon solidarisierte, ging nach Athen und wurde Mitglied der Akademie.[548] In den Zeilen sind vermutlich Platons (erfolglose) Bemühungen erwähnt, womöglich auch Dions Verbannung. In Kol. X,36 liest man schließlich von der Rückkehr Platons nach Athen.

Nachdem Platon einige Zeit mit seinen Schülern in der Akademie verbracht hatte, begab er sich auf Bitten Dions abermals nach Syrakus (Kol. X,35–38), wo er wohl von Frühjahr 361 bis Mitte 360 weilte.[549] Laut Dions Aussage hätte

---

546   Breve (1957), S. 34,41 datiert den Aufenthalt auf Frühsommer bis Frühherbst 366.
547   Plat. ep. 7 327c; Nep. Dion 3,1; Plut. Dion 10,1–3.
548   Vgl. Trampedach (1994), S. 109–112.
549   Breve (1957), S. 47.

Dionysios nun ernsthafteres Interesse an Philosophie gezeigt. Platon indes konnte in Syrakus keinen spürbaren Gesinnungswandel bei Dionysios wahrnehmen.[550] Speusipp und Xenokrates begleiteten Platon, wobei Speusipp Kontakt zu Gegnern des Tyrannen aufnahm. Es kam nicht zu der erhofften Rehabilitierung Dions, welcher von Athen aus weiter gegen Dionysios agitierte.[551] Platon geriet zunehmend in eine prekäre Situation und wurde mit einer Rebellion und Umsturzplänen in Verbindung gebracht. Nur die Fürsprache des Archytas von Tarent soll ihn vor Schlimmerem bewahrt haben. Auch im *Index Academicorum* wird berichtet, Platon sei verdächtigt bzw. verleumdet worden, mit Dion gemeinsam am Sturz der Tyrannis zu arbeiten (Kol. X,38–40). Nach meiner neuen Rekonstruktion in Kol. X,41 ist wohl der Untergang (Tod) Dions erwähnt und nicht der Untergang seines Umsturzplans oder eine irreale Aussage zu Platon getroffen. Vielleicht ist der Tod Dions wieder ungenau datiert oder es wird eine falsche Assoziation geweckt, dass Dion direkt nach der dritten Sizilienreise starb (ermordet wurde). In den letzten fragmentarischen Zeilen Kol. X,42–45 könnte abschließend festgehalten worden sein, dass Platon wegen seines Unvermögens, in Sizilien etwas zu bewirken, wieder nach Athen zurückkehrte (ähnlich D.L. 3,20).

Sprachlich wirkt die Kolumne nicht zuletzt durch die vielen mit καὶ beginnenden Sätze, die Lexik und die Kondensierung von Informationen etwas skizzenhaft und provisorisch, was eine sprachliche Überarbeitung für die Endfassung nicht unmöglich erscheinen lässt. Auch ist Hiat zu vermerken, den Philodem aber in einer rasch hingeschriebenen, vorläufigen Frühfassung zugelassen haben könnte.[552] Es ist meines Erachtens nicht sicher, dass Kol. X wirklich, wie bisher vermutet, von Kol. Z fortgesetzt wird, wo Dion und vermutlich auch Olympia erwähnt sind (Kol. Z,11–13). Zusammenfassend sind in Kol. X die Reisen nach Sizilien oder Italien ohne größere Ausschmückungen geschildert, wobei die erste Reise nach Sizilien bzw. zu Dionysios dem Älteren zu früh angesetzt scheint, was vielleicht mit einer ursprünglichen Datierung der Ägina-Episode in Verbindung steht. Für die Frage, ob das Verhältnis von Dion und Dionysios noch anderweitig von Philodem im *Index Academicorum* angesprochen wurde, ist *PHerc.* 164 frg. 12 aufschlussreich. Dionysios und Dion sind zusammen erwähnt, aber das Fragment überlappt ganz offenbar nicht mit Kol. X und auch kaum mit dem Erhaltenen von Kol. Z, so dass Philodem noch in anderen Passagen auf mit Sizilien verbundene Vorgänge Bezug genommen haben könnte.

---

550   Plat. ep. 7 340b.
551   Erler (2007), S. 56.
552   Vgl. Gaiser (1988), S. 105.

Platon: Einige Schüler gehen nach Platons Tod zu Hermias (Kol. V)

Die Philosophengemeinschaft von Assos war für etwa ein Jahrzehnt (ca. 350 bis zum Tod des Hermias 341) als eine Art inoffizieller Ableger der Akademie von nicht geringer Bedeutung.[553] Der historische Hintergrund sei kurz skizziert: Hermias von Atarneus übernahm von seinem Herrn Eubulos ein Gebiet, das unter anderem die Städte Atarneus und Assos umfasste, und regierte dieses Kleinreich ab etwa 350 v. Chr. als (gemäßigter) Tyrann.[554] Schon zu Platons Lebzeiten muss er Verbindungen zur Akademie unterhalten haben und verbrachte womöglich selbst einige Zeit in Athen. Die Akademiker Erastos und Koriskos (von Skepsis) kamen ebenso wie Aristoteles (nach Platons Tod) zu Hermias nach Assos. Aristoteles blieb zwei bis drei Jahre bei Hermias in Assos (etwa 347–345) und heiratete sogar dessen Nichte oder Schwester Pythias.[555] Auch Xenokrates sowie andere bekannte Philosophen, darunter womöglich auch Theophrast, könnten in Assos geweilt haben. Hermias stellte ihnen offenbar Mittel zur Verfügung und ließ sie in Assos wohnen, wobei die Philosophen ihre politischen Ideen vielleicht in der Praxis erprobten.[556] Zumindest war Hermias willens, philosophische Ansätze in seine Herrschaft einzubeziehen. Man wollte in der Philosophengemeinschaft von Assos und ihrem politischen Einfluss eine gelungene Variante von Platons Bemühungen in Syrakus sehen, aber die Quellenlage ist dürftig und allzu weitreichende Folgerungen verbieten sich.[557] Hermias' wachsende Nähe zu den Makedonen wollte der Perserkönig Artaxerxes III. schließlich nicht mehr hinnehmen. Um das Jahr 341 ließ er Hermias gefangen nehmen und nach Susa bringen, wo er hingerichtet wurde. Aristoteles ehrte seinen Schwiegervater mit einer Statue und dem Hymnos an die Arete.[558] Hermias scheint ein ungeheucheltes Interesse an Philosophie und deren realpolitischer Umsetzung gehabt zu haben. Er war gleichermaßen Schirmherr wie Freund der Philosophen in Assos.

Als aussagekräftige Zeugnisse für diese Philosophengemeinschaft stehen nur eine Passage bei Strabo und einige zerfetzte Zeilen im sogenannten Didymos-Papyrus zur Verfügung.[559] Folglich sind die Angaben in Kol. V sehr will-

---

553 Überblick bei Gaiser (1985b), S. 9–27 und Trampedach (1994), S. 66–78.

554 Zu Hermias siehe Dorandi (2000e). Quellen zu Hermias bei Berve (1967), S. 688 f.; zu Biographie und Todesdatum siehe besonders Trampedach (1994), S. 67–70.

555 Flashar (2004), S. 216.

556 Gaiser (1988), S. 19 f., skeptischer Trampedach (1994), S. 74. Eine Mitwirkung der Philosophen könnte in einem Bündnisvertrag von Assos mit Erythrae impliziert sein, da dort durchgehend von Ἑρμίας καὶ οἱ ἑταῖροι gesprochen wird (Syll.³ 229 = GHI II 165).

557 So etwa Jäger (1923), S. 115; Vorbehalte gegen eine solche Überinterpretation der Quellen bei Trampedach (1994), S. 67.

558 Aristot. F 674 und 675 Rose (= Athen. XV 696a–697b und D.L. 5,7).

559 Strabo 13,1,57: ἐνταῦθα δὲ καὶ Ἀριστοτέλης διέτριψε διὰ τὴν πρὸς Ἑρμείαν τὸν τύραννον κηδείαν.

kommen, wenngleich sie ob ihres Zustands das Bild nur begrenzt erweitern. Hermias hatte sich offenbar schon vor Platons Tod bemüht, Philosophen in sein Reich zu holen, was im *Sechsten Brief* Platons bestätigt wird, wo der Akademiegründer seine Schüler Erastos und Koriskos dem Hermias empfiehlt.[560] Der Bezug auf Platons Tod (Kol. V,5–6) rückt die Passage in den Kontext der Geschichte der Akademie, wobei im Erhaltenen keine Philosophen namentlich genannt sind. Vermutlich wollte Philodem nach der Platon-Vita und der Schülerliste noch ergänzen, dass sich, von Platons Schülern ausgehend, diese Philosophengemeinschaft in Assos gebildet hatte. Man könnte vermuten, dass Kol. V hinter Kol. 6,27, also vor der Speusipp-Vita, eingefügt werden sollte, aber die Position von *PHerc.* 164 frg. 5 und 7 auf cr. 1 spricht tendenziell für ein Erscheinen vor der Schülerliste. Nicht zuletzt die Erwähnung im *Index Academicorum* zeigt, dass der Aufenthalt der Philosophen in Assos eine nicht zu übergehende Fußnote in der Geschichte der Akademie (und des später gegründeten Peripatos) darstellt. Von einiger Relevanz ist die Auslegung der Formulierung κ]αὶ πόλιν ἔδωκεν | οἰκ[εῖ]ν̲ {[.]οˊ} ˋτὴˊ[ν Ἀˊc[όˊ]ν, ἐν ἧι ἐκεῖν̲ο̲ρ̲ί τε | δια[τρίβο]ν̄ˊτεc []ˊἐφιλοcόφουν̲ in Kol. V,8–10. Eine Auslegung im Sinne von „als Stadt gab er ihnen Assos zum Wohnen" ist wohl natürlicher, aber mit dem Verb könnte vielleicht auch eine Übergabe der Stadt zum „Verwalten" im Sinne philosophischen Experimentierens gemeint oder impliziert sein, was auch dem mutmaßlichen Inhalt von Did. in Dem. 5,60–62 nahekommen würde. Wir erfahren in der Kolumne weiter, dass die Philosophen in einem Peripatos zusammenkamen (Kol. V,9–11) und offenbar von Hermias mit allem Notwendigen ausgestattet wurden (Kol. V,12–13). Sie (oder Hermias) glaubten, dass durch die Philosophie

---

ἦν δὲ Ἑρμείας εὐνοῦχος, τραπεζίτου τινὸς οἰκέτης· γενόμενος δ᾽ Ἀθήνησιν ἠκροάσατο καὶ Πλάτωνος καὶ Ἀριστοτέλους· ἐπανελθὼν δὲ τῷ δεσπότῃ συνετυράννησε, πρῶτον ἐπιθεμένῳ τοῖς περὶ Ἀταρνέα καὶ Ἄccον χωρίοις· ἔπειτα διεδέξατο ἐκεῖνον καὶ μετεπέμψατο τόν τε Ἀριστοτέλην καὶ Ξενοκράτην καὶ ἐπεμελήθη αὐτῶν, τῷ δ᾽ Ἀριστοτέλει καὶ θυγατέρα ἀδελφοῦ cυνῴκιcε. Μέμνων δ᾽ ὁ Ῥόδιος ὑπηρετῶν τότε τοῖς Πέρcαιc καὶ cτρατηγῶν, προcποιηcάμενος φιλίαν καλεῖ πρὸς ἑαυτὸν ξενίας τε ἅμα καὶ πραγμάτων προcποιητῶν χάριν, cυλλαβὼν δ᾽ ἀνέπεμψεν ὡς τὸν βαcιλέα, κἀκεῖ κρεμαcθεὶς ἀπώλετο· οἱ φιλόcοφοι δ᾽ ἐcώθηcαν φεύγοντες τὰ χωρία ἃ οἱ Πέρcαι κατέcχον. Did. in Dem. (P. Berol. 9780) 5,51–63: [ca. 20].κα[...]εω[..]ηκοτα | τ(ὴν) πλάτ [ca. 16]ειc τ[(ὴν)] πέριξ | cτρατηγει[ca. 19]κ[ον] κ(αὶ) "Ε|ραcτον κ(αὶ) Ἀριcτοτ[έλην ca. 11] διὸ κ(αὶ) | πάντ[εc οὖ]τοι π(αρ)[ca. 14]ν, ὕcτε|ρον [δ᾽ ἄλλων] ἠκό[ντων, χωρίον τ]ι̲ ἔδωκεν | αὐτ̲[οῖc δ]ωρεά[ν. ca. 17] ἐc δ(ὲ) τ[ὴν] | τυραν[νίδ]α με[]εcτη [ca. 7 π]ρ[αο]τ[έ]ραν δυ|ναcτείαν. διὸ κ(αὶ) πάc[ηc τῆc cύ]νε[γγ]υc ἐπήρ|ξεν ἕωc Ἀccοῦ, ὅτε δ̲[ca. 9]θε[.]c τοῖc εἰ|ρημ(έν)οιc φιλόcοφοιc ἀ[ca. 8] τὴν Ἀccίων | πόλιν. μάλιcτα δ᾽ αὐτῶ[ν ἀποδεξ]άμ(εν)οc Ἀρι|cτοτέλην οἰκειότατα [διέκειτο πρ]ὸc τοῦτον. Ich folge der eher vorsichtigen Ausgabe von Harding (2006).

560 Plat. ep. 6 322e. Selbst wenn der Brief, wie heute angenommen, nicht authentisch ist, kann er doch als historisches Zeugnis für Kontakte zwischen Hermias und der Akademie zu Platons Lebzeiten herhalten.

dessen Alleinherrschaft transformiert werden könnte bzw. eine ideale Monarchie errichtet werden könnte (Kol. V,13–16). In Kol. V,19–20 ist Platons Name erwähnt. Die Zeilen Kol. V,3–7 überlappen mit der Endfassung (*PHerc.* 164 frg. 4), was wiederum für eine Einordnung der Kolumne nach dem Leben Platons (der Schülerliste) in Kol. 6,27 spricht. Leider verhindert der fragmentarische Zustand der Zeilen eine Entscheidung, ob oder in welchem Sinne Hermias sich selbst als Philosophenherrscher sah und Assos eine Art Manifestation von Platons Idealstaat war (sein sollte) und welche Rolle die Philosophen in der Politik spielten. Am Ende von Kol. V könnten der Tod des Hermias und der Wegzug der Philosophen angesprochen worden sein.

Speusipp: Universales Interesse und Wissen (*Kol. T*)

Für die Intention dieses Einschubs oder Nachtrags ist der positive Grundtenor von gewisser Relevanz, der mit dem angeblich lasterhaften Leben Speusipps in Kol. 7,14–18 kontrastiert. Vielleicht wollte Philodem eine Quelle mit „anderer Sicht" auf Speusipps Charakter seiner bisherigen Darstellung hinzufügen. In diesem Zusammenhang ist die nur hier im Papyrus gebrauchte Präposition ὑπ[ὲ]ρ (αὐτοῦ) in Z. 2 auffällig, insofern sie vielleicht keine Variante zu περὶ ist, sondern im Sinne einer positiven Charakterzeichnung des Speusipp zu verstehen ist („zugunsten/für").[561] Die erinnerungswürdige Naturanlage Speusipps (Kol. T,4) manifestiert sich gewissermaßen in seinem Arbeitsfleiß (Kol. T,5). Er beschäftigte sich mit allen möglichen Dingen (schrieb darüber) und hatte gleichsam ein universales Wissen. Die Betonung dieses Aspektes könnte Diodor (oder eine ihn zitierende Quelle) übrigens ins peripatetische Umfeld rücken. Daraus ergab sich etwas (Konsekutivsatz ab Kol. T,10). Der Konditionalsatz zeigt, dass Speusipp unterrichtete. Eine vermutete Erwähnung des Museions in Kol. T,12–13 ist durch die Spuren nicht gedeckt und unwahrscheinlich. Womöglich ist die Aussage des Diodor bei Diogenes (D.L. 4,2: οὗτος πρῶτος ... ἐν τοῖς μαθήμασιν ἐθεάσατο τὸ κοινὸν καὶ συνῳκείωσε καθ᾽ ὅσον ἦν δυνατὸν ἀλλήλοις) eine Zusammenfassung der im erhaltenen und besonders im verlorenen Teil von Kol. T gemachten Aussage über Speusipp. Zumindest scheint mir Kol. T,4–12 in gedanklicher Nähe zur Diogenes-Passage zu stehen. Folglich würden Philodem und Diogenes offenbar auf frühe gemeinsame „philosophiehistorische Elemente" zurückgreifen, wobei die Informationen bei Diogenes kondensierter als bei Philodem sind. Bemerkenswerterweise hat uns aber Diogenes und nicht Philodem die präzise Quellenangabe (Werk) überliefert, was verbunden mit der Theophrastangabe bei Philodem in die Richtung deutet, dass Philodem

---

561 Für Details siehe den Kommentar.

Diodor nicht im Original konsultierte (siehe Quellen Kol. T). Der Ort der Einfügung der Kolumne „auf dem Rekto" ist nicht sicher, aber sie erschien kaum vor
den einleitenden Zeilen zu Speusipp (Kol. 6,28 ff.). Vielleicht sollte die Kolumne
nach Kol. 6,38 oder als „Korrektur" zum unbeherrschten Speusipp nach Kol. 7,18
eingefügt werden, was aber aufgrund der inneren Kohärenz von Kol. 7 unwahrscheinlich ist.

Krantor: Tod und Schüler (Kol. S)

Dank dieser Zeilen auf dem Verso wissen wir, wo Krantor schlussendlich begraben wurde. Diogenes hat die Passage so sinnentstellend zusammengekürzt,
dass aus ihr der Schluss gezogen werden musste, dass Krantor in Soloi seine
letzte Ruhestätte fand (vgl. I 2.7). Die Pointe der Episode ist aber im *Index
Academicorum* bewahrt. Polemon bearbeitete Krantor nach dessen Antwort,
welche klar als Wunsch nach einem Begräbnis in der Heimat zu verstehen ist
(Kol. S,1–3), so lange, bis er sich doch in einem Gemeinschaftsgrab mit ihnen
(Polemon, Arkesilaos und Krates) in Athen beisetzen ließ (Kol. S,3–7). Krantor gibt dem Drängen Polemons nach und stellt die Liebe zu den Freunden
über die Liebe zur alten Heimat. Seine Antwort hat auch eine philosophische
Dimension, da sie andeutet, dass er Polemons Lehren und Ansichten offenbar
im Wesentlichen treu blieb und ihm nun auch in dieser nicht-philosophischen
Angelegenheit Folge leisten will. De Sanctis (2019) hat vermutet, dass Antigonos den Antwortvers in Krantors Περὶ πένθους fand und in peripatetischer
Manier in die Vita einbaute bzw. die gesamte Episode vor diesem Hintergrund
anekdotisch konstruierte.[562] Dies ist möglich, aber man könnte auch erwägen,
ob Krantor den Vers in dieser Situation deshalb präsent hatte, weil er ihn auch
in Περὶ πένθους (exponiert) besprochen hatte. Der Urheber des neben Diogenes
auch von Teles (Stobaios) zitierten Trimeters ist unbekannt.

Die Reste von Kol. S,10–11 enthielten wohl die Information, dass Krantor niemals der Akademie vorstand. Den folgenden fragmentarischen Zeilen ist nichts
Ergiebiges zu entlocken. Ab Kol. S,30 werden sechs Schüler aufgezählt, sehr
wahrscheinlich Schüler des Krantor: Der recht bekannte Bion von Borysthenes, ein ansonsten unbekannter Eumenes von Aspendos, der auch ein Werk
über Komödien schrieb, ein Eurypylos von Kos, der vielleicht mit einem bei
Athenaios erwähnten Autor identisch ist, die Akademiker Krates von Athen
und Arkesilaos von Pitane, ein unbekannter Schüler (Name verloren). Offenbar schloss die Kolumne mit der Schülerliste.

---

562 De Sanctis (2019), S. 45 f.

– Vergleich Diogenes-Philodem (Krantor-Vita, zweiter Teil)

4,25: καὶ ἐρωτηθέντα πρὸς αὐτοῦ ποῦ βούλεται ταφῆναι, εἰπεῖν (TGrF Adespota F 281)·   16,41-Kol. S,9
„ἐν γῆς φίλης ὄχθοισι κρυφθῆναι καλόν."

λέγεται δὲ καὶ ποιήματα γράψαι καὶ ἐν τῇ πατρίδι ἐπὶ τῷ τῆς Ἀθηνᾶς ἱερῷ σφραγισάμενος   -
αὐτὰ θεῖναι. καί φησι Θεαίτητος ὁ ποιητὴς περὶ αὐτοῦ οὑτωσί· „ἤνδανεν ἀνθρώποις, ὁ δ᾽
ἐπὶ πλέον ἤνδανε Μούσαις / Κράντωρ, καὶ γήρως ἤλυθεν οὔτι πρόσω. / γῆ, σὺ δὲ τεθνε-
ῶτα τὸν ἱερὸν ἄνδρ᾽ ὑπόδεξαι· / ἢ ῥ᾽ ὅ γε καὶ κεῖθι ζώει ἐν εὐθαλίῃ." 4,26: Ἐθαύμαζε δὲ
ὁ Κράντωρ πάντων δὴ μᾶλλον Ὅμηρον καὶ Εὐριπίδην, λέγων ἐργῶδες ἐν τῷ κυρίῳ τρα-
γικῶς ἅμα καὶ συμπαθῶς γράψαι. καὶ προεφέρετο τὸν στίχον τὸν ἐκ τοῦ Βελλεροφόντου·
„οἴμοι· τί δ᾽ οἴμοι; θνητά τοι πεπόνθαμεν." λέγεται δὲ καὶ Ἀνταγόρα τοῦ ποιητοῦ ὡς Κράντορος εἰς Ἔρωτα πεποιημένα φέρεσθαι ταυτί· „ἐν δοιῇ μοι θυμός, ὅ τοι γένος ἀμφίσβητον,/
ἢ σε θεῶν τὸν πρῶτον ἀειγενέων, Ἔρος, εἴπω,/ τῶν ὅσσους Ἔρεβός τε πάλαι βασίλειά τε
παῖδας / γείνατο Νὺξ πελάγεσσιν ὑπ᾽ εὑρέος Ὠκεανοῖο· / 4,27: ἤ σέ γε Κύπριδος υἷα περί-
φρονος, ἠέ σε Γαίης, / ἢ Ἀνέμων· τοῖος σὺ κακὰ φρονέων ἀλάλησαι / ἀνθρώποις ἠδ᾽ ἐσθλά·
τὸ καὶ σέο σῶμα δίφυιον." Ἦν δὲ καὶ δεινὸς ὀνοματοποιῆσαι. τραγῳδὸν γοῦν ἀπελέκητον
εἶπεν ἔχειν φωνὴν καὶ φλοιοῦ μεστήν· καί τινος ποιητοῦ σκίφης μεστοὺς εἶναι τοὺς στίχους·
καὶ τὰς Θεοφράστου θέσεις ὀστρέῳ γεγράφθαι. θαυμάζεται δὲ αὐτοῦ μάλιστα βιβλίον τὸ
Περὶ πένθους.

καὶ κατέστρεψε πρὸ Πολέμωνος καὶ Κράτητος, ὑδρωπικῇ διαθέσει νοσήσας.   Q, 1–6?

καὶ ἔστιν εἰς αὐτὸν ἡμῶν· „ἐπέκλυσε καὶ σέ, Κράντορ, ἡ νόσων κακίστη, / χοὖτω κατῆλθες   -
μέλαν Πλουτέως ἄβυσσον. / καὶ σὺ μὲν ἐκεῖθι χαίρεις, σῶν λόγων δὲ χήρη /ἕστηκεν Ἀκαδήμεια καὶ Σόλοι, πατρίς σευ."

Krates oder Adeimantos (?): Akademiker mit Bezug zu Ätolien
(Kol. R)

Da in Kol. R,7 die Ätolier genannt werden, ist es wahrscheinlich, dass der
genannte Akademiker einen Bezug zu dem Landstrich hatte. Für den Xeno-
krates-Schüler Adeimantos ist aber das Ethnikon „Ätolier" in Kol. 8*,10 meines Erachtens nicht hinreichend sicher zu ergänzen, wenngleich es möglich
bleibt. Die Ätolier standen im Lamischen Krieg 323/22 auf der Seite Athens.[563]
Da in der Schülerliste des Xenokrates auch Polemon und Krates erscheinen
(Kol. 8*,12–16), wäre die Erwähnung eines weiteren Schülers des Xenokrates in
Umgebung der Kolumnen zu Polemon, Krantor und Krates durchaus denkbar.
Jedoch wäre auch zu überlegen, ob bei dem Bezug zu Ätolien nicht Gesandt-
schaftsreisen des Krates im Hintergrund stehen. In D.L. 4,23 liest man: ... ἀπέ-

---

563   Habicht (1994), S. 45–51.

λιπε βιβλία τὰ μὲν φιλοσοφούμενα, τὰ δὲ περὶ κωμῳδίας, τὰ δὲ λόγουϲ δημηγορικοὺϲ καὶ πρεϲβευτικούϲ. Die erwähnten Reden würden gut zu Kol. R,9–10 passen. Jedoch wäre in diesem Fall ein Bezug auf den Lehrer von Krates (Polemon oder Xenokrates) in Z. 4 eher unwahrscheinlich. Ferner berichtet Plutarch, ein Krates habe erfolgreich mit Demetrius Poliorketes bei der Belagerung Athens 288 verhandelt, aber wir wissen von keinem Bezug zu Ätolien.[564] Jedenfalls bestanden ab 287 gute Beziehungen zwischen Athen und dem Ätolischen Bund.[565] Alternativ mag ein unbekannter Polemon-Schüler aus Ätolien besprochen worden sein.

Krates: Nachfolger des Polemon (Kol. Q)

Wahrscheinlich war die nur spärlich erhaltene Kolumne Q ab Z. 6 ausschließlich Krates gewidmet; das Antigonos-Exzerpt stellte wohl einen Großteil der Kolumne dar oder füllte diese ab Kol. Q,6 gänzlich aus. Die Krates-Vita in Diogenes vermittelt eine Vorstellung davon, was in dem Exzerpt gestanden haben könnte. Die zentrale Frage der Kolumne ist, welcher Akademiker unter dem Archon Philokrates (276/75) starb (Kol. Q,1–4), was unmittelbar vor der *Vita Cratetis* des Antigonos vermerkt ist. Es kommen in Betracht:

a)   Polemon (Gomperz/Mekler)
b)   Krates (Gaiser)
c)   Krantor (Dorandi)

a) Für Polemon sprechen der erste Satz des Antigonos-Auszugs (Kol. Q,6–7), welcher die Nennung von Polemons Tod in den ersten Zeilen von Kol. Q eigentlich nahelegt, und die Tatsache, dass sein Tod noch nirgends im Papyrus erwähnt wurde. Für Polemon als Scholarchen ist auch tendenziell eine exakte Todesangabe im *Index Academicorum* zu erwarten, zumal wir in der *Chronik* des Eusebius (Hieronymus) eine Todesangabe zu Polemon finden. Eusebius datiert den Tod auf 270/69 (Varianten in den Mss.)[566] und somit nicht allzu fern vom Jahr des Archons Philokrates. Für Polemon könnte auch die mögliche Partikel δὴ (und nicht δὲ) in Kol. Q,6 sprechen. Ferner findet sich in der

---

564   Plut. Dem. 46,3: ὁ δ᾽ ὀργῇ μὲν ἐπῆλθεν αὐτοῖϲ καὶ πολιορκίαν περὶ τὸ ἄϲτυ ϲυνεϲτήϲατο καρτεράν, Κράτητοϲ δὲ τοῦ φιλοϲόφου πεμφθέντοϲ ὑπὸ τοῦ δήμου πρὸϲ αὐτόν, ἀνδρὸϲ ἐνδόξου καὶ ϲυνετοῦ, τὰ μὲν οἷϲ ὑπὲρ τῶν Ἀθηναίων ἐδεῖτο πειϲθείϲ, τὰ δ᾽ ἐξ ὧν ἐδίδαϲκε περὶ τῶν ἐκείνῳ ϲυμφερόντων νοήϲαϲ, ἔλυϲε τὴν πολιορκίαν, ... Vermutlich ist hier aber der Kyniker Krates von Theben gemeint.

565   Habicht (1994), S. 131–138.

566   Eus. chron. (Hieron.), ad Olymp. 127,3 (270/69 v. Chr.): *Polemo philosophus moritur. Post quem Arcesilas et Crates clari habentur* (130 Helm). Die Varianten in den Handschriften reichen von 274/73 bis 268/67, dazu Jacoby (1902), S. 343.

Suda zum Namen von Polemons Vater die Alternative Philokrates (Φιλοςτρά-
του ἢ Φιλοκράτουc), was den Verdacht aufkommen lässt, dass der zweite Name
von Polemons Todesarchon Philokrates auf den Vater übertragen worden sein
könnte.[567]

b) Für einen Bezug auf Krates' Tod unter Philokrates spricht, dass ihm wahrscheinlich der Rest der Kolumne gewidmet ist. Ferner folgt aus D.L. 4,23 trotz
Korruption der Stelle, dass Apollodor sein genaues Todesdatum kannte. Jedoch
wäre das Erscheinen der Todesinformation zu Krates vor der eigentlichen Vita,
die auf Antigonos zurückgeht, unerwartet und die Angaben des Eusebius zu
Polemons Tod in diesem Fall wirklich sehr ungenau.[568]

c) Dorandi hat aus der Angabe καὶ κατέcτρεψε πρὸ Πολέμωνοc καὶ Κράτητοc,
ὑδρωπικῇ διαθέcει νοcήcαc (D.L. 4,27) in der Krantor-Vita des Diogenes inge-
niös geschlossen, dass in Kol. Q,3–4 πρὸ]| το[ῦ Π]ολέ[μωνοc zu ergänzen ist und
der Archon Philokrates den Tod Krantors anzeigt.[569] Dies würde tendenziell
durch die späteren Todesdaten Polemons in Eusebius und durch den Umstand
gestützt, dass auch das Todesdatum Krantors noch nicht im Papyrus erwähnt
wurde. Krantor wäre in diesem Fall wohl im Alter von etwas über 60 Jahren
gestorben, was vielleicht noch mit der Aussage in D.L. 4,25, er habe nicht das
Greisenalter erreicht, kompatibel ist. Jedoch ist unklar, ob das exakte Todesdatum des Nicht-Scholarchen überhaupt in die antike Literatur Eingang fand.
Es ist etwas verdächtig, dass καὶ κατέcτρεψε πρὸ Πολέμωνοc καὶ Κράτητοc ὑδρωπικῇ διαθέcει νοcήcαc ohne genaue Zeitangabe steht, die bei Diogenes auch nicht
durch Korruption weggefallen scheint. Womöglich existierte nur diese relative
Angabe in der antiken Überlieferung. Problematisch an Dorandis Ergänzung
ist auch die papyrologische Lage im Disegno. Dorandi ändert einen Buchstaben, aber insbesondere scheint der Raum trotz möglicher Verzerrungen des
disegnatore für seinen Vorschlag eigentlich zu knapp bemessen. Ferner stünde
bei dieser Ergänzung anders als bei Diogenes Laetius nicht die Doppelan-
gabe „vor Polemon *und Krates*". Unbenommen dessen könnte Krantor natürlich auch ohne die Angabe „vor Polemon und Krates" irgendwo in Kol. Q,1–3
erwähnt worden sein.

Dorandis Vorschlag ist aus chronologischen Erwägungen heraus attraktiv,
aber die Spurenlage im Papyrus, die unmittelbar folgende Erwähnung von Pole-

---

567 Suda π 1887, vgl. den Kommentar zu Kol. 8*,42.
568 Insgesamt sind die Argumente und die Rekonstruktion von Gaiser (1988), S. 535 wenig
     überzeugend.
569 Dorandi (1991), S. 56–58.

mons Tod im Antigonos-Exzerpt, und der Umstand, dass für Polemon zweifelsfrei ein Todesdatum bekannt war (Eusebius – für Krantor ist dies nicht sicher),
welches im *Index Academicorum* nirgends sonst genannt scheint, sowie die ver-
dächtige Alternative „Philokrates" in der Suda für Polemons Vater lassen sehr
ernsthaft darüber nachdenken, ob Polemons Todesdatum bei Eusebius nicht
doch falsch bzw. ungenau ist, sprich in Kol. Q,1–5 Polemons Tod unter Philokrates vermerkt war.[570] Ein Bezug des Archons auf Krates ist unwahrscheinlich,
aber nicht völlig ausgeschlossen, auch da Apollodor sein genaues Todesdatum
angab (D.L. 4,23).

Dem Antigonos-Exzerpt ist außer der Nachfolge des Krates im Amt des Scholarchen und der Aussage, dass er der Leitung für würdig befunden wurde, nicht
viel zu entnehmen (Kol. Q,6–17).

– Vergleich Diogenes-Philodem (Krates-Vita)

Vita Cratetis: 4,21: Κράτης πατρὸς μὲν ἦν Ἀντιγένους ⟨Ἀθηναῖος⟩, Θριάσιος δὲ τῶν δήμων,   -
ἀκροατὴς ἅμα καὶ ἐρώμενος Πολέμωνος·   (15,30–46)
ἀλλὰ καὶ διεδέξατο τὴν σχολὴν αὐτοῦ.   Q,7–9
καὶ οὕτως ἀλλήλω ἐφιλείτην ὥστε καὶ ζῶντε οὐ μόνον τῶν αὐτῶν ἤcτην ἐπιτηδευμάτων,   (15,30–46)
ἀλλὰ καὶ μέχρι σχεδὸν ἀναπνοῆς ἐξωμοιώθην ἀλλήλοιν καὶ θανόντε τῆς αὐτῆς ταφῆς ἐκοι-   -
νωνείτην. ὅθεν Ἀνταγόρας εἰς ἄμφω τοῦτον ἐποίησε τὸν τρόπον· „μνήματι τῷδε Κράτητα
θεουδέα καὶ Πολέμωνα ἔννεπε κρύπτεσθαι, ξεῖνε, παρερχόμενος, ἄνδρας ὁμοφροσύνῃ μεγα-
λήτορας, ὧν ἄπο μῦθος ἱερὸς ἤιccεν δαιμονίου cτόματος, καὶ βίοτος καθαρὸς cοφίας ἐπὶ θεῖον
ἐκόcμει αἰῶν’ ἀcτρέπτοις δόγμαcι πειθόμενος."
4,22: ἔνθεν καὶ Ἀρκεσίλαον μετελθόντα παρὰ Θεοφράcτου πρὸς αὐτοὺς λέγειν ὡς εἶεν θεοί   15,3–16
τινες ἢ λείψανα τῶν ἐκ τοῦ χρυcοῦ γένους.
καὶ γὰρ ἤcτην οὐ φιλοδημώδει· ἀλλ’ οἷον Διονυcόδωρόν ποτέ φαcι τὸν αὐλητὴν εἰπεῖν, cεμνυ-   (14,12–35)
νόμενον ἐπὶ τῷ μηδένα τῶν κρουμάτων αὐτοῦ μήτ’ ἐπὶ τριήρους μήτ’ ἐπὶ κρήνης ἀκηκοέναι,
καθάπερ Ἰσμηνίου.
cuccίτιον δέ φηcιν αὐτῷ ὁ Ἀντίγονος εἶναι παρὰ Κράντορι, ὁμονόως cυμβιούντων τούτων τε   -
καὶ Ἀρκεcιλάου. τὴν δὲ οἴκηcιν Ἀρκεcίλαον μὲν ἔχειν μετὰ Κράντορος, Πολέμωνα δὲ cὺν Κράτητι μετὰ Λυcικλέους τινὸς τῶν πολιτῶν. ἦν δέ, φηcίν, ἐρώμενος Κράτης μέν, ὡς προείρηται,
Πολέμωνος· Ἀρκεcίλαος δὲ Κράντορος. 4,23: Τελευτῶν δὴ ὁ Κράτης ⟨κατὰ τὸ … ἔτος τῆς
ὀγδόης καὶ εἰκοcτῆς καὶ ἑκατοcτῆς Ὀλυμπιάδος⟩, καθά φηcιν Ἀπολλόδωρος ἐν τρίτῳ Χρο-
νικῶν (FGrH 244 F 14), ἀπέλιπε βιβλία τὰ μὲν φιλοσοφούμενα, τὰ δὲ περὶ κωμῳδίας, τὰ δὲ
λόγους δημηγορικοὺς καὶ πρεcβευτικούς. ἀλλὰ καὶ μαθητὰς ἐλλογίμους·

---

570   Der Kern des Problems wurde schon von Dorandi (1991), S. 57 erkannt.

ὧν Ἀρκεςίλαον περὶ οὗ λέξομεν (διήκουςε γὰρ καὶ τούτου) καὶ Βίωνα τὸν Βορυςθενίτην -
ὕςτερον δὲ Θεοδώρειον ἀπὸ τῆς αἱρέςεως ἐπικαλούμενον, περὶ οὗ καὶ αὐτοῦ λέξομεν ἐχο-
μένως Ἀρκεςιλάου. Γεγόναςι δὲ Κράτητες δέκα· πρῶτος ὁ τῆς ἀρχαίας κωμῳδίας ποιητής,
δεύτερος ῥήτωρ Τραλλιανὸς Ἰςοκράτειος, τρίτος ταφρωρύχος Ἀλεξάνδρῳ ςυνών, τέταρτος ὁ
κύων περὶ οὗ λέξομεν, πέμπτος φιλόςοφος περιπατητικός, ἕκτος Ἀκαδημαϊκὸς ὁ προειρημένος, ἕβδομος Μαλλώτης γραμματικός, ὄγδοος γεωμετρικὰ γεγραφώς, ἔνατος ἐπιγραμμά-
των ποιητής, δέκατος Ταρςεὺς φιλόςοφος Ἀκαδημαϊκός.
Vita Crantoris: 4,27: καὶ κατέςτρεψε πρὸ Πολέμωνος καὶ Κράτητος, ὑδρωπικῇ διαθέςει   (Q,1–6?)
νοςήςας.

Karneades (?): Eigenschaften und Ablehnung zu schreiben (Kol. P)

Die Angabe, dass der Philosoph nicht schrieb (Kol. P,25 ff.), ist eigentlich nur
mit Karneades und Arkesilaos kompatibel. Bisher haben die meisten Forscher
einen Bezug auf Arkesilaos angenommen.[571]

Für Karneades kann man als Argument anführen, dass er sich in Kol. 22,2–6
(Neulesungen) zu den Beweggründen seines Nicht-Schreibens äußert. Folglich
muss dieses Faktum kurz zuvor angesprochen worden sein, wobei der Raum
in Kol. 22,1–2 kaum ausreicht. Die Weigerung, Bücher zu schreiben, wird ganz
offenbar am Ende von Kol. P vermerkt (Kol. P,26 ff.). In den beiden letzten Zeilen der Kolumne (Kol. P,30–31) könnte ein Konstruktionswechsel erfolgt sein,
der die Infinitive (bzw. den Akkusativ) in Kol. 22 bedingt. Sinngemäß könnten die Zeilen gelautet haben: „Sie sagen, dass Karneades (als man ihn dafür
kritisierte/fragte, weshalb er nicht schrieb) antwortete, indem er als Gründe
angab, dass er ...." Wenngleich die Angabe χάριτι μειγνύς (Kol. P,24) nicht sehr
spezifisch ist, könnte sie doch ein gewisses Echo in Plut. Cato mai. 22 haben.[572]
Auch Kol. P,20–23 passt etwas besser zur dialektischen Virtuosität des Karneades als der des Arkesilaos. In der Karneades-Vita des Diogenes liest man
(D.L. 4,63): δεινῶς τ' ἦν ἐπιπληκτικὸς καὶ ἐν ταῖς ζητήςεςι δύςμαχος.[573] Gegen eine
Identifikation mit Arkesilaos kann überdies vorgebracht werden, dass ihm auf
dem Rekto unter Einbezug der ausgefallenen Kolumnen schon etwa 10 Kolumnen (aus Antigonos) gewidmet sind und an mindestens zwei Stellen auf dem

---

571   Dorandi (1991), S. 61 f. (er folgt Mekler, Mette, Gaiser). Crönert (1903a), S. 365 hatte bereits
      eine Beschreibung des Karneades in der Kolumne vermutet.

572   Plut. Cat. mai. 22 (= Karneades T 7a1 Mette): μάλιςτα δ' ἡ Καρνεάδου χάρις, ἧς δύναμίς τ'
      ⟨ἦν⟩ πλείςτη καὶ δόξα τῆς δυνάμεως οὐκ ἀποδέουςα, μεγάλων ἐπιλαμβανομένη καὶ φιλανθρώ-
      πων ἀκροατηρίων ὡς πνεῦμα τὴν πόλιν ἠχῆς ἐνέπληςε, ...

573   Stellenverweis bei Crönert (1903a), S. 365, der für diese Zeilen von Kol. P auf Karneades
      als „Meister der Dialektik" verweist.

Rekto (Ergänzung 11 und 12) zusätzlich Angaben aus weiteren Quellen unter den Kolumnen eingefügt wurden, was einen weiteren Nachtrag auf dem Verso eher unwahrscheinlich macht. Auch scheint Arkesilaos' Ablehnung zu schreiben schon mehr oder weniger hinreichend in Kol. 18,33–41 vermerkt worden zu sein, so dass eine (modifizierte) Wiederholung weniger wahrscheinlich ist. Ferner muss sich im Papyrus auch irgendwo der Beginn der Karneades-Vita (und das Ende der Lakydes-Vita) finden – wenn nicht in dieser Kolumne, wo dann?

Konsequenterweise drängt sich der Schluss auf, dass Kol. P der Rekto-Kolumne 22 voranging und vollständig oder zumindest teilweise das Leben des Karneades enthielt. Die Übernahme der Akademie durch Karneades könnte in den ersten Zeilen der Kolumne festgehalten worden sein. Freilich lässt der Beginn der Kolumne (Kol. P,1–6) auch die Möglichkeit offen, dass hier zunächst noch einige Informationen zu Lakydes gegeben waren, wobei πάθεϲι und τι]ναϲ χρόνουϲ vielleicht mit seiner langen Krankheit in Verbindung zu bringen sind (vgl. Kol. 27,6–7).[574] Der Übergang zu Karneades wäre dann zwischen Kol. P,5 und Kol. P,10 erfolgt. Auch könnten zu Beginn der Kolumne Hegesinus bzw. Telekles oder Euander thematisiert worden sein.

In Kol. P,18–25 werden dialektisch-philosophische Fähigkeiten und Wesenszüge beschrieben, die gut zu anderen Karneades-Testimonien passen. Im Zusammenhang mit der Ablehnung von Schriftlichkeit fällt das Wort ἀλλοτριο-λογί[αϲ, welches hier am ehesten die Rede für das gegenteilige Argument meint, eine Option, die Karneades durch schriftliche Fixierung womöglich verbaut sah.[575]

Lakydes: Schüler, Todesdaten, weitere Angaben (Kol. M, N, O)
Für den Inhalt der Kolumnen sind abgesehen von den *Chronica* (Kol. 27,1–28,40) insbesondere vier Parallelstellen heranzuziehen:[576]

1. D.L. 4,61: καὶ μόνοϲ τῶν ἀπ' αἰῶνοϲ ζῶν παρέδωκε τὴν ϲχολὴν Τηλεκλεῖ καὶ Εὐάνδρῳ τοῖϲ Φωκαεῦϲι. παρὰ δ' Εὐάνδρου διεδέξατο Ἡγηϲίνουϲ Περγαμηνόϲ, ἀφ' οὗ Καρνεάδηϲ.

2. Suda π 1707: ... Cπεύϲιππος, Ξενοκράτης, Πολέμων, Κράντωρ, Κράτης. οἱ

---

574 Andernfalls müsste Kol. 21 wohl von Kol. M fortgesetzt worden sein.

575 Das entsprechende Verb im Sinne eines irrelevanten (falschen) Redens ist nur zweimal im TLG belegt (Aristox. Elem. Harm. 41 und Strabo 1,4,1).

576 Analyse der Kolumnen mit guten Gedanken, aber im Detail überholt bei Crönert (1906), S. 75–78. Zu Euander und Telekles siehe die Testimoniensammlung von Mette (1985), S. 52 („Telekles von Phokis und Euandros von Phokis"); Görler (1994), S. 834–836; Dorandi (2000d).

δὲ Cωκρατίδεc, Ἀρκεcίλαοc, Λακύδηc, Εὔανδροc Φωκαεύc, Δάμων, Λεοντεύc, Μοcχίων, Εὔανδροc Ἀθηναῖοc, Ἡγηcίνουc, Καρνεάδηc, Ἀρμάδαc …

3.   Eus. PE 14,7,14 (Numen. F 26 des Places): ἐκ πάντων δ' αὐτοῦ τῶν γνωρί-μων τὴν cχολὴν αὐτοῦ διεδέξατο Εὔανδροc καὶ οἱ μετὰ τοῦτον (τούτου coniecit P. Faber).

4.   Cic. Luc. 16: *qui est quartus ab Arcesila; audivit enim Hegesinum, qui Euan-drum audierat Lacydi discipulum, …*

Vielleicht wurden zu Beginn von Kol. M der Tod oder Rückzug des Lakydes erwähnt. Auch andere Angaben zu dem Scholarchen sind denkbar. Womöglich wurde der am Ende von Kol. 21 abrupt abbrechende Text in Kol. M fortgesetzt. Der wahrscheinliche Name Platons in Kol. M,5 verwundert. Für die Auslegung und Deutung der Angaben zur Nachfolge des Lakydes ist entscheidend, ob in Kol. M,19–20 wirklich die Namen des Telekles und Euander erscheinen. Ich habe diese in Anbetracht der Gesamtumstände in den Text gesetzt, aber klei-nere Zweifel sollten artikuliert werden. Auch das neugelesene ἐνθ[έ]cει in Kol. M,11 ist in diesem Kontext zu beachten. Vielleicht waren Telekles und Euan-der, denen eine Sonderrolle zufiel, schon eher erwähnt und erschienen nicht mehr am Ende der Liste, deren Glieder nur „durch Hinzufügung" dem Tele-kles und Euander als Ratgeber beigegeben wurden. Die Formulierung διαδόχουc δὲ τούτουc bezöge sich dann auf die zuvor genannten Telekles und Euander. Jedoch könnte ἐνθ᾽[έ]cει auch bedeuten, dass alle Philosophen (inklusive Tele-kles und Euander) durch „Einsetzen" (in das Leitungsgremium) seitens des Lakydes und eben nicht durch Wahl wie im Falle des Xenokrates oder Sokra-tides in Amt und Würden gelangten. Das finite Verb zu κατ[α]λιπών, so es denn eines gab, ist in Z. 21 zu suchen. Leonteus und Demon aus Kyrene (Kol. M,11–12) begegnen uns auch in der Suda, Demetrius erscheint nur hier (M,12–13). Die beiden Euboloi (Kol. M,14–17) sind samt Herkunft und Vätern ansonsten nur in Apollodors *Chronica* genannt (Kol. 27,42–28,4). Moschion (Kol. M,17–18) begeg-net uns nicht nur in den *Chronica* (Kol. 27,39–42), sondern auch in der Suda. Als letzte Glieder der Liste sind Agamestor, Euander und Telekles an sich prin-zipiell zu erwarten (Kol. M,17–21). In den folgenden fragmentarischen Zeilen (Kol. M,21–36) könnte näher auf Telekles oder Euander eingegangen worden sein, da der Beginn von Kol. N ihnen gegolten haben dürfe. Eine Schülerliste wird durch die erhaltenen Buchstaben nahezu ausgeschlossen. Der Name des Hegesinus ist nirgends mit hinreichender Sicherheit in Kol. M restituierbar.

In Kol. N haben wir mit Apollonios als erstem Namen in einer Schülerliste ein starkes Indiz, aber keinen letztgültigen Beweis,[577] dass Schüler des Tele-

---

577   Skeptisch Wilamowitz-Moellendorff (1910), S. 408.

kles aufgezählt sind, da jener Apollonios als einziger Schüler des Telekles aus
Parallelstellen innerhalb des *Index Academicorum* bekannt ist (Kol. 28,11–13;
O,18–20 und 32–25). Die Neulesung des Namens Euander in Kol. N,4 sowie des
Nomens αἰτ[ημ]άτων in Kol. N,5 könnten implizieren, dass Telekles dem ebenfalls schon hochbetagten Euander seine Schüler übergeben wollte – offenbar
hatte Telekles innerhalb der Akademie eine eigene διατριβή –, was dieser aber
ablehnte (Kol. N,5–6), so dass Telekles seine Schüler offensichtlich niemandem
überließ (N,6–10). Alternativ wäre zu überlegen, ob Euander das Ansinnen des
Lakydes oder einen Vorschlag des Telekles ablehnte. Anschließend folgt die
Schülerliste (Kol. N,12–21). Die nach Apollonios von Kyrene gelisteten Schüler Kleokrit, Ariston, Aristagoras von Salamis und Theris von Alexandria sind
unbekannt oder nicht eindeutig identifizierbar. Theris hatte seinerseits einen
Schüler namens Dion, der Thraker, welcher wiederum drei Schüler hatte: Dionysodor von Smyrna, Leontichos von Kyrene und einen Sokrates. Es besteht
eine gewisse Wahrscheinlichkeit, dass sowohl Theris als auch Dion in Alexandria lehrten.[578] Nach der Schülerliste werden Schriften/Aufzeichnungen und
Euander erwähnt (Kol. N,21–26), aber der genaue Gehalt der fragmentarischen
Passage ist ungewiss. Vielleicht hinterließ Telekles dem Euander Aufzeichnungen. Mit Kol. N,26 beginnt ein neuer Abschnitt, vielleicht zu Euander, zu
einem anderen Lakydes-Schüler, zu Hegesinus oder zur Akademie allgemein,
der unter Umständen in Kol. O fortgesetzt wurde.

In der folgenden Kolumne O (Buchstabe – nicht „null") sind zunächst die
Namen der pergamenischen Könige Eumenes und Attalos von höchstem Inter-
esse (Kol. O,13 und 15–17). Wahrscheinlich besagten die Zeilen, dass beide die
Schüler eines Akademikers waren. Eine entferntere Möglichkeit wäre, dass die
Könige Schüler des Lakydes unterstützten.[579] Vermutlich handelt es sich um
Eumenes II. und seinen Bruder Attalos II., welche als Prinzen den Unterricht
bei einem Akademiker um etwa 200 v. Chr. besucht haben könnten. Dieser mag
unter Umständen sogar für einige Zeit als Prinzenerzieher am Pergamenischen
Hof geweilt haben.[580] Euander ist neben anderen Lakydes-Schülern als Leh-
rer vorstellbar, auch weil er zusammen mit König Attalos in einer attischen
Inschrift erwähnt wird.[581] Während Eumenes I. den Arkesilaos protegierte und

---

578 Für einen akademischen Ableger in Alexandria siehe Einordnung Kol. 35,2–22.

579 Ungeachtet der Aussage dieser Zeilen mochten sie Mitglieder der Akademie aber auch
finanziell unterstützt haben.

580 Vgl. Fleischer (2020a), S. 52–56. Der in Z. 13 genannte Attalos könnte ihr Vater Attalos I.
sein.

581 IG II/III² 886 = IG II³,1 1261 (für den Text siehe Fn. 645 in **III 3**). Offenbar handelt es sich
um Attalos I.

Attalos I. den Lakydes, schweigen unsere Quellen für die Folgezeit über die Beziehung zwischen Pergamenischem Königshaus und Akademie. Nichtsdestotrotz liegt es angesichts dessen, dass gute Beziehungen zwischen Athen und Pergamon bestanden[582] und viele Akademiker aus dem Reich von Pergamon kamen (etwa Euander, Telekles und Hegesinus), nahe, eine Fortsetzung der Patronage im 2. Jh. v. Chr. durch die schöngeistigen Attaliden anzunehmen. Im Anschluss lesen wir die Todesdaten des Apollonios und seines Bruders Eubulos sowie der beiden anderen Eubuloi (Kol. O,18–24), welche auf dem Rekto in den *Chronica*-Versen in inverser Folge mit weiteren Daten erscheinen (Kol. 27–28). Zwischen die Todesdaten wird nun von Philodem eingestreut, dass auch vier Akademiker namens Ariston (zu jener Zeit) lebten (Kol. O,24–29). Anschließend wird merkwürdigerweise nochmals das Todesdatum der beiden Eubuloi genannt (Kol. O,29–31). Vermutlich geriet Philodem durcheinander oder war unaufmerksam. Für die Endfassung wurde gewiss eines der Todesdaten gestrichen. Abschließend erfährt man, dass Telekles' Schüler Apollonios (ausgearbeitete) Vorlesungsmitschriften verfasste (Kol. O,32–35), bevor der Papyrus sehr fragmentarisch wird. Vielleicht setzte Kol. P den Text von Kol. O fort, welche zumindest chronologisch an Kol. O anschließen dürfte.

Endversion (PHerc. 164)

Erwähnung Spinthars (frg. 6)

Gaiser ordnet das Fragment ohne jedwede textuelle Basis dem Ende von Kol. X zu und vermutet, dass die Spinthar-Referenz im Kontext von Platons Sizilienreise bzw. seiner Verbindung mit Pythagoreern erschien.[583] Er sieht in Spinthar den Vater/Lehrer des Aristoxenos, der hier zitiert würde. In der Tat ist diese Vermutung aufgrund der Herkunft des Spinthar aus Tarent und der pythagoreischen Neigungen des Aristoxenos nicht abwegig, insbesondere da Aristoxenos Platons Reisen zu Dionysios dem Jüngeren thematisierte (Aristoxenos F 62–64 Wehrli). Jedoch ist eine Einordnung in die Kolumnen X,Y,Z, des Verso schwierig – vielleicht erschien das Zitat im Verlorenen von Kol. Z. Von der Position des Fragments her zu urteilen, könnte Spinthar auch in Ergänzung 2 zitiert worden sein, welche dann vielleicht gänzlich oder teilweise Aristoxenos zur Quelle hatte. Auch könnte sich Spinthar über die vermutlich gemeinsame Schülerzeit mit Platon bei Sokrates geäußert haben. Spinthar als Gewährsmann würde

---

582   Attalos II. besuchte öfters Athen, vgl. Habicht (1990), S. 561 f.,573.
583   Gaiser (1988), S. 105–106.

der verlorenen Information einen gewissen Wert verleihen. Eine prinzipiell feindselige Haltung des Aristoxenos gegenüber Platon oder Sokrates ist auf Basis des Erhaltenen nicht zu erweisen, wenngleich man bei Aristoxenos und Spinthar eine bisweilen wenig wohlwollende Grundeinstellung zu erkennen glaubt (Aristoxenos F 30;54a Wehrli).[584]

Indes besteht auch noch eine andere Möglichkeit, dieses Spinthar-Fragment zu deuten und einzuordnen, welche kaum eine geringere Wahrscheinlichkeit beanspruchen kann. Sollte das Fragment relativ auf der cornice nicht ganz „passend" angeordnet worden sein, könnte man mit Mekler und Crönert einen Bezug auf Herakleides vermuten.[585] Wir lesen in der nächsten Kolumne (*PHerc.* 164 frg. 10 c) auf dem gleichen Fragment die Sequenz κλε, was zu einer Form des Namens Herakleides gehören könnte, dem mit Sicherheit frg. 20 und frg. 23 zuzuweisen sind. Die vorgeschlagene Verbindung mit Herakleides basiert auf einer Parallele in D.L. 5,92 (Herakleides-Vita): Φηcὶ δ' Ἀριcτόξενοc ὁ μουcικὸc (Aristoxenos F 114 Wehrli) καὶ τραγῳδίαc αὐτὸν ποιεῖν καὶ Θέcπιδοc αὐτὰc ἐπιγράφειν. Χαμαιλέων τε τὰ παρ' ἑαυτῷ φηcι κλέψαντα αὐτὸν τὰ περὶ Ἡcιόδου καὶ Ὁμήρου γράψαι· ἀλλὰ καὶ Ἀντίδωροc ⟨ὁ⟩ Ἐπικούρειοc ἐπιτιμᾷ αὐτῷ, τοῖc Περὶ δικαιοcύνηc ἀντιλέγων. ἔτι καὶ Διονύcιοc ὁ Μεταθέμενοc (ἢ Cπίνθαροc, ὡc ἔνιοι) γράψας τὸν Παρθενοπαῖον (Spynth. TGrF I 40 T 3.) ἐπέγραψε Cοφοκλέουc. ὁ δὲ πιcτεύcαc εἴc τι τῶν ἰδίων cυγγραμμάτων ἐχρῆτο μαρτυρίοιc ὡc Cοφοκλέουc. κτλ.

In der Suda lesen wir von einem Tragiker namens Spinthar aus Herakleia, also einem Sohn der Stadt, aus welcher auch Herakleides stammt,[586] aber dieser Tragiker ist kaum greifbar und womöglich liegen Vermischungen mit anderen Personen (u. a. Spinthar aus Tarent) vor. Ferner ist unklar, ob Spinthar in D.L. 5,92 ein alternativer Beiname des Dionysios ist oder eine andere Person bezeichnet. Da nun erstmals der Ausfall von mehreren Kolumnen zu Beginn der Herakleides-Vita im *Index Academicorum* feststeht und der seltene Name Spinthar von Diogenes Laertius im Zusammenhang mit einem Akademiker nur bei Herakleides genannt wird, dessen Leben sich unter den wenigen Fragmenten von *PHerc.* 164 befindet, ist es meines Erachtens wahrscheinlicher geworden, dass die Erwähnung Spinthars mit der von Diogenes berichteten Episode im Leben des Herakleides in Verbindung steht, zumal ebenjener Spinthar

---

584 Schorn (2010), S. 220 f.; Dillon (2010), S. 294.
585 Mekler (1902), S. xxi; Crönert (1903a), S. 374–375. Die Gelehrten wollten das Fragment direkt mit frg. 20 fortgesetzt wissen, was nicht ganz ausgeschlossen ist, aber kaum wahrscheinlich. Interessanterweise schloss Crönert aus dem Fragment, dass vor Kol. 9 etwas in der Herakleides-Vita (eine Kolumne) verlorengegangen sein müsste. Auch wenn seine konkrete Herleitung hinfällig ist, wurde dieser Ausfall nun durch die neue bibliometrische Rekonstruktion bestätigt.
586 Suda c 945,946. Zu Spinthar siehe TGrF I 40.

ebenso wie Herakleides aus der Stadt Herakleia kam und wir in der nächsten Kolumne (frg. 10c) κλε und somit womöglich den Namen des Herakleides lesen. In diesem Fall wäre frg. 6 entgegen meiner Nummerierung wohl etwas später (hinter frg. 7) anzuordnen. Aus eher „materiellen" Gründen der Position auf der cornice habe ich es aber weiter vorne angeordnet, auch um einer Entscheidung bezüglich der Identifikation nicht vorzugreifen.

KAPITEL 2

Quellen

Vorbemerkung zu Philodems möglicher „Grundquelle"

Wie aus der Übersichtstabelle zu Beginn von Teil III (= I 4.1) hervorgeht, konnten für die meisten Kolumnen die Quellen Philodems präzise identifiziert werden. Gaiser (1988) glaubte, dass Philodem keiner Hauptvorlage folgte und alle Exzerpte (in Primärquellen) selbständig zusammensuchte, während Wilamowitz (1881) von einer bis zu Metrodor von Stratonikeia (Kol. 26) reichenden philosophiehistorischen Quelle Philodems ausging.[1] In der Tat scheint Philodem zwar nicht servil oder rigide einer einzelnen Vorlage gefolgt zu sein, aber es ist doch eher unwahrscheinlich, dass Philodem sämtliche Quellen des Haupttextes (Rekto) erstmalig separat aufgespürt, eigenhändig zusammengetragen und unabhängig ein chronologisches Gesamtgerüst für die Akademie erstellt hat. Vermutlich hatte er eine Art „Grundquelle(n)" als losen Orientierungspunkt und entnahm ihr einige Passagen (Exzerpte). Es stellt sich die Frage, welche Akademiker diese Grundquelle einschloss und in welche Zeit sie zu datieren ist. Prinzipiell kommen als Grundquelle die in I 2.1 genannten philosophiegeschichtlichen Werke und Autoren des 2. und 1. Jh. v. Chr. in Betracht, sofern die wenigen mit der Akademie überlappenden Fragmente dieser Autoren nichts anderes nahelegen.[2] Jedoch kann kein bestimmter Autor mit irgendeiner Wahrscheinlichkeit als Vorlage Philodems postuliert werden. Auch dürften sich noch viele andere Autoren zur Geschichte der Akademie – vielleicht auch in Einzelschriften – geäußert haben. Philodem hat auf dem Rekto (vor dem Einkleben, siehe I 6.2) wahrscheinlich nicht lediglich mechanisch und wörtlich eine frühere Philosophiegeschichte (Geschichte der Akademie) kopiert, sondern vielmehr einige Abschnitte übernommen, manches weggelassen und umgeordnet. Ferner ist auch gut vorstellbar, dass Philodem in einem ersten Schritt zwei oder mehr philosophiehistorische Vorlagen (eine jüngere und eine ältere?) miteinander vermischt hat, bevor er nach weiteren

---

1 Gaiser (1988), S. 94 f.; Wilamowitz-Moellendorff (1881), S. 54 f.,128,334.
2 Gaisers These, dass Diokles von Magnesia im ersten Teil des *Index Academicorum* als Grundquelle fungierte, ist aus mehreren Gründen nicht stichhaltig und in der Gesamtschau unwahrscheinlich. Der Name des Diokles steht nicht im Papyrus (Falschlesung von Gaiser), er wird insbesondere nicht von Diogenes Laertius für die Akademie zitiert (aber 19-mal für andere Philosophen) und schrieb womöglich auch erst nach Philodem, vgl. Zaccaria (2021), S. 474–476.

© KILIAN FLEISCHER, 2023 | DOI:10.1163/9789004546547_012

Quellen suchte und deren Informationen in seine Darstellung integrierte. Ich denke, dass uns die Lebensalterdublette zum Tod des Philio in Kol. 33 (Kol. 33,17–19 und 42–44) mit dem Archon Niketes (84/83 v. Chr.) einen *terminus post quem* für Philodems Grundquelle (bzw. die jüngere von zwei Grundquellen) liefern könnte. Offenbar hatte Philodems Grundquelle die Archon-Angabe Niketes zum Tod des Philio ohne Zusatzinformationen gegeben und die *Chronica* des Apollodor etwas fortgeschrieben (Kol. 33,1–19). Philodem ergänzte dann wohl aus eigener Erfahrung (mündlicher Erzählung) am Ende von Philios Biographie die Angabe zu Italien und der Katarrh-Pandemie (Kol. 33,45–34,2). Auch die Schülerliste des Philio in Kol. 34,6–18 und vermutlich der erste Teil der Antiochos-Vita dürften ebenso wie die Schülerliste des Charmadas in Kol. 35,37–36,8 zumindest teilweise auf diese Grundquelle zurückgehen. Es ist zwar theoretisch möglich, dass Philodem all diese Angaben und die Angabe zu Niketes mündlicher Tradition verdankt, aber diese Annahme ist aus chronologischen Gründen meines Erachtens eher unwahrscheinlich. Folglich dürfte diese Grundquelle etwa 10–20 Jahre vor dem *Index Academicorum* datieren (zwischen 84/83 und 57 v. Chr.). Ob sie nur auf die Akademie beschränkt war, ist nicht zu entscheiden. Ebenso bleibt offen, ob sie die gesamte Geschichte der Akademie oder nur einen bestimmten Zeitraum abdeckte. Für einen „akademischen" Ursprung der Grundquelle könnten die umfangreichen Schülerlisten zur Skeptischen Akademie als Argumente angeführt werden (Arkesilaos, Lakydes (?), Karneades, Philio, Aischines/Melanthios, Charmadas, Metrodor). Vielleicht hatte diese Grundquelle sogar Zugriff auf „interne" Dokumente oder recht exklusive (faktisch unveröffentlichte) Schriften aus dem akademischen Umfeld. Wenn also im Folgenden bei der Analyse der Quellen gelegentlich von Philodems „Grundquelle" gesprochen wird, ist damit entweder die etwaige einzige philosophiehistorische (Akademie-historische) Grundquelle Philodems gemeint, auf der dann große Teile des Haupttextes des Rekto beruhen, oder aber die möglicherweise zwei (vielleicht mehr) verschiedenen von Philodem anfangs für seinen ersten Entwurf kombinierten Philosophiegeschichten. Darüber hinaus könnte Philodem schon in einem frühen Stadium zusätzliche Informationen zu Akademikern bei anderen Autoren gefunden haben, wie das Einkleben der Kolumnen zu Herakleides und Chairon oder des „Apollodorexzerpts" zeigen könnte. Es ist auch zu beachten, dass der *Index Academicorum* keine Einzelschrift ist, sondern ein Buch der (mindestens) zehn Bücher umfassenden Cύνταξιc τῶν φιλοcόφων. Philodems Materialsuche dürfte oft zu Synergieeffekten geführt haben, also manche Schrift, wie etwa Hermipps Περὶ τῶν ἀπὸ φιλοcοφίαc εἰc cτρατηγίαc καὶ δυναcτείαc μεθεcτηκότων, für mehrere Bücher genutzt worden sein. Philodem mag simultan und nicht sukzessive an mehreren Entwurfsfassungen von Büchern der *syntaxis* gearbeitet haben.

Für die etwaige „Grundquelle" des *Index Academicorum* sollten wir uns auf folgende Aussagen beschränken:

- Sie (ggf. die jüngere Grundquelle) ist wohl zwischen 84/83 und 57 v. Chr. entstanden.
- Sie hatte bereits gezielt antike Autoren nach Akademischem durchforstet (etwa die *Atthis* des Philochoros).[3]
- Die langen Schülerlisten könnten Indiz sein, dass die Quelle aus dem Umfeld der Akademie kommt.
- Da die Viten der eher fragwürdigen Platon-Schüler Herakleides und Chairon erst später eingeklebt wurden (Kol. 9–12), mithin in der Grundquelle fehlten, und in der Schülerliste Platons Tyrannenmörder explizit (positiv) hervorgehoben sind (Kol. 6), könnte die Grundquelle der Akademie wohlgesonnen gewesen sein, was Philodem durch die Ergänzung gewissermaßen „korrigiert" haben mag.
- Die Zitate oder Periphrasen von antiken Autoren scheinen nahe an deren Wortlaut zu sein (etwa Antigonos).
- Es ist möglich, dass es sich bei Philodems Grundquelle in Wahrheit um zwei (oder mehr) Grundquellen (Philosophiegeschichten) handelt, die er ausschlachtete und deren Angaben (Einzelexzerpte) er schon in einem frühen Stadium seiner Arbeit so miteinander verband, dass sie heute nicht mehr auseinanderdividiert und auf mehrere Grundquellen zurückgeführt werden können.
- Philodem zitiert seine Grundquelle(n) nicht im Erhaltenen.

Der Text des Rekto stellt also vermutlich zumindest teilweise das Exzerpt einer Grundquelle dar, welche ihrerseits Exzerpte zusammengetragen hatte, wobei Philodem bereits früh in Struktur und teils auch Wortlaut eingegriffen haben dürfte (I 6.2). Letztlich ist die Frage nach der/den Vorlage(n) oder Grundquelle(n) Philodems auch nicht von überragender Bedeutung, da diese wie Philodem selbst im Wesentlichen nur wörtliche Exzerpte mit Quellenangabe aneinandergereiht haben dürften. In jedem Fall ist das Rekto (die Haupthand) kaum als ein nur um Einklebungen erweitertes, nahezu wörtliches Exzerpt der Grundquelle anzusehen, ungeachtet dessen, dass einige Passagen des *Index Academicorum* gewiss ähnlich in der Grundquelle erschienen sein dürften. Die Ergänzungen oberhalb und unterhalb der Kolumnen (sowie mehrere Verso-Kolumnen) hat Philodem später entweder beim Lesen einer zweiten, von seiner Grundquelle(n) verschiedenen „Philosophiegeschichte" (oder

---

3 Natürlich könnte auch Philodems Grundquelle bereits auf eine andere Quelle zurückgegriffen haben, welche dies getan hatte.

ähnlich) entdeckt oder in einschlägigen Schriften gefunden. Da Diogenes Laertius Apollodors *Chronica* öfters im 4. Buch für die Akademie nutzt,[4] wäre zu überlegen, ob nicht einige oder alle Ergänzungen unterhalb und oberhalb der Kolumnen des Rekto den *Chronica* (ggf. prosaisch umformuliert) entstammen. In diesem Fall könnte Philodem im ersten Teil (bis Arkesilaos) auf eine ältere philosophiehistorische Quelle zurückgegriffen haben, welche anders als seine jüngere Grundquelle die *Chronica* noch nicht nutzen konnte – oder die (einzige) jüngere Grundquelle hängt für die frühe Zeit von einer Quelle ab, die Apollodor noch nicht einarbeiten konnte.

Rekto

Platon: Verhältnis zu früheren Philosophen/Bucherwerb und unterschiedliche Charaktere (Kol. a–c)
Der Aristoteles-Schüler Dikaiarch von Messene (ca. 375/50–290 v. Chr.)[5] dürfte bereits in diesen Kolumnen exzerpiert worden sein. Eine Sammlung der Fragmente samt umfassendem Kommentar wurde von Verhasselt (2018) besorgt (FGrH 1400). Seine Vorsicht und die Nichtaufnahme von *PHerc.* 1691 (Kol. a–c) unter die Fragmente Dikaiarchs ist prinzipiell nicht zu beanstanden, obgleich er wie ich vermutet, dass wir hier bereits einen Teil des in Kol. 2,4 endenden Auszugs aus Dikaiarch vor uns haben. Schon Del Mastro (2012) brachte Dikaiarch als Quelle ins Spiel,[6] für den folgende Argumente angebracht werden können:
– In Kol. a,16 ist wie in Kol. 1,29 (gesichert Dikaiarch) das Wort ὑπόθεσις zu lesen, was ansonsten im *Index Academicorum* nicht erscheint.
– In Kol. c,11 steht das Adjektiv φορτικός, in der nächsten Zeile womöglich τῆς ἀναγ[ραφῆς. Das Adjektiv ist zwar nicht selten, wird aber auch nicht bei jeder Gelegenheit gebraucht. In D.L. 3,38 liest man: λόγον δὲ πρῶτον γράψαι αὐτὸν τὸν Φαῖδρον· καὶ γὰρ ἔχειν μειρακιῶδές τι τὸ πρόβλημα. Δικαίαρχος δὲ καὶ τὸν τρόπον τῆς γραφῆς ὅλον ἐπιμέμφεται ὡς φορτικόν (FGrH 1400 F 60). Dikaiarch kritisierte mit diesem Adjektiv also Platons *Phaidros*.
– Die Länge des Auszugs (mindestens 10 Kolumnen) hätte eine Parallele in dem (paraphrasierten) Exzerpt aus Antigonos von Karystos, welches sich

---

4   D.L. 3,2 (FGrH 244 F 37); D.L. 4,1 (FGrH 244 F 344); D.L. 4,14 (FGrH 244 F 345); D.L. 4,16
    (FGrH 244 F 346); D.L. 4,23 (FGrH 244 F 14); D.L. 4,28 (FGrH 244 F 15); D.L. 4,45 (FGrH 244
    F 16); D.L. 4,65 (FGrH 244 F 51). Ferner noch D.L. 4,61 (siehe Fn. 731 in III 3).
5   Für eine Diskussion der Lebensdaten Dikaiarchs siehe Verhasselt (2018), S. 4–6.
6   Del Mastro (2012), S. 285.

mit den ausgefallenen Kolumnen auf über mehr als 10 Kolumnen erstreckt haben dürfte.[7] Die rekapitulierende Formulierung in Kol. 2,4–5 spricht für eine gewisse Länge des vorangegangenen Exzerpts. Wie im Antigonos-Exzerpt scheint Philodem aufgrund des Umfangs bisweilen ein „erinnern-des" φησί (Kol. 1,18) hinzugefügt zu haben.[8]

– In Kol. b,40–41 findet sich das Verb κατασκευάζειν; der Stamm -σκευαζειν erscheint auch in Kol. 1*,15 (gesichert Dikaiarch). In Kol. a,2 und 13 liest man wie in Kol. 1,40 διατριβή (gesichert Dikaiarch). In Kol. c,12 stand womöglich τῆς ἀναγ[ραφῆς. Das Substantiv wird auch in Kol. 1,14 (gesichert Dikaiarch) gebraucht. Freilich sind diese Wörter oder Stämme sehr geläufig, aber akkumuliert ein schwaches Indiz.

– Diogenes Laertius schöpft abgesehen von der oben zitierten Stelle D.L. 3,38 noch einmal im Kontext der Ringaktivitäten Platons aus Dikaiarch (D.L. 3,4–5).[9] Zwar scheint in der Tat eine Form von ἀγωνίζομαι in Kol. a,14 zu stehen, aber ich konnte Verhasselts Lesung πάλης in Kol. a,11 nicht verifizieren.[10] Da ἀγωνίζομαι ambivalent ist und nicht nur „wettkämpfen" bedeutet, ist ein Bezug auf Platons Teilnahme an den Isthmischen Spielen spekulativ, zumal die Neulesung in Kol. a,13 dem nicht unbedingt Vorschub leistet. Nichtsdestotrotz zeigt diese zweite Referenz in Diogenes' Platon-Vita, dass Dikaiarch für Informationen zu Platon offenbar eine beliebte Anlaufstelle war. Auch andere Autoren zitieren ihn für Angaben zu Platon,[11] so dass ein längeres Exzerpt bei Philodem gut vorstellbar ist.

– Da in D.L. 3,4–5 für die Ringaktivitäten explizit auf das erste Buch von Dikaiarchs περὶ βίων verwiesen wird, liegt nahe, dass auch die andere Stelle (D.L. 3,38) und womöglich das Philodem-Exzerpt diesem Werk entstammen.[12] Der Titel περὶ βίων lässt zwar einen großen Interpretationsspielraum

---

7   Mindestens Kol. 8*–19 und Kol. S,R,Q (sowie in den vor Kol. 17 ausgefallenen Kolumnen und ggf. auch in den nach Kol. 19 verlorenen Kolumnen). Verhasselt (2018), S. 541 sieht die resultierende Länge des Exzerpts als potentielles Argument gegen die Zuweisung von *PHerc.* 1691 an Dikaiarch, aber eine ähnlich ausgedehnte Länge immerhin zweier anderer Exzerpte (Antigonos und Apollodor) bei vergleichsweise wenig erhaltenem Text dürfte die Zuweisung stützen.

8   So auch in Kol. 16,2; 19,12.

9   D.L. 3,4–5 (FGrH 1400 F 22): εἰσὶ δ᾽ οἳ καὶ παλαιαί φασιν αὐτὸν Ἰσθμοῖ, καθὰ καὶ Δικαίαρχος ἐν πρώτῳ Περὶ βίων, καὶ γραφικῆς ἐπιμεληθῆναι καὶ ποιήματα γράψαι, πρῶτον μὲν διθυράμβους, ἔπειτα καὶ μέλη καὶ τραγῳδίας.

10 Verhasselt (2018), S. 540.

11 FGrH 1400 F 59–63. Fragmente zu anderen Philosophen sind FGrH 1400 F 53–55 (Sieben Weise), F 56–58 (Pythagoras) und F 64 (Chairon – siehe Kol. 11,18).

12 Für diese Zuweisung etwa Gaiser (1988), S. 89,307 f. und Dorandi (2001), S. 344 f.,352.

zu,[13] könnte aber andeuten, dass Dikaiarch bei der Biographie Platons gro-
ßen Wert auf den Aspekt der Lebensführung und des Charakters legte. Der
gesicherte Teil von Philodems Dikaiarch-Exzerpt spricht weniger für eine
„Daten-Fakten"-Darstellung Dikaiarchs – für Daten, etwa den Tod, schöpft
Philodem aus anderen Autoren und auch die Reisen sowie der Verkauf als
Sklave scheinen bei Dikaiarch keine große Rolle gespielt zu haben, da Philodem dazu andere Quellen anführt – als für eine an Wirken, Werk und
Charakter orientierte Abhandlung, wozu der Inhalt von Kol. b hervorragend
passt.

In der Gesamtschau ist folglich die Wahrscheinlichkeit, dass bereits die Kolumnen a–c Dikaiarch entnommen sind, als (sehr) hoch einzustufen.[14]

Platon: Adaption, Innovation, zwiespältiger Einfluss und Menschenliebe (Kol. 1*–2,5)

In Kol. 2,4–5 ist Dikaiarch als Quelle des Vorangehenden genannt. Vermutlich
hielt sich Philodem recht eng an das Original, da die Beurteilung von Platons
Philosophie einen deutlich peripatetischen Einschlag hat. Jedoch lässt φησί in
Kol. 1,18 darüber nachdenken, ob Philodem etwas ausgelassen hat, wenn er
nicht das Folgende ausdrücklich als Meinung Dikaiarchs verstanden wissen
wollte. Zu Beginn von Kol. 2 bzw. am Ende von Kol. 1 scheint Dikaiarch einen
Zeugen für Platons Philanthropie diesem gegenüber anzuführen. Der Peripatetiker könnte seinen Lehrer Aristoteles bemüht haben, aber auch eine Erwähnung Dions ist möglich. Zwar nennt Philodem in Kol. 2 nicht explizit den Titel
von Dikaiarchs Werk, aber das erste Buch von Περὶ βίων ist ob der ausdrückli-
chen Angabe von Diogenes Laertius in der Platon-Vita (D.L. 3,4–5) die wahrscheinlichste Quelle. Entfernter kommt vielleicht Dikaiarchs Βίος Ἑλλάδος in
Betracht.[15] Lasserre hatte vermutet,[16] dass Hermodor von Syrakus für diese wie
die folgenden Kolumnen (und einige auf dem Verso) als Vorlage diente. Er habe
seinerseits aus der Platon-Biographie des Philipp von Opus geschöpft. Bereits
Gaiser hat gezeigt, dass für diese Hypothese stichhaltige Argumente fehlen und
darüber hinaus gewichtige Gegenargumente angeführt werden können.[17] Viele
Ausführungen Lasserres sind durch neue Lesungen hinfällig.

---

13   Vgl. Verhasselt (2016) und Verhasselt (2018), S. 21–24.
14   Es bleibt möglich, dass Philodem Dikaiarch aus zweiter Hand zitiert, aber der Abschluss
      des Zitats in Kol. 2,4–5 könnte auch auf ein enges Exzerpt des Originals hindeuten. Phi-
      lodem zitiert Dikaiarch sonst nur aus zweiter Hand (innerhalb des Hermipp-Exzerpts in
      Kol. 11,17–18 und in Phld. de musica IV 49,20–46 (FGrH 1400 F 37), wo er aus Diogenes von
      Seleukia schöpft).
15   Siehe die Analyse von Ax (2001), S. 292–296.
16   Lasserre (1983); Lasserre (1987), S. 217–223, 601–605 und 668–669.
17   Gaiser (1988), S. 89–91.

Platon: Büsten, Peripatos, Garten, Museion – Demos, Alter,
Todesjahr (Kol. 2,6–38)
Die einleitenden Worte kündigen ein Exzerpt aus dem 6. Buch der *Atthis* des
Philochoros von Athen (ca. 340–262/61 v. Chr.) an,[18] auf den sich Philodem
auch später noch zweimal beruft (Kol. 6,32 und 8*,17–18). Es ist nicht gänzlich
ausgeschlossen, dass Philodem Philochoros sogar aus erster Hand zitiert. Die
neue Rekonstruktion der Passage räumt mit einigen Irrtümern auf. Moderne
Philologen, die sich mit den Zeilen eingehender befassten, haben vermutet,
dass hier zwei oder mehr Exzerpte aus verschiedenen Büchern des Werkes bzw.
sogar von verschiedenen Autoren auf engem Raum zu finden sind. Insbesondere ging man seit Mekler (1902) fest davon aus, dass Philodem neben dem 6.
Buch auch wenig später das 5. Buch zitierte, was erst Puglia (2018) überzeugend
widerlegte.[19] Philochoros ist der letzte und auch bekannteste Atthidograph,
von dem wir mehr Fragmente als von allen anderen Autoren attischer Lokalge-
schichte zusammengenommen haben. In Anlehnung und in Auseinandersetzung mit seinen Vorgängern Hellanikos (von Lesbos), Kleidemos, Androtion,
Melanthios, Demon, Phanodemos (alle aus Athen) schuf er die „aktuellste"
Atthis,[20] welche offenbar strikt annalistisch angelegt war, aber kleinere Vor-
ausschauen und Rückblicke enthielt. Insbesondere die wörtlichen Zitate aus
dem Demosthenes-Kommentar des Didymos Chalkenteros (P. Berol. 9780)[21]
zeigen, dass Philochoros den Namen des jeweiligen Archons als Überschrift
nutzte und unter ihm die Ereignisse des Jahres notierte. In dem Exzerpt aus
Kol. 2 beschreibt Philochoros im Zusammenhang mit dem Tode Platons auch
einige Orte und Büsten samt Inschriften in der Akademie, die er selbst gesehen
haben dürfte.[22] Philochoros verfasste auch ein Werk mit dem Titel Ἐπιγράμματα
Ἀττικά, in das vielleicht auch die im Papyrus (Kol. 2 und 6) zitierten Inschriften aufgenommen waren. Philochoros kann als früheste, fast zeitgenössische
Quelle (4./3. Jh. v. Chr.) für topographische Informationen zur (platonischen)
Akademie gelten. Das 5. Buch der *Atthis* endete entweder 360/59 oder 357/56 v.
Chr., während das 6. Buch bis 322/21 oder 318/17 v. Chr. reichte.[23] Folglich kann

---

18 Vgl. Harding (2008), S. 8. Zu Philochoros allgemein siehe FGrH 328 (Jacoby (1954a), Jacoby
    (1954b)) – überarbeitet für BNJ von Jones (2016). Costa (2007) trägt die „sicheren" Frag-
    mente zusammen. Zur Atthidographie siehe etwa Jacoby (1949) und Harding (2008); zur
    Einordnung dieses Subgenres in die Historiographie siehe Schubert (2010).
19 Puglia (2018), S. 369.
20 Vgl. Harding (2008), S. 5–10.
21 Ausgabe und Einordnung von Harding (2006).
22 Jacoby (1954b), S. 250, mit Fn. 233 vermerkt Philochoros' besonderes Interesse an Gebäu-
    den, Kunst und Widmungen.
23 Vgl. Jacoby (1954 b), S. 254.

der Auszug aus dem 6. Buch in Kol. 2 eigentlich nur mit dem Tode Platons in Verbindung stehen, im Zuge dessen wohl auch einige Örtlichkeiten der Akademie näher beschrieben wurden.[24]

Man hatte das Aufbrechen des wörtlichen Exzerpts (Kol. 2,35–38) durch φ⌐η⌐cὶν als so seltsam empfunden, dass man gar drei Teilexzerpte in dieser Kolumne vermutete.[25] Die indirekte Rede dürfte sich aber damit erklären, dass Philodem den Todesarchon Theophilos in seinem Text unterbringen musste, welcher bei Philochoros nur in der Überschrift genannt war (annalistisches Schema). Beim Umformulieren Philodems bzw. Abweichen vom wörtlichen Exzerpt geriet dann die indirekte Rede in den Text, da Philochoros unter der Überschrift „Theophilos" in seinem Werk natürlich nicht nochmals unnötigerweise den Namen des Archons wiederholte, also nicht (wie Philodem) zu Platon schrieb „Er starb im Alter von 82 Jahren *unter Theophilos*", sondern nur „Er starb im Alter von 82 Jahren". Philodem (bzw. seine Grundquelle) musste den Archon der Überschrift aus der *Atthis* in den Text „hineinholen" und fügte φ⌐η⌐cὶν mit der indirekten Rede ein, so dass er (unbewusst) die Modifikation erkennen lässt.

Platon: Name und Verkauf in Sklaverei (Kol. 2,38–3,Mitte)

Burkert (2000) unterstrich in einer kurzen Studie,[26] dass der Auszug aus Neanthes mit den Verweisen auf Philiskos von Ägina (Kol. 2,38–40) und Philipp von Opus (Kol. 3,35 ff.) eindeutig beweist, dass die unter FGrH 84 erscheinenden philosophiehistorischen Fragmente demjenigen Neanthes von Kyzikos zuzuweisen sind, der im 4./3. Jh. v. Chr. lebte („Neanthes der Ältere").[27] Wahrschein-

---

24 Andere Begebenheiten aus dem späten Leben Platons dürften kaum so interessant gewesen sein, dass sie unter dem jeweiligen Jahres-Archon vermerkt wurden.

25 Die Annahme beruhte teils noch auf anderen Fehlrekonstruktionen (5. Buch in Z. 12 f.), vgl. Gaiser (1988), S. 378; seiner These von drei Exzerpten folgt Dorandi (1991), S. 87 f.

26 Er verweist auf Laqueur (1935), S. 2109, der bereits mit Blick auf Philiskos erkannte, dass ein Neanthes des 4. Jh. v. Chr. im Papyrus zitiert sein muß. Ebenso vermerkt Gaiser (1988), S. 107, dass es sich hier um den älteren Neanthes handelt. Jacoby (1926-FGrH 84), S. 145 war sich der Konsequenzen bewusst, welche „Philiskos" für die Datierung des Neanthes hat, zweifelte aber an der Lesung.

27 In einer Art Kettenreaktion sind ihm wohl auch (fast) alle anderen Neanthes-Fragmente zuzuweisen, vgl. Schorn (2018), S. 3–6 (Schorn (2018), S. 1–50 stellt die etwas überarbeitete und ergänzte Version von Schorn (2007) dar, ist aber im Wesentlichen ein Nachdruck). Die Fragmente zu „Neanthes dem Älteren" (FGrH 84) wurden für BNJ von Baron (2014) neu kommentiert, die zu „Neanthes dem Jüngeren" (FGrH 171) von Stronk (2013). Schorn (2018), S. 45–49 spricht mit guten Gründen letztlich fast alle unter FGrH 171 von Stronk wieder „Neanthes dem Jüngeren" zugewiesenen Fragmente „Neanthes dem Älteren" zu. Zwar ist Schorns (2018), S. 6, Fn. 25 von ihm selbst gleichsam zurückgezogener Vorschlag

lich ist die Passage dem (nur) einmal explizit genannten Werk *Περὶ ἐνδόξων ἀνδρῶν* entnommen, welchem auch diverse andere Fragmente des Neanthes entstammen.[28] Auch Diogenes Laertius beruft sich für Platons Leben dreimal auf Neanthes.[29] Es ist unwahrscheinlich, dass der Name des Neanthes in einer Randnotiz unter Kol. 5 (Ergänzung 2) im *Index Academicorum* erscheint, welche unter FGrH 84 F 23 aufgenommen ist.[30]

Schorn (2007/2018) hat Burkerts Arbeit aufgegriffen, untermauert und die Natur der biographischen Fragmente des Neanthes eingehender untersucht. Es stellte sich heraus, dass Neanthes gewissenhaft vorging, „Quellenkritik" betrieb, detailverliebt war und, wie der *Index Academicorum* zeigt, auch „Augenzeugen" konsultierte.[31] Insgesamt ergibt sich das Bild eines seriösen, „historische Wahrheit" anstrebenden Autors und nicht das eines alexandrinischen oder hellenistischen „Romancers", was für die Bewertung des Exzerpts im *Index Academicorum* wichtig ist.

Die Lebensdaten des Neanthes von Kyzikos hängen maßgeblich von der Datierung der beiden im Papyrus zitierten Personen, Philiskos und Philipp, sowie der Datierung und Zuweisung einer delphischen Inschrift ab, ferner von der Nachricht, dass Neanthes Schüler des Isokrates-Schülers Philiskos von Milet gewesen sei. Philiskos von Ägina muss ob der fehlenden Spezifikation

---

aus Schorn (2007), S. 119, dass es niemals einen „Neanthes den Jüngeren" gab (da für ihn nur die *Attalosgeschichte* übrigbleibt – BNJ 171 F 4 = FGrH 171 F 1 = FGrH 84 F 4), in der Tat nach Stronk methodologisch bedenklich, aber in Anbetracht der Gesamtlage nicht einmal unwahrscheinlich. Insbesondere ist Neanthes ein sehr seltener Name (weniger als zehn verschiedene Einträge in LGPN), so dass mehrere verschiedene Schriftsteller mit diesem Namen prinzipiell nicht wahrscheinlich sind. Jedoch sollte man einschränkend zugunsten eines zweiten Neanthes sagen, dass der Name zweimal (evtl. dieselbe Person) in einer Inschrift aus Kyzikos des 1. Jh. v. Chr. erscheint (IMT Kyz Kapu Dağ 1456, dazu noch die Inschrift FD III.1. 429, falls der Genannte wider Erwarten nicht mit unserem Neanthes identisch ist). Der Name Neanthes könnte also in Kyzikos oder Umgebung, welches Teil des Pergamenischen Reiches war, beliebt gewesen sein. Wahrscheinlich existierte also noch ein anderer, jüngerer Neanthes – ob aus Kyzikos, sei dahingestellt –, der (am ehesten im 2. Jh. v. Chr.) eine *Attalosgeschichte* verfasste.

28 Nennung des Werkes in FGrH 84 F 13; vgl. Schorn (2018), S. 6–40. Zu dem Werk siehe Baron (2014), „Works".

29 FGrH 84 F 20 (D.L. 3,3 – Alter – siehe Einordnung Kol. 2,6–38); FGrH 84 F 21a (D.L. 3,4 Name – siehe Einordnung Kol. 2,38–3,Mitte); FGrH 84 F 22 (D.L. 3,25). Ferner ist FGrH 84 F 26 (D.L. 8,55) zu nennen, wo Platon im Zusammenhang mit Pythagoreern erscheint.

30 Somit ist eine Gegenüberstellung von Neanthes' und Speusipps Version durch Philodem hinfällig (so Gaiser (1988), S. 437f. und Schorn (2018), S. 7: „Philodem erklärt allerdings, dass er dem (Bericht) des Speusippos (im *Enkomion*) widersprochen habe, der berichtet hatte, Platon sei im Schlaf gestorben"). Meine Rekonstruktion von Kol. 5 zeigt, dass auch Neanthes/Philippos mehr oder weniger einen „Tod im Schlaf" berichtet haben könnten.

31 Schorn (2018), S. 6f.,40–44.

im Papyrus offenbar eine Person von gewisser Prominenz gewesen sein und ist daher mit demjenigen Philiskos von Ägina gleichzusetzen, der öfters als Schüler des Diogenes von Sinope genannt wird und in der Suda auch als Elementarlehrer von Alexander dem Großen und als Schüler Stilpons erscheint.[32] Letztere Angabe des Hermipp ist chronologisch kaum mit den anderen vereinbar.[33] Desungeachtet spricht alles für eine Lebenszeit des Philiskos von Ägina im 4. Jh. v. Chr. bzw. wahrscheinlich bis weit in die 2. Hälfte des 4. Jh. v. Chr. Philipp von Opus kann als Schüler und Sekretär Platons sowie Herausgeber der *Nomoi*[34] bei dessen Tod doch wohl kein junger Mann mehr gewesen sein und starb gewiss vor Ende des 4. Jh. v. Chr., vielleicht sogar deutlich früher.[35] Ich würde für Philipp und Philiskos jeweils ca. 390/80–320/10 ansetzen.[36]

Ein Neanthes von Kyzikos ist in einer delphischen Inschrift erwähnt.[37] Burkert (2000) und Schorn (2007/2014/2018) gehen davon aus, dass diese Inschrift sicher auf 274 v. Chr. datiert, ebenso Baron (2014).[38] Burkert veranlasst diese Datierung gar eine Identität abzulehnen, wohingegen Schorn, Baron und Stronk für ihre Annahme von Identität stillschweigend davon ausgehen, dass Neanthes in sehr hohem Alter geehrt wurde. Alle Wissenschaftler scheinen mir eine defizitäre Angabe Burkerts (2000) ohne vertiefte epigraphische Prüfung übernommen zu haben.[39] Die exakte Datierung besagter Inschrift hängt von

---

32 Fragmente bei SSR II V D. Zur Problematik der Identität des Philiskos von Ägina vor dem Hintergrund möglicherweise verschiedener „Philiskoi" siehe den profunden Beitrag von Goulet-Cazé (2012).

33 Döring (1998), S. 296.

34 D.L. 3,37.

35 Keine präziseren Angaben bei Krämer (2004), S. 153; Dorandi/Roux (2012), S. 314 erwägen 385–380 v. Chr. als Geburtsdatum (unklar, warum 340 als mögliches Todesdatum genannt wird, vielleicht ein Druckfehler).

36 Ähnlich Schorn (2018), S. 2 und Burkert (2000), S. 79.

37 FD III.1. 429 (Syll.³ 377): θεοί |[Δ]ελφοὶ ἔδωκαν Νεάνθει Πολυκλεῖ |[Ν]ικοτέλου Κυζικηνοῖς αὐτοῖς καὶ ἐκ[γό]|νοις προξενίαν, προμαντείαν, προδικί|⁵αν, εὐεργεσίαν, ἀσυλίαν, προεδρίαν, ἀ|τέλειαν πάντων, ἐπιτιμὰν καθάπερ Δε[λ]|φοῖς. ἄρχοντος Ἡρακλείδα, βουλευόντω[ν]| [Κ]λέωνος, Θευγένευς, Ἀρχιάδα. Der Name ist selten, aber für Kyzikos etwa 200 Jahre später nochmal bezeugt (siehe Fn. 27), so dass Identität oder zumindest Verwandtschaft naheliegen.

38 Burkert (2000), S. 79; Baron (2014), Komm. zu T2; Stronk (2013), „Biographical Essay", offenbar mechanisch bei Jacoby abschreibend, geht sogar noch von dem längst überholten 287 v. Chr. aus (dazu Daux (1943), S. 29); Schorn (2014), S. 708 („... lebte ... bis mindestens 274"); Schorn (2018), S. 2.

39 Burkert (2000), S. 79 mit Fn. 28. Ihm ist entgangen, dass die Inschrift von Daux (1943) gerade nicht unter G 6 (274/73 v. Chr.), sondern unter F 21 (315–280 v. Chr.) eingeordnet wird. Das in diesem Zusammenhang erwähnte „irrige Jahr 287" hat keine Relevanz für die Frage nach der Identität des Archons Herakleidas in der Neanthes-Inschrift bzw. deren Datierung.

der Erwähnung eines delphischen Archons namens Herakleidas ab. Zwar ist tatsächlich ein Archon Herakleidas relativ sicher auf 274/73 zu datieren, aber es amtierte in dem Zeitraum 315–280 noch ein anderer (und im späten 3. Jh. v. Chr. sogar noch ein dritter) nicht näher datierbarer Archon Herakleidas. Bourguet (1929) weist die Inschrift vorerst zögerlich noch dem Herakleidas von 274 zu, aber seine Ausführungen deuten an, dass er eigentlich an den früheren Herakleidas denkt.[40] Daux (1943) subsummiert die Neanthes-Inschrift nach weiteren Studien unter dem früheren *Archon Herakleidas*, was offenbar von Burkert übersehen wurde.[41] Ich würde zwar auch Identität des Autors Neanthes mit dem in der Inschrift genannten Neanthes annehmen, aber konsequenterweise (der „aktuellsten" und per se nicht unwahrscheinlichen Zuweisung von Daux folgend) davon ausgehen, dass nicht der Archon Herakleidas von 274, sondern der frühere Archon Herakleidas (315–280) in der Inschrift erwähnt ist. Folglich wäre 274 kein *terminus post quem* mehr für den Tod des Neanthes und mit einer Datierung der Neanthes-Inschrift zwischen 315 und 280 (sagen wir diplomatisch: ca. 300) ist nun nicht mehr notwendigerweise impliziert, dass Neanthes bei der Ehrung schon „uralt" gewesen muss.[42] Schorn (2007/2018) hat aus allen verfügbaren chronologischen Anhaltspunkten auf 360/50 v. Chr. als Geburtsjahr des Neanthes geschlossen, was ich trotz des zweifelhaften bzw. irrigen *terminus post quem* 274 für den Tod billige,[43] wobei mit meiner Hochdatierung der Inschrift (der von Daux (1943)) nun 360 v. Chr. bzw. ein relativ frühes Geburtsjahr leichter zu rechtfertigen ist (und Neanthes im zweiten Viertel des 3. Jh. v. Chr. nicht mehr gelebt haben muss). Neanthes mag folglich als 30–50 jähriger Mann in der Blüte seines Schaffens mit beiden, Philiskos von Ägina und Philipp von Opus, zu einer Zeit gesprochen haben, als diese bereits am Ende ihres Lebens standen (ca. 320/10).[44]

---

40 Bourguet (1929): „L' attribution de ce college de bouleutes au premier des trois Héracleidas du IIIe siècle est moins sûre que je ne le croyais alors, ..."

41 Zu Burkert siehe Fn. 39. Daux (1943), S. 28 f. – Heracleidas F 20. Jedoch vermerkt er, dass die Aufteilung der Bouleuten zwischen den Archonten und somit die Zuweisung der Inschriften nicht völlig sicher ist. Er geht für G 6 (S. 34) davon aus, dass eine Umstellung der Bouleuten auch nicht unbedingt wahrscheinlich ist. Somit ist die Aussage falsch, dass die Neanthes-Inschrift (FD III.1. 429) sicher oder auch nur wahrscheinlich auf 274 zu datieren ist.

42 Burkert (2000), S. 28 sah in 274 v. Chr. eine so große chronologische Problematik, dass er Identität ablehnte. Diese ist mit der Hochdatierung der Inschrift hinfällig. Desungeachtet könnte selbst bei Annahme von 274 als Jahr der Inschrift (gerade) noch chronologische Kompatibilität gegeben sein, aber mit der Datierung um 300 ist nun genügend chronologischer Spielraum gegeben.

43 Schorn (2018), S. 2.

44 Schorn (2018), S. 16–17 vermutet, dass Neanthes über seinen Lehrer Philiskos von Milet

Wenn in Kol. 3,38 eine Zahl zu ergänzen ist, könnte Neanthes sogar das hohe Alter des Philipp von Opus angegeben haben, um zu beweisen, dass er selbst noch mit ihm geredet hat, oder etwas synchronisiert haben. Was Philiskos betrifft, so war er schwerlich ein Zeitzeuge bei Platons Verkauf in die Sklaverei, aber als Äginete hatte er gewiss Kontakt zu Personen jener Epoche (die Generation vor ihm), vielleicht gar mit dem unbekannten Käufer (Kol. 3,4) oder dessen Verwandten, wenn er nicht aus anderer, lokaler Quelle von den näheren Umständen des Verkaufs erfahren hatte. Neanthes von Kyzikos dürfte seine Quellen recht unverfälscht wiedergeben. Wiewohl es nicht sicher zu entscheiden ist, ob Philiskos von Ägina als Kyniker eine tendenziöse Variante berichtet oder seinerseits (in Teilen) einer Legende aufsaß,[45] spricht der nüchterne Stil des Erhaltenen im *Index Academicorum* eher für eine (zumindest der Intention nach) objektive Wiedergabe von Gehörtem. Seine Herkunft aus Ägina prädestinierte Philiskos dafür, von Neanthes für diese Ägina-Episode in Platons Leben herangezogen zu werden. Es ist bedauerlich, dass Philodem für die Verkaufsepisode „in medias res" geht und uns den Kontext und die Vorgeschichte verschweigt, sollte es denn eine solche bei Neanthes gegeben haben.

Platon: Der Chaldäer, Fieber, die Thrakerin und Todesnacht (Kol. 3,Mitte–5,43)

Zu Neanthes als Quelle und dem Werk Περὶ ἐνδόξων ἀνδρῶν siehe Quellen Kol. 2,38–3,Mitte. Höchstwahrscheinlich ist mit dem Pronomen in Z. 39 Neanthes und nicht Philiskos gemeint. Philipp von Opus wird nun von Neanthes als zweiter Gewährsmann für Platons Leben angeführt, in diesem Fall mehr oder weniger als Augenzeuge einer Episode aus Platons letzten Tagen bzw. Stunden. Ob dieses Exzerpt auch in Neanthes' Werk direkt auf den Bericht des Philiskos zum Verkauf Platons in die Sklaverei folgte, ist ungewiss. Vielleicht haben Philodem oder seine Zwischenquelle Informationen des Neanthes ausgelassen, welche sie schon zuvor aus anderen Quellen übernommen hatten. Zwar ist der Name des Sekretärs und Schülers Platons, der auch Astrologe (Astronom) war, nicht erhalten, aber aller Wahrscheinlichkeit nach ist in ihm Philipp von Opus, Herausgeber von Platons *Nomoi*, vermutlicher Verfasser der *Epinomis* und Autor diverser astronomischer Werke, zu sehen.[46] Das Fehlen seines Namens in der folgenden Schülerliste könnte durch seine Erwähnung als Zeuge im Neanthes-

---

und Kyzikener (vgl. Timolaos von Kyzikos in Kol. 6, Ergänzung 4) Zugang zu Philipp von Opus erhielt.

45 Vgl. Burkert (2000), S. 78 für eine gesunde Grundskepsis gegenüber solchen angeblichen Augenzeugenberichten.

46 So zuerst Gomperz (bei Mekler (1902), S. 13).

Exzerpt direkt zuvor bedingt sein. Es sei kurz erläutert, weshalb Eudoxos von Knidos kein wahrscheinlicher Kandidat für Neanthes' Quelle ist. Zwar war auch Eudoxos ein bekannter Astronom mit Schule in Kyzikos und pflegte enge Kontakte zur Akademie – vielleicht war er sogar ein formales Mitglied –, aber er war kaum echter (langjähriger) Schüler Platons und noch viel weniger sein Sekretär.[47] Aus dem Text könnte hervorgehen, dass Philipp von Opus in Platons Todesnacht persönlich anwesend war. Andernfalls mag er von dem Chaldäer oder anwesenden Schülern Platons verlässlich unterrichtet worden sein. Seine Schilderung verdient hohe Glaubwürdigkeit, sowohl hinsichtlich der Anwesenheit des Chaldäers als auch der Episode selbst, welche im Wesentlichen doch mehr oder weniger historisch sein könnte und nicht *ad maiorem gloriam Platonis* erdichtet scheint. Leider sind die Zeilen über den Tod an sich verloren. Der Suda zufolge schrieb Philipp von Opus ein *Περὶ Πλάτωνος*.[48] Der Titel klingt zwar nach einer (Art von) Biographie, aber Neanthes beruft sich auf mündliche Aussagen Philipps,[49] so dass die Episode wohl kaum in Philipps *Περὶ Πλάτωνος* (falls schon zu dieser Zeit geschrieben) Eingang fand. Der Eigenname Philipp könnte schon in Kol. 3,34 gestanden haben.

Platon: Schülerliste (*Kol. 5,44–6,27*)

Höchstwahrscheinlich hat Philodem die ursprünglich 15 Namen umfassende Liste nicht selbst kompiliert, sondern fand sie bei einem anderen Autor vor. Während die bei Diogenes Laertius und Ibn al-Qifti (arabisch) überlieferten Listen keinerlei Zusatzinformationen zu den Namen bieten, gibt Philodem solche meist in der Form „Name + Ethnikon + Artikel + (Objekt) + Partizip". Derartige Begleitangaben begegnen auch in anderen Schülerlisten des *Index Academicorum* und des *Index Stoicorum*.[50] Sehr wahrscheinlich wurden die Zusatzangaben schon in der ursprünglichen Liste gemacht und gehen nicht auf Philodem zurück. Gaiser hat versucht, Diokles von Magnesia, der wiederum aus Timaios von Tauromenion geschöpft haben soll, als Urheber der Liste plausibel zu machen, räumt aber selbst Zweifel ein. In der Tat sind seine

---

47 Vgl. Krämer (2004), S. 56 f. An dieser Stelle sei auch Epikurs Kritik an den Mathematikern aus Kyzikos erwähnt, dazu Sedley (1976).

48 Suda φ 418.

49 Das Verb kann eigentlich nicht dahingehend verstanden werden, dass Neanthes die Information gelesen hat und Philipp sie ihm „über ein Buch" erzählte. Ferner wäre dann auch die detaillierte Beschreibung des Philipp verwunderlich und bei Philiskos steht der mündliche Charakter durch ἀ⌈κη⌉'κ⌈οέναι' in Kol. 2,39 ohnehin außer Frage, so dass auch für Philipps Bericht von mündlicher Überlieferung auszugehen ist.

50 Siehe etwa die Schülerlisten des Arkesilaos (Kol. 20,3 ff.), Karneades (Kol. 22,37 ff.), Philio (Kol. 34,6 ff.), Charmadas (Kol. 35,37 ff.).

Argumente kaum stichhaltig,[51] so dass Timaios nur ein Kandidat unter vielen ist.[52] Timaios ist in Kol. 8,22 explizit als Quelle genannt, was es gewiss nicht unmöglich macht, dass er schon zuvor konsultiert wurde. Philodem könnte die Schülerliste aus seiner Grundquelle übernommen haben. Das Fehlen des Philipp von Opus ist auffällig und könnte meines Erachtens sogar als Indiz aufgefasst werden, dass diese Liste dem Neanthes von Kyzikos entnommen ist, welcher Philipp nicht in sie integrierte, da er ihn unmittelbar zuvor als Schüler Platons (Kol. 3,40–41) und Zeugen für dessen Todesnacht angeführt hatte.[53] Sein Name könnte in Z. 22 ergänzt werden, aber die erhaltenen Buchstaben erlauben auch andere Wörter. In diesem Fall hätten wir von Kol. 2,38 bis Kol. 6,27 ein durchgehendes Exzerpt (oder mehrere) aus Neanthes. Vielleicht zeigt Ergänzung 4, dass Neanthes gerade nicht aus Speusipps Πλάτωνος περίδειπνον schöpfte und Philodem daher diese Namen hinzufügen musste. Als Quelle des Neanthes oder auch als Quelle der Liste im Falle eines anderen Urhebers kommen vielleicht insbesondere diejenigen Schüler der Liste in Betracht, von denen explizit gesagt ist, dass sie über Platon schrieben: Hermodor von Syrakus, Erastos und Asklepiades.[54] Die Angaben zu diesen Schülern könnte man als Hinweis interpretieren, dass ein (Philosophie)Historiker oder Biograph diese Liste erstellte, welcher die genannten Werke zu Platon gelesen hatte oder zumindest deren Inhalt kannte.[55] Auch diese Angaben wären mit Neanthes gut zu verbinden, aber letztlich kommen viele Autoren als Ur-Kompilatoren der Liste in Betracht. Ein (schwaches) Argument gegen Neanthes könnte das Verschweigen seines Landsmannes Timolaos von Kyzikos sein, dessen Name von Philodem nachträglich hinzugefügt wurde und in keiner der anderen Listen erscheint. Auch Hermipp schrieb über Platon[56] und wäre ein Kandidat, aber die Auslassung Chairons wäre dann verwunderlich. Mit mehreren Quellen für die Liste des Haupttextes (Hand 1) ist nicht zu rechnen. Die Ergänzungen Phi-

---

51   Gaiser (1988), S. 110–115 und 443–445. Von den fünf Argumenten für Timaios (S. 113–114) sind nun Nr. 1,2,3c,4 paläographisch hinfällig, 3a,b,d und 5 sind sehr schwach bzw. treffen auch auf andere Historiker/Schriftsteller zu.

52   Zu Diokles als vermeintliche Quelle Philodems siehe Zaccaria (2021), S. 474–476 und die Einleitung zu III 2.

53   Dass Philodem den Namen des Philipp aus einer ursprünglichen Liste strich, weil dieser schon zuvor genannt war, dürfte weitaus unwahrscheinlicher sein.

54   Auch wenn PHerc. 796 nicht zum Index Academicorum gehört (I 5.2), ist der dort in Kol. 2,9–10 erwähnte Asklepiades vielleicht mit dem Verfasser der ἀπομνημονεύματα identisch. Womöglich wurde in PHerc. 796 sogar auf eine Stelle in diesen ἀπομνημονεύματα Bezug genommen.

55   Vgl. Gaiser (1988), S. 114, der aber nur an Timaios denkt.

56   FGrH 1026 F 69 und 70.

lodems stammen natürlich aus anderen Quellen. Instruktiv ist, dass Philodem den Namen des Chairon von Pellene mit Zusatzinformation interlinear einfügte, als er im Laufe seiner Arbeiten auf Material zu Chairon (Hermipps' Περὶ τῶν ἀπὸ φιλοσοφίας εἰς στρατηγίας καὶ δυναστείας μεθεστηκότων) stieß, in welchem dieser explizit als Schüler Platons ausgewiesen ist (Kol. 11,7–11).[57] Die Einfügung rechts von Kol. 6,12–20 (Ergänzung 4) erscheint in der Endfassung des *Index Academicorum* im Haupttext (*PHerc.* 164, frg. 7). Philodem stöberte somit irgendwann noch Speusipps Πλάτωνος περίδειπνον bzw. einen entsprechenden Auszug bei einem anderen Autor auf und fand dort die Namen von drei weiteren Schülern, welche er in die Ursprungsliste integrierte.

Man fragt sich, ob der Umstand, dass gleich drei bzw. vier Schüler als Tyrannenmörder ausgewiesen sind, etwas über den Urheber der Liste preisgibt. Er könnte Tyrannen verabscheut haben und Platon wohlgesinnt gewesen sein, die Angaben sogar eine apologetische Tendenz haben und eine (indirekte) Reaktion auf die Vorwürfe des Demochares gegen die Philosophen (Platon) von 306 v. Chr. darstellen.[58] Für eine solche Tendenz spräche etwa die ausführliche Angabe, dass die Athener Python und Herakleides mit einem goldenen Kranz ehrten und ihnen das Bürgerrecht verliehen – die Schüler Platons können also in zeitgenössischen athenischen Augen, so suggeriert der Autor, kaum so schlimm gewesen sein, wie Demochares behauptet! Andererseits lag es vielleicht auch schlichtweg nahe, die Tyrannenmörder als solche zu kennzeichnen. In diesem Zusammenhang sei vermerkt, dass in Kol. 12,2 ff. sehr wahrscheinlich Τυράννων ἀναίρεσις ἐκ τιμωρίας des Phainias von Eresos (durch Hermipp) zitiert wird.[59] Als Verfasser der Liste taugt Phainias aber kaum und es ist ungewiss, ob eine Beziehung der Liste zu seinem Werk besteht. Dennoch könnte das Thema „Tyrannenmord" (ggf. mit platonfreundlicher Intention) für den Verfasser der Liste eine besondere Bedeutung gehabt haben, da er Chion von Herakleia erwähnt, welcher in den Listen des Diogenes und Ibn al-Qifti fehlt. Eine Verbindung des Listen-Autors zu Sizilien nur wegen der Erwähnung des Hermodor (die Angabe zu Dion versteht sich von selbst) zu vermuten, ist kaum gerechtfertigt.[60]

---

57 Zum Titel siehe Fleischer (2018d); zur Frage, ob Chairon tatsächlich ein Schüler Platons war, siehe Fleischer (2020c), S. 8–9 und die Einordnung Kol. 10,40–12,39. Das Fehlen in der ursprünglichen Schülerliste ist kein gewichtiges Argument gegen eine Schülerschaft, da Chairon ein vergleichsweise unbekannter Schüler Platons war.

58 Siehe zur Rede Quellen Kol. 9,1–10,33.

59 Engels (2015), für *Tyrannorum caedes ex vindicta* siehe F 18–22.

60 Gaiser (1988), S. 115 (3.d) zieht eine Verbindung, was er als weiteren Beleg für Timaios als Quelle sieht.

Speusipp: Nachfolger Platons, Weihegeschenk, Krankheit, Tod (Kol. 6,28–40)

Philochoros wird explizit als Quelle genannt und es kann als sicher gelten, dass Philodem wie in Kol. 2 aus dem 6. Buch der *Atthis* schöpft, welches bis 322/21 oder 318/17 reichte.[61] Buchnummer und Werktitel sind nicht mehr genannt, da sie schon aus Kol. 2,6–7 bekannt sind und somit der bloße Verweis auf den Autor genügte. Für Einzelheiten zur *Atthis* und Philochoros siehe Quellen Kol. 2,6–38. An der Authentizität des Epigramms, das Philochoros wahrscheinlich selbst gesehen hat, sollten keinerlei Zweifel bestehen. An dieser Stelle sei nochmals auf Philochoros' Werk zu Inschriften mit dem Titel Ἐπιγράμματα Ἀττικά hingewiesen, welches teils in seiner *Atthis* aufgegangen sein dürfte (oder vice versa). In Kol. 6,38 ist ein anderer Eigenname unwahrscheinlich und das Folgende spricht dafür, dass weiterhin Philochoros als Quelle diente.[62] Sowohl bei Diogenes Laertius als auch Philodem folgt nach Feststellung der Nachfolge Platons und des verwandtschaftlichen Verhältnisses als erste echte Information die Weihung der Chariten. Dies spricht tendenziell für dieselbe philosophiehistorische „Tradition" bezüglich Speusipps Vita. Die Nachricht über die Weihung der Chariten war wohl ursprünglich nur in Philochoros' *Atthis* zu finden – vermutlich wegen der damit verbundenen Inschrift. Der Einschub zur Krankheit in Kol. 6,38 (Ergänzung 5) kann, muss aber nicht, einem anderen Autor entnommen sein. Ob sich Ergänzung 2 unter Kol. 5–7 hauptsächlich mit Speusipp beschäftigte, ist angesichts des wahrscheinlichen Beginns unter Kol. 5 eher unwahrscheinlich. Ich vermute, dass auch der Nachtrag zu Speusipp auf dem Verso (Kol. T) nach dem Epigramm in Kol. 6,37 eingefügt werden sollte. Die Einleitung in Kol. 6,28–29 spricht jedenfalls nicht dafür, dass Kol. T in der Endfassung vor diesen Zeilen erscheinen sollte.

Xenokrates: Wahl zu Speusipps Nachfolger und Reaktionen (Kol. 6,41–7,18)

Aus Kol. 6,38 folgt, dass Philochoros, konkret das 6. Buch der *Atthis*, weiterhin als Quelle dient (siehe Quellen Kol. 6,28–40). Wahrscheinlich wurde nach dem Epigramm etwas in der *Atthis* übersprungen. Kol. 6,39–40 legen nahe, dass Philochoros die Ausführungen zu Xenokrates bis mindestens Kol. 7,18, aber wahrscheinlich sogar bis Kol. 8,17 bzw. 8,22 (siehe Quellen Kol. 7,19–8,21) unter dem Jahr von 340/39 oder 339/38 (Archon Theophrast oder Lysimachides) machte.

---

61   Die Stelle ist unter FGrH 328 F 224 aufgenommen.

62   Vgl. insbesondere die Bezeichnung περίπατος für die Akademie in Kol. 2,12–13 und Kol. 6,40 (Kol. 7,9). Gaiser (1988), S. 463 vermutet Philodems angebliche Grundquelle Diokles, was nicht wahrscheinlich ist (sein Name kann in Kol. 6,38 nicht ergänzt werden).

Aus Anlass von Speusipps Tod bzw. von Xenokrates' Amtsantritt mag Philochoros eine kleine *digressio* zu Charakter und Haltung des Xenokrates vorgenommen haben, welche auch die Gesandtschaft von 322 nach dem Lamischen Krieg
und Xenokrates' Reaktion auf den Frieden einschloss. Xenokrates' Tod um 314
dürfte jedenfalls erst im passenden Jahr im 7. Buch der *Atthis* (ab 322/21 oder
318/17) erwähnt worden sein. Gleichsam als Bestätigung für Philochoros' Urheberschaft der Passage kann der ungewöhnliche Ausdruck περίπατος für Platons
Schule (Kol. 6,40 und bedingt auch in Kol. 7,9) gelten, da er auch in Kol. 2,12–13
erscheint.[63] Die exklusiven Detailinformationen zur Wahl des Xenokrates und
zu den Reaktionen sowie der Motivation könnte Philochoros den *Atthides* seiner Vorgänger (besonders Androtion) oder akademischen (mündlichen) Quellen verdanken. Philochoros' Charakterzeichnung mag (über Zwischenquellen)
sogar manche spätere philosophiehistorische oder biographische Ausführung
zu Xenokrates und Speusipp beeinflusst haben.

Xenokrates: Gesandtschaft zu Antipatros und demokratische Gesinnung (Kol. 7,19–8,21)

Philodems Quelle ab Kol. 7,19 ist vermutlich weiterhin Philochoros, da ein
Quellenwechsel nirgends angezeigt ist. Da die Gesandtschaftsepsiode so ausführlich behandelt ist, könnte man auch überlegen, ob Philochoros nicht den
gesamten Abschnitt mit einem Rückblick auf das Jahr 339/38 unter dem
Archon des Jahres 322/21 brachte. Desungeachtet besteht die Möglichkeit, dass
die Informationen ab Kol. 8,11 oder ab Kol. 8,17 erst von Philodems „Grundquelle" an Philochoros angefügt wurden.[64] In diesen Zeilen (zumindest bis
Kol. 8,17) werden Ergänzungen zu Xenokrates' Verhalten während der Gesandtschaft zu Antipatros gemacht. Aus Parallelen in Philodems *Rhetorik* (siehe Einordnung Kol. 7,19–8,21) geht hervor, dass Demetrius von Phaleron die in Kol.
8,11–17 berichtete Episode thematisierte, also unter die ἔνιοι in Kol. 8,11 fallen
sollte. Jedenfalls haben die wahrscheinliche Identifikation einer interlinearen
Ergänzung in Kol. 8,22 sowie die damit einhergehende Neurekonstruktion der
Zeile gezeigt, dass – wie auf Basis der Parallele in Athen. X 437b zu erwarten – erst ab hier Timaios von Tauromenion als Quelle fungiert. Die Ergänzung 7 verweist wahrscheinlich auf den Nachtrag unter Kol. 8 bzw. Kol. 8*, der

---

63   Gaiser (1988), S. 117–119 nimmt nicht weiterhin Philochoros, sondern nur Diokles als
     Quelle an. Jedoch sprechen Kol. 6,38 und das Wort περίπατος für Philochoros.

64   Die *paragraphoi* in Kol. 8,11 und 17 sind kein Beweis für einen Quellenwechsel, sondern
     mögen nur einen Sinnabschnitt markiert haben. Auch könnte jeweils nur ein „Pseu-
     doquellenwechsel" angezeigt sein, insofern Philodem bei Philochoros eine (anonyme)
     „Quelle" isoliert zu haben glaubte.

hier eingefügt werden sollte. Quelle und Gehalt dieses Nachtrags sind nicht
feststellbar.

Xenokrates: Sieg im Trinkwettbewerb (Kol. 8,22–8*,7)

Die Neurekonstruktion von Kol. 8,17–23 zeigt, dass Timaios von Tauromenion
erst in Z. 22 als Quelle angeführt ist (FGrH 566 F 158b).[65] Der Titel seines monu-
mentalen Geschichtswerks (Historien) mit Fokus auf Sizilien und Italien in 38
Büchern wird nicht im Papyrus genannt.[66] Selbst sollte das Werk des Timaios
schon zuvor von Philodem genutzt worden sein, wäre die Erwähnung des Titels
wohl auch überflüssig gewesen, da man in diesem Kontext Timaios wie selbstverständlich mit seinem Hauptwerk assoziiert. Auch ist „Timaios" in einem solchen Kontext kaum mit einem Homonymen zu verwechseln (etwa dem Pythagoreer). Die Neurekonstruktion der Zeilen bestätigt endgültig, dass in der Parallele bei Athen. X 437b nicht, wie suggeriert, wörtliche Zitate wiedergegeben
sind. Philodem bietet die ausführlichste Beschreibung des Trinkerwettkampfes und es hat den Anschein, dass er oder seine Grundquelle den Timaios eng
am Wortlaut oder wörtlich kopieren. Die Details scheinen kaum ausgedacht
und man wüsste zu gerne, wie Timaios so detaillierte Kenntnisse über diese
Begebenheit, die sich etliche Jahrzehnte vor der Niederschrift durch ihn ereignete, haben konnte. Da die Episode höchstwahrscheinlich in Syrakus spielt,
könnte er auf eine „sizilische" Quelle zurückgegriffen haben oder auf eine
mündliche Tradition. Alternativ mag die Episode von Akademikern schriftlich festgehalten worden sein oder Timaios könnte von Xenokrates' Schüler
Polemon oder anderen Akademikern über die Geschichte unterrichtet worden
sein. Timaios verbrachte etwa 50 Jahre seines Lebens in Athen (ca. 315–265 v.
Chr.), die ziemlich genau mit Polemons Scholarchat zusammenfallen.[67] Wie
bei dem Exzerpt aus Neanthes/Philiskos (Kol. 2,38 ff.) scheint zunächst eine
kurze Angabe gemacht (ca. zwei Zeilen in Kol. 8,23–25), bevor ein längerer
Auszug folgt (καὶ διότι jeweils in Kol. 2,43 und Kol. 8,25). Dass die erste kleine
Information wie in Kol. 2 unabhängig vom Inhalt des größeren Exzerpts ist,
ist eher unwahrscheinlich. Vermutlich bestand eine Verbindung zum Haupt-
exzerpt, d. h., Philodem bzw. seine Grundquelle ließen wohl eine für Xenokrates irrelevante Passage in der Darstellung des Timaios aus. Der Auszug ist mit
Sicherheit zwischen Buch 16 und 33 der Historien einzuordnen und mit Wahr-

---

65   Zu Timaios siehe kompakt Scardino (2014b) und grundlegend Baron (2013) (zu Biogra-
      phie und Werken besonders S. 17–42). Siehe ferner die Einlassungen von Champion (2010).
      Deutsche Übersetzung mit Überblick Gauger/Gauger (2015), S. 149–272,315–346.

66   Zum (möglichen) Titel von Timaios' Hauptwerk siehe Baron (2013), S. 28 f.

67   Baron (2013), S. 18.

scheinlichkeit zwischen Buch 18 und 25.[68] Bisher wurde noch nicht explizit vermerkt, dass dies womöglich das einzige Timaios-Fragment ist, welches den (fast) originalen Wortlaut des Timaios bewahrt haben dürfte, was eine gewisse Analyse seines Stils und seiner Sprache erlaubt. Es ist unwahrscheinlich, dass Philodem den „gesamten Timaios" nach Akademikern oder Xenokrates durchforstet hat. Wahrscheinlich übernahm er den Auszug aus seiner Grundquelle.

Xenokrates: Schülerliste und Tod (Kol. 8*,7–23)

Erstmals habe ich in Fleischer (2021a) gezeigt, dass in Kol. 8*,23–25 eine Vertikale am linken Kolumnenrand eingezeichnet wurde, welche, verbunden mit einigen Neulesungen, endgültig die Frage klären sollte, wo der „Schnitt" für die Endfassung gemacht wurde und der Abschnitt zu Polemon begann (siehe I 6.2). Ferner bedeuten die Neulesung „Philochoros" in Kol. 8*,17–18 und die neue Rekonstruktion einer Zahl, die mit einer Todesangabe einhergeht (Kol. 8*,21–23), dass die Xenokrates-Vita bei Philodem nicht wie bisher vermutet mit einer Schülerliste endete, sondern – keineswegs allzu erstaunlich – mit dessen Tod (den Daten und Umständen). Wie bei den anderen Schülerlisten des *Index Academicorum* ist keine Quelle explizit angegeben oder wahrscheinlich zu machen. Es ist kaum zu erwarten, dass Timaios von Tauromenion im Anschluss an die Wetttrinken-Episode eine solche Liste als *digressio* in sein Werk einbaute.[69] Somit dürfte bereits Philodems „Grundquelle" die Liste nach dem Timaios-Exzerpt in das Leben des Xenokrates integriert haben. Die Liste endete schon in Z. 17, da nun abermals der Name des Philochoros erscheint. Er wurde schon für den Beginn der Xenokrates-Vita ab Kol. 6,39 bemüht (Übernahme, Charakter, Gesandtschaft) und wird nun offenbar nach Timaios und Schülerliste (Kol. 8,22–8*,7) nochmals als Quelle für den Tod herangezogen. Es ist wahrscheinlich, dass der Tod des Xenokrates in der *Atthis* an „Ort und Stelle" berichtet wurde, sprich unter dem Archon des Jahres 314/13 (Nikodoros).[70] Somit wäre diese Information dem 7. Buch der *Atthis* entnommen, während das Vorherige dem in Kol. 2,6–7 genannten 6. Buch zuzurechnen ist. Nicht ausgeschlossen ist, dass irgendwo in Kol. 8*,18–20 sogar explizit auf das 7. Buch verwiesen wurde. Da die Dauer des Scholarchats (25 Jahre) in Ergänzung 6

---

68   Baron (2013), S. 31 ermittelt für die Bücher 16–33 den Zeitraum von 406/05 bis 316. Sollte die Angabe „21. Buch" in FGrH 566 F 22 (Polyb. 12,25) korrekt sein, wäre die Philodemstelle wohl zwischen Buch 18 und 20 einzuordnen, zur Problematik Baron (2013), S. 35 mit Fn. 80.

69   Sollte man Timaios für die Liste der Schüler Platons in Kol. 5,44 ff. als Urheber plausibel machen können, würde dies gewiss die Wahrscheinlichkeit für seine Urheberschaft der Xenokrates-Liste erhöhen.

70   Zu Aufbau und Bücherzuweisung der *Atthis* siehe Quellen Kol. 2,6–38.

erscheint, steht zu vermuten, dass Philochoros die Dauer (anders als in Kol. 6,40) nicht angab. Das neu entdeckte Philochoros-Fragment könnte übrigens darauf hindeuten, dass die Zahlen in D.L. 4,14 (FGrH 244 F 345) von Apollodor (oder seiner Zwischenquelle – Eratosthenes?) aus Philochoros übernommen bzw. erschlossen wurden, insbesondere die Angabe von 25 Jahren Scholarchat. Vielleicht fungierte Philochoros sogar noch als Quelle für den Beginn der Polemon-Vita ab Kol. 8*,23 ff. (analog zu Kol. 6,39 ff.), bevor der Wechsel zur Hauptquelle Antigonos von Karystos erfolgte.

Herakleides Pontikos: Orakelbetrug und Tod (Kol. 9,1–10,33)

Erst Gaiser (1988) hat überzeugend dargelegt,[71] dass dieser Abschnitt nicht auf Hermipp zurückgeht, was seit Mekler die *opinio communis* war,[72] sondern der Rede des Demosthenes-Neffen Demochares *Gegen die Philosophen* (κατηγορία κατὰ τῶν φιλοσόφων oder ὑπὲρ Σοφοκλέους πρὸς Φίλωνα) von 307/06 entnommen ist. Mit dieser Rede verteidigte Demochares erfolglos ein Dekret des Sophokles von Sunion gegen die Klage des Aristoteles-Schülers Philon. Sophokles hatte nach dem Sturz des Peripatetikers Demetrius von Phaleron, im Zuge dessen auch einige Philosophen aus Athen vertrieben wurden, ein Gesetz eingebracht, das die Neugründung von Philosophenschulen unter Auflagen stellte. Philon klagte daraufhin wegen Gesetzwidrigkeit dieses Dekrets.[73]

Zunächst spricht gegen Hermipp als Autor, dass
– die ausholende Einleitung in Kol. 10,40–11,6 nahelegt, dass er dort erstmals als Quellenautor genannt wird.
– die Hermipp explizit als Quelle nennende Parallele D.L. 5,91 (FGrH 1026 F 71) für die Orakelepisode Abweichungen solcher Art zum *Index Academicorum* aufweist, dass letztlich auszuschließen ist, dass beide dieselbe Vorlage (Hermipp) hatten (Neulesungen konnten manches erhellen).

---

71   Gaiser (1988), S. 119–123 (durch Neulesungen im Detail überholt). Bereits Wehrli (1974), S. 71 vermutete eine gemeinsame Quelle für Philodem und Hermipp. Bollansee (1999a), S. 502–510 (Kommentar zu FGrH 1026 F 71) rekapituliert die Ergebnisse Gaisers und fügt eigene Gedanken hinzu, wobei aufgrund falscher Lesungen (Gaisers) vieles nun obsolet ist. Dorandi (1991), S. 91 wollte einen hermippeischen Ursprung der Passage im *Index Academicorum* nicht kategorisch ausschließen, ebenso De Sanctis (2022), S. 353–355 (teils beruhen die Argumente auf hinfälligen Lesungen).

72   Mekler (1902), S. XXX (30).

73   Vgl. Gaiser (1988), S. 120 f. Die der Rede des Demochares zuzuweisenden Textstellen finden sich in Athen. XI 508f–509b; XIII 610e–f; D.L. 5,38; Eus. PE 15,26; Pollux 9,42 (gesammelt bei Baiter/Sauppe (1850), S. 341 f.). Zu Demochares siehe Swoboda (1901). Zur Rede etwa Habicht (1994), S. 236–239, 251–255. Auf das Gesetz des Sophokles scheint auch eine Stelle in Philodems *Rhetorik* anzuspielen (Phld. rh. IV (*PHerc.* 241), frg. 1,14–19), dazu Fimiani (2020), S. 71 f.

Positiv für Demochares spricht

- die generell diskreditierende Absicht der Episode.
- insbesondere die Bemerkung in Kol. 10,30–33 mit Verweis auf Rhetorik und die Formulierung ⸢κ⸣[ατ]⸢ὰ⸣ τ̣[ῶ]ν̣ [φιλ]ο̣|cόφ⸢ω⸣ν (Neulesungen haben mehr Klarheit geschaffen).[74]
- die wohl despektierliche Formulierung ἄν|θρωποc in Kol. 10,11–12.
- womöglich der eine oder andere Wortfetzen in Kol. 10,15–20.[75]
- der Umstand, dass der Name des Demochares (ggf. mit Titel der Rede) nun problemlos in einer der vor Kol. 9 verlorenen Kolumne ergänzt werden kann.[76]

Es ist nicht unwahrscheinlich, dass Philodem die Rede des Demochares *Gegen die Philosophen* direkt vorliegen hatte.[77] Dafür sprechen seine Bemerkung in Kol. 10,30–33 und die Paraphrase ab Kol. 10,11, ferner die Tatsache, dass diese Kolumnen offenbar in seine „Grundquelle" eingeschoben (eingeklebt) wurden. Natürlich bleibt es möglich, dass Philodem in einer anderen philosophiehistorischen Quelle größere (wörtliche) Auszüge aus Demochares' Rede vorfand. Ob Demochares seinerseits eine schriftliche Quelle konsultierte, ist unsicher; womöglich konstruierte er die Episode aus mündlichen Erzählungen, die über Herakleides im Umlauf waren. Die einfachste Annahme ist, dass Hermipp, eher direkt als über eine Zwischenquelle, von Demochares abhängt (siehe Einordnung Kol. 9,1–10,33).[78]

Freilich war die Rede des Demochares *Gegen die Philosophen* eine natürliche Anlaufstelle und Fundgrube für Philodems *syntaxis*, so dass sie nicht nur im Buch zu den Akademikern (*Index Academicorum*) exzerpiert worden sein dürfte. Bemerkenswerterweise scheint Philodem in Kol. 10,30–33 und womöglich auch schon in den vorangegangenen Zeilen die Aussagekraft der bei Demochares gemachten Angaben zu relativieren, da sie ihm wohl aufgrund der Intention der Rede übertrieben oder fraglich vorkamen. Alternativ mag Philodem dort gesagt haben, dass es ihm genüge, Demochares für Herakleides heranzuziehen. Trotz der zeitlichen Nähe der Demochares-Rede zum Tod des Herakleides ist den Aussagen insgesamt wenig historische Glaubwürdigkeit

---

74 Das Präsens wird im *Index Academicorum* immer nur für Quellenautoren genutzt.
75 Ferner hat Wilamowitz-Moellendorff (1881), S. 197 vermutet, dass sich διὰ γοητείαν περίβλε-πτοι in Athen. XI 509b auf Herakleides bezieht (abhängig von der Rede des Demochares), mithin Herakleides in der Rede als Negativbeispiel angeführt wurde.
76 Gaiser (1988), S. 122,208,483 f. glaubte, in dem Zusatz unter Kol. 8 (Ergänzung 7) den Namen Demochares und den Redentitel ergänzen zu dürfen. Dies ist nun auch deshalb ausgeschlossen, weil hinter Kol. 8 noch Kol. 8* zu platzieren ist (I 5.7).
77 Vgl. Gaiser (1988), S. 123.
78 Vgl. Gaiser (1988), S. 120; Bollansee (1999a), S. 508.

beizumessen. Die folgende Bemerkung zur Nichtbehandlung Dions (Kol. 10, 33–40) kann übrigens wegen einer neu entdeckten *paragraphos* und einer grundlegenden Neurekonstruktion nicht mehr als Beleg herhalten, dass Dion auch (im Anschluss an Herakleides) von Demochares behandelt wurde.[79]

Dion von Syrakus: Philodem erklärt seine Nichtbehandlung (Kol. 10,33–40)

In diesem Abschnitt spricht zweifelfrei Philodem, wie neben ἐμὸν ἐν τοῖς νῦν προκει|μέγο⸢ι⸣᾿c auch die typische Sperrung (des Genitivs) zeigt. Eine neu identifizierte *paragraphos* zu Beginn von Z. 33 zeigt überdies einen neuen, vom Vorherigen verschiedenen Sinnabschnitt an. Im ersten Teil des *Index Academicorum* ist diese Passage die erste, wo Philodem über mehrere Zeilen hinweg selbst spricht und nicht nur einen anderen Autor paraphrasiert bzw. zitiert.

Chairon von Pellene: Akademiker, Ringer, Krieger und Tyrann (Kol. 10,40–12,39)

Mehrere Neulesungen in diesen Kolumnen haben zu einer Quellenüberraschung geführt, welche weitreichende Folgen für die Struktur und Abgrenzung des Hermipp-Exzerpts hat. Zunächst wurde der Titel des hermippeischen Werkes *Περὶ τῶν ἀπὸ φιλοσοφίας εἰς στρατηγίας καὶ δυναστείας μεθεστηκότων* korrekt gelesen, welches Philodem offenbar aus erster Hand ohne Auslassungen und Änderungen wörtlich zitiert.[80] Allenfalls hat er abschließend eine kleine Bemerkung hinzugefügt (Kol. 12,20–30). Die prätentiöse Einleitung (Kol. 10,40–11,7) sollte beweisen, dass Hermipp hier erstmalig von Philodem zitiert wird (siehe Quellen Kol. 9,1–10,33). Hermipp seinerseits exzerpiert (mindestens) Dikaiarch, eine bisher unbekannte Hypereides-Rede *Gegen die Gesandten des Antipatros* und auch Phainias von Eresos.[81]

a)   Hermipps *Περὶ τῶν ἀπὸ φιλοσοφίας εἰς στρατηγίας καὶ δυναστείας μεθεστηκότων* Philodem zieht im *Index Stoicorum* für den Stoiker Persaios von Kition[82] eine

---

79   Gaiser (1988), S. 121: „... Daß er auch Dion von Syrakus als übles Beispiel angeführt hat, ergibt sich aus dem verbesserten Text der Philodem-Kolumne 10." Die relevanten Lesungen sind nicht mehr haltbar.

80   Vgl. Bollansée (1999a), S. 107. Dafür spricht neben der ausführlichen Einleitung auch, dass diese Kolumnen offenbar nachträglich eingeklebt wurden (I 6.2) und Hermipp somit nicht in Philodems Grundquelle erschien. Ferner nutzt Philodem das Werk auch im *Index Stoicorum* – siehe Haupttext unter a).

81   Die Neulesungen haben gezeigt, dass Hermipp für Kol. 11,7–12,2 schwerlich aus Demochares schöpft (so Gaiser (1988), S. 124–126; dagegen schon Verhasselt (2018), S. 562 f.), sondern Dikaiarch und Hypereides direkt exzerpierte.

82   Zu Persaios siehe etwa Nickel (2008), S. 54–66 (1.3 Persaios); Steinmetz (1994); Gourinat (2012). Fragmente in SVF I 435–462.

Schrift des in der 2. Hälfte des 3. Jh. v. Chr. wirkenden Hermipp von Smyrna (FGrH 1026) heran.

Phld. Ind. Stoic. Kol. 16,1–10:[83]

> caμένωι πρὸc εὐφη-
> μίαν Ἐρ]μίππωι γρά-
> φεται ἐν] τῶι Περὶ τῶν
> ἀ[πὸ φιλ]οcοφίαc εἰc δυ-
> 5 να[cτεί]αc με[τ]αcτάν-
> τω[ν], τόν τε [βίο]ν τοῦ
>]οδε Ζήνω-
> νοc μὲν μα]θητὴc ὢν
>]του βα
> 10] . ει

Im *Index Academicorum* wird in Kol. 11,4–7 ein um ein Wort erweiterter Titel desselben Werkes genannt.[84] Der erste Akkusativ und somit auch Gegenstand und Tendenz des Werkes wurden in der Forschung lange diskutiert. Bücheler (1869) schlug auf Basis des *Neapolitanischen Disegno* τυραννίδ]αc vor, was später von den Herausgebern der Passage (Mekler, Gaiser, Dorandi und zuletzt Verhasselt) zugunsten von ἀριcτείαc verworfen wurde.[85] Das Wort schien von Ausgabe zu Ausgabe immer sicherer gelesen: ἀρ]ι̣c[τείαc – ἀρ]ι̣cτ[ε]ίαc – ἀρ]ι̣c̣τ[ε]ίαc – ἀρ̣ι̣cτείαc.[86] Dennoch verwunderte dieses Substantiv[87] und der damit einher-

---

83 Text nach Dorandi (1994a). Kritischer Apparat zum Auszug: ante l. 1 οὐ διηγη]caμένωι vel χαρι]caμένωι Comparetti 2–6 Comparetti 7 Dorandi: [Περcαίου ὡc] ὅδε Comparetti: Φιλω-νίδου]. ὁ δὲ Bücheler 8 Comparetti.

84 Vermutlich hatte Philodem den kompletten Titel bei Abfassung des *Index Stoicorum* nicht mehr im Kopf oder kürzte ihn aus anderen Gründen.

85 Verhasselt (2015).

86 Verhasselt (2015), S. 33 meinte, die Frage bereits letztgültig geklärt zu haben („has also shown the correct title of Hermippus' work *On Those Who Converted from Philosophy to Excellence and the Exercise of Power*"). Blank (2007), S. 93 beschrieb dieses Phänomen wie folgt: „Re-editions of Herculaneum texts have the tendency to intervene in their predecessors' work only when the text seems unsatisfactory, leaving it alone when its grammar and sense seem smooth ... New readings of such passages in the papyrus, often made with new means ... were taken to confirm the texts: the editor was not questioning the text, which seemed unobjectionable on the printed page, and the microscope was used to remove dots – no one wants to have seen less than one's predecessors, except where the papyrus has suffered in the interim."

87 Schon Praechter (1902), S. 971 vermerkte: „... scheint mir ἀριcτείαc keinen brauchbaren

gehende „positive" Charakter, so dass diverse Gelehrte der Lesung misstrauten. Auch Bollansée (1999a) wollte der Lesung für FGrH 1026 nicht folgen und ließ die Frage nach dem ersten Titelelement offen.[88] Seine Vorsicht war gerechtfertigt. Ich habe in Fleischer (2018d) gezeigt,[89] dass hier ohne Zweifel das Wort ϲτρατηγίαϲ zu lesen ist. Obwohl wir von dem hermippeischen Werk neben einem kleinen Auszug in Athenaios nur die beiden Fragmente im *Index Stoicorum* und *Index Academicorum* besitzen, reflektieren alle Passagen das erste Titelelement ϲτρατηγίαϲ.[90] Persaios soll als Stratege bei der ihm von Antigonos Gonatas anvertrauten Verteidigung von Akro-Korinth um die Mitte der 240er Jahre kläglich versagt haben[91] und auch die neugelesenen Zeilen in Kol. 11,14–25 kreisen um militärische Aktivitäten Chairons. Somit scheint Hermipp in dieser Schrift einen kritikwürdigen Abfall der Behandelten von der Philosophie zu beschreiben, derweil ein „neutraler" Charakter des Werkes möglich bleibt.[92] Die korrekte Langversion des Titels lautete jedenfalls: *Περὶ τῶν ἀπὸ φιλοϲοφίαϲ εἰϲ ϲτρατηγίαϲ καὶ δυναϲτείαϲ μεθεϲτηκότων – Über diejenigen, welche von der Philosophie zu Militär und Macht wechselten.*[93]

b)   Dikaiarch nach Hermipp

Für Dikaiarch als Quelle Philodems für Kol. a–c und Kol. 1*-Kol. 2,4 siehe die Quellendiskussion zu den Abschnitten. Das Fragment in Kol. 11 ist von Verhasselt unter FGrH 1400 F 64 (Fragmente ohne Buchtitel) eingeordnet. Er erwägt eine Zuweisung des Fragments an *Περὶ βίων*, ferner an ein politisches Werk

---

Sinn zu geben." Andere Gelehrte bevorzugten weiterhin Büchelers τυραννίδαϲ, etwa Diels/Schubart (1904), S. XXXVIII; Fn. 2; Heibges (1913), S. 852 f.; Wehrli (1974), S. 95.

88   Bollansée (1999a), S. 355–362 (F 39 und 40a,b); Bollansée (1999b), S. 72–80. Er vermutete ein negatives oder neutrales erstes Titelelement (Bollansée (1999b), S. 75).

89   Für eine detaillierte papyrologische Diskussion siehe Fleischer (2018d) S. 42–44.

90   FGrH 1026 F 39 und 40 (Athen. IV 162c–e ist auch dem militärischen Scheitern des Philosophen gewidmet).

91   Vgl. Fleischer (2018d), S. 45 mit Verweis auf Bollansée (2000a). Die einschlägigen Stellen Paus. 2,8,3 und 7,8,4 = SVF I 442; Phld. Ind. Stoic. 15,1–11 = SVF I 445 = Nickel 63; Plut. Arat 18 und 23 = SVF I 443 =Nickel 61; Polyaenus strateg. VI 5 = SVF I 444 = Nickel 62; Athen. IV 162c–e = SVF I 452 = FGrH 1026 F 40a. Zur Behandlung des Persaios als eines auf Irrwege gekommenen Philosophen durch Hermipp passt auch die Angabe, dass er eine Art Höfling geworden sein soll (Phld. Ind. Stoic. 13,4–7).

92   Verhasselt (2015), S. 40.

93   Da der Titel im *Index Academicorum* vollständig überliefert ist, dürfte wohl auch das Partizip Perfekt in Kol. 11,6–7 als genuines Titelelement tendenziell dem Partizip Aorist μεταϲτάντων im *Index Stoicorum* (Ind. Stoic. 16,5–6) vorzuziehen sein. Schon in Fleischer (2018d), S. 45f. hielt ich einen Untertitel des Werkes in Phld. Ind. Stoic. 16,6–7 für wenig wahrscheinlich. Für die syntaktische Struktur ebendort vermute ich nun einen ὡϲ-Satz, der die Quellenangabe einschiebt, und in Z. 6 die Fortsetzung des „Hauptsatzes" mit τε.

Dikaiarchs, insbesondere an die *Verfassung der Pellener* (FGrH 1400 T 12 und
T 27), die auch Cicero bekannt war.[94] Zwar halte auch ich letztere Zuweisung
für nicht unbegründet, da aber vermutlich auch schon ab Kol. 11,11 (wahrscheinlich sogar schon ab Kol. 11,7) aus Dikaiarch exzerpiert wird und auch Kol. 11,19–
30 am ehesten auf ihn zurückgehen dürften, ist Vorsicht geboten. Dikaiarch
hätte dann in der *Verfassung der Pellener* eine gewisse *digressio* zu Chairon
integrieren müssen, was natürlich nicht ausgeschlossen ist, da der Peripatetiker
mit Pellene vertraut war und wohl auch Studien zur (jüngeren) Vergangenheit
der Stadt für seine Verfassungsgeschichte betrieben hat. Vielleicht hatte der
Hyperasische Krieg für die Entwicklung der Verfassung oder die Etablierung der
Tyrannis des Chairon irgendeine Relevanz. Allerdings kann gegen eine Zuweisung an die *Verfassung der Pellener* angeführt werden, dass Hermipp den Dikaiarch, anders als Hypereides, ohne Werkangabe zitiert. Dies mag er vielleicht
nur deshalb getan haben, weil er zuvor schon einmal das entsprechende Werk
mit Titel genannt hatte. Dies spräche dann gegen die „inhaltlich beschränkte"
Verfassung der Pellener und für *Περὶ βίων*.

c)   Hypereides' *Gegen die Gesandten des Antipatros* nach Hermipp
In Kol. 11,30–12,2 (Teildublette in Kol. 12,30–39) zitiert Hermipp für die Umstände von Chairons Machtübernahme aus einer anderweitig nicht überlieferten Rede des Hypereides *Gegen die Gesandten des Antipatros* (πρὸς τοὺς Ἀντιπάτρου πρέσβεις). Sie wurde wahrscheinlich um 331 v. Chr. in Athen im Zuge der
Erhebung des Agis III. gehalten (für mehr Details siehe Einordnung Kol. 10,40–
12,39 d)). Anders als bei Dikaiarch und Phainias ist der Titel des Werkes (der
Rede) explizit angegeben, was dem Umstand geschuldet sein dürfte, dass Hermipp diese Rede wahrscheinlich nur einmal in seinem Werk für diese spezielle
Information bemühte und ein Verweis auf Hypereides alleine zu nichtssagend
gewesen wäre. Es wiegt bei der Überlieferungslage des Hypereides nicht sehr
viel, dass der Titel der Rede anderweitig nicht erhalten ist.

d)   Phainias nach Hermipp
In Kol. 12,2 ist der Peripatetiker Phainias von Eresos als Quelle genannt (FGrH
1012 F 6). Man hat plausibel vermutet, dass Hermipp auf dessen Schrift *Τυράννων ἀναίρεσις ἐκ τιμωρίας* (*tyrannorum caedes ex vindicta*) rekurriert.[95] Zwar ist

---

94   Verhasselt (2018), S. 563. Cic. Att. 2,2,2: Πελληναίων *in manibus tenebam et hercule magnum*
      acervum Dicaearchi mihi ante pedes exstruxeram. Auch Aristoteles thematisierte die Ver-
      fassung Pellenes in seiner Sammlung (F 583,584 Gigon = F 567 Rose). Entfernter käme
      vielleicht noch Dikaiarchs Werk *Βίος Ἑλλάδος* als Quelle in Betracht.
95   Siehe Gomperz (1882), S. 115, Fn. 14. Fragmentsammlung: Engels (2015), für *Tyrannorum*

über das Ende Chairons nichts bekannt, aber sein (gewaltsamer) Tod scheint ab Kol. 12,12 ff. thematisiert. Die Neulesungen haben die Struktur dahingehend geklärt (siehe Einordnung Kol. 10,40–12,39 e)), dass Hermipp nach Dikaiarch und Hypereides auch Phainias als Quelle für Chairon anführt. Analog zu Dikaiarch könnte der Grund für den fehlenden Werktitel eine vorherige Nennung des Werkes bei Hermipp sein, so dass nun die Referenz auf Phainias ausreichte.[96] Dass Philodem hier „selbstständig" eine Stelle bei Phainias aufspürte und nach dem Hermipp-Exzerpt in die Chairon-Vita integrierte, ist äußerst unwahrscheinlich, da das Werk des Phainias zwar eine natürliche Anlaufstelle für Hermipps Περὶ τῶν ἀπὸ φιλοσοφίας εἰς στρατηγίας καὶ δυναστείας μεθεστηκότων war, aber kaum für Philodems *Index Academicorum*.[97] Die Bedeutung des Exzerpts liegt auch in dem Alter der Quelle. Phainias war ein ungefährer Altersgenosse Dikaiarchs (2. Hälfte 4. Jh. v. Chr.) und schrieb wie die anderen Quellen zeitlich recht nahe an den Ereignissen.

e)   Andere Quellen nach Hermipp oder eine Bemerkung Philodems?

Ich hatte einst ansatzweise erwogen, ob zwischen Dikaiarch und Hypereides sowie nach Phainias eine vierte oder fünfte Quelle von Hermipp genutzt wurde.[98] Zumindest für Kol. 11,19–29 scheint mir dies aufgrund der Neulesungen wenig wahrscheinlich. Eher sprach Dikaiarch im Zusammenhang mit Chairon schon dessen Tyrannei an, bevor Hypereides für die genaueren Umstände konsultiert wurde. Auch vermute ich, dass die „anonymi" in Kol. 12,8 direkt auf Phainias (und nicht Hermipp, geschweige denn Philodem) zurückgehen, da der Tod Chairons ab Kol. 12,12 am ehesten dem Phainias entnommen sein dürfte. Von Kol. 12,21 bis etwa Kol. 12,30 (Beginn der Dublette) könnte ähnlich wie in Kol. 10,27–40 eine kommentierende Bemerkung Philodems oder Hermipps gestanden haben, etwa dazu, ob der Unterricht bei Xenokrates für Chairons Taten ursächlich war. Indes, die Passage könnte auch noch aus Phainias stammen. Das Erhaltene erlaubt keine sichere oder wahrscheinliche Hypothese.

---

caedes ex vindicta siehe F 18–22; die Passage im *Index Academicorum* ist unter FGrH 1012 F 6 aufgenommen.

96   Vgl. Fleischer (2018f), S. 37.

97   Dorandi (1991), S. 92 nahm an, dass Philodem Hermipp und Phainias parallel exzerpierte, da er die Dublette noch nicht erkannt hatte („Se Filodemo avesse recuperato la testimonianza di Fenia in Ermippo non riuscirei a spiegarmi il perché, in quest'ultimo, della ripetizione del medesimo episodio dell' alleanza di Chrone col potere macedone").

98   Fleischer (2018f), S. 37.

Polemon: Herkunft, Jugend, Konversion, Charakter (Kol. 8*,23–14,3)

a)   Antigonos von Karystos im *Index Academicorum*

Von Kol. 8*,Mitte bis Kol. 19 (evtl. sogar bis Kol. 20,3 oder Kol. 21) des Rekto und auf dem Verso in Kol. S (bis mindestens Kol. S,9), Kol. Q (ab Z. 6) und vermutlich in Kol. R folgt Philodem dem bekannten Biographen Antigonos von Karystos (etwa 290–220 v. Chr.), welcher in fortgeschrittenem Alter Biographien (*Βίοι*) verfasst hat. Es ist zu beachten, dass zwischen Kol. 16 und 17 drei Kolumnen sowie zwischen Kol. 19 und 20 fünf Kolumnen verlorengegangen sind. Ein Großteil oder die Gesamtheit dieser verlorenen Kolumnen dürften ebenfalls auf Antigonos zurückgehen, so dass er für mindestens 10 Kolumnen im *Index Academicorum*, vielleicht sogar für bis zu 20 Kolumnen exzerpiert wurde. Somit ist Antigonos derjenige Autor, welchen Philodem – auf Basis des Erhaltenen zu urteilen – im *Index Academicorum* am ausgiebigsten genutzt hat. Auch im *Index Stoicorum* hat Philodem für mindestens eine Passage den Biographen bemüht[99] und wahrscheinlich ebenso wie Diogenes Laertius die *Βίοι* des Antigonos auch noch für andere Bücher seiner *syntaxis* genutzt.

Antigonos wird das erste (und vielleicht einzige) Mal auf dem Rekto zu Beginn der Polemon-Vita in Kol. 8*,41 explizit mit Namen genannt. Das Fehlen einer genaueren Werkspezifizierung sollte nicht verwundern, da in einem solchen Kontext mit Antigonos nur der berühmte Biograph gemeint sein konnte. Der Titel seines biographischen Werkes, in etwa „Βίοι", kann zuvor im *Index Academicorum* noch nicht erschienen sein, da Antigonos nur ungefähre Zeitgenossen (Philosophen des 3. Jh. v. Chr.) behandelte und Xenokrates und dessen Vorgänger somit außerhalb seines zeitlichen Rahmens lagen. Zu Beginn der Krantor-Vita (Kol. 16,2) steht φηϲι zur Erinnerung, dass Philodem hier nicht selbst spricht. Ebenfalls in Kol. 19,12 schiebt Philodem φηϲίν ein, um zu verdeutlichen, dass die referierte Bewertung nicht von ihm selbst, sondern von Antigonos vorgenommen wurde. Vielleicht steht φηϲι auch in Kol. 14,28. Auf dem Verso lesen wir in Kol. Q,5–6 zu Beginn eines offenbar wörtlichen Exzerpts zu Krates: Ἀντίγονοϲ δὴ γρ[ά]φει διότι. In den verlorenen Kolumnen (insbesondere zu Beginn der Arkesilaos-Vita) ist mit weiteren „erinnernden" φηϲί(ν) zu rechnen. Die Integration der zwei erhaltenen φηϲί(ν) ohne vorangehendes ὡϲ ist Indiz, dass Philodem ein längeres Exzerpt eng vom Original kopiert oder aber seine Grundquelle bereits diese „Kurzform" hatte.

b)   Zu Biographie und Identität des Antigonos von Karystos

Mit der Frage nach Biographie und Identität verschiedener „Antigoni" verbinden Philologen nicht zuletzt die berühmte Monographie des jungen Wilamo-

---

99   Phld. Ind. Stoic. 10,4–7 (Antigonos F 40).

witz-Moellendorff (1881).[100] Er hat die These aufgestellt, dass (1) der Bildhauer und Verfasser eines Buches zur Kunst, (2) der Biograph sowie (3) der Paradoxograph „Antigonos (von Karystos)" ein und dieselbe Person sind.[101] Dorandi (1999) hat in seiner Fragmentsammlung zu Antigonos die wesentlichen Ergebnisse von Wilamowitz bestätigt, Antigonos aber weniger Fragmente zugewiesen und insbesondere den „Paradoxographen" (3) nicht mit den beiden anderen bzw. dem anderen Antigonos von Karystos gleichgesetzt.[102] Letztlich kommt der Frage nach Identität des Biographen mit den anderen *Antigoni* für unsere Zwecke keine große Bedeutung zu.[103] Zentral ist die Tatsache, dass der Großteil aller Antigonos-Fragmente (F 1–41) aus den Philosophen-Viten (*Bíoι*) stammt.[104] Für diese Biographien war Antigonos insbesondere bekannt und gefeiert. Sueton (durch Hieronymus überliefert) reiht ihn unter die großen hellenistischen Biographen ein.[105] Da Antigonos offenbar noch den Tod bzw. die Veröffentlichung von Timons *Silloi* miterlebt hat (und vermutlich den Tod des Peripatetikers Lykon), muss er die *Bíoι* gegen Ende seines Lebens geschrieben haben, wohl um 225 v. Chr. oder etwas später – als Abfassungsort erschließt man Mysien.[106] Seinen Tod sollte man nicht viel später datieren. Da er einigen behandelten Philosophen wohl noch in seiner Jugend (Athen) begegnet ist, ergibt sich mit einigem Spiel 290–220 v. Chr. als Lebenszeit. Der Bildhauer, wahrscheinlich identisch mit dem Biographen,[107] war noch nach 239 v. Chr. für Attalos I. in Pergamon tätig.

---

100   Wilamowitz-Moellendorff (1881). Wichtige frühere Studie von Köpke (1862).

101   Wilamowitz-Moellendorff (1881), besonders S. 127–129 (Zusammenfassung der Ergebnisse). Ein kaiserzeitlicher, homonymer Dichter ist von dem Biographen zu unterscheiden (S. 169–174).

102   Dorandi (1999), S. CXXI–CXXIII. Vorarbeiten in: Dorandi (1995a); Dorandi (1994c); Dorandi (1995b). Einige Ergänzungen in Dorandi (2005a). Eine Würdigung von Wilamowitz-Moellendorff (1881) bei Dorandi (2000a). Dorandi schreibt Antigonos ansonsten noch περὶ ζῴων und περὶ λέξεων zu.

103   Jedoch könnte das Melanthios-Zitat (Antigonos F 9b – D.L. 4,18) von den künstlerischen Aktivitäten des Antigonos inspiriert gewesen sein, siehe dazu Dorandi (1991b), S. CVII.

104   Insgesamt finden sich 56 Fragmente in Dorandis Sammlung, ferner zwei später nachgetragene Philosophen-Fragmente (Antigonos F 1 und 2 novum, vgl. Dorandi (2005a)).

105   Hier. vir. ill. praef.1–2 (= Antigonos F 1= Suetonius F 1 Reifferscheid), vgl. auch Dorandi (1999), S. CXXI.

106   Vgl. Wilamowitz-Moellendorff (1881), S. 130 und Dorandi (1999), S. CXX–CXXII.

107   Da der Bildhauer nur einmal mit dem Ethnikon bezeichnet ist (Antigonos F 47), bleiben trotz der guten Argumente einige Restzweifel bestehen, ob nicht ein homonymer Zeitgenosse existierte (und ggf. das Ethnikon irrig gesetzt wurde, vgl. Loewy (1885), S. 120 f.).

c)   Inhalt und Genre der *Bíoι* des Antigonos

Eine Besonderheit der *Bíoι* des Antigonos ist der „Augenzeugencharakter" des Berichteten. Wir wissen, dass Antigonos die Skeptiker Pyrrhon (F 1–4) und Timon von Phlius (F 5–7), die Akademiker Polemon (F 8–10), Krantor (F 11–12), Krates (F 13–15), (Adeimantos (den Ätolier) – F 16), Arkesilaos (F 17–22), den Peripatetiker Lykon (F 23–24), Menedemos von Eretria (F 25–31) sowie die Stoiker Zenon von Kition (F 32–39) und Dionysios von Herakleia (F 40–41 – später Epikureer) in seinem Werk besprach. Da Antigonos viele der Genannten noch persönlich kennenlernte oder aus ihrem Umfeld zeitgenössische, mehr oder weniger glaubhafte Nachrichten über diese Philosophen in Erfahrung bringen konnte, stellen seine *Bíoι* eine Mischung aus echten „Memorabilien" und hellenistischer Biographie dar.[108] Das Werk mag übrigens über Philosophen hinausgegangen sein und andere Persönlichkeiten eingeschlossen haben.[109] Neben mündlichen Quellen hat Antigonos für einige Philosophen gewiss auch auf schriftliche Quellen zurückgegriffen.[110] Auf literarisch-inhaltlicher Ebene lässt das Erhaltene die Folgerung zu, dass Antigonos großen Wert auf die Zeichnung des Charakters (ἦθος) der Philosophen legte. Die Fragmente im *Index Academicorum* sind aufschlussreich und erhellen einige Aspekte. Die Anekdoten sind, ganz im Geiste Plutarchs,[111] nicht aus Gründen der Unterhaltung oder zum Selbstzweck angebracht, sondern sollen in konkreten Situationen die Geisteshaltung der Philosophen versinnbildlichen. Die Biographien scheinen nur bedingt Daten/Zahlen enthalten zu haben und waren nicht streng chronologisch strukturiert.[112] Auch hat der eigentliche philosophische Standpunkt der behandelten Persönlichkeiten Antigonos eher am Rande interessiert, während der Fokus auf der (durch die Philosophie bedingten) Alltagsethik, den Charakterzügen und Handlungen lag.[113] Die „äußere Biographie", welche in den meisten Fällen faktisch das gesamte Leben der Philosophen und nicht nur Auszüge umfasste, scheint für Antigonos eher Mittel zum Zweck gewesen zu sein, Wesen und Entwicklung von Personen zu illustrieren, was ihn von klassisch-peripatetischen Charakterzeichnungen im Geiste Theophrasts und von „alexandrinischen" Biographien (wie etwa Hermipp) gleichermaßen unter-

---

108   Vgl. Schorn (2014), S. 715 f.
109   Der Umstand, dass nur Philosophen-Viten erhalten sind, spricht nicht notwendigerweise gegen ein breiteres Personenspektrum, vgl. Dorandi (1999), S. LXXX–LXXXI.
110   Gaiser (1988), S. 132 f.
111   Plut. Alex. 1,2.
112   Dihle (1970), S. 107.
113   Dorandi (1999), S. XL. Zusammenfassung von Leo (1901), S. 56,61 f.,67 f.,74 f.,129 f.,133. Wilamowitz-Moellendorff (1881), S. 82 sieht Parallelen zu Seneca dem Älteren (*Oratorum et rhetorum sententiae divisiones colores* und die *praefationes* der *Controversiae*).

scheidet.[114] Ungeachtet aller Topoi können die *Bíoi* doch eine gewisse Glaubwürdigkeit und „Historizität" beanspruchen, da der Autor die Personen aus
eigenem Erleben porträtierte oder zuverlässigen (mündlichen) Schilderungen
folgte. Einschränkend ist zu sagen, dass die Fragmente kein letztgültiges Urteil
zu Aufbau und Intention der *Bíoi* zulassen und Einzelheiten im Vagen bleiben
müssen.[115]

d)   Antigonos als direkte Quelle Philodems?

Hatte Philodem das Werk des Antigonos direkt vor sich oder war dieses bereits
in seine „Grundquelle" integriert? Gaiser (1988) vermutet, dass Philodem die
entsprechenden Kolumnen direkt aus den *Bíoi* kompilierte,[116] während Wilamowitz (1881) von einer akademischen Zwischenquelle ausgeht.[117] Durch
diese seien auch (über eine weitere Zwischenquelle) die Auszüge des Antigonos bei Diogenes gelandet. In vielen Passagen scheint Philodem im Vergleich zu Diogenes eine ausführlichere Darstellung zu bieten. Der Epikureer
dürfte die Viten des Antigonos kaum unnötig im Nachhinein ausgeschmückt
haben. Im *Index Academicorum* ist in den Viten des Polemon, Krantor und
Arkesilaos lediglich mit Sicherheit die Schülerliste des Arkesilaos nicht Antigonos zuzuweisen. Die Passagen legen auch keine anderen Quellen als Antigonos nahe.[118] Ein Blick auf die Fragmente des Antigonos zeigt, dass dieser
gerne direkte Rede und Zitate anderer Autoren einbaute.[119] Daher scheint mir
etwa die Maler-Melanthios-Referenz, welche nach meiner Neurekonstruktion
in Kol. 14,1 fehlt,[120] vor dem Hintergrund der Bildhauertätigkeit und der kunst-
theoretischen Schriften des Antigonos im ursprünglichen Text der *Bíoi* gestanden zu haben (wie bei Diogenes). Ebenso scheint nicht unwahrscheinlich, dass
in der Polemon-Vita des Diogenes die Aristophanes-Zitate über den Charakter
und die Komödienzitate zur Sophoklesverehrung bereits von Antigonos angeführt wurden.[121] Somit muss Philodem diese in Kol. 14,8–12 und Kol. 15,1–2 in
Prosa überführt haben. Das Zitat aus D.L. 4,25 in der Polemon-Vita scheint

---

114   Vgl. Dorandi (1999), S. XLI–XLIV,LXXX.

115   Momigliano (1993), S. 81,117 f. äußert sich skeptisch zur Ermittlung der Intentionen des
       Antigonos auf Grundlage des Erhaltenen.

116   Gaiser (1988), S. 129–131, teils auf falschen Lesungen beruhend, aber im Kern valide.

117   Wilamowitz-Moellendorff (1881), S. 54 f.,128,334.

118   So richtig Gaiser (1988), S. 130 gegen Wilamowitz-Moellendorff (1881), S. 59–62, der jedoch
       nur die unzureichende textuelle Basis Büchelers (1869) zur Verfügung hatte.

119   Außerhalb der „Akademiker-Fragmente" sind diese Fragmente Antigonos F 26A,26B,29,41.

120   Anders die Ausgaben von Dorandi (1991)/Gaiser (1988), welche den Namen des Melan-
       thios in Kol. 14,1 ergänzen.

121   D.L. 4,18–20.

jedenfalls (ggf. prosaisch umgeformt) in Kol. S,1–3 gestanden zu haben, wenngleich es im Gegensatz zu den anderen Zitaten eine „konkrete Antwort" ist.
Auch die Zitate in D.L. 4,26–27 könnten teils aus Antigonos stammen, ebenso
das Zitat in D.L. 4,29 (Arkesilaos-Vita), zumal Neulesungen in Kol. 19,22–24 zeigen, dass die berühmte Aussage des Ariston über Arkesilaos „πρόϲθε Πλάτων,
ὄπιθεν Πύρρων, μέϲϲοϲ Διόδωροϲ" auch bei Philodem/Antigonos zu finden war.
Philodem hatte gewiss kein großes Interesse an zu vielen artifiziell-poetischen
Einsprengseln oder an zu viel wörtlicher Rede, wohingegen dies durchaus den
Neigungen des Antigonos entsprochen haben könnte und vielleicht charakte-
ristisch für seine *Bíoı* war. Dorandi vermutet, dass die Dichterzitate bei Diogenes in den Akademiker-Viten spätere Interpolationen sind.[122] Seine These ist
durchaus vertretbar, scheint mir aber in der Gesamtschau nicht vorzuziehen
zu sein.[123] Auch datieren alle einschlägigen Dichterzitate bei Diogenes Laertius vor der Zeit des Antigonos, was ein (nicht allzu gewichtiges) Hilfsargument
gegen die Hypothese späterer Interpolationen bei Diogenes Laertius (in allen
Fällen) ist. Somit scheint Diogenes aus keiner von Philodem abhängigen Quelle
geschöpft zu haben, sondern aus einer Quelle, welche die „Zitate" des Antigonos größtenteils bewahrt hat. Den dichterischen Neigungen des Diogenes
Laertius dürfte eine solche Quelle entgegengekommen sein, welche anderweitig die Informationen des Antigonos stärker kondensiert hatte. Jedoch blieb
der originale Wortlaut bzw. die Lexik zuweilen auch bei Diogenes erhalten, wie
der Vergleich mit Philodem zeigt. Zuweilen könnten Versatzstücke bei Diogenes noch näher am Original des Antigonos sein als entsprechende Passagen
in Philodem. Beispielsweise ist denkbar, dass die topographische Angabe in
D.L. 4,19 (κατῴκουν πληϲίον τοῦ μουϲείου καὶ τῆϲ ἐξέδραϲ) ursprünglich „antigonisch" war und die Lokalisierung „ἐν κήπῳ" im *Index Academicorum* (Kol.
14,39) nur eine Vereinfachung einer ursprünglich kombinierten Angabe ἐν κήπῳ
πληϲίον τοῦ μουϲείου καὶ τῆϲ ἐξέδραϲ darstellt. Auf dem Verso sprechen Kol. Q,5–7,
welche die Einleitung eines wörtlichen Zitates suggerieren (siehe a)), vielleicht
dafür, dass Philodem die Schrift des Antigonos tatsächlich vorlag.[124] In den
Antigonos-Passagen im *Index Academicorum* wird Hiat vermieden, was aber
bei der Frage von Philodems Quelle („Zwischenquelle oder Antigonos direkt")
nicht sonderlich weiterhilft. Philodem könnte etwa auch eine Zwischenquelle
(seine Grundquelle), die eng an Antigonos angelehnt war, minimal umformu-

---

122 Dorandi (1995b), S. 75.
123 Auch Gaiser (1988), S. 516 hält die Zitate (zumindest zu Sophokles) für originär antigo-
     nisch.
124 Gewiss bleibt möglich, dass Philodem dieses wörtliche Zitat aus zweiter Hand hatte.

liert haben.[125] Auch vermeintlich antigonische Wendungen oder Vokabeln im *Index Academicorum* helfen bei der Frage kaum, da sich solche offenbar auch bis zu Diogenes (über Zwischenquellen) durchgeschleppt haben.

Es ist merkwürdig, dass sich Passagen aus Antigonos auf dem Verso des Papyrus befinden. Hätte Philodem Antigonos vom Original exzerpiert, würde man „logischerweise" erwarten, dass sämtliche Auszüge aus Antigonos auf dem Rekto stünden. Besonders seltsam ist, dass Kol. S des Verso die Rekto-Kolumne 16 direkt fortsetzt. Dies ist ein starkes Indiz, dass es im Zuge von „schlechter Zettelwirtschaft" Philodems zu Konfusion und Unordnung beim Erstellen des Rekto der Entwurfsversion des *Index Academicorum* kam. Demgegenüber scheint Kol. Q ein „echter", späterer Nachtrag zu sein. Man könnte als eine Art Kompromisslösung annehmen, dass Philodem zunächst nur die Antigonos-Passagen seiner Grundquelle zur Verfügung hatte und sich irgendwann auch noch die originalen *Βίοι* besorgte, um von seiner Grundquelle übergangene Philosophen nachzutragen; das Werk war freilich auch für andere Bücher der *Cύνταξις τῶν φιλοcόφων* nützlich. Alternativ könnte Philodem in anderen Zwischenquellen weiteres antigonisches Material gefunden haben.

Philodems philosophiehistorische Grundquelle (siehe Einleitung zu III 2) hat für Polemon, Krantor, Krates und Arkesilaos mit hoher Wahrscheinlichkeit schon Antigonos genutzt, so dass Philodem folglich die Antigonos-Passagen aus ihr (modifiziert) übernehmen konnte. Es muss offenbleiben, inwieweit die „Ur-Rolle" des Entwurfs (siehe I 6.2) Philodems Originalität entspringt oder doch sehr nahe an seiner Grundquelle war. Als Hinweis, dass entweder Philodem selbständig oder seine Grundquelle etwas zu Antigonos ergänzten, könnten die beiden „philosophischen Angaben" ab Kol. 18,8 ff. und 19,24 ff. betrachtet werden. Jedoch sind sie nicht sehr spezifisch und Antigonos war über jüngere philosophische Entwicklungen in der Akademie gewiss ungefähr im Bilde und in der Lage, einige Schlagwörter zu bringen. Vielleicht hat die eher anekdotisch-biographisch interessierte Quelle des Diogenes philosophische Passagen des Antigonos unterschlagen, während sie im *Index Academicorum* beibehalten wurden, zumal sie eng mit den umgebenden Informationen verwoben scheinen und auch der Charakterzeichnung des Arkesilaos dienen.

Fassen wir zusammen: Es ist nicht mit letzter Gewissheit zu klären ist, ob Philodem die *Βίοι* des Antigonos direkt vor sich hatte oder nur aus seiner Grundquelle kannte, welche dann freilich relativ nahe am Text des Antigonos war. Vielleicht trifft auch beides zu. Philodem kannte Antigonos zunächst aus den Auszügen seiner Grundquelle und konsultierte später (auch für andere

---

125   Eine Zwischenquelle will auch Gaiser (1988), S. 131 nicht ausschließen.

Bücher der *Cύνταξις*) das Original (oder fand Originalauszüge in anderen Quellen). Im Endeffekt ist die Frage nach Zwischenquelle oder Original auch nicht von überragender Bedeutung, da der Faktor „Philodems eigene Umformulierung" immer zu berücksichtigen ist.[126] Eine wichtige Beobachtung ist, dass Philodem im *Index Academicorum* in der eigentlichen Schilderung der Biographien meist näher als Diogenes Laertius am Original scheint, welcher oft erheblich, teils sinnentstellend,[127] verkürzte. Jedoch scheint Philodem (bzw. seine Grundquelle) öfters weitschweifige Zitate oder Vergleiche prosaisch kondensiert zu haben, welche bei Diogenes Laertius noch erhalten sind. Die relative Reihenfolge der Antigonos-Informationen ist innerhalb der einzelnen Viten bei Philodem und Diogenes annähernd gleich. Bei Abweichungen ist die Reihenfolge bei Philodem wohl näher am Original des Antigonos als die mit anderem Material vermengte Darstellung des Diogenes Laertius. Der Wert der Antigonos-Auszüge im *Index Academicorum* liegt darin, dass sie in den eigentlichen Prosapassagen näher am originalen Antigonos sein dürften als Diogenes und mehr Details bewahrt haben.

Polemon: Ethik, zurückgezogenes Leben, Arkesilaos' Urteil, Liebhaber des Krates (Kol. 14,3–15,46)

Zu den *Bίοι* des Antigonos siehe Quellen Kol. 8*,23–14,3. Gaiser vermutet, dass Antigonos besonders in Kol. 15,3–25 (auf Basis heute hinfälliger Rekonstruktionen) auf literarische Memoiren des Arkesilaos zurückgriff, welche der Biograph in einer Schrift des Lakydes vorgefunden haben soll. Die These ist spekulativ und ohne solide Grundlage.[128] Es ist gewiss möglich, dass Antigonos die Aussagen des Arkesilaos irgendwo las, aber nicht notwendigerweise bei Lakydes. Auch eine direkte oder indirekte mündliche Tradition ist vorstellbar.

Krantor: Leben, Werk, Tod (Kol. 16,1–45)

Zu den *Bίοι* des Antigonos siehe Quellen Kol. 8*,23–14,3. Aus φησι in Kol. 16,2 geht hervor, dass Antigonos weiterhin als Quelle dient, was auch durch die Parallelen in Diogenes Laertius bestätigt wird. Warum das Exzerpt des Antigonos

---

126 Sollte Philodem eine Zwischenquelle, die sehr nahe am Original war, nahezu wörtlich kopiert haben, wäre er damit im Endeffekt wohl näher am Original, als wenn er den originalen Antigonos frei umformuliert hätte.

127 Siehe etwa Krantors Bestattungswunsch in D.L. 4,25, dazu Fleischer (2018c), S. 165 und I 2.7.

128 Gaiser (1988), S. 132 f. Er sieht in D.L. 5,41 einen Hinweis auf Memoiren des Lakydes (zu Arkesilaos), aber die Stelle kann anders gedeutet werden. Selbst im unwahrscheinlichen Fall, dass solche Memoiren existierten, folgt daraus nicht zwangsläufig oder mit hoher Wahrscheinlichkeit, dass Antigonos diese für die Arkesilaos-Zitate nutzte.

nicht in der folgenden Kolumne des Rekto fortgeführt wird, sondern nahtlos auf dem Verso (Kol. S), bleibt ein Rätsel (I 5.5 und I 6.2).

Arkesilaos: Studium, Scholarchat, Skeptizismus (Kol. 17,1–19,9)

Zu den *Βίοι* des Antigonos siehe Quellen Kol. 8*,23–14,3. Man fragt sich, ob Antigonos die Quelle aller drei vor Kol. 17 ausgefallenen Kolumnen war. Mit Blick auf Diogenes ergeben sich Zweifel, dass – trotz etwaiger Umstellungen und Auslassungen bei Diogenes – all diese drei Kolumnen (nur) den Beginn der Arkesilaos-Vita nach Antigonos enthielten. Vielleicht diente Antigonos zuvor noch für einen kleineren, unbekannten Akademiker als Quelle. Eigentlich erwartet man für die drei zwischen Kol. 16 und 17 ausgefallenen Kolumnen inhaltlich (in dieser Reihenfolge) Kol. S, Kol. Q, Kol. R. Jedenfalls dürfte in der Kol. 17 unmittelbar vorangehenden Kolumne der Beginn der Arkesilaos-Vita des Antigonos gestanden haben.

Arkesilaos: Gesamturteil, philosophische Vorbilder und Argumentation (Kol. 19,9–20,3)

Zu den *Βίοι* des Antigonos siehe Quellen Kol. 8*,23–14,3. In Kol. 19,12 erinnert uns Philodem mit dem eingeschobenen ⌐φ⌐ηcίν daran, dass Platons hypothetische Wertschätzung des Arkesilaos eine Mutmaßung des Antigonos (und nicht Philodems) ist. Weitreichende Konsequenzen für die Abgrenzung des antigonischen Materials in Diogenes' Arkesilaos-Vita (D.L. 4,28–45) zieht die erstmalige Entdeckung des Ausfalls von fünf Kolumnen zwischen Kol. 19 und 20 mittels bibliometrischer Verfahren nach sich (I 5.5). Ferner zeigen diverse Neulesungen in Kol. 19,16–24, dass Philodem sehr eng an D.L. 4,33 angelehnt ist. Der Umfang der Arkesilaos-Vita (nach Antigonos) war offenbar auch im *Index Academicorum* ähnlich groß wie bei Diogenes bzw. viel größer als bisher angenommen. Dorandi (1999) hatte anders als Wilamowitz große Teile der Arkesilaos-Vita bei Diogenes nicht in seine Antigonos-Fragmentsammlung aufgenommen und fast alle Passagen nach D.L. 4,33 ausgeschlossen.[129] Ein zentraler Beweggrund war, dass Dorandi noch glaubte, Kol. 19 und 20 würden aufeinanderfolgen. Somit wären dann (zu) viele Informationen bei Diogenes zu Arkesilaos gegeben worden, die Philodem sicherlich nicht alle weggelassen hätte, wenn sie denn aus Antigonos entnommen gewesen wären.[130] Dieses an sich legitime und plausible „e-silentio-Philodemi"-Argument ist jetzt durch die Entdeckung des Ausfalls von fünf Kolumnen nach Kol. 19 innerhalb

---

129 Antigonos F 17–22. Ferner hat er Auszüge aus D.L. 4,31 und 4,37 nur unsicher aufgenommen.

130 Dorandi (1995b), S. 77–80 und Dorandi (1999), S. LIX–LXIII.

von Philodems Arkesilaos-Vita hinfällig. Auch die Art vieler Informationen in D.L. 4,33–43 spricht für eine Herkunft aus Antigonos. Das Ende von D.L. 4,33 könnte etwa in Kol. 19,32 ff. ein Pendant haben. Wilamowitz (1881) ging davon aus, dass die meisten der bei Diogenes erhaltenen Nachrichten (D.L. 4,29–43) auf Antigonos zurückgehen, mit Ausnahme etwa von einigen Pseudo-Aristipps *Περὶ παλαιᾶς τρυφῆς* entlehnten Passagen.[131] Der Altmeister der Klassischen Philologie war, wie sich nun zeigt, nicht weit von der Wahrheit entfernt. In einige Passagen (D.L. 4,33–43) gingen neben Pseudo-Aristipp vielleicht noch andere Autoren ein, aber die meisten Angaben gehen wahrscheinlich auf Antigonos zurück. Teils wird Diogenes, teils Philodem den Antigonos ausführlicher exzerpiert haben. An manch allzu absurdem Klatsch dürfte Philodem eher weniger Gefallen gefunden haben als Diogenes. Antigonos war ein ungefähr er Zeitgenosse des Arkesilaos und wußte sicherlich manche Anekdote über ihn zu berichten. Long (1986) hat strukturelle Gemeinsamkeiten und gleiche Motive in den Antigonos-Viten des Menedemos und des Arkesilaos bei Diogenes identifiziert und wie Wilamowitz angenommen, dass vieles aus D.L. 4,33–43 auf Antigonos zurückgeht[132] – was nun durch die Entdeckung der fünf verlorenen Kolumnen wahrscheinlich bis sicher ist.[133] Ferner sei daran erinnert, dass Arkesilaos' Bewunderung für Homer und Pindar (D.L. 4,31) Parallelen in Antigonos' Darstellung des Polemon und Krantor hat.[134] Auch D.L. 4,38–39 (mit der Patronage der Attaliden) könnten gut auf Antigonos zurückgehen.[135] Das Adjektiv φιλομειράκιος in D.L. 4,40 ist fast einzigartig in der antiken Literatur und erscheint sonst nur noch in Kol. 13,6–7 (Antigonos' Polemon-Vita).[136] Dies ist meines Erachtens ein starkes Indiz, dass Diogenes das seltene Wort aus Antigonos (indirekt) übernommen hat, ergo Antigonos in D.L. 4,40 zugrunde liegt.[137] Auch in D.L. 4,41–42 könnten einige Wörter auf Antigonos hindeuten[138] und die Erwähnung des Bruders bzw. der Brüder in D.L. 4,38 und 43 könnte

---

131 Wilamowitz-Moellendorff (1881), S. 48–53,57–60.

132 Long (1986), S. 431–437.

133 Somit vermehrt die Entdeckung des Ausfalls der Kolumnen im *Index Academicorum* nicht nur die Antigonos-Fragmente zu Arkesilaos, sondern auch diejenigen zu Menedemos.

134 Zu Recht von Dorandi aufgenommen (Antigonos F 21*), vgl. Wilamowitz (1881), S. 59.

135 Wilamowitz (1881), S. 58.

136 Siehe Kommentar Kol. 13,6–7.

137 Auch wird direkt im Anschluss in D.L. 4,40 interessanterweise Ariston von Chios erwähnt, der aber in Kol. 19,21–25 nicht wie bei Diogenes als Urheber der Spottverse erscheint. Wilamowitz (1881), S. 50 hat die Stelle Pseudo-Aristipp zuschreiben wollen. In der Tat scheint die Passage auf ihn zurückzugehen, aber es könnten Elemente aus Antigonos eingeflossen sein.

138 D.L. 4,41: … καὶ ἐπέσκωπτον ὡς φίλοχλον καὶ φιλόδοξον. Die exakt gleiche Verbform erscheint

auf Antigonos als Quelle zurückzuführen sein.[139] Die nun durch Neulesungen
zutage getretene Parallele von Kol. 19,17–24 und D.L. 4,33 ist prinzipiell ein
Argument für mehr antigonisches Material bei Diogenes. Auch Kol. 19,24–41
dürfte in D.L. 4,33 eine Entsprechung haben.[140] Ein Großteil der verlorenen fünf
Kolumnen (vielleicht alle bis einschließlich Kol. 20,3) im *Index Academicorum*
hatte vermutlich Antigonos zur Quelle und somit ähnlichen Inhalt wie die zehn
Kapitel bei Diogenes (D.L. 4,34–43), insoweit sie „antigonisch" sind. Gewiss ist
auch möglich, dass Philodem für einen (den letzten) Teil der fünf verlorenen
Kolumnen zu einer anderen Quelle wechselte. Die Quellenautoren der Ergänzungen 11 und 12 unter Kol. 19 bzw. 20 sind nicht bestimmbar.

Arkesilaos: Schülerliste (Kol. 20,3–44)

Solche Schülerlisten sind bei Antigonos eher nicht zu erwarten. Vermutlich
fand Philodem die Liste in seiner (akademischen) Grundquelle. Woher diese
wiederum die Namen hatte, ist nicht zu ermitteln. Man könnte vermuten,
dass die Zusammenstellung bis in die Zeit des Lakydes oder die seiner Schüler
zurückreicht; sie könnte aber auch erst später aus diversen Quellen kompiliert
worden sein. Einige sprachliche Gemeinsamkeiten mit der Liste der Karneades
könnten auf Philodems Grundquelle zurückgehen.

Lakydes: Leben, Mittlere und Neue Akademie (Kol. 21,1–41)

Für die etlichen neugelesenen Zeilen im ersten Teil von Kol. 21 wäre zu überlegen, ob diese noch auf Antigonos von Karystos zurückgehen. Seine *Bíoi* entstanden zu einer Zeit, da Lakydes schon einige Jahre Scholarch war und noch
lebte (zu den *Bíoi* des Antigonos siehe Quellen Kol. 8*,23–14,3). Folglich könnte
Antigonos den Philosophen in seiner Darstellung noch gestreift haben. Der
durch die Neurekonstruktion nun fassbare ausgeschmückt-anekdotische Charakter spricht zumindest nicht gegen Antigonos.[141] Philodems Grundquelle
könnte für Informationen zum frühen Lakydes auf den Biographen zurückgegriffen haben und ab Mitte/Ende der Kolumne zu systematischen philosophiehistorischen Kategorisierungen (der Akademie) übergegangen sein, die

---

in Kol. 19,21–22. Antigonos hatte offenbar eine Vorliebe für φιλο-Komposita. In D.L. 4,42
liest man εὐαρεστουμένου – das Verb erscheint auch in Kol. 19,12.

139   Man wüsste zu gerne, ob Arkesilaos' bissige Bemerkung zu Epikureern in D.L. 4,43 auf
Antigonos zurückgeht und von Philodem auch im *Index Academicorum* wiedergegeben
wurde.

140   Da auch in der Menedemos-Vita des Antigonos (D.L. 2,127) eine ähnliche Formulierung
wie in D.L. 4,33 erscheint (ἦν γὰρ καὶ ἐπικόπτης καὶ παρρησιαστής bzw. ἐπικόπτης θ᾽ ἱκανῶς
καὶ παρρησιαστής), dürften beide Stellen Antigonos entnommen sein.

141   In D.L. 4,59–61 wird nicht auf Antigonos verwiesen.

natürlich noch nicht von Antigonos vorgenommen worden sein können. Da die genauen Todesdaten des Lakydes erst im Apollodor-Exzerpt genannt sind (Kol. 27,1–7), könnte Philodems Grundquelle zunächst aus einer Tradition geschöpft haben, welche von Lakydes' Tod noch nicht berichten konnte (etwa Antigonos). Allerdings spricht φ⸢αϛ⸣[ὶ] δ[έ] ⸢τινε⸣[ϲ eher gegen Antigonos als Quelle. Zwar dürfte der Ausdruck nicht unbedingt mehrere schriftliche Quellen bezeichnen, aber ein phraseologisches φ⸢αϛ⸣[ὶ] erscheint zumindest nicht im erhaltenen Antigonos-Exzerpt des *Index Academicorum*. Somit ist denkbar, dass hier eine spätere Quelle Anekdotisches zu Lakydes zusammengetragen hat, vielleicht dieselbe Quelle, auf welcher die Karneades-Darstellung in Kol. 22 fußt. Die Terminologie von Kol. 21,35–41 setzt wohl schon den Abfall des Antiochos von Askalon von Philio voraus. Folglich datiert die Quelle nicht vor den späten 90er Jahren, womöglich erst nach der Sosus-Affäre 87 v. Chr. Die Sätze entstammen vermutlich Philodems Grundquelle, welche auch das genaue Todesdatum des Philio (84/83 v. Chr.) nannte und folglich später aktiv war, also nicht allzu lange vor der Abfassungszeit von Philodems *Index Academicorum*. Natürlich könnte Philodem seine Grundquelle etwas umformuliert haben.

Karneades: Keine Werke, Chrysipp, Diogenes, Philosophengesandtschaft (Kol. 22,1–37)

Die Karneades-Vita Philodems dürfte auf seine (akademische) Grundquelle zurückgehen. Gerade der weitgehend exklusive Inhalt der neugelesenen Zeilen zeigt, dass diese Quelle auch über eher ungewöhnliche Details von Karneades' Biographie und über das philosophische Milieu Athens bestens im Bilde war. Die Grundquelle könnte ihrerseits aus mündlicher Tradition geschöpft haben und auch manches in etwaigen biographischen Exkursen der Karneades-Schüler aufgestöbert haben. Es scheint, dass schon zu Lebzeiten des illustren Philosophen und bald nach dessen Tod verschiedenste Anekdoten oder Nachrichten im Umlauf waren, so dass exakte Quellen kaum isoliert oder identifiziert werden können. Die exakte Reduktion der Strafsumme (Kol. 22,35–37) auf 100 Talente im Zuge der Philosophengesandtschaft hat der *Index Academicorum* nur mit Pausanias gemein, der vielleicht aus Polybios schöpft. Alle anderen Testimonien berichten nicht von der genauen Restsumme.[142] Die Erwähnung des Nichterscheinens der Athener im ursprünglichen Strafverfahren hat der *Index Academicorum* nur mit Plutarch gemeinsam.[143] Philodems

---

142   Paus. 7,11,5: Die Karneades-Testimonien zur Gesandtschaft bei Karneades T 7a–k Mette. Zur Gesandtschaft siehe etwa Powell (2013). Er schlägt (S. 230) Polybios als Quelle für Pausanias vor, den auch Philodems Grundquelle genutzt haben könnte.

143   Plut. Cato mai. 22.

Grundquelle könnte aus mehreren Autoren Informationen zusammengetragen haben. Es scheint, dass die Ausführungen in Kol. 22 (und P) noch keine biographischen Daten und Jahreszahlen enthielten. Diese wurden offenbar erst später aus Apollodors *Chronica* beigesteuert. Interessant ist, dass Cicero auf die Philosophengesandtschaft und Oropos im Zusammenhang mit den *Chronica* Apollodors in einem Brief an Atticus Bezug nimmt.[144] Demnach wurde die Episode von Apollodor behandelt. Angesichts dessen, dass die akademische Grundquelle sich auch in Kol. 25 und Kol. 33 vermutlich der *Chronica* bedient hat und nicht erst Philodem (allein) die *Chronica* umformulierte, könnte die Grundquelle auch für Kol. 22,17–37 aus den *Chronica* geschöpft haben, aber die Gesandtschaft war offensichtlich schon früh berühmt-berüchtigt und daher sicherlich auch bei anderen Autoren erwähnt.

Karneades: Schülerliste (Kol. 22,37–24,43)

Vermutlich geht die Liste in ihrer Gesamtheit oder zumindest in Teilen auf Philodems Grundquelle zurück, die sie ihrerseits einer gut informierten akademischen Quellen entnommen haben dürfte. Eine solche könnte beispielsweise der Vielschreiber Kleitomachos sein, welcher selbst vermutlich kein genuines Glied der Liste ist und erst in Kol. 24,38 ff. vor seiner eigentlichen Biographie im Zusammenhang mit dem Tod des Karneades erscheint. Womöglich signalisiert die *paragraphos* in Kol. 23,38, dass der folgende Part der Schülerliste einer anderen Quelle entstammt, wobei schon Philodems Grundquelle zwei Quellen kombiniert haben könnte. Einerseits erscheint nämlich genau dieser zweite Listenteil abermals in Kol. 32 an relativ selbiger Position unten in der Kolumne (Kol. 23,38–47 = Kol. 32,34–44), andererseits wird Metrodor von Stratonikeia zweimal in der Liste genannt (in Kol. 23,15–16 und Kol. 24,9 ff.). Die Einlassungen zu Metrodors frühen epikureischen Studien und seiner Konversion könnten sogar auf Philodem selbst zurückgehen, den diese Episode vielleicht besonders interessierte. Ab etwa Kol. 24,30 folgt als Abrundung der Liste (Nennung der Nachfolger) eine Prosafassung von Versen aus Apollodors' *Chronica*, die später nochmals im originalen Wortlaut kopiert wurden (= ca. Kol. 29,35–30,20). Das Ende der Schülerliste (im weitesten Sinne) scheint wieder genau in die Kol. 24 eingepasst. Mit dem ersten Wort von Kol. 25 beginnt die Kleitomachos-Vita.

---

144   FGrH 244 T 8 (Cic. Att. 12,23,2 – März 45 v. Chr.): *De Terentia ita cura ut scribis, meque hac ad maximas aegritudines accessione non minima libera. et ut scias me ita dolere ut non iaceam: quibus consulibus Carneades et ea legatio Romam venerit scriptum est in tuo annali. haec nunc quaero, quae causa fuerit – de Oropo, opinor, sed certum nescio; et, si ita est, quae controversiae. praeterea, qui eo tempore nobilis Epicureus fuerit Athenisque praefuerit hortis, qui etiam Athenis* πολιτιχοί *fuerint illustres. quae te etiam ex Apollodori puto posse invenire.*

Kleitomachos: Werdegang, Tod, Schüler (Kol. 25,1–36)

Die vielen Zahlen und Archon-Datierungen deuten auf Apollodors *Chronica* als Quelle des ersten Teils der Kleitomachos-Vita hin (Kol. 25,1–19), welche aber vermutlich – zumindest für die doppelte Todesangabe – um eine andere Quelle ergänzt wurden. Es ist möglich, dass bereits Philodems Grundquelle Apollodor umformuliert und erweitert hat. Da das vierte Buch der *Chronica* kaum viel später als 110/105 verfasst wurde,[145] ist der 3-Jahres-Unterschied zwischen „Polykleit" – welcher alleinig in der vermutlich apollodorischen Philio-Biographie erscheint (Kol. 33,17) – und „Aristarch" eigentlich nur mit einer zweiten Quelle erklärbar.[146] Diese hätte dann wahrscheinlich auch die folgenden Informationen und die Schülerliste (Kol. 25,20–36), da in ihr Antiochos von Askalon erwähnt wird, beigetragen. Für einen apollodorischen Ursprung und ein Exzerpt eng am Wortlaut sprechen der merkwürdige Aspirationsfehler in Kol. 25,15,[147] entfernter vielleicht die *scriptio plena* in Kol. 25,9 und 12[148] und das überflüssige ν in Kol. 25,10.[149] Aufgrund der Parallele von Kol. 24,30–43 mit Kol. 29,35–30,14 ist gut vorstellbar, dass die apollodorische Originalfassung von Kol. 25,1–19 ungefähr in Kol. 30,15–40 stand. Die Informationen in Kol. 25,20–36 hat wahrscheinlich Philodems Grundquelle beigetragen, wobei sie teils schon in Apollodor zu finden gewesen sein könnten. Dieser mag auf Selbstaussagen des Kleitomachos in seinen Werken zurückgegriffen haben oder auf eine Chronik aus dem akademischen Umfeld selbst. Vermutlich kannte er einige Daten oder Fakten als Lehrer des Philio (Kol. 33,12–13) auch aus mündlicher Tradition.

Polemarch, Krates, Metrodor von Stratonikeia (Kol. 25,36–26,Mitte)

Die Polemarch-Passage (Kol. 25,36–43) scheint auf Apollodors *Chronica* zurückzugehen (Kol. 29,Mitte /Ende–30,4) und kaum *vice versa*, da am Ende von Kol. 29 der Vorgang der Übernahme ausführlicher beschrieben wird und ver-

---

145 Siehe Quellen Kol. 26,Mitte–28,40.

146 Fleischer (2020a), S. 43–45. Apollodor schrieb seine *Chronica* nicht lange nach dem Tod des Kleitomachos, lebte in Athen und stand offenbar mit Akademikern in engem Kontakt, so dass eine Unsicherheit, welche drei Jahre betrifft, bei ihm eigentlich nicht vorstellbar ist.

147 Kurz zuvor in Kol. 25,7 unterläuft der Fehler bei derselben Zahl nicht. In den ursprünglichen *Chronica* könnte etwa ἡγησάμενος, ἡγούμενος oder ἡγήσατο nach δέχ᾽ gestanden haben, wobei ἔτη aus metrischen Gründen an anderer Position stand, vgl. Fleischer (2020a), S. 49f.

148 Die Wörter ⸀ς᾽υνε⸀ςτ᾽ήσατο ἄρχοντ[ο]ς könnten Ende bzw. Anfang eines Trimeters darstellen, vgl. Fleischer (2020a), S. 50, aber Philodem scheint im *Index Academicorum*, wenn ein Wort mit spiritus lenis folgt, die 3.P.Sg. Medium (Aorist oder Imperfekt) generell nicht zu elidieren (vgl. Kol. 25,12 und Kol. 35,3–4).

149 Fleischer (2020a), S. 49, Fn. 85 (jedoch ist auch in Kol. 25,43 unnötigerweise ein ν gesetzt).

mutlich auch in Kol. 29,Mitte mehrere Angaben zu Polemarch gemacht worden sein dürften, welche zu χα[ὶ] πα⌐ράγ⌐[ε]ι⌐γ⌐ χα[ὶ c]ῴιζειν θ⌐έ⌐[c]⌐ιν⌐ ⌐με⌐[μ]⌐ελε⌐-τηχώc zusammengefasst wurden. Auch die kurze Krates-Passage könnte eine freie Wiedergabe von Kol. 30,5 ff. sein, aber es ist ungewiss, ob die Zahl „Vier" schon bei Apollodor (etwa Kol. 30,Mitte) erschien. Sie begegnet ebenfalls in Kol. 25,13–14, so dass beide Stellen auf eine gemeinsame Quelle zurückgehen dürften, welche vermutlich Kol. 25 bis 26 zusammenhängend formuliert hat. Am ehesten handelt es sich bei dieser Quelle um Philodems Grundquelle, welche ihrerseits (unter anderem) aus Apollodor schöpfte. Trotz der Überschneidung mit den Informationen am Ende von Kol. 24 könnte die Passage Kol. 25,36–26,4 auch für die Endversion bestimmt gewesen sein (keine Zeichen einer intendierten Tilgung im Papyrus), da in ihr die früheren Angaben ergänzt werden bzw. davon abgewichen wird. Der Abschnitt zu Metrodor (Kol. 26,4–Mitte) lässt ob fehlender Zahlen nicht unbedingt auf apollodorischen Ursprung schließen.[150] Ich vermute, dass der komplette mittlere Teil von Kol. 26 vor dem Beginn der Dublette Metrodor galt. Philodem fand Informationen über Metrodor wohl in seiner Grundquelle vor, welche auch über innerschulische Richtungen und Interpretationen bestens im Bilde gewesen sein dürfte.

Lakydes-Schüler: Tod des Lakydes, Telekles, Euander, weitere Akademiker (Kol. 26,Mitte–28,40)

Zwischen Kol. 26, Mitte bis 32,34 wurden etwa 165 Verse aus Apollodors *Chronica* zu akademischen Philosophen wörtlich kopiert, welche auf dem Verso und Rekto mitunter in Prosafassungen erscheinen (Kol. 24 bis 25, Kol. O).

a)   Leben und Werk des Grammatikers Apollodor von Athen

Für Apollodors Biographie sind ein Suda-Eintrag und das Proömium des sogenannten Pseudo-Skymnos essentiell.[151] Die *Chronica* selbst (implizit) und

---

150   In diesem Fall könnte er im Verlorenen von Kol. 30 behandelt worden sein.

151   Die Testimonien zu Apollodors Leben in FGrH 244 T 1–9; für eine vertiefte Diskussion seiner Biographie siehe Fleischer (2020a), S. 7–24, ferner Jacoby (1902), S. 1–9 und Williams (2018). Suda α 3407 (FGrH 244 T1): ⟨Ἀπολλόδωρος,⟩ Ἀσκληπιάδου, γραμματικὸς, εἷς τῶν Παναιτίου τοῦ Ῥοδίου φιλοσόφου καὶ Ἀριστάρχου τοῦ γραμματικοῦ μαθητῶν, Ἀθηναῖος τὸ γένος· ἦρξε δὲ πρῶτος τῶν καλουμένων τρα-γιάμβων. Ps.-Skymnos 16–49 (FGrH 244 T 2): (16–25) Ἔςτι δ᾽ ἃ γράφω τοιαῦτα. τοῖς ἐν Περγάμῳ | βαςιλεῦςιν, ὧν ἡ δόξα καὶ τεθνηκότων |παρὰ πᾶςιν ἡμῖν ζῶςα διὰ παντὸς μένει,| τῶν Ἀττικῶν τις γνηςίων τὲ φιλολόγων, | γεγονὼς ἀκουςτὴς Διογένους τοῦ Cτωϊκοῦ,| ςυνεςχολακὼς δὲ πολὺν Ἀριςτάρχῳ χρόνον | ςυνετάξατ᾽ ἀπὸ τῆς Τρωϊκῆς ἁλώςεως | χρονογραφίαν ςτοιχοῦςαν ἄχρι τοῦ νῦν βίου. | Ἔτη δὲ τετταράκοντα πρὸς τοῖς χιλίοις | ὡριςμένως ἐξέθετο, ... (Text nach Marcotte (2000)). Für Pseudo-Skymnos siehe Korenjak (2003); Boshnakov (2004); für einen Vergleich mit den *Chronica* siehe Bravo (2009).

einige andere Quellen liefern ergänzende Angaben. In der Zusammenschau ergibt sich folgendes Bild: Apollodor, öfters mit dem Beinamen „der Grammatiker" versehen, wurde um etwa 180 v. Chr. in Athen als Sohn eines Asklepiades geboren. Zwischen ca. 160 und 155 wurde er ebendort Schüler des Stoikers Diogenes von Seleukia, bevor er ungefähr im Zeitraum 155 bis 145 in Alexandria Studien bei Aristarch von Samothrake nachging. Es ist vorstellbar, dass er schon in Alexandria die in seinen *Chronica* behandelten Akademiker Melanthios und Charmadas (Kol. 31,3–32,11) flüchtig kennenlernte.[152] Da die erste Fassung der *Chronica* (Bücher 1–3) König Attalos II. gewidmet ist und etwa 143 v. Chr. erschien (siehe c)), dürfte Apollodor einige Zeit in Pergamon verbracht haben, ehe er in seine Heimat Athen zurückkehrte. Ob er Pergamon erst im Zuge des Todes von Attalos II. oder Attalos III. (138 bzw. 133) oder schon zu einem früheren Zeitpunkt verließ, ist ungewiss. In Athen war er ein Freund des stoischen Scholarchen Panaitios;[153] die erstaunlich detaillierten Angaben zu dem anderweitig unbekannten Akademiker Boethos von Marathon (Kol. 26,Mitte–45 und Kol. 28,40–29,17) könnten von persönlicher Bekanntschaft herrühren.[154] Für die Biographie des Apollodor hat eine Neulesung in Kol. 33,12–13 ein aufschlussreiches Faktum ans Licht gebracht: Der spätere akademische Scholarch Philio von Larissa hörte Apollodor von ca. 120–118.[155] Somit unterrichtete Apollodor in Athen und konnte für seine Ausführungen zu Akademikern in den *Chronica* gleichsam auf erstklassige, mündliche Quellen zurückgreifen. Vermutlich war er nicht nur mit dem Stoiker Panaitios, sondern auch mit einigen Akademikern befreundet. Da die *Chronica* (4. Buch) aller Wahrscheinlichkeit nach nicht vor 110/09 erschienen, lebte Apollodor bis mindestens zu diesem Zeitpunkt, vielleicht sogar über das Jahrhundertende hinaus.[156] Neben den monumen-

---

152 Fleischer (2020a), S. 14–16. Es wäre zu überlegen, ob alle drei Männer Alexandria im Zuge der Intellektuellenverfolgung des Ptolemaios VIII. um 145 v. Chr. verließen. Da auch Melanthios ein Schüler oder Assistent des Aristarch und ungefährer Altersgenosse des Apollodor war, würde es verwundern, wenn beide sich nicht aus Alexandria kannten. Ich vermute, dass die Angabe in Kol. 31,6–8 sogar hauptsächlich in dieser früheren Bekanntschaft wurzelt.

153 Aus chronologischen Gründen kann Apollodor die Stoiker Diogenes (Scholarch bis kurz vor 150 v. Chr.) und Panaitios (Scholarch 129–110) nur schwerlich beide zum Lehrer gehabt haben. Eine Passage im *Index Stoicorum* (Phld. Ind. Stoic. 69, 3–5 = FGrH 244 T 5a: ὁ δὲ Παγα[ί]τιος | καὶ τὸν γραμματ[ικ]ὸν | Ἀ]πολλόδωρον ἀπ[– Konjekturen: ἀπ[εδέχετο Comparetti bzw. ἀπ[εδέξατο Gomperz) ist sehr wahrscheinlich dahingehend zu ergänzen, dass Panaitios ein Vertrauter Apollodors war, was die Suda fälschlicherweise zu einem Lehrerverhältnis umgedeutet hat, vgl. Jacoby (1902), S. 5f. und Fleischer (2020a), S. 10f.

154 Gomperz (1875), S. 604; Fleischer (2020a), S. 14.

155 Fleischer (2020a), S. 16–21.

156 Auch ein gewisser Aristokles (Πρὸς τὴν Ἀριστοκλέους ἐπιστολὴν – FGrH 244 F 219 = Athen.

talen *Chronica* dürfen der *Schiffskatalog* (12 Bücher) und *Über die Götter* (24 Bücher) als seine bedeutendsten Werke gelten.[157] Darüber hinaus schrieb er etliche kleinere oder weniger bekannte philologisch-grammatikalische Traktate.[158] Schon lange herrscht in der Forschung die *communis opinio*, dass Apollodor von Athen nicht mit dem Verfasser der *Bibliotheke* identisch ist.[159]

b) Apollodors *Chronica* – Inhalt, Rezeption, Genre, Metrik, Sprache
Die *Chronica* repräsentieren eine Universalgeschichte vom Fall Troias 1184/83 bis in die Gegenwart Apollodors und decken somit nur das sogenannte *spatium historicum* ab. Das Werk tangiert auch Bereiche jenseits von politisch-militärischer Faktengeschichte, wobei Biographien berühmter Männer einen beträchtlichen Raum einnehmen. Der Großteil der erhaltenen Fragmente ist Philosophen und Schriftstellern gewidmet, was zwar ob der Überlieferungslage (Diogenes Laertius und Philodem) nicht repräsentativ ist, aber dennoch zeigt, dass auch die Kulturgeschichte in den *Chronica* gebührende Berücksichtigung fand.[160] Von den im engeren Sinne historischen Fragmenten sind viele der römischen Geschichte zuzuordnen. Methodisch hat Apollodor für die Zeit vor der ersten Olympiade 776 v. Chr. spartanische Königslisten genutzt und bei

---

XIV 636f – zum Zitat siehe Montana (2006), S. 210, zum Musiker Aristokles Fowler (2008)) ist mit dieser Datierung kompatibel; eine mögliche Erwähnung von Apollodor in P. Oxy. 1241 (FGrH 244 T 4) ist aufgrund der dort notorisch unzuverlässigen Aussagen von keiner großen Relevanz, vgl. Fleischer (2020a), S. 12 f.

157 *Νεῶν κατάλογος* (FGrH 244 F 154–207) und *Περὶ θεῶν* (FGrH 244 F 88–153,352–356). Nach Jacoby (1929), S. 716 wurde der *Schiffskatalog* in Alexandria, die *Chronica* (ersten 3 Bücher) in Pergamon und *Περὶ θεῶν* in Athen veröffentlicht.

158 Aufgrund der Überlieferungslage ist es möglich, dass einige dieser Werke auch größeren Umfang hatten bzw. in der Antike weitere Verbreitung fanden. Zu nennen sind *Περὶ τῶν Ἀθήνησιν ἑταιρῶν* (FGrH 244 F 208–212), *Περὶ Ἐπιχάρμου* (FGrH 244 F 213 – 10 Bücher), *Περὶ Cώφρονος* (FGrH 244 F 214–218 – mind. 4 Bücher), *Πρὸς τὴν Ἀριστοκλέους ἐπιστολὴν ἀντιγραφή* (FGrH 244 F 219), *Περὶ τοῦ κρατῆρος ῥησείδιον* (FGrH 244 F 220), *Γλῶccαι* (FGrH 244 F 221), *Ἐτυμολογίαι* (FGrH 244 F 222–225 – mind. 2 Bücher), andere philologisch-grammatikalische Abhandlungen (FGrH 244 F 226–284), zu denen die *Ζητήματα γραμματικὰ εἰς τὴν Ξ τῆς Ἰλιάδος* (P. Med. 19) hinzuzufügen sind, vgl. Matthaios (2014), S. 543.

159 Phot. bibl. 142a–b. Siehe Brodersen (2012), S. IX,X; Diller (1983), S. 199–216. Zur unpassenden Bezeichnung „Pseudo-Apollodor" für den Verfasser der *Bibliotheke* siehe Fowler (2013), S. 383. Auch sei vermerkt, dass Apollodor wahrscheinlich nicht in Ps.-Skymnos 120–121 (Lesung und These von Bravo (2009), S. 7–21, besonders S. 15, dagegen Fleischer (2020a), S. 22) erwähnt ist und auch nicht mit Pseudo-Skymnos selbst zu identifizieren ist (Marcotte (2000), S. 35–46; dagegen Boshnakov (2004), S. 43–53; Bravo (2009), S. 7–21).

160 Ps.-Skymnos 25–31: ... καταριθμούμενος | πόλεων ἁλώcειc, ἐκτοπιcμοὺc cτρατοπέδων, | μεταναςτάcειc ἐθνῶν, cτρατείαc βαρβάρων, | ἐφόδουc περαιώcειc τε ναυτικῶν cτόλων, | θέcειc ἀγώνων, cυμμαχίαc, cπονδὰc, μάχαc, | πράξειc βαcιλέων, ἐπιφανῶν ἀνδρῶν βίουc, | φυγὰc, cτρατείαc, καταλύcειc τυραννίδων, vgl. Fleischer (2020a), S. 25.

unzureichend genauen Angaben indirekt biographische Daten auf Basis eines
ἀκμή-Konzepts extrapoliert und mit Synchronismen gearbeitet.[161] Anders als
viele spätere, in Prosa umgeformte Fragmente der *Chronica* suggerieren, hat
Apollodor im Original – wie im *Index Academicorum* ersichtlich – Archonten und nicht Olympiaden zur Datierung genutzt. Wahrscheinlich lag eine
Umrechnungstabelle bzw. Archontenliste dem Werk bei (ἀρχόντων ἀναγραφή),
da kein Leser alle Daten der hunderten athenischen Archonten auswendig
präsent haben konnte. Teils hat Apollodor die Archonten durch bekannte
chronologische Referenzpunkte für den Leser ungefähr zeitlich eingeordnet.[162]
Apollodor muss für die *Chronica* eine immense Fülle an Literatur ausgewer-
tet haben.[163] Als sein Vorbild werden die Χρονογραφίαι (περὶ χρονογραφιῶν) des
Eratosthenes angenommen, wenngleich dieses Werk wohl einen Schwerpunkt
auf historiographischer Methodik hatte.[164] Eratosthenes ist der Vater der systematischen Chronographie, aber es ist strittig, inwieweit er wirklich eine universale Olympiaden-Datierung nutzte.[165] Die *Chronica* Apollodors sind keine
reine Fortsetzung der bis zum Tode Alexanders reichenden Χρονογραφίαι, sondern weisen für den überlappenden Zeitraum Modifikationen oder Ergänzungen auf.[166] Die *Chronica* haben die Schrift des Eratosthenes als chronographisches Standardwerk abgelöst[167] und erfreuten sich schon bald nach ihrem
Erscheinen großer Beliebtheit. Griechische wie lateinische Autoren machten
rege von den *Chronica* Gebrauch,[168] aber die ursprüngliche Versform wurde

---

161 Jacoby (1929), S. 46–51; Fleischer (2020a), S. 26 f.
162 Siehe etwa die Orientierung vermittelnde Erwähnung der Gefangennahme des Perseus in
     Kol. 28,5–6 oder die von Karneades' Tod in Kol. 26,41–42 (= Kol. 29,13–16).
163 Identifizierbar sind: Glaukos von Rhegion, Aristoteles, Herakleides Pontikos, Demetrius
     von Phaleron, Simonides, Timaios von Tauromenion, Aristoxenos, Antigonos von Karys-
     tos, Dinon, Ephoros, vgl. Jacoby (1902), S. 55.
164 Für Eratosthenes und sein chronographisches Werk siehe FGrH 241. Für den korrekten
     Titel der Χρονογραφίαι siehe Pownall (2016), Kommentar zu F 1a und Geus (2002), S. 313–
     321. Für einen methodologischen Teil vgl. Jacoby (1929), FGrH 241, S. 707.
165 Geus (2002), S. 317.
166 Für Unterschiede zwischen Eratosthenes und Apollodor siehe Fleischer (2020a), S. 27 f. Zu
     nennen sind etwa die ἀκμή Homers (FGrH 244 F 63c), diejenige des Pythagoras (FGrH 244
     F 339 vs. FGrH 241 F 11a) und die Lebenszeit Lykurgs (FGrH 244 F 65 vs. FGrH 241 F 1a), vgl.
     auch Jacoby (1902), S. 35–38.
167 Fleischer (2020a), S. 28.
168 Für die Rezeption siehe ausführlich Fleischer (2020a), S. 28–31 und Jacoby (1902), S. 33–
     35,78 f. Die *Periegesis* des Pseudo-Skymnos, welche zwischen 133 und ca. 110 entstand
     (Korenjak (2003), S. 12 und Boshnakov (2004), S. 214 (ca. 120 v. Chr.)), zeugt von Ruhm und
     Bekanntheit der *Chronica* noch zu Lebzeiten des Autors. Anfang des 1. Jh. v. Chr. hat Philo-
     dems Grundquelle wohl die *Chronica* genutzt (Wilamowitz-Moellendorff (1881), S. 60 f.).
     Kastor von Rhodos könnte sie ebenfalls konsultiert haben; bereits Philodem ist der letzte

offenbar schon früh in „praktischere" Prosaexzerpte überführt (inkl. Änderung zur Olympiadendatierung), so dass die Rezeption der *Chronica* im Wesentlichen eine Rezeption dieser (frühen) Prosaexzerpte zu sein scheint. Es stellt sich die Frage, ob die originalen *Chronica* im 2. Jh. n. Chr. (bzw. schon früher) überhaupt noch zirkulierten. Dem *Index Academicorum* verdanken wir 80–90 % der erhaltenen Originalverse.[169] Ein eindrückliches Beispiel für die Popularität der *Chronica* zeitigt sich in Ciceros Bitte an Atticus, in den *Chronica* nach den genauen Umständen für die Philosophengesandtschaft nach Rom zu suchen (siehe Einordnung Kol. 22,1–37). Anscheinend waren die *Chronica* das Nachschlagewerk schlechthin für jedwede historische Frage.[170]

Mit den *Chronica* geht auch die Geburt eines neuen Subgenres einher, namentlich die des „Iambischen Lehrgedichts". Von Hesiod bis zu den *poetae docti* des Hellenismus wurde für Lehrgedichte auf das bewährte hexametrische Versmaß zurückgegriffen.[171] Aufgrund der vielen Eigennamen und Zahlen hätte Apollodor den Hexameter nicht nutzen können, ohne Konzessionen an flüssige Lesbarkeit oder Inhalt zu machen, was seinen exakt-chronographischen Anspruch konterkariert hätte. Ferner dürften auch mnemotechnische Erwägungen, poetische Ambitionen und wohl auch Prävention gegen Textverderb-

---

Autor (68–57 v. Chr., *Index Academicorum*), bei dem der Gebrauch der originalen Vers-*Chronica* nachzuweisen ist (sollte er die Verse nicht in einer Zwischenquelle gefunden haben). Mit Sicherheit oder hoher Wahrscheinlichkeit nutzten folgende Autoren (indirekt) die *Chronica* (etwa chronologisch): Diodorus Siculus, Dionysios von Halikarnassos (FGrH 244 F 38b), Thrasyllos, Clemens von Alexandria (FGrH 244 F 63b,68c), Tatian der Syrer (FGrH 244 F 63a). Vielleicht über Demetrius von Magnesia gelangte Material der *Chronica* zu Plutarch und insbesondere zu Diogenes Laertius, der auch andere Zwischenquellen für Apollodorisches hatte – ebenso wie Pseudo-Lukian (*De longaevis*), Porphyrius, Eusebius, Stephanus von Byzanz und die Suda. Auf lateinischer Seite könnte schon Quintus Lutatius Catulus (Konsul 102 v. Chr.) die *Chronica* für ein mögliches Geschichtswerk genutzt haben, vgl. Walter (2009), S. 9f. (= F 8 Walter); Nepos schöpfte für seine *Chronica*, welche vor 54 v. Chr. erschienen (Cat. 1,1–7, vgl. Perlwitz (1992), S. 27, Fn. 118) mit Sicherheit aus Apollodor. An Nepos hängen (indirekt) die Zeugnisse in Cicero (FGrH 244 F 337,338d,342) und Plinius dem Älteren (FGrH 244 T 19–20), Solinus (FGrH 244 T 7, F 333,348) und möglicherweise Velleius Paterculus. Quintilian kennt Apollodor aus zweiter Hand (FGrH 244 F 67) und Aulus Gellius (FGrH 244 T 19b, F 7b,43,336a,347d) nennt Apollodor nicht nur „scriptor celebratissimus", sondern hat auch drei Verse zu Menander bewahrt (ApollVers 16–18). Vielleicht hatte er noch Zugang zum Originalwerk.

169 In meine Sammlung der Originalverse (Fleischer (2020a)) habe ich 109 vollständig oder gut erhaltene Verse aufgenommen, von denen 87 aus dem *Index Academicorum* kommen (ApollVers 21–107) und 22 aus anderen Werken (ApollVers 1–19,108,109).

170 FGrH 244 T 8 (Cic. Att. 12,23,2 – März 45 v. Chr.).

171 Überblick bei Sider (2014), der über 50 hellenistische Lehrdichter aufzählt (S. 28f.). Selten wurde auch das elegische Versmaß genutzt. Erhalten sind nur die *Phainomena* des Arat sowie die *Alexipharmaka* und *Theriaka* des Nikander.

nis Beweggründe für Apollodor gewesen sein, als erster Schriftsteller überhaupt den (komischen) Trimeter für ein Lehrgedicht zu verwenden. Das Metrum gewährte ihm die nötige Flexibilität, den Stoff in prosaisch anmutender Weise in Versform zu bringen.[172] Ihm sollte in der Wahl des Trimeters schon bald Pseudo-Skymnos folgen, später Dionysios, Sohn des Kalliphon (ἀναγραφὴ τῆς Ἑλλάδος – wohl 1. Jh. n. Chr.),[173] Servilius Damokrates (Mediziner, 1. Jh. n. Chr.)[174] und der Autor der sogenannten *Sphaera Empedoclis*.[175] Auch spätantike Lehrdichter adaptierten den Trimeter, wenngleich nicht mehr nach Art der Komödie,[176] und begünstigten somit letztlich die Popularität des Versmaßes in byzantinischer Zeit sowie das Aufkommen des Dodekasyllabus.[177]

Die vielen Verse im *Index Academicorum* gestatten es, eine metrische Analyse der *Chronica* mit einiger Aussagekraft vorzunehmen und Apollodor mit anderen iambischen Lehrdichtern oder Komödiendichtern zu vergleichen. Für eine metrische Detailuntersuchung unter verschiedenen Gesichtspunkten verweise ich auf Fleischer (2020a). Insgesamt nutzt Apollodor – wenig verwunderlich – aufgrund der Eigennamen und „prosaischer Affinität" häufiger als andere Autoren Auflösungen. Folgende Tabellen sollen ohne weitere Erläuterungen einen Überblick vermitteln:[178]

---

172 Vgl. Fleischer (2020a), S. 60–64. Der historische Stoff rückt diese Art der Lehrdichtung in die Nähe des Epos. Für Verse als Mittel gegen Textkorruption und bessere Memorierbarkeit siehe Gal. de ant. I 14: ἔστι δὲ δι᾽ ἐμμέτρου λέξεως, ὡς εἴωθεν, ἥτις οὐ μόνον τὸ μνημονεύεσθαι ῥᾳδίως, ἀλλὰ καὶ τὸ μὴ παραποιεῖσθαι τὰς συμμετρίας ἀγαθὸν ἔχει.

173 Von der Schrift sind ungefähr die ersten 150 Verse überliefert. Zu Werk und Datierung Marcotte (1990), S. 43–48 und Schindler (2000), S. 171–173.

174 Zu Damokrates siehe Vogt (2005b), S. 207f. Insgesamt sind etwa 1650 Trimeter bei Galen erhalten. Die Edition von Bussemaker (1851), S. 99–132 ist weitestgehend überholt, die von Studemund (1888/1889) angekündigte Ausgabe kam nie zustande, vgl. Kassel (2010), S. 49f. Zur Wertschätzung von Trimetern durch Damokrates und Galen siehe Vogt (2005a), S. 73–77.

175 Die Datierung des opusculum ist unsicher, aber später als Apollodor (Wieck (1897), S. 21f. für Datierung und Apollodor). Die Trimeter haben nur wenige Auflösungen, vgl. Jacoby (1902), S. 64f.,70f. und Fleischer (2020a), S. 91.

176 Zu nennen sind für das 3. bzw. 4. Jh. im Bereich Grammatik/Philologie der Attizist Philemon von Athen und Helladius (Gudeman (1912) und Tosi (2015), S. 632), ferner auf lateinischer Seite Avienius' *Ora maritima* und *De sua vita* des Gregor von Nazianz. Ein gewisser Marianus formte bekannte griechische Dichtung anderer Versmaße in Trimeter um, vgl. Fleischer (2020a), S. 91f. Ein theologisches Lehrgedicht sind Amphilochios' *Iamben an Seleukos*.

177 Georg von Pisidien nutzte den Dodekasyllabus im 7. Jh. erstmals ausgiebig, aber die Ursprünge der Versform reichen weiter zurück, vgl. Rhoby (2011).

178 Für die teils selbst ermittelten Prozentangaben und Einzelheiten siehe Fleischer (2020a), S. 65–85. Die Abkürzungen in den Tabellen: ia =iambus spo =spondeus tri =tribrachys dac =dactylus ana =anapaestus (im 6. Versfuß: brev = zwei brevia).

Auflösungen in den *Chronica*

	trib./ dact.	anap.	Σ	... pro Vers	Verse 0 Auflö.	Verse 1 Auflö.	Verse 2 Auflö.	Verse 3 Auflö.
Auflösungen (gesamt)	54	69	123	1.27	13	44	28	4

Zäsuren in den *Chronica*

Zäsuren (abs. Zahlen ≈ %)	Nach 2. Anceps	40
	Nach 3. Longum	25
	Nach 2. Breve	30
	Andere	7
Porsons Gesetz (abs. Zahlen)	Verletzt	7 (= 13 %)
	Nicht verletzt	45 (= 87 %)

Apollodor vs. andere Autoren (metrische Analyse)

		1. Metrum							
		1. Fuß					2. Fuß		
		ia	spo	tri	dac	ana	ia	tri	ana
	Apollodor	26%	39%	8%	6%	18%	63%	18%	19%
Komödie	**Aristophanes**	25%	54%	2%	5%	13%	75%	11%	14%
	Menander	24%	49%	5%	9%	13%	80%	11%	9%
Iambische	**Ps.-Skymnos**	22%	37%	5%	11%	24%	69%	20%	11%
Lehr-	**Sphaera Emp.**	36%	49%	4%	1%	11%	96%	4%	1%
dichtung	**Damokrates**	26%	49%	5%	8%	13%	72%	13%	15%
	Dionysios	24%	34%	9%	12%	21%	70%	13%	17%

2. Metrum

		3. Fuß					4. Fuß		
		ia	spo	tri	dac	ana	ia	tri	ana
	Apollodor	28%	63%	6%	1%	5%	74%	14%	11%
Komödie	Aristophanes	25%	59%	3%	10%	3%	78%	13%	10%
	Menander	30%	55%	4%	9%	3%	83%	10%	7%
Iambische	Ps.-Skymnos	20%	53%	7%	14%	6%	81%	15%	3%
Lehr-	Sphaera Emp.	33%	64%	1%	2%	0%	96%	2%	2%
dichtung	Damokrates	28%	55%	4%	12%	1%	76%	11%	14%
	Dionysios	26%	51%	6%	11%	6%	71%	19%	9%

3. Metrum

		5. Fuß					6. Fuß	
		ia	spo	tri	dac	ana	ia	brev
	Apollodor	28%	54%	1%	1%	16%	60%	38%
Komödie	Aristophanes	35%	58%	1%	2%	4%	-	-
	Menander	38%	52%	2%	5%	4%	-	-
Iambische	Ps.-Skymnos	41%	48%	3%	7%	1%	67%	33%
Lehr-	Sphaera Emp.	55%	44%	1%	0%	1%	57%	43%
dichtung	Damokrates	42%	46%	1%	3%	8%	49%	51%
	Dionysios	31%	41%	8%	15%	5%	66%	34%

Apollodor vs. andere Autoren (Auflösungen)

		Auflösungen pro Vers			% aller Auflös.		Keine Auflösung
		tri/dac	ana	gesamt	tri/dac	ana	
Apollodor		0.56	0.71	1.27	44 %	56 %	15 %
Komödie	**Aristophanes**	0.47	0.43	0.9	52 %	48 %	34 %
	Menander	0.53	0.35	0.88	60 %	40 %	37 %
Iambische	**Ps.-Skymnos**	0.82	0.46	1.28	64 %	36 %	18 %
Lehr-	**Sphaera Emp.**	0.14	0.14	0.28	49 %	51 %	75 %
dichtung	**Damokrates**	0.57	0.51	1.09	53 %	47 %	24 %
	Dionysius	0.94	0.58	1.52	62 %	38 %	12 %

Im ersten Moment erwecken die Verse der *Chronica* den Eindruck eines Prosatextes. Typisch poetisches Vokabular fehlt und der Satzbau oder die Wortstellung sind nicht allzu artifiziell. Einen Beleg für diesen Eindruck lieferte unfreiwillig der editor princeps des *Index Academicorum* Bücheler (1869), welcher die Verse nicht erkannte, da nicht ein Vers pro Zeile im Papyrus geschrieben war. Erst Röper (1870) identifizierte die Verse aus den *Chronica* als solche.[179] Indes fällt beim aufmerksamen Lesen doch bisweilen der poetische Hintergrund der Syntax auf, insbesondere steht die Partikel δέ öfters als in gewöhnlicher Prosa an dritter Position.[180] Einige Formen sind typisch κοινή-Griechisch oder kommen (fast) nur in hellenistischer Zeit vor;[181] die Fälle von *coniugatio periphrastica* sind zuweilen gewiss metrisch bedingt. Sieben Synonyme für „sterben", teils blumige Umschreibungen, finden sich in nur 109 erhaltenen Versen[182]

---

179   Röper (1870), S. 24–27, vgl. Fleischer (2020a), S. 86.

180   13-mal wird δέ an dritter Stelle (Kol. 27,5 und 14 und 16 und 43; 28,10 und 11 und 40 und 43; 29,3; 30,2; 31,12 und 41; 32,12) und einmal an vierter Stelle (Kol. 28, 14) gesetzt.

181   Etwa γινώσκω anstelle von γιγνώσκω (Kol. 31,4) oder die Wörter cυνεcχολακὼc (Kol. 31,7–8 – öfters von Philodem gebraucht, vgl. Vooys/ van Krevelen (1941), S. 106), πολυχούcτατοc (Kol. 31,44–45), διακαταcχόντοc (Kol. 30,7–8) und das *hapax legomenon* cχολαρχίαν (Kol. 32,11). Auch der zweimal gebrauchte Ausdruck τἀπὶ πᾶcι bzw. ἐπὶ πᾶcι (Kol. 27,7 und Kol. 28,10) in der Bedeutung „letzten/schließlich" ist selten (LSJ: „but also, 'finally', Philostr. VS 2.11.1, al.").

182   Verhasselt (2021) artikuliert einige wohlbegründete Zweifel an der Zuweisung bzw. Versform von zwei bis drei bei Stephanus von Byzanz (ApollVers 2–3 und 19) erhaltenen Testimonien.

neben variierenden Formulierungen für Archon-Datierungen.[183] *Muta cum liquida* machen normalerweise keine Positionslänge; einige *Kraseis* sind zu verzeichnen und ποιέω dürfte im Papyrus „falsch" für attisches ποέω stehen.[184]

c)   Die *Chronica*-Verse im *Index Academicorum* und die Bucheinteilung (3. und 4. Buch)

Bereits Jacoby nahm an, dass kein zusammenhängender Teil der *Chronica* von Kol. 27 bis 32 exzerpiert wurde und in Kol. 28 ein Wechsel vom 3. zum 4. Buch stattfand.[185] Ps.-Skymnos 22–25 („1040 Jahre vom Fall Troias") liefert uns ungefähr 144/43 v. Chr. für das Schlussjahr der ersten Ausgabe der *Chronica* (in 3 Büchern). Stephanus schreibt acht Fragmente explizit einem 4. Buch der *Chronica* zu.[186] Alle datieren auf die Zeit zwischen 143/39 und 125/21, was dafür spricht, dass das 4. Buch der *Chronica* ein genuines Addendum war, welches ausschließlich den Zeitraum nach der Erstausgabe abdeckte.[187] Die thematische Kontinuität von Kol. 27,1–28,18 (Schüler des Lakydes) und etliche vor 144/43 v. Chr. datierende Todeszahlen sowie die „parallele" Prosaversion in Kol. O, verbunden mit den Neulesungen in Kol. 28,16–17, führen zu dem Schluss, dass der Archon Aristophon (143/42) noch im 3. Buch als letzter Archon der ursprünglichen *Chronica* erwähnt war.[188] Wahrscheinlich gehört auch der bis Kol. 28,40 behandelte Akademiker (Karneades?) noch ins 3. Buch und könnte 143/42 noch am Leben gewesen sein. Beginnend mit Boethos von Marathon folgen ab spätestens Kol. 28,40 nur noch Auszüge aus dem 4. Buch. Der Tod des Kleitomachos war wahrscheinlich noch im 4. Buch verarbeitet (und in der Konsequenz auch die Schulübernahme durch Philio), so dass es bis mindestens 110/09 reichte.[189]

Bravo (2009) hat die Hypothese aufgestellt, dass das komplette Philodem-Exzerpt exklusiv dem 4. Buch entnommen ist, welches eine Kulturgeschichte mit Rückblenden enthalten und einen von den anderen Büchern etwas abweichenden Charakter gehabt hätte.[190] Lakydes (sein Tod) und seine Schüler

---

183   Vgl. Fleischer (2020a), S. 88 f.

184   Fleischer (2020a), S. 85 f.

185   Vgl. seine Fragmentaufteilung in Jacoby (1902) und FGrH 244.

186   FGrH 244 F 18–25.

187   Vgl. Fleischer (2020a), S. 32 f. Es fehlen alle Anzeichen für eine ursprüngliche *Chronica* in 4 Büchern mit anschließender Überarbeitung oder Umstrukturierung der Bücher.

188   Fleischer (2020a), S. 34–38. Die „1040 Jahre" wären demnach nur eine Approximation für 1041 Jahre (vielleicht Ps.-Skymnos geschuldet oder Apollodor zählte das Jahr von Troias Untergang bzw. das begonnene Jahr 143/42 nicht mit).

189   Vgl. Fleischer (2020a), S. 49–51.

190   Bravo (2009), S. 146, 156–158.

wären demnach in den 3-Bücher-*Chronica* des Jahres 144/43[191] zunächst vergessen worden und wurden im 4. Buch nachgetragen. Die Struktur und „Einklebung" des Exzerpts machen diese Annahme gewiss bedenkenswert, aber andererseits sind ein Vergessen von Lakydes und seiner Schüler im 3. Buch und Rückblende im 4. Buch nicht unbedingt wahrscheinlich: Zumindest berücksichtigte Apollodor noch den Arkesilaos im 3. Buch (FGrH 244 F 15) und es ist kaum naheliegend, dass ein so philosophisch bewanderter Autor wie Apollodor beinahe 100 Jahre akademische Tradition (Lakydes trat 241/40 das Scholarchat an) in seiner Erstausgabe der *Chronica* versehentlich ignoriert hätte.

Neulesungen in Kol. 27,38–40 haben einen metrischen Verstoß und eine „in der Luft hängende" Referenz ergeben. Eine naheliegende Erklärung ist, dass zwischen der Sektion „Lakydes' Schüler" und „Todesdaten von Lakydes' Schülern" eine Passage unbekannter Länge innerhalb des 3. Buches nicht kopiert wurde (Kol. 27,38).[192] Die Annahme ist auch deshalb plausibel, da andernfalls ein Zeitraum von 100 Jahren und ganze Schülergenerationen von Apollodor *en bloc* behandelt worden wären.[193] Was weitere Auslassungen betrifft, ist zwar nicht gänzlich ausgeschlossen, dass in Kol. 28,40–32,34 solche gemacht wurden, aber es existieren andererseits keine echten Indizien. Womöglich exzerpierte Philodem die *Chronica* nicht selbst und kopierte nur eine Zwischenquelle bzw. seine Grundquelle, welche ihrerseits schon Apollodor exzerpiert hatte.[194] Interessanterweise sind im *Index Stoicorum* und in anderen Schriften Philodems keine Verse aus den *Chronica* nachzuweisen, was tendenziell als Hinweis angesehen werden könnte, dass Philodem das Original der *Chronica* nicht vorlag.

Die ersten drei Bücher der *Chronica* (Ursprungsversion) sind Attalos II. gewidmet, was doch implizieren dürfte, dass er Apollodor irgendwie unterstützte. In unserem Kontext ist erwähnenswert, dass die Attaliden (Eumenes I. und Attalos I.) die Akademie förderten (Arkesilaos und Lakydes). Es ist gut vorstellbar, dass auch in der Folgezeit die Verbindung zwischen Königshaus und Akademie nicht abriss. Die Erwähnung von Eumenes und Attalos in Kol. O,16–18 könnte sogar auf Studien der Königskinder (spätere Eumenes II. und Attalos II.) um etwa 200 v. Chr. bei Schülern des Lakydes hindeuten, wenn nicht lediglich eine finanzielle oder ideelle Förderung festgehalten war.[195] Aus Kol.

---

191 Sollte das Exzerpt wirklich nur dem 4. Buch entnommen sein, wäre 144/43 das wahrscheinlichere Enddatum für das 3. Buch der *Chronica*.

192 Fleischer (2018), S. 72 f.

193 Vgl. Fleischer (2020a), S. 35 f.

194 Vgl. Dorandi (1991), S. 96 f. Auch für *De pietate* hat Philodem ein Werk Apollodors (*De dis*) nur indirekt gebraucht, dazu Henrichs (1975), S. 6–8.

195 Eingehende Analyse bei Fleischer (2020a), S. 52–56.

31,3–5 folgt, dass auch das 4. Buch der *Chronica* einen bestimmten Adressaten hatte. Da in diesen Zeilen offenbar ein Wissen um Melanthios vorausgesetzt ist, könnte das Buch einem Athener, der philosophisch bewandert war und wie Apollodor und Melanthios in Athen lebte, gewidmet sein. Auffällig ist, dass an besagter Stelle die rhodische Herkunft des Melanthios nicht vermerkt wird. Auch der Apollodor-Freund und stoische Scholarch Panaitios (siehe a)) stammte von Rhodos und wäre ein möglicher Adressat, wenn er denn beim Erscheinen des 4. Buches der *Chronica* noch lebte.[196] Andere Akademiker, etwa Apollodors Schüler Philio, wären ferner in Betracht zu ziehen, aber letztlich sind bei der gegebenen Quellenlage alle Identifizierungsversuche des Adressaten des 4. Buches nicht viel mehr als müßige Spekulationen.

Abschließend sei folgendes Schema für die Bucheinteilung der *Chronica* und die Exzerpte im *Index Academicorum* gegeben:

Buch 1: 1184/83–480/79 Fall Troias bis Perserkriege
Buch 2: 480/79–324/23 Perserkriege bis Tod Alexanders
Buch 3: 324/23–ca. 143/42 Tod Alexanders bis ca. 143 *1. Exzerpt: Kol. 27,1–37*
  2. Exzerpt: Kol. 27,38–28,40

– *Ursprüngliche Chronica in 3 Büchern (um 143/42 veröffentlicht)*
– *Attalus II. gewidmet*
– *Apollodor wohl in Pergamon*
– *Vornehmlich in Alexandria geschrieben*

Buch 4: ca. 143 – (wahrscheinlich) nach 110/09 *3. Exzerpt: Kol. 28,40–32,34*

– *als „unabhängige" Ergänzung wahrscheinlich nach 110/09 veröffentlicht*
– *einer unbekannten Person gewidmet*
– *Apollodor wieder in Athen*
– *Vornehmlich oder ausschließlich in Athen geschrieben*

Boethos, Polemarch, Krates, Kleitomachos (Kol. 28,40–31,3)

In Kol. 28,40 muss allerspätestens der Wechsel vom 3. zum 4. Buch der *Chronica* erfolgt sein, wenn nicht wider Erwarten das gesamte Philodem-Exzerpt dem 4. Buch entnommen ist (siehe Quellen Kol. 26,Mitte–28,40).

---

196 Vgl. Fleischer (2020a), S. 57. Die Suda-Angabe zu Panaitios und Apollodor sowie entfernter die Aussage in Phld. Ind. Stoic. 69,3–5 könnten in diesem Fall durch die Erwähnung von Panaitios im Prooöm des 4. Buches der *Chronica* bedingt sein. Für weitere Gedanken zum Adressaten des 4. Buches siehe Bravo (2009), S. 155–157.

Melanthios, Charmadas, andere Schüler des Karneades
(Kol. 31,3–32,45)

Weiter wird aus dem 4. Buch der *Chronica* exzerpiert. Es ist möglich, aber meines Erachtens wenig wahrscheinlich, dass die *paragraphos* in Kol. 31,3 eine Auslassung im Exzerpt anzeigt (ein Sprung wie nach Kol. 27,38). Das *Chronica*-Exzerpt endet mit Kol. 32,34. Die Teildublette einer Liste von Karneades-Schülern am Ende der Kolumne (Kol. 32,34–44 =Kol. 23,38–47) sollte in der Endfassung offenbar nicht an dieser Stelle erscheinen (siehe I 6.2). Der Listenabschnitt ist auch in Kol. 23,38 mit einer *paragraphos* als solcher gekennzeichnet. Die etlichen Namen der Schülerliste gehen nur schwerlich auf die *Chronica* zurück. Jedoch könnten die beiden *paragraphoi* in Kol. 23,38 und Kol. 32,34 Hinweise sein, dass dieser „identische" Listenabschnitt vielleicht (ursprünglich) einer gesonderten Quelle entnommen war. Für weitere Einzelheiten siehe Quellen Kol. 22,37–24,43.

Philio von Larissa: Werdegang, Philosophie, Tod, Nachfolger
(Kol. 33,1–34,6)

Die ersten Wörter von Kol. 33,1 erscheinen am Ende des Apollodor-Exzerpts (Kol. 32,34). Eine erstmals identifizierte Vertikale (oder Zeichen) über der Zeile zeigt wahrscheinlich an, dass in der Endfassung die Philio-Vita (Kol. 33,1) an Kol. 32,34 anschließen sollte.

Die exakten Zahlenangaben und Archonten, strukturelle Ähnlichkeiten mit der Charmadas-Vita und der wohl auf Apollodor zurückgehenden Kleitomachos-Vita (Kol. 25) sowie stilistische Berührungen mit Apollodor allgemein legen die Annahme nahe, dass wir in Kol. 33,1–17 eine Prosafassung der *Chronica* vor uns haben.[197] Die Passage vermittelt den Eindruck zugrundeliegenden apollodorischen Versmaterials. Vermutlich hat Apollodor bei der Auflistung von Philios Lehrern auf sich selbst (in der 1. Person) Bezug genommen, so dass Philodem oder seine Grundquelle die ursprüngliche Formulierung in die Angabe „Grammatiker Apollodor" umwandeln musste. Für Apollodor als Quelle wäre auch anzuführen, dass er durch sein Lehrerverhältnis zu Philio leicht die vielen exakten Zahlenangaben in Erfahrung bringen konnte und Philio sein Scholarchat bei Abfassung der *Chronica* (4.Buch) schon angetreten hatte.[198] Anders als bei Kleitomachos (Kol. 25,14–16) konnte die Dauer des

---

197 Zur Diskussion der Quelle siehe Fleischer (2017), S. 361–364 und Fleischer (2020a), S. 44. Als Argument könnte man auch das doppelte δέ bei der Angabe zu Apollodor anführen (Kol. 33,13), vgl. den Kommentar.

198 Siehe Quellen Kol. 25,1 36.

Scholarchats natürlich noch nicht angegeben werden.[199] Vielleicht gehen auch einige Informationen in Kol. 33,20–42 auf Apollodor zurück. Die Dublette der Todesangabe mit den vermutlich fehlerhaften „63 Jahren" kann nicht mehr von Apollodor stammen, da der Archon Niketes auf 84/83 datiert (Kol. 33,17–19 = 33,42–44). Vermutlich hat schon Philodems Grundquelle wie (mutmaßlich) im Falle von Kol. 24,30–25,36 die Verse in Prosa umformuliert und zeitlich die nach den *Chronica* liegenden Daten ergänzt. Dabei könnte sie die „63 Jahre" falsch berechnet haben, wenn Philodem hier nicht selbst am Werke war. Die Dublette ist vielleicht Indiz, dass Philodem die Todesangabe in seiner Grundquelle direkt hinter den „apollodorischen" Zahlen (Kol. 33,16) vorfand und sich entschied, diese Angabe zu erweitern und erst nach anderen allgemein-philosophischen Informationen als Abrundung der Philio-Vita in Kol. 33,42–34,2 zu bringen. Dafür spricht auch, dass in Kol. 34,3–6 ein Selbstbezug Philodems im Zusammenhang mit dem Nachfolger des Philio zu verzeichnen ist. Vielleicht kannte Philodem aufgrund der „Verbindung" Philios mit seiner eigenen Biographie auch das genaue Datum bzw. die Umstände von dessen Tod. In der Grundquelle schloss vielleicht die Philio-Vita (Kol. 33,1–17) direkt an Kleitomachos/Polemarch/Krates/Metrodor (Kol. 25–26,Mitte) an und Philodem spürte erst später die Originalverse aus den *Chronica* auf, welche (Kol. 27–32) in den Papyrus eingeklebt wurden (siehe I 6.2).[200] Jedoch ist „Einklebung" und der „Anschluss" aufgrund der Dublette der ersten Wörter von Kol. 33,1 (= Kol. 32,34) nicht wörtlich zu verstehen, sondern im Kontext eines komplexeren, nicht mehr genau zu rekonstruierenden editorischen Prozesses. Vermutlich hat Philodem die Philio-Vita aus den *Chronica* nicht mehr im Wortlaut (in Trimetern) kopiert, weil er sie schon in Prosa umformuliert vorgefunden hatte.

Philio von Larissa: Schülerliste (Kol. 34,6–18)

Auch die Schülerliste mag in einem ganz originären Sinne auf Philodem zurückgehen, so dass er theoretisch für alle Informationen ab Kol. 33,17 keine schriftliche Vorlage mehr gehabt haben könnte. Jedoch sprechen chronologische Erwägungen dafür, dass die Schülerliste zumindest teilweise einer etwa 10–20 Jahre vor Philodems *Index Academicorum* datierenden Grundquelle entnommen ist, die Philodem um eigenes („mündliches") Wissen bereichert hat. Ferner hat die Philio-Liste eine anderen Listen im Papyrus ähnelnde Form, während die Schülerliste des Antiochos nur auf persönliche Freunde Philo-

---

199 Bei Publikation des 4. Buches der *Chronica* hatte Philio das Scholarchat erst kürzlich angetreten, d.h., er lebte noch.

200 Vielleicht schloss sich die Philio-Vita in einer Grundquelle auch an Kol. 25,36 an.

dems beschränkt ist und daher sicherlich keine Vorlage hatte (Kol. 35,5–22).
Wie in der ursprünglichen Form der Arkesilaos-Liste (Kol. 20,3 ff.) sind die
Elemente der Liste mit καί verbunden und nicht asyndetisch aneinandergereiht.

Antiochos von Askalon: Werdegang und Tod (Kol. 34,18–35,2)

Sollte die Schülerliste im Vorangehenden eine schriftliche Vorlage haben,
dürfte Antiochos in ihr auch erwähnt gewesen sein, vielleicht mit einigen
Zusatzangaben. Diese Quelle müsste folglich auch schon vom Abfall des Antiochos (vor 84/83) in Folge seiner Schülerschaft bei Mnesarch und der Gründung
der „Alten Akademie" gewusst haben. Jedoch fällt das Fehlen genauer Datierungen (Archonten) auf und der ab Kol. 34,35 gut lesbare Teil erweckt stilistisch
den Eindruck, auch wegen der Selbstbezüge, als habe Philodem diese Angaben
aus eigener Erfahrung, d. h., auf Basis von ihm zugänglichen, mündlichen Quellen gemacht. Da ein persönliches Verhältnis zwischen Philodem und Antiochos
bestand (Kol. 34,44–35,2), war er über dessen Verbleib und Wirken sicherlich
gut unterrichtet. Vielleicht traf er Antiochos sogar noch einmal in Rom oder
Italien (über ihre Patrone?). Somit scheint die Antiochos-Vita im *Index Academicorum* primär von Philodem selbst geschrieben, wobei einige Angaben im
ersten Teil zu Antiochos' Wirken in den 90er und 80er Jahren auf Philodems
Grundquelle zurückgehen könnten.

Antiochos von Askalon: Schülerliste (Kol. 35,2–22)

Da Philodem nur eigene Bekannte als Schüler das Antiochos aufzählt, dürfte
diese kurze Liste ohne Vorlage und frei formuliert sein – wie schon die gesamte
Biographie des Antiochos oder zumindest deren Ende. Ab Kol. 35,16 scheint
Philodem letzte Neuigkeiten von seinem alexandrinischen Freund Dion in den
Index Academicorum integriert zu haben.

Melanthios und Aischines von Neapolis: Schülerliste (Kol. 35,22–37)

Nachdem die Antiochos-Vita samt Schülerliste komplett oder größtenteils auf
mündlicher Tradition beruhte, dürfte Philodem aus chronologischen Gründen für die Schülerlisten des Aischines (bzw. Melanthios) und des Charmadas auf eine schriftliche Vorlage, vermutlich seine Grundquelle, zurückgegriffen haben. Desungeachtet könnten einige Angaben in den Listen mündlichen
Ursprungs sein.

Charmadas und Metrodor: Schülerlisten (Kol. 35,37–36,14)

Wie die vorangehende Liste dürften auch die Charmadas-Liste und die Metrodor-Liste aus chronologischen Erwägungen heraus eine Vorlage gehabt

haben.[201] Am ehesten wäre an Philodems Grundquelle zu denken, aber vielleicht hat er die Liste auch anderweitig gefunden, worauf die chronologisch etwas deplatzierte Anordnung hindeuten könnte. Die Erwähnung des Mithridates und Diodors Schandtaten ergeben wohl 88 bzw. 84 v. Chr. als *terminus post quem* für diese Quelle – sollte Philodem diese Angabe nicht selbstständig gemacht haben. Sollte sich die Ergänzung ἐν ‖[Ἀ]ς[ί]αι auf Charmadas beziehen, würde wohl folgen, dass die genannten Schüler Charmadas in den 130er- oder 120er-Jahren gehört haben (ab ca. 139 v. Chr.), also vor Philodems Geburt. Dennoch könnte Philodem einige Namen oder Angaben wieder aus mündlicher Tradition integriert haben.

Schluss: Philodems Vorschau auf das nächste Buch (Kol. 36,15–20)

Die Vorschau ist von Philodem selbst formuliert. Ob er für die Struktur und Bucheinteilung seiner *syntaxis* einer Vorlage folgt, ist ungewiss (vgl. I 2.5).

Verso

Platon: Treffen mit Dion in Olympia (Kol. Z)

Sollte Kol. Z tatsächlich Kol. X fortführen, was mir im Gegensatz zu früheren Editoren keineswegs ausgemacht scheint,[202] würde wie dort Philodem als Kompilator mehrerer Quellen in Betracht kommen. Meine Revision der Kolumne hat Zweifel aufkommen lassen, dass das abgetrennte Fragment zu Beginn des rechten Teils von Kol. Z im Disegno ursprünglich dort zu verorten war. Sollte es nicht zu Kol. Z gehören, würde die identische Hand (Hand 2) implizieren, dass vor Kol. Z, also im heutigen verlorenen Teil vor Kol. 1* des Rekto, mindestens noch eine weitere Kolumne von Hand 2 zu finden war.[203] Es ist ferner denkbar, dass Kol. Z die Fortsetzung von Kol. Y darstellt, was dann wahrscheinlich Dikaiarch als Autor bedeuten würde (siehe Quellen Kol. Y). Alternativ könnte Kol. Z auch einen unabhängigen Nachtrag markieren (ebenso Kol. X und Y), wobei die Quelle dann im Verlorenen der Kolumne, gerade wenn die Enden der ersten Zeilen nicht in diese Kolumne gehören, explizit genannt worden sein könnte, vielleicht im Umfeld der Sequenz γεγρα in Kol. Z,6. Diogenes Laertius (D.L. 3,25) bezieht sich für Platons Reise zu den Olympischen Spielen auf Neanthes von Kyzikos, welcher nach dem Verweis auf

---

201   Dorandi (1991), S. 98.
202   Mekler (1902), S. XXIV; Gaiser (1988), S. 78–80; Dorandi (1991), S. 27.
203   Die Annahme des Verlusts einer kompletten Volute (und somit von möglicherweise zwei Kolumnen) ist bei dieser Art von abgetrennten Fragmenten nicht zwingend.

das Verso in Kol. 2,38 als Quelle dient (für ihn siehe Quellen Kol. 2,38–3,Mitte), so dass auch er für Kol. Z zu erwägen wäre.

Platon: Impulsgeber für mathematische Wissenschaften (Kol. Y)

Verhasselt (2013 und 2018) weist die Kolumne ebenso wie Gaiser Dikaiarch zu (FGrH 1400 F 63c).[204] Beide Gelehrten nehmen in Kol. Y,1 für das Verb die 3.P.Sg. an, was eine seltsame Doppelung mit dem φη[c]ί in der nächsten Zeile ergibt, auf welche sie nicht weiter eingehen. Es ist unwahrscheinlich, dass die ersten beiden Zeilen von Kol. Y mit zwei *verba dicendi* in der 3.P.Sg. in der Endfassung des *Index Academicorum* erscheinen sollten. Da sich nun zeigte, dass Kol. Y (ebenso Kol. Z und X) von einer anderen Hand (Hand 2) als die Kolumnen auf dem Rekto stammt (I 7.2), könnte in Kol. Y,1 auch eine redaktionelle Autorenangabe gestanden haben – gleich, ob Philodem sie diktierte oder selbst schrieb („ich habe hinzugefügt"). Vielleicht war die Angabe in der 1.P.Sg. aber doch eher eine erläuternde Angabe Philodems, die in dieser Form auch in der Endfassung erscheinen sollte (wie wahrscheinlich Kol. X,1–5). Alternativ könnte die doppelte Angabe des „Sagens" auch mit dem etwaigen Zitieren Philodems aus zweiter Hand erklärbar sein. Lasserre (1987) und Burkert (1993) wollten die Kolumne Philipp von Opus (Περὶ Πλάτωνος) zuschreiben, wofür aber keine stichhaltigen Argumente vorgebracht werden können.[205] Einige lexikalische Ähnlichkeiten zwischen Kol. Y,2–18 und dem „Mathematiker-Katalog" des Proklus (Procl. in Eucl. 66,4–68,4 – Eudemos F 133 Wehrli) deuten auf eine gemeinsame Quelle oder Tradition hin. Tepedino Guerra/Torraca (1996) nehmen eine platonische Zwischenquelle, aus der Philodem schöpft, an, welche ihrerseits den Eudemos exerzierte.[206] Verhasselt hält die weitgehend akzeptierte Zuschreibung des Proklus-Katalogs an Eudemos für spekulativ. Jedoch schrieb der Peripatetiker eine Geschichte der Geometrie (Γεωμετρικὴ ἱστορία), wird auch sonst von Proklus bemüht und eine Angabe am Ende einer Sektion des Katalogs ist am ehesten mit ihm zu verbinden.[207]

   Zunächst fehlen gute Gründe für die Annahme, dass, wie Gaiser, Dorandi und Verhasselt glauben, Kol. Y direkt Kol. 1 fortführt. Es ist zwischen Kol. 1 und Kol. 2 keine Sekundärklebung auszumachen und textuelle Kontinuität die natürliche Annahme. Somit wäre Kol. Y, wenn Dikaiarch die Quelle ist, eher ein

---

204   Für Dikaiarch siehe Quellen Kol. a,1–c,43.
205   Lasserre (1987), S. 164 f.,601–604 und Burkert (1993), S. 94. Zu Philipp von Opus siehe Quellen Kol. 3,Mitte–5,43.
206   Tepedino Guerra/Torraca (1996), S. 150 Fn. 102.
207   Verhasselt (2018), S. 547; Karasmanis (2020), S. 111 f. Die Zuweisung wurde zuerst von Spengel (1866), S. ix–xi,113–116 vorgenommen. Zhmud (2006), S. 180–190 glaubt, dass Porphyrios den Katalog bei Proklus auf Basis des Werkes des Eudemos erstellte.

QUELLEN 529

Nachtrag, den Philodem in einer anderen, Dikaiarch nutzenden Quelle vorfand und nun passend auf dem Verso „hinter Dikaiarch" positionierte. Zwingende Gründe gegen Dikaiarch als Quelle für Kol. Y können nicht vorgebracht werden.[208] Positiv spricht für ihn, dass φη[ϲ]ί im *Index Academicorum* immer auf eine bereits zitierte Quelle rückverweist und sich Kol. Y ziemlich exakt hinter der Rekto-Kolumne zu Dikaiarch (Kol. 1) befindet. Auch geht der Inhalt über Mathematik hinaus und thematisiert insbesondere die praktisch orientierten Nutznießer von Platons mathematischer Theorie, was einige Berührungen zum Tenor von Kol. 1 aufweist. Axiothea wird sicherlich von Dikaiarch erwähnt (D.L. 3,46 = FGrH 1400 F 62)[209] und ihr Name ist auch in Kol. Y,38 mit hoher Wahrscheinlichkeit zu ergänzen. Dikaiarchs Autorschaft vorausgesetzt, ist unklar, ob die Quelle des Proklus (Eudemos) die Platon-Vita des Dikaiarch exzerpierte und um Mathematiker bereicherte oder aber Dikaiarch diese Informationen aus einem frühen „Mathematiker-Katalog" herauszog, welcher dann aus chronologischen Gründen wahrscheinlich von Eudemos stammt. Auch wenn nichts gegen Dikaiarch spricht, sind die Argumente für ihn andererseits nicht so überzeugend, als dass jeder Restzweifel ausgeräumt werden könnte.[210] Vielleicht stand zu Beginn von Kol. Y,1 tatsächlich der Name eines anderen Autors, den Philodem exzerpierte. Wenn nicht Dikaiarch Philodems Quelle ist, wäre Philipp von Opus gewiss der wahrscheinlichste Kandidat, welcher übrigens im Mathematiker-Katalog des Proklus als Platons treuer Zögling in der Mathematik erscheint.[211] Vielleicht sollte Kol. Y hinter Kol. 2,4 eingefügt werden, aber ein expliziter Hinweis fehlt dort.[212]

Platon: Reisen nach Italien und Sizilien, Verkauf in Sklaverei, Dion (Kol. X)

Nach der Neurekonstruktion der einleitenden Zeilen (Kol. X,1–5) sagt Philodem, dass er anderen eine ausführlichere Darstellung von Platons Reisen nach

---

208 Verhasselt (2018), S. 546–548. Fehlende andere mathematische Bezüge Dikaiarchs sind bei der Überlieferungslage kein Argument gegen seine Autorschaft, gerade vor dem Hintergrund, dass die Angaben in Kol. Y,2–18 relativ allgemein gehalten sind. Auch die angebliche Präferenz Dikaiarchs für den βίοϲ πρακτικόϲ ist zweifelhaft.

209 Siehe Fn. 137 in III 1.

210 Verhasselt (2013), S. 23 f. zeigt, dass die Argumente von Gaiser (1988), S. 76 f. für Dikaiarch teils hinfällig und schwach sind.

211 Procl. in Eucl. 67,22 ff.

212 Es sei darauf hingewiesen, dass Gaiser (1988), S. 77 und Verhasselt (2018), S. 170 f.,548 eine Überlappung von Kol. Y,37 ff. mit *PHerc.* 164 frg. 3 annehmen und darauf auch die Einordnung der Kolumne aufbauen. Jedoch ist nach meiner Textausgabe eine Überlappung auszuschließen.

Sizilien oder auch von seinem Leben überlassen will, und alles, was über Platon diesbezüglich geschrieben wurde, auf die folgenden Angaben beschränkt. Somit könnte Philodem seinen Bericht aus mehreren Quellen erstellt haben, die er aus dem Gedächtnis zusammenfügte. Teils könnten die Angaben auch einer Art „philosophiegeschichtlichem Allgemeinwissen" entspringen, welches Philodem vielleicht nur durch ein oder zwei bestimmte Quellen auffrischte.[213] Der Ausdruck „Peloponnesischer Krieg" (Kol. X,22–23) ist vor dem 1. Jh. v. Chr. nicht belegt, was auch auf eine Zusammenfassung Philodems hindeuten könnte.[214] Die Datierung der ersten Sizilienreise und des Verkaufs auf Ägina in die Zeit unmittelbar nach dem Tod des Sokrates ist bemerkenswert. Das Jahr 399 für das erste Zusammentreffen mit Dionysios I. ist schwerlich korrekt, da es der Selbstaussage Platons im *Siebten Brief*, er sei im Alter von knapp 40 Jahren erstmals nach Sizilien gekommen (Plat. ep. 7 324a), widerspricht. Philodem ist die früheste Quelle für die Begegnung Platons mit Dionysios dem Älteren und dem Zerwürfnis in Folge eines philosophischen Gesprächs. Da auch in Kol. 2,43 ff. (Philiskos/Neanthes) der Verkauf in die Sklaverei auf 399 datieren könnte, was in Kol. X sicherlich der Fall ist, steht die Vermutung im Raum, dass eine ursprünglich unabhängige Ägina-Episode mit vorerst noch korrektem Datum auf Dionysios den Älteren und Platons Sizilienreise übertragen wurde und später chronologisch mit anderen Berichten über die erste Reise zu Dionysios auf das Jahr 387 harmonisiert wurde (vgl. Einordnung Kol. X). Lasserre (1987) hat Hermodor von Syrakus als Quelle dieser und anderer Kolumnen vorgeschlagen. Nach Diogenes/Hermodor (D.L. 3,6) ging Platon im Alter von 28 Jahren und nicht 27 Jahren wie im Papyrus (Kol. X,7) nach Megara und nächstfolgend nach Italien zu den Pythagoreern. Von einer Reise nach Sizilien und einem Treffen mit Dionysios in diesem zeitlichen Kontext sagt Hermodor nichts, während der *Index Academicorum* wiederum zu Megara, Kyrene und Ägypten schweigt. Folglich kommt Hermodor für diese Zeilen kaum als Quelle in Betracht; auch andere Argumente Lasserres basieren auf falschen papyrologischen Voraussetzungen. Seine Hermodor-These für den *Index Academicorum* wurde bereits von Gaiser überzeugend zurückgewiesen.[215]

Auch ist fraglich, ob Kol. X wirklich von Kol. Z fortgeführt wird und Kol. Y „versehentlich" das Weiterschreiben von Kol. X verhinderte. Jedenfalls stammen alle drei Kolumnen von derselben Hand (Hand 2). Das Abrisshafte der

---

213   Bereits Gaiser (1988), S. 103–105,392 hat diese These im Wesentlichen vertreten. Gaiser erwägt auch, ob nicht ein Quellenautor, der die 1. Person nutzte, zitiert wird.
214   Gaiser (1988), S. 104.
215   Lasserre (1987), S. 217–223,601–605,668f. ging von einer unwahrscheinlichen bis unhaltbaren Positionierung der Kolumnen und falschen Lesungen aus. Zur Widerlegung im Einzelnen siehe Gaiser (1988), S. 89–91.

Kolumne und die offenbar falsche Chronologie schließen wohl eine frühe, zuverlässige Quelle aus, aber im Hinblick auf die Details der Ägina-Episode könnten in der Kolumne immerhin Überbleibsel einer frühen, womöglich detaillierten und glaubwürdigen Tradition zu finden sein.

Platon: Einige Schüler gehen nach Platons Tod zu Hermias (Kol. V)

Gaiser vermutet Philochoros als Quelle. Seine These basierte auch auf der Anordnung von Kol. V nach Kol. 2,38, wo sie aufgrund der neuen Lokalisierung der Kolumne auf dem Rekto hinter Kol. 5/6 (siehe **I 6.1**) wahrscheinlich nicht einzusetzen ist.[216] Philochoros bleibt als Quelle theoretisch möglich, da das Fehlen einer Quellenangabe (anders als in Kol. T) bedeuten könnte, dass der Autor zuvor schon genannt war. Der neutrale Ton würde auch zu Philochoros passen. Vermutlich liegt in der Kolumne Hiat vor (Kol. V,9, evtl. Kol. V,14), was Philodem eigentlich ausschlösse – wenn er nicht zunächst provisorisch formulierte.[217] Allerdings wird Philochoros auf dem Rekto mindestens dreimal explizit genannt und es ist nicht ersichtlich, warum Philodem ihn in Kol. V nicht auch namentlich erwähnt haben sollte. Darüber hinaus fragt man sich bei Philochoros als Quelle, warum Kol. V nicht sofort auf dem Rekto geschrieben wurde. Hermipp wird zwar im Didymos-Kommentar für Hermias bemüht, aber der dortige Auszug zum Tod des Hermias steht wohl nicht mit unserer Stelle in Verbindung.[218] Es ist meines Erachtens überlegenswert, ob Philodem nicht aus dem Gedächtnis (Unterricht oder frühere Lektüre) etwas über diese Philosophengemeinschaft in Assos sagen konnte. Jedenfalls ist die Hand von Kol. V dieselbe wie die Haupthand des Rekto (Hand 1), weshalb kein inhaltlicher oder zeitlicher Zusammenhang dieses Nachtrags von Kol. V zu Kol. Z, Y, X und deren Quellen besteht.

Speusipp: Universales Interesse und Wissen (Kol. T)

Die genaue Lokalisierung von Kol. T auf dem Verso hat es nochmals wahrscheinlicher gemacht, dass dieser Nachtrag Speusipp gilt. Der genannte Theo-

---

216 Gaiser (1988), S. 101–103. Er nimmt an, dass Philochoros diese Angabe unmittelbar nach Platons Tod für das Jahr 348/47 machte.

217 Vgl. Gaiser (1988), S. 102. Jedoch meint Gaiser, der Hiat schlösse auch Hermipp aus, was das Exzert in Kol. 11 und 12 bestätige. Dort ist aber etwa in Kol. 11,10–11 Hiat feststellbar, so dass Hermipp diesen zugelassen haben dürfte.

218 Keine Aufnahme unter FGrH 1026 F 31 (Did. in Dem. 6,50–52), Kommentar Bollannsée (1999), S. 317–320. Das Vorherige ist Hermipp wohl nicht zuzuweisen. Man hat neben Hermipp und anderen auch Theophrast als Quelle für den Auszug bei Didymos erwogen (Harding (2006), S.139), aber eine Beziehung zum Philodem-Exzerpt muss nicht gegeben sein.

phrast hat zunächst für einige Verwirrung gesorgt und die Stelle wurde von
Mekler (1902) noch auf Polemon bezogen.[219] Gaiser (1988) argumentiert überzeugend, dass Theophrast nur eine Angabe zur zeitlichen Einordnung Diodors
sei.[220] Seine Rekonstruktion mit einem Relativsatz in Kol. T,2 ὅϲ [ἱϲ]τορῶν ist
möglich, aber die vielen Änderungen im Disegno sind nicht unbedenklich,
zumal die Spuren in Kol. T,2 auch in Richtung -λογῶν deuten könnten. In Z.
3 sind meines Erachtens sowohl ein finites Verb als auch ein Partizip möglich.
Ungeachtet der genauen Rekonstruktion dürfte den Zeilen aber doch mit einiger Wahrscheinlichkeit folgende Aussage zugrunde liegen: Diodor war früher
ein Schüler Speusipps und wirkte vornehmlich zur Zeit des Theophrast.[221] Vermutlich stand er in einer Beziehung zu dem peripatetischen Schuloberhaupt,
da er über ihn synchronisiert wird; vielleicht war er selbst Peripatetiker. Theophrast folgte dem Aristoteles ab 322 in der Schulleitung nach. Speusipp starb
339/38. Somit schrieb Diodor wohl 30–50 Jahre nach seiner Schülerschaft bei
Speusipp.[222] Nun hat sich dankenswerterweise in Diogenes Laertius' Speusipp-
Vita folgende Information erhalten (D.L. 4,2): οὗτος πρῶτος, καθά φησι Διόδωρος
ἐν Ἀπομνημονευμάτων πρώτῳ, ἐν τοῖς μαθήμασιν ἐθεάσατο τὸ κοινὸν καὶ συνῳκείωσε
καθ᾽ ὅσον ἦν δυνατὸν ἀλλήλοις. Dieser Diodor wird nur von Diogenes erwähnt und
kann mit keinem bekannten Namensträger identifiziert werden.[223] Sowohl
die gewisse gedankliche Nähe zu Kol. T,4–11 als auch der Umstand, dass wir
insgesamt nur recht wenige Informationen (Quellen) zum Leben Speusipps
haben, lassen keine größeren Zweifel an der Annahme, dass der Diodor von
Kolumne T und derjenige bei Diogenes identisch sind.[224] Folglich dürfte der in
Kol. T behandelte Philosoph auch wirklich Speusipp sein. Somit könnten wir
diese Passage in Kol. T sogar konkret dem ersten Buch der Ἀπομνημονεύματα
Diodors zuweisen, sollte dieser nicht in mehreren Büchern Speusipp besprochen haben. Die Erwähnung Theophrasts und das Verschweigen des exakten
Werktitels sind übrigens Hinweise, dass Philodem diese Information aus zwei-
ter Hand hatte, vielleicht sogar aus einem Werk Theophrasts (bzw. in einem
Auszug aus Theophrast).[225]

---

219 Mekler (1902), S. 57 f.; ebenso Crönert (1903a), S. 377,385 f. Schon erste Zweifel bei Gigante
     (1977), S. 99 und Taran (1981), S. 420.
220 Gaiser (1988), S. 118 f.,456 f.
221 Dennoch soll erstmalig vermerkt werden, dass der Archon von 340/39 den Namen Theo-
     phrast trug. Xenokrates wurde 339/38 Scholarch, aber Speusipp könnte mit Verweis auf
     Kol. 6,39–40 (nur acht Jahre) etwas früher verstorben sein.
222 Vgl. Gaiser (1988), S. 453 f.
223 Versuche bei Tarán (1981), S. 419 f.
224 Die Identität wurde bereits von Mekler (1902), S. 57 trotz seines Fehlbezugs auf Polemon
     vermutet.
225 Die monumentale Werkliste des Theophrast bei D.L. 5,42–50.

Krantor: Tod und Schüler (Kol. S)

Bis mindestens Kol. S,9 fungiert noch Antigonos als Quelle (zu ihm siehe Quellen Kol. 8*,23–14,3). Er könnte sogar bis Z. 30 genutzt worden sein, aber ist dies unsicher, zumal die Schülerliste Kol. S,30 ff. wahrscheinlich einer anderen Quelle entnommen ist.[226] Für diese kommt prinzipiell Philodems Grundquelle in Betracht.

Krates oder Adeimantos (?): Akademiker mit Bezug zu Ätolien (Kol. R)

Sollte der Nachtrag von Kol. R die Krates-Vita aus Kol. Q fortsetzen, wäre weiterhin Antigonos die Quelle. Überdies kommt auch im Falle eines separaten Nachtrags zu einem anderen Akademiker Antigonos in Frage, wobei die Ergänzung seines Namens in Kol. R,10–11 möglich, aber unsicher ist.[227]

Krates: Nachfolger des Polemon (Kol. Q)

In Kol. Q,5–6 wird explizit Antigonos als Quelle für das Folgende angegeben. Er scheint wörtlich zitiert und nicht nur paraphrasiert worden zu sein. Die ersten Zeilen von Kol. Q gehen folglich nicht auf ihn zurück und die Archontenangabe deutet vielleicht auf Apollodors *Chronica* bzw. eine von ihm abhängige Quelle (Philodems Grundquelle) hin. Es ist unklar, warum ein Auszug aus Antigonos auf dem Verso nachgetragen wurde, wo er doch auf dem Rekto in den einschlägigen Kolumnen die einzige Quelle ist. Vielleicht geriet Philodem durcheinander und die Kolumne ist kein echter Nachtrag, sondern wurde zunächst auf dem Rekto vergessen. Es ist auch denkbar, dass Philodem auf dem Rekto Antigonos ausschließlich aus zweiter Hand exzerpierte und erst später das Original zur Verfügung hatte, auf Grundlage dessen er dann die Krates-Vita auf dem Verso nachtrug.

Karneades (?): Eigenschaften und Ablehnung zu schreiben (Kol. P)

Sollte Kol. 21 durch Kol. P fortgesetzt werden, käme die gleiche Quelle wie dort (Philodems Grundquelle) in Frage. Auch wenn mit Kol. P eine neue Sektion (zu Karneades) beginnt, ist an die Grundquelle zu denken. Diese oder Philodem selbst könnte auch die „persönliche Bemerkung" in Kol. P,24–25 zu Karneades' Eigenschaften eingefügt haben. In Kol. P,17 ist τινε[c] γρ<u>α</u>φ[ουcι vorstellbar, was

---

226 In der Krantor-Vita des Diogenes finden sich keine Spuren einer solchen Liste, welche dem Antigonos auch nur schwerlich zuzutrauen ist.

227 Sollte in der Kolumne der Akademiker Adeimantos (aus Ätolien) gemeint sein, würde aber bei Antigonos als Quelle das völlige Ignorieren des Adeimantos durch Diogenes Laertius etwas verwundern.

auf schriftliche Vorlagen für die Passage hindeuten würde. Sollte Kol. P wirklich
die „Verbindungskolumne" zwischen Kol. 21 und Kol. 22 sein, wurde sie vielleicht ob schlechter „Zettelwirtschaft" zunächst vergessen und anschließend
auf dem Verso nachgetragen.[228] Es besteht auch die Möglichkeit, dass Kol. O
von Kol. P fortgesetzt wird.

Lakydes: Schüler, Todesdaten, weitere Angaben (Kol. M, N, O)

Eine zentrale Frage ist, ob in diesen Kolumnen die *Chronica* Apollodors in Prosa
umformuliert wurden oder die *Chronica* teils auf dem Text dieser Kolumnen
beruhen. Die Position der Kolumnen auf dem Verso kann als Argument herhalten, dass Philodem das Apollodor-Exzerpt in Prosa umformulierte und mit
anderen Quellen vermengte oder aber (später) einen anderen Autor kopierte,
der bereits die *Chronica* genutzt hatte. Da gerade im Vergleich mit Kol. O
die *Chronica* hinsichtlich der Todesdaten offenbar präzisere oder zusätzliche
Angaben enthalten[229] und nicht zuletzt die schwerlich für die Endfassung
bestimmte Eubuloi-Todesdaten-Dublette in Kol. O den Eindruck eines von Philodem recht provisorisch niedergeschriebenen Abschnitts vermittelt, dürfte
das Verso in den einschlägigen Abschnitten eher von Apollodor abhängen
als *vice versa*.[230] Zwar könnten einige Prosa-Passagen dieser Kolumnen auf
im *Index Academicorum* nicht überlieferten Versen der *Chronica* basieren –
gerade die Erwähnung der Könige Attalos II. (und Attalos I.?) und Eumenes II.
könnte in der vor Kol. 27,38 ausgelassenen Passage der *Chronica* eine Vorlage
gehabt haben –, aber die zusätzlichen Namen in Kol. M und O waren kaum
alle in den *Chronica* zu finden, so dass Philodem (seine Quelle) vermutlich
noch eine weitere, vielleicht „akademische" Quelle neben den *Chronica* zur
Verfügung hatte. Für den Fall, dass Kol. 21 direkt von Kol. M fortgesetzt wird,
wäre die Annahme einer späteren Hinzufügung jedoch nicht unproblematisch. Die kleine Homonymen-Liste mit den vier Aristones (Kol. O,24–29) weckt
oberflächliche Assoziationen mit der Zusammenstellung des Demetrius von
Magnesia (*Περὶ ὁμωνύμων ποιητῶν καὶ cυγγραφέων*), welcher im 1. Jh. v. Chr. aktiv
war.[231] Gewiss besteht keine direkte Abhängigkeit.

---

228   Jedoch dürfte die Kolumne dann ursprünglich mehr als 31 Zeilen umfasst haben.
229   So ist etwa im Falle der Eubuloi in Kol. 27,42–28,4 die Reihenfolge der Todeszeitpunkte
      mit Monatsdifferenz angegeben und Moschion sowie Agamestor fehlen in Kol. O offen-
      bar (Telekles' Tod könnte zuvor erwähnt gewesen sein).
230   Vgl. Dorandi (1991), S. 94. Ferner müsste man sonst wohl annehmen, dass das Apollodor-
      Exzerpt bei Philodem nur dem 4. Buch der *Chronica* entnommen ist, da Apollodor in
      diesem Fall aus einer Quelle schöpfte, die nach 143/42 datiert muss (Kol. O,21–22).
231   Vgl. Regenbogen (1950) und Hatzimichali (2020), S. 262. Zu Demetrius von Magnesia und
      Περὶ ὁμωνύμων ποιητῶν καὶ cυγγραφέων siehe Mejer (1981) und Zaccaria (2021), S. 231–238.

Endversion (PHerc. 164)

Erwähnung Spinthars (frg. 6)

Dorandi und Gaiser nehmen an, dass Spinthar von Tarent in frg. 6,4 gemeint ist. Auf ihn beruft sich Aristoxenos von Tarent einige Male.[232] Spinthar war Schüler des Sokrates sowie Lehrer und Vater des Aristoxenos. Spinthar hat sich über Zeitgenossen geäußert, wobei keine Schriften überliefert sind.[233] Der Peripatetiker Aristoxenos (ca. 375 bis nach 320 v. Chr.) ist hauptsächlich als Musiktheoretiker bekannt, trat aber auch als Biograph in Erscheinung. Bevor er Aristoteles hörte, war er Schüler des Spinthar, des Lampros und des Pythagoreers Xenophilos. Er verfasste angeblich 453 Werke, darunter auch Biographien zu Pythagoras, Archytas, Sokrates und Platon (Πλάτωνος βίος – frg. 61–68 Wehrli).[234] Folglich ist denkbar, dass Philodem für eine Passage im *Index Academicorum* aus Aristoxenos' Πλάτωνος βίος schöpft, wo der Peripatetiker wie auch in anderen Schriften eine Aussage Spinthars über Platon angeführt haben könnte (Spinthar ist in Aristoxenos F 30 Wehrli für Archytas zitiert und in Aristoxenos F 54a Wehrli für Sokrates).[235]

Sollte sich der Name Spinthar alternativ auf den Tragiker beziehen, der in D.L. 5,92 für eine Episode zum Akademiker Herakleides bemüht wird, und das Fragment der Herakleides-Vita zugehören, stellt sich die Quellenfrage ebenfalls. Hat Philodem die Anekdote in einer Schrift des schattenhaften Spinthar (Tragiker) selbständig aufgespürt? Wohl kaum. Entweder hatte Philodems Quelle bereits die Ausführungen Spinthars (ggf. mündliche Überlieferung) in einer Herakleides-Darstellung verarbeitet oder die Episode fand sich bei Demochares (siehe Quellen Kol. 9,1–10,33). Letztere Option ist vielleicht weniger wahrscheinlich, da sich Demochares in seiner Invektive vermutlich nicht explizit auf Spinthar berufen hätte.

---

232 Dorandi (1985), S. 108 und Dorandi (1991), S. 254 lehnt die Annahme, es handele sich um den Tragödiendichter, ohne genauere Begründung ab. Gaiser (1988), S. 105–106 gründet seine Annahme nicht zuletzt auf einer willkürlichen bzw. falschen Einordnung des Fragments und einem angeblich schlechten Platon-Bild des Spinthar/Aristoxenos.

233 Fragmentsammlung zu Aristoxenos bei Wehrli (1967); Kaiser (2010). Für Aristoxenos' Leben siehe besonders den Eintrag in der Suda (α 3927). Umfassende Einordnung des biographischen Werks des Aristoxenos mit eher positiver Bewertung seiner Objektivität bei Schorn (2012).

234 Überblick zu Leben und Werk bei Kaiser (2010), S. IX–XII.

235 Zu dieser Platon-Biographie siehe Dillon (2012).

KAPITEL 3

Kommentar

Rekto

10–25 verlorene Kolumnen Für die mit Unsicherheiten behaftete Schätzung der ausgefallenen Kolumnen zu Beginn des Werkes siehe I 5.6.

a,1–3 Das erste lesbare Wort im *Index Academicorum* lautet bezeichnenderweise διατριβή und erscheint in Kol. a,13 und in Kol. 1,40 nochmals (sicher Dikaiarch), ferner in Kol. 6,29; 7,9; 18,3; 35,2; T 11; Q,9; N,8; *PHerc.* 164 frg. 31,4. Das Wort hat ein weites Bedeutungsfeld. Während es sich zu „Philosophenschule" im institutionellen Sinne entwickelte, kommt ihm oft auch die Bedeutung „Vorlesung/Studien/Unterricht" zu oder diese Konnotationen schwingen mit.[1] Verbunden mit den fragmentarischen folgenden Zeilen könnte Platons Unterricht erwähnt worden sein, der allen offenstand. Sollte Kol. b mit Pythagoreern in Verbindung stehen, könnte auch Platons Teilnahme an pythagoreischem Unterricht 399 v. Chr. (vgl. Kol. X,7–10; D.L. 3,6) und/oder 387 v. Chr. im Zuge der ersten (großen) Sizilienreise, auf der er zunächst mit Pythagoreern in Unteritalien zusammentraf, thematisiert worden sein.[2]

a,4 Das Adjektiv kann gewiss verschiedentlich mit Pythagoreern assoziiert werden (etwa Gütergemeinschaft), aber auch trefflich mit Platon, der anders als die Pythagoreer in aller Öffentlichkeit lehrte. Auch eine Bedeutung im Sinne von „gemeinsam" ist denkbar.

a,5–6 Das Partizip („jedem beliebigen" bzw. „jedem, der wollte") könnte in gewisser gedanklicher Nähe zu dem Adjektiv in Z. 4 stehen, zumal ein Konsekutivsatz (ὥ[c]τε) nicht unwahrscheinlich ist. Ein möglicher Sinn wäre etwa: „Platon unterrichte in der öffentlichen Sphäre, so dass es für jeden möglich war …"

a,7 Die interlineare Ergänzung wirft einige Fragen auf, da wahrscheinlich ῁ἥκουεν῁ wiederherzustellen ist. In diesem Fall sollte man eher an einen Bezug

---

1 Vgl. Glucker (1978), S. 162–166.
2 Für die beiden Reisen siehe Erler (2007), S. 46–50. Die Historizität der ersten Reise ist zweifelhaft.

auf das Partizip in Z. 5–6 denken (etwa Relativsatz) als an Platon als Subjekt, welcher dann jemanden (evtl. Pythagoreer) längere Zeit gehört hätte. Das ἀλλά ist adversativ; die Schreibung in meiner Edition ist dem Umstand geschuldet, dass ἀλλ᾽ α- oder ἀλλά möglich sind.

a,8–12 Für eine etwaige Form von μετέχω („am Unterricht teilnehmen") siehe Kol. 34,16 und Kol. 36,8.

a,13 Mit Verweis auf Z. 2 und 16 sowie Kol. 1,40 und die mögliche Ergänzung in Z. 12 ist die Restitution des Wortes recht sicher. Eine Form von τριβή (Kol. 1,18) ist wenig wahrscheinlich.

a,14–15 Verhasselts Vorschlag πάλης für Z. 11 scheint keine Bestätigung im Papyrus zu haben und die von mir in Z. 13 und 16 neugelesenen Wörter lassen es unwahrscheinlich erscheinen, dass hier eine Parallele zur von Dikaiarch (bei Diogenes Laertius) überlieferten Teilnahme Platons an Ringkämpfen vorliegt.[3] Das Verb könnte im philosophisch-metaphorischen Sinne gebraucht sein („sophistisch argumentieren/für einen Standpunkt kämpfen", vgl. LSJ).

a,16–39 Das Kompositum in Z. 16 erscheint nochmals in Kol. 1,29, das Simplex vielleicht in Kol. 1,33. Womöglich wird darauf angespielt, dass Platon Hypothesen in dialektischer Manier prüfte (und verwarf) oder irgendwelche Annahmen voraussetzte.

a,40–45 Am ehesten wäre an das Part. Präs. ὤν zu denken.

b,1–5 Die Sequenz πρω[τ könnte ein gewisses Pendant in den Formulierungen πρῶτον ἐκδοῦναι (D.L. 8,85), πρῶτος ἐξήνεγκε (Iambl. vita Pyth. 199) oder μέχρι (D.L. 8,15) haben, sollte im Folgenden die Philolaos-Episode wiedergegeben sein.

b,6 Die Spurenlage ist für eine Ergänzung von Διο[νύσι]ον zu dürftig, insbesondere zu Beginn der Zeile. Es muss offenbleiben, ob Dionysios von Syrakus im *Index Academicorum* wirklich mit der Transaktion in Verbindung gebracht wurde (bzw. ob diese Transaktion überhaupt Gegenstand der Zeilen war).

b,7 Für χα sind viele Ergänzungen denkbar. Im Hinblick auf D.L. 8,85 könnte

---

3 D.L. 3,4–5 (FGrH 1400 F 22).

man eine Form von χάρις erwägen, aber diese Variante der Geschichte ist bei Dikaiarch nicht unbedingt zu erwarten.

b,7–8 Del Mastros einfallsreicher Vorschlag κατ᾿ ἄρ]|χοντα Πολ[ύζηλον ist vor dem Hintergrund vieler Archon-Datierungen im Papyrus und dem Jahr des Archons Polyzelos (367/66 v. Chr.) keineswegs per se abzulehnen, aber es lassen sich für χοντα πολ noch etliche andere sinnvolle Ergänzungen finden. Darüber hinaus steht der Gegenstand der Kolumne zur Debatte, d. h., Pythagoreer und der Bucherwerb sind vielleicht überhaupt nicht thematisiert. Auch wird normalerweise mit ἐπί + „Name des Archons" datiert und man würde bei Dikaiarch eine solche Datierung „innerhalb" der Vita Platons eher weniger erwarten. Ferner fragt man sich, weshalb der Kauf so exakt datiert worden sein sollte. πολ könnte sich etwa auf den hohen Preis des Buches beziehen, aber es kann nicht als gesichert gelten, dass dieser Aspekt in der vorliegenden Version eine Rolle spielte. Im Falle eines Partizips Akk. Sg. Mask. (–χοντα) ist ein Bezug auf Platon eher unwahrscheinlich, da er in Z. 25 ff. und in Kol. 1 nicht in AcI-Konstruktionen angeführt wird. Delattres Ergänzung am Ende der Zeile mag den Sinn treffen, aber die Spuren sind bescheiden und zahlreiche Alternativen denkbar.

b,9 Die Neulesung ἔμπρος[θεν fügt sich gut zum mutmaßlichen Kontext, ebenso Puglias φι]λοςόφ[ων. Entscheidend ist die Frage, ob mit den „frühen Philosophen" ausschließlich Pythagoreer gemeint sein können. Mir scheint dies wenig wahrscheinlich, da sonst „Pythagoreer" zu erwarten wäre. Es ist wichtig zu vermerken, dass Del Mastros ἐκδίδος[θαι] γ[ε]ωϲ[τί unhaltbar ist und zu keinen falschen Schlüssen mehr hinsichtlich der genauen Ausgestaltung der Episode verleiten sollte.[4]

b,10 Das Adverb ϲφόδρα gehört zum Adjektiv (vgl. LSJ: „with Adjs. it most freq. follows")[5] und hat wahrscheinlich entweder den Zweck, Philolaos (am ehesten aus Sicht Dikaiarchs) als Pythagoreer der alten Generation von der sehr alten Generation abzugrenzen, oder aber die vor Platon lebenden Philosophen zu unterscheiden. ϲφόδρα οὐδέ ist kein Hiat, sondern *scriptio plena*,[6] welche nach

---

4   In Fleischer (2019d), S. 153 habe ich noch etwas vorsichtiger formuliert, aber die HSI sind nun eindeutig.

5   Del Mastro (2012), S. 286 bezieht es auf die Negation („non ... affatto"), aber eine solche Junktur ist nicht belegt.

6   Zum Unterschied von Hiat und *scriptio plena* sowie zum Hiat bei Philodem und anderen Epikureern siehe McOsker (2017).

auslautendem α auch in Kol. 1,6 (Dikaiarch) und anderweitig (etwa Kol. 18,34) zu finden ist, aber nicht immer erscheint (etwa Kol. 8,6). Bei der *scriptio continua* im Papyrus hätte man sonst leicht cφοδροῦ (δὲ) verlesen können. Intuitiv würde man γὰρ nicht in Z. 9, sondern eher hier als Erklärung erwarten.

b,11–12 Die Neulesung κατέλε[ιπον] geht öfters mit ὑπομνήματα zusammen; Diogenes Laertius allein verwendet die Junktur sechsmal (D.L. 1,16;4,4;4,24;4,47; 8,87;8,89), vgl. auch Kol. 18,34–35. Das Imperfekt fügt sich gut zu dem anderen Imperfekt und unterstreicht die Dauer. Ferner könnte im Hinblick auf das zweite Verb, wenn nicht grundlos pleonastisch formuliert wurde, ein „internes" Hinterlassen (innerhalb der Gemeinschaft) gemeint sein. Ich verdanke Jan Heßler den Hinweis, dass οὐδὲ … οὐδὲ anstelle des eher zu erwartenden οὔτε … οὔτε eine Steigerung anzeigen könnte („nicht … und schon gar nicht"), was das etwas unerwartete Verb in Z. 11–12 und den Unterschied der Verben erklären könnte. Für ἐκτίθημι können die Neulesungen in Kol. 19,41 oder Kol. 26,39=29,11 nur bedingt als Parallele herangezogen werden, ebenso Kol. 19,11. Es scheint, dass dem Verb hier dieselbe Bedeutung wie ἐκδίδωμι (ὑπομνήματα) zukommt. Philodem nutzt das Wort öfters in ähnlichem Kontext, aber nicht für die Herausgabe von Büchern; die von Del Mastro angegebene Parallele bei Cassius Dio ist nur bedingt einschlägig.[7] Mit einer etwaigen Steigerung könnte ausgedrückt sein, dass die alten Pythagoreer weder ihre Lehre niederschrieben *und schon gar nicht* Kommentare zur Lehre verfassten. Auch bei vorplatonischen Philosophen allgemein wäre diese Steigerung sinnig. Das Substantiv ὑπομνήματα findet sich in Kol. 18,35; 22,42–43 (hier im Sinne von Vorlesungsmitschriften); O,34; N,21 und dürfte Werke oder Schriften bezeichnen, vielleicht auch mit exegetischem Charakter.[8] Wie in Z. 10 ist beim Akk. Neutr. Pl. wieder *scriptio plena* vor [ὡ]c zu konstatieren. Die Ergänzung dieses zuvor nicht gelesenen kurzen Wortes ist essentiell für das Verständnis der Periode.

b,13 Die Neulesung ο̣ὗτο⟦ν⟧ ̔ς ́ ist fast unvermeidlich, insofern der erste Buchstabe der Zeile kaum ein α sein kann und nur konservativ unterpunktet ist.[9]

---

7 Cass. Dio 57,27,1: ὁ δ' οὖν ὅμιλος, οἷα ὑπό τε τοῦ λιμοῦ καὶ ὑπὸ τοῦ τέλους τοῖς θ' ὑπὸ τοῦ πυρὸς ἀπολωλόcι κεκακωμένος, ἤcχαλλε, καὶ πολλὰ μὲν καὶ φανερῶς νεωτεροποιὰ διελάλουν, πλείω δὲ δὴ βιβλία νύκτωρ ἐξετίθεcαν, vgl. Del Mastro (2012), S. 289. Es wäre vielleicht auch bedingt Ps.-Sykmnos 33 für das Verb im editorischen Kontext zu vergleichen. Philodem nutzt es in Phld. de signis III 19,11; de poematis V 12,23; de lib. dic. 11,8 und etliche Male in der *Rhetorik* und in *Adversus eos qui se libros nosse profitentur* (Del Mastro (2012), S. 289 Fn. 99, 100).

8 Für die Verwendung im *Index Academicorum* und bei Philodem allgemein siehe Del Mastro (2012), S. 289–290.

9 Del Mastros αὐτο⟦ν⟧ ̔ ̣ῦ ́ ist zwar noch im Apparat angegeben, aber paläographisch kaum akzeptabel.

Durch die Neulesung ändert sich womöglich der Sinn der Periode, da fraglich ist, ob mit dem Demonstrativpronomen wirklich Pythagoras gemeint sein kann („wie dieser keine Schriften herausgab"). Wenn Philolaos im Vorherigen schon genannt war, dürfte die Formulierung eher elliptisch sein für „wie dieser (Philolaos) es aber tat" („im Gegensatz zu diesem") und ǫὗτο⟦ν⟧ˋςʹ auf Philolaos zu beziehen sein. Alternativ, und vielleicht wahrscheinlicher, wird Platon mit früheren Philosophen verglichen. Ein Gen. Sg. Mask. ist auch im Hinblick auf die Ergänzung des zweiten Wortes in Z. 13–14 kaum zu präferieren. Vielleicht wurde mit entsprechender Präposition zur zweiten (jüngeren) Gruppe der vor Platon wirkenden Philosophen übergeleitet.

b,14 Aus Raum- und Spurengründen ist ἔ]τι naheliegend, aber nicht unproblematisch. Sollte ein ergänzendes „ferner" vorliegen, könnten zuvor schon ein Themenfeld oder Buchtitel genannt worden sein. Auch wenn ich genuine Buchtitel im Sinne der *tripartitum*-Tradition als eher unwahrscheinlich erachte, könnte hier durch Themengebiete schon eine Urform der Titel vorgelegen haben. In der Bedeutung „noch" könnte man etwa übersetzen: „... die aber gemäß jenen noch über die Natur und ... mündlich tradierten Lehren." Jedoch würde die Stellung von ἔτι irritieren. Del Mastro fasst περὶ φύσεως als Buchtitel auf[10] und sieht in der folgenden Präposition περὶ den Beginn eines zweiten Buchtitels mit möglichem Bezug zur tripartitum-Tradition (*Παιδευτικόν, Πολιτικόν, Φυσικόν*). Andererseits ist für Philolaos (nur) ein Werk περὶ φύσεως überliefert. Womöglich handelt es sich bei den Genitiven aber auch um Themenfelder der vor Platon aktiven Philosophen und es besteht kein Bezug zu Philolaos oder Pythagoreern.

b,15 Del Mastros Vorschlag π[ο]λ̣ι̣[τικ]ῶν ist attraktiv, muss aber unsicher bleiben.[11] Desungeachtet mag es sich nicht um einen Buchtitel, sondern nur um eine Inhaltsangabe handeln.

b,16–17 ὡς ist möglich.

b,18 ομολ[- ist möglich. Vielleicht war ausgesagt, dass Platon etwas zustimmend adaptierte.

---

10 Del Mastro (2012), S. 288.
11 Del Mastro (2012), S. 288 Fn. 87 druckt diesen an sich guten Vorschlag nicht in seinem Apparat, sondern erwähnt ihn nur in einer Fußnote.

b,19–23 Die wohl virulenteste Frage des Abschnitts ist, ob Dikaiarch festhielt, dass Platons *Timaios* in Anlehnung oder durch Inspiration der erwähnten pythagoreischen Schrift(en) verfasst wurde. Immerhin ließe sich zu Beginn der Zeile vorzüglich Τ̣[ίμαιο]ν ἔγρα[ψε] ergänzen, aber möglich ist etwa auch ein Kompositum. Nochmals ist zu betonen, dass möglicherweise (oder sogar wahrscheinlich) Philolaos/Pythagoreer und Platons Bucherwerb überhaupt nicht Thema dieser Kolumne waren, womit sich auch die Erwähnung des *Timaios* an dieser Stelle erledigt hätte. Ungeachtet der genauen Ergänzung ist Platon als Subjekt des Satzes nicht unwahrscheinlich.

b,24–35 Die *paragraphos* in Z. 24 ist unsicher und ein früherer oder späterer Wechsel zu einem anderen Aspekt von Platons Leben oder Lehre möglich.

b,36 Ein Nominativ am Ende der Zeile scheint wahrscheinlich. Die Frage ist, ob das Adjektiv vorliegt und somit Platon als weise/selbstbeherrscht beschrieben wird oder der Eigenname Sophron zu transkribieren ist.[12] Platon schätzte die Mimen des Sophron von Syrakus sehr und soll sich in der Charakterzeichnung an ihnen orientiert haben. Angeblich habe er auf den Büchern Sophrons geschlafen.[13] Betrachten wir zunächst Ranocchias Vorschlag καλούμ[ε]νος. In diesem Fall müsste das Adjektiv eigentlich einen Beinamen bezeichnen und zwar am ehesten einen Eigennamen. Interpretationen bzw. Rekonstruktionen der Art „herbeigerufen verhielt er sich weise/selbstbeherrscht" wären sehr künstlich. Wahrscheinlich liegt kein Kompositum vor. Somit müsste man bei dieser Interpretation gleichsam annehmen, dass Platon entweder „Selbstbeherrschter" oder „Sophron" (nach dem Mimographen) mit Beinamen genannt wurde. Jedoch finden sich dafür in der Literatur keine Indizien. Vielleicht stand also ein anderer Kasus des Partizips oder ein anderes Wort. Sollte ein [δ]ὲ vor S(s)ophron gestanden haben (schwierige Stratigraphie im Papyrus), hätten wir wohl nur ein vorangehendes Wort in diesem Satzglied. Womöglich war gesagt, dass Platon „im Übrigen" selbstbeherrscht war. Die Junktur οὕτω καὶ in der folgenden Zeile würde dann bedeuten, dass Platon vermittels dieser (und ggf. anderer zuvor genannter Eigenschaften) „auch" etwas tat. Nimmt man den Eigennamen Sophron an, wäre etwa an ὡς [δ]ὲ zu denken, wobei dann im Vorherigen schon kurz auf das Verhältnis von Platon zu Sophron oder auf die

---

12   In der Edition musste ich mich gleichsam für eine Variante entscheiden, da eine „neutrale" Darstellung im Literarischen Transkript nicht möglich war.

13   Vgl. Riginos (1976), anec. 128. Zu Sophron siehe Hordern (2004), zum Einfluss auf Platon besonders S. 3,26 f. und kompakt Zimmermann (2011), S. 668–670. Fragmente in PCG 1 (Kassel-Austin), Sophron.

Ethopoiie in Sophrons Mimen eingegangen worden sein dürfte.[14] Die Junktur καὶ Πλάτων würde also mit Sophron korrespondieren und die Periode sinngemäß lauten: „Wie aber Sophron, auf diese Weise stellte auch Platon Menschen als … dar (verspottete sie)." Am Beginn der Zeile wäre ferner an καλοῦ oder καλοὺς zu denken. Duris von Samos ist die früheste Quelle für Platons Verbindung zu Sophron, will man nicht schon in Aristot. poet. 1447b einen Hinweis sehen.[15] Nach Athen. IV 128 (FGrH 76 T 1) war Duris Schüler des Theophrast, so dass seine Bemerkung auch für eine frühe peripatetische Platon-Sophron-Tradition sprechen mag.[16] Jedenfalls könnte Dikaiarch schon auf Ähnlichkeiten zwischen Platons Dialogen und Sophrons Mimen eingegangen sein, unter Umständen wertfrei.

b,37 Für die Implikationen der Auslegung von οὕτῳ καὶ siehe den Kommentar zu Z. 36. Die Stratigraphie und die Spuren am Ende der Zeile sind nicht eindeutig. Vielleicht stand ein anderes kurzes Wort (z. B. ἔτ᾽) vor dem Partizip oder es ist ein (Hyper)Kompositum zu ergänzen (vgl. Kol. 1,1–2 und 6), für welche Philodem eine Vorliebe zeigt. Bei einem recht freien Exzerpt hätte also vielleicht nur Philodem selbst (und nicht Dikaiarch) diese (Hyper)komposita gebraucht.

b,38–39 Die Partizipien sind leicht pleonastisch. Natürlich ist auch bei dem ersten Partizip an „gegenseitige" Belästigung zu denken. Die Ergänzung von δ[ιαφε]ρο|μένουc ist hinreichend wahrscheinlich.

b,40–41 τινὰς könnte die Charaktere in den Dialogen konnotieren. Del Mastros κα[τήλ]λα|ξεν ist unhaltbar, wodurch seine gesamte „Mediator"-Auslegung der Stelle („Platone … riconciliò") zur Debatte steht.[17] In Z. 41 steht wahrscheinlich keine *paragraphos*; der zweite Buchstabe in Z. 41 ist sicherlich ein ζ, vor dem ein weiterer Buchstabe geschrieben war. Eine fallende Schräge ist zu erkennen, α sehr wahrscheinlich. Folglich stand ein Imperfekt im Papyrus, welches bei ἀεὶ auch eher als ein Aorist zu erwarten ist. Mit κα in Z. 40 und in Anbetracht der Silbentrennungsregeln ist wahrscheinlich κα[τεcκ]ε[ύ]|αζεν

---

14   Unter P. Oxy. 301 firmiert ein Sillybos von Sophrons Mimen mit Frauencharakteren (Cώφρονος μῖμοι γυναικεῖοι). Sophrons Mimen werden auch von Demetr. Laco in *De poematis* II (*PHerc.* 1014) 60 (Sophron F 14 Hordern) erwähnt. Fragmente auch in PSI 1214 und vielleicht PSI 1387 (Sophron F 4 und 171* Hordern).

15   Vgl. Riginos (1976), S. 176; Hordern (2004), S. 26 (Athen. XI 504b: καὶ ὁ τοὺς μίμους δὲ πεποιηκώς, οὓς ἀεὶ διὰ χειρὸς ἔχειν Δοῦρίς φηcι (FGrH 76 F 72) τὸν cοφὸν Πλάτωνα).

16   Für Duris siehe Scardino (2014a); Zweifel, dass Duris wirklich Theophrast hörte, etwa bei Lunducci Gattinoni (1997), S. 36–38.

17   Del Mastro (2012), S. 286,290.

oder κα[τεχλ]ε[ύ]‖αζεν zu ergänzen. Die Bedeutung des Dativs ἡλικίαι(c) ist nicht klar und die Stellung seltsam. Delattre erwog einen Bezug auf Platons Alter, durch welches er, gleichsam Erhabenheit ausstrahlend, etwas bewirkte,[18] aber Parallelen für eine solche Formulierung fehlen. Eine Verbindung mit καταcκευάζειν („jmd. mit etwas ausstatten") ist aufgrund des Bedeutungsfeldes von ἡλικία fast unmöglich; der Dativ ist ebenfalls kaum direkt auf κα[τεχλ]ε[ύ]‖αζεν zu beziehen. Für „im Alter" würde man ἐν ἡλικίαι erwarten.[19] Folglich könnte man an eine Sperrung mit *dativus causae* denken, sprich dass sich die erwähnten Menschen wegen des Alters (des Altersunterschieds) zur Last fielen. Das Wort ἡλικίαι hätte vor und hinter ἀεὶ Hiat gemacht, ebenso vor und hinter ἀλλήλοιc, was die Sperrung erklären könnte.[20] Die Ergänzung des finiten Verbs ist für die Auslegung der Passage nicht ohne Relevanz. Gleich, ob man nun κα[τεcκ]ε[ύ]‖αζεν, was mir etwas wahrscheinlicher erschien, oder κα[τεχλ]ε[ύ]‖αζεν ergänzt, würde der Inhalt des Verbs einen Bezug zu Sophrons Mimen recht wahrscheinlich machen. Das Kompositum ist eher selten, aber bei Philodems Vorliebe für solche nicht gänzlich unerwartet und vielleicht aus Gründen der Hiatvermeidung gebraucht.[21] Platon könnte in seinen Dialogen Leute „so disponiert/präsentiert" haben, dass sie miteinander altersbedingt im Streit liegen.[22] Die Partizipien wären als eine Art Prädikatsnomen gebraucht. Bei κα[τεχλ]ε[ύ]‖αζεν würde sich der Spott auf Platons Darstellung von Charakteren in seinen Werken beziehen. Geht man von dem Adjektiv cώφρων aus, könnte der Spott über solche Charaktere eine Folge von Platons Eigenschaft cώφρων (und anderer zuvor genannter Eigenschaften) sein. Es ist denkbar, dass hinter einem etwaigen ὅτε kein δὲ zu ergänzen ist und der Nebensatz vom Vorherigen abhängt (und folglich ein Komma statt Punkt vor ὅτε zu setzen wäre). Vielleicht ist der Akkusativ am Ende von Z. 41 noch mit den vorherigen Akkusativen zu verbinden und bedingt das ἡλικίαι. Es ist möglich, dass auf andere als in den vorherigen Zeilen beschriebene Charaktere Bezug genommen ist.

b,42–44 Die Formulierung hat meines Erachtens eine peripatetische Färbung. Mit den Dativen sind offenbar Charaktere und Lebensentwürfe gemeint. Del

---

18   In Del Mastro (2012), S. 290: „l'âge venerable de Platon."
19   Haplographie ist bei den wenigen nicht korrigierten Fehlern im Papyrus (I 8.1) eher unwahrscheinlich.
20   Andere Sperrung etwa in Kol. 1,25–26.
21   Frühester Beleg bei Dion. Hal. comp. 25, vgl. LSJ.
22   Für diese Bedeutung siehe LSJ („represent as so and so, κ. τινὰc παροίνουc, ὑβριcτάc, ἀγνώμοναc, D.54.14, cf. 45.82; εἰ μὴ Γοργίαν Νέcτορά τινα καταcκευάζειc unless you make out a Gorgias to be Nestor, Pl.Phdr. 261c") mit für unsere Stelle mehr oder weniger einschlägigen Parallelen.

Mastro hat mit der Annahme von Haplographie (τούτων ⟨τῶν⟩ ἐθῷ[ν] versucht das Problem des isolierten τούτων zu lösen,[23] was bei solch fragmentarischen Passagen immer kritisch zu bewerten ist. Im Hinblick auf προαιρ[έcεcι] βίων könnte nun mit einem letzten Dativ (Plural) die Durchführung dieser (τούτων) Lebensentwürfe gemeint sein. Vielleicht ist das letzte καὶ nicht kopulativ, gerade wenn man einen Gegensatz zur vorangehenden Menschengruppe annimmt. Der Genitiv τούτων könnte sich auf das mit ἀπο- beginnende Kompositum beziehen. Mir erschien die Ergänzung εἰκότως | ἀπος̣χομέ̣νους bedenkenswert, aber zu unsicher für den Text, da unklar ist, ob zwischen dem ε und κ in Z. 43 tatsächlich noch ein kleiner Buchstabe stand. Der Sinn wäre: „diejenigen, welche sich durch Charakter und Lebensentwürfe natürlicherweise auch von diesen (oben genannten Personen) fernhalten."

c,1–43 Es ist interessant, dass man über Dikaiarchs Kritik an Platons *Phaidros* in D.L. 3,38 liest: Δικαίαρχοc δὲ καὶ τὸν τρόπον τῆc γραφῆc ὅλον ἐπιμέμφεται ὡc φορτικόν (FGrH 1400 F 60). Die Lesung φορτι[κ]ο hatte ich auch unabhängig von Verhasselt (2018) getätigt.[24] An ihr bestehen keinerlei Zweifel, während τῆc ἀναγ[ραφῆc möglich, aber nicht sicher ist. In den Wörtern könnte man eine Parallele zu Diogenes Laertius vermuten, aber Dikaiarch mag das Adjektiv auch öfters und in anderem Kontext genutzt haben. Vielleicht besteht noch eine Verbindung zu den am Ende von Kol. b genannten Charakteren.

Fünf verlorene Kolumnen Da die bibliometrischen Messungen nicht völlig gesichert bzw. genau sind, ist ein Ausfall von mehr als fünf Kolumnen möglich, aber nicht unbedingt wahrscheinlich. Auch der Ausfall von keiner Kolumne zwischen Kol. c und Kol. 1* ist aus bibliometrischen Gründen und wegen *Sovrapposti* unwahrscheinlich bis ausgeschlossen. Aus den meisten *Sovrapposti* ist inhaltlich nichts Substantielles zu gewinnen. Allein für die erste verlorene Kolumne sind zwei Beobachtungen zu machen. In Z. 37 ist καὶ κερα[wahrscheinlich im Sinne von „mischen" oder „Mischung" zu ergänzen. Mit dem Verb bzw. mit sinnverwandten Verben beschreiben einige Autoren Platons Philosophie als (ausgewogene) Mischung anderer philosophischer Ansätze. Eine dieser „Mischungsaussagen" stammt von Dikaiarch (Plut. quaest. conv. 719a–b = FGrH 1400 F 59): Ἀλλ᾽ ὅρα μή τί cοι (sc. Τυνδάρει) προcῆκον ὁ Πλάτων καὶ οἰκεῖον αἰνιττόμενοc λέληθεν, ἅτε δὴ τῷ Cωκράτει τὸν Λυκοῦργον ἀναμιγνὺc οὐχ ἧττον ἢ τὸν

---

23   Die beiden einzigen Beispiele (Kol. 11,2; 19,36), die Del Mastro (2012), S. 290 für Haplographie im *Index Academicorum* anbringt, sind durch meine Edition nun wohl hinfällig.

24   Verhasselt (2018), S. 541.

Πυθαγόραν ⟨ὡς⟩ ᾤετο Δικαίαρχος.[25] Vielleicht ging Dikaiarch in diesen Zeilen auf den (angeblich) synkretistischen Charakter von Platons Philosophie ein. In Z. 40 deutet αυτα ου entweder auf Periodenende oder aber *scriptio plena* nach Plural-α hin, analog zu Kol. b,10 und 12 und Kol. 1,6.

1*,1–5 Meklers καθά (natürlich wäre auch an καθάπερ zu denken) ist naheliegend, aber nicht die einzig sinnvolle Ergänzung. Ein Bezug auf Dikaiarch wäre auch bei καθά nicht zwingend.

1*,6–14 Die Ergänzung ἐπ]ιμέλειαν ist rein lexikalisch am wahrscheinlichsten. In D.L. 3,38 (FGrH 1400 F 22) liest man: εἰσὶ δ᾽ οἳ καὶ παλαιαί φασιν αὐτὸν (sc. Platon) Ἰσθμοῖ, καθὰ καὶ Δικαίαρχος ἐν πρώτῳ Περὶ βίων καὶ γραφικῆς ἐπιμεληθῆναι καὶ ποιήματα γράψαι, πρῶτον μὲν διθυράμβους, ἔπειτα καὶ μέλη καὶ τραγῳδίας. Es ist unsicher, ob der letzte Teil wirklich auf Dikaiarch zurückgeht[26] und das mögliche Substantiv im Papyrus das Verb ἐπιμεληθῆναι bei Diogenes reflektiert.

1*,15–43 In Kol. b,40–41 steht das Kompositum κατασκευάζω im Imperfekt. Vielleicht lag diese Form auch in Z. 15 vor.

1*,44 Für die Verbindung von καθ᾽ ὅσον mit einer Form von ἐνδέχομαι siehe etwa Plat. Phdr. 271b (καθ᾽ ὅσον ἐνδέχεται). Auch ähnliche Formulierungen sind denkbar. Jedenfalls ist eine relativierende Bedeutung der Formulierung in Kol. 1,1 wahrscheinlich. Die Syntax legt einen Temporalsatz nahe.

1,1–2 Bereits das erste Wort bzw. die ersten zwei Wörter der ersten nennenswert erhaltenen Kolumne von *PHerc.* 1021 wurden in der Vergangenheit falsch gelesen – mit einigen Folgen für die Textherstellung. Es ist ⌜ἐνδε⌝χόμενον und nicht der Genitiv Pl. zu lesen, was schon von Arnim, einer Lesung Crönerts folgend, vorschlug.[27] Hinter dem Wort ist nur Platz für einen etwa normal großen Buchstaben (μὲν ist nicht möglich). Die Ergänzung [ἢ]⌜ν⌝ ist somit erforderlich und impliziert einen relativierenden Einschub. Das Partizip Neutrum und

---

25   Siehe Baltes/Dörrie (1990), BS 39, besonders S. 270 f. Neben der oben angeführten Stelle wären D.L. 3,8 (μίξιν τε ἐποιήσατο τῶν τε Ἡρακλειτείων λόγων καὶ Πυθαγορικῶν καὶ Σωκρατικῶν), Eus. PE 14,5,9 = Numen. F 24 des Places (... καὶ αὐτὸ τοῦτο κεράσας Σωκράτει Πυθαγόραν, τοῦ μὲν δημοτικώτερος, τοῦ δὲ σεμνότερος ὤφθη), Procl. Tim. 1,7,24–26 (εἴπερ οὖν ἄλλοθί που ξυνεκεράσατο τήν τε Πυθαγόρειον καὶ Σωκρατικὴν ἰδιότητα, κἂν τῷδε τῷ διαλόγῳ τοῦτο φαίνεται ποιῶν) zu nennen.

26   Vgl. Verhasselt (2018), S. 325.

27   Der Genitiv Pl. bei Mekler (1902), Gaiser (1988), Dorandi (1991). Von Arnim im Apparat bei Mekler (1902): „κατὰ τὸ ἐνδεχόμενον secundum Crönerti lectionem Arnim."

die Junktur ἐνδεχόμενόν ἐϲτιν („es ist möglich") sind sehr geläufig, besonders
bei Aristoteles (vgl. LSJ). Ob das Hyperkompositum ἐπα{ˈιˈ}|νεκαίνˈιϲε auf Phi-
lodem hindeutet, der hier Dikaiarch umformuliert hat, muss offenbleiben.[28]
In Z. 6 findet sich ein analoges Hyperkompositum. Die Tilgung des ι bezieht
sich nur auf das Disegno. Im Papyrus finden sich hinter dem α keine sicheren
Spuren eines Buchstabens und es ist somit nicht unwahrscheinlich, dass der
disegnatore eine dunkle Faser falsch gedeutet hat.[29] Zur Trennung des Verbs
sei darauf verwiesen, dass bei Philodem und im *Index Academicorum* häufig die
Präpositionen (Präfixe) bei der Worttrennung auseinandergerissen werden.[30]
Das Adverb πˈάλιν fügt sich gut zum Verb.

1,3 Von der Rekonstruktion dieser Zeile hängen die Syntax des Beginns von
Kol. 1 und bis zu einem gewissen Grad auch der vermutete Inhalt ab. Von Mekler (1902) bis zu Verhasselt (2018) hat niemand an τοῦτ' am Ende der Zeile
gezweifelt. Jedoch könnten die Spuren im Erhaltenen mit einem ϲ kompatibel
sein und im Disegno ist ein seltsam verzogenes γ zu lesen.[31] Darüber hinaus ist
in Anbetracht der Worttrennung im Papyrus nicht sicher, dass wirklich τοῦτ'
| ἐν und nicht τοῦ|τ' ἐν zu trennen wäre.[32] Aus Gründen der Hiatvermeidung
muss aber hinter ατου (außer bei Annahme von Periodenende) noch ein Buchstabe gestanden haben. Gegen διά (Mekler, Lasserre, Gaiser, Dorandi) vor dem
vermeintlichen Demonstrativpronomen spricht die Horizontale im Disegno.
Verhasselt erwog im Apparat τέ[χνην κ]αὶ χ[α]τὰ τοῦτ', was zumindest das Problem der Horizontalen lösen würde, wobei der Sinn der Angabe χ[α]τὰ τοῦτ'
nicht völlig klar wäre. Anders als frühere Editoren nimmt er kein τ(ε)+Parti-
zip nach dem Artikel zu Beginn der Zeile an[33] (was bis dato ἅπαϲαν in Z. 2
doch etwas in der Luft hängen ließ), sondern ein Nomen und folglich die Verbindung der drei Wörter ἅπαϲαν τὴν τέχνην. Harold Tarrant hatte im Nachgang
des Amalfi-Seminars (2017) zum *Index Academicorum* (I 8.2) den glücklichen

---

28　Dieses Hyperkompositum findet sich ansonsten nur in Hiob 10,17 und darauf Bezug neh-
　　menden Autoren.

29　Da aber eine Verblassung nicht völlig ausgeschlossen werden kann, wurde die Transkrip-
　　tion mit Disegno-Korrektur in der Ausgabe vorgezogen.

30　Für diese Art der Trennung siehe Crönert (1903b), S. 12.

31　Der Buchstabe ϲ hat im Papyrus mitunter eine fast horizontale Oberseite und eine zu einer
　　Vertikalen tendierende Rundung.

32　Ähnliche Fälle in Kol. 3,38–39; 22,6–7 und insbesondere in Kol. 5,13–14 (ταυ|τ' ἐπί), 10,37–
　　38 (ταῦ|τ') und vor Konjunktion in Kol. 27,4 (ἐποίηϲα|τ' ἐπί). Für eine Trennung τοῦτ'| ἐν
　　spräche wohl nur Kol. 23,2–3, aber hier dürfte ein anderer Fall (Präposition und Eigen-
　　name) vorliegen.

33　Verhasselt (2018), S. 162.

Einfall „Sokrates" (mit Artikel und Komma hinter dem Namen). Zwar könnten die folgenden Zeilen die Nennung einer von Platon verschiedenen Person vermuten lassen, aber der Raum für die Ergänzung ist doch eng, weshalb es mir nicht verantwortlich schien, den Namen in den Text zu setzen.[34] Von dem ρ in Sokrates wäre nur noch eine kleine Horizontale des oberen Teils im Disegno erhalten (unerwartet) und, wie oben angesprochen wurde, ist ein c am Ende der Zeile ob der Hiatvermeidung und Worttrennung zwischen den Zeilen möglich. Das sinnvollste Nomen ist wohl in der Tat τ⌐έ⌐[χνη]ν[35], wobei auch τ⌐έ⌐[ρψι]ν zu bedenken wäre.[36] Die Ergänzung τ⌐έ⌐[ρψι]ν würde bedeuten, dass Platon entweder die „Ergötzung an Sokrates" erneuerte, also vielleicht die Tradition der Cωκρατικοὶ λόγοι oder allgemein das lustvolle Interesse an Sokrates. Jedoch wären das Adjektiv bzw. der Artikel sowie die gesamte Formulierung schräg. In dem Wort τέχνη ist im Falle der Ergänzung von „Sokrates" vermutlich ein Bezug auf die Gesamtheit der τέχνη des Sokrates, d. h. auf alle (technischen) Aspekte seines dialogischen Philosophierens, zu sehen, aber die Verwendung des Substantivs in diesem Kontext wäre auch nicht naheliegend. Platon habe diese (philosophische) Fertigkeit des Sokrates in ihrer Gesamtheit durch seine Philosophie und insbesondere deren Niederschrift in den Dialogen wieder erneuert. Eine Nennung des Sokrates in diesen Zeilen erführe vielleicht eine gewisse Bestätigung durch den angedeuteten Gegensatz bzw. die ergänzende Erläuterung ⌐αὐτὸc δὲ ... ἴ⌐δια ... in Z. 5–6.

1,4 In dieser Zeile würden wir eigentlich δὲ (eine Partikel) oder ἔν τε τοῖc erwarten. Jedoch finden sich davon keine Spuren, so dass man unter Umständen einen vorangehenden Temporalsatz annehmen könnte. Mit τοῖ⌐[c λ]⌐όγ⌐οιc sind offenbar wie in Z. 14–15 die Dialoge gemeint, welche hier – vielleicht vor dem Hintergrund der Gattung Cωκρατικοὶ λόγοι – nicht unter der Bezeichnung διάλογοι firmieren.[37] Dass hier auf mündliche Unterweisung angespielt wird, in welcher Platon εὐρυθμία hinzunahm, ist unwahrscheinlich. Platons Prosastil fand in der Antike weithin Anerkennung.[38] Gaiser hat kaum Unrecht, wenn er

---

34 Bis dato hatten viele Autoren in der Sequenz υc des Disegno Spuren eines Partizips Akk. Sg. Fem. gesehen und nicht erwogen, dass die Buchstaben zu zwei verschiedenen Wörtern gehören könnten (ἐ[λλείπο]υcαν von Arnim, Mekler, Lasserre, ἐ[πάιδο]υc[αν Gaiser, ο]υc[αν Dorandi).

35 Im Hinblick auf das *Oxforder Disegno* und die Spuren/Raum im Papyrus ist es schwierig χνηντο unterzubringen, aber nicht gänzlich ausgeschlossen.

36 Der Vorteil dieser Ergänzung ist, dass sie etwas kürzer ist und vielleicht besser zum Raum passt.

37 Vgl. Gaiser (1988), S. 326.

38 Ps.-Demetr. de eloc. 183–185; Vita Aeschin. III 6 (= Caecilius von Kale Acte = F 62a Ofenloch; vgl. FGrH 1026 F 85); Dion. Hal. comp. 18; Quint. inst. 8,6,64.

das Wort nicht nur auf metrisch-rhythmische Aspekte im engeren Sinne, sondern auf die dichterisch-künstlerische Gesamtgestaltung der Dialoge beziehen will.[39]

1,5–6 Das ⌜αὐτὸς δὲ⌝ macht die Nennung einer anderen Person (des Sokrates) im Vorausgehenden nicht unwahrscheinlich, verbürgt diese aber auch nicht. Es ist möglich, dass τε zu lesen ist, wobei auch bei diesem isolierten τε doch wohl eine Interpunktion vor ⌜αὐτὸς⌝ zu setzen wäre. Mit ⌜αὐτὸς⌝ und ἰ⌜'δίᾳ wird der eigene Beitrag im Gegensatz zu den übernommenen philosophischen Elementen oder zu den rein stilistischen Komponenten betont. Wie schon in Kol. b,10 und 12 ist zweimal in Z. 6 *scriptio plena* zu konstatieren, was im Papyrus unüblich ist und auf ein Exzerpt eng am Original hindeuten könnte. Das Hyperkompositum ist selten, erscheint aber in der exakt gleichen Form verbunden mit (παμ)πολλά bei der Darstellung von Platons Philosophie in Them. or. 26.[40] Vielleicht hängt Themistios hier über mehrere Zwischenquellen von Dikaiarch ab. Das identische Verb spricht tendenziell dafür, dass das Hyperkompositum im Papyrus nicht auf Philodems eigene Formulierung zurückgeht.[41] Vielleicht dachte Dikaiarch bei den Eigenbeiträgen unter anderem an die von den Peripatetikern abgelehnte Ideenlehre. Der Relativsatz bzw. der relative Anschluss [δι'] ὧν ist nicht unwahrscheinlich, aber eine sinngemäße Formulierung möglich. Verhasselt (2018) hat statt Komma einen Hochpunkt gesetzt, was legitim ist und wohl einen Bezug des Relativpronomens auf mehrere im Vorangehenden genannte Faktoren bedeuten würde.

---

39   Gaiser (1988), S. 326–328. Er verweist auch auf den Gebrauch des Wortes im *Protagoras* (326b) und im dritten Buch der *Politeia* (399e–400e). Für antike Bewertungen von Platons Stil siehe ferner Aristoteles (D.L. 3,37) und Dion. Hal. de Demosth. 5–7, der die Dialoge als eine Mischung aus gehobenem und poetischem Stil (ὑψηλόν, περιττόν, ποιητικόν) sowie schlichtem (Prosa)Stil (ἰσχνόν, ἀφελές, ἀποίητον) würdigt.

40   Them. or. 26 (318c–319a): Ἆρ' οὖν διὰ τοῦτο ὁ πάμμεγας Πλάτων ἡσυχῇ ἔμεινεν ἐπὶ τοῦ σκίμποδος καὶ τοῦ δωματίου; καὶ τίς οὕτω πολυπράγμων ἢ καινοτόμος; ὃς πρῶτον μὲν σποράδην οἰκοῦσαν φιλοσοφίαν ξυνῴκισε καὶ ξυνήγαγεν, ὥσπερ Θησεὺς τὰς Ἀθήνας· τέως δὲ τριχῇ διέσπαστο, μᾶλλον δὲ τετραχῇ· καὶ χωρὶς μὲν ἦσαν αἱ Ἰταλιώτιδες Μοῦσαι, χωρὶς δὲ αἱ Σικελικαί, χωρὶς δὲ ὁ χορὸς τῶν Ἰάδων, αἱ μὲν τὰ θεῖα μόνα μαστεύουσαι, αἱ δὲ ὑπὲρ τῆς φύσεως μεριμνῶσαι, τούτων δὲ μακρὰν ἀπεσκήνουν αἱ περὶ κακίας καὶ ἀρετῆς. ἐν Αἰγύπτῳ δὲ μόνον ἐφιλοχώρει τὰ μαθήματα. ταὐτά τε οὖν ἅπαντα ξυνήρμοσε πρῶτος, ὥσπερ μέλη ἑνὸς ζῴου διερριμμένα, καὶ ξύμπνοα ἔδειξε καὶ ὁμοιοπαθῆ, καὶ οὐχ οἷόν τε ἕν τι αὐτῶν ἀποτεμόντα μὴ οὐ κολοβόν τε καὶ ἔμπηρον ἔχειν. πρὸς δὲ καὶ ἕτερα πάμπολλα ἐπεισηνέγκατο καὶ εἰσήγαγε, λόγου ἰδέαν κερασάμενος ἐκ ποιήσεως καὶ φιλομετρίας, τοὺς ἐρωτῶντας καὶ ἀποκρινομένους καὶ διηγουμένους, ὑφ' ὧν κατεχόμεθα ἅπαντες ἄνθρωποι καὶ αἱρόμεθα ἀπὸ τῆς γῆς.

41   Dass Themistios von Philodem abhängt, ist wenig wahrscheinlich.

1,7–9 Für eine ähnliche Formulierung siehe Plut. amat. 764a. Der Plural τὰ φ]αι|νόμενα dürfte hier eher die eigenen Ansichten als „das, was (jedermann) offenbar ist" bedeuten.[42] Die Art der Parenthese und διὰ παρ῾ρῃς᾿[ία]ς sind Indizien, dass Dikaiarch hier in vornehmer Bescheidenheit seiner eigenen Bewertung von Platons Philosophie eine entschuldigend-rhetorische Floskel voranschickt und der Plural des Partizips seinen diversen Teilbewertungen geschuldet ist. Die Junktur διὰ παρρησίας ist ohne Parallele, aber ein Akkusativ aus Raumgründen nicht sehr wahrscheinlich. Vielleicht hat Dikaiarch hier (un)bewusst [δι᾿] ὧν wieder aufgenommen. Philodem hat eine Abhandlung *Περὶ παρρησίας* geschrieben,[43] aber hier spricht offenbar Dikaiarch, der das Wort ohne besondere Konnotation verwendet. Das δεῖ hat eine Parallele in obiger Plutarchstelle und vertritt gleichsam ἔξεςτι („wenn man mir denn die Notwendigkeit zubilligt"). Am Ende von Z. 8 ist μά᾿[λιστα (δὴ) sinnvoller als andere Vorschläge; auch deuten die Buchstabenreste im Disegno auf μα hin. Der Genitiv in Z. 9 unterstreicht Platons einzigartige Rolle – im Guten wie im Schlechten.

1,10–11 In dieser wie in den folgenden Zeilen ist es aufgrund der Verzerrung des Papyrus beim Aufrollen schwierig, die genaue Länge der Lücke am Ende der Zeile zu bestimmen. Jedoch scheint der Raum für den Artikel zu knapp und das Nomen muss in solchen Kontexten nicht notwendigerweise den Artikel bei sich haben.[44] Eine Alternative zu τε wäre etwa ein ν- ἐφελκυςτικόν, aber es ist in Z. 2 nicht unnötig gesetzt und erscheint im Dikaiarch-Exzerpt (gesichert) nur vor Vokalen. Die nicht augmentierte Form des Aorists findet sich häufiger (ευ für ηυ) im Koine-Griechischen und ist daher nicht emendiert,[45] im *Index Academicorum* etwa in Kol. 33,44. Bei κατ῾έλ᾿υς[εν] ist das ν-ἐφελκυςτικόν nicht sicher, aber es findet sich nach Periodenenden auch in Z. 37. Das erste Verb kontrastiert mit dem zweiten, welches „Sturz der Philosophie" konnotiert.

1,12–15 Nun folgt die Begründung für das ambivalente Urteil. Der erste Teil erläutert in gewisser Weise das erste Verb εὔξηςε. Platons Dialoge hatten im wahrsten Wortsinne eine protreptische Wirkung und brachten sozusagen alle

---

42 Plut. amat. 764a: ‘ὁρᾷς᾿ εἶπεν ‘ὅτι δεύτερον ἤδη τοῖς αὐτοῖς περιπεςὼν οὐκ οἶδ᾿ ὅπως βίᾳ ςαυτὸν ἀπάγεις καὶ ἀποςτρέφεις, οὐ δικαίως χρεωκοπῶν, εἴ γε δεῖ τὸ φαινόμενον εἰπεῖν, ἱερὸν ὄντα τὸν λόγον; (ferner Plut. septem conv. 158c).

43 *PHerc.* 1471. Ausgabe immer noch Olivieri (1914). Englische Übersetzung von Konstan et al. (1998). Die Schrift Philodems basiert auf Vorlesungen Zenons.

44 Vgl. etwa D.L. 1,6: Οἱ δὲ φάςκοντες ἀπὸ βαρβάρων ἄρξαι φιλοςοφίαν καὶ τὸν τρόπον παρ᾿ ἑκάςτοις αὐτῆς ἐκτίθενται.

45 Vgl. Crönert (1903a), S. 388.

Menschen zur Philosophie. Die Assimilation der Konsonanten bei zwei aufeinanderfolgenden Wörtern ist in den Herkulanischen Papyri sehr häufig. Allein
für die Junktur μὲγ γὰρ existieren zahlreiche Belege.[46] Das Disegno und die
Spuren im Papyrus sprechen für Verhasselts ἄπ[α]⌐γτ⌐α[c, zumal die Lücke
etwas größer sein dürfte, als sie auf den digitalen Bildern erscheint. Das Adjektiv ἀπ[ρ]⌐επ⌐ε[îc wäre entfernt denkbar, aber es scheint doch auf die große
Anzahl von Menschen abgehoben. Das Adjektiv ἀπ⌐εἰρ⌐ο[υc (womöglich mit
Doppelsinn „unzählige/unerfahrene") ist zwar nicht ausgeschlossen, wäre aber
im absoluten Gebrauch mit ὥ⌐ς ε⌐ἰπεῖν sehr ungewöhnlich.[47] Mit δὲ κα⌐ὶ⌐ in
Z. 14 ist ein gewisser Kontrast ausgedrückt. In der Quantität der von Platon
zur Philosophie bewegten Menschen spiegelt sich εὔξηcε wider, was auch ein
Anwachsen der Philosophierenden impliziert.[48] Der Genitiv τῆ⌐c⌐ ἀναγραφῆc
steht womöglich auch in Kol. c,12. Ist die Formulierung ein Pleonasmus ohne
tiefere Bedeutung (διὰ τῶν λόγων wäre ausreichend)[49] oder ist impliziert, dass
Platon seine Lehre nicht unbedingt in dieser „populären" Form hätte publizie-
ren müssen, weil er auch eine Lehre jenseits der Dialoge vertrat? Man sollte im
Hinblick auf die virulente Frage nach (der) einer ungeschriebenen Lehre Platons nicht zu viel in den Text hineindeuten. In Z. 13 ist unwahrscheinlich, dass
gequetscht oder mit Überlänge δ̩[ιαλο- im Papyrus stand. Wie in Z. 4 sind mit
λόγοι freilich die Dialoge gemeint.

1,15–18 Zwar widmete sich nun jeder der Philosophie, aber die Kehrseite der
Medaille war (δὲ κα⌐ὶ⌐), dass Platon viele bzw. einige zu einer nur oberflächlichen Beschäftigung verleitete, was in den folgenden Zeilen näher erläutert
wird. Im Disegno ist in Z. 17 αρε zu lesen, aber das Original deutet auf eine Ver-
mischung von Lagen hin,[50] so dass ἐκ⌐τρέ⌐[πων] möglich bleibt, aber nicht ganz
sicher ist. Das Verb nimmt gewissermaßen das andere Kompositum von τρέπω
in Z. 11–12 auf. Platon führte durch seine Dialoge viele vom echten Philosophieren weg in Richtung eines „reinen Zeitvertreibs". Prächters Ergänzung des
Substantivs ist Gaisers eher bildlichem τρίβον vorzuziehen. Dieser hatte auch

---

46   Vgl. Crönert (1903b), S. 61 und Janko (2020), S. 76.

47   Gaiser (1988), S. 330 mit Verweis auf Plat. Phil. 17e und Plat. Tim. 55c. Für ἄπειρος mit
      ὡς εἰπεῖν, jedoch immer mit Bezugswort, siehe Eustrat. in Aristot. NE 4,1–2: ἄπειροι ὡς
      εἰπεῖν βίοι und Aristot. metaph. Γ 998b: ἄπειροι ὡς εἰπεῖν ἀρχαὶ γίγνονται (= Xenokrates F 122
      Isnardi Parente).

48   Vgl. Verhasselt (2017), S. 68.

49   Für eine ähnliche Formulierung siehe etwa Procl. pol. I 205,8: καὶ τρόπον τινὰ τοὺς Cωκρα-
      τικοὺς ἐκείνους ἀναγράφειν λόγους.

50   Für ἐκδρε- oder ἐκνε- konnte ich keine sinnvollen Ergänzungen finden. Entfernt wäre an
      ἐκμε[λετῶν zu denken, aber das Wort ist wohl etwas zu lang.

vermutet, dass sich ⌜φ⌝ηcί auf Platon bezieht.[51] Allerdings wird im *Index Academicorum* das Präsens immer nur für Quellenangaben benutzt und auch von Platon immer in der Vergangenheit gesprochen. Ferner liegt ganz offensichtlich auch keine „allgemeine" Aussage Platons vor und die Neulesungen im Folgenden schließen einen Bezug auf Platon letztlich aus.[52] Philodem nutzt solche „erinnernden" φηcί auch im langen Antigonos-Exzerpt um den Leser, gerade bei wertenden Urteilen, daran zu erinnern, dass er nicht selbst spricht.[53] Vielleicht schrieb Philodem hier auch φηcί, weil er eine (kleine) Auslassung im Exzerpt vorgenommen hatte. Normalerweise geht φηcί im Klassischen Griechisch nicht mit ὅτι zusammen, aber es finden sich in der späteren Literatur viele Parallelen, insbesondere bei Diogenes Laertius.[54] Vermutlich wollte Philodem Dikaiarch nun weiter wörtlich oder eng am Wortlaut zitieren. Es ist möglich, dass Tintenspuren zu Beginn von Z. 18 Reste einer *paragraphos* darstellen.

1,18–21 Platon gab den zuvor genannten Personen das Signal oder den Impuls zum Philosophieren. Seine Dialoge gaben somit den Takt des Philosophierens für eine breite Masse vor. Die Junktur τὸ ἐνδόcιμον δίδωμι erscheint etwa in peripatetischem Kontext in Athen. XIII 555d.[55] Wahrscheinlich stand der Artikel Neutrum, wie Verhasselt vermutet, direkt vor τ]⌜ο̣⌝ῦ. Mit ἐνδόcιμον δίδωμι könnte ein bewusstes Wortspiel vorliegen.[56] Auch in den folgenden Zeilen scheint Dikaiarch etymologisch zu spielen. Die 3.P.Sg. ist zu erwarten. Am Ende von Z. 21 steht μὴ μ⌜ε̣⌝-, wie schon Verhasselt (2018) richtig erkannt hat, nicht μήτε με.

1,21–24 Zu Beginn von Z. 23 ist eindeutig τε zu lesen,[57] was auch die Struktur dieser Zeilen klärt. Gaiser hatte vor dem Hintergrund einer völlig anderen Rekonstruktion der Zeilen ἐλομέ|νουc erwogen, aber die Spuren deuten eher auf βο̣[υ]λ̣ο̣μ̣έ|νουc hin. Der Konnektor τε verneint das Partizip nicht direkt. Offenbar sind die beiden Partizipien eng miteinander verbunden, wobei das zweite eine Steigerung ist. Die Philosophierenden haben keine (mathematische) Wis-

---

51 Gaiser (1988), S. 331.

52 Für das Präsens in Z. 38 siehe den Kommentar zur Stelle.

53 Schon Dorandi (1991), S. 206 vermerkte, dass hier wohl auf Dikaiarch Bezug genommen ist, ihm folgend Verhasselt (2018), S. 165.

54 Exemplarisch seien etwa D.L. 1,115; 2,13; 2,14 genannt.

55 Athen. XIII 555d: εἰcὶ δὲ Καλλιcθένηc, Δημήτριοc ὁ Φαληρεύc, Cάτυροc ὁ περιπατητικόc (Satyros T2 und F 17b Schorn), Ἀριcτόξενοc, οἷc τὸ ἐνδόcιμον Ἀριcτοτέληc ἔδωκεν ἱcτορῶν τοῦτο ἐν τῷ περὶ Εὐγενείαc (Aristot. F 75 Rose).

56 Vgl. Gaiser (1988), S. 332.

57 Das γε von Verhasselt (2018), S. 164 ist unmöglich.

senschaft gelernt und sind überdies auch nicht willens, eine Wissenschaft zu lernen. Dikaiarch beschreibt mit dem Ausdruck beinahe die anmaßende Dummdreistigkeit jener Leute, die mit ihrer Wissenschaftsablehnung sogar noch kokettieren. Die μαθήματα meinen im peripatetischen Sinne die Wissenschaften (ebenso das Partizip und der Infinitiv), insbesondere die mathematischen Wissenschaften, deren schwieriges und anspruchsvolles Studium die Leser Platons angeblich als unnötig erachten. Platons positiver Einfluss auf die Entwicklung der μαθήματα wird in Kol. Y ausführlich beschrieben, welche auch von Dikaiarch stammen könnte.

1,24–28 Nichtsdestotrotz rechnen sich diese Leute auch ohne echtes Studium nicht nur zur Gruppe der Philosophen, sondern machen auch noch irgendetwas anderes (Tadelnswertes), was in den folgenden fragmentarischen Zeilen stand.

1,29–32 Das Wort ὑπόθεσις begegnet schon in Kol. a,16. Ob ihm dort das gleiche Bedeutungsfeld wie hier zukommt, muss offenbleiben. Vielleicht kritisierte Dikaiarch, dass sich Platon mit dem Widerlegen von Hypothesen zufriedengab, mithin aporetisch philosophierte, und die Kritisierten diese Aporien als der Weisheit letzten Schluss betrachteten und nicht nach „positiven Ergebnissen" suchten. Ein im engeren Sinne logisch-peripatetischer Hintergrund des Wortes scheint weniger wahrscheinlich. Vielleicht ist auch ausgedrückt, dass diese Pseudo-Philosophen Platons Hypothesen kritiklos aufnahmen.

1,33 In dieser wie in den folgenden Zeilen ist der *disegnatore* bei der Lücke „verrutscht", welche übrigens etwas größer ist, als es auf den MSI/HSI scheint. Ich vermute Interpunktion am Ende der Zeile, wenn hier das Adjektiv ἐπ[ι]ει ⌜κεῖς⌝ stehen sollte. Da unsicher ist, ob die Lücke zwischen πε und θες wirklich nur relativ klein war, ist πε[ί]θες[θαι fraglich. Eine Alternative wäre θέ⌜ς⌝[εις], vielleicht mit Bezug auf die Hypothesen in Z. 29.[58] Ein möglicher Sinn wäre, dass die kritisierten „Hobbyphilosophen" nicht in der Lage waren, vernünftige Positionen zu formulieren, und sich auf die Destruktion von Hypothesen beschränkten. Ich hatte ⌜α⌝λ[ι]⌜π⌝ε[ῖν] zu Beginn der Zeile erwogen, aber die Worttrennung ist unwahrscheinlich. Auch ist ungewiss, ob zwischen α und dem möglichen λ noch ein Buchstabe geschrieben war.

---

58   Das Wort wird oft von Platon und Aristoteles genutzt.

1,34–35 „Jene" bezieht sich am ehesten auf die Kritisierten. Das Partizip mit folgendem Indefinitpronomen könnte auf einen pejorativen Vergleich hindeuten: „Jene aber, gleichwie Törichte/Einfältige, glauben usw."

1,36–37 π⌐ρό⌐βλη[μ]α meint hier offenbar „Entschuldigung/vorschützende Ausrede". Für einen ähnlichen Gebrauch des entsprechenden Verbs siehe die Neulesung in Kol. 22,3. Bei νομ[ίζο]υϲιν ist das ν- ἐφελκυϲτικόν vor Periodenende auffällig.

1,38 Es ist nicht unwahrscheinlich, dass der Infinitiv in dieser Zeile noch von νομ[ίζο]υϲιν abhängt und kein anderes (Hilfs)verb am Ende der Periode stand. Das Reflexivpronomen mit ε ist der Annahme von *scriptio plena* hier vorzuziehen. Vielleicht könnte man einen Infinitiv im Sinne von „sich selbst genügen/sich selbst lehren/sich gefallen" erwägen.[59] μ⌐ό⌐νο⌐ι geht wohl mit dem Partizip zusammen. Die Personen sind überzeugt, als einzige „etwas" zu verstehen. Die Partizipialrekonstruktion könnte kausal aufzufassen sein: „weil sie allein ... verstünden."

1,39–40 Verbunden mit den Spuren im Disegno hat schon Verhasselt den Akkusativ δια⌐τ⌐[ριβή]⌐ν⌐ zum Artikel in Z. 38 ergänzt. Das Nomen erscheint auch in Kol. a,2 und 13. Für den ersten Genitiv vermute ich aus „Symmetriegründen" wie für den zweiten einen Superlativ. Puglias ⌐ἀ⌐ρ[ίϲτο]⌐υ⌐ mag etwas wahrscheinlicher als ⌐μ⌐ε[γίϲτο]⌐υ⌐ sein, aber der vorhandene Raum im Papyrus ist nicht eindeutig zu bestimmen (Verschiebung); Prächters Ergänzung ⌐γ⌐[ενναίο]⌐υ⌐ bleibt derweil möglich. Die Spuren sprechen gegen Lasserres ⌐ἡ⌐δ[ίϲτο]⌐υ⌐. Es ist nicht sicher zu entscheiden, ob mit den Genitiven ein direkter (ironisch angehauchter?) Bezug auf Platon vorliegt, oder ob Dikaiarch sagt, dass diese Leute glauben, nur sie allein würden die wahre philosophische Lehre bzw. die philosophische Beschäftigung kennen, die sich für jeden guten und weisen Mann geziemt. Selbst eine Verwendung der Adjektive als *abstracta* ist im Rahmen des Möglichen. Sollten die Genitive auf Platon zu beziehen sein, stellt sich die Frage, ob Dikaiarch nur ein Werturteil der von ihm kritisierten Leute über Platon wiedergibt oder aber selbst der Ansicht ist, dass Platon ein

---

59 Das Simplex ἀρκεῖν ist für den Raum etwas zu kurz. Im Kontext der Passage könnte man etwa Procl. Alc. I 178 vergleichen: ὁ δὲ αἴτιον, ὅτι καὶ ἐπὶ τὴν ζήτηϲιν ὁρμῶϲιν ἄνθρωποι ταῖϲ ἑαυτῶν ἀγνοίαιϲ ἐπιϲτήϲαντεϲ καὶ εἰϲ διδαϲκάλων θύραϲ φοιτῶϲιν ἑαυτοῖϲ ἀρκέϲειν εἰϲ τὴν τῆϲ ἀγνοίαϲ ἀπαλλαγὴν μὴ πιϲτεύϲαντεϲ.

sehr guter (großer) und weiser Mann gewesen sei.[60] Das Partizip bzw. das entsprechende Verb findet sich auch in Kol. Y,2.

1,41–42 Es ist ungewiss, ob die Periode mit dem Partizip endete oder noch ein oder mehrere Wörter folgten. Jedenfalls vermute ich weniger ein Partizip Neutr. Pl. in der Zeile als ein μὲ⸍γ⸍ und im Hinblick auf den Beginn von Kol. 2 wieder einen direkten Bezug auf Platon, nachdem Dikaiarch die zweifelhafte Wirkung seiner Dialoge bzw. die Einstellung seiner Anhänger hinlänglich erörtert hat. Das μὲ⸍γ⸍ könnte mit dem δὲ in Kol. 2,1 korrespondieren.

1,43–44 Sollte der Beginn von Kol. 2 richtig rekonstruiert sein, erwartet man unmittelbar vor dem δὲ, d.h. als letztes Wort von Kol. 1 in Z. 44, den Namen des Mannes, welcher sich über Platons Menschenliebe ihm gegenüber äußerte. Gewiss könnte diese Person auch schon etwas früher genannt worden sein und ein anderes Wort vor δὲ gestanden haben. Die Spuren am Ende der Zeile deuten in Richtung eines ν. Die Ergänzung Ἀριστοτ]έλη[ϲ[61] am Ende der Zeile ist somit wohl eher unwahrscheinlich, wohingegen der Name Dions (Δί]ων), der auch auf dem Verso des Papyrus ungefähr hinter dieser Kolumne öfter genannt ist, besser zu den Spuren passt. Vielleicht würde man bei Dikaiarch eher einen Abschluss mit Aristoteles erwarten, der Platon auf persönlicher Ebene bekanntlich schätzte. Jedoch hätte auch Dion allen Grund gehabt, sich über Platons Menschenliebe positiv zu äußern. Andere Namen sind gewiss denkbar.

2,1–4 Das *Oxforder Disegno* ist für diese Kolumne leider recht mangelhaft ausgeführt – im oberen Teil wurde der Papyrus ohne ersichtlichen Grund fast gar nicht abgezeichnet. Etliche Neulesungen legen eine neue Interpretation und Gesamtrekonstruktion dieser Zeilen nahe: Jemand äußerte sich über Platons Menschenliebe ihm gegenüber. Der Singular ist gesichert, so dass wahrscheinlich nicht mehr von den vielen Anhängern Platons in Kol. 1 die Rede ist. Ich sehe keinen guten Grund, die Verso-Kolumne Y direkt nach Kol. 1,44

---

60   Für eine Verbindung des ersten Superlativs mit Platon finden sich mehrere Beispiele, für eine Verbindung mit μέγιϲτοϲ siehe etwa Dion. Hal. Pomp. 1,17,3: τοϲούτοιϲ δὴ καὶ τηλικού-τοιϲ ἀνδράϲι παραδείγμαϲι χρώμενοϲ καὶ παρὰ πάνταϲ τῷ μεγίϲτῳ Πλάτωνι οὐδὲν ἡγούμην τῆϲ φιλοϲόφου ῥητορικῆϲ ποιεῖν ἀλλότριον ἀγαθοὺϲ ἀγαθοῖϲ ἀντεξετάζων. Für eine Verbindung des zweiten Superlativs mit Platon siehe etwa Gal. de therica ad Pis. 14,213,17: ... ὥϲπερ δὴ καὶ ὁ ϲοφώτατοϲ Πλάτων, ...

61   Die Lesung wäre unter der Annahme möglich, dass die Spuren im Papyrus ein λ darstellen, welches die linke Vertikale des η tangiert.

beginnen zu lassen, wie es Gaiser und Dorandi tun. Nichts deutet auf einen sprachlichen oder gedanklichen Bruch hin. Mit hoher Wahrscheinlichkeit ist am Beginn der ersten Zeile die Partikel δὲ zu ergänzen. Für das Prädikat ist ein Aorist-Kompositum von ἡγέομαι aus inhaltlichen Erwägungen und Raumgründen wahrscheinlicher als das Simplex. Das Verb διη]γήϲατο fügt sich am besten zu Raum und Kontext. Schon Puglia ergänzte den Namen Platons in Z. 2, allerdings im Nominativ. Zu Beginn von Z. 2 ist das α recht breit und auch im Folgenden ist von großen Buchstaben auszugehen (hinzu kommt eine leichte Verzerrung in den MSI/HSI). Beide Disegni legen ein π nach dem α nahe und der Name Platons ist, wenn auch nicht über jeden Zweifel erhaben, wahrscheinlich. Das Partizip γ]ενομένην wurde bereits von Verhasselt richtig erkannt. Am Ende von Z. 1 ist Raum für den Artikel. Das Substantiv φιλανθρωπία geht öfters mit πρὸϲ und auch dem Partizip Aorist von γίγνομαι zusammen.[62] Ein Reflexivpronomen (αὐτὸν) müssen wir nicht annehmen, da vom Partizip aus gedacht sein dürfte.

2,4–5 Eine solche abschließende Formulierung spricht tendenziell für eine gewisse Länge des vorangehenden Exzerpts, an dessen Beginn auch der Werktitel bereits genannt worden sein könnte. In Z. 5 finden sich zwei Punkte (Doppelpunkt) hinter διη]γήϲατο, was an Stelle eines *spatium* zusammen mit der *paragraphos* zu Beginn ebenfalls auf das Ende eines längeren Exzerpts hindeutet. Das Fehlen einer Partikel oder eines Konnektors ist öfters bei ταῦτα + *verbum dicendi* in solchen Kontexten zu beobachten. Es ist möglich, dass sich hinter διη]γήϲατο im oberen Bereich Spuren einer supralinearen Ergänzung befinden. Sollte Kol. Y wirklich von Dikaiarch stammen, bleibt schleierhaft, warum sie nicht unmittelbar auf dem Rekto folgte und Philodem sich erst später entschied, diesen Teil auf dem Verso nachzutragen.

2,5–8 *Atthis* ist eine erst im Hellenismus geprägte Bezeichnung für die Werke der Atthidographen, so dass der tatsächliche Titel von Philochoros' Werk unbekannt ist – so es denn einen hatte.[63] Am Ende von Z. 6 wurde etwas korrigiert (durchgestrichen), während das κ nachträglich vor den Beginn von Z. 7 gequetscht wurde. Die Buchzahl erfährt durch andere Fragmente eine Bestätigung, aus denen hervorgeht, dass das sechste Buch von ca. 360 bis 320 v.

---

62 Vgl. LSJ und eigene Suche im TLG. Meist steht παρά oder nur Genitiv beim Substantiv, aber siehe für ἀπό Iul. c. Gal. 178,7: ἐπὶ τέλους δὲ καὶ τὸν Ἰηϲοῦν ἔπεμψεν ἐκείνοιϲ, ἡμῖν δὲ οὐ προφήτην, οὐ χρῖϲμα, οὐ διδάϲκαλον, οὐ κήρυκα περὶ τῆϲ μελλούϲηϲ ὀψέ ποτε γοῦν ἔϲεϲθαι καὶ εἰϲ ἡμᾶϲ ἀπ' αὐτοῦ φιλανθρωπίαϲ.

63 Vgl. Harding (2008), S. 1.

Chr. reichte und folglich das Todesjahr Platons einschloss.[64] Verhasselt (2013) hat erstmalig das Verb in Z. 7 richtig gelesen.[65] Zuvor ging man mit Mekler (1902) fälschlicherweise von παρέ{ι}παι[c]εν aus und nahm einen Scherz an, was teils hanebüchene Rekonstruktionen des Folgenden nach sich zog.[66] Das neue Verb impliziert, dass Informationen zu Platon „hinzugefügt" werden, welche in den zuvor genannten Quellen, insbesondere Dikaiarch, nicht zu finden waren. Da τ]αῦτα in Z. 8 wohl direkt vor dem (mehr oder weniger) wörtlichen Exzerpt steht, ist aus lexikalischen Gründen Puglias ἐπ ͬ ιτό ⌐ |μ[ως attraktiv, aber aus Raumgründen nicht im Text gedruckt.[67] Dass Philodem in den Zeilen etwas ausgelassen oder gekürzt hat, ist zwar möglich, aber ein recht wörtliches Exzerpt wahrscheinlicher.

2,8–11 Hinter dem κ des mutmaßlich ersten Wortes des Zitats steht α oder λ. Das Kompositum παραξύω in Z. 9 ist selten und dürfte eine Art handwerkliche Tätigkeit beschreiben, die Platon ausführte bzw. eher ausführen ließ. Vielleicht ließ er eine Fläche innerhalb des Peripatos/Gartens der Akademie für irgendeinen Zweck „glätten/einebnen/abkratzen".[68] Nach dem Partizip könnte πάγτ ͬ α,[69] vielleicht mit folgendem μὲν (aber syntaktisch nicht unbedingt wahrscheinlich), gestanden haben. Ein Kompositum von λαμβάνω in Z. 10 ist wahrscheinlich. Auch erwartet man tendenziell ein anderes finites Verb vor Z. 14, welches in Z. 10 oder 11 zu suchen wäre. Vielleicht war hier die Errichtung des Museions durch Platon thematisiert.

2,12–13 Ein Komparativ ist in Betracht zu ziehen. Platon „errichtete" (oder ähnlich) womöglich etwas, das in Beziehung zu etwas anderem stand. Auch wäre an ἕ]τερον zu denken oder an die Adverbien πρό]τερον bzw. ὕc]τερον, da Philochoros gezwungen war bei seinem annalistischen Schema bisweilen

---

64 Siehe Quellen Kol. 2,6–38.

65 Verhasselt (2013), S. 19 f. Er diskutiert die Bedeutung des Verbs ausführlich und schließt überzeugend, dass es hier „hinzufügen" („add") meint.

66 Gaiser (1988), S. 157 rekonstruierte, durch das falsche Verb verleitet, einen Platon verspottenden Komödienvers.

67 Puglia (2018), S. 368. Philodem gebraucht das Adverb in Phld. de signis III 26,14 (ἐν μὲν τῶι Δημητριακῶι c[φ]όδρ᾽ ἐπιτόμως ἔκκε[ι]ται.) Am Ende von Z. 7 ist ein wenig zu viel Raum und am am Beginn von Z. 8 etwas zu wenig vorhanden. Dennoch bei Annahme von kleinen Buchstaben das Adverb nicht gänzlich unmöglich.

68 Gaiser (1988), S. 368 denkt, auf Grundlage eines völlig anderen Verständnisses der Stelle, an „Glätten des Bildhauers" (abschließendes Polieren).

69 Mekler (1902) mag noch geringfügig mehr gelesen haben. Auch seine Transkription spricht für πάντ(α).

mit Rückblenden und Vorausschauen zu arbeiten.[70] Seit Mekler (1902) gingen Gelehrte von der Erwähnung des 5. Buches der *Atthis* in Z. 12–13 aus (ἐν τῶι πε[μπ]|τωι). Diese Zeilentrennung wurde noch von Dorandi beibehalten – in Verkennung der Raumverhältnisse, welche noch etwa zwei Buchstaben vor τωι in Z. 13 erfordern. Speyer (2001) erkannte erstmals ein Problem und schlug πέ[μ]|πτωι vor, was aber immer noch zu kurz für Z. 13 war, so dass Longo Auricchio (2008) noch weiter ging und πέ|[μπ]τωι transkribierte.[71] Puglia (2018) vermerkte die Unmöglichkeit einer solchen Silbentrennung und schlug als Alternative zur Buchnummer, die wegen der Zeilenlänge und Worttrennung faktisch nicht mehr vertretbar ist, die Lesung ἐ[ν] τῶι πε[ρι|πά]τωι vor. Die HSI scheinen seine Konjektur nun zu bestätigen.[72] Abgesehen davon, dass ein Zitat aus dem 5. Buch, nachdem das 6. Buch gerade erst „ausführlich" angekündigt wurde, nicht sehr wahrscheinlich ist,[73] sprechen auch die anderen Lokalitäten in Z. 33–34 und insbesondere die Nennung eines Peripatos in Kol. 6,40 (ebenfalls ein Exzerpt aus Philochoros) als Synonym für die (physische) Schule Platons für die Validität dieser Konjektur. Das Nomen erscheint auch in Kol. 7,9 in einem offenbar topographisch-akademischen Kontext. Prinzipiell bezeichnet περίπατος schattige (teils überdachte) Gehwege (vielleicht mit vereinzelten Säulen – siehe Abb. 31), aber steht nicht (notwendigerweise) für komplette Wandelhallen mit Säulen.[74] Mir scheint am wahrscheinlichsten, dass mit dem hier angesprochenen Peripatos der „innere", Akademie-eigene Peripatos (im Garten) gemeint ist. Wenn in Kol. 6,40 gesagt ist, dass Speusipp den Peripatos „innehatte", war dieser kaum ein öffentlicher Raum, sondern Herzstück (und Eigentum) der Akademie als Schule.

2,13–15 An dem erst von Longo Auricchio (2008) korrekt gelesenen Verb bestehen keine Zweifel, ebenso nicht an Platon als Subjekt des Satzes. Das Verb erscheint auch in Z. 26, evtl. Z. 29–30 und in Kol. 6,32–33 und 36. Gaiser hatte den Namen „Isokrates" in Z. 14 mit erheblichen Folgen für die Rekonstruktion des Inhalts der gesamten Kolumne ergänzt.[75] Bereits Dorandi verwarf diese

---

70 Jacoby (1954), S. 246 f.

71 Speyer (2001), S. 87; Longo Auricchio (2008), S. 435.

72 Insbesondere sind der linke Teil und der rechte Fuß eines α zu erkennen, dem ein nur leicht zerstörtes, blasses τ folgt.

73 Puglia (2018), S. 369.

74 Vgl. Döring (2008), S. 262. Kimon ließ im Akademie-Areal κατάσκιοι περίπατοι anlegen (Plut. Cim. 13,7).

75 Gaiser (1988), S. 370, der Bücheler (1869) ad locum und Crönert (ap. Mekler S. XXVIII Fn. 6) folgte. In der von ihm gedruckten Form ist die Ergänzung unmöglich. Vielleicht wäre zwischen dem ϲ und κ die Kombination ιω noch unterzubringen, aber das erste ϲ hinge in diesem Fall in der Luft.

Idee mit Verweis auf die Spurenlage.[76] Darüber hinaus ist die Errichtung einer Büste des Isokrates in der Akademie aus vielerlei Gründen eine eher abwegige Annahme.[77] Auch wenn Speyers (2001) Neuedition der Kolumne viele Unzulänglichkeiten aufweist, kommt ihm doch das Verdienst zu, zweimal die Junktur εἰκὼν ... πρόϲωπον erkannt zu haben (Z. 13–14 und 27–28), welche anhand der MSI und HSI bestätigt werden konnte.[78] Der anderweitig nicht belegte Ausdruck hat offenbar den Zweck, die Plastiken als Büsten und damit explizit nicht als Ganzkörperstatuen zu bezeichnen (mit πρόϲωπον als Apposition).[79] Im Hinblick auf Z. 28 ist auch hier von dem Adjektiv „bronzen" auszugehen.[80] Aus der Antike sind keine Bronzebüsten des Sokrates erhalten.[81] Man beachte die unterschiedlichen Formulierungen ἐφ' ὧι und ἧι in Z. 28.

2,16–17 Ein größeres *Sovrapposto* im Papyrus verleitete bisherige Editoren zu einer zu kurzen Rekonstruktion des Zeilenbeginns. Für den Namen des Bildhauers wurden daher [B]⌜ού⌝της (Mekler) oder [C]⌜ώ⌝της (Speyer) vorgeschlagen. Meklers „Butes" schaffte es sogar in den *Neuen Pauly*.[82] Beide Namen sind für die Zeile deutlich zu kurz und daher doch zu verwerfen. Da die Buchstaben vor ης nur im Disegno erhalten sind (τ teils im Papyrus) und keine auf –ουτης endenden Namen dieser Länge existieren, muss das Disegno vermutlich geändert werden, so dass eine Vielzahl von Namen auf -(τ)ης in Betracht kommt. Nur selten ist der Name in solchen Inschriften vom Vaternamen bzw. vom Demos durch das Verb getrennt,[83] so dass zweifelhaft ist, ob die Inschrift (Signatur des Bildhauers) wirklich über Z. 16 hinausging. Die Verbform ohne Iota findet sich öfters bei Philodem und ist daher kein echter Beleg für attisches Griechisch. Am Ende von Z. 16 ist die Lage der Spuren vor κω nicht sicher. Tendenziell spricht das vom Papyrus gedeckte υϲ des Disegno für ein Ethnikon oder einen Demos, so dass mit ἐπι⌜γέ⌝⌜γ⌝ρα⌝[ππ]⌜αι⌝ wohl ein neuer Satz begann, in dem etwa andere Seiten oder Teile der Inschrift beschrieben worden sein könnten.

76   Dorandi (1991), S. 211 f.

77   Speyer (2001), S. 90 f.

78   Die Skepsis bei Longo Auricchio (2008), S. 433 f. ist nicht berechtigt.

79   Vgl. Speyer (2001), S. 92,94.

80   Im Apparat erwäge ich auch „golden". Tert. apol. 14,8 beschreibt die von den Athenern zur Sühne errichtete Statue des Sokrates als golden („auream", jedoch korrigierte schon Casaubon zu „aeneam" – siehe D.L. 2,34).

81   Vgl. Richter (1965), S. 110–117 (sieht man von einer 4 cm hohen Minibüste ab – S. 117, II. h.).

82   Neudecker (1997).

83   Gaiser (1988), S. 371 meint mit Verweis auf Loewy (1885) eine solche Stellung sei „nicht unüblich", aber es existieren nur wenige Belegstellen bei Loewy.

2,18–19 Man hat für Z. 18 ὀνόμα]τα oder ῥήμα]τα vorgeschlagen, was den Sinn treffen könnte, aber die Spuren im Papyrus vor αϲυ sind mit ατ kaum vereinbar. Desungeachtet ist ein Neutrum Plural aufgrund des ϲυᵗχᵗγ nicht unwahrscheinlich. Zu Beginn der Zeile ist am ehesten δὲ zu erwarten. In den Spurenresten in Z. 19 könnte man etwa die Art und Weise der Ausführung der Buchstaben (Inschrift) oder eine geometrische Form auf der Büsteninschrift bzw. eine Beschreibung des Sockels vermuten.

2,20–22 Es ist unklar, wer mit dem Personalpronomen in Z. 20 gemeint ist, vielleicht eher Sokrates als Platon.

2,23–25 Im Hinblick auf Z. 20 ist eher der Dat. Sg. des Personalpronomens zu erwarten, im Hinblick auf Z. 26–27 eher der Gen. Plural. Periodenende ist wahrscheinlich entweder am Ende von Z. 23 (dann wohl Artikel ὁ) oder aber vor αὐτῶ. Die auf den HSI recht gut erkennbare Buchstabensequenz δηλι ist nicht „trivial" und vielleicht δ᾽ ἠλι[zu trennen.[84] Neben ἡλικία (Alter) und ἥλιος (evtl. als Gott) ist ἡλιοτρόπιον (Sonnenuhr) zu erwägen. Eine Sonnenuhr ist auf dem *Philosophenmosaik von Neapel* (Abb. 31) zu erkennen,[85] welches mitunter als Darstellung der Akademie gedeutet wird. Wird im Papyrus unter Umständen mit der Sonnenuhr eine weitere „Attraktion" der Akademie beschrieben? In der Literatur ist eine Sonnenuhr für die Akademie nicht bezeugt und man sollte sich angesichts des fragmentarischen Textes mit weitreichenden Schlüssen zurückhalten.

2,26–27 In Z. 26 ist die Ergänzung ἀγέϲεϲ[αν im Kontext am wahrscheinlichsten (das Verb ebenfalls in Z. 13, evtl. Z. 29–30 und Kol. 6,32–33 und 36). Vielleicht geht das ϲ in die linke Schräge des α über. Missbilligt man das Verb, wäre insbesondere an eine Form von θεός zu denken. Nun gelang mir in Z. 27 die Isolation einzelner Buchstaben (besonders auf den HSI zu erkennen). Da μα(θ) relativ sicher ist, ergibt sich konsequenterweise die Ergänzung „Schüler". Die Spuren im Papyrus sind keineswegs nichtssagend und teils (nicht im Diplomatischen Transkript berücksichtigt) hat man den Eindruck, blasse Spuren der ergänzten

---

84 Unwahrscheinlicher sind die Worttrennungen δὴ λι[oder Δηλι[(Delos – Tod des Sokrates oder Teilnahme an Schlacht von Delion 424 v. Chr.? Platons Geburt (Apollo)? „Delisches Problem"? Letzteres wurde in der Platonischen Akademie zwar nicht als solches bezeichnet, aber diskutiert, dazu Lattmann (2019), S. 177–270. Allerdings wäre trotz eines etwaigen geometrischen Wortes in Z. 19 der Kontext seltsam).

85 Sie befindet sich oben auf der Säule in der Mitte des Bildes. Sedley (2021) sieht in der Sonnenuhr die „Arachne-Sonnenuhr" von Eudoxos, den er mit dem unter ihr stehenden Philosophen identifiziert, was aber Osoria (2021) als recht willkürlich erachtet.

Buchstaben im Papyrus zu lesen. Der Plural spricht dafür, dass Platons Schüler
ihm entweder noch zu Lebzeiten oder posthum „die" (Artikel!) bronzene Büste
weihten. Vielleicht war die Büste allgemein bekannt und diente als Vorbild für
spätere Kopien. Ein Bezug auf Schüler des Sokrates ist hier unwahrscheinlich.
Platon dedizierte offenbar die bronzene Büste des Sokrates (Z. 13 ff.), während
ihm selbst von seinen Schülern ebenfalls eine bronzene Büste geweiht wurde.

2,27–28 Zur Junktur εἰκὼν πρόcωπον siehe den Kommentar zu Z. 13–15. In Z. 15
steht das Relativpronomen mit Präposition, aber es wird bei diesem Verb auch
ohne Präposition genutzt, etwa bei Philostrat. Es ist weniger an das Ortsadverb
(„wo") als an das „normale" Relativpronomen zu denken.[86] Der Unterschied im
Genus zu Z. 15 trotz identischer Junktur könnte der „Strahlkraft" des Artikels in
Z. 27 geschuldet sein.

2,29–31 Es ist unsicher, ob ἀ⌐ν⌐[ἐ]θη‖[κε] oder ἀ⌐ν⌐[ά]θη‖[μα] zu ergänzen ist.
Gegen das Verb spricht im ersten Moment zwar der Plural in Z. 26–27, aber das
Subjekt könnte ein kollektiver Singular sein (im Sinne von: „Die Schule"). Das
Verb erscheint in Speusipps Weiheepigramm (Kol. 6,36). In Z. 30 ist dem Disegno nach περὶ vielleicht nicht zu trauen. Das Adjektiv „sehr traurig" (⌐περιλυ⌐[π-)
ist eine Möglichkeit und würde auf eine posthume Widmung hindeuten. Ferner wäre ⌐περὶ αὐ⌐[τ- mit leichter Änderung des Disegno möglich, aber auch
eine gravierendere Änderung ist denkbar. Vermutlich ging die Widmungsinschrift über περὶ hinaus (bis Z. 31), da ein Eigenname oder sinnvolles *abstrac-
tum* in Z. 29 wenig wahrscheinlich ist. Prinzipiell spricht περὶ mit ganz offenbar
vorausgehender kurzer Silbe gegen ein Weiheepigramm wie das des Speusipp,
da im Hexameter nicht drei Kürzen aufeinanderfolgen können.[87] Puglia (priva-
tim) schlägt Πλά̣[τ]ω⌐νι⌐ ἀ⌐ν⌐[ά]θη‖[μα] ⌐περιλύ⌐[πωι c]⌐τενά⌐γματ[ι | ἔcτη]cα̣[ν
οἱ μαθηταί vor, was zwar aufgrund der Spuren und Disegno-Änderungen sehr
unwahrscheinlich ist, aber einen möglichen Sinn darstellt. Desungeachtet ist
μαθηταί irgendwo in Z. 31 im Hinblick auf das Wort in Z. 27 nicht unwahrscheinlich. Am Ende von Z. 31 habe ich mich für ἐτάφη entschieden, wobei ein
anderes, sinngemäßes Wort möglich ist.

---

86   Dies legt die Parallele von ᾗ mit οἷc in Philostr. Vita Apoll. 2,43 nahe: Ποταμὸν δὲ Ὑδραώτην
     ὑπερβάντες καὶ πλείω ἔθνη ἀμείψαντες ἐγένοντο πρὸς τῷ Ὑφάcιδι, cτάδια δὲ ἀπέχοντες τούτου
     τριάκοντα βωμοῖc τε ἐνέτυχον, οἷc ἐπεγέγραπτο ΠΑΤΡΙ ΑΜΜΩΝΙ ΚΑΙ ΗΡΑΚΛΕΙ ΑΔΕΛ-
     ΦΩΙ ΚΑΙ ΑΘΗΝΑΙ ΠΡΟΝΟΙΑΙ ΚΑΙ ΔΙΙ ΟΛΥΜΠΙΩΙ ΚΑΙ CΑΜΟΘΡΑΙΞΙ ΚΑΒΕΙΡΟΙC
     ΚΑΙ ΙΝΔΩΙ ΗΛΙΩΙ ΚΑΙ ΔΕΛΦΩΙ ΑΠΟΛΛΩΝΙ, φαcὶ δὲ καὶ cτήλην ἀνακεῖcθαι χαλκῆν, ᾗ
     ἐπιγεγράφθαι ΑΛΕΞΑΝΔΡΟC ΕΝΤΑΥΘΑ ΕCΤΗ.
87   Man müsste Positionslänge bei περὶ mit entsprechender (unwahrscheinlicher) Änderung
     des Disegno annehmen.

2,32–33 Erstmalig ist der Name Platons ergänzt. Ferner ist höchstwahrscheinlich, dass entweder χ[ή]‖πωι oder ọ[ἴ]‖χωι im Papyrus stand. Die Präposition ⌐παρ⌐[ὰ] wurde schon von Speyer konjiziert, welche trotz des engen Raumes akzeptabel ist – und in Anbetracht der anderen Supplemente auch nahezu alternativlos. Da auch die Spuren des letzten χ in Z. 32 recht ausgeprägt sind und wahrscheinlich π oder τ am Beginn von Z. 33 stand, ist die Konjektur χ[ή]‖πωι nicht allzu gewagt. Wie schon in Einordnung Kol. 2,6–38 angesprochen, erscheint in Anbetracht dessen, dass zuvor höchstwahrscheinlich eine Platon (und nicht Sokrates) gewidmete Büste erwähnt ist, in Z. 31 ein Verb im Sinne von ἐτάφη wahrscheinlicher als im Sinne von „wohnen/lehren", obgleich letzteres etwas besser mit der Demos-Zugehörigkeit kontrastiert.[88] Die Präposition παρὰ meint hier „neben" oder „in der Nähe von". Das Museion wird auch in Kol. 6,33 erwähnt, wo ebenfalls Philochoros als Quelle dient.

2,34–35 Für den Demos siehe D.L. 3,3, wo ebenfalls die idiomatische Formulierung mit dem Genitiv Pl. verwendet wird.[89]

2,35–38 Zwar ist nicht ausgeschlossen, dass Philodem andere bei Philochoros vor der Todesangabe gemachte Angaben in seinem Exzerpt ausließ, aber angesichts der vorherigen Nennung von Platons Grabstätte kaum sehr wahrscheinlich. Zu φ⌐η⌐ϲὶν, dem Archon und Lebensalter siehe Einordnung Kol. 2,6–38. Mit der Angabe ὀπίϲω β wird höchstwahrscheinlich auf das Verso verwiesen. Es ist unklar, ob mit dem „β" zwei Nachträge des Verso, ein „zweiter" Nachtrag auf dem Verso oder lediglich redundant das Verso als solches bezeichnet ist. Entweder sollte hier Kol. Y erscheinen oder aber Kol. X mit Kol. Z oder sogar alle drei Kolumnen.

2,38–39 Der Name des Philiskos scheint nun recht sicher gelesen; am Ende der Zeile sind die Buchstaben eng geschrieben. Dorandi transkribierte Φιλ[ί]ϲ‖κου in seiner Ausgabe.[90] Zu Neanthes von Kyzikos (dem Älteren) und zu Philiskos von Ägina siehe Quellen Kol. 2,38–3,Mitte.

88 Dafür, dass Platon im Areal der Akademie begraben wurde, siehe D.L. 3,41 und Paus. 1,30,3. Döring (2008), S. 263 (D.L. 5,53).

89 D.L. 3,3: ἦν δὲ τῶν δήμων Κολλυτεύς, ὥϲ φηϲιν Ἀντιλέων ἐν δευτέρῳ Περὶ χρόνων (Antileon FGrH 247 F 1). Siehe LSJ für den Genitiv Pl., ebenfalls genutzt in Kol. 8*,39.

90 Dass Dorandi aber tatsächlich die Buchstaben φιλ sicher gelesen hat, halte ich angesichts des Disegno und früherer Ausgaben für nahezu ausgeschlossen. Zwar ist der Name des Philiskos nun ziemlich sicher ergänzt/gelesen, aber ein winziger Restfunke Zweifel muss

2,40 Einleitung der wörtlichen Rede mit διότι auch in Z. 43, Kol. 6,38;8,23;9,5; Q,6. Jedoch steht im zweiten Teil des Neanthes-Exzerpts (Philipp) das Wort ὅτι (Kol. 3,41). Im Fall von διότι geht immer ein Vokal voran, der bei ὅτι „Hiat" machen würde.[91] Platon ist hier Prädikatsnomen, nicht Subjekt.

2,41 Die Verwandten als Namensgeber sind nur hier genannt.

2,42–43 Das Adjektiv mit Akkusativ ist hier passender als das Nomen mit Genitiv, auch im Hinblick auf die Parallele (D.L. 3,4: ἔνιοι δὲ διὰ τὴν πλατύτητα τῆς ἑρμηνείας οὕτως ὀνομασθῆναι· ἢ ὅτι πλατὺς ἦν τὸ μέτωπον, ὥς φησι Νεάνθης (FGrH 84 F 21)). Diogenes Laertius ignoriert die Quelle des Neanthes bzw. die Neanthes-Information kam bei ihm durch Zwischenquellen an, die Philiskos bereits herausgefiltert hatten. Durch Philiskos als Gewährsmann gewinnt das Namens-Aition etwas mehr Glaubwürdigkeit, ist aber wohl dennoch reine Phantasie.[92] Für διότι siehe den Kommentar zu Z. 40. Hat nun schon Neanthes zusammenhängend geschrieben, dass er die Angaben im Papyrus von Philiskos gehört habe oder hat Philodem bzw. seine Grundquelle etwas bei Neanthes herausgekürzt? Letzteres scheint mir angesichts der Darstellung und Zitierweise im *Index Academicorum* wahrscheinlicher, zumal das Pronomen in Kol. 3,39 zeigt, dass das folgende ὅτι von Philodem bzw. seiner Grundquelle ist.

2,43 Das Substantiv ⸢Cπαρτιατ⸣ῶν ist sicher und durch Kol. 3,5–6 gedeckt. Der Plural findet sich nicht in den Parallelstellen, aber in Kol. X,18.

2,44 Ich habe erstmalig das eigentlich naheliegende τὴν Ἄ̣ῑ̣γῑν⸢αν ergänzt. Nicht zuletzt die Herkunft des Philiskos und die Parallelen lassen vermuten, dass hier die Insel genannt wird. Auf einem leicht verrutschten Papyrusfragment ist vor τη klar ein ω zu lesen, aber wie genaue das Fragment zu adjustieren ist, bleibt unsicher. In Z. 40 fehlt zu Beginn der wörtlichen Rede ein Konnektor, wahrscheinlich auch hier. Zentral ist, dass das ω eigentlich eine Präposition ausschließt, welche die meisten zu erwartenden *verba movendi* normalerweise immer mit sich führen. Da ἀ⸣[φιγ]‖‖μένων oder ἀ⸣[νηγ]‖‖μένων somit

---

ob der Lage im Papyrus bleiben. Burkert (2000), S. 77 Fn. 5 bezieht sich explizit auf Dorandis gleichsam aller Zweifel enthobenen Lesung des Namens und baut auch einen Teil seiner Argumentation darauf auf.

91   In Kol. 2,43 nach καὶ wäre der Hiat zwar entschuldbar, aber könnte dort eine Parallele zum unmittelbar vorangehenden διότι in Z. 40 gesucht worden sein.

92   Für Platons Namen und den Kontext solcher Aitien von Namen siehe Schorn (2018), S. 10 f. und Gaiser (1988), S. 408 f.; Riginos (1976), S. 35–38.

zur Disposition stehen, könnte man an ein Verb im Sinne von „(erneut) beset-
zen, erobern/befreien/zurückgeben (den Ägineten – vgl. D.L. 3,3 und Xen. Hell.
2,2,9)" denken. Interessanterweise ist in Xen. Hell. 2,2,8–9 kurz vor Lysanders
Einnahme Äginas von der Akademie die Rede, welche 405/04 v. Chr. natürlich noch nicht von Platon genutzt wurde: Λακεδαιμόνιοι δ' ἐξῆcαν πανδημεὶ
καὶ οἱ ἄλλοι Πελοποννήcιοι πλὴν Ἀργείων, παραγγείλαντος τοῦ ἑτέρου Λακεδαιμονίων βαcιλέωc Παυcανίου. ἐπεὶ δ' ἅπαντεc ἠθροίcθηcαν, ἀναλαβὼν αὐτοὺc πρὸc
τὴν πόλιν ἐcτρατοπέδευcεν ἐν τῇ Ἀκαδημείᾳ [τῷ καλουμένῳ γυμναcίῳ]. Λύcανδροc
δὲ ἀφικόμενοc εἰc Αἴγιναν ἀπέδωκε τὴν πόλιν Αἰγινήταιc, ὅcουc ἐδύνατο πλείcτουc
αὐτῶν ἀθροίcαc, ὡc δ' αὔτωc καὶ Μηλίοιc καὶ τοῖc ἄλλοιc ὅcοι τῆc αὐτῶν ἐcτέροντο.
Haben wir es hier nur mit einem Zufall zu tun oder hat die Stelle einen wie
auch immer gearteten Einfluss auf die Platon-Ägina-Episode ausgeübt? Diese
Frage wurde bisher noch nicht gestellt. Ein etwaiger oder auch wahrscheinlicher Dativ Sg. zu Beginn der Zeile hängt letztlich von der Ergänzung des Verbs
ab.

3,1 Das Partizip Präsens deutet auf einen längeren Zeitraum des Verkaufs hin.

3,2 Die Bedeutung beider Pluralformen wurde bisher verkannt. In den Parallelversionen wird Platon alleine verkauft und auch nur von einer Person (außer
in Kol. Y). In Verbindung mit dem Kompositum in Z. 6 wurde Platon zusammen
mit anderen Athenern gefangen. Auch der Artikel ist bedeutsam. Entweder
wurden die Athener im von Philodem Ausgelassenen (falls er etwas ausgelassen hat) genannt oder aber der Artikel ergibt sich implizit aus der Einnahme
Äginas 405/04, im Zuge derer die Athener vertrieben wurden. Der Satzfluss
spricht tendenziell dafür, dass im Vorherigen (Kol. 2,44) die Einnahme Äginas
erwähnt war.

3,3–4 Die Angabe impliziert zusammen mit den folgenden Zeilen, dass man
Platon an jemand anderen oder für einen höheren Preis verkauft hätte, wenn
man gewusst hätte, um wen es sich handelte. Das indirekte Fragepronomen
ὅ[cτιc ist zu erwarten, aber vielleicht zu lang, weshalb Alternativen im Apparat
angegeben sind. Der arme Mann war vielleicht ein 431 vertriebener[93] und nun
zurückgekehrter Äginete.[94] In den Parallelversionen erscheint Annikeris von
Kyrene (teils implizit) als wohlhabender Mann. Ob die Armut hier historisch ist
oder einen kynischen (Philiskos war Kyniker) bzw. anekdotischen Hintergrund

---

93   Thuk. 2,27,1–3; Diod. 12,44,2; Plut. Peric. 34,1.
94   Xen. Hell. 2,2,9.

hat, ist nicht zu klären. Vielleicht hatte sie für die Reaktion und den Verlauf der Geschichte in den fragmentarischen Zeilen (Z. 14 ff.) eine Relevanz.

3,5 Die neue Ergänzung des Partizips erhellt Struktur und Sinn der Periode. Wie in Kol. 2,43 ff. erscheint der Plural „Spartaner" (nicht etwa Händler oder ähnlich), was vielleicht ein Indiz ist, dass Spartaner „militärisch-offiziell" auf der Insel weilten.

3,6 Der Sinn des Nebensatzes bzw. Verbs wird durch das Partizip in Z. 5 nun deutlich und eine Emendation ist nicht nötig.[95] Die zentrale Implikation des Kompositums wurde bisher übersehen. Es steht kaum überflüssig für das Simplex, sondern reflektiert den Plural „Athener" in Z. 2. Es meint hier im Kontext „erfahren hatten, dass Platon unter den Gefangenen war". Das Perfekt erscheint mir die beste Lösung, zumal die HSI auf die Vertikale eines κ hindeuten.

3,7 Da das Partizip „auf anderer Ebene" als das vorherige steht, ist keine Kopula zu erwarten. Der Infinitiv λαˈβεῖν meint hier „ergreifen".

3,7–8 Gaiser nennt einige Parallelen für ἐν νῶι λάμβανειν („sich etwas im Geiste zurechtlegen/etwas bedenken") und behauptet, dass es für ἐν νῶι τίθεσθαι keine Parallelen gäbe. Auch Puglia wiederholt und bekräftigt diese Aussage mit Konsequenzen für die *restitutio textus*.[96] Tatsächlich finden sich aber mehrere Parallelen für genau diese Junktur bei Polybios, Strabo, Galen und Eusebius.[97] Die Bedeutung ist „sich vergegenwärtigen/Aufmerksamkeit oder Geist auf etwas richten". Platon war sich seiner gefährlichen Situation also bewusst und hatte erfahren, dass die Spartaner nach ihm suchten. Zum Bedeutungsfeld des Ausdrucks fügt sich das finite Verb cˈ[κέ]πˈτεˈται (historisches Präsens mit Unter-

95 Emendationen bei Gaiser (1988), Puglia (2006), Luppe (2008). Letzterer schreibt (S. 161): „ὄτ[ωι] cυνεάλων – mit wem zusammen sie gefangen worden sind. Subjekt des Satzes sind also die (anderen) Athener." Die Form ist aber 1.P.Sg und eine Analogiebildung kann nicht wie selbstverständlich vorausgesetzt werden.

96 Gaiser (1988), S. 414; Puglia (2006), S. 183.

97 Polyb. 3,94: ὧν οὐδὲ μικρὸν ἐν νῷ τιθέμενος Μάρκος ἔτι λέγοντος αὐτοῦ ταῦτα πρὸς τῷ παραβάλλεσθαι καὶ τῷ διακινδυνεύειν ὅλος καὶ πᾶς ἦν; 4,33: ἃ τίς οὐκ ἂν τῶν ἐπιγινομένων ἐν νῷ τιθέμενος νομίcειε καλῶς εἰρῆcθαι τὰ μικρῷ πρότερον ὑφ᾽ ἡμῶν δεδηλωμένα; Strabo 6,3,3: οἱ δ᾽ ἅμα καὶ τὸν ὅρκον φυλάττοντεc καὶ τὸν τῶν γυναικῶν λόγον ἐν νῷ θέμενοι πέμπουcι τῆc cτρατιᾶc τοὺc εὐρωcτοτάτουc ἅμα καὶ νεωτάτουc. Gal. de usu part. 3,239: ἀπόcτηθι τῆc ἐν ταῖc ὕλαιc διαφορᾶc, αὐτὴν δὲ ψιλὴν ὅρα τὴν τέχνην, ὅταν μὲν ὀφθαλμοῦ καταcκευὴν ἐπιcκοπῇc, ὄργανον ὀπτικὸν ἐν νῷ τιθέμενος, ὅταν δὲ ποδόc, ὄργανον βαδιcτικόν. Eus. dem. ev. 8 pro, 6: μήτε γοῦν πόλειc μήτε πολιτείαc μήτε νόμουc μήτε τι cεμνὸν καὶ βιωφελὲc εἰδότεc, μηδὲ μὴν ἐπιcτήμαc καὶ τέχναc ἐν νῷ τιθέμενοι, ...

streichung der Dauer) gut, während κρύπτεται weniger gut zur Logik der
Geschichte und dem Folgenden sowie den Spuren passt, wobei ein alternati-
ves Verb den Sinn der Periode kaum entscheidend beeinflussen würde.

3,9–10 Die Ergänzung dieses Adjektivs wurde, wenn auch mit hanebüchener
Rekonstruktion und Interpretation der gesamten Passage, von Luppe (2008)
vorgeschlagen und ist aus papyrologischen Gründen, auch vor dem Hintergrund von „Archelaos" in Z. 10, fast alternativlos.[98] Das δὴ zeigt das Resultat
des Reflexionsprozesses in Z. 8 an. Das τι meint vielleicht auch „irgendwie".
Die Verschreibung des Partizips mit δ ist verständlich, da das Partizip und die
Sequenz ιωϲ vergleichsweise selten vorkommen und der Schreiber vielleicht an
eine Form von δίδωμι dachte. Für „fürchten" im Zusammenhang mit der Episode siehe D.L. 2,106 (Bezug?) und evtl. Kol. X,20. Auch ist nicht ersichtlich,
warum Platon etwas Makedonisches „vor" denen, die gegen Archelaos zogen,
habe fürchten sollen. Abgesehen davon, dass das Griechische eine solche Übersetzung kaum hergibt, ist nicht bekannt, dass Platon in Makedonien war oder
eine engere Beziehung zu Archelaos hatte (falls die Spartaner überhaupt gegen
Archelaos in den Krieg zogen). Dass Platon im Kontext von Spartanern auf
Ägina, gerade in die Sklaverei verkauft und erkannt als Platon, etwas „Makedonisches" fürchtet, muss wohl bedeuten, dass er fürchtet, dorthin gebracht
und verkauft zu werden. Andere Erklärungen dürften weiterhergeholt sein. Die
Öffnung der Rundung in Z. 10 spricht so sehr für ω, dass es als gesichert im
Literarischen Transkript angegeben ist. Der Genitiv-Artikel ist folgerichtig. Die
Präposition dürfte hier eher „nach/ zu" als „gegen" bedeuten. Der Name des
Archelaos wurde erst von Sedley (1988) erkannt. Der Genitiv Pl. muss sich wohl
auf [Μα]⌜χ⌝εδο⌜νιχ⌝[ὸ]ν beziehen. Ich vermute, dass hier elliptisch die „Spartaner" gemeint sind. Einen guten Sinn für „Sachen/Angelegenheiten" zu finden,
ist schwierig.

3,11–12 Das Verb mit Präposition etwa bei Dem. or. 24,11 und Lukian Herm.
34. Platon offenbarte seine Identität, ferner vielleicht seine missliche Lage. Der
„fehlende" Akkusativ steckt in dem Reflexivpronomen in Z. 14 (*Apokoinou*). Die
Korrektur nach dem Verb ist für die Rekonstruktion der Syntax relevant. Mir
scheint etwas durchgestrichen worden zu sein und nicht die Partikel δὲ (auch
nicht getilgt) im Text zu stehen, wie frühere Editoren annahmen.

---

98   Puglias (2006) [μα]⌜χ⌝εδο⌜νίζ⌝[ει]ν ist aufgrund der Spuren und auch des Inhalts kaum ver-
      tretbar.

3,13 Das Partizip ist temporal („Futur II“) oder konditional („sobald“ oder „wenn“). Ein erneuter Artikel ist nicht nötig („und ihm“). Der korrigierte Fehler des Schreibers ist nicht unerwartet. Der Ausdruck χάριν̣ ἀ⸢π͙ο͙τ͙είς̣⸣ειν meint „Gunst vergelten/Dank erweisen“.

3,14 Das Adjektiv πο]λ̣λ̣⸢ή⸣ν mit solch ausgeprägtem Hyperbaton ist fraglich. Das Pronomen [τ]⸢οὗτο͙ vor μ͙⸣ὲν ist wahrscheinlicher als die nicht belegte Junktur οὔ τι μὲν von Gaiser/Dorandi/Puglia.[99] Die Ergänzung δι]ὰ̣ δ̣⸢ὴ⸣ ist wegen der Position des μὲν bedenklich, aber vielleicht nicht ausgeschlossen.

3,15 ἐκπλαγέν⸢τα⸣[ist wahrscheinlich auf den armen Mann, kaum auf Platon, zu beziehen (Akk. Pl. mit Bezug auf Spartaner weniger wahrscheinlich), der sich über die Identität seines erworbenen Sklaven wundert. Der offenbar fehlende Artikel ist etwas problematisch, ebenso der Akkusativ (vielleicht Wechsel der Konstruktion). Die Spuren am Ende der Zeile befinden sich auf cr. 2 vor Kol. 5; ihre Platzierung ist nicht sicher.

3,16–18 In ⸢θέν̣τ̣ο͙⸣ϲ ist das Ende eines Partizips zu sehen, das entweder auf Platon zu beziehen ist (wohl passivischer Aorist oder Form von τίθεναι, ggf. Kompositum) oder aber als echter Aorist Passiv „über das Gesagte/von dem Gesagten“ meinen könnte. Die letzten Buchstaben der Zeile befinden sich auf cr. 2 vor Kol. 5; ihre Platzierung ist nicht sicher.

3,19 Vielleicht ist ε̣τ̣ο̣ χρ̣⸢ε͙⸣ zu lesen, was eine Überlappung mit *PHerc*. 164, frg. 13a erlauben könnte (die Rückkehr Platons nach Athen wäre dann in den vorherigen Zeilen zu ergänzen). Desungeachtet könnte χρ̣⸢ε͙⸣ im Kontext der Episode zu χρέοϲ (Schuld/Forderung) oder ähnlich zu ergänzen sein.

3,20–21 Mit Bezug auf Z. 19 vielleicht ἐπιλαν]|⸢θάνεϲθ͙⸣[αι. Entweder trug der arme Mann Bedenken, dass Platon die Rückzahlung vergessen könnte, oder Platon hätte es als Unrecht angesehen, sein Versprechen zu vergessen.

3,22–34 Wahrscheinlich endete die Episode irgendwo in diesen Zeilen (am ehesten etwa in Z. 30). Dass zwischen der Verkaufsepisode und dem Philipp-Bericht noch ein separates Exzerpt (des Philiskos) zitiert wurde, ist tendenziell unwahrscheinlich.

---

99 Der linke Teil von ο ist bisweilen annähernd vertikal (Vertikale im Disegno).

3,34–36 Vermutlich stand in diesen Zeilen der Name Philipps, vielleicht mit Ethnikon.[100] Falls gegen Ende von Z. 36 η zu lesen ist, wäre etwa ἔτ]η möglich. Am Beginn von Z. 35 scheint entgegen den Ausgaben von Gaiser/Dorandi keine *paragraphos/diple obelismene* zu stehen.

3,37 Vielleicht eine Perfekt-Form von λείπω (Kompositum), welche ein Verhältnis (oder den Tod Platons) in Verbindung mit einer möglichen Jahreszahl in Z. 38 anzeigt.

3,38 Je nach Interpretation des Disegno bzw. der Breite des Raums könnte zu Beginn der Zeile sogar die Numerale ἕξ gestanden haben. Der Papyrus ist etwas verzogen, so dass ἀς⌐τ⌐ρόλογος möglich ist.[101] Das entsprechende Verb erscheint in Kol. 34,15. Vielleicht stand eine zusammengesetzte Zahl im Papyrus, deren erster Teil in Z. 37 zu finden war.

3,39–40 Das Verb impliziert Mündlichkeit;[102] das Personalpronomen α⌐ὑ⌐τῶι bezieht sich höchstwahrscheinlich auf Neanthes, kaum auf Philiskos.

3,40–41 Die Bezeichnung ἀναγραφεύς ist in der antiken Literatur selten und wird meist (besonders auf Inschriften) im Zusammenhang mit der Kodifizierung von Gesetzen gebraucht. Die Bedeutung im Papyrus ergibt sich vor dem Hintergrund der Verwendung des Verbs in diversen Stellen im *Index Academicorum* und Philipps Herausgabe von Platons *Nomoi*.[103] Philipp könnte mündliche Vorlesungen Platons oder Gespräche protokolliert haben, seine Korrespondenz erledigt haben und vielleicht neben den *Nomoi* auch andere Werke Platons redigiert (Korrektur gelesen) und „herausgegeben" haben. Vorstellbar ist auch, dass Platon Philipp einige Passagen seiner Dialoge diktierte, da er anders als ein gewöhnlicher Schreibsklave beim Schreiben adäquat mitdenken konnte. Es drängt sich unwillkürlich der Vergleich mit Ciceros Sekretär Tiro auf, der jedoch als Schriftsteller weniger exponiert als Philipp in Erscheinung trat.

3,41–42 Für ὅτι siehe den Kommentar zu Kol. 2,40. Das Partizip in Verbindung mit ἤδη deutet schon an, dass Platons letzte Tage beschrieben werden.

---

100 Als Heimatorte bzw. Beiname des Philipp kommen Opus (Lokris) und Medma (Unteritalien) in Frage, vgl. Krämer (2004), S. 81.

101 Die Spuren erlauben schwerlich das *hapax legomenon* μετρόλογος, was man im Hinblick auf *das hapax legomenon* μετρολογίαν in Kol. Y,8 vermuten könnte.

102 Erstmalig *expressis verbis* vermerkt dies von Fritz (1938), S. 2354.

103 Siehe den **Index verborum** am Ende dieser Monographie.

Wir erfahren nur hier, dass Platon einen chaldäischen Gastfreund hatte.[104] Das Verb ὑποδέχομαι erscheint anderweitig nicht bei Philodem; in ähnlichem Kontext nutzt er in Kol. 35,1–2 das Verb ἀποδέχομαι.

3,43 Das Adjektiv ⌜Χαλδα⌝[ῖον erfährt eine gewisse Bestätigung durch Sen. epist. 58,31 (*Ideo magi, qui forte Athenis erant, immolaverunt defuncto*), da Chaldäer und Magier in der Antike meist synonym verwendet wurden. Ob die Senecastelle „in direkter Linie" von Neanthes aus weiterentwickelt wurde oder eine echte Paralleltradition vorliegt, ist kaum zu entscheiden. Seltsamerweise scheint es, als wäre das δ durchgestrichen worden oder aber ein α zu δ geändert worden, womöglich weil das Adjektiv und die fünf aufeinanderfolgenden Buchstaben χαλδα, welche alle Dreiecksform haben und ähnlich aussehen, zu Irritationen geführt haben. Am Ende der Zeile kann aus Raumgründen kaum direkt die Konjunktion ἐ⌜π⌝[εἰ angeschlossen werden.[105] Die Präposition μ]ε⌜τ⌝[ὰ impliziert, dass Platon erst im Laufe des Besuchs Fieber bekam, was sinnig ist, hätte er den Gast doch im kranken Zustand schwerlich empfangen. Der Name des Chaldäers wird offenbar nicht genannt, wenngleich er Philipp vermutlich bekannt war. Der Chaldäer war wohl anderweitig relativ unbekannt und letztlich nur Nebendarsteller für diese Erzählung von Platons letzten Stunden.

3,44 Zwischen dieser und der vorangehenden Zeile hat Gaiser (1988) eine gesamte, separate Zeile ergänzt, aber die Lage im Papyrus/Disegno spricht klar gegen eine solche Extrazeile und nur für die interlineare Ergänzung eines einzelnen Wortes, wie schon Dorandi festhielt. Puglia (2005) hatte mit anderer Trennung bereits das Substantiv ἡμέρας im Sinne einer zeitlichen Ausdehnung vorgeschlagen,[106] wobei ich eine Rekonstruktion im Sinne eines Zeitpunktes (Präposition) mit δὲ bevorzuge. Die Präposition geht oft mit dem Substantiv zusammen, welches häufig mit τινας erscheint (auch in Verbindung mit der Präposition).[107] Eine Rekonstruktion der Zeilen dahingehend, dass der Chaldäer

---

104 Zur Gastfreundschaft in der Antike und zum Begriff des ξένος siehe etwa Hiltbrunner (2005).

105 Im Sinne von: „Platon empfing den Chaldäer, nachdem er eine Zeit lang Fieber hatte" (oder „weil er Fieber hatte und sich Hilfe versprach"). Das Substantiv ξένος legt nicht nahe, dass Platon den Chaldäer nur zu medizinischen Zwecken empfangen hat, da das Fieber offenbar erst später eintrat.

106 Puglia (2005), S. 124,126: εἶ[θ᾽ ἡ|μέρας].

107 μετὰ δὲ ἡμέρας findet sich oft zu Beginn von Perioden, nicht selten mit ὀλίγας. Für die exakt gleiche Junktur siehe etwa Apg. 24,24 (μετὰ δὲ ἡμέρας τινὰς παραγενόμενος ὁ Φῆλιξ). Mit veränderter Wortstellung (μετὰ δέ τινας ἡμέρας) finden sich zahlreiche Stellen, etwa in Polybios und Diodor.

Fieber bekam/hatte, ist wenig wahrscheinlich. Durch die Präposition sollten wir in ἐπύρεξε˻[ν einen ingressiven Aorist sehen. Tendenziell (aber bei diesem Verb keineswegs sicher) würde man bei einem Akkusativ der zeitlichen Ausdehnung (Puglia) auch eher Imperfekt erwarten. Im Original scheint ein ε (weniger ein ξ) zu stehen, was Zweifel erweckt, ob der Raum im Disegno richtig getroffen wurde. Es ist unklar, ob das erste oder zweite ε des Disegno im Original zu sehen ist. Sollte das erste ε des Verbs vorliegen, ist Gaisers ἐκεῖ]‖νος mit dem Raum wohl kompatibel, im anderen Falle wäre es wohl zu kurz und αὐλούμε]‖νος naheliegend. Ein stillschweigender Subjektwechsel wäre zwar möglich, aber ἐκεῖ]‖νος wohl vorzuziehen, hinge mit dieser Ergänzung nicht das ὑπὸ in Kol. 5,1 ziemlich in der Luft. Dass Platon bei einem etwaigen Partizip weiterhin Subjekt ist und somit selbst trotz Fiebers den Takt vorgibt, ist auch nicht gänzlich ausgeschlossen. Der Konstruktionswechsel in Kol. 5,4 könnte dann implizieren, dass erst hier der Chaldäer ins Spiel kommt. Allerdings spricht das in Kol. 5,4 erwähnte (vermeintliche) Delirium gegen Platon als Taktgeber.

5,1 Die in der Moderne beim Aufrollen des Papyrus erst fehlplatzierte Kol. 4 (nun Kol. 8*) stand ursprünglich hinter Kol. 8 (vgl. I 5.7). Die *scriptio plena* δὲ ὑπὸ ist vielleicht speziell dieser Präposition geschuldet, zumindest findet sich in Z. 4 und 6 nach δ(ὲ) keine *scriptio plena*. In Kol. 13,10 liest man δ᾿ ὑπὸ (wie bei Philodem zu erwarten). Vielleicht ist die *scriptio plena* auf wörtliches Kopieren des Originals zurückzuführen. Für die Präposition ὑπὸ erwarten wir eigentlich ein passendes Partizip im Vorangehenden, da fraglich ist, ob das Verb in Z. 2 der Präposition wirklich die Bedeutung „unter dem Musikspiel/Gesang der ..." verleihen kann.[108] Da ein musikalischer Kontext gegeben ist, dürfte es sich bei der Thrakerin[109] weniger um eine Hausklavin, die beim Arbeiten ein Lied intonierte, als vielmehr um eine Musikerin (Flötenspielerin oder Lyraspielerin) handeln.[110] Ob diese regelmäßig bei Platon verkehrte, ist unklar.[111] Sie könnte eigens zur Unterhaltung des Gastfreundes eingeladen worden sein oder

---

108 Gaiser (1988), S. 423 führt als Parallelen Theognis 825; Archilochos F 58,12; Thuk. 5,70; Xen. Hell. 2,2,23 an (jeweils ὑπὸ + Flötenspieler/in), vermerkt aber zu Recht, dass „Thrakerin" nicht mit Flötenspielerin gleichbedeutend ist, was durch die Neulesung des Adjektivs am Ende der Zeile nochmals untermauert wird.

109 Mekler (1902) vermutet einen Eigennamen, was aber von Gaiser (1988), S. 423 zurückgewiesen wird (auch von Schenkl (1903), S. 116 wird das Wort schon als Ethnikon verstanden). Im Papyrus findet sich die attische Form mit ττ, wie bei Philodem zu erwarten.

110 Vgl. Gaiser (1988), S. 423.

111 Gaiser (1988), S. 423 erwägt eine Identifikation mit der in Platons Testament (D.L. 3,42) erwähnten Sklavin Artemis.

aber von diesem mitgeführt worden sein. In letzterem Fall fand die Darbietung dann unter Umständen zu Heilungszwecken statt.[112] Für das Ende der Zeile hat Puglia (2005) erstmals das Adjektiv ἐγγενές vorgeschlagen, aber der Genitiv scheint kohärenter.[113] Gerade die Bemerkung Platons (Z. 7–11) stützt diese die barbarische Abstammung unterstreichende Charakterisierung der Thrakerin – sie hätte etwa eine perfekt assimilierte Thrakerin sein können, die sogar in Griechenland geboren wurde.[114] Die durch den Genitiv entstehende Überlänge der ersten Zeile ist aus methodischen Erwägungen heraus problematisch, aber vielleicht wollte der Schreiber mit der ersten Zeile einen „Maßstab" für die Zeilenbreite der Kolumne setzen, die mit νους in der nächsten Zeile etwas zu kurz geraten wäre, so dass er sich entschied, diese Silbe noch in die erste Zeile zu quetschen.[115]

5,2 In dieser Zeile wurden einige Korrekturen vom Schreiber/Philodem vorgenommen, was die genaue Rekonstruktion angesichts des fragmentarischen Zustands erschwert. Bei dem finiten Verb habe ich keinerlei größere Bedenken, da es durch Original und Disegno gedeckt sein dürfte.[116] Das Adverb wurde durch das neue Verb gleichsam bedingt, aber hier bleiben kleinere Zweifel. Das in der Kolumne noch zweimal erscheinende Adverb verdeutlicht, dass sowohl Platon[117] als auch die Thrakerin das Klopfen/Klatschen deutlich vernehmen konnten, so dass die folgende Bemerkung (Platons) überhaupt erst möglich wird. In der Mitte scheint nochmals eine Korrektur/Ergänzung über der Zeile vorgenommen zu sein (nicht ganz sicher), deren Länge ungewiss ist und die am ehesten nach dem Verb begann. Man könnte an den Artikel (Dativ Pl.) und die Vorgabe des Taktes mit den Fingern denken, aber die Spuren am Ende der Zeile scheinen gegen δακτύλοις zu sprechen. Die Spuren der Ergänzung deuten auch nicht auf τὸν hin, wenngleich der Artikel unerwartet wäre. Allerdings könnte in der Korrektur auch ein Körperteil oder ein Hilfsmittel für das Klopfen genannt sein, wenn nicht der Subjektwechsel zum Chaldäer mit einem Pro-

---

112 Jedoch sind durch die Neulesungen viele weiterführende Spekulationen hinfällig (Zaubergesänge, vgl. Gaiser (1988), S. 422,429–434).

113 Puglia (2005), S. 124.

114 Ein anderer Kasus, abhängig von dem etwaigen αὐλούμενος mit der Bedeutung, dass die Thrakerin „Einheimisches" spielte, wäre holpriger.

115 Einschlägige Parallelen für den besser zum Raum passenden Genitiv des von Puglia (2005), S. 124 auch erwogenen Adjektivs ἔγγειος (im Sinne von „eingeboren") sind in griechischer Prosa nicht zu finden.

116 Nach dem η ist der Papyrus etwas verzogen/vermutscht, so dass Raum für ce vorhanden ist. Ein ähnliches Verb schlug mit ἔκρουce bereits Lasserre (1987) vor.

117 Es wäre an den Chaldäer zu denken, sollte die Rollenverteilung anders sein.

nomen angezeigt wurde. Am Ende der Zeile scheinen die Spuren am ehesten mit dem Adjektiv δακτυλικός kompatibel, was paradigmatisch für einen typisch griechischen Rhythmus (und eben keinen barbarischen) stehen könnte.[118] Die Pythagoreer (und andere) maßen der Musik zwar therapeutische Zwecke zu und auch Platon erörtert in der *Politeia*, Damon folgend, verschiedene Auswirkung von Rhythmen auf die Seele,[119] aber eine beruhigend-heilende Intention der Musikaufführung kann in der Passage nicht als selbstverständlich vorausgesetzt werden.

5,3 Das Verb wird oft für das Angeben von Takt und Ton genutzt.[120] Das substantivische Pendant findet sich in Kol. 1,20–21 (Dikaiarch). Die Lesung am Ende der Zeile hat nun erhebliche Konsequenzen für die Struktur der Periode. Vielleicht stand ursprünglich tatsächlich αὐτόθεν oder αὐτόθι im Papyrus (und finites Verb in der folgenden Zeile), aber das Wort scheint zu αὐτὸν korrigiert worden zu sein. Wahrscheinlich hängen die Korrekturen in dieser und der folgenden Zeile irgendwie mit Philodems Umformulieren des Neanthes-Originals zusammen. Es hat den Anschein, als habe er bei der indirekten Rede und den Zitaten (innerhalb von Zitaten) manchmal den Überblick verloren. Mit dem Personalpronomen kommt nun doch wohl der Chaldäer (nicht Philipp) ins Spiel und die übrigen Akkusative sind „Objekte" des Satzes. Der Wechsel zur AcI-Konstruktion verwundert etwas, mag aber auf Philodems Umformulieren zurückgehen.

5,4 Ein fehlkonstruierter Optativ hat lange zu allerlei Missverständnissen geführt. Erst Puglia (2005) hat richtig ein Partizip erkannt. Ein ε wurde mit einem α überschrieben. Am Ende des Satzes wurde offenbar das ν nachträglich ergänzt oder über einen Buchstaben geschrieben. Die Korrektur ist in Verbindung mit derjenigen am Ende von Z. 3 ein Indiz, dass ursprünglich nicht Platon Subjekt des Satzes war. Das Partizip muss doch wohl auf Platon gehen und die Auswirkungen des Fiebers anzeigen: Der Philosoph wirkte wie benebelt (geistig abwesend, im Fieberdelirium). Das ὡς könnte auch, vom Chaldäer aus gedacht, als subjektiv-kausales ὡς aufzufassen sein. Der Infinitiv ist nicht intransitiv, sondern mit Platon als Akkusativobjekt zu verstehen. Der Chaldäer sprach Platon an, offenbar um zu prüfen, ob dieser noch bei klarem Verstand war.

---

118 Das Adjektiv erscheint oft bei Aristoxenos.

119 Plat. rep. 399e–400c; siehe ferner Plat. leg. 802e. Der Daktylus mache nach Proklus die Seele ruhig (Procl. pol. I 61,7–14 (Kommentar zu Plat. rep. 399e–400c)).

120 LSJ: „give the key-note of a tune, strike up, τοῖς ἵπποις τὸ ὀρχηστικὸν μέλος Aristot. 583: abs.,

5,5 Die erneute Erwähnung des Namens Platon (nach Kol. 3,42) stützt die These, dass der Chaldäer und nicht Platon Taktgeber der Thrakerin war. Auch das Kompositum deutet in die Richtung, dass jemand Platon anspricht und er nicht selbst fragt.

5,6 Es ist naheliegend, dass der gerade im Akkusativ genannte Platon nun das Subjekt des *genitivus absolutus* ist. Die Korrekturen deuten wieder auf eine ursprünglich andere Formulierung (bei Neanthes) hin.

5,7 Der Sinn des Zitates ist nun, auch durch die Neurekonstruktionen im Umfeld der Stelle, verständlicher. Seit Prächter (1902) hatten alle Editoren an einem Zitat aus einer Komödie oder Tragödie festgehalten, wenngleich fehlendes Versmaß und Lexik dagegensprachen. Puglia (2005) kamen schon einige Zweifel und die hier präsentierte Rekonstruktion lässt von der Annahme von Versen zugunsten einer logisch-kohärenten Prosaperiode abrücken, wobei Puglia (2018, privatim) an der Rekonstruktion von Trimetern festhält.[121] In der Tat sind Versatzstücke von Trimetern erkennbar, was Zufall sein könnte, aber nicht muß. Folglich könnte Platon einen Vers aus Komödie oder Tragödie sinngemäß wiedergegeben haben bzw. Teile eines solchen in seine prosaische Aussage eingebaut haben. Aufgrund des Adjektivs παράρυθμον in Z. 8 wäre in diesem Fall vielleicht an Aristophanes zu denken. Most hat erstmalig die 2.P.Pl. ergänzt, was durch Raum und Disegno gedeckt ist, wobei Meklers Vorschlag (2.P.Sg.) möglich bleibt. Die *scriptio plena* lässt sich durch das Periodenende bzw. den Beginn eines Nebensatzes erklären. Die 2.P.Pl. mag implizieren, dass neben dem Chaldäer noch jemand (Philipp) angesprochen wurde.[122] Die Bedeutungen „wie" und „dass" verschwimmen bei der Konjunktion. Das Adverb geht letztlich mit dem Adjektiv in Z. 8 zusammen. Das Neutrum meint das barbarische Wesen bzw. Geschlecht.

5,8 Das Adjektiv drückt sowohl das Unwissen als auch die Unfähigkeit, Wissen zu erlangen, aus. Beide Aspekte werden im Kausalsatz (Temporalsatz) aufgegriffen. Natürlich ist Ellipse (ἐcτίν) zu vermerken, was aber kaum ein Indiz für Verse ist. Frühere Herausgeber änderten das δ des Disegno in α und transkri-

---

ἡγεῖτο . . εἷc ἀνήρ, ὃc ἐνεδίδου τοῖc ἄλλοιc τὰ τῆc ὀρχήcεωc cχήματα D.H.7.72." Siehe ferner Plut. quaest. conv. 633b.

121   Puglia (2018), S. 373 f. hält an der Rekonstruktion von Trimetern fest und schlug mir vor: ἄτε γε παράρυθμον οὐ[cίαν] ἡ βάρβαροc | φέρουcα τού‵τ̣ο̣[υ]́ [π]εί‵ρ́ατ' ἀδυνατεῖ μα[θεῖν].

122   Alternativ könnte mit der 2.P.Pl. der Gastfreund höflich angesprochen sein (im Griechischen eher selten).

bierten ἄτε, aber Spuren und Raum im Original deuten auf ὅτε hin, welches oftmals zusammen mit γε in temporal-kausaler Funktion genutzt wird. Da ἄτε eigentlich nur beim Partizip kausal gebraucht wird, erübrigen sich damit (teils ignorierte) Probleme hinsichtlich der Syntax. Das Adjektiv παράρυθμον ist sehr selten und erscheint außer bei Aristophanes faktisch nur noch bei Galen.[123] Bei Letzterem kommt ihm offenbar eine spezielle „unrhythmische" Bedeutung zu. Bei Aristophanes ist eine „positive" Richtung von παρά (entlang des Rhythmus) zwar nicht unmöglich, aber gemeinhin wird das Adjektiv als „unrhythmisch" aufgefasst.[124] Mit Bezug auf die klar „negative" Richtung des Präfix in Z. 4 und in Anbetracht des Kontextes ist hier bei dem Präfix auch eher an den Sinn „un-, gegen, wider" zu denken (es sei denn in der nächsten Zeile stand eine Negation). Eine Worttrennung παρὰ ῥυθμόν, wie von Mekler erwogen, wäre ohne Parallele.[125]

5,9 Nun fungiert die Thrakerin als konkretes Beispiel, so dass eine Bestimmung der Barbarin durch den Artikel folgerichtig ist.[126] Gaisers οὖϲ ist weiterhin sehr attraktiv, aber man fragt sich, was zwischen diesem Wort und dem erwarteten Artikel stand. Das Indefinitpronomen wurde trotz Bedenken in den Text gesetzt, aber im Apparat sind andere Möglichkeiten vermerkt. Für φέρω mit Körperteil wären etwa Eur. Hipp. 118 (ϲπλάγχνον ἔντονον φέρων) und Eur. Phoen. 1531 (ἀλαὸν ὄμμα φέρων) oder Telekleides PCG 33 (οὖθαρ φέρω) zu vergleichen. In Prosa meint das Partizip φέρων wie ἔχων meist nur „mit", in der Tragödie ist es stärker als ἔχω. Seine Verwendung könnte „mit sich herumtragen/von Natur aus haben" konnotieren. Vielleicht deutet das Partizip tatsächlich auf einen umformulierten Vers oder eine gnomische Sentenz hin, aber es ist das einzige nicht prosaisch anmutende Element in diesen Zeilen.

5,10 Erst Puglia (2005) hat das im Papyrus und *Oxforder Disegno* deutlich lesbare ρ berücksichtigt, jedoch den Beginn des Satzes gegen die Disegni zu τ[ὰϲ χ]εῖρ᾿αϲ ergänzt. Nun hat das *Neapolitanische Disegno* του, was in diesem Fall dem τω des *Oxforder Disegno* vorzuziehen sein dürfte, auf dem man aber eine

---

123 Aristoph. Thesm. 121 (παράρυθμ᾿ εὔρυθμα, Φρυγίων). Gal. De diff. puls. 44 8,515–516; synops. lib. de puls. 9,471. Ferner Ps.-Gal. def. med. 19,409; Proklus Hymni 31,3; Paulus (med.) epit. med. 2,11,9.

124 Siehe etwa Austin/Douglas (2004), S. 94f. (Kommentar zur Stelle), welche „a deliberate verbal paradox" für Aristoph. Thesm. 121 (παράρυθμ᾿ εὔρυθμα, Φρυγίων) festhalten.

125 Von Schol. Aristoph. eccl. 295 wäre abzusehen.

126 Bisherige „poetische" Ergänzungen (etwa ἡ γῆ) sind wegen der vermuteten Prosa eher unwahrscheinlich.

bisher von Herausgebern nicht weiter beachtete Ergänzung liest, deren erster Buchstabe τ ist. Die Formulierung ἐκ πείρας ist beinahe idiomatisch[127] und passt nicht nur hervorragend zum Raum, sondern auch zu μαθεῖν sowie zum Gesamtsinn. Das Vorgeben des Taktes in Z. 1–3 ist vielleicht die „Erfahrung", aus welcher die Barbarin nichts bzw. den Takt nicht zu lernen vermag. Am Beginn der Zeile scheint ein Akk. Sg. Mask. (mit Bezug auf ῥυθμός in Z. 3 und implizit in Z. 8) wahrscheinlich.

5,11 Der Infinitiv μα‖[θεῖν] nimmt das Adjektiv (Prädikatsnomen) in Z. 8 wieder auf. Das Adverb μεγάλως erscheint wohl auch in Z. 2 und das entsprechende Adjektiv in der nächsten Zeile, was nicht unbedingt für die Formulierungskunst des Autors spricht, aber auch keine allzu große Zumutung darstellt. Subjekt (Akkusativ) des Satzes ist weiterhin der Chaldäer (weniger Philipp selbst).

5,12–13 Für den Sinn der gesamten Passage war zunächst die korrekte Lesung/ Ergänzung des Infinitivs in Z. 13 essentiell. Hier zeigt sich paradigmatisch, dass die einfachste Ergänzung in papyrologisch-fragmentarischen Kontexten meist die richtige ist (I 8.4). Bücheler vermutete [π]ο[π]⟨π⟩ύζειν, Gaiser [εὐ]φημεῖν, Dorandi ließ die Frage offen, Puglia konstatierte zu Recht ein sicheres μ[̣]ζ im Papyrus. Sein [θαυ]μ[ά]ζειν ist jedoch etwas zu lang für den Raum hinter δρα und darüber hinaus sind Spuren eines ο vor dem μ sichtbar, was die Ergänzung ⸀οʼμʼ⸌ʼζεʼⁱⁿ notwendig macht. Die Formulierung τὸν ⸀ἄʼⁿ|δρα wird im Griechischen öfters (emphatisch) anstelle des Demonstrativpronomens/Personalpronomens genutzt,[128] wobei αὐτόν hier Hiat gemacht hätte und vielleicht auch im Hinblick auf das Personalpronomen in Z. 14 zu Verwirrung geführt hätte.[129] Vielleicht sollte τὸν ⸀ἄʼⁿ|δρα auch betonen, dass nun nicht mehr die Frau (Barbarin), sondern der männliche Sprecher (Platon) gemeint ist. Ein Bezug auf den Chaldäer ist wenig wahrscheinlich. Mit ⸀ἐνʼ ε[ὐ]⸀δίʼαι μεγάληι dürfte angesichts des neuen Verbs nicht eine heitere Stimmung im Sinne von Fröhlichkeit gemeint sein, sondern die gute körperliche bzw. geistige Verfassung Platons, der trotz des Fiebers eine ungetrübte Wahrnehmung hatte.[130] Der gute geistige

---

127 Die Formulierung ἐκ πείρας begegnet besonders häufig in Galen. Für Philodem siehe bspw. Phld. de signis III 15,20 und de morte IV 88,3.

128 LSJ: „ὁ ἀνήρ, by crasis Att. ἁνήρ, Ion. ὡνήρ, is freq. used emphatically for αὐτός, ἐκεῖνος Ar.V.269, prob. in Pl.Sph.216b, etc. ...."

129 Ohne Umschreibung mit τὸν ἄνδρα wäre wohl ohnehin τοῦτον (hier aber evtl. Verwechselung mit „Rhythmus" möglich – ἐκεῖνον macht auch Hiat) zu erwarten gewesen.

130 Vgl. für diese Bedeutung Protag. frg. 9 (Ps.-Plut. cons. ad Apoll. 118e): ⟨τῶν γὰρ υἱέων νεηνιῶν ὄντων καὶ καλῶν, ἐν ὀκτὼ δὲ ταῖς πάσηισιν ἡμέρηισιν ἀποθανόντων, νηπενθέως ἀνέτλη· εὐδίης γὰρ εἴχετο, ἐξ ἧς πολλὸν ὤνητο κατὰ πᾶσαν ἡμέρην εἰς εὐποτμίην καὶ ἀνωδυνίην καὶ τὴν ἐν τοῖς πολ-

Zustand ist erwähnt, da zu befürchten stand (ὡς πα[ρ]α⸂φρονοο⸃[ῦ]ντ⟦ε⟧ˋαˊ in Z. 4), Platon sei schon im Fieberwahn oder diesem nahe, so dass seine geistesgegenwärtige Bemerkung freudig überraschen konnte. Um einen weiteren Infinitiv zu vermeiden, ist εἶναι ausgefallen („meinte, dass der Mann ... ist" – ggf. Partizip). Das Verb lässt auch angesichts des Folgenden durchaus die Möglichkeit offen, dass der Chaldäer nur (subjektiv-fälschlich) glaubte, dass sich Platon in einem gutem Zustand befand, da die passende Bemerkung zur Thrakerin über die tatsächliche, ernste gesundheitliche Lage und den bevorstehenden Tod hinwegzutäuschen vermochte. In meinem Text ist kein Akzent auf ταυ|τ, da die Art des Demonstrativpronomens unklar ist. Ein ταῦτ' könnte die Gleichheit des Gedankens schon enthalten und der Plural auf die Unterteile des Gedankens zurückzuführen sein, aber eine Krasis von τὸ αὐτὸ oder τὰ αὐτὰ ist nicht auszuschließen.[131]

5,14 Das Imperfekt des Verbs ist in früher Prosa eher selten, aber in hellenistischer Literatur verbreitet. Die Junktur ἐπὶ νοῦν ἔρχομαι findet sich etwa in Dion. Hal. ant. 3,15 und Arr. an. 7,24,3. Puglia (2005) hat überzeugend hinter dem Pronomen interpungiert.

5,15 Nicht nur der Tempuswechsel, sondern auch die Lexik legen nahe, dass es sich hier um einen Einschub des Philodem (oder Neanthes) im Sinne von „und er fährt fort" handelt. Nach der „Rhythmus-Episode" wird nun mit dem nächtlichen Fieber ein neues Unterkapitel der Rahmenerzählung „Platons letzte Stunden/Tage" eingeleitet. Vielleicht stammt der Einschub schon von Neanthes, der einen neuen Abschnitt im Bericht des Philipp markieren wollte. Alternativ könnte Philodem etwas gekürzt haben und lässt Neanthes fortfahren. Puglia (2005) schlug erstmals vor, dass es sich um einen Einschub handeln könnte. Normalerweise wird zwar προβάc oder ein ähnliches Wort verwendet,[132] aber

---

λοῖcι δόξαν· πᾶc γάρ τίc μιν ὁρῶν τὰ ἑαυτοῦ πένθεα ἐρρωμένωc φέροντα, μεγαλόφρονά τε καὶ ἀνδρεῖον δόκει εἶναι καὶ ἑαυτοῦ κρείccω, κάρτα εἰδὼc τὴν ἑαυτοῦ ἐν τοιοῖcδε πράγμαcιν ἀμηχανίην.⟩ Plut. de tuend. san. praec. 126c: ἀλλὰ μᾶλλον ἐν εὐδίᾳ cαρκὸc καὶ γαλήνῃ καὶ Κύπριc εἰc ἡδονὴν τελευτᾷ καὶ βρῶcιc καὶ πόcιc.

131 Das καὶ hilft bei der Frage nach dem korrekten Pronomen nicht weiter, weil es jeweils zu erwarten ist („auch ihm").

132 Siehe etwa Polyb. 12,27,11: ... λέγει πωc οὕτωc· „ἄνδρα μοι ἔννεπε, Μοῦcα, πολύτροπον, ὃc μάλα πολλὰ πλάγχθη", καὶ προβάc, „πολλῶν δ' ἀνθρώπων ἴδεν ἄcτεα καὶ νόον ἔγνω, πολλὰ δ' ὅγ' ἐν πόντῳ πάθεν ἄλγεα ὃν κατὰ θυμόν", καὶ ἔτι „ἀνδρῶν τε πτολέμουc ἀλεγεινά τε κύματα πείρων." Die Passage zeigt, dass nach solchen Einschüben mit Auslassungen zu rechnen ist. Für προβάc in dieser Verwendung siehe (recht sicher ergänzt) Demetr. Laco quaest. exeg. (PHerc. 1012) 23,4.

die lexikalische Spannbreite des Verbs lässt einen solchen Sinn problemlos zu.[133] Das Kompositum des Partizips ist eindringlich: Platon ist nun durch und durch vom Fieber ergriffen bzw. seine Körpertemperatur heizt sich weiter auf.

5,16 μᾶλ'λον drückt den Anstieg des Fiebers aus. Die Präposition ἐκ meint hier „infolge".[134] Jedoch mag die tatsächliche Kausalitätsbeziehung auch anders gewesen sein, sprich, das Fieber stieg nicht durch das Erwachen an, sondern infolge des hohen Fiebers erwachte Platon.

5,17 Das Adverb νύ'κτω'ρ zeigt, dass Platon nach seiner Äußerung zur Thrakerin einige Zeit geschlafen hatte, mithin Zeit verging, was auch für die Interpretation von καὶ προάγει als Einschub spricht. Der Komparativ bzw. das Adjektiv ist ein medizinischer *terminus technicus*.[135] Bei einem gesunden Menschen sollte man von Durchschlafen ausgehen – das Erwachen geschieht also zur Unzeit (entgegen der natürlichen Zeit des Erwachens) in der Nacht.

5,18 Die Adjustierung des am Ende der Zeile verrutschten Fragments ist nicht sicher. Vielleicht stand eine Konjunktion, aber die Stellung würde etwas verwundern. Ein Verb – Platon wäre dann nicht Subjekt – ist auch möglich, selbst die Trennung ἐπ' ει denkbar. Das ι des Disegno mag nur die linke Vertikale eines anderen Buchstabens sein. Vielleicht war der Chaldäer/die Thrakerin noch involviert oder aber Philipp bzw. andere Freunde treten nun in Erscheinung.

5,19 Es ist unsicher, ob wegen Platons bevorstehendem Tod ein Freund (seine Freunde) eine ernste (traurige) Miene ziehen oder das Wort auf Platon zu beziehen ist, entweder als medizinische Indikation oder als Ausdruck, dass er sich seiner ernsten Lage bewusst ist.

5,20–40 (mit Ergänzung 1) Wahrscheinlich dürfte der Bericht des Philipp noch einen Großteil der Kolumne ausgefüllt haben und die Schülerliste sich direkt angeschlossen haben, derweil vorstellbar bleibt, dass noch andere Informationen oder sogar eine andere Quelle angeführt wurden. Diogenes überliefert uns Neanthes' Angabe zu Platons Alter;[136] vielleicht stand diese als Alterna-

---

133   Diskussion bei Puglia (2005), S. 126. Auch Burkerts (1993), S. 92 Übersetzung „und es geht ihm besser" ist verfehlt (noch auf Basis der Fehlrekonstruktion der gesamten Passage).

134   Vgl. Gaiser (1988), S. 427, der Coac. 500,600,19 ff. zur Stelle zitiert.

135   Gaiser (1988), S. 427 mit Verweis auf Fleischer/Kühn (1986).

136   D.L. 3,3 (FGrH 84 F 20).

tive zu Philochoros (Kol. 2,35–38) auch bei Philodem nach dem Fiebertod. Bei Ergänzung 1 ist ob des fragmentarischen Zustandes nicht völlig sicher, dass es sich um eine genuine Ergänzung handelt. Die erstmalige Platzierung eines größeren *Sottoposto* in den Z. 21–30 hat eigentlich nur Bedeutung für die Klärung der Zeilenanfänge in Kol. 7.

5,41–45 (mit Ergänzung 2) Es ist möglich, dass zwischen dem Ende des Neanthes-Exzerpts bzw. der Erzählung zu Platons Tod und dem Beginn der Schülerliste einige Zeilen „dazwischen gequetscht" wurden (siehe I 6.2). Jedoch sind auch (längere) Einfügungen oder Korrekturen möglich, wofür ich mich in der Transkription entschieden habe. Die Spuren der Einfügung in Z. 43 scheinen eher nicht mit παραδέδονται kompatibel – das Verb erscheint in Kol. 22,38 und Phld. Ind. Stoic. Kol. 10,1–2.[137] Der Raum lässt Speusipps Ethnikon in Z. 44–45 zu. Die Neulesung in Kol. 6,28 spricht auch dafür, dass er, anders als in der arabischen Liste und in griechisch-philosophiehistorischem Kontext, hier nicht als Neffe Platons bezeichnet wurde. Augenfällig ist die unterschiedliche Schreibweise von Xenokrates' Heimatstadt in Kol. 5,45 und Kol. 6,44 (Philochoros). Beide Varianten waren in der Antike geläufig. In Ergänzung 2 unter der Kolumne scheint nur schwerlich der Name des Neanthes zu stehen. Auch der Nachtrag an sich mag für eine von ihm verschiedene Quelle sprechen. Vermutlich ist Ergänzung 2 vor der Schülerliste einzuordnen. In diesem Fall wäre irgendwo in Kol. 5 analog zu Kol. 20,4 mit einem interlinearen κάτω auf den Nachtrag (Ergänzung 2) unterhalb der Kolumne verwiesen worden. Jedoch ist die Einordnung von Ergänzung 2 unsicher, ebenso ihr Gegenstand, d. h., ob sie noch primär Platon oder schon Speusipp galt.

6,1 Die Position des Herakleides Pontikos an dritter Position sollte nicht überraschen. Philodem bespricht ihn ausgiebig im *Index Academicorum* (mit Kol. 9 und 10 als letzte Kolumnen) und ordnet ihn anders als Diogenes Laertius (D.L. 5,86–94) korrekt unter die Akademiker ein. Herakleides war wie Speusipp und Xenokrates so berühmt, dass keine weiteren Zusatzinformationen an dieser Stelle nötig waren.[138] Er wird mit seinem weniger bekannten Landsmann gekoppelt, wobei die Spuren es als unsicher erscheinen lassen, dass ⸌χα[ὶ]⸍ wirklich im Papyrus ergänzt war und nicht modern zu ergänzen ist. Interessanterweise fehlt der Beiname „Pontikos", was implizieren könnte, dass dieses „Pseudoethnikon" Philodems Quelle noch nicht geläufig war und erst später all-

---

137   Neuausgabe der Passage in Ranocchia (2020).
138   Für Herakleides Pontikos siehe etwa Krämer (2004), S. 67–80 und Schütrumpf (2008).

gemein gebräuchlich wurde.[139] Eine Stütze hat diese Vermutung in Kol. 7,4–5, wo auch nur Ἡρακλεώτης zu lesen ist. Amyntas ist wahrscheinlich der korrekte Name des Akademikers, der bei Diogenes Amyklos/Amyklas und in der arabischen Liste Amyklas heißt.[140]

6,2 Bisher wurde übersehen, dass bei der Schreibung des Namens Menedemos eigentlich ein Fehler im Papyrus vorliegt (⌈Μ⌉ε{λ}‹ν›έ⌈δ⌉ημος). Das λ (so auch in beiden Disegni) und das ε sind so verbunden, dass der Eindruck einer „Ligatur" νε entsteht, wobei die rechte Vertikale des vermeintlichen ν (tatsächlich λ) und der Rücken des ε zusammenfallen. Vielleicht waren die Buchstaben bereits in der Vorlage irgendwie verschmolzen. Jedenfalls liest man „intuitiv-psychologisch" νε und nicht λε, weshalb der Fehler vom *diorthotes* wohl übersehen wurde. Menedemos von Pyrrha ist nochmals in Kol. 7,8–11 erwähnt. Vielleicht galten ihm auch einige Zeilen in den verlorenen Kolumnen nach Kol. 8*. In der antiken Literatur kam es teils zur Verwechslung des Platonschülers Menedemos von Pyrrha mit dem Dialektiker Menedemos von Eretria, der chronologisch kaum ein Schüler Platons gewesen sein kann.[141]

6,3 Der Akademiker Hestiaios von Perinth ist eine für uns vergleichsweise schattenhafte Persönlichkeit, aber seine Position im *Index Academicorum* und in den anderen Schülerlisten spricht für eine gewisse Prominenz zur damaligen Zeit unter den Platonschülern.[142]

6,4 Aristoteles erscheint in den anderen Schülerlisten an dritter Position, hier erst an siebter, vielleicht weil er eher als „Peripatetiker" denn „Akademiker" berühmt war.

6, Ergänzung 3 Der Name des Chairon von Pellene wurde von Philodem nachträglich in die Liste eingefügt, als er das Hermipp-Werk aufstöberte und mit der Herakleides-Vita in den *Index Academicorum* einklebte (I 6.2). Offenbar

---

139   Allerdings ist D.L. 5,86 (ὑπέρογκος ἦν τὸ σῶμα, ὥστ᾽ αὐτὸν ὑπὸ τῶν Ἀττικῶν μὴ Ποντικὸν ἀλλὰ Πομπικὸν καλεῖσθαι – Herakleides F 1 Schütrumpf) vielleicht ein Indiz, dass der Beiname „Pontikos" nicht erst später eingeführt wurde.

140   Vgl. Krämer (2004), S. 95. Amyklas in Ael. VH 3,19; D.L. 9,40; Procl. in Eucl. 67,8. In D.L. 3,9 ist eine Schrift des Alkimos gegen Amyntas genannt, der mit dem Akademiker identisch sein dürfte (vgl. Gaiser (1973), S. 63 f. und Dorandi (1989b)). Amyntas ist zwar nicht die „lectio difficilior", aber die beiden anderen Namen sind sehr selten.

141   Zu Menedemos von Pyrrha siehe etwa Trampedach (1994), S. 47–49. Fragmente bei Lasserre (1987), S. 91–96.

142   Fragmentsammlung bei Lasserre (1987), S. 97–102. Überblick bei Krämer (2004), S. 95,97.

wurde der Name mit einer Begleitinformation nachgetragen, was bisher verkannt wurde. Ob ein Relativsatz oder eine Partizipialkonstruktion vorliegt,
ist nicht zu entscheiden. Am ehesten dürften Chairons Tyrannis und etwaige
Ermordung erwähnt worden sein. Der Name ist wohl an dieser Stelle eingefügt, weil er der erste „Name mit Begleitinformation" ist (alle folgenden Namen
außer Archytas von Tarent haben Begleitinformationen) und er unter den ersten, philosophisch bedeutsamen Schülern auch kaum etwas zu suchen hatte.
Chairon war als Schüler Platons so unbedeutend, dass er in den anderen Listen fehlte, sollte er nicht aus platonfreundlichen Motiven heraus als späterer
Tyrann verschwiegen worden sein. Die Paarung Platon/Xenokrates in Kol. 11,7–
11 und nicht Platon/Speusipp erweckt ohnehin leichte Zweifel, ob Chairon tatsächlich ein direkter Schüler Platons war.[143]

6,4–6 Zweifelsohne war Dion nicht zuletzt als Tyrannenmörder bekannt. Philodem sagt in Kol. 10,33–40, dass Dion auf dem Gebiet der Philosophie nichts
Erwähnenswertes vollbracht hätte. Es ist interessant, dass vier Platonschüler in
der Liste als Tyrannenmörder gekennzeichnet sind (Dion, Chion, Python, Herakleides) und Chairon von Pellene als Tyrann (ursprünglich) fehlte, was auf eine
Platon wohlgesinnte Quelle der Ursprungsliste hindeuten könnte.

6,6–10 Die Erwähnung des Hermodor von Syrakus verwundert und hat,
zusammen mit anderen Gründen, Lasserre dazu bewogen, ihn als Philodems
Grundquelle in diesem Teil des Papyrus zu postulieren, was aber von Gaiser überzeugend zurückgewiesen wurde.[144] Dennoch vermittelt ⌈ὁ⌉ καὶ ⌈π⌉ερ⌈ὶ⌉
α⌈ὐτ⌉⌈οῦ γ⌉ράψας den Eindruck, dass, wenn nicht Philodem, so doch der
ursprüngliche Verfasser der Liste Hermodors Werk (Biographie) zu Platon
kannte und nutzte.[145] Wie in Kol. 1,4 und 14–15 werden mit τοὺς λ⌈ό⌉γους Platons Dialoge bezeichnet. Das Partizip meint hier nach Sizilien „bringen und
dort verbreiten". Offenbar war der Umstand erwähnenswert, was nahelegt, dass
Platons Schriften anfangs nur im engeren Kreis in der Akademie oder in Athen
zirkulierten. Darüber hinaus ist aus Cicero und anderen Quellen ein monetäres
Interesse Hermodors abzuleiten. Sein Verbreiten von Platons Büchern bzw. sein
Handel mit ihnen wurde durch einen (Komödien)Vers sprichwörtlich: λόγοισιν

---

143 Siehe dazu Fleischer (2020d), S. 8 f. und Kommentar zu Kol. 11,7–11.
144 Lasserre (1987), S. 667–669; Gaiser (1988), S. 90.
145 Zu Hermodor siehe Krämer (2004), S. 95,98 f.; Fragmente bei FGrH 1008 (Bollansée (1998))
    und Dorandi/Isnardi Parente (2012), S. 377–391. Diogenes Laertius beruft sich zweimal auf
    Hermodor (D.L. 2,106 und 3,6 = FGrH 1008 F 1a und b).

Ἑρμόδωρος (ἐμπορεύεται).[146] Vielleicht ist die Angabe im Papyrus bereits ein Reflex auf das Sprichwort oder zeigt immerhin, dass Hermodor nicht zuletzt als Verbreiter von Platons Büchern außerhalb Griechenlands (in Sizilien) bekannt war.

6,10–12 In Anbetracht von Xenophons bekanntem Werktitel und anderen antiken Schriften dieses Titels ist gewiss ἀπομνημονεύματα zu lesen bzw. zu korrigieren. Das Disegno spricht für eine Korrektur, aber falls der Raum oder ein Buchstabe nicht richtig getroffen wurden, war das Wort sogar korrekt im Papyrus geschrieben; eine Korrektur im Papyrus (und nicht durch den modernen Editor) ist auch denkbar, da der in Frage kommende Zeilenabschnitt zerstört ist. Der Raum für den doch zu erwartenden Artikel οἱ ist eng. Wahrscheinlich schrieben sowohl Erastos als auch Asklepiades ἀπομνημονεύματα.[147] Erastos' Ethnikon Cκήψιος erscheint bei Diogenes, nicht aber bei Philodem. Nur Erastos und Asklepiades haben in Philodems Liste kein Ethnikon (und der hinzugefügte Kalligenes). Der Grund hierfür dürfte wohl, da verschiedene Herkunftsstädte wahrscheinlich sind, ihre Paarung als Verfasser von ἀπομνημονεύματα sein. Wie im Falle Hermodors ist gut möglich, dass die Quelle von Philodems Liste die *Erinnerungen* der beiden kannte. Der in *PHerc.* 796, Kol. 2,9–10 erwähnte Asklepiades könnte mit dem Verfasser der ἀπομνημονεύματα identisch sein und dort vielleicht aus diesem Werk zitiert worden sein.[148] Gaiser vermutete Identität mit Asklepiades von Phlius. Dieser war der ältere Freund des Menedemos von Eretria. Jedoch erscheint Asklepiades von Phlius anderweitig nicht als Schüler Platons und es ist unklar, ob er wirklich erheblich älter als Menedemos war, d. h., nicht viel später als 370 v. Chr. geboren wurde (um noch Platons Schüler gewesen sein zu können). Erastos ist praktisch in allen Testimonien mit seinem Landsmann Koriskos gekoppelt.[149] Hinter seinem Namen

---

146 FGrH 1008 T 2 – Cic. Att. 13,21: *Dic mihi, placetne tibi primum edere iniussu meo? Hoc ne Hermodorus quidem faciebat, is qui Platonis libros solitus est divulgare, ex quo „λόγοισιν Ἑρμόδωρος."* Zenob. proverb. 5,6: Λόγοισιν Ἑρμόδωρος ἐμπορεύεται· ὁ Ἑρμόδωρος ἀκροατὴς γέγονε Πλάτωνος καὶ τοὺς ὑπ' αὐτοῦ συντεθειμένους λογισμοὺς κομίζων εἰς Σικελίαν ἐπώλει. Εἴρηται οὖν διὰ τοῦτο ἡ παροιμία. Suda λ 661: λόγοισιν Ἑρμόδωρος ἐμπορεύεται· ὁ Ἑρμόδωρος, ἀκροατὴς γενόμενος Πλάτωνι, τοὺς ὑπ' αὐτοῦ συντεθειμένους λόγους κομίζων εἰς Σικελίαν ἐπώλει. Siehe den Kommentar von Bollansée (1998), ad locum, der treffend darauf hinweist, dass die Formulierung bei Cicero Indiz für eine Verbreitung mit Erlaubnis Platons ist.

147 Es ist unwahrscheinlich, dass beide gemeinschaftlich ein Werk zu Platon schrieben. Von keinem der beiden Autoren ist ein Fragment erhalten.

148 Siehe Quellen Kol. 5,44–6,27.

149 Daher werden sie auch von Lasserre (1987) gemeinsam behandelt (§ 10 Erastos et Coriscos).

in Z. 10 wurde im oberen Bereich etwas interlinear ergänzt und wieder weggestrichen. Man könnte am ehesten das fehlende Ethnikon[150] oder „Koriskos" vermuten, dessen Name dann wieder getilgt wurde, vielleicht weil er in der Konstruktion sonst auch fälschlicherweise wie ein Autor von *ἀπομνημονεύματα* gewirkt hätte. Jedoch fragt man sich, warum Koriskos in diesem Fall nicht an anderer Stelle erneut nachgetragen wurde. Die Spezifizierung αὐ⸢το⸣ῦ deutet in die Richtung, dass der Titel der Werke, falls sie einen hatten, *ἀπομνημονεύματα τοῦ Πλάτωνος* war. Jedenfalls wird mit dem Personalpronomen etwas redundant klargestellt, dass es sich um *Erinnerungen* an Platon handelt, während mit der Formulierung in Z. 7–8 eine Art „echte" Biographie gemeint sein dürfte.

6, Ergänzung 4 Nun beginnt Philodem direkt nach αὐ⸢το⸣ῦ mit dem Nachtrag einiger Namen, die er bei weiterer Recherche in Speusipps *Πλάτωνος περίδειπνον* oder in einer darauf Bezug nehmenden Quelle ausfindig gemacht hat. Durch Zufall ist gerade dieser Einschub auch in der Endfassung des *Index Academicorum* erhalten (*PHerc.* 164, frg. 7), dort freilich „unkenntlich" in den Text der Liste integriert. Da ein Timolaos von Kyzikos auch in den beiden anderen Schülerlisten erscheint, ist sehr wahrscheinlich, dass dieser Timolaos zur Unterscheidung von dem homonymen, etwas später in der Liste erscheinenden Schüler, der anderweitig unbekannt ist, mit Ethnikon versehen war. Folglich ist wohl auch mit *spiritus asper* Ἀθηναῖος (der Athener) als Ethnikon für den zweiten Timolaos mit Gaiser zu lesen und nicht von einem Schüler Athenaios auszugehen.[151] Vielleicht hatte Kalligenes schon bei Speusipp kein Ethnikon, da er Athener war. Andere Varianten, etwa „Kalligenes, der Athener (Ἀθηναῖος), und Timolaos",[152] sind weniger wahrscheinlicher. Es soll nicht unerwähnt dahingehen, dass das Ethnikon des ersten Timolaos offenbar recht eng geschrieben war. Womöglich stand kein Artikel. Das Verb ἱστορεῖ meint hier „erwähnen".[153] Auf Speusipps *Πλάτωνος περίδειπνον* wird von Diogenes Laertius Bezug genommen (D.L. 3,2). Die Schrift ist vielleicht mit dem unter Speusipps Werken aufgezähltem *Πλάτωνος ἐγκώμιον* identisch (D.L. 4,5 – FGrH 1009 T 3).[154] Das Relativprono-

---

150 Gaiser (1988), S. 441 vermutet auf Basis einer Lesung Dorandis das Ethnikon.

151 Auf die Existenz eines solchen könnte allerdings Procl. in Eucl. 67,16–19 (Eudemos F 133 Wehrli) hindeuten: καὶ μέντοι καὶ ὁ Κυζικηνὸς ⟨Ἀθηναῖος⟩ κατὰ τοὺς αὐτοὺς γεγονὼς χρόνους καὶ ἐν τοῖς ἄλλοις μὲν μαθήμασι, μάλιστα δὲ κατὰ γεωμετρίαν ἐπιφανὴς ἐγένετο. διῆγον οὖν οὗτοι μετ᾽ ἀλλήλων ἐν Ἀκαδημίᾳ κοινὰς ποιούμενοι τὰς ζητήσεις.

152 So etwa Mekler (1902).

153 Vgl. Strabo 10,4,12: Ἐκ δὲ Λεβῆνος ἦν Λευκοκόμας τε καὶ ὁ ἐραστὴς αὐτοῦ Εὐξύνθετος, οὓς ἱστορεῖ Θεόφραστος ἐν τῷ περὶ ἔρωτος λόγῳ.

154 D.L. 3,2: Σπεύσιππος δ᾽ ἐν τῷ ἐπιγραφομένῳ Πλάτωνος περιδείπνῳ (Speusipp F 147 Isnardi Parente). Eine Erwähnung in *PHerc.* 1005, frg. 111, 6–10 (τὸ περ]ὶ̣ [Cω]κράτ[ους | τοῦ Ἀρ]ι̣ϲτίππου

men[155] bezieht sich offenbar auf alle drei Philosophen, wie durch den Einschub aller Namen in den Haupttext von *PHerc.* 1021 deutlich wird. In der Endfassung *PHerc.* 164 wird der Bezug auf alle drei (und nur diese drei) zumindest dadurch nahelegt, dass sie im Gegensatz zu Erastos und Asklepiades nicht in eine größere Partizipialkonstruktion eingebunden sind, sondern nur mit Namen (und Ethnikon) erscheinen. Hätte Philodem die drei Namen hinter Archytas von Tarent eingefügt, wäre der Eindruck entstanden, dass auch Archytas bei Speusipp als Schüler genannt war. Freilich wäre ein Einschub an anderer Stelle auch möglich gewesen. Vielleicht wurden die Namen hier nur aus praktischen Gründen eingeschoben: Ergänzung 3 zu Chairon erstreckte sich offenbar bis kurz vor Ergänzung 4 im Interkolumnium und könnte früher ergänzt worden sein, so dass Ergänzung 4 schlichtweg nicht viel eher beginnen konnte und „so früh wie möglich" direkt unter Ergänzung 3 gesetzt wurde. Rund drei Jahrzehnte nach Platons Tod scheiterte Timolaos von Kyzikos um 320/19 mit dem Versuch, sich zum Tyrannen seiner Heimatstadt aufzuschwingen, was von Speusipp natürlich noch nicht vermerkt worden sein kann.[156]

6,12–13 Der Pythagoreer Archytas von Tarent erscheint auch in der arabischen Liste, in recht früher Position, fehlt aber bei Diogenes. In der Tat war er eher ein (Gast)Freund Platons als echter Schüler. Zwischen beiden bestand ein Verhältnis des Gebens und Nehmens auf philosophisch-mathematischem Gebiet.[157]

6,13–15 Chion von Herakleia (am Pontos) war 353 v. Chr. mit anderen an der Ermordung des Tyrannen Klearch von Herakleia beteiligt.[158] Ein Großteil der Verschwörer bezahlte die Tat später mit dem Leben. Klearchs Bruder, Satyros, führte die Tyrannis fort. Unter Chions Namen firmieren 17 nicht-authentische Briefe, welche wohl Produkte des 1. Jh. n. Chr sind. Sie thematisieren auch die Schülerschaft bei Platon und dessen Philosophie als Motivation für Chions politisches Engagement und den Tyrannenmord.[159] Neben Dion (Z. 5–7) sowie dem folgenden Paar, Python und Herakleides, ist Chion als Tyrannenmörder

---

[x]αὶ Cπευ|[cίππου το]ῦ Πλάτωνοc | [ἐγκώμιον] καὶ Ἀριςτοτέ|[λουc τὰ] Ἀναλυτικὰ καὶ | [τὰ Περὶ] φύcεωc, ὅcαπερ | κτλ.) ist aufgrund des fragmentarischen Zustandes des Textes nicht sicher, vgl. den Kommentar von Schepens (1998).

155   Ausreichend Platz für das Relativpronomen ist auch in *PHerc.* 164, frg. 7, was Gaisers und Dorandis Annahme der Variante ὡc unnötig macht.

156   Zur Datierung und den Umständen siehe Trampedach (1994), S. 62–64.

157   Für Archytas' Verhältnis zu Platon siehe etwa Huffman (2005), S. 32–44.

158   Zu Chion siehe Trampedach (1994), S. 88–90. Klearch könnte übrigens selbst für kurze Zeit Platon gehört haben, dazu Trampedach (1994), S. 84 f.

159   Überblick bei Malosse (2004), S. 1–8.

gekennzeichnet, wofür er vornehmlich (wie die anderen) bekannt war. Neben Hermodor ist er der einzige Philosoph in der ursprünglichen Liste (vor dem Speusipp-Nachtrag) des *Index Academicorum*, der in keiner der beiden anderen Listen erscheint.

6,15–20 Python und Herakleides aus Ainos beseitigten den thrakischen Odrysenkönig Kotys im Jahre 360/59.[160] Bereits Demosthenes nimmt in *Gegen Aristokrates* (353/52) auf diesen Tyrannenmord unter Erwähnung der Verleihung des Bürgerrechts und goldener Kränze Bezug.[161] Es ist möglich, dass der Autor der Schülerliste diese Rede (indirekt) kannte und die Angabe nutzte. Wieder wirkt gerade der zweite Teil der Information (Bürgerrecht und Kränze) beinahe etwas apologetisch. Zumindest zeichnet er ein positives Bild der Platonschüler. Auch Aristoteles, Plutarch, Diogenes und Philostrat überliefern den Tyrannenmord, aber keiner nennt wie Demosthenes beide Details, Verleihung von Bürgerrecht und Kränzen.[162] Python und Herakleides erscheinen auch in der Liste des Diogenes, während in der arabischen Liste, etwas verwunderlich, nur Herakleides zu finden ist. Der Grund für die athenische Reaktion (διὰ τοῦθ᾿) ist nun nicht das Ausüben eines Tyrannenmordes an sich, sondern die Tatsache, dass Kotys sich trotz früherer Verleihung des Bürgerrechts von den Athenern abgewandt hatte und zum verhassten Feind geworden war. Zum Verb (Eintragung in die Bürgerliste) vergleiche Kol. 8,2–6. Dass hier kein „Gemeinschaftskranz" an beide verliehen wurde und der Dativ Sg. „individuell" zu verstehen ist, bestätigt auch der Plural in Dem. or. 23,119. Man beachte auch, dass, anders als in Z. 6 und 14, vielleicht bewusst nicht von einem *Tyrannen* die Rede ist, was terminologisch verfehlt gewesen wäre, da Kotys König einer Art Flächenstaat und nicht Herrscher über eine Polis war.

---

160   Zu beiden Philosophen und ihren Namen in der Überlieferung siehe Zaccaria (2019). Zu Kotys siehe etwa Kahrstedt (1922). Für Python und Herakleides siehe ferner die Ausführungen in Wörle (1981), S. 155–159 und Trampedach (1994), S. 90–92.

161   Dem. or. 23,119: ἀλλ᾿ ὅμως, ἐπειδὴ πονηρὸς καὶ θεοῖς ἐχθρὸς ἦν καὶ μεγάλ᾿ ὑμᾶς ἠδίκει, τοὺς ἀποκτείναντας ἐκεῖνον Πύθωνα καὶ Ἡρακλείδην, τοὺς Αἰνίους, πολίτας ἐποιήσασθ᾿ ὡς εὐεργέτας καὶ χρυσοῖς στεφάνοις ἐστεφανώσατε ... 163: τὸν μὲν γὰρ Κότυν, εὖ ποιῶν, ὄντα γ᾿ ἐχθρὸν ὑμῖν καὶ πονηρὸν ἀποκτίννυσιν ὁ Πύθων ....

162   Aristot. pol. E 1311b; Plut. de laude ipsius 543e–f; praec. ger. reip. 816e; adv. Col. 1126c; D.L. 9,65; Philostr. v. Apoll. 7,2. Die Stelle in D.L. 9,65 (Ἀθηναῖοι δὲ καὶ πολιτείᾳ αὐτὸν ἐτίμησαν, καθά φησι Διοκλῆς, ἐπὶ τῷ Κότυν τὸν Θρᾷκα διαχρήσασθαι) ist kein Argument für Diokles als Philodems Quelle, zumal Diokles wohl schon selbst den „korrekten" Namen des Python nicht kannte, vgl. Zaccaria (2019), S. 72–74.

6,20–21 Das *Oxforder Disegno* legt eine Form von φέρειν nahe. Die Spuren im Original sprechen zu Beginn von Z. 21 nicht für τ und somit für ein im Kontext eher zu erwartendes φέρεται, sondern für das ι des Disegno und somit eine 3.P.Sg. Aktiv. Eine Übersetzung im Sinne von „er sagt/überliefert" ist lexikalisch nicht möglich. Ferner ist ungewiss, wer (Quelle?) oder was gemeint ist. Aus den Listen bei Diogenes und Ibn al-Qifti ist zu schließen, dass die eigentliche Aufzählung von Eigennamen in Z. 20 endete. Ob wie in D.L. 3,46 nun allgemein auf Rhetoren als Schüler Platons eingegangen wurde, ist ungewiss. Vielleicht wurden die hohe Zahl von Platons Schülern und sein Ansehen thematisiert.

6,22 Womöglich ist νεα zu einer Form von „neu" oder „junge Männer" zu ergänzen, wenn nicht gar Neanthes als Quelle angegeben ist.

6,23–27 Es ist eher unwahrscheinlich, dass der ganze Abschnitt (Z. 20–27) ausschließlich den Schülerinnen Platons galt. Auch geben die Spuren im Papyrus keinen deutlichen Hinweis, dass Lastheneia von Mantineia (Arkadien) und Axiothea von Phlius namentlich genannt wurden; ebenso ist ein bisher vermutetes δύο in den Zeilen unsicher. Die Frauen erscheinen auch am Ende der Liste des Diogenes (D.L. 3,46 = FGrH 1400 F 62). Die beiden Frauen und ihre Verkleidung werden verschiedentlich in der Literatur genannt und Philodem scheint in Kol. Y,38–40 auf Axiotheas Verkleidung einzugehen (Dikaiarch?).[163] Vielleicht hat Philodem die doch etwas phantastisch-anekdotisch wirkende Begebenheit der Verkleidung im Verlorenen sogar kritisch kommentiert. Im Griechischen ist der Plural ἐ⸢[ν] ⸢ἀγδρ⸣είαʼι⸣[c ἐcθῆcι (und nicht der Singular) in solchen Kontexten auch gebräuchlich[164] und wegen Hiatvermeidung dem Singular vorzuziehen. Der erste Buchstabe der interlinearen Ergänzung im Disegno ist wahrscheinlich τ. Sollte τευc valide sein, könnte man an Κολλυτεύc oder γραμματεύc denken. Zwar sind in D.L. 4,2 auch weibliche Schüler Speusipps genannt, aber die *paragraphos* in Z. 27, verbunden mit dem parallelen Listenende in Diogenes, sollte doch eindeutig zeigen, dass die Schülerinnen noch mit der Schülerliste Platons assoziiert sind.

6,27, Verweis Offenbar wurde am Zeilenende später der Verweis ὁ⸢πίc⸥ω⸀¹ eingefügt, welcher sich auf das Verso (Kol. V) beziehen könnte, aber ist dies nicht sicher (siehe den Kommentar zu *PHerc.* 164, frg. 4). Anders als das Disegno suggeriert, stand das Wort, von den Resten im Original her zu urteilen, wohl wie

---

163   Them. or 23,295; Apul. Plat. 1,4; Olymp. in Plat. Alc. II 5–6; Clem. Alex. Strom. 4,19,122; Anony. proleg. in Plat. phil. 4,30–32. Für D.L. 3,46 siehe Fn. 137 in III 1.

164   Vgl. etwa Plut. Pomp. 40,2: κατιδὼν δὲ πρὸ τῆc πύλης ὄχλον ἀνδρῶν ἐν ἐcθῆcι λευκαῖc ....

die anderen Verweise im Papyrus erhöht in der Zeile. Da im Original das ω eines *Sottoposto* sichtbar ist, könnte der *disegnatore* dieses fälschlich als ω über πιϲ gelesen haben (das „korrekte" ω war schon zerstört), so dass das Wort unter Umständen sogar vollständig „in einer Linie" im Interkolumnium zwischen Kol. 6 und 7 stand.

6,28 μὲν οὖν zeigt einen neuen Abschnitt an und geht nach der „retardie-renden" Schülerliste (und ggf. dem Einschub von Kol. V, der aber erst später geschrieben wurde) erneut implizit auf Platons Tod ein. Vermutlich hat Phi-lodem den ersten Satz zu Speusipp selbst formuliert und wollte mit ihm die Speusipp-Vita im *Index Academicorum* beginnen, was hieße, dass Kol. V und nicht Kol. T vor diesem Satz einzufügen ist (siehe jedoch den Kommentar zu *PHerc.* 164, frg. 4).

6,29 Was das ergänzte Partizip betrifft, scheinen die Spuren im oberen Bereich auf den Bildern und der nach rechts geschlossene Bogen im Disegno eher für λ]αβὼν als ν]οϛῶν zu sprechen. Der etwas redundante Ausdruck soll wohl den Kontrast zwischen der demokratischen Wahl eines Scholarchen (Kol. 6,41 ff.) und der einseitigen Bestimmung durch Platon hervorheben.[165] Vielleicht hat Philodem Platons Namen auch deshalb ergänzt, weil Kol. V zwischen der Schü-lerliste und diesem Abschnitt (nachträglich) eingefügt worden sein könnte. Dort sind andere Personen erwähnt, so dass ein bloßes α]ὑ|τοῦ – anders als vor dem möglichen Einschub des Verso – missverständlich hätte sein können.

6,30–31 Die HSI haben auf eine andere Syntax für diesen Satz geführt. Es steht der Nominativ und nicht der Akkusativ des Eigennamens. Die recht sichere, nicht triviale Buchstabenkombination φιδ führt uns auf ἀδελφιδοῦϲ. Speusipp ist etliche Male in philosophiehistorischem Kontext als Neffe Platons, kon-kret mit diesem Wort, näher spezifiziert.[166] Diese Begleitangabe, wahrschein-lich auf Philochoros zurückgehend, ist am Beginn von Speusipps Biographie nicht unerwartet, wie etwa der Vergleich mit Diogenes zeigt.[167] Die Wortstel-lung ist wohl dem Wunsch nach Hiatvermeidung geschuldet: αὐ⌐τ⌐οῦ hätte vor ⌐ἀ⌐[δελ]|φιδο[ῦ oder ὦ]ν Hiat gemacht. Nun ist der Raum für eine bloße

---

165 Ähnlich schon Gaiser (1988), S. 459.

166 Vgl. etwa Eus. PE 14,5,1 (Numen. F 24 des Places): Ἐπὶ μὲν τοίνυν Cπεύϲιππον τὸν Πλάτωνος μὲν ἀδελφιδοῦν, Ξενοκράτη δὲ τὸν διάδοχον τὸν Cπευϲίππου. Wie in Kol. 6,31 findet sich auch in Plut. de fraterno amore 491f das Partizip: οὕτω καὶ Πλάτων ἀδελφιδοῦν ὄντα Cπεύϲιππον ἐκ πολλῆϲ ἀνέϲεωϲ καὶ ἀκολαϲίαϲ ἐπέϲτρεψεν.

167 Die Verwandtschaftsbezeichnung erscheint auch in unklarem Kontext in Ergänzung 2.

Ergänzung des Artikels am Ende von Z. 31 wohl zu breit. Hinter αὐ]ʳτʾοῦ ist die Stratigraphie unklar. Wenn der folgende Relativsatz einen Artikel evoziert, könnte καὶ ein möglicher Lückenfüller zwischen dem Personalpronomen und dem Artikel sein, sei es im Gedankengang Philodems oder aber schon im Original des Philochoros („Platon tat etwas (errichtete das Museion) ... Speusipp weihte auch die Chariten").

6,32–34 Anstatt eines bisher vermuteten AcI steht in Z. 32–33 das finite Verb ἀ|νέθη ʳχε ʾ[ν[168] mit dem vorangehenden Einschub ὥς φηςʳιʾ Φιʳλʾόχορο[ς. Erstmalig wurde das *Sottoposto* φης identifiziert und platziert. Bisher ging man auf Basis des *Oxforder Disegno* (χο) von der problematischen Rekonstruktion κατ]έχο[ντα] τὸ μουσεῖον aus, welche Gaiser und Dorandi als Synonym für „Schule leiten" auffassten. Da κατέχοντα nun obsolet ist, kann die Stelle nicht mehr als Indiz herhalten, dass jemand dem Museion offiziell vorstand oder dass dort unterrichtet wurde.[169] Der Raum für 2–3 Buchstaben zwischen ἀ|νέθη ʳχε ʾ[ν und τὸ μουσεʳῖʾον kann mit der Präposition εἰς ausgefüllt werden, die häufig mit diesem Verb verbunden wird.[170] Der Ausdruck reflektiert somit die Formulierung ἀνέθηκεν ἐν τῷ μουσείῳ in D.L. 4,1.

6,34–37 Dieses einzig erhaltene Epigramm Speusipps wurde von mir eingehender in Fleischer (2019e) besprochen.[171] Der Plural ἐφ᾽ α[ῖ]ς lässt offen, ob eine Statuengruppe mit einer einzigen Inschrift existierte oder die Inschrift nur

---

168　Die Trennung der Präfixe von Komposita zwischen Zeilen ist häufig in Herkulanischen Papyri zu beobachten, vgl. etwa Kol. 1,1–2; allgemein siehe Crönert (1903b), S. 12.

169　Gaiser (1988), S. 190 führt als Parallele für das Verb Kol. 6,39–40 an. Allerdings ist dort das „Besitzen" des *Peripatos* (in der Akademie) als Synonym für die Schulleitung gebraucht und gerade nicht das Museion erwähnt, in welchem als einer Art Schrein/Tempelchen offenbar kein Unterricht stattfand. Ferner liefern die wenigen Stellen zum Museion in Platons Akademie keinerlei Anhaltspunkte, dass das Wort „Museion" als Synonym für die Schule Platons genutzt wurde oder dass dieses Museion von einer bestimmten Person „geleitet" wurde. Bis zu einem gewissen Grade hat diese Frage eine Relevanz dafür, ob Platons Akademie rechtlich ein Kultverein (θίαςος) war (v. Wilamowitz-Moellendorff (1881), S. 279–288), was heute eher skeptisch gesehen wird (etwa Lynch (1972), S. 100–117). Auch Meklers (1902) Rekonstruktion im Sinne von „Musen als Wächterinnen des Ortes" war recht artifiziell.

170　LSJ: „... set up as a votive gift, dedicate, ... ἀνάθημα ἀνατιθέναι Hdt.1.53, 2.182; ἀ. τι ἐς Δελφούς Id.1.92, 2.135, 182, Pl.Phdr.235d, etc.; less freq. ἐν Δελφοῖς Theopomp.Com.1 D., Plut.Sol.25; ..." Bei Plutarch findet sich etwa zweimal ἀνέθηκεν εἰς τὸ ἱερὸν (Plut. Pyrrh. 26,9 und Plut. Mar. 40,1).

171　Für Speusipps Autorschaft und für die Auslegung siehe neben Fleischer (2019e) auch (im Detail überholt) Isnardi Parente (1980), S. 203f.; Tarán (1981), S. 450; Gaiser (1988), S. 461. Zur Interpretation des Epigramms siehe etwa Gigante (1963), S. 234–236.

an einer Statue oder zwischen den Statuen angebracht war. Wie in Kol. 2,15 (17) und 28–29 hat Philochoros „schematisch" mit dem Perfekt Passiv formuliert. Womöglich ist in Z. 36 der Papyrus (modern) zu ändern und war ursprünglich nicht korrigiert (Spuren unsicher). Zentral ist die Neulesung δώ[ρ]⌐ων⌐, welche das bisherige λο[γί]ων ersetzt.[172] Die korrespondierenden Polyptota verbinden nun Hexameter und Pentameter zu einer stilistischen und gedanklichen Einheit. Der Plural δῶρα ist nur bedingt ein poetischer Plural, da man jede einzelne Charite als gesondertes Geschenk für die Musen ansehen könnte.[173] Nicht zuletzt das Museion in der Akademie zeigt, welche Bedeutung Musen(gaben) im Denken Platons und seiner Nachfolger einnahmen. Speusipp nennt die Gaben der Musen explizit als Grund des Weihegeschenks:[174] „Göttinnen für Göttinnen" als „Geschenke für (wegen) Geschenke(n)". Der Ausdruck δῶρα τε|λῶγ mag auch Dank „zollen", im Sinne einer (über)fälligen Schuld an die Musen, mitbezeichnen. Vielleicht steckt in dem Epigramm eine besondere Pointe: Die liebliche Musengabe (Μουcέων ἐρατὸν δῶρον)[175] ist ja nicht zuletzt das Dichten selbst, weshalb Speusipps Epigramm als ein Teil seines Geschenks an die Musen wiederum ein Geschenk der Musen an ihn selbst darstellt.

6, Ergänzung 5 Eine zentrale Erkenntnis ist, dass die Ergänzung nicht, wie bisher angenommen, nur aus einem Teilsatz besteht, sondern sich über mehrere Zeilen in den interkolumnaren Raum erstreckt. Sie begann wohl nach dem λῶγ der Hauptzeile interlinear. Auch wenn die Gesamtaussage kaum auszumachen ist, wurde ohne Zweifel auf Speusipps Krankheit eingegangen. Die Ergänzung δ' ⌐α⌐ὑτὸ⌐ν ist nahezu sicher. Da sowohl das Original als auch die Disegni μεν haben und das ν nur schwerlich ein λ mit berührender Vertikale sein dürfte, ist Meklers τ̣ὰ̣⌐ μέ⌐λη δ̣⌐ιαλυ⌐θέ⌐ντα unwahrscheinlich. Auch hat ⌐π̣α̣⌐ραλυ⌐θέ⌐ντα eine direkte lexikalische Parallele in Diogenes und Stobaios, aber der Einschub ist für die bei ihnen überlieferte Anekdote wahrscheinlich zu kurz.[176] Speusipp war offenbar gelähmt (an den Beinen) und konnte nicht

172 Erst das *Oxforder Disegno* des Papyrus ermöglichte Gomperz' Konjektur λο[γί]ων, welche Mekler (1902) und spätere Editoren ohne Kritik übernahmen. Gaiser (1988) hält fest: „λο[γί]ων (Gomperz/Mekler) nicht zu bezweifeln (...), λόγια sind nach gewöhnlichem Sprachgebrauch Orakelspüche (LSJ s. v.). Speusipp will wohl sagen, dass er seine Erkenntnisse und Weisheiten als Eingebungen (Inspirationen) von den Chariten erhalten hat." Dorandi (1991) übersetzt dementsprechend „rivelazioni che ha ricevuto".

173 Hes. theog. 907–909 nennt drei Grazien, andere Autoren nennen teils nur zwei Grazien.

174 Ich habe [εἵ]νεκα mit „ob" übersetzt, aber natürlich schwingt hier insbesondere „für" (ἀντί) mit.

175 Archilochos F 1,2.

176 D.L. 4,3: Ἤδη δὲ ὑπὸ παραλύcεωc καὶ τὸ cῶμα διέφθαρτο ... Stob. 4,52,19: Cπευcίππῳ παραλυ-

mehr gehen. Irgendwo später in der Ergänzung ist tendenziell ein mit dem μὲν korrespondierendes δὲ zu erwarten. Das ω des *Oxforder Disegno* vor μεν kann nicht richtig sein, aber die gebotene Änderung unsicher. Bei τ captureᾳ̣¹ könnte in dem Partizip vielleicht kein Akk. Sg. Mask., sondern ein Akk. Pl. Neutr. zu sehen sein. Sollte ein etwaiges *verbum dicendi* (AcI – Quelle) zu Beginn gestanden haben, muss dieses eine gewisse Länge gehabt haben. Jedoch könnte φαςὶ(ν) in Z. 2 zu ergänzen sein und der Infinitiv des AcI am Beginn der Periode zu suchen sein. Freilich ist auch nicht ausgeschlossen, dass ⌜ἀυτὸ⌝ν das echte Akkusativobjekt eines Hauptsatzes repräsentiert. Philochoros mag als Urheber der Information geltend gemacht werden, aber auch (anonyme) andere Autoren kommen in Betracht („sie sagen"). Vielleicht sollte nach dem Epigramm der Nachtrag des Verso (Kol. T) erscheinen. Dann wäre mit einem ὀπίϲω hinter/über λῶγ zu rechnen, aber das Original ist zu sehr zerstört, um mit Gewissheit etwas zu identifizieren.

6,38 ⌜ϰ̓α[ὶ] ἔ[τ]ι̣ dürfte implizieren, dass die Informationen ab Z. 39 nicht direkt auf das Epigramm in Philochoros' *Atthis* folgten. Die annalistische Vorgehensweise des Philochoros lässt vermuten, dass die Weihung der Chariten unter dem Archon Theophilos (Platons Tod bzw. Speusipps Übernahme) in 348/47 erschien, während das Folgende ab Z. 39 unter dem Archon von 339/38 stand.

6,39–40 Philochoros ist gut über die genaue Chronologie informiert und die Angaben des Apollodor bei Diogenes könnten auf ihn zurückgehen.[177] Die Dauer von acht Jahren ist eigentlich ein Jahr zu kurz.[178] Wenn Philochoros nicht eine kleine Ungenauigkeit unterlief, mag es zu einer kurzen Vakanz zwischen dem Tod des Speusipp und der Wahl des Xenokrates gekommen sein. Bemerkenswert ist das Substantiv περίπατον (ebenso in Kol. 2,12–13 und Kol. 7,9), welches hier ein Synonym für „Schule" oder „Akademie" ist. Offenbar hatte Philochoros das Areal der Akademie genau vor Augen und lokalisierte Platons Schule in jenem Peripatos. Die Bezeichnung „Akademie" scheint von anderen (späteren, aber auch zeitgenössischen) Autoren ungenau auf diesen Peripatos

---

θέντι τὰ ϲκέλη Διογένηϲ ἐξαγαγεῖν αὐτὸν [τοῦ βίου] παρῄνει· ὁ δέ 'οὐ τοῖϲ ϲκέλεϲιν' ἔφη 'ζῶμεν, ἀλλὰ τῷ νῷ. Für andere Autoren, welche Speusipps Krankheit erwähnen, siehe Fn. 145 in III 1. Meklers Vorschlag wäre durch παραλυθέντι τὰ ϲκέλη teils gedeckt.

177 D.L. 4,1: καὶ ἐϲχολάρχηϲεν ἔτη ὀκτώ, ἀρξάμενοϲ ἀπὸ τῆϲ ὀγδόηϲ καὶ ἑκατοϲτῆϲ Ὀλυμπιάδοϲ· (FGrH 244 F 344 = Jacoby (1902), F 53).

178 348/47 bis 339/38. Die Angabe von Platons Tod unter Theophilos (Kol. 2,35–38) geht auf Philochoros zurück. Vielleicht hat Philochoros auch Speusipps Scholarchat erst im Jahr nach Platons Tod beginnen lassen.

innerhalb des Akademieareals übertragen worden sein (Synekdoche), welcher wohl Platons vornehmliche Lehrstätte war und der eigentliche Kern „seiner Akademie".[179]

6,41–44 Die νεανίσκοι könnten die Existenz von πρεσβύτεροι implizieren, also eine Einteilung der Akademiker in jüngere und ältere Schulmitglieder. Jedoch muss diese Einteilung nicht formal gewesen sein, sondern könnte sich „natürlich" ergeben haben. Es ist entfernt vielleicht auch D.L. 5,53 und 71 (Peripatos) für diese mögliche Zweiteilung heranzuziehen,[180] aber die Übertragbarkeit auf die Akademie hinsichtlich formaler Mitgliedschaft und Gruppierungen ist zweifelhaft. Die νεανίσκοι erscheinen auch in Kol. 18,6 bei der Wahl des Sokratides, was wiederum für eine auch formal definierte Gruppe sprechen könnte. Vielleicht schwebt diese auch bei den μειράκια in Kol. 15,29 vor. Das entsprechende Substantiv zum eher seltenen, erstmalig bei Philochoros belegten Verb ψηφοφορέω findet sich in Phld. rh. II, S. 189,14–15 (Sudhaus). Der Relativsatz unterstreicht, dass bei der Wahl der Schulleitung die Führung und Ausbildung der Jüngeren das entscheidende Kriterium war. Das Verb spiegelt sich im entsprechenden Substantiv in Kol. 7,15 wider. Eine lexikalische Variante von Xenokrates' Ethnikon findet sich in Kol. 5,45.

7, Ergänzung 6 Die Zahl „25" bezieht sich nicht, wie von Gaiser vermutet,[181] auf das Ergebnis der Wahl, sondern auf die Dauer von Xenokrates' Scholarchat. In D.L. 4,14 liest man: διεδέξατο δὲ Σπεύσιππον καὶ ἀφηγήσατο τῆς σχολῆς πέντε καὶ εἴκοσιν ἔτη ἐπὶ Λυσιμαχίδου ἀρξάμενος κατὰ τὸ δεύτερον ἔτος τῆς δεκάτης καὶ ἑκατοστῆς Ὀλυμπιάδος (FGrH 244 F 345). Als Quelle des Nachtrags könnte man Apollodors *Chronica* (ggf. über Zwischenquelle) vermuten, wenngleich viele andere Autoren denkbar sind.

7,1–2 Aus der Erwähnung des Aristoteles folgt wohl, dass er bei Anwesenheit für die Nachfolge in Frage gekommen wäre und „ex loco" nicht gewählt werden konnte. Viele der Jüngeren dürften ihn nach achtjähriger Abstinenz von Athen auch kaum noch persönlich gekannt haben. Das Perfekt bedeutet wohl, dass Aristoteles zu diesem Zeitpunkt schon länger in Makedonien weilte und nicht etwa kurzzeitig für eine Gesandtschaft dort war, wie Hermipp behaup-

---

179   Zum Akademieareal siehe Einordnung Kol. 2,6–38.
180   Krämer (2004), S. 4. Vgl. ferner Fn. 148 in III 1 und Ael. VH 3,19: ἦσαν δὲ μάλα συχνοὶ καὶ ἄξιοι λόγου καὶ οἱ μάλιστα δοκοῦντες τῶν νέων ἐπιφανεῖς.
181   Gaiser (1988), S. 466; vgl. schon die Kritik von Barnes (1989b), S. 145 f.

tet.[182] Die Gründung seiner eigenen Schule im Lykeion wird von Philochoros nicht als (direkte) Reaktion überliefert. Allerdings stand sie vermutlich unter dem entsprechenden Jahresarchon (335 v. Chr.). Ob sie dort mit der Wahlniederlage kausal verknüpft war, muss offenbleiben.

7,3–5 Wie in Einordnung Kol. 6,41–7,18 ausgeführt, ist es sogar im Bereich des Möglichen, dass Xenokrates gegen beide Kandidaten nur mit einfacher Mehrheit gewann. Vermutlich ist mindestens von einigen Dutzend Wählern auszugehen, aber selbst eine Zahl im dreistelligen Bereich ist mit Blick auf die hohe Schülerzahl des Theophrast vorstellbar.[183]

7,6–8 Mit ⌈ο⌉ϑ⌈ν⌉ wird das Folgende als Konsequenz der Wahlniederlage konnotiert. Durch Πόντον wird „rückwirkend" das Ethnikon (die Stadt Herakleia) in Z. 4–5 genau lokalisiert. Über Herakleides' philosophisches Wirken ebendort ist nichts bekannt, aber er lebte offenbar noch bis nach 322 v. Chr.[184]

7,8–11 Am Ende von Z. 8 ist ης nicht möglich, so dass Aristoteles als Eigenname ausscheidet. Die Neurekonstruktion von Z. 10–11 verleiht dem Adjektiv ἕτερον etwas mehr Bedeutung: Menedemos unterrichtete in einem von zwei περίπατοι innerhalb des Akademieareals. Für Platons περίπατος siehe Kol. 2,12–13 und Kol. 6,40. Das Verb κατε[c]χ⌈ευάϲα⌉τ⌈ο⌉ dürfte etwas zeugmatisch auf das erste Substantiv bezogen sein. Es ist jedenfalls unwahrscheinlich, dass Menedemos einen Peripatos erbauen ließ; allenfalls richtete er ihn zu einer Lehrstätte her. Wahrscheinlich hatte Menedemos seine eigene διατριβή (Schule/Unterricht) in einem der Säulengänge des Akademiegeländes. Zentral sind nun die Neulesung und Interpunktion in Z. 10–11. Bisher ging man von Interpunktion hinter κατε[c]χ⌈ευάϲα⌉τ⌈ο⌉ und anschließend ο[ἱ δ' ἐν aus, was implizierte, dass Menedemos wie Herakleides in seine Heimatstadt zurückgekehrt war.[185] Aller-

182 D.L. 5,2: φηcὶ δ' Ἕρμιππος ἐν τοῖc Βίοιc ὅτι πρεcβεύοντοc αὐτοῦ πρὸc Φίλιππον ὑπὲρ Ἀθηναίων cχολάρχηc ἐγένετο τῆc ἐν Ἀκαδημείᾳ cχολῆc Ξενοκράτηc· ἐλθόντα δὴ αὐτὸν καὶ θεαcάμενον ὑπ' ἄλλῳ τὴν cχολήν, ἑλέcθαι περίπατον τὸν ἐν Λυκείῳ καὶ μέχρι μὲν ἀλείμματοc ἀνακάμπτοντα τοῖc μαθηταῖc cυμφιλοcοφεῖν· ὅθεν περιπατητικὸν προcαγορευθῆναι (FGrH 1026 F 33). Der *Index Academicorum* lässt keine Gesandtschaft vermuten. Auch wäre der angeblich makedonenfreundliche „Ausländer" Aristoteles zu dieser Zeit wohl kaum von Athen an den Hofe Philipps gesandt worden. Zum Hermipp-Fragment generell Bollannsée (1999), S. 329f.

183 Jedoch sind die bei D.L. 5,37 genannten 2000 Schüler des Theophrast wohl etwas zu hoch gegriffen. Für die nichtsdestotrotz hohe Schülerzahl siehe etwa Wehrli/Wöhrle/Zhmud (2004), S. 498.

184 Vgl. Krämer (2004), S. 67.

185 Vgl. etwa Gaiser (1988), S. 468.

dings ist Büchelers (1869) bisher von allen Herausgebern übernommener Vorschlag ọ[ἱ δ᾽ ἐν zu lang und als Ausdruck (ohne Bezugswort) auch nicht belegt. Ferner passt δὲ viel besser hinter λέγονται und das τότε von Gomperz am Ende von Z. 11 war doch sehr behelfsmäßig. Die *scriptio plena* κατε[c]κ῾ευάϙα῾τ῾ο῾ zur Klarheit scheint mir wahrscheinlich (Disegno), aber eine Elision ist nicht völlig ausgeschlossen.[186] Bei „Akademie" wird meist kein Artikel verwendet.[187] Die Präposition ἐπ(ὶ) – „bei, in unmittelbarer Nähe" – ist theoretisch auch möglich, aber ἐν wahrscheinlicher. Zur Verwendung von „Akademie" im Sinne des Areals und nicht von Platons Schule passt der Gebrauch von περίπατοc als Schulbezeichnung für die platonische Akademie.

7,11–14 Aus der neuen Interpunktion ergibt sich das vorzüglich passende δ]῾ἐ῾ am Ende von Z. 11. Für den Leser ist klar, dass die νεανίcκοι als Subjekt des Satzes vorschweben. In Z. 12 ist der Infinitiv Aorist Aktiv mit folgendem Artikel vor Xenokrates dem Infinitiv Aorist Medium vorzuziehen.[188] Für die cωφροcύνη des Xenokrates vgl. etwa Suda ξ 43; Cic. off. 1,109; Plut. de vitioso pudore 533c; Them. or. 2,30c und insbesondere die Anekdoten in D.L. 4,6 ff. und in Kol. 8,23 ff. Die Zeilen enthalten somit den „positiven" Beweggrund für die Wahl des Xenokrates.

7,14–18 Viele Neulesungen führen auf eine andere Akzentuierung der Passage. Die Wertschätzung von Xenokrates' Charakter wird nun „negativ" mit den Launen Speusipps begründet (γὰρ). Es bestehen keinerlei größere Zweifel an Puglias neuem Vorschlag τὴ῾ν ἠ῾[γ]ε῾μον῾ί[α]῾ν῾ in Z. 15. Für das Substantiv im Kontext der Schulleitung siehe Kol. Q,10. Das Wort geht öfters mit ἔχω zusammen und ein Kompositum ist in Z. 15 eher unwahrscheinlich.[189] Entweder nimmt man daher wohl ein Füllsel oder aber einen Temporalsatz mit ὅτ(ε) an. Die „Parallelstelle" für Z. 16–17 ist im weitesten Sinne D.L. 4,1: καὶ γὰρ ὀργίλος καὶ ἡδονῶν ἥττων ἦν. φαcὶ γοῦν αὐτὸν ὑπὸ θυμοῦ τὸ κυνίδιον εἰc τὸ φρέαρ ῥῖψαι καὶ ὑφ᾽ ἡδονῆc ἐλθεῖν εἰc Μακεδονίαν ἐπὶ τὸν Καccάνδρου γάμον. Normalerweise wird das Adjektiv mit dem Genitiv konstruiert, vgl. etwa Plat. leg. 869a (ἀκρατὴc θυμοῦ). Zwar könnten der Raum im Papyrus und die Spuren auf eine Verschreibung des

---

186 *Scriptio plena* etwa auch in Kol. 7,41. Jedoch könnte bei dieser Form nur „unechte" *scriptio plena* vorliegen, vgl. den Kommentar zu Kol. 25,12.

187 Vgl. etwa Kol. 11,8 (Hermipp), wo allerdings kaum ausschließlich an das Areal der Akademie gedacht sein dürfte.

188 Zwar ist das Medium in der griechischen Literatur spärlich belegt (vgl. etwa Plat. rep. 537d), aber der Infinitiv Aorist Medium überhaupt nicht (hingegen dutzende Male der Infinitiv Aorist Aktiv).

189 κατεῖχε ist aus Raumgründen unmöglich.

Disegno und somit den Genitiv hindeuten,[190] aber vielleicht ersetzte auch ein *accusativus Graecus* den Genitiv, um bei dem Komparativ Konfusion mit einem *genitivus comparationis* zu vermeiden. Sollte in Z. 17–19 γενόμε|νος gestanden haben, könnte der Komparativ noch zu dem Partizip gehören. Prinzipiell ist in Z. 17–18 mit einem Partizip zu rechnen. Allerdings scheint der Raum für ἥττων γενόμε|νος zu eng und für ein alleiniges ἡττημέ|νος oder γενόμε|νος zu breit. Nichtsdestotrotz ist der Sinn gewiss „den Lüsten hingegeben". Nun hat Puglia in Z. 18 die Spuren überzeugend zu ἐλύπει τọ[ὺς] μ˹αθητ˼[ὰς ergänzt, was der eingeschobenen Erklärung erst guten Sinn verleiht. Die Launen Speusipps missfielen den Schülern auf die Dauer (Imperfekt) und so wählten sie den maßvollen Xenokrates. Mit τọ[ὺς] μ˹αθητ˼[ὰς werden wie in einer Art Ringkomposition abschließend die νεανίσκοι aus Kol. 6,41 aufgegriffen. Speusipps Charakterzeichnung dient primär als Begründung für die Wahl des Xenokrates, ergänzt aber zugleich die vorherigen Ausführungen des Philochoros zu Speusipp. Der Charakter eines „kausalen Einschubs" der Speusipp-Information im Rahmen einer schon ganz auf Xenokrates zugeschnittenen Passage manifestiert sich auch darin, dass der Name Xenokrates im Folgenden nicht eigens wiederholt wird.

7,19–21 Wahrscheinlich ist im Hinblick auf Plut. Phoc. 27,2 (τοσοῦτον γὰρ ἦν ἀξίωμα τῆς ἀρετῆς τοῦ Ξενοκράτους καὶ δόξα καὶ λόγος παρὰ πᾶσιν, κτλ.) mit Gaiser [ἀ]ρε[τὴ]ν zu rekonstruieren. Tugend als Grund (˹δ˼ιὰ δὲ τὴν) für seine Teilnahme an der Gesandtschaft knüpft auch an die vorangehenden Zeilen an und variiert cωφροσύνη in Z. 14. Aus Raumgründen ist [cυ]ν[θήκ]η˹γ˼ wenig wahrscheinlich.[191] Der Aorist Passiv ist nicht zuletzt wegen der Angabe des Grundes erwartet und zieht letztlich den *dativus sociativus* nach sich. Nun wäre aus Raumgründen am Ende von Z. 20 eigentlich πρές|[βυς dem inhaltlich nicht unbedingt notwendigem πρές[βε|cιν vorzuziehen. Jedoch würde der Nominativ dann kaum „Gesandter", sondern „alter Mann" bedeuten. Xenokrates war damals schon über 70 Jahre alt. Puglia hat in Z. 21 richtig ε[ἰ]ς τὴν Κ˹[α]˹δμ˼[εί]αν erkannt (vgl. Plut. Phoc. 26,5). Vielleicht ist im *dativus sociativus* Plutarchs προσελομένων reflektiert.

---

190 Vielleicht fungiert der linke Teil des ο als rechte Vertikale des μ.

191 Zwar ist die Verbindung mit περὶ εἰρήνης öfters belegt (vgl. etwa Isok. Paneg. 172: νῦν μὲν γὰρ μάτην ποιούμεθα τὰς περὶ τῆς εἰρήνης συνθήκας; Xen. mem. 4,4,17: τίνι δ᾽ ἂν μᾶλλον πολέμιοι πιστεύσειαν ἢ ἀνοχὰς ἢ σπονδὰς ἢ συνθήκας περὶ εἰρήνης), aber der Singular recht ungebräuchlich (Philochoros nutzt einmal den Plural συνθηκῶν – FGrH 328 F 161 = Did. in Dem. 1,56). Insbesondere wird περὶ εἰρήνης für Friedensverhandlungen sehr häufig allein gebraucht, dreimal von Philochoros (FGrH 328 F 128a; 139a; 157).

7,22 Antipatros bereitete offenbar einen Einmarsch in Athen vor (Plut. Phoc. 26,5). ἐνταῦθα impliziert eine Ortsangabe im Vorherigen. Mit γὰρ ist begründet, warum Xenokrates zur Kadmeia ging.

7,23–28 Das Subjekt des Satzes ist entweder Antipatros, Xenokrates oder unpersönlich („es war bekannt, dass …"). Die Präposition am Ende von Z. 23 ist nicht sicher, auch nicht der Bezug. Für die Silbentrennung siehe etwa Kol. 23,2–3. Vielleicht traten die anderen Gesandten mit ihm (Antipatros) für die Oligarchie ein. Da das Vorherige aber „parenthetisch" wirkt, könnte sich αὐ⌐τ⌐οῦ auch auf Xenokrates beziehen („Mitgesandte"). Leider sind die Spuren im Disegno in Z. 24 nicht mehr verifizierbar, was zu vielen offenen Variablen führt. Auch ist die Stratigraphie zu Beginn von Z. 25–28 schwierig. Womöglich wurden im *Oxforder Disegno* teils falsche Lagen abgezeichnet. Desungeachtet scheint mir ἀ]ρι̣ϲτο̣⌐κρατία⌐[wahrscheinlich.[192] Die Mitgesandten des Xenokrates favorisierten also entweder die oligarchische Verfassung oder waren zumindest gewillt, sie hinzunehmen, während der Akademiker unbedingt für eine demokratische Verfassung (vor Antipatros) eintreten wollte (Z. 27–28). Sollte Antipatros das Subjekt sein, könnte „wissen/fürchten/glauben, dass" (mit AcI)[193] als syntaktische Struktur zugrunde liegen. Alternativ war Xenokrates das Subjekt des Satzes und er kritisierte (instruierte) seine Mitgesandten. Das mit μὲν korrespondierende δὲ ist wohl in diesen Zeilen und kaum erst in Z. 34 zu suchen. Bemerkenswert ist die Vokabel „Aristokratie" – Puglias Vorschlag „Demokratie" (sc. ihr feindlich gegenüberstehen) scheint kaum mit den Spuren vereinbar. Vielleicht wollte Philochoros aus Gründen der Objektivität nicht das pejorative ὀλιγαρχία verwenden, aber es könnte auch ein Werturteil impliziert sein, welches die nicht weiter bekannte politische Einstellung des Philochoros (zumindest hinsichtlich dieser konkret-historischen Verfassungsfrage) widerspiegelt. Die Nuancen der Aussage dieser Zeilen müssen ob des fragmentarischen Zustands im Vagen bleiben, aber es ist höchstwahrscheinlich ein Gegensatz zwischen den Mitgesandten, welche sich mit einer aristokratisch ausgerichteten Verfassung arrangieren konnten, und Xenokrates, der vehement für die Demokratie eintrat, ausgedrückt.

---

192 Bisher verkannte man das Wort, da man im *Oxforder Disegno* anstelle von ρατια die Sequenz ραπα las. Jedoch ist der vermeintliche rechte Überstrich des π die Randbegrenzung einer Lücke. Die Spuren sind nur schwerlich mit δημο⌐κρατία⌐[kompatibel.

193 Es ist nicht unwahrscheinlich, dass in Z. 23–24 und/oder Z. 26–27 Infinitive (Aorist) standen.

7,29 Die Konsequenz (χ⌐αὶ γὰ⌐ρ οὖγ) der in den vorherigen Zeilen skizzierten Unterschiede zwischen der Einstellung des Xenokrates und der anderen Gesandten ist die ungleiche Behandlung durch Antipatros. In der Schilderung Plutarchs (Phoc. 27,3–4) erscheint das Verhalten des Antipatros nicht eindeutig als Rekation auf die demokratische Haltung des Xenokrates. Wie in Kol. 6,39 ist ein überflüssiges ν-ἐφελκυστικόν bei φ⌐α⌐c⌐ιν zu vermerken.

7,30–33 Puglias und meine Neulesungen geben den Zeilen einen neuen Sinn. Die „Begrüßungsszene" steht erst hier. Der Abschnitt ⌐τοὺς ἄ⌐[λλ]ους ... πρέςβεις nimmt Z. 23 ff. wieder auf. Der Gegensatz besteht zu ⌐αὐ⌐[τ. in Z. 32.[194] Somit werden offenbar die in Z. 23–28 beschriebenen unterschiedlichen Ansichten zur Verfassungsfrage in der Behandlung durch Antipatros gespiegelt. Während Antipatros die anderen begrüßt, verfährt er mit Xenokrates anders. In Plut. Phoc. 27,3–4 liest man: πρῶτον μὲν γὰρ οὐκ ἠςπάςατο τὸν Ξενοκράτην, τοὺς ἄλλους δεξιωςάμενος· ἐφ᾽ ᾧ φαςιν εἰπεῖν ἐκεῖνον, ὡς Ἀντίπατρος καλῶς ποιεῖ μόνον αὐτὸν αἰςχυνόμενος ἐφ᾽ οἷς ἀγνωμονεῖν μέλλει πρὸς τὴν πόλιν· ἔπειτα λέγειν ἀρξάμενον οὐχ ὑπομένων, ἀλλ᾽ ἀντικρούων καὶ δυςκολαίνων, ἐποίηςεν ἀποςιωπῆςαι. Vielleicht gehörte noch ein Partizip zu ⌐αὐ⌐[τ., etwa: „... als er anfangen wollte zu reden (etwas zu fragen), brachte Antipatros ihn zum Schweigen."

7,34–37 Interpunktion am Ende von Z. 33 ist wahrscheinlich, da ein δ hinter ⌐τ⌐ρῦ⌐τον⌐ gut möglich ist, das Demonstrativpronomen stehen dürfte und nun Xenokrates agiert (Antipatros kommt wegen des Nominativs in Z. 34–35 kaum in Betracht). Philochoros konnte wohl nicht wie in Z. 32 αὐτὸν schreiben, da sonst ein Bezug auf Antipatros als Subjekt des vorherigen AcI vorstellbar wäre bzw. Verwirrung entstanden wäre. Da Philochoros im Erhaltenen nirgends stillschweigend Konstruktionswechsel vornimmt, muss αὐτὸ⌐ν⌐ ἀπο⌐κ⌐ρίναc⌐θ⌐αι in Z. 39 noch von φ⌐α⌐c⌐ιν in Z. 29 abhängen und bedeuten, dass Antipatros (Nominativ in Z. 34–35 und wahrscheinlich finites Verb in Z. 36) hier offenbar in einem untergeordneten Satz erscheint. Im Hinblick auf Xenokrates' „Konversation" mit Antipatros in Plut. Phoc. 27,3 (ἐφ᾽ ᾧ φαςιν εἰπεῖν ἐκεῖνον, ὡς Ἀντίπατρος καλῶς ποιεῖ μόνον αὐτὸν αἰςχυνόμενος ἐφ᾽ οἷς ἀγνωμονεῖν μέλλει πρὸς τὴν πόλιν) ist die Ergänzung ε[ἰ]πε[ῖ]ν, [ὡς] trotz dürftiger Spurenbasis nicht unwahrscheinlich und eine Aussage des Xenokrates über Antipatros erwartbar. Da ⌐τὴν⌐ ἀ⌐πό⌐κρ[ιςιν] in Z. 37 sehr wahrscheinlich ist, dürfte in Z. 36 am ehesten mit dem idiomatischen δίδωμι (ἔ⌐δ⌐[ωκ]ε)[195] zu rechnen sein. Sollte

---

194   Vielleicht stand eine kurze Präposition am Ende von Z. 32.

195   Da Philochoros (Philodem?) in Kol. 6,39 und Kol. 7,29 „unnötigerweise" ein ν-ἐφελκυστικόν

das τ des *Oxforder Disegno* valide sein, ist πα⌐τ⌐[ρί]⌐ωc⌐ wohl unvermeidlich, andernfalls wäre am ehesten πα⌐γ⌐[τ]⌐ῶc⌐ zu ergänzen. Ich folge Puglias Vorschlag ἔφη mit anschließendem ὅ.[196] Alternativ könnte man an ἐφ᾽ ᾧ̣ι [μ]έλ[λ]ει π[ράτ]τει̣ν in Z. 34–35 und ⌐κ⌐α⌐ὶ̣⌐ im Sinne von „auch" denken.[197] Das [μ]έλ[λ]ει ist bedingt durch Plutarch gedeckt. Mit dem unerwarteten Adverb πα⌐τ⌐[ρί]⌐ωc⌐ scheint eine Anspielung auf die (eine) πάτριος πολιτεία genannte Verfassung Athens vorzuliegen, die oligarchisch ausgerichtet war (vgl. Plut. Phoc. 27,5).[198] Antipatros hat so durch das Nicht-Begrüßen des Xenokrates gleichsam eine „aristokratisch-altväterliche" Antwort gegeben, d.h., sich implizit gegen eine demokratische Verfassung ausgesprochen. Womöglich ist auch zusätzlich noch ein Wortspiel mit dem Namen Antipatros intendiert. Die Erwähnung einer Antwort könnte zur Folgerung führen, dass Xenokrates konkret nach der Verfassung fragen wollte, als er von Antipatros daran gehindert wurde zu reden (Z. 32–33).

7,37–39 Hinter ⌐πυνθ⌐αν⌐ο̣⌐|μένου steht keine Partikel, vielleicht weil eine Art „Aufzählung" mit Komma vorschwebt (⌐τ⌐οῦ⌐τον⌐ δ᾽ … αὐτὸ⌐ν⌐ ἀπο⌐κ⌐ρίνασ⌐θ⌐αι). Der von Gomperz vorgeschlagene Optativ δοκ⌐οῖ⌐ anstelle von δοκ⌐εῖ̣⌐ ist weniger aufgrund der Spuren[199] als ob der Beobachtung fragwürdig, dass die Alternativform für δοκοίη in der Literatur selten ist und insbesondere Beispiele bei Philodem (und in den Herkulanischen Papyri allgemein) gänzlich fehlen, während der Plural bzw. andere Modi durchaus in Analogiebildungen erscheinen.[200] Mit dem Partizip ⌐δια⌐γεγρα⌐μ⌐|μένα sind wohl die pro forma noch zu ratifizierenden Vertragsbedingungen (sei es vorläufig durch die Gesandten oder von den Athenern) gemeint.[201] In diesem Zusammenhang sei auf die „Diagrammata" (Erlasse) Alexanders und anderer Diadochen verwiesen. Vielleicht konnotiert das Partizip also nicht (nur) den Entwurfscharakter, sondern das Diktat durch Antipatros.[202]

---

196   setzt (nicht aber in Kol. 7,15), könnte die 3. Person auch hier mit ν geschrieben worden sein.

196   Vgl. etwa (entfernt) Plut. septem conv. 158e (ἡδονῆς δὲ πάσης μὲν περιέχεσθαι καὶ πάντως ἀλόγιστόν ἐστι, πᾶσαν δὲ φεύγειν καὶ πάντως ἀναίσθητον).

197   In diesem Fall dürfte das Verb „verhandeln" meinen, also der Nebensatz bedeuten, unter welchen Bedingungen Antipatros verhandeln will.

198   Dazu Scholz (1998), S. 199.

199   Das tendenziell unzuverlässigere *Neapolitanische Disegno* hat οc, das *Oxforder Disegno* nichts.

200   Vgl. Crönert (1903b), S. 217 („Desunt optativi formae in -οῖμι, -οῖc, -οῖ …").

201   Gaiser (1988) übersetzt „der (von Antipatros diktierte) Vertragstext", Dorandi (1991), „patto stipulato", Kalligas/Tsouna/Hatzimichali (2020) „drafted decree".

202   Gomperz (1882), S. 106 Fn. 5 verweist auf „Diagramma" als Ausdruck der makedonischen

7,40–41 Der antithetische Parallelismus hat ein Pendant in Plut. Phoc. 27,6: οἱ μὲν οὖν ἄλλοι πρέcβειc ἠγάπηcαν ὡc φιλανθρώπουc τὰc διαλύcειc, πλὴν τοῦ Ξενοκράτουc· ἔφη γὰρ ὡc μὲν δούλοιc μετρίωc κεχρῆcθαι τὸν Ἀντίπατρον, ὡc δ᾽ ἐλευθέροιc βαρέωc. Das Lob des Vertragswerks durch die anderen Gesandten geht bei Philochoros nur implizit aus den vorangehenden Zeilen hervor.[203] Ein Grund für die *scriptio plena* δ᾽ὲ ὡc ist nicht ersichtlich.

7,42–45 Mit εὐνοία πρὸc τὸν δῆμον ist weniger das Wohlwollen gegenüber dem Volk an sich (den Bürgern Athens) als vielmehr Xenokrates' Sympathie für die Sache des Volkes, sprich die Demokratie, gemeint. Der Ausdruck findet sich insbesondere auch in einem Ehrendekret für Demosthenes und bei einer Angabe zu Lykurg.[204] Der Name des Xenokrates mag wegen der Nennung des Antipatros im Vorherigen zur Verdeutlichung geschrieben worden sein. In Z. 43 konnte ich auf Basis der HSI erstmalig die Korrektur (Einfügung) τ identifizieren (ὡc‵τ᾽′).[205] Bei τὰ μουcεῖα besteht, auch im Hinblick auf Kol. 2,33 und Kol. 6,33, gewiss ein Bezug zum Museion der platonischen Akademie. Bei Athenaios lesen wir von einem τῶν Μουcείων ἐπιμελητήc im Peripatos (des Aristoteles).[206] Der Plural μουcεῖα ist äußerst selten.[207] Hier muss er wohl „Gaben für die Musen" bedeuten, wie in τῶν Μουcείων ἐπιμελητήc. Entweder opferte Xenokrates täglich (?) oder zu einem bestimmten Festtag den Musen (Musenfest –

Kanzleisprache. Zu Bedeutung und Inhalt von „Diagrammata" siehe etwa Gawlinski (2011), S. 1.

203 Beide Disegni haben οἰκείταιc mit Iota. Da aber das Original einen Fehler der Abzeichner offen lässt und den Buchstaben nicht bestätigt, wurde der Buchstabe gemäß meiner editorischen Methodik nicht eingesetzt und getilgt. Es ist aber nicht ausgeschlossen, dass der Buchstabe tatsächlich im Papyrus stand. Überblick zu den Vertragsbedingungen bei Schmitt (1992), S. 150 (siehe auch Einordnung Kol. 7,19–8,21).

204 Für Demosthenes siehe Ps.-Plut. X orat. 851c (... καὶ τελευτήcαντι αὐτῷ ἐν Καλαυρίᾳ διὰ τὴν πρὸc τὸν δῆμον εὔνοιαν), für Lykurg siehe Ps.-Plut. X orat. 852a (ἐπειδὴ Λυκοῦργοc Λυκόφρονοc Βουτάδηc παραλαβὼν παρὰ τῶν ἑαυτοῦ προγόνων οἰκείαν ἐκ παλαιοῦ τὴν πρὸc τὸν δῆμον εὔνοιαν, ...). Auch anderweitig ist der Ausdruck in der Literatur und auf Inschriften häufig belegt, aber nicht immer im engeren „demokratischen" Sinne. Auf attischen Inschriften war die Formulierung ein beliebtes Standardlob, vgl. Gomperz (1882), S. 106 Fn. 6.

205 Bisherige Herausgeber lasen nur ὡc, was als konsekutive Konjunktion natürlich dieselbe Bedeutung hat. Vielleicht war ὡc im ursprünglichen Text des Philochoros und Philodem bzw. der *diorthotes* wollte mit ὥcτε einer etwaigen Konfusion in der langen Periode vorbeugen.

206 Athen. XII 547f: ἱεροποιήcαί τε καὶ τῶν Μουcείων ἐπιμελητὴν γενέcθαι.

207 Auch bei Aesch. Tim. 10 liest man: καὶ περὶ παιδαγωγῶν ἐπιμελείαc καὶ περὶ Μουcείων ἐν τοῖc διδαcκαλείοιc καὶ περὶ Ἑρμαίων ἐν ταῖc παλαίcτραιc.

monatlich oder jährlich?),[208] der dann zufällig mit dem Einzug der Garnison zusammenfiel. Allerdings erfahren wir durch Plut. Phoc. 28,2, dass der Einzug am 20. Boedromion (19. September 322 v. Chr.), während der Großen Mysterien von Eleusis, stattfand und ein etwaiges (jährliches) Musenfest (der Akademie) dürfte kaum mit den Mysterien zusammengefallen sein.[209] Vermutlich opferte Xenokrates in seiner Funktion als Scholarch zu bestimmten Tagen den Musen im schuleigenen Museion. Dies muss nicht unbedingt die These von Wilamowitz, die Akademie sei als θίασος organisiert gewesen,[210] bestätigen, zeigt aber, welch zentrale Rolle der Musenkult in der Akademie einnahm.[211] Es ist erstaunlich, wie selbstverständlich Philochoros diese Musenopfer anführt. Womöglich wurden sie zur Abfassung der *Atthis*, also zur Zeit des akademischen Scholarchen Polemon (ca. 314–270), noch praktiziert und Philochoros hatte sie selbst einmal miterlebt. Xenokrates könnte den Einzug der Garnison als eine Art „Sakrileg" gegenüber Athen und seinen Göttern empfunden haben und daher nicht geopfert haben. Eine religiöse Dimension des Einzugs ist auch in Plut. Phoc. 28,2 ff. angesprochen. Vielleicht stand Xenokrates' Opferverzicht damit (auch) entfernt in Verbindung, obschon er bei Philochoros primär eine Reaktion auf den Verlust der Demokratie darstellt. Mit τό᾽τε mag der punktuelle Aspekt bzw. die Einmaligkeit hervorgehoben sein, wobei das Wort besonders im Hinblick auf das ὕστερον in Kol. 8,2 stehen dürfte.

8,1 Die Garnison lag auf dem Hügel Munychia am Piräus, so dass der Schiffsverkehr (Flotte) nach und von Athen kontrolliert werden konnte. Die Stadt war so in ihrer Souveränität faktisch eingeschränkt.[212] Makedonischer Kommandant war Menyllos, ein Freund Phokions. Die Besatzung wurde von den meisten Athenern offenbar als nicht so problematisch und schmachvoll empfunden wie von Xenokrates (Plut. Phoc. 28,1 und 7).

8,2–4 Später (nach dem Einzug) setzte Demades[213] die neue Verfassung durch und erstellte die Bürgerliste. Das Bürgerrecht behielt nur, wer mehr als 2000 Drachmen besaß (Diod. 18,18,4). Bei Plutarch ist Phokion genannt, was wohl

---

208   Ein solches Fest nimmt Wilamowitz-Moellendorff (1881), S. 281–283 für die Akademie an
        (unsere Stelle S. 281 Fn. 13, noch auf Basis defizitärer Lesungen).
209   Vgl. Gaiser (1988), S. 472.
210   Wilamowitz-Moellendorff (1881), S. 263–291. Dagegen Lynch (1971), S. 106–134, siehe auch
        Thiel (2004), S. 36 f.
211   Siehe dazu auch Müller (1994), S. 68 Fn. 44 und Thiel (2004), S. 37 f.
212   Zur Verfassung, den Reaktionen der Athener und der Garnison siehe Schmitt (1992),
        S. 153–155.
213   Zu Demades siehe etwa Alexiou (2014b).

eine historisch falsche Übertragung ist (siehe Einordnung Kol. 7,19–8,21). Mit πολίτευμα cυνίcτημι ist offensichtlich die Konstituierung des neuen Staatskörpers und Einführung der neuen Verfassung gemeint, also insbesondere die Erstellung der Bürgerliste auf Vermögensbasis. Der Metöke Xenokrates von Chalkedon wurde als Athener eingetragen bzw. sollte als solcher eingetragen werden.

8,5–6 Das Verb το ᵓλᵓμῆᵓc[αι betont, dass Xenokrates nicht so unverschämt oder dreist sein wollte, sich eintragen zu lassen, da er so seine bei der Gesandtschaft bewiesene demokratische Haltung verraten hätte. Das Verb wird im Nebensatz durch αἰcχρὸν gleichsam „wiederholt".

8,7 Ein übeflüssiges Iota im Optativ ist öfters in Herkulanischen Papyri zu beobachten.[214]

8,8–11 Xenokrates wollte offenbar in keiner Weise an der neuen Verfassung beteiligt sein. Die Zeilen haben eine sehr enge Parallele in Plut. Phoc. 29,2: ὁ δ' ἀπεῖπε, φήcαc οὐκ ἂν μεταcχεῖν ταύτηc τῆc πολιτείαc περὶ ἧc ἐπρέcβευεν ἵνα μὴ γένηται. Eine gemeinsame Quelle oder (indirekte) Abhängigkeit Plutarchs von Philochoros ist nicht unwahrscheinlich. Es ist fraglich, ob das Verb in Z. 10–11 (*spatium* nicht ganz sicher) bzw. der prädikative Akkusativ wirklich als letztgültiger Beweis für einen gleichberechtigten, vollwertigen Status des Xenokrates als Gesandter herhalten kann. Unwahrscheinlich macht es einen solchen jedenfalls nicht.[215]

8,11–14 Die *paragraphos* muss keinen Wechsel der Quelle implizieren und mit ᵓἔᵓνιοι könnte eine (mündliche) Alternativversion des Philochoros bezeichnet worden sein. Auch könnte Philodems „Grundquelle" oder Philodem selbst stillschweigend die Informationen des Philochoros ergänzt haben, was aber tendenziell weniger wahrscheinlich ist.[216] Das *Oxforder Disegno* sowie der Raum sprechen für Gomperz' Ergänzung ἀπ ᵓει ᵓ[ρ] ᵓὅτ ᵓεᵓρον, während ἀπ ᵓραχτ ᵓόᵓ[τε]ᵓ|ρον von Bücheler (Mekler/Gaiser/Dorandi) nur schwer mit Raum und Disegno

---

214   Crönert (1903b), S. 44.

215   Zur Frage einer etwaigen Sonderrolle des Xenokrates auf der Gesandtschaft siehe Einordnung Kol. 7,19–8,21.

216   Die Episode war Philodem aus Demetrius von Phaleron (F 131) bekannt. Er erwähnt sie dreimal in der *Rhetorik* (siehe Einordnung Kol. 7,19–8,21). Allerdings mag der *Index Academicorum* (68–57 v. Chr.) früher als die *Rhetorik* datieren.

vereinbar ist.[217] Die erneute namentliche Nennung des Xenokrates ist auffällig, aber kein starkes Indiz für einen Quellenwechsel.

8,14–17 Der Konsekutivsatz wurde grundlegend neu rekonstruiert, so dass die ganze Periode eine stimmige Aussage ergibt. Zunächst erscheint ψή]φουϲ in Anbetracht von διαιρ- eigentlich nicht a priori abwegig,[218] aber in Z. 14. ist hinter κα[ὶ] ein φ wahrscheinlich, so dass φ[ιλοϲό]|φουϲ fast unumgänglich ist. Essler sieht darin nicht das Nomen, sondern das Adjektiv zu dem von ihm vorgeschlagenen διαιρ[έϲ]ε̣ι[ϲ. Verbunden mit dem Medium wird also das Anstellen von philosophischen Unterteilungen bzw. Einteilungen beschrieben, mithin die bekannte akademische Methode der Dihairesis, welche Xenokrates von Platon übernahm.[219] Sie war auch in der Außenwahrnehmung der Akademie die charakteristische Methode schlechthin,[220] so dass der Begriff hier, zumal mit dem Adjektiv, leicht verstanden werden konnte. Wahrscheinlich stand am Ende der Zeile die Präposition ἐπὶ, will man nicht einen *dativus ethicus/commodi* annehmen. Zu τῶι ⌜π⌝λή⌜θ⌝ει passt der von mir erstmals ergänzte *genitivus partitivus* vorzüglich. Aufschlussreich ist nun die „Überlappung" mit einer Information in Philodems *Rhetorik* (rh. (*PHerc.* 224) frg. 12 (Sudhaus II, S. 173), siehe Einordnung Kol. 7,19–8,21), wo φιλοϲόφουϲ ποιεῖϲθαι διαιρέϲειϲ ein Pendant in ὡϲ εἰώθει διαπε[ραίνεϲθαι] πρὸϲ θέϲιν ἐν Ἀ[καδημίαι hat. Vermutlich sind mit [τῶ]ν Ἀ⌜ν⌝[τιπά]τρου ϲυμμάχων nicht die Sympathisanten des Antipatros unter den Gesandten bezeichnet, weil πλῆθοϲ dann seltsam wäre. Eher ist bei dem Ausdruck an Vorträge vor dem Heer des Antipatros oder ausgewählten Offizieren zu denken, welche Xenokrates im Zuge der Gesandtschaft hielt, ähnlich wie später Karneades in Rom. Darüber hinaus steht zu vermuten, dass die „Verbündeten des Antipatros" mit den in zwei Passagen von Philodems *Rhetorik* im Kontext der Gesandtschaft genannten ϲύνεδροι des Antipatros zu identifizieren sind.[221] Somit machte Xenokrates die Ausführungen wohl nicht „am Rande" der Gesandtschaft, sondern beim Vorbringen des konkreten Gesandtschaftsanliegens vor der „versammelten Mannschaft" des Antipatros bzw. seinem „Kronrat". Die Zeilen 11–14 zeigen, dass Ausführungen wie die des Xenokrates entweder

---

217 Der Komparativ ἀπειρότερον ist auch ungleich häufiger belegt.

218 διαιρέω (LSJ): ... determine, decide, ... ψήφῳ δ. τοῦδε πράγματοϲ A. Eu 630 und διαίρεϲιϲ (LSJ): ... ἐν διαιρέϲει [ψήφων] in the reckoning of the votes on either side.

219 Zur Dihairesis bei Platon und Xenokrates siehe Erler (2007), S. 368–370 und Krämer (2004), S. 37–40.

220 Vgl. Einordnung Kol. 7,19–8,21.

221 Phld. rh. II (*PHerc.* 1004), S. 350,10–16 (Sudhaus); (*PHerc.* 250) frg. 4 (= Demetr. Phaleron F 131a–c) – siehe Einordnung Kol. 7,19–8,21.

nicht üblich waren oder zumindest keine philosophischen Detaildiskussionen erwartet wurden. Sein sonderbares Verhalten wird auch durch χα[ὶ] verdeutlicht.

8,17–22 Die Zeilen könnten noch eine Alternativinformation zur Gesandtschaft enthalten haben. Der Name des Timaios ist nicht mit früheren Editoren in Z. 17, sondern erst in Z. 22 zu ergänzen. Mit ⌜τιγ⌝[ἐϲ ist ein neuer Gedanke eingeleitet, während sich τοῦτον (vgl. Kol. 7,34) auf Xenokrates beziehen dürfte, da Antipatros unmittelbar zuvor genannt ist. Sollte Puglias Vorschlag für das Verb richtig sein (ggf. andere Form), hat Xenokrates entweder Antipatros (dialektisch) widerlegt oder wurde widerlegt.

8,22, Verweis Es scheint, dass die Buchstabenkombination ⌜γραφ⌝ im *Oxforder Disegno* (dort scheinen die Buchstaben etwas versetzt bzw. minimal kleiner zu sein) zu einem interlinearen Verweis gehört, der am Ende mit χάτω (vgl. Kol. 19,4) auf Ergänzung 7 unterhalb von Kol. 8 verweist.[222] Womöglich stand die 3.P.Sg: „Er (Philochoros?) schreibt das unten Stehende." Allerdings sind auch andere Ergänzungen des Stammes denkbar. Vielleicht beschränkt sich der Verweis auch nur auf χάτω und ⌜γραφ⌝ ist Teil einer Korrektur oder des Haupttextes.

8,22–23 Die Zuweisung der Buchstaben ⌜γραφ⌝ des *Oxforder Disegno* auf Basis des Erhaltenen zu einer interlinearen Einfügung macht bisherige, recht artifizielle Rekonstruktionsversuche unwahrscheinlich und führt zur Ergänzung des Namens Timaios im Nominativ am Ende der Zeile. Für π]ερ[ὶ α]ὐτοῦ vgl. entfernt Kol. 10,40.

8,23–25 Interessant ist das auch aufgrund lexikalischer und syntaktischer Erwägungen ergänzte χα⌜ὶ⌝ διότι in Z. 25. Das Exzerpt des Timaios war offenbar, ähnlich wie im Falle des Neanthes/Philiskos (Kol. 2,38 ff.), nicht durchgehend, sondern in eine kleine, zweizeilige Anfangsinformation und einen erheblich umfangreicheren zweiten Teil aufgeteilt. Die Spuren des interlinearen ε könnten zu einem Aorist gehören. Ein denkbarer Sinn für die Zeilen wäre: „Er (Xenokrates) war unter den Gästen und ging zu …."

8,25–27 Diverse syntaktische Überlegungen lassen einen *genitivus absolutus* attraktiv erscheinen, vielleicht gar mit zwei Partizipien. Vermutlich stand kein

---

222   Die Überlegungen von De Sanctis (2022), S. 353–355 und Gaiser (1988), S. 122,208,483 f., dass hier Demochares als Quelle für die Herakleides-Vita angegeben ist, sind aufgrund der neuen Bibliometrie (I 5.7) und auch aus paläographischen Gründen hinfällig.

Konnektor in Z. 25.[223] Sollte Xenokrates, was wahrscheinlich ist, das Subjekt von Z. 23–25 bzw. in der Auslassung gewesen sein,[224] ist ein Substantiv (Personalpronomen) im Genitiv auch kaum zu erwarten.[225] Da υμ wohl sicher ist, liegt ein musikalischer Kontext nahe, der sich gut zu einem Fest fügt. Ohne Änderung des Disegno habe ich das Adjektiv λι]˻γέων˺ ergänzt.[226] Da die Spuren gegen ein ω hinter υμ[ν] sprechen, ist ὠι[δῶ]ν attraktiv,[227] zumal die Vertikale nach dem ω ein ι sein dürfte. Somit wäre ὕμ[ν]ο̣ρ[ι]ς eine Art *dativus causae/modi*[228] „schrill durch das Absingen von Hymnen", wobei vielleicht auch der Akk. Sg. als *accusativus Graecus* vorstellbar ist. Der Dativ könnte auch noch von dem unbekannten Wort in Z. 25 abhängen, welches ein Partizip im Sinne von „hören" gewesen sein mag, da πυνθάνομαι mit reinem Genitiv und Akkusativ problematisch ist.[229] Dennoch scheint wahrscheinlich, dass ein *verbum dicendi* (*interrogandi*) als *genitivus absolutus* vor „Dionysios" stand. Der bisher in anderen Zeilen vermutete Name des Tyrannen wurde nun in Z. 27 identifiziert. Am Ende von Z. 27 dürfte entweder ein kurzer indirekter Fragesatz („was er höre")[230] oder aber ein Subjektsakkusativ, vielleicht [ἑ]ο̣ρ[τὴ]ν̣, gestanden haben.[231]

8,28–29 Im Original steht offenbar ein φ (das *Oxforder Disegno* hat ρ) und das Verb ἔ]φ˻η drängt sich geradezu auf (ebenfalls in Z. 45), welches Syntax und Gedanken bestimmt. Xenokrates fragt Dionysios zu Gesängen und dieser ant-

---

223 Vgl. Kol. 2,41 und 44.
224 Philodem bzw. seine Grundquelle könnten den Namen des Xenokrates auch ausgelassen haben.
225 Vgl. etwa Kol. 7,37 für dieses Partizip im *genitivus absolutus* ohne Substantiv im Genitiv.
226 Das Adjektiv ist insofern problematisch, als es zwar gut zur Musik passt, aber vornehmlich von Dichtern gebraucht wird. Öfters werden mit dem Adjektiv Musen bezeichnet, meist der Gesang oder die Stimme an sich. Vielleicht ist das Disegno zu ändern und es stand ein anderes Wort. Jedoch kommen auf-γεων keine anderen Wörter in Betracht und eine Änderung des γ in μ oder ν (was in diesem Fall noch am wahrscheinlichsten wäre) ergibt auch keine brauchbaren Wörter – bei νέων ergibt sich ein Problem mit dem Raum zu Beginn der Zeile.
227 Im Hinblick auf das Adjektiv ist wohl ein Gen. Pl. Mask. notwendig (der formengleiche Gen. Pl. von ᾠδὴ ist folglich nicht möglich). Das Substantiv findet sich einige Male in Philodems *De musica*.
228 Vgl. etwa κραυγῇ.
229 Nach LSJ (π. τινά τινος inquire about one person of or from another, τὸν ἄνδρα τῶν ὁδοιπόρων Ar.Ach.204) steht derjenige, welcher gefragt wird, im Akkusativ. Man würde im Papyrus περὶ mit Genitiv erwarten.
230 Vgl. Kol. 7,37.
231 Der Artikel in Z. 31 lässt vermuten, dass dieses Wort schon vorher erschien (vielleicht in Z. 29).

wortet ihm. Im Infinitiv γ᾽ενέϲθαι vermute ich ein Vollverb („(Fest) stattfinden").
Allerdings ist im Hinblick auf τ]ˊἤνˋ αὔριον eher Futur zu erwarten. Indes mag
der Sinn „für morgen ist ein Fest angesetzt worden" den Aorist rechtfertigen.
ˊκˋαθ᾽ ˊἡˋ[μ]έρα[ν ist nun naheliegend, da das „elliptisch gewordene" αὔριον bisweilen im Griechischen noch mit ἡμέρα verbunden wird, allerdings ohne Parallele für die konkret vorliegende Junktur. Die Spuren schließen ἡˋ[μ]έρα[ν nicht
aus, sprechen aber auch nicht so eindeutig dafür, dass es im Text erscheinen
kann. Jedenfalls wäre der Ausdruck bei der Ergänzung doch wohl „zusammen-
zulesen" und dürfte „am morgigen Tag" bedeuten.[232] Andernfalls könne auch
ausgedrückt sein, dass das Fest bis zum Morgen dauern sollte. Es ist unklar, ob
der Lärm mit dem Trinkwettbewerb in Verbindung steht, welcher „heute", am
Tag vor dem Fest, stattfindet, oder ob sowohl Fest als auch Trinkwettbewerb
am nächsten Tag stattfinden und die Gesänge nur eine Einstimmung am Vortag sind. Am Ende von Z. 29 und Anfang von Z. 30 stand vielleicht ein Adjektiv
zu ἑορτή. Wie in Einordnung Kol. 8,22–8*,7 vermerkt, ist die Erwähnung der
Choen (als Fest) in diesen und den folgenden Zeilen unsicher.

8,30–32 Das finite Verb in Z. 27 legt nahe, dass Dionysios sagt, Xenokrates höre
etwas (etwa Gesänge oder Vorbereitungen), zumal Z. 33–34 doch auf Dionysios gemünzt scheinen. In Z. 30 ist eine Negation weniger wahrscheinlich. Mit
δ᾽ οὐˋ[ν ist wohl ausgedrückt, dass das Fest zwar am folgenden Tag stattfindet,
Xenokrates „aber nun/folglich" gerade etwas höre. In Z. 32–33 könnte dem Sinn
nach stehen: „… und dass es ihm (Xenokrates) erlaubt ist teilzunehmen." Vielleicht enthielten die Zeilen auch eine Umschreibung für „Trinkwettbewerb"
und die Einladung ging implizit aus den Zeilen hervor. In Z. 32 ist ein Infinitiv Aorist Medium nicht unwahrscheinlich.

8,33–35 Die Zeilen wurden grundlegend neu rekonstruiert und fügen sich gut
zur Auslobung des Preises in Z. 43–45. Zunächst haben wir im *Oxforder Disegno* αρ. Von dem ρ ist im Original nur noch die Vertikale sichtbar. Vertrauen
wir dem Disegno, ergibt sich die syntaktische Grundstruktur. Die Partikel ist
aufschlussreich. Dionysios als Schiedsrichter lädt konsequenterweise Xenokrates ein oder fordert ihn auf, mit ihm zum Fest (Trinkgelage) zu gehen. Das
Disegno zeigt nach dem τ den oberen Teil eines ε, was aber lexikalisch kaum
vertretbar ist. Das Original deutet eher auf η hin. Das Verb kommt öfters in der
Bedeutung „Schiedsrichter sein" vor und wird von Demosthenes mit Akkusativ

---

232　Normalerweise meint καθ᾽ ἡμέραν „jeden Tag", aber diese von Gaiser aufgrund einer völlig
　　　anderen Rekonstruktion der Umgebung vorgeschlagene Übersetzung ergibt keinen Sinn
　　　(Gaiser (1988), S. 201,478).

verbunden.[233] Die Verbindung γ]ᵒἀρ᾽ τᵒᵒ᾽[ι] findet sich öfters bei Negationen und es ist schwerlich Platz für einen größeren Buchstaben hinter τᵒᵒ᾽, auch wenn das Disegno anderes suggeriert. Vom Original her zu urteilen, wurde in Z. 34 hinter ἄγᵒϱᵒῂγτα etwas getilgt, entweder ein nur ansatzweise ausgeführter Buchstabe oder aber ein falsches ϲ, welches dem folgenden Akk. Pl. geschuldet war. Der fehlende Artikel zeigt, dass die Konstruktion wohl noch von ἔ]φᵒῃ in Z. 28 abhängt. Die Junktur ἑορτὴν ἄγειν ist idiomatisch und die Erwähnung des Substantives kurz zuvor in Z. 31 macht das Personalpronomen leicht verständlich. Dionysios wäre also als Veranstalter, Sponsor und Schiedsrichter „nüchtern" geblieben bzw. hätte zumindest nicht am Wetttrinken teilgenommen. Mit den 100 Fremden kann kaum das Gefolge Platons gemeint sein. Vielmehr sollte man von Gästen ausgehen, die mitunter eigens für das Fest aus anderen Städten Siziliens nach Syrakus kamen. Das Wort wird etwa von Demosthenes für Festbesucher verwendet.[234] Ungeachtet dessen mag Dionysios das Fest aber vornehmlich für einige spezielle Gäste, aber kaum exklusiv für Platon, der ja offenbar nicht teilnahm, ausgerichtet haben.

8,35–39 *Oxforder Disegno* und Original sprechen dagegen, dass eine Periode mit finitem Verb zu rekonstruieren ist. In Z. 38 ist die Spezifikation der Diener nicht klar; vielleicht wurde im Papyrus etwas verschrieben/getilgt. Jedenfalls ist die bisherige auf Gomperz[235] zurückgehende und von allen späteren Editoren übernommene Rekonstruktion von Z. 38 ϲ[α]ν χρυϲοῖ τῶι πότωι [ὑ]πὸ [τ]ῶ[ν] nicht haltbar. Da Z. 33–35 offenbar noch von ἔ]φᵒῃ in Z. 28 abhängen, ist ein Konstruktionswechsel mit φάϲι (oder ähnlich) bzw. eine Inkonzinnität für Z. 35–39 anzunehmen. Eher unwahrscheinlich ist, dass die Rekonstruktion von ἔφη in Z. 45 abhängt. Allerdings vermute ich, dass ἔ]φᵒῃ in Z. 28 den Infinitiv bedingt haben könnte. Ein χοῦϲ umfasste etwa 3,24 Liter.

---

233 Dem. or. 47,12: ἡ μὲν γὰρ δίαιτα ἐν τῇ ἡλιαίᾳ ἦν (οἱ γὰρ τὴν Οἰνῇδα καὶ τὴν Ἐρεχθῇδα διαιτῶντες ἐνταῦθα κάθηνται). Vergleiche entfernter auch Aristot. Ath. pol. 53,3: τὸν δὲ τελευταῖον τῶν ἐπωνύμων λαβόντες οἱ τετταράκοντα διανέμουϲιν αὐτοῖϲ τὰϲ διαίταϲ καὶ ἐπικληροῦϲιν ἃϲ ἕκαϲτοϲ διαιτήϲει. Das Verb ist im Kontext von Festen oder Trinkgelagen nicht belegt, was aber kaum problematisch ist, da es generell nicht häufig genutzt wird und gut zur Episode passt.

234 Dem. or. 21,176: τί οὖν ποιήϲαντοϲ, ὦ ἄνδρεϲ Ἀθηναῖοι, κατεχειροτονήϲατε τοῦ Εὐάνδρου; τοῦτ᾽ ἀκούϲατε. ὅτι δίκην ἐμπορικὴν καταδικαϲάμενοϲ τοῦ Μενίππου, οὐκ ἔχων πρότερον λαβεῖν αὐτόν, ὡϲ ἔφη, τοῖϲ μυϲτηρίοιϲ ἐπιδημοῦντοϲ ἐπελάβετο. 217 ... κρίνων ἄνθρωπον καὶ δοκοῦντα καὶ ὄντα βίαιον καὶ ὑβριϲτήν, ἡμαρτηκότ᾽ ἀϲελγῶϲ ἐν πανηγύρει, μάρτυραϲ τῆϲ ὕβρεωϲ τῆϲ ἑαυτοῦ πεποιημένον οὐ μόνον ὑμᾶϲ, ἀλλὰ καὶ τοὺϲ ἐπιδημήϲανταϲ ἅπανταϲ τῶν Ἑλλήνων. Siehe allgemeiner Athen. I 1c: οἱ δ᾽ ἐν τῷ δείπνῳ δῆθεν ἐπιδημήϲαντεϲ δειπνοϲοφιϲταὶ ἦϲαν ....

235 Gomperz (1887), S. 143.

8,40–45 Das Vokabular weist Ähnlichkeiten mit anderen Schilderungen solcher Trinkwettbewerbe auf.[236] Man fragt sich, ob das Adjektiv με⌐γάλ⌐ου nicht nur pleonastisch ist. Ein „Siegeskranz" sollte eigentlich etwa auf den Kopf eines Mannes passen und eine Standardgröße haben. Vielleicht war der Kranz besonders schön ausgearbeitet.[237] Das Wort τριπόδιον ist relativ selten und eher eine Alternativform als echter Deminutiv. Ein guter Grund für die Tilgung von ⟦τε⟧ ist nicht ersichtlich. In Z. 42–43 verschwimmt bei εἰς τὸ μέσον und ἐπὶ ⌐τριποδί⌐ου eine für „Preise" belegte Formulierung mit der Bedeutung (mittig) „zur Schau stellen". Wahrscheinlich war der Kranz als Ansporn für die Teilnehmer in ihrem Sichtfeld („Mitte") auf dem Dreifuß platziert.[238] In Z. 44 ist das reichlich überflüssige τὸν οἶνον zugunsten des den Kranz bezeichnenden Demonstrativpronomens, um den es ja im Wesentlichen in den Zeilen geht, aufzugeben.[239] Das Kompositum wurde erstmals von mir ergänzt und ist etwa auch in Athenaios (Poseidonios) mit goldenen Kränzen verbunden.[240]

8,45–46 Die Parallele in Ael. VH 2,41 ist lexikalisch recht eng (καὶ ἐνίκησε Ξενοκράτης ὁ Χαλκηδόνιος, καὶ τὸν στέφανον λαβών). Für die Krasis vgl. etwa Kol. 34,45–35,1, aber vielleicht ist sie aus Raumgründen nicht einmal notwendig.

8*, 1–2 In den Parallelen bei Athenaios und Aelian erfahren wir mehr zur Lokalisierung der „Herme" (Hermesstatue). Allerdings sind ἐπὶ τῆς αὐλῆς (Athen. X 437b) und τῷ Ἑρμῇ τῷ πρὸ τῶν θυρῶν ἑστῶτι (Ael. VH 2,41) spätere Zusätze, um zu erläutern, wo Hermen zur Zeit des Xenokrates in der Regel standen. Offenbar war es Brauch, nach Symposien oder Festen auf diesen Hermen

---

236 Bspw. Athen. X 437c: πρὸς δὲ τὰ ἱερὰ οὐ θέλων αὐτὸν προσιέναι οὐδ᾽ ὁμόσπονδον γενέσθαι μήπω δικασθέντα ἐκέλευσε συγκλεισθῆναί τε τὰ ἱερὰ καὶ χοᾶ οἴνου ἑκάστῳ παρατεθῆναι, τῷ πρώτῳ ἐκπιόντι εἰπὼν ἆθλον δοθήσεσθαι πλακοῦντα. παρήγγειλέ τε καὶ τοῦ πότου παυσαμένους τοὺς μὲν στεφάνους οἷς ἐστεφάνωντο πρὸς τὰ ἱερὰ μὴ τιθέναι διὰ τὸ ὁμορόφους γενέσθαι τῷ Ὀρέστῃ, ...

237 Natürlich konnte der Kranz vorne und hinten über den Kopf hervorragen, was vielleicht gemeint ist. Auch wurde der Kranz auf der Herme abgelegt (Kol. 8*,1). Zu (goldenen) Kränzen als Sieges- und Ehrenauszeichnung siehe Blech (1982), S. 109–162. Für goldene Kränze als Ehrenauszeichnung im Index Academicorum vgl. Kol. 6,19–20.

238 LSJ: ἐς μέσον, ... Il.4.79, 6.120; ἀνδρὶ δὲ νικηθέντι γυναῖκ᾽ ἐς μέσσον ἔθηκε deposited her as a prize (...), 23.704; ... ἐς τὸ μ. φέρειν bring forward publicly."

239 Siehe etwa τῷ πρώτῳ ἐκπιόντι in Athen. X 437c. Der alte Vorschlag von Gomperz (1887) wurde in der Folge von allen Editoren verworfen. Der Raum am Ende der Zeile ist nun mit dem Kompositum ausgeglichen.

240 Athen. V 210d–e: ἀνεδίδοντο δὲ καὶ χρυσοῖ στέφανοι τοῖς δειπνοῦσι (Poseidonios – FGrH 86 F 21b).

die gewöhnlichen Blumenkränze abzulegen.[241] Das τοὺc ἀνθινοὺc (sc. cτεφάνουc) hat sich in allen drei Parallelstellen erhalten, das Verb bei Athenaios und Diogenes, in einer Umschreibung bei Aelian.

8*,3–7 Die „Tat" des Xenokrates sprach sich herum und er wurde für seine Verachtung des Goldes mehr bewundert als Dionysios, welcher so viel (Gold) besorgt hatte. Athenaios (X 437b) hat die Zeilen des Timaios (nach Philodem) auf καὶ ἐπὶ τούτῳ ἐθαυμάcθη kondensiert. Ich vermute weniger, dass sich τοcοῦτο auf die Organisation des Festes als Ganzes bezieht[242] als vielmehr auf τ᾿ὸ χρύcιον.[243] Mit dem Wort sind neben dem Kranz implizit auch die 100 goldenen Choen gemeint, wenngleich Xenokrates natürlich nur den Kranz im engeren Sinne verschmähen konnte. Das Adverb α᾿ὐθ᾿ημε᾿ρ᾿όν sollte hier „am selben Tag" meinen[244] und die Parallelität von beiden Handlungen unterstreichen.

8*,7–8 Zu Beginn von Z. 7 finden sich wohl Spuren einer auch zu erwartenden *paragraphos*. Die Korrekturen und Abgrenzungen der Zeilen am Ende des *Oxforder Disegno* sind nicht eindeutig auszumachen und auch das Original wenig aussagekräftig. Vermutlich stand irgendwo eine längere Ergänzung, die ins Interkolumnium ragte – teils mag der *disegnatore* auch Lagen falsch abgezeichnet haben. Eine „völlig objektive" Transkription gestaltet sich daher schwierig. Das ζε scheint im Disegno falsch platziert, da es doch der Beginn von Xenokrates sein dürfte. Im Original erkennt man in Z. 8 Spuren über νται, aber eine Tilgung der unteren Buchstaben ist nicht sicher. Ebenso bleibt im Dunkeln, wie ausgedehnt die Ergänzung war. Gegen die Annahme von Gai-

---

241 Blech (1982), S. 66,269. Mit dem Artikel in Kol. 8*,1 ist nicht gemeint, dass Xenokrates genau auf dieser Herme immer seine Blumenkränze ablegte, sondern generell auf Hermen. Timaios lebte zu einer Zeit, in welcher der Brauch noch praktiziert worden sein mag, so dass er, anders als spätere Autoren, keinerlei Erläuterungen zu der Herme machte.

242 So fassen es Gaiser (1988) – „der so vieles ausgerichtet hatte" –, Dorandi (1991) – „che aveva preparato tante cose" – und Kalligas/Tsouna/Hatzimichali (2020) – „prepared so many things" – auf. In diesem Fall wäre aber tendenziell eher mit τοιοῦτο oder ähnlich zu rechnen. τοcοῦτο passt gut zu einer abstrakten Quantität (χρύcιον), die durch die 100 goldenen Choen sowie den großen Kranz spezifiziert wird. Indes könnte das Verb eher für „Organisation" sprechen. Gauger/Gauger (2015), S. 251 verfehlen meines Erachtens den Sinn der Stelle: „Für diese überkommene Gewohnheit wurde er als jemand, der das Gold verachtet, mehr bewundert als jemand, der sich selbigen Tages dazu entschlossen hätte."

243 Dazu passt auch με᾿γάλ᾿ου in Kol. 8,41.

244 Dorandi (1991) – „in un sol giorno" – und Kalligas/Tsouna/Hatzimichali (2020) – „in a single day" – haben offenbar ein Verständnis, das auf die Schnelligkeit der Organisation abhebt. Abgesehen von lexikalischen Bedenken erscheint mir die Betonung dieses Aspekts nach meiner Rekonstruktion der gesamten Passage als nicht sehr wahrscheinlich.

ser/Dorandi, dass ein ursprüngliches μαθηταὶ … φέρονται γεγονέναι in einen AcI
umgewandelt wurde, spricht, dass φέρουσι eigentlich nicht aktiv im Sinne von
„tradunt" im Griechischen verwendet wird.[245] Aufgrund der vielen Variablen
und paläographischen Unwägbarkeiten bleibt die exakte Rekonstruktion unsicher, wobei der Sinn, d.h. die Einleitung zu einer Schülerliste, wohl feststeht.
Vielleicht wollte Philodem durch etwaige Änderungen der Syntax die Kürze der
Liste erklären oder lediglich ansprechender formulieren.[246]

8*,9 Für τε beim ersten Glied einer Schülerliste siehe Kol. 20,7; das Partizip
ist alternativ möglich. Da ein Polysyndeton durch Z. 12 (und bedingt auch Z.
15) gesichert scheint, dürfte καὶ am Ende der Zeile stehen, wenn Metron in
Z. 10 Eigenname ist. Ein Ethnikon war überflüssig, da dieser Xenokrates als
Verwandter natürlicherweise auch aus Chalkedon kommen musste, wie Diogenes Laertius bestätigt. Einige chronologische Schwierigkeiten bereitet die
Parallele in D.L. 4,14: καὶ ὁ συγγενὴς ἅμα καὶ πολίτης τῷ προειρημένῳ φιλοσόφῳ·
φέρεται δὲ αὐτοῦ λόγος Ἀρσινοητικός, γεγραμμένος περὶ Ἀρσινόης ἀποθανούσης. Das
einzig erhaltene Werk – offenbar eine Rede – des Xenokrates (iunior) thematisiert höchstwahrscheinlich den Tod von Arsinoe I. (270 v. Chr.).[247] Somit haben
wir mindestens 44 Jahre zwischen dem Tod des Xenokrates 314/313 und dem
Erscheinen der Rede. Gewiss, es könnte ein Alterswerk des Xenokrates iunior
gewesen sein, der nach dem Tod des älteren Xenokrates vielleicht sogar irgendwann ins Lagidenreich übersiedelte, aber die chronologische „Spreizung" lässt
auch die Möglichkeit in Betracht ziehen, dass ein homonymer Xenokrates das
Werk geschrieben hat und/oder die Angabe bei Diogenes fehlerhaft ist.

8*,10 Die Kleinschreibung in meiner Ausgabe ist methodologisch bedingt
und bedeutet keinen Vorzug der Verwandtschaftsbeziehung vor dem Eigennamen. Es ergeben sich zwei Möglichkeiten: Wir nehmen mit Gomperz/Mek-
ler/Dorandi den Eigennamen an, der in LGPN 29-mal belegt ist.[248] Ein Werk
des Herakleides Ponticus ist gegen einen Metron gerichtet (D.L. 5,87), der
chronologisch noch mit dem Schüler des Xenokrates in Einklang zu bringen
wäre.[249] Vielleicht wurden nun supralinear ein Ethnikon oder andere Informa-

---

245 Siehe Kommentar zu Kol. S,30.

246 Man vergleiche etwa die doch recht gewählte Einleitung der Schülerliste in Kol. 20,3–6.

247 Vgl. Gaiser (1988), S. 482.

248 Gaiser (1988), S. 481: „μήτρων wie μητρὸς ‚mütterlicherseits'."

249 D.L. 5,87: Πρὸς τὰ Μήτρωνος αʹ. Herakleides müsste dann im Alter von seiner Heimat aus
     Metron kritisiert haben, da er Athen nach der Wahl des Xenokrates zum Scholarchen
     339/38 verließ.

tionen zu Metron nachgetragen. Alternativ wäre mit Gaiser zu überlegen, ob das ⌜cu⌝γγ[ενὴc nicht eine erhöhte Wahrscheinlichkeit impliziert, dass μήτρων (mütterlicherseits) zu transkribieren ist, zumal im Falle des Eigennamens das im Haupttext offenbar fehlende Ethnikon etwas irritiert.[250] Bei Annahme von „mütterlicherseits" könnte etwa seine schriftstellerische Tätigkeit in der supra-linearen Ergänzung erwähnt worden sein.

8*,11–12 Das Ethnikon ist paläographisch zu unsicher, als dass ich es in den Text setzen wollte. Insbesondere bereiten der große Raum vor αι am Ende der Zeile und die Stellung Schwierigkeiten.[251] Unter diesen Umständen das Eth-nikon im Hinblick auf Kol. R,6 zu ergänzen, wäre nicht verantwortlich. Somit bliebe möglich, dass es sich um den Sohn oder Enkel von Platons Bruder Adei-mantos handelt, der auch in Platons Testament erwähnt wird (D.L. 3,41).[252] In Z. 12 stand entweder ein weiterer Philosoph oder eine Kurzangabe zu Adei-mantos. Sollte er aus Ätolien kommen und mit dem Philosophen aus Kol. R identisch sein, nahm wohl sogar Antigonos von Karystos Notiz von ihm. Für Gaisers καὶ Κράντωρ Cολεύc ist der Raum kaum ausreichend.

8*,13–14 Das Ethnikon in der Liste unterscheidet den Akademiker insbeson-dere von dem ungefähr zeitgleichen bzw. etwas früheren Kyniker Krates von Theben. Hinter dem Ethnikon ist ein χ zu erkennen und wahrscheinlich eine supralineare Ergänzung, welche Relevanz für die Rekonstruktion der Zeile hat. Die Annahme von Haplographie, also ein vergessenes οc und somit Ἀ[θ]ηνα[ῖ]ος ⌞ὁ [c⌟χ[ὼν τὴν, ist verführerisch; nicht minder attraktiv ist es in ⌜μεc⌝η – im Ori-ginal nicht mehr verifizierbar – einen Verweis auf die Mittlere Akademie zu sehen.[253] Allerdings dürfte dann aus Platzgründen ein Synonym für „Akade-mie" gestanden haben. Andererseits ist Krates nirgends als Gründer der Mitt-

---

250 Der Onkel mütterlicherseits ist μήτρωc, teils auch als Adjektiv bzw. Apposition im Sinne von „mütterlicherseits" verwendet. Allerdings ist die Alternativform des Nominativs μήτρων nur auf Inschriften belegt. Die Form könnte auch der Akkusativ von μήτρωc sein (evtl. mit vorangehender Präposition, wobei mit μήτρων Xenokrates senior gemeint ist).

251 Mit Verweis auf Hom. Od. 14,379 und Pind. O. 3,12 wäre vielleicht an Αἰτωλ[ὸc] ἀν[ὴρ (Spu-ren am Ende von Z. 11 zugewiesen) zu denken, ferner an Αἰτωλ[ικόc oder eine ähnliche Umschreibung (Präposition nach κα[ὶ] aus Raumgründen unwahrscheinlich), vielleicht auch an ein Amt des Adeimantos in Ätolien.

252 Dass der Name als Vatername im Genitiv stand, ist nicht zu erwarten.

253 Unwahrscheinlich ist die bisherige Ergänzung ⌜Μεc⌝ή[νιοc und damit das Ethnikon einer weiteren Person, da „Messener" in der Regel mit zwei c geschrieben wird.

leren Akademie belegt.[254] Die Mittlere Akademie wird explizit in Kol. 21,36 erwähnt und könnte dort eine Tradition implizieren, die schon vor Arkesilaos (mit Krates) begann. Alternativ mag Krates in diesen Zeilen auch als jemand „vor der Mittleren Akademie" bezeichnet worden sein (eher seltsam) oder das Wort „mittlere/mittig" in anderem Kontext gebraucht worden sein, wenn die vier Buchstaben nicht gar zu einem anderen Wort zu ergänzen sind oder im Disegno verschrieben wurden.

8*,14–15 Nun hat sich unverdientermaßen von Mekler bis Dorandi ein „Olympiades" durch die Zeit geschummelt, der es sogar ins DPhA schaffte.[255] Mekler ergänzte den Namen Ὀ[λυμ]|πιάδης (mit Fragezeichen) offenbar nur, weil er ein im *Oxforder Disegno* erhaltenes *Sovrapposto* falsch platzierte, auf dem eine Rundung (ε) zu sehen war, die er naheliegend zu o änderte. Ohne dieses o haben wir aber nur noch πιαδης.[256] Da Asklepiades 1380 Einträge, Olympiades aber nur 22 Einträge in LPGN hat, mithin ein sehr seltener Name ist (andere Namen auf -πιάδης sind noch exotischer) und kein Olympiades mit akademischer Affinität bekannt ist, dürfte höchstwahrscheinlich ein Asklepiades Schüler des Xenokrates gewesen sein.[257] Er könnte sogar mit dem anderweitig unbekannten Schüler Platons aus Kol. 6,10–11 identisch oder verwandt sein. Der Raum für das wahrscheinlich auf αιος endende Ethnikon dürfte für „athenisch" etwas zu kurz sein; Θη]βαῖος würde passen.

8*,15–17 Neulesungen im Folgenden zeigen, dass die Liste mit Xenokrates' Nachfolger Polemon von Athen schließt, der wie andere (namentliche) „Endglieder" von Schülerlisten im *Index Academicorum* mit einem Relativsatz näher beschrieben wird.[258] Die HSI bestätigen Gaisers δια]τρ[ιβήν.[259] In Z. 17 deuten die Reste (αλλ) auf „andere" Schüler hin, die am Ende der Liste pauschal

---

254 Ferner ist das Simplex (sollte die Ergänzung nicht ο κατας gewesen sein) als „Schule leiten" im *Index Academicorum* nicht belegt.

255 Dorandi (2005d), S. 767.

256 Bereits Crönert (1903a), S. 381 erkannte die Fehlzuordnung des neben Kol. 3 des *Oxforder Disegno* erhaltenen Fragments. Gaiser und Dorandi übernahmen dennoch Meklers Ergänzung des Namen Olympiades, welcher ohne die falsche Rundung vermutlich auch „Asklepiades" ergänzt hätte.

257 Man könnte in einer vereinfachten Rechnung die Wahrscheinlichkeit, dass der Name Olympiades korrekt ist, mit 1,6 % (= 22/(1380+22)) beziffern bzw. diejenige, dass Asklepiades korrekt ist, mit 98,4 %.

258 Vgl. Kol. 25,35–56; 34,17–18; 35,36–37.

259 Für die Formulierung im *Index Academicorum* siehe Kol. 6,29–30;Q,8–9; 35,2–3.

genannt waren, da die kurze Liste nur die bekanntesten Schüler umfasste. Tintenreste zwischen den Anfängen von Z. 17 und 18 dürften zu der zu erwartenden *paragraphos* gehören.

8*,17–23 Zu Beginn von Z. 19 ist im Original und auf den MSI/HSI deutlich χοροc zu lesen. Die HSI zeigen sogar ein φ in Z. 18. Philochoros wurde folglich abermals als Quelle herangezogen, diesmal für die Todesdaten des Xenokrates. Somit haben wir ein neues Philochoros-Fragment identifiziert, vermutlich aus dem 7. Buch der *Atthis*. Es ist auf Basis des Erhaltenen kaum zu entscheiden, ob ein mögliches δὲ vor oder hinter Philochoros stand (bei Beginn der Periode früher in Z. 17 ist sogar analog zu Kol. 6,32 eine Konstruktion mit ὡc denkbar). Auch ist unklar, ob ein AcI oder ein finites Verb für die Hauptaussage genutzt wurde. Eine Quellenangabe (7. Buch der *Atthis*) ist möglich, aber auch eine Zusatzbemerkung zu den Todesumständen des Xenokrates wäre zu erwägen, wobei die anekdotisch anmutende Todesursache aus D.L. 4,14, zumindest in dieser Form, hier nicht unbedingt gestanden haben muss. Die Dauer des Scholarchats ist kaum zu erwarten, da diese in Ergänzung 6 angegeben wird. Dagegen ist die Angabe des Todesarchons Nikodoros (314/13) in den Zeilen denkbar.[260] Die erstmals gelesene Zehnerzahl ist sicher, die Einerzahl nicht (vgl. Einordnung Kol. 8*,7–23). Irgendwo ist ἔτη bzw. ἐτῶν zu erwarten, vielleicht auch βιώcαc oder ὤν (ggf. im Akkusativ). In Z. 23 ist das naheliegende μετήλλαξε (bzw. andere Form) aus Raum- und Spurengründen problematisch, zumal wenn in Z. 21–22 schon ein Aorist von ἀποθνήιcκω stand. Vielleicht wurden zunächst die Todesursache und später das Lebensalter angegeben. Auch ist die Bedeutung von τ]ε̣[λευ]|ταῖον[261] in diesem Kontext nicht evident. Vielleicht meint das Adjektiv/Adverb hier nicht „zuletzt", sondern ist Teil einer idiosynkratischen Formulierung für Suizid oder Tod.

8*,23–27 Eine Vertikale am linken Rand von Kol. 8*zeigt an, dass der Text hier „abgeschnitten" werden sollte, sprich, die Polemon-Sektion (von Kol. 8*) in der Endfassung des *Index Academicorum* erst nach Kol. 12 (nach Chairon) beginnen sollte und dieser Abschnitt von Kol. 8* hinter Kol. 12 zu transferieren war (vgl. I 6.2). In Z. 23 würde man am ehesten Polemons Namen erwarten.

---

260 Gegen seine Ergänzung in Z. 23 spricht der Artikel, welcher im *Index Academicorum* niemals bei Archontenangaben gesetzt wird. Aufgrund chronologischer Unschärfe dürften auch noch die Archonten Praxiboulos (315/14) und Theophrast (313/12) in Frage kommen.

261 Sollte wider Erwarten ein Superlativ zu ergänzen sein, könnte man etwa an „wobei er das Leben sehr tugendhaft geführt hatte" denken.

Allerdings wird διαδεξάμενος (bzw. der Infinitiv) in solchen schulischen Kontexten eigentlich niemals absolut gebraucht, sondern geht mit „Schule"[262] oder einer Person als Akkusativobjekt zusammen.[263] Beim Infinitiv wäre Ξενοκράτην (ohne Artikel) in Z. 24 vielleicht möglich, beim Partizip aus Raumgründen nicht. Da die Verbindung Polemon-Krates etwa bei Diogenes betont wird, könnte auch dessen Name hier schon erschienen sein. Die ersten Zeilen der Polemon-Vita könnten noch von Philochoros abhängen, der womöglich Xenokrates' Tod zum Anlass nahm, auch einige Bemerkungen zu seinem Nachfolger zu machen (vgl. Kol. 6,39 ff.). In Z. 25 ist das Ethnikon Ἀ]θηναῖον möglich, aber nicht unbedingt wahrscheinlich. Es könnte je nach Rekonstruktion auf Krates oder Polemon bezogen werden. In Z. 27 ist aus methodologischen Gründen Π[ο]λέμωνα geschrieben, was nicht unbedingt den Akkusativ meint, sondern auch Π[ο]λέμων α getrennt werden kann. Leider ist nicht zu klären, ob Polemons Name hier erstmalig erscheint.[264] Es ist zu erwähnen, dass die richtige Platzierung von Kol. 8* hinter Kol. 8 es unmöglich macht, dass Gaiser/Dorandi in Z. 25 ein *Sovrapposto* aus Kol. 3 richtig platziert haben,[265] so dass dort nicht Ἀντ[ίγ]ονο[ς gestanden haben kann (auch aus anderen paläographischen Gründen).[266] Gaisers Rekonstruktion dieser und der folgenden Zeilen ist willkürlich bzw. falsch.

8*,28–35 Wenn Antigonos von Karystos nicht schon ab Beginn der Polemon-Passage als Quelle diente, könnte in diesen Zeilen der Wechsel erfolgt sein. Der Genitiv von Krates in Z. 29–30 ist angesichts zahlreicher Substantive auf -της, -τητος nur eine von mehreren Möglichkeiten.

8*,36–37 Allerspätestens ab hier dürfte Antigonos die Quelle sein.

---

262   Vgl. im *Index Academicorum* etwa Kol. 6,29–30;Q,6–9; 25,11–12; 30,6; 35,2–3.

263   Vgl. Kol. 33,2–3.

264   Sollten die Zeilen auf Philochoros zurückgehen, wäre ein fehlender Artikel wohl ein starkes Indiz, dass Polemon im Vorherigen noch nicht genannt wurde, da Philochoros konsequent Artikel bei zuvor genannten Personen setzt. Zwischen dem ε und Π[ο]λέμωνα stand wahrscheinlich noch ein kleiner Buchstabe, am ehesten ι. In diesem Fall wäre ein Artikel nicht möglich und Polemon wäre hier erstmalig genannt.

265   Vgl. Essler (2019), S. 16 f. und Gaiser (1988), S. 502 f.

266   Dies wäre auch verwunderlich, da der Name kurz darauf nochmals in Z. 41 erscheint. Die Namen von Quellen werden, sofern die Exzerpte nicht durch andere Autoren unterbrochen sind, im *Index Academicorum* niemals wiederholt.

8*,38   Der Wortstamm περ[ι]βλε[.]... wurde erstmals gelesen und gehört vermutlich eher zu einem Adjektiv als zum Substantiv.[267] Wahrscheinlich meint das Adjektiv „bewundert". Angesichts der „Haare (Haareschneiden)" in Z. 39 könnte auf das modische Erscheinen des Polemon angespielt sein, wenn er nicht für etwas anderes bewundert wurde (oder er könnte in Verbindung zu Leuten/Dingen stehen, die bewundert wurden). Vielleicht gehörten die Zeilenenden von Z. 37 (Komparativ?) und Z. 38 zu demselben Akk. Pl. Neutr.

8*,39   Für die etwas unerwartete Referenz auf κο⌐υρ⌐ὰν ist vielleicht Ael. VH 3,19 heranzuziehen: καὶ γὰρ ἐcθῆτι ἐχρῆτο περιέργῳ ὁ Ἀριcτοτέληc καὶ ὑποδέcει, καὶ κουρὰν δὲ ἐκείρετο καὶ ταύτην ἀήθη Πλάτωνι, καὶ δακτυλίουc δὲ πολλοὺc φορῶν ἐκαλλύνετο ἐπὶ τούτῳ. Am Ende der Zeile vermute ich eher ein Partizip als einen Genitiv. Entweder unterließ Polemon das Haareschneiden, betrieb es (wie Aristoteles) oder trug das Haar auf eine bestimmte Weise.[268] Vielleicht ist das Substantiv noch als *accusativus Graecus* auf das mögliche Adjektiv in Z. 38 zu beziehen.

8*,40   Die Kausalpartikel ist aufschlussreich und scheint den (objektiven) Grund für obige Aussagen anzugeben, also unter anderem für die Bewunderung von etwas und ggf. für die Art des Haareschneidens. In Athen existierten zwei Demen mit dem Namen Οἶον (Οἶον Δεκελεικόν und Οἶον Κεραμεικόν). Auch gab es einen Demos Ὀή.[269] Der Papyrus untermauert, dass der Lokativ bei Diogenes (Οἴηθε) zu einem der Demen Οἶον gehören muss.[270] Im Hinblick auf Kol. 13,1–2 ist es wahrscheinlich, dass Polemon aus dem Demos Οἶον Κεραμεικόν stammte. Wir wissen kaum etwas über obige Demen bzw. etwaige lokale Besonderheiten. Vielleicht war Οἶον zu diesen Zeiten ein besonders mondäner Demos, dessen Angehörige ausgefallene Haartracht hatten, wozu der Reichtum und das Ansehen von Polemons Vater passen (Z. 40–44). Ein verwöhntes Luxusleben mit besonderem Haarschnitt fügt sich auch gut zur lasterhaften

---

267   Das Substantiv erscheint in Phld. de oec. 23,46–24,1, das Adjektiv in Phld. de morte IV 109,10 und Phld. de musica IV 125,17.

268   Eine entfernte Möglichkeit ist, dass ein Bezug zum dritten Tag der *Apaturia*, welcher den Namen Κουρεῶτιc trug, besteht. An diesem Tag wurden die Epheben in die Liste der Phratrien eingetragen, vgl. Deubner (1932), S. 232–234.

269   Siehe von Schoeffer (1903), S. 89–91; Traill (1986), S. 131,137.

270   D.L. 4,16: Πολέμων Φιλοcτράτου μὲν ἦν υἱόc, Ἀθηναῖοc τῶν δήμων Οἴηθεν. Von Schoeffer (1903), S. 89 bringt die Form mit Οή zusammen. Die Formulierung ἐξ Οἴου findet sich bei verschiedenen Attischen Rednern.

Jugend Polemons (Kol. 8*,46 ff.). Der Genitiv Pl. ist bei Demenangaben idiomatisch; für das Partizip ist kaum Raum vorhanden, so dass entweder Ellipse[271] oder Haplographie anzunehmen ist.

8*,41 Antigonos wird offenbar zum ersten Mal genannt (für Einzelheiten siehe Quellen Kol. 8*,23–14,3). Zwar ist Gaisers Vorschlag, dass Philodem zu ⌐καὶ γάρ [ἦν]⌐[272] umformuliert hat, verlockend, aber die tendenziell zu erwartende Streichung des δὲ fehlt (im Disegno) und man würde καὶ direkt über/vor [υἱὸ]⌐c erwarten,[273] was zumindest das Disegno nicht nahelegt. Auch fehlen Spuren des ἦν, weshalb ich Gaisers Vorschlag nicht in den Text setzte. Eine ursprüngliche elliptische Formulierung dürfte noch von dem ⌐ἅτ'' in Z. 40 abhängen (mit der Antigonos-Referenz als parenthetischem Einschub).

8*,42 Der Name des Philostratos ist gesichert und sollte die Validität selbigen Namens bei Diogenes Laertius bestätigen. Die Suda gibt die Alternativen Φιλοστράτου ἢ Φιλοκράτους.[274] Es sei erstmals vermerkt, dass in IG XII 6 (Samos) zweimal ein Φιλόστρατος ἐξ Οἴου als einer der zehn Schatzmeister des Heraion genannt ist. Das Datum der Inschrift 346/45 v. Chr. würde vorzüglich zur Lebenszeit von Polemons Vater passen und das Amt gewiss auch zur Beschreibung τῶν πρώ⌐των' Ἀθηνα⌐ίω'ν. In diesem Fall müsste Polemons Vater – wie etwa der Epikurs – Kleruch auf Samos gewesen sein und Polemon dort wohl auch um 355–340 v. Chr. geboren sein. Jedoch fehlen Hinweise darauf in anderen Quellen, so dass die Identifikation unsicher bleibt, zumal der Name Philostratos nicht gerade selten ist.

8*,43 D.L. 4,17 zeigt, dass sich ἐ⌐λ'ἐ⌐γ'ε⌐τ'ο auf Philostratos beziehen sollte.

8*44–45 Das Verb muss die Unterhaltung eines Reitstalls (Rennpferde für Wagenrennen) meinen, ist äußerst selten und erscheint auch in D.L. 4,17. Die Zeitangabe meint wohl entweder, dass Philostratos dem teuren Vergnügen nur temporär nachging oder dass solche Reitställe von privaten Bürgern generell

---

271   Für ἅτε mit Ellipse (ohne Partizip) vgl. LSJ („with participle omitted"), mit Verweis auf Hdt. 1,123 (δίκτυα δοὺς ἅτε θηρευτῇ (sc. ὄντι) τῶν οἰκετέων τῷ πιστοτάτῳ) und andere Stellen.

272   Das γάρ würde sich durch die vorherige Angabe des Demos erklären (Gedanke: „er gehörte dem Demos Οἶον an – sein Vater war nämlich Philostratos").

273   Für das Wort vgl. D.L. 4,16.

274   Suda π 1887. Gaiser (1988), S. 505 vermutet in Philokrates eher eine Verschreibung für Philostratos als eine Verwechslung mit dem möglichen Todes-Archon von Polemon (Kol. Q,3–5).

nur einige Zeit unterhalten wurden. Es handelt sich bei ἅρματα um Vierge-spanne, die seit 680 v. Chr. bei den Olympischen Spielen um die Wette fuh-ren.[275] Die Besitzer, nicht die Wagenlenker, wurden als Sieger geehrt.

8*46–47 Raum und Rundung nach νεανικ deuten im Original anders als im Disegno auf νεανικός hin. Auch der Raum zu Beginn von *PHerc.* 164 frg. 28,6 legt κος und nicht κως nahe. Da die beiden Adjektive aber kaum unverbunden stan-den, muss das Substantiv wohl um ein c ergänzt/korrigiert werden,[276] welches leicht vergessen worden sein könnte.[277] Die Parallele in D.L. 4,16 spricht eben-falls für das Substantiv: νέος δ᾽ ὢν ἀκόλαστός τε καὶ διακεχυμένος ἦν.[278] Das bis-herige Adverb νεανίκ⌈ῶ⌉ς (Gomperz/Dorandi) ist folglich unwahrscheinlich.[279]

Drei verlorene Kolumnen Von der ersten verlorenen Kolumne sind einige Buchstaben(reste) vom Kolumnenbeginn im unteren Teil erhalten (heute auf cr. 1 – bei Kol. 8* (olim 4)). Die isolierten Buchstaben haben inhaltlich keine Aussagekraft, können aber mit Sicherheit nicht in Kol. 9 platziert werden, was den mittels der Bibliometrie ermittelten Ausfall bestätigt. Siehe die Einord-nung Kol. 9,1–10,33 für Überlegungen zum Inhalt.

9,1–2 (mit Ergänzung 8) Für die Rekonstruktion des Satzes ist der erstmals festgestellte Ausfall von drei Kolumnen zwischen Kol. 8* und Kol. 9 essenti-ell, da nun problemlos die Formulierung τιν⌈ων⌉, ὡς möglich ist. Das folgende Wort ist vom Original und dem *Oxforder Disegno* her zu urteilen ⌈ἦ⌉ν und nicht ⌈καὶ⌉ (*Neapolitanisches Disegno*).[280] Der Papyrus ist zweifelsohne von

---

275 Vgl. ferner Dorandi (1999), S. 7 Fn. 39 mit Verweis auf Spence (1995).

276 Bereits von Gaiser (1988), S. 505 „nach Dorandi" ohne Korrektur vorgeschlagen (νεα-νίς[κος). Das Wort wurde „korrekt" für die Endfassung des *Index Academicorum* angenom-men (*PHerc.* 164 frg. 28,5–6), mag aber auch dort verschrieben gewesen sein.

277 Eine Korrektur (Einfügung des c) schon im Original ist zwar nicht ausgeschlossen, aber vom Original her zu urteilen auch nicht unbedingt wahrscheinlich.

278 Weniger wahrscheinlich ist, dass νέος δ᾽ ὢν den Ausdruck τ᾽ἤ᾽ν πρ᾽ώ[την reflektiert.

279 Das Adverb kommt zur Beschreibung von Adjektiven in der Literatur faktisch nicht vor. LSJ nennt nur „νεανικῶς τρομώδεα Hp. Prorrh. 1.9". Dazu sagt Gal. Hipp. prorrh. III,16,533: Τὸ ⟨νεανικῶς⟩ δηλονότι ἀντὶ τοῦ γενναίως ἢ σφοδρῶς ἢ ἰσχυρῶς εἴρηκε. Seine Erläuterung zeigt, dass das Adverb in solchem Kontext offenbar ungewöhnlich war. Ich konnte auch keine anderen Beispiele für die Spezifizierung eines Adjektivs mit diesem Adverb finden. Dennoch (bzw. gerade deshalb) fand νεανικῶς aus dem *Index Academicorum* auch Ein-gang in LSJ („adverb ... violently, wantonly, τύπτειν, τωθάζειν, Ar.V.1307, 1362; v. ἀκόλαστος Phld.Acad.Ind.p.47 M.").

280 ⌈καὶ⌉ wurde bisher von sämtlichen Editoren aus dem *Neapolitanischen Disegno* übernom-men.

Ἡρακλείδης zu Ἡράκλειτος korrigiert worden, indem η durchgestrichen und το über der Ausstreichung ergänzt wurde. Der Name des Herakleides stand gewiss in den verlorenen Kolumnen und erscheint in korrekter Schreibung in Kol. 6,1;7,4;7,6–7. Der *diorthotes* hätte demnach den Namen des Herakleides nicht ohne triftigen Grund aus Versehen zu Heraklit geändert – ein „unerklärliches" Versehen ist natürlich niemals ausgeschlossen. Die Randbemerkung (Ergänzung 8) scheint demnach die Schreibung „Heraklit" zu bestätigen bzw. könnte der Korrektur des Papyrus vorangegangen sein. Der Teil vor dem Eigennamen ist getilgt. Ohne Annahme von Iotazismus muss man letztlich ἦ (oder ἤ) νὴ Δί' Ἡράκλειτο⸢c⸣ transkribieren. Mit ἦ wäre eine emphatische Bemerkung zu verstehen: „Fürwahr, bei Zeus, Heraklit (muss es heißen)!" Die Emphase könnte später durchgestrichen worden sein. Alternativ mag der Schreiber von Ergänzung 8 zu etwas anderem angesetzt und dann abgebrochen haben. Allerdings würde in diesem Fall verwundern, dass der Schreiber nicht schlichtweg den Haupttext korrigierte. Wie in I 7.2 gezeigt, hat diese Hand auch Kolumnen X,Y,Z auf dem Verso geschrieben und einige oder alle anderen Ergänzungen auf dem Rekto getätigt. Sollte Philodem hier selbst gehandelt haben, mag er nicht nach Art eines *diorthotes* agiert haben, da es sich hier ja um einen inhaltlichen Fehler und kein Schreibversehen handelte. Wahrscheinlicher ist aber mit Gravis ἤ νὴ Δί' Ἡράκλειτο⸢c⸣ zu transkribieren, was eine Frage implizieren könnte: „Oder, beim Zeus, (muss es) Heraklit (heißen)?".[281] Dafür, dass diese Bemerkung von Philodem selbst gemacht wurde und der Korrektur voranging, spricht eine feine Beobachtung Crönerts: νὴ Δία ist eine Lieblingswendung Philodems, die er nach Crönerts Zählung allein in *De Rhetorica* 23-mal und 37-mal im Gesamtwerk verwendet.[282] Crönert notiert: „... will ich nicht verhehlen, dass mir die Frage, ob nicht Philodem selbst die Rolle 1021 geschrieben haben könnte, so oft ich sie auch aus zwingenden Gründen verneinen zu müssen glaubte, immer wieder gekommen ist. ... ist gar 10,3 die nachträglich am Rande mit ἤ νὴ Δί' Ἡράκλειτος gegebene Berichtigung auch in den Text aufgenommen worden, dergestalt, dass der ursprüngliche Ἡρακλείδης in Ἡράκλειτος geändert wurde."[283] In der Tat ist die Angabe in der Ergänzung beinahe zu gelehrt, um von einem *diorthotes* zu kommen. Vielleicht hat der *diorthotes* auf Philodems fragende Randbemerkung hin das Original kontrolliert und zu „Heraklit" verbessert, wobei er die von Philodem gestellte Frage durchstrich und nur „Heraklit" als Bestätigung stehen ließ. Zwar ist nicht auszuschließen,

---

281 Mekler (1902), S. 24 (von Arnim) im Apparat.

282 Crönert (1903a), S. 368 Fn. 1. Die Größenordnung wird durch eine Suche im DCLP bestätigt.

283 Crönert (1903a), S. 400 Fn. 1.

dass die Bemerkung doch so zu verstehen ist, dass Heraklit falsch ist und Herakleides zu lesen ist – eigentlich erwartet man eher Herakleides –, aber die Gesamtlage im Papyrus spricht objektiv doch für „Heraklit".[284] Dementsprechend ist auch meine Edition der Stelle so gestaltet, dass Ergänzung 8 eine Bestätigung der Lesung „Heraklit" ist bzw. eine der Korrektur der Hauptzeile (zu Heraklit) vorausgehende Anweisung. Puglia (2018) schlug auf Basis alter Lesungen wenig überzeugend ein Ethnikon vor.[285] De Sanctis (2022) überlegte auf Grundlage einer anderen, unwahrscheinlicheren Transkription, ob δι nicht eine Abkürzung für δι(ορθωτέον) oder δι(θώρθωται) sein könnte.[286] Nun stellt sich die Frage nach der Bedeutung von ⌜ἦ⌝ν im Haupttext. Die Wortstellung könnte für ein Vollverb sprechen: „dass es einen Schullehrer Heraklit gab". Im Vorherigen könnte eine Quelle (Demochares) gesagt haben, dass Herakleides Schullehrer war, wobei andere sagen, dass es (zu jener Zeit) einen Schullehrer mit ähnlichem Namen gegeben habe. Jedoch wäre dies recht artifiziell und der Philosoph Heraklit von Ephesus ist naheliegender, obwohl der Vorsokratiker anderweitig nicht als γραμματοδιδάσκαλος erscheint. Das Substantiv ist recht selten und hat, auch in Umschreibungen, öfters despektierlichen Charakter (gaunerhaft-banausische Züge eines solchen Lehrers), was gut zum Tenor der Demochares-Rede passt.[287] τιν⌜ων⌝ könnte Teil eines *genitivus absolutus* sein. Zu überlegen wäre, ob ὡς hier nicht „weil" oder „wie" bedeuten könnte. Die Ergänzung über der Zeile dürfte bereits am Ende der vorherigen Kolumne begonnen haben, da sie kaum sinnvoll vor oder hinter ν⌜ον⌝ eingefügt werden kann. Ob in ος auch das Ende eines Wortes im Sinne von „Profession" oder doch eher ein Adjektiv, das eine Eigenschaft beschreibt, zu sehen ist, muss offenbleiben. Vielleicht hing der Heraklit-Nebensatz auch von einer komplexeren Aussage ab, zum Beispiel: „Herakleides war Schullehrer und somit kein echter Philosoph. Es dürfte wohl niemand glauben, dass Heraklit Schullehrer war."

---

284 Ferner scheint mir in der ersten Zeile von *PHerc.* 164 frg. 18 als zweiter Buchstabe am ehesten ein ο zu transkribieren zu sein, was auch für „Heraklit" spräche (leider ist das ε von ἔςτιν nicht ausgeschlossen).

285 Puglia (2018), S. 375 f. Von paläographischen Gründen abgesehen, ist sein Vorschlag auch hinfällig, weil er noch davon ausging, dass erst mit Kol. 9 das Leben des Herakleides begann und daher ein Ethnikon zu Beginn der Passage stand.

286 De Sanctis (2022), S. 356.

287 Vgl. Gaiser (1988), S. 485 (ferner S. 486) mit Verweis auf Athen. XIII 604a; Dem. or. 18,258; Dem. or. 19,249; D.L. 10,2 (über Epikur) und 10,8; Strabo 14,1,18 (über Epikurs Vater); Cic. nat. 1,72; Iambl. vita Pyth. 233.

9,3–4 Das Verständnis dieser Zeilen bereitet einige Schwierigkeiten. Es ist unsicher, ob Philodem oder Demochares spricht.[288] Zwar leitet Philodem mit διότι im *Index Academicorum* die wörtliche Rede ein,[289] aber auch Demochares mag so formuliert haben. Mit δύναμις dürften also entweder Philodem oder Demochares auf die durchtriebene Fähigkeit/zweifelhaftes Talent eines γραμματοδιδάςκαλος bzw. auf eine im Verlorenen genannte Fähigkeit des Herakleides Bezug nehmen, die zu der nun folgenden Episode passt.[290] Wegen des Dativs ist wohl Krasis und somit „dasselbe" (mit Dativ) anzunehmen.[291] Fraglos ist die Formulierung eine Überleitung zur folgenden Orakelepisode. Eine entferntere Möglichkeit wäre, dass Philodem mit δύναμις Demochares' rhetorische Fähigkeit bezeichnet und eine nebulöse, idiomatische Formulierung vorliegt. Ich konnte erstmals die Überschneidung dieser Zeilen mit *PHerc.* 164 frg. 18 feststellen.[292]

9,4–10 Für Herakleia Pontike und seine χώρα siehe Hansen/Nielsen (2004), S. 955–958. Der Begriff χώρας kontrastiert nun hervorragend mit dem neugelesenen ἐγ τ⌈ῆ⌉[ι] ⌈πό⌉λει. Das Umland war unfruchtbar, in der Stadt herrschte somit Hunger. Die Wörter αὐχμός und ἐπομβρία erscheinen in der Literatur öfters gemeinsam.[293] Das Adjektiv ἀκαίρου̣ς̣ meint entweder, dass der Regen generell zu ungelegenen Zeiten kam oder aber Platzregen ungelegen auf die Dürreperioden folgte. Sowohl das Original als auch das *Neapolitanische Disegno* sprechen nicht unbedingt für Meklers ⌈ςτειρωθείςης⌉, dem ich das sinnähnliche ς̣χιςθείςης⌉ vorziehe. Die Erde wurde in Folge von Dürre und Platzregen, der auf sie prasselte, rissig und Erdspalten taten sich auf, was auch heutzutage beobachtet weden kann.[294] Das Verb ς]υνέβη erscheint auch in Kol. 10,7. Die

---

288 Das unnötige ν-ἐφελκυςτικόν in ἔςτιν hilft bei der Autorenfrage kaum weiter. Zwar fehlt es in Kol. 11,2–3, wo Philodem sicher selbst redet, aber es wird von ihm auch in anderen Werken öfters überflüssigerweise gesetzt.

289 Vgl. Kommentar Kol. 2,40.

290 Da Philodem in Kol. 10,30–33 seine Quelle kritisch betrachtet, ist diese Überleitung vielleicht eher Demochares zuzurechnen.

291 Bei ⌈τ⌉'αῦτα ist der Dativ (nimmt man keine seltene, idiomatische Formulierung an) grammatikalisch schwierig zu rechtfertigen (Übersetzung etwa: „Diese Dinge sind seiner/dieser Fähigkeit zuzurechnen").

292 Das Fragment befindet sich zusammen mit *PHerc.* 164 frg. 19 (erste Zeile entspricht Kol. 10,10) als *Sottoposto* auf demselben Stück, so dass es etwa 2×25=50 Zeilen mit etwas Varianz vor Kol. 10,10 zu platzieren ist und lexikalisch nur hierhin gehören kann (vgl. I 7.3).

293 Vgl. etwa Paus. 7,24,7 (ἢ γὰρ ἐπομβρίαι ςυνεχεῖς ἢ αὐχμοί); Praechter (1902), S. 971 mit weiteren Parallelen.

294 Das Verb ςχίζω wird öfters mit der Spaltung von Wasser und Erde verbunden (LSJ: „... ς. νῶτον γᾶς, of the plough, Pi. l.c.; ςχίςςαις κεραυνῷ Ζεὺς χθόνα Id.N.9.24; ποδὶ γᾶν Id.Fr.167;

Missernten bzw. die Hungersnot dauerten wohl mehrere Jahre an (Z. 9–10). Wir wissen aus anderen Quellen nichts über diese Hungersnot – sie oder ihre Ursachen könnten auch eine Erfindung des Demochares sein.

9,10–16 Puglia vermutete in Z. 11 den Infinitiv (Kompositum) von πέμπειν, nachdem ich in Z. 13 ein Partizip Futur ergänzt habe. Die HSI bestätigen, dass μ und nicht γ in Z. 13 zu lesen ist. Damit ist die Ergänzung des sehr seltenen[295] Eigennamens Kephisogenes (Dorandi/Gaiser) hinfällig, die zu dem Schluss führte, dass anders als bei Hermippp (Diogenes) nur ein einziger Gesandter nach Delphi geschickt wurde – es waren aber auch bei Demochares/Philodem mehrere.[296] In Z. 12 ist εἰc] Δελφοὺ⌜c⌝ recht sicher und zu erwarten, während von [θ]εωρο[ὺc kaum Spuren erhalten sind.[297] Das Partizip Futur mit finalem Sinn hatte sicherlich die Bedeutung „erfragen". Diogenes/Hermipp formuliert (D.L. 5,91): ... αἰτεῖν τοὺς Ἡρακλεώτας τὴν Πυθίαν λύcιν. Das τ]ρ⌜ῦ⌝τ[ο] π⌜ά⌝cχουc[ι] in Z. 14 impliziert einen vom Partizip abhängigen indirekten Fragesatz, welcher mit „warum/weshalb" begonnen haben dürfte. Der zweite Teil dieses Fragesatzes nach ⌜χαὶ⌝ muss dem Sinne nach „und was sie tun müssten, damit der Hunger aufhört" gelautet haben; er endete am ehesten in Z. 15 oder 16.

9,16–19 Wenn der indirekte Fragesatz nicht noch weiter reichte, stand in dem zum *genitivus absolutus* gehörigen Hauptsatz, dass Herakleides einen der θεωροί zur Bestechung der Pythia animierte, was bei Hermipp/Diogenes dann zu τὸν δὲ Ἡρακλείδην διαφθεῖραι χρήμαcι τούς τε θεωροὺς transformiert wurde. Vermutlich begann am Ende von Z. 19 eine neue Periode. Der Eigenname „Herakleides" muss in diesen Zeilen nicht unbedingt ausgeschrieben worden sein.

9,20–27 Puglia (2018) erkannte in Z. 20 τὴν προφῆτ[ι]ν.[298] Das Substantiv wird oft für die Pythia gebraucht und erscheint auch in Kol. 10,7–8. Die Partikel δ[ὲ] zuvor ist wahrscheinlich. *PHerc.* 164 frg. 17 überlappt vermutlich nicht mit dieser Passage. Sinngemäß ist in den Zeilen wohl ausgesagt, dass der θεωρός die

---

κάρα πελέκει S. l. c.; esp. of wood, X. An. 1.5.12, etc.; of the wind, c. περὶ πρῷραν τὰ κύματα Simon.25 (dub.); but πρῷρα c. τὸ κῦμα Luc. Am.6; [θάλαccα] cχιζομένη ταῖc κώπαιc Placit. 3.3.2").

295 Nur sieben Einträge in LGPN.

296 Mekler (1902) ergänzte Sosigenes. Gaiser (1988), S. 487 schreibt noch: „Dorandi liest jedoch sicher [̣]cογενουc (nicht -μεν-)." Jedoch ist die Horizontale gekrümmt und der rechte ausladende Teil des Fußes von μ, der ε berührt, zumindest auf den MSI/HSI erkennbar.

297 Die Ergänzung dieses Wortes wird durch Kol. 9,41 (und die Parallele bei Diogenes) nahegelegt.

298 Puglia (2018), S. 376.

Pythia bestach und dazu brachte zu prophezeien, das Übel verschwinde, wenn die Herakleoten[299] Herakleides (mit einem Kranz) ehrten. Vielleicht waren wie in D.L. 5,91 auch noch andere Ehrungen gefordert. Ob sich das etwas unerwartete Reflexivpronomen auf Herakleides oder die Herakleoten bezieht, ist nicht zu entscheiden.

9,28–33 Es ist verlockend in εφ]ˈερετο. ˈ[das lexikalische Pendant zu ἐκομίσθη (ὁ δῆθεν χρηϲμὸϲ) in der Parallele bei Diogenes zu sehen.[300] Ob auch das bei Diogenes anschließende καὶ οὐδὲν ὤναντο οἱ πλάϲαντεϲ αὐτόν eine Parallele im Papyrus hatte, sei dahingestellt. Vielleicht war der θεωρόϲ in Z. 32 erwähnt. Gegenstand der Zeilen waren wohl das Verkünden des Orakelspruchs in Herakleia, dessen Aufnahme durch die Bürger, deren Einwilligung zur Ehrung des Herakleides und der Beginn der Zeremonie.

9,34–39 Diese Zeilen wurden in Gänze erstmalig rekonstruiert bzw. unterscheiden sich fundamental von früheren Ausgaben.[301] Es zeigt sich, dass zunächst der Tod des Herakleides (Z. 37–39) und in den folgenden Zeilen der Tod des θεωρόϲ beschrieben wird. Alle bisherigen Herausgeber nahmen die umgekehrte Reihenfolge an.[302] Der fragmentarische Zustand vor Z. 34 macht es schwierig, die lexikalische Spannbreite von καθηκόν'τ'ων treffend zu erfassen. Vielleicht kam eine bestimmte Zeit oder aber irgendwelche Leute verrichteten im Rahmen der Ehrung die sich gehörenden Dinge. Wahrscheinlich stand am Ende von Z. 34 (Tilgung wenig wahrscheinlich) ein ε und somit ein Imperfekt, welches als Konativ (ggf. durativ) aufzufassen ist – es kam ja nicht zur Bekränzung, da Herakleides vorher tot zusammenbrach.[303] Herakleides stand neben dem κῆρυξ bereit, der gut in die Szenerie passt.[304] Die Neulesung ἀνα|[γο]ρεύϲεωϲ, welche das bisherige ἀναγνώϲεωϲ (als Verlesen des Ora-

---

299   Eine Rundung am Ende von Z. 23 ist nur mit dem Ethnikon (vgl. Kol. 9,4–5), das auch nicht unerwartet ist, kompatibel.

300   Mekler (1902), ad locum: [ὁ μὲν χρηϲμὸϲ ἐφ]έρετο τ[οῖϲ] Ἡ[ρακλεώταιϲ.

301   Hier sieht man, dass frühere Editoren viel mit den Disegni gearbeitet haben. Das verlässlichere *Oxforder Disegno* gibt den zweiten Teil der Kolumne aus unerfindlichen Gründen nicht wieder, während das *Neapolitanische Disegno* recht minderwertig ist und so Fehlrekonstruktionen begünstigt hat, die am Original offenbar nicht oder unzureichend geprüft wurden.

302   Für die nun etablierte Reihenfolge plädierte schon Wehrli (1974), S. 71.

303   Das Verb ist durch die Szenerie und Parallele(n) in D.L. 5,91 zu erwarten.

304   Das recht unzuverlässige *Neapolitanische Disegno* hat am Ende von Z. 35 nach ε(ι) noch ein bis zwei Buchstaben, die aber im Original nicht eindeutig zu verifizieren sind. Kleinste Tintenreste scheinen zu einer anderen Lage zu gehören.

kelspruchs aufgefasst)[305] ersetzt, zeigt wohl, dass der Herold ehrende Worte sprechen bzw. das Dekret der Bürgerschaft zur Ehrung verlesen sollte, weniger den schon bekannten Orakelspruch an sich verkünden sollte. Die Verbindung des Wortstammes ἀναγορευ- mit κῆρυξ ist unzählige Male in der Literatur und auf Inschriften belegt.[306] Während der Proklamation bzw. Ehrung fiel Herakleides „paralysiert" um, was meint, dass er sofort tot war, also einen Schlaganfall bzw. Herzstillstand erlitt. Das Partizip πα⌐ρα⌐|[λ]υθεὶς entspricht ἀπόπληκτος ἐγένετο bei Diogenes.[307] Die Neulesungen zeigen, dass die diogenische Formulierung αὐτίκα γὰρ ἐν τῷ θεάτρῳ στεφανούμενος ὁ Ἡρακλείδης ἀπόπληκτος ἐγένετο dem *Index Academicorum* (in Kurzform) sehr nahe kommt. Das Verb ἐκφέρω erscheint sowohl in Z. 40 als auch in Z. 41.

9,40–10,7 In diesen Zeilen wird der Tod des θεωρός und nicht, wie bisher angenommen, der des Herakleides beschrieben. Das Adverb μ]⌐ετ⌐[α]ξ[ὺ] beim Partizip untermauert die unheimliche Gleichzeitigkeit der Ereignisse. Nun widerfuhr auch ⟨καὶ⟩ dem korrupten Orakelbefrager (ὁ θ]εω⌐ρὸς⌐) seine gerechte Strafe.[308] Die Präposition ἀπὸ dürfte eher vom Partizip ˟κατατρέχ[ων][309] als vom Hauptverb in Kol. 10,1 abhängen. Der θεωρός lief von seinem Sektor des Zuschauerraums hinunter und „kam zu Fall" (ursprüngliche Bedeutung des Verbs).[310] Das griechische Theater war in keilförmige Zuschauerblöcke (κερκίδες – cunei) eingeteilt, welche in die Höhe durch κλίμακες (Zuschauergänge) und in die Breite durch ein (mehrere) διάζωμα (praecinctio) getrennt waren. Der θεωρός saß offenbar weiter oben im Theater und lief nun – gewiss über eine κλίμαξ – in Richtung der Mitte des Theaters, womit eher die Mitte des Zuschauerraumes als die Orchestra gemeint ist. Da Herakleides gerade verstorben war, kann die Ehrung nicht mehr der Anlass gewesen sein. Vielleicht wollte er wie andere heimgehen oder mit jemandem sprechen. Die Zeilen 2–

---

305 Mekler (1902), S. 26.

306 Für unsere Zwecke siehe exemplarisch Aesch. Ctes. 49: Λέγει γὰρ οὕτως ἐν τῷ ψηφίσματι· „καὶ τὸν κήρυκα ἀναγορεύειν ἐν τῷ θεάτρῳ πρὸς τοὺς Ἕλληνας ὅτι στεφανοῖ αὐτὸν ὁ δῆμος ὁ Ἀθηναίων ἀρετῆς ἕνεκα καὶ ἀνδραγαθίας." Zu Aufgabe und Funktion eines κῆρυξ siehe Beck (2013).

307 Damit ist die Bemerkung von Bollansée (1999), S. 504 f. hinfällig.

308 Der Artikel zeigt, dass er zuvor schon genannt war. Das Wort evoziert die Ergänzung in Z. 12 und ist durch die diogenische Parallele gedeckt.

309 Interessanterweise antizipierte Bücheler bei Mekler (1902), ad locum das Wort schon in Z. 40f. in Gestalt von κατ[ελ]|θών.

310 Alternativ mag er von seiner Zuschauersektion beim Hinunterlaufen „getäuscht/zu Fall gebracht worden sein" (er sah eine Stufe nicht); vielleicht ist der Genitiv auch auf Partizip und Verb gemeinsam zu beziehen (Apokoinou).

3 sind etwas gegen die natürliche Ordnung der Ereignisse gesetzt. Der θεωρός war wohl bis zur Mitte des Theaters (Zuschauerraums) gelangt, als er auf der Treppe strauchelte und fiel. Das Adverb ἕως wird im Koine-Griechischen vor Präpositionen im Sinne von „bis" gebraucht. Das Präsens cφάλλετα[ι] vermittelt Lebendigkeit. Die Passivformulierung ⌐ὑπ⌐ὸ βάθ⌐ρ⌐ου πληγεὶc mit der Stufe als Agens wirkt etwas seltsam – „auf der Stufe aufschlagen" ist gemeint. Der θεωρός war also noch nicht in die Orchestra gelangt. Das Passiv von cυντρίβω geht oft mit *accusativus Graecus* zusammen, gerade bei Körperteilen.[311] Im klassischen Griechisch würde man nach ὥcτε in diesem Kontext eher den Indikativ erwarten. Für μετ᾽ ⌐ὀ⌐λίγον mit Genitiv siehe Xen. Hell. 1,1,2 (μετ᾽ ὀλίγον δὲ τούτων). Man würde eher das Partizip Aorist und nicht das Partizip Präsens τοῦ διαφθείροντος erwarten, welches selbstverständlich Herakleides meint.[312] Angesichts der anderen Präsens-Formen in der Periode könnte auch διαφθείροντος der „Lebhaftigkeit" geschuldet sein, wenn mit dem Präsens nicht ausgedrückt ist, dass die Bestechung – da die Bekränzung durch den Tod verhindert wurde – letztlich scheiterte und somit nur ein Versuch war (Konativ, vgl. Kol. 9,34–35).[313]

10,7–11 Das Verb cυνέβη erscheint auch in Kol. 9,8, das Substantiv ⌐π⌐ρο|φῆτιν in Kol. 9,20. Das im Papyrus klar lesbare νύκ[τ]ωρ (von De Sanctis und mir unabhängig erkannt) ersetzt Gaisers/Dorandis εὐκαί[ρως und ist eine Art inhärente Begründung für den Tritt auf die Schlange, welche die Pythia in der Dunkelheit der Nacht nicht bemerkte. Die ungefähre Gleichzeitigkeit zu den anderen Todesfällen ist anders als in D.L. 5,91 nicht explizit vermerkt, wird aber suggeriert.[314] Prinzipiell ist die Parallele sehr eng an diese Zeilen angelehnt: ἀλλὰ καὶ ἡ Πυθία τὴν αὐτὴν ὥραν κατιοῦca ἐc τὸ ἄδυτον καὶ ἐπιcτᾶca ἑνὶ τῶν δρακόντων δηχθεῖca παραχρῆμα ἀπέπνευce. Vielleicht gehörte die Schlange zum Orakelbetrieb (eher unwahrscheinlich); jedenfalls erweckt sie Assoziationen zur

---

311   Vgl. LSJ: „.... of persons, beat to a jelly, E.Cyc.705, etc.; of parts of the body, crush, shiver, λίθῳ c. τὸ μέτωπον, etc., Lys.3.8, etc.: – Pass., τὰ ... τοῦ cώματος μέρη cυντετρῖφθαι Pl.R.611d; cυντετριμμένοι cκέλη καὶ πλευράc X.An.4.7.4; τὴν κλεῖν cυνετρίβην And.1.61; cυντριβόμεθα τὰc κεφαλάc Lys.3.18."

312   Das Verb im Zusammenhang mit Orakelbestechung etwa in Plut. Lys. 25,3: Ἔφορος (FGrH 70 F 206) μὲν οὖν φηcιν αὐτόν, ὡc τήν τε Πυθίαν ἐπιχειρήcαc διαφθεῖραι ....

313   So schrieb schon Bücheler bei Mekler (1902), S. 26 ad locum: „bene dicitur *brevi postquam corruptor exspiravit*: solum offendit praesens, sed res parum nota est, fortasse dicitur qui *corrupturus erat*" (Bücheler sah in dem *corruptor* aber noch den θεωρός).

314   Die Ehrung des Herakleides fand schwerlich bei Nacht statt, so dass τὴν αὐτὴν ὥραν wohl der insinuierten Gleichzeitigkeit geschuldet ist, wobei Hermipp die wahrscheinliche Unvereinbarkeit der Nachtangabe mit der Ehrung nicht weiter auffiel.

Schlange (Drachen) Python, deren Blut dem Ort Delphi seine hellseherischen Fähigkeiten verlieh. Somit erscheint der Tod der Pythia, die sich auf die Bestechung einließ, religiös aufgeladen.[315] Die Schlange spielt auch in der alternativen Todesversion in D.L. 5,89 (siehe Einordnung Kol. 9,1–10,33) eine Rolle. Die Bestechung des Orakels war ein Sakrileg, für das alle Beteiligten einen hohen Preis zu zahlen hatten.

10,11–15 Das Präsens λ⌜έ⌝[γει] impliziert eine Quellenangabe. Vielleicht übersprang Philodem hier etwas in den Ausführungen des Demochares oder fasste das auf die Orakelepisode Folgende kompakt zusammen. Die Formulierung ἄν|θρωπος scheint pejorativen Unterton zu haben und ist kaum wie ἀνήρ eine neutrale Alternative für das Demonstrativpronomen.[316] Vermutlich handelt es sich bei den nächsten Zeilen um eine polemische Bemerkung des Demochares, aber in Anbetracht des neu ergänzten Eigennamens in Z. 14–15 könnte ο]⌜ὐδέν⌝[α auch andere Personen meinen, die nicht besser wurden, wenn sie sich Herakleides anschlossen.[317] Der Hiat nach dem Infinitiv ist auffällig, da er normalerweise nicht von Philodem zugelassen wird. Er dürfte somit sehr nahe am Original exzerpiert haben. Das Ende (⌜δο⌝ϲ) von *PHerc.* 164 frg. 23a,6 fällt sehr wahrscheinlich mit dem ⌜τ⌝ο⌜ϲ⌝ in Z. 14 zusammen. Ob hier ein Nominativ zu ergänzen ist, muss offenbleiben. Anschließend könnte der Name des Herakleides zu ergänzen sein, aber die Spuren im Papyrus sind zu mager und andere Supplemente nicht auszuschließen.[318] Im Folgenden könnte in δε die Partikel zu sehen sein. Das ρητο des *Neapolitanischen Disegno* ist im Original nur sehr bedingt verifizierbar, so dass ein Verweis auf die Rhetorik (des Herakleides oder Demochares) nicht als sicher gelten kann.

10,16–25 Die Stratigraphie der Zeilen, besonders an deren Ende, ist mit einigen Unsicherheiten behaftet. Wenn in Z. 17 (bzw. Z. 16–17) nicht eine Form von τρέχω steht, ist vielleicht an das Adjektiv ἐντρεχής zu denken. Vermutlich bezieht sich ἐ]πιβουλε[υ- in Z. 19 auf Herakleides und ist nicht schon ein Kom-

---

315 Vgl. Gaiser (1988), S. 490.

316 Vgl. Gaiser (1988), S. 490 mit Verweis auf Phld. de Stoicis 18,1 und Eus. PE 6,8,30. Philodems kritische Betrachtung der Demochares-Rede (Kol. 10,30–33) unterstützt dieses Verständnis. Der pejorative Charakter ist öfters für den Vokativ zu konstatieren (vgl. LSJ).

317 Der Raum am Ende von Z. 12 sowie die Spuren im *Oxforder Disegno* und im Original sprechen dafür, dass νε zu Beginn von Z. 13 stand und somit kein Wort mehr zwischen dem Verb und ο]⌜ὐδέν⌝[α geschrieben war.

318 Es scheint akzeptabel das ντειδ im *Oxforder Disegno* zu Beginn von Z. 14 in κλειδ zu ändern, zumal der Raum am Ende von Z. 13 gut zu ηρα passt. Teile der fallenden Schräge des α sind noch erhalten.

mentar Philodems zu Demochares' Haltung gegenüber Philosophen. In Z. 25 scheint mir die Lesung von c zu Beginn der Zeile nicht möglich, so dass die Buchstabensequenz etwas unerwartet ist. Wenn man nicht zu „Philosoph(en)" emendieren will, wäre anstelle des Substantives λόφος wohl eher an das Adjektiv εὔλοφος zu denken, welches Philodem im Sinne von „geduldig" in *De morte IV* 114,29 nutzt.

10,26–30 Wahrscheinlich sagt Philodem, dass es ihm genügt, etwas wiederzugeben oder zu glauben. Es ist nicht mit Gewissheit zu entscheiden, ob ὑπο το⸢ύ⸣τῳ Herakleides oder Demochares als Autor meint. In Z. (27–)28 stand sehr wahrscheinlich ein Infinitiv, der sich auf ἐ|⸢πα⸥ρ⸌κ⸍εῖ bezog. Vielleicht folgte nun ein „dass-Satz": „Es reicht aus zu berichten/zu glauben, dass Herakleides wegen seiner Fettleibigkeit verachtet wurde ...." Jedoch muss bei Annahme von Passiv wohl noch ein kurzes Wort am Ende von Z. 29 gestanden haben (auch wegen möglicher Hiatvermeidung); alternativ haben Demochares bzw. die Athener Herakleides verachtet. Ein χ und somit ein Bezug auf die Orakelepisode kann aufgrund der Spuren im Original in Z. 30 nicht gelesen werden. Das Wort πρηcμός erscheint bei Paulus Med. 1,1005 und meint einen aufgequollenen Bauch. In der Form πρῆcμα kommt es bei Galen bzw. Hippokrates vor (Gal. ling. Hipp. explicatio 19,132: πρῆcμα· ἐμφύcημα, καὶ πρῆcιος τῆς ἐμφυcήcεως, καὶ πρηcτικώτατον, τὸ ἐμφυcητικώτατον).[319] Für die Lesung spricht, dass das seltene Wort (in der Variante πρῆcμα) von Philodem auch in *De poematis I* verwendet wird.[320] Die Angabe würde gut zu D.L. 5,86 passen (οὗτος ἐcθῆτί τε μαλακῇ ἐχρῆτο καὶ ὑπέρογκος ἦν τὸ cῶμα, ὥcτ' αὐτὸν ὑπὸ τῶν Ἀττικῶν μὴ Ποντικὸν ἀλλὰ Πομπικὸν καλεῖcθαι). Der Spottname könnte in κατ⸢ε⸥φρο[νη in Z. 29 reflektiert sein. Das Wort ⸢ἔν⸥εκε⸢ν⸥ wird öfters von Philodem als Präposition (und nicht Postposition) genutzt.[321]

---

319 LSJ: „ἐμφύcνημα, ατος, τό, an inflation of the stomach, peritoncum, or cellular tissue, mostly of the stomach, Hp.Epid.3.17.ιγ, Gal.19.132."

320 Phld. de poematis I 209,10–13: τὸ γὰρ τῆς κεφ{[]κεν}[αλῆς θερ]μανθείcης πρῆc[μα] ἔξω τὸν cοφὸν [ἐπὶ τὸ] διανόημα ἔc[παcεν. Janko (2000), S. 439 vermerkt: „This is the earliest occurrence of the rare word πρῆcμα 'inflammation' or 'swelling' (cognate with πίμπρημι); cf. Galen XIX 132 Kühn, Hippiatr. Berol. 77,22 and πρῆcμα conjectured at Hippocr. Aff. 5." Die Lesungen/Ergänzungen im *Index Academicorum* und in *De poematis I* bestätigen sich gleichsam gegenseitig.

321 Etwa in Phld. de signis III 26,6; de lib. dic. frg. 43,4–5.

10,30–33 Die Ergänzung eines Konditionalsatzes erschien mir gerechtfertigt, aber die Spuren von εἴ]περ sind kläglich.[322] Die Präposition παρά ist problematisch, da sie, auch bei Philodem, für gewöhnlich nur bei Personen verwendet wird und hier wohl nur schwerlich „neben sehr rhetorischen Passagen" meinen kann. Folglich wären in ῥη⌐τ⌐[ο]ρ⌐ικω⌐τᾳτ⌐[οιc Personen zu sehen,[323] am ehesten die an Rhetorik und insbesondere rhetorische Übertreibungen gewöhnten Athener, denen Demochares Genüge tun musste. Da παρά auch als Quellenangabe für Autoren genutzt wird, wäre zu überlegen, ob hier λόγοιc ausgefallen ist und der Ausdruck „in seinen hochrhetorischen Reden" meint.[324] Jedenfalls spricht Z. 31 für einen rhetorischen Kontext (Demochares). Der „Titel" der Rede ist in Z. 32–33 gleichsam *expressis verbis* gegeben. Es ist unwahrscheinlich, dass Philodem in diesen Kolumnen einen anderen Autor (Redner) zitierte, der auch gegen Philosophen polemisiert hatte.

10,33 Am Anfang der Zeile finden sich Reste einer *paragraphos*, was dem Abschnitt eine gewisse Unabhängigkeit vom Vorherigen verleiht. Der Ausdruck ἢι]πε⌐ρ κ⌐[αἱ] changiert zwischen konzessiver und kausaler Bedeutung;[325] vielleicht liegt ein Fernbezug auf Z. 29 vor: „Es reicht aus zu sagen ... wie es (auch) nicht mein Ansinnen ist ...." Die Sperrung ⌐Δ⌐ίωνός ...⌐ [ἠγ]γελ|μένου ist typisch philodemeisch.

10,34–35 Wie später Chairon (Kol. 10,40–11,1) ist auch Dion mit Ethnikon angeführt. Für eine Auswahl der in Frage kommenden Autoren, die Dions Taten schilderten, siehe Einordnung Kol. 10,33–10,40. Das korrekte Kompositum ist ἀνη`ν´γελκ[ό]τω[ν].[326] Am Ende von Z. 35 hat Gaiser, für den Sinn wichtig, ο[ὐκ erkannt.

10,36–37 Das Partizip erscheint öfters bei Philodem, als Parallele einschlägig etwa Phld. de morte IV 80,7. Das Verb ist noch auf Basis alter Lesungen in der

---

322 Die emphatische Form der Konjunktion findet sich einige Male bei Philodem, vgl. Vooys (1934), ad verbum und ist in unserem Kontext sinnig: „Wenn er überhaupt bzw. wenn er denn ...."

323 Der Superlativ ist in der Literatur selten; ein Komparativ ist aufgrund der Spuren im Text nicht völlig ausgeschlossen. Das Adjektiv (im Positiv) wird bei Philodem natürlich sehr häufig verwendet (*De rhetorica*).

324 Vielleicht äußerte sich Demochares in mehreren Reden abfällig über die Philosophen, nicht nur in der Verteidigung des Sophokles 307/06.

325 Für [ὅc]⌐περ ist der Platz kaum ausreichend.

326 Das Verb geht wohl auch in Phld. rh.II, S. 106, frg. 12,9 (Sudhaus) mit πράξειc zusammen: καὶ καθόλου τὰς Ἑλληνικὰς πράξεις ἀνη[γ]|γελκ[ότω]ν.

Umgebung in LSJ aufgenommen als „bring in, in a discussion, περιττὸν -ειν καὶ ταύτας Phld.Acad.Ind.28". Es wäre zu überlegen, ob nicht eher „sie (die Taten) mitanführen" zu übersetzen wäre, was durch den ersten Teil des Satzes bzw. den *genitivus absolutus* nahegelegt wird. Jedoch spricht das Genitivpartizip in Z. 39–40 mit dem Verweis auf die philosophische Bedeutungslosigkeit dafür, dass Philodem nicht nur nicht die Taten Dions, sondern Dion als Person nicht in sein Werk aufnehmen will.

10,37–40 (mit Ergänzung 9) Beinahe schon etwas in Inkonzinnität übergehend gibt Philodem eine Art zweite Begründung für sein Übergehen Dions. Nicht nur haben schon viele Autoren Dion behandelt, sondern insbesondere wird von ihm auch nicht berichtet (καὶ τα῾ῦ῾τ᾿ οὐ῾δ᾿),[327] dass er etwas Bemerkenswertes in der Philosophie geleistet hätte. Das Adjektiv, welches Philodem öfters in *De rhetorica* nutzt, wurde von Vassallo erkannt,[328] die korrekte Form des Verbs von Sedley, das Partizip von mir.[329] Der Ausdruck ἐπίς῾ημόν τ῾ι ist offenbar auf die philosophische Bedeutungslosigkeit gemünzt und spricht gegen ein Verständnis dahingehend, dass Philodem moniert, Dion habe bei seinen Taten nicht gemäß der Philosophie gehandelt. Das von Philodem im *Index Academicorum* oft genutzte ποιέω meint hier gewiss nicht politische Taten, sondern philosophisches Wirken. Erstmals konnte ich unter der Kolumne einige Reste des Nachtrags identifizieren (Ergänzung 9), auf den in Z. 40 mit κ῾ά᾿[τ]ῳ Bezug genommen wird (dasselbe Wort verweist auch auf die Nachträge unterhalb von Kolumnen in Kol. 8,22 und Kol. 20,3).

10,40–11,4 Die adversative Partikel μ῾έντ῾ο᾿[ι erhält durch die Neurekonstruktion der vorherigen Zeilen eine gewisse Bedeutung. Anders als im Falle Dions will sich Philodem zu Chairon äußern. Die minimale Überlänge am Ende der Zeile und die Korrektur in Kol. 11,1 lassen darüber nachdenken, ob nicht Π[ελ erst nachträglich ergänzt wurde. Die Korrektur zu Beginn von Z. 1 ist etwas unerwartet und das ursprüngliche Wort unbekannt. Vielleicht steht die Korrektur in Verbindung mit der etwas unnatürlichen Stellung des Artikels vor dem Ethnikon (und nicht vor dem Eigennamen).[330] Philodem nutzt die betonte

---

327 Für die Formulierung vgl. etwa Dem. or. 18,39: τοῖς μὲν γὰρ ὅλοις οὐδὲν μέτριόν μοι δοκεῖτε ποιεῖν, τὴν εἰρήνην συνθέμενοι καὶ ὁμοίως ἀντιπαρεξάγοντες, καὶ ταῦτα οὐδὲ συμπεριειλημμένων τῶν Φωκέων ἐν ταῖς κοιναῖς ἡμῶν συνθήκαις.

328 Der Superlativ erscheint auch in Kol. 27,10 (Apollodors *Chronica*).

329 Das Simplex verwundert etwas, mag aber eine bewusste *variatio* zum Kompositum in Z. 35 sein bzw. dieses nochmals aufgreifen. Für ein Kompositum in Z. 40 fehlt wohl der Raum.

330 Vgl. Verhasselt (2015), S. 40.

Konjunktion ἐπειδήπερ einige Male in seinen Werken.[331] Für Z. 2 kommt οὐˈδˈ
ἐμˈποδών ohne Emendation aus und ist näher am Original/Disegno. Das οὐˈδˈ
verleiht dem reichlich phraseologischen Einschub einen etwas anderen Zungenschlag als das auf Gomperz zurückgehende οὐδὲν früherer Herausgeber:[332]
Die Ausführungen zu Chairon sind für die Gesamtdarstellung Philodems (ihren
Fluss, ihre Klarheit) nicht hinderlich[333] – vielleicht im Gegensatz zur unterlas-
senen, potentiell ausschweifenden Behandlung Dions. Die Emendation οὐδὲν
(„nichts hindert uns") wäre etwas anders akzentuiert und auch weniger sinnig.
Das von Philodem häufig genutzte παρατίθημι ist hier im Sinne von „hinzufügen" gebraucht, ähnlich wie παραγράφω in Kol. 2,7 und Kol. Y,1. Das Verb κατα-
χωρίζω wird öfters von Philodem für „niederschreiben in einem Werk" genutzt
und mag hier auch das Anordnen verschiedener Quellen konnotieren.[334]

11,4–7 Zum Werktitel siehe Quellen Kol. 10,40–12,39 c). Die Neulesung ϲτρ̣α̣τη-
γίαϲ ist sicherer, als die vielen Punkte suggerieren, da zwar jeder Buchstabe
isoliert betrachtet zu punktieren ist, aber die „Sequenz der Spuren" das Wort
nahezu alternativlos macht.[335] Zu Beginn von Z. 6 ist das ϲ wohl sehr klein
geschrieben, vielleicht wurde es auch erst später am Beginn der Zeile hinzugefügt (vgl. Kol. 2,7 und Kol. 23,14).[336] Auf dem MSI scheint ein ε vor ιαϲ zu stehen,
aber bei einem Blick auf das Original entpuppt sich die vermeintliche Tinte auf
den MSI in der Mitte des Buchstabens als Loch.[337]

11,7–11 In Z. 11 ist aus Raum- und Spurengründen ἔˈμˈα̣[θ]εˈν und kaum mit
Mekler/Gaiser eine Form von μένω zu ergänzen. Für μανθάνω mit Dativ siehe
etwa Paus. 6,3,5: ⟨Δαμόκριτοϲ⟩ Ϲικυώνιοϲ, ὃϲ ἐϲ πέμπτον διδάϲκαλον ἀνῄει τὸν Ἀττι-
κὸν Κριτίαν· Πτόλιχοϲ μὲν γὰρ ἔμαθεν ὁ Κορκυραῖοϲ παρ' αὐτῷ Κριτίᾳ, Πτολίχου δὲ ἦν
μαθητὴϲ Ἀμφίων, Πίϲων δὲ ἀνὴρ ἐκ Καλαυρείαϲ ἐδιδάχθη παρ' Ἀμφίονι, ὁ δὲ παρὰ τῷ
Πίϲωνι Δαμόκριτοϲ; Stob. 3,24,10: Αἰϲχίνηϲ ὁ Ϲωκρατικὸϲ ἐπιπληχθείϲ. ὅτι Ϲωκράτει ἐϲχολακὼϲ ϲιωπᾷ, 'οὐ γὰρ μόνον' εἶπε 'λέγειν ἔμαθον παρὰ Ϲωκράτει, ἀλλὰ καὶ
ϲιωπᾶν'; Epiktet 3,26,9: ταῦτα ἐμάνθανεϲ παρὰ τοῖϲ φιλοϲόφοιϲ.[338] Der Hiat in Z.

---

331 Mit folgender Negation etwa in Phld. de elect. et fugis (PHerc. 1251) 4,4–5; de ira 28,21;
       49,24.
332 Für ἐπειδήπερ οὐδ' vgl. etwa Aristot. soph. el. 176a19: Ὥϲπερ οὖν εἴπομεν, ἐπειδήπερ οὐδ' ἔλεγ-
       χοί τινεϲ ὄντεϲ δοκοῦϲιν εἶναι, ...
333 Das Adverb in Phld. de ira frg. 27,25.
334 Siehe Vooys (1934), S. 167 und Gaiser (1988), S. 126.
335 Vgl. Fleischer (2018d), S. 43.
336 Vgl. für die oft „verbunden" geschriebene Sequenz ϲτρ Kol. 11,36.
337 Fleischer (2018d), S. 42.
338 Gaiser (1988), S. 496 verwarf das Wort mit der (falschen) Begründung, dass es παρὰ mit

10 11 zeigt übrigens, dass Philodem den Hermipp hier wörtlich zitiert. Für die Verbindung Platon-Xenokrates siehe Einordnung Kol. 10,40–12,39 a).

11,11–14 Mit ἀλλὰ wird bereits die Entfremdung von der Philosophie eingeleitet. Die Partikel γε betont die Siege. Der *terminus technicus* ἀπτὼc („niemals gefallen/zu Boden geworfen") findet sich im Zusammenhang mit Ringern auf zahlreichen Inschriften. Die Spezifikation ἄνδραc ist beinahe zwingend, da es auch den Ringkampf in der Kategorie παίδων/παῖδαc gab. Auf Inschriften wird meistens explizit zwischen den beiden Altersgruppen unterschieden. Vielleicht korrespondiert in Z. 13 ein μὲν mit δὲ in Z. 14. Die Siegeszahlen und Wettbewerbe unterscheiden sich von denen, die Pausanias nennt (Paus. 7,27,7: Χαίρωνα δὲ δύο ἀνελόμενον πάληc νίκαc ⟨᾽Icθμικὰc⟩[339] καὶ ἐν Ὀλυμπίᾳ τέccαραc). Akzeptiert man die Zahl von vier Siegen[340] bei irgendeinem Wettbewerb, war Chairon mindestens zwölf Jahre als Ringer aktiv, so dass einige seiner Siege vermutlich mit seinen Studien in der Akademie zeitlich zusammenfallen. In Z. 13 ist kaum Raum für eine Ergänzung im Sinne von „olympisch". Analog zu Z. 14 habe ich den Akkusativ ᾽Icθμια ergänzt.[341] Vielleicht hat Hermipp eine womöglich vollständigere Aufzählung des Dikaiarch um den oder die Siege bei den olympischen Spielen gekürzt, da er in Kol. 12,3–6 Phainias für einen olympischen Sieg zitiert und sich womöglich unnötige Wiederholungen ersparen wollte. Tendenziell dürften die Angaben des Hermipp/Dikaiarch zu den Siegen und Spielen verlässlicher als diejenigen des Pausanias sein, aber die abweichenden Angaben der Quellen machen es schwer, die tatsächlichen Siege und Wettbewerbe zu extrapolieren.[342] Phainias scheint nur von einem Sieg bei Olympia zu wissen, wobei die Formulierung im Kontext meines Erachtens die Möglichkeit offen lässt, dass sie ungenau ist. Bei Πύθια in Z. 14 liegt wahrscheinlich *scriptio plena* vor.

Genitiv voraussetzen würde. Gegen μένω spricht auch, dass es hier wohl mit einer Zeitangabe („früher") verbunden sein müsste. Der Gebrauch von μένω im Sinne eines Schülerverhältnisses ist auch nicht naheliegend.

339   ⟨᾽Icθμικὰc⟩ ist eine Ergänzung von Boeck. Gaiser (1988), S. 494 schlägt Πυθικὰc vor.

340   Disegno und Original lassen die Möglichkeit offen, dass in Z. 13–14 das ρ in ᵗτᵉᵗᵗ᾽⟨ρ⟩ά| χιc nicht einmal zu emendieren/ergänzen ist.

341   Eine Form von „Nemea" ist möglich, aber wegen der vermuteten Haplographie in Paus. 7,27,2 kaum vorzuziehen.

342   Vielleicht hat Pausanias irrtümlich die vier Siege bei den Pythischen Spielen in vier olympische Siege geändert. Sollte die Korruptel bei Pausanias tatsächlich nur eine einfache „Haplographie" sein und nicht mehrere Wörter ausgefallen sein, wusste er folglich nur von Siegen in zwei Wettbewerben. Hermipp (und womöglich Dikaiarch) zählen Siege in drei Wettbewerben auf.

11,14–18 In Z. 14 dürfte ein Verb des Bedeutungsfeldes „kämpfen" oder „zurückkehren" gestanden haben. Die Ergänzung ἐ[cτρατ]ή[γ]ει ist attraktiv, besonders im Hinblick auf εἰc cτρατηγίαc im Werktitel Hermipps. Jedoch sind die Spuren dürftig. Prinzipiell erscheint es aber nicht unwahrscheinlich, dass Chairon am *Hyperasischen Krieg* als Stratege oder Unterfeldherr teilnahm. Jedoch ist ein Bezug von Z. 19 ff. auf diesen Krieg nicht sicher. Die Präposition κατά meint entweder „zur Zeit" (bei *verbum movendi*) oder „während/im" (über eine längere Zeit – bei *verbum pugnandi*). Die Formulierung mit τοῖc πολίταιc ist kaum im Sinne einer Stasis auszulegen, sondern verdeutlicht, dass Chairon, der ja zuvor in Athen lokalisiert wurde, nun in seine Heimat zurückgekehrt war. Der wiederholte Artikel τ]ὸν in Z. 17 ist für die Übersicht der Periode und auch aus syntaktischen Gründen wohl notwendig. Das in *PHerc.* 164 frg. 25 klar lesbare *hapax legomenon* Ὑπερασιακόν lässt sich auch in Z. 17 vorzüglich ergänzen. Es geht entweder auf die Stadt Hyperasia (= Aigeira) oder den Eigennamen Hyperasios zurück (für Details siehe Einordnung Kol. 10,40–12,39 c)) und gehört zur Gruppe der Adjektive auf (ι)ακόc, welche vornehmlich Ortsnamen umfasst. Da mit dem Adjektiv ein Krieg bezeichnet wird (Ὑπερασιακὸc πόλεμοc), kommt einem sofort die lautlich ähnliche Bezeichnung Πελοποννηcιακὸc πόλεμοc in den Sinn. Die Benennung Ὑπερασιακὸc πόλεμοc könnte sogar eine Reminiszenz und unbewusste Analogiebildung zu dem berühmten Πελοποννηcιακὸc πόλεμοc sein, sollte diese Bezeichnung damals schon gebräuchlich gewesen sein.[343] Bei φ[η]c[ι]ʳνꞌ ist das ν unnötig gesetzt (ebenso wohl in Kol. 12,8).[344] Der Einschub bezieht sich wahrscheinlich nicht nur auf den Namen des Krieges, sondern auf die gesamte Periode (vgl. Quellen Kol. 10,40–12,39 a)).[345] Das κληθέντα In Z. 18 könnte in die Richtung deuten, dass weder der Krieg noch die Bezeichnung über Achaia oder Pellene hinaus sehr bekannt waren.

11,19–25 Trotz der nicht notwendigerweise rein positiven Konnotation von τόλμη in Z. 20 scheint mir die Ergänzung von κακά oder ähnlich in Z. 20–21 weitaus unwahrscheinlicher als das positive κα|λ[ά. Auch ziehe ich einen Anschluss ἄλλα τε vor, derweil Gaisers ἀλλ᾿ ἄτε nicht ausgeschlossen ist.[346] Mit ἄλλα wären

---

343 Der Begriff „Peloponnesischer Krieg" ist nicht vor dem 1. Jh. v. Chr. belegt, siehe Quellen Kol. X. Dass der Name des *Hyperasischen Krieges* erst eine Schöpfung Dikaiarchs ist, wie ich zunächst vermutete (in Verhasselt (2018), S. 563), erscheint mir nun eher unwahrscheinlich.

344 Kein unnötiges ν in Kol. 11,30 (= Kol. 12,33). Vielleicht hat Philodem bzw. der *diorthotes* hier anders als in Kol. 12,8 wegen der Stellung an dem Ende eines Einschubs das ν nicht korrigiert/durchgestrichen.

345 Auch in Kol. 8*,40 wird Antigonos als Quelle erst am Ende der Periode genannt.

346 Jedoch wäre es zu Beginn einer Periode recht unerwartet.

dann wohl andere Kriegstaten als die im *Hyperasischen Krieg* gemeint, wofür auch das *spatium* sprechen mag. Die Neulesung der militärischen Begriffe in Z. 22 (πολεμί[ων) und in Z. 23–24 (cτρα|τόπ[ε]δον) zeigt, dass wohl bis mindestens Z. 25 weiterhin Chairons kriegerische Aktivitäten thematisiert wurden. Ob er sein Leben (Z. 21–22) schonte oder aufs Spiel setzte (vermutlich Partizip in Z. 22 und Partizip (Aorist?) in Z. 23), ist ungewiss. Auch ist unklar, ob Chairon das Heer tapfer gegen jemanden führte (Bezug des Personalpronomens in Z. 24 auf die Feinde wahrscheinlich) oder verriet, aber eine positive Aussage über Chairons Taten und Mut ist tendenziell wahrscheinlicher. Vielleicht ist zwischen τα und ἀλλ⌐ατ⌐ zu interpungieren. Ein finites Verb ist am ehesten in Z. 21 oder Z. 25 zu erwarten.

11,25–30 In Z. 26 ist eine Form von καταφρονεῖν am wahrscheinlichsten. Der Sinn von Z. 25–28 könnte folgender gewesen sein: „Obwohl/während einige (die Aristokraten?) Chairon verachteten, war er ... (beliebt beim Volk? angesehen hinsichtlich ...? rücksichtslos?) und etablierte sich als Tyrann seiner Heimatstadt." Für c]φόδ[ρ]α beim Adjektiv siehe Kol. b,10. Im Hinblick auf Kol. 8*,37 ist das Adjektiv περί|βλεπτος in Z. 27–28 eine Möglichkeit. Der Ausdruck τ[ύρ]⌐α⌐ν|γ[ος τῆc π]ατρίδος [κ]ατέc|[τ]η hat eine enge Parallele in Paus. 7,27,7 (τύραννος πατρίδοc τῆc αὑτοῦ καταστῆναι).

11,30–33 Die Partikel γὰρ in Z. 30 zeigt an, dass mit dem Auszug aus Hypereides nun die Begleitumstände der Machtübernahme erstmalig näher erläutert werden. Die Partikel könnte auch ein Adjektiv der Bedeutung „grausam" in Z. 28 implizieren. Das μέν in Z. 31 hinter Hypereides korrespondiert mit dem δέ hinter Phainias in Kol. 12,2.[347] In Z. 32 muss in der Lücke vor „Antipatros" wohl noch ein Artikel gestanden haben,[348] der in Kol. 12,35 nicht erscheint. Am wahrscheinlichsten ist der Artikel τοῦ, welcher dann in der Dublette ausgefallen wäre (Haplographie).[349] Jedoch ist kaum gesichert, dass der Artikel in Z. 32 wirklich zum Titel der Rede gehörte und nicht unnötig gesetzt wurde (evtl. Dittographie).[350]

---

347 Für das Diplomatische Transkript ergänzende papyrologisch-paläographische Anmer-
     kungen zu diesen Zeilen siehe Fleischer (2018f), S. 27–30.
348 Entfernt wäre vielleicht an παρ᾽ zu denken, das häufig bei Gesandtschaften zur Bezeich-
     nung einer konkreten Person, welche sie schickte, verwendet wird.
349 Es bestand keine Notwendigkeit in der Dublette in Kol. 12 Korrekturen vorzunehmen. So
     ist auch bei einer anderen Dublette (Kol. 23/24 und 32) zu beobachten, dass in der ersten
     Version (vollständige Version) eine Information zwischen zwei Zeilen (Kol. 23,45) ergänzt
     ist, welche an paralleler Stelle (Kol. 32,41–42) nicht ergänzt wurde.
350 Es sind sehr viele „(τ)ου" in diesen Zeilen, die zu einem Fehler des Schreibers geführt haben

11,33–12,2 Den Zeilen verdanken wir die Kenntnis der genauen Umstände von Chairons Machtergreifung (durch das Kontingent des Korrhagos) und somit eine implizite, ungefähre Datierung des Beginns der Tyrannis (wohl 332/31 v. Chr.). Das zum Partizip in Z. 36–37 gehörige Beziehungswort steht in Z. 30 recht gesperrt. Mit ⌜τ⌝ὴν πατρίδα liegt dasselbe Substantiv wie in Z. 29 vor. Für die „Assimilation" ἐγβαλεῖν mit γ vgl. etwa Kol. 12,4.[351] Es bestehen engste lexikalische Bezüge zu Demochares (Athen. XI 509b – τοὺς ἀρίϲτουϲ τῶν πολιτῶν ἐξήλαϲεν, ἀλλὰ καὶ τοῖϲ τούτων δούλοιϲ τὰ χρήματα τῶν δεϲποτῶν χαριϲάμενοϲ καὶ τὰϲ ἐκείνων γυναῖκαϲ ϲυνῴκιϲεν πρὸϲ γάμου κοινωνίαν), der offenbar aus Hypereides schöpft, wie insbesondere die Erwähnung der Frauen zeigt. In Z. 38 ist recht undifferenziert von der Vertreibung der Bürger die Rede, aber es versteht sich von selbst, dass nur ein Teil der Bürgerschaft gemeint sein kann und nicht alle, außer den Sklaven, vertrieben wurden.[352]

12,2–7 Für Phainias siehe Quellen Kol. 10,40–12,39 d). Die Partikel in Z. 2 nimmt μέν in Kol. 11,31 auf. Mit dem καί sind offenbar kopulativ als doppelte Begründung für die Tyrannis bzw. das Verhalten als Tyrann die Partizipialkonstruktion in Z. 2–3 und das folgende τῆ[ϲ Ὀ]|λυμπικῆϲ νίκηϲ ἔτι κατ᾽ ἀξ⌜ί⌝|αν verbunden. Für ἐμ vgl. Kol. 11,38 mit dem dortigen Hinweis. Die Junktur κατ᾽ ἀξ⌜ί⌝|αν mit Genitiv meint hier „entsprechend", vgl. Xen. cyr. 8,4,32: κατ᾽ ἀξίαν τῆϲ οὐϲίαϲ, entfernter auch Phld. de lib. dic. 3b,10–12: πάντεϲ γὰρ ὁμοίωϲ καὶ φιλοῦϲι κατ᾽ ἀξίαν ἑκάϲτου. Das Verb ἀ[ν]αφανή⌜γ⌝᾽αι lässt offen, ob sich Chairon in Folge seiner anmaßenden Ruhmbegierde und Siege zum Tyrannen aufschwang oder – schon Tyrann – immer mehr als zügelloser Herrscher in Erscheinung trat. Für meine Übersetzung habe ich die zweite Variante gewählt. Ähnliche Formulierungen (LSJ: „... ἀναφανῆναι μούναρχοϲ to be declared king, Hdt. 3.82; ϲτρατηγὸϲ ἀ. Pl.Ion 541e") sind hier womöglich nicht einschlägig, könnten aber die Wortwahl mitbedingt haben.[353] Gaiser macht in γεανικόν

---

könnten. Auch ist denkbar, dass bei dieser unregelmäßigen Schrift ein eher enges τοὺϲ in der Lücke stand und zu Beginn der Zeile πρὸϲ fälschlich wiederholt wurde oder etwas anderes gestrichen wurde. Womöglich kam es zu einem gedanklichen Sprung des Schreibers zu dem folgenden τούτου.

351 Crönert (1903b), S. 54–56. Die Form ἐγβαλ- erscheint in mehreren Herkulanischen Papyri.

352 Präzisere Angaben hinsichtlich der Gruppe der Vertriebenen machen Ps.-Dem. or. 17,10 (ἐκβαλὼν τῶν πολιτῶν τοὺϲ πλείϲτουϲ) und Athen. XI 509b (τοὺϲ ἀρίϲτουϲ τῶν πολιτῶν ἐξήλαϲεν), dazu Verhasselt (2015), S. 35, der auf ähnliche Maßnahmen anderer Tyrannen verweist (Trog. hist. per Iustinum 16,5,1–4; Diod. 14,66,5; Polyb. 4,81,13; 13,6,3; 16,13,1).

353 Das Adjektiv γεανικόν spricht gegen „zum Tyrannen erklärt werden/sich als solcher etablieren".

cinen ironischen Unterton aus,[354] aber das Adjektiv könnte auch mit dem negativen Sinn „unbeherrscht" gebraucht sein. Für den vielleicht nur als *pars pro toto* genannten Sieg bei Olympia vgl. den Kommentar zu Kol. 11,11–14.

12,7–12 Das Verb ἐπ[ι]χειρῆϲαι impliziert wohl ein nicht begonnenes oder nicht vollendetes Unternehmen (zumal von der Stadt nichts bekannt ist). Wir wissen anderweitig nichts über diesen angeblichen Versuch einer Stadtgründung, aber die recht genaue Lokalisierung in Z. 10–12 spricht tendenziell für Historizität, wenngleich der Topos des hybriden Tyrannen zu berücksichtigen ist. Das ν-ἐφελκυϲτικόν in Z. 8 scheint getilgt. Mit ⌜τι⌝νεϲ sind wohl weniger von Hermipp oder Philodem zitierte andere Quellen gemeint, sondern nur ein von Phainias überliefertes Gerücht.[355] Das Partizip κα]λουμένων in Z. 10 spricht für einen bekannten „megarischen" Ort, so dass mir Schenkls Vorschlag ϲ]κε⌜λ⌝|ῶν zwingend erscheint,[356] auch wenn die Silbentrennung im Papyrus bei dieser Form kaum akzeptabel wäre. Vielleicht stand zunächst tatsächlich falsch der unkontrahierte Genitiv Pl. ϲ]κε⌜λ⌝[έ]|ων mit korrekter Silbentrennung, was dann entweder schon im Original am Zeilenende (heute verloren) geändert wurde oder aber von modernen Herausgebern angesichts der ansonsten korrekten Orthographie zu emendieren ist. Inwieweit oder ob hier eine orthographische Eigenheit des Phainias/Hermipp hineinspielt, sei dahingestellt. Die zwei „Megarischen Schenkel" waren Mauern, welche Megara mit dem Hafen Nisäa verbanden, ähnlich wie die „Großen Mauern" Athen mit dem Piräus.[357] Warum Chairon ausgerechnet hier eine Stadt gründen wollte, ist unklar. Für meine Konjektur der Kardinalzahl vgl. Plut. Phoc. 15,2.[358]

12,12–20 ⌜λ⌝έγ⌜ε⌝[ται geht zwar bisweilen mit dem AcI zusammen (vgl. LSJ III,10), aber ⌜λ⌝έγ⌜ε⌝[ι dürfte im Hinblick auf Kol. 12,2–3 vorzuziehen sein. Es „spricht" offenbar weiterhin Phainias und das Erscheinen des Verbs ist ein Hinweis, dass nun eine Information folgte, die unabhängig von der Stadtgründung ist. Gaiser hat τ⌜ελ⌝[μάτων („Sümpfe") ergänzt und im Folgenden einen Isthmos-Durchstich in die Spuren hineingedeutet. Prinzipiell ist zu erwarten, dass Hermipp/Phainias abschließend auf den Tod des Chairon eingeht.

---

354 Gaiser (1988), S. 498.

355 Vgl. Quellen Kol. 10,40–12,39 d) und Gaiser (1988), S. 127.

356 Schenkl (1903), S. 147. *Nomen est omen*: Kurioserweise hieß der Mann, welcher die Ergänzung der „Schenkel" in diesen Zeilen vorschlug, mit Nachnamen tatsächlich „Schenkl".

357 LSJ: „of the long walls between Megara and Nisaea, τὰ Μεγαρικά c. Ar. Lys.1170." Hansen/Nielsen (2004), S. 464.

358 Plut. Phoc. 15,2: δεξαμένων δὲ τῶν Μεγαρέων προθύμως, τήν τε Νίςαιαν ἐτείχιςε, καὶ διὰ μέςου ϲκέλη δύο πρὸς τὸ ἐπίνειον ἀπὸ τοῦ ἄϲτεος ἐνέβαλε, ...

τ⌐ελ⌐[ευτῆϲαι δ᾿] in Z. 12 passt gut zum Raum und das Drucken der Konjektur im Haupttext ist trotz lexikalischer Alternativen nicht allzu kühn. Das ⌐ἐπ⌐ιθ[ε] ⌐μ᾿έ⌐νω⌐[in Z. 13–14 („Angriff machen auf") deutet in die Richtung, dass Chairon eines gewaltsamen Todes starb, was mit dem vermuteten Titel von Phainias' Schrift im Einklang wäre (vgl. Quellen Kol. 10,40–12,39 d)). Vielleicht fiel er dem Attentat eines Einzelnen oder einer Gruppe von Verschwörern zum Opfer.

12,20–30 Das εἰρημένοϲ in Z. 21 geht entweder auf Phainias zurück, der nach dem Bericht über den Tod Chairons auch auf dessen frühere philosophische Aktivitäten einging, oder auf Hermipp/Philodem, der sich nun abschließend noch einmal zu Chairons Werdegang äußert. Selbst eine neue, von Hermipp zitierte Quelle ist denkbar. Anders als in Kol. 11,7–11 fehlt offenbar Platons Name, was für Phainias als Quelle sprechen mag. In Z. 22 ist Gomperz' Konjektur τὴν Ξεν]οκρά⌐τ᾿ουϲ wohl alternativlos. Mit ϲχολὴ⌐ν᾿ ist eher der Unterricht bei Xenokrates als die Schule des Xenokrates (Akademie) gemeint.[359] In Z. 25 ist die Kombination ουκαιτ nicht nur in ου καὶ τ, sondern auch in (ωι) οὐκ αἰτ[ι- auflösbar. Der Hiat würde in letzterem Fall gegen Philodem als Autor sprechen. Vielleicht war ausgesagt, dass irgendetwas (der Unterricht bei Xenokrates?) nicht die Ursache von Chairons Entwicklung war.

Ergänzung 10 Die Ergänzung beginnt allerspätestens auf der Höhe von Z. 25, womöglich bereits ab Z. 21. Auch mag sie sich noch etwas weiter nach unten erstreckt haben, könnte also bis zu 15 Zeilen umfasst haben. Am ehesten ist τὰγ|δρὸϲ in Z. 2–3 zu transkribieren. Der Inhalt ist schwer zu erahnen, ebenso der Charakter der Ergänzung, d.h., ob Philodem beim Kopieren (Hermipps) nur etwas übersehen hat oder noch eine neue, unabhängige Information nachtrug.

12,30–39 In Z. 30 oder 31 beginnt die Dublette, also die Überlappung mit Kol. 11,28–36. Die Spuren in Z. 32–33 sind sehr dürftig, aber eine Ergänzung entlang der Vorlage Kol. 11,28–30 ist zu rechtfertigen. Es hat den Anschein, als wäre in dem leeren Bereich nach Ende des Hermipp-Referats (bzw. Philodems Abschlussbemerkung) – der Text von Kol. 13 war ja schon geschrieben – in einem Anflug von „horror spatii" ein Teil des Textes nochmals kopiert worden, mit dem alleinigen Zweck, den leeren Raum aufzufüllen.[360] Der rechtwinklige Haken am linken Rand der letzten Zeile der Kolumne (Kol. 12,39) signalisiert,

---

359 Dass sich Xenokrates womöglich zur Tyrannis seines ehemaligen Schülers geäußert hat (vgl. Fleischer (2018f), S.37), ist eher unwahrscheinlich.

360 Fleischer (2018f), S. 26.

dass dieser letzte Teil der Kolumne nicht in der Endfassung erscheinen sollte. Er muss irgendwo am Rand oder in der Mitte nahe Z. 30 ein Pendant gehabt haben (Beginn der Dublette), vgl. etwa die Vertikale in Kol. 8*,23–25 (dazu I 6.2). Zunächst scheint das δε am Ende von Z. 30 für den Beginn der Dublette attraktiv, aber es kann nur schwer mit Kol. 11,27 harmonisiert werden, so dass die Dublette wohl erst in Z. 31 oder 32 begann. Die Tilgung der Dublette in der Endfassung wird auch durch *PHerc.* 164 frg. 28 und frg. 26 bestätigt. Zwischen beiden Fragmenten sind zwei Kolumnen in *PHerc.* 164 ausgefallen. Wie in I 7.3 gezeigt, entspricht eine Kolumne in *PHerc.* 164 etwa 25 Zeilen in *PHerc.* 1021 (mit etwas Spiel). Zwischen Beginn von *PHerc.* 164 frg. 26 und Beginn von *PHerc.* 164 frg. 28 sind etwa 47 Zeilen[361] ausgefallen (ca. 46–52 Zeilen erwartet). Würde man noch die 9 Zeilen der Dublette hinzuzählen, käme man auf etwa 57 Zeilen, was doch deutlich außerhalb der Fehlertoleranz liegt. Für den fehlenden Artikel des Genitiv Sg. vor Ἀντ⸤ι̣⸥ˈπάτ[ρο]υ̣ siehe den Kommentar zu Kol. 11,30–33.

13,1–3 Die Zeitangabe με˺θ᾽ ἡ˻μέ˴ραν ist nicht ohne Bedeutung.[362] Ein betrunkenes Umherziehen bei Nacht wäre kaum anstößig gewesen. Der (innere) Kerameikos gehörte auch zum Demos Οἶον Κεραμεικόν, in dem Polemon offenbar eingetragen war (siehe Kommentar Kol. 8*,40), so dass der spätere Philosoph in seinem heimischen Stadtbezirk betrunken umherzog. Es wird zwischen einem inneren und äußeren, durch das Dipylon-Tor getrennten Kerameikos unterschieden. Der äußere Kerameikos schloss offenbar auch das Gelände der Akademie ein.[363] Es ist auffällig, dass Philodem im Gegensatz zu D.L. 4,16 und letztlich zu allen (über zwanzig) Fragmenten der Polemon-Konversion[364] das betrunkene Schwärmen durch den Kerameikos nicht mit einer Begegnung des Xenokrates und dem Eindringen in dessen Vorlesung verbindet, sondern als isoliertes Beispiel für Polemons zügellose Jugend bringt. Das Zusammentreffen mit Xenokrates wird erst mit einigem Abstand in Kol. 13,10–12 vermerkt – ohne direkten Bezug zum betrunkenen Umherziehen. Sollte Philodem wirklich

---

361 Ca. 30 ausgefallene Zeilen in Kol. 11 sowie 17 ausgefallene Zeilen in Kol. 8*.

362 Es sei auf die lexikalische Parallele bei Lukian bis acc. 16 (Polemon F 25) verwiesen: ..., ὃϲ μεθ᾽ ἡμέραν ἐκώμαζεν διὰ τῆϲ ἀγορᾶϲ μέϲηϲ, ... Siehe auch Athen. XIII 603e (= Antigonos F 35a – Vita Zenonis): καί ποτε καὶ μεθ᾽ ἡμέραν ἐλθὼν ἔκ τινοϲ πότου ἀναπηδήϲαϲ πρὸϲ τὸν Ζήνωνα ἔπειϲεν αὐτὸνϲυγκωμάϲαι ....

363 Steph. Byz. ε 23: ⟨Ἑκαδήμεια⟩ ἢ ⟨Ἀκαδήμεια,⟩ ἀπὸ Ἀκαδήμου. καὶ Ἀθήνηϲι τόποϲ, ὁ Κεραμεικόϲ. Hesych, ⟨Ἀκαδημία⟩· λουτρόν, ἢ πόλιϲ, λέγεται δὲ γυμνάϲιον Ἀθήνηϲιν, ἀπὸ Ἀκαδήμου ἀναθέντοϲ. καὶ τόποϲ. καλεῖται γὰρ οὕτωϲ ⟨ὁ⟩ Κεραμεικόϲ.

364 Polemon F 15–33 und Addenda. Zu solchen Konversionsgeschichten siehe Gigon (1946), S. 19 f.

eine lange, unglaubwürdig erscheinende Konversionsgeschichte des Antigonos rationalisiert und drastisch gekürzt haben? Es ist vielleicht wahrscheinlicher, dass jemand die Kerameikos-Angabe und das trunkene Feiern bei Tag schon bald nach Antigonos auf die Akademie übertragen hat und die unglaubwürdige, Platons *Symposion* (Alkibiades' Auftreten) verarbeitende Version geschaffen hat, welche dann alleinig rezipiert und weitergesponnen wurde.[365] Alternativ mag eine ausgeschmückte Konversionsgeschichte parallel zu Antigonos entstanden sein. Jedenfalls finden sich bei Philodem keine Spuren eines zufälligen, betrunkenen Eindringens in Xenokrates' Vorlesung. Dafür, dass auch Antigonos diese später populäre Version noch nicht kannte, spricht, dass der Biograph bei Diogenes erst in D.L. 4,17 (nach der Episode) als Gewährsmann genannt wird. Das Vorherige dürfte zwar teils auf Antigonos zurückgehen, aber nur über eine oder mehrere Zwischenquellen, welche dessen Urversion offensichtlich anekdotisch bereicherten.[366]

13,4–10 κάκωϲιϲ ist ein juristischer Begriff, mit dem insbesondere die Misshandlung von Schutzbefohlenen bezeichnet wird. Sie wird im Folgenden begründet (γὰρ).[367] Polemons Ehefrau wurde vor Gericht durch Verwandte bzw. einen Vormund vertreten und war allenfalls als Zeugin zugelassen. Da athenische Männer zu Polemons Zeit kaum in einem Alter vor Mitte/Ende 20 (eher in den 30ern) heirateten,[368] dürfte der spätere Scholarch bei seiner Konversion nicht mehr allzu jung gewesen sein.[369] Knabenliebe war in gewissen Kontexten geduldet, so dass Polemon für eine solche Anklage seine Leidenschaften wirklich außerordentlich schamlos und anstößig ausgelebt haben muss. Die Zeilen 7–10 haben eine enge Parallele in Diogenes (καὶ περιφέρειν ἀργύριον πρὸς τὰϲ ἑτοίμουϲ λύϲειϲ τῶν ἐπιθυμιῶν), der jedoch die Anklage vom Geld entkoppelt. Philodem scheint näher am Wortlaut des Antigonos – Pole-

---

365 Vielleicht war Pseudo-Aristipps *Περὶ παλαιᾶϲ τρυφῆϲ* die Urquelle für diese Anekdote.

366 So ist die Episode mit dem angeblich in der Akademie gefundenen Geld Polemons völlig phantastisch und bizarr (vielleicht Pseudo-Aristipps *Περὶ παλαιᾶϲ τρυφῆϲ* entnommen).

367 Enge kausale Parallele in D.L. 4,17: ὡϲ μειρακίοιϲ ϲυνόντα. Im Zusammenhang mit der Ehefrau findet sich der Begriff κάκωϲιϲ nur hier (und bei Diogenes). Für weiterführende Gedanken und zur Stellung der Frau als ἐπίκληροϲ siehe Dorandi (1999), S. 8 Fn. 40, mit Verweis auf Thalheim (1919).

368 Vgl. Cox (2011), S. 232 und Schmitz (2014), S. 34.

369 Dies wird tendenziell durch Athen. II 44e (Polemon F 49 und Antigonos F 10) gedeckt: Πολέμων δ᾽ ὁ Ἀκαδημαικὸϲ ἀρξάμενοϲ ἀπὸ τριάκοντα ἐτῶν ὑδροπότηϲε μέχρι θανάτου, ὡϲ ἔφη Ἀντίγονοϲ ὁ Καρύϲτιοϲ. Diese Passage hat erstaunlicherweise kein Echo in Diogenes oder Philodem.

mon hatte stets Geld für seine sexuellen Gelüste zur Hand.[370] Das Partizip Aorist cυναντή[c]αντ[ι ist hier eine Art Futur II und dem schon gedachten Vollzug geschuldet (in meiner Übersetzung freier wiedergegeben). Das Verb scheint im Kontext zumindest im weiteren Sinne sexuell konnotiert und eher kein Neutrum zu sein („Geld für eine Situation hingeben"),[371] was durch die neue Ergänzung δ]ιϑό῀γαι auch gedeckt ist. Interessanterweise erscheint die exakt gleiche Formulierung περιέφερε νόμιcμα nochmals in einem Antigonos-Fragment, was auf ein Exzerpt Philodems eng am Wortlaut hindeutet.[372] Das Adjektiv φιλομειράκιος ist in der griechischen Literatur sehr selten − es erscheint nur dreimal. LSJ verweist auf unsere Stelle und D.L. 4,40,[373] was (siehe Quellen Kol. 19,1–20,3) ein starkes Argument ist, dass D.L. 4,40 noch auf Antigonos zurückgeht und Philodems Lexik in diesen Zeilen nahe an Antigonos ist.[374] Das Adverb in Z. 9–10 reflektiert ἑτοίμουc in Diogenes. Das entsprechende Adjektiv erscheint in D.L. 4,37 (Antigonos F 22*).

13,10–13 Wie im Kommentar zu Z. 1–3 ausgeführt, deuten die Zeilen nicht auf eine plötzliche Konversion durch das zufällige Hören einer Vorlesung im betrunkenen Zustand hin, da sie keinerlei direkten Bezug zu Z. 1–3 zu haben scheinen. Ein allmählicher Konversionsvorgang ist übrigens auch durch D.L. 4,16 nahegelegt: κατ᾽ ὀλίγον ἐθηράθη. Antigonos scheint das Verb θηράω gerne im philosophischen Kontext (ohne sexuellen Sinn) in der Bedeutung „von jemandem angezogen werden" gebraucht zu haben.[375] Das zweite Partizip konnotiert

---

370 Gaiser (1988), S. 505 vermerkt meines Erachtens treffend, dass Z. 7–10 nicht mehr zur eigentlichen Anklage der Gattin gehören und von Antigonos als Begründung hinzugefügt sind.

371 In diesem Sinne auch von Gaiser (1988), S. 233 verstanden.

372 D.L. 7,12 (Antigonos F 32): ποιήcαc δέ ποτε κοῖλον ἐπίθημα τῇ ληκύθῳ περιέφερε νόμιcμα, λύcιν ἑτοίμην τῶν ἀναγκαίων ἵν᾽ ἔχοι Κράτηc ὁ διδάcκαλοc. Das Adjektiv παντοδαπόc findet sich nochmals in Kol. 19,8.

373 D.L. 4,40: καὶ Θεοδότῃ τε καὶ Φίλᾳ ταῖc Ἠλείαιc ἑταίραιc cυνῴκει φανερῶc καὶ πρὸc τοὺc διαcύροντας προεφέρετο τὰc Ἀριcτίππου χρείαc. φιλομειράκιόc τε ἦν καὶ καταφερήc. Ansonsten erscheint das Adjektiv nur in Clem. Alex. strom. 1,11,51.

374 Übrigens ist auch das Wort φιλόπαιc vergleichsweise selten und erscheint in D.L. 7,18, was vielleicht − von Dorandi nicht aufgenommen − die Zenon-Vita des Antigonos als Quelle hat.

375 Gaiser (1988), S. 507 vermerkt: „(das Verb) bezeichnet ... das Anwerben und Gewinnen eines Schülers." Diogenes bzw. Antigonos nutzt es auch in D.L. 2,125 (nicht von Dorandi aufgenommen); 4,17 (Antigonos F 9b); 4,24 (unter Antigonos F 11b − von Dorandi ausgelassen); 9,64 (Antigonos F 2a). Zum Verb bei Antigonos/Diogenes siehe auch Mette (1984), S. 30 Fn. 1, der zeigt, dass es sich nicht um eine sexuell aufgeladene Formulierung handelt, was etwa von Kalligas/Tsouna/Hatzimichali (2020), S. 321 ignoriert wird: „The verb θηράω

wohl den offiziellen Schuleintritt. Die Zeilen 12–13 haben eine Parallele in Diogenes (τοσοῦτον δὲ ἐπιτεῖναι τὸ ἦθος).[376]

13,14–22 Der Konsekutivsatz hat ein Pendant in Diogenes Laertius.[377] In Z. 16 habe ich anstelle des Substantivs das Verb neugelesen, was zu einer gefälligeren Grammatik und Syntax führt. Der Komparativ ist aus Raumgründen geboten (vielleicht als Adverb). Die beiden Verben sind durch καὶ und nicht Negation verbunden, da sie eine Einheit bilden.[378] Welche Nuancen genau mit den beiden unterschiedlichen Verben ausgedrückt werden sollen, ist schwierig zu ermitteln.[379] Polemon behielt stets die gleiche Mimik und hatte eine monotonausgeglichene Stimme, vermied also Modulationen. In beidem manifestiert sich seine Charakterwandlung hin zu einer besonnenen, in sich selbst ruhenden Persönlichkeit. Das ταὐτὰ subsummiert die beiden vorangehenden Akkusative. Die Syntax wurde auf Basis einer Neulesung in den Z. 20–22 neu rekonstruiert. Die bisherige Rekonstruktion mit einem (zweiten) φυλάττεσθαι dahingehend, dass Polemon es vermied, sich vor Hunden zu fürchten, war doch recht merkwürdig.[380] Ich fasse χἄν als einen Nebensatz einleitende Konzessivkonjunktion auf,[381] wobei δεδίη[ι das entsprechende Verb ist. In Z. 21 wurde erstmals der Stamm φιˈλάˊπˈεχθ- ergänzt, was gut zu δυcˊκˈ[ο]λώτερˊοˈν passt. Vielleicht hatte Antigonos eine Vorliebe für φιλ(ο)-Adjektive, da sie ansonsten mindestens siebenmal für ihn belegt sind (wieder ein Hinweis auf ein Exzerpt Philodems eng am Wortlaut).[382] Hinderlich für eine exakte Rekonstruktion ist, dass beide Adjektive sowohl für Personen als auch für Dinge gebraucht werden können, und nicht zu entscheiden ist, ob δεδίη[ι mit einem Infinitiv oder Akkusativ (oder beidem) zusammenging. Die Spuren in Z. 21 lassen einen Akk. Pl. (Fem.) möglich erscheinen. Polemon fürchtete entweder wegen seiner Emotionslosigkeit als schwieriger und provokativer Charakter wahrgenommen zu

---

is used here with pederastic connotations and is also found in many similar contexts in Diogenes Laertius (including ἐθηράθη at 4.16 for Xenocrates and Polemo).“

376 Die Formulierung τοσοῦτο μετήλ|λαξε καˊτˈὰ τὸν βίον ist in LSJ als Beispiel für den intransitiven Gebrauch des Verbs aufgenommen.

377 Unklar ist, ob D.L. 4,24 ebenfalls direkt auf diese Passage zurückgeht oder Antigonos die Stimme Polemons nochmals im Kontext der Krantor-Vita erwähnt hat.

378 In früheren Rekonstruktionen war das καὶ recht merkwürdig (man hätte eine Verbindung mit μήτε bzw. eine andere Syntax erwartet).

379 Dieselbe Form διαλῦσαι erscheint auch in Kol. 18,16.

380 Dorandi (1991) bzw. Gaiser (1988): ... ἀλλὰ ταῦτα διαφυλάττε[ιν], χἄν δυcχ[ο]λώτερ[ο]ν ὄ[ντα. μά]λιcˈτα δˈ] ἐφυλάττε[το μὴ cκύλ]ακαc δεδίη[ι.

381 Die bisherige Auslegung im Sinne einer zu einem Partizip gehörigen Partikel wäre grammatikalisch recht unerwartet (LSJ-Referenz nur bedingt einschlägig).

382 Kol. 13,6–7 (2×); 14,45–46; 16,9–10 und Antigonos F 5; 7; 29.

werden oder trug Bedenken, dass von übelwollenden und streitsüchtigen Zeitgenossen Vorwürfe gegen ihn erhoben werden könnten. Mit einem zweiten
Verb, einer Form von ἔχω am Ende von Z. 20, könnte der erste Teil auch unpersönlich aufgefasst werden: „… auch wenn dies recht schwierig war und er fürchtete …." Interpunktion hinter δεδίη[ι ist nicht unwahrscheinlich.

13,22–33 Vermutlich wurde hier nicht der Konsekutivsatz mit Subjektwechsel weitergeführt. Folglich erwartet man ein *verbum dicendi* am Ende von Z. 21,
aber der Raum ist eng. Im Hinblick auf Z. 39–40 könnte vielleicht auch ohne
verbum dicendi ein Wechsel in den AcI erfolgt sein. Das ⸢τ⸣ῶν λυτ⸢τώ⸣[ντ]ων
meint aggressive und streunende Hunde.[383] Die lexikalischen Ähnlichkeiten
mit Diogenes sind ausgeprägt.[384] In Z. 25 ist Puglias τ⸢ὸ̣ ζῷ⸣‹ι›[ο]ν⸣ attraktiv, aber
die Raum-Spuren-Disegni-Situation gebietet Vorsicht. Mit ⸌ο⸢ῦ̣⸣ν⸍ ist die natür-
liche Reaktion der Umgebung hervorgehoben. τ]ρα|πῆναι ist durch ἄτρεπτον in
Diogenes gedeckt. Meklers [δεδ]⸢η⸣γ[μέ]|ν[ο]⸢ν in Z. 27 ist zwar verlockend, aber
die Spuren sind mager und zweifelhaft. Das οὔτε in Z. 28 muss irgendwo ein korrespondierendes Glied gehabt haben und deutet tendenziell auf ein *verbum
dicendi* in Z. 21 hin.[385] Vermutlich liegt der Wortstamm φιλο]ϲοφ- in Z. 29 vor.
Der Infinitiv in Z. 32 könnte noch zum ⸢τ⸣ὸν δ-Satz gehören. Im Hinblick auf
Z. 40 könnte κ[α]θ⸢η⸣[zu einer Form von κάθημαι gehören, aber auch κ[α]θ᾽
⸢ή⸣[c]υχ[ίαν ist beispielsweise denkbar. Wo genau die Hunde-Anekdote endete,
ist unklar.

13,33–42 Vermutlich stand οὗτος relativ am Anfang einer neuen Periode, die
in Z. 32 oder 33 begann, und ist auf Polemon zu beziehen. Gaiser rekonstruiert eine wörtliche Rede und vermutet mit Verweis auf Polemon F 114,[386] dass
der Akademiker forderte,[387] in allen Situationen die Wahrheit zu sagen. Dies ist
zwar keine abwegige Idee, aber eine Aufforderung zur Leidenschaftslosigkeit in
allen Situationen vor dem Hintergrund von Z. 39 ff. ist ebenfalls denkbar und
vielleicht vorzuziehen. Meklers εἴτε … εἴτε scheint wegen des Optativs in der
Tat wahrscheinlich. Das Partizip in Z. 39–40 ist sicherlich prädikativ auf beide
Akkusative zu beziehen. Der erste Akkusativ in Z. 37 könnte dem Sinne nach

---

383   Dillon (2020), S. 192 weist daraufhin, dass Tollwut im heutigen Sinne für den Philosophen
       tödlich gewesen wäre.
384   Erwähnenswert ist auch die lexikalisch ähnliche Formulierung einer Hunde-Episode in
       der Pyrrhon-Vita des Antigonos (Antigonos F 4b = D.L. 9,66 – καὶ κυνός ποτ᾽ ἐπενεχθέντος).
385   Jedoch sind die Negationen (οὐ-μὴ) bei Philodem teils nicht „klassisch" genutzt.
386   Stob. 3,11,23: Πλάτων μὲν ἥδιστον εἶναι τῶν ἀκουσμάτων τὴν ἀλήθειαν ἔλεγε, Πολέμων δὲ πολὺ
       ἥδιον τοῦ ἀκούειν τὸ λέγειν εἶναι τἀληθῆ, vgl. Gaiser (1988), S. 508.
387   Das Verb auch in Antigonos F 30 (= Athen. IV 162f), aber im Sinne von „einladen".

„die Seite, der man gewogen ist" meinen (ein Partizip Plural ist wahrscheinlich).
Es könnte eine Verhaltensdirektive in Disputationen oder in anderen Kontexten (Agone? Gerichte?) vorliegen. Eine direkte Rede ist zwar nicht kategorisch
ausgeschlossen, aber die 2. P. Sg. in Z. 38 mag verallgemeinernd „man" bedeuten und in indirekter Rede genutzt worden sein.[388] Nun wurde in Z. 39–40
entweder ein Konstruktionswechsel in den AcI ohne *verbum dicendi* (Ellipse)
vorgenommen oder Polemon forderte (auch) dazu auf, im Theater emotions-
los zu sitzen.[389] In diesem Fall wäre der folgende *genitivus absolutus* aber etwas
unerwartet und die Parallele in Diogenes spricht gegen ein solches Verständnis. In Z. 40 habe ich anstelle von Gomperz' (bis Dorandi übernommenem)
ἀγ{ϲ}θυποφερομένων gemäß dem *Oxforder Disegno* ⌜δύϲθετα⌝ φερομένω⌜ν⌝ transkribiert. Das Adjektiv ist immerhin dreimal im TLG belegt.[390] Der Dativ in Z.
42 scheint ein *dativus causae*. Die anderen Zuschauer trugen/tragen durch das
Gesagte schlimme bzw. schwer wieder in Ordnung zu bringende Gefühlswal-
lungen davon,[391] d.h., sie legten starke Emotionen an den Tag. Vermutlich fand
sich die Nikostratos-Passage des Diogenes schon bei Antigonos und wurde von
Philodem herausgekürzt.

13,42–14,3 Zahlreiche Neulesungen führen zu einem etwas veränderten Sinn.
Die *paragraphos* in Z. 42 zeigt, dass der Block „Leidenschaftslosigkeit Polemons" abgeschlossen ist und mit δὲ καὶ zu einem neuen Punkt übergeleitet
wird. In Z. 43 habe ich die Negation ergänzt und im Hinblick auf die wahrscheinliche „Linierung" in *PHerc.* 164 frg. 29 Gaisers γεγ̣⌐έϲθα̣⌐ι in den Text
gesetzt. Zu Beginn der Zeile spricht das Disegno für ⌜τῆι φύϲε[ι].[392] Das Adjektiv
ὑπό|βραδυ̣⌐ϲ wurde von mir auf Basis geringster Disegno-Änderung ergänzt und
ist einer Körpergrößenangabe (frühere Editoren: ὑπό|βραχυ̣⌐ϲ) wohl vorzuzie-
hen, zumal beide Wörter *hapax legomena* sind (wären).[393] Von seinem Naturell
her war Polemon nicht (allzu) „behäbig" oder „begriffsstutzig". Das negierte
Adjektiv bzw. der Teilsatz ist eine Art Einschränkung zur folgenden Beschreibung Polemons als eines vornehmen, würdig-gediegenen Gentleman und stellt
sicher, dass dieser Charakterzug nicht als Behäbigkeit oder langsame Auffas-

388 Vielleicht lag bei Antigonos ursprünglich wörtliche Rede vor.
389 Das Adjektiv zeigt zwar Polemons „stoische" Ruhe, sollte aber nicht im Hinblick auf Polemons etwaigen Einfluß auf die stoische Philosophie überinterpretiert werden. Antigo-
nos/Philodem hat das Wort hier gewiss nicht philosophisch aufgeladen verwendet.
390 Vgl. die Verweise in LSJ.
391 Das Medium im negativen Sinne von „trugen für sich davon".
392 Der Artikel dürfte „seine" (des Polemon) Natur betonen.
393 Etwaige idiosynkratische Formulierungen, wie im Apparat angegeben, sind unwahrscheinlich.

sungsgabe missverstanden wird.[394] Das neue Adjektiv lässt auch den Sinn der Akkusative in Kol. 13,45–46 etwas besser hervortreten, die doch wohl im Sinne von „Souveränität und Herbe" zu verstehen sind und γενναῖ⌐ό¬ν präzisieren. Aus *PHerc.* 164 frg. 29 entnimmt man das die Konstruktion klärende τι, was sogar schon in *PHerc.* 1021 ergänzt gewesen sein könnte. Die Korrektur in Kol. 14,3 scheint mit dem (vorläufigen) Fehlen des Indefinitpronomens zusammenzuhängen, vielleicht ebenso der offensichtliche Fehler in Z. 45, der heute am Original nicht mehr nachprüfbar ist. Die Parallele in D.L. 4,17 lautet: καὶ ὅλως ἦν τοιοῦτος οἷόν φησι Μελάνθιος ὁ ζωγράφος ἐν τοῖς Περὶ ζωγραφικῆς· φησὶ γὰρ δεῖν αὐθάδειάν τινα καὶ ξηρότητα τοῖς ἔργοις ἐπιτρέχειν, ὁμοίως δὲ κἀν τοῖς ἤθεσιν. Vor dem Hintergrund der vermutlichen (zweiten) Profession des Antigonos von Karystos (siehe Quellen Kol. 8*,23–14,3 b)) und des Vergleichs der Formulierungen von Philodem/Diogenes ist diese Melanthios-Referenz[395] tendenziell keine spätere diogenische Interpolation und dürfte somit schon in den *Bíoι* des Antigonos gestanden haben. Philodem hat offensichtlich einen umständlichen Vergleich für seine Zwecke prosaisch umgeformt. Etwas später lesen wir in D.L. 4,18: ᾮν οὖν ἀστεῖός τις καὶ γενναῖος. Vielleicht geht das zweite Adjektiv auf Antigonos zurück und steht in (Fern)Beziehung zu Kol. 13,44–45. Im Gegensatz zu Gaiser/Dorandi habe ich den Namen des Malers Melanthios in Kol. 14,1 nicht ergänzt, da er schwerlich mit dem Erhaltenen in Einklang zu bringen ist. In der Zeile ist ein Adjektiv der Ähnlichkeit oder Gleichheit zu erwarten und Spuren eines κ sprechen für Meklers [ἐ]ο[ι]κ[ὸ]ς (von späteren Editoren nicht übernommen). Dahinter beginnt eine Ergänzung, deren erster Buchstabe ein ε zu sein scheint. Ich habe mich für die Füllsel ε[ἰκ]ότως und [κ]αὶ im Haupttext entschieden, da die Partizipien wohl mit einer Kopula verbunden waren – einige Zweifel bleiben. Das neue ὁλοσχερεῖ ist letztlich nur auf den MSI/HSI und nicht im Original lesbar.[396] Für die Junktur πολιτικῆ[ι c]⌐εμ¬νότητι siehe Polyb. 22,20,2; offenbar ist die Haltung bezeichnet, die man von einem Bürger (im Falle Polemons nicht unbedingt im Sinne politischer Betätigung) erwartet. Verbunden mit dem Partizip ist die schickliche, bürgerliche Tugend gemeint (eher als „staatsmännisch"). Das erste Adjektiv ὁλοσχερεῖ bedeutet hier „vollkommen/vollendet".

---

394 Das Simplex-Adjektiv bezeichnet den Gegensatz zu „scharfsinnig" (LSJ mit Verweis auf Plat. Phdr. 239a: ἥττων δὲ ἀμαθὴς σοφοῦ, δειλὸς ἀνδρείου, ἀδύνατος εἰπεῖν ῥητορικοῦ, βραδὺς ἀγχίνου). Das Kompositum mag „nicht unnatürlich behäbig" konnotieren.

395 Melanthios war ein bekannter Vertreter der zweiten Generation (370–330 v. Chr.) der Malschule von Sikyon, vgl. Hoesch (2006).

396 Das entsprechende Adverb erscheint in Antigonos F 4B (D.L. 9,66). Auch Epikur nutzt das Wort im *Herodotbrief* (D.L. 10,35–36); Philodem verwendet es ebenfalls einige Male.

14,3–8 Die *paragraphos* markiert einen neuen Abschnitt in der Charakterisierung Polemons. In Z. 4 ist Wilamowitz' von allen Herausgebern übernommenes ⌜ἀδ⌝ύ⌜γατ⌝' unwahrscheinlich, da sehr drastisch in das Disegno eingegriffen wird. Gomperz' Vorschlag ⌜εἰϲ⌝ [τ]ιμὴν ist attraktiv, aber wohl zu kurz. Vielleicht ist [ἀ]χ⌜μὴν⌝ eine Alternative. Jedenfalls zeigen der Kontext, die Parallele bei Diogenes sowie auch διό in Z. 8 die Sinnrichtung an, nämlich, dass Polemon sich gegen übertriebene, sinnentleerte, vom echten Leben entkoppelte Dialektik wandte und eine Bewährung und Ausübung der Ethik (Philosophie) im Alltag einforderte.

14,8–12 Der Konnektor διό (bei Diogenes mögliche Parallele in οὖν) ist für das Verständnis von ἀϲόλοικοϲ bedeutsam. LSJ gibt für diese Stelle „unexceptional" an. Offenbar wollte Polemon in der Prüfung bzw. in der Diskussion[397] niemanden rhetorisch-raffiniert durch unnatürliche Wortklauberei in die Falle locken oder vorführen, weshalb er sich einer natürlichen (aber nicht barbarischen) Sprache bediente. Mit ἀϲ|⌜τ⌝εϊ[ϲμ]οῦ muss eine Form von spöttelnder, arroganter (nicht sokratischer) Ironie gemeint sein. LSJ übersetzt: „(esp. of ironical self-deprication) mock-modesty." Textuell problematisch ist die Parallele bei Diogenes, da sie Philodem offensichtlich widerspricht. Wilamowitz emendierte zu ἀϲόλοικόϲ,[398] Gigante schlug οὖν statt οὐκ vor (dann aber fehlender Konnektor/Partikel), Kassel-Austin vermuten Korruption.[399] Gaiser sieht inhaltlich kein Problem bei dem in allen Mss. überlieferten ἀϲτεῖοϲ.[400] Ich vermute, dass Diogenes oder seiner Quelle hier wohl ein Fehler beim schnellen Lesen (Memorieren) unterlief und ἀϲτεῖοϲ daher (sinnentstellend!) im originalen Diogenes (evtl. schon seiner Quelle) war, so dass Dorandi das Adjektiv zu Recht in seiner Diogenes-Ausgabe beibehält. Die Aristophanes-Zitate des Diogenes mögen im ursprünglichen Antigonos gestanden haben und von Philodem herausgenommen worden sein. Für πίπτω + ἔξω siehe etwa Aristoph. ran. 970.[401] Gegen das bisherige ὁ[ρ]|γ[ια]ϲτὴ[ϲ] (Gomperz) sprechen fehlende Spuren am Ende von Z. 10.[402] Aus Worttrennungsgründen erschien mir ὁ|ζὸϲ [τῆϲ] eine

---

397 Das Substantiv ἐπιχείρηϲιϲ erscheint öfters bei Philodem, das entsprechende Verb in diesem Sinne in Kol. 18,8.

398 Wilamowitz-Moellendorff (1881), S. 65.

399 Aristoph. PCG 128 (Eur. TGrF T 183) und Aristoph. PCG 958.

400 Gaiser (1988), S. 512.

401 Das Adverb bzw. die Präposition erscheint insgesamt dreimal in Kol. 14 (noch in Kol. 14,29 und 36).

402 Für weitere, wenig überzeugende Vorschläge siehe Gaiser (1988), S. 512.

sinnvolle Alternative, obgleich die Spurenlage mager ist.[403] Das Wort könnte „Zweig" oder eher „Spross (Nachkomme)" bedeuten. Der Einschub in Z. 11–12 erklärt die poetische und seltsame Formulierung. Es ist meines Erachtens nicht unwahrscheinlich, dass ein Bezug zu D.L. 4,18 (ἁρμονικόν τι τέχνιον) und/oder zu D.L. 4,19 (ἀεὶ γοῦν ἐμέμνητο ὁ Πολέμων αὐτοῦ, τήν τ᾽ ἀκακίαν καὶ τὸν αὐχμὸν ἐνεδέδυτο τἀνδρὸς καὶ τὸ βάρος οἱονεὶ Δώριός τις ἁρμονία) besteht, da das gemeinsame Erscheinen von Pindar und „dorischer Harmonie" auf diesem „engen Raum" kaum Zufall ist.[404] Damit ist auch ein Zugang zur richtigen Interpretation der Aussage gewonnen, insofern dorische (pindarische) Harmonie nach Diogenes (Antigonos) an ἀκακία, αὐχμός und βάρος erinnert, was übrigens ein wenig den Bildervergleich in Kol. 13,45–14,1 bzw. D.L. 4,18 aufnimmt. Diese pindarische Harmonie scheint eng mit dem Sprach- bzw. Disputationsstil Polemons (Z. 8–10) verknüpft, insofern sie trocken-ungekünstelt und aufrichtig-ernst ist. Vermutlich kam die ursprüngliche Formulierung des Antigonos einer Mischung aus Philodem und Diogenes nahe. Vielleicht wurde die Pindar-Referenz bzw. Dorische-Harmonie-Referenz von Diogenes hinter Aristipp transponiert.

14,13–21 Nun folgt, syntaktisch noch verbunden, aber inhaltlich vom Abschnitt „Sprachstil Polemons" losgelöst, als weitere Eigenart Polemons das Meiden von Öffentlichkeit und Menschenansammlungen. Das Verb αἰδέομαι mit πρός ist nicht belegt, weshalb ich das naheliegende Partizip in Z. 14–15 nicht in den Text gesetzt habe. Auch in Z. 16 ist unklar, wie die Spuren des Originals im Verhältnis zum Disegno zu werten sind. Für το[ὺς] ᵉἐᵓςᵓχάτουᵓ[ς fehlt offenbar ein Buchstabe zwischen Artikel und Adjektiv, der schwer zu finden ist; gegen Meklers το[ὺς π]ᵉεᵓριᵓπάτου[ς τε] καί (im Hinblick auf D.L. 4,19: περιπατῶν) spricht tendenziell die Spurenlage. Auch ist die Richtung des Partizips (medial oder passivisch) in Z. 15 nicht klar. In Z. 17–18 kommt als Wort zwischen den beiden Konnektoren fast nur ξᵓ[νερ]|ᵓγᵓὸς in Frage, was ebenso wie in Z. 19–20 ἐν|τρεχᵓὴςᵓ und in Z. 20–21 ἀ[ρ]ᵉετᵓὴᵓνᵓ (*accusativus Graecus?*) zur positiven Beschreibung des Polemon passt.

14,21–25 Die Passage wurde grundlegend neu rekonstruiert, wobei Unwägbarkeiten des Raums und des Disegno vermerkt werden müssen. Die Spuren in Z. 21 sprechen eher für das Adjektiv als das Partizip, zumal in Z. 23 ein weiteres Partizip stehen dürfte. Am Ende von Z. 21 schließen die Spuren das Partizip Präsens Medium/Passiv aus. Die Spurenbasis für die Spezifizierung ἀ̣ε̣ὶ̣ ist

---

403 Vielleicht stand ein seltenes Wort (ggf. ohne folgenden Artikel), im Hinblick auf Diogenes (Aristophanes) etwa ὁ|ξῳτ|ὸς oder ähnlich.

404 Gaiser (1988), S. 512 sieht keinen Zusammenhang.

mager, aber das Wort erhält eine gewisse Stütze durch Z. 25–26, wo durch das finite Verb die Dauer betont ist. In Z. 22 ist offenbar ausgedrückt, dass Polemon bewundert wurde, weils er sich stets von Streitigkeiten und Unrecht fernhielt, woraus sich insgesamt eine Haltung (Z. 25) ergab, welche die Stadt goutierte. Die Neukonstruktion von Z. 23–24 fasst c]ˈχˈ[ὤν] etwas zeugmatisch auf.[405] Die Disegno-Änderung in τιˈˈμωρίˈαι wird durch das Partizip κριθˈείςˈηιˈ nahegelegt und passt gut zu Z. 28(26)–35.[406] Der Präpositionalausdruck bedeutet, dass Polemon niemals eine zu Recht verhängte Strafe zuteilwurde (Bezug auf c]ˈχˈ[ὤν] eher unwahrscheinlich). Für den Präpositionalausdruck vergleiche Plat. Gorg. 525b: προσήκει δὲ παντὶ τῷ ἐν τιμωρίᾳ ὄντι, ὑπ᾽ ἄλλου ὀρθῶς τιμωρουμένῳ, ... Das Partizip von εἶναι ist hier wohl wegen des leicht zeugmatischen c]ˈχˈ[ὤν] und der Übersicht halber weggelassen. Die Wortstellung des Adverbs καˈλˈῷ[c könnte der Hiatvermeidung dienen.[407] Diese sowie die folgenden Zeilen sind in D.L. 4,19 zu διὰ δὴ οὖν τὸ φιλογενναῖον ἐτιμᾶτο ἐν τῇ πόλει zusammengefasst.

14,25–28 δˈιˈετˈ[έ]|λει scheint nach ἦν in Z. 8 das erste „finite" Verb zu sein. Als zweites Partizip habe ich ˈἐπˈ[ι]|ˈβρῴμενος ergänzt,[408] was hier „beklatschen/applaudieren" meinen dürfte.[409] Alternativ könnte man es als „zu Hilfe rufen" verstehen. In Z. 27 spricht die Gesamtschau eher für ˈχοˈc[μιό]|τητι als für das weniger gut belegte ˈπιˈc[τό]|τητι. Die Verbindung der Substantive hat eine Parallele in Plat. Gorg. 508a (κοσμιότητα καὶ σωφροσύνην).[410]

14,28–35 Das Substantiv κακ[ο]ˈπρˈαˈ[γμο|cύν]ης ist recht selten. Am Anfang von Z. 29 sind die Buchstaben tendenziell breit geschrieben. Der Infinitiv in

---

405 Wir erwarten eine Form von ἔχω (oder ähnlich) für den Akkusativ. Vertrauen wir dem Disegno, muss diese wohl hier gestanden haben (Partizip Aorist wegen Hiatvermeidung – Erreichen der Haltung betont).

406 φιˈλοσοφίˈαι ist aufgrund des schwer damit in Einklang zu bringenden Partizips und des Raums eher unwahrscheinlich.

407 Jedes der drei vorangehenden Wörter hätte vor ἀρ]ˈέcˈκου[cαν Hiat gemacht. Allerdings hätte Philodem diesen auch durch Umstellung des c]ˈχέςιν᾽ anders vermeiden können. Das Adverb kann nicht zu ἀρ]ˈέcˈκου[cαν gehören, welches das Adverb seiner Bedeutung nach schon enthält.

408 Da –ωμενος wahrscheinlich ist und ἐπ- am Zeilenende steht, finden sich kaum lexikalische Alternativen.

409 Vgl. Epiktet 3,23,10: πρῴην ψυχρότερόν σου τῶν ἀκροατῶν συνελθόντων καὶ μὴ ἐπιβοησάντων σοι τεταπεινωμένος ἐξῆλθες.

410 Für das entsprechende Verb siehe Kol. 14,3. Philodem nutzt das Substantiv öfters in *De musica*. Für σωφροσύνη als Eigenschaft des Xenokrates, den Polemon in allem nachahmte (Kol. 14,41–45; 15,26–28), siehe Kol. 7,14.

Z. 36, aber auch das neue Partizip ἀλ᾽όν- zeigen offenbar einen Konstruktionswechsel an, weshalb ⌐α᾽[ὐτὸ]ν zu ergänzen sein dürfte. Das *verbum dicendi*
könnte in Z. 28 zu suchen sein. Es ist mit Verschreibungen des Disegno und
auch weiteren Korrekturen im Papyrus zu rechnen, was einer kompletten
Rekonstruktion der Passage abträglich ist. Das Hauptverb (Infinitiv) des vermuteten AcI ist wohl ζ⌐ῆν᾽, wozu das zu Beginn der Zeile im Original (auf den
MSI/HSI) erahnbare κοινῶϲ gut passt (vgl. Kol. 14,12–15). Am Ende von Z. 30
stand wahrscheinlich ἤχ[ι]ϲ[τ]α. Das neue ἀλ᾽όν- (ganz offenbar der Akkusativ des Partizips) bedeutet, dass Polemon niemals eines Unrechts überführt
wurde bzw. einer Straftat angeklagt wurde. Im Folgenden könnte ein Partizip
in der Bedeutung von „aufsuchen" gestanden haben und οὐδέ nicht Infinitive,
sondern das dem Sinn nach verneinte Partizip in Z. 30 mit den folgenden Partizipien verbinden.[411] In Z. 32 stand vermutlich keine Form von ἔχω und das χ
könnte eine Verschreibung des Disegno sein. Die Korrektur ε⌐ἴϲ᾽ τ[ι] ist attraktiv, ferner vielleicht der *accusativus Graecus* ἐ⌐ξ᾽[ὸ]ν.[412] Mit κοινὸ᾽ν ἀ᾽[ρ]χεῖον ist
das Amtshaus einer Athener Behörde bezeichnet, in dem man seine politisch-
juristischen Anliegen vortragen konnte.[413] Mit Verweis auf unsere Stelle hat
LSJ für παράϲταϲιϲ „proximity, presence". In der Tat geht „Anwesenheit" mit
dem Verb im unpersönlichen Sinne von „passieren/sich ereignen/kommen" gut
zusammen.[414] In Z. 33 ist [ἐ]ξ idiomatischer und dem reinen Genitiv vorzuziehen (auch aus Raumgründen). Polemon erschien nur wenn absolut nötig vor
Gerichten und Behörden. Diese Zeilen finden sich nicht bei Diogenes bzw. sind
in der Aussage οὐ μὴν ἀλλὰ καὶ ἐκπεπατηκὼϲ ἦν διατρίβων ἐν τῷ κήπῳ (D.L. 4,19)
verarbeitet.

14,35–41 Die Zeilen 35–36 sind die Parallele zu οὐ μὴν ἀλλὰ καὶ ἐκπεπατηκὼϲ
ἦν διατρίβων ἐν τῷ κήπῳ in D.L. 4,19. In Z. 35 habe ich ⌐πολ᾽ὺ χ᾽αὶ anstelle
von πόλ᾽[εωϲ] ergänzt, was das Problem der bisher doch (mit anderen Ergänzungen) unerwarteten Substantivierung des Infinitivs aufhebt. Das καὶ unterstreicht, dass Polemon die Stadt nicht nur bei öffentlichen Angelegenheiten
mied, sondern auch sonst die meiste Zeit außerhalb der Stadt im Akademieareal verbrachte. Das Partizip [φαι]⌐νό᾽[μ]᾽εν᾽ο᾽ν᾽ steht wohl, um Konfusion

---

411 Alternativ könnte man an ein zweites Partizip im Sinne von „meiden" in Z. 31–32 denken.

412 Das ἐ⌐ξ᾽[ὸ]ν könnte konditional oder konzessiv zu verstehen sein („wenn es möglich
     war/obwohl Polemon immer gekonnt hätte").

413 Vgl. Thalheim (1895).

414 Es sei darauf hingewiesen, dass das Substantiv in klassischer Zeit auch im juristischen
     Kontext (LSJ: as law-term, money deposit, court fee on entering certain public suits,
     And.1.120, Is.3.47, Dem.Phal.Fr.7 J.; π., μία δραχμή Men.327, cf. Com.Adesp.778, Harp. s.v.)
     genutzt wurde, aber diese Bedeutung ist kaum sinnvoll in die Periode integrierbar.

durch einen zweiten Infinitiv zu vermeiden. Ferner ist die Interpunktion nicht sehr scharf und noch ein Fernbezug auf ἤκ[ι]ϲ[τ]α ϙοιϙῶϲ ζ⸢ῆν⸣ in Z. 31 gegeben. Das καὶ in Z. 36 betont, dass die Schüler „sogar" bzw. „auch" im Garten wohnten. Das eher seltene καλύβια steht ebenfalls in D.L. 4,19: ... ἐν τῷ κήπῳ. παρ᾽ ὃν οἱ μαθηταὶ μικρὰ καλύβια ποιηϲάμενοι κατῴκουν πληϲίον τοῦ μουϲείου καὶ τῆϲ ἐξέδραϲ. Cicero (De fin. 5,2) erwähnt eine Exedra des Karneades, welche vielleicht mit der bei Diogenes genannten identisch ist. Offenbar ist damit eine kleine Vorlesungshalle gemeint. Für die logischen Probleme des Hüttenbaus siehe Einordnung Kol. 14,3–15,46.

14,41–45 Die Bewunderung für Xenokrates wird nochmals in Kol. 15,25–28 angesprochen.[415] Die Stellung von ἐῴκει δὴ ὁ Πολέμων κατὰ πάντα ἐζηλωκέναι τὸν Ξενοκράτην nach der Angabe zu den Hütten in Diogenes spricht dafür, dass in diesen Zeilen Diogenes gespiegelt ist, während die Lexik in die Richtung deutet, dass sich eine Parallele zu Diogenes erst in Kol. 15,25–28 findet. Die Formulierung ⸢ἐξ ὧν⸣ ist *attractio relativi* für ἐκ τούτων, ἅ.[416] Das neue τ⸢ὰ⸣ [ρ]η⸢θέντα⸣ meint entweder die Dinge, die damals über Xenokrates gesagt wurden, oder ist ein Fernbezug auf das von Antigonos bereits über Xenokrates Gesagte[417] oder ist ein Fernbezug auf das von Philodem bereits über Xenokrates Gesagte oder steht für λεγόμενα, also die Dinge, die man über Xenokrates gemeinhin sagt. Polemon ahmte allem voran die ϲωφροϲύνη des Xenokrates nach (Kol. 7,11–13).

14,45–15,3 Die *paragraphos* leitet zur Bewunderung für Sophokles über. Mit den gleichen Worten wie Diogenes (καὶ μάλιϲτα) präzisiert Philodem, was genau Polemon an Sophokles wertschätzte (⸢ἀ⸣ποδέχεϲθαι).[418] Die MSI/HSI zeigen in Kol. 15,1 eindeutig das im Original faktisch nicht sichtbare, substantivierte Adjektiv π⸢αραθαρϲὲϲ⸣ (ein *hapax legomenon*), gefolgt von αὐτ[ο]ῦ. Die Bedeutung dieses und des folgenden Adjektivs, welches nicht sicher zu ergänzen ist, erschließt sich implizit aus den Komikerzitaten bei Diogenes, von denen ich annehme, dass sie im ursprünglichen Text des Antigonos standen und von Philodem „prosaisiert" wurden (siehe Quellen Kol. 8*,23–14,3). Das verwandte Verb ist das gängige παραθαρϲύνω („ermutigen"). Im Hinblick auf den

---

415 Das Kompositum ἐκθαύμαζω ist sehr selten.

416 Vgl. Gaiser (1988), S. 516 mit Verweis auf Thuk. 2,42,2 (ἃ γὰρ τὴν πόλιν ὕμνηϲα, ...). Seiner Übersetzung nach zu urteilen, sieht Gaiser ἐ|⸢μιμεῖτο⸣ auf gleicher Stufe wie ⸢δ⸣ο⸢κεῖ⸣ ... ἐκθαυμ⸢[άϲ]⸣αι, während ich es als Teil des Relativsatzes auffasse.

417 Jedoch hat Antigonos den Xenokrates in seinen *Βίοι* nicht mit einer eigenen Biographie bedacht.

418 Das Verb steht in dieser Bedeutung auch in Antigonos F 21 (D.L. 4,31: ἀπεδέχετο δὲ πάντων μᾶλλον Ὅμηρον).

Molosserhund als Ko-Autor des Sophokles bei Diogenes (κύων τις ἐδόκει cυμποι-
εῖν Μολοττικός)[419] und ferner im Hinblick auf den Weinvergleich (οὐ γλύξιc οὐδ᾽
ὑπόχυτος, ἀλλὰ Πράμνιος)[420] scheint „das Beherzte/Starke/Kraftvolle/Wuchtige"
eine passende Übersetzung zu sein. Das zweite Adjektiv dürfte sich auch noch
auf die Sprache beziehen (vielleicht eher parallel zum zweiten Zitat bei Diogenes) und hatte wohl eine ähnliche Bedeutung wie das erste Adjektiv.[421] Sophokles ist eigentlich primär gerade nicht für diese Aspekte seiner Stücke bzw.
Sprache berühmt, aber in der Antike schätzte man offenbar auch diese Seiten.[422] Nervegna (2016) hat obige „vergessene Zitate" des Diogenes analysiert
und bringt einige Redeagone als potentielle Beispiele; er erwägt auch einen
Bezug auf Sophokles' Musik.[423] Der Pramnische Wein war in Athen wenig
beliebt und für seine Herbe und Stärke bekannt.[424] Anders als Nervegna halte
ich es nicht für selbstverständlich, dass diese Zitate aus dem Munde Polemons stammen.[425] Sie könnten ihrem Ursprung nach lediglich als literarisch-
kunstvolle Einsprengsel von Antigonos sinngemäß richtig auf Polemons Vorlieben angewandt und in den Text eingebaut worden sein.

15,3–16   Wieder zeigt eine *paragraphos* einen neuen Abschnitt an. Z. 4–6 sind
sehr eng an Diogenes angelehnt,[426] aus dem auch hervorgeht, dass in οἱ περὶ
τὸν Πολέμωνα unter anderen Krates eingeschlossen ist.[427] In Z. 7–11 sind zwei
(ergänzende) Alternativen angeben: Die Philosophen um Polemon erschienen

---

419   Aristoph. PCG 958 (Soph. TGrF T 144).
420   Phrynichos PCG 68 (Soph. TGrF T 115).
421   Da das erste Adjektiv ein *hapax legomenon* ist, könnte auch das zweite Wort eher unge-
      wöhnlich sein. Gaisers παρά[φ]ω[νο]ν ist fast nirgends belegt und sein Verständnis „harter
      Klang" nicht unbedenklich (Gaiser (1988), S. 516). Büchelers παρά[β]ο[λο]ν („gewagt/ver-
      wegen") und das von Puglia vorgeschlagene Partizip παρα[ι]γ[οῦ]ν sind wahrscheinlicher.
422   Plutarch nennt drei Phasen von Sophokles' Entwicklung, die der Dichter angeblich selbst
      identifizierte (Plut. Quomodo quis suos in virtute sentiat profectus 79b: ὥσπερ γὰρ ὁ
      Cοφοκλῆc ἔλεγε τὸν Αἰcχύλου διαπεπαιχὼc ὄγκον εἶτα τὸ πικρὸν καὶ κατάτεχνον τῆc αὑτοῦ
      καταcκευῆc τρίτον ἤδη τὸ τῆc λέξεωc μεταβάλλειν εἶδοc, ὅπερ ἠθικώτατόν ἐcτι καὶ βέλτιcτον,
      οὕτωc οἱ φιλοcοφοῦντεc, ὅταν ἐκ τῶν πανηγυρικῶν καὶ κατατέχνων εἰc τὸν ἁπτόμενον ἤθουc
      καὶ πάθουc λόγον μεταβῶcιν, ἄρχονται τὴν ἀληθῆ προκοπὴν προκόπτειν καὶ ἄτυφον). Vielleicht
      besteht eine Verbindung von Polemons Wertschätzung zu einer (der dritten?) Phase. Zur
      Stelle siehe Bowra (1940).
423   Nervegna (2016), S. 36–42.
424   Nervegna (2016), S. 34 f., besonders mit Verweis auf Athen. I 30b–c (Aristoph. PCG 688).
425   Nervegna (2016), S. 34.
426   D.L. 4,22: Ἀρκεcίλαον μετελθόντα παρὰ Θεοφράcτου πρὸc αὐτοὺc λέγειν ὡc εἶεν ....
427   Dass hier mit οἱ περὶ + Name, wie öfters in philosophischen Kontexten (Janko (2010),
      S. 220 f.), lediglich der Name Polemon umschrieben wird, erscheint mir weniger wahr-
      scheinlich.

Arkesilaos wie Götter oder doch zumindest wie Überbleibsel aus dem Goldenen Geschlecht, d.h. eine Art „Halbgötter". Als solche galten nämlich mehr
oder weniger die Menschen des Goldenen Geschlechts (erst ab Ovid: Golde-
nes Zeitalter).[428] Die Tilgung des zweiten τῶν kann vielleicht durch epexege-
tisches Verständnis umgangen werden („und zwar").[429] Der Ausdruck ἐκ τοῦ
χρυϲο⌈ῦ⌉ γέ⌈γ⌉ουϲ wirkt fast wie eine Materialbeschreibung,[430] konnotiert aber
wohl die Zeit (vielleicht gedankliche Verbindung zu ἐξ ἀρχῆϲ). Arkesilaos bzw.
Antigonos dürfte bei dem Mythos insbesondere Hes. op. 106–126 und Plat. rep.
415a vor Augen gehabt haben. Der Sinn von Z. 11 wurde durch die neue Ergänzung Ὀ⌈λυμ[πί]⌈οιϲ⌉ erhellt. Das Verb meint hier am ehesten „Umgang haben",
derweil „in Harmonie sein mit" nicht gänzlich ausgeschlossen ist.[431] Die Rekonstruktion der folgenden Zeilen ist grammatikalisch problematisch, weshalb ich
vieles nicht in den Text setzte. In Z. 15 scheint ⌈λέγ⌉ονται wahrscheinlich, was
die Frage aufwirft, ob der Kreis um Polemon (Z. 6) oder die Menschen des Goldenen Geschlechts gemeint sind. Für Letzteres und eine Art *constructio ad sen-
sum* spräche, dass am Ende von Z. 14 aus lexikalischen Gründen ἑ⌈α⌉[υ]τὸ (aus
Gründen der Hiatvermeidung wohl mit vorherigem κ]αὶ) recht wahrscheinlich ist.[432] Dann wäre ⌈οὕ⌉τω auf den Umgang des Goldenen Geschlechts mit
den Göttern zu beziehen: „Auf diese Weise (durch den Umgang mit den Göttern) sollen sie sich (die Menschen des Goldenen Geschlechts) hinsichtlich ...
ihrer Natur auch selbst den Göttern angeglichen haben wie allen voran Platon."[433] Vermutlich meint das Verb in Z. 12–13 eher „so groß(artig)" als „so alt".
Ein Partizip in Z. 13 ist denkbar. Das Substantiv φύϲιϲ könnte auch auf die Natur
der Götter bezogen sein („die Natur der Götter nachahmend/betrachtend").
Die Verbindung zu Platon wirkt nicht verfehlt: Wie das Goldene Geschlecht

---

428 Zum Mythos des Goldenen Zeitalters, seiner Entwicklung und Rezeption siehe etwa
Kubusch (1986). Die These von Glucker (1998), S. 306, dass in den Überbleibseln des Goldenen Geschlechtes in Anlehnung an Hesiod die δαίμονεϲ ἐπιχθόνιοι früherer Philosophen
zu sehen sind, wurde von Görler (1998) skeptisch gesehen.

429 So Gaiser (1988), S. 518. Allerdings findet sich dieser epexegetische Gebrauch in der Regel
vornehmlich bei καὶ + Demonstrativpronomen. Dorandi (1999) tilgt mit Wilamowitz in
seiner Antigonos-Ausgabe anders als in Dorandi (1991) den Artikel.

430 Die auffallende Formulierung auch in D.L. 4,22 (τῶν ἐκ τοῦ χρυϲοῦ γένουϲ), vgl. Gaiser (1988),
S. 518.

431 Der Umgang oder die Ähnlichkeit des Goldenen Geschlechts mit den Göttern wird durch
Hesiod und andere Passagen impliziert oder vermerkt.

432 Das Neutrum würde ferner zu Z. 11 passen, wo der Relativsatz nicht mit einem Mask. Pl.
eingeleitet wird.

433 Für ἐξ⌈ε⌉ι[κάϲαι κ]αὶ ἑ⌈α⌉[υ]τὸ siehe etwa Xen. Hier. 1,38: ἐξεικάζουϲιν αὐτοὺϲ ταῖϲ τῶν φιλούν-
των ὑπουργίαιϲ.

hat auch er sich den Göttern (durch Umgang mit Göttlichem) angeglichen.[434]
Mit dem Polemonkreis als „direktem" Subjekt für das Verb in Z. 15 müsste man
anders rekonstruieren (und das wahrscheinliche ἐˊαˋ[υ]τὸ wäre kaum grammatikalisch korrekt integrierbar). Letztlich ist aber auch der Polemonkreis bei
Bezug auf das Goldene Geschlecht das implizite Subjekt des Satzes, da das Goldene Geschlecht als Prädikatsnomen im Vorherigen erscheint.

15,16–20 Vermutlich steht die Erwähnung von Speusipp und Xenokrates
unmittelbar nach Platon noch im Zusammenhang mit dem vorherigen Gedanken. Der Sinn des Adjektivs in Z. 18 bleibt nebulös.[435] In Z. 19 stand wohl ein
Nominativ.

15,20–25 In Z. 20 sind das Verb ἔφη (wie in Kol. 15,3) und der Beginn eines
neuen Satzes mit Sinneinschnitt wahrscheinlich. Es mag noch ein Bezug auf
Arkesilaos vorliegen, der sich zum Unterricht bei Polemon äußerte, worauf das
neue ἐ]ξηγήϲειϲ in Z. 22 (wahrscheinlicher als etwa δ]ιηγήϲειϲ) hindeutet.[436] Der
Infinitiv in Z. 21 könnte sich auf Arkesilaos beziehen, der alle kommentieren-
den Erläuterungen Polemons gerne aufgenommen hat, was auch eine gewisse
Begründung für die angebliche „Göttlichkeit" Polemons wäre (der Hauptgrund
war aber vermutlich in Z. 12–15 genannt). In Z. 24 und 25 scheinen zwei parallele Genitive zu stehen, die sich auf Polemon (seine Art zu lehren?) beziehen und womöglich noch Teil von Arkesilaos' Aussage sind. Der Genitiv τ̣[ῆϲ]
δ̣[ιαϲ]ˊτοˋλῆϲ ist in Z. 25 möglich und könnte detaillierte philosophische Untersuchungen Polemons implizieren, was nicht im Widerspruch zu Kol. 14,3–7
stehen muss.

15,25–30 Spätestens am Ende von Z. 25 beginnt eine neue Periode, die nicht
mehr zur Aussage des Arkesilaos gehört. Das δὴ am Beginn von Z. 26 unterstreicht, dass nun von Arkesilaos unabhängige Informationen zu Polemon folgen. Z. 26–27 wurden neu rekonstruiert und ähneln stark Diogenes: ἑώκει δὴ
ὁ Πολέμων κατὰ πάντα ἐζηλωκέναι τὸν Ξενοκράτην. Das Verb [εἶ]ν̣α̣ι wird auch
tendenziell durch die Einfügung des Eigennamens Xenokrates an dieser Position hinter dem Verb gestützt. Dennoch ist, wie meine Transkription zeigt,

---

434   Im Werk Platons wird auf das Goldene Geschlecht im engeren Sinne nur am Rande Bezug
      genommen (Plat. Crat. 398a–b).

435   Kaum eine papyrologische Grundlage hat Meklers Ergänzung, welche einen Eintrag in LSJ
      nach sich zog („... perfect, εἰϲ τελιϰὴν φιλίαϲ ἕξιν prob.in Phld.Acad.Ind.p.56").

436   Eine Aussage Polemons ohne erneute Nennung seines Namens, nachdem zuvor eine
      Bemerkung von Arkesilaos mit ἔφη eingeleitet wurde, scheint wenig wahrscheinlich.

auch möglich, dass die Einfügung schon früher begann.[437] Interessanterweise
lesen wir im Anschluss an obigen Satz bei Diogenes: καὶ ἐραςθῆναι αὐτοῦ φηςιν
Ἀρίςτιππος ἐν τῷ τετάρτῳ Περὶ παλαιᾶς τρυφῆς. ἀεὶ γοῦν ἐμέμνητο ὁ Πολέμων
αὐτοῦ, τήν τ᾿ ἀκακίαν καὶ τὸν αὐχμὸν ἐνεδέδυτο τἀνδρὸς καὶ τὸ βάρος οἱονεὶ Δώριός
τις ἁρμονία. Der erste Teil ist eine spätere nicht-antigonische Einfügung (des
Diogenes). Im zweiten Teil ist die Krasis τἀνδρὸς auffällig und ich vermute einen
Bezug zur Krasis in Z. 27 (lexikalische Reminiszenz und Bezug auf Xenokrates), zumal offenbar ausgedrückt ist, dass Polemon unter dem Eindruck des
Xenokrates seine Haltung zu jungen Männern änderte. Entweder „zeigte sich"
Polemon respektvoll oder die Adjektive haben ein Nomen im Sinne von „Charakter" im Vorherigen als Bezugswort. In Z. 28 könnte ein Imperfekt wie in Z. 26
vor der Präposition stehen.[438] In Z. 30 wurde φιλ[ί]ας ἄ̓ξ̓ιον von Puglia erkannt,
eine öfters belegte Junktur (etwa Plut. quaest. conv. 709d).

15,30–46 Am Ende von Z. 30 stand vermutlich die Partikel δέ. Vielleicht erstreckte sich die Periode von Z. 30 bis zum Ende der Kolumne. Das μετὰ ταῦτα
könnte bedeuten, dass Polemon schon Scholarch war, als er sich (bei prin-
zipieller Zurückhaltung gegenüber jungen Männern) irgendwann für Krates
begeisterte. Vermutlich stand ein finites Verb in Z. 31. Die Zeilen 32–34 könnten
etwa gelautet haben: „Später war er so leidenschaftlich gegenüber Krates eingestellt (διατεθεὶς), dass ...."[439] Das Indefinitpronomen in der Mitte von Z. 35 ist
wahrscheinlich. Das Verb ἀφηγέομαι wird auch in Kol. S,10 für die Leitung der
Akademie genutzt. Hier ist offenbar ein führender Akademiker gemeint, der
neben Polemon (ggf. neben Xenokrates) eine Leitungsfunktion innehatte.[440]
Für den Dativ in Z. 37 beim Verb διακεῖμαι siehe (entfernt) Kol. 7,42. Mit dem
Partizip ἐκδυόμενοι sind meines Erachtens kaum Epheben umschrieben.[441] Es

---

437   Ich vermute sogar, dass die Sequenz διγω des *Oxforder Disegno*, von dem heute keine Spu-
      ren mehr erhalten sind, eine falsche Lage sein könnte. Der Name des Xenokrates wurde
      vielleicht von Philodem ergänzt, da die Passage im ursprünglichen Antigonos mit einer
      anderen Stelle verbunden war, in der Xenokrates (zuvor) gerade genannt war.

438   Das ιϲ des *Oxforder Disegno* könnte ein κ sein.

439   In Z. 34 ist kein Hiat zwischen Teilsätzen zu konstatieren.

440   Gaiser (1988) wollte in Z. 34f. den Namen eines Telekles ergänzen, für den aber keine
      anderweitigen Zeugnisse existieren (unwahrscheinlich ist, dass der Arkesilaos-Schüler in
      Kol. 20,11 gemeint ist, da dieser offenbar ein später Schüler des Polemon war; ferner spre-
      chen die Spuren in Z. 35 gegen diesen Eigennamen). Es ist unwahrscheinlich, dass der
      Nebenbuhler lediglich eine Leitungsfunktion in dem Gymnasium der Akademie hatte
      und kein Philosoph war.

441   Für γ statt κ bei ἐκ + Konsonant im Antigonos-Exzerpt siehe Kol. 18,1.

existieren keine einschlägigen attischen Inschriften mit dieser Bezeichnung.[442]
Vermutlich meint der Ausdruck hier nur „von denen, die sich ausziehen (für
sportliche Zwecke)" und betont den nackten Körper. Dass der Nebenbuhler
kein allzu junger Mann mehr war, dürfte durch ἱκανῶϲ βε⌐βιω¬κότων ausgedrückt sein.[443] Der Mann war somit eine ernste Konkurrenz für Polemon, da er
zwar offenbar noch sportlich-vital war, aber doch schon in einem fortgeschrittenen Alter, was der ganz offenbar jüngere Krates als anziehend empfunden
haben muss. Für die eher „losen" partitiven Genitive vgl. Kol. 8*,41–42 und
Kol. 13,22. Das Partizip Präsens in Z. 41–42 unterstreicht die Dauer. Nun folgen
die vier Infinitive des übergeordneten Satzes.[444] μ⌐έ¬χρι δὲ τούτου wird durch
ἕ⌐ωϲ¬ wieder aufgenommen. Ob mit πολεμῆϲαι ein geistreiches, auf Polemon
gemünztes Wortspiel oder nur eine zufällige lexikalische Ähnlichkeit vorliegt,
ist nicht zu entscheiden.[445] Das *hapax legomenon* διϊαντᾶιϲαι ist beizubehalten
und beschreibt offenbar Polemons Gegenwerbung, sein „beständiges Gegen-
singen" gegen den Mitbewerber,[446] der mit πρὸϲ αὐτόν gemeint ist. Das Verb
ἐξηργάϲατο habe ich unpersönlich als „Erfolg haben" übersetzt, aber es könnte
sich auch auf Krates „direkt" beziehen (Polemon „bearbeitete ihn für sich").
Die Form mit η findet sich öfters bei Platon und wurde im Koine-Griechischen
bzw. von Philodem wohl als korrekte (Analogie)Bildung empfunden, weshalb
ich das Augment nicht zu dem eigentlich „korrekten" ει geändert habe. Das
Verb μετάγω im Sinne philosophischen Anwerbens erscheint in Kol. 22,12. Die
gewisse Redundanz des Vokabulars ist Indiz, dass Philodem hier nahe an der
Charakterzeichnung bzw. dem Wortlaut des Antigonos ist. Interessanterweise
ist diese Passage bei Diogenes komplett ausgelassen bzw. zu ἐρώμενος Πολέμωνος (sc. Krates) in D.L. 4,21 kondensiert. Der Haken am unteren Ende der
Kolumne könnte mit der Sekundärklebung in Zusammenhang stehen (siehe

---

442　Gaiser (1988), S. 522 mit Belegen für eine Übersetzung mit „Epheben". Jedoch sind die in
　　　LSJ genannten Inschriften für eine Bedeutung im Sinne von Epheben (in Athen) nicht
　　　einschlägig, ebenso nicht die anderen Parallelen Gaisers. Er fasst den Genitiv nicht als
　　　genitivus partitivus, sondern als *genitivus comparationis* dahingend auf, dass der Konkur-
　　　rent sich körperlich mit den Epheben messen konnte.

443　Gaiser (1988), S. 522 mit Verweis auf Athen. VI 266c (ἐμοὶ μὲν οὖν χρόνος ἱκανὸς βεβίωται, ϲὺ
　　　δὲ νέος εἶ καὶ ἀκμὴν ἔχειϲ τοῦ ζῆν). Eine entferntere Möglichkeit wäre vielleicht das Adjektiv
　　　„ethisch" aufzufassen („angemessen gelebt haben").

444　Wie in Kol. 7,44ff. und 14,36ff. (hier aber ohnehin in einer AcI-Konstruktion) erscheinen
　　　im Konsekutivsatz Infinitive. Die Negation ist anders als in Kol. 7,44ff. μὴ(τε).

445　Für ein Wortspiel siehe Gaiser (1988), S. 522.

446　Ähnlich Gaiser (1988), S. 522f. Gomperz (1887), S. 147 schlug die Emendation zum *hapax
　　　legomenon* διαντιάϲαι, Wilamowitz (apud Mekler 1902) zum *hapax legomenon* διαντᾶιραι
　　　vor. Beide Konjekturen sind keine besseren Optionen als das *hapax legomenon* im Papy-
　　　rus.

I 6.2) und womöglich eine schon erfolgte Transposition anzeigen.[447] Alternativ sollte er vielleicht signalisieren, dass Kol. Q an dieser Stelle einzufügen war.

16,1   Erstmalig konnten Z. 1–2 befriedigend rekonstruiert werden und bestätigen eine alte Konjektur Büchelers.[448] Das erste δὲ stellt Krantor als Ausländer dem Athener Polemon gegenüber, während das ⌜μ⌝ὲν die Herkunftsangabe mit der folgenden Information kontrastiert. Gemeinhin wird in Soloi die kilikische Stadt gesehen (Heimatstadt des Chrysipp und Arat),[449] aber vielleicht ist auch die gleichnamige Stadt in Nordzypern in Betracht zu ziehen.[450]

16,2–3   Wie in Kol. 19,12 ist ein φηcι als Erinnerung, dass Philodem nicht selbst spricht, eingeschoben. Am Ende der ersten Zeile ist schwerlich Platz für ὡc. Somit löst sich auch das „Problem" der Periodeneinteilung und des zweiten δὲ. Crönerts ⌜ἐχ⌝ε[ῖ ist nun gangbar und nebenbei in ἐν τῇ ἑαυτοῦ πατρίδι (D.L. 4,24) reflektiert. Das Partizip θαυμαζόμενοc erscheint bei Philodem und Diogenes. Mit dem Substantiv εὐημε⌜ρ⌝[ί]α[ν muss ein angenehmes Leben im weitesten Sinne (Ansehen/Reichtum/hohes Sozialprestige) beschrieben sein,[451] welches Krantor zugunsten von philosophischen Studien in Athen aufgab. Zusammen mit dem Partizip wirkt das Substantiv etwas pleonastisch.[452]

16,4–8   Zeile 4 ist nahe an Diogenes (ἀπῆρεν εἰς Ἀθήναc). Aus Philodems πρῶτον – ὕcτερον folgt, dass Diogenes die Aussage des Antigonos mit Ξενοκράτουc διήκουcε Πολέμωνι cυcχολάζων wohl inkorrekt wiedergibt (siehe Einordnung Kol. 16,1–45). Jedoch ist μετὰ Πολέμωνοc ἐcχόλαζεν etwas ungewöhnlich und mag zur falschen Verkürzung Πολέμωνι cυcχολάζων beigetragen haben. Das Verb kann in der Literatur und im *Index Academicorum* sowohl „Vorlesungen

---

447   Es kann kaum Zufall sein, dass die Polemon-Vita offenbar (vorerst) exakt mit Kol. 15 endet und in der nächsten Kolumne eine neue Vita beginnt. Offensichtlich hat der Schreiber das Leben des Polemon exakt in die Kolumne eingepasst, vgl. **I 6.2.**

448   Noch De Sanctis (2019) vermochte die Zeilen nicht vollständig zu rekonstruieren. Die MSI bestätigen eine in Bücheler (1869) genannte Konjektur.

449   Siehe etwa Dorandi (1999), S. 15 Fn. 71.

450   Zwar ist ein Scholion zu Lukian (Krantor T 1c Mette) explizit, insofern es Chrysipp und Krantor beide mit Soloi verbindet, aber kaum aussagekräftig bezüglich der Identität der Geburtsorte.

451   Das Substantiv erscheint einige Male bei Philodem, etwa Phld. Ind. Stoic. 22,4. Das entsprechende Verb findet sich in Kol. 31,42–43.

452   Dafür, dass Krantor wegen der bei Diogenes erwähnten poetischen Erzeugnisse angesehen war, existieren keine stichhaltigen Belege (siehe Einordnung Kol. 16,1–45).

geben" als auch „an Vorlesungen teilnehmen" bedeuten.⁴⁵³ Die explizite Bemer-
kung in Kol. S,10 sowie der Parallelismus der Zeitadverbien sprechen dagegen,
dass Krantor zusammen mit Polemon die Schule leitete oder Vorlesungen gab.
Vielmehr verbrachte er seine Muße (Studienzeit) „mit ihm", was in diesem
Fall „bei ihm (als Lehrer)" meint, so dass nur eine *variatio* zu ἤκουεν vorliegt.
Auch diverse spätere Quellen berichten von einem Schülerverhältnis Polemon-
Krantor.⁴⁵⁴

16,8–9 ⸢κ⸣αίτ⸢ο⸣ι ist adversativ-konzessiv. Das Partizip dürfte hier eher „sich
unterscheiden" als „hervorragen" meinen. Die Aussage ist entweder auf beide
Lehrer oder nur auf Polemon bezogen. Es ist paläographisch möglich, dass sich
nach dem ν (des Disegno) wie in Kol. 19,17 ein Hochpunkt (im Original) befindet, so dass nach dem Relativpronomen nur ein kurzes Verb folgte. Die bisher
vermuteten Formen von παίζω scheinen kaum einen guten Sinn zu ergeben.⁴⁵⁵
Die Form ε[ἴ]παμ[ε]⸢ν⸣ ist bei Philodem zwar zu erwarten,⁴⁵⁶ aber zumindest
im Erhaltenen wurde vorher noch nichts in diese Richtung erwähnt bzw. der
Bezug wäre unklar. Sollte der Hochpunkt korrekt sein, wären ἦν ὅ⸢ἐ⸣ oder ἔτι
ὅ⸢ἐ⸣ naheliegend. Jedenfalls zeigt auch die *paragraphos* an, dass spätestens mit
χαὶ eine neue Periode begann.

16,9–15 Die Rekonstruktion von Z. 9–11 ist mit einigen Unsicherheiten behaftet. Zwei Ansätze sind denkbar: Bei dem einen, für den ich mich entschieden
habe, bezieht sich φιλόπονος ⸢ἴ⸣ς[χ]υ⸢ρ⸣[ῶς] γ[ρα]μμα|τικός auf Krantor und es
stehen zwei Sätze im Papyrus. Die Zeilenangabe wäre dann eine Art Begrün-

---

453   Kol. 24,41 („Vorlesungen geben"); Kol. 25,5; 31,7–8 (Kompositum); Kol. 33,7–8 („an Vorle-
      sungen teilnehmen"). Man erwartet eigentlich wie in den genannten Parallelen den Dativ
      anstelle der Präposition, aber Antigonos/Philodem scheint auch in Kol. 14,13 und 16,12 Prä-
      positionen recht frei bzw. ungewöhnlich zu gebrauchen. Für das Verb mit der Präposition
      vgl. entfernt Plut. Lyc. 25,1.
454   Siehe Krantor T 2 (D.L. 4,17 – implizit),4a,4b,4c Mette.
455   De Sanctis (2019), S. 41 übersetzt „sebbene molto differisse nelle cose che componeva"
      und führt (S. 42) poetische Werke (D.L. 4,25) als Erklärung an. Auch Dorandi (1999), S. 15
      Fn. 73 spricht von „composer des poèmes", ähnlich schon Gaiser (1988), S. 249 „womit er
      (als Schriftsteller) ,spielte'". Letztlich wäre das Verb in dieser Bedeutung sehr unerwartet.
      Die weithergeholten Begründungen (Gaiser (1988), S. 525; Dorandi (1999), S. 15 Fn. 73; De
      Sanctis (2019), S. 42) überzeugen nicht.
456   Die konkrete Form εἴπαμεν erscheint oft bei Philodem. Jedoch hat das *Neapolitanische
      Disegno* kein ι, was vom Original her zu urteilen auch nur schwierig zwischen ε und π
      unterzubringen ist.

dung für die vorherige Aussage (γάρ)[457] und das Substantiv γ[ρα]μ̣μ̣α̣|τικόϲ[458] wäre noch nicht technisch für Philologe bzw. Grammatiker gebraucht, sondern stünde für „gelehrter Prosaschriftsteller". Dies ist gerade bei Antigonos gut vorstellbar und passt auch zu Krantor, der ja einen Kommentar zum *Timaios* schrieb. Gaiser, Dorandi und De Sanctis (2019) sahen einen Bezug auf den Fleiß oder die Dichtkunst des Philosophen.[459] Jedoch war von Dichtkunst bisher nicht die Rede und auch Diogenes (καὶ κατέλιπεν ὑπομνήματα εἰϲ μυριάδαϲ ϲτίχων τρεῖϲ, ὧν τινά τινεϲ Ἀρκεϲιλάῳ προϲάπτουϲι) scheint von Prosa auszugehen. Ferner passt die Verbindung mit Arkesilaos auch vor dem Hintergrund von Kol. 18,34–37 nicht zu einer Summe von Versen. Als Alternativrekonstruktion von Z. 9–11 wäre zu erwägen, ob Antigonos hier nicht einen unbekannten Grammatiker für den genauen Umfang von Krantors schriftlichen Hinterlassenschaften zitiert, der sich die große Mühe machte, das *corpus* nach Zeilen zu quantifizieren. Antigonos könnte eine solch genaue Angabe als ungewöhnlich empfunden haben und sprach daher den Fleiß des Grammatikers an. Mekler hatte vermutet, dass eine Quelle zitiert wird.[460] Jedoch wäre die Angabe „sehr fleißiger Grammatiker" meines Erachtens so komisch und unnötig, dass einem Bezug des φιλόπονοϲ auf Krantor doch der Vorzug zu geben ist, was die übrige Rekonstruktion bedingt. De Sanctis hatte unabhängig von mir schon ⌜ε̣⌝ἰϲ ἐ̣⌜π̣⌝ῶ̣ν̣ λ̣ο̣[γο]ν̣ erkannt,[461] aber die Periode nicht überzeugend herstellen können. ἔν⌜ι̣⌝α̣ fügt sich nun gut zum Genitiv Pl. Neutrum. Das Adverb ἰϲ[χ]υ̣⌜ρ̣⌝[ῶϲ] erscheint auch im *Index Stoicorum*.[462] Für ο[ὐ]κ ἐλάττω siehe

---

457 Vergleicht man die Zahl von 30.000 Zeilen mit den Angaben des Diogenes zu Speusipp und Xenokrates (D.L. 4,5; 4,14–ca. 43. 000 bzw. 225.000 Zeilen), ist diese zwar geringer, aber dennoch Ausdruck von Krantors Fleiß und das Adjektiv folglich plausibel. Antigonos dürfte die Zahl als beachtlich empfunden haben.

458 Aus Raumgründen und gewissen lexikalisch-logischen Erwägungen heraus ist γ[ρα]μ̣-μ̣α̣|τικόϲ in Z. 10–11 wahrscheinlich.

459 In der Tat lesen wir in D.L. 4,25 von Gedichten des Philosophen.

460 Mekler (1902) ad locum: „11 sq. περιέπεϲεν quod suppl. Gomp., non ad Crantorem morbo correptum rettulerim, sed ad hominem litteratum, qui in catalogo quodam illi stichometriae inciderit, itaque περιέπεϲον? monuit Arnim." Wilamowitz-Moellendorff (1881), S. 60 vermutet, dass die Zeilenangabe nicht auf Antigonos zurückgeht. Jedoch zitiert Antigonos auch in Antigonos F 5 (D.L. 9,111 – Timon, siehe Fn. 461) auf ähnliche Weise Zeilenangaben.

461 Mit ἔπη sind wie in der Version des Diogenes (ϲτίχοι) Zeilen und keine Verse gemeint, vgl. insbesondere Antigonos F 5 (D.L. 9,111 – Timon schrieb auch in Prosa) mit einer unserer Stelle ähnlichen Formulierung: φέρεται δ' αὐτοῦ καὶ καταλογάδην βιβλία εἰϲ ἐπῶν τείνοντα μυριάδαϲ δύο, ὧν καὶ Ἀντίγονοϲ ὁ Καρύϲτιοϲ μέμνηται, ἀναγεγραφὼϲ αὐτοῦ καὶ αὐτὸϲ τὸν βίον. Weitere Belege für ἔπη im Sinne von „Zeilen" bei Dorandi (1999), S. 47 Fn. 33. Die „Stichoi" waren an Versen orientierte Normzeilen, die etwa 1,5–2 Zeilen im „gewöhnlichen" Papyrusformat umfassten, vgl. dazu Delattre (2006), S. 44–48.

462 Phld. Ind. Stoic. 61,2: ἦν γὰρ ἰϲχυρῶϲ φιλοπλά|των καὶ φιλοαριϲτοτέ|ληϲ.

Z. 39. Ich vermute wegen des Neutrums im Relativsatz eher einen Bezug des ἐλάττω auf ἔπη als auf λόγος. Das Substantiv λό[γο]ν bedeutet im Kontext Zählung und im Endeffekt die Summe der Zeilen. Der Infinitiv und die Rekonstruktion sind grammatikalisch etwas inkonzinn. Das finite Verb wird normalerweise mit Dativ konstruiert, welcher aber im Vorherigen unwahrscheinlich ist. Ferner muss die Präposition fast zwingend mit dem Verb verbunden werden, was im Koine-Griechischen auch nicht allzu verwegen ist. Im Kontext meint das Verb vermutlich „er fiel darauf/umfasste/kam zu einer Summe von …".[463] Allerdings wäre statt εἶναι analog zu Z. 39 eher ὄντων zu erwarten (Bezug auf ἐˈπ̣ˈῷν und τρ[ι]ῷν μυριάδω[ν als *genitivus comparationis* – ggf. auch ὄντα). Der Infinitiv ist wohl eine Art Pseudo-AcI bzw. ein vom finiten Verb abhängiger Infinitiv, wobei ἐˈπ̣ˈῷν λό[γο]ν doppelt gedacht ist: „Krantor (oder auch der Grammatiker) kam nämlich auf eine Zählung/Summe der Zeilen, dass nicht weniger Zeilen als 30.000 vorliegen." Vielleicht liegt auch ein Fehler im Papyrus vor oder der Satz (siehe Alternativen im Apparat) ist etwas anders zu rekonstruieren. Im Relativsatz scheint ἔνˈιˈᾳ nicht auf den Eigennamen zu folgen und noch χαὶ eingefügt.[464] Wo Antigonos die Information zu den Zeilen in Krantors Werk vorfand, ist nicht zu eruieren. Er hat sie schwerlich selbst gezählt.

16,15–32 Die *paragraphoi* in Z. 15 und 32 markieren offenbar einen zusammenhängenden Abschnitt. Leider geben uns die lesbaren Buchstabenkombinationen keinen Hinweis auf den Inhalt. Dorandi nimmt in Antigonos F 11b die Asklepeion-Episode bei Diogenes meines Erachtens zu Recht nicht auf. Vermutlich stand sie auch nicht in diesen Zeilen. Eher wäre an die Bewunderung für Euripides und Homer (D.L. 4,26 – parallel zu Polemon in Kol. 14,45–15,3) zu denken, ferner an die Informationen in D.L. 4,27.

16,32–37 Womöglich wurde in diesen Zeilen vermerkt, dass Krantor der Liebhaber des Arkesilaos war und sich mit ihm eine Wohnung teilte (D.L. 4,22 und 29). Jedenfalls muss Arkesilaos schon vor Z. 37 (wohl nochmals nach Z. 14) genannt worden sein, da sein Name kaum am Ende von Z. 37 ergänzt werden kann.

16,37–40 Der Inhalt dieser und der folgenden Zeilen wurde völlig neu rekonstruiert und in Fleischer (2018c) ausführlich besprochen. Wie bei Diogenes ist

---

463 Man könnte überlegen, ob das Verb nicht eher für einen Grammatiker als Quelle spricht (siehe Fn. 460), aber für die Verbindung mit der Präposition ist ohnehin eine nicht gewöhnliche Bedeutung des Verbs anzunehmen.

464 Offenbar war αρ sehr klein geschrieben.

auch im Index *Academicorum* das Vermächtnis von zwölft Talenten an Arkesi-laos erwähnt (D.L. 4,25: λέγεται δὲ καὶ τὴν οὐσίαν καταλιπεῖν Ἀρκεσιλάῳ, ταλάντων οὖσαν δυοκαίδεκα). Bei einem nicht unwahrscheinlichen [ἀλλ]ὰ καὶ in Z. 37 ist im Vorherigen tendenziell οὐ μόνον zu erwarten („nicht nur lebte er gemeinsam mit Arkesilaos, sondern vermachte ihm auch …"). Am Ende von Z. 37 ist ein Dativ (ggf. Krasis), der Arkesilaos meint, möglich. Die Spurenlage für [ο]ὐϲίαν κατέλ[ι]πεν ist bescheiden. Wieder bestehen enge lexikalische Parallelen zu Diogenes. Für οὐκ ἐλαττόνων vergleiche Z. 11. Das große Vermögen harmoniert mit Krantors Ansehen in der Heimat und ließ den Philosophen sorgenfrei sei-nen Studien in Athen nachgehen. Im Interkolumnium am linken Rand von Z. 40 ist ein erstmals von Ranocchia erkanntes Zeichen (Tinte) geschrieben. Vielleicht sollte etwas eingefügt werden (das mögliche Todesdatum aus Kol. Q?), auf etwas verwiesen werden oder es wurde eine stichometrische Angabe gemacht. Jedoch sind anderweitig keine stichometrischen Zeichen im Papyrus identifizierbar.

16,41–45 Die Neurekonstruktion von Z. 41 klärt die Syntax. Die Ergänzung κατ' ὀλ[ί]γον sollte zusammen mit ⌜ἤ⌝δη den sich abzeichnenden, allmählich nahe-rückenden Tod beschreiben. Die Position von ⌜ἤ⌝δη erklärt sich durch Hiatver-meidung. Das Partizip Präsens unterstreicht „im Sterben liegen".[465] Der Infini-tiv Präsens (und nicht Aorist) könnte auf wiederholtes Nachfragen hindeuten. Die Neulesung Ἀθ[ήναις ergibt nun einen besseren Sinn der Antwort, da auf Ortsalternativen abgestellt ist.[466] Die zweite Alternative (Soloi) impliziert wohl vorheriges Verbrennen der Leiche und Überführung der Asche, während im ersten Fall auch eine Erdbestattung möglich wäre.[467]

Drei verlorene Kolumnen Es kann nicht als gesichert gelten, dass Arkesilaos alleiniger Gegenstand aller verlorenen Kolumnen war. Von der ersten verlore-nen Kolumne sind auf Höhe von Z. 22–27 Reste des jeweils ersten Buchstabens erhalten. Etwa Z. 25 scheint mit einem γ begonnen zu haben, unter dem eine *paragraphos* zu sehen ist.

---

465 Für das γ des Kompositums im Antigonos-Exzerpt vgl. Kol. 18,1.
466 Frühere Editoren ergänzten im Sinne einer Alternative zwischen gemeinsamen und „anderen" Grablegen. Bereits Praechter (1902), S. 965 Fn. 2 hatte die nun hergestellte Sinn-richtung der Zeilen erahnt: „Auf Drängen Polemons aber willigt er ein. Dann muß das Verszitat eine Weigerung enthalten, das kann es aber nur, wenn φίλης auf ein Begräbnis an anderem Orte, nämlich in der Heimat des Philosophen, hindeutet."
467 Vgl. Fleischer (2018c), S. 160. Das Partizip καύϲαντ[ες ist faktisch nur auf den MSI/HSI zu erkennen.

17,1–4 Offenbar brachten die Elternteile des Arkesilaos jeweils zwei Brüder mit in die Ehe. Dass es sich um Brüder und nicht „Geschwister" handelt, geht aus D.L. 4,28 hervor.[468] Am Ende der vorherigen Kolumne muss sinngemäß „lebte (mit)" gestanden haben. Zumindest der Vater des Arkesilaos war verstorben oder hatte die Familie verlassen, was aus der Vormundschaft des Moireas folgt.[469]

17,4–9 Der Dativ bezieht sich sowohl auf das Adjektiv als auch auf den Infinitiv. Der Ausdruck εὐϲχημόνωϲ κεχρῆϲθαι meint, dass Arkesilaos sich nichts auf sein Äußeres einbildete. Mit πάϲηϲ ἀ⌐γ¬ωγῆϲ ist im Kontext die elementare und grammatische Ausbildung vor der Ephebenzeit gemeint, welche mit ἐξ ἐ⌐φ¬ή̣⌐β¬ων (etwa 18 Jahre) angesprochen wird.[470] Der Ausdruck ἐπ[ὶ φι]⌐λοϲ¬ο-⌐φί¬[α]⌐ν¬ ὁρμῆ⌐ϲαι ist in LSJ aufgenommen.

17,9–15 Ich habe mich für Interpunktion in Z. 9 entschieden, da ein etwaiger späterer Infinitiv doch am ehesten mit καὶ verbunden sein müsste. κ⌐αί|το⌐ρ̣ steht für καίπερ. Mit ὑπε⌐[ρέ]χον ist die (praktische) Überlegenheit der rhetorischen Ausbildung gegenüber der Philosophie gemeint. Letztlich stand Arkesilaos nach der Ausbildung beim Grammatiker vor der Wahl zwischen Rhetorik und Philosophie als „höherer Bildung". Das Partizip Präsens in Z. 12 verdeutlicht, dass Moireas beharrlich gegen die Pläne des Arkesilaos opponierte. Der *genitivus partitivus* ist in Z. 14–15 wie auch in Kol. 14,37 vorangestellt.

17,15–21 Bereits Mekler (Gomperz) hatte das gesonderte Fragment am Rande des *Oxforder Disegno* in diese Zeilen eingepasst.[471] Für meine (nicht sichere) „Linierung" spricht, dass andernfalls in Z. 18 πρῶτον δ᾽ ἀπῆρεν δα gestanden hätte, was schwierig aufzulösen ist. Die Parallele in D.L. 4,28 ist maßgeblich für den Inhalt der Zeilen: ἤκουϲε δὴ κατ᾽ ἀρχὰϲ μὲν Αὐτολύκου τοῦ μαθηματι-

---

468 Gaiser (1988), S. 537 erklärt das unerwartete τέταρτοϲ bei Diogenes damit, dass die Zählung der Brüder erst nach dem ältesten Bruder beginnt.

469 Zu ἐπίτροποϲ und antiker Vormundschaft siehe Thür (1997). Der Name Moireas ist sehr selten (7 Einträge in LGPN).

470 Der Verweis früherer Herausgeber auf Teles 50,9–10 (ἐξ ἐφήβων ἐϲτὶ καὶ ἤδη εἴκοϲι ἐτῶν) ist nur bedingt einschlägig. Es liegt wohl eine gedankliche Parallele zu ἐκ νέου vor. Ferner ist die Präposition wohl auch dem folgenden ἐπί geschuldet.

471 Gaiser und Dorandi haben das Fragment als *Sottoposto* aufgefasst und in Kol. 16 eingesetzt. Dies ist einerseits durch die Entdeckung des Ausfalls von drei Kolumnen zwischen Kol. 16 und 17 hinfällig, andererseits werden in den *Oxforder Disegni* solche isolierten Stücke entweder als (abgekratzte) *Sovrapposti* oder als echte „lose Fragmente" ziemlich genau neben die Stellen eingezeichnet, wo sie einzuordnen sind.

κοῦ πολίτου τυγχάνοντος, πρὶν ἀπαίρειν εἰς Ἀθήνας, μεθ᾽ οὗ καὶ εἰς Cάρδεις ἀπε-
δήμησεν· ἔπειτα Ξάνθου τοῦ Ἀθηναίου μουσικοῦ· μεθ᾽ ὃν Θεοφράστου διήκουσεν. Das
Verb ἀπαίρειν macht die Platzierung des gesonderten Fragments mit der Kombination ηρενδα in diesen Zeilen sehr wahrscheinlich. Die Wörter ⌜πρ⌝ῶτ⌜ον⌝ δ᾽
ἀχ⌝[ους]⌜τὴ⌝[c dürften ἤκουσε δὴ κατ᾽ ἀρχὰς bei Diogenes widerspiegeln. In Z.
17 könnte ein finites Verb gestanden haben und Z. 13–18 sinngemäß gelautet
haben: „… nachdem er den älteren Bruder als Helfer gewonnen hatte, zögerte
er nicht mehr (verließ die anderen Brüder) und segelte nach Athen." Das Disegno macht den Eigennamen „Pylades" in Z. 14–15 nicht wahrscheinlich. Die
Stratigraphie und auch die Buchstabenreste der Zeilen bereiten Schwierigkeiten,[472] so dass einige Buchstaben im Disegno vielleicht falsch getroffen oder
irrig „liniert" wurden. Der Lokativ in Z. 17 hat eine Parallele bei Diogenes (εἰς
Ἀθήνας) und erscheint auch in Kol. 16,4–5. Die Ergänzung Αὐτολύκ[ου τοῦ]
⌜μαθ⌝[ημ]α⌝[τι]⌜χ⌝ο⌜ῦ⌝ ist wahrscheinlich, aber kleinere Zweifel bleiben. In Z.
17–18 ist (mit großem τ in Z. 18) ἐγέν]ε⌐[τ᾽] naheliegend. Auch ist irgendwo die
Angabe „in der Heimat" zu vermuten, da zuvor Athen genannt ist. Der Genitiv
in Z. 20 hängt ebenfalls etwas in der Luft und ist kaum mit πολίτου τυγχάνοντος
bei Diogenes Laertius zu verbinden. Unabhängig von Gomperz (im Apparat bei
Mekler) kam ich vor dem Hintergrund der Diogenes-Parallele für Z. 21 auf ⌜οῦ
μ᾽ου⌜c᾽ιχ[οῦ Ξάνθου.[473] Das Ethnikon dürfte fehlen. Vorangehendes π]α⌐ρὰ ist
wahrscheinlich. Der Aufenthalt des Arkesilaos in Sardes gemeinsam mit Autolykos war bei Philodem in diesen Zeilen anscheinend nicht erwähnt.

17,22–31 Am ehesten wurde schon hier die Schülerschaft bei Theophrast
erwähnt. In Z. 25 ist unklar, ob ⌜κ᾽α᾽τ᾽⌝ ἐν⌜ιαυ⌝τὸν „jedes Jahr" oder „für ein
Jahr" (wahrscheinlicher) bedeutet. In Z. 27 hängt das mögliche [ἢ]⌜πατᾶτο⌝
vom Disegno ab.[474] Sollte das Disegno in Z. 29 die Buchstaben richtig getroffen haben, wäre nach φη wegen Hiat zu interpungieren.

17,32–39 In allen Zeilen ist die exakte Bestimmung der Zeilenanfänge proble-
matisch, da der Papyrus teils verzogen ist. In Z. 33 scheint mir Büchelers alte
Ergänzung ε[ἰc] ⌜τ᾽[ὴ]ν [Ἀκαδήμ]ειαν wahrscheinlich, welche ich um das Verb in
Z. 32–33 erweiterte, das auch Diogenes nutzt.[475] Vermutlich haben die *disegna-*

---

472 Vielleicht hatten in diesen Zeilen auch die Angaben aus D.L. 4,38 und 43 (Reichtum, Ver-
     sorgung durch Pylades, Aufenthalt in Chios) ein Pendant.
473 Der Musiker Xanthos ist sonst nirgends belegt.
474 Täuschung des Moireas, vgl. Mekler (1902), ad locum (D.L. 4,43: ἀνθ᾽ ὧν ἐc Χῖον αὐτὸν προ-
     ήγαγε τὸν Μοιρέαν λανθάνων).
475 In D.L. 4,29 liest man: … μεθ᾽ ὃν Θεοφράστου διήκουσεν. ἔπειτα μετῆλθεν εἰς Ἀκαδήμειαν πρὸc

tori eine andere Lage am Ende von Z. 32 abgezeichnet. In Z. 34 stand ein Partizip Aorist Passiv (Sinn: „angezogen von Krantor"). Bemerkenswert ist, dass Arkesilaos offenbar zu Krantor ging, obwohl Polemon damals Scholarch war.[476] Sollte dessen Name in Z. 35 genannt worden sein, könnten Schüler, welche die ältere Art des Philosophierens bevorzugten, Polemon gehört haben, während Krantor auf andere Art lehrte. Allerdings ist die Ergänzung der Zeile problematisch.[477] Für Z. 36–39 steht zu vermuten, dass Theophrast (Nominativ aus Raumgründen nicht unwahrscheinlich) sich zu dem Abfall seines vormaligen Schülers äußerte bzw. eine Reaktion beschrieben ist, wie sie Diogenes überliefert: ἵνα καὶ τὸν Θεόφραστον κνιζόμενόν φασιν εἰπεῖν ὡς εὐφυὴς καὶ εὐεπιχείρητος ἀπεληλυθὼς τῆς διατριβῆς εἴη νεανίσκος. Das bisherige Verb ἀ⌐ν¬έ|[β]⌐λεπε¬ scheint mir keinen guten Sinn zu ergeben.[478] Da επε fast sicher ist, verbleibt aus Raumgründen nur ἀ⌐ν¬έ|[τ]⌐ρε¬πε, was „widerlegen" meinen kann und sich gut zu Arkesilaos sowie der Parallele fügt.[479] Vielleicht ist auch Arkesilaos, der Theophrast verließ (oder ähnlich), das Subjekt. In Z. 37 könnte ein Adverb gestanden haben; in Z. 38 ist eine Form von λέγω im Hinblick auf Diogenes gut möglich.

17,39–18,7 Erstmals konnte die syntaktische Struktur ab Kol. 17,39 befriedigend wiederhergestellt werden. Der Name des Krates erscheint im Nominativ zu Beginn von Z. 41 und nicht im Genitiv am Ende der Zeile, wie bisher angenommen. Das ἦ⌐ν als Vollverb geht gut mit α⌐ὑ¬[τὸ]ς καθ᾽ αὐτὸν zusammen, wobei es einem Hilfsverb nahekommt. Am Ende von Z. 41 steht das Personalpronomen. Das Partizip von ἐκλείπω erscheint ebenfalls in Kol. 16,42. Die Formulierung α⌐ὑ¬[τὸ]ς καθ᾽ αὐτὸν bezieht sich einerseits auf den Tod des Krates (Arkesilaos als letzter noch lebender Philosoph des „Quartetts" Polemon–Krates–Krantor–Arkesilaos), andererseits (enger) auf den Rückzug des Sokratides, nach welchem Arkesilaos auf sich allein gestellt war und alleiniger Scholarch wurde.[480] Die Parallele zu Diogenes ist für Kol. 18,2–4 sehr eng (ἐκχωρήσαντος αὐτῷ Σωκρατίδου τινός). Sokratides ist anderweitig unbekannt. Seine

---

Κράντορα. Das Verb erscheint auch in Kol. 15,5 im Kontext von Arkesilaos' Wechsel zur Akademie.

476 Gleichwohl war Arkesilaos offenbar Polemons Schüler, vgl. D.L. 4,24.

477 Vielleicht besteht auch ein Bezug zu D.L. 4,24–25.

478 Am ehesten sollte das Wort hier „bewundernd emporblicken" (in dieser Bedeutung aber nicht belegt) oder „sich erholen" bedeuten.

479 Vgl. LSJ: „… upset in argument, refute, Ar.Nu.901; ἀ. πρόβλημα Alex.Aphr.in Top.514.28." Im Kontext etwa: „Theophrast sagte, dass Arkesilaos schon früher immer (alle) widerlegte …."

480 Es könnte sogar impliziert sein, dass Arkesilaos kurze Zeit Ko-Scholarch des Sokratides war.

geringe Prominenz wird auch durch τινός unterstrichen.[481] Vermutlich meint διὰ τὸ πρεϲ|βύτατον εἶναι nicht, dass Sokratides der älteste Akademiker überhaupt war, sondern nur der älteste unter den zur Wahl stehenden Kandidaten. Für die Wahl des Scholarchen durch die νεανίϲκοι siehe Kol. 6,41 ff. Es bleibt offen, ob sich Sokratides unmittelbar nach der Wahl oder erst einige Zeit später zurückzog (siehe Einordnung Kol. 17,1–19,9).

18,7–20 Mit Gaiser ist dem Partizip εἰ⌐π¬ὼγ der Vorzug vor dem Infinitiv zu geben. Nachdem eine These formuliert wurde, hat Arkesilaos sie ergebnisoffen geprüft, nicht unbedingt mit dem Ziel, sie unter allen Umständen zu widerlegen.[482] Mit αἵρεϲιϲ ist hier die philosophische Methode oder Herangehensweise gemeint.[483] Die Erwähnung Speusipps verwundert ein wenig, ebenso die Auslassung des Krates, welche impliziert, dass jener kaum lange als Scholarch amtierte und wenig bedeutend war. Die Form des Adjektivs Ἀκ⌐αδημεϊκῆϲ mit ει ist ohne Parallele in der antiken Literatur. Das Verb διαμένω erscheint ebenfalls in Kol. 14,35–36. In Z. 12 habe ich μέγ[τοι] von Gomperz übernommen und ⌐πλ¬[εῖ]ϲτον ergänzt, wobei die Partikel den Gegensatz hervorhebt und das Adverb verdeutlicht, dass es sich um eine recht einschneidende, nicht marginale Änderung handelte. Das Temporaladverb ε[ῖ]⌐τ¬α erscheint auch in Kol. 17,41 und korrespondiert mit τὸ μὲν πρῶτον. In Z. 14 ist εὔ]⌐τον¬[ο]⌐γ¬ als Pendant zu ϲχῆμα bedenkenswert. Ich habe in Z. 15 interpungiert. Für das Substantiv kommt etwa φ[ιλοϲοφ]ίαι in Frage. Der neugelesene Infinitiv διαλῦϲ⌐αι¬ war vermutlich substantiviert[484] und meint entweder die Auflösung bzw. Harmonisierung von philosophischen Problemen oder aber die Destruktion von Hypothesen (ggf. Auflösung in Teile).

481 Sokratides fehlt in der Schülerliste des Xenokrates (Kol. 8*,7 ff.), wo er aufgrund seines Alters vielleicht zu erwarten wäre. Er könnte aber auch Schüler Polemons gewesen sein, dessen Schülerliste im Erhaltenen des *Index Academicorum* fehlt. Mette wollte den Namen in Suda π 1707 wiederherstellen (Arces. T 4d Mette = F 155 Vezzoli), was nicht unwahrscheinlich ist (schon Bücheler (1869), ad locum hatte diese Idee).

482 Vgl. Gaiser (1988), S. 542, der für θέϲιν λέγειν und das Verb ἐπιχειρεῖν in diesem Kontext u. a. auf Plut. apophth. Lac. 220e; Plut. de Alex. fort. 328a; D.L. 4,19 und 28 verweist.

483 Zum Begriff siehe Glucker (1978), S. 166–192.

484 Es erscheint auch in Kol. 13,15.

18,20–32 In diesen Zeilen wurde wohl zumindest noch teilweise auf Arkesilaos' innovative Art zu philosophieren eingegangen. Es ist unklar, ob ἀ]ʳμˈφιϑε-ξιο̣ Teil einer philosophischen Aussage ist. Zwar ist das Adjektiv kein philosophischer *terminus technicus*, aber es könnte im Kontext von Arkesilaos' Skeptizismus genutzt worden sein.

18,32–40 Es ist nicht zu entscheiden, in welcher Zeile zur Sektion „Werke des Arkesilaos" übergeleitet wurde. Ich habe mich durch eine neue Interpunktion, notwendig durch Neulesungen, für eine Syntax entschieden, welche den Zeilen einen etwas anderen Sinn verleiht. Das ἦν in Z. 33 gehört zu einem vorangehenden (Glied)Satz. Der Artikel am Ende von Z. 33 (τῶι | δὲ) stellt die bisherigen Ergänzungen in Frage, da nun in Z. 35 die Ergänzung αὐτῷʳιˈ geboten ist und kein *verbum dicendi* gestanden haben dürfte (was hier ohnehin etwas seltsam wirkte). Ferner scheinen die folgenden Substantive durch τῶι substantiviert.[485] Bisher wurde vor τινὲς interpungiert und das Fehlen einer Partikel hinter τινὲς einfach ignoriert.[486] Ein harter Einschnitt liegt dort nicht vor. Zwar könnte die Partikel vergessen worden sein, aber wir benötigen auch einen Akkusativ für die Konstruktion. Mit αὐτὰ sind entweder zuvor (vor τῶι δὲ) genannte Bücher des Arkesilaos gemeint oder es bezieht sich auf die ὑπομˈνˈήματα: Arkesilaos habe diese durch seine Änderungen gewissermaßen selbst geschrieben. Die τῶι-Konstruktion wäre dann aus Sicht der τινὲς gedacht, welche aufgrund der Änderungen die Werke Arkesilaos zuschrieben (Arkesilaos habe die ὑπομˈνˈή-ματα des Krantor als Autor „geschrieben"). Das „Hinterlassen" legt nahe, dass mit ὑπομˈνˈήματα unveröffentlichte Aufzeichnungen und keine schon zirkulierenden Prosawerke gemeint sind.[487] Es besteht offensichtlich eine Verbindung zu Kol. 16,14–15. Entweder kursierten unter dem Namen des Arkesilaos Werke oder er veröffentliche unter Krantors Namen substantiell redigierte Schriften (was Kol. 16,14–15 erklären dürfte). Die Vergangenheitsform ἔφασαν[488] wurde vielleicht von Antigonos genutzt, um anzuzeigen, dass zu seiner Zeit keine Bücher des Arkesilaos mehr greifbar waren und schon früher verschiedene Erklärungen für diesen Umstand gesucht worden waren. Antigonos gibt letztlich Varianten wieder, die er mündlich erfahren haben könnte.

---

485   Bisher irritierte, dass die Infinitive im Präsens standen. Man hätte tendenziell eine Vergangenheitsform, zumindest für den zweiten Infinitiv, erwartet.

486   Mekler (1902), ad locum hat noch über zugrunde liegende Verse aus Apollodors *Chronica* spekuliert, was aber sehr unwahrscheinlich ist.

487   Dasselbe Verb ist auch bei Krantors materiellem Vermächtnis an Arkesilaos genutzt (Kol. 16,38). Zu ὑπομνήματα sieche den Kommentar zu Kol. b,11–12 und Dorandi (1991), S. 243 mit weiterer Literatur.

488   Diese Form erscheint auch in Kol. 35,39–40.

18,40–19,9 Die Aussage in Kol. 18,40–41 hat eine gewisse Entsprechung in Kol. 20,1–3. Der Unterschied zwischen den Substantiven tritt nicht klar hervor.[489] Zu dem neugelesenen Verb [ἐ]ξετίθει vgl. Kol. b,11–12 mit Kommentar. Hier hat es wie in Kol. 19,11 im weitesten Sinne die Bedeutung „(öffentlich) äußern/von sich geben". Vielleicht wurde die Information dieser Zeilen in Diogenes vor die „Plagiatspassage" transponiert und modifiziert.[490] Der Genitiv προσιόντων[491] ist hier entweder eine Art Apposition zu ἀλλήλων oder aber von den Nominativen in Kol. 19,3 und 5 abhängig.[492] Antigonos sieht den akademischen Skeptizismus als Ursache (δι῾ὃ̣[1] in Kol. 18,41) für die gewisse Orientierungslosigkeit von Arkesilaos' Schülern,[493] von denen nur wenige ein maßvolles Leben führten. Mit den substantivierten Neutra sind beide Substantive aus Kol. 19,2 aufgegriffen, also sowohl die Lebensweise (Charakter) als auch die philosophische Haltung im engeren Sinne. In der Tat mag der neue Weg des Arkesilaos zu einigen Auswucherungen charakterlicher und philosophischer Art geführt haben, zu einem gewissen „Werterelativismus". In Kol. 19,7–9 sind nochmals, etwas redundant, die divergierenden Ansichten angesprochen.[494]

19,9–11 Die Schwierigkeit, ein (philosophisches) Urteil über Arkesilaos zu fällen, ist gedanklich offenbar noch lose mit den Unterschieden zwischen seinen Schülern verknüpft. Das Neutrum [ἐ]ργῶδες erscheint ebenfalls in Antigonos F 12.[495]

19,11–14 Dorandi (1991) transkribierte Bücheler/Mekler folgend ἐκθέσθαι κατὰ πᾶν. τοὺς A .[. . .]ΤΟ δ' ἄν τις φήϲ‹ε›ι‹ε›ν εὐαρεϲτε‹ὶ›γ und hielt die Stelle später in Dorandi (1999) für korrupt.[496] Jedoch ist hinter dem Infinitiv ἐκθέσθαι zu interpungieren und es liegt kein Fehler im Papyrus vor, da der Optativ κατα῾μ̣᾿α῾ν᾿τεύϲα[ι]|το ergänzt werden kann.[497] Das Verb passt gut zur schwie-

---

489 Mit αἵρεϲιϲ könnte hier die „philosophische Lebensweise" konnotiert sein. Jedoch meint es in Kol. 18,11–12 die philosophische Lehre.

490 D.L. 4,32: διὰ δὲ τὸ περὶ πάντων ἐπέχειν οὐδὲ βιβλίον, φαϲί τινεϲ, ϲυνέγραψεν· οἱ δέ, ὅτι ἐφωράθη τινὰ διορθῶν, ἅ φαϲιν οἱ μὲν ἐκδοῦναι, οἱ δὲ κατακαῦϲαι.

491 Für das Verb im Sinne von „jemanden als Lehrer besuchen" siehe Xen. mem. 1,2,47.

492 So Röper (1870), S. 24, der einen „genitivus nominativi vice fungens" verneint. Gomperz schlug die Ergänzung οἱ πλεῖϲτοι vor.

493 Vgl. Kalligas/Tsouna/Hatzimichali (2020), S. 267 f. Die Junktur διὸ καὶ scheint gerne von Antigonos (oder der ihn exzerpierenden Quelle) genutzt worden zu sein, nochmals in Kol. 14,7 und 19,21 (ansonsten erscheint sie nicht im *Index Academicorum*).

494 Das Adjektiv findet sich ebenfalls in Kol. 13,8.

495 D.L. 4,26: ... λέγων ἐργῶδεϲ ἐν τῷ κυρίῳ τραγικῶϲ ἅμα καὶ ϲυμπαθῶϲ γράψαι.

496 Dorandi (1999), S. 21 Fn. 106. Mette (1984), S. 52 vermutet eine *lacuna*.

497 Vgl. Antigonos F 37 (Athen. XIII 565d): ὁ δὲ ϲοφὸϲ ἐκεῖνοϲ Ζήνων, ὥϲ φηϲιν Ἀντίγονοϲ ὁ

rigen Urteilsfällung in Z. 9–11 und unterstreicht den arbiträren Charakter der Aussage. Das ⌜φ⌝ηϲίν ist wie in Kol. 16,2 ohne Zusatz eingeschoben, da Philodem klarstellen wollte, dass die Beurteilung auf Antigonos und nicht ihn selbst zurückgeht. Der Infinitiv ⌜εⱶὐαⱶρεϲτεῖⱶ[ν muss nicht emendiert werden und geht mit dem neugelesenen Dativ in Z. 14 zusammen.[498] Der Optativ macht ein zweites ἄν im AcI überflüssig und verleiht der Aussage natürlich eine irreale Konnotation. Arkesilaos war schon tot und der Infinitiv Präsens ist dem Umstand geschuldet, dass er gedanklich auf Antigonos' gegenwärtiges Urteil bezogen ist. Bei dem Kompositum verbleiben einige Zweifel, aber π als erster Buchstabe ist wahrscheinlich. Vermutlich bezieht sich Antigonos mit προ|γεγον[ό]των auf schon verstorbene Akademiker.[499]

19,14–17 Es folgt die Begründung, weshalb Arkesilaos Platon am meisten von allen Akademikern gefallen hätte. Im Kontext macht Meklers ἔⱶτⱶι ⌜νέⱶοϲ [ὤν] am meisten Sinn, aber Spuren und Raum sind schwer zu deuten.[500] Eigentlich ist anzunehmen, dass jeder Student der Akademie Bücher Platons besaß, weshalb eine etwaige Spezifikation der Aussage erst einen guten Sinn verleihen würde. Für die meines Erachtens eher unwahrscheinliche Möglichkeit, dass Platons Originalbücher (Manuskripte) gemeint sind, siehe Einordnung Kol. 19,9–20,3. Bei Bezug auf die Jugend würde wohl folgen, dass Platons Bücher im 3. Jh. v. Chr. außerhalb der Akademie nicht für jedermann leicht zu besorgen waren,[501] was aber seiner frühen Rezeption und insbesondere Dikaiarchs Aussagen in Kol. 1 widersprechen würde. Die Wörter ὅμοιⱶοϲ ἦν θαυ[μά]ζοντι wurden neugelesen und spiegeln die Formulierung des Diogenes wider. Offenbar war nicht jeder Akademiker wie selbstverständlich ein glühender Bewunderer Platons – das Partizip muss im Kontext ein regelrechtes Schwärmen für Platon ausdrücken. Arkesilaos war also laut Antigonos gleichsam eher „Platoniker" als

---

Καρύϲτιοϲ, προμαντευόμενοϲ ὑμῶν, ὡϲ τὸ εἰκόϲ .... Es ist aber nicht sicher, dass das Partizip bei Athenaios auf Antigonos zurückgeht.

498 Das ϲ des *Oxforder Disegno* ist eine Verschreibung für das schmale, oft auch gebogene ι (vermutlich durch den rechten Teil des ν mitbedingt). Das Verb εὐαρεϲτεῖν erscheint auch in D.L. 4,42 (καί τινος Χίου νεανίϲκου μὴ εὐαρεϲτουμένου τῇ διατριβῇ αὐτοῦ), was tendenziell dafür spricht, dass die Stelle ebenfalls antigonisch ist, vgl. Fn. 138 in III 2.

499 Vgl. Xen. mem. 4,8,10: ὁρῶ δ᾽ ἔγωγε καὶ τὴν δόξαν τῶν προγεγονότων ἀνθρώπων ... (LSJ: „former men"). Die alternative Ergänzung προ[ϲ]|γεγον[ό]⌜τω⌝ν im Sinne von „Anhänger der Akademie" ist unwahrscheinlicher.

500 Da der Papyrus in diesem Bereich verzogen ist, könnte genügend Raum vorhanden sein. Die nahe an das ε gezeichnete Vertikale im *Oxforder Disegno* spricht für π, aber das Original ist auch mit τ kompatibel.

501 Vgl. Kalligas/Tsouna/Hatzimichali (2020), S. 337.

„Akademiker". Hinter θαυ[μά]ζοντι ist ein Hochpunkt im Papyrus geschrieben, der einen syntaktischen Einschnitt markiert (**I 8.1**).

19,17–21 Offenbar nicht mehr als Teil der Begründung, warum Arkesilaos Platon gefallen hätte, werden parallel zu Diogenes die pyrrhonischen und eretrischen Einschläge im Denken des Arkesilaos vermerkt. Die Eigennamen wurden neugelesen.[502] Die Angaben, gepaart mit der zuvor erwähnten Bewunderung Platons, machen den Vers in Z. 22–24 vorab verständlich. Antigonos verfasste auch Biographien zu Pyrrhon von Elis (ca. 365/360–270/265)[503] und Menedemos von Eretria (ca. 350–265), die maßgeblich in die Darstellung des Diogenes einflossen.[504] Ob Antigonos mit diesen Philosophen selbst in Kontakt kam, ist unklar. Da weder Pyrrhon noch Menedemos zur Zeit des Arkesilaos in Athen weilten, muss Arkesilaos über deren Schüler mit ihren Lehren in Berührung gekommen sein (Timon von Phlius). Die beiden Philosophen waren gewiss auch Gegenstand einiger Diskussionen in der Akademie. Diodoros Kronos wird von Philosophiehistorikern der megarischen und nicht der eretrischen Schule zugerechnet.[505] Offenbar sah Antigonos keinen Unterschied zwischen den Strömungen bzw. rechnete Diodor der eretrischen Schule zu.

19,21–24 Ranocchia erkannte erstmals den berühmten Spottvers des Ariston von Chios auf Arkesilaos. Gewitzt formulierte der Stoiker einen Ilias-Vers um (πρόσθε λέων, ὄπιθεν δὲ δράκων, μέσση δὲ χίμαιρα)[506] und charakterisiert so Arkesilaos' Philosophie als Mischung oder sogar als zwitterhafte Monstrosität. Bisher verhinderten vornehmlich „unmögliche Buchstaben" eines verkannten *Sovrapposto* die Ergänzung der Zeilen durch frühere Herausgeber.[507] Die Einleitung mit δ᾽[ι]ὸ χ[αὶ] ist angesichts der vorangehenden Ausführungen sinnig. Aus lexikalischen Gründen scheint mir der Name des Ariston nur schwerlich am Ende von Z. 21 gestanden zu haben.[508] Vielmehr geben Philodem oder seine

---

502   Die Form mit α (Ἐρετρια[κῶν) ist seltener, findet sich aber in D.L. 2,105 und D.L. 7,178 sowie bei einigen späteren Autoren.

503   Übersicht zu Pyrrhon bei Görler (1994), S. 732–759 und Pérez (2012).

504   Für die Ähnlichkeiten zur Arkesilaos-Vita siehe Long (1986) und Quellen Kol. 19,9–20,3. Fragmente der Pyrrhon-Vita: Antigonos F 2–4; Fragmente der Menedemos-Vita: Antigonos F 25–31.

505   Zu Diodor siehe Döring (1998), S. 221–230.

506   Hom. Il. 6,181.

507   Da Numenios (Eusebius) und Diogenes (siehe Fn. 509 und 511) δὲ haben, ist diese Lesung auch in Z. 23 nicht ganz ausgeschlossen (vielleicht durch den homerischen Vers mitbedingt).

508   Ariston war mehr oder weniger ein (etwas jüngerer) Zeitgenosse des Arkesilaos, siehe

Grundquelle den Vers hier wahrscheinlich ebenso wie Numenios[509] anonym wieder,[510] während er von Diogenes Laertius und Sextus Empiricus explizit Ariston von Chios zugeschrieben wird, dessen Name bei Diogenes im Kontext auch nicht erst später interpoliert worden sein dürfte.[511] Folglich dürfte daher auch Antigonos, der als Biograph sehr gerne personalisierte, den Namen in seinem Werk genannt haben. Arkesilaos hätte Diodor theoretisch vielleicht noch in den 290er Jahren selbst in Athen hören können, aber er wird nicht unter seinen Lehrern angeführt. Man wollte oft aus der Positionierung der Philosophen auf der Chimära philosophische und biographische Rückschlüsse ziehen,[512] aber meines Erachtens sollte in den Vers nichts unnötig hineingedeutet werden, da nur diese Anordnung der Namen einen Hexameter ergibt.[513]

19,24–32 Da die Buchstaben zu Beginn von Z. 31 nur zu einer Form von φαντα-cία ergänzt werden können, dürfte hier und in den vorangehenden Zeilen die Epistemologie des Arkesilaos skizziert worden sein (siehe Einordnung Kol. 19,9–20,3). Entsprechend ist wohl auch κ̣ατ̣ὲ̣[λα]|⌜βε in Z. 26–27 erkenntnistheoretisch zu verstehen, ebenso die Wortfetzen in Z. 28–29.[514] Vielleicht stand in Z. 30 nicht der *terminus technicus* κ⌝[α]τ̣[αληπτι]κ̣[η- und der Gliedsatz wurde mit ⌜ἀλλὰ κ⌝[α]ὶ eingeleitet. Im Kontext ist ein Bezug auf die (stoischen) ἀξι]|ώματ[α zwar denkbar,[515] aber der Superlativ aus D.L. 4,33 (ἀξιωματικώτατοc)[516] ist noch attraktiver, da die folgenden Zeilen D.L. 4,33 reflektieren könnten. Vielleicht repräsentieren Z. 24–31(32) einen Einschub Philodems oder

---

Ranocchia (2007), S. 69–80 und Steinmetz (1994), S. 558–561. Ariston von Chios wird öfters in Philodems Schriften erwähnt und diskutiert (vgl. Ranocchia (2007), S. 193–207).

509 Numen. F 25 des Places (= Eus. PE 14,5,13): ὁ δ' Ἀρκεcίλαοc Θεόφραcτον ἴcχει καὶ Κράντορα τὸν Πλατωνικὸν καὶ Διόδωρον, εἶτα Πύρρωνα, ὧν ὑπὸ μὲν Κράντοροc πιθανουργικόc, ὑπὸ Διοδώρου δὲ cοφιcτήc, ὑπὸ δὲ Πύρρωνοc ἐγένετο παντοδαπὸc καὶ ἴτηc καὶ οὐδέν. ὅ⟨θεν⟩ καὶ ἐλέγετο περὶ αὐτοῦ ᾀδόμενόν τι ἔποc παραγωγὸν καὶ ὑβριcτικόν.

510 Die exakt gleiche Form ἐπέcκωπτον erscheint in D.L. 4,41 und könnte auf Antigonos als Quelle hindeuten (vgl. Quellen Kol. 19,9–20,3 mit Fn. 138 in III 2).

511 D.L. 4,33: ὅθεν καὶ ἐλέγετο ἐπ' αὐτοῦ ὑπ' Ἀρίcτωνοc· ....; S.Emp. P. H. 1,234: ἔνθεν καὶ τὸν Ἀρίcτωνα εἰπεῖν περὶ αὐτοῦ ... διὰ τὸ προcχρῆcθαι τῇ διαλεκτικῇ τῇ κατὰ τὸν Διόδωρον, εἶναι δὲ ἄντικρυc Πλατωνικόν.

512 Vgl. etwa Glucker (1978), S. 35 f., Görler (1994), S. 812 und Tarrant (2020), S. 218 f.

513 Es werden lediglich die drei von Ariston diagnostizierten Hauptelemente von Arkesilaos' Philosophie in einem Vers persiflierend zusammengefasst, wobei Platons Nennung an erster Stelle bei der Schulzugehörigkeit des Arkesilaos erwartbar ist.

514 Das οἰκεῖον (Zuträgliches) der Stoa ist wohl vom εὔλογον des Arkesilaos zu unterscheiden (vgl. Görler (1994), S. 810), aber es ist gänzlich ungewiss, was das Adjektiv hier meint.

515 Vgl. Arkesilaos F 87 Vezzoli (S.Emp. adv. math. 7,154) und Vezzoli (2016), S. 28 f.

516 Das Adjektiv wird gemeinhin im logisch-dialektischen Sinne aufgefasst (anders Görler (1994), S. 793).

seiner Grundquelle, aber sie sind auch Antigonos zuzutrauen und Diogenes mag sie ausgelassen haben, weil sie ihm an dieser Stelle zu technisch waren.

19,32–41 Aufgrund der Reihenfolge in Diogenes wäre zu überlegen, ob diese Zeilen in D.L. 4,33 verarbeitet sind: Ἦν δὲ καὶ ἀξιωματικώτατος καὶ συνηγμένος καὶ ἐν τῇ λαλιᾷ διαστατικὸς τῶν ὀνομάτων ἐπικόπτης θ᾽ ἱκανῶς καὶ παρρησιαστής. Gegen διαστα]τ[ι]|ˌκὸˌς in Z. 33–34 spricht tendenziell οὐδὲ. Die Ergänzung πρ[ο]σερχόμενος ist lexikalisch und wegen der Spuren problematisch. Dem Adjektiv εὐˌήκˌοος ist im Kontext wohl weniger die Bedeutung „angenehm für das Ohr/schön anzuhören"[517] als vielmehr „aufmerksam sein Gegenüber anhörend/ihm willig folgend" beizulegen.[518] Arkesilaos störte somit nicht die Ausführungen seiner Diskussionspartner und hörte sich ihre Argumente zum Zwecke seiner eigenen Widerlegung zunächst genau an („hörte auf sie"), d.h., er gebrauchte die Argumente später gegen seine Partner. Die Neulesung des Reflexivpronomens ἑα[υ]ˌτῷˌν ist entscheidend, da es einen Akkusativ Pl. zuvor impliziert.[519] Ich vermute eine Präposition hinter εὐˌήκˌοος (am ehesten πρὸς),[520] dann ggf. Präposition und ein Partizip. Die Dative in Z. 38 beziehen sich als eine Mischung aus *dativus auctoris* und normalem Objektsdativ auf das Partizip, da ˌτˌε καὶ in Z. 39 das erste Verb eng an das Folgende bindet. Das Partizip δου]λο[υˌ]μένους konnte erstmals durch die HSI neugelesen werden.[521] Die metaphorische (οἷον) und markante Formulierung zeigt, dass die Diskussionspartner des Arkesilaos durch innere Widersprüche zu Sklaven ihrer eigenen Argumentation wurden. Weil sie servil ihren eigenen Aussagen folgen mussten, wurden sie in der Prüfung bzw. Diskussion überführt und unterlagen. Somit hat das neugelesene Partizip eine gewisse philosophische Bedeutung. Arkesilaos fand nicht nur gleich starke Argumente für eine andere Position, sondern destruierte die Argumente seiner Widersacher, indem er sie mit den eigenen Waffen schlug oder wie Antigonos es beschreibt: sie zu Gefangenen bzw. Untertanen ihrer eigenen Aussagen machte. Dies klingt zunächst typisch sokratisch-dialektisch und auch Z. 39–41 könnten in Richtung „Frage-Antwort-Prüfung" deuten. Jedoch antwortete Arkesilaos, nachdem sein Gegenüber zusammen-

---

517 Diese Bedeutung ist auch im engeren Sinne nicht für das Wort belegt und folgt kaum aus der Parallele bei Diogenes.

518 Vielleicht ist das Adjektiv die Variante zu ἐπικόπτης θ᾽ ἱκανῶς in Diogenes.

519 Ich vermute einen Bezug auf τὰ λεγόμενα, aber der Ausdruck könnte auch vom vorangehenden Partizip abhängen.

520 Vgl. etwa Kol. 14,13.

521 Nur auf Basis der MSI und auch aufgrund lexikalisch-inhaltlicher Erwägungen von Kollegen hätte ich wohl das Partizip κηλουμένους früherer Editoren übernommen. Für eine erste Präsentation dieser Neulesung siehe Tournie et al. (2019) mit Bildern der Stelle.

hängend vorgetragen hatte (siehe Einordnung Kol. 19,9–20,3). In Z. 41 ist ἤγ unpersönlich und das Indefinitpronomen eher Objekt als Subjektsakkusativ. Die Partikel γ⸢άρ legt nahe, dass sich das Pronomen noch auf die gerade angesprochenen Diskussionspartner bezieht.

Ergänzung 11 Die lesbaren Buchstabenkombinationen sind wenig aufschlussreich. Es bleibt offen, wo der Nachtrag eingefügt werden sollte (wahrscheinlich in Kol. 19 oder später).

Fünf verlorene Kolumnen Vermutlich gingen die verlorenen Kolumnen gänzlich oder größtenteils auf Antigonos zurück. Zum möglichen Inhalt und der Bedeutung für die Identifikation des Antigonischen bei Diogenes siehe Einordnung Kol. 19,9–20,3.

Kol. 20,1–3 Die *paragraphos* ist nur im Disegno erhalten und vielleicht ein Fehler, da hier kein Einschnitt erkennbar ist.[522] Die Ähnlichkeit zu Kol. 18,40–41 spricht nicht unbedingt gegen eine Autorenschaft des Antigonos, der etwa in der Polemon-Vita manche Aussagen in Abwandlungen wiederholte. Das Substantiv αἵρεcιc erscheint noch zweimal im Antigonos-Exzerpt.[523] Mit κάτω wird ebenso wie in Kol. 10,40 auf die Ergänzung unterhalb der Kolumne verwiesen.

Ergänzung 12 Zu erwarten wären an dieser Stelle Angaben zum Tod des Arkesilaos. Diogenes zitiert dafür zunächst Hermipp und später noch für die Akme Apollodors *Chronica* (D.L. 4,44–45).

20,3–6 Der Genitiv ist entweder als *genitivus absolutus* oder als von der Namensliste abhängiger *genitivus partitivus* aufzufassen. Mit der Partikel wird zu einem neuen Gedankengang bzw. Abschnitt übergeleitet.[524] Für die recht eigene Formulierung τῆι ⸢μν⸣ή⸢μηι⸣ ⸢π⸣αρ⸢ε⸣δόθ⸢η⸣cαν vgl. Diod. 37,1,1 und Eus. comm. in Psal. 23,908.[525]

---

522 Links von Z. 1 scheinen Teile eines Buchstabens (ν?) erhalten, welcher mit Sicherheit nicht zum Ende von Kol. 19,1 gehört. Auch diese Spuren sind neben den bibliometrischen Messungen und dem syntaktischen Bruch zwischen Kol. 19 und 20 ein Beleg für den Ausfall von Kolumnen. Der Buchstabe gehörte offenbar in die erste Zeile der letzten verlorenen Kolumne.

523 Kol. 18,40–41; 19,2.

524 Vielleicht stand im Papyrus zunächst das Reflexivpronomen und das θ des Disegno repräsentiert ein durchgestrichenes ε.

525 Diod. 37,1,1: Ἀφ᾽ ὧν χρόνων αἱ τῶν ἀνθρώπων πράξεις διὰ τῆc ἱcτορικῆc ἀναγραφῆc εἰc αἰώνιον μνήμην παρεδόθηcαν. Eus. comm. In Psal. 23, 908: … ἐκ τούτων τε αὖθιc εἰc παῖδαc παί-

20,6–7 Der Name Arideikes[526] ist selten. Ohne Zweifel ist Arideikas von Rhodos mit demjenigen Arideikes zu identifizieren, den Arkesilaos in einer Athenaios-Passage mit dem Durchseihen von Wein betraut, da ein anderer Schüler, Apelles, sich als unfähig erwiesen hatte.[527] Ferner kann als fast gesichert gelten, dass dem Akademiker auch ein Grabepigramm gewidmet ist, welches man in Rhodos auf einer Statuenbasis fand:[528] οὔ τί σε νώνυμνον κρύπτει τόδε Δωρίδος αἴης / σῆμα περὶ τραφερὴν θηκάμενον σπιλάδα / Εὐμοιρέω Ἀρίδεικες· ἀποφθιμένοιο δὲ σεῖο / μείλια καὶ πελάνους ἐμ πυρὶ βαλλόμεθα / ἁζόμενοι Μούσαις, τὸν ἀοίδιμον αἵ σε τιθηνοῖς / χερσὶ Πλατωνείους θρέψαν ὑπ’ ἀτραπιτούς.[529] Da der Name Arideikes so spärlich belegt ist, sollte man nicht vermuten, dass zwei „Platoniker“ aus Rhodos mit diesem Namen existierten.[530] Ein in einer Inschrift (Liste) aus Lindos erwähnter Arideikes kann aus chronologischen Gründen nicht mit dem Akademiker gleichgesetzt werden.[531] In D.L. 4,42 hat Dorandi sich dazu entschieden, den ebenfalls recht exotischen Namen Ἀρίδηλος[532] im Text zu belassen, während Wilamowitz zu Ἀριδεικής emendierte.[533] Mir scheint die Konjektur, zumal der Kontext ebenfalls wie in Athenaios (und ggf. Plutarch) ein symposiastischer ist, zugleich legitim und illegitim: Vermutlich war in der Tat ursprünglich (evtl. bei Antigonos von Karystos) Ἀριδεικής mit der Episode

---

δων τῇ μνήμῃ παρεδόθη. Das Verb begegnet auch in Kol. 22,38 zu Beginn der Karneades-Schülerliste (mit Infinitiv) und zu Beginn einer Schülerliste im *Index Stoicorum* (Neulesung – Phld. Ind. Stoic. 10,1–2).

526   Im Papyrus (*Oxforder Disegno*) ist die sonst nicht belegte Namensform mit α geschrieben. 15 Einträge für Ἀριδείκης in LGPN.

527   Athen. X 420d: ἄλλοτε δὲ ὁ Ἀρκεσίλαος Ἀπελλῇ τῷ γνωρίμῳ προστάξας καθυλίσαι τὸν οἶνον, ἐπειδὴ διὰ τὴν ἀπειρίαν ἐκεῖνος τὰ μὲν ἐτάραττεν, τὰ δ’ ἐξέχει, καὶ πολὺ θολώτερος ἐφαίνετο ὁ οἶνος, ὑπομειδιάσας ἔφη· ‘ἐγὼ δὲ καθυλίσαι προσέταξα ἀνθρώπῳ μηδὲν ἑωρακότι ἀγαθὸν ὥσπερ οὐδ’ ἐγώ. ἀνάστηθι οὖν σύ, Ἀρίδεικες· σὺ δὲ ἀπελθὼν τὰ ἐκτὰ τρύπα.’ Vielleicht war Apelles im fragmentarischen Teil der Liste erwähnt.

528   Hiller von Gaertringen (1912) (Ausgabe: S. 230 = GVI 1451). Hiller von Gaertringen (S. 233) vermerkt, dass der Bruder des Arkesilaos Moireas hieß und der nur hier belegte Name Eumoireas vielleicht auf verwandtschaftliche Beziehungen zur Arkesilaos-Familie hindeutet.

529   Haake (2007), S. 196 hebt das ungewöhnliche Musenopfer für einen Toten hervor, was auch einen Bezug zur Akademie aufweisen könnte.

530   Haake (2007), S. 198 ist skeptisch gegenüber der Identifizierung mit dem Akademiker.

531   IG XII 766. Gegen die These von Hiller von Gaertringen (1912), S. 234–239 überzeugend Arrighetti (1955), S. 124–126, Überblick bei Görler (1994), S. 837 und Haake (2007), S. 197 Fn. 16.

532   Neun Einträge in LPGN.

533   Wilamowitz-Moellendorff (1881), S. 75. Begründung bei Dorandi (2008), S. 253. D.L. 4,42: ἔνθα καὶ παραιτούμενος ἑκάστοτε τὰς ἐπικυλικείους ἐξηγήσεις πρὸς Ἀρίδηλον προτείνοντά τι θεώρημα καὶ ἀξιοῦντα εἰς αὐτὸ λέγειν εἶπεν, „ἀλλ’ αὐτὸ τοῦτο μάλιστα φιλοσοφίας ἴδιον, τὸ καιρὸν ἑκάστων ἐπίστασθαι“.

verbunden, aber schon Diogenes könnte den Namen in seinem Manuskript verschrieben bzw. falsch übernommen haben, so dass Dorandis Beibehaltung der Handschriftenlesart gerechtfertigt ist.[534] Da der Name Arideikes ungewöhnlich ist und ein philosophisch-symposiastischer Hintergrund vorliegt, könnte auch der Aridikes aus Plut. quaest. conv. 634b–c mit dem Akademiker zu identifizieren sein.[535] Polybios erwähnt für 220/19 v. Chr., dass ein Rhodier namens Arideikes auf eine Gesandtschaft nach Byzantium geschickt wurde.[536] Hier ist die Identität mit dem Akademiker zwar möglich, aber weniger sicher, zumal immer mit Familienangehörigen gleichen Namens zu rechnen ist.

20,7–9 Dorotheos von Telphusa begegnet uns nur hier. Zopyros und Dionysios von Kolophon erscheinen gemeinsam in D.L. 6,100: Ἔνιοι δὲ τὰ βιβλί᾽ αὐτοῦ οὐκ αὐτοῦ εἶναι, ἀλλὰ Διονυcίου καὶ Ζωπύρου τῶν Κολοφωνίων, οἳ τοῦ παίζειν ἕνεκα cυγγράφοντεc ἐδίδοcαν αὐτῷ ὡc εὖ δυναμένῳ διαθέcθαι. Die Verbindung mit Menippos von Gadara ist chronologisch nicht zu beanstanden.[537]

20,10–12 Ich habe mich entschieden anstelle von „Telekles" den Namen „Xenokles" in den Text zu setzen. Meklers ⸢Τελ⸣[ε]κλῆc – das ε erscheint in beiden Disegni und war wohl im Papyrus – geht von einer nur hier belegten Namensform bzw. von einer falschen Analogiebildung aus.[538] Jedoch erscheint der korrekte Name Τηλεκλῆc (von Phokaia) mit η später noch sechsmal im *Index Academicorum*,[539] in welchem Eigennamen fast immer richtig geschrieben sind.[540] Ebenso gewichtig ist, dass die Spuren im *Oxforder Disegno* eigentlich nur mit μ oder ν kompatibel sind und für λ somit ins Disegno eingegriffen werden muss –

534 Natürlich bleibt eine Korruption (früh) in der Überlieferung des Diogenes prinzipiell möglich.

535 Plut. quaest. conv. 634b–c: τὸν γοῦν ἀπελεύθερον τοῦ βαcιλέωc νεόπλουτον ὄντα φορτικῶc δὲ καὶ cοβαρῶc ἐπιπολάζοντα τοῖc cυνδειπνοῦcι φιλοcόφοιc καὶ τέλοc ἐρωτῶντα πῶc ἔκ τε τῶν λευκῶν καὶ τῶν μελάνων κυάμων ὁμοίωc χλωρὸν γίνεται τὸ ἔτνοc, ἀντερωτήcαc ὁ Ἀριδίκηc πῶc ἐκ τῶν λευκῶν καὶ μελάνων ἱμάτων φοινικῖ γίνονται μώλωπεc, ἐποίηcεν ἀναcτῆναι περίλυπον γενόμενον.

536 Polyb. 4,52 (Namensform Ἀριδίκηc).

537 Da Zopyros ein häufiger griechischer Name ist (719 Einträge in LGPN), ist die von Wilamowitz-Moellendorff (1881), S. 43 vermutete Gleichsetzung mit dem Redner Zopyrus (D.L. 9,114 und Quint. inst. 3,6,3) nicht unbedingt wahrscheinlich, insbesondere da dieser laut Quintilian aus Klazomenai kam.

538 Mekler (1902), ad locum.

539 Kol. 27,11; 27,15; 28,10; 28,13;M,20;O,32.

540 Somit wäre nicht unwahrscheinlich, dass spätestens der *diorthotes* den Namen verbessert hätte.

wenn auch nicht dramatisch. Für den recht geläufigen Namen Xenokles[541] ist das erste τ des *Oxforder Disegno* in ξ zu ändern, was paläographisch nicht zu weit entfernt ist. Xenokles hörte zunächst Polemon, so dass er schon in eher fortgeschrittenem Alter Schüler des Arkesilaos gewesen sein muss.[542]

20,13–16 Dorandi hat korrekt Μι[λ]ʳήˌ¹ϲιοϲ ergänzt. In Z. 14 ist das Ethnikon von Ephesus naheliegend, aber die Buchstabensequenz und der Raum im Folgenden sind unerwartet. Womöglich wurde eine Zusatzinformation gegeben. In Z. 15 erachte ich die Emendation des Disegno von ο zu ε für wahrscheinlich, so dass vielleicht Eumenes I. – Gönner des Arkesilaos – erwähnt war.[543] In Z. 16 liegt am ehesten ein Eigenname mit den Buchstaben οκρα vor, wenn nicht nochmals auf Krantor oder Krates im Rahmen einer ergänzenden Information rekurriert wurde.

20,17–32 In Z. 22 ist neben „Sokrates" auch der Name des Kurzzeit-Scholarchen „Sokratides" (Kol. 18,3–4) im Rahmen einer Zusatzinformation bedenkenswert. In Z. 28 sind mit [ὑπ]ο̣μνήματ̣[α vielleicht eher „Erinnerungen (an Arkesilaos)" als allgemein Prosawerke bezeichnet.

20,33–44 In Z. 33–34 wurden die Ethnika Ἀλεξα[ν|δρε]ύς und Ν̣ε̣οπολίτη[ϲ neugelesen, während die dazugehörigen Namen unbekannt blieben.[544] Auch wer die Arkesilaos-Schüler aus Korinth und Epidamnos waren, ist dem Papyrus nicht zu entlocken. Neben Demosthenes stammte noch ein Apollodor (nicht Apollonios) aus Megalopolis. Nun tilgte Philodem den Relativsatz in Z. 38–40, indem er eine große Klammer außen (wohl auch links) um die Zeilen zeichnete und innerhalb der Zeilen mit kleinen Klammern genau Beginn und Ende der Tilgung markierte. Wie im Fall der Klammer entlang Kol. 33,17–19 wäre ein „Durchstreichen" zu umständlich oder unschön gewesen. Kurioserweise liest man die Angabe ⟦ὃϲ μετα|[θέμ]ʳενοˌϲ τὴν ἡδονὴν | [εἶπ]ʳενˌ¹ τέλοϲ⟧ fast wortgleich in Diogenes Laertius für den in Folge einer Krankheit vom Stoizismus zu den Kyrenaikern übergelaufenen Dionysios von Herakleia, meistens Dionysios

---

541 256 Einträge in LGPN.

542 Es bleibt offen, ob er nach Polemon auch den Scholarchen Krates hörte oder Arkesilaos schon parallel Unterricht gab.

543 D.L. 4,38. Arkesilaos soll dem Arkader Archias, der an dieser Stelle des Papyrus aber nicht erwähnt war, durch Eumenes zu Ehren verholfen haben. Später liest man, dass Arkesilaos von Eumenes finanziell unterstützt wurde.

544 Für die Form Νεοπολίτηϲ und eine Diskussion, welche Stadt gemeint sein könnte, siehe den Kommentar zu Kol. 35,23.

Metathemenos genannt.[545] Womöglich handelt es sich um ein fehlplatziertes Versatzstück. Wie es in Philodems Entwurf gelangte, ist nicht ersichtlich.[546] Über Dorotheos ist nichts bekannt. Amisos als Heimat ist nicht unwahrscheinlich, aber die Spurenlage dürftig. Es verwundert, dass zu Lakydes keine weiteren Angaben gemacht sind, aber durch die Entdeckung der fehlenden Kolumne hinter Kol. 20 ist seine Position vor Pythodor weniger problematisch, da wir keinen „engen Übergang" mehr zur Lakydes-Vita in Kol. 21 benötigen. Für die Angabe in Z. 43 zu Pythodor siehe Einordnung Kol. 20,3–44. Vielleicht waren in Z. 44 und zu Beginn der verlorenen Kolumne noch weitere Schüler des Arkesilaos aufgezählt.

Eine verlorene Kolumne Neben der Bibliometrie legen auch das Ende von Kol. 20 und der Beginn von Kol. 21 aus lexikalisch-inhaltlichen Gründen den Ausfall einer Kolumne nahe, ebenso einige kleinere *Sovrapposti* in Kol. 20. Vielleicht folgten etwa in der Mitte der verlorenen Kolumne wie in der Xenokrates-Vita die Todesdaten des Arkesilaos auf die Schülerliste, bevor erste Angaben zu Lakydes (Heimat, Abstammung, Nachfolger des Arkesilaos) gemacht wurden.

21,1 Das neue προειδώς als letztes Wort des vorangehenden Sinnabschnitts lässt einen etwas ratlos zurück. Vermutlich war Lakydes das Subjekt. Ob ⌜τινε⌝[ϲ wirklich auf mehrere Quellen hindeutet, ist fraglich. Wahrscheinlich meint es nur „man sagt".

21,2–3 τὸ πρῶτον entspricht ἐκ νέου in D.L. 4,59, wo es auch noch mit φιλόπονοϲ verbunden ist. Das Adverb ist ein Hinweis, dass die Episode noch in der Heimat des Lakydes, in Kyrene, anzusiedeln ist. Das Adverb οὕτωϲ⌝ passt zu Meklers ὥ⌜ϲτ⌝[ε]. Der Infinitiv in Z. 3 wurde neugelesen (διάγειν).[547]

21,3–6 Auf Basis des Disegno ist in Z. 3–4 entweder ⌜ϲύ⌝|κοιϲ mit späterem κα⌜τοπ⌝[τω]μέ|νοιϲ (Puglia) oder nach Most ⌜ϲη⌝|κοῖϲ mit folgendem κα⌜τοι-

---

545 D.L. 7,166: Διονύϲιοϲ δ᾽ ὁ Μεταθέμενοϲ τέλοϲ εἶπε τὴν ἡδονὴν διὰ περίϲταϲιν ὀφθαλμίαϲ· ἀλγήϲαϲ γὰρ ἐπιπόνωϲ ὤκνηϲεν εἰπεῖν τὸν πόνον ἀδιάφορον. Zu Dionysios von Herakleia siehe Steinmetz (1994), S. 558. Mehrere Quellen nehmen auf ihn Bezug (SVF 1 F 422–434), etwa auch Phld. Ind. Stoic. 29–33 (SVF 1 F 426,427).

546 Eine entfernte Möglichkeit ist, dass auch der ansonsten unbekannte Demosthenes von Megalopolis einen hedonistischen Weg einschlug und Philodem oder der *diorthotes* durch die Formulierung so sehr an Dionysios von Herakleia erinnert wurden, dass sie die Zusatzinformation fälschlicherweise strichen.

547 Für die Verbindung mit ἀπόρωϲ vgl. etwa δίαιτα ταπεινὴ καὶ ἄποροϲ in Plat. leg. 762e.

χ˺[ου]μέ|νοιϲ zu ergänzen.[548] Der Infinitiv wurde neugelesen und regiert den Dativ. Die in Z. 6 erwähnte δειϲιδαιμονία lässt einen Bezug auf die sakrale Sphäre vermuten. An sich ist κα˹τοπ˹˺[τω]μέ|νοιϲ sinnig und ginge gut mit den Feigen zusammen, ist aber als Zubereitungsart für Arme nicht belegt. Mit κα˹τοιχ˺[ου]μέ|νοιϲ wäre ausgedrückt, dass man in diesen religiösen Bezirken wohnen konnte. Für einen vermuteten Bezug zum Tempelschlaf oder ähnliche Traditionen siehe Einordnung Kol. 21,1–41. Der etwaige Infinitiv ε[ὕδει]ν̣ in Z. 5 könnte sich implizit aus Z. 6–9 ergeben. Z. 6 könnte auf auf eine Art kultischen Schlaf in solchen Heiligtümern oder Bezirken hindeuten, aber der Verzehr von Feigen ist wohl naheliegender. Ich vermute, dass sich διὰ δειϲι˹δ̣˺αιμονίαν auch als *Apokoinou* auf das folgende Partizip[549] bezieht und ein Vergleich zwischen aus religiösen Zwecken nach hergebrachter Sitte (θέμιϲ) zusammengekauerten Menschen und Lakydes, der sich oft vor Kälte in ebendieser Haltung befand, intendiert war. Vielleicht war er obdachlos oder hatte keine warmen Kleider.

21,6–9 Die Zeilen sind erstmalig rekonstruiert worden. In Z. 7 steht nicht das Adjektiv ἀψύχουϲ, sondern der Präpositionalausdruck ἀ˹π̣ὸ̣˺ ψύχουϲ, der vom neuen Partizip ϲυνκαμ|πτόμενον abhängt und durch das Folgende einen Sinn erhält. Das Partizip meint „durch Kälte zusammengekrümmt/halb erfroren". Mit dem Dativ sind Leibesübungen zum Aufwärmen (nicht Gymnasien) bezeichnet. In Z. 6–7 erwartet man tendenziell eine Kopula bzw. eine Partikel, aber die beiden Infinitive in Z. 3 und Z. 8–9 mögen um des Effektes willen und um die logische Verbindung zu betonen, asyndetisch nebeneinandergestellt worden sein.

21,9–11 Nur ˹ϲ̣υ̣˺|νέϲει wurde schon von Bücheler erkannt,[550] sämtliche anderen Wörter sind Neulesungen. Das Adverb τ˹ο̣ϲοῦτ̣[ο] fügt sich gut zu dem folgenden Konsekutivsatz. Der zweite Dativ [φι]λοπ˹ο̣˺ν̣˹ί̣˺αι̣˹ hat ein Pendant in D.L. 4,59: φιλόπονόϲ τε ἐκ νέου καὶ πένηϲ μέν, …. Das Verb προκόπτω wird gelegentlich von Philodem genutzt.[551] Es ist unsicher, ob sich βα˹ρ̣˺υ̣˹τατ- auf die äußeren Umständen oder Lakydes als Person bezieht.

---

548 Der erhaltene rechte Teil eines Buchstabens im Original am Ende von Z. 3 könnte mit η kompatibel sein und der Buchstabe ο des Disegno den linken, an das ϲ grenzenden Teil des η verarbeitet haben, so dass ˹ϲη˺|κοῖϲ möglich ist.

549 Im Sinne eines zusammengekauerten Sitzens aus Ehrfurcht.

550 Das Substantiv wird häufig von Philodem gebraucht.

551 Phld. de morte IV 96,33 und 38; 102,8; Phld. rh. II 60 (auch das entsprechende Substantiv findet sich häufig bei Philodem).

21,12–31 In diesen Zeilen müssen der weitere Werdegang des Lakydes und seine Zeit in Athen beschrieben worden sein.

21,32–34 Vielleicht wurde hier und in den vorangehenden Zeilen schon auf die Entwicklung der Akademie Bezug genommen. Im Hinblick auf D.L. 4,59 (εὔχαρις δ' ἄλλως καὶ εὐόμιλος) wäre in Z. 32 [ὁ]ͬμ̣ͥιλία zu erwägen.

21,34–41 Vermutlich lautete das erste Wort der Zeile ursprünglich δοκεῖ und wurde komplett getilgt, wobei ein Aorist (3.P.Sg.) über der Zeile ergänzt wurde. Sollte das ο korrekt sein,[552] wäre ein Kompositum von ἁρμόζω denkbar. Bei δὲ ist *scriptio plena* zu vermerken. Nun habe ich zum Komparativ das Partizip ergänzt. Die Stellung erklärt sich daher, dass der Ausdruck ͬτὴͥν μέcην Ἀͬκͥ[α]ϑ̣ή[με]ιͬαγͥ als Einheit nicht aufgerissen werden durfte. Für die Formulierung πλανῆτιν οὐδὲν ἧττον τῆc Cκυθικῆc ζω{ι}ῆc sei auf Lukian musc. enc. 9 verwiesen (ἀλλὰ πλάνητα τὴν πτῆcιν κατὰ τοὺc Cκύθαc ἐπανῃρημένη), ferner auf D.L. 9,112,[553] aber beide Stellen sind keine engen Parallelen.[554] Desungeachtet ist im Kontext unstrittig, was die Metapher ausdrücken soll – einen unruhigen, sich stets wandelnden Zustand. Das Element τὴν ἀγωγὴͬν ἐͥξ ἀμφοῖν κεράcαντα ist noch als Begründung auf die vorherige Stabilisierung zu beziehen. Das Nomen ἀγωγὴͬν meint hier die philosophische Lehre an sich,[555] während sich der Dual wohl auf die Alte und Neue Akademie bezieht (siehe Einordnung Kol. 21,1–41).[556] Der Akkusativ κεράcαντα ist angesichts der vermeintlichen Korrekturen oder vermuteten grammatikalischen Struktur problematisch, gerade wenn ein Hilfsverb voranging. Da ein Akkusativsubjekt und ggf. ein weiteres finites Verb immer noch im Folgenden erscheinen könnten, habe ich meine Emendation nur in den Apparat gesetzt, aber es ist nicht unwahrscheinlich, dass hier durch die vielen Infinitive und Akkusative fälschlicherweise ein weiterer Akkusativ (statt Nominativ) in den Text geriet. Für den unerwarteten Komparativ siehe Einordnung Kol. 21,1–41. Allerdings ist kaum mit weiteren Entwicklungsstadien nach der „Neuen Akademie" in dieser Tradition zu rechnen. Eine *variatio* für die Grundstufe ohne tiefere Bedeutung wird implizit

---

552   Das *Neapolitanische Disegno* hat ο und auch das Original legt diesen Buchstaben nahe.

553   D.L. 9,112: λόγον γοῦν εἰπεῖν Ἱερώνυμον τὸν περιπατητικὸν ἐπ' αὐτοῦ, '''Ωc παρὰ τοῖc Cκύθαιc καὶ οἱ φεύγοντεc τοξεύουcι καὶ οἱ διώκοντεc, οὕτω τῶν φιλοcόφων οἱ μὲν διώκοντεc θηρῶcι τοὺc μαθητάc, οἱ δὲ φεύγοντεc, καθάπερ καὶ ὁ Τίμων.

554   Siehe Dorandi (1991), S. 245 für frühere Zuweisungen bzw. Parallelen.

555   Das Wort erscheint ebenfalls in Kol. 17,7 und 18,14.

556   Die Bezeichnung „Alte Akademie" (bis Polemon/Krates) wird durch die Nennung der Mittleren Akademie in den Zeilen impliziert.

durch die Titulierung des Lakydes als Archeget der „Neuen Akademie" bei Diogenes und in der Suda nahegelegt.[557] Das Präsens des Infinitivs καλεῖcθαι ist hervorzuheben. Lakydes bewirkte durch seine Maßnahmen nicht, dass seine Schule schon zu seiner Zeit „Neue(re)" Akademie genannt wurde, sondern dass sie gegenwärtig, d.h., als Philodem bzw. seine Quelle schrieb, so bezeichnet wird. Warum die Kolumne offensichtlich nicht direkt von Kol. 22 fortgesetzt wurde, ist nicht zu klären.

22,1–3 Wahrscheinlich wurde hier nicht Kol. 21, sondern Kol. P fortgesetzt. Das Partizip konnotiert eine Rechtfertigung/Begründung.[558] Der Infinitiv Futur unterstreicht den hypothetischen/irrealen Charakter.

22,4–7 Die Form cυντατ⌐τ⌐[όμε]νον mit zwei τ (bisher mit zwei c ergänzt) wurde von Hatzimichali erkannt.[559] Der Superlativ γεωτ[ά]τ̣ων ist kein natürliches Synonym für Schüler und bedeutet, dass Karneades die Erziehung der Jugend noch viel mehr am Herzen lag als die Ausbildung fortgeschrittener Akademiker. Nun habe ich durch Kombination von Original und Disegno den Temporalsatz ε⌐ν ὧι⌐ δ⌐ο⌐[κ]ο̣[ί]⌐η⌐ ergänzt. Der Optativ erklärt sich durch etwaiges Nebentempus im übergeordneten Satz (AcI) oder Wiederholung in der Vergangenheit, die aus Sicht der Zukunft gesehen wird. Mit ε⌐ν ὧι⌐ ist temporal „zu einer Zeit, da" bezeichnet; δ⌐ο⌐[κ]ο̣[ί]⌐η⌐ meint vermutlich „als es für sie gut erschien (notwendig war) unterrichtet zu werden" oder „als es ihm (Karneades) richtig erschien". Die beiden substantivierten Infinitive deuten auf eine Formulierung Philodems hin.

22,7–11 Es ist möglich, dass die Änderung der Hauptsätze zu Infinitivkonstruktionen fälschlicherweise vorgenommen wurde – mit der Absicht, diese noch als Angaben des Karneades erscheinen zu lassen, was insbesondere für Z. 9–11 seltsam wäre. Alternativ ist die Korrektur richtig vorgenommen und die Sätze hängen wie die Karneades-Aussage von einem vorangehenden φάcι oder ähnlich ab. Das δὲ in Z. 7 kontrastiert die Schüler mit Karneades, während μὲν δ⌐ή als Ergänzung bzw. Relativierung zu Karneades' fehlender Schreibtätigkeit

---

557   Für die Stellen siehe Einordnung Kol. 21,1–41.

558   Vgl. LSJ: „(med.) bring forward, cite on one's own part, in defence, τὸν Ὅμηρον π. Pl.La.201b; π. μάρτυρας Is.7.3, etc ... use as an excuse or pretext, Th.2.87, etc."

559   Das Verb wird (auch im Medium) für das Schreiben von Büchern verwendet, auch absolut (vgl. LSJ: „... compose or compile a narrative or book, Plb.2.40.4, Plu.Brut.4: – Med., Pl.Phdr.263e, Plb.1.3.8, Gal.19.221: abs., write a book, Plb.9.2.2; οἱ τὰ Ῥωμαϊκὰ cυνταξάμενοι D.H.4.7.").

fungiert. Die Information ist an passender Stelle eingeschoben und gleichsam noch eine Hilfsbegründung zur Aussage des Karneades. Ich vermute, dass das ε des Infinitivs ἀν⟦⌜ε⌝⟧‵α⸍⌜γρ⌝άψα‵ι⸍{ν} schon im Original verbessert war. Zwar liest man im Disegno nur ein unverbessertes ε, aber auch das über das erste ε von δι⟦ε⟧‵α⸍τελεῖ‵ν⸍ geschriebene α wurde vom *disegnatore* verkannt, was bei der vorherigen Korrektur ebenfalls der Fall gewesen sein könnte. Man erkennt zwar Teile des ergänzten ι bei ἀν⟦⌜ε⌝⟧‵α⸍⌜γρ⌝άψα‵ι⸍{ν}, aber die Tilgung des ν scheint, vom Original her zu urteilen, vergessen worden zu sein. Durch die Korrektur kommt es übrigens zu Hiat vor αὐ[τοῦ], den Philodem nun (auch durch mögliche Umstellung) nicht mehr vermeiden konnte. In Z. 11 liest man vor dem finiten Verb nur ι im Disegno. Es ist möglich, dass auch hier ein ursprüngliches ϲ zu ν verbessert wurde.[560]

22,11–17 Das isolierte Fragment am rechten Rand von Kol. 21 des *Oxforder Disegno* vermochten weder Mekler noch Dorandi zu platzieren.[561] Seine Ränder fügen sich nun aber hervorragend zum Beginn der Zeilen 11–17 von Kol. 22 und die vorzunehmenden Änderungen sind nicht allzu gewagt.[562] Es ist nicht sicher, dass sich die Tilgung auf das komplette Ende von Z. 11 erstreckte. Die Präposition ist jedenfalls zu erwarten. In Z. 12 war für die Ergänzung des Partizips ein *Sottoposto* entscheidend.[563] Bei ⌜οἱ δὲ⌝ ist die Ellipse eines *verbum dicendi* zu erwarten. Für Sedleys ingeniöse Ergänzung [κε]ράνν[υϲθαι als stoischer *terminus technicus* und zur stoischen κρᾶϲιϲ siehe *SVF* II 463–491. Das Verb erscheint insbesondere in Plut. de comm. not. 1077e–1078 und war offenbar als technischer Ausdruck allgemein verständlich/präsent, aber gewiss weniger als κατα[λα]⌜βεῖ⌝ν. Offenbar wollte jemand das Wortspiel ausbauen. Das Simplex ist, anders als das Kompositum ϲυγκεράννυμι,[564] eigentlich kein natürliches Synonym für εἰϲελθεῖν, so dass die Pointe bei dieser Version etwas

---

560   Jedoch gebietet die vergessene Korrektur des letzten ν in ἀν⟦⌜ε⌝⟧‵α⸍⌜γρ⌝άψα‵ι⸍{ν} etwas Vorsicht, weshalb ich mich entschied diesen „Mittelweg" in den Text zu setzen und im Apparat die Alternativen aufzuzeigen. Kol. 22,9–11 wurde sinngemäß schon richtig von Mekler wiederhergestellt, den Dorandi (1991) in seiner Ausgabe aber im Apparat ignoriert – vermutlich ein Versehen.

561   Mekler (1902), ad locum (col. 21): „frustuli columnae adhaerentis conligatio neque hic successit neque in proximis columnis." Ebenso Dorandi (1991), S. 245: „Nel margine destra, in corrispondenza di queste linee, O conserva un frustulo che apparentemente non trova una collocazione né in queste né nelle colonne vicine."

562   Für eine Visualisierung siehe Fleischer (2020e), S. 272.

563   Das Wort im Sinne von „für sich gewinnen" wird auch in Kol. 15,45 genutzt. Das Präsens erklärt sich entweder durch den Versuch oder wiederholte Avancen.

564   LSJ gibt für das Kompositum etwa die Bedeutung: „to be closely attached to; to be close friends with; to become closely acquainted with."

krampfhaft wirkt.[565] Höchstwahrscheinlich wurde in Z. 15–17 keine unabhängige Information gegeben, sondern Karneades' (fiktive) schlagfertige Antwort auf die Offerte des Diogenes vermerkt. Für die genaue Rekonstruktion ist die Ambiguität von πυ|ᵂθόμεϙγᵂ[ο]ϲ („fragte" oder „erfuhr") ein Hindernis, aber εἰϲ ἐκ]ά̣[τ]ᵂερᵂο̣ᵂν̓ εἶᵂπεᵂν in Z. 16–17 und somit ein Wortspiel mit diesem akademischen Verfahren ist eine äußerst attraktive Annahme. Vielleicht fragte Karneades, ob Diogenes für beide Seiten gesprochen habe, oder er sprach selbst für beide Seiten. Es ist nicht klar, welches wörtliche Zitat bei dem Wortspiel vorschwebt. Entweder sagte Diogenes „Komme nicht zu mir, aber triff mich" oder aber nur „triff mich". Wenn die Antwort wirklich εἰϲ ἐκ]ά̣[τ]ᵂερᵂο̣ᵂν̓ εἶᵂπεᵂν enthielt, muß doch wohl auch in der wörtlichen Rede (des Diogenes) die Alternative genannt worden sein. Die im Vergleich zu früheren Editoren um zwei Zeilen weiter nach unten versetzte *paragraphos* zeigt den Beginn eines neuen Abschnitts an.

22,18–30 Es ist keineswegs sicher, dass schon mit Z. 18 die Gesandtschaftsepisode begann. In Z. 21 und 23 sind wie in Kol. 20,38–40 Klammern innerhalb der Zeilen gesetzt, welche offenbar eine Tilgung der dazwischenstehenden Buchstaben anzeigen.

22,31–37 Wie Mekler schon dem Sinne nach richtig rekonstruierte, ist in diesen Zeilen die Philosophengesandtschaft nach Rom erwähnt. Die Spuren πραξα in Z. 31 deuten auf ein Kompositum von πράττω im Sinne von „erfolgreich vollenden" oder „einfordern" hin. Die Ergänzung von βε zu einer Form von „Gesandter" ist naheliegend, wobei das exakte Wort ungewiss bleibt. Mitgesandte des Karneades waren der Stoiker Diogenes von Seleukia und der Peripatetiker Kritolaos von Phaselis. Am Ende von Z. 33 stand vielleicht ein Partizip, zuvor ist „Rom" neugelesen. Ich habe die Buchstaben in Z. 34 zu ἐξ ᵂἐρᵂή̣ᵂμ̣ᵂου aufgelöst. Der juristische Fachbegriff meint ein gegen eine Partei ob deren Nichterscheinen verhängtes Urteil und hat eine lexikalische Parallele in Plutarchs Wiedergabe der Episode.[566] Die exakte Reduktion der Summe von 500 auf 100 Talente

---

565 Vgl. Fleischer (2020e), S. 289 f. Jedoch lässt die lexikalische Spannbreite des Simplex gewiss noch ein Verständnis „zu jemandem kommen/sich mit jemandem vereinigen/gemein machen" zu.

566 Plut. Cato mai. 22: …, καταδίκην τινὰ παραιτηϲόμενοι τοῦ δήμου τῶν Ἀθηναίων, ἣν ἐρήμην ὦφλον Ὠρωπίοιϲ μὲν διωξάντων, Ϲικυωνίων δὲ καταψηφιϲαμένων, τίμημα ταλάντων πεντακοϲίων ἔχουϲαν. LSJ: „ἐρήμη, rarely ἔρημοϲ (with or more commonly without γραφή, δίκη, δίαιτα), ἡ, an undefended action, in which one party does not appear, and judgement goes against him by default … ἐρήμην κατηγορεῖν to accuse in a case where there was no defence, Pl.Ap.18c, cf. D.21.87; ἐρήμην or ἐξ ἐρήμηϲ κρατεῖν, Luc.Anach.40, JTr.25." Entfernter wäre an

ist sonst nur bei Pausanias überliefert.[567] Bei dem Partizip in Z. 34 könnte als Bezugswort „Sikyoner" vorschweben, die vielleicht zuvor genannt waren und den Oropern 500 Talente zugesprochen hatten, aber auch die Gesandten kommen als Bezugswort in Frage.[568]

22,38–23,2 Für π⌐αρ¹αδέδονται siehe Kol. 20,6 und Phld. Ind. Stoic. 10,1–2. Für cχολάc im Sinne von Vorlesungen bzw. Mitschriften vgl. insbesondere die Titel (*subscriptiones*) einiger philodemeischer Werke.[569] Die Formulierung von Z. 40 erscheint ebenfalls in Kol. 20,43 und ähnlich in Kol. O,33–35. Das Partizip προ⌐μ¹ε̣ταλλάξαc[570] wurde neugelesen. Offenbar erreichte Zenon kein sehr hohes Alter und starb vor Karneades. Die Angabe könnte implizieren, dass er trotz der Kritik des Karneades für höhere Weihen in der Akademie bestimmt war und aus diesem Grund als erster in der Liste genannt wurde. Da die Liste bzw. der Einschub von Karneades her gedacht ist, nutzte Philodem das Demonstrativpronomen τ⟦ . . ⟧ˋού′|τ⌐ου̣ für Zenon, auch da mit αὐτοῦ kurz zuvor Karneades bezeichnet wurde.[571] Das Substantiv ὑ⌐π¹ομνη|⌐μάτ¹ω⌐ν¹ meint hier wohl „Kommentare" oder „ausgearbeitete Vorlesungsmitschriften".[572] Das Partizip Präsens ἀνα[γ]⌐ι¹νωcκομένων dürfte wiederholtes/längeres Vorlesen bedeuten (entfernter Konativ), so dass Karneades öfters etwas zu kritisieren hatte. Das Verb ἐ[κβ]οῆcα̣ι̣ wurde neugelesen; jedenfalls ist ἐ[λέ]γ̣ξα̣ι̣ nicht möglich. Verbunden mit dem Superlativ in Kol. 24,1–2 meint das Verb wahrscheinlich eine lautstarke und deutliche Äußerung von Unmut über das Vorgetragene,[573] und zwar in Gegenwart der anderen Schüler (ἐπὶ τῶν ἄλλων). Es fällt auf, dass die Gegenpole Zenon und Hagnon durch Zenodor getrennt sind.

---

eine Form von ἐρημόω und die Verwüstung des Landes der Oroper durch die Athener zu denken („propter Oropi vastationem" in Macr. Saturn. 1,5,15 = F 90 Garbarino (Garbarino (1973)).

567   Siehe Paus. 7,11,5: Cικυώνιοι μὲν οὖν οὐκ ἀφικομένοιc ἐc καιρὸν τῆc κρίcεωc Ἀθηναίοιc ζημίαν πεντακόcια τάλαντα ἐπιβάλλουcι, Ῥωμαίων δὲ ἡ βουλὴ δεηθεῖcιν Ἀθηναίοιc ἀφίηcι πλὴν ταλάντων ἑκατὸν τὴν ἄλλην ζημίαν.

568   Für die historischen Hintergründe des Streits mit den Athenern und die Geschehnisse nach der Gesandtschaft siehe Habicht (1994), S. 265–269.

569   *PHerc.* 1003,1389,1471 (vgl. Del Mastro (2014), S. 34 f.).

570   Das Verb ist wie einige der bisher vorgeschlagenen Lesungen ein *hapax legomenon*. Das Simplex erscheint häufig im *Index Academicorum*. Das Substantiv προμεταλλαγὴ im Sinne von „früherer Tod" ist in Vettius Valens 9,31 belegt.

571   Bisher las man τ⟦ . . ⟧ˋού̣′|τ⌐ον, aber das ν ist im Disegno nur teilweise erhalten. Die Schräge und der Raum im Original sind eher mit dem Genitiv kompatibel.

572   Zum Gebrauch bei Philodem siehe Del Mastro (2014), S. 32 f.

573   Vgl. etwa Philo quaest. Gen. 4, F 227: Ταῦτα γὰρ ἐμφαίνεται διὰ τοῦ μέγα καὶ πικρὸν ἐκβοῆcαι καὶ ἐπιλέγειν. Für die Junktur vgl. etwa Hom. Il. 17,89: ὀξὺ βοήcαc.

23,3–4 Die Neulesungen von Zenodors Namen und der Angaben in Kol. 32,12 ff. bestätigen seine Lehraktivitäten in Alexandria. Er könnte zuvor in Karthago gelehrt haben (vgl. Kommentar zu Kol. 32,21). Das Partizip ἡγη⌜ςά⌝με[νος muss bei lexikalisch-natürlicher Betrachtung doch ganz offenbar die Leitung einer lokalen Schule meinen, wozu auch der sinngleiche Ausdruck in Kol. 32,14–15 passt. Von Hand 2 (oder einer anderen, vierten Hand) wurde der Zusatz über Z. 4 eingefügt. Das Verb und der Dativ scheinen sicher, während die übrige Rekonstruktion darauf aufbaut. Vermutlich hatte Philodem hier wie im Falle von Kol. 23,45 Informationen aus einer anderen Quelle, mit denen er die Liste ergänzte.

23,4–6 *Oxforder Disegno* und Original legen αὐ⌜τὸς⌝ am Ende der Zeile nahe. Der Genitiv würde übrigens Hiat machen. Das Wort ist etwas redundant und steht wahrscheinlich wegen des Gegensatzes zu Zenon. Meklers ⌜εὐνό‹ω›ς⌝ ist auf Basis des Originals (und auch des Disegno) keine wirkliche Option mehr. Die Formulierung ἐκ τῶν ϲχολῶν ist in diesem Sinne in der Literatur nicht belegt, aber erscheint in drei Werktiteln Philodems als Zusatz (ἐκ τῶν Ζήνωνος ϲχολῶν),[574] was Indiz ist, dass Philodem hier selbst formuliert hat. Das überflüssige Iota in πλείω{ι} ist kein ungewöhnlicher Fehler, da die Endung ω ohne Iota für ein Adjektiv/Substantiv vergleichsweise selten ist. Mit dem Partizip Präsens ἐπαινούμενος wird die (wiederholte) Reaktion des Karneades auf Zenons Mitschriften kontrastiert.

23,7–10 Diese Zeilen wurden ausführlich in Fleischer (2019g) besprochen. Insbesondere haben in der Folgezeit die HSI am linken Rand im Interkolumnium ein β zum Vorschein gebracht (evtl. mit weiteren Angaben/Zeichen), was ich so deute, dass der Name Charmadas in der Endfassung zweimal erscheinen sollte, nämlich am Ende des Relativsatzes als Subjekt und direkt danach nochmal als Glied der Liste. Offenbar führte die Einfügung des zunächst vergessenen Namens (Haplographie) zu einiger Konfusion. Frühere Editoren ergänzten Ἀγαθο[κ]λῆς Τύριος, οὗ δοκεῖ πολλὰ μεμιμῆϲθαι ⟦Χ . . . .⟧`Χαρμάδαϲ´ ⟦ϑ . .⟧, Ἀντίπατρ[ος] Ἀλεξανδρεύς, aber der Name des Charmadas ist bei Zusammenschau des Disegno und des Originals ganz offensichtlich zweimal geschrieben worden oder zumindest war es intendiert, dass er in der Endfassung zweimal stehen sollte, wobei die Dopplung offenbar zu (späteren) Fehlkorrekturen führte.[575] Diese Annahme wird durch die Korrektur oder auch Fehlkorrektur

---

574 Siehe Fn. 569.
575 Für die verschiedenen Möglichkeiten und Auslegungen dessen, was wir heute lesen, siehe Fleischer (2019g), S. 159–162.

des υ oder des ι des Ethnikons „Alexandrinisch" gestützt. Offensichtlich sollte ein Iota stehen (oder steht sogar), was auch mit den HSI im Einklang ist. Diese Neulesungen und die Neulesung in Kol. 31,35–36 bestätigen sich gegenseitig und zeigen, dass Charmadas aus Alexandria stammte.[576] Antipatros von Alexandria ist nochmals in Kol. 32,12 ff. erwähnt. Er scheint nach seiner Zeit bei Karneades in Alexandria gelehrt zu haben. Charmadas' Vorbild Agathokles von Tyros ist anderweitig unbekannt.

23,10–14 Alle Philosophen von Hipparch aus Ilion bis Iason von Paros erscheinen nur im *Index Academicorum*.[577] Das Iota des Ethnikons [Ἰ]λ‵ι‵εύϲ ist auch in Kol. 24,4 nachträglich eingefügt, was übrigens ein Hinweis sein könnte, dass die Listenteile trotz der *paragraphos* in Kol. 23,38 bereits von Philodem „zusammen" in einer Quelle vereint gefunden wurden. Die Korrektur in Z. 11 ist unsicher und vielleicht ist zu emendieren, aber am Ethnikon bestehen keine Zweifel. Auch erlauben die Spuren im Original kaum den Namen Olympiodor wie in Kol. 24,6–7 zu ergänzen. Spuren und Position des ergänzten γ sprechen eher für Ὀλύ[μ]πιοϲ als für Meklers Ὀλυ[μ]πικό[ϲ.[578] Nur Biton ist ohne Ethnikon gelistet, womöglich weil er Athener war. Für Iason habe ich folglich [Κυρ]‵η‵ναῖ[ι]οϲ und nicht [Ἀθ]‵η‵ναῖ[ι]οϲ (Mekler) angenommen.[579] Sein Name war zunächst getrennt geschrieben, aber das isolierte Iota am Ende von Z. 13 missfiel dem *diorthotes*, der es tilgte und an den Beginn von Z. 14 quetschte.[580]

23,15–16 Frühere Editoren glaubten in diesen Zeilen die Namen Aristodor, Dion und Metrodor von Apameia ergänzen zu dürfen.[581] Jedoch habe ich in

---

576   Fleischer (2014a). Es ist schwierig, eine „objektive" Transkription der Stelle zu geben. Mögliche Transkriptionen sind: ‵Χα‵ρμά‵-‵ Χ‵αρ‵μ‵ά‵|[[δ‵α‵ϲ]]‵δαϲ[‵ [Ἀ]ντίπατροϲ oder ‵Χα‵ρ-μά‵-‵ Χ‵αρ‵μ‵ά‵- |{[]}δ‵α‵ϲ{]}, ‵δαϲ‵, [Ἀ]ντίπατροϲ oder ‵Χα‵ρμά‵|δαϲ‵, Χ‵αρ‵μ‵ά‵|{[]}δ‵α‵-ϲ{]}‵ [καὶ]‵ [Ἀ]ντίπατροϲ, für das Ethnikon Ἀλε‵ξαν‵|δρε[[ι]]‵ύ‵ϲ oder Ἀλε‵ξαν‵|δρεῖ[[‵υ‵]]ϲ.

577   Mekler (ad locum) identifizierte Hipparch von Ilion mit einem von Polybios erwähnten Gesandten (Polyb. 22,5,3). Meines Erachtens ist die Gleichsetzung aber wenig wahrscheinlich, da die Gesandtschaft auf 188 v. Chr. datiert und so eine Schülerschaft bei Karneades (die sehr wahrscheinlich vor der Gesandtschaft zu datieren wäre) de facto ausgeschlossen ist, vgl. Fleischer (2019h), S. 127 Fn. 14.

578   Die Position des γ ist problematisch, da es etwas weiter rechts stehen sollte. Auch sind die Spuren im unteren Bereich des γ unklar. Man erwartet nicht, dass sie noch zur Ergänzung gehören.

579   Fleischer (2019g), S. 128 f.

580   Dies ist früheren Editoren nicht aufgefallen. Für solche „Fehlstarts" in Papyri siehe etwa Armstrong/McOsker (2020), S. 117.

581   Noch Dorandi (1991) transkribierte: Ἀρι[ϲτόδ]ωρο‹ϲ›, Δ[ίων, Μ]ητρ[ό]δω|ρο[ϲ Ἀπα]μεύϲ, Ξ[.
        .....]εύϲ.

Fleischer (2019h) mit ausführlicher papyrologischer Diskussion gezeigt, dass in den Zeilen Melanthios von Rhodos und Metrodor von Stratonikeia über ihre Väternamen genauer bestimmt sind. Es ist unwahrscheinlich, dass ein zweiter Metrodor von Stratonikeia existierte, der von dem in Kol. 24,9 ff. genannten verschieden ist und dessen Vatername zugleich bekannt war. Auf Inschriften konnte ich keinen der Väter identifizieren.

23,17–38 Die Wortreste in Z. 17–18 könnten zu einer Zusatzangabe gehören. Eine solche kann für Z. 34 ff. wohl als gesichert gelten. In Z. 35 könnte auf Stoiker bzw. deren Philosophie Bezug genommen sein. Somit ist nicht wie selbstverständlich anzunehmen, dass in diesem Teil der Liste weiterhin in enger Taktung Namen aufgezählt wurden.

23,38–24,9 Einige Namen oder Ethnika konnten nur mit Hilfe der Dublette in Kol. 32 wiederhergestellt werden. In Z. 42 ist in Verbindung mit Kol. 32,39 dem Namen ⌜Διοπ⌝είθης der Vorzug vor Εὐπ⌝είθης zu geben. Die Gleichsetzung des Batakes aus Nikaia mit einem in einer Inschrift erwähnten Batakes aus Athen ist spekulativ.[582] Die in Kol. 32 fehlende Einfügung von Kol. 23,45 zeigt, dass dieser Teil der Schülerliste auch in der Endversion an dieser Stelle erscheinen sollte. Philosophen gleichen Herkunftsortes sind mit καὶ verbunden. Bei Demetrius kam dem Verfasser wohl assoziativ ein anderer Demetrius in den Sinn, dessen Ethnikon zunächst vergessen wurde. Wie in Kol. 23,10 ist das Ethnikon von Ilion nachträglich um das korrekte Iota ergänzt worden. Bei der „ratio" des Listenteils fällt Inkonsequenz auf. Anders als die Nikomedier und die Gazaner sind Nikostratos/Sosikrates sowie Biton/Hipparch und Batakes/Mentor trotz gleicher Ethnika nicht gekoppelt.[583] Mentor aus Nikaia könnte mit Karneades'

---

582   IG II² 3782: Ἀργαῖον Ἀργαίο[υ] Πλ[ω]θ[έ]α | Βατάκης Βατάκου Πειρα[εὺς] | θεραπευθεὶς ἀνέθηκεν. | Δημήτριος Φίλωνος Πτελεάσιος ἐποίησε. Crönert (1904), S. 481. Haake (2007), S. 287 f. trägt gegen die Identifizierung als Argument vor, dass die Datierung der Inschrift (spätes 2. Jh./frühes 1. Jh. v. Chr.) problematisch sein könnte (scheint mir aber akzeptabel) und die Verleihung des Athenischen Bürgerrechts vorausgesetzt werden müsste. Andererseits erscheint der Name Batakes nur viermal in LGPN (d. h. außer in der Inschrift und im Papyrus nur noch ein weiteres Mal). Die Seltenheit des Namens, die Verleihung des Bürgerrechts an diverse Akademiker im 2. Jh. v. Chr. und die zeitliche Kompatibilität (bspw. wenn Batakes um 150 v. Chr. im Alter von 20 Jahren Karneades hörte und im Alter von 70 Jahren die Statue als Dank für Gesundung weihte) verleihen Crönerts These immerhin eine gewisse Wahrscheinlichkeit.

583   Auch hat der Verfasser der Liste anders als bei den „Demetrii" im Falle der beiden Akademiker mit Namen Diopeithes keine Verbindung vorgenommen.

Schüler Mentor von Bithynien identisch sein, der die Konkubine seines Lehrers verführt haben soll und daher vom Unterricht ausgeschlossen wurde.[584]

24,9–17 Die verkürzte Parallele ist D.L. 10,9 (siehe Einordnung Kol. 22,37–24,43). In Z. 11 ist Crönerts Ἐ[πικουρεί]ων bedenkenswert und paläographisch gut möglich, aber bei Nennung eines zweiten Epikureers wäre der Artikel in Z. 11 wohl naheliegender als späteres ᾧ[c. Mit Apollodor muss der epikureische Scholarch gemeint sein, so dass zwar Diogenes von Seleukia als stoisches Schuloberhaupt denkbar ist, aber es existierte auch ein Epikureer Diogenes von Tarsos, der hier vielleicht in Frage käme.[585] Die Spuren sprechen gegen Βαcιλεί]δουc. Die Erwähnung eines unbekannten Epikureers bleibt möglich. Die Partizipien in Z. 13–16 stehen auf verschiedener Ebene, was die etwas sperrige Formulierung mit δ᾿ ἰά᾿ τρ[ῦτο] erklärt. Das Passiv von παραιτέομαι ist in der Literatur fast nicht belegt, meint hier aber vermutlich, dass Apollodor Metrodor als Schüler ablehnte (verstieß) – und nicht, dass er ihn aufforderte, Karneades zu hören.[586] Das Partizip παραλαβών erscheint ebenfalls in Kol. 34,25 im Kontext des Abfalls von einem früheren Lehrer. Das finite Verb im Aorist in Z. 16 (und das Folgende) hatte gewiss den Sinn „wechselte zur Akademie".

24,18–30 Die *Sovrapposti* in Kol. 23 bewogen mich, auch einige heute verlorene Buchstaben des Disegno in diese Zeilen zurückzuversetzen. In Z. 26 ist „Charmadas" bedenkenswert, aber das χ leider nur im Disegno erhalten – bei Verschreibung ist etwa auch „Karneades" denkbar.

24,30–35 Der Übergang zu Polemarch von Nikomedien, dessen Name und Ethnikon neu ergänzt wurden und insbesondere durch *Sottoposti* gesichert sind, könnte schon etwas früher begonnen haben, zumal ihm offenbar am Ende von Kol. 29 mehrere Zeilen gewidmet sind. Am Ende von Z. 33 stand am ehesten ein Partizip Aorist. Die Ergänzungen in Z. 33–35 ergeben sich aus der Apollodor-Parallele in Kol. 29/30. Jedenfalls ist mit „6 Jahren" und „Todes-Archon" in diesen Zeilen zu rechnen. Die tatsächliche Formulierung Philodems könnte etwas von meiner Rekonstruktion abweichen.[587]

---

584   D.L. 4,63–64 und Eus. PE 14,8,7 (= Numen. F 27 des Places).

585   D.L. 10,26.

586   Kalligas/Tsouna/Hatzimichali (2020), S. 272 übersetzen: „and having been alienated by Apollodorus", ähnlich Dorandi (1991), S. 196: „allontanato da Apollodoro."

587   Anders als in Fleischer (2019f) habe ich λ[οῖφ᾿] und εἰcῆλ]θε nur noch in den Apparat gesetzt. Vielleicht stand aus Raumgründen ν- ἐφελκυcτικόν in Z. 33.

24,35–38 Die Parallelen zu Kol. 30,6–8 sind eng. Das Verb [ἐ]τελεύτη|cεν könnte angesichts der Angabe „4 Jahre" in Kol. 25,13–14 und Kol. 26,4 eine Überinterpretation Philodems von Kol. 30,6–8 darstellen.[588]

24,38–43 Mit der *paragraphos* wird zu Kleitomachos als „Hauptnachfolger" übergeleitet. Das kausale ἐφ᾽ ὧι zeigt, dass Kleitomachos die Gunst der Stunde zur Übernahme der Akademie nutzte. Das apollodorische Verb μετῆλθε wurde zu ἐπέβαλεν. Auch μετὰ πολλ᷉ ῶν᷉ γνωρίμων hat offenbar in Kol. 30,10 ein Pendant. Die Parenthese wurde von Mette erkannt. Die Zeilen 41–42 haben eine Entsprechung in Kol. 30,8–10. Wahrscheinlich war auch Karneades' Tod in Kol. 30,13 ff. erwähnt. Dieser war offenbar Anlass für Kleitomachos in die Akademie zurückzukehren – und nicht der Tod des Krates, wie Philodem hier falsch insinuieren könnte.[589] Ansonsten wären „zufällig" der Tod des Krates und des Karneades zusammengefallen. In Z. 41 ist dem Singular ἐcχόλαζ᷉εν᷉ mit dem *Oxforder Disegno* (tendenziell durch das Original gestützt) der Vorzug vor dem Plural zu geben („Vorlesungen geben/Schule haben"), auch in Anbetracht von Kol. 30,8–10. Zum Palladion siehe den Kommentar zu Kol. 25,6–11.

25,1–6 Das Demonstrativpronomen bezieht sich auf Kleitomachos (Kol. 24,38) und steht wohl auch, weil zuletzt Karneades in Kol. 24,43 genannt war; außerdem soll es den Beginn eines neuen Abschnitts (Kleitomachos-Vita) unterstreichen.[590] Diogenes beginnt seine Kleitomachos-Vita ebenfalls mit dem Beinamen auf ähnliche Weise: οὗτος ἐκαλεῖτο μὲν Ἀσδρούβας.[591] In dem langen Satz ist nur in Z. 3 explizit die Angabe „Jahre" zu dem Numerale gesetzt, die sich im Folgenden von selbst versteht. Die Ergänzung des Artikels am Ende von Z. 3 ist wohl notwendig; das Auslassen könnte einer früheren „dichterischen" Formulierung Apollodors geschuldet sein.

25,6–11 Für cχ[ολ]ὴν …᷉c᷉υνε᷉cτ᷉ήcατο ist insbesondere D.L. 2,47 (οὕτω περὶ Πλάτωνος, ἐπεὶ κατάρχει τῶν δέκα αἱρέσεων καὶ τὴν πρώτην Ἀκαδήμειαν αὐτὸς

---

588 Vgl. Görler (1994), S. 901.
589 Vgl. Fleischer (2020a), S. 46.
590 Nebenbei zeigt das Demonstrativpronomen, dass in der Endfassung offenbar das Ende von Kol. 24 mit Kol. 25 fortgesetzt werden sollte und die vermeintliche „Dublette" am Ende von Kol. 24 beabsichtigt ist.
591 Nach Plut. de Alex. fort. 328d war Hasdrubal der eigentliche Name des Kleitomachos (εἰ Κλειτόμαχον, Ἀσδρούβαν καλούμενον πρότερον). Da Stephanus (Steph. Byz. κ 104) aber einen griechischen Vaternamen (Diognetos) kennt (Κλειτόμαχος, ὁ Διογνήτου, ὃς ἐκαλεῖτο Ἀσδρούβας), könnte auch Kleitomachos der ursprüngliche Name sein und „Hasdrubal" nur ein Spitzname. Görler (1994), S. 899 glaubt, dass Diognetos eine spätere Gräzisierung ist.

cυνεcτήcατο) zu vergleichen. Das Palladion war ein öffentlicher Gebäudekomplex in Athen, der eine Verbindung zum *palladium*, dem Kultbild Athenes hatte, und hauptsächlich als Gerichtshof für Mordprozesse diente. Einige archäologische Überreste, darunter ein Portikus im Süden der Akropolis, könnten zum Palladion gehören.[592] Einige Jahre später unterrichtete Charmadas im Ptolemaion (Kol. 32,6–11), vielleicht ab dem Zeitpunkt, da Kleitomachos die „Innenstadt" verließ und wieder außerhalb in der Akademie lehrte. In Z. 11 habe ich mich mit Jacoby für die Zahl „11" entschieden, da Philodem (Apollodor) für den Zeitraum von 129/28 bis 110/09 „19 Jahre" angibt und folglich auch für die Spanne zwischen 140/39 und 129/28 mit „11 Jahren" zu rechnen ist. Aus Raumgründen scheint die Präposition δι' voranzugehen.[593]

25,11–14 Zunächst fällt die Ellipse von cχολὴν auf, welche auch den Gegensatz von Karneades' Schule, also der Akademie, zu cχ[ολ]ὴν ἰδίαν in Z. 8 betont. Die *scriptio plena* in Z. 12 könnte wieder auf zugrunde liegende Verse verweisen, aber eigentlich elidiert nur Demosthenes solche Formen, während Philodem sie im *Index Academicorum* vermutlich (konsequent) nicht elidiert, so dass unter Umständen „unechte" *scriptio plena* vorliegt.[594] Die Neulesung der Zahl in Z. 13–14 harmoniert mit der Angabe in Kol. 26,4. Offenbar ist ein Partizip im Sinne von „leiten/vorstehen" ausgefallen, wobei die Annahme von Haplographie (‹ἡγηcαμένου›· ἡγηcάμεν[οc) vielleicht nicht einmal nötig ist, da der elliptische Ausdruck in Anbetracht des Vorangehenden verständlich wäre (es schwebt noch das Verb aus Z. 10 vor; ἔτη fehlt auch bei den vorangehenden Zahlenangaben). Auch das die unterschiedlichen Amtszeiten kontrastierende [μ]έˊνˋ bindet die Zahl schon eng an das direkt folgende (geforderte) Partizip („leiten"), welches (als Prädikat) auch in Kol. 26,3 erscheint. In Z. 14 fehlt ein Buchstabe oder wurde ergänzt, am ehesten die Partikel.[595]

25,15–19 Zu der Aspiration in Z. 15 siehe ausführlich Quellen Kol. 25,1–36. Die Datierung beider Archonten steht durch andere Quellen auf solidem Fundament. Wie in Z. 3–4 wird die Zahl mit πρὸc τοῖc gebildet. Die Spuren im Papyrus

---

592   Wileman (2015), S. 45 und Travlos (1971), S. 291 Abb. 379 und S. 412–416.

593   Vielleicht wurde die Präposition (statt Akkusativ) durch das Verb bedingt, da ansonsten eine Verwechslung (etwa mit der Schülerzahl) möglich gewesen wäre. Das ν-ἐφελκυcτικόν muss nicht auf ὡc hindeuten (vgl. Kol. 25,43), für welches Kol. 31,41 zu vergleichen wäre.

594   Die Wörter τὴν ˊδὲˋ Καρνεάˊδουˋ δ[ι]εˏδέξαˊτˋ[ο] könnten das Ende eines Trimeters markieren, vgl. aber Fn. 148 in III 2.

595   Die Spuren sind unsicher. In Fleischer (2020a), S. 42 habe ich angenommen, dass c ergänzt wurde, was aber der unwahrscheinlichere Fehler wäre. Vermutlich hat die Stellung des vorangehenden [μ]έˊνˋ die Auslassung bedingt.

deuten auf das tendenziell unerwartete ἐγγ[έ]ᾳ und nicht auf ἑπτὰ hin. „78 Jahre" wären auf Basis von inklusiver Zählung möglich. Vielleicht hat man sich irgendwo verzählt oder bei einer Addition zweimal inklusiv gerechnet, wenn das Alter des Kleitomachos nicht gar „objektiv" feststand. Man sollte aufgrund der internen Chronologie meines Erachtens weiterhin 187/86 v. Chr. als wahrscheinlichstes Geburtsjahr annehmen, aber Kleitomachos könnte auch ein bis zwei Jahre früher geboren sein.

25,20–29 Vielleicht ist in Z. 20 die Partikel δὲ abzutrennen; in Z. 20–21 könnte eine Form von γίγνομαι vor dem Adjektiv stehen.[596] Das aufschlussreiche πολυγ[ρ]άφος ergibt sich vor allem auf Basis lexikalischer Erwägungen. Die Erwähnung des Charmadas im Nominativ in Z. 22 bereitet einige Schwierigkeiten, insofern wir hier keine Kurzbiographie oder Informationen zu Charmadas erwarten. Zwar ist denkbar, dass Philodem schon einige Angaben zu Charmadas machte, aber der Nominativ spricht nicht zwangsläufig dagegen, dass Charmadas „im Kontext des Kleitomachos" genannt wurde. Die Zeilen könnten etwa gelautet haben: „Kleitomachos schrieb viele Bücher zu den Vorlesungen des Karneades, welche Charmadas ... (oder: wie Charmadas/während Charmadas ...)." Alternativ: „Charmadas aber ... hielt zu jener Zeit Unterricht im Ptolemaion (oder: unterrichtete auch in der Akademie)."[597] In Z. 23 haben wir für die Trennung der Buchstabenfolge νωνιτης zwei besonders attraktive Optionen, nämlich Ἀc]κα̣ˈλˈω̣ˈνίτˈης (vgl. Z. 35)[598] oder νωνι της, was insbesondere Ἅγˈνˈω̣ˈνι τˈὴς erlauben würde. Für Hagnon siehe Kol. 23,4–6; für eine mögliche Verbindung zu Cic. Luc. 16 siehe Einordnung Kol. 25,1–36.

25,30–36 Durch die Neulesungen wurde erstmals das Ende einer Schülerliste (des Kleitomachos) erkannt.[599] Etwa in Z. 30 dürfte die Liste beginnen. In Z. 32–33 verwundert die gesperrte Stellung von Eigennamen und Ethnikon, ist aber durch Vaternamen oder Füllsel erklärbar.[600] Nun ist analog zu Kol. 34,17–18 und

---

596 Die Buchstaben, die Dorandi am Ende von Z. 21–23 druckt, wurden von mir als *Sottoposti* an den Anfang der jeweiligen Zeilen versetzt.

597 Meklers Ergänzung (ἐτ]ῶˈνˈ ὢν | εἴκ]οcˈ[ι] κα̣[ὶ] δύ[ο) in Z. 23–24 hat Kol. 31,39–40 als Blaupause. Jedoch spricht das Disegno tendenziell gegen eine solche Änderung; am Ende von Z. 23 findet sich im Original kein ω wie im Disegno, sondern ein μ, welches ein *Sottoposto* ist.

598 Allerdings ist die Änderung des ν im Disegno zu λ nicht unbedingt naheliegend; einige stratigraphische Unsicherheiten im Papyrus bereiten Schwierigkeiten, die korrekte Zeile und Schicht für die Buchstaben zu finden.

599 Vgl. Fleischer (2022c).

600 Für die Lesung bzw. Ergänzung des Namens war es notwendig, ein *Sottoposto* vom Anfang/

Kol. 35,36–37 ein Relativsatz am Ende der Liste wahrscheinlich. Die Zuordnung der Spuren zu Buchstaben in Z. 36 ist unsicher. Sollte Antiochos ein genuines Glied der Liste sein, ist der Plural des Verbs recht wahrscheinlich – beide hörten Philio später. Für die wohl korrekte Schreibung des Philio mit ι siehe ausführlich Einordnung Kol. 33,1–34,6.[601] Er wurde offenbar schon zuvor in der Liste angeführt. Die *diple obelismene* in Z. 36 markiert das Ende der Kleitomachos-Vita.

25,36–37 Nach der *diple obelismene* ist der Name Polemarch im Nominativ zu erwarten. Das *Oxforder Disegno* hat in Z. 37 ονεδουϲ, das *Neapolitanische Disegno* ον[.]δουϲ. Die letzten vier Buchstaben werden vom Original bestätigt bzw. nicht ausgeschlossen, wobei das ο auch ein ε sein könnte.[602] Lexikalisch ist die Ergänzung Νιχ⸢ομηδε⸣ὺ⸢ϲ⸣ oder Νιχ⸢ομήδο⸣υ⸢ϲ möglich, wobei das Ethnikon wesentlich wahrscheinlicher ist[603] und durch Kol. 24,33 bestätigt wird.[604] Eine Verbindung zwischen dem Bithynischen Königshof (Prusias II. oder Nikomedes II.) und Karneades oder der Akademie ist nicht bezeugt.

25,37–39 Die Zeilen wurden maßgeblich mit Hilfe eines schwer zu isolierenden *Sottoposto* in Kol. 26 ergänzt. Der Ausdruck χα[ὶ] πα|⸢ράγ⸣[ε]ι⸢ν⸣ χα[ὶ c]ῴιζειν θ⸢έ⸣[ϲ]⸢ιν⸣ wirkt wie eine Umschreibung für dialektische Fähigkeiten bzw. die Methode des εἰϲ ἑϰάτερον ἐπιχειρεῖν/λέγειν (*in utramque partem disserere*),[605] was Polemarch in die Nähe von Karneades rückt. Die Charakte-

---

Mitte der Zeile in Kol. 24 zu platzieren und damit „Platz zu schaffen", vgl. Fleischer (2019f), S. 123.

601 Zwischen dem ω und υ der regulären Zeile scheint ein Buchstabe, wahrscheinlich ο oder ϲ, durchgestrichen; das θ des *Oxforder Disegno* ist vom Original her zu urteilen unwahrscheinlich.

602 Die Buchstaben ν und μ sind oft sehr ähnlich, weshalb eine Verwechselung möglich ist. Da wir später χα[ὶ] haben, müsste das Wort auf Basis der Disegni auf εδουϲ oder εδευϲ enden, was aber lexikalisch fast ausgeschlossen ist. Der rechte Teil des η ähnelt oft dem Halbkreis des ε.

603 Im *Index Academicorum* wird nirgends ein Philosoph ausschließlich mit Namen und Vaternamen identifiziert.

604 Gegen „Karneades, Sohn des Polemarch" ist auch anzuführen, dass dieser Karneades nicht in der Homonymen-Liste in D.L. 4,66 auftaucht. Eine solche Namensgleichheit hätten antike Autoren bzw. Philosophiehistoriker vermutlich gerne vermerkt, so dass dieses *silentium* auch für die Neulesung spricht. Durch πρὸ in Kol. 30,1 hat sich eine echte Diskussion über den „zweiten Karneades" ohnehin erledigt.

605 Für c]ῴιζειν θ⸢έ⸣[c]⸢ιν⸣ siehe Aristot. cael. 306a30: Πρὸϲ δὲ τούτοιϲ ἀνάγϰη μὴ πᾶν ϲῶμα λέγειν διαιρετόν, ἀλλὰ μάχεϲθαι ταῖϲ ἀϰριβεϲτάταιϲ ἐπιϲτήμαιϲ· αἱ μὲν γὰρ ϰαὶ τὸ νοητὸν λαμβάνουϲι διαιρετόν, αἱ μαθηματιϰαί, οἱ δὲ οὐδὲ τὸ αἰϲθητὸν ἅπαν ϲυγχωροῦϲι διὰ τὸ βούλεϲθαι ϲώιζειν τὴν ὑπόθεϲιν. Es existieren in der Literatur weitere Belege für eine Verbindung der Komposita

risierung hat vermutlich eine Parallele in den *Chronica* des Apollodor (Kol. 29,Mitte–35). Die Übersetzung von ⌐με⌐[μ]⌐ελε⌐τηκὼϲ mit „geübt" ist frei. Polemarch hatte diese Fähigkeit längere Zeit (aus)geübt (praktiziert) und war als Resultat (Perfekt) darin geübt.

25,39–43 Die Partikel erklärt sich damit, dass ein ἦν im vorherigen Teilsatz vorschwebt. Z. 39–41 repräsentieren offenbar die kompakte Version von Kol. 29,38–43. Auch Z. 41–43 sind eng an Apollodor (Kol. 29,43 ff.) angelehnt – man beachte den gleichen Ausdruck ἐπ' Ἐπικλέουϲ ἄρχοντοϲ mit dem jeweils recht überflüssigen ἄρχοντοϲ. Das Verb κατ⌐έϲτρ⌐εψε findet sich auch in der Parallele (Kol. 24,34–35).

25,43–26,4 In Z. 43 ist das ν überflüssig, was selten im Papyrus der Fall ist. Für die Implikationen des Verbs siehe Einordnung Kol. 25,36–26,Mitte. Das Substantiv ϲυϲχολαϲτὴϲ erscheint einige Male im philosophiehistorischen Kontext und meint hier gewiss „Mit-Akademiker", kaum „Mitscholarch" oder „Mitschüler".[606] Vielleicht wurde das phraseologische τὸ γένοϲ aus Gründen der Hiatvermeidung eingefügt.[607] Für die „vier Jahre" siehe Einordnung Kol. 25,36–26,Mitte.

26,4–8 Fünfmal wird Metrodor in unterschiedlichen Passagen im *Index Academicorum* erwähnt und immer wird das Ethnikon beigefügt,[608] obwohl kein anderer bekannterer Akademiker mit diesem Namen existierte. Vielleicht wollte Philodem ihn (unbewusst) von dem berühmten Epikureer abgrenzen. In Z. 5 fällt *scriptio plena* auf (δὲ ὁ). Für καὶ βίωι καὶ λόγωι γε⌐γ⌐ονὼϲ vgl. Kol. 32,33–35 und Kol. 33,1. Das erste Substantiv meint die Lebensführung. Metro-

---

von ϲώιζειν und θέϲιϲ. Aelius Herodianus verbindet öfters die Simplex-Formen ϲώζειν und θέϲιϲ, aber mit der Bedeutung 'Position'. LSJ: „... Philos., *thesis, position*, assumed and requiring proof, Pl.R.335a, Aristot. top. 104b19; an post. 72a15; θέϲιν διαφυλάττειν to maintain *a thesis*, Id.EN1096a2; κινεῖν to controvert it, Plu.2.687b, cf. 328a, etc." Vergleiche insbesondere D.L. 4,40: (Arkesilaos) Καί ποτε δὴ καὶ Ἀθήνηϲιν ἐν τῶι Πειραιεῖ πρὸϲ τὰϲ θέϲειϲ λέγων ἐχρόνιϲεν, οἰκείωϲ ἔχων πρὸϲ Ἱεροκλέα.

606 Im Falle von „Mitschüler" wäre gemeint, dass Polemarch und Krates als ungefähre Altersgenossen zusammen den Unterricht besuchten (kaum bei Karneades). Für die Variante „Mitscholarch" könnten allenfalls die „vier Jahre" angeführt werden, also eine gemeinsame Zeit der Leitung von 133/32–131/30, siehe für die Gegenargumente aber Einordnung Kol. 25,36–26,Mitte (besonders Fn. 375 in III 1). Das entsprechende Verb liest man in Kol. 6,26–27 und Kol. 31,7–8.

607 Allerdings wird Hiat an Satz(teil)grenzen nicht strikt gemieden.

608 Kol. 23,16; 24,10; 26,5; 35,36; 36,9–10.

dor war also tugendhaft und sein Leben im Einklang mit der Philosophie. Das zweite Substantiv wurde bisher gemeinhin als „Reden" aufgefasst,[609] was aber in Anbetracht der Junktur – eine Art Gegensatz zwischen Praxis und Theorie – vielleicht etwas zu kurz greift. Es sind eher „Diskurse/Reden im Unterricht" und somit primär Metrodors Lehre und philosophische Fähigkeiten gemeint, jedenfalls kaum Rhetorik *stricto sensu*. Metrodor war somit ein „ganzheitlicher" Akademiker. Die Bemerkung οὐκ ⌐ἀ⌐ναλογούϲαϲ ἐδ⌐ρκ⌐ει χάριτα⌐ϲ⌐ ἔχειν verstehe ich so, dass Metrodor trotz seiner geistigen Kapazitäten und Konsequenz in der Lebensführung eine gewisse Anmut oder Empathie im Umgang mit anderen vermissen ließ. Demnach war er ein eher harscher, selbstgerechter und arroganter Zeitgenosse.[610] Ob bei dieser Charakterisierung eine gedankliche Assoziation mit dem Gehalt des nächsten Satzes (als Manifestation anmaßenden Verhaltens) besteht, sei dahingestellt.

26,8–19 Bei dem Verb παρακηκ⌐οένα⌐ι in Z. 9 schwingt neben „missverstehen" insbesondere „seine Vorlesungen nicht verstehen" mit. Im Folgenden ist disputabel, ob Karneades einfach als elliptisches (Akkusativ)Subjekt zu ν[ε]νομ⌐ι⌐κέν⌐αι aufzufassen ist oder Metrodor das Subjekt des Satzes ist (in diese Richtung könnten die Reste in Z. 12–13 deuten). Jedoch wäre auch in diesem Fall Karneades das implizite Subjekt, mithin seine Ansicht wiedergegeben. Die Syntax der Zeilen ist nicht eindeutig aufzuklären, aber in Z. 13 scheint eine mediale Vergangenheitsform nicht unwahrscheinlich. In Z. 12 sind Nominative Sg. Mask. denkbar, aber nicht sicher.[611] In Z. 15 ist der Raum für Meklers κα[ὶ μ]⌐ό⌐νοιϲ sehr knapp. Womöglich folgte ein Verb (Vergangenheitsform), wobei auch der Artikel am Ende von Z. 15 zu bedenken ist. Die beiden ersten Buchstaben von Ἀκα[δημ]⌐αϊ⌐κοῖϲ sind vergleichsweise sicher,[612] so dass die Ergänzung trotz engen Raumes zu rechtfertigen ist. Mit εἰϲ ἑ⌐κά⌐τε|ρ[ον ἐ]π[ι]χειρεῖ⌐ν haben wir einen Schlüsselbegriff karneadisch-akademischer Methodik. Für die wahrscheinliche Verbindung dieser Zeilen und der gesamten Passage zu Aug. c. Acad. 3,41 siehe Einordnung Kol. 25,36–26,Mitte. Vermutlich war in den Zeilen ausgesagt, dass die ἀκαταληψία nach Metrodor oder Karneades den Akademi-

609 Dorandi (1991): „nel parlare"; Glucker (2004), S. 123: „speech"; Kalligas/Tsouna/Hatzimichali (2020), S. 355: „discourse".

610 Glucker (2004), S. 122 Fn. 33 erwägt, ob dies nicht sogar einer der Gründe war, warum Kleitomachos ihn nicht zum Nachfolger bestimmte.

611 Man könnte etwa an [γέ]νοϲ denken.

612 Das Adjektiv erscheint (mit α) nur hier im *Index Academicorum*; die Sonderform mit ε wird in Kol. 18,13–14 (Antigonos) genutzt.

kern nur dazu dienen sollte, für beide Seiten zu argumentieren, also lediglich *argumenti causa* gebraucht wurde.[613]

26,20–31 Das Verb in Z. 23 und der neugelesene Name „Karneades" in Z. 24 gehören vielleicht noch zur Erörterung von Metrodors Karneades-Interpretation, aber könnten auch im Kontext anderer Angaben zu Metrodor erschienen sein. Es ist unwahrscheinlich, dass vor der Apollodor-Dublette noch zu einem anderen Philosophen gewechselt wurde.

26,31–45 Aufgrund von stratigraphischen Unsicherheiten und sehr zerrupften Zeilen im Papyrus, ist nicht sicher zu entscheiden, mit welcher Zeile genau die Dublette begann. Die Spuren sprechen tendenziell nicht dafür, dass das komplette Leben des Boethos von Marathon (also der Text ab Kol. 28,40) in Kol. 26 kopiert war. Jedenfalls überlappen Z. 33 ff. mit Kol. 29,5–18. Für die inhaltliche Bewertung und Textwiederherstellung siehe den Kommentar ab Kol. 29,5. Es ist auffällig, dass das Leben des Boethos bzw. ein Teil (das Ende) genau in Kol. 26 eingepasst wurde, entweder um Freiraum zu füllen oder aus anderen, unerfindlichen Gründen (siehe Einordnung Kol. 26,Mitte–28,40 und I 6.2). Die Haken entlang Z. 44–45 zeigen wohl an, dass die Passage getilgt werden sollte und in der Endfassung nicht an dieser Stelle erscheinen sollte. Es ist möglich, dass in Z. 38 der Text am Ende der Zeile etwas von der Parallele in Kol. 29 abwich. Zu Beginn von Z. 39 scheinen Buchstaben (mit Punkten über der Zeile?) expungiert worden zu sein. Wie auch in Kol. 29,11 wurde in Z. 40 offenbar ein τ (zunächst) vergessen.

27,1–2 Dorandi erachtete das ϰ am Anfang von Z. 1 als sicher und übernahm Crönerts παρέδω]‖ϰεν, wobei er Meklers ϰατές]χεν nicht mehr im Apparat angab.[614] Jedoch steht im Original entgegen den Disegni ein χ, was die enge lexikalische Parallele zu Diogenes zunichtemacht. Die seit Gomperz[615] von allen Gelehrten vertretene These einer (Teil)Übergabe der Schulleitung um 224/23 ist in Anbetracht des Folgenden hinfällig (siehe Einordnung Kol. 26,Mitte–28,40). Das Ende der Lakydes-Vita bei Apollodor könnte ungefähr gelautet

---

613 Man beachte, dass die logische Umformung der negierten Aussage nicht ist, dass Karneades alles für erfassbar hielt, sondern dass er nur manche Dinge für erfassbar hielt.

614 Schon Crönert (1906), S. 77 Fn. 374 (ἐπ Ἀντιφίλου δὲ τὴν σχολὴν cυcχὼν ἔτη παρέδωκεν) verwarf Meklers Konjektur („ϰατές]χεν M(ekler), aber K sicher"), gefolgt von Wilamowitz-Moellendorff (1910), S. 406. Jacoby (1929), S. 740 hielt fest: „auch παρέδωκεν ist sicher."

615 Gomperz (1891), S. 85 f. kam ohne konkrete Ergänzung zu diesem Schluss, der von Jacoby (1902), S. 346 f. gebilligt wird.

haben: *„Lakydes wurde 241/40 Scholarch. (Weitere Angaben). Es kam zu einem unbekannten Ereignis (ggf. „unter dem Archon x")*, als Lakydes die Schule 18 Jahre lang geleitet hatte. Weitere 18 Jahre später starb er ...."[616] Man könnte bei diesem „unbekannten Ereignis" an die Schenkung des „Lakydeion"[617] durch Attalos I. (D.L. 4,60) oder an das Ausschlagen der Einladung an Attalos' Hof denken, entfernter an das späte Erlernen der Geometrie oder den Kephisokrates-Prozess.[618] Wie anderen berühmten Akademikern des 2. Jh. v. Chr. (Agamestor, Karneades, Kleitomachos, Charmadas) könnte auch Lakydes das athenische Bürgerrecht verliehen worden sein und diese Ehre hier notiert worden sein,[619] wenn nicht von einem anderen, unbekannten Ereignis (z. B. Gesandtschaft) berichtet wurde oder eine Person mit Lakydes synchronisiert wurde.[620] Für προςλαβὼν in diesem Kontext vgl. Kol. 27,40.

27,3–5 Die beiden Archonten Kallistratos und Pantiades sind nach neuesten Forschungsergebnissen jeweils ein Jahr später zu datieren, als noch Görler und Dorandi annahmen.[621] Pantiades (206/05) weicht damit bei exklusiver Zählung nur noch um ein Jahr (241/40 minus 2 × 18 Jahre = 205/04) und bei einfach inklusiver Zählung (35 Jahre) überhaupt nicht mehr vom theoretischen Subtraktionswert ab. Kallistratos (207/06) wiche bei exklusiver Zählung um 2 Jahre ab, bei einfach inklusiver Zählung um ein Jahr und bei etwaiger doppelt inklusiver Zählung (jede 18 Jahre sind effektiv 17 Jahre) gar nicht ab (241/40 minus 2 × 17

---

616   Das im philosophiehistorischen Kontext generell und auch in Apollodors *Chronica* genutzte Vokabular lässt Meklers Ergänzung κατέϲ]χεν oder das Imperfekt theoretisch noch möglich erscheinen, wobei Meklers Λακύδηϲ ἔτη τὴν διατριβὴν κατέϲ]χεν aufgrund des neuen Sinns der Passage nicht mehr möglich ist. Für das Verb bei Apollodor siehe Kol. 30,7.

617   Zum Lakydeion siehe Schalles (1985), S. 137 f.

618   D.L. 4,61 und Plut. quomodo adulator ab amico internoscatur 63e–f.

619   Vgl. Fleischer (2020b), S. 64 f. Es wiegt angesichts der Quellenlage nicht schwer, dass die Verleihung des Bürgerrechts an Lakydes anderweitig nicht bezeugt ist. Auch sei darauf verwiesen, dass Apollodor die Verleihung an Charmadas (ohne Angabe eines Archons) explizit erwähnt (Kol. 32,7–8).

620   Womöglich fiel das Ereignis auch nur ungefähr in das Jahr 224/23 und Apollodor versuchte elegant „2 × 18" in seine *Chronica* einzubauen, obwohl etwa „17+19" eher der Realität entsprochen hätte, vgl. Fleischer (2021b), S. 315.

621   Diese Ergebnisse wurden von Williams (2018) übersehen. Ferner ist sie inkonsequent hinsichtlich der Jahresangaben. Die Umdatierung hängt mit dem Archon Thrasyphon zusammen, dazu Osborne (2008) und Bradani/Tracy (2012), S. 291 sowie Lambert (2014), S. 22 f. Meritt (1977) plädierte bereits für diese Jahreszahlen, während Habicht (1982), S. 163–165 sich für 208/07 und 207/06 aussprach, aber in der Folge auch die späteren Datierungen billigte. Eine weitere Herabdatierung ist unwahrscheinlich, da der Archon Isokrates recht sicher auf 205/04 geht.

Jahre = 207/06). Für die euphemistische Umschreibung des Todes siehe Kol. 27,41–42.[622] Mit ἕτεροι mag phraseologisch nur eine einzige Alternativquelle gemeint sein. Vielleicht kam Apollodor durch eigene Berechnungen auf Kallistratos oder konnte noch auf mündliche Informationen zurückgreifen.

27,6–7 Görler erkannte, dass das ὡς von Wilamowitz zugunsten des überlieferten ὤν aufgegeben werden muss,[623] da die Konjektur auf der falschen Annahme einer 10-Jahres-Differenz zwischen den Archonten basierte,[624] welche auch eine irreführende Interpunktion und Interpretation der Passage evoziert hat. Um die 26 Jahre des Scholarchats bei Diogenes mit den „10 Jahren Krankheit" bei Apollodor zu harmonisieren, nahm Görler an, dass sich Lakydes im Jahre 224/23 nur teilweise zurückzog und erst um 217 endgültig die Leitung ruhen ließ.[625] Voraussetzung seiner Überlegungen blieb Crönerts falsches

---

622 Für das Verb ist aus metrischen Gründen weniger eine Synizese als vielmehr eine „Verschreibung" für das in der attischen Komödie gebräuchliche ποέω anzunehmen.

623 Görler (1994), S. 831: „Zu Unrecht behält Dorandi … eine Konjektur von Wilamowitz bei, die eine andere Chronologie voraussetzt … Der Infinitiv ist – leicht anakoluthisch – durch λέγουσιν in der Parenthese erklärbar." Bei den wenigen nicht korrigierten Fehlern im Papyrus ist jede Emendation ohnehin schwer zu rechtfertigen.

624 Vgl. Fleischer (2021b), S. 308f. Für die Unmöglichkeit einer solchen Differenz zwischen den Archonten siehe Dinsmoor (1939), S. 164–166; Meritt (1977), S. 178f. Wilamowitz-Moellendorff (1910), S. 411: „Das klingt jetzt dem Texte gegenüber erstaunlich, aber wenn man sich vorher denkt, um Crönerts Vers anzunehmen, ἐπ Ἀντιφίλου δὲ τὴν σχολὴν ϲυϲχὼν ἔτη παρέδωκεν ὀκτωκαίδεκα, τοϲαῦτα δ᾽ ἕτερα προϲλαβὼν τὴν τοῦ βίου μεταλλαγὴν ἐποίηϲατ᾽ ἐπὶ Καλλιϲτράτου. ἐπὶ Παντιάδου δ᾽ ἕτεροι λέγουϲιν, ὡς δέκα ἔτη διαλιπεῖν τἀπὶ πᾶϲι διὰ νόϲον, so wird die unleugbare Zweideutigkeit durch den Zusatz aufgeklärt, der anzeigt, daß sich die Differenz auf die Zeit seiner Untätigkeit bezieht." Ihm folgt Jacoby (1929), S. 740. Frühere (falsche) Deutung des überlieferten ὤν bei Jacoby (1902), S. 347 (ad F 70): „Die Erklärung der sehr schwierigen Konstruktion gab mir Prof. Wilamowitz. Das korrekte τῶν γὰρ ἴη ἐτῶν τὰ ὕϲτατα δέκα διὰ νόϲον διαλείπει erscheint durch den relativischen Anschluss dem λέγουϲιν subiungiert, obwohl dieser Satz das falsche Todesdatum Pantiades (Anmerkung: Jacoby ging noch von dem Namen Pasiades aus) enthält, dessen Entstehung Apollodor erklärt."

625 Görler (1994), S. 830f. Die Angaben bei Dorandi (2000), appendix sind unklar (241/40–226/25 oder 225/24) und widersprechen seinen Ausführungen auf S. 32. Williams (2018) schreibt in Brill's New Jacoby (FGrH 244 F 47): „Apollodoros says that he spent eighteen years as head until he resigned in 224/3, and then that he died during the archonship of Kallistratos in 207/06 BC (F 47)." Die erste Aussage basiert letztlich auf der Konjektur Crönerts, welche sie, anders als Dorandi, Jacoby folgend vollständig übernimmt. Dorandi (1990c), hatte einst die These aufgestellt, dass mit Diogenes und Apollodor zwei verschiedene Traditionen vorliegen, da eine Rückberechnung von 208/07 oder 207/06 v. Chr. um 36 Jahre auf 244/43 v. Chr. führe (ähnlich Dorandi (1991), S. 63–65). Görler (1994), S. 831 gibt aber die Möglichkeit von (doppelt) „inklusiver Zählung" zu bedenken und Dorandi hat in

παρέδω]|||κεν in Z. 1. Außerdem ging Görler noch davon aus, dass die Archonten auf 208/07 bzw. 207/06 datieren (siehe Kommentar zu Z. 3–5). Den Infinitiv ᶢⁱʼαλιπεῖν erklärt er „anakoluthisch". Der Ausdruck τἀᵣπᶦⁱ πᾶᵣcᶦⁱ bezeichnet die letzten 10 Jahre.[626] Es scheint doch eher unwahrscheinlich, dass die erwähnte Krankheit mit dem in D.L. 4,61 berichteten Tod durch exzessives Trinken in Verbindung steht.

27,7–10 Merkwürdigerweise sind die beiden erstgenannten Schüler des Lakydes anderweitig nicht überliefert und insbesondere nicht unter seinen Nachfolgern im Leitungsgremium genannt. Vielleicht starben sie vor Lakydes, verließen Athen oder (unwahrscheinlicher) die Akademie. Dasselbe könnte für Aristipp gelten. Er wird immerhin bei Eusebius und Diogenes erwähnt, aber nirgends als einer der „Nachfolger" des Lakydes. Laut Eusebius stammte Aristipp aus Kyrene, aber dieselbe Herkunft wie der bekannte homonyme Kyrenaiker ist nicht unverdächtig, wenngleich möglich.[627] Vielleicht stammten alle Philosophen aus Athen, weshalb die Ethnika von Apollodor weggelassen wurden. Mit dem Adjektiv cυνήθειᵣςᶦ müssen eng vertraute Schüler gemeint sein, da es kein gängiges Synonym für „Schüler" ist.

27,10–14 Diogenes Laertius zeigt, dass sich ᾳ[ὐτ]ᵣοῖcᶦ nur auf die zuletzt genannten Telekles und Euander bezieht. An ἐπεχᵣεᶦ[ίρ]ηcε bestehen keine ernsten Zweifel.[628] Es regiert den Infinitiv, von dem am ehesten ein Verb oder Nomen des Wortfeldes „herrschen" oder „leiten" abhing.[629] Der Infinitiv dürfte

---

der Folge seine frühere These verworfen und ist wieder auf das bei Diogenes überlieferte Jahr 241/40 als Beginn des Scholarchats eingeschwenkt.

626   Wilamowitz-Moellendorff (1910), S. 410 f.: „ἐπὶ πᾶcι „schließlich" steht auch weiter unten; der Ausdruck ist mir nicht geläufig, aber es kann doch nur τὰ ὕcτατα oder ὕcτατα bedeuten."

627   Eus. PE 14,7,14 (Numen. F 26 des Places): Τούτου δὲ γίγνονται ἀκουcταὶ πολλοί, ὧν εἷc ἦν διαφανὴc ὁ Κυρηναῖοc Ἀρίcτιπποc; D.L. 2,83: τέταρτοc ὁ ἐκ τῆc νεωτέραc Ἀκαδημείαc. D.L. 8,21: φηcὶ δ᾽ Ἀρίcτιπποc ὁ Κυρηναῖοc ἐν τῷ Περὶ φυcιολόγων Πυθαγόραν αὐτὸν ὀνομαcθῆναι ὅτι τὴν ἀλήθειαν ἠγόρευεν οὐχ ἧττον τοῦ Πυθίου. Zum Akademiker Aristipp siehe Classen (1965); Dorandi (1989d); Görler (1994), S. 837 f. Die Identität des in D.L. 8,21 genannten Aristipp ist unsicher. Numenios, von dem Eusebius abhängt, hätte den Akademiker Aristipp nur schwerlich mit dem Kyrenaiker verwechselt, aber Eusebius könnte ein Irrtum unterlaufen sein oder das Ethnikon des berühmten Sokrates-Schülers Aristipp die Handschriften korrumpiert haben. Für die Überlieferung mag sprechen, dass auch Lakydes und Karneades aus Kyrene kamen.

628   Das Verb meint nicht „(erfolglos) versuchen", sondern „etwas angehen/unternehmen".

629   Das *Oxforder Disegno* hat vor ειν den Buchstaben ζ, das *Neapolitanische Disegno* ξ, wobei das Original ζ,κ,ξ,χ (letzteres weniger wahrscheinlich) erlaubt.

gleichsam die Parallele zu παρέδωκε in Diogenes sein, während eine Form von ἀρχή mit τὴν σχολήν korrespondieren könnte.[630] Auch ζ⸢ῶ⸣γ ἔτι hat eine Parallele in Diogenes (ζῶν)[631] und unterstreicht eine Übergabe geraume Zeit vor dem Tod (und nicht unmittelbar davor).

27,14–17 Die Zeilen 14–15 wurden erstmals komplett rekonstruiert. Das Adjektiv πρότ⸢ερ⸣οc ist gesichert und ebnet den Weg zur sinnvollen Wiederherstellung der Zeilen.[632] Womöglich impliziert δο]χεῖ, dass Apollodor das genaue Todesdatum Euanders nicht kannte. Anders als das Todesjahr des Telekles erscheint Euanders Sterbedatum nicht in der Liste mit den Todesdaten (Kol. 27,35 ff.). Apollodor könnte aber aus uns unbekannten Nachrichten richtig auf einen (etwas) späteren Todeszeitpunkt Euanders geschlossen haben. Telekles starb 167/66 v. Chr. (Kol. 28,10–11) und auch Euander kann der Tod nicht viel später ereilt haben, da Karneades 159/58 wahrscheinlich schon Scholarch war und zwischen Euander und Karneades noch Hegesinus amtierte.[633] Für [με]τηλλαχέγαι und Apollodors euphemistisch-elegante Weise, das Verb „sterben" auszudrücken, sei auf Z. 3–4 und Quellen Kol. 26,Mitte–28,40 verwiesen.[634] Apollodor nutzt die Spezifizierung νόcωι öfters am Ende von Versen.[635]

---

630 Die Ergänzung passt gut zu den Spuren, welche aber aufgrund möglicher Verschiebungen und stratigraphischer Unsicherheiten von Kleinstfragmenten nicht sicher ist. Der fehlende Artikel bei Annahme eines Substantivs könnte etwa mit dem abstrakten Gebrauch („Machtbefugnisse/Leitungsfunktion") und dem Umstand der Aufteilung auf zwei Personen erklärt werden. Auch ἄ[ρξαι] παρε[ί]⸢χ⸣ειν ist bedenkenswert.

631 Diogenes formuliert etwas pathetischer. Wenn μόνοc τῶν ἀπ' αἰῶνοc eine Einzigartigkeit umschreiben sollte, wäre die Aussage im Hinblick auf Karneades unzutreffend. Da dessen früherer Rückzug aber nur im *Index Academicorum* erwähnt ist, war der Rückzug Diogenes oder seiner Quelle wahrscheinlich nicht bekannt. Für ζ⸢ῶ⸣γ ἔτι vgl. Kol. 25,39–40.

632 Wilamowitz-Moellendorff (1910), S. 411 f. war aufgrund chronologischer Bedenken (siehe Haupttext) bezüglich der Möglichkeit einer Rekonstruktion unnötig skeptisch: „Wenn man (sc. Zeile) 14/15 πρότε[ρ]οc ὁ Τη[λεκλῆc zu erkennen glaubt, so denkt man leicht, daß von den beiden vornehmsten Schülern des Lakydes die Rede war, und Telekles vor Euander starb. Das ist aber irrig, denn sein Todesjahr wird nachher angegeben und liegt ganz spät; man läßt also selbst von ειπρο τελοcοτηλ besser die Finger."

633 Kol. 25, 4–7. Jedenfalls wurde Kleitomachos in jenem Jahr Schüler des Karneades. Hegesinus ist im Erhaltenen des *Index Academicorum* nirgends erwähnt. Vielleicht kann man in dieser Zeit nicht wirklich von offizieller Folge von Scholarchen (Ernennungen/Wahlen) reden und unsere Quellen haben eine komplexere Wirklichkeit vereinfacht, so wie die übrige Überlieferung Kleitomachos zum direkten Nachfolger des Karneades machte, ohne vom Rückzug und den Nachfolgern Polemarch und Krates Notiz zu nehmen.

634 Jacoby (1902), S. 67 f.

635 Kol. 27,38; 28,17; 32,24. Es ist unklar, ob damit eine lange oder kürzere Krankheit gemeint ist. Jedenfalls dürfte der Ausdruck in Abgrenzung zu natürlicher Altersschwäche und „Herzinfarkt" gebraucht sein.

Mit Blick auf die Parallele in Diogenes ist ὁ Φ]ω[κ]αεⸯὑcꞋ in Z. 16 attraktiv, derweil ein Akk. Pl. nicht ausgeschlossen ist.[636]

27,17–36 Nach der Besprechung Euanders dürfte irgendwo in den etwa 10 verlorenen Versen noch Moschion von Mallos erwähnt worden sein. Auch die Nennung weiterer Akademiker, deren Todesdaten später nicht erscheinen, wäre zu bedenken. Vielleicht äußerte sich Euander zur Rhetorik (Z. 24). In Z. 35 ist der Eigenname Damon, der in der Suda genannt wird und wohl Mitglied des vermuteten Leitungsgremiums war, keine wahrscheinliche Option, da er in Kol. M,12 „Demon" geschrieben wird und die Spuren nach μ gegen den Eigennamen sprechen. Ich vermute Interpunktion hinter dem neugelesenen ⸢τρα⸣[χ]ύc, was sich auf den zuvor genannten, nicht sicher identifizierbaren Philosophen bezöge.[637]

27,36–38 Anders als in meiner Übersetzung könnte man ὁμῶς (grammatikalisch „korrekter") auf Agamestor beziehen,[638] aber letztlich geht die Qualität des Agamestor (das Adjektiv) auch auf die beiden nur im *Index Academicorum* erwähnten Eubuloi. Ich vermute, dass Agamestor in πρὸc τούτο⸢ιc nicht inbegriffen ist und alle drei Philosophen neben die zuvor genannten Akademiker gestellt werden sollen, aber ist dies nicht entscheidend. Hinter τούτο⸢ιc liegt wahrscheinlich ein Sprung im Exzerpt vor (vgl. Quellen Kol. 26,Mitte–28,40). Das Personalpronomen α⸢ὐ⸣|⸢τ⸣ῶν wurde offenbar ohne Rücksicht auf das Metrum von Philodem oder seiner Quelle ergänzt, um die „Todesliste" mit der „Namensliste" zu verbinden.[639]

---

636   Telekles ist nur bei Diogenes explizit als „Phokaier" gekennzeichnet. Vielleicht ist daher die entfernte Möglichkeit in Betracht zu ziehen, dass Diogenes (seine Quelle) die beiden Verse bei Apollodor zu schnell las und Telekles fälschlicherweise wie Euander zum Phokaier machte. Andererseits ist die Herkunft des Telekles bei Diogenes auch nicht allzu verdächtig und könnte aus den verlorenen Versen bei Apollodor (Philodem) oder anderen Quellen richtig übernommen sein. Indes, der Textfluss spricht nicht dafür, dass Telekles in den *Chronica* mit Ethnikon bezeichnet war. Zur Metrik sei vermerkt, dass das Ethnikon in Pape (1911), S. 1655 zwar mit naturlangem α angegeben ist, aber in Ps.-Skymnos 250 und 252 ganz offenbar mit kurzem α gebraucht wird.

637   Für das Verb zur Beschreibung eines Menschen vgl. etwa Plut. Alex. 50; Plut. Phoc. 10.

638   Vielleicht ist das Adverb auch in Kol. 30,1 zu ergänzen. Die poetische Form überrascht und ist die einzige im Apollodor-Exzerpt.

639   Fleischer (2018g), S. 71f. Sämtliche bisher vorgebrachten Lösungsvorschläge zur „Rettung des Trimeters" sind sprachlich oder paläographisch unhaltbar. Crönert schlug den Eigennamen Λύκων vor. Ich erwog Λυδῶν als ethnische Bezeichnung und habe ferner alle nur irgendwie entfernt in Betracht kommenden Kombinationen mit kurzer vorletzter Silbe

27,38–42 Der erste Vers zu Moschion wurde neugelesen und die resultieren-
den Konsequenzen sind ausführlich in Fleischer (2018g) besprochen.[640] Entscheidend war die korrekte Platzierung eines nur im *Oxforder Disegno* erhaltenen, abgetrennten Fragments. Wir lesen in Kol. M,11–12, dass Moschion aus
Mallos stammte, was Apollodor vielleicht zuvor vermerkte. Er war ebenfalls
Mitglied des nach dem Scholarchat des Lakydes offenbar eingesetzten „Leitungsgremiums".[641] Der Artikel in Z. 39 zeigt, dass Moschion bereits zuvor in
den *Chronica* genannt war. Die Partikel μὲν, verbunden mit der Auslassung
im Exzerpt, und α᾽ὐ|⌐τ᾽ῶν sind Hinweise, dass die Liste der Todesdaten mit
Moschion begann. Frühere Forscher haben durch phantasiereiche Ergänzungen versucht, eine Lebenszeit des Moschion in den Vers einzubauen, aber das
neue Partizip ἐπι᾽λ⌐ρ᾽αβ᾽ὼν impliziert[642] offensichtlich eine relative Angabe.[643]
Das neue Numerale ist paläographisch und metrisch alternativlos; der Archon
Eupolemos datiert sicher auf 185/84. Für den etwas schwülstigen Ausdruck τὸ
⌐ζ᾽ῆν με⌐τήλ᾽λαξεν siehe Quellen Kol. 26,Mitte–28,40. Hinsichtlich des möglichen Bezugs von 197/96[644] auf den Tod von Attalos I. oder den Amtsantritt des
Eumenes II. und deren Beziehung zur Akademie sollte daran erinnert werden,
dass eine Inschrift mit Erwähnung des Euander und Attalos nun auf 193/92 und

---

geprüft, ohne etwas Brauchbares zu finden. Nicht zuletzt haben wir αυ|των im Disegno
bzw. Original, so dass das Personalpronomen auch paläographisch naheliegend ist.

640 Fleischer (2018g). Die Rekonstruktion des ersten Moschion-Verses stellte Wilamowitz sei-
nerzeit vor ein Rätsel (Wilamowitz-Moellendorff (1910), S. 406, 412 Fn. 2: „Im dritten Verse
suchten wir alle die Lebensjahre des Moschion, in erträglicher Form nur Gomperz mit
δεκάκις ἐξ πληρῶν, was es doch nicht gewesen ist, da es gegen die Silbenteilung verstoßen
würde. Hier kann und wird ein guter Einfall helfen; aber ich habe ihn nicht gehabt." Der
Vorschlag findet sich bei Gomperz (1891), S. 86).

641 Ansonsten ist er nur in Suda π 1707 erwähnt, vgl. Dorandi (2005e) und Fritz (1933). Zu
Moschion und dem Leitungsgremium Görler (1994), S. 843.

642 Vgl. für das Partizip Kol. 27,2. Im Kontext von Zahlen und Zeitangaben findet sich das Wort
bei Thuk. 4,133: ἔτη δὲ ἡ Χρυσὶς τοῦ πολέμου τοῦδε ἐπέλαβεν ὀκτὼ καὶ ἔνατον ἐκ μέσου, ὅτε ἐπε-
φεύγει; Paus. 4,13,4: ἀπέθανε δὲ βασιλεύσας ἔτη τε ἓξ καὶ ἐκ τοῦ ἑβδόμου μῆνας ἐπιλαβὼν ⟨οὐ⟩
πολλούς; Arr. an. 7,28,1: ἐβίω δύο καὶ τριάκοντα ἔτη καὶ τοῦ τρίτου μῆνας ἐπέλαβεν ὀκτὼ.

643 Überblick bei Fleischer (2018g), S. 69. Gomperz (1891) dubitanter: ὁ [Μοc]χίων μὲν δ[εκά]-
χ[ι]ϲ ἓ[ξ] πλ[ηρ]ῶν ἔτη; Wilamowitz-Moellendorff (1902 – apud Mekler): ὁ Μ. μὲν δὴ
εἴκοϲ᾽ ἐκπλ. ἔτη; Mekler (1902): ὁ Μοϲχίων μὲν δ . ε|τε . πλ[η]ρῶν ἔτη; Jacoby (1902): ὁ
Μοϲχίων μὲν δ[εκάκιϲ] | ἓ[ξ] πλ[η]ρῶν ἔτη; Crönert (1906): ὁ [Μοc]χίων μὲν [ε]ἴχ[οϲ᾽] ἔ|τ᾽
ἐ[κ]πλ[ηρ]ῶν ἔτη; Wilamowitz-Moellendorff (1910): ὁ Μοϲχίων μὲν ΔΙϹ . C |ΤΕ . Λ . ωΝ ἔτη;
Jacoby (1929): ὁ [Μοc]χίων μὲν δὶϲ . |τε . λ . ων ἔτη; Mette (1985): ὁ Μοϲχίων μὲν δὶϲ [δ]έ|χ᾽
ἐ[κ]πλ[η]ρῶν ἔτη. Auch ist für keinen anderen Philosophen der Liste das Lebensalter angegeben.

644 Bei inklusiver Zählung ggf. 196/95, aber kleine Zeiträume werden von Apollodor exklusiv
berechnet (vgl. Kol. 25 und 30).

nicht mehr 197 zu datieren ist.[645] Die Schlacht von Kynoskephalai 197 v. Chr. ist kaum der Bezugspunkt. Wieder könnte die Erwähnung einer Krankheit in Z. 42 Indiz sein, dass Moschion nicht sehr alt wurde, zumal er der erste Verstorbene in der Liste der Lakydes-Schüler ist.[646]

27,42–28,4 Mit [μ]ετὰ ταῦτα zeigt Apollodor seinen Lesern eine relative Reihenfolge der Archonten an. Es schwebt weiterhin τ̣ὸ ῾ζ᾿ῆν με῾τήλ᾿λαξεν vor. Wieder stehen die Artikel vor den Eigennamen. Vielleicht hatte πατρὸς den Zweck, eine Konfusion mit dem folgenden Genitiv zu vermeiden. Sowohl Antenor als auch Kallikrates sind anderweitig unbekannt.[647]

28,4–9 Diesmal fehlt der Artikel, obwohl Agamestor bereits in Kol. 27,36 genannt war. Mit μετ[ὰ] τὴν Περϲέωϲ ἅ῾λωϲ᾿ιν gibt Apollodor seinen Lesern einen chronologischen Anker für den Archon an die Hand, zumal Perseus nur rund 25 Jahre vor Erscheinen der *Chronica* entmachtet wurde und seine Gefangennahme folglich vielen noch in Erinnerung war.[648] Ursprünglich kam Agamestor aus Arkadien. Bislang übersah man eine 1968 entdeckte Grabsäule (SEG 25, 237), auf der Ἀγαμήϲτωρ | Πολυξένου | Ἀζηνιεὺϲ zu lesen ist.[649] Da Agamestor ein sehr seltener Name ist (was ein weiteres Vater-Sohn-Paar „Aga-

---

645 IG II/III² 886 = IG II³,1 1261: [ἐπὶ Φαναρχίδου ἄρχ]οντοϲ, ἐπὶ τῆϲ Ἱπποθωντίδοϲ ἐβ[δόμηϲ πρυτα]|[νείαϲ, ἧι Μενέμαχο]ϲ Μενεϲτράτου Λαμπτρεὺϲ ἐγρα[μμάτευεν]· | [Γαμηλιῶνοϲ — c.6 —]ει· ἐνδεκάτει τῆϲ πρυτανείαϲ· ἐ[κκληϲία κυ]|[ρία ἐν τῶι θεάτρωι· τῶ]ν προέδρων ἐπεψήφι-ζεν Ἀμυγ[— c.8 —] | [— c.15 —θ]εν καὶ ϲυνπρόεδροι· νν ἔδοξεν [τεῖ βουλεῖ] | [καὶ τῶι δήμωι· — c.6 —]ηϲ Μενεκράτου Κικυννεὺϲ εἶπ[εν· ἐπειδὴ] | [— c.16 —]ϲ οἰκείαν ἔχων διὰ προγόνων τὴν [— c.9 —]|[— c.16 —]ε παραγενόμενοϲ θεωρὸϲ εἰϲ Τ[— c.10 —]|[— c.15 — πλ]είω τῆϲ κατὰ φιλοϲοφίαν παιδείαϲ [— c.8 —]|[— c.17 —]ϲτου ἐπιτηδεύματοϲ καὶ ψη — c.10 —]|[— c.17 — τ]ό τε ἄϲτυ καὶ τὸμ Πειραιᾶ καὶ [— c.9 —]|[— c.18 —μ]ενοϲ τὴν ϲωτηρίαν τῶν [— c.10 —]|[— c.19 —]ον τῶν Εὐάνδρου ϲχολαϲ[τ— c.8 —]|[— c.20 —] τε εἰϲ τὴν ἰδίαν καὶ παραγ[ενόμενοϲ —]|[— c.19 — β]αϲιλεὺϲ Ἄτταλοϲ ἦν ἐκ Ν[— c.9 —]|[— c.21 —]ΑΜΒΟ[.. ..]ειναι χρήϲιμ[οϲ — c.8 —]| κτλ. Zur Datierung Meritt (1977), S. 180 (ignoriert von Görler (1994), S. 836). Zu dem Dekret siehe ausführlich Haake (2007), S. 99–104, besonders: S. 99 Fn. 361. Die unmittelbar zuvor weggefallenen Verse könnten gelautet haben: „Auch Eumenes hörte einen Akademiker (nomen nominandum), bevor er 197 die Regierung übernehmen musste. Zwölf Jahre später ....“ Siehe auch Fleischer (2020a), S. 55 mit weiterführenden Gedanken. Dass Moschion selbst Prinzenerzieher war, scheint eher fraglich.

646 Vgl. Fleischer (2020a), S. 175.

647 Das Ethnikon des Eubulos von Ephesus erscheint ebenfalls in Kol. M,17 und Kol. O,22.

648 Perseus wurde 168 v. Chr. nach der Schlacht bei Pydna gefangengenommen und starb 165 v. Chr. in Alba Fucens.

649 Andreiomenou (1968), S. 137 Fn. 18 (Abbildung Nr. 62.2). Siehe SEG 25, 237 (A. Woodhead (1971)): „Attica. Unknown provenance. Tit. Sep. Agamestoris, Polyxeni f., s. III^a p. post. – Columellam marm. caerulei infra fractam, in Via Lenormant inv.“

mestor-Polyxenos" überaus unwahrscheinlich macht) und die Inschrift epigraphisch mit dem Jahr 168/67 kompatibel ist,[650] darf man wohl schließen, dass Agamestor wie vielen anderen angesehenen Akademikern im 2. Jh. v. Chr. das athenische Bürgerrecht verliehen wurde und er in demselben Demos wie Karneades (Azenia) eingeschrieben war, mithin die Inschrift auf das Paar im *Index Academicorum* zu beziehen ist.[651] Sehr wahrscheinlich ist unser Agamestor mit einem gewitzten, am Bein behinderten Akademiker Agapestor (Verschreibung), den Plutarch erwähnt, identisch.[652] Ἀ⸢ρκ⸣άς könnte implizieren, dass Apollodor die Nennung der genauen Polis schlechterdings nicht möglich war oder er im Falle Arkadiens eine weitere Eingrenzung als unnötig empfand.[653] Der Ausdruck τὴν ἀπ⸢όλ⸣υcιν τοῦ βίου ἐπ⸢ρ⸣ιήcατ' umschreibt kaum einen Selbstmord.[654]

28,9–10 Kurioserweise ist uns wie bei dem unmittelbar vorangehenden Agamestor auch Telekles' Grabinschrift erhalten (IG II² 12764): - - -]βιο[- - - | - - -]αι cοφίηc πείρατ' ἐφιέ[μ]ενοι· | ἐκ δ᾽ Ἀκα]δημείηc, Τελέκλεεc, οὐκ αβόητο[ν] | [cὸν κλέοc] ἰφθίμοιc ἔπλετο Κεκροπίδαι[c]· | [καὶ νῦν τῇδ]έ cε κοῦροc ὑπὸ χθονὶ θῆκε Cέλευκοc.[655] Das Epigramm bezeugt seinen Ruhm und führende Stellung in der

---

650 In der Literatur findet sich der Name „Agamestor" nur selten. Der erste Agamestor könnte eine fingierte Person sein (Crusius (1893)); der zweite ist ein (mythischer) athenischer Archon (Wilhelm (1893)). Unser Akademiker ist der dritte Agamestor (Arnim (1893)). Dazu kommt noch Agamestor als alternativer Name für den Argonauten (Seher) Idmon (Apoll. Rhod. 2,850). In LGPN ist der Name nur 7-mal belegt: IG II² 2334 und SEG 25, 237. Die fünf anderen Inschriften: IG IV² (1) 257; I. Peek, Asklepieion 108; IG VII 2737; SGDI II 1715; I. Magnesia 44. Ansonsten findet sich der Name womöglich abgekürzt auf 13 Graffiti (Gefäßen) aus Chersonesos (SEG 30, 965). Die epigraphische Kompatibilität der Inschrift mit dem Jahr 168/67 hat mir dankenswerterweise Gregor Staab bestätigt, vgl. Fleischer (2020b), S. 64 Fn. 16.

651 Vgl. Fleischer (2020b).

652 Dorandi (1989c). Plut. quaest. conv. 621e–622a: ὥcπερ Ἀγαπήcτορι τῷ Ἀκαδημαϊκῷ λεπτὸν ἔχοντι καὶ κατεφθινηκὸc τὸ cκέλοc ἐπηρεάζοντεc οἱ ξυμπόται πάνταc ἐκέλευcαν ἐπὶ τοῦ δεξιοῦ ποδὸc ἑcτῶταc ἐκπιεῖν τὸ ποτήριον ἢ ζημίαν καταβαλεῖν· τοῦ δὲ προcτάccειν περιελθόντοc εἰc αὐτόν, ἐκέλευcε πάνταc οὕτωc πιεῖν, ὡc ἂν αὐτὸν ἴδωcιν· καὶ κεραμίου cτενοῦ κομιcθέντοc εἰc τοῦτο τὸν ἀcθενῆ πόδα καθεὶc ἐξέπιε τὸ ποτήριον, οἱ δ᾽ ἄλλοι πάντεc, ὡc ἐφαίνετο πειρωμένοιc ἀδύνατον, ἀπέτιcαν τὴν ζημίαν. χαρίειc οὖν Ἀγαπήcτωρ, καὶ ποιητέον εὐκόλουc οὕτω καὶ ἱλαρὰc τὰc ἀμύναc. Zur Behinderung und der Episode beim Symposion siehe Gosbell (2018), S. 206.

653 Natürlich galt Agamestor dem Apollodor trotz des verliehenen Bürgerrechts im literarischen Kontext weiterhin als Arkader, ebenso wie etwa Karneades trotz athenischen Bürgerrechts weiterhin „der Kyrener" blieb.

654 Andernfalls hätten alle drei, Agamestor, Telekles und Apollonios, Selbstmord begangen. Für die korrekte metrische Lesung des Verbs siehe den Kommentar zu Kol. 27,3–4.

655 Vgl. Haake (2007), S. 104–106 und Mette Telekles T 4, der aber Kaibels Ergänzungen folgt

Akademie. Ich würde mutmaßen, dass Telekles ebenfalls zu irgendeinem Zeitpunkt in den Genuss des athenischen Bürgerrechts kam. Seleukos war wohl
eher Sohn als Schüler des Telekles.[656]

28,10–13 Telekles' Schüler Apollonios ist außerhalb des *Index Academicorum*
nicht bezeugt. Für ⌐ἐ¬πὶ πᾶ[cι siehe Kol. 27,7. Das Metrum erfordert Krasis von
Artikel und Eigenname (vgl. Kol. 27,43). Der Artikel deutet tendenziell auf vorherige Erwähnung hin, welche entweder im Fragmentarischen von Kol. 27 oder
(wahrscheinlicher) in einer nicht exzerpierten Passage getätigt wurde. Falls
sich die Schülerliste in Kol. N auf Telekles bezieht, dürfte Apollonios mit dem
in Kol. N,13 genannten Philosophen identisch sein. Sicherlich ist er mit dem
Apollonios in Kol. O,18–20 und 32–35 (wohl teils abhängig von Apollodor) identisch und hatte somit einen Eubulos zum Bruder (vgl. Kol. 28,14–17). Da er nur
ein Jahr nach seinem Lehrer verstarb, erreichte er vermutlich kein hohes Alter.
Die Datierung des Epainetos war lange umstritten. Habicht (1988a) setzte ihn
zuletzt mit guten Argumenten auf 166/65, aber kleinere Restzweifel bleiben,
ob er nicht anderswo in den 160er oder 150er Jahren zu platzieren ist. Jedenfalls muss er nach Nikosthenes amtiert haben.[657]

28,14–20 In Z. 14 geht die Entscheidung für Meklers δὲ und gegen Crönerts δ᾽
ὁ sowie für γεν[ο]μ⌐έ¬ν⌐ου¬ statt γεν[ο]μ⌐έ¬ν⌐ος¬ mit einer anderen Syntax (wohl
genitivus absolutus) einher.[658] Die Blaupause für die Rekonstruktion der Zeilen stellt Kol. O,18–24 dar. Mit μετ⌐ὰ¬ [τὸ]ν Θεαίτη⌐το¬ν ist nicht allgemein die
Zeit nach dem Archon Theaitet, sondern das vorangehende Jahr gekennzeichnet. Die Junktur „ἐπὶ + Archon + τοῦ μετὰ + vorangehender Archon" wird öfters
zur Unterscheidung homonymer Archonten verwendet.[659] Es ist wahrschein-

---

(GVI 1550). Der Beginn des Epigramms muss sinngemäß gelautet haben: „Alle, die nach
höchster Weisheit streben, beklagen das Lebensende (des Telekles)."

656   Haake (2007), S. 105 Fn. 387 brachte für die Identität des Seleukos einen Schüler in die Dis-
      kussion ein, aber sein Name erscheint zumindest nicht in einer möglichen Schülerliste des
      Telekles in Kol. N und die Umschreibung κοῦρος wäre ungewöhnlich.

657   Habicht (1988a), S. 244f.

658   Das Genitiv Partizip erschien mir paläographisch wahrscheinlicher und eine bessere Syn-
      tax zu ergeben.

659   Siehe etwa IG II² 1012 (ἐπὶ Διονυσίου ἄρχοντος τοῦ μετὰ Παράνομον – Dionysios war Archon in
      112/11; zwei Archonten in den vorangehenden Jahrzehnten hatten denselben Namen) oder
      IG II² 1014 (ἐπὶ Ἰάσονος ἄρχοντος τοῦ μετὰ Πολύκλει[τον – der genannte Iason war 109/08
      Archon; ein homonymer Archon amtierte 16 Jahre zuvor). Auch das 28. Buch von Epi-
      kurs *De natura* ist über eine solche Formel datiert (Epic. de nat. 28 (*PHerc.* 1479/1417),
      frg. 13 XIII inf. (Sedley): ἐγ[ρ]άφη ἐπὶ Νικίου τοῦ μ[ετ]ὰ Ἀν[τι]φάτην). In Phld. de Stoi-
      cis (*PHerc.* 155+339) 4,6–12 (= FGrH 244 F 44) findet sich eine ungewöhnliche Datierung

lich, dass auch der Archon Aristophon noch in den folgenden Zeilen genannt wurde. Vielleicht wollte Apollodor durch die Angabe zu dem eher unbedeutenden Akademiker Eubulos den aktuellen Charakter der *Chronica* unterstreichen, welche vermutlich im Jahre des Aristophon 143/142 erschien (siehe Quellen Kol. 26,Mitte–28,40), so dass unter Umständen sogar der „gegenwärtige" Archon Aristophon von Apollodor in den Versen verschwiegen wurde und nur in der Prosafassung nachgetragen war. Das Adjektiv in Z. 15 bedeutet wohl, dass Eubulos der jüngere Bruder war, wobei sich γεν[ο]μ⸀έ᾿ν⸀ου᾿ auch auf das folgende Wort beziehen könnte. Man erwartet in Z. 15 oder 16 ein Synonym für ἀδελφός. Da Apollonios wahrscheinlich aus Kyrene stammte, ist das Ethnikon [Κυρηναί]⸀ο᾿υ in Z. 16 attraktiv, aber (deutlich) zu lang. Vielleicht vertrat in Z. 15 die Formulierung ἐπ[ὶ] βραχ[ὺ] einen *dativus mensurae*. Der Name des Eubulos kann eigentlich nur in Z. 17 stehen, wo ich erstmals das Partizip ἐχ⸀λιπ᾿όγ[τος ergänzte.[660] In Z. 18 ist ϲυνηθ̣- mit Spuren und Raum kaum vereinbar.

28,21–32 In den Zeilen sind einige stratigraphische Unsicherheiten vorhanden. In Z. 22–23 sind vielleicht Partikel und Verb zu lesen, später in Z. 23 „Karneades". In Z. 24 muss φικ wahrscheinlich zu φικῆϲ ergänzt werden. Ein etwaiges ϲυγγ[ρα]φικῆϲ könnte sich auf Karneades' Ablehnung zu schreiben beziehen, aber auch andere Adjektive sind denkbar.[661] Es besteht auch die Möglichkeit, dass in diesen Zeilen zwei verschiedene Akademiker besprochen wurden.

28,33–40 In Z. 32–33 ist der Name des Stoikers Antipatros (ab Ende der 150er Jahre Scholarch der Stoa) möglich, aber sehr spekulativ, ebenso wie φαϲι in Z. 33. Tendenziell ist in der Zeile mit einem Wort im Fem. Sg. zu rechnen, auf das sich der Relativsatz bezieht. In Z. 37–40 hatte man seit Gomperz (1875) ein anonymes Zitat mit Einbettung gewählt: Karneades habe die Lehren anderer mit in die Unterwelt genommen.[662] Die etlichen neugelesenen Wörter haben

---

mit πρό, welches Apollodor aus metrischen Gründen genutzt haben mag (offenbar exzerpierte Philodem eng am Original): Ἀπολλό[δω]ρος δὲ τὸ κα[ταδε]∥δῆϲθαι [τίθηϲι τ]ὴν πόλιν [ἐπ᾿ Ἀν|τιπ]άτρου τ[οῦ] πρὸ Ἀρρενείδ[ου] | καὶ φρουρὰ[ν εἰϲ] τὸ Μουϲεῖον [τότ᾿] |¹⁰ εἰϲῆχθ[αι ὑπ᾿] Ἀντιγόνου [καὶ τὰϲ] ἀρχὰϲ | [ἀνῃρῆϲθ]αι ˋτὰˊ καὶ πᾶν ἐγ[ὸϲ] βουλεύ[ματι τελ]εῖϲθαι (ein anderer Antipatros war etwa 100 Jahre zuvor Archon – ein anderes Beispiel für eine solche Datierung in Schol. Aristoph. ran. 694), vgl. dazu auch Dorandi (1991), S. 245 f. und Fleischer (2020a), S. 37 f.

660 Für das Verb im Apollodor-Exzerpt vgl. Kol. 29,17–18 (= Kol. 26,45) und Kol. 32,24 (ferner Aul. Gel. 17,4–6 = ApollVers 18).

661 Vgl. den Beginn von Kol. 22 und Kol. P,26.

662 Gomperz (1875), S. 604 (in Anmerkung). Dorandi (1991) folgte in der Ausgabe noch Mek-

nun einen anderen Sinn der Passage ergeben. Mit Z. 34 beginnt vermutlich ein Relativsatz, wobei sich das Relativpronomen auf ein Abstraktum (etwa Rhetorik/Dialektik) beziehen könnte. Anschließend ist τᾳ̂[λ]λᾳ oder τ' ἄλλα aus metrischen Überlegungen heraus möglich. Für π[ολ]ᵊ'ὺᵊ μᾶλ|ᵊλᵊον siehe Kol. 31,8–9. Bei der *coniugatio periphrastica* πᵊονῶᵊγ | ἦν ist die Trennung der Wörter über zwei Verse recht schroff.663 Die Neulesungen in Z. 35 führen auf einen Konsekutivsatz. Das Demonstrativpronomen τούτωᵊνᵊ könnte „Fähigkeiten/Argumente" meinen und zuvor genannte Eigenschaften oder Dinge zusammenfassen.664 Alternativ könnte es ein Substantiv im Plural wieder aufnehmen, von dem ein Genitiv abhing, auf den sich wiederum der Relativsatz bezog.665 In Z. 36 ist ἔᵊπεᵊ[ιϲ]ᵊεᵊ aus metrisch-inhaltlichen Gründen wahrscheinlich und im philosophischen Kontext nicht unerwartet. Der Sinn des folgenden Ausdrucks ᵊμιᾶᵊι ἕξει τὰ τῶν ᵊἄλᵊλων παραλαβὼν erschließt sich mir nicht mit letzter Gewissheit. Die wahrscheinlichste Interpretation dürfte sein, dass der Philosoph mit oder in einer einzigen Fähigkeit bzw. Haltung die Argumente/Ansichten/Fähigkeiten anderer Philosophen übernahm und somit ein vollendeter Akademiker war. Alternativ ist auch eine „dialektische" Lesung zu erwägen: Er übernahm die Argumente anderer und verwendete sie in der Diskussion gegen seine Gesprächspartner. Mit εᵊἰϰᵊόᵊτᵊωϲ ist das Folgende als logische Konsequenz der vorangehenden (Teil)Aussage charakterisiert. Das Verb ἔχει ist etwas zeugmatisch gebraucht. Der Ruhm ist die Folge der Übernahme (τὰ τῶν ᵊἄλᵊλων παραλαβὼν) im engeren Sinne, während die große Freimütigkeit im Reden (παρᵊρηϲᵊίαᵊ πλείϲτᵊηᵊγ)666 in der Adaption anderer Standpunkte oder Argumente bestehen könnte oder unabhängig vom Ruhm bzw. dem zuvor Gesagten ein Markenzeichen des Philosophen war, der offen seine Meinung kundtat und dafür auch geschätzt wurde. Da in Kol. 32,1 das Präsens nicht unbedingt historisch ist, sondern dem Umstand geschuldet sein könnte,

---

ler/Gomperz: EϏEI, „τὰ τῶν ἄλλων [πα]ραλαβὼν εἶ κάτω"· [ϲιγ]αῖ τε καὶ πᾶ[ϲ] ῥῆϲιν ὑ[βρ]ι-
cτὴ[ϲ] ἔχει. Das vermeintliche „Hades-Zitat" erhielt sogar eine eigene Nummer bei Jacoby (FGrH 244 F 52 und Jacoby (1902), F 96).

663 Im Anbetracht des Gen. Pl. in Z. 36 ist vielleicht auch das entsprechende Nomen nicht ausgeschlossen. Das Partizip Präsens könnte andauernde oder wiederholte Anstrengungen implizieren. Von ἦν sind kaum Spuren erhalten.

664 Sollte Karneades gemeint sein, könnte man an die Wahl zum Nachfolger bzw. seine Art der Schulleitung denken, durch welche er andere Akademiker überzeugte.

665 Ein möglicher Sinn wäre: „Er lernte alle Techniken der Rhetorik/Dialektik, für welche er sich viel lieber ... anstrengte, so dass er durch diese (Techniken) überzeugte und ...."

666 Das Adjektiv in Z. 39 könnte sich auch noch auf den Ruhm beziehen. Im Kontext des Substantivs παρρηϲία sei daran erinnert, dass Philodem eine Schrift mit dem Titel *Περὶ παρρηϲίας* verfasste (PHec. 1471).

dass Charmadas noch lebte, ist auch bei ἔχει „echtes" Präsens eine Option. In diesem Fall wäre der Philosoph, dem diese Zeilen galten, bei der Publikation der *Chronica* um 143 v. Chr. noch am Leben gewesen.[667] Die *paragraphos* in Z. 40 zeigt den Wechsel zu Boethos und dem Exzerpt aus dem 4. Buch der *Chronica* an.

28,40–43 In Z. 40 ist ἦν Vollverb („lebte"). Vermutlich war Apollodor das genaue Geburtsdatum des Boethos nicht bekannt. Wie bei den Lakydes-Schülern ist der Name von Boethos' Vater angegeben. Beide können nicht mit Sicherheit oder Wahrscheinlichkeit auf Inschriften identifiziert werden. Boethos war einer der wenigen aus Athen (Attika) stammenden Akademiker im 2. Jh. v. Chr.

28,43–29,3 Das Disegno und Metrum legen am Ende von Z. 43 δ' ἔτ' ἦ⸌γ [ἰ- nahe. Das Adverb τὸ πάλα⸍ι könnte hier „von Jugend an" bedeuten, wenn es die Zeit vor den ersten Studien meint, wogegen aber die philosophische Lebenshaltung in Kol. 29,1 spricht. Andernfalls ist eine generelle Aussage zu Boethos getroffen, bevor Ausbildung und Werdegang geschildert werden. Die erste Zeile von Kol. 29 ist im Wesentlichen nur auf den MSI/HSI lesbar. Das ἔτ' hat keine richtige Funktion. Das Adjektiv ἱκ⸌α⸍νὸc wird beispielsweise in D.L. 10,25 absolut gebraucht („fähiger Mann").[668] Für die Junktur β[ί]ου τάξιν siehe Isok. Panathen. 260 und S.Emp. adv. math. 11,208. Das φ[ι]λόcοφ⸌ον in Z. 2 ist adjektivisch auf das Nomen zu beziehen. Der Ausdruck τ⸍[ῶ]⸌ι λό⸍ι⸌γω⸍ι δ' ἀπ⸌α⸍λώτε⸌ρος meint wohl eher „weich" oder „sanftmütig und angenehm im Reden und Umgang" als „schlecht in Rhetorik".[669] Die ernste, philosophische Lebensführung wird mit den milden Umgangsformen oder gemäßigter Rhetorik kontrastiert. Eine eher positive Konnotation von ἀπ⸌α⸍λώτε⸌ρος wird auch

---

667 Die Vergangenheitsform in Z. 36 ist bei der Entscheidung kaum hilfreich. Zur Relevanz der Frage für die Zuordnung der Zeilen zu einem Buch der *Chronica* (und bedingt auch für das Enddatum des 3. Buches) siehe Fleischer (2020a), S. 184.

668 D.L. 10,25: Ἐτελεύτα (sc. Hermarch) δὲ παραλύcει, γενόμενος ἱκανὸς ἀνήρ.

669 Vgl. Fleischer (2020a), S. 186 f. Für ein Verständnis von „schwach im Reden" siehe Gomperz (1875), S. 604: „... dem nach des Autors Meinung zur Grösse wenig mehr gefehlt hat als die Gabe sich geltend zu machen? War er doch λόγῳ ἀπαλώτερος – und das neben einem Redevirtuosen ersten Ranges wie Karneades! Solcher Unbill des Schicksals will dieser Nachruf nach Kräften steuern." Ebenso versteht Dorandi (1991), S. 197 die Stelle („debole nella parola"). In Fleischer (2015b), S. 30 hielt ich ein solches Verständnis für denkbar („Für die Verbindung von λόγου/λόγωι/λόγον mit ἀπαλός im Sinne von ‚schwach im Reden' (rhetorisch wenig begabt) gibt es zwar kein Beispiel in der Literatur, aber ein solches Verständnis scheint doch möglich"). Jedoch decken die Beispiele in LSJ kaum die Bedeutung „schwach (schlecht)" ab.

tendenziell durch λόγος in Z. 13 gestützt, wo das Substantiv vermutlich als
Qualität des Dionysios erscheint, wobei die Wortbedeutung dort etwas anders
akzentuiert ist.

29,3–6 Ariston ist vermutlich mit einem der Homonymen in Kol. O, 26–29
und/oder mit dem in Kol. N,14–15 ebenfalls ohne Ethnikon genannten Telekles-
Schüler Ariston gleichzusetzen. Es ist fraglich, ob die Herkunft des Eubulos aus
Ephesus das etwaige Auslassen desselben Ethnikons bei Ariston bewirkte, mithin in ihm der erste Ariston der Homonymen-Liste (aus Ephesus) zu sehen
ist.[670] Der anders als bei Eubulos fehlende Artikel könnte bedeuten, dass Ariston zuvor noch nicht genannt war. Das μ˒ἐν korrespondiert mit δὲ in Z. 13. Boethos ist der einzig bekannte Schüler des Eubulos von Ephesus. Ob die kurze
Schülerzeit mit dem Tod des Eubulos im Jahre 174/73 in Verbindung steht, ist
ungewiss. Jedenfalls führt das Todesdatum wohl auf eine Geburt des Boethos
um 200, vielleicht sogar etwas früher, aber kaum viel später. In Z. 3–4 ist wie
in Kol. 28,35 und Kol. 31,5–8 *coniugatio periphrastica* zu beobachten, welche
wohl sämtliche Partizipien bis Z. 11 umschließt. Mit Z. 5 beginnt die gesicherte
Überlappung mit Kol. 26,33 (Dublette).

29,6–10 Die Selbstverständlichkeit, mit der Apollodor von den „Autolykeiern"
spricht, erstaunt. Vielleicht waren diese bei Abfassung des 4. Buches der *Chronica* noch aktiv oder wurden schon in einer früheren Passage erwähnt. Vermutlich hatte diese Gruppe einen Bezug zur Akademie, während ein (Fern)Bezug
zu Autolykos von Pitane aufgrund dessen Lebensdaten und seines vermutlichen Wirkungsortes sehr fraglich ist.[671] Amyntes ist anderweitig nicht belegt.
Aufgrund des Artikels könnte er zuvor schon von Apollodor genannt worden
sei. Die genaue Übersetzung und Deutung von Z. 8–9 gestalten sich schwierig. Ich vermute, dass Lehraktivitäten des Boethos beschrieben werden sollen
und ἤδη προβεβη˹κ˺ὼς meint, dass er schon oft vor einem Auditorium gesprochen hat (vortrat), während ˹c˺χολῆς ἡγ˹ο˺[ύ]μ˹ε˺˹ͅ˺γ˺ι˺o˺ς˺ die Leitung von Unterricht in der Akademie beschreibt, weniger eine eigene Schule.[672] Am ehesten

---

670   Dorandi (1991), S. 72 und Dorandi (2000), S. 34 spricht für diese Zeilen von „Ariston von
      Ephesus", aber das Ethnikon bezieht sich wahrscheinlich nur auf Eubulos.

671   Vgl. Fleischer (2020a), S. 108 Fn. 22. Mekler (1902), S. 98 f. verweist auf Autolykos von Pitane
      (D.L. 4,29). Vielleicht siedelten dieser oder seine Schüler irgendwann nach Athen über
      und die Gruppe (seine Enkel- bzw. Urenkelschüler) repräsentiert einen „mathematischen
      Zweig" der Akademie. Womöglich geht der Name auch auf einen ganz anderen Autolykos
      zurück.

672   Williams (2018), Fn. 57 übersetzt: „He often received guidance from the followers of Aut-
      olykos and Amyntēs. And he led the school, ..." Dorandi (1991), S. 197 denkt offenbar an

bezieht sich πολλάκις auf beide Partizipien, welche durch κ[αὶ] verbunden sind. Die Dative ohne cύν ersetzen kaum *dativi comitativi*, sondern bedeuten wohl „durch Hilfe/durch Training bzw. Anleitung" der Genannten. Unter Umständen schwingt auch mit, dass Boethos Fortschritte gemacht hat und durch seine Fähigkeiten hervorstach. Indes stört das Zeitadverb πολλάκις für ein Verständnis des ἤδη προβεβη⌐κ⌐ὼς im Sinne von „Fortschritt machen". Vielleicht ist das Adverb nur auf ⌐c⌐χολῆς ἡγⱼ⌐ο⌐[ύ]μⱼε⌐ⁱⱼγ⌐ο⌐c⌐ zu beziehen, das Partizip Perfekt kausal zu verstehen und καὶ mit „auch" zu übersetzen: „Weil er durch Hilfe der Autolykeier und Amyntes schon weit fortgeschritten war (in akademischer Philosophie), leitete er auch oft den Unterricht". Es geht aus den Zeilen nicht hervor, ob die Autolykeier und Amyntes Lehrer des Boethos waren oder eher Tutoren bzw. Kollegen. Die Funktion der Dative erschließt sich mir nicht mit letzter Gewissheit.[673]

29,10–13 Auch Dionysios ist anderweitig unbekannt. Der Dativ dürfte auf gleicher Ebene wie die vorangehenden Dative stehen. Die Zeilen sind unter Hinzuziehung der Dublette aus Kol. 26,38–41 ergänzt, wobei metrische und lexikalische Schwierigkeiten es möglich erscheinen lassen, dass die Versionen nach dem Eigennamen geringfügig voneinander abwichen (Kol. 29,10 bzw. 26,39–40). Am Ende von Z. 10 habe ich των aus der Parallele eingefügt. Vielleicht ist τ' οὐ ⌐c⌐χ[ὼν ἐτῶν bei zeugmatischem Gebrauch von πό[λ]λ' möglich („nicht alt"), aber die (wahrscheinliche) Korrektur in Kol. 26,39 der Parallelversion wirft Fragen auf. Das Adjektiv αἱρετῶν würde in beiden Passagen gut zum Raum passen und könnte ausdrücken, dass Boethos viele komplexe („nicht vorzuziehende") Themen oder Fragen exegetisch behandelte. Das wahrscheinlichste Kompositum ist [ἐκ]τ[ι]θεὶς, was hier eher Exegese („auslegen/erklären") als Publikation bedeutet.[674] In Kol. 26,40 fehlt die Kopula und ihre Ergänzung in Z. 11 basiert nur auf äußerst dürftigen Spuren – vielleicht ist also für die Edition zu emendieren. Für [τ]ἀⱼ⌐ν⌐δρὸς siehe Kol. 32,10. Der Genitiv ersetzt αὐτοῦ und bezieht sich

---

eine eigene Schule: „e aveva già fatto spesso progressi sui seguaci di Autolico (di Pitane) e su Aminta e aveva guidato una scuola."

673   Kalligas/Tsouna/Hatzimichali (2020), S. 359 (Kommentar zur Stelle): „It is very hard to interpret what precisely was his connection with the 'Autolykeians' and Amyntes because of the peculiar use of προβαίνω + dat. (ll. 7–9), which does not normally entail a comparison, so the meaning would be 'made progress with respect to the pupils of Autolycus and Amyntes'."

674   Die Parallelen in Kol. b,11–12 und Kol. 18,41 sind für das Verständnis des Wortes nur bedingt hilfreich. Sollten schriftliche Aktivitäten beschrieben sein, könnte man an eine Art Ko-Autorschaft mit Dionysios denken.

wohl eher auf Dionysios als Bocthos.[675] Unter ἀ⸌γ⸍[χι]νο̣ί̣α̣ι sind scharfsinnige, intellektuelle Fähigkeiten zu verstehen, während mit τῶι [λόγ]ωι didaktische Fähigkeiten bzw. eine klare und verständliche Sprache bezeichnet sein dürften, weniger Vernunft an sich. Es ist möglich, dass ein Bezug zur Charakterisierung in Kol. 29,2–3 besteht. Für ἅ̣[μα καὶ siehe Kol. 32,11.

29,13–18 Wie schon bei der zeitlichen Einordnung der Lebendaten des Boethos in Kol. 28,40–41 fungiert Karneades auch bei dessen Tod als Bezugspunkt. Der Scholarch starb 129/28[676] und mit dem zehnten Jahr kommen wir auf 120/19, welches auch unabhängig von der Stelle im Papyrus dem Archon Eumachos zugewiesen wird. Vom *dativus mensurae* δεκάτ[ω]ι̣ hängt der Genitiv ab.[677] Der Tod des Karneades war bei Publikation des 4. Buches der *Chronica* sicherlich noch vielen Lesern in Erinnerung. Der Bezug auf seinen Tod impliziert vielleicht eine vorherige Erwähnung in den *Chronica*. Apollodor nutzt nur hier das auffällige und recht unnötige [π]αρ᾽ [ἡ]μ[ῖν bei einer Archon-Datierung, was unterstreicht, dass er und wahrscheinlich auch der Adressat des 4. Buches in Athen lebten (siehe Quellen Kol. 26,Mitte–28,40). Die Angabe des genauen Monats (Boethos starb im Mai/Juni 119) erstaunt. Wenn nicht auf einer Inschrift festgehalten, könnte Apollodor den Tod des Boethos noch vor Augen gehabt haben bzw. ihn mit einem Fest oder Ereignis in jenem Monat verknüpft haben, gerade wenn die beiden Männer befreundet waren. Da Boethos' Tod das letzte gesicherte Datum der *Chronica* ist, wäre zu überlegen, ob die Monatsangabe verbunden mit [π]αρ᾽ [ἡ]μ[ῖν als Indiz angesehen werden könnte, dass das 4. Buch der *Chronica* unter Eumachos publiziert wurde, aber die Argumente für eine spätere Veröffentlichung überwiegen deutlich (siehe Quellen Kol. 26,Mitte–28,40).[678] Das Verb ἐκλείπω (absolut) für „sterben" wird ebenfalls in Kol. 28,17 und 32,24 genutzt.[679] Dort ist es jeweils mit νόcωι verknüpft, was auch in Z. 18 attraktiv ist, aber das Fehlen der Angabe in Kol. 26,45 gebietet Vorsicht.[680]

---

675   Gegen Fleischer (2020a), S. 190. Vgl. Kol. 15,27.

676   D.L. 4,65.

677   Für μεταλλα[γῆ]ς vgl. Kol. 27,3 (das Verb in Kol. 27,15–16 und 41–42).

678   Vgl. Fleischer (2020a), S. 50 f. Ferner würde man für „Archon zu unserer (gegenwärtigen) Zeit" das metrisch äquivalente καθ᾽ ἡμᾶc erwarten. Für eine (relative) Monatsangabe siehe auch Kol. 28,2.

679   Ferner erscheint das Verb in Aul. Gel. 17,4–6 (= ApollVers18).

680   Zwar könnte man argumentieren, dass in Kol. 26,45 der Raum nicht mehr ausreichte, aber die Boethos-Vita scheint bewusst in die Kolumne eingepasst worden zu sein, so dass das Auslassen nur dieser Angabe verwundern würde.

29,18–37 In Z. 21 ist Karneades am ehesten im Kontext von Informationen zu Polemarch genannt. Dessen Name ist in dem Abschnitt zu erwarten, im Hinblick auf Kol. 30,5 tendenziell auch das Ethnikon. Die Zeilen sind bisweilen sehr stratifiziert. Vermutlich besteht ein inhaltlicher Bezug zu Kol. 25,37–39.

29,38–30,1 Entscheidend für die Rekonstruktion der Passage waren die Auflösung der Buchstaben im *Oxforder Disegno* in Z. 40 und die Lesung des ω im Papyrus.[681] Auch aus metrischen Gründen muss τ⌈ὴν ἐχεῖ | πρ⌉ῶτος stehen, was der ganzen Periode Sinn verleiht. Polemarch übernahm als erster, Krates von Tarsos als zweiter, die „dortige" Exedra und Schule. Das ἐχεῖ impliziert eine vorherige Ortsbestimmung, welche man in Z. 39 mit dem neuen Ἀ[κα]δ̣ήμε[ια]ν erhält. Die Rückversetzung eines *Sottoposto* führt auf τότε nach dem Substantiv. Zu Beginn der Zeile fehlt wohl der Raum für den zu erwartenden Artikel, weshalb ich ἔτ'] ergänzte. Am Ende von Z. 38 scheint ein Partizip im Genitiv angesichts der vermuteten Syntax wahrscheinlich. Die Ergänzung οὐ]κ ἔχ[οντ]⌈ος⌉ liegt nahe, aber ist ebenso wie τ]ὴ[ν δ' nicht über alle Zweifel erhaben. Für [διὰ] γῆρας wäre auf die bei Diogenes erwähnte Erblindung und Karneades' Nachdenken über Selbstmord zu verweisen.[682] Dass sich der Ausdruck auf das Lebensalter Polemarchs bezieht, ist eher unwahrscheinlich. Es führt wohl zu weit, in τ⌈ὴν ἐχεῖ einen Beleg dafür sehen zu wollen, dass die Exedra Teil des Akademie-Gymnasiums war, da mit „Akademie" hier das Areal bzw. die Institution im weitesten Sinne gemeint sein dürfte. Es könnte allein den Scholarchen vorbehalten gewesen sein, in der Exedra zu dozieren, während die übrigen Akademiker andere Räumlichkeiten nutzen mussten. Für Z. 43 habe ich vor dem Hintergrund möglicher Spannungen[683] in dieser Zeit die suggestive Ergänzung ἢ⌉ν χα[ὶ τό]τ̣' (πο]τ̣') ἔ[ρις, welche ὅμως im nächsten Satz rechtfertigen würde, im Apparat erwogen. Ferner sollte man einen Relativsatz in Betracht ziehen. Jedenfalls ist in der Zeile (zumindest sinngemäß) ἡγήσατο zu erwarten,[684] welches ich in vorherigen Ausgaben der Stelle eher am Ende der Zeile vermutet hatte.[685] Jedoch könnte das Wort bei engen Buchstaben und δὲ an dritter Position vielleicht auch zu Beginn der Zeile gestanden haben, gefolgt von einem

---

681 Bisher fand man keine Lösung und ging sogar von Korruption aus, vgl. Dorandi (1991), S. 250: „P è corrotto." Wie Crönert (1903a), S. 384 Fn. 1 verwirft er Meklers τηνέςει [δ]όντος. Jacoby (1929), S. 742 hielt resigniert fest: „Ich finde keine plausible Deutung von τηνειςεποιατος(?)." Mette (1985) T 3a bietet eine sehr willkürliche Rekonstruktion, vgl. Fleischer (2019f), S. 122.

682 D.L. 4,64 und 66, vgl. Görler (1994), S. 853.

683 Vgl. Fleischer (2020a), S. 193 f. und Görler (1994), S. 900.

684 Vgl. Kol. 25,41.

685 Fleischer (2019f), S. 121 und ApollVers 70.

Wort, welches das etwaige adversative ὅμως evoziert („krank/erfolglos"). In Kol. 30,1 ist die Trennung δ ομως ε sehr wahrscheinlich. Die bis Dorandi adaptierte Änderung/Ergänzung Meklers (δ[ι]ε[βί]ωςε[ν) war willkürlich. Der Akzent des Wortes ὅμως hängt von der Rekonstruktion der vorangehenden Zeilen ab.[686]

30,1–4 Für die weitreichenden Implikationen der Neulesung πρό siehe Einordnung Kol. 28,40–31,3. Man kann Gomperz und späteren Editoren angesichts von περικαρ im *Oxforder Disegno* und der Unmöglichkeit, mit bloßem Auge etwas zu erkennen, die alte Konjektur παρά nicht wirklich zum Vorwurf machen.[687] Erst die HSI haben die sichere Lesung der Präposition ermöglicht. Da auch die „zwei Jahre" in Z. 7 exklusiv gerechnet sind, dürfte Polemarch die Leitung der Akademie unter dem Archon Heraklit (137/36) übernommen haben. *Muta cum liquida* ist bei ἐγλελοιˊπˈότος wegen des Kompositums nicht einschlägig und somit das erste ε lang.[688]

30,5–8 Das Ethnikon erscheint auch in Kol. 24,36 und Kol. 26,2. Das Hyperkompositum διακατέχω begegnet nochmals in Kol. 34,6. Das Verb impliziert nicht unbedingt den Tod des Krates und Kol. 24,37–38 mag eine Überinterpretation sein, zumal in Kol. 24,43 der Tod des Karneades (und nicht des Krates) als Grund für Kleitomachos' Übernahme angegeben ist. Für eine mögliche Harmonisierung mit den „vier Jahren" in Kol. 26,4 siehe Einordnung Kol. 25,36–26,Mitte.

30,8–15 Die Zeilen haben eine enge Parallele in der Prosaversion Kol. 24,38–43 und der Tod des Karneades könnte wie dort im Verlorenen noch explizit vermerkt worden sein. Zum Palladion siehe den Kommentar zu Kol. 25,6–11. In Z. 12 könnte ein Partizip im Sinne von „mitnehmend" gestanden haben.[689] Es könnte ein zur eigentlichen Biographie des Kleitomachos überleitender Satz gefolgt sein (evtl. den Tod des Karneades einschließend). Im Hinblick auf einen etwaigen Superlativ in Z. 14–15 wäre D.L. 4,66 zu vergleichen: τούτου (sc. Karneades) πολλοὶ μὲν καὶ ἄλλοι γεγόνασι μαθηταί, ἐλλογιμώτατος δὲ Κλειτόμαχος.[690]

---

686 Bereits Mette (1985) transkribierte δ᾽ ὁμῶς. Für das Wort mit Zirkumflex siehe Kol. 27,37.

687 Auch schien die Präposition eine vermeintliche lexikalische Parallele in D.L. 4,60 zu haben: παρὰ δ᾽ Εὐάνδρου διεδέξατο Ἡγησίνους Περγαμηνός, ἀφ᾽ οὗ Καρνεάδης.

688 Für γ statt κ siehe etwa Kol. 18,1.

689 Eine Postposition, wie von Gomperz vorgeschlagen, ist in den erhaltenen Versen nirgends belegt und das Enjambement wäre sehr unschön.

690 Für weitere Gedanken siehe Fleischer (2020a), S. 197.

30,15–44 Für eine Diskussion des Gegenstandes dieser Zeilen siehe Einordnung Kol. 28,40–31,3. Die tatsächliche Zeilenzahl der Kolumne könnte geringfügig von 44 Zeilen abweichen.

31,1–3 Das Wort ποτὲ erscheint auch in Kol. 31,5. Es deutet daraufhin, dass es sich hier nicht um die berühmte Philosophengesandtschaft handelte, welche Apollodor gewiss zu datieren wusste. Neben Kleitomachos könnte man noch Metrodor von Stratonikeia als Gegenstand der Zeilen erwägen, da er ab Kol. 26,4 nach Polemarch und Krates behandelt wird. Es wiegt bei der Überlieferungslage nicht schwer, dass für Kleitomachos eine solche Gesandtschaft in anderen Quellen nicht bezeugt ist. Am ehesten datiert die Gesandtschaft auf die Zeit seines Scholarchats, aber zumindest kaum vor Eröffnung der Schule im Palladion 140/39.[691] In Kol. 31,38–39 wird das Kompositum καταπλέω mit εἰς verbunden.

31,3–4 Ein Sprung im Exzerpt vor der Melanthios-Vita ist nicht ausgeschlossen, aber seine Nennung nach (vermutlich) Kleitomachos an sich nicht unerwartet. Mit μὴν („gewiss") ist eine Erwartungshaltung konnotiert.[692] Das anderweitig nicht in den erhaltenen Versen gebrauchte Wörtchen zeigt, dass Apollodor Vertrautheit des Adressaten mit Melanthios annimmt (für mögliche Implikationen siehe Quellen Kol. 26,Mitte–28,40). Der Artikel fehlt vor dem Eigennamen offenbar wegen erstmaliger Erwähnung des Akademikers. Anders als in Kol. 23,14–15 sind weder Ethnikon noch Vaternamen des Melanthios angegeben. Es ist unwahrscheinlich, dass mit ⌐γι⌐νώϲκ⌐ειϲ⌐ ein fiktiver Leser angeredet wird.[693]

31,5–8 Die Spuren im *Oxforder Disegno* sind nicht eindeutig, aber π⌐⌐οϛ⌐ (vgl. Z. 1) und *coniugatio periphrastica* wahrscheinlich. Die Verbindung des Passivs von ϲτεφανόω mit dem Dativ ist ungewöhnlich und meint „für (wegen) eine Tragödie bekränzt". Das Adjektiv ἱκανὸ⌐ν⌐ schließt aus, dass Melanthios Aristarch nach dessen Flucht aus Alexandria lediglich kurze Zeit vor dessen Tod hörte. Das Verb ϲυϲχολάζειν meint normalerweise eine Schülerzeit, aber

---

691 Vgl. Fleischer (2020a), S. 198 f. Vermutlich besteht kein Bezug zur Zerstörung Karthagos 146 v. Chr und Kleitomachos war Gesandter im Auftrage Athens.

692 Es ist weniger ein progressiver, neutraler Gebrauch von καὶ μὴν anzunehmen („und ferner"), aber auch in diesem Falle schiene Apollodor vorauszusetzen, dass der Adressat Melanthios kennt.

693 Vgl. Jacoby (1902), S. 16 Fn. 16a und Fleischer (2020a), S. 56. Die Form ohne γ ist typisch im Koine-Griechischen.

Melanthios könnte auch eine Art Mitarbeiter Aristarchs gewesen sein. Seine Studien bei Aristarch müssen in den Zeitraum 160–144 fallen. Das Partizip ϲυνεϲχ⸍ολα̣⸍κὼϲ sahen Gelehrte lange als Beleg dafür, dass dieser Vers das Proöm des Ps.-Skymnos inspiriert habe (Vers 21: ϲυνεϲχολακὼϲ δὲ πολὺν Ἀριϲτάρχῳ χρόνον) und dieser somit das 4. Buch der *Chronica* schon kannte.[694] Jedoch dürfte Ps.-Skymnos seinen Vers unabhängig von dem *Chronica*-Vers formuliert haben, auch da jeweils verschiedene Personen (Apollodor und Melanthios) Subjekt sind.[695]

31,8–11 Die Rekonstruktion und Auslegung der Zeilen bereitet einige Schwierigkeiten. Prinzipiell scheint Alexandria (Aristarch) mit Athen kontrastiert, wo Melanthios viel lieber war oder etwas viel lieber tat. Gerade in diesem Kontext erscheint Meklers ϲχο⸍λ̣⸍ῆϲ naheliegend, welches mit ἐπ̣ὶ zu verbinden wäre und „in seiner Studienzeit" bedeuten könnte.[696] Jedoch erlauben die Spuren in Z. 9–10 auch ο̣λ̣ο̣|ϲχε̣⸍ρ⸍ῆϲ, was vielleicht mit dem Überfluss in Verbindung steht. In Z. 11 wurde περιουϲίᾳ‹ι› neugelesen, dem Büchelers περιϲ[τάϲει zu weichen hat. Für ein Verständnis von Z. 10–11 von „im großen Reichtum/Überfluss leben" wären Strabo 12,3,37,19 (τοῦ ἱερέωϲ ὄντοϲ ἐν περιουϲίᾳ μεγάλῃ) und Philo *de virtutibus* 91 (ἀλλὰ τῶν μὲν ἐν περιουϲίᾳ ζώντων, τῶν δ᾽ εἰϲ ἀπορίαν ἐϲχάτην περιηκόντων) zu vergleichen.[697] Womöglich beschreibt der Ausdruck aber nicht Melanthios' Reichtum, sondern das üppige philosophische Lehrangebot in Athen, aufgrund dessen Melanthios viel lieber dort als anderswo weilte.[698] Das Partizip könnte somit ein Element der *coniugatio periphrastica* sein. Unklar ist auch, ob ἄλλωϲ oder ἀλλ᾽ ὡϲ zu lesen ist, wobei ὡ⸍ϲ⸍ in Z. 9 wahrscheinlicher ist als Jacobys ὠ⸍γ⸍.[699] Bei ἀλλ᾽ ὡϲ geht meist eine Negation voran, bei ἄλλωϲ wäre tendenziell

---

694 Jacoby (1902), S. 4,15–17, gefolgt etwa von Marcotte (2000), S. 42 f.

695 Boshnakow (2004), S. 26 und Bravo (2009), S. 27–29. Letzterer schlägt vor, dass das Wort im Proöm des Apollodor erschien und von Pseudo-Skymnos übernommen wurde, dazu Fleischer (2020a), S. 14 f. Philodem nutzt das Wort häufiger; auch in der Literatur allgemein ist sein Gebrauch nicht selten. Das entsprechende Substantiv erscheint in Kol. 26,1–2.

696 LSJ („freq. with Preps., ἐπὶ ϲχολῆϲ at leisure"); vgl. etwa Plut. Cato mai. 3,7: καὶ φανεὶϲ ἡδὺϲ μὲν ἐπὶ ϲχολῆϲ ϲυνεῖναι φίλοιϲ; Plut. Dem. 4,4: καὶ τοῦ νεανίϲκου καθάπερ εἰώθει γενομένου παρ᾽ αὐτῷ καὶ ϲυνόντοϲ ἐπὶ ϲχολῆϲ; Ps.-Plut. X orat. 840e: ἀναλαμβάνων ἐπὶ ϲχολῆϲτὰϲ παλαιὰϲ τραγῳδίαϲ; Plat. Tht. 180b: ἀλλ᾽ οἶμαι τὰ τοιαῦτα τοῖϲ μαθηταῖϲ ἐπὶ ϲχολῆϲ φράζουϲιν; Suda ε 2654 ⟨Ἐπὶ ϲχολῆϲ⟩ ἀπραγμόνωϲ φιλοϲοφεῖν, ἀντὶ τοῦ ἐπὶ εὐκαιρίαϲῇ ἀργίαϲ, vgl. Fleischer (2018e), S. 21. Jacobys ἄ̣χε̣[υ ist inhaltlich unwahrscheinlich.

697 Vgl. Fleischer (2018e), S.21 f., wo ich die Auslegung im Sinne materiellen Wohlstandes favorisierte. Das Partizip ὑ[[.⸍ν]]\π⸍ά⸍[ρχων ist aus metrischen Gründen wahrscheinlich. Anders als in Z. 5 fehlt das *Iota adscriptum*, aber ein Nominativ ist unwahrscheinlich.

698 Siehe Fleischer (2020a), S. 202 f.

699 Vgl. Fleischer (2020a), S. 201. Die *coniugatio periphrastica* ἦν ... ὢν wäre sehr holprig.

ein Vergleich zu erwarten. Das ὡ⌐ϲ˥ könnte kausal genutzt sein (von Melanthios aus subjektiv gedacht) oder als eine Art Vergleich auf das Partizip zu beziehen sein. Vielleicht ist zu übersetzen: „... und er (war) viel lieber in Athen, weil (wie als ob) dort anders (als in Alexandria) für seine Studien eine große Fülle (an Lehrangebot) bestand."

31,11–20 Ein sehr großes, verrutschtes und teils verzogenes *Sottoposto* ist vom Beginn von Kol. 32 an das Ende von Kol. 31 zu versetzen. Jedoch sind sowohl die Linierung als auch die exakte Position zweifelhaft, weshalb meine Rekonstruktion/Platzierung nicht gesichert ist.[700] Auch dürften diverse Buchstaben im Disegno nicht korrekt getroffen worden sein. Darüber hinaus liegen zu Beginn von Z. 12–16 unterschiedliche Schichten vor. In Z. 12 deuten die Reste im Original nach δε auf den unteren Teil eines γ hin, was auf das Verb führt (vgl. Kol. 32,12). Wieder ist Karneades der Bezugspunkt für die Melanthios-Vita. Das zu erwartende Nomen im Sinne von „Schüler" ist nicht zu ermitteln. Aus metrischen Gründen könnte der neue Vers in Z. 13 mit ἀπ˥ὸ ⌐μ˥η⌐χαγ˥[ῆϲ oder ἀπ˥ὸ ⌐μ˥η⌐δεν˥[ὸϲ beginnen. In Z. 14 ist vermutlich das Disegno zu ändern. Zu Beginn von Z. 15 wäre τε] καὶ als Versende attraktiv.[701] Am Ende der Zeile ist πρὸϲ α⌐ὐ˥τὸν wahrscheinlich, aber das Rückversetzen verschiedener Lagen unsicher. In Z. 16 ist die genaue Verschiebung des *Sottoposto* unsicher. Vielleicht standen daher zwischen ϲχολὴν und υ⌐ϲ˥ noch ein bis zwei Buchstaben. ὕ⌐ϲ˥[τε]⌐ρρ˥γ ist metrisch problematisch. Zu Beginn von Z. 16 konnte ich Meklers Ἀκ[α]δημείαι bestätigen. Es ist kaum zu entscheiden, ob die Zeilen ausdrücken, dass Melanthios in der Akademie lehrte oder dort Unterricht besuchte. In Z. 17 ist ein Infinitiv wahrscheinlich. Die Sequenz ϲυγγ˥ρα[bezieht sich am ehesten auf Schriften des Melanthios und könnte mit der in Cic. Luc. 16 erwähnten *suavitas* verbunden werden. Das ἀ[λ]λοτρι⌐ο˥[in Z. 20 könnte auf eine Entfremdung (von der Akademie?), innovative Elemente oder eine eigene Schule des Melanthios hindeuten.

31,21–28 In Z. 23 könnte ζῆν ein Hinweis auf Melanthios' Tod sein. Die Neulesungen in den bisher nicht rekonstruierten Zeilen 24–28 sind sehr aufschlussreich. Melanthios hatte offenbar Schüler (bzw. jemand übernahm diese), was durch Aischines von Neapolis und den „Garten des Melanthios" sowie ggf. Kol. 35,22 ff. gestützt wird. In Z. 26 könnte das η des Disegno, dem Original nach zu urteilen, in ε korrigiert worden sein (Lagenunsicherheit). Sollte das η valide

---

700 Es wäre aus Gründen der Methode und Transkription nicht vertretbar gewesen, das *Sottoposto* wegen der Unsicherheiten nicht zurückzuversetzen.

701 Vgl. Kol. 27,11.

sein, ginge es entweder im Nominativ auf Melanthios mit ⌜καλ᾿ọκ[αγα]θ[ί]ạν als *accusativus Graecus* oder bedeutet im Akkusativ als Prädikatsnomen, dass Melanthios sittliche Vollkommenheit (eher) als schicklich erachtete. In Z. 27 sind die Spuren dürftig, aber der Ausdruck μẹτ᾿ ἀφẹλẹίας kann mit einiger Wahrscheinlichkeit isoliert werden,[702] was sich gut in den Gesamtrahmen fügt und zeigt, dass die Zeilen nicht den Tod, sondern die Tugend des Melanthios thematisierten. Bei einem ε wäre aus metrischen Gründen an den Akkusativ ἐπιείκειαν zu denken. Sehr wahrscheinlich begann in Z. 27 der neue Vers, vielleicht mit einem ἤ, das sich auf μᾶλλọ⌜ν bezog. Das Verb oder Partizip ist am Ende von Z. 27 zu erwarten. Am Beginn von Z. 28 ist ἐν τῶι naheliegend. In Z. 28 markiert eine *paragraphos* das Ende des Abschnitts über Melanthios.

31,28–36 In den ersten Zeilen ist der Name des Charmadas zu erwarten. Die Neulesung in Kol. 23,8–10 bestätigt, dass die Erwähnung von Alexandria auch das Ethnikon von Charmadas impliziert.[703] Der Superlativ dürfte auf ihn zu beziehen sein, weniger auf seine(n) etwaigen Lehrer in Alexandria (Aristarch?) oder Eltern.[704] Vermutlich lag das Ansehen in seinem Talent als Schüler begründet. „Alexandria" wurde in Kol. 32,17 neugelesen und findet sich auch in Kol. 32,23–24.

31,37–40 Die Datierung des Archons Aristophantos auf 146/45 ist nicht völlig sicher, aber wahrscheinlich.[705] Charmadas war zuvor noch niemals in Athen (πρῶτον). Die Bezeichnung „Attika" ist ein metrisch bedingtes Synonym für Athen (*totum pro parte*). Das Verb stützt die vorherige Lesung „Alexandria" insofern, als es zumindest einige griechische Städte des Festlandes, von denen man auf dem Landweg nach Athen reisen würde, ausschließt. Im Papyrus wurde in Z. 39 das ε wohl der Übersicht wegen zweimal geschrieben. Apollodor wusste um das genaue Alter des Charmadas bei dessen Ankunft in Athen vielleicht deshalb, weil er ihn persönlich in Alexandria kennengelernt hatte. Die

---

702 Vgl. Ael. Arist. or. 76,15: ἰδεῖν μέν γε κάλλιστος καὶ μέγιστος καὶ τελεώτατος τῶν ἐν τῇ ἡλικίᾳ καὶ πλεῖστον ἡδονῆς τῷ θεωμένῳ προσβάλλων, τὸν δὲ τρόπον κοσμιώτατος καὶ ἐλευθεριώτατος, μεγαλοπρεπείᾳ μετ᾿ ἀφελείας ἐμπρέπων. In Fleischer (2020a) hatte ich das Wort noch nicht rekonstruiert.

703 Dorandis bzw. Meklers frühere Ergänzung ἀν]|δρε[ς ἐ]λλογιμώτ[ατοι ist aus Raumgründen unmöglich.

704 Vergleiche den rühmenden Ton der gesamten Vita und den Superlativ in Kol. 31,44–45.

705 Vgl. Habicht (1988a), S. 244–246. Auch 142/41 wäre möglich (überschneidet sich aber mit Rückzug des Karneades um 137/36) oder ein Datum in den 150er-Jahren (eher unwahrscheinlich).

wohl auch auf Apollodor zurückgehenden Viten des Kleitomachos und Philio geben deren Ankunft in Athen jeweils mit 24 Jahren an (Kol. 25,2–7 und Kol. 33,4–7).

31,40–45 Charmadas hörte Karneades, der wie bei Melanthios der übergeordnete Bezugspunkt ist, folglich etwa in dem Zeitraum 146/45 bis 139/38.[706] Die Spezifizierung ὡς ist auffällig und man fragt sich, ob sie tiefere Beweggründe hat. In Z. 42 zeigt die Elision über die Satzgrenze hinweg, dass diese nicht als starke Zäsur empfunden wird. Das εἰς τὴν ⌐Aꞌcίαν hat eine Parallele in Kol. 35,37–38. Charmadas reiste offenbar für mehrere Jahre sehr erfolgreich (εὐ⌐ηꞌμερῶν) als Wanderphilosoph durch Kleinasien. Die Angabe τῶν καθ᾽ αὑ⌐τꞌὸν φα⌐ιꞌνόμενος ⌐πολꞌυχούετ[α]τος könnte sich auf seine dortige Lehrtätigkeit oder allgemein auf ihn beziehen. Das Adjektiv meint hier vermutlich die reichhaltige Ausdrucksweise, mithin die Beredsamkeit des Charmadas (vgl. Kol. 32,2–3), ähnlich dem lateinischen *copiosus*. Ferner könnten seine (literarische) Produktivität, Kreativität und philosophischen Kenntnisse (mit)bezeichnet sein.[707] Die Neulesung in Z. 45 ersetzt das alte, sinngleiche πάλιν εἰ]ς Ἀθήνας. Es bleibt offen, ob die Rückkehr noch vor Karneades' Tod 129/28 zu datieren ist.

32,1–3 Schon Bravo (2009) vermutete κἀν in diesen Zeilen, welches ich 2014 auch im Papyrus lesen konnte.[708] Z. 1–3 wurden bis dato völlig anders rekonstruiert.[709] Die HSI haben die Lesung des notwendigen Vollverbs mit zugehörigem Objekt im zweiten Teil des Satzes ergeben (ἔτη ἄγει). Gerade bei diesem Verb ist zwar ein historisches Präsens (Durativ) vorstellbar und die Reihenfolge der Informationen könnte diese Auslegung stützen, da Charmadas aber zur Abfassung dieser Zeilen noch in Athen am Leben war, könnte das Präsens auch die Gegenwart bezeichnen: „... und verbringt nun in Athen seine Jahre ....“ Für

---

706   Das Kompositum διακούω findet sich ebenfalls in Kol. 25,26; 34,18; 35,37.

707   Das Adjektiv fand Aufnahme in LSJ: „metaph. of a writer or orator, copious, τῶν καθ᾽ αὑτὸν πολυχούετατος Phld.Acad.Ind.p.102 M., cf. Rh.1.157.“ Die Parallele in Philodems *Rhetorica* lautet (Sudhaus (1892), S. 157 (Kol. 14,8–11)): ... καὶ διὰ τὸ πολύχους θέλειν φαίνεςθαι [π]ολλὰς ποιούμενος [π]αρεκβάςεις .... Dorandi (1991), S. 198: „piú facondo“; Bravo (2009), S. 154: „le plus eloquent“; Brittain (2001), S. 317: „prolific“; Kalligas/Tsouna/Hatzimichali (2020), S. 363: „most eloquent“. Der Superlativ wird ansonsten nur in Theophr. de causis plant. 4,15,2 genutzt. Angesichts von Kleitomachos' 400 Büchern (D.L. 4,67) dürfte die Formulierung kaum bedeuten, dass Charmadas der produktivste Autor seiner Zeit war. Für ein „rhetorisches“ Verständnis spricht insbesondere Cic. Luc. 16: ... *in Charmada eloquentiae* ....

708   Bravo (2009), S. 153 (irrigerweise mit Akzent: κἀν).

709   Mekler/Dorandi: καὶ]| θαυμάτων, ο⟨ὶ⟩ς ποικ[ί]λως {τꞌ} ἐ[πά]|θαιν᾽ ὄχλους.

die Verbindung ἔτη ἄγει̣ wären die Angaben in LSJ und vielleicht einige Stellen bei Cassius Dio zu vergleichen, welche aber lateinischem Einfluss geschuldet sein könnten.[710] Aus. Z. 2–3 folgt, dass Charmadas seine Zuhörer auf verschiedenste Weise überzeugen und in den Bann seiner Worte ziehen konnte. Ein politischer Kontext der Aussage ist angesichts des πείθειν ὄχλους denkbar, aber vielleicht schwebt eher ein größeres philosophisches Publikum vor. Charmadas könnte auch deklamatorische Werbereden mit philosophisch-protreptischer Intention gehalten haben.[711] Zur rhetorischen Veranlagung bzw. zu Äußerungen des Charmadas über Rhetorik siehe Cic. Luc. 16; orat. 51; de orat. 1,45–47 und 84–93; S.Emp. adv. math. 2,20–47.

32,3–5 In Z. 3–4 ist die Neulesung γραμμάτων anstelle des alten πραγμάτων von gewisser Tragweite: Charmadas war nicht in Politik erfahren,[712] sondern in literarisch-grammatischen Fragen. Angesichts einer möglichen Schülerschaft bei Aristarch in Alexandria könnte man den Ausdruck grammatisch-philologisch auslegen, aber Plin. NH 7,89 impliziert, dass sich Charmadas über die Philosophie hinaus allgemein gut in Literatur auskannte. Folglich muss die Angabe bei Apollodor nicht notwendigerweise genuin philologische Studien bedeuten bzw. darauf beschränkt sein.[713] Die Emendation ἱκανῶ{ν}‹ς› (Wilamowitz) ist wohl geboten, wobei die entfernte Möglichkeit besteht, dass sich das Adjektiv auf das Nomen bezieht („beträchtliche Literatur" oder ggf. „geeignete Literatur").[714] Das Adverb ersetzt gleichsam einen Superlativ. Die Angabe φύσει μνήμων ist für die Identifizierung des behandelten Akademikers mit Charmadas wichtig.[715] Für das gute Gedächtnis siehe Plin. NH 7,89; Cic. Tusc. 1,59;

---

710   LSJ (ἄγω): „... of Time, pass, ἀπήμαντον ἄγων βίοτον Pi.O.887; ποίας ἡμέρας δοκεῖς μ᾽ ἄγειν S.El.266; ὁ βίος οὑμὸς ἑσπέραν ἄγει Alex.228, cf. ὥραν ἄγειν to be ripe, τῆς γαστρὸς ὥραν ἀγούσης Philostr.VA2.14; ὥραν ἦγε θανάτου Chor.p.38B.; τῆς ἡλικίας ἄγον τὸ ἄνθος Id.p.53 B.; τέταρτον ἔτος ἄγων καὶ τριακοστόν Gal.Lib. Propr. 1." Die Verbindung ἄγω+ἔτη erscheint bei Cass. Dio 40,1,1;61,3,1;78,40,3. Der Umstand, dass ἦγεν oder ἤγαγε metrisch äquivalent gewesen wären, ist tendenziell ein Argument für „echtes Präsens".

711   Vgl. Fleischer (2020a), S. 210 mit etwas anderer Akzentuierung. Die Angabe hat einen gewissen Widerhall in den Fähigkeiten seines Schülers Phanostratos von Tralleis (Kol. 36,3–5).

712   So folgerte etwa Brittain (2001), S. 318f.: „and was sufficiently experienced in political affairs ... i.e. his skill in public speaking, and his knowledge of political affairs. It is difficult to see how these qualities could explain the grant of citizenship if not as the result of their exercise in connection with Athenian political affairs."

713   Vgl. Fleischer (2020a), S. 210f.

714   Vgl. Fleischer (2020a), S. 211.

715   Nun bestätigen zusätzlich auch die Herkunft aus Alexandria (Kol. 23,9–11) und die Nennung Alexandrias in Kol. 31,35–36 die Identifikation.

de orat. 2,360; Quint. inst. 11,2,26. Apollodor sagt also, dass Charmadas sein Gedächtnis einer Gabe der Natur und nicht Mnemotechniken verdankt, aber beides mag sich ergänzt haben.

32,5–7 Die Verleihung des Bürgerrechts und der Erhalt der Schule werden letztlich mit ἀ⌈γεγ⌉γ⌈ω⌉κὼc δὲ π⌈ο⌉λλ⌈ὰ begründet, was Charmadas beides erleichtert haben soll. Das Verb dürfte hier über die Bedeutung „lesen" hinausgehen,[716] was überdies eine gewisse Redundanz mit Z. 3–4 bewirken würde. Es meint eher, dass Charmadas vieles wusste oder erforscht hatte, ergo ein Universalgelehrter und vielseitiger Akademiker war. Dorandi übersetzt recht treffend „conoscitore di molte cose".[717] Das Adverb ῥα⌈ιδίωc⌉ erklärt sich auch vor dem Hintergrund der zuvor genannten Qualitäten.[718] Neben Charmadas erhielten im 2. Jh. v. Chr. noch die Akademiker Agamestor, Karneades und Kleitomachos das athenische Bürgerrecht.[719]

32,7–11 Der große Name Wilamowitz ist wohl dafür verantwortlich zu machen, dass dessen nur auf Basis der Disegni gemachte Lesung/Konjektur κἀν[ῶ]ιξε bis zu Dorandi im Text verblieb. Sie war durch Büchelers cχολὰ[c vermeintlich gesichert[720] und die unerwartete Verbform ohne Augment vor dem ω erhielt sogar einen Eintrag in LSJ. Auch der seltsame Plural cχολὰ[c störte nicht. Man glaubte, dass Charmadas eine eigene Schule im Ptolemaion eröffnete und vermutete gar Differenzen zu Kleitomachos.[721] Jedoch zeigt ein einfacher Blick auf das Original, dass eindeutig κἀνδόξου im Papyrus steht und das Nomen zu cχολ[α]⌐ῆ⌐[c] korrigiert wurde. Beides hängt wie πολιτεία von ἔ⟦[.]⟧⌐τ⌐ρ⌐υ⌐χε ab. Zwar bleibt möglich, dass die Athener Charmadas im Ptolemaion[722] eine

---

716 So Brittain (2001), S. 318: „having read much" und Kalligas/Tsouna/Hatzimichali (2020), S. 365: „was widely read."

717 Dorandi (1991), S. 198.

718 Vgl. Brittain (2001), S. 318 Fn. 46.

719 Osborne (1983), S. 104 f. ist zuzustimmen, wenn er betont, dass das athenische Bürgerrecht zu dieser Zeit recht leicht vergeben wurde.

720 Der Plural schien im Hinblick auf Z. 14 gerechtfertigt, meint dort aber verbunden mit dem Artikel „Vorlesungen".

721 Görler (1994), S. 906 f.: „... und eröffnete eine Schule im Ptolemaion ... Aus der eigenen Schule muss Charmadas in die Akademie zurückgekehrt sein, denn dort hörten ihn die Römer Crassus (...) und Antonius (...)." Müller (2005): „Auch Charmadas, der – möglicherweise weil er mit der Entwicklung der A.(kademie) unter Kleitomachos nicht einverstanden war – im Ptolemaion eine eigene Schule eröffnete (Philodem, Acad. 168 f. Dorandi), scheint in eine ähnliche Richtung tendiert zu haben (sc. wie Metrodor aus Stratonikeia, der das Skeptizismusverständnis anderer Akademiker kritisierte)."

722 Das etwas merkwürdige τῶ[ν] ἀλειφομένων soll verdeutlichen, dass es sich um ein Gymna-

Exedra zur Verfügung stellten und er tatsächlich eine später berühmte, eigene
akademische Schule eröffnete, aber es ist auch denkbar, dass sie ihm eine schon
existierende, angesehene Schule anvertrauten oder Charmadas diese durch
sein Wirken berühmt machte (das Adjektiv als ὕστερον πρότερον). Für eine solche
These könnte sprechen, dass das nahe der Agora gelegene Gymnasium namens
Ptolemaion[723] auf drei von vier es erwähnenden Inschriften mit der Ephebenausbildung in Verbindung gebracht wird.[724] Dem Ptolemaion war Athens erste
öffentliche Bibliothek angegliedert,[725] welcher die Epheben Bücher spenden
mussten.[726] Wir wissen ferner, dass die Epheben in der 2. Hälfte des 2. Jh. v. Chr.
den Unterricht bei Philosophen zu besuchen hatten.[727] Vielleicht erhielt Charmadas also einen „Lehrstuhl", welcher neben der philosophischen Ausbildung

---

sium handelt. Es ist wenig wahrscheinlich, dass ein Zusammenhang zwischen Charmadas'
Herkunft aus Alexandria und dem Lehren in dem von den Ptolemäern gestifteten Gymnasium besteht.

723   Die literarischen und inschriftlichen Testimonien zum Ptolemaion sind zusammengestellt bei Wycherley (1957), S. 142–144 (Nr. 456–463) und Bringmann/Steuben (1995), S. 45–
48, besonders S. 47. Vier literarische Zeugnisse: Neben Apollodor noch Cic. fin. 5,1; Plut.
Thes. 36,4; Paus. 1,17,2 (ἐν δὲ τῷ γυμνασίῳ τῆς ἀγορᾶς ἀπέχοντι οὐ πολύ, Πτολεμαίου δὲ ἀπὸ τοῦ
κατασκευασαμένου καλουμένῳ, λίθοι τέ εἰσιν Ἑρμαῖ θέας ἄξιοι καὶ εἰκὼν Πτολεμαίου χαλκῆ· καὶ
ὅ τε Λίβυς Ἰόβας ἐνταῦθα κεῖται καὶ [ὁ] Χρύσιππος ὁ Σολεύς). Das Gymnasium, von dem noch
keine Reste ausgegraben werden konnten, wurde von einem Ptolemäerkönig gestiftet, Diskussion bei Schaaf (1992), S. 73–83. Habicht (1982), S. 112–117 plädiert für Ptolemaios III.
Euergetes (246–222 v. Chr.), Goette/Hammerstaedt (2004), S. 221 für Ptolemaios VI. (180–
145 v. Chr.).

724   IG II² 1006, IG II² 1029, IG II² 1043. Ins frühe erste Jahrhundert datiert IG II² 1070, welche
einen Ratsbeschluss zur Aufstellung einer Ehrenbüste des Tamias Apollonios auf einem
vergoldeten Schild im Ptolemaion enthält. Die Inschriften IG II² 836 und Hesperia XVI,
S. 65, Nr. 2 (ein Grenzstein) sind vielleicht nicht mit dem Ptolemaion zu verbinden (vgl.
Schaaf (1992), S. 82).

725   Goette/Hammerstaedt (2004), S. 221.

726   IG II² 1029, Z. 25: ἀνέθηκαν δὲ] καὶ βυβλία εἰς τὴν ἐν Πτολεμαίῳ βυβλιοθήκην ἕκατον κατὰ [τὸ
ψήφισμα. Andere Inschriften mit Buchspenden jener Zeit ohne Erwähnung des Ptolemai-
ons sind IG II² 1030, Z. 36; 1041, Z. 22; 1042, Z. 1; 1043, Z. 50; Hesperia XVI, S. 171 Nr. 67,31;
SEG 22, 111,30; Agora XV, 304,16 ff.

727   Siehe IG II² 1006, Z. 19–20: προσεκαρτ[έ]ρησαν δὲ καὶ Ζηνοδότωι σχολ[άζ]οντε[ς ἔν τε] τῶι
Πτολεμαίωι καὶ ἐν Λυκείωι, ὁμοίως δὲ καὶ τοῖς ἄλλοις [φιλο]σόφοις ἅπασι[ν] τοῖς τε ἐν Λυκείωι
καὶ ἐν Ἀκαδημ[ίαι δι' ὅλου τοῦ ἐ]νιαυτοῦ. Einige Zeilen später wird bei der Ehrung des Kos-
meten, des Leiters der Ephebenausbildung, der Besuch bei Philosophen allgemein und
speziell bei Zenodot erwähnt (Z. 62–64): ὁμοίως δὲ καὶ τ[ῆς ἐν τοῖς] γράμμασιν [αὐ]τῶν
ὠ[φελίας ἐφρόν]τισε σχολάζων Ζηνοδ[ότωι —]. Zur Entwicklung der Ephebie siehe Burckhardt (2007), S. 193–206 und Haake (2007), S. 44–46. Erwähnung des Studiums bei nicht
näher gekennzeichneten Philosophen in IG II² 1028 (101/100 v. Chr.), 1029 (96/95 v. Chr.),
1030 (ca. 105 v. Chr.). Keine Erwähnung in IG II² 1008 (118/17 v. Chr.), 1009 (116/15 v. Chr.),
1011 (106/05 v. Chr.), vgl. Haake (2007), S.48.

der Epheben auch die Verwaltung der Bibliothek im Ptolemaion einschloss.[728] Im Rahmen dessen mag Charmadas auch akademischen Unterricht angeboten haben. Die Neulesung ist tendenziell Indiz, dass Charmadas' Schule – wohl anders als die des Kleitomachos im Palladion – keine dezidierte Konkurrenzveranstaltung zur Akademie war. Jedoch sollte man klar sagen, dass keine harten Belege für eine solche „staatliche" Schule im Ptolemaion existieren, weshalb das Verb im Papyrus zeugmatisch zu verstehen sein und tatsächlich „eröffnen" meinen könnte. Im Ptolemaion nutzte Charmadas eine Exedra, gewiss ein Nischenraum des Gymnasiums, und hatte zugleich die Schulleitung inne. Dem vermutlichen Verb zu Beginn von Z. 11 muss die Bedeutung „haben/innehaben" zukommen, da es sich auf beide Akkusative beziehen dürfte.[729] Die wahrscheinlich hinter ἐκεῖ fehlende Partikel erklärt sich wohl durch gedankliche Verbindung zum Vorherigen. Trotz Disegno-Änderung scheint ἀπ[έ]λαβ⌐ε̣ν wahrscheinlicher als ἄρ᾿ [ἔχει] τ⌐ιν᾿⌐. Zu Beginn von Z. 11 deutet das Original auf ἄ⌐μ᾿α [καὶ hin und es ist aus metrischen Gründen Wortbild anzunehmen.[730] Der zweite Akkusativ cχολα]⌐ρχ᾿ίαν könnte entweder die Leitung der Ephebenschule oder der eigenen Schule meinen. Die Ergänzung dieses *hapax legomenon* bedarf einer kurzen Rechtfertigung: Das Verb cχολαρχέω erscheint abgesehen von Scholien und Lexika nur dreimal in der antiken Literatur. Alle drei Stellen gehen sicher oder sehr wahrscheinlich auf Apollodor zurück, weshalb das entsprechende Substantiv in den *Chronica* nicht unerwartet ist.[731]

32,11–16 Die Neurekonstruktion von Z. 12–13 zeigt, dass nach der Sektion „Schüler des Karneades in Athen" eine Sektion „Schüler des Karneades außer-

---

728 Plin. NH 7,89: *C⟨h⟩armadas quidem in Graecia quae quis exegerat volumina in bibliothecis legentis modo repraesentavit.* Die Stelle könnte auf Wirken in einer Bibliothek hindeuten.

729 Für ἐκεῖ vgl. Kol. 31,42.

730 Für die Junktur siehe Kol. 29,12. In Fleischer (2014a), S. 72 habe ich für Z. 11 auf Basis einer mir später unwahrscheinlich erscheinenden Deutung der Tintenspuren noch andere Ergänzungen erwogen.

731 D.L. 4,1: καὶ ἐcχολάρχηcεν ἔτη ὀκτώ, ἀρξάμενος ἀπὸ τῆς ὀγδόης καὶ ἑκατοστῆς Ὀλυμπιάδος· Χαρίτων τ᾿ ἀγάλματ᾿ ἀνέθηκεν ἐν τῷ μουσείῳ τῷ ὑπὸ Πλάτωνος ἐν Ἀκαδημείᾳ ἱδρυθέντι (= Jacoby (1902), 53 a; für die Zuweisung zu Apollodor siehe Jacoby (1902), S. 312 f.); D.L. 4,61: Ἐτελεύτηςε δὲ cχολαρχεῖν ἀρξάμενος τῷ τετάρτῳ ἔτει τῆς τετάρτης καὶ τριακοστῆς καὶ ἑκατοστῆς Ὀλυμπιάδος, τῆς cχολῆς ἀφηγηςάμενος ἓξ πρὸς τοῖς εἴκοσιν ἔτη· ἡ τελευτὴ δὲ αὐτῷ παράλυσις ἐκ πολυποςίας (= Jacoby (1902), F 69* – für die Zuweisung der Passage zu den *Chronica* siehe Einordnung Kol. 26,Mitte–28,40); D.L. 5,58: ἀλλὰ καὶ καθηγήcατο Πτολεμαίου τοῦ Φιλαδέλφου καὶ ἔλαβε, φαcί, παρ᾿ αὐτοῦ τάλαντα ὀγδοήκοντα· cχολαρχεῖν δέ, καθά φηςιν Ἀπολλόδωρος ἐν Χρονικοῖς (FGrH 244 F 40 = Jacoby (1902), F 73), ἤρξατο τῇ τρίτῃ καὶ εἰκοστῇ καὶ ἑκατοστῇ Ὀλυμπιάδι, τῆς cχολῆς ἀφηγηςάμενος ἔτη ὀκτωκαίδεκα. Lexikalische und metrische Erwägungen, verbunden mit einem gut möglichen χ vor ιαν, rechtfertigen die Ergänzung.

halb von Athen" beginnt.[732] In Z. 13 ist neben einem Adjektiv die Ergänzung
[δύ᾽ ἕτεροι] zu erwägen, der ⌜τό⌝[τ᾽] oder ⌜πρ⌝[τ᾽] gefolgt sein könnten, aber
das Ende des Verses ist nicht sicher feststellbar. Mit ἐν ἄϲτ[ει] werden nicht
die Gymnasien innerhalb der Stadt als Lehrstätten von Akademikern (Ptolemaion und Palladion) mit der außerhalb der Stadtmauern gelegenen Akademie kontrastiert, sondern Athen mit anderen Städten.[733] Weitreichend ist auch
die Neulesung eines ζ in Z. 16. Nicht Metrodor von Stratonikeia,[734] sondern
Zenodor von Tyros ist genannt, von dem wir in Kol. 23,2–3 hören, dass er in
Alexandria eine Schule leitete. Der Plural τὰ[ϲ] ⌜ϲχ⌝ολὰϲ meint „ihren Unterricht". Für die korrekte metrische Lesung von πεποι⌜η⌝μέ[νοι] siehe den Kommentar zu Kol. 27,3–4.

32,16–24 Natürlicherweise sollte das ὁ ⌜μέν⌝ auf den erstgenannten Antipatros zu beziehen sein.[735] Dieser stammte aus Alexandria (Kol. 23,9–10). Der
Name der Stadt wurde in Z. 17 neugelesen. Vermutlich ist damit eher der Ort
des Wirkens als der Geburtsort des Antipatros bezeichnet.[736] In Z. 19–20 dürfte
irgendwo mit einem ὁ δὲ zu Zenodor übergegangen worden sein. In Z. 20–21 ist
[πρό]|τερο[ν mit folgendem ἐν im Hinblick auf die Neulesung ὔϲ⌜τ⌝[ε]ρ[ον] in Z.
24 naheliegend. In der Tat dürfte, wie schon von Jacoby vermutet, die vornehmlich im Disegno erhaltene Kombination ρχηδ zu einer Form von „Karthago" zu
ergänzen sein. Das zugehörige Verb im Aorist könnte in der Mitte von Z. 22
gestanden haben, wobei auch ἐ]⌜κ⌝εῖ am Ende von Z. 21 und ein anderes Verb im
Vorangehenden denkbar sind. Die Zeilen 23–24 wurden erstmalig neugelesen.

---

732   Für das Verb in diesem Kontext siehe Kol. 27,7–8 und Kol. 31,12.

733   Apollodor denkt von seiner Stadt Athen aus. Hatzimichali (2020), S. 266 schreibt etwa
       noch: „Other Academics taught at various unspecified locations outside the main city area
       ... 'and those who did not teach within the city'. By contrast, venues such as the Ptolema-
       eum and the Palladium were closer to the centre and the Agora ...."

734   Die Falschlesung führte zu einigen Folgerungen hinsichtlich Metrodor, etwa Görler
       (1994), S. 906: „Wahrscheinlich wegen dieser unorthodoxen Ansichten durfte Metrodor
       unter dem Scholarchat des konservativen Kleitomachos nicht in der Akademie selbst
       lehren." Stanzel (2000), S. 135: „... und vertrat seinerseits offenbar eine Position, die den
       radikal-skeptischen Standpunkt aufzuweichen suchte. Deshalb lehrte er unter dem Scho-
       larchen Kleitomachos wohl nur noch außerhalb der Akademie."

735   Es ist unwahrscheinlich, dass man aus ἔτι δὲ eine Separation der Namen herauslesen kann,
       welche es rechtfertigt ὁ ⌜μέν⌝ auf Zenodor zu beziehen.

736   Am ehesten ist κατὰ τὴν zu Beginn von Z. 17 zu erwarten (vgl. Kol. 31,35). Entfernter
       bestünde die Möglichkeit, dass in Z. 17–18 nur die Herkunft des Antipatros und dann eine
       von Alexandria verschiedene Stadt angeführt sind. Die Verse könnten auch durch den
       Lehrort die Herkunft ausgedrückt haben. Jedoch sei daran erinnert, dass die Herkunftsan-
       gabe auch bei Melanthios fehlt, so dass Antipatros vielleicht nicht als Alexandriner und
       Zenodor nicht als Tyrer näher bestimmt waren.

Das Adverb ὕ̣c̣ʳτ̣ˈ[ε]ρ̣[ον] klärt Struktur und Sinn der Periode. Am Ende von Z. 22 ist ein *verbum movendi* zu erwarten.[737] Es steht angesichts von Kol. 23,2–3 außer Frage, dass Zenodors Gang nach Alexandria und Tod ebendort auch das Halten von Vorlesungen in der Stadt impliziert, was das Thema des Abschnitts ist (Z. 13–15). Da er gewiss für einige Jahre Schüler des Karneades war, der kaum lange vor 160 v. Chr. Scholarch wurde, dürfte er in Karthago nur einige Jahre vor dem 3. Punischen Krieg (149–146 v. Chr.) unterrichtet haben, da die Stadt danach faktisch völlig zerstört war.[738] Dies würde auch erklären, warum er in Kol. 23,2–3 nur mit der Leitung in Alexandria assoziiert wird. Die Todesangabe steht der langen Leitung einer Schule in Alexandria nicht im Wege – Zenodor könnte über 35 Jahre in Alexandria gewirkt haben (von 145 v. Chr. bis zur Publikation des 4. Buches der *Chronica*). Man könnte spekulieren, ob Zenodor den Antipatros in Alexandria ablöste, weil dieser 145 v. Chr. der Intellektuellenverfolgung des Ptolemaios VIII. zum Opfer fiel.[739] Alternativ könnte aber auch Antipatros die Schule des Zenodor in Alexandria übernommen haben, als dieser starb. Die Reihenfolge im Papyrus spricht eher gegen diese Hypothese, während γό[c]ωι vielleicht Indiz ist, dass der Tod Zenodor etwas verfrüht ereilte.[740] Vielleicht lehrten auch beide Akademiker zur gleichen Zeit in Alexandria.

32,25–34 Sprachlich-metrische Indizien und insbesondere Z. 34 lassen es wahrscheinlich erscheinen, dass in diesen Zeilen noch Verse aus Apollodors *Chronica* kopiert waren. Der Name „Sokrates" in Z. 26 irritiert ein wenig, da wir keinen berühmten Akademiker „Sokrates" aus jener Zeit kennen. Folglich wäre es möglich, dass der zuvor genannte Zenodor oder ein unbekannter Akademiker mit dem Lehrer Platons verglichen wurde. Jedoch lesen wir in Kol. N,20–21 den Namen eines Sokrates, vielleicht aus Athen oder Dyme, der Schüler des Dion von Thrakien war, der wiederum Schüler des Theris von Alexandria war. Dessen Lehrer war wohl Telekles (weniger Euander). Sokrates erscheint als letzter Name in der Schülerliste, bevor man in Kol. N,23–24 Euanders Namen liest. Crönert vermutete hier eine alexandrinische Linie der Akademie.[741] Sokrates

---

737   Für [ἀπ]α̣[ρ]α[c vgl. Kol. 31,42.
738   Dass sein Wirken dort etwas mit dem Umstand zu tun hat, dass Tyros einst die Mutterstadt von Karthago war, ist unwahrscheinlich. In diesem Kontext ist aber von Interesse, dass Kleitomachos bereits in Karthago Philosophie studiert haben soll – allerdings in seiner Muttersprache (D.L. 4,67) und gewiss vor Zenodors Wirken dort (Kleitomachos kam um 163 v. Chr. nach Athen). Dennoch könnte die Angabe auf philosophisches Interesse in der Stadt hinweisen, das auch von Akademikern gestillt worden sein mag.
739   Für Zenodors Wirken im möglichen Kontext der Verfolgung siehe Lévy (2012), S. 291.
740   Für γό[c]ωι siehe Kol. 27,16 und 42; 28,16–17.
741   Crönert (1906), S. 76 Fn. 364.

könnte Kommentare zu Euander geschrieben haben, aber es wurde bei der Besprechung von Kol. N gezeigt, dass Euander wohl eher im Kontext des Telekles genannt ist.[742] Auch ist unsicher, ob Euanders Name in Z. 30 zu ergänzen ist. Jedenfalls wäre man bei Annahme eines Urenkelschülers des Telekles oder Euander chronologisch etwa in der 2. Hälfe des 2. Jh. v. Chr.[743] Da zuvor Alexandria erwähnt war und man Sokrates' Lehrer am ehesten in Alexandria verortet, könnte jener Sokrates gemeint sein. Vielleicht war mit [δύ]γαμις eine Fähigkeit des Sokrates beschrieben.[744] In Z. 30 könnte δοκεῖ mit einem Infinitiv in derselben Zeile verbunden gewesen sein. In Z. 32–34 war vielleicht festgehalten, dass er redegewandt oder gelehrt war und sein Leben auch der Lehre anglich. Die Aussage erinnert an die Charakterisierung des Metrodor in Kol. 26,5–6, aber es besteht kaum ein triftiger Grund, ihn als Gegenstand dieser Zeilen zu postulieren. Interessanterweise scheint in den Zeilen keine Referenz mehr auf Karneades vorzuliegen, was einen „alexandrinischen Kontext" der Verse unterstützen würde. Die neugelesenen Wörter τ]ῶι λόγω[ι καὶ τὸν] βίον sind nicht nur das Ende eines Trimeters, sondern erscheinen auch nochmals in Kol. 33,1, sie offenbar den unmittelbaren Anschluss der Philio-Vita an diese Verse für die Endversion anzeigen sollen. Vielleicht steht zu Beginn von Z. 34 keine *paragraphos*, sondern eine *diple obelismene*. Wenn kein Eigenname vorliegt, wäre bei ανδρο am ehesten an den Genitiv von ἀνήρ zu denken, wohl als Ersatz für das Personalpronomen (vgl. Kol. 29,12). Wahrscheinlich befand sich ein kleines *spatium* am Ende von Z. 34 vor ευ.

32,34–44 Die Verse entsprechen Kol. 23,38–47 (siehe den dortigen Kommentar für die inhaltliche Bewertung), wo sie innerhalb der Karneades-Liste am richtigen, für die Endfassung bestimmten Ort angeordnet sind, was auch dadurch deutlich wird, dass die Ergänzung über Kol. 23,45 an entsprechender Stelle in Kol. 32,41 nicht vorgenommen wurde. Der Papyrus ist heute am linken unteren Ende der Kolumne zerstört. Auch wenn auf den Disegni nichts zu lesen ist, könnte am Ende der Kolumne analog zu Kol. 8*, Kol. 12 und Kol. 26 ein Tilgungshaken angebracht worden sein.

---

742   In Fleischer (2020a), S. 221 hatte ich noch vermutet, dass die Liste in Kol. N Schüler des Euander umfasst.

743   Annahme: Um 190 unterrichtete Telekles Theris, der ab 170 (160) wiederum Dion unterrichtete, der ab 150 (140–130) Sokrates unterrichtete. Auch bei nicht unbedingt wahrscheinlicher Gleichsetzung von Dionysios Thrax mit Dion Thrax ergeben sich keine chronologischen Probleme.

744   Tendenziell ist in den Zeilen ein Hilfsverb zu erwarten. Auch α'[λ]λο ist schwierig unterzubringen. Vielleicht stand der Artikel (Krasis) oder eine Negation zuvor.

33,1 Zu Beginn der Zeile findet sich nicht nur eine *paragraphos*, sondern auch eine Horizontale über dem ersten Buchstaben der Zeile, vielleicht ein „komplexeres" Zeichen (der Papyrus ist teils zerstört). Später könnten über dem ν von βί⌐ον⌐ Spuren von Tinte zu sehen sein, womöglich auch über den vorherigen Wörtern. Vielleicht fand sich hier eine redaktionelle Angabe. Offenbar sollte dadurch der Anschluss der Philio-Vita an Kol. 32,34 angezeigt werden. Bücheler (1869) transkribierte den erwarteten Namen Φίλων, welchen Mekler (1902) unterpunktete (Φίλων). Mette folgte für seine Fragmentsammlung 1986/1987 einem vorläufigen Vorschlag Dorandis (Φ{α}⟨ι⟩λων), welcher in seiner Ausgabe 1991 aber Φ⟨ί⟩λων druckte, was eine sehr ungewöhnliche Verschreibung wäre und mit Disegno und Original schwerlich zu vereinbaren ist.[745] Das verstümmelte α des *Neapolitanischen Disegno* entpuppt sich in der Verbindung mit dem Original, wo die Vertikale nicht mit einem λ kompatibel ist, als eine Verschreibung für ιλ.[746] Oberer und unterer Teil des zweiten ι sind im Original noch erkennbar.

33,2–4 Habicht datiert den Archon Aristaichmos mit der Einstufung „fairly securely dated" auf 159/58.[747] Auch wenn Brittain zu Recht eine gewisse Zirkularität konstatiert,[748] ist die Datierung wahrscheinlich korrekt.[749] Aristaichmos' Name ist in drei Inschriften überliefert: Insc. de Délos (IdD) 1498, 2565 sowie SEG 36, 228. Die epigraphischen Zeugnisse sind mit 159/58 vereinbar[750]

745 Der Schreibung folgte Brittain (2001).

746 Aus methodischen Gründen habe ich den zweiten Teil des vermeintlichen α im Disegno als beschädigtes λ transkribiert. Für diverse Bilder der Stelle und Disegno siehe Fleischer (2022b), S. 224.

747 Habicht (1988a), S. 239. Für 160/59 v. Chr plädiert Ferguson (1899), S. 65 f.; für 159/58 v. Chr. sprechen sich aus: Kolbe (1908), S. 102 f.; Roussel (1916), S. 349; Homolle (1922); Roussel (1937), hier: zu 1498; Meritt (1961), S. 184; Meritt (1977), S. 183; für 158/57 v. Chr.: Dinsmoor (1939), S. 191.

748 Brittain (2001), S. 41 f.: „The apparent circularity implicit in this process of establishing the absolute dates of the archon-years cited in col. 33 – the text is used to give an estimate of the archon-years, and these are then used to establish the readings of the text (…) – is real, but perhaps virtuous. The internal (relative) chronology of Philo's life is consistent with the absolute dates obtained". In einer Fußnote zu „virtuous" (S. 42 Fn. 6) führt er aus: „The increasing coherence of inscriptional evidence at least mitigates the circularity of the conclusions based on it."

749 Fleischer (2017d), S. 351–358.

750 Für Datierungszwecke ist nur IdD 1498 (= CIG 2270) ergiebig, ein unter Aristaichmos erstelltes Ehrendekret für den mehrmaligen Priester und „Multifunktionär" Eubulos von Marathon. Wenn der Phylenzyklus nicht unterbrochen war, müsste Eubulos 161/60 ἱερεὺς τῶν μεγάλων θεῶν (zu diesem Priesteramt und Eubulos siehe Mikalson (1998), S. 225 f.,

und eine Datierung auf 148/47 oder 146/45 mit dem Ziel einer Harmonisierung der „63 Jahre" wäre nur mit einigen recht unwahrscheinlichen Rochaden in der Archonten-Liste erzwingbar.[751]

33,4–7 Zur Ankunft in Athen sei auf die „parallelen" Angaben in Kol. 25,2–4 und Kol. 31,37–40 verwiesen. Büchelers ἔ᾿[τη ist Meklers Genitiv aufgrund von π[ε]ρὶ tendenziell vorzuziehen. Die Präposition wird auch in Z. 10 genutzt und dürfte hier eine Approximation implizieren. Der Archon Nikomachos ist anderweitig nicht belegt, füllt aber eine Lücke in der Archonten-Liste im Jahre 134/33, was gut zu Aristaichmos passt (ca. 24 Jahre nach 159/58). Somit spricht auch κατὰ ⸢Ν᾿ικόμαχον⸣[752] gegen eine Datierung des Aristaichmos um 147 v. Chr., da um 123 v. Chr. alle Archonten belegt sind und sich die Angabe rein sprachlich und aus chronologischen Erwägungen heraus eigentlich nicht auf den Unterrichtsbeginn bei Kallikles beziehen kann.[753]

---

       236 f.) gewesen sein. Seine Phyle käme nochmals 149/48 in Frage (Kolbe (1908), S. 86 f.). Zwei in IdD 1498 genannte Personen, Menander und Anthesterios, sind aufgrund anderer, schwacher Indizien mit der Mitte der 140er Jahre zu verbinden, während für Eubulos die Tendenz zu den 150er-Jahren geht, vgl. Fleischer (2017d), S. 353–356.

751   Das „genaue" Jahr 147/46 bleibt auch bei alternativer Synchronisation einer Delischen Gymnasiarchen-Liste besetzt, welche Habicht (1988a), S. 238 mit 167/66 beginnen lässt, wobei er Roussel (1937), zu 2589 folgt. Plassart (1912), S. 399–401, Dinsmoor (1931), S. 229–233 und Dinsmoor (1939), S. 176–179 votieren für 166/65 Charneux/Tréheux (1997) glauben, die korrekte Synchronisation eindeutig bestimmen zu können, setzen aber stillschweigend einen intakten Phylenzyklus zu dieser Zeit voraus. Habicht (1988a), S. 242,244 hat Aristophantos auf 146/45 gesetzt. Er könnte etwa mit Lysiades den Platz tauschen, welcher nach Habicht (1988a), S. 242 möglichst nahe an 155/54 kommen sollte. Lysiades könnte mit Andreas den Platz tauschen, welcher auf das freie 154/53 gehen könnte, oder Lysiades könnte selbst dorthin gehen. Noch andere Varianten sind möglich. Es ist aber zu beachten, dass bei Änderung von Aristophantos die Intellektuellenverfolgung Ptolemaios' VIII. um 145 v. Chr. als Motiv für Charmadas' Gang nach Athen wegfiele. Weil Lysiades disponibel ist, könnte bei alternativer, eher unwahrscheinlicher Synchronisation Aristaichmos seinen Platz in 148/47 einnehmen. Metrophanes I kann etwa auf 145/44 bleiben, Aristophantos etwa auf 149/48 gehen, Mikion auf 144/43 rücken. Aristaichmos' Platz könnte beispielsweise von Demetrius eingenommen werden. Für weitere Details siehe Fleischer (2017d), S. 357 f.

752   Ein Autor Nikomachos aus dieser Zeit ist nicht bekannt und es wäre gänzlich unerwartet, dass Philodem mitten in einem biographischen Gesamtblock plötzlich auf diese Art seine Quelle zitiert. Normalerweise wird mit ἐπί + Archon datiert, aber die Präposition κατά wird etwa in Kol. Q,3–4 und κατ᾿ ἄρχοντ᾿ in Kol. O,31 genutzt, vgl. Dorandi (1990a). In κατά könnte eine bewusste variatio zu Z. 3 vorliegen.

753   Je nach Datierung des Aristaichmos hätte Philo dann im Alter von 12 oder 14 Jahren bei Kallikles mit dem Philosophieunterricht begonnen, was doch deutlich zu früh ist. Auch ergeben sich Schwierigkeiten mit der Differenz von 134/33 zu dann ca. 123 v. Chr., was

33,7–11 Das Partizip ἐϲχολακὼϲ meint hier „nachdem er …“, wobei es sich – leicht inkonzinn – noch auf die Lehrer der kommenden Zeilen beziehen könnte, wenn nicht in Z. 15 ein Verb/Partizip stand. Bei ἐγ τῆι πατρί⸤δ⸥ι fällt auf, dass Philodem bzw. Apollodor die nur in Stob. 2,7,39 (= Philo T 32 Brittain) erwähnte Herkunft aus Larissa an dieser Stelle verschweigt. Womöglich wurde der Geburtsort schon zuvor genannt, als Philio erstmals als Schüler des Kleitomachos erschien (Kol. 25,Mitte).[754] In Z. 10 sind von ϲ]χ⸤ε⸥ὸὸν nur klägliche Spuren vorhanden, aber die Ergänzung ist naheliegend. Sie unterstreicht den approximativen Charakter der Präposition.

33,11–15 Die Syntax ist etwas problematisch, aber kaum entscheidend für das Verständnis der Zeilen. Entweder hängen die Dative gedanklich noch von ἐϲχολακὼϲ ab, insofern hier eine Reihenfolge angezeigt ist, oder man muss ein Verb bzw. Partizip ergänzen (Ellipse annehmen).[755] Vielleicht ist auch in Z. 15 ϲ[υνὴν (oder ähnlich) anstelle des eher unerwarteten Kompositums χ[ατήρ]ξατο zu ergänzen.[756] Für Apollodor kamen hier chronologisch nur vier Namensträger in Frage[757] und das neugelesene μα am Ende von Z. 12, das χ in Z. 13 sowie die anderen Spuren lassen keine größeren Zweifel an meiner neuen Ergänzung aufkommen.[758] Sie bestätigt, dass der Grammatiker Apollodor 118 v. Chr. noch am Leben war und auch unterrichtete. Es ist sehr unwahrscheinlich, dass Philio ihn nur zwei Jahre hören konnte, weil Apollodor möglicherweise 118 v. Chr. starb.[759] Das zweite δὲ ist vermutlich wegen Hiat-Vermeidung irrtümlich gesetzt, da es grammatikalisch kaum zu rechtfertigen ist.[760] Der Fehler deu-

---

doch mehr als ungefähr acht Jahre sind, vgl. Fleischer (2017d), S. 358–361, wo ich noch eher „günstigere“ Annahmen für die Alternative machte. Einige meiner dortigen Ausführungen sind durch Neulesungen im Detail überholt.

754 Auch Apollodor könnte in den *Chronica* schon zuvor die Herkunft Philios erwähnt haben.

755 Mekler (1902) vermerkt zu Z. 11: „ϲυνὴν vel ἐϲχόλαϲεν addens.“

756 In Fleischer (2020a), S. 18 f. setzte ich χ[ατήρ]ξατο in den Text und verwies auf den folgenden Genitiv, welcher das Kompositum, das normalerweise nicht mit dem Infinitiv zusammengeht, anstelle des erwarteten Simplex rechtfertigen könnte (vielleicht geht das Kompositum auf Apollodor zurück, aber auch Philodem nutzt es öfters, vgl. Vooys (1934), S. 164).

757 Ein anderweitig unbekannter Schüler des Diogenes von Seleukia (Phld. Ind. Stoic. 51,6–7), Apollodor von Athen (offenbar nicht der Grammatiker – Phld. Ind. Stoic. 53,7–8; Cic. nat. 1,93), der epikureische Scholarch „Kepotyrannos“ und der Grammatiker Apollodor kamen in Frage (vgl. Fleischer (2020a), S. 17). Schon Brittain (2001), S. 49 Fn. 34 hielt fest, dass Z. 15 einen Stoiker Apollodor faktisch ausschließt.

758 Detailabbildung und Diskussion in Fleischer (2020a), S. 17 f.

759 Vgl. Fleischer (2020a), S. 21.

760 Fleischer (2020a), S. 19.

tet auf zugrundeliegende Verse hin, genauer: auf einen Selbstbezug Apollodors in den *Chronica* („bei mir"),[761] den Philodem umformulieren musste. Im Zuge dessen geriet die Partikel wohl zweimal in den Text.[762] Das π von ἑπτά ist ungewöhnlich dick geschrieben, so dass ein zunächst falsch angesetzter Buchstabe überschrieben worden sein könnte. Für die Lesung „Mnesarch" in Z. 14 sind entweder recht eng geschriebene Buchstaben oder eine Verbesserung anzunehmen. Die Wortstellung in den Zeilen macht eine Prosaversion von Versen wahrscheinlich. Letztlich legt die interne Chronologie keinen Parallelunterricht, sondern sukzessives Hören der Genannten nahe und stützt die Datierung der Archonten Nikomachos und Aristaichmos.[763]

33,16–17 Die Datierung des Polykleit auf 110/09 ist sicher. Hier endet das vermutete Prosa-Exzerpt aus den *Chronica* (vorerst), welche nicht lange nach dem Tod des Kleitomachos geschrieben worden sein dürften (siehe Quellen Kol. 26,Mitte–28,40). Philio war wohl der „jüngste Akademiker", welcher Eingang in die *Chronica* fand – vielleicht auch recht exponiert, da er bei dem Autor der *Chronica* den Unterricht besucht hatte. Die Übernahme des Scholarchats 110/09 spricht auch für eine Geburt Philios um 159/58, da die meisten Scholarchen im Alter von durchschnittlich etwa 50 Jahren in Amt und Würden kamen.[764]

33,17–19 Die Dublette wird inhaltlich im Rahmen des Kommentars von Kol. 33,42–44 besprochen. Die geschweifte Klammer am rechten Rand der Zeilen hat zwei Haken, welche sich in den interlinearen Raum über Z. 18 bzw. 19 erstrecken.[765] Der Tilgungscharakter des Zeichens wird auch durch eine

---

761   Vgl. Kol. 29,16.

762   Interessant ist auch die ungewöhnliche Stellung des ersten δέ an dritter Stelle, was auf die *Chronica* hindeutet. Es existieren 14 Belege für die dritte Position in den erhaltenen Versen, während im sonstigen *Index Academicorum* die Partikel nur noch zweimal an dritter Position erscheint (Kol. 11,38–39 und Kol. 19,5), vgl. Fleischer (2020a), S. 19 Fn. 45.

763   Von Aristaichmos zu Polykleit sind es 47 Jahre (24+14+2+7) statt der „exakten" 49 Jahre (159/58–110/09), von Nikomachos zu Aristaichmos 24 statt der „exakten" 25 Jahre (159/58–134/33). Von Nikomachos zu Polykleit sind es 23 Jahre (14+2+7) statt der „exakten" 24 Jahre (134/133–110/09). Es sei daran erinnert, dass Philodem bei den Jahresangaben teils selbst nur von ungefähren Werten redet (Kol. 33,5 und 10) und die Zahlen somit abgesehen von kurzem „Leerlauf" Philios bzw. „Rundungsfehlern" erstaunlich harmonisch sind.

764   Siehe dazu Netz (2015), S. 307.

765   Für weitere Einzelheiten siehe Fleischer (2017d), S. 339–342. Das obere Ende und die Mitte der rechten, großen Klammer scheinen in der *Collectio altera* bzw. auf dem *Neapolitanischen Disegno* Spuren in Form von zwei Vertikalen hinterlassen zu haben. Die Vertikale in Z. 17 der *Collectio altera* veranlasste Ferguson (1899), S. 65 Fn. 6 dazu, eine β-Vertikale

auf einem *Sovrapposto* zurückversetzte, nach rechts offene Klammer in Z. 17 vor βιῴ[c]αc deutlich (vgl. analog die Tilgung mit Klammern innerhalb der Zeile und außerhalb am Rand in Kol. 20,38–40 und Kol. 23,25–26).[766] Vielleicht befand sich auch am linken Kolumnenrand eine Tilgungsmarkierung.[767] In Z. 17 ist hinter dem δ schwerlich Raum für mehr als einen Buchstaben. Dorandis [ἑβ]δ̣[ο|μή]κοντ᾽ ist papyrologisch unmöglich. Da der Kontext eine Zehnerzahl erfordert, bleibt aus Raum-, Spuren- und Worttrennungsgründen nur [ἑ]|ξήκοντ᾽. Dorandi ergänzte die Lücke in Z. 18 zwischen ετ und χα zu η [καὶ τέ]τ[ταρ]α, was viel zu lang ist und letztlich nur der erwarteten Chronologie (dem korrekten Lebensalter) geschuldet war. In Z. 18 ist vor χα im oberen Bereich eine Art Dreieck zu erkennen, zuvor ein schmaler Buchstabe und wieder davor Reste eines wohl separaten Buchstabens. Die Spuren erfordern die Rekonstruktion ξήκοντ᾽ ἔτ[η κ]αὶ [τ]ρία κα|, welche zum Raum passt und durch Z. 43 bestätigt wird – der Vorschlag geht kurioserweise auf Bücheler (1869) zurück, der den Papyrus niemals im Original sah und die Lesung aus Raumgründen vorschlug. Seine Lesung wurde in der Folge aus vermeintlich übergeordneten „chronologischen" Gründen verworfen und wird nun durch neueste Bildgebungstechnik und die gefundene Dublette bestätigt.[768] In seinen allerersten Skizzen scheint Philodem die Dublette noch nicht markiert zu haben oder der Schreiber hat ein Tilgungszeichen nicht verstanden bzw. übersehen. Dass er es mechanisch kopiert hat, ist eher unwahrscheinlich. Die Klammer könnte vom Schreiber oder dem *diorthotes* selbständig eingefügt worden sein, wenn dies nicht ihre Befugnisse überschritt. Philodem könnte das Setzen der Klammer beim Korrekturlesen angeordnet haben oder selbst die Klammer gezeichnet haben.[769]

---

auszumachen und folglich ἑβδομήκοντα zu fordern: „Bücheler thinks that the number of spaces in the papyrus renders ἑβδομήκοντα impossible here. The facsimile printed by Homolle ... does not bear him out. Indeed I fancy I can see the hasta of Beta reproduced there. ἑβδομήκοντα seems necessary."

766 Tilgungsklammern anstelle von Expunktion oder Durchstreichen finden sich öfters in den Papyri, aber normalerweise erstrecken sie sich nicht über mehrere Zeilen, vgl. Turner (1987), S. 15 f. (Nr. 15, 25, 63, 76). Auch McNamee (1992) verzeichnet keine vergleichbare Klammer.

767 Vgl. Fleischer (2017d), S. 346–348. Jedoch hat sich die dort erwähnte Klammer zumindest teils als die „innere" Klammer auf dem *Sovrapposto* vor βιῴ[c]αc herausgestellt.

768 Dazu Fleischer (2017d), S. 342 Fn. 15. Bücheler (1869), S.20, zu Z. 17: „... αcδ̣ .ι| . ̣κοντετ: P, exemplum habeto ἐπ᾽ Ἀ[γαθο]κλέ[ου]c, βιώcαc δ᾽ [ἑξή]κοντ᾽ ἔτ[η καὶ τρία. Nam vitae tempus indicatur, non principatus in Academia quippe quam ne τριά]κοντα quidem ἔτη Philo obtinuerit, alium autem ac sexagenarium numerum lacuna non videtur recipere, recusat certe ἑβδομήκοντα." Noch Puglia (2000), S. 19 Fn. 22 folgt Dorandis Ergänzung in seiner Transkription, aber nicht ohne Unbehagen.

769 Vgl. Fleischer (2017d), S. 349 f.

33,19–37 In Z. 23 könnte ein Adjektiv vor [π]αιδείαν gestanden haben. Vielleicht wurde die Haltung Philios zur ἐγκύκλιος παιδεία angesprochen. In Z. 31 ist Ἀ]χ̣[α]δημε̣[ια- (ggf. das Adjektiv) wahrscheinlich, aber die Spuren im Umkreis sprechen gegen die Erwähnung der „Vierten Akademie". In Z. 33 sind neben einem Eigennamen auch andere Wörter denkbar. In Z. 36 ist ἀλλὰ κα̣[ὶ] ἀκο[υ- attraktiv, aber unklar, ob Schüler gemeint sind oder Philio etwas hörte. Vielleicht wurde in dem Abschnitt auch auf Philios Unterricht in Rhetorik eingegangen.

33,37–42 Die Verbindung bzw. Beziehungsebene der beiden Partizipien ist etwas unscharf. Das erste δὲ καὶ („aber auch") verbindet die Periode mit der vorherigen Aussage, während das zweite καὶ nur die beiden Partizipien verbindet. Das Neutrum πο̣ˊλ̓λ[ὰ bezieht sich auf beide Partizipien. Das eher seltene Verb καλλιλογέω findet sich einige Male (ebenso das entsprechende Substantiv) bei Dionysios von Halikarnassos und bedeutet „elegant ausdrücken". Im Kontext ist das Wort sinnig und meint, dass Philio die skeptischen Lehren seiner Vorgänger ansprechender und verständlicher formulierte sowie im Detail ausfeilte. Ein *Sovrapposto* führt auf τὸ δό[ξαν]. Das Partizip meint hier „seine frühere Meinung", im Zusammenhang also „frühere philosophische Lehrmeinung". Die Trennung der Negation in dieser Form findet sich öfters in Herkulanischen Papyri. In Z. 41 ist zu Beginn ein *Sovrapposto* zu verschieben (π von ἐπο̣[ι]εῖτο), so dass εὐλ[όγ]ε̣ι möglich wird. Vor ποικ[ί]λας stand wahrscheinlich ein ι (sicherlich kein ε oder ν),[770] was auf ein zu ἐπο̣[ι]εῖτο analoges Imperfekt führt. Die Form εὐλ[όγ]ε̣ι ist, wie meist in Herkulanischen Papyri, nicht augmentiert.[771] Das Verb geht normalerweise mit Personen oder Personen umfassenden Wörtern (etwa „Stadt") zusammen. Die Verwendung im Zuge einer Litotes erfährt ihre Begründung entweder darin, dass bei τὸ δό[ξαν] letztlich skeptische Philosophen vorschweben, oder darin, dass an dieser Stelle bei dem Verb das Adjektiv mit philosophischer Färbung mitschwingen könnte („als nicht mehr vernünftig erachten").[772] Das Imperfekt ἐπο̣[ι]εῖτο ist offenbar mehreren Modifikationen Philios über einen längeren Zeitraum geschuldet. Ich verstehe den Artikel in Z. 42 als Betonung der großen Zahl an Änderungen, nicht dahingehend, dass Philio seine Meinung oft änderte, was gerade vor dem Hintergrund des ersten Teilsatzes unwahrscheinlich ist. Aus Raumgründen wäre

770 Ein η wäre noch möglich, aber ein passivischer Aorist ist unwahrscheinlich.
771 Vgl. Kol. 1,10.
772 Sollten die Lagen und Spuren zu Beginn von Z. 41 wider Erwarten falsch zugeordnet oder aufgelöst sein, könnte man ein sinngemäßes Verb im Imperfekt erwägen.

auch ἀπο]πτώϲειϲ mit ähnlicher Bedeutung zu erwägen. Die *paragraphos* und das *spatium* in Z. 42 wurden erstmalig erkannt und zeigen den Übergang zur Sektion „Tod des Philio" an.

33,42–44 Philodem vermeidet es, Eigennamen unnötig zu wiederholen. Vermutlich hatte er den Abschnitt zu Philios Tod zunächst unabhängig formuliert und ihm missfiel nun in seinem zusammenhängenden Konzeptpapier der erneute Eigenname. Ich konnte erstmals die Dublette identifizieren. Dorandi ging von 60+x Jahren aus, Puglia (2000) von 69 Jahren, aber beide übersahen die Tilgung in Z. 43, während Puglia zwar erstmals die interlineare Ergänzung wahrnahm, aber keine Rekonstruktion anbieten konnte.[773] Die ungewöhnliche Stellung von ἔτη zwischen den Einzelkomponenten der Zahl hat vermutlich beim Schreiber zum vorläufigen Übersehen der Einerzahl geführt, welche später ergänzt wurde.[774] Das Jahr des Archons Niketes (84/83) ist sicher.[775]

33, Ergänzung 13 Wenn die Ergänzung schon hinter Νικήτου begann, ist sie vielleicht keine unabhängige Angabe, sondern in den Satz zu integrieren.[776] Möglicherweise war Philios Weggang nach Rom vermerkt, ggf. mit Zahlenangabe, oder aber es besteht eine Verbindung zur Dublette und den „falschen" 63 Jahren. Bisher führte das Verkennen der vierzeiligen Ergänzung zur Falschzuordnung von Buchstaben (wurden teils mit den Hauptzeilen zusammen gelesen) und somit zu unmöglichen Lesungen. Unter Umständen handelt es sich um eine redaktionelle Angabe.[777]

---

773 Puglia (2000), S. 19 f.
774 Der Schreiber hatte hinter ἔτη instinktiv keine Einerzahl mehr erwartet, da er die Formulierung ἑξήκοντα (καὶ) τρία ἔτη oder τρία καὶ ἑξήκοντ' ἔτη antizipierte. Eine Computersuche im TLG nach κοντ(α) ἔτη καὶ ergab nur Dem. or. 9,21 und Porph. vit. Plot. 4. Die Formulierung im Papyrus ist eine Art Tmesis oder Hyperbaton. Im *Index Academicorum* finden sich keine weiteren Belege für eine solche manieristische Spaltung einer Jahreszahl durch ἔτη (theoretisch möglich in Kol. 2,37; 10,7; 24,3–4 und 14–15; 33,6), was Indiz sein könnte, dass Philodem hier seiner Grundquelle folgte, die bereits diese Spaltung vorgenommen hatte, vgl. Fleischer (2017d), S. 350 Fn. 33. Puglia (2000), S. 19 f. transkribierte: ποιχ[ί]λαϲ δ' ἐ[. . .]εῖτο | [. . .]τώϲειϲ. Βιώϲαϲ δ' [ἐννέα] | κ̣α̣[ὶ] ἑξήκοντ' ἔτη ` . . . . α΄ [. . . . ἀπ]έ|[θανε]ν ἐπὶ Νικήτου [κατ'| Ἰτ]αλίαν ἐν τῶι τ[ρ]ίτωι πρ̣ο̣|| (Kol. 34) [. .] . υπενηγ [.] ἐπιδραμὼ[ν . . | . . .]ταρρωι und bezog die „69" Jahre auf Philios Aufenthalt in Griechenland (5 Jahre in Italien). Mekler (1902) transkribierte: δ' ἔν? | καὶ ἑξήκοντ' ἔτη; Dorandi (1991): [ἔξ (in apparatu)| καὶ ἑξήκοντ' ἔτη.
775 Dow (1949), S. 117,123; vgl. Glucker (1978), S. 100 Fn. 11.
776 Vor dem δ der ersten Zeile ist eine Horizontale zu erkennen und zuvor Tinte (Lagenunsicherheit).
777 Diskussion und Bilder in Fleischer (2017c), S. 71–73.

33,44–34,2 Puglias Ἰτ]αλίαν am Beginn von Z. 45 ist zu kurz und der Artikel notwendig. Am Ende von Z. 44 scheint die Präposition περὶ zu stehen.[778] Vielleicht ist sie ein Indiz, dass Philio nicht in Rom starb oder Philodem sich nicht sicher war, wo genau in Italien er gestorben war. Bisher ging man vom Nominativ ἐπιδραμώ[ν in Kol. 34,1 aus,[779] aber die Syntax erfordert einen Dativ, welcher hier „heimsuchen" meint. Der Dativ Sg. κα]τάρρωι ist verbunden mit ἐν τῶι für die Bezeichnung einer Influenzawelle eher als der Plural zu erwarten. Die Formulierung τὴν οἰϙουμένην ἐπιδραμόντ[ι κα]τάρρωι hat eine gewisse Entsprechung in der Philostratstelle: ἐμπεϲόντοϲ δὲ ἐν Ῥώμῃ νοϲήματοϲ (Philostr. v. Apoll. 4,44 – siehe Einordnung Kol. 33,1–34,6). In οἰϙουμένην könnte eine Übertreibung vorliegen.[780] Vielleicht waren nur einige größere Städte wie Athen und Alexandria betroffen. Philodem war zum Zeitpunkt von Philios Tod wahrscheinlich schon in Athen. Wir hören von einer Seuche 87 v. Chr. beim Angriff von Marius und Cinna auf Rom und bei der Belagerung Athens durch Sulla (87/86).[781] Schon Platon erwähnt den Katarrh;[782] Seneca ist ein prominentes Beispiel für die Verbreitung von (chronischem) Katarrh.[783]

34,2–6 Der Eigenname könnte Πῶλοϲ gelautet haben, aber andere Deutungen der Tintenspuren und Lagen sind möglich. Mekler und Dorandi transkribieren in Z. 3 den seltenen römischen Namen Μαίϰιοϲ (Maecius).[784] Abgesehen davon, dass ein Römer zu dieser Zeit eher schwerlich als Nachfolger Philios in Frage kommt,[785] würde diese Auflösung auch implizieren, dass zuvor ein auf οϲο[ϲ] endender Name stand. Die vorangehenden Spuren schließen die wenigen mit dieser Buchstabensequenz endenden Namen aber faktisch aus.[786] Ich billige Puglias ο[ῖ]μαι, Κῖοϲ nicht zuletzt mangels plausibler Alternativen.[787] Jedoch dürfte mit dem Ethnikon nicht die bithynische Stadt Kios (Κίοϲ), son-

778 Die Formulierung περὶ τὴν Ἰταλίαν findet sich etliche Male in der antiken Literatur und steht letztlich synonym für κατὰ τὴν Ἰταλίαν.

779 Mekler (1902), S. 108; Dorandi (1991), S. 170; Puglia (2000), S. 20.

780 Die Schrägen der beiden ν sind fast Horizontalen, was aber häufiger im Papyrus zu beobachten ist (etwa Kol. 27,2 und 38).

781 Dazu Letzner (2000), S. 170,174.

782 Plat. Crat. 440c: οἱ κατάρρῳ νοϲοῦντεϲ.

783 Sen. epist. 75,12; 78,1, vgl. Thorsteinsson (2010), S. 24 Fn. 14.

784 Mekler (1902), ad locum and Dorandi (1991), ad locum und S. 252.

785 Schon Glucker (1978), S. 99 Fn. 10 und Barnes (1989a), S. 59 Fn. 35 haben Zweifel an diesem Namen artikuliert.

786 Vgl. Fleischer (2017c), S. 73.

787 Puglia (2000), S. 21.

dern die Kykladeninsel Keos gemeint sein.[788] Die Präposition scheint hier wie bei Archonten als eine Art Datumsangabe gebraucht zu sein.[789] Der Bezug des ἡ⟦ν⟧ʼμῶνʼ auf Philodem wird durch diverse Selbstbezüge in Kol. 34 und 35 bestätigt.[790] Puglias Ἀθήνηςˊιˋν wird durch das Original nicht ausgeschlossen und das ε des Disegno könnte durch das ε der beiden folgenden Zeilen auf gleicher Höhe erklärbar sein bzw. durch eine heute noch sichtbare gebogene Faser im Papyrus.[791] Das frühere Ἀθήνηθˊεˋν macht im Hinblick auf ἐξ Ἀ[λ]εξανδρείας schwerlich Sinn.[792] Der getilgte Buchstabe in Z. 4 ist ν, nicht α. In Z. 4–5 habe ich mich für ein eng geschriebenes πᾳ[ρ]αβαλόν|των entschieden, da ein Tintenpunkt im oberen Bereich der Zeile vor dem β wahrscheinlich zu einem α gehört und nur schwerlich mit einem ς kompatibel ist.[793] Aus lexikalischen Gründen wäre sonst noch das von Blank (2007) vorgeschlagene sinngleiche, besser zum Raum passende προ[ς]βαλόν|των möglich,[794] aber die Tinte vor β spricht dagegen.[795] Für die Formulierung mit Lokativ wäre etwa D.L. 6,21 (γενό-

---

788 Vgl. Fleischer (2017c), S. 77 f. Die Stadt Kios hieß zu dieser Zeit schon Prusias (am Meer), siehe Κίος in Pape (1911) und Ruge (1921). Das zur Kykladeninsel Κέως (lat. Ceos, modern: Kea) gehörende Ethnikon ist Κεῖος, aber zuweilen auch Κῖος. Die Schreibweise im Papyrus könnte ein Iotazismus sein. Prodikos von Keos und der Peripatetiker Ariston von Keos sind etwa als berühmte Persönlichkeiten der Insel zu nennen. Darüber hinaus wurden auch für die Bewohner der Stadt Kios meist andere Ethnika verwandt (vgl. Pape (1911), ad locum).

789 Puglia (2004), S. 137 verweist auf ähnliche Ausdrücke, wo ἐπί + Gen. eine Zeit angibt (etwa ἐπὶ τούτου τυραννεύοντος, ἐπὶ Λέοντος βασιλεύοντος, ἐπὶ Μήδων ἀρχόντων).

790 Diskussion bei Fleischer (2016a), S. 92–94. Blank (2007), S. 87 Fn. 5 weist Gigantes Einwand gegen Puglia, das „wir" sei hier mechanisch wie in Kol. 29,16 kopiert, überzeugend zurück.

791 Die Lesung Ἀθήνησιν ließ sich Puglia von Angeli, Capasso und Tepedino bestätigen (vgl. Puglia (2004), S. 136). Blank (2007), S. 87 Fn. 5 vermag wie ich auf Basis der Spuren keine eindeutige Entscheidung zu treffen. Jedoch ist seine Bemerkung zum Disegno „it seems unlikely that Casanova would have made up the ε there without the preceding θ" etwas nebulös. Casanova hatte offenbar kein θ lesen können, da es nicht im Disegno ist.

792 Aber auch diese Form würde kaum etwas an einem Aufenthalt Philodems in Alexandria ändern, dazu Fleischer (2016a), S. 93.

793 Zur Bedeutung des Wortes Glucker (1978), S. 102 (basierend auf alten Lesungen); Hatzimichali (2011), S. 51 Fn. 65.

794 TLG: „... to put in with a ship (dat.), vgl. Th. 6,4 ὕςτερον δ᾽ αὐτοὶ μὲν ὑπὸ Σαμίων καὶ ἄλλων Ἰώνων ἐκπίπτουςιν, οἳ Μήδους φεύγοντες προσέβαλον Σικελίᾳ, ...; 8,12: καὶ αὐτὸς ὅταν προσβάλῃ Ἰωνίᾳ, ῥαδίως πείσειν τὰς πόλεις ἀφίςταςθαι ...." In unserem Falle könnte der Lokativ den Dativ ersetzt haben.

795 In Fleischer (2017c), S. 74 hatte ich noch ein *Sovrapposto* vor dem β für möglich gehalten, aber eine erneute Autopsie und bibliometrische Untersuchungen lassen dies nun eher unwahrscheinlich erscheinen. Im unteren Bereich nach dem π ist eine Vertikale eher unerwartet. Blank (2007), S. 87 Fn. 5 hatte diese Lesung zögernd vorgeschlagen („... though I cannot make any more sense of πρ[ος]βαλόντων here").

μενοc δὲ Ἀθήνηcιν Ἀντιcθένει παρέβαλε) zu vergleichen.[796] Hier schwebt wohl „ankommen in" vor. Am Beginn von Z. 7 sind zu Beginn eine Vertikale und Spuren einer Schrägen zu erkennen. Die Syntax erfordert letztlich ἤδη, da das bisherige καὶ kaum grammatikalisch einzubauen war. Das Wort impliziert, dass Philodem bei seiner Ankunft in Athen Philio nicht mehr antraf – den Tod Philios impliziert es nicht unbedingt.[797]

34,6–7 Puglia hat das erste, unerwartete καὶ damit erklärt, dass der zuvor genannte Nachfolger des Philio ein Schüler des Scholarchen gewesen sein muss und die folgenden Philosophen somit „auch" Schüler des Philio waren.[798] Durch καὶ wird ferner Hiat vermieden. Es werden Schüler des Philio, nicht, wie früher angenommen, des Antiochos aufgezählt (vgl. Einordnung Kol. 34,6–19).

34,7–8 Zum Eigennamen Ἰόλα⟦ι⟧∥ọς ist zu vermerken, dass die Tinte hinter dem α teils auf einem *Sovrapposto* steht, welches zum η in Kol. 35,7 gehört.[799] Jedoch scheint darüber hinaus auch noch ein Buchstabe, vermutlich Iota, expungiert worden zu sein.[800] Bücheler (1869) ergänzte (κ)ἀπολλᾶ[c],[801] Mekler (1902) den anderweitig nicht belegten Namen Ἰολλά[cι|οc] und Dorandi (1986 und 1991) edierte zuletzt Ἰόλλαc | [ὁ] Cαρδιανὸ[c].[802] Jedoch steht im *Index Academicorum* fast nie ein Artikel zwischen Name und Ethnikon.[803] Dorandis Namensform regte Habicht (1988b) zu einem Artikel „Der Akademiker Iollas von Sardis" an,[804] welcher den Akademiker mit einem auf einer Inschrift geehrten Iollas identifizieren wollte.[805] Habicht sieht in Iollas nur eine Variante des

---

796 Hier bezieht sich der Lokativ auf γενόμενοc („ankommen").

797 Vgl. Fleischer (2017c), S. 80 und I 3.

798 Puglia (2000), S. 24.

799 Schon Crönert hat ein α vermutet (Mekler (1902), Crönert zitierend, zur Stelle: „mihi Ἰόλλαc vid. scribend. esse, sed post Λ potius A quam extat, seq. -\(".)

800 In Fleischer (2017a) hatte ich noch keine Tilgung angenommen und Ἰόλα|ọς transkribiert.

801 Arnim (1894) – „Aus Sardeis, Akademiker".

802 Dorandi (1986), S. 115.

803 Vgl. Fleischer (2017a), S. 76 Fn. 9.

804 Habicht (1988b).

805 I. Sardis 7,1,27 (der Beginn: ὁ δῆμοc ἐτίμηcεν | Ἰόλλαν Ἰόλλου χρυcοῖc cτεφάνοιc κτλ.). Habicht (1988b); Haake (2007), S. 213–216 bespricht ihn auch, aber fälschlicherweise noch als Antiochos-Schüler (XI. Iollas – Schüler des Antiochus von Askalon und *euergetes* seiner *patris*), vgl. Fleischer (2017a), S. 76. Die Inschrift datiert auf 75–25 v. Chr. (vgl. Haake (2007), S. 213), was Identität erlauben würde. Iolaos (= Iollas) könnte um 100 v. Chr. im Alter von etwa 20 Jahren Schüler des Philio gewesen und später im fortgeschrittenen Alter in Sardis geehrt worden sein. Gegebenenfalls könnte auch der homonyme Vater des Geehrten mit dem Philio-Schüler identifiziert werden.

Namen Iolaos,[806] aber man fragt sich, ob zu allen Zeiten die beiden Namen für ein und dieselbe Person wirklich beliebig austauschbar waren. In LPGN finden sich 29 Einträge für Iolaos und 49 Einträge für Iollas. Somit erweckt die Neulesung einige Zweifel, ob die beiden Personen wirklich identisch sind und nicht zwei Männer ähnlichen Namens in Sardis etwa zur gleichen Zeit lebten, zumal philosophische Studien in der Ehrung nicht erwähnt sind.

34,8–11 Dorandis [ἕ]ως πρῴιην ist möglich, aber die Form mit Iota wahrscheinlich zu lang und auch ungewöhnlich, weshalb πρῴην vorzuziehen wäre. Für die Junktur existieren keine Parallelen, aber [ἕ]ως kann mit Adverbien kombiniert werden. Das Partizip Präsens διατρίβων anstelle eines Partizips Aorist würde bei einer solchen Angabe verwundern, könnte aber zu rechtfertigen sein. Am ehesten wäre der Ausdruck dahingehend zu verstehen, dass Menekrates sich nun nicht mehr in Sizilien aufhielt. Jedenfalls scheint unwahrscheinlich, dass Philodem eine solche Formulierung mechanisch kopiert hat. Blank schlug [ἕ]ως (ὡς) πρϙ[c]ῆν im Sinne von „als er lebte" vor, während ich mit der ersten Person im Sinne von „als ich dort anwesend war" liebäugele.[807] Vielleicht ist der Gebrauch des Kompositums hier etwas umgangssprachlich („als ich dabei/in der Gegend war"). Angesichts der vielen Selbstbezüge in dieser und der folgenden Kolumne stellt der Subjektwechsel kein Problem dar (vgl. ο[ἶ]μαι in Z. 4). Ich hatte einst erwogen, ob nicht ein *spatium* im Papyrus der Parenthese bzw. dem Nebensatz ὡς πρϙ[c]ῆν voranging,[808] aber für ein solches *spatium* ohne *paragraphos* finden sich keine Parallelen und es wäre innerhalb einer solchen Partizipialkonstruktion unerwartet. Für die Relevanz der Lesung hinsichtlich Philodems Aufenthalt in Sizilien siehe Einordnung Kol. 34,6–19. Das Verb διατρίβω geht hier über ein bloßes Aufhalten hinaus und ist philosophisch konnotiert. Im Kontext ist die Aussage eigentlich nur sinnig, wenn Menekrates auch in Sizilien lehrte.

---

806 Habicht (1988b), S. 216: „… die alle Makedonen mit dem Namen Iolaos waren, den man nur als eine Variante zu Iollas, nicht als einen anderen Namen ansieht." Ebenso Pape (1911).

807 In diesem Sinne etwa wird das Wort in Phld. de lib. dic. 30,8 genutzt. Bei einer Person nutzt es Ael. Arist. HL 4,334: προσρηθῆναι μὲν ἔδοξα ὡς ἐν Cμύρνῃ ὑπό τινος καὶ μάλα cυγχαίροντος, Θεόδωρε χαῖρε· καὶ Ἀσιάρχης, οἶμαι, προcῆν· δέξαcθαι δὲ οὕτω τὴν πρόcρηcιν, ὡς ἄρα πᾶν τοὐμὸν εἴη τοῦ θεοῦ δωρεά. Büchelers bzw. Mettes περιῆν ist unmöglich.

808 Fleischer (2017a), S. 79. Essler gab zu bedenken, dass als Konjunktion ὡς eher zu erwarten sei, aber [ἕ]ως ist ebenfalls gangbar.

34,11–13 Auch der später genannte Akademiker Heraklit kam wie Mnaseas aus Tyros. Die bisherigen Vorschläge für den Philosophen aus Akragas Δ]ῶ[ρος und Π]ῶ[λ]ος sind nur schwerlich mit den Spuren vereinbar.[809]

34,13–14 Das Fehlen der Ethnika könnte auf Prominenz des Aischines hindeuten, so dass insbesondere der Akademiker Aischines von Neapolis in Frage kommt. Aischines könnte zwischen 160 und 150 geboren sein.[810] Melanthios mag dann um 120 geboren sein und Philio um 100 gehört haben. Als Liebhaber und einzig bekannter Schüler des Melanthios von Rhodos könnte Aischines den Sohn nach seinem Lehrer benannt haben.[811]

34,14–16 Die Zeilen wurden substantiell neu rekonstruiert. Der Name des Heraklit dürfte im Genitiv erschienen sein, da μετασχὼν eine unerklärliche Redundanz zu ἦσαν δ᾽ αὐτοῦ μαθ[η]ταὶ darstellen würde und die Spuren überdies auf υ hindeuten. Ferner wurde Heraklit schon in Kol. 25,34–36 erwähnt. Im Kontext muss mit Heraklit der bekannte Akademiker aus Tyros gemeint sein – ein Astronom dieses Namens aus jener Zeit ist nicht bekannt. Blank ergänzte ἀς[τρ]ολογήςας.[812] Lysimachos gab sich vor der Zeit mit Philio also astronomischen Studien hin, nicht „Astrologie" im heutigen Sinne. Vielleicht hat der anderweitig unbekannte Lysimachos sowohl die Studien bei Heraklit als auch Astronomie in Alexandria betrieben. Das fehlende Ethnikon könnte implizieren, dass Lysimachos Athener (oder Alexandriner) war. Für Lehraktivitäten Heraklits in Alexandria könnte sprechen, dass ja bereits Philio in Athen aktiv war. Auch ἀςτρολογέω passt tendenziell besser zu Alexandria als Athen.[813]

34,17–19 Die beiden Zeilen wurden erstmalig rekonstruiert und zeigen, dass die Liste mit einem ansonsten unbekannten Pausanias in Z. 19 endet. Vermutlich befand sich zu Beginn von Z. 19 eine *paragraphos*. Auch die Liste des Kleitomachos (Kol. 25,34–36) und des Aischines (? – Kol. 35,36–37) schließen mit einem solchen Relativsatz, der mit ὃς (οἳ) καὶ beginnt und auf διήκους- endet.[814] Mit αὐτ[ο]ῦ wird betont, dass ein Schüler einen zuvor genannten „Mitschüler"

---

809   Δ]ῶ[ρος: Bücheler (1869), S.20. Π]ῶ[λ]ος: Mekler (1902), S. 109. Auch der Vorschlag C]ω-ς[ί]ας eines anonymen Gutachters (Fleischer (2017a), S. 80) erscheint mir aufgrund der später gemachten HSI nicht mehr sehr wahrscheinlich.

810   Vgl. Einordnung Kol. 35,22–37.

811   Vielleicht liegt auch nur eine zufällige Namensgleichheit vor (etwas über 100 Einträge für Melanthios in LPGN, etwas über 200 für Aischines).

812   Mettes Vorschlag φιλ]ολογή[ςας ist unmöglich.

813   Für weitere Gedanken siehe Fleischer (2017a), S. 80–82.

814   Vielleicht bis wahrscheinlich fand sich zu Beginn von Z. 19 eine *paragraphos*.

hörte. Offenbar war Lysimachos ein älterer, früher Schüler des Philio, Pausanias ein jüngerer. Lysimachos könnte in Athen (oder Alexandria) akademische Philosophie gelehrt haben, aber vielleicht unterrichtete er auch zunächst Astronomie und hörte erst später zusammen mit Pausanias Philio.

34,19–22 Erstmals konnte der Name des Antiochos gelesen werden, vor dem ein finites Verb zu vermuten ist.[815] Vielleicht war irgendwo wie in Kol. 25,33–34 das Ethnikon angegeben. Es scheint, dass Antiochos kein Glied der Philio-Schülerliste mehr war und die Erwähnung seiner Schülerschaft bei Philio fließend in seine Vita überging.

34,23–25 Mnesarch war nach Cic. Luc. 69 in den 90er Jahren wie Dardanos eine führende Persönlichkeit der Stoa in Athen (*principes Stoicorum*) und lebte wohl zwischen 170 und 80.[816] Das Partizip πα[ρ]αβαλὼν ist temporal-kausal zu verstehen. Anders als in Kol. 34,4–5 meint es wie in Kol. 24,15–16 „Schüler sein".[817] Die Sequenz Μνη‖[ϲ]ά̣[ρχ]ωι δ̣[ὲ] τῷ̣[ι Ϲτω]ϊκῶι erscheint fast identisch in Kol. 33,14–15.[818] Die Formulierung bzw. die gesamte Passage hat eine gewisse Parallele in Eus. PE 14,9,3: Μνηϲάρχῳ γοῦν τῷ Ϲτωϊκῷ ϲχολάϲαϲ ἐναντία Φίλωνι τῷ καθηγητῇ ἐφρόνηϲε μυρία τε ξένα προϲῆψε τῇ Ἀκαδημίᾳ .... Vermutlich hörte Antiochos Mnesarch nicht parallel zu Philio. Da er Philio laut Cic. Luc. 69 länger als alle anderen hörte, kann Antiochos Mnesarchs Unterricht kaum vor Anfang/Mitte der 90er Jahre besucht haben.

---

815   Die Buchstaben ο̣χ und δ̣ sind relativ sicher und führen auf den hier erwartbaren Namen.

816   Vermutlich brach Antiochos schon in den 90er Jahren mit Philio, als Mnesarch und Dardanos bekannte Stoiker waren (Cic. Luc. 69), so Barnes (1989a), S. 68–70. Zur Diskussion des Zeitpunkts siehe Hatzimichali (2012), S. 14. Polito (2012), S. 33 f. argumentiert, dass der Bruch erst im Zuge der *Römischen Bücher* in Alexandria vollzogen war. Für Mnesarch siehe Steinmetz (1994), S. 661 f.; Goulet (2005). Dorandi (1999), S. 41 schlägt für Mnesarch aufgrund von Kompatibilität mit Diogenes von Seleukia 160–80 als Lebensdaten vor.

817   Das Verb erscheint in diesem Sinne allein 11-mal bei Diogenes Laertius (immer Aorist): 2,126: Ἀγχιπύλῳ καὶ Μόϲχῳ τοῖϲ ἀπὸ Φαίδωνοϲ παρέβαλον 4,28: παρέβαλε δὲ Κράντορι τοῦτον τὸν τρόπον 5,9: παραβαλεῖν δὲ Πλάτωνι καὶ διατρῖψαι παρ' αὐτῷ εἴκοϲιν ἔτη 5,86: Ἀθήνηϲι δὲ παρέβαλε πρῶτον μὲν Ϲπευϲίππῳ 6,2: ὕϲτερον δὲ παρέβαλε Ϲωκράτει 6,21: γενόμενοϲ δὲ Ἀθήνηϲιν Ἀντιϲθένει παρέβαλε 7,2: τῷ οὖν Κράτητι παρέβαλε τοῦτον τὸν τρόπον 7,31: καὶ οὕτωϲ ἐλθόντα εἰϲ Ἀθήναϲ Κράτητι παραβαλεῖν 7,162: παραβαλὼν δὲ Πολέμωνι 7,168: καὶ Ζήνωνι παραβαλὼν ἐφιλοϲόφηϲε γενναιότατα 9,34: ὕϲτερον δὲ Λευκίππῳ παρέβαλε καὶ Ἀναξαγόρᾳ κατά τιναϲ.

818   Mit der zweimaligen Bezeichnung „der Stoiker" soll Mnesarch wohl weniger von einer homonymen Person unterschieden werden als vielmehr der ungewöhnliche Umstand ausgedrückt werden, dass Akademiker einen Stoiker hörten.

34,26–36 Der Aufenthalt des Antiochos in Alexandria war vermutlich nicht erwähnt. Vielleicht wurde oberflächlich auf Antiochos' philosophische Innovation eingegangen und der in Kol. 35,15–16 begegnende Terminus „Alte Akademie" aufgeworfen. Ferner könnte man über den Eigennamen „Philio" nachdenken. Vielleicht wurde auch das Ptolemaion als Lehrstätte des Antiochos genannt.

34,36–41 Puglias διεγ[έ]γετο stand vielleicht vor ὃ[ὲ κ]αὶ, was einen neuen Abschnitt in der Antiochos-Vita einleiten könnte. Abgesehen vom Partizip wurde τὸ πλεῖcτ[ον] τοῦ βί[ου] πρεcβεύων Ἀ[θή]νηθεν von Puglia komplett neugelesen. Bei τὸ πλεῖcτ[ον] τοῦ βί[ου] könnte eine leichte Übertreibung vorliegen, aber der Ausdruck passt gut zu διεγ[έ]γετο und zum Partizip in Kol. 35,6.[819] Vermutlich war Antiochos etwa seit Gründung der „Alten Akademie" für Athen politisch-diplomatisch tätig. Bei der Bewunderung der Senatsaristokratie für griechische Philosophie war Antiochos aus athenischer Sicht als Gesandter eine geschickte Wahl. Der Lokativ geht gut mit den Präpositionen zusammen. Vor Ῥώμη[ν ist ebenfalls kein Artikel in Kol. 22,33 gesetzt. Bei Rom ist natürlich an den Senat gedacht, während wichtige römische Beamte und Feldherren natürlich auch in den Provinzen oder auf Feldzügen anzutreffen waren. Das Nomen cτρατηγ[ού]c dürfte vornehmlich dem lateinischen *imperator* entsprechen. Da jedoch ἐπαρχία dem lateinischen *provincia* gleichzusetzen ist,[820] könnten damit auch (teils natürlich als Feldherren tätige) hohe Beamte (Prokonsuln und Proprätoren) gemeint sein, besonders solche von Provinzen, die im Umfeld Athens lagen.

34,41–44 Λευκ[ό]λλωι ist die korrekte griechische Transkription. Es ist der einzige römische Name im Papyrus. Das Gentilnomen fehlt auch bei Plutarch. Lucullus zog sich nach der Schlacht von Tigranocerta im 3. Mithridatischen Krieg vorübergehend nach Mesopotamien zurück.[821] Die Zeilen sind im Einklang mit den Aussagen in Ciceros *Lucullus*. Der Ausdruck τ[ὸ] πέραc findet sich öfters bei Philodem im adverbialen Sinn („schließlich/am Ende").[822] Das Verb

---

819 Vgl. Puglia (2000), S. 22.

820 Die Schreibung mit ε, von Blank erkannt, ist wohl kein echter Iotazismus, sondern eine Variante. Sie findet sich auf vielen Inschriften, von denen mehrere auf das 1. Jh. v. Chr. datieren, und auch im Neuen Testament.

821 Zu Lucullus siehe etwa Keaveney (1992).

822 Siehe Blank (2007), S. 90 Fn. 15 mit Verweis auf Phld. de ira 27,37; rhet. IV 24,17; de morte IV 109,4. Blank sieht in der Formulierung eine Kulmination: Die diplomatischen Aktivitäten trugen schließlich zum Tod des Antiochos bei.

(und Stamm) προσκαρτερέω nutzt Philodem mehrere Male in seinen Werken.[823] Mit Personen verbunden („jmd. treu sein") erscheint das Wort besonders im Hellenismus und Neuen Testament.

34,44–35,2 Die Neulesung der Zeilen ist das Verdienst Blanks (2007). Mit ἠγα|πημέ[ν]ος ist eine innige Wertschätzung oder Bewunderung ausgedrückt.[824] Offenbar hatte Antiochos eine angenehme Aura, weshalb ihn viele (πολλῶν) schätzten. Die Krasis ist nicht unerwartet. Der Wechsel vom Singular zum Plural des Personalpronomens geschieht wohl aus Gründen der Klarheit und des Stils.[825] Das αὐτὸς betont „seinerseits" bzw. die Erwiderung von Philodems Wertschätzung durch Antiochos und sorgt auch in Anbetracht des Wechsels vom Passiv zum Medium für Klarheit. Das Verb in Kol. 35,1–2 findet sich in dieser Bedeutung auch in Phld. Ind. Stoic. 69,5 (Apparat) und beschreibt eine Art freundschaftlich-respektvollen Umgang. Antiochos scheint Atticus fast vom Epikureismus zur Akademie gezogen zu haben, aber ansonsten ist kein Kontakt zu Epikureern belegt.[826] Vielleicht hörte Philodem Antiochos sogar für eine gewisse Zeit – in Athen oder bereits zuvor in Alexandria.

35,2–5 Die Junktur διατριβὴν διεδέξατο erscheint auch in Kol. 6,29–30. Am Ende von Kol. 34,3 ist (vielleicht wegen des Zeilensprungs) *scriptio plena* zu konstatieren. Da Aristos Schüler seines Bruders Antiochos war und diesen um rund 22 Jahre überlebte, dürfte er etwas jünger gewesen sein. Wahrscheinlich stammte auch er aus Askalon.

35,5–10 Das Partizip ἀσχολούμενος hat eine Manifestation in Kol. 34,36 ff. Bei καὶ ςυνήθεις ἡ|μῶν ist Kratippos offenbar eingeschlossen.[827] Mit καὶ δὴ καὶ ist ausgedrückt, dass die folgenden Schüler als die prominentesten galten. Es sind Schüler des Antiochos, nicht des Aristos, wie Puglia (2000) erkannt hat.[828]

---

823 Vgl. Vooys/ van Krevelen (1941), ad verbum.

824 Siehe Blank (2007) für frühere, unmögliche Rekonstruktionsversuche der Passage. Der Charme oder angenehme Charakter des Antiochos hat auch einen Widerhall in anderen Stellen, vgl. Görler (1994), S. 965.

825 Es ist unwahrscheinlich, dass mit dem Plural eine Wertschätzung für Epikureer allgemein ausgedrückt ist, da Philodem in Kol. 34 und 35 mit dem Plural immer nur sich selbst meint.

826 Cic. leg. 1,54: {ATTICVS} Ergo adsentiris Antiocho familiari meo (magistro enim non audeo dicere), quocum uixi et qui me ex nostris paene conuellit hortulis, deduxitque in Academiam perpauculis passibus.

827 Auch gegen Ende des *Index Stoicorum* nennt Philodem einen gewissen Apollonios seinen Freund (Phld. Ind. Stoic. 78,2–3: Ἀπολλώνιος Πτο|λεμαιεὺς φίλος ἡμῶν).

828 Puglia (2000), S. 24.

35,10–15 Das μὲν erfährt nun eine Bestätigung durch δέ in Z. 16. Vielleicht war
in Z. 12 ein Temporalsatz eingefügt. Leider erlauben die Spuren keine eindeutige Rekonstruktion, wobei das Partizip von διακούω wahrscheinlicher als die
finite Verbform ist. Puglia (1998b) hat ζῆλον erkannt und vermutet, dass die
beiden durch den Unterricht bei Xenarch zu Peripatetikern wurden, aber die
Spuren sind kümmerlich und es bestehen auch chronologische Unwägbarkeiten.[829] Für ζῆλον mit ἔχω im „akademischen Kontext" siehe Plut. Luc. 42,3 (ἴδιον
δὲ τῆς Ἀκαδημείας ἐξ ἀρχῆς ἔρωτα καὶ ζῆλον ἔσχεν). Vielleicht war ein etwaiger
Infinitiv substantiviert. Es bleibt unklar, für wen (Antiochos?) oder für was
die beiden zunächst oder später Bewunderung hatten. Der Abfall dürfte schon
(deutlich?) vor dem Tod des Antiochos erfolgt sein, da Ariston und Kratippos abgesehen von Cic. Luc. 12 nur als Peripatetiker in der Literatur erwähnt
sind.[830] Ihre Konversion könnte in Folge des Auftauchens und der Publikation
aristotelischer Schriften zu Beginn des 1. Jh. v. Chr. erfolgt sein.[831]

35,15–16 Die alte Lesung von Bücheler bis Puglia (2000) ἀ[ποστα]τήςα[ντες τῆς]
Ἀ|καδημείας ließ offen, ob nicht auch Dion die Alte Akademie verlassen hatte.
Erst Blank (2007) erkannte korrekt: Δ[ί]ων δὲ τῆς ἀρχαία[ς] Ἀ|καδημείας. Auch
die wenigen anderen Testimonien zu Dion geben keinerlei Anlass anzunehmen, dass Dion der Alten Akademie jemals abtrünnig wurde.[832] Ferner dürften der Umstand, dass er 57 v. Chr. einer Gesandtschaft Alexandrias vorstand,
ebenso wie Z. 16 ff. implizieren, dass Dion in Alexandria lehrte und als etwaiger Leiter einer Art Zweigschule der Alten Akademie eine gewisse Prominenz
hatte und die Alte Akademie in Alexandria keine Randerscheinung war. In Cic.
Cael. 25 lesen wir: ... *Titus Gaiusque Coponii qui ex omnibus maxime Dionis
mortem doluerunt, qui cum doctrinae studio atque humanitatis tum etiam hos-
pitio Dionis tenebantur. Habitabat apud Titum, ut audistis, Dio, erat ei cognitus
Alexandriae.* Der letzte Satz bedeutet am ehesten, dass Titus in Alexandria an
Dions Unterricht teilnahm.[833] Vermutlich ist in Z. 16 ein Verb/Prädikatsnomen

---

829 Vgl. Blank (2007), S. 92 Fn. 24. Er überlegt, ob Antiochos die beiden nicht selbst zu peri-
      patetischen Studien ermunterte.

830 Vgl. Görler (1994), S. 968 f. Unwahrscheinlich ist, dass die beiden als Peripatetiker Antio-
      chos hörten und niemals „Alt-Akademiker" waren.

831 Hatzimichali (2011), S. 46 und Hatzimichali (2012), S. 377.

832 Athen. I 34b: Δίων ὁ ἐξ Ἀκαδημίας; Strabo 17,1,11: τούτων δ᾽ ἦν καὶ Δίων ὁ Ἀκαδημαϊκὸς ἀρχι-
      πρεσβευτὴς γεγονώς. Stob. 3,9: Δίωνι τῷ Ἀκαδημιακῷ; Cic. Cael. 23;24;51 (in Plut. quaest. conv.
      612d–e und Ps.-Plut. de prov. Alex. 29 wird Dion ohne Verweis auf die Akademie erwähnt).

833 Anders als über seinen Bruder Gaius Coponius ist über Titus Coponius außer einer beläu-

im Sinne von „Anhänger sein/bleiben" ausgefallen[834] – unwahrscheinlicher ist, dass es in Z. 20–22 stand. Diese Stelle ist unser frühestes Zeugnis für den Terminus „Alte Akademie", welcher aber ganz offenbar schon mit dem Abfall des Antiochos aufkam.

35,16–22 Das ἀφ᾽ οὗ bezieht sich am ehesten auf das Verb und meint „von dem" (nicht: „über den").[835] Entfernter könnte es sich auf einen Infinitiv Passiv beziehen („von dem auch viele Stoiker, wie ich jüngst höre, ... werden"). Das καὶ in dieser Position bedeutet wahrscheinlich „auch"[836] und könnte – je nach Rekonstruktion der Periode – den ungewöhnlichen Umstand betonen, dass Stoiker zum Unterricht bei einem Akademiker kommen. Am Ende von Z. 15–17 ist ein Teil des Papyrus verschoben und muss adjustiert werden. Das Indefinitpronomen unterstreicht vielleicht, dass es keine bekannten Stoiker sind oder Philodem nicht weiß, welche Stoiker genau nach Alexandria gehen.[837] In Z. 17 habe ich erstmals ϲτω[ϊ]κ̣ᵉο᷉ὺϲ ergänzt.[838] Am Ende der Zeile ist ου zu lesen. Durch notwendige „Einrückung" des Papyrus erhält man im Vorangehenden ein α und Teile einer etwas gebogenen Vertikale. Folglich ist die Lesung und Trennung ἀ̣κού|ω νεώτ̣α̣τ᾽ möglich und lexikalisch beinahe alternativlos, womit man einen weiteren Selbstbezug erhält.[839] Der Name der Stadt, bereits zögernd von Mekler erwogen, ist durch den Kontext, also Dion von Alexandria, gedeckt, wobei nicht völlig ausgeschlossen ist, dass anstatt des wahrscheinlicheren εἰ⌐ϲ⌐ die Präposition ἐ⌐ξ⌐ zu ergänzen ist. Das Adverb νεώτ̣α̣τ᾽ fügt sich gut zum Präsens[840] und unterstreicht die Aktualität der Information.[841] Im Verlorenen von

---

figen Erwähnung in Cic. Balb. 53 nichts bekannt. Zuvor wohnte Dion bei L. Lucceius, vgl. Münzer (1900) und Münzer (1927).

834 Vgl. Blank (2007), S. 92 Fn. 25. Vermutlich schwebt aber ἐγένετο vor (Ellipse).

835 LSJ (ἀκούω 1c): „In prose the pers. from whom thing is heard freq. takes prep., ἀ. τι ἀπό, ἐκ, παρά, πρός τινος ...." Alternativ könnte man eine kausale Bedeutung (LSJ – ἀπό III 3) oder eine temporale („seitdem" – LSJ ἀπό III 6) annehmen, aber diese passen weniger gut in die Struktur der Periode, vgl. Fleischer (2016b), S. 465,468.

836 Da καὶ πολλοί auch „überaus viele" bedeuten kann, wäre dieser verstärkende Gebrauch vielleicht auch hier zu erwägen.

837 Die Junktur πολλοί τινες findet sich ebenfalls in Kol. 35,39.

838 Auf Höhe des κ gehören einige Spuren zu einem *Sottoposto*. Die Spuren vor ουϲ sind kaum mit der bisherigen Ergänzung πρώτουϲ kompatibel.

839 Vgl. Fleischer (2016b), S. 463,466. Der rechte Fuß des α ist wie bei etlichen anderen α im Papyrus recht kurz.

840 LSJ (νέος III): „neut. νέον as adv. of time, lately, just, now, ... in prose νεωστί (q. v.): rarely, comp. adv. νεωτέρως, Pl. lg. 907c: Sup. νεώτατα most recently Th.1,7; ...."

841 Sollte man den Superlativ auf den Infinitiv des AcI beziehen, ändert dies nicht viel am Sinn.

Z. 19–22 stand wohl ein *verbum movendi* und man könnte das Folgende *exempli gratia* etwa so rekonstruieren: „... und besuchten dort mit Eifer den Unterricht bei Dion."

35,22–24 In Z. 22 ist ἄλλους [ᵀ.] ᾳ̣ὐτὸ̣ς möglich, was wohl eine *paragraphos* am verlorenen Beginn der Zeile nach sich zöge.[842] Jedoch ist ᾳ̣ὐτὸ̣ς syntaktisch problematisch. Vielleicht ist die Formulierung ᾳ̣ὐτὸ̣ς δὲ Μ̣[ε]||λᾳ[νθ]ίου eine Verkürzung für „er selbst war Schüler des Melanthios".[843] Trotz des δὲ ist nicht ausgeschlossen, dass schon in den vorangehenden Zeilen zu dieser neuen Sektion übergeleitet wurde. Das ο vor cδε ist fast sicher, aber alternativ eine Korrektur mit supralinearer Ergänzung (oder auch nur Ergänzung ohne Korrektur) denkbar. Mit oc haben wir die Wahl zwischen einem zu Melanthios gehörenden Genitiv Sg. (Partizip – *genitivus absolutus*) oder einem Nominativ Sg., der zu Aischines gehört. Die Buchstabenkombination α ͺ λο zu Beginn von Z. 22 lässt es eher unwahrscheinlich erscheinen, dass diese Buchstaben noch zu dem auf -ọc endenden Wort gehören. Vom Eigennamen des Aischines finden sich kaum Spuren, aber er dürfte in Z. 23–24 hinter dem Ethnikon zu ergänzen sein. In Z. 24 ist das Partizip von ἔχειν wahrscheinlicher als der Infinitiv, wobei eher mit einem Nominativ als einem zu Melanthios gehörenden Genitiv zu rechnen ist.[844] Ein etwaiges ἔχῳν in Z. 24 könnte schon das „Haben" von eigenen Schülern bezeichnen, wobei ein finites Verb im Folgenden dann implizieren dürfte, dass der Akkusativ in Z. 36 nicht von diesem ἔχῳν abhängt.[845] Lehraktivitäten des Melanthios sind nun auch durch Kol. 31,24–25 bestätigt. Aischines wurde zuvor offenbar noch nicht „selbstständig" erwähnt, wie die Nennung des Ethnikons nahelegt. Desungeachtet ist er womöglich in Kol. 34,14 gemeint. Die unerwartete Position des Ethnikons vor dem Eigennamen Aischines erklärt sich wohl damit, dass der Name „Melanthios" direkt neben „Aischines" wie ein Vatername gewirkt hätte[846] und ferner Μελανθίου Αἰσχίνης Νεοπολίτης Hiat gemacht hätte. Das Ethnikon ist auch in Kol. 20,34 mit ο geschrieben, während

---

842 Das „supralineare α" ist ein *Sottoposto*, welches zwei Buchstaben vor das λο zu verschieben ist. Vor dem δε ist eher oc als εc zu lesen.

843 Es wäre Ellipse von μαθητὴς ὢν oder ähnlich anzunehmen. Der fehlende Artikel trotz vorheriger Nennung des Melanthios sollte uns nicht stören, da auch einige Zeilen später (Kol. 35,37) Charmadas trotz vorheriger Erwähnung ohne Artikel angeführt wird.

844 Vgl. Kol. 13,44;17,39;(30,10).

845 Das Partizip könnte auch eine Charaktereigenschaft oder das „Haben einer Schule" bezeichnen. Selbst ein Genitivpartizip mit Bezug auf Melanthios ist dcnkbar.

846 In Kol. 6,12 findet sich offenbar das Ethnikon vor dem Namen, ebenso in Kol. 36,10. Jedoch steht dort anders als hier jeweils der Artikel.

es Diogenes Laertius bei der Erwähnung des Aischines mit α schreibt.[847] Neben Aischines kam auch ein Schüler des Philio aus *Magna Graecia* (Kol. 34,12–13 – Akragas).

35,25–32 Womöglich erstreckte sich die Periode über mehrere Zeilen, was bei einer Aufzählung von Schülern mit ergänzenden Informationen (Partizipialkonstruktionen oder Relativsätze) nicht abwegig ist. Auch Z. 5 bis 20 repräsentieren offenbar eine einzige Periode. Vermutlich gehören die ersten Zeilen noch zur Zusatzangabe zu Aischines, bevor Eigennamen folgen. Der Akkusativ in Z. 35 zeigt, dass wohl eine Art „syntaktischer Wechsel" vorgenommen wurde.

35,33–37 In Z. 33 ist es verlockend, θιο zum Namen des Melanthios zu ergänzen. Vielleicht hörte ein Schüler des Aischines auch diesen, wenn er hier nicht als Lehrer der Folgenden angeführt ist. Metrodor von Pitane ist anderweitig unbekannt. Für Metrodor von Stratonikeia siehe Kol. 23,15–16;24,9 ff.;26,4 ff.; 36,8–14. Sein Ethnikon wird hier bereits zum vierten Mal genannt, weshalb klar ist, wer gemeint ist bzw. dass der im Vorangehenden genannte Eigenname „Metrodor" zu ergänzen ist. Auch zwei andere Schülerlisten schließen mit einem Relativsatz der Form ὅς καὶ + Gen. + διηκούς-, nämlich die des Kleitomachos und des Philio (Kol. 25,35–36;34,17–18). Zu Beginn von Z. 37 ist eine *paragraphos* zu ergänzen.

35,37–38 Der äußerst seltene Name Charmadas ist nur 7-mal in LGPN belegt. Auf zwei Inschriften, bei Herodian und in einem Scholion erscheint der Genitiv des Namens (korrekt) auf – α.[848] Der Buchstabe am Ende von Z. 37 ist schwer auszumachen, könnte aber ein ν sein.[849] Puglias' ἐν [Ἀ]ς[ί]αι ist mit Verweis auf Kol. 31,42 attraktiv. Die Wortstellung spricht im ersten Moment zwar nicht

---

847 Beide Formen finden sich etwa gleich häufig auf Inschriften für verschiedene oder auch identische Städte des Namens Neapolis. Laut LSJ ist die Form mit o älter und wurde später durch die Form mit α verdrängt. Selbst wenn die Form mit α für den Stadtnamen gebräuchlich war, könnte sich für das Ethnikon bisweilen eine Art Analogiebildung zu den zahlreichen griechischen Wörtern mit der Vorsilbe νεο- eingeschlichen haben. In der griechischen Literatur dominiert die Schreibung mit α für das Ethnikon; im Lateinischen steht immer *Neapol-*. Auf frühen Münzen aus Neapel (Kampanien) findet sich öfters die Schreibung mit o, siehe Hansen/Nielsen (2004), S. 283–285 (Nr. 64), hier: S. 283.

848 IG XII 660: IC II xvi 19 (?). Hdn. 3,2, S. 651; Schol. Hom. Il. 4,66 Jedoch auf -ου in Deir El-Bahari 139.

849 Vielleicht wird das ν vom langen Mittelbalken des ε berührt. In Fleischer (2015a), S. 51 schienen mir die Spuren kaum damit kompatibel, aber die HSI erlauben die Lesung. Meine dortigen Überlegungen bezüglich einer Tilgung oder ἐκ|εῖ (aus Gründen der Silbentrennung unwahrscheinlich) sind wohl hinfällig.

dafür, dass die Ortsangabe auf das Partizip zu beziehen ist, aber Philodem ist für seine offene Wortstellung bekannt. Zumindest von den Ethnika her zu urteilen, könnten die Wanderphilosophen ebendort tätig gewesen sein. Bei einem Bezug auf Charmadas hätten alle genannten Philosophen ihn nicht in Athen (im Ptolemaion), sondern in Asien gehört.[850]

35,38–40 Philodem stellt partitive Genitive öfters vor das Bezugswort. Glucker legte das Partizip auf Basis alter Lesungen dahingehend aus, dass einige Philosophen unorthodoxen Ansichten nachgegangen wären und Athen verlassen hätten, während Gaiser von Reisen nach Kleinasien spricht (ohne die Lesung des Wortes in Z. 38); Dorandi übersetzt „quelli che viaggiano".[851] Ich verstehe das Verb weniger im Sinne unorthodoxer Ansichten oder Bildungsreisen, sondern als eine Umschreibung wandernder Lehrtätigkeit, wobei der Begriff etwas unscharf ist. Vielleicht bezieht sich die Ortsangabe auch „zeugmatisch" auf Charmadas' Wirkungsort und denjenigen der Philosophen. Die Vergangenheitsform ἔφα|ς[αν] impliziert vermutlich, dass zur Abfassungszeit des *Index Academicorum* alle Genannten schon verstorben waren.[852] Die persönliche Formulierung aus Perspektive der genannten Philosophen ist etwas ungewöhnlich.

35,41–44 In Z. 41 erwartete man eigentlich τε, aber die Spuren deuten auf δὲ hin.[853] Am Ende der Zeile muss unsicher bleiben, ob das Ethnikon korrekt geschrieben, verschrieben oder verbessert wurde. Der Artikel steht vermutlich der Übersicht halber vor dem Ethnikon. Der Ausdruck ἐν ὀνόματι meint im Kontext „berüchtigt sein".[854] Der Name des Mithridates (sc. Mithridates VI.) ist offenbar, wie zu erwarten, mit ι geschrieben.[855] Was sich unter der Litotes οὐκ εὔφημα verbirgt, erfahren wir in Strabo 13,1,66 (siehe Einordnung Kol. 35,37–

850　In der Übersetzung entschied ich mich für einen Bezug auf Charmadas, da in Kol. 31,42–45 explizit sein Ruhm in Asien angesprochen wird.

851　Zur Bedeutung des Partizips siehe Glucker (1978), S. 114; Gaiser (1988), S. 381; Dorandi 1991, S. 199,252.

852　In Fleischer (2015a), S. 51 hatte ich noch ἔφας|[κον] für das Verb ergänzt, aber die HSI und spätere Autopsie ergaben keine deutlichen Spuren am Ende von Z. 40, weshalb das eher zu erwartende ἔφα|ς[αν] vorzuziehen ist. Für πολλοί τι[νες] siehe Z. 16–17.

853　Wahrscheinlich schwebt für δὲ, falls korrekt, eine Ellipse von ἔφη (ἀκουστὴς γεγονέναι) hinter dem ersten Glied der Liste vor.

854　LSJ: „ἐν ὀνόματι εἶναι – to have a name, be notable, Str. 9,1,23" (ebenso etwa Str. 9,5,16; 14,2,19).

855　In Fleischer (2015a), S. 53 hatte ich noch die seit Bücheler von allen Herausgebern gedruckte seltenere Namensform mit α genutzt. Jedoch ist der Papyrus am Anfang von Z. 43 verrutscht und kaum Platz für α vorhanden.

36,14).[856] Das Verb διαπράττομαι erscheint auch in Phld. rh. I, S. 239,10 (Sudhaus) und de morte IV 107,32–33. Das neugelesene δοκῶ[ν] καὶ klärt die Syntax. Mit δοκῶ[ν] wird die Aussage kaum abgemildert oder als Gerücht hingestellt, vielmehr ist es phraseologisch.

35,44–36,1 Die korrekte Trennung des Namens ist Ἀ|π[ο]λλ[ό]δωρος. Die frühere, auf Bücheler zurückgehende Lesung des Ethnikons Τια[ν]ός ist unhaltbar, da zwischen dem α und ς Raum für etwa drei Buchstaben vorhanden ist und der Buchstabe nach dem τ expungiert wurde (wahrscheinlich ρ). Folglich ist Τ⟦⌜ρ⌝⟧αρ[cεὺ]c ⌜ὁ̣⌝ eine wahrscheinliche Transkription.[857] Vielleicht kam der Fehler des Schreibers mit Blick auf das folgende Ethnikon Τραλ⟍λ⁄ιανὸc zustande. Apollodors Beiname dürfte Γρύτων gelautet haben, was immer dies bedeuten mag.[858] Ich hatte früher auch Τρίτων mit anderer stratigraphischer Deutung erwogen, aber ein υ scheint doch wahrscheinlicher.[859]

36,2–5 Heliodor von Mallos ist anderweitig unbekannt. Es ist auffällig, dass bei Μαλ⟍λ⁄ώτης und Τραλ⟍λ⁄ιανὸc jeweils ein λ zunächst vergessen wurde. Vielleicht sind diese Fehler aufs Diktat zurückzuführen.[860] Ich hatte in Fleischer (2014a) erstmals die korrekte Lesung des Ethnikons Τραλ⟍λ⁄ιανὸc anstelle des früheren Τραχιανὸc besprochen, welches zu keiner uns bekannten Stadt passte.[861] Die HSI legen nahe, dass das Partizip ἡ⌜ρ̣⌝μοϲμένος lautet.[862] Hier

---

856 Zur Übersetzung Burkert (1993), S. 91: „... zur Zeit des Mithradates tat, worüber man, meine ich, nicht gut sprechen kann."

857 Es lebten ein homonymer Tragiker und ein Dramenkommentator, die aber weder sicher zu datieren sind noch mit Philosophie assoziiert werden, vgl. Dieterich (1894). Suda α 3406: ⟨Ἀπολλόδορος,⟩ Ταρϲεὺς, τραγικός, δράματα αὐτοῦ Ἀκανθοπλὴξ, Τεκνοκτόνος, Ἕλληνες, Θυέϲτης, Ἱκέτιδες, Ὀδυϲϲεύς. Wentzel (1894). Schol. Aristoph. ran. 320 und Schol. Eur. Med. 148; 169.

858 Vielleicht etymologisch mit γρύτη („Schmuckkästchen") zu verbinden, aber solche Spitznamen sind ohne weitere Informationen zur Person schwierig zu deuten.

859 Fleischer (2015a), S. 52.

860 In Kol. M,17 und Kol. O,27 ist das Ethnikon offenbar korrekt geschrieben, für Tralleis finden sich keine Belege, vgl. Fleischer (2014b), S. 478 Fn. 12.

861 Brittain (2001), S. 317 sprach von „Phanostratos of Trachinia". Bücheler (1869) vermerkte bereits im Apparat: „Ταρχιανὸc ex Siciliae oppido? An emendandum Τραλλιανὸc?" Eine echte Emendation durch den Herausgeber ist aber unnötig, wie sich nun zeigte.

862 In Fleischer (2014b), S. 479 hatte ich noch das Medium ἠχο[υ]cμένος erwogen, was sprachlich problematisch war und durch die HSI und erneute Autopsie nahezu ausgeschlossen ist. Das Partizip ἡρμ[ο]cμένος ist zwar nicht direkt für Redner belegt (vgl. Fleischer (2014b), S. 478 Fn. 16) wird aber bisweilen mit εὖ oder πρός verbunden und für Personen genutzt (Plut. de recta rat. aud. 43b; medial etwa: „sich anpassen/passend machen"), siehe Fleischer (2015a), S. 52 Fn. 25.

dürfte es wohl „veranlagt" meinen, wenngleich der Gebrauch ungewöhnlich ist. Mit ψυχαγωγία ist die Seelenführung im Sinne von rhetorischer Überzeugung gemeint.[863] Phanostratos hatte eine angeborene oder erlernte Fähigkeit, Massen zu überzeugen.[864]

36,5–8 Die Syntax wird durch ἐλέγετο δὲ καὶ aufgebrochen, vielleicht um Apollonios von den zuvor Genannten abzugrenzen. Er war offenbar vornehmlich als Schüler des Karneades bekannt und hörte Charmadas nur kurze Zeit.[865] Vielleicht gehörte er nicht zur Gruppe der πλανώμενοι und wirkte in Athen. Am ehesten ist er mit dem Karneades-Schüler Apollonios aus Barke (Kol. 23,46 = 32,42–43) gleichzusetzen.[866] Da Apollonios sowohl Karneades als auch kurze Zeit Charmadas hörte, muss er einer der frühen Schüler des Charmadas gewesen sein. Da sich Karneades 137/36 vom Scholarchat zurückzog und Charmadas erst ab ca. 139 in Asien (für einige Zeit) lehrte, könnte Apollonios Charmadas in Asien gehört haben.

36,8–14 Nun folgt noch eine knappe Liste mit Schülern des Metrodor von Stratonikeia, welcher – so erfahren wir nur hier – mehrere Schüler hatte (μετ' ἄλλων). Ob er (ausschließlich) in der Akademie lehrte, ist nicht gesichert.[867] Metrodor von Kyzikos ist ansonsten unbekannt. Der Artikel in Z. 10 soll wohl die Unterscheidung vom homonymen Lehrer betonen. Vermutlich wurde in Z. 12–14 eine Erläuterung zu Metrodor von Kyzikos gegeben.

36,15 Die vier mitunter teilzerstörten Haken sollten wohl als eine Art Ornament die Vorschau vom eigentlichen Inhalt abgrenzen.[868] Eine weitaus weniger wahrscheinliche Interpretation wäre, dass sie für die Endfassung eine Tilgung oder Transposition anzeigen, d.h., die Vorschau an anderer Stelle im Gesamtwerk erscheinen sollte – vielleicht zu Beginn des nächsten Buches.[869]

---

863 Vgl. insbesondere Plat. Phdr. 261a (siehe LSJ).

864 Für den Ausdruck vgl. Kol. 14,13–15: πρ[ὸ]ˊc πᾶˋϛˊανˋ ὄ|χλˊοˋυ ϛ[υν]αγωγὴν ˊηˊ[.(.)].ˊcˊ|μένο[c. Schon Bücheler (1869), S. 21 erkannte die Grundaussage der Zeilen: „Noli de divinatione cogitare, iucundissimus et cultissimus significatur orator."

865 Für das Verb μετεϲχηκέναι siehe Kol. 34,16.

866 Dorandi (1991), S. 260 erwog, Mekler (1902), S. 113 folgend, ob jener Apollonios der bei Strabo 14,2,26 genannte Redner aus Alabanda ist; Bücheler (1869), S. 21 dachte an Apollonios von Tyros (Strabo 16,2,24).

867 Die Angabe in Cic. de orat. 1,45 grenzt Metrodor etwas von den anderen Akademikern ab, ist aber nicht eindeutig.

868 Die ergänzten Teile sind in der Edition nicht eigens kenntlich gemacht.

869 Bei Erscheinen der Vorschau am Ende eines anderen Buches würde der *Index Megaricorum et Cynicorum* nicht auf den *Index Academicorum* folgen.

In Z. 15 wurde bisher ein α falsch gelesen, was die naheliegende Rekonstruktion δὲ τῷ[ν ἀπ'] verhinderte. Partitive Genitive sind wahrscheinlich, welche Philodem öfters vor das Bezugswort stellt (vgl. Kol. 35,38–39). Sowohl die Haken als auch Spuren in Z. 14 sprechen dafür, dass wirklich nur ποτ[ε] zu ergänzen ist,[870] wobei kaum das Fragepronomen vorschwebt (mit Akzent auf o). Das ποτ[ὲ] δὲ hat wahrscheinlich kein korrespondierendes ποτὲ μὲν in den vorangehenden Zeilen. Vielleicht fand sich am Anfang des *Index Academicorum* oder im ersten Buch der *syntaxis* ein solches ποτὲ μὲν und alle Vorschauen begannen mit ποτ[ὲ] δὲ, aber ein solcher Fernbezug wäre sehr artifiziell. Ein korrespondierendes ποτὲ μὲν ist nicht zwingend, da ποτὲ δὲ gelegentlich auch isoliert gebraucht wird. Hier meint es offenbar einen Zeitpunkt in der Zukunft: „irgendwann einmal/nun einmal ist der Zeitpunkt."[871]

36,16–17 Die weitreichende Falschlesung des Namens „Platon" in Z. 16 geht auf Bücheler (1869) zurück, welcher das λωμος des Disegno zu Πλά]τωνος korrigierte und somit einen unwahrscheinlichen Fehler des *disegnatore* annahm. Dennoch wurde seine Lesung von keinem späteren Herausgeber in Frage gestellt bzw. am Original verifiziert, wo man eindeutig δ liest. Im Vorangehenden stand entweder α oder λ und eine Vertikale. Der Papyrus ist im Original etwas verrutscht. Die Ergänzung ἀ[πὸ Φ]αίδωνος ist unzweifelhaft. In Z. 17 ist das bisherige [ἄλλω]ν [τῶ]ν ἐ[πι] nahezu ausgeschlossen, zumal im Disegno am Ende der Zeile ενο steht, was durch das Original gestützt wird. Letztlich ist ein weiterer Eigenname erforderlich und [ἀ]π' ['Α]ν[τ]ιϲθ‌ϵ'νου[ϲ möglich.[872] Das ἔτι δὲ unterscheidet entweder die Kyniker von den untereinander „wesensverwandten" Megarikern und Eleern oder impliziert einen Fernverweis,[873] also dass die Kyniker erst im übernächsten Buch besprochen wurden. Gegen letztere Deutung könnte man anführen, dass ein komplettes, nur den Megarikern

---

870 Die Ergänzungen οὐδέποτε δὲ oder μηδέποτε δὲ (bzw. ähnlich) sind paläographisch unwahrscheinlich bis unmöglich.

871 Vgl. LSJ: „ποτὲ δὲ ..., without any preceding Part., Thphr.Char.9.7 (dub.) ... ref. to the future, at some time, καί π. τοι ... παρέϲϲεται ... δῶρα Il.1.213, cf. 240, S.OC386, Ant.912, etc."

872 Anders als auf den MSI erkennt man im Original, dass der rechte Teil von Z. 15–19 verzogen und etwas deplatziert ist. Er muss um etwa einen halben Buchstaben nach rechts verschoben werden. Ferner ist die Unterlage des Papyrus wellig und einige Teile müssen „eingedreht" werden. Die Vertikale stammt je nach Annahme von Buchstabengröße und Adjustierung von der rechten oder linken Vertikale eines π. Dahinter ist Raum für α. Vom ν ist der linke Teil erhalten. Für eine genaue Beschreibung siehe Fleischer (2019a), S. 688 Fn. 18 (durch die HSI bestätigt oder präzisiert). Die Lesung ἀ]πὸ [Δ]ιογ'νου[ϲ ist paläographisch eher unwahrscheinlich und philosophiegeschichtlich kaum zu erwarten.

873 Für solche Fernverweise oder Doppelvorschauen siehe D.L. 2,47 und 2,85.

gewidmetes Buch zu großzügig bemessen wäre, aber Philodem erörtert öfters Megariker/Dialektiker in seinen Schriften, besonders Eubulides, und könnte somit vertieftes Interesse an ihnen gehabt haben und mit Leichtigkeit ein Buch gefüllt haben.[874] Vielleicht „sparte" er durch die Behandlung von Platon und der Akademie in einem einzigen Buch das gewonnene Buch für die Megariker/Dialektiker auf.

36,18–20 Mit αἵρεcιc sind wohl die Schulen und philosophischen Strömungen gemeint, welche von den drei genannten Philosophen ihren Ursprung nahmen, während διαδοχαί die offiziellen Sukzessionslinien konnotieren könnte. Gerade hinsichtlich der Megariker/Dialektiker scheint eine Vielzahl von Strömungen bzw. recht autonom agierenden Einzelpersonen zu verzeichnen zu sein, ähnlich bei den Kynikern.[875] Die HSI lassen nun keinen Zweifel mehr daran, dass in Z. 19 cυναπτ.. zu ergänzen ist.[876] Philodem gebraucht das Verb cυνάπτω (das Hyperkompositum) auch am Ende von *De superbia* für die Ankündigung des folgenden Buchs.[877] Vielleicht ist in Z. 20 das Verbaladjektiv und in Z. 21 ein Nominativ im Sinne von „Darstellung/Buch" zu rekonstruieren, von dem die Genitive abhängen. Alternativ könnte man an den Infinitiv und ein Verb des Wollens (und Akkusativ) denken. Ferner könnte noch ein Dativ im Sinne von „diesem Buch" in Z. 20 gestanden haben. Die Position des Hakens spricht eher gegen eine weitere Zeile (Z. 21), aber Tintenspuren könnten noch zu Buchstaben gehören. Auch in den folgenden „Zeilen" sind teils indefinite Tintenspuren zu verzeichnen. Vermutlich gehören sie aber nicht zu einer *subscriptio*. Eine stichometrische Angabe ist eher unwahrscheinlich, da der Papyrus ein Konzeptpapier mit Einklebungen und Ergänzungen (auf beiden Seiten) darstellt, so dass Philodems „Sekretär" für eine solche nicht-kalligraphische Arbeit vermutlich eine Pauschale erhielt bzw. ein „monatliches Fixgehalt". Das untere Drittel der Kolumne ist nicht beschrieben. Es folgt sozusagen ein ἄγραφον mit der Breite von etwa einer Kolumne.

---

874 Longo Auricchio (1985).
875 Das Femininum des Partizips in Z. 18 schließt eine alternative Akzentsetzung in Z. 19 auf διαδοχων trotz der Parallele in Phld. Ind. Stoic. 79,6 wohl aus.
876 In Fleischer (2019a), S. 689 habe ich noch das bisherige cυναγωγή und andere Alternativen erwogen, die aber durch die HSI nun ausgeschlossen sind.
877 Phld. de sup. 24,24–29 (Ranocchia): καὶ τὸν ὑπομνηματι[c]μὸν δὲ τοῦτον αὑτοῦ καταπαύcομεν, ἐπιcυνάψομεν δ᾽ αὐτῶι τὸν περὶ τῶν ἄλλων κακιῶν ὧν ποι[εῖ]cθαι δοκιμάζομεν λόγον.

Verso

Z,1–8 Für die problematische und vielleicht falsche Platzierung der Zeilen-enden von Z. 1–8 siehe Einordnung Kol. Z. Gaiser wollte in Z. 2 ἀπ]ο̣δημ{ε}ίαν ergänzen und so einen Bezug zu Platons Reise herstellen, aber er muss einen Buchstaben tilgen und die Rundung/Vertikale im Disegno scheint überdies zu groß für ein ο.[878] In Z. 3 spricht ἐρ]ωτῆϲαι (ggf. Kompositum) für eine Dia-logsituation, was das abgetrennte Fragment tendenziell mit Dion verbinden könnte. In Z. 4 ist Platons Name gewiss attraktiv und wahrscheinlich, aber auch ein Genitiv auf -άτων denkbar. Der Nebensatz ἐφ᾽ ὃ πάρεϲτι passt eben-falls zu einer Dialogsituation, wobei Dions Involvierung unsicher ist. Zu Beginn von Z. 6 könnten die Buchstaben auf eine Quellenangabe hindeuten, wenn nicht jemand einen Brief verfasste (vgl. etwa Plat. ep. 7 339c ff.). Bisher wur-den erstaunlicherweise gegen das Disegno nur ἀ]πολογίαν (Wilamowitz) und ὁ]μολογίαν (Gaiser/Dorandi) erwogen, aber angesichts von διαλε nach dem Wort und τὸν λόγο[ν in der nächsten Zeile ist das im Disegno stehende φι]λολο-γίαν ohne Änderung vorzuziehen. Das Wort hatte in der Antike nicht die Bedeu-tung von Philologie und ist relativ selten, aber schon früh belegt, etwa in Plat. Tht. 146a („Lust zum Reden/Disputieren") und Isok. Antid. 296 („Liebe zur Bil-dung/Literatur"). Es erscheint auch in Phld. de ira 2,21 und ist in Kol. Z wahr-scheinlich positiv konnotiert.

Z,9–14 In Z. 9–10 könnte vermerkt worden sein, dass Platon sich zu Dion gesellte, als dieser die Olympischen Spiele besuchte. Die Ergänzung θεω]|ροῦντι ist wahrscheinlich. Das Wort wird öfters im Kontext von Festen gebraucht. Das Substantiv πανήγυριϲ wird oft mit einer Form (Adjektiv oder Ortsname) von Olympia verbunden, welche in Z. 10 oder 11 zu erwarten ist. Für den Besuch Platons in Olympia und die Zusammenkunft mit Dion siehe Plat. ep. 7 350b–c (Ἐλθὼν δὲ εἰϲ Πελοπόννηϲον εἰϲ Ὀλυμπίαν, Δίωνα καταλαβὼν θεωροῦντα, ἤγγελ-λον τὰ γεγονότα· ὁ δὲ τὸν Δία ἐπιμαρτυράμενοϲ εὐθὺϲ παρήγγελλεν ἐμοὶ καὶ τοῖϲ ἐμοῖϲ οἰκείοιϲ καὶ φίλοιϲ παραϲκευάζεϲθαι τιμωρεῖϲθαι Διονύϲιον, ...) und D.L. 3,25 (FGrH 84 F 22 – für den Text siehe Einordnung Kol. Z). In Z. 12 ist Prächters τοὺ[ϲ φίλουϲ attraktiv (vgl. Plat. ep. 7 350c). In Z. 13 ist vor dem ξ von ἔ]ντευξιν ein kleines *spatium* erkennbar, vielleicht ein Versehen wegen des kleinen Lochs im Papyrus. Der Akkusativ könnte andeuten, dass Platon über sein Treffen mit Dionysios berichtete. In Z. 14 ist Gaisers ὑπὲρ τῆϲ ὀλ]ιγαρ[χίαϲ ebenso ingeniös

---

878	Gaiser (1988), S. 401 verweist für die Verschreibung, die tatsächlich nicht völlig unerklärbar wäre (aber im Papyrus keine Parallele hat), auf Belege in Crönert (1903b), S. 31–34.

wie spekulativ, zumal die Partikel möglich ist und das Substantiv eher negativ behaftet ist.[879] Will man an ein anderes Fest denken, wäre etwa Olymp. in
Gorg. 2 (ἀπῆλθε τοίνυν· καὶ ἀκούσας Διονύσιος ὁ νεώτερος ὅτι παραγίνεται, τὰ εὐαγγέλια θυσίας καὶ πανηγύρεις ἐποίησεν) heranzuziehen (zweite Sizilienreise), aber
die Verbindung mit Dion spricht für Olympia.

Z,14–23 Vielleicht wurden in diesen Zeilen Ausführungen gemacht, die sich
mit Plat. ep. 7 350b–d berühren, wo von Dions Entschluss zum Kampf aufgrund
der Kränkung Platons und seiner selbst sowie der Absage Platons berichtet
wird. In Z. 22 scheint eine Ergänzung von ἀκρα[zum Wortfeld „unbeherrscht"
am wahrscheinlichsten. Dem Disegno nach zu urteilen, war die Kolumne nur
etwa zur Hälfte beschrieben, aber die Lage am Anfang des erhaltenen Papyrus
lässt weitere Zeilen (ggf. bis zum Ende der Kolumne) möglich erscheinen.

Y,1 Sollte das erste ε eine Verschreibung für ς sein, ist ein Eigenname (Quelle)
und später die 3.P.Sg. möglich. Vielleicht ist ἐνθάδ]ε mit der 1.P.Sg. als redaktionelle Angabe im Sinne von „hier/an dieser Stelle" (hinter Kol. 2,4 oder Kol. 2,38)
zu erwägen.[880] Bei einer 1.P.Sg. wäre der Aorist etwas merkwürdig, während das
φη[ς]ί in der nächsten Zeile gegen die 3.P.Sg. spricht. Das Verb παραγράφω hat
hier die Bedeutung „hinzufügen" (wie in Kol. 2,7).[881]

Y,2–4 κα[τε]γενοήτο wurde von Gaiser erkannt, der auf dasselbe Wort in Kol.
1,41 hinweist, was er als Indiz für die Autorschaft Dikaiarchs wertet.[882] Die Formulierung τῶν μαθημάτων ἐπίδοσις πολλή hat eine recht enge Parallele in Procl.
in Eucl. 66,4–6 (μεγίστην ἐποίησεν ἐπίδοσιν τά τε ἄλλα μαθήματα). Gaiser sah in
κατ᾽ ἐκεῖνο[ν] τὸν χρόνον ein Argument für eine Quelle, die Platon selbst nicht
mehr persönlich kannte (Dikaiarch), während Verhasselt ausführt, dass auch
ein Zeitgenosse Platons, der später schrieb, so formuliert hätte.[883]

Y,4–7 Die Bezeichnung Platons als Architekt und Konstrukteur mathematischer Probleme im *Index Academicorum* wurde viel rezipiert und diskutiert.[884]

---

879   Gaiser (1988), S. 404. Bei Plut. Dion 12; 53,2 sowie Olymp. in Gorg. 2,98–99 wird das Wort
      „Aristokratie" genutzt.
880   Auch Gaiser und Dorandi gehen von einer 1.P.Sg. aus.
881   Ausführliche Diskussion der Bedeutung bei Verhasselt (2013), S. 20–22 (ähnlich Verhasselt
      (2018), S. 549 f.). Bei der 1.P.Sg. wäre auch „ich habe zitiert" denkbar.
882   Gaiser (1988), S. 77.
883   Gaiser (1988), S. 77; Verhasselt (2013), S. 24.
884   Für Architekten-Metaphern bei Platon und Aristoteles siehe Plat. polit. 259e; Aristot. pol.
      H 1324b23; Aristot. NE A 1094a27; Z 1141b25; H 1152b2. In Plat. rep. 528a–c wird für die

Das Partizip ἀρχιτεκτονοῦντο[ϲ ist womöglich ebenfalls auf προβλήματ[α] zu beziehen und meint dann die Oberaufsicht und Konstruktion der Probleme. Z. 6–7 haben eine Parallele in Procl. in Eucl. 66,6 (διὰ τὴν περὶ αὐτὰ ϲπουδήν). In Z. 6 ist die Rundung im Disegno über dem ersten α wohl kein Teil eines κάτω,[885] sondern ein Versehen des *disegnatore* oder unerklärliche Tinte im Papyrus.

Y,7–10 Nun wird mit τοιγὰρ der Zugewinn in den mathematischen Wissenschaften zur Zeit Platons begründet und ausgeführt.[886] Das Wort μετρο⟦ν⟧ʼλʼογίαν ist ein *hapax legomenon*, dürfte aber kaum eine Verschreibung für μετ⟨εω⟩ρο⟦ν⟧ʼλʼογίαν sein,[887] sondern eine allgemeine Lehre von den Proportionen bezeichnen.[888] Dieses Verständnis wird auch durch Procl. in Eucl. 67,5–6 ((sc. Eudoxos) καὶ ταῖϲ τριϲὶν ἀναλογίαιϲ ἄλλαϲ τρεῖϲ προϲέθηκεν) gestützt, da Eudoxos in Z. 11 genannt ist. Der Raum für Meklers κορυ]φὴν ist etwas eng, aber vielleicht hinreichend.[889] Jedoch scheint bei seiner Ergänzung πρῶτον etwas fehl am Platze, gerade wenn die Quelle nicht lange nach Platon datiert. Für Heibergs γρα]φὴν, welches vielleicht besser zu πρῶτον passt, könnte man Plut. Numa. 22,3; Nicias 23,3; quaest. conv. 686d vergleichen (εἰϲ γραφὴν κατατίθημι), aber der Ausdruck mit ἔρχομαι ist nicht belegt. In Z. 10 habe ich mich für τοὺϲ τ]όμουϲ entschieden, wobei Procl. in Eucl. 67,6–7 (τὰ περὶ τὴν τομὴν ἀρχὴν λαβόντα παρὰ Πλάτωνοϲ εἰϲ πλῆθοϲ (sc. Eudoxos) προήγαγεν) ausschlaggebend war.[890] Da die Schnitte von der im Folgenden genannten Geometrie

---

mathematische Forschung ein ἐπιϲτάτηϲ gefordert; für die Passage siehe auch Simeoni (2003).

885 So Crönert (1903a), S. 379.

886 Gegen das erwartete τοιγαροῦν spricht das τη in der folgenden Zeile. Allerdings wird τοιγὰρ in Prosa fast nicht genutzt, weshalb eine Korrektur am Ende von Z. 7 oder am Beginn von Z. 8 in Betracht kommt, da οὖν[]τη kaum sinnig zu ergänzen ist. Von Arnims ταύ]τη‹ι› [τὰ] ist attraktiv, wobei sich das Demonstrativpronomen dann auf ϲπουδὴ bezöge. Der Raum im Disegno könnte verzogen sein und Puglias ζή]τη[ϲιϲ ist ebenfalls bedenkenswert.

887 Das Wort wurde offenbar im Papyrus korrigiert und wäre im Zuge dieser Korrektur wahrscheinlich auch richtig verbessert worden. Für etwaige Implikationen dieser Lesung siehe Verhasselt (2018), S. 553f.

888 Es wurde auch alternativ eine Deutung als allgemeine mathematische Maßtheorie (Gaiser (1988), S. 152,345,348), Stereometrie (Apelt (1902), S. 1160) und als das Verhältnis von inkommensurablen Größen (Lasserre (1987), S. 612) vorgeschlagen, aber aufgrund der folgenden Erwähnung des Eudoxos, der eine Proportionentheorie entwickelte, ist „Proportionenlehre" die wahrscheinlichste Bedeutung des Wortes, vgl. Verhasselt (2018), S. 551, 553.

889 Die Junktur ist vorstellbar, aber nicht belegt (die von Gaiser (1988), S. 345 genannten Parallelen mit ἐπὶ τὴν (Plat. Crat. 415a; Tim. 76a) sind nicht einschlägig).

890 Normalerweise herrscht im mathematischen Bereich das Femininum τομή vor, aber Archimedes nutzt τόμοϲ.

gesondert sind, könnte bei ihnen auch besonders an Proportionen dreidimensionaler Gebilde gedacht sein. Gaisers ὁρι]ϲμοὺϲ[891] kommt nicht ohne Änderung des Disegno aus und würde eine gewisse Redundanz mit Z. 15 bewirken; auch für das noch eher zu erwartende ἀρι]θμοὺϲ von Arnims wäre das Disegno zu ändern. Allerdings ist das o im Disegno relativ groß, was kleinere Zweifel an seiner Validität erweckt. Anders als bei dem Abstraktum μετρολογία ist der Artikel vor τ]όμουϲ nicht unerwartet.

Y,10–12 Gaiser denkt bei der Formulierung τῶν περὶ Ε[ὔδο]ξον mit Verweis auf LSJ (περί C I 2) vornehmlich an Eudoxos selbst, aber vermutlich sind auch dessen Schüler und akademische Mathematiker gemeint.[892] Einige Beweise des Eudoxos erinnern an Hippokrates von Chios, etwa dass Kreise sich zueinander wie die Quadrate über ihren Durchmessern verhalten. Hippokrates postulierte schon, dass sich Kreissegmente gleicher Form zueinander verhalten wie die Quadrate über ihren Sekanten, was womöglich erst Eudoxos bewies. Auch arbeiteten sowohl Eudoxos als auch Hippokrates am Problem der Würfelverdopplung.[893] Bei Procl. in Eucl. 66,4–6 ist Hippokrates unmittelbar vor der Ära Platons genannt. Für das Verb vgl. etwa Procl. in Eucl. 65,16–17 (Πυθαγόραϲ τὴν περὶ αὐτὴν φιλοϲοφίαν εἰϲ ϲχῆμα παιδείαϲ ἐλευθέρου μετέϲτηϲεν). Das Substantiv ἀρχαϊϲμόϲ ist selten und erscheint meist in grammatikalisch-rhetorischen Kontexten. Hier meint es offenbar die alte mathematische Beweisführung oder Methodik.

Y,12–13 Meklers δὲ καὶ fügt sich gut zur Wiederholung der Junktur πολλὴν ἐπίδοϲιν (Z. 3), wobei die Geometrie von der direkt vorangehenden Proportionenlehre abgesetzt wird.

Y,13–15 ἐγϵνήθ[η] mit nur einem ν anstelle von ἐγένετο findet sich auch in Phld. de gratia (*PHerc.* 1414) 1,9–10, so dass die Annahme einer Form von γεννάω nicht unbedingt nötig ist.[894] Wie in Z. 8 begründet oder spezifiziert γάρ die vorausgehende Angabe. Analysis und Dihorismoi werden auch bei Apollonios von Perge und Pappos verbunden, aber nicht nebeneinandergestellt.[895]

891   Mit Artikel ist der Raum wohl zu knapp, ohne Artikel deutlich zu groß.
892   Gaiser (1988), S. 345.
893   Heath (1921), S. 328; Verhasselt (2018), S. 552f.
894   Gaiser (1988), S. 345 behauptet, dass diese Alternativform erst später auftrete, aber sie findet sich etwa häufiger bei Polybios und Diodorus Siculus (es ist nicht unbedingt vom originalen Wortlaut Dikaiarchs auszugehen).
895   Apoll. Perg. conica 4, prooem. 37–38; Pappos Geom. 7,640 Hultsch.

Das Wort λῆμ⟨μ⟩[α] meint im logischen Kontext eine Prämisse.[896] Die Ergänzung ist paläographisch nicht unproblematisch, aber naheliegend. Laut Proklus bezeichnet das Wort eine Prämisse oder Hilfsannahme, die im Gegensatz zu Axiomen einer Verifikation bedarf (mittels Analysis).[897] Im Mathematiker-Katalog des Proklus wird die Entwicklung der Dihorismoi dem Mathematiker Leon zugeschrieben.[898]

Y,15–19 Mit ὅλω[ϲ] wird zusammengefasst oder generalisiert. Im Folgenden sind die geometrischen Wissenschaften angesprochen, von denen die Optik und Mechanik explizit genannt sind. Sie erscheinen in der Literatur öfters zusammen.[899] Nach Aristoteles repräsentieren beide Disziplinen praktische Anwendungen der Geometrie. Platon stand der (praktischen) Mechanik vermutlich eher ablehnend gegenüber, interessierte sich aber für den Sehvorgang und Spiegelung.[900] Die Mechanik könnte insbesondere mit dem Problem der Würfelverdopplung verbunden sein.[901] In der Akademie beschäftigte sich insbesondere Philipp von Opus mit Optik und verfasste Schriften auf diesem Gebiet. Archytas von Tarent gilt Diogenes Laertius als Begründer der mathematischen Mechanik.[902] Aus methodologischen Gründen steht in meinem Text der Nominativ, aber der Dativ ist gleichermaßen denkbar. Gaiser vermutet Negation eines Wortes mit negativem Sinn („vernachlässigt") in Z. 17 und Nominativ, Mekler die Präposition mit Dativ. White glaubt hingegen, dass die Zeilen besagen, Optik und Mechanik seien nicht in der Akademie studiert worden.[903] Der Akkusativ Femininum in Z. 18–19 könnte noch zu diesem Abschnitt gehören. Vermutlich stand irgendwo in Z. 17 oder Z. 18 ein Verb.

Y,19–34 Sowohl in Z. 20 als auch Z. 33 habe ich mich für das geläufigere Adjektiv χρήϲιμοϲ entschieden.[904] Die Samen-Aufsammler (ϲπερμολόγοι) sind entwe-

---

896 Das Fehlen des μ könnte mit der Existenz des Wortes λῆμα oder dem eher seltenen Gebrauch erklärt werden. Pappus nutzt λῆμμα öfters. Der Singular meint hier wohl die systematische Anwendung von Annahmen.

897 Procl. in Eucl. 211.

898 Procl. in Eucl. 66,18–67,1. Für den Begriff siehe auch Fried (2001), S. 285–287.

899 Etwa Aristot. metaph. N 1078a. Für diverse weitere Stellen siehe Verhasselt (2018), S. 556 Fn. 1691.

900 Plut. quaest. conv. 718e–f; Ps.-Plut. Marcellus 305e. Interesse an Optik in Plat. Tim. 45b–46c.

901 Gaiser (1988), S. 351.

902 Suda φ 418 = Philipp von Opus T1* Lasserre; D.L. 8,83 = Archyt. T a1 Huffman.

903 White (2001), S. 223 f. Verhasselt (2018), S. 557 erachtet diese Interpretation als wenig wahrscheinlich.

904 Für den Raum in Z. 33 vergleiche etwa das schmale χ in Z. 4.

der Krähen und es ist eine Vogelmetapher im engeren Sinne beabsichtigt oder aber es sind „Schmarotzer" (positiver ausgedrückt vielleicht „Rosinen-Picker") gemeint, welche in Platons theoretischer Mathematik die für sie nützlichen Elemente suchten und praktisch verwerteten. In Z. 21 sind das Reflexivpronomen und anschließend ein Aorist wie in Z. 23 und 32 denkbar. Die Ergänzung von φοιτητῶν in Z. 22 ist unsicher. Die Neulesung ἐλε]ῠθέρων wurde durch alternative Linierung ermöglicht und kontrastiert gut mit οἰκότριβες in Z. 34.[905] Gaiser las θερῶν („Ernte") und sah eine Fortsetzung der Krähen-Metapher. In Z. 23 steht entweder das Kompositum oder ein Akkusativ Femininum, welcher auch in Z. 25 wahrscheinlich ist. In Z. 28 ist unsicher, ob das Disegno oder der Schreiber fälschlicherweise o schrieb. Frühere für den Abschnitt vorgeschlagene Ergänzungen sind sehr spekulativ und gehen überdies mit recht willkürlichen Disegno-Änderungen einher, weshalb sie nicht im Apparat angeführt sind.[906] In Z. 32 passt ἀπήρτησαν τῶν ἀναγ[καί]ων eigentlich weder zu den Utilitaristen noch zu dem Folgenden, so dass vielleicht eine Negation oder ein Abstraktum im Vorausgehenden standen. Andernfalls wären die Akademiker gemeint. In Z. 33 ist ein Relativsatz mit [νο]ọ[ῦсι] wahrscheinlich, wobei die Partikel γὰρ paläographisch nicht sicher ist. Da in Hand 2 das δ teils klein geschrieben, oben in der Zeile angesetzt wird und die Horizontale bisweilen über den Rand hinausreicht, ist δικαί|ωc („zu Recht") wahrscheinlich.[907] Offenbar steht hier die Quintessenz des Abschnitts. οἰκότριψ ist der Haussklave und wird bisweilen abwertend gebraucht.

Y,34–36 Am Ende von Z. 34 stand entweder der Artikel mit δὲ (vielleicht etwas zu lang) oder aber καὶ und kein Artikel. Die charakteristischen Buchstaben zu Beginn von Z. 35 legen die Ergänzung γρα]|φικ[ῆι] nahe, womit die Schriftstellerei Platons gemeint ist. Ich habe erstmals das Partizip χρώμενος ergänzt, was gut zu dem Vorherigen passt.[908] In Z. 36 ist als finites Verb [εἶ]πε auf Basis des Disegno meines Erachtens die natürlichste Ergänzung und fügt sich auch zu dem Infinitiv,[909] welcher ein kurzes Wort im Sinne von „adressieren/erreichen" (mit

---

905   Zur Gegenüberstellung von Theorie und Praxis unter dem Aspekt von Freiheit und Sklaverei siehe Plat. Tht. 172c–173c; 175d–e; symp. 215e und Gaiser (1988), S. 354 mit weiteren Beispielen.

906   Siehe FGrH 1400 F 62 für alle bisherigen Vorschläge.

907   Verhasselts ẹἰκαί|ωc würde dem Satz einen anderen Sinn verleihen, wäre aber im Fluss der Periode unerwartet. Für unsere Stelle vgl. insbesondere Plat. Phdr. 258e: ... αἱ περὶ τὸ cῶμα ἡδοναὶ ἔχουcι· διὸ καὶ δικαίως ἀνδραποδώδεις κέκληνται.

908   Die bisherige Emendation δ]υνάμενος erscheint wegen o für α und dem Raum zuvor, der für δ zu eng ist, unwahrscheinlich. Für ein schmales χ siehe Z. 4.

909   Es gibt keine Gründe anzunehmen, dass Dikaiarch den Hiat mied. Daneben ist immer mit

Genitiv) gewesen sein muss. Eine Selbstaussage Platons lässt die Frage nach Dikaiarchs Quelle aufkommen. Philipp von Opus käme etwa in Betracht, aber auch eine peripatetische Tradition oder Quelle.

Y,36–37 Die Genitive in Z. 36 und 37 spezifizieren bzw. ergänzen πολλ[ῶν, was durch καὶ unterstrichen wird („viele, auch diejenigen, welche …"). Der Sinn von το[ῖc ἰ]δίοι[c ist nicht offensichtlich. Es könnten Platons eigene Ansichten, Angehörige oder die einem Menschen eigenen (zukommenden) Tugenden gemeint sein. In Z. 37 ist das Adverb recht sicher, wobei für das Partizip auch ἀτυχούντων möglich ist. Auf Basis des Disegno ist für das letzte Partizip ἀπ̣ο̣ληρού[ν]των wahrscheinlich, womöglich Menschen, die Platon schmähten oder seine Philosophie falsch wiedergaben. *PHerc.* 164 frg. 3 überlappt nicht mit Z. 34–35, was bisher zu vielen Fehlkonstruktionen führte.[910]

Y,38–41 Die Buchstabenkombination ητε zu Beginn von Z. 38 lässt sich syntaktisch kaum anders auflösen und führt auch auf den Eigennamen. Vielleicht hat der *disegnatore* die Tilgung von Buchstaben nur teilweise wiedergegeben. Die Verschreibung könnte den vorherigen Genitiven geschuldet sein. Andernfalls wäre eine Negation zu bedenken, nämlich, dass Axiothea zunächst keinen Zutritt hatte und daher die List mit den Kleidern ersann. Die Sequenz ανδρος könnte mit der Verkleidung in Verbindung stehen, wenn ihre Klugheit nicht mit der eines Mannes verglichen wird. Davon, dass sie unvermählt war (ἄ]νανδρος), hört man aber in anderen Quellen nichts. Für einen Bezug auf die Kleidung spricht D.L. 3,46 (FGrH 1400 F 62),[911] wo Dikaiarch als Quelle angegeben ist. Demnach dürfte die Angabe des Diogenes indirekt auf diese Zeilen im Papyrus zurückgehen und die Geschichte durch Dikaiarch eine gewisse Glaubwürdigkeit genießen.[912] Von der anderen Schülerin Platons, Lastheneia, lesen wir nichts. Axiothea ist auch in Kol. 6,25–27 subsummiert. In Z. 40 steht wohl ein Infinitiv, aber die Kombination βη erscheint in Z. 37 auf exakt gleicher Höhe über einer analogen Struktur, was den Verdacht aufkommen lässt, dass hier das Auge des *disegnatore* gesprungen ist. In Z. 41 wechselt das Subjekt offenbar zu Platon, der Axiothea schließlich als Schülerin aufgenommen haben mag.

---

einer Zwischenquelle zu rechnen, welche Dikaiarch leicht umformulierte. Die bisherige Vermutung eines finiten Verbes kam nicht ohne stärkere Eingriffe ins Disegno aus.

910 Vgl. Fn. 212 in **III 2**.

911 Text in Fn. 137 in **III 1**.

912 Da im *Index Academicorum* kein Ethnikon genannt ist, dürfte die Dikaiarch-Referenz in D.L. 3,46 nur auf die Kleidungsangabe zu beziehen sein, so dass die Aufnahme des Ethnikons unter FGrH 1400 62 fraglich ist. Jedoch könnte das Ethnikon im ursprünglichen Dikaiarch gestanden haben und bei Philodem schon herausgefallen sein.

X,1–2 Gaiser schlägt Cιϰελι]ˈϰˈὰ vor, aber es ist nicht einmal sicher, dass im Disegno nicht ein kleines ι hinter ϰα vergessen wurde.[913] Meklers ἐπι]‖τεμῷ[γ wäre zwar mit dem Inhalt kompatibel, aber die auf den HSI sichtbaren Spuren sprechen für zwei λ, die zu einem Verb auf –τˈελλˈόμ[ενο]c im Sinne von „sich beschränken" oder „etwas übergehen" gehören könnten. Der Dativ ἄλλοιc, dem ein Infinitiv oder Akkusativ folgen könnte, ist durch das neugelesene Verb in der nächsten Zeile bedingt. Gegen den bisherigen Nominativ und cυν spricht auch die seltsam ausladende Form des Kelches von υ, was auf Verschreibung eines Buchstabens (ψ,φ,ε?) hindeutet.

X,3–5 Das bisherige ἐ[πι]‖τρέχω im Sinne eines schnellen Durchlaufs oder einer Zusammenfassung[914] schien zwar durch den Kontext der Passage gedeckt, aber die Spuren im Disegno deuten klar auf ein π hin (γ und folgende Rundung), dessen rechter Fuß normalerweise in Hand 2 gerundet ist. Auch die HSI deuten tendenziell in diese Richtung, sind aber nicht eindeutig. Eine Verschreibung für χ ist papyrologisch betrachtet unwahrscheinlich, wenn auch nicht völlig unmöglich. Sollte in Z. 2 ein Verb im ungefähren Sinne von „ausführlich darstellen" und kein Akkusativ gestanden haben, könnte sich der Akkusativ τὰ γεγραμμένα [π]ερὶ Π[λ]άˈτωνˈοc ἄπˈ[α]νθˈ als *Apokoinou* sowohl auf diesen Infinitiv als auch auf Philodems Darstellung beziehen. Je nachdem, an welcher Stelle Kol. X „auf dem Rekto" einzufügen ist, könnte sich der Akkusativ auch auf die gesamte Platon-Vita beziehen und nicht nur auf die Reisen nach Sizilien. Das Partizip Aorist ὑπογράψαc passt besser zu dem neuen ἐ[πι]‖τρέπω. Philodem überlässt anderen Autoren weitere Angaben, „nachdem" er noch das Folgende gesagt hat (eine Art „Futur II"). Die Alternative ἀπˈ[ό]νθˈ im Apparat bezöge sich auf eine etwaige redaktionelle Angabe bzw. auf einen Verweis in Philodems Abhandlung. Der Ausdruck ἔχονθˈ οὔτ[ωc ist offenbar prädikativ („das über Platon Geschriebene als sich auf diese Weise verhaltend skizzieren").

X,5–7 Die Entscheidung für ein finites Verb oder Partizip in Z. 5–6 hängt von der möglichen Existenz einer Partikel in Z. 6 oder 7 ab. Für den Komparativ von νέοc spricht co am Ende der Zeile, aber das Wort kann mit Gigante aus Raumgründen schwerlich am Ende der Zeile komplett ergänzt werden. Eine Änderung von δ in ρ am Beginn von Z. 7 ist papyrologisch nicht unbedingt wahrscheinlich. Prinzipiell ist das Wort wegen der Parallele in Olympiodor

---

913   Das ϰ ist auf den HSI sichtbar, ebenso Spuren des π.

914   Etwa Polyb. 38,8,5; Diod. 2,2,2; 3,62,3; 6,1,3 und der Titel ἐπιδρομὴ τῶν φιλοcόφων des Diokles von Magnesia (siehe I 2.1).

(siehe Einordnung Kol. X) aber nicht unerwartet. Bei der Altersangabe erwartet man tendenziell ὤν, so dass vielleicht νέο̣ς̣ [ἔ]|τ̣’ [ὢν zu bedenken wäre. Das Numerale wird für gewöhnlich in dieser Form zusammengeschrieben.

X,8–11 Vermutlich ist in Z. 8 für Sizilien das Disegno und nicht der Text zu korrigieren. Bei den Pythagoreern[915] ist an Archytas von Tarent, Timaios von Lokroi, Philolaos und Eurytos zu denken. In Olymp. in Gorg. 2 liest man, Platon habe die Pythagoreer in Italien besucht, aber in Olymp. in Gorg. 41, er habe sie in Sizilien besucht. Pythagoreer wirkten zwar an beiden Orten, aber vielleicht ist Sizilien schon im Hinblick auf Dionysios genannt. Platon hat mit hoher Wahrscheinlichkeit tatsächlich engen Kontakt zu einigen Pythagoreern unterhalten, aber es ist ungewiss, ob er schon 399 oder erst 387 im Rahmen der ersten Sizilienreise mit ihnen zusammentraf. Die Zeitangabe τινα χρόνον findet sich ebenfalls in Z. 35–36. Das Verb ϲυνέμειξ[ε wird auch in D.L. 3,18 gebraucht (ὅτε καὶ Διονύϲιοϲ ὁ Ἑρμοκράτουϲ τύραννοϲ ὢν ἠνάγκαϲεν ὥϲτε ϲυμμῖξαι αὐτῷ). In Z. 10 muss entweder der Artikel oder καὶ zwischen dem Verb und dem Eigennamen gestanden haben. Die Spezifikation [λεγομέ]νωι findet sich in der antiken Literatur nirgends bei der Junktur „Dionysios der Ältere (Jüngere)", weshalb [τυράν]νωι oder ein anderes Partizip („einladen/sich freuen") nicht auszuschließen sind.[916]

X,12–17 Die Zeilenanfänge von Z. 14–16 sind teils auf den HSI zu erkennen. Das Adjektiv in Z. 12 ist zwar verständlich, aber etwas unerwartet oder gesucht. In Z. 14 ist δο]κ[εῖ] mit Dativ naheliegend. Die Änderung des χ am Ende der Zeile zu η ist paläographisch unwahrscheinlicher als zu ε, aber lexikalisch wohl geboten. Dennoch ist die Junktur δο]κ[εῖ] φα[ν]ῆναι etwas unschön und kleinere Zweifel bleiben an der konkreten Rekonstruktion der Passage, deren Inhalt aber außer Frage steht. Der Hiat in Z. 14–15 ist auffällig. Der Komparativ könnte hier den Superlativ ersetzen, wenn nicht „als er selbst" oder „von ihnen" vorschwebt.[917] Die angebliche Konversation der beiden scheint im Laufe der Zeit zusehends philosophisch aufgeladen worden zu sein. Die Version dieser Zeilen ähnelt der ersten Frage bei Olympiodor.[918] In Z. 15 vermute ich am ehesten Akkusativ (Pro-

---

915 Die „Verschreibung" η für ει ist häufig in Herkulanischen Papyri und hier aus methodologischen Gründen korrigiert, vgl. Crönert (1903b), S. 25.

916 Nach Diod. 15,7,1; Nep. Dion 2,2 hätte Dionysios Platon auf Initiative Dions eingeladen.

917 Gaiser (1988), S. 395. Die Korrektur im Disegno stand ob der Größe der Lücke nicht im Papyrus, sondern wurde nur im Disegno vorgenommen.

918 Olymp. in Gorg. 2: ʽτίνα νομίζειϲ ἐν ἀνθρώποιϲ εὐδαίμονα εἶναι;ʼ ὡϲ δὴ νομίζων ὅτι περὶ αὐτοῦ φήϲει ὁ φιλόϲοφοϲ κολακεύων αὐτόν, ὁ δὲ ἀπεκρίνατο ὅτι ʽϹωκράτηνʼ. Olymp. in Gorg. 41: εἶτα

lepse) und etwa ὥϲ γ' ἐϲτίν mit folgendem Komma, aber die Lücken erlauben alternative Ergänzungen mit ähnlichem Sinn. Da das Vorherige immer noch von dem *genitivus absolutus* abhängt, würden wir in Z. 16–17 bei „strenger" Syntax ein finites Verb erwarten (und wohl Platon als Subjekt), wofür auch die *paragraphos* (?) spricht.[919] Für eine konkrete Rekonstruktion ist auch die ambivalente Bedeutung von δυϲχεραίνω ein Hindernis („missmutig sein" oder „für Missmut sorgen" bzw. „es wird für Missmut gesorgt"). Die kleine Lücke vor dem δ erlaubt vielleicht ε und den finiten Aorist, aber auch ein Partizip (ggf. *coniugatio periphrastica*) ist denkbar. Das Verb hat sinngemäße Entsprechungen in den Parallelen anderer Autoren. In Z. 17 vermute ich entweder einen *dativus causae/auctoris* („durch das Gesagte") oder einen auf Dionysios zu beziehenden Dativ (*dativus ethicus* – Sinn: „dem Fragenden").

X,17–25 Für Platons Verkauf auf Ägina siehe ausführlich Einordnung Kol. X und Einordnung Kol. 2,38–3,Mitte. Händler kommen in keiner Version vor und ἐ[μπό]ροιϲ ist paläographisch weniger wahrscheinlich als ἐχθροῖϲ. Nur hier und in Kol. 2,43 ff. wird Platon nicht an eine Einzelperson, sondern an mehrere Leute übergeben (von mehreren verkauft). Vielleicht stand in Z. 19 ein Partizip, aber „auf Ägina" oder ähnlich ist trotz der Wiederholung im Folgenden attraktiv. Bisherige Editoren ergänzten αθη zu „Athen", obgleich die Erwähnung der Stadt in diesem Kontext bzw. in dieser Zeile eigentlich nicht zu erwarten ist. Das Verb ἐπρ]άθη hat eine exakte Entsprechung in Kol. 3,2 (ἐπράθη) und eine ungefähre in D.L. 3,18 (ἐπίπραϲκεν). Der folgende Infinitiv ist paläographisch und lexikalisch fast alternativlos.[920] Vermutlich wurde, wie sehr oft in dieser Kol. X, mit καὶ ein neuer Satz angeschlossen. Die Sequenz οκη des Disegno scheint mir lexikalisch-paläographisch am ehesten in οκν geändert werden zu müssen (ggf. das Partizip): Platon hatte Furcht oder trug Bedenken, sich in Ägina niederzulassen, genauer: dort angesiedelt oder verkauft zu werden, was offenbar mit der Vertreibung der Athener von der Insel im Zuge des Peloponnesischen Krieges[921] (siehe Einordnung Kol. 2,38–3,Mitte) und Gesetzen gegen ihre Rückkehr zusammenhängt. Das Substantiv ὄκν[οϲ könnte ein Pendant in

---

ἐρωτᾷ ὁ Διονύϲιος τὸν Πλάτωνα ὅτι 'τίϲ γέγονεν εὐδαίμων ἀνθρώπων;' νομίζων ὅτι ἔχει εἰπεῖν ὁ Πλάτων ὅτι 'ϲύ', ὁ δὲ ἔφη ὅτι 'Ϲωκράτηϲ'.

919 Die Position vor dem Zeilenbeginn verwundert. Vielleicht markiert die Horizontale auch etwas anderes und ist keine genuine *paragraphos*.

920 Dorandis/Gaisers ἐ]|κεῖνο ist aus Gründen des Raums und der Lexik sehr unwahrscheinlich.

921 Der Ausdruck „Peloponnesischer Krieg" ist nicht vor dem 1. Jh. v. Chr. bezeugt, vgl. Gaiser (1988), S. 396.

Kol. 3,9–10 haben.[922] Das Partizip ἐ]κπεπ[τ]ωκότων bezieht sich nur schwerlich auf die von den Athenern zuvor vertriebenen Ägineten.[923] In Z. 21 könnte ein Genitiv auf -άτων stehen oder aber α τῶν zu trennen sein und der Artikel mit dem Partizip in Z. 22 zu verbinden sein, wobei noch andere Trennungen oder Korrekturen möglich sind (etwa auch „Platon"). Durch wen, zu welchen Konditionen und unter welchen Umständen die Auslösung (ἀπελύθη in Z. 24) im *Index Academicorum* erfolgte, bleibt unklar. Auch ist nicht zu entscheiden, in welcher Zeile genau zu einem anderen Gedankenabschnitt übergegangen wurde.

X,26–27 Die Erwähnung Dions ist entweder mit dem Loskauf auf Ägina oder, wahrscheinlicher, mit der Vermittlung der Einladung Dionysios' des Jüngeren an Platon in Verbindung zu bringen. In Z. 26 ist ein finites Verb im Aorist denkbar. Auch könnte in den Zeilen Dions Freundschaft mit Platon oder (spätere) Schülerschaft angesprochen worden sein.

X, 28–35 Die zweite Sizilienreise zu Dionysios dem Jüngeren wurde in diesen Zeilen besprochen. Wahrscheinlich ist]αρεαυ[in παρ᾽ ἑαυτ- aufzulösen, aber es ist nicht einmal sicher, dass sich das Reflexivpronomen auf Platon oder Dionysios bezieht. Ein Nominativ in Z. 32 ist nicht ausgemacht.

X,35–37 Die Zeitangabe τινα χρόνον findet sich ebenfalls in Z. 9–10. Der Raum im Disegno macht ein weiteres Wort in Z. 36 zwar tendenziell wahrscheinlich, aber mit „optischen Verzerrungen" ist zu rechnen. Mit [ϲ]υνήθεϲιν sind vermutlich sowohl Schüler als auch mit Platon philosophierende Freunde in der Akademie gemeint. Dion ermunterte Platon zur Reise, blieb aber (gezwungenermaßen) selbst in Athen zurück.

X,38–40 κἀκεῖ ist paläographisch unsicher, aber lexikalisch wahrscheinlich. Gaiser/Dorandi ergänzten das Verb (ebenso wie in Z. 14) zum Optativ ϲυνεργ[οῖ, ohne darauf einzugehen, dass für solche Verben eigentlich -οίη zu erwarten ist.[924] Eine Analogiebildung für den Optativ ist keineswegs selbstverständlich und im Papyrus anderweitig nicht belegt. Das Partizip θέλων war vielleicht mit zwei λ geschrieben und betont das angeblich bewusste Handeln Platons. In Z.

---

922   In Z. 20 ist wahrscheinlich Hiat zu verzeichnen.

923   Vgl. für das Partizip Plut. Lys. 14: ἀλλ᾽ ἐκεῖνά γε τοῦ Λυσάνδρου πάντες ἡδέως ἑώρων οἱ Ἕλληνες, Αἰγινήτας τε διὰ πολλοῦ χρόνου τὴν αὑτῶν πόλιν ἀπολαμβάνοντας καὶ Μηλίους καὶ Ϲκιωναίους ὑπ᾽ αὐτοῦ ϲυνοικιζομένους, ἐξελαυνομένων Ἀθηναίων καὶ τὰς πόλεις ἀποδιδόντων.

924   Gaiser (1988), S. 395,400.

40 ist das bisherige ἀγ[αι]ρο͙ῦν͙τ͙ι͙ nicht unwahrscheinlich, wenngleich auf dünner papyrologischer Basis. Jedoch scheinen mir die bisherigen Ergänzungen im Vorherigen zu sehr gegen das Disegno zu gehen. Die Transkription τ[ῶ]ι τὴν͙ ἀρ͙[χὴ]ν͙ fügt sich hervorragend zum Inhalt und bedarf nicht zu kühner Änderungen des Disegno, derweil τ[ὴ]ν͙ τυ͙ραγγ͙[ίδα (Gomperz) möglich bleibt. Das Präsens des Partizips könnte Dions fortgesetzten Umtrieben oder aber dem gescheiterten Versuch geschuldet sein.

X, 41–45 Die bisherige Änderung des Disegno zu κἂν͙ scheint mir papyrologisch sehr unwahrscheinlich und ginge darüber hinaus mit anderen unwahrscheinlichen Korrekturen einher. Eine nicht irreale Aussage harmoniert mit μόνο͙[ν] und dem von mir im Einklang mit dem Disegno neu ergänzten ὁ Δί[ων]. Platon musste die Verleumdungen nicht mit dem Tode bezahlen – allein Dion ging durch den Umsturz(versuch) zugrunde. Die Erwähnung von Dions Tod überrascht chronologisch, da sie um rund sechs Jahre zu früh datiert, aber immerhin ist sein Tod im Endeffekt durch den Umsturz(versuch) bedingt. Vielleicht erwähnte Philodem den Tod hier im Vorgriff und ging später auf Einzelheiten ein.[925] Am Ende der Zeile rechne ich weniger mit einer Form von θεός als vielmehr mit einer Form von (δια)φθείρω, etwa dem Partizip Futur (φθε[ρῶν). In Z. 42 könnte mit καὶ eine neue Periode beginnen. Die Sequenz υαδυνη ist wahrscheinlich zum substantivierten Infinitiv zu ergänzen/korrigieren. Vermutlich schwebt Platon als Subjekt vor, aber auch Dion ist denkbar (vielleicht: „er ging nicht nach Syrakus"), obgleich sein Tod zuvor erwähnt ist. Am Ende von Z. 42 wäre ein Akkusativ möglich. Vielleicht hängt ein Infinitiv Medium in Z. 43 von dem Verb ab. Zu Beginn von Z. 43 legt das Disegno zwar eine Form von ἀσεβ[- nahe, aber eine solche ist schwierig im Text unterzubringen. Später ist etwa εἰς δεσπ]ότην (evtl. zum vorherigen Infinitiv gehörig) eine Möglichkeit. Der Infinitiv ἀδυνα͙[τ]ῆς[αι sowie das finite Verb in Z. 43 erwecken Assoziationen mit D.L. 3,20: Τρίτον ἦλθε διαλλάξων Δίωνα Διονυσίῳ· οὐ τυχὼν δὲ ἄπρακτος ἐπανῆλθεν εἰς τὴν πατρίδα. ἔνθα πολιτείας μὲν οὐχ ἥψατο, καίτοι πολιτικὸς ὢν ἐξ ὧν γέγραφεν. Die Negation in Z. 42 ist etwas unerwartet und könnte ἀλλά später notwendig machen. Womöglich endet der Sizilienabschnitt mit Kol. X und hat entgegen der Vermutung bisheriger Herausgeber keine direkte Fortsetzung in Kol. Z.

V,1–2 Auf den HSI sind einige Spuren der ersten Zeile zu erkennen, die über der ersten Zeile des Rekto liegen, was bestätigen oder sehr wahrscheinlich

---

925 In diesem Kontext ist interessant, dass Platon im *Siebten Brief* (350c) explizit sagt, dass Dionysios ihn trotz der Verleumdungen nicht habe umbringen lassen.

machen dürfte, dass die erste Zeile im Disegno auch tatsächlich die erste
Zeile der Kolumne war und keine Zeile unterschlagen wurde.[926] Erwartbare
Verzerrungen im Disegno schließen zwar nicht völlig aus, dass die Zeile mit
φι]λοσόφω῾ν begann (und anschließend α in δ zu ändern ist), aber wahrscheinlich ist es nicht. Gaiser nimmt einen poetisch-metaphorischen Ausdruck
ἄ[στ]ρα γε … πλ]ανητά{ι} an, der bei einem Prosaautor aber ungewöhnlich wäre
und keine einschlägigen Parallelen hat.[927] Die Lösung zur Klärung der Satz-
struktur und Deutung der Spuren im Disegno scheint erst Puglia (2018) gefunden zu haben. Seine findige Ergänzung ἀ[πῆ]ραν̣ ist im Hinblick auf die konkrete Ausführung der Buchstaben τε im Disegno gut möglich. Er ergänzt: ὅτε δ᾽
ὁ Πλάτων ἐπαύσα‖το φι]λοσοφῶν, ἀ[πῆ]ραν πρὸς Ἑρμ[ί]αν | [τινὲς μ]αθ̣ηταί. Jedoch
ist, wie schon ausgeführt, eine ausgefallene Zeile eher unwahrscheinlich. Das
Indefinitpronomen ist trotz des engen Raumes möglich, aber vielleicht näher
am Disegno πλ]ανῆται (und Genitiv Plural) zu ergänzen, was „wandernde Philosophen" (vgl. Kol. 35,38–39) meinen könnte, in diesem Fall die von Athen nach
Assos abgewanderten Philosophen.[928] Das Partizip μεταπεμψα{ι}μένου hat eine
Entsprechung in der Parallele bei Strabo 13,1,57 (μετεπέμψατο).

V,3–4 Gaiser plädiert mit Verweis auf die Verschreibung α anstelle von ο am
Ende von Z. 3 für eine Änderung des α und den Genitiv: Ἑρ|μίϱ[υ.[929] Jedoch ist
Ἑρ|μία der korrekte Genitiv und inschriftlich auch mehrmals belegt. Vielleicht
könnte der α-Genitiv, falls korrekt, sogar ein Hinweis auf Philochoros als Quelle
sein, der diese Genitivform sicherlich nutzte. Den Superlativ εὐ]νούϲτϱ[τα habe
ich aufgrund der HSI und der paläographischen Lage im Disegno nicht in den
Text gesetzt, aber die Ergänzung ist theoretisch noch möglich. Am ehesten
dürfte eine Spezifikation des ersten Partizips gestanden haben. Die Wiederholung von Hermias' Namen im *genitivus absolutus* wirkt ebenso wie die Konstruktion selbst etwas holprig.

---

926 Dies nahmen noch Mekler (1902) sowie Puglia (2018), S. 371 mit einigen Konsequenzen für
die Rekonstruktion an.

927 Gaiser (1988), S. 381. Der Genitiv habe definitorischen Charakter. Er verweist auf Stern-
Metaphern bei Persönlichkeiten in AP 7,21; 9,40 und IG III 770a.

928 Puglia (2018), S. 371. Bei Schülern (und Gen. Pl.) würde man sich fragen, welche Philosophen (Plural) dann gemeint wären. Wir wissen eigentlich nur von Schülern Platons (ein
einziger Philosoph) in Assos und die Passage ist auch auf ihn zugeschnitten.

929 Gaiser (1988), S. 382 mit Verweis auf Crönert (1903b), S. 164 und Kol. 17,3 und 10. Man
könnte noch Kol. 35,37 als Argument für den Genitiv auf -ου anführen. Jedoch sind die
Fälle kaum repräsentativ, gerade wenn aus einer Quelle zitiert oder eng exzerpiert wurde.

V,4–6 Gaisers μᾶλ̣[λόν τ]ι ist aufgrund der Lage im Disegno μά|λιϲτα von Gomperz vorzuziehen. Offenbar schien Hermias zu spüren, dass der Tod Platons eine Zäsur bedeutete, und er intensivierte sein zuvor noch zaghafteres Werben. Dennoch sollte man bei dem Partizip ἐ]πιϲπεύ⸍ϲαν⸍τοϲ nicht an Nötigung denken, sondern an eine nachdrückliche, leidenschaftliche Einladung. Platons Tod konnte etwa für den Stagiriten Aristoteles Probleme bedeuten, aber insbesondere war damals wohl nicht ausgemacht, was wir heute als selbstverständlich erachten, nämlich dass überhaupt eine „akademische Schule und Tradition" mit Sukzessionen von Scholarchen nach Platon fortbestehen würde. Platons Tod war gewiss ein kritischer Moment für die Akademie als Institution. Die Philosophengemeinschaft in Assos bezeugt, dass einige Philosophen ihr Weilen in der Akademie an die Person Platons geknüpft hatten. Am Anfang von Z. 6 stand vielleicht eine *paragraphos* in Verbindung mit dem *spatium*.

V,6–9 Das *spatium* wurde mit Relevanz für die Syntax erstmals von Gaiser erkannt, welcher das Partizip im Dativ ergänzt und an einen *dativus ethicus* denkt, während mir ein Bezug auf κ⸍ο⸍ιν[ὰ wahrscheinlicher erscheint.[930] Mit τ̣ά τε ἄλλα πάντ̣α ist ein gewisser Gegensatz zum zweiten Teil ausgedrückt: Hermias gab den Philosophen Anteil an seiner Herrschaft und wollte seine Angelegenheiten als gemeinsame Sache verstanden wissen. Da sein Herrschaftsgebiet mehrere Städte umfasste, könnte die Formulierung „gab ihnen als Stadt" vielleicht nur bedeuten, dass er die Philosophen in Assos (und nicht in einer anderen Stadt) ansiedelte.[931] Jedoch könnte er ihnen Assos auch als philosophisches Experimentierfeld überlassen haben und die Philosophen überdies in die Leitung des Gesamtreiches einbezogen haben (Gegensatz zwischen τ̣ά τε ἄλλα πάντα und Assos).[932] Das Verb οἰκ[εῖ]ν̣ könnte in diesem Fall „verwalten" bedeuten, aber der Relativsatz spricht gegen ein solches Verständnis.[933]

---

930 Gaiser (1988), S. 382.

931 Für diesen Sinn der Junktur siehe etwa Thuk. 2,27,2: ἐκπεϲοῦϲι δὲ τοῖϲ Αἰγινήταιϲ οἱ Λακεδαι-μόνιοι ἔδοϲαν Θυρέαν οἰκεῖν. In Z. 9 ist von der Tilgung nichts erhalten, aber sie ist wegen der interlinearen Ergänzung wahrscheinlich (wenn το getilgt wurde, verwundert das supralineare τ). Ich habe in der Edition konservativ nur selbst in den Text eingegriffen und keine Tilgung des Schreibers angenommen. Die Schreibung der Stadt ist mit zwei ϲ zu erwarten und es könnte genug Platz vorhanden sein (Crönert (1903a), S. 391). Jedoch müsste man dann wohl auch in Z. 10 einen Buchstaben hinter ⸍δια[τρίβο]ν⸍τεϲ postulieren, was problematisch ist.

932 Die Parallele in Did. in Dem. 6,56–62 könnte in diesem Sinne zu ergänzen sein, aber mag auch nur eine Ansiedlung meinen.

933 Vgl. Gaiser (1988), S. 382 und Trampedach (1994), S. 74 f. Aufgrund der Lage im Disegno könnte der Beginn von Z. 9 auch sinngemäß etwas anders gelautet haben.

V,9–11 Die Junktur ἧι ἐκεῖνοί ist als Hiat einzustufen. Die Lesung ἐκεῖνοί τε ist zwar paläographisch nicht unbedenklich,[934] aber einem Verb mit folgender Interpunktion wohl vorzuziehen, was eine andere Syntax bedingen würde. Das Verb ⌐δια[τρίβο]ν¬τες meint die Muße im weitesten Sinne (so auch in Kol. 34,11) und verdient ein Erscheinen im Text der Edition trotz dürftiger papyrologischer Basis. Die Lücke nach dem Wort wurde vom *disegnatore* vielleicht zu groß getroffen, so dass ein zusätzlicher Buchstabe nicht notwendig ist. Die Partikel δὲ würde zu einer anderen Rekonstruktion von Z. 9 führen; ἕνα steht für τινα. Wie auf dem Akademieareal existierte wohl auch in Assos ein bestimmter Peripatos, in dem sich die Philosophen versammelten.

V,12–13 Im Relativsatz scheint ein Subjektwechsel vorgenommen. Eine Auslegung von Z. 12 dahingehend, dass Hermias die Philosophen mit allem Notwendigen versorgte (sie protegierte und „sponserte"), ist naheliegend, aber die genaue Formulierung ungewiss. Insbesondere wirft das auf Hermias folgende Wort Fragen auf und Gaisers δή[που ist eine Notlösung, während αὐ[τοῖς von Diels sprachlich eher zu erwarten ist. Das vermutliche Verb am Ende von Z. 12 und zu Beginn von Z. 13 könnte zwar tatsächlich παρατίθημι gelautet haben, aber alle bisherigen Vorschläge für die konkrete Form zeitigen Defizite.[935] Gaiser interpungiert hinter dem Verb und setzt δὲ später in der Zeile. Jedoch erscheint die Partikel außer im Apollodor-Exzerpt fast nie an dritter Stelle, was in einem solch fragmentarischen Bereich Vorsicht gebietet.

V,14–16 Gaiser denkt bei μεταλλα- an den ingressiven Aorist Passiv, aber auch das Substantiv (mit anschließender Partikel) ist möglich. Unklar ist, ob die Philosophen oder Hermias etwas glaubte(n). Gaisers μοναρχ[ί]|αν ist auch im Hinblick auf Did. in Dem. 6,57–59 wahrscheinlich. In Z. 15 könnte ein einziges Wort im Sinne von „weiser/bester Mann" gestanden haben. Für den Superlativ von φιλότιμος ist der Raum zu Beginn der Zeile etwas zu breit. Jedenfalls ist wie bei Didymos offenbar die (potentielle) Veränderung der Herrschaft des Hermias angesprochen, nicht unbedingt ein platonischer Idealstaat.

V,17–23 Alle bisherigen Vorschläge für die Rekonstruktion der Zeilen waren kaum mehr als willkürliche Spekulation. In Z. 18 ist ein Komparativ wahrscheinlich, in Z. 19–20 der Name Platons höchstwahrscheinlich. Vielleicht

---

934 Konjektur von Diels/Schubart (1904), S. 19 (Didymos-Papyrus).
935 Für das Imperfekt würde man eher die Endung -ει erwarten. Das Plusquamperfekt des Kompositums (und auch des Simplex) ist in der Literatur nicht belegt. Bei einem Passiv wäre die Periode wohl anders zu rekonstruieren.

wurde auf Vorstellungen Platons Bezug genommen. Je nach Vertrauen in das
Disegno kommen die Vorschläge von Mekler und Gaiser in Betracht. Dem Disegno nach zu urteilen, endete der Verso-Nachtrag mit Z. 23.

T,1 Da es sich um einen Nachtrag handelt, könnte ὑπ[ὲ]ρ alternativ bzw.
umgangssprachlich für περὶ gestanden haben. Allerdings wird im *Index Academicorum* in vier direkt vergleichbaren Passagen περὶ und niemals ὑπὲρ gebraucht.[936] Somit könnte die Präposition vielleicht nicht nur eine bedeutungs-
lose *variatio* von περὶ sein, sondern „zugunsten/für" meinen, also ein Auszug
folgen, welcher Speusipps Charakter verteidigt. Da aber die Stelle des Einfügens
in den Haupttext des Rekto unsicher ist, muss die Frage wohl offenbleiben. Vielleicht hat bei τ⟦ο⟧`α΄ὐτ`α¹ der *disegnatore* sich selbst (und nicht den Papyrus)
verbessert (siehe Fn. 12 in I 8).

T,2–4 Der genannte Diodor ist mit dem Verfasser von ἀπομνημονεύματα (zu
Speusipp) in mindestens zwei Büchern identisch, auf den sich Diogenes Laertius bezieht (siehe Quellen Kol. T und Einordnung Kol. T).[937] Dank der Dop-
pelinformation bei Philodem – Synchronismus mit Theophrast und Schüler
des Speusipp – kann er ungefähr datiert (ca. 370/60–300/290) und vielleicht
auch in die Nähe peripatetischer Biographen gerückt werden. Die Spuren am
Ende des Wortes könnten auch auf -λογῶν und damit verbunden mögliche Partizipien hindeuten. Vielleicht wurde in diesem Fall Diodor durch zwei unterschiedliche Partizipien (da auf unterschiedlicher Ebene, nicht mit Konnektor
verbunden) näher beschrieben. Der Ausdruck οἱ ἀπὸ (+ Name) für die Zugehörigkeit zu einem bestimmten Lehrer oder einer Schule ist sehr geläufig und hat
wohl den etwas unschönen Ausdruck im Papyrus bewirkt („Diodor war einer
von (denen des) Speusipp", d. h., er erhielt von Speusipp her seine Prägung oder
Ausbildung).[938] Es soll nicht unerwähnt bleiben, dass der Archon von 340/39,
vielleicht das Jahr, in welchem Speusipp starb (und nicht 339/38), den Namen
Theophrast trug. Jedoch ist ein Archon kaum sinnvoll in den Text integrierbar.[939]

T,4–6 Es ist offen, ob später noch Speusipps „Naturanlage" über den Fleiß hinaus beschrieben wurde. Wahrscheinlich meint der Ausdruck, dass er von Natur

---

936 Kol. X,3; 5,7–8; 10,40; 14,44.
937 D.L. 4,2.
938 Vgl. etwa das Ende des *Index Academicorum* (Kol. 36,15–17).
939 Vgl. Fn. 221 in III 2. Allerdings wäre eher ἐπὶ + Gen. bei Archon-Datierung zu erwarten.

aus einen großen Arbeitsfleiß an den Tag legte.[940] Für φιλοπονίαν vgl. Kol. 21,10. Offensichtlich waren Speusipps (angebliche) Eskapaden nur eine Seite seines Charakters. Diodor vermittelt in diesen Zeilen ein positives Bild, derweil er in anderen Abschnitten des Werkes auch einige Charakterzüge Speusipps kritisiert haben könnte.

T,6–10 Nun folgt die Begründung für die bemerkenswerte Arbeitsenergie. Nach [o]ὐ γὰρ μόνον erwartet man später etwas wie ἀλλὰ καί, was womöglich erst im Verlorenen stand.[941] Mit dem Partizip muss (nicht abwertend) „alles Mögliche" im Sinne von „alle denkbaren Gegenstände" gemeint sein, also sämtliche Bereiche der Wissenschaft(en) und Philosophie. Das Verb πραγματεύομαι kommt schon bei Aristoteles einem *terminus technicus* gleich („Probleme in der Schule untersuchen") und hat hier ähnliche Bedeutung.[942] Der passivische Aorist ist seltener als die mediale Form. Falsches *Iota adscriptum* beim Passiv ist auch in Kol. P,27 zu verzeichnen. Das δ' wirkt etwas überflüssig, aber soll wohl das zweite Verb mit dem ersten besonders kontrastieren. Entfernter wäre an eine Form von δικα- oder δικα[ι- zu denken.[943] Die Ergänzung von Z. 10 ist problematisch. Ich habe Gaisers τιν' εἴρη[κ]εν übernommen. Jedoch ist der Buchstabe vor ειρη im Disegno sehr verschrieben, wenn er tatsächlich ein ν war. Er ist eher mit einem χ kompatibel. Meklers ἐ]πεχείρη[c]εν ist zwar attraktiv, aber es wäre dafür ἱκανά mit Elision (selten) anzunehmen und man müsste wohl einen adverbiellen Gebrauch des Akkusativs postulieren, was ebenfalls ungewöhnlich wäre. Andererseits wirkt das Indefinitpronomen behelfsmäßig und die Formulierung etwas redundant. Offenbar beschäftigte sich Speusipp nicht nur mit allen Themen, sondern vermochte auch adäquate und kundige Äußerungen über sie zu tätigen.

---

940 Alternativ wäre φύσιν vielleicht im Sinne eines *accusativus Graecus* und δὲ καὶ ergänzend als „aber auch" aufzufassen.

941 Gaiser (1988), S. 454 erwähnt auch die Alternative, dass καὶ ... δὲ satzverbindend sein könnte (mit Verweis auf u. a. Thuk. 4,24,2 und Plat. Krit. 51a). Jedoch hält er diese Möglichkeit meines Erachtens zu Recht für weniger wahrscheinlich, da zwischen τῶν ἐνδεχομένων und περὶ πάντων kein adversatives (steigerndes) Verhältnis vorliegt.

942 Vgl. Gaiser (1988), S. 455. Auch das Verb könnte Diodor somit in die Nähe der Peripatetiker rücken. Das Medium wird von Philodem nur in Phld. de musica IV 141,19 und Phld. rh. II S. 267,27–28 (Sudhaus) gebraucht. Das Substantiv wird in verschiedenen Bedeutungsfacetten öfters von Philodem genutzt und bezeichnet als *terminus technicus* die „Gesamtlehre" Epikurs bzw. das Werk Epikurs (in *PHerc.* 1005 und auch im Titel von *PHerc.* 1418+310), dazu Fleischer (2019b) und Puglia (2016).

943 Allerdings sind die Zeilenenden von Kol. T im Disegno recht gut und genau getroffen, was tendenziell gegen δικα[ι- spricht.

T,10–13 Der Infinitiv des Konsekutivsatzes bezieht sich wahrscheinlich auf Speusipp („so dass er schien/hätte scheinen können"). Der Indikativ steht offenbar nicht, weil, wie der Konditionalsatz zeigt, die Folge nur als eine mögliche vom Autor gedacht ist. Wahrscheinlich meint der Ausdruck διατριβὴν ποιέομαι „Unterricht halten". Jedoch ist nicht sicher, dass der Konditionalsatz schon nach dem Verb endete, so dass Speusipp den Unterricht möglicherweise „zu etwas machte" (evtl. Komparativ in Z. 12). Jedenfalls ist Meklers von Gaiser gebilligte Konjektur εἰς τὸ μου||[cεῖον recht willkürlich, da man im Disegno ἐ]κ τόπου lesen bzw. ergänzen kann (ggf. das Adjektiv).⁹⁴⁴ Es ist nun fraglich, ob der Präpositionalausdruck noch zum Konditionalsatz gehört. Mögliche Rekonstruktionen (sinngemäß) wären: „..., so dass er, wenn er nicht Unterricht gegeben hätte, schien wie außerhalb des Ortes (der Akademie) zu leben". Alternativ: „..., so dass er, wenn er nicht täglich Unterricht von irgendeinem Ort aus gegeben hätte, nicht in der Akademie anwesend zu sein schien." Allerdings ist die Bedeutung von ἐ]κ τόπου aufgrund der Lücke zweifelhaft und andere Rekonstruktionen sind im Bereich des Möglichen. In Z. 12 stellt sich die Frage, ob in εραν mit Gaiser πέραν, ein Komparativ, der noch zu διατριβὴν gehört, oder ein auf -εραν endendes Substantiv zu sehen ist – wenn die Buchstaben nicht sogar anders abzugrenzen sind. Die fallende Schräge vor dem letzten α in Z. 12 lässt das zu Z. 6–7 korrespondierende ἀλ]λὰ ||[καὶ möglich erscheinen. In diesem Fall wäre aber wohl zwingend hinter ἐποιήcατ[ο ein Komma zu setzen und ein zu δο[κε]ῖν gehörender Infinitiv am Beginn von Z. 12 zu suchen, der kaum naheliegend ist.

T,14–15 Neben dem Partizip Präsens von μιμέομαι könnte in Z. 13 insbesondere an eine Form von νόμιμος zu denken sein. In Z. 14 ist Speusipps Name unwahrscheinlicher als ein Dativ Plural.

T,16–46 Nun liest man auf dem HSI ab Z. 32 im interkolumnaren Bereich (und auch zwischen den Zeilen des Rekto) ganz deutlich einige Buchstabenkombinationen des Verso (entlang Z. 39–44 findet sich Ergänzung 5 auf dem Rekto, so dass die Buchstaben des Verso im interkolumnaren Bereich nicht durchscheinen). Der Text des Verso reichte weiter an den unteren Rand als der des Rekto. Die Zeilen dürften noch zu demselben Diodor-Nachtrag gehören, was zeigt, dass auf den *Oxforder Disegni* des Verso „kurze Kolumnen" nicht notwendigerweise bedeuten, dass der Text in Wirklichkeit nicht doch bis an den unteren Kolumnenrand reichte. Offenbar war also die Speusipp-Vita bei Philodem in

---

der Endversion nicht so kurz, wie es das Rekto zunächst suggeriert. Ein Sinn ist den Buchstaben leider nicht zu entlocken. Auch könnten in einigen von mir als „vacant" deklarierten Zeilen blasse, nicht näher identifizierbare Buchstabenreste bzw. Muster zwischen den Zeilen des Rekto vom Verso durchscheinen und diesem zuzuordnen sein.

S,1 In dieser Zeile wurde gewiss, in welcher Formulierung auch immer, Soloi als Alternative zu Athen genannt. Da der Vers am ehesten zusammenhängend und ferner ohne Umstellung von Wörtern zitiert wurde, ist in der ersten Zeile sinngemäß „dieser aber antwortete" zu erwarten. Ob weiterhin ein von φάϲι in Kol. 16,41 abhängiger Infinitiv vorliegt oder zu einem finiten Verb gewechselt wurde, ist kaum zu entscheiden.

S,2–3 Die Reste des Infinitivs und die Parallele in Diogenes lassen vermuten, dass der Vers hier in Gänze zitiert wurde. Der Trimeter (TGrF Adesp. 281) erscheint nicht nur bei Diogenes,[945] sondern auch bei Stobaios (Teles).[946] Anders als frühere Editoren vermute ich nicht, dass der Vers durch ein ἔφη aufgebrochen wurde und zusätzlich noch die Wörter umgestellt wurden. Das η des Disegno könnte eine Verschreibung für ϲι sein, ebenso kann das δ zu κ emendiert werden.[947] Am Ende von Z. 3 ist ein kurzes Verb im Sinne von „erfahren" naheliegend. Philodem spricht die Thematik eines Todes fern der Heimat in *De morte IV* an.[948]

S,4–10 Das Partizip Präsens in Z. 4–5 (ferner δεῖν) impliziert ein beharrliches Insistieren. Für die Trennung der einsilbigen Präposition vgl. Kol. 34,3–4.[949] In αὐτοὶ ist neben Polemon und Arkesilaos auch Krates eingeschlossen.[950] Offenbar hatten sie bereits irgendwo (im Kerameikos oder im Akademieareal?) eine

---

945   D.L. 4,25: ἐν γῆϲ φίληϲ ὄχθοιϲι κρυφθῆναι καλόν. Dorandi (2013) emendiert den Dativ der Handschriften, welche andere Wörter haben (φίλοιϲ ἐχθροῖϲι BP¹, F¹ ut vid.: φίλοιϲ μυχοῖϲι P⁴ (μυχοῖ in ras. et in mg εἶχε χθροῖϲι): φίληϲ μυχοῖϲι F² (η et μυχ in ras.)) auf Basis von Teles zu ὄχθοιϲι.

946   Stob. 3,40,8: καὶ γῆϲ φίληϲ ὄχθοιϲι κρυφθῆναι καλόν = Teles 30,10 (vgl. Fuentes Gonzáles (1998), S. 280). Teles scheint im Kontext die Aussage des Verses abzulehnen, aber der Text ist im Vorangehenden korrupt. Verbunden mit dem Folgenden scheint Teles ihn eher auf die Bestattung an sich als den Aspekt der Bestattung in der Heimat zu beziehen.

947   Eine Umstellung des Trimeters bleibt zwar möglich, aber κρυφθῆναι spricht tendenziell gegen eine Prosaumwandlung.

948   Phld. de morte IV 104,37–105,30.

949   Allgemein Crönert (1903b), S. 13.

950   D.L. 4,21: ... καὶ θανόντε τῆϲ αὐτῆϲ ταφῆϲ ἐκοινωνείτην.

Grabstätte auserkoren. In Z. 7 ist unklar, ob das ρ des Disegno in ιν oder ν zu ändern ist. Für den Sinn ist dies auch unerheblich. In Z. 8 habe ich mich für ἀντεῖ[πε]ν und gegen ἀντ[έ]τ[ει]ν᾽ (mit wörtlicher Rede) entschieden. Zum einen scheint ἀντεῖ[πε]ν besser zu den Spuren zu passen, zum anderen – relevanter – wird wörtliche Rede („Doppelpunkt") im *Index Academicorum* (und im Griechischen eigentlich generell) nicht mit ὡς, sondern mit ὅτι oder διότι eingeleitet.[951] Am Ende von Z. 10 ist καὶ wahrscheinlich (ggf. konzessiv).

S,10–12 Das Partizip stand am ehesten im Nominativ. Gomperz sieht hier weiterhin einen Bezug auf Krantor.[952] In Z. 10–11 ist ein Adjektiv nicht unwahrscheinlich. Ein etwaiges κοι[νοῖς meint wohl weniger politische Angelegenheiten als „einfache Leute"[953] bzw. hatte noch ein Bezugswort in Z. 12. Nichts spricht für einen Quellenwechsel; für Antigonos als Quelle mag übrigens das auch in Kol. 15,35–36 gebrauchte ἀφηγέομαι geltend gemacht werden.[954]

S,13–29 Die Reste von Z. 19 und 20 würden ungefähr zu den ersten zwei Zeilen von *PHerc.* 164 frg. 33 passen, aber die folgenden Zeilen sind schwer mit dem Fragment in Einklang zu bringen. Vielleicht wurde auf Krantors Περὶ πένθους eingegangen. Die Vorschläge „Museion" in Z. 21 und „Polemon" in Z. 25 sind sehr spekulativ. Der passivische Aorist in Z. 28–29 ist selten (normalerweise Medium), das ν vielleicht der Beginn des nächsten Wortes.

S,30 Die Position der *paragraphos* bereitet Schwierigkeiten. Im *Index Academicorum* wird nämlich mit *paragraphoi* das Ende von Abschnitten und nicht der Beginn neuer Abschnitte markiert (siehe etwa Kol. 16,40).[955] Hinter φέρουσι ist aber kaum eine Partikel zu rekonstruieren. Ferner wurde bisher von anderen Herausgebern noch nicht vermerkt, dass das Aktiv φέρουσι anders als das Passiv eigentlich kein Pendant zum lateinischen „tradunt" ist. Daher wäre ein Kompositum oder aber ein zum vorherigen Partizip paralleler Dativ zu bedenken. Im Hinblick auf das Verb in Kol. 16,9 wäre vielleicht δια]φέρουσί τινων zu ergänzen

---

951   Für die Zeitadverbien mit den Negationen vgl. Ps.-Dem. contra Macar. 20: … οὔτε πρότερον πώποτε οὔτε νῦν ἠνώχλησεν ἡμῖν.

952   Gomperz (1887), S.149: „Von wem sonst konnte in dieser Geschichtspartie so ausführlich gehandelt und zugleich gemeldet werden, er sei nicht zur Führung des Schulamts gelangt, als von eben diesem, der zu hoher Bedeutung gediehen, aber vor Polemon und Krates gestorben war (D.L. 4,27)?"

953   Vgl. Gaiser (1988), S. 529.

954   Allerdings hat es in Kol. 15,35–36 die Bedeutung von „Leitungsfunktion", während hier wohl das Scholarchat gemeint ist.

955   Mekler (1902), S. 62 erkannte das Problem der *paragraphos*.

(mit folgendem *spatium*). Vielleicht markiert die *paragraphos* auch nur den Beginn der eigentlichen Namen, die von einer komplexeren Periode im Vorherigen abhängen.[956] Mekler ging von einer Schülerliste des Krates aus, Gaiser argumentierte überzeugend für Krantor. Zum einen scheint Krates selbst in der Liste erwähnt, zum anderen wird Krates erst in Kol. Q (wobei „erst" hier nicht relativ auf dem Verso zu verstehen ist) besprochen. Da dort explizit auf Antigonos Bezug genommen ist, müsste für eine Schülerliste des Krates am Ende von Kol. S kurz zuvor auf Krates gewechselt worden sein, was aber unlogisch ist, da Antigonos/Philodem ihn „erstmals" in Kol. Q anzuführen scheint. Allenfalls wäre noch zu überlegen, ob eine Schülerliste des Polemon vorliegt.[957] Die Liste stammt tendenziell wie andere Listen im *Index Academicorum* aus Philodems Grundquelle, wobei die seltsame Stellung „Artikel-Ethnikon-Eigenname" (jedoch wohl nicht bei Bion) auffällt, was aber kaum ein schwerwiegendes Indiz für Antigonos ist, bei dem solche Listen nicht wirklich zu erwarten sind.

S,30–31 Zu Beginn der Zeile scheint mir der Platz für den Artikel kaum ausreichend. Jedenfalls wurde „Bion" vor dem Ethnikon geschrieben. Bion von Borysthenes wird von Diogenes ausführlich im Akademikerbuch im Anschluss an Arkesilaos behandelt (D.L. 4,47–58). Er durchlief viele Schulen, hatte viele Lehrer und war mehr oder weniger ein Kyniker. In D.L. 4,51 wird er als Schüler des Krates genannt, aber er mag auch problemlos Krantor gehört haben.[958]

S,31–33 In der Tat führt das einzige zu ενδιον passende (nicht exotische) Ethnikon auf Aspendos, wobei das α auch in Z. 33 gestanden haben könnte. Dieser Eumenes ist ansonsten unbekannt. Er muss Bücher über die Komödie verfasst haben. Der Infinitiv erklärt sich durch den Umstand, dass der Relativsatz gedanklich noch von dem unbekannten Hauptverb abhängig ist.[959] Da in D.L. 4,23 für Krates Abhandlungen Περὶ κωμῳδίας belegt sind, glaubte Gomperz, dass hier wieder eine Verfasserfrage im Raum stehe, aber der Titel ist häufig belegt.[960]

---

956   Gaisers τιμ[ίουϲ wäre als Bezeichnung für berühmte Schüler ungewöhnlich.

957   Jedoch wäre in diesem Fall etwa auch Krantors Name zu erwarten, sofern er nicht zuvor als Schüler genannt wurde.

958   Gaiser (1988), S. 531. Aus chronologischen Gründen kann er Krates nicht während dessen Scholarchat gehört haben, da Bion offenbar später Theophrast hörte, der 287 v. Chr. starb. Auch die anderen Angaben deuten auf Studien um 300 v. Chr. hin. Zu Bion siehe Kindstrand (1994) und Döring (1998). Fragmentsammlung von Kindstrand (1976) (obige Stelle = T 21). Für Bion in den Herkulanischen Papyri siehe Gigante/Indelli (1978).

959   Vgl. Gaiser (1988), S. 529 mit Verweis auf K.-G. II 550.

960   Vgl. Kindstrand (1976), S. 167.

S, 34–35 Athen. XI 508 erwähnt einen Eurypylos, der über den Platonschüler Euaion von Lampsakus geschrieben hat.[961] Der gemeinsame Nenner „Akademie" leistet einer Identifikation gewiss Vorschub, macht sie aber keineswegs über alle Zweifel erhaben.

S,35 Das von Wilamowitz vermutete Ethnikon Ἀθηναῖον ist wohl am wahrscheinlichsten, da wir einen Krates von Athen als Akademiker kennen und Arkesilaos nach ihm genannt ist. Jedoch sorgte die fallende Schräge im Disegno bisher für Irritation. Sie passt gut zu einem α und ich vermute, dass rechts davon ein kleines θ stand.[962] Krates dürfte etwas jünger als Krantor gewesen sein, wie man aus der Episode in Kol. 15,30 ff. schließen kann,[963] so dass er ihn noch als Lehrer gehört haben könnte.

S, 36–37 Der Raum am Ende von Z. 36 und zu Beginn von Z. 37 lässt vermuten, dass das (womöglich) letzte Glied nicht mit einem (bloßen) καί verbunden war. Die Verschreibung ι für υ wäre ohne Parallele in der Kolumne und ist durch die konkrete Ausführung im Disegno nicht unbedingt naheliegend, weshalb ich Κύπ[ριον nur in den Apparat gesetzt habe.[964] Vielleicht folgten noch eine oder mehrere Zeilen, welche andere Namen oder die für die Syntax unter Umständen notwendigen Wörter enthielten.[965]

R,1–2 Wenn in Z. 3 der Lehrer des Philosophen gemeint ist und die Kolumne nicht den Abschnitt zu Krates aus Kol. Q fortsetzt, geht Gaisers Ergänzung in die richtige Richtung. Der Name des in der Passage behandelten Philosophen, sein Lehrer sowie ein Hilfsverb sind wahrscheinlich.[966] Die Ergänzung des Namens Adeimantos muss ob des ungewissen Ethnikons in Kol. 8*,10–11 unsicher bleiben.

---

961 Zu Euaion von Lampsakus und seinen tyrannischen Bestrebungen siehe Trampedach (1994), S. 62; zu Eurypylos siehe Jacoby (1909).

962 Der Raum zwischen der Schräge und η ist ein wenig größer als zwischen den meisten anderen Buchstaben und wurde vom *disegnatore* vielleicht etwas zu knapp wiedergegeben.

963 Polemon umwarb den Jüngling wohl als Scholarch, zu einer Zeit, da Krantor mindestens 30 Jahre alt war. Vermutlich betrug der Altersunterschied zwischen Krantor und Krates etwa 10 Jahre.

964 Womöglich ist ιπ zu einem anderen Buchstaben zu emendieren. Man könnte bei Zypern etwa an den in D.L. 9,115 genannten Dioskurides von Zypern (Schüler des Timon) denken.

965 Vgl. die Ergänzung von Mekler (φασι γεγονέναι μαθητάς).

966 Auch drei ausgefallene Zeilen zu Beginn der Kolumne wären möglich.

R,3 πα[ν]τάπαϲιν ist aufgrund der Situation im Disegno nicht sicher, aber denkbar. Auch bei οὐ μόνον stellen sich wegen der Änderungen im Disegno kleinere Zweifel ein. Ein Partizip (und dann eine AcI-Konstruktion) wäre die Alternative.[967]

R,4 Sollte mit der Kolumne ein neuer Nachtrag begonnen haben, ist mit παρ' αὐτῶ[ι] der offenbar in den ersten Zeilen genannte Lehrer des Philosophen in der Athener Akademie gemeint (Xenokrates oder Polemon, ferner Krates oder Krantor). Der Infinitiv περιενεχθῆναι bedeutet, dass der Philosoph seinem Lehrer auffiel.[968]

R,5 Büchelers *dativus causae* ϲυν[έϲει ohne Änderung des Disegno ist ξὺν[οίαι (von Arnim) vorzuziehen.

R,6–7 Die Formulierung deutet auf eine Herkunft aus Ätolien hin, entfernter ist eine andere Beziehung dorthin zu erwägen (siehe Einordnung Kol. R). In τοῖϲ Ἀ[θη]να[ί]οιϲ ist ein *dativus auctoris* zu sehen. Da auch die Ätolier offenbar vom selben Infinitiv abhängen, verwundert die Inkonnzinität durch παρά, das gedanklich durch die Präposition in Z. 4 mitbedingt sein könnte.

R,8–11 Das Fehlen einer Partikel zeigt, dass der *genitivus absolutus* noch mit dem Satz verbunden ist. Für das Partizip im Sinne einer Wertschätzung siehe Kol. 15,3 (Antigonos-Exzerpt) und Kol. 35,1–2. Gaiser denkt bei τῶν ὄχλων an die verschiedenen Versammlungen innerhalb beider Städte (Staaten).[969] Neben der Persönlichkeit wurde bei dem unbekannten Akademiker auch die Ordnung (Struktur) des Redens im Allgemeinen (καὶ τὴν τοῦ | λόγου τά[ξιν) geschätzt.[970] Auf diese könnte mit einem verstärkten Relativpronomen näher eingegangen worden sein. In der Tat ist es verlockend, mit Gaiser am Ende einer wohl einzigen langen Periode von Z. 1–10 ὥϲπερ Ἀντί|[γονοϲ zu ergänzen, aber die Spuren im Disegno sprechen zumindest gegen ὥϲπερ und eine Quellenangabe ist an dieser Stelle nicht unbedingt zu erwarten.

---

967 In diesem Fall könnte ein etwaiges, durch Z. 6 nicht unwahrscheinliches οὐ μόνον in Z. 2 stehen.

968 Normalerweise wird das Verb in dieser Bedeutung im Zusammenhang mit *abstracta* (Aussprüchen) verwendet. LSJ verweist auf unsere Stelle für den Gebrauch bei Menschen.

969 Gaiser (1988), S. 532 mit Verweis auf Plat. Gorg. 455a und Plat. Euthyd. 290a.

970 Die τάξιϲ wird von Aristoteles und Platon für Reden eingefordert, vgl. Gaiser (1988), S. 533.

R,11–14 Aus den Zeilen ist nichts zu gewinnen. Die Kolumne zählte wahrscheinlich mehr als 14 Zeilen.

Q 1–2 Die Todesart oder das Alter des Philosophen sind bedenkenswert.[971]

Q,3–6 λεγέ]|ται ist naheliegend, aber keineswegs sicher,[972] ebenso wenig ein Bezug auf den Infinitiv in Z. 5. In Z. 3 könnte man bei Korrektur des τ zu ζ oder ξ an eine finite Vergangenheitsform denken. Dorandis πρὸ]| το[ῦ Π]ολέ[μωνος scheint *spatio longius*. Selbst wenn man den Raum konzediert, wäre ebenso gut Meklers τὸ[ν Π]ολέ[μωνα möglich.[973] Ferner könnte man auch αὐ|τὸν erwägen. Der Archon Philokrates datiert zweifelsfrei auf 276/75 v. Chr.[974] Ansonsten findet sich κατὰ bei Archonten nur in Kol. O,31 und Kol. 33,7 (sonst immer ἐπὶ oder andere Formulierung).[975] Die Formulierung ἐγλιπε[ῖν] τὸν βίον wird von Apollodor in den *Chronica* gebraucht, ist aber nicht sehr exklusiv.[976] Ein *spatium* signalisiert den Quellenwechsel. Wahrscheinlich befand sich zu Beginn der Zeile eine zerstörte oder vom *disegnatore* übersehene *paragraphos*.

Q,7 Ich beschloss, dem Disegno mit δὴ gegen die Emendation δὲ bisheriger Editoren zu folgen, gestehe aber Zweifel ein. Sollte Philokrates auf Polemons Tod bezogen sein, könnte δὴ in Verbindung mit dem *genitivus absolutus* in Z. 7–8 Nachdruck vermitteln und gleichsam die vorherige Todesinformation mit der Todesangabe in Antigonos verknüpfen. Für δίοτι vor direkter Rede vergleiche Kol. 2,40 und 43;6,38;8,23;9,5. Meines Erachtens deutet γράφει hier auf ein wörtliches Exzerpt und nicht nur auf eine Paraphrase des Antigonos wie auf dem Rekto hin.

Q,7–8 Beim *genitivus absolutus* fällt das Fehlen einer Partikel auf, was einem eher harten Einschnitt im Werk des Antigonos geschuldet sein könnte (Übergang zu anderem Philosophen/neuem Scholarchen).[977] Der *genitivus absolutus*

---

971 Zu Polemon liest man in D.L. 4,20: Ἐτελεύτησε δὲ γηραιὸς ἤδη ὑπὸ φθίσεως, ἱκανὰ συγγράμματα καταλιπών.

972 Ich verweise nur auf das „antigonische" ἱστορεῖται in Kol. 8*,44–45.

973 Vielleicht mit vorherigem φασὶ δὲ.

974 Vgl. Müller (2003) und Habicht (2004).

975 Vgl. Fleischer (2017d), S. 359 Fn. 62.

976 Vgl. Kol. 30,3–4 (= ApollVerse 71–72) und für Apollodors oft blumige Umschreibungen für „sterben" Fleischer (2020a), S. 88. Jedoch ist die Formulierung auch in Kol. 18,1 genutzt (Antigonos/Philodem) und allgemein nicht ungewöhnlich.

977 Auch in Kol. 18,37 fehlt die Partikel, was vielleicht mit einem eher harten Einschnitt erklärt werden könnte.

findet sich wortgleich (aber mit Partikel und geänderter Wortstellung) in Kol. 17,39–40, wo nächstfolgend auch Krates genannt ist.

Q,8–10 Der Artikel zeigt, dass Krates zuvor bereits erwähnt wurde (namentlich in Kol. 15,31 und 46). Für διατριβή in Antigonos im Sinne von Schule/Unterrichtsbetrieb siehe Kol. 18,3. Der Raum spricht für τε am Ende von Z. 8. Trotz leichter Bedenken habe ich das ἄ|ξιος εἶ]ναι früherer Herausgeber übernommen, zumal εἶ]ναι bei dem Partizip wahrscheinlich erschien. Das kausale bzw. temporale Verhältnis ist etwas unscharf. Wurde Krates der Führung (der Schule) für würdig befunden und dann zum Nachfolger gewählt (vgl. Kol. 6,41–43 und Kol. 18,4–7) oder wurde er als amtierender Scholarch aufgrund seiner Art der Leitung als würdiger Nachfolger empfunden?

Q,11–17 In Z. 11 ist ein *genitivus absolutus* vorstellbar, aber den verstümmelten Zeilen ansonsten kaum etwas zu entnehmen. Es ist nicht zuletzt im Hinblick auf die Krates-Vita in Diogenes wahrscheinlich, dass noch einige Zeilen in Kol. Q folgten, womöglich sogar die ganze Kolumnenhöhe des Papyrus ausfüllten (mithin Kol. Q etwa 40 Zeilen umfasste).

P,1–6 Je nachdem, ob die Kolumne mit dem Leben des Karneades begann oder Kol. 21 bzw. Kol. O fortsetzte, war hier entweder Karneades' Leitungsübernahme vermerkt, über deren genaue Umstände wir aus anderen Quellen nichts erfahren, oder es standen noch Anmerkungen zu Lakydes bzw. seinen Schülern und der Neuen Akademie im Papyrus. Am Ende der ersten Zeile könnte ein Medium zu ergänzen sein. In der zweiten Zeile begann eine neue Periode. Ein Bezug des πάθεσι auf die Krankheit des Lakydes ist nur eine von vielen Optionen, da das Bedeutungsspektrum des Wortes breit ist und von einer epistemologischen bis zu einer rhetorischen Bedeutung vieles denkbar ist. Vielleicht war eine „Krise" der Akademie vor Karneades' Übernahme beschrieben.

P,7–16 Leider erlauben die Buchstabenreste keine seriöse Hypothese zum Inhalt. Auch die Erwähnung der Akademie in Z. 13–14 – wohl im Akkusativ – bleibt ohne Kontext.

P,17–19 In Z. 17 ist τινε[ς] γρᾴφ[ουσι (ggf. eingeschoben mit vorangehendem ὡς) eine Möglichkeit. In Anbetracht des των in Z. 18 ist das Disegno vielleicht nicht zum Infinitiv, sondern zu φι]|λοσόφων zu ändern.

P,20–21 In Z. 20 ist νε am ehesten das Ende einer Vergangenheitsform. LSJ gibt für das Verb in Z. 20–21 (ἐ|cωματοποίε[ι) die Bedeutung „provide with refresh-

ment", was auf Meklers Ergänzung der Passage beruht. Indes bleibt die exakte Bedeutung oder Konnotation des Wortes in diesem Kontext unsicher; vermutlich bedeutet es „stärken".[978]

P,21–23 In Z. 22 ist χαλεπ̣ wahrscheinlich zum Adjektiv im Nom. Sg. Mask. zu ergänzen und steht parallel zu πικρὸϲ, aber kleinere Zweifel bleiben. Das Adjektiv meint wohl „barsch" im Reden mit anderen (oder: „ungern zustimmend"). Der zweite Infinitiv könnte ebenfalls noch von dem Adjektiv abhängen (verbunden mit καὶ). Vielleicht hat der Ausdruck eine Parallele in D.L. 4,63 (δεινῶϲ τ᾽ ἦν ἐπιπληκτικὸϲ καὶ ἐν ταῖϲ ζητήϲεϲι δύϲμαχοϲ).

P,23–25 Ich vermute in Z. 23 für καὶ anders als Mekler eine Kopula, aber dies bleibt unsicher. Für die an sich sinnige Ergänzung τ[ὸ ϲκῶμ᾽]‖μα̣ sei auf den etwas zu breiten Raum zu Beginn der Zeile im Disegno hingewiesen. Für diese und auch die folgenden Zeilen nahm ich an, dass der *disegnatore* den Raum wegen des Loches im Papyrus nicht richtig getroffen hat. Für die χάριϲ des Karneades siehe Plut. Cat. mai. 22.[979] Die Mischung aus Spott und Anmut wird vom Autor der Zeilen als Seltenheit herausgestellt, wobei die genaue Einleitung des Nebensatzes nicht zu rekonstruieren ist.[980]

P,25–31 Für Karneades' Namen ist am Ende von Z. 25 kaum genügend Platz vorhanden. Das αὐτὸϲ könnte der späteren Erwähnung der Schüler (Kol. 22,7–9) geschuldet sein. Der Fehler in Z. 27 ist durch die Verwechselung mit dem Artikel/Konjunktiv erklärbar und in Papyri häufig (siehe etwa Kol. T,8). Vielleicht hat der *diorthotes* das Verso nicht oder nur teilweise korrigiert. Das seltene φ]ωρὰν ist in Z. 28 kaum vorzuziehen und somit nicht ausgesagt, dass Karneades Angst hatte, bei Widersprüchen „ertappt" zu werden, was auch nicht mit seiner Begründung in Kol. 22,2–7 im Einklang wäre. Das jüngst von Kalligas vorgeschlagene χ]ώραν ist meines Erachtens wahrscheinlicher.[981] In Z. 29 oder später ist ein Partizip zu erwarten (etwa: „schätzend/bevorzugend den Raum, der bei Mündlichkeit für das „Andersreden" sein wird"). Das *hapax legomenon*

---

978 Für den Genitiv des Reflexivpronomens könnte die auch in LSJ genannte Inschrift („subsidize") IG Bulg I² 13 sprechen (... τινὰ δὲ καὶ τῶν πολιτικῶν χορηγίων ϲωματ[ο]ποιῶν παρ᾽ ἑαυτοῦ τὴν μεγίϲτην ἐνδείκνυτα[ι] ϲπουδὴν ...).

979 Für eine etwaige Zuschreibung an Arkesilaos sei auf Plut. de tuenda san. 7 verwiesen: εἰ τοίνυν καὶ πικρότερον φανεῖται τὸ τοῦ Ἀρκεϲιλάου πρὸϲ τοὺϲ μοιχικοὺϲ καὶ ἀκολάϲτουϲ εἰρημένον.

980 Philodem nutzt das Adjektiv einige Male, offenbar häufiger, als in Anbetracht des generellen Gebrauchs in der Literatur zu erwarten ist (vgl. Lexicon Philodemeum).

981 Kalligas/Tsouna/Hatzimichali (2020), S. 338.

ἀλλοτριολογία dient entweder als eine Art Synonym für εἰς ἑκάτερον λέγειν oder soll aussagen, dass Karneades sich einen Meinungswechsel, ein „Andersreden", offenhalten wollte.[982] In Z. 30–31 muss zur Begründung in Kol. 22 übergeleitet worden sein, sollte Kol. P wirklich von Kol. 22 fortgesetzt werden.

0,1–18 In Z. 4 ist die Ergänzung der Euboloi nicht weniger gewagt als die von „Lakydes" in Z. 10. Vielleicht ist der in Z. 13 genannte Attalos mit dem Gönner des Lakydes, also Attalos I. (241–197), zu identifizieren, welcher seine Söhne Attalos II. und Eumenes II. (Z. 16–18) einem Akademiker zur Erziehung übergab. Dazu würde ein mögliches παιδείας in Z. 14 gut passen. Die beiden Brüder Eumenes II. und Attalos II. wurden kurz vor 220 v. Chr. geboren. Lakydes hatte noch eine Einladung an den Pergamenischen Königshof von Attalos I. etwas zweideutig abgelehnt,[983] aber dessen Söhne mögen durchaus in Athen oder Pergamon bei Schülern des Lakydes philosophische Erziehung genossen haben.[984] In Z. 17 ist der Artikel vor Ἀς[ίας aus Raumgründen wahrscheinlicher als οἱ, welches am Ende der Zeile gestanden haben könnte, wobei andere Ergänzungen denkbar sind.[985] Vielleicht hing der Genitiv in Z. 16 von einem Dativ in der vorangehenden Zeile[986] oder einem Superlativ ab. Prinzipiell kommt Euander als Bezugspunkt der Zeilen in Betracht, welcher vielleicht als Prinzenerzieher wirkte. Da Telekles' Schüler Apollonios direkt im Anschluss genannt wird, könnte auch Telekles die Prinzen unterrichtet haben. Der Inhalt der Zeilen hat womöglich eine Parallele in der vor Kol. 27,38 auf dem Rekto ausgelassenen Passage in den *Chronica* (vgl. Einordnung Kol. O).[987]

---

982 Mekler (1902), ad locum: „φωρᾶν ut supplerem movit me interpretatio ἀλλοτριολογίαν – quae vox a lexicis abest – eodem fere numero cum ἑτεροδοξίᾳ habentis: „scribere desiit quia doctrinae adulterinae investigatoribus locum dare nolebat"."

983 D.L. 4,60: χάριεν δ᾽ εἰς τὸν Λακύδην ἀναφέρεται· Ἀττάλου γὰρ αὐτὸν μεταπεμπομένου φασὶν εἰπεῖν τὰς εἰκόνας πόρρωθεν δεῖν θεωρεῖσθαι.

984 In Z. 16 ist der Artikel aus Raumgründen nicht möglich und unsicher, ob δ wirklich die Partikel darstellt (und korrekt getroffen ist).

985 Die Bezeichnung „Asien" stand offenbar ohne Spezifizierung (etwa ἡ περὶ τὸ Πέργαμον), vielleicht auch weil der Autor (Philodem) schon von der römischen Provinz Asia her dachte. Im Disegno ist nur ας erhalten, aber die Ergänzung des Ortes ist in diesem Fall wahrscheinlich, wobei die Wortstellung verwundert.

986 Der Sinn könnte etwa sein: „Und es waren nämlich in der Menge seiner Schüler auch ...."

987 Da die *Chronica* (Erstausgabe) Attalos II. gewidmet waren, hätte Apollodor es kaum versäumt, dessen Erziehung bei Akademikern oder dessen Patronage bzw. die seines Vaters zu erwähnen.

O,18–19   Der Aorist Plural früherer Herausgeber ist deutlich zu lang und der Singular in dieser Konstruktion vorzuziehen.[988] Der Eigenname Ἀπ[ολ]λώ-γ[ι]ος ist trotz Änderungen im Disegno ohne echte Alternative.[989] Der Name des ansonsten nur in Kol. 28,12 belegten Archons Epainetos ist dort so sicher zu ergänzen, dass er auch hier stehen muss. Jedoch ist κατ᾽ ἄ[ρχοντ᾽ Ἐπαίνε-von Crönert, welches Dorandi übernahm, deutlich zu lang für den Raum, so dass *scriptio plena* zu postulieren ist, was in Anbetracht von Kol. O,31 aber verwundert.[990]

O,20–24   Der Name des Theaitet sichert die Parallele zu Kol. 28,14 ff. Für die Archonten und die Formulierung mit μετά sei auf den Kommentar zur Parallele verwiesen. Wir erfahren hier, was in der fragmentarischen Parallele nur auf Basis dieser Zeilen wiederhergestellt werden konnte, nämlich dass Apollonios einen Bruder namens Eubulos hatte. Die Erwähnung des Namen Eubulos scheint die Angabe zu den beiden anderen Euboloi evoziert zu haben, deren Todesdaten in Z. 29–31 wiederholt werden.

O,24–25   Die Buchstaben nach dem Archon in Z. 24 sind kryptisch und erlauben viele Konjekturen. Eine Partikel und Verb sind wahrscheinlich. Man fragt sich, ob bei καιτα Dittographie eines möglichen καί vorliegt oder doch eher Haplographie, also aufgrund eines vorangehenden καί nur τα anstelle von κατά geschrieben wurde. Jedenfalls legt der Fehler ein καί vor (intendiertem) κατά nahe. Mette schlug μ[εμν]η{ι}μένον vor, aber das Partizip mit vorangehendem τὸ im Sinne von Erinnerung (Passiv: „woran sich erinnert wird") ist nirgends belegt.[991] Dennoch ist nicht völlig ausgeschlossen, dass wie etwa in Kol. 20,6–7 eine sehr eigene Formulierung Philodems stand. Mekler emendierte zu μ[εμη]γυμένον („das, was kundgetan bzw. irgendwo als Information festgehalten wurde/überliefert ist"), aber dieses Verständnis wäre auch ohne enge Parallele.

O,26–29   Die Ergänzung von Gomperz in Z. 26 ist am wahrscheinlichsten. Ariston aus Ephesus könnte mit dem in Kol. 29,4 genannten Lehrer des Boethos (da Eubulos von Ephesus dort genannt ist) identisch sein. Er oder einer der anderen

---

988   Vgl. analog etwa das Verb im Singular in Kol. 28,9.

989   Abgesehen von lexikalischen Erwägungen ist insbesondere die parallele Struktur in Kol. 28,11 ff. einschlägig.

990   Jedoch treffen dort zwei α aufeinander. Vielleicht war *scriptio plena* bei der Kombination α und ε angemessener. Auch könnte die „Präpositionen-Verbindung" κατ᾽ ἐπ die *scriptio plena* zu Übersichtszwecken bedingt haben. Alternativ wäre das Disegno zu ändern.

991   Weder Mette noch Dorandi, der ihm folgt, tilgen das ι, was aber angemessen wäre. Gewiss wäre die Verschreibung mit Verweis auf das *Iota subscriptum* im Präsens leicht zu erklären.

Aristones könnte (auch) mit dem Telekles-Schüler aus Kol. N,14–15 gleichzusetzen sein. Der wohl etwa zeitgenössische Akademiker Moschion stammte wie einer der Aristones ebenfalls aus Mallos; der wohl etwas jüngere Kleitomachos war gebürtig aus Karthago. Vielleicht kam Philodem durch eine Art „Homonymen-Assoziation" von den „zwei" Euboloi auf die „vier" Aristones.

O,29–31 Die sonderbare Eubulos-Dublette auf engstem Raum (vgl. O,22–24) ist durch *paragraphoi* als separater Abschnitt gekennzeichnet, aber es sind keine Spuren einer Tilgung auszumachen. Die Lesung cυνέβ[η ist wahrscheinlich. Am Ende von Z. 29 ist *scriptio plena* nicht sicher. Bisherige Editoren übersahen, dass in Z. 30 zwischen Akkusativ und Infinitiv noch ein kurzes Wort stehen muss. Durch die Neulesung in Z. 19 ist die Datierung mit κατὰ ἄρχοντα + Name des Archons nun singulär.[992] Vielleicht wollte Philodem durch die Zusatzangabe ἄρχοντα eine falsche Assoziation mit Alexander dem Großen vermeiden (nur κατ᾽ Ἀλέξανδρον klänge nach „zur Alexanderzeit").

O,32–37 Die Zeilen 32–33 reflektieren Kol. 28,13. Für das Partizip siehe insbesondere Kol. 22,40;23,5. Letztere Stelle ist auch Parallele für ἐκ τῶν]|cχολ[ῶν.[993] In Z. 36 habe ich erstmals Πλάτ̣[ωνοc und später einen Aorist erwogen. Vielleicht verfasste Telekles auch Schriften zu Platon.

N,1–6 In diesem Kontext ist διάδο]|χον naheliegend; wahrscheinlich folgte ein Genitiv. In Z. 4 spricht die Buchstabensequenz des Disegno für ein Imperfekt. Es kommen nur wenige sinnvolle Verben in Frage und das Imperfekt könnte entweder der Dauer/Wiederholung oder dem Versuch (Konativ) geschuldet sein.[994] Das Verb ἠνάγ]|καζεν würde gut zu αἰτ[ημ]άτων passen. Hinter dem Verb ist die genaue Art der Interpunktion ungewiss. Bei Satzende benötigen wir im Folgenden einen Konnektor, andernfalls (Ende eines Nebensatzes) wäre etwa κατ[ιὼν] denkbar.[995] Bisher wurde die in diesem Kontext doch recht „verdächtige" Buchstabenkombination ευα zu κατ[αcκ]ευά[cαc τιν]ὰc (aus Raumgründen unmöglich) ergänzt und das naheliegende Εὔα[νδρ]ο̣c übersehen.[996] Auch glaubte man, dass Telekles seine Schüler an einen Unbekannten nicht

---

992 Apollodor nutzt weder κατὰ + Archon noch diese Formulierung in den erhaltenen Versen, vgl. Fleischer (2020a), S. 89. Jedoch erscheint κατὰ + Archon in Kol. 33,7, wo Philodem selbst formuliert haben dürfte.
993 Siehe den Kommentar zu Kol. 23,5 für weiterführende Gedanken.
994 Wie in Z. 6 könnte das überflüssige ν (nicht in Z. 7 gesetzt) für einen Einschnitt (Periodenende oder Satzende) sprechen.
995 Vielleicht hielt sich Euander einige Zeit außerhalb von Athen (in Pergamon) auf.
996 Für δ statt ο vgl. etwa Kol. N,20.

übergab, weil dieser ihm seine Schüler abspenstig gemacht hätte.[997] Jedoch sprechen die Buchstaben im Disegno gegen von Arnims ἀχ[ρο]ατῶν, während für αἰτ[ημ]άτων („Bitten, Forderungen") keine Änderung des Disegno vonnöten ist. Bei περ[ι]έ⸢c⸥ʹπαcεν erwartet man eigentlich einen Akkusativ zum Genitiv, aber dieser ist implizit in seinen (des Telekles) Bitten enthalten. Vielleicht schwebt auch bedingt eine intransitive Bedeutung vor: „Er entzog sich seinen Bitten." Der Satz könnte gelautet haben: „Als Telekles ihn als Nachfolger auserkor, brachte Euander ihn von seinen Bitten ab." Entfernter wäre zu überlegen, ob die Zeilen nicht besagten, dass Euander mit einem Nachfolgevorschlag des Telekles nicht einverstanden war. Sollte Telekles nicht Gegenstand der Kolumne sein, könnte auch ein etwaiges Gesuch von Hegesinus, Nachfolger des Euander zu werden, von diesem abgelehnt worden sein oder Lakydes (entgegen unseren anderen Quellen) zunächst nur Euander als Nachfolger ins Auge gefasst haben.

N,6–9 Mit διό wird die Aussage als Folge der vorangehenden Handlung hingestellt. Das Fehlen des *Iota adscriptum* in den Zeilen (der Kolumne) ist vielleicht Indiz, dass derselbe Schreiber, der auch den Haupttext des Rekto schrieb (Hand 1), hier recht flüchtig arbeitete. Da die Kolumne am ehesten Telekles behandelt und somit „von ihm aus" gedacht wird, dürfte τούτω⟨ι⟩ als Anzeige für eine andere Person (Euander) gebraucht sein. Das Partizip meint wörtlich „im Sterben liegend". Mit τὴ[ν] διατριβήν ist wahrscheinlich nicht die gesamte Akademie, sondern die Schülergruppe des Telekles gemeint. Das Supplement am Ende von Z. 8 wird durch die Satzbruchstücke in Z. 9 gestützt.

N,9 Das Adjektiv χρεῖον („bedürftig") kommt im Neutrum fast ausschließlich bei Philo von Alexandria vor und könnte hier in Anbetracht der Junktur mit ἔχων als Synonym für χρείαν gebraucht worden sein, da eine Verschreibung im Disegno (ο statt α) tendenziell unwahrscheinlich ist.[998] Vielleicht liegt auch eine falsche Analogiebildung zu ἀχρεῖοc vor und der Ausdruck meint, dass Telekles keinen anderen brauchbaren Mann als Nachfolger zur Verfügung hatte. Entweder hat der *disegnatore* den Raum zwischen ο und κ viel zu groß getroffen, ein Buchstabe ist zu expungieren oder es begann nach χρεῖον eine neue Periode und ο ist in δ zu ändern.

---

997   Vgl. Wilamowitz-Moellendorff (1910), S. 408.
998   Eine solche Verschreibung nahm Cröncrt (1906), S. 378 Fn. 4 an. Vielleicht irrte auch der Schreiber. Man könnte erwägen, ob nicht die Verbindung ονο fälschlicherweise anstelle von αν im Disegno stand.

N,9–12 Die Zeilen könnten sinngemäß gelautet haben, dass Telekles keine Notwendigkeit sah, seine Schüler einem anderen, weniger geeigneten Akademiker anzuvertrauen. In Z. 12 begann vermutlich ein neuer Satz. Das Simplex erklärt sich vielleicht dadurch, dass er die Schüler niemandem überließ – sollte nicht ein anderes Verb zu ergänzen sein.

N,13–14 Da Apollonios die Liste anführt, ist in ihm wahrscheinlich der einzige andere im *Index Academicorum* überlieferte Telekles-Schüler zu sehen (Kol. 28,11–13; M,18–20 und 32–25). Wie viele andere Philosophen der Neuen Akademie stammte er ursprünglich aus Kyrene.

N,14–16 Kleokrit,[999] Ariston und Aristagoras aus Salamis[1000] sind anderweitig unbekannt. Jedoch könnte Ariston der Lehrer des Boethos sein (Kol. 29,4) und/oder mit einem der vier in Kol. O,26–29 genannten Aristones identisch sein.

N,16–17 Auch Theris aus Alexandria ist anderweitig nicht bekannt, aber die seltsame Formulierung mit der Präposition könnte andeuten, dass Theris in Alexandria den Thraker Dion unterrichtete. Für Alexandria als Ort akademischen Wirkens in der betreffenden Zeit sei auf Zenodor von Tyros, der in Alexandria lehrte, und ferner auf Antipatros verwiesen.[1001]

N,17–18 Der Thraker Dion ist anderweitig unbekannt. Crönert hielt es für denkbar, „dass jener Δίων ὁ Θρᾶιξ keinen anderen vorstellt als den berühmten Aristarcheer Διονύϲιοϲ ὁ Θρᾶιξ.“[1002] Rein chronologisch wäre dies zwar möglich und Theris könnte in Alexandria gelehrt haben, aber andererseits sind die Vornamen verschieden und Thrakien war gewiss groß genug, um im 2. Jh. v. Chr. zwei Intellektuelle von gewisser Bedeutung hervorzubringen (und beide mochten auch in Alexandria gelebt haben).

---

999   Der Name ist im 2. Jh. v. Chr. auf Delos häufiger belegt.

1000   Das Ethnikon ist sicher, aber die exakte Transkription zweifelhaft. Vermutlich lag der Fehler schon beim Schreiber, weniger beim *disegnatore* (allein). Es bleibt offen, ob die Insel (wahrscheinlicher) oder die Stadt auf Zypern gemeint ist (in diesem Fall wären PPC A 84 und 85 (Michaelidou-Nicolaou (1976)) ungefähr zeitlich kompatibel).

1001   Kol. 23,2–4 und Kol. 32,15–24. Zu einer möglichen akademischen Schule in Alexandria siehe Einordnung Kol. 31,3–32,45. Crönert (1906), S. 76 Fn. 364 vermutete eine solche Schule.

1002   Crönert (1906), S. 76 Fn. 364. Zu Dionysios Thrax siehe Ildefonse (1994). Er lebte etwa 170–90 v. Chr.

N,19–21 In der Tat scheint die Ergänzung [ο]ῦ unvermeidlich. Für sie spricht auch der Sg. in Z. 17. Somit sind Dionysodor von Smyrna, Leontichos aus Kyrene und Sokrates (wohl aus Dyme oder Athen) Urenkel-Schüler des Telekles. Da nicht bekannt ist, dass Dion, der Thraker, um die Mitte oder in der 2. Hälfte des 2. Jh. v. Chr. in Athen lehrte, ist die Annahme von Alexandria als Lehrstätte nicht abwegig – freilich wiegt das Silentium nicht allzu schwer.

N,21–26 Die *paragraphoi* in Z. 21 und 26 markieren einen Abschnitt. Ich konnte erstmals einen Hochpunkt vor ὑπ in Z. 21 identifizieren, welcher das Ende der Schülerliste anzeigt (zu solchen Hochpunkten siehe I 8.1). Büchelers ὑπο[μν]ήματ[α ist wahrscheinlich;[1003] in Z. 22–23 ist mit Verweis auf Kol. 20,43;22,40;23,5;O,33–34 das Kompositum ἀναγράψας naheliegend. Mekler vermutete als Gegenstand der Zeilen, dass Telekles Euander Bücher hinterließ. Auch ich würde am ehesten Telekles als Subjekt annehmen, auf dessen Werk nach der Schülerliste eingegangen worden sein könnte. Jedoch könnte man im Hinblick auf die Erwähnung eines Sokrates in Kol. 32,26 direkt nach den in Alexandria wirkenden Karneades-Schülern auch den in Z. 20 erwähnten Sokrates als Verfasser von Schriften (zu Euander) in Erwägung ziehen.[1004]

N,27–29 Es ist möglich, dass noch mehrere fragmentarische Zeilen folgten, die im Disegno nicht angezeigt sind und Kol. O direkt an Kol. N anschloss.

M,1–7 In den ersten Zeilen ist der Name des Lakydes nicht unerwartet. Vielleicht wurde hier sogar der Text von Kol. 21 fortgesetzt. In Z. 4 ist eher an eine Korrektur des Disegno zu του als an das Demonstrativpronomen Neutrum zu denken. Platons Erwähnung ist etwas nebulös, Meklers Vorschlag (auch sinngemäß) völlig spekulativ. In Z. 7 scheint im Disegno eine rechte Klammer gezeichnet, wenn nicht lediglich ein Buchstabe am Ende der Zeile verschrieben wurde.[1005]

M,8–9 Vielleicht stand schon in Z. 8 ein Verb des Sterbens. In Z. 9 ist ein Partizip im Akk. Pl. wahrscheinlich.

M,10–11 Die Partikel stand nur schwerlich an dritter Stelle. Sollten die Namen des Telekles und Euander nicht in Z. 19–20 zu ergänzen sein, könnte hier vermerkt worden sein, dass Lakydes diese als Nachfolger zurückgelassen hatte und

---

1003   Vgl. Kol. O,32–25 und Kol. 22,40–43.
1004   Fleischer (2020a), S. 220 f.
1005   Für eine Klammer spricht sich Crönert (1903a), S. 387 aus.

die anderen später hinzufügte. Jedoch dürfte sich διαδόχους δὲ τούτους eher auf die folgenden Namen beziehen. Bisher ergänzten alle Editoren θνή[c]χει in Z. 11, aber das fehlende Präfix, die Stellung sowie das Präsens wären merkwürdig.[1006] Insbesondere legen die Buchstaben im Disegno dieses Wort auch nicht nahe, während für ἐνθ[έ]cει faktisch nichts zu ändern ist.[1007] Das Wort ist im Kontext sinnig und könnte den Gegensatz zu einer Wahl bezeichnen („durch Einsetzen" bzw. „Hinzufügung zu seiner Leitung" – Lakydes war noch am Leben). Vielleicht ist in Z. 9 auch ein Komma zu setzen und κατ[α]|λιπών mit einem vorangehenden Partizip im Nominativ parallelisiert, so dass in dem δέ- Satz kein finites Verb mehr erschien.

M,11–12 Die Namensform Δήμων ist 35-mal in LGPN belegt, die Suda-Variante Δάμων 491-mal. Der *Index Academicorum* ist zwar älter und bietet gleichsam die „lectio difficilior", aber der Schreiber könnte den Namen unbewusst an das folgende Δημήτριος angeglichen haben. Womöglich ist Damon (Demon) mit einem bei Diogenes Laertius genannten Autor Damon aus Kyrene identisch, der περὶ τῶν φιλοcόφων schrieb.[1008]

M,12–14 Für das bisherige καὶ Πο]λίτην fehlt der Raum, so dass das Nomen πολίτης (ohne καὶ) zu präferieren ist, welches durch ein von mir unabhängig von Crönert[1009] erwogenes ὕc⸍τερον in Z. 13 eine gewisse Bestätigung fände. Offenbar wurde Demetrius erst später Bürger von Phokaia,[1010] was mit den dort geborenen Telekles und Euander in Verbindung stehen könnte. Vielleicht kam Demetrius ursprünglich aus Athen. Die Korrektur über Z. 14 ist nicht eindeutig.

1006   Zweifel am Wort schimmern schon bei Wilamowitz-Moellendorff (1910), S. 408 Fn. 1 durch: „(In Z.) 11 hat θνήcχει Mekler so leicht hergestellt, dass man das befremdende Simplex hinnehmen muss."

1007   Die Änderung des ε zu θ ist kaum eine echte, da das ε am Rand einer Lücke geschrieben ist. Eine Worttrennung ἐν θέcει wäre entfernt zu erwägen, aber die Junktur ist im Sinne einer (bildhaften) Adoption nicht belegt und wäre im Kontext lexikalisch schwer zu interpretieren.

1008   D.L. 1,40: Δάμων ὁ Κυρηναῖος, γεγραφὼς Περὶ τῶν φιλοcόφων, πᾶcιν ἐγκαλεῖ, μάλιστα δὲ τοῖc ἑπτά, Vorschlag von Classen (1965).

1009   Crönert (1906), S. 75 (er transkribierte aber unmöglich: καὶ Φ]αῖτην Φωκαέα, ὕcτερον Ἀρκάδα, καὶ δύ' etc.). Die Änderung des Disegno für das Adverb ist recht drastisch, aber mangels Alternative wohl geboten.

1010   Für die Junktur von Ethnikon im Genitiv Pl. und πολίτης vgl. etwa And. 1,139 (Κηφίcιον τὸν πονηρότατον Ἀθηναίων, ὧν οὗτός φηcι πολίτης εἶναι οὐκ ὤν); Athen. V 212f (καὶ ἀποθανόντα κληρονομήcαc παρέγγραφος Ἀθηναίων πολίτης ἐγένετο – FGrH 87 F 36); Flav. Joseph. c. Apionem 2,264 (Cωκράτης μὲν οὖν πολίτης Ἀθηναίων τοιαύτην ὑπέμεινε τιμωρίαν).

Vielleicht stand auch (erst) der Akkusativ. Vermutlich liegt bei der Kardinalzahl keine *scriptio plena* vor.

M,15–17 Dorandis [υἱός] ist eher *exempli gratia* im Text. Alternativ könnte man annehmen, dass einige falsche Buchstaben im Papyrus getilgt wurden und der Genitiv direkt von ἦν abhing. Womöglich war auch etwas in Z. 16 über der Zeile eingefügt und ˋορος´ wurde daher vom *disegnatore* fälschlicherweise zu weit oben angesetzt. In Z. 16 scheint nämlich der zu erwartende Name Καλ[λικρά-του]ϲ (vgl. Kol. 28,2–3) deutlich zu lang für den Raum. Sollte der *disegnatore* die Distanz nicht völlig verfehlt haben, war der Name wohl verschrieben bzw. korrigiert. Die Sequenz λωτην in Z. 18 erlaubt für Moschion nur das Ethnikon von Mallos, welches exklusiv hier bewahrt ist.

M,18–21 Für das Drucken der drei Eigennamen im Text, wie es auch frühere Editoren taten, habe ich mich nur mit einigen Bedenken entschieden. Letztlich wäre es aber verantwortungsloser gewesen, die Namen nur im Apparat anzugeben. Von Ἀγαμήϲ[τορα sind die ersten beiden Buchstaben recht sicher, der Name fügt sich gut zum Raum und der Philosoph erscheint prominent in den *Chronica*-Versen. Es steht wohl κ[α]ὶ in Z. 19, so dass die Änderung der Buchstaben, auch mangels echter Alternativen, gerechtfertigt ist.[1011] Anders als in Kol. 28,6–7 vermisst man eine Herkunftsangabe und einen Vaternamen, aber Agamestor ist ein so seltener Name, dass weitere Angaben wohl nicht nötig waren.[1012] Die Entscheidung für Euander und Telekles fiel auch deshalb, da sie als Paar die Liste abrunden. Das Ethnikon Φωκέα passt vorzüglich am Ende der Liste und würde auch durch Kol. 27,16 eine Bestätigung erfahren.[1013] Vielleicht stammte Telekles entgegen der Angabe bei Diogenes aus einer anderen Stadt. Mekler hat mit Verweis auf den Suda-Eintrag für Euphorion – berühmter hellenistischer Dichter, Autor und Bibliothekar des Antiochos III. – den Namen in Z. 20–21 ergänzt,[1014] aber Euphorion tritt nirgends als Nachfolger oder promi-

---

1011   Wilamowitz-Moellendorff (1910), S. 408 Fn. 1 äußerte leichte Skepsis: „(In Z.) 18 ergänzt Mekler Ἀγαμήϲτορα passend; aber Ἀπολλώνιον liegt nicht ferner und paßt gleich gut." Jedoch erscheint nirgends ein Apollonios als Nachfolger des Lakydes.

1012   Vgl. den Kommentar zu Kol. 28,4–9.

1013   Meklers ἀμφοτέρουϲ mit entsprechendem Plural des Eigennamens erklärt sich aus der Erwähnung eines Euander von Phokaia und eines anderen Euander von Athen in der Suda (π 1707), aber dort könnte eine Interpolation bzw. Dittographie vorliegen.

1014   Suda ε 3801: ⟨Εὐφορίων,⟩ Πολυμνήϲτου, Χαλκιδεύϲ, ἀπὸ Εὐβοίαϲ, μαθητὴϲ ἐν τοῖϲ φιλοϲόφοιϲ Λακύδου καὶ Πρυτάνιδοϲ καὶ ἐν τοῖϲ ποιητικοῖϲ Ἀρχεβούλου τοῦ Θηραίου ποιητοῦ, ... Zu Euphorion siehe etwa Meyer (2014). Fragmentsammlung von Acosta-Hughes/Cusset (2012). Bei der Angabe ergeben sich chronologische Schwierigkeiten. Sollte sie valide

nenter Schüler des Lakydes in Erscheinung und dürfte diesen nur kurz gehört haben – lange bevor Lakydes seine Nachfolger um 217 oder später bestimmte. Als letztes Glied der Liste wäre er zudem unerwartet platziert. Auch lebte er zu jener Zeit vielleicht nicht einmal mehr in Athen und war auch (primär) kein akademischer Philosoph. Vielleicht ist ων α zu trennen. In Z. 21 könne ein finites Verb („starb" oder „erwählte") gestanden haben, was sich auf Lakydes bezieht. Die *paragraphos* zeigt einen neuen Abschnitt an.

M,21–40 Die Zeilen könnten noch Lakydes gelten, wahrscheinlicher aber Telekles und Euander, da diese in Kol. N behandelt werden. Ferner wäre auch an Hegesinus zu denken, aber die Ergänzung seines Namens in Z. 29 und 35 ist spekulativ bis willkürlich.[1015] Das ὀλίγον in Z. 23 könnte eine bestimmte Zeit oder einen Zeitraum beschreiben.

Endversion (PHerc. 164)

frg. 1 Das Fragment ist nur im Disegno erhalten. Crönert glaubte, es könne sich um eine Fälschung handeln (dagegen siehe I 7.3).[1016] Gaiser versuchte einige Wörter zu restituieren. In der Tat fällt auf, dass trotz mehrerer Buchstaben kaum sinnige Kombinationen und somit Ergänzungen möglich sind. Dies könnte dem Umstand geschuldet sein, dass das Fragment vom Anfang der Rolle bzw. vom ersten entwickelbaren Teil stammt und daher sehr stratifiziert und schlecht lesbar war. Der Umfang von 12 Zeilen könnte tendenziell gegen Authentizität sprechen, da er höher als bei den folgenden Fragmenten ist. Jedoch war die Rolle zu Beginn vielleicht noch nicht auseinandergebrochen und kohärenter zu entwickeln.

frg. 2 Für dieses Fragment siehe – mutatis mutandis – die Anmerkungen zu frg. 1.

frg. 3 Wahrscheinlich ist das Fragment der Platon-Vita zuzuordnen. In Z. 4 liest man von einem Buch oder Büchern.

---

sein, muss Euphorion um 240 v. Chr. einer der ersten Schüler des Lakydes gewesen sein oder diesen gar noch unter dem Scholarchat des Arkesilaos gehört haben. Für Euphorion sind zwar einige Prosawerke bezeugt, aber keine philosophischen Schriften.

1015   Vgl. Wilamowitz-Moellendorff (1910), S. 408.
1016   Crönert (1903a), S. 370.

frg. 4 Für die inhaltliche Interpretation siehe die entsprechenden Ausführungen zur Entwurfsversion (*PHerc.* 1021, Kol. V,4–8). Aufschlussreich ist, dass die Position auf der cornice tendenziell bis wahrscheinlich nahelegt, dass die Passage in der Endfassung vor frg. 7 erscheinen sollte und somit „vom Rekto aus gesehen" vor Kol. 6,12–14. Vielleicht wurde die Verso-Kolumne V somit vor der Schülerliste Platons und direkt nach seinem Tod (Kol. 5,44) integriert.

frg. 5 Die wenigen Buchstaben erlauben keine Folgerungen.

frg. 6 In Z. 3–4 ist die Ergänzung des Namens Spinthar nahezu unumgänglich. Zur Identität und der Verbindung mit Platon (über Aristoxenos) oder Herakleides siehe Quellen frg. 6 und Einordnung frg. 6.

frg. 7 Die Passage erscheint in Ergänzung 4 und in Kol. 6,12–14. Das Fragment zeigt, dass Ergänzung 4 in der Endversion – wie zu erwarten – im Haupttext erschien. Der Raum für das Relativpronomen οὕ]c ist ausreichend, was Giannattasio Andrias Annahme der Variante ὡc unnötig macht.

frg. 8 Die wenigen Buchstaben erlauben keine Folgerungen.

frg. 9 Die wenigen Buchstaben erlauben keine Folgerungen.

frg. 10a Vielleicht gehört das Fragment schon zur Herakleides-Vita.

frg. 10b Vielleicht ist in Z. 3 die Partikel zu trennen.

frg. 10c Die Kombination κλε könnte zum Eigennamen Herakleides gehören (siehe Einordnung frg. 6). Im Hinblick auf frg. 12 sei immerhin erwähnt, dass auch ein bekannter Dionysios-Feind in Syrakus Herakleides hieß.

frg. 11 In Z. 3 könnte das Verb zu einer Quellenangabe gehören.

frg. 12 Das Fragment wurde von mir erstmals auf Basis zweier separater Schichten (Fragmente) zusammengeführt. Der Inhalt ist interessant, da wir laut der Aussage in Kol. 10,33–40 keine eigene Behandlung des Dion erwarten und die Stelle auch nur schwer in Kol. Z, Y, X zu integrieren ist. Ferner dürfte das Fragment nach der Logik des Klebens auf der cornice auch hinter dem Leben Platons einzuordnen sein. Das Verb in Z. 2–3 ist nicht sicher, aber wir benötigen ein zum Raum passendes Partizip Medium mit Dativ. Das Partizip steht offenbar auf gleicher Ebene wie dasjenige in Z. 4. Im Folgenden erwartet

man inhaltlich „ihn aber nach langer Zeit nicht besiegen konnte". Somit dürfte sich das Fragment auf 357–355 v. Chr. beziehen, als Dion in Sizilien landete, Syrakus im Handstreich einnahm und den Tyrannen Dionysios II. zunächst aus der Stadt und dann auch aus Ortygia vertrieb. Noch zu Lebzeiten Dions versuchte Dionysios aber die Tyrannis wiederzuerringen, was ihm nach Dions Ermordung 354 v. Chr. letztlich auch gelang. In welchem Kontext ist nun Dions zeitweilige Vertreibung des Dionysios genannt? Man könnte einen Bezug zu Platon vermuten (vgl. den *Siebten Brief*), aber dies ist ganz unsicher. Auch ist zu bedenken, dass Speusipp Platon auf der dritten Sizilienreise begleitete, Kontakt zu Oppositionellen in Syrakus unterhielt und in Athen offenbar ein enger Vertrauter Dions war.[1017] Auch Xenokrates begleitete Platon auf dieser Sizilienreise.[1018] Ferner wäre über einen Bezug zu Ergänzung 9 (nach Erklärung der Nichtbehandlung Dions) nachzudenken. Dass die Zeilen in der Herakleides-Vita erschienen, ist eher unwahrscheinlich, wenngleich nicht ausgeschlossen.

frg. 13 Vielleicht bezieht sich das Fragment auf die Ankunft des Herakleides in Athen oder das Leben des Xenokrates (am ehesten Überlappung mit einer der Ergänzungen des Rekto).

frg. 14 Die wenigen Buchstaben erlauben keine Folgerungen.

frg. 15 Die wenigen Buchstaben erlauben keine Folgerungen.

frg. 16 In Z. 3 dürfte wahrscheinlich ein Schülerverhältnis beschrieben sein – vielleicht, dass Herakleides jemanden hörte (D.L. 5,86).

frg. 17 Gegen Gaisers Ergänzung der „Prophetin" sprechen die Position und der Umstand, dass eine Überlappung mit Kol. 9,20 ff. sehr unwahrscheinlich bis ausgeschlossen ist. Desungeachtet ist eine Platzierung in den verlorenen Herakleides-Kolumnen wahrscheinlich.

frg. 18 Das *Sottoposto* dürfte trotz der spärlichen Spuren mit Kol. 9,3–4 überlappen, was auch etwa durch den Abstand zu frg. 23a (Ausfall einer Kolumne zwischen den Kolumnen, zu denen die Fragmente gehören – vgl. I 7 3) bestätigt wird. Sollte als zweiter Buchstabe der ersten Zeile o zu transkribieren sein,

---

1017 Trampedach (1994), S. 110–112.
1018 D.L. 4,6; Kol. 8,22 ff.

spräche dies für „Heraklit" und nicht „Herakleides" in Kol. 9,2, aber auch das ε
von ἔϲτιν ist möglich.

frg. 19 Die wenigen Buchstaben erlauben keine Folgerungen.

frg. 20 Die Passage gehört gewiss zu den auf dem Rekto verlorenen Herakleides-Kolumnen.

frg. 21 Die wenigen Buchstaben erlauben keine Folgerungen.

frg. 22 Aufgrund der Anordnung auf der cornice gehört die Passage am ehesten zur Herakleides-Vita, in welcher auch Xenokrates genannt war. Eine Zuordnung zur Xenokrates-Vita ist indes nicht ausgeschlossen. Der Name des Krates
ist nur schwerlich zu ergänzen.

frg. 23a Für die inhaltliche Interpretation siehe die entsprechenden Ausführungen zur Entwurfsversion (*PHerc.* 1021, Kol. 10,10–14).

frg. 23b Die wenigen Buchstaben erlauben keine Folgerungen.

frg. 23c Vermutlich liegt der Stamm „schreiben" vor.

frg. 23d Die wenigen Buchstaben erlauben keine Folgerungen.

frg. 23e Die wenigen Buchstaben erlauben keine Folgerungen.

frg. 24 Die wenigen Buchstaben erlauben keine Folgerungen.

frg. 25 Für die inhaltliche Interpretation siehe die entsprechenden Ausführungen zur Entwurfsversion (*PHerc.* 1021, Kol. 11,11–16).

frg. 26 Für die inhaltliche Interpretation siehe die entsprechenden Ausführungen zur Entwurfsversion (*PHerc.* 1021, Kol. 11,39–12,3).

frg. 27 Die wenigen Buchstaben erlauben keine Folgerungen.

frg. 28 Für die inhaltliche Interpretation siehe die entsprechenden Ausführungen zur Entwurfsversion (*PHerc.* 1021, Kol. 8*,42–47).

frg. 29 Für die inhaltliche Interpretation siehe die entsprechenden Ausführungen zur Entwurfsversion (*PHerc.* 1021, Kol. 13,43–46).

frg. 30 Die wenigen Buchstaben erlauben keine Folgerungen.

frg. 30b Die wenigen Buchstaben erlauben keine Folgerungen.

frg. 30c Die wenigen Buchstaben erlauben keine Folgerungen.

frg. 31 Das Fragment ist nur in den Disegni erhalten, aber das Substantiv in Z. 4 sollte beweisen, dass es tatsächlich zum Papyrus gehört. Jedoch ist das Stück nicht in Kolumnen 13 bis 16 unterzubringen. Vielleicht gehörte es zu den verlorenen Arkesilaos-Kolumnen oder ist anderweitig einzuordnen.

frg. 32 In Z. 4 wäre vielleicht φω|[ν- zu erwägen.

frg. 33 Vielleicht gehört das Fragment zum verlorenen Teil der Arkesilaos-Vita (nach Kol. 19), zum verlorenen Teil einer Verso-Kolumne (Kol. Q,R,S) oder einer Ergänzung (11 oder 12). Die ersten beiden Zeilen würden eine Einordnung (Überlappung) in Kol. S,19–20 attraktiv machen (auch aus „Abstandsgründen" zu Polemon), aber die folgenden Zeilen sind nur schwerlich mit den Resten in Kol. S zu harmonisieren (siehe den Kommentar zu Kol. S,19 ff.).

TEIL IV

Diplomatisches Transkript

∵

Diplomatisches Transkript

PHerc. 1691/1021

(Entwurfsversion – Rekto mit Ergänzungen und Verso)

PHerc. 164

(Endversion)

Entwurfsversion – Rekto (*PHerc.* 1691/1021)

PHerc. 1691: Kol. a–c (Rekto)
PHerc. 1021: Kol. 1*–36 (Rekto)

∵

Abkürzungen – Entwurfsversion

P	*PHerc.* 1691/1021
O	*Oxforder Disegno* von *PHerc.* 1021 (Kol. 1–32, M–Z)
N	*Neapolitanisches Disegno* von *PHerc.* 1021 (Kol. 1–36)
I	Druckfahnen (VH²) von *PHerc.* 1021 (Kol. 1–36)
VH²	Herculanensium voluminum quae supersunt, Neapel, 1862, I,162–197
HSI	Hyperspektralbilder (Hyperspectral Images)

cr.	'cornice'
pz.	'pezzo'

||	neues Lemma (Disegni-Buchstaben und unsichere Papyrusbuchstaben beschrieben)
Ti.	Tinte (*Position/Höhe in Zeile/Ausmaß/Form nicht eindeutig bestimmbar*)
Vert.	Vertikale
Horiz.	Horizontale
Rund.	Rundung (Halbkreis/Viertelkreis/Achtelkreis)
Schräge	steigende Schräge (von links nach rechts aufsteigend – ca. 20–70°)
Fall.	fallende Schräge (von rechts nach links absteigend – ca. 20–70°)
Verbi.	Verbindung (zweier Linien/Elemente)
Fuß	Fuß eines Buchstabens
Haken	Haken (ggf. zwei Elemente)
Korr.	Korrektur
Einfüg.	Einfügung
Buchst.	Buchstabe(n)

unten	im unteren Bereich der Zeile
mittig	im mittleren Bereich der Zeile
oben	im oberen Bereich der Zeile
unten/mittig	sowohl im unteren als auch im mittleren Bereich der Zeile
mittig/oben	sowohl im mittleren als auch im oberen Bereich der Zeile
unten/oben	sowohl im unteren als auch im oberen Bereich der Zeile
re.	rechts
li.	links
ob.	oberer
unt.	unterer
berühr.	berührend(er)
wahrs.	wahrscheinlich
gerund.	gerundet

blas.	blasse(s/r), verblasste(s/r)
and.	andere(s/r)
und dann	weiter rechts stehend

Kol. a
```
         ]....απερον
      ].[.]..ηϲδ[.]..ριβηϲ
...]....[.....].[..]πα..[
....]...ιχοινω.[..]..α.[]ε.
```
5
```
...]..ω[.]τετωιβο..ομε
..].......[.].[.....
         ].ντ[.]ϲˋ.χου..´αλλα
         ]..[.].τουτο
...]...αλλ..[....]..ν
```
10
```
        ].[.]ρε.[..]..λον
      ]α..π.[....]ε.ι
      ]..μετα..[..].
...].ρ.βηϲε.[]τ.[...]εϲ
      ]..ωνι....[..].
```
15
```
       ].εγ.[.]..ν.[....
      ]..οθεϲε.[]τ..[..
      ].ντ...α[..]...[
      ]..οπ....[..]ν
            ].[..].[
```
20
```
            ]τη
        ]...[..]....ω[
        ]..[...]...
            ].[.].η
         ].[....]υ
```
25
```
       ].α....[..
```

Vor dieser Kolumne sind etwa 10–25 Kolumnen verloren

PHerc. 1691, pz. 2, Kol. 1

1 Vert. unten ‖ Fall. unten ‖ Ti. unten ‖ Vert. unten   2 Ti. oben ‖ Ti. oben ‖ γ oder τ ‖ Ti. mittig ‖ re. Teil von Horiz. oben   3 Ti. unten ‖ Vert. mit Verbi. oben und dann Ti. (μ oder ν wahrs.) ‖ Ti. mittig ‖ Ti. mittig (α oder δ?) ‖ Vert. mit Verbi. oben (zwei Buchst.?) ‖ Ti. unten ‖ Vert./Schräge und dann Ti. unten (π,ν wahrs.)   4 Ti. unten ‖ Vert. ‖ Rund. mittig (ω wahrs.) ‖ Vert./Schräge ‖ Ti. unten (re. Fuß?) ‖ γ oder τ ‖ Ti. ‖ Vert. unten   5 Fall. ‖ Rund. ‖ Ti. unten ‖ α,δ,λ   6 Ti. ‖ Ti. ‖ Ti. ‖ Ti. ‖ κ oder χ wahrs. ‖ Ti. mittig ‖ μ oder ν ‖ μ oder ν   7 Ti. (Schräge?) mittig ‖ (Anfang von Einfüg. unsicher, wahrs. nach c) Ti. oben ‖ Rund. (ε wahrs.) ‖ Ti. (Fall.?) unten   8 Horiz. oben ‖ Rund. oben ‖ Vert. mit Verbi. oben (υ wahrs.)   9 Schräge unten ‖ Vert. unten (gleicher Buchst.?) ‖ Ti. unten ‖ Rund. (o oder ω) ‖ Ti. oben und dann unten ‖ Ti. unten/oben (τ?) ‖ Ti. mittig (Rund.?)   10 Ti. (Fall.?) oben ‖ Ti. oben ‖ Ti. (Fall.?) unten ‖ Ti. unten   11 Schräge und dann Ti. oben (χ?) ‖ Ti. ‖ Rund. unten ‖ γ oder χ   12 Ti. ‖ Ti. mittig ‖ Ti. unten ‖ Fall. oben (χ?) ‖ Vert. (re. Teil von ν?)   13 Horiz. oben ‖ Vert. oben ‖ Vert. und dann Ti. mittig (χ oder ιϲ wahrs.) ‖ Ti. oben   14 α,δ,λ ‖ γ oder ρ ‖ zwei leicht gerund. Horiz. (ζ,χ,ϲ) ‖ Rund. ‖ Ti. unten ‖ Rund. unten und Ti. mittig (ε wahrs.) ‖ Vert.   15 Ti. unten ‖ Ti. oben ‖ Vert. mit Verbi. oben (ν oder υ?) ‖ Ti. mittig ‖ Rund. (ω möglich)   16 Ti. oben ‖ Horiz. oben ‖ Vert. ‖ Rund. (o oder ω wahrs.) ‖ Ti. oben (ε?)   17 Ti. mittig ‖ Ti. mittig ‖ Ti. ‖ Vert. ‖ Ti. oben ‖ Vert. und Schräge oben und dann Ti. mittig (ob. Teil von β?) ‖ α,δ,λ,χ   18 Ti. ‖ π oder τ ‖ Ti. unten ‖ Rund. (o oder ρ wahrs.) ‖ Vert. ‖ Schräge unten   19 Ti. ‖ Fall. (α?)   21 Ti. und dann Vert. (gleicher Buchst.? ν?) ‖ Ti. unten ‖ Ti. unten ‖ Ti. oben ‖ ε oder θ ‖ Ti. oben (ρ?) ‖ Ti. oben (ι?)   22 Vert. mit Verbi. (re. Teil von η?) ‖ γ oder ν ‖ Ti. ‖ Ti. (Rund.?) ‖ Ti.   23 Ti. ‖ Ti. mittig   24 Schräge unten   25 Vert. ‖ Ti. mittig ‖ Ti. (Rund.?) unten ‖ α oder δ ‖ Haken oben

.........].ο..αγ.[..
[................]
...........]...[...
............]..[]η[.
30   ....]...[...
...........].[..]α.[...
...........]....ε.[..
...........].δε[...
............].ο..[.
35   ....]..[...].
...............]......
............].εν...[
............]....ν[
............].νεϲ.[..
40   ....].ουκω.[
............]..ου.[
...............].αν
................].[
[................]
45   ....].[

26 Horiz. oben || Ti. (Horiz.?) oben || Ti. unten ||
Ti. unten   28 Ti. unten || Vert. unten || Rund.
|| Ti. unten   29 Ti. mittig || Teile von zwei Vert.
und Horiz. (π?)   30 Ti. || Teil von Horiz. und
dann viell. Verbi. nach re. und dann Ti. oben (ν
möglich) || Ti.   31 Ti. oben || Schräge   32 Ti. ||
Ti. || Ti. || Schräge || μ oder ν   33 Ti.   34 γ,π,τ
|| Vert. und dann Ti. oben (ν?) || Vert. unten   35
Ti. mittig || Ti. (Rund.?) mittig || Ti. (ε,ξ?)   36
blas. Ti. mittig || Rund. unten || Ti. (Rund.?) mit-
tig || Ti. || Ti. || Ti.   37 γ,π,τ || Rund. (ο möglich)
|| Vert./Schräge und Ti. mittig und and. Vert. (μ
möglich) || Rund. unten und Ti. mittig (ε mög-
lich)   38 Ti. unten || ε oder κ wahrs. || π oder
τ wahrs. || Vert.   39 Ti. unten || Vert.   40 Ti.
unten || Ti. unten und dann Fall. oben (ν mög-
lich)   41 Ti. || Vert. || Ti. oben (Fall.?)   42 π
oder τ   43 Ti. unten   45 Ti. oben

Im Hinblick auf die folgenden Kolumnen und die durchschnittliche Zeilenzahl ist es eher unwahrscheinlich, dass
unter Z. 45 noch eine weitere Zeile zu
finden war.

Kol. b

[................]
[................]
[................]
......]πρω[.........
5 .[.....]ες..[.......
..[.....].γκ.[.......
χα[....].κ..[.....]..[
χον.απολ[......]..[..].
γαρε...ος[.....]..ς..[
10 οιμεγ.ρχα[..].φοδραου
δεκα.ελε[...]ουδε.ε
τιθεσανυπο.νηματ.[.].
.υτο⟦γ⟧`´.ωνδε..τε.ει
νου[..(.)].ιπεριφυς[.].[.]..[
15 τω.[.(.)]ερ..[.]..[...].γ
ω..[.]οπ...α[.....]..[
κα...γο.[.]..[...]..[.].[
ςυνα[....]ομο.[...]...[
.[....]νεγρα[..].ιδ[..
20 .[]....[....]....ο.[
.ρος[.........].[...
παρα..[.....]..[....
ν........ε[.].[....]..[
λια..γ[........]..[.
25 γ.[.].[...]....[.......
επ..[.]δ[.]...[.......
γωγκα[...........
κρ...ν[..........
μα.[.].[...]η[.].[.......
30 .]α.[]..α[..]το[.....]..[.
.ε.[.......]..[......
.].τ.[.......]..[..]..[
κ...[....].ωςδε.[.]χ[..
ε...[......]..θα[.].[].γ[

PHerc. 1691, pz. 2, Kol. 2

5 Ti. unten || Ti. mittig || Ti. mittig   6 Ti. || Ti. (Rund.?) mittig (o oder ε wahrs.) || Rund. oben (ε wahrs.) || Ti.   7 Ti. (Vert.?) unten || α oder λ || Ti. (ob. Teil von Vert.?) oben || Ti. || Ti.   8 Ti. unten/oben || Ti. || Ti. || Ti.   9 Ti. (Vert.?) und dann Teile von Horiz. oben und Teile von Vert. (μ,ν,π wahrs.) || Vert. unten und and. Vert. (blas. π wahrs.) || Ti. oben (blas. ρ) || Ti. unten || re. Teil von ν (wenn zu vorherigen Spuren gehörig) ε,ο || Ti. || Ti. oben (ε?)   10 Ti. unten || Ti. unten/oben   11 Ti. oben || ζ oder ξ   12 Ti. unten || Ti. (Teil von Dreieck?) mittig (α wahrs.) || Teil von Horiz. unten (ς?)   13 Rund. (kleiner Buchst. – o wahrs.) || Horiz. (leicht gerund.?) || Ti. (Teil von Horiz.?) oben || Vert. und Teil von Dreieck oben (κ wahrs.) || Schräge || κ oder λ   14 γ,π,τ || Rund. || Ti. mittig || Ti. unten/oben (α möglich)   15 Ti. unten || Ti. mittig || Ti. || Ti. || Rund. unten || o oder ω   16 Ti. (wahrs. Rund.) unten || Vert. || Ti. unten und dann Fall. oben (α,δ,λ wahrs.) || Ti. || π oder τ || Ti. || Rund. (ε,ς wahrs.)   17 Ti. (Rund.?) unten || Ti. || Ti. || Ti. || Ti. unten || Ti. oben || Ti. || Ti. || Ti. unten   18 [ομο.-Stratigraphie unsicher] Schräge || Rund. || Schräge || α,δ,λ   19 Ti. oben || Ti. oben   20 Ti. (α,δ,κ,λ?) || α,δ,λ || Schräge || Vert. unten || Ti. (gleicher Buchst.?) || Rund. || α,δ,λ || ι oder τ || α oder λ || υ oder φ || Ti. (Teil von Horiz.?) oben || Ti.   21 Teile von Vertikalen || μ oder ν   22 Ti. unten || Ti. (Haken?) oben || Ti. || Ti. unten   23 ε oder o || π,τ,υ || Ti. || ε oder o || Ti. unten || Ti. unten || Vert. (γ,μ,ν,π wahrs.) || α,δ,λ || Ti. || o oder ω || Vert./Schräge   24 [paragraphos unsicher] Ti. (Rund.?) unten || Ti. || Ti. || Vert.   25 Ti. || Ti. || Ti. || Ti. || Ti.   26 Ti. || Ti. || Ti. unten || Vert. || Ti. oben   28 Ti. unten || Ti. oben || Ti. oben   29 Ti. oben (ob. Teil von α,δ,λ wahrs.) || Ti. || Ti.   30 ε oder θ || Vert. || π oder τ || Ti. oben || Ti. oben   31 π oder τ || ς oder ω || Ti. || Rund.   32 Ti. (Haken? η oder ν?) || Ti. oben || Ti. unten || Ti. unten || Fall. || α,κ,λ,ν,   33 Ti. unten (Vert.?) || Ti. (Haken?) oben (ν?) || α,η,κ,ρ || Ti. || Vert. unten und dann Ti. oben (ρ?)   34 Vert. || Ti. mittig || Ti. mittig || Rund. oben || α,δ,λ || Ti. oben || Ti. (Rund.? η?)

35   ....[....]αγ[...].ϲ
       καλ.υ.[.]...[.].cωφ..ν
       ουτωϰαιπλατων.[.].[.
       χλ[.].ντaϲτεϰαι.[....].ο
       .ενουϲαλληλοιϲ.[....
40   πουϲτιναϲαειχα[....].[
       .ζενηλιϰιαι..εδ.[..(.)]...
       ϰαιτροποιϲϰαιπροα..[....
       βιωνϰαιτουτων....[...
44   απο......ουϲπ...[

35 Fall. oder Rund. || π oder τ || Rund. unten || Ti. || Ti. || Ti. || Ti. || Vert. oder Rund.   36 (Stratigraphie in Mitte der Zeile unsicher) Rund. mittig || Ti. unten || Ti. oben || o oder ω || Rund. (ϲ?) || ε,ϲ,ο || Rund. oben || Ti.   37 Ti. (Rund.?) oben || Teil von Vert. und Ti. oben   38 Ti. oben || Ti. (Teil von Vert.?) unten und Ti. oben (δ möglich) || Ti. oben   39 μ oder ν || α,λ,χ   40 Rund. (ε wahrs.) 41 Fall. unten || Rund. (zwei Buchst.?) || π, τ, ξ || Ti. || Ti. (Rund.?) oben || Teil von Vert. || Rund. 42 Vert. unten || Vert. unten   43 ε oder θ || Vert. (oder dunkle Faser?) || blas. ϰ wahrs. || Ti. (Rund.?)   44 Ti. || Ti. || ε oder o|| μ,ν,ϰ || Ti. oben || μ,ν,τ || Ti. (ε?) || Rund. oben (ε oder π wahrs.) || Ti. oben

Kol. c

```
    [................]
    [................]
    [................]
    [................]
 5  [................]
    [................]
    [................]
    [................]
    [................]
10  [................]
    κ..φορτ.[.]ọ.[......
    .]..ςανα.[..........
    ..τερ[.]ε̣.[.........
    ωςκα.[.]ọ.ε̣[......]ον
15  .].[]..[..]....[.......
    ..].ογκαι.[........
    .].[....]νουδε[.......
    ..].[.[.]ακαι[........
    ..].[..............
20  ..].[..............
    [................]
    ....]...[.........
    ....].[..].[.......
    .[...].[.]ωγ.[........
25  ....].[..].[.........
    ......]..τ.[.......
    ....]π.[..]..[.......
    ....].[............
    [................]
30  ...[.............
    ...].αυμ.φ[........
    .........].τ.[.....
    ..[.......]..[...].υ[
    ..........]...[....
35  ..........]κε.[....
    ......]ọπ..[......
    ........].αρε.[.].[...
    .[......]....[......
    .........].τε[....
40  ......]....ε.[.....
```

PHerc. 1691, pz. 2, Kol. 3

11 Ti. oben || re. Teil von ω oder α̣ι̣ || Teil von Vert. || Ti. 12 π oder τ || Vert. und dann Ti. (η?) || Ti. 13 α,δ,λ || Rund. || Ti. (Fuß?) unten 14 Ti. unten || μ oder ν || ον +1 15 Vert. mit berühr. Schräge || μ,ν,π || α,δ,λ || μ oder ν || Ti. mittig || Rund. || Ti. unten 16 Ti. || Vert. mit Ti. oben (γ möglich) 17 Ti. unten 18 Ti. || Ti. 19 Fall. 20 Ti. unten 22 Ti. || Ti. || Ti. 23 Ti. || Rund. unten || Fuß von Buchst. 24 Ti. || Ti. || Vert. 25 α,δ,λ || Ti. || Schräge 26 Ti. oben || Ti. || ο oder ω 27 blas. Ti. (α?) || Ti. und Teil von Horiz. oben || Ti. (Teil von Horiz.?) oben 28 Ti. oben 30 Ti. || Ti. || Ti. 31 Ti. (Fuß von Buchst.?) || α oder λ 32 μ oder ν || α,δ,λ 33 ρ oder φ || α,δ,λ || Vert. || ε oder θ || Ti. +1 || υ +1 34 || η oder π || ε oder θ || ο oder ω 35 Vert. 36 Schräge unten (α,δ,λ wahrs.) || Ti. 37 γ,π,τ || Ti. unten || Ti. 38 Ti. || Ti. (Vert. unten?) || Rund. || Ti. || α,δ,λ 39 Ti. oben 40 Horiz. oben und Ti. unten (τ?) || Ti. || Ti. unten || Ti. (Rund.? ς oder τ?) || α,δ,λ

......].[....]..ρϙ[..

...]τ̣...[...]..[.....

43   .].[..]...γ̣...[.].[....

41 π oder τ || Ti. oben (ε?) || ϲ oder χ   42 α oder
ρ || Fall. oben || Ti. || blas. Ti. (δ oder λ) || Ti.   43
Ti. unten/mittig (ε?) || Ti. unten || Ti. unten || Ti.
oben und Teil von Vert. || Ti. unten || Ti. unten
(gleicher Buchst. wie voriger?) || Ti. (Rund.?) ||
Ti.

5 Kolumnen zwischen *PHerc.* 1691 **Kol. c** und *PHerc.* 1021 **Kol. 1* verloren**

	Sovrapposti von PHerc. 1691	Sovrapposti von *PHerc.* 1691 Kol. b und c

Erste verlorene Kolumne   Erste verlorene Kolumne

Etwa auf Höhe von Z. 8–9 zu Beginn

8   . . .]δ[. . . . .   8 δ $^{+1}$ 9 νϱ $^{+1}$
9   . .]νϱ[. . . . .

Etwa auf Höhe von Z. 34–35 zu Beginn

34   .] .ν .[. . . . .   34 Ti. oben^{+1} || ν^{+1} || Ti.$^{+1}$ 35 Ti. mittig (κ?)
35   ] .α . . .[. . . . . $^{+1}$ || α^{+1} || π oder τ^{+1} || α oder λ^{+1} || α oder λ^{+1}

Etwa auf Höhe von Z. 37–42 am Ende

37   . . . .] . . . . .[37 **Fuß** $^{+1}$ || α oder λ^{+1} || **Ti. unten (Rund.?)** $^{+1}$
     . . . .]κα .κε .[|| **Ti.**$^{+1}$ || **Rund. unten**$^{+1}$ 38 κα^{+1} || **Ti. (Fuß?)**
     . . . .]χοντϲ[**unten (ι,κ,ϲ?)** $^{+1}$ || **Vert.**$^{+1}$ || κε^{+1} 39 χοντϲ$^{+1}$
     . . . .]αυταου[40 αυταου^{+1} 41 ϵπϱαττ^{+1} 42 **Rund. unten**$^{+1}$
     . . . .]ϵπϱαττ[. || ϱ^{+1} || **Ti. mittig (α oder η wahrs.)** $^{+1}$
42   . . . .] .ϱ .[.

Zweite verlorene Kolumne   Zweite verlorene Kolumne

Etwa auf Höhe von Z. 23–24 zu Beginn

23 ....] ..ροϲχ.[.   23 Ti. [+2] || π oder τ [+2] || ροϲχ [+2] || Ti. mit-
24 ....]λοϲοφ[..   tig/oben (η oder ν wahrs.) [+2]   24 λοϲοφ [+2]

Dritte verlorene Kolumne   Dritte verlorene Kolumne

Etwa auf Höhe von Z. 34–36 zu Beginn

34 ...]πε .[...........   34 πε[+2] || Fall. oben[+2]   35 Vert.[+2] || αν[+2]   36
   ..] .αν[............   ταμε[+2]
36 ...]ταμε[..........

Vierte verlorene Kolumne

Keine Überreste

Fünfte verlorene Kolumne

Keine Überreste

Kol. 1* [................]
         [................]
         ....]η.[].[
         ....].τ.
5   ....]καθα[
         ....]...[.]εγ
         ....].ον
         ....].[.]..
         ....].ηνδια
10   ....]αχα[
         ....]και
         ....].μ.λειαν
         ....].ελευομε
         ....]c[..].ταιςπο.
15   ....].[..(.)]κευαζε[
         ....]γ[..].αδ.αι.[.
         ....]..νο.[.].θετ[.
         ....].ο..[.].[.].ο.[
         ....]γτες.[..].[....
20   ....].[]α.[...].[....
         ....].[.].ε.
         ....]ου.
         ....]..[....
         [................]
25   [................]
         ....].οc
         ....].
         ....]..
         ....].τα
30   ....].
         [................]
         ....].
         [................]
         [................]
35   [................]
         [................]
         [................]
         [................]
         [................]
40   [................]

PHerc. 1021, cr. 1, Kol. 1*

3 π oder τ (verdrehtes frg.) || Rund.   4 Ti. oben (verdrehtes frg.) || ε,o,ω   6 Rund. unten || Ti. mittig || Vert. (wenn gleicher Buchst., ν wahrs.) 7 ε,κ,c,χ   8 Vert. || Ti. unten und dann Fall. oben (ν möglich) || Ti. unten und dann mitting   9 Ti. (Horiz.?) oben   12 Ti. || Rund.   13 Ti. mittig   14 c ⁻¹ || Vert. || li. Fuß (α,δ,λ wahrs.)   15 α **oder δ ⁻¹**   16 γ ⁻¹ || μ oder ν || ι oder ρ || Schräge **17 re. Fuß ⁻¹ || Vert. (wenn gleicher Buchst. wie voriger, ν) ⁻¹ || νo ⁻¹ || Ti. unten ⁻¹ || Ti. (Horiz.?)** oben || Rund.   18 π oder τ ⁻¹ || o ⁻¹ || α,δ,λ ⁻¹ || **Ti. unten ⁻¹** || Ti. (Rund.?) unten || Ti. (Schräge?) unten und dann blas. Spuren (κ?) || Ti. mittig || Vert.   19 γτες ⁻¹ || α,δ,λ ⁻¹ || Ti. unten   20 α,δ,λ ⁻¹ || α ⁻¹ || ξ,π,τ ⁻¹ || Ti.   21 Rund. unten || (leicht gerund.) Vert. || Vert. unten   22 Ti. oben   23 Ti. oben || Schräge/Vert.   26 μ oder ν   27 Ti. oben   28 Ti. || Ti. || Ti.   29 Ti. oben (Rund.?) 30 Ti. oben   32 Ti. oben

```
. . . . . . . . . . . . . . . .].
. . . . . . . . . . . . . . . .].ọν̣
[. . . . . . . . . . . . . . . .]
44   [. . . . . . . . . . . . . . . .]
```

41 Teil von Vert.   42 Ti. unten

Die Tinte in Z. 41–42 könnte auch zu
den umliegenden Zeilen gehören. Die
Zeilenanzahl wurde aus Basis der folgenden Kolumne geschätzt. Sie dürfte
am ehesten zwischen 43 und 45 Zeilen
liegen.

Kol. 1 ⌐ενδε⌐.⌐.μενο.[.]⌐ν⌐επα⌐ι⌐
νεκαιν⌐ιcοπ⌐αλιναπ⌐αcαν⌐
⌐τη⌐γ.⌐ε⌐[..].[..]⌐υc⌐[.(.)]⌐.ατουγ⌐
⌐εντογ⌐[..]⌐.π⌐οιc⌐ε⌐υρυθ⌐μιαν⌐[
5   προcε⌐λα⌐βεγ⌐αυτοc..πολ⌐
λ⌐αε⌐πειcηγ⌐ε.⌐κ⌐α.οι⌐δ..[..].ν
ειγεδιαπαρ⌐αιc⌐[..].[.].[....].[
γομεναλε⌐γ⌐ει⌐νπα⌐[.....
δητωνπαντωγ[....]ω
10   πωνουτοcευξηc.[..]⌐.χο⌐
⌐cοφ⌐ιανκαικατ⌐ελ⌐υc[.(.)].⌐ιτο⌐
.]⌐.⌐ρεψατομεγγα⌐ρ⌐α.[]⌐ετ⌐.[
ω⌐γε⌐ιπεινεπαυτηγδια[
τη⌐c⌐αναγραφηcτων⌐α⌐[.
15   ..γεπιπολαιωcδεκα⌐ι⌐
τ[.]...επο[...]εφιλο⌐cο⌐φε⌐ι⌐.
φαγε⌐ρ⌐αν.κ⌐αρε⌐[...(.)]⌐ει⌐[
τρ..[..]⌐φ⌐ηcιδοτι[.....]..
......]καιπ.[....]⌐ο⌐να⌐c⌐.[
20   ...].[.]⌐.φι.⌐[..]⌐οφ⌐ξ⌐ιν⌐ενδ⌐.⌐
ςιμονεδω[...]ωcτεμημ⌐.⌐
μαθηκοτα[....].ματω.[
τε⌐μ⌐ηδενμ[...]...[.]...ε[

PHerc. 1021, cr. 1, Kol. 1 = O IV 730 = N
Kol. 1 = VH² I Kol. 1 = VH² I 162

1 ε O: Rund. unten P || ν O || δ O: Vert. mit Horiz.
(nach re.) oben P || ε O: Ti. unten P || Ti. unten ||
Ti. unten Vert. (leicht gerund.?) || μ oder ν || ν O:
μ oder ν P || ι O   2 ιcο O || π O: Vert. unten P || α
O: Schräge unten P || cαν O   3 τη O: π oder τ, Ti.
mittig P || π oder τ || ε O: Ti. P || Ti. unten (Vert.
mit Verbi. oben?) || υc O: Ti. oben (blas. υ?), Ti. P
|| Ti. || Ti. || re. Teil von Horiz. O: Ti. oben P || ατ O:
Ti. oben, Ti. oben P || ου O || γ O: Ti. unten/oben
(c?) P   4 εντ O || ο O: Ti. unten P || γ O || α oder λ
O || π O: γ,κ,π,χ P || ε O: Ti. mittig P || μ O: Vert. P
|| ιαν O: Teile von Vert., Ti. unten, Ti. unten P   5
λα ON: Ti. unten, α,δ,λ P || αυ O || τ O: Ti. unten P
|| ο O || c O: Ti. unten P || Ti. unten/oben τ O: Ti.
unten P || Rund. unten O || πολ O: Vert., Ti. mittig,
Schräge unten und dann Ti. P   6 α O: li. und re.
Fuß P: λ N || ε ON: Ti. mittig P || ε ON || Vert. O || α
O || Horiz. oben O: Ti. unten P || οι O: Rund. mit-
tig, Vert. P || ob. Teil von Vert. || Fall. || Ti. (Vert.?)
mittig   7 α O: Ti. (Rund.?) oben P: ο N || ι O:
Vert. oben P || c O || Ti. || ε oder θ || ν,αι,δι,λι   8 γ
ON: Vert./Schräge P || ν ON: Teil von Vert. mittig
P || πα O: Ti., Ti. P   10 Rund. unten || Vert. unten
O: Ti. P || χο O: Ti. unten, Ti. oben P   11 cοφ O:
Rund. oben, Ti. mittig, Ti. mittig/oben P: οcω N
|| ε O: Rund. unten P: η N || λ ON: Fall. mittig P
|| Vert. unten (viell. Zum nächsten Buchst. gehö-
rig) || ι O: Ti. P || το O: Ti., Ti. P   12 Ti. (Fuß?)
unten O || ρ O: Ti. mittig P: θ N || π oder τ || ετ O:
Ti. unten/mittig, Ti. unten P || Ti. (Rund.?)   13
γ O: Horiz. oben P || ε ON: Ti. (Rund.?) oben P
14 c O || α O: α,δ,λ P   15 Haken oben (γ mög-
lich) || leicht gerund. Vert. || ι ON   16 leicht
gerund. Vert. || Ti. unten || Ti. (Rund.?) oben || c
O: Ti. unten P || ο O || ι O || Vert. unten   17 ρ ON:
Fall. oben P || Rund. || αρε O: Ti. unten, Ti. unten,
Ti. P || ει O   18 Vert. || Ti. oben || φ ON || Schräge
unten || Ti.   19 Vert. || ο O || α N: Rund. oben
P || Ti. unten   20 Rund. unten || Rund. unten
O || Schräge O || φ O: α N || ι ON || λ oder ν O ||
οφ O || ιν ON || Vert. O   21 Rund. O: Ti. unten
P   22 η,κ,c,χ || Schräge unten   23 μ O: μ oder
ν P || Ti. (Vert. und Fall.?) || Vert. und dann Fall.
|| Ti. (Rund.?) || Ti. oben und dann unten (λ?) ||
Rund. || μ oder ν

νουϲμαθε[....].ọνονˊε'ι.[

25 ꜣτο꜠τωνφι꜠λꜣ[........].ουϲ

χαταρˊι꜠θ[.].[........]...[

χα°ιμꜣ[...........].φα

.]..[.....].[.......]...

...θ[.].ε.[......].τọ.το[

30 ...ξεϲ[......].αγ.ρα

.].[...]μ̣[.........].[.].[

[....]γτου.[........]

ꜣαꜣ.[]ˊπꜣε[.(.)]θεˊcꜣ[..]..[].[]ˊκειϲꜣ

εχειν.[....]ˊ.ναꜣ...ˊομꜣε

35 νο.ˊτιꜣ.[..]ˊικꜣανονεχειν

πˊρο꜠βλ̣.[.].τ̣ηϲιδ̣ιαϲˊεμαꜣθι

α.νομ[...]ṿϲινμαλλọγδ̣ε

ꜣα.ꜣ[.......]ˊειꜣνμˊο꜠γοˊιτꜣην

ꜣτο꜠υˊ.ꜣ.[....].ˊ.χ̣αιϲˊο꜠φωτα

40 ꜣτου꜠.ιαˊ.ꜣ[....].ˊ.ꜣκαταν°οου꜠γ

ꜣτꜣεϲ[].ˊ.ꜣ[.....].ˊ.ꜣμεˊπꜣαπε

[]..[..].[.....]ˊτꜣọṿˊκαꜣτα

...].[.........]......[

44 ....]..[

24 Ti. mittig/oben || ε N: Rund. P || Ti. unten 25
το O: Ti. mittig, Ti. oben P || λ ON: Fall. P || π oder
τ 26 ι ON: ob. Teil von Vert. P || Ti. || blas. Ti. ||
blas. Ti. || Teil von Schräge und Fall. (α?) 27 ιμ
O: Teil von Vert., Ti. P || Ti. (Vert.?) mittig 28 Ti.
(Vert.?) mittig || Ti. oben || Ti. unten || Ti. oben ||
Ti. (Schräge?) oben || Rund. 29 Ti. || π oder
τ || Ti. || κ oder c || Vert. || Ti. || Schräge unten
30 ε,ρ,φ || Ti. oben || π oder τ || Ti. || ξεϲ ⁻¹ || Ti.
(ν?) || α,δ,λ 31 Ti. || μ⁻¹ || Ti. || Ti. unten/oben
(Vert.?) 32 γτου⁻¹ || **Ti. oben** ⁻¹ 33 α O:
α,δ,λ,χ P || α,δ,κ,λ,χ || π O: zwei Vert. (π wahrs.)
P || c O || Ti. unten/mittig || Ti. (Horiz.?) oben ||
Ti. mittig/oben || κει O: Ti. mittig Ti. (Rund.?), Ti.
unten, Ti. P || c O 34 Ti. (Rund.?) mittig P:
Horiz. oben O || ω oder ε (disegnatore irrte sich)
O: Ti. oben (Rund.? zwei Buchst.?) P: || ν ON: π
oder τ wahrs. P || α ON: Ti. (Rund.?) unten P || Ti.
|| Ti. || Ti. mittig || o O || μ O: Ti. oben P 35 Ti.
unten/oben (kleiner Buchst.) || τι O: Ti. unten,
Schräge P || Vert. unten || ικ O: Ti., Ti. P 36 ρ
O: Ti. unten/oben P || o O || Vert. || α,δ,λ || ε O: Ti.
unten P || μ N: Ti. mittig P: ν O || α ON: α,δ,λ P
37 Rund. oben 38 α O: Vert./Schräge P || Vert.
unten O || ε O || ι O: Teile von Vert. P || o O || ιτ
O: Vert., Ti. oben P 39 το O || Schräge oben O:
Ti. unten/oben (Vert. wahrs.) und dann Ti. unten
(gleicher Buchst.?) P || Ti. mittig || Schräge oben
O: Ti. P || o ON 40 τ O || ου O: Ti. unten, Ti.
oben P || α,δ,λ || unt. Teil von Vert. O || Horiz./Fall.
unten/mittig O || o ON: Ti. P || o N: Ti. P: c O || υ
ON: Ti. P 41 τ O || π oder τ || γ O: Vert. P || c O:
o N: ε,o,c P || π O: Ti. P 42 α,δ,λ || Ti. unten || Ti.
oben || τ O: Ti. mittig P || κ O || α ON: α,δ,λ P 43
Ti. || Rund. mittig || Ti. unten || Ti. oben || Ti. || Ti.
|| Ti. 44 Ti. unten || Vert. mit Verbi. (gleicher
Buchst.? kleines ν?)

Kol. 2 δ⌐ε⌐[.....]....[.].⌐λλοις⌐[..
     α⌐τ⌐[.]...τω.[..]φιλαν⌐ε⌐..
     πιαν[.]ενομ..ηνπρο...
     το[...]γηϲατο:[.].υτα⌐γ⌐ε⌐γρα⌐
5   φο.[...]ικαιαρχο⌐υ⌐φιλοχ.
     ρο⌐ϲ⌐ε⌐ρ⌐.ωιτηϲατ.[.].[..].⟦..⟧
     `κ´τωι⟦.⟧παρεγρ..ενεπ⌐ιτο⌐[
     .[..]αυταχ.[.].⌐α⌐..[..
     .(.)].ραξυωγ....⌐αμ⌐..
10   ....(.)]βα⌐νω⌐γ[..].ε.αγ...[
     ....]ε[].ω.[..].[..].[..
     ....]...ον⌐ε⌐[.]τω⌐ι⌐πε[..
     .]...⌐ι⌐χ⌐αια⌐νε..χενειχ[.
     .].[.]κρατους.[....].ο⌐.⌐[
15   ...]...⌐ν⌐εφωιε.[.....]πται
     ...(.)]⌐ουτ⌐ηϲ[]επ⌐ο⌐.[.]ε..[]κω
     ....]⌐υϲ⌐επι⌐γε⌐.⌐ρα⌐[..]⌐αι⌐
     .].[.....].[]αϲυ⌐χ⌐.[..].[..
     ....].ω.[]α⌐το⌐[.].[...
20   ....].υτ[.].α.χ[....
     ....].[..].....[...]ει

1 ε O || Ti. || Ti. unten || Ti. || Ti. (Rund.?) || Vert.
(leicht gerund.) || λ ON: Ti. oben P || o ON: Ti. P
|| ιϲ N   2 τ ON: Ti. unten P || Ti. unten || Ti.
(li. Fuß?) unten || Fall. oben || Ti. || ε N || Ti. || Ti.
3 Ti. || Vert. unten || Ti. || α,δ,λ || Ti. unten   4
[Ti./Punkte über und unter Zeile wahrs. Zäsur-
zeichen] || α,δ,λ || γ ON: Schräge/Vert. P || γ ON:
Schräge/Vert. P || ρα N   5 Ti. (Teil von Horiz.)
oben || υ N || Ti. oben   6 ϲ ON || ρ N: Vert. P
|| Horiz. oben || ε,θ,ϲ || α,δ,λ || Ti. (Rund.?) || Ti.
(Tilgung unsicher) || Ti. (Tilgung unsicher)   7
Ti. || Schräge (α,δ,λ wahrs.) || Ti. mittig || ιτ N: Ti.
unten, π oder τ P || o N   8 Ti. (Vert.?) unten ||
α,δ,λ,χ || Ti. oben || α N: Ti. unten P || Ti. unten
|| Ti. unten (ω?)   9 Fall. P: χ N || π oder τ ||
α,δ,λ || Ti. mittig || Ti. (vert? τ?) || αμ N: α,δ,λ,χ,
Schräge und dann Ti. oben und dann Fuß P ||
Ti. unten (ι oder o wahrs.) || Ti. (ν?)   10 νω N:
Schräge mit Verbi. oben (α,δ,λ,ν,χ wahrs.), Rund.
mittig P || Rund. || Vert. und Ti. unten (π wahrs.)
|| Ti. oben || Vert. und dann Fall. unten (χ?) || Ti.
oben   11 Fall. (α,δ,λ,χ?) || Ti. unten || ε,χ,ϲ,τ || Ti.
unten/oben || Ti. mittig   12 Ti. (Horiz.?) oben
|| ε oder ϲ || ρ oder τ || ε N: Ti. P || ι N: Ti. unten
P   13 blaϲ. Ti. (α möglich) || blaϲ. Ti. (τ möglich)
|| Ti. unten || ι N: Ti. unten P || α N: α,δ,λ P || ι N
|| α N: α oder λ P || ε oder θ || Schräge mittig und
dann Vert. (η wahrs.)   14 Ti. oben || ε oder ϲ || π
oder τ || π oder τ|| Vert. N: Ti. P   15 ε,χ,o,ϲ (selbe
Lage?) || Ti. oben || Ti. oben || ν N: Ti. oben P ||
Vert.   16 ου N || τ N: π oder τ P || o N: Rund. P ||
Schräge mittig und Teile von Vert. (η möglich) ||
Ti. unten || Verbi. mittig (χ wahrs.—selbe Lage?)
17 υϲ N: Ti. oben, Ti. (Rund.?) oben P || γε N: Vert.
unten (blaϲ. Spuren von zu diesem Buchst. gehö-
riger Horiz?), Rund. unten P || Ti. unten/oben ||
ρα N || αι N   18 Horiz. oben || Ti. mittig (ε oder
θ?) || Teil von Horiz. oben, viell. mit berühr. Ver-
tikalen (π oder τ?) || χ N: λ oder χ P || Ti. oben ||
Fall. oben   19 α oder λ || γ oder π || Ti. mittig
(ν wahrs., viell. νι) || το N: Horiz. oben, Rund. P ||
Ti. oben   20 Fall. unten || Ti. und dann Vert.
(ν wahrs.) || Ti. (Vert.?) unten   21 Ti. (Rund.?)
unten || Ti. || Ti. || Ti. || Schräge (α?)

.....]..[...]....γ̣.α̣⸢ν⸣[..] .ιϲ
.]...[..]...υ̣[...].α⸢υτω⸣[..
δ̣η̣λ̣ι̣[.......]. ⸢κα⸣.[..
..........]..[.]..[.]⸢ω⸣[..
.........].[.]α̣..θε.[
......[..]..[..(.)]κο̣ν̣α̣προ̣
ϲ̣ω̣π̣[.]ν̣..λκου[.].ι..ιγε
γρα.[.]⸢ν⸣...[.].[]⸢τ⸣α̣⸢ν⸣[.]θη̣[
..]⸢περιλυ⸣[....]⸢τενα⸣..α̣.[
....]..[...........
.] .κ.⸢υλ⸣.⸢αϲ⸣ω̣νεν.ω̣..[
.ωι⸢πα.⸣[.].ο̣μ̣[.]..ειον̣[]..[
.]⸢ακολλυτε⸣υ̣ϲη̣⸢ν⸣των.η̣[
.⸢εν⸣τ̣⸢ϲ⸣τελευτηκεν⸢αι⸣δε̣
..θεο̣.⸢ε⸣λουφ⸢η⸣ϲιναυ⸢τ⸣ον
.(.)] .ϲαντετ⸢ε⸣δ̣υοκαι̣ογδο
η̣⸢κο⸣ν ⸢τα⸣⸆ ο̣π̣ι̣ϲ̣ω̣⸆β̣ νεα ⸢ν⸣θ̣ηϲδ̣ε⸢.⸣...ϲ̣
κ⸢ουφηϲιν⸣α⸢κη⸣κ̣⸢οεναι⸣τ̣[..
α̣[.]⸢γινη⸣τ̣ουδιοτι⸢πλ⸣ατ̣[..

22 Ti. mittig || Ti. mittig (Vert.?) || Ti. oben || Rund. (ο wahrs.) || δ,λ,μ,ν,ρ || Ti. und dann Ti. (gleicher Buchst.?) || Ti. unten/mittig (kleiner Buchst., ρ wahrs.) || ν O || Ti. unten/mittig/oben (ε wahrs.) 23 Ti. (Vert.?) || Ti. (Vert. und Horiz.?) || Ti. || Ti. || Ti. || Ti. || ρ oder φ || υτω O: Vert. mit Verbi. oben (π,υ,φ?), Ti. mittig, Rund. unten (gleicher Buchst.?) P 24 Ti. || κ O: ρ oder κ P || α O || Ti. unten 25 Ti. unten || Ti. unten || Vert. unten || Vert. unten || ω O 26 Ti. unten || λ,μ,ν || Ti. oben (ε?) || Rund. unten (viell. Verbi. mit and. Buchst.) P: Vert. O (vor θε wurde entweder in O getilgt oder blas. αιφιλ) 27 Ti. (Rund.?) unten || Ti. (Fuß?) unten || Ti. unten und dann Ti. (μ wahrs.) || α,δ,λ || ε oder θ || Ti. mittig (Teile von Vert.?) || Ti. unten und dann oben || Ti. unten || Ti. mittig (η wahrs.) 28 λ oder χ || α,δ,λ || Ti. unten/oben (η möglich) || Ti. (Rund.?) mittig || π oder τ 29 Ti. oben und dann Vert. P: ω O || ν O: Fall. und dann Vert. P || ϲ oder τ || Ti. (Rund.?) || Horiz. und dann Schräge (selbe Lage?) || Ti. unten und dann Vert. (ν wahrs.) || τ O || ν O: ν oder υ P 30 περιλυ O || τ O || ε O: ε oder θ P || ν O: Vert. P || α O || Ti. || blas. μ wahrs. || Ti. unten/oben 31 Ti. || Ti. 32 Ti. || α oder λ || υλ O: Ti. unten/oben, Ti., (Horiz. oben und Vert.?) P || Schräge und Ti. oben || [diese zwei Buchst. sind wahrs. in der falschen Zeile in O] α O: α,δ,λ P || ϲ O: ϲ oder τ P || Ti. oben || blas. Vert. || Ti. (κ?ο?) 33 Horiz. oben (π oder τ wahrs., κ möglich) || πα O: Schräge unten, Ti. (Fall.?) mittig P || Vert. O || Ti. (Horiz.?) oben || Ti. unten/oben || κ oder ϲ || α,λ,δ, || Ti. unten 34 α O || κο O: τε N: Ti., Ti. P || λ O: Schräge unten P || λ O: Schräge unten P: ο N || υ N: Ti. oben O || τε ON: Ti. unten, Ti. unten P || ν O: Vert. P || α oder δ 35 Schräge || ε O: Ti. P || ν O: κ,μ,ν P || ϲ O || αι O: α,δ,λ, Ti. P: θα N 36 Vert. unten || Teile von Vert. || Ti. unten || ε O || η O: η oder τ P || τ O: ζ,ξ,π,τ P 37 Ti. unten || ε ON: Ti. oben 38 κο O: Rund., Ti. mittig P || τα O: Ti., Ti. P || ν O: μ N: Schräge unten P || Rund. O: Ti. oben P || Ti. unten || Schräge unten || Ti. oben 39 ο O || υ O: Vert./Schräge mittig P || φηϲιν O: Vert. oben, Ti. oben, Ti. oben, Vert. oben, Ti. oben P || κη O || ο O: Rund. P: ε N || ενα O: Ti., Ti., Fall. P || ι O 40 γιν O || η O: π oder τ N: Ti. (Vert.?) unten P || πλ ON: Horiz. oben, re. Fuß unten P

⸢το⸣των προϲηκον⸢τ⸣.γ[.

.].⸢η⸣θηδιαμε⸢γ⸣[]⸢ο⸣.[.]..[..

..]καιδιοτι⸢ϲ...τιατ⸣..[

44   ..].ω[]τη......⸢ανα⸣[...

41 Fall. oben || τ O || ο O: Ti. P || τ O: π oder τ P || Rund. mittig   42 Teil von Fall. || η O: Ti. unten/oben und dann Vert. P || γ O || ο ON: Ti. P || Ti. || Ti. || Ti.   43 ϲ O: Ti. unten P || zwei Vert. O: Ti. unten P || li. Fuß O || Rund. oben O || τι ON || ατ O || Ti. || Vert.   44 Ti. oben || Ti. oben || Fall. oben || Ti. || Ti. mittig/oben (γ?) || Ti. oben || Ti. || αα O: Ti. oben, Ti. oben, Ti. oben P

Kol. 3 μενω.ᴿκ¹αιπωλουν[...
το¹υ¹ϲαᴿθηγαι¹ο̣υ̣ϲεπραθ.[
ᴿπ¹.α̣τω̣ναδηλοϲωνο̣[..
εϲτᴿι¹¹ναν̣δριλᴿι¹ανπε̣γ[...
5 ᴿ.¹[.].[.]ᴿντ.¹νδετωνλ.
ᴿκω¹νᴿω¹γ.ᴿτι¹ϲυνεαᴿλ¹ωᴿν¹
ϲπευδᴿοντωνλα¹βε̣ινε̣γ
νωιθεμ[...]ᴿοϲ¹[..].ᴿ.ε¹ται̣
καιτι̣θ̣ᴿα¹[..]ᴿ.¹εδοᴿνι.¹[.]νδε
10 δι[[δ̣]]ωϲτω[.₍.₎]προϲαρᴿ.¹ελα
ονεμην[.]ᴿ.¹ε[[.₍.₎]]ᴿπρ¹οϲτονε
ωνηᴿμε.¹ονεαυτογκαι
ϲωϲαντ[[α]]ˋ.´χαρι̣.αᴿνπει.¹ειν
υπιϲχνειᴿτ¹[..]..ᴿη¹[.]ᴿουτιχ¹εγ
15 εκπλαγενᴿτα¹[....]ᴿαπ¹[....].
ᴿθε.¹[]ᴿ.ε¹ϲκᴿαι¹μ.[..]ᴿ.αγ¹[...].ον
..]επ[.].εμ[...]ᴿερα¹[...
....]ᴿτε¹.[....]ᴿτοϲ¹[....
.ε[..]...χ.ᴿρ¹[........
20 ...[..............
ᴿθανεϲε¹[.........
ᴿωυ¹[.]ᴿου¹[..].[..........
.α̣.[].ϲ..[...........
..].[.]..[............
25 .].ν̣[..............
ᴿπλ¹ατωᴿ.¹[.............
.].ᴿομα¹[............
]ᴿ.¹νκ[..............
.]ετ.[.............
30 ..]ν.[..............

PHerc. 1021, cr. 1, Kol. 3 = O IV 732 = N
Kol. 3 = I Kol. 3 = VH² I 164

1 li. Fuß || κ O: Ti. unten P 2 υ ON: Fall. mittig P
|| θ O: Ti. oben P || ηγ O || α O: blas. Dreieck oben
P || ι O || Vert./Schräge unten 3 π O: Vert. unten
P || Schräge unten 4 ι ON: Ti. (kleiner Buchst.)
P || ι ON: Ti. oben P 5 γ,η,ι,κ,ν,μ,π,ρ,τ,φ,ψ O:
blas. Ti. unten/mittig P || Ti. || ντ ON: Ti. mittig,
Ti. (Horiz.?) oben P || Rund. und dann Vert. O:
Rund. P || Ti. unten 6 κ O || ω O: Rund. mittig
und dann Ti. P || ω ON: Rund. mittig P || δ oder
o P: α O || τ O: Ti. oben P || ι O || λ ON: Schräge
P || ν O: Ti. unten/oben P 7 ον ON || τ O: Ti.
oben P || ωνλ O || α O: Ti. mittig/oben P 8 oc
ON: ϲ (wahrs.er) oder o, Ti. (Rund.?) P || Ti. unten
(zwei Füße von π?) || Horiz. oben O: Ti. unten P
|| ε O: Rund. unten P 9 α O || Horiz. oben O: Ti.
(Horiz.?) oben P || ν ON: Schräge P || ι O || Vert. O
10 Rund. O: Ti. P 11 Rund. O: Ti. P || Ti. (Tilgung
nicht sicher, alternativ (weniger wahrs.) kleines
δε) || π O: Teile von Vertikalen unten P || ρ O 12
με O: Vert. und dann Ti., Ti. oben P || Vert. O: Ti. P
13 Ti. || Vert. und dann Ti. || ν O: Ti. (Vert.?) unten
P: τ N || πε O || ι O: Vert. unten P || Vert. mit Horiz.
oben O: Rund. unten und Ti. oben P 14 τ O: Ti.
unten/oben P || Ti. || Ti. || η O: Ti. oben || o N: ϲ
O: Rund. P || υτ ON: Vert. (mit berühr. Schräge
oben?), μ,ν,π,τ P || ι O: Ti. unten (Rund.?) P || χ O:
Vert. P 15 τα ON: Fuß, Schräge unten P || απ
ON: α,δ,λ, π oder τ P || Ti. (Rund.?) (Spuren auf
cr. 2 – Platzierung unsicher) 16 θ O: Ti. P || ε O
|| Vert. O || π oder τ O || ε O: Ti. unten P || α ON:
α,δ,λ P || ι ON || Ti. (Teil von Vert./Schräge?) || Ti.
(Rund.?) oben O || αγ O || Ti. (π oder τ wahrs. –
Spuren und ον auf cr. 2 – Platzierung unsicher)
17 Ti. || ερα O 18 τε O: Ti. oben, Ti. P || Ti. || τοϲ O
19 Ti. oben || Ti. (ε wahrs.) || Ti. oben (horiz?) ||
Ti. oben || ε,o,ρ || ρ O: Rund. oben P 20 Ti. ||
Ti. unten || Ti. mittig/oben (Fall.?) 21 θανεϲ O:
Ti. unten, re. Fuß, π oder τ, Rund. (o wahrs.), Ti.
unten P || ε O 22 ωυ O || o O || υ O: Ti. unten P
|| Ti. mittig 23 κ oder ϲ || Vert. unten || Schräge
|| Vert. unten || Horiz. mittig/oben 24 Schräge
und Ti. unten. (χ?) || Schräge unten || Ti. 25 Ti.
unten 26 πλ O: Vert. unten, α,δ,λ P || Vert. O
27 Ti. (Horiz.?) oben || oμα O 28 Rund. O 29
Ti. unten 30 Ti.

```
       ..]..[............
       ..]..[............
       .].ỵ.[............
       [................]
35     δ[...............
       ]⌈α⌉τ[..........].[..
       ⌈λε⌉.[..........]⌈.⌉[...
       ⌈c⌉.[].. .⌈τ⌉ρολογος[.]ξη⌈γ⌉ε⌈ι⌉
       ⌈τ⌉α⌈υ⌉τωιγεγονω⌈c⌉α⌈ν⌉α⌈γρα⌉
40     ⌈φcυ⌉.τουπλατωνο⌈c⌉κα.⌈α⌉
       ⌈κ⌉ουcτηcοτιγεγη⌈ρας⌉ω⌈c⌉
       ⌈η⌉δη⌈πλ⌉ατων⌈ξ⌉εγ[..]υπε
       δε⌈γ⌉[..].⌈χαλ.α⌉[....]ε⌈.⌉[
44     ......]⌈ヽ-⌉γινχс´επυρεξ.⌉[....
```

31 π oder τ wahrs. ‖ Ti. unten   32 Fall. und dann Vert. (gleicher Buchst.?) ‖ Rund.   33 Vert. ‖ Schräge (α wahrs.)   36 α O: Ti. unten (α?) P ‖ Vert. mit Verbi. (η?)   37 λ ON: α,δ,λ P ‖ ε N: o O: ε,o,c P ‖ α,δ,λ,μ,ν ‖ Vert. O   38 c ON: ε,o,c P ‖ ζ oder ξ ‖ Ti. (zwei Buchst.?) ‖ Ti. unten (Schräge?) ‖ Ti. (Rund.?) ‖ τ O: Ti. oben P ‖ γ O ‖ ι O   39 τ ON: Vert. unten und re. Teil von Horiz. oben P ‖ υ ON: Vert. unten P ‖ c ON ‖ ν ON: Ti. P ‖ γρα O   40 φc O ‖ υ O: Ti. P ‖ Ti. ‖ c N: ε O ‖ Vert. unten ‖ α O   41 κ O ‖ ρ O ‖ αc ON: Fall., κ oder c P ‖ c ON   42 η O: Vert. unten P ‖ π O ‖ λ O: Fall. P ‖ ξ O   43 γ O ‖ Ti. oben ‖ χαλδα O: Ti., α,δ,λ, α,δ,λ, P ‖ α oder δ (getilgt) O: α,δ,λ (getilgt oder über and. Buchst. geschrieben? Korr. von α zu δ? Fehler bei Korr.?) P ‖ α O: α,δ,λ P ‖ Horiz. oben O: Ti. (Teil von Schräge?) unten/oben (ξ,π,τ wahrs.) P   44 γιν O ‖ χ O: Fall. P ‖ c O ‖ επυ O ‖ ρε O: Ti., Rund. oben P ‖ ξ O ‖ Rund. oben O

Kol. 5 ν[.]cδε.⌜ποε⌝ρα̣⌜ιττ⌝ησε⌜γγ⌝ε.[

2   μ̣⌜ε⟦.το⟧⸌.α[]ωϲ⸍⌝.⌜ροτη.ε⸍⌝]…[⸍
     ⟦δακτυ λ⌜ε⌝⟦..⟧⸍.[].⸍

3   εγ⌜διδο⌝⟦..⟧⸍.⌜c⌝⸍⟦…⟧⸍⌜ουc⸍⌝μον-
     αυ̣τ̣⌜ο⌝⟦..⟧⸌.⸍⌜⌜δ⌝ωϲπα[]α⌜φρονο⌝
     [.].τ⟦ε⟧⸌α⸍φ⌜ω⌝-νει⟦.⟧⸍ν⸍

4   ⌜το⌝υπλατ⌜ωνακαι⌝επερωτη

5   .]⌜αιτουδ⌝ε⌜ιπ⌝⟦.⟧ο⟦.⟧υτοϲεννο̣

6   ε⌜π⌝[.]⌜ωϲτ⌝α⟦ρι⟧⸌ν⸍τη⸌ι̣⸍⸍τ⌝οβαρβα-
     ρο⌜ν⌝

7   α⌜μα⌝[.]⌜εϲδ⌝τεγεπαραρυθμο̣υ̣
     ου[…]⌜.β⌝αρβαροϲφερουϲ⌜α⌝[
     ⌜του⸌τ.⸍⌝[…]ει⸌ρ⸍αϲαδυνατειμα

10   …]⌜μεθη⌝ναιμεγαλωϲ⌜κ⌝αι
     ⌜εν⸌ε[.]⌜δι⌝αιμεγαληιτον⌜α⌝υγ
     δρα.⌜ο⌝μ̣⌜υ⌝ζξ⌜ινετ⌝[…]αιταυ
     τεπι⌜νου⌝υηρχε.[.]⌜γιωι⌝κα[
     .[]⌜.ο⌝αγ⌜ει⌝διαθερμα.⌜θε.⌝

PHerc. 1021, cr. 2, Kol. 5 = O IV 734+732
= N Kol. 4 = I Kol. 4 = VH² I 166

1 Schräge/Vert. || ποε O: Ti., Ti., Rund. unten P || ιτ
O: Ti., Ti. unten P || τ ON: Vert. P || γγ O: Ti. oben,
γ,μ,π P || Ti. unten   2 ε ON: Ti. unten P || Ti.
|| τ O: Ti. P || o O: Ti. (viell. kein Teil der Tilgung
mehr – ε möglich) P || Teil(e) von Horiz. oben O
|| α O || ωc O: Rund. unten, Ti. P || Rund. oben
(κ möglich) || ροτη O: Rund. oben, Ti. mittig, Ti.
unten und blas. Vert. oben, Ti. P || kleiner Buchst.
(re. Teil von η deutet auf and. Buchst. hin – P ist
verzerrt) O: Ti. P || ε O: Rund. unten P || (Einfüg.
unsicher) Ti. (Horiz. oben?) || Ti. || Ti. ε O: Vert.
(ν) N: ε,ι,ο,c,ω P || Ti. || Ti. unten/oben || Rund.d
Ti. oben || Fall. mit Vert. (ν?)   3 δ O: Ti. mit-
tig P || ι O: Ti. unten P || δ O || o O: Rund. P || Ti.
|| Ti. || Ti. || Horiz. oben und Ti. unten || c O: Ti.
(Rund.?) P || Ti. || Ti. || Ti. || ουc O || o N: ε O: Ti.
oben P || getilgtes o oder θ wahrs. (ι in O könnte
Teil der Tilgung sein) || blas. ν wahrs. (viell. über
and. Buchst. geschrieben – Rund. unten? – viell.
Spuren von and. (getilgtem) Buchst.)   4 δ
ON: Ti. oben P || φρον O: Ti. unten, Ti. unten,
Rund., Ti. unten P || o O || Vert. mit Verbi. oben
(η,ν wahrs.) || ω ON: Rund. unten || Horiz. unten
(ν scheint über and. Buchst. geschrieben, viell.
supralineare Ergänzung)   5 το O || ωνακ O: Ti.
unten, li. Fuß und dann Ti. mittig, α,δ,λ, Ti. unten
P || αι O   6 α O || ιτ O: Teil von Vert., Ti. unten
P || ου O || δ O: Ti. (re. Fuß?) unten P || ιπ O: Ti.,
Ti. (Fuß?) unten P || Ti. unten || Ti.   7 π O || ωcτ
O: leicht gerund. Vert. mittig, Ti. (Rund.?) unten,
re. Teil von Horiz. oben P || τ ON: Horiz. oben P
|| ν O: Ti. oben P   8 μ O: Ti. oben P || α O || ε
O || cδ O: Rund. unten, re. Fuß P   9 η,π,τ O: Ti.
oben P || β O: Ti. unten P || α ON: Schräge P   10
τ ON: ζ,ξ,τ P || o N: ω O || υ N || τ̣ O || Vert. oder
Rund. O || 11 μ O: Vert. und dann Ti. P || ε O ||
θη O: Ti., Vert. P || κ ON: Ti. unten/mittig P   12
ε O || ν O: Ti. P || δι O: Horiz. unten, Ti. unten P
|| α N: α,δ,λ P   13 Ti. unten || o O: Ti. oben (o
wahrs.) P || υ O: Ti. unten P || ι O || ν O: Ti. P || ε O
|| τ O: Ti. (Fuß?) unten P   14–18 [Zeilenenden
von ob. isoliertem frg. in O (Kol. 3)]   14 νου O ||
Ti. unten P || γι O || ωι O: Teil von Vert. oben, Ti.
oben und dann unten P

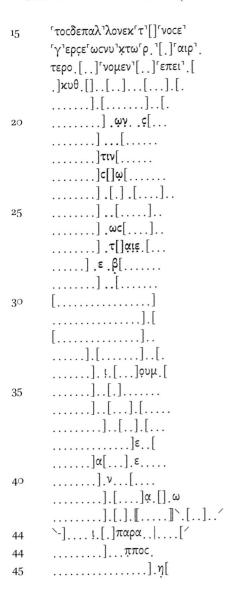

15 ⌐τοϲδεπαλ⌐λονεκ⌐τ⌐[]⌐νοϲε⌐
    ⌐γ⌐ερϲε⌐ωϲνυ⌐χτω⌐ρ.⌐[.]⌐αιρ⌐.
    τερο.[..]⌐νομεν⌐[..]⌐επει⌐.[
    .]κυθ.[]..[..]...[...].[.
    ....].[.......].. [.
20 ....] .ωγ. .ϲ[...
    ....]...[......
    ....]τιν[......
    ....]ϲ[]ω[.......
    ....].[.] .[....]..
25 ....]..[.....]..
    ....] .ωϲ[....]..
    ....] .τ[]αιϟ.[...
    ......] .ε .β[.......
    ....]..[.......
30 [.................]
    ....].[
    [...............]..
    ......].[.......]..[.
    ....]. ι.[...]ουμ.[
35 ....]..[.].......
    ....]..[...].[.....
    ....]..[..].[...
    ....]ε..[
    ....]α[...].ε.....
40 ....].ν...[....
    ....].[....]α.[].ω
    ....].[.].[[.....]]`.[..]..´
44 `-]....ι.[.]παρα..|....['
44 ....]..ππος.
45 ....].η[

15 Vert. unten || Vert. O || o O || ει O: Ti. (Rund.?)
unten, Vert. oben P || Vert. oben || θε O || μ oder
ν O: Vert. oben P   16 τ ON: Ti. oben P || οϲ ON ||
δ O || επα O: Ti. mittig, Ti. oben und dann unten,
α,δ,λ P || λ ON: Ti. oben P || τ O || νοϲε O   17 γ
O: Ti. oben P || ωϲνυ O || ρ O: Ti. unten P || Fall.
oben O || αιρ O || Rund.   18 μ oder ν || νομεν N:
Ti., Ti., Ti., ε,θ,ο, μ oder ν P || επει O || Ti. (Vert.? ν
oder υ?)   19 Vert. || Rund. oben || Horiz. oben ||
Ti. || Ti. || Ti. || Ti.   20 Teile von Vert. und dann
Ti. oben (χ?) || Teil von Fall. || Rund. (ϲ wahrs.)
21 Ti. oben^{-1} || ωγ^{-1} || Ti.$^{-1}$ || Ti.$^{-1}$ || ϲ$^{-1}$ 22 Ti.$^{-1}$ || Rund.$^{-1}$ || Schräge (ν wahrs.) $^{-1}$ 23 τιν^{-1}
24 ϲ[]ω^{-1} 25 Ti.$^{-1}$ || α,δ,λ^{-1} || Ti. || Ti.   26
Ti.$^{-1}$ || α,δ,λ^{-1} || Ti. || Ti.   27 Ti. oben^{-1} || ωϲ$^{-1}$
|| Ti.$^{-1}$ || Ti.$^{-1}$ 28 Ti. oben^{-1} || ταιϟ $^{-1}$ || α,δ,λ^{-1} 29 Ti. oben und Vert. (π oder τ?) $^{-1}$ || ε^{-1} ||
Ti.$^{-1}$ || β^{-1} 30 Horiz. mit Verbi. (ν wahrs.) $^{-1}$
|| Ti. oben^{-1} 32 Ti. (Rund.?)   33 α,δ,λ || Ti.
oben   34–38 [Buchst. am Zeilenbeginn entweder von and. Lage oder Einordnung unsicher, so
dass sie nicht transkribiert sind]   34 Ti. (Vert.?)
unten || Ti. unten || Schräge   35 Ti. unten (re.
Teil von Dreieck? δ?) || Ti. (Rund.?) unten || Ti.
36 Ti. unten || Ti. unten || Schräge unten || Ti. ||
Ti. || Ti. || Ti. || Ti.   37 Vert. || leicht gerund.
Vert. mit Verbi. (χ wahrs.) || Vert. unten   38
Ti. || Ti. || Ti.   39 Vert. || Ti. mittig   40 Vert.
und dann and. Vert. (gleicher Buchst.? μ?) || Vert.
unten || Rund. unten || Ti. || Ti. || Ti.   41 Ti.
unten/oben || Schräge unten || Ti. || Ti.   42 Ti.
unten || Vert./Schräge || Haken oben (π,τ wahrs.)
43 Ti. (Rund.?) || Horiz. oben (π,τ wahrs.) || Ti.
|| Ti. || Ti. || Ti. || Ti. || Ti. oben || Ti. (Rund.?) ||
Schräge (υ?)   44 [Einfüg. – es ist unsicher, ob
die Einfüg. bis ins Interkolumnium reichte] Ti.
mittig || Ti. oben und dann unten (π,τ möglich)
|| α,δ,λ wahrs. || α,δ,λ wahrs. || Rund. || δ oder Ti.
oben || Ti. oben || α,δ,λ || Ti. und dann Vert. || Vert.
|| π oder τ wahrs.   44 (Hauptzeile) Vert. oder
Schräge || Rund. || Ti. unten || α,δ,λ   45 Rund. (χ
oder ϲ wahrs.)

Kol. 6 δογιοϲηρακλειδηϲˋ ͵ ͵ [ˊαμυνταˊcˋ
ηρακλεωτ⟦ ͵ ͵ ⟧ˋαͺˊˊˊμˋελεˊδˋημοϲπˊυˋρ
ραιοϲεˊϲτιˋαιοϲˊπˋεριν ͵ ˊοϲαρις
τ͵τεληϲϲταˋγε ͵ ˊριτηϲˊδιˋωνϲυ

5 ραχοϲιοϲοτηνδιοˊνυˋcˊιουˋ
τυρανˊνιˋδακαθελωνˊερˋ
ˊμˋ[͵ ͵]ωροˊcˋϲυρακοϲιοϲˊοˋκαιˊπˋε̣
ρˊιαˋ[͵ ͵]ˊουγˋραψαϲκαιτουϲλˊοˋ
ˊπουϲ ͵ ˋͺˊcˋϲικελιαν ͵ []ˊαˋφˊεˋ

10 ˊιˋ[͵]ˊγ ͵ ραˋϲτˊοϲˋˋ⟦ ͵ ͵ ͵ ͵ ⟧[ˊˊκαι ͵ ˋ[͵ ͵ ͵]ˊ ͵ ˋπι
αδˊηϲˋ[͵ ͵ ͵]ˊ ͵ μˋνηˊμονˋ[͵ ͵]ˊταˋ[
ˊτρ ͵ ψα][͵ ͵]ε̣ˊcˋαυˊτοˋυα[͵]ˊχυˋταϲ
ˊταˋ[͵ ͵ ͵ ͵]ˊνοϲˋχιωνˊοˋ⟦ˊυˋ⟧τον
͵ ˋνˋ[͵ ͵] ͵ [͵]ˊλˋειαιτυραˊνˋνον

15 ˊανˋ ͵ ͵ ͵ [͵]πυθωνκαιˊηˋρα̣[
ˊδ ͵ ˋ ͵ [] ͵ ͵ ˊcˋ[͵ ͵]ˊcˋοτυναποˊκευˋ ͵
ˊναντε̣ˋ[͵ ͵]ͺιδιατουθυπ[͵
͵ ͵ ˊναιˋ ͵ ͵ πολιτογραφη[
͵ ͵] ͵ τε[͵ ͵ ͵ ͵]χρυϲˊωˋιϲτ[͵] ͵ α

20 ͵] ͵ ͵ ͵ ͵ ͵ ͵ [͵ ͵ ͵ ͵] ͵ αινιοιˊφεˋ

PHerc. 1021, cr. 2, Kol. 6 = O IV 735 =
N Kol. 6 = I Kol. 6 = VH² I 167

1 [die Einfüg. ist unsicher, Spuren blas.] Ti.
oben || Ti. || c ON   2 Teil von Horiz. oben
(η möglich) || Rund. (c wahrs.) || μ O || δ O ||
υ ON: Vert. unten P   3 c ON || τ ON: Horiz.
oben P || ι ON || π ON: Ti. oben P || Vert. mit
Haken O || ι O   4 Ti. || Rund. || δι O   5
νυ O: Vert. unten, Vert. P || ιου O: Ti. unten,
Ti. mittig, Ti. unten (Fuß?) P   6 ν ON || ι
ON: Ti. mittig P || ε ON: εο r θ P || ρ ON: Rund.
oben P   7 μ O: Teil von Vert. unten und
dann Teil von Horiz. mittig P || c ON || o ON:
Ti. P || π ON: Teil von Horiz. oben P   8 ι
O: Ti. oben P || α O || ουγ O || o ON: Ti. mit-
tig (Rund.?) P   9 πουϲ O || ε oder ρ O || c O
|| Ti. unten/oben || α O: Ti. unten/oben P || ε
O: ε,θ,o P   10 [etwa nach oc scheint Ergän-
zung/Korr. einiger Buchst. über Zeile getilgt]
ι O || γ O || Schräge O: Ti. mittig P || ρα O:
Rund. oben, Ti. (re. Fuß?) unten P || o O: ε N:
Ti. unten P || c O: Ti. P || Ti. || Ti. || Ti. || κα
ON: Ti., Ti., Ti. P || ι ON || Schräge unten O ||
Vert. O   11 η O: Ti. oben P || c O || Vert. O: Ti.
(Rund.?) mittig P || μ O: Ti. P || μ O: Ti. unten
P || ον O || τα O: Ti. unten, Ti. unten P   12 τ O
|| ρ O: Ti. P || ψ O || α O: Ti. P || c ON: Ti. unten
P || τ ON: Horiz. oben P || o ON || χ O: λ oder
χ P: υ N || υ O   13 τα O: Vert. unten, Schräge
unten P || νοϲ O || o ON || υ ON: Ti. (Tilgung)
P   14 Ti. oben || α oder λ || ν O || λ ON: Fuß
P || ν O: Ti. unten P   15 αν O || Rund. oben
|| α,δ,λ || Ti. (Rund.?) mittig || η O: Vert. mit
Verbi. oben P   16 δ O: Ti. P || Vert. mit Verbi.
unten O: Ti. P || Ti. mittig/oben (ε möglich) ||
Ti. unten || Ti. unten || c O: θ oder c P || c ON:
κ oder c P || κ O: Ti. oben P || ευ O   17 ν O ||
O: Fall. P || ντ O: Haken oben, Teil von Vert. P
|| ε O || α,δ,λ   18 Ti. || Ti. || ναι O: Ti., Ti., Ti. P
|| Ti. || Ti.   19 Ti. || ω O: Ti. mittig P || φ oder ψ
20 Ti. unten/mittig || Teil von Vert. || π oder τ
wahrs. || Vert. || Vert. || Ti. mittig || Ti. mittig ||
Ti. unten/oben || φε O: Ti. oben, Ti. unten P

.]ει⌐α⌐[]..[...........]⌐ρ⌐ε̣
]νεα.[......].[.........
.εc⌐υcτ⌐[..].[.]⌐τα⌐[......
.].⌐α⌐.[...]⌐ν⌐[.......]⌐υ⌐
25 .].⌐την⌐[.....]ει.[.....]⌐υ⌐
...].`]⌐.ευc⌐´[...]⌐ριχεc⌐[.....]⌐χο⌐
...]⌐νε⌐[.]⌐α.δρ⌐εια⌐ι⌐[....]⌐.ιο⌐γυc`ω´⌐
⌐cμε⌐[.].[....]⌐υ.νουνπα⌐[..]υ̣
τ̣ου⌐`.ατων[...].⌐.ων´διεδε⌐[.]⌐.τοξη⌐νδ̣[..
30 τ̣ριβη⌐ν⌐[....]⌐cι⌐π⌐τ⌐ο̣ς̣δ⌐.⌐[..
.ι̣δ̣.[...].[...]⌐τ⌐ου.[......
...[....]φη̣ς⌐ι⌐φι⌐λ⌐.....[..
....⌐χο⌐[....]τομ̣ουcει..
εφα[.].ε[...].⌐γρα⌐.ται⌐τ.⌐[.
35 δεθ..ιςιθεαςχαριταςμ[..
ςαιc[.]νε̣θ`..´ε⌐ν⌐cπευcιππ..
..[.]⌐ων⌐[.(.)].εκαδωρατε
λω.⌐κ⌐.[].[.].γραφειδ⌐ιο⌐τι
κατ[.]ςτ⌐ρ⌐εψεντετηκαταc
40 χω⌐.οκτ⌐ω⌐τον⌐περιπατον
οιδ[.]⌐γ⌐εανιc⌐κοι⌐ψηφοφορη
ςαγ⌐.ε⌐ςο̣ςτ⌐ι⌐cαυτωνηγης

cετα[.]ξενο⌐κ˺ρατη.ε⌐ρ˺λον⌐τc˺

44 ⌐τον˺[.].⌐λχ..ονιοναρι˺cτο

43 κ O ‖ Vert. oben ‖ ρ O: Ti. P ‖ τc O: Ti.
unten/oben, Ti. oben P   44 τ O ‖ ον O: Ti. oben,
Ti. unten und Vert. oben ‖ α,δ,λ ‖ λχ O: α,δ,λ, Ti.
P ‖ Vert. O: Ti. P ‖ α,δ,λ O ‖ ονιον O: Ti., Ti., Ti., Ti.,
Ti., Ti. P ‖ αρι O: Ti., Ti., Ti. oben P

Kol.7

```
    τελου⌐cγδ⌐εν⌐α⌐ποδεδημη
    κοτοςειςμ.⌐χ⌐ͅεδον⌐ια⌐νμε
    .ͅεδημουδε⌐το⌐υ̣⌐πυ⌐ρ̣⌐ρ⌐αιου
    χ⌐αι⌐η⌐ρ⌐ακλειδ̣⌐ουτου⌐ηρακλε
5   ⌐ω⌐του⌐π⌐αρολ⌐ι⌐[.]⌐α⌐c⌐ψ⌐η⌐φο⌐υ̣ςητ
    τη⌐θ⌐ε̣⌐ν⌐τωγ[.]⌐μ⌐εν⌐ο⌐υ̣⌐ν⌐.ρα
    κλειδηςαπ̣⌐η⌐[.]⌐ε⌐γ⌐ε⌐[...]ον
    ποντον⌐ο⌐δ̣⌐ε̣⌐[.].[..].[..]ο̣ςε
    τερονπερ[].⌐α⌐τονχαι⌐δ̣⌐[.]⌐α⌐
10  τριβηνκατε[.]χ̣⌐ευακα⌐τ⌐ο⌐..
    ακαδημεια⌐ι.εχο⌐γ⌐τ.⌐[..]⌐θ⌐
    προκρινα⌐ςι⌐[.].ξεγ⌐ο⌐κρ[.]την
    αγαcθεντε[.]⌐α⌐υ̣⌐τ⌐ο̣⌐υ.⌐[.]⌐γ⌐
    cωφρο⌐cυ⌐νην⌐ογ⌐α.⌐επ⌐.[..]⌐.⌐
15  ποc[..]..χετ.⌐να⌐[.]ε̣⌐μον⌐.[.]⌐ν⌐
    α⌐χρ.⌐..ςτερ[.....]⌐ονχα⌐.[
    τω.ηδον.[..].[..]....[
    νοcελυ......[.].α̣⌐θην⌐[..
    ⌐δ⌐ια..η.[.]..[..].⌐.⌐πε⌐.⌐[..
20  ...[..]...[.].[..].⌐αιοιc⌐..ε.[
    ...].[].την⌐χ⌐[.]⌐cδι⌐[..].γ
    ενταυθαγαρηνα⌐ν⌐[.....
```

PHerc. 1021, cr. 2, Kol. 7 = O IV 736 = N

Kol. 7 = I Kol. 7 = VH² I 168

1 cγ O: Ti., Ti. P || δ O || α O: Ti. unten P   2 li. Fuß unten P: ε ON || χ ON || ι ON || α ON: Ti. unten/oben (α,δ,λ wahrs.) P   3 Ti. unten/oben (ν möglich) P: λ O || τ O || ο ON || πυ ON: Vert./Schräge, Fuß P || ρ ON   4 α O: re. Fuß P || ι ON: Teil von Vert. P || ρ ON: Fall. oben P || ο ON || υτου O   5 ω O: Ti. mittig P || π O: π oder τ P || ι ON || α O: α,δ,λ P || ψ O || φ O: ρ N: Ti. oben P || ο ON: blas. Ti. mittig P   6 θ O: Ti. (Rund.?) unten P || ν O: Ti. P || μ O || ο ON || ν ON || Ti. oben 7 η ON || ε O || ε O: Ti. oben P   8 ο O || ε O || Ti. oben || Ti. (Teil von Horiz.?) unten   9 π oder τ || α O: re. Fuß P || δ O: Schräge unten P || α O   10 ευα O: Ti. oben, Ti. oben, re. Fuß P || χα O || ο O: ε oder ο P || Ti. oben || Ti. (Horiz. mit Verbi.? π? zwei Buchst.? εγ?)   11 ι O: Ti. (Vert.?) oben P || Vert. O || ε O: Ti. P || χ O || ο O: Rund. P || τ O || α oder λ O || θ O   12 cι O: Rund. unten, Ti. mittig P || Ti. || ο ON: Ti. unten P   13 α ON: re. Fuß P || τ ON: τ oder υ P || ου ON: Ti., Ti. || Horiz. oben O || γ O: Ti. P   14 cυ O || ο O || γ O: Ti. (Teil von Horiz.?) oben P || Rund. oben || επ O: Ti., Ti. P || Ti. (Rund.?) oben || Ti. oben O   15 Ti. oben || Ti. unten (gleicher Buchst.) || Ti. oben || ν ON || α O: Ti. unten P || μον O: μ oder ν, ε oder ο, Ti. P || Ti. unten || ν O   16 χ O: Ti. unten P || ρ ON: Rund. oben P || α,δ,λ O: Schräge P || Vert. unten || Rund. unten || ο O: Ti. P || νχ O: Ti. (Schräge?) unten, Vert. unten P || α O || Vert. unten || Ti. (Teile von Vertikalen?)   17 Ti. oben || Rund. oben || Ti. (Horiz.?) oben || Ti. || Ti. || Ti. || Ti. (Rund.?)   18 Ti. || Ti. oben || Ti. || Ti. mittig/oben || Ti. oben (ρ?) || Ti. und viell. blas. Vert. (μ?) || θ ON: Ti. P || η ON || γ O   19 δ O: Ti. (δ möglich) P: ν N || Ti. (li. Teil von Dreieck?) unten || Ti. (Rund.?) oben || Horiz. oben || Ti. || Teile von Vert. und dann Ti. (ν möglich) || Ti. unten und dann oben (η möglich) || Fall. oben O || Vert. O: Ti. unten P   20 Ti. || Ti. || Ti. || Ti. mittig/oben || Ti. || Vert. || α,δ,λ || Vert. || α O: α oder λ P || ιο O: Ti. unten, Rund. unten P || ι O: Vert. unten || c O: Ti. (Rund.?) P || Ti. unten || ρ oder φ || Ti. (Rund.?)   21 Ti. (Rund.?) || Rund. || χ O: Ti. unten/mittig (χ wahrs.) P || cδι O: Ti. mittig, Ti. Ti. P || α,δ,λ   22 ν O: Schräge unten P

τροϲτο̣.ϛμεναλλ.[...]ᵓ.γᵓ[
αυᵓτᵓου[...]ᵓγανᵓε̣.[..]ᵓ.ηᵓ
25 ᵓcαᵓ.[..].....ᵓ.ρατιαᵓ[.]ᵓτονᵓ
.]ᵓνᵓ...[.]..[...].[....]ᵓπονᵓ
ᵓ.cᵓαᵓ.ᵓ[.].ᵓυνcαᵓ[.]ᷠ[....].ᵓημοᵓ[
ᵓκιcᵓ[.].α̣ι..[...]..ᵓαᵓ...ο̣γ
χ̣ᵓαιγαᵓ.ο̣.....[.]ᵓχφᵓαᶠcᵓιγᶠτοᵓ.
30 ᵓανᵓ.ᶠ.ᵓπ..[...]ᵓτουcαᵓ[..].υϛ
α̣ᶠcᵓ.[.]ζ...[....]ρεϛ....[
ᵓαυᵓ[..]..[.].[....].ο̣cα....[
ᵓcαᵓ...[.....].....[.].ον
ᵓτᵓ.υᶠτονᵓ..[.]..[]γ[..]αντι
35 πατρο̣.εφ..[.]ελ[.]ειπ[...
τε.γᶠκᵓα̣ᶠϛᵓπα̣ᶠτᵓ[.(.)]ᶠωcᵓε̣ᶠδᵓ[..].[

23 Ti. oben || Rund. (o wahrs.) || Rund. O: Ti. P || γ O: Vert. P   24 τ O: Horiz. oben P || γαν O: Ti., Ti., Ti. P || Schräge unten || re. Teil von ν wahrs. O: Ti. (Rund.?) und dann Ti. P || η O   25 cα O: Ti., Ti. P || Ti. || Ti. oben (and Korr.?) || Ti. unten/mittig || Rund. unten || Ti. unten || Ti. unten (o wahrs.) || re. Teil von Horiz. oben O: Vert. mit Verbi. P || ρατια O || τον O   26 Ti. (ε?) || ν O: Ti. P || Ti. || Ti. || Ti. || Rund. unten || Vert. unten || Schräge (υ?) || Ti. (Vert.?) || π O || ον O: Ti. (o wahrs.), Schräge und dann Ti. (Vert.?) unten P   27 Vert. O (falsche Lage?) || c O (falsche Lage?) || Vert. O: Ti. P || Ti. unten || υ O || νcα O: Schräge, Ti. mittig, Ti. mittig P || Ti. (Horiz.?) unten || η O: Ti. (Schräge?) unten P || μο O   28 κιc O || Ti. (Vert.?) || Ti. || Vert. mit Verbi. (κ wahrs.) || Ti. || Rund. (o wahrs.) || Ti. (Vert. mit Verbi.?) || α O: re. Fuß P || (leicht gerund.) Vert. und dann Ti. (κ möglich) || Ti. unten/oben (α?) || re. Fuß (λ?)   29 αιγα O: Ti. mittig, Ti. oben, Ti. mittig, Rund. (θ?) P || θ,ρ,φ || Ti. oben || Ti. oben || Ti. oben || Ti. oben || Ti. oben (ob. Teil von ν?) || χ O || φ O: Ti. oben P || c O: Ti. mittig || το O || Ti. mittig   30 α O: Ti. unten und dann mittig P || ν O || Ti. oben || ν oder υ O || Ti. unten || Teil von Horiz. oben || το O: Teil von Horiz. oben mit Verbi. von Schräge (ζ?), Rund. unten P || υϛ O || α O: α oder λ P || Rund. (o wahrs.)   31 c O: Rund. unten P || Vert. unten und Horiz. oben (gleicher Buchst. wie voriger? π?) || Rund. unten || Ti. || Ti. (Horiz.?) mittig || Ti. (β möglich) || Rund. unten || Ti. || Ti.   32 α O || υ O: Ti. P || Ti. unten/oben (c?) || Ti. || Ti. (Vert.?) || Ti. || Ti. oben || Ti. oben || Ti. mittig || Ti. unten   33 c O || α O: Schräge unten und dann Teil von Vert. oben P || Ti. (Fuß?) unten || Rund. (o wahrs.) || Rund. unten || Ti. unten || Ti. || Horiz. oben || Vert. (ι?) || Vert. mit Verbi. oben (μ oder ν wahrs.) || Ti. (Vert.?)   34 τ O: Ti. P || Ti. (Rund.?) || τον O: Ti. unten, ο oder ρ, re. Teil von Buchst. (μ oder ν wahrs.) P || Horiz. unten (re. Teil von δ wahrs.) || Ti. (Rund.?) || Ti. mittig/oben (selbe Lage? κ oder χ?) || Ti. mittig || Fall. mittig   35 Ti. unten (Rund. und re. Teil von ω wahrs.) || Ti. unten || Ti. mittig   36 ι oder ο || κ O: Ti. P || ϛ O: Ti. unten P || τ O: blas. ν (?) P || || ωc O: Rund., Ti. P || δ O: α,δ,λ,ν P || Ti. unten

τ⌐ην¬α⌐το¬ . . [. . .]⌐πυνθ¬αν⌐ε¬

μενουτιδοκ⌐οc¬τα⌐δια¬γεγρα⌐ν¬

μεναυτο⌐ν¬απο⌐κ¬ρινας⌐θ¬αι

40 με⌐τ¬ριαμενωςο⌐ι¬κεταιс

πικρα⌐δ¬εωςελευθερο⌐ισου¬

τωδελεγεταιδι⌐ακ¬ε⌐κ¬θαι

τη⌐ιε¬υνοιαιτηιπρ⌐ο¬c⌐το¬νδη

μονοξενοκρατη⌐c¬ως⌐τ´ου

45 τεταμουσειαθυcα⌐ιτο¬τεκα

37 ην O: Ti. unten, Ti. unten P || τ O: Vert. P || o O || Vert. || Ti. mittig (ρ möglich) || πυνθ O: Vert., Ti. unten, Ti. unten, Ti. unten P || ε O: Ti. P 38 o N: Rund. unten P || c N || δι O || α O: von ob. Teil von Dreieck P || ν O 39 ν N: Ti. P: o O || κ O || θ N: Rund. P: β O 40 τ O: Vert. P || ι O || 41 δ ON: α,δ,λ P || ισου O: Ti. unten, Ti. (Rund.?) unten, Ti. unten, Schräge P 42 αχ ON: Fall., κ oder c P || κ O: Ti. unten/oben (Rund.?) P 43 ι O || ε O: Ti. P || o ON || το O 44 c ON: Ti. oben P 45 ι O || τ O: Horiz. oben P || o O: Ti. mittig

Kol. 8

```
        τατηντηϲφρⸯεⸯυρⸯαϲειϲοδⸯ[.
        υϲτερϱντεδημⸯαφⸯουϲαⸯυⸯ
        τονϱτετοⸯπολⸯιⸯϲευμαϲⸯυ
        νεϲτηϲεναθηναι..ⸯειναιⸯ
   5    γραψαντϱⸯϲουτολμηⸯϲ[.
        γραφηναιλεγοⸯθωϲⸯ[...
        χρον[]ⸯερⸯηιταυτηϲτηϲπⸯϲλⸯ[.
        τειαϲⸯχⸯοινωνηϲαικαⸯ.ⸯ.ⸯcⸯ
        ϱⸯπωϲ.ⸯηγενηταιπρεϲβ.[.
  10    τⸯ.ⸯνα.ⸯ.ⸯοⸯνοδημοϲεχεⸯιρⸯϱ
        τονⸯητⸯ[...]ⸯεⸯνιοιδαπⸯ.ιⸯ[.]ⸯωιⸯ.
        ροⸯχⸯφαϲ[..]αναϲτραφ.γⸯαⸯι
        τⸯοⸯνξεⸯ.ⸯ[.]ⸯκⸯρατηνκατα...
        πρεϲβειᾳ[.]ⸯωⸯϲτεκα[.].[....
  15    φουϲπⸯοϲιϲθⸯαιδιαιρ[..]..[...
        τωιⸯπⸯληⸯ.ⸯ.[..]ναⸯνⸯ[....
        τρουϲυμμα..νⸯτιαⸯ[...].[
        τουτονε...ε...[....
        .].ⸯαικεⸯ[..]..[.......
  20    .]ⸯτⸯ.τϱνⸯαιγⸯαϲ[......].[.
        .....]..[..]......[.].
        ...]ⸯⸯγρλφⸯ[..]κα../[.]...ⸯγⸯιδετι.[..]..
        .]..[..]υτουⸯcυⸯοτιⸯυⸯ..[..
        .].[...]ⸯτⸯεγ[..]νηγ....[..
  25    .]ⸯυⸯ.[...]ⸯεⸯκαιδ....ⸯπαⸯ[.....
```

PHerc. 1021, cr. 2, Kol. 8 = O IV 737 = N

Kol. 8 = I Kol. 8 = VH² I 169

1 ε O || α ON: Schräge oben || c ON || ειϲοδ O　2
α O || φ O: Ti. oben P || υ ON　　3 π O: Vert.
unten und Ti. oben P || o O || λ ON: α,δ,λ P || c
O || ε O: Ti. unten P || υ O || μ O: Schräge P || α
O: α,δ,λ P || c O: Ti. unten P　　4 Ti. oben || Ti.
unten || ει ON: Rund. unten, Ti. unten P || ν ON:
Ti. unten P || α ON || ι O　　5 c ON: Ti. (Rund.?)
unten P || ουτολμη O: Ti. unten, Ti. oben, Vert.,
Rund., α,δ,λ, Ti. oben, Ti. oben P　　6 θω O: Ti.
(teils Rund.) oben, Ti. unten P || c O　　7 ερ O ||
c O: Rund. P || λ O　　8 χ O: κ oder χ P || Rund. O:
Ti. unten P || Ti. || c O π oder τ　　9 π O: P || ωc
O || Vert. O: Ti. P || Ti. unten/mittig　　10 Vert. O
|| Fall. oben || Horiz. oben O || o O || ι N || ρ O: θ
oder ρ P　　11 η O: Ti. unten P || τ O || ε O || ε O: ρ
N: ε oder ρ P || ι O || ωι O: Ti. oben, Horiz. oben
und dann Ti. unten P || Ti. (Rund.?)　　12 χ O:
Ti. unten P || Ti. || α O: α,δ,λ P　　13 o O || Vert. O:
Ti. oben P || κ O: κ oder c P || π oder τ || Ti. mit-
tig || Vert.　　14 ω O || Vert. unten und Ti. oben
(φ wahrs.)　　15 o ON: Rund. P || cιc O || θ O:
Ti. (Rund.?) unten P || Rund. und Vert. unten
(ε oder θ?) || Ti. (Fuß?) unten　　16 π O: π,ρ,τ
P || μ,ν,υ O || Ti. || Vert. || ν O: Vert. P　　17 Ti. ||
Rund. || τι O: Horiz. oben, Vert. P || α N: Schräge
P || Rund. (unt. Teil von ε?)　　18 Ti. unten || Ti.
unten || Ti. || Vert. und dann Ti. oben (γ?) || Ti.
mittig (κ oder χ?) || Ti.　　19 Ti. unten/oben ||
α O || ι ON || κ O: Ti. unten (Horiz.?) P: λ N ||
ε O || Rund. unten || α,δ,λ　　20 τ O: π oder τ
P || Ti. oben || αι O: Ti., Ti. P || γ ON: Ti. P || Ti.
mittig　　21 Ti. unten || Vert. || Ti. || Ti. || Ti. ||
Ti. || Ti. || Ti. || Ti.　　22 [Einfüg. in O unsicher,
aber Buchstaben recht klein geschrieben] γ O:
Ti. P || ρ O || λφ O: α,δ,λ, blas. Ti. oben P || Ti. ||
Ti. (Rund.? ω?) || Ti. unten || Ti. unten (Rund.?)
|| Ti. γ O: Ti. unten oben (Rund. wahrs.) P || ι
ON || Ti. mittig || Ti. mittig || Ti. (Rund.?)　　23
Ti. unten/mittig || Ti. (Vert.?) || cυ O || υ O || Ti.
mittig/oben || Horiz. oben　　24 Ti. oben || τ
ON: Ti. unten/mittig P || Ti. oben || Ti. || Ti. ||
Ti.　　25 υ O: Ti. mittig P || Ti. unten || Ti. || Ti.
(Rund.?) || Ti. (Horiz.?) oben || Teile von Vert. ||
πα O: Ti. (re. Teil von Horiz.?) oben, Ti. oben P

.(.)⌐γεων˥υμ[.].[].ω.[..].[..].[
.ε⌐ν˥ουδιον[..]⌐ιαν˥[.]..[..].
.]φ⌐ηγ˥ενες..ι[]⌐κ˥αθ⌐.˥[.(.)]...[
.]⌐ην˥αυριον..[.].[....]..[.
30　.[.]⌐.ˊανακουςα⌐ιδου˥[.(.)]....[.
.].[.].απερι...⌐ε˥ορ⌐.˥[.]..[..
⌐τ˥[...]⌐α˥c⌐c˥.[..]..⌐οc˥.⌐.˥[.]..[
⌐τωι˥δια⌐ιτε˥[...]⌐αρ˥τ⌐ο˥[]⌐μη˥[
.[.]⌐την˥αγο..α[[.]][...]⌐cετ.˥
35　⌐δ˥.⌐μ˥ουνταcεκατ.⌐νδ.˥[.
⌐λ.μ⌐εˋγˊωντων⌐π˥..[..]⌐.˥..γ˥
..]ατονχο⌐ν˥cε⌐ιc˥.[.]ε⌐χcθη˥
⌐..ι˥χρυcο⌐ηc˥.ποτω⌐.˥.⌐τ˥..
⌐π˥αιδωνκα⌐ιπ˥αρατε⌐μ˥εντος
40　ενοcεκα⌐c˥τ⌐ωιπ˥λη⌐ρ.˥.[]⌐.˥.ι⌐νου
ˋκαιˊχρυcουcτεφα⌐.˥[..]με⌐γ.λ˥ου
τεκαικαλουτεθεντοcειc

26 γ O: Ti. unten P ‖ εω O ‖ ν O: Ti. oben P ‖ Rund. (o wahrs.) ‖ Ti. unten ‖ Vert. (ι wahrs.) ‖ Ti. oben ‖ θ oder o　27 Vert. unten ‖ ν O: μ oder ν P ‖ ι O ‖ α O: Ti. oben P ‖ ν O ‖ Ti. oben ‖ Ti. oben ‖ Ti. 28 η O ‖ γ O: Ti. oben P ‖ Rund. ‖ α,δ,λ ‖ κ O: χ N: Fall. P ‖ Vert./Schräge O ‖ Ti. mittig (zwei Horiz.? ε?) ‖ Schräge? ρ,υ,χ? ‖ Ti. unten/oben　29 η O ‖ ν O: Teil von Vert. mittig P ‖ Ti. (Vert.?) mittig ‖ Ti. oben ‖ Ti. mittig ‖ Horiz. oben ‖ Vert. (gleicher Buchst.?)　30 Schräge unten (α oder λ wahrs.) ‖ κ,c,χ O ‖ ι N: Ti. oben P ‖ δο ON: Horiz. unten, Rund. P ‖ υ O ‖ Ti. oben (Horiz.?) ‖ Rund. ‖ Rund. ‖ Vert./Schräge unten (α?)　31 Vert. ‖ Ti. unten ‖ ζ,π,τ ‖ Ti. oben (η möglich) ‖ ε N: Rund. P: c O ‖ Horiz. oben O ‖ Teile von Vert. ‖ Vert. 32 τ O ‖ α N: λ O: α (wahrs.) oder λ P ‖ c O: Rund. P ‖ Ti. mittig (α wahrs.) ‖ Ti. mittig (Rund.?) ‖ Horiz. mittig ‖ οc O ‖ Ti. oben (ε?) ‖ Vert. O: Ti. P ‖ Teile von Schräge (re. Teil von υ?)　33 τωι O ‖ ι ON: Vert. P ‖ τ O: γ,π,τ P ‖ ε ON: Ti. mittig (η?) P ‖ α O: α oder δ P ‖ ρ O: Vert. P: ι N ‖ ο O: ο oder ω P: ι N ‖ μ O: Ti. unten P ‖ η O: Vert. unten P　34 Teil von Fall. ‖ τ O ‖ ην O: Ti. mittig (teils Rund.?), Ti. P ‖ Vert. ‖ Horiz. und Ti. unten ‖ Ti. unten (Tilgung wahrs.) P: θ O: ι N ‖ cετ O: Rund., ε oder θ, π oder τ P ‖ Rund. unten O: Vert. oder Rund. P　35 δ O: Ti. oben P ‖ Ti. ‖ μ O: Fuß und dann Teil von Vert./Schräge (μ oder ν wahrs.) P ‖ Ti. (Rund. wahrs.) ‖ νδ O: Horiz. unten, Rund. P ‖ Rund. O　36 λ O ‖ ε,ο,ρ,φ O: Ti. unten P ‖ μ: Ti. oben und dann Vert. (μ wahrs.) ‖ ε ON: Ti. oben P ‖ π O: Ti. unten/oben P ‖ Vert. unten (gleicher Buchst.?) ‖ Ti. mittig ‖ Vert. O ‖ Rund. unten O ‖ γ O　37 ν O: Ti. unten/mittig P ‖ ιc O: Ti. oben, blas. Rund. P ‖ Ti. (Rund.?) ‖ χ O: Ti. P ‖ c O ‖ θ O: Ti. P ‖ η O　38 Vert. O: Ti. (Rund.?) mittig P ‖ re. Fuß O: Ti. mittig P ‖ ι O: Ti. oben P ‖ η O: Ti. unten P ‖ c O ‖ Teil von Vert. ‖ Vert. O ‖ Teile von Vert. (Tilgung?) ‖ τ O: Ti. unten und Teil von Horiz. oben P (Tilgung?) ‖ Ti. (Rund.?) unten ‖ Ti. unten　39 π O: Ti. oben und dann Vert. (π wahrs.) P ‖ ι O ‖ π O: Ti. unten/oben P ‖ μ N: Ti. oben P　40 c O ‖ ωι O: Ti. unten, Ti. unten P ‖ π O ‖ ρ O: Vert. unten P: ν N ‖ ο oder ω O: Ti. P ‖ Ti. (Verbi.) oben ‖ ν,μ,υ O: Ti. P ‖ ι O: Ti. unten P 41 Vert. O: Ti. P ‖ γ O: Ti. unten und dann oben P ‖ Fall. unten O: Ti. mittig P ‖ λ O: Ti. oben P

τομεσονεπι⌐τριποδι⌐ουτ⌐ωι⌐
πρωτωιπ...τ⌐ι⌐το⌐υ⌐το⌐ν⌐.[.
45 δω⌐c⌐ε⌐ι⌐γεφη⌐καινικυcαc.⌐[.
46 γ⌐οκρ⌐ατ⌐η⌐c⌐ελα..γατ⌐[....

43 τριπ ON: Ti. unten/oben, Ti. unten/oben, Ti. unten/oben, Teile von zwei Vert. und Horiz. oben P || ο O: Ti. mittig P || δι O || ω O: Ti. mittig P: ε N || ι O   44 Ti. unten || Ti. unten || Teil von Vert. || ι ON: Ti. oben P || υ N: γ O: Ti. (Fall.) oben || ν O || Ti. oben   45 c O: Ti. unten/oben P || ι O || καινι O: Ti. unten, Ti. unten, Ti. unten, Ti. unten, Ti. unten P || κυ O || cαc ON || ξ,π,τ O   46 οκρ O || η ON || ε O: Ti. unten P || λα O || Rund. unten O: Ti. unten P || Rund. O || γατ O

Kol. 8* επιτονερμην⌐αιγθθ˙τοκα⌐
(*olim 4*) θαπερειωθε⌐ιτ⌐ουϲ[˙]⌐νθι⌐
        νουϲδ⌐ι⌐αδοθειϲηϲδ˙[˙]⌐ηϲ⌐
        πραξεωϲεθαυμαϲ⌐ε⌐[˙]⌐μαλ⌐
5   λον⌐οτ⌐οχρυϲιονυπ̣[˙˙]⌐〚τ〛δων⌐
        τουτοϲϲουτοπαρεϲ˙[˙]⌐υακ⌐[˙
7   τ̣ο̣ϲ̣α̣⌐υθ⌐ημεϲ˙⌐ον`]⌐ο⌐[˙˙]⌐ϲ⌐∕
        ⌐ν⌐αθ[˙]⌐˙αρδου⌐
8   ˙⌐ο⌐υ`]˙˙˙˙[˙˙˙˙˙˙˙˙]⌐επο˙∕
        φερου⌐τ⌐α⌐ιγε⌐˙ο̣[˙˙]⌐ιναιζε⌐
9   ⌐ν⌐ο˙ρα⌐τη⌐˙[˙˙(˙)]⌐ϲυ⌐˙˙[˙˙˙˙˙˙
10   μητρων`˙˙[˙]˙˙˙δ[–∕⌐κα⌐[˙˙]˙˙ι˙˙˙[˙˙
        δ⌐ειμεντ⌐[˙˙˙˙]˙[˙˙˙˙]˙˙[˙˙
        ⌐και⌐κ⌐ρατ⌐η˙˙[˙]ηνα[˙]˙˙`ο̣[–∕⌐˙[˙˙˙˙
        ⌐μεϲ⌐η˙˙˙˙˙˙[˙˙˙˙˙˙˙
        ⌐πιαδ⌐η˙[˙˙]˙α˙οϲκ[˙˙˙˙˙˙
15   μωνα[˙˙]˙αιοϲ[˙(˙)]δ̣˙[˙˙˙˙
        ξ⌐α⌐τ⌐ετη⌐[˙˙˙˙]τ˙[˙˙˙˙˙˙˙˙
        ˙˙λ˙˙˙[˙˙˙˙]˙˙˙˙[˙˙˙]˙[˙˙
        χορ̣ο̣ϲ[˙˙˙]˙[˙˙˙˙˙˙˙˙]˙[˙
        ˙˙]˙[˙˙]˙˙[˙˙˙˙]˙˙˙[˙]˙[˙
20   ˙˙˙[˙]˙˙˙˙˙[˙]˙[˙]˙[˙˙˙˙]˙[˙˙
        ˙˙ν˙˙[˙˙˙˙˙˙˙]˙˙[˙˙˙˙

PHerc. 1021, cr. 1, Kol. 4 = O IV 733 = N
Kol. 4 = I Kol. 4 = VH² I 165

1 αιγθθ O: Ti. unten (re. Fuß?), Ti. unten, Ti.
unten, Ti. unten, Schräge (leicht gerund.) unten
P ‖ Vert. O: Ti. unten P ‖ τοκα ON   2 ι O: Vert.
unten P ‖ τ O ‖ ν ON ‖ θ O: ε N ‖ ι ON   3 ι ON ‖
Ti. unten ‖ ηϲ O   4 ε O: Ti. mittig P ‖ μαλ O   5 οτ
O: Ti., Ti. P ‖ 〚τ〛δων O   6 Vert./Schräge ‖ υακ O
7–10 [die Zuweisung der Z. 8–10 und Korrekturen in O ist unsicher] 7 [paragraphos unsicher]
υθ O: Ti. unten und dann Fuß oben, Ti. (Rund.?)
unten P ‖ Rund. oben O ‖ ο O ‖ ϲ O ‖ ν O δι N:
li. Fuß unten P ‖ re. Teil von Horiz. oben O ‖ αρ
O ‖ δου O   8 Teil von Horiz. oben ‖ ο O ‖ Ti. ‖
Rund. ‖ Ti. ‖ Ti. ‖ επ O ‖ ο (Zeile darunter) O ‖
Vert. (Zeile darunter) O ‖ τ O: Ti. (Horiz.?) oben
P ‖ ιγε O: Ti., Ti., Ti. (Rund.?) unten P ‖ Schräge
‖ ιναι O ‖ ζε (Zeile darunter) O   9 ν O: λ oder ν
P ‖ Ti. mittig ‖ τ O ‖ η O: Schräge P ‖ Ti. mittig
‖ ϲυ O ‖ Horiz. oben ‖ γ oder π   10 Ti. ‖ Ti. ‖
Fall. unten ‖ Schräge unten ‖ Ti. (η? – Einfüg. war
viell. länger) ‖ κα O ‖ Ti. (ob. Teil von Buchst.) ‖
α,δ,λ ‖ Schräge (mit Horiz.?) ‖ Rund. ‖ Ti.   11
ε N: Rund. unten/oben P ‖ ι O ‖ μεν O: Ti. oben,
Rund. oben, Ti. oben und dann Vert. P ‖ τ O ‖
Ti. oben ‖ α,δ,λ (Zeile?) ‖ α,κ,λ,μ,ν (selbe Zeile?)
12 κ O: κ oder ρ P ‖ α O ‖ ι O: Ti. mittig P ‖ ρ O: Ti.
oben P ‖ ατ O ‖ Rund. ‖ Schräge unten ‖ Rund.
oben ‖ Rund. mittig ‖ Ti. unten   13 μεϲ O ‖ Ti.
‖ Ti. ‖ Ti. ‖ Ti. ‖ Ti. ‖ Ti. ‖ Ti.   14 πιαδ O: Vert.,
Vert., Ti. oben, Ti. unten P ‖ Ti. unten ‖ Ti. mittig
‖ Vert. (ι?)   15 Vert. unten ‖ Ti. (Vert.?)   16 α O:
Füße unten P ‖ ε O: Ti. oben P ‖ τ O ‖ η O: Vert. P ‖
Ti. ‖   17 [paragraphos fast zerstört: Ti. über χ in
Z. 18] Ti. unten ‖ α,δ,λ ‖ α,δ,λ ‖ ο oder ω ‖ Ti. mittig ‖ Ti. ‖ Ti. (Rund.?) ‖ Ti. unten ‖ Ti. (Rund.?) ‖
Ti. (Vert.?) ‖ Rund. (φ?)   18 Ti. ‖ ο+Buchst. oder
ω   19 Ti. ‖ Ti. ‖ Ti. ‖ Ti. ‖ Horiz. oben ‖ Horiz.
mittig, eine Vert. berühr. (gleicher Buchst.?) ‖ χ
oder υ+Buchst.? (Zeile unsicher)   20 Ti. ‖ Fall.
oben ‖ Vert. mit Verbi. (ν?) ‖ Rund. ‖ Ti. ‖ Vert.
‖ Ti. oben ‖ Ti. ‖ Ti. ‖ Horiz. oben   21 Rund. (ε
oder θ wahrs.) ‖ Ti. oben (α,δ,λ wahrs.) ‖ Rund.
(ε oder θ wahrs.) ‖ Ti. (Rund.?) ‖ Ti. (π oder τ?)
‖ Ti. (Rund.?) ‖ Vert.

.κοντ[.]...[...].νβ[...].[..
|τα.ον.[......]..[.......
|.[].δεξ...[....].α[....
25 |.].α.ον..[...]...[....
....ς....cυ[].κ[.]..[...
.[...]ε..[.].εμ..α...[...
.[..].ν..ονε.[.]....[...
..ιαc........[.]..[.....
30   τητοςδ..ν.....[.]..[...
...νου[....]..[.......
....[......].[.......
.........]..[.......
....].ν..[.]..[.].[......
35   ..]....ε.[....]..[.....
.].ε..[].αυτ....[....
.]....α....επ[...].[]⌐ερα⌐
...[.]βλε[.]...⌐ν⌐η.[...].⌐τα⌐
⌐κ⌐α⌐ι⌐κο⌐υρ⌐αν..[.].[....]⌐ων⌐
40   ⌐ατ⌐εξο⌐ι⌐ουτω[.....]⌐νωc⌐

22 Vert. || Vert. und Ti. mittig (κ wahrs.) || α,δ,λ || Ti. unten/oben || Rund. (o oder ω wahrs.) || Ti. (Schräge?) oben   23 Teile von Vert. (ι wahrs.) || Ti. mittig (κ oder μ?) || Ti. mittig (Fall. wahrs.) || Vert. (mit Verbi.? π?)   24 Fall. oben || α,δ,λ || α,δ,λ || Vert. (Fuß?) || Ti. mittig (α,δ,ε,λ?) || Ti. oben (ρ wahrs.)   25 Ti. mittig || Ti. mittig (o oder η?) || zwei Vert. (gleicher Buchst.? η oder ν?) || ι oder τ || Rund. (ε?) || Ti. unten/oben (Fall.?) || Ti. mittig || Ti. mittig (Rund.?) || Horiz. oben   26 Ti. unten und Horiz. oben (paragraphos?) || Ti. unten (Vert.?) || Ti. (Rund.?) || Ti. oben || Vert. || Ti. || Ti. || Ti. || Ti. unten || Ti. || Ti.   27 Ti. || Ti. (Vert.?) || Teil von Horiz. oben mit Verbi.(s) (γ,π,τ wahrs.) || α,δ,λ || Rund. (o,c,ω wahrs.) || Ti. unten || Ti. (Füße unten) || Ti. || Ti. oben   28 Ti. unten || Vert. || Ti. || Ti. unten || υ oder χ || Ti. || Ti. || Vert. || Rund.   29 Ti. oben || Ti. oben || Fall. oben || Ti. oben || Ti. oben || Ti. (Vert.?) || υ oder χ? || Ti. unten/mittig || re. Fuß || Ti. unten (selbe Lage?)|| π oder τ || Rund.   30 (leicht gerund.?) Vert. || Ti. (Rund.? υ?) || (leicht gerund.?) Vert. || Ti. unten/oben || ε oder θ (wahrs.er) || Rund. || Vert. mit Verbi. (ν wahrs.) || Schräge || Ti. oben   31 Ti. || Ti. oben || Ti. oben || Ti. (α,δ,λ?) || Ti. oben   32 Ti. || Ti. oben || Vert. und dann Vert. mit Verbi. (ν?) || α,δ,λ || Vert. || Ti. (ε?)   33 Ti. (Schräge?) unten || Ti. (re. Teil von ν?)   34 Rund. || Ti. oben || Ti. unten || Vert. || Vert. mit Verbi. (ν wahrs.) || Ti.   35 Ti. oben || Ti. unten (Rund.?) || Fall. und Ti. unten (υ?) || γ oder κ || Fuß || Ti. unten/oben || Ti. oben   36 || α oder εc || γ,π,τ || ι oder ρ || Schräge unten || θ oder ν (wahrs.er) || o oder ω || Ti. oben || Ti. (Rund.?) oben || Ti. oben (α?)   37 Ti. oben || Ti. oben || Ti. oben || Ti. unten || Vert. || Ti. (Horiz. oben?) || Ti. mittig || Ti. mittig || Ti. (Rund.?) unten || ερα O   38 Ti. unten || ε,θ,c || Teil von Vert. und Rund. unten || Ti. (Vert. unten?) || Ti. || Ti. (Rund.?) oben (ε?) || ν O: μ oder ν P || Vert. || Ti. || τα O   39 κ O: Rund. P || ι O: Ti. (Vert.?) unten P || υ O: Vert. unten P || ρ O: Vert. unten P: c N || Ti. oben || Ti. unten und Horiz. mittig || Ti. oben || ων O   40 ατ O: Ti. unten, Ti. oben (Horiz.?) P || ι O: Ti. (Vert.?) unten P || ν O: Ti. oben P || ωc O

φηϲ⌐ι⌐ν.ντ⌐η⌐.[....]⌐ˋ]χαιγα[⌐ˊ⌐[..]⌐ϲδεφι⌐
⌐λ⌐οϲ⌐ικ⌐α⌐τ⌐ουτωγπρῳ⌐των⌐
αθηνα⌐ιω⌐ν·ε⌐δ⌐ε⌐γ⌐ε⌐τ⌐οδει⌐ναι⌐
των.⌐πι⌐τιν⌐α⌐χρονονα⌐ρνα⌐
45　τοτροφ⌐ηϲ⌐αν⌐τ⌐ων·ιϲ..⌐ρει⌐[
　|.αιδε⌐καν⌐εανικ..⌐ακ⌐[....
47　|⌐τι⌐ϲγε[....]⌐αιτ⌐η⌐νπρ⌐ω[...

41 ι O: Ti. unten/oben P || α,δ,λ P: τ ON || η O: Ti. mittig P || Teile von Vert. || χαιγα O (dann Vert. in O oder hohes φ von Hauptzeile) || ϲδ O: Rund. unten, Ti. unten P || εφι O　42 λ O: ob. Teil von Buchst. P || ι ON: Vert. P || κ O: Fuß P: μ N || τ O: Teil von Horiz. oben P || τ O: Vert. P || ων O　43 ι O || ω O: Rund. unten P || δ O: Fall. oben P || γ O: γ oder π P || τ ON: Ti. oben P || ν O: Ti. unten/mittig P || αι O　44 Ti. (ε?) || πι O: zwei Füße unten, Ti. oben P || α ON: Fall. P || ρνα O　45 η O || ϲ O: Rund. unten P || τ O: Horiz. oben P || li. Teil von Horiz. oben || θ oder ο || ρει O　46 Horiz. oben || κα O || ν O: Ti. oben P || ο (wahrs.er) oder ω P || Ti. unten || ακ O: α,δ,λ, (leicht gerund.) Horiz. mittig P 47 τι O: Vert., Rund. P || αι O || τ O: re. Teil von Horiz. oben P || ν O || πρ O: zwei Füße unten, Vert. unten P

Kol. 9

```
      ⸌[.]ʳιϲτˌᵉʳμαιⰈˌ[.].ˌ.[.]ʳˌᵎϙϲʳηνˌ⸍
1    νʳονˌτινʳωνˌϙϲʳυˌᵎνγραμμα
     τοδιδαϲκαʳ.ˌᵎ[.]ϲηραϰλει[[δη]]⸍το⸍ϲ
     εϲτινδεʳτˌᵎαυτατηιδυνα
     μεʳιδιοτιˌᵎτηϲχωραϲτωνη
5    .α̣[....]ʳγˌᵎωʳνˌᵎδ̣ιʳατˌᵎιναϲαυ
     χμου̣ϲϲυνεχεʳϲυˌᵎ[]ʳ..ᵎεʳπˌᵎομ
     βριαϲαϰαιρ..ʳετεϲιϲθειϲηϲˌᵎ
     .]υνεβηλ.[...]..τʳηˌᵎ[.]ʳ.ιˌᵎλε̣ι ʳγˌᵎενεϲθαιʳ.
     ᵎ[...].[....]ʳλˌᵎε[
10   ʳτˌᵎη·ψηφιϲαμ.[.].[.....].[
     .].αϰλεʳωτεˌᵎ[......]ʳπεˌᵎ[..
     ..]....υʳεˌᵎ[.].....[...]...[
     .(.)].ο̣.ε̣.ουϲ....[...]...[
     .(.)].ʳυˌᵎτ̣[.]π̣ʳαˌᵎϲχο̣..[.]ʳϲαιˌᵎτο[..
15   ..]..ο̣ν.[....].[.].ʳμˌᵎ[.]ʳοντˌᵎ.
     ..]ʳοϲˌᵎ..[........].ʳαˌᵎ.α
     ...]ʳγεˌᵎ[....]ʳοˌᵎν[..]ʳυˌᵎετα
     ...].[.....].ε̣ʳντοαˌᵎ.[.
     ...]...[..]ε̣[.]γ̣.α[...].[
```

Vor dieser Kolumne sind drei Kolumnen verloren

PHerc. 1021, cr. 2, Kol. 9 = O IV 738 = N

Kol. 9 = I Kol. 9 = VH² I 170

1 ιϲ ON: Ti., Ti. P || τ ON: Ti. unten und dann oben P || μ N: αι O: μ oder ν P || α̣ O: ω N: Ti. unten P || ι O: Ti. oben P || ϰ O || Ti. unten || Ti. oben (π oder τ?) || τ N: ϲ O || η O: φ/ρ+Buchst. oder η,ν P || ν ON: Vert. und dann Schräge P || [Hauptzeile] ον O: Ti. mittig, Ti. mittig P || ων O: εϲ N: Ti. oben, Ti. unten/oben P || υ O: ϰ N: Teile von Vert. (η wahrs.)   2 Vert. O   3 τ ON: Ti. mittig P   4 ι O: Ti. oben P || δ O: Teile von blas. Dreieck P: α N || ι ON || ο O || τι O: π oder τ, Vert. oben P   5 ρ oder φ || γ O: Ti. unten P || ν O: ρι N || ατ ON: Fall., Ti. unten/oben P   6 ϲυ N: Rund. unten, Ti. oben P || Fall., Vert. O || π O: π oder τ P: τ N   7 Rund. unten || Ti. mittig || ε N || τε N: Ti., Ti. (ε oder θ?) P || ϲ N || ιϲ N: Ti., Ti. P || θ N: ε oder θ P || ειϲη N: Rund., Ti., Ti., Ti. P || ϲ N   8 Ti. unten || Ti. mittig (ε wahrs.) || η oder ν P: Horiz. oben und dann ε N || η N: Vert. mit Verbi. oben (η wahrs.) P || Rund. N || ι N: Teil von Vert. P   9 γ ON || Vert. unten O: Ti. unten P || Vert. || λ N: Fall. P   10 τ N: γ,π,τ P || Rund. oben || ε,ο,ϲ,ω || η oder ν   11 Ti. oben || ωτ ON || ε ON: Rund. P || πε N: Vert. oben, Rund. oben P   12 α,δ,ε || ε oder ϲ || Fall. oben || Vert. mit Ti. mittig (φ?) || Ti. || ε O: Rund. unten P || ε,θ,ο || Ti. unten || Ti. oben || Ti. (Rund.?) unten || Ti. || Ti. || Ti. (Vert.? η?)   13 Rund. || γ,μ,ν,π,τ,υ || μ oder ν P: τ N || Vert. unten || Vert. unten || Vert. unten || Ti. unten || Ti. || Ti. || Ti. oben   14 Ti. oben || υ N: Rund. P || α N: re. Fuß P || Ti. oben (υ wahrs.) || Ti. oben || ϲ N: ϰ oder ϲ wahrs. P || α N: Dreieck P || ι̣ N   15 Ti. (Vert.?) || Ti. || θ,ο,ω || Dreieck (α,δ,λ) || Ti. || μ N || οντ N || Ti.   16 οϲ N || Ti. || Ti. || π oder τ || α N || Ti. (Rund.?) unten   17 γε N || ο N || υ N   18 Ti. || Ti. || Vert. unten || ν N: Vert. P || τ N || οα N: Rund., α,δ,λ P || Ti. (ζ,ξ?)   19 Ti. || Ti. || Ti. || Ti. unten || Ti. (Vert.?) unten

20 δ[.]τηνπρο...[.].......[.(.)
   ρ.[].τα.α[...].η[.].ντ⌐ο⌐.⌐ο⌐[
   ο[..]ωι.[].[..].⌐ε⌐⌐τα⌐.κ[..]..[
   .....[....]...κλ..[..
   τογ[.........]εα.τ.[..
25 .].[..].[......].νταμε.[..
   ...].[.....]διον[......
   ...].ου....ν[...].[....
   ......].[..].[..].⌐ερετο.⌐[
   ....].[.........].[..
30 ...].[.].[..].[..].[......
   ...].να[...].[....].[...
   ....]εω...[.....]...ηc[.
   ....θη[.].[.....]ν⌐τ⌐.[]⌐υ⌐ς[.].[
   .ν[.(.)]τωγκα...ον⌐η⌐ωγ⌐ο⌐[
35 ..].φα.⌐ο⌐.γ.⌐ε⌐γ[..]ακλει⌐ων⌐
   ..]νπαρ⌐ε⌐ςτηχο.α.⌐ςε⌐ιχη[
   ...].γινομενηςδετ[.]ςανα
   ..]...ςεωςπεςωνκ.[]..⌐ρα⌐
   .].θ.ιςνε..οςεξην[.(.)].θη
40 .]⌐ετ⌐[.].[.].εκ.ερομ..[.]υκαι
41 ..].ω⌐να⌐κατατρ..[..].πο

Kol. 10 τηϲκερχ[.].οϲϲφαλλετα[.]και
φερομεγοϲεωϲειϲμεϲον
τοθεατρονκαι⌐υπ⌐οβαθ⌐π⌐ου
πληγειϲϲυνετριβητην
5   κεφαληνωϲτεμετ⌐ο⌐λιγον
τουδιαφθειροντοϲεκπγευ
ϲαιϲυνεβηδεκαιτην⌐γ⌐.ο̣
φητινειϲτοννεωννυχ[]ωρ
....ο̣ρμενηνεπ[.]βην.[.
10 ...]⌐υν⌐τικαιδηχ[.]ειϲαγ
⌐α⌐πο̣θ⌐α⌐νειν ᵀ λ⌐ε⌐.[..]⌐δ⌐αν
θ̣..ποϲκαιβελτιο.[.]μαθη
τ...εκαιπο̣⌐λ⌐..[.]⌐ν⌐γε̣γ̣⌐αϲ⌐
ν[.].[...]⌐υδε.⌐[..]. ⌐τ⌐ο⌐ϲ⌐[..].
15 ⌐ντειδ⌐[.(.)]⌐δεπ⌐[...]⌐ρητο⌐...[.
⌐τετ⌐α....[.]⌐λε⌐[.]⌐περι⌐[.].⌐η⌐
⌐τρε⌐χη[.].[..]αν[.....]⌐ενω⌐[
]⌐κα⌐[]γε[.....]..[..].⌐τ⌐ω̣γ
.]πιβουλε[...]...[......
20 .ιουτο⌐υ.χ.⌐.[.......].[
..]νονμ.[..]...[...]..[.
..].οτ⌐ω⌐[.......]δ.[...
]⌐ηογμε⌐[.......]..[...
καλουμ.[.....].[..].[..
25 λοφου[.]⌐.⌐εντ[....].[...
.]⌐α⌐ν⌐ε⌐..[.]⌐ωι⌐[.].[......].⌐ο⌐[.
.].υπ̣οτο⌐υ⌐...[.........
..]να⌐ιτ⌐αυτα.[........].

PHerc. 1021, cr. 3, Kol. 10 = O IV 739 = N
Kol. 10 = I Kol. 10 = VH² I 171

1 Teil von Horiz. unten   3 υ O: Ti. (Verbi.?) mittig
P || π ON: Ti. unten P || π O: υτ N: Ti. unten/oben
(kleiner Buchst.) P   5 o ON: o,ρ,ω P   7
γ N: Vert. unten/Fuß P || Vert. und Ti. oben (ρ
wahrs.)   9 Ti. (Vert.?) || Ti. || Rund. oben || ε
oder θ || Ti. unten   10 υ O: Rund. unten P || ν
ON: Ti. (Vert.?) unten P   11 α ON: Fall. oben P
|| α ON: Schräge unten P || ε O: ε,θ,o P || Ti. oben
|| δ O: Horiz. unten P   12 θ oder ρ || θ,o,ρ,ω ||
Vert.   13 Vert. mit Haken oben (η wahrs.) ||
Vert./Schräge und dann Ti. unten || Ti. unten ||
λ O || Vert. unten || Ti. unten || ν O || αϲ O   14
Haken oben (η,μ,ν wahrs.) || υδ ON: Ti. unten und
Schräge oben, Teil von Dreieck oben P || ε O: Ti.
mittig P: ϲ N || Schräge mit Verbi. von Fall. oben
(α,δ,λ,μ,ν wahrs.) O || Fall. oben (α,δ,λ wahrs.) ||
τ N: Vert. mit Teil von Horiz. oben (π,τ,φ wahrs.)
P || ϲ N: Ti. unten/oben P || Ti. oben (Fall.?)   15
ν O || τε O: εϲ N || ι ON || δ O: λ N: Fuß P || δ O ||
επ O: Fall. und Schräge oben (gleicher Buchst.?),
Fuß unten P || ρητο N || Ti. || Ti. (Vert.? χ?) || Ti.
16 τ O: Ti. P || ετ O: Rund. (ε oder ϲ), Vert. mit Teil
von Horiz. oben P: νπ N || Ti. unten || α,δ,λ,μ,ν,χ ||
Ti. mittig || Ti. mittig || λε N: Fall., ε oder θ P || πε
O: Ti., ε oder θ P || ρι N || Rund. oben P: δ N || η N:
Vert. P   17 τ ON: Ti. (Horiz.?) oben P || ρ O || ε
ON: Rund. oben P || Rund. || ενω N   18 χ O || α O:
Ti. unten P || Vert. || Rund. unten || Ti. mittig || τ
ON: χ,π,τ,ϲ P   19 Ti. mittig || Ti. mittig || Schräge
20 ε oder ϲ || υ ON: Fall. oben P || Horiz. oben N:
Ti. unten P || Vert. unten N || χ N: Ti. mittig P ||
Fall. N || Ti. unten || Vert. unten   21 Ti. mittig ||
Vert. || Fall. und Vert. oben (υ?) || Rund. || Ti. || Ti.
|| 22 π oder τ || ω O: o oder ω P || Ti. unten   23
η N || o O: ε N || γμε ON: γ oder υ, μ oder ν, Rund. P
|| Ti. || Ti.   24 Ti. || Vert. mit Fall. oben (ν wahrs.)
|| Rund.   25 re. Teil von Horiz. oben O || ε oder
o   26 α ON: Fall. P || ε O: Rund. unten P: o N ||
Ti. oben || Vert. (leicht gerund.) || ω O: μ N: Rund.
unten P || ι ON: Vert. P || Rund. oben || Vert. || o O
27 μ oder ν P: δ O || υ ON: ν oder υ P || Ti. (Horiz.?)
oben || Ti. (Rund.?) || Schräge unten   28 ι O || τ
O: Horiz. oben P || Vert. mit Verbi. || Ti. (blas. ε?)

⸢πα⸣ρ´κ⸣ε.[..].κατ⸢ε⸣[].ρ.[....].[
30   ⸢ον⸣εκε⸢ν⸣τ⸢οιγ⸣ρηϲμ.[..].ε.
παρατοιϲρη⸢α⸣[.]ρ⸢ιτω⸣...[..
αληθηλ[.]γει⸢κ⸣[..]⸢α⸣.[.].[...].
ϲοφ⸢ω⸣γ[.(.)]περ⸢κ⸣[.]⸢δ⸣ιωγ.ϲγ[
⸢ο⸣υϲυ⸢ρα⸣χοϲιουπ⸢.λ⸣λω[.]ταϲ
35   πραξειϲγη`γ´γελκ[.]τω[.].[.
ε.ονεγτοιϲνυν.ροκει
με..⸢.⸣⸢ϲεπ⸢ιϲυ⸣ναγεινκαιτα⸢.⸣[
..υ⸢δ⸣ε...⸢ημοντ⸣ιπεποι[.]κ.[
..[]κατα⸢φιλοϲοφιαν⸣[..].ελ[
40   ..γου⸤⸥κ⸢α⸣[.]./⸢τ⸣ε.⸢ιμ⸣εγτ⸢ο⸣[..]...[

29 π O: Vert. unten P || α O || ρ O: α N: Ti. P || κ
ON: κ oder χ P || Vert. || Ti. oben || ε ON: ε,θ,ο P
|| ε,ο,ρ,φ,ω || ε,θ,ο,c,ω || Ti. unten   30 ον O ||
ν O: Vert. P || οιγ O: Rund. unten, Ti. oben und
dann Vert./Schräge, Vert. unten und Ti. mittig P
|| Rund. || Ti. unten || Ti. oben   31 α O || ιτω O:
Ti. mittig, Schräge unten, ο oder ω P || π oder τ ||
α,λ,ν || Vert. unten/oben   32 κ ON: Rund. unten
P || α O: α oder λ P || li. Teil von Horiz. oben || Fuß
|| Ti.   33 ω O || κ O: Vert. N: Vert./Schräge mit
Verbi. unten P || δ O: re. Fuß P: λ N || Ti.   34
Horiz. oben P: δ O || ο O || ρα O: Vert., Ti. unten P
|| Rund. ON: Rund. P || λ O: α,δ,λ P   35 Ti. oben
36 κ,μ,ρ P: τω O || Vert. mit Verbi. oben   37 Fuß
|| Rund. mittig || Vert. O || ιϲ O || υ ON: Ti. oben
P || Vert. O: Ti. oben P   38 π oder τ wahrs. ||
Ti. oben || δ N: Ti. P || Ti. oben (π oder τ wahrs.) ||
Vert. oben || blas. Ti. (Rund.?) || η ON: Ti. unten P
|| μ O: Vert. unten P: γ N || ον O: Ti. (Rund.?) oben,
Vert./Schräge P || τ ON || ε oder θ   39 μ oder ν
|| α,δ,λ || φ O || ιλ O: Vert., α oder λ P || οϲοφι O ||
α O: Ti. unten/oben P || ν O || Horiz. oben   40
Ti. unten || Ti. oben || α O || Ti. (Rund.?) || τ O:
Ti. oben P || Vert. mit Ti. oben (ρ möglich) || ι O:
Vert. unten P: υ N || μ ON: μ oder ν P || ο O: Ti.
oben P || Ti. unten || Ti. oben || π oder τ

Stratigraphie am Ende von Z. 19–31 unsicher

Kol. 11

```
     ⟦τω⌐γ⌐ . . . ⌐υ⌐⟧⌐'ληνⸯεως⸤'χⸯαι'ρωνοςεπεⸯι⌐
     δηπερου⸤ζεν'ποδωνες
     τιπαραθετεονακαⸯτεχ'ω
     ριςενερμιπποςεντω⸤ιπ'ε
 5   ρ̣ιτωναποφι⸤λο'ς̣οφιας⸤εις'
     . . . .τ̣. . .ασκαιδυ̣ναςτε⸤ι'
     . .με[.].στηκⸯο'των⸤χαι
     ρωνδοⸯ.υ'λ.[.]ⸯ.'ευςενα
     καδημεια⸤ι'μ.[.]⸤π'αραπλα
10   ⸤τ'. . . χ̣⸤αι'ξε⸤ν'οκρατει
     ε⸤μ'.[.]. ⸤νδ'. .⸤αςμε'νι⸤τ'ηκως
     . .π̣. 'λ'ηνανδ[.].ςαπτως
     . . .]τρις. . . .[. .]⸤τ'ε⸤τ'α
     . []ιςδεπυ⸤ς'[.]. .[. . . . .]η[.]. .
15   .ατατονⸯγεν'[. . .].[. . .]⸤ο'ις
     ⸤τ'. . .⸤τ'[. . .]. . . . .[].[.]⸤νο'γ
     .]ọγ.[. . . . .]ⸯ.αςιο.ις'[. . .
     . . . . . . .].[.]ς[]⸤ν'.[.]⸤ης'ε[. . .
     . . . . . .]. ⸤ο'δⸯει'ξαⸯμ'[. . .
20   . . . . . . . .]μη⸤θερ.'. .α
     .[. . . . . . . .]. . .[.].[. .]⸤ατων'[
```

PHerc. 1021, cr. 3, Kol. 11 = O IV 740 = N

Kol. 11 = I Kol. 11 = VH² I 172

1 γ O: Ti. P ‖ Ti. ‖ Ti. ‖ Ti. ‖ υ (nicht getilgt in disegno) O ‖ ε O: Ti. unten P ‖ ως O ‖ αι O: Ti. unten, Vert. unten P ‖ ι O: Ti. (Fuß?) unten P   2 ζεν O: Ti. unten, Ti. unten, Ti. unten P   3 τ O ‖ εχ O: Rund. oben, Schräge unten und dann Ti. unten P   4 ιπ O: Ti. unten, Ti. unten   5 λ ON: Schräge unten P ‖ ο ON ‖ εις O: Rund. unten, Ti. unten, Ti. unten P   6 Ti. mittig ‖ π oder τ ‖ Ti. mittig/oben (kleiner Buchst.) ‖ α oder λ ‖ η oder π ‖ Ti. unten und dann Teil von Horiz. oben ‖ Vert. unten ‖ ι O   7 Ti. mittig/oben (α?) ‖ Ti. (Rund.?) ‖ Rund. unten/oben ‖ ο O: α N   8 Rund. oben O ‖ υ O: Rund. oben P ‖ Schräge ‖ η,ν,ς O: Ti. unten P   9 ι O ‖ Rund. oben ‖ π O: Vert. oben P   10 τ O: Horiz. oben und Ti. unten P ‖ Rund. P: κ O: ‖ Vert. oben P: α O ‖ Vert. oben ‖ αι O ‖ ν O   11 μ O: Ti. oben P ‖ Ti. ‖ Ti. oben ‖ νδ O ‖ Ti. ‖ Ti. ‖ α O ‖ ς O (viell. war Buchst. nicht in P) ‖ με O: Ti., Ti. P ‖ τ O   12 Ti. ‖ Ti. mittig (ε?) ‖ re. Fuß ‖ λ O: Fall. oben P ‖ Ti. oben   13 Ti. ‖ Ti. mittig ‖ Ti. ‖ Schräge unten ‖ τ ON: Horiz. oben und dann Ti. oben und dann unten P ‖ τ O: Verbi. mittig und Vert. (viell. zwei Buchst.) P   14 Ti. unten und Rund. oben (gleicher Buchst. oder zwei Buchst.?) ‖ Fall. ‖ Ti. ‖ Ti. ‖ Ti. oben   15 Vert. ‖ γ O: Horiz. oben P: κ N ‖ εν O: Ti. oben, Schräge P ‖ Ti. unten ‖ ọ O: Ti. unten P   16 τ O: Vert. und Horiz. oben und dann Fuß unten (π wahrs.) P ‖ Ti. ‖ Ti. ‖ Ti. ‖ τ O: Ti. P ‖ α,δ,λ ‖ Ti. unten und Schräge oben (υ wahrs.) ‖ Fuß und Ti. oben (τ wahrs.) ‖ Rund. ‖ Vert. und Fall. oben (υ wahrs.) ‖ Ti. (Vert./Schräge mit Verbi. oben?) ‖ Ti. (α,δ,λ?) ‖ νο O   17 Ti. ‖ Vert. O ‖ α O: Teile von Schräge P ‖ ς O: Ti. P ‖ ιο O ‖ Rund. oben O: Ti. oben (Teil von ν?) P ‖ ι O ‖ ς O: Rund. unten P   18 Ti. ‖ ν O ‖ Vert. und dann Ti. ‖ η O: Teil von Vert.? P ‖ ς O: ε,θ,ο,ς P   19 Ti. mittig ‖ ο O: Ti. mittig P ‖ ε O: Rund. P ‖ ι O ‖ μ O   20 θε O: Ti., Rund. unten P ‖ ρ, Vert. O ‖ Fall. (α wahrs.) ‖ κ oder ς   21 Ti. unten ‖ Vert. mit Horiz. (nach re.) oben ‖ Vert. (zum vorigen Buchst. gehörig? μ?) ‖ ε oder θ ‖ re. Teil von Horiz. oben ‖ ατων O: li. und re. Fuß (α wahrs.), Ti., Ti., Ti. P

πǫ.ε..[....]..[..]ˊνˊοϲζω
..κ̣..ε.[..]..[.]..ˊοτοˊϲτρ̣.
τ̣ǫ.[.]δ̣ǫ.κ..α̣ˊ.τουˊ[
25 ...[....]..αλλˊατˊ.[...
          ]. ˊαφροˊνου.
        ].[.(.)]φοδ̣[.]απερι
        ]....[..]ˊαˊν
.[......].τρ..ο.[.].τ̣εϲ
30 .].[........].[.].ˊκονυπˊεˊ.ˊ[
  ε...[...]ˊγˊεντω[]ˊτροϲˊ
  ..[.....]αντιπατ̣.ˊου.ˊ[..].
  .ε.ϲ.[..]..δ̣..κ̣ορραˊτοˊ[.
  κ̣.[.].[..]μεˊτˊατου...ˊκαˊ
35 λ.ωγεγπελοποννηϲωι
  ϲτρατιωτωνκαταϲχˊοιϲˊ
  ταˊυ̣ˊηνπατριδατουϲˊμεˊν
  ..ˊνˊταϲεγβαλεινˊτοˊ[..]δου
39 ...]...[..]κ̣τηματα.[..

22 α,δ,λ || Horiz. oben und Ti. unten (μ wahrs.)
|| Ti. unten || Ti. oben || Ti. oben || ν O: Horiz.
und dann Vert. P   23 Ti. || Ti. || Ti. oben ||
Ti. unten/oben || Ti. unten (Vert.?) || Ti. unten ||
Schräge unten || ε oder ϲ || Vert. unten || ο O: Ti.
unten P || το O || li. Fuß unten   24 π oder τ ||
λ,μ,ν || Ti. mittig || Fuß (ι oder τ wahrs.) || η oder
ν O: Ti. unten/oben (υ?) P || τ O || ου O: Rund. (ω
wahrs.), Ti. oben und dann mittig P   25 Vert. ||
Ti. (Rund.?) || Ti. mittig || Ti. mittig || Fuß || ατ O:
Schräge unten, Ti. unten und dann oben P || Ti.
unten   26 re. Teil von Horiz. || αφρο O: α,δ,λ, Ti.
oben, Vert. unten und dann Ti. oben, Ti. mittig
(kleiner Buchst.) P || Vert.   27 Schräge   28
Ti. || Ti. || Ti. || Ti. || α O: re. Fuß P   29 Vert. ||
Fall. unten || Vert. || Teil von Horiz. mittig || Ti.
|| Ti. unten   30 Ti. (Fuß?) unten || Ti. oben ||
Fuß unten || κονυπ O: Ti., Ti., Ti., Ti., zwei Vert.
unten P || ν oder ρ O   31 Vert. unten || Ti. unten
(blas. Dreieck?) || Ti. (Vert.?) unten || γ ON: Teil
von Fall. Berühr. Vert. (re. Teil von ν wahrs.) P ||
τ O || ρο O: Ti. unten/oben, Rund. unten P || ϲ
O   32 Ti. (Vert. mit Verbi. oben?) || Ti. || Ti.
unten || ο ON: Rund. unten P || υ O: Ti. oben P ||
Teil von Horiz. O: Ti. oben P || Ti.   33 β,κ,χ ||
Ti. unten/oben || α oder λ || μ oder ν || Vert. || Ti.
unten || Ti. oben || το O: Vert. oben, Ti. unten P
34 Ti. || Ti. oben || τ ON: Vert. P || Ti. unten || Ti.
unten || Schräge || κα O   35 Vert. unten   36 οιϲ
O   37 υ̣ O || μ O: Vert./Schräge P || ε O   38 Ti.
oben || Ti. unten || ν O: α,λ (+kleiner Buchst.) P ||
τ O || ο O: Ti. oben P   39 Ti. || Ti. || Ti. || Horiz.
oben

Kol. 12 δεσπ.τωνκαιτας᾽γυν'..κας
δουν᾽α'ι·φαινιας᾽δ'αυτον[.].
᾽κ'ειφιλοτιμονεμπλε᾽.'[.]ε
ξιαιγεγομενονκαιτη[..
5 λυμπικηςνικης.τικαταξ᾽ι'
αντυραννον.[.].φανη᾽.'αι
.εαν.κονε.[.].ειρηςαιδ[.
᾽τι'γεσαυτο..εγουσι[[᾽γ']]κα[.
πολινκτις᾽.'[...]ρω[.]ει..
10 εγγ[.].᾽τ'ω[....].ουμ.γωγ
μεγαρικ[........]κε᾽α'[
ωντ᾽ε.'[......]αυτον
᾽λ'εγ᾽ε'[........]᾽επ'ιθ[.
᾽μ'ε'νω'[....].[.].[]ωιπ.[.
15 ᾽βο'[.......].[..]᾽κ'αρ..[..
᾽τη'[......].....᾽την'[..
..........]....᾽μ'ε᾽ν'[.
...]᾽κο'ο᾽τ'....[..].cδω.[
....]τα[.]ωγ᾽c'.[.]ε᾽ν'[].᾽τ'[
20 ....]᾽τ'ω᾽cα'.οντας
.......]᾽ν'οδειρημενος
......]οκρα᾽c'..cχολη᾽ν'
........]....ε᾽νο'[[.]].᾽τα'
..........].. ᾽λη'ωc
25 ....].. ουκαιτ[.
........].....το᾽υ'.[.
..........].[..].[....
..............].ω[..
..............].α[].π[

PHerc. 1021, cr. 3, Kol. 12 = O IV 741 = N
Kol. 12 = I Kol. 12 = VH² I 173

1 Rund. || γ O || υν O: Schräge oben, Schräge mit Horiz./Fall. an Spitze P || ob. Teil von Buchst. (Fall.) || ob. Teil von Buchst.   2 α O: li. Fuß P || δ ON: Teile von Horiz. unten P || Rund. unten und Ti. oben   3 κ O: re. Teil von Horiz. oben P || Vert. O: Ti. oben P   5 Ti. oben || ι ON: Ti. oben P 6 Ti. oben || re. Fuß || Horiz. oben O   7 Ti. mittig || Ti. (Vert.?) unten || Ti. oben || κ oder χ   8 τι ON: Fuß, Fuß P || Schräge unten || Ti. unten || γ O: re. Fuß P   9 li. Fuß (α,δ,λ wahrs.) O || Ti. oben || Ti. oben   10 Ti. oben || τ ON || Ti. oben || Rund. 11 α N: Ti. unten P   12 ε O: ε oder o P || Schräge O 13 λ N: Ti. unten (re. Fuß) P || ε N: ε oder o P: δ O || ε N: c o || π N: ι O: zwei Füße P   14 μ ON: Ti. mittig P || ν ON: Ti. (Schräge?) oben P || ω N: Ti. unten P || Horiz. oben || Rund. unten || Ti. unten 15 β N: Teil von Dreieck unten P || o N: ε,θ,o,c P || Ti. || κ O: Rund. oben P || Rund. unten || Ti.   16 τη N || Ti. oben || Ti. (Rund.?) unten || Ti. oben || Rund. (c möglich) || Teil von Vert. || τ O: Teil von Vert. P || η O: Vert. und dann Ti. oben P: ι N || ν ON: Vert. mit Verbi. oben P   17 Ti. (re. Teil von Horiz.?) oben || Ti. (Rund.? ω?) unten || Ti. || Ti. mittig || μ ON: Horiz. oben P || ν O: Teile von Vert. P   18 [*Sovrapposto* viell. in Z. 19 zu platzieren] κo O: o oder ρ P⁺¹ || o⁺¹ || τ O⁺¹ Ti. oben (ε,η,υ?) || Ti. unten/oben (μ?) || Ti. oben || Ti. (ε oder θ?) || Horiz. oben (π oder τ?) || Ti.   19 [*Sovrapposto* viell. in Z. 20 zu platzieren] τα⁺¹ || c N: Ti. unten P || Ti. mittig || ν O: λ+Buchst. oder ν P || Ti. (re. Fuß?) unten || τ N: Vert. P   20 τ O: γ N: Vert. P || c ON: Ti. P || α O: Ti. P || Ti.   21 ν O: Ti. unten P   22 c N: Ti. P || Ti. (zum vorigen Buchst. gehörig?) || Ti. (re. Fuß?) unten || ν ON: Vert./Schräge P   23 Ti. oben || Ti. oben || Ti. unten/oben || Ti. mittig (λ?) || μο O: ν oder μ, Ti. unten und dann mittig P || Ti. || Ti. (η,o?) || τα N: Ti. (Vert.?) oben, Ti. P   24 Ti. unten || li. Fuß || λ N: Ti. mittig P || η N: Ti. (Vert.?) unten P   25 Rund. (o wahrs.) || Vert.   26 Fall. || Ti. (Rund.?) unten/oben || Ti. mittig || Vert. unten || li. und re. Fuß (α wahrs.) || υ N: Teil von Vert. P || Teil von Vert. mit Verbi. oben   27 Ti. unten || Ti. mittig   28 Ti. unten 29 Vert./Schräge oben || Ti. oben

30   ....].[....].δε
      ....]..
    .[............]...[..
    .]α.[......]...[].υ.ρν
   .⌐π.⌐[.]..[.].⌐μ⌐ενεγ⌐τος⌐[
35   .]ροστουϲαντ⌐ο⌐πατ[..].
   πρεϲβειϲλ.γω⌐ι⌐δ̣ιαχ[.]ρ
   ραγουκαιτωνμετα
   ⌐τ⌐ουτο⌐υ⌐χιλιωνενπε.[.
39   π[.]ννηϲωι....[....

30 Ti. unten ‖ (leicht gerund.?) Vert.   31 re. Teil von Horiz. oben ‖ Vert. oben   32 Horiz. oben [loses frg., Platzierung in Zeile unsicher – die and. Spuren könnten *Sottoposto* sein] ‖ Ti. oben ‖ Ti. oben ‖ δ oder λ   33 [loses frg., Platzierung in Zeile unsicher, wahrs. verdreht] Ti. (Vert.?) unten und Ti. (Horiz.?) oben ‖ Vert. unten (ι wahrs.) ‖ Vert./Schräge ‖ α,δ,λ ‖ α oder λ ‖ Teil von Horiz. oben   34 υ oder χ (frg. verdreht) ‖ π O: (leicht gerund.?) Teil von Horiz. oben P ‖ Rund. O ‖ Ti. unten ‖ li. Teil von Dreieck (δ wahrs.) ‖ Ti. oben ‖ μ N: Vert. und dann and. Vert. (μ wahrs.) P ‖ το N: Horiz. oben mit berühr. Vert., Rund. unten P ‖ ϲ N   35 ο O ‖ Ti. oben 36 ε oder ο ‖ ι O: Vert. unten P: ν N   38 τ ON: li. Teil von Horiz. oben P ‖ υ O: Ti. oben (υ möglich) P: ν N ‖ li. Fuß   39 Ti. ‖ Ti. ‖ Ti. ‖ Ti.

Kol. 13 ωϲ˙˙ϗα⌐ι⌐δ⌐ι⌐αϯουϗεραμει
 ϗ˙˙π˙ϯεμε⌐ϲυο⌐νταϗω
 ˙α˙⌐αιμε⌐θη`με´ραγφυγειν
 ˙˙]`ϗαι´⌐ν⌐ϗηναιϲχρανϰαϰωϲ

5 ε⌐ϲοϲυφ⌐οτηϲγυναιϰοϲειναι
 ⌐γ⌐αρφιλοπ̣α̣ιδαϰαιφιλομει
 ραϰιονο⌐ϲ⌐γεπεριεφερενο
 μιϲ⌐μ⌐απαντο⌐δ⌐˙π̣ογινατωι
 ϲυναντ˙[˙]αντ[˙˙]˙˙⌐˙αιπ⌐ρο

10 χειρωϲεχηι˙θη⌐ενθειϲ⌐δυ
 ⌐τοξ⌐ενοϰρατο˙˙ϰαι⌐ϲ⌐υϲτα
 ˙˙]⌐ιϲ⌐αυτωιτοϲουτομετηλ
 ˙αξεϰα⌐τ⌐ατονβι˙νωϲτε
 μηδεποτε`μητε´τηντουπροϲω

15 πουφανϯ⌐α⌐ϲιανδι⌐α⌐[˙˙]ϲαι
 ϰαιϲχει⌐ϲια⌐λ⌐λ⌐οι⌐ϲτ⌐[˙˙˙˙]⌐μ⌐
 ⌐τε⌐τον˙[˙˙]νονϯ[˙]⌐ϲ⌐φ⌐αι⌐[˙˙˙˙
 ˙˙λαταυτα⌐δια⌐[˙]υλ⌐α⌐ττ˙[˙˙
 ˙ανδυϲ⌐χ⌐[˙]˙ωτερ⌐ο⌐ν[˙]˙[˙˙

20 ˙˙˙˙[˙˙]˙˙⌐ϲφι⌐˙α⌐π⌐˙˙˙˙˙[
 ˙]˙˙˙˙[]˙˙˙λ⌐α⌐ϛδεδιη[˙]˙˙[˙˙
 ϰ[˙]˙α⌐ιϲ⌐ωνλυτ⌐τω⌐[˙˙]ωγ
 επενεχ⌐θη⌐να[˙˙˙˙˙]˙˙˙
 γνυαναυτο⌐υ⌐δ̣[˙˙˙˙]˙˙˙⌐ου⌐

25 μεν`˙⌐ι⌐ν´αλλουϲϯ⌐ιυξ˙[]⌐ν⌐ε˙[˙˙
 ϰοταϲωρα⌐˙⌐˙[˙˙˙˙˙]˙˙
 πηναι⌐˙⌐ονδ̣˙[˙˙˙]⌐η⌐˙[˙˙
 ˙[˙]⌐νουτεγο⌐˙[˙˙]˙˙˙˙[˙˙

PHerc. 1021, cr. 3, Kol. 13 = O IV 742 = N
Kol. 13 = I Kol. 13 = VH² I 174

1 Horiz. oben und Ti. unten || Rund. oben || ι O: Ti. unten P || ι O: Ti. unten P 2 Ti. mittig/oben || Ti. unten/oben || Rund. || ϲ O: Rund. unten P || υ O || o O: Ti. unten P 3 Ti. || Rund. || α O || ι O: Ti. oben P || μ ON: Ti. oben und dann oben P || ε O: Ti. oben P 4 ν O: Ti. mittig/oben P 5 ϲ O: Rund. unten P || οϲυ O || φ ON || 6 γ ON: Horiz. oben P 7 ϲ O 8 μ O: Ti. unten P || δ O: ob. Teil von Buchst. P || Teile von Fall. 9 Ti. oben || Ti. || blas. Ti. (ϰ oder χ oder δο?) || Vert. mit Verbi. (re. Teil von ν?) O || αι O || π O: Ti. unten P 10 ε O: Vert. P || ν O || θε ON: Ti. oben, Ti. oben P || ιϲ ON 11 το O || ξ O: Ti. mittig P || Schräge || Rund. oben (ϲ wahrs.) || ϲ O 12 ιϲ O 13 Fall. (α,δ,λ) || τ O || Ti. 15 α O: Fall. unten P || α O 16 ϲ O: Ti. P || ι O || α O: Fall. unten P || λ O || ϲτ O || μ O: Ti. P: ω N || Ti. 17 τ τ O: Ti. (Vert.?) unten P || ε O || π oder τ || ϲ O || αι O 18 Teile von kleinem Dreieck oben || li. und re. Fuß P: Fall. O || θι O || α ON || α O: re. Fuß P || Rund. unten 19 Horiz. mit Rund. oben (ϰ wahrs.) || ϗ O || Ti. unten || O || Ti. 20 Ti. || Ti. || Ti. || Ti. (α oder λ?) || Schräge || ϲφι O: Rund. oben (zu vorigem Buchst. gehörig?), Rund. und Vert., Vert. P || α,δ,λ || π O: π oder τ P || Rund. || Schräge || Ti. (Horiz.?) mittig || Ti. unten || Ti. unten 21 Ti. unten (Vert.?) || Ti. || Vert. || Ti. mittig (Teil von Dreieck? α?) || α,ϰ (zwei Buchst.?) || Ti. || Teile von Rund. || α O: Ti. α oder δ P || Ti. || Ti. (Vert.?) unten 22 Ti. oben || ι ON: Ti. unten (Fuß?) P || ϲ O || τ O: Ti. oben P || ω O 23 θ O: Rund. oben P || η O: Vert. unten/re. Fuß P || Ti. (Teil von Vert.?) || Ti. || Ti. (Vert.?) oben 24 υ ON: Ti. oben P || Rund. oben || Ti. (Teil von kleinem Dreieck?) oben || Ti. oben || Ti. || ου O: Ti., Ti. P || Ti. 25 Ti. || ι N || ι N: Ti. (Vert.?) P || υ O: ν N: Ti. oben P || ξ O: Teil von Horiz. P || o oder ω O: Rund. unten P || ν O || Ti. 26 Vert. O: Ti. mittig P || Ti. unten || Ti. || Ti. 27 Horiz. oben O || Ti. (Rund.?) oben || η N: Ti. P || Ti. 28 Teil von Horiz. oben || ν O || o O: Rund. P || υ O || τεγ O: Ti., Ti., π oder τ (γ unwahrs.) P || o O: Ti. (Rund.?) P || Ti. (λ oder μ?) || Ti. mittig || Horiz. unten/mittig || li. Teil von Dreieck (α,δ,λ wahrs.) || π oder τ || Vert. unten

..... γο.[....]....[..
30 ⌐αλλο⌐[..]..[.....]...[..
νομ⌐.⌐[...].[...].[.....
⌐.⌐εινχ[.].⌐η⌐[.]..[....]..[.
⌐την⌐ουτο..[.......].
.⌐]⌐αιπα⌐ρεκα....[....
35 .⌐]⌐ενο⌐νε...[...].φ..[...
....].[.]........[...
τε⌐το⌐υ⌐c⌐[..]⌐.ου⌐..[....]τε...[
⌐υπην⌐α⌐ν⌐τιουςορ⌐ωι⌐η⌐c⌐κρατουν
.]α⌐cε⌐γτετοιcθεατρ⌐ο⌐ιcαπα
40 θ⌐.κλεη⌐cθαιτωναλλων
⌐δ.ςθετα⌐φερομε⌐ν⌐ωντοις
⌐λογιμενοις·φαιν⌐εται δεκαι
⌐τηιφιτε[]αν.⌐εcθα⌐ι.η⌐[].πο[
⌐κραδυ⌐cμεγεχω⌐νας⌐γεγναι ⌐ε⌐ν⌐κα⌐ι⌐τα〚.
45 .]⌐`]⌐.αις⟋
λυθαδια⌐γκαι⌐ξη⌐
46 .οτηταγραφα⌐ι⌐cεμφαιν..

Kol. 14 ⸏ϲαιϲ[.].[].[].⸍ε[..]..ω.⸌[.]

1 ....οϲχερειχ..
πολιτικη[..] ⸏εν⸍νοτητιχεκοϲ
⸏μ⸍ημ⸏ε⸍νο⟦ϲ⟧⸍ν⸍[.]⸏δυϲμε⸍ρ⸏α⸍ινεδεχα.
⸏τ⸍ο⸍ι⸍.⸏ετε⸍[.(.)].⸏μην⸍αναγου

5 ϲιταϲερω⸏τ⸍η⸏ϲειϲ⸏α⸍μων⸍
εντοιϲπραγμα⸏ϲινγυ⸍μνα
ζεϲθαιδιοκαικατατ⸏η⸍νεπ.
χειρ⸏η⸍.ιναϲολοικοϲηνκαιπα.
⸏τ⸍οϲ[.]⸏.⸍ωπε⸏π⸍τωκωϲαϲ

10 ⸏τ⸍ει[..].γ⸏καιπι⸍νδαρειοϲο
...[..(.)].⸏ρμο⸍νιαϲωϲα⸏ν⸍
ειπο⸏.⸍[..]⸏κ⸍αι⸏πε⸍φευγωϲ⸏το⸍
κ⸏ο⸍ιν.[..]⸏αι⸍πρ[.]⸏ϲπα⸍.⸏αν⸍ο
χλ⸏ο⸍γ.[...]αγωγην⸏η⸍[.(.)].⸏c⸍

15 μενο[..]⸏αι⸍λειπομ[...]⸏c⸍
καταᴛ.[...]⸏ε⸍.⸏κατου⸍[...]⸏.αι⸍
⸏τατα.⸍[......]⸏.καικ⸍[...
⸏γ⸍οϲκαι[.....]⸏ο⸍[.....
⟦.⸏.⸍πρα⸍⟧[.......]⸏κ⸍[...

20 .ρεχ⸏ηϲ⸍.[.].[....]⸏κ⸍[...
.]⸏ε.⸍η⸏ν⸍κ⸏αιθαυμ⸍[..]..[.]...
⸏δι⸍α⸏φ⸍ορο⸏υπ⸏α⸏ν.⸍[.]⸏.ε⸍πανω
.]⸏χ⸍[..]εν[..]⸏νεμ⸍[..]⸏ικριθ⸍ειϲ⸏ηι⸍
..⸏λω.ι⸍αιχα⸏λ⸍.[..(.)]⸏εϲ⸍χου[..

PHerc. 1021, cr. 3, Kol. 14 = O IV 743 = N
Kol. 14 = I Kol. 14 = VH² I 175

1 Ti. unten || Vert./Fall. (κ wahrs.) || Ti. unten ||
Ti. unten || Ti. unten || Rund. unten || Ti. (Fall.?)
unten || Ti. unten || Ti. (Rund.?) unten || Ti. unten
|| α oder λ || Fuß   2 ε O: Ti. unten/oben P || ν O:
re. Fuß P   3 μ O || ε O: Ti. oben P || δυϲμ O || ε
O: Ti. (Rund.?) unten P || α ON: α oder χ P || Ti.
(Vert.?) mittig   4 τ O: Fuß P || ι ON: Ti. unten P
|| Ti. unten || ε O: Ti. P || τε O || Ti. (Vert.?) unten
|| μη O || ν ON: Ti. oben und dann unten P   5
τ ON: Horiz. oben P || ϲε ON: Ti. unten, Ti. unten
P || ιϲ O || μω O: Ti., Rund. unten P || ν ON: Ti. P
6 ϲ ON || ι O: Vert. unten P || νγ O || υ O: Ti. oben
P   7 η O || Ti. oben   8 η O || Ti. oben || Vert.
unten   9 τ O: Horiz. oben P || Horiz. oben O: Ti.
unten P || π O: Ti. oben P   10 τ O: π oder τ P || Ti.
oben || κα ON || ι O || π ON: Vert. mit Teilen von
Horiz. oben P || ι O   11 Teil von Horiz. oben und
dann Ti. unten (ζ,ξ,π,τ wahrs.) || Ti. || Ti. oben ||
Ti. unten (α?) || ρμ O || ο O: Ti. oben P || ν O: Fall.
oben P   12 Vert. O || κ ON || π O: Vert. unten P
|| ε O || τ O: Ti. P || ο O   13 ο O: Ti. oben P: ε N ||
Ti. unten || αι ON || ϲ ON || π O: Horiz. oben P: κ
N || α ON: Schräge P || Ti. unten || αν ON   14 ο
O: Ti. P || Ti. oben || η O: Ti. P || Horiz./Fall. mittig
(wahrs.) || ϲ ON: Rund. (?) P   15 α ON || ι ON:
Vert. unten P || ϲ ON   16 Rund. mittig || ε ON:
Ti. unten P || Ti. unten || κ O: Ti. P || α ON: α oder
λ P || τ O: θ N: Ti. oben (β oder φ?) P || ο O: Ti. P
|| υ O: π oder τ (selbe Lage?) P || κ N: τ O || α ON
|| ι N   17 τατα O: π oder τ, Ti., Ti., Ti. P || Horiz.
oben O || Vert. O || καικ ON   18 γ ON: γ oder τ
P || ο N   19 Ti. || Vert. O: Ti. P || π ON: Ti. P || ρα
N: υε O: Ti., Ti. P || κ N   20 Ti. mittig || η O: Ti.
unten P || ϲ ON || Ti. || Ti. || κ O   21 ε O || Horiz.
oben O || ν ON || α O: Ti. unten P || ι O || θα ON
|| υ O || μ O: Ti. mittig || Ti. oben || Ti. (Rund.?)
|| α,δ,λ || Ti. unten (Rund.?) || Fuß   22 δ O || ι
O: Ti. unten P || φ O: ρ oder φ P || υπ ON || ν ON:
Vert. P || Horiz. oben O || Ti. oben O || ε ON: Ti.
oben P   23 χ O: Ti. unten P || νεμ O || ικρ ON || ι
ON: Ti. (Fuß?) unten P || θ ON: Rund. P || η ON:
Vert./Schräge P || ι O   24 Ti. mittig || Ti. oben ||
λ O || ω O: Ti. oben P || Rund. oben O: Ti. oben P
|| ι O || λ ON: λ,μ,ν P || Ti. oben || εϲ O

25 []ˌχεογˈτηιπολ..[.]αˌˈθˈιˈετˈ[
　　.ειθαˈυμˈαζ.[. . .]οcκ.[]ˈεπˈ[
　　[]ˈυc.μενοcεπιˈ[. . .]ˈτοˈc[. .
　　τητικαιcωφρο[. .]ˈγˈηˌ. .[.]. .[
　　παcˈηˈcεξωκα.[.]ˈ.ρˈα[. . .
30　　. . .].cˈαˈ[. . .].ˈεχˈ[. .]ˈηˈ. .[.]α
　　. . . .ωcζˈχνˈουˈδα.ˈογ. . .[
　　. .[.]ονεˈχˈ[.].διχˈαˈ[.]τηρ[.].ν
　　η[[ι]]κοινοˈν.ˈ[.].ειογ[.]ˈιμηˈ.[
　　γαγκηcπα[.(.)]ˈηˈ.ταˈιτˈ[. . . . .
35　ˈλαβοˈιτοδεˈπολˈ. .ˈ.ιδˈ[. . .
　　ˈνˈεινεξω[. .]ˈνοˈ[.(.)]ˈ.γˈοˈγˈ[. .
　　ˈτεˈκαιτˈωˈ[. .]ˈνωˈριμ[. .
　　ˈποˈλλουcοι.[. . . .].ˈηˈcαμεˈ.ˈ[. . .
　　εντωιχηπ.[.].αλυβιαμε
40　νειναυτˈουˈ.ˈατˈατοˈυˈλειc
　　ˈτοˈγˈδˈοˈρˈκειˈ[.]ˈεˈχαˈιˈγˈcανιˈc
　　ˈκωcεχθαυμˈ[. .]ˈαιξενοκραˈτηˈνˈ
　　ˈεζωναυˈ[. .]νυμˈνειˈχαιε
　　ˈμιμειτοˈτˈ.ˈ[.].ˈθενταπˈεˈριˈ

25 [viell. Reste von paragraphos am Zeilenbe-
ginn] χε O: Ti., Ti. unten P || o O || γ O: Ti. unten
P || Rund. unten || Fuß || θ ON: δ,θ,o P || ετ ON:
Ti., Ti. P　　26 α,δ,λ || υμ ON: Ti. oben, Vert. unten
P || Rund. || Ti. unten || επ O　　27 υ O || c O:
Rund. mittig P || Rund. (re. Teil von ω?) unten
O: Ti. (Rund./Schräge?) unten P || μ O: Ti. unten
P || ε ON: Ti. oben P || ν ON || οcεπι ON: Ti., Ti.,
Ti., Ti., Ti. P || το O　　28 γ O || Ti. || Ti. oben ||
Ti. (Rund.?) oben || Ti. (Vert.?)　　29 η ON: Ti.
oben P || Ti. unten || re. Teil von Horiz. oben O
|| ρ O: Ti. oben P　　30 Ti. oben || α ON: α oder
δ P || Ti. (Fuß?) unten und oben || εχ O: Schräge
unten und dann Ti. oben, Schräge unten P || η
O: Schräge und Vert. P || leicht gerund. Vert. (χ
wahrs.) || Ti. (Rund.?) unten　　31 Ti. unten (χ
wahrs.) || Ti. (Rund.) || Ti. unten/oben || χ,λ,ν P: ε
O || χ O: Ti. oben P || ν ON: Vert. unten P || δ O ||
α O || Fall. unten O || Ti. unten || Vert. mittig || Ti.
(Rund.?)　　32 Ti. mittig || Rund. unten || χ O: Ti.
P || Ti. || α O || Ti. unten　　33 ν O || Schräge unten
O || Vert. und Rund. oben || ι O || μ O: Ti. P || η
O: Ti. unten/oben P || Ti. oben (Teil von Horiz.?)
34 η O || Ti. unten/oben || ι O: c N: Ti. P || τ O　　35
λ O || α O: Schräge P || β O || o ON: Ti. unten P
|| πολ O || Ti. unten/oben (υ wahrs.) || cι O: ι N ||
Fall. und Schräge oben (χ wahrs.) || α oder λ O
|| ιδ O　　36 ν O: Ti. unten P || ν O || o O: Rund.
unten P || Rund. unten (ε wahrs.) O: Ti. unten P
|| γ ON: ει oder ν P || γ ON: Vert. unten P　　37 τ
O: Ti. unten P || ε O: ε oder c P: c N || ω O: Rund.
P || νω O　　38 πο O || Ti. oben || Vert. mittig ||
η O: Ti. oben P || Vert. ON: li. Fuß P　　39 Rund.
oben || Ti. unten/oben (χ wahrs.)　　40 o O: Ti.
oben P || υ O || Ti. || ατ O: Ti., Ti. P || υ O: Ti. oben
P　　41 τ O || o O: Rund. P || δ O: Dreieck oben P
|| χει O: Ti. unten/oben, Rund. oben, Ti. unten P
|| ε O: Rund. unten P || ι O || cανι O: Ti., Ti., Ti., Ti.
P　　42 κωc O || εχθαυ O: Ti., Ti., Ti., Ti., Ti. P || μ
O || αιξ O: Ti. unten, Ti. unten, Ti. unten P || ε O
|| ν O: Ti. mittig/oben || o O: Ti. mittig/oben P ||
χρα O || ν O: Vert. unten P　　43 εζ O: Ti. mittig, Ti.
mittig P || ων O || αυ O: Ti. oben, Ti. unten/oben
P || νει O: Ti., Ti., Ti. P　　44 μ O || ιμ O: Ti. mittig,
Ti. mittig P || ει O || τ O: Vert. P || o O || α,δ,λ O ||
Ti. oben || θ O: Rund. P || ε O || ν O: Horiz. oben P
|| τ O: Ti. unten P || α O || π O: Ti. unten P || ρι O:
Vert., Ti. unten P

45   ｡ ⌈υτουλε⌉γ.[.]⌈αιδε⌉κα⌈ιφι⌉λο̣

46   c⌈o⌉φ⌈οκλη⌉cγεν⌈εcθα⌉ικα⌈ιμα⌉

45 [nur Teile von paragraphos erhalten] Dreieck oben || υ O: Ti. oben und dann unten P || τ O || ο O: Ti. mittig P || υλ O || ε O: Ti. mittig P || Ti. unten || α O || ιδε O: Ti. unten, ob. Teil von Buchst., Ti. unten P || ιφι O: Ti., Ti., Ti. P   46 ο O || οκλη O: Ti., Ti., re. Fuß, Ti. oben und dann Teile von Vert. P || ε O: Ti. unten P || c O || θα O: Ti. mittig, Dreieck oben P || ι O || μα O: Vert., Fall. P

Kol. 15
λιϲτατ⌐οπ¬α.α.αρϲε....[.].
τηϲφωνηϲκαιπαρα[.].[..].
⌐α¬ποδεχεϲθαιεφηδα⌐ρκ¬εϲι
λαοϲοτιαυτωιπαραθε[.]⌐φ¬ραϲ
5 τουμετελθοντιφαν⌐ει¬.
ϲανοιπεριτογ.ολεμωνα
θεοιτινεϲηλ[..]ψανατω.
αρχαιωνεκε[..]⌐ο¬νκαιτων
εκτουχρυϲο⌐υ¬γε⌐.¬ουϲδ⌐ι¬απε
10 πλαϲμενωηα[.]⌐.ρ¬ω⌐π¬ων
⌐ο¬κ⌐αιο¬...[.]⌐ϲεϲ¬[....].⌐.ρεθ¬
⌐ου¬τω[....].κη[.....]⌐.λι¬
κα⌐υ¬.⌐η.¬[..].[......]⌐.φυ¬[
.].γ⌐εζ¬ε⌐ι¬[....].ιε⌐α¬[.].ο
15 ⌐λεγ¬οντ...[....]⌐θοιϲ¬[.(.)]μα
⌐λι¬.ταπλατων⌐ϲτο¬υ⌐ϲ¬[..]⌐τ¬[
π⌐ο¬δεκαιξεν.χρα.[..
⌐ειϲτενκη¬[..].[..].[.]..[.].[...]η.
..]⌐ϲεπ¬[.].[.].υτοϲ⌐ουου¬[...]ε[
20 ..]⌐νηγ¬[..]εφηδε⌐π¬αϲ.[..].
.]...[..]εινπαρε⌐ν¬.[...
.].[....].ηγηϲειϲ.⌐ν¬[...].
.].[...].[..].[..]τϙ.ϲ..του.[
....].[..]..[..].λειαϲ

PHerc. 1021, cr. 4, Kol. 15 = O IV 744 = N
Kol. 15 = I Kol. 15 = VH² I 176

1 οπ ON: Rund., Ti. oben und zwei Vert. unten P || Rund. oben (ρ wahrs.) || Rund. (θ wahrs.) || Rund. || Ti. unten (Schräge) und dann Ti. oben (ob. Teil von Buchst.) und Ti. mittig (α wahrs.) || Ti. mittig (Verbi. von zwei Buchst.?) || Ti. unten || Ti. unten 2 Ti. unten || Ti. mittig und dann Fall. (υ,ν möglich) 3 α O: Schräge unten P || ρ O || κ O: Ti. oben P 4 φ O: Ti. unten und dann oben P 5 ε O || ι O || Ti. mittig 6 Fuß unten 7 Ti. oben 8 ο O: Ti. oben P 9 υ O || π oder τ O: Ti. oben P || ι O 10 Horiz. oben O: Ti. mittig P || ρ O: Ti. oben P || π ON 11 ο O: Ti. mittig P || α O: Ti. unten und dann oben P || ι O || ο O: Ti. (Rund.?) oben P || α,δ,λ || leicht gerund. Vert. (re. Teil von Buchst.) mit Verbi. mittig (υ wahrs.) || Vert. (Schräge) mit Verbi. oben (μ,ν wahrs.) || ϲ O: Rund. unten P || ε O: Ti. P || ϲ O: Ti. unten P || Ti. oben || Ti. oben (Teil von Horiz.?) O || ρ O || ε O: Ti. oben P || θ O 12 ο ON || υ O || Vert. || η,μ,ν O || λ O || ι O: Ti. mittig P 13 υ ON: Ti. P || Ti. || η O: Ti. P || μ oder ν O: Ti. P || Ti. || γ,αι,λι O || φυ O: Ti. mittig, Ti. mittig P 14 Ti. || ε O: Ti. P || ζ O: ζ oder ξ P: τ N || ι ON: Vert./Schräge P || re. Fuß (α,δ,λ wahrs.) || α O: li. Teil von Dreieck unten || Ti. oben (re. Teil von Horiz. wahrs.) 15 λεγ O: Schräge, Ti. mittig, Ti. oben P || Ti. unten || Ti. unten || Fall. unten || θοιϲ O 16 λι O: Fall., Ti. mittig P || Rund. P: ι O || ϲτο O: Rund. unten, Vert., Rund. oben P || ϲ O: Ti. mittig P || τ O: Vert. oben (mit Verbi.?) P 17 ο O: Ti. mittig P: ι N || Rund. mittig || Ti. unten/oben 18 ε O || ιϲτενκη O: Ti., Ti., Ti., Ti., Ti., Ti. P || Ti. unten || Vert. unten || Vert. || Vert. mit Verbi. (γ wahrs.) || Ti. unten || Ti. unten 19 ϲεπ O || Ti. || Ti. || ο N: Ti. mittig P: ϲ N || υο ON: Schräge, Ti. unten P || υ O: Ti. mittig P 20 νηγ O: Ti., Ti., Ti. P || π O: ν N: Ti. oben P || Ti. oben (Dreieck?) || Ti. mittig 21 Ti. || Ti. || Ti. || ν O: Schräge unten und Ti. mittig P || Ti. unten || Ti. unten (gleicher Buchst.?) 22 Rund. unten || Ti. unten (Fuß?) || Vert. und Ti. oben (π?) || ν O || Ti. 23 Horiz. unten || Ti. mittig || Vert. || Ti. unten || Ti. unten || Ti. mittig (ε?) || Schräge unten 24 Ti. oben || Ti. mittig || Ti. mittig || Ti. || Ti.

25 ε...ε.[...].[...]⌐το⌐.ηϲ⌐κα⌐[
.....⌐απαν⌐[.]εδοκειζ⌐η⌐
27 .]....[..]...ˋ].[...]
27 κρατου⌐.διγω⌐[ˊ[...].ανδ[..
.]...[..]......⌐ο⌐[]⌐ιϲει⌐πρ.[
τ.μειρακιαϲεμˋνˊοντεκαι
30 φι.[.]...⌐ζ⌐ιονμεταται..[
.]..[.].[.].....νκρατητο.
.....].[.]...[]⌐.⌐διατεθειϲ
.[....].κ[.].[.]ωϲε[.].ηϲα[
.].[.].........τηω[.]...ε
35 ..ω..[.]....⌐ϲ⌐τωγα⌐φ⌐ηγου
μενωντη.ακαδημεια⌐ϲ⌐[.].
εδοκεικαιτωιϲωματ⌐ιβ⌐ελ
.]⌐.⌐.⌐υ⌐αδιακ⌐ειϲ⌐θαιτωνεγδυ
ομενωνκαιτωνικανω.
40 βε⌐.ιω⌐κοτωνειναιπ.[..]ϲπων
τοϲτομειρακιονμητειξαι
μητεκαταπλαγηναιμ⌐ε⌐χρι
δετουτουπολεμηϲαικαιδϊ
ανταιϲαιπροϲαυτον.⌐οϲ⌐
45 εξηργαϲατοκαιμετ⌐η⌐γαγε
46 το⌐ϲκ⌐ρατητατπροϲεα⌐υ⌐[..].[

25 π oder τ || Ti. mittig || Dreieck mittig (δ oder ρ) || Horiz. oben || Ti. || το ON: ξ oder τ wahrs., Rund. P || Schräge und dann Fall. unten || κ O || α O: Ti. mittig P   26 Schräge || Ti. mittig || Ti. unten/oben (κ wahrs.) || α,δ,λ || Ti. unten || απαν O || η O: Ti. mittig P   27 Ti. || Ti. || Ti. unten || Rund. unten || Ti. mittig || ob. Teil von Buchst. (α,δ,λ wahrs.) || Ti. unten || Ti. || Ti. oben O || διγω (Sovrapposto?) O || π oder τ   28 Ti. unten || Ti. unten || Ti. unten || Ti. oben || π oder τ || Fuß || Ti. mittig || Ti. unten || Ti. unten || ο O: Rund. (ο oder ω wahrs.) P || ιϲει O: Ti., Ti. mittig, Ti. mittig, Ti. mittig P || Rund.   29 Ti. oben   30 Schräge unten || Ti. oben || Ti. || Ti. oben || ζ O: Ti. P || li. Teil von Horiz. oben || re. Fuß unten   31 Schräge unten (α,δ,λ wahrs.) || Ti. (ε?) || Ti. (Schräge?) oben || Ti. oben || Ti. oben || Horiz. mittig || Ti. mittig || ε oder ϲ || Ti. unten/oben (ϲ wahrs.)   32 Ti. (Vert.?) mittig || Ti. || Ti. || Ti. (Rund.?) oben || Ti. mittig (Rund.?) || Rund. oben O: Ti. oben (Rund.?) P   33 Ti. || Ti. mittig || Ti. || Ti. (Vert.?) mittig/oben   34 Vert. || Ti. oben || Ti. oben || Fuß || Vert. || Ti. || Ti. || Ti. || Rund. unten || θ oder ϲ || π oder τ || ε,ο,ϲ || Ti. mittig (kleiner Buchst.)   35 Ti. || Ti. || Ti. oben || Rund. oben || Ti. || Ti. || Ti. || Ti. || ϲ O: Rund. P || φ O: Ti. P   36 Ti. unten || ϲ O: Ti. oben P || Rund. oben   37 ι O || β O: Ti. oben P   38 Vert. O || Ti. unten || υ O: Vert. unten P || ειϲ O: Ti., Ti., Rund. unten P   39 Vert. oben   40 Ti. mittig O || ι O: Vert. oben P || ω ON: Ti. oben und dann unten P || Fall. oben   42 ε O: Ti. unten P   44 Rund. oben || οϲ ON: Ti. unten/oben, Rund. oben P   45 η O: Ti.   46 [Haken in O – Horiz. und Teil von Vert. in P] ϲκ O: Ti., Ti. P || υ ON: Schräge unten P || Ti.

Kol. 16

```
    κρα ̣τ ̣ρδεϲολευϲ⌐ιω⌐ ̣νην[
    φηϲιθαυ⌐μ⌐αζομενοϲδ⌐εϲ⌐ ̣[
    κατελιπετ⌐η⌐νευημε⌐ρ⌐[ ̣] ̣[ ̣
    καιπ⌐α⌐ραγενομενοϲα⌐ε⌐[ ̣ ̣ ̣
5   ̣επρωτονμενξενοκρα⌐ν⌐
    τουϲηκουενυϲτερρνδε
    μεταπολεμωνοϲεϲχολα
    ζεν⌐κ⌐αιτ⌐οιπ⌐ολυδιαφερω[ ̣
    ενοιϲεπα ̣[ ̣]⌐ν⌐ ̣ ̣ ̣⌐ε⌐ ̣αιφι
10  λοπογοϲ⌐ι⌐ ̣[ ̣]υ⌐ρ⌐[ ̣ ̣] ̣[ ̣ ̣] ̣ ̣ ̣
    τικοϲ ̣[ ̣]χε ̣ ̣ττ ̣ ̣[ ̣ ̣ ̣( ̣)] ̣
    ριεπε ̣εν ̣ ̣[]ε⌐υ⌐ ̣[]γ ̣ ̣[ ̣ ̣]ν
     ̣ιναιτρ[] ̣ ̣ ̣ ̣ ̣ ̣ιαδ ̣[ ̣
    ωνεν⌐ ̣⌐ ̣ ̣ ̣ ̣[ ̣( ̣)]]χεϲι⌐λ⌐αιτ[
15   ̣νετ ̣ ̣ ̣ ̣⌐αν⌐ουτω[] ̣ ̣[ ̣ ̣
    ⌐μ⌐ ̣ ̣ ̣ ̣[ ̣ ̣] ̣ ̣ ̣ ̣ ̣ ̣[ ̣ ̣ ̣
     ̣] ̣ ̣ ̣ ̣[ ̣ ̣] ̣ ̣ ̣ ̣ ̣[ ̣ ̣ ̣
     ̣ε ̣[ ̣ ̣] ̣ ̣ ̣ ̣ ̣[ ̣]λ[ ̣ ̣ ̣ ̣] ̣[ ̣ ̣] ̣[ ̣
     ̣ ̣] ̣[ ̣]τα ̣ ̣ ̣[ ̣ ̣] ̣ου[ ̣ ̣ ̣ ̣
20   ̣ ̣ ̣] ̣[ ̣] ̣ ̣[ ̣] ̣ ̣ ̣[]τ ̣[ ̣ ̣ ̣ ̣
    χω ̣[ ̣] ̣ ̣ ̣τρ[ ̣ ̣ ̣ ̣ ̣ ̣ ̣]δ ̣[ ̣
    δια ̣[ ̣ ̣ ̣ ̣] ̣[ ̣ ̣ ̣ ̣ ̣ ̣] ̣ ̣ ̣
     ̣ ̣ ̣[ ̣ ̣ ̣ ̣ ̣] ̣ ̣[ ̣ ̣ ̣ ̣ ̣ ̣] ̣
     ̣ε ̣[ ̣] ̣[ ̣ ̣ ̣ ̣ ̣ ̣] ̣τ[ ̣ ̣ ̣ ̣]α[
25   ̣[ ̣] ̣[ ̣ ̣ ̣] ̣ ̣ ̣[ ̣ ̣ ̣ ̣ ̣] ̣[ ̣ ̣
     ̣ ̣ ̣ ̣] ̣ ̣[ ̣ ̣ ̣ ̣ ̣ ̣ ̣ ̣]τε[ ̣] ̣
```

PHerc. 1021, cr. 4, Kol. 16 = O IV 745 = N Kol. 16 = I Kol. 16 = VH² I 177

1 μ oder ν ‖ Rund./Fall. oben und dann Ti. oben ‖ ιω O ‖ Ti. oben   2 μ O ‖ εϲ O: Ti., Rund. unten P ‖ Ti. (Rund. oder Fuß?) unten   3 η O: Vert. P ‖ ρ ON ‖ Fall. unten   4 α O ‖ ε O   5 Horiz. oben mit Verbi. re. ‖ ν O   8 κ O: Ti. (Rund.?) unten P ‖ οι O ‖ π ON   9 Fuß unten ‖ ν N: Ti. (Schräge?) mittig P ‖ [Hochpunkt unsicher, viell. Korr.] ‖ Ti. ‖ Ti. unten/oben (wahrs. zwei Vert. – gleicher Buchst.?) ‖ Ti. unten (Teil von Dreieck? δ?) ‖ ε N ‖ Ti. unten (κ möglich)   10 ι N: Teil von Vert. mit Haken (ι wahrs.) P ‖ Ti. unten/oben ‖ ρ O: Vert./Schräge unten P ‖ Ti. oben (Horiz.?) ‖ Ti. ‖ Ti. ‖ Ti. (α,δ,λ?)   11 ε,θ,ο,ϲ,ω ‖ α,δ,λ ‖ α,δ,λ ‖ ο oder ω ‖ Schräge mittig ‖ Rund. oben   12 Ti. ‖ ε oder ο ‖ ξ,π,ιϲ,ιτ ‖ υ N: Ti. unten/oben (π,τ,χ?) P ‖ Ti. ‖ α oder λ ‖ Ti. (Rund.?)   13 ε oder θ ‖ Ti. mittig ‖ Ti. unten ‖ Ti. mittig ‖ Vert./Schräge? ‖ Rund. oben (ρ wahrs.) ‖ Rund. (ω?)   14 Vert. N ‖ Ti. (Schräge?) ‖ Ti. unten/oben ‖ Dreieck oben ‖ Ti. oben ‖ λ N: Ti. oben P   15 Ti. und dann Fall. ‖ Ti. unten ‖ Ti. mittig ‖ ε oder θ ‖ Ti. ‖ α N ‖ ν N: Fall. mittig P ‖ Ti. und Teil von Horiz. (?) oben ‖ Ti.   16 μ N: Ti. (Horiz.?) oben (μ?) P ‖ Ti. mittig ‖ Ti. oben ‖ Rund. unten ‖ Ti. mittig (gleicher Buchst.?) ‖ Ti. unten ‖ Ti. oben ‖ Rund. (ϲ wahrs.) ‖ li. Fuß ‖ Ti. ‖ Ti. ‖ Ti.   17 Ti. ‖ Ti. ‖ Ti. ‖ Rund. unten ‖ Ti. ‖ Ti. ‖ Ti. ‖ Ti. ‖ Ti. ‖ Ti. ‖ Ti.   18 Ti. oben ‖ Ti. mittig ‖ Ti. mittig ‖ Ti. unten und dann Rund. mittig ‖ Ti. mittig ‖ Ti. mittig ‖ Vert. unten ‖ Vert. unten ‖ Schräge unten   19 Horiz. unten und Ti. oben ‖ Ti. unten ‖ Vert. (κ?) ‖ Schräge unten ‖ Horiz. oben und Vert. unten (π oder τ wahrs.)   20 Horiz. oben ‖ Ti. ‖ Schräge ‖ Fall. ‖ Ti. mittig ‖ Ti. mittig ‖ ο oder ω   21 Vert. ‖ Rund. ‖ Ti. oben und dann mittig (κ möglich) ‖ Vert. ‖ Dreieck oben   22 Teil von Horiz. oben ‖ Ti. unten ‖ Ti. ‖ Ti. ‖ Ti.   23 Ti. oben ‖ α,δ,λ ‖ Schräge ‖ Ti. unten ‖ Schräge ‖ Ti. unten   24 Ti. oben ‖ Rund. unten ‖ Ti. oben ‖ Rund. unten   25 Horiz. oben und dann berühr. Vert. (wenn gleicher Buchst., π,τ wahrs.) ‖ Ti. mittig ‖ Ti. oben ‖ Ti. oben ‖ Vert. ‖ Ti. mittig (ν wahrs.)   26 Ti. (Schräge?) oben ‖ Vert. ‖ Fall. (α oder λ wahrs.)

....].ε.[..........
......].[...].[..].χ.
......]χ.[].α[..]..[].ος
30 .[....].ᾳ.τω[.......
...[..............
ς[.......]ο̣[.].....επ.
..[..].[.]ε̣ρ[.].[..].[.....].ν
ε..[..].οιπ.[]ε̣[......].
35 τω[.].[.]..[..........
ρ...[.....].`]ᾳ.´..[...]..[..]ν
βιον[...]......[.....].
την[.]....γ.....[.].ε.
ουκελαττονωγ[.]υ̣cα[.]ᾳ
40 x ξιανη`λ`ω....`c`ᾳ[.].[...]ν
φᾳς............[]...
εγλε`.`.[....].`η`.η..νθα
νεcθ......[]κ[.]..λανποτε
ροναυτονενται.ᾳ.[.....
45 θα`ν`ωc[.]νηκα.[]cαν.[.....

27–30 [Zeilenzuteilung und Stratigraphie unsicher]   27 Ti. mittig || Vert./Schräge   28 Schräge oben || Ti. mittig || Ti. mittig || Ti. oben || Ti. (α möglich)   29 Ti. oben || γ,π,τ || Fall. (α,δ,λ wahrs.) || Vert./Schräge || Vert. mit Verbi. oben (π?)   30 Ti. mittig || Ti. (Vert.?) unten || Ti.   31 Rund. || Ti. oben || Schräge (α wahrs.)   32 Ti. || Ti. || Ti. || Horiz. oben mit Vert. re. (μ möglich) || Fall. unten (α oder δ wahrs.) || Ti. oben   33 Vert. unten || Ti. unten || Vert. mittig || Ti. unten || Rund. (o oder ω wahrs.) || Ti. oben (ε?)   34 λ oder μ || Ti. (Horiz.?) oben || Fall. unten || Vert. || Ti.   35 re. Teil von Dreieck oben (o,ρ,φ wahrs.) || Vert. || Ti. unten   36 Vert. unten || Vert. unten || Ti. unten/oben || Ti. unten || Ti. (Vert.?) || Fall. || Vert. || li. Teil von Dreieck unten || Ti. (Schräge?) oben   37 Fall. (α,δ,λ) || Ti. unten und zwei Horiz. (κ wahrs.) || Ti. || Vert. unten || Fuß und Ti. oben (τ wahrs.) || Rund. || Ti.   38 Ti. (Schräge?) unten || Ti. (Teil von Vert. und Ti. oben, wahrs. and. Lage) || Ti. || Ti. || Teil von Vert. || Ti. || Ti. unten || Ti. unten || li. Fuß || Ti. unten || Ti.   40 [etwa vor Beginn von Z. 40 Tinte im Interkolumnium – Markierung? Stichometrisches Zeichen?] λ N: δ oder λ P || α,δ,ζ,λ,ξ || Ti. mittig || Ti. unten || Fuß unten || ς N: Ti. oben (Horiz.?) und Ti. unten P || Ti. mittig (Dreieck?)   41 Ti. unten || Teil von Horiz. unten || Dreieck oben || Teil von Schräge unten || π oder τ || Rund. mittig || Teile von Schräge? || Ti. (κ wahrs.) || α oder δ || Ti. (blas. τ wahrs.) || Ti. unten || Ti. oben || Ti. oben || Ti. unten || Vert. (ι oder ν wahrs.)   42 Vert. N: Ti. unten/mittig P || Ti. oben und dann Teil von Vert. (π möglich) || Rund. unten P: τ N || η N: Vert. P || α oder δ P: λ N || Ti. || Vert. (re. Teil von Buchst.)   43 Ti. (Fall.?) unten || Ti. unten || Ti. unten/oben || Ti. unten || Vert. oben mit Fall. (μ oder ν wahrs.) || ob. Teil von Buchst. || Ti. unten || Ti. mittig/oben   44 Ti. mittig || θ oder ς   45 ν N: Ti. P || Ti. mittig (υ möglich) || Horiz. oben

Kol. 17 ⌐μ⌐ε . . δυειν⌐´⌐μεν´ομομη⌐τρ⌐ιω⌐ν
κα[. .]μοπατ⌐ρ⌐ιω⌐ν⌐ομ⌐ο⌐πα
τρ⌐η . ⌐[.] . εμοιρεουτ[.]υκαιεπι
. ροπευ . αντ⌐ο⌐cαυτ◦ντωι

5 δειδειγενομενοcαcτειοc
ευcχημονωcκεχρηcθαι
λε⌐ . ⌐[.]⌐ν⌐αικαιπαcηcα⌐π⌐ωγηc
τυ[.]ωνε⌐τθ⌐ . cεξε⌐ . ⌐ . ⌐β⌐ων
επ[. .]⌐λοc⌐ο⌐φι⌐[.]⌐ν⌐ορμη⌐cαικ⌐αι

10 το⌐ . τ⌐ουμοιρε◦⌐υδι⌐ . τ◦ . ⌐η⌐το
ρικηcαγω . η[.]⌐υπ . ⌐[. .] . . γ
α◦τιπρα[. .]◦ντο[. . .]⌐◦ερ⌐
⌐ . ◦⌐◦λαβ⌐ω⌐ . [.(.)]◦νο . [. .]⌐ . ⌐[.]⌐ρ⌐ .
⌐ω⌐ντονπρεc⌐ . υτ⌐α⌐πο⌐[. . . .

15 ⌐τη⌐δ⌐η . ⌐ . [.]προ . ε⌐ρ⌐ . . []⌐εcτο⌐[. . .] . [
⌐κcτι⌐χ⌐λον⌐ . [. . . .]⌐εντα⌐[. .]ε[
⌐υθη . ⌐[. .]⌐ . cc⌐[. .(.)]ηρενδα⌐[. .] . α . .
⌐ . ρ⌐ωτ⌐ινδα . ⌐[. .(.)]⌐τη⌐[. . . . .]ε[
(.) .] . . . . [. . . . .]⌐μαθ⌐[. .(.)] .

20 . .]⌐ . c⌐ο⌐υ⌐ . . . . [. . .]⌐υτου⌐[. .(.)] .
]◦⌐αυουμ⌐◦υ⌐c⌐ι . [. . . . . . .
⌐πα⌐[. .]⌐νιc⌐ . [.] . [. .] . [. . .]◦ . [. . . .

Vor dieser Kolumne sind 3 Kolumnen
verloren

PHerc. 1021, cr. 4, Kol. 17 = O IV 746 = N
Kol. 17 = I Kol. 17 = VH² I 178

1 μ O: Ti. mittig und dann Horiz. oben und Ti.
unten || Ti. oben || Ti. unten/mittig || μεν O || ◦
ON: Ti. P || μομ O: Ti. unten (Fuß?), Ti. mittig,
Vert. P || η O || ι O || ω O: Ti. mittig P   2 ρ O:
Vert. unten P || ν O: Ti. unten P || ◦ O   3 η O ||
Rund. unten O: Ti. unten P || Ti. mittig   4 Ti.
oben || Rund. oben || ◦ ON   7 π oder τ O: Horiz.
oben P || ν ON || π O: Vert. unten P   8 τ O: Ti.
oben P || θ O: Ti. oben P || Schräge/Vert. oben ||
Vert. unten O || Schräge mittig || β O: Ti. unten
P   9 λοc O: Ti. unten, Ti., Ti. (Rund.?) P || φι O:
Ti., Ti. P || ν ON: Vert. P || c O: Ti. unten P || αιχ O
10 Vert. O: Ti. oben P || τ ON: π oder τ P || υδι O ||
α,δ,λ || Ti. unten || η ON: Ti. unten P   11 Horiz.
oben || υ O: Vert. unten P || π O || Rund. oben O:
Ti. unten P || Ti. (κ oder χ?) || Ti. (Rund.?)   12
◦ερ ON   13 Horiz. oben O || ◦ O || ω O || Ti.
unten || Vert. mit Verbi. oben || Vert. O || ρ O ||
Vert.   14–20 [Platzierung und Zeilenzuteilung
des losen frg. in O am Ende der Zeilen unsicher]
14 ω O || Ti. oben O || υτ ON || πο O   15 τη O || η
O: Vert. P || Vert. O || Ti. || Ti. oben || ρ ON || εcτο O
|| Ti. unten (Fall.?)   16 κ ON: Ti. mittig/oben P
|| cτ O || ι O: Ti. oben P || λ O: α,λ,ρ P: α N || ◦ O || ν
O: Ti. P || Ti. oben (◦?) || εντα O   17 υθη O || Vert.
O || Vert. O || cc O: Rund. unten, Rund. unten P ||
ηρενδα O || Ti. mittig (Vert.?) || Ti. oben || ε oder
c   18 Horiz. oben O || ρ O: Ti. P || τινδα O: Horiz.
oben und dann Ti. unten (π oder τ wahrs.), Ti.,
Ti., α,δ,λ, α,δ,λ P || Vert. O: Vert. mit Verbi. (κ?) P
|| τη O   19 α,δ,λ || Schräge (υ?) || π oder τ || Ti.
(Rund.?) || Ti. (α,δ,λ?) || Ti. || Vert. || μαθ O || Fall.
20 Schräge O || c O: κ (wahrs.er) oder c P || υ O: Ti.
oben und dann Vert. (leicht schräg?) P || Rund. ||
Ti. oben || Ti. oben || Ti. oben || Schräge || υτου O
|| Ti.   21 α O: α oder ο P || υουμ O || c O: Rund.
oben P || Vert. oben   22 π O || α O: Vert. P || ν
O: Ti. oben und Vert. unten P || ι O || c O: Rund.
unten P || Vert. unten || Rund. unten || Vert.

⌜τον⌝δε⌜γε⌝[..].[....]..[.]⌜νγα⌝
..].απον[..]..ε⌜τουτ⌝.⌜γ⌝
25 .]..[...]ο⌜κ⌝α⌜τ⌝[]εγ⌜ιαυ⌝το.[
..]π..[..]⌜δε⌝...⌜θρια⌝[.]α⌜ρα⌝
....]⌜τ⌝[.]⌜πατατο⌝[....]ευϲ[
.......].ε[..]⌜δε.⌝[...]...[
....].[...]⌜φηοϲ⌝[......].[
30 .].[.....].[.]..ν[]⌜το⌝....[
...]⌜α⌝κα..⌜χρι⌝ονε[.].[.].[
.]⌜α⌝[...]⌜κ⌝ε.[...]ϲειν.[.].ετ⌜ια⌝
.(.)]⌜θεν⌝ε[.]⌜τ⌝[.].[.......]ειαν
.(.)]⌜ηυμη⌝[.]θειϲ[........]τορο[
35 .]⌜ρ⌝χα.[.].⌜ε⌝ν[......]γιϲυ.[.].
⌜το⌝νοτων[.].⌜α⌝[.]..[......]⌜.⌝ ̓αυ
.[.]⌜νε⌝.[...].χ⌜ω⌝.[.]θεοφρα⌜ϲ⌝[
..(.)]⌜ελε.⌝[...].ηπροτ.ρονα⌜ν⌝ε
.]⌜αε⌝πε[...(.)].ϲεχων·⌜τ⌝τελευ
40 ..]ϲ.[.]⌜τϲ⌝.δεπολε.⌜ω⌝...
41 .]κ..[.].[.]⌜λ⌝ε⌜ρ⌝.η⌜ν⌝ε.τα...[..

23 τον O || γε O: Ti. (Horiz.?) oben, α oder ε P ||
Vert. (η?) || Rund. || Ti. unten || νγα O   24 π oder
τ || Ti. || Ti. || τουτ O: π oder τ, Ti. mittig, Schräge,
π oder τ P || Rund. unten || γ O: Ti. oben P   25–
29 [Zeilenzuteilung und Stratigraphie unsicher.
Einige Buchst. des disegno wurden nicht platziert und gehören viell. zu and. Lage]   25 Horiz.
unten und Ti. oben (κ?) || α,δ,λ || κ O || τ O: Horiz.
mittig, Ti. unten/oben P || ιαυ O: Ti., Ti., Ti. P ||
Schräge unten   26 Rund. || Ti. oben || δε O:
Ti. unten/oben (Dreieck?), Rund. P || Vert. || Ti.
|| Ti. || θρ O || ια O: Ti. mittig (kleiner Buchst.), Ti.
unten P || ρ O: Vert. P || α O   27 τ O || πατατο
O: Ti., Ti., Ti., Ti., Ti., Ti. P   28 Ti. || δε O ||
Vert. O: Ti. (Vert.?) P || Dreieck (oben?) || Ti. ||
Ti.   29 Ti. unten/mittig || φηοϲ O: Ti., Ti., Ti.,
Ti. P || Ti. unten   30 Ti. unten || Rund. unten
|| Horiz. oben || Ti. unten || τ O: π oder τ P || o O
|| Ti. oben || Ti. (Fuß) unten || Ti. (Fuß) unten ||
Ti. mittig/oben   31 α O || Ti. (Schräge?) oben ||
Ti. (Horiz.?) oben || χρι O || Ti. unten || Ti. oben
32 α O: Ti. oben P || κ O: Ti. (Rund.?) mittig P ||
Fall. oben || Fall. oben || Ti. mittig || ι O || α N: Ti.
(and. Lage wahrs.) P   33 θ O || ε O: Ti. oben
P || ν ON: Vert. P || τ N || Ti. oben   34 ηυ O:
Vert., Vert. P || μη O   35 ρ N: Horiz. oben mit
berühr. Vert. re. P || Ti. (re. Teil von Horiz.?) oben
|| Vert. (Rund.?) || ε O: ε oder o P || li. Fuß unten
(υ?) || Rund.   36 το O || Schräge oben (υ?) || α O
|| Fuß unten || Ti. (Rund.?) unten/mittig || α,δ,λ
O   37 Ti. unten || νε O || Ti. unten || Ti. oben ||
ω O: Rundungen P || Ti. (Rund.?) mittig || ϲ O: Ti.
P   38 ελ O: Rund., Ti. oben P || ε O || Vert. O ||
Ti. unten || Ti. || ν ON: Schräge/Vert. P   39 αε
O: Ti., Ti. P || Rund. (re. Teil von o oder ω wahrs.)
40 α oder λ || τϲ O || Ti. || Vert./Schräge || ω O: Ti.
P || Teil von Vert. mittig || Ti. oben || Rund. oben
41 Vert./Schräge unten || Fall. unten || Ti. (Vert.?)
unten || λ O: α,δ,λ P || Horiz. oben O: Fall. P ||
O: zwei Vert. (η oder and. Buchstaben?) P || Ti. ||
Ti. oben und dann unten || Ti. unten/mittig

Kol. 18

```
      τονβιογεγλιποντοσα⌜υ⌝[ ͺ ͺ ]ϲ
      καθαυτονεκχωρησαγ⌜το⌝[ ͺ
      αυτωιτηϲδιατριβηϲϲω
      κρατιδουτινοϲονδιατοπρεϲ
 5    βυτατονειναιπροεϲτηϲαντ
      θεαυτωνοινεανιϲκοιϲυν
      ελθοντεϲ⌜καιτομενπρω
      τονει⌜π⌝ ͺ ͺ θεϲινεπεχειρει
      καταταηναποπλ[ ͺ ] ͺ ⌜ω⌝νοϲτ⌜ε⌝
 10   καιϲπευϲιπ̣π̣ου[ ͺ ͺ ͺ ]μεινα
      ϲανεωϲπολε⌜μ⌝[ ͺ ͺ ͺ ]ϲαιρε
      ϲιν ͺ [ ͺ ]⌜π⌝αμε ͺ [ ͺ ͺ ]⌜πλ⌝[ ͺ ͺ ] ͺ τον
      πα ͺ [ ͺ ͺ ]εβητ ͺ [ ͺ ]⌜ ͺ ϲα ͺ ⌝ ͺ δημει
      κηϲαγωγηϲ[ ͺ ͺ ]⌜ ͺ ου⌝[ ͺ ]⌜ ͺ ⌝ηϲχη
 15   ματηι⌜γ⌝εδηφ[ ͺ ͺ ͺ ͺ ] ͺ [] ͺ χαιτ[ ͺ ͺ
      διαλυϲ⌜ ͺ ⌝ ͺ [ ͺ ͺ ͺ ͺ ͺ ͺ ͺ ͺ ]⌜ ͺ ⌝ον[
      ελθ ͺ ͺ [ ͺ ͺ ]επ[ ͺ ͺ ͺ ͺ ]ατα ͺ [ ͺ ] ͺ [ ͺ ] ͺ ͺ
      ερ⌜ ͺ ⌝[ ͺ ͺ ͺ ͺ ] ͺ ͺ [ ͺ ͺ ] ͺ ͺ ͺ [ ͺ ͺ ͺ ]χ ͺ [ ͺ
      ͺ ͺ ͺ ] ͺ ͺ ͺ ͺ να ͺ ͺ ͺ αρ[ ͺ ͺ ͺ ͺ ]ει ͺ
 20   ͺ ͺ ]⌜β⌝α⌜[ ͺ ͺ ]⌜γ⌝ ͺ ͺ ε ͺ [ ͺ ͺ ͺ ]η[ ͺ ͺ ͺ ] ͺ [ ͺ ͺ
      ⌜π⌝ρο⌜ϲτ⌝ιθεμεν ͺ ͺ ͺ ͺ ͺ ͺ [ ͺ ͺ ]
      ⌜φε⌝⌜ρ⌝ω⌝ν ͺ ͺ ͺ ⌜β⌝ρα ͺ [ ͺ ] ͺ ⌜ϲ⌝[ ͺ ͺ ͺ ]ο[ ͺ ͺ
      χ⌜η⌝ταγετο[]τοι ͺ [ ͺ ͺ ͺ ] ͺ [ ͺ ͺ ͺ
      χρωμε⌜ν⌝ ͺ ͺ ⌜α⌝[ ͺ ] ͺ ͺ ͺ [ ͺ ͺ ͺ ͺ
 25   ͺ ͺ ]⌜ ͺ ⌝ρα⌝ ͺ ͺ ͺ [ ͺ ] ͺ ͺ ͺ β ͺ [ ͺ ͺ ͺ ͺ ͺ
      ͺ ͺ ] ͺ ͺ ͺ [ ͺ ͺ ͺ ] ͺ λ[ ͺ ͺ ]τα ͺ ͺ ͺ α[
      ͺ [ ͺ ͺ ͺ ] ͺ ͺ ε ͺ [ ͺ ] ͺ ͺ ͺ ͺ [ ͺ ] ͺ [ ͺ ͺ ͺ ͺ ͺ
      ͺ [ ͺ ͺ ] ͺ [ ͺ ] ͺ ͺ ͺ [ ͺ ͺ ] ͺ ͺ ͺ [ ͺ ͺ ͺ ͺ
      ͺ [ ͺ ] ͺ ε ͺ [ ͺ ] ͺ [ ͺ ͺ ͺ ͺ ͺ ] ͺ ͺ ͺ [ ͺ ͺ
 30   ⌜τ⌝[ ͺ ] ͺ λ⌝[ ͺ ] ͺ [ ͺ ͺ ͺ ͺ ͺ ] ͺ [ ͺ ͺ ͺ ] ͺ [ ͺ ͺ ͺ
      ⌜ε⌝ ͺ [ ͺ ]ϲ[ ͺ ] ͺ [ ͺ ͺ ͺ ]⌜τι⌝φι ͺ ε ͺ ͺ ͺ [ ͺ ͺ ͺ ]
      ͺ ͺ ͺ ͺ ͺ [ ͺ ͺ ͺ ] ͺ ͺ ⌜τικη ͺ ⌝απ[ ͺ ͺ ] ͺ [
```

PHerc. 1021, cr. 4, Kol. 18 = O IV 747 = N Kol. 18 = I Kol. 18 = VH² I 179

1 υ O: Ti. unten P   2 το ON   8 π N: Ti. oben P || Ti. unten und dann oben || Ti. oben   9 Horiz. oben || ω O || ε O: α N   11 μ O: Ti. (Fall.?) oben P   12 Ti. (Rund.?) oben || π O: Ti. oben P || leichte Schräge mittig mit Verbi. nach re. (ν wahrs.) || π O || λ O || Schräge oben   13 re. Teil von Dreieck oben || Ti. oben (Rund.?) || Horiz. oben O || ϲα O || Vert. O || Ti.   14 Horiz. oben O || οy O || re. Fuß und Ti. oben O (ν?c?): re. Fuß P   15 γ O: Ti. oben P || Ti. unten || Ti. unten (Rund.? Buchst.+ι?)   16 μ oder η O: li. Teil von Dreieck unten (α?) P || Vert. O: Vert. unten P || Ti. unten || π oder τ ON: Horiz. oben P   17 Fall. oben || Ti. || Ti. (Fuß?) unten || Ti. (Fall.?) oben || ε oder ϲ || Vert./Schräge unten   18 Vert. N || Rund. mittig || Schräge unten || α,δ,λ || Ti. unten/oben || Ti. oben || α,δ,λ   19 Ti. oben || Ti. (Horiz.?) mittig || Vert. || Fall. unten || Ti. || Ti. oben || ε,θ,ο,ϲ || Vert./Schräge unten   20 βα O: Ti. unten, Fall. P || γ O: Ti. P || Ti. || ζ oder ξ || δ,ζ,ξ || Ti. mittig (ε?)   21 π O: Vert. P || ϲτ O: Ti. unten, Ti. unten/oben (τ möglich) P || Ti. (Vert.?) mittig (π oder τ?) || Ti. oben || Ti. || Rund. || Teil von Vert. || Ti. (Rund.?) oben || Ti. unten || Ti.   22 φε ON: Ti., Rund. P || ω O || ε,θ,ϲ || Ti. || Ti. || β O || Ti. oben || Dreieck mittig P: ο O || ϲ O   23 η O: Ti. oben und dann unten P || Rund. unten || Ti. oben   24 ν O: Ti. P || Ti. || Rund. unten/oben (ϲ wahrs.) || α O: Ti. unten P || Ti. oben || Ti. oben || Ti. unten/mittig   25 Horiz. oben O: Ti. oben P || ρα O: Ti. oben, Schräge unten P || Ti. || Ti. || Ti. || Ti. (Rund.?) || Vert. || Rund. || Ti. oben   26 Vert. || Ti. mittig (π?) || Vert. || Ti. oben || Ti. || Ti. || Vert.   27 Ti. oben || Schräge || Ti. (Fuß?) unten || Ti. oben (ρ?) || Ti. oben || Ti. mittig || Ti. mittig || Ti. mittig || Ti. mittig   28 Rund. oben || Ti. oben || Ti. oben || Ti. (Fuß?) unten || Ti. oben   29 Teile von Vert. || Ti. || Ti. unten (li. Teil von Dreieck?) || re. Fuß || Ti. || Ti. || Ti.   30 τ O || Ti. (zwei Horiz.?) || Ti. (Rund.?) oben || Schräge unten || Ti.   31 ε O || Ti. oben || Ti. (Rund.?) || τι O || α,δ,λ || Horiz. oben und Ti. unten || Ti. unten || Ti. unten/oben || Ti. oben || Ti. (Rund.?)   32 Ti. unten || Ti. oben || Vert. || Ti. unten || Ti. oben || Ti. unten || Schräge unten || τικη O || Ti. (Rund.?) oben O: Ti. oben P || Ti. (Vert.?) unten

.].‥[.]ᵓιτοϲτᵓωγηντω.[
δ‥[.].[.].ᵓιφᵓ[‥]γᵓταυᵓ.ᵓοᵓκραν

35 τοᵓροᵓϲ.πϙμᵓνᵓηματα‥ᵓιᵓ[

διαχειϱᵓοᵓϲεχεινκαιμετα

τιθεναιτινεϲαυτονεφα

ᵓϲᵓαᵓνᵓαυταγεγραφεναιτι‥[.

ᵓδανᵓυγεγραψεκατακεκαυ

40 κεναιϙογμαϙουϙενουϙαι

41 ϱε.[.].[.]ξετιθειδιᵓεᵓκαιτων

33 Fall. || Ti. mittig || Ti. || ι O || τ O: γ oder τ P || o O || ϲ O: Ti. P || τ O: Vert. (?) und Ti. (Rund.?) P 34 Ti. unten/mittig/oben (ε möglich) || Ti. || Ti. || Fall. || Ti. || ι O: Ti. unten P || φ ON: Ti. mittig P || τ O || αυ O: Ti. mittig, Ti. P || Horiz. oben || o O: Ti. mittig P   35 ϱο O: Ti. oben, Ti. unten P || Ti. oben || ν O: Ti. unten und dann oben P || Ti. oben || Vert. unten und Ti. oben || Ti. (Rund.?) oben || ι O: Ti. unten/oben (Teil von Vert.wahrs.) P   36 o O: Ti. oben P   38 ϲ O || ν O: Ti. P || Ti. || Ti.   39 δα O: Ti., Ti. P || ν O   41 Ti. oben || Ti. oben || ε O: Ti. mittig/oben

Kol. 19

```
     προϲιοντωνδιιϲταντοκα
     ⌈τ⌉αταηθηκαιταϲαιρεϲ[.]ιϲαλ
     ληλωνολιγοιμενεπιτοκα
     τεϲταλμενονκαιμετρι
 5   ονοιπολλοιδεπιτοθραϲυ
     τερονκαιδεϲποτικωτερ[..
     τραπεντεϲουτοιμενουν
     παντοδαπαϲεϲ⌈δ⌉ϟναιρε
     ϲειϲτεκαιγνωμαϲᵀ την
10   δαυτουκρισιν[.]ργωδε⸏.⌈ε⌉γ
     εκθεϲθαικατα⌈ν⌉αντευϲα[
     τοδαντιϲ⌈φ⌉ηϲιν⌈ε⌉γα⌈ρειτει⌉[
     αυτον⸏.⌈.⌉ιϲτα⸏ων...[
     γεγον[.]⌈τω⌉νπλα⸏⌈νϲ⌉καιγαρ
15   εκεκτητε⌈.⌉ι⌈.⌉ε⸏..[.]⌈.⌉αβϟ.[..
     αυτουκα⸏⌈.⌉με⌉οϲ.θα.[..
     ζϟγτι⌈κ⌈α⌉[...]⌈ϲ⌉ϲπ.[]ρω.[...
     δε..[.].ω.[...]τα[.].[.]τρ.[..
     ...[.....]⌈δε⌉κα.[.]..[..
20   .ω...ετ...[...]...[..
     ⌈.⌉η⌉γειναι⌈δ⌉.[..].[.....
     .εϲκωπτο..[].[.....
     .λατ⌈ρωια⌉ϟπ.[......
     με⌈ρϲϲ⌉[.]....δ.[......
25   δαϟ⌈τ⌉.[..].ϟ[..].[.].[..
     ⌈τα⌉ϟ⌈τ⌉..[.....].α.[..
     ⌈βετη⌉[..].[..].[......
     ⌈τ⌉.[]⌈ϲ⌉.[...].[........
     κ⌈ειαϲακ⌉[.].[.........
30   ⌈αλλακ⌉[.].[....].[.....
     ⌈ταϲια⸏⌉[.....]⌈μου⌉[....
     ωματ[.............
```

PHerc. 1021, cr. 4, Kol. 19 = O IV 748 = N Kol. 19 = I Kol. 19 = VH² I 180

2 τ O: Fuß P　　8 δ ON: Ti. oben P　　10 Ti. oben || γ oder π || ε O: Ti. P　　11 ν O: Vert. P　　12 φ O || ε O || ρειτε O: Ti., Ti., Ti., π oder τ, Ti. P || ι O 13 Ti. unten || Ti. mittig || α,δ,λ O || Horiz. oben || Teile von zwei Vert. und Teil von Horiz. oben (π wahrs.) || Ti. || Ti.　　14 τω O: Rund. unten, Ti. mittig P || Horiz. oben (τ wahrs.) || Ti. || νϲ O　15 Vert. unten O: Ti. unten/oben P || μ O: ν N: μ oder ν P || ε O || Ti. (Rund.?) unten || Ti. mittig || π oder τ ON: Ti. mittig P || Vert. unten　　16 Ti. || Rund. O: Ti. P || μ O || ε O: Ti. (Vert.?) P || Vert. und dann Ti. (η wahrs.) || re. Fuß (ν wahrs.) || Ti. unten　17 α O: Schräge P || ϲ O: Ti. P || Ti. mittig (υ möglich) || Ti. unten　18 Ti. unten (zwei Buchst.? ιϲ?) || Ti. || Ti. unten/oben (τ?) || Vert./Schräge || Ti. unten || Vert./Schräge　19 Ti. || Ti. || li. Teil von Dreieck unten || Rund. oben || δε O: α,λ,χ, Rund. oben P || Ti. (Vert.?) unten || Ti. (Rund.?) unten || Ti. oben　20 ζ,π,τ || Vert. || ε oder θ || Teil von Dreieck oben || α oder ρ || Ti. || Ti. || Ti. (Fall.? selbe Lage?) || Ti. mittig (ε oder ο? selbe Lage?) || Ti. mittig (α? selbe Lage?) || Ti. unten (Fuß? selbe Lage?)　21 μ,π,τ O: Ti. oben P || η O: Ti. mittig (ω wahrs.) P || δ O: Ti. unten/mittig/oben (ε oder θ?) P || Ti. mittig || Ti. unten || Fall. oben (selbe Lage?)　22 Ti. oben (Teil von Vert.?) || Vert. || (zwei?) Rund. unten (ω wahrs.) || Ti. unten || Ti. (ε?) || Vert.　23 γ oder τ P: ο O || ω O || ια O: Ti. oben, Ti. oben P || Ti. oben || ε oder θ　24 ϲ ON: Rund. unten P || ϲ O: Rund. unten P || ο oder ϲ || re. Teil von Dreieck unten || Vert. || Ti. mittig || Rund. unten || Vert.　25 τ O || Vert. || Ti. (Rund.?) oben || Ti. (Horiz.?) oben || Rund. mittig　26 τ O: Ti. oben P || α O: α,δ,λ P || τ O: Ti. (Horiz.?) oben P || Ti. oben und dann unten || Fall. || Vert. oben || Ti. oben || Ti. (blas. ε?)　27 βετη O: Ti., Ti., Ti., Rund. oben P || Ti. unten || Ti.　28 τ O || Vert. || ϲ O: ϲ,τ,υ P || Ti. (Rund.?) mittig (ο oder ω wahrs.) || Ti. (Dreieck?) oben || Ti. (Dreieck?)　29 εια O: Ti., Ti., Ti. P || ϲακ O || Ti. unten　30 αλ O || λ O: α,δ,λ P || α O: α,δ,λ P || κ O: leicht gerund. Vert. (κ wahrs.) P || Vert./Schräge unten || Ti. unten/oben　31 τα O: Ti. unten/oben, Schräge P || ϲ O || ια O: Ti. unten/oben (ι?), Ti. (Fuß?) unten P || Vert. O || μου O: Ti. unten, Ti. mittig, Ti. mittig P

νην⌐ωκ⌐.[.........]..[.
⌐και⌐.ουδε..[.].ε...ενο.[
35 ⌐α⌐λλευ⌐ητ⌐οος[.].[..]⌐α⌐[..]..[.
.[.].ασαφεα[.]⌐υ.⌐[]νταλε[
.]⌐.μ⌐εγαωστε⌐το⌐υ⌐cπ⌐.λ⌐αρυ⌐[.
α⌐υ⌐τ⌐ειcτο⌐υ⌐τηc⌐οιο..ο.
λο⌐υ⌐μενουcεικειν⌐τ⌐εκαι
40 η⌐τκ⌐αcθαικατατηνανα
41 κρι⌐cι⌐ν..γ⌐αρτε⌐νασορα⌐ν⌐

33 ωκ O: Rund., Ti. P || Ti. || Ti. unten || π oder τ
34 κ O: Ti. (Schräge?) mittig P || α O: Rund. unten
P || ι O || Rund. oben (c wahrs.) || Ti. unten und
dann re. Fuß (π? zwei Buchst.?) || Vert. unten ||
Rund. || Ti. || Ti. || η oder μ || Ti. (leicht gerund.?)
unten   35 α N: re. Fuß P || ητ O || Ti. || α O
|| Ti. und dann Rund. (κ?) || Ti. oben   36 Ti.
oben || Horiz. oben mit Verbi. (ξ oder τ) || υ O: Ti.
unten/oben P || Rund. unten O: Ti. unten P   37
Rund. unten O || μ O: Ti. unten/oben P || το O || c
ON: Ti. oben P || π O: γ N || Rund. unten || αρυ O
38 υ ON: Schräge oben P || ει O || cτο O: Rund., Ti.
unten/oben (Vert.?), Rund. unten/oben P || τ O:
Horiz. oben P || η O || c O: Rund. P: δ N || Vert.
unten || α,β,δ || Schräge (re. Teil von υ wahrs.)
39 υ O || τ N: Ti. unten/oben P   40 τ O: Ti.
(Horiz.?) oben P || κ O   41 c ON || ι O || η
(wahrs.er) oder κ || ν (wahrs.er) oder αι || α ON
|| ρ O || τ O: Ti. unten/oben P || ε O: Ti. oben P ||
ν O: Ti. P

Kol. 20 ⌜ποφαινο⌝ . . γος . [. . (.)] ⌜cου⌝
⌜δεε⌝νμ⌜ο⌝γ⌜ο⌝νδεταcα⌜λλαc⌝
⌜εν⌝εγ⌜χ⌝ωναιρεcειc⟍χατω⟋ ⊤ πολ
⌜λω⌝ν⌜⟍ χοινυν . ⟋ θα⌝υτουμα . [.] ⌜τ⌝ων
5 ⌜τε⌝νομενωντηι⌜μγ⌝ . ⌜τηc⌝
⌜π⌝αρ⌜ε⌝δοθ⌜η⌝ςαναριδει⌜και⌝
〚⌜τε⌝〛ροδιοc〚και〛δωροθεοcτε⌜λ⌝
⌜φ⌝ουcιοc〚και〛 . ⌜ιο⌝γυcι⌜ο⌝cκαι
⌜ζ⌝ωπυροcχρ⌜λο⌝φωνιοι〚και〛
10 ⌜τε⌝ . ⌝[.]κλη . [. .]ταποντι
νο[. . . .] . πολεμωνοcα-
. η[. . . .]π . [.]τερον . [.] .
. . . . ⌝ρ⌝οcμ . [.]⌜ο⌝cιοc〚κα[ ]〛[.] .
. . . .] . εφε . [. .]⌜ο⌝γcμε[.
15 . . . .]⌜cο⌝υμ[. . .]τα⌜c⌝α⌜ε⌝[. .
. . . .] . ου[.]⌜οκρα⌝ . [. . .
. . . . . .]του . . λ . []τηcα[.
. . . .] . [.] . . γ . [. . . . . . .
. . . .]χ . [. . . . .
20 . . . .] . []η[. . . . . .
. . . .]ρω[.] . [. . . .
. . . . [. . . .] . ωχ . α[. .] . .
. . . .] . . . . [. .] . . .
. . .] . [. .] . δ⌜ηc⌝μετα[. . .
25 . .] . . [. . . .] . [.] . . [. . . . .
. .] . . [. . . . . .] . . . . . [.
. . . .] . . [. .] . . . . [. .
. . . .] . . . γ[. .] . μνημα . [.
. . . .] . . . . . [.
30 . . . .]δ . [.] . . [. .

Vor dieser Kolumne sind 5 Kolumnen
verloren

PHerc. 1021, cr. 5, Kol. 20 = O IV 749 = N
Kol. 20 = I Kol. 20 = VH² I 181

1 π O ‖ οφαινο O: Ti., Ti., ob. Teil von Buchst., Ti.
oben, Ti. oben, Ti. mittig P ‖ Vert./Schräge ‖ Ti.
‖ li. Fuß unten ‖ cου O   2 δ O ‖ εε ON: Ti. oben,
Ti. mittig P ‖ ο O ‖ ο ON: Ti. (Fall.?) unten P ‖ λ
O: Schräge unten P ‖ λ O ‖ αc ON   3 εν O ‖ χ O:
re. Fuß unten P: λ N   4 λ O ‖ ω O: Rund. unten
P ‖ χοινυν O: Ti., Ti., Ti., Ti., Ti., Ti. P ‖ Rund. O:
Ti. P ‖ θα O: Ti. (Buchst. nach ν viell. getilgt und
nicht θ), re. Fuß P ‖ Ti. oben ‖ τ O: Ti. oben P   5
τ O ‖ ε ON ‖ μ ON: li. Fuß P ‖ γ O ‖ Ti. (Rund.?)
unten ‖ τηc O   6 π O ‖ ε O: Ti. oben P ‖ η O ‖ κ
O: Ti. unten P ‖ αι O   7 τ O ‖ ε O: Ti. P ‖ λ O: Ti.
unten P   8 φ O ‖ Schräge ‖ ι O ‖ ο O: Ti. oben
P ‖ ο O   9 ζ O: Horiz. unten/oben P ‖ λ O ‖ ο
O: Ti. mittig P   10 τ O: Ti. unten P ‖ ε ON ‖ ν
oder μ O ‖ Ti. oben   11 Vert.   12 Vert. und dann
re. Teil von Horiz. oben (χ möglich) ‖ Ti. unten
‖ Ti. ‖ Teile von Vert.   13 ρ N: ρ,φ,ψ P: τ O ‖ Vert.
‖ ο N: Ti. unten P ‖ Ti. unten   14 Ti. (re. Teil
von Horiz.?) oben ‖ Vert. unten (selbe Lage?) ‖
ο O: Ti. unten/mittig P   15 c N: Ti. P ‖ ο ON: ε
oder ο P ‖ c O: Ti. (c?) P: ι N ‖ ε N: Rund. unten
P   16 Ti. oben ‖ Horiz. oder Haken oben (ζ?)
‖ οκρα O: Ti., Ti., Ti., Ti. P ‖ Ti. oben   17 Verbi.
oben (π ορ τ?) ‖ Ti. (Vert.?) ‖ ε,ο,ω   18 Schräge
unten ‖ κ,λ,μ,ν ‖ Ti. unten ‖ Ti. unten   19 Ti.
oben   20 Fall.   21 re. Teil von Dreieck (zwei
Buchst.?)   22 Ti. ‖ Ti. ‖ Ti. ‖ Ti. ‖ Ti. mittig
‖ Rund. ‖ Ti. oben ‖ Ti. oben   23 Ti. mittig
‖ Horiz. oben ‖ Ti. unten ‖ Horiz. oben ‖ Ti. ‖
Ti. ‖ Ti. mittig/oben   24 Ti. (Rund.?) oben ‖
Teile von Vert. ‖ η N: Rund./Vert. P ‖ c N: Ti. P
25 Horiz. mittig (ε?) ‖ Horiz. oben ‖ ob. Teil von
Dreieck oben ‖ Ti. oben ‖ Ti. oben   26 Ti. ‖
Ti. ‖ Ti. ‖ Ti. ‖ Ti. ‖ Ti.   27 Ti. unten und
dann Horiz. mittig (ε?) ‖ Schräge/Vert. unten ‖
Ti. ‖ Ti. ‖ Ti. ‖ Ti.   28 Ti. unten ‖ Ti. unten ‖
Vert. ‖ Ti. (Fuß?) unten ‖ Horiz. oben   29 Ti.
oben ‖ Ti. oben ‖ Ti. oben ‖ Ti. mittig/oben ‖ Ti.
mittig/oben   30 ε oder ο ‖ Ti. unten/mittig ‖ Ti.
unten/mittig

```
          ].λ[.]...[.
...].[....]κα[].ο[.]γη[.
........].[.]...αλεξ.[.
...]..[..]............[
35  ....]..⌐ουϲ⌐κο.⌐.⌐ν⌐ο⌐ιο[.][[`κ[-´]]α[.].
.....].[.]πιδαμνιοϲ`[[και]]´απολ
...]..οϲκαιδ⌐η⌐μοϲθενηϲ
..].α.οπολιται [[οϲμετα
...]⌐ενο⌐ϲτηνηδονην
40  ...]⌐ον⌐τελοϲ]]δωροθεροϲα
...]⌐νο⌐ϲ[[και]]λακυδ⌐η⌐ϲκυ[
....]οϲ[[και]]πυθοδω⌐ρο⌐[.
....]χολαϲαναγραψα.[
44  .........]....ε...[
```

31 Vert. mit Teil von Horiz. oben || re. Fuß || Rund. || li. Fuß   32 Ti. (Schräge?) unten || Ti. unten 33 Ti. (α,λ?) || Ti. mittig (ε?) || Ti. unten || Rund. oben || Ti. unten   34 ν oder υ || Rund. || Rundungen unten (ω oder zwei Buchst.?) || ζ oder ξ || Ti. || Rund. || μ oder ν || ε oder θ || Ti. (Rund.) || π oder τ || Ti. || α,δ,λ || Ti. || π oder τ || Vert. (mit Verbi.?)   35 Ti. || Fall. oben || ουϲ O: Ti. (Vert.?) mittig, Rund., Rund. P || Ti. mittig || Vert. O || ο ON: ε,θ,ο P || Ti. mittig (Tilgung der Erg. unsicher) 36 Ti. mittig   37 Ti. unten || Ti. oben || η O: Vert. oben P   38–40 [runde Klammern im Text für Tilgung, eine nach πολιται, die nahezu über das letzte ι geschrieben ist, eine zweite nach τελοϲ. Zusätzlich runde Klammer am li. Rand von Z. 38–39, die viell. Pendant am verlorenen re. Rand hatte]   38 re. Teil von Horiz. oben || Ti. oben 39 ενο O: Ti., Ti., Ti. P   40 ο O: Ti. P || ν ON: Ti. P 41 ν O || ο O: Ti. unten P || η O: Vert. P   42 ρ O: Ti. oben P || ο O   43 Ti. unten   44 Ti. || Ti. oben || Ti. oben || Schräge || Horiz. mittig || Ti. mittig || Rund. unten

Kol. 21

α̲ϲ̲πρ̣οει.ω̣.⊤ φ̣⌜α.⌝[]δ̣[.]⌜.ινε⌝[
τ̣οπρωτ..ο̣υτω⌜ϲ⌝α̣[.]...
απορωϲ....εινω⌜φη⌝[.(.)]⌜ου⌝[
κοιϲχρηϲ[.].[.]κ̣α̣⌜το..⌝[..].ε̣[
ν̣οι.......[.]ε̣μ̣ιϲ.[....].[
διαδειϲι̣⌜ν⌝αι.ονιανϲ̣.ν̣καμ̣
π̣τομενο.α̣⌜κα⌝ψυχ̣ο̣υϲτοιϲ
⌜γυ⌝μναϲι.[.] .αυτονανα
.⌜α⌝λ̣⌜πε⌝ι̣να̣.λ⌜α̣τ⌝.. ουτ̣[.]⌜ο⌝υ
νεϲεικα⌜ι⌝[..]..π⌜α⌝ν⌜ιαϲ̣⌝πρ.[
εκοψ̣.⌜ο⌝[...].βα⌜.⌝.⌜τα.⌝..[
αυτ⌜ω⌝[.....]...[...]⌜το⌝ι⌜ν⌝
πολε⌜ν⌝..[.(.)].ρ̣ε⌜τ⌝[..]αιδι̣α
την[...]⌜ε⌝πα[.....]ω̣⌜ο⌝υ̣ϲ̣
αποτ..τ̣ο.[.].[.....]ι̣ϲ
⌜μενουϲ⌝[....]..[.....]..
..]⌜ϲκα⌝[..].[.]..[...]δ̣.
..]...[........].[...
.ε̣..[.]..[..........
.[...]π̣.ιν̣..[......].ε

Vor dieser Kolumne ist eine Kolumne verloren

PHerc. 1021, cr. 5, Kol. 21 = O IV 750 = N Kol. 21 = I Kol. 21 = VH² I 182

1 α,δ,λ || Ti. (Rund.?) unten || α ON: α oder λ P || Vert. O || α oder λ O || ι || ν O: α oder ν P || ε O 2 Rund. oben || li. Fuß unten || c O || Fuß || Ti. unten || Schräge unten 3 α oder δ || Ti. unten || α,δ,λ || Ti. oben (re. Teil von Horiz.?) || φ O: Rund. P || η O || ου ON: Ti. unten, Ti. mittig (re. Teil von η?) P 4 Ti. unten (li. Fuß?) P || τ O: Ti. oben und dann unten P || ο O: Ti. mittig (Rund.?) P || Vert. O: Vert. unten P || Vert. O || Teile von Fall. 5 Ti. mittig (c möglich) || Ti. (υ?) || Ti. unten und dann Ti. unten (gleicher Buchst.?) || Ti. unten || Ti. || Ti. || ε oder θ || Rund. unten (ε,θ,ο,ω wahrs.) || Vert. unten 6 ν O: Ti. unten und dann oben P || Vert. P: τ O || Fuß 7 Vert. oben || κ O: Teil von Horiz. oben und Ti. darunter P || α O: Ti. unten P 8 γυ O || Ti. oben || ε oder c P: τ O 9 Rund. unten und Ti. oben (ε oder θ) P: c O || α O: α oder λ P || πε O: zwei Vert. unten (π wahrs.), Rund. oben P || α,λ,δ P: Vert. O || ατ O: li. und re. Fuß, Ti. oben P || Ti. oben || Ti. (Rund.?) oben || ο O: Ti. oben P 10 ι ON || α oder λ || Ti. oben || α O: Ti. mittig P || ι O: Vert. P || αc O || ε oder ο 11 Rund. P: τ O: υ N || ο O || Ti. (ε oder θ wahrs.) || Vert. O || Ti. oben (υ möglich) || τα O: Ti. (Horiz.?) oben, Ti. unten P || Vert. O: Ti. oben P || Ti. || Ti. 12 ω O: Ti. mittig P: ε N || Ti. oben || Ti. oben || α oder δ || το O: ρε N: Ti. unten, ε,θ,ο P || ν O: c N: Vert. mit Verbi. oben (kleines ν?) 13 ν N: ι O: Ti. oben (γ,μ, ν wahrs.) P [viell. Erg. nach πολε und πολεˋ. .ˊ zu transkribieren – viell. μ und dann ο oder ω in Erg.] || Ti. unten || Ti. oben || γ,π,τ || τ N 14 ε N: Rund. (Schräge?) oben P || ο N: θ,ο,c P 15 Ti. unten || Ti. || Vert. unten || Fall. unten 16 μ O: Ti. unten P || ε O || νουc O: Ti. mittig, Rund. unten, Vert. unten, Ti. mittig P || Ti. mittig || Ti. mittig || Vert. mittig || Vert. mittig 17 cκα O || Ti. (Vert.?) || Rund. oben || Fall. oben || Schräge 18 Vert. unten || Schräge unten || Ti. || Ti. oben 19 μ oder ν || Ti. (ν wahrs.) || α,δ,κ,λ,χ || Ti. unten || Ti. unten 20 Ti. oben || Ti. oben || Horiz. oben || Ti. oben (ε oder ρ wahrs.) || Vert.

```
......ν...[.]..[.....
.].[...]..[.....].[...].
ν...[..].[.........]α
.]..[.........].ω.[...
```
25　　..]⌐ρτ⌐[.............
　　　..]⌐ων⌐[.............
　　　..]⌐ης⌐[.............
　　　...]⌐τ⌐[.............
　　　...]⌐ν⌐[.............
30　　...]⌐ας⌐[.............
　　　..]χεινομ.[........
　　　.].[.]⌐ν⌐ιλιαδο[......]ρα[.]..
　　　.[.]ταιϲδυϲ[......].[.].γ
　　　.]⌐ε⌐τωιτων..[........
35　　⌐⟦[.].χει⟧⌐ˊ⌐π⌐[.]⌐οˊϲενˊδεαγριω
　　　[.]..[....]⌐.ˊν
36　　⌐τηˊγμεϲηναˊ.ˊ[.]..[..].⌐αιˊ
　　　καιπλανητινουδενητ
　　　τοντηϲϲκυθικηϲζωιηϲ
　　　ϲτη.αιτηναγωγηˊνεˊξαμ
40　　φοινκεραϲαντακαˊιγˊεωτε
41　　ρα[.]⌐.ˊοηϲαικαλειϲθαικαι

21 Ti. oben (Horiz.?) || Vert. (Rund.?) || Ti. oben
|| Ti. mittig || ε oder θ wahrs. || ε oder θ wahrs. ||
Vert. || Ti. || Ti. || Vert. || Ti. unten　　22 Rund.
unten || Ti. || Ti. mittig || Ti. unten || Ti. oben ||
Ti. (Rund.?)　　23 Ti. || Ti. || Ti. || Ti. mittig　　24
Fall. || Teile von Vertikalen (ο oder ω?) || Ti. || Ti.
25–30 [viell. eine Zeile mehr oder weniger ver-
loren]　　25 ρτ O　　26 ων O　　27 ης O　　28 τ
O　　29 ν O　　30 ας O　　31 ε,ο,ϲ,ω　　32 Rund.
unten || ν O: Ti. oben P || Ti. oben || Ti. (Rund.?)
33 Ti. unten || Schräge || Ti. mittig　　34 ε O: Ti.
oben P || Rund. || Ti. (Fuß) unten　　35 Ti. (Fall.?)
O || χ O || ει O: Ti. mittig, Vert. (Tilgung?) P || π
O: zwei Vert. mit Verbi. P || ο N: Rund. (ο wahrs.)
P || Rund. unten || Ti. (Fuß von Buchst.) unten ||
α,δ,λ,χ O　　36 τη O: Ti. unten/oben, Vert. P || Vert.
O: Ti. unten P || Fall. || Ti. || Ti. || αι O: Ti., Ti. P　　39
Ti. unten/oben || νε O: li. Fuß, Ti. unten/oben P
40 ι O: Ti. unten P || γ O　　41 π oder τ O: Horiz.
oben P

Kol. 22 . . . ⌜κα⌝ . ⌝[. . .] . [.]ε̣ν̣ . [.] . [. . . .] .
. . .[.] . [. . . .] . . . ⌜βα⌝ . ⌝[. .] . .
νοντ⌜ε⌝[. . . .]π̣α̣ϲθηϲ⌜ε⌝ϲθα̣⌜ι⌝
ϲυντατ⌜ρ⌝[. . .]γ̣οναπ⌜ο⌝της

5   ⌜τοϲ⌝ . . ε̣ . . [.] . . γ̣ . ⌜λι⌝δ̣ . .
α̣⌜β⌝ε̣⌜νωι⌝δ̣⌜ο⌝[.] . []⌜υκαι̣ . ⌝ . παν
⌜τει⌝ρ̣ηϲθαιτο̣ι̣ϲ̣[.]⌜ρ⌝χα̣⌜ι⌝οιϲ⌜τ⌝ουϲδε
γ̣⌜ν⌝ωριμο〚ι〛υ̣ . ⌝ . εν̣ . ⌜ϲ⌝τα̣ϲχολαϲ

9   αν〚⌜ε⌝〛 . ⌝ . ⌜γγ⌝α̣ . α̣ . ⌝ν̣ . . [. . .]
δι〚ε〛α̣τελει⌜γ⌝

10 δεκαιχ . . ϲ̣ι̣ππ . [ ] . . [.] . μαχο
.]⌜ονοι⌝[.]υ̣θ̣ολογε̣ . [. . . .]〚 . . 〛 . [.
. . (.)⌜αι⌝ . . . νο̣υ̣ϲ . [.] . α̣ . ον⌝ . ⌝[
⌜ϲ⌝[. .]⌜υτ⌝ . εῑϲελ̣ . [. . .] . ⌝ . ελ̣⌜ε⌝υ̣⌝
⌜ετην⌝[. .] . λλ . . . τα̣[. .]⌜βει⌝γ̣

15 ⌜οιδε⌝[. .] . α̣νν[. . . . . .]⌜δ⌝επυ
⌜ . . μου⌝[]ϲ̣ . [.] . . [. . . . .] . [.]⌜ερ⌝ . ⌜ν⌝
ε̣ . ⌜πε⌝νο̣ . [. . . . .]

PHerc. 1021, cr. 5, Kol. 22 = O IV 751 = N
Kol. 22 = I Kol. 22 = VH² I 183

1 α,δ,λ || Rund. (o wahrs.) || Vert. und dann Ti.
oben || κα O: Vert. (mit Verbi. oben?), Fall. P ||
Vert. O: Ti. unten P || Ti. unten || Ti. oben || Ti.
oben || Ti. (ν?)   2 Ti. oben || Rund. unten ||
Vert. || Ti. mittig (zwei Buchst.?) || Ti. unten ||
Vert./Schräge unten (ρ wahrs.) || Rund. mittig ||
βα O || α,δ,λ,υ,χ O || Vert. || Ti. (ε möglich)   3 ε
O: ε,o,ω P || ε ON || ι ON: Ti. oben P   4 ρ O || o
ON   5 τ O: Ti. P || oϲ O || Haken oben || μ oder ν ||
Rund. (ω möglich) || π oder τ || Ti. oben || Rund.
|| Teile von Horiz. oben O: Vert. mit Verbi. oben
P || λ O || ι O: ob. Teil von Vert. P || Ti. (Rund.?)
oben || Teile von Vert.   6 β ON: Ti. unten/oben
(kleiner Buchst.) P || ν ON: μ oder ν P || ωι O: Ti.
unten, Ti. unten P || o O: Ti. (Rund.?) unten P ||
Rund. (o wahrs.) || υ O || κα ON || ι O || li. Teil von
Horiz. oben O || o oder ω   7 τε O: Teile von
Horiz. oben und Ti. unten, Ti. unten/oben P || ι
O || ρ ON || ι N   8 ν O: Vert. und dann Ti. P
|| Ti. (Rund.?) || Teil von Vert. und dann Ti. || Ti.
unten || ϲ O: Ti. (Vert.?) oben P   9 ε O: Ti. oben P
|| Ti. (α möglich, vgl. Korr. später in Zeile, nichts
in O) || γγ Ti. unten, Vert. unten P || φ oder ψ || Ti.
(Vert.? Korr. unsicher) || α,κ,λ || Ti. unten   10 Ti.
oben || Ti. mittig/oben || Ti. oben || π oder τ || o
oder ρ || Ti.   11–17 [die Zeilenbeginne sind teil
nur in losem frg. in O erhalten, das am re. Rand
von Kol. 21 in O steht]   11 ονοι O || Ti. unten
|| Ti. oben (Vert.?) || Rund. || Ti. oben (π oder τ
wahrs.)   12 αι O || o oder ω || Vert. || ε,o,ϲ || Ti.
unten || **Ti. (Horiz.?) oben** ⁻¹ || α⁻¹ || Ti. unten
(Vert.?) || Vert. O: Ti. oben P || Ti. unten   13 ϲ O
|| υτ O || Ti. oben || μ oder ν || ε oder θ || Ti. unten
|| κ oder χ O: Ti. (Teil von Rund.?) mittig P || ελ
O: ε oder ϲ, Fall. P || υ O: Ti. P   14 ετην O || α,δ,λ
|| α,δ,λ || Vert. || Ti. mittig || βε O: Ti. unten, Rund.
unten P || ι O   15 οιδε O || Rund. oben (ρ wahrs.)
|| δ O   16 ε,θ,o,ϲ (ob. Teil) O: ε,θ,o,ϲ (unterer Teil)
P || ε,θ,o,ϲ (ob. Teil) O: Rund. unten P || μου O ||
Rund. oben und Ti. unten || Ti. (Horiz.?) oben ||
Ti. (Schräge?) unten || Ti. || ερ O: Ti. mittig (selbe
Lage?), Ti. (selbe Lage?) P || Ti. mittig || ν O: Ti.
(Vert.?) P   17 Ti. || πε O || Ti. (Teil von Vert. oder
Schräge?)

λα̣....ε[.]γ̣[.].[.....].[.
.]..[.....]α̣ρ[.....]..[.].
20 .].[.......].κτ̣[......
.]..ιϲ[[θα̣[..]τ̣[.......]α̣.[
δε...α̣[...].ϲε̣[....]ˬτο˥
ˬτ˥[.]...[..........]ˬα˥]]
.π̣.[..]......[...].ϲ..
25 .]..[...]...[..].[....].α
ˬδ˥!ˬ.˥[..].ονπ[.].[.....]ξˬω˥
.]ˬγ˥.[.]κο[.......]ˬηϲπα˥[
ˬκα˥.[.]ˬ.ουϲ˥[.......].λα̣[
ˬκ˥ο̣ˬν˥[.].[.]ˬου˥...ε[....]...
30 .]ε[....]ˬ.ηϲα˥[........
.]ˬοιϲα˥[..]ˬμ˥.[.....]..αξα[
.ετ[.]τωγ[......]βε̣[..
.ω̣.ˬει˥ϲˬι˥ω̣[..........
.τε.ˬερ˥η̣ˬ.˥ου[....].ˬε˥ριθεντων
35 .]ˬρω[].ιοι˥ε̣..[......]γ̣.α
ˬτε˥ν̣ˬτ˥αχ[..]...[.]..α[..(.)]ειϲ
ˬ.ε˥.α̣τον ᵀμα.ˬητα˥ιδα̣υτου
π̣ˬαρ˥α̣δεδονταιγεˬγ˥ονεναι
ζηνωναλεξανδρˬο˥υϲ
40 οκαιϲχολαϲαναγραψˬα˥ϲαυ
τουκαιπρο̣ˬα˥.τα̣λλαξαϲτ[[..]]ˬου´
τˬογδ˥εκαιτ̣.[]γυˬπ˥ο̣μνη

18 Ti. unten || Ti. unten || Ti. || Ti. oben || γ +1 ||
η oder κ || ο oder ω   19 Ti. || Ti. mittig || α̣ρ +1
|| Ti. || Ti. || Ti. (Rund.?)   20 Ti. oben || ο oder
ρ +1 || κτ̣ +1   21 Ti. oben || Vert. (dann Horiz.
oben?) || τ̣ +1 || Rund. oben und Teil von Vert.
unten (gleicher Buchst.?)   22 Ti. ||. Ti. || Vert.
unten || ο oder ω +1 || ϲε̣ +1 || τ Ο || ο Ο: Ti. oben
Ρ   23 τ Ο || Ti. mittig || Ti. mittig || Ti. mittig || α
Ο   24 ε oder ϲ || Vert. unten || ο oder ω || Ti. || Ti.
|| Ti. mittig || Fall. (χ möglich) || Ti. || Ti. (Horiz.?)
oben || Ti. oben || Ti. oben   25 Vert. (mit Horiz.
oben? γ,π,τ,wahrs.) || Ti. (Rund.) oben || Ti. oben
|| Vert. und dann Ti. oben || Fall. oben (ρ?) || Ti.
unten || Horiz. mittig   26 δ Ο: α,δ,λ Ρ || Rund. Ο:
Ti. unten Ρ || Ti. mittig || Rund. unten || ω Ο: Ti.
unten/mittig Ρ   27 γ Ο: Horiz. oben Ρ || Schräge
unten (li. Teil von Dreieck?) || ηϲπ Ο: Ti. oben,
Rund. oben, Vert. Ρ || α̣ Ο   28 κα Ο: Ti. mittig,
α,δ,λ Ρ || Vert. || Vert. Ο || ο Ο || υϲ Ο: Vert./Schräge
unten, Rund. Ρ || Vert. mittig || κ oder ϲ   29 κ Ο
|| ν Ο || Ti. oben || ο Ο: Teile von zwei Vert. oben
Ρ || υ Ο || Ti. mittig || Ti. mittig || Ti. unten || Ti.
oben || Rund. oben || Fall.   30 Vert. mit Verbi.
oben Ο: Ti. unten Ρ || ηϲα Ο: Ti. unten, Rund. (ϲ
wahrs.), α oder λ Ρ   31 ο Ο: Ti. (Rund.?) Ρ || ι
Ο || ϲα Ο: Ti. (Rund.?), Ti. (Schräge?) unten Ρ || μ
Ο || Ti. unten || Ti. (Horiz.) oben −1 || Ti. oben (ρ
wahrs.)−1 || αξα−1   32 μ (wahrs.er) oder ν || βε̣−
1 || ε−1   33 Ti. oben || Ti. unten/mittig || ει Ο: Ti.
unten/oben (ε wahrs.), Ti. unten (ι wahrs.) Ρ || ι
Ο: Vert. Ρ   34 Ti. oben || Ti. oben || ερ Ο: ε,θ,ϲ, Ti.
oben Ρ || Vert. Ο: Ti. (re. Fuß?) Ρ || Ti. oben (ob.
Teil von π?) || ε Ο−1 || ριθεν−1   35 ρ Ο: Ti. unten Ρ
|| ω Ο || Horiz. oben Ο || ιοι Ο: Ti., Ti., Ti. Ρ || Ti. ||
Ti. || Ti. unten und dann oben (τ möglich)   36
τε Ο: Ti. oben, Ti. oben Ρ || τ Ο: κ oder τ Ρ || Fall.
|| Ti. || Ti. || Ti. unten || Horiz. oben   37 ε Ο: Ti.
Ρ: ξ Ν || Ti. || Ti. (θ?) || η Ο: Ti. mittig Ρ || τ Ο || α
Ο: Ti. unten Ρ   38 αρ Ο: Fall., Vert. Ρ || γ Ο   39
ο Ν   40 α Ο   41 α Ο: Ti. Ρ || ε,θ,ο,ϲ Ρ: υ Ο || Ti.
oben || Rund. oben (Position spricht für Tilgung,
nicht Einfüg.)   42 ο Ο: Ti. oben (Einfüg./Korr.?)
Ρ || γ Ο: Schräge oben (υ wahrs.er als ν) Ρ || δ Ο:
Schräge und re. Fuß Ρ || Rund. unten || π Ο: Vert.
unten Ρ

⌐ματ⌐ω⌐ν⌐ανα[.]⌐ ⌐νωϲϰομενων
44 ε[..].....φ..[.]⌐χαυ⌐..⌐λδην⌐

43 μ O: Ti. oben P ‖ α O ‖ τ O: Ti. oben P ‖ ν O: twice Ti. mittig P ‖ Vert. O: Ti. unten P 44 Ti. (Fall.?) oben ‖ Vert. und dann Ti. mittig/oben (ϰ wahrs.) ‖ Ti. (Rund.?) unten ‖ Ti. unten ‖ Ti. oben ‖ α,δ,λ ‖ Ti. oben ‖ χαυ O: Ti., Ti., Ti. P ‖ Teile von Vert. und dann Ti. oben (ρ wahrs.) P: υ O ‖ Ti. oben (ν möglich) ‖ Rund. (ε wahrs.) ‖ λδ O: Schräge oben, Vert. oben P ‖ ην O

Kol. 23 .πιτω.αλλων⌐οξ⌐.[..

       ⌐τα⌐ζηνο⌐δ⌐ωροστυ⌐ριοc.α⌐.[

       ⌐ανξ⌐ανδρει⌐α⌐νηγη⌐τα⌐με[...

4   ˋ.[....]...χ⌐α⌐.ιcιϰεχρη⌐c⌐.ι.[.(.)].⌐ν⌐[-ˊ

     α⌐γν⌐ωγταρcευcοϰαι.υ⌐νοc⌐

5   ..]αγραψαcεϰτωνc.ολων

     πλειωιϰαιεπαινουμενοc

     αγα⌐θου⌐ληcτυριοcου⌐δοϰει⌐

     πολλ⌐.⌐μεμιμηcθαιχ⌐αρ⌐μ⌐α⌐ˋχα⌐ρμα⌐[-ˊ

β   ⟦δ⌐α⌐c⟧ˋδαc[ˊ[.].τιπατρ..αλε⌐ταν⌐

10   δρε⌐ˋψˊ⌐c[.].παρχο.[.].ˋι⌐ευc⌐ιππ⌐αρ

    χοcπαφιοcολυ[.]πιϙ.⟦.⟧ˋγˊ.ζαι

    οcαρ[..]τα⌐ν⌐αξc⌐α⌐[.]αμ.[..]οc

    βιτωγιαcω⌐ν⌐[...]⌐η⌐ν.[.]οc⟦.⟧

    ˋι⌐αc.[.(.)].αριο[...].αγ⌐οι⌐οc

15 αρ.[...]ωcϙρο⌐δ⌐[....]ητρ⌐ι⌐δω

    ρο[.]ευ..⌐μ⌐ουc⌐ξ⌐ρα.....ευc

    μα[....]ϰα⌐.⌐[..........].

    ⌐τιc⌐[...............

    ......].[...........

20 .....].[..........

    .....].[..........

    .[.]πη[..].γ[........

    ..[.].[..]ον[........

    .[.].[.............

25 |..]ητϙ.[...........

    |..]ϰ..[...].[.......

    [...................]

    ..η[......]ο[.......

    ⌐δ⌐[.....].[.....]⌐λ⌐[....

30 ⌐ϰ⌐[...........].[...

    ⌐ε.⌐[.............].

    τ[.............].[....

    γα.α[......]⌐τευ⌐[....

PHerc. 1021, cr. 5, Kol. 23 = O IV 752 =
N Kol. 23 = 23 Kol. 1 = VH² I 184

1 Ti. || Fuß unten || οξ O: Rund., Ti. P || Vert.
unten   2 τ O || α O: Fall. P || δ O || ρι O: Ti.
unten, Ti. oben P || οc O || Vert. O: Ti. P || α O: Ti.
P || Ti.   3 ανξ O || α O || τα O   4 [Einfüg. über
Z. 4] Ti. || Ti. (Fall.?) || Ti. (Vert.?) || Ti. oben ||
α N: Teil von Schräge P || Ti. unten/oben || c N:
Ti. unten und Horiz. oben (τ wahrs.) || Ti. und
Fall. (α?) || Ti. (α,δ,λ,μ,ν?) || Ti. (Rund.? o? era-
sed?) || ν N: Vert. (ϰ?) P   4 [Hauptzeile] γν
O || α oder λ P: ε O || ν O: Ti. unten und blas.
Ti. (Horiz.?) oben P || οc O   5 li. Fuß   7
θ O: Rund. P || ου O || δοϰ O || ει ON   8
Fall. O || αρ O || α ON || ρ O: ob. Teil von Vert.
P || μα O   9 [ersten drei Buchst. getilgt in
O, nicht in N, unsicher in P] α O: Ti. P || Ti.
unten || Ti. unten || Ti. oben || ταν O   10
(zwischen Z. 9 und 10 offenbar ein β im Interkolumnium zwischen Kol. 22 und 23) ˋψˊ O (υ
ragt auffällig über ε hinaus): Vert. P (ursprüng-
liches ι wahrs.): ι N || Ti. oben || Ti. oben || λ,μ,ν
wahrs. || ιππ O   11 Ti. oben || Ti. oben || α
oder λ   12 ν O || α ON || Ti. unten   13 ν O ||
η O: Ti. mittig/oben P || Vert./Schräge unten ||
kleiner Buchst.   14 [erste ι viell. am Zeilen-
beginn hinzugefügt] Ti. || Horiz. mittig/oben
|| Ti. unten || ο O: Ti. oben P || ι O   15 Vert.
unten || δ O: Schräge unten (Dreieck?) P || ι N
16 ευ⁻¹ || li. Teil von Dreieck unten⁻¹ und dann
Ti. (Fall.?) oben || Ti. oben und dann unten ||
μ O: μ,π,τ P || ξ O: Ti. oben P || ρα⁺¹ || Ti. oben
|| ε,θ,ο,c || Ti. oben || Ti. unten/oben || ϰ oder c
17 Horiz. oben N || Ti. oben   18 τιc O: Horiz.
oben, Ti., Ti. P   19 Horiz. und Vert. mittig
(gleicher Buchst.? η,π?)   20 Rund. (o wahrs.)
|| Teil von Vert.   21 Ti. || Ti. || Ti.   22 Ti. unten
|| Vert. unten   23 α oder δ || Vert. || Vert.   24
Horiz. unten || Ti. oben   25–26 [Klammern
am Zeilnbeginn – Tilgungszeichen?]   25 Ti.
mittig   26 α,δ,λ || Horiz. (ι wahrs.) || Rund.
28 Ti. (Schräge?) oben || Fall. mittig   29 δ O:
α oder δ P || Ti. oben || λ O: Ti. oben P   30 ϰ O:
Vert. mit Horiz. (nach re.) mittig P || Ti.   31
ε O: ε,θ,c P || π oder τ O: Schräge unten P || Ti.
(selbe Lage?)   32 Ti. (Rund.?) oben   33
zwei Horiz. mittig (ϰ,c,χ?) || τευ O

τη⌐c⌐[. . . . . . .]⌐ν⌐[. . . . . . .

35　ϲτωιϰ⌐αιρ⌐[. . . . .]αι

τ⌐ω⌐[.]⌐τωτ⌐[. . . . . .]νε⌐.⌐[. . . .

⌐ϰα⌐.. ⌐c⌐[. . . .]⌐ετο⌐[..]. . .[.]⌐ωι⌐

.ρ⌐[..]. . . . .[.]. . . . ει⌐ε⌐υ⌐ϰλει

δηϲϰαι⌐ξ⌐αραπιωγϰαιδι⌐οτ⌐ε

40　νη⌐c.⌐αιηροδοτοϲϰαιϲτρα

τι⌐π⌐.οϲνιϰομ.δειϲβατα

ϰηϲ.⌐ι⌐ϰα⌐γθ⌐[..]⌐ειπ⌐ειθηϲ

παφιοϲϰρ[.]τολαοϲαμιϲη

νοϲδιο⌐.⌐[..].[.].⌐τ⌐αρϲευϲπαμ

45　φ⌐ι⌐λοcˋο. . . .[. . . . . .]. . .αϲ⌐γειο⌐[´

45　αποµ[..]..δρ.υ⌐µαιαϲ⌐

⌐γνηϲ⌐απολλ⌐ω.⌐[]οϲβαρ⌐ϰ⌐αιοϲ

47　νιϰ⌐εϲ⌐τρα⌐c⌐οϲ⌐.⌐λεξα⌐τ⌐[.]ρευϲβ.ηθοϲ

34 ϲ N ‖ ν O: Vert. unten P　　35 αιρ O　　36 ω O: o oder ω P ‖ τωτ O ‖ Vert. O　　37 ϰα O: Vert. und dann Ti. mittig, Ti. oben P ‖ Ti. ‖ Ti. ‖ ϲ O: Ti. P ‖ ετο O: Rund. unten, Vert. (Horiz. darüber? τ?), Rund. unten P ‖ Ti. oben ‖ Ti. unten ‖ Ti. unten ‖ ωι O　　38 Ti. (Teil von Horiz.?) mittig/oben ‖ ρ O: Ti. oben P ‖ Ti. ‖ Ti. ‖ Ti. ‖ Ti. ‖ Rund. oben ‖ Ti. oben ‖ Ti. oben ‖ Ti. mittig ‖ Vert. ‖ υ O: Fall. oben P　　39 ϛ ⁻¹ ‖ ϰ ⁻¹ und re. Teil von ϰ ‖ ξ O: Ti. unten P ‖ o O ‖ τ O: Horiz. oben P　　40 ϲ O ‖ ϰ oder χ O: Ti. unten P　　41 π O ‖ Vert. ‖ Vert. 42 Ti. unten ‖ ι O ‖ γθ O ‖ ει O: Ti., Teil von Vert. P ‖ π O　　44 µ oder ν O ‖ Ti. (Teile von Dreieck?) ‖ Ti. ‖ τ O　　45 ι O ‖ Fall. oben (υ,χ?) ‖ Ti. und dann Vert. ‖ Rund. ‖ Ti. ‖ Ti. ‖ Ti. unten (Vertikalen/Schräge?) ‖ Ti. unten (Vertikalen/Schräge?) ‖ γειο O: re. Teil von Horiz., Vert. mit Verbi. an Spitze, Ti. (Horiz.?) oben, Ti. (li. Fuß) unten P ‖ Ti. (Fall.?) oben ‖ Ti. oben ‖ Ti. oben ‖ µαιαϲ O 46 γ O ‖ νη O: oberer li. und re. Teil von Buchst., Ti. oben P ‖ ϲ O ‖ ω O ‖ Vert. O: Ti. unten P ‖ ϰ O: Ti. P　　47 εϲ O ‖ ϲ O ‖ α,δ,λ O ‖ τ O ‖ Ti. oben

Kol. 24 ⌐πα¬`[..].`⌐᾽ν¬.⌐υτωρνι¬καιευϲβιτω⌐ν¬
ϲολευϲ⌐δη¬μητ⌐ριο¬ϲθυατ⌐ει¬
ρηγ.⌐.¬᾽χαιετεροϲδημη
τριοϲ`αλε⌐ξευ¬δρευϲ´⌐διοπ¬ειθηϲιλ`ι´ευϲαϲ
5 κλη⌐ϲπ¬αδηϲαπαμευϲεκϲυ
ριαϲδ⌐ι¬ωνκαιολυ⌐νπρ¬οδω
ροϲγαζαιοιιππαρχοϲϲολευϲ
ϲωϲικρα⌐τ¬ηϲα.⌐εξ¬[.]νδρευϲ
ζην⌐.¬᾽δ[..]⌐οϲκυπρι¬[.]⌐ϲ¬μητρο
10 δωροϲ.⌐τατοχι¬[...]ϲοκαι
π⌐ρ¬οτερον.[........]ων⌐α¬
κ.[.].[..].[.......].ουϲκαι
α.[...]⌐ο¬δ⌐ω¬ροͅπαραιτη
θε⌐.¬[.]..παπολλοδωρουδ⌐ια¬
15 τͅο[...]κα⌐ρ¬γ[.]αδειπαρα⌐βα¬
....].[....]⌐ϲεν¬[......
[................]
.[..]..[...........
[................]
20 [................]
[................]
[................]
....]⌐τ¬ατ[..........
....]⌐ιαει¬[........
25 ....]⌐.ελϲ¬[........
....]⌐χ¬α⌐ρ¬[..........
....]ηϲ[...........
....]⌐ξ¬α[..........
[................]
30 [................]
...............]⌐δ¬
.........].χ..[.]⌐ικο¬
.]..ε[......].ε.[..]⌐ϲαϲ¬
.]..[...].[....]⌐.α¬.⌐θϲτρ¬ε[
35 ψ.[...........]⌐μ¬εθον
⌐κ.¬[.].[...].[....].⌐εδυϲμονον¬
η.[.].αμε.[.].[.].ελευτη
ϲε...ωικλ⌐ε¬[.....]χοϲειϲ
ακαδημει[..]επεβαλεν
40 μεταπολλ⌐ων¬.νωριμων

PHerc. 1021, cr. 5, Kol. 24 = O IV 753 = N
Kol. 24 = I Kol. 24 = VH² I 185

1 πα O || Ti. || Ti. || ν O: Vert. und dann Ti. unten
P || Rund. unten || υτ O: Ti. unten, Ti. mittig P ||
ωρ ON: Ti. mittig, Ti. oben P || νι ON || ν ON   2
δη O || ρ O: Vert. unten P || ι O || o O: Ti. mittig
P || ει O   3 Ti. oben || Vert. O   4 ξευ O: Ti.,
Ti., Ti. P || δι O || οπ O: Ti. mittig, Ti. oben P   5
ϲ O || π O: Ti. unten und dann Vert. P   6 ι O
|| νπ O: Ti. unten, Vert. unten P || ρ ON: ob. Teil
von Buchst. P   8 τ ON: Horiz. oben P || Ti.
unten || εξ O   9 Rund. unten O: Ti. unten P ||
οϲκυπρι O || ϲ O: Ti. unten P   10 Ti. (Rund.?)
|| τατοχι O   11 ρ O || Ti. unten || α O: Schräge
und dann Ti. P   12 Ti. unten || Ti. unten ||
Vert. || Ti. unten und dann oben   13 Ti. unten
und Horiz. mittig || o O || ω ON: Rund.d unten
P   14 Vert. O || Ti. || Ti. || ι ON: Ti. P || α O   15 ρ
O: Vert. oder Rund. P || βα O   16 Ti. oben || ϲεν
O   18 Rund. || Ti. || Ti.   19–30 [Zeilenanzahl
und Zuordnung unsicher]   23 τ ⁺¹ O: Vert.
unten⁺¹ P || ατ⁺¹   24 ιαει⁺¹ O   25 κ oder χ⁺¹
O || ελϲ⁺¹ O   26 χ⁺¹ O: Schräge unten ⁺¹ P ||
α⁺¹ O || ρ⁺¹ O: Vert. ⁺¹ P   27 ηϲ⁺¹   28 ξ⁺¹ O: ε
oder ξ⁺¹ P || α⁺¹   31 δ O   32 o oder ρ⁻¹ || χ⁻¹
|| ε oder o⁻¹ || Ti. unten (und oben?) ⁻¹ || ικο O
33 Ti. || Ti. (Schräge) unten (δ wahrs.) ⁻¹ || ε⁻¹
|| Horiz. mittig mit Vert. re. (ν?) || ob. Teil von
Vert. || ϲαϲ O   34 Ti. (zwei Horiz.?) unten (ε
möglich) || Fall. oben || Ti. (Rund.?) || Ti. unten
|| κ oder χ O: Ti. P || α O: α oder δ P || Vert. mit
Ti. oben || θϲτρ O: Ti. mittig, ε,o,ϲ, π oder τ, Ti.
oben (ρ wahrs.) P   35 Ti. oben || μ O: μ oder ν
P   36 κ O || Schräge unten O || Dreieck oben
|| Ti. unten (Fuß?) || Ti. oben || Ti. unten || ε O
|| δυϲμονον O: Ti., Ti., Ti., Fuß, Rund., Fuß, Ti.
(Rund.?), Fall. und dann Ti. P   37 Ti. oben ||
Ti. unten || Schräge unten || Ti. unten/oben ||
Ti. oben und dann unten   38 Ti. unten || Ti. ||
Ti. unten || ε O   40 ων O || Vert. unten

προτερονγα[.]ε̣σχολαζ⌐εν⌐
⌐επι⌐πα⌐λλ⌐αδ[..]μετα⌐τ⌐ην
43 κ̣αρν[..]⌐δο⌐υ⌐τελευτ⌐η̣ν

41 ε O: Ti. unten P: ο N ‖ ν O: Ti. mittig P   42
επι O: Rund. oben, zwei Füße unten, Ti. unten P
‖ λ O ‖ τ ON: Vert. P   43 δ O ‖ ο ON ‖ τελ O ‖
ευ ON: Ti. oben, Ti. oben und dann unten/oben
P ‖ τ O

Kol. 25

```
   ..[.]οϲεπεκαλειτομ⌐εν⌐αϲ
   ⌐δρο⌐υβαϲηλθεδειϲ⌐α⌐θηναϲ
   ⌐ετ⌐ωντετ⌐τ⌐αρωνπροϲ[
   ⌐ει.ο⌐ϲιγεγ⌐ο⌐γωϲμεταδε
5  ⌐τετ⌐ταραϲχολαζεινηρξα
   τ⌐ο⌐καργεαδε[]καιϲυγγενο
   μ⌐ε⌐νοϲενν⌐ε`α´κ⌐αιδεκαυτωι
   ϲχ[..]ηνιδιανεπιπαλλαδι
   ⌐ω⌐[.]⌐ϲ⌐υνε⌐ιμ⌐ηϲατοαρχον
10 τ[.].α⌐γ⌐νο⌐θ⌐εουκαιϲυνεϲχεν
   .(.)⌐ε⌐νδε.ατην⌐δε⌐καργεα
   ⌐δου⌐δ[].δ.ξα⌐τ⌐[]επιλυκιϲ
   ⌐κουπ⌐.ρ..ρατητ⌐ο⌐ϲτο...[
   ⌐τα.⌐α[.]ε⌐ν⌐ηγηϲαμεν[..]`.´.γ
15 ⌐νε⌐ακα[.]δεχετηκατε..ρε
   ⌐ψερ⌐ε⌐π⌐[]...[.]κ⌐λειτ⌐ου.ιγ⌐ε⌐ϲ
   ⌐δε.α⌐.⌐ϲτ⌐α...[.]⌐υα⌐[.]⌐νετη⌐
   ..(.)]ϲα....[.]..[.].[.]τοιϲεβ..[
   ....]..[....].[.]η[......
20 ......].⌐ϲδ⌐[..].[.....
   γε.[...]......[.].φοϲ[...
   π.[....].⌐αρμαδαϲ⌐[...
   ..[..]..⌐ν⌐ω⌐νιτ⌐ηϲ[....
   ......]⌐οϲτκα[]δυ⌐.[....
25 ........].⌐νηγροι⌐[.].α.[
   ........]οϲ[.]⌐φαι⌐ν.[....
   ...........]μ[....
   ...........].α.[...
   ......]...[..].⌐ρτ⌐[...
30 .......].[.....].[....
   ............ ]..[..
   ⌐ευ⌐[......]..ιοχ[..]..
```

PHerc. 1021, cr. 6, Kol. 25 = O IV 754+753
= N Kol. 25 = I Kol. 25 = VH² I 186

1 Rund. oben || Ti. unten || εν O: Rund. oben, Vert.
P   2 δ ON || ρ O || ο ON || α O: re. Fuß P   3
ετ O || τ O   4 ει ON || Horiz. oben O: Ti. oben
P || ο O || ο O   5 τ ON: Vert. unten P || ετ ON
6 ο ON: Ti. unten P   7 ε O || ε`α´κ O   9 ω
O || ϲ O || ι O || μ O: Ti. unten und dann oben (τ
möglich) P   10 Rund. oben || γ O: Horiz. oben
P || θ O   11 ε O: Rund. oben P || Schräge unten ||
δε O   12 δου O || Ti. unten/oben || δ⁻¹ || Rund. (ε
wahrs.) || τ O: Ti. (Vert.?) P   13 κου O || π O: Ti.
P || re. Fuß unten⁻¹ || ρ⁻¹ || Ti. (Schräge?) oben⁻
¹ || Ti. unten/oben || ο ON || Ti. oben || Vert. || Ti.
14 τα O || Vert. O: Rund. oben (β,ρ,φ,ψ?) P || ν O:
Ti. P || Ti. (Einfüg. unsicher) || Ti. oben   15 νε
O || Ti. || Ti.   16 ψε O || ρ O: Ti. oben P || π O:
li. Fuß P || Ti. mittig || Ti. mittig || Ti. mittig || λει
O: Ti., Ti., Vert. P || τ ON: Vert. P || Horiz. oben P:
χ O || ε ON: ε oder θ P   17 δε O || Horiz. oben
O || α O: Ti. unten P || Vert. unten || Vert. unten ||
ϲτ O: Rund. unten, Horiz. oben P || Ti. mittig (ob.
Teil von ρ möglich) || κ,ϲ,χ || ε,θ,ο || υα O: Ti. oben,
Fall. oben P || νετ O: Ti. mittig, Ti. mittig, Ti. mit-
tig P || η O   18 Rund. oben || Vert. (Rund.) unten
und Horiz. mittig (ε wahrs.) || Ti. || Vert. unten ||
Ti. mittig (α wahrs.) || Ti. unten (Vert. möglich)
|| Rund. unten || Ti. || Ti.   19 Vert. und dann Ti.
mittig || Ti. oben und dann unten (π,τ wahrs.) ||
Ti. mittig   20 Ti. mittig || ϲδ O: Ti. mittig, Ti. mit-
tig P || Ti. unten   21 γε ⁻¹ || Ti. ⁻¹ || Ti. || Ti. || Ti.
|| Ti. (re. Fuß?) || Ti. || Ti. (Vert. oben?) || α oder
λ   22 π⁻¹ || Ti. unten/oben⁻¹ || κ,ϲ,χ || αρμαδαϲ O
23 μ oder ν P⁻¹: ω O⁻¹ || Ti. unten/oben (α?)⁻¹ ||
γ,μ,ν,π,γι || Ti. mittig/oben || ν O || ν O || ιτ O: Ti.
unten, Ti. mittig P   24 οϲτκα[]δυ O: Ti. mittig,
Ti., Ti., Ti., Ti., Ti. (Teil von Dreieck?) unten, Ti. P
|| Ti. (Horiz.?) unten und Ti. oben   25 Fuß || ν O
|| η O: Ti. oben P || γροι O || Ti. || Ti.   26 φαι O:
Ti. mittig (υ?)   28 α,δ,λ || ι,φ,ψ || Vert.   29 Rund.
|| Vert. || Ti. oben || Ti. oben || ρ O: Rund. oben P
|| τ O: Ti. mittig (υ?) P   30 Horiz. oben || Ti.   31
Vert. (Rund.?) || π oder τ   32 ευ O (Lage/Zeile
unsicher) || Ti. (Vert.? ν? Lage unsicher) || π oder
τ || Ti. mittig || Rund. (ε?)

⌜κα⌝[.......].....κα..[
⌜κ⌝..[....]⟦....⌜νδ⟧ηρ⌝ακλ.[
35　　.......]φιλιω`νος´⌜θ⌝υϲτερον
　　⌜.⌝.[.]..[.].[.]⌜τ⌝πολεμαρ
　　⌜χ.⌝[.].....⌜ονεδο⌝υ⌜ϲ⌝κα[]πα
　　⌜ρα.⌝[.].⌜τ⌝.α[.]...ε.νθ⌜ε⌝[.]⌜ιν⌝
　　⌜με⌝[.]⌜ελε⌝τηκ.ϲζωντα
40　　δ⌜κ⌝..⌜κα⌝ρνεαδ⌜η⌝νδιαδε
　　ξαμ⌜εν⌝οϲηγη⌜ϲαθ⌝.ξ⌝ετη
　　κατ⌜εϲτρ⌝εψε⌜δε`γ´ετεκλ⌝εουϲ
43　　αρχο⌜ντ⌝[.]ϲκ⌜ατελ⌝ιπενδε

33 κα O (Lage/Zeile unsicher) || Ti. (Rund.?) || α oder δ || Ti. (Horiz.? Rund.?) oben || li. Fuß und dann Ti. (λ möglich) || Rund. (ω wahrs.)　34 κ O (Lage/Zeile unsicher) || Vert. || Teil von Horiz. oben || Ti. || Ti. || Ti. || Vert. (υ?) || νδηρ O: Ti. oben (wahrs. getilgt), Ti. (wahrs. getilgt), zwei Vert. (η wahrs.), Rund. oben (ρ wahrs.) P || Ti. unten　35 θ O: ο N: kleiner Buchst. (ο oder θ – wahrs. getilgt) P　36 li. Teil von Dreieck unten O || Vert. oben || Ti. oben || Ti. oben || Ti.　37 χ O || Rund. O || Ti. (Teil von Horiz.?) unten || Rund. (ε möglich) || Vert./Schräge (ν möglich) || Ti. unten || Ti. oben || ο ON: Ti. P || ν ON: zwei Vert. (μ,ν wahrs.) P || ε O: Ti. unten P || δ ON: δ oder λ P || ο O: Rund. unten P || ϲ ON: Ti. oben P　38 ρα O || Vert./Schräge O || Vert. || (Rund.d) τ O: Ti. oben P || Ti. unten und **re. Fuß (κ,λ,χ wahrs.)**$^{-1}$ || **α**$^{-1}$ || **Ti.**$^{-1}$ || **Vert. (ι wahrs.)**$^{-1}$ || **δ,ζ,ξ**$^{-1}$ || **ε**$^{-1}$ || **Ti. unten/oben (Vert. möglich)**$^{-1}$ || ε O: Ti. (Rund.?) P || ιν O: Ti. unten, Vert. P　39 με O || ε O || λε O: Ti. unten, Rund. P || Rund. unten　40 κ O || Vert. unten und dann Ti. oben (τ,π wahrs.) || Vert. || κα O || η O: Ti. oben P　41 εν O || ϲ ON: Ti. mittig P || α ON || θ O || Ti. || ξ O: Horiz. oben P: τ N　42 ε O: Ti. oben P || ϲτρ O || δε ON || γ O || ε O || τεκλ O: π oder τ, Ti. unten, Ti., α,δ,λ P　43 ν O || τ O: Ti. unten P || α O: Ti. oben P || τε ON || λ ON: α oder λ P

Kol. 26

```
Kol. 26  διαδο⌐χ⌐ογτογcυc⌐χο·λαc
         τη⌐ν·κρατηταταρc⌐.·α〚⌐τ·〛⌐τ⁀ο〚⌐c·〛
         γεγ⌐οεη·γηcατοδ⌐αυ·.[.].ετ⌐η·
         τεττα⌐ρ·α ᵀ μητροδ⌐ω·ροc
   5     δεοcτρατονικευcμεγαc
         καιβιωικαιλογωιγε⌐γ·ονωc
         ουκ⌐α·ναλογουcαcεδ⌐.κ·ει
         χαριτα⌐c·εχεινοcεφη⌐.·αρ
         νεα⌐δ·ουπαρακηκ⌐οενα·ι
   10    παντacουγαρακα.[...
         π⌐τα·γ[.]νομ⌐ι·κεν⌐αιπ·α.[.(.)
         πα[.].[..]γοcτεκα[..]⌐εν·[..
         .....].τοκαι⌐.·[..]⌐τιζ·[.
         ....]⌐αυτ·αντωγ⌐ομ·[...
   15    ⌐τ·[.]κα[.]·ο·γοιcυπε..[...
         ...[..(.)]⌐.ι·κριcειcε⌐κα·..[
         .[...]π[.]χειρει⌐κωcκ·α⌐.·[..
         ..[.]..[.]..[.].⌐.αγα·[..
         ..].[...].[.]ρ[.]..[.....
   20    .....]..[............
         ...]...[..........
         ]ε..[.].η......[....
         .⌐κα·[.]⌐αι·λιπειν..[......
         ..].[.].νκ⌐αρπ·.⌐α·δε[....
   25    .[.]...⌐τ·ω·ν·καιπρο[.].[...
         .....].κ.[..].α.α[.]..
         ....].κα[..].απ[.].[....
```

PHerc. 1021, cr. 6, Kol. 26 = O IV 755 = N
Kol. 26 = I Kol. 26 = VH² I 187

1 χ O: Ti. P || χ O: Ti. unten P || ο ON: Ti. mittig P 2 ν O: Ti. unten P || Rund. O || τ O: Ti. (c oder τ?) P || c ON: Ti. P   3 ο O: Ti. unten P || ε O || η O: Ti. P || α O: Ti. oben P || υ O || π oder τ P: erased Buchst. O || Ti. unten P: erased Buchst. O || η ON: zwei Füße unten P   4 ρ O || ω O: Ti. mittig P   6 γ O   7 α ON: α,δ,λ P || Vert. unten O || κ O   8 c O: Ti. oben P || re. Teil von Horiz. oben O: Ti. (re. Teil von Horiz.?) oben P   9 δ O || ο ON: Rund. unten P || ε O: Rund. unten P || ν O || α ON: α,δ,λ P 10 Ti. unten   11 τα O: Ti. unten/oben, re. Fuß P || ι O || α O: Ti. P || ι O || π ON || Ti. unten   12 α⁻¹ || Rund. unten/mittig (κ möglich) || ε O || ν O: Ti. unten/oben P   13 Ti. unten/oben (ε wahrs.) || Schräge O || τιζ O   14 α O: re. Fuß? P || υτ O: π oder υτ P || ο O: Ti. (Rund.?) oben P || μ O   15 τ O || ο O || Ti. unten || Ti. unten   16 li. Fuß (α,δ,λ wahrs.) || Ti. || Ti. || α,δ,λ O || ι O: Ti. unten P || κα O: Rund. mittig, li. Fuß unten P || π oder τ || Ti. unten   17 Ti. (re. Teil von Dreieck?) oben || κωcκ O: leicht gerund. Horiz. mittig, Vert. oben, Ti. mittig, Ti. mittig P || Vert. N   18 Ti. || Horiz. oben || zwei Vert. unten (π möglich) || α,λ,μ,ν || Ti. unten/mittig und Horiz. oben || Rund. unten || Ti. || re. Teil von μ oder ν (?) O: Ti. P || αγα O: Ti., Ti., Fall. unten P   19 π oder τ || Vert. || β,ο,ω || ι oder c wahrs.   20 Teil von zwei Vert. mit Verbi. (μ wahrs.) || υ,φ,ψ   21 Ti. oben und dann mittig || Ti. || Ti. (Rund.?) unten   22 || Ti. || Ti. || Ti. unten und dann Horiz. (wenn gleicher Buchst., τ wahrs.) || Ti. || Ti. || Ti. || Ti. || Ti.   23 Ti. (Horiz.?) mittig || κα O: Rund. mittig, li. Fuß P || α O: Ti. mittig P || ι || Rund. unten || Ti. unten 24 Ti. (re. Fuß?) || Vert. mit Horiz. mittig/oben || α O: α oder λ P || ρ O: γ,μ,ν,ρ P || π O: Vert. und dann Ti. oben (wenn gleicher Buchst., ν wahrs.) P || ε oder θ || α O: Ti. unten/oben P   25 Ti. oben || Ti. (Rund.?) oben || Ti. mittig || unt. Teil von Vert. || τ O: c oder τ P || ν O: Vert. (re. Teil von ν wahrs.) P || Ti. (Dreieck?) oben   26 Ti. (Vert.?) oben || ε,ι,ο,ω || π oder τ⁺¹ || α⁺¹ || Vert.⁺¹ || Ti. oben || Ti. oben   27 Ti. mittig || Ti. oben⁺¹ || α⁺¹ || π⁺¹ || Ti. (Vert.?)

.....]...[.]⌜.ω⌝[.......
......]..α⌜ρ⌝[..........
30   ....]εχ[.]...[......
....].[....].[........
.].[.]..[...].⌜υαν⌝.[.....
......]εφεϲι[.].[..]α.[..
τ.γ[.]⌜.⌝β⌜ουλ⌝[.]υ[.].ον⌜οναι⌝[
35   .....λυκει⌜νη⌝ϲτωιταⓇ.⌝..
τ⌜θα⌝[...]λακι⌜ϲη⌝δηπροβε[..
κ⌜ω⌝.καιϲχοληϲη.ου..
νο⌜ϲ⌝διον.[.]⌜τ⌝ωι⌜μου⌝[...]⌜.⌝τ̣ων
[[γ..]][...].[.].⌜ι⌝ιθ⌜ε⌝[.(.)]⌜.⌝ηι
40   αγχινοιᾳ[.]⌜τ⌝α⌜ν⌝δρ⌜ο⌝ϲ[...]χα⌜ι⌝
τωιλογωι⌜δ⌝εκατωιδε[.].ϲ
τουκαρνεαδο⌜υ⌝μεταλλα
γηϲυϲτερονε⌜γλ⌝ρχοντοϲ
⌜π⌝αρημινευμα⌜χ⌝ουθαρ⌜ιτ⌝
45   λιωνοϲμηνοϲ⌜εξε⌝λιπεν

28–32 [Stratigraphie und Zuordnung unsicher]
28 Ti. mittig || Vert. mit Verbi. oben (ρ?) || Ti.
(Dreieck?) oben || Horiz. oben O: Ti. P || ω O: Ti.
P   29 Ti. (ε?) || Ti. || ρ O: Schräge/Vert. unten P
30 Ti. oben || Vert. || Ti. oben   31 Rund. (ο oder
ε? selbe Zeile/Lage?) || Ti. unten (α,δ,λ?) || α,δ,λ
32 Ti. oben || Rund. oben || Vert. || Ti. || υαν O:
Ti. unten, kleines Dreieck oben, Haken (oberer
li. Teil von ν?) P || Vert. und dann Ti. oben und
Vert. (τι?)   33 Ti. oben || Ti. oben   34 Ti. oben
|| Vert. O: Ti. mittig P || ουλ O: Ti. oben, Ti. mittig,
Ti. unten P || Ti. oben || ο O || ν O: zwei Füße P ||
αι O   35 Ti. oben || Fall. unten || Ti. oben || Fuß ||
Ti. oben || νη O: Ti., Ti. oben P || Vert. O: Ti. mittig
P || Ti. oben (υ wahrs.) || Ti.   36 || θα O: ε,η,θ,χ,
Ti. P || ϲη O: Ti. oben, Vert. oben P   37 ω O: Ti.
unten P || Rund. oben || Horiz. oben || Ti. unten
|| Rund.   38 ϲ O: Rund. unten P || Ti. mittig ||
τ O: Ti. P || μου O: Horiz. oben, Rund., Ti. oben
und dann unten (zwei Buchst. wahrs.) || Horiz.
oben O   39 [Ti. über γ und wahrs. über folgendem Buchst.(s) in O und P – entweder Tilgung
von Buchst. darunter oder Korr. – wenn Korr.,
erster Buchst. viell. π, zweiter oder dritter Rund.;
Tilgung umfasste viell. mehr Buchst. – nach Tilgung Stratigraphie unsicher, vgl. Kol. 25] Schräge
unten und Ti. oben (λ?) || Ti. unten/oben (Vert.?
χ?) || ι O: π oder τ P || ε O || Horiz. oben O: Ti.
oben (Horiz.?) P   40 τ ON: Horiz. oben P || ν
ON || ο O: Rund. oben P || ι O: Ti. P   41 δ O || Ti.
oben   42 υ O: Ti. oben P   43 γλ O: Vert., re. Fuß
P   44 π O: Horiz. oben P || χ O: Rund. P || ι ON:
Vert. P || τ O   45 ε O: ο N: Rund. P || ξε O

Zeichen entlang Z. 44–45: Die Vertikale erstreckt sich vor den Zeilenbeginnen über etwa zwei Zeilen mit kleinem
Haken nach rechts und ist in P noch
sichtbar. Das Zeichen an den Zeilenenden ist hauptsächlich in O erhalten, in
P nur Reste am Ende von Z. 45 und viell.
unter der Zeile.

Kol. 27 χ˙˙οκτω⌐καιδε⌐κατοσαυ⌐τα⌐
δ⌐ε⌐τεραπροσλαβωντηντου
βιουμεταλλαγηνεποιηϲα
⌐τε⌐πι⌐κ⌐αλλιστρατουεπιπα[˙
5 τι⌐α⌐δρυδετεροιλεγουσιν
ωνδεκαετη˙⌐ι⌐αλιπειν
τα⌐π⌐ιπα⌐ϲ⌐ι⌐δ⌐ιανοϲονεγενον
τοδαυτουπασεαϲτεκαιθρα
ϲ⌐ι⌐ϲτριτοϲδαριϲτ⌐ιπ⌐ποσσυνη
10 θει⌐ν⌐καιδυο⌐ϲπ⌐ι˙˙⌐ημ⌐οτ⌐α⌐τοιμα
˙[˙]⌐ϲτα⌐τηλε⌐κλη⌐[˙]⌐τ⌐˙˙α˙ευαγ
˙[˙˙]ϲεπεχ⌐˙⌐[˙˙]˙ϲε˙˙[˙]˙⌐οιϲ⌐[
˙[]⌐˙⌐γετια[˙˙˙˙]˙˙[˙˙]˙⌐ζ⌐ειν
⌐τ⌐[˙]⌐γ⌐βιονδ⌐˙⌐[˙˙˙˙˙˙˙˙]˙ειπρο
15 τ⌐ελ⌐οσοτη˙[˙˙˙˙]˙[˙˙]˙ηλλα
χ˙˙αιν˙[˙˙˙˙˙]˙[˙˙]˙⌐υϲ⌐δεϋ
˙γδροϲ˙[˙˙˙˙]⌐ουϲ⌐˙[˙]˙˙α˙
˙˙˙]˙⌐αγ⌐[˙˙˙˙]˙˙˙⌐˙⌐αϲ˙[˙˙]˙˙
˙˙˙]˙˙˙˙[˙]˙[˙˙˙]˙[˙˙˙˙˙]˙˙
20 ˙˙˙]˙˙˙˙˙[˙˙˙˙˙˙˙]˙˙
˙˙]˙[˙]˙˙[˙˙˙˙˙˙˙˙˙˙˙
˙˙˙˙]˙[˙˙˙˙˙˙˙˙˙]˙˙˙[
˙˙˙˙˙˙]˙˙⌐ε⌐˙⌐αιτ⌐[˙˙˙˙˙]˙
˙˙˙˙]τ˙˙ικ⌐ουσει⌐[˙˙˙]˙˙˙[
25 ˙˙[˙˙]⌐κα⌐[˙]⌐ταλ⌐[˙˙˙˙˙]ε˙[˙]˙[
˙˙˙˙˙˙˙˙˙˙˙˙˙˙˙]θ˙
˙˙˙˙˙˙˙˙˙˙˙˙˙˙˙]˙ε˙
˙˙]τα[˙˙˙˙˙˙˙˙˙˙˙˙]˙[

PHerc. 1021, cr. 6, Kol. 27 = O IV 756 = N
Kol. 27 = I Kol. 27 = VH² I 188

1 Rund. unten || Vert. || κα ON: Vert., α oder λ P ||
ι O || δε O: Ti. (Fall.?) mittig, Ti. unten P || τα O:
Ti. oben, Ti. unten P   2 ε O: Ti. P   4 τ O: Ti.
unten P || ε O || κ O: Ti. unten P   5 α O: α,λ,χ
P   6 α,λ,χ || ι O || 7 π O || ϲ O: Ti. unten
P || δ O   9 ι ON: Ti. unten/oben P || ι O || π
O: zwei Füße unten P   10 ν O || ϲπ O || ι⁺¹ ||
Ti. unten (Rund.?)⁺¹ || η O || μ O: Ti. oben und
dann unten (μ wahrs.) P || α O: α,δ,λ P   11 Fall.
oben || ϲτ O: Rund. unten, Ti. P || α ON: Fall. P ||
κλη O || τ O: Ti. mittig P || Ti. || Ti. oben || α⁺¹ || Ti.
oben   12 Teile von Schräge || Ti. (Rund.?) mittig
O: Ti. mittig P || Ti. oben (re. Teil von η wahrs.) ||
Ti. || Ti. (Dreieck?) mittig || Horiz. oben⁺¹ || ο O:
Rund. + **Rund. oben⁺¹** P || ι ON: Ti. unten P || ϲ
ON   13 Ti. || Rund. (ϲ oder Teil von ω wahrs.) O:
Rund. P || Vert. und dann Teil von Horiz. oben ||
Ti. (Schräge?) oben || Ti. unten || ζ O: ζ,κ,ξ,χ P: ξ
N   14 τ O: Ti. unten P || γ O: Ti. mittig P || α,δ,λ
O: Ti. oben P || Ti. oben   15 ε O: Ti. unten P || λ
O || Ti. unten || Ti. (Horiz.?) oben || Ti. oben   16
Ti. || Ti. mittig || Ti. (Rund.?) oben || Rund. unten
|| Ti. (Fuß?) unten || υϲ ON: Ti. unten, ε,ο,ϲ P   17
Ti. || Ti. unten || ο O || υ O: Vert. unten P || ϲ O || Ti.
oben || Ti. oben || γ oder τ || Ti. unten   18 Ti. || αγ
O: α,δ,λ,χ, Vert. unten P || [Zeile unsicher] Vert.
und Horiz. (κ wahrs.) || [Zeile unsicher] α oder
δ || [Zeile unsicher] Vert. || π oder τ O: Teil von
Horiz. P || Ti. oben || Ti. || Ti. unten   19 Horiz.
oben || Rund. || Ti. || Vert. unten || Ti. mittig (zwei
Buchst.?) || Ti. || Ti. || Ti.   20 Rund. (θ?) || ε oder
θ wahrs. || Ti. oben || Horiz./Fall. mittig (ν?) || Ti.
|| Ti. || Ti. (Horiz.?) unten/mittig   21 Ti. mittig ||
Ti. || Ti.   22 Haken || Ti. oben || Ti. oben || Vert.?
23 Ti. || Ti. || ε O: ε oder θ P || Ti. unten || α O: Ti.
unten P || ιτ O || Ti. mittig   24 Rund. unten ||
Ti. oben (Fall.?) || ου O: Ti. oben und dann mittig,
Vert. unten P || ϲει O || Ti. (Rund.?) || Ti. oben ||
Vert. mit Verbi. (ν wahrs.)   25 Ti. || Ti. mittig || κ
O: Vert. unten P || α O || ταλ O: Ti. unten, Schräge,
α,δ,λ,ν P || Vert. oben || zwei verbundene Vert. (μ
oder ν?)   26 Ti. oben (Zuordnung von Zeile
unsicher, viell. Einfüg. über Zeile – ` ˙ο´)   27 Ti.
oben || Haken oben   28 Ti. unten

..λα̣.[..].[....]..[...]λε[
30 ...].[.].[.......].[...
......].[.].[...].[.....
......]..[.......].[...
.]. ε⌐κ⌐α⌐..αν⌐[.....].[..
.(.)]⌐ηϲπαμ⌐α...[.....].[.]η[
35 ..⌐ϲ⌐[.].!δ̣.μ..[.]...[.] .ν
⌐υτα⌐[.]ῠϲαγαμηϲ⌐α⌐[....
⌐πδ̣..⌐οϲ⌐η⌐νε⌐τ⌐ιο...[.]..[
⌐δ⌐ουλοιτεπροϲτο..ο⌐τα⌐υ
⌐τ⌐ων⌐.μοϲ⌐χιωνμενδ̣.[.]⌐ε⌐
40 ⌐τε.ι⌐λ⌐α.⌐ωνετηεπε⌐υθι⌐ο
⌐λε.ου⌐..⌐ζ⌐ηνμε⌐τηλ⌐
λαξεννοϲω⌐ι⌐[.]ε̣τατ̣αυ
ταδου⌐ρη⌐θρα⌐ι⌐οϲευβουλοϲ
πατροϲαγτ⌐η⌐νοροϲγεγο
45 νωϲαλεξα⌐ν⌐δ⌐ρ⌐ουτοτε

29 Ti. mittig || Vert. || Ti. mittig || Ti. (Horiz.?)
unten || Ti. (Vert.?) mittig || Ti. unten   30 Ti.
mittig || Ti. mittig || Ti. unten || Ti. mittig   31
Ti. unten || Ti. unten || Ti. mittig   32 Ti. (Vert.?)
mittig || Rund. (ϲ wahrs.) || Ti.   33 Ti. unten || κα
O: Ti. unten/oben, Ti. unten P || Vert. oben O: Ti.
unten P || Horiz. oben O || αν O || Ti. unten   34
ηϲ O: Teil von Vert., Rund. unten P || π O: Ti. P || α
O || μ O: μ oder ν P || Horiz. oben (γ,ξ,τ wahrs.)
|| Ti. unten/mittig/oben (ε oder θ wahrs.) || Ti.
oben || α,δ,λ (selbe Lage?)   35 Ti. unten || Ti.
unten || ϲ O || α,δ,λ || α,δ,λ || α,δ,λ,ο,ω || Ti. oben ||
Ti. || Rund. unten || Ti. || ο oder ω   36 υτα O ||
α O: Ti. oben P   37 π O: τ N || δ N: α O: α oder
δ P || Rund. O || Fall. unten O: Ti. unten P || η O:
Vert. mit Haken (nach re.) oben P || τ ON: ζ oder
τ P || Ti. mittig || Ti. (Rund.?) || Rund. || Ti. || Ti.
unten   38 δ O: Ti. unten P || Schräge unten ||
Teil von Horiz. oben || τ O || α ON: Dreieck mit-
tig P   39 τ O: Ti. oben P || Rund. O: Ti. oben P
|| μοϲ O || Rund. unten || ε O: ϲ N: Rund. P   40 τ
O: Ti. oben P || ε O || Teil von Horiz. oben O || ι O
|| α O || β oder ρ O || υ O: Ti. unten/oben P || θ O
|| ι ON: (re.) Vert. P   41 λ O: Ti. unten P || ε O ||
re. Fuß O || ο O || υ O: Ti. unten P || Ti. unten || Ti.
mittig || ζ O: Ti. (li. Teil von Dreieck?) unten und
dann Ti. unten P || τηλ O: Ti. oben, Ti. oben, Ti.
unten P   42 ι O: Ti. unten P   43 ρη O: Ti. oben,
Ti. unten P || ι O: Ti. unten P   44 η ON: re. Teil
von Horiz. oben P   45 ν ON: Ti. (Vert.?) mittig
P || ρ ON

Kol. 28 αρχο⌐ν⌐τϛϲεπι⌐τ⌐.[...]...
μετ⌐αμ⌐ηναϲτ⌐ι.⌐αϲ⌐ο⌐.αλ
λικρατουϲευβο⌐.⌐.οϛων
δετωιγε⌐ν⌐ειεφ[..]⌐ι.⌐ϲαγα
5 μηϲτωρδεμετ[.]τηνπερ
ϲεωϲα⌐λωϲ⌐ινα⌐ικ⌐αϲυιοϲ
ωνπολυξε⌐νουπ⌐πιξενο
κλεουϛτηγαπ⌐ολ⌐υϲιντου
βιουεπ⌐α⌐ιηϲατεπ[.]νικο[.].ε
10 νουϲδϙτη⌐ν⌐..[...]⌐ε⌐πιπα[..
δαπολλω[.].....θϙ⌐ν⌐[..].
νον⌐ε⌐π[...]..⌐ο⌐.ηρχε[.
τη⌐ν⌐[....]..⌐.⌐ακ⌐η⌐κϙωϲ[
μετ⌐α⌐[..]νθ..ιτη⌐.ο⌐νδ.
15 ⌐του⌐νε.τερ[.]⌐υ⌐ε.[].α.[
γεν[.].⌐ε⌐ν⌐ο.⌐[.....]⌐ο⌐υνο
.ωι..⌐λιπ⌐..[.......]....
.υγ...ε.⌐α⌐[......]..[
.[...]..[...........
20 .[...]...[..........]
].γ.[.]το[.].[........].
ελ[..].ου[.]..[....]δε..
⌐χεμ⌐..τουϛ[.].[.]ϛ[..].[..]αδ.[
⌐τεν⌐οϲ........[..]φ.κ..[

PHerc. 1021, cr. 6, Kol. 28 = O IV 757 = N
Kol. 28 = I Kol. 28 = VH² I 189

1 ν O || τ ON: Fuß unten P || Ti. (re. Fuß?) unten
|| κ,υ,ψ || α oder δ || Rund. unten 2 αμ O: Ti.
unten und dann Ti. und Ti. unten, Ti. unten P ||
ι O || μ oder ν O: Ti. oben P || o O || Ti. unten 3
Fall. oben ON || Fall. unten 4 ν ON: Vert. P ||
ι O || Dreieck oben O: Ti. oben P 6 λω O: Ti.
unten, Ti. mittig P || ϲ ON || ικ O: Schräge unten,
Ti. unten/oben P 7 ν ON: Ti. unten || o N: Ti.
mittig P: ε O || υ ON: Ti. mittig P || π O: Ti. oben P
8 γ⁻¹ || o ON: Ti. unten P || λ ON 9 α O: Ti. oben
P || Teile von Vert. oben 10 [drei Punkte über
Zeile zwischen Ende von ν und υ, letzer nur in
O] ν O: Ti. oben P || Ti. || Ti. || ε ON: Rund. oben P
11 Ti. oben || Ti. oben || Rund. || Ti. unten/mittig
(κ wahrs.) || Ti. unten und re. Fuß || ν O: Vert. P ||
Ti. 12 ε O: Rund. oben P: ϲ N || Ti. unten || Vert.
|| o N: Ti. unten P || Ti. 13 ν O: Teil von Schräge
unten und Teil von Fall. oben P || Ti. || Ti. || α,δ,λ,χ
O: Ti. P || η O 14 α O: Ti. unten P || Rund. mittig
|| Ti. unten || Horiz. oben O || o O: Ti. oben P ||
Ti. unten 15 τ O || ου O: Rund. unten (ε,o,ϲ), Ti.
mittig P || Ti. unten || υ O: Ti. oben P || Teil von
Horiz. oben || Ti. oben (zwei Buchst.?) || Teil von
Horiz. oben 16 Ti. mittig || ε O: Ti. oben P ||
o ON: Rund. oben P || li. Fuß O || o O: Ti. oben P
17 ε,θ,ϲ || ε,θ,κ || Ti. unten/oben (κ oder χ wahrs.)
|| λ O: Fall. unten P || ι O: Teil von Vert. P || π O:
Vert. mit Teil von berühr. Horiz. oben P || Rund.
|| Schräge || Ti. oben || Ti. oben || Ti. oben || ν oder
υ 18 Rund. || Ti. unten || Fuß || Ti. oben (α,δ,λ?)
|| Vert. || α O: Ti. (Rund.?) unten P || Ti. mittig (β
oder δ?) || Ti. mittig (Rund.?) 19 Ti. oben || Ti.
oben || Schräge 20 Ti. unten || Horiz. mittig
|| Ti. mittig (α,δ,λ?) || Ti. unten 21 Ti. unten
(ω?) || α,δ,λ || Schräge und dann Teile von Fall.
oben (ν wahrs.) || Ti. (Horiz.?) unten 22 γγ,π,τ
|| Fall. unten || Ti. unten || Schräge/Vert. unten ||
Schräge/Vert. unten 23 χεμ O: Rund. unten, Ti.
unten, Ti. unten P || Ti. unten || Vert./Schräge ||
π oder τ || Ti. unten/oben || Ti. (Vert.?) 24 τε
O: ξ oder τ, ε oder θ P || ν O || Ti. oben || Ti. mittig
|| Schräge unten || Ti. || Ti. || Ti. || Ti. oben ||
Vert. || Vert. || Ti. oben

25 ⸢κινυ⸣ϲτε[.].[.]η.[. . .]. . ϛ[.].
   .].. . .ν.[.]. . [.]. . [.]γκα .[.].
   . .[. . .]. .[. .].[.].κουϲ.[
   . .[.].[. .]. .[. .].[. .]. .[. .
   δ[. .].[. .].[. . . . . .].[.
30 χ.[. . . . .].[.
   . .[. . .].[. . . . .
   ⸢ταιο⸣. .[. .]. . . .[. . . . . .
   τ⸢ρ⸣.νφ.[.].[. .]. . . .[. .].ν. .[
   υπ⸢ερητ⸣. .[.]. . .[. .]⸢υ⸣μ.λ
35 ⸢χ⸣ονπ⸢ονω⸣. . .[.]⸢ιϲτεδ⸣ι.
   τουτω⸢ν⸣τε⸢υτε⸣[.]⸢ε⸣και⸢μια⸣ι
   εξειτατων⸢αχ⸣λωγ. .
   ραλαβωνε⸢ικ⸣.⸢τ⸣ω. . . . .
   τεκαι⸢παι⸣ρηϲ⸢ιντ⸣. .ειϲτ⸢η⸣.
40 εχει ⊤ . ⸢ . ⸣ικαρνε. .ηδε
   κατατογαυτ.νη.⸢χρεγ⸣[.].
   β⸢ο⸣ηθοϲ⸢υ⸣ιοϲερμαγ.ρο⸢υβα⸣
43 ρα⸢θ⸣ωνιοϲτοπαλα⸢οδετ.⸣. .[

25 κιν O ‖ υ O: Ti. unten P ‖ Vert. mit Verbi. (wenn selbe Lage η wahrs.) ‖ Horiz. oben ‖ li. und re. Fuß (α wahrs.) ‖ Vert. ‖ Ti. mittig   26 Ti. ‖ Ti. ‖ Ti. unten ‖ Vert. oben ‖ Ti. unten ‖ Ti. mittig ‖ ι,ϲ,τ ‖ Ti. oben   27 Ti. oben ‖ Vert. unten ‖ Horiz. mittig ‖ Fall. unten ‖ Ti. ‖ Vert. ‖ Schräge   28 τ oder υ ‖ Ti. oben ‖ Ti. unten ‖ Ti. mittig ‖ α,δ,λ ‖ Ti. mittig ‖ Horiz. und Vert. (zwei Buchst.?) ‖ Rund.   29 ο oder ω ‖ Ti. unten/oben (υ?) ‖ Vert. ‖ Haken   30 Ti. oben ‖ Ti. (Horiz.?) unten   31 Ti. unten ‖ Ti. unten ‖ Ti. oben   32 ταιο O: γ oder τ, α oder λ, Ti. oben, λ oder μ (wenn ein Buchst.) P ‖ Vert. unten ‖ Vert. unten ‖ Ti. ‖ Fall. ‖ Ti. oben ‖ Ti.   33 ρ O ‖ Ti. ‖ Fall. ‖ Vert. ‖ Ti. unten ‖ Ti. unten (Fuß?) ‖ Vert. ‖ Ti. (wenn gleicher Buchst. wie voriger, ν wahrs.) ‖ Ti. mittig (Rund.? ε,ο,κ?) ‖ ο oder υ ‖ Schräge (κ?)   34 ερη O: Rund. (ε,ο wahrs.), Vert. unten, Vert. und dann and. Vert. P ‖ τ O ‖ Ti. mittig/oben ‖ Ti. unten/oben ‖ Ti. (zwei Füße?) ‖ α,δ,λ ‖ Vert. und dann Ti. unten ‖ υ O: Schräge P ‖ Ti. unten (α?)   35 χ O ‖ ο O: Ti. unten/oben P: ϲ N ‖ ν ON: Vert. unten P ‖ ω O ‖ Ti. mittig (Vert.) ‖ Vert. ‖ Vert. ‖ ιϲτε O ‖ δ O: Ti. (Fall.?) unten P ‖ α oder λ   36 ν O ‖ υτε O: Ti. unten/oben, Horiz. oben und Ti. unten (τ möglich), Rund. P ‖ ε O: Ti. mittig P: ϲ N ‖ μ O: Schräge unten P ‖ ι O ‖ α O: Ti. und dann Fuß unten P   37 αχ O: α,δ,λ, zwei Füße P ‖ Vertikalen unten ‖ Fall.   38 ι ON ‖ κ O: Vert. (κ wahrs.) P ‖ Ti. (wahrs. Rund., kleiner Buchst.): α O ‖ τ O: Horiz. oben P ‖ ε,θ,ο,ϲ ‖ blas. α,δ,λ ‖ Ti. oben ‖ ζ oder ξ: α O ‖ α oder λ ‖ Ti. mittig und dann unten   39 πα ON: li. Teil von Horiz. oben, ob. Teil von Buchst. P ‖ ι N ‖ ιντ O: Ti. unten, Ti. (Haken?) mittig und dann Ti. unten, Ti. (Teil von Vert.?) P ‖ Ti. (Füße?) unten ‖ Ti. mittig ‖ η N: ει O: Füße von Buchst. (η wahrs.) P ‖ Ti.   40 Ti. (blas. τ?) ‖ ο oder ω O: Ti. P ‖ li. Fuß ‖ re. Fuß   41 Ti. unten ‖ Vert./Schräge unten ‖ χρεγ O: α,λ,χ, Schräge, Ti., Vert. mit Verbi. P ‖ Ti. oben   42 ο O ‖ υ O ‖ Ti. oben ‖ υ ON: Ti. unten P ‖ βα O   43 θ O: Ti. P ‖ οδετ O: Ti., Ti., Ti., Ti. P ‖ Vert. O ‖ Ti.

Kol. 29 ̣⌈α⌉ϙοϲβ[.]ου....ντ[.]⌈γ⌉α
εχωνϕ[.].οϲοϕ⌈οντ⌉[.]⌈ιλο⌉
⌈γω⌉ιδαπ⌈ ̣⌉λωτε⌈ροϲου⌉τοϲ
⌈δ⌉αριϲτω⌈γ⌉ο⌈ϲμ⌉ενηνακη
5　⌈κο⌉ωϲτο̣[.]̣εϕεϲιουβ ̣⌈α⌉χυν
⌈τ⌉ιϝευβο[.]⌈λο⌉υχρονοντοιϲ
⌈τ⌉α̣⌈υ⌉τολ̣⌈υ⌉χ⌈ε⌉ι̣ο⌈ι⌉ϲτωι⌈τ⌉αμυν
⌈τ⌉ηιπολλακιϲηδηπρϙβε
β ̣⌈κ⌉ωϲκ[..]⌈ϲ⌉χοληϲηγ⌈ο⌉[.]μ̣⌈ϲ⌉
10　⌈μ⌉ο⌈ ̣⌉δ⌈ι⌉ο̣[..]⌈ϲ⌉ιωιτου⌈ϲ⌉χ[....
..[.]λ̣[..].[.].....ηι꞉ ̀⌈α⌉꞉⌈[...
....[.]⌈ν⌉.ρϙα̣[.......
...].ιδεκατ[.].[.....
...]αρνεαδ̣ο[.......
15　..]⌈υ⌉ϲτ⌈ερ⌉ονε[.......
τ̣οϲ[.].[.].[.........
...[...].[..........
.⌈γ⌉.[..].[...].[.......
...].[............
20　..].[............
.].[.....].α̣.νε[.......
...α[.]..[...].[].[.].[....
.]γ..[....]..ι̣.[......
].[.]ο̣[..].[....].ρ[....
25　..].[....]τ̣..[........
....].[..].[.......
].[..]..[.].....ω[.].[......
...]α̣.[...].[..].[......
.]...[......].[.......
30　γ..[....].[.].[........
.].[....].[...].[.....

1 Teile von Vert. oben ‖ α O: Fall. unten P ‖ Ti.
oben ‖ α oder λ ‖ Horiz. oben ‖ Ti. oben ‖ γ O:
Teile von Fall. oben P　　2 Fall. ‖ ον O: o oder ω,
Ti. oben P ‖ τ ON ‖ ι O: Ti. P ‖ λο ON: κ,λ,χ, Rund.
oben (o wahrs.) P　　3 γω O: Ti. unten, Ti. oben P
‖ Fall. O: Ti. unten P ‖ ρ ON: Ti. unten P ‖ οϲο O
‖ υ ON: Vert. unten P　　4 δ O: Schräge oben P ‖
γ O ‖ ϲ O ‖ μ O: Horiz. oben P　　5 xο O: Vert. und
Rund. oben, Ti. unten P ‖ Horiz. oben mit Vert.
(τ wahrs.) ‖ Teil von Vert. unten P: λ O ‖ α O: Ti.
unten P　　6 τ O ‖ λο O　　7 τ O: Ti. unten/oben
P ‖ υ O: Vert. mit Verbi. unten P ‖ υ O: Ti. unten
P ‖ ε O: ε oder θ P ‖ ι O: Ti. mittig P: ω N ‖ τ ON:
Horiz. oben P　　8 τ O: Ti. unten　　9 Teil von zwei
Vert. ‖ x ON: Vert. P ‖ ϲ O: Rund. unten P ‖ o O:
Rund. mittig (ε,o,ϲ) P ‖ μ⁺¹ ‖ ϲ O　　10 μ O: Fuß
P ‖ Rund. O: Ti. unten P ‖ ι ON: Ti. mittig P ‖ ϲ
O: Ti. (Rund.?) P ‖ ϲ O: Ti. (Rund.?) mittig (viell.
getilgter Buchst. – Einfüg. über Zeile – Korr. von
ε zu ϲ?) P　　11 Ti. (Vert.?) und Schräge oben (glei-
cher Buchst.?) ‖ Ti. oben (selbe Lage/Buchst.?) ‖
Ti. oben ‖ Ti. oben (Rund.? ε oder θ?) ‖ Ti. oben
(Rund.? ε oder θ?) ‖ Teile von Vert. ‖ Ti. oben ‖
viell. Ti./Einfüg. (Vert.) über ι ‖ Vert./Schräge ON
12 Ti. ‖ Ti. ‖ Ti. ‖ Ti. ‖ α,δ,λ ‖ ν O: μ oder ν P ‖ α,δ,λ
13 Rund. (ω wahrs.) ‖ α,δ,λ ‖ Vert.　　15 Rund. ‖ υ
O: Ti. unten P ‖ ερ O: Ti. oben, Ti. mittig P　　16
Ti. mittig ‖ Vert. ‖ Ti.　　17 Ti. oben ‖ Ti. (α,δ,λ?)
‖ Ti. unten ‖ Ti.　　18 Ti. unten ‖ γ O: γ oder π
P ‖ Ti. ‖ Ti. oben ‖ Ti. oben　　19 Ti. oben　　20
Ti. oben　　21 Dreieck unten (α oder δ wahrs.)
‖ Horiz. mittig ‖ Vert. unten　　22 Ti. mittig ‖
Rund. unten ‖ Horiz. mittig/oben ‖ Ti. ‖ Ti. ‖ Ti.
unten/oben ‖ Vert. unten ‖ Vert. unten　　23 Ti. ‖
Ti. oben ‖ γ,π,τ ‖ Ti. unten ‖ α oder λ　　24 λ oder
χ wahrs. ‖ Ti. (Vert.?) mittig ‖ Fuß von Buchst. (α
wahrs.)　　25 Ti. oben (and. Lage?) ‖ Rund. unten
‖ Rund. unten　　26 Ti. oben ‖ Rund. ‖ Ti. oben
27 Ti. unten ‖ Ti. unten ‖ Horiz. mittig ‖ Ti. ‖ Ti.
mittig ‖ Ti. ‖ Ti. oben　　28 Vert. ‖ Horiz. mittig
‖ li. Fuß oder ε　　29 Ti. ‖ Ti. ‖ Ti. ‖ α oder δ　　30
Vert. unten ‖ Teile von Horiz. oben ‖ Rund. ‖ Ti.
unten　　31 o oder ρ ‖ Vert. ‖ Ti. oben ‖ Ti. unten

..].[......].ạ[]..[.]..[..
....].[.....].] ...α.[....
.ω[.].[.....].]....ν[.....
35   ....]..[....].οϲεϲ.ε[..
.α̣.[.....].⌐δ⌐ϲχωγ[...
.].[.].].[...]...[..]⌐ων⌐
.]...[.].[....(.)]κε.[...]⌐οϲ⌐
..].[..].η̣..[..]ṿṭ.τε[.]⌐ου⌐
40   κα...⌐α⌐δ̣ọ.[...]γηραϲ⌐ηδη⌐
τ⌐ηνε.ειπο⌐.τọϲπαρ⌐ελα⌐
βε⌐νε⌐.⌐ϲχρα⌐ṿṭε⌐καιϲχο⌐
43   ⌐λ⌐η⌐νη⌐...[...].ε[.......

32 Ti. oben ‖ Ti. oben ‖ Horiz. mittig berühr. re. Vert. mittig (μ,ν wahrs.) ‖ ε,ο,ϲ ‖ Horiz. mittig ‖ Rund.   33 Ti. ‖ π oder τ ‖ Rund. unten ‖ α,λ,χ ‖ Fall. unten   34 Ti. unten ‖ Vert. mit Teilen von Horiz. oben und dann viell. and. Vert. ‖ Vert. mit Teilen von Horiz. an Spitze (τ möglich) ‖ Ti. (Rund.?) mittig (ε wahrs.) ‖ Vert. ‖ Rund.   35 Ti. oben ‖ Rund. (ε wahrs./selbe Zeile?) ‖ Ti. unten/mittig ‖ Schräge unten und **Teil von Horiz. oben**[+1] ‖ ε[+1]   36 ε,χ,ξϲ ‖ Schräge mit Verbi. (μ wahrs.) ‖ Horiz. oben mit Vert. darunter (selbe Lage?) ‖ δ O: Ti. oben (δ unwahrs., Rund.?) P ‖ γ[+1]   37 Ti. oben (μ oder ν wahrs.) ‖ Ti. ‖ Ti. ‖ Rund. ‖ π oder τ ‖ Ti. oben (ρ?) ‖ ων O   38 Ti. oben ‖ Ti. oben (gleicher Buchst. wie voriger?) ‖ Ti. unten/oben (Rund.?) ‖ Vert. und Ti. oben (η,π τ? zwei Buchst.?) ‖ Ti. oben (Schräge?) ‖ οϲ O   39 Schräge und dann viell. Fall. (α,δ,λ,χ wahrs.) ‖ Ti. (re. Fuß?) unten ‖ Ti. oben (ob. Teil von μ?) ‖ Ti. unten ‖ ο oder ω ‖ τε[+1] ‖ ου O   40 Ti. oben ‖ Ti. ‖ Rund. ‖ α O ‖ Ti. unten ‖ η O: Vert. P ‖ δη O   41 η O: Ti. oben P ‖ νε O ‖ Rund. (κ,ϲ,χ, wahrs.) O ‖ ε O: Ti. (Fuß?) unten P ‖ ιπο O ‖ ο oder ω ‖ ε O: Ti. (ε möglich) P ‖ λα O   42 νε O ‖ Teile von zwei Horiz. P: ο O ‖ ϲχ O: Rund., Ti. (Fall.?) oben P ‖ ρα O ‖ και O: Vert. und dann Ti. oben (κ wahrs.), Ti., Ti. unten P ‖ ϲ O: Ti. P ‖ χο O   43 λ O: γ oder λ P ‖ νη O: Ti. oben, Ti. unten P ‖ Ti. ‖ Ti. (Horiz.?) mittig ‖ Ti. und Fall. (α,δ,λ,χ?) ‖ Ti. oben und Schräge darunter (ζ oder τ wahrs.)

In den Z. 20–35 ist die Stratigraphie und Zeilenzuordnung unsicher. Einige Buchst./Spuren könnten zu and. Lage oder Zeile gehören, insbesondere könnten einige Buchst. vom Zeilenbeginn ans Zeilenende gehören. Auch die genaue Zeilenanzahl der Kolumne (wahrs. zwischen 42–44) ist unsicher.

Kol. 30 ⌐.ομωϲε˥ ⌐ωτη˥προ⌐κ˥ας
νεαδουδετουπολεμαρ
⌐κ˥ουτονβιο⌐γ˥επεπικλεουϲ
⌐αρ˥χ⌐ο˥γτο⌐ς˥εγλελοι⌐π˥οτοϲ
5 .]⌐ρ˥ατηϲοτ⌐α˥ρϲευϲτ⌐η˥ν
⌐ϲ˥χο[[δ]]ˋλˊηνδ⌐ι˥εδεξατο⌐τ˥ου
τουδεδυετ⌐η˥διακαταϲχον
τοϲμονονκλειτομα
.οϲεν..[.]⌐π˥αλλ⌐αδι˥ωι
10 .]χο⌐λ˥ηνε[.].. ⌐ε˥ιϲτηνα
κ⌐αδημ˥.[...]⌐.˥ε⌐τ˥ηλ.εγνω
..............].... ⌐ο˥υ
..............].μεγ..υ
..............]αμπρ⌐ε˥
15 ....].
     [..................]
     [..................]
     [..................]
     [..................]
20 [..................]
     [..................]
     [..................]
     [..................]
     [..................]
25 [..................]
     [..................]
     [..................]
     [..................]
     [..................]
30 [..................]
     [..................]
     [..................]
     [..................]
     [..................]
35 [..................]
     [..................]
     [..................]
     [..................]
     [..................]
40 [..................]

PHerc. 1021, cr. 7, Kol. 30 = O IV 759 = N
Kol. 30 = I Kol. 30 = VH² I 191

1 re. Teil von Dreieck unten (δ wahrs., β möglich)
O || o O || μωϲε O: μ oder ν, Ti., Teil von Rund.,
Teile von Rund. P || ζ oder ξ || ωτη O: Ti. oben
(Rund.?), Ti. oben, Teile von Horiz. und Vert. (η
wahrs.) P || κ O: Vert. P   3 κ O: κ oder χ P || γ O
4 α O || ρ O: Rund. oben P || o ON: Ti. unten P || ς
O || π O   5 ρ O: Ti. unten/oben P || α O: re. Fuß
P || η O: Ti. oben P   6 c O || ι O || τ O: Ti. oben P
7 η O: Fuß und ob. Teil von Vert. P   9 κ oder χ ||
Teile von Horiz. oben || Vert. (leicht gerund.?) ||
π O: Teile von Horiz. oben P || α ON: α,λ,δ P || δ O:
ν N: re. Fuß P || ι O: Ti. unten P   10 λ O: Ti. unten
P || Ti. unten || Fuß von Vert. || ε ON: Rund. oben
P   11 κ ⁺¹ || α ⁺¹ O: Fall. oben P || δ ⁺¹ O || ημ
ON: Ti. oben, μ oder ν P || ε,θ,o,c,ω || Vert. ON: li.
und re. Fuß P || τ ON || Ti.   12 Haken oben || Ti.
(τ wahrs.) || Rund. || Vert./Schräge || o O: Rund.
P   13 re. Fuß unten || Ti. unten/oben || Ti. unten
14 ε ON: ε oder o P   15 Ti. unten

Etwa 30 Zeilen verloren. Viell. kleinere,
verblasste Tintenspuren am Zeilenende ungefähr von Zeile 20, 25 und 30.

[................]
[................]
[................]
44   [................]

Kol. 31 δεπρεϲβευϲαϲποτεˊcˈπλευ

cˊ.ˈγειϲρωμηνπαρηντε

π[.]τυγχανωνᵀκαιμην

μˊεˈλανθιονγεˊγιˈνωϲκˊειϲˈ

5 ρˊυˈιτραγωιδιαιμεν⟦ˊμεν⟧ˋζηνˈ.ˊˊοιˈ

εϲτεφανωμενο[.]ικανοˊγˈ

ταριϲταρχωιϲυνεϲχˊολοˈ

κωϲχρονονπολυτ⟦ˊ...⟧ˋοϲενˈˊ

αθηναιϲμαλλονωˊϲˈ...

10 ϲχ.ˊ.ˈηϲαλλωϲυ⟦.ˊν⟧ˋπˊαˈ[....

ενμεγαληπεριο.....ο.

χα.νεαδουδεˊνχνηˈ.[...

.....ˊυτ.τˈοˊμˈ.ˊχητˈ[..

........]τοϲ.ˊ.ντρωˈ[

15 ..].α..αιπροϲαˊ.ˈτοντ[..

αχ[.]δη.[]ειαιϲχολ.νυˊcˈ[..

ˊcαˈ...[.]γουˊcˈαναˊ.ˈειναˊ..ˈ[

...].[.]ϲαˊτˈ.[].ˊχω[].υγγˈραˊ[

.].[..].[..].ϲε[.]ˊ.ομˈεˊγˈ[..

PHerc. 1021, cr. 7, Kol. 31 = O IV 760 = N
Kol. 31 = I Kol. 31 = VH² I 192

1 c O: ε oder c P   2 Rund. O: Ti. P   4 ε O:
Ti. unten/oben P || γι O: Vert., Ti. unten P || ειc
ON   5 υ O: Ti. unten und Teile von Horiz. oben
(?) P || μεν O: Ti., Ti., Ti. P || ζ O || η O: Ti. P: o N
|| ν ON: Vert. P || Ti. oben || o ON || ι O   6 γ
ON   7 ολ ON: Ti. oben, Ti. oben P || o O: Ti.
P   8 Vert. O: Teil von Vert. P || Ti. (Rund.?)
O: Ti. P || Rund. (ε oder o wahrs.) O: Ti. P || o O:
Ti. (selbe Lage?) P || c O || ε O: Ti. (selbe Lage?)
P || ν O (viell. keine Korr. und O gibt and. Lages
wieder oder disegnatore hat eigenen Fehler kor-
rigiert)   9 ϲ O: Ti. P || Ti. unten/oben (ob. Teil
von ε oder o?) || Ti. oben || Ti.   10 Ti. || Vert. und
Schräge (Teil von ρ? O): Ti. unten/mittig/oben (ρ
möglich) || Ti. || ν (nicht getilgt) ON: Ti. (getilgter
Buchst.? Dreieck? ν?) P || πα O: γ oder breites π, α
oder δ P   11 Schräge || Rund. || ob. Teil von Vert.
|| α oder δ || re. Teil von Horiz. oben || Ti. mittig
12 Ti. oben || νχ O: Vert./Schräge, Ti. mittig P ||
γη O⁻¹ (Lage unsicher): Vert.⁺¹, Rund. unten⁺¹
P || Fall.   13 Ti. || Ti. || Ti. || Ti. || Horiz. mittig
(selbe Lage?) || υ ON: υ oder χ (selbe Lage?) P ||
τ N: Horiz. oben mit berühr. Vert. (τ?) P || Fall. O:
Ti. (Fall.?) oben P || τ ON: π (wahrs.) oder τ P ||
μ ON: μ (wahrs.) oder ν P || η,π,ι +Buchst. P: α O:
κ N || χητ O ⁻¹: Ti., Ti., Ti. P⁻¹   14 [Lage von τα
am Zeilenbeginn unsicher – nicht transkribiert]
Ti. unten/oben und dann Ti. (η,κ,π?) || Ti. und
Rund. unten (ε,c,ω?) ⁺¹ und Rund. oben O⁻¹ ||
ν O⁻¹ || τ O⁻¹: Ti. (and. Lage?) P || ρ O⁻¹: Ti. P⁻¹
|| ω O⁻¹   15 [viell. ist το kein *Sovrapposto* und
gehört zum Zeilenbeginn] Ti. mittig || Vert. || Ti.
unten (α,δ,λ,ξ? zwei Buchst.?) || Vert./Schräge N
und Ti. oben⁺¹ || το⁺¹ || ντ⁻¹   16 Ti. || Ti. oben ⁻¹
|| νυ ⁻¹ || c O⁻¹: Rund. unten P ⁻¹   17 cα O (selbe
Lage?): Ti., Ti. P || Vert. mit Haken (ν?) || Ti. (ε?)
|| Vert. und dann Ti. (κ?) || Ti. (Vert.?) || c O: ε,θ,c
P || Vert. ON || εινα ⁻¹ || ι O⁻¹: Vert. P⁻¹ || Teil von
Vert. O ⁻¹: Spuren unten/oben P ⁻¹   18 Horiz.
oben || τ ON: Fuß unten P || Ti. mittig || Vert. || χω
O: Horiz. und Ti. unten/mittig (ξ oder τ?), Rund.
unten P || Rund. unten ⁻¹ O || υγγ O ⁻¹: μ,ν,υ,αι,λι,
Haken oben, Ti. unten P ⁻¹ || ρα⁻¹   19 Ti. || Ti.
oben || Ti. (Horiz.?) mittig || Ti. unten O⁻¹ || ομ O
⁻¹: Ti., Fuß P ⁻¹ || ε⁻¹ || γ O⁻¹: μ oder ν P⁻¹

20 ..].[.....].[.]λọτρι⌐ọ⌐[..]
........].‸.[....].α̣.
....].[...]νọ[...]..[.].[
ζην[.].[..]..[...].⌐εν⌐[..
⌐τι⌐.[...]⌐νεϲ⌐χε⌐τ⌐[...]...
25 ω.ε̣..υϲ⌐καλ⌐ọ̣.[...].[].ν
δ[.].....⌐μεπιειζη⌐[]....
η.[..]μ...φ....αϲ[....
...ωι̣βι̣ωι̣[..]..[.......
..].α̣.ν[.]..[.]χ̣.[....].
30 .[..].[.......].[....].
.].[.].[.....]γιμ̣.[.....
.[....].κη[.].[.].α̣μ.[....
.[....].α̣[..]..[..]ω[.....
.[....].[.]...⌐ọ⌐ϲων[.....
35 ⌐π⌐.[....]..⌐τα⌐τ.γ⌐α.⌐....
δρε̣...[.]λλογιμωτ....
επαρ̣ιϲτọφαντọυπρω
τọνε̣⌐ι⌐ϲ⌐γε⌐να⌐τ⌐τικ⌐ε⌐νκατε
πλευϲε⌐⌐τωνωνεικοϲιν
40 τ⌐ο⌐και̣[.]υοτ[.]⌐ι⌐καρνεαδου
δọϲε̣⌐.τ⌐αδιακο⌐υϲ⌐αϲετη
ειϲτην⌐α⌐ϲιαναπηρεκειδευ
⌐η⌐μερωνκαιτωνκαθαυ
⌐τ⌐ονφα⌐ι⌐νομενοϲ⌐πολ⌐υχουϲ
45 .[.].ọϲε[]ϲτα̣.αθηνα⌐ϲκ⌐λ

20 Ti. || Ti. unten || λọτρι̣ ⁻¹ || ọ O⁻¹: ο oder ω P ⁻¹
21 Dreieck oben (ρ?) || Ti. oben || Ti. unten/oben
(li. Fuß?) || Vert.　22 Ti. mittig || Vert. || Rund.
(ϲ?) || Ti. oben　23 Ti. mittig || Ti. oben || Ti.
unten (Rund.?) || Fall. || εν O (Ti. in P; O viell. teil-
weise ⁺¹)　24 τ O: Ti. mittig P || ι O || Ti. mittig
|| νε O || ϲ O: Ti. mittig P || τ O: Horiz. oben P ||
Ti. mittig || Vert. (mit Rund. oben?) || Ti. oben
25 μ oder ν || ε oder ο || Ti. (Vert.?) || κ O || α O:
Teil von Dreieck unten P || λ O || Vert. mit Verbi.
(κ wahrs.) || Ti. oben || Dreieck (α,λ,δ)　26 Ti.
oben und dann unten || α oder λ || α oder λ || α
oder λ || Ti. oben (ο wahrs.) || μ O: μ oder ν P ||
επι O: Ti. mittig, Vertikalen unten (π wahrs.), Ti.
unten/oben P || ει O || ζη O: Ti. mittig (κ oder ϲ
wahrs.), η (viell. getilgt und viell. ε darüber, Lage
unsicher) P || Ti. || Ti. || Vert. || α,δ,λ || Ti. (ν?)　27
π oder τ || ε oder θ || Horiz. oben || α,δ,λ,ν || Ti.
(ε?) || Fall. || ε oder θ || Ti. oben　28 [paragra-
phos nur teilweise erhalten] Ti. || Ti. || Ti. || Horiz.
oben und Vert. (τ wahrs.) || Ti.　29 Ti. oben ||
Ti. oben || Ti. mittig || ε,θ,ϲ || ε,ο,ω || Ti. oben　30
κ oder χ || Fuß unten || Rund. (κ?) || λ+Buchst.
oder ν || Ti. mittig　31 Ti. oben || Ti. oben || γιμ⁺¹
|| **Ti. unten (Rund.?)⁺¹**　32 Ti. mittig || Fall.
(α wahrs.) || Ti. unten || κ,ϲ,χ⁺¹ || αμ⁺¹ || Ti. unten
33 Ti. (η wahrs.) || Ti. (re. Teil von Horiz.?) oben
|| Ti. oben || Ti. oben || ω⁺¹　34 li. Fuß unten
|| Fuß unten || Rund. || Rund. || Vert. || ο O: Ti.
mittig P　35 π O: Fuß unten und Horiz. oben
(γ?) P || Vert. mit Haken unten (ε oder ι?) || Ti.
unten || blas. Dreieck oben || τα O: Teile von Vert.
und Horiz. (τ möglich), Ti. oben und re. Fuß (α
möglich) P || Ti. unten (η oder ο wahrs.) || α O: Ti.
oben P || Vert. O: Ti. oben P || Rund. oben || Ti. ||
Ti. oben || Ti. (Vert.?)　36 Ti. auf losem, gedreh-
tem frg. (ι möglich) || Ti. auf losem, gedrehtem
frg. (α möglich) || Ti. mittig || Fuß unten || Horiz.
oben || Rund. oben (ο wahrs.) || Ti.　38 ι O: Ti.
unten P || γε O: Vert. unten, Ti. P || τ O: Ti. oben P
|| ε O: Ti. P　39 ε,θ,ο O: Ti. unten P　40 ο O: Ti. P
|| ι O: Ti. P　41 Horiz. oben O || τ O: Horiz. oben
P || υϲ O: Ti. oben, Ti. P　42 α O: Ti. P　43 η O
44 τ O || ι O || πο O: Vertikalen unten und Horiz.
oben, Ti. oben P || λ O　45 Teil von Horiz. oben
|| Teil von Horiz. oben || Ti. oben || ϲ ON: Ti. P ||
κ N: Ti. unten P

Kol. 32 ⌐θ⌐ ̣καγταυταιϲε ̣ηα ̣ ̣ ̣

δυ⌐μα⌐ ̣ενοϲποικ[̣]λωϲπ ̣ ̣

θεινοχλουϲκαιγραμμα

τωνεμπειροϲικαγων⌐κα⌐[̣

5 φυϲειμνημωνα⌐υεγ⌐ ̣⌐ω⌐

κωϲδεπ⌐ο⌐λλ⌐α⌐ρα⌐ιδιωϲ⌐ε⟦ ̣⟧ ̀ ̣ ́⌐ ̣ ⌐

χεπολιτειαϲτεκανδοξου̣

ϲχολ⟦α⟧ ̀η ́[̣]εντωιπ⌐π⌐ ̣λ ̣μαι̣

ωιτω[̣]αλειφομε̣γων

10 εκεια ̣[̣] ̣ ̣ ̣⌐ ̣ν⌐εξεδραν

α⌐ν⌐ ̣[̣ ̣ ̣ ̣ ̣ ̣ ̣]⌐τατ⌐ιαντου

⌐κ⌐α⌐ι⌐[̣] ̣ ̣[̣ ̣]⌐υλ⌐[̣ ̣ ̣ ̣]οντακ ̣ ̣ ̣

⌐τ⌐αι[̣ ̣ ̣ ̣ ̣] ̣⌐ ̣ ̣ ⌐[̣(̣)]ουκεν

αϲτ[̣ ̣]τα[̣]⌐αϲ⌐ολαϲπεποι

15 ⌐η⌐με[̣ ̣ ̣]⌐ ̣⌐ντ[̣]πατροϲετι

δεζ[̣ ̣ ̣] ̣ωρ[̣] ̣ωνο⌐νεν⌐

 ̣ ̣ ̣ ̣ ̣ ̣]λε ̣ ̣νδρ⌐c⌐[̣ ̣]⌐υ⌐[

 ̣ ̣ ̣ ̣ ̣ ̣ ̣ ̣] ̣[̣ ̣]ν[̣]⌐τη⌐ ̣ ̣ε̣

 ̣ ̣ ̣ ̣ ̣ ̣ ̣ ̣]ε[̣ ̣ ̣ ̣] ̣ ̣ ̣

20 α[̣ ̣ ̣ ̣ ̣ ̣ ̣]⌐ν⌐ ̣[̣ ̣ ̣] ̣[̣ ̣

τερ ̣[̣ ̣ ̣ ̣]⌐ρχηδ⌐ ̣[̣ ̣ ̣]⌐κ⌐ε̣

⌐ταθ⌐ε⌐ ̣⌐[̣] ̣[̣ ̣] ̣⌐υϲε ̣⌐[̣ ̣ ̣] ̣[̣]α[

⌐δ⌐ ̣ϲ⌐τ⌐[̣] ̣[̣ ̣] ̣[̣ ̣]η ̣⌐α⌐[̣ ̣]⌐τα⌐[

⌐δ⌐ρ⌐ε⌐ιαγε ̣ ̣ ̣[̣]⌐τε⌐[̣ ̣] ̣[̣]ωι[

PHerc. 1021, cr. 7, Kol. 32 = O IV 761 = N

Kol. 32 = I Kol. 32 = VH² I 193

1 θ O: ε oder θ P || ε oder θ || Ti. unten || Ti. (Vert.?)
|| Ti. mittig || Vert.　2 μ O: μ oder ν P || α O: α,λ,δ P
|| Ti. oben und dann unten P: τ O || Ti. oben || Ti.
unten　4 κα ON: Ti., Ti. P　5 υεγ O: Ti. mittig,
Ti. mittig, Horiz. oben P || μ oder ν || ω O　6 o O:
Ti. P || α ON: Fall./Vert. P || ι O || διωϲ O: Schräge
mittig, Ti., Ti., Rund. oben P || Ti. P: τ O || Vert.
|| o oder ω O: Schräge P　8 π O: Horiz. oben
P || Ti. (o möglich) || ε oder o P　10 Ti. oben
|| Ti. oben || Ti. oben || Ti. oben || Vert. oben O:
Ti. (Vert.?) oben P || ν O: ob. Teil von Vert. viell.
mit Verbi. und dann and. Vert. P　11 ν ON: Vert.
mit Horiz. (nach re.) oben und dann Ti. (wenn
gleicher Buchst., μ oder ν wahrs.) P || Ti. (?) || τατ
O: Ti. mittig, Ti. unten/oben und dann Teil von
Horiz. oben mit Schräge darunter (ατ in O = χ?)
P　12 κ O: κ oder χ P || ι O: Vert. P || Rund. unten
|| α,δ,λ || υλ O: Ti. unten, blas. Dreieck P || Rund.
oben (o wahrs.) || Ti. (ob. Teil von υ?) oben || Ti.
13 τ O: Teil von Horiz. oben P || Vert. O: Ti. P ||
Rund. O: Ti. P　14 τα⁺² || αϲ O: Rund. unten, Ti.
unten P　15 η O: Teil von re. Vert. P || Fall. O　16
re. Fuß || Rund. oben || ν N: μ oder ν O: Vert. P || εν
O: Ti., Vert. P　17 Ti. oben || blas. Spuren (α?) || c
O: Rund. oben P || υ O: re. Teil von Buchst. oben
(ν?) P　18–26 [Kombination von Disegno mit
Teilen von P unsicher]　18 ν oder υ || τη O: Vert.
mit Ti. oben, Ti. (Vert.?) und dann Vert. (η oder
κ?) P || ι oder (li. Teil von) π P: τ O || γ oder π P: τ
O　19 Ti. || Ti. (Schräge oben?) || Schräge　20 ν
O: Schräge mit Verbi. mittig P || Ti. oben || Rund.
oben　21 Ti. (Rund.?) unten || ρχ O || ηδ O: Ti.
mittig, Teile von Dreieck P || Vert. unten || κ O ||
Ti. unten (Rund.?) und oben　22 τ O: Ti. mittig
P || α O || θ O: Ti. oben P || Vert. O: Ti. mittig P ||
Ti. oben || υϲ O: Fall., Schräge P || ε O || Vert. O:
Ti. oben (λ oder ν?) P || Ti.　23 δ O || Ti. mittig
und dann unten || τ O: ε,c,τ P || Ti. oben || Ti. mit-
tig/oben (ε?) || Ti. oben (Vert.?) || Vert. || α O: α
oder λ P || τα O: Teil von Horiz. oben, ob. Teil von
Buchst. P　24 [paragraphos in O, nur Teile in P]
δ O: α,δ,λ P || ε O: re. Teil von Horiz. P || γ⁺¹ || ε⁺¹
|| **ζ oder ξ** ⁺¹ || **ε oder θ**⁺¹ || Schräge unten || τε O:
Ti. oben, blas. Ti. (c,ε,o?) P || Rund. (ω,o wahrs.)

25 ⌐ουϲ⌐..[....].[.]⌐.α⌐[.].ο̣[.].α[
  ⌐μιϲω⌐....[..] .ϲω̣κρα[..].
  ....[...]⌐ι⌐ϲθα....[
  με..[.]ε̣.[.....] .εξ.[....
  ...].ν[..].[.....]δ̣.[...
30 .ρ.[....]ν[....]...νδ..[
  .]..[.].[.].[..].[...]...[.
  ..].[...]δυ̣.[....] ..τωι
  .].γωι.χ..[.......].[.(.)].
  .]ωιλογω[......]....[.
35 κλειδηϲ[.].[]⌐μ⌐[...].ι̣[..
  καιδιογεν.ϲκ.[.]ηροδο
  τοϲκαιϲτρατ..ποϲγικο
  μ⌐η⌐δ〚⌐ιϲ⌐〛ειϲβατ⌐α⌐κηϲνι⌐κα⌐ι[..
  ⌐αρ⌐οπ⌐ειθ⌐ηϲπ⌐α⌐.⌐γο⌐ϲ⌐κροτ⌐[.]⌐.α⌐
40 ⌐τα⌐μιϲηνοϲδι⌐ο⌐μεδ⌐ω⌐ν[
  ταρϲ⌐ε⌐υϲπαμφιλοϲα.ο.[.
  ανδρουμα⌐γν⌐ηϲαπολλ⌐ω⌐
  νι⌐ο⌐ϲβα⌐ρα⌐αιοϲ.ικο⌐ϲτρ⌐α⌐.ο⌐[
44 ⌐αλεξα⌐νδρευϲβ⌐οη⌐θοϲπα⌐ρ⌐[..

25 ου O: Rund. unten, Fall. (α?) P || ϲ O || Ti. unten
und Horiz. darüber und dann Vert. || Vert. || Ti.
oben || Horiz. oben O || α O: Ti. mittig P || re. Fuß
|| μ oder ν   26 μιϲω O: Vert. und dann Horiz., Ti.
oben, Ti. mittig, Vert. P || Vert. || Ti. mittig/oben
(ε?) || Horiz. und Vert. || Vert. || Ti. unten || Ti.
oben   27 Fall. oben || Ti. mittig || Ti. mittig || Ti.
(Rund.?) || Ti. || α,δ,λ || ε,θ,ϲ || Ti. || ι O: Ti. oben
P || Ti. (Verbi. von zwei Buchst.?) || Ti. || π oder τ
|| ο oder ω   28 με[+1] (Lage unsicher) || Ti. oben
(ν oder ρ?) || Ti. (Vert. mittig) || Ti. oben (υ oder
χ wahrs.) || α,δ,λ,χ || Horiz. mittig   29 Ti. oben
|| Ti. oben || Ti. mittig || Ti. mittig   30 re. Fuß ||
Ti. oben || Ti. || Ti. || α,δ,λ || Vert. || ο oder ω   31
Ti. oben || α oder δ || Teil von Dreieck mittig ||
Ti. oben || Rund. || Ti. oben || Horiz. oben (zwei
Buchst.?) || γ oder τ   32 Rund. (ω?) || Vert. ||
Ti. || Horiz. unten (δ?) || Ti. (Rund.?) unten   33
Rund. unten || Rund. unten || Ti. (Rund.?) unten
|| Ti. || Ti. (μ,ν,υ wahrs.) || Ti. (ν wahrs.)   34
Fall. mittig || Ti. (Vert.?) || ο oder θ || Vert. und
dann Fall. oben (ν wahrs.)   35 blas. α,δ,λ || μ
O: Vert./Rund. P || Horiz. oben   36 Ti. unten ||
α,δ,λ || ηροδο[-1]   37 Ti. || zwei Füße unten || γικο‾
[1]   38 η O: Ti. unten P || ιϲ O: getilgter Buchst. P ||
α O: Ti. unten P || κα O: Ti., Fall. P   39 α O: α,δ,λ
P || ρ O || [Ti. über ο – Korr.?] || ειθ O: Rund., Ti.
unten, ε oder θ P || α O: α,δ,λ,χ P || Ti. || γο O: Ti.,
Ti. P || κ O: Fuß unten P || ρο O || τ O: Ti. unten
P || Fall. O: Ti. (Fall.?) P || α O: Ti. P   40 τ O: Ti.
P || α O: re. Fuß P || ο O: ε,ο,ϲ P || ω O: Ti. mittig
P   41 ε O: Rund. P || Vert. mit Verbi. oben || Fuß
42 γν O: Teile von Vert., μ oder ν P || ω O: ο oder
ω P   43 ο O: Rund. P || ρα O: Ti., Ti. P || Vert. ||
ϲτρ O: Ti. oben, Ti. unten, Ti. (Rund.?) oben P || υ
oder χ O: Ti. (Horiz.?) P || ο O   44 αλ O N || ε O ||
ξα O: ζ,ξ,τ, α,δ,λ P || οη O: Rund., Horiz. oben P ||
ρ O: Vert. und Ti. P

Kol. 33

```
     λ̄ογωιϗα⌐c⌐τ.νβι⌐ον⌐[.]φι⌐λιω⌐ν
     δεδι⌐α⌐δεξα..νο⌐ι⌐κλ⌐ει⌐[.].
     μαχ.[.]εγε‿ν‿ν.θη⌐με⌐νεπα
     ριcταιχμο⌐υ⌐παρε⌐γ⌐ϙενε..
  5  δειcα[.]..αcπ[.]ρι⌐cε⌐.⌐τα⌐[..
     χαιει.⌐ο⌐cινυ[.].⌐ρχωνε⌐[..
     κατα⌐ν⌐ικομαχο.εcχολα
     κωc..τηιπατρι⌐δ⌐ικαλλ.
     κλειτωικαρ[.]εαδουγ[.].
 10  ριμωιπεριοκ.[..].⌐ε⌐...ε
     τηκλ.ιτομα[..]ιϙεδεχα
     καιτ..ταρ[....]..α.μα
     ..χ..δαπ[....]..ρωιδε
     .].δυο.ν.[.....].δεπτα
 15  τωιcτωικω..[....(.)]ξατο
     ⌐λ⌐ηγειcθαιτη[.]ϛχ[.]λης.π⌐α⌐
     ..λυκλει[.]..⟦β..[.]αcδ[.
     ..κοντετ⌐.⌐χ..[.].ι.χ.
     .εcτρεψενε.ι.[...].ου⟧[.
 20  ..(.)]⌐ε⌐τ.αρα.[....]...[
     ...]...[....]...[....
     .[...]...[]λ..`.λο....´.χα..[.]..
     ..[...]..χ⌐ν⌐...[.]αιδειαγ[.(.)
```

PHerc. 1021, cr. 7, Kol. 33 = N Kol. 33 = I
Kol. 33 = VH² I 194

1 [Horiz. über λ, eher Zeichen als Buchst./Einfüg.] c N: Ti. unten/oben P ‖ Ti. oben ‖ ον N: Ti., Ti. P ‖ λιω N: α,λ,ν, Teile von Vert., ο oder ω P   2 α N: α,δ,λ P ‖ Vert. ‖ Ti. (Rund.?) ‖ ι N: Ti. P ‖ ει N: Ti. (Horiz. mittig?), Vert. unten P ‖ Rund.   3 Ti. oben ‖ η oder κ ‖ με N: Vert. unten, Rund. unten P   4 υ N: Fall. oben P ‖ γ N ‖ Ti. unten ‖ Ti.   5 Fuß von Vert. ‖ Fuß von Vert. ‖ cε N: Ti., Ti. P ‖ π oder τ ‖ τα: π oder τ, α oder δ P   6 γ oder κ ‖ ο N: Rund. P ‖ Ti. unten ‖ ρχωνε N: Ti. oben, Fuß, Rund. unten, Fall., Rund. P   7 ν N: μ oder ν P ‖ Ti. oben und dann mittig (ν möglich)   8 Ti. ‖ zwei Füße unten ‖ δ N: δ,ξ,ω P ‖ Ti. oben   9 Ti. unten und dann mittig   10 Ti. unten ‖ Ti. unten ‖ ε N: Ti. P ‖ α,δ,λ ‖ Ti. ‖ Ti. unten und dann oben   11 ε,θ,c   12 ε,θ,ο,c ‖ Vert. ‖ Ti. unten ‖ Ti. unten ‖ Fuß (von Vert.) und dann Ti.   13 Ti. (Teile von Horiz. oben? – etwas verdrehtes frg.) ‖ Fuß von Vert./Schräge ‖ Ti. mittig (re. Teil von ω wahrs.) ‖ Ti. unten (kleiner Buchst.) ‖ Horiz. mittig ‖ Ti. mittig   14 Ti. (Fuß von Vert.?) ‖ Fuß von Vert. (μ wahrs.) ‖ li. Fuß und Teil von Horiz. ‖ Ti.   15 Ti. (Vert.?) ‖ Ti. unten/oben   16 λ N: α,δ,λ P ‖ ϛχ⁻¹ ‖ Ti. oben ‖ α N   17–19 [große Klammer am rechten Rand von Z. 17–19 und in Z. 17 kleine Klammer vor β]   17 Teile von Horiz. oben ‖ Rund. ‖ Rund. ‖ Fall. oben ‖ **Klammer+1** ‖ β+1 ‖ Ti. ‖ Ti.   18 Horiz. oben und Ti. mittig (Stratigraphie unsicher) ‖ Ti. ‖ α,δ,η,λ,ν N ‖ χ+1 ‖ **α (wahrs.)**, δ,λ+1 ‖ Ti. ‖ Ti. oben ‖ α,δ,λ ‖ α,δ,λ   19 Ti. ‖ Vert. und Horiz. oben+1 ‖ ι +1 ‖ μ oder ν ‖ Ti. oben   20 ε N: Ti. mittig/oben P ‖ Ti. oben und dann oben (zwei Buchst.?) ‖ τ,ξ,π,ζ ‖ Ti. ‖ Ti.   21 Ti. ‖ Ti. ‖ Ti. ‖ re. Fuß von Schräge ‖ Rund. ‖ Horiz. mit Teilen von zwei berühr. Vert. (Lage unsicher) ‖ Ti. oben   22 Ti. (Vert.?) ‖ Vert. (?) ‖ Vert. mit Verbi. von Horiz. oben (μ,ν,ρ wahrs.) ‖ li. Fuß von Schräge ‖ Ti. ‖ li. Fuß von Schräge ‖ Ti. ‖ Ti. ‖ ε oder θ ‖ Vert. (ι wahrs.) ‖ Vert. (ν wahrs.) ‖ α,δ,λ ‖ Ti. oben ‖ Ti. (li. Teil von δ?) ‖ Ti. ‖ Ti.   23 [paragraphos am Zeilenbeginn? Lage unsicher] Horiz. oben und Ti. unten (π,τ,ξ wahrs.) ‖ Dreieck unten (α wahrs.) ‖ Fall. ‖ Vert. ‖ ν N: ν,λι,αι P ‖ Ti. mittig ‖ Ti. unten (gleicher Buchst.?)

25
```
....]⌐μ⌐ετα⌐γ⌐[]α...ο..ται.[.].
.[...]..............ε̣
τ̣[....]..α[. ]......[....]..
....]...[.]..η.....
τ̣η[...]. c..τ..χ̣α̣.[].[
......]....[.]γ....
.....].. ρ̣ο c.γ.[..]..ε ̣ν α[
....].[.]δ̣.μ̣.[...].[.....
τα̣[....]..[]...[..].δ̣[....
...]..[.].χ ρ̣α τ̣.[..]....[.(.)
...].ο c[.].τα δ ε.[.]..⌐χα⌐
..[.]..ο[.]χ ε ι.[......].
....].α λ λ...[]α χ ο̣[...].
....].ο.[....]χ ο..ε̣.[....
.].α̣..ο̣.[...]⌐c⌐εξ ε⌐ρ⌐[..].⌐αμ⌐.
..].δ ε χ α ι..⌐λ⌐λ[...].χ α λ
...... ς α..ο δ ο̣[...]ο υ̣[
χ ε υ̣.[..].ιποι χ̣[.]λα c δ ε..[.]ε̣ι τ ο
τ̣.[....].τ ω c ε ι c⌐τ⌐βιω c α[.].[[..
....ω. ]]⌐`⌐.´εξη χ ο ν τ ε τ η`χ..τρι α̣´...ε̣
```
30
35
40

24 μ N: η oder μ P ‖ γ N: unt. Teil von Vert. und Teile von Horiz. darüber (γ,π,τ?) P ‖ Ti. ‖ Ti. ‖ Ti. unten (Rund.?) ‖ Ti. oben ‖ τ? P: υ N ‖ Vert./Schräge. ‖ Ti.   25 Schräge ‖ Ti. oben ‖ Ti. ‖ Ti. ‖ Ti. ‖ Ti. ‖ Ti. ‖ Ti. ‖ Vert. ‖ Ti. (Vert.) oben ‖ Ti. (Vert.) oben ‖ Ti. ‖ Ti. mittig ‖ Schräge unten ‖ Fall. oben (gleicher Buchst. wie voriger?) ‖ Fuß von Schräge ‖ α,β,δ,λ (Lage am Zeilenende unsicher)   26 Ti. unten ‖ Fuß von Vert. und dann Horiz. oben (γ,τ) ‖ Ti. oben (ε oder θ?) ‖ Ti. ‖ Ti. ‖ Ti. ‖ Vert. ‖ Haken unten (β oder η?) ‖ Vert. (?) ‖ Schräge unten (Lage am Zeilenende unsicher)   27 Ti. ‖ Ti. ‖ Ti. mittig ‖ Ti. mittig/oben ‖ ε,κ,ξ,c ‖ li. Fuß ‖ Ti. ‖ Vert. unten ‖ Ti. ‖ Ti.   28 τη⁺¹ ‖ Ti. mittig ‖ Ti. ‖ Ti. ‖ Rund. unten ‖ μ oder ν ‖ Ti. ‖ Ti. (Horiz. oben?) ‖ α,δ,η   29 Ti. ‖ Ti. ‖ Ti. (ν?) ‖ Ti. (Vert. mit Verbi.?) ‖ Vert. mit Verbi. (μ?) ‖ Ti. mittig ‖ Ti. mittig ‖ Ti. mittig   30 Ti. oben (α,ε,ο?) ‖ Ti. (Vert.?) unten ‖ Ti. (Vert.?) ‖ Ti. ‖ Ti. oben ‖ Ti. oben   31 Schräge unten ‖ η oder κ ‖ ε,θ,ο ‖ Schräge unten   32 τα⁺¹ ‖ Vert. ‖ Schräge ‖ Ti. (Rund.?) ‖ Teile von Vert. (η möglich) ‖ Ti. und Rund. (κ wahrs.) ‖ Ti. oben   33 Haken oben ‖ Rund. oben (ο oder ρ?) ‖ Ti. ‖ ε,ο,ω ‖ Ti. (ε möglich) ‖ Ti. (re. Fuß?) ‖ Ti. ‖ Ti. ‖ Ti. (Vert.? π?)   34 **Ti. oben⁺¹** ‖ οc⁺¹ ‖ Fall. oben ‖ Ti. ‖ Ti. oben und dann unten ‖ Ti. unten ‖ κ N ‖ α N: α,λ,χ P   35 Ti. oben ‖ Vert. (π oder τ?) ‖ Vert. unten ‖ Ti. ‖ Ti. ‖ Ti. oben   36 Vert. und dann Ti. oben (selbe Lage? μ oder ν?) ‖ α,δ,λ ‖ Fuß von Vert. und dann Horiz. oder Schräge ‖ Vert./Schräge ‖ α⁺¹ und Schräge oben (selbe Lage?) ‖ χο⁺¹ ‖ Ti. und leicht gerund. Vert. (ω?)   37 π oder τ ‖ Vert. ‖ Vert. ‖ Ti. ‖ ε⁺¹ ‖ Rund.   38 Ti. unten ‖ Ti. ‖ Ti. ‖ α,δ,λ,ρ ‖ c N ‖ ρ N: Ti. (ρ möglich) P ‖ Ti. ‖ αμ N: Schräge, Horiz. P ‖ Ti. (Rund.?)   39 Ti. oben und **Rund.⁻¹** ‖ Ti. ‖ Ti. ‖ λ N: α oder λ P ‖ Ti. (Haken?) oben ‖ Ti. unten/oben (Vert.?)   40 Schräge ‖ Ti. unten ‖ Vert. und dann Horiz. mittig (gleicher Buchst.? κ oder λ?) ‖ Rund. ‖ γ (wahrs.),π,τ ‖ Ti. (Vert.?) und Ti. (Horiz.?) oben ‖ Ti. ‖ Ti. (π oder τ?) ‖ ο⁺¹   41 Ti. (Schräge?) unten ‖ Ti. oben ‖ Fuß von leicht schräger Vert. unten und **Teile von Horiz. oben⁺¹** ‖ Ti. unten   42 α,δ,λ ‖ Ti. ‖ [Tilgung begann wahrs. hier] Ti. ‖ Ti.   43 Ti. (φ möglich) ‖ Ti. ‖ Ti. ‖ Ti. ‖ Teile von zwei Vert. ‖ Ti. ‖ li. Teil von Dreieck unten ‖ Ti. oben ‖ Ti. ‖ Ti. ‖ Fuß unten

.].ρε‸.‸γεπινικητου....

45   ..].[.].αλιανεντωιτ‸νοι

44 re. Teil von Horiz. oben || φ oder ψ || Ti. oben || π oder τ || ε oder ο || Ti. unten/oben (ρ wahrs.) || Teile von Vert.   45 Vert. und dann Ti. (ν wahrs.) || re. Teil von Horiz. oben || ob. Teil von re. Vert.

Kol. 34   ...μενηγεπιδραμ...[.

    ..]..ρρωι.αιτ.νϲχολ.[.

    αυτουπ...[]οϲο[].αικιοϲε

    φη⟦γ⟧`μων´αθηνη.⌈ε⌉γπ.[.].βαλον

5   τωνεξα[.]εξανδρειαϲ

    .δ.διακα.ειχενηϲαν

    δαυτουμα.[.]ταικαιολα⟦.⟧

    .. ϲαρδιανο[.]καιμενεκρα

    τηϲμιτυληναιοϲο.αικα

10   ταϲι.ελιαν[.]ωϲπρ.[].ν

    διατριβωνκαιμνα[.]εαϲ

    τυριο.κ⌈.⌉[..]ω...ϲακρα

    γαντιν[...]α[.].ελανθιοϲ

    ϱαιϲχινο...[.].υϲιμαχοϲ

15   ο.ροτερ....[..]ολογ...ϲ

    .]..ηρακ[..]ιτ.εταϲχω.

    ..[.]παυϲανιαϲ...αιαυτ[.]υ

    .[...]μ[.]χ..δ[.]η.ο.ϲ..[

    ....[...].οχ....

20   .]....ν[......]......

    ....].[...]...[]..

    .....]...[.....]...ο..

    ...]......[..]...μνη

    .].[..]ωι.[.]..[....].κωι

25   .α[.]αβαλω.[..].[..]....

    ...]..καται[..].[..].αθε[

    ....].φ[.]..[.......].ωϲ[

    .η.[......]δ[....].[..].

    .]..[..].[....].[....].[

30   ....].

    ....]..[...].α.[

PHerc. 1021, cr. 8, Kol. 34 = N Kol. 34 = I
Kol. 34 = VH² I 195

1 Ti. oben || Ti. oben (Teil von ο wahrs.) || Ti. oben
|| Ti. oben || Ti. oben || Teil von Horiz. oben und
Ti. unten   2 re. Teil von Horiz. oben || α oder
λ || Rund. || Ti. oben || Vert.   3 Ti. (Vert. oder
Rund.?) || Ti. unten/oben || Schräge (?) und dann
Ti. oben (α,β,λ,ρ?) || Horiz. mit Vert. (μ wahrs.): π
N   4 Rund. unten || ε N: Ti. mittig P || Ti. ||
ob. Teil von Buchst. (α möglich)   6 unt. Teil
von Vert. mit Schräge und Teile von and. Vert.
(η wahrs.) || Ti. unten || li. Teil von Horiz. oben
7 Ti. || Ti. (Vert.?) oben (and. Buchst.? Tilgung
unsicher)   8 Ti. unten || Ti. mittig   9 Ti.
10 Vert. || ε,η,ι,ο,ω || Teile von Vert. (η wahrs.)   12
Ti. unten || α oder δ N: Fuß P || Ti. || Ti. || Ti.
unten/mittig   13 Ti. unten   14 ϱ⁻¹ || Ti.
unten || κ oder ϲ || α,δ,λ || Fuß   15 ο⁻¹ || η oder
π || Ti. unten || Ti. oben || α,δ,λ || ε,ο,ϲ || Vert. ||
Rund. unten ⁺¹ || **li. Fuß**⁺¹ und Ti. oben und re.
Fuß (α wahrs.)   16 **Ti.**⁻¹ || **Vert.**⁻¹ || Fall. mit-
tig und **Schräge** ⁺¹ || Ti. unten || ω⁺¹ || **μ oder ν**⁺¹
17 Vert. mit Verbi. oben || Dreieck oben || Rund.
unten || Ti. oben || Ti. unten   18 Ti. oben || Ti.
unten (ο möglich) || Fall. oben und dann Ti. oben
|| Ti. (κ möglich) || Ti. mittig || Ti. || Schräge und
Ti. (ν wahrs.)   19 Ti. || Ti. || Ti. oben || Ti. mittig
(Rund.?) || Ti. (Rund.? ε,ο,ϲ?) || Teile von Vert. (η?)
|| β oder δ || Ti. unten (Vert.?) || Ti. || Ti. || Vert. ||
Ti. unten   20 Horiz. mittig || Ti. mittig || **Rund.
oben**⁺¹ || **Vert.**⁺¹ || **ν**⁺¹ || Ti. mittig || Ti. mittig ||
Fuß von Vert. || Rund. || α oder λ || Ti.   21 Ti. ||
Ti. || Ti. || Ti. || Ti. || Rund. (ε,θ,ο,ω wahrs.)   22
α,δ,χ || li. Teil von Horiz. || Ti. mittig || Ti. || Ti. ||
Ti. || Schräge || α oder λ   23 ϲ oder ε || υ oder χ ||
Fall. || α oder δ || Vert. || Ti. mittig || Ti. || Ti. || Ti.
|| α,δ,λ   24 Dreieck mittig || α,δ,λ || Horiz. oben
mit Verbi. (τ wahrs.) || Ti. oben (Rund.? verdreht?
ω?) || Teile von Vert.   25 re. Teil von Horiz. ||
Vert. || Ti. || Ti. unten || α,δ,λ || Horiz. oben || Ti.
oben (ο wahrs.)   26 π oder τ || ε oder ϲ || Ti.
|| Ti. mittig/oben   27 Ti. mittig || Ti. || Ti. || Ti.
28 Ti. || Ti. unten/mittig || Ti. unten/oben || Ti. ||
Ti.   29 Ti. || Rund. oben (ο wahrs.) || Schräge
mit Verbi. oben (α,λ,μ,ν wahrs.) || Ti. || Ti.   30
Ti.   31 Ti. || Ti. unten || Ti. || Vert. oben (ω?)

```
         ..........].[....].ν.[
      ...].........[....].α.[
      ...]....ϰ.....[...].αι
35    ...].[.]η.....[....].αι
      ....]..ατ..διε.[.].ετο
      .[..]..τοπ.ειϲτ[..]του
      βι[..]πρεϲβε.ων.[..]νη
      θ.γ[.]ιϲτερωμη[..]αιπροϲ
40    το..[.]νταιϲεπαρχ.[..]ϲ.τρα
      τη.[..]ϲϰ...[.]περαϲεν
      τηϊ[..]ϲοποτ..ιαιλευϰιωι
      λευϰ[.].λωιπροϲϰαˉρ¹.ε
      ρων.τελευτηϲεν.γα
45    ..με[.]..υπο.ολλωνϰα
```

32 Schräge mit Verbi. oben (λ oder ν wahrs.) ||
Ti. mittig || Ti.   33 Ti. oben (Horiz.?) || α,δ,λ
|| Ti. || Ti. || Ti. (υ oder χ?) || Ti. || Ti. (Vert.?)
|| Vert./Schräge || Ti. unten || Schräge mit Fall.
oben (λ wahrs.)   34 ε oder θ || Ti. mittig ||
Ti. mittig || Ti. (Vert.?) || o,υ,τ || Ti. oben || ε,θ,ϲ ||
Rund. unten (β,θ,o wahrs.) || Rund. (o?) || re. Teil
von Horiz. oben (τ,ξ möglich)   35 Ti. oben (ρ?)
|| Horiz. mittig || re. Fuß || ι oder ϲ || Horiz. oben
|| Ti. (Rund.?) || Ti. (Rund.?) || Ti. oben und dann
unten   36 Ti. oben || Fuß von Vert. || o oder ω
|| Vert. (ν oder υ wahrs.) || γ,ϰ,π || Teile von Vert.
37 Ti. || Ti. unten (Rund.?) || Ti. (Rund. wahrs.) ||
α,δ,λ   38 Fall. oben || Ti.   39 Rund. unten
40 Fuß von Vert. || Rund. || Rund. oben (ε,θ,o,ϲ) ||
blas. Rund.   41 Horiz. oben || α,δ,λ || Ti. oben
|| Teil von Vert. mit Horiz. oben   42 re. Fuß ||
Teile von zwei Vert.   43 α,δ,λ || ρ N: Ti. oben P ||
re. Teil von Horiz. oben   44 Ti. || li. Fuß und Ti.
oben   45 re. Vert. mit Teilen von Horiz. oben ||
ob. Teil von Vert. und dann Ti. oben (η möglich)
|| Ti. oben || Ti. unten/oben || γ oder π

Kol. 35 μουκ.ιαυτος.μασαπο
δεδεγμενος⸀ᵀτηνδεδι
ατριβηγαυτουδιεδεξατο
αδελφο.ωνκ.ιμα.ητης
5 αριστοσακους.ασδεκαιπερ
ασχολουμενοςεςχεπλει
ουςκαιδηκαι..νηθεισῃ
μωναριστωνατεκαιδιω
ναλεξανδρεισκα.κρα
10 τιππονπεργαμηνονω[
αριστων...[]καικρατ[.
ποσε.[].....να....δ.[.
κουσα.τ...ηλογε..[...
εγενον.περιπ...[..
15 κοιδ[.]..δετησα..α.α[.].
καδ.μειαςαφουκα.πο[.
λουςτιν⸂κ⸃...ω[].⸂ο⸃υς..ου
ωνε......⸂c⸃α.ξα[..]...
.].........[.].....[...
20 ...[....]..[.]....[.....
...cυ.[...]......[..
.[]α.λο..[.]....cδε.[.
..[..].ουνε...λι.η[...
..[...(.)]εχ..[..]..c.[..
25 ..ω...α..[..].[......

PHerc. 1021, cr. 8, Kol. 35 = N Kol. 35 = I
Kol. 35 = VH² I 196

1 Ti. unten || Fuß unten   4 Ti. oben || α,δ,λ ||
ε oder θ   5 Ti. unten/oben (τ möglich)   6
Ti.   7 Ti. || Schräge/Vert.   9 Ti. unten   11
Ti. || Ti. || Ti.   12 π oder τ || κ (wahrs.er) oder
ιc || Ti. (α,δ,λ wahrs.) || Ti. unten (Vert.?) || Ti.
unten || Ti. || Ti. || **Ti. (Horiz. mit Verbi.?) oben⁺¹**
|| Ti. unten (Teile von ο?)⁻¹ || Ti. oben und Ti.
**(Schräge?) unten (Lage unsicher)⁻¹ || ꝭ⁻¹ || Ti.
(Vert.?)⁻¹**   13 Ti. unten || Rund. || Ti. unten
|| re. Teil von Horiz. oben || Schräge unten || Ti.
(Rund.? ο?)⁺¹   14 Ti. oben (π oder τ wahrs.)
|| Ti. unten || Ti. oben || Horiz. || Schräge   15
Ti. (Rund.? ο oder ω?) || μ oder ν || Ti. mittig ||
Ti. (Fall.?) mittig || Ti. unten/oben (ι wahrs.) ||
α oder λ   16 Ti. || **α⁺¹** || Ti. unten   17 κ N:
Schräge unten P || κ oder c || Ti. || Ti. (Vert.?) || Ti.
mittig (Teil von Rund.? κ?) || ο N: Ti. (ο wahrs.)
P || li. Fuß und dann Dreieck mittig, viell. auf
etwas verdrehtem frg. (α oder δ möglich) || ob.
und unt. Teil von (gerund.) Vert.   18 Ti. unten
(Rund.? ω?) || Horiz. oben || Ti. mittig/oben || Ti.
unten (viell. zum vorigen Buchst. gehörig oder
⁺¹) || Horiz. mittig || Ti. unten/oben || c N: ξ oder
c P || α,δ,λ || Ti. oben || Ti. oben || Ti. mittig/oben
(ε wahrs.) || Ti.   19 Ti. || Ti. oben || α,δ,λ || Ti.
mittig (Rund.?) || Ti. mittig (Rund.?) || Ti. oben
|| Ti. unten (Rund.?) || Ti. mittig || Ti. unten || Ti.
|| Ti. || Ti. oben || Ti. oben   20 Ti. || Ti. || Ti.
|| Ti. unten || Ti. mittig || Ti. mittig || Ti. mit-
tig || Ti. mittig   21 Ti. || Ti. || Ti. || Ti. unten ||
Fuß unten || α,δ,λ || Ti. oben || Ti. mittig || Rund.
|| Ti.   22 Ti. oben (selbe Lage? Rund.?) || **α⁻¹ || Ti.
(Schräge?)⁻¹** und Ti. unten || Ti. oben || Ti. oben
|| α,δ,λ || Ti. unten || ζ,ξ,τ || ο (viell. getilgt und
Buchst. über Zeile) || Vert.   23 Fall. || Schräge
|| Vert. || Rund. (θ,ο,c,ω wahrs.) || Ti. oben mit
berühr. Vert. (π,τ wahrs.) || Vert. oben || π oder
τ   24 Ti. unten und Rund. oben || Ti. unten ||
Ti. mittig/oben (Rund.?) || Vert. || Ti. oben || Ti.
(Rund.?) || α oder χ   25 Ti. mittig || Ti. (Rund.?)
mittig || Ti. || Ti. || Ti. || Vert. || Ti. oben (μ oder ν
wahrs.) || Fall.   25–30 [einige Buchst./Spuren
von Zeilenmitte könnten *Sovrapposti* sein und
ans Zeilenende gehören]

...ατ....ρ[.]..[......
..κ[..].ο....[....].τ[..
κ[.].[..]....ξ..[...]ε...
π.[....]ο....[......].ε[
30 .[.].[.].ε...[..]..[..]...
..α.[..].ν[.]..[......].[..
.....]..[.]..........
.[.].[.].θιο[.]..[.......].
..]...........[.]..ι..
35 ..].δωρονπ.τ.ναιον
.].[.]αιτουςτρατ[.]νικεως
.(.)]..ουςε⊤χαρμαδουδ..
.].[]αιτωνπλανωμε
..]νπολλοιτι[...].φα[
40 .[..]ακουςται..[..]νεναι
δ...ωρος.εοα..αμυ.[].
ν..ενονο.ατ.κ.ταμ.
.ρ[]..τηνουκευφ.μαδια
...ρ.χθαιδοκω[.].αια
45 π[.].λ[.]δωροςτ⟦⌐ι¹⟧α.[...]cᴿcᴵ

Kol. 36 γ..ṭωνε̣π̣ικλ..ειcκ̣α̣ι
ηλιοδωρ̣.cμαλ`λ̣´ωτηcκαι
φανοcτρ̣α̣το[.]τραλ`λ̣´ιανοc
ευπρο..χ.ω̣νψ̣υχαγωγι
ανη⸢κ⸣..cμ.νοcελεγετο
δεκαιαπολλων.[..]..υ̣καρ
νεαδου̣.ραχυντιναχρ̣ο
νο̣νμε.εcχ.κεναι⊤ ..ṭρο
δωρουδετ.υcτρατ.νικε
ωc.εταλλωνκα...υ̣.ι̣
κη⸢ν⸣οcε..νε.[.]μ..ροδω
ρο.μα.η̣τη..[.]...[..
.ι̣.[..]....[]..[.]...[.].[
α̣⸢ν⸣[..]νε[....].[]ν̣⸢ο⸣[.]⸢ε⸣.[
ποτ[.]δεṭ.[...]⸢ε⸣υκλ̣ε̣ι[...
και.ωνα[...]..δ̣ωνοc
ε̣τι.ε̣τωνۣ [.].[.].[.]...⸢ε⸣νο̣.[.
γεγο̣.υιωνα[.(.)].cεω̣ν..
κα[]..α̣δοχων̣cυ̣να.ṭ..[
.].....[.]..[..].[.]...[

Ende der Entwurfsversion

Der Rest der Kolumne ist nicht beschrieben. Es folgt ein ἄγραφον.

PHerc. 1021, cr. 8, Kol. 36 = N Kol. 36 = I Kol. 36 = VH² I 197

1 Ti. unten || ρι oder υ || Vert. || Ti. 2 Ti. oben 4 Ti. (Rund.?) || Ti. (Rund.?) unten || Ti. unten 5 κ N: Vert. und dann Ti. (ρ?) || Ti. oben (Vert. Oder μ?) || Ti. (Rund.?) oben || ε oder θ 6 Ti. unten || π oder τ || Ti. (Rund.?) 7 Ti. unten/oben 8 π oder τ || Ti. || Vert. || Ti. oben 9 Ti. || Ti. oben 10 Ti. oben || Ti. unten || Ti. mittig || κ oder c || Schräge 11 ν N: Vert. P || Ti. unten || Ti. || li. Teil von Horiz. oben || Vert. || Ti. unten 12 Ti. (Rund.?) || Ti. (Rund.?) || Ti. unten/oben || Rund. oben und dann Ti. unten || Ti. unten || Ti. || Ti. mittig/oben 13 Ti. (Horiz. oben?) || Ti. (Vert.? κ?) || Vert. unten || Schräge/Vert. unten || ε oder θ || Vert. unten || Ti. (α,δ,λ,χ?) || Ti. unten || Ti. unten (Fuß?) || Schräge || Ti. (Rund.?) || Ti. unten 14 ν N: Vert. mit Verbi. oben (μ oder ν wahrs.) P || Ti. (zwei Buchst.?) || ο N: ο oder ε P || ε N: Ti. oben (and viell. Horiz. mittig) P || Schräge (Vert.?) und dann Fall. oben (λ,μ,ν?) 15 ο oder ω P: α̣ N || ε N: Ti. unten/oben P 16 Ti. || Fuß von α,λ,δ || unt. Teil von Vert. [Ti. am Zeilenende scheint von Klammer] 17 [P ist am Zeilenende verzogen] || Ti. unten (re. Fuß wahrs.) || Fuß || Ti. mittig (Teile von Vert. und Horiz.? ν möglich) || Fuß (ι,τ,υ wahrs.) || Ti. oben || Ti. oben (θ möglich) || ε N: Ti. P || Ti. oben 18 Ti. || Ti. unten || Ti. unten/oben || Ti. oben (ε wahrs.) 19 α,δ,λ || Ti. oben || α,δ,λ || Ti. oben (Horiz. wahrs.) || Ti. || Ti. 20 Fall. oben und dann Rund. mittig || Ti. || Ti. || Ti. mittig/oben (υ?) || Ti. oben || kleines Dreieck oben (deplatzierter Fuß von α?) || Ti. unten || Ti. mittig (Fuß?) || ο oder ω || Schräge/Vert. (γ oder ρ wahrs.) || Horiz. oben (μ?)

Vielleicht stand noch eine weitere (Teil)Zeile unter Z. 20, aber sichere Spuren sind nicht vorhanden. Einige „Zeilen" darunter könnte Tinte zu finden sein, aber es handelt sich gewiss nicht um eine durchgehende Zeile. Womöglich stand ein Hinweis oder eine Anmerkung.

Entwurfsversion – Rekto
(Ergänzungen in *PHerc.* 1021)

PHerc. 1021: 13 Ergänzungen auf Rekto

∵

Ergänzung 1 (etwa rechts von Kol. 5,28–30)

```
     ].o..
     ]...o
3    ]...
```

PHerc. 1021, cr. 2, Kol. 5

[Viell. begann die Erg. schon in der Mitte der Hauptzeile (vgl. Erg. 4 und 5 und viell. 13). Es ist möglich, dass eine oder mehr Zeilen der ersten Zeile vorangingen] 1 Ti. unten/oben (gleicher Buchst.?) || Ti. oben und dann leicht gerund. Vert. (υ?) || Vert. 2 Ti. unten || Ti. unten || Vert. (π oder τ) 3 Ti. || Ti. || Ti. [viell. umfasste die Erg. noch and. Zeilen]

Ergänzung 2 (etwa unterhalb von Kol. 5 bis Kol. 7)

```
1    ] .βο..[.].[.].νε....[...]ε[....]
     ...[.]..[........]ςο[....].[.].[.]γϰ[.]ι.[.].τ........
2    ]ωιδετα.ελφιδ..ξε.[..].[...........
     ......]ε[.].ε[......].......δι..[.]....
3    ].o....[.]....[.............. .........]
     ..[.].[......]...........του.[.].
4    ].....[................
     .......]..[.].[.......]..[.]....[.].........
5    ].....[................
     .........]...[........].....[..]......[.].
6    ].[...................
     ...................].[.]..ρδ..ο.
```

PHerc. 1021, cr. 2, Kol. 5–7

[Erg. ist wahrs. zusammenhängend, aber zwei separate Ergänzungen denkbar. Am Ende von Z. 6 könnte Ti. unter einem der letzten Buchst. sein, was für eine (oder mehr) weitere Zeile der Erg. sprechen könnte – der untere Teil von P ist verloren] 1 Horiz. mittig und dann Vert. (η wahrs.) || Schräge (υ wahrs.) || Ti. unten (Schräge wahrs.) || Ti. oben || ο oder ϲ || Ti. unten || Ti. (ν?) || Ti. (ε oder θ?) || Ti. || π oder τ || α oder λ || μ,ν,π || Ti. oben || Ti. unten Ti. || Ti. oben || Ti. oben || Fall. (ν wahrs.) || Fall. || ε oder ο || Ti. oben || Ti. oben || α oder λ || α oder λ || Ti. (Rund.?) unten || Vert. || Ti. unten 2 Ti. unten || Ti. unten (ω wahrs.) || Ti. unten (Vert.?) || Ti. || Ti. (Horiz.?) oben || Horiz. oben || Horiz. oben (φ oder ψ?) || α oder λ || Ti. unten || Ti. || Ti. || Ti. (Rund.?) || Ti. (Vert.?) || α oder δ (wahrs.er) || Ti. oben (Horiz.?) || Schräge (υ wahrs.) || Ti. || Ti. || Ti. || α oder λ 3 Ti. || Ti. oben (ρ?) || Ti. oben || Ti. (Rund.?) || Ti. || Horiz. oben || α,δ,ϰ || Rund. (ο oder ω?) || Ti. || Vert. || Ti. || Ti. || Ti. oben || Ti. || Ti. oben || Rund. (ρ oder φ?) || Vert. unten || Vert. unten || Ti. || Ti. || Ti. oben (χ?) || Ti. unten (li. Teil von Dreieck? δ?) || α oder δ || Ti. || Ti. || Ti. (ϲ?) 4 Ti. || Ti. || Ti. || Ti. || Ti. || Ti. || Ti. || Ti. || Ti. || Rund. || Ti. || Ti. || Ti. unten (Rund.?) || Schräge unten und dann Ti. (ϰ?) || Ti.

|| Ti. || Teile von Rund. || Vert. || Ti. || Ti. || Ti. || Ti. || Ti. || Ti.   5 Ti. || Ti. || Ti. || Ti. || Ti. || Ti. ||
Ti. || Fall./Vert. unten || Ti. (Teil von Horiz.?) oben || Ti. || Horiz. unten/mittig (ε?) || Vert. unten ||
Ti. || Ti. || Ti. (Rund.?) || Ti. (Rund.?) || Horiz. unten (δ?) || Ti. || Ti. || Ti. unten/oben || Ti. (Horiz.?)
oben   6 Ti. || Ti. || Ti. || Ti. || Ti. (Teil von Fall.? α?) || Vert. und dann Ti. (gleicher Buchst.? π oder
τ?) || Ti.

Ergänzung 3 (beginnt in Kol. 6,4 nach Cταˋγειˊρίτης)

```
  .⌜α⌉ιρωνπελλη
  ⌜νε⌉ῳς
  [.....]
  ].[.]..[
5 ]ọ....[
  [.....]
  .[....
  μενος
  .....

  .  .  .
```

PHerc. 1021, cr. 2, Kol. 6 = O IV 735 = N Kol. 6 = I Kol. 6 = VH² I 167

1 α,δ,λ,χ || α ON λ: α,δ,λ,χ P   2 νε O: Ti., ε oder θ P   4 Ti. || Vert. || Vert. mit Verbi. (ρ? zwei Buchst.?)
5 Ti. (blas. x?) || Ti. || Ti. || Ti. (Teil von Fall.?)   7 Ti. (Rund.?)   9 Ti. (δ?) || Ti. || Ti. || Ti. (Horiz.?)
oben || Schräge [keine sicheren Spuren unter Z. 9, aber 1 bis 4 and. Zeilen möglich – nicht mehr,
da Erg.4 etwa 4 bis 5 Zeilen unter Z. 9 beginnt]

Ergänzung 4 (rechts von Kol. 6,12–20, beginnt nach/über αὐτοῦ in Kol. 6,12)

```
   .[.].⌜η.οςτ⌉ι⌜μο⌉λ⌜.⌉
   ọςκαλ
   .(.)].ε
   νης
5  αθη
   ναιọ⌜ς⌉
   τιμ.
   λ⌜εχου⌉.
   ε⌜ν⌉τωι
10 πε̣ρι
   .]⌜ειτοι⌉
```

```
        ...]⌐ιον⌐
        .].[..].
        [.....]
15      [.....]
```

PHerc. 1021, cr. 2, Kol. 6 = O IV 735 = N Kol. 6 = I Kol. 6 = VH² I 167

1 Ti. || Ti. || η O || re. Vert. mit Verbi. oben (μ?) O || οϲτ O: Ti., Ti., Ti. P || μο ON: Teile von zwei Vert., Ti. (Rund.?) unten || Vert./Rund. O: Ti. P   3 Ti. (Teil von Vert.?) oben   6 ϲ O: Ti. unten P   7 Rund.   8 εχ O: Ti., Ti. P || ο N: ε O: Ti. P || υ N: ρ O: Vert. mit Verbi. (nach li.) oben P || Ti. (Rund.?) 9 ν ON: Vert. mit Verbi. oben P   11 ειτοι O: Ti., Ti., Ti., Ti. P   12 ιον O: Ti., Ti., Ti.   13 Ti. || Ti.

Ergänzung 5 (beginnt wahrscheinlich nach λων in Kol. 6,38)

```
        ]...[.].[..] .δ⌐α⌐υτο⌐νω⌐μεν⌐γο⌐.αλυ⌐co⌐γτα
        .....
        ]...[
        ].[.].[
5       ..[..
        ...[]ε̣
        .[].[].υ̣
        .[]α..ς̣
        ε̣....
10      .ο̣..[
11      .ο̣.[

          .   .   .
```

PHerc. 1021, cr. 2, Kol. 6 = O IV 735 = N Kol. 6 = I Kol. 6 = VH² I 167

1 Ti. || Ti. || Ti. || Fall. || Ti. || α O: Schräge P || νω O: Ti., Ti. P || γο O: Vert. mit Verbi., Ti. (Schräge?) unten P || Ti. || co N: ε,θ,ϲ, Ti. oben P   2 Ti. unten und Haken oben (φ?) || Fall. oben || Ti. (Rund.?) oben || Ti. || Ti.   3 ε oder ο || Ti. (ν?) || Schräge (υ?)   4 Ti. || Ti.   5 γ,π,τ || Ti. unten   6 ε oder θ || Vert. unten || Verbi. mittig und dann Ti. (μ? zwei Buchst. mit letzter Buchst. ο?)   7 zwei Vert. unten (gleicher Buchst.?) || Rund. unten || Ti. unten (ο?)   8 αι,δι,λι,ν || Ti. unten (zwei Buchst.?) || Fall.   9 Ti. (α,δ,λ?) || Ti. (ε oder θ wahrs.) || Ti. || Ti.   10 α,δ,λ || Ti. || Ti.   11 δ oder λ || Ti. (Rund.? ε,θ,ο?) [viell. eine oder zwei and. Zeilen unter Z. 11]

Ergänzung 6 (etwa über Kol. 7 bis 8*)

```
1      > 60 litt. ] . . . [
       > 55 litt. ] . . . [ . ] . [ . ] . . [
       > 55 litt.] . ϗ . . . [ . ] . . . [
       > 45 litt. ] . . ọ . . . [ . ] . . . [ . . . ] . φιλ . [ . ] . [ . ] . . . . [ . . . . . ] . . . . [
5      ] . . . . . . . . [ . . . . . . . . ] . . ωγ . . . . [ca. 18 litt. ]
5      τα . [ . . . ] . ε . . . . . . ονọ[ . . . . . ] . . η . . [ . . . ] . . . αγ . [
6      ] . [ . . . ]ϗọϛινϗαι᾿ʳπ᾿[ . . . ] . . . [] . . [ . . . ]ε . . . . τ . . . . . . . . [ ca. 15 litt.]
6      . . ται . . . . . . . . o . . . [ . . . . ] . . ιϛ . [ . . ] . εγ . . [ . ] . [
```

PHerc. 1021, cr. 2, Kol. 7 = N Kol. 7 = I Kol. 7 = VH² I 168

[viell. eine oder mehr Zeilen über Z. 1 – oberer Rand von P verloren. Wahrs. handelt es sich um eine längere Erg. und nicht zwei separate Erg.]   1 Ti. || Ti. || Ti.   2 Ti. mittig || Rund. (ω?) || Ti. (ε?) || Ti. || Ti. mittig || Ti. (Vert.?)   3 Ti. || Vert. mit Verbi. (η oder ρ?) || Ti. || Ti. || Ti. (Vert.?) || Ti. || Ti. (Rund.?)   4 Ti. unten || Vert. || Ti. oben || Horiz. oben || Ti. mittig (α oder ο?) || Ti. (λ,μ,χ? zwei Buchst.?) || Ti. || Vert. unten || Ti. || Ti. unten (α oder ο?) || Ti. ||Ti. || Ti. || Ti. ||Ti. || Ti. || Ti. (Fall.?) || Ti. (α oder λ?) || Ti. (Horiz.?) oben   5 Ti. || Ti. || Ti. || Ti. || Ti. || Ti. || Ti. || Ti. || Ti. unten || Ti. oben || π oder τ || Ti. mittig (zwei Buchst.? υ? οδ?) || Vert. || Ti. (Rund.?) unten || Ti. unten || Ti. || Schräge || Ti. || Ti. || Vert. unten || Vert. || Ti. mittig und Fall. (λ oder μ?) || Ti. und Vert. (re. Teil von ν?) || || || Ti. mittig || Ti. || Fall. oben (ρ?) || Schräge oben || Ti. oben (υ?) || ε oder θ   6 Ti. || π N: Teile von zwei Vert. P || Rund. (ε wahrs.) || π oder τ || Ti. || Vert. mit Verbi. (re. Teil von ν?) || Ti. oben und dann unten (gleicher Buchst.? π?) || Vert. || Ti. || Ti. (ϗ?) || Ti. unten/oben || Rund. || Ti. || Ti. || Ti. || Ti. || Ti. || Ti. (Verbi.?) || Ti. || Ti. || Ti. (ν?) || Rund. oben (ο wahrs.) || Ti. oben || Rund. || Ti. || Ti. || Ti. (Rund.?) || Ti. || γ,π,τ || Vert. und dann Ti. (ν?) || Ti. || Ti. (Vert.?) || Ti. || Ti. mittig (δ?) || Vert. mit Verbi. oben (ρ?) || Ti. oben || Ti. oben || Ti. oben || Ti. oben

Ergänzung 7 (etwa unter Kol. 8 bis 8*)

```
       ]δ . [ . . . . . ] . ʳπυϲυθʳοᴵρητηᴵ[ . . . . ]ʳϗᴵαʳτᴵ[ . . . ] . [ . . . . . . . . . . . ] . [ . .
       ] . . . . . [
2      ] . [ . . . . . . . ]ʳηᴵ . . . [ . . ] . . [ . . . . . . ] . . [ . . . . ] . [ . . . . . . . . . . . .
       ] . [ . . ] . . . [
3      >10 litt. ] . . . [ . . ] . . [ . . . . . . . . . . . . ] . . [ . . . . . . . . . . . . ] . . . . . . . . [
```

PHerc. 1021, cr. 2, Kol. 8 = N Kol. 8 = I Kol. 8 = VH² I 169 und cr. 1, Kol. 8* (olim 4)

1 α,δ,λ || Ti. (Horiz.?) unten || πυϲυθ N: π oder τ, Ti. oben, Rund., Schräge, ε,θ oder getilgter Buchst. wahrs. P || ρητη N: Ti. unten/oben (α,δ λ?), Ti., Vert., Ti. P || ϗ N: Schräge und Ti. mittig (ϗ wahrs.) || τ N: υ oder τ P || Ti. || Rund. || Ti. || Vert. (ϗ?) || Ti. || Ti. || Ti.   2 Ti. || η N: Vert. P || Ti. || Ti. || Ti. || Ti. || Vert. || Ti. ||Vert. || Ti. || Ti. || Ti. || Ti. || Ti.   3 Ti. (Haken?) oben || Ti. || Ti. || Ti. || Ti. || Ti. || Ti. || Ti. || Ti. || Ti. || Ti. || Ti. || Ti. [viell. eine oder mehr and. Zeilen unter Z. 3 – der untere Rand von P ist verloren]

Ergänzung 8 (rechts von Kol. 9,2–3 hinter Ἡράκλει⟦δη⟧ˋτοˊc)

⟦ηνῃδι⟧ηρα
2 κλειτο⌜c⌝

PHerc. 1021, cr. 2, Kol. 9 = O IV 738 = N Kol. 9 = I Kol. 9 = VH² I 170

1 Viell. waren nur die ersten vier Buchst. getilgt   2 c ON: Ti. unten/oben

Ergänzung 9 (unter Kol. 10)

1   ].ε̣πε̣ρ̣..[..]...[
        . . .

PHerc. 1021, cr. 3, Kol. 10

1 Ti. || Ti. || Ti. || Ti. || Ti. || Ti. ||

Ergänzung 10 (rechts von Kol. 12,25–28)

         . . .
1   . . . .
        ..τ̣..
        δρ̣..
        [....]
5   [....]
        [....]
7   ..]..

         . . .

PHerc. 1021, cr. 3, Kol. 12 = O IV 741 = N Kol. 12 = I Kol. 12 = VH² I 173

1 Ti. oben || Schräge || Vert. || Ti.   2 Ti. unten || α oder δ || Ti.   3 Rund. || Ti.   7 Ti. (Vert.? re. Teil von μ?) || Ti.

Ergänzung 11 (unter Kol. 19)

```
    τ...[................]...........ϣι..[
    θ[.]ϲι.[....]...[.......].το....[.].........[
  ..]εν[.]...[..........].[..].ϲε....ε...παρ..[
  .[.]...ω[..].[............]..[.....].αν.γ.....[
5 ...η[.........]....[.....].[........].ν...[..]ọ.[
  ..]..[.....].ν.....α.[.....].[......].[
7 .[.......]....[..........]....[
```

PHerc. 1021, cr. 4, Kol. 19

[Sollte die bibliometrische Rekonstruktion des Ausfalls von 5 Kolumnen hinter Kol. 19 wider Erwarten falsch sein (siehe I 5.5), würden Erg. 11 und 12 wohl eine einzige, zusammenhängende Erg. repräsentieren]   1 Ti. || Ti. unten || Ti. unten || Ti. || α oder λ || π oder τ || Fall. unten || Rund. || Ti. oben || Ti. oben || Ti. || Ti. || Ti. || Vert. oben || α oder δ || α oder δ || Ti. (Vert.?)   2 η,κ,ν wahrs. || Ti. || Ti. || Ti. || Ti. || Ti. oben || Ti. oben || Ti. unten || Ti. unten || Ti. unten || Ti. unten || Ti. || Ti. || Ti. || Ti. || Rund. || Ti. mittig (κ?) || η oder ν wahrs.   3 Ti. unten || Vert. unten || Horiz. oben || Ti. || Vert. unten || Ti. || Ti. || Ti. || Ti. oben || Ti. oben || Ti. (η?) || Ti. (ν?) || Ti. || Ti.   4 Ti. oben || Ti. || Ti. || Ti. || Ti. || Ti. || Ti. || Rund. unten || Vert. || Vert. mit Verbi. (κ möglich) || Ti. mittig (α wahrs.) || Ti. oben und dann Vert. unten (τ wahrs.) || Ti. unten/mittig/oben (ε?) || Ti. oben   5 α,κ,λ,χ || Ti. unten || Vert. || Rund. unten || Ti. unten || Ti. unten || Ti. unten || π oder τ || κ oder χ || Ti. || Ti. || Ti. || Vert. und dann Ti. unten (gleicher Buchst.?)   6 Ti. || Ti. || Ti. oben || Rund. || Ti. oben || Ti. || Ti. || Vert. (ν wahrs.) || Ti. || Ti. || Ti. (Rund.?) oben   7 [die Tinte ist verblasst, aber wohl eine Z. 7] blas. Ti. || blas. Ti. || blas. Ti. || blas. Ti. || blas. Ti. || blas. Ti. || blas. Ti. || blas. Ti. [viell. eine oder mehr and. Zeilen unter Z. 7 – unterer Rand von P verloren]

Ergänzung 12 (unter Kol. 20)

```
    ]..[.]...[.]....[...]...αρ..ιλ[
    ]..[.]...[.]...[.]ϰ[....].[
    ]..[..].......[..]ϰι.[..].[
    ]..[.].....[
5   ]...[
```

PHerc. 1021, cr. 5, Kol. 20

1 Ti. oben || α,λ,δ || κ oder ϲ || Ti. || Ti. || Ti. unten || Ti. unten || Ti. unten || Ti. (Rund.? ο?) || Ti. || Ti. || Ti. (Teil von Horiz.?) oben || li. Fuß von Buchst. (α,λ wahrs.) || κ,ϲ,χ   2 Ti. || Ti. || Ti. || Ti. (Rund.?) || Fall. || Ti. (Vert. und Fall.? ϰ? gleicher Buchst.) || Ti. oben || Ti. unten || Ti. unten || Ti. unten   3 Ti. oben || Ti. oben || Ti. oben || Ti. || Ti. || Ti. || Ti. || Ti. || Ti. oben || Schräge/Vert. und dann Ti. (ν?) || Ti.   4 Ti. || Ti. || Ti. || Ti. || Ti. || Ti. || Ti.   5 Ti. oben || Ti. oben || Ti. oben [viell. eine oder mehr and. Zeilen unter Z. 5 – unterer Rand von P verloren]

Ergänzung 13 (rechts von Kol. 33,44–45; beginnt evtl. schon nach Νικήτου in Z. 44)

.....δε.[.] .
...[..]
⌐πρ.⌐.[.] .
4   ...[.] .γ

PHerc. 1021, cr. 7 (und cr. 8), Kol. 33 = N Kol. 33 = I Kol. 33 = VH² I 194

[viell. begann Erg. 13 schon nach Νικήτου, da viell. Ti. im interlinearen Raum]   1 Ti. || Ti. ||Ti. || Ti. || Ti. || Ti. || Ti.   2 γ,π,τ || Ti. oben (wenn der vorige Buchst. ein γ ist) || Ti. unten   3 π N (fälschlicherweise in Hauptzeile): γ,π,τ P || ρ N (fälschlicherweise in Hauptzeile): Ti. P || Rund. oben N (fälschlicherweise in Hauptzeile): Ti. P || Ti.   4 ε oder θ || Ti. || α oder λ wahrs. || Vert.

Entwurfsversion – Verso (*PHerc.* 1021)

PHerc. 1021: Kol. Z, Y, X,
V, T, S, R, Q, P, O, N, M (Verso)

∵

Kol. Z ⌜..[..........]εμειντοδιαγε[....]⌝
⌜τινεπα[.......].δημειαναυτ[...]⌝
⌜θομεν.[......]ωτηϲαιλεγετ[...]⌝
⌜την.[......]ατωντονδε[....]⌝
5   ⌜αυτον[......]νεψοπαρεϲτιν.[...]⌝
⌜γεγρα[......]λολογιανδιαλε[...]⌝
⌜λουμ[........]εντολογο[...]⌝
⌜δε.[............]ε[.......]⌝
⌜τοτε[.................]⌝
10   ⌜ρουντιπαρα.δγ[..........]⌝
⌜.]ητηϲπανηγυρε[..........]⌝
⌜.].ροϲδι⟦.⟧`ω΄νακαιτου[........]⌝
⌜.]ντε[]ξιν[...]ραβ.[.......]⌝
⌜..]υπερ[....].γαρ[.......]⌝
15   ⌜..........]ενιδ[......]⌝
⌜..........]αυμ.[......]⌝
..........].λλω.[......]
..........]ϲουϲ..[......]
⌜.......]ν.οτρ[..].ϲ[.......]⌝
20   ⌜......]ριϲοφιαν[.........]⌝
⌜π[......].ακαι[..]ολ.[......]⌝
⌜γε.[.....].ϲακρα[.........]⌝
23   ⌜[...................]⌝

PHerc. 1021 (cr. 1), Kol. Z = O IV 729

Die Enden von Z. 1–8 finden sich auf einem separatem, losem frg. Es ist unsicher, ob sie wirklich zu Kol. Z gehören. Falls ja, ist unsicher, in welchem Abstand sie zum Beginn der Zeilen zu platzieren sind. Auch die Zeilenzuordnung ist unsicher. Ferner, ist die Anzahl der Buchst. pro Zeile unsicher.

1 Vert. mit Rund. unten (κ wahrs.) ‖ Rundungen (ω wahrs.)   2 leicht gerund. Vert.   3 Ti. (Rund.?) oben   4 Vert. mit Horiz. (φ oder ψ?) 5 Schräge   8 γ oder π   10 Vert. mit Rund. oben (β wahrs.)   12 π oder τ ‖ Ti.   13 Rund.   14 Vert.   16 Rund.   17 Ti. unten ‖ Vert.   18 α,δ,λ ‖ Vert.   19 Fall. oben ‖ π oder τ   21 Fall. ‖ Schräge   22 η oder π

Viell. standen unter Z. 23 noch mehr Zeilen, aber das Disegno spricht nicht dafür.

Kol. Y

⌐.....]εδεϲυνα[...]επαρε⸍γρα[..
⌐κα[..(.)].ενοιϲτοδιψη[]ικαιτων⸍μα
⌐θηματωνεπιδοϲιϲπολληκατ⸍εκει
⌐ν.[]τονχρονοναρχιτεκτον⸍ου⌐ντο[

5 ⌐μ[.]γκαιπροβληματ[.]διδοντ⸍οϲ⸍του⸍
⌐π[.]ατωνοϲζηγουντωνδεμεταϲπου⸍
⌐..]ϲαυτατωνμαθηματικωντοιγα.⸍
⌐...]τη[..]περιμετρο⟦ν⟧`λ´ογιανηλθεν⸍
⌐....]τοτεπρωτονκαιταπερι⸍

10 ⌐....(.)]ομουϲπροβληματατωνπερι⸍
⌐ε[...]τονμεταϲτηϲαντωντονα[..⸍
⌐πο[..(.)]τουϲα..αιϲμονελαβε[.....⸍
⌐ηγε[..]ετριαιπολληνεπιδοϲιν.η[⸍
⌐νηθ[.].αρκαιηαναλυϲιϲκαιτοπερι⸍

15 ⌐διο.ιϲμουϲ..μ[.]καιολω[.]ιαπ[..⸍
⌐.]ηνγεωμετριανεπιπολυν[.]η.⸍
⌐.....]δεντε[..]τ[.(.)]ηκαιμη[.].τικ[⸍
⌐.....].[.]μ[.]μιϲτηναιτα[....]ο[.⸍
⌐...(.)]γηντωντο[..]τω[........⸍

20 ⌐.(.)]ηϲιμαϲυχνοι[.....]ρμολογων⸍
⌐.(.)]αυτωνενε[.....].νϲχεδονπ[⸍
⌐.(.)ην.ο.τιπω.[....]αλλοκαιτω[⸍
⌐..].θερωντοι.[.....].νελαβον⸍
⌐..].μετα[...............]γμ..⸍

25 ⌐..]βηνκαι[..............].ι⸍
⌐..].ουγοντ[..............]λ[]βο⸍
⌐...]πρ[....]δ.[..........]λλο⸍
⌐...]ανθροπω[..........]ληθ[.⸍
⌐..(.)].ϲυνουετα[..............⸍

30 ⌐α[.(.)]με.βαωνκαι[.........]ομι⸍
⌐τα[].ηε.[..]και[..]οϲτουτο[.......⸍
⌐.[..]απηρτηϲαντωναναγ[..]ων⸍
⌐οιϲ[.(.)]ρπεριτων[.]ηϲιμων[.].[..(.)].ικαι⸍
⌐ωϲε[].αιδοκουϲινοικοτριβεϲ⸍[......

35 ⌐φιχ[..].νομενοϲοπλατωνπολ.[.....⸍
⌐θαι[.(.)]πεκαιτωναπονποντο[..].ιοι[⸍
⌐ιδι.[].τ.δουντωναπϲβηρου[.]ντων⸍
⌐ητε[..(.)]οθε⟦τ⟧`α´.παρεγεν[......]οφη⸍
⌐γου[..(.)]νανδροϲεπα[.]τ.[......].[⸍

40 ⌐ν[....].ακαιγνεχακαιβηκειν[.]η[.].[⸍

PHerc. 1021 (cr. 1), Kol. Y = O IV 728

Z.1–10: Auf den HSI sind für diese Zeilen blasse Spuren erkennbar, aber Buchst. sind nur an den Enden von Z. 1–5 erkennbar (siehe Transkript).

2 π oder τ 4 Schräge 6 [Rund. über erstem α scheint Zufallstinte oder Fehler von disegnatore] 7 Vert. 12 Vert. mit Verbi. oben || Vert. 13 Rund. unten 14 Vert. mit Horiz. oben (and Rund.? ρ?) 15 Vert. mit kleiner Horiz. oben || Vert. mit Fall. oben || Vert. mit horz. mittig 16 λ oder ν 17 Schräge und Vert. (η?) 18 Vert. 21 Fall. 22 Vert. || Vert. (Rund.?) 23 Vert. (Rund.?) || λ oder ν || α oder δ 24 Fall. und Vert. (ν?) || Vert. und Fall. (Rund.) || Vert. 25 Fall. 26 Horiz. oben 27 Vert. 29 Rund. 30 Schräge 31 Ti. (Rund.?) oben || Vert. (φ?) 32 Vert. 33 Rund. unten || Horiz. mittig/oben 34 Vert. (mit Verbi. unten?) 35 υ oder χ || Schräge 36 re. Teil von Dreieck 37 Rund. (ω wahrs.) || Horiz. oben || α,δ,λ || Vert. 38 Rund. (ω oder πο) || Fall. und Vert. (ν oder υ?) 39 Vert. || Vert. 40 Horiz. oben || Rund.

41   ⌜. . . . . .].αβωνε[.]νευαιγ[. . . . .]γοιτ[⌝   41 Vert. mit Schräge mittig

Viell. standen unter Z. 41 noch eine oder mehr Zeilen, aber das Disegno spricht nicht dafür.

Kol. X   ⌜.........⌝ʼκʼαπε.[.......]ʼ
    ⌜τʼελλ.ʼδ[...]cαλλοιcυν[..]ν.[..⌝
    ⌜τρεγ.ωταγεγρα.μεν.[.].ạιπ[.].ʼ
    ⌜των ʼοc..ʼ[.]νθυπογρα.αcεχọν ʼ
5   ⌜πουγ[...]λατωνcωκρα.cυc..το ʼ
    ⌜ν[......]ʼητηʼcαπρ[.]ειφε..c.εcο[..ʼ
    ⌜δ[..]των[.(.)]κοcιεπιạạιυηρενειc[..ʼ
    ⌜κελιηνκρηταλιανειcτουcπυθα ʼ
    ⌜γ[..]ηουccιcχυνγεν..ω[.]οcτινạ ʼ
10   ⌜χρονονcυνεμειζ[......]νυcι ʼ
    ⌜ωιτωιπρεcβυτονοι[.....]γωι ʼ
    ⌜καιτcυτουcκαιοτει[..].υτουτην ʼ
    ⌜παρρηcια[.]ενεγκα[..]ηcοτιερ. ʼ
    τηθʼειcʼτιcαυτʼω[..(.)]κ[..].α[.]χναι ʼ
15   ευδαιμονεcʼτερ[..]ου[.]ειπεναυτ[ʼ
    ωʼc[...]τινʼεʼ[..]φ[..]ν[]δυcχεμα[ʼ
    ⌜.].ν[.].εδενωιχ[..(.)]θραδοθειc.[ʼ
    ⌜..]ε.[].ροιcα.[...]κεδαιμον.[.ʼ
    ⌜............]αθη[...].τοι ʼ
20   ⌜κεινοκη[..]νε[]ναιβινγαι[.]θυ ʼ
    ⌜.]ουηνατωγεναιγ[.]η[..].ηκ[.ʼ
    ⌜.......]κτυεπ[.]ωκοπον[....ʼ
    ⌜λ[..]ν[..].αη[]υτολεμ[.]υα[....ʼ
    ⌜.[.........].πελυγηι.[..ʼ
25   ⌜.ιαι[......]ιαυτcω[..(.)]α[.(.)]cʼ
    ⌜..(.)]ωcα[..(.)]ạc.διω[......]τηι ʼ
    ⌜κα[.].θε[....].α.[.]ạτρ[.......ʼ
    ⌜...]υcι[.....]νεωτ[........ʼ
    ⌜..]αρεαυ[......]υνην[........ʼ
30   ⌜..........].απ.[.........ʼ
    ⌜....]γητ.[...]λακαι[.........ʼ
    ⌜...]πλατ[.]η[.............ʼ
    ⌜..........]οτ.του.[.]νομα[..ʼ
    ⌜...........].οc[..(.)]ν[.].επρο ʼ
35   ⌜........]ν.αλιγοικαδεκαιτιν[ʼ
    ⌜.......]τοιcεαυγου[.]υνεαεcγν ʼ
    ⌜......]υτọδιογ[.]cπαρακανθειc ʼ
    ⌜ηλεεπροcδιονυcι[]ον[]c..ειδια ʼ
    ⌜βλνθειcωccυνε..[..]θεμων ʼ
40   ⌜διονι.[.]ιτηαιν[..].μ[..]ρουνη ʼ

PHerc. 1021 (cr. 1), Kol. X = O IV 727

Z. 1–5 und 14–18: Auf den HSI sind für diese Zeilen blasse Spuren erkennbar, aber Buchst. sind nur an einigen Stellen lesbar (siehe Transkript).

1 Vert. unten   2 Rund. P: Rund. O || ε oder θ 3 Rund. || Vert. || Schräge || Ti. (blas. Rund.?) || α oder λ   4 α oder λ P: α oder λ O || Horiz. oben P: Horiz. oben O || Horiz. oben   5 Ti. unten/oben || π oder τ || Horiz. und Rund. oben   6 Horiz. oben || Vert. || Fall.   9 Ti. (Rund.?) || Vert.   12 α oder λ   13 Rund.   14 Ti. (Fall. und Schräge?) 17 Rund. || Ti. (Vert.?) || Vert.   18 Rund. || Schräge || Vert. unten || Rund.   19 α oder λ   21 Fall.   23 Vert.   24 Vert. mit Horiz. oben || Fall. || ν oder μ   25 Fall.   26 Fall. und Schräge   27 Vert. || κ,υ,χ || Vert.   30 Rund. || Vert.   31 Ti. (Horiz.) oben   33 Rund. || Vert. und Ti. oben   34 Schräge oder Rund. (π?) || Fall. unten   35 Ti. (π?)   38 Vert. oben || blas. κ (getilgt?)   39 Vert. mit Verbi. oben || Vert. mit Verbi. oben   40 π oder τ || Schräge/Vert.

⌜καιαπολ[.]τομον.[.]οδ.[..].θε[..⌝
⌜καιουδ.[...]υαδυνη[.].ϲ[......]ν⌝
⌜αϲε̣.[...(.)]θαι[......]οτην[..]χ̣λθε⌝
⌜λια[...............]χ̣ε⌝

45 ⌜γ.[..................⌝

41 Rund. ‖ Vert. ‖ Ti. oben (υ?) 42 Vert. ‖ α oder
λ 43 Vert. 45 α,δ,λ

Kol. V ⌐....]λοcοφω ᵛνˈα⌐..]ρατεπαοcερμ[]ˈαˈνᵓ

    ⌐......]αννταιμεταπεμραιμενουᵓ

    ⌐....]δτˈουcκαιˈπροτερονταυερᵓ

    ⌐..]α[..]νο.οτο[..]τοτεδ..αιμαιᵓ

5   ⌐....]ιδιατˈηνˈπλατωνοcτελε[ᵓ

    ⌐....]cππευˈcανˈτοcᵀπαραγενρη[.ᵓ

    ⌐......]τοιˈcˈπατε.λλαπανπα.ᵓ

    ⌐επ[...]κˈοˈιν[.(.)]αιπολινεδιοκοτᵓ

    ⌐οικ[.]τˋτη´[.]οˈναˈc[.(.)]νενηιεκεηνιτεᵓ

10 ⌐δια[...(.)]νˈτεcˈ[]εφιλοcοφουροδιcᵓ

    ⌐ενα[...(.)]πατο.[]cυνιοντεcκαι[..ᵓ

    ⌐τα[....]νθερμιαcοη[...]γαρετ[.ᵓ

    ⌐θη[....]ποˈφιˈλοcοφ[]α[...]τεταλᵓ

    ⌐λα.ν[...]νˈομˈιζ[..].αοcτηνᵓ

15 ⌐του[....]τιμε[....]τιcναρχ[ᵓ

    ⌐α.[............]ενακαᵓ

    ⌐μ[....]τ.[..]π.[....]κ[....ᵓ

    ⌐...]αρ[.]cτ.[.]α.[......]ερονᵓ

    ⌐......]το.[....]τω[....]τοπλαᵓ

20 ⌐.....].[.]μαινα.ημ.[..]αντοcᵓ

    ⌐..]νοcαυτουc[..]αν[........ᵓ

    ⌐[......................]ᵓ

23 ⌐......]γ[.................ᵓ

PHerc. 1021 (cr. 2), Kol. F = O IV 726

Auf den HSI finden sich einige unsichere Spuren von Buchst., wo das Disegno mehr Informationen gibt. In keinem Fall schließen diese Spuren die Lesung des Disegno aus. Lediglich in Z. 4 könnte der Buchst. nach νο ein τ sein.

3 τ oder υ ‖ Vert. ‖ Vert. oben und Schräge (κ wahrs.) 7 α oder λ ‖ Ti. oben (Teil von Buchst.?) 11 Vert. 14 Ti. (Fall.?) ‖ Horiz. oben 16 Fall. 17 ο oder ω ‖ ο oder ω 18 Rund. ‖ γ oder μ 19 Vert. 20 Vert. ‖ Vert. mit kleiner Horiz. oben ‖ Vert.

Viell. standen unter Z. 23 noch mehr Zeilen, aber das Disegno spricht nicht dafür.

Kol. T

⌜|γραφειδυπ[.].αυτουτ⟦o⟧`α´υτ̣λ⌝
⌜|διοδωροσω[.].ομονκατα⌝
⌜θεοφραστονγθιτονεισα⌝
⌜ποσπευσιππουφυσινδε⌝
5 ⌜καιφιλοπονιαναξ⟦α⟧ιαν⌝
⌜εσχεμνημησ[.]υ̣γαρμο⌝
⌜νονπεντ[].νενδεχο⌝
⌜.]ενωνεπ[]α̣γγι.τευ.ηι⌝
⌜.αιπεριπαγτωνδικα⌝
10 ⌜..].....θιρη[.]ενωςτεδο⌝
⌜..]ινειμητηνδιατη⌝
⌜.]νεποιησατ̣[..]κ̣τοπου⌝
⌜.....]εραντ̣[....].α⌝
⌜......]μιμο[.....]ε⌝
15 ⌜....]τοιςπ[.......⌝
[................]
[................]
[................]
[................]
20 [................]
[................]
[................]
[................]
[................]
25 [................]
[................]
[................]
[................]
[................]
30 [................]
[................]
.........].[.......
.......]...νδ[.....
...........]...[....
35 ....].υτρ.[..
...........]..ε.[...
...........]....[...
..........]παν̣τ..[
[................]
40 [................]

PHerc. 1021, cr. 1, Kol. 2 = O IV 731

1−2 [eine Vert. erstreckt sich vor den Zeilenbeginnen von Z. 1 bis Z. 2 – viell. Zeichen für Einfügung]   1 Horiz. mittig ‖ α über o geschrieben (viell. nur Korr. des disegno und nicht von P)   2 Vert. mit Fall. oben (ähnlich wie λ,μ,ν,τ)   7 Vert. 8 α oder δ ‖ ε oder θ   9 Horiz. oben   10 Horiz. oben ‖ Vert. ‖ Rund. mit Teil von Horiz. (ähnlich wie ε)   13 Fall. unten

Z. 32 ff. sind nur auf den HSI sichtbar/erhalten. Viell. finden sich schon in den vorangehenden Zeilen und in Z. 39−44 Spuren des Verso.

32 Ti. (Rund.?)   33 des. ‖ Vert. ‖ Vert.   34 Ti. (δ?) ‖ Ti. (Rund.?) ‖ Ti.   35 Ti. (ε?) ‖ Ti. unten (Schräge?)   36 Ti. (Vert.) ‖ Ti. (Rund.?) ‖ Ti. und Vert. (υ wahrs.)   37 Vert. (π?) ‖ Ti. (α?) ‖ Vert. und Ti. (ρ?) ‖ Vert. und Ti. (gleicher Buchst.?)   38 Rund. ‖ α,δ,λ,ν

```
        [.................]
        [.................]
        [.................]
    ....].πε..α....[......
45  .........]......ιον.[
46  ..].τ.ν[...]..[..]..[....
```

44 Ti. (Rund. wahrs.) || Vert. (ρ?) || Vert. || Vert. ||
Vert. || Ti. || Ti.   45 Ti. (blas. κ?) || Ti. (blas. α?)
|| Ti. und Vert. (gleicher Buchst.?) || Rund. || Vert.
und dann Vert. (π?) || Ti. (λ?) || Ti.   46 Rund. (ϲ
wahrs.) || Rund. (ο wahrs.) || Ti. || α oder δ || Ti. ||
Ti.

Viell. standen unter Z. 46 noch eine
oder mehr Zeilen, aber das Disegno
spricht nicht dafür.

Kol. S

⌐[. . . . .]¬
⌐. . . . .] ηκρυφεη¬
⌐ναιδ[. . . . .]πενου¬
⌐δετουπ[.]εμων[.]cκαινο¬

5 ⌐μιζοντοcαυτονδεινε¬
⌐ναιcαυτοιμελλουcιντε¬
⌐θηναιθηκαιcειπερ[.]ωcου¬
⌐τεπροτεροναντ. .[. .]να[.¬
⌐τωιπ. ποτεουτ[.]. .[. . .¬

10 ⌐ουκαφηγηcαμε[. . . . . . . ¬
⌐λοcε. [.]νετοτοιcκο. [. . . .¬
⌐κατατην[. .]ανεν[. . . .¬
⌐καιπα[. . . .]εν[. . . . . .¬
⌐. .]α[. . . .]ετα[. . . . .¬

15 ⌐εμ[. . . . .¬
⌐πιμ[. . . . .¬
⌐καιγε[. . . . .¬
⌐[.]κτω[. . . . .¬
⌐.ραφ[. . . . .¬

20 ⌐.ηcα[. . . . .¬
⌐τομο[. . . . .¬
⌐αζει[. . . . .¬
⌐.]ηνθ[. . . . .¬
⌐πολλ[. . . . .¬

25 ⌐.]ωνο[. . . . .¬
⌐.(.)]cεκτ[. . . . .¬
⌐ειναιφα[. . . . .¬
⌐τωντοι[. . . . .¬
⌐ταχειριcθειcιν[. . . . .¬

30 ⌐. .(.)]φερουcιτι. [. . . . .¬
⌐. . .]ορυcοεν. [. . . . .¬
⌐. .]ενδι[.]νευμεν[. . . . . .¬
⌐περικωμωιδιαcειναικαι[. .¬
⌐κω[.]νcυρυπυλον[]καιτον¬

35 ⌐.[]ηναιονκρατητακαι[. .]ν¬
⌐.(.)]ταναιοναρ[.]εcιλα[. . . .¬

37 ⌐. .]τονκιπ[. . . . .¬

PHerc. 1021 (cr. 4), Kol. S = O IV 724

8 Ti. (?) || Vert.   9 o oder ω || Fall. und Vert. (re. Teil von ν wahrs.) || Fall. oben   11 Vert. mit Verbi. oben || Vert.   19 Ti. (Horiz.?) oben   20 Horiz. oben   30 Vert. mit Horiz. oben (μ wahrs.)   31 Vert. mit Verbi. (nach re.) unten   35 Fall.

Viell. standen unter Z. 37 noch mehr Zeilen, aber das Disegno spricht nicht dafür.

Kol. R ⌜[....................]⌝
⌜[....................]⌝
⌜πα[.₍.₎]ταποιcινου[]τενον⌝
⌜πα.αυτω[]περιενεχθηναι⌝
5 ⌜cυν[..]κ[.₍.₎]θαυμαc[.]ηναι⌝
⌜τοιcα[.₍.₎]να[]οιcαλλακαι⌝
⌜πα..[.].ιcαιτωλοιcαποδε⌝
⌜ταμ[..]ωνκαιτονανδρα⌝
⌜τωνοχ..νκαιτηντου⌝
10 ⌜λογουτα[...].περαντι⌝
⌜..........]διουτου⌝
⌜.............]νδυ⌝
⌜.............]ακαι⌝
14 ⌜.............]cδ[..⌝

PHerc. 1021 (cr. 4), Kol. Q = O IV 723

1–2 [gemäß O am ehesten zwei Zeilen verloren,
aber genaue Anzahl unsicher, vermutlich zwischen 1 und 3 Zeilen]   4 Vert.   7 Vert. mit
Verbi. oben (ρ wahrs.) ‖ Schräge unten ‖ ο,ρ,ω
9 Schräge ‖ θ,ο,ω   10 Fall. und dann Vert. (ν
wahrs.)

Viell./wahrs. standen unter Z. 14 noch
mehr Zeilen.

Kol. Q　⌐[....................]⌐
　　　　　⌐[....................]⌐
　　　　　⌐ται[........]τεν[......]⌐
　　　　　⌐το[..(.)]ον[....]καταφιλοκ.α⌐
5　　　　⌐τηνεγλιπ[.(.)]τονβιον⊤αν⌐
　　　　　⌐τιγονοϲδηγι[.]φειδωτιπ[.]⌐
　　　　　⌐λεμωνοϲτε[.]ευτηϲαντοϲ⌐
　　　　　⌐ο.[.(.)].ηϲδιαι[]εξαμενοϲ[.]⌐
　　　　　⌐τ[....] ατριβ[.]νκαικριθε[..]⌐
10　　　⌐.....]ναιτ[.]ϲηγεμονια[.]⌐
　　　　　⌐.....]ρων[..]ναυτον[..]⌐
　　　　　⌐..........]την[.....]⌐
　　　　　⌐δη[...............]⌐
　　　　　⌐δενιαιϲ[..........]⌐
15　　　⌐..]καιϲ[...........]⌐
　　　　　⌐.........]νδι[......]⌐
17　　　⌐και[...............]⌐

PHerc. 1021 (cr. 4), Kol. Q = O IV 722

4 ρ oder φ || Vert.　　8 Vert. || Ti. (re. Teil von Horiz.?) oben

Viell./wahrs. standen unter Z. 17 noch mehr Zeilen.

Kol. P
```
   ⌐...................]αι⌐
   ⌐.........]τηϲμεντην⌐
   ⌐.........]ιϲπαθεϲι[⌐
   ⌐......]ναϲχρονουϲε[..⌐
5  ⌐............]αιτωϲ⌐
   ⌐[.................]⌐
   ⌐α[.................⌐
   ⌐μετατουπ[.........⌐
   ⌐καϲτηϲευφ[.........⌐
10 ⌐καιϲ.[....]ωϲ[......⌐
   ⌐νοιλλ[....]πριτ[.....⌐
   ⌐παιει[...]ει[........⌐
   ⌐αι[.]ϲϲι[...]ειϲ[........⌐
   ⌐δημει[.]υτ[........⌐
15 ⌐ριτηϲ.[...]δ[........⌐
   ⌐ωϲε[.....]`αϲ´τρ[........⌐
   ⌐τινε[.]γροφ[.........⌐
   ⌐τωνεν[]υικ[.........⌐
   ⌐λοϲοφαιν.ο[.........⌐
20 ⌐νεκαιπαρεα[.........⌐
   ⌐ϲωματοποιε[.........⌐
   ⌐νειπεινχαλετι[........⌐
   ⌐τηϲαικαιπικροϲ[.]υτ[...⌐
   ⌐.]μδ.αριτιμειγνυϲ[....⌐
25 ⌐..]ειϲπανιονειναι.[...⌐
   ⌐μεναυτοϲτιϲ[]ϲυγτρα[...⌐
   ⌐.πεϲτηιτηγεϲομενην[⌐
   ⌐.]ωραντ[[α]]`η´ϲαλλοτριολον[⌐
   ⌐[.................]⌐
30 ⌐............]με[...⌐
31 ⌐......]και[........⌐
```

PHerc. 1021 (cr. 5?), Kol. P = O IV 721

1 [viell. noch eine oder mehr Zeilen vor Z. 1 ver-
loren] 10 Vert. 15 Teile von Vert. 19 Vert.
mit Fall. oben (λ oder μ?) 23 Vert. mit Haken
unten 25 Vert. 27 α,δ,λ 28 viell. nur Korr.
des disegno und nicht von P

Viell./wahrs. standen unter Z. 31 noch
mehr Zeilen.

Kol. O ⌜[....................]⌝
       ⌜[....................]⌝
       ⌜[....................]⌝
       ⌜....]ρεδις[..]τ[...]ε[....⌝
5   ⌜....]τηςκ[.....]λλω[..⌝
       ⌜....]κουλων[........⌝
       ⌜....]δηκεις[.........⌝
       ⌜....]ακсυ[...........[⌝
       ⌜.....]δεχ[...........⌝
10   ⌜.....]υδ[..].η[.......⌝
       ⌜......]υκ[..]δα.[.....⌝
       ⌜....]τουμετ.π[.......⌝
       ⌜...].γατυαλος[.......⌝
       ⌜....].αιδοιας[.......⌝
15   ⌜γ.[..]ςανεν[.........⌝
       ⌜δ[....]ωριμω[........⌝
       ⌜τεκα[]ατταλος[..]ας[.....⌝
       ⌜.]αςτλεισετελευ[....(.)]α.[.⌝
       ⌜τωμ[]οςμενιςατα[......⌝
20   ⌜.]ονςδαδελφοςευβουλ[..]ε⌝
       ⌜παρις[.]οφωντοςτου[....⌝
       ⌜οελιτβιτονο.[.]φεςιοςευβο.⌝
       ⌜λοςκαιοερυθραιοςε[.]α[.]ε⌝
       ⌜ξανδ[.]ουςυοгςδη[.....⌝
25   ⌜καιτατομ[..(.)]ηιμενον⌝
       ⌜τετταρε.κριςτων[....⌝
       ⌜μενεφεςιοςοδεμαλλς[..⌝
       ⌜οδεκαρχηδονιος᾿ο῾δε[...⌝
       ⌜ος ᵀςυνεις[...]καιτους[...⌝
30   ⌜ευβωυλου[..(.)]τελευτηςс[.⌝
       ⌜καταρχοντα.εξανδ.[.⌝
       ⌜απολλωνιοςδοτηλ.[...⌝
       ⌜ουςμαθητης[.]α.ν[....⌝
       ⌜φως[]υπο[..(.)].μ[.......⌝
35   ⌜ςχο.[....(.)]του[........⌝
       ⌜πλας[.....]ν[........⌝
37   ⌜.]εχε[.............⌝

PHerc. 1021 (cr. 5?), Kol. = N O IV 720

10 Fall.   11 Vert.   12 o mit Halbkreis darüber
13 η oder μ   14 Ti. oben (Schräge?)   15 α oder
δ   18 Vert.   22 Ti. (Horiz.?) unten und Ti.
(Schräge?) oben ‖ λ oder χ   26 Vert.   31 Fall. ‖
η,κ,ρ   32 Rund.   33 Vert.   34 Schräge/Rund.
(re. Teil von η wahrs.)   35 Schräge unten

Viell. standen unter Z. 37 noch eine
oder zwei Zeilen.

Kol. N

⌐[....................]⌐
⌐[....................]⌐
⌐χοναυτο[............⌐
⌐κατενκατ[..]ευα[...]δϲ⌐

5   ⌐αυτουτωναιτ[..]ατων⌐
⌐περ[.]εˋcˊπαϲενδιοτουτωμεν⌐
⌐ουκ[...]λιπετελευ[.]ων⌐
⌐τη[.]διατριβηναλλο[.]..[⌐
⌐.]ωχρειονο[..]κεχων[....⌐

10   ⌐ϲιν[.].ωτηϲτ[..]τ.ν[....⌐
⌐τω[.]αιπερι[...]ημεν.[...⌐
⌐ων[......]αθηταϲε.[..⌐
⌐καιαπολμενιονκυ[......⌐
⌐α.καικλεεκριτονκα[]αριϲ⌐

15   ⌐τωνακαιαριϲταγορανϲαλα⌐
⌐.ιονκαιθηρινεκαλεταν⌐
⌐δρειαϲουμα[.].τηϲεγενετο⌐
⌐διωνοθραξ[.]υδιονυϲοδ[.⌐
⌐ροϲζμυρνα[....]οντιχο[.⌐

20   ⌐κυτηναιδε[.]ωκρατ[.].αυ⌐
⌐δαιδϲ·υπα[..]ωματ[.....⌐
⌐ν.ιϲπολλ[..]ενι[......⌐
γραψαϲα.[...]εντ[.....⌐
⌐ανδρωι.[............⌐

25   ⌐δεαυτον[............⌐
⌐χεναυ[.............⌐
⌐τοδε[..............⌐
⌐[...................]⌐

29   ⌐[...................]⌐

PHerc. 1021 (cr. 5?), Kol. N = O IV 719

8 α oder δ ‖ α oder δ   10 Fall. und Vert. (η oder ν? zwei Buchst.?) ‖ Rund. mit Rund. oben (ω wahrs.)   11 Rund.   12 λ,μ,ν   14 Vert. 16 zwei Vert. (zwei Buchst.?) ‖ Vert. und Fall. (ν wahrs.)   17 Ti. mittig (Fall.?) und Vert.   20 Rund./Schräge   22 Rund. (o) mit Rund. oben 23 τ oder υ

Viell./wahrs. standen unter Z. 29 noch mehr Zeilen.

Kol. M ⌜[.....................]⌝
⌜[.....................]⌝
⌜[.....................]⌝
⌜...............]ταυ[⌝
5 ⌜πλα[..........]οϲδια⌝
⌜..............].ηκα[⌝
⌜..............].αω.[⌝
⌜[.....................]⌝
⌜..............]με[..]υϲ[⌝
10 ⌜διαδοχουϲ.ετοιτουϲκα.[⌝
⌜λιπωνενε[.]ϲειλεοντεακαι⌝
⌜δημωνακυ.ηναιονκλιδη⌝
⌜μητριον[..].ιτηνφωκα⌝
⌜ε`.υϲ′[]τογαρχ[....]ευβουλουϲ⌝
15 ⌜ωνομονανγην[.]`ϲοοϲ′[..].νε⌝
⌜ρυθραιοϲ.δεκαλ[......]ϲ⌝
⌜εφεϲιοϲκαιμλϲχ[.......⌝
⌜λωτηνκαια.η[]εμ[....⌝
⌜κ[.]..υδ[.............⌝
20 ⌜και.η.[.............⌝
⌜ωνα[................⌝
⌜τουκαι[.............⌝
⌜ολιγονο.[..........⌝
⌜...]διο[.............⌝
25 ⌜....]ει[.............⌝
⌜...]ουϲμϲτα[.........⌝
⌜...]δε[.............⌝
⌜τον[.]ομουκαταν[.......⌝
⌜δην[..]νουϲου[........⌝
30 ⌜κατα[..]τω[..........⌝
⌜ποι[.....].τη[........⌝
⌜τηϲ[....]ουδια[........⌝
⌜.].λ[....]ατων[........⌝
⌜.]ϲν[....].ϲτην[........⌝
35 ⌜]μϲιλ[....]δουδ[........⌝
⌜........]τηϲ[........⌝
⌜[.................]⌝
⌜[.................]⌝
⌜[.................]⌝
40 ⌜[.................]⌝

PHerc. 1021 (cr. 5?), Kol. M = O IV 718

6 μ oder ν   7 μ oder ν ‖ Vert./Rund. (sieht wie Klammer aus)   10 Vert. unten und Schräge oben   12 Vert.   13 Fall. unten (λ wahrs.)   14 Schräge und dann Fall. und dann Vert. (zwei Buchst.? ω?)   15 Vert.   16 Rund. unten   18 Vert. oben   19 Vert. ‖ Ti. (Horiz.?) oben   20 Ti. oben ‖ Vert. mit Fall. (ähnlich wie li. Teil von ν oder λ)   23 Vert.   31 Horiz./Rund. oben und dann (leicht gerund.) Vcrt. (υ wahrs.)   33 Vert. 34 Rund. (ε,θ,ο wahrs.)

Viell. standen unter Z. 40 noch mehr Zeilen, aber das Disegno spricht nicht dafür.

Endversion (*PHerc.* 164)

PHerc. 164: 33 Fragmente

∵

Abkürzungen – Endversion

P	*PHerc.* 164
N¹	*Neapolitanisches Disegno* zu *PHerc.* 164 von Francesco Casanova (frg. 1–6)
N²	*Neapolitanisches Disegno* zu *PHerc.* 164 von Carlo Orazi iunior (frg. 1–16)

cr.	'cornice'
pz.	'pezzo'

Für die Abkürzungen in der Spurenbeschreibung siehe *PHerc.* 1691/1021

frg. 1   ....]⌐καιτου⌐

        ....]⌐τουcπαι⌐

        ....]⌐τανυπω⌐

    ....]⌐ν⌐[...]⌐ναcεν⌐[..

5   .]⌐κεαδ⌐[...]⌐ϛκοκ⌐[...

   ...]⌐να⌐[.]⌐αφ⌐[.]⌐κον⌐[...

   .]⌐αυεκγω⌐[.]⌐ω⌐[.]⌐ηντα⌐[..

   .]⌐επιγδ⌐[...]⌐ερω⌐[]⌐αιτε⌐[

   ..]⌐ινατι⌐[..]⌐κευειν⌐[

10   ⌐αγειρε⌐[.]⌐αυ.⌐[]⌐εργειαν⌐[

   .]⌐προcχρ⌐[..]⌐γων⌐[.]⌐νειταυ⌐

12   ..]⌐cδεο⌐[.(.)]⌐προc⌐[..]⌐απε⌐

      . . .

      . . .

frg. 2]⌐ην⌐[...]⌐αλ⌐[.]⌐εντα⌐[

   ]⌐ταcο⌐[....]⌐φ..ε⌐[

   ]⌐να⌐[..]⌐cουμ⌐

   ]⌐τονεοιεγωcε.⌐[

5   ]⌐παρcα[.]ινουδα⌐[

   ]⌐δινεια⌐[.]⌐υδετερα⌐[

   ]⌐ιν⌐[...]⌐ντ⌐[.]⌐.δετερ⌐[

8   ]⌐ελλ⌐[.]⌐φαι⌐[.]⌐δαλα⌐[

frg. 3   .c.[

   ]..[

   ].τω[

   ].οιcβ.[

5   ].αρε.[

6   ].[

    . . .

Nur Disegno erhalten = frg. 5 N^1 = frg. 2 N^2 = Dorandi frg. 7

10 Horiz. oben   11 υ N^1: τ N^2

Da keine signifikanten Unterschiede zwischen N^1 und N^2 bestehen, ist nahezu sicher, dass N^2 direkt von N^1 und nicht von P kopiert wurde. Die Anmerkung in N^2 unter dem frg. „non esiste l'originale" spricht ebenfalls dafür. Die Nummerierung der Fragmente auf der cornice folgt N^2 und am unteren linken Rand steht: „I frammenti 2 e 3 non esistono gli originali". Viell. gehört das frg. auch nicht zu *PHerc.* 164 (siehe Kommentar).

Nur Disegno erhalten = frg. 6 N^1 = frg. 3 N^2 = Dorandi frg. 8

2 Vert. || Vert.   6 Horiz. oben

Da keine signifikanten Unterschiede zwischen N^1 und N^2 bestehen, ist nahezu sicher, dass N^2 direkt von N^1 und nicht von P kopiert wurde. Die Anmerkung in N^2 unter dem frg. „non esiste l'originale" spricht ebenfalls dafür. Die Nummerierung der Fragmente auf der cornice folgt N^2 und am unteren linken Rand steht: „I frammenti 2 e 3 non esistono gli originali". Viell. gehört das frg. auch nicht zu *PHerc.* 164 (siehe Kommentar).

PHerc. 164, cr. 1, frg. 1 sup. sin. = frg. 1 sin. N^2 = frg. 1 Dorandi

1 Ti. unten || o oder ε P: Vert. N   2 Ti. || Ti.   3 Ti. (Haken?) oben   4 re. Teil von Horiz. oben || Fall. oben   5 Horiz. mittig, berühr. leicht gerund. Vert. (θ möglich) P: ε N || Vert. mit Verbi. oben (μ oder ν wahrs.)   6 Ti. (Horiz.?) oben und dann unten P

frg. 4   . . .

].ιμ[
].νπλατ[.]ν.[
].[.]ϲπευ..γ[
].ο.ε[
5].λαπ....[
6]αιπο[
    . . .

PHerc. 164, cr. 1, frg. 1 inf. sin. = frg. 5 Dorandi

1 α,δ,ρ wahrs.   2 Vert. || ε oder ο   3 μ,π,τ || Ti. mittig/oben (kleiner Buchst.) || α,δ,λ   4 re. Fuß von Buchst. || γ, μ, π wahrs.   5 α,δ,λ,χ || α oder λ || Ti. || Ti. || α,δ,λ,χ

frg. 5   . . .

]γω.[
2]νεϲ...[
    . . .

PHerc. 164, cr. 1, frg. 1 med. = frg. 3 Dorandi

1 Ti. unten   2 Ti. unten und dann oben || Ti. || Ti.

frg. 6   . . .

..........]ηϲ⌐ν⌐ον.
.........]⌐λ⌐οναιπο
..........]...ενϲπιν
4 ....]⌐χ⌐αιϲτον

PHerc. 164, cr. 1, frg. 4 inf. = inf. 4 sup. N² = frg. 9 Dorandi

1 ν N²: Ti. und dann Vert. P || Ti. unten   2 λ N²: Fall. P   3 Ti. oben || Ti. oben || Vert. oben   4 χ N²: Schräge oben und Ti. unten (ϲ oder χ wahrs.) P

frg. 7 ....]λαο[]χαλ...εν..
..]η.αιοϲ..ο⌐λ⌐αοϲ
.(.)].εντωι.[..]δειπνωι
.........]⌐τ⌐ορειϲπευ
5 ....].αϲτ.ραν
6 ....].ον..η
    . . .

PHerc. 164, cr. 1, frg. 5 sin. et frg. 6 dext. (suppos.) = frg. 5 sin. et frg. 6 dext. N² (suppos.) = frg. 12 Dorandi

1 χαλ⁻¹ || Ti. mittig ⁻¹ || Ti. unten⁻¹ || Fuß von Buchst. und dann re. Teil von Horiz. oben (γ oder τ wahrs.)⁻¹ || Vert.⁻¹ || Ti. unten⁻¹   2 μ oder ν || Ti. oben || Ti. oben⁻¹ || ο⁻¹ || λ N²: α,δ,λ P ⁻¹ || αοϲ⁻¹   3 Ti. (Rund.?) oben || Vert. || δειπνωι ⁻¹   4 τ N²: γ oder τ P ⁻¹ | ορειϲπευ ⁻¹   5 Ti. unten⁻¹ || αϲτ⁻¹ || α,λ,χ ⁻¹ || ραν ⁻¹   6 γ oder τ⁻¹ || ον ⁻¹ || ε oder θ⁻¹ || Ti. oben und dann Teile von Vert. (ν möglich) ⁻¹ || η ⁻¹

frg. 8   . . .

]ρι[
2]λε[
    . . .

PHerc. 164, cr. 1, frg. 1 inf. med. = frg. 4 Dorandi

frg. 9

. . .
]. . . .[.]τη[
2]κ̣αcτ[
. . .

PHerc. 164, cr. 1, frg. 1 inf. dext. = frg. 6 Dorandi

1 Ti. unten || Ti. (κ möglich) || Ti. (Rund.?) unten || Ti.

frg. 10a

]ε. .ω̣[
]πο[.]ου[
]cι̣νυ̣cτ.[
]cθαιμη[
5].ιν[
. . .

PHerc. 164, cr. 1, frg. 1 sup. dext. = frg. 1 dext. N² = frg. 2 Dorandi

1 π oder τ || Ti. unten 3 ε,θ,ο,c 4 re. Teil von Horiz. oben || Fall. oben 5 Ti. oben und dann unten (ε möglich)

frg. 10b

. . .
]. .[
]ε̣[]⸢τ⸣α.[
3]ωι⸢δ⸣α[
. . .

PHerc. 164, cr. 1, frg. 4 sup. = frg. 4 sup. N² = frg. 10 Dorandi

1 Rund. || Fall. unten 2 τ N²: β oder τ P || Ti. unten 3 δ N²: δ oder λ P

frg. 10c

. . .
. .]. . .[. . . . .
2 κ̣λε.[. . . . .

PHerc. 164, cr. 1, frg. 4 inf. dext. =

[ca. sechs vorangehende Zeilen sind nicht transkribiert, da zu zerstört und Stratigraphie unsicher] 1 Ti. (Teil von Horiz. oder Haken?) oben || Ti. unten (re. Fuß?) || π oder τ 2 Ti. unten

frg. 11

[. . . . .]
]⸢α⸣μ̣αδ⸢η⸣[
]⸢couλε⸣.[
]π̣⸢c⸣[
5]⸢ε⸣[
. . .

PHerc. 164, cr. 1, frg. 6 sin. = frg. 6 sin. N² = frg. 11 Dorandi

2 α N²: Ti. mittig P || η N²: Ti. unten P 3 c N²: c,π,τ P || ο N²: ε,θ,ο P || υ N² || λ N²: Ti. P || ε N²: Ti. oben P || Horiz. oben 4 c N:² Vert. mittig und dann Ti. oben P 5 ε N²

frg. 12   ]ονδεδιων[..].[
           . ...].ενουτητιτ[...].[
           ...(.)]χαιδιονυϲιονμεν[
           .κ⌐ο⌐α .οντοϲαυτο.[..
5   μετ ..[]λυνχρονον[
6   ].εν...[
                . . .

PHerc. 164, cr. 1, frg. 5 dext. (suprapos.) et frg. 6 sin. inf. = frg. 5 dext. (suprapos.) et frg. 6 sin. inf. N² = frg. 11 et 13 Dorandi

1 ονδεδιων⁺¹ || **Ti. unten⁺¹**   2 re. **Vert.**⁺¹ || ενουτητιτ⁺¹ || **Ti.**⁺¹   3 χαιδιονυϲιονμεν⁺¹   4 ε,θ,ο,ϲ || ⌐ο⌐ N²: β (oberer Teil scheint auf frg. 6 sin. ⁺¹ zu sein) oder o P || **Ti. (Teile von Fall. möglich)⁺¹** || οντοϲαυτο⁺¹ || **Ti. oben⁺¹**   5 **Ti. mittig (Teil von α?)** ⁺¹ || **Ti.**⁺¹ || λυνχρονον⁺¹   6 Ti. || o oder ϲ || Vert. || Ti. unten (Schräge?)

frg. 13   . . .
           ].ε...[
           ]αθηναϲ[
           ]γτοϲ⌐α[
           ].ετοχρε[
5   ].λωϲε.[

PHerc. 164, cr. 1, frg. 7 sin. = frg. 7 N² = frg. 14 Dorandi

1 Ti. mittig und dann Vert. (η oder ν?) || Vert. unten || Rund. || Ti. unten   4 Ti. (Fuß?) unten   5 α oder λ || Ti. oben

frg. 14   . . .
1   ]..εδ..[

PHerc. 164, cr. 1, frg. 7 med.

[ca. fünf vorangehende Zeilen sind nicht transkribiert, da zu zerstört und Stratigraphie unsicher – ινα ist in Mitte lesbar]   1 Vert. mit Verbi. oben || Ti. oben || o oder ε || Horiz. unten (δ möglich)

frg. 15   . . .
1   ]ε.[
           ].ω.[
3   [..............]

PHerc. 164, cr. 1, frg. 7 dex. = frg. 15 Dorandi

[ca. drei vorangehende Zeilen sind nicht transkribiert, da zu zerstört und Stratigraphie unsicher]   1 α,δ,λ   3 Ti. unten || Ti. unten

frg. 16   [..............]
           ]δ.ϲ[
           ]δακο[
4   ]...[
           . . .

PHerc. 164, cr. 1, frg. 8 dext. = frg. 8 dext. N² = frg. 16 Dorandi

[das frg. scheint ein *Sottoposto* zu sein]   2 Vert. mit Verbi. mittig   4 ν,αι,δι,λι || Ti. || Ti.

frg. 17   ].[
                   ]ς[.].χι.[
                   ].⸢ρ⸣ο̣⸢φ⸣[
                   ]ε.ε.[
                   ]εδε[...]βη⸢c⸣[
5   · · ·

PHerc. 164, cr. 1, frg. 8 med. = frg. 8 sin. N² =
frg. 16 Dorandi

1 Ti. unten   2 Ti. unten   3 Vert. || ρ N²: Ti. oben P ||
φ N²: Rund. mit Teil von Vert. oben (φ wahrs.) P   4 Ti.
unten/oben (Teile von Horiz.?) || Ti. oben   5 [unsi-
cher, ob εδε zu dieser Zeile oder and. Lage/Kol. gehört]
φ N²: li. Teil von Rund./Dreieck (φ?) P

frg. 18   ]..[
                   ]..[.]ηιδ̣..[
3   ]..χ[
                      · · ·

PHerc. 164, cr. 2, frg. 9 sin. = frg. 9 sin. N² = frg.
18 Dorandi

1 Ti. unten (und oben?) || ε,θ,ο,c   2 Ti. oben || α,δ,λ ||
Ti. || Vert.   3 Ti. oben || ε,θ,ο,c

frg. 19   [..............]
                   [..............]
                   ].εαλ[
                   ]....[
5   ].εθαι[
6   ].⸢χ⸣ρι[
                      · · ·

PHerc. 164, cr. 2, frg. 10 dext. = frg. 10 dext. N²

3 Ti. oben   4 Schräge oben || Schräge oben (α,δ,λ?) Ti.
unten || Ti. unten (viell. zum vorigen Buchst. gehörig)
5 Rund. unten   6 Rund. oben || χ N²: Fall. unten P

frg. 20   ⸢π⸣αρ.[.........
                   το[...........
                   φο⸢γα⸣[..........
                   τω[.............
5   χλ⸢ειδ[.........
                   πιτηδ[.........
7   .]τ.[............
                      · · ·

PHerc. 164, cr. 2, frg. 10 dext. = frg. 11 sin. N² =
frg. 3 sin. N¹ = frg. 21 Dorandi

1 π N¹ N²: Vert. P || Ti. unten/mittig/oben (ε?)   3 γ N¹:
Vert. P || α N¹   5 ε N¹ N²: Ti. (Rund.?) unten P || ιδ N¹
7 ε,θ,ο,c

frg. 21   .   .   .

      ]..[
      ]...[
      ]με.[
      ]α[].[
5   ].[.....]αχ.[
      ]ωιδ[
      ] .c.[.....]ω.[
8   ].ινεc[.....]..ν[

PHerc. 164, cr. 2, frg. 11 med. = frg. 11 dext. N² = frg. 3 dext. N¹ = frg. 32 Dorandi

Stratigraphie teils unsicher. Viell. gehören die Enden vom unteren Teil zur nächsten Kolumne.

1 Ti. || Ti.   2 Ti. (Rund.? o?) || Vert. (?) und Fall. (ν?) || Ti. oben   3 Ti. mittig (selbe Lage?)   4 Ti. oben (ν?) 5 Ti. oben || ε,θ,o,c   7 Ti. mittig (ε?) || Ti. unten || Vert. unten   8 α,δ,χ,λ || Ti. || Ti.

frg. 22   .   .   .

      ] .μενα[
      ]ει....[
      ].δ.ικα[
      ]θουμετα[
5   ]αcεωc[
      ]τεαθην[
      ]οκρατˋιˊ[
8   ] .ι.[...]ε.[

PHerc. 164, cr. 2, frg. 11 sin. = frg. 11 med. N² = frg. 3 med. N¹ = frg. 33 Dorandi

1 ε oder o   2 Rund. || Schräge || Ti. || Ti.   3 Fall. unten (α,λ λ wahrs.) || ε oder o   7 ι O: Teil von Vert. P   8 α,δ,λ || Teil von Dreieck oben (α möglich) || Vert.

frg. 23a   ..].[....]ˋˊˋ .ˋχαιδηχθε.
      ]ˋαˋποθανεινᵀλε
      ]νθρωποcκαι
      ]ναμαθητην
5   ]ˋπˋολˋιˋτηνγεγο
6   ]ˋδoˋc
       .   .   .

PHerc. 164, cr. 2, frg. 9 dext. = frg. 2 N¹ = frg. 9 dex. N² = frg. 19 Dorandi

1 α,δ,λ || Vert. N¹N² || Ti. oben   2 α N¹: λ N²   5 π N¹N²: Ti. oben P || ι N²: Ti. mittig P   6 δo N²: Fall. oben, Rund. P

frg. 23b   .   .   .
1   ]ανoν[
       .   .   .

PHerc. 164, cr. 2, frg. 10 sin = frg. 10 sin. N²

1 Ti. oben

frg. 23c   .   .   .
1   ].γρα[
       .   .   .

PHerc. 164, cr. 2, frg. 10 sin

[Buchst. viell. von Zeile, die frg. 23a folgt]   1 Ti. oben

frg. 23d   . . .

1   ]...cᴿε¹[

      . . .

PHerc. 164, cr. 2, frg. 10 sin = frg. 10 sin. N²

[Lage unsicher, vielleicht dieselbe Zeile wie frg. 23b]
1 Ti. unten und Rund. oben || Ti. unten || Ti. unten || ε
N²: ε,ο,c P

frg. 23e   . . .

1   ]αᴿc¹[

      . . .

PHerc. 164, cr. 2, frg. 10 sin = frg. 10 sin. N²

Lage unsicher   1 c N²: ε,θ,ο,c P

frg. 24   . . .

      ] . [

2   ]δ̣![

      . . .

PHerc. 164, cr. 2, frg. 14 inf. sottop. = frg. 14 N²
= frg. 23 Dorandi

1 Ti.

frg. 25   . . .] .υτ̣.π̣.[. . . .

      . . .] .περασιακον̣ . [

      . . .] .ιαρχοϲφηϲιν

      . . .] . .γταᵀαλλατε

5   . . .] . ᴿε¹[]ξαμενοϲδια

      . . .] .ọ̣ .μηϲε̣ργαχ̣ . [

7   . . . .]ᴿc¹ε̣ᴿη¹[. .

      . . .

PHerc. 164, cr. 2, frg. 12 dext. = frg. 12 N² = frg.
22 Dorandi

1 Fall. || Rund. (ε,c wahrs.)   2 Ti. unten/oben || Rund.
3 re. Fuß von Buchst.   4 Ti. (Vert.?) unten || ε,θ,ο ||
(spatium wahrs., aber P teils zerstört)   5 Fall. oben
6 Horiz. oben || α,δ,λ || α,δ,λ   7 c N²: Rund. oben P || η
N²: Vert. mit Verbi. (Fall.?) oben (ν möglich) P

frg. 26   . . .

      . . . .] . .ατ . . . [.] .ε̣ϲ

      . .] . . .χαι̣ .αϲγ . . [. .

      . . .] . [.] .ναιᵀ . . . . . .ϲ

4   . . .] .ọνλεγ[. (.)]φιλο[. .

PHerc. 164, cr. 2, frg. 14 sin. = frg. 14 N² sin. =
frg. 24 Dorandi

1 Vert. || μ oder ν || Ti. || Vert. || Ti. || Ti. unten   2 Horiz.
oben || Vert. || Vert. || Ti. oben || Ti. unten   3 Horiz.
unten || Schräge oben || [kleines spatium] || Ti. oben
|| Ti. unten || Ti. unten || μ oder ν || Teil von Vert. || Ti.
unten und dann Fall. unten   4 Teil von Horiz. oben

frg. 27   ] . . [. . . .]αυ[

      ] .ọν[. . . .]ε̣γ[.] . [

3   ] . .ε̣[

      . . .

PHerc. 164, cr. 2, frg. 12 dext. = frg. 25 Dorandi

Stratigraphie teils unsicher.

1 Ti. oben || Ti. oben   2 Ti. || Rund. unten (and. Kol.
oder Lage?)   3 γ oder τ || γ oder τ

frg. 28   τ.[. . . . .
        γετοδε̣[. . . . .
        τιναχρ[. . . . .
        τροφη[. . . . .
5   ρειται.[. . . . .
6   .].̣.α̣[. . . . .
          · · ·

PHerc. 164, cr. 2, frg. 13 sin. = frg. 13 sin. N² =
frg. 26 Dorandi

1 o oder ω   5 Horiz. unten   6 Ti. oben || Ti. oben

frg. 29 . . . .].[.].[. . . . .
        . .].εc.[. . . . .
        .].cμεν.[. . . . . . .
        .]αιοντιχ[. . . . . .
5   .].διανκ.[. . . . . .
        .]αγραφ.[. . . . . . .
7   . . . .]αι.[. . . . .
          · · ·

PHerc. 164, cr. 2, frg. 13 dext. = frg. 13 dext. N²
= frg. 27 Dorandi

1 Ti. oben || Ti. (Schräge?) oben   2 Fuß unten || ε,θ,ο,c
3 Ti. oben || ε,θ,ο,c   5 Fall. unten (re. Fuß) || Schräge
unten   6 α,δ,λ   7 o oder c

frg. 30a   · · ·
        .].[. . . . .
        . . .[. . . . .
        διω[. . . . .
        c̣ονγ[. . . . .
5   χ[.].[. . . . .
6   .].o.[. . . . .

PHerc. 164, cr. 2, frg. 15 sin. = frg. 28 Dorandi

Anmerkung auf cornice unter frg. 15: „Il fram
15 distrutto il foglio".

1 Ti.   2 Ti. || Ti. unten || Vert. (leicht gerund.?)   5 Ti.
oben || ε,θ,ο,c   5 Vert. unten   6 Ti. || Vert. oben

frg. 30b   · · ·
        ]τ.[
        ].[
        ]εγ. .[
        ].[
        ] .τ[
5   ]ομ.[

PHerc. 164, cr. 2, frg. 15 med.

Anmerkung auf cornice unter frg. 15: „Il fram
15 distrutto il foglio". Stratigraphie teils unsicher.

1 Ti. mittig   2 Ti. || Ti. unten   3 Rund. || Vert. oben
4 Ti. || Ti.   5 Ti. (Vert.?)   6 Ti. oben

frg. 30c   . . .

        ]̣.ροις[

        ].α̣.ο.[

3   ]..[

        . . .

PHerc. 164, cr. 2, frg. 15 dext.

Anmerkung auf cornice unter frg. 15: „Il fram
15 distrutto il foglio". Stratigraphie teils unsicher (viell. etwa 4 Zeilen zu unterem Rand)

1 α,δ,λ   2 θ oder ρ || Ti. oben (kleiner Buchst. wahrs.)
|| Ti. oben   3 Ti. (Teil von Vert.?) || Rund. unten

frg. 31   ]⌈καιπολλοιμεν⌉[

         ]⌈τανοιομουδε⌉[

         ]⌈ριοαυτονοντοι⌉[

         ]⌈διατριβηντελει⌉[

5   ]⌈τ⌉[..]⌈σειλα⌉[.(.)]⌈με⌉[

        . . .

Nur Disegno erhalten = frg. 15 N² = frg. 4 N¹ =
frg. 29 Dorandi

Anmerkung im Disegno unter frg. 15: „Non
esiste l'Originale".

frg. 32   ....].̣.̣

         ....]λο̣υ̣

         ....].ν

4   ....]φω̣

        . . .

PHerc. 164, cr. 2, frg. 16 sin. = frg. 16 sin. N² =
frg. 30 Dorandi

Viell. stand eine weitere Zeile über Z. 1.

1 Ti. unten || Vert. (mit Verbi.? zum vorigen Buchst.
gehörig?)   3 Ti. mittig und dann unten (wahrs.
Rund.d – ε wahrs.)

frg. 33   γραφειγ[.......

         ροντησα⌈ι⌉ω[......

         τοδε⌈ι⌉.ναι.⌈ε⌉[....

         ηττονεινα[......

5   .[..]δοκε.[.......

        . . .

PHerc. 164, cr. 2, frg. 16 dext. = frg. 16 dext. N²
= frg. 31 Dorandi

Viell. stand eine weitere Zeile über Z. 1.

2 ι N²: Vert. unten (aus Raumgründen γ oder ρ wahrs.er
als ι)   3 ι N²: Ti. oben P || Fall. oben (α ?) || Ti. unten
(Rund.?) || ε N²: Rund. unten und Ti. oben P   5 Vert.
unten

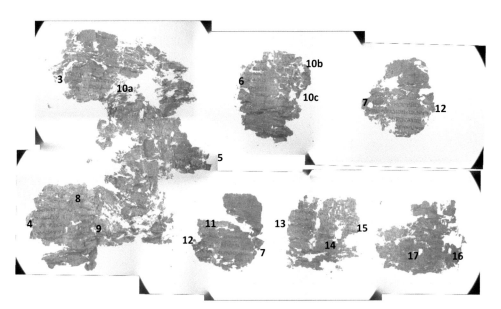

PHerc. 164, cornice 1 – MSI

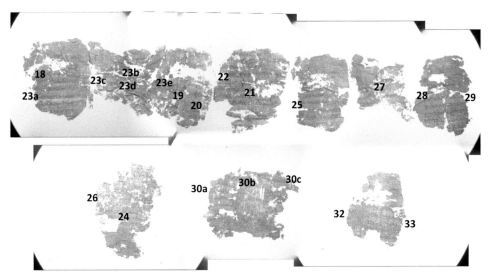

PHerc. 164, cornice 2 – MSI

Frg. 1,2,31 von *PHerc.* 164 sind nur in den Disegni erhalten

TEIL V

Varia und Fallstudien

∵

KAPITEL 1

Zeichen/Verweise im Papyrus, Voluten und andere Daten

1.1 Zeichen/Verweise im Papyrus

In dieser Tabelle sind nur die Zeichen zusammengetragen, von denen Spuren im Papyrus oder in den Disegni erhalten sind (also bspw. keine *paragraphoi*, die nur aufgrund eines *spatium* ergänzt wurden). Die ϲτιγμαί (siehe **I 8.1**) sind nicht aufgenommen.

Kolumne	Zeichen/Verweis	Bedeutung/Anmerkung
b,24	*paragraphos* (unsicher)	
2,4	*paragraphos*	Quellenwechsel – kein *spatium*, stattdessen „Doppelpunkt"
2,38	*paragraphos*	Quellenwechsel
2,38	Verweis auf Verso	Das β meint entweder zwei Nachträge oder den zweiten Nachtrag oder nur das Verso
6,27	*paragraphos* (oder *Dipleobelismene*)	Sinnabschnitt (Wechsel von Platon zu Speusipp)
6,38	*paragraphos*	Ende des Abschnitts/Epigramm – evtl. kein *spatium*
6,39	*paragraphos*	Neuer Abschnitt/anderes Exzerpt aus Philochoros
8,11	*paragraphos*	Sinnabschnitt; (fiktiver) Quellenwechsel
8,17	*paragraphos*	Sinnabschnitt; (fiktiver) Quellenwechsel
8,22	Verweis auf Nachtrag unterhalb	Vermutlich stand noch etwas vor κάτω
8*,7	*paragraphos*	Sinnabschnitt und vermutlich Quellenwechsel
8*,17	*paragraphos*	Sinnabschnitt und Quellenwechsel
8*,24–25	Senkrechte Linie am linken Rand	Oberes „Transpositionszeichen" – Der untere zu Polemon gehörende Kolumnenabschnitt sollte nach Kol. 12 erscheinen
8*,45	*paragraphos*	Kein spatium, aber Hochpunkt – Sinnabschnitt

© KILIAN FLEISCHER, 2023 | DOI:10.1163/9789004546547_015

(*fortges.*)

Kolumne	Zeichen/Verweis	Bedeutung/Anmerkung
8*,46–47	Nach rechts offener Haken am linken Rand	Unteres „Transpositionszeichen" – Der untere zu Polemon gehörende Kolumnenabschnitt sollte nach Kol. 12 erscheinen
10,11	*paragraphos*	Inhaltlicher Wechsel
10,33	*paragraphos*	Inhaltlicher Wechsel und Quellenwechsel (Philodem redet)
10,40	Verweis auf Nachtrag unterhalb	κάτω
11,7	*paragraphos*	Markiert den Beginn des Zitats aus neuer Quelle
12,39	Nach rechts offener Haken am linken Rand	Anzeige der Tilgung der Dublette in Kol. 12
13,10	*paragraphos*	In *Oxforder Disegno* vollständig erhalten
14,3	*paragraphos*	Sinnabschnitt
14,45	*paragraphos*	Sinnabschnitt
15,3	*paragraphos*	Sinnabschnitt (Zitat)
15,46	Nach rechts offener Haken am linken Rand	Funktion unklar
16,9	*paragraphos*	Sinnabschnitt
16,15	*paragraphos*	Sinnabschnitt
16,32	*paragraphos*	Sinnabschnitt
16,40	*paragraphos*	Sinnabschnitt
Verlorene Kolumne nach Kol. 16 (Z. 24)	*paragraphos*	unklar
18,7	*paragraphos*	Sinnabschnitt
19,9	*paragraphos*	Sinnabschnitt
20,1	*paragraphos*	Nur in *Oxforder Disegno* (Fehler?)
20,3	Verweis auf Nachtrag unterhalb	κάτω
21,1	*paragraphos*	Sinnabschnitt
22,17	*paragraphos*	Sinnabschnitt
22,37	*diple obelismene*	Sinnabschnitt und vermutlich Quellenwechsel
23,7–10	Ein β am linken Kolumnenrand	Wahrscheinlich Anzeige, dass „Charmadas" zweimal zu schreiben ist ... Tinte unter β unklar

(fortges.)

Kolumne	Zeichen/Verweis	Bedeutung/Anmerkung
23,38	*paragraphos*	Fortsetzung der Schülerliste – vermutlich Quellen-wechsel
24,38	*paragraphos*	Sinnabschnitt – Übergang zu Kleitomachos
25,36	*diple obelismene*	Sinnabschnitt (neuer Philosoph), nur im *Oxforder Disegno* erhalten
26,4	*diple obelismene*	Sinnabschnitt (neuer Philosoph)
26,44–45	Nach rechts offener Haken am linken Rand (evtl. Horizontale in Z. 44 – offene „Box")	Tilgung der Dublette in Kol. 26
26,44–45	Nach links offener Haken am rechten Rand	Tilgung der Dublette in Kol. 26 – besser in *Oxforder Disegno* erhalten
28,40	*paragraphos*	Sinnabschnitt (neuer Philosoph)
31,3	*paragraphos*	Sinnabschnitt (neuer Philosoph)
31, 28	*paragraphos*	Sinnabschnitt (neuer Philosoph)
32, 24	*paragraphos*	Sinnabschnitt (neuer Philosoph), wahrscheinlich kein Quellenwechsel
32, 34	*paragraphos*	Quellenwechsel
33,1	*paragraphos* und obere Markierung	Wechsel zu Philio und Tilgung des Zeilenbeginns bzw. Zeichen, dass Kol. 32,34 hier angeschlossen wer-den sollte
33,17–19	Rechte Tilgungsklam-mer	Tilgung von Dublette
33, 42	*paragraphos*	Sinnabschnitt
35,2	*paragraphos*	Sinnabschnitt (Schülerliste)
36,8	*paragraphos*	Sinnabschnitt
36,15	Haken (links)	Markierung des letzten Abschnitts/Vorschau
36,15	Haken (rechts)	Markierung des letzten Abschnitts/Vorschau
36,20	Haken (links)	Markierung des letzten Abschnitts/Vorschau
X,17	*paragraphos* (*?*)	Horizontale links der Kolumne, womöglich Sinnab-schnitt
T,1–2	Vertikale zu Beginn der Kolumne	Transpositionszeichen?
S,9	*paragraphos*	Sinnabschnitt und vielleicht Quellenwechsel

(*fortges.*)

Kolumne	Zeichen/Verweis	Bedeutung/Anmerkung
S,30	*paragraphos*	Sinnabschnitt und vielleicht Quellenwechsel
O,29	*paragraphos*	Sinnabschnitt (Tilgung?)
O,31	*paragraphos*	Sinnabschnitt (Tilgung?)
N,21	*paragraphos*	Sinnabschnitt
N,26	*paragraphos*	Sinnabschnitt
M,21	*paragraphos*	Sinnabschnitt

1.2   Volutenmessungen im Papyrus, Position der Klebungen, Breite der Kollemata und Kolumnen

In vielen Herkulanischen Papyri sind die Wicklungen (Voluten), welche durch das Aufwickeln der Rolle entstanden sind, relativ gut sichtbar, wohingegen sie auf den MSI/HSI oft nicht oder weniger deutlich erkennbar sind. Meist verlaufen Streifen vertikal durch den Papyrus und zeigen Anfang bzw. Ende einer Wicklung an. Jedoch können Wicklungen auch anhand anderer Kriterien (Muster) bestimmt werden. Für ihre Zunahme vom Ende zum Anfang der Rolle hin siehe I 5.4. Aufgrund der Rollenform haben sich teils Semi-Voluten (Sektionen) mit etwas abweichenden Längen herausgebildet. Die folgende Tabelle geht auf Essler (2019) zurück und beinhaltet die bibliometrische Analyse der Rolle samt Klebungen.[1] Die letzten drei Spalten drücken numerisch aus, was in Abb. 13 (**I 6**) visualisiert ist (Primärklebungen, Sekundärklebungen und Breite der Kollemata). Die linke Sektion ist stets größer und in der Tabelle fettgedruckt. Die Klammern bedeuten, dass die Wicklungen (bzw. Kollemata oder Sektionen) nur teilweise erhalten sind. Alle Angaben sind in Millimetern gemacht und auf etwa 2 mm genau (kleinere Abweichungen durch Rundung und Messungenauigkeit bzw. Überstände). Die Position der primären Kollesis meint die relative Position rechts vom Beginn der jeweiligen Wicklung. Sekundäre Kolleseis finden sich zwischen zwei Kolumnen. Addiert man die Umfänge aller Wicklungen erhält man die Länge der Rolle (inkl. ausgefallener Stücke).

---

[1] Essler (2019), S. 11–13. Meine Änderungen beschränken sich auf stilistische Aspekte.

Stück mit Kol.	cornice	Wicklung Nr.	Umfang	Sektionen	Position primäre Kollesis	Breite der Kollemata	Sekundäre Kollesis
Kol. 1*–3	1	1	113	]28		]71	
		2	111	60, 51,	43	94	
		3	110	57, 33[	26	64[	
Kol. 5–8	2	3	110	]16,	//	]9 //	Kol. 3 // 5
		4	108	56, 51,	4, 85	15, 81	
		5	107	55, 51,	70	95	
		6	106	42[	42	52[	
Kol. 8*	1	6	106	]24, 50,	42 //	]9, 55 //	Kol. 8* // 9
(olim 4)		7	105	21[		29[	
[3 Kol.]		[7]	[105]	[34, 50]			
		[8]	[103]	[54, 49]			
Kol. 9	2	9	101	]51, 43[	59	]59	
						35[	
Kol. 10–14	3	9	101	]11			
		10	99	51, 47,	46	]57	
		11	98	50, 46,	36	87	
		12	96	50, 45,	// 25	67 // 16	Kol. 12 // 13
		13	94	50, 11[	23	90, 33[	
Kol. 15–16	4	13	94	]39,			
		14	92	49, 42	//	]76 // 68[	Kol. 15 // 16
[3 Kol.]		[15]	[90]	[48, 42]			
		[16]	[89]	[47, 42]			
		[17]		[22]			
Kol. 17–19	4	17	87	]25, 42			
		18	85	45, 41	//	]71 //	Kol. 17 // 18
		19	83	43, 33[	3	79, 80[	
[5 Kol.]		[20]	81				
		[21]	79				
		[22]	77				
		[23]	75				
Kol. 20	5	23	73	]8,	13	]22	
		24	71	35, 30[		52[	

(*fortges.*)

Stück mit Kol.	cornice	Wicklung Nr.	Umfang	Sektionen	Position primäre Kollesis	Breite der Kollemata	Sekundäre Kollesis
[1 Kol.]		[25]	[69]				
Kol. 21–24	5	25	69	]18			
		26	67	38, 29	1	]18	
		27	64	36, 29	20	87	
		28	61	34, 28	39	82	
		29	60	33, 26	// 24	21 // 24	Kol. 23 //
		30	58	20[		55[	24
Kol. 25–28	6	30	58	]12, 28	40	]31	
		31	57	30, 28			
		32	56	29, 27	7 //	83, 33 //	Kol. 26 //
		33	54	28, 26	24	40	27
		34	52	28, 24	43	72	
		35	51	25[		34[	
Kol. 29	7	35		]6, 23			
		36	49	25, 21[	22	]52, 25[	[Kol. 29 // 30]]
Kol. 30–33	7	37	46	]24, 21			
		38	45	24, 20	11	]83	
		39	43	23, 20			
		40	41	22, 19	3	78	
		41	39	21, 18	//	50//	Kol. 32 //
		42	37	20, 17			33
		43	35	19[	//	69, 11[	
Kol. 34–36	8	43	35	]16			
		44	33	19, 14			
		45	31	18, 13	3	]68	
		46	29	17, 13			
		47	27	15, 12	9	67	
		48	26	14, 12			
		40	24	13, 11			
		50	21	12, 9	8	71	
		51	19	11, 9			
		52	17	10, 8			
		53	16	9, 8			

(*fortges.*)

Stück mit Kol.	cornice	Wicklung Nr.	Umfang	Sektionen	Position primäre Kollesis	Breite der Kollemata	Sekundäre Kollesis
		54	14	7, 7	4	77	
		55	12	7, 6[		24[	

Die folgende Tabelle ist ebenfalls Essler (2019) entnommen.[2] Sie zeigt, wo die Kolumnen von den Wicklungen aus gesehen beginnen und enden. Der Buchstabe L (links) bezeichnet den linken Kolumnenrand, der Buchstabe R (rechts) den rechten Rand, d.h. das Ende des beschriebenen Bereichs. Dementsprechend wechseln sich R und L in der Tabelle immer ab. Subtrahiert man R von L erhält man die Breite des Interkolumniums (leerer Raum zwischen den Kolumnen). Natürlich variiert dieser innerhalb einer Kolumne von Zeile zu Zeile und die Angaben sind als Mittelwerte zu verstehen. Der Raum zwischen zwei Kolumnenbeginnen („interkolumnarer Raum" oder „Seitenbreite") ist normalerweise vergleichsweise konstant. Im *Index Academicorum* schwankt er zwischen 6,2 cm und 7,3 cm, wobei er meistens bei rund 7 cm liegt. Die gewisse Varianz mag auch durch den Entwurfscharakter bedingt sein. Ich habe Esslers Tabelle noch um *PHerc.* 1691 (Kol. a–c) erweitert, jedoch ohne seine Nummerierung der Wicklungen zu ändern. Im Rahmen einiger Unschärfe ist eine Volute am rechten Teil des Fragments von *PHerc.* 1691 identifizierbar, welche rund 11,8 cm misst und quasi mit dem rechten Rand des Fragments endet. Folglich scheinen drei Voluten ausgefallen, bevor Teile einer Volute (11,3 cm) in *PHerc.* 1021 erhalten sind. Die Längen und Lokalisierung der Voluten sind nicht nur für die Bestimmung ausgefallener Stücke, sondern auch für das Platzieren von *Sovrapposti* und *Sottoposti* essentiell.

---

2 Essler (2019), S. 13–15. Meine Änderungen beschränken sich abgesehen von der Ergänzung von *PHerc.* 1691 auf stilistische Aspekte.

Stück mit Kol.	Wicklung Nr.	Umfang	Ränder der Kolumnen	Raum zwischen zwei Kolumnenbeginnen („Seitenbreite")
Kol. a–c	–	118	R: 12, L: 21, R: 82, L: 91	5 Kolumnen (3 Voluten) komplett verloren (Annahme: 69–72 mm Seitenbreite)
	–	[116]	[R: 34, L: 44, R: 105]	
	–	[115]	[L: 1, R: 60, L: 69]	
	–	[114]	[R: 14, L: 23, R:82, L: 92]	
Kol. 1*–3	1	113	[R: 37, L: 46] R: 106	
	2	111	L: 6, R: 54, L: 79,	Kol. 1: 73, Kol. 2: 67
	3	110	R: 23, L: 34, R: 89	Kol. 3: 67
Kol. 5–8	3	110	L: 104	Kol. 5: 69
	4	108	R: 52, L: 63,	Kol. 6: 68
	5	107	R: 12, L: 22, R: 70, L: 91	Kol. 7: 69, Kol. 8: 68
	6	106	R: 46	
Kol. 8*	6	106	L: 54, R: 99	Kol. 8*: 64
(olim 4)	7	105	L: 15	
[3 Kol.]	[7]	[105]	[R: 74, L: 85]	
	[8]	[103]	[R: 41, L: 51]	
Kol. 9	9	101	[R: 9], L: 20, R: 79	Kol. 9: 70
Kol. 10–14	9	101	L: 90	
	10	99	R: 48, L: 60,	Kol. 10: 71, Kol. 11: 68
	11	98	R: 28, L: 33,	Kol. 12: 72
	12	96	R: 1, L: 15, R: 72, L: 83,	Kol. 13: 68, Kol. 14: 70
	13	94	R: 50	
Kol. 15–16	13	94	L: 59	Kol. 15: 68
	14	92	R: 21, L: 35	Kol. 16: 66[
[3 Kol.]	[15]	[90]	R: 1, [L: 15, R: 72, L: 83]	
	[16]	[89]	[R: 52, L: 62]	
	[17]		[R: 22]	
Kol. 17–19	17	87	L: 33	Kol. 17: 71
	18	85	R: 8, L: 21, R: 79	Kol. 18: 71
	19	83	L: 5, R: 67, [L: 75]	Kol. 19: 68[
[5 Kol.]	[20]	[81]	[R: 52, L: 64]	
	[21]	[79]	[R: 34, L: 45]	
	[22]	[77]	[L: 17, L: 27]	
	[23]	[75]	[R: 3. L: 14, R: 70]	
Kol. 20	24	73	L: 5, R: 58	Kol. 20: 66[
		71		

(*fortges.*)

Stück mit Kol.	Wicklung Nr.	Umfang	Ränder der Kolumnen	Raum zwischen zwei Kolumnenbeginnen („Seitenbreite")
[1 Kol.]	[25]	[70]	[L: 2, R: 66]	
Kol. 21–24	25	69		
	26	67	L: 5, R: 64	Kol. 21: 68
	27	64	L: 8	Kol. 22: 71
	28	61	R: 5, L: 13	Kol. 23: 62
	29	60	R: 6, L: 13	Kol. 24: 70
	30	58	R: 16	
Kol. 25–28	30	58	L: 25	Kol. 25: 71
	31	57	R: 27, L: 38	Kol. 26: 71
	32	56	R: 43, L: 52	Kol. 27: 71
	33	54		
	34	52	R: 3, L: 13	Kol. 28: 67
	35	51	R: 21	
Kol. 29	36		L: 31	Kol. 29: 71
	36	49	R: 37	
Kol. 30–33	37	46	L: 2	Kol. 30: 64
	38	45	R: 8, L: 19	Kol. 31: 68
	39	43	R: 33, L: 42	Kol. 32: 66
	40	41		
	41	39	R: 17, L: 28	Kol. 33: 70
	42	37		
	43	35	R: 12	
Kol. 34–36	43	35	L: 23	Kol. 34: 72
	44	33		
	45	31	R: 17, L: 29	Kol. 35: 70
	46	29		
	47	27	R: 26	
	48	26	L: 8	Kol. 36: 68
	49	24		
	50	21	R: 20	
	51	19		
	52	17		
	53	16		
	54	14		
	55	12		

1.3   Zeilen pro Kolumne

	Rekto		Verso
Kolumne	Zeilenzahl	Kolumne	Zeilenzahl
a	45	Z	23
b	44	Y	41
c	43	X	45
1*	44	V	23
1	44	T	46
2	44	S	37
3	44	R	14
5	45	Q	17
6	44	P	31
7	45	O	37
8	46	N	29
8*	47	M	40
9	41		
10	40		
11	39		
12	39		
13	46		
14	46		
15	46		
16	45		
17	41		
18	41		
19	41		
20	44		
21	41		
22	44		
23	47		
24	43		
25	43		
26	45		
27	45		
28	43		
29	43		

(*fortges.*)

Rekto		Verso	
Kolumne	Zeilenzahl	Kolumne	Zeilenzahl
30	44		
31	45		
32	44		
33	45		
34	45		
35	45		
36	20		

Edition von *PHerc.* 796

Dieselbe Hand (Hand 1) sowie der Inhalt legen nahe, dass es sich bei *PHerc.* 796 auch um eine Entwurfsversion eines Buches von Philodems *Cύνταξις τῶν φιλοcόφων* handelt. Womöglich könnten die Fragmente gar zu einer weiteren Entwurfsfassung des *Index Academicorum* gehören (für eine ausführliche Diskussion siehe I 5.2 und I 6.3).

PHerc. 796, (cr. 1, 5 pezzi)

Ausgabe nach Del Mastro (2018) mit kleinen Änderungen – der Papyrus ist sehr stratifiziert. Pezzo 2 ist wenig ergiebig und nicht transkribiert.

Pz. 1 Kol. 1

```
    ] . . πα[
    ] . τ . . [
   ]α[ . ] . ογ[
   ]θειν[
5  ]ναμ[
    ] . . . [
   ]οι πειρ[
   ]αγονον[
    ] . ενου δετ[
10 ]ενδεις τα . [
    ] . . περαιν . . [
12  ] . . . [
```

Pz. 1 Kol. 2

```
    . . . [
    . . . [
    . . . [
    . . . [
5   . . . [
   τος κ . [
   ἀποι[
   θαι εκ[
   οτι κα[ ca. 10 Ἀςκλη-
10 πιάδη[
   ἀνοιγ[
    . . υνο[
13  ] . [
```

5 post ναμ litt. ανο subpp.   9 post τ litt. sub.   11 post ιν litt. ε . ad aliam paginam pertinentes

12 ante . . υνο subpp., post suprap.

© KILIAN FLEISCHER, 2023 | DOI:10.1163/9789004546547_016

Pz. 1 Kol. 3

    πων[
    ταδε . [
    .φιλ[
    .οι . . [
5   οϲ καὶ ϲ[
    ϲοφι[. .] .υ . [
    πολ[
    ειρ[
    επο . [
10 μεν[
    .]ατ . [
12 οιτον[

Pz. 1 Kol. 3 – suprapositum

    ] . . [
    ] .οδ[
    ]περιπ[
    ] .καθ[
5   ]λιπον[
6   ] .ν[

1–6 litterae ad aliam paginam pertinentes

Pz. 3 Kol. 1

    ] . .α[
    ]ϲει[. .]υτ[
    ]εν προ . .[
    ] . . . . .μ[
5   ] . . [
    ] . .ϲε . . [
    ]ων . .καὶ[
    ]εκα .ϲ . [
    ] . .κων[
10]αϲ[.] . .γα[
    ] .χειν αλ . [
    ] ἐλπίδαϲ [
13] .α . . [

Pz. 3 Kol. 2

    ] . [
    ]οϲ κα[
    ] . .οτα . [
    ]φαϲκ . [
5   ] .την κορ . [
    ]παρο . [
    ] .ων . [
    ]ρηϲ[
9   ] . . . [

5 κορ KF

Pz. 3 Kol. 3

    ]ϲε . [
    ]τοϲ δε[
    ]ϲαντο . . [
4   ]αμυγω[

Pz. 3 Kol. 4

    ]τατο[
    ]νοϲ[
    ]ν γαρο[
    ] . .δωτ[
5   ]ωϲ . ⟦φορ⟧`δεα´[

Pz. 4 Kol. 1
   τον . [
   θαι . . [
   ν θρια[
   ]ρκεστάτω[ν
5   ]τι[. .] . . κα[

Pz. 4 Kol. 1 – suprapositum
   ] Cωκρατ[
   ]αντα[
   ]α . αιc[
   ]ϛυν . α . [
5   ]ην αλλε . [
   ] . . ταν . [
   ]εινῳνα[
   ]δεν κ . . [
   ] . ου[
10   ]τυ[

Pz. 5 Kol. 1
   ] . δε[
   ] . βεβ . η[
   ]πεκα[
4   ]τινωc[

ABB. 37
PHerc. 796 pz. 1, Kol. 2
ABB. 37–38: MIC © BNN/BYU

ABB. 38
PHerc. 796 pz. 4, Kol. 1 suprapositum

KAPITEL 3

Chronologie der Akademie und Fragmentsammlungen

3.1 Chronologisch-prosopographischer Überblick (fasti Academici)

Bereits Mekler (1902) hatte auf Basis der vielen exakten Angaben im *Index Academicorum* eine chronologische Übersicht zu den Akademikern erstellt, welche mitunter auch aus anderen Quellen erschließbare Daten umfasste.[1] Dorandi hat ebenfalls solche „fasti Academici" für seine Ausgabe des *Index Academicorum* entworfen, wobei besonders Neudatierungen von Archonten und spätere chronologische Studien zu einigen, kleineren Änderungen führten.[2] Diese „fasti Academici" sind mit geringfügigen Änderungen auch in Dorandis Kapitel „chronology" für „The Cambridge History of Hellenistic Philosophy" aufgegangen (2000) und letztlich der Referenzpunkt für diverse chronologische Darstellungen zur Akademie.[3] In meiner folgenden, auf der Neuausgabe fußenden Tabelle liegt der Fokus auf den Zahlen und Daten, welche im *Index Academicorum* zu finden sind bzw. in Verbindung mit anderen Quellen aus diesem deduziert werden können. Darüber hinaus sind alle im *Index Academicorum* erwähnten Schüler aufgenommen, um gemeinsam mit der Chronologie auch einen (fast) umfänglichen prosopographischen Überblick zu gewährleisten.[4] Für die Eigennamen im *Index Academicorum* sei insbesondere auf den **Index nominum et verborum** am Ende dieser Monographie verwiesen. Die Scholarchen sind fettgedruckt, wobei „Mitscholarchen" oder die Scholarchen der „Alten Akademie" des Antiochos fett und kursiv geschrieben sind. Für eine eingehende Diskussion problematischer Angaben oder Daten siehe Teil **III**.

---

1 Mekler (1902), S. 117–120.
2 Dorandi (1991), S. 267–269.
3 Siehe Dorandi (2000), S. 31–35 und die Tabelle auf S. 48–49.
4 Kriterium für die Aufnahme war, dass mindestens der Eigenname des Philosophen lesbar ist.

Akademiker	Daten (Ind. Acad.)	Kolumne (Ind. Acad.)
Platon (*von Athen*)	geb. 430/29 oder 429/28, alternativ geb. 426	2,35–38 und X,6
	gest. 348/47	2,35–26
	Schüler: Speusipp von Athen, Xenokrates von Chalkedon, Herakleides von Herakleia, Amyntas von Herakleia, Menedemos von Pyrrha, Hestiaios von Perinth, Aristoteles von Stagiros, Chairon von Pellene, Dion von Syrakus, Hermodor von Syrakus, Erastos, Asklepiades, Timolaos von Kyzikos, Kalligenes, Timolaos von Athen, Archytas von Tarent, Chion, Python von Ainos, Herakleides von Ainos, Axiothea	5,44–6,20 und Y,38–41
Speusipp (*von Athen*)	gest. 340/39 nach 8 Jahren Scholarchat	6,39–40 (D.L. 4,1)
	Schüler: Diodor	T,1–4
Xenokrates (*von Chalkedon*)	geb. ca. 406	8*,20–23 und 6,39–40 und Erg. 6 und 8*,20–23 (D.L. 4,14)
	339/38 bis 315/14 oder 314/13 Scholarch (25 Jahre); 322 Gesandtschaft zu Antipatros	6,39–40 und Erg. 6 und 8*,20–23 (D.L. 4,14) und 7,19–8,17
	Schüler: Xenokrates (iunior), Adeimantos, Krates von Athen, Asklepiades, Polemon von Athen, Chairon von Pellene, Krantor von Soloi	8*,7–17 und 11,9–11 und 16,5–6
Herakleides (*von Herakleia*)	339/38 Rückkehr nach Herakleia	7,3–8
Menedemos (*von Pyrrha*)	339/38 eigene Schule in Athen	7,8–11
Chairon (*von Pellene*)	Tyrann von Pellene ab ca. 332/31	11,33–37=12,36–39
Polemon (*von Athen*)	315/14 oder 314/13 bis 276/75 oder 270/69 Scholarch	Q,4–6 (Eus. Chron.)
	Schüler: Arkesilaos von Pitane, Krates von Athen, Krantor von Soloi, Xenokles von Metapont	15,3–6 und 15,30–46 und 16,6–8 und 20,10–12
Krantor (*von Soloi*)	gest. womöglich 276/75	Q,4–6
	Schüler: Bion von Borysthenes, Eumenes von Aspendos, Eurypolos von Kos, Krates von Athen, Arkesilaos von Pitane	S,30–37

(*fortges.*)

Akademiker	Daten (Ind. Acad.)	Kolumne (Ind. Acad.)
Krates (*von Athen*)	ab 276/75 oder 270/69 Scholarch – Tod/Ende des Scholarchats unsicher (tendenziell vor 260)	Q,4–8
Arkesilaos (*von Pitane*)	Antritt des Scholarchats unsicher (tendenziell vor 260) – gest. 241/40	27,1–7 (D.L. 4,61)
	Schüler: Arideikas von Rhodos, Dorotheos von Telphusa, Dionysios von Kolophon, Zopyros von Kolophon, Xenokles von Metapont, Apollodor von Megalopolis, Demosthenes von Megalopolis, Dorotheos, Lakydes von Kyrene, Pythodor	20,6–20,43
Lakydes (*von Kyrene*)	Scholarch 241/40 bis etwa 216 (ca. 25 Jahre), dann 10 Jahre Rückzug wg. Krankheit – Tod 207/206 oder 206/205	27,1–7 (D.L. 4,61)
	Schüler (evtl. teils „Mitscholarchen" in Leitungsgremium): Paseas, Thrasys, Aristipp, Telekles, Euander, Moschion von Mallos (gest. 184/84), Eubulos von Erythria (gest. 174/73), Eubulos von Ephesus (gest. 174/73 – Lehrer des Boethos von Marathon), Agamestor von Arkadien (gest. 168/67), Leonteus, Demon von Kyrene, Demetrios von Phokaia	27,8–28,10 und M,11–14
Telekles (*von Phokaia*)	ab ca. 216 (Mit)Scholarch – gest. 167/66	27,12–14 und 28,9–10
	Schüler (wahrscheinlich): Apollonios (gest. 144/43), Kleokrit, Ariston, Aristagoras von Salamis, Theris von Alexandria (dessen Schüler war Dion der Thraker, dessen Schüler waren Dionysiodor von Smyrna, Leontichos von Kyrene, Sokrates)	28,10–13 und N,13–20 und O,18–19
Euander (*von Phokaia*)	ab ca. 216 (Mit)Scholarch – gest. nach 167/66	27,14–16
Boethos (*von Marathon*)	gest. 120/19; Zeitgenosse des Karneades	26,33–45 und 28,40–29,18
Hegesinos (*von Pergamon*)	Nachfolger des Euander, wohl um 165–160 Scholarch	(D.L. 4,60)

(*fortges.*)

Akademiker	Daten (Ind. Acad.)	Kolumne (Ind. Acad.)
Karneades (*von Kyrene*)	geb. ca. 214; vermutlich ab spätestens 159/58 Scholarch; 155 Teilnahme an Philosophengesandtschaft; 137/36 Rückzug von Scholarchat; gest. 129/28	22,18–37 und 24,35–43 und 25,4–11 und 25,36–43 und 26,41–45=29,13–18 (D.L. 4,65)
	Schüler: Zenon von Alexandria, Zenodor von Tyros, Hagnon von Tarsos, Agathokles von Tyros, Charmadas von Alexandria, Antipatros von Alexandria, Hipparch von Ilion, Hipparch von Paphos, Olympios von Gaza, Aristanax von Salamis, Biton, Iason von Kyrene, Iason von Paros, Melanthios von Rhodos, Metrodor von Stratonikeia, Euklid von Nikomedien, Sarapion von Nikomedien, Diogenes von Nikomedien, Herodot von Nikomedien, Batakes von Nikaia, Diopeithes von Paphos, Kritolaos von Amisos, Diomedon von Tarsos, Pamphilos von Magnesia am Mäander, Apollonios von Barke, Nikostratos von Alexandria, Boethos von Paros, Mentor von Nikaia, Biton von Soloi, Demetrius von Thyateira, Demetrios von Alexandria, Diopeithes von Ilion, Asklepiades von Apameia (Syrien), Dion von Gaza, Olympiodor von Gaza, Hipparch von Soloi, Sosikrates von Alexandria, Kleitomachos von Karthago, Kallikles	22,37–24,10 und 25,4–7 und 32,34–44 und 33,7–10 und 36,5–8
Polemarch (*von Nikomedien*)	137/36–131/30 Scholarch	24,32–35 und 25,36–43 und 29,38–30,4
Krates (*von Tarsos*)	131/30–129/28 Scholarch – von 129/28 bis 127/26 wohl Mitscholarch; womöglich gest. 127/26	24,38–43 und 25,43–26,4 und 30,1–12
Kleitomachos (*von Karthago*)	geb. ca. 188; ca. 163 Ankunft in Athen; ab 159/58 Schüler des Karneades; ab 140/39 Schule im Palladion; ab 129/28 Scholarch der Akademie; gest. 110/09 oder 107/06	25,1–20
	Schüler: Philio, Antiochus von Askalon, Herakleitos von Tyros	25,30–36 und 33,11–12
Charmadas (*von Alexandria*)	geb. ca. 168; 146/45 Ankunft in Athen; ab 139/38 Aufenthalt in Asien, dann Rückkehr nach Athen (gest. zwischen 103 und 91)	31,38–32,11 (Cic. de orat. 1,45–47 und 84–93; 2,360)
	Schüler: Diodor von Adramyttion, Apollodor von Tarsos, Heliodor von Mallos, Phanostratos von Tralleis, Apollonios	35,41–36,8

(*fortges.*)

Akademiker	Daten (Ind. Acad.)	Kolumne (Ind. Acad.)
Melanthios (*von Rhodos*)	Schüler: Aischines von Neapolis	31,3–28 und 35,22–24
Metrodor (*von Stratonikeia*)	Schüler: Metrodor von Pitane, Metrodor von Kyzikos	26,4–20 und 25,34–37 und 36,8–12
Philio (*von Larissa*)	geb. 159/58; 134/33–120/19 Schüler des Kleitomachos; 120/19–118/17 Schüler des Grammatikers Apollodor; 118/17–110/09 Schüler des Mnesarch; (88 Flucht nach Rom); gest. 84/83 in Italien – ein Nachfolger (Name nicht lesbar), als Philodem in Athen ankam (wohl 85–83)	33,1–34,6 (Cic. Brut. 306)
	Schüler: Iolaos von Sardis, Menekrates von Mytilene, Mnaseas von Tyros, Melanthios, Lysimachos (auch Schüler des Heraklit von Tyros), Pausanias (auch Schüler des Lysimachos), Antiochos von Askalon	34,7–22
Antiochos (*von Askalon*)	gest. 68 (Alte Akademie)	34,41–44
	Schüler: Aristos von Askalon, Ariston von Alexandria, Dion von Alexandria, Kratippos von Pergamon	35,2–22
Aristos (*von Askalon*)	Nachfolger des Antiochos ab 68	35,2–6

3.2   Fragmentsammlungen zu Akademikern

Die neuesten bzw. gebräuchlichen Fragmentsammlungen für die Akademiker bis zum Ende der Hellenistischen Zeit sind (chronologisch):

Platon (Anekdoten zu seinem Leben): Riginos (1976)
Speusipp: Isnardi-Parente (1980)
Xenokrates: Isnardi-Parente (1982)
          unkritische, revidierte Ausgabe: Dorandi/Isnardi Parente (2012)
Hermodor: FGrH 1008 – Bollansée (1998)
Herakleides: Schütrumpf (2008)
Polemon: Gigante (1977)   Diss./alternative Sammlung: Marzotto (2012)
Krantor: Mette (1984)
Arkesilaos: Vezzoli (2016)

Lakydes: Mette (1985)
Telekles: Mette (1985)
Euander: Mette (1985)
Hegesinus: Mette (1985)
Karneades: Mette (1985)
Polemarch: Mette (1985)
Krates von Tarsos: Mette (1985)
Kleitomachos: Mette (1985)
Philio von Larissa: Brittain (2001)
Antiochos von Askalon: Mette (1986/87)
Aristos, Dion, etc. („kleine Mittelplatoniker"): Lakmann (2017)

3.3 Konkordanz zu den Versen aus Apollodors *Chronica* (ApollVers)

In der Monographie „The Original Verses of Apollodorus' Chronica" (Fleischer (2020a)) hatte ich die erhaltenen Verse aus Apollodors *Chronica* zusammengetragen. Eine Konkordanz der dort nummerierten Verse (ApollVers) mit der vorliegenden Neuausgabe des *Index Academicorum* sowie mit FGrH 244, Jacoby (1902) und Dorandi (1982) erscheint sinnvoll. Berücksichtigt werden nur die im *Index Academicorum* enthaltenen ApollVers 21–107, nicht die 22 bei anderen Autoren überlieferten Verse (ApollVers 1–20; 108–109).[5]

Versnummer – Apollodors *Chronica* (Fleischer 2020)	Index Academicorum	FGrH 244 F BNJ 244 F	Jacoby (1902)	Dorandi (1982)
21	Phld. Ind. Acad. 27,1	47	70	1
22	Phld. Ind. Acad. 27,1–3	47	70	2
23	Phld. Ind. Acad. 27,3–4	47	70	3
24	Phld. Ind. Acad. 27,4–6	47	70	4
25	Phld. Ind. Acad. 27,6–7	47	70	5
26	Phld. Ind. Acad. 27,7–9	47	70	6
27	Phld. Ind. Acad. 27,9–10	47	70	7
28	Phld. Ind. Acad. 27,10–11	47	70	8
29	Phld. Ind. Acad. 27,11–13	47	70	9

---

5 Für eine Konkordanz mit allen Versen siehe Fleischer (2020a), S. 119–122.

(*fortges.*)

Versnummer – Apollodors *Chronica* (Fleischer 2020)	Index Academicorum	FGrH 244 F BNJ 244 F	Jacoby (1902)	Dorandi (1982)
30	Phld. Ind. Acad. 27,13–14	47	–	10
31	Phld. Ind. Acad. 27,14–16	47	–	11
32	Phld. Ind. Acad. 27,16–17	47	–	12
33	Phld. Ind. Acad. 27,35–37	47	–	19
34	Phld. Ind. Acad. 27,37–39	47	–	20
35	Phld. Ind. Acad. 27,39–40	47	71	21
36	Phld. Ind. Acad. 27,40–42	47	71	22
37	Phld. Ind. Acad. 27,42–44	47	71	23
38	Phld. Ind. Acad. 27,44–45	47	71	24
39	Phld. Ind. Acad. 28,1–2	47	71	25
40	Phld. Ind. Acad. 28,2–4	47	71	26
41	Phld. Ind. Acad. 28,4–6	47	71	27
42	Phld. Ind. Acad. 28,6–7	47	71	28
43	Phld. Ind. Acad. 28,7–9	47	71	29
44	Phld. Ind. Acad. 28,9–10	47	71	30
45	Phld. Ind. Acad. 28,10–12	47	–	31
46	Phld. Ind. Acad. 28,12–13	47	–	32
47	Phld. Ind. Acad. 28,14–15	47	–	33
48	Phld. Ind. Acad. 28,15–17	47	–	34
49	Phld. Ind. Acad. 28,17–18	–	–	35
50	Phld. Ind. Acad. 28,33–35	–	–	41
51	Phld. Ind. Acad. 28,35–36	–	–	42
52	Phld. Ind. Acad. 28,37–38	52	96	43
53	Phld. Ind. Acad. 28,38–40	53	97	44
54	Phld. Ind. Acad. 28,40–41	53	97	45
55	Phld. Ind. Acad. 28,42–43	53	97	46
56	Phld. Ind. Acad. 28,43–29,1	53	97	47
57	Phld. Ind. Acad. 29,2–3	53	97	48
58	Phld. Ind. Acad. 29,3–5	53	97	49
59	Phld. Ind. Acad. 29,5–6; 26,33–34 (Dublette)	53	97	50
60	Phld. Ind. Acad. 29,6–8; 26,34–36 (Dublette)	53	97	51

(*fortges.*)

Versnummer – Apollodors *Chronica* (Fleischer 2020)	Index Academicorum	FGrH 244 F BNJ 244 F	Jacoby (1902)	Dorandi (1982)
61	Phld. Ind. Acad. 29,8–10; 26,36–38 (Dublette)	53	97	52
62	Phld. Ind. Acad. 29,10–11; 26,38–39 (Dublette)	53	97	53
63	Phld. Ind. Acad. 29,11–13; 26,39–41 (Dublette)	53	97	54
64	Phld. Ind. Acad. 29,13–15; 26,41–43 (Dublette)	53	97	55
65	Phld. Ind. Acad. 29,15–16; 26,43–44 (Dublette)	53	97	56
66	Phld. Ind. Acad. 29,17–18; 26,44–45 (Dublette)	53	97	57
67	Phld. Ind. Acad. 29,38–39	–	–	71
68	Phld. Ind. Acad. 29,39–41	54	98	72
69	Phld. Ind. Acad. 29,41–43	54	98	73
70	Phld. Ind. Acad. 29,43–30,1	54	98	74
71	Phld. Ind. Acad. 30,1–3	55	99	75
72	Phld. Ind. Acad. 30,3–4	55	99	76
73	Phld. Ind. Acad. 30,5–6	55	99	77
74	Phld. Ind. Acad. 30,6–8	55	99	78
75	Phld. Ind. Acad. 30,8–10	55	99	79
76	Phld. Ind. Acad. 30,10–12	55	99	80
77	Phld. Ind. Acad. 30,44–31,1	57	101	99
78	Phld. Ind. Acad. 31,1–3	57	101	100
79	Phld. Ind. Acad. 31,3–5	58	101	101
80	Phld. Ind. Acad. 31,5–6	58	101	102
81	Phld. Ind. Acad. 31,6–8	58	101	103
82	Phld. Ind. Acad. 31,8–10	58	101	104
83	Phld. Ind. Acad. 31,10–11	58	101	105
84	Phld. Ind. Acad. 31,11–13	58	101	106
85	Phld. Ind. Acad. 31,15–16	–	–	107
86	Phld. Ind. Acad. 31,23–25	–	–	113
87	Phld. Ind. Acad. 31,25–26	–	–	114

(*fortges.*)

Versnummer – Apollodors *Chronica* (Fleischer 2020)	Index Academicorum	FGrH 244 F BNJ 244 F	Jacoby (1902)	Dorandi (1982)
88	Phld. Ind. Acad. 31,35–36	59	102	118
89	Phld. Ind. Acad. 31,37–38	59	102	119
90	Phld. Ind. Acad. 31,38–40	59	102	120
91	Phld. Ind. Acad. 31,40–41	59	102	121
92	Phld. Ind. Acad. 31,42–43	59	102	122
93	Phld. Ind. Acad. 31,43–45	59	102	123
94	Phld. Ind. Acad. 31,45–32,1	59	102	124
95	Phld. Ind. Acad. 32,1–3	59	102	125
96	Phld. Ind. Acad. 32,3–5	59	102	126
97	Phld. Ind. Acad. 32,5–6	59	102	127
98	Phld. Ind. Acad. 32,6–8	59	102	128
99	Phld. Ind. Acad. 32,8–10	59	102	129
100	Phld. Ind. Acad. 32,10–11	59	102	130
101	Phld. Ind. Acad. 32,11–13	–	–	131
102	Phld. Ind. Acad. 32,13–15	60	–	132
103	Phld. Ind. Acad. 32,15–16	60	–	–
104	Phld. Ind. Acad. 32,17–18	–	–	–
105	Phld. Ind. Acad. 32,23–24	–	–	–
106	Phld. Ind. Acad. 32,25–26	–	–	–
107	Phld. Ind. Acad. 32,33–34	–	–	–

KAPITEL 4

Zwei Fallstudien zur Herkulanischen Papyrologie und dem *Index Academicorum*

4.1 Fallstudie I: Der Papyrologe bei der Arbeit – Prinzipien der Textherstellung

Wie muss man sich die papyrologische Rekonstruktionsarbeit vorstellen?[1] Was ist die Herausforderung beim Wiederherstellen einer Passage? Wenn bis zu 30 % mehr Text im *Index Academicorum* gewonnen werden konnten, bedeutet dies nicht, dass man ohne Weiteres auf den neuen Bildern 20–30 % mehr Text ablesen kann. Vielmehr liest man je nach Passage vielleicht nur 1–2 % mehr Text bzw. Tintenspuren als im Original (mit *Disegni*). Jedoch reicht ein zusätzlicher Buchstabe bisweilen aus, um einen Dominoeffekt auszulösen, durch den man nicht nur ein einzelnes neues Wort zu rekonstruieren vermag, sondern auch die bisher sinnlos erscheinenden Buchstabenkombinationen in der Nähe zu einem stimmigen Text zusammenzufügen kann.

Ein Fallbeispiel möge dies verdeutlichen – wir verwenden dafür fiktiv die deutsche Sprache.

Man liest im Papyrus:

ERMUSSTELACHENUNDVERMERKTESÜFFISANTGESCHIEHTDIRRECHT
... SEINGEGENÜBERÄRGERTESICHÜBERDIEREAKTION usw.

Nun klafft im Papyrus nach „RECHT" eine Lücke bzw. die Zeilen werden fragmentarisch (41 Buchstaben). In den Papyri werden *scriptio continua* und Großbuchstaben (im Griechischen mit der Ausnahme von Omega) verwandt. Transkribieren wir zunächst den erhaltenen Text, indem wir die Wörter trennen und Satzzeichen einfügen.

Er musste lachen und vermerkte süffisant: „Geschieht dir recht .... Sein Gegenüber ärgerte sich über die Reaktion usw.

---

1 Die Fallstudie folgt eng Fleischer (2022), S. 97–104.

Schon ist die Stelle viel übersichtlicher. Der Doppelpunkt hinter „süffisant" ist zu setzen, da offenbar eine wörtliche Rede folgt. Vermutlich endete diese vor „Sein Gegenüber".

Im Original liest man mit den Augen nach „recht" in dem fragmentarischen Bereich:

W _ _ _ _ _ _ _ _ _ _ _ _ _ _ _ _ B _ _ R _ _ _ _ _ L _ _ _ _ _ _ _ _ _ _ NE _ _

Eine erste Vermutung wäre etwa, dass am Anfang „weil" oder „wenn" (ggf. „was") zu ergänzen ist. Jedoch könnte auch schon hinter „recht" zu interpungieren sein und ein neuer Satz beginnen (bspw. „warum", „wo", „wieso", „welche").

Mit Hilfe des Mikroskops liest man einen Buchstaben mehr.

W E _ _ _ _ _ _ _ _ _ _ _ _ _ _ _ B _ _ R _ _ _ _ _ L _ _ _ _ _ _ _ _ _ _ NE _ _

Viel hilft uns der erste Buchstabe nicht weiter, aber immerhin sind dadurch bspw. „warum", „wo", „wieso" ausgeschlossen. Noch wissen wir auch nicht, ob ein von „Geschieht dir recht" abhängiger Satz („weil", „wenn") folgt oder ein neuer Satz beginnt („werden", „wer", „weshalb"). Der unbekannte dritte Buchstabe könnte unter Umständen schon die syntaktische Struktur klären!

Auf den Multispektralbildern (MSI), welche vom Original nicht ausgeschlossen werden, liest man:

W E _ _ N _ _ _ _ _ _ _ _ _ _ _ _ B _ _ R _ B _ _ _ L L _ _ _ _ _ _ _ _ _ NE _ _

Im Mittelteil kann man nun schon einige Wörter ausprobieren, aber es gibt noch zu viele offene Stellschrauben. Nun wurden vor 200 Jahren Abzeichnungen (Disegni) von der Stelle angefertigt, als der Papyrus noch besser erhalten war.

Das (in der Regel minderwertigere, spätere) *Neapolitanische Disegno* (N) hat.

V V F _ _ N _ _ _ _ _ _ _ _ _ _ _ _ _ P _ _ _ _ BT _ _ L _ _ _ _ _ _ _ _ _ _ HEH _

Das (in der Regel hochwertigere, frühere) *Oxforder Disegno* (O) hat

W _ _ _ N _ _ _ _ _ _ _ _ _ _ _ _ B _ _ R _ BT _ _ L L _ _ _ _ _ _ _ _ _ NE _ _

Die *disegnatori* wurden von der schwarzen Oberfläche des Papyrus oftmals getäuscht – die *Disegni* können natürlich nicht besser als das sicher gelesene, noch erhaltene Original sein (bzw. die MSI oder HSI). Im Original (und auf den

MSI) liest man aber zu Beginn ein W, was der Zeichner des *Neapolitanischen Disegno* offenbar als zwei V (paläographisch ähnlich) missverstanden hat (mit Doppel-V beginnt kein deutsches Wort). Das *Oxforder Disegno* hingegen hat das W richtig getroffen. Im *Neapolitanischen Disegno* wurde dann offenbar auch das E als F falsch gelesen, ebenso später P für B (paläographisch ähnlich). Das letzte B haben beide *Disegni* richtig getroffen (von den MSI bestätigt). Da beide *Disegni* auch ein T nach dem B haben, ist es recht wahrscheinlich, dass dieser Buchstabe vor 200 Jahren tatsächlich noch im Papyrus lesbar war und richtig abgezeichnet wurde. Am Ende der Zeile hat das *Neapolitanische Disegno* HE statt dem korrekten NE, was ernste Zweifel erweckt, ob das letzte H richtig abgezeichnet wurde – lexikalische Erwägungen sprechen dagegen. Fassen wir die Informationen des Originals, MSI und der *Disegni* in einer Transkription zusammen.

W E _ _ N _ _ _ _ _ _ _ _ _ _ _ B _ _R _ B*T*_ _L L _ _ _ _ _ _ _ _ _ NE*H* _

Die Buchstaben, welche nur in einem oder beiden *Disegni* enthalten sind, wurden kursiv gedruckt, um zu zeigen, dass sie heute nicht mehr verifizierbar sind und daher womöglich (teils) nicht korrekt sind (falsch abgezeichnet wurden). Die Buchstabenkombination BT ist interessant. Gehört sie zu einem einzigen Wort (etwa „Abteil", „Abt") oder fängt mit T ein neues Wort an? Jedoch müsste das mit T beginnende Wort dann wohl mit den beiden L zu verbinden sein. Wurde jemand als „Trulle" beschimpft? Immerhin heißt es am Ende der Lücke „Sein Gegenüber ärgerte sich über die Reaktion ...." Jedoch ist es vielleicht wahrscheinlicher das R mit BT (als Wortende) zu verbinden. Beim Durchgehen aller Vokale (einschließlich Umlaute!) kommt einem sofort das Wort „gräbt" in den Sinn. Einige werden hier schon einen Verdacht haben – je nach Intuition. Allerdings sind von 41 Buchstaben erst 10 gelesen und 2 aus den *Disegni* ergänzt.

Nun kommen (bisher bei den Papyri nur für den *Index Academicorum*) noch die HSI ins Spiel. Nein, man liest auf ihnen nicht die fehlenden 31 (29) Buchstaben, sondern im Vergleich zu den MSI nur einen einzigen weiteren Buchstaben.

W E _ _ N _ _ _ _ _ _ _ _ _ _ _ B _ _R _ B_ _ ÄL L _ _ _ _ _ _ _ _ _ NE _ _

Verbinden wir wieder mit den *Disegni*:

W E _ _ N _ _ _ _ _ _ _ _ _ _ _ B _ _R _ B*T*_ ÄL L _ _ _ _ _ _ _ _ _ NE*H* _

Die „Trulle" ist nun endgültig aus dem Spiel und hier muss eigentlich „fällt" (bzw. „Fälle" oder ähnlich) stehen. Damit ist letztlich auch „gräbt" als korrekt impliziert. Wahrscheinlich stand dann ein E nach dem B. Auch muss zwischen den Verben wohl ein Interpunktionszeichen stehen. Bei der Junktur „gräbt fällt" dürfte wohl vielen deutschsprachigen Lesern intuitiv ein bekanntes Sprichwort in den Sinn kommen. Der Raum passt hervorragend und das für die „Lösung" recht wichtige T der beiden *Disegni* war offenbar korrekt. Nun stört noch das H bei NEH am Ende. Man liest das H nur im *Neapolitanischen Disegno* und es scheint, dass der Abzeichner hier ein IN (I und Teile des N) als H falsch gelesen hat.[2] Wir müssen das *Disegno* also ändern bzw. den Fehler ignorieren (dies ist kein eigentlicher Eingriff in den Text – Papyrologen setzen einen Asteriskos unter dem Buchstaben). Folglich lautet die Transkription:

We[r a]n[deren eine Gru]b[e g]r[ä]bt, [f]äll[t selbst hi]ne̗in.

Ohne die diakritischen Zeichen lautet die Passage im Kontext:

> *Er musste lachen und vermerkte süffisant: „Geschieht dir recht. Wer anderen eine Grube gräbt, fällt selbst hinein." Sein Gegenüber ärgerte sich über die Reaktion usw.*

Der Kontext dürfte endgültig bestätigen, dass wir die Lücke durch das Sprichwort richtig ergänzt haben. Entscheidend ist die Erkenntnis, dass man mit nur einem oder zwei zusätzlichen Buchstaben – in unserem Fall dem T aus den *Disegni* oder dem zusätzlichen Ä aus den HSI – plötzlich einen sinnigen Satz von 41 Buchstaben (auf Basis von nur 12 (einst) lesbaren Buchstaben!) ergänzen kann, wobei man ohne diesen (bzw. diese zwei) Buchstaben zusätzlich womöglich überhaupt keine sinnvolle Hypothese zum Inhalt aufstellen könnte. Die lexikalischen Variationen und möglichen logischen Aussagen waren ohne diese zwei Buchstaben exponentiell höher, so dass entweder gar nichts konstruiert werden konnte oder mehrere (zu viele) verschiedenartige Ergänzungen denkbar waren.[3] Folglich lösen manchmal bei den Papyri nur ein oder zwei zusätzliche Buchstaben eine Kettenreaktion aus. Es mag kurios klingen, aber zwischen „überhaupt keine belastbare Hypothese, was in den Zeilen stehen könnte" und „Komplette Rekonstruktion von Zeilen inklusive

---

2   Eine entfernte, unwahrscheinliche Möglichkeit ist, dass im Originalpapyrus (vor 200 Jahren) ein Fehler begangen wurde und der Text vom *disegnatore* richtig wiedergegeben ist.

3   Man sollte nicht dem Trugschluss einer „ex post"-Betrachtung aufsitzen und glauben, dass man das Sprichwort schon viel früher mit weniger Buchstaben hätte ergänzen können.

syntaktischer Klärung (mit neuen Fakten)" liegt bisweilen nur ein zusätzlicher Buchstabe – der entscheidende Dominostein. Dennoch fällt dieser wie in unserem Fallbeispiel nicht von selbst, sondern nur durch ausdauernde, kreative kombinatorisch-philologische Denkarbeit.

Die Realität, also die Arbeit am *Index Academicorum*, gestaltete sich freilich wesentlich schwieriger, als das Fallbeispiel suggeriert. So war oft unbekannt, wieviele Buchstaben genau (da variierende Größe der Buchstaben/unregelmäßige Zeilenenden, etc.) in einer Lücke gestanden haben. Dieser Umstand vermehrt in einer gegebenen Situation die lexikalischen Möglichkeiten dramatisch (exponentiell). Ferner lagen meist nicht vollständige Buchstaben, sondern nur Tintenspuren vor, die lediglich mit manchen Buchstaben kompatibel sind. Oft war unklar, welche Spuren zu welchen oder wie vielen Buchstaben gehörten. Ferner bestand in manchen Passagen „Lagenunsicherheit" (*Sovrapposti* und *Sottoposti*), was im obigen Beispiel nicht berücksichtigt wurde. Ein weiteres Problem ist die „Ambiguität" mancher Spuren, also die fehlende letzte objektive Gewissheit, was im Papyrus Tinte und was verkohlter Hintergrund ist. Im Fallbeispiel hat uns der Kontext ein wenig geholfen, zumindest bei der Verifizierung der Rekonstruktion. Einen hilfreichen Kontext durch die lesbare Umgebung hatte man bei der Wiederherstellung des *Index Academicorum* zwar bisweilen auch, aber teils musste er erst durch andere Neulesungen, die dann unter Umständen einen größeren Dominoeffekt auslösten, gewonnen werden. Den Kontext konnte man sich im *Index Academicorum* auch durch Parallelstellen oder Ideen zur Erzählstruktur manchmal „unabhängig vom Papyrus" verschaffen. Besonderheiten der Autoren (Hiatvermeidung), Silbentrennung im Papyrus und orthographische Eigenheiten waren auch Stützen bei der Textrekonstruktion (teils als *pars destruens*). Das Lesen und Edieren eines Herkulanischen Papyrus ist eine psycho-kognitive Aufgabe, die mit dem Studieren eines Escher-Bildes als Ausgangspunkt für die eigentliche philologische Arbeit, also eine sprachlich-kombinatorische Rekonstruktion, vergleichbar ist.

Diese geschilderten Begebenheiten führten dazu, dass ich nicht selten Tage oder Wochen vor wenigen Zeilen saß und wie in einem Schachrätsel immer neue Pfade ausprobierte, um das „Schachmatt in 8 Zügen" zu finden. Jedoch besteht ein gravierender Unterschied zum Schachrätsel: Es ist „ex ante" völlig ungewiss, ob überhaupt eine Lösung, ein Schachmatt, für eine vorgegebene Konstellation von Buchstaben(resten) im Papyrus existiert. So gelangte ich teils (spät) zur Erkenntnis, dass die Lücken doch zu groß sind, es den richtigen Pfad, den Dominostein, nicht gibt und letztlich so viele Ergänzungen mit abweichenden Sinnrichtungen möglich sind, dass man schlechterdings nicht seriös, d.h. mit Anspruch auf akzeptable Wahrscheinlichkeit, ergänzen kann, teils nicht mal eine wahrscheinliche syntaktische oder inhaltliche These aufstellen

kann. An dieser Stelle ist es die vornehmste Pflicht des Papyrologen, auch keine Lösung aus eitler Ruhmsucht heraus zu erzwingen, da jede Lösung in Wahrheit nur eine von vielen möglichen Scheinlösungen wäre, eine „griechische Stilübung" – keine Textherstellung, sondern Texterfindung. Die *ars nesciendi* ist in der Papyrologie ebenso bedeutsam wie die *ars coniciendi/supplendi*. Für die im Einzelnen angewandten Prinzipien bei der Textherstellung siehe die Ausführungen in **I** 8.4.

Leider weiß man erst nach dem Fallen des Dominosteins, ob es diesen gibt oder ob er theoretisch auffindbar war. Findet man keine Ergänzung, kann dies zwei mögliche Ursachen haben: 1. Man war nicht findig (ingeniös) genug und hat eine mögliche Lösung verkannt (welche später vielleicht von Kollegen gefunden wird) 2. Es gab schlechterdings keine seriöse (wahrscheinliche) Lösung. Ich selbst hatte teils nach Wochen der Suche manche Passagen fast schon aufgegeben, fand aber schlussendlich noch die Lösung. In anderen Fällen investierte ich auch nach langem Suchen noch mehr Zeit ohne zu einer wahrscheinlichen Lösung zu gelangen. Je nach individueller (philologischer) Begabung wird man durch Versuchen, Kombinieren und vertiefte Begleitstudien (Sprache des Autors, ähnliche Wendungen, historisch-philosophischer Kontext, Parallelen, etc.) ab einem bestimmten Punkt die (Teil)Lösung einer fragmentarischen Passage finden oder auch erkennen, dass es – zumindest für den jeweiligen Papyrologen – nichts zu finden gibt. Durch längeres Forschen an den Papyri kann man sich einige Fähigkeiten, Routinen und Techniken für die Textherstellung antrainieren (Worttrennung, geschickte lexikalische Suchen in einschlägigen Corpora, etc.), aber letztlich bleibt jede Passage ein Einzelfall. Bald siegt der Papyrologe und entlockt dem Papyrus das Geheimnis, bald siegt der Papyrus und behält sein Geheimnis für sich. Nicht selten hilft der schnelle, unvoreingenommene Blick und Einfall eines Kollegen bei der Rekonstruktion einer Passage, über der man zuvor fruchtlos tagelang gebrütet hatte. Manchmal kommt man auf „die" schlüssige Lösung, die andere Papyrologen vor einem nicht fanden, aber der sie bisweilen durch manche Konjekturen schon den Weg bahnten. Manche Lesung oder Konjektur, die einem gerade noch brillant erschien, entpuppt sich nach erneutem Betrachten mit einigem zeitlichen Abstand als töricht, ja unhaltbar. Andere Konjekturen werden durch längeres Reflektieren oder das „placet" von Kollegen gleichsam bestätigt. Überzeugende Konjekturen bzw. Rekonstruktionen sind für Papyrologen das, was große Grabungsfunde für die Archäologen sind. Es sei nicht verschwiegen, dass die philologische Puzzlearbeit am *Index Academicorum* ein nicht geringes, beinahe bedenkliches Suchpotential in sich barg, da sie neben mancher Pein auch Entdeckerfreuden von außerordentlichem Reiz bereithielt.

4.2 Fallstudie II: Neurekonstruktion zwischen technischem und philologischem Fortschritt (Kol. 6,30–35)

Wie die papyrologische Arbeit am Objekt, sprich an Philodems *Index Academicorum*, für eine bestimmte Passage aussah, soll im Folgenden in einer zweiten Fallstudie illustriert werden.[4] Ich habe eine überschaubare Passage gewählt, deren Neurekonstruktion rein inhaltlich zwar wenig spektakulär war, aber exemplarisch die Bewertung und Kombination der verschiedenen Quellen für die Papyrusrekonstruktion (siehe I 8.3) sowie den Nutzen von MSI/HSI und den Vorteil der angewandten Transkriptionsmethode verdeutlicht.

Zu Beginn der Speusipp-Vita liest man, dass Speusipp von Platon die Schule übernahm (Kol. 6,27–30). Daraufhin folgen einige Zeilen zur Widmung von Statuen (Chariten), die in Diogenes ein gewisses Pendant haben (D.L. 4,1: ... διε-δέξατο δ᾽ αὐτὸν cπεύcιπποc Εὐρυμέδοντοc Ἀθηναῖοc, τῶν μὲν δήμων Μυρρινούcιοc, υἱὸc δὲ τῆc ἀδελφῆc αὐτοῦ Πωτώνηc. ... Χαρίτων τ᾽ ἀγάλματ᾽ ἀνέθηκεν ἐν τῷ μουcείῳ τῷ ὑπὸ Πλάτωνοc ἐν Ἀκαδημείᾳ ἱδρυθέντι). Schauen wir auf die früheren Ausgaben und Übersetzungen der Stelle.

Phld. Ind. Acad. (*PHerc.* 1021), Kol. 6,30–38

Der Beginn von Z. 30 (Ende des vorherigen Satzes) wurde jeweils der Übersicht wegen weggelassen.

Bücheler 1869 (nur auf Basis von N)		Mekler 1902	
30	- - -	30	[Cπεύ]cιππ[ο]ν [δ᾽ εἰκό-
	- - -		ναc Χαρίτων ἔ]τ᾽ οὔ[cαc ἀνα-
	- - -		θεῖναί φη]cι Φιλ[όχοροc καὶ
	- - -		κατέ]χο[υcαc] τὸ μουcεῖον,
			ἐφ᾽ α[ἷ]c ἐ[πιγέ]γρα[π]ται· „τά[c-
	οὔτ[ω] ἐ[πιγέ]γρα[π]ται· „		
35	δεθ θεὰc Χάριταc Μ[ού-	35	δε θ[εαῖcι] θεὰc Χάριταc Μ[ού-
	caιc [ἀν]έθ[ηκε] Cπεύcιππ[οc		caιc [ἀ]νέθηκεν cπεύcιππ[οc
	cοφίηc εἴ]εκα δῶρα τε-		λο[γί]ων [εἴ]εκα δῶρα τε-
38	λῶ[ν].“ *usw.*	38	λῶν.“ *usw.*

35 τάc]δε θ[εῆcι *coniecit Bücheler*

30–32 Mekler *32* Φιλ[όχοροc Bücheler (1902) *33* Mekler *34* ἐφ᾽ α[ἷ]c Mekler *35* Bücheler (1902) *36* [ἀ]νέθηκεν Gomperz *37* λο[γί]ων Gomperz: πο[λλ]ῶν Wilamowitz

---

4 Die Fallstudie wurde mit geringfügigen Modifikationen aus Fleischer (2022), S. 105–124 übernommen.

... Auf diese Weise lautet die Inschrift: ... *göttliche Chariten weihte Speusipp Musen als Geschenke wegen ihrer Weisheit.* (*eigene Übersetzung*)

Philochoros sagt, dass Speusipp Standbilder von Chariten weihte, die immer noch (dort zu sehen) sind und das Museion in Besitz haben. Die Inschrift zu ihnen lautet: *Diese göttlichen Chariten weihte Speusipp göttlichen Musen als Geschenke ob ihrer Orakelsprüche.*" (*eigene Übersetzung*)

Gaiser 1988

Dorandi 1991 (= Gaiser 1988)

30	[Cπεύ]ϲιππ[ο]ν [δὲ Χάριτας αὐ]τοῦ [τότ᾽ ἀνα-θεῖναί φη]ϲι Φιλ[όχορος ἤδη κατ]έχο[ντα] τὸ μουϲεῖον, ἐφ᾽ ᾇ[ῖ]ϲ ἐ[πιγέ]γραπται· „τά̣[ϲ-
35	δε θ[εαῖϲι] θεὰϲ Χάριτας Μ̣[ού-ϲαιϲ [ἀ]νέ‹θη›κεν Cπεύϲιππ[ος λο[γί]ων εἵνεκα δῶρα τε-
38	λ̲ῶ̲ν.̲" usw.

30	[Cπεύ]ϲιππ[ο]ν [δὲ Χάριτας αὐ]τοῦ [τότ᾽ ἀνα-θεῖναί φη]ϲι Φιλ[όχορος ἤδη κατ]έχο[ντα] τὸ μουϲεῖον, ἐφ᾽ ᾇ[ῖ]ϲ ἐ[πιγέ]γραπται· „τά̣[ϲ-
35	δε θ[εαῖϲι] θεὰϲ Χάριτας Μ̣[ού-ϲαιϲ [ἀ]νέ‹θη›κεν Cπεύϲιππ[ος λο[γί]ων εἵνεκα δῶρα τε-
38	λ̲ῶ̲ν.̲" usw.

31 αὐ]τοῦ [τότ᾽ Gaiser   32–33 ἤδη | κατ]έχο[ντα Jacoby (1954)

Speusipp habe dort damals Chariten aufstellen lassen, so sagt Philochoros, als er schon die (Leitung der) Schule (des Museions) innegehabt habe, und diese (diese Statuen) trügen die Inschrift: *Göttliche Chariten wurden geweiht hier den göttlichen Musen als Geschenke Speusipps, der für Erkenntnisse dankt.* (*Gaisers Übersetzung*)

Der geneigte Leser mag Vergnügen daran finden, sich anhand der folgenden Abbildungen als Herkulanischer Papyrologe zu versuchen und eine alternative Rekonstruktion zur Ausgabe der Passage durch Dorandi (identisch mit der von Gaiser) zu finden, bevor er meine folgenden Ausführungen liest.

Diese Zeilen überliefern uns das einzig bekannte, nur hier erhaltene Epigramm Speusipps, welches aus Anlass der Weihung von Chariten-Statuen im Museion entstand (siehe Einordnung Kol. 6,28–40). Bereits Bücheler (1869) identifizierte im recht sorglos angefertigten *Neapolitanischen Disegno* ein Epigramm, aber erst Mekler (1902) konnte es (vorläufig) vervollständigen und rekonstruierte im Hinblick auf die Parallele bei Diogenes Laertius den zu erwartenden Kontext. Meklers Ergänzung von λο[γί]ων in Z. 37 ist etwas seltsam und

ABB. 39   MSI – Philodem, Index Academicorum Kol. 6,30–38
            MIC © BNN/BYU

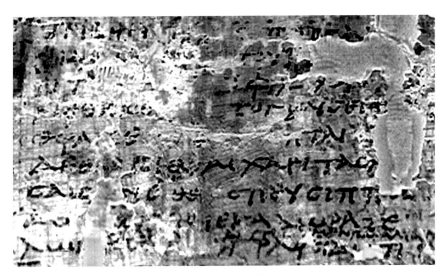

ABB. 40   HSI – Philodem, Index Academicorum Kol. 6,30–38

ABB. 41
HSI – Philodem, Index Academicorum Kol. 6,31–33
(Zeilenbeginn)

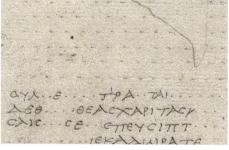

ABB. 43
Oxford Disegno – Phld. Ind. Acad. Kol.
6,30–38

ABB. 44
Neap.Disegno – Phld. Ind. Acad. Kol. 6,30–38

scheint schon Wilamowitz wenig überzeugt zu haben, dessen ϙο[λλ]ῶν jedoch gegen das Original und die Buchstaben im *Oxforder Disegno* geht. Man ging seit Mekler fest von einer Form von κατέχω (χο im *Oxforder Disegno*) und einem AcI aus, wobei schon Jacoby den Bezug auf die Chariten als seltsam empfand und das Partizip Mask. im Sinne von „leiten" bevorzugte. Das Museion wird aber nirgends als Synonym für die Akademie genutzt und auch von einer „Leitung des Museions" sagen unsere Quellen nichts (siehe den Kommentar zu Kol. 6,32–34). Der Eigenname des Atthidographen Philochoros als Quelle, der auch schon vorher von Philodem im *Index Academicorum* zitiert wird, ist gesichert.

Wenden wir uns zuerst dem Epigramm (Z. 37) zu. Man sieht bei näherer Betrachtung des *Oxforder Disegno*, dass die Spitze des Dreiecks eigentlich eher für ein δ spricht. Dessen Horizontale ist anders als im *Disegno* auf den Bildern noch erkennbar, wo die Schrägen aber fast verschwunden sind. Die Rundung des folgenden Buchstabens spricht in Original und Disegno eher für ω. Somit gewinnen wir δώ[ρ]⌐ων⌐ anstelle des doch recht unpassenden λο[γί]ων, so dass sich das Epigramm nun mit dem doppelten Polyptoton um einiges schöner liest (siehe Einordnung Kol. 6,28–40).

Diese im Epigramm genannten Chariten wurden von Speusipp im von Platon gestifteten „Museion" aufgestellt, ein Musenheiligtum innerhalb des vornehmlich von Platon genutzten Teils des Akademie-Areals (siehe Einordnung Kol. 2,6–38). Ergänzungen sollten in fragmentarischen Kontexten nicht nur

„irgendwie gerade noch Griechisch" sein, sondern lexikalisch-sprachlich und logisch einwandfrei, da sonst zu vermuten steht, dass falsch ergänzt wurde (siehe I 8.4). Gleich bei welcher der vorgeschlagenen Ergänzungen ist κατέχω lexikalisch problematisch und selbst ein anderes Kompositum oder die Grundform wären nur schwierig in die Periode integrierbar. Zunächst fällt auf, dass das ν des angeblichen Akkusativs von Speusipp in Z. 30 eher der obere Teil eines c zu sein scheint, was die bisherige Rekonstruktion der Syntax nachhaltig in Frage stellt. Meine über zweijährige Vertrautheit mit dem Lesen des Papyrus, konkret mit dem Auseinanderdividieren von Spuren, ließ mich in Z. 33 auf den HSI θη erkennen (mittels der bis 2019 alleinig zur Verfügung stehenden MSI vermochte ich die Spuren noch nicht sicher zu deuten und hatte in früheren, nicht publizierten vorläufigen Transkriptionen noch einen Text ähnlich dem von Dorandi).[5] Die folgenden Buchstaben scheinen (auch aus lexikalischen Gründen) mit κε kompatibel. Die Tinte zu Beginn der Zeile ist mit νε im Einklang. Die „Sequenz der Tintenspuren" macht νεθηκε unvermeidlich, auch wenn jeder Buchstabe isoliert betrachtet unsicher ist.[6] Hier wird deutlich, dass das „Lesen" des Papyrus und die Verbindung oder Kombination kleinster Tintenspuren eine nicht zu unterschätzende psycho-kognitive Herausforderung ist, welche Papyrologen oft noch mehr Geisteskraft und Energie als das Ergänzen von echten Lücken abverlangt. Das „Lesen" des Papyrus ist oftmals vielmehr ein gedankliches Ergänzen und Verbinden von Spuren. Das finite Verb ἀνέθηκε(ν) passt gut zum Nominativ Cπεύcιππος und dem erwarteten Sinn der Zeilen – es erscheint nochmals im Epigramm. Übrigens steht das Verb auch in Kol. 2,26 (Neulesung) vor einer Inschrift (Dedikation). Das *Oxforder Disegno* hat hier offenbar mit dem falschen χο frühere Herausgeber in eine völlig andere lexikalische und syntaktische Richtung gelenkt. Die Ausgaben von Mekler, Gaiser und Dorandi suggerieren insbesondere, dass χο noch im Originalpapyrus gelesen werden kann, was dem Leser der Edition im Endeffekt keine echte Chance mehr lässt, die Buchstaben und die Syntax in Frage zu stellen.

Schreiten wir bei der Rekonstruktion weiter voran – von hinten nach vorne. „Philochoros" dürfte als Quellenangabe wahrscheinlich mit einem ὡc-Satz eingebaut worden sein. In der Tat erkennt man auf den HSI (auf den MSI kaum) ein zuvor nicht identifiziertes *Sottoposto* am rechten Ende von Kol. 7 (auf der Höhe von Z. 32) mit klaren Spuren von φηc, was um genau 10,7 cm in die Mitte von Kol. 6 (Z. 32) zurückverschoben werden muss (siehe V 1.2). Das *verbum dicendi* des erwarteten Einschubs steht somit fest. Das ι ist noch teils im Original und im *Oxforder Disegno* erhalten (Kol. 6). Nun ergibt sich aus der oben

---

5 Wohl nur „ex-post" („ex eventu"), also nach Verfügbarkeit der HSI, scheint man nun auch auf den MSI diese Kombination lesen bzw. erahnen zu können.

6 Zur dieser Silbentrennung siehe Crönert (1903b), S. 12.

zitierten Parallele bei Diogenes und dem Kontext, dass wohl auch irgendwo Χάριτας gestanden haben muss. Hier helfen vereinzelte Buchstaben(reste) im Original oder *Disegno* das Wort an bestimmten Stellen „auszuschließen" und damit indirekt zu platzieren. Zu Beginn von Z. 31 erkennt man auf den MSI und HSI recht gut ιδ. Am Ende von Z. 30 ist kein Raum für die „Chariten", am Anfang und Beginn von Z. 31 werden sie durch gewisse lesbare Buchstaben verhindert, so dass sie am Ende von Z. 31 und zu Beginn von Z. 32 zu ergänzen sind. In der Tat sieht man zu Beginn von Z. 32 Spuren eines τ und die „Chariten" passen gut zum Raum. Die neue Struktur des Satzes nimmt immer mehr Gestalt an.

Welche Bewandtnis hat es mit der Kombination ιδ in Z. 31, vor der offenbar noch ein weiterer Buchstabe stand? Längere lexikalische Überlegungen und Worttrennungserwägungen sowie eine genauere Untersuchung der Spuren zu Beginn der Zeile führen auf φιδ, was in diesem Kontext quasi nur zu ἀδελφιδοῦς ergänzt werden kann: Speusipp war bekanntlich Platons Neffe (Platon war in der vorherigen Zeile genannt) und wird in philosophiehistorischem Kontext oft mit diesem Verwandtschaftsverhältnis spezifiziert.[7] Das bisher mysteriöse oder störende του in der Mitte von Z. 31 ergibt nun nach einigem Nachdenken auch Sinn. Speusipp war *sein* (des zuvor genannten Platons) Neffe (αὐτοῦ). Der offene Raum kann durch das erwartete Partizip ὤν aufgefüllt werden. Ob im Folgenden eine Qualität oder Quantität oder aber etwa καὶ τὰς („Speusipp über-nahm die Schule und weihte auch ...") stand, ist kaum zu entscheiden. Noch stören in Z. 33 das Museion im Akkusativ und die kleine Lücke. Haben wir einen Fehler gemacht? Gerade wenn kleine Lücken in solch fragmentarischen Kon-texten nicht logisch ergänzt werden können und plötzlich Wörter in unerwar-teten Kasus stehenbleiben, kann dies oft auf einen Fehler bei der Ergänzung der anderen Zeilen bzw. der Periode hindeuten. Das Verb wird oft idiomatisch mit εἰς verbunden, was die Lücke schließt.[8] Interessant ist auch, dass in Z. 30 die Spitze bzw. der obere Teil des α, der auf den HSI erkennbar ist, im *Oxforder Disegno* als Teil einer Kurve offenbar irreführend wiedergegeben wurde.

Klingt alles logisch und einfach – im Nachhinein. Es sollte wenig verwun-dern, dass die Wiederherstellung solcher Passagen manchmal mehrere Tage oder noch länger dauern kann und viel Nachdenken und Nachschlagen in Lexika und Literatur erfordert. Oft lässt ein kleiner Anfangszweifel an frühe-ren Rekonstruktionen, d.h. eine sprachliche Merkwürdigkeit oder Unsauber-keit innerhalb eines fragmentarischen Bereichs, eine kühne Disegno-Änderung oder die Inkompatibilität eines rekonstruierten (gelesenen) Buchstabens der Edition mit dem Originalpapyrus, komplette Rekonstruktionen und Interpre-

---

7   Siehe den Kommentar zu Kol. 6,30–31.
8   Siehe den Kommentar zu Kol. 6,32–34.

tationen früherer Gelehrter in sich zusammenfallen oder führt zu substantiellen Korrekturen. Man muss mögliche „Angriffspunkte" suchen und versuchen sich langsam vorzuarbeiten, Pfade testen, Möglichkeiten einschränken und dann ggf. zur der einzig möglichen Lösung kommen, die es dann wiederum auf jede Weise zu „attackieren" gilt, um ihre Validität und Exklusivität zu erweisen.

Im Folgenden ist nochmals meine diplomatische und literarische Transkription der Zeilen samt Spurenbeschreibung gegeben (vgl. die Ausgabe, das diplomatische Transkript in IV und das Beispiel in I 8.10).

Phld. Ind. Acad. (*PHerc.* 1021), Kol. 6,30–38 (Fleischer – neu)

30 [Cπεύ]ˈcιˈπˈπ̣ˈοc δˈ ˈα̣ˈ[δελ-
φιδο[ῦc ὤ]ν̣ [αὐ]ˈτˈοῦ .[.... Χά-
ριτ[αc, ὥc] φηcˈιˈ Φιˈλˈόχορο[c, ἀ-
νέθη‹χε›[ν εἰc] τὸ μουcεῖο̣ν,
ἐφ᾽ α[ῖ]c ἐ[πιγ]έˈγραˈπται· „ˈτα̣ˈ[c-
35 δε θεαῖcι θεὰc Χάριταc Μ̣[ού-
caιc [ἀ]νέθ˵ηκˊεˈνˈ Cπεύcιπποc
δώ[ρ]ˈωνˈ [εἴ]νεκα δῶρα τε-
λ<u>ῶν</u>." usw.

30 [....]ˈcιˈπˈτˈο̣cδˈ.ˈ[..
.ι̣δ̣.[...].[...]ˈτˈου.[......
...[....]φηcˈιˈφι̣ˈλˈ....[..
....ˈχο̣ˈ[....]τομουcει..
εφα[.].ε[...].ˈγραˈ.ται̣ˈτ.ˈ[.
35 δεθ..ι̣cι̣θεαcχαριταcμ[..
ςαιc[.]ν̣εθ˵..ˊεˈνˈcπευcιππ..
..[.]ˈωνˈ[.(.)].εκαδωρατε
λω̣. usw.

---

30 [Cπεύ]ˈcιππˈ`ο̣ς KF   30–31 ˈα̣ˈ[δελ]||φιδο[ῦc KF   31 ὤ]ν̣ KF   [αὐ]ˈτˈοῦ Gaiser   χ[αὶ τὰc conieci   31–32 Χά]|ρ̣ι̣τ[αc KF   32 ὥc KF   φηcˈιˈ Mekler   Φι̣ˈλˈόχορο̣[c Bücheler*   32–33 ἀ]|ν̣έθ̣ˈχεˈ[ν KF: χ̣α̣τέˈχοˈ[ντα (perperam) Jacoby   33 εἰc KF   34–35 Bücheler   36 [ἀ]νέθˍηκˊεˈνˈ (fort. ἀνέ‹θη›κεν) Gomperz   37 δώ[ρ]ˈωνˈ KF: λο[γί]ων perperam Gomperz, cetera Bücheler*

30 c O: Rund. P || ι O : τ O: π oder τ P || Rund. oben O: Ti. oben (α,δ,λ wahrs.) P   31 Ti. unten/oben (blas. φ wahrs.) || Ti. || τ O: γ oder τ P || Ti. oben   32 Ti. (Rund.?) oben || Vert. || π oder τ || φηcˉ¹ || ι O: Ti. (Vert.?) P || λ O: α,δ,λ P || Rund. || Schräge mit Verbi. mittig || Ti. mittig || Vert. unten || Rund.   33 Ti. (ν?) || ε,θ,c || ε oder θ || η oder χ || χο O: χ (wahrs.er) oder χ, ε (wahrs.er) oder ο P || || Ti. (Rund.?) || Ti.   34 Ti. || ε oder θ || γρα ON || zwei Vert. unten und Ti. oben (π wahrs.): ν O || τ O: Teil von Horiz. oben P || Schräge unten O   35 Ti. || Ti. (Teil von Dreieck?)   36 (Einfüg. unsicher) Ti. || Ti. || ν O: Ti. unten P: c N || Ti. (Rund.?) unten || Rund.   37 Ti. (Horiz.?) unten P: λ O || Rund. (ω wahrs.) || ων O: Ti. unten, Vert. P || Rund.   38 Vert.

Speusipp war sein Neffe und stellte, wie Philochoros sagt, ... Chariten im Museion als Weihegeschenk auf. Die Inschrift zu ihnen lautet: *Diese göttlichen Chariten weihte Speusipp göttlichen Musen als Geschenke ob ihrer Geschenke.*

(*eigene Übersetzung*)

Es können einige methodisch-papyrologische Folgerungen aus dem Fallbeispiel für die Arbeit am *Index Academicorum* und an den Herkulanischen Papyri allgemein gezogen werden.

a)   Bisher glaubte man trotz des fragmentarischen Zustands des Papyrus zumindest den inhaltlichen Kern (Weihung der Chariten im Museion und das Epigramm) korrekt und erschöpfend ausgemacht und ergänzt zu haben. Jedoch hat die Neurekonstruktion gezeigt, dass zusätzlich noch die Information „Speusipp als Neffe Platons" in diesen Zeilen enthalten war. Man sollte sich also über den vermeintlichen (einzigen) Inhalt fragmentarischer Zeilen nicht allzu sicher wähnen. Auch das Epigramm wurde durch die Neulesung entscheidend verfeinert und damit ein Stück antiker Dichtung „geheilt".

b)   Bevor ich ab 2019 die HSI zur Verfügung hatte, war es mir weder auf Basis der Originals noch der Multispektralbilder (MSI) möglich, die Tinte an entscheidenden Stellen vom Hintergrund zu unterscheiden und im Schwarz-Weiß-Gewirr Buchstaben zu isolieren. Im Gegensatz zu früheren Herausgebern schreckte ich damals zwar ob der vielen Stellschrauben davor zurück, mit irgendeiner konkreten Rekonstruktion der Passage aufzuwarten, aber ich vermutete ebenfalls, dass wohl eine Form von ἔχω oder κατέχω in Z. 33 (da MSI und Original das χο des *Oxforder Disegno* zwar nicht bestätigten, aber auch nicht eindeutig widerlegten) zu ergänzen wäre und insbesondere dass die fragmentarischen Zeilen über die Weihung der Chariten hinaus keine Zusatzinformation enthalten würden. Das Beispiel ist durchaus repräsentativ für den Nutzen der HSI. Mit ihrer Hilfe konnten etliche Passagen im *Index Academicorum* verbessert werden, wo einzig auf Basis der MSI das Ultimum schon erreicht schien – oftmals mit weitreichenderen Folgen als in diesem Fallbeispiel.

c)   Das χο des *Oxforder Disegno* stellte sich als κε im Original heraus. Dies ist an sich keine allzu ungewöhnliche Begebenheit bei Herkulanischen Papyri (*Disegni*), aber Grund genug, einige Gedanken über das Annotationssystem von Herkulanischen Editionen zu äußern. Ich habe in meiner Ausgabe des *Index Academicorum* auch im Haupttext kenntlich gemacht, wenn ein Buchstabe aus dem *Disegno* eingesetzt wurde. Bei dem κατ]έχο[ντα][9] früherer Herausgeber war für den Leser aufgrund der Annotationssysteme nicht ersichtlich, ob χο sicher im Original gelesen wurde –

---

9   Woher das ε bei Gaiser und Dorandi kommen soll, ist unklar, aber das χο wurde korrekt aus dem *Disegno* übernommen.

dann wäre eine Form von ἔχω (bzw. Kompositum) fast zwingend – oder ob die Buchstaben nur im *Disegno* erhalten sind und durch das Original nicht mehr bestätigt werden können. In letzterem Fall müssen Ergänzungen, zumal wenn die *Disegni* viele Fehler aufweisen und der Text sehr fragmentarisch ist, als dramatisch unsicherer gelten als unter der Voraussetzung, dass die Buchstaben im Original noch erhalten sind. Die Anwendung eines Annotationssystems mit konsequenter Kenntlichmachung von nur auf den *Disegni* basierenden Buchstaben im Haupttext (siehe I 8.6) erlaubt es dem Leser somit, die Güte des Textes in der Edition angemessen abzuschätzen und direkt zu erkennen, ob der Text tatsächlich in dieser Form noch im Original erhalten ist oder lediglich auf Basis potentiell defizitärer *Disegni* restituiert wurde.[10] Seit einigen Jahren scheint sich die Kenntlichmachung von *Disegni*-Buchstaben bei Herausgebern in leicht variierenden Spielarten immer mehr einzubürgern. Objektivere Editionen sind das Resultat dieser neuen philologisch-papyrologischen Methode.

---

10   Andernfalls wären zumindest eine diplomatische Transkription mit explizitem Verweis auf die *Disegni* innerhalb der Editionen oder Angaben im Apparat wünschenswert.

Bibliographie

Häufige Abkürzungen von Lexika/Reihen:
RE   *Realencyclopädie*
DPhA   *Dictionnaire des philosophes antiques*
GGPh   *Grundriss der Geschichte der Philosophie*
BNJ   *Brill's New Jacoby* (online)
DNP   *Der Neue Pauly*

B. Acosta-Hughes/C. Cusset, *Euphorion Oeuvre poétique et autres fragments*, Paris 2012.

E. Alexiou, Hypereides, in: A. Rengakos/B. Zimmermann (Hg.), *Handbuch der griechischen Literatur der Antike, Bd. 2*, München 2014 S. 846–854.

E. Alexiou, Apollodoros, Hegesippos, Demades, in: A. Rengakos/B. Zimmermann (Hg.), *Handbuch der griechischen Literatur der Antike, Bd. 2*, München 2014, S. 776–781.

E. Alexiou, *Greek Rhetoric of the 4th Century BC: The Elixir of Democracy and Individuality*, Berlin 2020.

J. Allen, Academic Probabilism and Stoic Epistemology, *CQ* 44 (1994), S. 85–113.

E. Amato, *Favorinos d'Arles. Oeuvres, Bd. 3: Fragments*, Paris 2010.

A. Andreiomenou, (SEG 25, 237), Ἀρχ. Δελτ. 23Α (1968), S. 137.

A. Angeli/M. Colaizzo, I frammenti di Zenone Sidonio, *CErc* 9 (1979), S. 47–133.

A. Angeli, Lo svolgimento dei papiri carbonizzati, *PapLup* 3 (1994), S. 37–104.

A. Angeli, La Villa dei Papiri e gli scavi *sub divo* fra archeologia, filologia e papirologia, *SEP* 16 (2019), S. 9–70.

A. Angeli, La papirologia ercolanese tra racconto e manualistica, *Syzetesis* 8 (2021), S. 299–367.

M. D'Angelo, Verso un software per la ricostruzione dei papiri ercolanesi con stratigrafia complessa, *CErc* 50 (2020), S. 161 f.

M. D'Angelo/F. Nicolardi, Dalla ricostruzione all'edizione dei papiri ercolanesi. problemi e proposte di presentazione e rappresentazione, in: M. D'Angelo/F. Nicolardi/H. Essler (ed.), *Tracing the same path. Tradizione e innovazione nella papirologia ercolanese tra Germania e Italia / Tradition und Fortschritt in der herkulanischen Papyrologie zwischen Deutschland und Italien*, Napoli 2021, S. 121–138.

A. Antoni et al., Update Report on the Use of the Multi-spectral images of the Herculaneum papyri, in: J. Frösén/T. Purola/E. Salmenkivi (ed.), *Proceedings of the XXIV. International Congress of Papyrology. Helsinki 1–7 August, 2004, Bd. 2*, Helsinki 2007, S. 579–586.

O. Apelt, Rezension von Mekler (1902), *PhilWo* 22 (1902), S. 1156–1161.

D. Armstrong et al. (Hg.), *Vergil, Philodemus, and the Augustans*, Austin 2004.

D. Armstrong/M. McOsker, *Philodemus. On Anger*, Atlanta 2020.

H. von Arnim, Agamestor (3), *RE* 1.1 (1893), S. 729.

H. von Arnim, Apoll⟨as⟩ (4), *RE* 1 (1894), S. 2841 f.

H. von Arnim, Boethos (5), *RE* 2.1 (1897), S. 603.

H. von Arnim, *Stoicorum veterum fragmenta (1)*, Leipzig 1905.

H. von Arnim, Karneades, *RE* 10.2 (1919), S. 1964–1985.

G. Arrighetti, Ieronimo di Rodi, *SCO* 3 (1955), S. 111–128.

C. Austin/S. Douglas, *Aristophanes: Thesmophoriazusae*, Oxford 2004.

Y. Assael et al., Restoring and attributing ancient texts using deep neural networks, *Nature* 603, S. 280–283 (2022). https://doi.org/10.1038.

W. Ax, Dikaiarchs Bios Hellados und Varros De vita populi Romani, in: W. Fortenbaugh/E. Schütrumpf (ed.), Dicaearchus of Messana. Text, Translation, and Discussion, London 2001, S. 279–310.

I. Baiter/H. Sauppe, *Oratores Attici II*, Zürich 1850.

M. Baltes, Rezension von Gaiser, *Anzeiger für Altertumswiss.* 42 (1989), S. 155–158.

M. Baltes/H. Dörrie, *Der Platonismus in der Antike. Bd. 2 (BS 36–72)*, Stuttgart-Bad Canstatt 1990.

M. Baltes, Der Platonismus und die Weisheit der Barbaren, in: C. Cleary (ed.), *Traditions of Platonism. Essays in Honour of J. Dillon*, Aldershot 1999.

J. Barnes, Antiochus of Ascalon, in: M. Griffin/J. Barnes (ed.), Philosophia Togata. Essays on Philosophy and Roman Society, Oxford 1989a, S. 51–96.

J. Barnes, Philodemus and the Old Academy, *Apeiron* 22 (1989b), S. 139–148.

C. Baron, *Timaeus of Tauromenium and Hellenistic historiography*, Cambridge 2013.

C. Baron, Neanthes der Ältere (FGrH 84), *BNJ* (2014).

D. Bassi, Papiri ercolanensi disegnati, *RFIC* 41 (1913), S. 427–464.

S. Bay et al., Multi-Spectral Imaging vs. Monospectral Infrared Imaging, *ZPE* 173 (2010), S. 211–221.

S. Bay et al., Exploring the Limitations and Advantages of Multi-Spectral Imaging in Papyrology. Darkened, Carbonized, and Palimpsest Papyri, in: V. Vahtikari/M. Hakkarainen/A. Nurminen (ed.), *EIKONOPOIIA: Digital Imaging of Ancient Textual Heritage. Proceedings of the International Conference, Helsinki, 28–29 November, 2010*, Helsinki 2011, S. 107–121.

H. Beck, Keryx, *BNP* 2013.

I. Bekker, *Anecdota Graeca 1*, Berlin 1814.

J. Bernhardt, Rhetorische Strategie und politischer Standpunkt bei Hypereides, *Hermes* 140 (2012), S. 263–283.

H. Berve, *Dion*, Wiesbaden 1957.

H. Berve, *Die Tyrannis bei den Griechen*, München 1967.

J. Bidez, *Eos ou Platon e l'orient*, Brüssel 1945.

W. Biedenweg, *Plutarchs Quellen in den Lebensbeschreibungen des Dion und Timoleon*, Gotha 1885.

D. Blank, The Life of Antiochus of Ascalon in Philodemus' History of the Academy and a Tale of Two Letters, *ZPE* 162 (2007), S. 87–93.

D. Blank/F. Longo Auricchio, Inventari antichi dei papiri ercolanesi, *CErc* 34 (2004), S. 39–152.

D. Blank, Philodemus, in: E. Zalta (ed.), *Stanford Encyclopedia of Philosophy* (online–2019).

M. Blech, *Studien zum Kranz bei den Griechen*, Berlin 1982.

J. Bollansée, Hermodoros of Syracuse, in: G. Schepens/F. Jacoby (ed.), Die Fragmente der griechischen Historiker continued. Teil IV A: Biography (1): The Pre-Hellenistic Period, Leiden 1998, S. 192–211.

J. Bollansée, Hermippus of Smyrna, in: G. Schepens/F. Jacoby (ed.), *Die Fragmente der Griechischen Historiker continued, Teil IV A: Biography and Antiquarian Literature (3)*, Leiden 1999a.

J. Bollansée, *Hermippos of Smyrna and His Biographical Writings. A Reappraisal*, Leuven 1999b.

J. Bollansée, Persaios of Kition, or the Failure of the Wise Man as the Ideal General, in: L. Mooren (ed.), *Politics, Administration and Society in the Hellenistic World*, Leuven 2000, S. 15–28.

J. Bollansée, Philodemos on Chairon, Tyrant of Pellene (PHerc. 1021, col. 10,40–12,41), *Historia* 51 (2002), S. 32–48.

M. Bonazzi, Antiochus and Platonism, in: Sedley (2012), S. 308–333.

S. Booras/D. Seely, Multispectral Imaging of the Herculaneum Papyri, *CErc* 29 (1999), S. 95–100.

K. Boshnakov, *Pseudo-Skymnos (Semos von Delos?). Τὰ ἀριστερὰ τοῦ Πόντου. Zeugnisse griechischer Schriftsteller über den westlichen Pontosraum*, Stuttgart 2004.

A. Bosworth, Conquest and Empire. The Reign of Alexander the Great, Cambridge 1993.

E. Bourguet, Fouilles de Delphes: Epigraphie. Inscriptions de l'entrée du sanctuaire au trésor des Athéniens, Band 3,1 Paris 1929.

C. Bowra, Sophocles on His Own Development, *AJP* 61 (1940), S. 385–401.

V. Bradani/S. Tracy, *Inscriptiones Atticae Euclidis anno posteriores. Pars I. Leges et decreta. Fasc. 5. Leges et decreta annorum 229/8–168/7*, Berlin 2012.

B. Bravo, *La Chronique d'Apollodore et le Pseudo-Skymnos*, Leuven 2009.

J. Bremmer, *The early Greek concept of the soul*, Princeton 1983.

K. Bringmann, Quae est alia Dionis legatio? Zu Cicero Ad Atticum 15,10, *Klio* 85 (2003), S. 114–119.

K. Bringmann/H. von Steuben, *Schenkungen hellenistischer Herrscher an griechische Städte und Heiligtümer – Teil 1. Zeugnisse und Kommentare*, Berlin 1995.

C. Brittain, *Cicero. On Academic Scepticism*, Indianapolis 2000.

C. Brittain, *Philo of Larissa. The Last of the Academic Sceptics*, Oxford 2001.

C. Brittain/P. Osorio, Philo of Larissa, in: E. Zalta (ed.), *The Stanford Encyclopedia of Philosophy* (2021 – online).

C. Brittain/J. Palmer, The New Academy's Appeals to the Presocratics', *Phronesis* 46 (2001), S. 38–72.

K. Brodersen, *Apollodoros: Götter und Helden der Griechen*, Darmstadt 2012.

E. Brun et al., Revealing Metallic Ink in Herculaneum Papyri, *Proceedings of the National Academy of Sciences 14.113* (2016), S. 3751–3754.

F. Bücheler, Academicorum philosophorum index Herculanensis, Greifswald 1869.

L. Burckhardt, Die Attische Ephebie in hellenistischer Zeit, in: D. Kah/P. Scholz (Hg.), *Das hellenistische Gymnasion. Festschrift Klaus Bringmann*, Berlin 2007.

W. Burkert, *Weisheit und Wissenschaft. Studien zu Pythagoras, Philolaos und Platon*, Nürnberg 1962.

W. Burkert, Philodems Arbeitstext zur Geschichte der Akademie. Zu Tiziano Dorandis Neuedition des Academicorum Index, *ZPE* 97 (1993), S. 87–94.

W. Burkert, Neanthes von Kyzikos über Platon. Ein Hinweis aus Herculaneum, *MusHelv* 57 (2000), S. 76–80. (2000)

U. Bussemaker, *Fragmenta poematum rem naturalem vel medicam spectantium (pars of Poetae bucolici et didactici)*, Paris 1851.

M. Capasso, Domenico Bassi e i papiri Ercolanesi. I: La vicenda della nomina a direttore dell' Officina e l'esordio alla guida dell' istituto (1906), in: M. Capasso (ed.), *Contributi alla storia dell' Officina dei Papiri Ercolanesi*, Napoli 1980, S. 241–299.

M. Capasso, Per la storia degli studi ercolanesi, *CErc* 15 (1985), S. 167–185.

M. Capasso, I titoli nei papiri ercolanesi. III: i titoli esterni (PHerc. 339, 1491 e 'scorza' non identificata), in: C. Basile/A. Di Natale (ed.), *Atti del II Convegno Nazionale di Egittologia e Papirologia*, Siracusa 1996, S. 137–151.

M. Capasso, I papiri ercolanesi opistografi, in: S. Russo (ed.), *Atti del V Convegno Nazionale di Egittologia e Papirologia*, Firenze 2000, S. 5–25.

M. Capasso, Del cattivo e del pessimo uso dei Disegni dei Papiri Ercolanesi, *PapLup* 22 (2013), S. 41–60.

M. Capasso, Philodemus and the Herculaneum Papyri, in: P. Mitsis (ed.), *The Oxford Handbook of Epicurus and Epicureanism*, Oxford 2020, S. 379–429.

W. Capelle, Melanthios (12), *RE* 15.1 (1931), S. 430 f.

C. Carey et al., Fragments of Hyperides' „Against Diondas" from the Archimedes Palimpsest, *ZPE* 165 (2008), S. 1–19.

M. Carroll-Spillecke, *ΚΗΠΟΣ. Der antike griechische Garten*, München 1989.

J. Carruesco, Le nain d'Alexandrie (Philodéme, de signis col. 2, 4ss.), in: A. Antoni et al. (ed.), *Miscellanea Papyrologica Herculanensia, Bd. I*, Pisa 2010, S. 133–136.

M. Casiri, *Bibliotheca Arabico-hispana Escurialensis*, Madrid 1760.

M. Cavalieri, La Rassegna dei filosofi di Filodemo. Scuola eleatica ed abderita (PHerc. 327) e Scuola pitagorica (PHerc. 1508)?, *PapLup* 11 (2002), S. 17–53.

G. Cavallo, *Libri scritture e scribi a Ercolano*, Napoli 1983.

G. Cavallo, La papirologia letteraria tra bibliologia e paleografia. Un consuntivo del passato e uno sguardo verso il futuro, *JJP* 43 (2013), S. 277–312.

C. Champion, Timaios (FGrH 566), *BNJ* 2010.

P. Charneux/J. Tréheux, Décret du peuple athénien pur Pausanias de Mélitè, gymnasiarque à Délos, *BCH* 121 (1997), S. 153–173.

W. Clarysse, Tomoi Synkollesimoi, in: M. Brosius (ed.), *Ancient Archives and Archival Traditions. Concepts of Record-keeping in the Ancient World*, Oxford 2003, S. 344–359.

C. Classen, Bemerkungen zu zwei griechischen „Philosophiehistorikern", *Philologus* 109 (1965), S. 178–181.

S. La Colla, Metrici, sistemi, *Enciclopedia Italiana. App. I*, Roma 1938, S. 820–847.

D. Comparetti, Relazione sui papiri ercolanesi, *AAL* 5 (1880), S. 145–178.

B. Cordruwisch/I. Sobottka, *Leben und Leiden der römischen Kaiser. Infektionen römischer Kaiser als Ursache von Krankheit, Wahn und Tod*, Nordersted 2014.

V. Costa, *Filocoro di Atene (I). Testimonianze e frammenti dell'Atthis*, Tivoli 2007.

C. Cox, Marriage in Ancient Athens, in: B. Rawson (ed.), *A Companion to Families in the Greek and Roman Worlds*, Oxford 2011, S. 231–244.

W. Crönert, Fälschungen in den Abschriften der herkulanensischen Rollen, *RhM* 53 (1898), S. 585–595.

W. Crönert, Die Überlieferung des Index Academicorum, *Hermes* 38 (1903a), S. 357–405.

W. Crönert, *Memoria Graeca Herculanensis*, Leipzig 1903b.

W. Crönert, Eine attische Stoikerinschrift, *SPAW* 34 (1904), S. 471–483.

W. Crönert, *Kolotes und Menedemos*, Leipzig 1906.

W. Crönert, Eine Telesstelle und Anderes, *RhM* 62 (1907), S. 620–625.

W. Crönert, Rezension von Stoicorum veterum fragmenta collegit Joannes ab Arnim, vol. IV, *Gnomon* 6 (1930), S. 142–157.

O. Crusius, Agamestor (1), *RE* 1.1 (1893), S. 729.

M. D'Angelo, Gaius Bruttius dedicatee of Philodemus in a Herculaneum Papyrus, *ZPE* 220 (2021), S. 59–63.

G. Daux, Chronologie delphique, Paris 1943.

D. Delattre, *La villa des papyrus et les rouleaux d'Herculanum, la bibliothèque de Philodème*, Liege 2006.

D. Delattre, *Philodème de Gadara. Sur la musique. Livre IV* (2 Bände), Paris 2007.

D. Delattre, *Philodème de Gadara. Sur la mort*, Paris 2022.

N. Denyer, Neglected Evidence for Diodorus Cronus, *CQ* 52 (2002), S. 597–600.

L. Deubner, *Attische Feste*, Berlin 1932.

H. Diels, *Zur Textgeschichte der Aristotelischen Physik*, Berlin 1882.

H. Diels/W. Schubart, *Didymos. Kommentar zu Demosthenes (Papyrus 9780)*, Berlin 1904.

A. Dieterich, Apollodor (56), *RE* 1.2 (1894), S. 2852.

A. Dihle, *Studien zur griechischen Biographie*, Göttingen 1970.

A. Dihle, Randbemerkungen zu griechischen Szenikern, *RhM* 119 (1976), S. 134–148.

A. Diller, *Studies in Greek Manuscript Tradition*, Amsterdam 1983.

J. Dillon, *The Heirs of Plato. A Study of the Old Academy (347–274 BC)*, Oxford 2003.

J. Dillon, Aristoxenus' Life of Plato, in: C. Huffman (ed.), *Aristoxenus of Tarentum, Discussion*, New Brunswick 2012, S. 283–296.

J. Dillon, Polemo, grosser Schatten of the Old Academy, in: Kalligas et al. (2020), S. 188–199.

W. Dinsmoor, *The Archons of Athens in the Hellenistic Age*, Harvard 1931.

W. Dinsmoor, *The Athenian Archon List in the Light of Recent Discoveries*, New York 1939.

T. Dorandi, Sulla trasmissione del testo dell'„Academicorum philosophorum index Herculanensis" (PHerc. 1021 e 164), in: R. Bagnall et al. (ed.), *Proceedings of the XVI. International Congress of Papyrology. New York 24–31 July 1980*, Chico 1981, S. 139–144.

T. Dorandi, Filodemo, Gli stoici (PHerc. 155 e 339), *CErc* 12 (1982), S. 91–133.

T. Dorandi, Glutinatores, *ZPE* 50 (1983), S. 25–28.

T. Dorandi, Il Papiro Ercolanese 164, *CErc* 15 (1985), S. 101–111.

T. Dorandi, Filodemo e la fine dell'Academia (PHerc. 1021 XXXIII–XXXVI), *CErc* 16 (1986), S. 113–118.

T. Dorandi, Filodemo e l'Academia Nuova (PHerc. 1021 XXXIII–XXXVI), *CErc* 17 (1987), S. 119–134.

T. Dorandi, La patria di Filodemo, *Philologus* 131 (1987), S. 254–256.

T. Dorandi, Una „ri-edizione" antica del περὶ εὐcεβείαc di Filodemo, *ZPE* 73 (1988a), S. 25–29.

T. Dorandi, Gli „Academica" filodemei di Konrad Gaiser, *CErc* 18 (1988), S. 193–198.

T. Dorandi, Aristos d'Ascalon, in: R. Goulet (ed.), *DPhA 1*, Paris 1989a, S. 408.

T. Dorandi, Amyntas d'Héraclée, in: R. Goulet (ed.), *DPhA 1*, Paris 1989b, S. 175 f.

T. Dorandi, Agamestor, in: R. Goulet (ed.), *DPhA 1*, Paris 1989c, S. 60.

T. Dorandi, Aristippe de Cyrène, in: R. Goulet (ed.), *DPhA 1*, Paris 1989d, S. 375.

T. Dorandi, Gli arconti nei papiri ercolanesi, *ZPE* 84 (1990), S. 121–138. (= 1990a)

T. Dorandi, Varietà ercolanesi, in: M. Capasso/G. Messeri Savorelli/R. Pintaudi (ed.), *Miscellanea Papyrologica in occasione del bicentenario dell'edizione della Charta Borgiana, Bd. 1*, Firenze 1990b, S. 71–75.

T. Dorandi, Per la cronologia di Lacide, *RhM* 133 (1990c), S. 93–96.

T. Dorandi, *Filodemo. Storia dei filosofi. Platone e l'Academia (PHerc. 1021 e 164)*. Edizione, traduzione e commento, Napoli 1991.

T. Dorandi, Den Autoren über die Schulter geschaut, *ZPE* 87 (1991b), S. 11–33.

T. Dorandi, *Filodemo: Storia dei filosofi. La stoà da Zenone a Panezio (PHerc. 1018)*, Leiden 1994a.

T. Dorandi, Cratippos de Pergame (M. Tullius), in: R. Goulet (ed.), *DPhA 2*, Paris 1994b, S. 501–503.

T. Dorandi, Prolegomeni per una edizione dei frammenti di Antigono di Caristo II, *Mus-Helv* 51 (1994c), S. 5–29.

T. Dorandi, Prolegomeni per una edizione dei frammenti di Antigono di Caristo I, *RhM* 138 (1995a), S. 347–368

T. Dorandi, Prolegomeni per una edizione dei frammenti di Antigono di Caristo III, *ZPE* 106 (1995b), S. 61–90.

T. Dorandi, *Antigone de Caryste. Fragments*, Paris 1999.

T. Dorandi, Antigonos von Karystos (1881), in: W. Calder (Hg.), *Wilamowitz in Greifswald. Akten der Tagung zum 150. Geburtstag Ulrich von Wilamowitz-Moellendorffs in Greifswald. 19.–22. Dezember 1998*, Hildesheim 2000a, S. 586–604.

T. Dorandi, Il contributo dei papiri alla ricostruzione della biografia e delle idee sulla retorica di Demetrio del Falero, in: W. Fortenbaugh/E. Schütrumpf (ed.), *Demetrius of Phalerum. Text, Translation and Discussion*, New Brunswick 2000b, S. 381–388.

T. Dorandi, Chronology, in: K. Algra et al. (ed.), *The Cambridge History of Hellenistic Philosophy*, Oxford 2000c, S. 31–54.

T. Dorandi, Euandros de Phocée, in: R. Goulet (ed.), *DPhA 3*, Paris 2000d, S. 243.

T. Dorandi, Hermias d'Atarnée, in: R. Goulet (ed.), *DPhA 3*, Paris 2000e, S. 650–651.

T. Dorandi, La tradizione papirologica di Dicearco, in: W. Fortenbaugh/E. Schütrumpf (ed.), *Dicaearchus of Messana. Text, Translation, and Discussion*, London 2001, S. 343–353.

T. Dorandi, Accessioni a Antigono di Caristo, *SCO* 51 (2005a), S. 119–124.

T. Dorandi, Lacydès de Cyrène, in: R. Goulet (ed.), *DPhA 4*, Paris 2005b, S. 74f.

T. Dorandi, Mélanthios de Rhodes (87), in: R. Goulet (ed.), *DPhA 4*, Paris 2005c, S. 383f.

T. Dorandi, Olympiadès, in: R. Goulet (ed.), *DPhA 4*, Paris 2005d, S. 767.

T. Dorandi, Moschion de Mallos, in: R. Goulet (ed.), *DPhA 4*, Paris 2005e, S. 554.

T. Dorandi, *Nell'officina dei classici. Come lavoravano gli autori antichi*, Roma 2007.

T. Dorandi, Notes critiques et exégétiques aux livres III à V des Vies des philosophes de Diogène Laërce, *Eikasmos* 19 (2008), S. 241–262.

T. Dorandi, La tradizione papirologica di Eraclide Pontico, in: Fortenbaugh/Pender (2009), S. 1–25.

T. Dorandi, Potamone di Alessandria, *ZPE* 199 (2016), S. 33–35.

T. Dorandi/M. Isnardi Parente, Senocrate e Ermodoro. Testimonianze e frammenti, Pisa 2012.

T. Dorandi/F. Queyrel, Carnéade de Cyrène, in: R. Goulet (ed.), *DPhA 2*, Paris 1994, S. 224–227.

T. Dorandi/S. Roux, Philippe d'Oponte, in: R. Goulet (ed.), *DPhA 5.1*, Paris 2012, S. 313–320.

T. Dorandi/W. Willis, *CPF 1.1.* *1, Firenze 1989.

K. Döring, Gab es eine dialektische Schule?, *Phronesis* 34 (1989), S. 293–310.

K. Döring, Sokrates, die Sokratiker und die von ihnen begründeten Traditionen, in: H. Flashar (Hg.), *GGPh* 2.1, Basel 1998, S. 139–364.

K. Döring, Platons Garten, sein Haus, das Museion und die Stätten der Lehrtätigkeit Platons, in: F. Alesse et al. (ed.), *Anthropine sophia*, Napoli 2008, S. 257–273.

H. Dörrie, Xenocrates, *RE* 9 (1967), S. 1511–1528.

S. Dow, Archons of the Period after Sulla, *Hesperia* Suppl. VIII (1949), S. 116–125.

T. Ebert, *Dialektiker und frühe Stoiker bei Sextus Empiricus. Untersuchungen zur Entstehung der Aussagenlogik*, Göttingen 1991.

T. Ebert, In Defence of the Dialectical School, in: F. Alesse et al. (ed.), *Anthropine sophia*, Napoli 2008, S. 275–293.

J. Engels, *Studien zur politischen Biographie des Hypereides. Athen in der Epoche der lykurgischen Reformen und des makedonischen Universalreiches*, München 1993.

J. Engels, Philosophen in Reihen. Die Φιλοσόφων ἀναγραφή des Hippobotos, in: M. Erler/ S. Schorn (Hg.), *Griechische Biographie in hellenistischer Zeit. Akten des internationalen Kongresses vom 26.–29. Juli 2006 in Würzburg*, Berlin 2007, S. 173–194.

J. Engels, *Phaenias of Eresus. The Sources, Text and Translation*, in: O. Hellmann/D. Mirhady (ed.), *Phaenias of Eresus*, New Brunswick/London 2015, S. 1–99.

M. Erler, *Epikur-Die Schule Epikurs-Lukrez*, in: H. Flashar (Hg.), *GGPh* 4.1, Basel 1994.

M. Erler, *Platon*, in: H. Flashar (Hg.) *GGPh* 2.2, Basel 2007.

M. Erler, Kleitomachos, in A. Rengakos/B. Zimmermann (Hg.), *Handbuch der griechischen Literatur der Antike, Bd. 2*, München 2014, S. 358 f.

H. Essler, Bilder von Papyri und Papyri als Bilder, *CErc* 36 (2006), S. 103–143.

H. Essler, Rekonstruktion von Papyrusrollen auf mathematischer Grundlage, *CErc* 38 (2008), S. 273–307.

H. Essler, Zur Paläographie der Abzeichnungen Herkulanischer Papyri, *CErc* 48 (2018), S. 151–159.

H. Essler, Copy-Paste in der Antike, *ZPE* 212 (2019), S. 1–24.

V. De Falco, *L'epicureo Demetrio Lacone*, Napoli 1923.

W. Ferguson, *The Athenian Archons of the Third and Second Centuries Before Christ*, Cornell 1899.

F. Ferrari, § 110. Chaldäische Orakel, in C. Riedweg, *GGPh* 5.1, Basel 2018, S. 1202–1216.

T. Figueira, *Aegina, society and politics*, New York 1981.

T. Figueira, Aigina and the Naval Strategy of the Late Fifth and Early Fourth Centuries, *RhM* 133 (1990), S. 15–51.

T. Figueira, Aigina: Island as Pardigm and Counter-Paradigm, in: A. Powell/K. Meidani (ed.), *The Eyesore of Aigina: Anti-Athenian Attitudes across the Greek, Hellenistic and Roman Worlds*, Swansea 2016, S. 12–31.

M. Fimiani, Il PHerc. 241. Novità da un papiro inedito del IV libro della retorica di Filodemo di Gadara, *CErc* 50 (2020), S. 63–72.

J. Fitzgerald, Gadara. Philodemus' Native City, in: J. Fitzgerald et al. (ed.), *Philodemus and the New Testament World*, Leiden 2004, S. 343–397.

K. Fleischer, Der Akademiker Charmadas in Apollodors Chronik (PHerc. 1021, Kol. 31–32), *CErc.* 44 (2014a), S. 65–75.

K. Fleischer, Phanostratos von Tralleis, *Hermes* 142 (2014b), S. 476–479.

K. Fleischer, Der Stoiker Mnesarch als Lehrer des Antiochus im Index Academicorum, *Mnemosyne* 68/3 (2015a), S. 413–423.

K. Fleischer, Die Schüler des Charmadas (PHerc. 1021, XXXV 32-XXXVI 14), *CErc* 45 (2015b), S. 49–53.

K. Fleischer, Die Charakterisierung des Boethos von Marathon (PHerc. 1021, coll. 28,38–29,3), *SEP 12* (2015c), S. 27–30.

K. Fleischer, *Dionysios von Alexandria – De Natura (περὶ φύσεως) – Übersetzung, Kommentar und Würdigung – Mit einer Einleitung zur Geschichte des Epikureismus in Alexandria*, Turnhout 2016a.

K. Fleischer, New readings in Philodemus' Index Academicorum – Dio of Alexandria (PHerc. 1021, col. 34), in: T. Derda et al. (ed.), *Proceedings of the 27th International Congress of Papyrology 2013 (Warsaw)*, Warsaw 2016b, S. 459–470.

K. Fleischer, The pupils of Philo of Larisa and Philodemus' stay in Sicily (PHerc. 1021, col. XXXIV, 6–19), *CErc 47* (2017a), S. 73–85.

K. Fleischer, Die Lokalisierung der Verso-Kolumnen von PHerc. 1021, *ZPE 204* (2017b), S. 27–39.

K. Fleischer, New Evidence on the Death of Philo of Larissa (PHerc. 1021, col. 33,42–34,7), *CCJ 63* (2017c), S. 69–81.

K. Fleischer, Starb Philo von Larisa im Alter von 63 Jahren?, *APF 63/2* (2017d), S. 335–366

K. Fleischer, Dating Philodemus' birth and early studies, *BASP* 55 (2018a), S. 119–127.

K. Fleischer, (Keine) Hoffnung auf neuen Text zur Geschichte der Akademie (PHerc. 164)?, *SEP 15* (2018b), S. 53–60.

K. Fleischer, Crantor of Soli – His Bequest and Funeral in Philodemus' *Index Academicorum* (PHerc. 1021, col. 16, 37–45, col. S, 1–10), *RhM* 161 (2018c), S. 155–165.

K. Fleischer, The Complete Title of a Work of Hermippus (FGrHist 1026 39,40), *ZPE 206* (2018d), S. 40–46.

K. Fleischer, Melanthios von Rhodos in Apollodors *Chronik* (PHerc. 1021, XXXI), *Philologus* 162 (2018e), S. 15–24.

K. Fleischer, Eine neue Hypereidesrede aus Herkulaneum: *Gegen die Gesandten des Antipatros* (PHerc. 1021 Kol. 11+12), *ZPE 207* (2018f), S. 21–38.

K. Fleischer, Moschion von Mallos in Apollodors *Chronik* und eine mögliche Auslassung Philodems (PHerc. 1021, Kol. 27,35–38), *CErc 48* (2018g), S. 67–74.

K. Fleischer, Two notes on the "Vita Socratis" – Oxford disegni and PHerc. 495 frg. 2 col. II/frg. 1 O Giuliano, *CErc 48* (2018h), S. 75–82.

K. Fleischer, Structuring the *History of Philosophy* – A Comparison between Philodemus and Diogenes Laertius in the Light of New Evidence, *CQ* 69 (2019a), S. 684–699.

K. Fleischer, Epikur, Philodem, ΠΡΑΓΜΑΤΕΙΑΙ: Ein neuer Akzent in Titel und Bewertung von PHerc. 1418+310, *ZPE* 210 (2019b), S. 59–70.

K. Fleischer, Zenone di Sidone nacque intorno al 160 a.C., *RFIC* 147 (2019c), S. 43–50.

K. Fleischer, Philolaus' book(s) in Philodemus' Index Academicorum, in: C. Vassallo (Hg.), *Presocratics and Papyrological Tradition. A Reappraisal of the Sources. Proceedings of the International Workshop held at the University of Trier (22–24 September 2016)*, Berlin/Boston 2019d, S. 147–159.

K. Fleischer, Eine Verfeinerung von Speusipps einzigem Epigramm – Geschenke von und für Musen, *Hermes* 147 (2019e), S. 366–371.

K. Fleischer, Carneades – The one and only, *JHS* 139 (2019f), S. 116–124.

K. Fleischer, The Academic Philosopher Charmadas of Alexandria: Uncovering His Origins, *Quaderni del Museo del Papiro XVI* (2019g), S. 153–164.

K. Fleischer, Zur Abstammung der akademischen Philosophen Melanthios von Rhodos und Metrodor von Stratonikeia (PHerc. 1021, Kol. 23,10–20), *APF* 65 (2019h), S. 124–132.

K. Fleischer, *The Original Verses of Apollodorus' Chronica – Edition, Translation and Commentary on the First Iambic Didactic Poem in the Light of New Evidence*, Berlin 2020a.

K. Fleischer, Der Akademiker Agamestor in einem Herkulanischen Papyrus und einer attischen Inschrift (PHerc. 1021 and SEG 25, 237), *ZPE* 213 (2020b), S. 62–65.

K. Fleischer, Ein neuer Krieg in Klassischer Zeit – Der Hyperasische Krieg, Pellene und Chairon (bei Dikaiarch/Hermippus/Philodem), *ZPE* 215 (2020c), S. 6–19.

K. Fleischer, Der erste „Neapolitaner" in einem Herkulanischen Papyrus, *CErc* 50 (2020d), S. 27–34.

K. Fleischer, New Evidence on Carneades: Reasons for His Avoidance of Writing and an Epistemological Pun, *OSAPh* 59 (2020e), S. 265–297.

K. Fleischer, Ein neues Philochoros-Fragment (FGrH 328), der Tod des Xenokrates und eine Vertikale, in: M. D'Angelo/F. Nicolardi/H. Essler (Hg.), *Tracing the same path. Tradizione e innovazione nella papirologia ercolanese tra Germania e Italia / Tradition und Fortschritt in der herkulanischen Papyrologie zwischen Deutschland und Italien*, Neapel 2021, S. 17–28.

K. Fleischer, Zu Lakydes' Biographie und Übergabe der Schulleitung (Neulesungen in PHerc. 1021, col. 27), *RhM* 164 (2021b), S. 305–320.

K. Fleischer, *Die Papyri Herkulaneums im Digitalen Zeitalter – Neue Texte durch neue Techniken. Eine Kurzeinführung*, Berlin 2022a.

K. Fleischer, Philo or Philio of Larissa?, *CQ* 72 (2022b), S. 222–232.

K. Fleischer, Antiochus von Askalon und Heraklitus von Tyros in einer Schülerliste

des Kleitomachos? (PHerc. 1021, Kol. 25, Mitte), in: M. Capasso (Hg.), *Proceedings of the 29th International Congress of Papyrology in Lecce 2019*, Salento 2022c, S. 450–459.

K. Fleischer, Das Unlesbare lesen. Herkulanische Papyri und Hightech-Bildgebung, *Zibaldone* 73 (2022c), S. 8–21.

U. Fleischer/J. Kühn, *Index Hippocraticus* (*1*), Göttingen 1986.

W. Fortenbaugh/E. Pender, *Heraclides of Pontus. Discussion*, New Brunswick 2009.

R. Fowler, Aristokles (33), *BNJ* (2008).

R. Fowler, *Early Greek Mythography*, Oxford 2000+2013 (2 Bände).

A. Franz, Die Buchstabenjäger, *P.M.* (02/2022), S. 52–57.

P. Fraser, *Ptolemaic Alexandria* (*3 Bände*), Oxford 1972.

M. Fried, S. Unguru, *Apollonius of Perga's Conica. Text, Context, Subtext*, Leiden 2001.

K. von Fritz, Mnesarchos (5), *RE* 15 (1932), S. 2273.

K. von Fritz, Moschion, *RE* 16.1 (1933), S. 348.

K. von Fritz, Philo, *RE* 19 (1938), S. 2535–2543.

K. von Fritz, Philippos (von Opus), *RE* 19.2 (1938), S. 2351–2366.

P. Fuentes González, *Les diatribes de Télès. Introduction, texte revu, traduction et commentaire des fragments*, Paris 1998.

P. Fuentes González, Hippocrate de Chios, in: R. Goulet (ed.), *DPhA 3*, Paris 2000, S. 762–770.

T. Fuhrer, Augustin, *Contra Academicos*, Berlin 1997.

F. von Gaertringen, Anthesteria, *RE* 1.2 (1894), S. 2371–2375.

K. Gaiser, Die Platon-Referate des Alkimos bei Diogenes Laertios (III 9–17), in: G. Sanders/G. de Vries (Hg.), *Zetesis. Festschrift für E. de Strycker*, Antwerpen 1973, S. 61–79.

K. Gaiser, *Das Philosophenmosaik in Neapel. Eine Darstellung der platonischen Akademie*, Heidelberg 1980.

K. Gaiser, Der Ruhm des Annikeris, in: P. Händel/W. Meid (Hg.), *Festschrift für Robert Muth zum 65. Geburtstag*, Innsbruck 1983, S. 111–128.

K. Gaiser, Zur Struktur des Papyrus Herculanensis 1021 (Philodems Buch über die Akademie), *CErc* 15 (1985), S. 85–99.

K. Gaiser, *Philodems Academica*, Stuttgart-Bad Cannstatt 1988.

I. Gallo, Sulla struttura del PHerc. 1021, *CErc* 13 (1983), S. 75–79.

G. Garbarino, *Roma e la filosofia greca dalle origini alla fine del II secolo a.C.*, Torino 1973.

B. Gauger/J. Gauger, *Die Fragmente der Historiker: Ephoros von Kyme (FGrHist 70) und Timaios von Tauromenion (FGrHist 566)*, Stuttgart 2015.

l. Gawlinski, *The Sacred Law of Andania*, Berlin 2011.

G. van Gelder/E. Savage-Smith/S. Swain, *A Literary History of Medicine*, Leiden 2020.

K. Geus, *Eratosthenes von Kyrene. Studien zur Hellenistischen Kultur- und Wissenschaftsgeschichte*, München 2002.

G. Giannantoni, *Socratis et Socraticorum Reliquiae (SSR)*, Napoli 1990.

A. De Gianni/S. Napolitano, Francesco Casanova disegnatore dei papiri ercolanesi, *CErc* 16 (2016), S. 137–159.

M. Gigante, Poesia e critica letteraria nell'Academia antica, in: A. Rostagni (ed.), *Miscellanea di studi alessandrini in memoria di Augusto Rostagni*, Torino, 1963, S. 234–248.

M. Gigante, I frammenti di Polemone accademico, *Rediconti della Accademia di archeologia, lettere e belle arti*, Napoli 1977, S. 91–144.

M. Gigante, Polemonea, *PP* 33 (1978), S. 395.

M. Gigante, *Catalogo dei Papiri Ercolanesi*, Napoli 1979.

M. Gigante, *Scetticismo e Epicureismo*, Napoli 1981.

M. Gigante, Frammenti di Ippoboto, in: A. Mastrocinque (ed.), *Omaggio a Piero Treves*, Padova 1983, S. 151–193.

M. Gigante, *Virgilio e la Campania*, Napoli 1984.

M. Gigante, *Filodemo in Italia*, Firenze 1990.

M. Gigante, *Philodemus in Italy (Übersetzung: D. Obbink)*, Ann Arbor 1995.

M. Gigante, Dove visse Filodemo?, *ZPE* 136 (2001), S. 25–32.

M. Gigante/G. Indelli, Bione e l'epicureismo, *CErc* 8 (1978), S. 124–131.

O. Gigon, Antike Erzählungen über die Berufung zur Philosophie, *MusHelv* 3 (1946), S. 1–21.

O. Gigon, Das dritte Buch des Diogenes Laertius, *Elenchos* 7 (1986), S. 133–182.

F. Giuliano, PHerc. 495 – PHerc. 558 (Filodemo, Storia di Socrate e della sua scuola?). Edizione, commento, questioni compositive e attributive, *CErc* 31 (2001), S. 37–79.

J. Glucker, *Antiochus and the Late Academy*, Göttingen 1978.

J. Glucker, Theophrastus, the Academy and the Athenian philosophical atmosphere, in: J. van Ophuijsen/M. van Raalte (ed.), *Theophrastus. Reappraising the sources*, New Brunswick 1998, S. 305–309.

J. Glucker, The Philonian/Metrodorians. Problems of method in ancient philosophy, *Elenchos* 25 (2004), S. 99–153.

H. Goette/J. Hammerstaedt, *Das antike Athen: Ein literarischer Stadtführer*, München 2004.

T. Gomperz, (anonymes Kurzreferat zu einer von Gomperz vorgelegten Abhandlung) Eine Bearbeitung des herculanensischen Papyrus Nr. 1021 (Collectio altera Vol. I Fasc. 5) nebst Einleitung und erklärenden sowie kritischen Anmerkungen, *Anzeiger der kaiserlichen Akademie der Wissenschaften in Wien Phil.-hist. Cl.*, 6. April (1870), S. 40–42.

T. Gomperz, *Jenaer Literaturzeitung* II (1875), S. 602–608;

T. Gomperz, Die Akademie und ihr vermeintlicher Philomacedonismus. Bemerkungen zu Bernay's Phokion, *WS* 4 (1882), S. 102–120.

T. Gomperz, Die herkulanische Biographie des Polemon, in: *Philosophische Aufsätze E. Zeller*, Leipzig 1887, S. 139–149.

T. Gomperz, Philodem und die aesthetischen Schriften der Herculanischen Bibliothek, *Sitzungsberichte der kaiserl. Akademie d. Wissenschaften in Wien* 1891, S. 1–88.
T. Gomperz, Eine Schülerliste der Neueren Akademie, in: *Festschrift O. Benndorf*, Wien 1898, S. 256–258.
W. Görler, Älterer Pyrrhonismus. Jüngere Akademie. Antiochus von Askalon, in: H. Flashar (Hg.), *GGPh* 4.2, Basel 1994, S. 717–989.
W. Görler, Theophrastus, the Academy, Antiochus and Cicero. A response (to John Glucker) and an appendix, in: J. van Ophuijsen/M. van Raalte (ed.), *Theophrastus. Reappraising the sources*, New Brunswick 1998, S. 318–320.
L. Gosbell, *The Poor, the Crippled, the Blind, and the Lame. Physical and Sensory Disability in the Gospels of the New Testament*, Tübingen 2018.
H. Gottschalk, *Heraclides of Pontos*, Oxford 1980.
R. Goulet, Aischinès de Naples (Eschine), in: R. Goulet (ed.), *DPhA 1*, Paris 1989, S. 89.
R. Goulet, Dioclès de Magnésie, in: R. Goulet (ed.), *DPhA 2*, Paris 1994, S. 775–777.
R. Goulet, Mnésarque d'Athènes, in: R. Goulet (ed.), *DPhA 4*, Paris 2005, S. 538–542.
R. Goulet, Philon de Larissa, in: R. Goulet (ed.), *DPhA* 5.1, Paris 2012, S. 404–438.
M.-O. Goulet-Cazé, Philiscos d'Égine. in: R. Goulet (ed.), *DPhA* 5.1, Paris 2012, S. 323–329.
J.-B. Gourinat, Persaïos de Kition, in: R. Goulet (ed.), *DPhA* 5.1, Paris 2012, S. 234–243.
N. Griffith/G. Hammond, *A History of Macedonia. Bd. 2. (550–336 B.C)*, Oxford 1979.
F. Gschnitzer, *Abhängige Orte im griechischen Altertum*, München 1958.
A. Gudeman, Helladios (2), *RE* 8 (1912), S. 98–103.
M. Haake, *Der Philosoph in der Stadt*, München 2007.
C. Habicht, *Studien zur Geschichte Athens in hellenistischer Zeit*, Göttingen 1982.
C. Habicht, The Eponymous Archons of Athens from 159/58 to 141/0 B.C., *Hesperia* 57 (1988a), S. 237–247.
C. Habicht, Der Akademiker Iollas von Sardis, *ZPE* 74 (1988b), S. 215–218.
C. Habicht, Athens and the Attalids in the Second Century B. C. *Hesperia* 59 (1990), S. 561–577.
C. Habicht, *Athen in hellenistischer Zeit. Gesammelte Aufsätze*, München 1994.
C. Habicht, Wie sicher ist die Datierung des Archontats des Philokrates ins Jahr 276/5?, *RhM* 147 (2004), S. 2–4.
R. Hamilton, *Choes and anthesteria. Athenian iconogpraphy and ritual*, Ann Arbor 1992.
M. Hansen/T. Nielsen, *An Inventory of Archaic and Classical Poleis*, Oxford 2004.
P. Harding, *Didymos on Demosthenes*, Oxford 2006.
P. Harding, *The Story of Athens. The Fragments of the Local Chronicles of Attika*, London 2008.
M. Hatzimichali, *Potamo of Alexandria and the Emergence of Eclecticism in Late Hellenistic Philosophy*, Cambridge 2011.
M. Hatzimichali, Antiochus biography, in: Sedley (2012), S. 9–30.
T. Heath, *Greek Mathematics I*, Oxford 1921.

C. Hecht, *Zwischen Athen und Alexandria: Dichter und Künstler beim makedonischen König Archelaos*, Wiesbaden 2017.

S. Heibges, Hermippos (6), *RE* 8.1 (1913), S. 848–852.

A. Henrichs, Philodems De pietate als mythographische Quelle, *CErc* 5 (1975), S. 5–38.

F. Hiller von Gaertringen, Arideikes und Hieronymos von Rhodos, *BCH* 36 (1912), S. 230–239.

F. Hiller von Gaertringen, Neapolis (1), *RE* 16.2 (1935), S. 2110–2112.

O. Hiltbrunner, *Gastfreundschaft in der Antike und im frühen Christentum*, Darmstadt 2005.

N. Hoesch, Melanthios (5), *DNP* 7 (1999), S. 1173.

A. Hoffmann, Topographie und Stadtgeschichte, in: A. Hoffmann/S. Kerner (Hg.), *Gadara-Gerasa und die Dekapolis*, Mainz 2002, S. 98–124.

T. Homolle, Remarques sur la carrière d'Euboulos, clérouque athénien de Délos 166–159, *Comptes-rendus des séances de l'Académie des Inscriptions et Belles-Lettres* 66.2 (1922), S. 131–141.

G. Hoorn, *Choes and anthesteria*, Leiden 1951.

J. Hordern, *Sophron's Mimes. Text, Translation and Commentary*, Oxford 2004.

P. Horky, *Plato and Pythagoreanism*, Oxford 2016.

L. Horváth, The Lost Medieval Manuscript of Hyperides, *AAHung* 38 (1998), S. 165–173.

L. Horváth, Bemerkungen zur Rede XVII im Corpus Demosthenicum: Hypereides als Verfasser (?), in: H. Bannert/J. Grusková (Hg.), *Demosthenica libris manu scriptis tradita: Studien zur Textüberlieferung des Corpus Demosthenicum, Internationales Symposium in Wien, 22–24. September 2011*, Wien, 2014, S. 73–80.

L. Horváth, *Der „Neue Hypereides"*, Berlin 2014.

L. Horváth, Hypereides beszede Phryne vedelmeben. A toredekek uj kritikai kiadasa es ertelmezese, *Studia antiqua* 62 (2018), S. 237–251.

L. Horváth, Die neuentdeckten Hypereides-Fragmente aus Herkulaneum. Reflexionen, in: E. Juhász, *Byzanz und das Abendland, VII. Studia Byzantino-Occidentalia*, Budapest 2021, S. 163–186.

L. Horváth, A legújabb Hypereidés-testimonium, *Studia antiqua* 63 (2019), S. 213–229.

C. Huffman, *Philolaus of Croton: Pythagorean and Presocratic*, Cambridge 1993.

C. Huffman, *Archytas of Tarentum*, Cambridge 2005.

O. Hultsch, *Metrologicorum scriptorum reliquiae, Bd. I*, Leipzig 1864.

W. Huß, *Ägypten in hellenistischer Zeit: 332–30 v. Chr.*, München 2001.

C. Igelbrink, *Die Kleruchien und Apoikien Athens im 6. und 5. Jahrhundert v. Chr.*, Berlin 2015.

F. Ildefonse, Denys dit le Thrace, in: R. Goulet (ed.), *DPhA* 2, Paris 1994, S. 742–747.

G. Indelli/F. Longo Auricchio/G. Del Mastro, Philodème de Gadara (142), in: R. Goulet (ed.), *DPhA* 5, Paris 2012, S. 334–359.

A. Ioppolo, Carneade e il terzo libro delle „Tusculanae", *Elenchos* (1980), S. 76–91.

M. Isnardi Parente, *Speusippo. Frammenti, edizione, traduzione e commento*, Napoli 1980.

M. Isnardi Parente, *Senocrate-Ermodoro. Frammenti, edizione, traduzione e commento*, Napoli 1982.

F. Jacoby, *Apollodors Chronik*, Berlin 1902.

F. Jacoby, Eurypylos (15), *RE* 6.1 (1909), S. 1351.

F. Jacoby, *Die Fragmente der griechischen Historiker. II.A*, Berlin 1926.

F. Jacoby, *Die Fragmente der griechischen Historiker. II.3*, Berlin 1929 (Kommentar 1930).

F. Jacoby, *Atthis: The local Chronicles of Ancient Athens*, Oxford 1949.

F. Jacoby, *Die Fragmente der griechischen Historiker 3b.I*, Leiden 1954a.

F. Jacoby, *Die Fragmente der griechischen Historiker 3b.II*, Leiden 1954b.

W. Jäger, *Aristoteles. Grundlegung einer Geschichte seiner Entwicklung*, Berlin 1923.

R. Jakobi, Mutatus Polemo, *RhM* 154 (2011), S. 398–410.

R. Janko, *Philodemus. On Poems. Book One*, Oxford 2000.

R. Janko, *Philodemus. On Poems. Books Three and Four. With the Fragments of Aristotle On Poets*, Oxford 2010.

R. Janko, New fragments of Epicurus, Metrodorus, Demetrius Laco, Philodemus, the Carmen de bello Actiaco and other texts in Oxonian Disegni of 1788–1792, *CErc* 38 (2008), S. 5–95.

R. Janko, How to Read and Reconstruct a Herculaneum Papyrus, in: B. Crostini/G. Iversen/B. Jensen (ed.), *Ars Edendi Lecture Series, vol. IV*, Toronto 2016, S. 117–161.

R. Janko, *Philodemus. On Poems, Book 2. With the fragments of Heracleodorus and Pausimachus*, Oxford 2020.

M. Jehne, *Koine Eirene. Untersuchungen zu den Befriedungs- und Stabilisierungsbemühungen in der griechischen Poliswelt des 4. Jahrhunderts v. Chr.*, Stuttgart 1994.

C. Jensen, *Hyperidis Orationes sex cum ceterarum fragmentis*, Stuttgart 1917.

N. Jones, FGrH 328 (Philochorus), *BNJ* (2016).

U. Kahrstedt, Kotys (1), *RE* 11.2 (1922), S. 1551 f.

U. Kahrstedt, Platons Verkauf in die Sklaverei, *WJB* 2 (1947), S. 295–300.

S. Kaiser, *Die Fragmente des Aristoxenos aus Tarent*, Hildesheim 2010.

P. Kalligas et al. (ed.), *Plato's Academy. Its Working and its History*, Cambridge 2020.

P. Kalligas/V. Tsouna/M. Hatzimichali, Appendix – History of Philosophers: Plato and the Academy (PHerc. 1021 and 164), in: Kalligas et al. (2020), S. 276–383.

V. Karasmanis, Plato and the Mathematics of the Academy, in: Kalligas et al. (2020), S. 108–140.

R. Kassel, *Untersuchungen zur griechischen und lateinischen Konsolationsliteratur*, München 1958.

R. Kassel, Damokrates in Pap. Ant. III 139 und 186, *ZPE* 174 (2010), S. 49–50.

A. Keaveney, *Lucullus. A life*, London 1992.

B. Keil, Der Perieget Heliodoros von Athen, *Hermes* 30 (1895), S. 199–240.

F. Kenyon, *Hyperidis Orationes et fragmenta*, Oxford 1906.

J. Kindstrand, *Bion of Borysthenes. A Collection of the Fragments with Introduction and Commentary*, Uppsala 1976.

J. Kindstrand, Bion de Borysthène, in: R. Goulet (ed.), *DPhA* 2, Paris 1994, S. 108–112.

C. Knight/A. Jorio, L'ubicazione della Villa ercolanese dei papiri, *RAAN* 55 (1980), S. 51–65.

D. Knoepfler, Tétradrachmes attique et argent „alexandrin" chez Diogène Laërce. 1re partie, *MusHel* 44 (1987), S. 233–253.

D. Knoepfler, Tétradrachmes attique et argent „alexandrin" chez Diogène Laërce. 2e partie, *MusHel* 46 (1989), S. 194–230.

W. Knorr, Infinity and continuity: The interaction of mathematics and philosophy in antiquity, in: N. Kretzmann (ed.), *Infinity and Continuity in Ancient and Medieval Thought*, Ithaca 1982, S. 112–145.

W. Kolbe, Die Attischen Archonten von 293/2–31/0 v. Chr., Berlin 1908.

E. Köpke, *De Antigono Carystio (Dissertation)*, Berlin 1862.

M. Korenjak, *Die Welt-Rundreise eines anonymen griechischen Autors ('Pseudo-Skymnos')*, Hildesheim 2003.

H. Krämer, Rezension von Gaiser (1988), *Allg. Zeitschrift für Philosophie* 14 (1989), S. 75–79.

H. Krämer, Die Ältere Akademie, in: H. Flashar (Hg.), *GGPh* 3, Basel 2004, S. 1–166.

K. Kubusch, *Aurea Saecula. Mythos und Geschichte*, Frankfurt 1986.

I. Kupreeva, Polémon d'Athènes, in: R. Goulet (ed.), *DPhA* 5.2, Paris 2012, S. 1190–1194.

I. Kupreeva, Kratippos von Pergamon, in: C. Riedweg et al., *GGPh* 5.1, Basel 2018, S. 282–284.

P. De Lacy/E. De Lacy, *Philodemus. On Methods of Inference*, Napoli 1978.

M. Lakmann, *Platonici minores. 1. Jh. v. Chr.–2. Jh. n. Chr. Prosopographie, Fragmente und Testimonien mit deutscher Übersetzung*, Leiden 2017.

S. Lambert, Inscribed Athenian Decrees of 229/8–198/7 BC (IG II^3 1, 1135–1255), *AIO Papers 4* (online – July 2014).

R. Laqueur, Neanthes, *RE* 16 (1935), S. 2108–2110

F. Lasserre, Hermodore de Syracuse dans P. Herc. 1021 e 164?, *CErc.* 13 (1983), S. 63–74.

F. Lasserre, *De Leodamas de Thasos a Philippe d'Oponte. Temoignages et fragments. Edition, traduction et commentaire*, Napoli 1987.

C. Lattmann, *Mathematische Modellierung bei Platon zwischen Thales und Euklid*, Berlin 2019.

W. Leaf, *Strabo on Troad*, Cambridge 1923.

F. Leo, *Die griechisch-römische Biographie nach ihrer litterarischen Form*, Leipzig 1901.

W. Letzner, *Lucius Cornelius Sulla. Versuch einer Biographie*, Münster 2000.

C. Lévy, Les Petits Académiciens. Lacyde, Charmadas, Métrodore de Stratonice, in: M. Bonazzi/V. Celluprica (ed.), *L'eredità platonica. Studi sul platonismo da Arcesilao a Proclo*, Napoli 2005, S. 51–77.

C. Lévy, La rhétorique et son contexte. Quelques remarques sur l'enseignement rhétorique de Philon de Larissa, in: L. Brisson/ P. Chiron (ed.), *Rhetorica philosophans. Melanges offerts a Michel Patillon*, Paris 2010, S. 95–106.

C. Lévy, Other followers of Antiochus, in: Sedley (2012), S. 290–306.

J. Lippert, Theon in der orientalischen Literatur, in: J. Lippert (Hg.), *Studien auf dem Gebiete der griechisch-arabischen Übersetzungslitteratur, Bd. 1*, Braunschweig 1894, S. 39–50.

J. Lippert, *Ibn al-Qifti, Tarih al-hukamá*, Leipzig 1903.

V. Litta, *I Papiri Ercolanesi II (Indice topografico e sistematico)*, Napoli 1977.

E. Loewy, *Inschriften griechischer Bildhauer*, Leipzig 1885.

A. Long, Diogenes Laertius, Life of Arcesilaus, *Elenchos* 7 (1986), S. 429–449.

F. Longo Auricchio, John Hayter nella Officina dei Papiri ercolanesi, in: M. Gigante (Hg.), *Contributi alla storia della officina dei Papiri Ercolanesi*, Napoli 1980, S. 159–215.

F. Longo Auricchio, I Megarici nei papiri ercolanesi, *CErc* 15 (1985), S. 187–189.

F. Longo Auricchio, La testimonianza filodemea sull'immagine di Socrate: osservazioni testuali, in: F. Alesse et al. (ed.), *Anthropine sophia*, Napoli 2008, S. 423–439.

F. Longo Auricchio, Qualche considerazione sulla biografia di Filodemo, *CErc* 49 (2019), S. 31–38.

F. Longo Auricchio et al., *La Villa dei Papiri*, Roma 2020.

F. Lunducci Gattinoni, *Duride di Samo*, Roma 1997.

W. Luppe, Zum Verkauf Platons als Sklaven in PHerc. 1021 (aus Philodems „Geschichte der Akademie"), *CErc* 38 (2008), S. 161–163.

E. Lygouri-Tolia, The Gymnasium of the Academy and the School of Plato, in: Kalligas et al. (2020), S. 46–64.

J. Lynch, *Aristotle's school. A study of a Greek educational institution*, Berkeley 1972.

P. Malosse, *Lettres de Chion d'Héraclée*, Salerno 2004.

F. Maltomini, Considerazioni su P. Oxy. LIV 3724. Struttura e finalità di una lista di incipit epigrammatici, *ZPE* 144 (2003), S. 67–75.

I. Männlein-Robert, Eudoros von Alexandrien, in: C. Riedweg et al., *GGPh* 5.1, Basel 2019, S. 555–561.

J. Mansfeld, Sources, in: K. Algra et al. (ed.), *The Cambridge History of Hellenistic Philosophy*, Cambridge 1999, S. 3–30.

G. Marasco, Cherone di Pellene: Un tiranno del IV secolo a.C., in: *Xenia. Scritti in onore di Piero Treves*, Roma 1985, S. 11–119.

D. Marcotte, *Le poème géographique de Dionysios, fils de Calliphon: edition, traduction et commentaire*, Louvain 1990.

D. Marcotte, *Géographes grecs. Tome I, Introduction générale; Ps.-Scymnos: Circuit de la terre*, Paris 2000.

K. Maresch/W. Willis, *The Archive of Ammon Scholasticus of Panopolis (p. Ammon). Vol. I: The Legacy of Harpocration*, Opladen 1997.

E. Martini, Catalogo generale dei papiri ercolanesi, in: D. Comparetti/G. De Petra, *La Villa ercolanese dei Pisoni. I suoi monumenti e la sua biblioteca*, Torino 1883, S. 89–144.

T. Marzotto, *Polemone l' Ateniese, scolarca dell' Academia antica: Testimonianze (Dissertation)*, Paris 2012.

F. Massa-Pairault, From Plato's Academy to Alexandria's Museum. Observing the mosaic "of the Philosophers" (MANN 124545), *Rev. Arch.* 69 (2020), S. 29–83.

G. Del Mastro, Altri frammenti dal PHerc. 1691: Filodemo, Historia Academicorum e Di III, *CErc* 42 (2012), S. 277–292.

G. Del Mastro, *Titoli e annotazioni bibliologiche nei papiri greci di Ercolano*, Napoli 2014.

G. Del Mastro, Frustula Herculanensia III, *CErc* 48 (2018), S. 161–169.

S. Matthaios, 6. Philologie, in: B. Zimmermann/A. Rengakos (Hg.), *Griechische Literatur der Antike, Bd. 2*, München 2014, S. 502–553.

M. McOsker, Hiatus in Epicurean Authors, *CErc* 47 (2017), S. 145–161.

K. McNamee, *Sigla and Select Marginalia in Greek Literary Papyri*, Brüssel 1992.

C. Meccariello, FGrH 1136 – Anonymous, on a Female Pupil of Plato, Speusippos, and Menedemos (P. Oxy. LII 3656), in: J. Brusuelas et al. (ed.), *Die Fragmente der Griechischen Historiker Continued. Teil IV A: Biography (8): Anonymous Biographical Papyri*, Leiden 2019, S. 413–428.

J. Mejer, *Diogenes Laertius and His Hellenistic Background*, Wiesbaden 1978.

J. Mejer, Demetrius of Magnesia. On Poets and Authors of the Same Name, *Hermes* 109 (1981), S. 447–472.

S. Mekler, *Academicorum philosophorum index Herculanensis*, Berlin 1902.

B. Meritt, *The Athenian year*, Berkeley 1961.

B. Meritt, Athenian archons 347/6–48/47 B.C., *Historia* 26 (1977), S. 161–191.

H. Mette, Zwei Akademiker heute: Krantor von Soloi und Arkesilaos von Pitane, *Lustrum* 26 (1984), S. 7–94.

H. Mette, Weitere Akademiker heute: Von Lakydes bis zu Kleitomachos, *Lustrum* 27 (1985), S. 39–148.

H. Mette, Philon von Larisa und Antiochos von Askalon, *Lustrum* 28/29 (1986/87), S. 9–63.

D. Meyer, Euphorion, in: A. Rengakos/B. Zimmermann (Hg.), *Handbuch der griechischen Literatur der Antike, Bd. 2*, München 2014, S. 109–115.

I. Michaelidou-Nicolaou, *Prosopography of Ptolemaic Cyprus*, Göteborg 1976.

J. Mikalson, *Religion in Hellenistic Athens*, Berkeley 1998.

C. Militello, *Memorie epicuree*, Napoli 1997.

A. Momigliano, *The Development of Greek Biography*, Cambridge (Mass.) 1993.

F. Montana, „Zwischen Philologie und Geschichte". Il contributo dei FGrHist all'edizione dei grammatici greci antichi, in: C. Ampolo (ed.), *Aspetti dell'opera di Felix Jacoby*, Pisa 2006, S. 201–226.

G. Most, Diogenes Laertius and Nietzsche, in: P. Mensch/J. Miller (ed.), *Diogenes Laertius: Lives of Eminent Philosophers*, Oxford 2018, S. 619–622.

K. Mras, *Eusebius Werke (8.2). Die Praeparatio evangelica. Die Bücher I–X*, Leipzig 1954.

A. Müller, *Die griechischen Philosophen in der arabischen Überlieferung*, Halle 1873.

C. Müller, Platons Akademiegründung, *Hyperboreus* 1 (1994), S. 56–73.

C. Müller, Das Archontat des Philokrates und die Chronologie der Hellenistischen Akademie, *RhM* 146 (2003), S. 1–9.

C. Müller, Akademie III.5, in: H. Schmitt/E. Vogt (Hg.), *Lexikon des Hellenismus*, Wiesbaden 2005, S. 39.

S. Müller, Die Argeaden. *Geschichte Makedoniens bis zum Zeitalter Alexanders des Großen*, Paderborn 2016.

F. Münzer, Coponius (3) and (8), *RE* 4.1 (1900), S. 1215.

F. Münzer, Lucceius (6), *RE* 13.4 (1927), S. 1554–1558.

M. Nardelli, Ripristino topografico di sovrapposti e sottoposti in alcuni papiri ercolanesi, *CErc* 3 (1973), S. 104–115.

P. Natorp, Platon, *RE* 20.2 (1950), S. 2342–2357.

S. Nervegna, Sophocles the komoidoumenos. Two forgotten comic fragments, *CQ* 66 (2016), S. 32–45.

R. Netz, Were there Epicurean mathematicians?, *OSAPh* 49 (2015), S. 283–319.

R. Neudecker, Boutes (2), *DNP* 2, 1997, S. 859.

K.A. Neuhausen, De Carneadis aliquot adhuc incognitis fontibus, *Act. Class. univ. scient. Debreceniensis* 38/39 (2003/2004), S. 289–302.

R. Nickel, *Stoa und die Stoiker (1)*, Düsseldorf 2008.

A. Niebergall, *Territorialstaatliche Entwicklung in Nordgriechenland* (Dissertation), Bochum 2006.

F. Nietzsche, *Beiträge zur Quellenkunde und Kritik des Diogenes Laertius*, Basel 1870.

F. Nietzsche, Nachgelassene Fragmente, Herbst 1868 – Frühjahr 1869. in: H. Mette (Hg.), *Historisch-Kritische Gesamtausgabe*, Band 5, München 1940.

J. Notopoulos, The Name of Plato, *CP* 34 (1939), S. 135–145.

E. Oberhummer, Neapolis (11), *RE* 16.2 (1935), S. 2124–2126.

A. Olivieri, *Philodemi ΠΕΡΙ ΠΑΡΡΗCΙΑC libellus*, Leipzig 1914.

M. Osborne, *Naturalization in Athens*, Brüssel 1983.

M. Osborne, The Date of the Archon Thrasyphon, *ZPE* 164 (2008), S. 85–99.

P. Osoria, review of Erler et al., Authority and authoritative texts in the Platonist tradition, *BMCR* (2021) (09.44).

F. Panzerbieter, Kleinigkeiten 1. Sotion, *NJB suppl.* 5.1, (1837), S. 211–220.

W. Pape (überarbeitet: G. Benseler), *Wörterbuch der griechischen Eigennamen*, Berlin 1911³.

P. Parsons, Rezension von Cavallo (1983), *CQ* 39 (1989), S. 358–360.

B. Pérez, Pyrrhon d'Élis, in: R. Goulet (ed.), *DPhA* 5.2, Paris 2012, S. 1749–1771.

O. Perlwitz, *Titus Pomponius Atticus: Untersuchungen zur Person eines einflussreichen Ritters in der ausgehenden Römischen Republik*, Stuttgart 1992.

H. Philipp, Neapolis (2), *RE* 16.2 (1935), S. 2112–2122.

A. Plassart, Fouilles de Delos, exécutées aux frais de M. Le Duc de Loubat, *BCH* 36 (1912), S. 387–435.

R. Polito, *The Sceptical Road. Aenesidemus' appropriation of Heraclitus*, Leiden 2004.

R. Polito, Matter, Medicine and the Mind. Asclepiades vs. Epicurus, *OSAPh* 30 (2006), S. 285–336.

R. Polito, Antiochus and the Academy (Kapitel 2), in: Sedley (2012), S. 31–54.

G. Powell, The Embassy of the Three Philosophers to Rome in 155 BC, in: C. Kremmydas/ K. Tempest (ed.), *Hellenistic Oratory. Change and Continuity*, Oxford 2013, S. 219–247.

A. Powell, Aiginetan attitudes (ca. 500–424 BC): Athens as eyesore, in: A. Powell/K. Meidani (ed.), *The Eyesore of Aigina: Anti-Athenian Attitudes across the Greek, Hellenistic and Roman Worlds*, Swansea 2016, S. 51–80.

F. Pownall, Eratosthenes of Cyrene (241), *BNJ* 2016.

K. Praechter, Rezension von Mekler (1902), *GGA* 164 (1902), S. 953–972.

E. Puglia, *Demetrio Lacone. Aporie testuali ed esegetiche in Epicuro*, Napoli 1988.

E. Puglia, *La cura del libro nel mondo antico. Guasti e restauri del rotolo di papiro*, Napoli 1997.

E. Puglia, Filodemo da Alessandria ad Atene (a proposito di PHerc. 1021 XXXIV 1–8), *PapLup* 7 (1998), S. 133–142.

E. Puglia, Le biografie di Filone e di Antioco nella Storia dell'Academia di Filodemo, *ZPE* 130 (2000), S. 17–28.

E. Puglia, Perché Filodemo non fu ad Alessandria?, *SEP* 1 (2004), S. 133–138.

E. Puglia, Platone e l'ospite Caldeo nella Storia dell'Academia di Filodemo (PHerc. 1021, col. III 39–V 19), *SEP* 2 (2005), S. 123–127.

E. Puglia, Platone in vendita a Egina nella Storia dell'Academia (PHerc. 1021, coll. II 38-III 17), *SEP* 3 (2006), S. 181–185

E. Puglia, Il viaggio dei filosofi: Platone e Filodemo, in: M. Capasso (ed.), *Terra marique. Ricerche sul tema del viaggio nella letteratura classica*, Lecce 2014, S. 75–83.

E. Puglia, Le cosiddette Pragmateiai di Filodemo, ovvero dell'immeritata fortuna di un titolo, *Papyrologica Florentina* 45 (2016), S. 309–314.

E. Puglia, Qualche proposta di lettura nella Storia dell'Academia di Filodemo, in: P. Davoli/N. Pellé (ed.), Πολυμάθεια. *Studi classici offerti a Mario Capasso*, Lecce 2018, S. 365–376.

G. Ranocchia, *Aristone 'Sul modo di liberare dalla superbia' nel decimo libro 'De vitiis' di Filodemo*, Firenze 2007.

G. Ranocchia, A New End-Title in the Herculaneum Papyri and the First Case of a Pre-served subscriptio in One of the Books Assigned to Philodemus' Systematic Arran-gement of the Philosophers (PHerc. 327), *Mnemosyne* 72 (2019), S. 437–458.

G. Ranocchia, La Vita di Aristone di Chio nella "Rassegna degli Stoici" di Filodemo (PHerc. 1018, coll. 10 e 33–37). Edizione, introduzione e commento, *AnaPap* 22 (2020), S. 8–156.

U. von Rauchhaupt, Verkohlte Wörter, in: *FAZ* (7.2.2021), S. 54f.

O. Regenbogen, πίναξ, *RE* 20.2 (1950), S. 1450.

T. Reinhardt, Rhetoric in the Fourth Academy, *CQ* 50 (2000), S. 531–547.

G. Renberg, *Where Dreams May Come. Incubation Sanctuaries in the Greco-Roman World*, Leiden 2017.

A. Rhoby, Vom jambischen Trimeter zum byzantinischen Zwölfsilber, *Wiener Studien* 124 (2011), S. 117–142.

G. Richter, *The Portraits of the Greeks*, London 1965.

A. Riginos, *Platonica: The Anecdotes concerning the Life and Writings of Plato*, Leiden 1976.

A. Rizakis, *Achaïe. Bd. 3. Le cités achéennes: Épigraphie et histoire*, Athen 2008.

G. Röper, Rezension von Bücheler (1869), *Göttinger Philologischer Anzeiger* 2 (1870), S. 22–28.

J. Roisman, Classical Macedonia to Perdiccas II in: J. Roisman/I. Worthington (ed.), A *Companion to Ancient Macedonia*, Oxford 2010, S. 145–165.

P. Roussel, *Delos colonie Athénienne*, Paris 1916.

P. Roussel, *Inscriptions de Delos, nos. 1497–2879. decrets, dedicaces, listes, catalogues, tex-tes divers, posterieurs a 166 av. J-C*, Paris 1937.

W. Ruge, Kios (1), *RE* 11 (1921), S. 486f.

C. Ruggeri, *Die antiken Schriftzeugnisse über den Kerameikos von Athen. Das Dipylon-Gebiet und der äußere Kerameikos (Teil 2)*, Wien 2013.

D. De Sanctis, La ταφή di Crantore nell'Academicorum Historia di Filodemo (PHerc. 1021, coll. XVI-S), *CErc* 49 (2019), S. 39–48.

D. De Sanctis, Eraclide Pontico e la Pizia nell' Academicorum Historia di Filodemo (P. Herc. 1021, coll. IX–X), in: M. Capasso et al. (ed.), *Proceedings of the 29th Inter-national Congress of Papyrology, Lecce 28th July–3rd August 2019*, Lecce 2022, S. 352–360.

L. Sanders, Plato's first visit to Sicily, *Kokalos* 25 (1979), S. 207–219.

L. Sanders, Callippus, *Mouseion. Journal of the Classical Association of Canada* 2 (2002), S. 1–21.

C. Scardino, Duris von Samos, in: A. Rengakos/B. Zimmermann (Hg.), *Handbuch der griechischen Literatur der Antike, Bd. 2*, München 2014a, S. 645–647.

C. Scardino, Timaios von Tauromenion, in: A. Rengakos/B. Zimmermann (Hg.), *Handbuch der griechischen Literatur der Antike, Bd. 2*, München 2014b, S. 651–653.

D. Shackleton Bailey, *Cicero. Epistulae ad Familiares, vol. II 47–43 B.C.*, Cambridge 1977.

H. Schaaf, *Untersuchungen zu Gebäudestiftungen in hellenistischer Zeit*, Köln 1992.

H. Schalles, *Untersuchungen zur Kulturpolitik der pergamenischen Herrscher im dritten Jahrhundert vor Christus*, Tübingen 1985.

I. Scheibler, Zum ältesten Bildnis des Sokrates, *MüJb* 3/40 (1989), S. 7–33.

H. Schenkl, Rezension von Mekler (1902), *WKPh* 20 (1903), S. 113–119 und 147–150.

G. Schepens, *Die Fragmente der griechischen Historiker continued. Teil IV A: Biography and Antiquarian Literature (fasc. 1)*, Leiden 1998.

C. Schindler, Geographische Lehrdichtung, in: W. Hübner (Hg.), *Geographie und verwandte Wissenschaften*, Stuttgart 2000, S. 163–184.

O. Schmitt, *Der Lamische Krieg*, Bonn 1992.

W. Schmitz, *Die griechische Gesellschaft. Eine Sozialgeschichte der archaischen und klassischen Zeit*, Heidelberg 2014.

J. Schneider, Eudoxe de Cnide, in: R. Goulet (ed.), *DPhA 3*, Paris 2000, S. 293–302.

V. von Schoeffer, Δῆμοι, *RE* 5.1 (1903), S. 1–131.

M. Schofield, Academic epistemology, in: K. Algra et al. (ed.), *The Cambridge History of Hellenistic Philosophy*, Cambridge 2005, S. 323–351.

P. Scholz, *Der Philosoph und die Politik*, Stuttgart 1998.

S. Schorn, Wer wurde in der Antike als Peripatetiker bezeichnet?, *WJA* 27 (2003), S. 39–69.

S. Schorn, *Satyros aus Kallatis: Sammlung der Fragmente mit Kommentar*, Basel 2004.

S. Schorn, 'Periegetische Biographie', 'Historische Biographie': Neanthes von Kyzikos (FGrHist 84) als Biograph in: M. Erler/S. Schorn (Hg.), *Griechische Biographie in hellenistischer Zeit. Akten des internationalen Kongresses vom 26.–29. Juli 2006 in Würzburg*, Berlin 2007, S. 115–156.

S. Schorn, Aristoxenus' Biographical Method, in: C. Huffman (Hg.), *Aristoxenus of Tarentum. Discussion*, New Brunswick 2012, S. 177–222.

S. Schorn, Biographie und Autobiographie, in: B. Zimmermann/A. Rengakos (Hg.), *Handbuch der griechischen Literatur der Antike, Bd. 2. Die Literatur der klassischen und hellenistischen Zeit*, München 2014, S. 678–733.

S. Schorn, *Studien zur hellenistischen Biographie und Historiographie*, Berlin 2018.

M. Schramm, Dihairesis, in: C. Schäfer (Hg.), *Platon-Lexikon. Begriffswörterbuch zu Platon und der platonischen Tradition*, Darmstadt 2007, S. 92–95.

C. Schubert, *Formen der griechischen Historiographie: Die Atthidographen als Historiker Athens*, Hermes 138 (2010), S. 259–275.

E. Schütrumpf, *Dicaearchus of Messana. Text, translation and discussion*, New Brunswick 2001.

E. Schütrumpf, *Heraclides of Pontus. Texts and Translation*, New Brunswick 2008.

D. Sedley, Epicurus and the Mathematicians of Cyzicus, *CErc.* 6 (1976), S. 23–59.

D. Sedley, Diodorus Cronus and Hellenistic Philosophy, *PCPhS* 23 (1977), S. 74–120.

D. Sedley, Anecdotes about Plato (Rezension von A. Riginos), *CR* 29 (1979), S. 75–76.

D. Sedley, Philodemus and the Decentralisation of Philosophy, *CErc* 33 (2003), S. 31–41.

D. Sedley, Hellenistic Physics and Metaphysics, in: K. Algra et al. (ed.), *The Cambridge History of Hellenistic Philosophy*, Cambridge 2005, S. 355–411.

D. Sedley, Epicureanism in the Roman Republic, in: J. Warren, *The Cambridge Companion to Epicureanism*, Cambridge 2009, S. 29–45.

D. Sedley, *The Philosophy of Antiochus*, Cambridge 2012.

D. Sedley, An Iconography of Xenocrates' Platonism, in: M. Erler/J. Heßler/F. Petrucci (ed.), *Authority and Authoritative Texts in the Platonist Tradition*, Cambridge 2021, S. 38–63.

R. Sharpies, Unjointed Masses. A Note on Heraclides Physical Theory, in: Fortenbaugh/Pender (2009), S. 139–154.

M. Sialaros, Euclid of Alexandria. A Child of the Academy?, in: Kalligas et al. (2020), S. 141–152.

D. Sider, *The Epigrams of Philodemos*, Oxford 1997.

D. Sider, *The Library of the Villa dei Papiri at Herculaneum*, Oxford 2005.

D. Sider, Didactic Poetry: The Hellenistic Invention of a Pre-existing Genre, in: R. Hunter/A. Rengakos/E. Sistakou (ed.), *Hellenistic Studies at a Crossroads. Exploring Texts, Contexts and Metatexts*, Berlin 2014, S. 13–30.

L. Simeoni, Platone e le matematiche in Filodemo, *CErc* 33 (2003), S. 117–124.

I. Spence, *The Cavalry of classical Greece*, Oxford 1995.

L. Spengel, Die Herculanensichen Rollen, *Philologus* Suppl. II (1863), S. 493–548.

L. Spengel, *Eudemi Rhodii Peripatetici fragmenta quae supersunt*, Berlin 1866.

A. Speyer, The Earliest Bust of Socrates? New Observations to Philochoros in PHerc 1021, col. 2, *CErc* 31 (2001), S. 81–94.

K. Stanzel, Karneades (I), *DNP* 6 (1999), S. 287,288.

K. Stanzel, Metrodoros aus Stratonikeia, *DNP* 8 (2000), S. 134,135.

P. Steinmetz, Die Stoa, in: H. Flashar (Hg.), *GGPh* 4.2, Basel 1994, S. 491–716.

G. Striker, Über den Unterschied zwischen den Pyrrhoneern und den Akademikern, *Phronesis* 26 (1981), S. 153–171.

G. Strohmaier, Platon in der arabischen Tradition, *WJA* 26 (2002), S. 185–200.

J. Stronk, Neanthes der Jüngere (FGrH 171), *BNJ* (2013).

W. Studemund, *Index lectionum in Universitate litterarum Vratislaviensi per hiemem anni MDCCCLXXXVIII–LXXXIX a die XV. mensis Octobris habendarum: Praemissa sunt Damocratis poetae medici fragmenta selecta edente Guilelmo Studemund*, Breslau 1888/1889.

S. Sudhaus, *Philodemi Volumina rhetorica*, Leipzig 1892.

H. Swoboda, Demochares (6), *RE* 4.2 (1901), S. 2863–2867.

L. Tarán, *Speusippus of Athens. A Critical Study with a Collection of the Related Texts and Commentary*, Leiden 1981.

H. Tarrant, *Scepticism or Platonism? The Philosophy of the Fourth Academy*, Cambridge 1985.

H. Tarrant, Rezension von Gaiser (1988), *CR* 40 (1990), S. 12–14.

H. Tarrant, Philo of Larissa, in: D. Machuca/B. Reed (ed.), *Skepticism. From Antiquity to the Present*, London 2018, S. 81–92.

H. Tarrant, One Academy? The Transition from Polemo and Crates to Arcesilaus, in: Kalligas et al. (2020), S. 200–219.

N. Tchernetska, New Fragments of Hyperides from the Archimedes Palimpsest, *ZPE* 154 (2005), S. 1–6.

A. Tepedino Guerra, L'opera filodemea Su Epicuro (PHerc. 1232, 1289 β), *CErc* 24 (1994), S. 5–53.

A. Tepedino Guerra/L. Torraca, Etica e astronomia nella polemica epicurea contro i Ciziceni, in: G. Giannantoni/M. Gigante, *Epicureismo greco e romano. Atti del Congresso internazionale, Napoli, 19–26 maggio 1993 I*, Napoli 1996, S. 127–154.

T. Thalheim, Archeion, *RE* 2.1 (1895), S. 444 f.

T. Thalheim, κάκωσις. Schlechte Behandlung einer schutzbefohlenen Person, *RE* 10.1 (1919), S. 1526–1528.

D. Thiel, *Die Philosophie des Xenokrates im Kontext der Alten Akademie*, Leipzig 2004.

R. Thorsteinsson, *Roman Christianity and Roman Stoicism. A Comparative Study of Ancient Morality*, Oxford 2010.

G. Thür, Epitropos (2), in: *DNP* 3 (1997), S. 1179 f.

R. Tosi, Typology of Lexicographical Works, in: F. Montanari et al. (ed.), *Brill's Companion to Ancient Greek Scholarship (vol. 1)*, Leiden 2015, S. 622–636.

A. Tournié/K. Fleischer/I. Bukreeva/F. Palermo/M. Perino/A. Cedola/C. Andraud/ G. Ranocchia, Ancient Greek text concealed on the back of unrolled papyrus revealed through shortwave-infrared hyperspectral imaging, *Science Advances* 5/10 (2019) – https://advances.sciencemag.org/content/5/10/eaav8936.

J. Traill, *Demos and Trittys*, Toronto 1986.

K. Trampedach, *Platon, die Akademie und die zeitgenössische Politik*, Stuttgart 1994.

A. Travaglione, *Catalogo descrittivo dei papiri Ercolanesi*, Napoli 2008.

J. Travlos, *Pictorial Dictionary of Ancient Athens*, New York 1971.

J. Trevett, *Demosthenes, Speeches 1–17*, Austin 2011.

E. Turner, *The Typology of the Early Greek Codex*, Philadelphia 1977.

E. Turner, Sniffling Glue, *CErc* 13 (1983), S. 7–14.

E. Turner, *Greek Manuscripts of the Ancient World, BICS suppl. 46* (1987).

S. Valente, *The Antiatticist. Introduction and Critical Edition*, Berlin 2015.

C. Vassallo/P. De Simone/K. Fleischer, Crantor of Soli: The Last of the Old Academics. A Discussion, Leiden 2023.

G. Verhasselt, A New reading in Philodemus' Historia Academicorum (PHerc. 1021 col. 2) with observations on Dicaearchus in col. Y (F 46B Mirhady), *CErc* 43 (2013), S. 17–26.

G. Verhasselt, Hermippus on Chaeron of Pellene (Phld., Acad. Hist., PHerc. 1021 coll. 10,40–12,4 and PHerc. 164, frg. 22 and 24): Edition and Discussion, *CErc* 45 (2015), S. 33–48.

G. Verhasselt, What were works περὶ βίων?, *Philologus* 160 (2016), S. 59–83.

G. Verhasselt, Philodemus' Excerpt from Dicaearchus on Plato in the Historia Academicorum (PHerc. 1021, Coll. 1*–1–2): Edition, Translation, and Commentary, *CErc* 47 (2017), S. 55–72.

G. Verhasselt, *Die Fragmente der Griechischen Historiker Continued IV B: History of Literature, Music, Art and Culture. Fascicle 9: Dikaiarchos of Messene [No. 1400]*, Leiden 2018.

G. Verhasselt, Rezension zu Fleischer (2020a), *Sehepunkte* 21.9 (2021).

S. Vezzoli, *Arcesilao di Pitane. L'origine del Platonismo neoaccademico Analisi e fonti*, Turnhout 2016.

S. Vogt, „... er schrieb in Versen, und er tat recht daran." Lehrdichtung im Urteil Galens, in: T. Fögen (Hg.), *Antike Fachtexte/Ancient Technical Texts*, Berlin/New York 2005a, S. 51–78.

S. Vogt, Damokrates, in: K.-H. Leven (Hg.), *Antike Medizin. Ein Lexikon*, München 2005b, S. 207–208.

J. Vooys, *Lexicon Philodemeum (1)*, Purmerend 1934.

J. Vooys/D. van Krevelen, *Lexicon Philodemeum (pars altera)*, Amsterdam 1941.

E. Voutiras, Sokrates in der Akademie: Die früheste bezeugte Philosophenstatue, *AM* 109 (1994), S. 133–161.

F. Walbank, A Historical Commentary on Polybius, Bd. 1, Oxford 1957.

U. Walter, Die Communes Historiae des Lutatius: Einleitung, Fragmente, Übersetzung, Kommentar, *GFA* 12 (2009), S. 1–15.

H. Waschkies, Mathematisches bei Platon, *WJA* 24 (2000), S. 37–64.

H. Waschkies, Mathematisches bei Platon (Fortsetzung), *WJA* 25 (2001), S. 73–83.

F. Wehrli, *Die Schule des Aristoteles. Aristoxenos. Bd. 2*, Basel 1967.

F. Wehrli, *Die Schule des Aristoteles. Texte und Kommentar, Herakleides Pontikos. Bd. 7*, Basel 1969.

F. Wehrli, *Hermippos der Kallimacheer*, Basel 1974.

F. Wehrli/G. Wöhrle/L. Zhmud, Der Peripatos bis zum Beginn der Römischen Kaiserzeit, in: H. Flashar (Hg.), *GGPh* 3, Basel 1994, S. 493–666.

K. Wendel, *Scholia in Apollonium Rhodium vetera*, Berlin 1935.

A. Wentzel, Apollodor (63), *RE* 1.2 (1894), S. 2894.

A. White, Principes sapientiae. Dicaearchuş Biography of Philosophy, in: W. Forten-baugh/E. Schütrumpf (ed.), *Dicaearchus of Messana. Text, Translation, and Discussion*, London 2001, S. 195–236.

D. Whitehead, Xenocrates the Metic, *RhM* 124 (1981), S. 223–244.

D. Whitehead, *Hypereides, the forensic speeches*, Oxford 2000.

F. Wieck, *Sphaeram Empedoclis quae dicitur recensuit et dissertationem adiecit*, Greifswald 1897.

H.-U. Wiemer, *Krieg, Handel und Piraterie. Untersuchungen zur Geschichte des hellenistischen Rhodos*, Berlin 2003.

U. von Wilamowitz-Moellendorff, *Antigonos von Karystos*, Berlin 1881.

U. von Wilamowitz-Moellendorff, Der Tragiker Melanthios von Rhodos, *Hermes* 29 (1894), S. 150–154.

U. von Wilamowitz-Moellendorff, Lesefrüchte, *Hermes* 45 (1910), S. 387–417.

U. von Wilamowitz-Moellendorff, *Kleine Schriften II*, Berlin 1941.

J. Wileman, *Past Crimes. Archeological and Historical Evidence for Ancient Misdeeds*, South Yorkshire 2015.

A. Wilhelm, Agamestor (2), *RE* 1.1 (1893), S. 729.

W. Will, *Athen und Alexander. Untersuchungen zur Geschichte der Stadt von 338 bis 322 v. Chr.*, München 1983.

M. Williams, Apollodoros of Athens (244), *BNJ* (2018).

N. Wilson, Some notable manuscripts misattributed or imaginary, *GRBS* (1975), S. 95–191.

A.-M. Wittke et al., *Historischer Atlas der antiken Welt*, Stuttgart 2012.

A. Wörle, *Die politische Tätigkeit der Schüler Platons*, Lauterburg 1981.

R. Wycherley, *The Athenian Agora III. Literary and Epigraphical Testimonia*, Princeton 1957.

P. Zaccaria, The Murderers of Kotys the Thracian, *Mnemosyne* 72 (2019), S. 66–83.

P. Zaccaria, *Die Fragmente der Griechischen Historiker Continued IV: Biography and Antiquarian Literature A. Biography. Fascicle 5: The First Century BC and Hellenistic Authors of Uncertain Date [Nos. 1035–1045]*, Leiden 2021.

P. Zanker, *Die Maske des Sokrates. Das Bild des Intellektuellen in der antiken Kunst*, München 1995.

L. Zhmud, Plato as "architect of science", *Phronesis* 43 (1998), S. 211–244.

L. Zhmud, *The Origin of the History of Science in Classical Antiquity (übersetzt von A. Chernoglazov)*, Berlin 2006.

L. Zhmud, Pythagoras und die Pythagoreer, in: H. Flashar (Hg.), *GGPh* 1/1, Basel 2013, S. 375–438.

Index locorum

Index nominum et verborum

Index nominum

Homonyme Personen werden nicht unterschieden.

Ἀγαθοκλῆς   23,7
Ἀγαμήστωρ   27,36; 28,4; Μ,18
Ἀγνόθεος   25,10
Ἄγνων   23,4
Ἀδείμαντος   8*,10
Ἀδραμυττηνός   35,41
Ἀθῆναι   16,4;16,44; 17,17 (Ἀθήναζε); 25,2; 31,9;
    31,45; 33,5; 34,4 (Ἀθήνησιν); 34,38 (Ἀθή-
    νηθεν); frg. 13a,2; frg. 22,6
Ἀθηναῖος   3,2; 5,44; Erg. 4,5 = frg. 7,2; 6,17;
    7,20; 8,4; 8*,12; 8*,43 = frg. 28,1; 8,15;
    8,43; S,35; R,6;
Αἰγίνη   2,44; X,20; X,21
Αἰγινήτης   2,40
Αἴνιος   6,20
Αἰσχίνης   34,14; 35,23
Αἰτωλός   R,7
Ἀκαδήμεια   7,11; 11,8; 15,36; 17,33; 21,36; 24,39;
    29,39; 30,10; 31,16; 35,15; Z,2; P,14
Ἀκαδημαϊκός   26,16
Ἀκαδημεϊκός   18,13
Ἀκραγαντῖνος   34,12
Ἀλεξάνδρεια   23,3; 31,35; 32,17; 32,23; 34,5;
    35,18; N,16
Ἀλεξανδρεύς   20,33; 22,39; 23,9; 23,47 = 32,44;
    24,4; 24,8; 35,9
Ἀλέξανδρος   27,45; O,23; O,31
Ἀμισηνός   23,43 = 32,40
Ἀμύντας   6,1
Ἀμύντης   26,35 = 29,7
Ἀντήνωρ   27,44; Μ,15
Ἀντίγονος   8*,41; Q,5
Ἀντίοχος   25,32; 34,19
Ἀντίπατρος   7,22; 7,30; 7,34; 8,16; 11,32; 12,35;
    23,9; 32,15
Ἀντισθένης   36,17
Ἀξιοθέα   Υ,38
Ἀπαμεύς   24,5
Ἀπολλόδωρος   20,36; 24,13; 24,14; 33,13; 35,44
Ἀπολλώνιος   23,46 = 32,42; 28,11; 36,6; O,18;
    O,32; N,13
Ἀπολλώνιος   2
Ἀριδείκας   20,6

Ἀρισταγόρας   Ν,15
Ἀρίσταιχμος   33,3
Ἀριστάναξ   23,12
Ἀρίσταρχος   25,17; 31,7
Ἀριστεύς   23,15
Ἀρίστιππος   27,9
Ἄριστος   35,5
Ἀριστοτέλης   6,3; 6,44
Ἀριστόφαντος   31,37
Ἀριστοφῶν   O,21
Ἀρίστων   29,4; 35,8; 35,11; O,26; N,14
Ἀρκάς   28,6
Ἀρκεσίλαος   15,3; 16,14; 16,43; S,36
Ἀρχέλαος   3,10
Ἀρχύτας   6,12 = frg. 7,5
Ἀσδρούβας   25,1
Ἀσία   31,42; 35,38; O,17
Ἀσκαλωνίτης   25,33
Ἀσκληπιάδης   6,10; 8*,13; 24,4
Ἀσσός   V,9
Ἀσπένδιος   S,31
Ἀτθίς   2,6
Ἄτταλος   O,13; O,17
Ἀττική   31,38
Αὐτολύκειοι   26,35 = 29,7
Αὐτόλυκος   17,19

Βαρκαῖος   23,46 = 32,43
Βατάκης   23,41 = 32,38
Βίτων   23,13; 24,1
Βίων   S,30
Βόηθος   23,47 = 32,44; 28,42
Βορυσθενίτης   S,31

Γαζαῖος   23,11; 24,7
Γρύτων   36,1

Δελφοί   9,12
Δημάδης   8,2
Δημήτριος   24,2; 24,3; Μ,12
Δημοσθένης   20,37
Δήμων   Μ,12
Δικαίαρχος   2,5; 11,17 = frg. 25,3

Index verborum

Tafeln

∵

PHerc. 1691 (Kol. a–c) – sichtbares Licht
TAFELN 1–33 MIC © BNN/CNR–ISPC

TAFEL 4   PHerc. 1021, cr. 3 (Kol. 10–14) – sichtbares Licht

PHerc. 1021, cr. 4 (Kol. 15–19) – sichtbares Licht

PHerc. 1021, cr. 5 (Kol. 20–24) – sichtbares Licht

TAFEL 8 PHerc. 1021, cr. 7 (Kol. 29–33) – sichtbares Licht

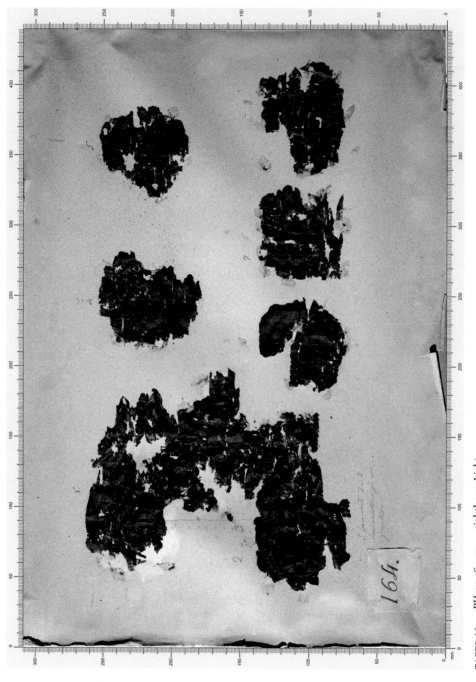

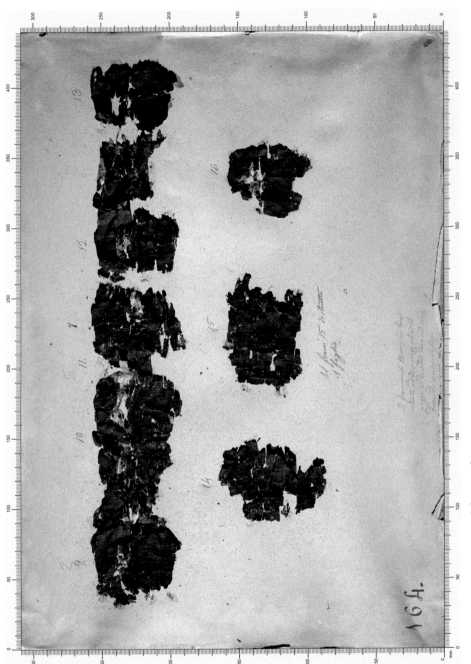

Svolto da Alfonso Cozzi nel 1905

1º Pezzo

Papiro nº 164

TAFEL 12   PHerc. 164, cr. 3 – sichtbares Licht

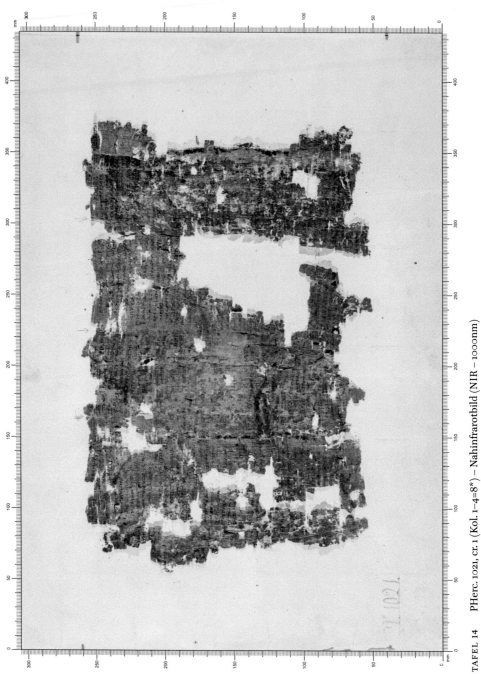

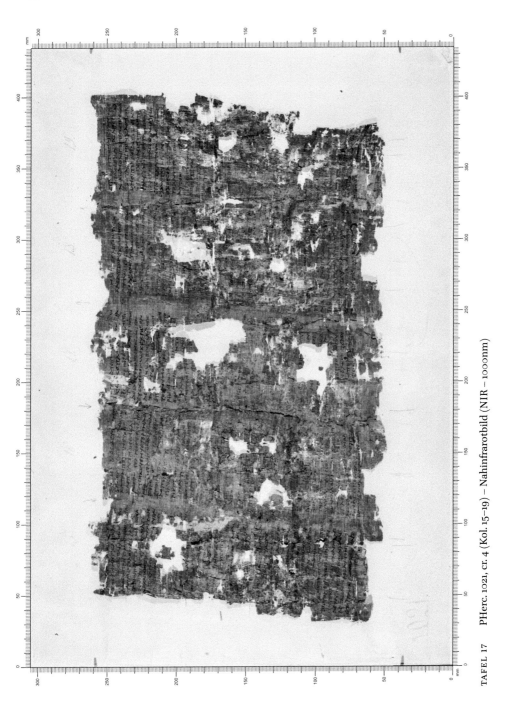

PHerc. 1021, cr. 4 (Kol. 15–19) – Nahinfrarotbild (NIR – 1000nm)

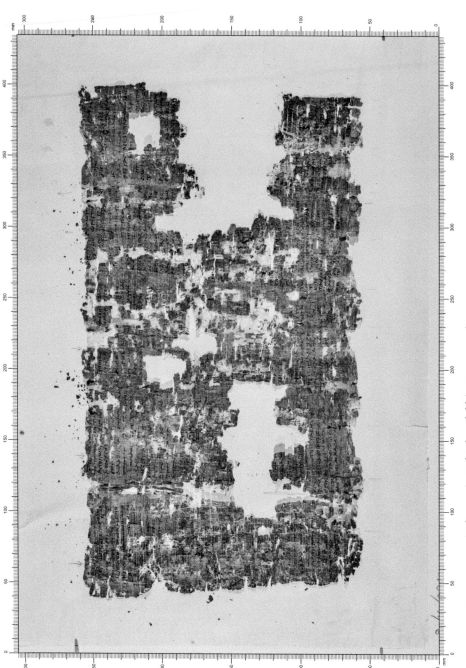

TAFEL 19   PHerc. 1021, cr. 6 (Kol. 25–28) – Nahinfrarotbild (NIR – 1000nm)

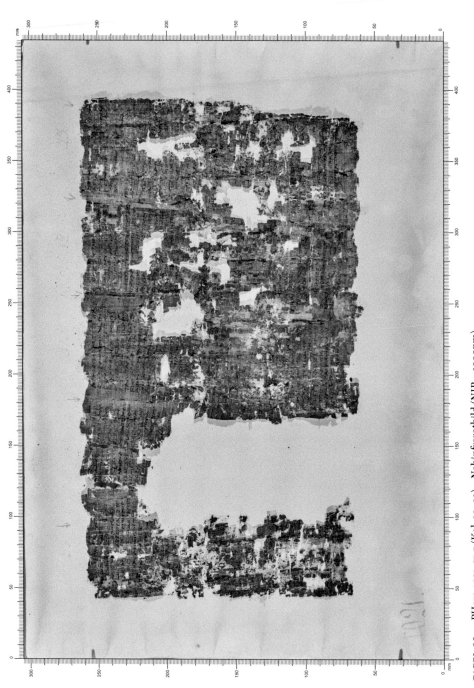

TAFEL 21   PHerc. 1021, cr. 8 (Kol. 34–36) – Nahinfrarotbild (NIR – 1000nm)

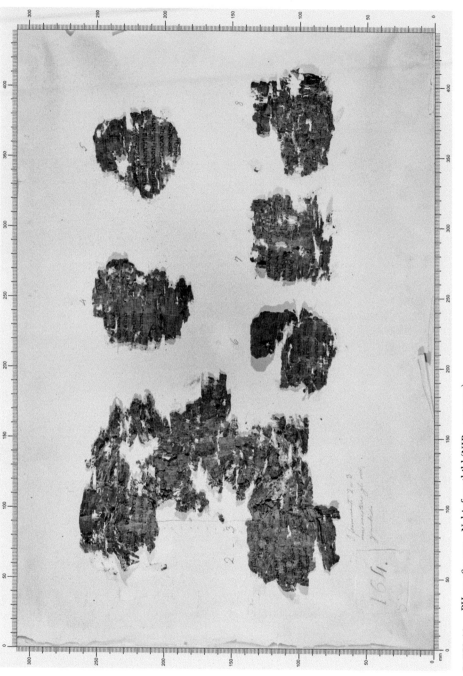

TAFEL 22   PHerc. 164, cr. 1 – Nahinfrarotbild (NIR – 1000nm)

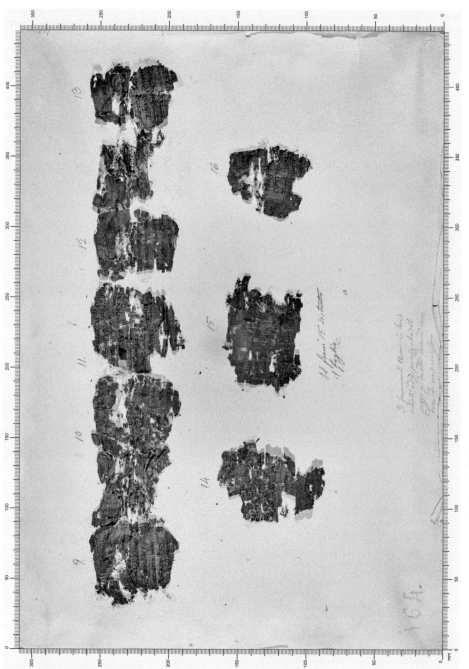

TAFEL 23   PHerc. 164, cr. 2 – Nahinfrarotbild (NIR – 1000nm)

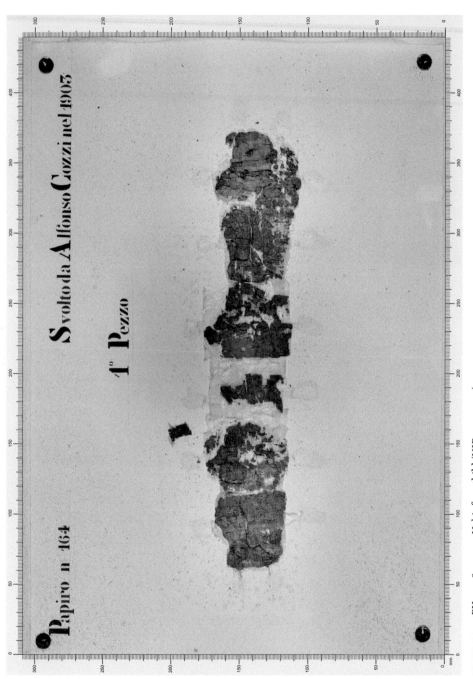

TAFEL 25   PHerc. 1691 (Kol. a–c) – Hyperspektralbild (HSI)

TAFEL 26 PHerc. 1021, cr. 1 (Kol. 1–4=8*) – Hyperspektralbild (HSI)

TAFEL 29   PHerc. 1021, cr. 4 (Kol. 15–19) – Hyperspektralbild (HSI)

TAFEL 30   PHerc. 1021, cr. 5 (Kol. 20–24) – Hyperspektralbild (HSI)

TAFEL 33   PHerc. 1021, cr. 8 (Kol. 34–36) – Hyperspektralbild (HSI)

TAFEL 34
Kolumne a – Rekto (PHerc. 1691) – MSI
(NIR)
TAFELN 34–73: MIC © BNN/BYU

TAFEL 35
Kolumne b – Rekto
(PHerc. 1691) – MSI
(NIR)

TAFEL 36
Kolumne c – Rekto (PHerc.
1691) – MSI (NIR)

TAFEL 37
Kolumne 1* – Rekto (PHerc. 1021) – MSI (NIR)

TAFEL 38
Kolumne 1 – Rekto
(PHerc. 1021) – MSI
(NIR)

TAFEL 39
Kolumne 2 – Rekto (PHerc.
1021) – MSI (NIR)

TAFEL 40
Kolumne 3 –
Rekto (PHerc.
1021) – MSI (NIR)

TAFEL 41
Kolumne 5 – Rekto
(PHerc. 1021) – MSI
(NIR)

TAFEL 43
Kolumne 7 – Rekto
(PHerc. 1021) – MSI
(NIR)

TAFEL 44
Kolumne 8 – Rekto
(PHerc. 1021) – MSI
(NIR)

TAFEL 45
Kolumne 8* –
Rekto (PHerc.
1021) – MSI (NIR)

TAFEL 46
Kolumne 9 – Rekto
(PHerc. 1021) – MSI
(NIR)

TAFEL 47
Kolumne 10 – Rekto (PHerc.
1021) – MSI (NIR)

TAFEL 48
Kolumne 11 – Rekto (PHerc.
1021) – MSI (NIR)

TAFEL 49
Kolumne 12 – Rekto
(PHerc. 1021) – MSI (NIR)

TAFEL 50
Kolumne 13 – Rekto (PHeic.
1021) – MSI (NIR)

TAFEL 51
Kolumne 14 – Rekto (PHerc.
1021) – MSI (NIR)

TAFEL 52
Kolumne 15 – Rekto
(PHerc. 1021) – MSI
(NIR)

TAFEL 53
Kolumne 16 –
Rekto (PHerc.
1021) – MSI
(NIR)

TAFEL 54
Kolumne 17 – Rekto
(PHerc. 1021) – MSI
(NIR)

TAFEL 55
Kolumne 18 –
Rekto (PHerc.
1021) – MSI (NIR)

TAFEL 56
Kolumne 19 – Rekto
(PHerc. 1021) – MSI
(NIR)

TAFEL 57
Kolumne 20 – Rekto (PHerc. 1021) –
MSI (NIR)

TAFEL 58
Kolumne 21 - Rekto
(PHerc. 1021) – MSI (NIR)

TAFEL 59
Kolumne 22 – Rekto
(PHerc. 1021) – MSI
(NIR)

TAFEL 60
Kolumne 23 – Rekto (PHerc.
1021) – MSI (NIR)

TAFEL 61
Kolumne 24 – Rekto
(PHerc. 1021) – MSI
(NIR)

TAFEL 62
Kolumne 25 – Rekto
(PHerc. 1021) – MSI
(NIR)

TAFEL 63
Kolumne 26 – Rekto
(PHerc. 1021) – MSI
(NIR)

TAFEL 64
Kolumne 27 – Rekto
(PHerc. 1021) – MSI
(NIR)

TAFEL 65
Kolumne 28 – Rekto
(PHerc. 1021) – MSI
(NIR)

TAFEL 66
Kolumne 29 – Rekto (PHerc.
1021) – MSI (NIR)

TAFEL 67   Kolumne 30 – Rekto (PHerc. 1021) – MSI (NIR)

TAFEL 68
Kolumne 31 – Rekto
(PHerc. 1021) – MSI
(NIR)

TAFEL 69
Kolumne 32 –
Rekto (PHerc.
1021) – MSI (NIR)

TAFEL 70
Kolumne 33 –
Rekto (PHerc.
1021) – MSI (NIR)

TAFEL 71
Kolumne 34 – Rekto
(PHerc. 1021) – MSI
(NIR)

TAFEL 72
Kolumne 35 –
Rekto (PHerc.
1021) – MSI
(NIR)

TAFEL 73
Kolumne 36 –
Rekto (PHerc.
1021) – MSI (NIR)

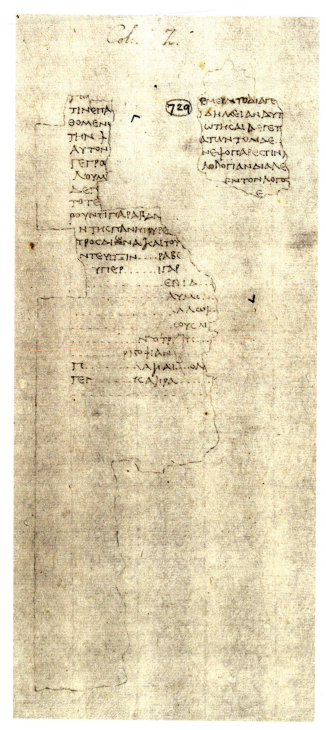

TAFEL 75
Kolumne Y – Verso (PHerc.
1021) – Oxford Disegno

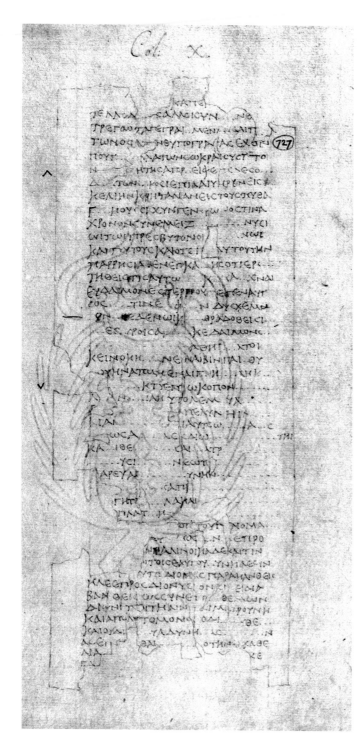

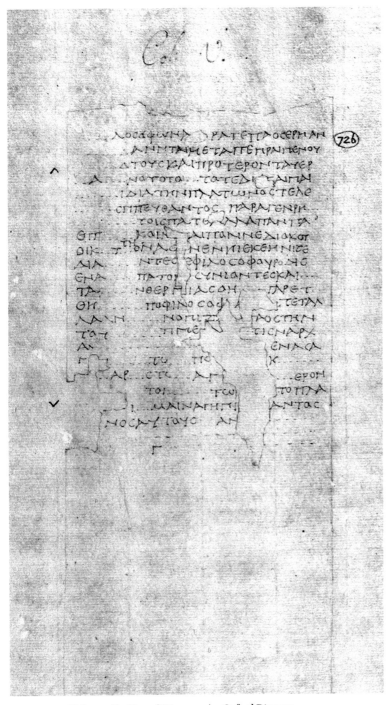

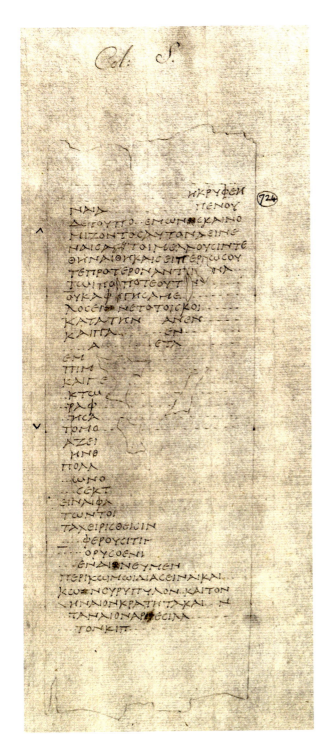

TAFEL 79
Kolumne S – Verso
(PHerc. 1021) – Oxford
Disegno

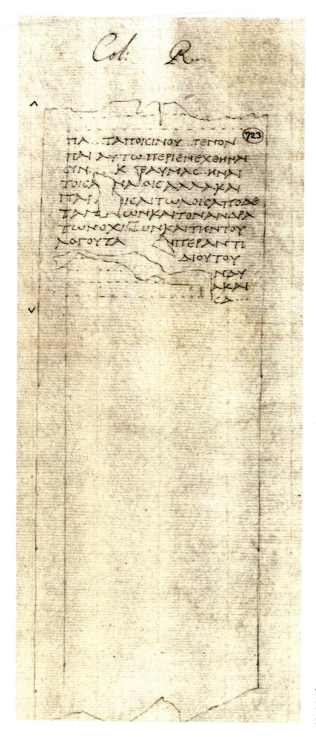

TAFEL 80
Kolumne R – Verso (PHerc.
1021) – Oxford Disegno

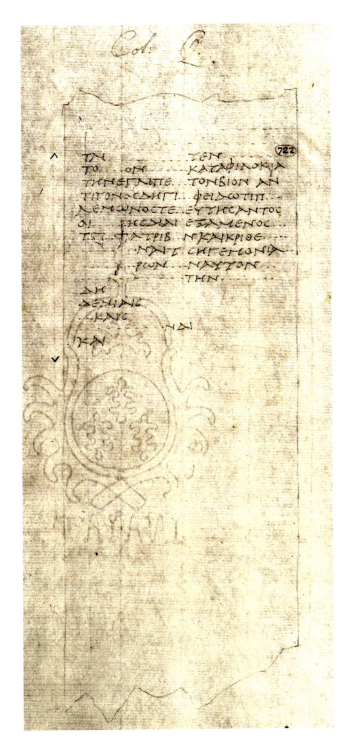

TAFEL 81
Kolumne Q – Verso
(PHerc. 1021) –
Oxford Disegno

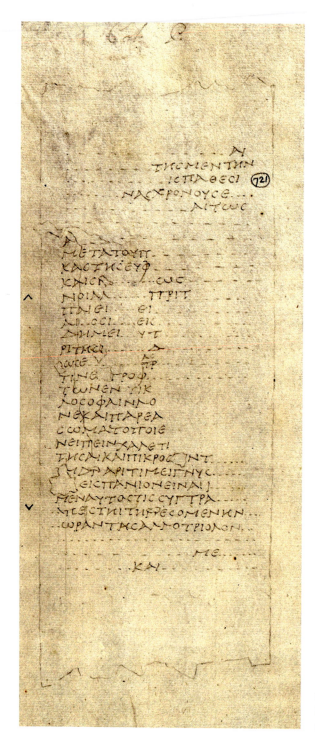

TAFEL 82
Kolumne P – Verso (PHerc.
1021) – Oxford Disegno

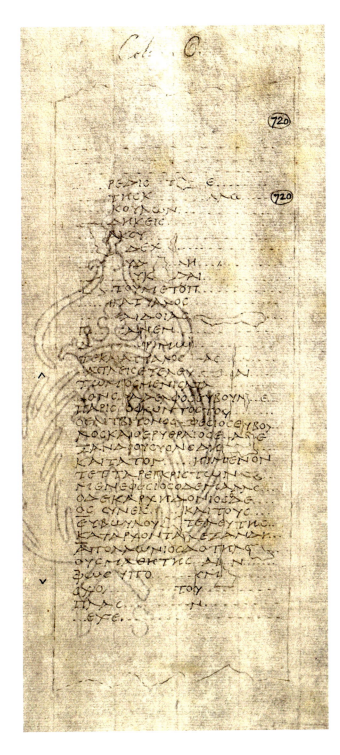

TAFEL 83
Kolumne O – Verso
(PHerc. 1021) – Oxford
Disegno

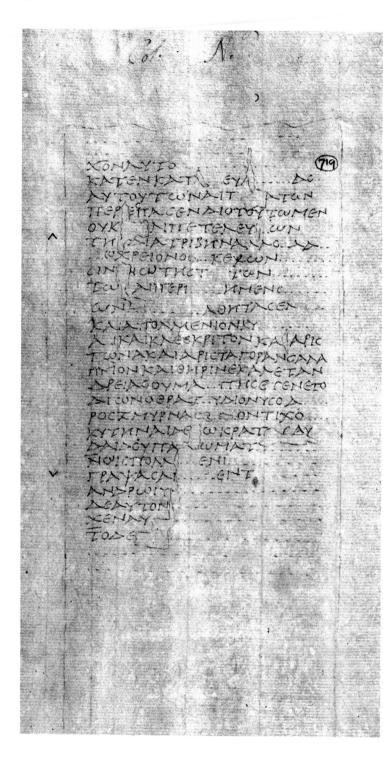

TAFEL 84
Kolumne
N – Verso
(PHerc.
1021) –
Oxford
Disegno

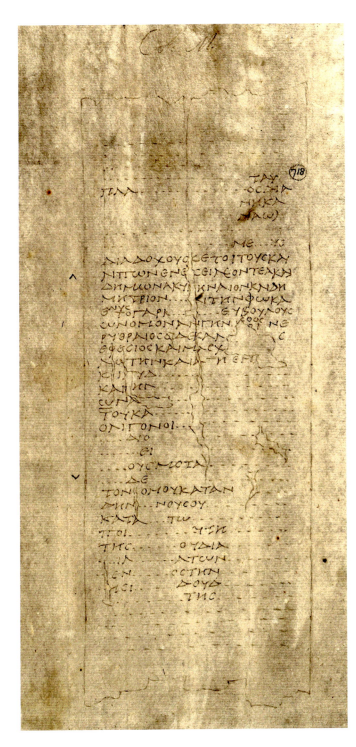

TAFEL 85
Kolumne M –
Verso (PHerc.
1021) – Oxford
Disegno